Kopp/Ramsauer

Verwaltungsverfahrensgesetz

Verwaltungsverfahrensgesetz

Begründet von

Dr. Ferdinand O. Kopp †
ehem. o. Professor an der Universität Passau

fortgeführt von

Dr. Ulrich Ramsauer
Professor
an der Universität Hamburg
Vorsitzender Richter
am Verwaltungsgericht Hamburg
Mitglied des Hamburgischen Verfassungsgerichts

8., wesentlich überarbeitete Auflage

Verlag C. H. Beck München 2003

Verlag C. H. Beck im Internet:
beck.de

ISBN 3 406 49877 9

Wilhelmstraße 9, 80801 München
Druck: Druckerei C. H. Beck Nördlingen
(Adresse wie Verlag)

Gedruckt auf säurefreiem, alterungsbeständigem Papier
(hergestellt aus chlorfrei gebleichtem Zellstoff)

Wie schwer sind nicht die Mittel zu erwerben,
durch die man zu den Quellen steigt!

Vorwort zur achten Auflage

Der immer raschere Wandel im Recht macht auch vor dem Verwaltungsverfahrensrecht keinen Halt. Die vorliegende 8. Auflage hatte wiederum eine Fülle von Rechtsänderungen zu bewältigen. Zu nennen sind vor allem die Einführung des elektronischen Verwaltungsakts durch das 3. VwVfÄndG, die Neuordnung des Verjährungsrechts in § 53, die Auswirkungen der Schuldrechtsreform für das Recht der öffentlich-rechtlichen Verträge sowie die Modifizierungen des Zustellungsrechts durch das Zustellungsreformgesetz. Ferner musste eine wachsende Zahl von Änderungen auf den Gebieten des Umweltrechts berücksichtigt werden. Das betrifft vor allem die Kommentierung des Planfeststellungsrechts, das sich in den letzten Jahren aufgrund einer ungewöhnlich umfänglichen Judikatur außerordentlich schnell weiterentwickelt hat.

Der mit der Vorauflage eingeschlagene Weg der Systematisierung und Modernisierung der Erläuterungen hat seine Fortsetzung erfahren. Die neu eingeführte Struktur musste nur in wenigen Bereichen korrigiert werden, weshalb die Zuordnung des Textes zu den Randnummern weitgehend beibehalten werden konnte. Die Nachweise wurden nach Möglichkeit aktualisiert, der Bedeutung des EU-Rechts für die einzelnen Bestimmungen wurde größere Aufmerksamkeit geschenkt, die Diskussion um die Modernisierung des Verwaltungsverfahrens ist an geeigneten Stellen aufgegriffen worden. Auf vielfachen Wunsch sind in den Normtext wieder die hochgestellten Verweise auf die Randnummern der Kommentierung aufgenommen worden, um die Auffindbarkeit der gesuchten Textpassagen noch weiter zu erleichtern. Das Gesamtformat des Kommentars ist derjenigen des VwGO-Kommentars von Kopp/Schenke angepasst worden.

Die Neuauflage legt den Gesetzesstand vom 1. Februar 2003 zugrunde. Die Neubekanntmachung des VwVfG (BGBl I S. 102) konnte noch eingearbeitet werden. Literatur und Rechtsprechung wurden bis Oktober 2002 weitestgehend berücksichtigt, zum Teil auch noch darüber hinaus bis ins Frühjahr 2003.

Danken möchte ich meinen Mitarbeitern Falk Mathews, Ole Püschel, Inga-Kristin Koch, Julia Dörfler und Oliver van der Schoot, die mich auf vielfältige Weise unterstützt haben. Mein Dank gilt außerdem meiner Familie für die Geduld, mit der sie die wiederum sehr viel Zeit und Energie kostende Arbeit an dieser Neuauflage ertragen hat.

Viele fruchtbare Anregungen, nützliche Vorschläge und kritische Anmerkungen haben die Überarbeitung des Kommentars erleichtert. Hierfür sei an dieser Stelle allen gedankt, die sich beteiligt haben. Aktualisierung, Verbesserung und Weiterentwicklung eines Kommentars ist eine dauernde Aufgabe. Wer bei der Benutzung der Neuauflage Anlass zu „Bedenken und Anregungen" sieht, zögere nicht, sie mitzuteilen, am besten per E-Mail unter: U-Ramsauer@jura.uni-hamburg.de.

Hamburg, im Februar 2003 Ulrich Ramsauer

Wir müssen uns Sisyphos als einen glücklichen Menschen vorstellen.

Vorwort zur siebten Auflage

Die Übernahme eines so bedeutenden und umfangreichen Werkes wie des von Ferdinand O. Kopp begründeten und bis zur 6. Auflage zur Blüte gebrachten Kommentars zum VwVfG ist Herausforderung und Lebensaufgabe zugleich. Kopp war einer der letzten großen Generalisten des öffentlichen Rechts, der auf dem Gebiet des Verwaltungsverfahrensrechts nicht nur die deutsche Rechtsentwicklung, sondern auch diejenige in den deutschsprachigen Nachbarländern beobachtete und nachhaltig beeinflusste. Seine Kommentierung berücksichtigte stets nicht nur das allgemeine, sondern auch das so sozialrechtliche und das abgabenrechtliche Verwaltungsverfahren bis in die Details hinein. Diesem in Breite und Tiefe gleichermaßen gesetzten Maßstab kann ein einzelner Nachfolger nur schwer gerecht werden.

Die siebte Auflage berücksichtigt die tiefgreifenden Änderungen, die das Verwaltungsverfahrensgesetz seit der noch überwiegend von Ferdinand O. Kopp betreuten Vorauflage des Kommentars erfahren hat, namentlich das Gesetz zur Änderung verwaltungsverfahrensrechtlicher Vorschriften vom 2. Mai 1996 mit den Änderungen der §§ 48ff und das Genehmigungsverfahrensbeschleunigungsgesetz, welches Änderungen vor allem der §§ 45 und 46 sowie des Planfeststellungsverfahrens (§§ 73ff) und die neuen Vorschriften der §§ 71aff gebracht hat.

Der Schwerpunkt der Neubearbeitung im Übrigen liegt vor allem im strukturellen Bereich. Ein großer Teil der immer umfänglicher gewordenen Nachweise ist im Interesse der Lesbarkeit in neu geschaffene Fußnoten verlagert. Auf Nachweise aus der Zeit vor dem Inkrafttreten des VwVfG ist weitgehend verzichtet worden. Die bisher einzelnen Abschnitten des Gesetzes vorangestellten allgemeinen Ausführungen sind in die Kommentierung der Vorschriften integriert. Eine neu geschaffene Einführung behandelt einzelne Problembereiche des allgemeinen Verwaltungsrechts und des Verwaltungsverfahrensrechts im Zusammenhang. Insgesamt ist die Kommentierung gestrafft und stärker systematisiert. Eine detailliertere Gliederung soll dem Benutzer den raschen Zugriff erleichtern. Diese Änderungen erforderten eine vollständige Neugestaltung des Stichwortverzeichnisses.

Inhaltlich beschränkt sich die Neuauflage weitgehend auf eine Aktualisierung des Kommentars unter Berücksichtigung der neuen Rechtsprechung und Literatur und Einbeziehung der europarechtlichen Einflüsse. Manche neuen Entwicklungen mit Auswirkungen auf das Verwaltungsverfahrensrecht, wie zB das neue Vergaberecht, konnten nur gestreift werden. Eine vertiefende Überarbeitung der Kommentierungen in den Detailbereichen ist späteren Auflagen vorbehalten. Die von Kopp oftmals sehr engagiert vertretenen eigenständigen Positionen werden nur an wenigen Stellen im Sinne einzelner „Frontbegradigungen" geräumt, vor allem im Bereich der Dogmatik des Verwaltungsakts.

Ohne die Hilfe und den engagierten Einsatz meiner Mitarbeiter wäre mir die Bearbeitung der Neuauflage nicht möglich gewesen. Ihnen gilt mein Dank, allen voran Frau Meike Borchardt und Herrn Ole Püschel, außerdem Frau Karin Bieback, Frau Lena Dammann und nicht zuletzt meiner Sekretärin, Frau Inge Kampen. Sie alle haben mir geholfen, den Berg ein erstes Mal zu bewältigen, der einen Einzelnen leicht mutlos machen kann. Danken möchte ich auch meiner Familie für die Geduld und den Rückhalt, den sie mir gegeben hat.

Vorwort

Jede Kommentierung gibt nur eine Momentaufnahme im ständigen Fluss von Wissenschaft und Praxis und von der Auseinandersetzung des Autors mit ihnen wieder. Zahlreiche neue Gedanken und Publikationen, die noch während der Bearbeitungszeit in die öffentliche Diskussion gelangt sind, müssen unberücksichtigt bleiben, weil die Auseinandersetzung mit ihnen in der Kürze der Zeit noch nicht geführt werden konnte. Die Änderungen, die die Kommentierung in dieser Neuauflage erfahren hat, müssen ihre Bewährungsprobe erst noch bestehen. Die neue Struktur ist naturgemäß noch nicht ausgereift. Gerade deshalb bin ich für Kritik und Anregungen stets dankbar. Sie werden erbeten an die Universität Hamburg, Fachbereich Rechtswissenschaft, Flügel West, Edmund-Siemers-Allee 1 in 20246 Hamburg.

Hamburg, im Januar 2000 Ulrich Ramsauer

Aus dem Vorwort zur ersten Auflage

Der hiermit vorgelegte Kommentar zum Verwaltungsverfahrensgesetz des Bundes (VwVfG) vom 25. 5. 1976 (BGBl I 1253) und zu den entsprechenden Vorschriften in den Verwaltungsverfahrensgesetzen der Länder ist wie der in der gleichen Reihe erschienene Kommentar zur VwGO vor allem für die Praxis, für den Beamten, den Anwalt und den Richter, aber auch für den Bürger, der sich über seine Rechte im Verfahren gegenüber den Behörden informieren möchte, und für den jungen Juristen in der Ausbildung geschrieben. Bei aller gebotenen Kürze stand dabei der Gedanke im Vordergrund, dem Benutzer zuverlässig und verständlich die Erläuterungen zu den genannten Gesetzen und zu vergleichbaren Vorschriften in anderen Gesetzen zu bieten, die er für seine praktische Tätigkeit oder zur Geltendmachung seiner Rechte benötigt. Zugleich will der Kommentar aber auch, soweit dies im Rahmen kurzer Erläuterungen möglich ist, dem wissenschaftlich Interessierten, insbesondere auch dem Studenten und dem Referendar, die Grundgedanken und Einrichtungen des geltenden Verwaltungsverfahrensrechts näher bringen und zur Lösung der zahlreichen noch offenen Fragen beitragen. ...

Es würde mich freuen, wenn der Kommentar die gleiche freundliche Aufnahme finden würde wie der in derselben Reihe erschienene Kommentar zur VwGO und wenn er seinen Teil dazu beitragen könnte, das Verwaltungsverfahrensrecht nicht nur zu einem wirksamen und rationellen Instrument der modernen Verwaltung, sondern auch zu einem wirksamen Instrument des Rechtsschutzes des Bürgers zu machen. Denn erst durch das rechtsstaatlich geordnete Verfahren werden die Rechte des Bürgers effektiv. Für Kritik und Anregungen zu Verbesserungen in künftigen Auflagen bin ich dankbar.

Mein besonderer Dank gebührt auch der großen Zahl von Kollegen einschließlich meiner ehemaligen Kollegen in der Verwaltung und in der Verwaltungsgerichtsbarkeit, denen ich viele Anregungen zu den Erläuterungen verdanke, und dem Verlag, der die Veröffentlichung ermöglichte.

München – Graz, im Juli 1976 Ferdinand Kopp

Hinweise für den Gebrauch

Paragraphen ohne nachfolgende Angabe eines Gesetzes sind stets solche des VwVfG.

Das Wort „vor“ (auch mit einer Ziffer verbunden) bezeichnet, wenn es vor einem Paragraphen steht (zB 1 vor § 40), die Vorbemerkung zu dem mit dem Paragraphen beginnenden Abschnitt bzw Teil eines Abschnitts des VwVfG.

Städtenamen ohne näheren Hinweis (wie VG, OLG) bezeichnen das OVG mit Sitz in der genannten Stadt. Angaben ohne weitere Hinweise (zB 11, 27; NJW 1970, 232) beziehen sich auf Entscheidungen des Bundesverwaltungsgerichts in der amtlichen Sammlung bzw in der angegebenen Zeitschrift usw, soweit Hinweise auf ein anderes Gericht oder auf einen Autor vorausgehen, auf dieses Gericht bzw diesen Autor. Ein „vgl“ bei einem Hinweis bedeutet, dass die angeführte Entscheidung, Literaturstelle usw nicht dasselbe Problem betrifft, sondern nur einen vergleichbaren Fall. Hinweise auf Kommentare ohne Angabe des Paragraphen beziehen sich auf die Erläuterungen zum selben Paragraphen des VwVfG bzw auf den dem erläuterten Paragraphen entsprechenden Paragraphen des im Kommentar behandelten Verwaltungsverfahrensgesetzes eines Landes.

Inhaltsverzeichnis

Inhalt

Abkürzungsverzeichnis und Verzeichnis der abgekürzt zitierten Literatur[1]

A	Ansicht
aA	anderer Ansicht
aaO	am angegebenen Ort
ABegr	Begründung zum Bericht und Antrag des Innenausschusses vom 18. 12. 1975 zum Entwurf des VwVfG, BT-Dr 7/4494
abl	ablehnend
ABl	Amtsblatt
Abs	Absatz
abw	abweichend
Achterberg	Achterberg N., Allgemeines Verwaltungsrecht. Ein Lehrbuch. 2. Aufl 1986
AcP	Archiv für civilistische Praxis (Z)
aF	alte, durch eine Gesetzesänderung überholte Fassung
AG	Amtsgericht
AG	Ausführungsgesetz
AgrarR	Agrarrecht (Z)
AGVwGO	Ausführungsgesetz zur Verwaltungsgerichtsordnung
allg	allgemein
AnwBl	Anwaltsblatt
AO	Abgabenordnung (Reichsabgabenordnung)
AO 1977	Abgabenordnung 1977
AöR	Archiv des öffentlichen Rechts (Z)
AP	Hueck A./Nipperdey H. C./Dietz D., Arbeitsrechtliche Praxis, Nachschlagewerk des Bundesarbeitsgerichts
APF	Ausbildung, Prüfung, Fortbildung. Zeitschrift für die staatliche und kommunale Verwaltung (Z)
ArbG	Arbeitsgericht
ArbGG	Arbeitsgerichtsgesetz
ArchPT	Archiv für Post und Telegraphie (Z)
AVG	Angestelltenversicherungsgesetz
AVG	Allgemeines Verwaltungsverfahrensgesetz – AVG. 1950 (Österreich)
aW	aufschiebende Wirkung
BABl	Bundesarbeitsblatt
Bachof I, II	Bachof O., Verfassungsrecht, Verwaltungsrecht, Verfahrensrecht, 2. Aufl 1968
Bachof	Bachof O., Die verwaltungsgerichtliche Klage auf Vornahme einer Amtshandlung, 1951
Bader	Bader A., Verwaltungsverfahren und materielles Recht in der Praxis, Diss. Tübingen, 1990
BAföG	Bundesausbildungsförderungsgesetz
BAG	Bundesarbeitsgericht
Battis	Battis U., Allgemeines Verwaltungsrecht, 3. Aufl 2002
BauR	Baurecht (Z)
BauGB	Baugesetzbuch
Baur/Grunsky	Baur Fr./Grunsky, W., Zivilprozessrecht, 10. Aufl 2001
Bay, bay	Bayern, bayerisch
BayBgm	Der Bayerische Bürgermeister (Z)
BayBZ	Bayerische Beamtenzeitung (Z)
Bayerlein	Bayerlein W. ua, Praxishandbuch des Sachverständigenrechts, 3. Aufl 2002

[1] Weitere Literaturangaben s bei den einzelnen Vorschriften des VwVfG. Bei mit (Z) gekennzeichneten Abkürzungen handelt es sich um Zeitschriftentitel.

BayObLG	Bayerisches Oberstes Landesgericht
BayVBl	Bayerische Verwaltungsblätter (Z)
BayVerfGH	Bayerischer Verfassungsgerichtshof
BayVGH-FS	Verwaltung und Rechtsbindung, Festschrift zum hundertjährigen Bestehen des Bayerischen Verwaltungsgerichtshofes, 1979
BaWü, bw	Baden-Württemberg, baden-württembergisch
BB	Betriebs-Berater (Z)
BBauG	Bundesbaugesetz
BBBl	Bundesbaublatt
BBG	Bundesbeamtengesetz
BDO	Bundesdisziplinordnung
Becker	Becker F., Das allgemeine Verwaltungsverfahren in Theorie und Gesetzgebung, 1960
Begr	Begründung des Regierungsentwurfs vom 18. 7. 1973 zum Entwurf des VwVfG, mit der Stellungnahme des Bundesrats dazu, BT-Dr 7/910
bej	bejahend
Berg	Berg W., Die verwaltungsrechtliche Entscheidung bei ungewissem Sachverhalt, 1980
Berl, berl	Berlin, berliner
Betrieb	Der Betrieb (Z)
Bettermann/ Nipperdey	Bettermann K. A./Nipperdey H. C./Scheuner U., Die Grundrechte 1954f
BFH	Bundesfinanzhof
BGB	Bürgerliches Gesetzbuch
BGBl	Bundesgesetzblatt
BGH	Bundesgerichtshof
BGHSt	Entscheidungen des BGH in Strafsachen
BGHZ	Entscheidungen des BGH in Zivilsachen
BImSchG	Bundes-Immissionsschutzgesetz
BK	Bonner Kommentar zum Grundgesetz Losebl, Stand: 2002
BKK	Die Betriebskrankenkasse (Z)
BL	Baumbach A./Lauterbach W./Albers J./Hartmann P., ZPO. Zivilprozessordnung mit Gerichtsverfassungsgesetz und anderen Nebengesetzen, 61. Aufl 2003
BLG	Bundesleistungsgesetz
BMI	Bundesministerium des Innern
BNatSchG	Bundesnaturschutzgesetz
BNotO	Bundesnotarordnung
Boorberg-FS	Verwaltungsverfahren. Festschrift zum 50-jährigen Bestehen des Richard Boorberg Verlags, hg von Schmitt Glaeser, 1977
Bosch	Bosch E./Schmidt J., Praktische Einführung in das verwaltungsgerichtliche Verfahren, 7. Aufl 2001
BPatG	Bundespatentgericht
BPersVG	Bundespersonalvertretungsgesetz
BRAGO	Bundesrechtsanwaltsgebührenordnung
Brand, brand	Brandenburg, brandenburgisch
BRAO	Bundesrechtsanwaltsordnung
Brem, brem, br	Bremen, bremer
BR-Dr	Bundesratsdrucksache
BRRG	Beamtenrechtsrahmengesetz
BRS	Baurechtssammlung, Rechtsprechung des BVerwG, der OVGe der Länder und anderer Gerichte zum Bau- und Bodenrecht
BSG	Bundessozialgericht
BSHG	Bundessozialhilfegesetz
BStBl II	Bundessteuerblatt Teil II
BT-Dr	Bundestagsdrucksache
Buchh	Sammel- und Nachschlagewerk der Rechtsprechung des BVerwG, hg von Buchholz K.
Bull	Bull H.-P., Allgemeines Verwaltungsrecht, 6. Aufl 2000
BVerfG	Bundesverfassungsgericht

Abkürzungen

BVerfGG	Bundesverfassungsgerichtsgesetz
BVerwG	Bundesverwaltungsgericht
BVerfwGE	Amtliche Sammlung der Entscheidungen des BVerwG
BVerwG-FS	Verwaltungsrecht zwischen Freiheit, Teilhabe und Bindung; Festgabe aus Anlass des 25jährigen Bestehens des BVerwG, 1978
BVFG	Bundesvertriebenengesetz
BVG	Bundesversorgungsgesetz
BvR	Braun K./v. Rotberg K., Verwaltungsverfahrensgesetz für Baden-Württemberg, 1977
BW, bw	Baden-Württemberg, baden-württembergisch
CR	Computer und Recht (Z)
DAR	Deutsches Autorecht (Z)
ders	derselbe
DJ	Deutsche Justiz (Z)
Diss	Dissertation
DMW	Deutsche Medizinische Wochenzeitschrift (Z)
DNotZ	Deutsche Notar-Zeitschrift (Z)
DöD	Der öffentliche Dienst (Z)
DOK	Die Ortskrankenkasse (Z)
DÖV	Die Öffentliche Verwaltung (Z)
DRiG	Deutsches Richtergesetz
DRiZ	Deutsche Richterzeitung (Z)
DStR	Deutsches Steuerrecht (Z)
DSWR	Datenverarbeitung in Steuer, Wirtschaft und Recht (Z)
DuD	Datenschutz und Datensicherung (Z)
DtZ	Deutsch-Deutsche Rechts-Zeitschrift (Z)
DuR	Demokratie und Recht
DV	Deutsche Verwaltung (Z)
DVBl	Deutsches Verwaltungsblatt (Z)
DVP	Deutsche Verwaltungspraxis (Z)
E	Entwurf
eA	einstweilige Anordnung
EFG	Entscheidungen der Finanzgerichte
EG	Europäische Gemeinschaft(en)
EG	Einführungsgesetz
EGGVG	Einführungsgesetz zum Gerichtsverfassungsgesetz
EGH	Ehrengerichtshof für Rechtsanwälte
EGMR	Europäischer Gerichtshof für Menschenrechte
EJIR	Europeen Journal of International Law (Z)
EKMR	Europäische Kommission für Menschenrechte
EMRK	s MRK
Erichsen	Erichsen H.-U., Verwaltungsrecht und Verwaltungsgerichtsbarkeit I, 2. Aufl 1984
Erichsen/Ehlers	Erichsen H.-U., Ehlers, D. (Hg), Allgemeines Verwaltungsrecht, 12. Aufl 2002
Ernst/Zinkahn/ Bielenberg	Ernst, W./Zinkahn, W./Bielenberg, W., Kommentar zum Baugesetzbuch, Losebl, Stand: 2002
ErstG	Erstattungsgesetz
ET	Energiewirtschaftliche Tagesfragen (Z)
EU	Europäische Union
EuGH	Gerichtshof der Europäischen Gemeinschaften
EuGHMR	Europäischer Gerichtshof für Menschenrechte
EuGRZ	Europäische Grundrechte Zeitschrift (Z)
EuR	Europarecht (Z)
EuZW	Europäische Zeitschrift für Wirtschaftsrecht (Z)
EVPO	Entwurf einer Verwaltungsprozessordnung, Referentenentwurf 1980 mit Begründung vom Februar 1981
EVwVerfG 1963	Musterentwurf eines Verwaltungsverfahrensgesetzes (EVwVerfG 1963), 2. Aufl 1968

EVwVerfG 1970	Entwurf eines Verwaltungsverfahrensgesetzes BT-Dr 6/1173 v 21. 9. 1970
EVwVfG	Entwurf eines Verwaltungsverfahrensgesetzes BT-Dr 7/910 v 18. 7. 1973
Eyermann	Eyermann E., Verwaltungsgerichtsordnung, 11. Aufl 2000
f; ff	folgende(r); fortfolgende
F.	Forsthoff E., Lehrbuch des Verwaltungsrechts, Bd I, Allgemeiner Teil, 10. Aufl 1973
FAG	Finanzausgleichsgesetz
FamRZ	Zeitschrift für das gesamte Familienrecht (Z)
FEVS	Fürsorgerechtliche Entscheidungen der Verwaltungs- und Sozialgerichte
FG	Finanzgericht
FGO	Finanzgerichtsordnung
Finkelnburg	Finkelnburg, K., Jank Kl. P., Vorläufiger Rechtsschutz im Verwaltungsstreitverfahren, 4. Aufl 1998
FL	Finkelnburg Kl./Lässig C. L., Kommentar zum Verwaltungsverfahrensgesetz Bd I, Stand: 1979
FlurbG	Flurbereinigungsgesetz
Fn	Fußnote, Anmerkung
FöR	Fundhefte für öffentliches Recht
Foerster	Foerster G. ua, Allgemeines Verwaltungsgesetz für das Land Schleswig-Holstein, Kommentar, Losebl, Stand: 2002
FR	Finanz-Rundschau (Z)
FS	Festschrift
FStrG	Bundesfernstraßengesetz
G	Gesetz
GBl	Gesetzblatt
GedS	Gedächtnisschrift
gem	gemäß
Gemeinde	Die Gemeinde (Z)
GemS	Gemeinsamer Senat
Germelmann	Germelmann Cl.-H./Matthes H.-Chr./Prütting H., Arbeitsgerichtsgesetz, 4. Aufl 2002
GewArch	Gewerbearchiv (Z)
GewO	Gewerbeordnung
GG	Grundgesetz für die Bundesrepublik Deutschland
GK	Krause P./v. Mutius A./Schapp F. E./Siewert J., Gemeinschaftskommentar zum SGB-Verwaltungsverfahren – GK – SGB X 1, 1991
GKG	Gerichtskostengesetz
GMBl	Gemeinsames Ministerialblatt
GO	Gemeindeordnung
Götz VerwR	Götz V., Allgemeines Verwaltungsrecht, 4. Aufl 1997
Gräber	Gräber Fr., Finanzgerichtsordnung mit Nebengesetzen, bearb. von v. Groll R., 5. Aufl 2002
GrS	Großer Senat
GrZS	Großer Zivilsenat beim Bundesgerichtshof
GSOBG	Gemeinsamer Senat der obersten Gerichtshöfe des Bundes (gemäß Gesetz zur Wahrung der Einheitlichkeit der Rechtsprechung der obersten Gerichtshöfe des Bundes vom 16. 6. 1968, BGBl I 661)
GVBl	Gesetz- und Verordnungsblatt
GVG	Gerichtsverfassungsgesetz
GWB	Gesetz gegen Wettbewerbsbeschränkungen
Halbs	Halbsatz
HandwO	Handwerksordnung
Hansa	Hansa (Z)
Hartmann	Hartmann P. ua, Kostengesetze, 32. Aufl 2003
Hauck	Hauck K./Haines H., Sozialgesetzbuch (SGB) X, Kommentar Losebl, Stand: 2002

Abkürzungen

Hbg, hbg	Hamburg, hamburgisch
HdBStKR	Listl/Friesenhahn (Hg), Handbuch des Staatskirchenrechts, 2. Aufl 1994
Held	Held J., Der Grundrechtsbezug des Verwaltungsverfahrens, 1984
Hess, hess	Hessen, hessisch
Hesse	Hesse K., Grundzüge des Verfassungsrechts der Bundesrepublik Deutschland, 20. Aufl 1995
HessStA	Hessischer Staatsanzeiger
HessStGZ	Hessische Städte- und Gemeindezeitung (Z)
HessVGRspr	Rechtsprechung der Hessischen Verwaltungsgerichte
HFR	Höchstrichterliche Finanzrechtsprechung
Hg	Herausgeber
HHSp	Hübschmann, W./Hepp, E./Spitaler, A., Abgabenordnung – Finanzgerichtsordnung, Kommentar, Losebl, Stand: 2002
Hill	Hill H., Das fehlerhafte Verfahren und seine Folgen im Verwaltungsrecht, 1986
hM	herrschende Meinung
HmbJVBl	Hamburgisches Justizverwaltungsblatt (Z)
HMR	Handbuch des gesamten Miet- und Raumrechts
Hofmann AllgVR	Hofmann H., Allgemeines Verwaltungsrecht, 8. Aufl 2002 (vormals Schmalz)
HRR	Höchstrichterliche Rechtsprechung
Huber	Huber, P.-M., Allgemeines Verwaltungsrecht, 2. Aufl 1997
Hufen	Hufen F., Fehler im Verwaltungsverfahren, 4. Aufl 2002
idF	in der Fassung (nur gebraucht für die Bekanntmachung der Neufassung eines Gesetzes)
idR	in der Regel
idS	in diesem Sinn
ieS	im engeren Sinn
InfAuslR	Informationsbrief Ausländerrecht
insb	insbesondere
InsO	Insolvenzordnung
Ipsen	Ipsen J., Allgemeines Verwaltungsrecht, 2. Aufl 2001
iS	im Sinn
iV	in Verbindung
iVm	in Verbindung mit
iwS	im weiteren Sinn
JA	Juristische Arbeitsblätter (Z)
JA-ÖR	Juristische Arbeitsblätter – Öffentliches Recht
Jauernig	Jauernig O., Zivilprozessrecht, 27. Aufl 2002
Jäde	Jäde H., Verwaltungsverfahren, Widerspruchsverfahren, Verwaltungsprozess, 4. Aufl 2001
Jarass	Jarass, Hans D., Kommentar zum Bundesimmissionsschutzgesetz, 5. Aufl 2002
Jarass/Pieroth	Jarass, Hans D./Pieroth, Bodo, Grundgesetz für die Bundesrepublik Deutschland, Kommentar, 6. Aufl 2002
Jellinek	Jellinek W., Verwaltungsrecht, 3. Aufl 1948
Jessnitzer	Jessnitzer K./Frieling G., Der gerichtliche Sachverständige, 11. Aufl 2000
JMBl	Justizministerialblatt
JR	Juristische Rundschau (Z)
Jura	Jura. Juristische Ausbildung (Z)
JurA	Juristische Analysen (Z), seit 1973 JA
JurBüro	Das Juristische Büro (Z)
Justiz	Die Justiz. Amtsblatt des Justizministeriums Baden-Württemberg
JVBL	Justizverwaltungsblatt
JW	Juristische Wochenschrift (Z)
JZ	Juristenzeitung (Z)
Kemper	Kemper Kl., Der vorläufige Verwaltungsakt, 1990
KG	Kammergericht

KgfEG	Kriegsgefangenenentschädigungsgesetz
Kissel	Kissel O., Gerichtsverfassungsgesetz, 3. Aufl 2001
KJHG	Kinder- und Jugendhilfegesetz (SGB-VIII)
KKZ	Kommunal-Kassen-Zeitschrift (Z)
Klappstein	Klappstein W., Rechtseinheit und Rechtsvielfalt im Verwaltungsrecht, 1994
Kleinknecht	Meyer-Goßner, Strafprozessordnung mit GVG und Nebengesetzen, 46. Aufl 2003 (vormals Kleinknecht/Meyer-Goßner)
Knack	Knack H.-J./Busch J.-D./Clausen W./Henneke H.-G./Klappstein W./Möllgaard J., Verwaltungsverfahrensgesetz (VwVfG), Kommentar, 7. Aufl 2002
KO	Klein Fr./Orlopp G., Abgabenordnung – einschließlich Steuerstrafrecht –, Kommentar, 7. Aufl 2000
Koch	Koch K., Abgabenordnung (AO 1977), 5. Aufl 1996
Koch/Rubel AllgVR	Koch H.-J./Rubel, Allgemeines Verwaltungsrecht, 3. Aufl 2000
Koehler	Koehler A., Verwaltungsgerichtsordnung, Kommentar, 1960
König	König/Meins, BayVwVfG, 1993
Kopp	Kopp F., VwVfG, 6. Aufl 1997
Kopp/Schenke	Kopp F./Schenke W. R., VwGO, Verwaltungsgerichtsordnung mit Erläuterungen, 13. Aufl 2003
Kopp Gutachten	Kopp F., Welchen Anforderungen soll eine einheitliche Verwaltungsprozessordnung genügen?, Gutachten B, 54. DJT 1982
Krause	Krause P., Rechtsformen des Verwaltungshandelns, 1974
KrW-/AbfG	Gesetz zur Förderung der Kreislaufwirtschaft und Sicherung der umweltverträglichen Beseitigung von Abfällen v 27. 9. 1994 (BGBl I 2705)
KStZ	Kommunale Steuer-Zeitschrift (Z)
Kühn	Kühn R./Kutter H./Hofmann R., AO, FGO, Nebengesetze, 16. Aufl 1990
LAG	Lastenausgleichsgesetz
Lange	Lange, Kl., Fehler und Fehlerfolgen im atomrechtlichen Genehmigungsverfahren, 1994
Lappe	Lappe Fr./v. Eicken K./Noll H./Herget K./Schneider N., Kostenrechtsprechung, Losebl, Stand: 1993
LBeschG	Landbeschaffungsgesetz
Lerche	Lerche P./Schmitt Glaeser W./Schmitt-Aßmann E., Verfahren als staats- und verwaltungsgerichtliche Kategorie, 1984
Linhart	Linhart H., Schreiben, Bescheide und Vorschriften in der Verwaltung, Losebl, Stand: 2002
Linhart Fristen	Linhart H., Fristen und Termine im Verwaltungsrecht, 3. Aufl 1996
LKV	Landes- und Kommunalverwaltung (Z)
Lorenz	Lorenz D., Der Rechtsschutz des Bürgers und die Rechtsweggarantie, 1973
LRGewO	Landmann R./Rohmer G., Gewerbeordnung, Losebl
LSG	Landessozialgericht
LVG	Landesverwaltungsgericht
Martens	Martens J., Die Praxis des Verwaltungsprozesses, 1975
Martens Texte	Martens J., Mustertexte zum Verwaltungsprozess, (VwGO, FGO, SGG), 2. Aufl 1994
Martens VwVf	Martens J., Praxis des Verwaltungsverfahrens, 1985
Maurer	Maurer H., Allgemeines Verwaltungsrecht, 14. Aufl 2002
MB	Meyer H./Borgs-Maciejewski H., Verwaltungsverfahrensgesetz, 2. Aufl 1982
MBl	Ministerialblatt
m	mündlich
MD	Maunz T./Dürig G./Herzog R./Scholz R., Grundgesetz, Kommentar, Losebl, Stand 2002
MDR	Monatsschrift für Deutsches Recht (Z)
ME	Menger C. F./Erichsen H., Höchstrichterliche Rechtsprechung zum Verwaltungsrecht, in: Verwaltungsarchiv (Z)

Abkürzungen

Menger	Menger C. F., System des verwaltungsgerichtlichen Rechtsschutzes, 1954
ML	Meyer-Ladewig J., SGG, Sozialgerichtsgesetz mit Erläuterungen, 7. Aufl 2002
MOBK	Maunz, Th./Obermayer Kl./Berg, W./Knemayer Fr.-L., Staats- und Verwaltungsrecht in Bayern, 5. Aufl 1998
MK	Mayer F./Kopp F., Allgemeines Verwaltungsrecht, 5. Aufl 1985 (vormals Mayer F., Allgemeines Verwaltungsrecht)
MRK	Konvention zum Schutze der Menschenrechte und Grundfreiheiten v 4. 11. 1950, dazu Gesetz vom 7. 8. 1952 (BGBl II 685, 953), in Kraft als deutsches Gesetz seit 3. 9. 1953 (BGBl 1954 II 14)
MuE	Musterentwurf eines Verwaltungsverfahrensgesetzes (EVwVerfG 1963), 2. Aufl 1968
Müller	Müller, Grundriss des steuerlichen Verfahrensrechts, 1991
Müller-Ibold	Müller-Ibold T., Die Begründungspflicht im europäischen Gemeinschaftsrecht und im deutschen Recht, 1990
MuLö	Musterlösung
v Mutius	v. Mutius A., Das Widerspruchsverfahren als Verwaltungsverfahren und Prozessvoraussetzung, 1969
mN; mwN	mit weiteren Nachweisen
mV	mündliche Verhandlung
MV, mv	Mecklenburg-Vorpommern, mecklenburg-vorpommerisch
N	Nachweise
NDBZ	Neue Deutsche Beamtenzeitung (Z)
Nds, nds	Niedersachsen, niedersächsisch
Nierhaus	Nierhaus M., Beweismaß und Beweislast: Untersuchungsgrundsatz und Beteiligtenmitwirkung im Verwaltungsprozess, 1989
NJ	Neue Justiz (Z)
NJW	Neue Juristische Wochenschrift (Z)
NJW-RR	NJW-Rechtsprechungs-Report Zivilrecht (Z)
NK	Normenkontrolle
NordÖR	Zeitschrift für Öffentliches Recht in Norddeutschland (Z)
Nr	Nummer
NStZ	Neue Zeitschrift für Strafrecht (Z)
NuR	Natur und Recht (Z)
nv	nicht veröffentlicht
NVwZ	Neue Zeitschrift für Verwaltungsrecht (Z)
NVwZ-RR	NVwZ-Rechtsprechungs-Report Verwaltungsrecht (Z)
NW, nw	Nordrhein-Westfalen; nordrhein-westfälisch
NWVBl	Nordrhein-Westfälische Verwaltungsblätter (Z)
NZA	Neue Zeitschrift für Arbeits- und Sozialrecht (Z)
NZS	Neue Zeitschrift für Sozialrecht (Z)
NZV	Neue Zeitschrift für Verkehrsrecht (Z)
oä	oder ähnliches
OBA	Oberbundesanwalt
Obermayer	Obermayer K., Kommentar zum VwVfG, fortgeführt von Ehlers D. und Link Chr., 3. Aufl 1999
Obermayer VerwR	Obermayer K., Grundzüge des Verwaltungsrechts und des Verwaltungsprozessrechts, 3. Aufl 1988
offen	ohne abschließende Stellungnahme
ÖJZ	Österreichische Juristenzeitung (Z)
OLG	Oberlandesgericht
österrJBl	Juristische Blätter, Wien (Z)
OVG	Oberverwaltungsgericht
OVGE	Entscheidungen der Oberverwaltungsgerichte für das Land Nordrhein-Westfalen in Münster sowie für das Land Niedersachsen in Lüneburg; Band (Jahr)
P	Pietzner R./Ronellenfitsch M., Das Assessorexamen im Öffentlichen Recht, Widerspruchsverfahren und Verwaltungsprozess, 10. Aufl 2000

Palandt	Palandt, O., Kommentar zum Bürgerlichen Gesetzbuch, 62. Aufl 2003
Pestalozza	Pestalozza P., Verfassungsprozessrecht, 3. Aufl 1991
Pickel	Pickel H., Das Verwaltungsverfahren, Kommentar zum X. Buch des SGB, Losebl, Stand 2002
Pitschas	Pitschas R., Verwaltungsverantwortung und Verwaltungsverfahren, 1990
PM	Peters H./Mengert G., Handbuch der Krankenversicherung, Teil 1. Kommentar zum SGB I, SGB IV und SGB X Losebl, Stand: 2001
Polizei	Die Polizei (Z)
prOVG	Entscheidungen des preußischen Oberverwaltungsgerichts
RA	Rechtsanwalt
Ramsauer	Ramsauer U., Die Assessorprüfung im öffentlichen Recht, 5. Aufl 2001
RBerG	Rechtsberatungsgesetz
RdA	Recht der Arbeit (Z)
RdJ	Rechte der Jugend und des Bildungswesens (Z)
RdK	Recht des Kraftfahrers (Z)
RdL	Recht der Landwirtschaft (Z)
Recht	Das Recht (Z)
RGBl	Reichsgesetzblatt
RGSt	Entscheidungen des Reichsgerichts in Strafsachen
RGZ	Entscheidungen des Reichsgerichts in Zivilsachen
RhPf, rhpf	Rheinland-Pfalz, rheinland-pfälzisch
RiA	Recht im Amt (Z)
RiW/AWD	Das Recht der internationalen Wirtschaft/Außenwirtschaftsdienst des Betriebsberaters (Z)
RLA	Rundschau für Lastenausgleich (Z)
Rn	Randnummer
RÖ	Redeker K./v. Oertzen H.-J., Verwaltungsgerichtsordnung, Kommentar, 13. Aufl 2000
ROW	Recht in Ost und West (Z)
RPfl	Der Deutsche Rechtspfleger (Z)
RS	Rosenberg L./Schwab K. H./Gottwald P., Zivilprozessrecht, 15. Aufl 1993
Rspr	Rechtsprechung
Rupp	Rupp H. H., Grundfragen der heutigen Verwaltungsrechtslehre, 1965, 2. Aufl 1991
RuStAG	Reichs- und Staatsangehörigkeitsgesetz
RV	Die Rentenversicherung (Z)
RWS	Recht und Wirtschaft der Schule (Z)
S	Satz; Seite
s	siehe
Saarl, saar	Saarland, saarländisch
Sachs, sächs	Sachsen, sächsisch
Sachs.-Anh.	Sachsen-Anhalt; sächsisch-anhaltisch
SaE	Sammlung arbeitsrechtlicher Entscheidungen
SächsVBl	Sächsische Verwaltungsblätter (Z)
Saladin	Saladin P., Das Verwaltungsverfahrensrecht des Bundes, Basel 1979
Schenke	Schenke W.-R., Verwaltungsprozessrecht, 8. Aufl 2002
Schilken	Schilken E., Gerichtsverfassungsrecht, 2. Aufl 1994
Schimmelpfennig	Schimmelpfennig H.-Chr., Vorläufige Verwaltungsakte, 1989
Schl-H, s-h	Schleswig-Holstein, schleswig-holsteinisch
SchlHA	Schleswig-Holsteinische Anzeigen (Z)
Schmitt	Schmitt L., Sozialgesetzbuch, Allg. Teil, 1976
Schoch	Schoch F./Schmidt-Aßmann, E./Pietzner, R., Kommentar zur VwGO, Losebl, Stand 2002 (zit Bearb in Schoch)
SchP	Schroeder-Printzen G./Engelmann Kl./Schmalz U./Wiesner S./v. Wolfrum M., Sozialgesetzbuch, Verwaltungsverfahren – SGB X, 1981, 2. Aufl 1990

Abkürzungen

Schwarz	Schwarz B. (Hg), Abgabenordnung (AO), Kommentar, Losebl, Stand: 2002
SchwbG	Schwerbehindertengesetz (früher Schwerbeschädigtengesetz)
Seibert	Seibert M.-J., Die Bindungswirkung von Verwaltungsakten, 1989
SG	Schmitt Glaeser, W., Verwaltungsprozessrecht, Kurzlehrbuch, 15. Aufl 2000
SGB (I–X)	Sozialgesetzbuch (Bücher I bis X)
SGb	Die Sozialgerichtsbarkeit (Z)
SGG	Sozialgerichtsgesetz
s-h	schleswig-holsteinisch
s-hLVwG	Allgemeines Verwaltungsgesetz für das Land Schleswig-Holstein (Landesverwaltungsgesetz – LVwG) v 18. 4. 1967 (s-hGVBl 1967, 131 ff)
SJZ	Süddeutsche Juristenzeitung (Z)
SKV	Staats- und Kommunalverwaltung (Z) (jetzt: Verwaltungsrundschau, s unter VR)
SOG	NdsGesetz über die öffentliche Sicherheit und Ordnung
SoldG	Soldatengesetz
SozEntsch	Sozialrechtliche Entscheidungssammlung
SozR	Sozialrecht, Rechtsprechung und Schrifttum, hg von Richtern des BSG
SozSich	Soziale Sicherheit (Z)
SozV	Die Sozialversicherung (Z)
Staat	Der Staat (Z)
StAnG	Staatsangehörigkeitsgesetz
StBS	Stelkens P./Bonk H. J./Sachs M., Verwaltungsverfahrensgesetz, Kommentar, 6. Aufl 2001
Steiner	Steiner, U. (Hg), Besonderes Verwaltungsrecht, 6. Aufl 1999
Stelkens	Stelkens P., Verwaltungsverfahren, 1991
Stern	Stern Kl., Verwaltungsprozessuale Probleme in der öffentlich-rechtlichen Arbeit, 8. Aufl 2000
Steuer und Recht	Steuer und Recht (Z)
StGB	Strafgesetzbuch
StJ	Stein Fr./Jonas M., Kommentar zur Zivilprozessordnung, Kommentar, 21. Aufl 1993 ff
str	streitig, strittig
Straub	Straub, H., Sozialverwaltungsverfahren (Verwaltungs- und Widerspruchsverfahren), 1991
stRspr	ständige Rechtsprechung
StVO	Straßenverkehrsordnung
StVZO	Straßenverkehrszulassungsordnung
SVG	Soldatenversorgungsgesetz
ThP	Thomas H./Putzo H., Zivilprozessordnung mit Gerichtsverfassungsgesetz, 24. Aufl 2002
Tipke	Tipke K. fortgeführt v Lang J., Steuerrecht. Ein systematischer Grundriss, 17. Aufl 2002
TK	Tipke K./Kruse H. W., AO, FGO, Kommentar, Losebl, Stand: 2002
TS	Tschira O./Schmitt Glaeser W., Verwaltungsverfahrensgesetz des Freistaates Bayern unter Berücksichtigung des Verwaltungsverfahrensgesetzes des Bundes, Losebl, 1976 ff (fortgeführt von König E./Meins J., 1993)
Thür, thür	Thüringen, thüringer
ThürVBe	Thüringer Verwaltungsblätter (Z)
ua	und andere(s)
uä	und ähnliches
UL	Ule C. H./Laubinger H. W., Verwaltungsverfahrensrecht, 4. Aufl 1995
Ule/Becker	Ule C. H./Becker F., Verwaltungsverfahren im Rechtsstaat, 1964

UnBefG	Gesetz über die unentgeltliche Beförderung von Kriegs- und Wehrdienstbeschädigten sowie von anderen Behinderten im Nahverkehr vom 27. 8. 1965 (BGBl I 1978)
UPR	Umwelt- und Planungsrecht (Z)
UVP/UVPG	Umweltverträglichkeitsprüfung/Gesetz über die Umweltverträglichkeitsprüfung
VA	Verwaltungsakt
VBlBW	Verwaltungsblätter für Baden-Württemberg (Z)
vdGK	von der Groeben K./Knack H. J., Allgemeines Verwaltungsgesetz für das Land Schleswig-Holstein (Landesverwaltungsgesetz), Kommentar, 1968
VerfGH	Verfassungsgerichtshof
VersR	Versicherungsrecht (Z)
VerwArch	Verwaltungsarchiv (Z)
VG	Verwaltungsgericht
VGH	Verwaltungsgerichtshof
vgl	vergleiche
VIA	Vertreter der Interessen des Ausgleichsfonds
VIE	Veröffentlichungen des Instituts für Energierecht an der Universität Köln
VkBl	Verkehrsblatt (Z)
VO	Verordnung
VöI	Vertreter des öffentlichen Interesses
VOP	Verwaltungsführung, Organisation, Personalwesen (Z)
VPO	Verwaltungsprozessordnung (Entwurf 1980; s EVPO)
Vr	Verwaltungsrundschau (Z)
VRS	Verkehrsrechtssammlung (Z)
VRspr	Verwaltungsrechtsprechung in Deutschland
VSSR	Vierteljahresschrift für Sozialrecht (Z)
VVDStRL	Veröffentlichungen der Vereinigung der Deutschen Staatsrechtslehrer
Vw	Die Verwaltung (Z)
VwGO	Verwaltungsgerichtsordnung
VwPO	Verwaltungsprozessordnung (Entwurf 1982 bzw 1985; s EVwPO)
VwVfG	Verwaltungsverfahrensgesetz (VwVfG) v. 25. 5. 1976 (BGBl I 1253)
VwVG	Verwaltungsvollstreckungsgesetz
VwZG	Verwaltungszustellungsgesetz
VzA	Anordnung der sofortigen Vollziehung
WBS	Wolff H. J., bzw Wolff H. J./Bachof O./Stober R., Verwaltungsrecht Bd I, 11. Aufl 1999; Bd II, 6. Aufl 2000
Wallerath	Wallerath M., Allgemeines Verwaltungsrecht, 5. Aufl 2000
Wannagat	Wannagat G. ua, Sozialgesetzbuch (SGB) Kommentar, Losebl, Stand: 2002
WBauG	Wohnungsbaugesetz
WBO	Wehrbeschwerdeordnung
WDO	Wehrdisziplinarordnung
Weber	Weber H., Rechtsschutz im Verfassungsrecht I, 1977
Weides	Weides P., Verwaltungsverfahren und Widerspruchsverfahren, 3. Aufl 1993
WiR	Wirtschaftsrecht (Z)
WissR	Wissenschaftsrecht (Z)
wistra	Zeitschrift für Wirtschaft, Steuer, Strafrecht (Z)
WM	Wertpapiermitteilungen (Z)
WPflG	Wehrpflichtgesetz
WPg	Die Wirtschaftsprüfung (Z)
WPO	Wirtschaftsprüferordnung
WRP	Wettbewerb in Recht und Praxis (Z)
WUR	Wirtschaftsverwaltungs- und Umweltrecht (Z)
WRV	Weimarer Reichsverfassung

Abkürzungen

WuV	Wirtschaft und Verwaltung, Vierteljahresbeilage zum Gewerbearchiv
Z	Zeitschrift
Zacher	Zacher H. F., Sozialgesetzbuch, Allg Teil, 1976
ZAR	Zeitschrift für Ausländerrecht und Ausländerpolitik
zB	zum Beispiel
ZBR	Zeitschrift für Beamtenrecht (Z)
Zeitler	Zeitler H., SGB X für die Praxis der Sozialhilfe und der Kinder- und Jugendhilfe, 5. Aufl 1996
ZevKR	Zeitschrift für evangelisches Kirchenrecht (Z)
ZfA	Zeitschrift für Arbeitsrecht (Z)
ZfBR	Zeitschrift für Baurecht (Z)
ZfP	Zeitschrift für Politik (Z)
ZfS	Zeitschrift für Sozialversicherung, Sozialhilfe und Versorgung (Z)
ZfSozR	Zeitschrift für Sozialreform (Z)
ZfV	Zeitschrift für Verwaltung, Wien (Z)
ZfW	Zeitschrift für Wasserrecht (Z)
ZG	Zeitschrift für Gesetzgebung (Z)
ZGStW	Zeitschrift für die gesamte Staatswissenschaft (Z)
ZHR	Zeitschrift für das gesamte Handelsrecht und Wirtschaftsrecht (Z)
ZIP	Zeitschrift für Wirtschaftsrecht und Insolvenzpraxis (Z)
Zimmermann	Zimmermann W., Zivilprozessordnung mit GVG und Nebengesetzen, 6. Aufl. 2002
ZKF	Zeitschrift für Kommunalfinanzen (Z)
ZLA	Zeitschrift für den Lastenausgleich (Z)
ZLW	Zeitschrift für Luftrecht und Weltraumrechtsfragen (Z)
ZMR	Zeitschrift für Miet- und Raumrecht (Z)
Zöller	Zöller R., ZPO, Kommentar zur Zivilprozessordnung, 23. Aufl 2002
ZöR	Zeitschrift für öffentliches Recht (Z)
ZPO	Zivilprozessordnung
ZRP	Zeitschrift für Rechtspolitik (Z)
ZSEG	Gesetz über die Entschädigung von Zeugen und Sachverständigen
ZSH	Zeitschrift für Sozialhilfe (Z)
ZSR	Zeitschrift für Sozialrecht (Z)
zT	zum Teil
ZUR	Zeitschrift für Umweltrecht (Z)
ZZP	Zeitschrift für Zivilprozess (Z)

Einführung

Übersicht

I. Allgemeines

1. Das VwVfG als Teilkodifikation des Verwaltungsverfahrensrechts. 1
Nach langen Vorarbeiten und Diskussionen trat das VwVfG am 1. 1. 1977 in Kraft (zur Entstehungsgeschichte s Rn 27ff). Das ursprünglich angestrebte Ziel, damit ein einheitliches Verwaltungsverfahrensrecht zu schaffen, wurde nicht erreicht. Obwohl die Bundesländer sämtlich Verwaltungsverfahrensgesetze erlassen haben, die sich inhaltlich weitestgehend am VwVfG orientieren (s u Rn 6: **Simultangesetzgebung**), wurde mit dem VwVfG und den entsprechenden Ländergesetzen nur eine Teilkodifikation des Verfahrensrechts geschaffen. Das gilt erstens im Hinblick darauf, dass gem § 2 wichtige Gebiete, darunter der gesamte Bereich der **Sozialverwaltung** nach dem SGB und die **Abgabenverwaltung** nach der AO aus dem Anwendungsbereich ausgenommen sind, zweitens im Hinblick darauf, dass das VwVfG nach § 9 nur diejenigen Verwaltungsverfahren erfasst, die zum Erlass von VAen (§§ 35ff) oder zum Abschluss von öffentlich-rechtlichen Verträgen (§§ 54ff) führen, während sämtliche sonstigen Handlungsformen der Verwaltung, zB das schlicht-hoheitliche Handeln, das Handeln in den Formen des Verwaltungsprivatrechts (vgl § 9 Rn 7) ebenso ausgenommen bleiben wie Verfahren, die zum Erlass von Satzungen oder Rechtsverordnungen führen (s u Rn 3; vgl auch UL § 2 Rn 4). Drittens gilt dies im Hinblick darauf, dass sämtliche Verfahrensbestimmungen in den Rechtsnormen des besonderen Verwaltungsrechts nach dem in § 1 Abs 2 enthaltenen **Grundsatz der Subsidiarität** den Regelungen des VwVfG vorgehen (s § 1 Rn 30). Auf der anderen Seite enthält das VwVfG Bestimmungen, die über eine Regelung des reinen Verwaltungsverfahrens hinausgehen und materiell-rechtlichen Charakter haben. Hierzu zählen etwa die Vorschriften über die Amtshilfe (§§ 4ff), über die Rücknahme und den Widerruf von VAen (§§ 48ff) und über die Verjährung (§ 53). Derartige Regelungen wurden wegen ihres engen Sachzusammenhangs mit dem Verfahrensrecht als sog **annexe Materien** in das VwVfG aufgenommen (s u Rn 12u 14).

a) Die Drei-Säulen-Theorie. Im Rahmen des Gesetzgebungsverfahrens setz- 2
ten sich diejenigen Stimmen durch, die wegen der Besonderheiten der Rechtsmaterien nach dem Vorbild der Prozessordnungen die Schaffung bzw den Erhalt eigenständiger Kodifikationen für den Abgabenbereich und den Sozialbereich forderten (vgl Knack vor § 1 Rn 6). Das Verwaltungsverfahren in Abgabensachen ist heute im Wesentlichen in der AO 1977, das Verfahren in Sozialsachen im SGB I und im SGB X geregelt. Diese Gesetze wurden allerdings weitgehend mit dem VwVfG abgestimmt. Sie enthalten zu einem erheblichen Teil nicht nur inhaltlich, sondern auch wörtlich übereinstimmende Regelungen. Damit blieb dem finanzgerichtlichen Verfahren nach der FGO das Verwaltungsverfahren nach der AO vorgeschaltet, dem sozialgerichtlichen Verfahren nach dem SGG das Verwaltungsverfahren nach dem SGB I bzw dem SGB X. Das VwVfG regelt im Wesentlichen (zu Ausnahmen s u Rn 14) nur das Verwaltungsverfahren, welches dem verwaltungsgerichtlichen Verfahren nach der VwGO vorausgeht. Wegen dieser Dreiteilung der Verwaltungsverfahren, die sich im Prozessrecht fortsetzt, spricht man von

der Drei-Säulen-Theorie. Dieser Begriff überdeckt indessen den Befund, dass die Besonderheiten der Rechtsgebiete keineswegs so gewichtig sind, dass sie nicht auch in einer einzigen Verfahrensordnung berücksichtigt werden könnten (vgl Knack vor § 1 Rn 6; s auch Pitschas Sgb 1999, 385). Dies zeigen nicht nur die sehr weitgehenden Übereinstimmungen der drei Verfahrensordnungen, sondern auch der Umstand, dass die drei Verfahrensordnungen den korrespondierenden Prozessordnungen durchaus nicht widerspruchsfrei zugeordnet sind. So gibt es eine Fülle von Abgabensachen, die im Verwaltungsverfahren zwar nach der AO behandelt werden, im gerichtlichen Verfahren aber nach der VwGO, und ebenso eine Fülle von Verwaltungsverfahren, die auf der Verwaltungsebene nach dem SGB X behandelt werden, auf der gerichtlichen aber nach der VwGO (zB Sachen nach dem BSHG, WoGG, BAföG).

3 **b) Beschränkung auf VA und öffentlich-rechtlichen Vertrag.** Nicht vom VwVfG und den entsprechenden Verwaltungsverfahrensgesetzen der Länder erfasst werden das Verfahren zum Erlass von Verordnungen und Satzungen, das schlichthoheitliche Handeln der Behörden in seinen vielfältigen Erscheinungsformen und das gesamte Handeln der Behörden auf dem Gebiet des Privatrechts. Letzteres gilt nicht nur für das fiskalische Handeln, sondern auch für das Handeln im Bereich des Verwaltungsprivatrechts (s hierzu § 9 Rn 7). Dies folgt aus dem auf den VA und den öffentlich-rechtlichen Vertrag beschränkten **Begriff des Verwaltungsverfahrens in § 9** (s dort zur Definition § 9 Rn 6 ff). Allerdings haben nicht alle Bundesländer den Anwendungsbereich ihrer Verwaltungsverfahrensgesetze derart eingeschränkt. So regelt zB das shLVwG auch das Verfahren, welches bei dem Erlass von Rechtsverordnungen und Satzungen zu beachten ist. Ein Bedürfnis für einheitliche Verfahrensregelungen in Bezug auf andere Handlungsformen lässt sich kaum bestreiten. Auch insoweit fehlt es an rechtspolitisch überzeugenden Gründen für die Beschränkungen des Anwendungsbereichs des VwVfG.

4 **c) Subsidiarität.** Gem § 1 Abs 1 und 2 VwVfG gelten die Bestimmungen des VwVfG grundsätzlich nur subsidiär dh nur wenn und soweit nicht andere Rechtsvorschriften des Bundes „**inhaltsgleiche oder entgegenstehende Bestimmungen** enthalten". Entsprechendes gilt für die Verwaltungsverfahrensgesetze der meisten Länder. Nur das berlVwVfG, das bremVwVfG, das shLVwG und das saarlVwVfG enthalten keine der Subsidiaritätsregelung des VwVfG entsprechenden Bestimmungen und sehen ausdrücklich (so § 97 S. 1 bremLVwVfG und § 327 Abs 2 S. 1 shLVwG) oder stillschweigend (so das berlVwVfG) das Außerkrafttreten inhaltsgleichen oder entgegenstehenden Rechts ab sofort oder ab einem bestimmten Zeitpunkt (§ 96 Abs 2 saarlVwVfG: nach 4 Jahren) vor. Auch in diesen Ländern ist der Gesetzgeber jedoch nicht gehindert, in späteren Gesetzen abweichende Regelungen zu treffen, die dann dem jeweiligen Landes-VwVfG vorgehen.

5 **2. Verwaltungsverfahrensrecht in Bund und Ländern. a) Beschränkung des Geltungsbereichs des VwVfG.** Das VwVfG gilt gem § 1 Abs 1 Nr 1 primär (nur) für Bundesbehörden. Landesbehörden haben das VwVfG nach näherer Bestimmung des Abs 1 Nr 2 und der Abs 2 und 3 des § 1 nur anzuwenden, wenn das betroffene Land nicht in einem eigenen Verwaltungsverfahrensgesetz Regelungen für das Verfahren getroffen hat. Da inzwischen sämtliche Bundesländer eigene Verwaltungsverfahrensgesetze erlassen haben, kommt das VwVfG für die Landesverwaltung also nicht mehr (unmittelbar) zur Anwendung. Die verschiedentlich erhobene Forderung, dem Bund durch eine Änderung des GG den Erlass eines einheitlichen Verfahrensgesetzes für Bundes- und Landesbehörden zu ermöglichen, konnte sich im Gesetzgebungsverfahren nicht durchsetzen (vgl BT-Dr 7/910 S. 99 f). Der Bundesgesetzgeber ist andererseits auch dem Vorschlag des Bundesrats (Stellungnahme zu § 1, Begr 99, und Gegenäußerung der BReg dazu, Begr 108) nicht gefolgt, die Anwendung des VwVfG von vorneherein auf Bundesbehörden zu beschränken und dadurch sicherzustellen, dass sich das Verfahren Landesbehör-

den allein nach Landesrecht richten würde. Praktisch hat jedoch die erst auf Vorschlag des Vermittlungsausschusses in das VwVfG eingefügte Bestimmung des § 1 Abs 3 den Ländern die Möglichkeit gegeben, durch Erlass eigener Verwaltungsverfahrensgesetze für den Bereich ihrer Behörden eine Regelung herbeizuführen, die diesem Ziel entspricht und Überschneidungen vermeidet. Im Hinblick auf die nur beschränkte Gesetzgebungszuständigkeit des Bundes für Regelungen des Verwaltungsverfahrens und angesichts des Widerstandes der Länder gegen umfassende bundesrechtliche Regelungen stellt die Bestimmung in § 1 einen Kompromiss dar, der allerdings nur deshalb erträglich erscheint, weil die Länder sich auf ein Verfahren zur Simultangesetzgebung mit dem Bund verständigt haben.

b) Verwaltungsverfahrensgesetze der Länder. Die Bundesländer haben sämtlich eigene Regelungen auf dem Gebiet des Verwaltungsverfahrens getroffen, teilweise, indem sie eigenständige Verfahrensgesetze erlassen haben, teilweise, indem sie im Wege der gesetzgeberischen Verweisung die Bestimmungen des VwVfG in Landesrecht übertragen haben. Da durch eine bundesrechtliche Regelung allein ein einheitliches Verfahrensrecht nicht zu erreichen gewesen war, hatten die Innenminister der Länder bereits am 20. 2. 1976 den Beschluss gefasst, nach Erlass des VwVfG auf den Erlass von mit dem VwVfG inhaltsgleichen Landesverwaltungsverfahrensgesetzen hinzuwirken **(Beschluss zur Simultangesetzgebung).** Diesem Beschluss entsprechend ist in der Folgezeit auch tatsächlich verfahren worden. Dies gilt nicht nur für die erste Fassung des VwVfG, sondern auch für alle späteren (s Rn 25ff) Änderungen, selbst wenn diese im Gesetzgebungsverfahren zwischen Bund und Ländern noch kontrovers waren. Dadurch ist bisher jedenfalls eine weitgehende Einheitlichkeit des Verfahrensrecht in Bund und Ländern erreicht worden, die durch die in § 137 Abs 1 Nr 2 VwGO geregelte **Revisibilität landesrechtlicher Bestimmungen,** die mit denen des VwVfG inhaltsgleich sind, auch hinsichtlich der praktischen Umsetzung gesichert wurde; siehe dazu auch unten Rn 11. Trotz dieser Selbstverpflichtung der Länder zu inhaltsgleicher Ausgestaltung ihrer Verwaltungsverfahrensgesetze gibt es im Detail manche Abweichungen, weshalb die Heranziehung des jeweils maßgeblichen Landesgesetzes nicht verzichtbar ist. Ein Abdruck der vom VwVfG abweichenden Bestimmungen der Landesgesetze findet sich bei StBS im Anhang. 6

Vollständige gesetzliche Regelungen haben die Länder Baden-Württemberg, Bayern, Brandenburg, Bremen, Hamburg, Hessen, Mecklenburg-Vorpommern, Nordrhein-Westfalen, Rheinland-Pfalz, Saarland, Sachsen-Anhalt, Schleswig-Holstein und Thüringen erlassen. Es handelt sich um die folgenden Gesetze: 7

- Verwaltungsverfahrensgesetz für Baden-Württemberg (Landesverwaltungsverfahrensgesetz – LVwVfG) v 21. 6. 1977 (GBl S. 227 mÄ),
- Bayerisches Verwaltungsverfahrensgesetz (BayVwVfG) v 23. 12. 1976 (GVBl S. 544 mÄ),
- Verwaltungsverfahrensgesetz für das Land Brandenburg (VwVfGBbg) v 26. 2. 1993 (GVBl S. 26),
- Bremisches Verwaltungsverfahrensgesetz (BremVwVfG) v 15. 11. 1976 (GVBl S. 243 mÄ),
- Hamburgisches Verwaltungsverfahrensgesetz (HmbVwVfG) v 9. 11. 1976 (GVBl S. 333 mÄ),
- Hessisches Verwaltungsverfahrensgesetz (HVwVfG) v 1. 12. 1976 (GVBl S. 454m Ä),
- Verwaltungsverfahrens- und Zustellungsgesetz des Landes Mecklenburg-Vorpommern (Verwaltungsverfahrensgesetz – VwVfG M-V) v 21. 3. 1993 (m Ä),
- Verwaltungsverfahrensgesetz für das Land Nordrhein-Westfalen (VwVfG NW) v 21. 12. 1976 (GV NW S. 438 mÄ),
- Saarländisches Verwaltungsverfahrensgesetz (SVwVfG) v 15. 12. 1976 (Amtsbl S. 1151 mÄ),

– Verwaltungsverfahrensgesetz für das Land Sachsen-Anhalt (VwVfG LSA) v 18. 8. 1993 (mÄ),
– Allgemeines Verwaltungsgesetz für das Land Schleswig-Holstein (Landesverwaltungsgesetz – LVwG) v 18. 4. 167 (GVOBl S. 131 mÄ),
– Thüringer Verwaltungsverfahrensgesetz – ThürVwVfG), erlassen als Art I des Ersten Gesetzes zur Verbesserung der Funktionsfähigkeit der Thüringer Verwaltung v 7. 8. 1991 (GVBl S. 349 mÄ).

8 **Berlin, Niedersachsen, Rheinland-Pfalz** und **Sachsen** haben auf eigene Vollregelungen des Verwaltungsverfahrensrechts verzichtet und sich auf wenige vom VwVfG abweichende Regelungen beschränkt sowie im Übrigen auf das VwVfG verwiesen. Es handelt sich um folgende Gesetze:
– Gesetz über das Verfahren der Berliner Verwaltung v 8. 12. 1976 (GVBl S. 2735 mÄ),
– Niedersächsisches Verwaltungsverfahrensgesetz (NVwVfG) v 3. 12. 1976 (GVBl S. 311 mÄ),
– Gesetz über das Verwaltungsverfahren in Rheinland-Pfalz (Landesverwaltungsverfahrensgesetz – LVwVfG) v 23. 12. 1976 (GVBl S. 308 mÄ),
– Vorläufiges Verwaltungsverfahrensgesetz für den Freistaat Sachsen (SächsVwVfG) v 21. 1. 1993 (GVBl S. 74 mÄ),

9 **c) Zulässigkeit der dynamischen Verweisung auf das VwVfG.** Gegen die in § 1 Abs 1 des berliner VwVfG (vgl hierzu BVerwG NVwZ 1984, 578), § 1 Abs 1 NVwVfG, in § 1 Abs 1 des rheinlandpfälzischen LVwVfG und in § 1 Abs 1 SächsVwVfG vorgenommene Verweisung auf das VwVfG **in seiner jeweils geltenden Fassung** (dynamische Verweisung) sind unter demokratischen, rechtsstaatlichen und bundesstaatlichen Gesichtspunkten Einwände erhoben worden. Damit nimmt der Landesgesetzgeber die Bestimmung des Inhalts nicht mehr selbst vor, sondern überlässt sie praktisch einem anderen Gesetzgeber. Eine uneingeschränkte dynamische Verweisung ist deshalb jedenfalls im Bereich des Gesetzesvorbehalts nicht zulässig.[1] Trotz dieser Bedenken dürfte – vorbehaltlich dessen, dass der Gesetzgeber bei wesentlichen Änderungen, wenn die dynamische Verweisung zu nicht vorhersehbaren und nicht gewollten Ergebnissen oder zu schwerwiegenden Widersprüchen führen würde, selbst tätig werden muss[2] – für die genannten Landesgesetze die **Zulässigkeit der (dynamischen) Verweisung auf das VwVfG zu bejahen** sein.[3] Innerhalb der Schranken der wesentlichen Verfassungsprinzipien und insb der Grundrechte wird auch sonst eine dynamische Verweisung als verfassungsrechtlich zulässig angesehen, wenn der Gesetzgeber damit ein auch von der Verfassung anerkanntes Ziel mit sachgerechten Mitteln verfolgt.[4] Die **Einheitlichkeit des Verfahrensrechts** in der Bundesrepublik wie

---

[1] BVerfG 5, 25, 31; 22, 330, 346; 47, 285, 311; 64, 208, 214; 67, 348, 363; 73, 261, 272; BayVerfGH NVwZ 1989, 1053; BVerwGE 68, 207, 351; VG Hamburg NJW 1979, 667; Hamburg NJW 1980, 2830; Karpen, Die Verweisung als Mittel der Gesetzgebungstechnik, 1970, 115 ff; Wegge DVBl 1997, 648; aus europarechtlicher Sicht Klindt DVBl 1998, 373; Clemens AöR 1986, 63; Veh BayVBl 1987, 215.

[2] Vgl BayVerfGH BayVBl 1989, 268 = NVwZ 1989, 1053; vgl auch BayVerfGH 42, 1; BayVBl 1993, 302; Reich BayVBl 1993, 715.

[3] Ebenso StBS 57; UL § 8 Rn 16; Knack § 1 Rn 47 mwN; offenbar ohne Bedenken gegen die dynamische Verweisung im berlVwVfG auch BVerwG NVwZ 1984, 578; allg für die Zulässigkeit zu einer sehr ähnlichen Situation; BVerfG 60, 155, 161; BAG NJW 1982, 1754; Koblenz NJW 1986, 1189; OVG Hamburg DVBl 1980, 967; modifizierend Schenke NJW 1980, 748; ders., in: Fröhler-FS 1980, 113; Pietzner VerwA 1982, 244; Stern, Staatsrecht II § 37 III 10 d mwN; Karpen (Fn 1) S 115; Wegge DVBl 1997, 648.

[4] Vgl Verweisung auf die jeweiligen BAföG-Sätze Hamburg NJW 1981, 911 m Anm Weber in JuS 1981, 766; zur Zulässigkeit dynamischer Verweisungen in gewissen Grenzen BVerfG 26, 365; 47, 312; 60, 155; Schenke NJW 1980, 743; ders., Fröhler-FS 1980, 87; Karpen aaO 1 ff.

auch des von ein und derselben Behörde im konkreten Fall anzuwendenden Verfahrensrechts erscheinen als solche auch vom GG und den Landesverfassungen anerkannte Ziele (vgl auch BayVerfGH NJW 1990, 107 = NVwZ 1989, 1053).

d) Einheitliche Grundzüge des Verwaltungsverfahrensrechts. Trotz der vielen unterschiedlichen Verfahrensordnungen (VwVfG und die allgemeinen Verwaltungsverfahrensgesetze der Länder, AO 1977 und Nebengesetze, SGB I, SGB X) und trotz des Fortbestehens zahlreicher sondergesetzlicher Regelungen ergeben sich in der Praxis weitgehende Übereinstimmungen. Dies liegt nicht nur daran, dass den Verfahrensordnungen im Wesentlichen dieselben Prinzipien zugrunde liegen, sondern auch daran, dass sich in der Praxis eine **Tendenz zur Vereinheitlichung** feststellen lässt.[5] Rspr und Schrifttum zu den einzelnen Gesetzen haben dazu beigetragen, dass trotz formeller Eigenständigkeit der Rechtsquellen ein hohes Maß an Einheitlichkeit des Verwaltungsverfahrensrechts erreicht werden konnte und damit eine Erwartung des Gesetzgebers (vgl Begr 28 f; MuE 59 f) erfüllt wurde. **10**

Dem Zweck der **Wahrung der Einheitlichkeit** der Auslegung und Anwendung des VwVfG und der Verwaltungsverfahrensgesetze der Länder dient auch die Eröffnung der **Revision zum Bundesverwaltungsgericht** in § 97 Nr 3; § 137 Abs 1 Nr 2 VwGO wegen Verletzung einer Vorschrift des Verwaltungsverfahrensgesetzes eines Landes, die mit der entspr Vorschrift des VwVfG wörtlich übereinstimmt (MB 22; FL 85). Für die Auslegung der parallelen Vorschriften des VwVfG, der AO 1977 und des SGB-X soll die Möglichkeit einer Vorlage an den zur Wahrung der Einheitlichkeit der Rspr der obersten Gerichtshöfe des Bundes vom durch G 19. 6. 1968 (BGBl I 661) gebildeten **Gemeinsamen Senat der obersten Gerichtshöfe des Bundes** (GSOGB) eine ähnliche Funktion erfüllen. Allerdings wird von der dort vorgesehenen Vorlagepflicht bei Abweichungen in der Praxis kaum Gebrauch gemacht. **11**

3. Verwaltungsverfahrensrecht und allgemeines Verwaltungsrecht. Das VwVfG und die Verwaltungsverfahrensgesetze der Länder enthalten nicht nur Verwaltungsverfahrensrecht ieS (§ 9). Sie regeln zT auch Materien, die zum materiellen Verwaltungsrecht gehören und mit dem Verwaltungsverfahrensrecht nur in einem mehr oder weniger losen Zusammenhang stehen **(annexe Materien).** Deren gesetzliche Regelung wurde aber wegen bestehender Zweifelsfragen oder weil die geltende Rechtslage nicht ausreichend erschien, zusammen mit dem Verfahrensrecht als wünschenswert angesehen. Die Bestimmungen des VwVfG und der Verwaltungsverfahrensgesetze der Länder über annexe Materien sind nicht selten Ausdruck allgemeiner Rechtsgrundsätze. Sie gelten dann im Zweifel nicht nur für Verwaltungshandlungen im Zusammenhang mit Verwaltungsverfahren iS von § 9, sondern allgemein **für die gesamte öffentlich-rechtliche Tätigkeit** der Behörden iS von § 1. **12**

a) Begriffliche Abgrenzung. Das Verwaltungsverfahren regelt die Tätigkeit der Behörden hins. der „Art und Weise der Ausführung des Gesetzes" einschließlich der Handlungsformen, der Form der behördlichen Willensbildung, der Art der Prüfung und Vorbereitung der Entscheidung, des Zustandekommens und der Beteiligung von Betroffenen, der Mitwirkung anderer Behörden und von Kontrollorganen (vgl BVerfG 75, 152 = NJW 1987, 3117; allg auch Feiber NJW 1988, 123) sowie das Recht der Gebühren für Verwaltungshandlungen (BVerwG NVwZ 1990, 440). Der Begriff des Verwaltungsverfahrens iS von Art 84 Abs 1 GG gilt grundsätzlich auch für das Verwaltungsverfahrensrecht, jedoch abweichend von § 9 auch für Verfahren ohne Außenwirkung und Verfahren zum Erlass von **13**

[5] BVerwG DVBl 1982, 647; Haueisen DVBl 1981, 932; Stelkens NJW 1982, 1137; NVwZ 1982, 492; im Verhältnis zur AO auch Fiedler NJW 1981, 2093.

Rechtsverordnungen usw.[6] Einzelne Vorschriften können sowohl materiellrechtlichen Inhalt als auch verfahrensrechtliche Bedeutung haben (vgl BVerfG 55, 274; BSG 60, 79; Martens NVwZ 1988, 684). Auch einzelne Handlungen, wie zB der Erlass eines VA oder der Verzicht auf Rechtspositionen, können sowohl materiell-rechtliche Akte als auch verfahrensrechtliche Akte sein.

14 **b) Annexe Materien.** Zu den in das VwVfG aufgenommenen Regelungen mit überwiegend materiell-rechtlichem Charakter gehören zB die §§ 4–8 über die **Amtshilfe,** die überwiegend nur das Verhältnis zwischen Behörden und nicht das Verhältnis der Behörden gegenüber dem Bürger betreffen und insofern also grundsätzlich dem staatlichen Organisationsrecht und nicht dem Verwaltungsverfahrensrecht iS der Legaldefinition des § 9 zuzurechnen sind (vgl Erichsen AllgVR § 37 Rn 37 ff), ferner die §§ 33, 34 über **amtliche Beglaubigungen,** die §§ 35–37 Abs 1 über den **Begriff des VA,** die Zulässigkeit von **Nebenbestimmungen** und die inhaltliche **Bestimmtheit** von VAen, § 38 über die **Zusicherung,** § 40 über das **Ermessen,** § 44 über die **Nichtigkeit** von VAen und § 47 über die **Umdeutung** (Konversion) fehlerhafter VAe, die §§ 48–51 über die Zulässigkeit der **Rücknahme** und des **Widerrufs** von VAen (BVerwGE 74, 362 = DÖV 1986, 1062) sowie die meisten Bestimmungen der §§ 54 ff über **öffentlichrechtliche Verträge** (zT **aA** UL § 2 Rn 7–8: nur materiellrechtlich; ebenso Renck BayVBl 1990, 703).

15 **4. Verfassungsrechtliche Vorgaben für das Verfahrensrecht. a) Problem der Gesetzgebungskompetenz.** Für den Erlass eines Verwaltungsverfahrensgesetzes des Bundes, das auch das Verfahren der Landesbehörden generell erfasst, hätte dem Bund die erforderliche Gesetzgebungskompetenz gefehlt. Der Bund ist zuständig erstens gem Art 70 ff iVm Art 86 ff GG uneingeschränkt für die Regelung des **Verfahrens der Bundesbehörden** iS von Art 86 ff GG,[7] zweitens gem Art 70 ff iVm Art 85 Abs 1 GG und nach den Grundsätzen über die Zuständigkeit kraft Sachzusammenhangs[8] für Regelungen hins. des Verfahrens von Landesbehörden im Bereich der nur nur **Bundesauftragsverwaltung** gem Art 85 GG,[9] drittens gem Art 70 ff iVm Art 84 GG und nach den Grundsätzen über die Zuständigkeit kraft **Sachzusammenhangs** für Regelungen hins. des Verfahrens von Landesbehörden im Bereich des Vollzugs von Bundesgesetzen durch die Länder als eigene Angelegenheit gem Art 84 Abs 1 GG (sog landeseigener Vollzug) nur mit Zustimmung des Bundesrates, die jeweils nur ad hoc für konkrete Gesetzesentwürfe[10] gegeben werden kann, nicht aber auch allgemein schon im Voraus für künftige Gesetze.[11]

16 Das **Bedürfnis für eine bundeseinheitliche Regelung** gem Art 72 Abs 2 GG ist für die verfahrensrechtlichen Bestimmungen des VwVfG idR gegeben

[6] BVerfG 55, 274, 320 = NJW 1981, 329; 61, 82 = BayVBl 1982, 624; 65, 280; 75, 152 = NJW 1987, 3117; BVerwG NVwZ 1990, 440 mwN; UL § 2 Rn 4; Erichsen/Ehlers § 34 Rn 1 ff; Haueisen DÖV 1973, 633 Fn 1 mwN.

[7] MD Art 86 Rn 18; Obermayer 40; im Ergebnis übereinstimmend unter Hinweis auf die „Natur der Sache" UL § 1 Rn 2; unter Hinweis auf eine in Art 86 GG „stillschweigend evident mitgeschriebene Zuständigkeit" Ule DVBl 1976, 423; Neuser 191.

[8] BVerfGE 3, 424 f; 15, 20; 26, 300; BVerwG DÖV 1990, 70: Landesverfahrensrecht nach Art 31, 72 Abs 1, 74 Nr 11 GG durch Verfahrensrecht des Bundes verdrängt; Hesse 7 II 1; Goerlich DVBl 1982, 693.

[9] Vgl Begr 32; MDH 16 zu Art 85 GG mwN; Ule 12; FL 39 Einl; Obermayer 40 f; Ableitung aus Art 85 GG UL § 1 Rn 2; Hesse 7 II; Ule DVBl 1976, 423.

[10] Auch in der Form einer Verweisung auf eine vorhandene generelle Regelung, wie sie das VwVfG darstellt, MDH 30 zu Art 84 GG; Neuser 296; FL 43 Einl; UL § 1 Rn 2; FL 47 Einl; Waldhausen ZBR 1977, 17; Antoni AöR 1988, 349; jeweils für das einzelne Gesetz.

[11] MDH 30 zu Art 84 GG; Stellungnahme des Bundesrates zum ersten Entwurf der BRg v 1970, in BT-Dr VI 1173, S 83; **aA** offenbar die Bundesregierung in ihrer Stellungnahme dazu aaO S 89; zweifelnd Begr 32.

(BVerfGE 18, 415; FL 44 Einl). Dies würde auch gelten, wenn der Maßstab des Art 72 Abs 2 nF zugrunde gelegt würde. Weitere Beschränkungen der Gesetzgebungskompetenz des Bundes für das Verwaltungsverfahren als Folge des Bundesstaatsprinzips bestehen nicht (FL Einl 45). Für die in den Verfahrensgesetzen enthaltenen materiellrechtlichen **Annexmaterien** gilt die allgemeine Regelung der Sachkompetenzen gem Art 70ff GG (vgl Begr 32; BVerfG 65, 289) einschließlich der Ergänzungen, die sich aus den Grundsätzen der Bundeszuständigkeit kraft Sachzusammenhangs ergeben.

b) Verfassungsrechtliche Vorgaben inhaltlicher Art. Wie das gesamte allgemeine Verwaltungsrecht ist auch das Verwaltungsverfahrensrecht des VwVfG und der Verwaltungsverfahrensgesetze der Länder **„konkretisiertes Verfassungsrecht“** (Ule/Becker 4; MK 42 II). Die Auslegung und Anwendung des VwVfG und der entsprechenden Gesetze der Länder sowie sonstiger Regelungen des Verwaltungsverfahrens und die Ausfüllung von Lücken werden auch durch die Grundentscheidungen und allgemeinen Ordnungsgedanken des GG, im Landesbereich auch der Landesverfassungen, sowie die daraus abzuleitenden Anforderungen an das einfachgesetzliche Recht bestimmt. Das Verwaltungsverfahren dient auch der Verwirklichung und Durchsetzung des Verfassungsrechts und der in diesem verkörperten Ordnungsprinzipien in der öffentlichen Verwaltung durch Legitimation des Verwaltungshandelns und die dadurch zugleich bewirkte Förderung der Akzeptanz dieses Handelns durch die Betroffenen und die Allgemeinheit.[12] 17

aa) Verfassungsrechtliche Grundsätze und Prinzipien. Bestimmend für die Gestaltung, Auslegung und Anwendung des Verwaltungsverfahrensrechts sowie auch schon für die Frage, welche Regelungen und in welcher Regelungsdichte der förmliche Gesetzgeber selbst treffen muss und nicht der freien Gestaltung des Verfahrens durch die Behörden überlassen darf (vgl zB BVerfG 84, 45 = NJW 1991, 2005; BVerwGE 91, 274; 92, 136), sind hier vor allem die Verpflichtung des Staates zur Achtung und Wahrung der **Menschenwürde,**[13] das **Rechtsstaatsprinzip**[14] und damit insb die Grundsätze der Gesetzmäßigkeit der Verwaltung,[15] der Rechtsverteidigung, der Rechtssicherheit und des Vertrauensschutzes,[16] das **Sozialstaatsprinzip,**[17] das Prinzip der **Gleichbehandlung** der Bürger vor dem Gesetz (Kopp 166; Rengeling, in: Lukes-FS 1989, 181), das **Demokratieprinzip,**[18] das Prinzip der Gewaltenteilung (Kopp 234; MK 42 II 5; Müller-Ibold 147), das Prinzip der **Leistungsfähigkeit der Verwaltung**[19] – einschließlich des 18

---

[12] BVerwGE 74, 130 = NJW 1986, 2447; UL § 1 Rn 2; Präve DÖV 1990, 18; Wahl NVwZ 1990, 431; Kopp 180ff, 216; Lücke 94; Würtenberger NJW 1991, 257; Bullinger JZ 1991, 53.

[13] Vgl Franke Staat 1975, 292; MDH 36 zu Art 103; Kopp 16ff mwN; MK 42 II 3; Müller-Ibold 148; Lücke 72.

[14] Vgl BVerfGE 6, 44; 75, 230; 83, 130 = NJW 1991, 1471; NJW 1986, 244 – Gebot rechtsstaatlicher Verfahrensgestaltung –; Ule/Becker 1ff; Erichsen/Ehlers § 33 Rn 29ff; Lorenz 178ff; Laubinger VerwArch 1982, 60; Degenhart DVBl 1982, 872f; Wahl VVDStRL 1983, 151, insb These 1b; Pietzcker VVDStRL 1983, 194; Ossenbühl NVwZ 1982, 465; Kopp 54ff.

[15] Kopp 61; UL § 1 Rn 5; Lücke 46; Pietzcker VVDStRL 1983 These 9 S 2; vgl auch BVerwG DVBl 1987, 293: Komplementärfunktion des Verfahrensrechts für die Durchsetzung des materiellen Rechts.

[16] BVerfG 59, 164; 60, 269; BVerwGE 38, 290; Becker DÖV 1973, 379; Lotz WuV 1979, 1 mwN; Häberle, in: Boorberg-FS 86; Kopp 131; BayVBl 1980, 38 mwN; MK 42 II 2.

[17] Häberle, in: Boorberg-FS 1977 59, 83; Wahl VVDStRL 1983 These 1b.

[18] Kopp 180; MK 42 II 4; UL § 1 Rn 6; Lücke 95; allg zum Demokratievorbehalt für die Bestimmung der Verwaltungsaufgaben und die Art der Wahrnehmung BVerfG 83, 130 = NJW 1991, 1471; BVerwGE 67, 61; BVerwG NJW 1990, 726.

[19] Vgl BVerfG 60, 270: Gewährleistung eines wirkungsvollen behördlichen und gerichtlichen Verfahrens; BVerwGE 61, 82 = NJW 1982, 2173: „Funktionsfähigkeit der Verwal-

Grundsatzes der „Praktikabilität" (BVerfG 44, 288; VGH München BayVBl 1981, 401; 1982, 343) –, die Erfordernisse eines effektiven **Schutzes der Grundrechte** durch adäquate Gestaltung des Verfahrens und, soweit bestimmte Verfahrensgestaltungen Voraussetzung für die Effektivität des durch Art 19 Abs 4 GG gewährleisteten effektiven gerichtlichen Rechtsschutzes des Bürgers gegenüber der Verwaltung sind, die verfassungsrechtliche Gewährleistung des Rechtswegs gem Art 19 Abs 4 GG (BVerwGE 91, 274; 92, 136). Die **Rechtsweggarantie** des Art 19 Abs 4 GG entfaltet **Vorwirkungen** auf das Verwaltungsverfahren.[20] Dies gilt nicht nur hinsichtlich seiner Ausgestaltung, sondern auch seiner administrative Umsetzung.

19 **bb) Grundrechtsschutz durch Verfahren.** Nach heute hM haben die grundrechtlichen Gewährleistungen unmittelbare Auswirkungen auf das Verwaltungsverfahrensrecht, dh auf den Inhalt, die Gestaltung, die Auslegung und die Anwendung des Verwaltungsverfahrensrechts und auch auf das Ausmaß und die „Dichte", in denen der parlamentarische Gesetzgeber selbst das Verfahren durch Gesetz regeln muss.[21] Die Grundrechte verpflichten den Gesetzgeber, die vollziehende Gewalt und die Gerichte zur Bereitstellung und Wahrung der für eine effektive Verwirklichung und Verteidigung der in einer Sache betroffenen Grundrechte erforderlichen Organisationsformen sowie des dazu erforderlichen Verfahrens, sowohl des gerichtlichen Verfahrens als auch des Verwaltungsverfahrens. Der Grundrechtsschutz ist durch die Gestaltung des Verfahrens sicherzustellen.[22] Dies hat die Rspr in Bezug auf die einzelnen Grundrechtsnormen immer wieder betont.[23]

---

tung"; BVerwG NJW 1984, 189: aus Art 20 Abs 2 und 83 GG; Wahl/Picker VVDStRL 1983, 151, 191; Lerche BayVBl 1991, 517; Wahl DVBl 1982, 1084; Schenke VBlBW 1982, 313; Bullinger DVBl 1992, 1465; Steinberg DÖV 1982, 619 und 2150; Kopp 200 ff und DÖV 1979, 892; MK 42 II 5; Häberle AöR 1973, 631; v Mutius NJW 1982, 2150; Ossenbühl NVwZ 1982, 465; Degenhart DVBl 1982, 872; Hufen NJW 1982, 2168; Schwarze DÖV 1980, 580, 591; Hoffmann-Riem DVBl 1994, 1382; Leisner, Effizienz als Rechtsprinzip, 1971; Pietzcker DÖV 1982, 936; Müller-Ibold 219; Lücke 84.

[20] Vgl BVerfG 6, 44; 61, 110 = NJW 1982, 217; ebenso BVerfG 69, 49; NVwZ 1988, 523; NJW 1990, 501; auch BVerfG 22, 81; NJW 1987, 1155; DVBl 1987, 947; BVerwG DVBl 1990, 710: Vorwirkungen auf die Ausübung des Ermessens bei der Erteilung einer für die Rechtswahrung wichtigen Auskunft durch die Behörde; VGH Mannheim DVBl 1987, 951; Schmidt-Aßmann NVwZ 1983, 3; Pietzcker VVDStRL 1983, 267; Wahl VVDStRL 1983, 151; Di Fabio VerwArch 1990, 214; Dolzer DÖV 1985, 13; vgl BVerwG NJW 1984, 189: Regelungen über die Bekanntgabe von VAen müssen Art 19 Abs 4 GG genügen; BVerfG 65, 70 = DVBl 1984, 136 – VolkszählungsG 1983.

[21] Vgl BVerfG 83, 130 = NJW 1991, 1471; 84, 46 = DÖV 1991, 794; 84, 72 = DÖV 1991, 807; BVerwGE 74, 112 = DÖV 1986, 922; 91, 274; 92, 136; BVerwG DÖV 1987, 870.

[22] Vgl zB BVerfG 37, 141, 148; 46, 334; 49, 225; 52, 31, 380; 53, 30 = NJW 1980, 759; 53, 65; 56, 236; 60, 257; 61, 114; 63, 143; 65, 44, 49, 94; BVerwGE 79, 112; VGH München NJW 1988, 1615; NVwZ 1990, 777; OVG Münster DVBl 1993, 69 mwN; Hesse EuGRZ 1978, 434; Goerlich, Grundrechte als Verfahrensgarantien, 1981; Ossenbühl NVwZ 1982, 466; Stern, Staatsrecht der Bundesrepublik III/1, 1980, 953; Häberle AöR 1973, 631; ders., in: Boorberg-FS 1977, 60; Redeker NJW 1980, 1593; Laubinger VerwArch 1982, 60; Dolde NVwZ 1982, 65; Battis DÖV 1981, 1; Held, Der Grundrechtsbezug des Verwaltungsverfahrens, 1984; MK 42; Achterberg JA 1985, 510; Grimm NVwZ 1985, 865; ders JZ 1986, 30; Raeschke/Kessler/Eilers NVwZ 1988, 37; Müller-Ibold 148 ff; Wahl NVwZ 1990, 431; Lücke 46; kritisch Ule DVBl 1975, 597 und UL § 1 Rn 12–13; vgl auch Bethge DVBl 1989, 850.

[23] Vgl zB zu Art 1 Abs 1 GG BVerfGE 65, 44, 52, 59; BVerwG 82, 45 = DVBl 1989, 880 – Akteneinsicht eines ehemaligen Patienten –; zu Art 2 Abs 2 GG BVerfG 51, 345; 53, 58; Münster NVwZ 1988, 555; zu Art 3 Abs 1 GG BVerfG 79, 211; 80, 1; 84, 35 – Gebot der Chancengleichheit bei Prüfungen; BVerwGE 91, 273; 92, 137; 95, 243; zu Art 5 Abs 3 S 1 GG BVerfG 83, 130 = NJW 1991, 1471; zu Art 12 GG BVerfG 45, 430; 52, 380 und 389;

Das Verwaltungsverfahren als solches und in seiner konkreten Ausgestaltung, Auslegung und Anwendung, muss, wenn und soweit Grundrechte berührt werden und das Verfahren deshalb für einen effektiven Grundrechtsschutz von Bedeutung ist (oder sein kann), so gestaltet sein, dass es den Erfordernissen des jeweiligen Grundrechts und insb auch eines effektiven Rechtsschutzes dieses Grundrechts (OVG Münster DVBl 1993, 63) genügt,[24] bzw dass, wenn verschiedene Grundrechte und/oder Verfassungsprinzipien mit divergierenden Tendenzen betroffen sind, sämtliche Grundrechte dabei nach dem Grundsatz der praktischen Konkordanz (s dazu Hesse, Grundzüge Rn 72; Stern, Staatsrecht III Rn 975) zu einem angemessenen Ausgleich kommen.[25] Die Vorschriften des Verwaltungsverfahrensrechts sind insoweit, immer auch **im Lichte der in Frage stehenden Grundrechtsverbürgungen auszulegen** und anzuwenden (BVerfG 53, 65). Dies gilt vor allem für die materiellen Grundrechte, insb zB für Art 2 Abs 2, 12 Abs 1, 14 Abs 1, 16 Abs 2 GG (vgl zB BVerfG 56, 216; 60, 295; 65, 49), aber auch für verfahrensrechtliche Grundrechte wie Art 19 Abs 4 GG und 103 Abs 1 GG, die insoweit Vorwirkungen auch auf das Verwaltungsverfahren in dem Sinn haben, dass bereits dieses ihnen angemessen Rechnung tragen muss, soweit sich unmittelbare Auswirkungen auf die Wirksamkeit des Grundrechts in einem etwa nachfolgenden gerichtlichen Verfahren ergeben können.[26] Genügen die Vorschriften über das Verfahren den Anforderungen effektiven Grundrechtsschutzes idS nicht, so sind sie ggf unter Rückgriff unmittelbar auf das Grundrecht und allgemeine Grundsätze des Verfahrensrechts im Wege der Lückenausfüllung entsprechend zu ergänzen oder zu korrigieren.[27] 20

cc) Verfassungsunmittelbare Verfahrensgarantien. Auch soweit das Verwaltungsverfahrensrecht der Konkretisierung und Effektuierung verfassungsrechtlicher Prinzipien oder von Grundrechten dient, erfährt es jedoch dadurch keine verfassungsrechtliche „Überhöhung".[28] Unmittelbar durch das Verfassungsrecht garantiert sind nur die **elementaren Erfordernisse,** die im Hinblick auf die Grundprinzipien der Verfassung und die Wahrung der Grundrechte unverzichtbar sind.[29] Soweit Vorschriften des VwVfG, der Verwaltungsverfahrensgesetze der 21

53, 65; 73, 296; 84, 34 und 59; BVerwGE 92, 132; 91, 33; 95, 243 – zu ihrer Vereinbarkeit mit Art 12 Abs 1 GG müssen Vorschriften, die den Ablauf von berufsbezogenen Prüfungen ausgestalten, geeignet, erforderlich und verhältnismäßig im engeren Sinne sein, den Prüfungszweck zu erreichen; Held 80; zu Art 14 GG BVerfG 46, 333; 49, 225; BVerwGE 74, 112; Hoppe/Beckmann DÖV 1988, 900; zu Art 16 a GG BVerfG 4, 49; zu Art 33 Abs 5 GG BVerwG DVBl 1990, 106 = NJW 1990, 501.

[24] Ganz hM; vgl nur BVerfGE 69, 315 = NJW 1986, 244: Grundsatz der grundrechtsfreundlichen Auslegung und Anwendung des Verfahrensrechts; BVerfGE 83, 130 = NJW 1991, 1471; Hesse EuGRZ 1978, 434.

[25] Ossenbühl DÖV 1981, 8; Bethge DVBl 1989, 850; Di Fabio VerwArch 1990, 214: Verpflichtung, auch im Verwaltungsverfahren Strukturen zu wählen, die auf praktische Konkordanz abzielen; vgl auch BVerfG 83, 130 = NJW 1991, 1471.

[26] Vgl BVerfG 6, 44; 61, 82; 65, 70 = DVBl 1984, 136: Vorwirkungen aus Art 19 Abs 4 GG; BVerwG DÖV 1984, 468 und NVwZ 1984, 234: Vorwirkungen aus Art 103 Abs 1 GG auf Verfahren, in denen Einwendungen einer materiellen Präklusion unterworfen sind.

[27] BVerfG 60, 295; 84, 45 = NJW 1991, 2005; BVerwGE 91, 274; 92, 136: Anspruch auf ein behördliches Nachverfahren zur effektiven Geltendmachung von Einwendungen gegen die Bewertung berufsrelevanter Prüfungen; Laubinger VerwArch 1982, 77; Kopp/Schenke vor § 68 Rn 4 u 15; **aA** wohl Ossenbühl DÖV 1981, 9: die Ausgestaltung muss dem Gesetzgeber überlassen bleiben; aus den Grundrechten lassen sich nicht ohne weiteres unmittelbar anwendbare Regelungen ableiten.

[28] Ossenbühl NVwZ 1982, 470; Dolde NVwZ 1982, 70; v Mutius NJW 1982, 2157; Laubinger VerwArch 1982, 60; Hufen NJW 1982, 2168; allg auch BVerwG NJW 1980, 239.

[29] Vgl zu den Grundrechten BVerfG 53, 58 = NJW 1980, 759; 60, 295; v Mutius NJW 1982, 2160; Laubinger VerwA 1982, 60; Kopp Vw 1987, 3; zu Art 19 Abs 4 GG auch BVerfG 61, 110 = NJW 1982, 2173; NVwZ 1988, 523; allg auch Kopp 20 f; zu eng jedoch

Länder oder anderer gesetzlicher Regelungen des Verwaltungsverfahrens, die über diese verfassungsrechtlich gebotenen Mindestanforderungen hinausgehen, sind sie verfassungsrechtlich nicht garantiert. Der Gesetzgeber ist insoweit frei. Als unverzichtbare verfassungsrechtliche Mindestanforderungen allgemeiner Art anzusehen ist insb, dass die Regelungen des Verfahrens **angemessen,**[30] **sachgerecht, geeignet und zumutbar** sind (vgl BVerfG 60, 295; 69, 25) und den Betroffenen ein faires Verfahren gewährleisten[31] und grundsätzlich auch **Waffengleichheit der Beteiligten** im Verhältnis zur Behörde und untereinander sichern.[32] Entsprechendes gilt für die Gestaltung des Verfahrens im Einzelfall, soweit das Verfahrensrecht der Behörde insoweit Ermessensfreiheit einräumt. Die tatsächliche Ausgestaltung muss den Grundsatz fairer Verfahrensgestaltung genügen.[33]

22 **5. Völkerrechtliche Bindungen des Verwaltungsverfahrensrechts. a) Allgemeines.** Einige Regeln und Bestimmungen des Völkerrechts können auch Auswirkungen auf das Verwaltungsverfahrensrecht haben. Zu nennen sind hier vor allem die Europäische **Konvention zum Schutz der Menschenrechte** und Grundfreiheiten – MRK – (BGBl 1952 II 685) und die **Europäische Sozialcharta** (BGBl 1964 II 1261; 1965 II 1122). Bedeutung hat hier die Rspr des EuGHMR zu Art 6 MRK,[34] sowie die Entschließung Nr 77/31 des Ministerkomitees des Europarats vom 28. 9. 1977 über den Schutz des Einzelnen gegen VAe (s StBS Einl 138) und die Empfehlung Nr 87/16 des Ministerkomitees des Europarats vom 17. 9. 1987 an die Mitgliedstaaten über Verwaltungsverfahren, die eine große Zahl von Personen betreffen (wiedergegeben in NVwZ 1988, 708). Vorgegeben ist ua, dass allen betroffenen Personen die Möglichkeit gegeben werden muss, ihre individuellen oder kollektiven Rechte oder Interessen zu wahren, ohne dadurch die Arbeit der Ämter zu lähmen. Die Verwaltung muss informieren, Akten zugänglich machen, Argumente anhören und für ihre Entscheidung in Betracht ziehen und ihre Entscheidungen begründen und bekannt geben; außerdem soll das Verfahren so gestaltet werden, dass Entscheidungen **innerhalb angemessener Zeit** getroffen werden können und deren Kontrolle gewährleistet wird.

Dolde NJW 1982, 68; v Mutius NVwZ 82, 2157 und BVerwG DÖV 1982, 942: Grundrechtsverletzung nur bei Verstößen gegen Verfahrensvorschriften, die speziell zum Schutz eines Grundrechts erlassen wurden.

[30] BVerfG 52, 389 = NJW 1980, 1153; 53, 65 = NJW 1980, 757; 53, 71; NVwZ 1987, 887 = JuS 1987, 986: Recht auf angemessene Verfahrensgestaltung als Folge aus den Grundrechten; BVerwG DÖV 1987, 878.

[31] BVerfG 38, 111 = NJW 1975, 103; 46, 210 = NJW 1978, 151; 55, 360; 69, 44; 70, 151; 75, 230; NJW 1993, 2301; BVerwGE 74, 122; 75, 230 = BayVBl 1987; VGH Mannheim DVBl 1990, 108; NVwZ-RR 1993, 342; OVG Schleswig DÖV 1993, 169: als Folge aus dem Rechtsstaatsprinzip: Anspruch auf faire Verfahrensführung; VG Hamburg NJW 1987, 1568; Tettinger, Fairneß und Waffengleichheit, 1984; Stern, Staatsrecht I, 2. Aufl 1984, § 20 IV e; Dörr, Faires Verfahren 1984; Held, Der Grundrechtsbezug des Verwaltungsverfahrens 1984, 140; Weides JA 1984, 648: Anspruch auf ein faires Verfahren aus Art 2 Abs 1 GG; Suhr DÖV 1975, 770; NJW 1979, 146; Häberle, in: Boorberg-FS 1977, 62; MB 2 vor § 9 mwN; Saladin, in: BG-FS (FS für das Schweizerische Bundesgericht) 1975, 41; Müller-Ibold 138; Lücke 106 ff; Kühling DVBl 1989, 227; Wahl NVwZ 1990, 431 f; enger Dolzer DÖV 1985, 13: ein Mindestmaß an Fairneß des Verfahrens als Folgerung aus dem Rechtsstaatsprinzip; für Verfahren mit materieller Präklusion verspäteter Einwendungen auch BVerwG DÖV 1984, 468: als Vorwirkung aus Art 103 Abs 2 GG; vgl zum verfassungsrechtlich gebotenen Grundsatz der Fairneß im Verwaltungsprozessrecht auch ua BVerfG 26, 71; 51, 156; 54, 126; 57, 126.

[32] BVerfG 74, 94 mwN; Held, Der Grundrechtsbezug des Verwaltungsverfahrens 1984, 140; Tettinger, Fairneß und Waffengleichheit 1984; Dörr, Faires Verfahren, 1984.

[33] BVerfG 52, 389; 53, 65, 71; NVwZ 1987, 887; BVerwGE 75, 112 = DÖV 1986, 922; VGH Mannheim VBlBW 1992, 428.

[34] Vgl zB BVerwG NJW 1983, 531; EuGMR NJW 1979, 472; 1982, 2714; 1987, 2241; 1989, 652; 1991, 2202.

S. allg auch Bungert, Einwirkung und Rang von Völkerrecht im innerdeutschen Rechtsraum, DÖV 1994, 797.

b) Beachtlichkeit des Völkerrechts. Entsprechend der Unterschiedlichkeit der Rechtsquellen ist auch die Frage eines etwaigen **Vorrangs** vor dem VwVfG und den Verwaltungsverfahrensgesetzen der Länder unterschiedlich zu beantworten. Im Rechtssinn haben völkerrechtliche Normen zwar nur dann Vorrang vor nationalen Normen, wenn sie zu den **allgemeinen Regeln des Völkerrechts (Art 25 GG)** gehören oder auf einer Übertragung von Hoheitsrechten gem Art 24 Abs 1 GG beruhen. Auch soweit ihnen kein Anwendungsvorrang im Rechtssinn vor dem deutschen Verwaltungsverfahrensrecht zukommt, sind sie aber im Rahmen der allgemein gebotenen **völkerrechtsfreundlichen Auslegung** und Anwendung allen nationalen Rechts[35] grundsätzlich zu berücksichtigen. Ohne unmittelbare Rechtsverbindlichkeit, gleichwohl aber als soft law von zumindest praktischer Bedeutung für die Auslegung und Anwendung des Verfahrensrechts, sind auch die **Entschließungen und Erklärungen internationaler Institutionen** zu Rechtsfragen des Verfahrensrechts bzw zu Rechtsfragen, die zumindest mittelbar auch das Verwaltungsverfahrensrecht berühren.[36] 23

Entsprechend der Entschließung Nr 77/31 des Ministerkomitees des Europarats von 1972 und verschiedener Empfehlungen des Ministerkomitees des Europarats, insb der Empfehlung Nr 87/16 des Ministerkomitees vom 17. 9. 1987, sowie vor allem auch auf Grund von Art 6 MRK und von gemeinsamen verfahrensrechtlichen und materiellrechtlichen Traditionen der Verfassungen der Staaten unseres Kulturkreises sind vor allem folgende Grundsätze bzw Rechte der Bürger gegenüber den Behörden in Verwaltungsverfahren zu nennen, denen heute das Verwaltungsverfahrensrecht Rechnung tragen muss (vgl StBS Einl Rn 138 mwN): Anspruch der in ihren Rechten, insb Menschenrechten, Betroffenen auf Schutz ihrer Rechte in und durch ein **angemessenes, faires und willkürfreies Verfahren,** auf **Teilnahme** am Verfahren als eigenberechtigte Partei und nicht als bloßes Objekt des Verfahrens, auf **Anhörung** und Berücksichtigung ihres Vorbringens, auf **vollständige Information** hins. aller für die zu treffende Entscheidung maßgeblichen Tatsachen, insb auch auf **Akteneinsicht,** auf Gestattung der Zuziehung eines **Bevollmächtigten** oder Beistands nach eigener Wahl, auf Schutz ihrer persönlichen und geschäftlichen Geheimnisse und auf entsprechenden **effektiven Datenschutz,**[37] auf eine mit einer **Begründung** versehene Entscheidung der Behörde, auf ordnungsgemäße Bekanntgabe der Entscheidung und auf angemessene **Rechtsbehelfe** gegen die Entscheidung der Behörde und auf entsprechende, grundsätzlich zusammen mit der Bekanntgabe der Entscheidung erfolgende Rechtsbehelfsbelehrung. 23 a

II. Die Entwicklung des Verwaltungsverfahrensrechts

Schrifttum allgemein: *Bettermann/Melichar,* Das Verwaltungsverfahren, VVDStRL 1959, 118, 183; *Ehlers,* Die Anpassung der Landesverwaltungsverfahrensgesetze an das VwVfG des Bundes, DVBl 1977, 693; *Klappstein,* Rechtseinheit und Rechtsvielfalt im Verwaltungsrecht, 1994; *Maurer,* Das Verwaltungsverfahrensgesetz des Bundes, JuS 1976, 485; *Scheerbarth,* Gedanken zum Musterentwurf eines Verwaltungsverfahrensgesetzes, DVBl 1966, 780; *Sendler,* Zum Stand der Erörterungen über ein Verwaltungsverfahrensgesetz, AöR 1969, 130; *Spanner/Werner/v d Groeben/Weber,* Empfiehlt es sich, den allgemeinen Teil des Verwaltungsrechts zu kodifizieren? Verh des 43 DJT, Bd I 1960, Bd II 1962; *Ule,* Das Verwaltungsverfahrens- 24

---

[35] S dazu BVerwG 75, 288 = NJW 1987, 1154; Kopp/Schenke § 1 Rn 17.

[36] Vgl dazu insb Schwarze, Der Beitrag des Europarates zur Entwicklung von Rechtsschutz und Verfahrensgarantien im Verwaltungsrecht, EuGRZ 1993, 377.

[37] Vgl zB Empfehlung Nr 87/15 des Ministerkomitees des Europarats vom 17. 9. 1987; StBS § 1 Rn 140; ferner Wurst JuS 1991, 448, 450.

gesetz, DVBl 1976, 421; *Ule/Sellmann,* Zum Stand der Vereinheitlichung des Verwaltungsverfahrensrechts, DVBl 1967, 837; *Schmitz/Olbertz,* Das Zweite Gesetz zur Änderung verwaltungsverfahrensrechtlicher Vorschriften – Eine Zwischenbilanz, NVwZ 1999, 126; *Schmitz/Schlatmann,* Digitale Verwaltung? – Das Dritte Gesetz zur Änderung verwaltungsverfahrensrechtlicher Vorschriften, NVwZ 2002, 1281.

Zum GenBeschlG: *Becker,* Verfahrensbeschleunigung durch Genehmigungskonzentration, VerwArch 1996, 581; *Bonk,* Strukturelle Änderungen des VwVfG durch das GenBeschlG, NVwZ 1997, 320; *Erbguth,* Zur Vereinbarkeit der jüngeren Deregulierungsgesetzgebung im Umweltrecht mit dem Verfassungs- und Europarecht, 1998; *Schmitz/Wessendorf,* Das GenBeschlG – Neue Regelungen im VwVfG und der Wirtschaftsstandort Deutschland, NVwZ 1996, 955; *Jäde,* Beschleunigung von Genehmigungsverfahren nach dem GenBeschlG, UPR 1996, 361; *Stüer,* Die Beschleunigungsnovellen 1996, DVBl 1997, 326

Zur Rechtslage in den neuen Bundesländern: *Stelkens,* Die Überführung des sozialistischen Verwaltungsrechts, insbesondere des Verwaltungsverfahrensrechts der früheren DDR in das rechtsstaatliche Verwaltungsrechtssystem der Bundesrepublik Deutschland, DVBl 1992, 248; *Degenhart,* Deutsche Einheit und Rechtsangleichung – öffentliches Recht, JuS 1993, 627

25 **1. Allgemeines.** Das VwVfG und die damit weitgehend wörtlich übereinstimmenden Verwaltungsverfahrensgesetze der Länder stellen keine neue, eigenständige Schöpfung des Gesetzgebers zur Regelung des Verfahrens der Behörden der allgemeinen Verwaltung dar. Sie kodifizieren überwiegend die allgemeinen Grundsätze des Verwaltungsverfahrensrechts, die schon früher in verschiedenen gesetzlichen Vorschriften oder auch verwaltungsinternen Richtlinien und in der täglichen Praxis der Behörden vor allem im Gewerberecht, Baurecht, Wasserrecht, Straßen- und Wegerecht usw Ausdruck gefunden hatten (UL § 5 Rn 4; vgl Begr 31 f; Erichsen/Ehlers § 33 Rn 17 ff) oder von der Rspr und im Schrifttum als Sätze des ungeschriebenen Rechts und als Mindesterfordernisse eines geordneten Verwaltungsverfahrens im Rechts- und Verfassungsstaat entwickelt und in der Praxis der Behörden als geltendes Recht angewandt wurden.[38]

26 Die Verwaltungsverfahrensgesetze bewirken vor allem eine **Zusammenfassung und Vereinheitlichung** der bis dahin in zahlreichen Gesetzen verstreuten oder zT überhaupt ungeschriebenen und vor allem für den Laien oft schwer zugänglichen und erkennbaren Rechtsvorschriften und Rechtsgrundsätzen des allgemeinen Verwaltungsverfahrensrechts (vgl Begr 28 ff; MuE 58 ff; Lorenz 255; UL § 5 Rn 1 ff). Die gesetzliche Regelung des Verfahrensrechts sollte damit ein höheres Maß an **Übersichtlichkeit, Rechtsklarheit und Rechtssicherheit** herstellen und gewährleisten und die Anwendung und Beachtung des Verfahrensrechts für Behörden und Staatsbürger gleichermaßen erleichtern (Begr 1), insb auch dem Bürger die Möglichkeit geben, sich über seine Rechte im Verkehr mit den Behörden zuverlässig zu unterrichten (vgl Begr 28 f; MuE 61; UL § 5 Rn 5; Kopp 264 mwN). Mit der Vereinheitlichung wurde zugleich auch eine Vereinfachung des Verfahrensrechts angestrebt, ein Ziel, das angesichts der vielen speziellen Verfahrensregelungen allerdings nicht erreicht wurde.

27 **2. Entstehungsgeschichte des VwVfG.** Der Gedanke einer Kodifikation des Verwaltungsverfahrensrechts insbes aus den oben angeführten Gründen wurde schon seit den 50er Jahren diskutiert. Er führte im Laufe der Zeit zu einer Reihe von landesrechtlichen Regelungen.[39]

---

[38] Vgl Begr 28 ff; MuE 55 ff, insbes 61, 63, 75; Lorenz 255; Erichsen VerwArch 1978, 306; Häberle, in: Boorberg-FS 1977, 56; Ossenbühl NVwZ 1982, 467; Kopp 8 ff; 263 f mwN; Klappstein 14 ff; Ule DVBl 1976, 421; ders., Die Kodifikation des Verwaltungsverfahrensrechts, in: Deutsche Verwaltungsgeschichte Bd 5, 1986, 1162; v Unruh NVwZ 1988, 693; Obermayer RiA 1976, 81; Erichsen/Ehlers § 33 Rn 17 ff, 24 ff; Baumann DÖV 1976, 475; FL 6 Einl; StBS Einl Rn 1 ff; zu einer kritischen Bilanz des Erreichten v. Danwitz, 15 Jahre VwVfG, Jura 1994, 281; Kopp Vw 1987, 1 ff.

[39] Vgl das LVwVfG des Landes Baden-Württemberg v 7. 11. 1955 (GBl BW 225); das Gesetz über das Verfahren der Berliner Verwaltung v 2. 10. 1958 (GVBl 951); das VwVfG

Auf Bundesebene berief die Innenministerkonferenz einen Ausschuss, der 1957 eine Grundkonzeption für ein VwVfG erarbeitete. Eine 1957 eingerichtete Sachverständigenkommission für die Vereinfachung der Verwaltung legte 1960 einen Bericht vor, der vom BMI veröffentlicht wurde. Weitere Anstöße erhielt die Entwicklung durch Überlegungen auf der **Tagung der Staatsrechtslehrer im Jahre 1958** (Bettermann/Melichar, VVDStRL 1958, 118, 183) und durch Empfehlungen des 43. DJT 1960 (Spanner/Werner/v d Groeben/Weber, Verh des 43 DJT Bd I 1960, Bd II 1960). Nach dreijähriger Tätigkeit legte der Bund-Länder-Ausschuss zur Erarbeitung eines Musterentwurfs eines VwVfG am 17. 3. 1964 den **Musterentwurf (MuE)** vor. Darin finden sich bereits die Grundstrukturen des heutigen VwVfG. Hauptstreitpunkte waren die Frage der im MuE abgelehnten Erfassung der Abgabensachen und der Sozialrechtssachen, die Regelung annexer Materien des allgemeinen Verwaltungsrechts und die Beschränkung auf VA und öffentlich-rechtlichen Vertrag. Vorgelegt wurden eine Fassung für den Bund und eine – weitgehend übereinstimmende – Fassung für die Länder. Der MuE sah in § 85 Abs 2 S. 2 den Wegfall der Subsidiaritätsklausel nach einer Übergangszeit vor.

Trotz dieser Vorarbeiten dauerte es noch mehrere Jahre, bis schließlich 1970 ein **Regierungsentwurf (RegE 70)** vorgelegt wurde (BT-Dr VI 1173). Dieser Entwurf sah unter anderem eine Ausdehnung der Geltung auf die nunmehr im VwVfG in § Abs 1 Nr 2 genannten Bereiche der Verwaltung durch Landesbehörden sowie den Grundsatz der Subsidiarität vor. Er wurde indessen nicht verabschiedet. Vielmehr kam es zu einer Überarbeitung, die in einen **zweiten Regierungsentwurf (RegE 73)** mündete (BT-Dr 7/910). Darin war bereits die Subsidiarität des VwVfG gegenüber entsprechenden Gesetzen der Länder angelegt. Am 15. 1. 1976 wurde das VwVfG dann schließlich beschlossen und nach Anrufung des Vermittlungsausschusses durch den Bundesrat am 1. 4. 1976 (433. Sitzg, Sten Ber S. 138) im Bundestag verabschiedet. Vorausgegangen war eine Entschließung der Innenministerkonferenz, wonach die Länder darauf hinwirken sollten, dass in den Ländern jeweils möglichst inhaltsgleiche Verfahrensgesetze erlassen würden (Beschluss zur **Simultangesetzgebung**). Einige Bundesländer haben daraufhin eigene Verwaltungsverfahrensgesetze als Vollgesetze erlassen, andere haben sich darauf beschränkt, im Wege der dynamischen Verweisung die Bestimmungen des VwVfG zu Landesrecht werden zu lassen (s § 1 Rn 43). Insgesamt lässt sich feststellen, dass das rechtspolitische Ziel einer Vereinheitlichung des Verfahrensrechts in Bund und Ländern trotz der unterschiedlichen Kodifikationen im Ergebnis weitgehend erreicht worden ist. 28

3. Rechtslage in den neuen Bundesländern. In den neuen Bundesländern galt das VwVfG nach Art 8 des Einigungsvertrags vom 31. 8. 1990 mit Anlage I (BGBl II S. 889) vorläufig bis zum Erlass eigener Verwaltungsverfahrensgesetze der einzelnen Länder, längstens jedoch bis zum 31. 12. 1992, allgemein auch für die Verwaltung durch die Landesbehörden. Inzwischen haben alle neuen Bundesländer eigene Verwaltungsverfahrensgesetze erlassen (s oben Rn 7), weshalb die unmittelbare Geltung des VwVfG inzwischen entfallen ist. Inwieweit Recht der DDR nach dem Beitritt der neuen Bundesländer weitergilt, ist in Art 9 des Einigungsvertrages geregelt. DDR-Recht, welches vor der Unterzeichnung des Einigungsvertrages am 31. 8. 1990 in Kraft getreten war, galt bzw gilt unter den Voraussetzungen des Art 9 Abs 1 als Landesrecht weiter, wenn es nach der Kompetenzordnung des GG Landesrecht wäre, unter den Voraussetzungen des Art 9 Abs 2, 4 des Einigungsvertrages als Bundesrecht. Gleiches gilt gem Art 9 Abs 2 für später erlassenes DDR-Recht, soweit es in der Anlage II aufgeführt ist und mit den in Art 9 Abs 2 genannten Bestimmungen vereinbar ist. Inzwischen sind viele 29

---

des Landes Bremen idF v 1. 4. 1960 (GBl 37) und das LVwVfG des Landes Schleswig-Holstein v 18. 4. 1967 (GVOBl 131).

Zweifelsfragen durch eine in den neuen Ländern durchgeführte Rechtsbereinigung erledigt worden.

30 **Vor Beitritt erlassene VAe** bleiben nach Art 19 S. 1 des Einigungsvertrages grundsätzlich wirksam. Sie können aber nach Art 19 S. 2 des Einigungsvertrags unabhängig von Fragen der Bestandskraft aufgehoben werden, wenn sie mit rechtsstaatlichen Grundsätzen oder mit den Regelungen des Einigungsvertrages unvereinbar sind. Für den Fortbestand gerichtlicher Entscheidungen gilt nach Art 18 des Einigungsvertrages ähnliches. Für die Rechtsverhältnisse im öffentlichen Dienst und für Vermögensfragen gelten Sonderregelungen (Art 20ff des Einigungsvertrages). Zur Entwickung des Verwaltungsverfahrensrechts in der ehemaligen DDR, zur Überführung dieses Rechts der ehemaligen DDR in das Verwaltungsverfahrensrecht der Bundesrepublik wird und zur weiteren Entwicklung in den neuen Bundesländern s Stelkens DVBl 1992, 246; Stelkens, Verwaltungsverfahren, § 1 Rn 157ff; StBS Einl Rn 114ff.

31 **4. Änderungen des VwVfG.** Das VwVfG ist seit seinem Erlass im Jahre 1977 vergleichsweise selten geändert worden. Eine Reihe von Änderungen war darüber hinaus nur redaktioneller Art (Änderung des § 20 Abs 5 durch Art 7 Nr 4 des Adoptionsgesetzes v 2. 7. 1976 (BGBl I S. 1749), Änderung der § 12 Abs 2, 3, § 16 Abs 1 Nr 4, Abs 2, 4 durch Art 7 Nr 3 des Betreuungsgesetzes v 12. 9. 1990 (BGBl I 2002), Aufhebung des § 2 Abs 3 Nr 4 durch Art 12 Abs 5 des PTNeuOG v 14. 9. 1994 (BGBl I S. 2325), Anpassung des § 2 Abs 2 Nr 3 durch Art 14 des 2. PatentGÄndG v 16. 7. 1998 (BGBl I S. 1827)). Eine ganze Reihe von Versuchen der Vereinheitlichung und Bereinigung des Verfahrensrechts sind in der Vergangenheit gescheitert (Knack vor § 1 Rn 15).

32 **a) Das Änderungsgesetz vom 2. 5. 1996.** Substantielle Änderungen brachte das VwVfÄndG v 2. 5. 1996 (BGBl I S. 656), durch das neben einer Änderung des § 2 Abs 2 Nr 4 die bis dahin in § 44a BHO geregelte Möglichkeit eines rückwirkenden Widerrufs von Subventionsbescheiden in das VwVfG integriert wurde. Diese lange angestrebte Übernahme der im Haushaltsrecht verfehlt plazierten Regelung in das VwVfG führte zu einer Änderung nicht nur des § 49, sondern auch des § 48, dessen die Rückforderung betreffene Regelungen nun in den neu geschaffenen § 49a überführt und in ihrem Anwendungsbereich auf sämtliche Fälle der Aufhebung von Leistungs-VAen mit Wirkung für die Vergangenheit erstreckt wurden (s hierzu § 49a Rn 4). Zur Novelle insgesamt Schröder JuS 1998, L 49.

33 **b) Das GenBeschlG. aa) Entstehung.** Umfangreiche substantielle Änderungen des VwVfG erfolgten durch das GenBeschlG. Dieses Gesetz verfolgte im Wesentlichen das Ziel, im Interesse einer Verbesserung des „Standorts Deutschland" bestehende bzw vermeintliche Hemmnisse vor allem der Genehmigungsverfahren abzubauen bzw Regelungen des Verwaltungsverfahrens zu flexibilisieren (BT-Dr 13/3995; krit Koch NVwZ 1996, 215; s auch StBS, Einl Rn 67). Dabei wurden einige bereits zuvor in Spezialgesetzen (zB **Planungsvereinfachungsgesetz** v 17. 12. 1993, BGBl I S. 2123) eingeführte Regelungen über Planfeststellungsverfahren in die allgemeinen Bestimmungen der §§ 72ff übernommen, vor allem das Institut der Plangenehmigung in § 74 Abs 6 und die materielle Präklusion in § 73 Abs 4. Das PlVereinfG hatte seinerseits mehrere Regelungen aus dem **Verkehrswegeplanungsbeschleunigungsgesetz** (VerkPBG) v 16. 12. 1991 (BGBl I S. 2174) übernommen (vgl Repkewitz VerwArch 1997, 137; Ronellenfitsch DVBl 1994, 441). Die Regelungen entsprechen weitgehend dem bereits 1993 von den Ministerpräsidenten verabschiedeten **Entwurf eines Standortsicherungsgesetzes,** der im Frühjahr 1994 als Gesetzesantrag des Landes Baden-Württemberg eingebracht wurde (BR-Dr 422/94; später BT-Dr 13/1445). Die Bundesregierung setzte daraufhin die sog **Schlichter-Kommission** ein, die ihre Ergebnisse am

9. 12. 94 vorlegte (Schlichter DVBl 1995, 173). Trotz dieser Vorgeschichte kam es im Gesetzgebungsverfahren noch zu Auseinandersetzungen insbesondere über die neu vorgesehenen §§ 71 a ff (vgl BT-Dr 13/3995). Zur Entstehungsgeschichte Schmitz/Wessendorf NVwZ 1996, 955; Jäde UPR 1996, 361. Die Vorschriften sind in der Expertenanhörung nicht ohne rechtspolitische und verfassungsrechtliche Kritik geblieben (vgl Ausschuss-Dr 13/271 des 16. Ausschusses).[40]

bb) Inhalt. Das GenBeschlG enthält außer den genannten Änderungen des Planfeststellungsrechts und einer Reihe weiterer kleinerer Änderungen in den §§ 2, 10, 17, 69 und 95 einige eher symbolische Bestimmungen in den §§ 71 a ff über Möglichkeiten einer flexibleren Gestaltung von Genehmigungsverfahren durch die Einführung von besonderen Beratungspflichten, Sternverfahren und Antragskonferenzen (hierzu näher Bullinger, Beschleunigung von Investitionen durch Parallelprüfung und Verwaltungsmanagement, JZ 1993, 492). Von diesen Neuregelungen bzw Änderungen abgesehen brachte das GenBeschlG aber auch einige sowohl rechtspolitisch als auch verfassungsrechtlich umstrittene Änderungen, und zwar des § 45 über die Heilung von Verfahrensfehlern nach Abschluss des Verwaltungsverfahrens und des § 46 über die Unbeachtlichkeit von Verfahrensfehlern, wenn „offensichtlich ist, dass die Verletzung die Entscheidung in der Sache nicht beeinflusst hat". Die Verfassungsmäßigkeit dieser Änderungen wird von einer starken Auffassung verneint (vgl zB Bracher, DVBl 1997, 534; Erbguth 1998; Hatje, DÖV 1997, 477; Pietzner/Ronellenfitsch, Assessorexamen, Nachtrag § 38 Rn 9). Nach der hier vertretenen Auffassung kann den Bedenken durch eine verfassungskonforme Auslegung Rechnung getragen werden (vgl § 45 Rn 4). 34

c) Das 2. VwVfÄndG. Das Änderungsgesetz v 6. 8. 1998 (BGBl I S. 2022) hat lediglich einige redaktionelle Anpassungen und die Bereinigung von Unstimmigkeiten gebracht, die durch die vorangegangenen Änderungsgesetze entstanden waren. Zu nennen sind Änderungen der §§ 15, 16, 33, 41, 44, 50 und 61. Die gegenstandslos gewordenen §§ 97–99 und 102 wurden gestrichen (Zum 2. VwVfÄndG instruktiv Schmitz/Olbertz NVwZ 1999, 127). 35

d) Das 3. VwVfÄndG. Das dritte Gesetz zur Änderung verwaltungsverfahrensrechtlicher Vorschriften v 21. 8. 2002 (BGBl I S. 3322) diente der **Regelung elektronischer Kommunikationsformen** im gesamten Verwaltungsverfahrensrecht, also nicht nur im VwVfG, sondern auch in der AO, dem SGB X und in speziellen Verfahrensregelungen des Fachrechts (Schmitz/Schlatmann NVwZ 2002, 1281). Im Mittelpunkt der Änderung des VwVfG steht die Einführung des § 3 a, der in Abs 1 die Voraussetzungen der elektronischen Kommunikation im Verwaltungsverfahren regelt und in Abs 2 bestimmt, dass (nur) ein mit einer qualifizierten elektronischen Signatur nach dem SigG ausgestattetes elektronisches Dokument die **Anforderungen der Schriftform** erfüllt. Die übrigen Änderungen dienen hauptsächlich der Festlegung des Umgangs mit elektronischen Dokumenten, insbesondere mit elektronisch erlassenen VAen (zu weiteren kleinen Änderungen vgl Rn 35 b). Damit sind die rechtlichen Voraussetzungen geschaffen worden für den Einstieg in die umfassende elektronisch unterstützte Verwaltung. Es wird sich zeigen, wie schnell die verschiedenen Zweige der Verwaltung das Potenzial an Effizienzsteigerung nutzen können, das damit verbunden ist. Mit dem Erlass des mit den Ländern abgestimmten (vgl BT-Dr 14/9259) 3. VwVfÄndG sind insoweit hohe Erwartungen verknüpft (BT-Dr 14/9000 S. 26, 30). S. hierzu auch BReg (Hg), BundOnline 2005 – Elektronische Signatur, 2002. Viel wird davon abhängen, wie schnell sich die Möglichkeiten der Authentizitätssicherung durch die qualifizierten Signaturen durchsetzen. 35 a

---

[40] Siehe hierzu auch Steiner, Das Planungsvereinfachungsgesetz, NVwZ 1994, 313; Ronellenfitsch, Beschleunigung und Vereinfachung der Anlagenzulassungsverfahren, 1994; zT kritisch dazu ua Wahl DVBl 1993, 517 mwN; Stüer DVBl 1991, 1333.

35 b **e) Weitere Änderungen.** Eine Reihe kleinerer Änderungen in Randbereichen des VwVfG hat im Jahr 2002 noch stattgefunden. Zu erwähnen ist die **Änderung des Verjährungsrechts in § 53** durch das HZvNG,[41] mit der die Bestimmung an die Neuregelungen des Verjährungsrechts im Zuge der Zivilrechtsreform angepasst worden ist, sowie die Änderung der Heilungsvorschrift des § 45 Abs 2, mit der klargestellt wurde, dass eine Heilung von Form- und Verfahrensfehlern nur bis zum Ende der letzten Tatsacheninstanz eines verwaltungsgerichtlichen Verfahrens möglich ist, durch das 3. VwVfÄndG (vgl dazu auch Rn 35 a).

Am 29. 1. 2003 wurde die Neufassung des VwVfG in der ab dem 1. 2. 2003 geltenden Fassung bekanntgemacht (BGBl I S. 102).

III. Grundzüge und systematische Einordnung

36 **Schrifttum:** *Bettermann,* Das Verwaltungsverfahren, VVDStRL 1959, 118; *Bonk,* 25 Jahre Verwaltungsverfahrensgesetz, NVwZ 2001, 636; *Ule/Becker,* Verwaltungsverfahren im Rechtsstaat, 1964; *Kopp,* Verfassungsrecht und Verwaltungsverfahrensrecht, 1971; *Schmitt-Glaeser* (Hg), Verwaltungsverfahren, FS Boorberg, 1977; *Wahl/Pietzcker,* Verwaltungsverfahren zwischen Effizienz und Rechtsschutzauftrag, VVDStRL 1983, 151; *Lerche/Schmitt-Glaeser/Schmidt-Aßmann,* Verfahren als staats- und verwaltungsrechtliche Kategorie, 1984; *Pernice/Kadelbach,* Verfahren und Sanktion im Wirtschaftsverwaltungsrecht, DVBl 1996, 1100; *Pitschas,* Verwaltungsverantwortung und Verwaltungsverfahren, 1990; *Blümel/Pitschas,* Reform des Verwaltungsverfahrensrechts, 1994.

37 **1. Die Grundzüge des VwVfG.** Das VwVfG ist in 8 Teile untergliedert, die für sich jeweils einen unterschiedlich großen Anwendungsbereich haben. Teil I trifft allgemeine Regelungen zum Anwendungsbereich des Gesetzes und über die Amtshilfe. Die Bestimmungen über die Amtshilfe gelten zwar unmittelbar nur im Anwendungsbereich des VwVfG, gehen aber über den Bereich des Verwaltungsverfahrens iSd § 9 hinaus (s § 9 Rn 4). Teil II enthält die vor die Klammer gezogenen allgemeinen Verfahrensbestimmungen, die sich sowohl auf Verfahrenshandlungen zum Erlass von VAen beziehen als auch auf solche, die auf den Abschluss eines öffentlich-rechtlichen Vertrages gerichtet sind. Diese allgemeinen Verfahrensbestimmungen orientieren sich stark an den entsprechenden Regelungen der VwGO und sind zumeist als Ausdruck allgemeiner Rechtsgedanken analog auch auf andere Verwaltungsverfahren anwendbar, die dem VwVfG sonst nicht unterliegen. Hervorzuheben sind insoweit die Bestimmungen über den Grundsatz der **Amtsermittlung** (§ 24), das **Akeneinsichtsrecht** der Beteiligten (§ 29), die Gewährung **rechtlichen Gehörs** (§ 28), die Pflicht zur **Geheimhaltung** (§ 30) und die Pflicht zu **Beratung und Auskunft** (§ 25).

38 **a) Grundstruktur. Das Kernstück des VwVfG** bilden Teil III über den VA und Teil IV über den öffentlich-rechtlichen Vertrag. Hier finden sich neben rein verfahrensrechtlichen Regelungen auch Regelungen, die dem (materiellen) allgemeinen Verwaltungsrecht zuzurechnen sind und als annexe Materie in das VwVfG einbezogen worden sind (s hierzu Rn 14). Der **VA steht als die zentrale Handlungsform** der Verwaltung im Mittelpunkt. Durch ihn wird dem Bürger gegenüber im Einzelfall verbindlich festgelegt, was für ihn rechtens ist. Als rechtsstaatlich ausgeprägtes Instrument muss der VA in einem ordnungsgemäßen Verfahren erlassen werden, hinreichend bestimmt sein (§ 37) und begründet werden (§ 39). Der deutschen Verwaltungstradition entsprechend mißt auch das VwVfG dem VA im Falle der Unanfechtbarkeit eine erhebliche Bestandskraft bei. Selbst die Verwaltung kommt nur unter den Voraussetzungen der §§ 48 ff von den durch VA getroffenen Regelungen wieder los. Was den **verwaltungsrechtlichen Ver-**

---

[41] Gesetz zur Einführung einer kapitalgedeckten Hüttenknappschaftlichen Zusatzversicherung und zur Änderung anderer Gesetze (Hüttenknappschaftliches Zusatzversicherungs-Neuregelungs-Gesetz – HZvNG) v 21. 6. 2002 (BGBl I S. 2137.

trag anlangt, so trifft das Gesetz in den §§ 54ff in Abkehr zu der bis dahin vorherrschenden sehr skeptischen Haltung von Rspr und Literatur Regelungen, die ihn gleichwertig neben den VA treten lassen (vgl § 54 S. 2). Durch die Nichtigkeitsregelungen des § 59 kommt auch dem rechtswidrigen Vertrag uU Wirksamkeit zu. Demgegenüber verzichtet das VwVfG darauf, Regelungen für andere Handlungsformen der Verwaltung bereitzustellen. Die Regelungen des VwVfG für VAe können auf diese Handlungsformen nur zur Anwendung kommen, soweit sie Ausdruck allgemeiner Rechtsgedanken sind (s Rn 43).

b) Die besonderen Verfahrensarten. Große Bedeutung hat Teil V, in dem besondere Verfahrensarten geregelt worden sind, wegen der Bestimmungen über das **Planfeststellungsverfahren** (§§ 72ff). Auch wenn nach wie vor eine ganze Reihe von Spezialgesetzen spezielle Regelungen über Planfeststellungen enthalten, so ist doch die Tendenz erkennbar, die Regelungen über Planfeststellungsverfahren im VwVfG zusammenzufassen und zu vereinheitlichen. Dieser Trend ist nicht nur aus Gründen der Übersichtlichkeit zu begrüßen, sondern auch im Interesse einer Vereinheitlichung und damit einer Vereinfachung. Die Vorschriften über das **förmliche Verwaltungsverfahren** (§§ 63ff) haben dagegen kaum praktische Bedeutung erlangt. Teil VI des Gesetzes enthält einige wenige Regelungen über das **Rechtsbehelfsverfahren.** Grundsätzlich handelt es sich um das Widerspruchsverfahren, welches in erster Linie in den §§ 68ff VwGO geregelt ist und in den § 79f nur einige wenige – lückenhafte – Ergänzungen erfahren hat. Hier wäre es zu begrüßen, wenn die Regelungen über das Widerspruchsverfahren vollständig entweder in der VwGO oder im VwVfG konzentriert würden. In Teil VII enthält das Gesetz eine Reihe von sehr allgemeinen Verfahrensvorschriften über **Ehrenamtliche Tätigkeiten** und über das **Verfahren von Ausschüssen,** die wiederum vor die Klammer gezogen sind und in weitem Umfang analogiefähig sind. Der letzte Teil VIII enthält Schlussvorschriften, von denen inzwischen mehrere gegenstandslos geworden sind und gestrichen wurden. 39

2. Subsidiarität und analoge Anwendung von Bestimmungen des VwVfG. a) Subsidiarität. Für das VwVfG gilt der Grundsatz der Subsidiarität (§ 1 Abs 1 letzter Halbs). Danach kommt das VwVfG nicht zur Anwendung, soweit Rechtsvorschriften des Bundes inhaltsgleiche oder entgegenstehende Vorschriften enthalten. Die Verwaltungsverfahrensgesetze der meisten Länder enthalten ähnliche Klauseln. Der Grundsatz der Subsidiarität gilt nicht nur gegenüber speziellerem Gesetzesrecht, sondern auch gegenüber Rechtsverordnungen, nicht aber gegenüber Satzungen (s § 1 Rn 30). Das Verfahrensrecht ermöglicht auf diese Weise zwar einerseits eine hohe Flexibilität, indem auch durch untergesetzliche Rechtsnormen abweichende Regelungen getroffen werden können, gewährleistet aber andererseits keine Einheitlichkeit und leistet damit einer weiteren Rechtszersplitterung Vorschub. 40

b) Analoge Anwendbarkeit. Soweit die Verwaltungsverfahrensgesetze nicht anwendbar sind (vgl §§ 1 und 2) oder keine abschließende Regelungen enthalten, sind die schon vor Erlass des VwVfG entwickelten allgemeinen ungeschriebenen Rechtsgrundsätze eines rechtsstaatlich geordneten Verfahrensrechts weiterhin anzuwenden (Weber BayVBl 1984, 269 Fn 6). Das gilt grundsätzlich auch zB für Verfahren zum Erlass von Verordnungen (FL 12; Kopp, in: BVerwG-FS 1978, 390; ders., BayVBl 1980, 101). Bei der Auslegung des sonstigen Verfahrensrechts und der Lückenausfüllung ist jedoch heute die **Beispielswirkung des VwVfG** zu berücksichtigen. Das VwVfG und die entsprechenden Gesetze der Länder haben als neuere und zudem besonders gewichtige Verfahrensordnungen, welche die Mehrzahl aller Verfahren erfassen, mittelbar Bedeutung auch für die Auslegung aller sonstigen verfahrensrechtlichen Bestimmungen in anderen Gesetzen, wie dem WHG, dem BauGB, der GewO usw (vgl zB BVerwG DVBl 1982, 647; OVG Münster NJW 1979, 124), und für die Feststellung und Auslegung der das positive 41

Recht ergänzenden allgemeinen Grundsätze des ungeschriebenen Verwaltungsverfahrensrechts (vgl Begr 29; Lorenz 256).

42 So wie schon die bis dahin von den Behörden und den Gerichten als geltendes Recht angewandten allgemeinen Verfahrensgrundsätze weitgehend **Verallgemeinerungen spezialgesetzlicher Regelungen** über das Verwaltungsverfahren und von anerkannten Folgerungen aus Grundsätzen des Verfassungsrechts, insb den Grundsätzen der Menschenwürde, der Rechtsstaatlichkeit, der Rechtsgleichheit, der Demokratie, der Gewaltentrennung und der Leistungsfähigkeit der Verwaltung waren, muss heute auch der überkommene Bestand an Vorschriften und allgemeinen Rechtsgrundsätzen im Interesse der Einheit der Rechtsordnung und als Folge einheitlicher Grundprinzipien auch **im Licht der Regelungen des VwVfG** und der entsprechenden Ländergesetze **gesehen, ausgelegt und angewandt** werden (Wernicke DVBl 1977, 915; M 64; Lorenz 256). Dies hat zur Folge, dass diejenigen Bestimmungen des VwVfG bzw der Landesgesetze, die den erreichten Stand der Rspr und Rechtslehre zum Verwaltungsverfahrensrecht kodifizieren und präzisieren und dabei allenfalls bestehende Zweifelsfragen verbindlich klären, idR als Ausdruck allgemeiner Rechtsgrundsätze des Verwaltungsverfahrensrechts auch in nicht ausdrücklich erfassten Bereichen analog angewandt werden können.[42] Ebenso sind bestehende Vorschriften und überkommende Grundsätze heute im Zweifel – dh soweit Wortlaut, Sinn und Zweck und systematischer Zusammenhang nicht entgegenstehen – im Einklang mit dem VwVfG auszulegen.[43]

43 **c) Anwendbarkeit auf sonstiges Verwaltungshandeln.** Die Frage, ob und inwieweit bei Fehlen besonderer Rechtsvorschriften einzelne Bestimmungen des VwVfG (bzw der Verwaltungsverfahrensgesetze der Länder) auf Verordnungen und Satzungen sowie auf schlicht hoheitliches und fiskalisches Handeln der Verwaltung analog, dh ihrem Rechtsgedanken entsprechend, angewandt werden können, kann nur von Fall zu Fall entschieden werden. Soweit die Bestimmungen **Ausdruck allgemeiner Rechtsgedanken** sind, kommt eine analoge Anwendung in Betracht, wenn der jeweilige Verwaltungsbereich **Regelungslücken** aufweist und eine **vergleichbare Interessen- bzw Konfliktlage** besteht. Eine einheitliche Linie haben Literatur und Rechtsprechung hier bisher nicht gefunden.[44]

43 a **d) Recht der Vergabe öffentlicher Aufträge. aa) Frühere Rechtslage.** Die Vergabe von Aufträgen durch die öffentliche Hand zur Beschaffung von Gegenständen und Dienstleistungen wird in Deutschland traditionell dem Privatrecht unterstellt. Die im Zuge der Auftragsvergabe abgeschlossenen Kauf- Dienst- und Werkverträge wurden allgemein als **fiskalische Hilfsgeschäfte** eingestuft, weshalb eine Anwendung von Vorschriften des VwVfG grundsätzlich nicht möglich war.[45] Rechtsschutz musste vor den ordentlichen Gerichten gesucht werden. Dies sollte sogar für die Verfügung einer allgemeinen Auftragssperre gelten.[46] Wegen der nach seinerzeit h. M. fehlenden Grundrechtsbindung fiskalischen Handelns kamen als Rechtmäßigkeitsmaßstab nur Regelungen des Haushaltsrechts (zB § 30 HGrG, § 55 BHO bzw. die entsprechenden Bestimmungen der LHOen und die Vergabeverordnungen (zB VOB Teil A, VOL Teil A) in Betracht. Subjektive

---

[42] BGH NJW 1984, 2533; Lorenz 256; **aA** Dolzer DÖV 1985, 14: keine analoge Anwendung des VwVfG auf den nach § 2 von der Anwendung ausgenommenen Gebieten.

[43] Vgl allg auch Kopp, Historische und zeitgemäße Auslegung von Gesetzen. Diss München 1957, 69 ff.

[44] Vgl hierzu näher Erichsen/Ehlers § 33 Rn 12 ff; WBS II §§ 58 Rn 8; ablehnend Knack vor § 9 Rn 12.

[45] Vgl nur GemSOGB BVerwGE 74, 368 = NJW 1986, 2359; BVerwGE 35, 103; BGHZ 36, 91, 93; Pietzcker NVwZ 1996, 313, 316; Boesen, Vergaberecht, 2000, Einl Rn 4; Burgi NZBau 2002, 57, 58; **aA** Schlette, Die Verwaltung als Vertragspartner, 148, 153.

[46] BVerwGE 5, 325; BVerwG DÖV 1973, 244.

öffentliche Rechte der Mitbieter bzw. Konkurrenten enthielten diese Vorschriften nicht. Insoweit wurde für Konkurrenten der Rechtsweg zu den Verwaltungsgerichten nicht eröffnet, ebenso wenig durch Vorschriften der Mittelstandsförderung (OVG Schleswig NordÖR 1999, 512) oder Nebenbestimmungen zu Subventionsbescheiden (OVG Schleswig NordÖR 2001, 416). Etwas anderes konnte nur für die seltenen **Präferenzrechte** gelten, zB nach § 37 SchwbG, § 76 BVFG, § 68 BEG. Im Übrigen konnten sich Konkurrenten allenfalls auf die allgemeinen Grundsätze des Privatrechts (Verbot sittenwidriger Schädigung, Treu und Glauben usw) berufen.

bb) Vergaberecht nach §§ 97 ff. GWB. Veranlasst durch die EG-Ver- 43 b
gaberichtlinien wurde in den §§ 97 ff. GWB ein neues Vergaberecht geschaffen, welches die öffentliche Hand bei der Vergabe von Aufträgen im Interesse einer sachgerechten Auswahl zu einem Ausschreibungsverfahren verpflichtet und den Rechtsschutz der Mitbieter wesentlich verbessert (Überblick bei Vetter NVwZ 2001, 745). Allerdings gelten die neuen Regelungen des GWB nur, wenn das Auftragsvolumen die auf Grund des § 127 GWB in der VergabeVO festgelegten **Schwellenwerte** übersteigt (§ 100 Abs. 1 GWB). Dieses neue Vergaberecht hat nach hM die Rechtsnatur der Auftragsvergabe nicht verändert: Nach wie vor handelt es sich im Regelfall um fiskalische Hilfsgeschäfte, die dem Privatrecht zuzurechnen sind. Insoweit ist das VwVfG nicht anwendbar. Indessen haben die Mitbieter die Möglichkeit, nach § 103 GWB eine Vergabeprüfstelle anzurufen oder nach §§ 107 ff. GWB bei einer Vergabekammer einen Antrag auf Einleitung eines Nachprüfungsverfahrens zu stellen. Während des Nachprüfungsverfahrens darf nach § 115 Abs. 1 GWB ein Auftrag nicht mehr erteilt werden. Das **Verfahren vor der Vergabekammer** ist ein Verwaltungsverfahren, auf das neben den spezielleren Bestimmungen der §§ 107 ff. GWB das VwVfG bzw. die VwVfGe der Länder direkt anwendbar sind. Die Entscheidung der Vergabekammer ergeht durch VA (§ 114 Abs. 3 GWB), der allerdings nach den §§ 116 ff. GWB nicht durch Widerspruch und Anfechtungsklage, sondern nur durch sofortige Beschwerde beim Vergabesenat des zuständigen OLG angefochten werden kann. Zum Verfahren s näher Vetter NVwZ 2001, 745, 750; zur VergabeVO Otting NVwZ 2001, 775.

Der Schutz der Bieter und Konkurrenten bei der öffentlichen Auftragsver- 43 c
gabe (vgl. § 97 GWB) wurde durch das neue Vergaberecht um den Preis einer erheblichen **Bürokratisierung** deutlich gestärkt. Die Systematik insgesamt ebenso wie manche Einzelheiten indessen unbefriedigend sind geblieben. Hauptkritikpunkt ist das Fehlen jeder Regelung für Aufträge, die die in § 2 VergabeVO genannten Auftragsvolumina unterschreiten. Auch der Rechtsschutz durch die Vergabesenate des OLG ist wenig systemgerecht, wenn man bedenkt, dass es sich bei den Entscheidungen der Vergabekammern um Verwaltungsakte handelt. Rechtlich problematisch ist weiter die Regelung des § 114 Abs. 2 GWB, wonach ein erteilter Zuschlag das Nachprüfungsverfahren erledigt und der Betroffene nur noch einen Antrag auf Feststellung einer Rechtsverletzung stellen kann. Ein „erteilter Zuschlag" liegt allerdings nur vor, wenn durch ihn ein Vertrag über die Auftragsvergabe wirksam zustande gekommen ist.[47] Ein während des laufenden Nachprüfungsverfahrens vergebener Auftrag ist idR wegen Verstoßes gegen das gesetzliche Verbot des § 115 Abs. 1 GWB gem. § 134 BGB nichtig und führt deshalb auch nicht zur Erledigung des Nachprüfungsverfahrens.[48] Soweit der Auftrag aber schon vor der Zustellung des Antrags auf Einleitung eines Nachprüfungsverfahrens erteilt worden ist, bleibt dem Mitbieter idR nur noch die Möglichkeit, vor den ordentlichen Gerichten Schadensersatz zu verlangen (BGHZ NJW 2001, 1492). Diese

---

[47] OLGSchleswig BauR 2000, 1046; OLG Jena NZBau 2001, 163; StBS § 35 Rn 70 a.
[48] Siehe hierzu Vetter NVwZ 2001, 745, 757.

Regelung ist unbefriedigend, dürfte aber im Hinblick auf die in § 13 S. 2 VergabeVO enthaltene Verpflichtung, den Mitbietern 10 Tage vor Vertragsabschluss die Entscheidung über die beabsichtigte Vergabe einschließlich der maßgebenden Gründe mitzuteilen, mit Art. 19 Abs. 4 GG sowie den europarechtlichen Vorgaben noch vereinbar sein.[49]

43 d **Umstritten** ist die Anwendung der Regelungen des Vergaberechts auch auf **öffentlich-rechtliche Beschaffungsverträge,** die bereits den Regelungen des VwVfG unterliegen.[50] Während die Rspr[51] weitgehend auf dem Standpunkt steht, das Vergaberecht sei auf öffentlich-rechtliche Verträge nicht anwendbar, wird in der Literatur[52] mehrheitlich zu Recht eine zusätzliche Anwendung der §§ 97 ff. GWB befürwortet, insbesondere mit der Erwägung, es handele sich auch bei der Vergabe durch öffentlich-rechtliche Verträge um Bedarfsdeckungsgeschäfte, die den europarechtlichen Wettbewerbsregeln unterworfen seien. Näheres siehe § 54 Rnr **.

43 e **cc) Vergabe öffentlicher Aufträge unterhalb der Schwellenwerte.** Unterhalb der Schwellenwerte und damit außerhalb des Anwendungsbereichs der §§ 97 ff. GWB stellt sich bei der Vergabe öffentlicher Aufträge die Frage, ob es bei der rein fiskalischen Betrachtung entsprechend der früheren Praxis verbleiben kann. Diese Frage ist **umstritten.** Während in der Rspr. für diesen Bereich nach wie vor eine rein privatrechtliche Betrachtungsweise vertreten wird, wonach ein verwaltungsgerichtlicher Rechtsschutz der Mitbieter ausscheidet,[53] geht man in der Literatur überwiegend davon aus, dass nach dem Modell der **Zweistufentheorie** zunächst eine öffentlichrechtliche Auswahlentscheidung erfolgen müsse, deren Umsetzung dann durch einen privatrechtlichen Vertrag erfolgen könne.[54] Die Mitbieter hätten dann die Möglichkeit, die öffentlichrechtliche Auswahlentscheidung einer verwaltungsgerichtlichen Kontrolle zu unterziehen.[55] Diese Auffassung berücksichtigt zwar die Grundrechtsgebundenheit der öffentlichen Auftragsvergabe[56] sowie den Umstand, dass auch unterhalb der Schwellenwerte ein effektiver Schutz vor Verletzungen des Diskriminierungsverbots des Art. 12 EG durch die Vergabeentscheidung gewährt werden muss. Es fragt sich aber, ob ein solches Modell den Anforderungen an effizientes Handeln in der Verwaltung hinreichend gerecht zu werden vermag.

44 **3. Verfahrensrecht und Verwaltungsprozessrecht. a) Allgemeines.** Zwischen dem Verwaltungsverfahrensrecht dem Verwaltungsprozessrecht bestehen sowohl gewisse Parallelen, Berührungspunkte und Zusammenhänge als auch Unterschiede.[57] Während die Verwaltungsgerichtsbarkeit primär den Schutz und die Durchsetzung individueller Rechte zum Ziel hat, wobei diese Aufgabe den wesentlichen Inhalt ihrer Tätigkeit ausmacht, steht für die Verwaltung im Regelfall

---

[49] So auch StBS § 35 Rnr. 70 b; vgl. auch Vergabekammer Bund NJW 2000, 151; Höfler NJW 2000, 120.

[50] Zusammenfassung des Streitstandes bei Burgi NZBau 2002, 57.

[51] OVG Lüneburg NdsVBl 1999, 285; OLG Celle NZBau 2000, 299; aA OLG Koblenz NZBau 2001, 283.

[52] Burgi NZBau 2002, 57 mwN mit Ausnahme für Beleihungsverträge, Vetter NVwZ 2001, 745, 749; Pieper DVBl 2000, 160; Gurlit, Verwaltungsvertrag und Gesetz, 331.

[53] Vgl. etwa OLG Schleswig NZBau 2000, 263; OLG Düsseldorf BauR 1999, 241, 247; VGH Mannheim DÖV 1999, 79.

[54] Schliesky DVBl 1999, 78; Hermes JZ 1997, 909, 915; Kopp BayVBl 1980, 609; Huber, Konkurrenzschutz im Verwaltungsrecht, 1991, 465; offen Pernice/Kadelbach DVBl 1996, 1100, 1106; hiergegen Schlette, Die Verwaltung als Vertragspartner, S. 146, 153 auf Grund seiner einheitlichen Einordnung der Beschaffungsverträge als öffentlich-rechtlich.

[55] Huber JZ 2000, 878, 892; Thieme/Corell DVBl 1999, 884, 886; Schneevogel/Horn NVwZ 1998, 1242; Pietzcker SächsVBl 1999, 289, 291; wohl auch StBS § 35 Rnr. 70 c.

[56] Hierzu Huber JZ 2000, 877, 878; Bultmann ZfBR 2002, 611.

[57] UL § 3 Rn 9; v Mutius, in: Menger-FS 1985, 575; Martens SGb 1990, 219; Kopp 64 ff.

die wirksame, zweckmäßige und rasche Umsetzung von Rechtsnormen und damit die Verwirklichung des öffentlichen Interesses im Vordergrund.[58] Das Recht ist für die Behörden zwar unabdingbare Voraussetzung und Schranke des Handelns, aber nicht Selbstzweck. Vielmehr geht es für die Verwaltung darum, im Rahmen der Gesetze ihren Gemeinwohlauftrag zu erfüllen (vgl Hoffmann-Riem DVBl 1994, 1382 mwN; M 65; Kopp 64 ff mwN).

Unter dem Gesichtspunkt des Rechtsschutzes besteht eine **Interdependenz zwischen Verwaltungsverfahren und gerichtlichem Verfahren.** Je umfassender der Schutz des Bürgers schon im Verwaltungsverfahren ist, desto weniger dringlich ist eine umfassende Kontrolle der Verwaltung durch die Gerichtsbarkeit; umgekehrt kann ein ausgebautes System verwaltungsgerichtlichen Rechtsschutzes die Notwendigkeit eines mit weitgehenden Rechtsschutzgarantien ausgestatteten Verwaltungsverfahrens etwas in den Hintergrund treten lassen.[59] Grundsätzlich kann jedoch auch ein mit rechtsstaatlichen Garantien ausgestaltetes Verwaltungsverfahren den gerichtlichen Rechtsschutz nicht ersetzen (Schmidt-Aßmann VVDStRL 34, 266; FL 30 vor § 9). Entsprechendes gilt umgekehrt auch für die Wahrung und Durchsetzung des öffentlichen Interesses und betroffener Rechte und Belange im Verwaltungsverfahren.

b) Unterschiedliche Zielsetzungen und Aufgaben. Die Verwaltung hat im gewaltenteiligen Rechtsstaat eine eigenständige Aufgabe, auch soweit sie beim Vollzug der Gesetze tätig wird (vgl auch BVerfG 49, 89); daher ist das Verwaltungsverfahren nie lediglich „Vorverfahren“ oder Zulässigkeitsvoraussetzung für das gerichtliche Verfahren zur Kontrolle des hoheitlichen Handelns der Verwaltung.[60] Die primäre Aufgabe und Verantwortung beim Vollzug der Gesetze liegt auch gerade im modernen gewaltenteiligen Staat grundsätzlich bei den Behörden, die dabei an die Vorschriften des Verwaltungsverfahrensrechts gebunden sind. **Die Gerichte** sind entsprechend dem Grundsatz der Gewaltenteilung gem Art 20 Abs 2 und 3 GG und nach den konkreten Bestimmungen der VwGO (vgl §§ 42, 68 ff, 74, 113, 167) **im Wesentlichen auf die Kontrolle** und Nachprüfung des Verwaltungshandelns im Rahmen eines konkreten Rechtsschutzbegehrens des Klägers, grundsätzlich unter Ausschluss originärer Ermittlungen und Erwägungen, wie sie für die Verwaltung üblich sind, beschränkt. Sie werden dabei im Regelfall erst nach Abschluss des Verwaltungsverfahrens tätig, nachdem die Verwaltung in eigener Zuständigkeit und Verantwortung als Exekutive gehandelt hat (vgl Kopp 234 ff mwN; WuV 1983, 12). 45

c) Folgerungen für das Verwaltungsverfahrensrecht. Aus den besonderen und zT andersartigen Aufgaben der Behörden und der Gerichte bzw des Verwaltungsverfahrens und des gerichtlichen Verfahrens ergeben sich Folgerungen sowohl für das Verwaltungsverfahrensrecht als auch für das Verwaltungsprozessrecht.[61] Da das gerichtliche Verfahren nicht Fortsetzung des Verwaltungsverfahrens ist, sondern ein „aliud“ dazu ist,[62] sollte eine Nachholung von Verfahrensver- 46

[58] Ule VerwA 1971, 124; UL § 3 Rn 10; FL 18 ff vor § 9; Kopp 64 ff; Wahl VVDStRL 1982 Thesen 1 b und 3 a.

[59] Vgl MuE 56, 62, 65; Bachof DÖV 1969, 164; Ule VerwArch 1971, 119; M 64; Erichsen/Ehlers § 33 Rn 22; FL 21 ff vor § 9; Lorenz 258 mwN; Schwarze, Der funktionale Zusammenhang von Verwaltungsverfahrensrecht und verwaltungsgerichtlichem Rechtsschutz, 1974, 17 f, 35 f, 44 ff; Kopp 2, 54 ff.

[60] Vgl Kopp 65, 234 ff, 248; BayVBl 1977, 514; 1980, 103; kritisch Naumann DÖV 1968, 14.

[61] Vgl Kopp 105, 209, 246 ff mwN; ders VerwArch 1970, 224 ff; ders BayVBl 1977, 514 ff; 1980, 103 f; ferner Kopp/Schenke § 113 Rn 6, 16.

[62] Vgl BVerfG 49, 136; 61, 82 = NJW 1982, 2173; BVerwG DVBl 1978, 594; BSG MDR 1977, 83; M 65, 74; Kopp BayVBl 1977, 515; 1983, 676 f; Franke Staat 1975, 294; s auch VG Schleswig NJW 1980, 1296: „kein zweites Genehmigungsverfahren“.

handlungen oder eine Heilung von Verfahrensmängeln aus dem Bereich des Verwaltungsverfahrens im gerichtlichen Verfahren grundsätzlich ausgeschlossen sein. Die rechtspolitisch wichtige klare Unterscheidung von Verwaltungsverfahren und Verwaltungsprozess wurde durch die Einführung einer Heilungsmöglichkeit während des gerichtlichen Verfahrens teilweise aufgegeben (vgl § 45 Rn 5).[63] Hiergegen spricht außer der aufgezeigten besonderen Funktion der Verwaltungsgerichtsbarkeit im gewaltenteiligen Staat auch, dass damit der zwingende Charakter des Verwaltungsverfahrensrechts und die **primäre Verantwortung der Exekutive** für die Rechtmäßigkeit ihres Handelns und für den ordnungsgemäßen Vollzug der Gesetze relativiert werden (vgl ME VerwArch 1969, 179; Ule Verwaltungsreform 71 f; Kopp 93 ff; VerwArch 1970, 222 ff).

47 **d) Analoge Anwendung von Vorschriften des Prozessrechts?** Die unterschiedlichen Zielsetzungen und Aufgaben von Gerichtsbarkeit und Verwaltung im gewaltenteiligen Staat schließen es aus, Vorschriften der VwGO ohne Rücksicht auf die besonderen, auch in der Verfassung begründeten Erfordernisse raschen und wirksamen Verwaltungshandelns auf das Verwaltungsverfahrensrecht zu übertragen. Die **sinngemäße Anwendung** von Vorschriften des Prozessrechts und der dazu in Rechtsprechung und Schrifttum entwickelten Grundsätze zur Ausfüllung von Lücken des Verwaltungsverfahrensrechts kommt **nur ausnahmsweise** und nur insoweit in Betracht, als dies mit den verfahrensrechtlichen Grundsätzen und Zielen wie zB Wirksamkeit, Zweckmäßigkeit und Einfachheit des Verwaltungshandelns (vgl § 10) vereinbar ist.[64] Es ist daher für jede einzelne Bestimmung des Prozessrechts gesondert zu prüfen, ob und in welchem Umfang eine sinngemäße Anwendung als Ausdruck eines allgemeinen Grundsatzes des Verfahrensrechts möglich ist oder die für die Gestaltungsfreiheit der Verwaltung im Interesse der optimalen Erfüllung der Verwaltungsaufgaben (vgl § 10) sprechenden Gesichtspunkte überwiegen.

48 **4. Der Grundsatz der Formfreiheit.** Das Verwaltungsverfahren hat ähnlich wie das gerichtliche Verfahren den Zweck, durch gewisse Förmlichkeiten, insbes die Beteiligung des Betroffenen, die sachliche Richtigkeit und Gesetzmäßigkeit der Entscheidung und die Gleichmäßigkeit der Rechtsanwendung ohne Rücksicht auf die Person der Beteiligten zu gewährleisten. Es soll dadurch zugleich der Rechtssicherheit dienen und das Verwaltungshandeln für die Beteiligten und die Allgemeinheit – nicht zuletzt auch im Interesse des demokratischen Prozesses der Willensbildung und der Kontrolle des Verwaltungshandelns durch Parlament und Öffentlichkeit – transparent und berechenbar machen (vgl Kopp 180). Demgegenüber fehlt dem Verwaltungsverfahren die Formstrenge des Prozessrechts. Die Verwaltung, die meist unter dem Druck vielfältiger Aufgaben und der Notwendigkeit rascher Entscheidungen steht, würde durch ein prozeßförmiges Verfahren übermäßig belastet und in der ihr von Verfassung wegen aufgegebenen wirksamen und raschen Erfüllung ihrer Aufgaben behindert. Anders als im gerichtlichen Verfahren, das primär der Verwirklichung des Rechtsschutzes des Einzelnen dient, hat die Verwaltung überwiegend **Gestaltungs- und Ordnungsaufgaben,** die sie im Interesse der Allgemeinheit zwar unter Beachtung und Wahrung der Rechte der Betroffenen, aber doch primär im Hinblick auf andere Zielsetzungen und auf die Erfordernisse einer **wirksamen, kostensparenden Verwirklichung** dieser Zielsetzungen zu erfüllen hat.

49 Das VwVfG und die Verfahrensgesetze der Länder sind insoweit das **Ergebnis eines Kompromisses** zwischen der Forderung nach rechtsstaatlichen Verfahrensgarantien einerseits und dem Grundsatz der Formlosigkeit, nach dem die Gestal-

---

[63] Vgl StBS § 1 Rn 44–45.

[64] OVG Magdeburg NVwZ 1994, 1227; StBS § 1 Rn 44; zT **aA** OVG Bremen NVwZ 1985, 911.

tung des Verfahrens grundsätzlich dem Ermessen der Behörde überlassen bleibt, andererseits.[65] Sie sollen den Behörden und dem Bürger unter Verzicht auf übermäßige Formstrenge ein rechtsstaatlichen Anforderungen genügendes, „handfestes" (MuE 71), dh hinreichend detailliertes und konkretisiertes Verwaltungsverfahrensrecht bieten, das den Erfordernissen der Gesetzmäßigkeit und des Rechtsschutzes möglichst schon in der ersten Verwaltungsinstanz genügt; sie sollen zugleich aber auch die Verwaltungstätigkeit nicht unangemessen komplizieren und behindern (Begr 42; ABegr 3; MuE 71, 74, 99f). Die Formvorschriften beschränken sich daher auf das nach Auffassung des Gesetzgebers gebotene Mindestmaß und lassen in weitem Umfang für Fälle, die nicht kontrovers sind oder bei denen die Beachtung von Förmlichkeiten untunlich wäre, darüber hinaus Ausnahmen zu. Im Übrigen gilt gem § 10 der **Grundsatz der Formfreiheit,** dh die Verwaltung ist grundsätzlich frei, das Verfahren unter Berücksichtigung der Erfordernisse der Einfachheit und Zweckmäßigkeit nach ihrem Ermessen zu gestalten. Strengere Förmlichkeiten sind nur für **die besonderen Verfahrensarten** der §§ 63ff vorgesehen, deren Anwendung jedoch besonders gesetzlich angeordnet werden muss.

Für die große Masse der täglich zu entscheidenden Fälle – ebenso auch und 50
zT noch weitergehend, für Eilfälle (vgl §§ 3 Abs 4; 20 Abs 3; 28 Abs 2 Nr 1) – besteht die Möglichkeit, das Verfahren mit einem **Minimum an Förmlichkeiten** durchzuführen. In der Mehrzahl der Fälle genügt es, dass der Bürger formlos, uU auch, zB bei Anträgen auf Erlass eines VA, unter Verwendung eines bereits vorbereiteten Formblatts, Gelegenheit erhält, sein Anliegen vorzubringen bzw zu einer beabsichtigten Maßnahme Stellung zu nehmen. In anderen Fällen, etwa bei der Zulassung zur Benützung einer öffentlichen Einrichtung, bedarf es nicht einmal eines förmlichen Antrags; die Zulassung erfolgt durch konkludentes Verhalten (WBS II § 55 Rn 6; BGH JZ 1971, 94), oft sogar – zB beim Lösen einer Fahrkarte für ein städtisches Verkehrsmittel an einem Automaten – überhaupt ohne bewusste Entscheidung seitens der Verwaltung.

IV. Der Einfluss des Europarechts

Schrifttum: *Classen,* Der Einzelne als Instrument zur Durchsetzung des Gemeinschaftsrechts? 51
VerwArch 1997, Bd 88, S. 645–678; *v Danwitz,* Die Eigenverantwortung der Mitgliedstaaten für die Durchführung von Gemeinschaftsrecht, DVBl 1998, 421; *Di Fabio,* Richtlinienkonformität als ranghöchstes Auslegungsprinzip? NJW 1990, 947; *Ehlers,* Die Einwirkungen des Rechts der Europäischen Gemeinschaften auf das Verwaltungsrecht, DVBl 1991, 605; *Everling,* Elemente eines europäischen Verwaltungsrechts, DVBl 1983, 649; *Fischer,* Europarecht in der öffentlichen Verwaltung, 1994; *Gornig/Trüe,* Die Rspr des EuGH und des EuG zum Europäischen Verwaltungsrecht – Teil 1, JZ 2000, 395; *Haibach,* Die Rspr des EuGH zu den Grundsätzen des Verwaltungsverfahrens, NVwZ 1998, 456; *Hirsch,* Der EuGH im Spannungsverhältnis zwischen Gemeinschaftsrecht und nationalem Recht, NJW 2000, 1817; *Iglesias,* Zu den Grenzen der verfahrensrechtlichen Autonomie der Mitgliedstaaten bei der Anwendung des Gemeinschaftsrechts, EuGRZ 1997, 289; *Jarass,* Richlinienkonforme bzw EG-rechtskonforme Auslegung nationalen Rechts, EuR 1991, 211; *Kadelbach,* Allgemeines Verwaltungsrecht unter europäischem Einfluss, 1999; *Kuntze,* Allgemeines Verwaltungsrecht, in Borgmann/Kenntner (Hrsg), Deutsches Verwaltungsrecht unter europäischem Einfluss, 2002, 133; *Lindner,* Die EG-VerfahrensVO zur gemeinschaftlichen Beihilfekontrolle, BayVBl 2002, 193; *Pernice/Kadelbach,* Verfahren und Sanktion im Wirtschaftsverwaltungsrecht, DVBl 1996, 1100; *Rengeling/Zuleeg,* Deutsches und europäisches Verwaltungsrecht – wechselseitige Einwirkungen, VVDStRL 1994, 202; *Schmidt-Aßmann,* Die Europäisierung des Verwaltungsverfahrensrechts, FS BVerwG, 2003, (iE); *ders,* Deutsches und Europäisches Verwaltungsrecht, DVBl 1993, 924; *Schoch,* Die Europäisierung des Allgemeinen Verwaltungsrechts und des Verwaltungsprozessrechts, NordÖR 2001, 1; *Schröder,* Europäisches Verwaltungsrecht, DV 1990, 247; *Schwarze,* Europäisches Verwaltungsrecht, Bd I, II, 1988; *ders.* (Hg), Das Verwaltungsrecht unter europäischem Einfluß, 1996; *Pagenkopf,* Zum Einfluß des Gemeinschafts-

[65] Begr 42; ABegr 3; MuE 74; Haueisen DVBl 1962, 888; Ule/Becker 11; Kopp 66.

rechts auf nationales Wirtschaftsverwaltungsrecht, NVwZ 1993, 216; *Stern,* Die Einwirkung des europäischen Gemeinschaftsrechts auf die Verwaltungsgerichtsbarkeit, JuS 1998, 769; *Zuleeg,* Die Rolle der rechtsprechenden Gewalt in der europäischen Integration, JZ 1994, 1.

51 a **1. Einfluss des Gemeinschaftsrechts auf das deutsche Verwaltungsverfahren.** Das Verwaltungsverfahrensrecht des Bundes und der Länder wird in vielen Bereichen zunehmend unmittelbar oder mittelbar durch das Recht der Europäischen Union (EU) beeinflusst, teilweise auch überlagert. Das gilt nicht nur für das primäre Gemeinschaftsrecht, worunter die Gründungsverträge und die späteren Vertragswerke (EEA, EUV usw) verstanden werden, sondern auch für das sekundäre Gemeinschaftsrecht, worunter die auf der Grundlage von Art 249 Abs 2 EG erlassenen unmittelbar geltenden Verordnungen und die nach Art 249 Abs 3 EG erlassenen Richtlinien und schließlich Entscheidungen nach Art 249 Abs 4 EG zu verstehen sind. Zwar verfügt die EU nicht über selbstständige Regelungskompetenzen in Bezug auf das Verwaltungsverfahren in den Mitgliedstaaten, es bestehen aber verfahrensrechtliche Annexkompetenzen zu den einzelnen Sachkompetenzen (implied powers).

Abgesehen vom „endogenen Vereinheitlichungspotential"[66] des nationalen Verwaltungsverfahrensrechts durch das Gemeinschaftsrecht lassen sich im wesentlichen mehrere Wirkungswege unterscheiden, auf denen das EU-Recht auf das Verwaltungsverfahrensrecht Einfluss nimmt: Mit dem Erlass von Gemeinschaftsrecht, welches das Verwaltungsverfahren in den Mitgliedstaaten auf bestimmten Gebieten unmittelbar regelt (Bsp Zollkodex), durch den Erlass von Richtlinien, mit denen die Mitgliedstaaten dazu verpflichtet werden, nationale Bestimmungen über das Verwaltungsverfahren zu erlassen oder zu anzupassen (Bsp UVP-RL), und schließlich auch durch die Verpflichtung der Mitgliedstaaten, nationales Recht auf dem Gebiet des Verwaltungsverfahrens gemeinschaftsrechtskonform auszulegen und anzuwenden.

52 **2. Anpassungspflichten.** Der wichtigste Weg der Harmonisierung der nationalen Rechtsordnungen der Mitgliedstaaten der EU verläuft über den Erlass von Richtlinien, die die Migliedstaaten in innerstaatliches Recht auf geeignete Weise innerhalb bestimmter Fristen umzusetzen haben (krit Hilf, EuR 1993, 1).

53 **a) Umsetzung in Bundes- oder Landesrecht.** Die Anpassungspflichten treffen innerhalb Deutschlands zunächst nur den Bund, und zwar unabhängig davon, ob er für die Umsetzung über die erforderliche Gesetzgebungskompetenz verfügt (Grabitz AöR 1986, 1 ff; Weber S. 27; Fischer 112). Dem Bund erwächst daraus aber keine Gesetzgebungskompetenz über die in Art 72 ff GG bestehenden Kompetenzen hinaus. Vielmehr kann der Bund innerstaatlich nur diejenigen Vorgaben der Richtlinien in nationales Recht umsetzen, für die er nach der Kompetenzordnung des GG die Gesetzgebungskompetenz hat; im Übrigen sind die Länder zur Umsetzung berufen. Unter dem Aspekt der Bundestreue bzw des bundesfreundlichen Verhaltens sind die Länder aber verpflichtet, solche Richtlinien umzusetzen, die den Bereich des Landesrechts betreffen (Weber S. 31; Fischer S. 112). Der Bundesstaat ist zu einer effektiven Kontrolle der Umsetzung verpflichtet (EuGH Slg 1988, 1, 11).

54 **b) Form der Umsetzung.** Die Art und Weise der Umsetzung von Richtlinien in innerstaatliches Recht ist grundsätzlich Sache der Mitgliedstaaten, die insoweit nach ihrem gesetzgeberischen Ermessen handeln. Maßstab ist der Grundsatz des effet utile: die Mitgliedstaaten haben bei der Wahl der Form und der Mittel diejenigen auszuwählen, mit denen die der mit der Richtlinie verfolgten Ziele am

---

[66] So die plastische Bezeichnung Schmidt-Aßmanns in FS BVerwG (iE) für die Entwicklungsmöglichkeiten auf Grund „wechselseitiger Einwirkungen" von nationaler und Gemeinschaftsrechtsordnung.

besten und effektivsten erreicht werden können (EuGH Slg 1976, 497; 1990, I-2320). Umstritten ist, ob sich Richtlinien auch durch den Erlass von Verwaltungsvorschriften in innerstaatliches Recht umsetzen lassen. Dies wird teilweise mit der Begründung angenommen, dass auch Verwaltungsvorschriften für die handelnden Behörden verbindlich seien (vgl zB v Danwitz VerwArch 1993, 73, 82; Di Fabio DVBl 1992, 1338; Breuer S. 74). Demgegenüber steht der EuGH und mit ihm die hM zu Recht auf dem Standpunkt, dass nur außenverbindliche Rechtsnormen für eine Umsetzung infrage kommen (EuGH Slg 1991, I-2567; 1991, I-2607; 1991, I-4983; zustimmend Everling NVwZ 1993, 209; Zuleeg VVDStRL 1994, 176).

c) Folgen mangelnder Umsetzung. Die Mitgliedstaaten setzen Richtlinien 55 nicht selten sehr zögerlich und in der Sache unzulänglich um. Es stellt sich deshalb die Frage, welche Konsequenzen die zeitlich oder sachlich mangelhafte Umsetzung für den Mitgliedstaat und den einzelnen Bürger haben kann. Der EuGH hat sich mit dieser Problematik schon früh auseinandersetzen müssen und in der Van-Duyn-Entscheidung Grundsätze für eine unmittelbare Anwendung der Richtlinie entwickelt. Der sog **Direct Effect** soll danach eintreten, wenn die Umsetzungsfrist abgelaufen ist, die fragliche Bestimmung der Richtlinie den Einzelnen eine Vergünstigung einräumt und ihr Inhalt unbedingt und hinreichend bestimmt ist (Slg 1974, 1337). Seit der sog Francovich-Entscheidung kommt darüber hinaus für den Fall der nicht rechtzeitigen oder hinreichenden Umsetzung ein **Schadensersatzanspruch** in Betracht, der eintreten soll, wenn die Richtlinie dem Schutz des Einzelnen dient, hinreichend bestimmte Regelungen vorsieht und der Verstoß des Mitgliedstaats durch die Nichtumsetzung den Schaden bei dem geschützten Einzelnen kausal verursacht hat (Slg 1991, I-5357). Neuerdings hat der EuGH die unmittelbare Anwendbarkeit von Richtlinien bei nicht rechtzeitiger oder hinreichender Umsetzung auch unabhängig von subjektiven Rechtspositionen des Einzelnen angenommen, zB bei der Nichtausweisung von Vogelschutzgebieten, die nach der Vogelschutzrichtlinie dem in der Richtlinie vorgesehenen Schutz hätten unterstellt werden müssen (EuGH Slg 1993, I-4221 = NuR 1994, 521; ähnlich EuGH NuR 1997, 36; EuGH NordÖR 1998, 441). Diese Rspr dürfte als gesichert anzusehen sein (vgl zB EuGH NordÖR 1998, 435 – Wiesen-Steuer); sie hat vor allem für den europäischen Naturschutz erhebliche Bedeutung gewonnen (vgl zB BVerwG NordÖR 1999, 67 – Trave-Niederung). S. zur Bedeutung der Richtlinien im Naturschutzrecht auch Iven NuR 1996, 373; allgemein Bleckmann, Europarecht Rn 431; Oppermann, Europarecht Rn 556.

3. Die Geltungskraft des Gemeinschaftsrechts. a) Der Anwendungsvorrang. 56 Das Gemeinschaftsrecht stellt nach heute allgemeiner Auffassung eine **eigenständige supranationale Rechtsordnung**[67] dar, deren unmittelbar geltende Vorschriften nach der st Rspr des EuGH einen **Anwendungsvorrang**[68] gegenüber kollidierendem nationalen Recht genießt (EuGH Slg 1991, I-297, 321; ebenso BVerfGE 85, 191, 204). Anders als der im Rahmen einer Normhierarchie üblicherweise einschlägige Geltungsvorrang (vgl zB Art 31 GG) führt der Anwendungsvorrang im Kollisionsfalle nicht zur Ungültigkeit des entgegenstehenden nachrangigen Rechts, sondern nur dazu, dass im jeweiligen Einzelfall das vorrangige Recht (allein) anzuwenden ist. Diesen Anwendungsvorrang genießt das gesamte unmittelbar geltende Gemeinschaftsrecht unabhängig davon, ob es sich um Primärrecht oder Sekundärrecht handelt. Er gilt prinzipiell gegenüber dem gesamten mitgliedstaatlichen Recht, unabhängig von dessen Stellung innerhalb der innerstaatlichen Normenhierarchie, also im Grundsatz auch gegenüber mitgliedstaatli-

[67] Seit EuG Slg 1963, 1 = NJW 1963, 974 (van Gent & Loos); Slg 1986, 1339 (Les Verts); vgl auch BVerfG 31, 145 = NJW 1971, 2122.

[68] S zum Anwendungsvorrang Everling, DVBl 1985, 1201; Zuleeg, VVDStRL 1994, 159.

chem Verfassungsrecht. Das BVerfG geht davon aus, dass der nach dem GG unerlässliche Grundrechtsschutz derzeit durch die Rechtsordnung der EU hinreichend gewährleistet ist und dass deshalb eine Kontrolle des Gemeinschaftsrechts anhand der nationalen Grundrechte nicht zu erfolgen hat.[69] Das BVerfG hat insoweit allerdings die Möglichkeit angenommen, diese Kontrolle des Gemeinschaftsrechts anhand der Grundrechte dann wieder eingreifen zu lassen, wenn der Grundrechtsschutz auf EU-Ebene nicht mehr gewährleistet sein sollte.[70]

57 **b) Die Pflichten der Mitgliedstaaten aus Art 10 EG.** Voraussetzung für den Anwendungsvorrang ist die unmittelbare Anwendbarkeit der Regelungen des Gemeinschaftsrechts. Soweit die Regelungen nicht unmittelbar auf einzelne Rechtsverhältnisse anwendbar sind, wie dies etwa bei den Richtlinien der Fall ist, kann dem Gemeinschaftsrecht durch den Anwendungsvorrang nicht zur Geltung verholfen werden. Hier greifen die Pflichten aus Art 10 EG ein, wonach die Mitgliedstaaten alle geeigneten Maßnahmen allgemeiner und besonderer Art zur Erfüllung ihrer gemeinschaftsvertraglichen Verpflichtungen zu treffen und solche Maßnahmen zu unterlassen haben, die die Verwirklichung der Ziele des Vertrags gefährden. Hieraus wird der Grundsatz der funktionsgerechten und effektiven Wirksamkeit des Gemeinschaftsrechts (effet utile)[71] hergeleitet, der sowohl für die Rechtssetzung als auch für den Vollzug des Gemeinschaftsrechts durch die Mitgliedstaaten erhebliche Bedeutung hat.

58 **4. Direkter und indirekter Vollzug des Gemeinschaftsrechts.** Für das Verwaltungsverfahrensrecht ist die Unterscheidung von direktem und indirektem Vollzug des Gemeinschaftsrechts grundlegend. Als **direkter Vollzug** wird die Umsetzung des Gemeinschaftsrechts durch die Organe der Gemeinschaft selbst, also insbes durch die Europäische Kommission bezeichnet,[72] als **indirekter Vollzug** die Umsetzung des Gemeinschaftsrechts durch die **Organe der Mitgliedstaaten.**[73] Das Hauptgewicht der Umsetzung von Gemeinschaftsrecht liegt ohne Zweifel beim indirekten Vollzug durch die Mitgliedstaaten. Wichtig ist in diesem Zusammenhang, dass die Grundsätze des indirekten Vollzuges nicht nur für die Anwendung primären und sekundären Gemeinschaftsrechts, sondern auch für die Anwendung nationalen Rechts der Mitgliedstaaten, welches diese in Erfüllung ihrer Verpflichtung zur Umsetzung von Richtlinien usw erlassen haben **(nationales Umsetzungsrecht).** Die Mitgliedstaaten sind also bei dem Vollzug von nationalem Recht nicht gänzlich frei, sondern an Gemeinschaftsrecht auch dann gebunden, wenn und soweit das nationale Recht der Umsetzung von EG-Recht dient.

59 **a) Maßgebliches Verfahrensrecht beim direkten Vollzug.** Für den direkten Vollzug von Gemeinschaftsrecht durch die Organe der Europäischen Union gilt allein das Gemeinschaftsrecht. Allerdings verfügt das Gemeinschaftsrecht bisher nicht über ein kodifiziertes allgemeines Verfahrensrecht. Lediglich in wenigen Bereichen finden sich geschriebene verfahrensrechtliche Regeln. Im Übrigen richtet sich das Verwaltungsverfahren der Organe der Europäischen Union nach allgemeinen Verfahrensgrundsätzen, die insbes der EuGH in seiner Rechtsprechung entwickelt hat. In dieser Rechtsprechung hat der EuGH in einer vergleichenden Betrachtung der Verfahrensordnungen der Mitgliedstaaten eine ganze

---

[69] BVerfG 73, 339 = NJW 1987, 577 (Solanage II); hierzu Hirsch NJW 2000, 1817.

[70] Allerdings nimmt das BVerfG das Recht für sich in Anspruch, bei Unterschreitung des notwendigen grundrechtlichen Schutzniveaus die Prüfungskompetenz wieder aufleben zu lassen, vgl BVerfG 89, 155, 175 = NJW 1993, 3047; zu dem dadurch konstituierten „Kooperationsverhältnis" näher Hirsch NJW 2000, 1817, 1818.

[71] Vgl EuGH NJW 1979, 1764; Scherzberg DVBl 1994, 737; Stollmann NVwZ 1995, 147.

[72] Vgl hierzu näher Pernice/Kadelbach DVBl 1996, 1100, 1103; StBS Einl Rn 129; Uerpmann AöR 2000, 551.

[73] Vgl Fischer, Europarecht, 3. Aufl 2001, 131 ff; Pernice/Kadelbach DVBl 1996, 1100, 1103.

Reihe von bestimmenden Verfahrensprinzipien entwickelt, die nun für die Organe der EU unmittelbar maßgebend sind. Aufgrund dieses Verfahrens der Entwicklung von Rechtsgrundsätzen aus einer Zusammenschau des in den Mitgliedstaaten geltenden Rechts ist es zu einer erheblichen Beeinflussung des Gemeinschaftsrechts durch die Mitgliedstaaten gekommen. Auch das deutsche Verwaltungsverfahrensrecht hat die auf EU-Ebene geltenden allgemeinen Verfahrensgrundsätze maßgebend mit geprägt.

b) Maßgebliches Verfahrensrecht beim indirekten Vollzug. Auch für den indirekten Vollzug von Gemeinschaftsrecht gelten zunächst einmal die Verfahrensbestimmungen des Gemeinschaftsrechts. Das Gemeinschaftsrecht enthält sich allerdings weitgehend einer Kodifizierung des Verfahrensrechts[74] und überlässt die Regelung des Verwaltungsverfahrens den Mitgliedstaaten (Grundsatz der verfahrensrechtlichen Autonomie). Daher gilt derzeit der Grundsatz, dass die Umsetzung der materiellrechtlichen Vorgaben des Gemeinschaftsrechts in den jeweiligen Formen des nationalen Verfahrensrechts zu erfolgen hat, soweit das Gemeinschaftsrecht keine unmittelbar geltenden Verfahrensbestimmungen allgemein oder für den jeweiligen Sachbereich erlassen hat.[75] 60

aa) Der Grundsatz der Verfahrensautonomie der Mitgliedstaaten. Der Grundsatz der Verfahrensautonomie der Mitgliedstaaten bedeutet, dass die Regelung des Verfahrensrechts für den indirekten Vollzug des Gemeinschaftsrechts grundsätzlich Sache der Mitgliedstaaten bleibt. Die Mitgliedstaaten sind berechtigt und verpflichtet, das Gemeinschaftsrecht ebenso wie das nationale Umsetzungsrecht nach den Regelungen des nationalen Verfahrensrechts zu vollziehen, soweit keine unmittelbar geltenden Verfahrensbestimmungen der Gemeinschaft ausnahmsweise vorgehen **(Soweit-Formel).**[76] Allerdings muss sichergestellt werden, dass die Anwendung nationalen Verfahrensrechts bei der Umsetzung des Gemeinschaftsrechts und des nationalen Umsetzungsrechts nicht zu Wirkungsverlusten des Gemeinschaftsrechts führt. Das nationale Verfahrensrecht muss also ein Instrumentarium zur Verfügung stellen, welches einen effektiven und gleichmäßigen indirekten Vollzug des Gemeinschaftsrechts sicherstellt. Deshalb müssen die Mitgliedstaaten sowohl bei der Ausgestaltung des nationalen Verfahrensrechts als auch bei dessen Auslegung und Anwendung im Einzelfall diejenigen Vorgaben beachten, die sich aus dem Vorrang des Gemeinschaftsrechts ergeben. Dabei handelt es sich im Wesentlichen um das Diskriminierungsverbot und das Effizienzgebot. 61

bb) Diskriminierungsverbot und Effektivitätsgebot. Seit der sog Milchkontor-Entscheidung des EuGH[77] gilt der Grundsatz, dass die Mitgliedstaaten ihr nationales Verfahrensrecht nur insoweit anwenden dürfen, als dies erstens nicht zu einer verfahrensrechtlichen Schlechterstellung von Angehörigen anderer Mitgliedstaaten führt (Diskriminierungsverbot) und zweitens nicht die effektive Durchsetzung des Gemeinschaftsrechts und des nationalen Umsetzungsrechts behindert (Effektivitätsgebot).[78] Die beide Anforderungen umfassende sog **Koordinierungsformel** (EuGH Slg 1999, 579, 611) wird aus den Bestimmungen des EG 62

---

[74] Regelungen des Verwaltungsverfahrens enthält zB der Zollkodex (Verordnung – EWG – Nr 2913/92 – ABl 1992 Nr L 302 S 1); weitere Regelungen enthalten die EG-VerfahrensVO zur gemeinschaftsrechtlichen Beihilfenkontrolle v 22. 3. 1999 (Verordnung – EWG – Nr 659/1999 – ABl L 83) sowie die Freisetzungsrichtlinie im Gentechnikrecht (hierzu Lienhard NuR 2002, 13).

[75] Sog Soweit-Formel, vgl EuGH Slg 1983, 2633, 2665; hierzu v Danwitz DVBl 1998, 422.

[76] Iglesias EuGRZ 1997, 289; v Danwitz DVBl 1998, 421, 430: Grundentscheidung des Gemeinschaftsrechts für die mitgliedstaatliche Verwaltung.

[77] EuGH Slg 1983, 2633; s hierzu näher Schwarze, Das Verwaltungsrecht unter europäischem Einfluss, 154 ff.

[78] Diese Formel kehrt in einer Vielzahl von Entscheidungen immer wieder; vgl v Danwitz DVBl 1999, 421; Iglesias EuGRZ 1997, 289; WBS I § 17 Rn 15.

hergeleitet.[79] Das Diskriminierungsverbot ergibt sich aus Art 12 EG, das Effizienzgebot aus Art 10 EG. Das nationale Verfahrensrecht muss danach so ausgestaltet, ausgelegt und angewandt werden, dass es dem materiellen Ziel des EU-Rechts und der ihm zugedachten Funktion gerecht wird (vgl BVerwGE 92, 81 = DÖV 1993, 912) und den verschiedenen gemeinschaftsrechtlichen Verfahrensgrundsätzen entspricht.[80] Für das Effektivitätsgebot finden sich in Literatur und Rechtsprechung unterschiedliche Umschreibungen. Teilweise wird lediglich verlangt, das Verfahrensrecht dürfe die Durchsetzung des Gemeinschaftsrechts nicht unmöglich machen oder übermäßig erschweren (EuGH Slg 1999, 579, 611), teilweise wird eine möglichst effektive Umsetzung des Gemeinschaftsrechts verlangt.

63 Praktische Bedeutung hat das Effizienzgebot vor allem bei der Anwendung des § 48 für die **Rücknahme von Subventionsbewilligungen,** die unter Verstoß gegen Art 87 EG bewilligt wurden (s dazu § 48 Rn 21), sowie für die Anwendung der EU-Richtlinien über die **Umweltverträglichkeitsprüfung** im Planfeststellungsrecht (s dazu § 73 Rn 17f) erlangt. In diesen Bereichen wurde die Gefahr, dass das materielle Gemeinschaftsrecht durch nationales Verfahrensrecht gewissermaßen unterlaufen werden könnte, sichtbar. Es erschien dem EuGH deshalb zu Recht geboten, im Interesse einer effektiven und gleichmäßigen Umsetzung des Gemeinschaftsrechts und des nationalen Umsetzungsrechts Anforderungen auch an die Handhabung des nationalen Verfahrensrechts zu stellen, die bis zur Unbeachtlichkeit einzelner Vorschriften des nationalen Verfahrensrechts gehen. Die gemeinschaftsrechtlichen Regelungen der Beihilfenkontrolle sind in Art 87 EG und nunmehr konkretisierend in der EG-VerfahrensVO zur gemeinschaftsrechtlichen Beihilfenkontrolle (s Fn 74) enthalten (ausführlich Lindner BayVBl 2002, 193; Kruse NVwZ 1999, 1049).

64 **5. Beim indirekten Vollzug beachtliches Gemeinschaftsrecht. a) Unmittelbar geltendes gemeinschaftliches Verfahrensrecht.** Unmittelbare Geltung kann zunächst Verfahrensvorschriften des europäischen Primärrecht zukommen. Dabei handelt es sich um die Bestimmungen der Verträge (EG, EGV, EEA, EUV usw). Das Primärrecht enthält indessen nur wenige Bestimmungen, die sich mit dem Verwaltungsverfahren beschäftigen.[81] Auch das gemeinschaftsrechtliche Sekundärrecht enthält nur für wenige Bereiche unmittelbar geltendes Recht.[82] Deshalb spielt das geschriebene Gemeinschaftsrecht für den indirekten Vollzug derzeit noch keine wesentliche Rolle.

65 **b) Die Bedeutung der allgemeine Verfahrensgrundsätze. aa) Die Entwicklung von Verfahrensgrundsätzen durch den EuGH.** Beachtlich für den indirekten Vollzug von Gemeinschaftsrecht sind auch die insbes in der Rspr des EuGH im Zusammenwirken mit der Rechtswissenschaft und der Praxis entwickelten allgemeinen Verwaltungsverfahrensgrundsätze sowie ergänzend dazu das zT in Anlehnung an das Verfahrensrecht der Mitgliedstaaten (vgl Grabitz NJW 1989, 1778; Ehlers DVBl 1994, 605) entwickelte ungeschriebene EU-Verwaltungsverfahrensrecht.[83] Im Wesentlichen handelt es sich um folgende Grundsätze[84]:

---

[79] Hierzu näher Schmidt-Aßmann, Europäisierung des Verwaltungsverfahrensrechts, FSBVerwG, 2003 (iE); Schoch JZ 1995, 109.

[80] WBS I § 17 Rn 12ff; Schwarze DVBl 1996, 881; Gornig/Trüe JZ 1993, 884.

[81] In Betracht kommen insoweit Art 10, 12, 25, 28, 39, 43, 48, 49, 50, 56, 87ff, 95, 141.

[82] ZB der Zollkodex (Fn 74).

[83] Vgl dazu allg auch Kasten DÖV 1985, 570; Rengeling DVBl 1986, 306; Schwarze NJW 1986, 1067; Everling NVwZ 1987, 1; Grabitz NJW 1981, 1776; Ehlers DVBl 1991, 605; Fischer NVwZ 1992, 635; Schmidt-Aßmann DVBl 1993, 924; StBS Einl Rn 133.

[84] S dazu näher Schmidt-Aßmann FS BVerwG (iE) Gassner DVBl 1995, 16; Gornig/Trüe JZ 1993, 884 und 934; StBS Einl Rn 134; Haibach NVwZ 1998, 456; Classen Vw 1998, 307.

- der **Grundsatz der Gesetzmäßigkeit** der Verwaltung (StBS Einl Rn 134), dh der Gebundenheit der Behörden an das primäre und sekundäre EU-Recht, der Behörden der Mitgliedsländer außerdem auch an das nationale Recht, soweit dieses mit dem EU-Recht vereinbar ist, insb das EU-Recht dafür Raum lässt;
- der **Grundsatz des Vorbehalts des Gesetzes,** wonach jedenfalls Maßnahmen mit Eingriffscharakter nur auf Grund eines der EU-Verträge oder einer auf Grund dieser Verträge ergangenen vertragskonformen Rechtsvorschrift getroffen werden bzw ergehen dürfen;
- der **Grundsatz der Einzelermächtigung** (Spezialität) gem Art 5 EGV nF, wonach die EU-Organe nur „innerhalb der Grenzen" der ihnen in den EG-bzw EU-Verträgen zugewiesenen Befugnisse und Ziele tätig werden dürfen (vgl Gornig/Trüe JZ 1993, 886) und dementsprechend auch EU-Bürger nur durch Maßnahmen, die diesen Grundsätzen genügen, rechtmäßig berechtigt oder verpflichtet werden können;
- der **Grundsatz der Verhältnismäßigkeit** gem Art 5 EGV nF, wonach Maßnahmen der EU-Organe „nicht über das für die Erreichung der Ziele" der Verträge erforderliche Maß hinausgehen dürfen und auch im Rahmen dieser Ziele die Grundsätze der Geeignetheit und der Angemessenheit beachten müssen (vgl Gornig/Trüe JZ 1993, 940);
- der **Grundsatz der Subsidiarität** gem Art 5 EGV nF, wonach EU-Organe „in den Bereichen, die nicht in ihre ausschließliche Zuständigkeit fallen, ... nur tätig (werden dürfen), sofern und soweit die Ziele der in Betracht gezogenen Maßnahmen auf Ebene der Mitgliedstaaten nicht ausreichend erreicht werden können und daher wegen ihres Umfangs oder ihrer Wirkungen besser auf Gemeinschaftsebene erreicht werden können";
- der **Grundsatz der Unparteilichkeit** des Handelns der EU-Organe, wonach Personen, die zu Bedenken hins. ihrer Unparteilichkeit Anlass geben können, im Verfahren nicht tätig werden dürfen;
- der **Grundsatz der umfassenden und sorgfältigen Sachverhaltsermittlung;**
- der **Grundsatz der Mitwirkung** der Betroffenen am Verfahren als Beteiligte (Parteien) und des Rechts der Beteiligten auf **Vertretung und Beratung** (Gassner DVBl 1995, 22);
- der Grundsatz der vorherigen **Anhörung** der von einer Maßnahme Betroffenen;[85]
- der Grundsatz des Anspruchs der Beteiligten auf **Akteneinsicht** (Gassner DVBl 1995, 20);
- der Grundsatz der **Begründungspflicht,** wonach alle Rechtsakte von EU-Organen, nicht nur belastende und begünstigende VAe und sonstige Entscheidungen, die Rechte von Bürgern unmittelbar berühren, sondern zB auch EU-Verordnungen und Richtlinien, begründet, dh mit Gründen versehen werden müssen;[86]
- der Grundatz der **Geheimhaltung** von persönlichen Geheimnissen und Geschäftsgeheimnissen (Gornig/Trüe JZ 1993, 939);
- der Grundsatz der **Beachtlichkeit schutzwürdigen Vertrauens,** insb bei der Rücknahme und dem Widerruf von Verwaltungsakten;[87]

---

[85] Vgl EuGH NVwZ 1992, 368; Gassner DVBl 1995, 17; Gornig/Trüe JZ 1993, 886.

[86] Art 253 EGV nF; EuGH NJW 1987, 3073, NVwZ 1992, 358; Müller-Ibold, Die Begründungspflicht im europäischen und deutschen Recht, 1990; Gassner DVBl 1995, 22; Gornig/Trüe JZ 1993, 887.

[87] Vgl Rengeling DVBl 1984, 33; Grabitz NJW 1989, 1776 und 1780; Triantafyllou NVwZ 1992, 436; Gornig/Trüe JZ 1993, 940; s jedoch auch EuGH NJW 1990, 969: kein allgemeiner Grundsatz, der eine Nacherhebung von Abgaben nach EU schlechthin verbieten würde.

– der Grundsatz der **effektiven und einheitlichen Durchsetzung** des EU-Rechts, wonach grundsätzlich im Zweifel die Gesichtspunkte einer möglichst effektiven und in allen Mitgliedsländern gleichmäßigen Durchsetzung des EU-Rechts Vorrang haben (vgl BVerwGE 92, 81; Gornig/Trüe JZ 1993, 936).

65 a **bb) Der Einfluss der Verfahrensgrundsätze auf den indirekten Vollzug.** Nicht geklärt ist die Frage, welche Bedeutung die ungeschriebenen Verfahrensgrundsätze des Gemeinschaftsrechts für den indirekten Vollzug von Gemeinschaftsrecht durch die Mitgliedstaaten haben. Nach dem Grundsatz der verfahrensrechtlichen Autonomie der Mitgliedstaaten ist davon auszugehen, dass beim indirekten Vollzug allein mitgliedstaatliches Recht anzuwenden ist, soweit dieses den auf EU-Ebene entwickelten allgemeinen Verfahrensgrundsätzen nicht deutlich zuwider läuft. Erst eine **eindeutige Missachtung** der Verfahrensgrundsätze des Gemeinschaftsrechts dürfte danach zur Unanwendbarkeit des mitgliedstaatlichen Verwaltungsverfahrensrechts führen. Solange dagegen die nationalen Verfahrensregelungen als Ausprägung der allgemeinen Verfahrensgrundsätze angesehen werden können, stellen sie im indirekten Vollzug das allein anwendbare Recht dar.

66 **6. Gemeinschaftsrechtskonforme Auslegung und Anwendung.** Nach der st Rspr des EuGH ist das gesamte nationale Recht, gleichviel ob es der Umsetzung von Gemeinschaftsrecht dient oder nicht, gemeinschaftskonform auszulegen.[88] Ebenso wie die verfassungskonforme Auslegung setzt auch die gemeinschaftsrechtskonforme Auslegung voraus, dass das nationale Recht aus sich heraus, also ohne Rücksicht auf höherrangiges oder vorrangiges Recht, eine Interpretation zulässt, die dem Gemeinschaftsrecht entspricht (vgl Zippelius FS BVerfG Bd II 1976, 108, 110). Das Gebot gemeinschaftsrechtskonformer Auslegung in diesem Sinne ist auch in der Literatur weitgehend unbestritten, wenn auch gelegentlich Kritik geäußert wird.[89] Soweit nationales Recht der Verwaltung **Entscheidungsspielräume** vermittelt, seien es Ermächtigungen zur Ermessensbetätigung, zu Beurteilungs- oder zu Planungsentscheidungen (vgl § 40), sind diese Spielräume so auszufüllen, dass eine Verletzung von Gemeinschaftsrecht vermieden wird, darüber hinaus aber auch so, dass die Ziele des Gemeinschaftsrechts berücksichtigt sind.

V. Rechtsverhältnislehre und subjektive öffentliche Rechte im Verwaltungsverfahren

67 **Schrifttum:** *Achterberg,* Rechtsverhältnisse als Strukturelemente der Rechtsordnung, Rechtstheorie 1978, 385; *ders,* Die Rechtsordnung als Rechtsverhältnisordnung, 1982; *Bachof,* Reflexwirkungen und subjektive Rechte im öffentlichen Recht, GS Jellinek, 1955, 287; *Bühler,* Die subjektiven öffentlichen Rechte und ihr Schutz in der deutschen Verwaltungsrechtsprechung, 1914; *ders,* Altes und Neues über Begriff und Bedeutung des subjektiven öffentlichen Rechts, GS Jellinek, 1955, 269; *Classen,* Der Einzelne als Instrument zur Durchsetzung des Gemeinschaftsrechts? VerwArch 1997, S. 645–678; *v Danwitz,* Zur Grundlegung einer Theorie der subjektiven Gemeinschaftsrechte, DÖV 1996, 481; *Fleiner-Gerster/Öhlinger/Krause,* Rechtsverhältnisse in der Leistungsverwaltung, VVDStRL 1987, 152; *Ramsauer,* Die Rolle der Grundrechte im System der öffentlichen Rechte, AöR 1986, 501; *Rupp,* Grundfragen der heutigen Verwaltungsrechtslehre, 2. Aufl 1991; *Stern,* Die Einwirkung des europäischen Gemeinschaftsrechts auf die Verwaltungsgerichtsbarkeit, JuS 1998, 769; *Wahl,* Der Vorrang der Verfassung und die Selbständigkeit des Gesetzesrechts, NVwZ 1984, 401.

---

[88] EuGH Slg 1984, 1891; 1990, I-4135; Zuleeg VVDStRL 1994, 165; Schoch NVwZ 1999, 457, 461; ders DVBl 1997, 289, 292; auch Classen VerwArch 1999, 222.

[89] Vgl Di Fabio NJW 1990, 947; Scholz/Hofmann ZRP 1998, 295; Jarass EuR 1991, 211; Zuleeg VVDStRL 1994, 166; Everling ZGR 1992, 376; Götz NJW 1992, 1849; aA offenbar Dänzer-Vanotti RIW 1991, 754.

1. Rechtsverhältnislehre. a) Allgemeines. Die Rechtsverhältnislehre begreift Rechte und Pflichten zwischen Rechtssubjekten als Ausdruck eines Rechtsverhältnisses zwischen ihnen (vgl Achterberg § 20 Rn 32ff; ders Rechtstheorie 1978, 385ff). Derartige Rechtsverhältnisse entstehen, wenn auf einen bestimmten Lebenssachverhalt Rechtsnormen zur Anwendung kommen, kraft deren zwischen den beteiligten Personen bestimmte Rechte und Pflichten entstehen. Im Einzelnen ist in der Rechtsverhältnislehre vieles umstritten, so etwa auch die Frage, ob Rechtsverhältnisse nur zwischen Rechtssubjekten bestehen können oder auch in Beziehungen zu einem Rechtsobjekt (so zB WBS I § 32 Rn 33). Die rechtsdogmatischen Leistungen der Rechtsverhältnislehre sind begrenzt geblieben, wohl auch deshalb, weil sich keine allgemein anerkannte Systematik der Rechtsverhältnisse herausgebildet hat. Gleichwohl hat die Figur des Rechtsverhältnis nicht nur Anerkennung durch den Gesetzgeber gefunden (vgl zB § 43 VwGO), sondern auch ihren unbestreitbaren Nutzen bei der Beschreibung und Konturierung von Rechtsbeziehungen (BVerwGE 89, 327). 68

b) Verwaltungsverfahren als Rechtsverhältnis. Unterscheiden lassen sich Rechtsverhältnisse des materiellen und des Verfahrensrechts. Das einzelne Verwaltungsverfahren iSd § 9 kann als Verfahrensrechtsverhältnis beschrieben werden, in dem zwischen den Beteiligten bestimmte Recht und Pflichten verfahrensrechtlicher Art bestehen. Dieses verfahrensrechtliche Verhältnis steht in einem systematischen Zusammenhang zu materiellen Rechtsverhältnissen, zu deren Feststellung, Umsetzung und Verwirklichung es idR dient. Den Verfahrensrechtsverhältnissen kommt insoweit idR eine dem materiellen Recht dienende Funktion zu. 69

2. Schutz subjektiver Rechte des Bürgers im Verwaltungsverfahren. 70
a) Allgemeines. Das Verwaltungsverfahren dient auch dem Rechtsschutz des Bürgers bei der Wahrung und Durchsetzung seiner Rechte und rechtlich geschützten Belange[90] sowie der „Legitimation" des Handelns der Verwaltung durch Verfahren[91] und damit auch der Akzeptanz dieses Handelns seitens des Bürgers (Württenberger NJW 1991, 257; Bullinger JZ 1991, 53; Kopp 180ff, 216). Rechte iS der Außenwirkung gem § 9 sind alle subjektiven öffentlichen materiellen oder formellen Rechte einschließlich der rechtlich geschützten Interessen (vgl Begr 68), die dem Bürger durch die Rechtsordnung zuerkannt werden (grundlegend BVerwGE 1, 159; ferner BVerwGE 11, 95; 37, 112; 39, 235; 78, 40). Möglich ist die Einräumung durch einfache Gesetze, Verfassungsnormen, Rechtsverordnungen, Satzungen usw, durch Rechtsvorschriften des EU-Rechts, die unmittelbare Geltung im Inland haben,[92] durch völkerrechtliche Verträge und durch gem Art 25 GG als Bundesrecht geltendes Völkerrecht (vgl Hofmann, in: Zeidler-FS 1987, 1885), durch Gewohnheitsrecht oder durch allgemeine Rechtsgrundsätze des ungeschriebenen Rechts, uU auch durch ausländisches Recht, das auf Grund von Vorschriften des deutschen internationalen öffentlichen Rechts von deutschen Behörden anzuwenden ist (vgl Groß JZ 1994, 599 mwN). Auch Personen im Ausland können Inhaber subjektiver Rechte sein, zB ausländische „Anlieger".[93]

---

[90] BVerfG 60, 253 = DVBl 1982, 889; BVerwGE 95, 333, 335; 94, 151 = DVBl 1994, 284 m Anm Schmidt-Preuß; Münster DVBl 1993, 69 mwN; Ossenbühl NVwZ 1982, 465; Maurer § 8 Rn 5; Wahl VVDStRL 1983, S 167ff; Pietzcker VVDStRL 1983, S 207ff; Kopp 102ff.

[91] Wahl VVDStRL 1983, (Bd 41), S 167ff; Schmidt-Aßmann AöR 1991, 329; Kopp, in: Fröhler-FS 1980, 232.

[92] Zur Ableitung subjektiver Rechte aus EU-Richtlinien BVerwGE 70, 49; 74, 242 = DVBl 1987, 94; EuGH NJW 1982, 499 = DVBl 1982, 294; NVwZ 1990, 649 = DVBl 1990, 689; Pieper DVBl 1990, 684; Bach JZ 1990, 1108.

[93] Grundsätzlich bejahend: BVerwGE 75, 285 = NJW 1987, 1154: jedenfalls im Bereich der EU; Streinz VerwArch 1988, 273; ders., in: Blumenwitz-FS 1989, 120; Weber DVBl 1980, 330; RuW 1985, 65; Fröhler/Zehetner, Rechtsprobleme bei grenzüberschreitenden

71 **b) Die Lehre von den subjektiven öffentlichen Rechten.** Als subjektives öffentliches Recht bezeichnet man die Rechtsposition eines Rechtssubjekts, kraft deren dieses von anderen, insbesondere von den Organen öffentlicher Rechtsträger, die Erfüllung bestimmter gesetzlicher Pflichten, insbesondere die Einhaltung von Vorschriften verlangen kann (BVerwGE 1, 159). Die heute in Deutschland nach wie vor hM leitet in Anschluss an O. Bühler subjektive öffentliche Rechte aus solchen Rechtsnormen des öffentlichen Rechts her, die neben öffentlichen Interessen auch Interessen Einzelner zu schützen bestimmt sind (Bühler, Die subjektiven öffentlichen Rechte und ihr Schutz in der deutschen Verwaltungsrechtsprechung, 1914, passim). Diese als **Schutznormlehre** bezeichnete Ansicht kann heute als allgemein anerkannt angesehen werden (vgl allerdings zum Einfluss des Europarechts unten Rn 65). Sie machte in bewusster **Abkehr von der Statuslehre** G. Jellineks (System der subjektiven öffentlichen Rechte, 2. Aufl 1905) das einfache Gesetz zum Anknüpfungspunkt für die subjektiven Rechte des Einzelnen. Eine Weiterentwicklung der Bühlerschen Lehre war der Verzicht auf eine besondere Prüfung der Frage, ob sich aus der jeweiligen Rechtsnorm über den Schutz des Individualinteresses hinaus auch die Rechtsmacht ergebe, das Interesse gerichtlich durchzusetzen. Die heute hM geht davon aus, dass Rechtsnormen, die auch dem Schutz von Interessen einzelner Rechtssubjekte zu dienen bestimmt sind, auch die zur Geltendmachung erforderliche Rechtsmacht einräumen (vgl Bachof, Reflexwirkungen und subjektive Rechte im öffentlichen Recht, GS Jellinek, 1955, 287; Bühler, Altes und Neues über Begriff und Bedeutung der subjektiven öffentlichen Rechte, GS Jellinek, 1955, 269).

72 **aa) Schutzrichtung der Rechtsnorm.** Erforderlich ist, dass die in Frage stehenden Rechtssätze neben dem mit ihnen verfolgten allgemeinen Interesse zumindest auch dem Schutz von Individualinteressen zu dienen bestimmt sind.[94] Dass mit einer Rechtsvorschriftgewisse günstige Reflexwirkungen zugunsten des Bürgers verbunden sind, zB die auf Grund der Verpflichtung der Aufsichtsbehörde, gegen Gesetzesverletzungen einer Gemeinde im Aufsichtsweg einzuschreiten, begründete Erwartung, dass die Aufsichtsbehörde in einem konkreten Fall auch tatsächlich einschreitet, genügt nicht, da es sich insoweit um bloße Chancen handelt (vgl zB BVerwGE 30, 191; 60, 154; VGH Mannheim DVBl 1990, 60; OVG Münster NJW 1980, 2323 zur Konkurrentenklage). Erforderlich ist vielmehr, dass die jeweilige Rechtsnorm erkennen lässt, dass sich der von ihr betroffene bzw begünstigte Personenkreis auf die Einhaltung der darin statuierten behördlichen Pflichten soll berufen können. Dem Einzelnen muss eine **Rechtsposition** eingeräumt werden, die ihn zur – uU klageweisen –. Durchsetzung der in der Norm enthaltenen Rechtspflichten ermächtigt. Das auf Seiten des Bürgers allgemein bestehende tatsächliche Interesse an der Durchsetzung bzw Anwendung der Rechtsnorm wird durch die Einräumung einer derartigen Rechtsposition rechtlich geschützt und anerkannt.

Umweltbeeinträchtigungen, Bd II, 1980; Wolfrum DVBl 1984, 493; Bothe UPR 1983, 1; verneinend: Küppers DVBl 1978, 689; Randelzhofer/Simma, in: Berber-FS 1973, 389; Kloepfer DVBl 1984, 278 (nur wenn durch deutsche Rechtsvorschriften zuerkannt); ders, (Bericht) NVwZ 1984, 778; Ress (Hg), Grenzüberschreitende Verfahrensbeteiligung im Umweltrecht der Mitgliedstaaten der Europäischen Gemeinschaften, 1985; allg Hoppe/Beckmann DVBl 1986, 1; Beyerlin NuR 1985, 173; Lukes ua GewArch 1986, 1.

[94] BVerwGE 30, 191; 39, 237; 41, 63; 52, 128; 55, 285; 60, 156; BVerwG DVBl 1982, 642; München BayVBl 1975, 275; allg zur sog. Schutznormtheorie Ramsauer AöR 1986, 501; AK-GG-Ramsauer Art 19 Abs 4 Rn 64 ff; zT **aA** Bernhardt JZ 1963, 302; Henke, Das subj öffentl Recht 1968, 54, 57, 60; DVBl 1975, 272; Bartlsperger VerwArch 1969, 49: es komme nicht auf den Schutzzweck der anwendbaren Normen, sondern auf die tatsächliche Betroffenheit an; ähnlich Zuleeg DVBl 1976, 509.

Ob eine Rechtsvorschrift auch dem Schutz von Individualinteressen dient, ist Auslegungsfrage; Anhaltspunkte dafür sind idR das Vorliegen drittschützender Tatbestandsmerkmale, eine hinreichende Abgrenzbarkeit des begünstigten Personenkreises, die nähere Bestimmung, gegen wen sich der Anspruch richtet und auf welche Weise er zu verwirklichen ist.[95] Verfahrensbestimmungen, die eine Anhörung vorsehen, können ggf ebenfalls ein Indiz sein; sie können aber auch nur den Zweck einer besseren Information der Behörde haben. Der Umstand allein, dass eine Rechtsvorschrift nur öffentliche Belange, das öffentliche Wohl oder die öffentliche Sicherheit und Ordnung als Maßstab für die von der Behörde zu treffende Entscheidung nennt, schließt die Annahme einer Schutzwirkung zugunsten der unmittelbar betroffenen Bürger nicht aus (vgl BVerwGE 77, 73; BVerwG DVBl 1982, 521); denn die Berücksichtigung schutzwürdiger Individualinteressen ist im Zweifel immer auch ein wesentlicher Teil der Aufgabe der Wahrung des Gemeinwohls bzw gehört zugleich zu den von der Behörde zu wahrenden wesentlichen öffentlichen Belangen.[96] 73

bb) Neuorientierung der Schutznormlehre infolge Gemeinschaftsrechts? In jüngster Zeit wird vermehrt die Frage diskutiert, ob die überkommene Schutznormlehre angesichts der Rspr des EuGH zu den Rechten des Einzelnen im EU-Recht noch Bestand haben kann, oder ob der Begriff des subjektiven öffentlichen Rechts einer Modifikation bedarf.[97] In diesem Zusammenhang stellt sich die Frage, ob bei der Umsetzung von Richtlinien in nationales Recht ein bestimmtes Mindestmaß an subjektivem Rechtsschutz sichergestellt werden muss, oder ob die Frage der Einräumung subjektiver Rechte dem nationalen Gesetzgeber überlassen bleibt. Inzwischen zeichnet sich eine Entwicklung ab, die durch einen normativen Kompromiss gekennzeichnet sein wird. Auf der einen Seite wird auch in der Rspr des EuGH der Schutzrichtung einer Richtlinie eine wichtige Rolle zur Begründung subjektiver Rechtspositionen eingeräumt, auf der anderen Seite ist in Deutschland eine gewisse **Flexibilisierung** der Kriterien der Schutznormlehre festzustellen.[98] 74

cc) Grundrechte als subjektive öffentliche Rechte. Die Gewährleistungen der Grundrechte selbst können subjektive ebenfalls öffentliche Rechte enthalten. Soweit die Gewährleistung eine einfachgesetzliche Ausgestaltung erfahren hat, ist der unmittelbare Rückgriff auf Grundrechte idR verfehlt (Ramsauer AöR 1986, 501). Dies ergibt auch aus dem Anwendungsvorrang des einfachen Rechts grundsätzlich das Erfordernis, auch subjektive öffentliche Rechte zunächst der einschlägigen Rechtsnorm des einfachen Rechts zu entnehmen (Wahl NVwZ 1994, 401). Im Rahmen der gesetzesgebundenen Verwaltung ist der Rekurs auf die Grundrechte deshalb idR weder nötig noch zulässig, zumal im grundrechtsrelevanten Bereich ggfs eine verfassungskonforme Auslegung des einfachen Rechts zur Feststellung der für die Annahme eines subjektiven öffentlichen Rechts erforderlichen Schutzrichtung der einfachgesetzlichen Norm führt (Ramsauer AöR 1986, 501; Maurer § 8 Rn 11). Im Übrigen ist der Gewährleistungsbereich der Grundrechte in vielen Fällen 75

[95] Vgl BVerwGE 62, 247; Kopp/Schenke, § 42 Rn 81 ff mwN; ferner BVerwGE 78, 40 = NJW 1988, 434, dazu Bauer JuS 1980, 28; 84, 387; Knauber NVwZ 1988, 997; Kunig DVBl 1988, 237.

[96] So BVerwGE 52, 122 zu § 35 Abs 2 BauGB; 77, 73 zu § 69 a Abs 1 Nr 3 GewO; VGH Kassel BauR 1981, 177 zu § 35 Abs 1 BBauG; ähnlich BVerwG DVBl 1987, 373 zu § 45 StVO; allg auch Kopp BayVBl 1980, 263.

[97] Hierzu Classen VerwArch 1997, 645; Schoch NVwZ 1999, 457; ders DVBl 1997, 289; Triantafyllou DÖV 1997, 192; Ruthig BayVBl 1997, 289; Winter NVwZ 1999, 467.

[98] Vgl Classen VerwArch 1997, 645; v Danwitz, Verwaltungsrechtliches System und europäische Integration, 1996; ders, DÖV 1996, 481; Stern JuS 1998, 769; Wahl in Schoch, vor § 42 II Rn 14; Kopp/Schenke § 42 Rn 222.

vor allem faktischer Betroffenheit außerordentlich schwer zu bestimmen.[99] Dies gilt vor allem für die Herleitung subjektiver Rechte aus Schutzpflichten des Verfassungsrechts, insb den Grundrechten (Klein DVBl 1994, 489). Hier werden subjektive Rechte idR angenommen, wenn das in Frage stehende Grundrecht unter Berücksichtigung der **Intensität der Beeinträchtigung** gegen Risiken der vorliegenden Art Schutz bieten soll **(funktionaler Schutzbereich).**[100]

76 Aus dem Verfassungsrecht werden Rechtspositionen hergeleitet[101] zB für den **Schutz einer Kirchengemeinde** gegen die Erteilung einer Konzession für den Betrieb einer Gaststätte neben einer Kirche aus Art 4 Abs 2 GG (BVerwGE 10, 92), für den Schutz des **Ehegatten** aus Art 6 Abs 1 GG gegen Beeinträchtigung der Ehe durch Ausweisung des Ehepartners,[102] den Schutz des **Elternrechts** gem Art 6 GG gegen Beeinträchtigungen durch Maßnahmen gegenüber den Kindern (VGH Mannheim DÖV 1974, 885; OVG Münster DÖV 1974, 824), den Schutz der aus Art 28 GG abzuleitenden **Planungshoheit der Gemeinde** gegen die Erteilung von Bauerlaubnissen uä, die dieses Recht berühren,[103] den **Schutz eines Konkurrenten** gegen die Gewährung einer Subvention oä unter willkürlicher Außerachtlassung seiner schutzwürdigen Interessen an andere Unternehmer aus Art 2 Abs 1 GG;[104] der Schutz eines **nicht zum Studium zugelassenen Studenten** aus Art 12 GG (vgl BVerwGE 60, 25 mwN). Ein Schutz des **Nachbarn** gegen die Erteilung einer Baugenehmigung, die zwar nicht gegen nachbarschützende Bestimmungen des Baurechts, uU aber gegen Art 14 GG verstößt, wurde in der Vergangenheit gelegentlich angenommen,[105] ist aber seit der „Entdeckung" des Gebot der Rücksichtnahme im Bauplanungsrecht nicht mehr relevant[106] und kann deshalb allenfalls noch im Bereich des Bauordnungsrechts eine Rolle spielen (so zutreffend Wahl/Schütz in Schoch § 42 Abs 2 Rn 123 f).

77 **dd) Normen des öffentlichen Rechts.** Nach hM genügt jedes von der Rechtsordnung als schutzwürdig anerkannte und idS durch eine Rechtsnorm rechtlich geschütztes Individualinteresse.[107] Es muss sich immer um Normen aus dem Bereich des öffentlichen Rechts handeln, da nur solche eine Handlungspflicht des öffentlichen Rechts begründen können, auf deren Erfüllung sich das subjektive Recht beziehen muss. Eine Beeinträchtigung lediglich privater Rechte und

---

[99] Vgl zB Ramsauer, Die faktischen Beeinträchtigungen des Eigentums, 1980; ders, VerwArch 1981, 102; Eckhoff, Der Grundrechtseingriff, 1992.

[100] Vgl Ramsauer VerwArch 1981, 89; allg auch BVerfG 66, 39, 58; 77, 170, 220; 79, 202 – bei Gefährdung von Leben und körperlicher Unversehrtheit; BVerwG NJW 1990, 1769; Klein NJW 1989, 1633; Hermes NJW 1990, 1764.

[101] BVerwGE 32, 178; 36, 248; 60, 157; 65, 174; 71, 193; MK 10 II; Schmidt NJW 1967, 1640; Kopp/Schenke § 42 Rn 117 mwN.

[102] BVerwGE 42, 142; VGH Mannheim NJW 1970, 2178; Schwarze DÖV 1972, 273: Betroffenheit auch des Ehegatten; ähnlich BVerfG 31, 67 zur Verfassungsbeschwerde des Verlobten gegen Maßnahmen, die eine beabsichtigte Eheschließung hindern.

[103] BVerwGE 22, 344; 31, 33; 51, 13; 56, 135; 69, 261; BVerwG NVwZ 1985, 566; OVG Lüneburg DÖV 1974, 824; Kopp/Schenke § 42 Rn 138.

[104] BVerwGE 30, 191; 60, 160; 65, 174 = NJW 1982, 2513; 71, 191; BVerwG NJW 1978, 1540; im Ergebnis übereinstimmend, aber mit zT anderer Begründung Friauf DVBl 1969, 368; Scholz NJW 1969, 1044; Selmer NJW 1969, 1266; Fröhler/Lenk GewArch 1976, 73; Kopp WuV 1978, 187; Kopp/Schenke § 432 Rn 65 a.

[105] BVerwGE 32, 179; 36, 249; 44, 246; 52, 122; Kopp/Schenke § 42 Rn 98: Gebot der Rücksichtsnahme ersetzt Rückgriff auf Art 14 GG; zum Schutz des **Mieters,** dem das Baurecht idR keine geschützte Rechtsstellung zuerkennt.

[106] BVerwGE 82, 343 = NJW 1990, 1192; 89, 69 = NVwZ 1992, 977; Kopp/Schenke § 42 Rn 98.

[107] Vgl BVerwGE 39, 235; 55, 285; 58, 246; München BayVBl 1974, 279; ME VerwArch 1960, 385; Kopp/Schenke § 42 Rn 78 ff.

Rechtsstellungen genügt nicht.[108] Allerdings sind die meisten durch das Privatrecht geschützten Interessen auch zugleich durch das öffentliche Recht gegen Eingriffe geschützt, insb durch Art 2 Abs 1 GG, durch Art 14 GG oder durch andere Grundrechte sowie durch den ungeschriebenen Rechtssatz, dass der Staat nicht ohne Rechtsgrund in private Rechte eingreifen darf.[109]

ee) Schutzwürdigkeit der Rechte. Die betroffenen Rechte müssen tatsächlich bestehen und schutzwürdig sein. Sie sind nicht schutzwürdig, wenn ihre Geltendmachung gegen Treu und Glauben verstößt, insbes missbräuchlich ist, zB wenn der betroffene Bürger sie als Bewohner von Räumen geltend macht, die er baurechtlich unzulässig nutzt.[110] **Umstritten** ist die Schutzwürdigkeit des Eigentums an sog **Sperrgrundstücken,** die nur zu dem Zweck erworben wurden, um damit am Verfahren teilnehmen zu können und ggf später auch Rechtsbehelfe gegen im Verfahren ergehende VAe erheben zu können. Während hier die Instanzgerichte überwiegend von einer missbräuchlichen Inanspruchnahme ausgehen, hat das BVerwG subjektive Rechte aus Sperrgrundstücken zugelassen.[111] Auch hier ist aber die Missbrauchsschranke zu beachten.[112] 78

ff) Sonstige Herleitung subjektiver Rechte. Außer aus Rechtsnormen können sich Rechte des Bürgers auch aus der Bindungswirkung von gerichtlichen Entscheidungen und aus der Regelungswirkung von VAen ergeben.[113] Dies gilt insb auch für die Bindungswirkung von Vorbescheiden, Teil-VAen, Zusicherungen, uU auch von Erklärungen und anderen Akten, die einen Vertrauenstatbestand geschaffen haben. 79

gg) Organrechte. Subjektive Rechte eigener Art sind die sog Organrechte, die insbes im Bereich von Selbstverwaltungskörperschaften eine wichtige Rolle spielen. Dabei handelt es sich um **wehrfähige Rechte** einzelner Organe bzw Organteile von Körperschaften, insbes von Gemeinden und Hochschulen, die diesen über die bloße Verwaltungskompetenz hinaus durch Gesetz oder auf der Grundlage von Gesetzen zuerkannt sind.[114] Derartige wehrfähige Rechte, wie sie zB einzelnen Organen des Kommunalverfassungsrechts zukommen, können von diesen durch die Anrufung der Verwaltungsgerichte verteidigt werden. Es handelt sich nicht um subjektive Rechte ieS, weil sie nicht in Verwaltungsverfahren iSd § 9 eine Rolle spielen können. Organstreitverfahren wie Kommunalverfassungsstreitigkeiten spielen sich im Innenbereich der Verwaltung ab; hier geht es nicht um VAe, sondern idR um Maßnahmen ohne Außenwirkung. 80

c) Subjektive Rechte im Verwaltungsverfahren. Die Lehre von den subjektiven öffentlichen Rechten findet grundsätzlich auch im Verwaltungsverfahren Anwendung. Der einzelne Bürger kann also im Verwaltungsverfahren die Einhaltung der Vorschriften des formellen Rechts, insbes des VwVfG insoweit verlangen, als diese auch seinem Schutz zu dienen bestimmt sind. Grundsätzlich ist davon auszugehen, dass die Bestimmungen des Verfahrensrechts den Interessen der Beteiligten und der sonst Betroffenen zu diesen Bestimmt sind, also subjektive Verfah- 81

---

[108] Kopp/Schenke § 42 Rn 81; zur Abgrenzung zwischen öffentlichem u privatem Recht siehe auch Kopp/Schenke § 40 Rn 11 ff.

[109] BVerwGE 67, 74; 69, 271; BVerfG 9, 88; Erichsen VerwArch 1973, 323.

[110] Vgl Kopp/Schenke § 42 Rn 51 b; **aA** offenbar Münster GewArch 1990, 139.

[111] Vgl BVerwGE 71, 150; 72, 16 = NVwZ 1985, 736; BVerwG DVBl 1990, 1185; nunmehr auch Kopp/Schenke § 42 Rn 89; **aA** Münster NVwZ 1991, 387; Fliegauf NVwZ 1991, 748.

[112] BVerwG DVBl 2001, 385 ff.

[113] Ehlers VerwArch 1993, 145; Kopp/Schenke § 42 Rn 162 mwN.

[114] S hierzu näher Bauer/Krause JuS 1996, 411; Schmidt-Jortzig/Hansen NVwZ 1994, 116; Maurer § 21 Rn 28; Erichsen, Der Innenrechtsstreit, in Menger-FS 211; grundlegend Buchwald, Der veraltungsgerichtliche Organstreit, 1998.

rensrechte dieses Personenkreis begründen. Allerdings ist in diesem Zusammenhang § 44a VwGO zu berücksichtigen, wonach Rechtsbehelfe gegen behördliche Verfahrenshandlungen nur gleichzeitig mit den gegen die Sachentscheidung zulässigen Rechtsbehelfe geltend gemacht werden können, sofern sie nicht vollstreckbar sind oder gegen Nichtbeteiligte ergehen. Hierin kommt die **dienende Funktion des Verfahrensrechts** zum Ausdruck. Die Einhaltung der unselbstständigen Verfahrensrechte kann der Betroffene mittelbar, nämlich nur im Rahmen der Entscheidung erreichen.

82 **aa) Selbständige und unselbständige Verfahrensrechte.** Es ist zu differenzieren zwischen den unselbständigen und den selbständigen subjektiven öffentlichen Verfahrensrechten. Die unselbständigen dienen nur dem Schutz desjenigen, der durch das beabsichtigte Verwaltungshandeln auch materiell in einer Rechtsposition betroffen wird, also sich auf materielle subjektive öffentliche Rechte berufen kann (vgl BVerwGE 41, 58, 65; 61, 256, 275; 75, 285, 291; Wahl/Schütz in Schoch § 42 Abs 2 Rn 74). Selbständige Verfahrensrechte werden dagegen unabhängig vom Bestehen materiell-rechtlicher Positionen eingeräumt (BVerwGE 44, 239; 62, 243; Kopp/Schenke § 42 Rn 95). Ohne Rücksicht auf materielle Rechte eingeräumt ist zB das **Recht einer Gemeinde** nach § 6 Abs 1 LuftVG auf Information und Anhörung im luftverkehrsrechtlichen Genehmigungsverfahren,[115] oder das **Beteiligungsrecht der Naturschutzverbände** nach § 60 BNatSchG.

83 **bb) Hinzuziehung von Betroffenen.** Die Hinzuziehung von Betroffenen gem § 13 Abs 2 zum Verfahren führt unabhängig vom Bestehen materieller Rechte jedenfalls zu einer verfahrensrechtlichen Betroffenheit, indem sie die Bindungwirkung der im Verfahren ergehenden Entscheidung auch auf ihn ausdehnt. Dies bedeutet, dass zB außer den unmittelbar Betroffenen (sofern sie eigene Rechtsträger sind) auch die Drittbetroffenen im Verfahren zu hören (§ 28) sind,[116] ein Recht auf Akteneinsicht haben, usw. Dies gilt ohne Rücksicht darauf, ob sie auch den schließlich ergehenden VA anfechten können oder nicht, bzw eine gesonderte Anfechtung durch § 44a VwGO ausgeschlossen ist. Allerdings fehlt es gem § 44a VwGO idR an einer gerichtlichen Durchsetzungsmöglichkeit der Verfahrensrechte für diejenigen, die trotz Fehlens einer betroffenen materiellen Rechtsposition zu einem Verfahren nach § 13 hinzugezogen werden.

84 Einen **Anspruch auf Beteiligung** (Hinzuziehung) gem § 13 gibt es nur in den Fällen der notwendigen Hinzuziehung im Hinblick auf die gestaltende Wirkung der Entscheidung, ferner bei Bestehen absoluter Verfahrensrechte und schließlich bei einer Reduktion des von der Behörde bei der Entscheidung über die Hinzuziehung zu betätigenden Ermessens auf Null. Zweifelhaft ist, ob der Bürger in Verfahren hinzugezogen werden muss, die einem Verfahren vorgeschaltet sind, in dem erst mit einer unmittelbaren Beeinträchtigung zu rechnen ist.[117] Insoweit muss es auch bei primär im öffentlichen Interesse liegenden vorgeschalteten Verfahren darauf ankommen, ob der Bürger seine berechtigten Interessen im nachgeordneten Verfahren noch hinreichend wahren kann oder ob der Schutz seiner be-

---

[115] BVerwGE 56, 137 = NJW 1979, 64; BVerwG Buchh 442.40 § 6 LuftVG Nr 8, 11 und 14; NVwZ 1988, 731.

[116] FL 11; 14; MB 4; Bäumler DVBl 1978, 295; BayVBl 1978, 492; Schlüter, Das Zusammenwirken von Verwaltungsbehörden bei Erlass des VA, 99; Brohm VVDStRL 1971, 290f; Kopp DÖV 1980, 507; vgl auch BVerwG 46, 78; **aA** zu mehrstufigen VAen UL § 19 Rn 10: Anhörung nur durch die letztentscheidende Behörde, die den VA erlässt; **aA** zu Weisungen auch Begr 41.

[117] Vgl auch BVerwG DVBl 1981, 1071; ferner BVerwGE 46, 80, wo, offenbar aus ähnlichen Erwägungen, die Anfechtungsklage schon gegen eine bindende Weisung zugelassen wird, die der angewiesenen Behörde keinen Spielraum mehr für eine eigenverantwortliche Entscheidung ließ.

troffenen Rechtsposition sich nur durch Beteiligung in dem vorgelagerten Verfahren angemessen bewerkstelligen lässt.[118]

Bei **unselbständigen Verfahrenshandlungen** ist zu differenzieren: Soweit auf das Verfahren gerichtete behördliche Handlungen, zB Mitwirkungshandlungen anderer Behörden bei mehrstufigen VAen, für die Behörde, vor der das in der Hauptsache anhängige Verfahren stattfindet, **nicht verbindlich bzw bindend** sind (zB eine nicht bindende Stellungnahme gem § 73 Abs 2 im Planfeststellungsverfahren), sind sie im Verfahren je nach ihrer Art als Ermittlungsergebnisse, Beweismittel oder als einfache Verfahrenshandlungen zu behandeln; sie sind insoweit insb auch Gegenstand der Akteneinsicht, des rechtlichen Gehörs. Wenn solche Mitwirkungsakte fehlerhaft sind, etwa weil sie in einem fehlerhaften Verfahren zustandegekommen sind oder dabei wesentliche Aspekte unberücksichtigt blieben, und wenn und soweit solche Mängel im Hauptverfahren nicht behoben werden bzw nicht mehr behoben werden können, haben sie die Fehlerhaftigkeit der daraufhin ergangenen VAe zur Folge (Kopp DÖV 1980, 506). Sind Mitwirkungshandlungen dagegen verbindlich, dann müssen sich die Verfahrensrechte der Betroffenen auch auf diese erstrecken. Das gilt insbes für das rechtliche Gehör. 85

VI. Modernisierung des Verwaltungsverfahrensrechts

Schrifttum: Zum informellen Verwaltungshandeln: *Bohne,* Der informale Rechtsstaat, 1980; *Banner/Reichard* (Hg), Kommunale Managementkonzepte, 1993; *Brohm,* Rechtsvergabe für informelles Verwaltungshandeln, DVBl 1994, 193; *Burmeister/Krebs,* Verträge und Absprachen zwischen der Verwaltung und Privaten, VVDStRL 1993, 190, 248; *Fluck/Schmitt,* Selbstverpflichtungen und Umweltvereinbarungen, VerwArch 1998, S. 220 ff; *Henneke,* 30 Jahre LVwG, 20 Jahre VwVfG – Stabilität und Flexibilität des Verwaltungshandelns, DÖV 1997, 768; *Hoffmann-Riem,* Tendenzen der Verwaltungsrechtsentwicklung, DÖV 1997, 433; *ders.,* Verwaltungsrechtsreform – Ansätze am Beispiel des Umweltschutzes, in Hoffmann-Riem/Schmidt-Aßmann/Schuppert (Hg), Reform des Allgemeinen Verwaltungsrechts, 1993, 115; *ders.,* Von der Antragsbindung zum konsentierten Optionenermessen, DVBl 1994, 605; *Kunig,* Verträge und Absprachen zwischen Verwaltung und Privaten, DVBl 1992, 1193; *Schmidt-Aßmann,* Zur Reform des Allgemeinen Verwaltungsrechts – Reformbedarf und Reformansätze, in: Hoffmann-Riem/Schmidt-Aßmann/Schuppert (Hg), Reform des Allgemeinen Verwaltungsrechts, 1993, 11; *J. P. Schneider,* Kooperative Verwaltungsverfahren, VerwArch 1996, 38; *Stollmann,* Die Einschaltung Dritter im neuen Städtebaurecht, NuR 1998, 578; *Tomerius,* Informelle Projektabsprachen im Umweltrecht, 1995; *Wallerath,* Kontraktmanagement und Zielvereinbarungen als Instrumente der Verwaltungsmodernisierung, DÖV 1997, 57; *Wolf,* Die Verbindlichkeit im kommunale Kontraktmanagement, NordÖR 1999, 131. 86

Zur Mediation: *Breidenbach,* Mediation, 1995; *Benz,* Verhandlungen, Verträge und Absprachen in der öffentlichen Verwaltung, Vw 1990, 83; *Brohm,* Verwaltungsverhandlungen mit Hilfe von Konfliktmittlern ?, DVBl 1990, 321; *Caspar,* Schlichten statt Richten – Möglichkeiten und Wege außergerichtlicher Streitbeilegung, DVBl 1995, 992; *Gaßner/Holznagel/Lahl,* Mediation, Verhandlungen als Mittel der Konsensfindung bei Umweltstreitigkeiten, 1992; *Hellriegel,* Mediation im Umweltrecht, 2002; *Henssler/Koch,* Mediation in der Anwaltspraxis, 2000; *Hoffmann-Riem,* Konfliktmittler in Verwaltungsverhandlungen, 1989; *Hoffmann-Riem/Schmidt-Aßmann,* Konfliktbewältigung durch Verhandlungen, 2 Bde 1990; *Holznagel,* Konfliktlösung durch Verhandlungen, 1990; *Holznagel,* Mediation im Umwelt- und Planungsrecht, Jura 1999, 71; *Holznagel/Ramsauer,* Mediation im Verwaltungsrecht, in Haft/Schliefen (Hg); Handbuch Mediation, 2002, S. 1124 ff; *Ramsauer,* Mediation im Umweltrecht, in Breidenbacher/Henssler (Hg), Mediation für Juristen, 1997, S. 161; *Schneider,* Kooperative Verwaltungsverfahren, VerwArch 1996, 538; *Stüer/Rude,* Neue Aufgabenfelder

[118] Vgl BVerwG DVBl 1982, 642; Kopp DÖV 1980, 511; ablehnend für den Fall der Genehmigung von Tarifen uä, sofern die Genehmigung ausschließlich der Wahrung öffentlicher Interessen dient, BVerwGE 20, 338; 30, 135; 75, 147; BVerwG DÖV 1978, 618; 1980, 416; München BayVBl 1981, 183; 1986, 13; Fromm DVBl 1969, 670.

für Rechtsanwälte? – Mediation im öffentlichen Baurecht, DVBl 1998, 630; *Sünderhauf,* Mediation bei der außergerichtlichen Lösung von Umweltkonflikten in Deutschland, 1997; *Zilleßen,* Mediation, 1998; *ders,* Umweltmediation, in *Haft/Schliefen,* Handbuch Mediation, 2002, S. 1169.

Zum Neuen Steuerungsmodell: *Hill,* Zur Rechtsdogmatik von Zielvereinbarungen in Verwaltungen, NVwZ 2002, 1059; *Jann,* Neues Steuerungsmodell, in: Blanke/v Bandemer/Nullmeier/Wewer, Handbuch zur Verwaltungsreform, 2. Aufl 2001, 82; *Pünder,* Zur Verbindlichkeit der Kontrakte zwischen Politik und Verwaltung im Rahmen des Neuen Steuerungsmodells, DÖV 1998, 63; *J. P. Schneider,* Das Neue Steuerungsmodell als Innovationsimpuls für Verwaltungsorganisation und Verwaltungsrecht, In: Schmidt-Aßmann/Hoffmann-Riem, Verwaltungsorganisation als Steuerungsressource, 1997, 103; *Wolf,* Die Verbindlichkeit im kommunalen Kontraktmanagement, NordÖR 1999, 131; *Ziekow,* Der Einfluss des neuen Steuerungsmodells auf das Verwaltungsverfahren, in: Hoffmann-Riem/Schmidt-Aßmann, Verwaltungsverfahren und Verwaltungsverfahrensgesetz, 2002, 349.

Zur Privatisierung: *Britz,* Funktion und Funktionsweise öffentlicher Unternehmen im Wandel, NVwZ 2001, 380; *Bull,* Privatisierung öffentlicher Aufgaben, VerwArch 1995, 621; *Erbguth,* Die Zulässigkeit der funktionalen Privatisierung im Genehmigungsrecht, UPR 1995, 369; *Fertig,* Die Aufgabenwahrnehmung durch Dritte in der Tierkörperbeseitigung, DÖV 1994, 99; *Gramm,* Schranken der Personalprivatisierung, VerwArch 1999, 329; *Hengstschläger/Osterloh/Bauer/Jaag,* Privatisierung von Verwaltungsaufgaben, VVDStRL 1994, 165 ff; *Hoffmann-Riem/Schneider* (Hg), Verfahrensprivatisierung im Umweltrecht, 1996; *König,* Entwicklung der Privatisierung in der Bundesrepublik Deutschland – Probleme, Stand, Ausblick, VerwArch 1988, 241; *ders,* Privatisierung im Landesorganisationsrecht, DÖV 1999, 322; *Lübbe-Wolff/Steenken,* Privatisierung umweltbehördlicher Aufgaben, ZUR 1993, 263; *Peine,* Grenzen der Privatisierung – verwaltungsrechtliche Aspekte, DÖV 1997, 353; *Reinhardt,* Die Überwachung durch Private im Umwelt- und Technikrecht, AöR 118, 617; *Schoch,* Rechtsfragen der Privatisierung von Abwasserbeseitigung und Abfallentsorgung, DVBl 1994, 1; *Schulte,* Gefahrenabwehr durch private Sicherheitskräfte im Lichte des staatlichen Gewaltmonopols, DVBl 1995, 130; *Stober,* Möglichkeiten und Grenzen einer Privatisierung der kommunalen Abfallentsorgung, in Tettinger (Hg), Rechtlicher Rahmen für public private Partnerships auf dem Gebiet der Entsorgung, 1994, S. 25; *Unruh,* Kritik des privatrechtlichen Verwaltungshandelns, DÖV 1997, 653; *Wahl,* Die Einschaltung privatrechtlich organisierter Verwaltungseinrichtungen in den Straßenbau, in: Blümel (Hg), Einschaltung Privater beim Verkehrswegebau – Innenstadtverkehr, 1993; *Zahn,* Modernisierungsansätze und ihre Umsetzung in der Hamburger Verwaltung, NordÖR 1999, 219.

87 **1. Reformbedarf, Reformüberlegungen.** Ein leistungsfähiges Verwaltungsverfahrensrecht muss seine Steuerungsleistungen für eine moderne Verwaltung erbringen. Es muss Regeln bereitstellen, die einerseits eine effektive und zügige Erledigung der Verwaltungsaufgaben jedenfalls zulassen und dafür möglichst angemessene Handlungsformen bieten, andererseits aber auch die im Interesse der Bürger erforderlichen rechtsstaatlichen Sicherungen und Vorkehrungen enthalten. Seiner Steuerungsaufgabe wird das Verfahrensrecht nur gerecht, wenn und soweit es die Verwaltungspraxis auch tatsächlich erfasst, soweit sich diese Praxis also innerhalb des verfahrensrechtlichen Rahmens nachvollzieht.

88 Das **VwVfG regelt nur einen Ausschnitt** des Handelns der Verwaltung, nämlich nur diejenigen Verfahrenshandlungen, die zum Erlass eines VA oder zum Abschluss eines öffentlich-rechtlichen Vertrages führen (sollen). Diese Beschränkung hat den Vorteil, dass neue und andere Formen des Verwaltungshandelns sich relativ frei von den engen Fesseln einer durchnormierten Verfahrensordnung entwickeln können; sie hat aber den Nachteil, dass insoweit auf Steuerungsleistungen des Rechts ganz oder teilweise verzichtet werden muss. Die Entwicklung von Regeln und Grundsätzen, nach denen sich das Verwaltungshandeln außerhalb des VwVfG vollzieht, wird der Verwaltung selbst, der Rspr und der Literatur überlassen. Dabei geht es nicht nur um die Grundsätze und Prinzipien des Verfassungsrechts, an denen sich das Verwaltungshandeln außerhalb des VwVfG messen lassen muss, sondern auch um die Frage, ob und inwieweit die Regelungen des VwVfG analog herangezogen werden können. Darüber hinaus beschäftigen sich Wissenschaft und Praxis aber auch mit der Frage, welche materiellen und prozeduralen

Vorkehrungen und Regelungen sinnvoll wären, um die Effektivität der Aufgabenerledigung durch die Verwaltung zu steigern (vgl Überblick bei Hoffmann-Riem, DÖV 1997, 433).

2. Neues Steuerungsmodell. In vielen Verwaltungsbehörden wird gegenwärtig der Versuch unternommen, die Handlungs- und Entscheidungsstrukturen effektiver zu gestalten, indem an die Stelle der für die Verwaltung typischen hierarchischen Strukturen ein Neues Steuerungsmodell gesetzt wird.[119] Dieses wird durch eine neue Form der einander korrespondierenden **Aufgaben, Kompetenz-** und **Verantwortungszuweisungen (AKV-Prinzip)** gekennzeichnet, in der die übergeordneten Instanzen ihre Aufsichtsaufgaben durch ein Controlling wahrnehmen.[120] Kontrolliert wird die Einhaltung von administrativen Leistungsvereinbarungen, die zwischen einzelnen Verwaltungseinheiten auf der einen, und den Leitungseinheiten auf der anderen Seite geschlossen werden. Darin werden die Leistungen definiert, die von der Einheit zu erbringen sind, und die finanzielle Ausstattung festgelegt, die dafür zur Verfügung gestellt wird. In der Systematik der Handlungsformen der Verwaltung handelt es sich bei diesen Kontrakten nicht um öffentlich-rechtliche Verträge iSd §§ 54 ff (Wolf NordÖR 1999, 132). Abgesehen davon, dass sie keine außenverbindlichen Rechtsverhältnisse betreffen, fehlt es bei ihnen auch an einer rechtlichen Durchsetzbarkeit außerhalb der Hierarchiestrukturen. Vielmehr sind die Inhalte derartiger Vereinbarungen eher mit Verwaltungsvorschriften vergleichbar (Hill, NVwZ 2002, 1059, 1062). 89

In der Implementation des Neuen Steuerungsmodells wird eine große Chance für die Modernisierung und Effektivierung der Verwaltung gesehen (Miller LKV 1998, 421; Zahn NordÖR 1999, 219). Vorteile bietet die mit diesem Modell verbundene **Budgetierung** für die Verwaltungseinheiten, also die Übertragung einer gewissen Kompetenz und Verantwortung bei der Verwaltung von Haushaltsmitteln (Hoffmann-Riem DÖV 1999, 221; Böhm NVwZ 1998, 934). Ob indessen die Einführung des **Kontraktmanagements** die Verwaltung effektiver macht, erscheint zweifelhaft. Die Einführung von Leistungsvereinbarungen und die damit verbundene starke Segmentierung der Aufgaben führt zu einer Eingrenzung der Verantwortungsbereiche mit einer Fülle von externen Effekten, die sich – ähnlich wie in der freien Wirtschaft – nur schwer wieder internalisieren lassen. Zudem läuft das Neue Steuerungsmodell der Forderung nach einer stärkeren Vernetzung von Steuerungsleistungen gerade zuwider. 90

3. Schlichtes Verwaltungshandeln. In den letzten zwanzig Jahren hat das schlichte Verwaltungshandeln in seinen vielfältigen Erscheinungsformen stark zugenommen. Es handelt sich zB um die Versorgung der Bevölkerung mit **Informationen,** etwa Mitteilungen über Vorgänge, Mißstände, Verwaltungshandeln, Absichten usw (s hierzu Gusy, Verwaltung durch Information, NJW 2000, 977), ferner um Verwaltungshandeln durch **Empfehlungen,** Warnungen, allgemeine Einschätzungen usw. Ferner gibt es inzwischen eine Vielzahl informeller Planungen und Pläne, die zwar zumeist vorbereitenden Charakter haben, deren Existenz als solche aber bereits faktische Auswirkungen Behörden und Bürger zeitigt. Das VwVfG hält für derartiges Verwaltungshandeln keine Regelungen vor. Im System der Handlungsformen der Verwaltung bleibt meist nur die Möglichkeit, sie als schlichtes Verwaltungshandeln, ggfs auch als Realakte einzustufen.[121] Diese For- 91

[119] Vgl zB Jann, Neues Steuerungsmodell, in Blanke/von Banderner/Nullmeier/Wewer (Hrsg), Handbuch der Verwaltungsreform, 2. Aufl 2001, 82 ff; Zahn NordÖR 1999, 219; Ziekow Der Einfluss …, 349. Für den kommunalen Bereich S auch www.kgst.de.

[120] Vgl J-P Schneider, Das Neue Steuerungsmodell als Innovationsimpuls für Verwaltungsorganisation und Verwaltungsrecht, in Schmidt-Aßmann/Hoffmann-Riem, Verwaltungsorganisationsrecht als Steuerungsressource, 1997, 103.

[121] Maurer § 15; Robbers DÖV 1987, 272; Schulte, Schlichtes Verwaltungshandeln, 1995; Ramsauer, Assessorprüfung 35.72; WBS II § 57 Rn 12.

men des informalen Verwaltungshandelns werfen eine Fülle von rechtlichen Fragen auf, angefangen von der Frage nach dem Erfordernis einer Ermächtigungsgrundlage über die Begründung von Unterlassungs- und Folgenbeseitigungsansprüchen bis hin zu der Frage nach der richtigen Form verwaltungsgerichtlichen Rechtsschutzes.

92 **a) Erfordernis einer Ermächtigungsgrundlage.** Während das schlichte Verwaltungshandeln lange Zeit nur unter dem Aspekt der Folgenbeseitigung betrachtet wurde, haben sich Rspr und Literatur inzwischen auch der übrigen rechtlichen Fragen des schlichten Verwaltungshandelns angenommen. Das gilt vor allem für die Frage, ob und unter welchen Voraussetzungen es einer Ermächtigungsgrundlage bedarf. Die für das Erfordernis einer Ermächtigung entscheidende Frage ist, ob durch das Handeln in Grundrechtspositionen eingegriffen wird.[122] Diese Frage lässt sich nur auf Grund einer Bestimmung des Schutzbereichs der betroffenen Grundrechte beantworten. Der Schutz der Grundrechte gegen faktische, nicht regelnd eingreifende Maßnahmen zählt seit vielen Jahren zu den zentralen Fragen des Verfassungsrechts.[123] Liegt eine rechtlich beachtliche Beeinträchtigung einer Grundrechtsposition vor, so ist grundsätzlich eine gesetzliche Ermächtigungsgrundlage erforderlich;[124] es stellt sich aber die Frage, ob und inwieweit auch solche gesetzlichen Regelungen ausreichen, die lediglich die Zuständigkeit für bestimmte Maßnahmen regeln oder nur allgemeine Handlungsmöglichkeiten vorsehen wie zB Presse- oder Öffentlichkeitsarbeit (Gröschner DVBl 1990, 619; Schoch DVBl 1991, 667: di Fabio JuS 1997, 1). Im Übrigen ist zu prüfen, ob für die fragliche Beeinträchtigung eine Duldungspflicht besteht.[125]

93 **b) Sonstige Rechtmäßigkeitsanforderungen.** Anerkannt sind einige weitere Rechtmäßigkeitsanforderungen, denen auch schlichtes Verwaltungshandeln entsprechen muss. Hierzu zählt das Erfordernis der **Zuständigkeit** der handelnden Behörde für das Handeln und die Einhaltung des Prinzips der **Verhältnismäßigkeit.**[126] Weitgehend ungeklärt ist dagegen die Frage, ob und in welchem Umfang auch die Anforderungen des VwVfG, zB einer vorherigen Anhörung (§ 28), erfüllt werden müssen. Diese Frage wird nach der Art des Verwaltungshandelns und nach dem Beeinträchtigungspotential differenziert beantwortet werden müssen. Soweit mit dem schlicht-hoheitlichen Handeln keinerlei Beeinträchtigung von Grundrechtspositionen verbunden ist, besteht für die Übertragung von Verfahrensgarantien des VwVfG kein Anlass, weil diese Garantien den in seinen Rechten betroffenen schützen sollen. Allerdings ist die Frage, wann schlicht-hoheitliches Handeln Grundrechtspositionen berührt, nicht immer leicht zu beantworten. Das gilt insbesondere im Hinblick auf die staatliche Informationstätigkeit, vgl BVerfG NJW 2002, 2621 (Glykol) und NJW 2002, 2626 (Osho-Bewegung). Eine analoge Anwendung zB der Regelungen über die Anhörungspflicht in § 28 kommt deshalb nur in Betracht, wenn für die handelnde Behörde hinreichend sicher erkennbar ist, dass die beabsichtigten Realakte Rechtspositionen von Privatrechtssubjekten be-

---

[122] Vgl hierzu differenzierend neuerdings BVerfG NJW 2002, 2621 (Glykol); 2002, 2626 (Osho); BVerwGE 82, 76 – Jugendsekten; 59, 319 – Transparenzliste; 71, 183 – Ehrkränkende Behauptungen; BVerwG NJW 1992, 1641 – Boykottaufruf; siehe auch WBS II § 57 Rn 20 mwN.

[123] S hierzu bereits Gallwas, Die faktischen Beeinträchtigungen, 1970; Ramsauer, Die faktischen Beeinträchtigungen des Eigentums, 1980; Eckhoff, Der Grundrechtseingriff, 1992; ders, DVBl 1988, 373; Lübbe-Wolff, Grundrechte als Eingriffsabwehrrechte, 1988; Roth, Faktische Eingriffe in Freiheit und Eigentum, 1994; di Fabio JZ 1993, 689.

[124] Vgl zB BVerwGE 82, 76 = NJW 1981, 2272 (Warnung vor Jugendsekten); ähnlich BVerwG NJW 1991, 1770 (Osho-Bewegung); ferner BVerwGE 71, 183 = NJW 1985, 2774 (Arzneimittel-Transparenzliste); BVerwG NJW 1996, 31 611 (Stiftung Warentest); weitere Bsp bei Di Fabio JuS 1997, 1.

[125] Vgl zu den Duldungspflichten Ramsauer Assessorprüfung 25.13.

[126] Instruktiv VG Berlin NJW 1993, 2548 (Fall Stolpe); Maurer § 15 Rn 12.

rühren werden, die Anwendung der verfahrensrechtlichen Bestimmungen der Wahrung etwa berührter Rechtspositionen sinnvollerweise dienen können und den Zweck des Handelns nicht gefährden.

4. Konsensuales (informelles) Verwaltungshandeln. Einen breiten Raum nehmen im Rahmen des Verwaltungshandelns informelle Absprachen, Agreements, usw ein (Überblick bei Schröder NVwZ 1998, 1011). Hier kommt es zwischen einzelnen Bürgern, zB Investoren auf der einen und Behördenvertretern auf der anderen Seite zu Verhandlungen, die nicht unmittelbar in bindende zB öffentlich-rechtliche Verträge münden, sondern mit Absprachen enden, die keine rechtliche Wirksamkeit entfalten, sondern nur faktische Wirkungen haben (Bsp bei Maurer § 15 Rn 14). 94

a) Rechtliche Einordnung. Das Verwaltungshandeln im Rahmen informeller Absprachen usw lässt sich naturgemäß nicht ohne weiteres in das System der Handlungsformen der Verwaltung einordnen. Der Begriff des „informellen Verwaltungshandelns" deutet insoweit eine gewisse Hilflosigkeit im rechtsdogmatischen Umgang an. In den meisten Fällen wird es um vorbereitende Absprachen gehen, deren Inhalt sich erst im nachfolgenden formellen Handeln niederschlägt, zB bei der Frage, ob ein VA, der den Inhalt zuvor ausgehandelter informeller Absprachen umsetzt, rechtmäßig ist, ob insbesondere ein darin ausgeübtes Ermessen fehlerfrei ist oder ob ein öffentlich-rechtlicher Vertrag, der auf der Grundlage von informellen Absprachen geschlossen wird, fehlerhaft ist (s hinsichtlich Zulässigkeit und Grenzen StBS § 54 Rn 42). Die Beantwortung dieser Fragen hängt davon ab, ob bei den informellen Absprachen gewisse rechtsstaatliche Mindestanforderungen erfüllt wurden und bestimmte Grundregeln fairer Verfahrensgestaltung eingehalten wurden (so die hM im Anschluss an BVerwGE 45, 309, 317; vgl Hoffmann-Riem, Verwaltungsrechtsreform, S. 153; Schulze-Fielitz DVBl 1994, 657, 667). 95

b) Maßgebliches Verfahrensrecht. Auf informelle Absprachen und Verhandlungen ist das VwVfG nicht ohne weiteres anwendbar. Das gilt auch für die Gewährung rechtlichen Gehörs usw. Allerdings wird man verlangen müssen, dass **rechtsstaatliche Mindeststandards** eingehalten werden.[127] Dabei ist zu differenzieren zwischen Absprachen während eines anhängigen Verwaltungsverfahrens und solchen, die einem Verwaltungsverfahren vorausgehen. In jedem Falle dürfen informelle Absprachen die rechtsstaatlichen **Bindungen des eigentlichen Verwaltungsverfahrens nicht unterlaufen**, indem die zuständige Behörde zu Lasten einzelner Betroffener in eine „Ratifikationslage gedrängt" wird (Wahl DVBl 1993, 521) und das förmliche Verfahren zu einer „leeren Hülse" wird.[128] 96

5. Konfliktmittlung (Mediation). a) Allgemeines. Von Konfliktmittlung bzw Mediation spricht man dann, wenn Aushandlungsprozesse zwischen interessierten Parteien unter Einschaltung eines neutralen Dritten, eines Konfliktmittlers oder Mediators, durchgeführt werden. Das Modell der Mediation wurde in den USA für Konfliktsituationen entwickelt, in denen die Streitparteien allein eine für alle Seiten akzeptable Lösung des Konflikts nicht zu bewerkstelligen vermochten. In derartigen „Sackgassensituationen" erwies sich die Einschaltung eines Mediators, eines neutralen Dritten, gelegentlich als hilfreich. Diese Erfahrung wurde nicht nur im privaten Bereich (zB Familienmediation, vgl Mähler/Mähler in Brei- 97

---

[127] Holznagel/Ramsauer, Mediation im Verwaltungsrecht, Rn 5 ff; Holznagel, Konfliktlösung, 205 ff; s bereits BVerwGE 34, 301; vgl auch WBS II 57 Rn 16: gesetzesfreier, nicht aber rechtsfreier Raum.

[128] Schmidt-Aßmann, Konfliktmittlung in der Dogmatik des deutschen Verwaltungsrechts, in Hoffmann-Riem/Schmidt-Aßmann, Konfliktbewältigung durch Verhandlung, Bd II, 27; zu den **Möglichkeiten faktischer Vorausbindungen** auch Holznagel/Ramsauer, Mediation im Verwaltungsrecht, Rn 6; Wagner/Engelhardt NVwZ 2001, 370; Holznagel, Konfliktlösung durch Verhandlungen, 214; Schulze-Fielitz DVBl 1994, 657.

denbach/Henssler S. 121) oder im Bereich des Strafrechts (zB Täter-Opfer-Ausgleich gem § 46a StGB, vgl Walter/Hassemer/Netzig/Petzold in Breidenbach/Henssler S. 201), sondern auch auf bestimmten Gebieten des öffentlichen Rechts, insbesondere im Umweltrecht.[129]

98 **Das Ziel der Konfliktmittlung** ist die Erreichung einer optimalen Lösung des Konflikts durch Mobilisierung der den Beteiligten zur Verfügung stehenden Gestaltungspotentiale. Bei der Mediation geht es nicht (allein) darum, eine Lösung zu finden, bei der die beteiligten Interessen angemessen berücksichtigt werden, sondern darum, durch eine intelligente Ausnutzung aller vorhandenen Gestaltungsspielräume in Kooperation eine Lösung zu finden, die allen Beteiligten per Saldo mehr bringt, als durch eine – wenn auch gerechte – richterliche Streitentscheidung erzielbar gewesen wäre (sog **win-win-Situation**). Dazu müssen die Beteiligten veranlasst werden, ihre eigentlichen Interessen an der Lösung des Konflikt zu analysieren und zu formulieren, und zwar möglichst unabhängig von ihren Rechts- oder anderen Machtpositionen, die sie zur Durchsetzung ihrer Interessen einsetzen könnten. In der Regel ist es erforderlich, den Dispositionsbereich über den eigentlichen Konfliktbereich zu erweitern, um auch sog Paketlösungen zu ermöglichen (sog **Vergrößerung des Kuchens**). **Beispiel aus der Praxis:** In einer Auseinandersetzung zwischen dem Inhaber einer Gaststätte und dem Bewohner der über der Gaststätte befindlichen Wohnung über Lärmbelästigungen einigen sich die Beteiligten darauf, ihre Wohnungen zu tauschen. Der Gastwirt zieht in die Wohnung über seiner Gaststätte, der gestörte Mieter übernimmt die Wohnung des Gastwirts in der Nähe, der unterschiedliche Erhaltungszustand der Wohnungen wird durch Transfer-Zahlungen ausgeglichen.

99 **b) Voraussetzungen der Konfliktmittlung.** In der Literatur sind Bedingungen für eine erfolgreiche Durchführung von Verfahren der Konfliktmittlung formuliert worden. Es besteht Übereinstimmung darüber, dass bestimmte Voraussetzungen angegeben werden können, bei deren Fehlen idR nicht mit dem Erfolg eines Mediationsverfahrens zu rechnen ist (Holznagel S. 106ff). Diese Voraussetzungen beruhen auf praktischen Erfahrungen in einer Vielzahl von Fällen; sie werden leider häufig nicht ernst genug genommen, was ua das leider nicht seltene Scheitern von Mediationen erklärt.

Zu diesen Voraussetzungen gehören **erstens** die **Kompromissfähigkeit des Konflikts:** Ist der Konflikt so beschaffen, dass nur eine Seite gewinnen kann (win-lose-decision), so ist die Mediation zur Lösung idR ungeeignet. Das gilt nicht nur für Fälle, in denen die Entscheidungsmöglichkeiten auf ein Entweder-Oder beschränkt sind, sondern auch für solche, in denen jeder Vorteil für die eine nur durch einen Nachteil für die andere Seite erkauft werden muss (Nullsummenspiel). Der Konflikt muss vielmehr auch die Möglichkeit zulassen, dass sämtliche am Konflikt beteiligten Seiten das Ergebnis als Erfolg verbuchen können (win-win-Situation), also in ihrer Gesamtheit am Ende besser dastehen als bei einer gerichtlichen Entscheidung. Die Kompromissfähigkeit eines Konflikts lässt sich uU dadurch herbeiführen, dass der Umfang der Verhandlungsmasse erweitert wird, wodurch Paketlösungen möglich werden.

Zweite Voraussetzung ist, dass für die Beteiligten **ausreichende Verhandlungsanreize** bestehen. Alle Beteiligten müssen sich von den Verhandlungen Vorteile versprechen können. Dies setzt voraus, dass die Beteiligten über Verhandlungsmacht verfügen, also über materielle oder immaterielle Tauschgüter, die sie im Rahmen von Verhandlungen gegen Zugeständnisse der anderen Seiten eintauschen können. Gerade diese Bedingung ist von großer Bedeutung und wird bei

---

[129] McCormick, The Theory and Practice of Environmental Mediation, in: The Environmental Professional, 1980, Vol 2, 24; Gassner/Holznagel/Lahl, Mediation; Ramsauer, Mediation im Umweltrecht, in Breidenbach/Henssler S. 161.

der Forderung nach Verhandlungen im politischen Raum nicht selten unterschätzt. Dabei kommt es nicht darauf an, dass die Verhandlungsmacht aus rechtlichen oder rechtlich geschützten Positionen folgt, auch eine politische Macht (zB ein Protestpotential) kann Verhandlungsmacht vermitteln.

Drittens schließlich muss die Möglichkeit bestehen, für die Beteiligten des Konflikts wirkungsvoll eine **Bindung an das Verhandlungsergebnis** zu erreichen. Dabei geht es nicht nur um die rechtliche Umsetzbarkeit des Ergebnisses, sondern auch um die Sicherung der Bereitschaft der Beteiligten, ihr weiteres Verhalten am Ergebnis der Verhandlung zu orientieren. Da das Ergebnis trotz der allgemein üblichen schriftlichen Ratifikation keinen rechtlich bindenden Charakter erhält, sind die Beteiligten auf diese Bereitschaft, die vom Mediator in der Implementationsphase nur unterstützt, aber nicht erzwungen werden kann, angewiesen. Die Erwartung der Umsetzung ist dabei idR Voraussetzung für erfolgreiche Verhandlungen.

c) Formen der Konfliktmittlung. Die klassische Konfliktmittlung zeichnet **100**
sich dadurch aus, dass der Konfliktmittler (Mediator) nicht über eigene Entscheidungskompetenzen verfügt. Deshalb handelt es sich weder bei Vergleichsverhandlungen vor dem Verwaltungsgericht oder vor einem Widerspruchsausschuss noch bei den Verhandlungen der personalvertretungsrechtlichen Einigungsstellen (vgl zB §§ 77 ff BPersVG) um Mediation im eigentlichen Sinn. Die Konfliktmittlung mündet außerdem grundsätzlich nicht unmittelbar in bindende vertragliche Regelungen, sondern erfordert eine Umsetzung außerhalb der Mediation zB durch Erlass eines VA, durch die Rücknahme von Rechtsmitteln, durch Abschluss eines öffentlich-rechtlichen Vertrages oder auf andere Weise. Bei der Rolle des Konfliktmittlers wird unterschieden zwischen dem **passiven Mediator,** der lediglich den Verhandlungsprozess zwischen den Beteiligten überwacht und für faire Rahmenbedingungen Sorge trägt, und dem **aktiven Mediator,** der die Verhandlungen ähnlich wie der Vorsitzende in der mündlichen Verhandlung vor einem Gericht leitet und strukturiert. In der Praxis wird es meist zu Mischformen kommen.

d) Rechtliche Position des Mediators. Umstritten ist die Frage, wie das **101**
Handeln des Mediators rechtlich zu qualifizieren ist. Teilweise wird er als **Verwaltungshelfer** angesehen, sein Handeln dementsprechend öffentlich-rechtlich eingeordnet.[130] Richtiger dürfte es dagegen sein, im Regelfall ein **privatrechtliches** Handeln des Mediators anzunehmen:[131] Der Mediator wird auf Grund eines privatrechtliche Auftrags tätig, er handelt nicht für die Verwaltung, sondern gleichermaßen im Interesse aller Konfliktparteien, ihm fehlt das für Verwaltungshelfer typische Abhängigkeitsverhältnis. Etwas anderes, nämlich **Beleihung,** ist anzunehmen, wenn der Mediator in das Verwaltungsverfahren einbezogen wird, indem ihm zB die Durchführung von Anhörungen und Erörterungsterminen übertragen wird (Tomerius 192; Hellriegel 120).

e) Phasenmodell der Konfliktmittlung. Typischerweise werden bei Aus- **102**
handlungsprozessen mehrere Phasen unterschieden (hierzu Holznagel, Konfliktlösungen S. 119). Zur **Vorverhandlungsphase** werden die Beauftragung eines Konfliktmittlers (Initiierung der Mediation), die Identifikation und Auswahl der Verhandlungsteilnehmer durch den Mediator und die Festlegung des Verhandlungsrahmens gerechnet. Zu letzterem zählen nicht nur Absprachen über den Gegenstand der Mediation bzw Ausgrenzungen bestimmter Problembereiche, sondern auch die Festlegung der gesamten Verhandlungsmodalitäten, zB Ort und Zeit der Verhandlungstermine, Zeitrahmen, Protokollierung, Öffentlichkeit bzw In-

---

[130] So etwa Hellriegel S. 120 ff; Battis/Krautzberger/Löhr, BauGB, § 4 b Rn 6.
[131] Holznagel/Ramsauer, Mediation im Verwaltungsverfahren Rn 10.

formationsarbeit und Verschwiegenheitspflichten. Zu der anschließenden eigentlichen **Verhandlungsphase** gehören sodann die (kooperative) Informationsgewinnung, die kooperative Problemlösungssuche und (im Erfolgsfalle) die Unterzeichnung einer Verhandlungsübereinkunft. In dieser Phase ist die permanente Rückbindung der an den Verhandlungen teilnehmenden Repräsentanten von Interessengruppen von großer Bedeutung, und zwar nicht nur für die Akzeptanz von Verhandlungsergebnissen, sondern auch für die Informationsgewinnung und die kreative Suche nach Lösungen. Die die Verhandlungsphase abschließende Ratifikation des Verhandlungsergebnisses führt nicht zu einer rechtlichen Verbindlichkeit der gefundenen Ergebnisse. Vielmehr ist die Umsetzung der Verhandlungsergebnisse nur auf Grund einer faktischen Bindung der Beteiligten zu erwarten und zu erreichen. Hierzu dient auch die anschließende **Implementationsphase,** in der die Umsetzung durch die Beteiligten und den Mittler überwacht und ggfs kritisch begleitet wird. UU kann auch die Wiederaufnahme von Verhandlungen erforderlich werden, wenn die Implementation auf nicht vorhergesehene Schwierigkeiten stößt.

103

VII. Privatisierung von Verwaltungsaufgaben

1. Allgemeines. Während man sich über Jahrzehnte hinweg von der Übernahme von Aufgaben durch den Staat Vorteile versprochen hatte und dementsprechend immer mehr Aufgaben auf die Verwaltung übertragen wurden, scheint sich der Trend nunmehr umzukehren. Die Diskussion über die Privatisierung von Verwaltungsaufgaben hat durch den europäischen Einigungsprozess und die Grundfreiheiten nach dem EUV und ebenso durch den Vereinigungsprozess und die seinerzeit in den neuen Bundesländern erforderliche Privatisierung starke Impulse erfahren (vgl zB Hoffmann-Riem/Schneider, Verfahrensprivatisierung im Umweltrecht, 1996). Davon unabhängig speist sich der Privatisierungstrend aus zwei unterschiedlichen Quellen, die meist nicht hinreichend deutlich auseinandergehalten werden: **Ordnungspolitisch** wird eine Privatisierung mit der Begründung verlangt, der Staat habe sich zu weit in den gesellschaftlichen Bereich ausgedehnt und Aufgaben an sich gezogen, die dem Spiel der gesellschaftlichen Kräfte überlassen werden bzw bleiben sollten. Hierbei geht es um eine staatliche Aufgabenkritik im Rahmen unterschiedlicher Grundvorstellungen über das Verhältnis von Staat und Gesellschaft. **Verwaltungspolitisch** bzw verwaltungswissenschaftlich wird eine Privatisierung mit der Begründung verlangt, die gegenwärtige Form der Aufgabenerledigung sei suboptimal, die Erledigung der Aufgaben durch die Verwaltung sei zu teuer, zu langsam, zu unflexibel, zu bürokratisch und zu wenig bürgerorientiert (Hoffmann-Riem AöR 1994, 590). Die Privatisierung kann zu einer Ausschaltung des öffentlichen Dienstrechts und Besoldungsrechts führen, zu einer Befreiung von den Fesseln des Haushaltsrechts und zu anderen Vorteilen etwa im Bereich des Steuer- und Haftungsrechts (vgl zu diesen Motiven Unruh DÖV 1997, 653). Vor allem aber geht es angesichts knapper Kassen um Kosteneinsparungen.

104 **a) Privatisierungsbegriffe.** Zumeist werden drei Privatisierungsbegriffe unterschieden, die Vermögensprivatisierung, die Organisations- und die Aufgabenprivatisierung.[132] In der Praxis kommen allerdings eine Fülle von Mischformen vor, einschließlich verschiedener Formen der Kooperation zwischen der Verwaltung und Privaten (Schoch DVBl 1994, 962 ff). Bei der **Vermögensprivatisierung** werden idR Grundvermögen und Beteiligungen an Wirtschaftsunternehmen

---

[132] Vgl StBS § 1 Rn 101; Bauer VVDStRL 1994, 251; Überblick bei König DÖV 1999, 322; Schoch DVBl 1994, 962.

der öffentlichen Hand auf Private übertragen. Diese Form der Privatisierung hat nicht nur nach der Vereinigung durch die Treuhandanstalt stattgefunden (s hierzu näher Kopp/Schenke § 40 Rn 30b), sondern ist auch im Übrigen in großem Stil betrieben worden (vgl BT-Dr 12/6889; StBS § 1 Rn 113). Bei der (formellen) **Organisationsprivatisierung** ändert die öffentliche Hand die Form der Aufgabenerledigung und wählt eine privatrechtliche Form, ohne aber die Aufgabe als solche aufzugeben. Als privatrechtliche Formen kommen neben der privatrechtlichen Ausgestaltung der Nutzungsverhältnisse öffentlicher Einrichtungen (s hierzu Ehlers DVBl 1986, 912; v Danwitz JuS 1995, 1) vor allem die Wahl einer privatrechtlichen Organisationsform in Betracht, also zB die Form einer AG, GmbH oder einer Eigengesellschaft der Gemeinde (Britz NVwZ 2001, 380; König DÖV 1999, 322, 327; v Danwitz JuS 1995, 1).

Die eigentliche Form der Privatisierung ist die (materielle) **Aufgabenprivatisierung,** bei der die Verwaltung auf die Wahrnehmung einer Aufgabe gänzlich verzichtet und die Erledigung der Privatwirtschaft überlässt. Geht es um eine Verwaltungsaufgabe, die der Verwaltung durch Gesetz übertragen wurde, so bedarf die Aufgabenprivatisierung einer gesetzliche Grundlage (vgl StGH Bremen NordÖR 2002, 60; für die Beleihung; s auch StBS § 1 Rn 109), im Übrigen spielt die Frage eine Rolle, in welchem Umfang die öffentliche Hand auf die Rahmenbedingungen für die Betätigung der Privatwirtschaft in dem privatisierten Bereich Einfluss nehmen muss und ggfs auch eine Art Garantenstellung in Bezug auf die Verhinderung etwaiger Mißstände behält (Wahl DVBl 1993, 517, 519). Umfang und Grenzen dieser sog Letztverantwortung des Staates für bestimmte Bereiche ergeben sich zumeist aus Verfassungsrecht (Erbguth UPR 1995, 378; Peine DÖV 1997, 355; Gramm VerwArch 1999, 329).

b) Verwaltungsaufgaben. Der Begriff der Verwaltungsaufgaben ist zu unter- **105**
scheiden von dem allgemeineren Begriff der öffentlichen Aufgaben und der Staatsaufgaben (vgl Bull, Die Staatsaufgaben nach dem GG, 2. Aufl 1977, 43; ders, VerwArch 1995, 621; Ossenbühl VVDStRL 1971, 137; Bauer VVDStRL 1994, 249). Für die Verwaltungsaufgaben hat sich eine relativ flexible Definition durchgesetzt, nach der erfasst werden alle Angelegenheiten, die der Verwaltung durch Rechtssatz übertragen oder von ihr in rechtlich zulässiger Weise wahrgenommen werden (Ehlers, Verwaltung in Privatrechtsform, 1984, 200; Peine DÖV 1997, 355; Bauer VVDStRL 1994, 250). Es werden danach also die durch Gesetz zugewiesenen unterschieden von denen, deren sich die Verwaltung im Rahmen der Gesetze gewissermaßen von sich aus annimmt. Soweit Gesetze nicht entgegenstehen, hat die Verwaltung hier einen eigenen Gestaltungsspielraum.

c) Verwaltungskooperation. In vielen Bereichen erledigt die Verwaltung die **106**
ihr übertragenen öffentlichen Aufgaben inzwischen in Kooperation mit privatrechtlichen Unternehmen. Diesen wird die Erfüllung von bestimmten Teilaufgaben übertragen, teilweise werden auch ganze Aufgabenbereiche privatrechtlichen Unternehmen weitergegeben. So wird die Ersatzvornahme beim Abschleppen von verbotswidrig abgestellten Pkw regelmäßig durch die Einschaltung eines privaten Abschleppunternehmens durchgeführt; einzelne Kommunen haben zB die gesamte Nutzung öffentlicher Wegeflächen zu Werbezwecken privaten Werbeunternehmern übertragen, die ihrerseits dann gegen Entgelt gleichsam Werberechte an Interessenten vergeben. In diesem Bereich der Verwaltungskooperation sind derzeit noch viele Fragen ungeklärt. Das gilt nicht nur für die Frage, ob die eingeschalteten Unternehmen öffentlich-rechtlich oder privatrechtlich handeln (nach BGHZ 121, 164 = NJW 1993, 1258 handeln Abschleppunternehmer öffentlich-rechtlich als Werkzeuge der Verwaltung), sondern auch um die Frage nach der Rechtsnatur der Kooperationsverträge sowie nach der Pflicht der öffentlichen Hand, sich entscheidende Einflussmöglichkeiten auf das Handeln der privaten Kooperationsunternehmen zu erhalten. Die Diskussion über diese Fragen wird derzeit lebhaft ge-

führt.[133] Grundsätzlich wird man von einer privatrechtlichen Tätigkeit der eingeschalteten Unternehmen auszugehen haben, es sei denn, es liegt ein Fall der Beleihung, was eine gesetzliche Grundlage erfordert, oder der Tätigkeit als „Werkzeug" der Verwaltung vor, was nur bei fehlendem eigenen Entscheidungsspielraum angenommen werden kann. Grundsätzlich wird auch die Verantwortung für die ordnungsgemäße Erfüllung öffentlicher Aufgaben auch in den Kooperationsverhältnissen bei der öffentlichen Hand bleiben.[134]

107 **2. Privatisierung von Bahn und Post.** Beispiele für allerdings nur partielle Organisations- und Aufgabenprivatisierungen sind die Bahn- und Postreformen. Hier wurden aus Sondervermögen des Bundes privatrechtliche Gesellschaften in der Hand des Bundes, die ihre Dienstleistungen nunmehr überwiegend in privatrechtlicher Form erbringen. In der öffentlich-rechtlichen Verwaltung verblieben sind eine Reihe von Aufgaben, die zumeist nicht von den neu gebildeten Aktiengesellschaften selbst erfüllt werden.

108 **a) Postreform.** Die Privatisierung der Post erfolgte auf der Grundlage einer entsprechenden Änderung des GG. Der durch G v 30. 8. 1994 (BGBl I 2245) neu eingefügte Art 87f GG sieht vor, dass der Bund im Bereich des Postwesens und der Telekommunikation zwar flächendeckend eine ausreichende und angemessene Versorgung zu gewährleisten hat, dass aber die hierauf bezogenen Dienstleistungen als privatrechtliche Tätigkeit durch die aus dem Sondervermögen Deutsche Bundespost hervorgegangenen Unternehmen (Deutsche Post AG, Deutsche Telekom AG und Postbank AG) und auch durch andere Anbieter erbracht werden (Art 87f Abs 2 GG). Vor allem die Regulierungsaufgaben werden von einer bundesunmittelbaren Anstalt des öffentlichen Rechts **(Regulierungsbehörde)** weiterhin in öffentlich-rechtlicher Form erbracht (§ 87f Abs 3 GG). Die in der Übergangsvorschrift des Art 143b GG vorgesehene Umwandlung erfolgte durch das Postumwandlungsgesetz v 14. 9. 1994 (BGBl I 2339). Dadurch wurde die bis dahin als Sondervermögen des Bundes bestehende Deutsche Bundespost mit Wirkung v 1. 1. 1995 in mehrere Aktiengesellschaften umgewandelt. Die Monopolstellung für bestimmte Dienstleistungen blieb bzw bleibt für eine Übergangszeit erhalten (Art 143b Abs 2 S. 1 GG). Zur Wahrnehmung vor allem verbliebener öffentlich-rechtlicher Aufgaben wurde das Bundesamt für Post und Telekommunikation (BAPT) gegründet, aus der dann die Regulierungsbehörde für Post und Telekommunikation hervorgegangen ist.

Dieser ersten Stufe der Postreform, die zunächst eine Organisationsprivatisierung darstellte, folgte die zweite Stufe durch Erlass des Postgesetzes v 22. 12. 1997 (BGBl I 3294), die für wichtige Bereiche der Postdienstleistungen auch private Anbieter zulässt und damit eine **partielle Aufgabenprivatisierung** vornimmt. Gleiches vollzog sich mit dem Erlass des Post- und Telekommunikationsregelungsgesetzes (PTRegG) v 22. 9. 1994 (BGBl I S. 2371) auf dem Gebiet der Telekommunikation. Für die bei der Post beschäftigten Beamten enthält Art 143b Abs 3 GG eine Beleihung der Unternehmen mit der Dienstherrenfähigkeit. Eine weitere **Beleihung** sieht § 16 Abs 1 iVm § 2 Abs 2 Nr 5 PostG im Hinblick auf das Recht vor, Schriftstücke nach den Regeln des Prozess- und Verfahrensrechts förmlich zustellen zu können. Diese Regelung war notwendig, weil die Zustellungsvorschriften selbst eine Beleihung eines privatrechtlich organisierten Unternehmens nicht enthalten (BT-Dr 12/8060 S. 199). Zur Reichweite der Beleihung Gramlich, Rechtsschutzprobleme auf den Märkten für Postdienstleistungen, NJW

---

[133] Vgl nur Hoffmann-Riem DÖV 1997, 433; Gersdorf, Öffentliche Unternehmen im Spannungsfeld zwischen Demokratie- und Wirtschaftlichkeitsprinzip, 2000, 237ff; Ehlers JZ 1987, 218, 227; Mehde VerwArch 2002, 561, 577.

[134] Mehde VerwArch 2002, 561, 579; Becker, Die Erfüllung öffentlicher Aufgaben durch gemischtwirtschaftliche Unternehmen, 1997, 122ff; s auch die Nachweise in Fn 133.

1996, 618. **In allen Rechtsverhältnissen** zwischen den Bundespost-Nachfolgeunternehmen und Dritten, die nicht durch eine Beleihung hoheitlich ausgestaltet sind, **gilt grundsätzlich Privatrecht.** Dies gilt sowohl im Verhältnis zu den Kunden als auch im Verhältnis zu Wettbewerbern (vgl BGH NJW 1995, 2295).

b) Bahnreform. Ebenfalls zum 1. 1. 1994 trat die Bahnstrukturreform in Kraft.[135] Dadurch wurde die bisher als Sondervermögen des Bundes organisierte Deutsche Bundesbahn in die Rechtsform einer Aktiengesellschaft überführt. Die Rechtsnatur der Rechtsverhältnisse gegenüber den Kunden veränderte sich dadurch im Grundsatz nicht, weil diese bereits zuvor privatrechtlichen Charakter hatten (vgl BVerwGE 47, 247, 250; 64, 202 (205) = NVwZ 1982, 314). Die Bahnpolizei wurde aufgelöst, ihre Funktionen wurden vom Bundesgrenzschutz übernommen. Verfassungsrechtliche Grundlage ist Art 87e GG, wonach die Eisenbahnen des Bundes durch Wirtschaftsunternehmen in privatrechtlicher Form geführt werden (Art 87e Abs 3 GG), die Eisenbahnverkehrsverwaltung dagegen in bundeseigener Verwaltung geführt wird (Art 87e Abs 1 GG). Auf der neuen verfassungsrechtlichen Grundlage wurde sodann das Gesetz zur Neuordnung des Eisenbahnwesens (ENeuOG) v 27. 12. 1993 (BGBl I S. 2378) erlassen. 109

Damit wurde zunächst eine **formelle Privatisierung** der Bahndienstleistungen vorgenommen, dem aber eine auch materielle Privatisierung durch Zulassung von Wettbewerb auf den Schienennetz folgen soll. Ausgenommen von der Privatisierung wurde die gesamte Eisenbahnverkehrsverwaltung, die im Wesentlichen beim Verkehrsministerium und bei dem **Eisenbahnbundesamt,** einer Oberbehörde des Bundes, angesiedelt worden sind und als öffentlich-rechtliche Verwaltung bestehen bleiben (vgl Studenroth, Aufgaben und Befugnisse des Eisenbahnbundesamtes, VerwArch 1997, 96). Krit zur Bahnreform Fehling DÖV 2002, 793.

3. Rechtliche Grenzen und Rahmenbedingungen der Privatisierung. 110
Im Rahmen der Privatisierungsdiskussion geraten nahezu sämtliche Verwaltungsaufgaben bzw Verwaltungsaktivitäten auf den Prüfstand. Die rechtlichen Möglichkeiten und Voraussetzungen einer Privatisierung sind sehr unterschiedlich, je nach dem, um welche Aufgaben es sich handelt und wie deren Erledigung rechtlich geregelt ist (vgl Peine DÖV 1997, 353). Im Vordergrund der Diskussion stehen Bereiche der Leistungsverwaltung, wie zB der Krankenhausbereich (vgl Bieback VSSR 1998, 177), die Abwasser- und Abfallentsorgung (vgl §§ 15ff KrW-/AbfG; hierzu Schoch, DVBl 1994, S. 1ff), aber auch der Bereich des Verkehrswegebaus (vgl hierzu die Gründung der Deutsche Einheit Fernstraßenplanungs- und Baugesellschaft mbH (DEGES); hierzu Stehlin, Einschaltung privatrechtlich organisierter Verwaltungseinrichtungen in die Verkehrswegeplanung, 1997, ferner Grupp DVBl 1994, 140; Steiner NJW 1994, 3150) und der Bereich der Umweltüberwachung (Rehbinder UTR 1994, 23ff; Wagner NVwZ 1995, 1046). Hier ist vor allem das Umweltauditgesetz (UAG) v 7. 12. 1995 (BGBl I S. 1591) zu nennen.[136]

a) Verfassungsrechtliche Grenzen. Verfassungsgrenzen einer Privatisierung bestehen nur in relativ geringem Umfang. Ein grundsätzliches Gebot öffentlichrechtlicher Aufgabenerledigung enthält das GG nicht. Auch der Funktionsvorbehalt des Art 33 Abs 4 GG garantiert nach hM keinen bestimmten Bestand von 111

---

[135] S Wegener, Bahnprivatisierung und Eisenbahnverkehrsverwaltung, DÖV 1996, 305; Schmidt-Aßmann/Röhl, Grundpositionen des neuen Eisenbahnverfassungsrechts (Art 87e GG), DÖV 1994, 577; Heinze, Rechts- und Funktionsnachfolge bei der Eisenbahnneuordnung, NVwZ 1994, 748.

[136] Vgl hierzu Ewer/Lechelt/Theuer, Handbuch Umweltaudit, 1998; Dolde/Velter NVwZ 1995, 943; Kloepfer NuR 1993, 353; Lübbe-Wolff NuR 1996, 217; Kothe, Das neue Umweltauditrecht, 1996.

Verwaltungsaufgaben, die von Beamten zu erfüllen wären.[137] Gleiches gilt für die Kompetenzregelungen der Art 83ff GG (Schoch, Privatisierung, S. 48). Auch die grundlegenden Prinzipien des Verfassungsrechts, wie etwa das Demokratieprinzip, das Rechtsstaatsprinzip oder das Sozialstaatsprinzip garantieren keine öffentlich-rechtliche Form der Aufgabenerledigung (Peine DÖV 1997, 356; Gusy ZRP 1998, 265; ferner Schulze-Fielitz DVBl 1994, 657; Brohm DVBl 1994, 133). Zur Bedeutung der Aufrechterhaltung einer wirksamen parlamentarischen Kontrolle Gusy ZRP 1998, 265.

112 **b) Einfachgesetzliche Grenzen.** Soweit Verwaltungsaufgaben nicht durch Gesetz bzw untergesetzliche Rechtsnormen der Verwaltung übertragen worden sind, kann eine materielle Privatisierung grundsätzlich auch ohne besondere gesetzliche Grundlage erfolgen. Es liegt gewissermaßen ein Verzicht der Verwaltung auf von ihr im Rahmen ihres Ermessens übernommene Aufgaben vor. Im Übrigen ist danach zu differenzieren, welche Regelungen das Gesetz der Verwaltung im Hinblick auf die Erledigung der übertragenen Aufgaben vorgibt (vgl hierzu näher Bauer VVDStRL 1994, 255).

---

[137] Ossenbühl VVDStRL 29, 137, 162; Schoch, Privatisierung, 48; Peine DÖV 1997, 356; einschränkend Gramm, VerwArch 1999, S 329, 332.

Kommentierung

Teil I. Anwendungsbereich, örtliche Zuständigkeit, elektronische Kommunikation, Amtshilfe

§ 1 Anwendungsbereich

(1) Dieses Gesetz gilt für die öffentlich-rechtliche[5 ff] Verwaltungstätigkeit[17] der Behörden[21 a]
1. des Bundes, der bundesunmittelbaren Körperschaften, Anstalten und Stiftungen des öffentlichen Rechts,[22]
2. der Länder, der Gemeinden und Gemeindeverbände, der sonstigen der Aufsicht des Landes unterstehenden juristischen Personen des öffentlichen Rechts, wenn sie Bundesrecht im Auftrag des Bundes ausführen,[26]
soweit nicht Rechtsvorschriften des Bundes inhaltsgleiche oder entgegenstehende Bestimmungen enthalten.[30 ff]

(2) Dieses Gesetz gilt auch für die öffentlich-rechtliche Verwaltungstätigkeit der in Absatz 1 Nr. 2 bezeichneten Behörden, wenn die Länder Bundesrecht, das Gegenstände der ausschließlichen oder konkurrierenden Gesetzgebung des Bundes betrifft, als eigene Angelegenheit ausführen,[28] soweit nicht Rechtsvorschriften des Bundes inhaltsgleiche oder entgegenstehende Bestimmungen enthalten.[30] Für die Ausführung von Bundesgesetzen, die nach Inkrafttreten dieses Gesetzes erlassen werden, gilt dies nur, soweit die Bundesgesetze mit Zustimmung des Bundesrates dieses Gesetz für anwendbar erklären.[29]

(3) Für die Ausführung von Bundesrecht durch die Länder gilt dieses Gesetz nicht, soweit die öffentlich-rechtliche Verwaltungstätigkeit der Behörden landesrechtlich durch ein Verwaltungsverfahrensgesetz geregelt ist.[39]

(4) Behörde im Sinne dieses Gesetzes ist jede Stelle, die Aufgaben der öffentlichen Verwaltung wahrnimmt.[51]

Parallelvorschriften: § 1 SGB-X, §§ 1–2 AO

Schrifttum: *Baumann,* Das VwVfG. I. Teil: Der Anwendungsbereich des VwVfG des Bundes und seine Genesis, DÖV 1976, 475; *Bäumler,* Anwendbarkeit des VwVfG auf Verwaltung ausübende Parlamentsausschüsse, DVBl 1978, 291; *Büdenbender,* Die verfassungsrechtliche Zulässigkeit des Ländervorbehaltes im VwVfG des Bundes, BayVBl 1977, 232; *Klappstein,* Rechtseinheit und Rechtsvielfalt im Verwaltungsrecht, F I–VI, 1994; *Kopp,* Kollisionsrecht im öffentlichen Recht, DVBl 1967, 469; *Kunig,* Das Verhältnis des Beamtenrechts zum Verwaltungsverfahrensrecht, dargestellt am Beispiel der Rechtslage im Bund, ZBR 1986, 253; *Naujoks,* Der Anwendungsbereich des VwVfG, JZ 1978, 41; *Obermayer,* Der grundsätzliche Anwendungsbereich des VwVfG, Der Landkreis 1977, 25; *Schmidt-Aßmann,* Der Anwendungsbereich des neuen Verwaltungsverfahrensrechts, SKV 1977, 9; *Schmitt-Glaeser,* Anspruch, Hoffnung und Erfüllung, Das Verwaltungsverfahren und sein Gesetz – eine einleitende Bemerkung, in: Boorberg-FS 1977, 1; *Schnapp,* Der Behördenbegriff im Kassenarztrecht, ZSR 1984, 140; *Steiner,* Zum Anwendungsbereich der verfahrensrechtlichen Regelungen über die materielle Bestandskraft von VAen (§§ 48, 49 VwVfG), VerwArch 1992, 479; *Stelkens,* Bereinigung des Verwaltungsverfahrensrechts?, NVwZ 1986, 541; *ders,* Fragen zur Anwendung des VwVfG durch die Bauaufsichtsbehörden, BauR 1978, 158; *Vahle,* Die Bedeutung des Verwaltungsverfahrens für das Handeln der Polizei- und Ordnungsbehörden, DVP 1992, 435.

Übersicht

I. Allgemeines

1. Das VwVfG und die Verfahrensgesetze der Länder. Die Vorschrift regelt zusammen mit § 2 den Anwendungsbereich des VwVfG und grenzt diesen einerseits im Hinblick auf die Behörden, die das Gesetz anzuwenden haben, und andererseits im Hinblick auf den Tätigkeitsbereich dieser Behörden ab. Sie knüpft an die vorgefundene und verfassungsrechtlich (vgl Art 83 ff GG) vorgegebene Unterscheidung von Bundes- und Landesverwaltung und damit auch von Bundes- und Landesbehörden an und regelt, inwieweit das Gesetz nicht nur für die Behörden des Bundes (Abs 1 Nr 1), sondern auch für die Behörden der Länder (Abs 1 Nr 2, Abs 2) gilt. Die insoweit vorgesehene Geltung des VwVfG auch für die Behörden der Länder bei der Ausführung von Bundesrecht hat indessen keine praktische Bedeutung erlangt, weil sämtliche **Länder eigene Verwaltungsverfahrensgesetze** erlassen haben, die gem Abs 3 auch bei der Ausführung von Bundesrecht dem VwVfG vorgehen (vgl Rn 39 ff). Insoweit ist der unmittelbare Anwendungsbereich des VwVfG sehr begrenzt, weil die Verwaltungstätigkeit ganz überwiegend in den Händen der Länder liegt (vgl auch Art 30 GG). Die gleichwohl überragende Bedeutung des VwVfG liegt in seiner **Leitfunktion für die Gesetzgebung der Länder:** Die meisten Bestimmungen des VwVfG einschließlich ihrer späteren Änderungen (vgl Einf Rn 31) sind wort- oder inhaltsgleich in die Verwaltungsverfahrensgesetze der Länder übernommen worden (Rn 47). 1

2. Öffentlich-rechtliche Verwaltungstätigkeit. Der Anwendungsbereich des VwVfG wird durch § 1 generell auf die öffentlich-rechtliche Verwaltungstätigkeit der Behörden beschränkt. Auf Verwaltung in Privatrechtsform ist das VwVfG nicht unmittelbar anwendbar. Dies gilt auch für den Bereich des Verwaltungsprivatrechts, in dem öffentliche Aufgaben in den Formen und mit den Instrumenten des Privatrechts erledigt werden (vgl Rn 16). Damit wird die für das gesamte Verwaltungsrecht grundlegende **Unterscheidung von öffentlichem und privatem Recht** aufgenommen und zum Kriterium für den Anwendungsbereich des Gesetzes gemacht. Da sich das VwVfG einer normativen Bestimmung des Öffentlichrechtlichen enthält, kommt es für die Unterscheidung auf die außerhalb des Gesetzes entwickelten, teilweise umstrittenen und ungenauen (vgl Rn 5 ff) Kriterien an. Gleichwohl spielt der Streit um die Abgrenzung von öffentlichem und privatem Recht im VwVfG nur eine vergleichsweise geringe Rolle, weil das Gesetz nur für bestimmte Tätigkeiten der Behörden gilt, nämlich für diejenigen, die zum Erlass von VAen (§§ 35 ff) und zum Abschluss von verwaltungsrechtlichen Verträgen (§§ 54 ff) führen (vgl § 9). Die größten Abgrenzungsprobleme liegen bei anderen Handlungsformen der Verwaltung.[1] Zu Einzelheiten der Abgrenzung s Rn 5 ff. 2

3. Grundsatz der Subsidiarität. Nicht der Anwendungsbereich des VwVfG schlechthin, wohl aber der Anwendungsbereich einzelner Vorschriften wird durch den Grundsatz der Subsidiarität des VwVfG eingeschränkt, wie er in Abs 1 (letzter HalbS) und in Abs 2 S 1 (letzter HalbS) zum Ausdruck gelangt. Diese Regelungen haben im wesentlichen Klarstellungscharakter, spielen aber darüber hinaus eine wichtige Rolle dann, wenn die inhaltsgleichen oder abweichenden Vorschriften keinen Gesetzesrang haben. Ohne die Subsidiaritätsregelungen der Abs 1 u 2 müßten derartige Regelungen in Rechtsverordnungen uU hinter die gesetzlichen Regelungen des VwVfG zurücktreten, sofern nicht spezialgesetzliche Regelungen die Abweichungen besonders legitimieren. Als Kehrseite der Subsidiarität ist die **Ergänzungsfunktion** des VwVfG anzusehen. Danach kommen die Regelungen des VwVfG immer dann zur Anwendung, wenn speziellere Regelungen unvollständig sind oder wenn ergänzend auf sie verwiesen wird. 3

---

[1] Vgl Ehlers, Die Unterscheidung von privatem und öffentlichem Recht, Vw 1987, 373; Maurer § 3 Rn 22 ff; Koch/Rubel III Rn 56 mwN.

4 **4. Behördenbegriff.** Die Vorschrift beschränkt die Geltung des VwVfG auf die öffentlich-rechtliche Tätigkeit von „Behörden". Da der Behördenbegriff in der Rechtsordnung nicht eindeutig ist, sondern in den verschiedensten Zusammenhängen sehr unterschiedlich verwendet wird, enthält Abs 4 eine für das gesamte VwVfG grundsätzlich maßgebliche Begriffsbestimmung (s unten Rn 51 ff). Aus der Bezugnahme in § 1 Abs 1 und Abs 2 und in § 9 auf die öffentlich-rechtliche Verwaltungstätigkeit von Behörden ergibt sich, dass das VwVfG nicht – jedenfalls nicht unmittelbar – auf Verwaltungshandlungen (dh auf nach Verwaltungsrecht zu beurteilende Handlungen) anwendbar ist, **an denen keine Behörde beteiligt ist,** zB auf verwaltungsrechtliche Verträge zwischen Privaten, sofern nicht einer von ihnen ein Beliehener ist (so BVerwG DVBl 1993, 1295; ebenso Erichsen/Ehlers § 24 Rn 10; StBS 63; Obermayer § 54 Rn 37, 61; Knack § 54 Rn 8). Das VwVfG ist auf solche Handlungen jedoch idR analog anwendbar, wenn bzw soweit einer sinngemäß-analogen Anwendung nicht wegen des Eingriffscharakters der in Frage stehenden Handlung der Grundsatz des Vorbehaltes des Gesetzes entgegensteht (BVerwG DVBl 1993, 1295).

4a **5. Vorgehen bei Unanwendbarkeit des VwVfG. Bei Unanwendbarkeit des VwVfG** und der entsprechenden Gesetze der Länder, richtet sich das Verfahren von Bundesbehörden nach Bundesrecht (einschließlich der ungeschriebenen Rechtsgrundsätze des Bundesrechts), das Verfahren von Landesbehörden nach Landesrecht; letzteres auch dann, wenn Landesbehörden im Vollzug von Bundesrecht tätig werden, sofern nicht durch Gesetze außerhalb des VwVfG gem Art 84 Abs 1 bzw Art 85 iVm 70 ff GG Sonderregelungen getroffen sind. **Fehlen positivrechtliche Regelungen** oder sind sie lückenhaft, so haben die Behörden nach den **allgemeinen Grundsätzen des Verwaltungsverfahrensrechts,** die von Rspr und Rechtslehre in Anlehnung an bestehende Regelungen als Folgerungen aus dem Rechtsstaatsprinzip und aus anderen Verfassungsprinzipien entwickelt wurden, zu verfahren. Im Hinblick auf die Beispielswirkung des VwVfG und der entsprechenden Ländergesetze als autoritative Formulierung des geltenden Verwaltungsverfahrensrechts kommt dabei in weitem Umfang im Zweifel die **sinngemäße Anwendung** dieser Gesetze in Betracht.

II. Öffentlich-rechtliche Verwaltungstätigkeit (Abs 1 1. HS)

5 **1. Begriff und Abgrenzung.** Das VwVfG gilt nur für die öffentlich-rechtliche Verwaltungstätigkeit der in Abs 1 u 2 genannte Behörden. Die Tätigkeit muss zunächst einmal als **öffentlich-rechtlich** zu qualifizieren sein; auf privatrechtliches Handeln findet das VwVfG keine, jedenfalls keine unmittelbare Anwendung. Das gilt auch für den Bereich des sog Verwaltungsprivatrechts, in dem die Verwaltung öffentliche Aufgaben in privatrechtlicher Form erledigt (Rn 16). Liegt öffentlich-rechtliches Handeln vor, so ist der Anwendungsbereich des VwVfG zusätzlichen danach einzugrenzen, ob sich das Handeln der Behörde als **„Verwaltungstätigkeit"** qualifizieren lässt (vgl Rn 17 ff). Hierunter fallen nicht solche Maßnahmen, die als verfassungsrechtliche oder als Rechtsprechung eingeordnet werden müssen. Ausgenommen sind insoweit im Sinn der Gewaltenteilungslehre nur die Tätigkeiten staatlicher Organe, die formell als Gesetzgebung oder Rechtsprechung anzusehen sind.

6 **2. Abgrenzung zu privatrechtlichem Handeln.** Öffentlich-rechtlich ist die gesamte Tätigkeit der Behörden, die sich iwS als **Ausführung von Rechtssätzen des öffentlichen Rechts** darstellt oder – bei Verwaltung ohne besondere gesetzliche Ermächtigung – jedenfalls ihre Grundlage im öffentlichen Recht hat und ihre Berechtigung daraus ableitet (vgl WBS I § 22 Rn 13 ff; Kopp/Schenke § 40 Rn 6 ff) und außerdem **in den Formen des öffentlichen Rechts** (Verwaltungsrechts) erfolgt (BGHZ 37, 16; 41, 266; FL 30; MB 6). Es ist deshalb zunächst

festzustellen, ob für das jeweilige Verwaltungshandeln eine Rechtsgrundlage gefunden bzw in Anspruch genommen werden kann oder nach welchen Vorschriften sich das Handeln sonst zu richten hat. In einem zweiten Schritt ist sodann festzustellen, ob die in Anspruch genommenen Rechtsgrundlagen bzw die sonst maßgeblichen Regelungen dem öffentlichen oder dem privaten Recht zuzurechnen sind.

7 **a) Zuordnung des Handelns zu einem Rechtssatz.** Die Zuordnung des behördlichen Handelns zu Rechtssätzen des öffentlichen Rechts bereitet vor allem dann Schwierigkeiten, wenn für das Handeln eine geschriebene Ermächtigungsgrundlage nicht bereitsteht, sondern allgemeine Rechtsgrundsätze und Prinzipien oder ungeschriebenes Recht in Anspruch genommen werden müssen. **Nicht ausreichend** als Kriterium für den öffentlichrechtlichen Charakter einer Angelegenheit ist es, dass das behördliche Handeln der Erfüllung einer **öffentlichen Aufgabe** oder einer öffentlichen, ggf auch durch öffentliches Recht festgelegten, Zielsetzung dient. Öffentliche Aufgaben können nämlich vielfach auch mit Mitteln und in den Formen des Privatrechts erfüllt werden. Soweit das maßgebliche Recht keine bestimmte Handlungsform vorschreibt, besteht nach hM für die Verwaltung eine **Wahlfreiheit** (BVerwGE 35, 103; 47, 250; 94, 231 = NJW 1994, 1169; BVerwG NJW 1994, 2969; krit v Danwitz JuS 1995, 1, 4). Bei Vorliegen einer öffentlichen Aufgabe kann aber im Zweifel, dh bei Fehlen entgegenstehender Gesichtspunkte, davon ausgegangen werden, dass diese auch mit Mitteln des öffentlichen Rechts wahrgenommen wird (GSOBG BVerwGE 74, 370; 82, 282 = NJW 1990, 1436. Insoweit ist die Aufgabe also im Zweifel auch Indiz für die Anwendung des öffentlichen Rechts und dadurch für öffentlichrechtliches Handeln.

8 Aus den Vorschriften des VwVfG selbst ergibt sich, dass als öffentlichrechtliche Tätigkeit bzw als Wahrnehmung von Aufgaben der öffentlichen Verwaltung iS von § 1 jedenfalls **der Erlass von VAen und der Abschluss von verwaltungsrechtlichen Verträgen** sowie die darauf abzielende, nach außen (dh dem Bürger gegenüber) wirkende Tätigkeit der Behörden zu verstehen ist. Sonstige Handlungen fallen nur darunter, soweit das VwVfG Regelungen enthält. Dies ist etwa bei Maßnahmen im Rahmen der Amtshilfe gem §§ 4ff, bei Beglaubigungen gemäß §§ 33f, und ferner bei bestimmten Entscheidungen im Zusammenhang mit ehrenamtlichen Tätigkeiten gem §§ 81ff sowie mit Ausschüssen gem §§ 88ff der Fall.

9 **aa) Ungeschriebene Grundlagen.** Das Fehlen ausdrücklicher öffentlichrechtlicher Regelungen für einen Sachverhalt bedeutet nicht notwendig, dass das Rechtsverhältnis privatrechtlich ist. Der öffentlichrechtliche Charakter des Verwaltungshandelns kann sich auch aus dem ungeschriebenen Recht, insb auch aus einer von der Sache her oder wegen des Zusammenhangs mit öffentlichrechtlichen Regelungen gebotenen **Anwendung allgemeiner Rechtsgrundsätze** des öffentlichen Rechts analog zu entsprechenden zivilrechtlichen Regelungen ergeben.[2]

10 **bb) Sachzusammenhang.** Fehlt es an einer hinreichend klaren Zuordnung des Handelns zu einer Rechtsnorm, so ist zu prüfen, ob ein Sachzusammenhang zu öffentlich-rechtlicher Aufgabenerfüllung im übrigen besteht (WBS I 22 Rn 45; Stern Staatsrecht I § 3 I). Auf den Sachzusammenhang ist insbesondere abzustellen bei schlichthoheitlicher Tätigkeit und nicht selten bei der Prüfung der Frage, ob der Gegenstand eines Vertrages öffentlich-rechtlicher Natur ist (s hierzu § 54 Rn 27f).

---

[2] FL 20; Kopp WuV 1978, 190; ders, Kopp/Schenke § 40 Rn 11; zur Frage, ob Verwaltungshandeln sowohl privatrechtlich als auch öffentlich-rechtlich zugleich sein kann (sog hybrides Verwaltungshandeln) Ehlers in Schoch § 40 Rn 286.

11 **cc) Ausgestaltungsrechte.** In vielen durch Gesetz nicht vorgeprägten Bereichen der Leistungsverwaltung, insbesondere der Daseinsvorsorge, hat die Verwaltung ein Wahlrecht, ob sie das Rechtsverhältnis zum Bürger öffentlichrechtlich oder privatrechtlich ausgestalten will (s zB BVerwG NJW 1994, 1169; 1993, 2695, 2697; v Danwitz JuS 1995, 1; Ehlers in Schoch § 40 Rn 270). Dies gilt etwa für die Ausgestaltung des Benutzungsverhältnisses bei öffentlichen Einrichtungen (WBS III § 99 Rn 34; Ehlers DVBl 1986, 912, 917; krit Unruh DÖV 1997, 652, 658). In diesen Fällen bedarf es der Feststellung, ob das maßgebliche Rechtsverhältnis tatsächlich öffentlich-rechtlich oder privatrechtlich ausgestaltet wurde. Fehlt es an ausdrücklichen Aussagen darüber, in welcher Weise von dem Wahlrecht Gebrauch gemacht worden ist, muss geprüft werden, ob die Umstände, insbesonder Art und Weise der Ausgestaltung des Rechtsverhältnisses, Schlüsse auf die Zuordnung zum öffentlichen oder zum privaten Recht zulassen (Maurer § 3 Rn 26; Kopp/Schenke § 40 Rn 12). Fehlt es auch insoweit an eindeutigen Hinweisen, so ist im Zweifel von einer öffentlich-rechtlichen Aussgestaltung auszugehen (BVerwGE 82, 282 = NJW 1990, 1435; StBS 82).

12 **b) Zuordnung von Rechtssätzen zum Öffentlichen Recht.** Welche Kriterien für die Beurteilung, ob ein Rechtssatz als öffentlichrechtlich oder als privatrechtlich anzusehen ist, maßgebend sind, ist nach wie vor nicht restlos geklärt,[3] wenn bzw soweit nicht der Gesetzgeber selbst die Zuordnung vorgenommen hat (BVerwG DVBl 1995, 1245) oder sich die Zuordnung aus dem Gewohnheitsrecht oder aus allgemeinen Rechtsprinzipien ergibt. Maßgebend muss sein, ob der jeweilige Rechtssatz die charakteristischen Eigenheiten einer der beiden Teilrechtsordnungen (Öffentliches Recht oder Privatrecht) erfüllt. Einige Chrakteristika der öffentlich-rechtlichen Teilrechtsordnung sind als Anknüpfungspunkte für **Abgrenzungstheorien** herangezogen worden, die aber jeweils für sich genommen keine befriedigende Zuordnung erlauben.

13 **aa) Interessentheorie.** Eine ältere Auffassung versuchte, das spezifisch Öffentlichrechtliche eines Rechtssatzes in dem öffentlichen Interesse zu finden, dem der Rechtssatz dient, während es bei Rechtssätzen des Privatrechts um den Schutz von Privatinteressen gehe. Diese Theorie geht auf einen Satz des Ulpian in den Digesten zurück, in dem es heißt: „publicum jus est, quod ad statum rei romanae spectat, privatum, quod ad singulorum utilitatem". Diese Theorie ist nicht ausreichend (MK 4 III 3b, dd; **aA** offenbar BGH NJW 1973, 1077f m abl Anm Rimmelspacher JZ 1975, 165). Dem öffentlichen Interesse dienen letztlich sämtliche Rechtsnormen, auch solche des Privatrechts; nur durch das öffentliche Interesse kann der Erlass von Rechtsnormen überhaupt legitimiert werden. Aber auch soweit auf die Funktion einer Abgrenzung von öffentlichem und privatem Interesse abgehoben wird, ist die Theorie nur begrenzt aussagekräftig, weil diese Abgrenzung auch vielen Rechtsnormen des Privatrechts nicht fremd ist. Die sog Interessentheorie steht deshalb bei der Unterscheidung von öffentlichem und privaten Recht nicht mehr im Vordergrund (vgl BVerwGE 41, 130; 47, 11; BSG 36, 238; BGH NJW 1973, 1077; ähnlich Broß VerwArch 1988, 100).

14 **bb) Subordinationstheorie.** Eine ebenfalls ältere Theorie sieht das Charakteristische der Normen des öffentlichen Rechts darin, dass sie zwischen Staat und Bürger ein **Über-Unterordnungsverhältnis** schaffen, während im Privatrecht die an einem Rechtsverhältnis beteiligten Personen als gleichgeordnete gegen-

[3] Allg zur Abgrenzung von öffentlichem und privatem Rechts auch WBS I § 22; UL § 8 Rn 1ff; Bettermann NJW 1977, 513; Kopp/Schenke § 40 Rn 6ff; Ehlers in Schoch § 40 Rn 203ff; ders, Vw 1987, 373; Ipsen/Koch JuS 1992, 809; Brohm NJW 1994, 284; Schliesky DÖV 1994, 114; FL 23ff; MK 4 III; Renck JuS 1986, 268; NVwZ 1987, 210; Schmidt, Die Unterscheidung von privatem und öffentlichem Recht, 1985; Zuleeg VerwArch 1982, 384; JuS 1985, 106; Kempen, Die Formenwahlfreiheit der Verwaltung, 1989.

übertreten (Subordinationstheorie).[4] Mit diesem Merkmal wird ohne Zweifel ein in vielen Fällen typisches Merkmal des öffentlichen Rechts bezeichnet. Die Subordinationstheorie hat aber zwei entscheidende Nachteile: Sie berücksichtigt zum einen nicht, dass es auch im öffentlichen Recht Gleichordnungsverhältnisse gibt, in denen es an der typischen Über-Unterordnung fehlt, zum anderen nicht, dass es auch im Privatrecht einige Rechtsverhältnisse gibt, die durch Über-Unterordnung gekennzeichnet sind, zB das Eltern-Kind-Verhältnis (vgl §§ 1626 ff BGB) und das Arbeitsverhältnis (vgl BVerwG NVwZ 1990, 1170).

cc) Sonderrechtstheorie. Als hM lässt sich heute die Sonderrechtstheorie bezeichnen, die als Weiterentwicklung der Subjektstheorien entwickelt worden ist. Zunächst wurde darauf abgehoben, welche Rechtssubjekte an einem Rechtsverhältnis beteiligt sind oder sein können (sog. **ältere Subjekttheorie**). Die später von Wolff (AöR 1951, 205 und WBS I § 22 Rn 25) vertretene **neuere Subjekttheorie** stellte darauf ab, ob ein Amtsträger, ggf auch ein beliehener Unternehmer (s unten Rn 28) in seiner Eigenschaft als solcher an dem Rechtsverhältnis beteiligt ist bzw gehandelt hat oder handeln soll.[5] Als entscheidend wird heute angesehen, ob ein Sachverhalt „**Rechtssätzen unterworfen ist, die für jedermann gelten, oder einem Sonderrecht des Staates** (oder sonstiger Träger öffentlicher Aufgaben, wie Gemeinden usw), das im Interesse der Erfüllung öffentlicher Aufgaben das allgemeine (bürgerliche) Recht durch Einführung einer für den konkreten Normenkomplex neuen Rechtsfigur abändert" (OVG Münster NJW 1985, 1107; VG Berlin NJW 1991, 377; MK 4 III 3b, dd), dh dem allgemeinen Recht für den zu entscheidenden Fall derogiert. Vgl idS auch BVerwGE 82, 281; zT kritisch insoweit Bettermann DVBl 1977, 182 und NJW 1977, 513, 515 f unter Hinweis darauf, dass es auch zahllose, dem Zivilrecht und dem Verwaltungsrecht gemeinsame Normen gebe, eine Trennung der Rechtsbereiche daher gar nicht in allen Fällen möglich sei. Tatsächlich aber handelt es sich bei den in Frage stehenden Normen nicht um „gemeinsame" Normen, sondern um parallele, wenn auch auf einheitliche Grundgedanken zurückgehende Regelungen (vgl Menger VerwArch 1977, 298; Kopp/Schenke VwGO § 40 Rn 11). Der Gesetzgeber kann auch an sich hoheitsrechtliche und/oder nach den vorstehenden Theorien jedenfalls dem Verwaltungsrecht zugeordnete Rechtsverhältnisse gleichwohl dem Zivilrecht unterwerfen BVerwG DVBl 1995, 1245. 15

c) Privatrechtliche Tätigkeit. Nicht unter § 1 fallen Handlungen von Behörden im Bereich des allgemeinen **privatrechtlichen Rechtsverkehrs** (UL § 8 Rn 1), auch wenn sie der Wahrnehmung öffentlicher Aufgaben dienen einschließlich der sog **fiskalischen Hilfsgeschäfte,** wie die Beschaffung von Kohlen für die Beheizung von Gebäuden einer Behörde; die Anmietung von Gebäuden und Räumlichkeiten zur Unterbringung von Behörden und öffentlicher Stellen, die Einstellung von Arbeiten und Angestellten in den öffentlichen Dienst (anders die Einstellung von Beamten) sowie das gesamte Beschaffungswesen (Kopp/Schenke § 40 Rn 25 mwN). Letzteres gilt unbeschadet der **Neuordnung des Vergaberechts** durch das Vergaberechtsänderungsgesetz v 26. 8. 1998 (BGBl I S 2512), durch das die Vergabekontrolle in den §§ 106 ff GWB geregelt wurde (hierzu OLG Brandenburg NVwZ 1999, 1142; OLG München NVwZ 1999, 1138; Voppel LKV 1999, 5; Theis NordÖR 1999, 13). Privatrechtlich ist weiterhin die freie **Teilnahme von Hoheitsträgern am Wirtschaftsleben,** etwa durch den 16

---

[4] Ebenso GSOBG NJW 1990, 1527; 38, 281; BGHZ 66, 233; BSG 33, 209; 35, 191; Brohm NJW 1994, 284; Schliesky DÖV 1994, 114; Gern ZRP 1985, 56; Kopp/Schenke § 40 Rn 11.

[5] Vgl WBS I § 22; auch GSOBG BGHZ 97, 314 = NJW 1986, 2359: maßgeblich, ob sich „der Träger hoheitlicher Gewalt der besonderen Rechtssätze des öffentlichen Rechts bedient".

An- und Verkauf von Unternehmen oder Unternehmensbeteiligungen und das Betreiben von Unternehmen (Bsp bei Ehlers, Verwaltung in Privatrechtsform, 206). Das gilt nach hM auch für die Wettbewerbsverhältnisse bei privatrechtlicher wirtschaftlicher Betätigung eines Hoheitsträgers (Kopp/Schenke § 40 Rn 30). Hierher gehört schließlich auch die eigene **Vermögensverwaltung** der öffentlichen Hand (zu weitgehend Ehlers in Schoch § 40 Rn 283). Privatrechtlich ist auch die Erfüllung von Verwaltungsaufgaben in den Formen des sog **Verwaltungsprivatrechts** (s hierzu BVerwGE NJW 1994, 1169; 1993, 2695; Maurer § 17 Rn 1 ff; Unruh DÖV 1997, 653).

17 **3. Verwaltungstätigkeit. a) Allgemeines.** Das VwVfG ist nur auf solche öffentlichrechtliche Tätigkeiten anwendbar, die sich als Verwaltungshandeln qualifizieren lassen. Damit wird einerseits Handeln auf dem Gebiet des Verfassungsrechtseinschl des Handelns auf dem Gebiet des Völkerrechts und des supranationalen Rechts, insbes des Europarechts, andererseits die materiell rechtsprechende Tätigkeit ausgeschlossen. Der Begriff der Verwaltungstätigkeit beschränkt die Anwendbarkeit des VwVfG noch nicht auf bestimmte Handlungsformen der Verwaltung. Diese Einschränkung erfolgt erst durch § 9 für die nachfolgenden Vorschriften.

18 Angesichts der weiten Fassung der Vorschrift ist an sich auch **der Erlass von Verordnungen und Satzungen** als öffentlichrechtliche Verwaltungstätigkeit bzw als Wahrnehmung von Aufgaben der Verwaltung iS von § 1 anzusehen. Gem § 9 finden die auf das Verwaltungsverfahren ieS bezogenen Vorschriften auf den Erlass von Verordnungen und Satzungen allerdings keine Anwendung. In Betracht kommt deshalb lediglich eine entsprechende Anwendung einzelner Vorschriften, soweit das Verfahren zum Erlass von Rechtsverordnungen und Satzungen nicht speziell geregelt ist (weiter noch Kopp Rn 40). **Auf die Genehmigung von Verordnungen und Satzungen** durch die Aufsichtsbehörde findet das VwVfG dagegen Anwendung, weil es sich insoweit um VAe handelt.

19 **b) Verfassungsrechtliche Tätigkeit.** Nicht unter den Begriff der Verwaltungstätigkeit iS von § 1 fallen Handlungen, die ausschließlich dem Verfassungsrecht zuzurechnen sind, wie zB die Bestimmung der Richtlinien der Politik durch den Bundeskanzler gem Art 65 S 1 GG, die Einberufung von Sitzungen des Bundestags und des Bundesrats usw (FL 13), die Einsetzung eines parlamentarischen **Untersuchungsausschusses** (s auch Di Fabio, Rechtsschutz im parlamentarischen Untersuchungsverfahren, 1988), die Entscheidung des Parlaments über die Aufhebung der Immunität eines Abgeordneten; **anders dagegen** zB die als Verwaltungshandeln zu qualifizierende Ladung eines Zeugen und die Verhängung von Ordnungsgeld gegen einen Zeugen durch einen parlamentarischen Untersuchungsausschuß, die Ausübung des Hausrechts durch den BT-Präsidenten (VG Berlin NJW 2002, 1063) oder die Entscheidung des Parlaments oder eines Parlamentsausschusses über eine Petition. Abzulehnen ist die Auffassung, dass die sog. „gubernativen Tätigkeiten", dh Maßnahmen der politischen Leitung und Führung (vgl FL 13; WBS II § 45 Rn 32 ff; F 17), bzw sog **„Regierungsakte"**, uU auch bestimmte Planungsakte ohne Rechtssatz- oder VA-Charakter uä, auch dann nicht als Verwaltungstätigkeit iS von § 1 anzusehen sind, wenn es sich insoweit nicht um rein verfassungsrechtliche Akte (s oben) handelt (**aA** FL 13).

20 **c) Sonstige Handlungen. Keine Verwaltungstätigkeit** iS von § 1 sind auch Handlungen, die ausschließlich dem **inneren Kirchenrecht** (s § 2 Rn 12) oder dem **Völkerrecht,** dem zwischenstaatlichen Recht (insbes **EU-Recht**) usw zuzurechnen sind, zB die völkerrechtliche Anerkennung fremder Staaten, die Entscheidung über die Aufnahme oder der Abbruch diplomatischer Beziehungen usw (WBS II § 45 Rn 37 f); anders, wenn und soweit deutsche Behörden als solche mit dem Vollzug befasst werden (Obermayer 40). Vgl **zum Völkerrecht** auch Hof-

mann, Zur Bedeutung von Art 25 GG für die Praxis deutscher Behörden und Gerichte, in: Zeidler-FS 1987, 1885; zum **EU-Recht** EuGH Slg I, 1976, 1185; VG Köln DVBl 1980, 383; Regeling, in: Sasse-GedS 1981, 197; ders, DVBl 1986, 306; Riegel EuR 1976, 79; BayVBl 1982/619; Weber, Rechtsfragen der Durchführung des Gemeinschaftsrechts in der Bundesrepublik, 1987; ders, BayVBl 1984, 321; EuR 1986, 1. **Zur Anwendung ausländischen Rechts** aufgrund des Anwendungsgebots einer Norm des deutschen internationalen öffentlichen Rechts analog zum IPR s Sonnenberger, in: Rebmann-FS 1989, 819; Kopp DVBl 1967, 469; Kopp/Schenke § 1 Rn 24.

Zweifelhaft ist die Zuordnung der **Verleihung von Orden und Ehrenzeichen** usw und der **Ausübung des Gnadenrechts** zur Verwaltungstätigkeit iS § 1. Soweit man die in Frage stehenden Entscheidungen als VAe ansieht (s § 35 Rn 46 mwN; **aA** Begr 37; BVerwG NJW 1983, 187), ist es folgerichtig, auch die darauf gerichtete Tätigkeit als öffentlichrechtliche Verwaltung anzusehen (Knemeyer DÖV 1970, 121; StBS 172ff; Kopp/Schenke § 40 Rn 36; **aA** MuE 68f). Für **Gnadenentscheidungen** im Bereich der Justizverwaltung entfällt die Anwendbarkeit des VwVfG jedenfalls gem § 2 Abs 3 Nr 1. 21

III. Die von Abs 1 erfasste Verwaltungstätigkeit

1. Unterscheidung von Bundes- und Landesbehörden. Bundesbehörden sind die Behörden der unmittelbaren Bundesverwaltung, also die Ministerien und die ihnen nachgeordneten Behörden und die Behörden der mittelbaren Bundesverwaltung, insbesondere die Bundesoberbehörden sowie die bundesunmittelbaren Körperschaften und Anstalten des öffentlichen Rechts. Ihr Kennzeichen ist, dass ihre Tätigkeit nicht auf einzelne Bundesländer beschränkt ist und dass sie auf der Grundlage des Bundesrechts und durch Organe des Bundes eingerichtet worden sind. Als Landesbehörden gelten sämtliche übrigen Behörden, also sowohl diejenigen der unmittelbaren Landesverwaltung als auch der Verwaltung durch landesunmittelbare Körperschaften und Anstalten des öffentlichen Rechts und schließlich die Behörden der kommunalen Körperschaften. 21 a

Für die Frage, ob eine Behörde als Bundes- oder Landesbehörde anzusehen ist, kommt es primär auf die **organisatorische Zuordnung** nach den maßgeblichen Rechts- und Organisationsvorschriften zur Bundes- oder Landesverwaltung an. Das Handeln beliehener Unternehmer (s unten Rn 53) wird dem Rechtsträger zugerechnet, dessen Hoheitsgewalt sie ausüben (OVG Münster NVwZ 1990, 679; Erichsen/Ehlers AllgVR § 12 Rn 18; Knack 19). Bundesbehörden sind danach diejenigen Behörden, die der Bund zur Erledigung der bundeseigenen Verwaltung (vgl Art 86 GG) geschaffen hat, gleichviel, ob es sich um Behörden der unmittelbaren Bundesverwaltung durch Ministerien und ggfs nachgeordnete Behörden (Art 87 Abs 1 GG) handelt oder um mittelbare Bundesverwaltung durch Bundesoberbehörden und Behörden der bundesunmittelbaren Körperschaften und Anstalten des öffentlichen Rechts (Art 87 Abs 3 GG).

2. Tätigkeiten der Bundesbehörden (Abs 1 Nr 1). Zur Anwendung des VwVfG verpflichtet sind, soweit im VwVfG selbst oder nach anderen bundesrechtlichen Vorschriften nichts anderes bestimmt ist, zunächst uneingeschränkt die Bundesbehörden. Dies sind alle Behörden der unmittelbaren oder mittelbaren Bundesverwaltung iwS. Sie bilden die bundeseigene Verwaltung iS des Art 86 GG. 22

a) Unmittelbare Bundesverwaltung. Behörden der unmittelbaren Bundesverwaltung iS von Abs 1 Nr 1 sind zB die einzelnen **Bundesministerien** (auch als „Der Bundesminister für ...“ bezeichnet, womit jedoch die Institution, nicht die Person gemeint ist), ferner der **Verwaltungsunterbau einzelner Ministerien** (zB die Auslandsvertretungen des Auswärtigen Dienstes, nicht aber die privatrechtlich organisierten Goethe-Institute, wohl aber die Behörden der Bundes- 23 wehrverwaltung einschließlich der Organe der Hochschulen der Bundeswehr, außerdem des Bundesgrenzschutzes, der Wasser- und Schifffahrtsverwaltung und (teilweise) der Finanz- und Zollverwaltung. Eine Sonderstellung nehmen in diesem Zusammenhang die **Oberfinanzdirektionen** ein, die sowohl Bundes- als auch Landesbehörden sind (s Rn 25). Zu den Bundesbehörden zählen weiter die **Eigenverwaltungen der Verfassungsorgane** (zB Bundespräsidialamt, Bundestagspräsidium, Bundeskanzleramt sowie die Präsidenten der obersten Bundesgerichte) sowie die durch Gesetz geschaffenen weiteren obersten Bundesbehörden (zB Bundesbank, Bundesrechnungshof) sowie die einzelnen Ministerien zugeordneten **Bundesoberbehörden** gem Art 87 Abs 3 GG (zB Bundesverwaltungsamt, Deutsches Patentamt, Bundesamt für Finanzen, Bundesamt für den Zivildienst, Eisenbahnbundesamt, Kraftfahrtbundesamt, das Bundeskartellamt, die Physikalisch-Technische Bundesanstalt, die Bundesanstalt für Materialprüfung, die Bundesanstalt für Flugsicherung) und Zentralstellen gem Art 87 Abs 1 S 2 GG (Bundeskriminalamt, Bundesamt für Verfassungsschutz).

24 **b) Mittelbare Bundesverwaltung.** Behörden der mittelbaren Bundesverwaltung, die das VwVfG begrifflich von Behörden „des Bundes" (ieS) unterscheidet, sind die in Abs 1 Nr 1 gesondert genannten Behörden der **bundesunmittelbaren Körperschaften, Anstalten und Stiftungen** des öffentlichen Rechts, dh von öffentlichrechtlichen Körperschaften, Anstalten und Stiftungen, bei denen Träger des Behördenapparates nicht der Bund selbst, sondern eine aufgrund von Bundesrecht errichtete und der Aufsicht des Bundes unterstellte selbständige juristische Person des Bundesrechts ist. Dazu gehören insb nach Art 87 Abs 2 GG die **Sozialversicherungsträger,** deren Zuständigkeitsbereich sich über das Gebiet eines Landes hinaus erstreckt, wie die Bundesanstalt für Arbeit. **Nicht dazu** gehören Behörden, die ihre Rechtsgrundlage in Staatsverträgen oder Verwaltungsabkommen der Länder haben, wie zB das Zweite Deutsche Fernsehen, die Zentralstelle für die Vergabe von Studienplätzen und das Gemeinsame Prüfungsamt der Länder Hamburg, Bremen und Schleswig-Holstein (vgl auch BVerwGE 40, 209). Derartige Einrichtungen sind je nach ihrer organisatorischen Ausgestaltung entweder Behörden jedes einzelnen daran beteiligten Landes, für das sie im konkreten Fall tätig werden, oder des Landes, das „treuhänderisch" für die übrigen Länder die Organisationsgewalt ausübt und dem sie organisatorisch zuzurechnen sind.

25 **c) Behörden mit Doppelfunktion.** Einzelne Behörden, wie zB die **Oberfinanzdirektionen,** sind sowohl der Bundes- als auch der Landesverwaltung zuzurechnen. Bei ihnen kommt es auf die funktionale Zuordnung der jeweiligen Verwaltungstätigkeit an: Sie handeln als Bundesbehörden, sofern sie Aufgaben der Bundesverwaltung wahrnehmen. Ähnliches gilt in den Fällen einer **sog Organleihe,** dh wenn eine Behörde oder einzelne ihrer Organe zugleich mit Aufgaben für einen anderen Rechtsträger betraut sind (vgl BVerfG 63, 1 = DVBl 1983, 593; BDisziplG DÖV 1985, 450; OVG Hamburg NordÖR 1998, 273). Hier hängt es im einzelnen von der organisatorischen Gestaltung des Verhaltnisses zwischen den beteiligten Stellen ab (insb davon, ob das handelnde Organ selbständig handelt und Entscheidungen im eigenen Namen trifft oder aber im Namen einer anderen Stelle), ob eine Stelle oder ein Amtsträger als Behörde oder nur als ein unselbständiger Verwaltungsmittler für eine (andere) Behörde anzusehen ist (zur Organleihe näher § 4 Rn 6). So werden zB die Wasser- und Schifffahrtsämter des Bundes bei der Erfüllung der ihnen zugewisenen Landesaufgaben als Behörden der Landesverwaltung tätig (BVerwG NJW 1976, 1469; Obermayer Rn 10). Ebenso wird die Oberfinanzdirektion Kiel bei Erhebung der Fehlbelegungsabgabe für die Freie und Hansestadt Hamburg im Wege der Organleihe als Landesbehörde tätig (vgl OVG Hamburg NordÖR 1998, 273).

26 **3. Landesbehörden im Rahmen der Bundesauftragsverwaltung (Abs 1 Nr 2). a) Allgemeines.** Nach Abs 1 Nr 2 findet das VwVfG auch auf die

Tätigkeit von Landesbehörden Anwendung, soweit diese Bundesrecht im Rahmen der Bundesauftragsverwaltung (Art 85 GG) ausführen. Die **Vorschrift läuft derzeit leer,** weil die Bundesländer sämtlich eigene Verwaltungsverfahrensgesetze erlassen haben, die dem VwVfG gem Abs 3 vorgehen. Damit ist für die Praxis eine klare Abgrenzung des Anwendungsbereiches des VwVfG von den Verwaltungsverfahrensgesetzen der Länder vorgenommen worden, die darauf hinausläuft, dass sich nur die Tätigkeit der Bundesbehörden nach dem VwVfG richtet, während sich die Tätigkeit der Landesbehörden unabhängig davon, ob sie Bundesrecht oder Landesrecht ausführen, nach dem jeweiligen Verwaltungsverfahrensrecht des Landes zu richten hat.

b) Begriff der Landesbehörden. Die Einteilung der Landesbehörden entspricht derjenigen der Bundesbehörden. Erfasst werden die Behörden der unmittelbaren Landesverwaltung, der mittelbaren Landesverwaltung und der Kommunalverwaltung. Hierzu zählen Behörden der öffentlichrechtlichen juristischen Personen des Landesrechts wie der Gemeinden, Gemeindeverbände, kommunalen Zweckverbände (Begr 32) und die durch diese beliehenen Unternehmer (s unten Rn 53). Behörden der Länder iS von Abs 1 Nr 2 sind alle Behörden, die nicht Bundesbehörden oder Behörden der Gemeinden oder Gemeindeverbände oder sonstiger, der Aufsicht des Landes unterstehender juristischer Personen des öffentlichen Rechts sind, zB die Ministerien, die (Bezirks-)Regierungen, Landratsämter (in ihrer Eigenschaft als Staatsbehörden), die „Organe“ der Gymnasien, Volksschulen usw, uU – je nach den maßgeblichen organisatorischen Regelungen – auch die Organe gemeinsamer Einrichtungen der Länder (s oben Rn 24). 27

Landesbehörden iwS, die das VwVfG ähnlich wie die Bundesbehörden iwS (vgl oben Rn 24) von „Behörden der Länder“ unterscheidet, sind die **Behörden der Gemeinden** und Gemeindeverbände (dh echter öffentlichrechtlicher Verbände, deren Mitglieder Gemeinden sind, sowie territorialer Selbstverwaltungskörper, die das Gebiet mehrerer Gemeinden umfassen, wie die Landkreise und Bezirke in Bayern) und die Behörden „der sonstigen der Aufsicht des Landes unterstehenden juristischen Personen des öffentlichen Rechts“, zB selbständiger rechtsfähiger Körperschaften, Anstalten und Stiftungen, die der Aufsicht des Landes unterstehen. Entsprechendes gilt für teilrechtsfähige Anstalten und sonstige Einrichtungen. Unterstellung unter die Aufsicht des Landtags genügt (Obermayer 19; FL 66). Darauf, ob die Errichtung aufgrund von Landes- oder Bundesrecht erfolgt ist, kommt es nicht an (FL 66; MB 13; Knack 15). Als Landesbehörden iwS sind daher auch zB die Organe der **berufsständischen Körperschaften** (Kammern), zB Handwerkskammern, Handelskammern, Rechtsanwaltskammern, Notarkammern usw anzusehen (FL 66), ebenso die Organe der als öffentlichrechtliche Körperschaften konstituierten **Kirchen** und Religionsgemeinschaften, soweit sie aufgrund staatlichen öffentlichen Rechts tätig werden (vgl aber zum Ausschluss der Anwendbarkeit des VwVfG insoweit § 2 Abs 1 sowie dazu § 2 Rn 8). 27a

4. Landesbehörden bei sonstigem Vollzug von Bundesrecht (Abs 2). 28
Nach Abs 2 S 2 soll das VwVfG für die Tätigkeit der in Abs 1 Nr 2 genannten Landesbehörden iwS auch dann gelten, wenn es um die Ausführung von Bundesgesetzen durch die Länder als eigene Angelegenheit (Art 84 GG) geht, sofern diese mit Zustimmung des Bundesrates (s unten Rn 29)die Anwendbarkeit des VwVfG speziell vorsehen. Soweit es um die Anwendung von Bundesrecht geht, das aus der Zeit vor Inkrafttreten des VwVfG stammt, soll dies unabhängig von einer entsprechenden Regelung im Gesetz selbst schon immer dann gelten, wenn das Gesetz Gegenstände der ausschließlichen oder konkurrierenden Gesetzgebung (Art 73, 74, 74a GG) betrifft. Auch die Regelung des Abs 2 läuft wegen des Vorrangs der Verwaltungsverfahrensgesetze der Länder nach Abs 3 praktisch leer, weil alle Bundesländer eigene Verfahrensgesetze erlassen haben. Auf den **Vollzug von Rahmengesetzen** (Art 75 GG) ist Abs 2, da Rahmengesetze nicht unter den

Begriff der konkurrierenden Gesetzgebung fallen, **nicht anwendbar;**[6] insoweit ist für Landesbehörden, sofern nicht durch besonderes Gesetz gem Art 84 Abs 1 bzw 85 iVm 70ff GG außerhalb des VwVfG etwas anderes bestimmt ist, ebenso wie beim **Vollzug von Landesrecht,** ausschließlich das Verwaltungsverfahrensrecht des Landes maßgeblich (Obermayer 38; FL 71; MB 16, UL § 8 Rn 2; offen Begr 32). **Nicht angeordnet** werden kann die Anwendung des VwVfG auch für den Vollzug eines **Grundsätzegesetzes** des Bundes gem Art 109 Abs 3 GG.

29 Die nach Abs 2 S 2 erforderliche **Zustimmung des Bundesrats** kann gem Art 84 Abs 1 GG für Regelungen des Verfahrens der Landesbehörden beim Vollzug von Bundesrecht im Rahmen der landeseigenen Verwaltung immer **nur im Einzelfall** im Hinblick auf bestimmte Gesetze und nicht generell für erst künftig zu beschließende Gesetze gegeben werden (zweifelnd Begr 32). Für die im Zeitpunkt des Inkrafttretens des VwVfG **bereits vorhandenen Gesetze** ist die nach Art 84 Abs 1 GG erforderliche Zustimmung durch die Zustimmung des Bundesrats zum VwVfG ersetzt.

IV. Der Grundsatz der Subsidiarität (Abs 1 und 2 S 1 jeweils letzter Halbs)

30 **1. Allgemeines.** Die Anwendbarkeit des VwVfG steht gem Abs 1 letzter Halbs, Abs 2 S 1 letzter Halbs. unter dem allgemeinen Vorbehalt anderweitiger (inhaltsgleicher oder abweichender) Regelungen durch **Rechtsvorschriften des Bundes,** dh durch Bundesgesetze oder Rechtsverordnungen, nicht dagegen auch durch Rechtsvorschriften bundesunmittelbarer Körperschaften, Anstalten oder Stiftungen, durch Bundesgewohnheitsrecht (Knack 27) oder durch ungeschriebene allgemeine Rechtsgrundsätze des Bundesrechts (BVerwGE 85, 83; Erichsen VerwArch 1978, 306). Für bundesrechtliche Satzungen gilt der Vorbehalt nicht; Satzungen können die Regelungen des VwVfG deshalb nur dann verdrängen, wenn dies besonders angeordnet ist (Knack 27; StBS 191; UL § 8 Rn 4; Begr 73). **Rechtsvorschriften des EU-Rechts** sind dem Bundesrecht gleichzuachten (ebenso StBS 199; Knack 28; vgl allg zur Behandlung als Bundesrecht auch im Hinblick auf die Revision gem § 137 VwGO BVerwGE 35, 277; 74, 360; NVwZ 1984, 518; DÖV 1974, 825).

31 **2. Subsidiarität im Bereich des Landesrechts. a) Grundsätzliches.** Die Regelungen in Abs 1 u 2 betreffen nur die Subsidiarität gegenüber Bundesrecht. Da das VwVfG für die Ausführung von Landesrecht derzeit ohnehin nicht gilt, weil die Länder gem Abs 3 eigene Verwaltungsverfahrensgesetze erlassen haben (s hierzu Rn 39ff), können die Länder in ihren Verfahrensgesetzen ebenfalls Subsidiaritätsregelungen treffen und auch spezielle Verfahrensvorschriften erlassen, die den allgemeinen Bestimmungen der Landesverwaltungsverfahrensgesetze vorgehen. Von diesen Möglichkeiten haben die Länder Gebrauch gemacht, weshalb der Grundsatz der Subsidiarität im Ergebnis auch gegenüber landesrechtlichen Spezialregelungen gilt (StBS 205).

32 **b) Landesrechtliche Ausgestaltung.** Die Subsidiaritätsvorschriften der Verwaltungsverfahrensgesetze der Länder sind unterschiedlich gefasst. Vorbehalte zugunsten von „Rechtsvorschriften des Landes" beziehen sich im Zweifel wie bei den landesrechtlichen Regelungen in Abs 1 u 2 nur auf Gesetze und Verordnungen des Landes, nicht auch auf Rechtsverordnungen und Satzungen sonstiger Rechtsträger des Landesrechts, zB der Gemeinden (FL 88). Dagegen bedeutet ein Vorbehalt zugunsten „landesrechtlicher Vorschriften", dass auch Rechtsver-

---

[6] BayVerfGH 12, 144, 160; MD 5 zu Art 125 GG; Rudisile DÖV 1992, 862; Obermayer 56; StBS 51; FL 71; MB 16; offen BVerfG 7, 41 und Begr 32.

ordnungen von sonstigen Rechtsträgern Vorrang haben (Rhpf Landtags-Dr 8/1401 S 8; bwLandtags-Dr 7/820 S 68; FL Einl 89). Nur die Verwaltungsverfahrensgesetze Bremens, des Saarlandes und Schleswig-Holsteins enthalten keine allgemeine Subsidiaritätsklausel zugunsten inhaltsgleichen oder abweichenden anderen Landesrechts und haben damit solche Regelungen, soweit sie vorher bestanden, aufgehoben, im Saarland allerdings gem § 96 Abs 2 saarlVwVfG erst mit Wirkung ab dem 1. 1. 1981. Künftige abweichende Regelungen in förmlichen Gesetzen werden dadurch jedoch nicht ausgeschlossen.

3. Folgen der Subsidiarität. Der Vorbehalt zugunsten inhaltsgleicher oder 33 entgegenstehender Vorschriften wirkt als Subsidiaritätsregelung zugunsten spezieller Vorschriften, insb in Fachgesetzen (vgl Kunig ZBR 1986, 253), denen damit entsprechend dem allgemeinen lex-specialis-Grundsatz ausdrücklich ein **Anwendungsvorrang** zuerkannt wird. Zugleich sichert die Regelung – ähnlich wie der Gesetzesvorbehalt bei Grundrechten zugunsten förmlicher Gesetze – sowohl den Vorrang als auch die Exklusivität und Unabdingbarkeit des VwVfG gegenüber Gewohnheitsrecht und ungeschriebenen allgemeinen Rechtsgrundsätzen. Die Bestimmungen des VwVfG treten gem Abs 1 letzter Halbs. und Abs 2 S 2 letzter Halbs. damit nicht (wie nach einigen Verwaltungsverfahrensgesetzen der Länder, zB gem § 1 bremVwVfG und § 1 berlVwVfG) automatisch oder nach Ablauf einer Übergangszeit an die Stelle sonstiger Vorschriften in anderen Gesetzen oder Verordnungen des Bundes, sondern gelten nur subsidiär, dh nur, wenn und soweit andere Gesetze oder Rechtsverordnungen des Bundes (auch ältere, vor Inkrafttreten des VwVfG erlassene, vgl zB BVerwGE 85, 83 = DVBl 1990, 1057) keine Vorschriften hins. des Verfahrens enthalten.

Die **rechtspolitische Zweckmäßigkeit** der Subsidiaritätsregelung ist gele- 33 a gentlich kritisiert worden (vgl Ule DVBl 1976, 425; UL § 8 Rn 16ff; Klappstein 151). Die Kritik ist unberechtigt. Der Vorrang spezieller bereichsspezifischer Verfahrensregelungen ist schon aus rechtstechnischen Gründen weitgehend unvermeidlich. Allerdings geht der Gesetzgeber bei seinen Bemühungen um differenzierte Regelungen nicht selten zu weit.

4. Reichweite der Subsidiaritätsklausel. Der Vorrang inhaltsgleicher oder 34 abweichender Rechtsvorschriften bezieht sich nur auf Gesetze und Rechtsverordnungen des Bundes und der Länder. Gegenüber sonstigem Recht und insb auch gegenüber den Vorschriften autonomer Körperschaften[7] geht das VwVfG vor, bzw derogiert sie, soweit es dieselben Fragen regelt und nicht – was Auslegungsfrage ist – ausnahmsweise Raum für andere Regelungen lässt. Abs 1 letzter Halbs. und Abs 2 S 2 letzter Halbs schließen die Anwendbarkeit des VwVfG nur soweit aus, als die danach dem VwVfG vorgehenden besonderen Rechtsvorschriften einzelne Fragen tatsächlich regeln oder für einen Rechtsbereich eine abweichende Regelung dastellen.[8] **Nicht erforderlich** ist, dass die in Frage stehende Sondervorschrift eine inhaltsgleiche oder entgegengesetzte Regelung **ausdrücklich** trifft. Es genügt, dass ihr im Wege der Auslegung nach ihrem Sinn und Zweck zu entnehmen ist, dass sie eine abschließende Problemlösung für sich in Anspruch nimmt (vgl BVerwG NVwZ 1987, 488 = JuS 1987, 831). Ergibt die Auslegung, dass die Regelung unvollständig und damit in ihrem Anwendungsbereich lückenhaft ist, so ist zu fragen, ob sie insoweit durch andere Rechtssätze, etwa durch die Grundsätze

---

[7] ZB von Gemeinden; auch bundesunmittelbarer juristischer Personen, s Begr 32; Obermayer 46, 60; StBS 191; FL 44; zT **aA** UL § 8 Rn 17; Knack 2: nur Satzungen bundesunmittelbarer jur Pers des öffentlichen Rechts.

[8] BVerwG NVwZ 1987, 488 = JuS 1987, 831: Keine Anwendbarkeit des VwVfG, wenn die besonderen Regelungen diesselbe Sachmaterie erfassen und ihr durch Auslegung zu ermittelnder Regelungsanspruch abschließend ist; ebenso Steinberg NVwZ 1992, 18; Erichsen VerwArch 1978, 306; Knack 2; StBS 60; FL 45; Maurer JuS 1976, 496; Kunig ZBR 1986, 253; Klappstein 98ff.

des allgemeinen Verwaltungsrechts ergänzt wird (vgl BVerwG aaO). Dies gilt insb bei älteren, vor der Kodifizierung des Verwaltungsverfahrensrechts erlassenen Vorschriften.

35 a) **Problem der abschließenden Regelung.** Wenn bzw soweit keine abschließende Regelung durch Sondervorschriften besteht, bleibt das VwVfG im übrigen anwendbar (BVerwGE 81, 284; FL 45 mwN). Im Bereich der Ausführung von Bundesrecht durch die Länder tritt dabei unter den Voraussetzungen des Abs 3 idR das Verwaltungsverfahrensgesetz des Landes an die Stelle des VwVfG.[9] Ob und ggf inwieweit es sich bei Rechtsvorschriften in Fachgesetzen des Bundes, zB dem GastG, um abschließende Regelungen handelt, oder (nur) um partielle Regelungen, die für die Anwendung durch das VwVfG bzw das entsprechende Verwaltungsverfahrensgesetz des Landes ergänzt werden, ist grundsätzlich Auslegungsfrage (BVerwGE 67, 208; BVerwG NVwZ 1987, 488; Knack 30). Maßgebend ist, ob die in Betracht kommenden Vorschriften erkennbar dazu bestimmt sind, das jeweilige Sachproblem abschließend zu regeln. Dabei ist vor allem darauf abzustellen, ob der im Wege der Auslegung zu ermittelnde **Zweck der Sonderregelung** eine Ergänzung durch das VwVfG erlaubt (BVerwG NVwZ 1987, 488; VGH Mannheim NVwZ 1984, 382; MB 18; FL 45). Zu berücksichtigen ist auch der Zweck des VwVfG, ein modernen rechtsstaatlichen Grundsätzen genügendes Verwaltungsverfahrensrecht zu schaffen, das auch den Erfordernissen des Rechtsschutzes der Betroffenen, der Fairneß und der Vorhersehbarkeit, Zumutbarkeit und Meßbarkeit von Rechtsbeeinträchtigungen genügt (vgl MuLö BayVBl 1990, 509). Im Rahmen der teleologischen Auslegung spielt schließlich auch der Gedanke der **Einheit der Rechtsordnung** und der in der Rechtsordnung wirksamen Wertungen und Zwecksetzungen, der ggf auch eine fortbildende Auslegung von Sondervorschriften, insb auch von älteren, uU aber auch von nach dem VwVfG erlassenen Vorschriften im Einklang mit dem VwVfG erfordert, und der Gedanke der möglichst umfassenden Anwendbarkeit des VwVfG eine Rolle.

36 **Im Zweifel** ist nach dem Zweck des Verwaltungsverfahrensrechts insgesamt sowie nach dem Zweck des VwVfG im allgemeinen **die für die betroffenen Bürger günstigere** Auslegung vorzuziehen (ebenso StBS 63 ff; Knack 32 ff), hilfsweise die Auslegung, die dem VwVfG einen umfassenderen Anwendungsbereich sichert (vgl VGH Mannheim NVwZ 1990, 1191; Obermayer 48; Knack 31). Daher ist zB im Musterungsverfahren neben § 19 Abs 3 S 2 WPflG, der allgemein die Anhörung des Wehrpflichtigen vorschreibt, § 28 Abs 2 und 3 VwVfG, der Ausnahmen von der Anhörungspflicht zulässt, nicht anzuwenden (vgl FL 45). Bei Verfahrensregelungen in zeitlich nach dem VwVfG erlassenen Gesetzen spricht bei Fehlen von Anhaltspunkten eher eine gewisse Vermutung dafür, dass eine abschließende Regelung gewollt ist, als bei Verfahrensregelungen in älteren Gesetzen, die erlassen wurden, als bestimmte Probleme, wie zB Massenverfahren, noch nicht als regelungsbedürftig angesehen wurden. Daher ist zB bei älteren Gesetzen idR davon auszugehen, dass zB bei **Massenverfahren** ergänzend auch die Vorschriften des VwVfG über Massenverfahren (vgl VGH München DVBl 1982, 208) und bei der **Rücknahme** und dem Widerruf von VAen auch die §§ 48 f anwendbar sind.[10]

37 b) **Ergänzende Heranziehung allgemeiner Rechtsgrundsätze. Nicht berührt** wird durch die Subsidiaritätsklausel der Abs 1 und 2 die Anwendbarkeit von Rechtsvorschriften, Gewohnheitsrecht oder allgemeinen Rechtsgrundsätzen zu Fragen, die im VwVfG und in nach Abs 1 oder 2 vorbehaltenen sonstigen

---

[9] Vgl VGH München DVBl 1982, 207: ergänzende Anwendung der Vorschriften des bayVwVfG über Massenverfahren bei Planfeststellungsverfahren gem § 10 LuftVG.

[10] BVerwG NVwZ 1987, 488 = JuS 1987, 831; VGH Mannheim NVwZ 1984, 382; offen BVerwG NJW 1990, 727 zu § 47 Abs 2 WaffG; bejahend OVG Münster DÖV 1992, 122 für § 18 BVFG aF; s auch StBS § 48 Rn 201.

Rechtsvorschriften keine abschließende Regelung gefunden haben (FL 46; Weber BayVBl 1984, 269 Fn 9), zB der Vorschriften über die sachliche Zuständigkeit der Behörden, die Zulässigkeit vorläufiger Anordnungen usw. Dasselbe gilt auch für die – weiterhin als zulässig zu erachtende (vgl Begr 29; MuE 62; Ule/Becker 40; Obermayer Einf 34; Kopp 14) – Anwendung der allgemeinen (ungeschriebenen) Grundsätze eines rechtsstaatlichen Verfahrens zur Ausfüllung von Lücken (FL 45) und zur Abgrenzung zulässiger Erwägungen bei der Handhabung des Ermessens hins. der Gestaltung des Verfahrens. Soweit allgemeine Rechtsgrundsätze aus der Verfassung folgen, insb aus dem Rechtsstaatsprinzip oder aus Grundrechten, gehen sie auch dem VwVfG und anderen einfachgesetzlichen oder untergesetzlichen Rechtsvorschriften vor (vgl zu konkreten Problemen des VwVfG Frotscher DVBl 1976, 261; Göldner DÖV 1979, 808).

Unberührt durch die Subsidiaritätsklausel bleibt der Grundsatz, dass Sondervorschriften in anderen Gesetzen, Verordnungen usw nach Möglichkeit eine **Auslegung im Einklang mit dem VwVfG** und den sich dazu in der Rspr und im Schrifttum vertretenen Auffassungen erfahren sollen, soweit dies mit dem Wortlaut und dem Zweck der in Frage stehenden Sonderregelungen vereinbar ist. 38

V. Geltungsvorrang der Verfahrensgesetze der Länder (Abs 3)

1. Anwendung der LandesVwVfGe. Das VwVfG ist gem Abs 3 nicht anzuwenden, soweit das Verfahren der Landesbehörden, die sonst an sich nach Abs 1 Nr 2 und Abs 2 das VwVfG anzuwenden hätten, landesrechtlich durch ein Verwaltungsverfahrensgesetz des betreffenden Landes geregelt ist. Die Bestimmung wurde erst auf Vorschlag des Vermittlungsausschusses in das Gesetz eingefügt, um den Ländern die Möglichkeit zu geben, das Verfahren der Landesbehörden sowohl für den Vollzug von Bundesrecht als auch für den Vollzug von Landesrecht durch eigene Verwaltungsverfahrensgesetze einheitlich zu regeln und ihnen damit ihre Gesetzgebungskompetenz auf dem Gebiet des Verwaltungsverfahrensrechts weitgehend zu erhalten. Abs 3 gilt auch für das shLVwG, das zeitlich vor dem VwVfG erlassen wurde. 39

Da sämtliche Länder eigene Verwaltungsverfahrensgesetze erlassen bzw wie Berlin, Niedersachsen, Rheinland-Pfalz und Sachsen das VwVfG für den Landesbereich für anwendbar erklärt haben (ausf hierzu StBS 254 ff; Knack 43 ff), wird damit im Ergebnis praktisch der Grundsatz verwirklicht, dass für das Verfahren vor Landesbehörden grundsätzlich Landesverfahrensrecht gilt. Zugleich wird dadurch jedenfalls im Grundsatz vermieden, dass ein und dieselbe Landesbehörde je nach Fallgestaltung Bundes- oder Landesverfahrensrecht anzuwenden hat. 40

Sondergesetzliche Vorschriften des Bundes und sonstige besondere bundesrechtliche Rechtsvorschriften (auch zB VOen) bleiben von Abs 3 unberührt; sie gehen gem Art 31 GG den Landesgesetzen, auch den Verwaltungsverfahrensgesetzen der Länder, vor und schließen ihre Anwendbarkeit insoweit aus (StBS 58). Der Vorbehalt nach Abs 3 gilt also nur gegenüber dem VwVfG, nicht auch gegenüber sonstigem Verwaltungsverfahrensrecht des Bundes (StBS 58; Obermayer 71). 41

Verfassungsrechtlich ist der Vorbehalt gem Abs 3 zugunsten allgemeiner Verwaltungsverfahrensgesetze im Bereich der konkurrierenden Gesetzgebung **unbedenklich,** da weder Art 72 ff GG noch Art 31 GG den Bund verpflichten, die Befugnis zur Gesetzgebung auszuschöpfen (UL § 8 Rn 2; Büdenbender BayVBl 1977, 232; StBS 55; **aA** Schenke NJW 1980, 478). Soweit die Verfahrensgesetze der Länder auch Materien erfassen, für die dem Bund gem Art 71 GG die ausschließliche Gesetzgebungszuständigkeit zukommt, enthält Abs 3 erforderliche ausdrückliche Ermächtigung des Landesgesetzgebers; dies gilt auch für Regelungen wie zB die dem §§ 48 f entsprechenden Vorschriften der Verwaltungsverfahrens- 42 gesetze der Länder mit im wesentlichen **materiellrechtlichen Gehalt,** durch die Bundesrecht ergänzt und uU modifiziert wird.

43 **a) Vollgesetze und Verweisungsgesetze.** Die Bundesländer haben von der Möglichkeit eigener Regelungen nach Abs 3 entweder durch eigene „Vollgesetze" oder durch sog Verweisungsgesetze, die auf das VwVfG verweisen, Gebrauch gemacht (vgl Einf Rn 7). **Vollgesetze** über das allgemeine Verwaltungsverfahren bestehen derzeit in Baden-Württemberg, Bayern, Brandenburg, Bremen, Hamburg, Hessen, Mecklenburg-Vorpommern, Nordrhein-Westfalen, Sachsen-Anhalt, Schleswig-Holstein und Thüringen, **Verweisungsgesetze** in Berlin, Niedersachsen, Rheinland-Pfalz und Sachsen. Das berlVwVfG (§ 1 Abs 1), das ndsVwVfG (§ 1 Abs 1), das rhpfVwVfG (§ 1 Abs 1) und das sächsVwVfG (§ 1 Abs 1) enthalten, abgesehen von wenigen Vorschriften, keine eigene Regelung des Verwaltungsverfahrensrechts, sondern verweisen insoweit auf das VwVfG des Bundes, dessen Vorschriften sie auch für den Landesbereich für anwendbar erklären und damit in Landesrecht „transformieren" (vgl UL § 8 Rn 16; FL 82; Ehlers DVBl 1977, 693). Dabei soll nach dem berlVwVfG, dem rhpfVwVfG und dem sächsVwVfG das VwVfG in „der jeweils geltenden Fassung" auch für die Landesbehörden gelten. Das ndsVwVfG enthält keine entsprechende ausdrückliche Regelung, ist aber nach Sinn und Zweck wohl im selben Sinn zu verstehen. Die **dynamische Verweisung** wird in diesen Fällen als verfassungsrechtlich unbedenklich angesehen (s ausführlich Einf Rn 9 mwN).

44 **b) Vergleichbarer Anwendungsbereich. Voraussetzung für die Anwendbarkeit von Abs 3** mit der Folge, dass die Anwendbarkeit des VwVfG entfällt, ist, dass das Land ein **allgemeines Verwaltungsverfahrensgesetz** erlassen hat und dass dieses Gesetz selbst oder iVm anderen Vorschriften, auf die es verweist, eine Regelung für das Verfahren im zu entscheidenden oder zu regelnden Fall enthält. Nach dem Wortlaut und dem Zweck der Vorschrift muss es sich um ein allgemeines Verwaltungsverfahrensgesetz, dh grundsätzlich um eine Gesamtkodifikation des allgemeinen Verwaltungsverfahrensrechts (Knack 41; Knack DÖV 1976, 772; Obermayer 65; Ehlers DVBl 1977, 693; StBS 57), mit einem mit dem VwVfG im wesentlichen vergleichbaren Anwendungsbereich sowie einem vergleichbaren, zumindest aber gleichwertigen Inhalt, handeln. Zur eher theoretischen Möglichkeit einer subsidiären Geltung des VwVfG für den fall, dass das Landesgesetz Lücken enthält, s Rn 48.

45 **Eine inhaltliche Übereinstimmung** mit dem VwVfG ist **nicht erforderlich** (Knack 41; StBS 60). Tatsächlich gibt es zur Zeit nur Abweichungen in Detailfragen, etwa das Fehlen von besonderen Vorschriften über Massenverfahren entspr §§ 17 ff, von Ausnahmeregelungen entspr § 28 Abs 2 und 3 hins. der Verpflichtung der Behörden zur Anhörung der Beteiligten, der Ausschluss von Einzelregelungen wie § 25, § 27, § 53 uä, Vorbehalte zugunsten sondergesetzlicher Bestimmungen (FL 60; Baumann DÖV 1976, 479; StBS 60). Diese sind unschädlich, sofern dadurch nicht im Ergebnis wesentliche Fragen des Verwaltungsverfahrensrechts, für die das VwVfG Bestimmungen enthält, ungeregelt bleiben und das Gesetz dadurch für wichtige Bereiche den Charakter einer **Kodifikation des (allgemeinen) Verwaltungsverfahrensrechts** verliert. Unerheblich idS wäre auch das Fehlen von Regelungen über „annexe" Materien zum Verwaltungsverfahrensrecht, wie über die Amtshilfe, Beglaubigungen, die Rücknahme und den Widerruf von Verwaltungsakten und die Wiederaufnahme von Verfahren, öffentlich-rechtliche Verträge, die ehrenamtliche Tätigkeit und Ausschüsse usw, da es sich insoweit nicht um Fragen des Verwaltungsverfahrensrechts ieS (vgl § 9) handelt. Dasselbe dürfte auch für das Fehlen von Vorschriften über förmliche Verwaltungsverfahren gelten, da die Vorschriften des VwVfG insoweit ohnehin nicht unmittelbar anwendbar sind, sondern eine besondere Anordnung durch eine Rechtsvorschrift (s § 63 Abs 1) voraussetzen.

Auch **Verwaltungsverfahrensgesetze ohne eigene Vollregelung,** die wie das berlVwVfG, das ndsVwVfG, das rhpfVwVfG und das sächsVwVfG, die auf das VwVfG verweisen und dessen Anwendung auch im Landesbereich als Landesrecht anordnen, genügen nach ganz hM den Anforderungen des Abs 3 mit der Folge, dass dadurch die Anwendbarkeit des VwVfG als Bundesrecht entfällt (FL 62; UL § 8 Rn 16 Fn 15; Knack 45). Zur Unschädlichkeit von Verweisungen in einem allgemeinen Verwaltungsverfahrensgesetz auf sondergesetzliche Vorschriften s oben Rn 43. Dagegen würden **Verfahrensvorschriften in Sondergesetzen,** zB in der Bauordnung des Landes, die Voraussetzungen des Abs 3 auch dann nicht erfüllen, wenn sie alle Fragen regeln, die sonst (ohne Begrenzung auf einen bestimmten Verwaltungsbereich) Gegenstand allgemeiner Verwaltungsverfahrensgesetze sind; ebenso nicht eine **pauschale Verweisung auf die ungeschriebenen Grundsätze** eines rechtsstaatlichen Verwaltungsverfahrens. 46

Als einfachgesetzliche Bestimmung steht Abs 3 abweichenden Bestimmungen in späteren Bundesgesetzen, durch die Landesbehörden gem Art 84 Abs 2 bzw Art 85 GG zur Anwendung von Verfahrensbestimmungen des Bundesrechts verpflichtet werden, nicht entgegen (FL 55, 61 a, zugleich unter Hinweis auf die bereits erfolgte Durchbrechung des Grundsatzes durch § 44 BDSG). Außerdem gehen auch bestehende oder künftige sondergesetzliche Vorschriften (Gesetze, VOen, Satzungen) iS von § 1 Abs 1 und 2 ohnehin gem Art 31 GG den Verwaltungsverfahrensgesetzen der Länder vor. 47

2. Subsidiäre Anwendung des VwVfG. Trotz der insoweit nicht ganz eindeutigen Fassung des Abs 3 und des Zwecks der Regelung, nach Möglichkeit zu vermeiden, dass eine Landesbehörde uU das Verwaltungsverfahrensgesetz des Landes und das VwVfG nebeneinander anwenden muss, wird nach heute überwiegender Auffassung die **ergänzende Anwendbarkeit des VwVfG** auf Landesbehörden im Rahmen der Abs 1 und 2 nicht schlechthin gänzlich ausgeschlossen, sondern nur soweit, als das Landesverfahrensgesetz das im konkreten Fall anwendbare Verfahren abschließend regelt. Wenn und soweit das Verwaltungsverfahrensgesetz des Landes einen Fragenkomplex, zB die Amtshilfe, Beglaubigungen, die Rücknahme von VAen usw oder eine einzelne Frage des Verfahrens, die im VwVfG geregelt ist, nicht abschließend regelt und insoweit „lückenhaft" ist, bleibt das VwVfG subsidiär anwendbar und füllt die Lücken des Verwaltungsverfahrensrechts des Landes aus.[11] Für diese Auslegung spricht vor allem der Wortlaut („soweit"), außerdem aber auch die mit dem VwVfG, insb auch mit § 1, verfolgte Zwecksetzung, für den Vollzug von Bundesrecht möglichst einheitlich das Verwaltungsverfahrensrecht des VwVfG bzw des entsprechenden Verfahrensgesetzes des Landes zur Anwendung zu bringen. 48

Die subsidiäre Anwendung des VwVfG kommt allerdings nur in Betracht, wenn das Fehlen von Vorschriften im Landesgesetz eine ausfüllungsbedürftige Lücke darstellt und nicht Ausdruck einer abweichenden Entscheidung des Landesgesetzgebers ist. Dies ist Auslegungsfrage (BVerwG NVwZ 1987, 488; VGH Mannheim NVwZ 1984, 382). Soweit das Verwaltungsverfahrensgesetz des Landes einen Fragenkomplex ausführlich regelt, kann idR davon ausgegangen werden, dass es sich um eine abschließende Regelung handelt, neben der das VwVfG nicht mehr zur Anwendung kommen soll. 49

Beispiele. Das Fehlen einer § 28 Abs 2 entsprechenden **Ausnahmeregelung** hins. der Pflicht zur Anhörung Beteiligter ist im Zweifel dahin zu verstehen, dass das Landesrecht keine solchen Ausnahmen kennt, und daher auch eine subsidiäre 50

[11] BVerwGE 67, 208 = DVBl 1983, 901 zu § 10 LuftVG; VGH Kassel ZMR 1986, 331 zu § 83 Abs 5 2. WoBauG; FL 59; SG 9, 15; StBS 60; Baumann DÖV 1976, 478 und 773; **aA** Knack 42 mit der Erwägung, nach Abs 3 solle die Anwendbarkeit des VwVfG insgesamt entfallen; ebenso Obermayer 70; Ehlers DVBl 1977, 693; Knack DÖV 1976, 772.

Anwendung von § 28 Abs 2 VwVfG nicht in Betracht kommt, weil die landesrechtliche Regelung keine Lücke aufweist, sondern abschließend ist; **anders** das Fehlen besonderer Vorschriften über Massenverfahren (BVerwGE 67, 208 = DVBl 1983, 901; StBS 60). Ähnlich ist auch das Fehlen besonderer Formvorschriften oder besonderer Verfahrensvorschriften in einem Gesetz, das das Verfahren sonst eingehend regelt, im Zweifel dahin zu verstehen, dass besondere Formen nicht zu beachten sind bzw die Behörde hins. der Gestaltung des Verfahrens Ermessensfreiheit hat. Sofern das Verfahrensgesetz eines Landes wesentliche Fragen des Verwaltungsverfahrens, die im VwVfG geregelt sind, ungeregelt lässt, ist im übrigen zu prüfen, ob es sich noch um ein Gesetz handelt, das den Anforderungen an eine Gesamtkodifikation iS von Abs 3 genügt.

VI. Behördenbegriff (Abs 4)

51 **1. Verfahrensrechtlicher Begriff.** Behörde iS des § 1 und grundsätzlich auch sonstiger Bestimmungen des VwVfG ist nach der Legaldefinition in Abs 4 „jede Stelle, die Aufgaben der öffentlichen Verwaltung wahrnimmt". Das VwVfG geht dabei von einem **weiten Behördenbegriff** aus, wie er vor allem in der Rspr zur VwGO[12] entwickelt wurde (Begr 32; UL § 9 Rn 5). Danach sind Behörden ohne Rücksicht auf die konkrete Bezeichnung als Behörde, Amt oder nach dem Behördenleiter (zB „Der Bundesminister des Innern", „Der Regierungspräsident") usw alle vom Wechsel der in ihnen tätigen Personen unabhängigen, mit hinreichender organisatorischer Selbständigkeit ausgestatteten Einrichtungen, denen Aufgaben der öffentlichen Verwaltung und entsprechende Zuständigkeiten zur eigenverantwortlichen Wahrnehmung, dh zum Handeln mit Außenwirkung in eigener Zuständigkeit und im eigenen Namen (vgl OVG Münster DVBl 1987, 102 = NVwZ 1986, 609), übertragen sind.[13] Behörden haben keine eigene Rechtspersönlichkeit, sondern handeln stets für einen öffentlich-rechtlichen Träger, eine Körperschaft, Anstalt oder Stiftung des öffentlichen Rechts. Der verfahrensrechtliche Behördenbegriff des Abs 4 geht deshalb weit über den beamtenrechtlichen Behördenbegriff (vgl BVerwGE 60, 145, 149) hinaus. Auf die organisationsrechtliche Beziehung kommt es ebenso wenig an, wie auf die innere Ausgestaltung; allerdings ist eine gewisse organisatorische Selbständigkeit erforderlich (vgl Rn 53).

52 **2. Außenwirksames Handeln.** Behörden idS sind außer den Verwaltungsbehörden im organisatorischen Sinn auch alle sonstigen Einrichtungen, Organe und Stellen, die aufgrund von Vorschriften des öffentlichen Rechts mit der Befugnis zum **öffentlich-rechtlichen, außenwirksamen Handeln,** insbes zum Erlass von VAen, zum Abschluss öffentlichrechtlicher Verträge im eigenen Namen (vgl OVG Münster NVwZ 1986, 609; DÖV 1989, 594), dh nicht nur als Vertreter und mit Wirkung für und gegen eine andere Stelle, oder auch zu sonstigem, nach öffentlichem Recht zu beurteilenden Handeln (auch zB schlichthoheitliches Handeln) ausgestattet sind (BGH DVBl 1987, 1266; UL § 9 Rn 6; Knack 3; Erichsen/Ehlers § 12 Rn 13f, § 35 Rn 1; **aA** StBS 219). Dass eine Stelle daneben auch zum Handeln aufgrund und in den Formen des Privatrechts befugt ist oder sogar überwiegend in dieser Weise tätig wird, ist unerheblich. Verwaltungseinrichtungen mit ausschließlich fiskalischen Zuständigkeiten sind keine Behörden iS des VwVfG

---

[12] Vgl BVerwGE 17, 41; BVerwG DVBl 1985, 59; Münster 30, 20; NJW 1972, 2241; DVBl 1981, 478; Erichsen/Ehlers § 12 Rn 13f; WBS I § 4 Rn 19.

[13] BVerwGE 10, 48; 70, 13; DVBl 1991, 642; OVG Münster DVBl 1987, 102 = NVwZ 1986, 609; DÖV 1989, 594; UL § 9 Rn 3; Erichsen/Ehlers § 12 Rn 13ff; Erichsen JK 90 VwGO § 61 III 1 und JK 90 GG Art 33 V 1; vgl ferner die Definition in BVerfG 10, 20, 80 und bei Schnapp ZSR 1984, 140; ders., in: Wertenbruch-FS 1984, 144: die Organe eines Trägers öffentlicher Verwaltung, die mit Außenzuständigkeit zu konkreten Rechtshandlungen auf dem Gebiet materieller Verwaltungstätigkeit ausgestaltet sind.

(UL § 9 Rn 5). Erforderlich ist, dass es sich bei den wahrzunehmenden Aufgaben und Zuständigkeiten jedenfalls auch um nach außen gerichtete Tätigkeit, insb gegenüber dem Bürger, handelt.[14] Vorbereitende oder beratende Ausschüsse, öffentlich-rechtliche Forschungsinstitute (vgl StBS 223, 228 mwN) uä sind deshalb keine Behörden iS von § 1 Abs 4. Allerdings ist die Verwendung des Behördenbegriffs auch im VwVfG nicht immer einheitlich, deshalb kommt die Anwendung von Vorschriften des VwVfG wie zB §§ 4ff, 33f, 54ff (zB für Verträge zwischen Forschungsinstituten) auch auf Einrichtungen ohne Außenzuständigkeit in Betracht.

3. Organisatorische Selbständigkeit. Trotz der allgemeinen Fassung von Abs 4 ist für den Behördenbegriff iS des VwVfG außer der allgemeinen Zuordnung zur öffentlichen Verwaltung immer ein gewisses Maß an organisatorischer Selbständigkeit bei der Erfüllung der Aufgaben wesentlich.[15] Äußeres Zeichen dieser Selbständigkeit ist insb die Befugnis zu eigenverantwortlichem **Handeln im eigenen Namen** nach außen (BVerwGE 30, 20; BVerwG NVwZ 1986, 609; OVG Berlin NJW 1983, 2156; Knack 227; StBS 3; Erichsen/Ehlers § 12 Rn 13ff), dh gegenüber anderen Behörden und idR auch gegenüber dem Bürger. Abteilungen, Ämter, Referate, bei einer Behörde gebildete Ausschüsse, zB Prüfungsausschüsse (BVerwGE 70, 13), uä, deren Tätigkeit nach außen nicht ihnen, sondern der Gesamtbehörde zugerechnet wird, sind keine Behörden iS von Abs 4; Behörde ist hier nur die größere Einheit bzw die „Gesamt"-behörde (OVG Berlin NJW 1973, 2156; Knack 8). Nicht ausgeschlossen wird die Behördeneigenschaft dadurch, dass eine Einrichtung nur für bestimmte, eng begrenzte öffentliche Zwecke errichtet wird oder ihr Aufgaben nur für eine beschränkte Zeit übertragen werden (Münster NVwZ 1987, 609 mwN). 53

a) Dienststellen, Außenstellen, Zweigstellen. Keine Behörden sind Amtsträger oder Dienststellen, die nach den maßgeblichen organisationsrechtlichen Bestimmungen nur im Namen und mit Wirkung für andere Stellen handeln können (UL § 9 Rn 5; vgl auch Münster NVwZ 1987, 609). Dies gilt auch für Referate und Abteilungen einer Behörde, bei einer Behörde gebildete **Prüfungsausschüsse** ohne eigene „Außenzuständigkeit" (BVerwGE 70, 4 = NVwZ 1985, 577; NVwZ 1990, 698), ferner idR auch nicht sog Aussen- und Zweigstellen einer Behörde (Obermayer 86). 54

b) Behördeneigenschaft in Bezug auf einzelne Angelegenheiten. Unselbständigen Teilen einer Behörde oder einer anderen Einrichtung (zB einem Untersuchungsausschuß des Bundestags, vgl OVG Münster NVwZ 1987, 609) kann im Hinblick auf bestimmte Angelegenheiten, die ihnen zur eigenverantwortlichen Wahrnehmung übertragen sind, insoweit Behördeneigenschaft zukommen. **Beispiele** sind das **Jugendamt,** das sonst Teil des Landratsamts ist, gem § 69 Abs 3 KJHG hins der Aufgaben gem § 2 KJHG; das **Standesamt** gem § 151 PStG; die Beschlussabteilungen des Kartellamtes hins ihrer Entscheidungen; je nach den maßgeblichen Rechtsvorschriften. Fälle der genannten Art sind von der sog **Organleihe,** bei der eine Behörde, Teile einer Behörde oder einzelne Amtsträger zugleich Aufgaben für einen anderen Rechtsträger oder eine andere Behörde wahrnehmen, zu unterscheiden (vgl BVerfG 63, 31 = DVBl 1983, 593). 55

4. Organe von Legislative und Judikative. Für den Behördenbegriff gem § 1 Abs 4 genügt es, dass die wahrzunehmenden Aufgaben und Zuständigkeiten sachlich der öffentlichen Verwaltung zuzurechnen sind und ihre Grundlage im öffentlichen Recht haben (**Verwaltung im materiellen Sinn,** vgl UL § 9 Rn 5). 56

---

[14] UL § 9 Rn 6; Knack 3; Obermayer 77; Erichsen/Ehlers § 12 Rn 14; **aA** StBS 129.

[15] BVerwGE 70, 13; BVerwG DVBl 1991, 642; DVBl 1987, 102 = NVwZ 1986, 609; GewA 1979, 13; Berlin NJW 1983, 2156; Obermayer 75; WBS II § 45 Rn 19; UL § 9 Rn 5; FL 83ff; Erichsen/Ehlers § 12 Rn 14.

Organe der Legislative und Judikative haben danach die Eigenschaft von Behörden insweit, als sie materielle Verwaltungsaufgaben wahrnehmen.

56a **a) Verfassungsorgane. Als Behörden anzusehen** sind daher auch zB Organe des Verfassungsrechts, wenn und soweit sie im konkreten Fall nicht als solche, dh nicht aufgrund einer ausschließlich verfassungsrechtlich determinierten Funktion,[16] tätig werden, sondern **aufgrund des allgemeinen Verwaltungsrechts** (BVerwG NVwZ 1986, 609; OVG Münster NJW 1980, 137; WBS II § 45 Rn 25; FL 16; Erichsen/Ehlers § 12 Rn 14 ff; UL § 9 Rn 5; Kopp JuS 1981, 419), zB eine Landesregierung bei der Auflösung und **Abwicklung einer juristischen Person** des öffentlichen Rechts (BVerwG DÖV 1992, 970; KreisG Gera-Stadt LKV 1991, 274); der Präsident des Bundestages bei der **Wahrnehmung der Polizeigewalt** im Parlamentsgebäude (OVG Münster DVBl 1987, 101 = NVwZ 1986, 609) und der Funktion als Dienstherr der Parlamentsbeamten oder bei der Entscheidung über die **Erstattung von Wahlkampfkosten** an die Parteien (BVerfG 27, 152; Münster DVBl 1987, 101 = NVwZ 1986, 609); ein **Untersuchungsausschuß** des Parlaments bei der Verhängung eines Ordnungsgeldes gegen einen Zeugen und bei ähnlichen Maßnahmen;[17] der **Petitionsausschuß** des Bundestags oder eines Landtags bei der Entscheidung über eine Petition (FL 16; **aA** Obermayer 34); der **Rechnungshof** im Verhältnis zu einem privaten Unternehmer (anders im Verhältnis zum Parlament oder der Regierung) bei der Verbreitung von Prüfungsberichten über ein Unternehmen (OVG Münster NJW 1980, 137; Krebs VerwArch 1980, 71; Kopp JuS 1981, 419 mwN; **aA** VG Düsseldorf NJW 1981, 1396). Behörde, nicht Verfassungsorgan, ist auch der Rat einer Stadt im **Wahlprüfungsverfahren,** soweit ihm die Entscheidung über den Bestand einer **Kommunalwahl** übertragen ist (OVG Münster DVBl 1981, 874); anders der Bundestag und das Bundesverfassungsgericht bei der Wahlprüfung.

57 **b) Organe der Gerichtsverwaltung. Behörden iS von Abs 4** sind außerdem auch zB die Gerichtspräsidenten und sonstige Gerichtsorgane, soweit sie nicht als Gericht, sondern im Rahmen der (von der gerichtlichen Selbstverwaltung zu unterscheidenden, vgl Kopp/Schenke § 31 Rn 2) **Gerichtsverwaltung** oder sonstiger ihnen übertragenen Aufgaben, zB bei der Zulassung von Rechtsbeiständen, der Befreiung von Ehehindernissen, usw (UL § 9 Rn 6), oder im Rahmen der Referendarausbildung tätig werden; anders die Gerichte als Spruchkörper, und zwar auch zB hins. der Aufgaben der sog. freiwilligen Gerichtsbarkeit oder bei der Vernehmung und Vereidigung von Zeugen usw gem § 65 Abs 2 und 3. S zur Anwendbarkeit des VwVfG auf Justizangelegenheiten jedoch § 2 Abs 2 Nr 2 und Abs 3 Nr 1.

58 **5. Beliehene.** Behörden sind auch die sog. beliehenen Unternehmer, soweit sie im Rahmen der ihnen übertragenen öffentlich-rechtlichen Befugnisse und Zuständigkeiten tätig werden.[18] Bei beliehenen juristischen Personen des Privatrechts ist Behörde idR nicht die juristische Person, sondern das Organ, dem die entsprechende Aufgabe und Zuständigkeit übertragen ist (mißverständlich insoweit in der Allgemeinheit der Aussage UL § 9 Rn 5); maßgeblich ist insoweit jedoch immer

---

[16] ZB der Bundestag beim Erlaß förmlicher Gesetze, bei der Beschlußfassung über den Haushaltsplan oder über die Aufhebung der Immunität eines Abgeordneten, vgl BayVerfGH 5, 219; Obermayer 34.

[17] BVerwG DÖV 1981, 300: wie ein Verwaltungsorgan; OVG Berlin DVBl 1970, 293 f; OVG Münster DVBl 1987, 101 = NVwZ 1987, 609; s auch § 2 Rn 67; **aA** OVG Lüneburg DÖV 1986, 210; Obermayer 34; vgl auch VGH München BayVBl 1981, 211: wohl als Hilfsorgan des Parlaments als Legislative; Kästner JuS 1993, 112.

[18] BVerwG DVBl 1990, 712 zugleich zur Unterscheidung von privaten Rechtsträgern, deren sich der Staat nur zur Erbringung von Leistungen bedient, ohne dass sie zu beliehenen Unternehmern bestellt würden; die hM stellt zu Recht nicht auf die Übertragung von Aufgaben, sondern von Befugnissen ab, vgl Ehlers in Schoch § 40 Rn 439 mwN.

die konkrete gesetzliche Regelung. Eine Beleihung setzt – anders als die bloße Heranziehung als Verwaltungshelfer (s unter Rn 59) – stets eine gesetzliche Grundlage voraus, weil damit Hoheitsmacht übertragen wird (sog **institutioneller Gesetzesvorbehalt,** vgl BVerwGE 98, 280; BVerfG NJW 1987, 2501; StGH Bremen NordÖR 2002, 60; Knack 20; Maurer § 23 Rn 58; Kopp/Schenke § 40 Rn 14). Die Beleihung selbst erfordert einen **Beleihungsakt** (VA, öffentlich-rechtlichen Vertrag, Rechtsnorm). Beliehene sind zB staatlich anerkannte **Privatschulen,** wie private Ersatzschulen, Fachhochschulen oder wissenschaftliche Hochschulen in privater Trägerschaft bei ihren Entscheidungen über die Aufnahme, Versetzung usw von Schülern, Abschlussprüfungen usw (BVerwGE 17, 42; BVerwG DÖV 1984, 384; VGH Mannheim NJW 1971, 2091; 1980, 2597; s auch Kopp/Schenke § 40 Rn 14; Knack 21); **Luftfahrzeugführer** gem § 29 Abs 3 LuftVG (BVerwG DÖV 1984, 1025; BGH NJW 1983, 449; VGH Kassel NJW 1976, 1990; OLG Celle NJW 1982, 770); **Seeschiffskapitäne** gem §§ 75 Abs 1, 101, 106 Abs 2 SeemG (BVerwG DÖV 1984, 1025); **Jagdaufseher** gem § 25 Abs 2 BJagdG (Knack 22); der **Vorstand der Teilnehmergemeinschaft** in der Flurbereinigung (BGH DVBl 1986, 1266); die **Treuhand** bei der Zustimmung zu Verfügungen über Parteivermögen der DDR (OVG Berlin DVBl 1992, 280); **Versammlungsleiter** bei öffentlichen Versammlungen in geschlossenen Räumen gem § 11 Abs 1 VersG (FL 99; Knack 22; str); der **TÜV** bei der Prüfung überwachungsbedürftiger Anlagen gem § 24c Abs 1 GewO; die **Sachverständigen des TÜV** – nicht der TÜV als solcher – bei der Prüfung von Kfz gem §§ 19, 21f, 29 StVZO (BGHZ 49, 111; NJW 1973, 458; OLG Köln NJW 1989, 2065; VGH München DÖV 1975, 210; Knack 7.3; **aA** Götz DÖV 1975, 212); die **Kassenärztliche Vereinigung** (vgl Schnapp SGb 1985, 89); **Schornsteinfeger** als Organe der Feuerbeschau (BVerwG NVwZ-RR 1990, 440; VGH Mannheim VBlBW 1994, 67); öffentlich bestellte **Vermessungsingenieure** (OVG Greifswald NosdÖR 2002, 216); **Notare** (BVerfG 17, 371; FL 99); ebenso nach der Privatisierung die **Post** (Telekom, Postdienst und Postbank) und die **Bahn,** soweit sie aufgrund spezieller verwaltungsrechtlicher Regelungen, die ihnen einen öffentlichrechtlichen Sonderstatus verleihen, tätig werden (zB gem § 33 PostG). Umstritten, richtigerweise **zu verneinen** ist die Frage, ob auch **Omnibus- und Straßenbahnführer** und -schaffner sowie **Droschkenführer** für (polizeiliche) Maßnahmen zur Aufrechterhaltung von Sicherheit und Ordnung gegenüber den Personen im Verkehrsmittel als Beliehene tätig werden können (BVerwG NVwZ 1985, 48 = DÖV 1984, 1025; Knack 20; **aA** FL 99; auch Kopp Rn 25).

6. Verwaltungshelfer. Nicht selbständige Behörden sind die sog Verwaltungshelfer, die anders als die Beliehenen nicht über die Berechtigung zu einer selbständigen Ausübung von Hoheitsmacht verfügen. Obwohl sie auch öffentlichrechtlich tätig werden, bedarf es für den **Einsatz von Verwaltungshelfern keiner gesetzlichen Grundlage,** weil sie ohne eigene Entscheidungsmacht nur als verlängerter Arm der Verwaltungsbehörden tätig werden (sog **Werkzeugtheorie,** vgl BVerwGE 32, 283; BGHZ 48, 98, 103 StBS 235; Maurer § 23 Rn 60; Ehlers in Schoch § 40 Rn 426). Zu den Verwaltungshelfern werden inzwischen auch die **Abschleppunternehmer** gezählt (BGHZ 121, 161, 164 = NJW 1993, 1258 m Anm Würtenberger JZ 1993, 1003; Kreissl NVwZ 1994, 349; Ehlers in Schoch § 40 Rn 427). Ebenfalls Verwaltungshelfer für eine Behörde ist der **Sachverständige,** zB bei der Abnahme der Führerscheinprüfung und der Aushändigung des Führerscheines gem §§ 10f StVZO (OVG Lüneburg DÖV 1968, 135; Knack 22; UL § 9 Rn 5; Kopp/Schenke § 78 Rn 7) und der **Bauunternehmer** bei der Absperrung von Straßen und der Aufstellung von Verkehrsschildern;[19] ebenso 59

[19] BVerwGE 35, 337; **aA** FL 100 mwN hins der Bedienung einer Lichtzeichenanlage an einer Baustelle: der Bauunternehmer sei insoweit beliehener Unternehmer.

wohl auch der **Schülerlotse** (vgl OLG Köln NJW 1968, 655; FL 99; Knack 23). Behörde iS von Abs 4 ist in solchen Fällen die Behörde, für die der Verwaltungshelfer tätig wird.

60 **7. Privatwirtschaftliche Unternehmen. Nicht Behörden** iS des Abs 4 sind die Leitungsorgane **staatlicher oder kommunaler Wirtschaftsunternehmen** und anderer Einrichtungen, die ausschließlich im Bereich des allgemeinen Rechtsverkehrs tätig werden und über keinerlei öffentlich-rechtliche Befugnisse verfügen oder sonst besonderen öffentlich-rechtlichen Regelungen unterliegen; dies auch dann, wenn ihr Zweck primär auf die Erfüllung öffentlicher Aufgaben mit Mitteln des Privatrechts gerichtet ist. Entsprechendes gilt für **private Rechtsträger,** deren sich ein öffentlicher Rechtsträger zur Erbringung von Leistungen **zur Erfüllung öffentlicher Aufgaben** bedient, ohne dass insoweit eine Beleihung (s oben Rn 58) vorliegt (BVerwG DVBl 1990, 712), auch zB für die privaten Wohlfahrtsverbände, das DRK, die Bergwacht, die DLRG usw (Knack 23).

§ 2 Ausnahmen vom Anwendungsbereich

(1) **Dieses Gesetz gilt nicht für die Tätigkeit der Kirchen,**[12] **der Religionsgesellschaften**[13] **und Weltanschauungsgemeinschaften**[14] **sowie ihrer Verbände und Einrichtungen.**[15]

(2) **Dieses Gesetz gilt ferner nicht für**

1. **Verfahren der Bundes- oder Landesfinanzbehörden nach der Abgabenordnung,**[16 f]
2. **die Strafverfolgung, die Verfolgung und Ahndung von Ordnungswidrigkeiten,**[20] **die Rechtshilfe für das Ausland in Straf- und Zivilsachen**[22] **und, unbeschadet des § 80 Abs 4, für Maßnahmen des Richterdienstrechts,**[25]
3. **Verfahren vor dem Deutschen Patent- und Markenamt und den bei diesem errichteten Schiedsstellen,**[27]
4. **Verfahren nach dem Sozialgesetzbuch,**[28 f]
5. **das Recht des Lastenausgleichs,**[31]
6. **das Recht der Wiedergutmachung.**[32]

(3) **Für die Tätigkeit**

1. **der Gerichtsverwaltungen**[34] **und der Behörden der Justizverwaltung**[35] **einschließlich der ihrer Aufsicht unterliegenden Körperschaften des öffentlichen Rechts gilt dieses Gesetz nur, soweit die Tätigkeit der Nachprüfung im Verfahren vor den Gerichten der Verwaltungsgerichtsbarkeit unterliegt;**[37]
2. **der Behörden bei Leistungs-, Eignungs- und ähnlichen Prüfungen**[43 ff] **von Personen gelten nur die §§ 3 a bis 13, 20 bis 27, 29 bis 38, 40 bis 52, 79, 80 und 96;**[47 ff]
3. **der Vertretungen des Bundes im Ausland gilt dieses Gesetz nicht.**[60]

Schrifttum: *Allesch,* Zur Bedeutung des § 2 II Nr 1 der VwVfGe im Kommunalabgabenrecht, DÖV 1990, 270; *Erichsen,* Zur Anwendung der VwVfGe der Länder in der kommunalen Abgabenverwaltung, VerwA 1979, 349; *Franz,* Zu Rechtsfragen im Zusammenhang mit sogenannten Jugendreligionen, DVBl 1987, 717; *Jorzik/Kunze,* Rechtsschutz gegen Maßnahmen der Ermittlungsbehörden, Jura 1990, 294; *Kopp,* Rechtsbehelfe in bezug auf Prüfungsbewertungen, JuS 1990, 944; *Lickteig,* Die Anwendbarkeit der Abgabenordnung und des Verwaltungsverfahrensgesetzes auf Kommunalabgaben in Baden-Württemberg, Diss Konstanz 1985; *Klappstein,* Rechtseinheit und Rechtsvielfalt im Verwaltungsrecht, 1994; *Muckel,* Muslimische Gemeinschaften als Körperschaften des öffentlichen Rechts, DÖV 1995, 311; *ders,* Verwaltungsgerichtliche Kontrolle von Prüfungsentscheidungen, WissR 1994, 107; *v Mutius/Sperlich,* Prüfungen auf dem Prüfstand, DÖV 1993, 45; *Niehues,* Schul- und Prüfungsrecht, Bd II Prüfungsrecht, 3. Aufl 94; *Obermayer,* Die Religions- und Weltanschauungsgemeinschaften und die Verwaltungsverfahrensgesetze, DVBl 1977, 437; *Pagels,* Die Zuerkennung der Rechte einer öffentlich-rechlichen Körperschaft des öffentlichen Rechts an eine Religionsgemeinschaft – OVG Berlin NVwZ 1996, JuS 1996, 790; *Pitschas,* Zur Integration von Sozial- und allgemeiner Verwaltungsgerichtsbarkeit, Sgb 1999, 385; *Schoch,* Rechtsbeistand beim Einstellungsgespräch von Beamtenbewerbern, NJW 1982, 545; *Seebass,* Die Prüfung – ein rechtsschutzloser Freiraum des Prüfers?, NVwZ 1985, 521; *Thüsing,* Kirchenautonomie und Staatsloyalität – Inhalt und mögliche Konsequenzen von BVerwG, Urteil vom 26. Juni 1997, („Zeugen Jehovas"), DÖV 1998, 25; *Wagner,* Das Prüfungsrecht in der aktuellen Rechtsprechung, DVBl 1990, 183; *Weber,* Staatliche und kirchliche Gerichtsbarkeit, NJW 1989, 2217.

Übersicht

I. Allgemeines

1 **1. Einschränkungen des Anwendungsbereichs des VwVfG.** Die Vorschrift nimmt verschiedene Rechtsgebiete, die nach § 1 an sich erfasst würden, ganz (Abs 1 u 2) oder bezüglich einzelner Vorschriften (Abs 3 Nr 2) oder Tätigkeitsbereiche (Abs 3 Nr 1 u 3) von der Anwendung des VwVfG aus. Dies bedeutet anders als im Falle der Subsidiarität nach § 1, dass die Anwendbarkeit des VwVfG jedenfalls im Grundsatz auch dann ausgeschlossen sein soll, wenn in dem ausgenommenen Bereich lückenhafte oder gar keine Regelungen vorhanden sind. Die Anwendbarkeit des VwVfG in den in § 2 genannten Bereichen ist also nicht subsidiär, sondern grundsätzlich gar nicht möglich (Knack 13; MB 1; UL § 8 Rn 5; FL 4f; StBS 6). Etwaige **Lücken müssen mit allgemeinen rechtsstaatlichen Verfahrensgrundsätzen geschlossen werden.** Dies schließt es allerdings nicht aus, Bestimmungen des VwVfG insoweit heranzuziehen, als sie Ausdruck derartiger Grundsätze sind.[1] Die Aufzählung der ausgenommenen Bereiche in **§ 2 ist nicht abschließend** (StBS 7; **aA** offenbar Knack 13). Vielmehr gibt es eine Fülle von – allerdings kleineren – Rechtsbereichen, in denen das VwVfG entweder ausdrücklich oder nach Sinn und Zweck ausgeschlossen ist (s unten Rn 6a).

2 **2. Zielsetzung der Einschränkungen.** Der Ausschluss der Anwendbarkeit des VwVfG wird vor allem mit der Rücksichtnahme auf bei Erlass des VwVfG bereits bestehendes Verfahrensrecht bzw bestehende Rechtszustände gerechtfertigt. Dies gilt etwa für den öffentlich-rechtlichen Tätigkeitsbereich von **Kirchen und Religionsgesellschaften,** soweit er traditionell (vgl Art 140 GG iVm Art 137 Abs 3 WRV) der staatlichen Gerichtsbarkeit entzogen ist (Abs 1) und für den Bereich der Tätigkeiten der **Finanzbehörden** nach der AO (Abs 2 Nr 1), da mit dieser eine bereits seit langem bewährte und eingefahrene Verfahrensordnung zur Verfügung steht. Grund für die in Abs 2 Nr 2 zusammengefassten Ausschlüsse ist vor allem, dass hier die Verfahren nach geltendem Recht bereits sehr differenziert geregelt und stark durch **Kompetenzen der Gerichte** geprägt ist. Auch das schon lange vor dem Inkrafttreten des VwVfG speziell durch das PatG geregelte **Verfahren vor dem Deutschen Patent- und Markenamt** sollte unberührt bleiben. Die Ausnahme für die **Sozialverwaltung** (Abs 2 Nr 4) ist von allen in Abs 2 genannten Ausschlüssen am wenigsten einsichtig. Sie erfolgte wegen einer seinerzeit noch beabsichtigten Sonderregelung für die Sozialverwaltung (vgl Begr 32; MuE 67; StBS 1; FL 2; Knack DÖV 1976, 772; Knack 35; MB 1). Die für die

[1] Begr 33; BVerwGE 91, 270 = NVwZ 1993, 677 zu Prüfungen gem § 2 Abs 2 Nr 2; BGH NJW 1984, 2533; StBS 2; unklar FL 4; Baumann DÖV 1976, 476; SG 20; Knack 14; **aA** noch Knack DÖV 1976, 772; MB 2; Dolzer DÖV 1985, 14.

Schaffung eines eigenen Verfahrensrechts für die Sozialverwaltung (SGB X) maßgeblichen Gründe, nämlich die stärkere Berücksichtigung sozialer Erwägungen im Verfahrensrecht (BT-Dr 7/910 S 33), können die damit bewirkte Komplizierung und den Verlust an Übersichtlichkeit schwerlich rechtfertigen. Die Ausnahmen nach Abs 2 Nr 5 u 6 betreffen im Wesentlichen **auslaufendes Recht;** sie schließlich beruhen auf der Erwägung, dass es keinen Sinn gemacht hätte, die im Lastenausgleichs- und im Wiedergutmachungsrecht bestehenden Verfahrensregelungen vor dem Auslaufen dieser Gesetze noch zu ändern.

Die **Einschränkungen in Abs 3** erfassen anders als Abs 1 u 2 die genannten Verwaktungsbereiche nur teilweise. So wird die Anwendbarkeit des VwVfG für die Tätigkeit der Gerichts- und Justizverwaltungen durch Abs 3 Nr 1 nur insoweit ausgeschlossen, als diese wegen ihrer Justizförmigkeit einer gerichtlichen Kontrolle nur in dem besonderen Rechtsweg nach §§ 23 ff EGGVG unterliegen (sog **Justizverwaltungsakte**). Mit der Nichtanwendbarkeit einzelner Vorschriften des VwVfG in **Prüfungsverfahren** (Abs 3 Nr 2) soll auf die dort bestehenden Besonderheiten Rücksicht genommen werden; es erscheint zweifelhaft, ob die Ausschlüsse geboten sind (vgl Rn 42). Gleiches gilt für den generellen Ausschluss in Bezug auf die Tätigkeit der **Auslandsvertretungen** nach Abs 3 Nr 3, der mit den besonderen Bedingungen der Arbeit auf fremdem Territorium begründet wird (Begr RegE 73, § 2). 3

3. Die Dreisäulentheorie; „Verlustliste" der Rechtseinheit. Zu den in § 2 aufgezählten Gebieten mit eigenem Verfahrensrecht treten noch diejenigen Rechtsbereiche hinzu, für die die Bestimmungen des VwVfG im Hinblick auf die Subsidiarität (§ 1) nicht gelten. Die Einheitlichkeit des Verfahrensrechts wird dadurch stark beeinträchtigt.. Dies gilt in besonderem Maße für die Beibehaltung eines selbstständigen Verfahrensrechts für die Finanzverwaltung durch die AO und für die Sozialverwaltung durch das SGB X. Die damit bewirkte Dreiteilung des Verfahrensrechts, vielfach euphemistisch auch als Dreisäulentheorie bezeichnet, führt zu Verlusten an Rechtseinheit, die sich durch die Besonderheiten der Regelungsbereiche schwerlich rechtfertigen lassen. Es wird deshalb zu Recht von einer Verlustliste der Rechtseinheit gesprochen (MuE 67; UL § 8 Rn 5; StBS 1; Erichsen/Ehlers § 33 Rn 12 ff). Immerhin dient die Aufzählung wichtiger Bereiche, in denen das VwVfG keine – jedenfalls keine unmittelbare – Anwendung findet, der Rechtsklarheit, weil damit die Anwendbarkeit des VwVfG bereits im VwVfG selbst klargestellt wird und sich insoweit die Frage nach Sonderregelungen, die die Anwendung des VwVfG aufgrund der Subsidiaritätsklausel des § 1 ausschließen, erübrigt (vgl Obermayer Einf 36; StBS 2; Knack 14). Die **Entbehrlichkeit der meisten Ausnahmen** von der Anwendbarkeit des VwVfG wird im übrigen dadurch bestätigt, dass die für die betroffenen Materien bestehenden Sonderregelungen inhaltlich und in weitem Umfang auch in den Formulierungen mit dem VwVfG übereinstimmen und zT sogar im Interesse der Einheitlichkeit des Verwaltungsverfahrensrechts bewußt mit dem VwVfG abgestimmt wurden. Dies gilt insb für das Verfahrensrecht nach der AO 1977 und nach dem SGB-I und dem SGB X.[2] 4

4. Regelungen in den Verfahrensgesetzen der Länder. Die Länder haben in ihren Verwaltungsverfahrensgesetzen den Ausschlusskatalog des § 2 im wesentlichen übernommen, darüber hinaus aber einzelne abweichende Regelungen getroffen. Das gilt vor allem für den Bereich des Kommunalabgabenrechts, für dessen Verwaltung in unterschiedlicher Weise auf das Verfahrensrecht der AO verwiesen wird, sowie teilweise für die Berufungsverfahren von Hochschullehrern, für die zumeist einzelne Vorschriften für unanwendbar erklärt werden, ferner für Modifizierungen der Regelungen über Prüfungsverfahren, für die Tätigkeit von Behör- 5

[2] StBS 47 ff; SG 23; Schleicher DÖV 1976, 551; FL 14; Fiedler NJW 1981, 2093; Krause NJW 1979, 1007; 1981, 81; Meyer ZRP 1979, 105; vgl ferner BT-Dr 7/910 S. 107, 111; 7/4494 S. 3 f; 8/4022.

den im Bereich öffentlicher Schulen sowie für die kommunalen Wahlverfahren. Darüber hinaus finden sich kleinere Abweichungen, wie zB der Ausschluss für Radio Bremen im BremVwVfG.

6 **5. Weitere Ausschlüsse.** Soweit das VwVfG über den Ausschlussbereich des § 2 hinaus unanwendbar bleibt, liegt dies allein an der Subsidiaritätsklausel des § 1 Abs 2 bzw der entsprechenden Bestimmungen in den Verwaltungsverfahrensgesetzen der Länder. Immer dann, wenn Fachgesetze eigene Verfahrensbestimmungen enthalten, sind diese nach § 1 Abs 2 vorrangig. Das kann zu Einschränkungen, im Einzelfall aber auch zu einem weitgehenden Ausschluss der Anwendbarkeit des VwVfG führen.

II. Kirchen, Religionsgemeinschaften etc. (Abs 1)

7 **1. Allgemeines.** Abs 1 nimmt die Tätigkeit der Kirchen, Religionsgesellschaften und Weltanschauungsgemeinschaften (zu diesen Begriffen Rn 12ff) sowie ihrer Verbände und Einrichtungen aus dem Geltungsbereich des VwVfG aus. Damit soll dem Umstand Rechnung getragen werden, dass es sich bei diesen nach hM, auch soweit sie nach staatlichem Recht mit einem öffentlichrechtlichen Sonderstatus mit besonderen öffentlich-rechtlichen Befugnissen ausgestattet sind, nicht um staatliche, sondern dem Staat vorgelagerte Einrichtungen handelt, und dass ihnen durch Art 140 GG iVm Art 137 Abs 3 S 1 WRV **Selbständigkeit in der Verwaltung ihrer Angelegenheiten** garantiert ist (Begr 33; StBS 30; Obermayer DVBl 1977, 437). Der Wortlaut der Vorschrift geht indessen über ihren wahren Anwendungsbereich hinaus. So erfasst Abs 1 nur die **öffentlich-rechtliche Verwaltungstätigkeit** der Kirchen, Religions- und Weltanschauungsgesellschaften, also nur diejenige Tätigkeit, die überhaupt nach § 1 in den Anwendungsbereich des VwVfG fallen würde. Dies setzt voraus, dass die von Abs 1 erfassten Kirchen usw als Körperschaften des öffentlichen Rechts organisiert sind. Soweit ihnen diese Rechtsnatur nicht bereits vor Inkrafttreten des GG zukam (Art 140 GG iVm Art 137 Abs 5 S 1 WRV), ist eine entsprechende staatliche Anerkennung als Körperschaft des öfffentlichen Rechts erforderlich, auf die nach Maßgabe des Art 140 GG iVm 137 Abs 5 S 2 WRV ein Anspruch.[3] Für die übrigen ist ausschließlich das **Privatrecht** maßgeblich. Auch insoweit aber sind jedenfalls die grundlegenden Anforderungen eines rechtsstaatlichen Verfahrens zu beachten, insb das Recht auf Gehör vor belastenden Entscheidungen.

8 **2. Ausschluss nur für innerkirchlichen Bereich. a) Allgemeines. Umstritten** ist die Frage, ob der Ausschluss der Anwendbarkeit des VwVfG durch Abs 1 nur für die Tätigkeit in Wahrnehmung spezifisch religiöser, weltanschaulicher (forum internum) durch die Kirchen usw gilt, bei denen sich keine unmittelbaren rechtlichen Auswirkungen (Außenwirkungen) im Bereich des allgemeinen (staatlichen) Rechts ergeben, oder für die gesamte öffentlich-rechtliche Tätigkeit. Für die weite Auslegung der Ausnahmeregelung gem Abs 1 zugunsten der Kirchen usw spricht die schwer erklärbare allgemeine Fassung der Vorschrift (Kopp 7), für die enge Auslegung aber ihr offensichtlicher Zweck, die genannten Religionsgemeinschaften insoweit nicht staatlichen Regelungen zu unterwerfen, als sie nach Art 140 GG iVm Art 137 WRV das Recht haben, ihre Angelegenheiten eigenständig und ohne staatliche Kontrolle zu regeln. Es spricht deshalb mehr dafür, dass Abs 1 die Anwendbarkeit des VwVfG **nur für das forum internum,** nicht aber für solche Tätigkeiten der Kirchen usw ausschließt, die in den staatlichen Bereich hineinwirken und für die im Streitfall auch der Rechtsweg zu den Verwaltungsge-

---

[3] BVerwG DÖV 1998, 29; OVG Berlin NVwZ 1996, 478; hierzu Thüsing DÖV 1998, 25; Pagels JuS 1996, 790.

richten nach § 40 Abs 1 VwGO (s insoweit Kopp/Schenke § 40 Rn 39ff) gegeben ist.[4]

9 **b) Einzelfälle. aa) Nichtanwendbarkeit der VwVfG.** Nicht anwendbar ist das VwVfG gem Abs 1 auf **alle Tätigkeiten im rein religiösen bzw weltanschaulichen Bereich,** damit also alle Verfahren vor kirchlichen usw Stellen, die bzw soweit sie keine (unmittelbaren) Rechtswirkungen im Bereich des allgemeinen Rechts, dh des staatlichen öffentlichen Rechts, vgl BVerwGE 25, 364f; Kopp/Schenke § 40 Rn 38ff), zB Verfahren hins. der Mitgliedschaft, der **Rechtsstellung der Mitglieder** in bezug auf die Kirchen usw, hins. der Übertragung, der Entziehung und der Ausübung **kirchlicher Ämter und Befugnisse,**[5] hins. sonstiger Fragen des kirchlichen Dienstrechtes, auch soweit die Kirchen für Streitigkeiten daraus gem § 135 Abs 2 BRRG den VRW eröffnet haben (str, vgl Petermann DÖV 1991, 16 mwN; Kopp/Schenke § 40 Rn 40 mwN), ferner hinsichtlich **der Lehre, der Seelsorge,** der Verkündigung und der Sakramente, des Gottesdienstes, kirchlicher Kollekten usw, der **Kirchenzucht,** der Anwendung des kirchlichen Eherechtes, der Mitwirkung von Geistlichen bei kirchlichen Begräbnissen (BVerwG DVBl 1960, 246) usw, in Bezug auf Fragen der **kirchlichen Verfassung und Organisation** (BVerfG 18, 388), zB der kirchlichen Ämterordnung, der Funktion, Zusammenarbeit und Bildung kirchlicher usw Organe, zB des Kirchenvorstands, der Einteilung kirchlicher Verwaltungsbezirke.

10 **bb) Anwendbarkeit der VwVfG.** Anwendbar ist das VwVfG auf Verfahren vor kirchlichen Stellen hinsichtlich der **Kirchensteuer** (BVerfG 19, 288; BVerwGE 21, 330; 52, 105; NJW 1988, 1804; Hollerbach AöR 1992, 112), der Errichtung und Nutzung kirchlicher **Friedhöfe** (BVerwGE 25, 364f; Bachof AöR 78, 82; Obermayer DVBl 1979, 445) und anderer öffentlicher Einrichtungen, der **Auskunft aus Kirchenbüchern** (VGH München BayVBl 1968, 231), der Erhebung von **Gebühren** für kirchliche usw Handlungen, der **Zahlung von Gehalt** usw an kirchliche Amtsträger. **Ebenfalls nicht** unter die Ausnahmeregelung fallen, da sie keine „Tätigkeit der Kirchen" usw iS von Abs 1 betreffen, **Verfahren vor staatlichen Behörden,** die Angelegenheiten der Kirchen usw betreffen, wie die einer staatlichen Behörde gegenüber abzugebende Erklärung über den **Kirchenaustritt.**[6] Nicht berührt wird dadurch auch, zumal es sich insoweit nicht um Verwaltungsverfahren iS des VwVfG handelt, die Zulässigkeit der Geltendmachung **vermögensrechtlicher Ansprüche** von Geistlichen usw im Zusammenhang mit der Entlassung aus einem kirchlichen uä Amt gegen die Kirche **vor staatlichen Gerichten** (vgl VG Aachen DVBl 1975, 57; Weber NJW 1980, 1042; Kopp/ Schenke § 40 Rn 40ff; unklar BVerfG NJW 1980, 1041; str, s Petermann DÖV 1991, 16 mwN).

11 **c) Anwendbares Verfahrensrecht.** Für das Verfahren der Kirchen usw ist, soweit die Geltung des VwVfG nach Abs 1 ausgeschlossen ist (vgl Rn 8) **kirchliches Recht** maßgeblich. Grundsätze des allgemeinen Verwaltungsverfahrensrechts können nur dann und nur insoweit subsidiär herangezogen werden, als dies nach dem Selbstverständnis der Kirche zulässig oder geboten angesehen wird. Soweit die Kirchen usw auf Gebieten tätig werden, die dem staatlichen öffentlichen Recht zuzurechnen sind, ist wegen des Grundsatzes der Subsidiarität ebenfalls primär kirchliches Recht anzuwenden, sofern durch staatliches Recht nichts anderes

---

[4] FL 13; Knack 8; Obermayer DVBl 1977, 439 unter Hinweis darauf, dass die RegBegr auf Art 137 WRV Bezug nimmt; StBS 32; **aA** MB 4; UL § 8 Rn 20; Obermayer 14; Ehlers HdbStKR Bd 2, § 74 II; Meyer NJW 1977, 1705.

[5] BVerfG 18, 386; 42, 335; NJW 1980, 1041; NVwZ 1989, 452; BVerwGE 25, 230; 28, 345; NJW 1983, 2580 und 2581; OVG Münster NJW 1978, 2111.

[6] Vgl zur Eröffnung des VRW insoweit BVerwG NJW 1979, 2324; OVG Hamburg NJW 1975, 1900; VGH München DVBl 1976, 908; Weber NJW 1975, 1904; Listl NJW 1975, 1904; Kopp/Schenke § 40 Rn 40; **aA** insoweit OLG Frankfurt NJW 1977, 1732.

bestimmt ist und das kirchliche Recht den an Verwaltungsverfahren im Rechtsstaat zu stellenden Anforderungen genügt. **Subsidiär** sind hier jedoch **die Bestimmungen des VwVfG** bzw des Verwaltungsverfahrensrechts der Länder (§ 1 Abs 3) anwendbar. Die handelnden Stellen sind insoweit den Landesbehörden gleichzuachten.

12 **3. Kirche, Religionsgesellschaft und Weltanschauungsgemeinschaft.** Die in Abs 1 verwendeten Begriffe sind im selben Sinn zu verstehen wie in Art 140 GG, Art 136 bis 139, 141 WRV, an die Abs 1 anknüpft.[7]

a) Kirchen sind die staatlich anerkannten christlichen Religionsgemeinschaften, nämlich die katholische Kirche, die evangelischen Landeskirchen, die altkatholische Kirche, die evangelisch-methodistische Kirche, der Bund freikirchlicher Gemeinden (Baptisten) und die russisch-orthodoxe Kirche (FL 8; Knack 2 unter Bezugnahme auf MD Art 140 Rn 19), **nicht dagegen** sonstige Religionsgemeinschaften, wie die Neuapostolische Kirche (FL 8; **aA** Knack 2), die jüdischen Gemeinden (Knack 3), die Vereinigungskirche („Moon-Sekte") usw. Vgl die Aufzählung bei Obermayer BK Art 140 Rn 44; MD Art 140 Rn 19).

13 **b) Religionsgesellschaften** iS von Abs 1 sind alle Religionsgemeinschaften, die nicht Kirchen sind. Nach anderer Auffassung ist Religionsgesellschaft der Oberbegriff, der auch die Kirchen mit einschließt (MD Art 140 Rn 18). Teilweise werden auch die Weltanschauungsgemeinschaften dazugerechnet; gegen diese Ausweitung des Begriffs spricht jedoch, dass Abs 1 Kirchen, Religionsgesellschaften und Weltanschauungsgemeinschaften nebeneinander nennt. Auch Art 137 Abs 7 WRV, an den sich Abs 1 anlehnt, unterscheidet Religionsgesellschaften und Weltanschauungsgemeinschaften und stellt letztere den Religionsgesellschaften gleich. Es muss sich um einen Zusammenschluss von Personen in Form einer Körperschaft des öffentlichen Rechts aufgrund übereinstimmender Auffassungen in religiöser Hinsicht und mit einem nach außen kundgetanen gemeinsamen Bekenntnis[8] handeln. Nicht erforderlich ist der Glaube an einen persönlichen Gott (Müller-Volbehr JZ 1981, 44; Kopp NVwZ 1982, 179 mwN; unklar BVerwGE 61, 155); auch eine buddhistische Gemeinde ist eine Religionsgemeinschaft (Müller-Volbehr JZ 1981, 44; Kopp NVwZ 1982, 179). Dem Religiös-Transzendenten muss jedoch jedenfalls für die Gemeinschaft eine zentrale Bedeutung zukommen (BVerwGE 61, 154f).

14 **c) Weltanschauungsgemeinschaften** sind gem Art 140 GG iVm Art 137 Abs 7 WRV „Vereinigungen, die sich die gemeinschaftliche Pflege einer Weltanschauung zur Aufgabe machen", dh Vereinigungen, die durch ihre Lehren eine nicht-religiöse wertende Stellungnahme zum Ganzen der Welt bieten und damit eine Antwort auf Fragen nach Ursprung, Sinn und Ziel der Welt und des Lebens geben wollen (Obermayer DVBl 1977, 439; FL 9; Knack 4).

15 **d) Verbände und Einrichtungen der Kirchen usw** sind nur solche, die zur Erfüllung der zentralen Zweckbestimmungen errichtet und betrieben werden. Hierzu gehören zB die Caritas, die Innere Mission (Obermayer 11), die Deutsche Kolpingfamilie, der Ev. Bund, das Ev. Jungmännerwerk, katholischen Orden und Genossenschaften, die Ev.-luth. Missionsgesellschaft, die von Kirchen usw getragenen Hochschulen, Akademien und sonstigen Schulen, einschließlich der mit Öffentlichkeitsrechten ausgestatteten, staatlich anerkannten Schulen, die von Kirchen oder religiösen Orden getragenen Krankenhäuser (Obermayer 12), das Zen-

---

[7] FL 6; allg zum Begriff der Religionsgemeinschaft bzw Weltanschauungsgemeinschaft vgl BVerwGE 61, 155 = NJW 1981, 1460; VG Darmstadt NJW 1979, 1056; Obermayer DVBl 1981, 615; Müller-Volbehr JZ 1981, 42; JuS 1981, 729; Kopp NVwZ 1982, 179.

[8] FL 7; Knack 3; zT **aA** Obermayer DVBl 1977, 439; 1981, 615, der im Hinblick auf Art 4 Abs 1 GG eine Unterscheidung von Religionsgemeinschaften und Weltanschauungsgemeinschaften schlechthin ablehnt.

tralkomitee der deutschen Katholiken, der Deutsche Evangelische Kirchentag, katholische und evangelische Studentengemeinden (Obermayer 12), usw. Für die Zuordnung zu einer Religionsgemeinschaft ist insoweit grundsätzlich **deren Selbstverständnis** maßgeblich (BVerfG 24, 247; BVerwGE 61, 160 = NJW 1981, 1460).

III. Insgesamt ausgenommene Bereiche (Abs 2)

1. Verfahren der Finanzbehörden nach der AO (Nr 1). Die Ausnahme für die Verfahren der Finanzbehörden erfolgte im Hinblick darauf, dass es für diesen Bereich schon vor dem Erlass des VwVfG eine umfassende bundesrechtliche Kodifizierung des Verfahrensrechts gab, insbesondere die AO, die in der Praxis schon lange eingespielt war.[9] Es erscheint jedoch zweifelhaft, ob die Besonderheiten der Finanzverwaltung so tiefgreifend sind, dass dafür nicht auch schon nach § 1 VwVfG mögliche Sonderregelungen genügt hätten; dies gilt um so mehr, als die AO 1977 ebenso wie die Vorschriften, die sie abgelöst hat, in weitem Umfang gleiche oder ähnliche, auch hins. der Formulierungen mit dem VwVfG abgestimmte Vorschriften enthält (Schmitt Glaeser, Boorberg-FS 1, 23; Mohr NJW 1978, 790; Schleicher DÖV 1976, 551; FL 14; Fiedler NJW 1981, 2093). 16

a) Umfang des Ausschlusses. Ausgenommen sind nur Verfahren vor den allgemeinen **Finanzbehörden** des Bundes und der Länder beim Vollzug der AO im Zusammenhang mit bundesrechtlich oder durch EG-Recht (§ 1 AO) geregelten Steuern (FL 16), einschließlich der Zölle (§ 3 Abs 1 S 2 AO). Für landesrechtlich geregelte Steuern entfällt die Anwendbarkeit des VwVfG schon gem § 1 Abs 3 (FL 16). Dies gilt auch dann, wenn das Landesrecht die AO für anwendbar erklärt, weil in derartigen Fällen die Vorschriften der AO nicht als Bundesrecht, sondern als Landesrecht zur Anwendung kommen. Die Ausnahme nach Abs 2 Nr 1 gilt außerdem auch nicht für das Verfahren vor **Gemeindebehörden** bei der Erhebung von gemeindlichen Abgaben. Soweit für diese landesrechtlich die AO für entsprechend anwendbar erklärt worden ist, folgt die Unanwendbarkeit des VwVfG bzw der Verwaltungsverfahrensgesetze der Länder aus dem Grundsatz der Subsidiarität (vgl § 1 Rn 3); im übrigen folgt die Unanwendbarkeit in diesen Fällen zumeist aus den dem Abs 2 Nr 1 entsprechenden Ausschlussregelungen der Verwaltungsverfahrensgesetze der Länder. 17

b) Geltung der AO. Für das Verfahren der staatlichen Finanzbehörden gelten heute die Bestimmungen der AO, deren verfahrensrechtliche Vorschriften weitgehend dem VwVfG entsprechen (s oben Rn 16). DasVwVfG ist insoweit auch nicht subsidiär anwendbar (FL 18 StBS 49; Knack 13; zT **aA** Becker JR 1976, 487). Wohl aber ist auch die AO ähnlich wie das VwVfG **im Licht der allgemeinen Grundsätze** des Verwaltungsverfahrensrechts im Rechtsstaat, die dem VwVfG und der AO gemeinsam vorgegeben sind, auszulegen und anzuwenden und, soweit sie keine abschließenden Regelungen enthält, daraus zu ergänzen, zB bzgl öffentlichrechlicher Verträge gem §§ 54 ff (s § 54 Rn 5 f). Von daher und aus den Bedürfnissen der Praxis ergibt sich auch eine gewisse **Notwendigkeit zu möglichst einheitlicher Auslegung** gleicher oder ähnlicher Regelungen in der AO und im VwVfG und zur Berücksichtigung auch der Rspr und Rechtslehre zu den parallelen Regelungen und zu Lückenausfüllungsproblemen (ebenso StBS 48; Rößler NJW 1981, 436). 18

2. Prozessrechtlich geprägte Angelegenheiten (Nr 2). Die Ausnahme für Verfahren der Strafverfolgung, des Ordnungswidrigkeitsrechts, der Rechtshilfe und des Richterdienstrechts soll, ähnlich wie die Ausnahmeregelung des Abs 3 Nr 1, 19

---

[9] Begr 33; Spanner BayVBl 1976, 541; Martens NJW 1976, 649; Tipke JZ 1976, 703; Schleicher DÖV 1976, 551; FL 14; SG 23.

vor allem dem Umstand Rechnung tragen, dass die genannten Gebiete außerhalb des Rahmens der normalen Verwaltungstätigkeit liegen und überwiegend in den entsprechenden Prozessordnungen oder doch in Anlehnung an das straf- oder zivilgerichtliche Verfahren bzw jedenfalls in sachlichem Zusammenhang damit geregelt sind (Begr 33; FL 21). Auch bei Berücksichtigung dieser Zusammenhänge ist die Notwendigkeit einer Ausnahmeregelung insoweit jedoch nicht ohne weiteres evident, soweit es sich der Sache nach um Verwaltungsverfahren handelt (**aA** StBS 69: Nr 2 hat im wesentlichen nur klarstellende Funktion).

20 **a) Strafverfolgungs- und Bußgeldangelegenheiten.** Unter Strafverfolgung ist die Tätigkeit der Polizei, der Staatsanwaltschaft und der Strafgerichte bei der Aufklärung und Ahndung von Straftaten **auf der Grundlage der StPO** zu verstehen (vgl StBS 21; FL 21). Entsprechendes gilt für die Verfolgung von Ordnungswidrigkeiten durch die Verwaltungsbehörden auf der Grundlage des OWiG. **Nicht zur Strafverfolgung** bzw Verfolgung von Ordnungswidrigkeiten gehört die Tätigkeit der Polizei zur Verhütung oder Unterbindung von Straftaten oder Ordnungswidrigkeiten **(Gefahrenabwehr, Prävention)** sowie allgemein bei der Verhinderung und Unterbindung von Störungen der öffentlichen Sicherheit und Ordnung (Knack 26; MB 7). Zur Abgrenzung und Unterscheidung von Strafrecht und Ordnungswidrigkeitenrecht vgl auch BVerfG 8, 207.

21 **Unklar ist die Abgrenzung** zwischen den Maßnahmen der Verfolgung von Straftaten und Ordnungswidrigkeiten nach Abs 2 Nr 2 und der Tätigkeit der Justizverwaltung nach Abs 3 Nr 1 (**Justizverwaltungsakte;** s hierzu Rn 33 ff). Nach dem Zweck der Regelung werden von Abs 3 Nr 1 sämtliche Maßnahmen erfasst, für die der **Rechtsweg nach § 23 EGGVG** dem Grunde nach offensteht (StBS 102 ff). Auch Maßnahmen der **Strafvollstreckung** fallen nicht unter Abs 2 Nr 2, sondern unter Abs 3 Nr 1. S zur Abgrenzung des Strafvollzugs von der allgemeinen Verwaltungstätigkeit auch VGH München BayVBl 1987, 118.

22 **b) Rechtshilfe.** Maßnahmen im Rahmen der Rechtshilfe für das Ausland iS von Abs 2 Nr 2 sind die aufgrund besonderer völkerrechtlicher Verträge, Abkommen usw oder des allgemeinen Völkerrechts erfolgenden richterlichen Handlungen deutscher Gerichte gegenüber ausländischen Gerichten, die darum ersuchen. **Der Begriff der Rechtshilfe** entspricht dem Begriff der Rechtshilfe gem §§ 156 ff GVG. Darunter fallen zB Zeugenvernehmungen, die Herausgabe von Gegenständen sowie uU die Auslieferung. Fraglich ist, ob sich der Begriff auf richterliches Handeln beschränkt. Dies ist nicht anzunehmen, zumal die Regelung dann ersichtlich überflüssig wäre.[10]

23 **Beispiele:** Von Abs 2 Nr 2 erfasst werden, da es sich auch insoweit um Rechtshilfe handelt, zB Verfahren zur Bewilligung der Auslieferung durch die Bundesregierung gem §§ 1 ff, 44 Abs 1 AuslG (Knack 30; MB 9; FL 24 StBS 81). Abs 2 Nr 2 ist auf derartige behördliche Verfahren nicht, auch nicht analog anwendbar. Bewilligung der Auslieferung durch Behörden und ähnliche Akte sind zwar öffentlichrechtliche Verwaltungstätigkeit iS von § 1 VwVfG (vgl OVG Münster DVBl 1996, 731; FL 24), die Anwendung des VwVfG ist aber nach Abs 2 Nr 2 ausgeschlossen (FL 24). Zum gerichtlichen Rechtsschutz bei Auslieferungsersuchen vgl BVerfG NJW 1981, 1154; 1982, 2729; BGH NJW 1984, 2046; 1990, 2936; OVG Münster GA 1982, 128. Akte der Amtshilfe gegenüber ausländischen Behörden und Gerichten fallen nicht unter die Ausnahmeregelung, da Abs 2 Nr 2 nur Akte der Rechtshilfe, nicht auch der Amtshilfe erfasst.

24 **Das Verfahren in Rechtshilfesachen** für das Ausland ist zumeist **in internationalen Verträgen** und Konventionen geregelt, zB im Europäischen Auslieferungsübereinkommen vom 13. 12. 1957 (BGBl II 1964, 1369; II 1976, 1778), im Europäischen Übereinkommen über die Rechtshilfe in Strafsachen vom 20. 4.

[10] Vgl StBS 78; MB 9; FL 24.

1959 (vgl BGBl 1964 II 1369), zT auch in deutschen Rechtsvorschriften, zB im G über die internationale Rechtshilfe in Strafsachen (IRG) vom 23. 12. 1982 (BGBl 1982 I 2071). Soweit Sonderregelungen fehlen, gelten für die Rechts- und Amtshilfe vor allem das **Haager Abkommen über den Zivilprozess** vom 17. 7. 1905 (RGBl 1909 S 409) und die Haager Übereinkommen über den Zivilprozess vom 1. 3. 1954 (BGBl 1958 II 576), über die Zustellung gerichtlicher und außergerichtlicher Schriftstücke im Ausland in Zivil- und Handelssachen (HZustUbE) vom 15. 11. 1965 (BGBl 1977 II 1453) und über die Beweisaufnahme im Ausland in Zivil- und Handelssachen (HBewUbK) vom 18. 3. 1970 (BGBl 1977 II 1472) sowie das AusführungsG vom 18. 12. 1959 (BGBl I 939). S auch die Rechtshilfeordnung für Zivilsachen vom 19. 10. 1956 (BAnz 1957 Nr 63) und die Richtlinien für den Verkehr mit dem Ausland in strafrechtlichen Angelegenheiten vom 15. 1. 1959 (BAnz 1959 Nr 9); Loebenstein, International Mutual Assistance in Administrative Matters, 1970; Jellinek NVwZ 1982, 535; zu den genannten Übereinkommen auch Böckstiegel/Schlafen NJW 1978, 1073. Ergänzend dazu kommt für die Rechtshilfe gegenüber dem Ausland die analoge Anwendung von §§ 156 ff GVG in Betracht.

c) Richterdienstrecht. Ausgenommen sind nach Nr 2 Maßnahmen des Richterdienstrechts. Dabei handelt es sich um das besondere, in den Richtergesetzen des Bundes (DRiG) und der Länder sowie, ergänzend dazu, in den Beamtengesetzen und in einigen Sondervorschriften geregelte Dienstrecht der Richter der verschiedenen Gerichtszweige. Die Ausnahmevorschrift betrifft nicht nur Maßnahmen, die unter die Zuständigkeit der Richterdienstgerichte gem § 62 Abs 1 DRiG bzw § 78 DRiG iVm dem in Betracht kommenden Richtergesetz des Landes fallen, sondern **alle „Maßnahmen des Richterdienstrechts,** insb auch Ernennungen, Entlassungen, Versetzungen usw im Interesse der Rechtspflege, die Genehmigung oder Versagung von Nebentätigkeiten, Entscheidungen über Disziplinarmaßnahmen usw" (Begr 33; FL 26). **Nicht dazu** gehören die **Maßnahmen der gerichtlichen Selbstverwaltung,** zB Entscheidungen gem §§ 21 ff GVG, auch zB die Zuweisung eines Richters an einen bestimmten Spruchkörper durch den vom Präsidium eines Gerichts gem § 21 e GVG beschlossenen Geschäftsverteilungsplan. 25

Das Verfahren in Richterdienstsachen ist im **DRiG** des Bundes und den Richtergesetzen der Länder sowie in den in diesen Gesetzen subsidiär für anwendbar erklärten **Beamtengesetzen** und beamtenrechtlichen Nebengesetzen und sonstigen Vorschriften nur sehr lückenhaft geregelt. Obwohl sonst das VwVfG auf beamtenrechtliche Verfahren anwendbar ist und das allgemeine Beamtenrecht subsidiär gem § 46 DRiG bis zum Erlass besonderer Vorschriften auch für Richter gilt, **schließt Abs 2 Nr 2 die unmittelbare Anwendung** des VwVfG – mit Ausnahme des § 80 (s § 80 Abs 4) – aus (Knack 32). Praktisch führt jedoch die Anwendung allgemeiner Grundsätze eines rechtsstaatlichen Verfahrens weitgehend zu den gleichen Ergebnissen, da Richter hins. der ihnen im Verfahren zukommenden Rechte jedenfalls nicht schlechter gestellt werden können als andere Beamte. 26

3. Verfahren vor dem Deutschen Patent- und Markenamt (Nr 3). Die Ausnahme für Patent- und Markensachen hat ihren Grund darin, dass das Patentwesen in keinem näheren Zusammenhang mit anderen Verwaltungsgebieten steht, herkömmlicherweise zum Zivilrecht gerechnet wird und im PatentG eine weitgehend justizförmige Regelung gefunden hat (Begr 33; FL 27). Andererseits ist heute jedoch unbestritten, dass das Deutsche Patent- und Markenamt als Verwaltungsbehörde und nicht als Gericht tätig wird und dass demgemäß auch die von diesem Amt betriebenen Verfahren Verwaltungsverfahren und nicht gerichtliche Verfahren sind (FL 27). **Patentsachen iS** der Regelung sind alle im PatG geregelten Angelegenheiten, außer Patentsachen ieS auch zB Gebrauchsmustersachen und 27

Markensachen, nicht dagegen sonstige Angelegenheiten, wie etwa Entscheidungen in Personalsachen des Patentamtes (MB 11; StBS 87). **Das Verfahren in Patentsachen** ist in §§ 26ff PatG und in einigen dazu ergangenen DurchführungsVOen geregelt, die ua die Entscheidung durch weisungsunabhängige Spruchkörper vorsehen. Für die beim Deutschen Patentamt eingerichteten Schiedsstellen gilt das G vom 9. 9. 1965 (BGBl I 1294) und die dazu ergangene VO vom 18. 12. 1965 (BGBl I 2106). Auch das Verfahren vor den Schiedsstellen wird nach Abs 2 Nr 3 erfasst (StBS 86).

28 **4. Verfahren nach dem Sozialgesetzbuch (Nr 4).** Die Ausnahme in Abs 2 Nr 4 erfolgte im Hinblick auf durch „soziale Erwägungen bedingte **Besonderheiten dieser Sachgebiete**" (Begr 33; krit zu Recht Pitschas Sgb 1999, 385) sowie im Hinblick auf das beabsichtigte Sozialgesetzbuch (SGB), das auch das Verfahren umfassend geregelt hat. Absatz 2 Nr 4 wurde durch Gesetz v 2. 5. 1996 (BGBl I 656) neu gefasst. Ziel dieser vom Bundesrat im Gesetzgebungsverfahren vorgeschlagenen Änderung ist es, die Anwendbarkeit des VwVfG eindeutig und ohne Lücken oder Überschneidungen von derjenigen des SGB X abzugrenzen. Das VwVfG soll in allen Fällen anwendbar sein, in denen nicht auf Grund von Bundes- oder Landesrecht die Verfahrensvorschriften des SGB anwendbar sind oder künftig für anwendbar erklärt werden (BT-Dr 13/1534 S 10). Die Neufassung ist die Konsequenz der inzwischen weitgehend abgeschlossenen Schaffung eines **selbständigen Sozialverwaltungsrechts.**

29 **a) Umfang des Ausschlusses.** Die Ausnahme des Abs 2 Nr 4 erfasst sämtliche Rechtsmaterien, auf die das SGB X und das SGB I zur Anwendung kommen. Es sind dies die in den Büchern II bis XI des SGB zusammengefassten Rechtsgebiete der Ausbildungsförderung, des Schwerbeschädigten-, Wohngeld-, Sozialhilfe-, Jugendhilfe- und Kriegsopferfürsorgerechts; ferner die Angelegenheiten der Sozialversicherung, der Kranken- und Pflegeversicherung, der Arbeitslosenversicherung und sonstige der Bundesanstalt für Arbeit übertragene Aufgaben (zB nach dem AFG und dem BKGG) sowie die Angelegenheiten der (in Nr 4 ausdrücklich genannten, von der Kriegsopferfürsorge, die unter Abs 2 Nr 4, 2. Halbs. fällt, zu unterscheidenden) Kriegsopferversorgung. Unter die Ausnahmeregelung fallen danach außer Verfahren hins. der Gewährung von Sozialversicherungsleistungen zB auch Verfahren hins. der Zulassung von Kassenärzten, Verfahren nach dem MutterschutzG, nach dem LohnfortzahlungsG, bestimmte Verfahren nach dem BSeuchG (§§ 51ff BSeuchG hins. der Entschädigung von Impfschäden), dem SoldatenversorgungsG und nach dem Gesetz über die Entschädigung von Opfern von Gewalttaten.

30 **b) Regelungen durch das SGB I u X.** Das Verfahren in den in Nr 4 genannten Angelegenheiten ist heute umfassend im SGB-I und vor allem im SGB-X im wesentlichen wörtlich übereinstimmend mit den §§ 2–62, 79f VwVfG geregelt. Das vorher in zahlreichen verstreuten Sondervorschriften enthaltene Verfahrensrecht (vgl FL 29; Thieme SGb 1977, 1; v Maydell NJW 1976, 161; Lorenz VSSR 1975, 255) konnte damit außer Kraft gesetzt werden. Für die Auslegung und Anwendung des Verfahrensrechts des SGB und die Ausfüllung von Lücken im Licht der allgemeinen Grundsätze eines rechtsstaatlichen Verfahrensrechts, die das Sozialrecht mit dem VwVfG gemeinsam hat, gilt dasselbe wie oben in Rn 18 für das Abgabenrecht ausgeführt (s auch Haueisen DVBl 1978, 311).

31 **5. Lastenausgleichssachen (Nr 5).** Die Ausnahme für Verfahren beim Vollzug des Lastenausgleichs erfolgte, weil das Verfahren in Lastenausgleichssachen im LAG und in den dazu ergangenen Rechtsverordnungen eingehend geregelt war und zudem der Lastenausgleich bereits so weitgehend abgeschlossen ist, dass die Einführung eines neuen Verfahrensrechts nicht mehr tunlich erschien (Begr 34). Die Ausnahmeregelung gilt außer für das Lastenausgleichsrecht ieS auch für sonstige Verfahren, die von der Lastenausgleichsverwaltung aufgrund von Art 120a GG

durchgeführt werden (Begr 34), insb für Verfahren nach dem FeststellungsG, dem ReparationsschädenG, dem G über einen Währungsausgleich für Sparguthaben Vertriebener (WährungsausgleichsG), dem G zur Milderung von Härten der Währungsreform (AltsparerG), dem IV. Teil des Allgemeinen KriegsfolgenG, dem Abschn II des KriegsgefangenenentschädigungsG, dem § 9a Abs 2 des HäftlingshilfeG (vgl Knack 36; FL 37).

6. Wiedergutmachungssachen (Nr 6). Ähnlich wie die Ausnahme für Verfahren in Lastenausgleichssachen gem Nr 5 erfolgte auch die Ausnahme zugunsten des Widergutmachungsrechts im Hinblick auf die eingehende Regelung des dafür maßgeblichen Verfahrens im BEG und wegen des bevorstehenden Abschlusses der Wiedergutmachung (Begr 34). Unter die Ausnahmeregelung fallen insb die Verfahren nach dem BundesrückerstattungsG (BRüG), dem BundesentschädigungsG (BEG), dem BundesG zur Wiedergutmachung nationalsozialistischen Unrechts in der Kriegsopferversorgung und nach anderen Gesetzen (vgl die Aufzählung bei FL 38 und Knack 37) sowie aufgrund der nicht auf gesetzlicher Grundlage vom Bundeskabinett beschlossenen sog. Härteausgleichsrichtlinien zur Wiedergutmachung und den dazu erlassenen Verwaltungsvorschriften. 32

IV. Tätigkeitsbereiche mit beschränkter Anwendung des VwVfG (Abs 3)

1. Tätigkeit der Gerichts- und Justizverwaltung (Nr 1). Die Ausnahme für Gerichts- und Justizverwaltungssachen, die nicht der Nachprüfung durch Gerichte der Verwaltungsgerichtsbarkeit unterliegen, soll im Hinblick auf den gewachsenen Zusammenhang dieser Angelegenheiten mit der Zivil- und Strafgerichtsbarkeit auf die Besonderheiten der Justizverwaltung Rücksicht nehmen. Sie gilt in erster Linie für Maßnahmen, deren Kontrolle nach den §§ 23ff. EGGVG den ordentlichen Gerichten zugewiesen ist (Begr 35), insbes für die sog **Justizverwaltungsakte.** Damit wird offenbar auch das Ziel angestrebt, die Anwendungsbereiche von VwVfG und VwGO zu harmonisieren (StBS 101). Die Regelung ist ebenso verfehlt wie die Eröffnung eines besonderen Rechtswegs für die Justizverwaltungssachen in §§ 23ff EGGVG, da es insoweit keine wesensgemäßen Unterschiede gibt, die eine Herausnahme aus der Anwendbarkeit des VwVfG rechtfertigen könnten.[11] Sie ist darüber hinaus auch rechtspolitisch verfehlt, weil hinsichtlich der Abgrenzung des Verwaltungsrechtswegs von demjenigen nach §§ 23ff EGGVG nicht selten Unklarheiten bestehen, die nicht selten erst im Nachhinein geklärt werden. 33

a) Gerichtsverwaltung iS der Vorschrift sind nicht nur die Verwaltungsorgane der ordentlichen Gerichtsbarkeit, sondern auch der übrigen Gerichtsbarkeiten iS des Art 96 GG (Begr 35), daher zB auch der Sozialgerichtsbarkeit (StBS 115, anders allerdings 110). Darunter fallen insb die **Präsidenten der Gerichte** im Bereich der Dienstaufsicht über das Personal, im Bereich des Haushalts-, Rechnungs- und Kassenwesens, der Ausbildung des juristischen Nachwuchses, der Aufsicht über die Geschäftsstellen, usw (ebenso FL 41). **Nicht dazu** gehört die **gerichtliche Selbstverwaltung,** für die die VwGO ebenso wie das allgemeine Verwaltungsverfahrensrecht des Bundes und der Länder gilt, sowie die Rechtsprechungstätigkeit der Gerichte. 34

b) Behörden der Justizverwaltung iS des Abs 3 Nr 1 sind nach hM nicht nur die ressortmäßig bzw organisatorisch zur Justiz gehörenden Behörden, sondern 35

[11] Vgl SG 24: „schlicht unsinnig"; ähnlich FL 51, ua unter Hinweis darauf, dass damit die Unklarheiten und Abgrenzungsschwierigkeiten bei §§ 23ff EGGVG auch auf das Verwaltungsverfahrensrecht übertragen werden (vgl auch StBS 101).

auch sonstige Behörden, wenn und soweit sie für die „Justiz" tätig sind **(funktioneller Begriff der Justizbehörden).**[12] Justizbehörden iS der Regelung sind danach zB insb die Justizminister, ferner die Präsidenten der Zivil- und Strafgerichte, soweit sie mit Aufgaben der Justizverwaltung betraut sind, die **Staatsanwaltschaft,** soweit sie nicht im Rahmen eines Strafverfahrens tätig wird (BVerwGE 47, 262; Strubel-Sprenger NJW 1972, 1734), auch **Polizeiorgane** und sonstige öffentliche Organe, soweit sie Aufgaben der Aufklärung und Verfolgung begangener Straftaten erfüllen.[13] **Nicht als Justizbehörde,** sondern als Verwaltungsbehörde wird die Polizei dagegen bei allen Maßnahmen zur Wahrung der öffentlichen Sicherheit und Ordnung tätig. Wenn die Polizei in einer Sache sowohl Strafverfolgung als auch zur Gefahrenabwehr tätig wird (sog **doppelfunktionales Handeln der Polizei**), so ist die Rechtslage streitig. Die klassische Auffassung beurteilt das Handeln der Polizei in diesen Fällen danach, wo der Schwerpunkt der Zielsetzung gelegen hat (BVerwGE 47, 255, 264 = NJW 1975, 893; 69, 192, 195 = NJW 1984, 2233; VGH Mannheim DÖV 1989, 171; VGH München BayVBl 1986, 337). Nach anderer Auffassung ist es Sache der Polizei selbst, diesen Schwerpunkt zu bestimmen (Schenke, VwPrR 140); eine dritte Meinung beurteilt die Handlung getrennt nach dem jeweiligen Zweck (Schwan VerwArch 1979, 109, 129). Richtigerweise wird man bei doppelfunktionalem Handeln der Polizei sowohl einen strafprozessualen als auch einen verwaltungsrechtlichen Charakter der Maßnahme anzunehmen haben (so zutreffend Ehlers in Schoch § 40 Rn 607), sofern nicht einer der Zwecke von völlig untergeordneter Bedeutung ist.

36 **Ausgeschlossen** wird durch Abs 3 Nr 1 die Anwendbarkeit des VwVfG (bzw das VwVfG des entsprechenden Landes) nur, soweit für die Nachprüfung der in Frage stehenden Handlung der Verwaltungsrechtsweg nicht gegeben ist. Das ist grundsätzlich der Fall zB bei Maßnahmen der Gerichtsverwaltung gegenüber Richtern, soweit für die Nachprüfung, weil sie die richterliche Unabhängigkeit antasten, die Richterdienstgerichte zuständig sind (vgl Kopp/Schenke § 38 Rn 3 ff); nicht dagegen zB bei Entscheidungen gegenüber einem dem Gericht zur Ausbildung zugeteilten Referendar oder gegenüber einem Ausbildungsrichter in bezug auf eine ausschließlich die Ausbildung betreffende Angelegenheit.

37 **c) Maßnahmen der Justizverwaltung.** Bei Maßnahmen der Justizverwaltung ist der VRW und damit nach Abs 3 Nr 1 auch die Anwendbarkeit des VwVfG (bzw des Verwaltungsverfahrensgesetzes des Landes), insb bei den als Justizverwaltungsakten zu klassifizierenden Maßnahmen der Justizbehörden, für die gem §§ 23 ff EGGVG der Antrag auf gerichtliche Entscheidung an das OLG gegeben ist, ausgeschlossen, dh grundsätzlich für alle Maßnahmen „zur Regelung einzelner Angelegenheiten auf den Gebieten des bürgerlichen Rechts einschließlich des Handelsrechts, des Zivilprozesses, der freiwilligen Gerichtsbarkeit und der Strafrechtspflege", sowie für alle Maßnahmen „der Vollzugsbehörden im Vollzug der Freiheitsstrafen, der Maßregeln der Sicherung und Besserung, des Jugendarrests und der Untersuchungshaft".

38 **Beispiele:** Der Ausschluss gilt für die Befreiung vom **Ehefähigkeitszeugnis** (BGH MDR 1978, 653 mwN); die **Sperrerklärung** gem § 96 StPO (BVerwGE

---

[12] Vgl idS BVerwGE 49, 223; 69, 195 = DÖV 1985, 70; BVerwG NJW 1976, 306; VGH München BayVBl 1986, 337; VGH Mannheim NVwZ 1989, 413; OVG Münster NJW 1980, 855; VGH Kassel VwRspr 1977, 1009; OLG Karlsruhe DÖV 1976, 171; VG Bremen NVwZ 1989, 895; Naumann DÖV 1975, 278; Schenke NJW 1975, 1529; Ehlers in Schoch § 40 Rn 607; Amelung JZ 1975, 523; s im einzelnen dazu Kopp/Schenke § 179 Rn 6; **aA** Markworth DVBl 1975, 575: maßgeblich sei nur der institutionelle, nicht der funktionelle Begriff der Justizbehörde; daher sei gegen VAe der Polizei immer der VRW gegeben.

[13] BVerwGE 11, 95; 47, 264; VGH Mannheim NVwZ 1989, 413; OVG Berlin NJW 1971, 637; OVG Münster NJW 1980, 855; OLG Hamm DÖV 1973, 282; Kleinknecht StPO § 23 EGGVG Rn 2; Naumann DÖV 1975, 278.

69, 192 = NJW 1984, 2233; 75, 5 = NJW 1987, 202); die Anordnung des Justizministeriums gegenüber bestimmten Anwälten über den **Verkehr mit** bestimmten, in Untersuchungshaft befindlichen **Mandanten** (OLG Frankfurt NJW 1977, 2176); die Entscheidung über Anträge auf **Hafterleichterungen,** Haftvergünstigungen usw (zB auch Wochenendvollzug, Heiratserlaubnis); über **Pressemitteilungen** über Strafverfolgungsmaßnahmen, Strafverfahren und Zivilprozesse (VGH Mannheim NJW 1973, 214); über **Gnadenakte,** die den Erlass von Kriminalstrafen oder von Strafvollzugsmaßnahmen zum Gegenstand haben;[14] über die **Einsicht in Akten** der Zivil- und Strafgerichte durch Dritte;[15] über die Herausgabe einer Urteilsausfertigung an Dritte (OLG Frankfurt NJW 1976, 510); über die Bestimmung einer Frist für die Klage auf Herausgabe eines bei Gericht hinterlegten Gegenstandes (OLG Koblenz MDR 1976, 234).

Nicht unter §§ 23 ff EGGVG fallen dagegen – mit der Folge, dass das VwVfG (bzw die Verfahrensgesetze der Länder) anwendbar bleiben, – alle Maßnahmen, die zwar von Justizbehörden getroffen werden, aber über den Bereich des bürgerlichen Rechts, der Strafrechtspflege und des Strafvollzugs iS des § 23 EGGVG hinausreichen, wie die Entscheidungen der Justizprüfungsämter und Justizprüfungskommissionen, die Entscheidung über die Ausstattung der Gerichtssäle mit Kruzifixen, uä (BVerwG DÖV 1972, 288; vgl hierzu neuerdings BVerfG 93, 1, 17); ebenso nicht Maßnahmen, die nicht konkrete, den oben in Rn 38 genannten Fällen vergleichbare Fälle betreffen, daher zB **nicht** die **Zulassung als Rechtsbeistand** oder Prozessagent nach § 157 Abs 3 ZPO;[16] die Erlaubnis des Amtsgerichtspräsidenten nach dem RBG zur **Rechtsberatung** (BVerwG NJW 1978, 235; DVBl 1985, 1070; VGH Mannheim Justiz 1985, 66); die Untersagung der Rechtsbesorgung durch Verfügung der Landgerichtspräsidenten (BVerwG DÖV 1974, 675); der Widerruf der Erlaubnis zur Besorgung fremder Rechtsangelegenheiten (BVerwG NJW 1977, 2178). 39

Nicht erfasst werden ferner **präventiv-polizeiliche Maßnahmen,** die nicht der Strafverfolgung, sondern der Wahrung der öffentlichen Sicherheit oder Ordnung, einschließlich der Unterbindung von Straftaten dienen, zB die **Anordnung der Räumung** einer Wohnung, wenn aus einem Gebäude Steine geworfen werden (BVerwG DVBl 1974, 846; OVG Berlin DÖV 1974, 28), die **Ingewahrsamnahme** eines Rädelsführers zur Verhinderung einer weiteren Demonstration (BVerwGE 45, 51); die Aufnahme und Aufbewahrung **erkennungsdienstlicher Unterlagen** zu Zwecken der vorbeugenden Verbrechensbekämpfung;[17] die Erteilung einer **Auskunft über eine Gewährsperson** der Polizei (OLG Hamm DÖV 1973, 282). 39a

Nicht anwendbar ist das VwVfG (bzw die Verwaltungsverfahrensgesetze der Länder) für Verfahren hins. der **Zulassung von Rechtsanwälten** allgemein oder bei bestimmten Gerichten, da insofern die Ehrengerichtshöfe der Rechtsanwälte für die Überprüfung zuständig sind (FL 44); für Verfahren in berufs- und dienstrechtlichen **Angelegenheiten der Notare,** da insoweit die ordentlichen Gerichte für die Überprüfung zuständig sind (BGH NJW 1974, 108; Bremen NJW 1978, 966); für Verfahren hins. der **Anerkennung ausländischer Urteile** in Ehesachen 40

---

[14] BVerwGE 49, 221, wo die Frage der Justiziabilität jedoch letztlich offen gelassen wird; **aA** OLG München NJW 1977, 115: auch nicht nach § 23 EGGVG angreifbar.

[15] KG Berlin MDR 1976, 585; OLG Celle NJW 1990, 1802; vgl auch zur Einsicht in Gnadenakten OLG Hamburg NJW 1975, 1984: kein Rechtsweg bei Weigerung.

[16] Ule 32 Anh IV 2; zur Zulassung bei anderen Gerichten als den bürgerlichen Gerichten auch BVerwG 40, 112; **aA** BGHZ 46, 357 zur Zulassung als Prozeßagent für den Bereich der ordentlichen Gerichtsbarkeit.

[17] BVerwGE 66, 192 = NJW 1983, 772; 66, 202 = NJW 1983, 1338; 69, 192; BVerwG DVBl 1990, 721; VGH München NJW 1984, 2235; VGH Mannheim NJW 1987, 3022; OVG Münster DVBl 1980, 423 = DÖV 1980, 574; OVG Hamburg DVBl 1977, 253.

gem Art 7 § 1 FamRÄndG (BayObLG MDR 1976, 232), da insoweit für Überprüfung die ordentlichen Gerichte zuständig sind. Nicht anwendbar ist das VwVfG auch auf Maßnahmen der **Strafverfolgung** nach der StPO, da hiergegen nur Rechtsbehelfe nach der StPO in Frage kommen (vgl OLG Karlsruhe Justiz 1982, 300; Kopp/Schenke VwGO § 179 Rn 8), und Maßnahmen auf dem Gebiet des OWiG sowie auf **Maßnahmen auf dem Gebiet des Strafvollzugs,** da insoweit nach §§ 109, 113 und 115 StrVollzG für die Überprüfung die Strafvollstreckungskammern zuständig sind (Pfennig JA 1976 ÖR 92; FL 48).

41 **Für die Tätigkeit** der Gerichtsverwaltungen und der Behörden der Justizverwaltung, für die das VwVfG (bzw die Verwaltungsverfahrensgesetze der Länder) nicht anwendbar ist (sind), gibt es eine Fülle von sehr verstreuten, überwiegend landesrechtlichen Vorschriften. Zum Rechtsschutz s näher Ehlers in Schoch § 40 Rn 613ff.

42 **2. Tätigkeit der Behörden bei Leistungsprüfungen usw (Nr 2). a) Teilweiser Ausschluss von Vorschriften.** Bei Leistungs-, Eignungs- und ähnliche Prüfungen gelten nicht die Vorschriften über die Vertretung (§§ 14–19), über die Anhörung Beteiligter (§ 28), über die Begründung eines VA (§ 39), über die Verjährung (§ 53), den öffentlich-rechtlichen Vertrag (§§ 54ff) sowie der Natur der Sache entsprechend über förmliche Verfahren usw (§§ 63ff). Damit soll dem besonderen Charakter solcher Prüfungen, insb auch der höchstpersönlichen Natur von Prüfungen, Rechnung getragen werden (Begr 36; BVerwGE 62, 170 = NJW 1981, 2136; FL 52). Der Ausschluss hat nur geringe praktische Bedeutung, zumal Prüfungsverfahren ohnehin idR in **Prüfungsordnungen** ausführlich geregelt sind. Zum Teil beruht die Regelung offenbar aber auch auf der irrigen Vorstellung, dass die ausgeschlossenen Vorschriften für Prüfungen nicht passen, etwa weil eine Vertretung bei Prüfungen nicht möglich ist (so auch zB Knack 41; StBS 116). Tatsächlich aber ist der eigentliche Prüfungsvorgang immer nur ein Teil eines Verwaltungsverfahrens, nämlich nur ein Ermittlungs- bzw Beweisverfahren iS von §§ 24, 26 mit dem Prüfer als Sachverständigen (s auch StBS 118). Deshalb gilt der Ausschluss in Abs 3 Nr 2 auch nur für die **prüfungsspezifischen Teile eines Verwaltungsverfahrens,** nicht zB für das Widerspruchsverfahren (s unten Rn 46).

43 **b) Begriff der Leistungs- und Eignungsprüfungen.** Die Regelung gilt zunächst einmal unbestritten für Prüfungen im engeren Sinn, wie Reife-, Diplom- und Magisterprüfungen, Staatsexamen, Gesellen- und Meisterprüfungen gem §§ 31ff bzw 46ff HandwO, die theoretische und praktische „Führerscheinprüfung" zur Feststellung erforderlichen Kenntnisse zum Führen eines Kfz usw (FL 53; Obermayer 59) und ähnliche „unvertretbare, einmalige und situationsgebundene Prüfungen in Gegenwart des Prüflings" (FL 55). Stets muss es sich um die Prüfung von Personen handeln. Materialprüfungen gehören nicht dazu (Knack 39).

44 **aa) Der Begriff des Prüfungsverfahrens. Umstritten** ist, ob es sich stets um verselbständigte, räumlich und zeitlich abgegrenzte und in sich geschlossene Prüfungen (Prüfungsverfahren ieS) handeln muss (so Schoch NJW 1982, 545, 548) oder ob der Begriff der Prüfung in einem weiten Sinn zu verstehen ist; dann würden etwa auch solche Verwaltungsverfahren jedenfalls teilweise vom Ausschluss erfasst, in denen nur unselbstständige Prüfungsabschnitte enthalten sind, etwa die Feststellung persönlicher Voraussetzungen (Eignung, Befähigung und fachliche Leistung) für den Erlass bestimmter VAe (so BVerwGE 62, 172 = NJW 1981, 2136; Obermayer 59ff; StBS 118). Hier kommt es auf den Einzelfall an, ob eine Prüfung iSd Abs 3 Nr 2 vorliegt. Dies ist nicht der Fall etwa bei der Feststellung der Zuverlässigkeit zB zu der Führung einer Gaststätte gem § 4 Abs 1 Nr 1 GastG (ebenso StBS 119; im Ergebnis auch FL 55; MB 5) oder anderer gewerberechtlicher Gestattungen (Obermayer 62) der Eignung zur Ausbildung

von Lehrlingen gem § 21 Abs 1 HandwO (im Ergebnis auch FL 55); **anders** nach der hM bei der **Prüfung der Eignung** und Verfassungstreue eines Bewerbers für die Ernennung zum Beamten,[18] der Eignung eines Beamten für eine Beförderung.[19] **Zu verneinen** ist der Ausschluss der Anwendung des VwVfG bei der Prüfung der körperlichen **Eignung eines Wehrpflichtigen** für den Wehrdienst im Rahmen der Musterung gem §§ 17 ff WPflG (ebenso StBS 122; **aA** FL 53; Obermayer 60) oder der Berechtigung, den Kriegsdienst mit der Waffe zu verweigern (StBS 122; **aA** Obermayer 60). Vorgänge der letztgenannten Art werden auch im allgemeinen Sprachgebrauch nicht als Prüfung bezeichnet und stellen nach der Verkehrsauffassung auch nicht prüfungsähnliche Vorgänge dar, sondern sind, auch soweit sie von der zuständigen Behörde unter Zuziehung Sachverständiger erfolgen, lediglich unselbständige Teile des Ermittlungsverfahrens.

bb) Beamtenrechtliche Eignungsprüfung. Einstellungsgespräche mit 45
Bewerbern um die Ernennung zum Beamten sind ebenfalls als Prüfung iS von Abs 2 Nr 3 anzusehen. Dies betrifft vor allem die Frage, ob der Bewerber das Recht zur Zuziehung eines Beistands (iS von § 14 Abs 4) hat und die hM betont hier den höchstpersönlichen Charakter des Gesprächs (so zB BVerwGE 62, 172; Kassel NVwZ 1989, 73; ebenso StBS 121 f; Knack 42; Wagner DÖV 1988, 278 mwN). Von Bedeutung ist hier der Unterschied zwischen dem Prüfungsgespräch, das nur persönlich sein kann, und dem Verfahren im übrigen (zB der Erörterung des Ergebnisses des Gesprächs, der Geltendmachung etwaiger Mängel des Verfahrens, von Einwendungen gegen die Bewertung durch die Behörde usw), für das keine Sondersituation besteht, die gegen die Anwendung des VwVfG (bzw der Verwaltungsverfahrensgesetze der Länder) sprechen könnte (vgl Schoch NJW 1985, 545; Maurer § 19 Rn 24). Die Situation ist hier wegen des prüfungsrechtlichen Beurteilungsspielraums anders als bei der Beurteilung der Zuverlässigkeit im gewerberechtlichen Verfahren oder der körperlichen und charakterlichen Eignung eines Führerscheinbewerbers im Verfahren zur Erteilung der Fahrerlaubnis.

cc) Prüfungsspezifische Verfahrensteile. Die Ausnahmeregelung gilt **nur** 46
für das eigentliche Prüfungsverfahren, nicht auch hins. sonstiger Umstände, Voraussetzungen oder Folgen der Prüfung (Knack 41), wie zB der Zuständigkeit und ordnungsgemäßen Zusammensetzung des Prüfungsausschusses oder sonstigen Prüfungsgremiums (vgl VGH Mannheim DVBl 1990, 546 = NVwZ-RR 1990, 348), der Qualifikation und ordnungsgemäßen Bestellung der Prüfer usw, sowie für das **Verfahren hins. der Zulassung zur Prüfung** (ebenso FL 55; MB 21; Obermayer 65; Knack 41; s auch Art 2 Abs 3 Nr 2 bayVwVfG) und hins des Rücktritts von einer Prüfung (vgl zum Rücktritt, wenn dieser einer Genehmigung bedarf, auch VGH Mannheim DVBl 1990, 546). Sie ist darüber hinaus nach ihrem Zweck auch nicht anwendbar auf Fragen, die sich nicht auf die Feststellung der Kenntnisse, der Eignung usw ieS im Rahmen der Prüfung als eines unvertretbaren, einmaligen und situationsgebundenen Vorgangs beziehen, sondern auf sonstige Fragen (so wohl auch FL 54), wie zB Fragen der Prüfungsunfähigkeit oder einer geminderten Prüfungsfähigkeit wegen körperlicher Behinderung, Krankheit oder Unwohlsein (ebenso StBS 122; Knack 41), der Verpflichtung zur vorbeugenden Vermeidung von Prüfungsmängeln und Prüfungsstörungen bzw zum Einschreiten dagegen und/oder zur Berücksichtigung bzw Gewährung eines angemessenen Ausgleichs dafür.

---

[18] BVerwG NJW 1981, 2136; StBS 122; Schoch NJW 1982, 548; Schneider NJW 1977, 877; Foerster 2 zu § 79; vgl auch OVG Hamburg NJW 1976, 206; BVerwGE 62, 170; OVG Bremen NJW 1976, 771; FL 54; Knack zu § 14 Rn 3; MB 21; 4 zu § 14; StBS 121; offen Götz NJW 1976, 1425; Waldhausen ZBR 1977, 18; **aA** Schoch NJW 1985, 545, 548.

[19] VGH Kassel NVwZ 1989, 73 zu einem Überprüfungsgespräch mit einem Bewerber für einen Beförderungsdienstposten im Rahmen des Auswahlverfahrens; StBS 121; wohl auch Obermayer 62; vgl auch HessStGH DVBl 1989, 215.

47 **c) Das für Prüfungen anwendbare Verfahrensrecht.** Soweit die Anwendung des VwVfG gem Abs 3 Nr 2 ausgeschlossen ist und auch besondere Regelungen in Prüfungsordnungen usw nicht bestehen, gelten für Prüfungen die **allgemeinen Grundsätze eines rechtsstaatlichen Verwaltungsverfahrens** (Müller-Ibold 173), und die ebenfalls überwiegend von der Rechtsprechung und vom Schrifttum entwickelten **allgemeinen Prüfungsgrundsätze.**[20] Zumindest analog anwendbar, soweit durch Gesetz, VO oder Satzung nicht eine unmittelbare Anwendung vorgeschrieben ist, sind auch in Prüfungsverfahren zB die §§ 81 ff über die ehrenamtliche Tätigkeit (**aA** MB 21; Obermayer 64), § 28 über das Recht des Prüflings auf Gehör im Prüfungsverfahren und zu den Prüfungsergebnissen (vgl BVerfG 84, 34, 59; BVerwGE 91, 262), § 40, auf sachgemäße, beurteilungsfehlerfreie Beurteilung der Prüfungsleistungen (s § 40 Rn 92 ff); § 39 über das Recht auf hinreichend detaillierte Begründung der Bewertung der Prüfungsleistungen, insb auch der dafür gegebenen Noten (vgl zB BVerfG 84, 34, 59 = NVwZ 1991, 870; BVerwGE 91, 262 = NVwZ 1993, 677).

48 Einzelheiten des Prüfungsverfahrens sind idR in den aufgrund von Gesetzen als VOen oder Satzungen erlassenen **Prüfungsordnungen** für die verschiedenen Prüfungen geregelt. Soweit solche fehlen oder lückenhaft sind, gelten die vor allem von der Rspr für Prüfungsverfahren entwickelten allgemeinen Rechtsgrundsätze. Diese dienen, soweit sie Ausdruck verfassungsrechtlicher Grundsätze, insb des Rechtsstaatsprinzips, der Grundrechte, insbes Art 3, 12 u 19 Abs 4 GG (vgl BVerwG NJW 1996, 2670) sind, grundsätzlich zugleich als Maßstabfür die Regelungen der Prüfungsordnungen; Auslegung und Anwendung haben sich daran zu orientieren.. Von wesentlicher Bedeutung ist hier der Grundsatz der **Chancengleichheit im Prüfungsverfahren** (hierzu näher Lindner BayVBl 1999, 100).

49 **aa) Äußerer Ablauf des Prüfungsverfahrens.** Als besondere Verfahrensgrundsätze für Prüfungen anzusehen sind zB die vor allem aus dem Prinzip der Chancengleichheit abzuleitenden Grundsätze über die Gestaltung der Prüfung sowie das Vorgehen in Fällen fehlender oder eingeschränkter Prüfungsfähigkeit eines Kandidaten und bei äußeren Störungen der Prüfung,[21] zB bei durch Lärm verursachten Prüfungsbehinderungen, und über die nach besonderen Rechtsvorschriften bzw aufgrund der allgemeinen verfahrensrechtlichen Mitwirkungspflicht bestehende Verpflichtung zur grundsätzlich unverzüglichen Geltendmachung von Prüfungsmängeln.

50 Zu den Prüfungen muss grundsätzlich **rechtzeitig geladen werden,** so dass die Kandidaten sich darauf einstellen können, also unter zutreffender Angabe des Prüfungsraums (OVG Münster NWVBl 1996, 132) und unter Beachtung angemessener Ladungszeiten, (OVG Münster NVwZ-RR 1996, 207 **aA** OVG Münster DVBl 1992, 1052: auch nicht nach dem Grundsatz der Chancengleichheit erforderlich). Grundsätzlich müssen den Kandidaten mit der Ladung zur Prüfung auch die Namen und ggf Funktionen usw der einzelnen Prüfer mitgeteilt werden, insb, wenn dies auch sonst üblich ist. Allerdings geht die Rspr davon aus, dass der Fehler der nicht rechtzeitigen Ladung sofort gerügt werden muss, wenn er später gegen das Prüfungsergebnis eingewandt werden soll[22]

Ein **Rücktritt von Prüfungen** ist – anders als sonst idR die Rücknahme von Anträgen – im Zweifel nur aus gewichtigen Gründen, insb wegen Krankheit, zulässig (Haas VBlBW 1985, 161). IdR sind die Modalitäten für den Rücktritt von

[20] Vgl BVerwGE DVBl 1981, 583 = DÖV 1981, 581; OVG Münster NJW 1982, 1346; DVBl 1992, 1050; VGH München NJW 1982, 1347; BayVBl 1980, 86.

[21] Vgl BVerwG NJW 1985, 447; DVBl 1991, 56; Buchh 421.0 Prüfungsrecht Nr 17 und 19; Buchh 421.0 Prüfungswesen Nr 85: Prüfungsbehinderung wegen einer plötzlich eintretenden Sehstörung; VGH Mannheim GewArch 1979, 198 zur Prüfungsunfähigkeit wegen hohen Fiebers.

[22] S hierzu Brehm/Zimmerling NVwZ 1997, 451 mwN.

Prüfungsteilen bzw der gesamten Prüfung in den jeweiligen Prüfungsordnungen geregelt. Insoweit ist lediglich zu prüfen, ob die Prüfungsordnung die rechtsstaatlichen Mindestvoraussetzungen erfüllt. Falls der Rücktritt nicht geregelt ist, ergibt sich seine Zulässigkeit bei Vorliegen eines wichtigen Grundes aus allgemeinen Grundsätzen. Zur Pflicht, sich über das Vorliegen einer zum Rücktritt berechtigenden Krankheit **unverzüglich Klarheit** zu verschaffen und ggfs unverzüglich zurückzutreten BVerwG NVwZ-RR 1994, 442; 1997, 103; DVBl 1994, 640, 1364.

51 **Bei Krankheiten** sowie bei **körperlichen oder sonstigen Behinderungen** der Prüfungskandidaten, wie Sehstörungen, beschränkte Fähigkeit zu langem Sitzen oder zu schreiben (vgl VGH Mannheim NVwZ 1994, 598 zu Beeinträchtigungen infolge eines Wirbelbruchs) kann es der Grundsatz der Chancengleichheit gebieten, hierauf bei der Ausgestaltung des Prüfungsverfahrens in angemessener Weise Rücksicht zu nehmen, zB durch Zulassung eines Prüfungsrücktritts, Gewährung einer Prüfungszeitverlängerung, Bestellung von Schreibhilfen usw, uU auch durch Berücksichtigung bei der Bewertung der Prüfungsleistungen.[23] Maßgeblich ist insoweit, ob dem Prüfling zugemutet werden kann, auf die jeweilige indiviuelle Befindliochkeit selbst auf geeignete, angemessene Weise zu reagieren, oder die Chancengleicheit nur durch entsprechende Sonderregelungen im Prüfungsverfahren gewahrt werden kann. Bei der Bewertung von Prüfungsleistungen fachlicher Art dürfen **Schreibversehen** und Übertragungsfehler nur in begrenztem Umfang berücksichtigt werden (BVerwGE 61, 211 = DVBl 1981, 582; vgl auch VG Frankfurt NJW 1990, 339 zur Abgabe einer unvollständigen Hausarbeit wegen eines Computerdefekts).

52 Die Prüfungsbehörde bzw die Prüfer müssen außerdem grundsätzlich auch für den **störungsfreien äußeren Ablauf der Prüfung sorgen** und Störungen, zB durch Baulärm oder mangelhafte Beheizung (BVerwG NJW 1996, 2439) sofort abstellen, soweit dies nicht möglich ist, müssen sie den betroffenen Prüfungskandidaten einen angemessenen Ausgleich, zB durch Prüfungszeitverlängerung oder in anderer geeigneter Weise, gewähren.[24] Der bei Einschränkungen der Prüfungsfähigkeit eines Kandidaten oder bei äußeren Störungen des Prüfungsablaufs gewährte Ausgleich muss zur Herstellung oder Erhaltung der Chancengleichheit geeignet und – im Hinblick auf die Art und das Ausmaß des auszugleichenden Nachteils usw der gewährten Zeit oder des sonstigen Ausgleichs für die bestehenden körperlichen usw Behinderungen oder Prüfungsstörungen – angemessen sein.[25] Störungen müssen, wenn sie nicht offensichtlich sind, unverzüglich gerügt werden (BVerwG NJW 1996, 2439).

52 a **bb) Begründung, Protokollierung.** Grundsätzlich muss eine Prüfungsentscheidung begründet werden. Soweit es um schriftliche Arbeiten geht, hat die Begründung grundsätzlich, dh soweit Prüfungsordnungen nicht zulässigerweise etwas anderes regeln, auch schriftlich zu erfolgen. Dabei sind die wesentlichen Erwägungen, insbesondere die Vor- und Nachteile, die Stärken und Schwächen der Arbeit gegeneinander abzuwägen (s hierzu näher § 39 Rn 14 ff). Ggfs kann die Begründung in einem prüfungsspezifischen Nachverfahren noch ergänzt und vervollstän-

---

[23] BVerfG 84, 34, 59 = NVwZ 1991, 869, 870; BVerwGE 85, 327; BVerwG NJW 1991, 442 = DVBl 1991, 56; OVG Schleswig SchlHAnz 1994, 79.

[24] Vgl BVerfG BayVBl 1993, 495; BVerwGE 94, 64; 85; 323 = NJW 1991, 442; 69, 48 = BayVBl 1984, 502; BVerwG NJW 1993, 917; OVG Münster NJW 1982, 1344; VGH Mannheim DÖV 1980, 612; VBlBW 1990, 268; DVBl 1990, 546; VGH München BayVBl 1979, 620; Schöbel BayVBl 1977, 172.

[25] Vgl BVerfG NJW 1993, 917; BVerwG NVwZ 1994, 486 = JZ 1994, 460; NJW 1991, 442; VGH Mannheim DVBl 1990, 546; allg zur gerichtlichen Nachprüfung der Angemessenheit § 40 Rn 92 ff; zur Berechnung der Ausgleichszeit vgl OVG Münster DVBl 1992, 1054 = NWVBl 1992, 176.

digt werden (BVerwG NVwZ 2001, 922; NVwZ-RR 2000, 503). Inzwischen kann als allgemein anerkannt gelten, dass auch die Bewertung mündlicher Prüfungsleistungen begründet werden muss.[26] Die Begründung einer mündlichen Prüfungsleistung hat idR zunächst ebenfalls mündlich zu erfolgen. Für die Begründung einer mündlichen Prüfungsleistung ist zudem eine Protokollierung der mündlichen Prüfung unerlässlich (BVerwG NJW 1996, 2670). Das Protokoll muss deshalb jedenfalls bei berufsbezogenen Prüfungen so geführt werden, dass eine Rekonstruktion des Verlaufs der Prüfung in einem nachfolgenden gerichtlichen Verfahren möglich ist (BVerwG DVbl 1994, 641). Allerdings wird es idR ausreichen, dass die gestellten Fragen aus dem Protokoll entnommen werden können; eine vollständige Protokollierung der Antworten würde die Möglichkeiten idR überspannen.

53 **cc) Aufgabenstellungen, Bewertungsmaßstab.** Prüfungsmängel können zur Rechtswidrigkeit der Prüfungsentscheidung führen. Sie liegen vor bei unklaren, mißverständlichen oder irreführenden Aufgabenstellungen oder bei Fragen, deren Beantwortung fachfremde Spezialkenntnisse voraussetzt (zB: Wie heißt die Hauptstadt von Mali? in juristischer Prüfung). Ggf dürfen die Antworten insoweit nicht bewertet werden (BVerwGE 84, 73 = NJW 1991, 2008). Zur Verpflichtung der Prüfer zur **Einhaltung der** durch eine Rechtsvorschrift festgelegten oder nach dem Zweck der Prüfung zu bestimmenden **Abgrenzung des Prüfungsgegenstandes** und zur Bestimmung des maßgeblichen Sinns von Prüfungsfragen auch Kopp BayVBl 1990, 205. Es gelten die Grundsätze über die Anwendung eines angemessenen allgemeinen **Bewertungsmaßstabs** mit entsprechendem durchschnittlichen Bewertungs- oder Notenniveau als Ausgangs- und Orientierungspunkt für die Bewertung der Leistungen des einzelnen Kandidaten bei der Bewertung der einzelnen Prüfungsleistungen (VGH Mannheim DVBl 1995, 1356; Brehm/Becker NVwZ 1994, 750; Kopp JuS 1995, 750). Zum Antwortspielraum des Prüflings s OVG Saarlouis NVwZ 2001, 942.

54 **dd) Persönliche Anforderungen an Prüfer.** Prüfer müssen nach Vorbildung, Erfahrung und Funktion (vgl BVerwGE 91, 262; 95, 244) für die Beurteilung der Prüfungsleistung **hinreichend qualifiziert** sein (vgl VGH Mannheim NZwZ 2001, 937; auch BVerwGE 95, 244: keine uneingeschränkte Mitwirkung fachfremder Fakultätsmitglieder bei der Beurteilung einer Habilitation). Für **befangene Prüfer** gelten gem § 2 Abs 3 Nr 2 die Regelungen der §§ 20, 21 über ausgeschlossene Personen und Besorgnis der Befangenheit, bei Prüfungskommissionen gilt § 20 Abs 4.[27] Keine unmittelbare Anwendung findet die Regelung des § 71 Abs 3; insoweit kommt aber eine entsprechende Heranziehung der Vorschrift in Betracht, wenn spezielle Regelungen in der Prüfungsordnung fehlen. In Prüfungen, in denen die Leistungen nicht anonym erbracht und bewertet werden, wird man dem Kandidaten auch ohne spezialgesetzliche Regelung das **Recht zur Ablehnung eines befangenen Prüfers** zuzugestehen haben (vgl Kopp BayVBl 1994, 109). Soweit die Gründe hierfür bereits vor der Prüfung bekannt sind, wird man verlangen müssen, dass der Prüfling sie auch bereits vor der Prüfung geltend macht (Brehm/Zimmerling NVwZ 1997, 453 mwN).

55 Für alle Prüfungen, vor allem aber für mündliche Prüfungen gilt der allgemeine Prüfungsgrundsatz, dass alle beteiligten Prüfer dem Prüfungsgeschehen ihre **ungeteilte Aufmerksamkeit** widmen müssen und sich nicht nebenbei mit anderen Dingen, wie dem Studium der Prüfungsakten oder der Vorbereitung der Prüfungsfragen, die sie im weiteren Verlauf der Prüfung stellen wollen, befassen dür-

---

[26] BVerwG NJW 1996, 2670; hierzu näher Hösch JuS 1997, 602; ferner Brehm/Zimmerling NVwZ 1997, 453.

[27] Vgl BVerwG NVwZ 1985, 576; DVBl 1983, 90; OVG Münster DÖV 1981, 587; Kopp BayVBl 1990, 684; 1994, 109.

fen (OVG Münster NJW 1987, 972). Grundsätzlich zulässig ist bei schriftlichen Prüfungen innerhalb bestimmter Grenzen seitens der Prüfer die **Zuziehung von Hilfspersonen** zur sog. **„Vorkorrektur“** oder zu sonstigen Hilfsdiensten bei der Bewertung von Prüfungsleistungen (BVerwG NJW 1990, 464).

d) Geltendmachung und Rechtsfolgenvon Prüfungsmängeln. aa) Grundsatz der Unverzüglichkeit. Prüfungsmängel müssen nach den dafür geltenden Vorschriften, wenn insoweit keine besonderen Vorschriften bestehen, nach Treu und Glauben und aufgrund der allgemeinen verfahrensrechtlichen Mitwirkungspflicht des betroffenen Kandidaten grundsätzlich, soweit den Umständen nach möglich und zumutbar, **unverzüglich** geltend gemacht werden,[28] und zwar, soweit sie dem Prüfling schon vor der Prüfung bekannt oder eindeutig erkennbar sind, wie idR zB Krankheit, grundsätzlich, soweit möglich und zumutbar, vor Beginn der Prüfung (BVerwG DÖV 1993, 484: uU zur Prüfung unter Vorbehalt zuzulassen, wenn die Verweigerung der Prüfung nicht zumutbar), grundsätzlich aber jedenfalls vor Bekanntgabe des Prüfungsergebnisses.[29] 56

bb) Rechtsbehelfe. Für **Einwendungen gegen Prüfungsbewertungen** gelten die allgemeinen Vorschriften über Rechtsbehelfe. Soweit es sich bei den Prüfungsentscheidungen um VAe handelt (vgl § 35 Rn 58), sind Widerspruch und Verpflichtungsklage (idR in der Form einer Bescheidungsklage) zulässig; teilweise wird auch eine isolierte Anfechtungsklage für zulässig gehalten (BVerwGE 88, 114; BVerwG BayVBl 1994, 443 für Sonderfälle; s auch Kopp/Schenke § 42 Rn 30). IdR kommt es im Widerspruchsverfahren nur zu einer Kontrolle der Prüfungsentscheidung auf Verfahrensfehler (s § 40 Rn 86), der Beurteilungsvoraussetzungen und der Beurteilungsfehler (s § 40 Rn 86). Etwas Anderes gilt dann, wenn die Widerspruchsbehörde ermächtigt ist, die Prüfungsleistung ausnahmsweise selbst zu bewerten. 57

cc) Prüfungsrechtliches Zwischenverfahren. Jedenfalls im Bereich berufsbezogener Prüfungen besteht grundsätzlich Anspruch auf Geltendmachung von Einwendungen und auf **nochmalige Überprüfung** der Bewertung im Hinblick auf substantiiert vorgebrachte Einwendungen durch die Prüfer – in Ausnahmefällen uU auch durch neue Prüfer – in einem **Nachverfahren** (BVerwGE 92, 144; OVG Bremen NVwZ 2000, 944). Soweit die jeweilige Prüfungsordnung diese Überprüfung der Leistungsbewertung nicht vorsieht und das Widerspruchsverfahren eine vollständige inhaltliche Kontrolle der Bewertung der Leistung nicht ermöglicht, besteht die ungeschriebene Verpflichtung zur Durchführung eines Zwischen- oder Nachverfahrens, in dem diese Überprüfung vorgenommen werden kann.[30] 58

dd) Wiederholung oder Neubewertung. Bei Verfahrensfehlern muss, soweit ein Ausgleich nicht mehr im Rahmen desselben Prüfungstermins möglich ist, die Prüfung bzw der betroffene Teil grundsätzlich wiederholt werden, wenn die Prüfungsleistung anders nicht feststellbar ist; eine bloße Neubewertung kommt 59

---

[28] BVerwGE 66, 213; 69, 48 = BayVBl 1984, 502; 80, 282; 94, 64; BVerwG DÖV 1993, 484; 1995, 116; DVBl 1991, 59; 1994, 64; NVwZ-RR 1994, 443; Buchh 421.0 Prüfungswesen Nr 124: sofort geltend zu machen, außer bei krankheitsbedingter Fehleinschätzung; OVG Münster NWVBl 1989, 376; DVBl 1992, 1053.

[29] BVerwG DÖV 1993, 484; OVG Koblenz NVwZ 1988, 457; zT **aA** OVG Münster DVBl 1992, 1051: spätestens binnen einer Überlegungsfrist von einem Monat zu rügen, grundsätzlich nicht jedoch schon während der Prüfung; vgl zur mündlichen Prüfung auch VGH Mannheim GewArch 1979, 198. Danach müssen Fehler bzw Mängel bei mündlicher Prüfung nicht schon während der Prüfung geltend gemacht werden, da der Kandidat sich hier auf die Prüfung konzentrieren muß.

[30] Vgl BVerfG 84, 45 = NJW 1991, 2005; BVerwGE 92, 144 = NVwZ 1993, 689; Mußgnug JuS 1993, 553; VGH München DVBl 1992, 1046.

hier idR nicht in Betracht (BVerwG DÖV 1981, 62; VGH München NJW 1982, 2627; vgl allg auch Schmaltz DVBl 1990, 1120). Anders ist dies beim Vorliegen von Beurteilungsfehlern im falle von schriftlichen Prüfungsarbeiten, bei denen die Leistung feststeht und nur eine Neubewertung erforderlich ist. Die **Neubewertung** einer schriftlichen Prüfungsleistung kann nach der neuesten Rspr sogar zu einer **Verschlechterung des Prüfungsergebnisses** führen; das Verbot der prüfungsrechtlichen reformatio in peius gilt danach nur eingeschränkt, nämlich nur insoweit, als es um die Bewertungsmaßstäbe geht. Neu entdeckte Fehler oder Mängel können dagegen bei einer Neubewertung zu einer Abwertung und damit zu einer Verschlechterung führen.[31]

Bei Versäumung eines Teils einer Prüfung, zB wegen Krankheit, kann der Prüfling, wenn durch Gesetz oder die Prüfungsordnung insoweit nichts anderes bestimmt ist, im Hinblick auf den Grundsatz der Chancengleichheit grundsätzlich die vollständige Wiederholung der Prüfung beanspruchen, er muss sich in allen Fällen die bereits abgelegten Prüfungsteile anrechnen zu lassen (BVerwG DVBl 1991, 759: Verlangen nach Wiederholung der ganzen Prüfung innerhalb weiter Grenzen zulässig und geboten; Zumutbarkeitsüberlegungen treten demgegenüber grundsätzlich zurück; BVerwG DÖV 1995, 118).

60 **3. Tätigkeit der Auslandsvertretungen (Nr 3).** Die Ausnahme für Verfahren der Vertretungen des Bundes (Botschaften, Konsulate) im Ausland soll dem Umstand Rechnung tragen, dass diese Behörden ihre Tätigkeit auf fremdem Hoheitsgebiet und daher zT unter anderen Bedingungen, insb meist auch unter Bindung an fremdes Recht, ausüben als die Behörden im Inland (Begr 36). Soweit es sich um die Erfüllung von Aufgaben handelt, die ausschließlich dem Recht eines fremden Staates, dem Völkerrecht oder dem supranationalen Recht zuzuordnen sind, handelt es sich darüber hinaus überhaupt nicht um Verwaltungstätigkeit iS von § 1 (s § 1 Rn 20; ebenso wohl auch FL 57).

61 Die Regelung gilt für **alle Handlungen der diplomatischen und konsularischen Vertretungen im Ausland,** zB die Erteilung von Einreisevisa, die Vernehmung von Zeugen für eine Behörde usw (vgl FL 59, wo jedoch, zu weitgehend, auch die Verwaltung von Nachlässen in diesem Zusammenhang genannt wird). Abs 3 Nr 3 war gemäß der darin zum Ausdruck gekommenen ratio legis bis zur Wiedervereinigung auch auf die Tätigkeit der Ständigen Vertretung der Bundesrepublik in der ehemaligen DDR gem Art 8 des Grundlagenvertrages anwendbar (FL 60; StBS 134). Wenn auch die DDR im Verhältnis zur Bundesrepublik nicht „Ausland" war (vgl BVerfGE 11, 158; 36, 17; BVerwG NJW 1977, 1790), vollzog sich die Tätigkeit der Ständigen Vertretung doch unter vergleichbaren Bedingungen wie die Tätigkeit der Auslandsvertretungen.

62 **Das von den Auslandsvertretungen zu beachtende Verfahren** ist zT im G über die Konsularbeamten, ihre Aufgaben und Befugnisse **(KonsularG)** vom 11. 9. 1974 (BGBl I 2317) geregelt, durch welches das G betr die Organisation der Bundeskonsulate sowie die Amtsrechte und Amtspflichten der Bundeskonsuln vom 8. 11. 1867 (GBl NddBd S 137) abgelöst wurde. Ergänzend kommen die **allgemeinen Grundsätze** des Verwaltungsverfahrens zur Anwendung, soweit nicht Besonderheiten, die sich daraus ergeben, dass die Tätigkeit im Ausland stattfindet, entgegenstehen. Zur Ausfüllung von Lücken kommt letztlich auch eine analoge Anwendung des VwVfG in Betracht.

63 **4. Tätigkeit der Bundespost im Post- und Fernmeldebereich (Abs 3 Nr 4 aF). a) Aufgehobene Regelung.** Die inzwischen durch das PTNeuOG 1994 aufgehobene Ausnahme war eingeführt worden, weil es sich bei der Benutzung der Post- und Fernmeldeeinrichtungen um Massenvorgänge handelt, die

[31] BVerwG NJW 2000, 1055; hierzu krit Hufen JuS 2000, 926; anders noch BVerwG 1993, 686; krit Schlette DÖV 2002, 816.

schnell und nach möglichst einfach zu handhabenden Vorschriften bewältigt werden müssen (Begr 36; BVerwG NJW 1989, 1817; StBS 135; FL 61). Sie beruhte auf der sachlich kaum zutreffenden Annahme, dass die Anwendung des VwVfG die betroffenen Tätigkeiten der Post zu sehr erschweren würde, außerdem auf der bis zur Postreform[32] überwiegend vertretenen Auffassung, dass die Rechtsverhältnisse bei der Inanspruchnahme der Post grundsätzlich als öffentlich zu qualifizieren seien (vgl BVerwGE 11, 274; 13, 133; BVerwG NVwZ 1985, 116; BGHZ 16, 111; 19, 226; 66, 305). Weil die Post nach der **Privatisierung** und ihrer Aufgliederung in Postdienst, Postbank und Telekom die Post **nunmehr ganz überwiegend privatrechtlich tätig** wird (vgl Art 87f Abs 2 S 1 GG), war die Regelung insoweit gegenstandslos geworden und überholt, da die Anwendbarkeit des VwVfG schon deshalb entfiel.[33] Den verbliebenen öffentlich-rechtlichen Bereich von Tätigkeiten der Post aus dem Anwendungsbereich des VwVfG auszunehmen, besteht kein Anlaß.

b) Privatisierter Bereich. Das Verfahren der Postbehörden war bis 1989 zT 64
in besonderen, aufgrund von § 14 PostVwG erlassenen Benutzungsordnungen geregelt, die insb auch die Benutzungsbedingungen, Gebühren usw festlegten. Diese Benutzungsordnungen sind jedoch gem § 65 PostVerfG spätestens zum 1. 7. 1991, in den neuen Bundesländern nach dem Einigungsvertrag zum 31. 12. 1991 außer Kraft getreten und auch seither nicht mehr durch neue öffentlichrechtliche Vorschriften ersetzt worden (Knack 44). Nur soweit die Leistungen der Postunternehmen Postdienst, Postbank und Telekom heute noch als öffentlichrechtlich und nicht als privatrechtlich zu beurteilen sind, kommt das VwVfG noch zur Anwendung.

c) Verbliebener öffentlich-rechtlicher Bereich. Öffentlich-rechtlich sind 65
nach Art 87f Abs 2 S 2 GG nach wie vor die verbliebenen Hoheitsaufgaben zu bewältigen. Hierbei handelt es sich vor allem um Aufgaben im Bereich der Funkfrequenzverwaltung (vgl zB §§ 33ff TKG), die Erteilung von Genehmigungen für Funkanlagen durch die **Regulierungsbehörde für Telekommunikation und Post** (früher BAPT) und die Vorsorge für den Krisen- und Katastrophenfall, ferner die Aufgaben nach Art 87f Abs 3 (vgl auch BT-Dr 12/7269 S 5). Hoheitlich tätig wird die Post auch als Beliehene bei der förmlichen Zustellung von Schriftstücken (§ 16 Abs 2 PostG). **Umstritten** ist, ob und inwieweit über den **Zugang zu den Dienstleistungen und Einrichtungen der Post** öffentlich-rechtlich zu entscheiden ist.[34] Dies wird zT, obwohl die Benutzung ieS nunmehr dem Privatrecht unterliegt, auf Grundlage der Zwei-Stufentheorie nach öffentlichem Recht beurteilt.[35] Vgl auch OLG Karlsruhe NJW 1994, 2033: die Deutsche Bundespost Telekom wird hoheitlich tätig, soweit das Fernmeldenetz oder der Fernmeldebaudienst betroffen sind; OLG Nürnberg NJW 1994, 2032: im **Bereich der Monopoldienstleistungen** ist die Tätigkeit der Mitarbeiter der Deutschen Bundespost Postdienst auch nach ihrer Umorganisation als Ausübung hoheitlicher Aufgaben anzusehen; VG Regensburg NJW 1994, 2040: Der Verwaltungsrechtsweg ist gegeben gegen Ausschluss von Postwurfsendungen von der Beförderung durch die Post gem § 8 Abs 1 PostG iV mit § 6 PostdienstVO; ebenso VG Frankfurt NJW

---

[32] BGBl I 1026; dazu BT-Dr 11, 2854; Schatzschneider NJW 1989, 2371; Müssig NJW 1991, 472; Lässig NJW 1991, 2371; Ehlers JZ 1991, 232; Gramlich JuS 1991, 88; Schwonke NVwZ 1991, 149.

[33] StBS 137; Knack 15; s auch 37 zu § 1; Schatzschneider NJW 1989, 2371; Gramlich JuS 1991, 88 mwN; Ehlers JZ 1991, 234; Müssig NJW 1991, 472; Schwonke NVwZ 1991, 149.

[34] Vgl VG Würzburg BayVBl 1994, 540m Anm Kriener BayVBl 1994, 540: öffentlichrechtlich, soweit Fragen der Teilhabe, privatrechtlich, soweit Fragen der Ausgestaltung und des Inhalts der Benutzungsverhältnisse; str; s auch im folgenden.

[35] Kopp/Schenke § 40 Rn 19f; Heinze NVwZ 1993, 1145 mwN; zur Schließung eines Postamts auch Mannheim NJW 1994, 2373; vgl ferner OLG Nürnberg NJW 1994, 2032; zur Zulassung zu Einrichtungen der Daseinsvorsorge.

1993, 2067. Nach der Gegenmeinung sind die Rechtsverhältnisse der Post, soweit keine Beleihung vorliegt, **privatrechtlich zu beurteilen** (Kopp/Schenke § 40 Rn 19; Ehlers in Schoch § 40 Rn 274). Dieser Auffassung ist zuzustimmen.[36]

V. Weitere Ausnahmen vom Anwendungsbereich

66 Die Aufzählung der Ausnahmen in § 2 ist **nicht abschließend** (Begr 33; StBS 3, 7). Es gibt vielmehr eine Reihe von nicht genannten Bereichen, auf die das VwVfG ebenfalls keine Anwendung findet (s unten Rn 67). Die Länder können in ihren Verfahrensgesetzen weitere Ausschlüsse vorsehen und haben von dieser Möglichkeit auch Gebrauch gemacht, insbes im Bereich der Rundfunkanstalten. Im übrigen ist der Bundesgesetzgeber nicht gehindert, durch Gesetz auch künftig weitere Ausnahmen vorzusehen bzw den Verordnungsgeber gem Art 80 Abs 1 GG zum Erlass von Sondervorschriften durch VOen auch mit Vorrangwirkung gem § 1 zu ermächtigen.

67 **1. Verfahren bei Parlamentswahlen. Nicht anwendbar** ist das VwVfG auf das Wahlverfahren zum Bundestag (Begr 33; StBS 8; Knack § 1 Rn 83; im Ergebnis auch UL § 8 Rn 27 mwN). Entsprechendes gilt für Wahlverfahren zu den Landesparlamenten (UL § 8 Rn 27; im Ergebnis auch StBS 10). Ebenfalls nicht anwendbar ist das VwVfG auf Verfahren nach den Geschäftsordnungen des Bundestags und Bundesrats (vgl Begr 33) – entsprechend nach Landesrecht (zT **aA** offenbar Begr 33, wo diese Folgerung auch insoweit aus dem Bundesrecht abgeleitet wird) für Verfahren nach den Geschäftsordnungen der Landesparlamente, Gemeinderäte und ähnlicher Organe –, sowie auf das Verfahren der parlamentarischen Untersuchungsausschüsse[37] und auf das Verfahren der Rechnungshöfe,[38] ebenso auch nicht auf das Verfahren in Personalvertretungssachen.[39] Richtiger erscheint es, die Nichtanwendbarkeit des VwVfG und der Verwaltungsverfahrensgesetze der Länder auf Verfahren nach den Geschäftsordnungen usw als Ausnahmen gem § 1 bzw den entsprechenden Vorschriften des Landesrechts zu behandeln mit der Folge, dass die subsidiäre Anwendung des VwVfG bzw des entsprechenden Landesgesetzes grundsätzlich zulässig bleibt. **Grundsätzlich anwendbar** ist das VwVfG dagegen, soweit keine nach § 1 Abs 1 oder 2 vorgehenden Sondervorschriften bestehen, zumindest sinngemäß-analog zB auch im **Kartellrecht** (GWB), im Flurbereinigungsrecht, im Katasterrecht, im Kriegsgefangenenentschädigungsrecht und im Disziplinarrecht (MuE 249).

68 **2. Rechtsverhältnisse bei der Bahn.** Während die Post vor der Postreform nach hM ihren Benutzern gegenüber öffentlich-rechtlich handelte, wurden die Benutzungsverhältnisse bei der Bahn schon vor der Bahnreform privatrechtlich eingestuft. Hieran hat die Bahnreform und die damit verbundene Privatisierung der Bundesbahn als Deutsche Bahn AG nichts geändert. Die Benutzung der Bahn ist deshalb, wie auch schon bisher (vgl BGH BB 1960, 420), als **privatrechtlich** anzusehen. Öffentlich-rechtlich bleiben dagegen die schon nach bish Rspr als öf-

[36] VGH München NJW 1990, 2485; KG NJW-RR 1991, 1007; OLG Frankfurt NJW 1993, 2945 zur Zulassung von Sendungen zum Postversand; NJW 1994, 1226; DVBl 1993, 1324; Aldag NJW 1990, 2864; Schwonke NVwZ 1991, 149; Müssig NJW 1991, 472; Ehlers JZ 1991, 234; Schatzschneider NJW 1989, 2371; Allgaier VersR 1991, 636: immer zivilrechtlich; zT **aA** Gramlich NJW 1994, 985.

[37] Vgl OVG Münster NVwZ 1987, 607, wo das Gericht offenbar die Unanwendbarkeit als selbstverständlich stillschweigend voraussetzt; str; vgl auch Di Fabio, Rechtsschutz im parlamentarischen Untersuchungsverfahren, 1988.

[38] Belemann DÖV 1979, 685; Haverkate AöR 1982, 549; Stober/Kluth, Zur Rechnungsprüfung von Kammern 1989, 82; Heuer DVBl 1986, 517.

[39] BVerwGE 66, 65; 66, 291 = NJW 1983, 2516; BVerwG NVwZ 1987, 230; 1988, 193; Laubinger VerwArch 1985, 449 mwN; zT **aA** OVG Münster NJW 1982, 1663; OVG Hamburg PersV 1984, 242; Battis NVwZ 1986, 889; Oetker DöD 1985, 244.

fentlichrechtlich zu qualifizierenden Entscheidungen der Eisenbahnverwaltung über die Benennung von Bahnhöfen (vgl BVerwGE 44, 351; Kopp/Schenke § 40 Rn 19a) und die Stillegung von Strecken oder Bahnhöfen (vgl § 35 Rn 95; Gornig BayVBl 1983, 101); außerdem auch für die Planfeststellung gem §§ 18, 20 des allgemeinen EisenbahnG – AEG – vom 27. 12. 1993 (BGBl I 2378, 2396), § 3 Abs 2 Nr 1 des G über die Eisenbahnverkehrsverwaltung des Bundes vom 27. 12. 1993 (BGBl I 2378, 2394) für Bahnanlagen durch das **Eisenbahn-Bundesamt.** Die öffentlich-rechtlichen Befugnisse zur Aufrechterhaltung der Ordnung auf dem Bahngelände sind von der früheren Bahnpolizei auf den Bundesgrenzschutz übergegangen und werden von diesem öffentlich-rechtlich wahrgenommen. Problematisch ist, ob daneben öffentlich-rechtliche Befugnisse bei der Bahn verblieben sind, wie dies zB für das Einschreiten des Schrankenwärters gegen Dritte, die dem im Schließen der Schranke an einem Bahnübergang konkludent zu sehenden Verbot, den Übergang zu benutzen, zuwiderhandeln, teilweise angenommen wird. Ebenfalls problematisch ist Einordnung des Anspruchs auf **Zulassung zur Benutzung** (vgl § 35 Rn 42f; Kunz BayVBl 1983, 425; ebenso Kopp/Schenke § 40 Rn 19a; allg auch Heinze NVwZ 1993, 1145 mwN; **aA** StBS 141). Soweit die Entscheidung über die Zulassung zur Benutzung oder anderer Maßnahmen der Bahn dem öffentlichen Recht unterliegen und als VAe ergehen, wäre darauf grundsätzlich das VwVfG anwendbar.

§ 3 Örtliche Zuständigkeit

(1) **Örtlich zuständig**[18] **ist**

1. **in Angelegenheiten, die sich auf unbewegliches Vermögen**[19a] **oder ein ortsgebundenes Recht**[20] **oder Rechtsverhältnis beziehen, die Behörde, in deren Bezirk das Vermögen oder der Ort liegt;**[19]
2. **in Angelegenheiten, die sich auf den Betrieb eines Unternehmens**[23] **oder einer seiner Betriebsstätten,**[24] **auf die Ausübung eines Berufs**[25] **oder auf eine andere dauernde Tätigkeit**[26] **beziehen, die Behörde, in deren Bezirk das Unternehmen oder die Betriebsstätte betrieben oder der Beruf oder die Tätigkeit ausgeübt wird oder werden soll;**
3. **in anderen Angelegenheiten, die**
   a) **eine natürliche Person betreffen, die Behörde, in deren Bezirk die natürliche Person ihren gewöhnlichen Aufenthalt**[27] **hat oder zuletzt hatte,**
   b) **eine juristische Person oder eine Vereinigung betreffen, die Behörde, in deren Bezirk die juristische Person oder die Vereinigung ihren Sitz hat oder zuletzt hatte;**[34]
4. **in Angelegenheiten, bei denen sich die Zuständigkeit nicht aus den Nummern 1 bis 3 ergibt, die Behörde, in deren Bezirk der Anlass für die Amtshandlung hervortritt.**[35]

(2) **Sind nach Absatz 1 mehrere Behörden zuständig, so entscheidet die Behörde, die zuerst mit der Sache befasst worden ist,**[36] **es sei denn, die gemeinsame fachlich zuständige Aufsichtsbehörde bestimmt, dass eine andere örtlich zuständige Behörde zu entscheiden hat.**[38] **Sie kann in den Fällen, in denen eine gleiche Angelegenheit sich auf mehrere Betriebsstätten eines Betriebs oder Unternehmens bezieht, eine der nach Absatz 1 Nr. 2 zuständigen Behörden als gemeinsame zuständige Behörde bestimmen, wenn dies unter Wahrung der Interessen der Beteiligten zur einheitlichen Entscheidung geboten ist.**[41] **Diese Aufsichtsbehörde entscheidet ferner über die örtliche Zuständigkeit, wenn sich mehrere Behörden für zuständig oder für unzuständig halten oder wenn die Zuständigkeit aus anderen Gründen zweifelhaft ist.**[43f] **Fehlt eine gemeinsame**

Aufsichtsbehörde, so treffen die fachlich zuständigen Aufsichtsbehörden die Entscheidung gemeinsam.[46]

(3) **Ändern sich im Lauf des Verwaltungsverfahrens**[49] **die die Zuständigkeit begründenden Umstände, so kann**[50] **die bisher zuständige Behörde das Verwaltungsverfahren fortführen, wenn dies unter Wahrung der Interessen der Beteiligten der einfachen und zweckmäßigen Durchführung des Verfahrens dient und die nunmehr zuständige Behörde zustimmt.**[51]

(4) **Bei Gefahr im Verzug**[55] **ist für unaufschiebbare**[56] **Maßnahmen jede Behörde örtlich zuständig, in deren Bezirk der Anlass für die Amtshandlung hervortritt.**[54] **Die nach Absatz 1 Nr. 1 bis 3 örtlich zuständige Behörde ist unverzüglich zu unterrichten.**[57]

Parallelvorschriften: § 2 SGB-X; §§ 16–29 AO

Schrifttum: *Adami,* Zuständigkeit, Unzuständigkeit und Unzuständigkeitsfolgen in der staatlichen Verwaltungsorganisation, Diss Würzburg 1971; *Bettermann,* Zuständigkeitsfragen in der Rspr des BVerwG zum Verwaltungsverfahrensrecht, BVerwG-FS 1978, 61; *Bleckmann,* Die Anerkennung der Hoheitsakte eines anderen Landes im Bundesstaat, NVwZ 1986, 1; *Boettcher,* Ein Federstrich des Gesetzgebers – Erwiderung auf Kaup, BayVBl 1990, 202; *Drobnig,* Die Anerkennung von VAen der DDR, ROW 1981, 181; *Eiselstein,* Verwaltungsaufbau und Zuständigkeiten, JuS 1987, 30; *Foerster,* Die örtliche Zuständigkeit der Verwaltungsbehörde, SKV 1976, 162; *Gillmaier,* Das Selbsteintrittsrecht in Bayern nach Art 3 a BayVwVfG, Diss. Passau 1994; *Groschupf,* Wohnsitzwechsel und örtliche Behördenzuständigkeit, DVBl 1963, 661; *Guttenberg,* Weisungsbefugnisse und Selbsteintritt, 1992; *Kaup,* Das subjektive Recht der regelrecht zuständigen Behörde auf den selbsteintrittsfreien Funktionsbereich, BayVBl 1990, 193; *Louis/Abry,* Wechsel der örtlichen Zuständigkeit einer Behörde während des Widerspruchs- oder des Klageverfahrens, DVBl 1986, 331; *Lipski,* Die örtliche Zuständigkeit im Staatsangehörigkeitsrecht, StAZ 1998, 6; *Lücke,* Behördliche und gerichtliche Notkompetenzen im Lichte der Verfassung, in: Thieme-FS 1993, 539; *Mallmann,* Das Melderecht nach der Novellierung des MRRG, NJW 1994, 1684; *Mussgnug,* Das Recht auf den gesetzlichen Verwaltungsbeamten?, 1970; *Nedden,* Geltung des Gesetzesvorbehalts für die Festlegung behördlicher Zuständigkeiten, Vr 1985, 369; *Obermayer,* Die Regelung der örtlichen Zuständigkeit durch § 3 VwVfG, RiA 1976, 225; *Oebbecke,* Mehrfachzuständigkeiten in der Verwaltung als Verfassungsproblem, in: Wessels-FS 1993, 1119; *Oldiges,* Verbandskompetenz, DÖV 1989, 873; *Pickel,* Die Behördenzuständigkeit im Sozialrecht, SGb 1985, 221; *Rasch,* Die Festlegung und Veränderung staatlicher Zuständigkeiten, DÖV 1957, 337; *Schenke,* Delegation und Man-dat im öffentlichen Recht, VerwArch 1977, 118; *Schmidt,* Der Verlust der örtlichen Zuständigkeit während des Verwaltungsverfahrens, DÖV 1977, 774; *Stettner,* Grundfragen der Kompetenzlehre, 1983; *Schmidt-De Caluwe,* Verwaltungsorganisationsrecht, JA 1993, 65; *Süß,* Zur gesetzlichen Verankerung des Selbsteintrittsrechts im Bayerischen Verwaltungsverfahrensgesetz, BayVBl 1987, 1; *Upmeier,* Entscheidungskonkurrenz bei Zuständigkeit mehrerer Behörden unter Berücksichtigung des Bau- und Landschaftsschutzrechts, NuR 1987, 309.

Übersicht

I. Allgemeines

1 **1. Inhalt des § 3.** Die Vorschrift regelt die **örtliche Zuständigkeit der Behörden,** soweit diese im Bereich des öffentlichen Rechts zur Erfüllung öffentlicher Aufgaben tätig werden (§ 1). Weitere Regelungen zur Zuständigkeit enthält das VwVfG nicht (s unten Rn 4ff) Die Regelung lehnt sich an bestehende einzelgesetzliche Regelungen und an §§ 52, 53 VwGO an (Begr 36ff; MuE 81ff). Sie ist gem § 1 Abs 1 und 2 nur anwendbar, wenn und soweit andere Vorschriften des Bundesrechts die örtliche Zuständigkeit nicht bereits abschließend regeln (UL § 10 Rn 24). Die Wahrung der örtlichen Zuständigkeit – Entsprechendes gilt auch für die sachliche Zuständigkeit – der Behörde liegt nicht nur im (öffentlichen) Interesse der guten Ordnung einer modernen arbeitsteiligen Verwaltung und damit der optimalen Erfüllung der Verwaltungsaufgaben (Vertrautheit der Behörde mit den örtlichen Besonderheiten, spezifische Kenntnisse, Erfahrungen usw), sondern dient zugleich auch der Rechtssicherheit und dem Rechtsschutz des Bürgers,[1] soweit in einer Angelegenheit Grundrechte berührt werden, auch dem Schutz dieser Grundrechte.[2] Ein Verstoß gegen Vorschriften über die Zuständigkeit der Behörden führt zur Rechtswidrigkeit des VA. Der Bürger hat deshalb einen – allerdings durch § 46 relativierten – **Anspruch auf das Handeln der zuständigen Behörde.**[3] Ein wirksamer Verzicht auf die Einhaltung der Zuständigkeitsregeln ist nicht möglich. Ebensowenig heilt die rügelose Einlassung der Beteiligten in einem Verwaltungsverfahren einen Mangel der Zuständigkeit (StBS 4).

2 **2. Anwendungsbereich. a) Unmittelbare Anwendbarkeit.** § 3 gilt nicht nur für die örtliche Zuständigkeit der Behörden in Verfahren zum Erlass eines VA oder zum Abschluss eines verwaltungsrechtlichen Vertrages, sondern **allgemein im Anwendungsbereich des VwVfG** (hM; vgl StBS 1; Knack 33 vor § 9; MB 6; **aA** Obermayer 4; Schleicher DÖV 1976, 551). **Spezialregelungen** gehen vor (vgl § 97 Abs 2 BSHG). Sie gilt auch für die örtliche Zuständigkeit der Widerspruchsbehörden im **Widerspruchsverfahren** (StBS 36). Dies gilt unabhängig davon, ob das Widerspruchsverfahren im Verhältnis zum Ausgangsverfahren als selbständiges Verfahren (so zB StBS § 9 Rn 198; Laubinger/Repkewitz VerwArch 1994, 86, 116) oder als Fortführung des Ausgangsverfahrens vor einer anderen Behörde angesehen wird (so BVerwGE 82, 338; NVwZ 1987, 224; s hierzu näher § 9 Rn 30). Sie gilt weiter für **Vollstreckungsverfahren** zur Vollstreckung des im Ausgangsverfahren ergangenen VA und für Verfahren betreffend **Rücknahme oder Widerruf** eines VA gem §§ 48ff oder zur Wiederaufnahme des Verfahrens gem § 51 oder entsprechenden Vorschriften. Die Verwaltungsverfahrensgesetze der Länder enthalten inhaltlich mit § 3 im wesentlichen gleichlautende Vorschriften (vgl UL § 10 Rn 32). Abweichungen bzw Ergänzungen finden sich in § 96 bwLVwVfG und Art 94 bayVwVfG. Keine Parallele im VwVfG hat auch Art 3a bayVwVfG, der ein Selbsteintrittsrecht (hierzu Süß BayVBl 1987, 1) der Aufsichtsbehörde in bestimmten Fällen der Untätigkeit der unteren, an sich primär zuständigen Behörde vorsieht.

---

[1] BVerwGE 11, 202; BGH DVBl 1992, 1090; OVG Münster NJW 1979, 1058; Menger System 29; F 233; v Olshausen DÖV 1979, 341; Maurer § 21 Rn 46; Knack vor § 3 Rn 15; Guttenberg, Weisungsbefugnisse und Selbsteintritte, 1992, 5ff.

[2] Vgl BVerfG 56, 242 = NJW 1981, 1436 Anmaßung der Zuständigkeit nach AsylVfG durch die Ausländerbehörde verstößt gegen Art 16 Abs 2 GG; s auch BVerfG NJW 1981, 1896; BayVBl 1987, 748m Anm v Maunz; Schenk NJW 1982, 491; allg auch Laubinger VerwArch 1982, 70; Stettner 367.

[3] VGH München BayVBl 1988, 466; VGH Mannheim UPR 1992, 278; UL § 10 Rn 39; StBS 5; Obermayer NJW 1987, 2646; Brunner DÖV 1969, 777 mwN; Kaup BayVBl 1990, 196; MB 27; Stettner 367.

b) Analoge Anwendbarkeit. Zweifelhaft ist, ob § 3 als Ausdruck allgemeiner Rechtsgedanken auch in Fällen anwendbar ist, die nicht unter das VwVfG bzw die entsprechenden Ländergesetze oder sonstige ausdrückliche positivrechtliche Regelungen fallen. Da die (generelle) Regelung der Zuständigkeit einer Behörde im Rechtsstaat **nur durch Rechtssatz** erfolgen kann,[4] ist die Frage zu verneinen. Soweit die Zuständigkeit durch Rechtssatz grundsätzlich begründet ist, kann § 3 **ergänzend und zur Ausfüllung von Lücken** sowie zur Auslegung und näheren Abgrenzung der getroffenen Regelungen herangezogen werden. Dies gilt insb auch für Abs 2, der im wesentlichen nur Grundsätze positiviert, die sich bereits aus dem hierarchischen Aufbau der Behörden, dem Weisungsrecht der höheren Behörden gegenüber den nachgeordneten Behörden und aus der allgemeinen ungeschriebenen Verpflichtung der Behörden zur Zusammenarbeit bei der Erfüllung ihrer Aufgaben ergeben (vgl WBS III § 72 IV c), ebenso auch für Abs 3 und 4 (**aA** wohl BVerwGE 84, 136). Eine analoge Anwendbarkeit kommt ausserdem in Betracht, wenn es sich um die Frage der Zuständigkeit zur Erledigung von Verwaltungsaufgaben in Privatrechtsform handelt (StBS 2). Auf die sachliche Zuständigkeit der Behörden einschließlich der funktionellen Zuständigkeit und auf die verbandsmäßige Zuständigkeit (dh der Zuständigkeit nach dem Rechtsträger) ist § 3 Abs 1 nicht entsprechend anwendbar (vgl OVG Münster NJW 1979, 1058 zu Abs 3), wohl aber, soweit durch Rechtsvorschriften nichts anderes bestimmt ist und sich auch aus dem Wesen der sachlichen Zuständigkeit nichts anderes ergibt, Abs 2–4 (offen VGH München DÖV 1982, 84; **aA** FL 56; Knack vor § 3 Rn 34). 3

3. Zuständigkeitskategorien. a) Örtliche Zuständigkeit. Die örtliche Zuständigkeit betrifft den räumlich abgegrenzten Tätigkeitsbereich einer Behörde im Rahmen ihrer sachlichen Zuständigkeit für Angelegenheiten, die ihrem Verwaltungsbezirk zugehören (UL § 10 Rn 9; StBS 6; Knack vor § 3 Rn 1). Die Regelungen der örtlichen Zuständigkeit setzen voraus, dass den Behörden organisationsrechtlich bereits bestimmte räumlich abgegrenzte Verwaltungsbezirke zugewiesen sind und regeln auf dieser Grundlage die Kriterien, an denen insoweit angeknüpft werden soll, wie zB Aufenthalt, Wohnsitz, Belegenheiten, Betriebsstätten usw. 4

b) Sachliche Zuständigkeit. Die sachliche Zuständigkeit betrifft den gegenständlich bzw inhaltlich beschriebenen Tätigkeitsbereich einer Behörde für einen bestimmten Teil des anzuwendenden materiellen Rechts, dem eine **Sachaufgabe** (zB der Vollzug der GewO, des Baurechts, des Sozialrechts usw) zuzurechnen ist (StBS 7; UL § 10 Rn 5). Wegen der Vielfältigkeit der Sachaufgaben, die von den Bundes- und Landesbehörden zu erledigen sind, erschien es dem Gesetzgeber nicht sinnvoll, die sachlichen Zuständigkeiten zentral in einem Verwaltungsverfahrensgesetz zu regeln. 5

c) Instanzielle Zuständigkeit. Ähnliches gilt für die instanzielle Zuständigkeit, die die Zuweisung von Sachaufgaben innerhalb eines hierarchischen Behördenaufbaus zu einer bestimmten Verwaltungsebene betrifft. Ist eine Aufgabe etwa der unteren Verwaltungsbehörde zugewiesen, so kann die übergeordnete Behörde diese nicht ohne weiteres an sich ziehen und selbst erledigen, es sei denn, sie hätte ein gesetzlich besondes angeordnetes Selbsteintrittsrecht. Die instanzielle Zuständigkeit wird typischerweise zusammen mit der sachlichen Zuständigkeit geregelt und zT auch als Teil der sachlichen Zuständigkeit angesehen (zB UL § 10 Rn 5). 5 a

---

[4] Die Frage der Geltung des Gesetzesvorbehalts für Zuständigkeitsregelungen ist allerdings umstritten. Während die ältere Rspr dies abgelehnt hat (BVerfGE 8, 155, 167; 40, 237, 250; BVerwG DÖV 1975, 208), tendiert die jüngere Rspr stärker zur hier vertretenen Auffassung (BVerwGE 58, 45, 48; 90, 112, 126). Ebenso UL § 10 Rn 15; differenzierend Knack vor § 3 Rn 9ff; offen StBS 4; s auch Rn 7.

5 b **d) Funktionelle Zuständigkeit.** Die funktionelle Zuständigkeit betrifft demgegenüber (nur) die Frage, ob die sachlich und instanziell einer bestimmten Behörde zugewiesene Aufgabe dort von bestimmten Funktionsträgern zu erledigen ist, zB dem Behördenleiter, einem Bediensteten mit der Befähigung zum Richteramt (vgl zB § 61 Abs 1) oder einer anderen Person in einer besonderen Funktion oder mit einer besonderen Qualifikation erledigt werden muss.

6 **e) Verbandszuständigkeit.** Während die örtliche, sachliche und die instanzielle Zuständigkeit bei der Behörde ansetzen und die funktionelle Zuständigkeit bei einzelnen Funktionsträgern innerhalb einer Behörde, knüpft die Verbandszuständigkeit nicht an der Behörde an, sondern **setzt bei dem Rechtsträger an,** dem sie angehört. Die Verbandszuständigkeit bzw Verbandskompetenz betrifft die Zuweisung von Aufgaben zu Trägern öffentlicher Verwaltung (zB dem Bund, einem bestimmten Land, einer bestimmten Gemeinde usw).

7 **4. Gesetzesvorbehalt für Zuständigkeit. a) Grundsatz.** Wie die **örtliche Zuständigkeit** bedarf auch die **sachliche Zuständigkeit** im demokratischen Rechtsstaat, insb auch als Folge aus dem Demokratieprinzip (BVerwGE 67, 61 und BVerwG NJW 1990, 726) und dem Rechtsstaatsprinzip sowie dem Gewaltenteilungsprinzip, einer Regelung durch Gesetz oder VO (bzw Satzung) aufgrund eines Gesetzes;[5] sie kann daher durch organisationsrechtliche Anordnungen, Verwaltungsvorschriften oder allgemeine Rechtsgrundsätze grundsätzlich nicht begründet werden (anders uU durch Gewohnheitsrecht). Nur durch Gesetz können Regelungen über die sachliche und örtliche Zuständigkeit für den Vollzug von Bundesgesetzen gem Art 84 Abs 1 GG durch Landesbehörden getroffen werden; erforderlich ist dafür nach Art 84 Abs 1 GG immer ein mit Zustimmung des Bundesrats ergangenes Bundesgesetz (BVerfG 75, 150 = NJW 1987, 3115).

7 a **b) Notwendigkeit einer Regelung in den Ländern.** Für Baden-Württemberg (Art 70), Bayern (Art 77), Berlin (Art 51), Hamburg (Art 57), Niedersachsen (Art 43), Nordrhein-Westfalen (Art 77) und Schleswig-Holstein (Art 38) ergibt sich die Notwendigkeit einer gesetzlichen Regelung der sachlichen und örtlichen Zuständigkeit der Behörden schon aus der **Landesverfassung,** für Schleswig-Holstein zudem auch aus § 25 shLVwG, zumindest für die Ausführung von Rechtsvorschriften, die in Rechte des Bürgers eingreifen oder die Behörden zu solchen Eingriffen ermächtigen (zweifelhaft für Art 57 hambVerf, vgl dazu UL § 10 Rn 34).

8 **c) Zuständigkeitskonflikte.** Für Zuständigkeitskonflikte bzw Fälle zweifelhafter Zuständigkeit ist auch hins. der sachlichen Zuständigkeit der Behörden nach allgemeinen Grundsätzen im Zweifel die **Befugnis der Aufsichtsbehörden zur Entscheidung** und zu entsprechenden Weisungen an die betroffenen Behörden sowie die Befugnis der betroffenen Behörden zu einvernehmlichen Vorgehen entsprechend der in § 3 Abs 2 getroffenen Regelung zu bejahen. Für die **Fortdauer der Zuständigkeit** (perpetuatio fori) gem Abs 3 (BVerwGE 59, 127; **aA** Oldiges DÖV 1989, 882) und für die Zulässigkeit, die Voraussetzungen und Wir-

---

[5] Str, wie hier Obermayer NJW 1987, 2648; Schwab JuS 1977, 664; Schenke DÖV 1986, 194; UL § 10 Rn 15; Maurer § 21 Rn 46; für wesentliche – iS der Wesentlichkeitstheorie des BVerfG, vgl dazu zB BVerfG 51, 290; 58, 268 – Entscheidungen im Schulrecht ausdrücklich auch BVerwG 56, 161 = NJW 1979, 229; **aA** MB 2 unter Hinweis auf BVerwG BayVBl 1972, 161; für den Bereich der Leistungsverwaltung auch BVerfG 40, 248 = NJW 1976, 34 mit krit Stellungnahme dazu von Schenke DÖV 1986, 191 und Obermayer DVBl 1987, 879; BVerwGE 36, 91, 328: verwaltungsinterne Regelungen genügen; ebenso für den Fall, dass das Gesetz generell die Möglichkeit einer Delegation der Zuständigkeit vorsieht, BVerwG DVBl 1987, 1268 und NVwZ 1988, 533; VGH Kassel DÖV 1985, 927; krit mit überzeugenden Gründen Schenke DÖV 1986, 194; Obermayer DVBl 1987, 879.

kungen der **Verweisung einer Sache** an die zuständige Behörde gelten, soweit durch Rechtsvorschriften nichts anderes bestimmt ist, im Zweifel dieselben Grundsätze wie bei der örtlichen Zuständigkeit (**aA** zu Abs 3 OVG Münster NJW 1979, 1058); dasselbe gilt auch für die **Zuständigkeit in Eilfällen** analog Abs 4 (**aA** FL 56; vgl auch Oldiges DÖV 1989, 882).

5. Weitergehende örtliche und sachliche Befugnisse. a) Regelungsmöglichkeiten. Der Gesetzgeber kann, soweit ein hinreichender Zusammenhang mit Gegenständen, für die er die Gesetzgebungskompetenz hat, besteht,[6] ggfs im Einklang mit den Grundsätzen des internationalen Verwaltungsrechts den Anwendungsbereich eines Gesetzes auch über den engeren verbandsmäßigen oder räumlichen Zuständigkeitsbereich hinaus ausdehnen und darüber hinausgreifende Regelungen treffen, zB für Handlungen, die Deutsche im Ausland begehen (vgl Groß JZ 1994, 599 mwN). So kann ein Bundesland im Landesbereich entstehende öffentlich-rechtliche Pflichten, wie die Pflicht, vor einem Untersuchungsausschuß des Landtags als Zeuge zu erscheinen und auszusagen (BVerwGE 79, 339 = NJW 1988, 1924), oder Zahlungspflichten auch für Personen begründen, die in einem anderen Bundesland wohnen (FL 8; UL § 10 Rn 25; Obermayer RiA 1976, 226; Foerster SKV 1976, 162; Brunner DÖV 1969, 773). Im Zweifel gelten bestehende Vorschriften, soweit sie insoweit nichts anderes bestimmen oder durch andere Vorschriften, denen Vorrang zukommt, bestimmt ist, auch für Sachverhalte außerhalb des territorialen Zuständigkeitsbereichs einer Behörde (Kopp KKZ 1994, 194). 9

b) Geltungsbereich von Maßnahmen. Auch die von der zuständigen Behörde gesetzen VAe und sonstigen Hoheitsakte, ebenso auch zB verwaltungsrechtliche Verträge, gelten grundsätzlich, soweit durch Rechtsvorschriften oder rechtsetzende Vereinbarungen oder nach dem Inhalt des in Frage stehenden Aktes nichts anderes bestimmt ist, im Zweifel nicht nur im gesamten Geltungsbereich der Rechtsnormen, aufgrund deren sie erlassen werden, sondern auch außerhalb der territorialen Grenzen des Hoheitsträgers, dem die Behörde angehört oder zuzurechnen ist, **auch im Ausland** und im Zuständigkeitsbereich internationaler oder zwischenstaatlicher Organisationen, sofern der Akt nicht in den Bereich der domaine reservé bzw sovereign immunity des fremden Staates bzw der internationalen oder zwischenstaatlichen Organisation eingreift.[7] Entsprechend gelten Akte von Bundesbehörden auch im Zuständigkeitsbereich der Bundesländer, Akte von Behörden der Länder auch im Zuständigkeitsbereich des Bundes und anderer Bundesländer (Bleckmann NVwZ 1986, 1; Kopp/Kopp BayVBl 1994, 229; Kopp KKZ 1994, 194). 10

c) Vollzugsakte außerhalb des Hoheitsbereichs. Nicht zulässig ist grundsätzlich die unmittelbare Vornahme von Hoheitsakten durch eine Behörde außerhalb ihres Zuständigkeitsbereichs oder des Zuständigkeitsbereichs des Rechtsträgers, dem die Behörde angehört, zB einer Behörde eines Landes, in einem anderen Bundesland, einer Gemeindebehörde in einer anderen Gemeinde oder im Ausland.[8] Zur Vollstreckung bzw zum sonstigen Vollzug, uU auch zur Vornahme 11

---

[6] Vgl Kopp/Kopp BayVBl 1994, 229; im Verhältnis zu anderen Staaten und zu internationalen Organisationen auch Ziegenhain, Extraterritoriale Rechtsanwendung und die Bedeutung des Genuine-Link-Erfordernisses, 1992; Burmester, Grundlagen internationaler Regelungskumulation und -kollision, unter besonderer Berücksichtigung des Steuerrechts, 1993, 47; Kramp, Die Begründung und Ausübung staatlicher Zuständigkeit für das Verbot länderübergreifender Fusionen nach geltendem Völkerrecht, 1993, 33 mwN.

[7] Vgl Kramp 195 bzw 214 mwN; Burmester (Fn 6) S. 47; Ziegenhain, Extraterritoriale Rechtsanwendung und die Bedeutung des Genuine-Link-Erfordernisses, 1992; Groß JZ 94, 599.

[8] Groß JZ 1994, 592 mwN; mit Einschränkungen auch Kramp, Die Begründung und Ausübung staatlicher Zuständigkeit für das Verbot länderübergreifender Fusionen nach geltendem Völkerrecht, 1993, 193 und 199; Rittstieg NJW 1994, 913.

primärer Amtshandlungen, bedarf es in solchen Fällen grundsätzlich **der Amtshilfe der zuständigen Behörden.** Abweichende Regelungen bedürfen grundsätzlich einer gesetzlichen Grundlage. S zur Amtshilfe ausländischer Behörden oder EU-Behörden § 4 Rn 9.

12 **6. Zwingender Charakter der Zuständigkeitsregelungen.** Die Zuständigkeit der Behörde ist eine zwingende Voraussetzung der Zulässigkeit und Rechtmäßigkeit des Handelns der Behörde (FL 8; UL § 10 Rn 39; Obermayer RiA 1976, 226; Foerster SKV 1976, 162; Brunner DÖV 1969, 773). Dies gilt nicht nur für die örtliche, sondern auch für die sachliche, instanzielle und funktionelle sowie die Verbandszuständigkeit. Die Verletzung von Zuständigkeitsvorschriften führt grundsätzlich zur Rechtswidrigkeit der getroffenen Entscheidung. Die Zuständigkeit ist von jeder mit einer Sache befassten Behörde in jedem Stadium des Verfahrens **von Amts wegen zu prüfen** und zu beachten und muss jedenfalls im Zeitpunkt des Erlasses des VA bzw des Abschlusses des Vertrags durch die Behörde gegeben sein; vorheriges Fehlen ist grundsätzlich unerheblich.

Zuständigkeitsvereinbarungen zwischen Behörden untereinander oder mit dem Bürger hins. der örtlichen oder sachlichen Zuständigkeit im „Außenverhältnis" gegenüber dem Bürger sind unwirksam, sofern sie nicht auf gesetzlicher Grundlage erfolgen;[9] auch die rügelose Einlassung auf ein Verwaltungsverfahren vermag Zuständigkeitsfehler nicht zu heilen; ebenso nicht, sofern nicht durch Gesetz etwas anderes bestimmt ist (vgl zB § 8 Abs 1 S 2 BRRG), die Zustimmung der zuständigen Behörde zu einem von einer unzuständigen Behörde erlassenen VA (UL § 10 Rn 41 unter Hinweis auf § 45). Eine Behörde kann ohne ausdrückliche gesetzliche Ermächtigung ihre Zuständigkeit auch nicht einseitig (generell) auf eine andere Behörde delegieren **(Delegationsverbot)**[10] oder durch Mandat einer anderen Behörde mit der Maßgabe zur Ausübung überlassen, dass die getroffene Maßnahme ihr zugerechnet wird (FL 9 mwN; MK 60 III; zT **aA** VGH Mannheim DÖV 1974, 604; UL § 10 Rn 18); ebenso nicht – außer bei Gefahr im Verzug (vgl § 3 Abs 4) – die Zuständigkeit einer anderen Behörde an sich ziehen. Es besteht also, wenn keine besonderen gesetzlichen Regelungen es zulassen, **kein Selbsteintrittsrecht.**[11]

13 **7. Weiterleitung an die zuständige Behörde. a) Zulässigkeit.** Das VwVfG enthält (anders als das SGB I in § 16 Abs 2) keine dem § 83 VwGO bzw 17a Abs 2 GVG entsprechenden Regelungen über die Verweisung von Verwaltungssachen, die bei einer unzuständigen Behörde anhängig sind (zB weil ein Antrag irrtümlich dort gestellt wurde), an die zuständige Behörde. Eine Weiterleitung ist jedoch in sinngemäßer Anwendung des in § 17a Abs 2 GVG zum Ausdruck gekommenen Rechtsgedankens nach allgemeinen Rechtsgrundsätzen als zulässig anzusehen, zumal auch das VwVfG nichts Gegenteiliges besagt.[12] Die Weiterleitung an die zuständige Behörde erfolgt von Amts wegen, in Antragsverfahren jedoch grundsätzlich nur auf Antrag (BVerwGE 46, 85; wohl auch StBS 12; Pflicht zur Weiterleitung regelt §§ 16 Abs 2 SGB-I für den Bereich der Sozialverwaltungen). Die Zustimmung der übrigen Beteiligten ist nicht erforderlich. Bindend für die Behörde, an die verwiesen wird, ist die Weiterleitung nur dann,

---

[9] Vgl Begr 82; StBS 11; UL § 10 Rn 38; FL 10; zT **aA** Knack vor § 3 Rn 13; anders zT § 27 AO.

[10] Vgl BVerwG DÖV 1962, 340; UL § 10 Rn 17; vgl auch HessStGH DÖV 1970, 132; FL 9.

[11] S. bereits PrOVG 2, 423; 10, 366; 74, 347; VGH München NJW 1982, 460; OVG Berlin NJW 1977, 1987; Engel DVBl 1982, 757; MK 63 I Fn 2; Kaup BayVBl 1990, 193; Boettcher BayVBl 1990, 202; StBS 11; Knack 24; UL § 10 Rn 21.

[12] MB 28; FL 47; vgl auch MuE 86, wo die Nichtaufnahme einer entsprechenden Vorschrift nur mit der angeblich geringen Bedeutung von Verweisungen im Verwaltungsverfahren begründet wird.

wenn sich dies aus § 3 (s Abs 2) oder aus anderen gesetzlichen Vorschriften ergibt.[13]

14 **b) Verpflichtung zur Weiterleitung?** Fraglich ist, ob die unzuständige Behörde zur Weiterleitung verpflichtet ist oder ob sie den bei ihr gestellten Antrag auch als unzulässig abweisen kann. Richtigerweise wird man grundsätzlich davon auszugehen haben, dass bei Fehlen einer speziellen Verpflichtungsnorm die Weiterleitung **im Ermessen** der befassten Behörde steht, welches sich aber im Einzelfall auf Null reduzieren kann mit der Folge, dass eine Weiterleitung erfolgen muss. Durch die Antragstellung bei der unzuständigen Behörde erfolgt **keine Fristwahrung,** sofern gesetzlich nichts anderes bestimmt ist (StBS 12).

15 **8. Rechte auf Wahrung der Behördenzuständigkeit.** Die Vorschriften über die Zuständigkeit der Behörden dienen grundsätzlich nicht nur der guten Ordnung in der Behördenorganisation, **sondern auch dem Schutz des Bürgers.** Dieser kann die Unzuständigkeit einer Behörde, soweit § 46 oder entsprechende Vorschriften oder allgemeine Rechtsgrundsätze nicht entgegenstehen, idR allerdings nur zusammen mit dem in der Sache gegen die abschließende Entscheidung gegebenen Rechtsbehelf geltend machen, bei geschlossenen Verträgen grundsätzlich nur nach § 56 und § 59 bzw entsprechenden landesrechtlichen Bestimmungen. Zu Rechten der Behörden auf Wahrung ihrer Zuständigkeiten vgl Schoch JuS 1987, 783, 786; Kisker JuS 1975, 705; Kaup BayVBl 1990, 197 in der Sache zT zu weitgehend; Boettcher BayVBl 1990, 204. Die an sich in einer Angelegenheit zuständige Behörde selbst bzw die Behörde, die sich dafür für zuständig hält, hat grundsätzlich **kein Recht auf Wahrung ihrer Zuständigkeit** und daher auch keine Rechtsbehelfe gegen die Inanspruchnahme der Zuständigkeit durch eine andere Behörde; ebenso auch nicht gegen eine nach ihrer Auffassung rechtsfehlerhafte Zuweisung der Sache durch die zunächst damit befasste Behörde oder durch eine übergeordnete Behörde an eine andere Behörde oder gegen den Selbsteintritt der höheren bzw einer anderen Behörde.[14] Etwas anderes kann in Fällen gelten, in denen dadurch zugleich auch eigene Rechte der Rechtsträger, dem die „betroffene" Behörde, der eine wirkliche oder vermeintliche Zuständigkeit entzogen bzw in deren Zuständigkeit eingegriffen wird oder der eine Zuständigkeit aufgedrängt wird, insb zB das Recht auf Selbstverwaltung, betroffen sind.

16 **9. Behördeninterne Zuständigkeiten. a) Kein Recht auf einen bestimmten Amtsträger.** Im Gegensatz zur sachlichen, instanziellen, funtionellen, verbandsmäßigen und örtlichen Zuständigkeit der Behörden, die grundsätzlich Außenwirkung auch gegenüber dem Bürger und in Verfahren gegenüber den Beteiligten (§ 13) hat, ist die innere Organisation der Behörden, die Gliederung in Abteilungen, Referate usw und die Zuordnung der in einer Behörde tätigen Amtsträger behördeninterner Natur. Gleiches gilt auch für die Verteilung der Aufgaben innerhalb der Behörde insgesamt und bzgl der einzelnen von der Behörde zu erledigenden Angelegenheiten auf die Abteilungen usw der Behörde und auf die einzelnen Amtsträger, wenn und soweit nicht ausnahmsweise durch Gesetz etwas anderes bestimmt ist. Dementsprechend gibt es auch grundsätzlich kein Recht auf einen bestimmten Amtsträger (Amtswalter), dh auf das Tätigwerden des nach der behördeninternen Organisation für eine Angelegenheit für die Sache an sich zuständigen Amtsträgers und nur dieses Amtsträgers (vgl BVerwGE 30, 172; v Mutius NJW 1982, 2155; Knack 6; eingehend Mussgnug, Das Recht auf den ge-

---

[13] Vgl auch BGH MDR 1977, 487: Abgabe einer anhängigen Sache an eine andere Behörde zulässig, wenn diese sich bereit erklärt, die Sache zu übernehmen; allg auch BVerwG NVwZ-RR 1990, 150; zT **aA** VGH Mannheim NJW 1973, 385.

[14] Boettcher BayVBl 1990, 204; **aA** Kaup BayVBl 1990, 197 und 201, der ein organschaftliches subjektives öffentliches Recht der regelrecht zuständigen Behörde auf eine selbsteintrittfreie Wahrnehmung des gesetzlich zugewiesenen Funktionsbereichs annimmt.

setzlichen Verwaltungsbeamten?, 1972), dementsprechend in Prüfungen grundsätzlich auch kein Recht auf einen bestimmten Prüfer (vgl zB OVG Münster DVBl 1994, 1374).

17 **b) Ausnahmen.** Ausnahmsweise ist eine Durchbrechung oder Verletzung der behördeninternen Zuständigkeitsregelungen auch **im Außenverhältnis relevant,** wenn die betroffene Zuständigkeitsregelung aufgrund einer Rechtsvorschrift auch Außenwirkung hat, wie zB die Vertretungsbefugnis für die Behörde gem § 12 Abs 1 Nr 4 oder nach manchen Gemeindeordnungen die Abgrenzung der Zuständigkeiten zwischen Bürgermeister und Gemeinderat oder uU auch die Befugnisse bestimmter Ausschüsse oder sonstiger Gremien innerhalb einer Behörde (vgl Herbert DÖV 1994, 108), oder wenn parallel damit zugleich auch sonstige Rechtsvorschriften oder Rechtsgrundsätze, die Außenwirkung haben, verletzt werden. Letzteres gilt auch zB bei **Verstößen gegen das allgemeine Willkürverbot,** zB, wenn in dem zur Entscheidung berufenen Gremium der Bundesprüfstelle ein Mitglied, das einer Entscheidung nicht zustimmen will, durch ein anderes ersetzt wird (vgl OLG Köln NVwZ 1994, 410), oder bei Verstößen gegen den Grundsatz der **Chancengleichheit** oder das **Fairneßgebot,** wenn bei einer Prüfung, für die durch die Prüfungsordnung die Vorwegbekanntgabe der Prüfer vorgeschrieben oder üblich ist, kurzfristig ein Prüfer ausgetauscht und den Kandidaten dies nicht mehr rechtzeitig vor der Prüfung mitgeteilt wird bzw wenn in einem solchen Fall nicht die Prüfung verschoben wird.

II. Die Regelung der örtlichen Zuständigkeit (Abs 1)

18 **1. Systematik.** Die einzelnen Zuständigkeitstatbestände des § 3 sind in der **Reihenfolge ihrer Aufzählung** im Gesetz zu prüfen und schließen sich gegenseitig aus, dh eine Zuständigkeit nach Nr 2 bis 4 kommt nicht in Betracht, wenn die Zuständigkeit bereits nach Nr 1 begründet ist (Begr 36; Obermayer RiA 1976, 226; StBS 15; Obermayer 19; MB 7; Knack 12), obwohl sich dies für Nr 2 nicht ohne weiteres aus der Fassung der Vorschrift ergibt, eine Zuständigkeit nach Nr 3 und 4 nicht, wenn die Zuständigkeit nach Nr 1 oder 2 begründet ist, usw. Eine Sonderstellung nimmt insoweit die **Zuständigkeit in Eilfällen** gem Abs 4 ein (s Rn 54). Sämtliche Zuständigkeitstatbestände kommen nur zur Anwendung, wenn der maßgebliche Anknüpfungspunkt (Lage des unbeweglichen Vermögens, Betriebsstätte, usw) im Inland liegt. Trifft dies für keinen der Zuständigkeitstatbestände zu, so muss die Zuständigkeit nach Abs 2 S 4 bestimmt werden.

19 **2. Zuständigkeit nach der Belegenheit der Sache (Nr 1).** Die Vorschrift trägt der besonderen Bedeutung der Sachnähe (räumliches Näheverhältnis zur Behörde und meist auch zu den Betroffenen, Vertrautheit der Behörde mit den örtlichen Umständen usw) bei Entscheidungen bezüglich der in Nr 1 bezeichneten Angelegenheiten Rechnung (vgl Kopp 67 mwN).

19 a **a) Unbewegliches Vermögen.** Zu den von Nr 1 erfassten Gegenständen des unbeweglichen Vermögens gehören entspr § 864 ZPO außer Grundstücken auch Berechtigungen, auf die die Vorschriften über Grundstücke Anwendung finden, wie das Erbbaurecht (UL § 10 Rn 25; StBS 16; Knack 13), das Wohnungseigentum, das Bergwerkseigentum (FL 19) usw, sowie im Schiffsregister eingetragene Schiffe und Schiffsbauwerke (Obermayer RiA 1976, 226; FL 19).

20 **b) Ortsgebundene Rechte.** Von erheblicher Bedeutung ist Nr 1 wegen der Erfassung sonstiger ortsgebundener Rechte (bzw Rechtsverhältnisse), zu denen alle auf (bestimmte) Grundstücke bezogenen Rechte (bzw Rechtsverhältnisse) gehören, für die diese Beziehung den wesentlichen Inhalt ausmacht, zB das Recht, ein Grundstück zu bebauen, Realkonzessionen, Wasser-, Forst- und Wegerechte, das Jagdrecht (UL § 10 Rn 25), Besitz- und Mietrechte (FL 20), das Recht eines Linienverkehrsunternehmers in bezug auf die von ihm befahrene Strecke

(**aA** StBS 16); nicht dagegen die Rechte des Beamten einer Gemeinde in bezug auf die Anstellungsgemeinde (StBS 16; ebenso zu § 52 VwGO BVerwGE 18, 28).

3. Zuständigkeit nach Berufs- bzw Erwerbstätigkeit (Nr 2). Die Vorschrift beruht ähnlich wie Nr 1 auf dem Gedanken größtmöglicher **Sachnähe** zu der zu regelnden Angelegenheit im Interesse schneller, wirtschaftlicher und sachkundiger Entscheidungen (ebenso Knack 15). Anknüpfungspunkt für die Zuständigkeit ist der „Betrieb eines Unternehmens oder einer seiner Betriebsstätten" bzw die Ausübung eines Berufs oder einer anderen dauernden Tätigkeit. Unter Betrieb ist, wie sich aus der parallelen Verwendung des Begriffs im 1. Halbs mit dem Begriff „Betreiben" im 2. Halbs ergibt – anders als in Abs 2 S 2, wo der Begriff offenbar parallel mit Unternehmen verwendet wird (so zutreffend FL 24 und Knack 15) –, nicht die organisatorisch-technische Einheit zu verstehen, in der die Tätigkeiten ausgeübt werden, auf die sich das behördliche Handeln bezieht oder beziehen soll, sondern **der aktive Vorgang** iS **eines Betreibens.**[15] Das kann, je nachdem, ein Betreiben im technischen Sinn, zB einer Fabrik, Werkstätte usw, sein als auch der – uU an einem anderen Ort – befindlichen Verwaltung. 21

Maßgeblich ist für Nr 2 der Ort, an dem die **Tätigkeiten tatsächlich stattfinden,** auf die sich die in Frage stehende Verwaltungshandlung bezieht (Obermayer RiA 1976, 227; Knack 15; FL 25). Dabei genügt es, dass die Aufnahme des **Betriebs,** des Berufs oder der Tätigkeit erst beabsichtigt ist, sofern diese Absicht bereits hinreichend konkret ist („betrieben ... oder ausgeübt wird oder werden soll"). Nicht erforderlich ist eine gewisse Dauer der Tätigkeit usw am im Frage stehenden Ort (**aA** wohl VdGK 3.2; K 7); auch eine Tätigkeit oder Beschäftigung auf Jahrmärkten usw „im Umherziehen" begründet eine Zuständigkeit an diesen Orten für behördliche Handlungen, die sich auf diese Tätigkeit usw beziehen. 22

a) Unternehmen. Zu den Unternehmen iS von Nr 2 ist ohne Rücksicht auf die Rechtsform (AG, Stiftung, öffentliches Unternehmen, Regiebetrieb, Einzelkaufmann) eine **rechtliche, wirtschaftliche, finanzielle und soziale Einheit** zur (dauerhaften) Verfolgung wirtschaftlicher oder ähnlicher Ziele bzw Aufgaben.[16] Unternehmen idS sind außer wirtschaftlichen Unternehmen auch sonstige Unternehmen, deren Zweck auf die Erzeugung von Leistungen oder Gütern für Dritte oder für die Allgemeinheit gerichtet ist, wie Verkehrsbetriebe, Versorgungsbetriebe, Krankenanstalten, Kindergärten, Schulen, Missionszentren, Theater usw (StBS 17; Knack 17; enger offenbar FL 26: nur Unternehmen mit wirtschaftlicher Zielsetzung), nicht dagegen Einrichtungen, wie Parteibüros, Geselligkeitsklubs uä. Es muss sich in jedem Fall um rechtlich und im Verhältnis zu den von den darin tätigen Menschen **hinreichend verselbständigte Einrichtungen** handeln, die nicht nur „Attribute" zu einem Beruf sind. In Nr 2 2. Halbs ist unter Unternehmen zugleich auch der von einem Unternehmen betriebene Betrieb (dh der Betrieb eines Unternehmens iS von Nr 2 1. Halbs) mit zu verstehen (ähnlich FL 24). 23

b) Betriebsstätte iS von Nr 2 ist die organisatorisch mit einer gewissen Selbständigkeit ausgestattete, räumlich vom Hauptbetrieb oder von anderen Betriebsstätten getrennte Teileinheit, dh der „Teilbetrieb", in dem zumindest ein Teil der Leistungen erbracht bzw der Güter erzeugt wird, auf deren Erbringung bzw Erzeugung der Zweck eines Unternehmens gerichtet ist, oder die doch damit in einem inneren funktionellen Zusammenhang steht (zB Zulieferungsbetrieb, 24

---

[15] Knack 15; MB 11; Obermayer 27 und RiA 1976; 227; ähnlich StBS 17; MB 11; FL 24: Betrieb ist iS der Tätigkeit, dh des „Betreibens eines Unternehmens", zu verstehen.

[16] Obermayer 29; ders, RiA 1976, 227; StBS 17; Knack 3.2.1; zT **aA** FL 25 f, unter Beschränkung auf wirtschaftliche Aufgaben; ähnlich MB 11: das Unternehmen verfolgt regelmäßig einen wirtschaftlichen Zweck.

Vertriebsbüro, aber auch zB die von den „eigentlichen" Betriebsstätten getrennte Hauptverwaltung eines Unternehmens). Vgl zum Begriff der Betriebsstätte auch die Definition in § 12 AO; dazu auch VGH München DÖV 1987, 1118.

25 c) **Beruf** iS der Nr 2 ist jede auf Erwerb, dh auf zumindest teilweise Sicherstellung des Lebensunterhalts, abzielende und auf eine gewisse Dauer gerichtete erlaubte Tätigkeit. Gleichgestellt sind den Berufen **sonstige dauernde Tätigkeiten.** Aus dem Zusammenhang ergibt sich jedoch, dass es sich um Tätigkeiten handeln muss, die nach Bedeutung, Intensität, Dauer und vor allem Ortsbindung mit Berufen in etwa vergleichbar sind und die nicht nur gänzlich untergeordnete Bedeutung haben. Diese Einschränkung ergibt sich ua auch daraus, dass andernfalls die Zuständigkeiten nach Nr 3 und 4 durch die Zuständigkeit nach Nr 2 fast völlig verdrängt würden.

26 d) **Dauernde Tätigkeit.** Der Begriff der dauernden Tätigkeiten iS von Nr 2 ist weit zu verstehen. Hierunter fallen zB karitative Tätigkeiten; das Studium an einer Hochschule; die Vermietung von Zimmern (vgl FL 28); eine hauptberuflich, wenn auch nicht mit Erwerbsabsicht, ausgeübte Forschungstätigkeit; die unentgeltlich wahrgenommene Geschäftsführung einer gemeinnützigen Organisation (StBS 20); wohl auch bloße Freizeitgestaltung und reine Liebhabereien, wenn sie auf gewisse Dauer angelegt sind, einen gewissen Umfang erreichen und örtlich „lokalisierbar" sind (FL 26; Knack 20; MB 13), auch zB die von einem Rentner als Hobby betriebene Tier- oder Pflanzenzucht (FL 26; Knack 20) oder Aktivitäten in einem Verein (StBS 20); nicht dagegen wohl die Tätigkeit als Hausfrau (str). Rechtspolitisch erscheint die Einbeziehung anderer dauernder Tätigkeiten entbehrlich und wegen der unsicheren Abgrenzung zu sonstigen Tätigkeiten und damit auch zu den Zuständigkeiten nach Nr 3 verfehlt.

27 **4. Zuständigkeit nach gewöhnlichem Aufenthalt bzw Sitz (Nr 3). a) Begriff des gewöhnlichen Aufenthalts.** Die Vorschrift begründet für Fälle, für die nicht bereits die Zuständigkeit nach Nr 1 oder 2 begründet ist, zB in Personalausweis-, Paß- und Staatsangehörigkeitsangelegenheiten, bei natürlichen Personen die Zuständigkeit des gewöhnlichen Aufenthalts. Diesen hat eine Person an dem Ort, an dem sie sich unter Umständen aufhält, die auf die Absicht schließen lassen, dass sie an diesem Ort „nicht nur vorübergehend verweilt",[17] dh idR grundsätzlich (Faustregel) **voraussichtlich mindestens 6 Monate.**[18] Es ist der Ort, an dem sich jemand ständig oder jedenfalls normalerweise und für längere Zeit aufhält (vgl § 30 Abs 3 SGB I, § 9 AO; § 103 BSHG; Obermayer 37 ff; K 7; ThP 3 zu § 606 ZPO). **Geschäftsfähigkeit** ist zur Begründung des gewöhnlichen Aufenthalts nicht erforderlich (MB 14). Unerheblich ist auch, wo jemand „polizeilich" (dh nach dem **Melderecht**) gemeldet ist (StBS 22; Schleicher DÖV 1976, 551; MB 14).

27 a aa) **Vorübergehender Aufenthalt** reicht grundsätzlich nicht aus. **Keine Zuständigkeit** wegen gewöhnlichen Aufenthaltes wird begründet zB bei einem Kranken, wenn auch von vornherein für längere Zeit zu erwartenden Krankenhausaufenthalt am Ort des Krankenhauses, einer Reha-Klinik uä (BayObLG NJW 1993, 670; **aA** Obermayer 39) oder bei einem Internatsaufenthalt am Ort des Internats (BGH FamRZ 1975, 273; BayObLG NJW 1993, 670), ebenso wohl nicht, auch wenn er dort eine Wohnung, ein Zimmer uä hat, bei einem Beamten im Vorbereitungsdienst am Ausbildungsort (**aA** wohl Obermayer 39), bei einem Teilnehmer an einem über 6 Monate dauernden Lehrgang am Ort des Lehrgangs,

---

[17] BayObLG NJW 1993, 670; UL § 10 Rn 27; StBS 22; Knack 21; FL 29; Obermayer 37; WBS I § 38 Rn 60; VdGK 3.3.

[18] StBS 22 unter Hinweis auf § 9 S. 2 AO: stets und von Beginn an bei einem zeitlich zusammenhängenden Aufenthalt von mehr als 6 Monaten; zT **aA** offenbar Obermayer 39: mindestens einige Monate.

bei einem Schüler am Schulort usw; analog § 9 S 3 AO ist Ort des gewöhnlichen Aufenthaltes idR nicht der Ort, an dem jemand sich nicht länger als ein Jahr ausschließlich zu Besuchs-, Erholungs-, Kur- oder ähnlichen privaten Zwecken aufhält (StBS 22; MB 14).

bb) Vorübergehende Abwesenheit (zB Reisen, Besuch, Urlaub) berührt das 28 Fortbestehen des gewöhnlichen Aufenthalts nicht (FL 27). Anders als beim Wohnsitz gem §§ 7–11 BGB bzw § 30 Abs 3 SGB-I, § 8 AO kommt es auf den Willen und die Freiwilligkeit des Aufenthalts nicht an. Gewöhnlicher Aufenthalt ist auch der Ort der Ableistung der Wehrpflicht, der Studienort (str, vgl BVerwG DVBl 1992, 305; StBS 22), bei Asylanten der Asylort (Knack 23), auch wenn tatsächlicher Aufenthaltsort ein anderer ist (OVG Greifswald NordÖR 1999, 74), bei nicht nur vorübergehendem Aufenthalt uU auch der Ort der Heilanstalt und der Ort der Haftanstalt (ebenso Knack 22; Obermayer RiA 1976, 227; vgl auch Weides JuS 1982, 49). Unerheblich ist auch, ob eine Person am Ort ihres Aufenthalts polizeilich gemeldet ist oder nicht. Bei gewöhnlichem **Aufenthalt im Ausland** ist Nr 3 nicht anwendbar. Ein nicht mehr bestehender gewöhnlicher Aufenthalt oder Sitz („zuletzt hatte") ist für die Zuständigkeit einer Behörde nur dann maßgeblich, wenn inzwischen weder im Inland noch im Ausland ein neuer gewöhnlicher Aufenthalt oder Sitz begründet wurde. Bei **Aufenthalt an mehreren Orten** kommt es auf den Ort an, an dem eine Person sich **(zeitlich) überwiegend** aufhält, bei etwa gleicher Aufenthaltsdauer ist der gewöhnliche Aufenthalt für jeden der betroffenen Orte zu bejahen, zB bei einem berufstätigen Wochenendpendler (StBS 22); dann ist uU eine Zuständigkeitsbestimmung nach Abs 2 S 1 und 2 erforderlich.

cc) Ständiger Aufenthalt. Der Ort des ständigen Aufenthalts entspricht im 29 wesentlichen dem gewöhnlichen Aufenthalt; vom Wohnsitz[19] unterscheidet sich von diesem dadurch, dass dafür kein rechtsgeschäftlicher Wille erforderlich ist, insb auch ein natürlicher Wille, zB eines Geschäftsunfähigen, genügt, und vor allem die tatsächlichen Verhältnisse maßgeblich sind (BVerwG DVBl 1985, 968). Gewöhnlicher Aufenthalt ist der Ort, an dem jemand sich unter Umständen aufhält, die auf die Absicht schließen lassen, dass er an diesem Ort **nicht nur vorübergehend** verweilt.[20] Als Anhaltspunkt für die Zeitdauer, für die der Aufenthalt mindestens beabsichtigt sein muss, bietet sich die Frist von 6 Monaten nach bzw analog § 9 S 2 AO an (vgl zum Abgabenrecht BFH NVwZ-RR 1989, 372). Da es sich um eine Prognose handelt, kommt es ausschließlich auf die Umstände im Zeitpunkt der Begründung des Aufenthalts an, nicht darauf, wie lange der Aufenthalt tatsächlich dauert (vgl ähnlich zum Begriff der Hauptwohnung iS des Melderechts VGH Mannheim NVwZ 1990, 193).

Minderjährige haben ihren gewöhnlichen Aufenthalt idR an dem Ort, an dem 30 sie ihren Unterhalt und ihre Erziehung erhalten (BVerwGE 64, 231; OVG Koblenz NVwZ-RR 1990, 313). **Studenten** hatten nach früherer Rspr idR keinen gewöhnlichen Aufenthalt am **Studienort** (BVerwG NJW 1983, 2276); nach neuerer Rechtsprechung kommt es auf die konkreten Umstände an.[21] Dabei wird zu berücksichtigen sein, ob der Studienort zum Lebensmittelpunkt des Studenten geworden ist (so auch StBS 22).

dd) Einzelfälle. Asylbewerber haben im Hinblick auf die lange Dauer des 31 Asylverfahrens ihren gewöhnlichen Aufenthalt (und Wohnsitz) im Bereich der zu-

---

[19] BVerwG NVwZ 1994, 782; StBS 22.

[20] BVerwGE 92, 123 zum Begriff des gewöhnlichen Aufenthalts iS von § 30 Abs 3 S. 2 SGB-I bzw des damit im wesentlichen übereinstimmenden Begriffs des dauernden Aufenthalts iS von Art 1 Abs 1 des Übereinkommens zur Verminderung der Staatenlosigkeit v 30. 8. 1961 und des Art 2 des AG dazu; BFH NVwZ-RR 1989, 372; OVG Koblenz NVwZ-RR 1990, 313; WBS I § 38 Rn 60.

[21] BVerwGE 89, 110 = NJW 1992, 782; VG Freiburg NVwZ 1987, 1017.

ständigen Ausländerbehörde.[22] **Ausländer** haben ihren gewöhnlichen Aufenthalt (s dazu auch oben) an dem Ort, an dem sie sich unter Umständen aufhalten, die darauf schließen lassen, dass sie dort nicht nur vorübergehend verweilen, vorausgesetzt, dass nach dem Ausländerrecht und der Handhabung des einschlägigen Ermessens damit zu rechnen ist, dass sie auf absehbare Zeit bleiben können (BVerwGE 92, 124; OVG Greifswald NordÖR 2001, 73). Zustimmung der Ausländerbehörde ist nicht erforderlich, anders bei Verlassen eines zugewiesenen Aufenthaltsortes (OVG Greifswald NordÖR 2001, 73). Im übrigen ist eine Duldung ausreichend (BVerwGE 92, 125). Auch eine zeitlich befristete Aufenthaltsgenehmigung schließt einen dauernden Aufenthalt nicht aus. Vgl andererseits zum gewöhnlichen Aufenthalt von Ausländern nach §§ 8f AO iS des Abgabenrechts auch BFH NVwZ-RR 1989, 372: ein Ausländer hat analog § 9 S 2 AO in der Bundesrepublik keinen gewöhnlichen Aufenthalt iS von § 9 AO, wenn er sich für weniger als sechs Monate in der Bundesrepublik aufhält und seine Aufenthaltsabsicht von vornherein auf diese Dauer beschränkt ist. **Einfacher Aufenthalt** ist der Ort der tatsächlichen Anwesenheit, sofern es sich nicht nur um ganz kurzes Verweilen handelt (Palandt BGB § 7 Rn 1). Der einfache Aufenthalt unterscheidet sich vom gewöhnlichen Aufenthalt nur durch die kürzere Dauer (Obermayer 39).

32 **b) Wohnsitz, Wohnung.** Sondergesetzliche Bestimmungen knüpfen häufig statt an den gewöhnlichen Aufenthalt iS von § 3 Abs 1 Nr 3 a an den Wohnsitz, den dauernden Aufenthalt, den (einfachen) Aufenthalt oder die Wohnung an. **Wohnsitz**[23] ist, soweit sich aus dem jeweils maßgebenden Gesetz nichts anderes ergibt, der Wohnsitz iS von § 7 Abs 1 BGB, dh der Ort, an dem in objektiver Hinsicht der Schwerpunkt der Lebensverhältnisse ist und in subjektiver Hinsicht auch der Wille besteht, den Schwerpunkt der Lebensverhältnisse auch dauernd beizubehalten (BVerwG DVBl 1985, 967). Erforderlich ist die tatsächliche und rechtliche Wohnmöglichkeit und der Wille, diese beizubehalten und zu nutzen (WBS I § 38 Rn 61). **Nicht Wohnsitz** ist daher zB der Studienort, der Dienstort, der Ort der gewerblichen Niederlassung oder der Standort des Wehrpflichtigen. **Geschäftsunfähige** können einen Wohnsitz nur mit Zustimmung des gesetzlichen Vertreters begründen. Der Wohnsitz bleibt auch bei **vorübergehender Abwesenheit** bestehen, bis er aufgegeben wird; die Aufgabe kann sich ggf auch aus den Umständen ergeben, insb daraus, dass ein neuer Wohnsitz begründet wurde (BVerwG DVBl 1985, 967).

32 a **Studenten** haben ihren Wohnsitz, wenn sie sich am Studienort nur zum Studium aufhalten, bei den Eltern (vgl zum Abgabenrecht Flick/Flick-Pistorius DStR 1989, 623 – auch wenn die Eltern ihren Wohnsitz im Ausland haben –). **Exterritoriale Personen** werden grundsätzlich so behandelt, als hätten sie ihren Wohnsitz im Heimatland (Palandt BGB § 7 Rn 1). **Asylbewerber,** bei denen damit zu rechnen ist, dass sie – auch bei rechtskräftiger Ablehnung des Asylantrags – für unabsehbare Zeit nicht in ihr Heimatland abgeschoben werden, haben ihren Wohnsitz oder gewöhnlichen Aufenthalt im Bundesgebiet (BSG 57, 94 = SGb 1989, 437 m Anm Wollenschläger/Kreßel).

33 **Wohnung** ist gem § 11 Abs 4 MRRG und den MeldeG der Länder bzw in analoger Anwendung davon jeder umschlossene Raum, der (meistens) zum Woh-

[22] Vgl zum Wohnsitz BSG 57, 94 = SGb 1989, 437; Gagel SGb 1990, 1; **aA** BSG DVBl 1987, 1121 zu § 30 Abs 3 S. 2 SGB-I: kein ständiger Aufenthalt in der Bundesrepublik, auch wenn sie sich schon fast 2 Jahre in der Bundesrepublik befinden.

[23] Zum Wohnsitz iS des Melderechts Mallmann NJW 1994, 1682; zum Wohnsitzbegriff des Sozialrechts nach § 30 Abs 3 SGB-I auch Gagel SGb 1990, 1; zum Wohnsitzbegriff des Abgabenrechts nach § 8 AO Flick/Flick-Pistorius DStR 1989, 623, des Bundesvertriebenenrechts nach § 16 BVFG aF BVerwGE 82, 179 = NJW 1989, 2904 (derselbe Begriff wie gem § 7 BGB.

nen und/oder Schlafen benutzt wird.[24] Maßgeblich sind die tatsächlichen Gegebenheiten, nicht die polizeiliche Meldung; wer jedoch den **Anschein** erweckt, in einem bestimmten Gebäude zu wohnen, zB durch Anbringen des Namens, Briefkasten, Angabe als Wohnung, muss sich auch von der Behörde, die die wirklichen Verhältnisse nicht kennt, zB bei Zustellungen so behandeln lassen, als habe er dort seine Wohnung (FG Münster NJW 1985, 1184). Auch sonst ist in manchen Gesetzen vorgesehen, dass für das Verfahren der bisherige Wohnsitz, Aufenthalt usw weiterhin maßgeblich bleibt, wenn und solange der Betroffene eine Änderung nicht anzeigt (vgl BVerwGE 70, 68 zu § 24 Abs 6 Nr 1 WPflG). **Hauptwohnung** iS des Melderechts ist bei mehreren Wohnungen die Wohnung, die zeitlich am meisten benutzt wird,[25] bei nicht getrennt lebenden Eheleuten der Familienwohnsitz (BVerwGE NJW 2002, 2579); bei Studenten, die in größerer Entfernung vom Elternhaus studieren, ist dies die Wohnung (das Zimmer) am Studienort (VGH Mannheim NJW 1987, 250); anders, wenn der Student die Wochenenden und die Ferien bei den Eltern verbringt (VG Freiburg NVwZ 1987, 1017).

c) Zuständigkeit nach dem Sitz einer juristischen Person oder Vereinigung. Der Sitz einer juristischen Person oder Vereinigung ist der Ort, der nach Gesetz, Satzung oder Verleihung als Sitz bestimmt ist, hilfsweise entspr § 24 BGB, § 17 Abs 1 S 2 ZPO der Ort, an dem die Verwaltung geführt wird,[26] bzw, wenn dies an mehreren Orten der Fall ist, der Ort, an dem sich der Mittelpunkt der Geschäftstätigkeit bzw der Führung der Verwaltungsgeschäfte befindet (FL 30; Knack 25; vgl auch § 10 AO sowie dazu BFH 123, 188; Offerhaus NJW 1978, 614), bei eingetragenen Firmen, Vereinen usw im Zweifel der Ort, der im Handelsregister, Vereinsregister usw als Sitz ausgewiesen ist (vgl auch § 11 AO). Dagegen kommt es auf den Wohnsitz oder Aufenthaltsort der leitenden Personen nicht an. 34

5. Zuständigkeit nach dem Anlaß (Nr 4). Die Vorschrift sieht für die Fälle, in denen eine Zuständigkeit nach Nr 1–3 nicht begründet ist, als **subsidiäre Zuständigkeit** (FL 32) die Zuständigkeit der Behörde vor, in deren örtlichem Amtsbereich der Anlaß für die Tätigkeit der Verwaltung „hervortritt“ (vgl § 24 AO). Das ist idR der Ort, an dem die Maßnahmen der Behörde, die nach Art des Anlaßfalles in Betracht kommen, wirksam werden sollen, zB der Ort, an dem ein ausländischer Tankwagenzug einen Unfall hat und Maßnahmen zur Verhinderung einer Ölverschmutzung notwendig werden. Im Gegensatz zur Zuständigkeit in Eilfällen gem Abs 4, für die ebenfalls der Ort des Anlasses maßgeblich ist (obwohl an sich die Zuständigkeit einer anderen Behörde gegeben wäre, die nur nicht rechtzeitig tätig werden kann), handelt es sich bei der Zuständigkeit gem Nr 4 um **eine normale, endgültige Zuständigkeit,** die jedoch nur dann gegeben ist, wenn eine andere Zuständigkeit nach Nr 1–3 schlechthin ausgeschlossen ist. 35

III. Mehrfachzuständigkeit und Zuständigkeitsstreit (Abs 2)

1. Zuständigkeit der zuerst befassten Behörde (Abs 2 S 1). Abs 2 S 1 regelt die Zuständigkeit in Fällen, in denen an sich nach den Zuständigkeitsbestimmungen in Abs 1 Nr 1–4 eine Zuständigkeit mehrerer Behörden nebeneinander begründet wäre (vgl § 26 AO), zB weil ein Grundstück im Bezirk mehrerer Behörden liegt (Obermayer 47; RiA 1976, 226; FL 35; StBS 27). Vorbehaltlich einer 36

---

[24] BVerwG DVBl 1984, 90; VGH Mannheim NJW 1987, 210; NVwZ-RR 1990, 193; OVG Koblenz DÖV 1990, 1071; Mallmann NJW 1994, 1687; vgl auch BGH NJW 1978, 1878: bei mehrjähriger Freiheitsstrafe keine Wohnung mehr am bisherigen Ort.

[25] BVerwG NJW 1987, 209; NJW 1992, 1121: wo jemand zeitlich überwiegend „wohnt“; entsprechend auch zum Wohnort; VGH Mannheim NVwZ-RR 1990, 193; VG Freiburg NVwZ 1987, 1018 mwN; Mallmann NJW 1994, 1687; zT **aA** OVG Hamburg DÖV 1987, 164.

[26] Knack 25; StBS 24: § 11 AO analog; Offerhaus NJW 1978, 614; vgl auch BVerwG DVBl 1985, 287 zu § 11 Abs 2 Nr 2 PBefG; BFH 123, 188.

abweichenden Entscheidung der Aufsichtsbehörde soll hier der **Grundsatz der Priorität** maßgeblich sein: Nach S 1 ist die zuerst mit der Sache befasste Behörde unter Ausschluss der übrigen, an sich sonst ebenfalls zuständigen Behörden allein zuständig. Nach dem Zweck der Regelung genügt auch schon die Vornahme verwaltungsinterner Handlungen, zB von Ermittlungshandlungen (OVG Münster BauR 1990, 336; StBS 28). Auf die Einleitung eines Verfahrens iSd § 22 kommt es nicht an.

37 **Das Prioritätsprinzip** gilt nur für Fälle, in denen sich die Lösung des Kompetenzkonflikts nicht schon aus der Subsidiarität der einzelnen Zuständigkeitstatbestände ergibt oder in denen die Zuständigkeit aus tatsächlichen oder rechtlichen Gründen zweifelhaft ist. In den zuletzt genannten Fällen ist die Zuständigkeit nach Abs 2 S 3 u 4 zu bestimmen. Ebenfalls nicht, auch nicht analog, anwendbar ist Abs 2 S 1 auf die Fälle eines Zusammentreffens von Zuständigkeiten nach den VwVfG und nach Landesrecht. Vgl aber zur Zulässigkeit von „integrierten" Zuständigkeits- und Verfahrensregelungen durch Bundes- und Landesrecht für den parallelen Vollzug von Bundes- und Landesrecht Kopp BayVBl 1973, 85.

38 **2. Zuständigkeitsbestimmung durch die Aufsichtsbehörden (Abs 2 S 1 bis 4). a) Ermessensentscheidung.** Abs 2 S 2 ermächtigt die zuständige Aufsichtsbehörde, auf Anregung der Beteiligten oder einer der beteiligten Behörden oder auch von Amts wegen abweichend vom Prioritätsprinzip in Abs 2 S 1 eine der zuständigen Behörden fortan als allein zuständig zu bestimmen. Die Entscheidung liegt im pflichtgemäßen Ermessen (§ 40) der Aufsichtsbehörde, die dabei insb auch § 10 zu beachten hat (FL 37; Knack 29). Sie ist an keine weiteren Voraussetzungen gebunden. Fraglich ist die Rechtsnatur der Entscheidung. Sie wird von der überwiegenden Meinung als VA angesehen, der aber wegen § 44a nicht selbständig anfechtbar sei (StBS 34; Knack 31; Obermayer 48; Kopp 24). Eine unmittelbare Außenwirkung der Entscheidung erscheint aber zweifelhaft (vgl BVerwGE 21, 352). Es spricht deshalb mehr dafür, von einer bloßen verwaltungsinternen Maßnahme auszugehen, deren Richtigkeit nur im Rahmen der Anfechtung der Endentscheidung gerichtlich kontrolliert werden kann.

39 **b) Zeitraum für die Bestimmung.** In zeitlicher Hinsicht ist eine Zuständigkeitsbestimmung durch die Aufsichtsbehörde nur zulässig, solange die zunächst befasste Behörde noch nicht entschieden hat, dh eine die Angelegenheit ganz oder teilweise erledigende Entscheidung (auch zB Abweisung des Antrags wegen Fristversäumung) noch nicht getroffen hat (ebenso Obermayer RiA 1976, 228; Knack 29; MB 20; FL 37). Entgegen der insoweit zu engen Fassung der Vorschrift ist die Zuständigkeitsbestimmung auch zulässig, bevor sich eine der an sich zuständigen Behörden mit der Sache befasst hat, etwa bei von Amts wegen einzuleitenden Verfahren.

40 **c) Zuständige Behörde.** Gemeinsame fachlich zuständige Aufsichtsbehörde iS von Abs 2 S 1 ist nicht notwendigerweise eine vorhandenen Fachaufsichtsbehörde. Gemeinsame Aufsichtsbehörde ist, je nach dem Geschäftsbereich, in den die Sache fällt, im staatlichen Bereich die insoweit **übergeordnete Behörde,** im Verhältnis zu Selbstverwaltungsträgern idR die Rechtsaufsichtsbehörde (vgl VG München NVwZ 1989, 90; Obermayer 53 zu § 5; Knack 37). Zuständige Aufsichtsbehörde ist ggf auch die Aufsichtsbehörde höherer Stufe, wenn die einer Behörde unmittelbar übergeordnete Behörde nicht zugleich auch Aufsichtsbehörde aller anderen betroffenen Behörden ist; mangels Überordnung jedoch nicht das Kabinett gegenüber den Ministerien. Dass die Aufsichtsbehörde selbst eine der zuständigen Behörden ist, hindert ihre Befugnis zur Zuständigkeitsbestimmung nicht.

41 **3. Zuständigkeitsbestimmung bei Gleichartigkeit der Angelegenheiten (Abs 2 S 2).** Abs 2 S 2 erweitert die in S 1 vorgesehene Möglichkeit zur Zuständigkeitsbestimmung durch die gemeinsame Aufsichtsbehörde auch auf Fälle, in de-

nen eine „gleiche Angelegenheit" zu entscheiden ist, die sich auf mehrere Betriebsstätten eines Betriebs oder Unternehmens bezieht und eine einheitliche Entscheidung erfordert. An sich liegt in diesen Fällen **keine Zuständigkeitskonkurrenz** vor, vielmehr wären mehrere Behörden getrennt nach Abs 1 Nr 2, jede für die in ihrem Bezirk liegende Betriebsstätte, zuständig. Abs 2 S 2 gibt jedoch der Aufsichtsbehörde **im Interesse einer einheitlichen Regelung** die Befugnis, in solchen Fällen im Hinblick auf die Gleichartigkeit der Angelegenheit eine der zuständigen Behörden als gemeinsam zuständige Behörde zu bestimmen, wenn dies unter Wahrung der Interessen der Beteiligten (§ 13) zur einheitlichen Entscheidung geboten ist. Die so bestimmte Behörde erhält damit die Befugnis, zugleich auch an Stelle der anderen betroffenen Behörde und mit Wirkung auch für diese in der Sache zu entscheiden. Eine analoge Anwendung der Vorschrift auf Fälle einer Berufsausübung an mehreren Orten ist nicht möglich.

Gleichartigkeit der Angelegenheit bedeutet, dass die zu entscheidenden Fragen in wesentlichen Punkten gleich sind, so dass eine einheitliche Entscheidung geboten ist. **Identität ist nicht erforderlich** (würde sie vorliegen, so wäre nicht Abs 2 S 2, sondern Abs 2 S 1 anwendbar); ebenso nicht, obwohl die Vorschrift nur von „Angelegenheit" und nicht von Angelegenheiten spricht, ein rechtlicher oder wirtschaftlicher Zusammenhang. Entsprechend dem Zweck der Regelung, eine **unterschiedliche Behandlung gleicher Sachverhalte zu verhindern,** ist die Notwendigkeit einheitlicher Entscheidung schon dann zu bejahen, wenn unterschiedliche Entscheidungen diesem Zweck zuwiderlaufen würden. 42

4. Zuständigkeitsbestimmung bei Konflikten und Zweifeln (Abs 2 S 3). 43
Abs 2 S 3, 1. Altern. sieht in Anlehnung an § 53 VwGO auch für die Fälle sog. Zuständigkeitskonflikte (Kompetenzkonflikte, Zuständigkeitsstreitigkeiten) zwischen mehreren Behörden eine Zuständigkeitsbestimmung durch die Aufsichtsbehörde vor. Trotz der allgemeinen Fassung der Vorschrift ist die Entscheidung mangels einer entgegenstehenden Regelung nur zulässig, wenn und **solange noch keine abschließende Entscheidung** durch eine der „streitenden" Behörden vorliegt, nach Ergehen einer Entscheidung nur mehr nach Maßgabe der §§ 48 ff. Die Entscheidung der Aufsichtsbehörde ist für die beteiligten Behörden bindend, auch der Bürger kann sie, auch wenn sie als VA eingestuft werden sollte (vgl hierzu oben Rn 38), nach § 97 Nr 2, § 44 a VwGO nur noch im Rahmen eines Rechtsbehelfs gegen die ergehende Endentscheidung angreifen.

a) Kompetenzkonflikte. Die Regelung erfasst sowohl positive als auch negative Zuständigkeitskonflikte. Ein **positiver Zuständigkeitskonflikt** liegt vor, wenn mehrere Behörden in ein und derselben Sache die Zuständigkeit in Anspruch nehmen, obwohl jedenfalls nur eine von ihnen zuständig sein kann. Ein **negativer Zuständigkeitskonflikt** liegt vor, wenn mehrere Behörden sich für unzuständig halten. Zuständig für die Entscheidung im Zuständigkeitsstreit ist die den beteiligten Behörden gemeinsam übergeordnete fachlich zuständige Aufsichtsbehörde. Fehlt eine gemeinsame Aufsichtsbehörde, so entscheiden die zuständigen Aufsichtsbehörden gem S 4 (bzw, wenn oder soweit die betroffenen Behörden keine Aufsichtsbehörden über sich haben, in analoger Anwendung von S 4 diese selbst) gemeinsam über die Zuständigkeitsfrage. Die Fachaufsichtsbehörde (bzw die sonst insoweit zuständige Behörde) entscheidet wie in den Fällen des S 2 und 3 **nicht in der Sache selbst,** sondern nur über die Frage der Zuständigkeit. 44

b) Zuständigkeitszweifel. Abs 2 S 3, 2. Alt dehnt die für Zuständigkeitskonflikte getroffene Regelung auch auf die Fälle bloßer Zuständigkeitszweifel aus anderen Gründen aus (ähnlich § 28 AO). Die unklare Fassung der Vorschrift lässt offen, ob damit nur – entspr § 53 Abs 1 Nr 2 VwGO – Fälle einer aus tatsächlichen oder rechtlichen Gründen nicht behebbaren Unklarheit uä gemeint sind oder darüber hinaus schlechthin alle denkbaren Zweifel hins. der Zuständigkeit erfasst 45 werden. Trotz der weiten Fassung der Vorschrift ist der erstgenannten engeren Auffassung der Vorzug zu geben; dies nicht nur, weil die Klärung etwaiger Zweifel hins. ihrer Zuständigkeit nach allgemeinen Verfahrensgrundsätzen grundsätzlich die Aufgabe jeder mit einer Sache befassten Behörde und insoweit wesentlicher Bestandteil der Aufgaben einer Behörde ist. Die untere Behörde hat zudem auch die Möglichkeit, in Fällen zweifelhafter Zuständigkeit durch Teilentscheidung über ihre Zuständigkeit für einen bei ihr gestellten Antrag bzw für ihr amtswegiges Vorgehen zu entscheiden und damit den Weg zu einer Klärung dieser Frage im Rechtsbehelfsweg zu eröffnen, bevor sie uU schwierige Sachverhaltsfeststellungen, Beweisaufnahmen usw vornimmt. Auch die Aufsichtsbehörde kann ggf schon nach allgemeinen Rechtsgrundsätzen durch **Weisung** auf die Beurteilung der Zuständigkeit Einfluss nehmen; auch dies spricht für die dargelegte engere Auslegung. Damit kommt eine Entscheidung der Aufsichtsbehörde über die Zuständigkeit praktisch nur in Fällen in Betracht, in denen analog § 53 Abs 1 Nr 2 VwGO die Grenzen des Verwaltungsbezirks ungewiß sind, etwa bei Verfahren, die sich auf ein Grundstück oder Gebäude beziehen, dessen Lage diesseits oder jenseits der Grenze nicht feststellbar ist.

46 **5. Fehlen einer gemeinsamen übergeordneten Fachaufsichtsbehörde (Abs 2 S 4).** Fehlt eine gemeinsam übergeordnete Fachaufsichtsbehörde, so kann die Zuständigkeitsbestimmung nach S 4 nur durch die betroffenen Aufsichtsbehörden gemeinsam, dh durch parallele, aufeinander abgestimmte Entscheidungen der Aufsichtbehörden, erfolgen. Die Regelung ist analog anzuwenden, wenn die betroffenen Behörden keine Aufsichtsbehörde über sich haben; sie können (und müssen) sich in diesem Fall selbst gemeinsam auf die Zuständigkeit einer von ihnen einigen (ebenso MB 24; Knack 35; str).

47 **6. Zuständigkeitsbestimmung bei Kompetenzhindernissen.** § 3 Abs 2 enthält keine Regelung für die § 53 Abs 1 Nr 1 VwGO entsprechenden Fälle, dass die an sich örtlich zuständige Behörde rechtlich oder tatsächlich an der Wahrnehmung ihrer Zuständigkeit gehindert ist. Wenn dem Hindernis nicht durch Abordnung eines Amtswalters an die betroffene Behörde, zB bei Erkrankung des einzigen an dieser Behörde tätigen Amtswalters, abgeholfen werden kann, ist hier jedoch § 3 Abs 2 entspr anzuwenden (FL 42, jedoch ohne die hier gemachte Einschränkung). Die Aufsichtsbehörde kann dann eine andere (sachlich zuständige) Behörde als zuständig bestimmen. Für die Fortdauer der Zuständigkeit nach Behebung des Hindernisses gilt dann Abs 2.

IV. Zuständigkeitswechsel (Abs 3)

48 **1. Zuständigkeitswechsel im laufenden Verfahren.** Abs 3 schreibt – anders als § 83 VwGO iV mit § 17 Abs 1 S 1 GVG – die Fortdauer einer einmal begründeten Zuständigkeit auch für den Fall einer Änderung der dafür ursprünglich maßgeblichen Umstände vor Abschluss des Verfahrens nicht zwingend vor (vgl jedoch BVerwGE 84, 136, wo offenbar vom Fortbestand trotz Wohnsitzwechsels ausgegangen wird). Die Regelung gibt der bisher zuständigen Behörde unter den näher bezeichneten Voraussetzungen im Interesse der Beschleunigung und Vereinfachung des Verfahrens nur die Möglichkeit zur Fortführung des Verfahrens (ebenso § 26 AO). Bei der hiernach zu treffenden **Ermessensentscheidung** sind auch die schutzwürdigen Interessen der Beteiligten zu berücksichtigen (BVerwGE 70, 70; OVG Münster NJW 1989, 2906). Die Regelung dient vor allem der Verfahrensökonomie (ebenso FL 49). **Abs 3 gilt nur vorbehaltlich besonderer Regelungen,** die zB einen Zuständigkeitswechsel kraft Gesetzes bei Vorliegen bestimmter Voraussetzungen vorsehen. Vgl zB § 45 Abs 3 BAföG, dazu BVerwGE 90, 25 = NVwZ 1993, 481: bei Hochschulwechsel des BaföG-Empfängers tritt zugleich auch ein Wechsel der örtlichen Zuständigkeit des Amtes für Ausbil-

dungsförderung ein. Vgl auch BVerwGE 95, 60: Fortbestand der örtlichen Zuständigkeit des Sozialhilfeträgers trotz Ortswechsels des Hilfesuchenden.

a) Laufendes Verfahren. Auf Änderungen nach Abschluss des Verfahrens ist Abs 3 nicht, auch nicht analog, anwendbar (Schmidt DÖV 1977, 774; FL 51). Maßgebend ist insoweit der Zeitpunkt der Unanfechtbarkeit des VA bzw. der Abschluss eines Verwaltungsrechtlichen Vertrages.[27] Dagegen kann die nach Abs 2 erforderliche **Zustimmung** mit **heilender Wirkung** auch noch zu einem späteren Zeitpunkt erklärt werden.[28] Da das **Widerspruchsverfahren** gem §§ 68 ff VwGO mit dem Ausgangsverfahren verfahrensrechtlich eine Einheit bildet (BVerwGE 82, 338; BVerwG Buchh 316 § 3 VwGO Nr 2 S 3), gilt Abs 3 auch für ein in der Sache dem Ausgangsverfahren nachfolgendes Widerspruchsverfahren (OVG Hamburg NordÖR 1999, 412; auch StBS 35 trotz eines anderen Verfahrensbegriffs). Ist aufgrund veränderter Umstände eine andere Ausgangsbehörde zuständig geworden, so kann die mit der Sache bereits befasste Widerspruchsbehörde mit Zustimmung der eigentlich zuständigen Widerspruchsbehörde entscheiden (vgl BVerwGE 84, 136: für die Zuständigkeit der Widerspruchsbehörde bleibt es ohne Auswirkungen, wenn nunmehr eine andere Behörde als Erstbehörde zuständig wäre). 49

b) Fortführungsentscheidung. Die Beibehaltung der Zuständigkeit nach Abs 3 setzt eine eigene Fortführungsentscheidung voraus, deren Rechtsqualität umstritten ist. Teilweise wird darin ein gem § 44a VwGO allerdings nicht selbstständig anfechtbarer VA gesehen.[29] Die Entscheidung über die Fortführung ist, vorbehaltlich der Erfüllung der sonstigen in Abs 3 genannten Voraussetzungen, in das **Ermessen der Behörde** gestellt. Die Beteiligten können lediglich Anregungen dazu geben. Bei der Entscheidung sind außer Gesichtspunkten der Verfahrensökonomie, Ortsnähe, Beschleunigung des Verfahrens usw vor allem auch die schutzwürdigen Interessen der Beteiligten zu berücksichtigen; das Gewicht, das diesen Gesichtspunkten zukommt, ist je nach der Art des Verwaltungsgebiets und den Umständen zu bestimmen (BVerwGE 70, 70 = NVwZ 1987, 225). Vor allem, wenn ein Verfahren schon weit fortgeschritten ist, ist idR die Fortführung und der Abschluss durch die bisher damit befasste Behörde zweckmäßig und durch Gründe der Verfahrensökonomie (§ 10) geboten. Eine Ablehnung der Fortführung dürfte deshalb dann ermessensfehlerhaft sein, wenn die Rechtsverfolgung für die Betroffenen dadurch unzumutbar erschwert wird. Dem Erfordernis der **Wahrung der Interessen der Beteiligten** ist genügt, wenn die Geltendmachung ihrer Rechte durch die Fortführung des Verfahrens bei der ursprünglich zuständigen Behörde nicht wesentlich erschwert wird. Bei einer Verletzung der Interessen Beteiligter sind die im Streit darüber **anfallenden Kosten** ggf dem Hoheitsträger gem § 155 Abs 5 VwGO bzw § 80 Abs 1 S 4 VwVfG aufzuerlegen (BVerwGE 70, 70). 50

c) Zustimmungserfordernis. Die Fortführung des Verfahrens bedarf der Zustimmung durch die an sich neu zuständig gewordene Behörde. Die Zustimmung kann bis zum Abschluss des Widerspruchsverfahrens mit auf den Zeitpunkt des Erlasses des VA bzw des Abschlusses eines Vertrages rückwirkend heilender Wirkung erklärt werden (BVerwG DÖV 1986, 1072 = NVwZ 1987, 224; StBS 38; Knack 43; str). Sie ist auch dann nicht entbehrlich, wenn bereits Klage gegen die zuständige Behörde des Wohnsitzortes erhoben ist (BVerwG NJW 1987, 2179; **aA** offen- 51

---

[27] Str, vgl zur Frage des Abschlusses des Verwaltungsverfahrens § 9 Rn 30.

[28] BVerwG NVwZ 1986, 127 = DÖV 1986, 1072; NVwZ 1987, 224; VG Berlin GewArch 1981, 200: bis zur Unanfechtbarkeit; **aA** VGH München BayVBl 1976, 726; FL 46; Knack 43: das Einverständnis kann nach „Entäußerung" des VA, dh, wenn der VA nicht mehr rückholbar in den Postauslauf gegeben ist, nicht mehr mit heilender Wirkung nachgeholt werden; ebenso wohl auch BVerwGE 55, 299.

[29] Knack 45; **aA** BVerwGE 70, 72: kein VA und schon deshalb nicht gesondert anfechtbar; Obermayer RiA 1976, 229.

bar BVerwGE 52, 167 zur Zuständigkeit nach § 16 BVFG aF). Die Zustimmung der an sich nunmehr zuständigen Behörde kann ggf durch die Aufsichtsbehörde im Aufsichtsweg ersetzt werden. Die Zustimmung bzw ihre Versagung ist eine interne Verfahrenshandlung ohne unmittelbare Außenwirkung, die von den Beteiligten nur im Zusammenhang einer Anfechtung der Entscheidung über die Fortführung angefochten werden kann (Obermayer RiA 1976, 229; FL 50).

52 **2. Zuständigkeitswechsel nach Abschluss des Verfahrens.** Nach Eintritt der Unanfechtbarkeit eines VA bzw nach Abschluss und Wirksamwerden eines verwaltungsrechtlichen Vertrags haben Änderungen der die Zuständigkeit begründenden Umstände keinen Einfluss mehr auf die Beurteilung der Zuständigkeit der Behörde, die zuvor gehandelt hat. Insb wird ein VA dadurch nicht etwa fehlerhaft (Schmidt DÖV 1977, 777). Nachfolgende Verfahren, wie Vollstreckungsverfahren und Verfahren zur Rücknahme oder zum Widerruf des in Frage stehenden VA, sind im Verhältnis zu dem abgeschlossenen Verfahren neue Verfahren, für die auch die Behördenzuständigkeit wieder neu und ohne Bindung an die frühere Zuständigkeit zu bestimmen ist (Obermayer RiA 1976, 228; FL 52; zT **aA** zum Vollstreckungsverfahren Schmidt DÖV 1977, 777).

53 Für die Zuständigkeit in einem etwa nachfolgenden **verwaltungsgerichtlichen Verfahren** bleibt die zuletzt bestehende örtliche Zuständigkeit der Behörde maßgeblich (BVerwGE 84, 98), sofern es nach den Grundsätzen über den maßgeblichen Zeitpunkt der Sach- und Rechtslage auf die letzte Behördenentscheidung ankommt. Für die Zuständigkeit der Widerspruchsbehörde folgt dies bereits daraus, dass die Widerspruchsbehörde nicht einen VA aufheben oder abändern könnte, den eine Behörde erlassen hat, die nicht ihrem Verwaltungssprengel angehört.[30] **Auch für das Klageverfahren** kann grundsätzlich nichts anderes gelten, da die Aufhebung eines VA nicht einem Rechtsträger oder gem § 61 Nr 3 VwGO einer Behörde gegenüber ausgesprochen werden kann, die mit dem Erlass des VA nichts zu tun, bzw der der Erlass nicht zugerechnet werden kann, und da auch die Verpflichtung zum Erlass eines VA gem § 113 Abs 5 VwGO einer solchen Behörde gegenüber nicht möglich ist.[31] Es wäre zB nicht denkbar, dass ein Kläger, dessen Antrag auf Einbürgerung oder auf Erteilung einer Fahrerlaubnis von der für seinen früheren Wohnsitz in Bayern zuständigen bayerischen Behörde abgelehnt worden ist, dagegen nach Verlegung seines Wohnsitzes nach Hessen das Land Hessen verklagt und Antrag auf Verpflichtung der in Hessen nunmehr zuständigen Behörde zur Einbürgerung bzw Erteilung der Fahrerlaubnis stellt (vgl auch Kopp/Schenke § 90 Rn 20). Ein Kläger kann in diesem Fall nur vor dem nach § 52 VwGO zuständigen Gericht die Aufhebung der Ablehnung beantragen bzw die Hauptsache nach § 113 Abs 1 S 4 VwGO für erledigt erklären und uU zu einer Fortsetzungsfeststellungsklage übergehen (BVerwG NJW 1987, 2179) sowie bei der für seinen neuen Wohnsitz zuständigen Behörde erneut einen Antrag auf Einbürgerung bzw Erteilung einer Fahrerlaubnis stellen.[32]

---

[30] Schmidt DÖV 1977, 777; FL 54; Oldiges DÖV 1989, 882; im Ergebnis, jedoch ohne Erörterung des Problems, auch BVerwGE 84, 98.

[31] Vgl BVerwG NJW 1987, 2179: keine Verpflichtung der bisher beklagten Behörde bei Wohnsitzverlegung des Einbürgerungsbewerbers in den Zuständigkeitsbereich einer anderen Behörde; allenfalls noch Fortsetzungsfeststellungsklage analog § 113 Abs 1 S. 4 VwGO; wohl auch OVG Münster NJW 1979, 1057; Schmidt DÖV 1977, 777; ferner Kopp/Schenke § 90 Rn 20; zT **aA** BVerwGE 44, 150; FL 53: uU andere Zuständigkeiten und insoweit dann gem § 173 VwGO, 239 ff ZPO Parteiwechsel.

[32] Ebenso StBS 35; Knack 29 vor § 3: wird von der örtlich zuständigen Behörde der Erlaß eines VA unterlassen und Verpflichtungsklage mit dem Begehren erhoben, dass die Behörde den begehrten VA erläßt, so bleibt diese auch bei einem Wohnsitzwechsel des Klägers, der die örtliche Zuständigkeit verändern würde, der richtige Beklagte, die Verpflichtungsklage ist nach § 78 VwGO gegen die Behörde zu richten, die den beantragten VA unterlassen hat; ebenso OVG Münster DÖV 1983, 86.

V. Zuständigkeit im Eilverfahren (Abs 4)

1. Allgemeines. Die Vorschrift ergänzt die allgemeine Zuständigkeitsordnung nach Abs 1–3 durch eine sog **„Notzuständigkeit" für unfaufschiebbare Maßnahmen.** Sie kommt zum Zug, wenn die an sich nach den allgemeinen Vorschriften zuständige Behörde bei Gefahr im Verzug voraussichtlich nicht in der Lage ist, die erforderlichen Maßnahmen so rechtzeitig zu treffen, dass der Erfolg nicht in Frage gestellt wird (vgl vdGK 6; allg auch BVerwGE 68, 271 = NVwZ 1984, 572). An Stelle der an sich zuständigen Behörde, die im konkreten Fall aber nicht „zur Stelle" ist – uU auch einer bereits allgemein mit der Sache befassten Behörde – ist dann auch jede (sonst örtlich unzuständige) andere Behörde, in deren Bezirk der Anlaß eintritt, für die zu treffenden unaufschiebbaren Maßnahmen zuständig. Ergibt sich gem Abs 4 die vorläufige Zuständigkeit mehrerer Behörden, so ist die zuständige Behörde nach Abs 2 S 1 zu bestimmen. Das Vorliegen der Voraussetzungen „Gefahr im Verzug" und „unaufschiebbare Maßnahmen" ist gerichtlich voll nachprüfbar; die Behörde hat insoweit **keinen Beurteilungs- oder Ermessensspielraum** (FL 57; Knack 50). Abs 4 ist analog auch auf Fälle anwendbar, in denen bei Gefahr im Verzug die an sich zuständige Behörde sich weigert, tätig zu werden (str; wie hier Obermayer RiA 1976, 229; vgl auch VGH München DÖV 1982, 84; **aA** FL 56), ebenso als Ausdruck eines allgemeinen Rechtsgedankens, analog auch auf die sachliche Zuständigkeit. 54

2. Voraussetzungen der Notzuständigkeit. a) Konkrete Gefahr. Es muss sich um eine konkrete Gefahr (iS des allg Polizeirechts, vgl Obermayer RiA 1976, 229; FL 57; StBS 40) für die Allgemeinheit, einen Beteiligten oder Dritte handeln, dh es muss der Eintritt eines unmittelbar bevorstehenden Schadens für wichtige Rechtsgüter drohen (Begr 39; vgl auch BVerwGE 45, 57) – auch zB für wesentliche fiskalische Interessen (MB 26; Knack 49) –, der nur durch das Handeln einer an sich unzuständigen Behörde verhindert werden kann (FL 57 unter Hinweis auf PrOVG 74, 343; 23, 214). **Beispiele** sind etwa die Gefahr der Verseuchung von Grundwasser durch auslaufendes Öl bei einem Tankwagenunfall, des Ausbruchs eines Brandes usw. Ein Irrtum über das Vorliegen oder das Ausmaß der Gefahr ist nach allgemeinen Grundsätzen unerheblich, sofern er nicht verschuldet ist, die Behörde vielmehr nach den Umständen des Falles vom Vorliegen der Gefahr ausgehen musste oder zumindest durfte **(Anscheinsgefahr).** 55

b) Unaufschiebbarkeit. Zulässig sind nur unaufschiebbare, zur Verhinderung oder Beseitigung der Gefahr unerläßliche Maßnahmen.[33] IdR sind dies **nur vorläufige Maßnahmen** zur Verhinderung des drohenden Schadens bzw zur Sicherung der bedrohten Rechtsgüter, zB Absperrung eines Gebäudes; nur ausnahmsweise, wenn solche Maßnahmen nicht ausreichen, kommen auch endgültige, irreparable Maßnahmen in Betracht. Im einzelnen gelten hier ähnliche Grundsätze wie bei §§ 80, 123 VwGO. Die Zuständigkeit einer Behörde nach Abs 4 endet grundsätzlich mit dem Zeitpunkt, in dem die an sich nach den allgemeinen Bestimmungen zuständige Behörde von dem Anlaß Kenntnis erlangt (s die Mitteilungspflicht nach Abs 4 S 2) und in der Lage ist, selbst die erforderlichen Maßnahmen zu veranlassen (ebenso FL 59; Knack 6.3). Zusätzlich erforderlich ist, dass die Übernahme des Verfahrens durch die zuständige Behörde der gem Abs 4 handelnden Behörde bekannt geworden ist bzw diese die Tatsache der Übernahme hätte erkennen können und müssen (str). 56

3. Unterrichtung der zuständigen Behörde. Die Mitteilungspflicht gem S 2 soll sicherstellen, dass die an sich zuständige Behörde sich möglichst bald mit der Sache befassen kann. Unverzüglich bedeutet, dass die Unterrichtung ohne schuld- 57

---

[33] Knack 49; StBS 40; FL 59; UL § 10 Rn 20; vgl auch OVG Münster DVBl 1973, 922; BVerwGE 45, 58; Hoffmann-Riem, in: Wacke-FS 1972, 327.

hafte Verzögerung erfolgen muss (vgl § 121 Abs 1 BGB). Eine Verletzung der Mitteilungspflicht berührt jedoch die Rechtmäßigkeit der getroffenen Maßnahmen nicht (ebenso FL 60) und hat insb auch nicht zur Folge, dass die Zuständigkeit vor dem oben genannten Zeitpunkt endet. Für den Kostenausgleich zwischen den beteiligten Behörden gelten die Grundsätze der öffentlich-rechtlichen Geschäftsführung ohne Auftrag (BVerwG NJW 1986, 2524).

§ 3 a Elektronische Kommunikation

(1) **Die Übermittlung elektronischer Dokumente ist zulässig,**[6] **soweit der Empfänger hierfür einen Zugang eröffnet.**[7]

(2) **Eine durch Rechtsvorschrift angeordnete Schriftform**[15] **kann, soweit nicht durch Rechtsvorschrift etwas anderes bestimmt ist, durch die elektronische Form ersetzt werden. In diesem Fall ist das elektronische Dokument mit einer qualifizierten elektronischen Signatur nach dem Signaturgesetz zu versehen.**[17] **Die Signierung mit einem Pseudonym, das die Identifizierung der Person des Signaturschlüsselinhabers nicht ermöglicht, ist nicht zulässig.**[24]

(3) **Ist ein der Behörde übermitteltes elektronisches Dokument für sie zur Berarbeitung nicht geeignet, teilt sie dies dem Absender unter Angabe der für sie geltenden technischen Rahmenbedingungen unverzüglich mit. Macht ein Empfänger geltend, er könne das von der Behörde übermittelte elektronische Dokument nicht bearbeiten, hat sie es ihm erneut in einem geeigneten elektronischen Format oder als Schriftstück zu übermitteln.**[25]

Parallelvorschriften: § 87 a AO; § 36 a SGB I

Schrifttum: *Catrein*, Moderne elektronische Kommunikation und Verwaltungsverfahrensrecht, NWVBl. 2001, 50; *ders*, Anmerkungen zum Entwurf eines Gesetzes zur Änderung der Verwaltungsverfahrensgesetze des Bundes und der Länder; NWwZ 2001, 413; *Hähnchen*, Das Gesetz zur Anpassung der Formvorschriften des Privatrechts und anderer Vorschriften an den modernen Rechtsverkehr, NJW 2001, 2831; *Holznagel/Krahn/Werthmann*, Electronic Government auf Kommunaler Ebene – Die Zulässigkeit von Transaktionsdiensten im Internet, DVBl 1999, 1477; *Roßnagel*, Das neue Recht elektronischer Signaturen, NJW 2001, 1817; *Roßnagel*, Die neue Signaturverordnung, BB 2002, 261; *Roßnagel*, Rechtliche Unterschiede von Signaturverfahren, MMR 2002, 215; *Roßnagel*, Die elektronische Signatur im Verwaltungsrecht, DÖV 2001, 221; *Roßnagel* (Hg.), Die elektronische Signatur in der öffentlichen Verwaltung, 1. Auflage Baden-Baden 2002; *Rosenbach*, Erläuterungen und Anmerkungen zum Entwurf eines Gesetzes zur Änderung des Verwaltungsverfahrensgesetzes (Magdeburger Fassung), DVBl. 2001, 332; *Rosenbach*, Verfahrensrechtliche Rahmenbedingungen für den Einsatz der elektronischen Datenverarbeitung in der Verwaltung, NWVBl. 1997, 326; *Rosenbach*, Elektronische Datenverarbeitung und das Verwaltungsverfahrensgesetz, NWVBl. 1997, 326; *Eifert/Schreiber*, Elektronische Signatur und der Zugang zur Verwaltung, MMR 2000, 340; *Eifert*, Online-Verwaltung und Schriftform im Verwaltungsrecht, K&R 2000, 12; *Schlatmann*, Anmerkungen zum Entwurf eine Dritten Gesetzes zur Änderung verwaltungsverfahrensrechtlicher Vorschriften, DVBl. 2002, 1005; *Schlatmann*, Verwaltungsverfahrensrecht und elektronischer Rechtsverkehr, LKV 2002, 489; *Schmitz*, Moderner Staat – Modernes Verwaltungsverfahrensrecht, NVwZ 2000, 1238; *Schmitz/Schlatmann*, Digitale Verwaltung? – Das Dritte Gesetz zur Änderung verwaltungsverfahrensrechtlicher Vorschriften, NVwZ 2002, 1281; *Storr*, Elektronische Kommunikation in der öffentlichen Verwaltung – Die Einführung des elektronischen Verwaltungsakts, MMR 2002, 579.

Übersicht

I. Allgemeines

1. Inhalt. Die mit dem 3. VwVfÄndG vom 21. 8. 2002 (BGBl I, S. 3322) eingefügte Vorschrift regelt die Möglichkeit der Übermittlung elektronischer Dokumente im Verwaltungsverfahren. Neben der Klarstellung einer allgemein zulässigen elektronischen Übermittlung in Abs 1 entsprechend dem Grundsatz der Nichtförmlichkeit des Verwaltungsverfahrens (§ 10 VwVfG, § 9 SGB X, hierzu § 10 Rn 7 ff), enthält Abs 2 eine **Generalklausel zur Gleichstellung** der elektronischen Übermittlung mit der herkömmlichen Schriftform auch für solche Fälle, in denen durch Rechtsvorschrift die Schriftform ausdrücklich angeordnet ist. Hierfür knüpft § 3 a Abs 2 die elektronische Übermittlung an das **Erfordernis einer qualifizierten elektronischen Signatur** im Sinne des novellierten Gesetzes über Rahmenbedingungen für elektronische Signaturen (Signaturgesetz – SigG – vom 16. 5. 2001, BGBl I, S. 876). § 3 a Abs 3 regelt das Verfahren bei fehlgeschlagener elektronischer Übermittlung. Gleichlautende Vorschriften zu § 3 a VwVfG enthalten § 87 a AO und § 36 a SGB I. Entsprechende Regelungen für das Privatrecht finden sich in den durch das Gesetz zur Anpassung der Formvorschriften an den modernen Rechtsgeschäftsverkehr (13. 7. 2001, BGBl I S. 1542) neu in das BGB eingefügten §§ 126 a ff. Mit Einführung des neuen § 3 a VwVfG hat sich die Frage nach mittelbarer oder unmittelbarer Geltung des § 126 a BGB im Verwaltungsrecht 1 erledigt.[1] Zur Neuregelung in den §§ 126 a ff BGB s Hähnchen NJW 2001, 2831.

2 **2. Anwendungsbereich.** Die Vorschrift gilt unmittelbar nur im Anwendungsbereich des VwVfG. Um aber seine über das VwVfG hinausgehende Bedeutung auch für Fachgesetze des Bundes zu verdeutlichen, wurde bewusst von einer Eingliederung in den zweiten Teil des VwVfG über Verfahrensgrundsätze abgesehen.[2] § 3 a gilt deshalb nicht nur für Verwaltungsverfahren iSd §§ 9 ff, sondern auch darüber hinaus sowie auch dann, wenn das Fachrecht (zB § 10 BImSchG) Schriftlichkeit vorsieht (Schmitz/Schlatmann NVwZ 2002, 1281, 1291). Die Verwaltungsverfahrensgesetze der Länder enthalten derzeit zwar noch keine entsprechenden Regelungen. Von einer Anpassung der Länder-VwVfG wird aber in naher Zukunft auszugehen sein. Am 24. 11. 2000 hat die Innenministerkonferenz auf Vorlage des Landes Nordrhein-Westfalens den Bund/Länder-Musterentwurf als Grundlage für eine simultane Änderung des VwVfG des Bundes und der Länder angenommen. Das 3.VwVfÄndG bestimmt in Art. 74 Abs 2 für Änderungen des VwVfG als Zeitpunkt des In-Kraft-Tretens den 1. Februar 2003.

3 **3. Bedeutung und Zielrichtung.** Das 3. VwVfÄndG hat die Schaffung notwendiger rechtlicher Rahmenbedingungen für eine rechtsverbindliche elektronische Kommunikation zwischen Bürger und Verwaltung zum Ziel.[3] Ausgangspunkt hierfür bilden die Regelungen des § 3 a als der **Grundnorm für die elektronische Kommunikation.** Die elektronische Übermittlung von Dokumenten tritt damit gleichberechtigt neben schon bestehende Formen des Verwaltungshandelns. Im Rahmen einer umfassenden Modernisierung der Verwaltung[4] soll damit einerseits der wachsenden Verbreitung moderner Informations- und Kommunikationstechnologien auf Bürgerseite Rechnung getragen, andererseits der Verwaltung die Möglichkeit zur **Kostensenkung und Steigerung der Effizienz** durch den Einsatz moderner Informationstechnologie gegeben werden.[5] Grundsätzlich sollen durch die Gesetzesänderung sämtliche Verwaltungsdienstleistungen einer vollständigen elektronischen Abwicklung – ohne Medienbruch – zugänglich gemacht werden. Ausnahmen bleiben aber zB dann bestehen, wenn die persönliche Anwesenheit des Antragstellers erforderlich ist (zB für Aushändigung und Entgegennahme von Ernennungsurkunden, vgl § 6 Abs 2 BBG; zur Anwesenheitspflicht näher § 26 Rn 21). Entsprechend der umfassenden Gleichstellung sind elektronische Dokumente auch geeignete Beweismittel iSd. § 26 (hierzu § 2613).

4 **4. Entstehungsgeschichte. a) Die Signatur-Richtlinie.** Art 5 der Richtlinie 99/93/EG des Europäischen Rats und des Europäischen Parlaments über gemeinschaftliche Rahmenbedingungen für elektronische Signaturen v 13. 12. 1999[6] verpflichtet die EU-Mitgliedstaaten dazu, Regelungen für das nationale Recht zu treffen, nach denen einer qualifizierten elektronischen Signatur die gleichen recht-

---

[1] Bis dahin bereits gegen die Anwendung des § 126 a Eifert/Schreiber, MMR 2000, 340 (342 f); Schmitz, NVwZ 2000, 1238 (1243); Roßnagel, DÖV 2001, 221 (226); **aA** Rosenbach, NWVBl 2000, 161, 162 f.

[2] Schlatmann in: Roßnagel (Hg), Die elektronische Signatur in der öffentlichen Verwaltung 68; Catrein, NWVBl 2001, 50 (53).

[3] Hierzu schon die Entschließung des Bundesrates v 9. 6. 2000, BR-Dr 231/00.

[4] Vgl hierzu das Programm „Moderner Staat – moderne Verwaltung" der Bundesregierung und die Initiative BundOnline 2005. Zur Einführung der rechtsverbindlichen elektronischen Kommunikation auf kommunaler Ebene siehe die Initiative des Bundeswirtschaftsministeriums MEDIA@komm., www.mediakomm.net. S. auch Bullerdiek/Greve/Puschmann, Verwaltung im Internet, München 2. Aufl 2002, S 73 ff. Grundsätzlich zur Nutzung des Internets in der Verwaltung Roßnagel in: Hoffmann-Riem/Schmidt-Aßmann (Hg), Verwaltungsrecht in der Informationsgesellschaft, Baden-Baden 2000, S. 257 ff.

[5] So zB im Bereich des Vergaberechts, siehe hierzu Einf Rn 43 a ff.

[6] ABl 2000 Nr L 13 S. 2.

lichen Wirkungen wie einer handschriftlich verfassten Unterschrift zukommen[7] Diese Pflicht zur Gleichstellung besteht jedoch nur dort, wo das mitgliedstaatliche Recht überhaupt die Verwendung von elektronischen Signaturen ermöglicht.[8] Die Festlegung der Rechtsgebiete, in denen elektronische Dokumente und elektronische Signaturen verwendet werden können, bleibt dem einzelnen Mitgliedstaat überlassen.[9] Von den Vorgaben der Sig-RL erfasst sind auch die jeweiligen Vorschriften des nationalen Verwaltungsverfahrensrechts, soweit der nationale Gesetzgeber für diesen Bereich den Einsatz der elektronischen Signatur zulässt. Aufgrund der zentralen Bedeutung einheitlicher Signaturstandards für den europäischen Binnenmarkt ist die Sig-RL auch hinsichtlich dieser Konsequenzen für das nationale Verwaltungsrecht von der EU-Kompetenz gedeckt.[10]

b) Gesetzgebungsverfahren. Dem Gesetzentwurf der Bundesregierung vom 5
13. 5. 2002[11] liegen der Gesetzentwurf der Verwaltungsverfahrensrechtsreferenten von Bund und Länder zur Novellierung des Verwaltungsverfahrens vom 24. 11. 2000 (sog Magdeburger Fassung) und der fortgeschriebene Bund/Länder-Entwurf vom 6. 12. 2001 (sog Düsseldorfer Entwurf) zugrunde.[12] Für eine vollständige Berücksichtigung aller gesetzlich angeordneten Schriftformerfordernisse im öffentlichen Bereich führte das Bundesinnenministerium eine Bestandsaufnahme aller bundesgesetzlicher Regelungen durch.[13] Ausgangspunkt für das Gesetzesgebungsverfahren bildet die Electronic-Government-Initiative BundOnline 2005 des BMI, welche zum Ziel hat, alle online-fähigen Dienstleistungen des Bundes bis zum Jahre 2005 auch elektronisch anzubieten.[14]

II. Zulässigkeit der elektronischen Übermittlung bei Zugangseröffnung (Abs 1)

1. Allgemeines. Abs 1 normiert die grundsätzliche Zulässigkeit der Übermitt- 6
lung elektronischer Dokumente zwischen Bürger und Verwaltung. Die Regelung hat vor allem klarstellenden Charakter. Bereits vor Einführung der Vorschrift war die elektronische Kommunikation entsprechend dem Grundsatz der Nichtförmlichkeit der Verwaltung zulässig, soweit an das jeweilige Verwaltungsverfahren keine besonderen Formerfordernisse durch Sondervorschriften des VwVfG oder durch Fachgesetze gestellt wurden.[15] Der Begriff „elektronische Kommunikation"

---

[7] Siehe zur Sig-RL allgemein Gravesen/Dumortier/van Eecke, Die europäische Signaturrichtlinie – Regulative Funktion und Bedeutung der Rechtswirkung, MMR 1999, 577 ff.; Roßnagel, Elektronische Signaturen in Europa, MMR 1998, 331 ff; Brisch, Gemeinsame Rahmenbedingungen für elektronische Signaturen, CR 1998, 492 ff.

[8] Eifert/Schreiber, MMR 2000, 340 (341) mwN.

[9] Sig-RL 1999/93/EG, Erwägungsgrund 21 (abgedruckt bei Bröhl/Tettenborn, Das neue Recht der elektronischen Signaturen, 262 ff).

[10] Eifert/Schreiber, MMR 2000. 340 (342). Siehe allgemein zum Einfluss des Europarechts auf nationales Verwaltungsverfahrensrecht Einf 51 ff.

[11] BT-Dr 14/9000. Siehe auch die Stellungnahme des Bundesrates und die Gegenäußerung der Bundesregierung v 5. 6. 2002, BT-Dr 14/9259 sowie die Beschlussempfehlung und den Bericht des Innenausschusses v 12. 6. 2002, BT-Dr 14/9418.

[12] Hierzu Schmitz/Schlatmann NVwZ 2002, 1281; Schmitz NVwZ 2000, 1238, ders in: Stelkens/Bonk/Sachs, VwVfG Aktuell 2002/3, www.sbs.beck.de (Stand: 1. 9. 2002); Rosenbach DVBl 2001, 332; Catrein NWVBl 2001, 50, ders NVwZ 2001, 413.

[13] S. Deutscher Städtetag (Hg), Digitale Signatur auf der Basis multifunktionaler Chipkarten, 1999, 76.

[14] Vgl auch die Beschlüsse des Bundeskabinetts zum Umsetzungsplan für BundOnline 2005 v 14. 11. 2002 und zur Sicherheit im elektronischen Rechts- und Geschäftsverkehr mit der Bundesverwaltung v 16. 1. 2002, BMI (Hg) 2002.

[15] HM, vgl Catrein NVwZ 2001, 413 (414); ders NWVBl 2001, 50; Rosenbach NWVBl 1997, 326; StBS § 10 Rn 28 h; Bovenschulte/Jäger/Viering in: Roßnagel (Hg), Die elektronische Signatur in der öffentlichen Verwaltung, 69; Roßnagel in: ders (Hg), Die

ist hierbei weit zu verstehen (Rosenbach DVBl 2001, 332, 335). Er umfasst **sämtliche Erscheinungsformen** elektronischer Kommunikation und elektronischer Dokumente unabhängig von Format und Kompatibilität (StBS § 10 Rn 28 g). Anders als für den Privatrechtsverkehr in § 126 b BGB normiert, verzichtet § 3 a VwVfG auf eine gesonderte Hervorhebung der Textform. Hierdurch soll dem Umstand Rechnung getragen werden, dass im Verwaltungsverfahren neben Schriftzeichen auch Pläne und technische Daten übermittelt werden (StBS § 10 Rn 28 g).

7 **2. Erfordernis der Zugangseröffnung. a) Grundsatz.** Voraussetzung für die Zulässigkeit der Übermittlung elektronischer Dokumente ist die vorangehende Zugangseröffnung durch Verwaltung und Bürger.[16] Damit wird dem Umstand Rechnung getragen, dass die modernen Kommunikationstechniken noch nicht flächendeckend verbreitet sind. Einerseits wird hierdurch dem Bürger weiterhin die Möglichkeit offengelassen, auch auf herkömmliche Weise mit der Behörde zu kommunizieren. Andererseits wird durch das Wort „soweit" verdeutlicht, dass auch für die Behörde keine Verpflichtung besteht, den Zugang zur elektronischen Kommunikation zu eröffnen.[17] Dem Vorschlag des Bundesrates, den Tatbestand der Zugangseröffnung durch ein ausdrückliches Zustimmungserfordernis zu ersetzen, ist der Bundestag im Einklang mit der Stellungnahme der Bundesregierung nicht gefolgt.[18] Für das Beibehalten des Erfordernisses einer Zugangseröffnung spricht die Entwicklungsoffenheit der Formulierung, da zur Beurteilung der Frage, ob ein Zugang eröffnet worden ist, insbesondere auf die Verkehrsauffassung abgestellt wird.

8 **b) Freiwilligkeit.** Die Vorschrift normiert auch für die Behörde grundsätzlich keine allgemeine Pflicht zur Eröffnung des Zugangs für elektronisch übermittelte Dokumente. Das gilt sowohl unabhängig davon, ob die technischen Möglichkeiten hierfür zur Verfügung stehen oder nicht. Während der Begriff „Zugang" auf die objektiv vorhandenen technischen Kommunikationseinrichtungen abstellt, wird durch das Erfordernis der „Eröffnung" deutlich gemacht, dass jede einzelne Behörde den elektronischen Kommunikationsweg durch einen eigenen Eröffnungs- bzw Widmungsakt bereitstellen muss (ABegr BT-Dr 14/9000, S. 26). Dies kann ausdrücklich oder konkludent erfolgen.[19] Ob eine Eröffnung stattfindet, ist eine Frage des pflichtgemäßen Ermessens (§ 10) und unterliegt deshalb nur einer eingeschränkten gerichtlichen Kontrolle. Eine Pflicht zur Zugangseröffnung kann sich nach allgemeinen Grundsätzen ergeben, wenn der elektronische Kommunikationsverkehr üblich geworden ist und sich der Rechtsverkehr allgemein derart darauf eingestellt hat, dass die Verweisung auf den Postweg als erhebliche Erschwerung anzusehen wäre. Dies könnte etwa der Fall sein, wenn sonst allgemeine elektronische Online-Zugänge zur Verwaltung bestehen.[20]

---

elektronische Signatur in der öffentlichen Verwaltung, 25; Schlatmann in: Roßnagel (Hg), Die elektronische Signatur in der öffentlichen Verwaltung, 65; Holznagel/Krahn/Werthmann, Electronic Government auf kommunaler Ebene, DVBl 1999, 1477 (1481); Wohlfart, Elektronische Verwaltung – ein Überblick, VR 2002, 42 (46); s auch die ABegr, BT-Dr 14/9000, S. 26.

[16] Begründung zum Entwurf eines Dritten Gesetzes zur Änderung verfahrensrechtlicher Vorschriften v 13. 5. 2002, BT-Dr 14/9000, S. 30 f; Schmitz/Schlatmann NVwZ 2002, 1281, 1285.

[17] Schlatmann, DVBl 2002, 1005 (1008); StBS § 10 Rn 28 h; Catrein NWVBl 2001, 50 (56).

[18] Vgl Stellungnahme BR u Gegenäußerung der BReg v 5. 6. 2002, BT-Dr 14/9259, S. 1 u 5.

[19] Begründung zum Enbtwurf eines Dritten Gesetzes zur Änderung verfahrensrechtlicher Vorschriften v 13. 5. 2002, BT-Dr 14/9000, S. 26

[20] Hierzu schon Eifert/Schreiber MMR 2000, 340 (345).

c) Feststellung der Zugangseröffnung. Problematisch ist die Frage, wann aus konkludentem Verhalten auf eine Zugangseröffnung geschlossen werden kann. Dabei sind nach der Gesetzesbegründung die unterschiedlichen schutzwürdigen Interessen und die Verkehrsanschauung ebenso zu berücksichtigen wie die Verbreitung der erforderlichen Signaturtechnik (ABegr v BT-Dr 14/9000, S. 31). Insgesamt sind derartige Bewertungen stark zeitbedingt und von der weiteren Entwicklung abhängig, für die die Regelung in Abs 1 offen sein soll. Je schneller sich die elektronische Kommunikation im allgemeinen Rechts- und Geschäftsverkehr durchsetzt, desto eher wird die Angabe einer E-Mail-Adresse als Zugangseröffnung angesehen werden können (Schmitz/Schlatmann NVwZ 2002, 1281, 1285). 9

aa) Private Beteiligte. Aus dem Umstand, dass ein privater Antragsteller im Briefkopf seines Antragsschreibens eine E-Mail-Adresse angegeben hat, wird jedenfalls derzeit noch nicht geschlossen werden können, dass er den weiteren Schriftverkehr auch mit der Behörde auf elektronischem Weg eröffnen will. Wer gegenwärtig seine Mail-Adresse angibt, signalisiert noch nicht mit der notwendigen Verbindlichkeit, dass er auf diesem Weg auch zuverlässig erreichbar ist. Deshalb wird sich eine Behörde in derartigen Fällen noch nicht darauf verlassen können, dass mit der bloßen Angabe einer E-Mail-Adresse eine Zugangseröffnung stattgefunden hat. 10

Auf Seiten des Bürgers wird nur dann von seiner Bereitschaft zum Empfang rechtsverbindlicher Erklärungen auszugehen sein, wenn er dies zuvor der Behörde gegenüber **ausdrücklich kundgetan** hat.[21] Dies kann durch ausdrückliche Erklärung oder durch fortgesetzte elektronische Kommunikation erfolgen (StBS § 10 Rn 28 h). Eine bloße Angabe der E-Mail Adresse im Briefkopf eines Bürgers kann dagegen noch nicht als Zugangseröffnung iSd Abs 1 gewertet werden.[22] Sobald der Zugang auf Seiten des Bürgers eröffnet wurde, trifft jedoch auch diesen die Pflicht zur regelmäßigen Leerung seines elektronischen Postfachs. 11

bb) Behörden, geschäftliche Nutzer. Demgegenüber wird im öffentlichen Internetauftritt einer Behörde regelmäßig eine Zugangseröffnung für den elektronischen Verkehr zu sehen sein. Behörden sind im Verhältnis zu einem Bürger mit Internetanschluss und E-Mail Adresse weniger schutzwürdig.[23] Dies folgt aus der noch überwiegend privaten Nutzung des Mediums Internet durch den Bürger, während bei einer Behörde nur von einer dienstlichen Nutzung auszugehen ist.[24] Liegt daher eine Zugangsmöglichkeit auf Seiten der Behörde, zB in Form eines elektronischen Postfaches, vor, so ist diese bereits dann als eröffnet anzusehen, wenn die Behörde durch **öffentliche Angabe ihrer E-Mail-Adresse** zB in Briefköpfen oder auf ihrer Homepage im Internet hierauf hinweist.[25] Durch entsprechende Organisation der Binnenverwaltung muss nach Zugangseröffnung anschließend auch eine regelmäßige Eingangskontrolle des elektronischen Postfaches gewährleistet werden.[26] Gleiches gilt für geschäftliche E-Mail Adressen von Firmen und Rechtsanwälten.[27] Ein abweichender Wille muss ausdrücklich, zB durch entsprechende Hinweise auf der Homepage oder im Briefkopf, erklärt werden.[28] 12

---

21 Schlatmann, DVBl 2002, 1005 (1009); Schmitz/Schlatmann NVwZ 2002, 1281, 1285.

22 StBS § 10 Rn 28 h; Schlatmann DVBl 2002, 1005 (1009).

23 StBS § 10 Rn 28 h; Catrein NWVBl 2001, 50 (54).

24 StBS § 10 Rn 28 h; Catrein NWVBl 2001, 50 (54).

25 Schlatmann, DVBl 2002, 1005 (1009); Schmitz/Schlatmann NVwZ 2002, 1281, 1285; StBS § 10 Rn 28 i.

26 Schlatmann, DVBl 2002, 1005 (1009); StBS § 10 Rn 28 i; ABegr, BT-Dr 14/9000, S. 26. Grundsätzlich zur Veränderung der Verwaltungsorganisation durch das Internet Roßnagel in: ders (Hg), Die elektronische Signatur in der öffentlichen Verwaltung, S. 17 ff.

27 ABegr BT-Dr 14/9000, S. 31.

28 ABegr BT-Dr 14/9000, S. 31.

13 **3. Bekanntgabe und Zugang elektronisch übermittelter Dokumente.** Die Bekanntgabe elektronisch übermittelter Dokumente zB als Voraussetzung der Wirksamkeit eines VA (hierzu § 43 Rn 5), richtet sich nach den allgemeinen Grundsätzen (s § 41 Rn 7).[29] Ist ein elektronisch übermitteltes Dokument für den Bürger nicht lesbar, so gilt es als nicht zugegangen.[30] Dies gilt selbst dann, wenn der Bürger es versäumt, die zustellende Behörde über die Unlesbarkeit des Dokuments zu informieren.[31] Auch Abs 3 trifft keine Regelung über den Zugang von elektronischen Dokumenten.[32] Das Unterlassen der Information der zustellenden Behörde löst demnach keine Fiktion der Zustellung aus.[33] Dies gilt zumindest soweit, wie sich an die Zugangseröffnung für den Empfang von elektronischen Dokumenten durch den Bürger nicht die ausdrückliche gesetzliche Pflicht anschließt, auf eine Unlesbarkeit des Dokuments hinzuweisen. Besteht dagegen eine solche gesetzliche Pflicht, verhindert der Empfänger den Zugang des Dokuments rechtsmissbräuchlich (treuwidrig) und muss sich so behandeln lassen, als wäre das Dokument ordnungsgemäß zugegangen (s § 41 Rn 23). Für den Fall, dass ein in lesbarer Form zugegangenes Dokument nicht geöffnet wird oder eine regelmäßige Überprüfung des elektronischen Postfachs nicht stattfindet, kann auf das Gelangen des Dokuments in den Machtbereich des Empfängers abgestellt werden (vgl § 41 Rn 14). Das elektronische Dokument gilt dann als zugegangen, wenn bei gewöhnlichem Verlauf und Gestaltung der Verhältnisse mit der Kenntnisnahme durch den Empfänger zu rechnen ist. Nach § 41 Abs 2 nF gilt das elektronische Dokument am dritten Tag nach der Absendung als bekanntgegeben (s § 41 Rn 42 ff).

III. Erfordernis einer qualifizierten elektronischen Signatur bei Anordnung der Schriftform (Abs 2).

14 **1. Allgemeines.** Die elektronische Signatur bildet die Basistechnologie des elektronischen Rechtsverkehrs. Im Verwaltungsverfahren erlangt sie dort Bedeutung, wo gesetzliche Regelungen die Schriftform im Verwaltungsverfahren anordnen. Durch die Generalklausel des Abs 2 S 1 wird die Gleichwertigkeit einer durch Rechtsvorschrift angeordneten Schriftform mit der elektronischen Form bestimmt, wenn diese unter Verwendung einer qualifizierten elektronischen Signatur iSv § 2 Nr 3 SigG erfolgt.[34] Durch die zwingend erforderliche Verwendung einer **qualifizierten elektronischen Signatur** soll sichergestellt werden, dass den einzelnen Funktionen einer gesetzlich angeordneten Schriftform entsprochen wird (Abschlussfunktion, Perpetuierungsfunktion, Identitätsfunktion, Echtheitsfunktion, Verifikationsfunktion, Beweisfunktion, Warnfunktion).[35] Erst die Sicherung der Funktionsäquivalenz ermöglicht die Gleichstellung zum schriftlichen Verfahren.[36]

---

[29] ABegr BT-Dr 14/9000, S. 32; StBS § 10 Rn 28 m.

[30] StBS § 10 Rn 28 g.

[31] **AA** wohl StBS § 10 Rn 28 m: kommt eine Seite der Informationspflicht nicht nach, trägt sie das Risiko, dass sie mit dem Einwand, übermittelte Dokumente seien nicht lesbar gewesen, nicht mehr gehört wird.

[32] ABegr BT-Dr 14/9000, S. 32; Schmitz/Schlatmann NVwZ 2002, 1281, 1285.

[33] **AA** aufgrund der Annahme einer Kooperationsobliegenheit STBS § 41 Rn 27 a. Diese stellen nicht auf das Erfordernis einer ausdrücklich normierten Pflicht ab, sondern auf die Folgen einer konkreten Gestattung der Verwendung der elektronischen Kommunikation.

[34] S. zur Verwendung der qualifizierten elektronischen Signatur in der Bundesverwaltung auch den Beschluss der Bundesregierung zur Sicherheit im elektronischen Rechts- und Geschäftsverkehr mit der Bundesverwaltung v 16. 1. 2002.

[35] S. zur Erläuterung der einzelnen Funktionen der Schriftform die Begründung zum Entwurf eines Gesetzes zur Anpassung der Formvorschriften des Privatrechts und anderer Vorschriften an den modernen Rechtsgeschäftsverkehr, BT-Dr 14/4987, S. 15 ff.

[36] Catrein NWVBl 2001, 50 (54). Zur Funktionsäquivalenz siehe Eifert, K&R, Beilage 2 zu Heft 10/2000, 11 (14 f).

Soll hiervon für besondere Formen des Verwaltungshandelns abgewichen werden, so bedarf diese Ausnahme einer gesonderten Regelung.[37] Das ausdrückliche Erfordernis einer qualifizierten elektronischen Signatur erlaubt es nicht mehr, im Einzelfall ein gesetzliches Schriftformerfordernis dahingehend auszulegen, dass auch das Handeln per nicht signierter E-Mail zulässig ist.[38] Selbst in Fällen, in denen nur einzelne Funktionen der Schriftlichkeit nach Gesetzeszweck als erforderlich erscheinen, bleibt das Erfordernis einer qualifizierten elektronischen Signatur bestehen, soweit nicht etwas anderes bestimmt ist.[39] Möglich bleibt dagegen die freiwillige Verwendung eines höheren Sicherheitsniveaus in Form einer qualifizierten elektronischen Signatur eines akkreditierten Zertifizierungsdiensteanbieters gem § 15 SigG.[40] Zwingende Anforderungen an bestimmte Signaturformate des Bürgers erfordern dagegen eine gesetzliche Ermächtigung.[41]

2. Durch Rechtsvorschrift angeordnete Schriftform (S 1). a) Allgemeines. Abs 2 S 1 erfordert eine qualifizierte elektronische Signatur nur im Falle einer gesetzlich angeordneten Schriftform. Durch das Erfordernis der Schriftlichkeit werden unterschiedliche Funktionen erfüllt, die teils auch zu geringeren Anforderungen an eine elektronische Kommunikation führen können.[42] Dies ist zB dann der Fall, wenn dem Beweiswert eines elektronischen Dokuments keine hohe Bedeutung zukommt.[43] Soll von dem Regelungsniveau der qualifizierten elektronischen Signatur bei Bestehen eines gesetzlich angeordneten Schriftformerfordernisses nach unten abgewichen werden, wird dies im Gesetzestext durch Einfügung der Wörter „oder elektronisch" zum Ausdruck gebracht.[44] Dies ist im Zuge des 3. VwVfÄndG zB für die § 37 Abs 3 S 1, § 40 Abs 2 Nr 1, § 69 Abs 2 S 6 und § 71 c Abs 1 S 2 geschehen.[45] Ebenso muss das Gesetz ausdrücklich auf das Erfordernis eines höheren Sicherheitsniveaus als das einer qualifizierte elektronische Signatur hinweisen, soll für ein gesetzliches Schriftformerfordernis von der Generalklausel des Abs 2 S 1 abgewichen werden (hierzu § 37 Rn 21 a). Ist durch einzelne Fachgesetze die Möglichkeit der elektronischen Übermittlung völlig ausgeschlossen, so wird hierauf explizit durch Formulierungen wie „die elektronische Form ist ausgeschlossen" oder „§ 3 a VwVfG findet keine Anwendung" hingewiesen.[46] 15

b) Klarstellung des Schriftformbegriffs. Abs 2 VwVfG modifiziert den Begriff der Schriftform auch für solche Bundesgesetze, deren Verfahren gem. § 1 Abs 3 VwVfG grundsätzlich durch die Landes-VwVfG geregelt sind, so zB § 5 Abs 1 NamÄndG und und § 10 Abs 1 BImschG.[47] Durch die Regelung des Abs 2 16

---

[37] ABegr v 13. 5. 2002, BT-Dr 14/9000, S. 31.

[38] Bovenschulte/Jäger/Viering in: Roßnagel (Hg), Die elektronische Signatur in der öffentlichen Verwaltung, S. 70.

[39] Schlatmann in: Roßnagel (Hg), Die elektronische Signatur in der öffentlichen Verwaltung, S. 64.

[40] Roßnagel MMR 2002, 215 (221).

[41] Bovenschulte/Jäger/Viering, in: Roßnagel (Hg), Die elektronische Signatur in der öffentlichen Verwaltung, S. 71.

[42] Vgl hierzu Dix, Digitale Signaturen im Verwaltungsverfahren, K&R, Beilage 2 zu Heft 10/2000, S. 20 (21).

[43] Rosenbach, DVBl 2001, 332 (335).

[44] Siehe Rosenbach, DVBl 2001, 332 (335). Zur Definition des Begriffs „elektronisch" Catrein, NWVBl 2001, 50 (51).

[45] Begründung des Entwurfs eines Dritten Gesetzes zur Änderung verwaltungsverfahrensrechtlicher Vorschriften v 13. 5. 2002, BT-Dr 14/9000, S. 34.

[46] ZB §§ 224 a Abs 2 S 1, 324 Abs 2 S 2 AO; § 38 a Staatsangehörigkeitsgesetz; §§ 5 Abs 2 S. 2, 23 Abs 1 Nr 3, 129 Abs 2 BRRG. Vgl auch Schmitz, in: Stelkens/Bonk/Sachs, VwVfG Aktuell 2002/3, www.sbs.beck.de (Stand: 1. 9. 2002).

[47] Begründung zum Entwurf eines Dritten Gesetzes zur Änderung verfahrensrechtlicher Vorschriften v 13. 5. 2002, BT-Dr 14/9000, S. 28; Schmitz/Schlatmann NVwZ 2002, 1281, 1291.

ist das Schriftformerfordernis in diesen Fällen einer abweichenden Regelung durch den Landesgesetzgeber nicht mehr zugänglich.[48]

17 **3. Qualifizierte elektronische Signatur (S 2).** Die qualifizierte elektronische Signatur iSv § 2 Nr 3 SigG ist bei einer elektronischen Kommunikation zwischen Bürger und Verwaltung zur Erfüllung eines gesetzlich angeordneten Schriftformerfordnisses ausreichend, solange nicht von der in Art 3 Abs 7 S. 1 der Sig-RL 1999/93/EG eröffneten Möglichkeit zur Stellung erhöhter Anforderungen durch den Gesetzgeber Gebrauch gemacht wurde. Die Nutzung dieser nur für den Bereich der öffentlichen Verwaltung bestehenden Möglichkeit weitergehender Anforderungen darf jedoch nicht zu einem Hindernis für grenzüberschreitende Dienste im EU-Binnenmarkt führen.[49] Höhere Anforderungen werden zB gem. § 37 Abs 4 an einen VA gestellt, für den bei Verwendung einer qualifizierten elektronischen Signatur durch Rechtsvorschrift die dauerhafte Überprüfbarkeit vorgeschrieben werden kann (vgl § 37 Rn 37 a).

18 Für den Einsatz elektronischer Signaturen enthalten das SigG und die SigVO die erforderlichen Rahmenregelungen.[50] Sie setzen die Sig-RL[51] um und berücksichtigen zudem die Ergebnisse der Evaluierung des ersten Signaturgesetzes von 1997. SigG und SigV gelten gleichermaßen für elektronische Signaturen der öffentlichen Verwaltung und des privaten Rechtsverkehrs. Während das SigG die materiellen Regelungen und Vorgaben an elektronische Signaturverfahren und deren Sicherheitsinfrastruktur beinhaltet, findet durch die SigV insbesondere eine verfahrensrechtliche Ausgestaltung statt. Vorschriften zur Regelung von Formvorschriften enthält auch das neue SigG nicht. Die Anpassung der Formvorschriften erfolgt stattdessen für die öffentliche Verwaltung durch das 3. VwVfÄndG.

19 **a) Unterschiedliche Sicherheitsstufen des SigG.** Gem § 2 Nr 1 SigG sind elektronische Signaturen alle Daten, die anderen elektronischen Daten beigefügt werden und zur Authentifizierung dienen. Formell gilt das SigG somit für **alle Formen der elektronischen Signatur,** selbst Signaturen ohne Sicherheitswert werden einbezogen (so zB auch eingescannte Unterschriften).[52] Materiell enthält es jedoch nur Vorgaben für solche Signaturverfahren, mit denen eine Gleichstellung zur Schriftform erreicht werden soll.[53] Das SigG unterscheidet hierbei zwischen **drei unterschiedlichen Sicherheitsstufen** für elektronische Signaturen: die einfachen oder sonstigen elektronischen Signaturen, qualifizierte elektronische Signaturen iSv § 2 Nr 3 SigG und qualifizierte elektronische Signaturen eines akkreditierten Zertifizierungsdiensteanbieters gem. § 2 Nr. 3 iVm § 15 SigG.[54]

---

[48] Schmitz, Stelkens/Bonk/Sachs, VwVfG Aktuell 2002/3, www.sbs.beck.de (Stand 1. 9. 2002).

[49] So zB bei dem Erfordernis einer akkreditierten Signatur iSv. § 15 Abs 1 SigG bei öffentlichen Ausschreibungen auch für Dienste-Anbieter aus anderen EU-Staaten, siehe Schmitz, NVwZ 2000, 1238 (1244). Vgl auch Bröhl/Tettenborn, Das neue Recht der elektronischen Signaturen, Köln 2001, S. 36 f.

[50] Gesetz über Rahmenbedingungen für elektronische Signaturen und zur Änderung weiterer Vorschriften (Signaturgesetz – SigG) v 16. 5. 2001, BGBl I S. 876; Verordnung zur elektronischen Signatur (Signaturverordnung – SigV) v 16. 11. 2001, BGBl I S. 3074. Abgedruckt mit Erläuterungen bei Bröhl/Tettenborn, Das neue Recht der elektronischen Signaturen, Köln 2001, S. 47 ff. Siehe zum Gang der Gesetzgebung Roßnagel, NJW 2001, 1817 (1818).

[51] ABl EG 2000 Nr. L 13 v 19. 1. 2000, S. 12. Hierzu Roßnagel, Elektronische Signaturen in Europa – Der Richtlinienvorschlag der Europäischen Kommission, MMR 1998, 331; ders, Die Europäische Signaturrichtlinie und Optionen ihrer Umsetzung, MMR 1999, 262.

[52] Roßnagel NJW 2001, 1817 (1819).

[53] Roßnagel NJW 2001, 1817 (1819).

[54] Zu den rechtlichen Unterschieden der einzelnen Signaturverfahren Roßnagel, MMR 2002, 215 ff.

aa) Qualifizierte elektronische Signaturen. Qualifizierte elektronische Signaturen müssen gem. § 2 Nr 3a SigG auf einem zum Zeitpunkt ihrer Erzeugung gültigen qualifizierten Zertifikat beruhen und gem. § 2 Nr 3b mit einer sicheren Signaturerstellungseinheit erzeugt sein. Im Gegensatz zu den einfachen oder sonstigen elektronischen Signaturen müssen qualifizierte Signaturen von einem **Zertifizierungsdiensteanbieter** (sog „Trustcenter" oder „Certification Authorities – CA") generiert worden sein, die mit digitalen Zertifikaten und Schlüsseln die Grundausstattung für die Teilnahme am elektronischen Geschäftsverkehr liefern. Sie überprüfen zunächst die Identität der Person des Benutzers und generieren für diese Person ein elektronisches Zertifikat. Dieses umfasst den Namen des Ausstellers, Informationen über die Person des Benutzers sowie die digitale Signatur des Ausstellers.[55] An diese Zertifizierungsdiensteanbieter richten sich die Erfordernisse der §§ 5–14 SigG. Hier wird die **Vergabe von qualifizierten Zertifikaten,** ihr Inhalt und die sich hieraus ergebenen Pflichten für den Zertifizierungsdienstebetreiber geregelt.[56] Für die Vergabe von Zertifikaten im Verfahren einer qualifizierten elektronischen Signatur ist es ausreichend, dass der Zertifizierungsdiensteanbieter zuvor die Aufnahme seines Dienstes bei der hierfür gem § 3 SigG zuständigen Regulierungsbehörde Kommunikation und Post (RegTP) angezeigt hat.[57] Zugleich muss der Diensteanbieter gegenüber der RegTP glaubhaft dargelegt haben, dass die vom Signaturgesetz für qualifizierte elektronische Signaturen erforderten Betriebsvoraussetzungen vorliegen.[58] 20

bb) Akkreditierte Signatur. Qualifizierte elektronische Signaturen eines akkreditierten Zertifizierungsdiensteanbieters (akkreditierte Signatur)[59] sind qualifizierte elektronische Signaturen iSv § 2 Nr 3a SigG, deren Zertifikat durch einen Diensteanbieter ausgestellt wurde, der die Erfordernisse der §§ 5–14 SigG erfüllt und dieses zusätzlich in einer Vorabprüfung (freiwillige Akkreditierung) iSv § 15 SigG nachgewiesen hat. Qualifizierte elektronische Signaturen eines akkreditierten Zertifizierungsdiensteanbieters bieten daher das **höchste Sicherheitsniveau des SigG.** Nur bei Ihnen kann erwartet werden, dass der Anbieter alle gesetzlichen Anforderungen erfüllt hat. Dagegen verfügen die Verfahren zur Erstellung einer qualifizierten elektronischen Signatur lediglich über eine glaubhaft gemachte, nicht jedoch geprüfte und nachgewiesene Infrastruktur.[60] Aus diesem Grund wurde für den Bereich der öffentlichen Verwaltung zunächst eine zwingende Nutzung der akkreditierten Signatur gefordert.[61] Dem ist der Gesetzgeber jedoch nicht gefolgt. 21

b) Funktionsweise der qualifizierten elektronischen Signatur. Eine elektronische Signatur ähnelt in ihrer Funktionsweise einem Siegel für ein elektronisches Dokument.[62] Dieses Siegel garantiert insbesondere die sichere Au- 22

---

[55] Bröhl/Tettenborn, Das neue Recht der elektronischen Signaturen, 1. Aufl Köln 2001, S. 21.

[56] Zu den Betreiberpflichten nach dem neuen Signaturgesetz siehe Roßnagel, NJW 2001, 1817 (1820f).

[57] Vgl Roßnagel, MMR 2002, 215 (215). Zu Errichtung und Funktion der RegTP Vgl §§ 66ff Telekommunikationsgesetz (TKG). Siehe zur Historie der RegTP Müller/Schuster, 18 Monate Regulierungsbehörde – eine kritische Bestandsaufnahme, MMR 1999, 507 (507f).

[58] Siehe zum qualifizierten Signaturverfahren Roßnagel NJW 2001, 1817 (1820).

[59] Siehe zu der Definition „akkreditierte Signatur" Roßnagel NJW 2001, 1817 (1822).

[60] Roßnagel NJW 2001, 1817 (1822).

[61] Durch Ausübung der in Art. 3 Abs 7 EU-Rl 1999/93/EG gewährten Möglichkeit, für den Bereich der öffentlichen Verwaltung erhöhte Anforderungen an die Nutzung der elektronischen Signatur zu stellen StBS § 10 Rn 28e.

[62] Begründung zum Entwurf eines Dritten Gesetzes zur Änderung verwaltungsverfahrensrechtlicher Vorschriften v 13. 5. 2002, BT-Dr 14/9000, S. 32; StBS § 10 Rn 28e.

thentifizierung des Kommunikationspartners und die Überprüfung der Integrität der übermittelten Daten. Hierdurch entsteht eine Funktionsäquivalenz der elektronischen zur handschriftlichen Signatur. Signiert wird durch Verwendung eines **privaten kryptographischen Schlüssels.** Diesem steht ein öffentlich zugänglicher Schlüssel zur Überprüfung der Signatur gegenüber. Die verwendeten Schlüssel sind einmalig und einer natürlichen Person fest zugeordnet. Der private Schlüssel ist geheim zu halten und kann nur in Verbindung mit einer Personenidentifikationsnummer oder einem ähnlichen biometrischen Merkmal zum Signieren verwendet werden.[63] Ein **beglaubigtes Signaturschlüssel-Zertifikat** ordnet dem Signaturschlüssel-Inhaber den öffentlichen Schlüssel zu. Praktisch erzeugt der Zertifizierungsdiensteanbieter nach der Überprüfung der Identität des Antragstellers den privaten und den öffentlichen Schlüssel und speichert diese auf einer Chipkarte oder einem sonstigen Datenträger. Die Chipkarte wird dem Antragsteller zusammen mit einer Personenidentifikationsnummer ausgehändigt. Soll ein Dokument digital signiert werden, verknüpft der Absender das zu versendende Dokument mit seinem privaten Schlüssel, indem er die vom Zertifizierungsdiensteanbieter ausgestellte **Chipkarte** in ein entsprechendes Chipkartenlesegerät an seinem Computer und in der entsprechenden Software die Funktion zum Signieren aktiviert. Die bei diesem Vorgang erzeugte Datei dient als digitale Signatur und wird an das ursprüngliche Dokument angehängt. Die beiden Dokumente werden anschließend zusammen übermittelt. Der Empfänger einer so signierten Datei kann das erhaltene Dokument sofort im Klartext lesen. Allerdings besteht dann noch keine Gewähr für die Identität des Absenders und die Authentizität des Dokumenteninhalts. Daher muss der Empfänger unter **Verwendung des öffentlichen Schlüssels** des Absenders die angehängte Signaturdatei entschlüsseln, um so eine Bestätigung über die Identität des Absenders und den Inhalt des Dokuments zu erhalten. Er muss dazu im Besitz des öffentlichen Schlüssels des Absenders sein. Auf diesen öffentlichen Schlüssel kann der Empfänger zB über einen zentralen Server des Zertifizierungsdiensteanbieters zugreifen.

23 **c) Praktische Umsetzung.** Die Digitale Signatur hat in der Praxis noch nicht die Verbreitung gefunden, wie zunächst erwartet wurde. Bisher (Ende 2002) hat sich lediglich ein halbes Dutzend Zertifizierungsdiensteanbieter bei der Regulierungsbehörde für Post und Telekommunikation akkreditieren lassen.[64] Erschwerend kommt hinzu, dass sich viele der bereits akkreditierten Zertifizierungsdiensteanbieter an **geschlossene Benutzergruppen** richten, zB an Steuerberater, Notare etc. Das größte Problem im praktischen Umgang mit der digitalen Signatur ist derzeit jedoch noch die mangelnde Interoperabilität der einzelnen Zertifizierungsdiensteanbieter untereinander. Bislang existierten in Deutschland zwei untereinander inkompatible Softwarestandards für die digitale Zertifizierung. Dies führt in der Praxis dazu, dass die Benutzer eines Zertifizierungsdiensteanbieters die Signatur eines Benutzers eines anderen Anbieters nicht überprüfen können. Um die Verbreitung der digitalen Signatur voranzutreiben, hat das Bundesministerium für Wirtschaft die Zusammenführung der beiden Standards zu einem gemeinsamen Zertifizierungsstandard in Auftrag gegeben. Die Spezifikation des gemeinsamen Standards (ISIS-MTT) steht seit Oktober 2001 zur Verfügung und wird derzeit (Mitte 2002) von den Zertifizierungsdiensteanbietern in ihre Systeme implementiert. Der Einsatz des vereinheitlichten

[63] Vgl zur Funktionsweise der qualifizierten elektronischen Signatur Bröhl/Tettenborn, Das neue Recht der elektronischen Signaturen, 1. Aufl 2001, S. 21 f. Allgemein auch Bitzer/Brisch, Digitale Signatur, 1999.

[64] Eine **Liste** der aktuell akkreditierten Zertifizierungsdiensteanbieter hat die RegTP unter http://www.regtp.de/tech_reg_tele/start/in_06-02-04-00-00_m/index.html zusammengestellt.

Zertifizierungsstandards soll ua durch die Initiative „Bund Online 2005" forciert werden.[65]

24 **4. Keine Signierung mit Pseudonym (S 3).** Abs 2 S 3 soll die rechtsmissbräuchliche Inanspruchnahme der Verwaltung unter Benutzung von Pseudonymen verhindern.[66] Um zugleich die Verwendung von Pseudonymen insbesondere im Bereich der Verwaltung (zB: „der Landrat von Münsingen") zu ermöglichen, verzichtet Abs 2 S 3 auf ein vollständiges Verbot. Die Verwendung von Pseudonymen ist nur soweit unzulässig, wie dieses die Identifzierung der Person des Signaturschlüssels nicht ermöglicht.

IV. Fehlende Eignung des elektronisch übermittelten Dokuments zur Bearbeitung (Abs 3).

25 Abs 3 enthält Regelungen für den Fall der Übermittlung eines elektronischen Dokuments in einer für die Bearbeitung durch die Behörde oder den Bürger ungeeigneten Form. Im Rahmen des durch die vorhergehende Kommunikation geschaffenen Verwaltungsrechtsverhältnisses (hierzu § 9 Rn 2) stellt Abs 3 an beide Seiten des Kommunikationsvorganges die Erwartung, dass die jeweils anderen Seite bei fehlerhafter elektronischer Kommunikation hierüber informiert wird.[67] Hierdurch soll der Vielzahl unterschiedlicher technischer Formate für eine elektronische Kommunikation und der hieraus resultierenden Möglichkeit einer Nicht-Kompatibilität einzelner Formate Rechnung getragen werden.[68] Eine ausdrückliche Pflicht zur Information trifft jedoch nur die Behörde.[69] Ist ein der Behörde übermitteltes elektronisches Dokument für sie zur Bearbeitung nicht geeignet, muss die Behörde dies dem Absender unverzüglich, also ohne schuldhaftes Zögern (§ 122 Abs 1 S 1 BGB) mitteilen (Abs 3 S 1). Hierbei hat sie dem Absender die geltenden technischen Anforderungen für eine Bearbeitung des elektronischen Dokuments (Datenformate oä) zu nennen. Implizit ergibt sich aus dieser Vorschrift auch die Ermächtigung der Verwaltung zur Festlegung eines für die elektronische Kommunikation unabdingbaren technischen Standards.[70] Da in der Regel nur der Absender eine erneute Übermittlung des selben Dokuments in einem kompatiblen Format veranlassen kann, besteht die Informationspflicht nur ihm gegenüber.[71] Macht der Empfänger eines elektronisch übermittelten Behördendokuments dessen Ungeeignetheit zur Bearbeitung geltend, so trifft die Behörde die Pflicht, das Dokument erneut in einem geeigneten elektronischen Format oder als Schriftstück zu übermitteln (Abs 3 S 2).

---

[65] Hiernach sollen alle internetfähigen Dienste der Leistungsverwaltung des Bundes bis zum Jahr 2005 online verfügbar und abrufbar sein. Vgl auch die Beschlüsse des Bundeskabinetts zum Umsetzungsplan für BundOnline 2005 v 14. 11. 2002 und zur Sicherheit im elektronischen Rechts- und Geschäftsverkehr mit der Bundesverwaltung v 16. 1. 2002, BMI (Hg) 2002.

[66] Begründung v 13. 5. 2002, BT-Dr 14/9000, S. 31.

[67] StBS, § 10 Rn 28 m; Begründung v 13. 5. 2002, BT-Dr 14/9000, S. 32.

[68] Vgl Begründung v 13. 5. 2002, BT-Dr 14/9000, S. 31.

[69] Auch aus der Begründung zum Entwurf eines Dritten Gesetzes zur Änderung verfahrensrechtlicher Vorschriften v 13. 5. 2002, BT-Dr 14/9000, S. 32 ergibt sich nur eine eindeutige Pflicht der Behörde zur unverzüglichen Information.

[70] Bovenschulte/Jäger/Viering, in: Roßnagel (Hg), Die elektronische Signatur in der öffentlichen Verwaltung, 2002, 71.

[71] Begründung v 13. 5. 2002, BT-Dr 14/9000, S. 32; Schlatmann, DVBl 2002, 1005 (1010); StBS § 10 Rn 28 m.

§ 4 Amtshilfepflicht

(1) **Jede Behörde leistet anderen Behörden auf Ersuchen**[14] **ergänzende Hilfe (Amtshilfe).**[10]

(2) **Amtshilfe liegt nicht vor, wenn**

1. **Behörden einander innerhalb eines bestehenden Weisungsverhältnisses Hilfe leisten;**[15]
2. **die Hilfeleistung in Handlungen besteht, die der ersuchten Behörde als eigene Aufgabe obliegen.**[16]

Parallelvorschriften: § 3 SGB-X; § 111 AO

Schrifttum: Allgemein zur Amtshilfe: *Berg,* Grenzen der Amtshilfe zwischen Bundesländern, Diss. Frankfurt 1967; *Bull,* Kommentierung von Art 35 in AK-GG Bd 2, 2001; *Kischel,* Handle und liquidiere? – Keine Geschäftsführung ohne Auftrag im öffentlichen Recht, VerwArch 1999, 391; *Köhler,* Die Amtshilfe nach dem VwVfG, Diss. Berlin 1983; *ders,* Die Vollzugshilfe nach bayerischem Polizeirecht, BayVBl 1998, 453; *Kopp/Kopp,* Die länderübergreifende Amtshilfe und Verwaltungsvollstreckungshilfe, BayVBl 1994, 229; *Kumanoff/Schwarzkopf/Fröse,* Die Verwaltungshilfe als Variante der Hoheitsverwaltung durch die Gemeinde, SächsVBl 1997, 73; *Meyer-Teschendorf,* Die Amtshilfe, JuS 1981, 187; *ders,* Das Rechts- und Amtshilfegebot des Art 35 Abs 1 GG: Antwort auf ein Föderalismusproblem, DÖV 1988, 901; *Nisipeanu,* Die Amtshilfe, Diss Bochum 1989; *Schlink,* Die Amtshilfe, 1982; *Schmidt J.,* Die Amtshilfe nach dem VwVfG, in: Boorberg-FS 1977, 135; *Schnapp,* Zum Anwendungsbereich der Amtshilfevorschriften, insbesondere im „ressortüberschreitenden" Amtshilfeverkehr, DVBl 1987, 561; *ders,* Wissenschaftliches Rechtsgutachten über Aspekte der orts- und länderübergreifenden Verwaltungsvollstreckung, KKZ 1993, 165; *Schnapp/Friehe,* Prüfungskompetenz und Rechtsschutz bei Streitigkeiten über Amtshilfeverpflichtungen, NJW 1982, 1422; *Schnapp/Nolte,* Aspekte der orts- und länderübergreifenden Verwaltungsvollstreckung, KKZ 1993, 145; *Wessel,* Verfassungs- und verfahrensrechtliche Probleme der Amtshilfe im Bundesstaat, 1983; *Wilde,* Amtshilfe und Datenschutz im Lichte des Volkszählungsurteils des BVerfG, BayVBl 1986, 230.

Amtshilfe im Bereich des Sozialrechts: *Pitschas,* Die Amtshilfe für und durch Sozialhilfeträger, SGb 1990, 233; *Rode/Schnapp,* Die Amtshilfe der Krankenkassen gegenüber Staatsanwaltschaft und Verfassungsschutz, ZfS 1971, 65 ff, 98; *Schnapp,* Die Grenzen der Amtshilfe in der Sozialversicherung, in: Wannagat-FS 1981, 340; *Stüer,* Amtshilfeersuchen zwischen Sozialleistungsträgern und allgemeinen Verwaltungsbehörden, DÖV 1985, 720.

Amtshilfe und Informationshilfe: *Barbey,* Amtshilfe durch Informationshilfe und „Gesetzesvorbehalt", FS-125-Jahre Juristische Gesellschaft Berlin, 1984, 25; *Benda,* Privatsphäre und „Persönlichkeitsprofil", Geiger-FS 1974, 23; *Bull,* Datenschutz contra Amtshilfe, DÖV 1979, 689; *Bullinger,* Wettbewerbsgefährdung durch präventive Wirtschaftsaufsicht, NJW 1978, 2121, 2124; *Gusy,* Der Schutz gegen rechtswidrige Informationsermittlung durch Nachrichtendienste, DÖV 1980, 431; *Jensen,* Amtshilfe durch Informationsweitergabe, DVBl 1977, 1; *Kamlah,* Informationsweitergabe und Amtshilfe, NJW 1976, 510; *Karehnke,* Amtshilfe und sonstige Auskünfte durch Rechnungshöfe, Zeugenaussagen und Sachverständigentätigkeit durch Rechnungshofbeamte, DÖV 1972, 809; *Meyer-Teschendorf,* Amtshilfe durch den Verfassungsschutz – Zum Verwaltungsverfahren bei der Einstellung in den öffentlichen Dienst –, ZBR 1979, 261; *Riegel,* Die Tätigkeit der Nachrichtendienste und ihre Zusammenarbeit mit der Polizei, NJW 1979, 952; *ders,* Datenschutz bei den Sicherheitsbehörden, 1980; *ders,* Amtshilfe und Übermittlung personenbezogener Daten im Bereich der Sicherheitsbehörden, Die Polizei 1980, 349; *ders,* Grenzen informationeller Zusammenarbeit zwischen Polizei und Verfassungsschutz, DVBl 1988, 121; *Roll,* Forum: Amtshilfe für den Verfassungsschutz?, JuS 1979, 239; *Schickedanz,* Gesetzlichkeitsaufsicht durch Informationshilfe – Der zwischenbehördliche Informationsaustausch als Vorbereitung des Einschreitens gegen einen Bürger, Diss. Frankfurt 1978; *ders,* Amtshilfe, Schweigepflicht und Mißtrauen, MDR 1981, 546; *Schlink,* Datenschutz und Amtshilfe, NVwZ 1986, 249; *Schmidt W.,* Die bedrohte Entscheidungsfreiheit, JZ 1974, 241; *ders,* Amtshilfe durch Informationshilfe, ZRP 1979, 185; *Schnapp,* Amtshilfe, behördliche Mitteilungspflichten und Geheimhaltung, NJW 1980, 2165; *Simitis,* Von der Amtshilfe zur Informationshilfe, NJW 1986, 2795; *Steinbömer,* Amtshilfe und Geheimhaltungspflichten, DVBl 1981, 340; *Tubies,* Amtshilfe und Datenschutz, Datenschutz und Datensicherung, 1979; *ders,* Amtshilfe und Datenschutz, DÖV 1979, 76; *Wiese,* Grundsatzfragen des Datenschutzrechts, DVBl 1980, 861.

Amtshilfe durch Polizei, Grenzschutz, Bundeswehr usw: *Denninger,* Einführung in Probleme der Amtshilfe, insb im Sicherheitsbereich, JA 1980, 280; *ders,* Die Trennung von Verfassungsschutz und Polizei und das Grundrecht auf informationelle Selbstbestimmung, ZRP 1981, 231; *ders,* Amtshilfe im Bereich der Verfassungsschutzbehörden, in: Verfassungsschutz und Rechtsstaat, 1981, 19; *Ganßer,* Zusammenarbeit von Verfassungsschutz und Polizei, BayVBl 1983, 710; *Hofer,* Die Streitkräfte als ersuchende und ersuchte Behörde im Recht der Amtshilfe, NZfWehrR 1973, 2; *Jahn/Riedel,* Streitkräfteeinsatz im Wege der Amtshilfe. Zu den verfassungsrechtlichen Schranken eines nach innen gerichteten Einsatzes der Bundeswehr in Friedenszeiten, DÖV 1988, 937; *Kay,* Amts- und Vollzugshilfe als polizeiliche Aufgabe, Polizei 1982, 106; *Klückmann,* Bundesgrenzschutz und Land im Anforderungsfall des Art 35 Abs 2 S 2 GG unter Berücksichtigung der allgemeinen Amtshilferegeln, DÖV 1976, 333; *ders,* Zur behördlichen Hilfe der Streitkräfte, DVBl 1977, 952; *Leinius,* Zum Verhältnis von Sitzungspolizei, Hausrecht, Polizeigewalt, Amts- und Vollzugshilfe, NJW 1973, 448; *Lisken,* Polizei und Verfassungsschutz, NJW 1982, 1481; *Martens,* Polizeiliche Amts- und Vollzugshilfe, JR 1981, 353; *Schneider,* Rechtsschutz und Verfassungsschutz, NJW 1978, 1601.

Europarechtliche Probleme der Amtshilfe: *Jellinek,* Die Europäischen Übereinkommen über Amts- und Rechtshilfe, NVwZ 1982, 535; *Krabbe,* Das EG-Amtshilfe-Gesetz, RIW/AWD 1986, 126; *Laubrock,* Europarat/OECD-Konvention zur steuerlichen Rechts- und Amtshilfe, BB 1987, 1284; *Meier,* Europäische Amtshilfe, EuR 1989, 237; *Meister,* Datenschutzrecht im EG-Bereich, RIW/AWD 1982, 481; *Ruge,* Das Steuerbereinigungsgesetz 1986: EG-Amtshilfe-Gesetz, Betr 1986, 191; *ders,* Europaratskonvention über die gegenseitige Amtshilfe in Steuersachen, RiW 1986, 704.

Übersicht

I. Allgemeines

1. Inhalt der Vorschrift. Die Amtshilfevorschriften in §§ 4–8 setzen die 1
in Art 35 GG enthaltene allgemeine Verpflichtung der Gerichte und Behörden des Bundes und der Länder zu gegenseitiger Rechts- und Amtshilfe für den Bereich der Verwaltung in einfaches Recht um. Sie gelten im Anwendungsbereich des VwVfG ohne Beschränkung auf die in § 9 genannten Verwaltungsverfahren für die **gesamte öffentlich-rechtliche Tätigkeit** der Verwaltungsbehörden. Der Zweck der Amtshilfe besteht darin, zu verhindern, dass die Erfüllung von Verwaltungsaufgaben wegen der organisatorischen Trennung und Ausdifferenzierung der Behörden scheitert oder wesentlich erschwert bzw verteuert

wird.[1] Auch Art 35 GG enthält insoweit bereits unmittelbar geltendes Recht, lässt aber nähere Regelungen über den Begriff, die Voraussetzungen usw der Amtshilfe, wie sie in §§ 4ff enthalten sind, zu (MB 1; Ganßer BayVBl 1984, 713; **aA** offenbar Schnapp KKZ 1993, 168: Art 35 GG ist nur ein Programmsatz).

2 Die Vorschrift enthält in Übereinstimmung mit Art 35 GG und den dazu in Rspr und Schrifttum[2] entwickelten Grundsätzen die **Verpflichtung der Behörden** zur gegenseitigen Amtshilfe, und zwar der Behörden des Bundes und, soweit sie unter § 1 fallen, auch der Länder. Sie grenzt in Abs 2 den Begriff der Amtshilfe außerdem gegenüber bestimmten anderen Formen eines Zusammenwirkens von Behörden ab. Einzelheiten, insb die Voraussetzungen und Grenzen der Amtshilfe, das anzuwendende Recht und die Kostentragung, sind in §§ 5–8 geregelt. Ergänzend dazu sind, soweit die §§ 4ff keine Regelungen enthalten, die allgemeinen ungeschriebenen Amtshilfegrundsätze heranzuziehen (Begr 38). Die Vorschrift schafft die für die Amtshilfe erforderliche Rechtsgrundlage, ohne aber den Bereich der Eingriffsbefugnisse zu erweitern; die §§ 4–8 enthalten also **keine materielle Ermächtigungsgrundlage.**[3]

3 **2. Anwendungsbereich. a) Allgemein.** Die §§ 4ff gelten vorbehaltlich besonderer Regelungen gem § 1 und § 2[4] nicht nur im Rahmen von Verwaltungsverfahren iS von § 9, sondern auch für sonstiges Verwaltungshandeln im Anwendungsbereich des VwVfG (StBS 14; Knack vor § 4 Rn 1; vor § 9 Rn 2; MB 4; im Ergebnis auch FL 5; **aA** Obermayer 8). Berechtigt, Amtshilfe zu verlangen, bzw danach verpflichtet, Amtshilfe zu leisten, sind allerdings unmittelbar nur **Bundesbehörden.** Als Ausdruck allgemeiner Rechtsgrundsätze und als Konkretisierung insb auch von Art 35 Abs 1 GG sind die §§ 4ff aber analog auch im Verhältnis zwischen Behörden anwendbar, für die vergleichbare gesetzliche Regelungen überhaupt fehlen.

4 **b) Landesbehörden** und ggf auch Gemeindebehörden und Behörden anderer selbständiger Rechtsträger des öffentlichen Rechts werden durch das VwVfG gegenwärtig nicht berechtigt oder verpflichtet, weil alle Bundesländer gem § 1 Abs 3 eigene Verwaltungsverfahrensgesetze erlassen haben, nach denen sich auch die Amtshilfe richtet. Eine einheitliche Regelung für Bundes- und Landesbehörden, die auch sämtliche Landesbehörden ohne Rücksicht auf die Art des Verfahrens mit einbezogen hätte, scheiterte bisher an der beschränkten Gesetzgebungskompetenz des Bundes. Daraus ergibt sich (soweit besondere Regelungen wie zB § 5 Abs 2 VwVG für das Vollstreckungsrecht fehlen) für die **Amtshilfe zwischen Bundesbehörden und Landesbehörden,** sowie für die Amtshilfe von Landesbehörden verschiedener Länder im Verhältnis zueinander eine komplizierte Rechtslage (s auch § 5 Rn 3). Die Berechtigung, Amtshilfe in Anspruch zu nehmen, und die Verpflichtung, Amtshilfe zu leisten, beruhen hier jeweils auf verschiedenen, wenn auch parallelen und weitgehend inhaltlich übereinstimmenden gesetzlichen Vorschriften: Die Befugnis, Amtshilfe in Anspruch zu nehmen, beruht auf dem Recht der ersuchenden Behörde, die Verpflichtung, Amtshilfe zu leisten, auf dem Recht

---

[1] Schmidt, in: Boorberg-FS 1977, 144; Meyer-Teschendorf ZBR 1979, 264; ähnlich Erichsen/Ehlers § 37 Rn 37; Wilde BayVBl 1986, 230 mwN; Bull DÖV 1979, 691; vgl auch BVerfG 7, 190; BVerwGE 38, 340; Lässig DÖV 1976, 731.

[2] Vgl Begr 38; BVerwGE 38, 339; 50, 310; BVerwG NJW 1960, 1410; BSG 18, 277; MD 1ff zu Art 35 GG; WB II § 77 VI; M 76; F 103ff; Erichsen/Ehlers § 37 Rn 37f; StGB 16; Schnapp/Friehe NJW 1982, 1422.

[3] StBS 7; Bull DÖV 1979, 693; ders AK-GG Art 35 Rn 17ff unter Hinweis auf BVerfGE 65, 1, 43; **aA** Knack vor § 4 Rn 4.

[4] MB 6; FL 4; vgl zB zur Amtshilfe gegenüber dem Bundespersonalausschuß § 102 Abs 2 BBG, zur gesteigerten Auskunfts- und Herausgabepflicht gegenüber der Staatsanwaltschaft in Strafsachen §§ 160, 161, 94 Abs 1, 95 Abs 1 StPO; dazu auch OLG Karlsruhe NJW 1986, 145.

der ersuchten Behörde,[5] bei Fehlen ausdrücklicher Regelungen unmittelbar auf Art 35 GG und auf allgemeinen Grundsätzen des ungeschriebenen Rechts (ebenso FL 22; Stüer DÖV 1985, 720; Kopp/Kopp BayVBl 1994, 229; Kopp KKZ 1994, 193; zT **aA** Schnapp KKZ 1993, 165). Auch für den Rechtsweg kommt es bei einem Streit über die Amtshilfe zwischen Behörden, für deren Handlungen verschiedene Rechtswege eröffnet sind, auf das Amtshilferecht an, das für die in Frage stehende Handlung maßgeblich ist (BVerwG DVBl 1986, 1200). Das bedeutet, dass für die aufgrund des Ersuchens vorgenommenen Amtshandlungen sowie für die Handlung und Verpflichtung zur Leistung der erbetenen Amtshilfe auf das Recht der ersuchten Behörde (BVerwG DVBl 1986, 1200; Stüer DÖV 1985, 720) und den danach eröffneten Rechtsweg abzustellen ist (vgl auch § 7 Rn 4).

c) Amtshilfe für Verwaltungshandeln in Privatrechtsform? Für Verwal- 5
tungshandeln in Privatrechtsform gelten die Regelungen des VwVfG nicht unmittelbar. Ob eine analoge Anwendung der §§ 4 ff auf verwaltungsprivatrechtliches Handeln zulässig ist, wird unterschiedlich beurteilt.[6] Dabei ist anerkannt, dass die §§ 4 ff **Ausdruck eines allgemeinen Rechtsgedankens** sind, wonach sich die Stellen der öffentlichen Hand bei der Erledigung ihrer Aufgaben gegenseitig unterstützen sollen. Eine schlüssige Begrenzung auf den Bereich öffentlich-rechtlicher Verwaltungstätigkeit ergibt sich hieraus nicht. Auch die Amtshilfepflicht aus Art 35 GG unterliegt keiner Beschränkung auf hoheitliche Tätigkeit. Es ist deshalb davon auszugehen, dass im Bereich des Verwaltungsprivatrechts, also bei der Aufgabenerledigung in der Form des Privatrechts, die Regeln der Amtshilfe entsprechend anwendbar sind (**aA** Voraufl).

d) Amtshilfe bei Verfassungsorganen. Auch gegenüber Verfassungsorganen 6
ist nach Art 35 GG Amtshilfe zu leisten. Soweit hier spezielle Regelungen fehlen, kommen hier die §§ 4 ff als Ausdruck allgemeiner Rechtsgedanken analog zur Anwendung (StBS 3).

e) Amtshilfe im Verhältnis zu Gerichten. Grundsätzlich besteht eine Pflicht 6a
zur Amtshilfe nach Art 35 GG auch gegenüber den Gerichten. Insofern bestehen allerdings teilweise spezielle Vorschriften, die diesen Bereich regeln (vgl zB § 14 VwGO für die Amtshilfe der übrigen Gerichte und der Verwaltungsbehörden gegenüber den Verwaltungsgerichten. Soweit allerdings Regelungslücken bestehen, kommt eine analoge Anwendung der §§ 4 ff als Ausdruck allgemeiner Rechtsgedanken auch in diesem Bereich in Betracht (vgl Kopp/Schenke § 14 Rn 2).

3. Unmittelbare Anwendung des Art 35 GG. Soweit ausdrückliche Vor- 7
schriften fehlen, bietet Art 35 GG eine unmittelbare Grundlage für die Amtshilfe. Die §§ 4 ff können aber als Ausdruck der sich schon aus Art 35 GG ergebenden Folgerungen auch insoweit **sinngemäß** angewandt werden (MB 3; Knack 16 vor § 4; FL 5). Dasselbe gilt auch für Ausfüllung von Lücken in anderen Regelungen.

4. Rechts- und Amtshilfe im Verhältnis zum Ausland. Die Amtshilfe 8
ausländischer Gerichte und Behörden kann, soweit Verträge nichts anderes vorsehen,[7] nur auf diplomatischem Wege durch Vermittlung der obersten Dienstbehörde und des Auswärtigen Amtes über die deutschen Auslandsvertretungen erbeten

[5] BVerwG NVwZ 1986, 467; VGH Mannheim NVwZ-RR 1990, 337; MB 5; StBS 21; FL 7; Stüer DÖV 1985, 720; Schnapp KKZ 1993, 165; Kopp/Kopp BayVBl 1994, 229; Kopp KKZ 1994, 193; Knack vor § 4 Rn 2; **aA** Schleicher DÖV 1976, 551; Hauk/Haines 11 zu § 3 SGB-X: maßgeblich allein das Recht der ersuchenden Behörde; wieder anders UL § 11 Rn 5: maßgeblich allein das Recht der ersuchten Behörde, weil das VwVfG und die entspr Ländergesetze primär deren Verpflichtung regeln; ebenso Stüer DÖV 1985, 720.

[6] Dafür StBS 14; UL § 10 Rn 6; AK-GG-Bull Art 35 Rn 24; Wais NJW 1982, 1265; dagegen BFHE 94, 558; Knack vor § 4 Rn 20; MB 9; Dreher 97.

[7] Vgl zB den deutsch-österreichischen Vetrag v 31. 5. 1988 über Amts- und Rechtshilfe in Verwaltungssachen (BGBl II 1990, 357).

werden. Im Rahmen der Zuständigkeit der Konsulate (vgl §§ 2, 3, 15f KonsularG) können die Behörden sich jedoch grundsätzlich auch unmittelbar an diese wenden.[8] Entsprechendes gilt für die Amtshilfe deutscher Behörden gegenüber ausländischen Behörden und Gerichten.

9 **5. Rechts- und Amtshilfe im Bereich der EU.** Besondere Bestimmungen gelten für die Amtshilfe im Bereich der EU zB im Bereich der direkten Steuern und der Mehrwertsteuer gem der Richtlinie 77/799/EWG v 19. 12. 1977 (ABl 1977 Nr L 336/15) mit späteren Änderungen, ins deutsche Recht übernommen durch das EG-AmtshilfeG v 19. 12. 1985 (BGBl I 2436, 2441, vgl dazu auch Groß JZ 1994, 598 mwN) und für die indirekte Besteuerung gem der VO Nr 218/92v 27. 1. 1992 (ABl 1992 Nr L 24/1) sowie im Bereich der Bankenaufsicht gem der Zweiten Bankrechtskoordinierungsrichtlinie 77/780/EWG v 15. 12. 1989 (ABl Nr L 386/1) ins deutsche Recht übernommen durch die 4. KWG Novelle vom 21. 12. 1992 (BGBl I, 2211). S allgemein zur Amtshilfe in der EU auch Meier EuR 1989, 237 sowie Groß JZ 1994, 598, 600 mwN.

II. Amtshilfe (Abs 1)

10 **1. Begriff.** Unter Amtshilfe im Bereich der Verwaltung ist die Vornahme von Handlungen rechtlicher oder tatsächlicher Art auf das Ersuchen einer Behörde durch eine andere Behörde zur Unterstützung einer Amtshandlung der ersuchenden Behörde im Einzelfall zu verstehen. Amtshilfe ist dabei immer auf **ergänzende Hilfe beschränkt** (StBS 27; UL § 11 Rn 14; FL 15; MK 64 II; Bull DÖV 1979, 692). Eine vollständige Übernahme von Verwaltungsaufgaben durch eine ersuchte Behörde ist keine Amtshilfe und lässt sich deshalb auch nicht durch die §§ 4ff rechtfertigen.[9] Gleiches gilt für die sog **Spontanhilfe,** die von einer Behörde ohne Amtshilfeersuchen im Aufgabenbereich einer anderen Behörde durchgeführt wird.[10] Zulässigkeit und Rechtsfolgen der Spontanhilfe sind nach den allg Grundsätzen der Geschäftsführung ohne Auftrag im öffentlichen Recht analog §§ 677ff BGB zu beurteilen, die allerdings besondere Ermächtigungsgrundlagen für Eingriffe nicht ersetzen. **Keine Amtshilfe** ist auch die **innerhalb einer Behörde** geleistete Hilfe, zB Unterstützung, die eine Abteilung, ein Referat usw einer anderen Abteilung, einem anderen Referat usw ein und derselben Behörde leistet (UL § 11 Rn 8; FL 10; Foerster SKV 1971, 186). Keine Amtshilfe ist auch die sog **Organleihe,** bei der (auf gesetzlicher Grundlage) ein Organ eines Rechtsträgers im Aufgaben- und Kompetenzbereich eines anderen Rechtsträgers, aber im eigenen Namen für eine gewisse Dauer tätig wird).[11] Keine Fälle der Amtshilfe liegen auch bei der Wahrnehmung von Aufgaben im Namen der ersuchenden Behörde vor **(Mandat)** und bei der nur auf gesetzlicher Grundlage möglichen Übertragung von Aufgaben und Zuständigkeiten zur Erledigung in eigenem Namen **(Delegation)** vor (hierzu UL § 10 Rn 16; Rasch DVBl 1983, 617). Zur Vollzugshilfe s Rn 17.

---

[8] Vgl Stein, Amtshilfe in auswärtigen Angelegenheiten, 1975; Söhn, in: HHSp zu § 117 AO; Korber, BayVBl 1983, 301; Nordmann, Die Beschaffung von Beweismitteln aus dem Ausland durch staatliche Stellen, 1979, 40; Bechtold, in: Loebenstein-FS 1991, 11; S auch das Europäische Übereinkommen über die Zustellung von Schriftstücken in Verwaltungssachen, abgedr bei Engelhardt/App, Anh 3.

[9] UL § 11 Rn 14; Arndt NJW 1963, 26; Erichsen/Ehlers § 37 Rn 37; StBS 27; FL 13, 15; Meyer-Teschendorf 1979, 268: keine stellvertretende Wahrnehmung von Aufgaben der ersuchenden Behörde.

[10] VGH Kassel DVBl 1993, 617; StBS 32; Schmidt 141; Knack 11; FL 14; UL § 11 Rn 11; Dreher 32f; Foerster SKV 1971, 189; Ganßer BayVBl 1983, 713; Giehl III Nr 4; Meyer-Teschendorf JuS 1981, 189; ebenso zum bish Recht F 103; BGHZ 34, 187; zT **aA** Schmidt 141; ZRP 1979, 188; K 4; vdGK 2.4.

[11] Zur Organleihe BVerfG 63, 1, 31; BVerwG DÖV 1976, 319; Knemeyer DÖV 1988, 397; Hirschberger, Organleihe 1989.

2. Mögliche Maßnahmen im Rahmen der Amtshilfe. Gegenstand der Amtshilfe iS von §§ 4ff können Leistungen jeglicher Art sein, zB die Erteilung von Auskünften und Informationen, die Gewährung von Akteneinsicht für die ersuchende Behörde oder für eine andere Behörde an Dritte (vgl München NVwZ 1987, 613), die Übersendung von Akten (vgl BVerfG 27, 344), Urkunden und anderen Beweismitteln (v Münch/Kunig GG Art 35 Rn 7), die Bereitstellung von Hilfspersonen (zB Schreibkräften, vgl OVG Münster DÖV 1979, 343; Klückmann DVBl 1977, 953, von Räumlichkeiten, technischen Hilfsmitteln usw für Amtshandlungen (FL 16; Bull DÖV 1979, 692 mwN), die Vornahme von Ermittlungen für die ersuchende Behörde (AK-GG -Bull Art 35 Rn 16; Schlink 169; Steinbömer DVBl 1981, 440), die Vernehmung von Zeugen für eine andere Behörde (FL 16; Bull DÖV 1979, 692), die Exhumierung einer Leiche auf Ersuchen eines Sozialhilfeträgers (BVerwG DÖV 1972, 720), die öffentliche Bekanntmachung eines VA (VGH Mannheim NVwZ-RR 1990, 337). Dass die als Amtshilfe erbetene Handlung in Rechte Dritter eingreift **(gesteigerte Amtshilfe),** steht ihrer Qualifizierung als Amtshilfe nicht entgegen (Schnapp KKZ 1993, 165; **aA** Riegel BayVBl 1978, 294), macht jedoch eine gesetzliche Ermächtigung für die erbetene Maßnahme erforderlich. 11

Problematisch ist die Einordnung von **regelmäßig wiederkehrender Inanspruchnahme** (StBS 30). Hier kommt es auf den Einzelfall an (s auch unten Rn 13). So darf etwa die mangelhafte Ausstattung einzelner Behörden mit Personal oder Sachmitteln nicht dadurch kompensiert werden, dass laufend andere Behörden im Amtshilfewege in Anspruch genommen werden. Allerdings sind sich wiederholende Amtshilfeersuchen unschädlich, wenn sie nur gelegentlich stattfinden (erweiterte Amtshilfe) und keinen selbständigen Charakter haben wie zB selbstständige Vollzugsmaßnahmen.[12] Als Amtshilfe iS von §§ 4ff anzusehen ist demgegenüber die sog. **Vollstreckungshilfe,** dh die Vollstreckung eines VA durch eine Behörde, ua auch durch die Behörde eines anderen Bundeslandes, auf Vollstreckungsersuchen einer Behörde.[13] 12

3. Einzelfallerfordernis. Keine Amtshilfe iS des VwVfG sind Hilfstätigkeiten, die nicht aus besonderem Anlaß im Einzelfall für eine andere Behörde auf deren Ersuchen, sondern dauernd oder doch für eine gewisse Zeit vorgenommen werden. Auf diese Fälle einer **erweiterten Amtshilfe,** zB regelmäßige Entgegennahme von Anträgen, Auszahlung von Geldbeträgen, Übermittlung bestimmter Informationen über eine bestimmte Personengruppe (vgl BSG DVBl 1994, 1317; StBS 30: Amtshilfe wird grundsätzlich für den Einzelfall erbeten und gewährt) oder hins eines bestimmten Fragenkomplexes anfallender Informationen, zB über alle Personen, die die Grenze überschreiten uä[14] findet die §§ 4ff keine Anwendung. 13

4. Rechtsnatur und Form des Amtshilfeersuchens. Amtshilfeersuchen sind behördliche Verfahrenshandlungen, die, soweit gesetzlich nichts anderes vorgese- 14

---

[12] Bull DÖV 1979, 692; FL 21 zu § 2; Martens JR 1981, 354; StBS 18, 27f; zT **aA** Drews/Wacke/Vogel/Martens, Gefahrenabwehr, 152: entsprechende Anwendbarkeit der materiellen Grundsätze der Amtshilfe.

[13] Söldner, Der Geschäftsstellenleiter 1993, 13; Kopp/Kopp BayVBl 1994, 229; Kopp KKZ 1994, 193; unklar offenbar BGHZ 54, 157 = NJW 1970, 1841; **aA** Schnapp KKZ 1993, 165. Vgl dazu, dass auch die Vollstreckungshilfe Amtshilfe ist, auch BVerwGE 28, 328; BGH DÖV 1970, 782; v Münch/Kunig Art 35 Rn 7 mwN; Engelhardt/App VwVG/VwZG § 250 AO Rn 1: eine „Sonderform" der Amtshilfe.

[14] Begr 39; Dreher 31; FL 13; K 5; Ganßer BayVBl 1983, 713; MB 19; Meyer-Teschendorf JuS 1981, 189; Wilde BayVBl 1986, 230; Knack 12: die Einrichtung und Unterhaltung eines automatisierten Abrufverfahrens – Online-Anschluß – ist keine Amtshilfe; **aA** MuE 63; zur verfassungsrechtlichen Zulässigkeit vgl BVerfG 7, 190; MDH Art 35 GG Rn 1.

hen ist, keiner besonderen Form bedürfen (FL 14; Knack 14; zT abweichend StBS 31: idR schriftlich), insb auch mündlich, telefonisch usw gestellt werden können. Einzelne Fragen, insbes die Rechtfertigungsgründe, sind in § 5 geregelt. Da Amtshilfeersuchen keine verbindliche Entscheidung in einer Sache darstellen, haben sie **keine VA-Qualität,**[15] auch nicht, wenn sie im Rahmen eines Verwaltungsverfahrens gestellt werden, gegenüber den Beteiligten (§ 13). Die innerbehördliche Berechtigung zu Amtshilfeersuchen richtet sich nach dem insoweit maßgeblichen Organisationsrecht der jeweiligen Behörde. Amtshilfeersuchen stehen im **Ermessen** der ersuchenden Behörde; sie können jederzeit widerrufen werden. Die Beteiligten haben vor Stellung eines Amtshilfeersuchens keinen Anspruch auf Anhörung gem § 28; anders wohl bei Stellung eines Ersuchens an einen ausländischen Staat (Mössner DVBl 1987, 1233; offen BFH BStBl II 1987, 92; **aA** Koch § 117 Rn 6 für den Fall, dass Geschäftsgeheimnisse betroffen sein können).

III. Tätigkeiten, die nicht Amtshilfe sind (Abs 2)

15 **1. Tätigkeiten in Weisungsverhältnissen (Abs 2 Nr 1).** Abs 2 Nr 1 nimmt ua wegen der hier bestehenden sehr viel weitergehenden Verpflichtungen Handlungen im Rahmen von Weisungsverhältnissen vom Begriff der Amtshilfe aus (Kassel NJW 1977, 693; UL § 11 Rn 9; FL 10; Foerster SKV 1971, 186; Riegel BayVBl 1977, 300). Nicht ausgenommen ist sowohl nach dem Wortlaut als auch nach Sinn und Zweck der umgekehrte Fall, dass die übergeordnete Behörde einer nachgeordneten Behörde Hilfe leistet (Knack 17; FL 17; K 6; WB II § 77 VI b; **aA** Begr 37; UL § 11 Rn 9; StBS 34; MB 17; Schmidt 143 f); für diesen Fall gelten die allgemeinen Vorschriften über die Amtshilfe (K 6; MD Art 35 Rn 4), denn Nr 1 nimmt nur die Hilfeleistung für eine weisungsberechtigte höhere Behörde aus. Dasselbe gilt, da Nr 1 ausdrücklich auf ein bestehendes Weisungsverhältnis abstellt, für Hilfen nachgeordneter Behörden in Bereichen, in denen keine Weisungsabhängigkeit besteht (MB 17; Knack 19; StBS 34; **aA** FL 19; Dreher 18).

16 **2. Tätigkeiten in Erfüllung eigener Aufgaben (Abs Nr 2).** Abs 2 Nr 2 stellt klar, dass Amtshilfe stets die Erfüllung fremder Aufgaben bedeutet. Aufgaben, die einer Behörde als eigene obliegen, können nicht als Amtshilfe erfüllt werden, auch wenn sie im konkreten Fall der Unterstützung der Tätigkeit einer anderen Behörde dienen.[16] Soweit es um Unterstützungsaufgaben geht, die einer Behörde als eigene zugewiesen sind, richten sich die Verantwortlichkeiten und Pflichten gegenüber der unterstützten Behörde und dem Bürger nach dem maßgeblichen Fachrecht bzw den maßgeblichen Organisaions- und Zuständigkeitsregelungen. Dies gilt auch für die Frage, wer die Erfüllung der Unterstützungspflichten verlangen kann.

16 a Um **eigene Aufgaben idS** handelt es sich, wenn die in Frage stehende Handlung nicht nur in den Zuständigkeitsbereich der ersuchten Behörde fällt (was auch Voraussetzung für die Amtshilfe ist), sondern aufgrund eines Gesetzes, einer Rechtsverordnung, Satzung oder Verwaltungsvorschrift eine **Verpflichtung zu dem** in Frage stehenden **Verwaltungshandeln** besteht.[17] Dies gilt zB für die Mitwirkung einer anderen Behörde bei Erlass eines „mehrstufigen" VA (BVerwGE 31, 329; FL 20; Knack 22); die **Informationsübermittlung** durch das Amt für Verfassungsschutz im Rahmen der gesetzlichen Aufgaben dieses Amtes

---

[15] Knack 14; StBS 31; anders bestimmte Ersuchen, insb Auskunftsersuchen an ausländische Staaten; vgl Mössner DVBl 1987, 1233: Anspruch der Betroffenen auf Anhörung vor Stellung eines Auskunftsersuchens; offen BFH BStBl II 1987, 92; **aA** insoweit Koch § 117 AO Rn 6.

[16] BSG 23, 213; VG Berlin NJW 1984, 1915; Lorenz 269; Meyer-Teschendorf JuS 1981, 189; MB 24 ff; Knack 21; StBS 35; UL § 11 Rn 10; Ganßer BayVBl 1983, 713.

[17] Vgl zum bestimmungsgemäßen Zusammenwirken von Behörden aufgrund einer gesetzlichen Regelung BVerwG NJW 1960, 1409 f; DÖV 1969, 433; allg auch VG Berlin NJW 1984, 1915.

auf Anfrage einer Behörde;[18] die Erteilung einer **Auskunft** gem § 26 Abs 5 StVZO durch eine Kfz-Zulassungsstelle gegenüber einer anderen Behörde (VG Berlin NJW 1984, 1915; FL 20; StBS 36); die Zusammenarbeit von Bundes- und Landesbehörden in Angelegenheiten des Verfassungsschutzes gem § 1 Abs 1 G über die Zusammenarbeit des Bundes und der Länder in Angelegenheiten des Verfassungsschutzes (FL 20); **polizeiliche Maßnahmen** zum Schutz und im Interesse anderer Behörden und Einrichtungen wie zB das Abriegeln eines Behördengebäudes durch die Polizei bei einer Demonstration auf Ersuchen der Behörde (FL 20: da es sich um eine eigene Aufgabe der Polizei handelt); die **Erstattung eines Gutachtens** durch eine Fachbehörde; die Erteilung eines **amtsärztlichen Zeugnisses** (OVG Münster NVwZ-RR 1992, 527) die nach § 73 durch eine Gemeinde als Anhörungsbehörde für die Planfeststellungsbehörde vorgenommene **Auslegung** in einem Planfeststellungsverfahren (s § 73 Rn 32 zum Kostenersatzanspruch); der Polizeischutz für behördliche Amtshandlungen (FL 21; **aA** offenbar OVG Berlin NJW 1973, 1246); die „Sicherheitsüberprüfung" einer Person durch den Verfassungsschutz (Meyer-Teschendorf ZBR 1979, 265: da gem § 3 Abs 2 VerfSchG eigene Aufgabe der Verfassungsschutzbehörden).

3. Vollzugs- und Vollstreckungshilfe. Für die Frage, ob die Vollzugs- und die Vollstreckungshilfe als Amtshilfe iSd § 4 angesehen werden kann, kommt es auf die konkrete Ausgestaltung an. Sofern die Vollstreckung zugunsten anderer Behörden als eigenständiges Verfahren durchgeführt wird, für das die ersuchte Behörde eine eigene Zuständigkeit hat, liegt keine Amtshilfe der ersuchten Behörde, sondern eine normale Verwaltungstätigkeit in eigener Zuständigkeit vor (StBS 18, 28). Gleiches gilt für die Qualifizierung von Vollzugsakten. Soweit der Vollzug einer Behörde, zB der Polizei, als eigene Aufgabe zugewiesen ist, liegt keine Amtshilfe vor, weil keine Aufgabe der ersuchenden Behörde erledigt wird, sondern eine eigene der ersuchten Behörde (FL 21; Kopp/Kopp BayVBl 1994, 229; Kopp KKZ 1994, 193). Anders liegen die Dinge dann, wenn die Vollstreckung Sache der ersuchenden Behörde ist, die lediglich nicht über die erforderlichen persönlichen und sächlichen Mittel verfügt und deshalb die Hilfe einer anderen Behörde in Anspruch nimmt. **17**

§ 5 Voraussetzungen und Grenzen der Amtshilfe

(1) **Eine Behörde kann um Amtshilfe insbesondere dann ersuchen,**[5 ff.] **wenn sie**

1. **aus rechtlichen Gründen**[8] **die Amtshandlung nicht selbst vornehmen kann;**
2. **aus tatsächlichen Gründen,**[9] **besonders weil die zur Vornahme der Amtshandlung erforderlichen Dienstkräfte oder Einrichtungen fehlen, die Amtshandlung nicht selbst vornehmen kann;**
3. **zur Durchführung ihrer Aufgaben auf die Kenntnis von Tatsachen angewiesen ist, die ihr unbekannt sind und die sie selbst nicht ermitteln kann;**[10]
4. **zur Durchführung ihrer Aufgaben Urkunden oder sonstige Beweismittel benötigt, die sich im Besitz der ersuchten Behörde befinden;**[12]
5. **die Amtshandlung nur mit wesentlich größerem Aufwand vornehmen könnte als die ersuchte Behörde.**[13]

(2) **Die ersuchte Behörde darf Hilfe nicht leisten,**[15] **wenn**

1. **sie hierzu aus rechtlichen Gründen nicht in der Lage ist;**[16]

[18] Ganßer BayVBl 1983, 713: auch bei der Sicherheitsüberprüfung eines Beamten; Evers ZRP 1980, 112; MB 7 zu § 4; offen BVerwGE 69, 53 = NJW 1984, 1636 m krit Anm von Simitis-Wellbrock.

2. durch die Hilfeleistung dem Wohl des Bundes oder eines Landes erhebliche Nachteile bereitet würden.[23]

Die ersuchte Behörde ist insbesondere zur Vorlage von Urkunden oder Akten sowie zur Erteilung von Auskünften nicht verpflichtet, wenn die Vorgänge nach einem Gesetz oder ihrem Wesen nach geheim gehalten werden müssen.[24]

(3) **Die ersuchte Behörde braucht Hilfe nicht zu leisten,**[28] **wenn**

1. eine andere Behörde die Hilfe wesentlich einfacher oder mit wesentlich geringerem Aufwand leisten kann;[30]

2. sie die Hilfe nur mit unverhältnismäßig großem Aufwand leisten könnte;[31]

3. sie unter Berücksichtigung der Aufgaben der ersuchenden Behörde durch die Hilfeleistung die Erfüllung ihrer eigenen Aufgaben ernstlich gefährden würde.[33]

(4) **Die ersuchte Behörde darf die Hilfe nicht deshalb verweigern, weil sie das Ersuchen aus anderen als den in Absatz 3 genannten Gründen oder weil sie die mit der Amtshilfe zu verwirklichende Maßnahme für unzweckmäßig hält.**[34]

(5) **Hält die ersuchte Behörde sich zur Hilfe nicht für verpflichtet, so teilt sie der ersuchenden Behörde ihre Auffassung mit. Besteht diese auf der Amtshilfe, so entscheidet über die Verpflichtung zur Amtshilfe die gemeinsame fachlich zuständige Aufsichtsbehörde oder, sofern eine solche nicht besteht, die für die ersuchte Behörde fachlich zuständige Aufsichtsbehörde.**[38 ff.]

Parallelvorschriften: § 112 AO; § 4 SGB-X

Schrifttum: *Bäumler,* Das neue Geheimdienstrecht des Bundes, NVwZ 1991, 643; *ders,* Datenschutz für Ausländer, NVwZ 1995, 239; *Berg,* Der Schutz von Betriebs- und Geschäftsgeheimnissen im öffentlichen Recht, GewArch 1996, 177; *BMF,* Erlass zur Auskunftserteilung der Finanzämter an Gewerbebehörden in gewerberechtlichen Verfahren v 17. 12. 1987 (Text) BStBl I 1988, 2 = NVwZ 1988, 417; *Dörner,* Verfassungsrechtliche Grenzen der Übersendung von Arbeitsgerichtsakten an Arbeitsämter und Sozialgerichte, NZA 1989, 950; *Eilers/Roeder,* Die Verletzung des Steuergeheimnisses bei der internationalen Amtshilfe, wistra 1989, 1202; *Fischer/Schaaf,* Offenbarung steuerlicher Daten gegenüber Gewerbeuntersagungsbehörden, GewA 1990, 337; *Gusy,* Das verfassungsrechtliche Gebot der Trennung von Polizei- und Nachrichtendienst, ZRP 1987, 45; *Simitis,* Datenschutz und Amtshilfe, Dok zum Deutschen Verwaltungsgerichtstag 1987; *Schlink,* Datenschutz und Amtshilfe, NVwZ 1986, 249; *Schnapp,* Amtshilfe, behördliche Mitteilungspflichten und Geheimhaltung, NJW 1980, 2165; *Schneider,* Der Nachrichtenverkehr der Sicherheitsbehörden und das informationelle Selbstbestimmungsrecht, AnwBl 1989, 511; *Wagner,* Änderung von Vorschriften des SGB zum Schutz der Sozialdaten, NJW 1994, 2937; *Wilde,* Amtshilfe und Datenschtz im Lichte des Volkszählungsurteils des BVerfG, BayVBl 1986, 230; s auch das Schrifttum zu § 4.

Übersicht

I. Allgemeines

1 **1. Inhalt der Vorschrift.** Die Vorschrift regelt Voraussetzungen und Grenzen der Amtshilfe (s zum Begriff § 4 Rn 10). Sie enthält insoweit jedoch **keine abschließende Regelung** der Befugnis von Behörden zur Inanspruchnahme von Amtshilfeleistungen (Begr 38; MuE 72; StBS 1; FL 2; Knack 2; UL § 11 Rn 15), sondern zählt statt dessen in Abs 1 nur die wichtigsten Fälle auf, in denen um Amtshilfe nachgesucht werden kann, und in Abs 2 und 3 die Gründe, aus denen Amtshilfe versagt werden muss bzw kann. Die Regelung geht von dem Grundsatz der Pflicht zur eigenen Aufgabenwahrnehmung aus, wonach die Behörden die ihnen übertragenen **Aufgaben grundsätzlich selbst wahrzunehmen** haben, und zwar hinsichtlich aller damit verbundenen vorbereitenden oder ausführenden Maßnahmen. Die Inanspruchnahme anderer Behörden soll die Ausnahme sein und nur aus besonderen Gründen erfolgen, vor allem aus sachlich durch die Zuständigkeitsordnung im Bereich der Verwaltung und durch die Spezialisierung der Behörden bedingten Gründen sowie aus Gründen der Zweckmäßigkeit und der Einsparung unnötigen Aufwandes. Der Verzicht auf eine abschließende Regelung der Voraussetzungen der Amtshilfe hat seinen Grund darin, dass der Gesetzgeber vermeiden wollte, dass Fälle ausgeschlossen würden, in denen gem Art 35 GG Amtshilfe in Betracht käme (MuE 72; Begr 38). Die Aufzählung in § 5 erfasst jedoch jedenfalls **die wichtigsten denkbaren Fälle** (zu weiteren Fällen s unten Rn 14).

2 **2. Anwendungsbereich. a) Allgemeines.** Die Vorschrift gilt für die Amtshilfe iSd § 4 im Anwendungsbereich des VwVfG, also unmittelbar nur für die

Amtshilfe unter Bundesbehörden (§ 4 Rn 3), allerdings ohne Rücksicht darauf, ob ein Verfahren iSd § 9 vorliegt (vgl § 4 Rn 3). Die Verwaltungsverfahrensgesetze der Länder enthalten jeweils für ihre Behörden und die übrigen unter das Landesrecht fallenden zB Kommunalbehörden gleichlautende Vorschriften. § 5 setzt weiter voraus, dass die Amtshilfe im konkreten Fall **keine spezielle gesetzliche Regelung** erfahren hat. Dies ist etwa der Fall bei vielen Fällen der sog Informationshilfe (s Rn 4). Fehlt es an Regelungen über die Amtshilfe oder sind sie unvollständig, so kommt eine entsprechende oder ergänzende Anwendung des § 5 in Betracht, weil es sich insoweit um Ausdruck allgemeine Rechtsgedanken handelt (vgl OLG Hamburg NordÖR 2000, 242, 244).

3 **b) Amtshilfe zwischen Bundes- und Landesbehörden.** Es folgt bereits aus Art 35 Abs 1 GG, dass auch die Behörden des Bundes und der Länder sowie der Länder untereinander zur Amtshilfe verpflichtet sind. **Umstritten** ist nur die Frage, **welches Verfahrensrecht** Anwendung findet, wenn für die ersuchende Behörde ein anderes Verfahrensgesetz gilt als für die ersuchte Behörde. Die hM geht in derartigen Fällen davon aus, dass sich das Ersuchen nach dem Recht der ersuchenden Behörde, das Verhalten der ersuchten Behörde aber nach dem für sie anwendbaren Recht zu richten habe (vgl § 4 Rn 4). Wegen der **Identität der Regelungen** ist es nicht problematisch, wenn zB Grundlage für das Amtshilfeersuchen das VwVfG ist, während Grundlage für die Amtshilfe durch die ersuchte Behörde das Verfahrensgesetz eines Bundeslandes ist.

4 **c) Verhältnis zur Informationshilfe.** Grundsätzlich erfasst die Amtshilfe auch die Zurverfügungstellung von Informationen, also die sog Informationshilfe, soweit die Bereitstellung von Informationen für Dritte oder andere Behörden **nicht zum eigenen Aufgabenbereich** der ersuchten Behörde gehört. Ist letzteres der Fall, so richtet sich die Frage der Weitergabe allein nach den die Informationsaufgabe betreffenden speziellen Vorschriften. Gehört aber die Weitergabe nicht zu den eigentlichen Aufgaben der ersuchten Behörde, so ist auf ein entsprechendes Ersuchen grundsätzlich Amtshilferecht anwendbar. Soweit datenschutzrechtliche Bestimmungen entgegenstehen, liegt ein Fall des **Amtshilfeverbots** gem Abs 2 Nr 1 vor; soweit es um Regelungen über die Geheimhaltung von Akten und Urkunden geht, sind diese nach Abs 2 S 2 zu berücksichtigen (s Rn 24). Allg zum **Verhältnis von Amtshilfe und Datenschutz** s auch Simitis NJW 1986, 2795; Wilde BayVBl 1986, 930; Schlink NVwZ 1986, 249; Schnapp DVBl 1987, 561; Tuner CR 1986, 591; Oebbecke DVBl 1987, 873 mwN.

II. Befugnis zur Inanspruchnahme von Amtshilfe (Abs 1)

5 **1. Entscheidung über das Amtshilfegesuch, Verfahren, Form.** Gem Abs 1 kann eine Behörde, vorbehaltlich der Ausschlussgründe nach Abs 2 und der Ablehnungsgründe nach Abs 3, insbesondere in den in Abs 1 Nr 1–5 genannten Fällen die Amtshilfe einer anderen Behörde in Anspruch nehmen. Die ersuchende Behörde hat in diesen Fällen einen – allerdings nur in Ausnahmefällen gerichtlich durchsetzbaren – **Anspruch auf Amtshilfe.**[1] Abs 1 regelt insoweit jedoch nur die verfahrensrechtliche Befugnis zur Inanspruchnahme von Amtshilfe, nicht auch die Frage, ob die ersuchende Behörde die Amtshilfe für die Erledigung von Aufgaben innerhalb ihres Zuständigkeitsbereichs benötigt, und auch zB nicht, ob die ersuchende Behörde berechtigt ist, von bestimmten Vorgängen, Daten usw Kenntnis zu nehmen (BSG 18, 277; Schnapp/Friehe NJW 1982, 1423; StBS 4; Knack 3). Dem Recht, um Amtshilfe nachzusuchen, entspricht, soweit sich aus Abs 2 und 3 nichts anderes ergibt, die **Verpflichtung der ersuchten Behörde** gem Abs 1 iV

[1] StBS 40; Knack 40; Schmidt in: Boorberg-FS 1977, 152; Schnapp/Friehe NJW 1982, 1424.

mit Abs 2–5, die erbetene Amtshilfe zu leisten (VGH Mannheim NVwZ-RR 1990, 337; Schnapp/Friehe NJW 1982, 1423; FL § 10 Rn 22). Für diejenigen Behörden, die nicht unter das VwVfG fallen, ergibt sich eine entsprechende Verpflichtung aus dem jeweiligen Verwaltungsverfahrensgesetz des Landes oder unmittelbar aus Art 35 GG (s § 4 Rn 12). Umgekehrt sind die unter das VwVfG fallenden Behörden nach Maßgabe des § 5 verpflichtet, Amtshilfeersuchen zu erfüllen, die Behörden aufgrund der für sie maßgeblichen Landesverfahrensgesetze bzw unmittelbar aufgrund von Art 35 GG stellen. Zur Amtshilfe im Verhältnis zu kirchlichen Behörden, soweit diese staatliche Aufgaben erfüllen auch MDH Art 140 GG Rn 59; Hollerbach VVDStRL 1968, 70; Schatzschneider BayVBl 1980, 364 mwN.

a) Ermessensentscheidung. Die Entscheidung einer nach Abs 1 berechtigten 6
Behörde, Amtshilfe in Anspruch zu nehmen, steht verfahrensrechtlich grundsätzlich in ihrem pflichtgemäßen Ermessen (ebenso StBS 5; Knack 3), sofern die rechtlichen Voraussetzungen für ein Ersuchen gegeben sind. Die Behörde hat bei ihrer Entscheidung den in § 10 ausgesprochenen Grundsatz möglichst einfacher und zweckmäßiger Gestaltung des Verfahrens zu berücksichtigen, der über den engeren Zusammenhang des Verwaltungsverfahrens iS von § 9 hinaus für die gesamte Verwaltungstätigkeit gilt. **Bei der Auswahl der zu ersuchenden Behörde** ist § 6 zu beachten. Aus naheliegenden praktischen Gründen sollte die Behörde aber auch schon die Ausnahmegründe gem Abs 2 und idR auch die Ablehnungsgründe gem Abs 3 berücksichtigen, wenn zu erwarten ist, dass die ersuchte Behörde diese geltend machen wird. Die ersuchende Behörde bleibt Herrin des Verfahrens und kann das Amtshilfeersuchen auch jederzeit wieder zurücknehmen (FL 14; Knack 3; MB § 4 Rn 22).

b) Form und Begründung von Amtshilfeersuchen. Amtshilfeersuchen 7
sind grundsätzlich an **keine Formvorschriften** gebunden und bedürfen idR auch keiner näheren Begründung; sie können insb auch mündlich, telefonisch usw gestellt werden (s auch § 4 Rn 14). Eine **nähere Begründung** ist grundsätzlich nur dann erforderlich, wenn aufgrund von Rechtsvorschriften oder allgemeinen Rechtsgrundsätzen die erbetene Leistung nur für bestimmte, eng umgrenzte Zwecke erbracht oder angefordert werden darf (zB bei Anforderung von unter das Datenschutzrecht fallenden Daten), und die ersuchte Behörde deshalb nicht ohne weiteres dem Ersuchen entsprechen darf (Tuner DSWR 1980, 68; Leuze DVBl 1982, 994) und deshalb pflichtwidrig handeln würde, wenn sie die Hilfe erbrächte, ohne sich hinreichend Gewißheit über die Zulässigkeit verschafft zu haben. In sonstigen Fällen genügt ein genereller Hinweis auf den Anlaß sowie die (idR stillschweigend zu unterstellende) Bereitschaft, bei Bedenken der ersuchten Behörde, im Hinblick auf das Vorliegen von Verbots- oder Weigerungsgründen nach § 5 Abs 2 oder 3 weitere Auskunft zu geben (weitergehend FL 14: das Ersuchen muss die Prüfung von Verbots- oder Weigerungsgründen ermöglichen). Kommt die ersuchende Behörde einer Aufforderung zu einer (erforderlichen) näheren Begründung des Ersuchens nicht nach, so kann (und muss ggf) die ersuchte Behörde die erbetene Amtshilfe ablehnen. Wie detailliert die Begründung des Amtshilfeersuchens auf Sinn und Zweck der Hilfe eingehen muss, hängt von den in Frage stehenden Rechtsvorschriften und den durch sie geschützten Rechtsgütern, bei Daten auch von deren „Sensibilität", ab (Leuze DVBl 1982, 994 mwN). Der Umstand, dass auch die ersuchende Behörde rechtlich gehalten ist, keine Amtshilfe zu erbitten, die ihr nach dem maßgeblichen materiellen oder organisatorischen Recht nicht „zusteht", kann die ersuchte Behörde in diesen Fällen nicht von ihrer Prüfungspflicht und Verantwortung entbinden.

2. Die einzelnen Ersuchensgründe. a) Amtshilfebedürftigkeit aus rechtlichen Gründen (Nr 1). Nr 1 regelt den Fall, dass eine Behörde eine Amts- 8
handlung aus rechtlichen Gründen nicht selbst vornehmen kann. Dies trifft insb

dann zu, wenn der im übrigen für die Aufgabe zuständigen ersuchenden Behörde die für die konkrete Maßnahme die erforderliche sachliche oder örtliche Zuständigkeit fehlt (Begr 39; FL 4; K 2), außerdem auch zB, wenn sie zu der erforderlichen Handlung nicht ermächtigt ist, zB zur Vornahme einer Beglaubigung gem §§ 33f oder zu bestimmten Vollstreckungsmaßnahmen (Knack 7; **aA** FL 4) usw, oder wenn die um Amtshilfe ersuchte Behörde damit gegen Geheimhaltungspflichten verstoßen würde (OVG Schleswig DVBl 1994, 1316) oder wenn die Vornahme der Handlung durch die ersuchende Behörde selbst aus anderen Gründen als denen, derentwegen Amtshilfe erbeten wird (vgl Abs 1 Nr 1–5), unzulässig wäre (MB 2; FL 4). Zu beachten ist, dass die Amtshilfe nicht den Kompetenzbereich der ersuchenden Behörde erweitert, sondern nur die die Erledigung von Teilen einer Aufgabe sicherstellen soll, für die im übrigen die Kompetenz besteht.

9 **b) Amtshilfebedürftigkeit aus tatsächlichen Gründen (Nr 2).** Nr 2 enthält eine Nr 1 entsprechende Regelung für den Fall, dass die ersuchende Behörde aus tatsächlichen Gründen gehindert ist, die in Frage stehende Handlung vorzunehmen. Diese Voraussetzung ist idR („besonders") nur dann gegeben, wenn die ersuchende Behörde, objektiv betrachtet, auf die Amtshilfe angewiesen ist, zB weil ihr die erforderlichen besonderen Fachkräfte, Spezialeinrichtungen usw (vgl FL 7; K 3) schlechthin fehlen oder aus anderen Gründen im konkreten Fall vorübergehend, zB wegen zeitweiliger Überlastung, Krankheit oder Ausfall einer Maschine, nicht zur Verfügung stehen (FL 7). Ist dagegen die Verwendung eigener Dienstkräfte, Einrichtungen uä nur im Hinblick auf den konkreten Fall unzweckmäßig oder untunlich, weil sie mit besonderen Schwierigkeiten, Kosten usw verbunden wäre, so kommt nur ein Amtshilfeersuchen gem Nr 5 oder aufgrund anderer besonderer Umstände in Betracht (Köhler DVBl 1992, 1584). Nr 2 ist außerdem grundsätzlich – entsprechend dem Wesen der Amtshilfe – nur in Fällen anwendbar, in denen die Behörde bzw der Rechtsträger, dem sie angehört, das tatsächliche Unvermögen nicht selbst zu vertreten hat, etwa weil die Behörde allgemein ungenügend mit Personal usw ausgestattet ist (vdGK 2, 2); die Regelung bietet keine Möglichkeit der Kompensation dauerhafter Defizite in der personellen oder sachlichen Ausstattung (MB 3; FL 7; weiter StBS 8: kein Autarkiegebot; ebenso: Knack 8).

10 **c) Unmöglichkeit eigener Ermittlungen usw (Nr 3).** Nr 3 regelt den Fall, dass eine Behörde zu Beweiszwecken oder aus anderen Gründen auf die **Feststellung bestimmter Tatsachen** angewiesen ist, die sie selbst nicht ermitteln kann. Gedacht ist dabei offenbar an Fälle, die nicht bereits unter Nr 1, 2 oder 4 fallen, zB an die Feststellung von zu Beweiszwecken (Knack 14) oder anderen Zwecken benötigten Daten (zB Ersuchen an die Polizei um Mitteilung der Unfallzahlen an einer bestimmten Straße). Unter Nr 3 fallen auch **Ermittlungsersuchen,** zB die Vernehmung von Zeugen, wohl auch das Ersuchen einer Behörde um **„technische Aushilfe"** mit Kenntnissen hins. der Bedienung einer der Behörde zur Verfügung stehenden Maschine (FL 8), da ein solches Ersuchen sich nicht auf eine Amtshandlung richtet und deshalb nicht schon nach Nr 2 möglich ist.

11 **Nicht unter Nr 3 fällt** die Erstattung von **Gutachten** (Begr 39; UL § 11 Rn 61; StBS 9; Knack 9), die Erteilung von **Rechtsauskünften** (vgl FL 8) oder von **Auskünften zu Beweiszwecken** (insoweit ist ggfs Nr 4 anwendbar); insoweit fehlt es idR an der Unmöglichkeit eigener Ermittlungen. Die Erteilung von Auskünften, die der ersuchten Behörde als eigene Aufgabe obliegt, ist schon begrifflich keine Amtshilfe (vgl § 4 Abs 2 Nr 2). Sofern die ersuchende Behörde sich die erforderliche Kenntnis auch selbst verschaffen könnte, die notwendigen Ermittlungen selbst durchführen könnte usw, und dies nur mit wesentlich höherem Aufwand verbunden oder aus anderen Gründen untunlich oder unzweckmäßig wäre, kann ein Amtshilfeersuchen nicht auf Nr 3, wohl aber idR auf Nr 5 (ebenso

FL 9) oder auf allgemeine Gründe der Zweckmäßigkeit und Einfachheit des Verfahrens gestützt werden.

d) Benötigte Beweismittel (Nr 4). Nr 4 regelt die Amtshilfe durch Zurverfügungsstellung von Beweismitteln, insb von **Akten und Urkunden** zu Beweiszwecken (vdGK 2.4). **Gutachten** werden von Nr 4 nur erfasst, wenn und soweit sie bereits vorliegen. Die Erstellung von Gutachten kann nach Nr 4 dagegen nicht verlangt werden. Sofern die ersuchte Behörde die Beweismittel erst beschaffen soll, ist Nr 3 anwendbar. Benötigt iS der Vorschrift werden Beweismittel nicht nur, wenn ein Verfahren schon abhängig ist, sondern auch zB im Hinblick auf eine Entscheidung, ob ein Verfahren anhängig gemacht werden soll (FL 9). Auch sonst sind **keine strengen Anforderungen** zu stellen; dem Zweck der Regelung entsprechend muss es genügen, dass eine Urkunde usw als Beweismittel in Betracht kommen könnte, dass Akten zu einer Frage Aufschlüsse geben könnten, usw. Unerläßlichkeit ist nicht erforderlich (FL 9; Knack 12). 12

e) Unverhältnismäßiger Aufwand (Nr 5). Nr 5 betrifft Amtshilfeersuchen, die ihren Grund in der Vermeidung unnötigen Aufwands (zB Reisekosten) haben (Dreher 107; MD Art 35 Rn 6; FL 10 mwN). Entsprechend dem in § 10 S 2 aufgestellten Grundsatz ist dabei nicht nur auf den konkreten finanziellen Aufwand der ersuchenden Behörde abzustellen. Auch die Einsparung an allgemeinem, nicht von der ersuchenden Behörde unmittelbar zu tragendem Verwaltungsaufwand sowie an Zeit und Mühe rechtfertigen ein Amtshilfeersuchen. Ein Amtshilfeersuchen ist dann zulässig, wenn die ersuchte Behörde die in Frage stehende Handlung im konkreten Fall **wesentlich einfacher, schneller und kostensparender** als die ersuchende Behörde vornehmen kann (vgl FL 10). Es muss sich aber um Ausnahmefälle handeln, nicht um eine dauernde oder reguläre Inanspruchnahme einer Behörde (s § 4 Rn 13). 13

f) Sonstige Gründe. Die Aufzählung in Abs 1 schließt **weitere Fälle** einer Amtshilfe nicht aus (ebenso FL 2; StBS 5 und 13; Knack 2; **aA** MB 1). Es kann aber wohl davon ausgegangen werden, dass mit den in Nr 1–5 erfassten Tatbeständen alle wesentlichen Gründe für eine Amtshilfe genannt sind und sonstige Gründe grundsätzlich von ähnlicher Gewichtigkeit sein müssen (Knack 2). In Betracht kommt auch zB die Inanspruchnahme von Einrichtungen einer anderen Behörde in Fällen, in denen die ersuchende Behörde zwar selbst über Einrichtungen der in Frage stehenden Art verfügt, die Benutzung einer Einrichtung einer anderen Behörde, etwa eines Sitzungssaals zur Durchführung einer mV an Ort und Stelle, aber der einfacheren Erledigung der Angelegenheit dient, ggf auch den Interessen der Beteiligten (§ 13) besser entspricht. Überhaupt rechtfertigen **Gründe der Einfachheit und Zweckmäßigkeit** (vgl § 10 S 2) der Verfahrensgestaltung vielfach die Inanspruchnahme der Amtshilfe einer anderen Behörde auch in Fällen, in denen dadurch nicht zugleich auch eine wesentliche Ersparnis an Aufwand iS von Nr 5 erreicht wird, **zB** bei Amtshilfeersuchen, die die **Gewährung der Akteneinsicht** in an eine andere Behörde am Wohnsitz eines Beteiligten übersandte Akten zum Gegenstand haben. 14

III. Verbot der Amtshilfeleistung (Abs 2)

1. Abschließende Regelung der Verbotsgründe. Abs 2 zählt die Gründe auf, aus denen die ersuchte Behörde verpflichtet ist, ein Amtshilfeersuchen abzulehnen. Die Aufzählung der zwingenden Weigerungsgründe entspricht dem früheren Recht (vgl Schnapp/Friehe NJW 1982, 1424 mwN; MD Art 35 Rn 6 ff). Die Aufzählung in Abs 2 u 3 ist, abgesehen von Fällen einer offensichtlich missbräuchlichen Inanspruchnahme (Knack 18), abschließend (VGH Mannheim NVwZ-RR 1990, 337; StBS 14 und 31; FL 14 und 32; UL § 11 Rn 28; Obermayer 24; **aA** Schmidt, in: Boorberg-FS 1977, 148). Die schlichte **Rechtswid-** 15

rigkeit der Maßnahme, in deren Interesse um Amtshilfe ersucht wird, rechtfertigt die Weigerung der ersuchten Behörde grundsätzlich nicht, weil der ersuchten Behörde insoweit keine Prüfungskompetenz zukommt;[2] anders ist dies in Fällen offensichtlicher Rechtswidrigkeit (s unten Rn 28).

16 **2. Die einzelnen Verbotsgründe. a) Rechtliche Unzulässigkeit (Abs 2 S 1 Nr 1).** Rechtliche Gründe, die der Amtshilfe gem Abs 2 Nr 1 entgegenstehen, sind insb die fehlende Zuständigkeit der ersuchten Behörde[3] oder das Fehlen der erforderlichen rechtlichen Befugnis zur Vornahme der erbetenen Handlung;[4] außerdem, wie Abs 2 S 2 besonders hervorhebt, insb auch Geheimhaltungs- und Verschwiegenheitspflichten, gegen die mit der Leistung der Amtshilfe verstoßen würde.[5] Die Unzulässigkeit muss sich **aus dem für die ersuchte Behörde geltenden Recht** ergeben (FL 15 unter Hinweis auf § 7 Abs 1 Halbs 2; ebenso Knack 23ff; MB 8; vgl auch BVerwG DVBl 1986, 1200). Soweit Verbotsgründe gem Abs 2 entgegenstehen, ist die Gewährung von Amtshilfe unzulässig. Die ersuchte Behörde kann in diesen Fällen auch nicht gleichwohl nach Ermessen die Amtshilfe leisten. Die Unzulässigkeit erfasst schon das Ersuchen.[6] Die ersuchte Behörde ist verpflichtet, die Amtshilfe zu verweigern, und haftet dafür ggf auch Dritten. Dasselbe gilt auch – trotz der mißverständlichen Formulierung („ist nicht verpflichtet") – für die Verbotsgründe wegen bestehender Geheimhaltungspflichten gem Abs 2 S 2 (BVerwG NVwZ 1986, 467; StBS 14; FL 30).

17 **aa) Unzuständigkeit der ersuchten Behörde.** Die ersuchte Behörde muss für die erbetene Handlung **zuständig und befugt,** dh, soweit die in Frage stehende Handlung dem Vorbehalt des Gesetzes unterliegt, dazu durch Gesetz oder durch VO aufgrund eines Gesetzes ermächtigt sein. Der Umstand, dass es sich um Amtshilfe handelt, hat für die ersuchte Behörde **keine Erweiterung ihrer Befugnisse** oder allgemeinen Zuständigkeiten zur Folge. Nicht erforderlich ist demgegenüber, dass die Vornahme der im Wege der Amtshilfe vorzunehmenden Handlung dem allgemeinen Auftrag der ersuchten Behörde entspricht und insoweit zu ihrem Aufgabenbereich gehört, ebensowenig, dass diese die Maßnahme, der ihre Hilfe letztlich dient (zB Erlass eines bestimmten VA), auch selbst vornehmen könnte. Es genügt für die Zulässigkeit der Amtshilfe, dass die erbetene Handlung mit den der ersuchten Behörde im Rahmen ihrer allgemeinen örtlichen und sachlichen Zuständigkeit zur Verfügung stehenden Möglichkeiten und Befugnissen erfüllt werden kann und die ersuchte Behörde die entsprechende Maßnahme auch dann treffen könnte, wenn sie zur Durchführung eigener Aufgaben erforderlich wäre (FL 17 mwN; Meyer-Teschendorf ZBR 1979, 265), zB die erbetene zwangsweise Vorführung einer Person, die Verwertung bestimmter bei der Behörde vorhandener Kenntnisse usw. Soweit die erbetene Handlung der ersuchten Behörde als eigene Aufgabe obläge, dh sie dazu bereits kraft besonderer Rechtsvorschriften verpflichtet wäre, würde es sich nach § 4 Abs 2 Nr 2 schon begrifflich nicht um Amtshilfe handeln, denn Amtshilfe kann nur die ergänzende Hilfe zur Erfüllung einer der ersuchenden Behörde obliegenden Aufgabe sein (s § 4 Rn 12).

---

[2] VGH Mannheim NVwZ-RR 1990, 337; StBS 14; Knack 20; UL § 11 Rn 29; **aA** Bull DÖV 1979, 689; Schlink 255.

[3] Berlin NJW 1978, 1648; Schneider NJW 1978, 1602 – jedoch mit im behandelten Fall nicht zutreffenden Schlußfolgerungen –; Meyer-Teschendorf ZBR 1979, 264.

[4] BVerwG NVwZ 1986, 467; Berlin NJW 1978, 1648; VG Bremen NJW 1978, 1601; VG Köln DVBl 1980, 385; StBS 14; Dreher 105ff; Knack 20; Meyer-Teschendorf ZBR 1979, 264; Schneider NJW 1978, 1603.

[5] BVerwGE 50, 310; MDH 9 zu Art 35 GG; Dreher 116ff; Schneider NJW 1978, 1602; Knack 23; Steinle DVBl 1980, 435 zur Zulässigkeit von Auskünften; Eilers/Roeder wistra 1987, 92.

[6] Vgl Tuner DSWR 1980, 67; Leuze DVBl 1982, 994; „Grundsatz der geteilten Verantwortlichkeit"; **aA** Tubies DuD 1979, 76: nur die ersuchte Behörde.

bb) Unzulässige Handlungen gegenüber Dritten. Soweit aufgrund des Amtshilfeersuchens Handlungen gegenüber Dritten, zB die Vernehmung von Zeugen, erforderlich oder zweckmäßig sind, gelten für diese die allgemeinen Erfordernisse, bei Eingriffen insb auch das Erfordernis einer gesetzlichen Ermächtigung. Die **Amtshilfe ist keine Rechtsgrundlage** für Eingriffe in geschützte Rechtspositionen des Bürgers (Schlink NVwZ 1986, 254 mwN). Umstritten ist, ob auch im Verhältnis zwischen der ersuchenden Behörde und der ersuchten Behörde die gleichen Erfordernisse gelten wie sonst im Außenverhältnis, zB, ob die Übermittlung personenbezogener Daten an die ersuchende Stelle als Maßnahme mit Eingriffscharakter zu betrachten ist und deshalb einer besonderen gesetzlichen Grundlage bedarf, oder ob insoweit die §§ 4 ff VwVfG und Art 35 GG genügen.[7] Die Frage kann nicht allgemein beantwortet werden, insb auch nicht dahin, dass das Innenverhältnis der Verwaltung schlechthin dem Außenverhältnis gleichgestellt wird. Maßgebend können insoweit nur die letztlich betroffenen Rechte, insb Grundrechte, und die bestehenden gesetzlichen Regelungen sein. Soweit danach schon die Erhebung, Speicherung und Verarbeitung von Informationen verboten oder beschränkt ist, gilt dies im Zweifel notwendig auch für die Weitergabe im Rahmen der Amtshilfe (vgl BVerfG 65, 43 – Volkszählungsurteil; NJW 1984, 1636; MK 8 III 2 e mwN). Darf zB eine Behörde, wie das Bundeskriminalamt und die Verfassungsschutzämter, Erkenntnisse nur für bestimmte Zwecke sammeln, aufbewahren und weitergeben oder nur an bestimmte Stellen weitergeben, so gilt dies auch für die erbetene Amtshilfe; dh, sie muss Ersuchen anderer Behörden oder für andere Zwecke ablehnen (vgl OVG Berlin NJW 1978, 1645; Benda, in: Geiger-FS 1974, 38; Bull DÖV 1979, 691; Jura 1987, 297; Schneider NJW 1978, 1602; Gusy DÖV 1980, 435). 18

cc) Weitergabe von personenbezogenen Daten. Bei der Weitergabe von personenbezogener Daten, ist der Vorrang spezialgesetzlicher Regelungen von besonderer Bedeutung. Derartige Regelungen wurden nach dem Volkszählungsurteil (BVerfG 65, 43) in Bund und Ländern in großer Zahl erlassen, um einen Umgang mit derartigen Daten sicherzustellen, der mit den Anforderungen des Rechts auf informationelle Selbstbestimmung vereinbar ist. Soweit diese Regelungen die Weitergabe von Informationen als eigene Aufgabe einer Behörde ausgestalten, liegt keine Amtshilfe iSd § 4 vor; deshalb ist insoweit auch § 5 nicht anwendbar. Soweit diese Vorschriften aber nur bestimmte Beschränkungen für die Weitergabe von Informationen enthalten, handelt es sich idR um Regelungen iSd Abs 2 S 2, die den allgemeinen Grundsätzen der Amtshilfe vorgehen (s unten Rn 24). 19

Die Weitergabe von Informationen (Informationshilfe) ist zB im BDSG (hier vor allem § 15) auf Bundesebene außerdem in den Bestimmungen des BVerfSchG, des MADG, des BNDG und des BZRG geregelt. Ferner enthalten eine ganze Reihe von Gesetzen des besonderen Verwaltungsrechts bereichsspezifische Regelungen, so zB das Beamtenrecht, das Gewerberecht, das Gesundheitsrecht usw. Auf Länderebene sind ebenfalls eine Fülle von speziellen Regelungen geschaffen worden, die sich zT in den Polizeigesetzen, in den Meldegesetzen und in landesrechtlichen Datenschutzbestimmungen finden lassen. Sämtliche Spezialbestimmungen sind auch im Rahmen der Amtshilfe zu beachten, müssen sich ihrerseits aber an dem Grundrecht auf informationelle Selbstbestimmung und auch an der EU-Datenschutzrichtlinie Nr 95/46 (ABl 1995 Nr L 281/31) messen lassen. 20

Soweit keine speziellen gesetzlichen Vorgaben bestehen, bleibt das allgemeine Amtshilferecht maßgeblich, welches allerdings selbst keine Ermächtigungen zu weitergehenden Eingriffen in das Grundrecht auf informationelle Selbst- 21

---

[7] Für das Erfordernis einer besonderen gesetzlichen Grundlage Bull DVBl 1982, 19 f; Riegel Polizei 1981, 235; NJW 1983, 657, 660; DSWR 1982, 258; dagegen offenbar Barbey 25.

bestimmung enthält. Die Regelungen des § 5 haben im Verhältnis zum Bürger also nicht den Charakter von Befugnisnormen;[8] soweit aber die Übermittlung von Daten zulässig ist, kann sie auch im Wege der Amtshilfe erfolgen (vgl StBS 18; Krehl NJW 1995, 1072; Simitis NJW 1989, 21). Nicht grundsätzlich ausgeschlossen ist dagegen, soweit Rechtsvorschriften oder besondere Geheimhaltungsgründe oder -pflichten nicht entgegenstehen, die Weitergabe von Informationen, allein deshalb weil diese ursprünglich zu anderen Zwecken gesammelt wurden oder die nur „bei Gelegenheit" der Wahrnehmung eigener Aufgaben angefallen sind. Anders von persönlichkeitsbezogenen (iwS) Informationen und von Informationen, an denen berechtigte Geheimhaltungsinteressen bestehen oder bestehen können.[9]

22 **Unzulässig** ist **die Weitergabe von Informationen** ohne besondere gesetzliche Ermächtigung, wenn Erkenntnisse uä nur im Zusammenhang mit einer **streng zweckgebundenen** und nur im Hinblick auf einen bestimmten (anderen) Zweck zulässigen Maßnahme angefallen sind, zB im Zusammenhang mit einer gem § 100a StPO zulässigen Telefonabhörung;[10] ebenso, wenn Erkenntnisse durch rechtswidrige Maßnahmen oder im Zusammenhang mit solchen Maßnahmen erlangt wurden.[11] Um so mehr würde es sich nicht mehr um (zulässige) Amtshilfe auch dann handeln, wenn eine Behörde zur Erfüllung eines Amtshilfeersuchens Befugnisse erst einsetzen müßte, die ihr ausschließlich nur für bestimmte Zwecke eingeräumt sind, zB eine nicht durch § 100a StPO gedeckte Telefonüberwachung, eine von Organen des Verfassungsschutzes für die Anstellungsbehörde durchgeführte Personenüberprüfung (vgl Meyer-Teschendorf ZBR 1979, 266).

22 a **Unterliegen Behörden demselben Geheimhaltungsgebot,** so ist der Informationsaustausch im Zweifel zulässig. Dies gilt zB nach § 16 Abs 2, 3 und 5 BStatG oder § 30 Abs 4 Nr 1 AO (Bullinger NJW 1978, 2125; enger Schmidt ZRP 1979, 187; zT **aA** Schnapp NJW 1980, 2168). Zulässig ist ein Informationsaustausch außerdem grundsätzlich auch dann, **wenn die Betroffenen zustimmen** (Schnapp NJW 1980, 2168), es sei denn, dass die Zustimmung unter Verstoß gegen die Grundsätze eines fairen Verfahrens verlangt oder angenommen worden war und deshalb keine Grundlage für die Weitergabe der betroffenen Informationen bilden kann. Unzulässig ist die Weitergabe von Informationen im Wege der Amtshilfe bei Verstoß gegen allgemeine Rechtsgrundsätze. Hierzu gehören auch zB das in S 2 genannte Verbot der Offenbarung von Vorgängen, die ihrem Wesen nach geheimzuhalten sind, und das grundsätzliche Verbot einer Verwertung rechtswidrig erlangter Informationen (vgl Begr 39, wo diese Fälle jedoch zu Nr 2 gerechnet werden; MB 16; Knack 10; FL 22; Wilde BayVBl 1986, 230 Fn 9; vgl

---

[8] Vgl StBS 15; Krehl NJW 1995, 21; Wilde BayVBl 1986, 249; Riegel RiA 1984, 126; DVBl 1985, 769 mwN; vgl auch BVerfG 65, 46; zT **aA** BVerwGE 82, 60 = NJW 1989, 2961 Herausgabe von Patientenakten an den Rechnungshof.

[9] Vgl BVerfG 39, 357; OVG(VGH Mannheim NVwZ-RR 1990, 337; StBS 14; Knack 20; UL § 11 Rn 29; aA Bull DÖV 1979, 689; Schlink 255; OVG Berlin NJW 1978, 1648; Meyer-Teschendorf ZBR 1979, 266 zur Mitteilung vorhandener Erkenntnisse des Verfassungsschutzes an die Einstellungsbehörden auf deren Anforderung; wohl auch Münster DVBl 1987, 96). ZT **aA** Gusy DÖV 1980, 435; Bäumler DVBl 1987, 98: Unzulässigkeit der Weitergabe von Erkenntnissen des Verfassungsschutzes, die zu anderen Zwecken gesammelt worden waren; AG Wolfratshausen NJW 1994, 2775: Weitergabe von Informationen auch im Rahmen der Amtshilfe nur aufgrund einer gesetzlichen Ermächtigung; Schneider NJW 1978, 1602; Krehl NJW 1995, 1072.

[10] Str, vgl auch BVerfG 65, 54; BGHSt 26, 298; MDR 1978, 588; Wilde BayVBl 1986, 232; Heußner SGb 1984, 282; Geiger DSWR 1984, 44; Knauth NJW 1978, 741; insofern stehen einer Weitergabe meist Geheimhaltungspflichten entgegen, s unten Rn 24.

[11] Str, vgl § 136a Abs 3 S 2 StPO; differenzierend BGHSt MDR 1978, 588; Schneider NJW 1978, 1603; Gießler NJW 1977, 1180: dass ein Beweismittel in unzulässiger Weise erlangt wurde, begründet nicht notwendig seine Unverwertbarkeit.

§ 26 Rn 10f). Insoweit ist idR jedoch ein strenger Maßstab anzulegen. Insb ist immer auch der Grundsatz der Verhältnismäßigkeit zu berücksichtigen (Berlin NJW 1978, 1649).

b) Nachteile für das Wohl des Bundes oder eines Landes (Abs 2 S 1 Nr 2). Das Amtshilfeverbot in Nr 2 konkretisiert im Wesentlichen nur Nr 1 für die näher bezeichneten Fälle und stellt insb klar, dass in diesen Fällen die Hilfe auch bei Fehlen ausdrücklicher Rechtsvorschriften nicht geleistet werden darf. Der **Begriff des Nachteils** für das Wohl der Bundesrepublik bzw eines Landes entspricht dem Begriff in § 96 StPO (WBS II 5. Aufl § 77 IV b) und in §§ 29 Abs 2, 84 Abs 3. Die Prozessordnungen verwenden den Begriff in gleicher Weise (vgl § 99 VwGO, § 119 SGG und § 86 Abs 2 FGO). Nachteile für das Wohl des Bundes oder eines Landes sind idR nur bei Beeinträchtigung oder Gefährdung der äußeren oder inneren Sicherheit des Bundes oder eines Landes oder einer erheblichen Störung der öffentlichen Sicherheit (vgl auch Kopp/Schenke § 99 Rn 7) einschließlich der Funktionsfähigkeit wichtiger staatlicher Einrichtungen, auch zB des Verfassungsschutzes, anzunehmen (vgl BVerwGE 66, 45; 75, 14; allg auch BVerfG 34, 252; 57, 250). Ob die Voraussetzungen gegeben sind, ist in tatsächlicher und rechtlicher Hinsicht **gerichtlich voll überprüfbar;** die Behörde hat insoweit keinen Beurteilungsspielraum (vgl VGH München BayVBl 1978, 86; NVwZ 1990, 779). Fiskalische Nachteile sind insoweit nur dann erheblich, wenn dadurch die Funktionsfähigkeit des Staatsapparates oder wichtige Leistungen des Staates in Frage gestellt werden (StBS 26; **aA** Knack 21: Erheblicher fiskalischer Nachteil reicht aus.). Die (bloße) Möglichkeit eines Nachteiles genügt nicht, andererseits kann aber auch die hinreichende Wahrscheinlichkeit eines Nachteils selbst schon ausreichen. Es muss sich, wie sich aus dem Zweck der Regelung ergibt, stets um Nachteile von einigem Gewicht handeln, die gerade durch die Leistung der erbetenen Amtshilfe gefährdet würden, etwa weil nicht hinreichend gesichert erscheint, dass Informationen nicht in falsche Hände gelangen (vgl BVerwGE 75, 1, 14; BVerfG 57, 250). 23

c) Besondere Geheimhaltungspflichten (Abs 2 S 2). Die Regelung des Abs 2 S 2 ergänzt das Amtshilfeverbot in Abs 2 S 1 Nr 1 und hebt die besonderen Geheimhaltungspflichten dadurch hervor. Zur Bedeutung des Abs 2 S 1 Nr 1 für die Informationshilfe s Rn 19. 24

aa) Beispiele. Im Rahmen der Amtshilfe beachtliche Geheimhaltungspflichten sind in zahlreichen Gesetzen vorgesehen, so zB im Steuer- und Abgabenrecht das **Steuergeheimnis** (§ 30 AO), in Art 10 GG und (§§ 39ff PostG) das **Post- und Fernmeldegeheimnis,** im ärztlichen Berufsrecht und in § 203 Abs 1 Nr 1 StGB das **Arztgeheimnis,**[12] in eingeschränktem Umfang auch das **Bankgeheimnis** (§ 30a AO) und das **Sozialgeheimnis** (§ 35 SGB I; §§ 68ff SGB X). **Geheimhaltungspflichten gem § 30 VwVfG,** die grundsätzlich auch bei der Amtshilfe zu beachten sind, sind auch die Pflichten nach entspr Vorschriften der Ländergesetze[13] und nach dem **Datenschutzrecht** gem §§ 10ff BDSG,[14] allerdings mit Einschränkungen für die nicht automatisierten Daten, zB für den Inhalt von Akten (München BayVBl 1987, 119). Weitere Beispiele bei Wilde BayVBl 1986, 230. Insoweit sind jedoch auch die in den gesetzlichen Bestimmungen vorgesehenen Ausnahmen (insb bestimmten Behörden gegenüber) zu berücksichti- 24 a

---

[12] Vgl; Rode/Schnapp ZfS 1971, 100, zugleich unter Hinweis auf vorgesehene Ausnahmen, zB gem § 117 BSHG; BVerwGE 82, 60 = NJW 1989, 2961 zur Vorlage von Patientenakten an den Rechnungshof.

[13] Schleswig DVBl 1994, 1316; StBS § 30 Rn 19; str, s Wilde BayVBl 1986, 230 mwN; **aA** Bullinger NJW 1978, 2126; Meyer-Teschendorf ZBR 1979, 266; Knack 23, 26.

[14] Vgl MB 11; FL 24; UL § 11 Rn 15; StBS 19; Meyer-Teschendorf ZBR 1979, 266; Papier NJW 1985, 12; **aA** MB 15 zu § 30; Knack 27ff; StBS § 30 Rn 8.

gen.[15] Vgl zB § 35 Abs 2 SGB: unbeschränkte Amtshilfe, soweit die ersuchende Stelle zur Erfüllung ihrer Aufgaben die geheimzuhaltenden Tatsachen kennen muss; ähnlich § 31 AO. Nicht erforderlich ist, dass die Verpflichtung durch förmliches Gesetz begründet ist; auch VOen aufgrund von Gesetzen genügen, nicht dagegen lediglich verwaltungsinterne Richtlinien usw (hier kommen aber uU Geheimhaltungspflichten aus der Natur der Sache in Betracht).

25 **bb) Allgemeines. Begrenzungen der Aufgabenstellung** oder der Befugnisse einer Behörde, sind im Zweifel nicht als Verbote der Weitergabe von nicht spezifisch aufgabenbezogenen Informationen zu verstehen. So ist zB aus § 3 Abs 2 BVerfSchG kein allgemeines Auskunftverbot gegenüber anderen Behörden abzuleiten (Meyer-Teschendorf ZBR 1979, 266; **aA** VG Kassel NJW 1977, 692 m krit Anm Borgs- Maciejewski NJW 1977, 969). Die Vorschriften des Beamtenrechts über die **Amtsverschwiegenheit,** zB § 61 BBG begründen keine gesetzlichen Geheimhaltungsverpflichtungen im Verhältnis zu anderen Behörden, die um Auskünfte im Rahmen der Amtshilfe ersuchen, anders im Verhältnis zu Dritten, insb zur Öffentlichkeit und zu interessierten Bürgern.[16]

26 **cc) Allgemeine Geheimhaltungspflichten. Ihrem Wesen nach geheim** zu halten sind, soweit bereichsspezifische Gesetze nicht ausdrücklich Ausnahmen vorsehen oder zulassen oder überwiegende Gründe nach dem Grundsatz der Güterabwägung die Weitergabe der Information erfordern oder rechtfertigen,[17] vor allem Vorgänge, die unter den Schutz der **Persönlichkeits- und Intimsphäre fallen;**[18] schutzwürdige **Geschäfts- und Betriebsgeheimnisse;**[19] **nachrichtendienstliche Feststellungen** und Ermittlungsergebnisse der Ämter für Verfassungsschutz, sofern ihr Inhalt Rückschlüsse auf die Organisation, Arbeitsweise usw des Verfassungsschutzes zulässt oder ihre Kenntnis sonst die Funktionsfähigkeit des Verfassungsschutzes gefährden könnte;[20] unter bestimmten Voraussetzungen auch, wenn bei Weitergabe nicht hinreichend gewährleistet werden kann, dass sie vertraulich bleiben, vertrauliche Auskünfte;[21] besonderen Geheimhaltungsvorschriften unterworfene Akten usw (sog **Verschlusssachen;** vgl vdGK 4.1.2) im Verhältnis zu Behörden, die nicht denselben Geheimhaltungspflichten unterworfen sind. Ob Unterlagen oder Vorgänge ihrem Wesen nach geheim sind, ist in tatsächlicher und rechtlicher Hinsicht **gerichtlich voll überprüfbar;** die Behörde hat insoweit keinen Beurteilungsspielraum (vgl VGH München NVwZ 1990, 779). Ein Weigerungsrecht ist nur dann anzunehmen, wenn es zum Schutz wichtiger Gemeinschaftsgüter oder Rechtsgüter Einzelner (vgl BVerwGE 19, 186), insb von Geheimnissen, deren Schutzwürdigkeit bereits durch vergleichbare gesetzliche

---

[15] BGHZ 34, 186; F 104; Knack 23; FL 27 ff; Schneider NJW 1978, 1602; vdGK 4.1.1 mwN; Düwel, Das Amtsgeheimnis 92 ff.

[16] Begr 39; StBS 31; Knack 23; Schmidt, in: Boorberg-FS 1977, 149; FL 26; ebenso schon zum früheren Recht BGHZ 34, 184; Düwel 90 ff; Dreher 101; F 104.

[17] Riegel DVBl 1985, 769 unter Hinweis auf BVerfG 65, 46; OLG Celle NJW 1990, 1802; Knemeyer NJW 1984, 2245; Breuer NVwZ 1986, 176; Knack 24.

[18] BVerfG 65, 45; Wilde BayVBl 1986, 231: jede personenbezogene Information iS von § 2 Abs 1 BDSG; Meyer-Teschendorf ZBR 1979, 266; VGH München BayVBl 1978, 870; Harthum SGb 1977, 181; Riegel DVBl 1985, 769 mwN; Dörner NZA 1989, 950; vgl auch BVerwGE 50, 264 = DÖV 1976, 174: „Gebot der Achtung des dem Bürger vom GG gewährten unantastbaren Bereichs privater Lebensgestaltung"; zT **aA** zur Herausgabe von Patientenakten an den Rechnungshof BVerwGE 82, 60.

[19] Düwel 97; Taeger, Offenbarung von Betriebs- und Geschäftsgeheimnissen, 1988; MB 8 zu § 30; vgl auch VGH München BayVBl 1978, 870; Stadler NJW 1989, 1202.

[20] Vgl BVerwGE 49, 89; 50, 264; VGH Kassel NJW 1977, 1844; kritisch Scherer NJW 1978, 238; ähnlich Schneider NJW 1978, 1605.

[21] Begr 39; OVG Koblenz NJW 1977, 266 zur vertraulichen Auskunft der Handelskammer über einen Bewerber um das Amt eines öffentlich bestellten Sachverständigen; vgl auch Schneider NJW 1978, 1605.

Regelungen (zB Steuergeheimnis) anerkannt wurde (VGH München BayVBl 1978, 86), erforderlich ist. Die Beurteilung erfordert im Einzelfall eine **Interessen- und Güterabwägung** zwischen den für die Geheimhaltung und den für die Amtshilfe sprechenden Gesichtspunkten (vgl VGH München NVwZ 1990, 778).

In allen Fällen ist außerdem sicherzustellen, **dass die Unterlagen im Behördenbereich verbleiben** und damit ihre Vertraulichkeit durch die Verpflichtung der Amtsträger zur Amtsverschwiegenheit idR hinreichend gesichert ist. Daher sind Bestimmungen über Geheimhaltungspflichten, die primär für das Verhältnis zur Öffentlichkeit und zu interessierten Bürgern gelten, grundsätzlich nicht auf das Verhältnis zwischen Behörden, die zur Erfüllung ihrer Aufgaben auf Informationen angewiesen sind, übertragbar. In Grenzfällen muss eine **Interessen- und Güterabwägung** stattfinden (BVerfG 27, 352; BVerwG 38, 339; BGHZ 34, 184; Knack 25; FL 30, 31; Knemeyer NJW 1984, 2245; Breuer NVwZ 1986, 176). Nicht als ihrem Wesen nach geheim anzusehen sind heute grundsätzlich im Verhältnis der Behörden zueinander, sofern nicht gesetzlich etwas anderes bestimmt ist bzw besondere Weitergabeverbote bestehen, personenbezogene Individualinformationen, die nicht die Persönlichkeits- und Intimsphäre im engeren Sinn betreffen;[22] Prüfungsakten, einschließlich der Voraufzeichnungen, Notizen usw der Prüfer;[23] ebenso zB nicht die Akten über die Verträge der Krankenhausträger mit den leitenden Ärzten der Krankenanstalten (VGH München BayVBl 1978, 86); Personalakten (iS des Beamtenrechts), sofern ein überwiegendes öffentliches Interesse oder Interesse Dritter ihre Zuziehung zum Verfahren erfordert;[24] anders idR Krankengeschichten (vgl OVG Münster DVBl 1974, 382). 27

IV. Möglichkeit der Verweigerung der Amtshilfeleistung (Abs 3)

1. Allgemeines, Verfahren, Ermessen. Abs 3 gibt der ersuchten Behörde unter den näher bezeichneten Fällen das Recht, eine Amtshilfe zu verweigern. Der Regelung liegt der Gedanke zugrunde, dass es in diesen Fällen sachlich, insb auch unter den Gesichtspunkten der Einfachheit und Zweckmäßigkeit des Verwaltungshandelns und der Sparsamkeit, nicht vertretbar wäre, eine Behörde zur Leistung der Amtshilfe zu zwingen. Abs 3 zählt die Gründe auf, aus denen die ersuchte Behörde ein Amtshilfeersuchen im Ermessenswege ablehnen kann. Die Aufzählung ist, abgesehen von Fällen einer offensichtlich missbräuchlichen Inanspruchnahme (Knack 18, 34), **abschließend** (VGH Mannheim NVwZ-RR 1990, 337; StBS 14 und 31; FL 14 und 32; UL § 11 Rn 28; Obermayer 24; **aA** Schmidt, in: Boorberg-FS 1977, 148). Die Amtshilfe kann insb – wie sich aus Abs 4 ergibt – auch nicht deshalb verweigert werden, weil die ersuchte Behörde die Voraussetzungen für das Amtshilfeersuchen nach Abs 1 nicht für gegeben und das Ersuchen deshalb für rechtswidrig hält (VGH Mannheim NVwZ-RR 1990, 337; UL § 11 Rn 29; aA MB 7; Bull DÖV 1979, 689) oder die mit der Amtshilfe zu verwirklichende Maßnahme für unzweckmäßig (StBS 14). Durch Abs 4 soll eine Erörterung dieser Fragen zwischen den beteiligten Behörden – auch in Verfahren nach Abs 5 – ausgeschlossen werden. Über den an sich abschließenden Katalog des Abs 3 hinaus ist ein Weigerungsrecht der ersuchten Behärde für den Fall der **of-** 28

---

[22] Schachtschneider, Ermittlungstätigkeit der Ämter für Verfassungsschutz und Grundrechte, 1979, 180 ff; Meyer-Teschendorf ZBR 1979, 266; zT **aA** Podlech, Datenschutz im Bereich der öffentlichen Verwaltung, DVR Beiheft 1, 1973, 57; Schwan VerwArch 1975, 132.

[23] FL 31; ebenso zum Prozeßrecht VGH München DÖV 1978, 336; BayVBl 1986, 151; OVG Lüneburg NJW 1973, 638; **aA** noch BVerwGE 18, 352; 19, 130; auch VGH München DÖV 1978, 336 ohne abschließende Stellungnahme.

[24] FL 31; vgl BVerwGE 49, 93; 50, 310; BVerwG DÖV 1977, 134; VGH München BayVBl 1978, 87; OLG Hamm NJW 1971, 469; Schwandt ZBR 1972, 372.

fensichtlichen Rechtswidrigkeit der Maßnahme anzunehmen, der die Amtshilfe dienen soll (StBS 14; FL 18; enger – nur bei Strafbarkeit UL § 11 Rn 29; Dreher 126; Kähler 82).

29 **Ablehnungsrecht.** Während es in den in Abs 2 genannten Fällen der Behörde schlechthin verboten ist, die Amtshilfe zu leisten, sieht Abs 3 nur ein Ablehnungsrecht vor. Die Entscheidung, die nach hM idR keine VAQualität hat (StBS 40; UL § 11 Rn 35) steht insoweit im (pflichtgemäßen) **Ermessen** (§ 40) der ersuchten Behörde (FL 32; **aA** offenbar Schmidt, in: Boorberg-FS 1977, 148). Es sind jedoch Fälle denkbar, in denen jede andere Entscheidung als die Gewährung der Amtshilfe ermessensfehlerhaft wäre (Ermessensreduktion auf Null, s § 40 Rn 30) und die ersuchte Behörde deshalb die Hilfe leisten muss. In jedem Fall ist eine Entscheidung der ersuchten Behörde gem Abs 3 auch dann rechtswidrig, wenn sie ermessensfehlerhaft ist (FL 32). Abs 3 gilt aber nur im Verhältnis der Behörden zueinander, nicht auch im Verhältnis zum Bürger (vgl Benda, in: Geiger-FS 1974, 38; Bull Jura 1987, 297).

30 **2. Ablehnungsgründe. a) Bessere Eignung einer anderen Behörde (Abs 3 Nr 1).** Die bessere Eignung einer anderen Behörde muss konkret gegeben sein; sie kann uU zB angesichts augenblicklich ungenügender Personalausstattung oder aus ähnlichen Gründen zu verneinen sein (ebenso FL 33). **Andere Behörde,** auf die die ersuchte Behörde verweisen kann, kann nicht auch die ersuchende Behörde selbst sein (UL § 11 Rn 28; MB 13; FL 34; StBS 34). Dies folgt insb auch daraus, dass die ersuchte Behörde sonst gegen die Leistung der erbetenen Amtshilfe einwenden könnte, die Voraussetzungen nach Abs 1 Nr 5 seien nicht gegeben. Gerade diesen Einwand aber sollte Abs 4 ausschließen (Knack 33).

31 **b) Unverhältnismäßiger Aufwand (Abs 3 Nr 2).** Die Amtshilfe kann nach Abs 3 Nr 2 abgelehnt werden, wenn die Hilfe nur mit unverhältnismäßig großem Aufwand geleistet werden könnte. Fraglich ist der Maßstab für die Prüfung der Verhältnismäßigkeit. Als unverhältnismäßig groß wird der Aufwand dann angesehen, wenn er im **Verhältnis zu dem Aufwand für die Erledigung eigener Aufgaben** der ersuchten Behörde in einem erheblichen Mißverhältnis steht (Begr 40; Knack 34; FL 35; StBS 35). Demgegenüber wird die Verhältnismäßigkeit auch im Hinblick auf den angestrebten Erfolg beurteilt werden müssen (zum früheren Recht MDH 6 zu Art 35 GG; Dreher 105 ff; **aA** Begr 40; Knack 34; FL 35; StBS 35). Es darf deshalb auch zwischen Aufwand der Amtshilfe und Bedeutung der Endentscheidung, die mit der Amtshandlung vorbereitet oder durchgesetzt werden soll, kein offensichtliches Mißverhältnis bestehen. Dieses Verständnis des Abs 3 Nr erscheint aufgrund des allgemeinen Grundsatzes der Verhältnismäßigkeit geboten, es wird durch Abs 4 nicht ausgeschlossen. Im übrigen würde dem Ersuchen bei einem Mißverhältnis von Aufwand und in der Sache, für die die Amtshilfe erbeten wird, erreichbarem Erfolg idR den Einwand eines Rechtsmissbrauchs entgegengehalten werden können (so zB Knack 34). Die Frage der Unverhältnismäßigkeit des Aufwands kann sich ohnehin nur bei Maßnahmen stellen, die in das Ermessen der ersuchenden Behörde gestellt sind; der zur Erfüllung gesetzlicher Verpflichtungen notwendige Aufwand ist allenfalls dann als unverhältnismäßig anzusehen, wenn andere Möglichkeiten gegeben sind.

32 Als **Aufwand iS von Nr 2** ist nicht nur der der ersuchten Behörde entstehende finanzielle Aufwand zu verstehen, sondern auch der durch die erbetene Handlung verursachte Aufwand an Personal- und Sachmitteln. Der finanzielle Aufwand kann ohnehin nur insoweit eine Rolle spielen, als die ersuchte Behörde nach § 8 von der ersuchenden Behörde keinen Ersatz verlangen kann. Unverhältnismäßigkeit wird idR anzunehmen sein, wenn der ersuchten Behörde für die Erfüllung des Ersuchens das erforderliche Personal oder die sächlichen Einrichtungen fehlen (**aA** StBS 35 unter Hinweis darauf, dass keine Pflicht zur Beschaffung von Personal und Sachmitteln besteht).

c) Gefährdung der Erfüllung eigener Aufgaben (Nr 3). Eine ernstliche Gefährdung eigener Aufgaben iS von Nr 3 ist dann gegeben, wenn die Erfüllung des Amtshilfeersuchens die ersuchte Behörde im Hinblick auf ihre personelle und sachliche Ausstattung so erheblich belasten würde, dass wichtige und dringliche eigene Aufgaben nicht nur in geringem Ausmaß und nicht nur kurzfristig zurückgestellt werden müßten, zB bei Durchführung umfangreicher statistischer Erhebungen für die ersuchende Behörde (FL 36), oder überhaupt unerledigt bleiben müßten. Der Begriff ist zT ähnlich dem Begriff der Beeinträchtigung der Erfüllung der Aufgaben der Behörde in § 29 Abs 2; s dazu auch § 29 Rn 29. Bei der Beurteilung sind in gewissem Umfang auch die Bedeutung und Dringlichkeit der Aufgaben zu berücksichtigen, denen die Amtshilfe dienen soll (Begr 40; FL 36; MDH 6 zu Art 35 GG; Dreher 46, 115 ff; zT **aA** vdGK 4.2.2), nicht dagegen der zu erwartende Aufwand (dem nur im Rahmen von Nr 2 Bedeutung zukommt). Sachlich oder zeitlich begrenzte Erschwerungen oder Verzögerungen sind, zumindest wenn davon nicht wichtige und dringliche eigene Aufgaben betroffen sind, grundsätzlich in Kauf zu nehmen (Begr 40; FL 36; vdGK 4.2.3). 33

Ist die Überlastung die Folge einer **Häufung von Amtshilfeersuchen verschiedener Behörden,** so ist der Einwand aus Nr 3 grundsätzlich nur der Behörde gegenüber gegeben, deren Ersuchen zur Überschreitung der Grenze führt (Knack 35; Obermayer 65); die ersuchte Behörde muss bei ihrer Entscheidung jedoch ggf **auch die Dringlichkeit** und die Bedeutung der einzelnen Ersuchen **berücksichtigen** und je nach dem uU auch ein späteres Ersuchen vor einem früheren erfüllen. 33 a

V. Grenzen der Ablehnungsbefugnis (Abs 4)

1. Allgemeines. Abs 4 stellt klar, dass die Aufzählung der Weigerungsgründe in Abs 3 **abschließend** ist und dass andere Gründe, insb auch die Unzweckmäßigkeit der Maßnahme, der die Amtshilfe dienen soll,[25] grundsätzlich nicht zur Verweigerung der Amtshilfe berechtigen. Weigerungsgründe sind außerdem zwingend die **Amtshilfeverbote** nach Abs 2. Immer berufen kann sich die ersuchte Behörde dagegen darauf, dass es sich bei der erbetenen Hilfe nicht um Amtshilfe iS von § 4 bzw Art 35 GG handelt oder dass das Ersuchen rechtsmissbräuchlich ist (s unten Rn 36). 34

In den Fällen des Abs 3 steht es zwar im Ermessen der ersuchten Behörde, ob sie die Amtshilfe leisten will, sie muss aber auch in diesen Fällen die Amtshilfe leisten oder verweigern, wenn jede andere Entscheidung ermessensfehlerhaft wäre **(Ermessensreduktion auf Null).** Durch Abs 4 wird insb grundsätzlich (Ausnahmen s unten 36 f) auch der Einwand ausgeschlossen, dass die Voraussetzungen für das Amtshilfeverlangen nach Abs 1 nicht gegeben sind (zT **aA** vdGK 4; zu Art 35 GG auch MD Art 35 Rn 6), dass die erbetene Hilfe für die Maßnahme der ersuchenden Behörde, zu der sie erbeten wird, nicht erforderlich ist (FL 11 mwN; Meyer-Teschendorf ZBR 1979, 267) oder dazu nichts beitragen kann, etwa, weil die erbetene Information ungeeignet oder dafür jedenfalls nicht relevant ist (Goebel NJW 1979, 121; Meyer-Teschendorf ZBR 1979, 267). Entsprechendes gilt grundsätzlich auch für die Frage, ob die von der Behörde, die um Amtshilfe ersucht, beabsichtigte Maßnahme rechtlich zulässig ist.[26] Kein Weigerungsgrund ist auch die Verletzung von § 6. 35

2. Rechtsmissbräuchliches Ersuchen. Eine Ausnahme von der Pflicht zur Amtshilfe gilt nach allgemeinen Rechtsgrundsätzen dann, wenn das Amtshilfeersu- 36

---

[25] Ebenso UL § 11 Rn 28 unter Hinweis auch auf § 5 Abs 4; Knack 18; StBS 14 und 37; FL 11, 13, 32; **aA** Schmidt 148; MB 26, 28; vgl VGH Mannheim NVwZ-RR 1990, 337.

[26] Knack 20; Dreher 121; FL 18; vdGK 4.1.1; **aA** MB 7 zu § 7; zur Vollstreckungshilfe zur Durchsetzung eines nichtigen VA auch FL 18 und Dreher 123.

chen offensichtlich rechtsmissbräuchlich ist,[27] zB nicht dem vorgeschützten legitimen Zweck, sondern offensichtlich einer rechtswidrigen oder lediglich fiskalischen Maßnahme dient; wenn es zu **Umgehung von gesetzlichen Regelungen** gestellt wird (vgl FL 12; Dreher 120 zu einer Auskunft, auf die nach Art 84f GG keinen Anspruch besteht); wenn die Hilfeleistung sich als „Beihilfe" zu einer offensichtlich rechtswidrigen Maßnahme darstellen würde (Dreher 122; vdGK 4.1.1); wenn die ersuchende Behörde sich trotz Aufforderung weigert, die für die Beurteilung der Frage etwaiger Weigerungs- oder Verbotsgründe gem § 5 Abs 3 und 4 erforderliche Auskunft zu geben.

37 **3. Erforderlichkeit; Beschränkung des Datenmaterials.** Soweit ein Amtshilfeersuchen nur generell auf die Übersendung von Akten oder die Übermittlung von Informationen zu einer bestimmten Frage gerichtet ist, darf die ersuchte Behörde offensichtlich nicht relevantes Material von der Übersendung bzw Mitteilung ausnehmen (Kriele NJW 1979, 5; Teschendorf ZBR 1979, 268); anders, wenn die Möglichkeit nicht auszuschließen ist, dass das Material relevant ist (Meyer-Teschendorf ZBR 1979, 268). Die Beschränkung der zur Verfügung zu stellenden Daten auf das erforderliche Maß gilt, wenn es um Eingriffe in das Grundrecht der informationellen Selbstbestimmung geht, grundsätzlich auch dann, wenn dies für die ersuchte Behörde mit zusätzlichem Aufwand verbunden ist.

VI. Entscheidung in Streitfällen (Abs 5)

38 **1. Entscheidung der Aufsichtsbehörde.** Abs 5 regelt das Verfahren für die Beteiligung von Meinungsverschiedenheiten zwischen ersuchender und ersuchter Behörde über die Amtshilfeleistungen. Die Vorschrift für den Fall, dass zwischen den beteiligten Behörden Meinungsverschiedenheiten über die Verpflichtung zur Amtshilfe entstehen, die auf andere Weise nicht behoben werden können, die Möglichkeit der Anrufung der beiden beteiligten Behörden gemeinsam übergeordneten fachlich zuständigen Aufsichtsbehörde bzw der für die ersuchte Behörde fachlich zuständigen Aufsichtsbehörde vor. Der **Begriff der fachlich zuständigen Aufsichtsbehörde** ist nicht identisch mit dem Begriff der Fachaufsichtsbehörde (zB im Bereich der mittelbaren Staatsverwaltung), sondern bezeichnet wie in § 3 Abs 2 die nach dem Geschäftsbereich, in den die Sache fällt, übergeordnete Behörde, im Bereich der mittelbaren Staatsverwaltung je nach den insoweit maßgeblichen Rechtsvorschriften idR die Rechtsaufsichtsbehörde (vgl VG Minden NVwZ 1989, 90; Obermayer 53; Knack 37). Sofern die ersuchte Behörde selbst oberste Aufsichtsbehörde ist, ist ihre Entscheidung maßgeblich (ebenso FL 40).

39 Die Vorschrift gilt unabhängig davon, ob es sich um Behörden desselben Rechtsträgers oder um Behörden verschiedener Rechtsträger handelt, auch im Verhältnis von Bundes- und Landesbehörden, soweit sie unter das VwVfG bzw ein entsprechendes Landesgesetz fallen. Als Ausdruck allgemeiner Rechtsgrundsätze der Fachaufsicht ist Abs 5 grundsätzlich aber auch in sonstigen Fällen anwendbar. Die Aufsichtsbehörde ist bei ihrer Entscheidung nach Abs 5 S 2 an die Regelung der Abs 1–4 gebunden.[28] Sie trifft die **Entscheidung nur dann durch VA,** wenn die ersuchende Behörde und die ersuchte Behörde verschiedenen Rechtsträgern angehören oder ihnen sonst nach dem dafür maßgeblichen Organisations-

---

[27] Ebenso zum bish Recht F 103f; offen VGH Mannheim NVwZ-RR 1990, 337 für den Fall, dass der erbetenen Maßnahme „der Rechtsmangel gleichsam auf die Stirn geschrieben ist".

[28] Ebenso FL 41; zT **aA** für den Fall, dass die nach Abs 5 S 2 zuständige Aufsichtsbehörde zugleich allgemeine Aufsichtsbehörde über die ersuchte Behörde ist, Knack 38; Schmidt, in: Boorberg-FS 1977, 151.

recht (vgl zB Art 109 Abs 2 S 2 BayGO, dazu BVerwG NJW 1978, 1827) im Verhältnis zueinander oder zur Aufsichtsbehörde ausnahmsweise eine **rechtlich geschützte Rechtsposition** zukommt, idR verwaltungsinterne, nicht als VA zu qualifizierende Weisung (FL 44; BR 7; Knack 39).

Die **Befugnis der Aufsichtsbehörde** zur Entscheidung in Streitfällen ergibt sich, wenn ausdrückliche Rechtsvorschriften darüber fehlen, im Verhältnis zu nachgeordneten Behörden aus dem allgemeinen Organisationsrecht der Behörden. Wenn die beteiligten Behörden verschiedenen selbständigen Rechtsträgern (zB verschiedenen Gemeinden) angehörden, ist die entsprechende Befugnis, wenn sie nicht ausdrücklich durch Rechtssatz vorgesehen ist, idR nur nach Maßgabe der Vorschriften über die **Rechtsaufsicht** anzunehmen; im einzelnen sind insoweit die bestehenden Rechtsvorschriften über das Verhältnis zwischen betroffener Behörde und Aufsichtsbehörde und über die Befugnisse der Aufsichtsbehörde maßgeblich. 40

2. Rechtsbehelfe. a) Möglichkeiten der beteiligten öffentlichen Rechtsträger. Im Verhältnis zwischen ersuchender Behörde und ersuchter Behörde bzw bei Verschiedenheit der Rechtsträger, zwischen den Rechtsträgern, denen diese Behörden angehören, ist **das Amtshilfeersuchen kein VA** (s Rn 39). Gleiches gilt, wie sich schon aus dem Wortlaut („teilt ... ihre Auffassung mit") ergibt, für die Mitteilung gem Abs 5 S 1.[29] Auch die **Ablehnung eines Amtshilfeersuchens ist idR kein VA;**[30] anders, wenn die ersuchte Behörde dem Rechtsträger, dem die ersuchende Behörde angehört, nach dem maßgeblichen Organisationsrecht übergeordnet ist. Die Regelung in § 5 selbst begründet kein solches Überordnungsverhältnis hins. der Entscheidung über die Gewährung der Amtshilfe durch die ersuchte Behörde. Die ersuchende Behörde, bzw der Rechtsträger, dem sie angehört kann daher bei Verschiedenheit der Rechtsträger den Anspruch auf Gewährung der Amtshilfe grundsätzlich **nur im Weg der allgemeinen Leistungsklage** geltend machen.[31] 41

Eine **Leistungsklage ist jedoch erst zulässig,** wenn **zuvor die Aufsichtsbehörde erfolglos** nach Abs 5 S 2 angerufen wurde (VG Minden NWVBl 1988, 385; StBS 42); für eine sofort erhobene Leistungsklage würde angesichts des in Abs 5 S 2 vorgesehenen einfacheren Verfahrens das Rechtsschutzbedürfnis fehlen (ähnlich im Ergebnis Schnapp/Friehe NJW 1982, 1428). Maßgeblich für den Rechtsweg und die sonstigen Voraussetzungen einer Klage ist bzgl der Gewährung (oder Ablehnung) der Amtshilfe das Recht der ersuchten Behörde (BVerwG NVwZ 1986, 467 = DVBl 1986, 1199). S zu Klagen Dritter auch § 7 Rn 11 f, zur Frage der Amtshaftung bei rechtswidriger Verweigerung der Amtshilfe FL 45 und Knack 41. 42

Gehören die beteiligten Behörden demselben Rechtsträger an, so ist eine Klage mangels eigener betroffener Rechte **grundsätzlich unzulässig.** Ausnahmsweise kommt eine allgemeine Leistungsklage in Betracht, wenn die für einen Organstreit erforderlichen besonderen Voraussetzungen erfüllt sind (vgl MB 26). Dies setzt voraus, dass die wehrfähige Organrechte berührt werden (Kopp/Schenke § 63 Rn 7 ff). Gehören die ersuchende Behörde und die ersuchte Behörde **verschiedenen Rechtsträgern** an oder kommt ihnen aus anderen Gründen nach dem Organisationsrecht im Verhältnis zueinander und/oder zu der zur 43

---

[29] So zutreffend Schnapp/Friehe NJW 1982, 1428 gegen die in der 2. Auflage vertretene Auffassung; ebenso BSG 18, 277; Söhn, in: HHSp 57 zu § 112 AO; UL § 11 Rn 32; Schmidt, in: Boorberg-FS 1977, 152; MB 35; Dreher 125; Obermayer 56; StBS 38; Knack 40; **aA** FL 43; BvR 7.

[30] BSG 18, 277; Schnapp/Friehe NJW 1982, 1428 mwN; UL § 11 Rn 35; StBS 41; Knack 40; Söhn, in: HHSp 57 zu § 112 AO; wohl auch MB 35; vgl ferner OLG Celle NJW 1990, 1802; **aA** FL 43 f; BvR 7.

[31] UL § 11 Rn 37; MB 21; Schmidt, in: Boorberg-FS 1977, 150; Schnapp/Friehe NJW 1982, 1428; Obermayer 57; StBS 42; Knack 40; MB 35.

Entscheidung nach Abs 5 S 2 berufenen Aufsichtsbehörde eine rechtlich geschützte Rechtsposition zu und ist deshalb die Entscheidung nach Abs 5 S 2 als VA zu klassifizieren, so stehen dem durch die Entscheidung in seinen Rechten betroffenen Rechtsträger dagegen die **Anfechtungsklage**[32] bzw, bei einer Ablehnung des Antrags, die **Verpflichtungsklage** (Söhn, in: HHSp 60 zu § 112 AO), ggf nach vorheriger Durchführung des Widerspruchsverfahrens zu. Bei Untätigkeit kommt § 75 VwGO zur Anwendung.

44 **b) Rechtsbehelfe der an der der Amtshilfe interessierten Bürger.** Dem an der Durchführung der Amtshilfe interessierten Bürger stehen grundsätzlich weder hins. der Stellung des Amtshilfeersuchens bzw der Stattgabe oder Ablehnung der Erfüllung noch auch hins. der Entscheidung gem Abs 5 Rechtsbehelfe zu (ebenso StBS 41). Er hat im Regelfall nur die allgemeinen **Rechtsschutzmöglichkeiten in der Hauptsache** und kann hier zB im Rahmen eines Rechtsmittels in der Hauptsache ungenügende Sachaufklärung als Folge der Verweigerung der Amtshilfe geltend machen (§ 97 Nr 2, § 44a VwGO). **Anders,** wenn eine als Amtshilfe erbetene Handlung der ersuchten Behörde **zugleich dem Bürger gegenüber einen VA** darstellt, zB die Weigerung, in einem Verfahren Urkunden, die als Beweismittel benötigt werden, vorzulegen, bestimmte Auskünfte zu erteilen usw, die Identität eines V-Mannes bekanntzugeben (vgl OLG Hamburg NJW 1982, 298), eine Aussagegenehmigung zu erteilen; ebenso wohl bei Amtshilfeersuchen gegenüber fremden Staaten (s § 4 Rn 13); hier stehen dem Bürger die normalen Rechtsbehelfe zur Verfügung (vgl zur Verweigerung einer Aussagegenehmigung für eine Aussage im Prozess 18, 58. Dritte, gegen die sich Maßnahmen im Rahmen der Durchführung von Amtshilfeersuchen richten, haben dagegen die normalen Rechtsbehelfe.

45 Würde die Durchführung des Amtshilfeverfahrens einen Bürger in seinen subjektiven öffentlichen Rechten verletzen, zB im Falle einer durch die Amtshilfe bewirkten unbefugten Weitergabe von personenbezogenen Daten, so kann er gegen die ersuchende bzw die ersuchte Behörde **vorbeugende Feststellungs- oder Unterlassungsklage** (Berlin NJW 1978, 1644) oder, wenn die Leistung bereits erfolgt ist, Klage auf **Folgenbeseitigung** erheben.

§ 6 Auswahl der Behörde

Kommen für die Amtshilfe mehrere Behörden in Betracht, so soll[4] **nach Möglichkeit eine Behörde der untersten Verwaltungsstufe des Verwaltungszweigs ersucht werden, dem die ersuchende Behörde angehört.**[3]

Parallelvorschriften: § 5 SGB X; § 113 AO

Schrifttum: S zu § 4.

Übersicht

[32] FL 44; Knack 40; ebenso UL § 11 Rn 37: allgemeine Leistungsklage bzw Verpflichtungsklage bei unterschiedlichen Rechtsträgern; **aA** Schnapp/Friehe NJW 1982, 1428f: nur Leistungsklage auf Erbringung der Amtshilfe; die ersuchte Behörde kann eine für sie negative Entscheidung der Aufsichtsbehörde nur bei „Anmaßung aufsichtsrechtlicher Befugnisse", zB bei Mißachtung des Selbstverwaltungsrechts, anfechten.

I. Allgemeines

1. Inhalt der Vorschrift. Die Vorschrift enthält ergänzend zu § 5 besondere Bestimmungen über die Auswahl der um Amtshilfe zu ersuchenden Behörde. Ihre Anwendung setzt voraus, dass nach den Regelungen des § 5 mehrere Behörden um Amtshilfe ersucht werden könnten. Grundsätzlich steht die Entscheidung über die Inanspruchnahme von Amtshilfe im Ermessen der ersuchenden Behörde (§ 5 Rn 6). Dieses Ermessen, wird durch § 6 eingeschränkt, und zwar für den Fall, dass zu den für eine Amtshilfe in Betracht kommenden Behörden auch eine desjenigen Verwaltungszweiges gehört, der die ersuchende Behörde angehört. In diesem Fall ist, sofern die Umstände keine Ausnahme rechtfertigen **(Sollvorschrift),** die Behörde der untersten Verwaltungsstufe zu ersuchen. 1

2. Anwendungsbereich. Die Vorschrift gilt nur im Anwendungsbereich des VwVfG für Amtshilfeersuchen iSd § 4, für die die Voraussetzungen des § 5 gegeben sind. Die Verwaltungsverfahrensgesetze der Länder enthalten mit § 6 im wesentlichen **gleichlautende Vorschriften.** § 4 HambVwVfG enthält eine Sonderregelung über die vorrangige Hinzuziehung der Bezirksämter. Zur Amtshilfe zwischen Bundes- und Landesbehörden s § 5 Rn 3. 2

II. Der Auswahlgrundsatz

1. Prinzip der Sparsamkeit und Ökonomie. Grundsätzlich steht im Rahmen des § 5 die Entscheidung darüber, ob Amtshilfe erbeten und welche Behörde darum ersucht wird, im **Ermessen der ersuchenden Behörde** (s § 4 Rn 14; § 5 Rn 6). Schon aus § 5 Abs 3 Nr 1 lässt sich der allgemeine Grundsatz ableiten, dass die ersuchende Behörde sich idR an die Behörde wenden soll, die die in Frage stehende Hilfe am besten und mit dem geringsten Aufwand leisten kann (UL § 11 Rn 21; StBS 5; Knack 2; MB 1). § 6 schreibt ergänzend und zT den vorgenannten Grundsatz näher präzisierend aus verfahrensökonomischen Gründen (vgl Begr 40; FL 1) und im Hinblick auf die Art der idR vor allem in Betracht kommenden Maßnahmen vor, dass Amtshilfeersuchen idR an die Behörde der **untersten Verwaltungsstufe** des Verwaltungszweiges, dem die ersuchende Behörde selbst angehört, gerichtet werden sollen, bei einer Behörde der allgemeinen inneren Verwaltung also grundsätzlich an die Kreisverwaltungsbehörde. Als Verwaltungszweig ist die jeweils für sich hierarchisch gegliederte Fachverwaltung anzusehen. 3

2. Sollvorschrift. Bei der Vorschrift handelt es sich um eine Sollvorschrift, die im Regelfall zu beachten ist, aber unter besonderen Umständen Ausnahmen zulässt. Sie gilt außerdem nur **„nach Möglichkeit“,** dh ua, nur wenn damit der Zweck mindestens ebenso gut wie mit einem Ersuchen an eine andere Behörde erfüllt werden kann. Der ersuchenden Behörde bleibt damit ein sehr **weiter Spielraum für Zweckmäßigkeitserwägungen** (MB 2; FL 3). 4

III. Folgen eines Verstoßes

Die Vorschrift stellt nur eine allgemeine Richtlinie dar. **Die Verletzung** des darin aufgestellten Grundsatzes hat nach allgemeiner Auffassung **keine rechtlichen Folgen** und berechtigt insb auch die ersuchte Behörde nicht zur Ablehnung der Amtshilfe (es sei denn es handelt sich zugleich um einen Fall gem § 5 Abs 3 Nr 1) oder zur Anrufung der Aufsichtsbehörde gem § 5 Abs 5 (StBS 6; FL 4f; Knack 3; UL § 11 Rn 34; **aA** MB 2). Auch eine Weitergabe des Ersuchens an eine nachgeordnete Behörde ist nur mit Zustimmung der ersuchenden Behörde zulässig (FL 5). 5

§ 7 Durchführung der Amtshilfe

(1) **Die Zulässigkeit der Maßnahme, die durch die Amtshilfe verwirklicht werden soll, richtet sich nach dem für die ersuchende Behörde, die Durchführung der Amtshilfe nach dem für die ersuchte Behörde geltenden Recht.**[5]

(2) **Die ersuchende Behörde trägt gegenüber der ersuchten Behörde die Verantwortung für die Rechtmäßigkeit der zu treffenden Maßnahme.**[7] **Die ersuchte Behörde ist für die Durchführung der Amtshilfe verantwortlich.**

Parallelvorschriften: § 6 SGB-X; § 114 AO

Schrifttum: *Pickel,* Durchführung und Kosten der Amtshilfe im Sozialrecht, NZA 1985, 416.

Übersicht

I. Allgemeines

1 **1. Inhalt.** Die Vorschrift regelt die wichtige Frage des im Rahmen der Amtshilfe anzuwendenden Rechts und enthält eine **Abgrenzung der rechtlichen Verantwortung** der beteiligten Behörden für die in ihre Zuständigkeit fallenden Maßnahmen. Im wesentlichen handelt es sich dabei um Folgerungen, die sich auch schon aus dem Wesen der Amtshilfe als ergänzender Hilfe (vgl § 4 Rn 12) ergeben (StBS 1; MB 1 und 4; FL 2). Die von § 7 vorgenommene Trennung der Rechtskreise bedeutet nicht, dass das die Rechtmäßigkeit der Amtshilfehandlung und der Hauptmaßnahme, der sie dienen soll, getrennt voneinander beurteilt werden könnten. Vielmehr besteht ein enger rechtlicher **Zusammenhang zwischen Rechtmäßigkeit von Amtshilfehandlung und Hauptmaßnahme.** So kann es zur Rechtswidrigkeit der Amtshilfehandlung führen, wenn sie einer rechtswidrigen Hauptmaßnahme dienen soll (ebenso UL § 11 Rn 47). Dies ist zB der Fall, wenn die Amtshilfehandlung zugunsten einer rechtswidrigen Hauptmaßnahme in einem Eingriff in Rechtspositionen eines Bürgers besteht oder einen solchen Eingriff zur Voraussetzung hat, weil es in derartigen Fällen an der – aus dem Zweck der Hauptmaßnahme folgenden – Rechtfertigung für den Eingriff fehlt. Dies gilt unabhängig davon, ob die ersuchte Behörde die Amtshilde ablehnen darf, was sich allein nach § 5 Abs 2, 3 richtet (vgl hierzu § 5 Rn 15). Umgekehrt kann die Rechtswidrigkeit der Amtshilfehandlung die Rechtswidrigkeit der späteren Hauptmaßnahme zur Folge haben, wenn letztere ganz oder teilweise auf der rechtswidrigen Amtshilfehandlung beruht.

2 **Die Vorschrift regelt die Verteilung der Verantwortung** und betrifft unmittelbar zunächst nur das Innenverhältnis zwischen ersuchender und ersuchter

Behörde (Begr 40). Sie enthält **keine Ermächtigungsgrundlage** für Eingriffe in die Rechtsposition des Bürgers. Ob und inwieweit der Bürger im Rahmen einer Amtshilfe beeinträchtigt werden darf, hängt davon ab, ob die ersuchte Behörde nach der für sie selbst geltenden Vorschrift zu derartigen Eingriffen ermächtigt ist. Dabei kann eine Beeinträchtigung sowohl durch die Amtshilfemaßnahme der ersuchten Behörde eintreten, als auch durch die mit der Amtshilfe vorbereitete spätere Maßnahme der ersuchenden Behörde. Allerdings hat die Vorschrift für die Rechtsposition des Bürgers mittelbar insoweit Bedeutung, als sich aus ihr ergibt, an welchen Rechtsvorschriften das jeweils beeinträchtigende Handeln gemessen werden muss (StBS 5).

2. Anwendungsbereich. Die Vorschrift gilt unmittelbar nur für die Amtshilfe 3
iSd § 4, also für Amtshilfe unter Bundesbehörden. Die Verwaltungsverfahrensgesetze der Länder enthalten **gleichlautende Vorschriften.** Deshalb gelten nach hM (vgl § 5 Rn 3) dieselben Regeln auch für die Amtshilfe zwischen den Behörden des Bundes und eines Landes bzw für Amtshilfe zwischen den Behörden verschiedener Länder untereinander. Streitig ist lediglich, ob die bundes- oder landesrechtlichen Vorschriften zur Anwendung kommen (vgl § 4 Rn 4; UL § 11 Rn 5). Da die Regelung sich aus dem Wesen der Amtshilfe, so wie diese in Art 35 GG vorausgesetzt wird, ergibt und insoweit Ausdruck allgemeiner Rechtsgrundsätze ist, ist sie insb **sinngemäß auch in Fällen** anwendbar, die nicht unter das VwVfG bzw ein entsprechendes Landesgesetz fallen. Ebenso sind aus demselben Grund im Zweifel besondere Rechtsvorschriften **in Übereinstimmung damit auszulegen** und in ihnen bestehende Lücken damit auszufüllen.

II. Bei der Amtshilfe anzuwendendes Recht (Abs 1)

**1. Maßgeblichkeit des Rechts der ersuchenden Behörde (Abs 1, 4
1. Halbs)** § 7 stellt im Einklang mit der vor Erlass des VwVfG hM (BVerwGE 38, 340; Becker NJW 1970, 1075) klar, dass die Voraussetzungen der Maßnahme, für die Amtshilfe in Anspruch genommen wird, ausschließlich nach dem Recht der ersuchenden Behörde (dh den Rechtssätzen, die diese zu vollziehen bzw zu beachten hat) zu beurteilen sind und insofern auch allein in die Verantwortung der ersuchenden Behörde fallen. Mit Zulässigkeit der Maßnahme ist in Abs 1, wie Abs 2 S 1 bestätigt, die **Rechtmäßigkeit** der **(Haupt-) Maßnahme** gemeint, die von der ersuchenden Behörde beabsichtigt wird (Knack 3; StBS 6; FL 2). S jedoch zur Bedeutung der Regelung für das Außenverhältnis der beteiligten Behörden gegenüber dem Bürger unten Rn 11 ff. Die Amtshilfehandlung muss einer Hauptmaßnahme dienen, für die die ersuchende Behörde zuständig und befugt ist. Die Befugnis, um Amtshilfe nachzusuchen, ergibt sich danach erstens aus der Kompetenz der ersuchenden Behörde zur Durchführung der Hauptmaßnahme, der die Amtshilfe dienen soll, zweitens aus der Berechtigung des Ersuchens nach § 5 bzw den entsprechenden allgemeinen Rechtsgrundsätzen (Kopp/Kopp BayVBl 1994, 232).

2. Maßgeblichkeit des Rechts der ersuchten Behörde (Abs 1, 2. Halbs). 5
Für die Durchführung, dh für die der Erfüllung des Amtshilfeersuchens dienenden Maßnahmen kommt es allein auf das Recht der ersuchten Behörde an; diese trägt dafür auch allein die Verantwortung (StBS 8; Knack 4). Dabei ist nicht erforderlich, dass die Handlung der ersuchenden Behörde, für die die Amtshilfe in Anspruch genommen wird, nach dem Recht der ersuchten Behörde zu Recht besteht bzw rechtmäßig vorgenommen werden kann. Maßgeblich ist allein, dass die ersuchte Behörde nach dem für sie geltenden Recht für die Vornahme der Amtshilfemaßnahmen, um die sie ersucht wird, ihrer Art nach zuständig und dazu befugt ist (vgl UL § 11 Rn 47; FL 7 ff; StBS § 5 Rn 17; s auch § 5 Rn 16).

Keine Kompetenzerweiterung. Die um Amtshilfe ersuchte Behörde hat 6
auch für die Durchführung der von ihr erbetenen Handlungen (zB Auskünfte,

Vernehmungen, Zuverfügungstellung von Einrichtungen, uU auch Erlass von VAen gegenüber Dritten) nur die Befugnisse, die ihr auch sonst nach dem für sie geltenden Recht ihres Kompetenzbereichs zukommen. Der Umstand, dass eine Handlung als Amtshilfe erbeten wird, hat weder nach §§ 4 ff noch nach Art 35 GG eine Erweiterung ihrer Zuständigkeit und ihrer Befugnisse zur Folge.[1] Die Befugnis, Handlungen, zu denen die Behörde sonst zur Erfüllung eigener Aufgaben befugt ist, aufgrund der Amtshilfe für eine andere Behörde vorzunehmen, ist in der allgemeinen Ermächtigung der Behörde zu Handlungen der in Frage stehenden Art enthalten (Kopp KKZ 1994, 193).

III. Verteilung der Verantwortung

7 **1. Verantwortung der Behörden untereinander (Abs 2).** Abs 2 regelt die Verantwortung für die Amtshilfe im Verhältnis der Behörden zueinander, **nicht im Verhältnis gegenüber dem Bürger** (Begr 40; MuE 95; StBS 5; FL 4). Der Regelung liegt der Gedanke zugrunde, dass die ersuchende Behörde insoweit verantwortlich sein soll, als sie Herrin des Verfahrens bleibt und auf die ersuchte Behörde Einfluss nehmen kann (FL 7). Unter Verantwortung iS von Abs 2 ist nur die Verantwortung für die Rechtmäßigkeit der Hauptmaßnahme zu verstehen, der die Amtshilfe dienen soll. Für sie haftet die ersuchende Behörde, wenn es zu Schäden kommt. Praktische Bedeutung hat die Regelung des Abs 2 vor allem in Fällen, in denen durch rechtswidriges Handeln einem beteiligten Rechtsträger unmittelbar ein Schaden entsteht. Gleiches gilt für den Fall, dass ein Bürger eine der beteiligten Behörden für Schadensersatz oder Entschädigung aus Gründen in Anspruch nimmt, für die im Innenverhältnis die jeweils andere Behörde verantwortlich ist.

8 **Die Abgrenzung der Verantwortung** der ersuchenden Behörde gegenüber der Verantwortung der ersuchten Behörde folgt der Regelung in Abs 1 (FL 5; Knack 6); die ersuchende Behörde ist für „Rechtmäßigkeit der zu treffenden Maßnahmen“, dh für die Hauptmaßnahme und das ihr dienende Amtshilfeersuchen, verantwortlich, die ersuchte Behörde für die Durchführung der Amtshilfehandlung. Die Abgrenzung kann im Einzelfall Schwierigkeiten bereiten. Nach dem Zweck der Regelung ist dabei primär auf den Inhalt des Amtshilfeersuchens und auf etwa darin angeordnete, für die ersuchte Behörde gem § 5 bindende und nicht nachprüfbare Einzelheiten oder Modalitäten der Durchführung abzustellen (ebenso FL 7; Dreher 114).

9 **Für das Ersuchen** selbst und, soweit das Ersuchen bestimmte Ziele, Modalitäten, Einzelheiten usw vorschreibt, grundsätzlich auch dafür, **trägt die ersuchende Behörde die Verantwortung.** Dies schließt eine Verantwortung der ersuchten Behörde dann nicht aus, wenn und soweit sie das Ersuchen wegen eines Amtshilfeverbotes nach § 5 Abs 2 hätte ablehnen müssen. Dies gilt auch für den Fall, in dem die Rechtswidrigkeit des Ersuchens selbst oder der Maßnahme offensichtlich ist (str; wie hier auch FL 9).

10 **Für die Amtshilfehandlung,** dh die Art und Weise der Durchführung (Ausführung) des Amtshilfeersuchens, ist die **ersuchte Behörde verantwortlich,** soweit dafür von der ersuchenden Behörde keine bindenden Anweisungen gegeben wurden (Köhler DVBl 1992, 1584). Dies gilt grundsätzlich auch für das Ergebnis, zB die Richtigkeit der aufgrund der angestellten Ermittlungen erteilten Auskunft (Dreher 114; FL 9), für das Ergebnis freilich nur vorbehaltlich allgemeiner, für die ersuchende Behörde erkennbarer Beschränkungen, etwa hins. des Beweiswertes einer Auskunft, oder beigefügter besonderer Vorbehalte.

---

[1] BVerwGE 38, 340; BSG 18, 277; BGH NJW 1982, 989; VG Berlin NJW 1984, 1915; MD Art 35 Rn 1, 6; Knack 4; Lässig DÖV 1976, 731; FL 3; F 102 ff; Kamlah DÖV 1970, 363; Lorenz 269; Erichsen/Ehlers § 37 Rn 38 f.

2. Verantwortung im Außenverhältnis. Für das Verhältnis der Behörden zum Bürger hat § 7 nur mittelbare Bedeutung (UL § 11 Rn 48; MB 8; StBS 5; Knack 10; zT **aA** OVG Berlin NJW 1978, 644; FL 14). Der Bürger hat ohne Rücksicht auf die dort getroffene Regelung, die nur das Innenverhältnis zwischen den beteiligten Behörden betrifft, **Rechte nur gegenüber dem Rechtsträger, dessen Behörde ihm gegenüber gehandelt** hat, zB einen VA erlassen, eine Zwangsmaßnahme getroffen oder eine Information weitergegeben hat (vdGK 2), usw, sei es im Rahmen der Amtshilfe oder im Rahmen des Handelns, dem die Amtshilfe dienen soll. Rechtsbehelfe gegen Maßnahmen, die die ersuchte Behörde unmittelbar gegenüber dem Bürger trifft, sind gegen diese Behörde,[2] Rechtsbehelfe gegen die aufgrund der geleisteten Hilfe von der ersuchenden Behörde getroffenen Maßnahmen, gegen die ersuchende Behörde zu richten (Begr 40; Knack 11; FL 13 mwN; Schmidt Boorberg-FS 1977, 154; UL § 11 Rn 49). 11

Eine rechtswidrige Hauptmaßnahme der ersuchenden Behörde hat nicht automatisch auch die Unzulässigkeit und Rechtswidrigkeit der dazu geleisteten Amtshilfe zur Folge (MB 6; FL 12), sondern nur dann, wenn deren Rechtswidrigkeit dazu führt, dass der Amtshilfemaßnahme die etwa bei Eingriffen erforderliche Rechtfertigung fehlt. Soweit die Amtshilfehandlung in einem selbständigen Eingriff in Rechtspositionen des Bürgers besteht, kann sie selbständig angefochten und einer gerichtlichen Überprüfung zugeführt werden. Soweit aber eine Beeinträchtigung der Rechtsposition des Bürgers erst mit dem Erlass der Hauptmaßnahme eintritt, der die Amtshilfehandlung dient, ist letztere nur im Rahmen einer Anfechtung bzw Abwehr der Hauptmaßnahme gerichtlich überprüfbar. Der durch eine Maßnahme der ersuchenden Behörde betroffene Bürger kann die Rechtswidrigkeit einer Amtshilfehandlung außerdem nur unter den **einschränkenden Voraussetzungen des § 44a VwGO** angreifen (VGH München NVwZ 1987, 614 = BayVBl 1987, 118; Knack 11; MB 12; **aA** insoweit offenbar FL 14), also nur dann, wenn die Amtshilfe sich nicht in der durch die Amtshilfe zu verwirklichenden Maßnahme erschöpft (VGH München BayVBl 1987, 118; Obermayer 21). 12

3. Schadensersatzansprüche des Bürgers. Die dargelegten Grundsätze gelten entsprechend für Schadensersatzansprüche (ebenso FL 18; zT **aA** MB 7). Wird zB ein fehlerhafter VA aufgrund einer im Rahmen der Amtshilfe erteilten falschen Auskunft einer anderen Behörde erlassen, so haftet dafür dem Bürger gegenüber nur der Rechtsträger, dessen Behörde den VA erlassen hat (Begr 40; MB 7; FL 15; UL § 11 Rn 51; differenzierend StBS 9 und Schmidt, in: Boorberg-FS 1977, 154). Für Amtspflichtverletzungen der ersuchten Behörde haftet diese bzw der Rechtsträger, dem sie angehört, sofern die Verletzung nicht ihre Ursache in einer bindenden Anordnung im Amtshilfeersuchen hat. Ist die Hauptmaßnahme, zu deren Gunsten die Amtshilfe durchgeführt wird, rechtswidrig, und führt dies zur Rechtswidrigkeit eines im Rahmen der Amtshilfehandlung vorgenommenen Eingriffs, so haftet gleichwohl der Rechtsträger der ersuchten Behörde unabhängig davon, ob diese zur Ablehnung des Amtshilfeersuchens berechtigt gewesen wäre. Es kommt dann allerdings ein Ausgleichsanspruch der ersuchten Behörde gegenüber der ersuchenden Behörde nach Abs 2 in Betracht. Wenn die ersuchende Behörde die Amtspflichtverletzung durch ihre Anordnungen mitverursacht hat oder bei ihrer Handlung eine erkennbar fehlerhafte Hilfe in unzulässiger Weise verwertet hat, zB eine geheimzuhaltende Tatsache in der Begründung ihres VA offenbart, haftet sie grundsätzlich neben der ersuchten Behörde. 13

---

[2] Begr 40; UL § 11 Rn 49; FL 14; Schmidt, in: Boorberg-FS 1977, 154; wohl auch Knack 11; differenzierend StBS 9 und: Rechtsmittel gegen einen im Amtshilfeverfahren erfolgten Eingriff gegen die ersuchende Behörde, gegen die Art und Form der Durchführung gegen die ersuchte Behörde.

14 **4. Schadensausgleich unter den Behörden.** Da nach § 7 die interne Verteilung der Verantwortung zwischen ersuchender und ersuchter Behörde von der Außenverantwortung gegenüber dem betroffenen Bürger abweichen kann, weil dieser einen Anspruch idR nur gegen die unmittelbar ihm gegenüber handelnden Behörde (bzw deren Rechtsträger) hat, muss ggfs ein interner Schadensausgleich vorgenommen werden. Dies gilt sowohl für den Fall, dass die ersuchende Behörde dem Bürger einen Schaden ersetzen muss, den dieser aufgrund einer rechtswidrigen Amtshilfehandlung der ersuchten Behörde erlitten hat, als auch im umgekehrten Fall und schließlich auch dann, wenn die eine Behörde der anderen unmittelbar einen Schaden in Ausführung der Amtshilfe zufügt (vgl OVG Hamburg NordÖR 2000, 242, 244). Für den zuletzt genannten Fall hängt der Ausgleichsanspruch ganz oder teilweise davon ab, ob die ersuchte Behörde gebunden war oder den Schaden bei richtigem Verhalten hätte verhindern können.

15 **Es ist umstritten,** ob sich der Ausgleichsanspruch der Behörden untereinander unmittelbar nach § 7 Abs 2 richtet (so UL § 11 Rn 51; Knack 16ff; Obermayer 21) oder ob der zB durch eine Amtspflichtverletzung dem Träger der ausgleichsberechtigten Behörde etwa entstandene Schaden diesem in entspr Anwendung der §§ 662, 276, 278 BGB zu ersetzen ist (WBS II § 77 VI d 3; FL 6; Schmidt 155). Richtigerweise lässt sich § 7 Abs 2 zwar die Zuweisung der Verantwortung entnehmen, anders als bei Art 104a Abs 5 GG aber nicht die Grundlage für einen Ausgleichsanspruch. Deshalb paßt die Rspr zu § 104a GG (vgl BVerwGE 96, 45, 50; BVerwG DVBl 1997, 596) hier nicht;[3] vielmehr sind die Regelungen des Auftragsrechts des BGB entsprechend heranzuziehen (so auch StBS 11). Für eine Haftungsbeschränkung auf Vorsatz und grobe Fahrlässigkeit, wie sie für Art 104a Abs 5 GG vertreten wird (vgl BVerwG DVBl 1996, 986), besteht bei der Amtshilfe kein ausreichender Anlaß.

16 **5. Rechtsweg.** Für Schadensersatzansprüche des Bürgers ist gem § 40 Abs 2 VwGO der Zivilrechtsweg gegeben, soweit durch Gesetz nichts anderes bestimmt ist (WBS II § 77 IV d), für Ausgleichsansprüche zwischen den beteiligten Rechtsträgern gem § 40 Abs 1 VwGO der Rechtsweg zu den Verwaltungsgerichten.

§ 8 Kosten der Amtshilfe

(1) **Die ersuchende Behörde hat der ersuchten Behörde für die Amtshilfe keine Verwaltungsgebühr zu entrichten.**[6] **Auslagen hat sie der ersuchten Behörde auf Anforderung zu erstatten, wenn sie im Einzelfall 35 Euro übersteigen.**[7] **Leisten Behörden desselben Rechtsträgers einander Amtshilfe, so werden die Auslagen nicht erstattet.**[10]

(2) **Nimmt die ersuchte Behörde zur Durchführung der Amtshilfe eine kostenpflichtige Amtshandlung vor, so stehen ihr die von einem Dritten hierfür geschuldeten Kosten (Verwaltungsgebühren, Benutzungsgebühren und Auslagen) zu.**[11]

Parallelvorschriften: § 115 AO; § 7 SGB-X

Schrifttum: S zu § 4.

Übersicht

[3] Hierzu ausführlich OLG Hamburg NordÖR 2000, 242, 245, insbesondere auch zur verfehlten Beschränkung des Haftungsmaßstabs auf Vorsatz.

I. Allgemeines

1 **1. Inhalt des § 8.** Die Vorschrift regelt die Frage, ob und in welchem Umfang der ersuchten Behörde von der ersuchenden Behörde Kosten zu erstatten sind, die der ersuchten Behörde im Zusammenhang mit der Amtshilfe entstanden sind. Sie betrifft nur das **Innenverhältnis zwischen den beteiligten Behörden,** nicht das Verhältnis gegenüber dem Bürger; dieses wird in Abs 2 nur hins. der Folgen für das erwähnte Verhältnis angesprochen. Die Frage der Erstattung der Kosten einer Amtshilfe war im früheren Recht umstritten; die Erstattungspflicht wurde überwiegend bejaht.[4] Zweck der Vorschrift ist es, im Interesse der Verwaltungsvereinfachung gegenseitige Erstattungsansprüche möglichst einzuschränken oder auszuschließen.[5] Die **Regelungen sind zwingend;** sie können, weil sie das zwingende Gebühren- und Kostenrecht betreffen, nicht durch Vereinbarungen zwischen den beteiligten Rechtsträgern abbedungen oder modifiziert werden (StBS 6; Knack 12; **aA** MB 9; FL 3).

2 **2. Anwendungsbereich. a) Allgemeines.** Die Vorschrift gilt unmittelbar nur für die Kostenerstattung von Amtshilfeleistungen im Anwendungsbereich des VwVfG (vgl § 4), also für die Amtshilfe unter Bundesbehörden. Gem § 1 und nach allgemeinen Grundsätzen gilt § 8 außerdem nur vorbehaltlich vorgehender besonderer, insb auch abweichender, Regelungen. Gilt für die Amtshilfe zwischen den beteiligten Behörden nur für eine der beiden Behörden das VwVfG, so ist für die Kostenerstattung das Recht der ersuchten Behörde maßgeblich (BVerwGE 77, 364; StBS 5). Die Verwaltungsverfahrensgesetze der Länder enthalten im wesentlichen gleichlautende Vorschriften. Dies ermöglicht zugleich die reziproke Anwendung der Bestimmungen im Verhältnis von Bundes- und Landesbehörden und zwischen Behörden verschiedener Länder (s § 5 Rn 3). Die Regelungen des § 8 sind analog auf die **Amtshilfe für Gerichte** hins der persönlichen und sachlichen Auslagen anzuwenden; auch hier können zB Benutzungsgebühren nicht verlangt werden.

3 **b) Entsprechende Anwendung.** Bei Fehlen ausdrücklicher Regelungen richten sich die Kostenpflicht im Verhältnis der beteiligten Behörden zueinander sowie evtl in Betracht kommende Erstattungsansprüche nach dem **Kostenrecht**

---

[4] BVerwGE 31, 328 f; BVerwG DÖV 1972, 720; OVG Münster DVBl 1967, 634; MD Art 35 Rn 10: entspr § 670 BGB; Moll DVBl 1954, 697; Lorenz 270; MuE 95 f; Begr 40; FL 4.

[5] Vgl zum bish Recht zT ähnlich, jedoch wohl zu weitgehend,: Erstattung allgemeinen Verwaltungsaufwands nur bei sehr häufiger und extensiver Beanspruchung aufgrund eines diesbezüglichen Vertrages; keine Erstattung innerhalb desselben Rechtsträgers; vgl auch MDH 10 zu Art 35 GG; Dreher 131: keine Erstattung zwischen Behörden desselben Haushalts.

der Behörde, die solche Kosten erheben bzw Ansprüche stellen will, und nach den allgemeinen **Grundsätzen des Erstattungsrechts.**[6]

4 Eine **analoge Anwendung** des § 8 bzw der entsprechenden Vorschriften des Landesrechts ist **nicht möglich;** selbst dann nicht, wenn die Anwendung unterschiedlicher Rechtsgrundlagen eine Durchbrechung der Reziprozität zur Folge hat, etwa, weil eine Behörde nach den für sie maßgeblichen Vorschriften auf die Erstattung von Kosten verzichten muss, die sie im umgekehrten Fall (dh wenn sie bei einer anderen Behörde anfallen) erstatten müsste, da das Recht der anderen Behörde keine entsprechende Einschränkung kennt. Dies trifft insb auch in Fällen zu, in denen für eine der beteiligten Behörden § 8 oder eine entsprechende Bestimmung des Landesrechts oder eine sondergesetzliche Bestimmung Anwendung findet, während für die andere Behörde nur die allgemeinen kostenrechtlichen Vorschriften und die Grundsätze des Erstattungsrechts gelten.

5 **c) Speziellere Regelungen.** Nach § 64 Abs 2 S 1 SGB-X, der auch im Verhältnis zwischen Sozialleistungsträgern und sonstigen Behörden gilt, sind alle in diesem Bereich erbetenen Leistungen kostenfrei, auch zB die Inanspruchnahme einer Übermittlung von Daten aus dem Melderegister einer Gemeinde an den Sozialleistungsträger (BVerwGE 77, 364 = NVwZ 1987, 107) und die von einem Sozialleistungsträger erbetene Auskunft aus dem Fahrzeugregister über einen Kfz-Halter (BVerwGE 78, 363; Knack 1, 2; StBS 8). Zu den spezielleren Regelungen gehören auch zB § 135 Abs 2 FlurbG, § 8 AuslKostG, nicht aber die allgemeinen Grundsätze des Auftragsrechts des BGB, weil § 8 insoweit die für das Verwaltungsrecht maßgebende Regelung enthält, die einen Rückgriff auf die privatrechtlichen Regeln des Auftragsrechts nicht zulässt.

II. Beschränkungen der Kostenerstattungspflicht (Abs 1)

6 **1. Keine Entrichtung von Verwaltungsgebühren (Abs 1 S 1).** Abs 1 schließt generell einen Anspruch auf Erstattung von Verwaltungsgebühren durch die ersuchende Behörde aus. Verwaltungsgebühren sind nur die für Verwaltungshandlungen ieS geschuldeten Gebühren, nicht auch Benutzungsgebühren oder Auslagen, wie sich aus der Aufzählung in Abs 2 ergibt. Benutzungsgebühren für die Inanspruchnahme von Einrichtungen, deren Aufwand durch solche Gebühren gedeckt wird, fallen daher nicht unter den Ausschluss (Begr 40; MuE 96; UL § 11 Rn 52; Knack 5; StBS 8; MB 4; FL 6).

7 **2. Grundsätze der Auslagenerstattung (Abs 1 S 2). a) Erstattung der notwendigen Auslagen.** Auslagen müssen nach Abs 1 S 2 nur auf Anforderung erstattet werden. Erstattungspflichtig sind nur die notwendigen Auslagen (FL 13; StBS 13; Knack 8; MB 8). Auslagen sind die im Zusammenhang mit der Amtshilfe anfallenden sonstigen Kosten, wie Portokosten, Telefonkosten, Reisekosten, Zeugenentschädigungen, usw. Vgl auch §§ 10ff VwKostG.

8 **Nicht als Auslagen** iS von S 2 anzusehen sind **durchlaufende Posten** wie Sozialhilfezahlungen, die im Weg der Amtshilfe im Namen und für Rechnung der ersuchenden Behörde geleistet werden (K 3 zu § 57); sie sind daher immer voll zu erstatten. Einen unwirtschaftlichen Aufwand braucht die ersuchende Behörde nicht zu erstatten (FL 13; StBS 13; Knack 8; MB 8). Vgl zum Begriff und Umfang der notwendigen Auslagen auch § 80 Rn 50f. Auslagen verlieren ihren Charakter als notwendig nicht allein deshalb, weil eine andere Behörde die Amtshilfe billiger hätte leisten können und die ersuchte Behörde sie nach § 5 Abs 3 Nr 2 hätte ablehnen können (StBS 13); anders uU, wenn die ersuchte Behörde nach Treu und

---

[6] Vgl BVerwGE 4, 218; 25, 81; OVG Münster DÖV 1971, 350; Wallerath DÖV 1972, 222; 55 Rn 6; F 175.

Glauben die ersuchende Behörde auf die entstehenden höheren Kosten hatte aufmerksam machen können und müssen. Ist die **Amtshilfehandlung rechtswidrig,** so sind die Kosten **nicht zu erstatten** (vgl Knack 8) Die durch eine rechtswidrige Maßnahme verursachten Kosten sind stets auch unnötig. Etwas anderes gilt nur dann, wenn die Rechtswidrigkeit der Amtshilfe auf ein rechtswidriges Ersuchen zurückzuführen ist, an das die ersuchte Behörde gleichwohl gebunden war (s hierzu § 7 Rn 4).

b) Bagatellgrenze für Auslagen. Abs 1 S 2 schließt die Auslagenerstattung für die Amtshilfe gänzlich aus, wenn der Erstattungsbetrag insgesamt eine Summe von 35 Euro nicht übersteigt. Unterhalb dieser Bagatellgrenze wird im Interesse einer Verwaltungsvereinfachung auf den Ausgleich verzichtet. Der Betrag der Bagatellgrenze wurde in der Vergangenheit nicht angepasst und dürfte heute wenig realitätsgerecht sein, weil auch die Erstattung von höheren Beträgen heute keineswegs stets den Abrechnungsaufwand rechtfertigen kann. **Bei mehrfachen Amtshilfeersuchen** in derselben Angelegenheit sind die für jedes Ersuchen entstandenen Auslagen nicht zusammenzurechnen (BVerwG BayVBl 1985, 443; StBS 11; Knack 8). 9

c) Keine Auslagenerstattung bei Behörden desselben Rechtsträgers. Nach Abs 1 S 3 ist jede Auslagenerstattung ausgeschlossen, wenn ersuchende und ersuchte Behörde demselben Rechtsträger angehören. Danach entfällt die Erstattung der Auslagen zB zwischen Behörden der unmittelbaren Bundesverwaltung oder der unmittelbaren Landesverwaltung. Die Regelung ist nicht anwendbar im Verhältnis von unmittelbaren Bundesbehörden und Behörden bundesunmittelbarer Körperschaften, Anstalten und Stiftungen oder im Verhältnis von Behörden unterschiedlicher bundesunmittelbarer Körperschaften usw untereinander (MB 3; FL 12; **aA** offenbar UL § 11 Rn 53: keine Erstattung zwischen Bundesbehörden). 10

III. Einnahmen aus der Amtshilfe (Abs 2)

1. Zuweisung an die ersuchte Behörde. Wenn die Amtshilfe Amtshandlungen betrifft, für die **Dritte kostenpflichtig** sind, für die der ersuchten Behörde also von dritter Seite Einnahmen zufließen, so sollen diese Kosten stets der ersuchten Behörde verbleiben. Es wäre unbillig, wenn solche Kosten in die Kassen der ersuchenden Behörden flössen (Begr 40f). Die Regelung findet Anwendung, wenn die Amtshilfe Verwaltungshandlungen der ersuchten Behörde zum Gegenstand hat, für die diese Kosten (einschl Gebühren u Beiträgen) selbst erheben kann. Die Regelung erfasst nicht den umgekehrten Fall, in dem die Ersuchende Behörde für die Hauptmaßnahme Einnahmen erzielt. Diese Einnahmen müssen also nicht ganz oder teilweise an die ersuchte Behörde abgeführt werden, auch wenn sie mit iherer Amtshilfe einen wesentlichen Teil des Aufwandes zu tragen hatte (Knack 11; Obermayer 34). Als Kosten iS der Vorschrift sind, wie Abs 2 klarstellt, sowohl Verwaltungsgebühren als auch Benutzungsgebühren und Auslagen zu verstehen. 11

2. Keine selbstständige Grundlage für Kostenerhebung. Abs 2 betrifft wie Abs 1 nur das Verhältnis zwischen der ersuchenden und der ersuchten Behörde bzw den Rechtsträgern, denen diese angehören, enthält jedoch keine selbstständige Rechtsgrundlage für die Erhebung von Kosten gegenüber dem Bürger (Begr 41; FL 14). Ob und in welcher Höhe von Bürgern Kosten erhoben werden können, richtet sich nach den jeweiligen Kostengesetzen (OVG Koblenz KStZ 1985, 58; OVG Münster NVwZ-RR 1992, 522). 12

Teil II. Allgemeine Vorschriften über das Verwaltungsverfahren

Abschnitt 1. Verfahrensgrundsätze

§ 9 Begriff des Verwaltungsverfahrens

Das Verwaltungsverfahren[6] im Sinne dieses Gesetzes ist die nach außen wirkende Tätigkeit[10] der Behörden, die auf die Prüfung der Voraussetzungen, die Vorbereitung und den Erlass eines Verwaltungsaktes[17] oder auf den Abschluss eines öffentlich-rechtlichen Vertrags gerichtet ist; es schließt den Erlass des Verwaltungsaktes oder den Abschluss des öffentlich-rechtlichen Vertrags ein.

Parallelvorschrift: § 8 SGB-X

Schrifttum: *Bäumler,* Die Beteiligung mehrerer Behörden am Verwaltungsverfahren – zur Auslegung des § 9 VwVfG, BayVBl 1978, 492; *Becker,* Das allgemeine Verwaltungsverfahren in Theorie und Gesetzgebung 1960; *Bettermann/Melichar,* Das Verwaltungsverfahren, VVDStRL 1959, 118, 153; *Gaentzsch,* Konkurrenz paralleler Anlagegenehmigungen für Zuständigkeit mehrerer Behörden unter Berücksichtigung des Bau- und Landschaftsschutzrechts, NJW 1986, 2787; *Gusy,* Der Antrag im Verwaltungsverfahren, BayVBl 1985, 484; *Hartmann,* Zur Widerruflichkeit und Anfechtbarkeit von öffentlich-rechtlichen Willenserklärungen am Beispiel der Nachbarunterschrift gem Art 73 BayBO, DÖV 1990, 8; *Henseler,* Kompetenzkonflikte paralleler Gestattungsverfahren am Beispiel der Genehmigung von Atomanlagen, DVBl 1982, 390; *Jarass,* Konkurrenz, Konzentration und Bindungswirkung 1984; *Holznagel/Ramsauer,* Mediation im Verwaltungsverfahren, in: Haft/Schlieffen, Handbuch Mediation 2002, 1124; *Kopp,* Verfassungsrecht und Verwaltungsverfahrensrecht, 1970; *ders,* Zum Rechtsschutz des Bürgers gegenüber innerdienstlichen Weisungen durch die Gerichte und im Verwaltungsverfahren, BayVBl 1976, 719; *ders,* Mittelbare Betroffenheit im Verwaltungsverfahren und Verwaltungsprozess, DÖV 1980, 504; *Kopp,* F. J., Vorläufiges Verwaltungsverfahren und vorläufiger Verwaltungsakt, 1992; *Krause,* Rechtsformen des Verwaltungshandelns, 1974; *Lämmle,* Konkurrenz paralleler Genehmigungen, 1991; *Laubinger,* Personalvertretungs- und Verwaltungsverfahrensrecht, VerwArch 1985, 449; *Maier,* Weisungen vorgesetzter Behörden gegenüber der Planfeststellungsbehörde, BayVBl 1990, 647; *Meiendresch,* Das gestufte Baugenehmigungsverfahren, 1991; *v. Mutius,* Das Widerspruchsverfahren der VwGO als Verwaltungsverfahren und Prozessvoraussetzung, 1969; *Obermayer* Das neue Verwaltungsverfahrensgesetz, RiA 1976, 81; *ders,* Dogmatische Probleme des Verwaltungsverfahrens, in: Boorberg-FS 1977, 111; *Schmidt-Preuß,* Möglichkeiten und Grenzen reduzierter Regelungsgehalte von Parallelgenehmigungen (insb zu BVerwG 82, 61), DVBl 1991, 229; *Seibert,* Die Bindungswirkung von VAen, 1989; *Ule/Becker,* Verwaltungsverfahren im Rechtsstaat, 1964; *Upmeier,* Entscheidungskonkurrenz für die Zuständigkeit mehrerer Behörden unter Berücksichtigung des Bau- und Landschaftsschutzrechts, NuR 1986, 309; *Vogelsang/Zartmann,* Ende des gestuften Verfahrens?, NVwZ 1993, 855; *Wieland,* Die Stufung von Anlagegenenhmigungen im Atomrecht, DVBl 1991, 616.

Übersicht

I. Grundlagen

1 **1. Inhalt der Vorschrift. a) Allgemeines.** Die Vorschrift stellt eine Grundnorm des VwVfG dar. Sie gibt eine Legaldefinition des Begriffs des Verwaltungsverfahrens für den Bereich des VwVfG und begrenzt damit zugleich die Anwendbarkeit der in den folgenden Abschnitten enthaltenen Vorschriften über das Verwaltungsverfahren ieS. Abweichend von dem insoweit weiteren Begriff des Verwaltungsverfahrens in Art 84 Abs 1 GG gelten die in den §§ 9 ff getroffenen

Regelungen nur für Verfahren, die im Rahmen einer „nach außen" wirkenden, dh dem Bürger gegenüber rechtserheblichen öffentlichrechtlichen Tätigkeit der Behörden auf den **Erlass eines VA oder den Abschluss eines verwaltungsrechtlichen Vertrags** abzielen. Damit werden zum einen diejenigen Verwaltungsmaßnahmen und -tätigkeiten, die nicht auf den Erlass eines VA oder den Abschluss eines verwaltungsrechtlichen Vetrages abzielen, wie zB das schlichte Verwaltungshandeln (s Einf Rn 91 ff), informelle Verwaltungsverfahren (s Rn 5) usw aus dem Geltungsbereich der § 9 ff ausgeschlossen, zum anderen aber auch solche Tätigkeiten, die im Rahmen der erfassten Verwaltungsverfahren nicht nach außen wirken. Es ist deshalb sinnvoll, nach Sinn und Zweck der Regelung dem Verwaltungsverfahren sämtliche Handlungen zuzurechnen, die im Rahmen eines nach § 22 begründeten Verfahrensrechtsverhältnisses vorgenommen werden und für die in den §§ 10 ff Regelungen vorgesehen sind (ähnlich StBS 114).

b) Verfahren und Verfahrensrechtsverhältnis. Die Definition des Verwal- 2
tungsverfahrens wird allein durch die Qualifizierung der Behördentätigkeit vorgenommen; eine Differenzierung zwischen dem Verfahrensverhältnis als solchem und den im Rahmen dieses Verhältnisses entfalteten Tätigkeiten bzw ergriffenen Maßnahmen unterbleibt (zur Bedeutung des Rechtsverhältnisbegriffs Einf 61 ff). Demgegenüber hat es eine selbstständige Bedeutung, dass gegenüber Beteiligten (§ 13) neben dem durch Vorschriften des materiellen Rechts begründeten Rechtsverhältnis ein **Verfahrensverhältnis** begründet ist. In diesem bestehen zwischen Behörde und Beteiligten verfahrensspezifische Rechte und Pflichten, die durch Normen des Verfahrensrechts begründet werden. Dies gilt zB für solche Vorschriften, die dem Bürger Rechte einräumen, wie zB den Anspruch auf rechtliches Gehör (§ 28) oder das Recht auf Akteneinsicht (§ 29), aber auch für solche, die Voraussetzungen und Rechtsfolgen von Verfahrenshandlungen der Beteiligten betreffen, wie zB die § 14 ff für die Bevollmächtigung oder § 26 Abs 2 für die Mitwirkung von Beteiligten bei der Ermittlung des Sachverhalts.

c) Zielsetzungen. Die im VwVfG und in den entsprechenden Rechtsvor- 3
schriften der Länder getroffenen Regelungen dienen außer dem **geordneten Vollzug der Gesetze** vor allem der Wahrung und Durchsetzung der Rechte des Bürgers in einem rechtsstaatlich geordneten Verfahren (BVerfG NJW 1980, 763 mwN; Becker 35; Ule/Becker 4; Kopp 1 ff mwN und BayVBl 1969, 273). Sie stellen deshalb eine Errungenschaft und ein **Gebot des Rechtsstaates** dar. Der Bürger wird nicht zum Objekt staatlichen Handelns, sondern ist als Subjekt am Verfahren beteiligt. Das erhöht nicht nur die Transparenz des Verfahrens, das nicht geheim ablaufen kann, sondern auch die Akzeptanz durch die Betroffenen und schließlich auch die Gewähr für die Richtigkeit der zu treffenden Entscheidungen. Schließlich dient die Durchführung eines rechtsstaatlichen Verfahrens auch dem **Schutz der Grundrechtspositionen der Betroffenen**; die verfahrensrechtlichen Regelungen enthalten insoweit (unselbstständige) subjektive Rechte (s Einf Rn 72). Das materielle Recht allein vermag den Schutz nicht in allen Fällen ausreichend zu gewährleisten, weil seine Steuerungskraft begrenzt ist.[1] Immer dann, wenn eine vollständige Steuerung einer Entscheidung durch das materielle Recht gewährleistet ist, tritt die Bedeutung der Verfahrensgarantien des VwVfG allerdings zurück (vgl § 46). In den Fällen, in denen der Verwaltung aber Spielräume (Ermessen, Beurteilungsspielräume, Planungsermessen, vgl § 40), verbleiben, muss das Verfahrensrecht gewährleisten, dass die Grundrechtspositionen der Betroffenen angemessen berücksichtigt werden.

2. Anwendungsbereich. Die Vorschrift definiert den Begriff des Verwal- 4
tungsverfahrens und damit den Anwendungsbereich der wichtigsten Vorschriften

[1] Dies verkennt die derzeit allgemein übliche Unterscheidung von streng gebundenen Verwaltungsentscheidungen und Ermessens- bzw Beurteilungsakten, vgl § 40 Rn 8 ff.

des VwVfG nur für dessen durch §§ 1, 2 bestimmten Geltungsbereich unmittelbar nur für die Tätigkeit von Bundesbehörden. Die Verwaltungsverfahrensgesetze der Länder enthalten aber gleichlautende Bestimmungen oder verweisen auf das VwVfG. Wie sich aus dem Zusammenhang der Bestimmungen, vor allem auch aus ihrer systematischen Stellung im VwVfG ergibt, beschränkt § 9 mit der Definition des Verwaltungsverfahrens nur die Anwendbarkeit der nachfolgenden Bestimmungen, also derjenigen über das allgemeine Verwaltungsverfahren gem §§ 9 ff und die besonderen Verfahren gem §§ 63 ff, 72 ff und 79 f. Die §§ 9–62 gelten damit grundsätzlich unmittelbar nur für Verwaltungsverfahren idS, die auf Erlass eines VA oder Abschluss eines verwaltungsrechtlichen Vertrags gerichtet sind, nicht für sonstige Verwaltungshandlungen, zB die Antragstellung einer Behörde beim zuständigen Gericht auf Anordnung der Unterbringung eines Geistesgestörten in einer Heilanstalt (VGH München NVwZ 1990, 776 mwN), auch nicht für sonstige im VwVfG geregelte Bereiche, wie die Amtshilfe gem §§ 4 ff, die ehrenamtliche Tätigkeit gem §§ 81 ff usw.

4 a Als **Ausdruck allgemeiner Rechtsgedanken** sind die §§ 10 ff bzw die entsprechenden Vorschriften des Landesrechts im Zweifel sinngemäß auch auf Verwaltungsverfahren anwendbar, für die das VwVfG sowie die entsprechenden Länderverfahrensgesetze nicht gelten, soweit ausdrückliche Regelungen fehlen oder unvollständig sind. Soweit Besonderheiten der jeweiligen Regelungsbereiche nicht entgegenstehen, kommt deshalb – ebenso ggf auch in anderen Bereichen behördlichen Handelns, zB beim Erlass von VOen, bei schlichthoheitlichem Handeln, das nicht auf den Abschluss eines öffentlichrechtlichen Vertrags gerichtet ist, insb bei Duldungen, Warnungen, Auskünften usw (Robbers DÖV 1987, 271), behördlichen Willenserklärungen (Kluth NVwZ 1990, 612), rein verwaltungsinternen Maßnahmen und privatrechtlichem Handeln (vgl Pietzcker VVDStRL 1982 These 13) – eine **analoge Anwendung** der §§ 10 ff in Betracht. Das gilt auch für Handeln im Bereich des Verwaltungsprivatrechts (vgl § 1 Rn 16).

5 **3. Informelle Verfahren.** Die Regelungen in den §§ 10 ff gelten unmittelbar nur für die nach außen wirkende rechtserhebliche Tätigkeit der Verwaltungsbehörde. Problematisch ist deshalb die Einordnung der sog informellen Verfahren, die im Zuge der Modernisierung und Flexibilisierung des Verwaltungshandelns zunehmend befürwortet und auch praktiziert werden (s näher Einf Rn 84 mwN). Zumeist handelt es sich um informelle Vorverhandlungen im Vorfeld des eigentlichen Verwaltungsverfahrens; denkbar sind aber auch Verhandlungen und Absprachen neben bzw außerhalb eines bereits laufenden Verwaltungsverfahrens oder sogar anstelle eines Verwaltungsverfahrens, dessen Durchführung bei erfolgreicher Umsetzung informeller Absprachen entbehrlich wird. Derartige Aushandlungsprozesse werden idR **nicht Teil des Verwaltungsverfahrens** selbst und unterfallen deshalb auch nicht, jedenfalls nicht unmittelbar, den Regelungen der §§ 10 ff (Einf Rn 86). Dies gilt unabhängig davon, ob sie unmittelbar zwischen Verwaltung und Bürger (zB einem Investor) ablaufen oder ob sie durch einen **Konfliktmittler** (Mediator) unterstützt werden (s Einf Rn 87). Die Ergebnisse informeller Aushandlungsprozesse sind idR rechtlich nicht verbindlich, auch wenn sie schriftlich festgehalten werden. Sie müssen vielmehr zunächst in ein Verwaltungsverfahren iSd § 9 eingebracht und ggfs darin umgesetzt (implementiert) werden. Dies muss unter **Wahrung der verfahrensrechtlichen Positionen aller Beteiligten** geschehen (s Einf Rn 86). In vielen Fällen werden sich die Rechte der Beteiligten eines Verwaltungsverfahrens wegen der faktischen Wirkungen informeller Absprachen (**faktische Vorabbindungen**) nur dann wirksam schützen lassen, wenn sie in die informellen Verhandlungen hineinverlagert werden, wenn die Verfahrensbeteiligten die Möglichkeit erhalten, ihre Interessen auf geeignete Weise auch in den informellen Aushandlungsprozessen zur Geltung zu bringen. Insoweit können die Regelungen der §§ 10 ff **Vorwirkungen** entfalten, bei deren Nichtbeach-

tung eine Implementation der Ergebnisse informeller Verhandlungen und Absprachen fehlerfrei nicht möglich ist (s hierzu Einf Rn 95).[2]

II. Begriff des Verwaltungsverfahrens

1. Allgemeine Voraussetzungen. Unter den § 9 definierten Begriff des Verwaltungsverfahrens fällt nur die öffentlich-rechtliche Verwaltungstätigkeit von Behörden. Insoweit gelten die allgemeinen Voraussetzungen des § 1 Abs 1 für die Anwendbarkeit des VwVfG überhaupt. Zum Erfordernis öffentlich-rechtlichen Handelns s § 1 Rn 5 ff; zur Verwaltungstätigkeit s § 1 Rn 22 ff und zum Behördenbegriff s § 1 Rn 51 ff. In § 9 wird der Begriff des Verwaltungsverfahrens weiter eingeschränkt, indem erstens nur die „nach außen wirkende Tätigkeit" erfasst wird und zweitens nur solche Tätigkeiten, die auf die Prüfung der Voraussetzungen, die Vorbereitung und den Erlass eines VA oder den Abschluss eines öffentlich-rechtlichen Vertrages gerichtet sind. 6

2. Öffentlich-rechtliche Verwaltungstätigkeit von Behörden. a) Öffentlich-rechtliche Maßnahmen. Als Handlungen, die nach § 9 dem Regime der §§ 10 ff unterliegen, sind nur öffentlich-rechtliche Verfahrenshandlungen und Maßnahmen anzusehen. Soweit die Tätigkeit als privatrechtlich einzustufen ist, gelten die Regelungen des VwVfG nicht, jedenfalls nicht unmittelbar. Das gilt auch für den Bereich des Verwaltungsprivatrechts, in dem öffentliche Aufgaben in den Formen des Privatrechts unter Verwendung privatrechtlicher Organisations- und/oder Handlungsformen erledigt werden. Hier kommt nur eine analoge Anwendung einzelner Vorschriften der §§ 10 ff in Betracht, wenn der angemessene Schutz der Rechtspositionen der Betroffenen, wie er sonst durch die §§ 10 ff bewirkt wird, nicht auf andere Weise gewährleistet ist. 7

b) Beteiligung anderer Behörden. Handlungen anderer als der federführenden Verwaltungsbehörde sind idR keine Verfahrenshandlungen iSd § 9, weil sie keine nach außen gerichtete Tätigkeit darstellen. Andere Behörden können aber **Beteiligte** gem § 13 sein (s § 13 Rn 10) und können in dieser Eigenschaft auch Verfahrenshandlungen vornehmen. IdR ist ihre Tätigkeit aber nur interner, vorbereitender Natur, soweit sie nicht selbst zum Erlass eines VA führt und deshalb im Rahmen eines eigenen Verwaltungsverfahrens vorgenommen wird (BVerwGE 81, 277, 280). 8

c) Einbeziehung von Dritten in das Verwaltungsverfahren. Schwierig ist die Einordnung von Handlungen Dritter, die von der Behörde in das Verwaltungsverfahren zB als Sachverständige oder auch als Verwaltungsmittler (Mediatoren) einbezogen worden sind. Sie sind **keine Beteiligten** iSd § 13. Da es sich nicht um Beliehene handelt (s zum Begriff § 1 Rn 58), könnte ihre Tätigkeit nur dann als öffentlich-rechtliche eingestuft werden, wenn sie als Verwaltungshelfer und damit gewissermaßen als verlängerter Arm der Verwaltung und ohne eigene Entscheidungsmacht angesehen werden dürften[3] (siehe zum Begriff und Abgrenzung der öffentlich-rechtlichen Verwaltungstätigkeit § 1 Rn 5 ff). 9

3. Nach außen wirkende Tätigkeit. Die Regelungen in den §§ 10 ff erfassen Verwaltungsverfahren nur in Bezug auf diejenigen Handlungen der Behörden, die im Rahmen ihrer auf Vorbereitung und Erlass eines VA oder auf Abschluss eines Vertrages gerichteten Tätigkeit nach außen wirken. Der Begriff der nach außen wirkenden Tätigkeit darf nicht mit dem Begriff der Außenwirkung der Regelung 10

---

[2] Hierzu näher Holznagel/Ramsauer, Mediation im Verwaltungsverfahren, in: Haft/Schlieffen, Hdb Mediation § 44 Rn 5.

[3] Holznagel/Ramsauer, Mediation im Verwaltungsverfahren, in: Haft/Schlieffen, Hdb Mediation § 44 Rn 10; str, **aA** Battis/Krautzberger/Löhr, BauGB, 8 Aufl. 2001, § 4b Rn 6; Hellriegel, Mediation, S 120 ff.

in § 35 verwechselt werden. Der Begriff ist weiter als der der „unmittelbaren Rechtswirkung nach außen" iS von § 35.[4] Die Verwaltungstätigkeit iSd § 9 muss nur nach außen wirken, nicht aber notwendigerweise etwas regeln. Eine Regelungswirkung der Tätigkeit ist daher nicht Voraussetzung (StBS 107; Knack 6; UL § 19 Rn 10). Auch von einer unmittelbar auf Rechtspositionen der Beteiligten oder sonstiger Personen einwirkenden Tätigkeit ist in § 9 nicht die Rede. Es werden deshalb nicht nur solche Handlungen erfasst, die rechtlich geschützte Positionen unmittelbar berühren (Knack 6; StBS 111; **aA** noch 7 Aufl), was bei einer Tätigkeit, die eine spätere Entscheidung bzw einen späteren Vertragsschluss vorbereiten soll, ohnehin schwer zu beurteilen ist. Abzustellen ist vielmehr auf die **Auswirkungen** einer Handlung **auf die Verfahrenspositionen** von Beteiligten und Betroffenen. Es müssen Maßnahmen sein, die die Stellung der Beteiligten (§ 13) oder der sonstigen Betroffenen im Verwaltungsverfahren verändern (ähnlich StBS 108: Verfahrenshandlungen, die die Sachentscheidung beeinflussen).

11 **a) Beispiele. Nach außen wirken** die Eröffnung des Verwaltungsverfahrens, die Durchführung einer **Anhörung,** einer **Beweisaufnahme,** die Gewährung von **Akteneinsicht,** die Durchführung eines Erörterungstermins, die **Ladungen** zu Verhandlungen, ferner Anweisungen an den Sachbearbeiter, Entscheidungen über die **Befangenheit,** die Beteiligung von Gremien, Ausschüssen usw. Hierzu zählt schließlich auch die Entscheidung selbst, ihre Bekanntgabe und ggfs Zustellung. Auch die Ablehnung einer Maßnahme, die die Verfahrensposition eines Beteiligten verbessern könnte, wie zB einer Akteneinsicht oder Anhörung, ist eine nach außen wirkende Verfahrenshandlung.

11a **b) Mitwirkungsakte anderer Behörden.** Mitwirkungsakte anderer Behörden sind nach denselben Kriterien zu beurteilen: Es kommt darauf an, ob sie sich unmittelbar auf die Verfahrensposition der Beteiligten auswirken können. Soweit sie selbst VA-Qualität haben, ergehen sie in einem selbständigen Verwaltungsverfahren; sie sind dann nicht zugleich Verfahrenshandlungen in einem anderen Verwaltungsverfahren. Nur wenn es sich nicht selbst um VAe handelt, können sie als „nach außen wirkende" Verwaltungstätigkeit angesehen werden. Dies setzt voraus, dass sie sich unmittelbar auf das konkrete Verwaltungsverfahren beziehen, also nicht abstrakter Natur sind, ferner dass sie **keinen rein internen, vorbereitenden Charakter** haben, wie zB Stellungnahmen zu bestimmten Auswirkungen eines Vorhabens auf die Umwelt, zu wirtschaftlichen oder sonstigen Auswirkungen einer beabsichtigten Maßnahme. Auch die einem VA oder Vertrag unmittelbar **vorgelagerten und zugeordneten Amtshandlungen** im Bereich der Verwaltung, wie **Weisungen** einer höheren Behörde in bezug auf die Behandlung einer bestimmten Verwaltungssache (dazu auch Maier BayVBl 1990, 647), die Ausübung von **Mitwirkungsbefugnissen** anderer Behörden, sind dem Verfahren iS von § 9 zuzurechnen, wenn und soweit sie sich auf das Ergebnis (den VA oder Vertrag) auswirken können und idS, wenn auch nicht unmittelbar, aber letztlich „nach außen" wirken.[5]

12 **c) Verwaltungsinterne Tätigkeiten.** Nicht nach außen wirken demgegenüber solche Handlungen, die entweder rein interner Natur sind wie zB das Aktenstudium des Sachbearbeiters, interne Besprechungen des Falles mit Vorgesetzten und Mitarbeitern (vgl BVerwGE 66, 18; 68, 193: das VwVfG ist nicht auch auf die interne Willensbildung anwendbar), oder die Erarbeitung von Entwürfen, die

---

[4] Ebenso UL § 19 Rn 10; StBS 104; Obermayer 6; Vehse BayVBl 1976, 493; Kopp BayVBl 1976, 720; DÖV 1980, 507; Knack 6; ähnlich MB 4.

[5] Vgl idS auch Schmidt-Aßmann, Städte und Gemeindebund 1977, 13; Eilert BayVBl 1978, 496; zu Weisungen nach Art 85 Abs 4 und 87 GG, § 24 AtomG idS auch die Stellungnahme des BVerwG gegenüber dem BVerfG in NVwZ 1989, 1146; ferner auch BVerwG NJW 1990, 1804; zT **aA** Maurer JuS 1976, 496; UL § 19 Rn 10; StBS 118f; Knack 9.

rein technischer Natur sind, ohne die Stellung der Beteiligten oder Betroffenen im Verwaltungsverfahren unmittelbar zu verändern, wie zB die Anlage von Akten, die Vorbereitung eines Verhandlungstermins, die Fahrt zur Ortsbesichtigung usw. Zum Kriterium der Unmittelbarkeit StBS 10; Knack 8.

4. Auf Erlass eines VA oder Abschluss eines Vertrages gerichtet. Auf Erlass einer VA oder Abschluss eines Vertrages gerichtet muss die Verwaltungshandlung sein. Das schließt alle Verfahrenshandlungen vom Begriff des Verwaltungsverfahren aus, die auf andere Ziele gerichtet sind, insbesondere auf andere Handlungsformen. Nicht unter den Begriff des Verwaltungsverfahrens iS des § 9 fällt zB der Erlass von Verordnungen und Satzungen (UL § 19 Rn 9), ferner auch rein verwaltungsinterne Maßnahmen ohne unmittelbare Rechtswirkungen gegenüber dem Bürger, wie etwa die Erarbeitung und der Erlass von Verwaltungsvorschriften oder von Organisationsmaßnahmen oder die Vorbereitung oder Durchführung von sog schlichthoheitlichem Handeln. Unerheblich ist, ob es tatsächlich zum Erlass des VA oder zum Abschluss eines Vertrages kommt. Entscheidend ist allein, dass eine entsprechende Zwecksetzung bzw Zielsetzung besteht. 13

a) Auf Erlass eines VA gerichtet. Nach wie vor ist der Erlass eines VA regelmäßige Ziel eines Verwaltungsverfahrens. Damit wird dem Betroffenen gegenüber eine einseitige Anordnung zur Regelung eines Einzelfalls auf dem Gebiet des Öffentlichen Rechts getroffen, die insoweit Außenwirkung entfaltet, als sie die Rechte des Betroffenen gestaltet (§ 35). Umstritten ist, ob das Widerspruchsverfahren als selbständiges Verfahren anzusehen oder Teil des Verwaltungsverfahrens ist, welches sich auf den Erlass eines VA richtet. Richtigerweise wird man im Hinblick auf § 79 Abs 1 VwGO letzteres anzunehmen haben (vgl näher Rn 30). 14

b) Teilregelungen. Durch die allgemeine Begriffsbestimmung des VA in § 35 ist klargestellt, dass in Verwaltungsverfahren als VAe nicht nur Entscheidungen, die eine Angelegenheit umfassend und abschließend regeln, sondern auch Teilentscheidungen möglich sind.[6] Für Teilentscheidungen besteht vielfach, vor allem in umfangreichen und komplizierten Verfahren, ein erhebliches Bedürfnis auch im Hinblick auf die Interessen der Beteiligten. 15

aa) Zulässigkeit. Teilentscheidungen, die einzelne Fragenkomplexe vorweg und allenfalls vorbehaltlich weiterer Regelungen, wenn solche erforderlich werden, durch VA regeln, sind in manchen Gesetzen ausdrücklich vorgesehen, zB die **Teilgenehmigung** nach § 8 BImSchG u der Vorbescheid nach § 7a AtomG, ferner in den Landesbauordnungen die **Bauvorbescheide** (sog Bebauungsgenehmigungen).[7] Sie sind aufgrund der Befugnis der Behörden zur Entscheidung in der Sache, die auch die Befugnis zu Teilentscheidungen mit einschließt, iV mit § 10 auch sonst allgemein für Teile einer Gesamtregelung durch VA, die einer selbständigen, gesonderten Entscheidung durch VA zugänglich sind, **auch ohne ausdrückliche gesetzliche Ermächtigung zulässig;**[8] Die Befugnis der Behörden 16

---

[6] BVerwGE 26, 288; 28, 147; 68, 243; 72, 306 = NVwZ 1986, 208 (Whyl) m Anm von Martens NVwZ 1987, 107; 80, 218 = DVBl 1988, 1170; 88, 290 = NVwZ-RR 1994, 16; BVerwG NVwZ 1993, 578; Sellner NVwZ 1986, 616; Kühne NVwZ 1986, 620; Rengeling DVBl 1986, 265; BSG NJW 1977, 77 mwN; Broß DÖV 1985, 253; StBS 186; Erichsen/Ehlers § 38 Rn 26; Knack 24.

[7] Vgl zum Rechtscharakter BVerwGE 68, 241 = NJW 1984, 1474; 69, 4; 70, 373; 75, 319; 78, 178 = NVwZ 1988, 538.

[8] Vgl BVerwGE 26, 23; 72, 300, 312 = NVwZ 1986, 208; 80, 21 und 207; BVerwG NVwZ 1995, 999; VGH Kassel DVBl 1990, 122; StBS 183; Knack 24; Schmidt-Aßmann, in: FS 25 Jahre BVerwG 1978, 569; Merten NJW 1983, 1997; Reichelt, Der Vorbescheid im Verwaltungsverfahren, 1989; Rumpel NVwZ 1989, 1132; Fluck VerwArch 1989, 223 und NVwZ 1990, 535; Laubinger VerwArch 1989, 241; Schenke DÖV 1990, 489; Goerlich NVwZ 1985, 90; JZ 1990, 293; vgl zum Atomrecht auch BVerwG DVBl 1982, 960 – Standortvorbescheid –; NVwZ 1985, 341 – Konzeptvorbescheid.

dazu ergibt sich in diesen Fällen auch schon aus allgemeinen Rechtsgrundsätzen (weitere Bsp: BVerwGE 24, 23: Entscheidung über die Frage, ob die Errichtung einer gewerblichen Anlage auf einem bestimmten Grundstück grundsätzlich in Betracht kommt; OVG Münster DVBl 1973, 925: adressatlose Sofortmaßnahmen, die erst nach Feststellung der in Betracht kommenden Adressaten durch weitere VAe hins. bestimmter Personen konkretisiert werden; BVerwGE 31, 18: gewerberechtliche Anordnung, die zunächst nur das Ziel angibt, die zu diesem Zweck zu treffenden Maßnahmen zunächst jedoch der Entscheidung des Betroffenen überläßt). In Übereinstimmung mit dem früheren Recht (vgl K 22; wohl auch M 67) sind auch nach dem VwVfG (Teil-)Entscheidungen über die Zulässigkeit eines Antrags bzw eines von Amts wegen eingeleiteten Verfahrens analog § 109 VwGO zulässig. Ob die Behörde von der Möglichkeit, Teilentscheidungen vorweg durch VA zu treffen, Gebrauch macht, steht gem § 10 in ihrem **pflichtgemäßen Ermessen** (§ 40).

17 **bb) Bindungswirkungen.** Problematisch und umstritten ist der Umfang der Bindungswirkung von Teilentscheidungen. Soweit hier keine speziellen gesetzlichen Regelungen bestehen, wie dies etwa bei baurechtlichen Vorbescheiden (Bebauungsgenehmigungen) in den Landesbauordnungen der Fall ist (Vorbescheid entfaltet Bindungswirkung für die spätere Baugenehmigung, soweit über das Vorhaben entschieden worden ist; vgl BVerwGE 69, 1; 68, 241; 48, 242, 245), ergeben sich Probleme, vor allem im Bereich der sog **gestuften Genehmigungsverfahren.** Allgemeiner Auffassung zufolge entfalten Teilgenehmigungen zunächst für den in ihnen geregelten Teil des Vorhabens Bindungswirkung (vgl StBS § 35 Rn 184 mwN). Darüber hinaus wird mit der ersten Teilgenehmigung idR bereits über die Grundzüge (Konzeption) des Vorhabens insgesamt entschieden (sog **vorläufiges positives Gesamturteil**); auch insoweit entfaltet die Teilgenehmigung Bindungswirkungen (BVerwGE 88, 286, 290; 92, 185, 189; hierzu Roßnagel DÖV 1995, 624, 627). Ähnliches gilt für Abschnittsbildung von Planfeststellungsverfahren zB über Fernstraßen. Auch hier ist grundsätzlich davon auszugehen, dass bereits mit der ersten Teilgenehmigung[9] über das Vorhaben in seinen Grundzügen mitentschieden worden ist und dass die Genehmigungen auch insoweit Bindungswirkungen entfalten.[10] Das bedeutet auch, dass sich die Prüfung der Behörde und die Rechtskontrolle durch die Gerichte auf die Grundkonzeption des Vorhabens, soweit es durch die Teilgenehmigung präjudiziert wird, erstrecken muss (StBS § 35 Rn 184; s auch § 35 Rn 24).

18 **c) Vorläufige Regelungen.** Keine besonderen Bestimmungen bestehen nach dem VwVfG für Verfahren zum Erlass vorläufiger Regelungen. Zahlreiche Gesetze sehen die Befugnis zu vorläufigen Anordnungen, vorläufigen Genehmigungen usw ausdrücklich vor (zB § 7 LebensmG, § 7 FleischbeschauG, § 9a WHG – s dazu BVerwG DVBl 1991, 877, 879; VGH Kassel NuR 1990, 30 –; § 11 GastG, § 20 PersBG, § 19 FStrG, § 28 SchornsteinfegerG; § 33 KrW/AbfG). Darüber hinaus nimmt die wohl hM auch für nicht ausdrücklich geregelte Fälle heute eine **allgemeine Befugnis** der Behörden in Analogie zu solchen Bestimmungen an, im Rahmen ihrer Befugnisse zur Entscheidung in der Hauptsache auch schon vor Abschluss des Verfahrens jedenfalls **zugunsten des Betroffenen** einstweilige bzw vorläufige Regelungen zu treffen, wenn dies zur Wahrung des öffentlichen Interesses, der Rechte des Antragstellers oder Dritter, insb um wesentliche Nachteile für Betroffene oder für öffentliche Belange abzuwenden oder drohende Gewalt zu

[9] S hierzu BVerwGE 70, 377 und 80, 30: mit der Aufhebung der Konzeptgenehmigung und dem positiven Gesamturteil werden die daraufhin ergangenen weiteren Teilgenehmigungen rechtswidrig; ähnlich Schenke DÖV 1990, 496 und 498.

[10] BVerwGE 80, 207, 221 – Mühlheim-Kärlich; BGH NVwZ 1997, 714; Vogelsang/Zartmann NVwZ 1993, 855; Roßnagel DÖV 1995, 624.

verhindern, oder aus anderen Gründen notwendig oder zweckmäßig erscheint.[11] Zu **Lasten des Bürgers** sind vorläufige VAe nur zulässig, wenn eine gesetzliche Ermächtigungsgrundlage den vorläufigen Eingriff zuläßt (ausführlich Knack § 35 Rn 114).

aa) Rechtsnatur. Die danach in Betracht kommenden vorläufigen Regelungen unterscheiden sich von Teilentscheidungen dadurch, dass sie nicht über einen Teil der Sache oder einzelne Vorfragen abschließend entscheiden, sondern vorläufigen Charakter haben und unter dem **Vorbehalt der abschließenden Entscheidung** in der Sache stehen. Derartige Regelungen werden deshalb als **vorläufige VAe** bezeichnet (BSG DVBl 1988, 449), die je nach der konkret getroffenen oder zu treffenden Regelung entweder inhaltlich in der Weise beschränkt sind, dass die Regelung mit dem Erlass der endgültigen Regelung gegenstandslos wird (StBS 178), oder als VAe mit der auflösenden, uU auch rückwirkend auflösenden,[12] Bedingung (BVerwGE 67, 99 = NJW 1983, 2043; Seibert DVBl 1986, 1281) der endgültigen Entscheidung oder dem Vorbehalt des Widerrufs[13] versehen sind. Zur Abgrenzung vorläufiger Regelungen dieser Art von Teil-VAen vgl auch Rumpel NVwZ 1989, 1132. 19

bb) Ansprüche auf vorläufige Regelungen. Zweifelhaft ist, unter welchen Voraussetzungen der einzelne Antragsteller einen Anspruch auf Erlass vorläufiger Regelungen hat. Soweit keine speziellen gesetzlichen Regelungen bestehen, wird man einen Anspruch auf eine ermessensfehlerfreie Entscheidung über eine vorläufige Regelung zum Schutz oder zur einstweiligen Durchsetzung von Rechten anzuerkennen haben, soweit die Behörde zu einer solchen Regelung berechtigt ist und außerdem ein berechtigtes Interesse des Betroffenen an einer vorläufigen Regelung anzuerkennen ist (Kopp F.J. 98, 115ff; Kopp DVBl 1990, 728, 1190). Zu vorläufigen Eingriffsmaßnahmen ist die Behörde dagegen nur befugt, wenn und soweit entsprechende gesetzliche Ermächtigungen (zB zum Einschreiten bei Gefahrenverdacht) vorliegen (Peine DÖV 1986, 857; di Fabio DÖV 1991, 637; s auch § 35 Rn 9ff). 20

cc) Verfahrensfragen. Der Erlass vorläufiger VAe erfolgt in rechtlich selbstständigen Verwaltungsverfahren, die allerdings mit dem weiteren Verfahren eine rechtliche Einheit bilden. Auf sie sind (Kopp F.J. 92; **aA** FL § 10 Rn 18) mit gewissen Abwandlungen und Ausnahmen – insb Verfahrenserleichterungen, die sich aus dem Zweck des Verfahrens als eines vorläufigen, summarischen Verfahrens ergeben – die allgemeinen Verfahrensvorschriften anzuwenden, die auch für das Hauptsacheverfahren gelten. Zum Teil tragen diese Vorschriften den besonderen Erfordernissen derartiger Verfahren Rechnung (vgl zB § 28 Abs 2 Nr 1; § 3 21

---

[11] BVerwGE 67, 99 = NJW 1983, 2043; 81, 84 = NVwZ 1989, 1172; DVBl 1991, 1365; BSG 62, 32 = NJW 1988, 292; DVBl 1989, 217; NVwZ 1991, 303 zu vorläufiger Leistung; OVG Münster NVwZ 1991, 588; OVG Hamburg NVwZ 1990, 687 zur Leistung unter Vorbehalt; DVBl 1989, 238; StBS § 35 Rn 175; Knack 22; Tiedemann DÖV 1981, 786; Jäckle NJW 1984, 2132; Peine DÖV 1986, 849; Martens DÖV 1987, 992; Seibert 553; Schimmelpfennig 1ff; Kemper 227; Kopp F.J., Vorläufige Verwaltungsverfahren, 1992, 96ff, 112ff; ders, DVBl 1989, 238; Kopp 115 und BayVBl 1968, 236; DVBl 1990, 728, 1189; NWVBl 1990, 180; Losch NVwZ 1995, 235; Lücke, Inwieweit dürfen Parlamente, Gerichte und Behörden vorläufige Staatsakte erlassen?, 1991; FL 18 zu § 10.

[12] S Kopp F.J. DVBl 1989, 238; vgl auch BVerwG NVwZ 1993, 181: Erlaubnis für Probebetrieb unter Vorbehalt der Entscheidung über endgültige Betriebserlaubnis.

[13] Vgl BVerwGE 67, 101 = DVBl 1983, 852; Kopp F.J. 48ff; ders., DVBl 1989, 238; Hamann DVBl 1992, 741; Bockey JA 1992, 161; Kopp DVBl 1990, 728, 1190; NWVBl 1990, 179; zT **aA** Schimmelpfennig 135: VAe sui generis; Kemper 227: VAe mit entsprechender Nebenbestimmung, nicht jedoch uU auch inhaltlich entsprechend beschränkte VAe; vgl zu ‚vorsorglichen' VAen auch BVerwG 81, 84 = NVwZ 1989, 1172; dazu, daß dafür eine besondere Rechtsfigur nicht erforderlich ist, Püttner JZ 1989, 846; Langer JA 1990, 41; Kopp F.J. 86; Losch NVwZ 1995, 235.

Abs 4); andere Abweichungen ergeben sich aus dem Wesen des Verfahrens als Eilverfahren und zugleich vorläufiges Verfahren (Kopp F. J. 100 ff).

22 **Eine summarische Prüfung** ist ausreichend, wenn wegen besonderer Eilbedürftigkeit keine weitere Aufklärung möglich ist. Sie tritt an die Stelle der an sich gebotenen eingehenden Prüfung mit dem Erfordernis umfassender Aufklärung des Sachverhalts (§ 24) uU mit Beweiserhebung und beschränkt sich auf sofort verfügbare Beweismittel, glaubhaft gemachte Tatsachen (vgl § 921 Abs 2 ZPO) und überwiegende Wahrscheinlichkeiten (Kopp F.J. 100 f). Je nach der Art der Sache und der betroffenen Rechte, der Dringlichkeit und der voraussichtlichen Dauer der beabsichtigten oder beantragten Regelung kann uU auch die Verständigung des Antragsgegners bzw desjenigen, gegen den das Verfahren sich richtet, die Hinzuziehung Dritter bzw die **Anhörung des Betroffenen** (vgl BVerfG 46, 26), des Antragsgegners usw (§ 28 Abs 2 Nr 1) sowie eine an sich vorgeschriebene **Mitwirkung anderer Behörden** uä unterbleiben, wenn der Zweck des Verfahrens, insb die Eilbedürftigkeit der Entscheidung oder der für den Erfolg der Maßnahme erforderliche Überraschungseffekt (vgl BVerfG 57, 358) dies erfordert.[14]

23 Ggf kann die Behörde auch **mehrere vorläufige Anordnungen** in der Sache nebeneinander oder nacheinander erlassen, etwa wenn einzelne Fragen sich zunächst noch nicht voll überblicken lassen (vgl auch zu adressatlosen Sofortmaßnahmen mit späterer Konkretisierung hins. bestimmter Personen durch weitere VAe, Münster DVBl 1973, 925), wenn Fragen erst nachträglich regelungsbedürftig werden, wenn sich die Verhältnisse ändern oder sich neue Gesichtspunkte ergeben, usw. Die **Beschränkungen der §§ 48 ff** gelten für vorläufige Regelungen nicht, soweit die vorläufige Regelung von vorneherein und in zulässiger Weise unter den Vorbehalt einer endgültigen Regelung gestellt worden ist (s hierzu näher § 48 Rn 18). Anders ist dies, wenn die Vorläufigkeit des VA durch die Beifügung eines Widerrufsvorbehalt bewirkt worden ist.

23 a **5. Verhältnis zu nachfolgenden Verfahren.** Während das Widerspruchsverfahren nach der hier vertretenen Auffassung[15] als Fortsetzung des Ausgangsverfahrens anzusehen ist, handelt es sich bei nachfolgenden Vollstreckungsverfahren ebenso wie bei Verfahren mit dem Ziel eines Widerrufs, einer Rücknahme oder des Wiederaufgreifens (§§ 48 ff) um rechtlich selbständige Verwaltungsverfahren.

III. Gegenstand, Beginn und Ende des Verfahrens

24 **1. Gegenstand des Verwaltungsverfahrens.** Gegenstand des Verwaltungsverfahrens ist die durch einen bestimmten konkreten Sachverhalt iVm einem bestimmten Antrag oder Vertragsangebot bzw bei amtswegigen Verfahren iVm einer entsprechenden Einleitungsentscheidung näher abgegrenzte **Verwaltungsrechtssache.**[16] Der Begriff der Verwaltungsrechtssache entspricht dem des Streitgegenstandes im Prozessrecht.[17] Das VwVfG spricht selbst nicht vom Verfahrensgegenstand, sondern verwendet dafür, ohne dass damit für den Bereich des Verfahrensrechts ieS etwas anderes ausgesagt würde, andere Begriffe, wie Angelegenheit, Sache, uä. Der Antrag, das Vertragsangebot oder die Entscheidung über die Einleitung eines Verfahrens von Amts wegen bestimmen zugleich auch das Ziel und den formellen Gegenstand des Verfahrens in rechtlicher und tatsächlicher Hin-

---

[14] BVerfG 9, 102; 18, 404; 46, 26; 49, 342; 51, 111; 57, 358 = NJW 1981, 2111; DÖV 1970, 53; NJW 1986, 372; BGH NJW 1978, 1815; Kopp F.J. 102 ff; Kopp 27.

[15] Str, **aA** StBS 198.

[16] Vgl VGH München BayVBl 1981, 241: Verwaltungsrechtssache, die durch VA bestandskräftig abgeschlossen wird; ebenso Jäde BayVBl 1988, 266; Weyreuther DVBl 1984, 366: Verfahrensgegenstand.

[17] Ähnlich Obermayer, in: Boorberg-FS 1977, 128; **aA** FL § 10 Rn 8: im Verwaltungsverfahren kann es keinen „Verfahrensgegenstand" geben. Vgl dazu sowie zu der zT schwierigen Abgrenzung, Kopp/Schenke § 90 Rn 12 ff.

sicht.[18] Soweit der Antrag, das Vertragsangebot oder die Einleitungsentscheidung der Behörde keine engere Abgrenzung treffen (vgl auch BSG 61, 14; Martens NVwZ 1988, 684), ist Verfahrensgegenstand („Sache") **im Zweifel die gesamte Regelung,** die im Hinblick auf einen als regelungsbedürftig angesehenen Sachverhalt angestrebt, beabsichtigt oder in Betracht gezogen wird. Dies sind zB bei einer Planfeststellung für ein Kreuzungsbauwerk nicht allein die gesonderten Festsetzungen für die einzelnen Grundstücke, sondern die Planfeststellung für den gesamten von ihr erfassten Bereich, auch wenn im Hinblick auf das rechtliche Gehör, auf Rechtsbehelfe usw jeder Verfahrensbeteiligte auf die Geltendmachung der ihn in seinen Rechten oder Belangen betreffenden Gesichtspunkte beschränkt ist.

a) Maßgeblichkeit des materiellen Rechts. Maßgeblich dafür, über welche Aspekte einer Sache in einem Verfahren zu entscheiden ist und was idS zum **Gegenstand des Verfahrens** gehört, ist in erster Linie das materielle Recht. Nach dem in der Sache anwendbaren Fachrecht ist auch zu beurteilen, ob für bestimmte Aspekte gesonderte weitere Genehmigungs- usw Verfahren, zB parallele Verfahren (vgl Rn 38 ff) erforderlich sind und ggf welche Behörde dafür zuständig ist.[19] Gleiches gilt für die Frage, ob und ggf wieweit ein Verfahren einzelne Aspekte, die auch in weiteren Verfahren von Bedeutung sind und mit für diese Verfahren bindender Wirkung präjudiziert und für die Behörde selbst und hins. anderer, zusätzlich erforderlicher weiterer Genehmigungen usw bereits bindend ist, wenn bzw soweit sie insoweit keine Einschränkungen macht, zB Vorbehalte enthält oder sich Einschränkungen aufgrund der insoweit maßgeblichen Rechtsvorschriften ergeben. 25

b) Änderungen in rechtlicher oder tatsächlicher Hinsicht. Ändert sich die Sach- und Rechtslage nach Erlass eines VA, so führt dies dann zu einer Veränderung des Verfahrensgegenstandes, wenn die Wirksamkeit des VA nach seinem Regelungsgehalt unter Berücksichtigung auch des materiellen Rechts auf eine bestimmte Sach- und Rechtslage beschränkt sein sollte. Dies kann dem VA nur durch Auslegung entnommen werden. Liegt eine maßgebliche Veränderung der Sach- und Rechtslage vor, so führt dies zu einer Erledigung des VA und damit zu einem Wegfall seiner Wirksamkeit nach § 43 aus anderen Gründen. 25 a

c) Verfahrensgegenstand bei mehreren Genehmigungsverfahren. Problematisch ist die Bestimmung des Verfahrensgegenstandes dann, wenn derselbe Sachverhalt mehrere Genehmigungsverfahren auslösen kann. Grundsätzlich ist, wenn in einer Sache mehrere Genehmigungen uä erforderlich sind, etwa nach Baurecht, Gewerberecht, Naturschutzrecht usw, jede bereits erteilte Genehmigung uä für die anderen noch erforderlichen weiteren Genehmigungen usw und die dafür zuständigen Genehmigungsbehörden insoweit bindend, als in ihr eine Regelung getroffen ist. Im übrigen sind die anderen Behörden in der Beurteilung der fachgesetzlichen Genehmigungsvoraussetzungen, für die sie zuständig sind, frei (Lämmle, Konkurrenz paralleler Genehmigungen, 1991, 106). Jede Behörde darf bei ihrer Entscheidung grundsätzlich nur die Gesichtspunkte berücksichtigen, für die sie selbst materiellrechtlich die **Prüfungskompetenz** hat (s unten Rn 39 ff). Daher darf zB die Baubehörde einen Antrag auf Erteilung einer Baugenehmigung für eine Gaststätte nur verweigern, wenn die baurechtlichen Voraussetzungen nicht erfüllt sind, nicht dagegen auch, weil nach ihrer Überzeugung die persönlichen Voraussetzungen für die Erteilung einer Gaststättenerlaubnis fehlen. Über sie 26

---

[18] BSG 61, 14; Obermayer, in: Boorberg-FS 1977, 128; 44 zu § 22; Dechsling DÖV 1985, 718; MB 5 zu § 22; Martens NVwZ 1988, 684; s auch 10 zu § 22; **aA** FL § 10 Rn 8: keine Bindung an Anträge im Verwaltungsverfahren.

[19] Vgl dazu auch VGH Mannheim NVwZ 1993, 479: zuständig ist bei mehrfachem Bezug grundsätzlich für jede einzelne Genehmigung usw die Behörde, für deren Zuständigkeitsbereich der engere Bezug gegeben ist.

ist vielmehr nach dem GastG gesondert aufgrund eines eigenen, selbständigen Verfahrens zu entscheiden (VGH München DVBl 1993, 665 = BayVBl 1993, 765; ähnlich VGH Mannheim DVBl 1991, 223). Dies gilt selbst dann, wenn das Fehlen der persönlichen Voraussetzungen offensichtlich ist. Auch unter dem Gesichtspunkt des erforderlichen Sachentscheidungsinteresses kann die Behörde in derartigen Fällen eine Entscheidung über die Genehmigung uä, für die sie zuständig ist, allenfalls in extrem gelagerten Fällen ablehnen. Entsprechendes gilt, wenn für das Vorhaben, für das die Genehmigung beantragt wird, eine weiter erforderliche Genehmigung oä bereits unanfechtbar abgelehnt wurde.

27 **2. Beginn des Verwaltungsverfahrens.** Mit dem Beginn des Verwaltungsverfahrens wird das öffentlich-rechtliche Verfahrensverhältnis zu den Beteiligten (§ 13) und sonstigen Betroffenen begründet. Das bedeutet, dass die Betroffenen von diesem Zeitpunkt an die für das Verwaltungsverfahren in den §§ 10 ff geregelten **verfahrensrechtlichen Rechte** (zB das Recht auf Akteneinsicht und rechtliches Gehör) **und Pflichten** (zB Mitwirkungspflichten) haben. Dem Beginn des Verfahrens sind uU Handlungen vorgelagert, die im Vorfeld, zB zur Vorbereitung eines Verwaltungsverfahrens durchgeführt werden. Sie können zB die Frage betreffen, ob überhaupt und mit welchem Ziel ein Verwaltungsverfahren durchgeführt werden soll. Diese Handlungen werden von den §§ 10 ff noch nicht, jedenfalls nicht unmittelbar erfasst. Deshalb ist die Feststellung des Verfahrensbeginns von erheblicher Bedeutung.

28 **a) Einleitung des Verfahrens von Amts wegen.** Der Beginn des Verwaltungsverfahrens von Amts wegen wird markiert durch die ersten Handlungen der Behörde, die auf die Prüfung der Voraussetzungen, die Vorbereitung der den Erlass eines VA oder den Abschluss eines Verwaltungsvertrages gerichtet sind. Maßgebend ist hiernach die konkrete Zielrichtung der Maßnahme. Grundsätzlich steht die Eröffnung eines Verwaltungsverfahrens wie auch seine konkrete Ausgestaltung im pflichtgemäßen Ermessen der Behörde, der insoweit ein allgemeines **Verfahrensermessen** zukommt (vgl § 10). **Nicht erforderlich** ist eine **förmliche Einleitungsentscheidung** der Behörde. Die Entscheidung kann vielmehr auch konkludent durch das Ergreifen von Maßnahmen, die mit der die in § 9 genannten Zielsetzung verbunden sind, zum Ausdruck kommen. Aufgegeben wird die noch in der Vorauflage (Rn 28) vertretene Auffassung, der Wille bzw die Entscheidung der Behörde, ein Verwaltungsverfahren einzuleiten, müsse für den Bürger erkennbar sein. Einer Mitteilung an Beteiligte oder Betroffene bedarf es nicht (so auch StBS 95; Knack 14 f; **aA** Obermayer vor § 9 Rn 9). Anderenfalls hätte die Behörde es in der Hand, durch ein Unterlassen entsprechender Mitteilungen die Anwendbarkeit der §§ 10 ff hinauszuzögern (so Knack 14).

29 **b) Antragstellung. Umstritten** ist weiter, ob bereits ein Antrag bei der Behörde den Beginn des Verwaltungsverfahrens markiert, oder ob es trotz Antragstellung einer Entscheidung der Behörde bedarf, das Verfahren aufgrund des Antrags auch tatsächlich zu eröffnen. Für die zuletzt genannte Auffassung spricht, dass die Eröffnung des Verwaltungsverfahrens grundsätzlich Sache der Behörde ist (so StBS 95; s auch § 22 Rn 11). Gleichwohl wird man im Zeitpunkt der Antragstellung, also des Zugangs des Antrags, zugleich auch den Beginn des Verwaltungsverfahrens jedenfalls dann sehen können, wenn die Behörde aufgrund des Antrags zu einer sofortigen Eröffnung des Verwaltungsverfahrens verpflichtet ist (s § 22 Rn 19).

30 **3. Beendigung des Verfahrens. a) Bei Erlass eines VA.** Das VwVfG enthält keine näheren Bestimmungen über den Abschluss des Verfahrens. § 9 enthält insoweit lediglich die Klarstellung, dass das Verwaltungsverfahren den Erlass eines VA bzw den Abschluss eines Verwaltungsvertrages einschließt, also nicht etwa schon vorher beendet ist. Daraus kann aber nicht ohne weiteres geschlossen wer-

den, dass damit auch das Ende des Verwaltungsverfahrens markiert wird, wie das teilweise angenommen wird (StBS 184; Obermayer 36: Zeitpunkt der Bekanntgabe; UL § 20 Rn 7: Zeitpunkt des Erlasses). Überzeugender ist die Annahme, dass das Verfahren bis **zum Eintritt der Unanfechtbarkeit des VA** bzw der Wirksamkeit des Vertrags, dessen Erlass bzw Abschluss das Ziel des Verfahrens ist, oder bis zu einer **Beendigung in anderer Weise** andauert.[20] Dass nicht bereits das Ergehen eines VA bzw der Abschluss eines Vertrags das Verfahren beendet, wird durch § 13 Abs 1 Nr 2 und 3, wonach Beteiligte auch diejenigen sind, „an die die Behörde den VA ... gerichtet hat" bzw „mit denen die Behörde einen öffentlich-rechtlichen Vertrag ... geschlossen hat", sowie durch § 58, wonach ein geschlossener Vertrag, der in Rechte Dritter eingreift, erst mit deren (uU auch erst nachträglichen) Zustimmung wirksam wird, bestätigt (**aA** StBS 183; UL § 20 Rn 7, die diese Regelungen nur damit erklären, dass sichergestellt werden soll, dass die Betroffenen Beteiligtenrechte, wie das Recht auf Akteneinsicht, auch noch nach Abschluss des Verfahrens wahrnehmen können). Die hier vertretene Position bedeutet zugleich, dass das Widerspruchsverfahren kein gegenüber dem Ausgangsverfahren selbständiges Verfahren ist (s oben Rn 1). Sie kann das Andauern der Verfahrensrechte der Beteiligten, wie zB das Recht auf Akteneinsicht, überzeugend erklären. Auf Schwierigkeiten trifft die hier vertretene Auffassung bei der Qualifizierung von Verfahren, die auf Widerruf oder Rücknahme des erlassenen VA gerichtet sind und nach allgemeiner Auffassung selbständige Verwaltungsverfahren sind, auch wenn vor Eintritt der Unanfechtbarkeit des VA entschieden wird (vgl § 48 Rn 6; § 49 Rn 5).

b) Teilregelungen und vorläufige Regelungen. Während im Falle der Unanfechtbarkeit eines VA das Verwaltungsverfahren beendet ist, gilt dies nicht für VAe, die lediglich Teilregelungen und vorläufige Regelungen enthalten. In diesen Fällen führt erst der abschließende VA zu einer Beendigung des Verwaltungsverfahrens. Nachträgliche Entscheidungen, wie zB die nachträgliche Beifügung von Nebenbestimmungen, ergehen dagegen idR aufgrund eines selbständigen Verwaltungsverfahrens. 31

c) Beendigung durch Vertrag. Ein Vertrag, insb ein Vergleichsvertrag, kann gem § 54 S. 2, § 55 grundsätzlich auch in einem auf Antrag oder von Amts wegen eingeleiteten, auf Erlass eines VA gerichteten Verfahren abgeschlossen werden. Er **beendet das Verfahren unmittelbar** (anders uU, wenn nicht alle nach § 58 erforderlichen Zustimmungen bzw Mitwirkungshandlungen vorliegen); allenfalls ist noch über die Kosten zu entscheiden, soweit es hierfür eine Grundlage gibt und der Vertrag darüber keine Regelung trifft. 32

d) Beendigung durch Einstellung des Verfahrens. Das VwVfG regelt in den allgemeinen Vorschriften – anders für das förmliche Verfahren (vgl § 69 Abs 3) – nur den Normalfall, dass ein Verwaltungsverfahren durch Erlass eines VA oder durch Abschluss eines Vertrages beendet wird. Dies ist jedoch nicht immer der Fall. Wenn der Antragsteller in einem Antragsverfahren, das ohne Antrag nicht zulässig ist, die **Antragsrücknahme** erklärt oder wenn die Beteiligten mit der Behörde einen **Vergleich** (§ 55) schließen bzw wenn bei einem von Amts wegen eingeleiteten Verfahren die Behörde das Verfahren nicht mehr weiterführen will, so darf bzw kann auch bei ursprünglicher Zulässigkeit des Verfahrens eine Entscheidung in der Sache nicht mehr ergehen; vielmehr ist **das Verfahren einzu-** 33

---

[20] So BVerwGE 82, 338; BVerwG FamRZ 1981, 208; BSG MDR 1980, 348; BGH NJW 1982, 2253; München DVBl 1982, 1012; VG Berlin NVwZ 1982, 577; Knack 31; MB 12; Louis/Abry DVBl 1986, 331; **aA** UL § 20 Rn 7; StBS 182: Zeitpunkt der Bekanntgabe; Drescher NVwZ 1988, 681: nur bis zum Ergehen, dh bis zur Bekanntgabe, des VA bzw dem Abschluß des Vertrages; Obermayer § 13 Rn 16: Beendigung nicht erst mit der Bekanntgabe des VA, sondern bereits mit der Hinausgabe zur Post; vgl auch BVerwGE 55, 303.

stellen und, soweit rechtlich geboten, eine Entscheidung über die Kosten des Verfahrens zu treffen.

34 **aa) Amtswegige Verfahren.** In von Amts wegen eingeleiteten Verfahren kann die Behörde, wenn der Grund für das Verfahren wegfällt oder die Behörde feststellt, dass von Anfang an kein Grund bestanden hat, aber auch, wenn sie aus anderen Gründen das Verfahren nicht mehr weiterführen will, aufgrund ihrer Verfahrensherrschaft das Verfahren jederzeit mit der Folge einstellen, dass das Verfahren dadurch beendet wird. Sie bedarf dazu nicht der Zustimmung der Beteiligten, auch nicht notwendiger Beteiligter. Ob und ggf unter welchen Voraussetzungen eine Behörde berechtigt ist, ein Verfahren, das sie von Amts wegen eingeleitet hat, einseitig einzustellen, ist eine Frage des in der Sache maßgeblichen materiellen Rechts und berührt die Wirksamkeit einer Verfahrenseinstellung nicht, sondern hat allenfalls die Rechtswidrigkeit der Einstellung des Verfahrens zur Folge. Grundsätzlich ist die Behörde verfahrensrechtlich nicht gehindert, sofort oder später wieder ein neues Verfahren in der gleichen Angelegenheit einzuleiten.

35 Die Einstellung des Verfahrens kann, wenn durch Gesetz nichts anderes vorgeschrieben ist (zB § 69 Abs 3, § 74 Abs 1 S. 2), **formlos;**[21] dies selbst in Fällen, in denen für eine Sachentscheidung eine bestimmte Form vorgeschrieben wäre. Umstritten ist, ob eine **Mitteilung der Einstellung** an die Beteiligten stets erforderlich ist. Dies wird überwiegend verneint (VGH München NJW 1988, 1615; StBS 188; Knack 32: Benachrichtigung der Beteiligten von der Einstellung nicht erforderlich; **aA** Obermayer 40). Der Stellung der Beteiligten im Verwaltungsverfahren wird diese an praktischen Überlegungen ausgerichtete Auffassung nicht hinreichend gerecht. Die Frage hat indessen kaum praktische Bedeutung. Die Einstellung eines von Amts wegen eingeleiteten Verfahrens berührt die Rechte der Beteiligten bzw der sonst Betroffenen grundsätzlich nicht. Sie ist deshalb auch nicht als VA anzusehen (s aber unten Rn 36).

36 **bb) Antragsverfahren.** Ein aufgrund eines Antrags nach § 22 eingeleitetes Verfahren kann die Behörde nicht ohne weiteres einstellen. Hier ist grundsätzlich Voraussetzung, dass der Antrag vom Antragsteller zurückgenommen oder für erledigt erklärt worden ist. Teilt die Behörde dem Antragsteller (uU formlos) mit, dass sie das Verfahren eingestellt habe, obwohl der Antrag weder zurückgenommen noch für erledigt erklärt worden ist, so wird darin eine **konkludente Ablehnung** des Antrags gesehen werden müssen. Anders bei bloßer Untätigkeit. Zum Problem, ob und auf welche Weise der Antragsteller eine Entscheidung über den Antrag erzwingen kann, s § 22 Rn 20. **Die Rücknahme eines Antrags** ist, obwohl sie im VwVfG nicht ausdrücklich erwähnt wird, in allen Fällen zulässig (UL § 20 Rn 5; Erichsen/Ehlers § 36 Rn 6; WBS II § 46 Rn 38; vdGK 3, 4), und zwar bis zum Eintritt der Unanfechtbarkeit eines erlassenen VA (VGH München DVBl 1982, 1012; Knack 32; str, **aA** BVerwG NVwZ 1989, 476; StBS 70; WB III § 156 Rn 32). In Verfahren, die nur auf Antrag durchgeführt werden können, findet das Verfahren in der Hauptsache durch die Rücknahme des Antrags sein Ende; bereits ergangene, aber noch nicht unanfechtbar gewordene **Entscheidungen werden gegenstandslos** und unwirksam.[22] Dies gilt jedoch dann nicht, wenn ein anderer Antragsberechtigter seinen Antrag aufrechterhält und das Verfahren insoweit, also beschränkt auf diesen Antrag, fortzuführen ist. Handelt es sich um ein Verfahren, das die Behörde auch von Amts wegen einleiten hätte können, so kann

[21] BVerwG NVwZ 1991, 570; VGH München NJW 1988, 1615; NVwZ 1990, 776: es genügt, daß für die Beteiligten zum Ausdruck gebracht wird, daß das Verfahren nicht weiter betrieben wird; vgl auch StBS 188; Knack 32; Obermayer 40.

[22] Str, **aA** StBS 71: Rücknahme ist nur bis zur Bekanntgabe der Entscheidung zulässig. Dies ist auf der Grundlage der Auffassung, wonach das Verwaltungsverfahren mit Bekanntgabe endet, nur konsequent.

sie es auch ohne Rücksicht auf die Antragsrücknahme fortführen, in diesem Fall hat die Rücknahme des Antrags auf die Wirksamkeit des bereits ergangenen VA keine unmittelbare Auswirkungen.

cc) Die Erledigung der Hauptsache. Da es sich bei Verwaltungsverfahren idR nicht um kontradiktorische Verfahren handelt, sind die Regelungen und Grundsätze der VwGO über die Erledigung in der Hauptsache (zB § 161 VwGO) nicht entsprechend anwendbar (StBS 188). Behörde und Beteiligte können das Verfahren allerdings durch übereinstimmende formlose Erklärungen, dass die Hauptsache erledigt sei, beenden.[23] In diesem Fall ist in der Erklärung der Behörde eine **Einstellung des Verfahrens** zu sehen, in den Erklärungen der Beteiligten eine Zustimmung hierzu. Die übereinstimmende Erledigungserklärung als solche beendet also anders als im VerwaltungsProzess das Verfahren nicht automatisch, sondern nur dann, wenn in der Erklärung der Behörde eine Einstellungsverfügung zu sehen ist. Erklärt nur der Antragsteller die Sache für erledigt, so kann die Behörde das Verfahren nur dann fortführen, wenn sie berechtigt iist, das Verfahren auch von Amts wegen zu betreiben. 37

IV. Zusammentreffen mehrerer Verfahren

1. Allgemeines. Nicht ausdrücklich geregelt ist im VwVfG die Frage, wie vorzugehen ist, wenn in einer Angelegenheit, zB für ein Vorhaben, Entscheidungen einer oder auch mehrerer Behörden nach verschiedenen Gesetzen vorgeschrieben sind. Maßgeblich dafür sind grundsätzlich die jeweiligen gesetzlichen Regelungen in den Fachgesetzen. Sind darin mehrere VAe (zB Genehmigungen, Bewilligungen usw) nebeneinander vorgesehen, so sind im Grundsatz auch mehrere voneinander getrennte Verwaltungsverfahren durchzuführen; es stellt sich dann materiellrechtlich die uU das Problem der Abgrenzung der Prüfungsbereiche u der (teilweisen) Bindungswirkung (s zB unten Rn 41). Das jeweils anwendbare Fachrecht kann aber auch ein Verwaltungsverfahren mit Konzentrationswirkung ausstatten (vgl unten Rn 45) oder einzelne Prüfungs- und Entscheidungsvorgänge als unselbständige Verfahrensteile in ein Haupt-Verwaltungsverfahren integrieren (s unten Rn 42) oder ein Stufenverhältnis vorsehen (s unten Rn 43). 38

2. Grundsatz der Parallelität. Sind die rechtlichen Anforderungen, denen ein genehmigungspflichtiges, erlaubnispflichtiges usw Vorhaben genügen muss, in verschiedenen Gesetzen geregelt, von denen jedes eine selbständige, gesonderte Genehmigung, Erlaubnis usw vorschreibt, so kommen diese Gesetze grundsätzlich nebeneinander zur Anwendung, soweit nicht ausnahmsweise etwas anderes bestimmt ist (zB eine Verfahrenskonzentration, vgl Rn 45) oder nach ihrem erkennbaren Sinn und Zweck Spezialität besteht, dh nur ein Gesetz zur Anwendung kommt.[24] Deshalb ist zB eine für einen bestimmten Komplex erforderliche Erlaubnis, zB eine Erlaubnis nach dem GastG, auch dann zu erteilen, wenn offen ist, ob eine zusätzlich ebenfalls erforderliche Genehmigung, zB eine etwa erforderliche wegerechtliche Sondernutzungserlaubnis, eine wasserrechtliche Erlaubnis usw erteilt werden kann. 39

a) Prüfungsumfang. Soweit für bestimmte Aspekte eines Vorhabens generell ein besonderes Genehmigungsverfahren vorgeschrieben ist, sind diese Aspekte im Zweifel in den anderen Verfahren nicht zu prüfen (BVerwGE 81, 351; BVerwG 40

---

[23] Enger Knack 32: Beendigung des Verfahrens durch übereinstimmende Hauptsacheerledigungserklärungen nur in Fällen, in denen der Behörde Antragsteller und Antragsgegner gegenüberstehen.

[24] VGH München – GrS – NVwZ 1994, 304; Gusy NVwZ 1995, 113; allg auch Lämmle, Konkurrenz paralleler Genehmigungen; **aA** – durch die vorstehende Entscheidung NVwZ 1994, 304 jedoch überholt – VGH München BayVBl 1984, 566; vgl auch VGH Mannheim NVwZ 1990, 1094; 1993, 7; Gaentzsch NJW 1986, 2787.

DVBl 1988, 489); anders uU, wenn eines der beteiligten Verfahren nach Inhalt und Zweck immer zugleich auch Aspekte mit einschließt, die ggf auch Gegenstand besonderer Verfahren, die mit eigenen VAen abschließen, sein können, und sich in diesem Sinn die Verfahrensgegenstände nach dem Willen des Gesetzgebers teilweise überschneiden können.

41 **b) Probleme des Baugenehmigungsverfahrens.** Baugenehmigungsverfahren nach den BauOen der Länder sind nicht mit Konzentrationswirkung ausgestattet, dh nach anderen Gesetzen erforderliche Genehmigungen, Erlaubnisse usw sind grundsätzlich neben der Baugenehmigung für ein Vorhaben zusätzlich einzuholen. Eine Ausnahme gilt idR für die bauordnungsrechtliche Werbeanlagengenehmigung, die neben einer Baugenehmigung nicht erforderlich ist. Umstritten ist das **Verhältnis der Bauerlaubnis zu anderen Erlaubnissen,** Genehmigungen usw. Während die hM die Bauerlaubnis insoweit nicht anders behandelt als die übrigen Erlaubnisse (VGH München NVwZ 1994, 304 = BayVBl 1993, 370), geht die sog **Schlusspunkttheorie** davon aus, dass die Baugenehmigung erst erteilt werden dürfe, wenn sämtliche anderen etwa erforderlichen Erlaubnisse vorliegen (abl zur Schlusspunkttheorie BVerwGE 99, 351; Ortloff BauR II § 7 III 3 mwN). Dies wird damit begründet, dass erst dann abschließend beurteilt werden könne, ob das Vorhaben mit allen öffentlich-rechtlichen Vorschriften vereinbar sei.

41a Bei der Erteilung einer **Baugenehmigung für eine Gaststätte** wird zugleich verbindlich über die Eignung der Baulichkeiten für eine Gaststätte iS von § 4 Abs 1 Nr 3 GastG mit entschieden; im Verfahren für die Erteilung einer Gaststättenerlaubnis sind dann die Erfordernisse gem § 4 Abs 1 Nr 3 GastG nicht mehr erneut zu prüfen; die darüber im Baugenehmigungsverfahren getroffene Entscheidung ist vielmehr auch für das Verfahren zur Erteilung der Gaststättenerlaubnis bindend (BVerwGE 80, 259 = NJW 1989, 1233; BVerwG NVwZ 1989, 1165; ferner BVerwG NVwZ 1990, 559). Umgekehrt kann auch das Gaststättenerlaubnisverfahren schon vor dem Baugenehmigungsverfahren durchgeführt werden (BVerwG DVBl 1990, 207); dann muss im Gaststättengenehmigungsverfahren auch über die baulichen Voraussetzungen der nach § 4 Abs 1 Nr 3 GastG entschieden werden. Die Unanfechtbarkeit der Ablehnung der Baugenehmigung für das Lokal steht dem Antrag auf Erteilung der Gaststättenerlaubnis und der Durchführung des Verfahrens zu ihrer Erteilung grundsätzlich nicht entgegen (BVerwG DVBl 1990, 206).

42 **3. Materielle Anforderungen ohne eigenständiges Verfahren.** Manche Gesetze schreiben für bestimmte Vorhaben zwar die Berücksichtigung von materiellen Erfordernissen vor, sehen aber kein eigenes Genehmigungsverfahren vor. In diesem Fall sind die dort geregelten Erfordernisse in anderen Genehmigungsverfahren mit zu berücksichtigen. So sind zB innerhalb eines Baugenehmigungsverfahrens für ein Bauvorhaben, das nach dem BImSchG nicht genehmigungsbedürftig ist, auch die Voraussetzungen nach §§ 22 ff BImSchG mit zu prüfen (BVerwGE 74, 315, 322; Ortloff NJW 1987, 1665). Auch die **naturschutzrechtliche Eingriffsregelung** kennt kein eigenes Verwaltungsverfahren (vgl § 20 BNatSchG nF), daher sind die Belange des Naturschutzes jeweils im Rahmen anderer Verfahren zu berücksichtigen (BVerwGE 82, 24); dies gilt auch für die **Umweltverträglichkeitsprüfung** nach dem UVPG (s § 72 Rn 33 ff). In derartigen Konstellationen spricht man auch von **Huckepackverfahren,** weil UVP wie naturschutzrechtliche Eingriffsregelungen auf sog Trägerverfahren angewisesen sind.

43 **4. Stufenverhältnis.** In manchen Fällen setzt die Durchführung eines Genehmigungsverfahrens die vorherige Durchführung eines anderen Verfahrens voraus. Um **vorgreifliche Verfahren** handelt es sich, wenn der vorherige Abschluss eines selbständigen Verwaltungsverfahrendurch VA oder Verwaltungsvertrag Voraussetzung für den Abschluss eines Verwaltungsverfahrens ist. So ist zB die Unterschutz-

stellung eines Bauwerks durch Eintragung in die Denkmalschutzliste (vgl § 6 HmbDenkmalSchG) als VA Voraussetzung für sonstige denkmalschutzrechtliche Maßnahmen. Das Abgabenrecht kennt einige Fälle von vorgreiflichen Verwaltungsverfahren, zB für Steuerermäßigungen oder Beitreibungen. In ähnlicher Weise sind auch sog. Grundlagenbescheide jeweils auch für bestimmte andere Verfahren vorgreiflich, zB die Grundsteuermeßbescheide nach § 171 Abs 10 AO für den Grundsteuerbescheid. Von **mehrstufigen Verfahren** ist zumeist die Rede, wenn das Gesetz eine nur interne und nicht selbst außenverbindliche Mitwirkung bzw Entscheidung einer anderen Behörde vorsieht, die für das eigentliche Verwaltungsverfahren vor der federführenden Behörde von Bedeutung ist.[25]

Unmittelbar beteiligt (§ 13) ist der Bürger nur im Verfahren vor der eigentlichen Genehmigungsbehörde; weitere Mitwirkungshandlungen oder ihre Unterlassung sind ihm gegenüber wegen fehlender unmittelbarer Außenwirkung keine VAe (s § 35 Rn 77). Im Rahmen von Klagen in bezug auf den ergehenden VA entscheiden die Gerichte zugleich über die im Innenverhältnis zwischen den beteiligten Behörden erforderliche Zustimmung oä mit (vgl BVerwG NVwZ 1987, 2181). Wegen der Vorgreiflichkeit der Zustimmung ua auch für das primäre Verwaltungsverfahren und den gegenüber dem Bürger ergehenden VA ist auch das im Innenverhältnis zwischen den Behörden stattfindende Verfahren als Teil des Verwaltungsverfahrens iS von § 9 zu behandeln. 44

5. (Partielle) Konzentrationswirkung. In einer Reihe von Gesetzen ist die dort vorgesehene Genehmigung mit einer (uU auch nur partiellen) Konzentrationswirkung ausgestattet. Dies gilt zunächst einmal für **Planfeststellungsverfahren** nach den §§ 72 ff bzw den entsprechenden Fachplanungsgesetzen. In diesen Fällen ersetzt der Planfeststellungsbeschluss nach § 75 sämtliche sonst erforderlichen Erlaubnisse, Verleihungen, Genehmigungen, Zustimmungen und sogar Befreiungsentscheidungen (s § 75 Rn 7 ff). Eine nur partielle Konzentrationswirkung entfaltet die **Anlagenenehmigung** nach § 4 BImSchG. Sie ersetzt nicht sämtliche für das Vorhaben erforderlichen sonstigen Genehmigungen usw, sondern nimmt die in § 13 BImSchG besonders aufgeführten Planfeststellungen und anderen Genehmigungen aus. Die Konzentrationswirkung ist idR nur formeller Natur, dh dass die übrigen spezialgesetzlich vorgesehenen Genehmigungen, Erlaubnisse, Befreiungen usw nicht erteilt bzw besonders eingeholt werden müssen, nicht aber, dass die materiell-rechtlichen Genehmigungsvoraussetzungen unbeachtlich würden **(Grundsatz der Verfahrenskonzentration).** Die Behörde, die die mit Konzentrationswirkung ausgestattete Genehmigung, Planfeststellung usw zu erteilen hat, muss das materielle Recht im gleichen Umfang berücksichtigen wie diejenigen Behörden es müssten, deren Genehmigungsentscheidungen ersetzt werden. Materielle Konzentrationswirkungen sind selten. Im Grunde handelt es sich dabei um Regelungen partieller Unbeachtlichkeit von materiellem Recht. Das ist der Fall bei § 38 BauGB, der einzelne privilegierte Fachplanungen von der Beachtung des Bauplanungsrechts unter bestimmten Voraussetzungen freistellt. 45

V. Mehrheit von Verfahren und Beteiligten

1. Verbindung und Trennung von Verfahren. Nach dem Grundsatz der Nicht-Förmlichkeit des Verfahrens (§ 10) ist die das Verfahren führende Behörde grundsätzlich befugt, gleichliegende oder ähnliche liegende Verfahren ganz oder teilweise, zB für einzelne Verfahrensabschnitte oder Verfahrenshandlungen oder auch nur für die Entscheidung miteinander zu verbinden oder sie, auch wenn sie aufgrund eines einzigen Antrags oder von Amts wegen gemeinsam begonnen wurden, zu trennen (StBS 190; Knack 23). Auch die Beteiligten können mit einem 46

---

[25] Der Sprachgebrauch ist allerdings nicht einheitlich; teilweise werden auch selbständige Verfahren, die aufeinander aufbauen, als mehrstufige Verfahren bezeichnet, vgl StBS 161.

Antrag mehrere Begehren geltend machen; ebenso können mehrere Beteiligte in ein und derselben Sache oder auch in verschiedenen, inhaltlich zusammenhängenden oder nicht zusammenhängenden Angelegenheiten gemeinsame Anträge stellen. Die insoweit für das gerichtliche Verfahren geltenden Beschränkungen (vgl §§ 44, 93 VwGO) sind im Verwaltungsverfahren nicht, grundsätzlich auch nicht sinngemäß, anzuwenden (StBS 190). Voraussetzung für eine Verbindung ist selbstverständlich, dass die Behörde für beide Verfahren zuständig ist.

47 **2. Mehrheit von Beteiligten. a) Allgemeines.** Das VwVfG enthält keine besonderen Regelungen über Verfahren mit mehreren Beteiligten als Antragsteller oder Antragsgegner oder sonstige Beteiligte. Nach dem Grundsatz der Nichtförmlichkeit des Verfahrens (§ 10) können auch mehrere Beteiligte ihre Rechte gemeinsam geltend machen. Die Behörde kann nach Ermessen solche Verfahren trennen, wenn sie dies für zweckmäßig hält, oder umgekehrt getrennte Verfahren verbinden. (BVerwG NJW 1970, 345). Bleiben die Verfahren getrennt, so muss die Behörde uU prüfen, ob eine Hinzuziehung (§ 13 Abs 2) von Beteiligten des jeweils anderen Verfahrens erforderlich ist.

48 **b) Notwendige Verfahrensgemeinschaft.** Soweit aufgrund des für die Entscheidung maßgebenden materiellen Rechts ein innerer Zusammenhang zwischen den Rechten der Beteiligten oder sonst sachlich in ihren Rechten Betroffenen dergestalt besteht, dass getrennte Anträge, Verfahren oder Entscheidungen verfahrensrechtlich nicht sinnvoll sind, insb ihren Zweck verfehlen würden, muss die Behörde die sich daraus für das Verfahren ergebenen Folgerungen berücksichtigen. Insoweit sind die Grundsätze des Prozessrechts über die sog **notwendige Streitgenossenschaft** gem § 64 VwGO, § 62 ZPO als Ausdruck sachlogischer Zusammenhänge auch im Verwaltungsverfahren analog anwendbar Eine notwendige Verfahrensgemeinschaft besteht nach denselben Grundsätzen, wie sie im Prozessrecht gelten, auch im Verwaltungsverfahren in zwei Fällen: (1.) bei notwendig einheitlicher Sachentscheidung oder (2.), wenn die Streitgenossenschaft „aus einem sonstigen Grund eine notwendige ist". Im einzelnen gelten hier, da es sich um sachlogische Zusammenhänge handelt, die im Prozessrecht von der Rspr und Rechtslehre entwickelten Grundsätze entsprechend.

49 **aa) Die uneigentliche notwendige Verfahrensgemeinschaft.** Entsprechend § 62 Abs 1, 1. Altern ZPO ist eine Verfahrensgemeinschaft dann eine notwendige, wenn ein Rechtsverhältnis allen „Streitgenossen", nämlich allen Antragstellern, Antragsgegnern oder sonstigen Beteiligten gegenüber, nur einheitlich geregelt oder festgestellt werden kann, dh der VA oder der zu schließende Vertrag allen Beteiligten gegenüber gleich lauten muss. Dazu gehören alle Fälle, in denen Beteiligte durch Rechtsbeziehungen des materiellen Rechts (vgl BVerwGE 17, 297) dergestalt miteinander verbunden sind, dass zwar eine gesonderte Antragstellung einzelner bzw gegen einzelne möglich und sinnvoll ist (zB der Antrag eines Miteigentümers auf Erteilung einer Baugenehmigung oder einer Abbruchgenehmigung (vgl BVerwGE 54, 55), dass aber, wenn sie zusammen einen Antrag stellen oder Antragsgegner sind oder wenn eine Regelung durch VA gegen sie alle beabsichtigt ist, die Entscheidung wegen der Einheit des Gegenstandes des Verfahrens (wenn auch uU nur im Falle einer positiven oder negativen Entscheidung) notwendig einheitlich, dh für alle Betroffenen gleich sein muss, weil die Entscheidung (der VA oder der Vertrag) allen Streitgenossen gegenüber wirken muss (vgl Kopp/Schenke § 64 Rn 6). Um eine uneigentliche notwendige Verfahrensgemeinschaft handelt es sich im Verwaltungsverfahren zB, wenn Käufer und Verkäufer oder Miteigentümer eine Bodenverkehrsgenehmigung (vgl BVerwG BayVBl 1970, 135 bzw BGHZ 36, 187), oder mehrere Miteigentümer eines Grundstücks eine Baugenehmigung beantragen (BVerwGE 54, 55 – jedoch zu eng, wenn hier auch die Zustimmung der übrigen Miteigentümer gefordert wird; Stettner JA 1982, 398), oder wenn die Behörde gegen eine OHG und ihre

Gesellschafter VAe auf Rückzahlung einer zu Unrecht gewährten Subvention erläßt. Eine uneigentliche notwendige Verfahrensgemeinschaft liegt auch in allen Fällen vor, in denen bei Streitgenossen eine Erstreckung der Entscheidungswirkung (zB entspr §§ 326ff, 728 ZPO) in Betracht kommt.

Bei Verfahren zum Erlass von **Allgemeinverfügungen** (§ 35 S. 2) kommt es auf die in Frage stehenden Auswirkungen an: nur soweit mehrere durch dieselben Auswirkungen betroffen sind, liegt eine uneigentliche notwendige Verfahrensgemeinschaft vor. Werden bei einem „dinglichen" VA (vgl § 35 Rn 104) mehrere nur durch unterschiedliche Auswirkungen zB desselben Vorhabens, auf das sich das Genehmigungsverfahren bezieht, betroffen, zB der eine Nachbar im Hinblick auf den Grenzabstand, der andere wegen zu erwartender Immissionen, oder verschiedene Straßenanlieger wegen der jeweils von den Straßenabschnitten vor ihren Grundstücken zu erwartenden Lärmbeeinträchtigung, so ist idR zwar eine Verbindung der Verfahren zweckmäßig (§ 10) und häufig auch, zB im Planfeststellungsverfahren, gesetzlich geboten, es handelt sich aber nicht um eine notwendige Verfahrensgemeinschaft im dargelegten Sinn (**aA** offenbar bei dinglichen VAen Stettner JA 1982, 398 zum Prozessrecht), auch wenn im Ergebnis das Unterbleiben des Vorhabens usw tatsächlich allen zugute käme. Bei Allgemeinverfügungen in der Form sog Sammel-VAe (vgl § 35 Rn 103) handelt es sich idR nicht um notwendige Verfahrensgemeinschaften; die Frage hängt aber auch hier letztlich von den Rechtsbeziehungen zwischen den Betroffenen ab, nicht von der Klassifizierung des VA als Allgemeinverfügung bzw Sammel-VA. 50

bb) Die eigentliche notwendige Verfahrensgemeinschaft. Eine Verfahrensgemeinschaft ist entspr § 62 Abs 1 2. Altern. ZPO „aus einem sonstigen Grund eine notwendige", wenn jeweils nur alle Antragsteller, alle Antragsgegner oder sonstigen Beteiligten gemeinsam zu Verfahrenshandlungen oder in der Sache selbst befugt sind (eigentliche notwendige Verfahrensgemeinschaft), zB die **Eltern,** die kraft ihres Elternrechts einen Antrag für ihr gemeinsames Kind stellen (vgl Maetzel DVBl 1975, 735; OVG Münster DVBl 1975, 443; OVG Lüneburg NVwZ 1982, 321); die Mitglieder einer **Gesellschaft des BGB** oder eines nichtrechtsfähigen Vereins im Verfahren bezüglich eines gegen die Gesellschaft zu richtenden VA oder der Erteilung einer auf die Tätigkeit der Gesellschaft bezogenen Genehmigung; die **Miterben** in ungeteilter Erbengemeinschaft im Verfahren bezüglich einer an die Erbengemeinschaft zu richtenden Wohnungszuweisungsverfügung, welche die Miterben zum Abschluss eines Mietvertrages mit dem Zugewiesenen verpflichtet;[26] **anders,** soweit nach §§ 2038ff BGB auch einzelne Miterben für den Nachlass allein handeln können, wie zB in Verfahren zur Erhaltung von Nachlassgegenständen (vgl VGH Kassel NJW 1958, 1203). In den genannten Fällen ist eine eigentliche notwendige Verfahrensgemeinschaft außerdem nur dann gegeben, wenn nicht die Gesellschaft oder die Erbengemeinschaft selbst aufgrund eigener Beteiligungsfähigkeit nach § 11 Nr 2 als solche den Antrag stellen kann bzw das Verfahren sich gegen sie als solche richtet. Der Mangel der Mitwirkung eines notwendigen Streitgenossen am Verfahren wird mit Rückwirkung geheilt, wenn dieser nachträglich zustimmt (OVG Lüneburg NVwZ 1982, 321; vgl auch den Rechtsgedanken der § 45 Abs 1 Nr 1 und 3). Entsprechendes ist anzunehmen, wenn den betroffenen Streitgenossen der VA ordnungsgemäß bekanntgegeben wird und er ihn unanfechtbar werden läßt oder wenn er sein Anfechtungsrecht verwirkt (s zur Verwirkung allg § 41 Rn 23). 51

[26] Vgl BVerwGE 3, 208; VGH München BayVBl 1985, 181: Verfügungen gegen Miterben sind nur wirksam, wenn sie allen Miterben gegenüber getroffen werden; MuLö BayVBl 1987, 762 – zweifelhaft, soweit es sich um befehlende VAe handelt, bei denen nicht die Wirksamkeit, sondern die Vollstreckbarkeit davon abhängt, daß alle Betroffenen zumindest zur Duldung verpflichtet sind.

52 **Nicht um eine notwendige Verfahrensgemeinschaft** handelt es sich (wegen §§ 425 Abs 2, 429 Abs 3, 431, 432 Abs 2 BGB) bei **Gesamtschuldnern** (vgl RG HRR 27, 171; Kopp/Schenke § 64 Rn 8); bei **Miterben** in ungeteilter Erbengemeinschaft im Verfahren um einen Erschließungsbeitragsbescheid nach §§ 127 ff BauGB, weil § 134 Abs 1 BauGB hins der Beitragspflicht eine Gesamtschuldnerschaft vorsieht (vgl BVerwG BayVBl 1976, 27; **aA** MuLö BayVBl 1972, 310); bei **Eltern,** die ihr Elternrecht, und einem Kind, das sein Recht aus Art 2 Abs 1 GG, geltend machen, im Verfahren um die beabsichtigte Entlassung aus der Schule; beim Eigentümer und einem Nießbrauchberechtigten im Verfahren (BVerwG NVwZ 1994, 472); bei **mehreren Grundstückseigentümern** im Planfeststellungsverfahren (Sammelverwaltungsakt) nach § 17 FStrG, **mehreren Straßenanliegern** in Verfahren zur Aufstellung des Verkehrszeichens (**aA** Stettner JA 1982, 398) und beim **Eigentümer und Mieter** im Verfahren um eine Verfügung, die dem Eigentümer den Abbruch des Hauses, dem Mieter die Duldung des Abbruchs aufgibt (vgl BVerwGE 40, 101). Zweifelhaft ist die Rechtslage bei mehrstufigen Verfahren, wenn eine Behörde nur im Einvernehmen mit einer anderen entscheiden kann. Richtigerweise wird hier kein Fall der Verfahrensgemeinschaft anzunehmen sein (StBS 196).

53 **3. Auswirkungen.** Bei bloßer Verbindung von Verfahren mehrerer Beteiligter bleiben die einzelnen Beteiligten hins. ihrer Verfahren selbständig und sind an Erklärungen und sonstige Verfahrenshandlungen der übrigen Beteiligten nicht gebunden; ebenso ergeben sich daraus für sie weder Rechte noch Pflichten oder verfahrensrechtliche Folgen. Auch die Entscheidungen der Behörde können für und gegen jeden Beteiligten unterschiedlich ausfallen. Bei der notwendigen Verfahrensgemeinschaft bleibt ebenfalls jeder Beteiligte selbständig, seine Verfahrenshandlungen, einschließlich der von ihm eingelegten Rechtsbehelfe, wirken grundsätzlich nur für und gegen ihn selbst. Hins. der **Wahrung von Fristen und Terminen** gelten entspr § 62 Abs 1 ZPO aber säumige Streitgenossen als durch die nichtsäumigen vertreten, wirkt also zB rechtzeitige Antragstellung auch zugunsten aller übrigen (BVerwGE 95, 166 mwN). Dies gilt auch, wenn für den Säumigen die Antragsfrist uä bereits verstrichen war (vgl Schumann ZZP 76, 389; **aA** RGZ 157, 33). Andererseits wirken Anerkenntnis, Verzicht, Antragsänderung, Antragsrücknahme, Erklärung der Erledigung der Hauptsache, Vertrags- oder Vergleichsangebote usw einzelner Streitgenossen für und gegen die übrigen nur, wenn auch diese sich anschließen oder jedenfalls zustimmen; anderenfalls sind sie bei der eigentlichen notwendigen Verfahrensgemeinschaft schlechthin unwirksam, bei der uneigentlichen notwendigen Verfahrensgemeinschaft nur bezüglich des Streitgenossen, der sie vorgenommen hat, und nur insoweit wirksam, als sie die notwendig einheitliche Sachentscheidung der Behörde nicht berühren (was im wesentlichen nur bei Antragsrücknahmen und Hauptsacheerledigungserklärungen der Fall ist). Bei der eigentlichen notwendigen Verfahrensgemeinschaft besteht nur ein einziges Verfahrensrechtsverhältnis. Deshalb müssen Anträge und Rechtsbehelfe für alle Streitgenossen gestellt bzw erhoben werden. Auch Entscheidungen können nur einheitlich für und gegen alle ergehen. Sind bei der eigentlichen notwendigen Verfahrensgemeinschaft nicht alle Streitgenossen am Verfahren beteiligt, so ist ein Antrag, wenn es an der Antragsbefugnis fehlt, als unzulässig, sonst als unbegründet abzulehnen (vgl Kopp/Schenke § 64 Rn 13).

V. Besondere Verfahrensarten

54 Das VwVfG enthält außer den allgemeinen Vorschriften über das Verwaltungsverfahren, die grundsätzlich für alle Verfahrensarten gelten, sofern nicht andere inhaltsgleiche oder entgegenstehende Rechtsvorschriften bestehen (§ 1), besondere Vorschriften über **förmliche Verfahren** (§§ 63 ff), **Planfeststellungsverfahren** (§§ 72 ff) und für das **Rechtsbehelfsverfahren** (§§ 79 f). Das Widerspruchsver-

fahren ist allerdings nach der hier vertretenen Auffassung als Fortsetzung des allgemeinen auf Erlass eines VA gerichteten Verwaltungsverfahrens zu verstehen (vgl Rn 1, 30). Spezialgesetzlich sind einige besondere Verwaltungsverfahren geregelt, zB in Asylsachen im AsylVfG,[27] für Lastenausgleichssachen nach dem LAG (vgl § 2 Abs 1 Nr 3) und für Wiedergutmachungssachen (vgl § 2 Abs 1 Nr 4). Für diese gilt das VwVfG entweder gar nicht oder nur insoweit, als Regelungslücken bestehen.

§ 10 Nichtförmlichkeit des Verwaltungsverfahrens

Das Verwaltungsverfahren ist an bestimmte Formen nicht gebunden,[7] soweit keine besonderen Rechtsvorschriften für die Form des Verfahrens bestehen.[14] Es ist einfach, zweckmäßig[15] und zügig[17] durchzuführen.

Parallelvorschriften: § 9 SGB-X

Schrifttum: *Brohm,* Verwaltungsverhandlungen mit Hilfe von Konfliktmittlern, DVBl 1990, 321; *Bullinger,* Beschleunigung von Investitionen durch Parallelprüfung und Verfahrensmanagement, JZ 1993, 492; *ders,* Aktuelle Probleme des deutschen Verwaltungsverfahrensrechts – Das Beschleunigungsgebot und seine Vereinbarkeit mit rechtsstaatlichen und demokratischen Verfahrensprinzipien –, DVBl 1992, 1463; *Eberle,* Arrangements im Verwaltungsverfahren, Vw 1984, 439; *Hill,* Verfahrensermessen der Verwaltung, NVwZ 1985, 449; *ders,* Rechtsstaatliche Bestimmtheit oder situationsgerechte Flexibilität des Verwaltungshandelns, DÖV 1987, 885; *Schnapp,* Verhältnismäßigkeitsgrundsatz und Verwaltungsverfahrensrecht, in: Scupin-FS 1983, 899.

Übersicht

I. Allgemeines

1 **1. Inhalt der Vorschrift.** Die Vorschrift stellt den **Grundsatz der Nicht-Förmlichkeit** des Verwaltungsverfahrens auf und verpflichtet zugleich im Zusammenhang damit die Behörden, das Verfahren möglichst **einfach, zweckmäßig und zügig** durchzuführen. Der Grundsatz der Zügigkeit wurde durch das

---

[27] S Pagenkopf NVwZ 1982, 594; Marx, AsylVfG, Kommentar, 4. Aufl 1998; Schenk, Asylrecht und Asylverfahrensrecht, 1. Aufl 1993; Stelkens ZAR 1985, 15; Schnapp Jura 1987, 1; Rittstieg ZRP 1986, 95; Huber NJW 1986, 2158; BVerfG 67, 56; NVwZ 1988, 717; vgl auch Zimmermann, Das neue Grundrecht auf Asyl, 1994.

GenBeschlG eingefügt, um damit das öffentliche Interesse an einer Beschleunigung zu betonen (BT-Dr 13/3993). Da er bereits im Grundsatz der Zweckmäßigkeit enthalten war, hat diese Einfügung nur symbolische Bedeutung. Zur Zweckmäßigkeit gehört nicht nur, dass Verfahren auf einen raschen Abschluss hin angelegt werden müssen, sondern dass sie auch kostensparend zu gestalten sind. Der Grundsatz der Nicht-Förmlichkeit stellt nach dem VwVfG ein tragendes übergeordnetes Prinzip des gesamten Verwaltungsverfahrensrechts dar (Begr 42; ebenso zum früheren Recht BVerwGE 24, 27 = NJW 1967, 70; FL 25; Erichsen/Ehlers 34 Rn 4; Knack 1). Der Verwaltung wird dadurch größtmögliche Flexibilität und Freiheit für die optimale Erfüllung ihrer Aufgaben, möglichst unbehindert durch Förmlichkeiten, wie sie für gerichtliche Verfahren grundsätzlich charakteristisch sind, belassen (Begr 42; M 71 f; WB § 156 IV a). Trotz der allgemeinen Formulierung enthält § 10 nicht nur allgemeine Grundsätze und Programmpunkte, sondern ist **unmittelbar geltendes Recht,** das Befugnisse der Behörde und Rechte der Beteiligten begründet (UL § 19 Rn 13; Obermayer 14, 20; Knack 9; Hill NVwZ 1985, 450; StBS 21; **aA** Peters 9 Anm 1 a; MB 3). Ohne eine diesbezügliche ausdrückliche Regelung zu treffen, geht die Vorschrift vom Bestehen eines **allgemeinen Verfahrensermessens** der Behörde aus, wonach es Sache der zuständigen Behörde ist, das Verfahren so zu gestalten, dass die Grundsätze des § 10 verwirklicht werden können.

2 Die Vorschrift ermöglicht es der Behörde, im Rahmen ihres Verfahrensermessens, unter Beachtung der durch das Verfassungsrecht **vorgegebenen rechtsstaatlichen Verfahrensgarantien** der §§ 1 ff das Verfahren effizient zu gestalten, um damit dem ebenfalls im Verfassungsrecht wurzelnden[1] **Gebot der Verwaltungseffizienz** zu entsprechen. Einfachheit, Zweckmäßigkeit und Zügigkeit werden in S. 2 zugleich als bindende Gebote für die Durchführung des Verwaltungsverfahrens vorgeschrieben. Etwa betroffene Verfassungsprinzipien, Grundrechte oder einfache Rechte sind stets zu berücksichtigen. Sie stützen zT die Forderungen gem § 10, zT stehen sie aber auch entgegen und zwingen zu detaillierteren gesetzlichen Regelungen (vgl BVerfG 83, 130 = DVBl 1991, 261). Wenn Grundrechtsträger mit unterschiedlichen Interessen betroffen sind, sind sämtliche betroffenen Grundrechte und die sich daraus ergebenden Folgerungen nach dem Grundsatz der praktischen Konkordanz zum Ausgleich zu bringen (vgl Di Fabio VerwArch 1990, 214).

3 **Rechtsstaatlichkeit und Effizienz.** Die Behörde muss sich von dem ihr rechtlich vorgegebene Aufgabe leiten lassen, eine in ihren Funktions- und Zuständigkeitsbereich fallende Angelegenheit im Rahmen ihrer Befugnisse angemessen und nach Möglichkeit abschließend zu regeln und dies nicht nachfolgenden Rechtsbehelfsverfahren zu überlassen (vgl Kopp 119). Aufs Ganze gesehen ist niemandem gedient, wenn Vereinfachungen und Verzicht auf Förmlichkeiten im Verfahren vor den Behörden um den Preis entsprechend längerer Rechtsbehelfsverfahren und von Verzögerungen bei Erfüllung der Gemeinwohlanliegen und der Verwirklichung wie auch des Schutzes der Rechte der Betroffenen erkauft werden, wenn solche Nachteile durch mehr Sorgfalt bei der Ermittlung des Sachverhalts und eine für die betroffenen Bürger überzeugendere Handhabung des Verfahrens vermieden werden könnten.

4 **Der Grundsatz der Verfahrensökonomie bzw Wirtschaftlichkeit** des Verfahrens wird im VwVfG nicht ausdrücklich genannt, er ist jedoch als in den Grundsätzen der Einfachheit und Zweckmäßigkeit des Verfahrens iS von S. 2 mit enthalten anzusehen[2] und ergibt sich je nach den bestehenden Interessen auch aus dem Rechtsstaatsprinzip und ggf in der Sache berührten Grundrechten (vgl

[1] V Mutius NJW 1982, 2150; Di Fabio VerwArch 1990, 214; Knack 2;

[2] VGH Mannheim NVwZ 1987, 1087; WB § 156 IV a; Obermayer, in: Boorberg-FS 1977, 115; FL 28; Brühl JA 1992, 196; s auch unten Rn 15 f.

BVerfG NJW 1985, 2019; Laubinger VerwArch 1982, 76), außerdem auch aus dem Erfordernis der Leistungsfähigkeit der Verwaltung.

2. Anwendungsbereich. Die Grundsätze des § 10 gelten unmittelbar für Verwaltungsverfahren iSd § 9, dh für die öffentlich-rechtliche nach außen wirkende Verwaltungstätigkeit, die auf den Erlass eines VA oder den Abschluss eines öffentlich-rechtlichen Vertrages gerichtet ist. Sie betreffen im übrigen nur Verwaltungsverfahren im Anwendungsbereich des VwVfG; die Länder haben allerdings in ihren Verwaltungsverfahrensgesetzen gleichlautende Regelungen getroffen. Die Grundsätze des § 10 haben Bedeutung nicht nur als ergänzende Regelungen für nicht ausdrücklich normierte Fragen des Verfahrens und für die Handhabung des Ermessens hins. der Gestaltung des Verfahrens, sondern liegen auch den meisten Vorschriften des VwVfG – vgl zB §§ 22, 24, 26, 28 Abs 2 – mit zugrunde und stellen damit Richtlinien auch für die Auslegung und Anwendung des Verwaltungsverfahrensrechts schlechthin auf (vgl Begr 42). Sie gelten auch für einzelne Teile des Verfahrens, zB für Beweisaufnahmen, ua auch für die Gestaltung von Prüfungen (BVerwG DVBl 1991, 59: Verpflichtung aus § 10 S. 2 zur Ausschaltung störenden Lärms während der Prüfung). 5

Als Ausdruck **allgemein anerkannter Rechtsgrundsätze** sind die Regelungen des § 10 und die entspr Vorschriften des Landesrechts sinngemäß auch in allen sonstigen Verwaltungsverfahren anwendbar, soweit dafür nicht besondere Förmlichkeiten vorgeschrieben sind. 6

II. Grundsatz der Nichtförmlichkeit des Verwaltungsverfahrens (S 1)

1. Allgemeines. Nichtförmlichkeit bedeutet, dass es grundsätzlich **dem Verfahrensermessen** der Behörde überlassen ist, das Verfahren im Rahmen der Bestimmungen des VwVfG und ggf vorhandener Spezialvorschriften so zu führen und zu gestalten, wie sie es für am zweckmäßigsten hält (WBS II § 58 Rn 28; Knack 8; FL 19; M 66; Hill NVwZ 1985, 450; DÖV 1987, 891; Obermayer 2 ff; StBS 16; vgl auch § 22); insoweit begründet § 10 grundsätzlich auch eine **Vermutung zugunsten der Formfreiheit** (vgl Begr 42; WB § 156 IV a). Die Formfreiheit bezieht sich nicht nur auf Förmlichkeiten ieS, etwa iS der §§ 63 ff (vgl UL § 32 Rn 1), sondern gilt für die gesamte Gestaltung des Verfahrens, also vorbehaltlich im einzelnen bestehender Pflichten auch zB für die Frage, wann von Amts wegen ein Verfahren eingeleitet wird, welche Personen hinzugezogen werden, welche Beweise erhoben werden, wie die Anhörung der Beteiligten durchgeführt werden soll, ob bestimmte Akten beigezogen werden sollen, usw (M 71 f; WB § 156 IV a; Hill NVwZ 1985, 449; Obermayer 8). 7

a) Pflichtgemäßes Verfahrensermessen. Formfreiheit bedeutet keine Ermächtigung zu willkürlicher oder beliebiger Verfahrensgestaltung (Maurer 19 Rn 3; Knack 8). Ein Verstoß gegen das **Willkürverbot** liegt vor, wenn das Verfahren unter keinem denkbaren Aspekt mehr vertretbar ist und sich daher der Schluss aufdrängt, dass die Entscheidung auf sachfremden und damit willkürlichen Erwägungen beruht, insb, wenn eine Maßnahme im Verhältnis zu der Situation, der sie Herr werden will, tatsächlich und eindeutig unangemessen ist (BVerfGE 80, 51). Die Behörden sind an die Grundsätze ordnungsgemäßer Ermessensausübung (§ 40) unter **Berücksichtigung der schutzwürdigen Interessen** der Betroffenen, an den Grundsatz der Verhältnismäßigkeit der Mittel und an die sonstigen, vor allem aus dem **Rechtsstaatsprinzip** abzuleitenden Grundsätze eines ordnungsgemäßen Verfahrens gebunden. Insoweit behalten auch die vor dem Inkrafttreten des VwVfG und der entsprechenden Gesetze der Länder vor allem in der Rspr als Mindestanforderungen eines rechtsstaatlich geordneten Verfahrens entwickelten Grundsätze (UL § 1 Rn 6; Erichsen/Ehlers § 34 Rn 1; Häberle, in: Boorberg-FS 1977, 47; Kopp 1 ff) ihre Bedeutung auch als Maßstab für die sach- 8 gemäße Ausübung des Ermessens der Behörde bei der Gestaltung des Verfahrens. Ihre Verletzung kann, soweit nicht nur die Zweckmäßigkeit betroffen ist, zur Rechtswidrigkeit des Verfahrens führen.

9 **b) Kein Zwang zur Vermeidung von Förmlichkeit.** Nichtförmlichkeit bedeutet auch nicht, dass die Behörde gehindert wäre, gewisse Förmlichkeiten zu beachten, auch wenn sie nicht zwingend vorgeschrieben sind, zB eine mV durchzuführen, wenn ihr dies im Interesse einer umfassenden Erörterung unklarer Probleme zweckmäßig erscheint. Nicht selten kann gerade auch durch Beachtung sog. Förmlichkeiten eine Vereinfachung und Beschleunigung des Verfahrens erreicht werden; uU können dadurch auch spätere Rechtsstreitigkeiten vermieden werden. Auch hinsichtlich der Verfahrensgestaltung kann es **Selbstbindungen** der Verwaltung im Hinblick auf das Verfahrensermessen geben.

10 **2. Rechtsstaatlich gebotene Mindestanforderungen. a) Allgemeines.** Trotz der grundsätzlichen Formlosigkeit des Verfahrens gem § 10 gelten für jedes Verwaltungsverfahren, auch soweit entsprechende dahingehende ausdrückliche Vorschriften fehlen, notwendig jedenfalls gewisse Förmlichkeiten als unverzichtbare Mindestanforderungen eines rechtsstaatlichen Verwaltungsverfahrens als zwingende Folgerungen aus dem Verfassungsrecht, insb aus den in einer Sache betroffenen Grundrechten (vgl zB BVerfG 84, 45 = NJW 1991, 2005; BVerwGE 91, 803; 92, 136 = NVwZ 1993, 689), und dem Grundsatz der Gesetzmäßigkeit der Verwaltung. Sie sind ggf als ungeschriebenes Recht anzuwenden mit der Folge, dass eine Verletzung das Verfahren ebenso rechtswidrig machen würde wie eine Verletzung ausdrücklich vorgesehener Vorschriften. Welche Grundsätze dies im einzelnen sind, ist zT strittig. Hierzu gehören jedenfalls diejenigen Grundsätze, die sonst unverzichtbare Voraussetzungen dafür sind, dass das Verfahren seine Rechtsschutz- und sonstigen Zwecke (allg auch UL § 1 Rn 6ff; Häberle, in: Boorberg-FS 1977, 47; Kopp 1ff) erfüllen kann. Anhaltspunkte bieten in gewissem Umfang die Vorschriften der §§ 63ff über förmliche Verfahren und einzelne spezialgesetzliche Regelungen, außerdem zT auch die Vorschriften der VwGO und der ZPO, soweit sie als positivierter Ausdruck allgemeiner Verfahrensgrundsätze angesehen werden können. Ungeschriebene Verfahrenserfordernisse und Verfahrensgrundsätze spielen vor allem in **Prüfungsverfahren** eine wichtige Rolle (vgl näher § 2 Rn 42ff).

11 **b) Stellung und Behandlung von Anträgen.** Anträge müssen nach Form und Inhalt so gestellt werden, dass sie zur Grundlage eines Verwaltungsverfahrens gemacht werden können. Sofern das Gesetz ausdrücklich oder doch konkludent Schriftlichkeit verlangt, besteht ein Anspruch des Bürgers auf Antragstellung zur Niederschrift der Behörde (s § 22 Rn 33). Soweit keine ausdrücklichen Regelungen bestehen, richtet sich das Verfahren nach allgemeinen Grundsätzen. Dies gilt zB hins der Zulässigkeit von vorläufigen Regelungen und Teilentscheidungen (vgl § 9 Rn 15ff), der Rücknahme und Änderung von Anträgen (vgl § 9 Rn 36), der Trennung oder Verbindung von Verfahren (vgl § 9 Rn 46), der Zulässigkeit und uU Gebotensein einer Verfahrensgemeinschaft (vgl § 9 Rn 47ff), der Befugnis der Behörde zur Beurteilung von Vorfragen aus anderen Rechtsgebieten oder aus anderen Zuständigkeitsbereichen, des Erfordernisses der Antragsbefugnis analog § 42 Abs 2 VwGO und eines Rechtsschutzinteresses (Sachentscheidungsinteresses) bei Anträgen gem § 22 (vgl § 22 Rn 56ff); der Beteiligtenstellung, der Antragsbefugnis und des Rechts zu Einwendungen (in Planfeststellungsverfahren, s § 73 Rn 49ff), der Beteiligung von Ausländern, die im Ausland von einem VA betroffen werden bzw werden können; des Rechts von Beteiligten, Zeugen usw auf zeitlich angemessene Vorausverständigung bzw Ladungsfristen zu Besprechungsterminen, Vernehmungsterminen; des Rechts von Prüfungskandidaten auf angemessene Ladungsfristen zu mündlichen oder schriftlichen Prüfungen vgl § 2 Rn 50) usw.

c) Verfahrensniederschriften und Aktenvermerke. Zweifelhaft ist, ob und in welchen Fällen die Behörde eine Niederschrift anfertigen muss, wenn die Protokollierung oder die Aufnahme zumindest eines Aktenvermerks nicht durch Gesetz vorgeschrieben ist (vgl zB § 68 Abs 4). Mangels gesetzlicher Regelungen kann sich eine solche Pflicht nur aus allgemeinen Rechtsgrundsätzen ergeben. Für Prüfungen ergibt sich die Pflicht zur Führung eines Protokolls idR schon aus der jeweiligen Prüfungsordnung. Aus rechtsstaatlichen Grundsätzen folgt darüber hinaus bei Fehlen von Regelungen darüber ein **Mindeststandard** einer Prüfungsniederschrift (s hierzu näher § 2 Rn 52a). 12

Es besteht **keine allgemeine Protokollierungspflicht** analog § 68 Abs 4, etwa hins. des Gegenstands und Inhalts der Verhandlung, der Gespräche, des äußeren Verlaufs des Verfahrens, der Teilnehmer usw, wenn und soweit sie nicht ausdrücklich oder zumindest sinngemäß durch Rechtsvorschrift vorgesehen ist.[3] Dagegen ergibt sich die Verpflichtung der Behörden, wesentliche Vorgänge wenigstens in einer **Aktennotiz** festzuhalten, aus der **Pflicht zu einer vollständigen Aktenführung**(s § 29 Rn 11), außerdem auch aus den Erfordernissen der Effizienz des Verwaltungshandelns und, soweit ein Beteiligter zur Geltendmachung oder Wahrung seiner Rechte auf Nachweise aus den Behördenakten angewiesen ist, auch unmittelbar als Folge aus den in Frage stehenden Rechten, insbes aus den betroffenen Grundrechten iVm Art 19 Abs 4.[4] Die Behörde, die es bei mündlichen Verhandlungen unterläßt, eine Niederschrift anzufertigen, muss außerdem jedenfalls Beweisnachteile in Kauf nehmen, wenn ein Beteiligter später einen anderen Verlauf usw der Verhandlung behauptet; Entsprechendes gilt bei Fehlen notwendiger Aktennotizen. 13

3. Vorbehalte zugunsten besonderer Formvorschriften. Der Grundsatz der Nicht-Förmlichkeit gilt, wie in S 1 ausdrücklich klargestellt wird, nur, „soweit keine besonderen Rechtsvorschriften für die Form des Verfahrens bestehen". Als solche Formvorschriften kommen vor allem die §§ 11 ff (Begr 42; Laubinger JA 1975 ÖR 219; Knack 3; FL 23), außerdem, außer den Vorschriften des VwVfG, insb auch des V. Teils über besondere Verfahrensarten, auch Vorschriften außerhalb des VwVfG in Betracht (MB 2; Knack 3). Der Begriff der „Form" ist hier im weitesten Sinn zu verstehen; gemeint ist die Durchführung des Verfahrens (Hill NVwZ 1985, 450). Außer aus Rechtsvorschriften kann sich die Notwendigkeit zur Beachtung bestimmter Förmlichkeiten, insb zu einer bestimmten Gestaltung des Verfahrens, auch aus allgemeinen Rechtsgrundsätzen, insb auch als Folgerung aus Grundrechten und/oder sonstigen Verfassungsprinzipien ergeben (vgl Rn 10). 14

---

[3] Vgl BVerwG NJW 1990, 335 hins. des Verlaufs und des Ergebnisses eines Einstellungsgesprächs; BFH 110, 222 = BStBl II 1973, 804; VGH München BayVBl 1982, 405; VGH Münster DVBl 1992, 1050 = NWVBl 1992, 67; Rudisile DÖV 1992, 860 mwN zur Anhörung ehemaliger DDR-Richter; zT **aA** BezG Magdeburg DÖV 1992, 121 = DVBl 1992, 112: Beschluß eines Ausschusses fehlerhaft, wenn kein aussagekräftiges Protokoll über Besetzung; VGH Kassel NJW 1970, 1061.

[4] Vgl VGH Kassel NVwZ 1990, 284: vor einer Beförderungsentscheidung ist ein aktueller Leistungs- und Eignungsvergleich der Bewerber vorzunehmen. Die Eignungsbeurteilung der Bewerber und die maßgeblichen Auswahlerwägungen sind schriftlich niederzulegen, um ggf entsprechend dem Gebot der Gewährleistung effektiven Rechtsschutzes eine gerichtliche Überprüfung zu ermöglichen; vgl im Ergebnis auch BezG Magdeburg DÖV 1992, 860 = NWVBl 1992, 67, wo hins. wesentlicher Förmlichkeiten des Verfahrens Protokollierungspflicht angenommen wird; VGH Kassel NVwZ-RR 1994, 601 = DVBl 1994, 593: Themen und Antworten eines Vorstellungsgesprächs sind in Grundzügen zeitnah schriftlich festzuhalten; **aA** BVerwG NJW 1990, 335: der Dienstherr eines Beamten im Vorbereitungsdienst ist nicht verpflichtet, den Verlauf oder das Ergebnis eines für die künftige Einstellung als Beamter auf Probe bedeutsamen Gesprächs mit dem Beamten schriftlich festzuhalten.

III. Einfachheit, Zweckmäßigkeit und Zügigkeit des Verfahrens (S 2)

15 **1. Einfachheit und Zweckmäßigkeit.** Die Verpflichtung der Behörde, Verwaltungsverfahren „einfach und zweckmäßig durchzuführen", und zugleich auch zügig und kostensparend (WB § 156 IV a; Knack 7), ist vor allem Ausfluß des Erfordernisses der **Leistungsfähigkeit und Wirksamkeit der Verwaltung** (vgl Kopp 200 ff, 223; ebenso FL 28) und des Verhältnismäßigkeitsprinzips (FL 29); sie liegt zugleich aber auch im Interesse des Bürgers an **wirksamem Rechtsschutz** durch ein einfaches, billiges und rasches Verfahren (zur Raschheit unter Hinweis auf Art 19 Abs 4 GG auch Kopp 150; BayVBl 1980, 267; Brühl JA 1992, 196). Dem Ziel des S. 2 dient nicht zuletzt auch die weitgehende Freistellung der Verwaltung von Förmlichkeiten in S. 1. Unmittelbar verpflichtet wird durch S. 2 nur die Behörde, doch ergibt sich die Verpflichtung des Beteiligten, zu einer entsprechenden Verfahrensgestaltung beizutragen, aus allgemeinen Rechtsgrundsätzen.

16 **a) Sachliche Anforderungen.** Einfachheit und Zweckmäßigkeit bedeuten, dass die Verwaltung alle unnötigen, im Verhältnis zur Bedeutung der Angelegenheit, der betroffenen Interessen nicht erforderlichen oder angemessenen Maßnahmen im Verfahren zu unterlassen hat (ebenso Obermayer, in: Boorberg-FS 1977, 116; FL 29), auch zB eine unnötige Belastung des Bürgers, dh Beteiligter oder Dritter durch Vorladungen usw, wenn sich einfachere Wege zur Klärung offener Fragen anbieten (vgl auch Brühl JA 1992, 196; StBS § 24 Rn 36: die Belastung Beteiligter und Dritter ist so gering wie möglich zu halten). Dazu gehört auch die Verpflichtung, unnötigen Aufwand an Zeit, Kosten und Mühe für die Behörde selbst wie für Beteiligte und Dritte, etwa Zeugen und Sachverständige, zu vermeiden (Grundsatz der **Verfahrensökonomie** bzw der Billigkeit des Verfahrens, vgl Knack 7; Brühl JA 1992, 196; UL § 19 Rn 13; ebenso zum bish Recht BGH DÖV 1968, 65).

16 a **b) Das Effizienzgebot.** Aus den Regelungen des § 10 folgt nach allgemeiner Auffassung auch das Gebot zu effizientem Verwaltungshandeln. Als Effizienzprinzip wird der Grundsatz bezeichnet, wonach entweder ein bestimmter Erfolg mit möglichst geringem Mitteleinsatz **(Minimalisierung der Mittel)** oder ein möglichst großer Erfolg mit bestimtem Mitteleinsatz **(Maximalisierung des Erfolgs)** erzielt werden soll.[5] Im wesentlichen dürfte das Gebot der Effizienz dem allgemeinen Wirtschaftlichkeitsgebot weitgehend entsprechen (vgl Obermayer 16; StBS 23). Das Effizienzgebot betrifft zunächst einmal die Ausgestaltung des Verwaltungsverfahrens, also die Art und Weise des Gesetzesvollzugs, und spielt deshalb im Rahmen des Verfahrensermessens eine wichtige Rolle. Es kann aber auch für das materielle Recht Bedeutung gewinnen, wenn nämlich der Gesichtspunkt effizienten Gesetzesvollzugs im Rahmen der Sachentscheidung bei Erlass eines VA zu berücksichtigen ist. Dies setzt aber voraus, dass es der jeweiligen materiellen Ermächtigungsgrundlage für die einzelne Verwaltungsentscheidung ebenfalls zu entnehmen ist. Das Effizienzgebot des § 10 allein vermag die Verwaltungsentscheidungen materiell nicht zu determinieren.

In welchen Rechtsbereichen bei Ermessens- Beurteilungs- oder Planungsentscheidungen der Gesichtspunkt der Verwaltungseffizienz eine Rolle spielen darf bzw muss, lässt sich nicht allgemein beurteilen. Dies hängt davon ab, ob es zu den Zielen der jeweiligen Ermächtigungsnorm gehört, dass bei der Entscheidung auch Gesichtspunkte des wirtschaftlichen Mitteleinsatzes, der Ressourcenschonung usw

[5] Vgl Schmidt-Aßmann, Perspektiven der verwaltungsrechtlichen Systembildung, in: Hoffmann-Riem/Schmidt-Aßmann, Effizienz als Herausforderung an das Verwaltungsrecht, 1998, 245 ff.

berücksichtigt werden müssen.[6] Unter diesem Aspekt werden manche Bereiche, zB das Polizei- und Ordnungsrecht und das Versammlungsrecht, neu diskutiert werden müssen.

2. Zügigkeit des Verfahrens. Das Zügigkeitsgebot wurde durch das GenBeschlG v 12. 9. 1996 mit den Worten „und zügig" in den § 10 aufgenommen. Dies führte allerdings lediglich zu einer Unterstreichung seiner Bedeutung, da das Beschleunigungs- und Effektivitätsgebot, mit seiner Verpflichtung zu rascher Durchführung und raschem Abschluss des Verfahrens,[7] schon bisher ein wichtiger Grundsatz des Verwaltungsverfahrens war. Eine sachliche Änderung ist damit folglich nicht verbunden. Für die unter die §§ 71 a ff fallenden Genehmigungsverfahren ist in § 71 b der Zügigkeitsgrundsatz weiter ausgeformt. 17

a) Entscheidung binnen angemessener Frist. Die Behörden müssen die ihnen übertragenen Aufgaben grundsätzlich alsbald erledigen und die bei ihnen anhängigen Fälle alsbald, jedenfalls aber binnen angemessener Frist entscheiden. Das gebietet für den Regelfall schon der Grundsatz der Verwaltungseffizienz, außerdem aber, wenn bzw soweit es sich um Verwaltungsverfahren auf Antrag eines Bürgers, zB auf Erteilung einer baurechtlichen oder gewerberechtlichen Erlaubnis handelt, zugleich vor allem auch das Rechtsstaatsprinzip und die in der Sache betroffenen subjektiven Rechte, insb auch Grundrechte, des Antragstellers (vgl BVerfG 60, 41; NJW 1985, 2020; BGHZ 15, 305; 30, 19; 65, 189; NVwZ 1993, 299; NVwZ 1994, 405). 18

b) Bemessung der Frist. Welche Frist idS als angemessen anzusehen ist, hängt von den Umständen des konkreten Falles ab, insb auch von der Eilbedürftigkeit der Angelegenheit, die es uU auch erforderlich machen kann, dass die Behörde sofort, vor allem, wenn es sich um einfachere Fälle handelt, oder jedenfalls unverzüglich entscheidet (vgl Kopp/Schenke § 75 Rn 12 ff) bzw dass eine Sache jedenfalls vorgezogen wird, von der Notwendigkeit umfangreicher und/oder verwickelter Ermittlungen, der Einholung von Gutachten usw.[8] Anhaltspunkte für die Angemessenheit einer Bearbeitungs- und Entscheidungsfrist für Anträge von Bürgern kann § 75 VwGO geben, der für den Regelfall von einer **Frist von drei Monaten** ausgeht, außer wenn besondere Umstände eine kürzere Frist gebieten, oder umgekehrt, besondere Gründe, wie erforderliche umfangreiche Ermittlungen, längere Fristen erfordern (vgl Kopp/Schenke § 75 Rn 13 mwN). **Allgemeine Arbeitsüberlastung** der Behörde, Ausfälle infolge von Urlaub, Erkrankung usw **rechtfertigen grundsätzlich Verzögerungen nicht,** weil die Behörde, uU auch die höhere Aufsichtsbehörde oder der Rechtsträger überhaupt und der für die Bewilligung der erforderlichen Haushaltsmittel zuständige Haushaltsgesetzgeber hier für Abhilfe sorgen muss. Andererseits kann die Behörde, wenn der Bürger einverstanden ist, auch zB ein Verfahren zunächst aussetzen und die Entscheidung zurückstellen, wenn ein Musterprozess anhängig ist oder sonst in absehbarer Zeit mit einer Klärung offener, für die Entscheidung relevanter Fragen zu rechnen ist, oder zunächst nur eine vorläufige Entscheidung in der Sache treffen. Anders grundsätzlich, wenn der Bürger mit einer Verzögerung der Entscheidung aus Gründen der genannten Art nicht einverstanden ist (vgl RÖ VwGO § 75 Rn 4). 19

---

[6] Vgl zB Papier, Der Wandel der Lehre von Ermessens- und Beurteilungsspielraum als Reaktion auf die staatliche Finanzkrise, in: Hoffmann-Riem/Schmidt-Aßmann, Effizienz als Herausforderung an das Verwaltungsrecht, 1998, 231, für das Planfeststellungsrecht.

[7] BVerfG NJW 1985, 2019; Bullinger DVBl 1992, 1465; StBS 20 f; Knack 7; WB § 156 IV a; Kopp BayVBl 1980, 267 mwN; FL 31; LG Wiesbaden NVwZ 1994, 1142; Schrödter/Schmalz DVBl 1971, 466; Kopp 110 ff, 223 ff.

[8] Zur Amtshaftung wegen einer sachlich nicht vertretbaren Verweigerung der Entscheidung zB BGHZ 90, 29; NVwZ 1993, 299 = BayVBl 1992, 444; 1994, 405; OLG Oldenburg NVwZ-RR 1993, 593.

20 **Entsprechendes gilt** für ein von einer Behörde **von Amts wegen** eingeleitetes und/oder durchgeführtes Verfahren, da auch der Bürger grundsätzlich Anspruch darauf hat, Klarheit über zu erwartende Belastungen usw oder auch Vergünstigungen zu erhalten. Zur Beschleunigung und zweckmäßigen Gestaltung des Verfahrens hat die Behörde ua das Mittel der Fristsetzung. Rechtsgrundlage für die Fristsetzung ist die allgemeine Befugnis der Behörde zur Verfahrensgestaltung, soweit Rechtsvorschriften nichts anderes bestimmen, iVm § 10.[9]

21 Soweit eine Fristsetzung **Verfahrenshandlungen** betrifft, genügt es für die Wahrung der Frist grundsätzlich, wenn die Beteiligten die Handlung, für die die Frist gesetzt wird, jedenfalls vor Ergehen der Entscheidung der Behörde, dh der Bekanntgabe der Entscheidung vornehmen. Die Bedeutung der Fristsetzung liegt in diesen Fällen vor allem darin, dass die Behörde nach Ablauf der Frist entscheiden kann und nicht mehr länger zuwarten muss. Eine, wenn auch versehentlich, ergehende Entscheidung der Behörde vor Ablauf einer von ihr gesetzten Frist verletzt idR das rechtliche Gehör der Betroffenen.

22 **3. Folgen einer Verletzung der Grundsätze des S 2.** Eine Verletzung der Grundsätze der Einfachheit, Zweckmäßigkeit und Zügigkeit des Verfahrens liegt nur vor, wenn die Behörde den Rahmen ihres Verfahrensermessens überschritten hat. Sie hat nicht notwendig auch schon die Fehlerhaftigkeit des das Verfahren abschließenden VA zur Folge (ebenso MB 3; Knack 9; FL 34; differenzierend StBS 22), wohl aber können sich daraus **Schadensersatzansprüche** wegen Amtspflichtverletzung,[10] uU auch **Entschädigungsansprüche** wegen enteignungsgleichen Eingriffs (zT **aA** BGH DVBl 1971, 464 m krit. Anm Schrödter/Schmalz), und Kostenfolgen (§ 80), uU auch eine Verpflichtung zum Verzicht auf Festsetzung von Kosten, die durch sachlich nicht erforderliche Maßnahmen entstanden sind (ebenso UL § 19 Rn 13), zur Zahlung von Verzugszinsen usw ergeben, außerdem ggf auch disziplinarrechtliche Folgen für den verantwortlichen Amtsträger (ebenso StBS 22; Knack 10). Bei sachlich nicht begründeter Verzögerung der Entscheidung wird außerdem bei VAen der **Untätigkeitsklage nach § 75 VwGO** eröffnet (vgl auch FL 34). Ergeben sich für den Bürger infolge der Verzögerung einer Entscheidung Rechtsnachteile dadurch, dass inzwischen eine Rechtsänderung oder Änderung der Umstände zu seinen Ungunsten erfolgt bzw eingetreten ist, so ist dies uU im Rahmen des der Behörde in der Sache eingeräumten Ermessens zu berücksichtigen.

§ 11 Beteiligungsfähigkeit

Fähig,[3] am Verfahren beteiligt zu sein, sind

1. natürliche[4] und juristische[5 ff] Personen,
2. Vereinigungen, soweit ihnen ein Recht zustehen kann,[8 ff]
3. Behörden.[14]

Parallelvorschriften: § 10 SGB X; § 61 VwGO

Schrifttum: *Bachof,* Teilrechtsfähige Verbände des öffentlichen Rechts, AöR 1958, 209; *Fabricius,* Relativität der Rechtsfähigkeit, 1963; *Hohm,* Grundrechtsträgerschaft und Grundrechtsmündigkeit Minderjähriger am Beispiel öffentlicher Heimerziehung, NJW 1986, 3106; *Klotz,* Beschränkter Wirkungskreis der juristischen Personen des öffentlichen Rechts, DÖV 1964, 181, 222; *Kopp,* Der Beteiligtenbegriff des Verwaltungsverfahrensrechts, Boorberg-FS, 1977, 159; *Krüger,* Juristische Personen des öffentlichen Rechts, DÖV 1951, 263; *Laubinger,*

---

[9] Vgl zur Zulässigkeit bejahend ohne nähere Begründung auch BFH 148, 48 = BStBl II 1987, 78; BSG 60, 266; VGH Mannheim NVwZ 1987, 1987; Martens NVwZ 1988, 686.

[10] Vgl BGHZ 15, 350; 30, 19; LM 14 zu § 839 BGB; LG Wiesbaden NVwZ 1994, 1142; Obermayer, in: Boorberg-FS 1977, 116; UL § 19 Rn 13; FL 35 mwN; Knack 9; **aA** MB 3.

Prozessfähigkeit und Handlungsfähigkeit, UleFS, 1987, 161; *Pauckstadt-Maihold,* Rechtsfähigkeit, JA 1994, 373; *Schulz,* Die Parteifähigkeit nicht rechtsfähiger Vereine, NJW 1990, 1893; *Siegel,* Die Verfahrensbeteiligung von Behörden und Trägern öffentlicher Belange, 2001; *Spannowsky;* Probleme der Rechtsnachfolge im Verwaltungsverfahren und im Verwaltungsprozess, NVwZ 1992, 426; *Wertenbruch,* Die Parteifähigkeit des GbR – die Änderungen für die Gerichts- und Vollstreckungspraxis, NJW 2002, 324; *Zilles/Kämper,* Kirchengemeinden als Körperschaften im Rechtsverkehr, NVwZ 1994, 109.

Übersicht

I. Allgemeines

1. Inhalt des § 11. Die Vorschrift regelt zusammen mit den §§ 12–19 die **Voraussetzungen der Teilnahme des Bürgers** an Verwaltungsverfahren. Die wirksame Vornahme von Verfahrenshandlungen durch eine Person (zB Stellung eines Antrags auf Erlass eines VA, Angebot zum Abschluss eines verwaltungsrechtlichen Vertrags gem §§ 54 ff, Geltendmachung des Rechts auf Akteneinsicht, usw) oder der Behörde gegenüber einer Person[1] hat im Verwaltungsverfahren nicht anders als im VerwaltungsProzess (vgl §§ 61, 62 VwGO) gem §§ 11 und 12 zur Voraussetzung, dass die Personen, die sie vornehmen bzw denen gegenüber sie vorgenommen werden, **beteiligungsfähig** (§ 11), **verfahrenshandlungsfähig** (§ 12) und **verfahrensführungsbefugt** (analog § 42 Abs 2 VwGO) sind. Bei Vertretung eines Beteiligten durch einen Bevollmächtigten ist außerdem erforderlich, dass dieser auf Verlangen der Behörde seine Vollmacht nachweist (§ 14 Abs 1). 1

2. Anwendungsbereich. Die Vorschrift gilt unmittelbar nur im Anwendungsbereich des VwVfG. Die Verwaltungsverfahrensgesetze der Länder enthalten wortgleiche Bestimmungen. Als **Ausdruck allgemeiner Rechtsgedanken,** wie sie in Anlehnung an die Vorschriften des BGB über die Rechtsfähigkeit und der Prozessordnungen über die Partei- bzw Beteiligtenfähigkeit schon vor Erlass des 2

[1] BVerwG NVwZ 1994, 1094; VGH München NJW 1984, 2845: einem Geschäftsunfähigen kann nicht wirksam zugestellt werden, auch wenn der Behörde der Mangel der Geschäftsfähigkeit nicht bekannt war (s hierzu § 41 Rn 31).

VwVfG auch für das Verwaltungsverfahrensrecht Geltung hatten, sind § 11 und die entsprechenden Vorschriften des Landesrechts im Zweifel **sinngemäß** auch auf Verwaltungsverfahren anwendbar, für die ausdrückliche Regelungen über die Beteiligungsfähigkeit fehlen oder die diese Frage nur lückenhaft regeln.

3 **3. Begriff der Beteiligungsfähigkeit.** Beteiligungsfähigkeit bedeutet die rechtliche Fähigkeit, als Subjekt eines Verfahrensverhältnisses, dh als Antragsteller, Antragsgegner, Beigeladener oder als sonstiger Beteiligter (§ 13), an einem Verfahren vor einer Behörde teilnehmen zu können, insb auch ein solches Verfahrensrechtsverhältnis durch einen Antrag auslösen zu können (UL § 15 Rn 23; WB § 156 III c; Erichsen/Ehlers § 11 Rn 15). Sie entspricht im wesentlichen der Beteiligungsfähigkeit gem § 61 VwGO. Im einzelnen folgt die Regelung dem früheren Recht (Begr 42; MuE 100). **Durch Bundesgesetz** kann die Beteiligungsfähigkeit auch weiteren Einrichtungen usw verliehen werden, nicht dagegen, soweit die Verwaltungszuständigkeit dem Bund zusteht (anders für den Bereich der Verwaltungszuständigkeit des Landes), durch Landesgesetz (vgl Stettner JA 1982, 394). Die Regelungen des § 11 haben zur Folge, dass praktisch jede Einzelperson und jede Personenmehrheit, **soweit sie Träger von Rechten** und/oder Pflichten sein kann, für das Verwaltungsverfahren auch beteiligungsfähig ist (vgl auch Schmidt NJW 1978, 1776). Zum Verfahren bei fehlender Beteiligungsfähigkeit bzw bei verhinderten oder unbekannten Beteiligten oder Beteiligten mit unbekanntem Aufenthalt s unten Rn 25.

II. Beteiligungsfähigkeit im Einzelnen

4 **1. Natürliche und juristische Personen (Nr 1). a) Natürliche Personen.** Natürliche Personen sind stets beteiligungsfähig, auch wenn für sie eine Betreuung eingerichtet ist (vgl § 12 Rn 15); die Leibesfrucht nur, soweit sie in entspr Anwendung der Grundsätze des bürgerlichen Rechts als rechtsfähig behandelt werden kann oder ihr nach öffentlichem Recht eigene Rechte zustehen können.[2] Nr 1 gilt auch für Personen, die nicht als solche, sondern in ihrer Eigenschaft als Organe mit eigenen Rechten ausgestattet sind und insoweit auch für das Prozessrecht beteiligungsfähig sind,[3] zB der **Präsident eines Gerichts** als Vorsitzender des Präsidiums des Gerichts (VGH Mannheim DÖV 1980, 573), der **Bürgermeister** der Gemeinde und **einzelne Gemeinderatsmitglieder** oder Ausschussmitglieder im Kommunalverfassungsstreitverfahren,[4] der **Intendant einer Rundfunkanstalt** im Streit mit dem Verwaltungsrat des Rundfunks hins. der Programmgestaltung (VG Hamburg DVBl 1980, 491). Nur in Angelegenheiten, in denen es nicht um die „Organrechte" von Personen (s dazu überzeugend Dolde, in: Menger-FS 1985, 427), sondern um Kompetenzen (Befugnisse) von Organen, vertreten durch einen Organwalter, geht, ist das Organ gem Nr 2, nicht die Person gem Nr 1, beteiligungsfähig.

---

[2] Ebenso UL § 15 Rnr 24; StBS 13; Knack 5; MB 2; zT **aA** BVerwG NJW 1992, 1524: keine Beteiligungsfähigkeit eines gezeugten, aber noch nicht geborenen Kindes im Verfahren zur Einstellung des Betreibens eines Endlagers zur Ablagerung radioaktiver Abfälle; ähnlich BVerwG DVBl 1994, 1259.

[3] Vgl OVG Koblenz 9, 343; OVG Münster 28, 271; VGH Mannheim DÖV 1980, 573; Hoffmann-Becking DVBl 1972, 301; Dolde, in: Menger-FS 1985, 427; vgl auch Kopp/Schenke § 61 Rn 5 zu § 61 mwN; str; nach **aA** – vgl zB OVG Münster NVwZ 1983, 486; VGH Mannheim DÖV 1983, 862; Bethge DVBl 1980, 824; RÖ VwGO § 62 Rn 4; Knack 5 – handelt es sich hier um Beteiligungsfähigkeit nach Nr 2 oder aufgrund einer Rechtsfortbildung, vgl zum Meinungsstreit Schoch JuS 1987, 787 mwN.

[4] Vgl OVG Münster NVwZ 1983, 486; VG Kassel NVwZ 1983, 372; Stettner JA 1982, 396: beteiligungsfähig nach Nr 2 im Streit um den Ausschluß der Öffentlichkeit von einer Sitzung.

b) Juristische Personen. Unter Nr 1 fallen alle juristischen Personen des öffentlichen oder privaten Rechts. Für die Beteiligung nach Nr 1 gilt damit im Grundsatz das **Rechtsträgerprinip:** Beteiligungsfähig sind danach die juristischen Personen selbst, nicht dagegen ihre Organe. Beteiligungsfähig sind zB der **Bund,** die einzelnen **Länder, Gemeinden,** rechtsfähige öffentlichrechtliche Anstalten und Stiftungen usw; Aktiengesellschaften, Genossenschaften usw (vgl StBS 15; Knack 6; UL § 15 Rnr 24; MB 5), die **Bistümer und Kirchengemeinden** der katholischen Kirche (OVG Münster NJW 1983, 2592; Zilles/Kämper NVwZ 1994, 109), die gem Art 140 GG, Art 137 Abs 5 WRV als Körperschaften des öffentlichen Rechts oder nach entsprechenden Bestimmungen des Landesrechts anerkannten oder als Vereine des BGB konstituierten Kirchen und sonstige Religionsgemeinschaften, kraft Herkommens auch die meisten älteren religiösen Orden (Mikat, in: die Grundrechte, Bd 4, 1. Halbb. S. 141; Renck BayVBl 1984, 713). Bei **ausländischen juristischen Personen** kommt es nach Art 7 EGBGB uU auf das Heimatrecht an (vgl BGHZ 51, 28; OLG Frankfurt NJW 1990, 2204). 5

c) Gleichgestellte Organisationsformen. Den juristischen Personen iS von Nr 1 sind Einrichtungen und Vereinigungen usw gleichgestellt, die nicht juristische Personen sind, denen aber durch Gesetz oder gewohnheitsrechtlich die Fähigkeit zuerkannt ist, im eigenen Namen zu klagen oder verklagt zu werden. Hierzu zählen zB die OHG (vgl RÖ VwGO § 61 Rn 2; str; **aA** MB 5: beteiligungsfähig nach Nr 2), **politische Parteien** und ihre einzelnen Gebietsverbände der jeweils höchsten Stufe gem § 3 Abs 2 PartG, anders dagegen die Kreis- und Ortsverbände, die nur nach Nr 2 beteiligungsfähig sein können (vgl BVerwGE 32, 334; Knack 8; s auch OLG Nürnberg NStZ 1986, 286; Kainz NJW 1985, 2616); ferner gewohnheitsrechtlich die Gewerkschaften und sonstige Tarifvertragsparteien (**aA** Knack 8; UL § 15 Rnr 25; MB 5: nur nach Nr 2); der nicht rechtsfähige Verein.[5] 6

d) BGB-Gesellschaft. Die BGB-Gesellschaft ist eine Personengesellschaft, auf die die Regelungen der §§ 705 ff BGB anwendbar sind. Sie ist keine juristische Person, sondern eine Gesamthandsgemeinschaft (§ 719 BGB); ihre Beteiligungsfähigkeit wurde deshalb wie bei nicht rechtsfähigen Vereinen in der Vergangenheit nach § 11 Nr 2 beurteilt. Im Laufe der Zeit hat sich die Rechtsfigur der BGB-Gesellschaft in der zivilrechtlichen Judikatur immer stärker der juristischen Person angenähert (vgl zB BGHZ 116, 86 = NJW 1992, 499). Inzwischen ist die Parteifähigkeit der BGB-Gesellschaft gem § 50 ZPO von der Rspr ausdrücklich und uneingeschränkt anerkannt worden (BGH NJW 2001, 1056). Dies hat materiellrechtlich wie prozessual weitreichende Konsequenzen (vgl Wertenbruch NJW 2002, 324). Da die Beteiligungsfähigkeit nach § 11 an anderweitig begründete Rechtspositionen anknüpft, stellt sich die Frage, ob sich nunmehr die Beteiligungsfähigkeit nach Nr 1 oder nach Nr 2 richtet. Konsequenterweise wird man nach der zivilrechtlichen Anerkennung der Rechts- und Parteifähigkeit von BGB-Gesellschaften für das Verwaltungsverfahren eine Beteiligungsfähigkeit nach Nr 1 anerkennen müssen (so auch StBS § 37 Rn 17). 7

Das **Ende der Beteiligungsfähigkeit** einer juristischen Person (oder einer solchen gleichgestellten Vereinigung usw) tritt nicht mit der Auflösung, sondern erst mit **Abschluss der Liquidation** und dem endgültigen Entfallen aller sonstigen denkbaren Rechte und Pflichten ein. **Beschränkungen des Aufgabenbereichs** („Zwecks") durch Gesetz oder Satzung bei juristischen Personen berühren, anders als zT in anderen Rechtsordnungen, die Rechtsfähigkeit und Beteiligungsfähigkeit nicht, können aber uU wegen fehlender Vertretungsmacht der handelnden Organe oder Bevollmächtigten die Rechtswidrigkeit oder Unwirksamkeit der davon be- 8

---

[5] Str; vgl zum Problem Schmidt NJW 1984, 2249; Schulz NJW 1990, 1893; **aA** BVerwG DÖV 1984, 940: nach Nr 2; vgl auch BGH NJW 1990, 186.

troffenen Verfahrenshandlungen zur Folge haben.[6] Anders bei ausländischen juristischen Personen, denen nach ihrem Heimatrecht nur beschränkte Rechtsfähigkeit zukommt; insoweit kommt jedoch uU eine Beteiligungsfähigkeit nach Nr 2 in Betracht.

9 **2. Vereinigungen mit eigenen Rechten (Nr 2). a) Allgemeines.** Vereinigungen iS von § 11 Nr 2 sind alle öffentlichrechtlichen oder privatrechtlichen Vereinigungen, dh Personenmehrheiten, die nicht selbst rechtsfähig sind oder sonst juristischen Personen gleichgestellt sind (s oben Rn 6), denen aber nach materiellem Recht das im (konkreten) Rechtsstreit in Frage stehende oder berührte Recht zustehen kann, dh die Zuordnungssubjekt der bzgl des Gegenstandes des Verfahrens („Streitgegenstandes") in Frage stehenden Rechte oder Pflichten sein können. Nicht ausreichend ist, dass der Vereinigung irgendwelche anderen Rechte zustehen (können), die keinen Bezug zu den konkreten Verfahren haben.[7] Insofern gelten dieselben Grundsätze für § 61 VwGO (StBS 16, 22). Das in Frage kommende **Recht muss der Vereinigung als solcher** zustehen können; dass es sämtlichen Mitgliedern zustehen kann, genügt nicht; daher sind zB bei der Enteignung eines Grundstücks, dessen Eigentümer in ungeteilter **Erbengemeinschaft** stehen, nicht die Erbengemeinschaft, sondern nur die einzelnen Miteigentümer beteiligungsfähig (VGH Mannheim VBlBW 1992, 14; Kopp/Schenke § 64 Rn 7). Die Beteiligungsfähigkeit hat (wie bei Vereinigungen nach Nr 1) auch bei Vereinigungen nach Nr 2 zur Folge, dass die Vereinigung **im Verfahren unter ihrem Namen** (Vereinsname, Firma) oder einer Sammelbezeichnung (zB Erbengemeinschaft X) auftreten kann und ihre Mitglieder, da sie nicht Beteiligte sind, Zeugen sein können (Knack 12). **Nicht notwendig** ist, dass die Vereinigung eine **feste, auf Dauer gerichtete Organisation** hat, wohl aber ist ein gewisses Maß an Ausrichtung und Zusammenwirken im Hinblick auf Zielsetzungen erforderlich (Knack 7; StBS 17; UL § 15 Rn 25; Bier in Schoch § 61 Rn 5). Die bloße Ansammlung von Menschen anläßlich eines Verkehrsunfalles ist jedoch keine Vereinigung, ebensowenig eine Stammtischrunde, zB für die Anfechtung eines Gaststättenverbots, das zwar gegen die Mitglieder ausgesprochen wird, praktisch aber die Auflösung der Stammtischrunde bedeutet (StBS 22; Knack 7) sowie die in einer Versammlung oder Demonstration zusammengekommenen Menschen,[8] wohl aber das Organisationskommittee für eine Versammlung (**aA** die wohl hM, vgl OVG Münster DÖV 1974, 820; StBS 23).

10 **b) Organstreitigkeiten.** Unter Nr 2 fällt auch die Frage der Beteiligungsfähigkeit in den sog Organ- oder Innenrechtsstreitigkeiten, insbes den Kommunalverfassungsstreitigkeiten. Betroffen sein müssen **organschaftliche Rechte oder Pflichten** der Vereinigung. Dass einer öffentlichrechtlichen Einrichtung Kompetenzen zukommen, die berührt werden, genügt nur, wenn diesen Kompetenzen zugleich eine von der Rechtsordnung im Interesse der betroffenen Einrichtung geschützte Position entspricht.[9] Nicht beteiligungsfähig ist daher gem Nr 2 – anders uU gem Nr 3 – der **Landespersonalausschuss** im Streit um eine beamten-

---

[6] MK 32 II mwN; str; vgl allg zu Handlungen außerhalb des gesetzlichen Aufgabenbereichs – **ultra vires** – BVerwGE 34, 69; VGH Mannheim DÖV 1973, 65; NJW 1973, 1494; LG Stuttgart NVwZ 1982, 57; WBS I § 34 Rn 7; zur Grundrechtsfähigkeit auch BVerwGE 59, 247; v Mutius BK 123 zu Art 19 Abs 3 GG; s auch § 12 Rn 13; § 14 Rn 22.

[7] BVerwG NVwZ-RR 1992, 572; VG Hannover NJW 1990, 3228; StBS 16; Knack 9; UL § 15 Rn 25; Bier in Schoch § 61 Rn 5; Ehlers NVwZ 1990, 110; **aA** Begr 43: es genügt irgendein Recht, auch wenn es nicht auf das konkrete Verfahren bezogen ist; nunmehr auch Kopp/Schenke § 61 Rn 8; NKVwGO § 61 Rn 29.

[8] OVG Münster DÖV 1974, 820; VGH München NJW 1984, 2116; StBS 23; Gusy JuS 1986, 610: eine Versammlung kann nicht Träger eigener Rechte sein.

[9] VGH München BayVBl 1980, 245; 1981, 720; vgl auch BVerwGE 36, 19; **aA** offenbar Berlin WissR 1969, 82; Hoffmann-Becking DVBl 1971, 301.

rechtliche Entscheidung einer Gemeinde, die seiner Zustimmung bedarf (BVerwGE 36, 191: Beiladung des Staates, dem der nicht selbst beteiligungsfähige Landesrechtsausschuss zuzurechnen ist; s auch Kopp/Schenke § 63 Rn 4). In organschaftlichen uä Rechtsverhältnissen entsprechen den Kompetenzen im Verhältnis zwischen sog „Kontrastorganen" jedoch idR organschaftliche Rechte oder Pflichten.[10]

Beteiligungsfähig nach Nr 2 ist daher zB im Streit mit dem Bürgermeister um den Ausschluss der Öffentlichkeit von einer Sitzung auch der betroffene **Gemeinderat bzw Ausschuss** (OVG Münster, zit bei Fromm JA 1979, 217; Stettner JA 1982, 396), **nicht dagegen** im Streit um die Beanstandung eines Gemeinderatsbeschlusses durch die Aufsichtsbehörde.[11] 11

c) Möglichkeit des Bestehens eines Rechts. Ob das Recht tatsächlich der Vereinigung zusteht, ist im Rahmen der Beurteilung der Beteiligungsfähigkeit nicht zu prüfen, sondern ist Frage der Begründetheit zB eines gestellten Antrags. Die Beteiligungsfähigkeit ist nur ausgeschlossen, wenn das geltend gemachte Recht unter keinen denkbaren Gesichtspunkten der Vereinigung zustehen kann[12] (VGH München BayVBl 1980, 245, 301; UL 15 Rn 25; Obermayer 23; StBS 18; Knack 4.3.4; RÖ VwGO § 61 Rn 4) bzw ihr jedenfalls nicht in bezug auf den Gegenstand des Verfahrens zustehen kann. Bei der Prüfung, ob dies der Fall ist, sind im wesentlichen dieselben Grundsätze maßgeblich wie bei § 42 Abs 2 VwGO (vgl Kopp/Schenke § 42 Rn 65 ff). Eine irgendwie geartete **Rechtsbehauptung** ist nicht Voraussetzung; andererseits würde umgekehrt eine bloße Behauptung nicht genügen (VGH München BayVBl 1980, 245). Eine Fraktion im Gemeinderat ist daher zB nicht beteiligungsfähig im Verfahren über die Anfechtung eines Dispenses nach § 31 BauGB, wohl aber uU im Kommunalstreitverfahren um einen Gemeinderatsbeschluss (RÖ VwGO § 61 Rn 4). 12

d) Einzelfälle. Beteiligungsfähig sind ein **nichtrechtsfähiger Verein** gem § 2 Abs 2 S. 2 GastG hins. einer von ihm beantragten Gaststättenkonzession (Erichsen/Ehlers § 11 Rn 11); eine **Gesellschaft des BGB** hins der Genehmigung ihrer Verkehrstarife (BVerwG NVwZ 1985, 192; heute aber eher Nr 1, vgl Rn 6a); eine **Erbengemeinschaft** hins. einer wohnungsamtlichen Zuweisung, die an den verstorbenen Verfügungsberechtigten gerichtet ist (3, 208; anders hins. der Enteignung eines Grundstücks, s oben Rn 14); eine nicht als rechtsfähige Körperschaft organisierte **Hochschule** im Streit mit der Studentenschaft hins. der Frage, ob diese eine Urabstimmung über einen Vorlesungsstreik durchführen darf (VGH Mannheim DVBl 1978, 274); die **Fakultät** einer Universität hins. einer Promotion oder Habilitation (vgl VGH München VRspr 20, 508; VGH Mannheim VRspr 21, 251); die Fakultät (Fachbereich) und das **Kuratorium** einer Uni- 13

---

[10] Vgl VGH Mannheim DVBl 1978, 274 mwN; DÖV 1981, 85 = DVBl 1981, 227; OVG Münster DVBl 1978, 151; Saarlouis NVwZ 1982, 140; Böckenförde in: Wolff-FS 1973, 302; WBS I § 24 Rn 21; WB § 72 IV c 3; Kisker JuS 1975, 708; Lorenz AöR 1968, 318, 320; Hoppe DVBl 1970, 845 ff; Zimmerling DÖV 1977, 280; Lippert DVBl 1978, 276; vgl auch BVerwG DÖV 1981, 515.

[11] OVG Münster DVBl 1981, 227: Beteiligter und beteiligungsfähig sind die Körperschaft, nicht das Organ; **aA** die mit der genannten Entscheidung ausdrücklich aufgegebene frühere Rspr, vgl OVG Münster 19, 62; 28, 185.

[12] **AA** OVG Münster DÖV 1974, 821: nur Personenvereinigungen, die körperschaftlich, zB als nicht-rechtsfähiger Verein, verfaßt sind; VGH Mannheim VBlBW 1981, 297; VGH München NJW 1984, 2116; RÖ VwGO § 61 Rn 4; Blumenwitz BayVBl 1980, 230: die Vereinigung muß unabhängig vom konkreten Rechtsstreit vorhanden sein und eine gewisse organisatorische Verfestigung aufweisen; ähnlich Obermayer 15; StBS 18; Knack 11, Kritik: diese Auffassung ist mit Art 19 Abs 4 GG nicht vereinbar; wenn einer Vereinigung als solche Rechte zustehen, muß sie nach Art 19 Abs 4 GG diese auch gerichtlich geltend machen können und kann insoweit nicht auf allenfalls gegebene Klagerechte der einzelnen Mitglieder verwiesen werden.

versität hins. der Umwandlung der Fakultät in einen Fachbereich (vgl BVerwGE 45, 43); der **Senat** einer Universität hins einer Maßnahme der Aufsichtsbehörde (BVerwG NVwZ-RR 1994, 587); die **Abteilung einer Pädagogischen Hochschule** hins. der Festsetzung der Semesterferien (VG Hannover DVBl 1974, 53); die **Studentenschaft** – nicht der AStA – hins. einer Verfügung der Universität, durch die den Mitgliedern des AStA die Ausübung ihrer Dienstgeschäfte untersagt wird (vgl Lüneburg DVBl 1978, 272); der **Konvent** uä der Studentenschaft einer Universität hins der ihm als solchem zustehenden Rechte und Befugnisse (vgl OVG Hamburg NVwZ 1982, 448; OVG Berlin WissR 1969, 82) oder der ihn treffenden Pflichten (OVG Hamburg NJW 1978, 1395); der **Sprecherrat der Studentenschaft** einer Universität hins Überlassung eines Hörsaals für Versammlungen (MuLö BayVBl 1992, 637); das **Präsidium eines Gerichts** hins. der Wahl seiner Mitglieder (BVerwGE 44, 175; vgl auch VGH Kassel DRiZ 1984, 62); der **Betriebs- bzw Personalrat** hins der Wahl seiner Mitglieder (vgl BVerwGE 5, 302) und sonst für Beschlussverfahren (BVerwGE 90, 76); der **Frachtenausschuss** für den Rhein hins. der Genehmigung der von ihm beschlossenen Frachtraten (vgl BVerwGE 31, 364); der bei der Naturschutzbehörde gebildete, weisungsfreie **Naturschutzbeirat** (VGH Kassel NVwZ 1992, 904); der **Vorstand der Börse** hins. der Zulassung an der Börse (vgl BVerwG JR 1967, 396); die **Organe einer Gemeinde,** auch eine Fraktion (OVG Schleswig, NVwZ-RR 1996, 103; VGH Kassel DVBl 1978, 821), im Kommunalverfassungsstreit;[13] der **Kreisverband einer Partei** hins. der Benützung gemeindeeigener Räume für eine Parteiveranstaltung.[14] Das BVerwG (NuR 1998, 196) hat die Beteiligungsfähigkeit einer nicht mit eigener Rechtspersönlichkeit ausgestattenen Wassergemeinschaft im Planfeststellungsverfahren anerkannt. S zur **Beteiligungsfähigkeit von Gremien** allg auch Herbst DÖV 1994, 108.

Beteiligungsfähig ist auch zB die „Hausgemeinschaft" der Grundstückseigentümer oder Erbbauberechtigten in **Bruchteilsgemeinschaft** (§ 741 BGB) hins. einer gegen sie gerichteten Verfügung auf Unterlassung bestimmter Baumaßnahmen oder bestimmter Nutzungen (vgl VGH München BayVBl 1979, 20; **aA** OVG Münster NVwZ 1983, 492 hins. Straßenreinigungsgebühren); eine **Bauherrengemeinschaft** hins. der Erteilung einer Baugenehmigung für ihr Bauvorhaben uä (VGH Mannheim NVwZ-RR 1993, 335; VGH Kassel NJW 1997, 1938); die Eigentümer in ungeteilter **Erbengemeinschaft** hins. einer Enteignungsmaßnahme (vgl VGH München BayVBl 1976, 154; 1979, 20; **aA** VGH München BayVBl 1984, 186: nur die einzelnen Miterben); eine **Interessengemeinschaft** zur Verhinderung einer geplanten Schnellbahntrasse (BVerwG DVBl 1990, 1185).

Nicht beteiligungsfähig sind dagegen **zB,** da ihm keine entsprechenden Rechte zustehen, die berührt sein könnten, der **Elternbeirat** einer Schule im Verfahren um die Auflösung einer Schule, die Bildung von Klassen an der Schule usw (vgl VGH München BayVBl 1981, 719).

14 **3. Behörden (Nr 3).** Behörden sind – anders als nach § 61 Nr 3 VwGO – allgemein und ohne dass dafür besondere gesetzliche Vorschriften erforderlich wären, beteiligungsfähig. Zum Begriff der Behörde s § 1 Rn 23 ff. Wie nach § 61 Nr 3 VwGO ist die **Beteiligungsfähigkeit der Behörden nur eine formelle;** sie ist in ihrer Wirkung auf das Verfahrensrecht beschränkt. Die Behörden handeln nach Nr 3 rechtlich in „Prozessstandschaft" für den Rechtsträger (Staat, Gemeinde

[13] OVG Münster 17, 261; 27, 258; VG Kassel NVwZ 1983, 372; Stahl NJW 1972, 2031; Hoppe DVBl 1970, 849; Ewald DVBl 1970, 237; Blumenwitz BayVBl 1980, 230, Hahn DVBl 1974, 509.

[14] Vgl BVerwG DÖV 1969, 430; BayVBl 1970, 25; s allg auch BVerwGE 40, 334: kein argumentum e contrario aus § 3 PartG; **aA** insoweit zu § 50 Abs 1 ZPO zur aktiven Parteifähigkeit im Zivilprozeß OLG Frankfurt DÖV 1985, 78.

usw), dem sie angehören bzw zuzurechnen sind. Ihre Verfahrenshandlungen wirken ausschließlich für und gegen den Rechtsträger, für den sie an einem Verfahren beteiligt sind (Knack 13; StBS 25; MB 6; vgl zum Prozessrecht auch BVerwGE 45, 209; Stettner JA 1982, 395).

III. Entscheidung über das Vorliegen der Beteiligungsfähigkeit

1. Prüfung der Beteiligungsfähigkeit. a) Allgemeines. Das Vorliegen der Beteiligungsfähigkeit ist von Amts wegen zu prüfen (StBS 5, 7; UL § 15 Rn 27). Fehlt diese Voraussetzung beim Antragsteller (§ 13 Abs 1 Nr 1), so ist der **Antrag als unzulässig abzulehnen;** fehlt sie bei demjenigen, an den die Behörde einen VA richten will oder gerichtet hat (§ 13 Abs 1 Nr 2), so darf das Verfahren nicht weitergeführt werden, bis der Mangel behoben ist (zB durch Bestellung eines Vertreters von Amts wegen gem § 16). Bei sonstigen Beteiligten hat das Fehlen der Beteiligungsfähigkeit zur Folge, dass die Rechtsfolgen eines ergehenden VA sich nicht auf sie erstrecken (§ 43 Abs 1); bei notwendiger Beteiligung bzw Hinzuziehung nach § 13 Abs 2 S 2 außerdem, dass die Entscheidung fehlerhaft ist und nicht in materielle Bestandskraft erwachsen kann (vgl im einzelnen § 13 Rn 51). **15**

b) Maßgeblicher Zeitpunkt. Grundsätzlich muss die Beteiligungsfähigkeit während des gesamten Verwaltungsverfahrens vorliegen, also bei Antragstellung, Anhörung usw. Bus zum Erlass des VA, ggf auch noch im Rechtsbehelfsverfahren, kann ein etwaiger **Mangel idR mit Rückwirkung geheilt** werden.[15] Soweit eine Heilung in Betracht kommt, muss die Behörde grundsätzlich dem Beteiligten Gelegenheit geben, für seine Vertretung zu sorgen, bzw uU selbst die notwendigen Schritte dafür unternehmen (vgl BGH NJW 1990, 1736). Körperschaften und Gesellschaften uä, die aufgrund besonderer Rechtsvorschriften oder von Gewohnheitsrecht unter eigenem Namen klagen und verklagt werden können (s oben Rn 6) oder nach Nr 2 beteiligungsfähig sind bzw waren, bleiben im Fall ihrer Auflösung jedenfalls **bis zum Abschluss der Abwicklung** (Liquidation) beteiligungsfähig.[16] Dies gilt auch insoweit, als es um die Auflösung selbst oder um Verfahren um damit im Zusammenhang stehende Rechte und/oder Pflichten geht.[17] **16**

2. Streit um die Beteiligungsfähigkeit. Im Streit um die Beteiligungsfähigkeit eines „Beteiligten" (BayVerfGH BayVBl 1985, 363) oder um die Auflösung **17**

---

[15] Vgl auch zur Rückwirkung einer nachträglichen Genehmigung des Handelns nicht Beteiligungsfähiger durch den in der Sache betroffenen Beteiligungsfähigen; Krause VerwArch 1970, 318; der Genehmigung der Verfahrenshandlungen nicht Verfahrenshandlungsfähiger BGH NJW 1990, 1736; sehr zweifelhaft.

[16] Vgl BGHZ 32, 307; 50, 307; 74, 212 = NJW 1979, 1592; ZIP 1994, 1887; DtZ 1995, 50; BFH 125, 107 = BStBl 1978 II 447, zugleich unter Hinweis darauf, daß bis zum Abschluß eines anhängigen Rechtsstreits auch die Abwicklung begriffsnotwendig nicht abgeschlossen sein kann; BFH BStBl 1969 II 656; 1971 II 540, 1980 II 587 – zugleich mit dem Hinweis, daß eine GmbH mit der Löschung keinen Geschäftsführer mehr hat und deshalb ein Nachtragsliquidator oder analog § 59 ZPO ein Prozeßpfleger bestellt werden muß; weitergehend BAG NJW 1982, 1831: beteiligungsfähig im Kündigungsstreit auch noch nach der Liquidation; BGH NJW 1982, 238: auch eine bereits erloschene Gesellschaft kann noch die Hauptsache für erledigt erklären und dann auch zur Kostentragung verurteilt werden; **aA** OVG Münster NJW 1981, 2373: nach Eintreten der Vermögenslosigkeit ist eine GmbH im Streit um eine Gewerbeerlaubnis nicht mehr beteiligungsfähig; die Kosten des Verfahrens sind dem Vertreter aufzuerlegen; BGHZ 74, 212 = NJW 1979, 1592: nach Abschluß der Liquidation für die Geltendmachung eines Zahlungsanspruchs nicht mehr parteifähig; kritisch dazu BAG NJW 1982, 1831.

[17] Vgl zum Prozeßrecht auch BVerwGE 30, 26; BGHZ 18, 185; ebenso BVerwGE 1, 266 zur Beteiligungsfähigkeit einer aufgelösten Vereinigung im Rechtsstreit um die Auflösung; VGH Mannheim DÖV 1979, 605: Beteiligungsfähigkeit einer aufgelösten Gemeinde für die Geltendmachung von Rechten aus dem Eingemeindungsvertrag; allg auch BVerfG 3, 267; 22, 221; 34, 226; 38, 237; 42, 345.

einer juristischen Person oder einer Vereinigung ist auch ein Beteiligungsunfähiger bis zur rechtskräftigen Feststellung des Gegenteils (vgl BVerwG NJW 1982, 2070; ähnlich zur Prozessfähigkeit BGH NJW 1990, 1734) stets als beteiligungsfähig zu behandeln. Entsprechendes gilt für den Streit um Rechte, Pflichten usw, die in unmittelbarem Zusammenhang mit der Auflösung stehen (vgl BVerfG 3, 279; 42, 356; Saarl VerfGH DÖV 1993, 910). Wendet sich ein Beteiligungsunfähiger dagegen, dass die Behörde ihn als nicht-beteiligungsfähig bzw beteiligungsfähig ansieht, so ist er für das Verfahren insoweit als beteiligungsfähig zu behandeln. **Entsprechendes gilt für Rechtsbehelfe,** mit denen ein Beteiligter bzw sonst Betroffener sich dagegen wendet, dass die Behörde bei ihrer Entscheidung von seiner Nicht-Beteiligungs- bzw Beteiligungsfähigkeit ausgegangen ist (vgl zur vergleichbaren Situation hins der Prozessfähigkeit, BGH NJW 1990, 1734).

18 **3. Wegfall von Beteiligten, Rechtnachfolge.** Vom Fehlen oder Wegfall der Beteiligungsfähigkeit ist der Wegfall eines Beteiligten durch Tod, Vereinigung mit einer anderen juristischen Körperschaft usw, zu unterscheiden. Insoweit gelten die Bestimmungen der ZPO über die Fortführung von Verfahren durch den Prozessbevollmächtigten bzw durch den Rechtsnachfolger (s §§ 239 ff ZPO; dazu München BayVBl 1983, 756) entspr. **Bei höchstpersönlichen Rechten** hat der Wegfall des Berechtigten die Erledigung der Hauptsache zur Folge. Vgl dazu § 9 Rn 58 ff. Bei **Veräußerung der Sache,** auf die sich das Verfahren bezieht (zB ein Grundstück; eine Anlage), ist der Erwerber nicht nach § 13 Abs 2 notwendig hinzuzuziehen (vgl BVerwG DVBl 1985, 118 mwN; s auch § 13 Rn 42).

IV. Rechtsfolgen

19 **1. Allgemeines.** Die Beteiligungsfähigkeit ist von Amts wegen in jedem Stadium des Verwaltungsverfahrens zu beachten. **In Zweifelsfällen** kann die Behörde über die Beteiligungsfähigkeit, wenn sie sie bejaht, vorweg **durch VA entscheiden.** Fehlt die Beteiligungsfähigkeit des Antragstellers, desjenigen, an den die Behörde einen VA richten will oder gerichtet hat, oder eines notwendigen Beteiligten (§ 13 Abs 2 S. 2) im Zeitpunkt des Erlasses des VA (bzw der Rechtsbehelfsentscheidung), so **darf eine Sachentscheidung nicht ergehen,** muss ein gestellter Antrag als unzulässig abgewiesen werden (ebenso UL § 15 Rn 25) bzw muss das Verfahren eingestellt oder bis zur Bestellung eines Vertreters von Amts wegen gem § 16 ausgesetzt werden (vgl aber 14 Abs 2 zur Fortgeltung einer Vollmacht).

20 **2. Nichtigkeitsfolgen.** Ein trotz fehlender Beteiligungsfähigkeit des Adressaten in der Sache ergehender VA ist nichtig (ebenso UL § 15 Rn 27; StBS 9; Knack 16; MB 1); ebenso ein mit einem Nichtbeteiligungsfähigen abgeschlossener Vertrag (UL § 15 Rn 27; Knack 16; vdGK 5 zu § 76). Gegen den wegen fehlender Beteiligungsfähigkeit des Adressaten fehlerhaften VA haben alle Beteiligten, auch der Nichtbeteiligungsfähige, die in der Sache gegebenen **Rechtsbehelfe,** außerdem Anspruch auf Wiederaufnahme des Verfahrens in entspr Anwendung von § 51 iVm § 579 Abs 1 Nr 4 ZPO (vgl § 51 Rn 7).

§ 12 Handlungsfähigkeit

(1) **Fähig zur Vornahme von Verfahrenshandlungen sind**

1. **natürliche Personen, die nach bürgerlichem Recht geschäftsfähig sind,**[5]
2. **natürliche Personen, die nach bürgerlichem Recht in der Geschäftsfähigkeit beschränkt sind, soweit sie für den Gegenstand des Verfahrens durch Vorschriften des bürgerlichen Rechts**[6] **als geschäftsfähig oder durch Vorschriften des öffentlichen Rechts**[7] **als handlungsfähig anerkannt sind,**

3. juristische Personen und Vereinigungen (§ 11 Nr. 2) durch ihre gesetzlichen Vertreter oder durch besonders Beauftragte,[13]
4. Behörden durch ihre Leiter, deren Vertreter oder Beauftragte.[14]

(2) **Betrifft ein Einwilligungsvorbehalt**[16] **nach § 1903 des Bürgerlichen Gesetzbuchs den Gegenstand des Verfahrens, so ist ein geschäftsfähiger Betreuter nur insoweit zur Vornahme von Verfahrenshandlungen fähig, als er nach den Vorschriften des bürgerlichen Rechts ohne Einwilligung des Betreuers handeln kann oder durch Vorschriften des öffentlichen Rechts als handlungsfähig anerkannt ist.**[15]

(3) **Die §§ 53 und 55 der Zivilprozessordnung gelten entsprechend.**[17]
Parallelvorschriften: § 79 AO; § 11 SGB-X

Schrifttum: *Bork,* Die Prozessfähigkeit nach neuem Recht (ab 1. 1. 1992), MDR 1991, 97; *Boujong,* Vertretungsbefugnis und Vertretungsmängel im öffentlichen Recht, WuV 1979, 48; *Coester-Waltjen,* Überblick über die Probleme der Geschäftsfähigkeit, Jura 1994, 331; *Dodegge,* Das Betreuungsbehördengesetz und die Landesausführungsgesetze, NJW 1992, 1936; *Ehlers,* Benutzung kommunaler Einrichtungen durch Minderjährige, DVBl 1986, 918; *Habermehl,* Vertretung der Kommune, DÖV 1987, 144; *Hablitzel,* Öffentlich-rechtliche Willenserklärung und Minderjährigenrecht, BayVBl 1973, 197; *Hager,* Die Rechtsbehelfsbefugnis des Prozessunfähigen, ZZP 1984, 174; *Haueisen,* Schutz Geschäftsunfähiger vor Fristversäumnis im Recht der Leistungsverwaltung, NJW 1967, 235; *Hohm,* Grundrechtsträgerschaft und „Grundrechtsmündigkeit" Minderjähriger am Beispiel öffentlicher Heimerziehung, NJW 1986, 3107 (kritisch dazu Martens NJW 1987, 2561); *Käck,* Der Prozesspfleger, 1991; *Klüsener/Rausch,* Praktische Probleme bei der Umsetzung des neuen Betreuungsrechts, NJW 1993, 617; *Krause,* Die Willenserklärungen des Bürgers im Bereich des öffentlichen Rechts, VerwArch 1970, 297, 310; *Kohler/Gehrig,* Vertretung und Vertretungsmängel der Gemeinde im Privatrechtsverkehr, VwBlBW 1996, 441; *Kunz,* Zur Handlungsfähigkeit minderjähriger Ausländer im ausländerbehördlichen Verfahren, NJW 1982, 2707; *Laubinger,* Prozessfähigkeit und Handlungsfähigkeit, in: Ule-FS 1987, 161; *Laubinger/Repkewitz,* Der Betreute im Verwaltungsverfahren und VerwaltungsProzess, VerwArch 1994, 86; *Luther,* Beschränkungen der Geschäftsfähigkeit von Ausländern und im Ausland, StAZ 1985, 164; *Martens,* Grundrechtsausübung als Spiel ohne Grenzen, NJW 1987, 2561; *Meyer,* Die Stellung des Minderjährigen im öffentlichen Recht, 1988, zugl Diss Münster 1987; *Mutius,* Grundrechtswürdigkeit, Jura 1987, 272; *Pauckstadt-Maihold,* Geschäftsfähigkeit, JA 1994, 465 und 552; *v. Peschel-Gutzeit,* Elterliche Vertretung und Minderjährigenschutz, FamRZ 1993, 1009; *Robbers,* Partielle Handlungsfähigkeit Minderjähriger im öffentlichen Recht, DVBl 1987, 709; *Roell,* die Geltung der Grundrechte für Minderjährige, 1984; *Schreiber,* Geschäftsfähigkeit, Jura 1991, 24; *Würtenberger,* Religionsmündigkeit, Obermeyer, 1986, 113.

Übersicht

I. Allgemeines

1 **1. Inhalt des § 12.** Die Vorschrift regelt die **Verfahrenshandlungsfähigkeit.** Wer sich an einem Verwaltungsverfahren beteiligen will, muss hierfür nicht nur nach § 11 beteiligungsfähig, sondern auch selbst handlungsfähig sein. Fehlt ihm die Handlungsfähigkeit, so sind gleichwohl vorgenommene Verfahrenshandlungen unzulässig und unwirksam, der Handlungsunfähige bedarf dann eines Vertreters. Diese **Vertretung eines Beteiligten** ist streng zu unterscheiden von dem Fall, in dem sich ein Handlungsfähiger durch einen Bevollmächtigten vertreten läßt (vgl § 14). Aber nicht nur für die aktive Vornahme von Verfahrenshandlungen (Antragstellung, Bevollmächtigung usw) ist Handlungsfähigkeit Voraussetzung, sondern auch für den Fall, dass die Behörde gegenüber einer Person oder Vereinigung ein Verwaltungsverfahren einleiten oder durchführen will, indem sie zB einen VA erläßt oder andere Verfahrenshandlungen ihm gegenüber vornimmt (BVerwG BayVBl 1994, 539; OVG Münster DVBl 1991, 1360). Die Gültigkeit derartiger Verfahrenshandlungen setzt ebenfalls die Handlungsfähigkeit des Adressaten als (passiv) Beteiligtem voraus (vgl VGH München NJW 1984, 2845; Hamburg DVBl 1982, 218 mwN; ferner StBS 4; Knack 8). Fehlt es an der Handlungsfähigkeit, muss die Maßnahme ggf gegenüber einemVertreter vorgenommen werden. Fehlt es an einem solchen, ist ggf ein Vertreter zu bestellen. Der Mangel der Handlungsfähigkeit kann nachträglich geheilt werden (vgl Rn 26).

2 **Die Handlungsfähigkeit** im Verwaltungsverfahren **entspricht der Prozessfähigkeit** gem § 62 VwGO im VerwaltungsProzess (vgl UL § 16 Rn 1). Sie stellt eine besondere, auf das Verfahren und die Verfahrensrechte und Verfahrenspflichten bezogene Form der allgemeinen Handlungsfähigkeit dar. Die Regelungen entsprechen im wesentlichen dem vor Erlass des VwVfG geltenden Recht (vgl Begr 42; Krause VerwArch 1970, 310ff; F 181). Zur Handlungsfähigkeit betreuter Personen s unten Rn 15. Die Verfahrenshandlungsfähigkeit kann – ähnlich wie die Beteiligungsfähigkeit nach § 11 – uU auch nur partiell sein und (nur) für den vom Verfahren betroffenen Bereich vorliegen, zB bei beschränkt Geschäftsfähigen gem § 112 BGB beschränkt auf Verfahren, die mit dem Betrieb des Geschäfts zusammenhängen (vgl UL § 16 Rn 14). Zur partiellen Handlungsfähigkeit s unten Rn 6.

3 **Bei fehlender Handlungsfähigkeit** ist ein Betroffener grundsätzlich **zumindest** persönlich **zu hören,** wenn er im Verfahren bzw durch den Ausgang des Verfahrens in seinen **persönlichen Rechten berührt** ist oder sein kann (vgl Kopp 22; Waldner 113; zu einem minderjährigen Asylbewerber auch BVerwG NVwZ-RR 1990, 441). S. auch § 28 Rn 1; ferner unten Rn 19ff.

4 **2. Anwendungsbereich.** Die Vorschrift gilt unmittelbar nur im Anwendungsbereich des VwVfG (§§ 1f). Die Verwaltungsverfahrensgesetze der Länder enthalten gleichlautende Vorschriften. Als Ausdruck allgemeiner Rechtsgrundsätze, wie

sie in Anlehnung an die Bestimmungen des BGB über die Geschäftsfähigkeit und der Prozessordnungen über die Prozessfähigkeit schon bisher Geltung auch für das Verwaltungsverfahrensrecht hatten, ist die Regelung **sinngemäß auch in sonstigen Fällen** anwendbar, die nicht unter § 12 VwVfG bzw die entsprechenden Vorschriften der Landesgesetze fallen und für die auch ausdrückliche sonstige Rechtsvorschriften fehlen (Erichsen/Ehlers § 11 Rn 21). Aus demselben Grund sind im Zweifel auch entsprechende Vorschriften über die Verfahrenshandlungsfähigkeit in anderen Gesetzen im Einklang damit auszulegen und Lücken darin daraus auszufüllen.

II. Handlungsfähigkeit im Einzelnen (Abs 1)

1. Geschäftsfähige natürliche Personen (Nr 1). Die nach bürgerlichem Recht voll Geschäftsfähigen (s §§ 2, 104ff BGB) sind uneingeschränkt verfahrenshandlungsfähig (Nr 1), sofern sie nicht unter Pflegschaft (§§ 1910, 1911, 1913 BGB) stehen oder im Verfahren analog § 53 ZPO durch einen dafür bestellten Pfleger (s unten Rn 17) vertreten werden. Nicht handlungsfähig nach Nr 1 ist der **Gemeinschuldner,** soweit hins. des in Frage stehenden Rechtsverhältnisses die materiellrechtliche Handlungsfähigkeit wegen des laufenden Insolvenzverfahrens entfallen ist (vgl BVerfG 51, 409). Die Vertretung erfolgt insoweit durch den Insolvenzverwalter. Ist bei einer Person das **Geburtsdatum nicht sicher feststellbar,** so ist der spätestmögliche Zeitpunkt dafür anzunehmen. Ist zB nur das Geburtsjahr bekannt, so ist als Geburtstag entspr dem Schutzzweck der Vorschrift der 31. 12. dieses Jahres anzunehmen (BVerwG DVBl 1985, 244; StBS 7). Auch ein an sich voll Geschäftsfähiger kann für bestimmte einzelne Verfahren handlungsunfähig sein, wenn ihm gerade in diesen die Fähigkeit fehlt, sein Verhalten von vernunftgetragenen Erwägungen abhängig zu machen **(partielle Handlungsunfähigkeit).** Dies kann etwa der Fall sein bei gegenständlich begrenzten psychischen Störungen wie etwa traumatischen Komplexbildungen, Fällen schwerer Querulanz usw.[1] Bestehen Anhaltspunkte dafür, so muss die Handlungsfähigkeit von Amts wegen geprüft werden, zB durch die Einholung eines Sachverständigengutachtens. Ist der Betroffenen nicht bereit, sich zur Beseitigung begründeter Zweifel an seiner Handlungsfähigkeit sachverständig begutachten zu lassen, so geht die Unaufklärbarkeit zu seinen Lasten. 5

2. Partiell Geschäftsfähige (Nr 2). a) Nach bürgerlichem Recht (1. Alt). Die zB nach §§ 112f BGB beschränkt Geschäftsfähigen sind, soweit sie nach bürgerlichem Recht für den Gegenstand des Verfahrens als geschäftsfähig bzw handlungsfähig anerkannt sind, auch in solchen Verwaltungsverfahren handlungsfähig, die damit in Zusammenhang stehen (vgl zB BVerwG DVBl 1996, 1143) für Verpflichtungserklärungen eines minderjährigen Polizisten; **nicht als verfahrenshandlungsfähig** anzusehen sind für Verfahren in Dienstangelegenheiten minderjährige Polizeibeamte (Schleswig NVwZ-RR 1994, 485 – auch nicht in Analogie zum Wehrpflichtrecht und unter dem Gesichtspunkt der Ausbildung auch nicht gem § 113 BGB).Die Ermächtigung nach §§ 112f BGB zum selbständigen Betrieb eines Erwerbsgeschäfts bzw zur Aufnahme eines Arbeitsverhältnisses begründet die Verfahrenshandlungsfähigkeit auch für damit unmittelbar zusammenhängende Verfahren nach öffentlichem Recht, auch zB im Ausländerrecht (BVerwG DÖV 1972, 797; MB 4). Dagegen begründet die **Erlaubnis des gesetzlichen Vertreters** analog § 107 BGB keine partielle Verfahrenshandlungsfähigkeit (BVerwG DVBl 1985, 244). 6

[1] Vgl VGH Kassel NJW 1990, 403 zu krankhaften Wahnvorstellungen; Mannheim, VwBlBW 1992, 474 zu Depressionen; Dinger/Koch, Querulanz in Gericht und Verwaltung, 1992.

7 **b) Nach öffentlichem Recht (2. Alt):** Die nach bürgerlichem Recht beschränkt Geschäftsfähigen können auch aufgrund öffentlichen Rechts für bestimmte Gegenstände als verfahrenshandlungsfähig anerkannt sein (Nr 2, 2. Alt). Ob das öffentliche Recht einem beschränkt Geschäftsfähigen für einen bestimmten Bereich eine Handlungsfähigkeit und damit gem Abs 1 Nr 2 die Verfahrenshandlungsfähigkeit zuerkennt, ist im Zweifel durch Auslegung der in Frage stehenden Vorschriften festzustellen. Maßgebend sind dabei vor allem der Zweck der Regelungen, die in den betreffenden Angelegenheiten zu erwartende Einsichtsfähigkeit Minderjähriger usw, der Schutzzweck einer Beschränkung der Handlungsfähigkeit im Interesse und zugunsten des beschränkt Geschäftsfähigen und die Rechtssicherheit (vgl BVerwG NJW 1982, 539; OVG Berlin DÖV 1978, 770; Kunz NJW 1982, 2707). Der Wille des Gesetzgebers, abweichend vom allgemeinen Recht die Verfahrenshandlungsfähigkeit beschränkt Geschäftsfähiger zu begründen, muss im Gesetz hinreichenden Ausdruck finden. Dass ein Gesetz für die Betroffenen Pflichten oder Rechte begründet und dafür bestimmte Altersgrenzen festsetzt, genügt hierzu nicht (vgl BVerwG DÖV 1982, 452 = NJW 1982, 539; zT **aA** Kunz NJW 1982, 2707).

8 **Einzelfälle:** Nach öffentlichem Recht sind für den Gegenstand des Verfahrens als handlungsfähig anerkannt zB in Verfahren hins. der **Teilnahme am Religionsunterricht** uä gem Art 4 Abs 1 GG, § 5 RelKEG Minderjährige über 14 Jahre **(Religionsmündigkeit);**[2] im Verfahren zur **melderechtlichen Anmeldung** und Abmeldung im Melderegister nach den Meldegesetzen der meisten Bundesländer der Minderjährige über 16 Jahre (VGH Mannheim NJW 1985, 2169); im Verfahren zur Erteilung der **Fahrerlaubnis** gem § 5 FeV (entspr § 7 StVZO aF) der Minderjährige über 16 Jahre (BVerwG BayVBl 1984, 58); in **Wehrdienst- und Ersatzzivildienstangelegenheiten** im Hinblick auf § 19 Abs 5, § 44 Abs 1 Nr 5 WPflG der wehrpflichtige Minderjährige;[3] in Anerkennungsverfahren für **Kriegsdienstverweigerer** gem § 2 Abs 4 KDVNG der Kinderjährige im Alter von 17,5 Jahren (BVerwGE 84, 50): im Verfahren zur Erlangung des **Jugendjagdscheins** gem § 16 BJagdG der Minderjährige ab 16 Jahre; hins. des **Rundfunkempfangs** (VGH Mannheim DVBl 1995, 166); **als Schüler** in einfachen **Schulangelegenheiten** und hins. der Anhörung vor Verhängung einer Schulstrafe (VGH Mannheim NVwZ 1984, 808), ebenso bei Zulassung zur Universitätsbibliothek (vgl OVG Bremen NordÖR 1998, 307) nicht dagegen für Anfechtung von Prüfungsentscheidungen (Robbers DVBl 1987, 709; **aA** StBS 9). Für Verfahren in **Ausländersachen** sind geschäftsfähig und damit auch verfahrenshandlungsfähig gem § 68 AuslG auch Ausländer über 16 Jahre;[4] Entsprechendes gilt in **Asylangelegenheiten** gem § 12 AsylVfG und für das Einbürgerungsverfahren nach § 8 Abs 1 StAnG. In verfahren nach dem SGB besteht die allgemeine Handlungsfähigkeit bereits für Personen ab 15 Jahren.

9 **c) Grundrechtsmündigkeit.** Umstritten ist, ob die Verfahrenshandlungsfähigkeit darüber hinaus auch in allen sonstigen Fällen zu bejahen ist, in denen im Verfassungsrecht die Grundrechtsmündigkeit und als Folge davon die Legitimation zur Erhebung einer Verfassungsbeschwerde des Minderjährigen gegen die behördliche

---

[2] BVerwGE 18, 17 = NJW 1983, 2585; OVG Koblenz DÖV 1981, 586; KG Berlin NJW 1978, 2439; – in Bayern gem Art 137 Abs 1 BayVerf, Art 125 GG: über 18 Jahre; ebenso in Rheinland-Pfalz gem Art 35 Abs 1 RhPfVerf, vgl BVerwGE 68, 17.

[3] BVerwGE 7, 67; BVerwG NJW 1982, 539; OVG Schleswig NVwZ-RR 1994, 485.

[4] Anders vor der Neuregelung des AuslG, vgl BVerwG = NJW 1982, 539; Berlin DÖV 1979, 522; OVG Hamburg DVBl 1982, 218; BayObLG DÖV 1979, 62; str **aA** insoweit BVerwG DÖV 1972, 797; KG Berlin NJW 1978, 2454, 2455; OVG Lüneburg DVBl 1982, 218; Kunz NJW 1982, 2707.

Maßnahme, um die es im Verfahren geht, anerkannt wird.[5] Richtigerweise wird man über die ausdrücklich geregelten Fälle einer Handlungsfähigkeit Minderjähriger hinaus, ggf in Analogie zu den geregelten Fällen, im Lichte der verfassungsrechtlichen Grundrechtsmündigkeit weitere Fälle vorverlagerter Handlungsfähigkeit bereichsspezifisch annehmen können. Handlungsfähig ist zB ein Schüler ab dem 14. Lebensjahr hins der Redaktion und Mitarbeit an einer **Schülerzeitung** – nicht auch hins der mit der Herausgabe verbundenen geschäftlichen Tätigkeit – anzusehen (Jarass DÖV 1983, 610).

Entsprechendes gilt aufgrund besonderer Vorschriften bzw, soweit solche fehlen, unmittelbar als Folgerung aus Art 1, Art 2 Abs 1 bzw 2 GG, in Verfahren zur Abwehr oder Aufhebung einer Freiheitsentziehung[6] oder sonstiger schwerer Eingriffe in die Persönlichkeitssphäre,[7] insb auch von Eingriffen in die freie Selbstbestimmung in Angelegenheiten, die eine höchstpersönliche Wertentscheidung berühren oder erfordern (OVG Lüneburg DVBl 1982, 218; vgl auch BayObLG BayVBl 1985, 249). Auch wenn man in diesen Fällen entgegen der hier vertretenen Auffassung die Verfahrenshandlungsfähigkeit ablehnt, sind die Betroffenen von der Behörde zumindest persönlich zu hören (BVerwG NVwZ-RR 1990, 441; StBS 6; s auch oben Rn 3); dies auch dann, wenn sie im Verfahren durch gesetzliche Vertreter, Betreuer oder Pfleger vertreten werden. 10

d) Handlungsfähigkeit in Not- und Eilfällen. Die Verfahrenshandlungsfähigkeit Minderjähriger, Geisteskranker usw im Hinblick auf das verfassungsrechtliche Gebot der Effizienz staatlichen Handelns auch bei Fehlen gesetzlicher Regelungen in allen Fällen anzuerkennen, in denen die **Erfüllung übergeordneter öffentlicher Aufgaben,** insb die Erfüllung wichtiger und unverzichtbarer staatsbürgerlicher oder ordnungsrechtlicher Pflichten dies zwingend erfordert und der gesetzliche Vertreter nicht oder nicht rechtzeitig am Verfahren teilnehmen bzw zum Verfahren zugezogen werden kann (vgl OVG Lüneburg DVBl 1982, 218), zB bei **unaufschiebbaren** polizeilichen **Maßnahmen gegen minderjährige Störer.**[8] Das gilt jedenfalls dann, wenn die Minderjährigen über die erforderliche Einsichtsfähigkeit verfügen (zur Bekanntgabe gegenüber Minderjährigen s § 41 Rn 31). 11

e) Verhältnis zum gesetzlichen Vertreter. Der beschränkt Geschäftsfähige ist in den Fällen des Abs 1 Nr 2 für das (konkrete) Verfahren selbst verfahrenshandlungsfähig. Statt seiner oder neben ihm bleibt jedoch – soweit gesetzlich nichts anderes bestimmt ist oder sich aus dem Zweck der Regelungen ergibt, aus denen die Handlungsfähigkeit abzuleiten ist – auch der gesetzliche Vertreter zum Handeln für ihn befugt (UL § 16 Rn 14; vgl auch BVerwG 35, 247; 68, 17 = 12

---

[5] Ablehnend die hM, vgl StBS 13; Knack 7; UL § 16 Rn 13; Robbers DVBl 1987, 713; Hohm NJW 1986, 3107. Vgl zur Prozeßfähigkeit im verfassungsgerichtlichen Verfahren bei hinreichender Einsichtsfähigkeit BVerfG 10, 306; 19, 100; 28, 254 = NJW 1970, 1729; NJW 1984, 1025; MDH 9ff zu Art 19 Abs 3 GG; MS 35 zu § 90 BVerfGG; Zuck, Das Recht der Verfassungsbeschwerde, 2. Aufl 1988, 249f; Fehnemann, Die Innehabung und Wahrnehmung von Grundrechten im Kindesalter, 1983; v Mutius Jura 1987, 272; 1987, 110 Fn 9.

[6] BVerwGE 25, 38; BayObLG MDR 1987, 312; OVG Berlin NJW 1973, 368; vgl auch BVerfGE 10, 304; NJW 1960, 811; OVG Lüneburg DVBl 1982, 218; Dodegge NJW 1987, 1911; Kunz NJW 1982, 2707.

[7] OVG Lüneburg DVBl 1982, 218; Kopp 22; vgl auch BGHZ 35, 12; JZ 1978, 312: Beschwerderecht des prozeßunfähigen Pflegebefohlenen gegen die Anordnung der Pflegschaft bzw gegen die Ablehnung ihrer Aufhebung; zu Verfahren, die Maßnahmen betreffen, die wegen des Geisteszustandes eines Geistesgestörten angeordnet werden, auch BGHZ NJW 1982, 2451; BayVerfGH 27, 125.

[8] Ebenso MB 1; **aA** – jedoch im wesentlichen mit gleichem Ergebnis – VGH München NJW 1984, 2846; Obermayer 13; Robbers DVBl 1987, 713; Knack 5; die dies als Folgerung aus der polizei- und ordnungsrechtlichen Verantwortlichkeit des Störers ableiten.

NJW 1983, 2585; BGHZ 35, 12; NJW 1978, 992; **aA** MB 4). Die Behörden sind insoweit grundsätzlich als verpflichtet anzusehen, in analoger Anwendung von § 14 Abs 3 S. 3 den gesetzlichen Vertreter von der Anhängigkeit des Verfahrens wie auch von ihren Verfahrenshandlungen gegenüber dem beschränkt Geschäftsfähigen zu verständigen (str), uU, wenn ein gesetzlicher Vertreter fehlt, dem Betroffenen Gelegenheit zu geben, für die Bestellung eines solchen zu sorgen bzw selbst die dafür notwendigen Schritte einzuleiten oder anzuregen (vgl BGH NJW 1990, 1736).

13 **3. Vertreter und Beauftragte juristischer Personen und Vereinigungen (Nr 3).** Juristische Personen (zB die Bundesrepublik Deutschland, die Bundesländer, Gemeinden und andere Körperschaften des öffentlichen Rechts, AG, rechtsfähige Vereine) sind ebenso wie nichtrechtsfähige Personenvereinigungen (Gesellschaften des BGB, nichtrechtsfähige Vereine usw; vgl im einzelnen § 11 Rn 5, 8) als solche nicht verfahrenshandlungsfähig, sondern werden gem Nr 3 im Verfahren durch ihre gesetzlichen Vertreter (Organe) oder durch besonders Beauftragte vertreten **(organschaftliche Vertretung).** Wer gesetzlicher Vertreter oder besonders Beauftragter ist, ergibt sich aus dem maßgeblichen materiellen Recht (GG, Landesverfassungen, Gemeindeordnungen, sonstigen Gesetzen, AktG, BGB, HGB usw, ggf iVm der Satzung uä). Vgl zur **Beschränkung der Vertretungsbefugnis** im Gemeinderecht durch besondere Erfordernisse und Formvorschriften LG Stuttgart NVwZ 1982, 57; zur Duldungsvollmacht § 14 Rn 22. Die organschaftliche Vertretung iS von § 12 Abs 1 Nr 3 ist von der gewillkürten Vertretung gem § 14 zu unterscheiden (vgl Erichsen/Ehlers § 11 Rn 20; UL § 16 Rn 1; Knack 12); auch „Beauftragte" iS von Abs 1 Nr 4 dürfen nicht mit Bevollmächtigten verwechselt werden. Zur Vertretung ausländischer juristischer Personen vgl BGH NJW 1990, 3088. Die Vorschrift ist auch auf Wohnungseigentumsgemeinschaften, die Kraft Amtes durch ihren Verwalter vertreten werden, anwendbar (OVG Lüneburg BauR 1986, 684).

Fehlt ein gesetzlicher Vertreter oder besonders Beauftragter, so muss die Behörde, wenn sie das Verfahren mit der betroffenen Körperschaft gleichwohl durchführen will, ggf für die Bestellung eines Vertreters sorgen.

14 **4. Leiter, Vertreter und Beauftragte von Behörden (Nr 4).** Behörden sind nicht selbst verfahrenshandlungsfähig, sondern werden gem Nr 4 im Verfahren durch den **Behördenleiter,** dessen Vertreter oder durch **besondere Beauftragte** vertreten. Maßgeblich sind die organisatorischen Vorschriften (insb Geschäftsverteilungspläne uä), welche die Vertretung allgemein sowie die Stellung des Behördenleiters und seine ständige allgemeine oder spezielle Vertretung regeln (UL § 16 Rn 15; vgl WBS I § 35 Rn 7). Die Bundesrepublik wird idR durch den zuständigen Bundesminister (vgl BVerwGE 52, 228; Müller NJW 1983, 598), Parlamente durch ihre Präsidenten vertreten (vgl VGH München BayVBl 1981, 211).

Wie bei Abs 1 Nr 3 ist auch bei Abs 1 Nr 4 die (hier allein gemeinte) **organschaftliche Vertretung** von einer bloßen Bevollmächtigung gem § 14 zu unterscheiden (Begr 43). Die bloße **Zeichnungsbefugnis** einzelner Amtsträger umfaßt im Zweifel keine organschaftliche Vertretungsmacht iS von Nr 4.

III. Handlungsfähigkeit Betreuter (Abs 2)

15 **1. Allgemeines.** Die Regelung in Abs 2 wurde durch das Betreuungsgesetz v 12. 9. 1990 (BGBl I 2002) eingefügt. Mit dem Betreuungsgesetz wurde das Rechtsinstitut der Betreuung an die Stelle der früher vorgesehenen Vormundschaft über Volljährige und der in § 1910 BGB geregelten Gebrechlichkeitspflegschaft gesetzt. Voraussetzung für die Anwendung des Abs 2 ist, dass das Vormundschaftsgericht eine Betreuung einrichtet und eine Person zum Betreuer

bestellt hat.[9] Mit der Betreuung ist zugleich der Aufgabenkreis des Betreuers festzulegen (§ 69 Abs 1 Nr 4 FGG).

15a **2. Grundzüge der Regelung.** Betreute iS von § 1903 BGB bleiben nach Abs 2 – anders als dies bis 1992 für Entmündigte galt – im Verwaltungsverfahren **grundsätzlich handlungsfähig.** Fällt aber die Angelegenheit, um die es im Verfahren geht, in den Bereich der Betreuung, so **kann** der Betreuer **das Verfahren an sich ziehen** mit der Folge, dass der Betreute von diesem Zeitpunkt an einer Prozessunfähigen Person gleichgestellt ist. Dadurch soll verhindert werden, dass die Verfahrenshandlungen von Betreuer und Betreuten einander widersprechen. Die bis zu diesem Zeitpunkt durch den Betreuten oder diesem gegenüber vorgenommenen Verfahrenshandlungen bleiben wirksam (StBS 22; UL § 16 Rn 6).

16 **3. Einwilligungsvorbehalt.** Fällt der Gegenstand des Verfahrens unter einen vom Vormundschaftsgericht besonders angeordneten Einwilligungsvorbehalt (§ 1903 Abs 1 BGB), dann kann der Betreute unabhängig davon, ob sich der Betreuer einschaltet, nur insoweit Verfahrenshandlungen vornehmen, als er nach den Vorschriften des bürgerlichen Rechts, zB §§ 112f BGB, ohne Einwilligung des Betreuers handeln kann oder er durch Vorschriften des öffentlichen Rechts trotz Bestehens eines Betreuungsverhältnisses als handlungsfähig anerkannt ist. Damit wird der Betreute in diesem Bereich faktisch wie ein beschränkt Geschäftsfähiger behandelt (StBS 23). Der dem Betreuten insoweit verbleibende Handlungsbereich dürfte gering sein (Obermayer 54; UL § 16 Rn 6).

IV. Entsprechende Anwendung der §§ 53 und 55 ZPO (Abs 3)

17 **1. Allgemeines.** Abs 3 bestimmt, dass die §§ 53 und 55 ZPO im Verwaltungsverfahren entsprechend anwendbar sind. Die Vorschrift regelt damit im Unterschied zu Abs 2 den Fall, dass ein Pfleger bzw Betreuer nach §§ 53, 55 ZPO das Verwaltungsverfahren tatsächlich an sich zieht, also im Verfahren für den Betreuten auftritt, sei es, dass er das Verfahren positiv betreibt, sei es, dass er die Führung bzw Weiterführung des Verfahrens ablehnt (so auch StBS 25; für das Prozessrecht VGH München BayVBl 1989, 52; LSG NW MDR 1985, 701; **aA** wohl Obermayer 84; für das Prozessrecht ThP § 53 Rn 2). Ziel dieser Regelung ist es, im Verwaltungsverfahren (wie im Prozessrecht) einander widersprechende Erklärungen bzw Verfahrenshandlungen von Betreuer und Betreutem zu vermeiden.

17a **2. Anwendungsbereich.** Die Regelung des Abs 3 ist nur anwendbar, wenn und solange für den Betroffenen eine Betreuung oder eine Pflegschaft eingerichtet worden ist, das Verwaltungsverfahren den Aufgabenbereich der Betreuung bzw Pflegschaft berührt und der Betreuer bzw Pfleger sich tatsächlich in das Verfahren einschaltet, es also an sich zieht. Dies muss durch entsprechende Erklärungen eindeutig zum Ausdruck gebracht werden. Anderenfalls verbleibt es bei den Regelungen des Abs 2.

18 **3. Folgen.** Gem Abs 3 sind die Vorschriften der ZPO über die Prozessfähigkeit von Personen, die im Prozess von einem Betreuer oder Pfleger vertreten werden (§ 53 ZPO), sowie über die Prozessfähigkeit von Ausländern (§ 55 ZPO) auch im Verwaltungsverfahren sinngemäß anzuwenden. Vgl zur Frage einer entsprechenden Anwendung auch von § 57 ZPO auch VGH Mannheim VBlBW 1990, 135. **Personen, für die ein Betreuer** für den Gegenstand des Verfahrens gem § 1903 BGB (s oben Rn 15) **oder ein Pfleger** gem den §§ 1910, 1911, 1913, 1914 oder 1916 BGB bestellt ist, sind an sich nicht geschäftsunfähig und damit auch nicht verfahrenshandlungsunfähig; nach § 53 ZPO sind sie jedoch für Verfahren, auf die

---

[9] Voraussetzung für eine derartige Anordnung des Vormunfschaftsgerichts ist gem § 1896 BGB, dass der Betroffene an einer psychischen Krankheit oder an einer körperlichen, geistigen oder seelischen Behinderung leidet.

sich die Bestellung des Pflegers bezieht, verfahrenshandlungsunfähigen Personen gleichgestellt. Für **Ausländer** gilt über die oben dargelegten Grundsätze hinaus gem Abs 3 iVm § 55 ZPO, dass sie **auch dann,** wenn sie nach deutschem Recht an sich nicht handlungsfähig wären, nach **Maßgabe des Art 7 EGBGB** als handlungsfähig anzusehen sind, wenn sie nach dem Recht ihres Heimatstaates Prozessfähig oder verfahrenshandlungsfähig sind.[10]

V. Vorgehen bei fehlender Verfahrenshandlungsfähigkeit; Heilung

19 **1. Zweifel am Vorliegen der Verfahrenshandlungsfähigkeit.** Die Verfahrenshandlungsfähigkeit ist wie die Beteiligungsfähigkeit (s § 11 Rn 15) in jedem Stadium des Verfahrens **von Amts wegen zu prüfen** (BVerwG DVBl 1986, 146; StBS 3; UL § 16 Rn 16). Fehlt die Verfahrenshandlungsfähigkeit, so ist in Antragsverfahren der Antrag unzulässig; in amtswegigen Verfahren muss die Behörde nach Wegen suchen, die Handlungsfähigkeit herbeizuführen, etwa indem sie sich an den gesetzlichen Vertreter des handlungsunfähigen Betroffenen wendet oder indem sie den Eintritt bzw die Wiederherstellung der Handlungsfähigkeit abwartet.

20 **Im Streit um die Frage** der Verfahrenshandlungsfähigkeit sind auch (möglicherweise) Handlungsunfähige **als verfahrenshandlungsfähig zu behandeln;**[11] ebenso für Rechtsbehelfe, mit denen er sich gegen Entscheidungen der Behörde wendet, bei denen diese nach seiner Auffassung zu Unrecht von fehlender oder bestehender Handlungsfähigkeit ausgegangen ist (vgl BGH NJW 1990, 734). Zweifel hinsichtlich der Handlungsfähigkeit gehen zu Lasten desjenigen, der daraus für sich günstige Rechtsfolgen herleitet (BVerwG NJW 1994, 2634). Grundsätzlich ist daher jeder Beteiligte **für die eigene Verfahrenshandlungsfähigkeit beweispflichtig** (vgl BVerwG DVBl 1986, 146; VGH München BayVBl 1984, 757; vgl auch BVerwG NJW 1994, 2634; zT **aA** Reinicke, in: Lukes-FS 1990, 757). Umgekehrt ist derjenige, der Geschäftsunfähigkeit geltend macht, hierfür beweispflichtig (BVerwG NJW 1994, 2634). Vgl zum Nachweis durch Vorlage eines ärztlichen Attests auch BGH NJW 1990, 1734.

21 **2. Vertretung Handlungsunfähiger. a) Natürliche Personen.** Zur Vertretung nicht selbst verfahrenshandlungsfähiger natürlicher Personen ist der gesetzliche Vertreter berufen. Für Minderjährige handeln gem § 1629 BGB grundsätzlich beide Eltern gemeinsam, wenn nicht das Vertretungsrecht auf einen Elternteil übertragen ist (§ 16 Rn 6; F 181 ff; s auch VG Berlin FamRZ 1981, 87). Ist ein Vertreter nicht vorhanden, so muss die Behörde bei einem Verfahren gegen einen nicht verfahrenshandlungsfähigen Beteiligten in entspr Anwendung von § 16 iVm § 57 ZPO für die Bestellung eines besonderen Vertreters durch das Vormundschaftsgericht Sorge tragen (ebenso MB 2 unter Hinweis auf § 29 BGB).

22 **Umstritten ist,** ob die Bestellung eines besonderen Vertreters durch die Behörde auch in anderen Fällen zulässig und geboten ist. Dies dürfte aber im Hinblick auf den Zweck des VwVfG zu bejahen sein (Kopp/Schenke § 62 Rn 12; **aA** zum Prozessrecht BVerwGE 23, 36: keine allgemeine Verpflichtung, nur ausnahmsweise entspr Anwendung des § 57 ZPO, zB wenn ein hilfsbedürftiger Geisteskranker auf Leistungen klagt, die gerade im Hinblick auf seinen Zustand in Betracht kommen, der auch die Prozessunfähigkeit bedingt).

---

[10] Vgl BVerwG DÖV 1972, 797; NJW 1982, 539; OVG Lüneburg DVBl 1982, 218; VG Darmstadt m Anm v Mangoldt StAZ 1984, 45 – zum Erwerb der deutschen Staatsangehörigkeit durch einen von einem Deutschen angenommenen minderjährigen Ausländer; UL § 16 Rn 8.

[11] BSG 5, 176; BGH NJW 1986, 1358; StBS 5, UL § 16 Rn 16; MB 1; Knack 19; vgl auch zum Prozeßrecht BVerwGE 30, 26; Berlin DÖV 1974, 320; OLG Hamm JurBüro 1982, 606; Kopp/Schenke § 62 Rn 11 mwN.

Der Handlungsunfähige selbst ist (wie gem § 62 VwGO, § 51 ZPO im Prozessrecht) für das Verfahren auch dann nicht als verfahrenshandlungsfähig anzusehen, wenn und soweit er **mit Zustimmung des gesetzlichen Vertreters** handelt;[12] anders, wenn die Voraussetzungen der §§ 112f BGB (selbständiger Betrieb eines Erwerbsgeschäfts oder Arbeitsverhältnis) erfüllt sind (vgl BVerwG DÖV 1972, 797; s dazu auch oben Rn 6). Zur **Heilung** des Mangels fehlender Verfahrenshandlungsfähigkeit durch nachträgliche Genehmigung durch den gesetzlichen Vertreter bzw durch den selbst handlungsfähig gewordenen Beteiligten s unten Rn 26. 23

b) Juristische Personen (Nr 3). Für juristische Personen handelt der gesetzliche Vertreter, Vorstand oder besonders Beauftragte (VGH Kassel NVwZ 1986, 310). Die Verletzung rein interner Beschränkungen der Vertretungsmacht ist unerheblich. Fehlt aber die Vertretungsbefugnis oder überschreitet der Vertreter bzw besonders Bevollmächtigte einer juristischen Person bzw Vereinigung seine Vertretungsmacht, so wirken seine Verfahrenshandlungen (das gleiche gilt grundsätzlich auch für sonstige Handlungen) grundsätzlich nicht für oder gegen die juristische Person oder Vereinigung, sondern lösen nur Rechtsfolgen entspr § 177 BGB aus;[13] **anders** bei juristischen Personen und Personenvereinigungen des Privatrechts, wenn es nach den Grundsätzen über die **Duldungs- und Anscheinsvollmacht** gegen Treu und Glauben verstoßen würde, sich auf den Mangel der Vertretungsmacht zu berufen (vgl BGHZ 21, 65; 32, 381; 40, 204; NJW 1973, 1494; LG Stuttgart NVwZ 1982, 57). 24

Die Grundsätze über die Duldungs- und Anscheinsvollmacht sind bei juristischen Personen und Personenvereinigungen des öffentlichen Rechts nach der Rspr dann **nicht anwendbar,** wenn die Vertretung durch Rechtsvorschriften (Gesetz, Rechtsverordnung oder Satzung, vgl BGH MDR 1978, 388) abschließend und aus Gründen des öffentlichen Interesses zwingend geregelt, zB an die Zustimmung eines anderen Organs gebunden ist (BGH MDR 1978, 388; WBS I § 35 Rn 15; BGH DVBl 1972, 778; MDR 1978, 388; BayObLG VRspr 24, 1003). In diesem Fall haftet die juristische Person bzw Vereinigung aber für dadurch verursachten Schaden, wenn die zuständigen Organe es zu vertreten haben, dass der Anschein einer entsprechenden Befugnis, für sie zu handeln, entstanden ist (BGHZ 21, 65; 40, 204). Entsprechendes gilt für **Handlungen außerhalb des gesetzlichen Aufgabenbereichs** („ultra vires") einer juristischen Person oder Vereinigung des öffentlichen Rechts (so im Ergebnis, jedoch zT mit abw Begründung, auch 34, 69; BGHZ 20, 119; WBS I § 35 Rn 13; vgl auch Mannheim DÖV 1973, 65). Allg zur **Haftung** öffentlich-rechtlicher Körperschaften für die Handlungen ihrer Vertreter vgl OVG Hamburg NVwZ 1982, 448. 25

c) Behörden. Die Vertretung von Behörden erfolgt durch ihren Leiter als den „geborenen" Vertreter oder dessen Vertreter. Darüber hinaus können Beauftragte die Behörde vertreten. Als Beauftragte lassen sich nicht nur diejenigen Bediensteten auffassen, die vom Leiter der Behörde im Einzelfall zur Vertretung der Behörde herangezogen und mit einem entsprechenden Auftrag versehen worden sind. Vielmehr wird man allgemein auch diejenigen Bediensteten unabhängig von ihrer dienstrechtlichen Stellung als Beauftragte ansehen dürfen, zu deren allgemeinen 25 a

---

[12] BVerwG DVBl 1985, 244; Buchh 402.24 § 10 AuslG Nr 27; OVG Lüneburg DVBl 1982, 218; vgl zur Heilung wegen fehlender Handlungsfähigkeit fehlerhafter Verfahrenshandlungen durch spätere Genehmigung des gesetzlichen Vertreters Rn 26.

[13] Vgl BGH MDR 1978, 389 mwN; s auch 2f zu § 11; **aA** bei Bestehen einer Duldungsvollmacht für die Entgegennahme von Zustellungen VGH München BayVBl 1982, 214: die Behörde muß die Zustellung gegen sich gelten lassen; kritisch dazu Lienhart BayVBl 1982, 219; vgl auch Palandt 4d bb zu § 173 BGB: Duldungsvollmacht, soweit dadurch nicht im öffentlichen Interesse bestehende Zuständigkeitsregelungen, Genehmigungserfordernisse oder Formvorschriften ausgeschaltet werden.

Aufgabenbereich die Vertretung der Behörde in einem oder mehreren bestimmten Sachbereichen gehört (ebenso StBS 18).

26 **3. Heilung fehlerhafter Verfahrenshandlungen.** Der Mangel der Verfahrenshandlungsfähigkeit kann – ähnlich wie der Mangel einer gewillkürten Bevollmächtigung (vgl § 14 Rn 21) – dadurch geheilt werden, dass der gesetzliche Vertreter, Betreuer oder Pfleger die von oder gegenüber dem Handlungsunfähigen vorgenommenen Verfahrenshandlungen ausdrücklich oder durch schlüssiges Verhalten genehmigt.[14] Dies kann auch noch nach Einlegung von Rechtsbehelfen geschehen. Eine Heilung erfolgt außerdem auch, wenn der ursprünglich Handlungsunfähige selbst nach **Eintritt der Handlungsfähigkeit** nunmehr selbst seine frühere Handlung genehmigt oder das Verfahren fortführt, ohne sich auf die Fehlerhaftigkeit seiner früheren Verfahrenshandlungen zu berufen oder daraus sonst Folgerungen zu ziehen (VGH Kassel VwRspr 11, 1035; Obermayer 14; Knack 21). In der bloßen Entgegennahme einer Zustellung oder Bekanntgabe eines VA durch den gesetzlichen Vertreter, Betreuer oder Pfleger kann im Zweifel eine Genehmigung nicht gesehen werden (**aA** Knack 21). Zur Bestellung eines vorläufigen Betreuers auf Anregung der Behörde oder eines Beteiligten durch das Vormundschaftsgericht s §§ 69f FGG, § 1896 BGB.

27 **4. Entscheidung bei fehlender Verfahrenshandlungsfähigkeit.** Bei fehlender Verfahrenshandlungsfähigkeit des (nicht durch einen gesetzlichen Vertreter oder Pfleger usw vertretenen) Antragstellers kann die Behörde **das Verfahren nicht durchführen,** sondern muss, wenn der Mangel nicht behoben werden kann bzw wird, den Antrag (als unzulässig) ablehnen (Knack 20). Dies hindert jedoch die Behörde nicht, den verfahrenshandlungsunfähigen Antragsteller Verfahrenskosten aufzuerlegen (Knack 20; Krause VerwArch 1970, 316). Kann der Mangel behoben werden, so muss die Behörde grundsätzlich das Verfahren bis zur Bestellung eines gesetzlichen Vertreters, Pflegers bzw Betreuers (bzw besonders Beauftragten), Betreuers mit Vertretungsmacht (vgl § 1902 BGB), bzw Pflegers oder auch eines besonderen Vertreters nach § 16 (s oben Rn 21) aussetzen. Ein Handlungsunfähiger kann Adressat eines VA sein; nur eine wirksame Bekanntgabe kann nur an den gesetzlichen Vertreter erfolgen. Entsprechendes gilt bei Verfahrenshandlungsunfähigkeit desjenigen, an den die Behörde einen VA richten will oder gerichtet hat, oder eines notwendigen Beigeladenen.

28 **5. Rechtsfolgen. VAe,** die aufgrund eines Verfahrens ergangen sind, in dem ein Beteiligter nicht verfahrenshandlungsfähig war, sind **fehlerhaft,** jedoch idR nicht nichtig, sofern sie jedenfalls dem gesetzlichen Vertreter bekanntgegeben wurden (s oben Rn 20; anders zur Zustellung BVerwGE 23, 15; DÖV 1985, 407). Eine Bekanntgabe bzw die Zustellung von VAen an Personen ohne Handlungsfähigkeit ist grundsätzlich nicht möglich (BVerwG NJW 1966, 1883; OVG Schleswig NVwZ-RR 1994, 484). Eine **Heilung** ist durch Beteiligung des gesetzlichen Vertreters oder durch Genehmigung der Verfahrenshandlungen des Verfahrenshandlungsunfähigen durch seinen gesetzlichen Vertreter oder durch den Handelnden selbst nach Eintritt der Handlungsfähigkeit möglich (StBS 5; Knack 21; Obermayer 71). **Anwendbar ist § 45** (s § 45 Rn 23f); **nicht** dagegen § 46, da es sich nicht nur um einen Verfahrens- oder Formfehler handelt. **Verträge,** die ein Verfahrenshandlungsunfähiger abgeschlossen hat, sind nichtig (UL § 16 Rn 19).

29 Für **Rechtsbehelfe,** die Möglichkeit einer Wiederaufnahme des Verfahrens gem § 51 oder in entspr Anwendung davon, und für die Möglichkeit einer Ent-

[14] UL § 16 Rn 20; Obermayer 41; Schnell, Der Antrag im Verwaltungsverfahren, 1986, 54; MB 1; WB III § 156 III c; Knack 21; Krause VerwArch 1970, 318; vgl auch BVerwG Buchh 402.24 § 10 AuslG Nr 27; OVG Lüneburg DVBl 1982, 218; OVG Schleswig NVwZ-RR 1994, 484.

scheidung durch VA über die Verfahrenshandlungsfähigkeit gilt Entsprechendes wie für die Beteiligungsfähigkeit.

§ 13 Beteiligte

(1) **Beteiligte**[9] **sind**

1. **Antragsteller**[17] **und Antragsgegner,**[19]
2. **diejenigen, an die die Behörde den Verwaltungsakt richten will oder gerichtet hat,**[21]
3. **diejenigen, mit denen die Behörde einen öffentlich-rechtlichen Vertrag schließen will oder geschlossen hat,**[22]
4. **diejenigen, die nach Absatz 2 von der Behörde zu dem Verfahren hinzugezogen worden sind.**[23]

(2) **Die Behörde kann von Amts wegen oder auf Antrag diejenigen, deren rechtliche Interessen durch den Ausgang des Verfahrens berührt werden können, als Beteiligte hinzuziehen.**[34] **Hat der Ausgang des Verfahrens rechtsgestaltende Wirkung für einen Dritten, so ist dieser auf Antrag als Beteiligter zu dem Verfahren hinzuzuziehen;**[39] **soweit er der Behörde bekannt ist, hat diese ihn von der Einleitung des Verfahrens zu benachrichtigen.**

(3) **Wer anzuhören ist, ohne dass die Voraussetzungen des Absatzes 1 vorliegen, wird dadurch nicht Beteiligter.**[54 ff.]

Parallelvorschriften: § 12 SGB-X; § 78 AO; § 63 VwGO; s auch §§ 359, 360 AO

Schrifttum: *Alpert,* Zur Beteiligung am Verwaltungsverfahren nach dem VwVfG des Bundes: Die Beteiligtenstellung des § 13Abs 1 VwVfG, 1999; *Battis/Weber,* Zum Mitwirkungs- und Klagerecht anerkannter Naturschutzverbände – BVerwGE 87, 63 –, JuS 1992, 1012; *Benkel;* Die Verfahrensbeteiligung Dritter, 1996; *Breuer,* Wirksamer Umweltschutz durch Reform des Verwaltungsverfahrens- und Prozeßrechts, NJW 1978, 1558; *Broß,* Überlegungen zur Stellung der Beteiligten im (fern-)straßenrechtlichen Planfeststellungsverfahren, DÖV 1985, 513; *Dolde,* Zur Beteiligung der Naturschutzverbände im Planfeststellungsverfahren, NVwZ 1991, 960; *Hauber,* Verfahrensbeteiligung und Verbandsklage von Umweltschutzverbänden im Naturschutzrecht, VR 1991, 313; *Herbert,* § 29 Abs 1 BNatSchG, Verfahrensbeteiligung als „formelles" oder „materielles" subjektives Recht, NuR 1994, 218; *Horn,* Das Anhörungsrecht des mit Drittwirkung Betroffenen nach § 28 VwVfG, DÖV 1987, 20; *Jäde,* Die Beteiligung des Bauherrn am nachbarlichen Widerspruchsverfahren, APF 1980, 309; *Kniesel,* Adressatenfrage im Versammlungsrecht, 1992; *Kollmer,* Die verfahrensrechtliche Stellung der Beteiligten nach dem UVPG, NVwZ 1994, 1057; *Kopp,* Der Beteiligtenbegriff des Verwaltungsrechts, in: Boorberg-FS 1977, 159; *ders,* Beteiligung, Rechts- und Rechtsschutzpositionen im Verwaltungsverfahren, in: BVerwG-FS 1978, 387; *ders,* Mittelbare Betroffenheit im Verwaltungsverfahren und Verwaltungsprozeß, DÖV 1980, 504; *ders,* Beteiligung und Rechtsschutz der Länder in Planfeststellungsverfahren des Bundes (zu BVerwG 82, 17), NuR 1991, 449; *ders,* Zur landesrechtlichen Verbandsklage der Naturschutzverbände gegen Maßnahmen von Bundesbehörden, NuR 1994, 77; *Mayer,* Der Parteienbegriff im allgemeinen Verwaltungsverfahren, ZfV 1977, 485; *Northoff,* Beteiligung des Kreises an Aufsichtsentscheidungen, NVwZ 1990, 141; *Raeschke-Kessler/Eilers,* Die grundrechtliche Dimension des Beteiligungsgebots in § 13 II VwVfG – Zur Verfahrensbeteiligung als Grundrechtssicherung, NVwZ 1988, 37; *Redeker,* Grundgesetzliche Rechte auf Verfahrensteilhabe, NJW 1980, 1593; *Ress* (Hg), Grenzüberschreitende Verfahrensbeteiligung im Umweltschutz der Mitgliedstaaten der Europäischen Gemeinschaften, 1985; *Schmitt,* Notwendige Beiladung betroffener Dritter im Kartellverwaltungsverfahren, BB 1981, 758; *Schmitt-Glaeser,* Die Position der Bürger als Beteiligte im Entscheidungsverfahren gestaltender Verwaltung, in: Lerche/Schmitt Glaeser-Schmidt-Aßmann, Verfahren als staats- und verwaltungsrechtliche Kategorie, 1984, 53; *Siegel,* Die Verfahrensbeteiligung von Behörden und anderen Trägern offentlicher Belange, 2001; *Spaeth,* Die Rechtsposition des „nicht Hinzugezogenen" im Lichte des neuen Rechtsbehelfsverfahrens (der AO), BB 1996, 929; *Spannowsky,* Probleme der Rechtsnachfolge im Verwaltungsverfahren und im Verwaltungsprozeß, NVwZ 1992, 426; *Stühler,* Merkmale von Betroffenheit und Beteiligung Betroffener im Planfeststellungsverfahren,

VBlBW 1991, 321; *Waskow,* Mitwirkung von Naturschutzverbänden in Verwaltungsverfahren, 1990; *Weber,* Beteiligung und Rechtsschutz ausländischer Nachbarn im atomrechtlichen Genehmigungsverfahren, DVBl 1980, 330; *Winkelmann,* Die Verbandsklage im Umweltrecht im internationalen Vergleich, ZUR 1994, 12; *Wittkowski,* Die Konkurrenten-Klage im Beamtenrecht, NJW 1995, 817; *Wolf,* Zur Entwicklung der Verbandsklage im Umweltrecht, ZUR 1994, 1.

Übersicht

I. Allgemeines

1 **1. Inhalt des § 13.** Die Vorschrift regelt die Beteiligung am Verfahren, dh die Frage, welche Personen automatisch, dh Kraft Gesetzes, am Verfahren mit eigenen Rechten beteiligt sind bzw von der Behörde zum Verfahren als Beteiligte beizuladen („hinzuzuziehen", vgl Abs 1 Nr 4) sind. Der **Begriff des Beteiligten** entspricht funktionell dem der Partei im Zivilprozessrecht, ist jedoch umfassender als dieser. Das VwVfG verwendet – ähnlich wie die VwGO (vgl § 63 VwGO) – den Begriff des Beteiligten als gemeinsame Bezeichnung (Oberbegriff) für alle Personen, die an einem Verfahren iS von § 9 **mit eigenen Verfahrensrechten,** insb dem Recht, Anträge zum Verfahren und zur Sache zu stellen, beteiligt sind. Zur Beteiligung von Personen, die sich im Ausland aufhalten, s §§ 15f.

2 **a) Bedeutung.** Das Recht des Bürgers auf Teilnahme an Verfahren, die seine Rechte betreffen, ist eine der wichtigsten Errungenschaften des modernen Rechtsstaates (vgl Kopp 21; ders, Beteiligtenbegriff 160). Erst in der Stellung als mit eigenen Rechten zur Wahrung seines Standpunktes am Verwaltungsverfahren Beteiligter ist der Bürger nicht mehr bloßes Objekt staatlichen Handelns, sondern **mitverantwortlicher Teilnehmer am Geschehen**" (Kopp 21; ähnlich VGH München NJW 1988, 1615; Knack 3) und **Partner der Verwaltung** bei der Erfüllung öffentlicher Aufgaben unter Wahrung auch der Rechte der Betroffenen. Die Beteiligtenstellung des in seinen Rechten betroffenen Bürgers ist eine notwendige Folge der Stellung des Bürgers im Rechtsstaat (UL § 1 Rn 6; Kopp 17ff, 75, 108) und damit des **Rechtsstaatsprinzips** (vgl BVerfG 38, 111; Blümel, in: BVerwG-FS 1978, 516). Wenn und soweit in einer Sache gesetzlich, insb durch Grundrechte, geschützte Rechtsbereiche betroffen sind, ist § 13 zugleich Ausdruck und Folge eines grundgesetzlichen Anspruchs auf rechtzeitige und umfassende Verfahrensbeteiligung (Ossenbühl, Umweltpflege durch behördliche Warnungen und Empfehlungen, 1986, 69).

3 **b) Lückenhafte Regelung.** Die Regelung der Verfahrensbeteiligung ist im VwVfG sehr lückenhaft und gibt zu vielen Zweifelsfragen Anlass. Ergänzend sind deshalb die **allgemeinen Grundsätze** des Verwaltungsverfahrensrechts sowie, wegen der weitgehend übereinstimmenden Zielsetzung, auch die Grundsätze über die Beteiligung im Verwaltungsprozess gem §§ 63ff VwGO heranzuziehen. Allerdings wird zu Recht darauf hingewiesen, dass Funktion der Hinzuziehung und Rechtstellung des Hinzugezogenen sich nicht notwendig mit der Beiladung decken (StBS 28). Deshalb ist insoweit bei einer analogen Anwendung des Prozessrechts Vorsicht geboten. Immerhin sollte aber angestrebt werden, dass dieselben Personen, die in einem evtl späteren Verwaltungsstreitverfahren als Beteiligte in Betracht kommen, auch schon im Verwaltungsverfahren beteiligt sind.

4 **2. Verhältnis zu §§ 11, 12.** Wichtig ist die Unterscheidung zwischen der Beteiligtenstellung, die in § 13 geregelt ist, der in § 11 geregelten Beteiligungsfähigkeit und der Handlungsfähigkeit nach § 12. Während § 13 allgemein bestimmt, welche Möglichkeiten der Beteiligung an Verwaltungsverfahren es gibt und auf welche Weise eine Beteiligtenstellung begründet wird (zB Antragstellung, Ver-

fahrenseröffnung, Hinzuziehung), regeln die §§ 11, 12 die **individuellen Voraussetzungen,** die bei Personen, Vereinigungen und Behörden gegeben sein müssen, damit sie überhaupt nach § 13 beteiligt werden können, bzw im Verfahren selbst handeln können.

5 **3. Anwendungsbereich.** § 13 gilt nur im Anwendungsbreich des VwVfG und gem § 1 nur vorbehaltlich inhaltsgleicher oder entgegenstehender Bestimmungen (vgl OVG Koblenz DVBl 1987, 1028). Von der Möglichkeit abweichender Bestimmungen ist in einer Vielzahl der Fälle Gebrauch gemacht worden, insbesondere, um Behörden, Verbände und Drittbetroffene am verfahren formal zu beteiligen (vgl Rn 11 ff).

6 **Analoge Anwendbarkeit.** Soweit das VwVfG bzw die entsprechende Landesgesetze nicht anwendbar sind und auch sonstige ausdrückliche Rechtsvorschriften über die Beteiligung fehlen, sind § 13 bzw die entspr Vorschriften der Landesgesetze als Ausdruck allgemeiner Rechtsgrundsätze analog anwendbar. Ebenso sind aus demselben Grund Lücken in bestehenden Regelungen daraus zu ergänzen.

7 **4. Begriff des Beteiligten.** Der Begriff des Beteiligten gem § 13 im Verwaltungsverfahrensrecht entspricht im wesentlichen dem des Beteiligten gem § 63 VwGO, dem er nachgebildet ist., Er ist weiter als der Begriff der Partei im Zivilprozessrecht, da ggf auch Drittbetroffene darunter fallen können. Die Stellung als Beteiligter oder gesetzlicher Vertreter uä eines Beteiligten – nicht dagegen auch die des Bevollmächtigten (§ 14) eines Beteiligten (vgl BVerfG 38, 111) – schließt wie im Prozessrecht ein Auftreten als Zeuge oder Sachverständiger aus (Obermayer 8; Knack 5; vgl zum Prozessrecht Kopp/Schenke § 63 Rn 1).

8 **a) Beteiligung und materielle Betroffenheit:** Maßgebend für die Stellung als Beteiligter ist nicht die materiellrechtliche Betroffenheit, obwohl die Parteistellung letztlich dem Schutz und der Durchsetzung materieller Rechte dient und insoweit eine „Funktion des materiellen Rechts" ist, sondern ausschließlich **die formelle Position,** die entsteht durch den formellen, nach „außen wirkenden" Akt der Antragstellung, die Eröffnung eines Verfahrens gegen eine Person oder durch die der Beiladung entsprechende Hinzuziehung gem Abs 1 Nr 4, Abs 2 (vgl Erichsen/Ehlers § 35 Rn 8; Obermayer 2; StBS 3; Knack 4). Der Umstand allein, dass eine Person durch eine beantragte oder von Amts wegen beabsichtigte Regelung durch VA oder Vertrag in ihren Rechten (iS von § 42 Abs 2 VwGO) betroffen wird, begründet zwar grundsätzlich einen (verfahrensrechtlichen) **Anspruch auf Beteiligung** iSd Vorschrift, nicht jedoch schon die Beteiligtenstellung selbst.

9 **b) Beteiligte und Betroffene.** Der in einzelnen Vorschriften (zB in § 51 und in § 73 Abs 6) verwendete Begriff des Betroffenen ist weiter als der des Beteiligten. Betroffener ist grundsätzlich (anders, wenn die Zuziehung zum Verfahren erfolgte, ohne dass die Voraussetzungen gem § 13 dafür erfüllt sind) **jeder Beteiligte** (§ 13), außerdem aber auch jeder, der im Hinblick darauf, dass er materiell **in seinen Rechten betroffen werden kann,** von der Behörde am Verfahren zu beteiligen, dh zum Verfahren als Beteiligter zuzuziehen, ist, oder auf den die Behörde **durch seine Hinzuziehung** zum Verfahren die Bindungswirkung des VA (bzw Vertrags) zu erstrecken beabsichtigt.

10 **c) Keine Beteiligtenstellung der Behörde.** Die das Verfahren führende Behörde, vor der das Verfahren stattfindet und die es als Träger des Verfahrens leitet, ist nicht selbst Beteiligte des Verfahrens (StBS 18; Knack 6; Obermayer 27; **aA** Martens JuS 1977, 809). Ihre Stellung ist verfahrensrechtlich eher vergleichbar mit derjenigen eines Richters. Da die federführende Behörde später in einem nachfolgenden Verwaltungsprozess Beteiligte wird oder jedenfalls die beteiligte Körperschaft vertritt, kann ihre Stellung im Verwaltungsverfahren charakterisiert

werden als „Richter in eigener Sache".[1] **Andere Behörden** können uU selbst oder für den Rechtsträger, dem sie an gehören, auch als Antragsteller, Antragsgegner, Vertragspartner oder Hinzugezogener usw Beteiligte sein (StBS 6; Knack 6).

11 **5. Beteiligte aufgrund besonderer Vorschriften. a) Abschließende Regelung.** Die Aufzählung möglicher Beteiligter ist abschließend; andere als die in dieser Vorschrift genannten Personen können an einem Verfahren grundsätzlich nicht als Beteiligte teilnehmen. Nur der Gesetzgeber kann über die Regelung des § 13 hinaus anderen Personen eine Beteiligtenstellung zuweisen, auch zB die Einrichtung eines Vertreters des öffentlichen Interesses analog §§ 35ff VwGO auch für Verwaltungsverfahren schaffen. Er kann insb auch **sonstige besondere Beteiligte** mit partiellen, nur begrenzten, aber doch über eine bloße Anhörung nach Abs 3 hinausgehenden Beteiligungs- und Mitwirkungsrechten vorsehen oder zulassen (vgl zB die Einwender nach § 73 Abs 4).

12 **b) Partielle Beteiligung.** Zulässig sind auch Regelungen, die bestimmten Personen, Personengruppen oder Vereinigungen **im Hinblick auf einzelne betroffene Belange** allein aufgrund bestimmter formeller Merkmale (zB der Tatsache, dass sie Einwendungen erhoben haben) allgemein oder hins. einzelner Fragen Beteiligtenstellung oder jedenfalls Beteiligungsrechte ohne Rücksicht auf die Betroffenheit in Rechten oder rechtlichen Interessen im konkreten Fall einräumen (wie dies vielfach gerade auch zur Vermeidung von Zweifelsfragen, die sich aus einem Abstellen allein auf die materiellrechtliche Betroffenheit ergeben können, geschieht).

13 **aa) Einwender in Planfeststellungsverfahren.** Partiell Beteiligte sind kraft besonderer gesetzlicher Regelung in § 73 Abs 4 diejenigen, die in Planfeststellungsverfahren Einwendungen erhoben haben. Ihre Beteiligung beschränkt sich auf die in §§ 73 Abs 6, 74 vorgesehenen Verfahrensabschnitte. Soweit in Fachgesetzen vorgesehen ist, dass unter bestimmten Voraussetzungen von einer Planfeststellung abgesehen und diese durch eine **Plangenehmigung** oder eine andere Entscheidung, die zugleich als Genehmigung des Vorhabens anzusehen ist (vgl § 74 Rn 161; Rn 179), ersetzt wird (bzw werden kann), sind die Betroffenen nach Abs 1 Nr 4, Abs 2 zu beteiligen (vgl BVerwGE 82, 256: die Rechtsstellung der Betroffenen darf auch verfahrensmäßig nicht dadurch verkürzt werden, dass die planerische Entscheidung ohne nachfolgende Planfeststellung getroffen wird).

14 **bb) Beteiligte kraft Amtes.** Verschiedene gesetzliche Regelungen sehen eine partielle Beteiligung bestimmter Behörden „Kraft Amtes" vor. Sie sind nach Maßgabe der jeweiligen Rechtsvorschriften nur mit einzelnen bestimmten Verfahrensrechten ausgestattet, zB dem Recht auf Gehör (§ 28) auf Akteneinsicht oder auf Einsicht in bestimmte Teile der Akten und idR auch einem eigenen Recht auf Rechtsbehelfe gegen die Entscheidung. Derartige „Beteiligte kraft Amtes", im Verwaltungsverfahren sind derzeit zB im Asylrecht gem § 6 Abs 2 AsylVfG aF der (durch das ZuwanderungsG abgeschaffte) **Bundesbeauftragte in Asylangelegenheiten,** im Handwerksrecht und im Gewerberecht gem §§ 8 Abs 4, 12 HwO die **Handwerkskammern** bzw die Industrie- und Handelskammern (**aA** zum Anhörungsrecht der Handwerkskammern Knack 6: Anhörung nur nach Abs 3), im Lastenausgleichsrecht gem § 338 LAG der Vertreter des Ausgleichsfonds, im Wehrpflichtrecht gem § 35 Abs 2 WPflG der **Leiter des Bezirkswehrersatzamtes,** im Kriegsgefangenenentschädigungsrecht gem §§ 22, 43 KgfEG der Leiter der entsprechenden Behörde (vgl StBS 9).

[1] Vgl Erichsen/Ehlers § 35 Rn 8; StBS 6; Obermayer VerwR 2. Aufl 153; F 235; Lorenz 262; im Ergebnis auch Martens JuS 1977, 809.

15 **cc) Anerkannte Naturschutzverbände.** Eine letztlich im Gemeinwohlinteresse begründete Position kommt in bestimmten Verfahren auch den anerkannten Naturschutzverbänden gem §§ 58, 60 BNatSchG nF zu. Voraussetzung für ihr Beteiligungsrecht ist die vorherige Anerkennung nach den maßgeblichen Bestimmungen des für ihren Sitz maßgeblichen Naturschutzrechts. Die anerkannten Naturschutzverbände gem §§ 58, 60 BNatSchG nF sind keine Träger öffentlicher Belange (BVerwGE 104, 367 = NVwZ 1998, 279; StBS 34), ihnen ist aber spezialgesetzlich als Privatpersonen die Wahrnehmungszuständigkeit für naturschutzrechtliche Belange eingeräumt worden. Sie sind ua in Planfeststellungsverfahren über Vorhaben, die mit Eingriffen in Natur und Landschaft iS des § 18 BNatSchG nF verbunden sind, sowie Verfahren zur Befreiung von Verboten und Geboten, die zum Schutz von Naturschutzgebieten und Nationalparken erlassen sind, nicht wegen der Betroffenheit in eigenen Rechten, sondern nach §§ 58, 60 BNatSchG nF im Allgemeininteresse am Verfahren beteiligt[2] und haben insoweit auch keine eigentlichen, ihnen zum Schutz ihrer eigenen Interessen verliehenen Rechte hins. des Verfahrensgegenstands, sondern nur das **formelle Recht auf Beteiligung,** Anhörung und Einsicht in alle einschlägigen Verfahrensunterlagen, insb in alle einschlägigen Sachverständigengutachten und ggf ein auf die Geltendmachung einer Verletzung dieses Rechts begrenztes Recht zu Rechtsbehelfen gegen die abschließende Entscheidung der Behörde in der Sache.[3]

16 **dd) Verfahren.** Einrichtungen, Organe und Verbände, die **spezialgesetzlicher Regelung**ein Beteiligungsrecht haben, bedürfen insoweit keiner Hinzuziehung gem § 13 Abs 1 Nr 4, Abs 2, sondern können sich ohne weiteres am Verfahren analog zu den Grundsätzen über die Beteiligung des Vertreters des öffentlichen Interesses im VerwaltungsProzess gem §§ 35f VwGO durch **einfache Erklärung** gegenüber der Behörde beteiligen (StBS 34; Knack 15). Damit sie ihre Befugnis zur Beteiligung ausüben können, muss die Behörde sie allerdings über die Anhängigkeit entsprechender Verfahren informieren; sie haben darauf Anspruch (Koblenz NuR 1985, 30).

II. Die geborenen Beteiligten (Abs 1)

17 **1. Antragsteller (Nr 1)** ist derjenige, der in eigener Sache (ob zu Recht oder zu Unrecht, ist unerheblich) mit dem Ziel, den Erlass eines VA zu erreichen, bei einer Behörde (§ 1 Abs 4) einen Antrag stellt bzw durch einen Bevollmächtigten oder Vertreter (§§ 14, 16ff) stellen läßt. Der **Antrag muss,** um die Beteiligtenstellung zu begründen, **gewissen Mindesterfordernissen** genügen (s § 22 Rn 35ff), insb auch vom Antragsteller (bzw dessen Vertreter oder Bevollmächtigten für diesen) **in eigener Sache,** dh unter zumindest konkludenter Berufung auf diesem insoweit zustehende Rechte oder rechtlich geschützte Interessen gestellt werden (StBS 15), und darf, soweit durch Gesetz nichts anderes bestimmt ist, nicht für einen Dritten oder als „Popularantrag" für die Allgemeinheit gestellt werden. Unerheblich ist dagegen für die Beteiligtenstellung des Antragstellers, ob der Antrag zulässig und begründet ist (UL § 15 Rn 6; Knack 8), sofern der Antrag

[2] Vgl zB BVerwGE 87, 63 = NVwZ 1991, 162; BVerwG DVBl 1993, 888; NVwZ 1994, 162; OVG Lüneburg NVwZ 1992, 903; OVG Münster NVwZ-RR 1993, 15 = JuS 1993, 605; Battis/Weber JuS 1992, 1022; Dolde NVwZ 1992, 960; Krüger NVwZ 1992, 552.

[3] Vgl BVerwGE 87, 63 = NVwZ 1991, 102; DVBl 1993, 888; NVwZ 1994, 162; OVG Lüneburg NVwZ 1992, 903; OVG Münster NVwZ-RR 1993, 15 = JuS 1993, 605: subjektives öffentliches Beteiligungsrecht; OVG Schleswig NuR 1992, 293; NVwZ 1994, 590: echte Klagebefugnis gem § 42 Abs 2 VwGO, nicht eine Popularklage; VGH Mannheim NVwZ-RR 1993, 179; VGH München NVwZ 1991, 1009; Kopp/Schenke § 42 Rn 180; kritisch Dolde NVwZ 1991, 960. Zur Stärkung anerkannter Naturschutzverbände durch das **BNatSchG NeuregG** v 25. 3. 2002 (BGBl I S. 1193) s zB Gellermann NVwZ 2002, 1025 (1032).

wenigstens Mindesterfordernissen genügt, so dass man von einem Antrag im Rechtssinn sprechen kann. Von einem Antrag sind bloße Anregungen an eine Behörde, ein Verfahren von Amts wegen einzuleiten (vgl § 22), zu unterscheiden, ebenso bloße Anzeigen. Anregungen und Anzeigen begründen keine Beteiligtenstellung.[4]

Die **Stellung als Beteiligter beginnt mit Eingang des Antrags** (vgl § 9 Rn 29; § 22 Rn 5) bei der Behörde jedenfalls dann, wenn diese aufgrund des Antrags verpflichtet ist, das Verfahren zu eröffnen. Dies gilt auch dann, wenn die Behörde untätig bleibt oder das Verfahren tatsächlich erst später eröffnet oder die Eröffnung des Verfahrens ablehnt (BVerwGE 9, 219; Knack 8; StBS 16). Sie endet mit dem Abschluss des Verfahrens (vgl insoweit § 9 Rn 30ff). **18**

2. Antragsgegner (Nr 1). Da das Verwaltungsverfahren nicht kontradiktorisch angelegt ist, gibt es Antragsgegner nur in solchen Antragsverfahren, in denen sich der Antrag auf eine Maßnahme der Behörde richtet, durch die die Rechtsposition eines Dritten beeinträchtigt werden soll. Antragsgegner ist dann derjenige, in dessen Rechte (nach dem Antrag des Antragstellers) der beantragte VA eingreifen oder dessen Rechtstellung er verändern soll, bzw dem gegenüber ein Rechtsverhältnis oder einzelne Rechte oder Pflichten durch VA festgestellt werden sollen (enger UL § 15 Rn 6: derjenige, zu dessen Lasten die Behörde entscheiden soll). Antragsgegner iS des Nr 1 gibt es nur in Verfahren, die dem Erlass eines **VA mit Drittwirkung** dienen (StBS 19). Die das Verfahren durchführende Behörde ist dagegen nicht Antragsgegnerin (StBS 18; MB 5; Horn DÖV 1987, 22; **aA** Martens JuS 1977, 809). Antragsgegner ist zB der **Jagdberechtigte** im Verfahren zur Geltendmachung von Wild- und Jagdschäden nach §§ 29ff BjagdG (StBS 19; UL § 15 Rn 6; Horn DÖV 1987, 22), außerdem der **Nachbar,** gegen den der Antragsteller den Erlass einer Abbruchsverfügung und der **Konkurrent** oder **Störer,** gegen den er ein ordnungsbehördliches Einschreiten beantragt (StBS 19; Knack 8). Auf die Frage, ob die Behörde tatsächlich ein Recht zum Einschreiten gegen den Antragsgegner hat, oder ob ein Fall der Ermessensreduktion auf Null vorliegt, kann es sinnvollerweise nicht ankommen, weil dies gerade im Verwaltungsverfahren zu klären ist (**aA** offenbar UL § 15 Rn 6; Obermayer 15). Richtet sich der Antrag nicht gegen eine bestimmte oder zumindest bestimmbare Person, kann jedoch, je nach dem Ausgang des Verfahrens, eine dritte Person in ihren Rechten betroffen werden, so ist diese nicht nach Nr 1, sondern nach Nr 4 am Verfahren zu beteiligen (Obermayer 15; Horn DÖV 1987, 22). **19**

Die Beteiligtenstellung des Antragsgegners beginnt, anders als die des Antragstellers, nicht mit der Antragstellung, sondern erst mit dem Zugang (§ 43 Abs 1 S 1) der Mitteilung der Behörde an den Antragsgegner von der Eröffnung des Verfahrens aufgrund des gegen ihn gerichteten Antrags.[5] Eine solche Mitteilung kann auch formlos oder konkludent erfolgen, zB durch Ladung zu einer mündlichen Verhandlung oder durch die Aufforderung zur Stellungnahme. **20**

3. Adressat eines VA. Beteiligter ist gem Nr 2 auch „derjenige, an den die Behörde den VA richten will oder gerichtet hat". Nr 2 trifft eine der Nr 1 entsprechende Regelung für die Fälle, in denen eine Behörde gegen einen Bürger vorgehen will und zu diesem Zweck ein Verfahren **von Amts wegen** einleitet. Maßgebend ist, dass der betroffene Adressat des geplanten VA wäre bzw des bereits erlassen VA eworden ist. **Nicht Beteiligter** nach Nr 2, sondern ggf nach Nr 1 oder Nr 4 ist derjenige, der durch den beabsichtigten VA nicht als unmittelbarer **21**

---

[4] Vgl StBS 13; UL § 15 Rn 6; MB 4; Knack 8; **aA** offenbar Martens JuS 1977, 809.

[5] Ebenso StBS 20; Obermayer 12; **aA** Knack 8; Obermayer 16: Die Parteistellung beginnt bereits mit der Antragstellung. Gegen diese Auffassung spricht, daß in diesem Zeitpunkt noch nicht feststeht, ob die Behörde das Verfahren überhaupt gegen den Antragsgegner eröffnen wird; so wohl auch UL § 15 Rn 7.

Adressat, sondern **nur** im Wege der **Drittwirkung** in seinen Rechten betroffen werden kann (VG Berlin DVBl 1984, 1187; StBS 21; Obermayer 9; UL § 15 Rn 8.

21 a **Umstritten** ist, ob die Beteiligtenstellung des potentiellen Adressaten erst mit einer an ihn gerichteten Mitteilung beginnt, dass gegen ihn – oder zu seinen Gunsten – ein Verfahren eröffnet wird bzw wurde (vgl BVerwG NVwZ 1987, 224: mit der Absendung des Anhörungsschreibens), oder schon mit einer Handlung der Behörde, die bei objektiver Betrachtung als (konkludente) Einleitung eines Verfahrens verstanden werden kann und muss. Letzteres ist aus rechtsstaatlichen Gründen geboten[6]

22 **4. Vertragspartner.** Als Partner eines öffentlich-rechtlichen Vertrags ist gem Nr 3 Beteiligter „derjenige, mit dem die Behörde einen öffentlichrechtlichen Vertrag schließen will oder geschlossen hat". Die Vorschrift trägt dem Umstand Rechnung, dass das Verwaltungsverfahren gem § 9 auch dem Abschluss von Verträgen dienen kann. Auch hier kann es, ähnlich wie bei Nr 2, nicht primär auf den Willen der Behörde ankommen, sondern allein auf die **Eröffnung entsprechender Vertragsverhandlungen** durch die Behörde,[7] ggf auf die entsprechende offizielle Mitteilung an den in Aussicht genommenen Vertragspartner. Ein Vertragsangebot seitens des Bürgers genügt dagegen nach dem Wortlaut der Vorschrift noch nicht (ebenso Knack 10); auch eine analoge Anwendung der Nr 3 dürfte insoweit nicht in Betracht kommen.

23 **5. Hinzuziehung (Nr 4). Nicht zu den geborenen Beteiligten** gehört nach Abs 1 Nr 4 auch der Hinzugezogene, dh derjenige, den die Behörde im Hinblick darauf, dass seine **Rechte oder rechtlichen Interessen** durch den Ausgang des Verfahrens berührt werden (können), von Amts wegen oder auf Antrag zum Verfahren hinzuzieht. Erst durch die Hinzuziehung, die im wesentlichen der Beiladung gem § 65 VwGO im Verwaltungsprozess entspricht, wird die Beteiligtenstellung in diesen Fällen begründet.

24 **a) Konstitutive Wirkung.** Anders als in den Fällen des Abs 1 Nr 1–3 setzt die Beteiligung eine hierauf gerichetete Erklärung der Behärde voraus. Die Betroffenheit in Rechten oder rechtlichen Interessen begründet allein noch nicht die Stellung als Beteiligter; vielmehr bedarf es dazu immer eines besonderen konstitutiven Aktes, nämlich der Hinzuziehung durch die Behörde, die allerdings auch formlos erfolgen kann (Knack 12; StBS 30: idR allerdings förmlich und schriftlich) und im Zweifel (obwohl damit freilich der eigentliche Zweck der Hinzuziehung nicht mehr erreicht wird) auch in der Bekanntgabe eines VA an vorher nicht am Verfahren beteiligte Personen stillschweigend-konkludent enthalten ist.[8] S zur Zulässigkeit einer Nachholung der Anhörung und damit grundsätzlich auch Heilung des im Unterbleiben einer notwendigen Hinzuziehung liegenden Verfahrensmangels in einem solchen Fall unten Rn 53; ferner § 45 Rn 23.

24 a **b) Beginn und Ende der Beteiligung.** Die **Beteiligtenstellung** beginnt mit Bekanntgabe der Hinzuziehung und endet abgesehen von dem Fall der späteren Aufhebung der Hinzuziehung mit dem Abschluss (vgl zum Begriff § 9 Rn 30 ff)

---

[6] So zu Recht die hM; vgl StBS 22; Knack 9; Obermayer 18; **aA** noch Kopp VwVfG 6.Aufl ohne hinreichende Berücksichtigung des Schutzzwecks der Adressatenstellung.

[7] Ebenso wohl StBS 24; zT **aA** Knack 9, 10: Beginn der Beteiligtenstellung schon mit dem Zeitpunkt, in dem die Behörde „im Rahmen eines begonnenen Verwaltungsverfahrens die ernsthafte Absicht hat", „mit einem konkreten Partner einen konkreten Vertrag zu schließen; bloße Vorüberlegungen der Behörde genügen dagegen nicht"; ähnlich UL § 15 Rn 10.

[8] Kopp 24; ebenso wohl auch Knack 12; StBS 30; Hufen VerwPrR Rn 282; vgl auch § 69 BauONW, dazu Stelkens BauR 1986, 395; **aA** UL § 15 Rn 19: Bekanntgabe stellt keine Hinzuziehung iS von § 13 Abs 2 mehr dar, da der Zweck der Hinzuziehung nicht mehr erreicht werden kann; vgl aber § 65 Abs 1 VwGO: Beiladung im Verwaltungsprozeß bis zum rechtskräftigen Abschluß des Verfahrens.

des Verfahrens vor der Behörde, die die Hinzuziehung verfügt hat, bzw, wenn sich ein **Widerspruchsverfahren** anschließt mit Abschluss des Widerspruchsverfahrens (offen VGH München BayVBl 1981, 635; **aA** offenbar Jäde BayVBl 1989, 202). Im verwaltungsgerichtlichen Verfahren bedarf es ggf einer Beiladung gem § 65 VwGO durch das Gericht. Wird das Verfahren vor den Behörden auf andere Weise als durch Erlass eines VA oder Widerspruchsbescheids beendet, so endet die Beteiligtenstellung mit dem Akt, der die Beendigung herbeiführt, zB mit der Einstellung des Verfahrens durch die Behörde (VGH München NJW 1988, 1615) oder durch den Abschluss des Vergleichs, mit dem das Verfahren abgeschlossen wird (§ 55). Wird ein bereits abgeschlossenes Verwaltungsverfahren wiederaufgenommen (§ 51) oder eröffnet die Behörde ein Verfahren zur Rücknahme oder zum Widerruf des VA (§§ 48 ff), so handelt es sich um neue Verfahren, zu denen erneut hinzugezogen werden muss; anders bei Fortführung des Verfahrens aufgrund Wiedereinsetzung (§ 32; § 70 iVm § 60 VwGO).

Ob die Rechte oder rechtlichen Interessen, deren Bestehen die Behörde 25 bei der Hinzuziehung nach Abs 1 Nr 4, Abs 2 vorausgesetzt hat, **tatsächlich bestehen** und durch den Ausgang des Verfahrens berührt werden können, ist für die dadurch begründete Beteiligtenstellung ohne Bedeutung und betrifft nur die Frage der Rechtmäßigkeit der Hinzuziehung bzw der Befugnis der Behörde, eine ausgesprochene Hinzuziehung, die sich als unbegründet erweist, wieder aufzuheben.

III. Hinzuziehung (Abs 2)

1. Allgemeines. Abs 2 regelt die Voraussetzungen, unter denen die Behörde 26 gem Abs 1 Nr 4 Dritte, deren Rechte oder rechtliche Interessen durch den Ausgang des Verfahrens berührt werden können, zu dem Verwaltungsverfahren hinzuziehen und damit beteiligen kann bzw muss. Diese Voraussetzungen entsprechen im wesentlichen denen der Beiladung im VerwaltungsProzess gem § 65 VwGO. Die Hinzuziehung ist auch noch im Widerspruchsverfahren möglich (Knack 12). S zur Nachholung der Hinzuziehung allgemein auch Rn 53.

a) Sinn und Zweck der Hinzuziehung Die Hinzuziehung ermöglicht die 27 **Einbeziehung weiterer Personen,** die nicht schon nach Abs 1 Nr 1–3 am Verfahren beteiligt sind, in ein anhängiges Verfahren, um ihnen die Möglichkeit zu geben, ihre Rechte oder rechtlichen Interessen in Bezug auf den Verfahrensgegenstand zu wahren, zugleich aber auch, um durch **Erstreckung der Bindungswirkung** einer Entscheidung durch VA bzw einer Regelung durch einen Verwaltungsvertrag weitere Verfahren zu vermeiden und möglicherweise einander widersprechende Entscheidungen über denselben Gegenstand zu verhindern.[9] Zugleich dient die Hinzuziehung aber auch dem Interesse der Behörde an der Aufklärung des Sachverhalts und an größtmöglicher Transparenz und Akzeptanz.

b) Entscheidung über die Hinzuziehung. Die Hinzuziehung erfolgt durch 28 einen **verfahrensrechtlichen VA** (vgl OVG Koblenz NVwZ 1988, 76; UL § 15 Rn 19 Knack 4; Obermayer 44; Horn DÖV 1987, 22) der Behörde, die das Verfahren führt, von Amts wegen oder auf Antrag Dritter. Sie ist analog § 65 Abs 1 VwGO **bis zum Abschluss des Verfahrens,** dh bis ein in der Hauptsache ergangener VA unanfechtbar wird,[10] bzw bis zu dem uU erst nach dem Abschluss eines verwaltungsrechtlichen Vertrages liegenden Zeitpunkt des Wirksamwerdens

[9] VG Berlin DVBl 1984, 1187; StBS 27; MB 8; Knack 12; UL § 15 Rn 13.

[10] Vgl § 9 Rn 30; ebenso Knack 3.4; **aA** UL § 53 Rn 2: Beendigung des Verfahrens zwar mit „Hinausgabe", nicht erst gem § 43 mit Bekanntgabe des VA; Beteiligtenstellung reicht gleichwohl aber für Akteneinsicht über diesen Zeitpunkt hinaus; ähnlich StBS 23; s auch UL § 15 Rn 9.

des Vertrages, zulässig.[11] Die Hinzuziehung hat allerdings nach Erlass eines VA im Hinblick auf die mit der Beteiligung verbundenen Rechte, wie zB dem Recht auf Akteneinsicht, etwa im Hinblick auf die Entscheidung, ob Rechtsbehelfe eingelegt werden sollen, nur noch eine beschränkte praktische Bedeutung.

29 **Umstritten** ist, ob vor der Hinzuziehung eines Dritten **den übrigen Beteiligten rechtliches Gehör** gewährt werden muss. Dies ist, da § 28 keine unmittelbare Anwendung finden kann, zu verneinen (StBS 29; Knack 12). Hierfür besteht auch kein praktisches Bedürfnis, da durch eine Hinzuziehung Rechte der übrigen Beteiligten nicht unmittelbar berührt werden (vgl auch Rn 33).

30 Die Entscheidung über die Hinzuziehung wird erst **mit der Bekanntgabe an den Hinzugezogenen wirksam.** Die Bekanntgabe kann auch formlos, auch zB konkludent mit der Ladung zu einem Besprechungstermin (ebenso Knack 12; UL § 15 Rn 19), oder durch Zusendung des Antrags oä eines anderen Beteiligten unter Anheimstellung einer Äußerung dazu (VGH München BayVBl 1994, 534). Die bloße Bekanntgabe des im Verfahren ergangenen VA an den zuvor noch nicht beteiligten Dritten reicht hierzu nach Sinn und Zweck der Hinzuziehung nicht aus (Obermayer 58; VL § 15 Rn 18; **aA** Knack 4).

31 **Aufhebung.** Die Hinzuziehung kann, wenn die rechtlichen Voraussetzungen nicht gegeben sind, die einfache Hinzuziehung auch, wenn die Behörde sie nachträglich nicht mehr als zweckmäßig ansieht, von der Behörde **jederzeit wieder aufgehoben werden.** Die Hinzuziehung zu einem Verwaltungsverfahren vermittelt ebensowenig wie die Beiladung in einem späteren Verwaltungsprozess eine Klagebefugnis iSd § 42 Abs 2 VwGO.

32 **c) Rechtsbehelfe hins. der Hinzuziehung. Die Beteiligten** können die Entscheidung über die Hinzuziehung Dritter nicht gesondert, sondern gem § 44 a VwGO nur zusammen mit der Entscheidung in der Hauptsache mit Rechtsbehelfen angreifen (UL § 15 Rn 20; Knack 12; Kopp/Schenke § 44 a Rn 5). Eine positive Entscheidung über eine Hinzuziehung kann die übrigen Beteiligten nicht in ihren Rechten verletzen. **Dritte,** die hinzugezogen wurden, aber nicht hinzugezogen werden wollten, können die Hinzuziehung **mit den normalen Rechtsbehelfen** (idR Widerspruch und Anfechtungsklage) angreifen. Gleiches gilt für den Fall der **Ablehnung des Antrags auf Hinzuziehung** (Widerspruch und Verpflichtungsklage). Da sie Drittbetroffene sind, steht einem Rechtsbehelf auch § 44 a VwGO nicht entgegen (hM vgl VG Berlin DVBl 1984, 1186; MB 13; **aA** UL § 15 Rn 21. Eine Verpflichtung der Behörde besteht im Falle einer notwendigen Hinzuziehung, im übrigen nur bei einer Ermessensreduzierung auf Null (so auch Knack 12).

33 **d) Notwendige und einfache Hinzuziehung.** Abs 1 Nr 4 und Abs 2 unterscheiden nicht wie § 65 VwGO ausdrücklich zwischen notwendiger und einfacher Hinzuziehung. Wie sich aus den unterschiedlichen Regelungen bei Betroffenen in lediglich (sonstigen) rechtlichen Interessen gem Abs 2 S 1 einerseits und in den Fällen einer rechtsgestaltenden Wirkung des VA gem S 2 andererseits ergibt, gilt diese Unterscheidung auch für das Verwaltungsverfahrensrecht (ebenso VG Berlin DVBl 1984, 1187; UL § 15 Rn 15). Daher sind auch **Lücken** der bestehenden, sehr unvollständigen Regelung in Anlehnung an § 65 VwGO und die dazu ergangene Rspr auszufüllen.

34 **2. Einfache Hinzuziehung (Abs 2 S 1).** Gem Abs 2 S. 1 steht es im **Ermessen** (§ 40) der Behörde, einen Dritten, dessen rechtliche Interessen vom Ausgang des Verfahrens berührt werden können, hinzuzuziehen und ihn damit in das Verfahren als Beteiligten einzubeziehen. Die einfache Hinzuziehung ermöglicht

---

[11] S oben 20; **aA** offenbar UL § 15 Rn 19: nur bis zum Ergehen des VA in der Hauptsache, da damit das Verfahren beendet ist (s auch UL § 20 Rn 7), und da nach diesem Zeitpunkt eine Hinzuziehung ihren Zweck nicht mehr erfüllen könnte (s auch § 9 Rn 30 ff).

dem Hinzugezogenen die **Wahrung seiner rechtlichen Interessen** in bezug auf die zu regelnde Angelegenheit und der Behörde, **die Verbindlichkeit der Entscheidung** auch gegenüber dem hinzugezogenen Dritten herbeizuführen und auf diese Weise zu erwartenden künftigen Schwierigkeiten und Streitfällen vorzubeugen. Die Hinzuziehung kann deshalb vor allem aus Gründen der Verfahrensökonomie (§ 10 S. 2) zweckmäßig sein, seine Einbeziehung kann auch die Aufklärung des Sachverhalts erleichtern und zu mehr Transparenz und Akzeptanz führen. Der Dritte hat, auch wenn er Antrag auf Hinzuziehung stellt, **keinen Anspruch auf Hinzuziehung,** sondern insoweit nur ein formelles subjektives Recht (vgl § 40 Rn 32f) auf ermessensfehlerfreie Entscheidung darüber (ebenso UL § 15 Rn 16); das Ermessen kann sich aber auf Null reduzieren.

a) Voraussetzungen. Voraussetzung einer einfachen Hinzuziehung ist, dass 35 durch den „Ausgang des Verfahrens", dh durch die ggf zu erwartende Entscheidung (VA) der Behörde bzw durch eine in einem verwaltungsrechtlichen Vertrag zu treffenden Vereinbarung, **rechtliche Interessen** (dh materielle nach öffentlichem oder privatem Recht geschützte Positionen, vgl VG Berlin DVBl 1984, 1188) des Hinzuzuziehenden berührt werden können. Bei VAen kommt es insoweit nur auf die der Bestandskraft fähige, für die Behörde und die Beteiligten **verbindliche Regelung ieS** an, nicht auch auf bloße Feststellungen in der Begründung oder auf die von der Bindungswirkung des VA nicht erfasste Beurteilung von Vorfragen.[12] Dass (lediglich) ideelle, soziale oder wirtschaftliche Interessen berührt werden, genügt nicht.[13] Erforderlich ist vielmehr, dass das berührte Interesse in einer Rechtsnorm geschützt wird oder Ausdruck einer rechtlich geschützten Position ist (StBS 32).

b) Einzelfälle. Nicht ausreichend als Voraussetzung einer einfachen Hinzu- 36 ziehung ist eine zu erwartende **mittelbare Auswirkung,** zB eines wohnungsaufsichtsrechtlichen Verfahrens wegen Beseitigung von Mängeln einer Wohnung (VG Berlin DVBl 1984, 1186); ebenso nicht lediglich tatsächlich-„präjudizielle" (Beispiels-)Wirkung auf andere, gleich gelagerte Fälle, auch nicht bei sog Sammelverwaltungsakten (zB einer Planfeststellung), selbst wenn mit der Aufhebung des VA gegenüber einem Betroffenen auch gegenüber den übrigen das in Frage stehende Vorhaben (zB der Bau einer Straße) undurchführbar wird; wohl dagegen das Interesse eines Dritten, der als Gesamtschuldner oder aus anderen Gründen ausgleichspflichtig ist (BVerwGE 17, 296). Die betroffenen rechtlichen Interessen müssen zum Rechtskreis des Hinzuziehenden gehören (UL § 15 Rn 15). Daher keine Hinzuziehung eines Verbandes, wenn nur die Interessen seiner Mitglieder berührt werden, auch wenn der Verband nach seiner Satzung die Interessen der Mitglieder zu wahren hat (StBS 33; UL § 15 Rn 15; Knack 18; Kopp, in: Boorberg-FS 1977, 178; ders., in: BVerwG-FS 1978, 399f).

c) Rechtsschutzfragen. aa) Gegen eine Hinzuziehung kann sich der Hin- 37 zugezogene mit Widerspruch und Anfechtungsklage vorgehen. Die Hinzuziehung ist ein verfahrensrechtlicher VA, dessen **Anfechtung nicht an § 44a VwGO scheitert,** weil der zu Unrecht hinzugezogene insoweit die Stellung eines Nichtbeteiligten behält (BVerwG NVwZ 2000, 1179, 1180).[14] Die Hinzuziehung ist rechtmäßig, wenn die Voraussetzungen des Abs 1 S 2 vorliegen, weil die rechtlichen Interessen des Hinzugezogenen betroffen werden können. Die Möglichkeit

---

[12] Ähnlich StBS 35; für das Prozeßrecht Kopp/Schenke § 66 Rn 12; **aA** Martens VerwArch 1969, 359, wo für das Prozeßrecht eine erweiterte Bindungswirkung, die auch sonstige Feststellungen, Beweisergebnisse usw mit umfaßt, angenommen wird.

[13] Ebenso VG Berlin DVBl 1984, 1188; UL § 15 Rn 15; StBS 32; MB 9; Knack 14; Kopp, in: Boorberg-FS 1977, 168; ders., in: BVerwG-FS 1978, 395.

[14] HM, vgl auch Knack 12; MB 13; Obermayer 59; nunmehr auch StBS 37; **aA** UL § 15 Rn 19.

einer Betroffenheit ist ausreichend. Ist dies aber ausgeschlossen, so muss die Hinzuziehung auf die Anfechtungsklage des betroffenen Hinzugezogenen aufgehoben werden (BVerwG NVwZ 2000, 1179, 1180; StBS 37; Knack 12). Zwar wäre der zu Unrecht Hinzugezogene nicht in einer materiellen Rechtsposition betroffen, weil das Verfahren seine Rechtsstellung gerade nicht berührt, gleichwohl beeinträchtigt die unberechtigte Hinzuziehung seine Rechtsstellung.

38 **bb) Gegen die Ablehnung einer Hinzuziehung.** Gegen die Ablehnung einer beantragten Hinzuziehung hat der Betroffene die Möglichkeit des Widerspruchs sowie der Verpflichtungsklage, gerichtet auf die Hinzuziehung, bei der es sich dann um eine begünstigenden VA handelt.[15] Die isolierte Klage auf Hinzuziehung scheitert nicht an § 44a VwGO, da der Kläger – wegen der Nichthinzuziehung – keine Beteiligtenstellung erlangt hat (so zutreffend Obermayer 62; **aA** wohl StBS 37a). Allerdings wird eine Klage auf Hinzuziehung in den Fällen einfacher Hinzuziehung nach Abs 2 S. 1 nur dann Erfolg haben können, wenn sich das Ermessen der Behörde insoweit auf Null reduziert hat. Anders ist dies bei der notwendigen Hinzuziehung nach Abs 2 S 2, weil der Behörde hier kein Entscheidungsspielraum zukommt.

39 **3. Notwendige Hinzuziehung (Abs 2 S 2). a) Voraussetzungen.** Die Hinzuziehung Dritter zum Verfahren ist gem Abs 1 Nr 4, Abs 2 S 2 in allen Fällen geboten – dh die Behörde hat insoweit keinen Ermessensspielraum –, in denen die rechtlichen Interessen Dritter durch den Ausgang des Verfahrens dadurch berührt werden können, dass dieser Ausgang für sie **rechtsgestaltende Wirkung** hat. Dies ist der Fall, wenn durch den möglicherweise ergehenden VA zugleich und unmittelbar Rechte des Dritten begründet, aufgehoben oder geändert werden (VG Berlin DVBl 1984, 1187). Anders als im Verwaltungsprozess nach § 66 Abs 2 VwGO setzt die notwendige Hinzuziehung nach Abs 2 S 2 einen **Antrag** voraus. Ohne Vorliegen eines solchen Antrags ist die Behörde nur im Falle einer Ermessensreduzierung auf Null zur Hinzuziehung verpflichtet (UL § 15 Rn 18; Knack 18; StBS 39).

40 Abs 2 spricht nur von **rechtsgestaltender Wirkung;** die Regelung ist aber, da es sich um zwingende Folgerungen aus den Grundsätzen eines rechtsstaatlichen Verfahrens handelt (vgl Kopp 26), **analog** auch auf **feststellende** (Kopp, in: BVerwG-FS 1978, 23; **aA** offenbar MB 10; Knack 18) sowie (nur) **befehlende oder verbietende VAe** anzuwenden, sofern sie unmittelbar und notwendig subjektive Rechte Dritter (s zum Begriff des subjektiven Rechts Einf Rn 62ff) berühren. Deshalb liegt ein Fall notwendiger Hinzuziehung nicht nur dann vor, wenn der Antragssteller die Aufhebung eines einen Dritten begünstigenden VA begehrt,[16] sondern auch dann, wenn der Antragssteller den Erlass eines (den hinzuzuhiendenden) Dritten belastenden VA verlangt.[17]

41 **Nicht erforderlich** ist – entgegen der insoweit nicht ganz eindeutigen Formulierung in S 2, die jedoch im Zusammenhang mit S 1 gesehen werden muss („berührt werden können") –, dass der Ausgang des Verfahrens (VA oder Vertrag) die unmittelbar rechtsgestaltende Wirkung gegenüber dem Dritten tatsächlich haben wird, dessen Hinzuziehung in Frage steht. Nach allgemeinen Rechtsgrundsätzen muss, da der Ausgang eines Verwaltungsverfahrens ja zunächst ungewiss ist, nach dem Zweck der Vorschrift die **Möglichkeit einer Rechtsbeeinträchtigung genügen,** dh die Gefahr, dass bei einem bestimmten Ausgang des Verfah-

---

[15] HM, vgl OVG Koblenz NVwZ 1988, 76; VG Berlin DVBl 1984, 1186; Knack 12; MB 13; Obermayer 61; **aA** VGH München NVwZ 1988, 1054; UL § 15 Rn 19; wohl auch StBS 37.

[16] Im Verwaltungsprozess wäre dies der klassische Fall der Nachbarklage; vgl Kopp/Schenke § 42 Rn 96ff; sowie der gegen einen begünstigenden VA gerichteten Konkurrentenklage; vgl Kopp/Schenke § 42 Rn 45ff. Vgl ferner StBS 40; Knack 18; UL § 15 Rn 28.

[17] So auch StBS 40; Obermayer 48; wohl auch Knack 18.

rens eine solche Wirkung eintreten kann.[18] Die Hinzuziehung hat gerade den Zweck, dem Dritten die Möglichkeit zu geben, im Verfahren darauf hinzuwirken, dass ein bestimmter VA ergeht, ein bestimmter Vertrag geschlossen wird bzw unterbleibt.

b) Einzelfälle. Um Fälle notwendiger Hinzuziehung handelt es sich zB bei Verfahren, in denen es um den Anspruch des Antragstellers auf ein **Einschreiten zu Lasten des Dritten zwingend** geht, ferner bei einem Baugenehmigungsverfahren, in welchem die Erteilung der Baugenehmigung oder auf **Aufhebung einer diesem erteilten Genehmigung** von der **Zustimmung der Nachbarn** (zB § 68 HBauO) oder der Gemeinde (zB § 36 BauBG) abhängig ist, ebenso in bestimmten Zulassungsverfahren, in denen nur eine beschränkte Zahl von Bewerbern zum Zuge kommen kann, der einzelne Mitbewerber (s unten Rn 43), anders, wenn es sich um eine größerer Zahl von Mitbewerbern handelt, **nicht dagegen** zB im Verfahren zum Erlass einer **Beseitigungsverfügung gegen einzelne Miteigentümer** im Verhältnis dieser Miteigentümer zu den übrigen (vgl BVerwGE 40, 104) oder einer Nutzungsuntersagung gegen den Untermieter im Verhältnis zum Hauseigentümer oder zum Hauptmieter (BVerwG NVwZ 1988, 730) oder im wohnungsaufsichtlichen Verfahren mit dem Hauseigentümer im Verhältnis zum Mieter (VG Berlin DVBl 1984, 1186). Vgl im einzelnen die Rspr und das Schrifttum zu § 65 VwGO (s dazu Kopp/Schenke § 65 Rn 17 ff). Entsprechendes gilt für Verträge, die ihren Zweck nur erfüllen können, wenn ein Dritter, der Rechte bezüglich des Gegenstandes des Vertrags hat, zustimmt (vgl auch § 58 Abs 1). 42

Nicht notwendig hinzuzuziehen sind zB im Verfahren zur Erteilung einer Taxi-Genehmigung für einen weiteren Taxi-Unternehmer die bereits zugelassenen **Taxi-Unternehmer;**[19] im Verfahren zur Zulassung in einem zulassungsbeschränkten Studienfach (**numerus-clausus** Fach) die bereits zugelassenen Studenten (BVerwGE 60, 29), obwohl sie nach der zu einer ähnlichen Situation ergangenen Entscheidung BVerwGE 80, 270 = NJW 1989, 1749 uU damit rechnen müssen, dass ihre Zulassung zurückgenommen oder widerrufen wird; wenn es dazu käme, wäre dies jedoch ein neues Verfahren. Verneint hat die Rspr auch eine Beeinträchtigung subjektiver Rechte und damit die Notwendigkeit einer Hinzuziehung bei unberechtigter Bevorzugung eines anderen Schaustellers (VGH Mannheim NVwZ 1984, 254; Wahl/Schütz in Schoch § 42 Abs 2 Rn 311). 43

Notwendig hinzuzuziehen sind zB im Verfahren zur Erteilung einer weiteren **Taxi-Erlaubnis** die sonstigen Bewerber für eine solche Erlaubnis, wenn sie wegen der Zulassungsbeschränkung nicht ebenfalls eine Zulassung erhalten. Aus denselben Gründen sind im Verfahren zur **Ernennung bzw Beförderung eines Beamten** auf einen Dienstposten auch die übrigen Bewerber zu beteiligen.[20] Auch die, an sich schon wenig überzeugende und inzwischen auch in der Rsp zweifelhaft gewordene (vgl BVerWG NVwZ 2002, 604) Auffassung (vgl Kopp/Schenke § 42 Rn 81), dass der Grundsatz der Ämterstabilität es nicht zuläßt, dass eine einmal erfolgte Ernennung ggf auf den Rechtsbehelf eines nicht zum Zug gekommenen Bewerbers hin wieder rückgängig gemacht würde, steht einer Beteiligung jedenfalls vor der Ernennung nicht entgegen; vgl auch BVerfG DVBl 44

[18] Ebenso VG Berlin DVBl 1984, 1188; UL § 15 Rn 15; Knack 16; MB 10; StBS 35; Jäde BayVBl 1989, 203; Kopp, in: BVerwG-FS 1978, 395; vgl auch BVerwGE 18, 124.

[19] BVerwGE 79, 210 = NJW 1988, 3221; BVerwG NJW 1990, 1378: da die Begrenzung der Zulassungen nicht ihren Interessen dient, auch wenn sie uU als Folge davon mehr Konkurrenz erhalten.

[20] Vgl BVerfG NVwZ 2002, 1367; **aA** BVerwGE 80, 127: im Verfahren zur Ernennung ist ein beim Auswahlverfahren dafür nicht zum Zug gekommener Bewerber nicht beizuladen; kritisch Schnellenbach NVwZ 1990, 637.

1990, 106 = NJW 1990, 501; s auch Peter JuS 1992, 1042; Günther NVwZ 1986, 697, 700).

45 **Nicht mehr hinzuzuziehen** – dies dürfte auch für die einfache Hinzuziehung gelten – sind in der Sache Betroffene, die auf eine Beteiligung am Verfahren oder auf das materielle Recht, das Anlass für die Hinzuziehung wäre, **verzichtet** oder das entsprechende formelle oder materielle Recht **verwirkt** haben. Dies gilt zB auch im Baurecht, wenn ein Nachbar durch seine Unterschrift auf dem Bauplan oder in anderer Weise auf Beteiligung am weiteren Verfahren und auf Geltendmachung etwaiger ihm zustehender Nachbarrechte verzichtet hat (VGH Mannheim BRS 27 Nr 164; NVwZ 1983, 229; VGH Kassel BRS 28 Nr 126; OVG Bremen BRS 30 Nr 142; OVG Saarlouis BRS 33 Nr 178; zweifelhaft). Ein Verzicht bzw die Verwirkung schließen eine Hinzuziehung im weiteren Verfahren jedoch dann nicht aus, wenn Wiederaufnahmegründe analog § 51 gegeben sind oder sich sonst eine neue Situation für die Betroffenen ergibt, die durch den Verzicht bzw die Verwirkung nicht mehr erfasst sind.

46 **c) Antragserfordernis und Hinzuziehung von Amts wegen. aa) Grundsatz: Antragserfordernis.** Nach Abs 2 S 2 hat ein Betroffener Anspruch auf Hinzuziehung nur, wenn er (dh der an seiner Beiladung interessierte Dritte; aA offenbar Knack 18 und Horn DÖV 1987, 23: der Betroffene oder ein anderer Beteiligter) diese beantragt. Der Antrag bedarf keiner bestimmten Form. Es muss nur, notfalls im Weg der Auslegung, erkennbar sein, dass der Antragsteller am Verfahren teilnehmen, insb gehört werden möchte. Eine bloße Stellungnahme zur Sache genügt jedoch nicht (zT aA Horn DÖV 1987, 25). Die gem S 2 letzter Halbs. vorgeschriebene **Benachrichtigung Betroffener** soll die Antragstellung erleichtern. Das Unterbleiben der Benachrichtigung hat keine Folgen für das Verfahren, kann aber uU Ansprüche aus Amtshaftung begründen. Abs 2 S 2 enthält keine abschließende Regelung der Hinzuziehung dahin, dass diese nur auf Antrag möglich sein soll; die Behörde hat auch in den Fällen notwendiger Hinzuziehung die Möglichkeit einer Hinzuziehung von Amts wegen nach Abs 2 S 1 (ebenso UL § 15 Rn 18; MB 10; Horn DÖV 1987, 23).

47 **bb) Pflicht zur Hinzuziehung.** Eine Pflicht zur Hinzuziehung von Amts wegen (Reduktion des Ermessensspielraums nach Abs 2 S 1 auf „Null") besteht gem Abs 2 S 1 unabhängig von Abs 2 S 2 auch gegenüber Dritten, die keinen Antrag auf Hinzuziehung gestellt haben, obwohl sie durch den Ausgang des Verfahrens iS von Abs 2 S 2 in ihren Rechten betroffen werden können.[21] Eine Baugenehmigung, die ohne Beteiligung der Nachbarn am Verfahren und ohne dass sie diesen zumindest bekanntgegeben wird, wäre grundsätzlich jedenfalls **den „übergangenen" Betroffenen gegenüber,** uU aber auch schlechthin (vgl unten Rn 51 f), **unwirksam** und könnte daher auch die in S 2 ausdrücklich genannte Gestaltungswirkung nicht haben. Ebenso wäre ein ohne die Mitwirkung bzw Zustimmung aller Betroffenen geschlossener verwaltungsrechtlicher Vertrag gem § 58 Abs 1 nichtig (vgl § 58 Rn 9, 21).

48 Die **Unterlassung einer Hinzuziehung** von Amts wegen durch eine Behörde ist deshalb, auch wenn kein Antrag gestellt wird, in allen Fällen, in denen eine

---

[21] StBS 39; Obermayer 40; Raeschke-Kessler/Eilers NVwZ 1988, 36; Kopp, in: Boorberg-FS 1977, 166 f; ders, in: BVerwG-FS 1978, 394 f; im Ergebnis auch Horn DÖV 1987, 20 für die Fälle, in denen sich für Beigeladene sonst eine Anhörungspflicht nach § 28 oder nach allgemeinen Grundsätzen ergäbe oder der betroffene Dritte sich auf eine Aufforderung der Behörde hin zur Sache äußert und damit seine rechtliche Betroffenheit dartut; ähnlich offenbar BVerwGE 82, 256: alle zu beteiligen, die nach § 28 anzuhören sind; zumindest für den Fall, wenn Grundrechte in einer Sache berührt sind, auch Hufen NJW 1982, 2163; ähnlich zum Prozeßrecht Konrad BayVBl 1982, 481: notwendige Beiladung unverzichtbar; **aA** UL § 15 Rn 8; Knack 18; Jäde BayVBl 1989, 203; grundsätzlich nur, wenn beantragt, zwingend.

Hinzuziehung wegen der Gestaltungswirkung notwendig ist, **fehlerhaft.**[22] Die Behörde darf nicht entscheiden, wenn sie den notwendig Beizuladenden nicht vorher beigeladen hat.[23] Sie ist damit im Ergebnis in allen Fällen notwendiger Hinzuziehung auch schon nach Abs 2 S 1 ohne Rücksicht darauf, ob ein Antrag auf Hinzuziehung gestellt wird oder nicht, gezwungen, die Hinzuziehung der Betroffenen auszusprechen (im Ergebnis auch BVerwGE 77, 134).

4. Wirkungen der Hinzuziehung. Die Hinzuziehung bewirkt zunächst einmal, dass der hinzugezogene Dritte sämtliche Rechte und Pflichten eines Verfahrensbeteiligten erhält, ferner, dass ein in der Sache ergehender, ihm gegenüber gem § 41 Abs 1, § 43 Abs 1 ordnungsgemäß bekanntgegebener **VA auch dem Hinzugezogenen gegenüber wirksam** wird und ihn bindet. Die Bindungswirkung tritt dem notwendigen Beteiligten gegenüber wegen der ihm gegenüber eintretenden rechtsgestaltenden Wirkung im gleichen Umfang ein wie gegenüber Hauptbeteiligten (zB dem Antragsteller).[24] Dem einfachen Beteiligten gegenüber bewirkt die Bindungswirkung dagegen, da er materiellrechtlich nicht unmittelbar in seinen Rechten betroffen ist (vgl oben Rn 35 ff), nur, dass er in einem späteren Verfahren die Richtigkeit der ergangenen Entscheidung insoweit nicht mehr bestreiten kann, als ihm nach der Verfahrenslage im Zeitpunkt der Hinzuziehung das entsprechende Vorbringen noch möglich gewesen wäre (ebenso Knack 19; ähnlich VG Berlin DVBl 1984, 1186, 1188). 49

Die **Bindung beschränkt sich auf die getroffene Regelung** ieS und erfasst nicht auch Vorfragen, Beweisergebnisse und sonstige Feststellungen. Die Hinzuziehung eines Dritten kann andererseits eine diesem gegenüber nach materiellem Recht erforderliche Anordnung oder Duldungsverfügung nicht ersetzen (ebenso Knack 19; vgl auch BVerwGE 40, 101). **Ein Vertrag** bindet auch den notwendig Hinzugezogenen nur, wenn und soweit er sich am Vertrag beteiligt oder ihm zugestimmt hat (vgl § 58 Rn 4 ff). Die Wirkungen der Hinzuziehung, insb die Erstreckung der Bindungswirkung, treten unabhängig davon ein, ob der Hinzugezogene sich tatsächlich am Verfahren beteiligt, also etwa Anträge gestellt oder Erklärungen abegegeben hat. 50

5. Folgen unterbliebener Hinzuziehung. a) Einfache Hinzuziehung. Unterbleibt eine (einfache oder notwendige) Hinzuziehung nach § 13 Abs 2 im Verfahren, so hat dies dem Dritten gegenüber grundsätzlich zur Folge, dass der VA für ihn nicht wirksam wird und ihn deshalb auch nicht bindet, auch nicht, soweit er ihn an sich begünstigt. Das Unterbleiben einer einfachen Hinzuziehung ist ohne Folgen (ebenso Knack 20; MB 13; zT **aA** UL § 15 Rn 22: Unbeachtlichkeit nur bei ermessensfehlerfreier Entscheidung der Behörde). Der übergangene Dritte, dessen Hinzuziehung zulässig und vielleicht zweckmäßig (vgl oben 35) gewesen wäre, ist dadurch geschützt, dass der in diesem Verwaltungsverfahren erlassene VA bzw abgeschlossene Vertrag ihm gegenüber keine Wirksamkeit erlangt. Er kann außerdem jedenfalls in den – allerdings wohl eher seltenen – Fällen einer Ermessensreduktion auf Null die Hinzuziehung auch durch Widerspruch und Verpflichtungsklage durchsetzen (s oben Rn 38).[25] 51

b) Notwendige Hinzuziehung. Das Unterbleiben einer nach § 13 Abs 2 S 2 bzw in entspr Anwendung davon notwendigen Hinzuziehung stellt demgegenüber 51 a

---

[22] Kopp, in: BVerwG-FS 1978, 394; ders., in: Boorberg-FS 1977, 167; zT auch UL § 15 Rn 22 für den Fall, daß besondere Umstände vorliegen; MB 10: im allgemeinen; **aA** offenbar StBS 38.

[23] BVerwG NVwZ 1993, 1199; s dazu, daß das Unterbleiben einer notwendigen Beiladung auch nicht nach § 46 unerheblich sein kann, unten Rn 53; zu sonstigen Folgen eines Unterbleiben der Beiladung unten Rn 51.

[24] Knack 19; Obermayer 57.

[25] Ein Widerspruch, wie Obermayer 62 meint, liegt darin nicht.

einen **schweren Verfahrensmangel** dar, der von dem hinzuzuziehenden, jedoch nicht hinzugezogenen Dritten mit den normalen Rechtsbehelfen gegen die Ablehnung der Hinzuziehung (s oben Rn 38), außerdem vom Hinzuzuziehenden und von den Beteiligten (§ 13) ggf auch mit Rechtsbehelfen gegen den in der Sache ergehenden VA geltend gemacht werden kann. Eine Klage der bereits Beteiligten gegen die Entscheidung über die Hinzuziehung als solche scheitert dagegen an § 44a VwGO. Der Mangel kann jedoch, sofern er bei einem VA nicht dessen Nichtigkeit zur Folge hat, analog § 45 Abs 1 Nr 3, Abs 2 **durch Nachholung geheilt** werden (s unten Rn 53), nicht aber durch Beiladung seitens des Gerichts.[26]

52 **Bei Unterbleiben einer notwendigen Hinzuziehung** ist der VA darüber hinaus (nur) bei Offensichtlichkeit des Mangels (§ 44 Abs 1) auch den (übrigen) Beteiligten gegenüber **nichtig** iS von § 44, **sonst** (nur) **rechtswidrig aufhebbar.**[27] Vgl allg zu den Folgen einer unterbliebenen notwendigen Hinzuziehung auch Wilde NJW 1972, 1262 und 1653.

53 **6. Heilung und Unbeachtlichkeit.** Soweit der Mangel nicht die Nichtigkeit des betroffenen VA zur Folge hat, kommt eine Heilung des Mangels gem § 45 Abs 1 Nr 3 durch nachträgliche Anhörung desjenigen in Betracht, dessen Hinzuziehung rechtswidrig unterblieben ist.[28] Dies setzt allerdings zwingend voraus, dass der VA auf der Grundlage des Ergebnisses der Anhörung noch einmal kritisch geprüft wird (vgl § 28 Rn 12). Das Recht zur Geltendmachung des Mangels kann uU verwirkt werden (vgl BVerwGE 44, 300; 44, 343; Kopp/Schenke § 74 Rn 18; § 53 Rn 15) mit der Folge, dass auch der nicht hinzugezogene Dritte dann den VA gegen sich so gelten lassen muss, als wäre er ordnungsgemäß hinzugezogen worden. Umstritten ist, ob der Verstoß gegen die Verpflichtung zur Hinzuziehung, sofern er nicht zur Nichtigkeit des VA führt, nach § 46 unbeachtlich sein kann. Dies wird teilweise angenommen.[29]

IV. Anhörungsberechtigte (Abs 3)

54 **1. Keine Beteiligung durch bloße Anhörung.** Abs 3 stellt klar, dass Personen, Behörden usw, die aufgrund besonderer Rechtsvorschriften in einem Verfahren anzuhören sind oder Stellungnahmen abzugeben haben, nicht allein deshalb schon als Beteiligte anzusehen sind, sofern nicht zugleich auch die Voraussetzungen nach Abs 1 und 2 auf sie zutreffen. Gedacht ist in Abs 3 offenbar vor allem an Behörden, Vereinigungen, Sachverständige uä, deren Anhörung allein den Zweck hat, der Behörde ein umfassenderes Bild der für ihre Entscheidung maßgeblichen Gesichtspunkte zu vermitteln (Begr 44; Kopp 80).

55 **2. Abgrenzung von Anhörung und Beteiligung.** Die Abgrenzung zu einer partiellen Beteiligtenstellung, insb mit dem Recht auf Gehör und zu Rechtsmitteln bei Verletzung der Mitwirkungsrechte, ist im einzelnen strittig und zum Teil auch flüssig. Richtig erscheint es, entsprechend dem Wortlaut der Regelung in Abs 3 („wer anzuhören ist") darauf abzustellen, weshalb das Gesetz die Anhörung der

---

[26] Vgl Martens NVwZ 1988, 688; zT **aA** BFH 144, 157 = BStBl II 1988, 674 und NVwZ 1988, 768: Beiladung auch noch durch das Gericht, jedoch jedenfalls Aussetzung des Verfahrens, damit die Behörde den VA dem im Verwaltungsverfahren Hinzuzuziehenden zustellen kann und dieser auch selbst dagegen Klage erheben kann; abzulehnen.

[27] OVG Münster NVwZ 1988, 74; Raeschke-Kessler/Eilers NVwZ 1988, 39; StBS 41; Knack 20; ähnlich UL § 15 Rn 22; Goerlich NVwZ 1985, 95; differenzierend Schmitt BayVBl 1972, 563: es kommt auf den Grund der gebotenen Beiladung an; Obermayer 54f: nichtig nur, wenn dem Drittbetroffenen durch Gesetz besondere Mitwirkungrechte eingeräumt sind, wie zB dem Nachbarn im Baugenehmigungsverfahren; offen MB 13.

[28] Knack 20; StBS 21a; Obermayer 70.

[29] VG § 15 Rn 22; MB 13; Knack 44.

Person, Behörde oder Einrichtung vorsieht. Eine (uU nur partielle) Beteiligtenstellung liegt vor, wenn die Anhörung der Durchsetzung einer eigenen Rechtsposition bzw Aufgabenstellung dient; eine bloße Anhörung ist dagegen anzunehmen, wenn es nur darum geht, der Behörde eine möglichst breite Entscheidungsgrundlage zu vermitteln.[30] Auf eine eigenständige Position deutet hin, wenn das Gesetz zB ein Recht auf Akteneinsicht uä, einräumt und den Betroffenen auch ein Klagerecht zur Durchsetzung ihrer Mitwirkungsrechte, ggf auch mit dem Ziel der Aufhebung der ohne ihre Mitwirkung in der Sache ergangenen Entscheidung, zugesteht.

Ob es sich um eine Anhörung idS oder um eine zur Wahrung von Rechten oder rechtlichen Interessen des Anhörungsberechtigten iS von § 28 handelt, ist eine Frage der Auslegung der Rechtsvorschriften, die die Anhörung vorschreiben. Die **Anhörung von Interessenverbänden** ist auch in Fällen, in denen Interessen von Mitgliedern des Verbandes betroffen sind, idR – dh, wenn nicht durch eine Rechtsvorschrift ausdrücklich etwas anderes bestimmt ist – nicht als Anhörung eines Beteiligten zu verstehen (s dazu auch § 28 Rn 10). Zu einer davon zu unterscheidenden **Beteiligung kraft Amtes** usw, mit der ebenfalls ein Anhörungsrecht verbunden ist, s oben Rn 14; zur „Anhörung" (iS einer Mitwirkung bei der Entscheidung) anderer Behörden, von Ausschüssen usw auch § 44 Rn 58f; § 45 Rn 31f; § 73 Rn 21ff; zur **Anhörung anerkannter Naturschutzverbände** gem § 60 Abs 2 BNatSchG nF auch oben Rn 15.

V. Verfahren im Innenbereich der Verwaltung

56 Die Beteiligten (§ 13) müssen **grundsätzlich verschiedene Personen** sein. Im Gegensatz zur Situation im VerwaltungsProzess (vgl Kopp/Schenke § 63 Rn 7) ist es im Verwaltungsverfahren aber grundsätzlich nicht erforderlich, dass die beteiligten Behörden verschiedenen Rechtsträgern angehören. Zulässig ist insb auch, dass der **Staat als Fiskus** an einem Verfahren in anderer verfahrensrechtlicher Stellung beteiligt ist als als Hoheitsträger, zB dass der Staat bzw eine Behörde, die den Staat in seiner Eigenschaft als Fiskus vertritt, in einem Planfeststellungsverfahren gem §§ 72ff vor einer staatlichen Behörde als Antragsteller auftritt oder im Hinblick auf betroffene dingliche Rechte beigeladen wird. Dies gilt selbst dann, wenn die als Beteiligte auftretenden Behörden im Verhältnis der hierarchischen Über- und Unterordnung zueinander stehen oder eine gemeinsame Spitze haben und nicht verschiedenen Ressorts angehören (str). S allg auch Foerster, Insich-Verfahren vor Verwaltungsbehörden, NuR 1981, 47.

57 Als **zulässig** anzusehen ist – trotz der Einheitlichkeit der Verwaltungsspitze – auch der **Antrag einer Gemeinde** in der Eigenschaft als Trägerin einer städtischen Müllverbrennungsanlage an die **Gemeinde als Genehmigungsbehörde** auf Erteilung einer Genehmigung nach §§ 4ff BImSchG (vgl Begr 85; BVerfG 3, 381f; vgl auch BSG 24, 136; 26, 173; **aA** WB III § 156 III e; Lorenz 258) oder nach Naturschutzrecht (Lüneburg NuR 1979, 161).

VI. Rechtsnachfolge im Verwaltungsverfahren

58 **1. Allgemeines.** Das VwVfG enthält anders als das Prozessrecht (vgl insb §§ 239ff, 265f ZPO, § 173 VwGO, dazu Kopp/Schenke § 63 Rn 11) keine besonderen Vorschriften für Fälle, in denen während der Anhängigkeit eines Verwaltungsverfahrens auf Seiten eines Beteiligten eine Rechtsnachfolge eintritt. Das gilt sowohl für Fälle der Gesamtrechtsnachfolge (Erbschaft, Vermögensübernahme gem oder analog § 419 BGB oder nach ähnlichen Vorschriften) als auch für die

[30] Knack 22; Obermayer 74.

Einzelrechtsnachfolge aufgrund eines Vertrages mit dem Rechtsvorgänger. Verfahrensrechtlich geregelt ist insoweit nur gem § 14 Abs 2 die Fortgeltung einer Vollmacht (s dazu § 14 Rn 23). Die verfahrensrechtlichen Konsequenzen einer Rechtsnachfolge richten sich deshalb nach der Regelung der Rechtsnachfolge in die **materielle Rechtsposition** nach dem jeweils einschlägigen Fachrecht (Knack 14; StBS § 35 Rn 194). Insoweit gilt für die verfahrensrechtliche Rechtsnachfolge zunächst einmal der **Grundsatz der Akzessorietät:** Nur wenn das materielle Recht eine Rechtsnachfolge vorsieht bzw zulässt, kommt eine Rechtsnachfolge auch im Verwaltungsverfahren in Betracht. Fehlen auch dort Regelungen, sind allgemeine Rechtsgrundsätze. Dabei lassen sich die **Nachfolgefähigkeit einer Rechtsposition** und das Vorliegen eines **Nachfolgetatbestandes** unterscheiden.[31] Keine Nachfolgefähigkeit besteht, wenn das Rechtsverhältnis höchstpersönlicher Natur ist. Ein Nachfolgetatbestand liegt grundsätzlich nur vor, wenn die Voraussetzungen einer gesetzlichen Rechtsnachfolgenorm erfüllt sind.[32]

59 **a) Keine Rechtsnachfolge in höchstpersönliche Rechte.** Eine Rechtsnachfolge in höchstpersönliche materielle Rechtspositionen ist nicht möglich. Das gilt zB für Rechtspositionen wie die Fahrerlaubnis, den Waffenschein, die ärztliche Approbation, die sonstige Zulassung zu einem Beruf, zB zur Rechtsanwaltschaft, die Bestellung zu einem Amt usw (Knack 24; Obermayer 77). Zu beachten ist, dass nicht alle personenbezogenen Rechte und Rechtspositionen auch höchstpersönliche Rechtspositionen in diesem Sinne sind. Die Höchstpersönlichkeit von Rechten schließt jede Nachfolgefähigkeit aus. Bei sonstigen personenbezogenen Rechten kommt es dagegen auf das Vorliegen eines Nachfolgetatbestandes an, also einer Rechtsnorm, nach der die Position auf einen Rechtsnachfolger übergehen kann.[33]

60 **b) Rechtsnachfolgetatbestand bei sonstigen Rechten.** Bei anderen als höchstpersönlichen Rechtspositionen kommt es darauf an, ob es für sie eine Rechtsnachfolgeregelung gibt. Das gilt nicht nur für sachbezogene Rechte wie zB den Anspruch auf Baugenehmigung, sondern auch für personenbezogene Rechte und Pflichten, wie zB die Pflicht zur Zahlung von Abgaben usw. Solche Nachfolgeregelung ist zB § 1922 BGB über die Universalsukzession im Todesfall sowie andere Gesamtrechtsnachfolgeregelungen. Weitere Rechtsnachfolgeregelungen finden sich im Fachrecht, insbes zB im Bauordnungsrecht zur Geltung von Baugenehmigungen (vgl VGH Mannheim NVwZ 1998, 975), in neueren Bauordnungen aber auch zur Geltung von Abrissverfügungen und Nutzungsverboten gegenüber den Einzelrechtsnachfolgern. Eine **rechtsgeschäftliche Übertragung** der Verhaltensverantwortlichkeit ist ausgeschlossen (BVerwG NVwZ 2001, 807).

61 **Umstritten** ist, ob bei sachbezogenen bzw **dinglichen Regelungen** eine Rechtsnachfolge auch **ohne eine ausdrückliche gesetzliche Nachfolgeregelung** eine Einzelrechtsnachfolge angenommen werden kann. Dies wird von der noch hM angenommen.[34] Betrifft das Verfahren ausschließlich dingliche oder jedenfalls objektbezogene Rechte bzw Pflichten, zB die Erteilung einer Baugenehmigung oder einer immissionsschutzrechtlichen Genehmigung oder die Planfest-

---

[31] Obermayer 80; WBS I § 42 Rn 51; Erichsen/Ehlers § 11 Rn 50; Volkmann JuS 1999, 544.

[32] Zur Rechtsnachfolge näher Spannowski NVwZ 1992, 426; Peine DVBl 1980, 941; Rumpf VerwArch 1987, 269; Volkmann JuS 1999, 544.

[33] Die höchstpersönlichen Rechtspositionen, bei denen jede Nachfolgefähigkeit ausgeschlossen ist, und die sonstigen personenbezogenen Positionen, die nur bei gesetzlicher Nachfolgeregelung auf einen Rechtsnachfolger übergehen können, werden nicht immer klar genug auseinander gehalten, vgl Knack 24.

[34] So zB VGH Mannheim NVwZ 1991, 686 für Zwangsmittelandrohungen; VGH Kassel für Einzelrechtsnachfolge in Abrissverfügung; **aA** für Nutzungsverbot OVG Hamburg BauR 1997, 104; s allg auch Erichsen/Ehlers § 11 Rn 48 ff.

stellung gem §§ 72ff für eine Anlage, so kommen sowohl die Einzel- als auch die Gesamtrechtsnachfolge in Betracht.[35] Für personenbezogene Rechte wie zB eine Gaststättenerlaubnis kommt demgegenüber eine Rechtsnachfolge ohne gesetzliche Grundlage nicht in Betracht (Knack 24 mwN).

2. Verfahrensrechtliche Konsequenzen. a) Materiellrechtlicher Rechtsnachfolgetatbestand erfüllt. Liegen die Voraussetzungen einer Rechtsnachfolge in die materielle Rechtsposition vor, so stellt sich die Frage, ob der Rechtsnachfolger automatisch in die verfahrensrechtliche Position des weggefallenen Beteiligten einrückt, ob es einer konstitutiven verfahrensrechtlichen Einbeziehung des Rechtsnachfolgers bedarf oder ob überhaupt ein neues Verwaltungsverfahren mit dem Rechtsnachfolger eröffnet werden muss. Da das Verfahrensrecht hierüber keine ausdrücklichen Regelungen enthält, kann sich die Antwort nur aus allgemeinen Verfahrensgrundsätzen ergeben. Das Prozessrecht unterscheidet insoweit im wesentlichen zwischen der Gesamtrechtsnachfolge und der Einzelrechtsnachfolge. So treten zB nach § 239 ZPO Rechtsnachfolger beim Tod einer Partei automatisch in ein anhängiges Verfahren ein; der Tod des Beteiligten führt nur zu einer Unterbrechung, während zB die Veräußerung oder Abtretung der Streitsache nach § 265 Abs 2 ZPO auf den Prozess zunächst einmal keinen Einfluss hat, sondern von den Beteiligten im Rahmen ihrer Dispositionsbefugnis bewältigt werden muss. 62

aa) Für die Gesamtrechtsnachfolge ist in analoger Anwendung des § 239 Abs 2 ZPO davon auszugehen, dass ein **automatischer Eintritt des Rechtnachfolgers** in das Verwaltungsverfahren stattfindet, und zwar in das Verwaltungsverfahren in dem Stadium, im dem es sich beim Eintritt der Gesamtrechtsnachfolge befindet. Das Verfahren muss allerdings unterbrochen werden, um die Frage der Rechtsnachfolge sicher zu klären. Ist die Rechtsnachfolge geklärt, so hängen die weiter notwendigen bzw möglichen Schritte davon ab, ob es sich um ein Antragsverfahren oder um ein amtswegiges Verfahren handelt. Bei einem **Antragsverfahren** muss der Rechtsnachfolger des Antragstellers (nicht der sonstigen Beteiligten) das Verfahren aufnehmen, dh er muss erklären, dass er das Antragsverfahren fortsetzen will. Tut er dies nicht oder nicht innerhalb einer angemessenen Frist, so kann die zuständige Behörde das Verfahren auch einstellen. Beim **amtswegigen Verfahren** hingegen spielt eine derartige Erklärung von Beteiligten keine Rolle. Hier steht es allein im Verfahrensermessen der zuständigen Behörde, ob sie das Verfahren mit bzw gegen den Rechtsnachfolger fortsetzen oder durch Einstellung beenden will. 63

bb) Für die Einzelrechtsnachfolge ist **umstritten,** ob das Verwaltungsverfahren ebenso wie bei der Gesamtrechtsnachfolge automatisch mit dem Rechtsnachfolger des jeweiligen Beteiligten fortgesetzt werden muss[36] oder ob es Sache der Behörde ist, im Rahmen ihres pflichtgemäßen Ermessens zu entscheiden, ob das Verwaltungsverfahren eingestellt oder mit dem Rechtsnachfolger fortgesetzt werden soll.[37] Eine Fortsetzung mit dem alten Beteiligten ist idR nicht möglich, weil dessen materielle Rechtsposition nicht mehr betroffen ist. IdR wird die Fortsetzung des Verfahrens mit dem Rechtsnachfolger im öffentlichen Interesse liegen. Das Verfahrensermessen der zuständigen Behörde kann sich im Interesse des betroffenen Rechtsnachfolgers auf Null reduzieren. Die zuständige Behörde ist dann verpflichtet, das Verwaltungsverfahren mit dem Rechtsnachfolger fortzusetzen. 64

b) Kein materieller Rechtsnachfolgetatbestand erfüllt. Betrifft das Verfahren höchstpersönliche Rechte wie Verfahren zur Erteilung oder Entziehung ei- 65

[35] BVerwGE 60, 315; BVerwG; NVwZ 1993, 267; OVG Münster DÖV 1991, 564; Kopp/Schenke § 42 Rn 174.

[36] So etwa Obermayer 94; ähnlich für das Prozessrecht Kopp/Schenke § 91 Rn 13.

[37] In diesem Fall wird das Ermessen der Behörde allerdings häufig auf Null reduziert sein.

ner Fahrerlaubnis oder einer persönlichen Gewerbeerlaubnis, so tritt mit dem **Wegfall des Antragstellers Erledigung** des Verfahrens ein (vgl MK 38 II 1; Kopp/Schenke § 42 Rn 174). Eine Rechtsnachfolge in höchstpersönliche Rechte findet nicht statt. Unabhängig davon, ob es sich um ein Antragsverfahren oder um ein amtswegiges Verfahren handelt, führt der Wegfall der natürlichen oder juristischen Person zum Wegfall des Verfahrensgegenstandes und damit auch zwingend zur Einstellung des Verfahrens, wenn und soweit es im Verfahren um höchstpersönliche Rechte geht, in die eine Rechtsnachfolge nicht möglich ist.

§ 14 Bevollmächtigte und Beistände

(1) **Ein Beteiligter kann sich durch einen Bevollmächtigten**[11] **vertreten lassen.**[7] **Die Vollmacht ermächtigt zu allen das Verwaltungsverfahren betreffenden Verfahrenshandlungen,**[14] **sofern sich aus ihrem Inhalt nicht etwas anderes ergibt.**[16] **Der Bevollmächtigte hat auf Verlangen seine Vollmacht schriftlich**[17] **nachzuweisen. Ein Widerruf der Vollmacht wird der Behörde gegenüber erst wirksam, wenn er ihr zugeht.**[19]

(2) **Die Vollmacht wird weder durch den Tod des Vollmachtgebers noch durch eine Veränderung in seiner Handlungsfähigkeit oder seiner gesetzlichen Vertretung aufgehoben;**[23] **der Bevollmächtigte hat jedoch, wenn er für den Rechtsnachfolger im Verwaltungsverfahren auftritt, dessen Vollmacht auf Verlangen schriftlich beizubringen.**[24]

(3) **Ist für das Verfahren ein Bevollmächtigter bestellt, so soll sich die Behörde an ihn wenden.**[25] **Sie kann sich an den Beteiligten selbst wenden, soweit er zur Mitwirkung verpflichtet ist.**[28] **Wendet sich die Behörde an den Beteiligten, so soll der Bevollmächtigte verständigt werden.**[29] **Vorschriften über die Zustellung an Bevollmächtigte bleiben unberührt.**[31]

(4) **Ein Beteiligter kann zu Verhandlungen und Besprechungen mit einem Beistand erscheinen.**[32] **Das von dem Beistand Vorgetragene gilt als von dem Beteiligten vorgebracht, soweit dieser nicht unverzüglich widerspricht.**

(5) **Bevollmächtigte und Beistände sind zurückzuweisen, wenn sie geschäftsmäßig**[35] **fremde Rechtsangelegenheiten**[35 a] **besorgen, ohne dazu befugt zu sein.**[35 b]

(6) **Bevollmächtigte und Beistände können vom Vortrag zurückgewiesen werden, wenn sie hierzu ungeeignet sind; vom mündlichen Vortrag können sie zurückgewiesen werden, wenn sie zum sachgemäßen Vortrag nicht fähig sind. Nicht zurückgewiesen werden können Personen, die zur geschäftsmäßigen Besorgung fremder Rechtsangelegenheiten befugt sind.**[37]

(7) **Die Zurückweisung nach den Absätzen 5 und 6 ist auch dem Beteiligten, dessen Bevollmächtigter oder Beistand zurückgewiesen wird, mitzuteilen. Verfahrenshandlungen des zurückgewiesenen Bevollmächtigten oder Beistands, die dieser nach der Zurückweisung vornimmt, sind unwirksam.**[41]

Parallelvorschriften: § 13 SGB X; § 80 AO

Schrifttum: *Boujong,* Vertretungsbefugnis und Vertretungsmängel im öffentlichen Recht, WuV 1979, 48; *Drescher,* Der übergangene Bevollmächtigte – Bekanntgabe an den Betroffenen selbst trotz Bestellung eines Verfahrensbevollmächtigten?, NVwZ 1988, 680; *Kropshofer,* Verwaltungsverfahren und Vertretung, Diss Mainz 1982; *Langohr,* Ist die Zustellung des Widerspruchsbescheides an den Bevollmächtigten zwingend?, DÖV 1987, 138; *Pickel,* Bevollmächtigte und Vertreter im sozialrechtlichen Verwaltungsverfahren, SGb 1986, 353; *Quaritsch,* Anwaltsvertretung vor Kirchenbehörden, DÖV 1969, 276; *Ratz,* Zur Verweigerung des Rechtsbeistandes bei Einstellungsgesprächen, ZRP 1975, 135; *Schoch,* Rechtsbeistand beim Einstellungsgespräch von Beamtenbewerbern, NJW 1982, 545; *Sonnek,* Die gewillkürte Vertretung des Beteiligten im Verwaltungsverfahren nach § 14 VwVfG, Diss Berlin 1983.

Übersicht

I. Allgemeines

1 **1. Inhalt des § 14.** Die Vorschrift regelt die (gewillkürte) **Vertretung durch Bevollmächtigte** und die Zuziehung von **Beiständen** im Verwaltungsverfahren. Wie das Prozessrecht (vgl § 67 VwGO) läßt auch das VwVfG die Vertretung der Beteiligten (§ 13) durch Bevollmächtigte, dh durch mit entsprechender Vollmacht ausgestattete Vertreter, und die Zuziehung von Beiständen, die neben dem Beteiligten und zu seiner Unterstützung tätig werden, in weitestem Umfang zu. Allerdings besteht vor Behörden grundsätzlich **kein Vertretungszwang,** dh keine Verpflichtung, sich vertreten zu lassen. Ein Vertretungszwang könnte auch durch Gesetz nur eingeführt werden, wenn dies zur Wahrung der Funktionsfähigkeit der Verwaltung erforderlich wäre (vgl BVerfG 38, 107; BVerwGE 53, 153; Kopp DVBl 1980, 327 mwN).

2 **a) Unterscheidung von Bevollmächtigung und gesetzlicher Vertretung.** Von der Vertretung durch gewillkürte Bevollmächtigte gem § 14 ist die Vertretung durch gesetzliche Vertreter und die organschaftliche Vertretung (s dazu § 12 Rn 20ff), die Vertretung gem § 16 und §§ 17ff und die (nicht zur Vertretung im übrigen) berechtigende bloße Empfangsbevollmächtigung gem § 15 zu unterscheiden. Während durch die gesetzliche Vertretung die Handlungsfähigkeit (§ 12) sonst nicht handlungsfähiger natürlicher und juristischer Personen oder sonstiger beteiligungsunfähiger Personen erst hergestellt wird, sie also für wirksame Verfahrenshandlungen zwingend ist, steht die Einschaltung von Bevollmächtigten und Beiständen im Belieben der (sonst auch selbst handlungsfähigen) Personen bzw Personenvereinigungen. Auch gesetzliche Vertreter können sich durch Bevollmächtigte vertreten lassen oder Beistände hinzuziehen.

3 **b) Verfassungsrechtliche Grundlagen.** Das **Recht des Bürgers,** sich als Beteiligter (§ 13) oder Zeuge (vgl BVerfG 38, 115) im Verwaltungsverfahren der Hilfe eines Rechtsanwalts oder einer sonstigen Vertrauensperson seiner Wahl zu bedienen, ist eine wesentliche Folgerung aus dem Rechtsstaatsprinzip[1] und der darin begründeten Prinzipien der Waffengleichheit (StBS 2; Knack 3; MB 1; Schoch NJW 1982, 547) und der Fairneß im Verfahren (Drescher NVwZ 1988, 681) sowie ggf der in der Sache berührten Grundrechte (vgl BVerfG 38, 115; BVerwGE 62, 173). Es wird auch in § 3 BRAO als selbstverständlich vorausgesetzt, woraus allerdings kein Anspruch Beteiligter auf Zuziehung oder Beiordnung eines Rechtsanwalts abgeleitet werden kann.[2] Die Zuziehung eines rechts- und/oder sachkundigen Bevollmächtigten oder Beistandes durch die Beteiligten liegt idR auch im Interesse der Verwaltung, da sie eine sachbezogene und zügige Durchführung des Verwaltungsverfahrens erleichtert (Begr 44; Kopp VerfR 82 und 109; StBS 2; Knack 2; Drescher NVwZ 1988, 682) und verhindert, dass die rechtliche Auseinandersetzung in das Widerspruchs- oder Klageverfahren verlagert wird.

4 **c) Keine Pflicht zur Einschaltung.** Es steht grundsätzlich im Belieben eines Beteiligten, ob er Verfahrenshandlungen selbst vornehmen oder sich dabei eines Bevollmächtigten oder Beistandes bedienen will. Ausnahmen ergeben sich aus § 16. Zur Unzulässigkeit einer **Anordnung, dass** ein Beteiligter, der zu sachgemäßen Ausführungen („Vortrag") nicht geeignet oder bereit ist, **einen Bevollmächtigten** oder Beistand **bestellen muss,** s unten Rn 40. Auch eine Beiordnung eines Bevollmächtigten oder Beistandes von Amts wegen kennt das VwVfG nicht. Die Regelungen über Prozesskostenhilfe und Beiordnung von Bevollmäch-

---

[1] BVerfG 38, 111 = NJW 1975, 103; NVwZ 1988, 63 mwN; VG Bremen NJW 1976, 769; Quaritsch DÖV 1969, 277; Kopp 109; Maurer § 19 Rn 24; Laubinger VerwArch 1982, 75; Schoch NJW 1982, 549. Vgl zum Prozeßrecht auch BVerfG 14, 53; 38, 111.

[2] Vgl BVerwG NJW 1981, 2136; VGH Kassel NVwZ 1989, 74; OVG Bremen NJW 1976, 770: in § 2 BRAO nur vorausgesetzt, nicht daraus zu begründen; ebenso Knack 3; **aA** Schoch NJW 1982, 550: rechtsbegründend.

tigten in § 166 VwGO iVm § 114 ZPO sind deshalb auch analog nicht anwendbar. Zur Anwendung der Grundsätze über die **Duldungs- und Anscheinsvollmacht** und über die „vollmachtlose" Vertretung unten Rn 22. Nicht geregelt ist in § 14 die Frage, in welchem Umfang der Vertretene für das Verschulden seines Vertreters haftet. Eine derartige Haftung ergibt sich aber aus allgemeinen Grundsätzen (BVerwGE 44, 109; WB III § 156 III d; vgl auch § 32 Abs 1 S 2).

2. Anwendungsbereich. Die Vorschrift gilt unmittelbar nur im Anwendungsbereich des VwVfG. Sie steht wie alle Bestimmungen des VwVfG unter dem Vorbehalt inhaltsgleicher oder entgegenstehender Bestimmungen in anderen Rechtsvorschriften. Als letztlich durch die Verfassung gewährleistetes Recht kann das Recht des Bürgers auf Zuziehung eines Vertreters oder Beistands nur dann eingeschränkt werden, wenn dies aus übergeordneten Gründen erforderlich ist.[3] 5

a) Bevollmächtigte in Eignungs- und Prüfungsverfahren. Umstritten ist, ob und ggfs in welchem Umfang sich ein Beteiligter auch in Eignungs- und Prüfungsverfahren eines Bevollmächtigten bedienen kann. Die hM zieht aus § 2 Abs 3 Nr 2 den Schluss, dass Bevollmächtigte in Eignungs- und Prüfungsverfahren nicht tätig werden dürfen.[4] Dies soll auch für Auswahlgespräche im Rahmen eines Beförderungsverfahrens gelten (VGH Kassel NVwZ 1989, 73). Die Gegenmeinung hält den Einsatz von Bevollmächtigten **nur in der Prüfung selbst** für ausgeschlossen, nicht aber im Rahmen des Verwaltungsverfahrens, in dem die Prüfung stattfindet.[5] Dieser Auffassung ist zuzustimmen (s auch § 2 Rn 44ff). Die Möglichkeit, einen Bevollmächtigten hinzuzuziehen, darf nur dort beschränkt werden, wo dies durch sachliche Gründe gerechtfertigt ist. Eine solche Rechtfertigung ist nur in den Verfahrensteilen anzunehmen, die für die vorgesehene Bewertung einer Person beurteilungsrelevant sind. Dies kann allerdings auch schon die Antragstellung bzw die Bewerbung und das Bewerbungs- bzw Auswahlgespräch sein, nicht aber zB die Beanstandung bzw Anfechtung der Prüfungsbewertung. Insoweit kann auch Abs 4 nicht zur Anwendung kommen. 5 a

b) Entsprechende Anwendbarkeit. Fehlen ausdrückliche Rechtsvorschriften über die Zulässigkeit einer Vertretung bzw der Zuziehung von Beiständen oder sind bestehende sondergesetzliche Regelungen lückenhaft, sind § 14 und die entsprechenden Vorschriften der Ländergesetze als Ausdruck allgemeiner Rechtsgrundsätze grundsätzlich **analog anwendbar.** Dies gilt auch für die Zulässigkeit der Zurückweisung von Bevollmächtigten und Beiständen entspr § 14 Abs 5–7, nicht dagegen ohne ausdrückliche gesetzliche Regelung auch für die Fortgeltung einer Vollmacht über den Tod usw des Vollmachtgebers hinaus entspr Abs 2. 6

II. Vertretung des Beteiligten durch Bevollmächtigte (Abs 1)

1. Stellung des Bevollmächtigten (Abs 1 S. 1). a) Grundsatz der umfassenden Vertretung. Der Bevollmächtigte ist Vertreter des Beteiligten, der die Vollmacht erteilt hat (S 1). Er kann grundsätzlich anstelle des Vollmachtgebers alle mit dem Verfahren in Zusammenhang stehenden („das Verwaltungsverfahren betreffenden") Verfahrenshandlungen vornehmen, insbes Erklärungen abgeben, Anträge stellen, das Verfahren durch Rücknahme des Antrags, Abschluss eines 7

---

[3] Vgl BVerfG 38, 115; ferner BVerfG 9, 132; 31, 301, 308; 38, 111; DVBl 1977, 207: das rechtliche Gehör erfordert nicht notwendig die Befugnis zur Einschaltung eines Rechtsanwalts.

[4] BVerwGE 62, 169 = NJW 1981, 2136; OVG Bremen NJW 1976, 770; StBS 4; Knack 3; MB 4; Obermayer 3.

[5] OVG Hamburg DÖV 1976, 174; Schoch NJW 1982, 545; Martens NVwZ 1988, 686; wohl auch Obermayer 4.

Vergleichs usw beenden (BVerwG NJW 1985, 340; StBS 11; Knack 6; Drescher NVwZ 1988, 681 mwN) usw sowie auch Erklärungen der Behörde aller Art, den in der Sache ggf ergehenden VA und Erklärungen anderer Beteiligter, Beweisergebnisse usw entgegennehmen. Verfahrenshandlungen und Erklärungen **binden den Vollmachtgeber** in der gleichen Weise, wie wenn er sie selbst vorgenommen bzw abgegeben hätte (Knack 4). Der Vollmachtgeber muss auch grundsätzlich nicht weiter persönlich am Verfahren teilnehmen (StBS 7; Knack 4). S aber zu evtl **Verfahrensnachteilen,** wenn der Vollmachtgeber persönlich zur Klärung offener Fragen beitragen könnte, dies aber, obwohl es für ihn zumutbar wäre, unterläßt, § 24 Rn 20ff; § 26 Rn 40ff. Zu widersprechenden Erklärungen usw von Vollmachtgeber und Bevollmächtigtem s unten Rn 8.

8 **b) Keine Beschränkung des Vertretenen.** Durch die Bestellung eines Bevollmächtigten wird die Befugnis des Beteiligten zu eigenem Sachvortrag und eigenen Verfahrenshandlungen nicht beschränkt.[6] Die Behörde kann nach Abs 3 sogar Mitteilungen usw auch unmittelbar an ihn statt an den Bevollmächtigten richten (s unten Rn 25ff). Bei **widersprechendem Vortrag** des Beteiligten und seines Bevollmächtigten kommt nicht § 85 ZPO zur Anwendung, vielmehr muss die Behörde das Vorbringen nach § 24 nach seinem inneren Überzeugungsgehalt werten. Widersprechende Anträge von Vollmachtgeber und Bevollmächtigtem sind wie widersprechende Anträge ein und derselben Person zu behandeln, idR ist also der spätere Antrag als Abänderung oder Klarstellung des früheren anzusehen.

9 **c) Regelung des Außenverhältnisses.** Abs 1 und 2 gelten nur im Verhältnis zur Behörde bzw zu den übrigen Beteiligten; sie dienen hier dem Erfordernis der Rechtssicherheit. Im Innenverhältnis zwischen Vollmachtgeber und Bevollmächtigtem kann die Befugnis zur Vornahme von Verfahrenshandlungen und zum Sachvortrag durchaus eingeschränkt werden. Derartige Beschränkungen sind für die Behörde aber ur beachtlich, wenn sie sich aus dem Inhalt der ihr vorgelegten Vollmacht ergeben (Abs 1 S 2). Nicht berührt wird dadurch eine evtl Haftung des Bevollmächtigten nach dem BGB (s dazu auch BGH DVBl 1986, 1058), Beamtenrecht usw gegenüber dem Vollmachtgeber (bzw in den Fällen des Abs 2 gegenüber dem nunmehrigen Berechtigten) wegen Verletzung von Weisungen oder wegen fehlenden Auftrags zur Vertretung.

10 **d) Eigene Rechte des Bevollmächtigten** Eigene Rechte des Bevollmächtigten oder Beistandes – entsprechendes gilt auch für Vertreter nach §§ 15ff – werden durch §§ 14ff nicht begründet, ebensowenig für einen Rechtsanwalt durch §§ 1ff, 43 S 1 BRAO (s unten Rn 25; ferner VGH München BayVBl 1987, 23 zur Klage eines Anwalts auf Hinzuziehung von Akten); wohl aber wird ein Bevollmächtigter oder Beistand zB durch eine Zurückweisung nach Abs 5 oder dadurch, dass er nicht nach Abs 3 S 3 verständigt wird, uU in seinen Rechten aus Art 2 Abs 1 bzw Art 12 Abs 1 GG verletzt (s unten Rn 34).

11 **2. Persönliche Voraussetzungen des Bevollmächtigten. a) Grundsatz: Jede Person.** Als Bevollmächtigter kann nicht nur ein Rechtsanwalt, sondern auch jede andere **verfahrenshandlungsfähige natürliche Person** (BVerwG NJW 1985, 340; Drescher NVwZ 1988, 680; UL § 17 Rn 5; StBS 10; Knack 4), unabhängig auch von der Staatsangehörigkeit, bestellt werden, sofern nicht besondere Ausschluss- oder Zurückweisungsgründe gem Abs 5 und 6 oder aufgrund anderer Rechtsvorschriften entgegenstehen. Meist bedarf es nach diesen Vorschriften jedoch noch zusätzlich eines besonderen Zurückweisungsaktes. Vgl zu den besonderen Ausschluss- bzw Zurückweisungsgründen unten Rn 34ff. Liegen Zurückweisungsgründe vor, so besteht für die Behörde insoweit kein Ermessen.

[6] VGH München BayVBl 1976, 221; StBS 7; Knack 6.

b) Juristische Personen. Als Bevollmächtigte kommen nur natürliche Personen in Betracht. Juristische Personen und Personenmehrheiten (nicht-rechtsfähige Vereine, Gesellschaften des BGB, Gewerkschaften, Verbände usw) können als solche, soweit nicht durch besondere Rechtsvorschriften etwas anderes vorgesehen oder zugelassen ist, **nicht Bevollmächtigte** oder Beistände sein (UL § 17 Rn 5; StBS 10; Knack 4; **aA** Kassel VRspr 21, 886), wohl aber deren näher bezeichnete und persönlich vom Beteiligten bevollmächtigte Organe (Organwalter), Vertreter oder Bedienstete (vgl VGH Kassel VRspr 21, 884; Ule 33 III). Im Zweifel ist die einer juristischen Person erteilte Vollmacht jedoch als ihrem gesetzlichen Vertreter erteilt anzusehen (vgl Kopp/Schenke § 67 Rn 13). 12

c) Rechtsberatungsgesetz. Die Regelungen des RBerG sind, soweit sie wirksam sind,[7] auch im Verwaltungsverfahren zu beachten. Sie beschränken die geschäftsmäßige Vertretung in rechtlichen Angelegenheiten im wesentlichen auf Rechtsanwälte und ihnen gleichgestellte Personen. Soweit danach eine Vertretung nicht zulässig ist, sind die Bevollmächtigten zurückzuweisen (s unten Rn 34). 13

3. Umfang der Vollmacht (Abs 1 S 2). a) Grundsätze. Der Bevollmächtigte kann grundsätzlich anstelle des Vollmachtgebers alle mit dem Verfahren in Zusammenhang stehenden („das Verwaltungsverfahren betreffenden") Verfahrenshandlungen vornehmen, Erklärungen abgeben, Anträge stellen, das Verfahren durch Rücknahme des Antrags, Abschluss eines Vergleichs usw beenden (BVerwG NJW 1985, 340; StBS 11; Knack 6; Drescher NVwZ 1988, 681 mwN) usw sowie auch Erklärungen der Behörde aller Art und die Bekanntgabe des in der Sache ggf ergehenden VA (Obermayer 29; Drescher NVwZ 1988, 681) und Erklärungen anderer Beteiligter, Beweisergebnisse usw entgegennehmen. Einschränkungen müssen sich unmittelbar aus der Vollmachtsurkunde ergeben (s Rn 16). 14

Soweit sie keine entsprechenden Einschränkungen enthält, gilt eine für das Verwaltungsverfahren erteilte Vollmacht auch für das **Widerspruchsverfahren, nicht dagegen für den VerwaltungsProzess,**[8] sofern sie nicht zugleich Prozessvollmacht iS des § 81 ZPO ist und nach dieser Bestimmung „zu allen das Verwaltungsverfahren betreffenden Verfahrenshandlungen" ermächtigt. Die Vollmacht schließt im Zweifel auch das Recht auf Bestellung eines **Unterbevollmächtigten** mit ein. Als Vertreter handelt der Bevollmächtigte an Stelle des Vertretenen; seine Erklärungen usw wirken analog § 164 BGB ausschließlich für und gegen den Vertretenen (OVG Hamburg KStZ 1981, 175 mwN; VGH Kassel NVwZ 1990, 114). Die Vertretungsbefugnis ist wegen ihrer abstrakten Natur im Verhältnis zur Behörde und den übrigen Beteiligten des Verfahrens (§ 13) **grundsätzlich unabhängig Fortbestehen des Mandatsvertrags** oä zwischen dem Vollmachtgeber und dem Bevollmächtigten.[9] Auch ein Verstoß gegen „interne" Vereinbarungen zwischen Vollmachtgeber und Bevollmächtigtem oder gegen Weisungen des Vollmachtgebers an den Bevollmächtigten berührt die Wirksamkeit der vom Bevollmächtigten vorgenommenen Verfahrenshandlungen nur, wenn die Beschränkung auch in der Vollmacht selbst zum Ausdruck kommt oder der Behörde und den übrigen Beteiligten bekannt ist. 15

b) Beschränkungen der Vollmacht auf bestimmte Verfahrenshandlungen oder durch Ausschluss bestimmter Verfahrenshandlungen sind nur wirksam, wenn sie sich aus dem **Inhalt der Vollmacht,** dh grundsätzlich aus der der Behörde vorgelegten und auch den anderen Beteiligten aufgrund des Rechts auf Aktenein- 16

---

[7] Zu den Bedenken gegen die Regelungen des RBG s BVerfG 75, 246 = NJW 1988, 545; BVerfG DVBl 2002, 611.

[8] S Kopp/Schenke § 67 Rn 28; Knack 6; MB 10; Drescher NVwZ 1988, 683; RÖ VwGO § 67 Rn 6, 16; SDC 328; **aA** zum früheren Recht Münster NJW 1972, 1910.

[9] Vgl OLG Köln MDR 1974, 310; OLG Hamm NJW 1978, 2254: die Nichtigkeit des Mandatsvertrags nach § 134 BGB läßt die Wirksamkeit der Vollmacht unberührt.

sicht zugänglichen Vollmachtsurkunde, ergeben oder aber der Behörde und den übrigen Beteiligten bekannt sind (StBS 13). Mittelbar wirken sich jedoch auch **Beschränkungen des gesetzlichen Aufgabenkreises** eines Rechtsträgers, der Verfahrenshandlungsfähigkeit eines Beteiligten oder der organschaftlichen Vertretungsmacht des Vollmachtgebers uU auch auf den Umfang der Vertretungsbefugnis des gewillkürten Bevollmächtigten aus. Die Handlungsmöglichkeiten eines Bevollmächtigten können nicht weiter reichen als die des Vertretenen.

17 **4. Form und Vorlage der Vollmacht (Abs 1 S 3).** Erst auf Verlangen der Behörde hat der Bevollmächtigte seine Vollmacht schriftlich nachzuweisen. Anders als nach § 67 VwGO ist gem Abs 1 S 3 die Vorlage einer schriftlichen Urkunde bzw die Erklärung der Vollmacht zur Niederschrift der Behörde **nicht Voraussetzung der Vertretungsbefugnis,** sondern dient nur dem Nachweis der Vollmacht (VGH Kassel NVwZ-RR 1993, 433); diese kann deshalb, wenn gesetzlich nichts anderes vorgeschrieben ist (zB gem § 110 Abs 2 S 4 BauGB), auch mündlich oder durch konkludentes Verhalten erteilt werden.[10] Da die bloße Behauptung einer Vertretungsmacht aber in keinem Fall genügt, insb eine in Wahrheit fehlende Vertretungsmacht nicht ersetzt, wird die Behörde idR gem Abs 1 S 3 den Nachweis verlangen.

17a Wird der Nachweis der **Vollmacht nicht bis zur Entscheidung in der Sache** erbracht, so kann die Behörde in Antragsverfahren den Antrag mangels nachgewiesener Vertretungsbefugnis ablehnen und – wenn eine Kostenentscheidung zu treffen ist – dem Vertreter die Kosten des Verfahrens auferlegen (vgl auch Kopp/Schenke § 67 Rn 29). S aber zur Möglichkeit einer **Heilung durch nachträgliche Vorlage** der Vollmacht, selbst noch im Rechtsmittelverfahren, unten Rn 20. Hat die Behörde einen Rechtsanwalt, der für die Bevollmächtigung im Verwaltungsverfahren eine den Anforderungen gem § 14 Abs 1 S 3 nicht genügende Vollmacht, zB eine Strafprozessvollmacht, vorlegt, nicht zum schriftlichen Nachweis einer Vollmacht gem Abs 1 S 3 aufgefordert, so muss sie ihn als Bevollmächtigten mit der Folge behandeln, dass sie sich gem § 14 Abs 1 S 1 im Verwaltungsverfahren idR an ihn wenden muss (VGH Kassel NVwZ-RR 1993, 411).

18 Tritt der Bevollmächtigte in den Fällen des Abs 2, 2. Halbs für den **Rechtsnachfolger** auf, ohne auf Verlangen eine Vollmacht vorzulegen, so wird das Verfahren zunächst für den ursprünglichen Vollmachtgeber fortgeführt, sofern in der Erklärung des Bevollmächtigten, für den Rechtsnachfolger aufzutreten, nicht – was idR anzunehmen ist – zugleich die Niederlegung der Vollmacht für den ursprünglich Vertretenen zu sehen ist. In von Amts wegen eingeleiteten Verfahren wird das Verfahren mit dem Beteiligten selbst fortgeführt. Zur **vorläufigen Zulassung** ohne Vollmacht s unten Rn 20.

19 **5. Widerruf der Vollmacht (Abs 1 S 4).** Die Vertretungsbefugnis eines Vertreters besteht grundsätzlich bis zu ihrem (jederzeit möglichen, vgl BSG 37, 42) Widerruf gegenüber der Behörde bzw bis zur Niederlegung der Vertretung durch den Bevollmächtigten durch entsprechende Erklärung gegenüber der Behörde. Die Vertretungsbefugnis endet der Behörde gegenüber nach Abs 1 S 4 nicht schon mit ihrem Widerruf, sondern erst mit dem **Zugang des Widerrufs,** dh der Kenntnis oder jedenfalls der nach dem normalen Verlauf der Dinge zu erwartenden Möglichkeit der Kenntnisnahme durch die Behörde (vgl § 41 Rn 7c). Zur **Fortdauer der Vollmacht bei Tod,** Eintreten der Handlungsunfähigkeit oder Aufhebung der gesetzlichen Vertretung des Vollmachtgebers s unten Rn 23f.

20 **6. Probleme der Bevollmächtigung. a) Vertreter ohne Vertretungsmacht.** Für Vertreter ohne Vertretungsmacht gelten im Verwaltungsverfahren die

---

[10] BSG 37, 42; Büllesbach/Diercks DVBl 1991, 472; UL § 17 Rn 7; Obermayer 18ff; StBS 14; Knack 3.4.

§§ 177 ff BGB entsprechend.[11] Die Behörde kann nach allgemeinen Rechtsgrundsätzen des Verfahrensrechts einen „Vertreter ohne Vertretungsmacht" bzw ohne Vollmacht auch einstweilen zulassen; die von diesem abgegebenen Erklärungen sind jedoch als **schwebend unwirksam** zu behandeln. Endgültig wirksam werden sie, wenn die Vollmacht nicht innerhalb einer gesetzten Frist, spätestens aber bis zur Entscheidung der Behörde, vorgelegt wird oder der Vertretene die Erklärungen der Behörde gegenüber genehmigt (WBS I § 35 Rn 10; Krause VerwArch 1970, 314). Etwaige Kosten hat in diesem Fall der vollmachtlose Vertreter selbst zu tragen.

Rückwirkende Genehmigung. Auch das Ergehen einer Entscheidung in einer Sache schließt die Möglichkeit einer späteren Vorlage der Vollmacht oder Genehmigung durch den Beteiligten mit heilender Wirkung auch für die Vergangenheit in einem nachfolgenden Rechtsbehelfsverfahren, selbst noch im verwaltungsgerichtlichen Verfahren, nicht aus.[12] Vgl aber zur Kostenentscheidung in diesem Fall für das Widerspruchsverfahren § 80 Abs 1 S 4, für das verwaltungsgerichtliche Verfahren § 155 Abs 5 VwGO. 21

b) Anscheins- und Duldungsvollmacht. Soweit sich aus besonderen Rechtsvorschriften (zB des Gemeinderechts) nichts anderes ergibt, gelten die im bürgerlichen Recht entwickelten Grundsätze über die Anscheinsvollmacht (wie auch sonst allgemein für das Verwaltungsrecht, vgl WBS I § 35 Rn 15; offen BVerwGE 51, 292) auch für das Verwaltungsverfahrensrecht (BSG 52, 245), wenn hier auch angesichts der Möglichkeit, die Vorlage einer Vollmacht gem Abs 1 S 3 zu verlangen, die praktische Bedeutung geringer ist. Erweckt ein Beteiligter durch sein Verhalten, auch zB durch Duldung des Verhaltens einer Person, die sich als sein Vertreter „geriert", den Anschein, dass er eine Vollmacht erteilt hat, so muss er sich gutgläubigen Dritten gegenüber so behandeln lassen, als hätte er sie erteilt.[13] 22

Die Vorschriften über Duldungs- und Anscheinsvollmacht gelten nicht, wenn **zwingende Vorschriften** des öffentlichen Rechts im öffentlichen Interesse oder im Interesse Beteiligter oder Dritter eine Bevollmächtigung überhaupt **ausschließen** oder von bestimmten Voraussetzungen usw abhängig machen, die im konkreten Fall nicht erfüllt sind.[14] In diesem Fall haftet jedoch im Zweifel der Beteiligte für den Schaden, den Dritte dadurch erleiden, dass sie bzw die für sie vertretungsberechtigten Organe den Anschein einer entsprechenden Bevollmächtigung erweckt oder geduldet haben (vgl BGHZ 21, 65; 40, 204; WBS I § 35 Rn 15; Knack 8). Entsprechendes gilt, wenn die Bevollmächtigung zwar formal wirksam ist und dadurch der Anschein einer Befugnis zu Erklärungen usw entsteht, diese jedoch aufgrund besonderer gesetzlicher Vorschriften oder allgemeiner Rechtsgrundsätze rechtsunwirksam sind. Obwohl die Anscheinsvollmacht keine wirkliche Vollmacht ist, finden auf sie **die Bestimmungen über den Widerruf** einer Vollmacht (Abs 1 S 4) entsprechende Anwendung. 22 a

---

[11] BSG NVwZ 1983, 767; WBS I § 35 Rn 10; UL § 17 Rn 7; StBS 15; Knack 6.

[12] Kopp/Schenke § 67 Rn 28; enger offenbar WBS I § 35 Rn 10: Nachholung nur, wenn keine Frist gesetzt war.

[13] BVerwG DVBl 1994, 810 = DÖV 1994, 1056; VGH Kassel NVwZ 1987, 898; VGH Mannheim NJW 1993, 1812; NVwZ 1993, 796; UL § 17 Rn 7; Obermayer 21 ff; StBS 16; Knack 8; vgl allg auch BGHZ 86, 273 = NJW 1983, 1308; BGH NJW-RR 1986, 1476: auch bei Überschreiten einer gesetzlichen oder vertraglichen Handlungsvollmacht; W 35 Rn 15; Crezelius ZIP 1984, 791; nur hins einer Duldungsvollmacht ieS, nicht auch hins. einer Anscheinsvollmacht ieS Sonnek, Die gewillkürte Vertretung, 108; **aA** BSG 37, 44; Krause VerwArch 1970, 315: grundsätzlich kein Vertrauensschutz der Behörde hins des Bestehens einer Vollmacht; ebenso Kropshofer, Verwaltungsverfahren, 148.

[14] Vgl BGHZ 21, 65; 40, 204; DVBl 1972, 778; BayObLG VRspr 24, 1003; WBS I § 35 Rn 15; Knack 8.

III. Tod etc des Vollmachtgebers (Abs 2)

23 **1. Grundsatz: Vollmacht über den Tod hinaus.** Die Vollmacht wird abweichend vom vor Erlass des VwVfG geltenden Recht nach Abs 2 auch durch den Tod, eine Veränderung in der Handlungsfähigkeit oder die Aufhebung der gesetzlichen Vertretung des Vollmachtgebers nicht berührt, solange der Rechtsnachfolger bzw neue gesetzliche Vertreter sie nicht widerruft und der Behörde den Widerruf anzeigt oder der Bevollmächtigte selbst einseitig die Vertretung niederlegt.[15] Der Aufhebung der gesetzlichen Vertretung ist die Beendigung der Betreuung nach § 1908 d BGB gleichzuachten. Dem Tod eines Vollmachtgebers entspricht **bei juristischen Personen** und Personengesellschaften das Erlöschen nach abgeschlossener Liquidation (str; s auch § 11 Rn 22).

24 **2. Fortführung des Verfahrens.** Zu einer Fortführung des Verfahrens im Falle des Todes des Antragstellers oder desjenigen, an den ein VA gerichtet ist werden soll, kommt es idR nur im Falle einer **Rechtsnachfolge** (s hierzu § 13 Rn 58). Bezieht sich das Verwaltungsverfahren auf nicht rechtsnachfolgefähige Rechtspositionen, ist es einzustellen, anderenfalls kann bzw muss es mit dem Rechtsnachfolger fortgesetzt werden. Abs 2 2. Halbs stellt klar, dass der Bevollmächtigte in diesem Fall auf Verlangen die Vollmacht des Rechtsnachfolgers beibringen muss, wenn er weiter als Bevollmächtigter auftreten will.

IV. Verfahrenshandlungen gegenüber den Beteiligten selbst (Abs 3)

25 **1. Die Sollvorschrift des Abs 3 S 1. a) Grundsatz.** Im Gegensatz zu § 67 Abs 3 S 2 VwGO schreibt das VwVfG nicht zwingend, sondern nur als **Soll-Vorschrift,** die in Ausnahmefällen Abweichungen zuläßt (VGH Kassel NVwZ 1984, 802) vor, dass Zustellungen und Mitteilungen von der Behörde allein an den Bevollmächtigten zu richten sind. Die Regelung dient sowohl **dem öffentlichen Interesse** an einer zweckmäßigen Verfahrensgestaltung als auch dem **Schutz der Verfahrensbeteiligten,** die durch die Bestellung eines Bevollmächtigten anzeigen, dass dieser für sie das Verfahren betreiben soll (BVerwG NJW 1985, 340). Der Bevollmächtigte hat keinen Anspruch (auch kein formelles subjektives Recht) auf Beachtung des Abs 3 S 1 und wird durch eine Verletzung dementsprechend nicht in eigenen Rechten verletzt.[16] Zur **Bekanntgabe eines VA** an einen Bevollmächtigten s § 41 Abs 1 S 2, hierzu Rn 30; für **Zustellungen** s unten Rn 31.

26 **b) Abweichung in atypischen Fällen.** Die Fassung der Bestimmung als **Soll-Vorschrift bedeutet,** dass die Behörde – vorbehaltlich besonderer Rechtsvorschriften (vgl Abs 3 S 4) – nur bei Vorliegen besonderer, atypischer Umstände Verfahrenshandlungen, insb Mitteilungen, Aufforderungen und sonstige Formen einer Kontaktaufnahme (VG Berlin NVwZ 1984, 601; StBS 22), auch unmittelbar gegenüber dem durch einen Bevollmächtigten vertretenen Beteiligten vornehmen darf, wenn sie dies aus besonderen Gründen (vgl auch § 10 S 2) für erforderlich halten darf.[17]

26 a **c) Auswirkungen bei Verstoß. Umstritten** ist, welche Auswirkungen es hat, wenn Verfahrenshandlungen unter Verstoß gegen Abs 3 unmittelbar gegenüber

---

[15] BVerwG NVwZ 1985, 337; BGH VersR 1977, 334; zur Niederlegung durch den Bevollmächtigten auch OVG Hamburg NVwZ 1985, 350; Obermayer 49.

[16] BVerwG NJW 1985, 340: auch nicht aus § 3 Abs 2 BRAO; VGH Kassel NVwZ 2000, 207; UL § 17 Rn 11; Obermayer 58; Knack 11; StBS 21 mwN.

[17] VGH Kassel NVwZ 1984, 802; NVwZ-RR 1993, 432; OVG Münster DÖV 1990, 710; VG Berlin NVwZ 1984, 601; MB 22; ebenso im wesentlichen das bish Recht, vgl StBS 22; unter Hinweis auch auf § 26 Abs 2 S 3; RÖ VwGO § 73 Rn 17; Kopp/Schenke § 56 Rn 9; zT **aA** BFH NVwZ 1990, 1111; BStBl II 1988, 242; BSG NJW 1990, 2835; NVwZ 1990, 1108.

dem Vollmachtgeber vorgenommen werden. Die überwiegende Auffassung geht davon aus, dass der Verstoß die Wirksamkeit der Verfahrenshandlung unberührt lässt (BVerwG BayVBl 1998, 374; aA Obermayer 53). Einigkeit besteht darüber, dass die Regelungen dem Bevollmächtigten selbst keine eigenen Rechte einräumen.[18]

Dies gilt etwa, wenn eine unmittelbare Kontaktaufnahme zur **Aufklärung des Sachverhalts** erforderlich erscheint (StBS 22 unter Hinweis auf § 26 Abs 2 S 3); wenn der Bevollmächtigte nicht erreichbar ist, eine Entscheidung jedoch rasch getroffen werden muss, oder wenn der Bevollmächtigte Anfragen, Aufforderungen usw unbeantwortet läßt (vgl VG Berlin NVwZ 1984, 601; StBS 22). **Im Normalfall** muss die Behörde sich dagegen **an den Bevollmächtigten** wenden (vgl BVerwG NJW 1976, 1117 m Anm Redeker), dass ein unmittelbarer Kontakt lediglich zweckmäßig erscheint, genügt nicht (VG Berlin NVwZ 1984, 601). Gleichwohl ist es **ohne Auswirkungen auf die Wirksamkeit** der Verfahrenshandlung, wenn die Behörde sie unmittelbar an den Beteiligten richtet, obwohl kein Ausnahmefall im dargelegten Sinn vorliegt.[19] 27

2. Ausnahme bei Mitwirkungspflichten (Abs 3 S. 2). Für Handlungen im Rahmen der persönlichen Mitwirkungspflichten der Beteiligten gem § 26 Abs 2 oder nach besonderen Vorschriften gilt, wie S 2 klarstellt (vgl ABegr 5), die Beschränkung gem Abs 3 S 1 nicht, und zwar auch dann nicht, wenn die in Frage stehende Mitwirkungshandlung nicht höchstpersönlicher Natur ist (zB eine Auskunft, die an sich auch der Bevollmächtigte geben könnte). 28

3. Verständigung des Bevollmächtigten (Abs 3 S 3). Die Verpflichtung der Behörde gem Abs 3 S. 3 zur Verständigung des Bevollmächtigten soll sicherstellen, dass der Bevollmächtigte auch dann, wenn sich die Behörde ausnahmsweise an den Beteiligten selbst wendet, über den Verfahrensstand vollständig informiert ist.[20] Sie ist nur durch eine **Soll-Vorschrift** angeordnet; insoweit gelten die oben zu Rn 26 gemachten Ausführungen entsprechend (vgl auch BVerwG NJW 1976, 1117 m Anm Redeker; VGH Kassel NVwZ 1984, 802). Praktisch lassen sich jedoch kaum Fälle vorstellen, in denen es gerechtfertigt sein könnte, dass die Behörde von einer Verständigung absieht (Drescher NVwZ 1988, 683); dies dürfte nur dann in Betracht kommen, wenn der Betroffene ausdrücklich auf die Information seines Bevollmächtigten verzichtet und es selbst übernimmt, ihn zu unterrichten (Drescher NVwZ 1988, 683 unter Hinweis auf VGH München BayVBl 1979, 124). Die Verständigung kann idR bei schriftlichen Anfragen usw an den Beteiligten auch durch einfache **Übersendung einer Abschrift** des an den Beteiligten gerichteten Schreibens der Behörde an den Bevollmächtigten erfolgen. Soweit Gespräche uä mit den Beteiligten stattgefunden haben, muss die Behörde in ihrer Mitteilung auch über **Art und Ergebnis** ihrer Kontaktaufnahme informieren (VGH Kassel NVwZ 1984, 802). Eine **Unterlassung der Verständigung** nach S. 3 berührt die Wirksamkeit der Mitteilung usw nicht und stellt auch keine Verletzung des rechtlichen Gehörs dar (vgl BVerfG NJW 1978, 1575 zu § 51 Abs 3 OWiG). 29

Für die **Bekanntgabe eines VA** ist es **umstritten,** ob sie ebenfalls zwingend dem Bevollmächtigten gegenüber zu erfolgen hat, (so VGH Mannheim VBlBW 1987, 297), oder ob die Regelung in § 41 Abs 1 S. 2 insoweit eine speziellere Norm ist. Letztere sieht vor, dass die Bekanntgabe dem Bevollmächtigten gegenüber vorgenommen werden „kann" und räumt der Behörde Ermessen ein, ob sie 30

---

[18] BVerwG NJW 1985, 339; VGH Kassel NVwZ 2000, 207; Knack 11.

[19] Vgl Kassel NVwZ-RR 1993, 432; ferner OVG Münster NVwZ-RR 1990, 442 zu § 22 Abs 7 AsylVfG aF; **aA** insoweit VGH Kassel InfAusR 1985, 286.

[20] VGH Kassel NVwZ 1984, 802; Obermayer 56; StBS 23; Sonnek 128; Drescher NVwZ 1988, 682.

dem Beteiligten selbst oder dem Bevollmächtigten gegenüber bekannt geben will. Die hM[21] geht zu Recht davon aus, dass § 41 Abs 1 S 2 gegenüber § 14 Abs 3 S 2 die speziellere Norm ist. Die Frage, wem gegenüber bekannt gegeben werden muss, richtet sich allein nach § 41 (s § 41 Rn 38ff).

31 **4. Zustellungen an Bevollmächtigte (Abs 3 S 4).** Für Zustellungen (vgl im Einzelnen § 41 Rn 58ff) verbleibt es gem S 4 bei den dafür bestehenden besonderen Vorschriften, und zwar nicht nur des Bundesrechts (insoweit würde sich diese Folge schon aus dem allgemeinen Vorbehalt in § 1 ergeben), sondern, soweit es sich um Zustellungen in Verfahren vor Landesbehörden handelt, die das VwVfG anzuwenden haben, auch des Landesrechts. Für den Anwendungsbereich des VwZG schreibt § 8 Abs 1 S 2 VwZG die **Zustellung an den Bevollmächtigten zwingend** vor, wenn der Behörde eine schriftliche Vollmacht vorgelegt wurde (UL § 17 Rn 13; für die Zustellung eines VA auch Drescher NVwZ 1988, 683; **aA** MB § 41 Rn 33: Vorrang des § 41 Abs 1); eine Zustellung an den Vertretenen wäre deshalb unwirksam (vgl BVerfG NJW 1978, 1575). Ähnliche Bestimmungen gelten zT auch nach den Landeszustellungsgesetzen. Allerdings liegt die Entscheidung, ob eine Mitteilung in einfacher Form ergeht oder durch Zustellung erfolgen soll, idR nach den insoweit maßgeblichen Vorschriften im Ermessen der Behörde; eine Zustellung ist, wenn überhaupt, meist nur für VAe vorgeschrieben. **Wenn** allerdings **die Behörde die Form der Zustellung wählt,** so ist sie an die dafür maßgeblichen Vorschriften **auch dann gebunden,** wenn die Zustellung an sich nicht zwingend vorgeschrieben gewesen wäre (s § 41 Rn 11; für die Zustellung von VA auch ausdrücklich OVG Koblenz DVBl 1983, 955; Drescher NVwZ 1988, 683).

V. Beistände (Abs 4)

32 **1. Allgemeines zur Funktion des Beistandes.** Die Hinzuziehung eines Beistandes erfolgt anders als beim Bevollmächtigten nur **zur Unterstützung des Beteiligten,** eine Vertretungsbefugnis ist damit nicht verbunden. Der Beteiligte soll sich damit die Wahrung seiner Recht erleichtern. Der Beistand kann nicht anstelle, sondern **nur zusammen mit dem Beteiligten** handeln (UL § 17 Rn 14; Schoch NJW 1982, 547; Obermayer 64; MB 24). Er kann daher allein keine Anträge in der Sache oder zum Verfahren stellen, ebenso nicht einen Vergleich abschließen uä (UL § 17 Rn 14).

33 **2. Zulässigkeit mündlicher und schriftlicher Äußerungen.** Umstritten ist angesichts der engen Formulierung in Abs 4, ob der Beistand auf mündliche Äußerungen im Beisein des Beteiligten beschränkt ist oder auch schriftliche Äußerungen einreichen darf. Entgegen der insoweit zu engen Fassung des Abs 4 kann sich ein Beteiligter **nicht nur bei Verhandlungen** und Besprechungen eines Beistandes bedienen, zB diesem mündliche Ausführung zu Tatsachen und Rechtsfragen überlassen, sondern, wie sich aus Abs 6 ergibt, **auch zu schriftlichen Ausführungen.**[22] Gegen die engere Auffassung spricht ua, dass der Begriff des Beistandes kein Begriff ist, der sich der Interpretation aus dem VwVfG selbst entziehen würde, und dass durchaus ein praktisches Bedürfnis besteht, dass ein Beteiligter sich bei schriftlichen Ausführungen unterstützen läßt, auch wenn er im übrigen seine Sache selbst führen und keinen Bevollmächtigten bestellen möchte. **Bei widersprechendem Vortrag** gilt nach S 2 das vom Beteiligten selbst Vorgetra-

---

[21] BVerwG NVwZ 1998, 1292; VGH Kassel NVwZ 2000, 207; Knack 12; StBS § 41 Rn 51; UL § 17 Rn 12; **aA** Drescher NVwZ 1988, 681; Obermayer § 41 Rn 22.

[22] Obermayer 64 und 68; **aA** UL § 17 Rn 14; Knack 14 unter Hinweis auf den Wortlaut; MB 24: keine Tätigkeit außerhalb von Verhandlungen und Besprechungen, § 14 Abs 6 S 1 sei unsinnig.

gene, wenn er dem gegenteiligen Vortrag unverzüglich (vgl zum Begriff § 121 Abs 1 S 1 BGB) widerspricht; in diesem Fall ist das vom Beistand Vorgetragene unbeachtlich. Widerspricht der Beteiligte nicht unverzüglich, so muss die Behörde das gegensätzliche Vorbringen nach § 24 beurteilen. Hinsichtlich der persönlichen Voraussetzungen der Beistände gelten dieselben Regelungen wie für Bevollmächtigte.

VI. Zurückweisung von Bevollmächtigten u Beiständen (Abs 5–7)

1. Zurückweisung wegen unbefugter Besorgung fremder Rechtsangelegenheiten (Abs 5). Gem Abs 5 ist die Behörde verpflichtet (kein Ermessen), Personen als Bevollmächtigte oder Beistände zurückzuweisen, wenn sie in dieser Eigenschaft **geschäftsmäßig**[23] fremde Rechtsangelegenheiten besorgen, ohne dazu befugt zu sein. Die Befugnis zur Besorgung fremder Rechtsangelegenheiten richtet sich im Wesentlichen nach dem RBerG. Die Verfassungsmäßigkeit dieser Regelung, nach der heute für die meisten Bereiche eine Vertretung ausgeschlossen und nicht etwa nur von einem Nachweis der erforderlichen Kenntnisse, Erfahrungen usw abhängig gemacht ist, insb ihrer Vereinbarkeit mit Art 12 Abs 1 GG, ist äußerst zweifelhaft (**aA** zu der allerdings sehr viel großzügigeren früheren Regelung BVerfG DVBl 1988, 93). Die Zurückweisung nach Abs 5 ist nur für das konkrete, anhängige Verfahren, nicht generell möglich (VGH München BayVBl 1984, 725; HHSp 138 zu § 80 AO). 34

a) Geschäftsmäßige Besorgung. Geschäftsmäßigkeit erfordert eine selbständige und nicht nur aus Gefälligkeit auszuübende Tätigkeit, bei der der Handelnde beabsichtigt, sie – sei es auch nur bei sich bietender Gelegenheit – in gleicher Art zu wiederholen und sie dadurch zu einem dauernden oder wiederkehrenden Bestandteil seiner Beschäftigung zu machen. Es ist weder erforderlich, dass die Tätigkeit hauptberuflich, noch dass sie gegen Entgelt ausgeübt wird. (VG Bremen, Rbeistand 1998, 60–63). Als Indizien für die Geschäftsmäßigkeit gelten die Entgeltlichkeit, die Häufigkeit, das organisatorische Vorbereitetsein auf Tätigkeiten dieser Art, wie zB die Einrichtung eines eigenen Büros für diese Zwecke usw. Da die Regelungen des RBerG Einschränkungen der Freiheitsgrundrechte zur Folge haben, sind an den Nachweis der Geschäftsmäßigkeit strenge Anforderungen zu stellen. 35

b) Fremde Rechtsangelegenheiten. Die Tätigkeit muss sich auf fremde Rechtsangelegenheiten beziehen. Hier ist zunächst an die formelle Stellung als Bevollmächtigter oder Beistand anzuknüpfen. IdR besorgt derjenige, der formell als Bevollmächtigter oder Beistand auftritt, keine eigenen Rechtsangelegenheiten. Soweit der Vertreter selbst zugleich Beteiligter ist, etwa in Fällen der notwendigen Verfahrensgemeinschaft (s § 9 Rn 48 ff) kann dies anders sein. Ein mittelbares Eigeninteresse am Ausgang des Verfahrens beseitigt die Fremdheit nicht. 35 a

c) Befugnis. Die Befugnis zur Besorgung fremder Rechtsangelegenheiten folgt aus dem maßgeblichen Fachrecht. Das RBerG zählt die befugten Personengruppen ohne abschließenden Charakter auf. Neben Rechtsanwälten (Art. 1 § 3 Nr 2 RBerG iVm § 3 BRAO) gehören danach zu den Befugten die Notare (Art. 1 § 3 Nr 2 RBerG iVm §24 BNotO), die Patentanwälte (Art. 1 § 3 Nr 5 RBerG iVm § 3 PatAnwO), Steuerberater (Art. 1 § 4 RBerG iVm § 33 StBerG), öffentlich bestellte Wirtschaftsprüfer (Art 1 § 5 Nr 2 RBerG), Zwangs-, Konkurs-, Nachlassverwalter (Art 1 § 3 Nr 6 RBerG), Vermögens-, Hausverwalter (Art 1 § 5 Nr 2 RBerG), kaufmännische oder gewerbliche Unternehmer (Art 1 § 5 Nr 1 RBerG), Verbandsvertreter (Art 1 § 7 RBerG). Zur Zulässigkeit einer Rechtsberatung von Kunden durch ein Inkassounternehmen BVerfG DVBl 2002, 611. 35 b

---

[23] Dh nicht nur in einem besonderen Fall, vgl BVerfG BayVBl 1980, 318 = MDR 1980, 197; BVerwG 19, 343; VGH München BayVBl 1984, 724; DÖV 1988, 606.

Rechtslehrer an deutschen Hochschulen sind in verschiedenen Verfahrensordnungen speziell zur Vertretung zugelassen (vgl zB § 67 VwGO; § 22 BVerfGG). Aus der Zulassung für verwaltungsgerichtliche Verfahren folgt zugleich, dass die Rechtslehrer an deutschen Hochschulen auch in den vorgeschalteten Verwaltungsverfahren zur Vertretung befugt sind. **Umstritten** ist, ob sie darüber hinaus generell zur Besorgung fremder Rechtsangelegenheiten befugt sind, obwohl sie im RBerG nicht genannt sind. Richtigerweise wird man in den verschiedenen Zulassungsregelungen der Verfahrensordnungen einen allgemeinen Rechtsgedanken zu sehen haben, der auch sonst die Zulässigkeit der Vertretung in Rechtsangelegenheiten begründet (**aA** VGH Mannheim NVwZ 1991, 598). Als Rechtslehrer anerkannt sind Professoren des Rechts, auch emerierte oder pensionierte, außerplanmäßige bzw. außerordentliche Professoren, Honorarprofessoren (auch verabschiedete) Privatdozenten; keine Rechtslehrer idS sind Lehrbeauftragte, Fachhochschullehrer und (wissenschaftliche) Assistenten.

36 **d) Sonstige Vertretungsverbote. Zurückzuweisen** sind in analoger Anwendung von Abs 5 auch Vertreter und Beistände, die **aus anderen Gründen** an einer Vertretung gehindert sind, zB durch ein **Vertretungsverbot des Gemeinderechts**[24] oder des Kreisrechts, Bezirksrechts usw (vgl Kirchhof Vr 1982, 1). Zur verfassungsrechtlichen Zulässigkeit solcher Verbote mit unmittelbarer Beachtlichkeit auch in einem bundesrechtlich geregelten Verfahren vgl – bejahend – BVerfG 56, 108 = NJW 1981, 1599. Ein kommunalrechtliches Vertretungsverbot gilt nicht für Rechtsanwälte, die nur eine Bürogemeinschaft (BVerwGE 56, 107; DVBl 1981, 489 m Anm Schoch) oder Sozietät (BVerwGE NJW 1982, 2172) mit einem nach Gemeinderecht usw ausgeschlossenen Rechtsanwalt haben.[25]

37 **2. Zurückweisung wegen mangelnder Eignung oder Fähigkeit (Abs 6).** Abs 6 gibt der Behörde im Interesse der sachgemäßen Durchführung des Verfahrens die Möglichkeit (Ermessensentscheidung), ungeeignete (iwS) Personen als Bevollmächtigte bzw Beistände[26] zurückzuweisen. Dies gilt nach Abs 6 S. 2 jedoch nicht für Rechtsanwälte und für aufgrund des RBG allgemein zur Besorgung von Rechtsangelegenheiten zugelassene Personen (Begr 44; ebenso zum früheren Recht BVerwGE 44, 125; WB III § 156 III d), außerdem nicht für **Prozessagenten** gem § 157 Abs 3 ZPO sowie für **Rechtslehrer** (iS von § 67 Abs 1 VwGO) an deutschen wissenschaftlichen Hochschulen. Die Zurückweisung kann immer nur für das einzelne konkrete Verfahren, nicht generell, erfolgen (BVerwG BayVBl 1984, 724). Sie muss von der Behörde ausdrücklich verfügt werden und stellt einen VA dar sowohl dem Bevollmächtigten gegenüber wie auch dem Vollmachtgeber (s dazu auch zu Rechtsbehelfen unten Rn). Der Umstand, dass in einem Anhörungsverfahren einem Bevollmächtigten nicht zu jedem von ihm gewählten Zeitpunkt das Wort erteilt wird, stellt grundsätzlich keine Zurückweisung als Bevollmächtigter dar (vgl BVerwG NVwZ 1991, 488).

Die Regelung des Abs 6 S 1 wurde durch das **3. VwVfÄndG leicht modifiziert.** Mit der Neufassung wird klargestellt, dass die Zurückweisung sich jeweils

---

[24] Vgl BVerfG MDR 1980, 187; BVerwG DVBl 1988, 791; NJW 1982, 2177; VG Schleswig NordÖR 2001, 84; StBS 31 a; Knack 16; vgl auch BVerwGE 19, 344; 56, 107 = NJW 1981, 1599; **aA** OVG Lüneburg 23, 510; VGH Mannheim VRspr 25, 225; OVG Münster NJW 1975, 2086; GH Kassel NJW 1981, 140; v Mutius VerwArch 1977, 73; Witte-Wegmann DVBl 1973, 301; Scholler/Broß VR 1978, 83; Schoch, Das kommunale Vertretungsverbot, 1981; Püttner DÖV 1982, 860; Prutsch Vr 1981, 1; Bauer NJW 1981, 2171; Stober BayVBl 1981, 161: Vertretungsverbote betreffen nur das Innenverhältnis gegenüber der Gemeinde.

[25] BVerwG NJW 1982, 2172; BVerfG 56, 107 = NJW 1981, 1599; NJW 1982, 2177; OVG Münster NJW 1981, 1599; Schoch DVBl 1981, 678; Bauer NJW 1981, 2171.

[26] VGH München BayVBl 1984, 724; **aA** UL § 17 Rn 17, FN 32: entgegen dem Wortlaut nicht auch Beistände, weil diese zu schriftlichem Vortrag ohnehin nicht befugt seien.

auf den schriftlichen, den elektronischen und den mündlichen Vortrag beziehen bzw beschränken kann. Zugleich trifft die Neuregelung eine Differenzierung: Die **Zurückweisung wegen fehlender Eignung** beschränkt sich auf den schriftlichen oder elektronischen Vortrag. Im Hinblick auf den mündlichen Vortrag ist die Zurückweisung auf den Fall der **mangelnden Fähigkeit zum sachgemäßen Vortrag** beschränkt.

Mangelnde Eignung ist anzunehmen, wenn der Bevollmächtigte oder Beistand nicht in der Lage ist, sich zum Gegenstand des Verfahrens klar, sachlich und ohne Weitschweifigkeiten auszudrücken (ebenso UL § 17 Rn 17; Knack 17), oder dazu nicht bereit ist (vgl Kopp/Schenke § 67 Rn 19). Als mangelnde Eignung ist es auch anzusehen, wenn der Bevollmächtigte oder Beistand offensichtlich nicht die Fähigkeit hat, den für das Verfahren maßgeblichen Sachverhalt und die rechtliche Bedeutung sachdienlicher Erklärungen, Anträge usw zum Verfahren zu erfassen (vgl München BayVBl 1974, 503). Bei **schriftlichen Ausführungen** kommt es auch auf die Form, insb auch auf die Lesbarkeit, an. Wie sich aus der Fassung der Vorschrift ergibt, ist die Eignung zum schriftlichen und mündlichen Vortrag gesondert zu prüfen und ggf darüber gesondert zu entscheiden. 38

Beteiligte selbst können nicht zurückgewiesen werden. Das VwVfG sieht auch keine sonstige Befugnis der Behörde vor, einem zu eigenem Vortrag nicht geeigneten Beteiligten die Bestellung eines Bevollmächtigten oder Beistandes aufzugeben (UL § 17 Rn 3). Vgl aber zur Bestellung eines Vertreters von Amts wegen bei körperlichen oder geistigen Gebrechen § 16 Abs 1 Nr 4 (Knack 17). Ggf ist in derartigen Fällen zu prüfen, ob der Grund nicht in einer partiellen **Verfahrenshandlungsunfähigkeit** (s dazu § 12 Rn 5) liegt (vgl VGH München BayVBl 1974, 503). 39

Zu besonderen gesetzlichen Vorschriften außerhalb des VwVfG, die die Anordnung der Bestellung eines Bevollmächtigten, Vertreters oder Beistands vorsehen oder zulassen, Laubinger/Repkewitz VerwArch 1994, 86, 98; zur Zulässigkeit von **Ermahnungen** an Beteiligte oder deren Bevollmächtigte, Vertreter oder Beistände, „bei der Sache zu bleiben" und „sich kurz zu fassen", § 28 Rn 35. 40

3. Verfahren und Wirkung der Zurückweisung (Abs 7). a) Allgemeines. Die Ausschlussgründe nach Abs 5 iVm dem RBG sowie sonstige gesetzliche Ausschlussgründe und Vertretungsverbote uä – sind von der Behörde **von Amts wegen zu berücksichtigen;** einer Rüge anderer Beteiligter bedarf es insoweit nicht. IdR ist aber eine besondere Prüfung der Frage der Zulässigkeit des Auftretens einer Person als Bevollmächtigter oder Beistand nur dann veranlasst, wenn konkrete Tatsachen vorgetragen werden, sich aus den Akten ergeben oder sonst der Behörde bekannt sind, die zu Zweifel Anlass geben. 41

b) Nebenverfahren. Die Entscheidung über die Zurückweisung ergeht in einem Nebenverfahren. Die Zurückweisung stellt dem Zurückgewiesenen wie auch dem Beteiligten gegenüber, der durch diesen vertreten wird oder ihn als Beistand zugezogen hat – nicht auch gegenüber sonstigen Beteiligten – einen **VA** dar, der jedoch nur vom Zurückgewiesenen selbst **gesondert angefochten** werden kann.[27] **Der betroffene Beteiligte** selbst kann dagegen gem § 97 Nr 2, § 44a VwGO nur im Rahmen eines Rechtsbehelfs in der Hauptsache vorgehen (VGH München BayVBl 1984, 724; UL § 17 Rn 18; Obermayer 83; StBS 41; Knack 20; sehr zweifelhaft). 42

Für das **Verfahren bezüglich der Zurückweisung** gelten die allgemeinen Verfahrensbestimmungen des VwVfG; insb ist dem Bevollmächtigten bzw Beistand und den betroffenen Beteiligten vor der Entscheidung **rechtliches Gehör** 43

[27] BVerwG BayVBl 1974, 201; VGH München BayVBl 1984, 724 = DVBl 1985, 531; BayVBl 1991, 124; VGH Kassel VRspr 21, 884; SG Kiel NVwZ-RR 1992, 672; UL § 17 Rn 18; Obermayer 85; MB 19; StBS 41; Knack 20; Kopp/Schenke § 67 Rn 20.

zu gewähren (§ 28). Zur Verpflichtung der Behörde zur Feststellung des insoweit maßgeblichen Sachverhalts vgl auch oben Rn 37. Bei der Mitteilung gem S 1 handelt es sich um die Bekanntgabe eines VA iS von § 41 und § 43.

44 **c) Keine Rückwirkung.** Die Zurückweisung wirkt, wie sich aus S 2 iVm S 1 und §§ 41 Abs 1, 43 Abs 1 ergibt, erst ab dem Zeitpunkt ihrer Bekanntgabe an den betroffenen Beteiligten;[28] vorher vorgenommene Verfahrenshandlungen des Zurückgewiesenen bleiben wirksam (UL § 17 Rn 18; StBS 40; Knack 19); ebenso behält der bis dahin erfolgte Vortrag seine Bedeutung. Im Hinblick auf die **aufschiebende Wirkung eines Rechtsbehelfs** gem § 80 VwGO gegen die Zurückweisung ist idR eine Anordnung gem § 80 Abs 1 Nr 4 VwGO zweckmäßig.

§ 15 Bestellung eines Empfangsbevollmächtigten

Ein Beteiligter ohne Wohnsitz oder gewöhnlichen Aufenthalt, Sitz oder Geschäftsleitung im Inland hat der Behörde auf Verlangen innerhalb einer angemessenen Frist einen Empfangsbevollmächtigten im Inland zu benennen.[3] Unterlässt er dies, gilt ein an ihn gerichtetes Schriftstück am siebenten Tage nach der Aufgabe zur Post und ein elektronisch übermitteltes Dokument am dritten Tage nach der Absendung als zugegangen.[6a] Das gilt nicht, wenn feststeht, dass das Dokument den Empfänger nicht oder zu einem späteren Zeitpunkt erreicht hat.[7] Auf die Rechtsfolgen der Unterlassung ist der Beteiligte hinzuweisen.

Parallelvorschriften: § 81 Abs 1 Nr 3 AO; § 14 SGB-X; § 56 Abs 3 VwGO; §§ 174 ZPO

Schrifttum: S. § 14

Übersicht

I. Allgemeines

1 **1. Inhalt des § 15.** Die Vorschrift gibt der Behörde im Interesse der Vereinfachung des Verfahrens und im Interesse einer zügigen Verfahrensabwicklung (Koblenz NJW 1993, 2457) die Möglichkeit, einem Beteiligten, der sich nicht nur ganz vorübergehend im Ausland befindet, die **Benennung eines Empfangsbevollmächtigten** (Zustellungsbevollmächtigten) aufzugeben, an den sie mit Wir-

[28] Auf die Bekanntgabe an den zurückgewiesenen Bevollmächtigten oder Beistand kommt es dagegen insoweit hins der Auswirkungen auf das Hauptverfahren nicht an; VGH München DVBl 1985, 531; StBS 40; Knack 19; **aA** Obermayer 87 ff; MB 19: Zugang bei Bevollmächtigten oder Beistand genügt.

kung für und gegen ihn wirksam bekanntgeben (§ 41) und zustellen kann. Die Regelung lehnt sich an § 56 Abs 3 VwGO und §§ 174 ZPO an. Ein Empfangsbevollmächtigter ist für alle Zustellungen, Ladungen, formlosen Mitteilungen usw der Behörde **Vertreter des betroffenen Beteiligten** mit der Folge, dass eine Mitteilung oder Zustellung an ihn auch dem Vertretenen gegenüber wirkt, Fristen in Lauf setzt usw (ebenso UL § 18 Rn 21; StBS 3; Knack 2). Zu aktiven Verfahrenshandlungen ist der Empfangsbevollmächtigte nicht ermächtigt.

2. Anwendungsbereich. Die Vorschrift gilt, vorbehaltlich entgegenstehender oder gleichlautender Bestimmungen (vgl zB § 51 b BImSchG; § 10 UmweltHG), unmittelbar nur für den Anwendungsbereich des VwVfG. Die Verwaltungsverfahrensgesetze der Länder enthalten gleichlautende Vorschriften. Eine **analoge Anwendung** von § 15 bzw der entspr Vorschriften des Landesrechts ist dagegen, da diese Vorschriften nicht Ausdruck eines allgemeinen Rechtsgedankens sind, **nicht möglich.** Soweit ausdrückliche gesetzliche Rechtsvorschriften fehlen, bieten uU die Vorschriften über die Zulässigkeit einer öffentlichen Zustellung oder Bekanntmachung einen Ausweg. Als gegenüber § 15 weitergehende Möglichkeit sieht § 16 Abs 1 Nr 3 die Befugnis der Behörde vor, von Amts wegen beim zuständigen Vormundschaftsgericht die Bestellung eines Vertreters zu beantragen. Auch dies muss dem Beteiligten vorher angedroht worden sein. Keine Anwendung findet § 15, wenn der Betroffene bereits einen Bevollmächtigten nach § 14 benannt hat, sofern dieser seinen Wohnsitz oder gewöhnlichen Aufenthalt im Inland hat (Obermayer 10). 2

3. Rechtsnatur. Die Aufforderung zur Bestellung eines Empfangsbevollmächtigten ist ein **VA,** der wegen der damit uU für den Beteiligten verbundenen finanziellen Belastungen usw der gesonderten Anfechtung unterliegt.[1] § 44 a VwGO schließt eine Anfechtung dieses VA nicht aus (Obermayer 21; wohl auch StBS 5), obwohl der VA nicht im engeren Sinne vollstreckbar ist. Hier muss es in verfassungskonformer Auslegung des § 44 a S 2 ausreichen, dass an die Nichtbefolgung des VA die Sanktionen des § 15 S 2 geknüpft werden. 2 a

II. Aufforderung zur Benennung eines Empfangsbevollmächtigten (S 1)

1. Voraussetzungen. Die Pflicht des S 1 betrifft nur Beteiligte iSd § 13, nicht auch andere Personen (**aA** Obermayer 7: auch Vertreter). Sie setzt weiter voraus, dass der Beteiligte keinen Wohnsitz (§ 7 BGB) oder gewöhnlichen Aufenthalt, bei anderen als natürlichen Personen keinen Sitz oder keine Geschäftsleitung im Inland hat. Für das Verlangen der Vertreterbestellung ist es ausreichend, wenn der inlänische Wohnsitz, gewöhnliche Aufenthalt, Sitz usw der Behörde lediglich nicht bekannt ist (StBS 10; Obermayer 8; MB 2). Ist der Aufenthaltsort des Beteiligten überhaupt unbekannt, kann die Behörde nur nach § 16 vorgehen (Obermayer 8). 3

2. Ermessen. Die Entscheidung steht im **Ermessen** (§ 40) der Behörde (Knack 5). Sie hat zur Voraussetzung, dass der Beteiligte sich für einen nicht ganz unerheblichen Zeitraum – er muss zumindest seinen gewöhnlichen Aufenthalt im Ausland haben – tatsächlich außerhalb des Bundesgebiets befindet (UL § 18 Rn 22) und darüber hinaus, dass er **keinen Bevollmächtigten gem § 14** im Inland hat (UL § 18 Rn 22; Knack 7; MB 2). Zum Begriff des **Wohnsitzes** und des **gewöhnlichen Aufenthalts** vgl § 3 Rn 27, des Sitzes bzw der Geschäftsleitung § 3 Rn 34. Sofern die gesetzlichen Voraussetzungen gegeben sind, ist es idR **nicht ermessensfehlerhaft,** wenn die Behörde dem betroffenen Beteiligten die Bestel- 4

[1] Str; wie hier StBS 5; für das verwaltungsgerichtliche Verfahren auch VGH München BayVBl 1973, 474; 1974, 503; Kopp/Schenke § 67 Rn 23.

lung eines Empfangsbevollmächtigten aufgibt; anders nur, wenn trotz Vorliegens der gesetzlichen Voraussetzungen die ständige und schnelle Erreichbarkeit sichergestellt ist (OVG Koblenz NJW 1993, 2458; Obermayer 4 und 7; StBS 7; Knack 5).

5 **3. Fristsetzung.** Die Behörde muss dem Beteiligten für die Bestellung eines Empfangsbevollmächtigten eine nach den Umständen des Falles (s im Folgenden) **angemessene Frist setzen** (Obermayer 15; StBS 8; Knack 5; MB 2: idR nicht unter 4 Wochen); dies ist schon im Hinblick auf die Folgen, wenn der Beteiligte der Aufforderung nicht nachkommt (s unten Rn 7), zweckmäßig. Sie kann sich aber auch darauf beschränken, den Beteiligten nur zur Bestellung eines Empfangsbevollmächtigten innerhalb angemessener Frist aufzufordern (so der eindeutige Wortlaut; **aA** offenbar UL § 18 Rn 22; StBS 8: Fristsetzung erforderlich); in diesem Fall ist jedoch, wenn der Beteiligte der Aufforderung nicht innerhalb einer Frist nachkommt, die der Behörde angemessen erscheint, nach dem Grundsatz der Verhältnismäßigkeit vor weiteren Schritten eine Frist zu setzen. **Welche Frist angemessen** ist, hängt von den Umständen des Falles, insb davon ab, welche Schwierigkeiten der Beteiligte voraussichtlich haben wird, einen geeigneten Zustellungsbevollmächtigten zu finden (StBS 8; Knack 5). Die gesetzte Frist kann gem § 31 Abs 7 S 1 und 2 verlängert werden.

6 **4. Erfüllung der Pflicht.** Erforderlich ist eine echte Bevollmächtigung einer Person zur Entgegennahme von Zustellungen usw (s oben Rn 1) für den Beteiligten. Bloße **Deckadressen,** die der Behörde angegeben werden, genügen nicht (vgl BVerwGE 12, 75). Auch die Angabe eines Postamts für postlagernde Sendungen stellt keine Bevollmächtigung des Vorstehers des Postamtes iS der Vorschrift dar (ebenso Knack 5); ebenso nicht allein die Angabe einer Adresse oder eines Postschließfachs, sofern nicht aus den Umständen des konkreten Falles die Ernsthaftigkeit dieser Adresse hervorgeht (StBS 5).

III. Rechtsfolgen der Unterlassung der Bestellung eines Empfangsbevollmächtigten (S 2)

6a **1. Grundzüge.** Hat die Behörde dem Beteiligten das Verlangen auf Bestellung eines Empfangsvertreters bekanntgegeben (§ 41), so ist dieser zur Bestellung verpflichtet. Unterlässt er dies innerhalb der gesetzten Frist, so greifen die Vermutungsregelungen des S 2 ein, sofern der Beteiligte hierauf besonders hingewiesen worden ist (S 3). Der Hinweis ist wegen seiner Warnfunktion mit der Fristsetzung zu verbinden (StBS 14; Obermayer 34; **aA** offenbar Knack 11). Voraussetzung für den Eintritt der Rechtsfolgen des S 2 ist, dass das Verlangen nach S 1 wirksam (§ 43) geworden und der entsprechende Hinweis nach S 3 gegeben worden ist.

7 **2. Widerlegliche Zugangsvermutung.** Kommt der Beteiligte einer Aufforderung gem S 1 nicht nach oder widerruft er die Bestellung (oder die Bestellung eines Bevollmächtigten gem § 14), ohne einen neuen zu bestellen, so kann die Behörde gem S 2, der § 175 ZPO aF (vgl § 184 Abs 1 S 2 ZPO nF) nachgebildet ist, alle weiteren Schreiben an ihn **mit gewöhnlicher Post** aufgeben mit der Folge, dass sie grundsätzlich **am siebten Tag als zugegangen gelten.** Die Vermutung des Zugangs kann widerlegt werden, wenn nachgewiesen wird, dass das Schriftstück den Empfänger nicht oder später (nicht aber früher) erreicht hat. Die Nichterweislichkeit eines späteren oder gänzlich unterbliebenen Zugangs geht zu Lasten des Beteiligten (StBS 12; Knack 10; UL § 18 Rn 23). Mit der Neufassung des S 2 durch das 3 VwVfÄndG ist die Bestimmung um eine Regelung für die **Übermittlung elektronischer Dokumente** erweitert worden. Sofern eine elektronische Kommunikation zwischen Behörde und Beteiligtem zulässig ist (s hierzu näher § 3 a), kann die Behörde ein Dokument auch auf elektronischem Weg an den Beteiligten übermit-

teln. Es gilt dann nach S 2 als **mit dem dritten Tag** nach der Absendung als zugegangen. Die Sieben-Tage-Frist für die Übermittlung auf dem Postweg gilt hier also nicht. Auch hier ist dem Empfänger der Gegenbeweis eröffnet. Die Drei-Tage-Frist entspricht der Regelung in § 41 Abs 2.

§ 16 Bestellung eines Vertreters von Amts wegen

(1) **Ist ein Vertreter nicht vorhanden, so hat das Vormundschaftsgericht auf Ersuchen der Behörde einen geeigneten Vertreter zu bestellen**[8]

1. für einen Beteiligten, dessen Person unbekannt ist;[12]

2. für einen abwesenden Beteiligten, dessen Aufenthalt unbekannt ist oder der an der Besorgung seiner Angelegenheiten verhindert ist;

3. für einen Beteiligten ohne Aufenthalt im Inland,[17] **wenn er der Aufforderung der Behörde,**[18] **einen Vertreter zu bestellen,**[19] **innerhalb der ihm gesetzten Frist nicht nachgekommen ist;**

4. für einen Beteiligten, der infolge einer psychischen Krankheit oder körperlichen, geistigen oder seelischen Behinderung nicht in der Lage ist, in dem Verwaltungsverfahren selbst tätig zu werden;[20]

5. bei herrenlosen Sachen, auf die sich das Verfahren bezieht, zur Wahrung der sich in Bezug auf die Sache ergebenden Rechte und Pflichten.

(2) **Für die Bestellung des Vertreters ist in den Fällen des Absatzes 1 Nr. 4 das Vormundschaftsgericht zuständig, in dessen Bezirk der Beteiligte seinen gewöhnlichen Aufenthalt hat; im Übrigen ist das Vormundschaftsgericht zuständig, in dessen Bezirk die ersuchende Behörde ihren Sitz hat.**[24]

(3) **Der Vertreter hat gegen den Rechtsträger der Behörde, die um seine Bestellung ersucht hat, Anspruch auf eine angemessene Vergütung und auf die Erstattung seiner baren Auslagen.**[28] **Die Behörde kann von dem Vertretenen Ersatz ihrer Aufwendungen verlangen. Sie bestimmt die Vergütung und stellt die Auslagen und Aufwendungen fest.**[30]

(4) **Im Übrigen gelten für die Bestellung und für das Amt des Vertreters in den Fällen des Absatzes 1 Nr. 4 die Vorschriften über die Betreuung, in den übrigen Fällen die Vorschriften über die Pflegschaft entsprechend.**[31]

Parallelvorschriften: § 15 SGB X; § 81 AO; § 207 BauGB; § 29 a LandbeschG; § 11 b VermGnF

Schrifttum: *Bork,* Die Prozessfähigkeit nach neuem Recht, MDR 1991, 97; *Cremer,* Die Bekanntgabe des Verwaltungsaktes an einen gemäß § 16 VwVfG bestellten Vertreter, VR 1988, 384; *Laubinger/Repkewitz,* Der Betreute im Verwaltungsverfahren und im VerwaltungsProzess, VerwArch 1994, 86; *Zimmermann/Damrau,* Das neue Betreuungs- und Unterbringungsrecht, NJW 1991, 538.

Übersicht

I. Allgemeines

1 **1. Inhalt.** Die Vorschrift regelt die **Bestellung eines Vertreters von Amts wegen** in Fällen, in denen dies zur Wahrung der Rechte von Beteiligten, die selbst aus tatsächlichen oder rechtlichen Gründen nicht oder nicht ausreichend dazu in der Lage sind, oder im Interesse der ordnungsgemäßen Durchführung des Verfahrens erforderlich erscheint. Die Bestellung eines Bevollmächtigten nach § 16 stellt eine Art **Ersatz für die nicht mögliche tatsächliche Beteiligung** verhinderter, unbekannter, nicht handlungsfähiger oder nicht vorhandener Betroffener am Verfahren dar und dient insoweit dem Schutz des betroffenen Beteiligten (vgl auch UL § 18 Rn 1). Zugleich liegt die Möglichkeit der Bestellung eines Vertreters aber auch im öffentlichen Interesse und ggf auch im Interesse anderer Verfahrensbeteiligter, wenn die Wahrnehmung notwendiger öffentlicher Aufgaben oder die Durchsetzung von Rechten Dritter sonst nicht möglich wäre (Knack 2). Die Absätze 2 und 4 wurden durch G v 12. 9. 1990 (BGBl I S 2002) mit Wirkung ab 1. 1. 1992 neu gefasst.

2 **a) Sinn und Zweck der Regelung.** Die Vorschrift lehnt sich an die Regelungen der Pflegschaft, insbesondere § 1910 (aF), § 1911 BGB und an einige sondergesetzliche Bestimmungen (zB § 149 BBauG aF – heute § 207 BauGB) an. Sie entspricht einer sich unmittelbar aus dem Rechtsstaatsprinzip und aus den in einem Verwaltungsverfahren betroffenen Rechten ergebenden Verpflichtung, in Fällen der von § 16 erfassten Art entweder für die Bestellung eines Vertreters Sorge zu tragen oder von der Durchführung des Verfahrens abzusehen, wenn mit einer Beeinträchtigung von Rechten des Betroffenen zu rechnen ist. Verfassungsrechtliche Bedenken gegen die Regelung sind nicht begründet (vgl BVerwG NJW 1990, 60 zur Pflegerbestellung für einen abwesenden Beamten).

3 **b) Bindung des Vormundschaftsgerichts.** Die Bedeutung der Vorschrift liegt vor allem darin, dass sie eine Verpflichtung des Vormundschaftsgerichtes begründet, auf das Ersuchen der Behörde einen gesetzlichen Vertreter zu bestellen, wenn die Voraussetzungen des Abs 1 vorliegen. Ob die Behörde in diesen Fällen das Vormundschaftsgericht tatsächlich ersucht oder von der Durchführung eines Verwaltungsverfahrens (einstweilen) absieht, steht in ihrem Ermessen. Eine Verpflichtung zur Übernahme einer Vertretung aufgrund einer Bestellung durch das

Vormundschaftsgericht wird durch § 16 nicht begründet, kann sich aber uU aus den gem Abs 4 ergänzend anwendbaren Vorschriften über die Pflegschaft nach dem BGB ergeben.

c) Andere Möglichkeit des Vorgehens. Liegen die Voraussetzungen für ein Ersuchen des Abs 1 nicht vor oder will die Behörde von dieser Möglichkeit aus anderen Gründen keinen Gebrauch machen, so besteht uU die Möglichkeit, beim Vormundschaftsgericht die Bestellung einer Pflegschaft nach §§ 1911 ff BGB anzuregen. 4

In den Fällen des Abs 1 Nr 4 kommt außerdem die **Anordnung einer Pflegschaft** durch das Vormundschaftsgericht in Betracht. In derartigen Fällen ist es aber Sache des Vormundschaftsgerichts, in eigener Verantwortung über die Pflegschaft zu entscheiden. In Betracht kommt bei Personen, deren Aufenthalt unbekannt und nicht zu ermitteln ist, uU auch die **öffentliche Zustellung** nach § 15 VwZG oder die öffentliche Bekanntgabe nach § 41 Abs 4, soweit diese im Einzelfall zugelassen ist (vgl § 41 Rn 50 ff). 5

2. Anwendungsbereich. a) Unmittelbare Anwendbarkeit. Die Vorschrift gilt unmittelbar nur im Anwendungsbereich des VwVfG und vorbehaltlich spezieller Bestimmungen. Die Verwaltungsverfahrensgesetze der Länder enthalten gleichlautende Regelungen. Die Zulässigkeit entspr landesrechtlicher Regelungen, die von den bundesrechtlichen Bestimmungen über die Bestellung von Pflegern in den §§ 1909 ff BGB abweichen, ist durch § 100 Nr 1 sichergestellt. § 16 ist nur dann anwendbar, „wenn ein Vertreter nicht vorhanden ist“, dh, wenn für einen Beteiligten oder eine am Verfahren zu beteiligende (§ 13 Abs 2) Person auch **kein gesetzlicher Vertreter** oder **Bevollmächtigter** (§ 14) – oder nur ein Vertreter oder Bevollmächtigter, auf den selbst die Voraussetzungen gem § 16 Abs 1 Nr 1–4 zutreffen (vgl UL § 18 Rn 5; StBS 5; Knack 3; MB 2) – vorhanden bzw bestellt ist. Die Voraussetzungen müssen voraussichtlich **für einen nicht ganz unerheblichen Zeitraum gegeben** sein; bei der Beurteilung der Zeit, die allenfalls zugewartet werden kann, ist auch die Art des Verfahrens und die Dringlichkeit der Angelegenheit zu berücksichtigen. 6

b) Analoge Anwendbarkeit. Umstritten ist, ob eine entspr Anwendung des § 16 bzw der entspr Vorschriften des Landesrechts auf andere als die in Abs 1 zulässig ist. Dies wird **überwiegend verneint,** da die Bestellung eines Vertreters von Amts wegen oder eine für das Vormundschaftsgericht bindende Antragstellung eine ausdrückliche gesetzliche Regelung voraussetzen (StBS 13; Knack 3). Die Gegenauffassung (UL § 18 Rn 6 unter Aufgabe der früher vertretenen Auffassung) berücksichtigt nicht hinreichend die besondere Eingriffswirkung, die in einer Analogie liegen kann. Allerdings können Lücken in bestehenden Regelungen, die eine solche Befugnis bereits grundsätzlich vorsehen, durch sinngemäße Anwendung des § 16 bzw der entspr landesrechtlichen Bestimmung ausgefüllt werden. Ebenso kann und sollte § 16 bei der Auslegung bestehender sonderrechtlicher Bestimmungen, soweit diese nicht auf anderen Gedanken beruhen, berücksichtigt werden. 7

II. Bestellung eines Vertreters

1. Erforderlichkeit, Ermessen. Wenn die Voraussetzung für die Bestellung eines Vertreters gem § 16 gegeben sind, darf ein Verfahren grundsätzlich nicht durchgeführt werden, bevor nicht ein Vertreter bestellt ist. Abs 1 schreibt zwar eine Verpflichtung der Behörde zur Antragstellung beim zuständigen Vormundschaftsgericht nicht ausdrücklich vor, sondern überläßt die Entscheidung darüber dem **Ermessen** (§ 40) der Behörde.[1] Aus dem Zweck der Vertreterbestellung (s oben Rn 1), insb ihrer Bedeutung als Ersatz für die Teilnahme des Betroffenen selbst als Beteiligter im Verfahren, ergibt sich aber, dass die Behörde nur dann auf 8

---

[1] StBS 8; Knack 3; Obermayer 34.

die Bestellung eines Vertreters nach § 16 verzichten kann, wenn die Rechte der Betroffenen in anderer Weise ausreichend sichergestellt werden können, zB dadurch, dass diese Rechte im Verfahren vorbehalten bleiben. In allen anderen Fällen wäre die Durchführung des Verfahrens ohne den betroffenen Beteiligten oder zumindest einen nach § 16 bestellten Vertreter ermessensfehlerhaft.

9 **a) Strenger Maßstab.** Bei der Beurteilung und Entscheidung, ob die Bestellung eines Vertreters erfolgen soll, ist wegen der rechtsstaatlichen Funktion und Bedeutung der Wahrnehmung von Verfahrensrechten durch die Beteiligten selbst ein strenger Maßstab geboten. Eine nur vorübergehende Verhinderung oder Schwierigkeiten der Feststellung der Person oder des Aufenthalts eines Beteiligten, usw, die mit (unter Berücksichtigung der Bedeutung der Angelegenheit) vertretbarem Aufwand an Kosten, Zeit und Mühe von der Behörde behoben werden können, rechtfertigen ein Vorgehen nach § 16 nicht (StBS 8).

10 **b) Aufhebung.** Die Vertretungsbefugnis eines nach § 16 bestellten Vertreters ist aufzuheben, **sobald der Grund der Vertretung wegfällt** und der betroffene Beteiligte selbst in der Lage ist, seine Rechte persönlich oder durch Bestellung eines Vertreters nach § 14 wahrzunehmen, und dies der Behörde bekannt wird (entspr Anwendung von § 14 Abs 1 S 4). Nicht anwendbar ist § 16 in Fällen, in denen ein Vertreter nach § 14 bestellt ist; eine Vertretung nach § 16 ist deshalb aufzuheben, wenn nachträglich durch den Beteiligten in freier Entscheidung ein Vertreter nach § 14 bestellt wird (Knack 4). Die Aufhebung der Bestellung eines gesetzlichen Vertreters erfolgt durch den actus contrarius, also wie die Bestellung selbst durch das Vormundschaftsgericht. Die Behörde kann insoweit nur eine Anregung geben. Die Behörde kann insoweit nur eine Anregung geben.

11 **2. Rechtliche Stellung des Vertreters.** Die vom Vormundschaftsgericht bestellte Person hat die Stellung eines **gesetzlichen Vertreters** des Beteiligten. Er kann im Verwaltungsverfahren sämtliche Verfahrenshandlungen einschließlich der Rücknahme von Anträgen wirksam für den vertretenen Beteiligten vornehmen (StBS 10). Umstritten ist, ob der vertretene Beteiligte selbst in dem Verwaltungsverfahren noch handlungsfähig ist oder ob er, solange die Bestellung des Vertreters andauert, keine wirksamen Verfahrenshandlungen vornehmen kann (Handlungsunfähigkeit nehmen an StBS 10; MB 3; Obermayer 103). Nach Sinn und Zweck der Vertreterbestellung als ultima ratio ist anzunehmen, dass die Handlungsfähigkeit der Beteiligten durch die Vertreterbestellung nicht ausgeschlossen wird (ebenso Knack 9).

III. Die einzelnen Fälle der Vertreterbestellung (Abs 1)

12 **1. Unbekannte Beteiligte (Nr 1).** Unbekannt ist die Person eines Beteiligten dann, wenn der Behörde nicht bekannt ist, wem die im Verfahren (möglicherweise) betroffenen Rechte oder rechtlichen Interessen zustehen, und sie dies auch nicht durch **entsprechende Ermittlungen** (§§ 24, 26) mit einem im Hinblick auf die Bedeutung der Sache vertretbaren Aufwand an Mühe, Zeit und Kosten (vgl auch § 10) feststellen kann. Als unbekannte Beteiligte kommt auch eine juristische Person oder eine beteiligungsunfähige Personenvereinigung (§ 11 Nr 2) in Betracht. Allerdings kommt es in diesen Fällen darauf an, dass diese selbst unbekannt ist, nicht auf das Unbekanntsein des Vertreters

13 Der Unbekanntheit gleich steht die nicht mit angemessenem Aufwand behebbare **Ungewissheit, welcher von mehreren Personen,** die der Behörde bekannt sind oder die jedenfalls unschwer ermittelbar sind, die Rechte usw zustehen (Begr 45; ähnlich UL § 18 Rn 7; StBS 15; Knack 4; MB 7), ebenso die Ungewissheit, ob ggf weitere Personen als die der Behörde bekannten Personen in ihren Rechten usw betroffen sind oder sein können. Betrifft die Ungewissheit nur die Frage, wem von mehreren Personen das Recht usw zusteht, so kann die Behörde

auch, statt die Bestellung eines Vertreters nach § 16 zu veranlassen, sämtliche möglicherweise Betroffenen zum Verfahren hinzuzuziehen, muss ihnen jedoch dann in geeigneter Weise bekanntgeben, dass dies unter Vorbehalt wirklicher Betroffenheit geschieht. Eine Vertreterbestellung nach Abs 1 ist demgegenüber nur zulässig, wenn die Beteiligtenstellung der unbekannten Person eindeutig ist (StBS 14; Knack 4).

2. Unbekannter Aufenthalt oder Verhinderung (Nr 2). Unbekannt ist der Aufenthalt einer Person, deren **Wohn**- oder Aufenthaltsort nicht bekannt ist und auch durch Nachforschung in Meldeämtern, an der letzten bekannten Adresse usw nicht ohne unverhältnismäßigen Aufwand an Mühe, Zeit und Kosten ermittelt werden kann (MB 8; UL § 18 Rn 8; Knack 5). Nr 2 ist analog auch auf juristische Personen und Vereinigungen anwendbar, deren Sitz unbekannt ist (Knack 5). Im Unterschied zu Abs 1 Nr 4 muss nach Nr 2 über die Person, deren Aufenthalt unbekannt ist, Klarheit herrschen. 14

Die Verhinderung ist dem unbekannten Aufenthalt gleichgestellt. Sie hat nicht zusätzlich zur Voraussetzung, dass der Beteiligte zugleich unbekannten Aufenthalts ist oder aus ähnlichen Gründen von der Behörde nicht erreicht werden kann. **Umstritten** ist, ob die Verhinderung iS des Abs 2 Nr 1 stets in der räumlichen Abwesenheit des Beteiligten liegen muss,[2] oder ob auch andere Gründe für die Verhinderung in Betracht kommen. Letzteres wird man richtigerweise anzunehmen haben, da die Vorschrift insoweit nicht differenziert (so auch Knack 5; Obermayer 31). Strafhaft, Krankenhausaufenthalt usw kommen als Hinderungsgründe in Betracht, wenn persönliche Anwesenheit oder Mitwirkung erforderlich ist. Voraussetzung ist jedoch in jedem Fall, dass der Betroffene aufgrund seiner Verhinderung für einen nicht ganz unerheblichen Zeitraum verhindert ist und auch nicht in der Lage ist, selbst für eine **gewillkürte Vertretung** zu sorgen (UL § 18 Rn 9). **Mittellosigkeit** ist kein Hinderungsgrund (str, wie hier StBS 17: Objektiver Maßstab). Ob der Beteiligte im Bundesgebiet einen Wohnsitz hat, ist bei Nr 3, anders als bei § 15, unerheblich (UL § 18 Rn 10 Fn 8). 15

3. Aufenthalt im Ausland (Nr 3). Nr 3 Betrifft einen Beteiligten ohne Aufenthalt im Inland, der einer Aufforderung zur Vertreterbestellung nicht nachkommt. Diese Regelung soll das Verwaltungsverfahren von den Problemen entlasten, die mit der aktiven und passiven Beteiligung aus dem Ausland verbunden sind. 16

a) Dauerhaftigkeit. Der Auslandsaufenthalt darf nicht kurzfristiger Natur sein. Bei vorübergehendem Auslandsaufenthalt kommt es darauf an, ob während der voraussichtlichen Dauer des Verwaltungsverfahrens mit der Rückkehr des Beteiligten gerechnet werden kann. Auf das Bestehen eines Wohnsitzes im Inland oder im Ausland kommt es nicht an (StBS 19; Knack 6; Obermayer 33); die Vorschrift stellt allein auf die Aufenthaltsverhältnisse ab. 17

b) Aufforderung. Aufforderung zur Vertreterbestellung muss dem Beteiligten gegenüber bekannt gegeben werden. Eine besondere Form der Aufforderung ist nicht vorgesehen; zweckmäßigerweise sollte sie schriftlich erfolgen. Eine Vertreterbestellung nach Abs 1 setzt voraus, dass der Beteiligte innerhalb der ihm zu setzenden angemessenen Frist, die auch einen Hinweis auf die Rechtsfolgen enthalten muss (Obermayer 40), nicht von sich aus einen Vertreter benannt hat. Die Frist muss den Umständen nach angemessen sein. **Umstritten** ist, ob sich die Aufforderung der Behörde, auf einen Vertreter nach § 14 beziehen muss (so StBS 21), oder ob auch die Bestellung eines Empfangsbevollmächtigten gem § 15 genügt, wenn dies für das Verwaltungsverfahren ausreicht. Letzteres ist anzunehmen, 18

[2] So etwa StBS 17; UL § 18 Rn 6 Fn 5; danach geht es um Fälle zB einer längeren Auslandsreise mit nicht absehbarem Ende.

auch wenn die Behörde nach § 15 vogehen könnte (Knack 6). Die Aufforderung ist als vorbereitende Verfahrensmaßnahme kein VA und nicht selbständig anfechtbar (so auch Obermayer 37).

19 **c) Benennung eines Empfangsbevollmächtigten.** Benennt der betroffene Beteiligte einen Empfangsbevollmächtigten oder einen sonstigen Bevollmächtigten, so ist Regelung entsprechend ihrem Zweck (entgegen der zu engen Fassung) **nicht** mehr **anwendbar.** Dies gilt auch dann, wenn er diese zwar nicht innerhalb der ihm dafür gesetzten Frist, aber jedenfalls noch vor der Bestellung eines Vertreters nach § 16 benennt. Außerdem entfällt mit der späteren Bestellung eines Bevollmächtigten bzw Empfangsbevollmächtigten durch den Beteiligten selbst in jedem Fall der Grund für die Bestellung eines Vertreters von Amts wegen gem § 16; eine erfolgte Bestellung ist dann aufzuheben.

20 **4. Körperliche, geistige, seelische Behinderungen (Nr 4).** Die Bestellung eines Vertreters von Amts wegen hat nach Nr 4 zur Voraussetzung, dass ein Beteiligter wegen einer körperlichen, geistigen oder seelischen Behinderung nicht in der Lage ist, selbst im Verwaltungsverfahren tätig zu werden. Die Regelung entspricht § 1910 BGB aF bzw § 1896 BGB nF. Die dazu in der Rspr der Zivilgerichte aufgestellten Grundsätze sind auch hier anzuwenden. Körperliche Gebrechen sind zB Taubheit, Blindheit, starke Schwerhörigkeit, uU auch bestimmte Lähmungen, geistige Gebrechen sowie jede Form einer erheblichen Minderung der Geisteskräfte (UL § 18 Rn 11; StBS 23; Knack 7; weitere Beispiele in Obermayer 49ff). Die Behörde muss in diesen Fällen prüfen, ob sich die verfahrensrechtlichen Probleme auch im Rahmen der Pflicht nach § 25 beheben lassen (StBS 23; Knack 7).

21 **Die psychische Krankheit** (Psychose, Psychopathie, Drogenabhängigkeit) oder die körperliche, geistige oder seelische Behinderung darf **nicht nur kurzfristiger Natur** sein. Sie muss so schwerwiegend sein, dass sie den Beteiligten daran hindert, in ausreichendem Unfang selbst tätig zu werden oder ihm eine Tätigkeit jedenfalls ganz wesentlich erschwert. Ausreichend ist, dass der Beteiligte in der Lage ist, selbst einen Vertreter nach § 14 zu bestellen. Sieht er dann gleichwohl davon ab, sich vertreten zu lassen, kann die Behörde nicht nach Abs 2 Nr 4 vorgehen (StBS 24; Knack 7; Obermayer 55).

22 **5. Herrenlose Sachen (Nr 5).** Herrenlos ist eine Sache, wenn an ihr bisher noch kein Eigentum begründet war oder wenn das Eigentum vom bisherigen Eigentümer aufgegeben wurde **(Dereliktion)** und eine andere Person noch kein Eigentum daran erworben hat. Der bestellte Vertreter ist hier Vertreter des letzten früheren Eigentümers, nur wenn dieser nicht feststellbar ist, des künftigen Eigentümers (**aA** UL § 18 Rn 12; Ernst/Zinkahn/Bielenberg, BauGB, § 207 BauGB Rn 19: nur des künftigen Eigentümers; offen Knack 8).

23 **Ist nicht bekannt, ob die Sache herrenlos ist,** oder ist nur der Eigentümer unbekannt, so kommt nur eine Vertreterbestellung nach Nr 1 in Betracht. Auf Nr 5 kann die Bestellung eines Vertreters zur Wahrnehmung von Rechten und Pflichten in bezug auf eine herrenlose Sache nur zur Durchführung eines konkreten Verfahrens gestützt werden, nicht allgemein zur Zuordnung von Pflichten, etwa der Polizeipflicht an Grundstücken (StBS 26; **aA** offenbar Begr 45; MuE 110).

IV. Zuständigkeit des Vormundschaftsgerichts (Abs 2)

24 **1. Vormundschaftsgerichtliches Verfahren.** Die Bestellung eines Vertreters nach § 16 erfolgt durch das Vormundschaftsgericht, das für den Bezirk der Behörde zuständig ist (Abs 2). Vormundschaftsgericht ist grundsätzlich gem § 35 FGG das Amtsgericht. Zum Begriff des Wohnsitzes und des gewöhnlichen Aufenthalts vgl § 3 Rn 27. Aufgrund der Neufassung von Abs 2 ist nur noch das Vormundschaftsgericht des gewöhnlichen Aufenthalts, nicht mehr primär das des Wohnsit-

zes zuständig. Das Vormundschaftsgericht kann nur auf **Antrag (Ersuchen) der Behörde** tätig werden, ist aber bei der Auswahl des Vertreters frei. Die Beteiligten des Verfahrens sind nicht antragsbefugt. Sie können nur die Behörde auffordern, beim Vormundschaftsgericht die Bestellung eines Vertreters zu beantragen. Die Ablehnung eines solchen Antrags ist ein anfechtbarer **VA** (str; **aA** offenbar UL § 18 Rn 13). Die Ablehnung des Ersuchens ist mit der Beschwerde gem § 20 FGG seitens der Behörde anfechtbar.

2. Prüfungspflichten des Vormundschaftsgerichts. Unklar ist nach dem Wortlaut des Abs 1, ob das Vormundschaftsgericht in jedem Fall dem Antrag der Behörde stattgeben muss oder selbständig zu prüfen hat, ob die Voraussetzungen nach Abs 1–5 gegeben sind, und den Antrag, wenn es sie nicht für gegeben hält, ablehnen muss (zweifelnd zu einem vergleichbaren Fall BayObLG BayVBl 1976, 88). Angesichts der Tragweite der Entscheidung für die Betroffenen und der Parallelität der zu treffenden Entscheidung mit Entscheidungen nach §§ 1918 Abs 3, 1919f BGB ist die entsprechende Befugnis und **Prüfungspflicht des Vormundschaftsgerichts zu bejahen** (ebenso UL § 18 Rn 15 mwN; StBS 6; Knack 10; MB 6). Dafür spricht auch die Verweisung auf die Vorschriften über die Pflegschaft in Abs 4 wie überhaupt die Tatsache der Einschaltung des Gerichts, die, wenn dieses nur über die Auswahl eines geeigneten Vertreters, nicht aber auch über das Vorliegen der Voraussetzungen der Bestellung im übrigen entscheiden könnte, schwerlich zu rechtfertigen wäre. Wenn die rechtlichen Voraussetzungen gegeben sind, muss das Gericht jedoch dem Antrag stattgeben; es hat insoweit **keinen Ermessensspielraum** (UL § 18 Rn 15; StBS 6; MB 6). 25

Das Vormundschaftsgericht ist auch für die **Beendigung und Aufhebung** der Vertretung gem Abs 4 iVm §§ 1918 Abs 3, 1919, 1921 BGB zuständig (Begr 45). Auch hierbei hat es die Voraussetzungen (s oben Rn 12ff) in eigener Zuständigkeit zu prüfen. Ein Antrag der Behörde oder des Betroffenen auf Aufhebung ist nicht erforderlich, insoweit kann die Behörde nur Anregungen geben. 26

3. Rechtsbehelfe. Gegen die Ablehnung des Antrags durch das Vormundschaftsgericht kann (nur) die Behörde gem § 20 Abs 2 FGG Beschwerde zum Landgericht erheben (Knack 5). Die Beteiligten des Verwaltungsverfahrens haben kein entsprechendes Beschwerderecht (UL § 18 Rn 16; Knack 10; str). **Gegen die Vertreterbestellung** durch das Vormundschaftsgericht können gem § 20 Abs 1 FGG sowohl der Beteiligte, für den der Vertreter bestellt wurde, als auch – wegen der grundsätzlichen Verpflichtung gem Abs 4 iVm §§ 1780ff BGB, die Vertretung zu übernehmen – der bestellte Vertreter selbst Beschwerde einlegen (ebenso UL § 18 Rn 16), nicht dagegen auch sonstige Verfahrensbeteiligte. 27

V. Vergütung des Vertreters (Abs 3)

1. Anspruch gegen die öffentliche Hand. Abs 3 gibt dem Vertreter gem § 16 – abweichend von der Regelung der Pflegschaft nach dem BGB, bei der grundsätzlich kein Anspruch auf Vergütung besteht (§ 1915 BGB, § 1836 Abs 1 S. 1 BGB) – einen Anspruch auf angemessene Vergütung und Erstattung der Auslagen gegen den Rechtsträger, dem die antragstellende Behörde angehört. Bei **Behörden, die Funktionen mehrerer Rechtsträger wahrnehmen** (zB das Landratsamt in Bayern als staatliche Behörde und als Behörde des Landkreises), richtet sich der Anspruch gegen den Rechtsträger, dessen Funktionen wahrgenommen werden (str). Erfolgt die Vertretung für **mehrere Personen,** so sind die von diesen zu erstattenden Kosten nach billigem Ermessen unter Berücksichtigung ihres Interesses am Ausgang des Verfahrens auf die Vertretenen aufzuteilen, im Zweifel zu gleichen Anteilen (vgl § 100 ZPO; ferner § 19 Abs 3, wo allg Aufteilung zu gleichen Teilen vorgeschrieben ist). 28

Die **Festsetzung der Vergütung** und die Feststellung der Auslagen erfolgt **durch VA,** ebenso die Festsetzung der vom Vertretenen der Behörde zu 29 erstattenden Aufwendungen (StBS 31; Knack 11). Die Vergütung muss nach den Umständen angemessen sein. Anhaltspunkte dafür können die Vergütungsregeln für Berufsvormünder nch dem BVormG sein (Obermayer 84).

30 **2. Ersatzanspruch der Behörde.** Die Behörde kann gem Abs 3 S 2 grds vom Vertretenen Ersatz ihrer Aufwendungen für die Vertretervergütung verlangen. Im Falle des Abs 1 Nr 5 richtet sich der Anspruch gegen denjenigen, dessen Rechte oder Pflichten gewährt werden müssen.

Ob die Behörde, insb wenn ein Ersatzanspruch gegen den Vertretenen nicht realisierbar ist, ggf die ihr entstehenden Kosten dem Antragsteller des Verfahrens, in dem die Vertreterbestellung notwendig wird, als Verfahrenskosten auferlegen kann, ist eine Frage des allgemeinen Kostenrechts (Begr 45; MuE 111). Abs 3 S 2 schließt derartige Regelungen nicht aus (Begr 45), begründet selbst aber einen derartigen Anspruch nicht.

VI. Entsprechende Anwendung der Vorschriften über die Betreuung und die Pflegschaft (Abs 4)

31 Abs 4 verweist für die Einzelheiten der Bestellung und der Aufgaben des Vertreters auf die für die Pflegschaft geltenden Vorschriften des BGB, des FGG und der KostenO (MuE 111; StBS 32) und ordnet deren entspr Anwendung an. Daraus ergibt sich ua, dass grundsätzlich jeder Deutsche **verpflichtet** ist, **die Vertretung zu übernehmen** (§§ 1780f, 1898 BGB); außerdem, dass der Vertreter die wohlverstandenen Interessen des vertretenen Beteiligten zu wahren hat, dessen Weisungen aber nicht unterworfen ist, ferner, dass er bei seiner Tätigkeit der **Aufsicht des Vormundschaftsgerichts** untersteht (§ 1837 BGB) und bei schuldhaftem pflichtwidrigen Handeln schadensersatzpflichtig ist (§ 1833 BGB). Anzuwenden sind auf die Vertretung gem § 16 auch die Regelungen der § 1918 Abs 3, §§ 1919, 1921 BGB über die Beendigung und Aufhebung der Pflegschaft (Begr 45).

§ 17 Vertreter bei gleichförmigen Eingaben

(1) **Bei Anträgen und Eingaben, die in einem Verwaltungsverfahren von mehr als 50 Personen**[11] **auf Unterschriftslisten unterzeichnet oder in Form vervielfältigter gleichlautender Texte eingereicht worden sind (gleichförmige Eingaben),**[15] **gilt für das Verfahren derjenige Unterzeichner als Vertreter**[16] **der übrigen Unterzeichner, der darin mit seinem Namen, seinem Beruf und seiner Anschrift als Vertreter bezeichnet ist, soweit er nicht von ihnen als Bevollmächtigter bestellt worden ist. Vertreter kann nur eine natürliche Person sein.**

(2) **Die Behörde kann gleichförmige Eingaben, die die Angaben nach Absatz 1 Satz 1 nicht deutlich sichtbar auf jeder mit einer Unterschrift versehenen Seite enthalten oder dem Erfordernis des Absatzes 1 Satz 2 nicht entsprechen, unberücksichtigt lassen.**[18] **Will die Behörde so verfahren, so hat sie dies durch ortsübliche Bekanntmachung**[20a] **mitzuteilen.**[20] **Die Behörde kann ferner gleichförmige Eingaben insoweit unberücksichtigt lassen, als Unterzeichner ihren Namen oder ihre Anschrift nicht oder unleserlich angegeben haben.**[21]

(3) **Die Vertretungsmacht erlischt, sobald der Vertreter oder der Vertretene dies der Behörde schriftlich erklärt; der Vertreter kann eine solche Erklärung nur hinsichtlich aller Vertretenen abgeben.**[22] **Gibt der Vertretene eine solche Erklärung ab, so soll er der Behörde zugleich mitteilen, ob er seine Eingabe aufrechterhält und ob er einen Bevollmächtigten bestellt hat.**

(4) **Endet die Vertretungsmacht des Vertreters, so kann die Behörde die nicht mehr Vertretenen auffordern, innerhalb einer angemessenen Frist[28] einen gemeinsamen Vertreter zu bestellen. Sind mehr als 50 Personen aufzufordern, so kann die Behörde die Aufforderung ortsüblich bekanntmachen.[27] Wird der Aufforderung nicht fristgemäß entsprochen, so kann die Behörde von Amts wegen einen gemeinsamen Vertreter bestellen.[29]**

Schrifttum: *Bambey*, Massenverfahren und Individualzustellung, DVBl 1984, 374; *Blümel*, Masseneinwendungen im Verwaltungsverfahren, in: Weber-FS 1974, 539; *ders*, Die öffentliche Bekanntmachung von Verwaltungsakten in Massenverfahren, VerwArch 1982, 5; *Henle*, Probleme der gemeinsamen Vertretung in Massenverfahren (§§ 17–19 VwVfG), DVBl 1983, 780; *Kopp*, Gesetzliche Regelungen zur Bewältigung von Massenverfahren, DVBl 1980, 320; *ders*, Die Beteiligung des Bürgers an „Massenverfahren" im Wirtschaftsrecht, in: Fröhler-FS 1980, 231; *Kropshofer*, Verwaltungsverfahren und Vertretung, Diss. Mainz 1982; *Mache*, Probleme bei Zustellungen in Massenverfahren, Vr 1982, 209; *Meyer-Ladewig*, Massenverfahren in der Verwaltungsgerichtsbarkeit, NVwZ 1982, 349; *Ministerkomitee des Europarats*, Empfehlung Nr R (87) 16 an die Mitgliedstaaten über Verwaltungsverfahren, die eine große Zahl von Personen betreffen, vom 17. 9. 1987, wiedergegeben in NVwZ 1988, 708; *v Mutius*, Akteneinsicht im atom- und immissionsschutzrechtlichen Genehmigungsverfahren – Zu Möglichkeiten und Grenzen einer Massenbeteiligung im Umweltschutzrecht, DVBl 1978, 665; *Naumann*, Verwaltungsverfahrensgesetz und Massenverfahren, Gesetzliche Regelungen zur Bewältigung von Massenverfahren, GewArch 1977, 41; *Schmel*, Massenverfahren vor den Verwaltungsbehörden und den Verwaltungsgerichten, 1992; *Schmitt-Glaeser*, Massenverfahren vor den Verwaltungsgerichten, DRiZ 1980, 289.

Übersicht

I. Allgemeines

1 **1. Inhalt des § 17.** Die Vorschrift enthält zusammen mit §§ 18 und 19 Sonderregelungen über die **Vertretung in sog Massenverfahren** mit mehr als 50 Personen. Sie sieht bei sog „gleichförmigen" Eingaben (s zum Begriff unten Rn 15) von mehr als 50 Personen im Interesse der Vereinfachung des Verfahrens und vor allem zur Entlastung der Behörden durch Reduzierung der Zahl der Personen, mit denen sie zu tun haben (vgl UL § 45 Rn 10), eine **Verpflichtung zur Bestellung eines gemeinsamen Vertreters** vor, der mit besonderen Vollmachten (s § 19) ausgestattet ist. Sie ermächtigt die Behörde, auf die Bestellung eines solchen Vertreters hinzuwirken und ggf selbst einen solchen Vertreter zu bestellen. Die Behörde soll dadurch der Notwendigkeit enthoben werden, sich mit einer Vielzahl von Personen „auseinanderzusetzen" (ABegr 4f), deren Beitrag zum Verfahren sich auf die Beifügung einer Unterschrift und die Angabe einer Adresse zu einem vorgegebenen einheitlichen Text beschränkt und deren „Engagement in der Sache" dementsprechend idR meist gering ist (ABegr 7).

2 **2. Verfassungsmäßigkeit.** § 17 ist – Entsprechendes gilt für § 18 – angesichts des grundsätzlichen Rechts des Bürgers, seine Sache vor den Behörden selbst zu führen (vgl § 14), wie auch des auch gegenüber Behörden gewährleisteten Petitionsrechts gem Art 17 GG und den entsprechenden Vorschriften der Landesverfassungen verfassungsrechtlich nicht unbedenklich;[1] die **Verfassungsmäßigkeit** dürfte jedoch **zu bejahen** sein, weil jeder Betroffene das Vertretungsverhältnis jederzeit durch einfache schriftliche Erklärung beenden kann (Abs 3) und darüber hinaus die Anwendbarkeit der Vorschrift schlechthin dadurch ausschließen kann, dass er eigene Anträge stellt oder eigene Ausführungen macht (s unten Rn 15). Schwerer wiegt, dass die Vorschriften über Massenverfahren mit Ausnahme der Regelungen über die öffentliche Bekanntmachung **unzweckmäßig und unpraktikabel** sind.[2]

3 **3. Anwendungsbereich. a) Unmittelbar.** Die Vorschrift gilt nur im Anwendungsbereich des VwVfG. Die Verwaltungsverfahrensgesetze der Länder enthalten aber wortgleiche Bestimmungen. In ihrem Anwendungsbereich (§§ 1, 2) gilt die Vorschrift für **Eingaben jeder Art,** die „in einem Verwaltungsverfahren" an eine Behörde gerichtet werden, und **ohne Rücksicht auf die Betroffenheit** in eigenen Rechten oder rechtlichen Interessen (ABegr 5). Die Regelungen sind auch im förmlichen Verwaltungsverfahren gem §§ 63ff und, wie sich aus § 72 Abs 2 ergibt, **auch in Planfeststellungsverfahren** gem §§ 72ff anwendbar; hier haben sie ihren Hauptanwendungsbereich (vgl. StBS 2). Sie gelten iVm § 79 auch im **Widerspruchsverfahren** gem §§ 68ff VwGO. Es kommt nicht darauf an, ob die Unterzeichner einer oder mehrerer Eingaben selbst Beteiligte iSd § 13 sind oder werden (StBS 1); dagegen ist wegen der zum Teil einschneidenden Folgen für die Betroffenen eine unmittelbare oder sinngemäße Anwendung in Fällen, die in keinem Zusammenhang mit konkreten Verfahren iS von § 9 stehen, nicht zulässig. Zur Anwendbarkeit von § 17 in Fällen, in denen ein Teil der in Frage stehenden Personen durch Bevollmächtigte vertreten ist, s unten Rn 13, zur Verpflichtung der Behörde zur Entgegennahme von Erklärungen und Anträgen s § 24 Abs 3.

4 **b) Entsprechende Anwendung.** Da § 17 und die entsprechenden Vorschriften der Landesgesetze die Freiheit des Bürgers, seine Rechte gegenüber den Behörden selbst zu wahren oder einen Bevollmächtigten seiner Wahl damit zu beauftragen, beschränken und zudem nicht Ausdruck allgemeiner Rechtsgedanken

[1] Vgl Blümel, in: Weber-FS 1974, 557ff; allg auch 41 zu § 14; BVerfG 14, 263; VGH München BayVBl 1968, 23; UL § 45 Rn 19; Kopp DVBl 1980, 323, 327f.

[2] Blümel VerwArch 1982, 6; Henle BayVBl 1981, 5 Fn 5; Kopp BayVBl 1980, 102; ders DVBl 1980, 323; ders, in: Fröhler-FS 1979, 231.

sind, ist eine sinngemäße Anwendung in Fällen, für die keine entsprechenden ausdrücklichen Rechtsvorschriften bestehen, problematisch. Überwiegend wird aber eine entsprechende Heranziehung für zulässig gehalten (StBS 22; Knack 6; UL § 45 Rn 10; **aA** Voraufl).

II. Benennung eines gemeinsamen Vertreters (Abs 1)

1. Allgemeines. Abs 1 enthält auch für den Fall, dass die Unterzeichner einer Eingabe keinen gemeinsamen Bevollmächtigten bestellt haben, **keine unmittelbare Verpflichtung** zur Benennung eines gemeinsamen Vertreters. Mittelbar ergibt sich aus Abs 1 iVm Abs 2 und 4 jedoch, dass die Teilnehmer an einer Eingabe, sofern ihre Zahl 50 übersteigt, praktisch gezwungen sind, auf Verlangen der Behörde einen Vertreter zu benennen bzw einen Bevollmächtigten zu bestellen, wenn sie nicht Gefahr laufen wollen, dass ihre Eingabe nach Abs 2 unberücksichtigt bleibt, bzw dass, wenn bereits ein Vertreter bestellt war, das Vertretungsverhältnis aber beendet wurde, die Behörde gem Abs 4 von Amts wegen einen Vertreter bestellt. 5

2. Benennung des Vertreters. Gem Abs 1 gilt für das Verfahren derjenige als Vertreter (iS von § 19) der übrigen Unterzeichner, der in einer oder mehreren Unterschriftslisten mit näheren Angaben zur Person als Vertreter bezeichnet ist, soweit er von einzelnen Unterzeichnern nicht als Bevollmächtigter bestellt worden ist.[3] Nach der Fassung der Vorschrift („gilt") handelt es sich insoweit um **eine unwiderlegliche Vermutung,**[4] was jedoch deshalb unbedenklich ist, weil die „Vertretenen" jederzeit klarstellen können, dass sie nur die Vollmacht iS von § 14 erteilen und nicht einen Vertreter mit den sehr viel weitergehenden Befugnissen nach § 19 bestellen wollten, bzw ein Vertreterverhältnis in eine Bevollmächtigung umwandeln können. **Zur Stellung** und zu den **Befugnissen** des Vertreters s § 19. 6

In der Eingabe kann nur **eine einzige (natürliche) Person** als Vertreter bezeichnet werden, nicht mehrere (vgl Abs 4 S 1). Die Behörde soll es bei gleichförmigen Eingaben mit nur einem Vertreter zu tun haben. Anderenfalls könnte es im Extremfall so viele Vertreter wie Teilnehmer an der Eingabe geben, womit der Zweck der Regelung unterlaufen würde (Knack 11; **aA** Henle DVBl 1983, 783 – so viele Vertreter wie Eingabevordrucke). 7

a) Voraussetzungen für die Entstehung eines Vertretungsverhältnisses. 8
Voraussetzungen für das Vertretungsverhältnis zugunsten und zu Lasten der übrigen Unterzeichner einer gleichförmigen Eingabe ist außerdem, (1.) dass die als Vertreter bestellte Person eine natürliche Person ist (Abs 1 S 2), (2.) dass die in Betracht kommende Person ausdrücklich als Vertreter bezeichnet wird, sowie (3.), wie sich aus Abs 2 S 1 ergibt, dass die Bezeichnung als Vertreter **durch** die **Unterschriften** aller – oder jedenfalls von mindestens 50 Personen – Personen **gedeckt** ist, die die in Frage stehende Eingabe machen. Der bloße Zusatz beim Namen eines Unterzeichners, dass er als Vertreter auftreten will, genügt somit nicht. Zu Ausnahmen vom Erfordernis der Unterschrift s unten Rn 11. Die **Angabe des Berufs** dürfte (jedenfalls, wenn keine Verwechslungsgefahr besteht) nicht so wesentlich sein, dass anzunehmen ist, dass die Wirksamkeit der Benennung des Vertreters davon abhängen soll. Sind die Voraussetzungen nicht erfüllt, wird zB keine

---

[3] **Umstritten** ist, ob diejenigen Unterzeichner, die den Vertreter als ihren Bevollmächtigten benannt haben, bei der Berechnung der Masseschwelle von 50 Personen mitrechnen (hierfür StBS 17; Knack 11; **aA** MB 4). Richtigerweise sind Sie nicht mitzuzählen (s unten Rn 13).

[4] Fiktion; ebenso Weides 66; Henle DVBl 1983, 782; StBS 17; Knack 11; Obermayer 38; zT **aA** UL § 45 Rn 12: eine gesetzliche Vertretung; Maurer JuS 1976, 490: eine gesetzliche Vermutung.

Person oder eine juristische Person als Vertreter bezeichnet oder werden mehrere Personen als Vertreter bezeichnet, so kann die Behörde nach Abs 2 vorgehen (s unten Rn 18).

9 **Unklarheiten** können insbes hinsichtlich der Frage auftreten, ob eine Person **als Vertreter oder Bevollmächtigter** bestellt ist, zumal auch eine Bevollmächtigung kann im Rahmen eines einheitlichen Schreibens folgen kann. In derartigen Fällen sind insoweit die allgemeinen Grundsätze für die **Auslegung von Willenserklärungen** (§ 157 BGB) maßgeblich; die in Abs 1 aufgestellte Fiktion gilt nur für das Verhältnis der als Vertreter bezeichneten Person zu den übrigen Unterzeichnern, nicht auch für die Frage, ob Vertretung oder Bevollmächtigung vorliegt (str). Für das Vorliegen einer Bevollmächtigung ist jedoch ggf, wie sich aus der Formulierung der Vorschrift ergibt, derjenige beweispflichtig, der sich darauf beruft. Zu der str Frage, ob Abs 1 auch dann anwendbar ist, wenn nur ein Teil der betroffenen Personen gemeinsam oder individuell einen oder mehrere Bevollmächtigte bestellt haben, s unten Rn 13.

10 **b) Umfang der Vertretung.** Die Vertretungsmacht eines Vertreters gilt „für das Verfahren", dh, wie auch durch Abs 3 und durch § 19 Abs 1 S 2 bestätigt wird, nicht nur für die Eingabe gem Abs 1 und die unmittelbar damit zusammenhängenden Verfahrenshandlungen, sondern, solange die Vertretungsbefugnis besteht, auch **für alle weiteren Verfahrenshandlungen** sowie für alle Verfahrenshandlungen, welche die Behörde den Betroffenen gegenüber vornimmt, dh also grundsätzlich für das gesamte Verfahren, auch wenn die Betroffenen später eigene, gesonderte Anträge stellen oder eigene Stellungnahmen abgeben möchten usw. Die Betroffenen können eigene (individuelle) Anträge nur stellen und eigene Stellungnahmen nur dann abgeben, wenn sie vorher das Vertretungsverhältnis gem Abs 3 beendet haben (s dazu auch unten Rn 22ff).

11 **3. Bestimmung der „Massengrenze" (mehr als 50 Personen).** Die Anwendung des § 17 – Entsprechendes gilt auch für § 18 – setzt voraus, dass sich mehr als 50 Personen, dh also **mindestens 51 Personen** an einer Eingabe durch Leistung ihrer Unterschrift unter einen Text beteiligen oder gleichlautende Texte einreichen. Maßgeblich ist die **Zahl der Unterschriften zu einer gleichförmigen Eingabe,** nicht die Summe der Eingaben im gesamten Verfahren (StBS 15; UL § 45 Rn 13; Knack 10 mwN; wohl auch MB 4). Die Regelung ist über den zu engen Wortlaut hinaus auch dann anwendbar, wenn die Eingabe bzw die Eingaben nicht von allen Teilnehmern persönlich und einzeln unterzeichnet ist (sind), sondern von deren gesetzlichen Vertretern, also zB der Eltern (str, **aA** StBS 15). Es muss sich um eine schriftliche Eingabe handeln, die jedenfalls so substantiiert ist, dass sich die Behörde überhaupt sachlich mit ihr befassen muss (StBS 14). Bei der Berechnung der Zahl von mehr als 50 Personen kommt es nicht darauf an, ob die Teilnehmer an der Eingabe Beteiligte iS des § 13 sind.[5]

12 **a) Berechnungsfragen. Mitzuzählen** sind nach dem Zweck der Vorschrift **sämtliche Unterzeichner** der Eingabe, auch nicht-beteiligungsfähige (§ 11) und nicht-handlungsfähige (§ 12) Personen, sofern die fehlende Beteiligungsfähigkeit bzw Verfahrenshandlungsfähigkeit nicht aus der Eingabe ersichtlich oder der Behörde aus anderen Gründen bereits bekannt ist (str).[6] Wird die fehlende Handlungs- oder Beteiligungsfähigkeit später bekannt, so muss die Behörde von weiteren Maßnahmen gem § 17 gegen die betroffenen Personen bzw, wenn ohne diese die Mindestzahl von 51 Personen nicht mehr erreicht wird, auch im Verhältnis zu

---

[5] S oben Rn 3; ebenso UL § 45 Rn 16; StBS 15; Knack 10; zT **aA** Obermayer 17: Voraussetzung ist eine rechtlich geschützte Position. Letzteres ist nicht überzeugend, weil eine Sachprüfung erforderlich würde.

[6] Str, wie hier StBS 14; Knack 10; UL § 45 Rn 16; **aA** hins Beteiligungsfähigkeit Obermayer 14; MB 4; Schmel, Massenverfahren 77.

den übrigen Personen, Abstand nehmen, bzw, wenn eine Vertreterbestellung von Amts wegen bereits erfolgt ist, diese aufheben (letzteres **str**). Mitzuzählen sind außerdem **auch Personen, deren Namen oder Anschriften unleserlich** sind oder unvollständig angegeben sind (vgl Abs 2 S 2) oder deren Identität aus anderen Gründen zunächst nicht ohne weiteres feststellbar ist.[7]

b) Individuelle Bevollmächtigte. Nicht ausdrücklich geregelt ist die verfahrensrechtliche Stellung von Personen, die durch individuell bestellte Bevollmächtigte gem § 14 vertreten werden, dh nicht durch einen gemeinsamen Bevollmächtigten iS von Abs 1 letzter Halbs § 17 schließt diese Möglichkeit nicht aus. Für die **Zulässigkeit einer individuellen Bestellung Bevollmächtigter** sprechen außer verfassungsrechtlichen Gründen (s Rn 2) vor allem ein Vergleich der Regelung mit Abs 3 S 2 sowie nicht zuletzt auch der Zweck der Vorschrift, eine Sonderregelung für Fälle zu schaffen, in denen die Betroffenen sich nicht näher „engagieren"; gerade von fehlendem Engagement aber kann, wenn bereits ein Bevollmächtigter bestellt wurde, nicht mehr gesprochen werden. Wird ein Bevollmächtigter erst bestellt, nachdem bereits ein Vertreter nach Abs 1 bzw 4 benannt oder nach Abs 4 von Amts wegen eingesetzt worden war, so können die dargelegten Folgen erst eintreten, wenn der Vertretene das Vertretungsverhältnis nach Abs 3 beendet hat. Haben Antragsteller usw aber individuell oder auch gemeinsam Bevollmächtigte bestellt, so zählen sie bei der gem Abs 1 erforderlichen Schwellenzahl von 50 Personen nicht mit (im Erg auch StBS 15; Obermayer 23). Wird die Zahl 50 ohne sie nicht überschritten, so ist § 17 unanwendbar. 13

4. Gleichförmigkeit der Eingaben. Als gleichförmig iS von § 17 sind Anträge und (sonstige) Eingaben nur dann anzusehen, wenn sie alle **denselben (identischen) Text** – zB Text mit Unterschriftslisten oder gleichlautende gedruckte oder in anderer Weise (Fotokopien, maschinenschriftliche oder handschriftliche Abschriften) vervielfältigte Einwendungsformulare[8] uä – zum Gegenstand haben und die einzelnen Personen, die mitwirken, nur noch Namen, Anschrift und ggf sonstige, nicht die Sache selbst betreffende Angaben (zB Beruf, Vorbildung) hinzugefügt haben.[9] Entgegen dem Wortlaut der Vorschrift sind Abweichungen, die den Sinn der Eingabe unter keinem denkbaren Gesichtspunkt berühren können, als unerheblich anzusehen, zB Schreibfehler uä bei durch jeweiliges Abschreiben eines Textes vervielfältigten Texten. Sachliche **Ergänzungen oder Streichungen** schließen dagegen die Identität des Textes aus, auch wenn sie nebensächliche Fragen betreffen. **Nicht erforderlich** ist, dass der einheitliche Text für alle Unterzeichner usw in gleicher Weise zutrifft; insb sind auch besondere Ausführungen bezüglich einzelner Betroffener unschädlich, sofern sie Bestandteil des von allen unterzeichneten einheitlichen Textes sind. 14

Sind die Voraussetzungen der **Gleichförmigkeit nur für einen Teil** der Eingaben oder der Unterzeichner erfüllt, so ist § 17 nur auf diesen anwendbar, sofern der einheitliche Text jedenfalls noch von mindestens 51 Personen unterstützt wird (s oben Rn 11); bezüglich der übrigen Eingaben verbleibt es für die Behörde bei der Notwendigkeit, mit den einzelnen Personen bzw ihren Bevollmächtigten unmittelbar zu verhandeln usw. 15

5. Der Vertreter (Abs 1 S 1). a) Fiktion. Ist in den gleichförmigen Eingaben eine (natürliche, vgl Abs 1 S 2) Person als Vertreter bezeichnet, so hat diese Person unmittelbar Kraft Gesetzes die Position eines Vertreters mit den Befugnis- 16

---

[7] Ebenso UL § 45 Rn 16; Knack 3.1; StBS 15; **aA** Obermayer 24; Schmel, Massenverfahren 77.

[8] Obermayer 12; Henle DVBl 1983, 782; Knack 3.1; enger UL § 45 Rn 17; StBS 13: nur durch mechanische Vervielfältigung hergestellte Texte.

[9] Ebenso StBS 16; Knack 9; zT **aA** Obermayer 10; Henle DVBl 1983, 783: individuelle Zusätze sind zulässig, soweit sie sich in Grenzen halten.

sen nach § 19. Es gilt also die gesetzliche Fiktion, wonach die in den Eingaben als Vertreter bezeichnete Person auch tatsächlich mit entsprechender Vertretungsmacht ausgestattet wurde. Ein entgegenstehender oder fehlender Wille der Unterzeichner ist unbeachtlich. Voraussetzung für den Eintritt der Fiktion ist die Angabe des vollständigen Namens und der Anschrift. Das Fehlen der Berufsangabe ist unschädlich, wenn eine Verwechslungsgefahr nicht besteht (StBS 17). Der Vertreter muss selbst unterzeichnet haben. Die Angaben über den Vertreter müssen sich auf jeder Seite befinden, die eine Unterschrift trägt (Abs 2).

17 **b) Beendigung der Vertretung.** Bis zur Bestellung eines Vertreters von Amts wegen gem Abs 4 kann jeder Teilnehmer an einer Eingabe ohne Einschränkung eigene Anträge stellen, Ausführungen machen usw und dadurch, da dann Gleichförmigkeit in bezug auf seine Eingabe nicht mehr gegeben ist, einem Vorgehen der Behörde gem § 17 gegen ihn die Grundlage entziehen. Nach Benennung bzw Bestellung eines gemeinsamen Vertreters sind eigene, gesonderte Anträge oder Ausführungen grundsätzlich ausgeschlossen und unbeachtlich und daher auch ohne Einfluß auf die Vertretungsregelung (vgl § 19 Rn 5). Die Betroffenen können sich dieser Folge jedoch durch **Beendigung des Vertretungsverhältnisses gem Abs 3** entziehen und dann durch eigene Antragstellung usw auch die Gleichförmigkeit der Eingabe für ihren Teil im dargelegten Sinn aufheben, so dass die Behörde dann auch nicht mehr nach Abs 4 ihnen gegenüber vorgehen kann.

III. Nichtberücksichtigung gleichförmiger Eingaben (Abs 2)

18 **1. Unvollständigkeit der Angaben zum Vertreter (S 1 und 2).** Nach Abs 2 S. 1 ist die Behörde ermächtigt, Eingaben iS von Abs 1 gänzlich unberücksichtigt zu lassen, dh sie überhaupt nicht weiter zu behandeln, wenn sie den in S 1 näher bezeichneten Anforderungen nicht entsprechen. Die im einzelnen wenig klar gefasste Vorschrift ist vor allem als Sanktion für den Fall gedacht, dass die Personen, die sich an gleichförmigen Eingaben iS des Abs 1 beteiligen, auch auf einen entsprechenden Hinweis seitens der Behörde gem S 2 hin fehlende Angaben gem Abs 1 nicht nachtragen und insb keinen oder keinen gem Abs 1 S 2 geeigneten Vertreter benennen. **Bei anderen Form- oder sonstigen Fehlern** der Eingabe ist dagegen nicht nach Abs 2, sondern nach allgemeinen Grundsätzen (vgl § 25 Rn 8) zu verfahren. Die Entscheidung, ob bei Vorliegen eines der in S 1 bezeichneten Mängel eine Bekanntmachung nach Abs 2 S 2 ergehen soll, und ob, wenn daraufhin der Mangel nicht beseitigt wird, die Eingabe unberücksichtigt bleiben soll, liegt im **Ermessen der Behörde** (StBS 19; Obermayer 69; Knack 12; MB 7; kritisch Henle DVBl 1983, 782).

19 **a) Die Mängel im Einzelnen.** Welche Mängel die Behörde zu einem Vorgehen nach Abs 2 S 1 berechtigen, ergibt sich aus der Verweisung auf Abs 1 („Angaben nach Abs 1 S 1"). Das Fehlen der Berufsbezeichnung des Vertreters dürfte unerheblich sein, jedenfalls, wenn dadurch eine Verwechslungsgefahr nicht entstehen kann. Ebenso ergibt sich aus der Sonderregelung des Abs 2, S 3, dass Mängel, die sich nur auf Namen oder Anschrift sonstiger Personen, die die Eingabe machen, beziehen, insoweit ohne Bedeutung sind. Die **Angaben über den Vertreter** müssen **auf jeder Seite,** die eine Unterschrift eines der Unterzeichner trägt, enthalten sein. Damit soll sichergestellt werden, dass die Benennung des Vertreters durch jeden an der Eingabe Beteiligten durch seine Unterschrift bestätigt und anerkannt wird. Dem wird auch durch Unterschrift auf einem gesonderten Blatt, das für eine bestimmte Eingabe einen Vertreter benennt, genügt; nicht dagegen bei einer aus mehreren Seiten bestehenden Eingabe, wenn die Angaben auf einer vorausgehenden Seite enthalten sind. Ist die Eingabe in einen Textteil und einen Unterschriftenteil aufgeteilt, so reicht nach dem Wortlaut die Vertreterangabe auf dem Unterschriftenteil (so StBS 20). Zum Erfordernis, dass nur eine

natürliche Person Vertreter sein kann, vgl auch § 14 Rn 11 ff; dazu dass nur ein einziger Vertreter, nicht aber mehrere benannt werden können, s oben Rn 7.

b) Mitteilung an die Betroffenen (S 2). Bevor die Behörde berechtigt ist, gleichförmige Eingaben nach Abs 2 unberücksichtigt zu lassen, muss sie dies durch ortsübliche Bekanntmachung mitteilen. Dadurch wird den Betroffenen **Gelegenheit gegeben, den Mangel zu beheben,** insb, soweit dies noch nicht geschehen ist, die Behörde dies aber für erforderlich oder zweckmäßig hält, ggf einen Vertreter zu bestellen oder einem Bevollmächtigten zu benennen. Das schließt die Befugnis der Behörde nicht aus, in anderer Weise auf die Benennung eines Vertreters oder auf Beseitigung von sonstigen Mängeln hinzuwirken – dies wird je nach der Art des Mangels vielfach sogar der bessere und einfachere Weg sein –, sondern ist nur Voraussetzung für ein gänzliches Außerachtlassen der Eingabe. 20

c) Ortsübliche Bekanntmachung. Der Begriff der ortsüblichen Bekanntmachung entspricht dem in § 41 Abs 4 (s hierzu § 41 Rn 61); zu den insoweit geltenden besonderen Vorschriften für förmliche Verwaltungsverfahren s § 63 Rn 13f und für Planfeststellungsverfahren § 72 Rn 24. Obwohl § 17 nur von ortsüblicher Bekanntmachung spricht, ist es auch als ausreichend anzusehen, wenn die Behörde alle Betroffenen individuell verständigt; denn auf diese Weise wird der Zweck mindestens ebenso zuverlässig erreicht (ebenso UL § 45 Rn 39; Obermayer 17; offenbar **aA** Knack 12). **Inhalt der Bekanntmachung:** Die Bekanntgabe muss nach dem Zweck der Regelung nicht nur einen Hinweis auf das beabsichtigte Vorgehen der Behörde enthalten, sondern auch den Mangel bezeichnen, damit er allenfalls behoben werden kann, und eine angemessene Frist (vgl unten 25) zur Behebung setzen (ebenso Henle DVBl 1983, 783; Knack 12; MB 8). 20 a

d) Ermessen. Ob die Behörde bei unvollständigen Eingaben nach Abs 2 S 1 verfährt, steht in ihrem Ermessen. Dadurch soll ihr die Möglichkeit gegeben werden, im Einzelfall pragmatisch und unter Berücksichtigung verfahrensökonomischer Gesichtspunkte zu entscheiden. 20 b

2. Teilweise Nichtberücksichtigung (S 3). Abs 2 S 3 enthält eine dem S 1 entsprechende Regelung, die jedoch in der Wirkung auf die Person des einzelnen Teilnehmers an der Eingabe begrenzt ist. Eine ortsübliche Bekanntmachung ist insoweit nicht Voraussetzung, wohl aber idR ein vorheriger Hinweis auf den bestehenden Mangel, ggf verbunden mit Setzung einer angemessenen Frist zur Behebung. Dies gilt zumindest dann, wenn der Mangel behebbar ist und eine Mitteilung an den Betroffenen oder den nach Abs 1 benannten Vertreter unschwer möglich ist. Die **Verständigung des Betroffenen** dürfte auch unter allgemeinen rechtsstaatlichen Gesichtspunkten geboten sein (vgl zum insoweit vergleichbaren Petitionsrecht BVerwG DÖV 1976, 315; BVerfG 2, 229 ff; 13, 90). Wie bei S 1 ist auch bei S 3 die Entscheidung über das Vorgehen grundsätzlich in das **Ermessen der Behörde** (§ 40) gestellt. Soweit diese allerdings die erforderlichen Feststellungen unschwer, insb auch ohne wesentliche Mehrarbeit oder Kosten, auch selbst treffen kann, etwa durch einfache Rückfrage bei dem benannten Vertreter, ist die Nichtberücksichtigung der Eingabe idR ermessensfehlerhaft. 21

IV. Erlöschen der Vertretungsmacht (Abs 3)

1. Allgemeines. Abs 3 gibt sowohl dem Vertreter als auch den Vertretenen das Recht, durch einfache schriftliche Erklärung gegenüber der Behörde das Vertretungsverhältnis jederzeit zu beenden. Die Regelung gilt auch für einen gem Abs 4 von Amts wegen bestellten Vertreter (s unten Rn 25). Die Bestimmung, dass der Vertreter diese Erklärung **nur für alle Vertretenen** abgeben kann, ist verfassungsrechtlich im Hinblick auf Art 2 und 12 GG nicht unbedenklich, da sie den Vertreter uU zur Vertretung von Personen zwingt, deren Vertretung er ablehnt. Diesen Bedenken wird auch dadurch kaum ausreichend Rechnung getragen, dass 22 der Vertreter gem § 19 Abs 1 S 3 von Weisungen der Vertretenen freigestellt ist. Die Mitteilung nach Abs 3 S 2 soll der Behörde die Entscheidung erleichtern, ob sie den nicht mehr Vertretenen gem Abs 4 die Bestellung eines Vertreters aufgeben soll. Da es sich nur um eine Ordnungsvorschrift („soll") handelt, hat die Unterlassung der Mitteilung keine rechtlichen Folgen.

23 **Bis zur Bestellung eines neuen Vertreters** gem Abs 4 iVm Abs 1 oder eines Bevollmächtigten gem Abs 1 iVm § 14 durch jeden Einzelnen kann die Behörde das Verfahren nur mit den betroffenen Personen selbst fortführen. Die Behörde selbst kann die von ihr von Amts wegen gem Abs 4 vorgenommene Bestellung eines Vertreters, da diese ein VA ist (s unten Rn 26), nur noch gem §§ 48 ff aufheben. Zur Befugnis der Behörde, einen Vertreter zurückzuweisen s § 19 Abs 2 iVm § 14 Abs 5–7.

24 **2. Anwendbarkeit auf nach Abs 4 bestellte Vertreter.** Abs 3 ist trotz der systematischen Stellung vor Abs 4 verfassungskonform dahin zu verstehen, dass die Betroffenen wie auch der Vertreter selbst auch bei Bestellung eines Vertreters durch die Behörde nach Abs 4 von Amts wegen das Vertretungsverhältnis **durch einfache Erklärung gegenüber der Behörde** beenden können (ebenso StBS 24; Knack 13) und dass in diesem Fall die Behörde keine andere Sanktionsmöglichkeit hat, als ggf wiederum nach Abs 4 vorzugehen (ebenso UL 45 II 1 d; Obermayer 95; Knack 13). Nur mit dieser Beschränkung, die im übrigen auch in § 18 eine Parallele findet, erscheint Abs 4 verfassungskonform (vgl oben Rn 2). Die Entziehung der Vertretungsmacht ist auch in diesem Fall aus den dargelegten Gründen nicht an die Voraussetzung gebunden, dass die Betroffenen gleichzeitig von sich aus einen neuen Vertreter oder Bevollmächtigten benennen (str).

V. Bestellung eines neuen Vertreters (Abs 4)

25 **1. Allgemeines.** Abs 4 gibt der Behörde, wenn die Vertretung nach Abs 3 oder aus anderen Gründen (zB Tod des Vertreters) erlischt, die Befugnis, die Betroffenen zur Bestellung eines neuen Vertreters aufzufordern und nach Ablauf einer dafür gesetzten Frist ggf selbst von Amts wegen einen gemeinsamen Vertreter zu bestellen. Möglich ist auch die Wiederbestellung des bisherigen Vertreters. Zur **ortsüblichen Bekanntgabe** der Aufforderung vgl § 41 Rn 61.

26 **2. Rechtsnatur.** Die Aufforderung zur Bestellung eines Vertreters nach Abs 4 S. 1 stellt mangels Regelungs- und Bindungswirkung nur einen Vorbereitungspakt ohne VA-Qualität dar (hM, vgl. Knack 14; UL § 45 Rnr 25; Obermayer 115; **aA** Voraufl.). Dagegen wird die **Bestellung eines Vertreters von Amts wegen** zu Recht allgemein als **VA** angesehen (Knack 14; UL § 45 Rn 25; Schmel 89, 91; MB 13). Umstritten ist aber, ob § 44 a VwGO zur Anwendung kommt. Dies ist richtigerweise zu verneinen.[10] Eine Verpflichtung der als Vertreter bestellten Person zur Übernahme der Vertretung besteht auch in den Fällen des Abs 4 nicht. Auch für den zum Vertreter Bestellten ist die Bestellung ein VA (UL § 45 Rn 25; Knack 14 mwN); da er die Vertretung gem Abs 3 jedoch jederzeit niederlegen kann, würde für einen von ihm gegen seine Bestellung ergriffenen Rechtsbehelf idR das Rechtsschutzinteresse fehlen; **aA** UL § 45 Rn 25.

27 **3. Voraussetzungen.** Erforderlich für ein Vorgehen nach Abs 4 ist, dass zugleich auch die Voraussetzungen des Abs 1 erfüllt sind, dh insb, dass die Zahl der zu Vertretenden, unter Einbeziehung ggf der Personen, für die der Vertreter bereits bestellt ist, 50 übersteigt,[11] sowie dass das Verfahren sich nach wie vor auf

---

[10] Ebenso Schmel, Massenverfahren 89, 91; MB 13; zT **aA** UL § 45 Rn 25; Obermayer 128; Knack 14: zwar VA, gem § 44 a VwGO aber nicht getrennt von der Hauptsache anfechtbar.

[11] Obermayer 115; Knack 5 mwN; **aA** UL § 45 Rn 25: die Zulässigkeit der Aufforderung ist nicht von einer bestimmten Mindestzahl von Personen abhängig.

eine gleichförmige Eingabe bzw gleichförmige Eingaben bezieht. Personen, die nach Beendigung der Vertretung selbst oder durch einen Bevollmächtigten gesonderte, individuelle Eingaben mit abweichendem Inhalt gemacht haben, sind nicht mehr mitzuzählen; ggf ist hier jedoch § 18 anwendbar. Voraussetzung ist weiter, dass auch kein Bevollmächtigter gem Abs 1 S. 1 iVm § 14 bestellt ist. Ist auch nur eine dieser Voraussetzungen im Zeitpunkt der Entscheidung nicht mehr gegeben, so ist auch Abs 4 nicht mehr anwendbar (str).

Welche Frist als angemessen iS von S. 1 anzusehen ist, ist nach den Umständen des Falles (Zahl der Betroffenen, die sich auf einen gemeinsamen Vertreter einigen müssten, Wohnort usw) zu beurteilen. Vgl zur Aufforderung und ggf Fristsetzung auch § 15 Rn 5. Zur Verlängerung der Frist s § 31. Eine Vertreterbestellung, die zwar erst nach Ablauf der Frist, aber noch vor der Entscheidung der Behörde erfolgt, ist wirksam. Zur ortsüblichen Bekanntmachung der Aufforderung gem S 2, wenn mehr als 50 Personen betroffen sind, vgl Rn 20. 28

Abwendungsmöglichkeit. Die Betroffenen können sich den Konsequenzen nach Abs 4 selbst noch nach Ergehen einer Aufforderung zur Bestellung eines Vertreters und bis eine von Amts wegen erfolgte Vertreterbestellung wirksam wird bzw sie bindet (was, solange ein Rechtsbehelf gegen die Bestellung aufschiebende Wirkung hat, noch nicht der Fall ist) – verhältnismäßig leicht durch individuellen Vortrag oder Bestellung von Bevollmächtigten entziehen.[12] Andererseits ist die Behörde, auch wenn alle Voraussetzungen nach Abs 1 und 4 erfüllt sind, nicht verpflichtet, von ihrer Befugnis nach Abs 4 Gebrauch zu machen. Vielmehr steht die Entscheidung in ihrem Ermessen (§ 40). 29

Keine Anwendung findet Abs 4 ist auf Fälle, in denen vorher noch kein Vertreter von den Beteiligten benannt oder gem Abs 4 von der Behörde bestellt war. Hier besteht auch kein Bedürfnis für eine entsprechende Regelung, da Abs 2 als Sanktionsmöglichkeit genügt, um eine Vertreterbestellung zu erzwingen, wenn die Beteiligten ihre Eingabe weiterverfolgen wollen. 30

4. Zur Änderung der „Massenschwelle" in Abs 4. Bis 1996 wurden gleichförmige Verfahren erst ab einer Anzahl von 300 als „Massenverfahren" behandelt mit der Folge, dass die Aufforderung zur Bestellung eines gemeinsamen Vertreters (Abs 4) ebenso wie die Ladungen (§ 67 Abs 1 S 4), Zustellungen (§ 69 Abs 2 S 2 und Abs 3 S 2) sowie Benachrichtigungen und Zustellungen im Planfeststellungsverfahren (§ 73 Abs 5 S 2 Nr 4, Abs 6 S 4, § 74 Abs 5 S 1), anstelle der sonst erforderlichen individuellen Bekanntgabe durch allgemeine Bekanntmachung erfolgen konnten. Diese sog Massenschwelle wurde durch das GenBeschlG auf 50 herabgesetzt und damit derjenigen nach Abs 1 und § 18 Abs 1 sowie nach den §§ 56a, 65 Abs 3, 67a und 121 Nr 2 VwGO angepaßt. In § 93a VwGO wurde die Schwelle durch das 6. VwGO-Änderungsgesetz sogar auf 20 herabgesetzt. 31

§ 18 Vertreter für Beteiligte bei gleichem Interesse

(1) **Sind an einem Verwaltungsverfahren mehr als 50 Personen[4] im gleichen Interesse[5] beteiligt, ohne vertreten zu sein,[7] so kann die Behörde sie auffordern,[10] innerhalb einer angemessenen Frist einen gemeinsamen Vertreter zu bestellen,[12] wenn sonst die ordnungsmäßige Durchführung des Verwaltungsverfahrens beeinträchtigt wäre.[8] Kommen sie der Aufforderung nicht fristgemäß nach, so kann die Behörde von Amts wegen einen gemeinsamen Vertreter bestellen. Vertreter kann nur eine natürliche Person sein.**

---

[12] Ebenso UL § 45 Rn 25; Knack 14; Schleicher DÖV 1976, 553; Kopp DVBl 1980, 323: können sich auch gegenseitig zu Bevollmächtigten bestellen.

(2) **Die Vertretungsmacht erlischt, sobald der Vertreter oder der Vertretene dies der Behörde schriftlich erklärt;**[13] **der Vertreter kann eine solche Erklärung nur hinsichtlich aller Vertretenen abgeben. Gibt der Vertretene eine solche Erklärung ab, so soll er der Behörde zugleich mitteilen, ob er seine Eingabe aufrechterhält und ob er einen Bevollmächtigten bestellt hat.**

Parallelvorschriften: § 67 a VwGO

Schrifttum: S § 17

Übersicht

I. Allgemeines

1 **1. Inhalt.** Die Vorschrift verfolgt eine ähnliche Zielsetzung wie § 17 und stellt ebenfalls eine Sonderregelung für die **Vertretung in sog. Massenverfahren** dar. Anders als anch § 17 ist es für die Anwendung von § 18 erforderlich, dass mehr als 50 Personen **„im gleichen Interesse"** beteiligt sind. Außerdem ist § 18 nicht schon bei bloß tatsächlicher Teilnahme einer Vielzahl von Personen anwendbar, sondern nur in bezug auf **mehr als 50 Beteiligte iS von § 13** sowie insoweit ebenfalls als Beteiligte anzusehende Einwender iS von § 73 Abs 4 und von der Behörde zum Erörterungstermin gem § 73 Abs 6 geladene Betroffene in Planfeststellungsverfahren. Weiter hat die Anwendung von § 18 zur Voraussetzung, dass „sonst die ordnungsgemäße Durchführung des Verwaltungsverfahrens beeinträchtigt wäre". Im übrigen entspricht die Regelung weitgehend § 17; die Ausführungen zu dieser Vorschrift gelten daher sinngemäß auch für § 18. Zu den **verfassungsrechtlichen Bedenken** gegen die Regelung vgl § 17 Rn 2.

2 **2. Anwendungsbereich.** § 18 ist ebenso wie § 17 nur in Verwaltungsverfahren iS von § 9 anwendbar (UL § 45 Rn 10), einschließlich der förmlichen Verwaltungsverfahren gem §§ 63 ff, der Planfeststellungsverfahren gem §§ 72 ff und subsidiär auch im Widerspruchsverfahren gem §§ 68 ff VwGO (Kopp/Schenke vor § 68 Rn 98). Eine entsprechende Anwendung der Vorschrift auf Verfahren, die nicht dem VwVfG (oder einem entsprechenden Landesverfahrensgesetz) unterliegen, ist wegen des Ausnahmecharakters nicht möglich (str, vgl § 17 Rn 4). Die Verwaltungsverfahrensgesetze der Länder enthalten dem § 18 gleichlautende Vorschriften. Eine Ausnahme macht Hamburg. Dort gibt es eine § 18 entsprechende Regelung derzeit nicht.

II. Die Voraussetzungen des Abs 1

3 **1. Allgemeines.** Abs 1 ermächtigt die Behörde, die Beteiligten zur Bestellung eines gemeinsamen Vertreters **aufzufordern** und nach fruchtlosem Verstreichen

der dafür gesetzten Frist ggf selbst von Amts wegen einen Vertreter zu bestellen, wenn mehr als 50 Personen „im gleichen Interesse" beteiligt sind, ohne einen Vertreter zu haben, und wenn anderenfalls die ordnungsgemäße Durchführung des Verfahrens beeinträchtigt wäre.

2. Beteiligung von mehr als 50 Personen Die Regelung stellt auf das Bestehen einer formalen Beteiligtenstellung der Personen iSd § 13 ab. (UL § 45 Rn 28). Dass aufgrund der Betroffenheit in rechtlichen Interessen eine Hinzuziehung gem § 13 Abs 1 Nr 4, Abs 2 in Betracht kommt, genügt nicht, da die Betroffenen erst durch die Hinzuziehung Beteiligte werden (so zutreffend UL § 40 Rn 36; § 45 Rn 28; unklar ABegr 6 und Kopp, in: BVerwG-FS 1978, 398). Als Beteiligte idS sind auch die **Einwender** gem § 73 Abs 4 und Abs 6 und die **Betroffenen** iS von § 73 Abs 3 S 2 und Abs 6 bzw nach vergleichbaren Rechtsvorschriften anzusehen, und zwar die Einwender in entsprechender Anwendung § 13 Abs 1 Nr 1 ab dem Zeitpunkt des Eingangs ihrer Einwendungen bei der Behörde,[1] die in ihren Rechten Betroffenen, sofern sie nicht von der Behörde bereits vorher gem § 13 Abs 2 beigeladen wurden oder sich durch die Geltendmachung von Einwendungen am Verfahren beteiligt haben, jedenfalls ab dem Zeitpunkt ihrer Ladung zum Erörterungstermin gem § 73 Abs 4, in der (konkludent) ihre Beiladung zu sehen ist. Vgl im einzelnen 35 zu § 73. 4

3. Beteiligung im gleichen Interesse. „Im gleichen Interesse" beteiligt iS des Abs 1 sind Personen, die im wesentlichen das gleiche Interesse am Ergehen oder Nichtergehen des im Verfahren in Frage stehenden VA bzw an seinem Ergehen in modifizierter Form, mit Auflagen, Bedingungen usw, oder am Abschluss oder Nicht-Abschluss eines entsprechenden verwaltungsrechtlichen Vertrags haben (ebenso UL § 45 Rn 28; Henle DVBl 1983, 785; Schmel, Massenverfahren 101; StBS 3; Knack 6; Obermayer 16; MB 2), zB die von einem Planfeststellungsverfahren betroffenen Anlieger einer geplanten Anlage. 5

Nicht erforderlich ist, **dass alle im selben Umfang interessiert sind.** anwendbar ist die Regelung zB auch auf Eigentümer, deren Grundstücke in unterschiedlichem Ausmaß betroffen sind (vgl StBS 3; Knack 6 mwN). Gegenteilige Interessen aber schließen jedenfalls eine gemeinsame Vertretung aus; ebenso auch bloße Gleichartigkeit der Interessen im Hinblick auf verschiedene, wenn auch gleichgelagerte Angelegenheiten, zwischen denen kein unmittelbarer Zusammenhang besteht, zB bei verschiedenen Planfeststellungsverfahren für mehrere räumlich getrennte Straßen, auch wenn die Verfahren von der Behörde aus Gründen der Zweckmäßigkeit parallel oder gemeinsam durchgeführt werden. 6

4. Beteiligte ohne eigene Vertreter. Mit dem Hinweis auf die fehlende Vertretung ist klargestellt, dass **Personen, die einen Bevollmächtigten** nach § 14 **bestellt haben** oder einen Vertreter nach § 17 haben, nicht mitzuzählen sind, weshalb für sie auch kein Vertreter gem § 18 bestellt werden kann (UL § 45 Rn 28; Knack 7 mwN). Nach dem Zweck der Regelung steht ein gesetzlicher Vertreter einem Bevollmächtigten nach § 14 oder einem Vertreter nach § 17 nicht gleich (Knack 7). Dass der individuell Bevollmächtigte gemeinsamer Vertreter für alle in Frage stehenden Personen ist, ist nach dem klaren Wortlaut der Vorschrift nicht erforderlich (Knack 7; StBS 5; Obermayer 13; **aA** offenbar VGH München BayVBl 7

[1] Ebenso Fickert, Planfeststellung für den Straßenbau, 1978, 297; Ule/Laubinger, Gutachten B zum 52. DJT 36f; wohl auch StBS § 72 Rn 31; im Ergebnis im wesentlichen auch UL § 40 Rn 36; § 45 Rn 28: wie Beteiligte zu behandeln; zT weitergehend StBS 3; Knack 5 und MB 1: im Verfahren nach § 18 liegt zugleich uno actu eine Hinzuziehung gem § 13 Abs 2; Henle DVBl 1983, 785: § 18 eine Sondervorschrift mit beteiligungsrechtlichem Inhalt; vgl auch Knack 5: in der Behandlung von Eingaben und Einwendungen gem § 18 kann zugleich eine Hinzuziehung gem § 13 Abs 2 liegen; **aA** v Mutius DVBl 1978, 674: erst mit der Beiziehung.

1998, 151 für die wortgleiche Regelung in der BayBauO); die gegenteilige Auslegung der Regelung würde zwar im Interesse einer Verringerung der Zahl der Personen liegen, mit denen die Behörde das Verfahren durchführen muss, wie es letztlich der Zweck der §§ 17 und 18 ist; ein derart weitgehender Eingriff in bestehende Vertretungsverhältnisse wäre aber **verfassungsrechtlich bedenklich** und kann dem Gesetz nicht unterstellt werden. Ein dahingehender Wille des Gesetzgebers hätte auch zumindest ausdrücklich in der Vorschrift zum Ausdruck kommen müssen.

8 **5. Beeinträchtigung der Durchführung des Verwaltungsverfahrens.** Maßnahmen nach § 18 sind nur zulässig, wenn sonst die ordnungsgemäße Durchführung des Verwaltungsverfahrens beeinträchtigt wäre. Diese Einschränkung ist nicht nur dadurch bedingt, dass sich in den von der Vorschrift erfassten Fällen die Beteiligten idR in höherem Maße „engagieren" als bei Masseneingaben gem § 17 (ABegr 7); sie soll vor allem auch den **verfassungsrechtlichen Bedenken** gegen den Ausschluss des Rechts des Bürgers zur Wahrung seiner Rechte in eigener Person im Verfahren Rechnung tragen (vgl BVerfG 38, 111 zur ähnlich liegenden Situation im Prozessrecht). Es muss sich um eine auch durch geeignete organisatorische Vorkehrungen wie etwa das Zurückstellen weniger dringlicher Arbeiten, Bereitstellung eines größeren Verhandlungsraumes **wesentliche, nicht vermeidbare Beeinträchtigung** handeln.[2] Im Hinblick auf die Bedeutung des Rechts des Bürgers, seine Rechte in eigener Person wahrzunehmen, ist ein **strenger Maßstab** geboten (ebenso Knack 8).

III. Aufforderung zur Vertreterbestellung

9 **1. Allgemeines.** Liegen die Voraussetzungen des Abs 1 vor, so kann die Behörde die nicht vertretenen Beteiligten auffordern, einen Vertreter zu bestellen (Abs 1 S 1). Kommen die Beteiligten dieser Aufforderung nicht nach, so kann ein Vertreter von Amts wegen bestellt werden.

10 **2. Die Aufforderung.** Die Aufforderung zur Vertreterbestellung stellt nach hM keinen verfahrensrechtlichen VA dar, sondern eine vorbereitende Maßnahme, die gem § 44a VwGO nicht selbständig anfechtbar ist (StBS 7). Sie muss an jeden einzelnen Beteiligten persönlich gerichtet werden; eine öffentliche Aufforderung zur Vertreterbestellung ist nicht vorgesehen (UL § 45 Rn 29; Obermayer 21; Knack 10; StBS 7). Sie muss mit einer angemessenen Fristsetzung für die Vertreterbestellung verbunden werden, anderenfalls ist ein Vorgehen nach Abs 1 S 2 unzulässig. Auf die Rechtslage nach Abs 1 S 2 ist hinzuweisen (Obermayer 23).

11 Auch wenn alle in Abs 1 genannten Voraussetzungen erfüllt sind, liegt die **Entscheidung im Ermessen** (§ 40) der Behörde (Knack 12; zT enger Obermayer 23, 24; Henle DVBl 1983, 785). Im Zweifel sollte die Behörde – auch als nobile officium und weil die Bestellung eines Vertreters von Amts wegen die Fronten oft unnötig verhärtet und vielfach Rechtsbehelfe gegen die Aufforderung zur Bestellung eines Vertreters bzw gegen die Vertreterbestellung selbst wie auch gegen die Entscheidung in der Hauptsache geradezu provoziert – eher auf ein Vorgehen nach § 18 verzichten.

12 **3. Die Vertreterbestellung.** Kommen die nach Abs 1 S 1 aufgeforderten Beteiligten der Aufforderung zur Bestellung eines gemeinsamen Vertreters innerhalb einer von der Behörde gesetzten angemessenen Frist nicht nach, so kann die Behörde für sie nach Abs 1 S 2 eine natürliche Person (Abs 1 S 3) von Amts wegen als Vertreter bestellen. Kommt nur ein Teil der aufgeforderten Personen der Pflicht zur Bestellung eines gemeinsamen Vertreters nach, so kann eine Vertreter-

---

[2] Vgl ABegr 6: „Die Behörde hat in jedem Einzelfall zu prüfen, ob die Grenzen ihrer Arbeitskapazität die Anwendung des § 18 wirklich gebieten"; ebenso UL § 45 Rn 27; Knack 8; Obermayer 18–20.

bestellung von Amts wegen für die Übrigen nur erfolgen, wenn noch mehr als 50 unvertretene Personen übrig bleiben. Dieser Fall ist zwar in Abs 1 nicht ausdrücklich geregelt; die Lösung ergibt sich aber aus dem systematischen Zusammenhang von Abs 1 S 2 mit Abs 1 S 1 und Abs 2. Die **Vertreterbestellung ist VA;** umstritten ist, ob er von den betroffenen Beteiligten selbstständig angefochten werden kann. Dies ist richtigerweise zu bejahen (vgl auch § 17 Rn 26; **aA** Knack 11 iVm § 17 Rn 4).

IV. Beendigung der Vertretung (Abs 2)

Abs 2 regelt das Erlöschen der Vertretungsmacht eines von den Beteiligten selbst oder von der Behörde von Amts wegen bestellten Vertreters in wörtlicher Übereinstimmung mit § 17 Abs 3. Insoweit gelten die Ausführungen zu § 17 Abs 3 auch hier sinngemäß (vgl § 17 Rn 22). Durch die systematische Stellung der Regelung in Abs 2 im Anschluss an Abs 1 sowie durch den Wortlaut, der nicht nach der Art der Bestellung des Vertreters differenziert, ist dabei zugleich klargestellt (was bei § 17 Abs 3 str ist), dass auch die Bestellung des Vertreters von Amts wegen einer Beendigung des Vertretungsverhältnisses durch einfache Erklärung der Beteiligten – auch einzelner Beteiligter – nicht entgegensteht. 13

Die nicht mehr vertretenen Beteiligten kann die Behörde auch in diesem Fall nur nach Abs 1 zur Bestellung eines Vertreters auffordern und ggf wiederum von Amts wegen einen (anderen oder auch denselben) Vertreter bestellen, ein praktisch wenig befriedigendes Ergebnis, für das aber auch verfassungsrechtliche Gründe sprechen (vgl § 17 Rn 2). Vgl insoweit, insb auch zur Berechnung der Zahl der Beteiligten, für die eine Vertretung nach Abs 1 fortbesteht, bei der Feststellung der gem Abs 1 erforderlichen Mindestzahl der Beteiligten § 17 Rn 11 ff. 14

§ 19 Gemeinsame Vorschriften für Vertreter bei gleichförmigen Eingaben und bei gleichem Interesse

(1) **Der Vertreter hat die Interessen der Vertretenen sorgfältig wahrzunehmen.**[4 ff] **Er kann alle das Verwaltungsverfahren betreffenden Verfahrenshandlungen vornehmen. An Weisungen ist er nicht gebunden.**

(2) **§ 14 Abs 5 bis 7 gilt entsprechend.**[11]

(3) **Der von der Behörde bestellte Vertreter hat gegen deren Rechtsträger Anspruch auf angemessene Vergütung und auf Erstattung seiner baren Auslagen.**[14] **Die Behörde kann von den Vertretenen zu gleichen Anteilen Ersatz ihrer Aufwendungen verlangen.**[15] **Sie bestimmt die Vergütung und stellt die Auslagen und Aufwendungen fest.**

Schrifttum: S. § 17

Übersicht

I. Allgemeines

1 **1. Inhalt.** Die Vorschrift enthält gemeinsame Regelungen für die besonderen Vertreter nach § 17 und § 18 (UL § 45 Rn 32; Obermayer 3; StBS 1; Knack 2) und ergänzt insoweit die genannten Vorschriften. Die Vorschriften sind erforderlich, weil durch die Bestellung eines Vertreters von Amts wegen kein Vertragsverhältnis zwischen dem Vertreter und dem Vertretenen zustande kommt, aus dem sich entsprechende Rechte und Pflichten ergeben könnten. Zum Teil handelt es sich dabei um nicht unwesentliche Abweichungen von den für Bevollmächtigte gem § 14 geltenden Bestimmungen, die nach Abs 2 nur entsprechend anwendbar sind, soweit sich aus § 19 nichts anderes ergibt. Die Verpflichtung des Vertreters zur sorgfältigen Wahrnehmung der Interessen ergibt sich hier also unabhängig von der Rechtsbeziehung zwischen Vertreter und Vertretenen direkt aus dem Gesetz. Als wichtigster Unterschied zum Bevollmächtigten enthält die Bestimmung jedoch im Interesse der Vereinfachung des Verfahrens eine ausdrückliche **Freistellung von Weisungen** der Vertretenen (Abs 1 S 3) und weist dem Vertreter damit eine wesentlich stärkere Stellung als dem Bevollmächtigten nach § 14 zu.

2 Zu den **verfassungsrechtlichen Bedenken** gegen derartige Regelungen, die zT auf eine „Entmündigung" der Verfahrensbeteiligten hinauslaufen vgl § 17 Rn 2. Diese Bedenken werden jedoch dadurch gemildert, dass die Betroffenen durch Bestellung von Bevollmächtigten gem § 14 diese für sie einschneidenden Folgen vermeiden (s § 17 Rn 2) und zudem das Vertretungsverhältnis jederzeit aufheben können (vgl § 17 Abs 3, § 18 Abs 2).

3 **2. Anwendungsbereich.** Die Vorschrift gilt nur für die Fälle, in denen **besondere Vertreter nach den §§ 17 und 18** bestellt worden sind, unabhängig davon, ob eine (fiktive) Bestellung nach § 17 Abs 1, eine Bestellung durch die Vertretenen selbst nach § 17 Abs 4 S 1, § 18 Abs 1 S 1 oder eine Bestellung von Amts wegen nach § 17 Abs 4 S 3, § 18 Abs 1 S 2 handelt.[1] Dass auch die Vertretung durch den von den Beteiligten nach § 18 Abs 1 freiwillig bestellten gemeinsamen Vertreter umfasst wird, hat seinen Grund letztlich darin, dass hier eine Art kollektives Vertretungsverhältnis begründet wird, bei welchem Einzelweisungen, die sich uU widersprechen, vermieden werden sollen. Auf andere Fälle ist die Vorschrift nicht, auch nicht entsprechend anwendbar. Die Verwaltungsverfahrensgesetze der Länder enthalten wortgleiche Bestimmungen.

II. Rechte und Pflichten des Vertreters

4 **1. Allgemeines.** Vertreter gem § 17 bzw § 18 sind, wie § 19 klarstellt und auch schon die Bezeichnung andeutet, auch dann, wenn sie nicht von der Behörde, sondern von den Betroffenen selbst bestellt werden, nicht Bevollmächtigte iS von § 14, sondern haben die **Position eines gesetzlichen Vertreters** (StBS 3). Es handelt sich um mit besonderen Rechten ausgestattete und auch im Verhältnis zu den Vertretenen hins. der Wahrnehmung ihrer Aufgaben weitgehend selbständige Vertreter iwS für alle das Verfahren betreffenden Verfahrenshandlungen, einschließlich der Antragstellung, des Vortrags von Tatsachen, der Beendigung des Verfahrens durch Rücknahme des Antrags, Vergleich usw und der damit im Zusammenhang stehenden materiellrechtlichen Fragen,[2] nicht dagegen auch für die Einlegung von Rechtsbehelfen (Widerspruch, Klage) gegen die aufgrund des Verfahrens ergehende Sachentscheidung (StBS 7; UL § 45 Rn 33; Knack 4 mwN). **Umstritten** ist die Frage, ob der Vertreter auch der richtige Adressat für den das

---

[1] Allg Meinung; vgl nur StBS 1; Knack 2; Obermayer 3; UL § 45 Rn 32.

[2] UL § 45 Rn 33; Knack 2 und 4; MB 2; zT **aA** Obermayer 17: keine Befugnis zur Verfahrensbeendigung; es besteht indessen kein Grund, diese Möglichkeit des Vertreters auszunehmen, auch wenn ein diesbezügliches Recht des Vertretenen unberührt bleibt, s Rn 7.

Verfahren abschließenden VA ist, oder ob der VA den Vertretenen gegenüber bekanntzugeben ist. Letzteres wird teilweise aus dem Umstand geschlossen, dass in § 41 Abs 1 wohl der Bevollmächtigte, nicht aber der Vertreter genannt ist. Dieses Argument überzeugt nicht. Richterigerweise wird der VA dem Vertreter gegenüber bekanntzugeben sein (MB 4; Knack 4; insoweit **aA** StBS 7; Obermayer 20; Schmel, Massenverfahren 122; Kropshofer, Verwaltungsverfahren 264).

5 **a) Keine eigenen Handlungsrechte des Vertretenen.** Der Vertreter nach §§ 17, 18 tritt für das Verfahren grundsätzlich (zu Ausnahmen insb hins. verfahrensbeendender Erklärungen s unten Rn 7) **in vollem Umfang an die Stelle der Vertretenen,** die damit jedes Recht zu eigener Antragstellung, zu eigenen Ausführungen, Beweisanträgen usw, gem § 29 Abs 1 S 3 auch zur Akteneinsicht verlieren (ebenso UL § 45 Rn 37; Obermayer 35; Knack 5; MB 4) und auch von der Behörde nicht mehr persönlich im Rahmen der Gewährung rechtlichen Gehörs gehört werden müssen. Diese Folgerungen ergeben sich außer aus dem Begriff der Vertretung vor allem aus der Zwecksetzung der §§ 17–19 sowie aus dem Umstand, dass gem § 19 Abs 1 S 2 sogar Weisungen ausgeschlossen sind. Als mit dem Zweck der §§ 17 ff nicht vereinbar dürfte auch eine sinngemäße Anwendung von § 137 Abs 4 ZPO, wonach Parteien auch im Anwaltsprozess auf Antrag das Wort zu gestatten ist, abzulehnen sein.

6 **Unberührt** bleibt die **Befugnis der Behörde,** sich im Rahmen der Mitwirkungspflicht der Beteiligten gem § 26 Abs 2 auch an einzelne oder alle Beteiligte unmittelbar zu wenden. Zwar wird in Abs 2 nicht auf § 14 Abs 3 S 2 verwiesen, wo diese Befugnis der Behörde auch gegenüber den durch Bevollmächtigte vertretenen Beteiligten ausdrücklich erwähnt ist. Dies spricht aber nicht dagegen, da Grundlage dieser Befugnis nicht § 14 Abs 3, sondern § 26 Abs 2 ist (ebenso StBS 6 Knack 6; Obermayer 31).

7 **b) Dispositionsrecht des Vertretenen.** Unberührt bleibt das Recht der Betroffenen, selbst und ohne Zwischenschaltung des Vertreters ihre Beteiligung an Eingaben gem § 17 zurückzuziehen sowie verfahrensbeendende Erklärungen (vgl § 9 Rn 36) und alle sonstigen Erklärungen im Verfahren, die sie auch im VerwaltungsProzess in Verfahren mit Anwaltszwang selbst in eigener Person vornehmen könnten (vgl dazu Kopp/Schenke § 67 Rn 4), abzugeben (zT einschränkend UL § 45 Rn 37; Knack 7 mwN; MB 4). Es besteht kein Grund, der es rechtfertigen könnte, den Betroffenen im Verwaltungsverfahren Rechte zu verweigern, die die Rspr Beteiligten sogar im AnwaltsProzess zubilligt; bei Vertretern nach §§ 17 ff kommt hinzu, dass die Betroffenen sonst wegen des fehlenden Weisungsrechts überhaupt keine Möglichkeit hätten, ihre entsprechenden Rechte im Verfahren geltend zu machen, und dass die Einschaltung des Vertreters insoweit auch eine sinnlose Formalität wäre, da damit auch keine Entlastung der Behörde erreicht würde, wie sie das Ziel der §§ 17 ff ist.

8 **c) Pflichten des Vertreters.** Die **Freistellung von Weisungen** gem Abs 1 S 3 entbindet den Vertreter nicht von der allgemeinen, auch mit einer Vertretung idR verbundenen Verpflichtung zur **Information der Betroffenen** und zu sonstigen Kontakten mit ihnen vor der Vornahme wichtiger Verfahrenshandlungen, soweit solche Kontakte bei der Vielzahl der Vertretenen möglich und der Sache nach angemessen sind (Obermayer 26; Knack 8; vgl auch UL § 45 Rn 33: § 19 Abs 1 S 3 schließt dies nicht aus); die entsprechende Verpflichtung, deren Umfang im Einzelfall nach den gegebenen Umständen zu bemessen ist, ergibt sich auch aus der Verpflichtung des Vertreters zur Wahrnehmung der Interessen der Vertretenen gem Abs 1 S 1 (zT **aA** ABegr 6, wo darauf hingewiesen wird, dass die Probleme des Massenverfahrens nicht von der Behörde auf den Vertreter überwälzt werden dürfen).

9 Die **Sorgfaltspflicht des Vertreters** nach Abs 1 S 1 bei der Wahrung der Interessen der Betroffenen entspricht, abgesehen von den oben erwähnten Beson-

derheiten, grundsätzlich der Sorgfaltspflicht eines Bevollmächtigten nach § 14. Es handelt sich insoweit um eine **privatrechtliche Verpflichtung,** nicht um eine als Amtspflicht iS des § 839 BGB, Art 34 GG zu beurteilende Pflicht, deren Verletzung Grund für Ansprüche nach dem Amtshaftungsrecht geben könnte (UL § 45 Rn 36; StBS 5; Obermayer 14; Knack 9). Davon ist eine evtl Haftung der Behörde gem § 839 BGB, Art 34 GG im Zusammenhang mit der Bestellung eines Vertreters von Amts wegen zu unterscheiden.

10 **2. Haftungsfragen.** Das VwVfG enthält keine Vorschriften über die Haftung des Vertreters gegenüber den Vertretenen, sondern beschränkt sich auf die Bestimmung, dass der Vertreter die Interessen der Vertretenen sorgfältig wahrzunehmen hat (§ 19 Abs 1 S 1). Wegen der vergleichbaren Interessenlage und des Zusammenhangs der §§ 17ff mit § 16 ist bei einem von Amts wegen bestellten Vertreter **§ 16 Abs 4 iVm §§ 1908i, 1915, 1833 BGB analog anwendbar** (UL § 45 Rn 36; Obermayer 14; Knack 9; Schmel, Massenverfahren 117; **aA** Kropshofer, Verwaltungsverfahren 263). Der Vertreter haftet danach für den aus einer Pflichtverletzung entstehenden Schaden, sofern er vorsätzlich oder fahrlässig handelt. Daneben kommen uU Ansprüche aus **Amtshaftung** gem § 839 BGB, Art 34 GG gegen die Behörde wegen unsachgemäßer Auswahl des Vertreters in Betracht. Die Haftung des von den Vertretenen selbst bestellten bzw des gem § 17 Abs 1 als ihr Vertreter geltenden Vertreters richtet sich allein nach dem zugrundeliegenden Auftragsverhältnis, allerdings stets modifiziert durch die nach Abs 1 S 3 bestehende Weisungsfreiheit. Der Vertreter haftet danach ebenfalls für Vorsatz und Fahrlässigkeit (vgl UL § 45 Rn 36).

III. Zurückweisung von Vertretern (Abs 2)

11 Nach Abs 2 sind die Bestimmungen über die **Zurückweisung von Bevollmächtigten** gem § 14 Abs 5–7 auch auf Vertreter gem § 17 bzw § 18 sinngemäß anwendbar (UL § 45 Rn 34; StBS 10; Knack 4 mwN; **aA** Obermayer 33: bei amtlich bestellten Vertretern nur Widerruf der Bestellung). Darüber hinaus kommt eine sinngemäße Anwendung aber auch für andere in § 14 enthaltene Bestimmungen in Betracht, soweit der Zweck oder Besonderheiten der Regelung in den §§ 17–19 nicht entgegenstehen, zB die Anwendung der Grundsätze über die Vollmacht, wenn der Vertreter von den Betroffenen selbst bestellt wird.

12 **Unzulässig** wäre dagegen, da im Widerspruch zu § 19 Abs 1, eine **inhaltliche Beschränkung der Vollmacht** des Vertreters durch die Vertretenen. Anders bei Bestellung des Vertreters von Amts wegen; da die Bestellung im Ermessen der Behörde steht, ist diese auch als befugt anzusehen, sie zB auf einen Verfahrensabschnitt, etwa auf die mV, zu beschränken (str). Ausdrücklich geregelt ist in § 17 Abs 1 S 2 und § 18 Abs 1 S 3, dass als Vertreter nur natürliche Personen in Betracht kommen.

13 Die **Aufhebung** der Bestellung eines Vertreters gem § 17 oder § 18 **läßt** die von diesem zwischenzeitlich vorgenommenen **Rechtshandlungen unberührt** (Knack 6: ein allgemeiner Rechtsgedanke analog § 115 BGB aF, § 32 FGG; ebenso Obermayer 41).

IV. Vergütungs- und Erstattungsanspruch (Abs 3)

14 Abs 3 gibt dem von der Behörde bestellten Vertreter einen **Anspruch auf angemessene Vergütung** und auf Erstattung seiner Auslagen. Die Bestimmung entspricht weitgehend der in § 16 Abs 3 getroffenen Regelung, so dass auf die Erläuterung dazu zu verweisen ist (vgl § 16 Rn 28ff). Der Anspruch richtet sich gegen den Rechtsträger, dem die Behörde angehört. Ein sachlicher Grund für die unterschiedliche Fassung der Vorschriften in § 16 Abs 3 und § 19 Abs 3 ist nicht ersichtlich. Bei Behörden, die Funktionen mehrerer Rechtsträger wahrnehmen

(zB das Landratsamt als staatliche Behörde und als Behörde des Landkreises), richtet sich der Anspruch gegen den Rechtsträger, dessen Funktionen wahrgenommen werden (Obermayer 47; StBS 11 iVm § 16 Rn 29: dessen Behörde das Ersuchen gestellt hat).

Die **Ersatzpflicht gegenüber der Behörde** trifft die Vertretenen – anders als nach § 16 Abs 3, wo eine entsprechende Regelung fehlt – nach S 2 zu gleichen Teilen; dies gilt angesichts des klaren Wortlauts auch dann, wenn die Vertretenen am Ausgang des Verfahrens in unterschiedlichem Ausmaß interessiert sind, etwa, weil die Größe der betroffenen Grundstücke verschieden ist. Dies erscheint als eine wenig angemessene Regelung, deren Vereinbarkeit mit dem Gleichheitsgebot des Art 3 GG zweifelhaft ist. Die damit verbundene typisierende Betrachtungsweise erscheint aber deshalb vertretbar, weil bei gleichförmigen Eingaben nach § 17 oder gleichen Interessen anch § 18 eine Differenzierung nicht geboten sein dürfte.[3] 15

Keine Anwendung findet Abs 3 auf einen von den Antragstellern usw gem § 17 bzw den Beteiligten selbst gem § 18 bestellten Vertreter, auch nicht auf den Unterzeichner eines Antrags usw, der gem § 17 Abs 1 kraft Gesetzes als Vertreter gilt (vgl UL § 45 Rn 35). Für einen evtl Anspruch auf Vergütung und Auslagenersatz gelten hier ausschließlich die Vereinbarung des zugrundeliegenden Auftragsverhältnisses (ebenso UL § 45 Rn 35; StBS 11; Knack 11; MB 59), und zwar, je nach den getroffenen Vereinbarungen zwischen den Beteiligten, die Vorschriften über den **Geschäftsbesorgungsvertrag** (§§ 675, 612, 632 BGB) oder über den Auftrag (§§ 662, 670 BGB). 16

§ 20 Ausgeschlossene Personen

(1) **In einem Verwaltungsverfahren darf für eine Behörde nicht tätig werden,**
1. wer selbst Beteiligter ist;[15]
2. wer Angehöriger eines Beteiligten ist;[18]
3. wer einen Beteiligten kraft Gesetzes oder Vollmacht allgemein oder in diesem Verwaltungsverfahren vertritt;[19]
4. wer Angehöriger einer Person ist, die einen Beteiligten in diesem Verfahren vertritt;[23]
5. wer bei einem Beteiligten gegen Entgelt beschäftigt ist oder bei ihm als Mitglied des Vorstands, des Aufsichtsrates oder eines gleichartigen Organs tätig ist; dies gilt nicht für den, dessen Anstellungskörperschaft Beteiligte ist;[24]
6. wer außerhalb seiner amtlichen Eigenschaft in der Angelegenheit ein Gutachten abgegeben hat oder sonst tätig geworden ist.[29]

Dem Beteiligten steht gleich, wer durch die Tätigkeit oder durch die Entscheidung einen unmittelbaren Vorteil oder Nachteil[33] **erlangen kann. Dies gilt nicht, wenn der Vor- oder Nachteil nur darauf beruht, dass jemand einer Berufs- oder Bevölkerungsgruppe angehört, deren gemeinsame Interessen durch die Angelegenheit berührt werden.**[38]

(2) **Absatz 1 gilt nicht für Wahlen zu einer ehrenamtlichen Tätigkeit und für die Abberufung von ehrenamtlich Tätigen.**[44]

(3) **Wer nach Absatz 1 ausgeschlossen ist, darf bei Gefahr im Verzug unaufschiebbare Maßnahmen treffen.**[47]

(4) **Hält sich ein Mitglied eines Ausschusses (§ 88) für ausgeschlossen oder bestehen Zweifel, ob die Voraussetzungen des Absatzes 1 gegeben sind, ist dies dem Vorsitzenden des Ausschusses**[52] **mitzuteilen. Der Aus-**

---

[3] Ebenso StBS 12; Knack 11; Obermayer 55.

schuss entscheidet über den Ausschluss.[52] **Der Betroffene darf an dieser Entscheidung nicht mitwirken. Das ausgeschlossene Mitglied darf bei der weiteren Beratung und Beschlussfassung nicht zugegen sein.**

(5) **Angehörige**[54 a] **im Sinne des Absatzes 1 Nr. 2 und 4 sind:**

1. der Verlobte,
2. der Ehegatte,
3. Verwandte und Verschwägerte gerader Linie,
4. Geschwister,
5. Kinder der Geschwister,
6. Ehegatten der Geschwister und Geschwister der Ehegatten,
7. Geschwister der Eltern,
8. Personen, die durch ein auf längere Dauer angelegtes Pflegeverhältnis mit häuslicher Gemeinschaft wie Eltern und Kind miteinander verbunden sind (Pflegeeltern und Pflegekinder).

Angehörige sind die in Satz 1 aufgeführten Personen auch dann, wenn

1. in den Fällen der Nummern 2, 3 und 6 die die Beziehung begründende Ehe nicht mehr besteht;
2. in den Fällen der Nummern 3 bis 7 die Verwandtschaft oder Schwägerschaft durch Annahme als Kind erloschen ist;
3. im Falle der Nummer 8 die häusliche Gemeinschaft nicht mehr besteht, sofern die Personen weiterhin wie Eltern und Kind miteinander verbunden sind.

Parallelvorschriften: § 16 SGB X; §§ 82, 84 AO; § 54 VwGO

Schrifttum: *Alscher,* Willensmängel bei kollegialem Verwaltungshandeln, NJW 1972, 800; *Berkemann,* Fairneß als Rechtsprinzip, JR 1989, 221; *Borchmann,* Interessenkollision im Gemeinderecht, NVwZ 1982, 17; *Broß,* Probleme des Kommunalrechts. 2. Befangenheit, VerwArch 1989, 150; *Foerster,* Die unentdeckte Befangenheit, VR 1987, 111; *Geiger,* Ausgeschlossene Personen im Verwaltungsverfahren, JA 1985, 169; *Geiger,* Ausgeschlossene Personen im Verwaltungsverfahren, JA 1985, 169; *Glage,* Mitwirkungsverbote in den GemOen, 1995, zugl Diss Göttingen 1994; *Hager,* Grundfragen der Befangenheit von Gemeinderäten, VBlBW 1994, 263; *Hammer,* Interessenkollision im Verwaltungsverfahren, insbesondere der Amtskonflikt, 1989; *Hassel,* Die Bedeutung des Unmittelbarkeitskriteriums für eine interessengerechte Anwendung der kommunalen Befangenheitsvorschriften, DVBl 1988, 711; *Jäde,* Befangenheitsschranken behördlicher Beratungspflicht, BayVBl 1988, 264; *Jebens,* Ausschließung und Ablehnung beteiligter Personen usw, PrVBl 1905, 321; *Kazele,* Interessenkollision und Befangenheit im Verwaltungsrecht, 1990, zugl Diss Gießen 1989; *Kirchhof,* Die Bedeutung der Unbefangenheit für die Verwaltungsentscheidung, VerwArch 1975, 370; *Kopp,* Befangenheit öffentlicher Amtsträger gem § 20 Abs 1 Nr 5 VwVfG bei gleichzeitiger Wahrnehmung eines Aufsichtsratsmandats, WuV 1983, 226; *ders,* Die Anwendbarkeit des § 20 VwVfG auf die Mitwirkung privatrechtlich organisierter Träger öffentlicher Aufgaben an Verwaltungsverfahren – dargestellt am Beispiel der Landsiedlung Baden-Württemberg, AgrarR 1984, 145; *ders,* Die Ablehnung befangener Amtsträger im Verwaltungsverfahrensrecht, BayVBl 1994, 109; *Maier;* Befangenheit im Verwaltungsverfahren, 2000, zugl Diss Heidelberg 1999; insbes mit Blick auf die Regelungen in anderen Staaten der EU; *Molitor,* Der Unmittelbarkeitsbegriff in der kommunalen Befangenheitsvorschrift und der Ausschluss bei der Flächennutzungsplanung, JA 1992, 303; *ders,* Die Befangenheit von Gemeinderatsmitgliedern, 1993, zugl Diss. Passau 1993; *v Mutius,* Voraussetzungen und Rechtsfolgen der Interessenkollision bei Mitwirkung an Entscheidungen im Bereich der kommunalen Bauleitplanung, VerwArch 1974, 429; *Roeper,* Kommunale Befangenheit von Aufsichtsratsmitgliedern, MDR 1984, 632; *Scheuing,* Der Amtskonflikt als Ausschlussgrund im Verwaltungsverfahrensrecht, NVwZ 1982, 489; *Schink,* Befangenheit von Rats- und Ausschussmitgliedern, NWVBl 1989, 109; *Steimel,* Rechtsfolgen der Befangenheit von Mitgliedern eines Kollegialorgans, Vr 1981, 381; *Trute/Pfeifer,* Schutz vor Interessenkollisionen im Rundfunkrecht: Zu § 53 NWLRG, DÖV 1989, 192; *v Turegg,* Verwaltungsentscheidungen in eigener Sache, NJW 1955, 81; *Ule/Becker,* Verwaltungsverfahren im Rechtsstaat, 1964, 30; *Wais,* Gefahr von Interessenkollisionen bei gleichzeitiger Wahrnehmung eines öffentlichen Amtes und eines Aufsichtsratsmandats?, NJW 1982, 1263; *Wenzel,* Amtsausübung und Interessenkollision, DÖV 1976, 411; *Wimmer,* Der befangene Amtsträger im behördlichen Verfahren, MDR 1962, 11.

Übersicht

I. Allgemeines

1 **1. Inhalt.** Die Vorschrift regelt zusammen mit § 21 – für förmliche Verfahren auch mit §§ 65 Abs 1 und 71 Abs 3 – den **Ausschluss von Personen wegen Befangenheit** bzw wegen Besorgnis der Befangenheit. Sie soll das Verwaltungsverfahren im Interesse der optimalen Aufgabenerfüllung und des Rechtsschutzes des Bürgers von möglichen sachfremden Einflüssen von Seiten der am Verfahren mitwirkenden Amtsträger freihalten und damit auch insoweit ein rechtsstaatlich einwandfreies Verfahren garantieren und nicht nur Parteilichkeit, sondern auch den „bösen Schein“ von Parteilichkeit ausschließen (Knack 2; MB 1; MK 43 II 2b; Kopp 46, 88). Bei Vorliegen der Voraussetzungen des § 20 ist eine Person **kraft Gesetzes ausgeschlossen;** einer besonderen Entscheidung bedarf es anders als in den Fällen der Besorgnis der Befangenheit nach § 21 nicht.

2 **a) Vergleichbare Vorschriften.** Die Regelung lehnt sich an ähnliche Vorschriften des **Prozessrechts** (vgl § 54 VwGO iVm §§ 41 ff ZPO) und des **Kommunalrechts** (vgl v Mutius VerwArch 1974, 429; Broß VerwArch 1989, 150 mwN) an und entspricht weitgehend dem vor Inkrafttreten des VwVfG geltenden Recht (vgl den historischen Abriss bei Maier 49; Wais NJW 1982, 1263), für das die Erfordernisse im einzelnen jedoch, insb auch die Frage, ob die Beteiligten ein förmliches Ablehnungsrecht haben (s dazu unten Rn 3; § 21 Rn 2), zT str waren.[4] Ähnliche Rechtsvorschriften enthalten die Gemeindeordnungen der Länder in Bezug auf die Befangenheit von Ratsmitgliedern (vgl Schmidt-Aßmann, Kommunalrecht in BvR Rn 60). Das Erfordernis der Unbefangenheit findet sich auch in den Regelungen des Beamtenrechts, zB in §§ 52, 59 BBG, § 25 BRRG. Wegen der vergleichbaren Rechtssituation ist auch die Rspr und das Schrifttum zu diesen Gesetzen bei der Auslegung der §§ 20 f. und ähnlichen Bestimmungen verwertbar. Ergänzend zu § 20 sieht § 21 den Ausschluss von Personen durch besondere Anordnung des Behördenleiters usw in sonstigen Fällen vor, in denen Befangenheit zu besorgen ist.

3 **b) Berücksichtigung von Amts wegen.** Liegt ein Ausschlussgrund nach § 20 vor, so darf die betroffene Person im Verwaltungsverfahren nicht (mehr) tätig werden. Einer besonderen Entscheidung über den Ausschlussgrund bedarf es nicht. Anders als im Prozessrecht ist auch **kein förmliches Recht auf** Ablehnung von Amtsträgern wegen Befangenheit vorgesehen. Hierauf gerichtete Anträge von Beteiligten sind als Anregung zu verstehen. Ein förmliches Ablehnungsrecht der Beteiligten läßt sich auch nicht aus dem Rechtsstaatsprinzip herleiten (str; s auch unten Rn 4). Praktisch sind jedoch die Betroffenen aufgrund ihrer Mitwirkungspflichten (s dazu § 24 Rn 20) gehalten, ihnen bekannte **Befangenheits- und**

---

[4] Vgl BVerwGE 12, 273; 16, 153; 29, 75; 38, 105; 43, 43; M 71; Bachof DÖV 1972, 276; Ule/Becker 30 ff; Becker DÖV 1970, 734; Lorenz 258; bejahend hins. eines Ablehnungsrechts der Beteiligten VGH Kassel JZ 1971, 257; Kopp 45, 88; für Prüfungen auch OVG Lüneburg DÖV 1974, 67; OVG Hamburg NJW 1970, 910; Besche DÖV 1972, 636; für „nicht nachvollziehbare Rechtsentscheide“ und „nicht rückholbare Realwirkungen“ auch Kirchhof VerwArch 1975, 382; zT **aA** BSG 24, 136; 26, 173; offenbar auch BVerwGE 70, 144: das Gebot der Unbefangenheit und Unvoreingenommenheit ist nur insoweit eine Verfahrensvorschrift, als es in besonderen Verfahrensvorschriften wie in §§ 20 f. VwVfG niedergelegt ist.

Ablehnungsgründe unverzüglich geltend zu machen, um das Recht zu späterer Geltendmachung, insb im Rechtsbehelfsverfahren, nicht zu verlieren (Vgl OVG Koblenz DVBl 1999, 1597; StBS § 21 Rn 15; Kopp BayVBl 1994, 109). S. dazu auch unten Rn 57.

Auch ein **Recht auf Selbstablehnung** ist im Gesetz nicht ausdrücklich vorgesehen. Im Hinblick auf den Schutz des Persönlichkeitsrechts gem Art 1 Abs 1, Art 2 Abs 1 GG und den Zweck des § 20, den Betroffenen Gewissenskonflikte zu ersparen, ist ein solches Recht betroffener Amtsträger und entsprechend dazu das Recht gegenüber dem Behördenleiter bzw dem Dienstherrn auf Freistellung von einer Mitwirkung in Verfahren, in denen sie nach § 20 ausgeschlossen sind oder sich iS von § 21 aus vertretbaren Gründen betroffen fühlen, anzuerkennen. Dies gilt nicht nur für **Mitglieder eines Ausschusses,** für die Abs 4 S 1 eine entsprechende Mitteilungspflicht ausdrücklich vorschreibt und damit mittelbar auch das entsprechende Recht anerkennt, sondern analog dazu auch in sonstigen Verfahren. Dem Recht entspricht auch insoweit eine **Verpflichtung zur Selbstablehnung** im Interesse des Zwecks der §§ 20 und 21 (ebenso StBS 4). 4

Kein Einsatzrecht des unbefangenen Amtsträgers. Auch die §§ 20f vermitteln dem einzelnen Amtsträger kein Recht darauf, in allen Verfahren, in denen die Voraussetzungen gem §§ 20f tatsächlich nicht gegeben sind, plangemäß eingesetzt zu werden (VGH München BayVBl 1992, 470; zT **aA** Kösling NVwZ 1994, 457). Vor allem auch im Interesse der Akzeptanz der Verwaltungsentscheidung und der Vermeidung unnötiger nachträglicher Rechtsschutzverfahren kann es, vor allem in Grenzfällen, zweckmäßig sein, wenn statt des „an sich zuständigen" Behördenbediensteten dessen Vertreter oder ein vom Behördenleiter ad hoc beauftragter anderer Behördenbediensteter tätig wird (s auch unten Rn 59, 64f). Das Verwaltungsverfahrensrecht kennt jedenfalls grundsätzlich **keinen Anspruch auf den „gesetzlichen" Amtsträger** analog zum gesetzlichen Richter gem Art 101 Abs 1 GG (s unten Rn 64). 5

2. Unbefangenheit als rechtstaatliches Gebot. Die §§ 20 und 21 und ähnliche Vorschriften sind eine Folgerung aus dem Rechtsstaatsprinzip,[5] aus in der Sache betroffenen Grundrechten (Kopp 45; Kösling NVwZ 1994, 455), insb auch aus dem Gleichheitsgebot des Art 3 GG, und aus den vor allem aus dem Rechtsstaatsprinzip abzuleitenden Prinzipien der Verfahrensgerechtigkeit und eines fairen Verfahrens (Erichsen/Ehlers § 35 Rn 7; vgl auch Kösling NVwZ 1994, 455). Sie sollen „ein faires, objektives und unparteiisches Verwaltungsverfahren dadurch gewährleisten ..., dass nur solche Bedienstete einer Behörde tätig werden, auf deren notwendige Distanz zur Sache und Unbefangenheit vertraut werden kann" (VGH München BayVBl 1992, 470). Dabei sollen sie zugleich auch, ähnlich wie die entsprechenden Vorschriften des Prozessrechts, sicherstellen, dass das Handeln der Behörden im Interesse der optimalen Erfüllung öffentlicher Aufgaben (vgl Di Fabio VerwArch 1990, 214) sowie der Gesetzmäßigkeit der Verwaltung und des Rechtsschutzes des Bürgers nach Möglichkeit von persönlich-subjektiven Einflüssen freigehalten wird[6] und auch der „böse Schein" möglicher Parteilichkeit vermieden wird;[7] sie sollen außerdem auch den Amtsträgern ggf 6

---

[5] Vgl BVerwGE 70, 143 = BVerwG NVwZ 1985, 187; Ule/Becker 30; Kirchhof VerwArch 1979, 370; Kösling NVwZ 1994, 455; Kopp 45, 8.

[6] BVerwGE 69, 263 – soll ein unparteiisches Verwaltungsverfahren sichern; VGH München BayVBl 1992, 470; UL § 12 Rn 1; StBS 1; Kösling NVwZ 1994, 455; ebenso zum bish Recht BVerwGE 43, 44; Lüneburg VRspr 25, 951; v Mutius VerwArch 1974, 429ff mwN; Kopp 46, 88; ebenso auch schon PrOVG PrVBl 43, 33 und PrOVGE 99, 195, 220.

[7] BVerwGE 69, 266; 75, 230 = DÖV 1988, 563; OVG Koblenz NVwZ-RR 1990, 271; VGH Mannheim NVwZ-RR 1993, 504; VG Minden NVwZ-RR 1990, 273; Kopp 46, 88; Scheuing NVwZ 1982, 489; Knack 2 mwN; vgl auch BVerwG 43, 43; OVG Lüneburg NVwZ 1982, 44, 200; VGH Kassel HessVRspr 1976, 74; v Mutius JuS 1979, 39.

Gewissenskonflikte ersparen (vgl Begr 45; MuE 112; UL § 12 Rn 1; Obermayer 3; Knack 2; zum Kommunalrecht auch OVG Koblenz NVwZ-RR 1990, 271). § 20 formuliert deshalb absolute Befangenheitsgründe, die eine tatsächliche Befangenheit oder deren Besorgnis nicht voraussetzen.

6a **3. Europäisches Recht.** „Das Prinzip der Unbefangenheit im Verwaltungsverfahren kann ... als gemeinsames Gut europäischer Rechtstradition bezeichnet werden". Dies ist das Ergebnis einer vergleichenden Untersuchung T. Maiers zu dem in den Mitgliedsstaaten der EU geltenden Recht.[8] In der Rspr des EuGH gelangt der **Grundsatz der Unparteilichkeit** im Verwaltungsverfahren als allgemeiner Grundsatz rechtstaatlichen Verwaltungsverfahrens zum Ausdruck (EuGH NVwZ 1992, 358; EuZW 1996, 660, 666). Er ist damit auch Bestandteil des europäischen Verwaltungsverfahrensrechts (vgl Art 41 Abs 1 der EU-Grundrechts-Charta).

7 **4. Anwendungsbereich.** Die §§ 20f. gelten unmittelbar nur im Anwendungsbereich des VwVfG und nur vorbehaltlich inhaltsgleicher oder entgegenstehender Vorschriften in anderen Bundesgesetzen und sonstigen bundesrechtlichen Rechtsvorschriften (s zB § 65 Abs 1 S 3 BHO). Die Verwaltungsverfahrensgesetze der Bundesländer enthalten im wesentlichen inhaltsgleiche Bestimmungen. Die §§ 20f. betreffen unmittelbar nur Verfahren iS von § 9, sind als **Ausdruck allgemeiner Rechtsgedanken** zumindest analog aber auch auf die informelle „Vorklärungsphase" eines Verwaltungsverfahrens (Scheuing NVwZ 1982, 488; str), außerdem grundsätzlich auch auf **jede andere Verwaltungstätigkeit,** zB auf VA-ähnliche Verwaltungshandlungen, wie die dienstliche Beurteilung eines Beamten (**aA** BVerwG DVBl 1987, 1160: nicht anwendbar, da kein VA), auf schlichthoheitliches Handeln und auf **verwaltungsprivatrechtliches Handeln** zur Erfüllung öffentlicher Aufgaben anwendbar (Achterberg JA 1985, 510; v Zezschwitz NJW 1983, 1881; StBS 19; Knack 5).

8 **Sonderregelungen** bestehen außerdem für die Ablehnung von Sachverständigen (§ 65 Abs 1 S 2) und von Mitgliedern eines Ausschusses (§ 71 Abs 3) in förmlichen Verwaltungsverfahren gem §§ 63ff. Zur Anwendbarkeit auf **Beschlusswahlen** (§ 92) s Abs 2 (dazu unten Rn 44ff). Zu **Ausschließungsregelungen des Beamtenrechts,** die inhaltlich weitgehend §§ 20f entsprechen, jedoch nur das Verhältnis zwischen dem Dienstherrn und dem Beamten, nicht das Außenverhältnis zum Bürger regeln (und sich darauf allenfalls mittelbar unter dem Gesichtspunkt der Amtshaftung gem § 839 BGB, Art 34 GG auswirken, § 59 BBG, § 35 BRRG sowie dazu Wenzel DÖV 1976, 411).

9 **5. Die institutionelle Befangenheit** von öffentlichen Rechtsträgern, Behörden und anderen öffentlichrechtlichen Einrichtungen, die sich nicht aus der besonderen persönlichen Situation der einzelnen Amtsträger, sondern aus dem spezifischen Eigeninteresse der Behörden und ihrer Rechtsträger ergibt, ist im VwVfG nicht geregelt. Grundsätzlich ist es die Aufgabe öffentlicher Rechtsträger, Behörden usw, ihre Aufgaben effektiv wahrzunehmen. Es bestehen daher zB auch unter rechtsstaatlichen Gesichtspunkten keine Bedenken, wenn eine Behörde ihre Aufgaben **„engagiert" wahrnimmt,** auch wenn sie dabei die von ihr durchzusetzenden oder zu wahrenden öffentlichen Belange gegen Belange der betroffenen Bürger abzuwägen hat und insofern „Richter in eigener Sache" ist (vgl BVerwGE 3, 1; 8, 10; Kopp SGb 1994, 236; zT **aA** offenbar BSG SGb 1994, 232 m krit Anm von Kopp S. 236; Hoffmann-Riem VVDStRL 1982, 231). Dies gilt jedoch dann nicht, wenn ein Rechtsträger oder eine Behörde uä nicht nur als Träger öffentlicher Interessen tätig wird, sondern wie zB die frühere Bundesbahn – nunmehr Bahn AG – (vgl BGH NJW 1985, 3063; JuS 1986, 62: ein Gewerbebetrieb,

[8] S. Maier 260 und passim. Diese Rechtstradition lässt sich auch auf dem Grundsatz „nemo judex in re sua" (Dig. 2.1.10) zurückführen (StBS 67, Maier 27).

auch wenn die Bundesbahn zugleich öffentliche Aufgaben erfüllt), öffentlichrechtliche Wasser- und Bodenverbände oder beliehene Unternehmer **zugleich auch eigene, privaten Interessen vergleichbare Interessen** hat.[9] In jedem Fall verstößt es auch gegen den **Grundsatz der Fairneß** des Verfahrens, wenn Personen, die sich, wie zB Planfertiger oä, persönlich erfahrungsgemäß in besonderem Maß mit einem Vorhaben identifizieren und von denen nicht ohne weiteres die für eine objektive Entscheidung erforderliche innere Distanz und Unabhängigkeit erwartet werden kann (vgl BVerwGE 75, 230 = DVBl 1987, 573; BVerwG DÖV 1985, 925; DVBl 1987, 1268), im Verfahren tätig werden und uU in entscheidendem Maß Einfluß auf die Gestaltung des Verfahrens, Zurückweisung der Einwendungen Dritter und die im Verfahren schließlich ergehende Entscheidung haben.[10]

II. Ausgeschlossene Personen nach Abs 1

1. Allgemeines. Die **Befangenheit** wird in den in Abs 1 genannten Fällen **unwiderleglich vermutet** (Begr 47),[11] nicht dagegen auch die **Kausalität** zwischen der unzulässigen Mitwirkung am Verfahren und dem Ergebnis des Verfahrens (BVerwGE 69, 268; **aA** wohl Scheuing NVwZ 1982, 489). Auch die Kausalität ist jedoch bereits dann anzunehmen, wenn nach den Umständen des Falles die konkrete Möglichkeit besteht, dass die Entscheidung ohne den angenommenen Verfahrensmangel uU anders ausgefallen wäre (BVerwGE 69, 268; 75, 227 = NVwZ 1987, 581). 10

2. Tätigkeit für eine Behörde. a) Erfasster Personenkreis. Der Begriff des Tätigwerdens iS von § 20 für eine Behörde – dasselbe gilt für § 21 – ist **in einem weiten Sinn** zu verstehen. Die Ausschlussgründe gelten nicht nur für die das Verfahren leitenden Amtsträger, sondern auch für alle sonstigen Personen, deren Mitwirkung im Verfahren uU Auswirkungen auf das Ergebnis haben kann, daher auch zB für **Protokollführer** (StBS 25; **aA** MB 5 vor 20) und von der Behörde beigezogene **Sachverständige,**[12] **Dolmetscher** (Knack 8), in Bezug auf Weisungen uä zum konkreten Fall auch **Amtsträger der Aufsichtsbehörde** (BVerwGE 69, 267; VGH München BayVBl 1981, 401; Knack 8); Amtsträger einer um Amtshilfe ersuchten Behörde, soweit sie mit der erbetenen Leistung zu tun haben, usw. S auch unten Rn 12, zu Sachverständigen im förmlichen Verfahren auch § 65 Abs 1 S 2. Auf die Zugehörigkeit der Mitwirkenden zu der zur Entscheidung berufenen Behörde kommt es **nicht** an (BVerwGE 52, 49; 69, 267; VGH München BayVBl 1981, 401; Knack 8). 11

b) Erfasste Mitwirkungshandlungen Der Ausschluss betrifft **alle Mitwirkungshandlungen,** die aufgrund einschlägiger Verfahrensnormen und Verfah- 12

---

[9] Ebenso BSG SGb 1994, 232 m Anm Kopp S 236; Kopp DVBl 1992, 990; **aA** zur Planfeststellung für einen Güterbahnhof für die Bundesbahn durch die (frühere) Bundesbahn BVerwGE 58, 344; 82, 22; vgl auch BVerwGE 75, 230 = NVwZ 1987, 581; VGH Kassel DÖV 1985, 927 mwN; Obermayer DVBl 1987, 877: auch kein Verstoß gegen das Rechtsstaatsprinzip; allg auch Fromm DÖV 1988, 1036; vgl auch BVerfG NVwZ 1988, 523: verfassungsrechtlich unbedenklich; Wahl NVwZ 1989, 432; Kühling DVBl 1989, 227; vgl auch BVerwG NVwZ 1987, 886 = DÖV 1987, 870 und NVwZ 1988, 532 = DVBl 1987, 1268: rechtspolitisch wäre eine andere Lösung vorzuziehen; allg zum Ausschluß von Behörden wegen Interessenkollision auch VGH Mannheim DÖV 1990, 395.

[10] Vgl – jedoch unter Ablehnung im Ergebnis – BVerwGE 75, 230 = DVBl 1987, 581; BVerwG DVBl 1987, 1268; NVwZ 1987, 886: rechtsstaatliche Gründe legen es nahe, gebieten es aber nicht; vgl auch BVerwGE 69, 267.

[11] BVerwGE 69, 268; UL § 12 Rn 3; StBS 20; Knack 3; Wais NJW 1982, 1264.

[12] Knack 9; Kopp DVBl 1990, 1247; zT im Ergebnis auch UL § 12 Rn 2, wo auch für das nicht-förmliche Verfahren in den Fällen des § 20 ein Ablehnungsrecht der Betroffenen analog § 65 Abs 1 S 2 bejaht wird; **aA** MB 5 vor § 20; K 3: Sachverständige werden im Verfahren nicht iS von § 20 tätig.

rensgrundsätze dem Verwaltungsverfahren zuzurechnen sind (BVerwGE 75, 229 – dh nur solches Verhalten, nicht alles, was auf das Ergebnis Einfluß haben kann) und die in irgendeiner Weise Einfluß auf den Verlauf des Verfahrens (vgl Knack 7) und/oder das Ergebnis des Verfahrens, auf das Ergehen oder Nicht-Ergehen oder auf den Inhalt der zu treffenden Entscheidung oder des abzuschließenden Vertrags, haben können.[13] Darunter fallen nicht nur die das Verfahren abschließenden Entscheidungen sowie evtl vorausgehende Beratungen und Abstimmungen, sondern auch alle **vorbereitenden Handlungen** (Hoffmann-Riem VVDStRL 1982 These 14 und 16; Knack 7; Scheuing NJW 1982, 488), wie die Vernehmung von Zeugen usw (Begr 45; MuE 112), das Ablesen einer Wasseruhr (VGH Kassel JZ 1971, 357; **aA** Dagtoglou JZ 1971, 257; MB 5 vor § 20), außerdem auch zB **Mitwirkungshandlungen anderer Behörden, Weisungen** und weisungsähnliche Handlungen (BVerwGE 69, 267; 75, 230 = DVBl 1987, 573; Maier BayVBl 1990, 650) vorgesetzter Behörden (s auch oben Rn 11), usw. Besprechungen auf „politischer Ebene" sind dann zu beanstanden, wenn die verfahrensrechtlich geordneten Entscheidungsebenen nicht mehr getrennt, einseitige Absprachen über die weitere Verfahrensgestaltung getroffen und der Gestaltungsspielraum der Behörde durch „aktive" Einflußnahmen eingeengt wird (BVerwGE 75, 230 = DVBl 1987, 573).

13 **Nicht relevant** ist dagegen ein rein **passives Verhalten,** das als solches und im Zusammenhang keine vernünftigen Zweifel an der Unparteilichkeit aufkommen lassen kann (BVerwGE 69, 269 – ua unter Hinweis auf den Begriff „Handeln"), zB die Teilnahme an einer Besprechung allein zur eigenen dienstlichen Information (BVerwGE 69, 269), und wesensmäßig **„neutrale" Verrichtungen,** die bei objektiver Betrachtung keinen Einfluß auf das Ergebnis des Verfahrens haben können, wie die Vermittlung von **Zustellungen,** die Tätigkeit als **Schreibkraft** (ebenso Knack 4; MB 5 vor § 20), **Bote** (Knack 7; MB vor § 20 Rn 5), **Karteiführer** (MB vor § 21 Rn 5), **Fahrer** des Dienstwagens auf dem Weg zu einem Augenschein in der Sache, uä (UL § 12 Rn 5; K 5).

III. Die einzelnen Ausschlussgründe (Abs 1 S 1 Nr 1–6)

14 Abs 1 schließt iVm Abs 5 bestimmte Personen **wegen ihres besonderen Näheverhältnisses** zu den Beteiligten (§ 13) bzw zu einzelnen Beteiligten nahestehenden Personen oder zum Gegenstand des Verfahrens von jedem Tätigwerden (s zum Begriff Rn 11 ff) im Verfahren aus. Die **Aufzählung ist abschließend.**[14] Deshalb werden selbst solche Fälle von § 20 nicht erfasst, bei denen typischerweise eine Befangenheit zu befürchten ist. **Keinen Ausschlussgrund** gem § 20 stellt daher zB ein schweres persönliches Zerwürfnis mit einem Bediensteten der Behörde dar, ebenso nicht, abweichend von § 54 Abs 2 VwGO, die Fälle der Vorbefassung, zB eine Mitwirkung in der Vorinstanz;[15] auch nicht eine Mitwirkung bei einem vorangegangenen, wegen eines Verfahrensfehlers oder aus anderen Gründen zu wiederholenden Verfahren oder einer vorangegangenen Entschei-

---

[13] BVerwGE 69, 263; 75, 228 = NVwZ 1987, 578; VGH München NVwZ 1982, 512; NVwZ 1982, 510; DÖV 1982, 209; UL § 12 Rn 5; StBS 24; Knack 7; Scheuing NVwZ 1982, 490; MB 5 vor § 20; Foerster SKV 1975, 14; Kopp SGb 1994, 235; zT **aA** BSG SGb 1994, 232: keine Kausalität anzunehmen, wenn der in Frage stehenden Handlung „nur untergeordnete Bedeutung zukommt"; gegen diese Auffassung Kopp SGb 1994, 235.

[14] So wohl auch OVG Münster DÖV 1981, 587.

[15] VGH München NVwZ 1981, 511; OVG Münster DÖV 1981, 587; Knack 20; Obermayer 68; MB 1; kritisch Maier 63 f; **aA** insoweit UL § 38 Rn 7; Wenzel DÖV 1976, 412; **anders** insoweit auch **im Soldatenrecht** gem § 26 WDO, der analog auch im Wehrbeschwerdeverfahren und im Wehrdisziplinarverfahren anwendbar ist, BVerwGE 53, 334; 83, 89 = NJW 1987, 325: jedenfalls im Wehrbeschwerdeverfahren ausgeschlossen, daß ein Vorgesetzter seine eigene Entscheidung überprüft.

dung, zB einer nach Aufhebung der Prüfungsentscheidung durch die Widerspruchsbehörde oder durch das Gericht zu wiederholenden Prüfung bzw Prüfungsbewertung.[16] In diesen Fällen kommt aber eine Ausschließung wegen Befangenheit nach § 21 in Betracht. Kein Ausschlussgrund nach § 20 ist auch der Umstand, dass jemand als Zeuge im Verfahren oder einem vorangegangenen oder parallelen Verfahren vernommen worden ist (Knack 20; MB 1).

1. Stellung als Beteiligter (Nr 1). Nr 1 schließt alle Personen, die selbst als Antragsteller, Antragsgegner, Hinzugezogene usw (vgl § 13) am Verfahren beteiligt sind, von jedem Tätigwerden im Verfahren aus. Dasselbe gilt für Personen, die nach Abs 1 S 2 den Beteiligten gleichgestellt sind. Für den Begriff des Beteiligten ist § 13 maßgebend. Danach kommt es auf die formale Stellung als Beteiligter an. **In Planfeststellungsverfahren** werden vom Begriff des Beteiligten auch die Einwender und die Betroffenen iS von § 73 Abs 6 erfasst.[17] Sachverständige und Anhörungsberechtigte (s § 13 Abs 3) fallen nicht darunter, sind aber uU nach Nr 6 oder gem S 2 ausgeschlossen. 15

Für Personen, die erst als Beteiligte in Aussicht genommen sind, aber noch **nicht formell Beteiligtenstellung** erlangt haben, insb auch Personen, deren Beiladung nach § 13 Abs 2 in Betracht kommt, aber noch nicht erfolgt ist, gilt Nr 1 nicht. Zu gesetzlichen oder gewillkürten **Vertretern eines Beteiligten** oder einer einem Beteiligten gem S 2 oder Nr 4 gleichgestellten Person s Nr 3–5 (vgl Rn 22). 16

Da die Eigenschaft als Beteiligter iS von § 13 formell allein schon durch die Antragstellung bzw formelle Einbeziehung in ein Verfahren begründet wird (vgl § 13 Rn 8) und Nr 1 die Möglichkeit eines Vor- oder Nachteils nicht ausdrücklich voraussetzt, hat die Stellung als Beteiligter in demselben Verwaltungsverfahren auch dann den Ausschluss zur Folge, wenn sie auf Rechten oder rechtlichen Interessen beruht, für die die Voraussetzungen nach S 3 zutreffen (s Rn 33ff). 17

2. Angehörige eines Beteiligten (Nr 2). Nr 2 schließt auch Personen von der Mitwirkung im Verwaltungsverfahren aus, die Angehörige eines Beteiligten (§ 13) oder einer iS von Abs 1 S 2 betroffenen Person sind. Zum Begriff des Beteiligten s § 13. Angehörige sind die in Abs 5 aufgezählten Personen (s dazu unten Rn 54). Die Aufzählung in Abs 5 ist abschließend. Für Personen, die ohne verheiratet zu sein, in eheähnlicher Gemeinschaft leben, kommt deshalb nur Befangenheit nach § 21 in Betracht. Nr 2 ist nicht auch analog auf für eine Behörde handelnde Personen anzuwenden, die in Angelegenheiten entscheiden, an denen die Behörde selbst oder die von ihnen vertretene juristische Person als Träger von privaten Rechten (Fiskus) beteiligt ist.[18] 18

3. Gesetzliche Vertreter usw und Bevollmächtigte (Nr 3). Nr 3 schließt Personen aus, die kraft Gesetzes oder kraft Vollmacht zur Vertretung eines Beteiligten oder einer iS von S 2 betroffenen Person befugt sind. **Gesetzliche Vertreter** iS der Vorschrift sind alle Personen, die aufgrund besonderer Vorschriften mit der Vertretung und der Wahrung der Interessen bestimmter Personen oder von Vermögensmassen usw betraut sind, zB Vormund (§ 1793 BGB), Betreuer (§ 1902 BGB) und Pfleger (§§ 1911–1914 BGB) nach dem BGB, von Amts wegen be- 19

---

[16] BVerfG 84, 47 = NJW 1991, 2005; BVerwGE 91, 274 = NVwZ 1993, 677; BVerwG NVwZ 1993, 681; VGH München BayVBl 1982, 85; NVwZ 1991, 500; StBS 17; Rozek NVwZ 1992, 36; zT **aA** Erichsen JK 94 GG Art 19 IV 1 GG: Ausschluß, wenn die Wiederholung nicht nur wegen eines Verfahrensfehlers, sondern wegen materieller Rechtswidrigkeit erforderlich geworden ist; hier kommt eher Befangenheit nach § 21 in Betracht; vgl Kopp BayVBl 1990, 684 und DVBl 1991, 990.

[17] VGH München BayVBl 1981, 724; StBS 29; Obermayer 49; **aA** VGH München DVBl 1985, 805.

[18] BVerfG 3, 377: nicht auf Entscheidungen einer Verwaltungsbehörde über Rechtsbehelfe im einfachen Verwaltungsverfahren übertragbar; **aA** F 233 f.

stellte Vertreter nach §§ 16ff VwVfG, die Mitglieder des Vorstands einer AG, einer Stiftung, einer Jagdgenossenschaft, eines Wasser- und Bodenverbandes, die Geschäftsführer einer GmbH, Gesellschafter einer OHG, Komplementäre einer KG usw **Vertreter kraft Vollmacht** (Bevollmächtigte) sind die gewillkürten Vertreter nach § 164 BGB oder §§ 48ff oder 54 HGB bzw nach Vorschriften des Prozessrechts (zB § 67 VwGO oder §§ 78ff ZPO) oder nach § 14 bzw nach entsprechenden Vorschriften, außerdem auch die von Antragstellern usw und Beteiligten gem §§ 17ff benannten oder bestellten Vertreter. **Nicht** erfasst werden dagegen- da sie zur Vertretung im übrigen nicht befugt sind – **Empfangsbevollmächtigte** gem § 15 (ebenso StBS 33; Knack 15; Obermayer 54).

20 **a) Bezug zum Verwaltungsverfahren.** Voraussetzung für den Ausschluss gem Nr 3 ist, dass sich die Vertretungsbefugnis auf das konkrete Verwaltungsverfahren bezieht. Dies betrifft nicht nur die Fälle der Bevollmächtigung für das einzelne Verwaltungsverfahren, sondern auch die Fälle der allgemeinen Vertretungsbefugnis bzw Bevollmächtigung, sofern sie nur das in Frage stehende Verfahren erfasst. Eine **allgemeine Vertretungsbefugnis** hat auch dann nach Nr 3 den Ausschluss zur Folge, wenn sie in dem in Frage stehenden Verfahren konkret keine Rolle spielt (Knack 15; StBS 32). Eine sachlich beschränkte (insofern nicht „allgemeine" iS von Nr 3) Vertretungsbefugnis, die nicht in einem Zusammenhang der erwähnten Art mit dem Verfahren steht, hindert eine Tätigkeit im Verfahren nach § 20 nicht, kann aber uU einen Befangenheitsgrund nach § 21 bilden. Bei Personen, die **in der Vergangenheit** als Vertreter usw für Beteiligte tätig waren, kommt ein Ausschluss nicht nach Nr 3, sondern allenfalls nach Nr 6 in Betracht.

21 Da es auf die rechtliche Grundlage der Vertretungsmacht ankommt, gilt Nr 3 auch für die **Vertretung in amtlicher Eigenschaft,** dh auch für Personen, die aufgrund besonderer Rechtsvorschriften im Zusammenhang mit ihrem öffentlichen Amt (zB Bürgermeister) als Vertreter bestellt sind, und für aufgrund besonderer Wahl oder Bestellung in ein Organ entsandte Vertreter.[19] In amtlicher Eigenschaft bedeutet: in Wahrnehmung seiner amtlichen Aufgaben (BVerwGE 75, 229: auch Aufsichtsfunktionen im Rahmen der Rechtsaufsicht).

22 **b) Ausnahme für Vertreter der Körperschaft. Umstritten** ist, ob für Nr 3 in Analogie zu Nr 5, 2. Halbs eine Ausnahme dann anzuerkennen ist, wenn der Vertreter einer öffentlichrechtlichen Körperschaft **zugleich Amtsträger** der Behörde ist, vor der das Verfahren stattfindet, zB der Landrat als Vertreter des Landkreises in einem Planfeststellungsverfahren, in dem auch Grundstücke betroffen sind, die im Eigentum des Landkreises stehen (ebenso Knack 15; zum bish Recht auch BVerfG 3, 381f; BGH VRspr 6, 653; BSG 24, 136; 26, 173; **aA** StBS 33; Obermayer 55 unter Hinweis darauf, dass eine entsprechende Ausnahme aus dem Entwurf 73 nicht in das Gesetz übernommen worden sei). Vgl auch zur Zulässigkeit sog In-sich-Verfahren im Bereich der Verwaltung § 13 Rn 56f, ferner auch unten Rn 30. Die **Notwendigkeit für diese Ausnahme** ergibt sich daraus, dass der Ausschlussgrund gem Nr 3 sonst auch für jeden weiteren Vertreter des primär für die Vertretung der Körperschaft zuständigen Vertreters gelten würde und damit idR (wenn man von Ausnahmefällen, in denen die Bestellung eines „Verfahrenspflegers" für die handlungsfähig gewordene Behörde durch eine außerhalb stehende Stelle möglich ist, absieht) eine Sachentscheidung stark erschwert werden könnte.

23 **4. Angehörige des Vertreters eines Beteiligten (Nr 4).** Nr 4 erstreckt die für Vertreter iS von Nr 3 geltende Ausschlussregelung auch auf die Angehörigen

---

[19] Vgl ABegr 7; StBS 33; Knack 15; die insoweit abweichende Fassung der Regierungsvorlage wurde in den Ausschußberatungen abgeändert; ebenso zum früheren Recht Ule/Becker 31f; WB III § 156 III d; Lorenz 258; **aA** zum früheren Recht BVerfG 3, 381; BSG 24, 136; 26, 173; BGH VRspr 6, 653.

des Vertreters eines Beteiligten (§ 13) im Verfahren. Der Regelung ist § 82 Abs 1 Nr 4 AO 1977 nachgebildet. Zum **Begriff des Angehörigen** s Abs 5 sowie dazu Rn 54. Vertretung iS von Nr 4 ist, wie sich aus dem Wortlaut der Vorschrift („in diesem Verfahren") ergibt, abweichend von Nr 3 **nur die Vertretung im Verfahren,** nicht auch die Stellung als Vertreter aufgrund einer allgemeinen Vertretungsmacht, sofern diese sich im Verfahren nicht zugleich auch als Vertretung im und für das Verfahren auswirkt (ebenso StBS 34; Knack 16).

5. Entgeltlich Beschäftigte, Vorstandsmitglieder usw (Nr 5). Die Regelung schließt Personen aus, die in bestimmten (vor allem wirtschaftlichen) **Abhängigkeitsverhältnissen** zu iS von Nr 1 oder S 2 betroffenen Personen stehen und bei denen deshalb Befangenheit vermutet wird (Knack 17; MB 7; ebenso zum bish Recht WB III § 156 III e; Lorenz 258). Der Ausschlussgrund entfällt, sobald der Betroffene sein Beschäftigungsverhältnis oder seine Organtätigkeit aufgegeben hat (BVerwGE 75, 215). 24

a) Beschäftigung gegen Entgelt iS von Nr 5 liegt nicht nur bei Arbeitsverhältnissen ieS vor, sondern bei allen Beschäftigungsverhältnissen, mit denen ähnliche Abhängigkeiten verbunden sind oder sein können, **nicht** dagegen bei **Werkverträgen** oder lediglich **freiberuflicher Beratung** (Knack 17). 25

b) Tätigkeit als Mitglied des Vorstands usw. Die ausdrückliche Erwähnung von Vorständen, Aufsichtsräten und gleichartigen Organen trägt dem Umstand Rechnung, dass diese nicht immer und ohne weiteres unter den Begriff der gegen Entgelt beschäftigten Personen fallen und auch nicht immer und notwendig vertretungsberechtigt iS von Nr 3 sind. Soweit Beschäftigte, Vorstandsmitglieder usw zugleich Vertreter iS der Nr 3 sind, fallen sie nur unter Nr 3 (wohl auch Knack 17; unklar Begr 46). Als „gleichartige Organe" sind nur mit dem Vorstand oder Aufsichtsrat vergleichbare leitende oder kontrollierende Organe zu verstehen, nicht auch lediglich beratende Beiräte (Knack 17; MB 8; StBS 36) oder Unterausschüsse (Knack 17). Gleichartig zB auch ein Gemeinderat; Kreistag, Kirchenvorstand (MB 8). 26

c) Vertretung in amtlicher Eigenschaft. Umstritten ist, ob die Vorschrift auch auf die Zugehörigkeit zum Vorstand in amtlicher Eigenschaft, zB bei Mitgliedschaft des Verkehrsministers im Aufsichtsrat einer Flughafengesellschaft im Interesse der Wahrung der öffentlichen Verkehrsinteressen, anwendbar ist. Dies wird teilweise mit der Begründung verneint, die Regelung solle nur Befangenheit wegen persönlicher, insb eigener wirtschaftlicher Interessen ausschließen.[20] Es sei wie im vor Erlass des VwVfG geltenden Recht[21] nicht die **institutionell-funktionelle „Befangenheit"** gemeint, die die Rechtsordnung bei jeder Behörde voraussetzt und die eine Folgerung auch des verfassungsrechtlichen Grundsatzes der Effektivität der Verwaltung sei. Die Rspr und die hM in der Literatur unterscheiden dagegen zu Recht nicht danach, ob die Mitgliedschaft in **amtlicher Eigenschaft oder im privaten Interesse** wahrgenommen wird.[22] 27

---

[20] Eyermann GewArch 1981, 258; Kopp APF 1981, 278; WuV 1983, 226; AgrarR 1984, 145; dazu neigend auch VGH München NVwZ 1982, 510; vgl auch BVerwGE 69, 263 – NVwZ 1984, 718: wegen des äußeren Scheins einer sachwidrigen Verquickung privater und öffentlicher Interessen; BVerwGE 75, 214 = NVwZ 1987, 579; BVerwG NVwZ 1988, 530; VGH München NVwZ 1982, 510; Breuer NVwZ 1990, 446; Scheuing NVwZ 1982, 489; Obermayer 17 a; MB 8; StBS 37.

[21] S zum früheren Recht BVerfG 3, 377 = NJW 1954, 833; BVerwGE 69, 265; VGH München DÖV 1982, 209; NVwZ 1982, 509; VGH Mannheim DÖV 1982, 866; Kirchhof VerwArch 1975, 380; ebenso auch § 81 Abs 1 Nr 5 SchlHLVwG.

[22] BVerwGE 69, 263 = NVwZ 1984, 718 – wegen des äußeren Scheins einer sachwidrigen Verquickung privater und öffentlicher Interessen –; BVerwGE 75, 214 = NVwZ 1987, 579; BVerwG NVwZ 1988, 530; VGH München NVwZ 1982, 510; Scheuing NVwZ 1982, 489;

28 **d) Ausnahme bei Beteiligung der Anstellungskörperschaft.** Der Ausschlussgrund gem Nr 5 gilt nach dem ausdrücklichen Wortlaut der Vorschrift (2. Halbs) nicht für Personen, deren Anstellungskörperschaft Beteiligte ist; dies aus dem naheliegenden Grund, dass Behörden sonst keine Entscheidung treffen könnten, wenn der Rechtsträger, dem sie angehören, an der Sache beteiligt ist (zB als „Fiskus"), und dass damit in vielen Fällen die Durchführung des Verfahrens nur schwer möglich wäre (VGH München NVwZ 1981, 511; Knack 17; StBS 38). Zulässig ist nach Nr 5 2. Halbs zB die Erteilung einer Baugenehmigung durch den Landrat für ein Bauvorhaben des Landkreises, einer Anlagegenehmigung durch eine kreisfreie Stadt für eine von ihr geplante Anlage, in der Vergangenheit auch die Planfeststellung durch die (frühere) BBahn für ein eigenes Vorhaben (VGH München BayVBl 1986, 242; vgl auch VGH Kassel DÖV 1985, 928 mwN), der Erlass einer Ordnungsverfügung gegen die Anstellungskörperschaft. Vgl zu sog „In-sich-Verfahren" auch § 13 Rn 56f. Diese Sonderregelung kann nach ihrer Zwecksetzung nicht analog auf den umgekehrten Fall angewandt werden, dass ein Amtsträger aufgrund seiner Eigenschaft als solcher zur Wahrnehmung öffentlicher Interessen Mitglied des Vorstandes usw ist (hM, vgl BVerwGE 69, 263; VGH München BayVBl 1981, 401 StBS 38; UL § 12 Rnr 11; Knack 17).

29 **6. Private Gutachter oder sonst privat Tätige (Nr 6).** Nr 6 schließt Personen aus, die privat in der Sache in einer Weise tätig waren, die Zweifel an ihrer Unbefangenheit begründen könnte.[23] Tätigkeit für eine der in Nr 1 oder 2 genannten Personen ist nicht erforderlich, dürfte aber den Regelfall bilden. Unter Nr 6 fällt **jede Tätigkeit,** die nach allgemeiner Lebenserfahrung und dem Urteil des gerecht und billig denkenden Durchschnittsbürgers eine Festlegung oder Voreingenommenheit in bezug auf die anhängige Sache begründen kann. Neben der ausdrücklich erwähnten Erstattung von Gutachten, zB Privatgutachten von Behördenbediensteten, insb auch die **frühere Tätigkeit als Vertreter,** Beschäftigter eines Beteiligten, usw (Begr 46; Knack 18); nicht dagegen Tätigkeiten, für die dies nicht zutrifft, wie die Aussage als Zeuge (Begr 46), die Überlassung eines Raums für Gespräche, für Verhandlungen uä in der Sache. Entgeltlichkeit der Tätigkeit ist bei Nr 6 nicht Voraussetzung (ebenso Knack 18).

30 Es muss sich immer um eine Tätigkeit in der Angelegenheit, dh in engerem inneren **Zusammenhang mit dem konkreten Fall,** auf die sich nunmehr auch das Verfahren bezieht, handeln. Gutachten, Stellungnahmen usw zu einer Sach- oder Rechtsfrage ohne konkreten Bezug zu diesem Lebenssachverhalt oder eine Tätigkeit in einem **lediglich gleichliegenden Fall** mit anderen Beteiligten (wenn auch uU vor derselben Behörde) stellen keine Tätigkeit iS der Nr 6 dar. Ausgenommen sind aufgrund ausdrücklicher Regelung in Nr 6 auch Tätigkeiten in amtlicher Eigenschaft. Zum Begriff der **Tätigkeit in amtlicher Eigenschaft** vgl oben Rn 29; nicht darunter fallen jedoch ua Privatgutachten uä, die von Behördenbediensteten erstattet werden (ebenso Knack 18).

IV. Unmittelbar Begünstigte bzw Belastete (Abs 1 S 2 und 3)

31 **1. Grundsatz des Abs 1 S 2.** Die für das Befangenheitsrecht zentrale Vorschrift des S 2 stellt Personen, die durch ihre Mitwirkung im Verfahren bzw durch die Entscheidung einen unmittelbaren Vorteil oder Nachteil erlangen (können), hins. der Ausschlussgründe gem Nr 1–5 Beteiligten (§ 13) gleich und erstreckt damit diese Ausschlussgründe auch auf solche Personen. Während nach S 1 Nr 1–6

Obermayer 17a; Knack 17; MB 8; StBS 37; VGH München BayVBl 1981, 481: auch funktionelle „Sonder"-Interessen.

[23] Ebenso zum früheren Recht WB III § 156 III e; zT weitergehend Ule/Becker 31: auch amtliche Gutachter sowie Amtswalter, die in anderer Weise für denselben Verfahrensgegenstand tätig waren.

das persönliche Interesse an der Sache und damit die Befangenheit vom Gesetz allein schon aufgrund der Eigenschaft als Beteiligter oder des besonderen Näheverhältnisses zu einem Beteiligten oder zum Gegenstand des Verfahrens unwiderleglich angenommen wird, macht S 2 den Ausschluss von einem **möglichen unmittelbaren Vor- oder Nachteil** für den in Frage stehenden Amtswalter abhängig. An einem Verwaltungsverfahren dürfen auch Personen nicht mitwirken, die zwar nicht unmittelbar Beteiligte iS des Verfahrensrechts (§ 13) sind oder zu einem Beteiligten oder zum Gegenstand des Verfahrens in einem besonderen Näheverhältnis der in Nr 1–6 näher umschriebenen Art stehen, die aber jedenfalls wegen eines für sie in Aussicht stehenden Vorteils oder Nachteils nicht die Voraussetzungen für unparteiliches Handeln aufweisen (vgl BVerwG NVwZ 1988, 527; UL § 12 Rn 14; Knack 19; StBS 42).

2. Möglichkeit eines unmittelbaren Vor- oder Nachteils. Nicht tätig werden darf ein Amtswalter, wenn er selbst, einer seiner Angehörigen, eine von ihm oder einem seiner Angehörigen vertretenen Person, usw einen unmittelbaren Vor- oder Nachteil erlangen könnte (UL § 12 Rn 14; StBS 41; Knack 19). Da der Begriff des Vor- bzw Nachteils relativ weit ist (vgl Rn 34), wurde das Erfordernis der Unmittelbarkeit als einschränklendes Korrektiv dazu gesetzt (Maier 58). Ausserdem führt die Regelung über die Irrelevanz von Gruppenvorteilen in S 3 zu einer wesentlichen Beschränkung der Ausschlussgründe (Rn 38). 32

a) Begriff des Vor- und Nachteils. Erfasst werden von der Vorschrift nicht nur rechtliche Vorteile oder Nachteile, sondern **auch wirtschaftliche, immaterielle oder sonstige Vor- bzw Nachteile,**[24] auch zB der mit einer Tätigkeit verbundene Prestigegewinn oder Prestigeverlust bei Bekannten und Freunden (VG Minden NVwZ-RR 1990, 273), eine unverbaute Aussicht usw; für die Bewohner eines Ortes oder Ortsteils die Minderung oder Erhöhung einer nicht unerheblichen **Lärmbelästigung;**[25] **Grundbesitz** in dem Gebiet, das unter Landschaftsschutz gestellt werden soll (VGH Mannheim DVBl 1993, 904). Ausreichend ist die nach verständiger Auffassung nicht ganz entfernt liegende **Möglichkeit eines Nachteils** („kann"),[26] zB im Verfahren zu einer nochmaligen Bewertung einer Prüfungsarbeit (Nachkorrektur) die nicht ganz entfernt liegende Möglichkeit einer Schadensersatzforderung wegen der fehlerhaften ursprünglichen Bewertung (**aA** VGH München BayVBl 1982, 86). 33

Durch eine Tätigkeit oder Entscheidung erlangt ist ein Vorteil oder Nachteil dann, wenn die Tätigkeit oder Entscheidung sich darauf in einer nach allgemeiner Lebenserfahrung vorhersehbaren Weise (Adäquanztheorie) auswirkt. Die Vor- bzw Nachteile müssen, wie S 2 klarstellt, nicht notwendig im Zusammenhang mit der Entscheidung stehen; unter die Regelung fallen auch zB Vorteile, die sich für Personen dadurch ergeben können, dass sie durch die Mitwirkung am Verfahren Kenntnis von Geschäftsgeheimnissen uä erlangen, an denen sie aus Konkurrenzgründen interessiert sind (ebenso StBS 43; Knack 19). 34

b) Unmittelbarkeit. Weitgehende Einigkeit herrscht darüber, dass der Begriff der Unmittelbarkeit – wie auch sonst – nicht in einem formalen Sinn, also ohne Hinzutreten eines weiteren Glieds einer Ursachenkette, sondern nur wertend ver- 35

---

[24] VGH München DVBl 1985, 805 = BayVBl 1985, 404; VG Minden NVwZ 1989, 691; UL § 12 Rn 14; Obermayer 75; MB 11; StBS 41; Knack 19: Vor- und Nachteile aller, zB ideeller, familiärer, privater usw Art; Hufen Rn 84; Maier 57.

[25] VGH München DVBl 1985, 805 = BayVBl 1985, 404; vgl jedoch auch BVerwG BayVBl 1987, 570 – in BVerwGE 75, 214 insoweit nicht wiedergegeben: jedenfalls kein unmittelbarer Vorteil bei Lärmbelästigungen von unter 62 db (A).

[26] VGH München DVBl 1985, 805 = BayVBl 1985, 404; VGH Mannheim DVBl 1993, 904: erforderlich, aber auch ausreichend, daß der Eintritt des Sondervorteils oder -nachteils aufgrund der Entscheidung des Gemeinderats konkret möglich, dh hinreichend wahrscheinlich ist; ebenso StBS 45; Knack 19.

standen werden kann.[27] Für die Beurteilung, ob ein Vorteil bzw Nachteil unmittelbar oder nur mittelbar ist, kommt es (sofern die Frage nicht schon nach Abs 1 S 3 zu beurteilen ist) vielmehr darauf an, ob nach der Art des Vor- oder Nachteils und den letztlich maßgeblichen Umständen des konkreten Falles nach der Auffassung des gerecht und billig denkenden Durchschnittsbürgers angesichts des in Frage stehenden Vor- und Nachteils die Unparteilichkeit des Handelns noch ausreichend gewährleistet erscheint oder nicht.[28] Maßgebend sind letztlich die **Umstände des Einzelfalles,** so wie diese sich bei einer **wertenden Betrachtungsweise** darstellen.[29] Ergibt diese ein individuelles **Sonderinteresse** an der Durchführung oder am Ausgang des Verfahrens, so liegt ein Ausschlussgrund vor.[30] Ob dabei eine restriktive (so Knack 19) oder eine weniger restriktive (so StBS 44) Interpretation geboten ist, lässt sich nicht allgemein beurteilen.

36 **Je intensiver die Betroffenheit** ist, desto eher ist ein unmittelbarer Vorteil bzw Nachteil anzunehmen (vgl VGH München DVBl 1985, 805 = BayVBl 1985, 404). So ist zB bei Lärmeinwirkungen ein unmittelbarer Nachteil jedenfalls dann zu bejahen, wenn der betroffene Amtsträger in einem Gebiet wohnt oder arbeitet, in dem mit **besonders starken Lärmauswirkungen** zu rechnen ist, nicht dagegen bei lediglich schwächeren Belastungen; ebenso bei planerischen Festsetzungen lediglich für **ein Nachbargrundstück** grundsätzlich nur, wenn zu diesem Grundstück derart enge Beziehungen bestehen, dass die qualitative Veränderung des im unmittelbar betroffenen Gebiet gelegenen Grundstücks sich unmittelbar auch auf die **Naherholungsqualität** des angrenzenden Grundstücks auswirkt (OVG Koblenz NVwZ-RR 1990, 271).

37 **Unerheblich** ist, ob zur „Realisierung" des Vor- oder Nachteils **noch weitere Entscheidungen,** Handlungen oder Umstände erforderlich oder nach der Verwaltungspraxis üblich sind, zB der Vollzug des in Frage stehenden VA.[31] Ein unmittelbarer Nachteil ergibt sich daher zB für die Anlieger eines Flughafens bereits durch die Planfeststellung für den Flughafen und nicht erst durch den Bau des Flughafens (VGH München DVBl 1985, 804 = BayVBl 1985, 404). Ebenso kommt es nicht darauf an, ob der Vor- oder Nachteil eine unmittelbare Folge der behördlichen Entscheidung usw ist oder erst auf dem Umweg über dritte Personen den Amtswalter, seinen Angehörigen usw betrifft;[32] dies ist allenfalls ein Indiz für die Unmittelbarkeit. In einer kleinen Gemeinde ist zB die Erteilung einer **Gewerbeerlaubnis an einen Konkurrenten** eines Angehörigen idR iS von Nr 2 als unmittelbarer Nachteil anzusehen, auch wenn die Folgen für den Angehörigen erst „infolge" des Verhaltens der Kunden eintreten (**aA** UL § 12 Rn 14). Je nach Art des betriebenen Gewerbes, der Größe des Ortes und der räumlichen Entfer-

---

[27] StBS 44; Knack 19; Obermayer 78; Übersicht bei Maier 58 ff; s auch unten Rn 37; **aA** wohl UL § 12 Rn 14; MB 13.

[28] VGH München DVBl 1985, 805 = BayVBl 1985, 404; vgl auch v Mutius VerwArch 1974, 435; JuS 1979, 39; ähnlich OVG Lüneburg NVwZ 1982, 44 mwN.

[29] VGH Mannheim DVBl 1993, 904; VGH München DVBl 1985, 805 = BayVBl 1985, 404; StBS 44 f; Knack 19; v Mutius VerwArch 1974, 436; OVG Lüneburg NVwZ 1982, 44; Borchmann NVwZ 1982, 17 mwN.

[30] Zur Maßgeblichkeit des Sonderinteresses VGH Mannheim VBlBW 1993, 348; OVG Münster NVwZ 1984, 667; Obermayer 78; Maier 59; MB 13; Borchmann NVwZ 1982, 17; zum Kommunalrecht s Schmidt-Aßmann, Kommunalrecht, in BVR Rn 61.

[31] BVerwG NVwZ 1988, 530; VGH München DVBl 1985, 805 = BayVBl 1985, 404; vgl auch OVG Lüneburg NVwZ 1982, 44; VGH München DÖV 1976, 753; OVG Münster DVBl 1980, 69; VGH Kassel DÖV 1988, 711; v Mutius JuS 1979, 39; Rugge SKV 1968, 197; Borchmann NVwZ 1982, 17 mwN; Obermayer 37 und 39; MB 13 f; **aA** VGH Kassel NVwZ 1972, 44; UL § 12 Rn 14; MB 13.

[32] VGH München DVBl 1985, 805 = BayVBl 1985, 404; Krebs VerwArch 1980, 183; StBS 44; Stahl DVBl 1972, 766; Creutz BauR 1979, 474; **aA** OVG Münster DVBl 1980, 68 = NJW 1979, 2632; VGH Kassel NVwZ 1982, 44; BremStGH NJW 1977, 2307; Theisen/Klein Vr 1977, 317; UL § 12 Rn 14: nur dies sei das entscheidende Kriterium.

nung der betroffenen Betriebe kann die Frage des Ausschlusses jedoch ggf anders zu beurteilen sein.

3. Ausnahme des Abs 1 S 3 (Gruppeninteresse). Die Regelung in Abs 1 S 3 macht eine Ausnahme von dem Grundsatz des Ausschlusses unmittelbar begünstigter bzw belasteter Personen für den Fall, dass der unmittelbare Vor- oder Nachteil die Person nur als Angehöriger einer Berufs- oder Bevölkerungsgruppe trifft. Führt das Verwaltungsverfahren oder sein Ausgang nur allgemein zu Auswirkungen auf bestimmte Berufs- oder Bevölkerungsgruppen, so soll es unschädlich sein, wenn der Betrofene Bedienstete oder seine Angehörigen (Abs 5) dazu gehörem. Der Ausschlussgrund des Abs 1 S 2 wird damit auf individuelle Sonderinteressen begrenzt.[33] Abs 1 S 3 erklärt in Anlehnung an die Unterscheidung von Individual- und Allgemeininteressen (s unten Rn 40) und in Übereinstimmung mit dem bisher vor allem im Kommunalbereich geltenden Recht[34] Vorteile und Nachteile für die Beurteilung einer Betroffenheit iS des S 2 für unerheblich, sofern sie **alle Mitglieder einer Berufs- oder Bevölkerungsgruppe** in ihrer Eigenschaft als solche, dh in ihrem allgemeinen, kollektiven Interesse als Berufs- oder Bevölkerungsgruppe (vgl Knack 19), im wesentlichen in gleicher Weise generell treffen. 38

a) Anwendungsbereich. Die Ausnahme des Abs 1 S 3 gilt nur für die Fälle des Abs 1 S 2, nicht auch für diejenigen des Abs 1 S 1. Dies ergibt sich aus dem Zusammenhang der Vorschrift mit S 2 („Dies gilt nicht"). S 3 bezieht sich offenbar auf den von S 2 erfassten Personenkreis, nicht auch auf die bereits nach S 1 ausgeschlossenen Personen, denen diese Personen in S 2 nur gleichgestellt werden; für dieses Ergebnis spricht auch, dass die Stellung als Beteiligter usw iS von Nr 1–6 im Verfahren primär formell bestimmt ist (vgl oben Rn 18 ff). Die unter Abs 1 S 1 Nr 1–6 fallenden Personen sind daher auch dann ausgeschlossen, wenn die Voraussetzungen gem S 3 erfüllt sind.[35] 39

b) Abgrenzungsfragen. Umstritten ist die Frage, wie die Berufs- bzw. Bevölkerungsgruppeninteressen von den Individualinteressen abzugrenzen sind. Grundsätzlich kommt es nicht auf die Zahl der Mitglieder einer Berufs- oder Bevölkerungsgruppe an. Auf der anderen Seite ist die Berufs- oder Bevölkerungsgruppe anzugrenzen von der bloßen Personenmehrheit (StBS 47). Die Anlieger einer Straße bilden deshalb keine Bevölkerungsgruppe iSd Abs 1 S 3; ebenso nicht die Mitglieder eines Vereins. Schwierig ist die Abgrenzung, wenn es um die Auswirkung eines Verfahrens auf örtliche Gewerbetreibende geht, also zB um Nachteile durch Zulassung weiterer Konkurrenten. Hier ist darauf abzustellen, ob es um ein individualisierbares Konkurrenzverhältnis geht oder nur um allgemeine Wettbewerbsnachteile.[36] 40

---

[33] VGH München DVBl 1985, 805 = BayVBl 1985, 404; VGH Mannheim NVwZ-RR 1993, 504; vgl auch Arnsberg NVwZ-RR 1990, 275: individuelles Sonderinteresse aufgrund persönlicher Beziehung zum Verfahrensgegenstand.

[34] Vgl die Nachweise bei v Mutius VerwArch 1974, 430; Münster KStZ 1973, 223 ff; Mannheim BauR 1973, 368; Lüneburg 27, 478 ff.

[35] Vgl im selben Sinn Knack 19; Maier 60; zum früheren Recht auch VGH Mannheim BauR 1973, 368; v Mutius VerwArch 1974, 431: Bebauungsregelung durch einen Bebauungsplan für die Eigentümer der betroffenen Grundstücke nicht als unerheblicher bloßer Gruppenvorteil bzw -nachteil anzusehen; **aA** Kazele 198 unter Hinweis darauf, dass nach der Regierungsvorlage die Regelung auch für Nr 1 gelten sollte, wobei freilich unklar blieb, was damit gemeint sein sollte; ABegr 6 nennt als Grund für die in den Ausschlußberatungen erfolgte Änderung nur die Anpassung an § 82 AO, „dessen Aufbau zweckmäßiger erscheint", gibt jedoch keinen Anhaltspunkt dafür, daß auch sachlich von der Regierungsvorlage abgewichen werden sollte.

[36] So wohl die hM, vgl VG Hannover NVwZ 1989, 689; VG Minden NVwZ 1989, 691; StBS 46; Knack 19; Obermayer 90; MB 16.

41 **c) Beispielsfälle.** Nach Abs 1 S 2 **unbeachtliche Gruppeninteressen** liegen vor, wenn es etwa geht um Gastwirte, Handwerker, Kraftfahrer, Haus- und Grundeigentümer (ebenso StBS 46; UL § 12 Rn 15; Borchmann NVwZ 1982, 18), Mieter, Aussiedler usw (UL § 12 Rn 15; StBS 46; Knack 19), Aktieninhaber usw in ihrer Eigenschaft als solche, dh als Gastwirte, Handwerker usw grundsätzlich auch alle Mitglieder eines Vereins, soweit es in einer Sache nicht letztlich um Interessen der einzelnen im Verein zusammengeschlossenen Personen geht (vgl allg zu Vereinen auch MuLö BayVBl 1990, 63); **nicht dagegen** die Anlieger an einer bestimmten Straße hins. der Festsetzung der Anliegerbeiträge für diese Straße (StBS 47: da nur Personenmehrheit mit gleichen Interessen hins. des Ausgangs des Verfahrens) oder der Bewohner eines Ortes oder Ortsteils hins. der Lärmbelästigungen durch eine Straße, einen Flughafen oä (Knack 19).

42 Die Regelung ist vor allem auch dadurch bedingt, dass andernfalls vielfach ein zu großer Personenkreis ausgeschlossen und dadurch die **Arbeitsfähigkeit der Verwaltung** in Frage gestellt würde (Begr 46), ein Grund, der freilich nicht für alle Verwaltungsbereiche in gleicher Weise zutrifft. **Nicht** wegen eines möglichen Vor- oder Nachteils von einer Mitwirkung im Verfahren ausgeschlossen sind daher gem § 20 Abs 1 S 2 zB die **Mitglieder oder Funktionsträger einer Bürgerinitiative,** die Bedenken gegen ein Vorhaben geltend gemacht haben (vgl VG Hannover NVwZ 1989, 688; Knack 19), oder die Mitglieder oder der Vorsitzende eines **Naturschutzverbandes** in Angelegenheiten, die den Naturschutz betreffen. In solchen Fällen kommt aber ein Ausschlussgrund gem § 21 in Betracht.

43 **d) Verhältnis zu § 21.** Nicht berührt wird von Abs 1 S 3 die Zulässigkeit eines Ausschlusses gem § 21 wegen Besorgnis der Befangenheit (StBS 47). Aus S 3 ist jedoch der allgemeine Rechtsgedanke zu entnehmen, dass Gruppenvorteile oder Gruppennachteile idR auch die Annahme der Befangenheit nach § 21 ausschließen, sofern nicht besondere zusätzliche Gründe hinzukommen, die geeignet sind, Mißtrauen gegen die Unparteilichkeit der Amtsausübung zu rechtfertigen (VGH München DVBl 1985, 805).

V. Ausnahmeregelung für Wahlen zu ehrenamtlicher Tätigkeit (Abs 2)

44 **1. Grundzüge der Regelung.** Abs 2 nimmt in Übereinstimmung mit dem früheren Recht (vgl München 8, 49; Begr 46; MuE 115) Wahlen zu einer ehrenamtlichen Tätigkeit und die Abberufung von ehrenamtlich Tätigen von der Anwendung des § 20 aus, die **Abberufung** – entgegen der insoweit zu weiten Fassung der Vorschrift – jedoch nur, wenn sie in einem entsprechenden Abwahlverfahren erfolgt und nicht zB in der Form der Absetzung durch die Aufsichtsbehörde. Die Regelung lehnt sich an entsprechende Bestimmungen in den GemOen an. Sie beruht zT darauf, dass nach allgemeiner Auffassung im politischen Bereich das Wahlrecht auch das **Recht, für sich selbst zu stimmen** (vgl Achterberg AöR 1984, 505), mit umfaßt, zum anderen aber auch darauf, dass bei geheimen Wahlen sich durch den Ausschluss aller in Betracht kommenden Kandidaten uU auch praktische Schwierigkeiten ergeben können, insb auch die Gefahr eintreten kann, dass die Stimmen weniger qualifizierter Wahlberechtigter unangemessenen Einfluß auf das Ergebnis der Wahl erhalten.[37]

45 **2. Anwendungsbereich. Wahlen** iS der Regelung sind vor allem **die sog Beschlusswahlen** iS von § 92 zur Bestellung von Organen und zur Übertragung bestimmter Ämter durch die Mitglieder- oder Deligiertenversammlung ua einer Körperschaft des öffentlichen Rechts; **nicht dagegen allgemeine Wahlen** durch die Bevölkerung, wie die Wahlen zum Bundestag oder zu den Landtagen, zu den

---

[37] Zu den Gründen der Regelung in Abs 2 StBS 48; Knack 20; Meier 69.

Gemeinderäten usw, und die Wahl des Bundeskanzlers uä; auf Wahlen der letztgenannten Art ist Abs 2 schon deshalb nicht anwendbar, weil es sich nicht um Verwaltungstätigkeit iS des § 1 handelt (ebenso UL § 12 Rn 16; Knack 20).

Nicht unter die Ausnahmeregelung fallen **sonstige Akte,** die nur in einem weiteren oder engeren Zusammenhang mit Wahlen oder Abberufungen stehen, wie **die Entscheidung über die Durchführung einer Wahl** oder die Gültigkeit einer Wahl.[38] Gegen eine Ausdehnung auch auf solche Akte spricht nicht nur der Wortlaut, sondern auch der gesetzgeberische Grund der Regelung. Zum **Begriff der ehrenamtlichen Tätigkeit** vgl § 81 Rn 3ff. Maßgeblich ist insoweit nicht die Bezeichnung einer Tätigkeit, sondern die Art der übertragenen Aufgaben. Es muss sich immer um Tätigkeiten handeln, die wesentlich auf dem Gedanken der partizipatorischen bzw repräsentativen Teilnahme von Vertretern aus dem Volk an der Erfüllung öffentlicher Aufgaben beruhen. 46

VI. Ausnahme bei Gefahr in Verzug (Abs 3)

1. Notkompetenz. Abs 3 sieht für **Eilfälle** eine Ausnahme von dem allgemeinen Verbot des Tätigwerdens ausgeschlossener Personen vor. Die Regelung gilt analog auch für Fälle eines Ausschlusses gem § 21 (StBS 51), wo das Fehlen eines entsprechenden Hinweises offenbar auf ein Redaktionsversehen zurückzuführen ist. **Gefahr im Verzug** liegt vor, wenn zur Verhinderung eines erheblichen Schadens sofort eingegriffen werden muss, weil Abwarten bis zum Tätigwerden einer nicht ausgeschlossenen (oder einer nicht iS von § 21 befangenen) Person die notwendigen Maßnahmen erschweren oder ganz oder jedenfalls in unvertretbarem Maß vereiteln würde (UL § 12 Rn 6u 17; Knack 21). Vgl zum Begriff der **Gefahr** und der **Unaufschiebbarkeit** § 3 Rn 55f. 47

Abs 3 ist nur anwendbar, wenn eine Angelegenheit so eilig ist, dass **nicht mehr rechtzeitig für eine Vertretung gesorgt werden kann.**[39] Für diese Einschränkung spricht nicht nur die allgemeine Zwecksetzung des § 20 als wesentliches Erfordernis eines rechtsstaatlichen Verfahrens, sondern auch der Ausnahmecharakter des Abs 3 und der verfassungsrechtliche Grundsatz der Verhältnismäßigkeit. 48

2. Begrenzung der Tätigkeit. Zulässig sind nur die zur Verhinderung oder Abwehr der Gefahr notwendigen Maßnahmen (ebenso UL § 12 Rn 16 und Knack 21: unaufschiebbare Maßnahmen sind solche, die getroffen werden müssen, um den drohenden Schaden abzuwenden); nur diese sind unaufschiebbar. Die getroffenen Maßnahmen dürfen, entsprechend dem Zweck der Regelung, grundsätzlich nur **vorläufigen Charakter haben** und nicht mehr Bindungswirkung entfalten, als dies im Einzelfall unbedingt notwendig ist.[40] Wenn es der Einzelfall **erfordert,** können die Maßnahmen deshalb auch **eine endgültige Regelung** enthalten. 49

VII. Sonderregelungen für Ausschüsse (Abs 4)

1. Erforderlichkeit einer Entscheidung. Während der Ausschluss nach Abs 1 eine Entscheidung über das Vorliegen von Ausschlussgründen grundsätzlich nicht voraussetzt, sondern Kraft Gesetzes automatisch eintritt, schreibt Abs 4 für Ausschüsse iS des § 88 in Anlehnung an das Verfahren vor Kollegialgerichten eine **Entscheidung des Ausschusses** darüber vor. Damit ist zugleich dem Vorsitzen- 50

---

[38] Str, **aA** StBS 48; UL § 12 Rn 16; Knack 20.

[39] So auch Ule/Becker 33; UL § 12 Rn 6u 17; Obermayer 97; wohl auch Knack 21: idR; **aA** offenbar ABegr 7: kein Bedürfnis dafür, die Befugnis nach Abs 3 ausdrücklich von dem vom Rechtsausschuß vorgeschlagenen Kriterium abhängig zu machen, daß eine Vertretung nicht rechtzeitig herbeigeführt werden kann; ebenso StBS 52; MB 18: daß keine Vertretung möglich ist, ist nicht Voraussetzung.

[40] Str, wie hier StBS 51; weiter offenbar Knack 21; Obermayer 98.

den die Befugnis zur Entscheidung darüber entzogen. Abs 4 ist entsprechend anzuwenden, wenn im Ausschuss selbst ernsthafte Zweifel angemeldet werden oder sich solche Zweifel dem Ausschuss aufdrängen.[41] Dem Ausschuss steht dabei **kein Beurteilungs- oder Ermessensspielraum** zu (MB 19). Die Selbstablehnung eines Ausschussmitgliedes macht eine Entscheidung des Ausschusses nicht entbehrlich (StBS 53).

51 **Liegt ein Ausschlussgrund offensichtlich nicht vor,** so bedarf es entspr der hM zum Prozessrecht[42] bedarf es einer besonderen Beschlussfassung nicht. Hierbei ist ein strenger Maßstab anzulegen. S 2 stellt klar, dass bei der Entscheidung des Ausschusses über den Ausschluss **das betroffene Mitglied nicht mitwirken** darf (ebenso zum früheren Recht VGH Kassel DÖV 1971, 821; Weis VBlBW 1970, 71). Dies gilt nicht nur für die Abstimmung über den Ausschluss, sondern auch schon für die vorangehende Beratung (UL § 12 Rn 18). Das betroffene Mitglied darf dabei wegen des naheliegenden Einflusses auch einer bloßen Präsenz analog Abs 4 S 4 auch nicht als bloßer Zuhörer – auch nicht in einem etwa vorhandenen Zuhörerraum – teilnehmen.[43]

52 **2. Rechtsnatur und Anfechtbarkeit der Entscheidung** sind umstritten. Den Beteiligten des Verwaltungsverfahrens gegenüber handelt es sich nicht um eine selbstständig anfechtbare Maßnahme. Die §§ 20 f. haben anders als die VwGO den Beteiligten kein formelles Ablehnungsrecht eingeräumt (vgl Rn 3). Die Beteiligten müssen deshalb den Einwand, es habe eine kraft Gesetzes ausgeschlossene Person im Verwaltungsverfahren gehandelt, im Zusammenhang mit der **Anfechtung der Endentscheidung** geltend machen (StBS 54; Knack 22). Ob der Ausschluss einer Person von der weiteren Mitwirkung der ausgeschlossenen Person gegenüber ein VA ist, hängt von der rechtlichen Ausgestaltung seines Anstellungsverhältnisses ab, kraft dessen sie an dem Verfahren mitwirkt. Regelmäßig werden etwa Beamte kein subjektives öffentliches Recht auf weitere Mitwirkung an bestimmten Verwaltungsverfahren haben.[44]

53 **3. Auswirkungen für das Verwaltungsverfahren.** Die Mitwirkung eines ausgeschlossenen Ausschussmitglieds hat die **Fehlerhaftigkeit des Verfahrens** und des Ergebnisses, insb auch des aufgrund des Verfahrens erlassenen VA, nach denselben Grundsätzen zur Folge, die auch für das Handeln einzelner ausgeschlossener Amtsträger gelten.[45] Nur in schweren und offensichtlichen Fällen ist ein vom Ausschuss beschlossener VA auch nichtig. Wegen der fehlenden Außenwirkung der behördeninternen Zuständigkeitsregelungen führt es idR nicht zur Rechtswidrigkeit, wenn ein Ausschussmitglied zu Unrecht wegen eines **vermeintlichen Ausschlussgrundes** bzw wegen vermeintlicher Befangenheit an der Sitzung nicht teilnimmt (VGH Mannheim NVwZ 1987, 1103; Knack 22) **oder** vom Ausschuss **ausgeschlossen wird,** obwohl die Voraussetzungen dafür nicht vorliegen. Da der Ausschlussbeschluss nur eine Regelung hins. des Ausschlusses trifft, nicht (auch)

---

[41] Vgl UL § 12 Rn 19 zu § 71 Abs 3: selbstverständliche Verpflichtung des Ausschusses, auch von Amts wegen zu prüfen, ob ein Ausschlußgrund vorliegt.

[42] Vgl BVerwGE 46, 142; BVerwG MDR 1970, 442; BayVBl 1976, 346; BVerfG 11, 348; BGH NJW 1974, 55; Kopp/Schenke § 54 Rn 16.

[43] Str, wie hier StBS 53; **aA** VGH Mannheim Vr 1986, 319; Knack 22 unter Hinweis auf die unterschiedliche Wortwahl in S 3 und S 4; Obermayer 105; UL § 12 Rn 18; Foerster 6 zu § 81 shLVwG.

[44] Str, wie hier BVerwG NVwZ 1994, 785; VGH München BayVBl 1992, 470; **aA** StBS 54; Knack 22.

[45] UL § 12 Rn 18; Knack 22; **aA** MB 19 unter Hinweis auf München BayVBl 1967, 278: nur, wenn für den Beschluß ohne die Stimme des ausgeschlossenen Mitglieds die erforderliche Stimmenmehrheit nicht erreicht worden wäre; Kritik: diese Auffassung übersieht jedoch, daß die zitierte Entscheidung aufgrund von Art 49 bayGemO ergangen ist, die diese Folge abweichend vom allgemeinen Recht ausdrücklich vorsieht; in § 20 fehlt eine entsprechende Regelung.

hins. der Rechtmäßigkeit bzw Rechtswidrigkeit eines in der Hauptsache ergehenden VA, treten die Fehlerfolgen einer Verletzung von §§ 20 und 21 für einen in der Hauptsache erlassenen VA auch dann ein, wenn der Ausschuss nicht mit der Frage befaßt wurde oder das Vorliegen von Ausschlussgründen zu Unrecht verneint hat (so wohl auch MB 5).

VIII. Begriff des Angehörigen (Abs 5)

1. Allgemeines. Der Kreis der Angehörigen wird in Abs 5 **abschließend bestimmt** (Knack 11; StBS 55). Im einzelnen sind zur näheren Abgrenzung dazu die Vorschriften des BGB heranzuziehen. Soweit Angehörige nicht von Abs 5 erfasst werden, kommt nur ihre Befangenheit nach § 21 in Betracht. Maßgeblich für die Bestimmung der Angehörigeneigenschaft ist der gesamte **Zeitraum des Verwaltungsverfahrens.** Es kommt also im Grundsatz darauf an, ob die Angehörigeneigenschaft während dieses Zeitraums besteht. Allerdings entfalten einzelne Angehörigkeitsverhältnisse nach Abs 5 S 2 auch eine **Sperrwirkung für die Zukunft** mit der Folge, dass ein Ausschluss auch dann eingreifen kann, wenn das Verwandtschaftsverhältnis vor Beginn des Verwaltungsverfahens erloschen ist. 54

2. Der Kreis der Angehörigen. Ein **Verlöbnis** liegt nur bei Nachweis einer ernsthaften Bindung im Hinblick auf eine beabsichtigte Eheschließung vor.[46] In Zweifelsfällen ist jedoch idR zumindest Befangenheit iS von § 21 anzunehmen. Der Ausschluss der Ehegatten (Abs 5 S 1 Nr 2) greift nach S 2 auch für den Fall ein, dass die Ehe nicht mehr besteht. Die hM stellt die nichteheliche Lebensgemeinschaft wegen vergleichbar enger Gemeinschaftsverhältnisse der Ehe zu Recht gleich (BVerwGE 98, 195 = NJW 1995, 2802). **Verwandtschaft** (Abs 5 Nr 3) bzw **Kindschaft** (Abs 5 Nr 5) liegt – auch im Verhältnis zum Vater – auch bei nichtehelicher Vaterschaft vor (Begr 47). Verwandte gerader Linie sind Vater, Mutter, Großvater, Großmutter, Kinder, Enkel, Urenkel usw. (§1589 Abs 1 S 1 BGB). Verschwägert in grader Linie sind Schwiegermutter, Schwiegervater, deren Eltern, Ehegatten der Kinder, Ehegatten der Enkel (§ 1590 I BGB). Zu den ausgeschlossenen Verwandten gehören nicht mehr die Kinder Kinder von Onkeln und Tanten; insoweit ist allerdings § 21 zu prüfen (Vetternwirtschaft). 54a

Pflegeverhältnisse (Abs 5 Nr 8) sind alle einem Eltern-Kind-Verhältnis vergleichbaren tatsächlichen Verhältnisse (vgl BVerwGE 44, 264), auch dann, wenn die häusliche Gemeinschaft nicht mehr besteht (vgl Abs 5 S 2) und den Pflegeeltern auch nicht mehr die Sorge für die Person des Kindes (StBS 65). Ein Pflegeverhältnis besteht dann, wenn Personen durch ein auf längere Dauer angelegtes Pflegeverhältnis mit häuslicher Gemeinschaft wie Eltern und Kind miteinander verbunden sind (BVerfGE 79, 51). Das Vorliegen eines Pflegschaftsverhältnisses nach §§ 27 ff. JWG ist nicht erforderlich.

IX. Wirkung der Ausschlussgründe, Verfahren

1. Allgemeines. Der Ausschluss des betroffenen Amtsträgers gem § 20 **wirkt unmittelbar kraft Gesetzes** (UL § 12 Rn 3; ebenso zum früheren Recht M 71) und hat zur Folge, dass bei gleichwohl erfolgender (weiterer) Mitwirkung das Verfahren und damit auch die im Verfahren ergehende **Entscheidung rechtswidrig** wird. Die Befangenheit des betroffenen Amtsträgers wird bei Vorliegen einer der Befangenheitsgründe gem § 20 vom Gesetz unwiderleglich vermutet. 55

---

[46] Vgl § 1297 BGB; dazu auch BGH NStZ 1983, 564; NJW 1987, 2807 – kein gültiges Verlöbnis, solange ein Partner noch nicht rechtskräftig geschieden ist –; BayObLG NJW 1983, 831; Schätz JR 1984, 127; StBS 56: nichteheliche Lebensgemeinschaft als Verantwortungs- und Einstehensgemeinschaft wird Verlöbnis gleichzustellen sein; unter Hinweis auf BVerfG NJW 1993, 643 – dort zu § 137 Abs 3 AFG entschieden.

Die Ausschlussgründe lassen sich deshalb auch als absolute Befangenheitsgründe bezeichnen (Maier 53). Es bedarf dazu keines Antrags oder Hinweises der Beteiligten und auch nur in den Fällen des Abs 4 einer besonderen Entscheidung der Behörde, um die Ausschlusswirkung herbeizuführen (Knack 3). Dies schließt es jedoch nicht aus, dass die Behörde allgemein auch sonst in **Zweifels- oder Grenzfällen** über das Vorliegen bzw Nichtvorliegen eines bestimmten Ausschlussgrundes durch feststellenden VA entscheidet. Vor der Entscheidung sind die Beteiligten gem § 28 zu hören (**str,** vgl § 28 Rn 12ff). Für die Anfechtung eines solchen feststellenden VA gelten die Ausführungen § 21 Rn 12 entsprechend.

56 **a) Kein formelles Ablehnungsrecht.** Die Beteiligten haben nach § 20 wie auch nach § 21 kein formelles Ablehnungsrecht.[47] Sie können auf das Vorliegen von Ausschlussgründen nur hinweisen, die Nichtbeachtung von Ausschlussgründen lediglich mit formlosen Gegenvorstellungen, Aufsichtsbeschwerden usw rügen und nach Ergehen einer Entscheidung usw in der Hauptsache im Rahmen von Rechtsbehelfen in der Hauptsache (§ 97 Nr 2, § 44a VwGO) geltend machen;[48] **anders in förmlichen Verfahren** gem § 65 Abs 1 S 2 gegenüber Sachverständigen bzw gem § 71 Abs 3 gegenüber Mitgliedern eines Ausschusses.

57 Obwohl die Beteiligten (§ 13) kein förmliches Ablehnungsrecht haben, so müssen sie aufgrund ihrer **Mitwirkungspflicht** (Mitwirkungslast) gem § 26 Abs 2 etwaige Bedenken grundsätzlich unverzüglich geltend machen, soweit ihnen dies nach Lage der Dinge (vgl VGH Mannheim GewA 1979, 198: nicht zB während einer mündlichen Prüfung, weil der Prüfling sich hier auf die Prüfung konzentrieren muss) möglich und zumutbar ist (vgl Kopp BayVBl 1994, 109; allg auch § 24 Rn 20ff). Nachträglich kann der Beteiligte, der dies unterläßt, grundsätzlich nicht mehr, auch nicht in Rechtsbehelfsverfahren, damit gehört werden, sofern der Mangel nicht zur Nichtigkeit der Entscheidung (s unten Rn 66a) führt (s § 24 Rn 20ff; § 26 Rn 40ff; Kopp BayVBl 1994, 409).

58 **b) Der Bedienstete selbst** kann die Entbindung von der Amtsausübung wegen eines Ausschlussgrundes nach § 20 grundsätzlich nicht selbständig anfechten (StBS 6). Kommt es zu einer Entscheidung zB des Behördenleiters, handelt es sich ihm gegenüber idR nicht um einen VA (BVerwG NVwZ 1994, 785). Auch die Beteiligten haben grds kein Recht auf Fortführung der Tätigkeiten durch einen bestimmten Bediensteten (Kösling NVwZ 1994, 455).

59 **c) Vorgehen in Zweifelsfällen.** § 20 sieht eine ausdrückliche Entscheidung über den Ausschluss nur für Verfahren nach Abs 4 vor. Die nach allgemeinem Recht bestehende **Befugnis des Behördenleiters** sowie sonstiger weisungsbefugter Personen (bei Fehlen eines Vorgesetzten der Aufsichtsbehörde, vgl UL § 12 Rn 17) zu Weisungen an betroffene Amtsträger, sich der Tätigkeit zu enthalten bzw tätig zu werden, wird durch § 20 jedoch nicht berührt; insoweit können auch die Beteiligten – ebenso auch der betroffene Amtsträger selbst, der Zweifel hat oder dem gegenüber Zweifel geäußert werden (ebenso Knack 10 unter Hinweis auf die amtliche Begründung in BT-Dr 7/910 S. 47), – sich jederzeit an den Behördenleiter usw wenden, wenn sie glauben, dass die Voraussetzungen gem § 20 gegeben sind oder nicht gegeben sind. Insoweit ist auch in den Fällen des § 20 die Regelung des § 21 analog anwendbar (so wohl auch Knack 24). Bis zur Entscheidung des Behördenleiters hat der betroffene Amtsträger sich jeder Handlung in der Sache zu enthalten (UL § 12 Rn 4; Knack 10); anders gem Abs 3 bei Gefahr im Verzug.

---

[47] Begr 47, 86; BVerwG Buchh 232 § 44 Nr 14; NVwZ 1988, 66; UL § 12 Rn 19; Scheuing NVwZ 1982, 490 mwN; Knack 3; StBS 5; krit WBS II § 59 I 7 Rn 19, mit dem Hinweis auf Verfahrensverzögerungen, wenn mit der Geltendmachung des Verstoßes bis zum Abschluss des Verfahrens gewartet werden müsse.

[48] Begr 47, 86; UL § 12 Rn 20; Scheuing NVwZ 1982, 490 mwN; Knack 3; ebenso zum bish Recht BVerwG 29, 70; Hamburg NJW 1970, 910; WB III § 156 III d.

2. Zulässige Handlungen. Trotz der allgemeinen Fassung des Abs 1 sind in Übereinstimmung mit der schon bisher überwiegenden Rechtsauffassung (vgl MuE 115) Handlungen als zulässig anzusehen, für die die Regelungen des § 20 offenbar nicht gedacht sind (ebenso Knack 7; MB 8 vor § 20). Dies gilt insb, wenn die Anwendung der Ausschlussvorschriften für die Verwaltung oder für die Beteiligten mit **außergewöhnlichen Schwierigkeiten** verbunden wäre, die in keinem angemessenen Verhältnis zu den Vorteilen stünden und die auch im Hinblick auf den Zweck der Regelung (s oben Rn 1) nicht zu rechtfertigen und für die Betroffenen bzw Dritte nicht zumutbar wären (ebenso Knack 7; MB 8 vor 20). Dies gilt vor allem auch in Fällen, in denen die Bedeutung der Angelegenheit gering ist oder die zu treffende Entscheidung keine besonderen Probleme aufwirft, insb dafür auch kein nennenswerter Entscheidungsspielraum besteht (ebenso Knack 7), oder in denen aus anderen Gründen (zB hohe Transparenz des Verwaltungshandelns und wirksame „Kontrolle" durch die öffentliche Meinung) die Gefahr mißbräuchlicher Handlungen ausgeschaltet ist (vgl allg auch BVerwG DVBl 1971, 757: völlig untergeordnete oder ganz entfernte Interessenkollisionen sind nicht zu berücksichtigen). **60**

a) Voraussetzung für die Zulässigkeit des Handelns eines an sich sonst nach § 20 ausgeschlossenen (bzw nach § 21 auszuschließenden) Amtsträgers ist jedoch auch in derartigen Fällen, dass angesichts der konkreten tatsächlichen oder rechtlichen Umstände auch bei Würdigung der Bedeutung der gesetzlichen Ausschlussregelung vertretbare (vgl auch § 10) und den Beteiligten **keine zumutbaren anderen Möglichkeiten** der Gestaltung des Verfahrens (zB Vertretung, zumindest hins. der abschließenden Entscheidung) **bestehen.** Letzteres gilt auch schon im Hinblick auf die entfernteren Voraussetzungen, Ursachen und Bedingungen des Verwaltungsverhältnisses, das die Grundlage des Verfahrens bildet (daher ist zB Aufnahme des Schülers in die nicht von seinem Vater geführte Parallelklasse geboten, wenn eine solche besteht). Da es sich um „übergesetzliche" Ausnahmegründe handelt, ist jeweils auf den Einzelfall abzustellen und dabei ein **strenger Maßstab** anzuwenden (Knack 7). **61**

b) Beispiele dafür sind ua die in der **Ausstellung einer Eintrittskarte** für einen Angehörigen für eine städtische Badeanstalt oder für ein Museum mit öffentlichrechtlicher Besuchsordnung zu sehende Zulassung (ebenso MB 8 vor § 20; Knack 7; Scheuing NVwZ 1982, 490 Anm 44); die **Verkehrsregelung** durch einen Polizeibeamten mittels Handzeichen gegenüber einem Angehörigen (Knack 7), die **Beglaubigung** einer Unterschrift (str; **aA** insoweit MB 8 vor § 20 unter Hinweis auf §§ 3, 6 und 40 BeurkG) oder die nach den maßgeblichen Vorschriften zugleich als Steuerfestsetzung anzusehende **Entgegennahme von Erklärungen,** zB einer im Weg der Selbstveranlagung errechneten Gemeindesteuer (vgl BVerwGE 19, 69; 26, 55), die **Aufnahme eines Kindes in eine Volksschule** oder die Entscheidung über die Versetzung eines Schülers in die nächsthöhere Klasse in einer Volksschule, in der der Vater des Schülers die einzige Lehrkraft ist (Knack 7; vgl auch MuE 115), **nicht dagegen** für den Erlass von VAen mit Hilfe automatischer Einrichtungen, sofern das Ergebnis von persönlich einzugebenden Eingabedaten abhängt, ferner Boten, Schreibkräfte, technisches Personal (UL § 12 Rn 5). **62**

3. Ersatz für den Ausgeschlossenen. § 20 enthält keine Regelung über die Vertretung eines ausgeschlossenen Amtsträgers. Insoweit sind daher die allgemeinen für die Behörde geltenden Organisationsnormen, insb die **behördeninternen Vertretungsregelungen,** maßgeblich. Besteht keine Regelung oder sind alle danach als Vertreter in Betracht kommenden Personen ebenfalls ausgeschlossen oder sonst verhindert, so entscheidet der Dienstvorgesetzte oder der Behördenleiter bzw, wenn auch diese verhindert sind, die Aufsichtsbehörde. **63**

64 Da innerhalb von Behörden ein **Recht auf den „gesetzlichen Beamten“ nicht besteht,**[49] kann die Verwaltung durch eine zweckmäßige Regelung der Vertretung bzw durch entsprechende Handhabung interner Vertretungsregelungen oder auch ohne besondere Grundlage gem § 10 ad hoc auch in weitergehendem Umfang eine Vertretung einzelner Amtsträger, insb auch für Zweifelsfälle, vorsehen und damit Schwierigkeiten vermeiden und evtl Rechtsstreitigkeiten vorbeugen, die sich sonst aus der Anwendung der §§ 20f ergeben können.

65 **Bei Kollegialorganen** findet eine Vertretung ausgeschlossener Mitglieder nur statt, wenn sie durch Rechtssatz oder innerbehördliche Regelungen, zB Geschäftsordnungen, besonders vorgesehen ist; andernfalls entscheidet das Kollegialorgan ohne die ausgeschlossenen Mitglieder. Sofern allerdings die für die Beschlussfassung erforderliche Mindestmitgliederzahl (vgl auch § 90) nicht mehr erreicht würde, muss der Behördenleiter bzw die Aufsichtsbehörde für die Vertretung sorgen. Ist dies nach den maßgeblichen Rechtsvorschriften nicht möglich, so kann der Ausschuss nicht tätig werden. Der betroffene Dritte muss dann ggf gem § 75 VwGO seine Rechte unmittelbar mit Hilfe des Verwaltungsgerichts durchsetzen.

X. Folgen bei Verstößen

66 **1. Allgemeines.** Die Mitwirkung von gem § 20 ausgeschlossenen Amtsträgern hat grundsätzlich die **Fehlerhaftigkeit** der davon betroffenen Amtshandlung, in Ausnahmefällen auch deren Nichtigkeit, zur Folge,[50] bei Ermessensentscheidungen bzw Entscheidungen, für die der Behörde ein Beurteilungsspielraum eingeräumt ist, idR außerdem die **Ermessensfehlerhaftigkeit** (Beurteilungsfehlerhaftigkeit) iS von § 40 (BVerwG NVwZ 1988, 527 = DÖV 1988, 563; Erichsen/Ehlers § 35 Rn 6) und idR Rechtswidrigkeit wegen eines Verstoßes gegen Art 3 GG (BVerwGE 70, 144), bei Prüfungsentscheidungen auch gegen die Grundsätze der Fairness und der Objektivität (BVerwGE 70, 144, 151), bei Planfeststellungen wegen Verletzung des Abwägungsgebots.[51] Der Mangel kann nach § 45 geheilt werden und nach § 46 unbeachtlich sein (VGH München NVwZ 1982, 513).

66a **2. Nichtigkeit.** Ob ein Verstoß gegen § 20 zur Nichtigkeit des erlassenen VA führt, hängt gem § 44 davon ab, ob es sich um einen schweren und offenkundigen Fehler handelt. Dies lässt sich nicht allgemein beurteilen, hängt aber auch von der Klarheit und Eindeutigkeit des Ausschlussgrundes und davon ab, wie deutlich die in Fällen des § 20 jeweils unterstellten Befangenheit im Verwaltungsverfahren zutage getreten ist (ähnlich StBS 69). Da das Prinzip der Unbefangenheit zu den grundlegenden Prinzipien des Verwaltungsverfahrens zu zählen ist, wird in den Fällen eines eindeutig vorliegenden Ausschlussgrundes ein schwerer Fehler regelmäßig vorliegen, dessen Offenkundigkeit eine Frage des Einzelfalles ist.

67 **3. Heilung durch Neuvornahme oder Bestätigung.** Die zuständige Behörde ist im Falle eines von ihr erkannten Verfahrensfehlers grundsätzlich nicht gehalten, das eingeleitete Verfahren insgesamt abzubrechen und neu zu beginnen (BVerwGE 75, 227 = NVwZ 1987, 578); auch sonst ist immer zu prüfen, ob der Mangel nicht geheilt ist oder geheilt werden kann. Die Fehlerhaftigkeit von Verfahrenshandlungen, die von einem nach § 20 ausgeschlossenen Amtsträger vorgenommen wurden, wird im Verfahren durch die Neuvornahme, ggf auch durch die Bestätigung der Handlung, durch einen „unbefangenen“ Amtsträger derselben Be-

---

[49] Vgl BVerwGE 30, 172; Mussgnug, Das Recht auf den gesetzlichen Verwaltungsbeamten?, 1972; v Mutius NJW 1982, 2155; Knack 6; allg BVerwG DÖV 1979, 608.

[50] VGH München NVwZ 1981, 519; Kirchhof VerwArch 1975, 383; UL § 12 Rn 22f.

[51] BVerwGE 75, 230; BVerwG NVwZ 1988, 527 – auch deshalb, weil zB die hinreichende Berücksichtigung an sich nicht drittschützender Vorschriften wie naturschutzrechtlicher Vorschriften nicht hinreichend gewährleistet ist.

hörde, auch durch den Behördenleiter, **geheilt** (OVG Lüneburg NVwZ 1982, 200; Wais NJW 1982, 1264; Knack 25; **aA** F 234); dies gilt allerdings nur, wenn die **Bestätigung aufgrund einer inhaltlichen Nachprüfung** der betroffenen Handlung oder durch deren Wiederholung (zB nochmalige mV) erfolgt. Die auch sonst übliche Unterschrift des Behördenleiters unter dem schließlich erlassenen VA genügt insoweit nicht. Ist ein weiterer Einfluß einer ausgeschlossenen Person sonst nicht auszuschließen, so ist ggf die ausdrückliche Erklärung erforderlich, dass die Betroffene sich aus einem Verfahren zurückzieht (BVerwG DÖV 1988, 563). Wenn und soweit Auswirkungen der betroffenen Handlung auf weitere im Verfahren erfolgte Handlungen nicht ausgeschlossen werden können, sind auch diese Handlungen zu wiederholen (vgl OVG Lüneburg NVwZ 1982, 200).

Nach Abschluss des Verfahrens vor der Behörde ist eine Heilung durch Handlungen derselben Behörde nicht mehr möglich (Kopp VerwArch 1970, 244 mwN; s auch § 45 Rn 33 ff), wohl aber durch eine Bestätigung des betroffenen VA **durch die Widerspruchsbehörde,** wenn und soweit diese aufgrund einer neuen Sachprüfung der betroffenen Fragen entscheidet.[52] 68

4. Unbeachtlichkeit. a) Allgemeines. Ein Verfahrensfehler wegen eines Verstoßes gegen ein Mitwirkungsverbot nach § 20, der nicht nach § 45 geheilt worden ist, kann nach § 46 unbeachtlich sein. Dies setzt Voraus, das ausgeschlossen werden kann, dass sich der Fehler auf das Ergebnis des Verwaltungsverfahrens ausgewirkt hat. Bei Vorliegen der Ausschlussgründe des § 20 wird zwar die Befangenheit, nicht aber deren Ursächlichkeit unwiderleglich vermutet. 69

b) Kausalität. Die erforderliche Kausalität **ist gegeben,** „wenn nach den Umständen des jeweiligen Falls die konkrete Möglichkeit besteht, dass ohne den angenommenen Verfahrensmangel die Entscheidung anders ausgefallen wäre", zB wenn aufgrund erkennbarer oder naheliegender Umstände sich die Möglichkeit abzeichnet, dass durch das Tätigwerden der ausgeschlossenen Person die Entscheidung in bestimmter Richtung beeinflußt worden ist (VGH München NVwZ 1982, 510, 513), auch zB eine Intervention zur Verhinderung eines drohenden Rechtsfehlers. Der Kausalitätsbegriff ist derselbe wie zB in § 132 Abs 2 und 3, § 137 Abs 1 VwGO.[53] **Nicht erforderlich** ist, dass die in Frage stehende Handlung konkret Einfluß auf das Verfahren oder den Inhalt der zu treffenden Entscheidung gehabt hat oder dass ein solcher Einfluß nach den Grundsätzen über den Beweis des ersten Anscheins (s dazu § 24 Rn 52) jedenfalls anzunehmen ist. **Die bloße Möglichkeit,** dass eine Handlung sich auf das Ergebnis des Verfahrens auswirken kann, **genügt,** sofern eine derartige Möglichkeit nicht angesichts der konkreten Umstände des Falles auszuschließen ist. Die Möglichkeit einer Auswirkung kann auch bei der bloßen körperlichen Anwesenheit einer Person nicht ausgeschlossen werden, bei der nach Stellung und Zuständigkeit eine Einflußnahme naheliegen könnte, zB die **Teilnahme an einer Besprechung,** selbst wenn die Teilnahme erkennbar nur aus einem berechtigten Informationsinteresse erfolgt;[54] ebenso **bei der bloßen Kenntnisnahme** von einem Vorgang, auch wenn nach den Umständen des Einzelfalles darin nicht eine Billigung oder Zustimmung zu sehen ist (BVerwGE 69, 267 = DVBl 1984, 1075; Obermayer 30; Knack 4), insb bei der bloßen „Abzeichnung" eines Vorgangs „als gesehen" und nicht zur Bil- 70

---

[52] BVerwG DÖV 1988, 563; Knack 13; zu dieser Auffassung neigend auch OVG Berlin NVwZ-RR 1990, 138; ferner Allesch, Die Anwendbarkeit des Verwaltungsverfahrens auf das Widerspruchsverfahren nach der VwGO, 1984, 199; s auch § 45 Rn 43; § 46 Rn 36.

[53] Kopp SGb 1994, 235; s dazu Kopp/Schenke § 132 Rn 23 f; vgl auch § 46 Rn 27; wie hier auch UL § 12 Rn 5; Obermayer 30; Scheuing NVwZ 1982, 490; zu eng VGH München NVwZ 1982, 510: erforderlich, daß „Weichenstellungen" für das Verfahren auf die Handlung zurückzuführen sind; zT **aA** BSG SGb 1994, 232.

[54] BVerwGE 69, 267; VGH München NVwZ 1982, 510; **aA** VGH München NVwZ 1982, 583; vgl auch OVG Lüneburg NVwZ 1982, 200.

ligung (BVerwGE 69, 267; VGH München NVwZ 1982, 508, 510; **aA** Scheuing NVwZ 1982, 490: Nicht-Intervention als Billigung).

71 **Ausgenommen** sind nur solche Handlungen, bei denen es **offensichtlich und unzweifelhaft** ist, dass sie auf das Ergebnis **keinen** (unzulässigen) **Einfluß haben konnten**[55] oder wenn sonst nachgewiesen ist, dass die Handlung keinen Einfluß hatte, zB weil die in Frage stehende Weisung nicht befolgt wurde (BVerwGE 69, 269; StBS 27) oder die Entscheidung zuungunsten des Verwandten ausfiel, wegen dessen die Unparteilichkeit in Zweifel sein konnte (vgl BVerwGE 56, 233; zT **aA** BVerwGE 69, 269: für den Kausalzusammenhang ist weder die abstrakte Möglichkeit einer Auswirkung maßgeblich, noch ist der positive Nachweis erforderlich, dass wegen des Mangels so und nicht anders entschieden wurde).

72 **Die Ursächlichkeit entfällt** bzw wird gegenstandslos, wenn die betroffene **Handlung** durch einen nicht ausgeschlossenen Amtsträger **nachgeholt wird** (s unten Rn 67) oder die mögliche Auswirkung durch andere Umstände später überholt wird (BVerwGE 75, 245; VGH München NVwZ 1982, 510, 514; Scheuing NVwZ 1982, 490; Kopp VerwArch 1970, 244). Während bei Handlungen, bei denen eine Auswirkung auf das Verfahrensergebnis nicht undenkbar (und idS „typisch") ist, die **Kausalität ohne weiteres anzunehmen** ist (**aA** insoweit BVerwGE 69, 269: auf den typischen Geschehensablauf kann nicht abgestellt werden, weil die Regeln über den Anscheinsbeweis nicht anwendbar sind, wenn es auf das bewußte Verhalten von Menschen ankommen kann), trifft im Zweifel **die Beweislast bei der Behörde** dafür, dass eine Handlung keinen Einfluß hatte oder haben konnte, bzw für eine spätere Heilung oder spätere überholende Kausalität.[56] Vgl allg zur Kausalität und zur Beweislast dafür vor allem BVerwGE 69, 269; ferner Scheuing NVwZ 1982, 490 ff.

§ 21 Besorgnis der Befangenheit

(1) **Liegt ein Grund vor, der geeignet ist, Misstrauen gegen eine unparteiische Amtsausübung zu rechtfertigen,**[5] **oder wird von einem Beteiligten das Vorliegen eines solchen Grundes behauptet, so hat, wer in einem Verwaltungsverfahren für eine Behörde tätig werden soll, den Leiter der Behörde oder den von diesem Beauftragten zu unterrichten und sich auf dessen Anordnung der Mitwirkung zu enthalten.**[10] **Betrifft die Besorgnis der Befangenheit den Leiter der Behörde, so trifft diese Anordnung die Aufsichtsbehörde, sofern sich der Behördenleiter nicht selbst einer Mitwirkung enthält.**

(2) **Für Mitglieder eines Ausschusses (§ 88) gilt § 20 Abs. 4 entsprechend.**

Parallelvorschriften: §§ 83, 84 AO; § 17 SGB-X

Schrifttum: *Jäde,* Befangenheitsschranken behördlicher Beratungspflicht, BayVBl 1988, 264; *Kösling,* § 21 VwVfG und der Rechtsschutz der Betroffenen, NVwZ 1994, 455. *Kopp,* Die Neubewertung fehlerhaft bewerteter Prüfungsarbeiten, BayVBl 1990, 684; *ders,* Die Ablehnung befangener Amtsträger im Verwaltungsverfahrensrecht, BayVBl 1994, 109; *Maier,* Befangenheit im Verwaltungsverfahren, 2001, zugl Diss Heidelberg 1999; *Zuck,* Befangenheit als Fehlerquelle für ein faires Verfahren, DRiZ 1988, 172. S. im übrigen das Schrifttum zu § 20.

---

[55] BVerwGE 75, 245; OVG Koblenz NVwZ-RR 1990, 272: Ausfertigung des vom Gemeinderat beschlossenen Bebauungsplans durch den befangenen Bürgermeister ist unschädlich; VGH München NVwZ 1982, 508, 513; StBS 27; Söhn HHSp 4 zu § 82 AO; Scheuing NVwZ 1982, 490.

[56] Vgl VGH München NVwZ 1982, 512 f, zT **aA** BVerwGE 69, 269: „Sollte nach dem Ergebnis der Beweisaufnahme eine konkrete – und auch beabsichtigte – Einflußnahme der Aufsichtsbehörde auf Verfahren oder Inhalt der zu treffenden Sachentscheidung nicht mit hinreichender Sicherheit festzustellen sein, könnte ein Verstoß gegen Art 20 Abs 1 Satz 1 Nr 5 BayVwVfG nicht angenommen werden"; VGH München NVwZ 1982, 508: die Kausalitätsprüfung hat immer detailliert zu erfolgen.

Übersicht

I. Allgemeines

1. Inhalt des § 21. Die Vorschrift sieht ergänzend zu den kraft Gesetzes wirkenden Ausschlussgründen des § 20 als allgemeinen Auffangtatbestand den Ausschluss von Personen **wegen Besorgnis der Befangenheit** durch besondere Anordnung des Behördenleiters vor. Die Regelung lehnt sich an das Prozessrecht (vgl § 54 VwGO) an (Kösling NVwZ 1994, 455) und hat wie § 20 den Zweck, das Verwaltungsverfahren von persönlichen, sachfremden und insb parteilichen Einflüssen aus der Sphäre der handelnden Entscheidungsträger freizuhalten und damit zugleich auch das Recht auf eine fehlerfreie Ermessensentscheidung zu sichern). Sie entspricht im wesentlichen der schon bisher überwiegend vertretenen, wenn auch nicht unbestrittenen Auffassung.[1] Zur sog **institutionellen Befangenheit** von Behörden usw, dh zur „möglichen Parteilichkeit" nicht bestimmter Personen als solcher, sondern des Verwaltungsträgers, der Behörde, sonstiger Einrichtung oder Organe im Interesse ihrer Aufgaben vgl § 20 Rn 9. 1

a) Kein formelles Ablehnungsrecht. Auch § 21 räumt den Beteiligten zwar das Recht, Befangenheitsgründe geltend zu machen, aber kein förmliches Ablehnungsrecht ein.[2] Die Regelung gibt den Beteiligten nur die Möglichkeit, durch 2

---

[1] Vgl BVerwGE 16, 153; 29, 71; 63, 86; 83, 88; BVerwG Buchh 421.0 Prüfungswesen Nr 66 und 94; OVG Münster DÖV 1981, 587; VGH Kassel JZ 1971, 257 m zust Anm v Dagtoglou; Erichsen/Ehlers § 35 Rn 5; Becker DÖV 1970, 734; M 71; Besche DÖV 1972, 637; Kopp 45, 110; **aA** BVerwGE 29, 70; BVerwG NVwZ 1988, 66 mwN: nur tatsächliche Parteilichkeit, nicht auch Besorgnis der Befangenheit.

[2] Vgl Schleswig NVwZ-RR 1993, 395: Verstöße können nach § 44a VwGO nur im Rahmen eines Rechtsbehelfs in der Hauptsache geltend gemacht werden; Kopp BayVBl 1994, 109; so auch die hM zum bish Recht, vgl BVerwG DVBl 1987, 1159 = NVwZ 1988, 66; Erichsen/Ehlers § 35 Rn 5; anders in bezug auf Mitglieder eines Ausschusses gem § 71 Abs 3 und in bezug auf Sachverständige gem § 65 Abs 1 S 2.

entsprechendes Vorbringen den betroffenen Amtsträger zu veranlassen, die Entscheidung des Behördenleiters einzuholen; im übrigen können sie wie bei § 20 nur formlose Vorstellungen erheben und nachträglich eine Verletzung der Vorschrift im Rahmen von Rechtsbehelfen in der Hauptsache gem § 97 Nr 2, § 44a VwGO geltend machen (UL § 12 Rn 29; StBS 4). Zu Ablehnungsrechten im förmlichen Verfahren vgl § 65 Abs 1, § 71 Abs 3. Befangenheitsgründe müssen von den Beteiligten unverzüglich geltend gemacht werden (OVG Koblenz DVBl 1999, 1597). Werden sie nämlich nicht rechtzeitig im Verfahren vorgetragen, führt dies zu einem **Verlust des Rügerechts** (s § 20 Rn 3). Mittelbar ergibt sich daraus in Verbindung mit dem Mitwirkungsrecht und der Mitwirkungspflicht der Beteiligten im Verfahren doch letztlich ein **„informelles" Ablehnungsrecht** und eine entsprechende Verpflichtung zur Abberufung des befangenen Amtsträgers (Kopp BayVBl 1994, 109). Unabhängig davon sind die Befangenheitsgründe, soweit sie bekannt sind, grundsätzlich auch von Amts wegen zu berücksichtigen.[3]

2a **b) Verfahren.** Liegen Gründe vor, die die Besorgnis der Befangenheit rechtfertigen, so führen diese – anders als die Ausschlussgründe nach § 20 – nicht automatisch zum Ausschluss des Amtsträgers, gegen den sie sich richten. Vielmehr führt das Vorliegen oder die – substantiierte – Behauptung von Befangenheitsgründen zu einem **behördeninternen Prüfungsverfahren,** an dessen Ende die Entscheidung des Behördenleiter über die weitere Mitwirkung des betroffenen Amtsträgers steht.[4] Im übrigen gelten für § 21 dieselben Grundsätze wie für § 20, insb ist in Eilfällen auch § 20 Abs 3 analog anwendbar (s § 20 Rn 47). Vgl zur Zulässigkeit der „Auswechslung" eines Amtsträgers durch einen anderen ad hoc in Zweifelsfällen sowie dazu, dass es im Bereich der Verwaltung grundsätzlich kein Recht auf den „gesetzlichen" Verwaltungsbeamten gibt, München BayVBl 1992, 469 sowie § 20 Rn 5, 53.

3 **2. Anwendungsbereich. a) Allgemeines.** § 21 ist, wie sich aus dem Wortlaut und aus dem Zusammenhang mit § 20 ergibt, nur in Fällen anwendbar, die nicht bereits von § 20 erfasst werden (ebenso Knack 5; MB 3. Allerdings kann der Behördenleiter idR nach allgemeinem Recht auch in Fällen des § 20 einem ihm unterstellten Amtsträger durch innerdienstliche Weisung das Tätigwerden in einer Sache verbieten und damit praktisch denselben Zweck erreichen. Für **Beschlusswahlen** (§ 92) gilt § 21 nicht (vgl WB III § 156 III e). Für **Wehrdienstsachen** gilt § 26 WDO, der analog auch auf Wehrbeschwerdeverfahren und Wehrdienststrafverfahren anwendbar ist (BVerwGE 53, 334; 83, 89).

4 Ob § 21 bzw die entspr Vorschriften des Landesrechts als Ausdruck allgemeiner Rechtsgedanken analog auch in Fällen anwendbar sind, die nicht unter die Verfahrensgesetze fallen und für die auch entsprechende sondergesetzliche Regelungen fehlen (s zum Soldatenrecht oben Rn 3), ist str, dürfte aber heute zu bejahen sein.[5]

4a **b) Befangenheit im Prüfungsverfahren.** Die §§ 20–27 gelten nach § 2 Abs 3 Nr 2 unmittelbar auch in Prüfungsverfahren. Der Gesichtspunkt der Befangenheit spielt im Prüfungsverfahren eine besondere Rolle, weil in der Mitwirkung eines befangenen Prüfers zugleich ein Beurteilungsfehler und ein Verstoß gegen den Grundsatz der Chancengleichheit im Prüfungsverfahren liegt (s hierzu Zimmerling/Brehm NVwZ 1997, 450, 452 mwN). Sofern die Gründe für die Besorgnis der Befangenheit bereits vor Beginn der Prüfung bzw einzelner Prüfungsabschnitte bekannt sind, muss der Prüfling sie unverzüglich vor Antritt der Prüfung geltend machen, andernfalls verliert er idR seine Rügemöglichkeit (s näher § 2 Rn 56). Der Umstand, dass ein Prüfer eine Prüfungsleistung fehlerhaft bewertet

[3] StBS 1; Obermayer 20; Maier S. 79.

[4] Obermayer 28ff; StBS 5; Knack 3; Maier 79; s auch unten Rn 11.

[5] Vgl § 20 Rn 7; zT **aA** offenbar die ältere Rspr, vgl BVerwGE 29, 70; BVerwG DVBl 1987, 1159 = NVwZ 1988, 66: nur bei tatsächlicher Befangenheit.

hat, begründet nicht automatisch die Besorgnis der Befangenheit (BVerwG NVwZ 2000, 1055).

3. Verhältnis zu § 20. Gründe, für die § 20 eine Regelung trifft, die danach aber keine Ausschlussgründe sind, scheiden auch als Befangenheitsgründe nach § 21 aus, wenn nicht besondere Umstände hinzutreten;[6] dies gilt insb auch für die Gruppenvorteile oder Gruppennachteile iS von § 20 Abs 1 S 3 (MB 3). Die Zugehörigkeit zu einer Gruppe, die keinen Ausschluss nach § 20 zur Folge hat, begründet allein deshalb auch die Besorgnis der Befangenheit nicht (s hierzu § 20 Rn 38). 4 b

II. Besorgnis der Befangenheit

1. Besorgnis der Befangenheit. a) Vorliegen eines Befangenheitsgrundes. Besorgnis der Befangenheit iS von § 21 bedeutet, dass ein Grund vorliegt, der geeignet ist, **Mißtrauen gegen eine unparteiliche Amtsübung** eines Amtsträgers zu rechtfertigen. Diese Voraussetzung ist dann gegeben, wenn auf Grund **objektiv feststellbarer Tatsachen** die subjektiv vernünftigerweise mögliche Besorgnis nicht auszuschließen ist, ein bestimmter Amtsträger werde in der Sache nicht unparteiisch, unvoreingenommen oder unbefangen entscheiden.[7] Gründe dieser Art sind je nach den Umständen des Falles zB Freundschaft oder Feindschaft zu einem Beteiligten,[8] unsachliche oder verletzende Äußerungen im Verfahren, Äußerungen, die für eine einseitige Festlegung in der Sache, noch ehe der Sachverhalt hinreichend geklärt und die Beteiligten angehört worden sind, sprechen könnten usw (BVerwGE 91, 262 = NVwZ 1993, 677; zT enger Obermayer 12: außerdienstliche Äußerungen zur Sach- oder Rechtslage sind immer ein Befangenheitsgrund). 5

Es muss sich immer um **individuelle, konkrete, angebbare Gründe** handeln, die in der Person des einzelnen Amtsträgers begündet sind (UL § 12 Rn 28). Allgemeine Gründe wie Staatsangehörigkeit, Geschlecht, Zugehörigkeit zu einer Konfession, einem Berufsstand, einer Bevölkerungsgruppe (vgl auch § 20 Abs 1 S 3), einer Vereinigung, einer Partei usw genügen nicht,[9] ebenso nicht, dass ein Amtsträger allgemein (zB in Veröffentlichungen) bestimmte Rechtsauffassungen vertritt (vgl BSG NJW 1993, 1230) oder im Verfahren äußert (vgl Kopp/Schenke § 54 Rn 11) oder dass ein Prüfer der vom Kandidaten vertretenen wissenschaftlichen Theorie kritisch gegenübersteht. Anders jedoch, wenn zusätzliche Gründe im konkreten Fall hinzukommen, die zu Zweifeln hins. der Unparteilichkeit Anlass geben, wie bestimmte Äußerungen zu dem anhängigen oder zu erwartenden Fall (BVerwG NVwZ 1993, 95). Gleiches gilt auch bzgl der Dauer des Verfahrens (vgl Münster NJW 1993, 2259: überlange Dauer des Verfahrens allein begründet nicht die Besorgnis der Befangenheit). Auch bei **Selbstablehnung** eines Amtsträgers ist die Besorgnis der Befangenheit nicht ohne weiteres als gegeben anzusehen (BVerwG NVwZ 1985, 576). 5 a

---

[6] BVerwGE 75, 229; BVerwG NVwZ 1993, 686 – außer dem Umstand der Vorbefassung auch Anhaltspunkte dafür, daß die Prüfer sich festgelegt haben und eine etwaige Änderung der ursprünglichen Prüfungsbewertung nicht mehr ernsthaft in Erwägung ziehen –; Knack 5; MB 3; allg auch Kopp BayVBl 1981, 353; vgl auch München DVBl 1985, 805 = BayVBl 1985, 399.

[7] UL § 12 Rn 28; Erichsen/Ehlers § 35 Rn 5; StBS 7; Knack 5; MB 3; ebenso zum bish Recht Kassel NJW 1969, 1400; RÖ VwGO 9 zu § 54; Kopp/Schenke § 54 Rn 10; zu eng bzw zumindest mißverständlich BVerwG DVBl 1987, 1159 = NVwZ 1988, 66: kann nur die tatsächlich mangelnde Objektivität und Unvoreingenommenheit geltend machen.

[8] Vgl jedenfalls im Ergebnis VGH Kassel DÖV 1970, 645: schweres persönliches Zerwürfnis mit einem Behördenbediensteten als Ausschlußgrund.

[9] Vgl BVerwG MDR 1970, 442; BayVerfGH NVwZ 2001, 917 zur Befangenheit von Richtern; OLG Karlsruhe NJW-RR 1988, 1534: Zugehörigkeit zum gleichen Rotary-Club ist kein Befangenheitsgrund. Anders bei enger freundschaftlicher Beziehung.

6 **b) Einzelne Befangenheitsgründe.** Im einzelnen gilt für die Besorgnis der Befangenheit das gleiche wie im Prozess gem § 54 Abs 1 VwGO iVm §§ 41–49 ZPO, so dass insoweit auch auf die Rspr und das Schrifttum zum Prozessrecht verwiesen werden kann. S. dazu im einzelnen Kopp/Schenke § 54 Rn 10ff. Nicht entspr anwendbar im Verwaltungsverfahren ist § 54 Abs 2 VwGO und § 54 Abs 3 VwGO.[10] Insb ist es – anders als gem § 54 Abs 2 VwGO – kein Ablehnungsgrund, dass ein Amtsträger bereits vorher in der Sache tätig war.[11] Zur Besorgnis der Befangenheit infolge **Kommunalpolitischer Tätigkeit** s OLG Naumburg NVwZ 2001, 956.

7 **c) Besorgnis. Tatsächliche Befangenheit** oder Voreingenommenheit ist für § 21 **nicht erforderlich,** insoweit genügt schon der „böse Schein".[12] Nicht ausreichend sind lediglich subjektive Befürchtungen der Beteiligten, erforderlich ist ein vernünftiger Grund für die Besorgnis, der auf einer rationalen Tatsachengrundlage beruht (StBS 10; Knack 5). Es muss sich um einen Grund in der Person des Bediensteten, in seinem Verhalten oder in den Umständen der Sachbehandlung handeln, der geeignet ist, bei einem unvoreingenommenen Beurteiler Zweifel an der Unparteilichkeit des Bediensteten auslösen kann (s näher Kirchhof VerwArch 1975, 377). Nicht ausreichend ist, dass ein Bediensteter in anderem Zusammenhang Rechtsauffassungen geäußert hat, die auch für das konkrete Verwaltungsverfahren eine Rolle spielen können.

8 **d) Sonderproblem Vorbefassung. Grundsätzlich kein Ablehnungsgrund** liegt vor, wenn ein Amtsträger in der Sache **bereits vorher tätig** war und seine Mitwirkung hier dafür kausal war, dass der VA aufgehoben worden ist und er nunmehr nochmals in der Sache zu entscheiden hat oder dass ein Amtsträger in einer Sache mit einzelnen Beteiligten ohne Zuziehung auch der übrigen Beteiligten Gespräche geführt hat (vgl München DVBl 1985, 805). Dagegen ist im Zweifel, wenn nicht angesichts der Umstände des konkreten Falles auszuschließen ist, dass er eine nochmalige Bewertung nicht objektiv und unbefangen vornehmen wird, bei einem Prüfer ein Befangenheitsgrund zu bejahen, dessen Prüfungsbewertung wegen eines ihm dabei unterlaufenen Fehlers aufgehoben wurde und der die Arbeit deshalb nochmals bewerten soll.[13]

---

[10] BVerwG BayVBl 1987, 569; s auch 8 zu § 20; **aA** UL § 38 Rn 7: § 54 Abs 3 analog anwendbar; gegen diese Auffassung spricht, daß für die in Frage kommenden Fälle § 20 Abs 1 Nr 3–6 abschließende Sonderregelungen vorsieht.

[11] Vgl – zu Prüfungen – BVerfG 84, 48 und 51; BVerwGE 91, 263 = NVwZ 1993, 677 – kein Ablehnungsgrund, wenn ein Prüfer wegen Fehlerhaftigkeit der Prüfung oder der Prüfungsbewertung nochmals denselben Kandidaten prüfen oder eine Prüfungsarbeit nochmals bewerten muß –; ebenso OVG Münster DÖV 1981, 587; VGH München BayVBl 1978, 214.

[12] UL § 12 Rn 28; ebenso zum Prozeßrecht BVerwGE 43, 43; OVG Lüneburg VRspr 25, 959; **aA** zum Ausländerrecht BVerwG NVwZ 1988, 66.

[13] VGH Mannheim NVwZ 1991, 1207; für den Fall, daß die ursprüngliche Prüfungsentscheidung wegen materieller Mängel, die der Prüfer verschuldet hatte, aufgehoben worden ist; für den Fall, daß ein Prozeß bereits anhängig ist, auch OVG Münster NVwZ 1993, 95 = DVBl 1992, 65; Kopp BayVBl 1990, 684; ders., DVBl 1991, 990; ähnlich Muckel JuS 1992, 204; 1993, 555; **aA** für den Regelfall – dh, wenn keine sonstigen zusätzlichen Gründe gegeben sind, die für Befangenheit sprechen könnten – BVerfG 84, 47 = NJW 1991, 2005; BVerwGE 91, 273 = NVwZ 1993, 677 – grundsätzlich Bewertung der Arbeit durch dieselben Prüfer, um die Chancengleichheit der Kandidaten zu wahren; ähnlich BVerfG DVBl 1983, 91; BVerwG NVwZ 1993, 95 = DVBl 1993, 119: Anspruch auf neue Prüfer nur, wenn Anhaltspunkte bestehen, daß die ursprünglichen Prüfer sich festgelegt haben und eine Änderung ihrer Haltung insoweit nicht erwartet werden kann; BVerwG NVwZ 1995, 168; DVBl 1989, 90; Buchh 421.0 Prüfungswesen Nr 307; VGH München NVwZ 1991, 500; OVG Münster NVwZ 1991, 499 und NVwZ 1993, 95; Rozek NVwZ 1992, 36.

e) Individuelle Befangenheit. Befangen können immer nur bestimmte einzelne Amtsträger sein, **nicht eine Behörde als solche** (vgl München BayVBl 1972, 81; Scheuing NVwZ 1982, 488; Knack 6). S aber zur sog institutionellen Befangenheit § 20 Rn 3. Das schließt nicht aus, dass es Gründe geben kann, die bei einer Mehrzahl von Amtsträgern die Besorgnis der Befangenheit begründen. 9

2. Mitwirkungsverbot, Verfahren. a) Allgemeines. Anders als die Ausschlussgründe gem § 20 bewirkt die begründete Besorgnis der Befangenheit nicht automatisch, kraft Gesetzes, den Ausschluss des betroffenen Amtsträgers. Die Unzulässigkeit des Handelns tritt vielmehr grundsätzlich erst als Folge einer entsprechenden **Anordnung des Behördenleiters** oder des von diesem Beauftragten bzw der aufsichtsführenden Behörde oder einer entsprechenden Entscheidung des Behördenleiters gem Abs 1 S 2 letzter Halbs ein. Die Anordnung des Behördenleiters (bzw der Aufsichtsbehörde) bzw die Ablehnung der Anordnung ist den Beteiligten gegenüber – nicht dagegen auch im Verhältnis zu dem betroffenen Amtsträger (vgl VGH München BayVBl 1992, 469) **ein VA.**[14] Der Behördenleiter hat bei seiner Entscheidung **weder einen Beurteilungs- noch einen Ermessensspielraum** (ebenso MB 5); seine Entscheidung ist deshalb auch im Verwaltungs-Prozess voll nachprüfbar. Liegt ein Befangenheitsgrund iS von § 21 vor, so muss er die Anordnung erlassen. Vor der Entscheidung über die Anordnung ist den **Beteiligten** jedenfalls entsprechend § 28 **rechtliches Gehör** zu gewähren. Vgl aber zur allgemeinen Befugnis des Behördenleiters, **auch in anderen Fällen,** insb in Grenzfällen aufgrund der Organisationsgewalt andere Amtsträger mit der Bearbeitung und/oder Entscheidung eines Falles zu betrauen, § 20 Rn 5. **Aufsichtsführende Behörde** iS von Abs 1 S 1 ist nicht allgemein die Behörde, die die Dienstaufsicht führt, sondern je nach Art der in Frage stehenden Bedenken die Dienst-, Fach- oder Rechtsaufsichtsbehörde,[15] eine praktisch kaum zweckmäßige Regelung! Vgl im einzelnen zum Begriff der Aufsichtsbehörde auch § 3 Rn 40. 10

b) Rechtsbehelfe. aa) Beteiligte. Die Anordnung bzw die Ablehnung einer Anordnung kann gem § 97 Nr 2; § 44a VwGO von den Beteiligten bei VAen nur gemeinsam mit der **Entscheidung in der Hauptsache** angegriffen werden.[16] Durch § 44a VwGO wird grundsätzlich auch der Antrag eines Beteiligten auf Erlass einer eA gem § 123 VwGO in Bezug auf die Anordnung ausgeschlossen (BFH BB 1981, 1697). Demgegenüber kann es aber Fälle geben, in denen es dem Betroffenen nicht zumutbar ist, die Entscheidung abzuwarten und erst gegen diese Rechtschutz zu erhalten. Dies ist etwa der Fall, wenn der weitere Ablauf des Verfahrens zu Dispositionen bzw Teilergebnissen führt, die sich im Zuge des Rechtschutzes gegen die Entscheidung uU nicht mehr in zumutbarer Weise rückgängig machen lassen. Hier kann das Gebot effektiven Rechtschutzes (Art 19 Abs 4 GG) einen vorläufigen Rechtschutz geboten erscheinen lassen (ähnlich StBS 22). Dies kommt vor allem im Prüfungsrecht in Betracht[17] (Obermayer 63). 11

---

[14] S § 20 Rn 52; ebenso StBS 15; Obermayer 25; Kösling NVwZ 1994, 457: ein anfechtbarer VA; ebenso für den Fall der Entscheidung eines Ausschusses über den Ausschluß eines Mitglieds wegen Befangenheit, nicht dagegen bei einfachem Ausschluß gem § 21 UL § 12 Rn 31; Kritik: es ist kein Grund ersichtlich, der diese Unterscheidung tragen könnte; **aA** München BayVBl 1994, 155 – kein VA –; München BayVBl 1992, 470; Knack 3.7; MB 10 vor 21: kein VA; ebenso für den Fall einzelner Amtsträger UL § 12 Rn 31.

[15] Begr 108 und ABegr 7, unter ausdrücklicher Ablehnung des Vorschlags des Bundesrats, allgemein die Zuständigkeit der Dienstaufsichtsbehörde festzulegen; Knack 8; MB 7; StBS 17.

[16] BT-Dr 7/910 S 97f; BVerwG NJW 1979, 177; 1982, 120; BFH NJW 1981, 2431; OVG Münster DVBl 2000, 572; VG Köln NJW 1978, 2261; Ossenbühl NVwZ 1982, 470; Steinberg DÖV 1982, 629; Sellner BauR 1980, 396.

[17] VG Hannover NVwZ 1986, 960; Kösling NVwZ 1994, 456: Anfechtbarkeit, wenn ein Vertrösten auf die Hauptsachenentscheidung unzumutbar; MB 4; StBS 19; RÖ 3 zu § 44a VwGO; **aA** Hufen, Fehler im Verwaltungsverfahren, Rn 366; Pagenkopf NJW 1979, 2283: isoliert anfechtbar; für Großverfahren und beschränkt auf solche auch Scheuing NVwZ 1982, 490.

12 **bb) Betroffene Amtsträger. Ob der betroffene Amtsträger** selbst bei Ablehnung der Anordnung oder bei Ergehen einer Anordnung dagegen eigene Rechtsbehelfe hat, hängt von der Ausgestaltung seines Dienstverhältnisses ab. IdR wird er eine Rechtsverletzung nicht geltend machen können.[18]

III. Folgen von Verstößen gegen § 21

13 **1. Fehlerhaftigkeit der Endentscheidung.** Die Mitwirkung eines iS von § 21 befangenen Amtsträgers hat die **Fehlerhaftigkeit** (vgl BVerwGE 83, 88) **der davon betroffenen Amtshandlung** nicht nur dann zur Folge, wenn der Amtsträger einer Anordnung des Behördenleiters usw nicht Folge geleistet hat, sondern auch dann, wenn, aus welchen Gründen auch immer, eine solche Anordnung rechtswidrig unterblieben ist (OVG Schleswig NVwZ-RR 1993, 396; UL § 12 Rn 32; StBS 26; Knack 12), auch zB, weil der Behördenleiter für die Anordnung keinen Grund sah, obwohl ein solcher objektiv gegeben gewesen wäre (vgl VG Arnsberg NVwZ-RR 1990, 274f). Zur Frage der Nichtigkeit eines VA oder verwaltungsrechtlichen Vertrags wegen Befangenheit des Amtsträgers s § 44 Rn 53ff.

14 **2. Nichtigkeit** Die Nichtigkeit der Entscheidung ist in den Fällen einer Besorgnis der Befangenheit nach § 21 nur ausnahmsweise vorstellbar, aber nicht ausgeschlossen. Insbesondere löst § 44 Abs 3 Nr 2 keine Sperrwirkung aus.[19] Allerdings sind Fälle schwer vorstellbar, in denen der auf Nichtbeachtung von Befangenheitsgründen beruhende Feller eines VA offensichtlich ist. Die Nichtigkeit eines unter Mitwirkung eines befangenen Amtsträgers abgeschlossenen Vertrages richtet sicht nach § 59.

15 **3. Heilung des Mangels.** Zur Heilung eines Bewertungsmangels wegen Befangenheit bei Prüfungsarbeiten durch erneute Bewertung durch unbefangene Prüfer s § 20 Rn 67. Allg zum Anspruch auf Neubewertung BVerfG 84, 47; 84, 51; BVerwGE 91, 273 = NVwZ 1993, 677. Bei der **Bewertung schriftlicher Prüfungsarbeiten** durch jeweils zwei Prüfer – Entsprechendes gilt bei Bewertung durch mehr als zwei Prüfer – setzt eine Heilung durch Neubewertung, wenn die weiteren Prüfer ihre Bewertung in Kenntnis der Bewertung eines Prüfers vorgenommen haben, der befangen war, durch unbefangene Prüfer grundsätzlich voraus, dass, auch für die weiteren ursprünglichen Prüfer neue Prüfer die neue Bewertung vornehmen.[20]

16 **4. Unbeachtlichkeit** Ein Fehler des Verwaltungsverfahrens wegen der Besorgnis der Befangenheit eine Bediensteten kann nach § 46 unbeachtlich sein, wenn offensichtlich ist, dass der Fehler die Verwaltungsentscheidung in der Sache nicht beeinflusst hat. Dies wird man idR annehmen können, wenn ein Fall strikt gebundener Verwaltungsentscheidung vorliegt, wenn also die getroffene Entscheidung rechtlich derart determiniert war, dass eine andere Entscheidung nicht hätte getroffen werden können. Aber auch bei nur unvollständiger rechtlicher Determinierung kommt die Unbeachtlichkeit des Fehlers in Betracht, wenn eine Rekonstruktion des Entscheidungsvorgangs ergibt, dass die Befangenheit offensichtlich keinen Einfluss auf den Entscheidungsprozess gehabt haben kann, weil der Kausalverlauf entweder an einer Stelle unterbrochen oder der Fehler zu einem späteren Zeitpunkt im Verwaltungsverfahren kompensiert worden ist.

---

[18] BVerwG NVwZ 1994, 785; weiter StBS 22.

[19] Obermayer 55; StBS 26; **aA** Knack 12: Keine Nichtigkeit möglich.

[20] Mannheim NVwZ RR 1990, 348 im Anschluß an BVerwG Buchh 421.0 Nr 157; jedenfalls für den Fall, daß ein Prozeß schon anhängig ist, auch Münster DVBl 1993, 65; vgl auch Kopp BayVBl 1990, 684; allg auch oben 6; **aA** wohl BVerfG 84, 47; 84, 51; DVBl 1991, 801; BVerwGE 91, 273; VGH München DVBl 1991, 759; vgl auch OVG Münster DVBl 1993, 62.

§ 22 Beginn des Verfahrens

Die Behörde entscheidet nach pflichtgemäßem Ermessen, ob und wann sie ein Verwaltungsverfahren durchführt.[11 ff] **Dies gilt nicht, wenn die Behörde auf Grund von Rechtsvorschriften**

1. von Amts wegen[19] **oder auf Antrag**[20] **tätig werden muss;**
2. nur auf Antrag tätig werden darf und ein Antrag nicht vorliegt.[21]

Parallelvorschriften: § 86 AO; § 18 SGB-X

Schrifttum: *Badura,* Der mitwirkungsbedürftige VA mit belastender Auflage, JuS 1964, 103; *Brühl,* Entscheiden im Verwaltungsverfahren, 1990; *Dinger/Koch,* Querulanz in Gericht und Verwaltung, 1991; *Foerster,* Fehlendes „Sachbescheidungsinteresse" im Verwaltungsverfahren, NuR 1985, 58; *Gusy,* Der Antrag im Verwaltungsverfahren, BayVBl 1985, 484; *Haas,* Probleme des Rücktritts von der Prüfung aus gerichtlicher Sicht, VBlBW 1985, 161; *Hablitzel,* Antrag bei mitwirkungsbedürftigen VAen, BayVBl 1974, 392; *Hartmann,* Zur Widerruflichkeit und Anfechtbarkeit von öffentlich-rechtlichen Willenserklärungen am Beispiel der Nachbarunterschrift gem Art 73 BayBO, DÖV 1990, 8; *Kirchhof,* Der VA auf Zustimmung, DVBl 1985, 651; *Kischel,* Formelle und materielle Illegalität im Recht der Gefahrenabwehr, DVBl 1996, 185; *Kluth,* Rechtsfragen der verwaltungsrechtlichen Willenserklärung, NVwZ 1990, 608; *Martens,* Einführung in die Praxis des Verwaltungsverfahrens. 3. Teil. Einleitung des Verfahrens, JuS 1978, 99; *ders,* Die Rspr zum Verwaltungsverfahrensrecht. I. Anträge im Verwaltungsverfahren, NVwZ 1986, 533; 1988, 684; *Sachs,* Volenti non fit iniuria – Zur Bedeutung des Willens des Betroffenen im Verwaltungsrecht, VerwArch 1985, 398; *Sarnighausen,* Zum Nachbaranspruch auf baubehördliches Einschreiten, NJW 1993, 1623; *Schnell,* Der Antrag im Verwaltungsverfahren, Diss. Bochum 1985; *Stelkens,* Der Antrag – Voraussetzung eines Verwaltungsverfahrens und eines VA?, NuR 1985, 213.

Übersicht

I. Allgemeines

1 **1. Inhalt.** Die Vorschrift bestimmt in Konkretisierung des § 9 den Beginn des Verwaltungsverfahrens. Sie stellt klar, dass die Entscheidung über die Durchführung eines Verwaltungsverfahrens Sache der Behörde ist. Diese entscheidet im Grundsatz nach pflichtgemäßem Ermessen, ob und wann sie ein Verwaltungsverfahren durchführt.

1 a Die Regelungen entsprechen dem vor Inkrafttreten des VwVfG geltenden Recht (vgl Obermayer VerwR 154; M 66; Kopp 70 mwN). Sie sind einerseits Ausdruck des generellen Verfassungsauftrags der Exekutive zum wirksamen Vollzug der Gesetze (vgl BSG NJW 1987, 1846) und zur Förderung des Gemeinwohls im demokratischen Rechtsstaat (s zum Verfassungsgrundsatz der Effektivität des Verwaltungshandelns Einf Rn 19). Sie haben aber **nur verfahrensrechtliche Bedeutung,** dh sie setzen eine materiellrechtliche Ermächtigung der Behörde zum Tätigwerden voraus.

1 b **a) Die Grundsätze des S 1.** Die Vorschrift enthält in S 1 zwei allgemeine Regeln für die Eröffnung (Einleitung) von Verwaltungsverfahren iSd § 9. Der Erste besagt, dass die Behörde Verwaltungsverfahren von Amts wegen einleitet (**Grundsatz der Amtswegigkeit,** auch Offizialprinzip genannt), der zweite, dass die Einleitung des Verfahrens im Ermessen der zuständigen Behörde steht (sog **Opportunitätsprinzip**). Es besteht danach also anders als bei Verfahren, die nach dem sog Legalitätsprinzip eingeleitet werden müssen (vgl S 2 Nr 1), grundsätzlich keine Verpflichtung zur Durchführung von Verwaltungsverfahren. Beide Grundsätze sind streng **zu trennen vom sog Untersuchungsgrundsatz,** auch Inquisitionsmaxime genannt, der in § 24 geregelt ist und nach dem die Behörde den Sachverhalt von Amts wegen ermitteln muss (s § 24 Rn 7). Während der Untersuchungsgrundsatz auch im Verwaltungsprozess gilt (§ 86 VwGO), findet das Offizialprinzip des S 1 in der VwGO keine Entsprechung. Dies liegt daran, dass der Verwaltungsprozess vom Grundsatz der Verfügungsbefugnis der Beteiligten (sog Dispositionsmaxime) beherrscht wird (siehe Kopp/Schenke § 86 Rn 1 ff): Der Kläger entscheidet, ob er eine Klage erheben will, ob er sie aufrecht erhalten oder durch Rücknahme beenden will; die Beteiligten entscheiden, ob sie das Verfahren durch Vergleich oder durch übereinstimmende Erledigungserklärungen beenden wollen. Diese Rechte haben die Beteiligten (§ 13) des Verwaltungsverfahrens nach § 22 S 1 (vorbehaltlich der Fälle des S 2) grundsätzlich nicht; hier liegen Beginn und Beendigung des Verfahrens in der Hand der Behörde, die „Herrin des Verfahrens" ist.

b) Die Einschränkungen nach S 2. Offizialprinzip und Opportunitätsprinzip (S 1) gelten nur insoweit, als Rechtsvorschriften nicht etwas anderes vorsehen. Dies ist in der Mehrzahl der praktisch ablaufenden Verwaltungsverfahren der Fall und wird durch S 2 klargestellt. Diese Klarstellung ist trotz des allgemeinen Vorbehalts entgegenstehender Rechtsvorschriften in § 1 Abs 1 notwendig, weil der Begriff der Rechtsvorschriften in S 2 insoweit weiter ist als in § 1 Abs 1, als zB auch Satzungen bundesunmittelbarer Körperschaften und Anstalten des öffentlichen Rechts erfasst werden (UL § 20 Rn 2). 2

Die Vorschrift unterscheidet in S 2 **Offizialverfahren,** in denen die Behörde rechtlich verpflichtet ist, von Amts wegen oder auf Antrag tätig zu werden (S 2 Nr 1) und **reine Antragsverfahren,** in denen das Verwaltungsverfahren einen hierauf gerichteten Antrag zwingend voraussetzt (S 2 Nr 2). Im zuletzt genannten Fall tritt die Dispositionsmaxime an die Stelle des Offizialprinzips. Die Beteiligten des Verwaltungsverfahrens haben es dann in der Hand, ob ein Verfahren eingeleitet oder ggfs beendet wird. 3

c) Die Einleitungsentscheidung. Ein Verwaltungsverfahren beginnt gem § 22 mit der Entscheidung der Behörde, es einzuleiten und der entsprechenden Mitteilung an zumindest einen Betroffenen. Diese Entscheidung muss nicht ausdrücklich getroffen werden. Ausreichend ist, wie aus § 9 hervorgeht, eine nach außen wirkende Verwaltungstätigkeit, aus der die Betroffenen konkludent entnehmen können, dass mit der Durchführung eines Verwaltungsverfahrens begonnen wurde. Die Behörde hat es also nicht in der Hand, den Beginn des Verfahrens durch Unterlassen einer förmlichen Einleitungsentscheidung herauszuzögern. (vgl § 9 Rn 29). 4

Umstritten ist, ob auch im Falle der Antragstellung eines Bürgers eine entsprechende Entscheidung der Behörde erforderlich ist (so unter Hinweis auf den Wortlaut StBS 55). Die hM geht zu Recht davon aus, dass das Verwaltungsverfahren unmittelbar mit der Antragstellung beginnt, vorausgesetzt, dass der Antrag nicht offensichtlich wegen absolut fehlender Verwaltungskompetenz oder fehlender rechtlicher Betroffenheit des Bürgers unzulässig ist.[1] Damit erlangt der Bürger, dem die Behörde die Einleitung des Verfahrens in einer ihn, dh seine Rechte, betreffenden Angelegenheit mitteilt, bzw für den sonst die Voraussetzungen gem § 13 Abs 1 Nr 2–4 erfüllt sind, die **Stellung als Beteiligter** im Verfahren, in Antragsverfahren der Antragsteller und ein etwaiger Antragsgegner iS von § 13 Abs 1 Nr 1 bereits mit der Antragstellung (s auch unten Rn 21 ff). 5

2. Anwendungsbereich. Die Vorschrift gilt unmittelbar nur im Anwendungsbereich des VwVfG. Die Verwaltungsverfahrensgesetze der Länder enthalten wortgleiche Regelungen. Als **Ausdruck allgemeiner Rechtsgedanken** sind § 22 und die entspr Vorschriften des Landesrechts im Zweifel sinngemäß auch auf Verwaltungsverfahren anwendbar, die nicht unter den Anwendungsbereich der Verfahrensgesetze fallen und für die auch keine sonstigen anderen Rechtsvorschriften bestehen. **Besondere Vorschriften,** welche die Behörde unter bestimmten Voraussetzungen zur Eröffnung eines Verfahrens verpflichten oder die Einleitung von einem Antrag abhängig machen, gehen den Grundsätzen in S 1 nach der ausdrücklichen Regelung in S 2 vor. 6

3. Rechtsfolgen der Einleitung. Das VwVfG enthält keine den § 90 Abs 1 VwGO, § 17 Abs 1 S 2, Abs 2 GVG entsprechenden Bestimmungen über die Anhängigkeit von Verwaltungsrechtssachen und über den **Ausschluss neuer Verfahren in derselben Sache** vor einer anderen Behörde, solange das Verfahren vor einer Behörde anhängig ist. Da es sich hier jedoch um Folgerungen aus der guten Ordnung der Verwaltung und insoweit zugleich aus dem Grundsatz der Effizienz des Verwaltungshandelns sowie aus den in der Sache betroffenen verfas- 7

---

[1] UL § 20 Rn 5; MB § 9 Rn 9; Obermayer § 22 Rn 8; FL § 9 Rn 18.

sungsrechtlichen Grundsätzen und Rechten, uU Grundrechten, handelt, kann für das Verwaltungsverfahren nichts anderes gelten, soweit Sonderregelungen oder sachnähere, analog anwendbare Regelungen des VwVfG nicht bestehen. Dies gilt insb auch für die Unzulässigkeit neuer Verfahren in einer Sache, die bereits bei einer (anderen) Behörde anhängig ist. Eine Änderung der Zuständigkeit ist dann nur noch gem § 3 Abs 2 und 3 oder in analoger Anwendung der dort getroffenen Regelungen möglich (s § 3 Rn 48ff).

8 Die **Sperrwirkung** tritt **als Folge der Einleitung** des Verfahrens durch die Behörde von Amts wegen oder als Folge eines Antrags des Bürgers in der Sache selbst dann ein, wenn die Behörde für die Entscheidung in der Sache (bzw für den Abschluss eines verwaltungsrechtlichen Vertrags) nicht zuständig ist, sofern es sich nicht um einen Fall absoluter Unzuständigkeit handelt, in dem auch ein etwa ergehender VA gem § 44 nichtig bzw ein etwa abgeschlossener Vertrag gem § 59 ungültig wäre. Diese Einschränkung ergibt sich daraus, dass es nicht sinnvoll und nicht mit dem verfassungsrechtlichen Grundsatz der Verwaltungseffizienz vereinbar wäre, wenn die Anhängigkeitswirkungen, insb auch die Frage der Unzulässigkeit des Handelns der an sich für die Angelegenheit zuständigen Behörde, auch in Fällen eintreten würden, in denen der auf Grund des Verfahrens ergehende VA in jedem Fall ohne Wirkung bleiben würde.

9 Vgl zu Auswirkungen der Anhängigkeit auf den **Lauf der Verjährungsfristen** § 53 Rn 20. Für Rechte und Pflichten auf Grund spezialgesetzlicher Vorschriften, die diese von der Anhängigkeit eines Verfahrens bzw insb der Stellung eines Antrags abhängig machen.

10 **Nicht geregelt** ist im VwVfG auch die Frage eines **Anspruchs auf Verfahrenszinsen** analog § 291 BGB bei Verwaltungsverfahren, die auf Geldleistungen gerichtete VAe betreffen, sowie ggf auf **Verzugszinsen** analog § 288 BGB. Eine analoge Anwendung von § 291 BGB (Prozesszinsen) auf Anträge, die auf die Bewilligung von Geldleistungen durch VA gerichtet sind, ist, wenn sie nicht ausnahmsweise durch Gesetz angeordnet ist, nicht möglich.[2] Entsprechendes gilt für die Verwaltung bei erfolglosen Anfechtungsklagen gegen Leistungsbescheide (BVerwG NVwZ 1988, 441: kein Anspruch eines Beamten bei erfolgreicher Anfechtung seiner Versetzung in den Ruhestand auf Prozesszinsen hins des nachzuzahlenden Gehalts). Umstritten ist, ob für Verzugszinsen die allgemeinen Grundsätze gelten, zB bei verspäteter Zahlung geschuldeter Umzugskosten an einen Beamten. Die wohl hM nimmt an, dass Verzugszinsen nur bei Vorliegen besonderer Vorschriften oder inschuldrechtlichen oder schuldrechtsähnlichen Sonderbeziehungen beansprucht werden können (BVerwG NVwZ 1986, 554 für Zuschüsse nach dem AltölG).[3]

II. Einleitung eines Verfahrens von Amts wegen (S 1)

11 **1. Grundsatz der Amtswegigkeit.** § 22 stellt die Entscheidung über die Einleitung eines Verfahrens verfahrensrechtlich – anders als im Zivilprozess und im verwaltungsgerichtlichen Prozess, die vom Verfügungsgrundsatz beherrscht werden – grundsätzlich **in das Ermessen** (§ 40) **der zuständigen Behörde** (sog Grund-

[2] Vgl BVerwGE 48, 138; BVerwG GewArch 1977, 266; allg zur Verzinsungspflicht im Verwaltungsrecht auch BVerwGE 14, 3; 15, 81; 21, 44; 37, 239; 38, 50; BVerwG NJW 1985, 2208; NVwZ 1986, 554; OVG Koblenz DÖV 1983, 905; VGH Mannheim NVwZ 1985, 916; zT **aA** Kamps DVBl 1982, 780.

[3] BVerwG NVwZ 1986, 554 unter Hinweis auf die bisher ablehnende Rspr des BVerwG: denkbar allenfalls bei Verletzung einer vertraglichen Hauptleistungspflicht; im konkreten Fall – Zuschüsse nach dem AltölG – jedoch nach Sinn und Zweck der zugrundeliegenden vertraglichen Regelung jedenfalls nicht für entgangene Gewinne; anders allenfalls bei positivem Schaden, zB wenn zur Überbrückung ein Bankkredit aufgenommen werden musste. S dazu im einzelnen BVerwG DÖV 1978, 257; NVwZ 1986, 554.

satz der Amtswegigkeit des Verfahrens, Offizialmaxime, Offizialprinzip). Entsprechendes gilt auch für die Bestimmung des Gegenstandes und des Ziels des Verfahrens und für die Beendigung des Verfahrens. **Praktisch überwiegen** freilich auch im Verwaltungsverfahrensrecht heute auf Grund besonderer Rechtsvorschriften (vgl S 2) **Antragsverfahren,** für die der sog Verfügungsgrundsatz (Dispositionsmaxime) gilt, sowie amtswegige Verfahren, bei denen die Behörde unter bestimmten Voraussetzungen zur Einleitung verpflichtet ist (vgl M 65; MK 43 II 4a).

Der Grundsatz der Amtswegigkeit eines Verfahrens iS des § 22 ist zu unterscheiden von der im Verwaltungsverfahren (grundsätzlich bestehenden) **Verfahrensherrschaft** der Behörde (Amtsbetrieb) hins. des äußeren Ablaufs des Verfahrens (vgl § 10) und vom **Untersuchungsgrundsatz** (§ 24), der sich auf die – ebenfalls von Amts wegen durchzuführende – Ermittlung des Sachverhalts bezieht (ähnlich UL § 22 Rn 2, die jedoch die Verfahrensherrschaft als Teil der Amtswegigkeit ansehen). 12

Amtswegigkeit als Regel. § 22 S 1 sieht die Einleitung des Verfahrens **von Amts** wegen, dh ohne dass dafür der Antrag eines Beteiligten (§ 13) erforderlich oder maßgeblich ist, als Grundsatz für alle Verfahren vor, für die durch Rechtsvorschriften nicht ausdrücklich oder nach dem Sinn und Zusammenhang, in dem eine Vorschrift steht, etwas anderes bestimmt ist (S 2). Dies hat Bedeutung vor allem im **Bereich des Ordnungsrechts,** weil dort das öffentliche Interesse an der Einhaltung bestimmter Regelungen sowie an der Abwehr von Gefahren für die öffentliche Sicherheit und Ordnung im Vordergrund steht (vgl Erichsen/Ehlers § 36 Rn 1f). 13

Die Vorschrift regelt nur die verfahrensrechtliche Befugnis der Behörde zur Einleitung von Verfahren. Ob die Behörde dieses Verfahren durch Erlass eines VA oder Abschluss eines Verwaltungsvertrages abschließen kann, ist damit nicht geregelt. Die **materiellrechtliche Befugnis, Berechtigung oder Verpflichtung** zum Erlass von VAen oder zum Abschluss von Verträgen ist ausschließlich in dem der Sache nach anwendbaren materiellen Recht außerhalb des VwVfG (zB im Polizeirecht, Baurecht, Gewerberecht) geregelt. Zahlreiche Gesetze sehen die Verpflichtung der Behörden zum Erlass eines VA – und damit auch zur Einleitung eines darauf abzielenden Verwaltungsverfahrens – vor, wenn bestimmte Tatbestände erfüllt sind. 14

2. Parallelität von Amtswegigkeit und Antragsbefugnis. Auch soweit die Behörde ermächtigt ist, von Amts wegen ein Verfahren einzuleiten, schließt dies entsprechende Anregungen interessierter Bürger nicht aus. Manche Gesetze sehen außerdem neben der Befugnis der Behörde zu einem Vorgehen von Amts wegen eine Verpflichtung der Behörde zur **Einleitung eines Verfahrens auf Antrag** Betroffener vor. Darüber hinaus erkennt die Rspr auch in Fällen, in denen das maßgebliche Recht nicht ausdrücklich ein Antragsrecht einräumt, der zu vollziehende Rechtssatz aber nicht ausschließlich dem öffentlichen Interesse dient, sondern daneben auch den Rechtsschutz der betroffenen Bürger zum Ziel hat, allgemein einen **Anspruch auf ermessensfehlerfreie Entscheidung** über die Einleitung eines Verfahrens, und demzufolge auch ein entsprechendes Antragsrecht, an. Dies gilt zB im Baurecht für das **Recht des Nachbarn auf Einschreiten** der Behörde gegen einen ihn gefährdenden bauordnungswidrigen oä Zustand auf einem Nachbargrundstück,[4] **im Gewerberecht** für das Recht Betroffener auf Einschreiten gegen Störungen durch einen Betrieb (VGH Kassel NVwZ-RR 1993, 407) oder Festsetzung einer Sperrstunde oder auf Anordnung bestimmter Schutzvorkehrungen zu ihren Gunsten (Knack 3), im **Polizeirecht** für das Recht des Bürgers auf ermessensfehlerfreie Entscheidung über ein Ein- 15

[4] BVerwGE 22, 129; 41, 178; 44, 235; OVG Münster VRspr 25, 178; Sarnighausen NJW 1993, 1623; Ortloff § 19; Knack 3.

schreiten gegen polizeiwidriges Handeln eines Dritten, wenn dadurch seine Rechte beeinträchtigt werden, ggf bei ernsthafter Gefährdung wichtiger Rechtsgüter auch unmittelbar auf polizeiliches Einschreiten (Schenke in Steiner Rn 45; Knack 3; Kopp 110), uU auch im **Straßenverkehrsrecht** hins der Anbringung von Straßenverkehrszeichen (vgl BVerwG DÖV 1986, 928).

16 **Die Befugnis zur Einleitung eines Verfahrens** von Amts wegen bedeutet in Fällen der letztgenannten Art nur, dass die Behörde, auch wenn ein Antrag der Betroffenen nicht vorliegt, tätig werden kann, ggf (was eine Frage des anzuwendenden materiellen Rechts ist) tätig werden muss, und dass sie ein auf Antrag eingeleitetes Verfahren auch bei späterer Rücknahme des Antrags nicht wie in ausschließlichen Antragsverfahren einstellen muss, sondern von Amts wegen weiterführen kann, uU muss.

17 **3. Unzulässigkeit der Einleitung eines Verfahrens.** Die besonderen Voraussetzungen für Antragsverfahren gelten grundsätzlich entspr auch für Verfahren, die von Amts wegen eingeleitet werden. Die Einleitung eines Verfahrens von Amts wegen ist danach zB als unzulässig anzusehen, wenn die Behörde allen Beteiligten gegenüber wirksam darauf verzichtet hat (vgl BVerwG NJW 1984, 81 zu einem Beitragsverzicht; Fischer-Hüftle BayVBl 1984, 394), was idR einen VA voraussetzt (vgl § 53 Rn 20) oder die entsprechende Befugnis **verwirkt** hat (vgl zur Verwirkung BVerwGE 44, 343; BGH JZ 1986, 99), was allerdings idR nicht möglich ist (vgl § 53 Rn 17). Gleiches gilt, wenn kein dem Rechtsschutzinteresse vergleichbares, in den Aufgabenkreis der Behörde fallendes öffentliches Interesse oder von der Behörde wahrzunehmendes Interesse Dritter an der beabsichtigten Regelung besteht.

18 **Unzulässig** ist außerdem ein Verfahren, das auf den Erlass eines VA gegen eine bestimmte Person gerichtet ist, dh auch schon die Einleitung eines solchen Verfahrens, entspr dem Rechtsgedanken der Antragsbefugnis, wenn die beabsichtigte Maßnahme gegen den Betroffenen unter keinem denkbaren Gesichtspunkt in rechtlich zulässiger Weise getroffen werden könnte.

III. Die Verpflichtung zur Einleitung von Verfahren (S 2 Nr 1)

19 **1. Pflicht zur Einleitung von Amts wegen (S 2 Nr 1 1. Alt).** Soweit Rechtsvorschriften dies vorsehen, ist die zuständige Behörde in Abweichung vom Opportunitätsprinzip des S 1 verpflichtet, ein Verwaltungsverfahren einzuleiten. Es muss sich um eine außenwirksame Vorschrift handeln; Verwaltungsvorschriften sind grudsätzlich zwar nicht ausreichend, sie binden aber ggfs das Ermessen der zuständigen Behörde und führen auf diese Weise zu einer Pflicht zum Handeln. Gleichwohl handelt es sich rechtlich um die Ausübung des Ermessens iSd S 1 (StBS 13). Bei den Rechtsvorschriften iSd S 2 Nr 1 1. Alt handelt es sich idR um solche des materiellen Rechts, die zum Erlass eines VA und damit auch zur (vorherigen) Einleitung eines Verwaltungsverfahrens verpflichten (zB § 35 GewO; § 15 GastG). Da ein VA stets nur innerhalb eines Verwaltungsverfahrens erlassen werden kann, führt die materiellrechtlich bestehende Pflicht zum Erlass eines VA notwendig auch zur Einleitung eines Verwaltuingsverfahrens. Auch bei der Einleitung eines Verfahrens von Amts wegen sind die Betroffenen davon durch die Behörde zu verständigen und als Beteiligte (§ 13) zum Verfahren zuzuziehen (s § 13 Rn 34ff). Ein Verfahren ist im verfahrensrechtlichen Sinn mit der Ersten nach außen wirkenden Tätigkeit eingeleitet, zB der Absendung eines Anhörungsschreibens im Einberufungsverfahren (BVerwGE 70, 70).

20 **2. Verpflichtung zur Einleitung auf Antrag (S 2 Nr 1 2. Alt).** Eine Verpflichtung auf Einleitung eines Verwaltungsverfahrens auf Antrag besteht immer dann, wenn das materielle Recht einzelnen Bürgern subjektive Rechte auf ein Tätigwerden der Verwaltung einräumt und der Antragsteller sich auf ein solches materielles subjektives öffentliches Recht beruft. Grundsätzlich kommt es nicht

darauf an, ob dieses Recht tatsächlich besteht. Eine Pflicht zur Einleitung eines Verwaltungsverfahrens besteht schon dann, wenn diese Möglichkeit nicht von vornherein als ausgeschlossen angesehen werden darf. Als subjektive öffentliche Rechte kommen sowohl Rechte auf ein bestimmtes Tun, Dulden oder Unterlassen in Betracht als auch Rechte auf ermessens- oder beurteilungsfehlerfreie Entscheidung der Behörde über einen Antrag. Liegen die Voraussetzungen für die Einleitung eines Verfahrens auf Antrag vor, so besteht die Pflicht zur unverzüglichen Eröffnung des Verfahrens.

IV. Einleitung eines Verfahrens auf Antrag (S 2 Nr 2)

1. Antragserfordernis. In den Fällen des S 2 Nr 2 ist die Einleitung eines 21
Verfahrens von Amts wegen ausgeschlossen (Obermayer 58). Das Antragserfordernis entfaltet eine Sperrwirkung. Voraussetzung ist, dass besondere Rechtsvorschriften vorsehen, dass das Verfahren nur auf Antrag einzuleiten ist (zB gem §§ 8 ff BImSchG) bzw nur auf Antrag eingeleitet werden darf (ausschließliche oder **reine Antragsverfahren**). Derartige Rechtsvorschriften bestehen für praktisch sämtliche Verfahren, die auf die Erteilung von Genehmigungen gerichtet sind. Das Antragserfordernis muss nicht ausdrücklich aufgestellt sein; es kann sich auch im Weg der Auslegung aus dem Sinn und Zweck einer Regelung und/oder aus dem Zusammenhang oder aus der Sache ergeben, zB auch daraus, dass in einer Bestimmung eine Genehmigungspflicht vorgesehen ist (zB § 2 GastG). In diesen Fällen, in denen das **Interesse des Einzelnen** Anlass für das Verfahren geben, weil seine Tätigkeit oder Handlungsweise einer Erlaubnis bedarf, handelt es sich typischerweise um reine Antragsverfahren, die nicht von Amts wegen eingeleitet werden dürfen. Demgegenüber spricht eine Vermutung für das Amtsverfahren, wenn das durchzuführende Verfahren überwiegend öffentlichen Interessen dienen soll, zB weil die Behörde mit dem Ziel der Gefahrenabwehr, der Wirtschaftslenkung, der Abgabenerhebung oder der Beschaffung sonstiger Leistungen durch Gebote, Verbote oder die Auferlegung von Pflichten tätig werden soll oder möchte (OVG Koblenz NVwZ 1986, 577; Knack 6; ME 39 I). Es gibt jedoch auch Antragsverfahren, die nicht der Durchsetzung oder Verwirklichung subjektiver Rechte dienen, sondern bei denen der **Antrag nur objektive Verfahrens- oder Handlungsvoraussetzung** ist oder zu einer Pflicht zur Einleitung eines Verwaltungsverahrens führt (zB BVerwGE 58, 244 für das Vorschlagsrecht nach § 13 Abs 2 S 2 WPflG betreffend die Unabkömmlichstellung; anders BVerwGE 80, 355 zum Antrag auf Allgemeinverbindlicherklärung eines Tarifvertrags).

Antragstellung bei der Behörde. Der Antrag kann idR nicht durch ein an 22
das Gericht gerichtetes Rechtsschutzbegehren ersetzt werden, auch wenn die dafür zuständige Behörde den Antragsteller angehört hat und als Organ des Antragsgegners eine Ausfertigung des Antrags erhält (vgl OVG Lüneburg VRspr 32, 374; **aA** BVerwG NVwZ 1995, 75; OVG Lüneburg DVBl 1977, 99). S hierzu auch Rn 32. Der Antrag auf Erteilung einer Genehmigung, auf Zulassung zu einer öffentlichen Einrichtung usw enthält im Zweifel immer konkludent auch den Antrag auf Einleitung des entsprechenden, darauf gerichteten Verfahrens (Martens NVwZ 1988, 684).

Zeitabschnittsanträge. Erfolgt eine Genehmigung usw jeweils nur für einen 23
bestimmten Zeitraum, so ist für weitere Zeiträume jeweils ein neuer Antrag zu stellen, sofern gesetzlich nichts anderes bestimmt ist. Letzteres wird angenommen für Verfahren nach dem WoGG.[5]

---

[5] BVerwGE 69, 198 = DÖV 1985, 192: keine erneute Antragstellung auf Wohngeld für weitere Zeitabschnitte während einer anhängigen Klage wegen Wohngeldes, selbst nicht bei Wohnungswechsel; ähnlich BVerwGE 84, 285 = NVwZ 1990, 1078: ein neuer Antrag ist

24 **2. Wirkungen der Antragstellung. a) Allgemein.** Dem Antrag des Bürgers kommt im Antragsverfahren eine ähnliche Funktion zu wie der Klage in gerichtlichen Verfahren.[6] Er bewirkt nicht nur unmittelbar, dass ein Verwaltungsverfahren nach § 9 anhängig wird, sondern ist zugleich Voraussetzung für die **Zulässigkeit des Verfahrens** bzw einer Sachentscheidung.[7] Dies gilt insb, wenn der Antrag zugleich unverzichtbare materiellrechtliche Voraussetzung des VA ist (Martens NVwZ 1988, 684).

25 **b) Bestimmung des Verfahrensgegenstandes.** Der Antrag bestimmt auch den Gegenstand (s § 9 Rn 24) und das Ziel des Verfahrens.[8] Der Verfahrensgegenstand darf in diesem Zusammenhang nicht zu eng gesehen werden. Ist ein Antrag unvollständig, ergibt sich aber auch schon aus anderen Gründen, dass ihm nicht stattgegeben werden könnte, so kann die Behörde auch gleich in der Sache abschließend entscheiden (vgl BVerwG NVwZ-RR 1990, 204: lehnt das Bundesamt für den Zivildienst einen Antrag auf Anerkennung als Kriegsdienstverweigerer aus Gewissensgründen nach § 6 Abs 1 KDVG wegen Unvollständigkeit ab, so kann es auch ausdrücklich feststellen, dass der Antragsteller nicht berechtigt ist, den Kriegsdienst mit der Waffe zu verweigern).

26 **c) Entstehung des Verfahrensverhältnisses.** Die Antragstellung hat gem § 13 Abs 1 Nr 1 zugleich zur Folge, dass ein Verfahrensverhältnis zwischen Antragsteller und Behörde (bzw dem Träger der Behörde) entsteht und der Antragsteller Beteiligter in dem durch den Antrag anhängig gemachten Verwaltungsverfahren wird. Entsprechendes gilt für einen etwa betroffenen Antragsgegner (s § 13 Rn 19f). Außerdem hat die mit der Antragstellung begründete Anhängigkeit des Verfahrens, grundsätzlich auch bei Antragstellung vor einer unzuständigen Behörde, analog § 17 Abs 1 S 2 GVG zur Folge, dass ein weiteres Verfahren in derselben Angelegenheit unzulässig ist (s Rn 7), es sei denn, der Antrag wurde vor einer absolut unzuständigen Behörde (s hierzu § 44 Rn 14), deren Entscheidung nach § 44 nichtig wäre, gestellt. Die Antragstellung bei der Behörde ist, soweit darüber durch VA zu entscheiden ist, Voraussetzung auch für das Entstehen und den Bestand des verfahrensrechtlichen Anspruchs auf Erlass des VA oder jedenfalls auf Entscheidung der Behörde darüber, außerdem grundsätzlich immer auch Sachentscheidungsvoraussetzung für etwaige spätere Rechtsbehelfsverfahren in der Sache (vgl Kopp/Schenke vor § 68 Rn 5a).

27 **c) Antrag als materielle Entscheidungsvoraussetzung.** Häufig ist der Antrag gem § 22 Nr 1 oder Nr 2 nach dem materiellen Fachrecht zugleich Voraussetzung für das Entstehen von materiellrechtlichen Rechtsverhältnissen und insb auch von materiellrechtlichen Ansprüchen bzw Rechten.[9] So entsteht zB mit der

---

außerdem auch dann nicht erforderlich, wenn ursprünglich schon Bewilligung von Wohngeld für einen längeren Zeitraum, den das Gesetz als Regelungsbewilligungszeitraum vorsieht, beantragt war, die Behörde aber aus welchen Gründen auch immer Wohngeld zunächst nur für einen kürzeren Zeitraum bewilligt hat.

[6] Ebenso UL § 22 Rn 3; Gusy BayVBl 1985, 486; allg auch BSG 61, 14; vgl auch Münster NVwZ 1986, 576; **aA** FL § 10 Rn 8.

[7] OVG Koblenz NVwZ 1986, 576; Martens NVwZ 1988, 684: der fehlende Antrag bildet ein Hindernis für die Durchführung eines Verwaltungsverfahrens.

[8] Verfügungsgrundsatz, vgl oben 1 sowie BSG 61, 14; Martens NVwZ 1988, 684; UL § 22 Rn 3, II 2; Obermayer, in: Boorberg-FS 1977, 128; StBS 11, Knack 12; vgl auch München BayVBl 1984, 438: entscheidet die Behörde ablehnend über mehr, als beantragt war, so verstößt sie gegen das Rechtsstaatsprinzip, weil sie damit dem Antragsteller uU ein Rechtsmittelverfahren aufzwingt; zT **aA** BVerwGE 75, 214: in Planfeststellungsänderungsverfahren nach § 76 Abs 1 kann die Planfeststellungsbehörde über Gegenstand und Umfang des Änderungsantrages hinausgehen; **aA** auch FL 8 zu § 10: keine Bindung an Anträge im Verwaltungsverfahrensrecht.

[9] Vgl OVG Koblenz NVwZ 1986, 578; Erichsen/Ehlers § 36 Rn 5; Gusy BayVBl 1985, 486; Martens NVwZ 1988, 684; Knack 12: Doppelfunktion des Antrags, wobei der mate-

Stellung eines Antrags gem § 3 Abs 2 KDVG grundsätzlich das Recht des Kriegsdienstverweigerers auf vorläufige Verschonung von einer Einberufung zum Wehrdienst (VG Hamburg NVwZ-RR 1992, 425 auch zu Ausnahmen). Vgl auch zur Unterbrechung von Verjährungs- oder Erlöschensfristen durch Antragstellung in der Sache § 53 Rn 24; zur Entstehung eines Anspruchs auf „Verfahrenszinsen" analog den Prozesszinsen gem § 291 BGB siehe oben Rn 10.

3. Folgen eines fehlenden Antrags. a) Fehlerhaftigkeit. Fehlt der Antrag oder wird er später mit Erfolg wegen eines Willensmangels angefochten (s § 9 Rn 36) – anders bei späterer Zurücknahme (s unten Rn 65) –, so ist (bzw wird) das Verfahren grundsätzlich unzulässig; ein gleichwohl ergehender VA ist jedoch grundsätzlich wirksam und nicht nichtig,[10] aber rechtswidrig, wenn der Mangel nicht gem § 45 Abs 1 Nr 1 geheilt wird (s § 45 Rn 15ff), in schweren Fällen nichtig;[11] ebenso, wenn die Behörde das Verfahren mit einem anderen Gegenstand oder anderen Ziel durchführt als es dem Antrag entspricht. Etwas anderes gilt insoweit (nur) in den Fällen, in denen die Einleitung auf Antrag nur alternativ neben der Befugnis der Behörde zum Handeln von Amts wegen steht (vgl oben Rn 15). Auch wenn gesetzliche Bestimmungen einen Antrag für ein Verfahren bzw für den Erlass eines VA vorsehen, ist stets zu prüfen, ob damit eine Einleitung eines Verfahrens von Amts wegen schlechthin ausgeschlossen werden soll oder alternativ zur Einleitung auf Antrag zulässig bleibt (vgl BVerwGE 11, 18; OVG Koblenz NVwZ 1986, 577; Hablitzel BayVBl 1974, 392). § 22 kann insoweit aber der allgemeine Grundsatz entnommen werden, dass dies im Zweifel nicht der Fall ist.[12] 28

b) Rechtsschutz. Wenn bzw soweit durch Gesetz ein Antrag zwingende Voraussetzung des Verfahrens ist, hat der Bürger Anspruch darauf, dass, wenn bzw solange er keinen Antrag stellt, ein Verfahren unterbleibt und nicht durchgeführt wird.[13] Der gerichtlichen Geltendmachung dieses Anspruchs steht auch § 44a VwGO nicht entgegen (vgl VGH Mannheim VBlBW 1988, 74; Martens NVwZ 1988, 685). Immer zulässig und geboten ist jedoch die Einleitung eines Verfahrens auch mit dem Ziel, zu klären, ob eine Tätigkeit oä genehmigungsbedürftig usw und damit antragsbedürftig ist (Martens NVwZ 1988, 685). Das Verfahren muss dann jedoch eingestellt werden, sobald feststeht, dass ein Antrag erforderlich ist, aber nicht gestellt wurde. 29

4. Form des Antrags. Das VwVfG enthält für das allgemeine Verwaltungsverfahren keine näheren Bestimmungen über die Antragstellung; anders für das förmliche Verfahren (§§ 63ff), für das § 64 vorschreibt, dass der Antrag schriftlich oder zur Niederschrift der Behörde zu stellen ist. Für das allgemeine Verfahren – und ergänzend auch für andere nicht abschließend geregelte Verfahren – gelten somit, soweit nicht besondere Vorschriften außerhalb des VwVfG etwas anderes bestimmen, die **allgemeinen Rechtsgrundsätze,** wie sie insb in Anlehnung an 30

---

riellrechtliche Gehalt das bestimmende Element ist; StBS 11: zwei getrennte Willenserklärungen, wobei die verfahrensrechtliche Erklärung zugleich den materiellen Antrag enthalten kann; zT **aA** UL § 20 Rn 5: nur verfahrensrechtliche Funktion, nicht zugleich auch materiellrechtlicher Antrag.

[10] Differenzierend und im Ergebnis ebenso Knack 26; differenzierend StBS § 43 Rn 133; **aA** BVerwGE 20, 30; WBS II § 46 Rn 51; Weyreuther DVBl 1969, 295: schwebend unwirksam bis zur Genehmigung; offen BVerwG NJW 1982, 2273.

[11] BSG 8, 225; 9, 12; OVG Münster 14, 344; VGH München 12, 65; F 207; Erichsen/Ehlers § 36 Rn 8; Knack 26; im Ergebnis auch BVerwGE 30, 187.

[12] Str; vgl auch BSG 61, 180: auch bei Erstattungsforderungen kann wegen Art 1 Abs 1 GG auf den Antrag auf höchstpersönliche Leistungen der Gewaltopferhilfe auch dann nicht verzichtet werden, wenn der Betroffene inzwischen verstorben ist; zT **aA** BSG 63, 206.

[13] Vgl Martens NVwZ 1988, 685: jedenfalls dann, wenn das Verfahren für den Bürger „mit nicht zumutbaren Nachteilen verbunden ist, wozu insb Aufforderungen zur Mitwirkung gehören"; Stelkens NuR 1985, 220: wenn der Antrag zugleich die Bedeutung einer materiellen Zustimmung zu einem zustimmungsbedürftigen VA hat.

förmliche Verfahren (Verfahren nach Art der in §§ 63 ff geregelten Verfahren, Widerspruchsverfahren, Klageverfahren), jedoch unter Berücksichtigung der besonderen Bedürfnisse der Verwaltung (vgl § 10), entwickelt wurden (vgl Kopp 66 f).

31 Ein **formunwirksamer Antrag** ist nicht schlechthin unwirksam und unbeachtlich; die Behörde muss ihn jedenfalls nach § 24 Abs 3 entgegennehmen und den Antragsteller auf die Formbedürftigkeit hinweisen (Gusy BayVBl 1985, 485; s auch § 25 Rn 8). Wird ein Antrag durch einen Bevollmächtigten gestellt, so ist die Vorlage der Vollmacht für die Wirksamkeit der Antragstellung nicht erforderlich (vgl § 14 Abs 1 S 3). Mündliche Anträge, Erklärungen usw und Anträge, Erklärungen usw zur Niederschrift können bei der Behörde – außer bei Gefahr im Verzuge oder wenn die Behörde zustimmt – grundsätzlich nur während der normalen Amtsstunden für den Publikumsverkehr gestellt werden, schriftliche Eingaben nur während der Dienstzeit, außerhalb der Dienstzeit nur durch Benützen des Briefkastens der Behörde (Knack 17).

32 **a) Grundsatz der Formlosigkeit.** Anträge können, soweit durch Rechtsvorschriften nichts anderes bestimmt ist, **schriftlich oder elektronisch** (auch telegraphisch und durch Fernschreiben, Telebrief usw, vgl zu Mitteilung durch Btx BVerwG NJW 1995, 2121; s dazu, dass diese Übermittlungsformen auch den Anforderungen an schriftliche Antragstellung genügen, § 64 Rn 10 f) oder zur Niederschrift der Behörde (vgl § 64), grundsätzlich aber auch **mündlich, telefonisch**[14] oder uU durch **konkludentes Verhalten**[15] gestellt werden (WBS II § 60 Rn 5; K 4). Nach Auffassung des BVerwG (NVwZ 1995, 76; Buchh 436.36 § 46 BAföG Nr 15) genügt dem Erfordernis eines schriftlichen Antrags auch **ein in einem Schriftsatz an das Verwaltungsgericht** enthaltener Antrag, wenn der Schriftsatz zu Weiterleitung an die Behörde bestimmt ist. Dem wird man nur zustimmen können, wenn der Antrag im Schriftsatz eindeutig an die Behörde gerichtet ist (vgl auch Rn 22).

33 **b) Schriftform.** Viele Rechtsnormen verlangen für die Antragstellung Schriftform. In diesen Fällen muss der Antrag schriftlich abgefasst und mit einer eigenhändigen Unterschrift (vgl § 126 BGB) versehen bei der Behörde eingereicht werden. Eine **Antragstellung zur Niederschrift** der Behörde ist, vorbehaltlich besonderer Regelungen (vgl auch § 64 Rn 13), möglich, dh ein Antragsteller hat grundsätzlich auch Anspruch darauf, wenn die Antragstellung zur Niederschrift nach der Art der Sache tunlich ist, insb für die Behörde keine unzumutbare Mehrarbeit bedeutet, oder wenn die Behörde dazu bereit ist.[16]

34 **c) Pflicht zur Verwendung von Formblättern.** Antragstellung unter Verwendung eines bestimmten Formblatts kann die Behörde, außer wenn ein Gesetz dies vorschreibt, grundsätzlich auch dann verlangen, wenn sie die Formblätter kostenlos zur Verfügung stellt und die Verwendung die Antragstellung nicht unzumutbar erschwert.[17]

35 **5. Mindestinhalt von Anträgen.** Das VwVfG schreibt weder einen bestimmten Mindestinhalt noch auch eine Begründung des Antrags vor (vgl auch

---

[14] Vgl auch VG Wiesbaden NVwZ 1988, 90 zu § 123 VwGO, jedoch zu weitgehend, dass ein telefonischer Antrag uU auch ausreichend sein kann, wenn an sich ein schriftlicher Antrag vorgeschrieben ist.

[15] BVerwGE 11, 18; BVerwG NJW 1982, 2270; SozR § 102 SGG Nr 8; VGH Kassel NVwZ 1985, 498; Erichsen/Ehlers § 36 Rn 6; WBS II § 46 Rn 37; 156 IV a; Lorenz 265; Hablitzel BayVBl 1974, 392; Gusy BayVBl 1985, 484; Stelkens NuR 1985, 217; StBS 16; Knack 13.

[16] Vgl OVG Münster DÖV 1955, 315: keine Verpflichtung zur Entgegennahme einer mündlichen Erklärung zur Niederschrift, wenn das Verlangen offensichtlich rechtsmissbräuchlich ist.

[17] Vgl BVerwG NJW 1977, 772; Erichsen/Ehlers § 36 Rn 7; Knack 15; **aA** UL 21 II; StBS 49 ff; MB 9: nur wenn eine Rechtsvorschrift dies ausdrücklich vorsieht.

Gusy BayVBl 1985, 486). Entsprechende Anforderungen können sich aber aus besonderen Rechtsvorschriften außerhalb des VwVfG oder aus der Natur der Sache ergeben (K 5); auch in diesen Fällen genügt es aber im Zweifel, wenn die erforderlichen Angaben bzw die Begründung jedenfalls bis zum Zeitpunkt der Entscheidung der Behörde nachgebracht werden.

a) Auslegung von Anträgen. Für die Auslegung von Anträgen gilt § 133 BGB entsprechend.[18] Ein Antrag ist grundsätzlich so auszulegen, wie dies dem erkennbaren Zweck und Ziel am besten dienlich ist.[19] Insoweit gelten die zu § 88 VwGO in der Rspr und im Schrifttum entwickelten Grundsätze (vgl Kopp/Schenke § 88 Rn 1) auch für Anträge im Verwaltungsverfahren (Krause VerwArch 1970, 322: Grundsatz der „Meistbegünstigung"; kritisch insoweit Kluth NVwZ 1990, 611). Im Zweifel muss die Behörde gem § 25 eine Klarstellung oder, wenn erforderlich, Richtigstellung anregen (Kluth NVwZ 1990, 611). In jedem Fall muss ein Antrag, damit er überhaupt als solcher behandelt werden kann, zumindest den **Antragsteller** (vgl zur Angabe von Namen und Adresse, der Bezeichnung mit einer Sammelbezeichnung wie Wohnungseigentümergemeinschaft usw auch § 37 Rn 11) und das vom Antragsteller angestrebte Ziel, dh in etwa, wenn auch vielleicht laienhaft, die Art und den Inhalt des angestrebten VA oder Vertrages, erkennen lassen (ebenso UL § 33 Rn 4; StBS 22; Knack 18). Vgl auch § 64 Rn 16. 36

b) Bedingungsfeindlichkeit. Der Antrag kann grundsätzlich nicht bedingt gestellt werden, dh hins. seiner Geltung und/oder seines Inhalts von einer Bedingung abhängig gemacht sein (BVerwG NVwZ 1989, 476; StBS 33; Knack 18; vgl entsprechend zur Klage Kopp/Schenke § 82 Rn 8 mwN). Wohl aber können **Anträge hilfsweise** zueinander oder uU auch alternativ zueinander gestellt werden, wenn im Ergebnis jedenfalls klar ist, was angestrebt wird und in welchem Verhältnis die Anträge zueinander stehen, insb. welcher Antrag primär gelten soll und welcher nur dann, wenn der Erste bzw der vorhergehende Antrag nicht zulässig oder nicht begründet ist (vgl zB BVerwG NJW 1984, 2481; Knack 18). Auch insoweit gelten die von der Rspr für Klagen entwickelten Grundsätze (vgl dazu Kopp/Schenke § 44 Rn 4ff) auch für Anträge an Behörden entsprechend. 37

c) Einander widersprechende Anträge. Stellt ein und derselbe Antragsteller mehrere verschiedene Anträge, die sich nach Inhalt, Zweck und Ausmaß gegenseitig ausschließen, so muss die Behörde ggf durch Rückfrage klären, welcher Antrag „gelten" soll. **Im Zweifel,** dh wenn und soweit eine Klärung nicht erreichbar ist, ist davon auszugehen, dass **der letzte Antrag** gelten und die früheren (die damit als zurückgenommen zu betrachten sind) ersetzen soll (Knack 20); anders uU, wenn der letzte Antrag verspätet ist (und auch Wiedereinsetzung nach § 32 nicht in Betracht kommt) oder sonst unzulässig ist und anzunehmen ist, dass der Antragsteller, wenn er dies gewusst und bedacht hätte, jedenfalls den früheren rechtzeitig gestellten Antrag gewollt hätte. 38

d) Reihenfolge der Bearbeitung. Werden bei der Behörde in einer Angelegenheit, in der aus rechtlichen Gründen (zB numerus clausus für ein Studienfach oder für die Zuteilung von Güterfernverkehrsgenehmigungen) oder tatsächlichen Gründen (zB bei der Zuteilung von Standplätzen auf einen Jahrmarkt) nur ein Antrag bzw jedenfalls nur weniger Anträge als gestellt werden positiv verbeschieden 39

---

[18] BVerwGE 16, 205; 25, 194; BVerwG FamRZ 1981, 208; BSG 39, 204; VGH Kassel NVwZ 1985, 498; OVG Münster NVwZ 1990, 676 offen jedoch hins einer Umdeutung des Antrags analog § 140 BGB; Krause VerwArch 1970, 322; Erichsen/Ehlers § 22 Rn 12; Kluth NVwZ 1990, 661.

[19] Grundsatz der „Meistbegünstigung", vgl BSG 39, 203; vgl auch OVG Münster NVwZ 1984, 655: Umdeutung eines Antrags gem § 51 VwVfG in einen Widerspruch gem § 68 VwGO.

werden können, mehr Anträge gestellt, so ist nach den durch Gesetz, VO oder Satzung festgelegten Kriterien, bei Fehlen solcher nach den **Grundsätzen sachgemäßer Ermessensausübung** (s BVerwG MDR 1971, 246; Gusy BayVBl 1985, 488; Rummer NJW 1988, 225) unter Berücksichtigung auch einer bisherigen ständigen Praxis eine Auswahlentscheidung zu treffen. Vgl zum Grundsatz „bekannt, bewährt" als Auswahlkriterium zB bei der Vergabe von Standplätzen auf Jahrmärkten § 40 Rn 24. Fehlen andere sachgemäße Auswahlkriterien, so ist grundsätzlich **nach der Reihenfolge des Eingangs** der Anträge zu entscheiden.[20]

40 **6. Begründung des Antrags.** Eine Begründung des Antrags ist im Zweifel, dh wenn durch Rechtsvorschriften nichts anderes bestimmt ist, **nicht Voraussetzung der Wirksamkeit,** Zulässigkeit oder Begründetheit des Antrags und grundsätzlich auch nicht Voraussetzung dafür, dass die Behörde sich mit der Sache befasst, sofern jedenfalls das Ziel des Antrags (oben Rn 36) erkennbar ist (ebenso Knack 18). **Ein Mindestmaß an Begründung** ist nur dann und insoweit Voraussetzung einer wirksamen Antragstellung, als bestimmte Angaben zur Bestimmung des Ziels des Antrags, insb auch zur Klärung der Frage, in welcher „Sache" von der Behörde eine Entscheidung begehrt wird, unerlässlich sind (VGH Mannheim NVwZ-RR 1991, 56). Im Übrigen ist es gem § 24 Abs 1 und 2 grundsätzlich Aufgabe der Behörde, den Sachverhalt und damit auch die für ihre Entscheidung maßgeblichen Tatsachen von Amts wegen zu ermitteln;[21] ggf muss die Behörde gem § 25 eine Ergänzung, Berichtigung uä des Antrags anregen und dem Bürger im Rahmen des ihr Möglichen und Zumutbaren zu seinem Recht verhelfen und dazu beitragen, dass die Rechte des Bürgers nicht an Formalien des Verfahrensrechts scheitern (Knack 18). S aber zu den **Mitwirkungspflichten** des Antragstellers § 24 Rn 50; § 26 Rn 40.

41 **Fehlen** zu einem Antrag **jegliche Angaben dazu,** auf Grund welcher Tatsachen der Antragsteller den geltend gemachten Anspruch zu haben glaubt, und werden solche Tatsachen, ggf auch auf einen entsprechenden Hinweis der Behörde gem § 25 hin nicht vorgetragen, und sind Anspruchsgründe auch nicht offensichtlich oder so, dass sie sich der Behörde aufdrängen müssen, so ist die Behörde **grundsätzlich nicht verpflichtet,** von Amts wegen in eine Prüfung einzutreten, welche Gründe für eine positive Verbescheidung gegeben sein könnten (BVerwG NJW-RR 1990, 1425). Sie muss dann jedoch ggf den Antragsteller auf die Notwendigkeit näherer Ausführungen im Rahmen seiner Mitwirkungspflicht nach § 24 Abs 1 und § 26 Abs 2 hinweisen und ihm uU dafür auch eine Frist setzen und darf erst nach erfolglosem Verstreichen der Frist den Antrag als unzulässig bzw unbegründet (je nachdem, worauf sich der Mangel auswirkt) zurückweisen oder ablehnen (vgl Knack 18). Andererseits kann die Behörde auch auf einen wegen ungenügender Angaben, unvollständiger Unterlagen usw an sich nicht ordnungsgemäßen Antrag hin auch zur Sache entscheiden, wenn die Sache schon aus anderen Gründen entscheidungsreif ist (BVerwG NVwZ-RR 1990, 204 – zur Ablehnung der Anerkennung als Kriegsdienstverweigerer).

42 Bei **Anträgen, die eine Genehmigungsfiktion** (fiktive Genehmigung, s § 35 Rn 23) **auslösen,** wenn die Behörde nicht innerhalb einer bestimmten Frist das Vorhaben untersagt (vgl zB § 19 Abs 3 S 6 BauGB) oder ein Verfahren einleitet, sind grundsätzlich **strengere Anforderungen an den Antrag** zu stellen. Der Antrag und die ihm beigefügten Erläuterungen und Begründungen müssen dann grundsätzlich **derart bestimmt** sein, dass die zuständige Behörde dadurch in die

---

[20] BVerwG DÖV 1964, 54 m Anm Czermak; NJW 1982, 1168; Gusy BayVBl 1985, 488; ME 39 II; StBS 27; Knack 20; MB 6.

[21] Vgl BSG 36, 122: die Behörde muss einen Antrag des Bürgers umfassend würdigen; Lorenz 255; vgl insoweit auch VGH München NVwZ 1990, 777: so wie die Behörde nach § 39 Abs 2 nicht begründen muss, was für die Beteiligten ohne weiteres erkennbar ist, braucht auch der Bürger offenkundige Gründe für einen Antrag nicht ausdrücklich darzulegen.

Lage versetzt wird, zu beurteilen, ob sie tätig werden muss (BVerwG NJW 1982, 2787). Bei den Mitwirkungspflichten der Beteiligten im Verfahren handelt es sich nicht um Voraussetzungen einer ordnungsgemäßen Antragstellung, sondern um allgemeine Pflichten der Beteiligten im Verfahren, deren Nichterfüllung uU für den Ausgang des Verfahrens von Bedeutung ist.

V. Weitere Zulässigkeitsvoraussetzungen des Antrags

1. Antragsbefugnis. a) Allgemeine Grundsätze. Nach allgemeinen Rechts- 43
grundsätzen ist ein an eine Behörde gerichtetes Begehren nur dann als zulässiger Antrag iS des § 22 anzusehen, wenn der Antragsteller die **Durchsetzung oder Wahrung eigener Rechte,** dh nicht nur der Rechte oder Interessen anderer Mitbürger oder der Allgemeinheit, verfolgt (vgl WB III § 156 III c; Gusy BayVBl 1985, 486; zu Einwendungen gem § 73 Abs 4 auch UL § 40 Rn 30; Papier NJW 1980, 315). Ergibt sich aus einem Schreiben, Vorbringen usw zweifelsfrei, dass es dem Antragsteller nicht um eigene Rechte geht, so handelt es sich nicht um einen Antrag iS des § 22, sondern lediglich um eine Anzeige, Anregung oder Petition uä an die Behörde.

Möglichkeit der Rechtsbetroffenheit. Obwohl insoweit eine ausdrückliche 44
Regelung im VwVfG fehlt, ist die Antragsbefugnis in entspr Anwendung von § 42 Abs 2 VwGO nur gegeben, wenn eine Betroffenheit in eigenen Rechten zumindest möglich erscheint. Ist aus rechtlichen und tatsächlichen Gründen schlechthin ausgeschlossen, dass dem Antragsteller im Hinblick auf die dem Antrag zugrunde liegende Sache ein Recht (bzw rechtlich geschütztes Interesse) zusteht, so ist der Antrag als unzulässig und nicht erst als unbegründet abzulehnen (so auch VGH Mannheim NJW 1990, 3291; WB III § 156 III c; zur Antragsbefugnis im Widerspruchsverfahren auch Kopp/Schenke § 69 Rn 6). Dafür spricht außer der vom VwVfG angestrebten möglichst weitgehenden Parallelität der Regelungen mit dem Verwaltungsprozessrecht vor allem der Sinn der Unterscheidung von Zulässigkeit und Begründetheit von Anträgen: Die Verwaltung soll sich im Rahmen eines dem Rechtsschutz dienenden Verwaltungsverfahrens nur dann mit der Begründetheit eines Antrags befassen (müssen), wenn zumindest die Möglichkeit besteht, dass das geltend gemachte Recht besteht und dem Antragsteller zusteht.

Im Einzelnen ist damit auch die Rspr zu § 42 Abs 2 VwGO als für die Antrags- 45
befugnis im Verwaltungsverfahren maßgeblich anzusehen (vgl dazu Kopp/Schenke § 42 Rn 37 ff), jedoch mit der Besonderheit, dass es nicht wie bei § 42 Abs 2 VwGO auf die Frage einer Rechtsverletzung, sondern lediglich der rechtlichen Betroffenheit ankommt. Die Frage der Rechtsverletzung kann im Verwaltungsverfahren, in dem über Rechtsfragen und ggf auch über Zweckmäßigkeitsfragen erst zu entscheiden ist, noch nicht maßgebliches Kriterium sein.

b) Antragsrecht Dritter. Regelungen, die für bestimmte Anlagen eine Ge- 46
nehmigung, Planfeststellung uä vorschreiben, begründen idR ein Antragsrecht grundsätzlich nur für den „Unternehmer", dh denjenigen, der die Anlage errichten oder betreiben will, nicht für Drittbetroffene, zB Nachbarn, die (nur) an einer Versagung der Genehmigung, an Auflagen zu ihren Gunsten uä interessiert sind.[22] Drittbetroffene sind hier idR dadurch geschützt, dass sie einen öffentlichrechtlichen Abwehr- bzw Unterlassungsanspruch hins. der Anlage haben, wenn diese ohne Genehmigung errichtet wird (BVerwGE 44, 239; 62, 246; Buchh 407.4 § 17 FStrG Nr 33; OVG Lüneburg NJW 1984, 1702); außerdem nach Maßgabe des in

---

[22] Vgl BVerwGE 44, 239; 62, 246; 64, 327; 81, 107; 85, 372; BVerwG Buchh 407.4 § 17 FStrG Nr 33; 442.01 § 28 PBefG Nr 3; DVBl 1989, 1053; 1991, 384; OVG Lüneburg NJW 1984, 1702; Schleswig DVBl 1992, 1242; Ronellenfitsch, in: Blümel (Hg), Abweichungen von der Planfeststellung, 1990, 106; kritisch Blümel, Grundrechtsschutz durch Verfahrensgestaltung, in: Blümel (Hg), Frühzeitige Bürgerbeteiligung bei Planungen, 1982, 74.

der Sache anwendbaren materiellen Rechts idR durch einen **Anspruch auf ermessensfehlerfreie Entscheidung** der zuständigen Behörde über den Erlass einer Beseitigungsanordnung, Einstellungsanordnung uä (vgl BVerwG DÖV 1980, 518) oder zumindest auf isolierte Anordnung der **Schutzauflagen** zu ihren Gunsten, die sie sonst in dem entsprechenden Genehmigungsverfahren verlangen könnten (BVerwGE 44, 241; 62, 249; Buchh 407.4 § 17 Nr 33 S 105. S auch § 75 Rn 22).

47 **c) Keine Pflicht zur Antragstellung.** Das VwVfG selbst ermächtigt die Behörden nicht zur Erzwingung einer Antragstellung, auch nicht in Angelegenheiten, für die Gesetze außerhalb des VwVfG eine Antragstellung vorschreiben (OVG Schleswig DVBl 1992, 1242; StBS 26). Dies gilt auch für Fälle, in denen **Vorhaben,** die an sich antragsbedürftige Genehmigungen oä erfordern würden, **bereits errichtet wurden und/oder betrieben werden.** Grundsätzlich muss die Behörde in diesen und in anderen Fällen, in denen eine bestimmte Tätigkeit oder ein Vorhaben eine Genehmigung usw voraussetzt und diese nur auf Antrag erteilt werden kann, uU auch von Amts wegen je nach den anwendbaren Vorschriften, wenn der Schutz der Allgemeinheit oder betroffener Dritter dies erfordert, entweder die Tätigkeit usw solange unterbinden, bis die erforderliche Genehmigung uä erteilt ist, und dem Träger des Vorhabens uä ggf anheimstellen, den Antrag auf Genehmigung zu stellen. Nur wenn und soweit dieser auf Grund einer **besonderen gesetzlichen Regelung** bei Vorliegen bestimmter Voraussetzungen zur Antragstellung rechtlich verpflichtet ist bzw durch die zuständige Behörde dazu verpflichtet werden kann, wie zB beim sog. Baugebot gem § 176 Abs 1 BauGB, kann die zuständige Behörde ihm die Stellung des Antrags aufgeben und erforderlichenfalls im Wege des Verwaltungszwangs durchsetzen.[23]

48 **2. Antragsfristen.** Wenn durch Rechtsvorschriften die Wahrung bestimmter Fristen für eine Antragstellung vorgeschrieben ist, gehört auch ihre Einhaltung zu den Erfordernissen einer ordnungsgemäßen Antragstellung.[24]

Ähnliche Wirkung wie gesetzliche Fristen und mit solchen durchaus vergleichbar haben **zeitliche Anforderungen,** die sich **aus der Natur der Sache** oder aus den Mitwirkungspflichten Beteiligter ergeben. Ersteres gilt zB für die Notwendigkeit, die Zulassung als Schausteller zu einem Jubiläumsjahrmarkt und auf Zuteilung eines Standplatzes jedenfalls vor Beendigung dieses Marktes zu stellen, letzteres für die Geltendmachung einer krankheitsbedingten Prüfungsunfähigkeit und den Antrag auf Unterbrechung der Prüfung, außer in Fällen einer krankheitsbedingten Fehleinschätzung vor Beginn der Prüfung (BVerwG Buchh 421.0 Prüfungswesen Nr 125; vgl auch § 2 Rn 49).

49 **Gewahrt ist eine gesetzliche Antragsfrist** nur, wenn bis zu ihrem Ablauf ein den gesetzlichen Vorschriften bzw allgemeinen Rechtsgrundsätzen entsprechender Antrag bei der Behörde eingegangen ist (s zum Begriff des Eingangs § 31 Rn 22, zur Behandlung bei von der Behörde verschuldeter Fristversäumung § 31 Rn 24). Eine **Heilung** ist nachträglich nur noch nach Maßgabe der Vorschriften über die Wiedereinsetzung gegen Fristversäumungen möglich (§ 32 Rn 7); das gilt auch für die fehlende Unterschrift bei schriftlich gestellten Anträgen.[25]

---

[23] BVerwGE 84, 335 = JuS 1991, 82 m Anm Selmer; BVerwG NJW 1990, 2402 = JZ 1991, 241 m Anm Battis zur Durchsetzung eines Baugebots nach § 176 Abs 1 BauGB.

[24] Ebenso grundsätzlich zum bish Recht BVerwGE 13, 209; 17, 199; zT differenzierend nach dem Zweck der Fristvorschriften Erichsen/Ehlers § 36 Rn 7; vgl ferner BSG 14, 246.

[25] Sofern ohne die Unterschrift die Identität des Antragstellers bzw dessen Wille zur Antragstellung nicht hinreichend klar sind, vgl § 64 Rn 8; zT **aA** zum Erfordernis der eigenhändigen Unterschrift BFH 184, 47 = BStBS II 1987, 77: der Zweck kann auch noch erreicht werden, wenn die Unterschrift dem rechtzeitig eingereichten Antrag auf Lohnsteuer-Jahresausgleich nach Ablauf des Jahres beigefügt wird, nicht mehr jedoch nach Ablauf einer von der Behörde gesetzten Frist; insoweit kommt auch eine Wiedereinsetzung nicht mehr in Betracht.

Wahrung behördlicher Fristen: Die Einhaltung von Fristen, welche die Behörde zur Behebung von Formmängeln des Antrags oder zur Vorlage einer Vollmacht gem § 14 Abs 1 S 3 stellt, hat nicht dieselbe Bedeutung wie die Wahrung gesetzlicher Fristen. Insb wird bei Nichteinhalten solcher Fristen ein Antrag nicht deshalb unzulässig. Die Behörde hat in diesem Fall nur das Recht, den Antrag als in der vorliegenden Form unzulässig abzulehnen, sofern der Mangel auch im Zeitpunkt ihrer Entscheidung noch nicht geheilt ist. Der Antragsteller kann den Mangel aber auch noch im Rechtsbehelfsverfahren – nach § 45 Abs 1 Nr 1 selbst noch im verwaltungsgerichtlichen Verfahren – mit Rückwirkung auf den Zeitpunkt der ursprünglichen Antragstellung beheben. 50

3. Antragsverzicht. Ein Antrag, dessen Zulässigkeit andere Gründe nicht entgegenstehen, ist unzulässig und muss von der Behörde ohne weitere Sachprüfung abgelehnt werden, wenn der Antragsteller auf sein Antragsrecht (wirksam) verzichtet (VGH Mannheim NVwZ 1983, 229; Knack 27; vgl auch BVerfG NVwZ 1983, 219) oder es verwirkt hat (vgl BVerwGE 44, 298, 343; BVerfG 32, 308). Der **Antragsverzicht** ist von einem Verzicht auf den materiellrechtlichen Anspruch zu unterscheiden, der nicht die Unzulässigkeit, sondern die Unbegründetheit eines gleichwohl gestellten Antrags zur Folge hat (BVerfG 32, 308; BVerwGE 44, 298; BGH JZ 1986, 99; VGH Mannheim NVwZ 1983, 229), außerdem auch von der Zusage eines Verzichts (BVerwG NJW 1984, 81). Die Behörde muss einen ihr gegenüber erklärten Antragsverzicht von Amts wegen beachten (vgl OVG Saarlouis NVwZ 1984, 657; BGHZ 27, 60); er hat unmittelbar die Unzulässigkeit des Antrags zur Folge. Ein nur einem anderen Beteiligten gegenüber erklärter oder mit ihm vereinbarter Verzicht ist von der Behörde dagegen nur auf entsprechende Einrede hin zu berücksichtigen, macht dann aber ebenfalls den Antrag unzulässig.[26] 51

Ein **Verzicht ist nur wirksam,** wenn er sich auf eine konkrete Angelegenheit bezieht und **eindeutig und unmißverständlich** erklärt wurde (OVG Saarlouis NVwZ 1984, 657; VGH Kassel DÖV 1984, 860). Ein Verzicht kann nur in Bezug auf Rechte bzw Befugnisse wirksam erklärt werden, über die der Verzichtende verfügungsbefugt ist (OVG Lüneburg NJW 1978, 2260; VGH Mannheim NVwZ 1983, 229; Erichsen AllgVR § 11 Rn 54 mwN); er ist außerdem unwirksam, wenn er durch **Täuschung**[27] oder **Drohung** seitens der Behörde oder eines anderen Beteiligten (§ 13) herbeigeführt wurde oder wenn aus anderen Gründen die Behörde oder ein Beteiligter, die bzw der sich darauf beruft, damit **arglistig oder rechtsmissbräuchlich** handeln würde (vgl BGH NJW 1968, 794). In allen anderen Fällen ist der der Behörde gegenüber erklärte Verzicht als Erklärung des Verfahrensrechts grundsätzlich **unanfechtbar und unwiderruflich** (vgl RGZ 105, 355), sofern nicht ein Wiederaufnahmegrund (vgl §§ 580, 581 ZPO, § 51 VwVfG) vorliegt (vgl § 9 Rn 36; StBS 78); dagegen kann der (nur) mit einem Beteiligten vereinbarte Verzicht vertraglich wieder aufgehoben sowie analog den allgemeinen Vorschriften des BGB angefochten werden (vgl RGZ 150, 395). 52

4. Verwirkung. Nach allgemeinen Rechtsgrundsätzen ist ein Antrag auch dann unzulässig, wenn der Antragsteller sein Antragsrecht zB durch unredliche Verzögerung der Antragstellung verwirkt hat.[28] Die Verwirkung des Antragsrechts ist von der Verwirkung des dem Antrag zugrunde liegenden materiellrechtlichen Anspruchs zu unterscheiden. 53

Die Verwirkung hat zur **Voraussetzung,** dass die späte Antragsstellung **gegen Treu und Glauben** verstößt und sich deshalb als unzulässige Rechtsausübung 54

---

[26] Vgl OVG Saarlouis NVwZ 1984, 657; Ule VwGO 429; Klinger 582; **aA** zu einem nicht rechtsgeschäftlich vereinbarten Verzicht RÖ VwGO § 126 Rn 8.

[27] Zum Begriff der arglistigen Täuschung s § 48 Rn 98; s auch UL § 62 Rn 12.

[28] Vgl BVerwGE 44, 298; 44, 343; BVerfG 32, 308; Kopp/Schenke § 76 Rn 2f; Knack 27.

darstellt, insb weil der Antragsteller, obwohl er von dem Antragsgrund bereits längere Zeit Kenntnis hatte oder hätte haben müssen (vgl BVerwGE 44, 298; offen, ob Kenntnis erforderlich), den Antrag erst zu einem Zeitpunkt stellt, in dem die Behörde und sonstige Beteiligte nach den besonderen Umständen des Falles nicht mehr mit einer Antragstellung rechnen mussten, dh darauf vertrauen durften, dass kein Verfahren mehr beantragt wird (vgl BVerwGE 44, 343). Allg zur Verwirkung s auch § 53 Rn 15.

55 **5. Präklusionsvorschriften.** Vereinzelt sehen Gesetze vor, dass unter bestimmten Voraussetzungen eine Entscheidung (VA) nicht mehr ergehen kann bzw die Behörde nicht mehr dazu verpflichtet ist. So bestimmt § 15 Abs 1 S 1 KDVNG, dass, wenn der Antragsteller unentschuldigt dem Anhörungstermin vor dem Ausschuss für Kriegsdienstverweigerung fernbleibt, der Ausschuss zu entscheiden hat, dass er nicht berechtigt ist, den Kriegsdienst mit der Waffe zu verweigern (vgl BVerwG NVwZ-RR 1990, 204). Ob diese Präklusion nur für das Verwaltungsverfahren wirkt **(formelle Präklusion)** oder eine materielle Rechtsposition auch für ein etwa nachfolgendes verwaltungsgerichtliches Verfahren entfallen lässt **(materielle Präklusion),** ist eine Frage der konkreten Ausgestaltung der gesetzlichen Regelung. So wirkt zB die Präklusion bestimmter Einwendungen nach § 10 Abs 3 S 3 BImSchG auch im Verwaltungsprozess fort. Gleiches gilt nach der Neuregelung durch das GenBeschlG auch für die Präklusion nach § 73 Abs 4 S 3 im Planfeststellungsverfahren (vgl § 73 Rn 80ff). Soweit durch Gesetz nichts anderes bestimmt ist, ist im Zweifel bei Präklusion auch die Wiedereinsetzung nach § 32 (vgl § 32 Rn 12; § 73 Rn 85) bzw Nachsichtgewährung nach allgemeinen Grundsätzen (vgl § 32 Rn 65) zulässig. Andererseits kann sich die Präklusion bestimmten Vorbringens auch als Folge einer Verwirkung des dem Vorbringen zugrundeliegenden materiellen Anspruchs (vgl § 53 Rn 18) oder auch des formellen Rechts, einen Anspruch geltend zu machen, oder uU auch als Folge eines Verstoßes gegen die allgemeine Mitwirkungspflicht (Mitwirkungslast) der Beteiligten im Verfahren nach § 24 Abs 1, § 26 Abs 2 ergeben.

56 **6. Rechtsschutzinteresse.** Wie im gerichtlichen Verfahren ist auch im Antragsverfahren vor Behörden ein Antrag nur zulässig, wenn der Antragsteller ein schutzwürdiges Interesse (Rechtsschutzbedürfnis, Rechtsschutzinteresse, Sachentscheidungsinteresse) an der von ihm beantragten Amtshandlung hat, insb sie zur Verwirklichung oder Wahrung eines Rechts benötigt und die Verwaltung nicht für **unnütze, unlautere Zwecke oder sonst missbräuchlich** in Anspruch nimmt.[29] Dieses Erfordernis wird zwar im VwVfG nicht ausdrücklich genannt, gilt aber als **Ausdruck allgemeiner Rechtsgrundsätze** auch im Verwaltungsverfahren.[30] Kein Rechtsschutzinteresse besteht daher zB für einen Antrag auf Anerkennung als Kriegsdienstverweigerer, wenn und solange mit einer Einberufung offensichtlich nicht zu rechnen ist (BVerwG DÖV 1986, 1064). Grundsätzlich ist das Rechtsschutzinteresse auch dann zu verneinen, wenn bestehende Hindernisse sich schlechthin nicht ausräumen lassen.[31] Fehlt das Rechtsschutzinteresse für einen Antrag, so muss die Behörde den Antrag ablehnen (zT **aA** VGH Mannheim DÖV

---

[29] BVerwGE 20, 126; 42, 117 mwN; 48, 247; 61, 131 = NJW 1981, 2426; BVerwG NVwZ 1990, 559: wenn die beantragte Erlaubnis für den Antragsteller nutzlos wäre und es rechtlich ausgeschlossen ist, dass das Hindernis, das einer Ausnutzung entgegensteht, ausgeräumt werden kann; Buchh 406.11 § 36 Nr 10 S. 4; 406.19 Nachbarschutz Nr 26 S. 12; NJW 1976, 1887; VGH Mannheim UPR 1990, 68: kein Rechtsschutzinteresse, wenn die beantragte Baugenehmigung nur schikanösen Zwecken dienen soll.

[30] BVerwGE 42, 117; 50, 286; BVerwG NJW 1976, 1987; DÖV 1986, 1064; VGH Mannheim DÖV 1985, 247; VG Köln NVwZ 1985, 218; Papier NJW 1980, 316; Foerster NuR 1985, 58; Kopp 111 Fn 296; 212 Fn 596.

[31] BVerwG NVwZ 1990, 559; 1994, 482; OVG Münster DÖV 1986, 575; NVwZ 1988, 270; NVwZ-RR 1994, 494; VG Köln NVwZ 1985, 218 mwN.

1985, 247 zu einem Bauantrag bei offensichtlich fehlender privatrechtlicher Berechtigung: die Behörde kann, muss jedoch nicht ablehnen).

Auch **einen offensichtlich rechtsmissbräuchlichen Antrag** darf die Behörde jedoch **nicht einfach unbeachtet lassen,** sondern muss darüber – wenn auch wegen fehlenden Rechtsschutzinteresses ohne weitere Sachprüfung ablehnend – entscheiden.[32] Dies gilt insb auch für sachlich oder örtlich nicht zuständige Behörden (BVerfG aaO). Nur wenn die Aussichtslosigkeit dadurch bedingt ist, dass in der Sache bereits ein unanfechtbar gewordener VA vorliegt und keine Gründe vorgetragen werden oder ersichtlich sind, die dafür sprechen könnten, dass sachlicher Anlass für eine erneute Prüfung und Entscheidung durch sog. Zweitbescheid gegeben sein könnte, darf jede Behörde, auch eine in der Sache nicht zuständige Behörde einen erneuten Antrag in derselben Sache als missbräuchlich gestellt unbeachtet lassen (BVerfG NJW 1981, 1896; Bremen NVwZ 1982, 50). 57

Für die Beurteilung des Rechtsschutzinteresses dieselben Grundsätze maßgeblich wie für Streitsachen vor den Gerichten. Das Rechtsschutzinteresse ist nicht schon wegen offensichtlicher Aussichtslosigkeit eines Antrags oder wegen der geringen Bedeutung einer Sache zu verneinen. Für einen Antrag auf Erteilung einer Gaststättenerlaubnis fehlt zB das Sachentscheidungsinteresse nicht schon dann, wenn die Baugenehmigung abgelehnt und die Ablehnung unanfechtbar geworden ist (BVerwG NVwZ 1990, 559 = DVBl 1990, 206; zweifelhaft, wenn keine Aussicht besteht, dass die Bauerlaubnis noch in absehbarer Zeit erlangt werden könnte). 58

7. Änderung von Anträgen. Anträge können im Zweifel, wenn durch Rechtsvorschriften nichts anderes bestimmt ist oder sich aus der Natur der Sache zwingend ergibt, **bis zum Ergehen der Entscheidung** (VA) der Behörde darüber, dh bis zur Hinausgabe des VA (zB durch Aufgabe zur Post) ohne weiteres geändert werden (vgl UL § 22 Rn 3; Knack 22; Schnell, Der Antrag 117). Die Befugnis zur Antragsänderung folgt aus der Verfügungsbefugnis des Antragstellers (StBS 39 und 44; Knack 22; s allg zur Verfügungsbefugnis oben Rn 3) sowie mittelbar auch aus § 45 Abs 1 Nr 1 iV mit Abs 2, wonach der Antrag sogar auch nachträglich, auch noch nach Anhängigkeit eines Rechtsstreits gestellt werden kann. **Nach Ergehen der Entscheidung** ist eine Antragsänderung grundsätzlich nicht mehr möglich, wohl aber eine Rücknahme des Antrags (str, vgl § 9 Rn 3; unten Rn 65). Der Betroffene muss vielmehr versuchen, die Aufhebung des VA zu erreichen, oder den VA anfechten (StBS 71). 59

Für die Antragsänderung ist grundsätzlich **dieselbe Form** erforderlich **wie für den ursprünglichen VA.** Entscheidet jedoch die Behörde, aus welchen Gründen auch immer, abweichend vom ursprünglichen Antrag und gewährt sie nicht nur quantitativ weniger als beantragt, sondern qualitativ ganz oder zum Teil etwas anderes als beantragt (ein „aliud") – zB bei VAen mit einer sog. „modifizierenden" Auflage (s dazu § 36 Rn 35) – so genügt es jedenfalls auch, wenn der Antragsteller konkludent zustimmt, indem er gegen den VA keinen Rechtsbehelf einlegt (s unten Rn 64). 60

Die Antragsänderung bedarf, selbst wenn sie erst in einem sehr späten Verfahrensstadium oder erst nach Anhängigkeit eines Rechtsbehelfsverfahrens über den Antrag erklärt wird, **weder der Zustimmung der übrigen Beteiligten** noch der Behörde, ebenso auch nicht einer Zulassung durch die Behörde. § 91 VwGO ist insoweit wegen seiner ausschließlich auf das Prozessrecht bzw das Prozessrechtsverhältnis bezogenen Zielsetzung nicht, auch nicht analog oder dem Grundgedanken entsprechend, anwendbar; für eine entsprechende Anwendung bestünde auch kein Bedürfnis. 61

---

[32] Vgl zu offensichtlich missbräuchlichen Asylanträgen BVerfG 56, 216 = NJW 1981, 1436; NVwZ 1992, 662; Pagenkopf DÖV 1981, 905; Schenk NJW 1982, 491; Mayer VerwArch 1981, 63; zT **aA** Philipp NVwZ 1993, 248: einfach unbehandelt lassen.

62 **Folgen der Antragsänderung.** Eine wirksame, in der dafür maßgeblichen Form und unter Einhaltung der allgemeinen Zulässigkeitsvoraussetzungen für Anträge (s oben Rn 30ff, 43ff) erklärte Antragsänderung hat zur Folge, dass die Behörde grundsätzlich nur noch über den geänderten Antrag entscheiden darf. Etwas anderes gilt nur für Verfahren, die die Behörde auch von Amts wegen durchführen kann (s oben Rn 15) oder in Fällen einer notwendigen Streitgenossenschaft (s dazu § 9 Rn 48f).

63 **8. Nachträgliche Zustimmung zu abweichenden VAen.** Antragsbedürftige VAe, insb Erlaubnisse – Entsprechendes gilt für sonstige zustimmungsbedürftige VAe –, die von dem gestellten Antrag (Zustimmung) abweichen, sind als (Teil-) Ablehnung, verbunden mit dem Erlass eines (zT) anderen VA anzusehen, dessen Rechtmäßigkeit davon abhängt, dass der Antragsteller (bzw sonst Mitwirkungsberechtigte) **zustimmt** (vgl WBS II § 46 Rn 37, wo – zu weitgehend – jedoch die Zustimmung als Voraussetzung der Wirksamkeit und nicht nur der Rechtmäßigkeit angesehen wird).

64 Die Zustimmung kann auch **konkludent** erfolgen, zB darin zu sehen sein, dass der Betroffene, ohne Rechtsbehelfe einzulegen, von der Erlaubnis usw Gebrauch macht. Sofern es sich nur um ein „Weniger" im Vergleich zum ursprünglichen Antrag oder um unwesentliche Abweichungen vom Antrag handelt, insb zB um die Beifügung von Auflagen usw, mit denen die Betroffenen ohnehin rechnen mussten, kann idR auch bloßes Schweigen als Zustimmung gedeutet werden.[33]

65 **9. Rücknahme von Anträgen. a) Zulässigkeit.** Aus denselben Gründen, wie sie für nachträgliche Antragsänderungen gelten (s oben Rn 59), können, soweit durch Rechtsvorschriften nichts anderes bestimmt ist (so zB meist in den Prüfungsordnungen für den Rücktritt von Prüfungen) oder sich aus der Natur der Sache zwingend ergibt, auf Grund der Verfügungsbefugnis des Antragstellers Anträge jedenfalls bis zur Entscheidung der Behörde zur Hauptsache darüber zurückgenommen werden;[34] nach richtiger Auffassung kann der VA aber darüber hinaus – jedenfalls soweit oder solange er noch keine irreversiblen Wirkungen entfaltet hat (vgl Martens NVwZ 1988, 685; Knack 21) – auch noch bis zum Abschluss des Verfahrens (§ 9 Rn 30), dh bis **zum Eintritt der Unanfechtbarkeit** der Entscheidung, zurückgenommen werden,[35] selbst dann noch, wenn in der Zwischenzeit gegen den ergangenen VA Rechtsbehelfe eingelegt worden sind.[36] Zulässig ist, soweit

---

[33] WBS II § 46 Rn 38; vgl auch BVerwGE 11, 18; Hablitzel BayVBl 1974, 392; F 218f, 386; Kopp VerwArch 1970, 233 Fn 56; zT **aA** Kassel 23, 74; Dölker BayVBl 1974, 400.

[34] BVerwGE 30, 185; 75, 284 – unter Aufgabe der früheren abweichenden Auffassung; UL § 22 Rn 3; ME 39 II; WBS II § 46 Rn 38; Schmidt-De Caluwe Jura 1993, 403 mwN.

[35] BVerwGE 75, 280, 284; BVerwG NJW 1980, 1120; NJW 1988, 275; NVwZ 1989, 860; BRS 28, 230; BSG 60, 79; NJW 1982, 2253; VGH München DVBl 1982, 1012; OVG Lüneburg NVwZ 1993, 1214; Allesch NVwZ 2000, 1227, 1230; Martens NVwZ 1988, 685; Weides 4 III 5c; UL § 22 Rn 3; Knack 21; Ule/Laubinger BImSchG 5 zu § 10; Feldhaus BImSchG 5 zu § 10; Stich/Porger BImSchG 52 § 10; Simon BayBauO 4d zu Art 74; zu einem besonders gelagerten Fall auch BVerwG FamRZ 1981, 208; str; differenzierend BVerwG NVwZ 1998; 401; zT **aA** BVerwG DVBl 1970, 216; BSG 60, 83 zur Bewilligung von Arbeitslosengeld unter Hinweis auf die materiellrechtliche Bedeutung des Antrags und die bei Annahme eines späteren Zeitpunkts sonst für die Versichertengemeinschaft entstehenden unzumutbaren Nachteile; zust Martens NVwZ 1988, 685; BSG NZA 1987, 68: bis zur Bewilligung der Leistung; OVG Lüneburg NVwZ 1985, 431; StBS 30; MB 8; WBS II § 46 Rn 38; Stelkens NuR 1985, 216; UL § 20 Rn 5; Erichsen/Ehlers § 36 Rn 6: nur bis zum Ergehen des VA.

[36] BVerwG NVwZ 1989, 862: auch noch während der Anhängigkeit einer Verpflichtungsklage und nachdem bereits die Anträge im Prozess gestellt wurden; ähnlich VGH München NVwZ-RR 1992, 328: auch noch im Anfechtungsprozess gegen den VA; vgl auch BGH NJW 1982, 2775; **aA** BVerwG DVBl 1970, 216; BSG 9, 12; 60, 83; NZA 1987, 431; OVG Lüneburg NVwZ 1985, 431; zu weiteren Nachw auch oben im Text.

eine Sache teilbar ist und der (allein noch) beantragte „Rest"-VA als solcher sinnvoll ist und Bestand haben kann, auch eine **Teilrücknahme** (BVerwGE 80, 30).

Bei Prüfungen ist kraft Natur der Sache der Antrag auf Zulassung zu einer Prüfung und auf positive Bewertung des Prüfungsergebnisses, nachdem die Zulassung erfolgt ist oder nach dem Prüfungsverfahren als erfolgt gilt; **grundsätzlich nur bei Vorliegen gewichtiger Gründe** wie Krankheit usw rücknehmbar, soweit durch Gesetz, insb durch die entsprechende Prüfungsordnung nichts anderes bestimmt ist; nicht mehr rücknehmbar ist der Antrag grundsätzlich, nachdem das Prüfungsergebnis bekannt ist (vgl zum Rücktritt von Prüfungen auch BVerwGE 66, 213; VG Frankfurt NVwZ-RR 1989, 18; Haas VBlBW 1985, 161). 66

Bei sog fiktiven VAen, die nach Ablauf einer bestimmten Frist nach Antragsstellung als erteilt gelten (s hierzu § 35 Rn 24), ist die Rücknahme des Antrags auch noch nach Eintritt der Fiktionswirkung bis zum Eintritt der Unanfechtbarkeit möglich (BVerwG NJW 1988, 274 mwN; Martens NVwZ 1988, 685). 67

Nicht möglich ist die Rücknahme der Rücknahme eines Antrags, da sie kein Antrag iS von § 22 ist, sondern eine Willenserklärung anderer Art, und daher auch nicht den Grundsätzen über die Rücknahme von Anträgen unterliegt. Hinzu kommt, dass mit der Rücknahme des Antrags **das Verfahren beendet** ist und allenfalls ein neuer Antrag (sofern die Antragstellung nicht fristgebunden ist und die Antragsfrist verstrichen ist) und ein neues Verfahren, wenn auch mit gleichem Ziel, möglich ist (StBS 43; Knack 21; **aA** offenbar BVerwG NJW 1988, 275). Allerdings wird die Rücknahme einer Antragsrücknahme **in einen neuen Antrag umzudeuten** sein (StBS 43; Knack 21). 68

Die Rücknahme des Antrags muss, wenn für den Antrag die Schriftform vorgeschrieben ist, grundsätzlich in **der gleichen Form** erfolgen (vgl auch BVerwG NVwZ-RR 1993, 275: weder aus dem Rechtsstaatsprinzip noch aus einem Satz des Bundesrechts lässt sich ableiten, dass Anträge grundsätzlich formlos zurückgenommen werden können). Soweit für ein Verfahren auch formlose Anträge genügen, gilt dies auch für die Rücknahme des Antrags. 69

Wenn durch Rechtsvorschriften nichts anderes vorgeschrieben ist oder sich aus der Natur der Sache ergibt, **bedarf die Rücknahme des Antrags nicht der Zustimmung** der übrigen Beteiligten oder der Behörde.[37] § 92 Abs 1 S 2 VwGO ist wegen seiner anderen Zwecksetzung auf die Antragsrücknahme nach dem Verwaltungsverfahrensrecht weder unmittelbar noch analog oder nach dem Grundgedanken anwendbar. Dies gilt auch für den Fall der Rücknahme des Antrags im Laufe des gerichtlichen Verfahrens. 70

b) Rechtswirkungen der Rücknahme. Bedeutung erlangt die Rücknahme in erster Linie in den reinen Antragsverfahren, die ohne wirksam gestellten Antrag nicht durchgeführt werden dürfen (S 2 Nr 2). Für diese gilt: Die wirksam (insb in der erforderlichen Form und unter Beachtung der allgemeinen Zulässigkeitsvoraussetzungen erklärte **Rücknahme** des Antrags hat zur **Folge, dass das Verfahren beendet ist,** die Behörde das Verfahren einstellen muss und allenfalls noch über die Kosten und das Unwirksamwerden eines etwa vorausgegangenen VA (s im folgenden) entscheiden kann. Eine gleichwohl noch ergehende Entscheidung in der Sache wäre rechtswidrig, jedoch nicht unwirksam und nichtig. 71

---

[37] VGH München DVBl 1982, 1012; UL § 22 Rn 3; zT **aA** OVG Lüneburg NVwZ 1985, 431 für den Fall, dass in der Sache bereits Klage erhoben ist, die gem § 92 Abs 1 S 2 VwGO nicht mehr ohne die Einwilligung des Prozessgegners zurückgenommen werden kann; ebenso Knack 4.8; – Kritik: der auf das Prozessrechtsverhältnis bezogene Zweck des Zustimmungserfordernisses zur Klagerücknahme, dass nämlich der Kläger sich, nachdem einmal die Anträge in der mV gestellt sind, nicht mehr ohne weiteres durch Klagerücknahme diesem Prozessrechtsverhältnis entziehen kann, trifft auf die Antragsrücknahme, die primär andere unmittelbare Folgen hat, nicht zu und erfordert auch keine analoge Anwendung von § 92 Abs 1 S 2 VwGO.

Etwas anderes gilt nur für Verfahren, die die Behörde auch von Amts wegen durchführen kann oder die auf Grund des Antrags eines anderen Beteiligten anhängig bleiben.

72 **In reinen Antragsverfahren** führt die Rücknahme eines Antrags zur **Unwirksamkeit** eines noch nicht bestandskräftig gewordenen VA (vgl BGH NJW 1982, 2775; allg auch Kopp/Schenke § 92 Rn 17; **aA** VGH München NVwZ-RR 1992, 328: VA wird nur rechtswidrig, nicht unwirksam; weitergehend StBS 42: die Rücknahme des Antrags kann die Wirksamkeit und den Bestand eines ergangenen VA nicht berühren, da § 43 Abs 2 eine solche Wirkung nicht vorsieht und ihr auch die Interessen der Allgemeinheit und betroffener Dritter am Bestand des VA entgegenstehen. Entgegen BVerwG NJW 1988, 275 geht es nicht allein um die Frage eines Verzichts; möglich ist allenfalls ein Verzicht auf die den Antragsteller begünstigenden Rechtsfolgen des VA; ein solcher Verzicht kann aber im Zweifel der Antragsrücknahme nicht entnommen werden). Die Behörde hat dieses Unwirksamwerden des VA im Interesse der Rechtsklarheit und Rechtssicherheit in der Einstellungsverfügung festzustellen (ebenso Knack 21). Für etwaige gegen den VA anhängige Rechtsbehelfe erledigt sich mit der Rücknahme des Antrags und dem Unwirksamwerden des VA die Hauptsache (vgl § 113 Abs 1 S 4 VwGO).

73 **Von vornherein ohne den dafür erforderlichen Antrag erlassene VAe** oder solche VAe, bei denen der Antrag nachträglich wegen eines Willensmangels mit Erfolg angefochten wird, sind idR nicht unwirksam bzw nichtig; sie **bleiben vielmehr wirksam,** das Fehlen eines Antrags nach § 45 Abs 1 Nr 2, Abs 2 grundsätzlich durch nachträgliche Antragstellung geheilt werden kann. Während jedoch bei Fehlen des Antrags oder Anfechtung des Antrags das Schicksal des VA gewissermaßen nur in der Schwebe bleibt, weil eine wirksame Antragstellung immer noch nachgeholt werden kann, wird mit der Rücknahme des Antrags das Verfahren abschließend beendet (Knack 21; StBS 30; **aA** offenbar BVerwG NJW 1988, 275) und könnte der Beteiligte ein etwaiges materielles Recht (sofern dafür keine Fristen zu wahren sind oder noch nicht abgelaufen sind) nur durch Stellung eines neuen Antrags im Rahmen eines neuen Verfahrens verfolgen.

74 Entsprechend wird **auch ein Widerspruchsbescheid** (§ 73 VwGO) durch Rücknahme des Widerspruchs unwirksam (str; **aA** Stelkens NuR 1985, 216; Oerder, Das Widerspruchsverfahren der VwGO, 1989, 167; StBS 41); der Widerspruchsführer kann sich dadurch durch Rücknahme des Widerspruchs auch einer durch den Widerspruchsbescheid erfolgten Verböserung (reformatio in peius) entziehen (**aA** StBS 41).

75 **c) Rücknahmefiktion.** Vereinzelte Gesetze sehen vor, dass bei Eintreten bestimmter Ereignisse, zB bei Nichtbetreiben des Verfahrens oder bei **Nichtzahlung eines Kostenvorschusses,** ein Antrag als zurückgenommen gilt oder behandelt werden kann (vgl zB Art 15 Abs 1 bayKG). Derartige Regelungen sind **verfassungsrechtlich unbedenklich,** sofern sichergestellt ist, dass der Antragsteller über die Folgen seines Verhaltens belehrt wird (vgl VGH München BayVBl 1970, 261), bei Nichtzahlung eines Kostenvorschusses außerdem, dass die Höhe des geforderten Kostenvorschusses und die Zahlungsfrist angemessen sind und die Möglichkeit einer Ermäßigung oder eines gänzlichen Verzichts bei Mittellosigkeit vorgesehen ist.[38] Für das Widerspruchsverfahren gem §§ 68 ff VwGO sind entsprechende Regelungen, die eine Rücknahmefiktion vorsehen oder es der Behörde unter bestimmten Voraussetzungen erlauben, den Widerspruch als zurückgenom-

[38] Vgl zur ähnlich liegenden Situation im Prozessrecht BVerwGE 18, 150; BVerfG 10, 264; zum Widerspruchsverfahren auch VGH München BayVBl 1975, 80; BayVBl 1979, 564, 565, 567; Renck NJW 1971, 1401; Kopp/Schenke § 69 Rn 10.

men zu behandeln, wegen der insoweit abschließenden Regelung des Widerspruchsverfahrens in §§ 68 ff VwGO unzulässig.[39]

§ 23 Amtssprache

(1) **Die Amtssprache ist deutsch.**[5]

(2) **Werden bei einer Behörde in einer fremden Sprache Anträge gestellt oder Eingaben, Belege, Urkunden oder sonstige Dokumente vorgelegt, soll die Behörde unverzüglich die Vorlage einer Übersetzung verlangen.**[7] **In begründeten Fällen kann die Vorlage einer beglaubigten oder von einem öffentlich bestellten oder beeidigten Dolmetscher oder Übersetzer angefertigten Übersetzung verlangt werden. Wird die verlangte Übersetzung nicht unverzüglich vorgelegt, so kann die Behörde auf Kosten des Beteiligten selbst eine Übersetzung beschaffen.**[8] **Hat die Behörde Dolmetscher oder Übersetzer herangezogen, werden diese in entsprechender Anwendung des Gesetzes über die Entschädigung von Zeugen und Sachverständigen entschädigt.**[9]

(3) **Soll durch eine Anzeige, einen Antrag oder die Abgabe einer Willenserklärung eine Frist in Lauf gesetzt werden, innerhalb deren die Behörde in einer bestimmten Weise tätig werden muss, und gehen diese in einer fremden Sprache ein, so beginnt der Lauf der Frist erst mit dem Zeitpunkt, in dem der Behörde eine Übersetzung vorliegt.**[12]

(4) **Soll durch eine Anzeige, einen Antrag oder eine Willenserklärung, die in fremder Sprache eingehen, zugunsten eines Beteiligten eine Frist gegenüber der Behörde gewahrt, ein öffentlich-rechtlicher Anspruch geltend gemacht oder eine Leistung begehrt werden, so gelten die Anzeige, der Antrag oder die Willenserklärung als zum Zeitpunkt des Eingangs bei der Behörde abgegeben, wenn auf Verlangen der Behörde innerhalb einer von dieser zu setzenden angemessenen Frist eine Übersetzung vorgelegt wird.**[13] **Andernfalls ist der Zeitpunkt des Eingangs der Übersetzung maßgebend, soweit sich nicht aus zwischenstaatlichen Vereinbarungen etwas anderes ergibt. Auf diese Rechtsfolge ist bei der Fristsetzung hinzuweisen.**

Parallelvorschriften: § 19 SGB X; § 87 AO

Die für das gerichtliche Verfahren geltenden Vorschriften der §§ 184, 185 GVG haben folgenden Wortlaut:

§ 184 (Deutsche Sprache). Die Gerichtssprache ist Deutsch.

§ 185 (Dolmetscher). (1) Wird unter Beteiligung von Personen verhandelt, die der deutschen Sprache nicht mächtig sind, so ist ein Dolmetscher zuzuziehen. Ein Nebenprotokoll in der fremden Sprache wird nicht geführt; jedoch sollen Aussagen und Erklärungen in fremder Sprache, wenn und soweit der Richter dies mit Rücksicht auf die Wichtigkeit der Sache für erforderlich erachtet, auch in der fremden Sprache in das Protokoll oder in eine Anlage niedergeschrieben werden. In den dazu geeigneten Fällen soll dem Protokoll eine durch den Dolmetscher zu beglaubigende Übersetzung beigefügt werden.

(2) Die Zuziehung eines Dolmetschers kann unterbleiben, wenn die beteiligten Personen sämtlich der fremden Sprache mächtig sind.

Schrifttum: *Ingerl,* Sprachrisiko im Verfahren, 1988; *Jacob,* Fremdsprachige Erkenntnisse und Quellen im AsylProzess oder ist die Gerichtssprache deutsch? VBlBW 1991, 205; *Kirchhof,*

---

[39] BVerwGE 61, 360 = DÖV 1981, 717; VGH München BayVBl 1979, 567; Lüke NJW 1978, 928; Kopp/Schenke § 69 Rn 10; **aA** VGH München BayVBl 1975, 80; 1979, 564, 565; Renck NJW 1971, 1401: zulässig; die abw A ist heute im Hinblick auf BVerwGE 61, 360 als überholt anzusehen.

Deutsch als Staatssprache, in: Isensee/Kirchhof, Hdb des Staatsrechts, Bd I, 1987, § 18; *Kirsch,* Verurteilte Ausländer brauchen Dolmetscherkosten nicht zu tragen, DRiZ 1979, 185; *Lässig,* Deutsch als Gerichts- und Amtssprache, 1980; *Mäder,* Sprachordnung und Minderheitsschutzrechte in Deutschland, ZAR 1997, 29; *Schneider,* Deutsch als Gerichtssprache, MDR 1979, 534 ff; *Schuwerack,* Die sprachliche Gleichbehandlung von Gastarbeitern vor Sozialgerichten und im Verwaltungsverfahren, SGb 1974, 447; *Stober,* Amtssprache gegenüber Ausländern, Vr 1979, 142; *ders,* Grundgesetz und Amtssprache bei Ausländern, Vr 1979, 325; *v Ebner,* Ist für Ausländer die Verwaltungssprache deutsch?, DVBl 1971, 341.

Übersicht

I. Allgemeines

1 **1. Inhalt des § 23.** Die Vorschrift schreibt **in Anlehnung an § 184 GVG** übereinstimmend mit der bisherigen Rechtstradition[1] vor, dass auch im Verkehr mit Ausländern deutsch Amtssprache ist und regelt zugleich, wie bei fremdsprachigen Eingaben usw zu verfahren ist, bzw welche Rechtswirkungen solche Eingaben haben.

2 Die Regelungen des Abs 2 beschränken sich auf den Umgang mit Schriftstücken in fremder Sprache. Die Zuziehung eines Dolmetschers bei **mündlichen Besprechungen,** zB Anhörungen uä mit Ausländern ist im VwVfG **nicht geregelt.** Eine Verpflichtung dazu ergibt sich aber idR, wenn und soweit dies zu einer ausreichenden Verständigung notwendig ist, entspr § 185 GVG schon aus den Erfordernissen **rechtlichen Gehörs** gem § 28.[2] Auch sonst sind, soweit § 23 Fragen offen lässt, die allgemeinen Grundsätze eines rechtsstaatlichen Verfahrens – damit insb auch die in § 185 GVG zum Ausdruck gekommenen Grundsätze – ergänzend heranzuziehen (s den Wortlaut dieser Vorschriften oben vor Rn 1). Auf Dolmetscher kann im VwVfG verzichtet werden, wenn Ausländer die deutsche Sprache hinreichend beherrschen (BVerwG NJW 1990, 3102) oder die Verständigung auf andere Weise sichergestellt werden kann. Für die Ablehnung eines von der Behörde zugezogenen Dolmetschers gelten §§ 20 f (vgl VG Köln NJW 1986, 2207).

3 **2. Anwendungsbereich.** § 23 gilt unmittelbar nur für Verwaltungsverfahren im Anwendungsbereich des VwVfG gem §§ 1 f einschließlich der Prüfungsverfahren (§ 2 Abs 3 Nr 2) und vorbehaltlich anwendbarer besonderer Vorschriften (§ 1). Die Verfahrensgesetze der Länder enthalten inhaltsgleiche Regelungen. Als

[1] BVerwG BayVBl 1973, 443; 1978, 474; DÖV 1974, 788; VGH München NJW 1977, 1213.

[2] Vgl BVerwG NJW 1990, 3102; NVwZ 1983, 668; StBS 24; Knack 8; MDH 79 zu Art 103 GG; im Ergebnis ohne nähere Begründung auch UL § 28 Rn 3; vgl ferner BVerfG 42, 86.

Ausdruck eines **allgemeinen Rechtsgedankens** ist Abs 1, der bestimmt, dass deutsch Amtssprache ist, sinngemäß auch auf Verfahren anzuwenden, für die das VwVfG nicht gilt, für die aber keine entsprechende ausdrückliche Regelung besteht. Dasselbe gilt für die übrigen Bestimmungen des § 23 (bzw der entsprechenden Vorschriften der Länder), soweit sie sich als Anwendung und Folgerung dieses Grundsatzes oder des Rechts auf Gehör darstellen, insb für Abs 2 S 1 und 2 und Abs 3. Obwohl § 23 im Abschnitt über das Verwaltungsverfahren ieS (§ 9) steht, ist die Vorschrift zumindest analog auch sonst **allgemein im behördlichen Verkehr mit Ausländern** sowie überhaupt bei amtlichen Handlungen, auch zB bei Aktenvermerken, Prüfungsbewertungen usw (Obermayer 3; StBS 10; **aA** UL § 28 Rn 2) anwendbar, außerdem im Zweifel auch bei zivilrechtlichen Handlungen von Behörden.

Nicht analog anwendbar ist Abs 2 S 3; für die **Entschädigung** von Dolmetschern und Übersetzern sind bei Fehlen ausdrücklicher Regelungen die allgemeinen Vorschriften, insb auch das allgemei ne Kostenrecht, maßgeblich. Ebenso wenig sind die Regelungen in Abs 2 über die Wahrung von Fristen ohne ausdrückliche rechtliche Grundlage anwendbar. Soweit jedoch die Versäumung einer Frist durch Unkenntnis der deutschen Sprache bedingt ist und der Betroffene dadurch ohne Verschulden an einer rechtzeitigen Antragstellung usw gehindert war, kommt idR Wiedereinsetzung gem § 32 oder in sinngemäßer Anwendung davon in Betracht (s § 32 Rn 21). 4

3. Verfassungsrecht, Europarecht. Die Vorschrift ist **verfassungsrechtlich nicht zu beanstanden** (StBS 4; Knack 15). Sie ist Ausdruck des Grundsatzes, wonach die Staatssprache Deutsch ist. Dieser Grundsatz kommt für die gerichtlichen Verfahren in § 184 GVG, § 55 VwGO zum Ausdruck und gilt – wie § 23 klarstellt – auch für das Verwaltungsverfahren. Im Grundsatz ist es Sache eines der deutschen Sprache nicht hinreichend mächtigen Beteiligten, sich selbst um hinreichende **Sprachkompetenz zu bemühen** oder einen **Dolmetscher hinzu zu ziehen** (BFH 118, 294). Allerdings müssen die Bedürfnisse von Personen ohne hinreichende deutsche Sprachkenntnisse angemessen berücksichtigt werden. Hierzu bietet aber das Verfahrensermessen der zuständigen Behörden hinreichenden Spielraum. Für die Versäumung von Fristen infolge von Sprachunkenntnis kommt außerdem die Wiedereinsetzung nach § 32 in Betracht. 4a

Für **Bürger der EU** folgt aus dem **Diskriminierungsverbot** des Art 12 EG, dass die Sprache eines Mitgliedstaates kein Hindernis sein darf, um die Grundfreiheiten des EG zu verwirklichen.[3] Das bedeutet, dass die zuständigen Behörden in besonderer Weise dafür Sorge tragen müssen, dass die EU-Bürger ohne deutsche Sprachkenntnisse ohne unzumutbare Schwierigkeiten an einem Verwaltungsverfahren beteiligen können. Soweit das Gemeinschaftsrecht nichts anderes vorsieht, darf das Verwaltungsverfahren vor deutschen Behörden auch dann in der deutschen Sprache geführt werden, wenn EU-Bürger daran beteiligt sind. Allerdings **kann es geboten sein, einen Dolmetscher hinzuziehen,** wenn es in einem Verwaltungsverfahren um Grundfreiheiten eines der deutschen Sprache nicht hinreichend mächtigen EU-Bürgers geht. Im Grundsatz wird man aber auch vom EU-Bürger verlangen können, dass er sich selbst um die erforderliche Sprachkompetenz oder um einen Dolmetscher bemüht, um das Verwaltungsverfahren angemessen zu bestreiten. 4b

II. Amtssprache (Abs 1)

1. Grundsatz. Amtssprache iS von § 23 bedeutet entspr der Regelung des § 184 GVG für gerichtliche Verfahren, dass in amtlichen Mitteilungen, **Entschei-** 5

---

[3] Allg Auffassung, vgl StBS 54.

dungen, Bescheiden sowie bei der gesamten Aktenführung[4] ausschließlich die deutsche Sprache zu verwenden ist[5] und dass, vorbehaltlich abweichender Regelungen durch besondere Rechtsvorschriften (vgl auch Abs 2–4), auch alle Verfahrenshandlungen gegenüber der Behörde grundsätzlich (zu Ausnahmen bzw Erleichterungen s Abs 3 und 4) nur in deutsch wirksam vorgenommen werden können (Knack 5). **Nur die in deutscher Sprache abgefassten Erklärungen können Fristen wahren oder in Lauf setzen.**[6] Dem Erfordernis der deutschen Sprache genügt jedenfalls im schriftlichen Verkehr nur Schriftdeutsch (Hochdeutsch) – wobei jedoch österreichische oder schweizerische Eigenheiten im Sprachgebrauch des Deutschen unschädlich sind –, im mündlichen Verkehr mit der Behörde ist auch der Gebrauch von Dialekten zulässig, sofern alle an den Gesprächen Beteiligten, auch Zeugen, Sachverständige usw, sie verstehen (Knack 4 unter Hinweis auf RGSt 8, 160; **aA** Obermayer 7: nur Hochdeutsch).

6 **2. Gebrauch einer anderen Sprache. Nicht berührt** durch das Gebot der deutschen Amtssprache wird die Befugnis der Behörden, in der täglichen Verwaltungspraxis im Umgang mit Ausländern sich deren Sprache zu bedienen, wenn Bedienstete der Behörde diese beherrschen, Merkblätter in fremden Sprachen herauszugeben, usw (Begr 49). Für **mündliche Besprechungen** usw gilt dies jedoch nur, **wenn alle Beteiligten** die fremde Sprache beherrschen und sich damit einverstanden erklären, dass die Besprechung usw in ihr geführt wird, oder wenn sie sonst damit einverstanden sind (BVerwG NVwZ 1991, 61; Knack 8 mwN). Die Zulässigkeit von **Unterschriften in einer fremden Schrift** wird zu Recht allgemein angenommen (VGH München NJW 1978, 511: Unterschrift in arabischer Schrift zulässig; ebenso Obermayer 68; Knack 3.6).

III. Anträge und fremdsprachige Schriftstücke (Abs 2)

7 **1. Pflicht zur Beschaffung einer Übersetzung.** Da Amtssprache gem Abs 1 deutsch ist, ist es nach Abs 2 S 1 grundsätzlich Sache der Beteiligten, für eine **deutsche Übersetzung** von in fremder Sprache abgefassten Anträgen, Eingaben, Belegen, Urkunden usw zu sorgen. Die Behörde kann jedoch – insb wenn dies der Vereinfachung des Verfahrens dient oder aus anderen Gründen zweckmäßig erscheint – auch selbst Übersetzer zuziehen (vgl Abs 2) oder, wenn ein Angehöriger der Behörde selbst die Sprache beherrscht und es sich nicht um verfahrensbestimmende Anträge handelt, auch überhaupt **auf eine Übersetzung verzichten.**[7] **Unverzüglich** iS von S 1 bedeutet entspr § 121 Abs 1 BGB „ohne schuldhaftes Zögern", dh, sobald es dem Betroffenen nach den Umständen des Falles möglich und zumutbar ist (angemessene Frist), eine Übersetzung zu beschaffen.

8 **2. Beschaffung einer Übersetzung durch die Behörde.** Ob die Behörde von der Befugnis gem S 3, selbst eine Übersetzung zu beschaffen, Gebrauch macht, ist ihrem **Ermessen** überlassen; sie ist auch bei sonst drohender Fristversäumung dazu (gegenüber dem Antragsteller usw) nicht verpflichtet und handelt nicht ermessensfehlerhaft, wenn sie sich nicht um eine Übersetzung bemüht, sondern den fremdsprachlichen Antrag, den fremdsprachlichen Text, die fremdsprachliche Urkunde usw einfach unberücksichtigt lässt (Bell NVwZ 1992, 629).

---

[4] StBS 31; Knack 5; MB 3.

[5] Vgl auch BSG NJW 1987, 2184: die Rechtsmittelbelehrung in deutscher Sprache setzt die Rechtsmittelfrist auch gegenüber Ausländern in Lauf; ebenso VGH München NJW 1977, 1213.

[6] Begr 48; BVerwG NVwZ 1991, 61; BSG NJW 1987, 2184: ein in fremder Sprache abgefasster Schriftsatz hat keine fristwahrende Wirkung; FG Saarlouis NJW 1989, 3112; vgl auch BayObLG NJW-RR 1987, 379.

[7] Vgl § 10; **aA** Knack 5 mwN: wegen möglicherweise wechselnder Bearbeiter können nicht zufällig vorhandene Sprachkenntnisse eines Bearbeiters maßgeblich sein.

Anders jedoch, wenn es im öffentlichen Interesse, insb im Interesse der Klärung des Sachverhalts gem § 24, auf den Inhalt ankommt oder ankommen kann und die Voraussetzungen für eine Verweisung des Beteiligten auf seine **Mitwirkungspflicht** nicht gegeben sind (vgl dazu im Einzelnen § 26 Rn 40).

3. Kostenfragen. Macht die Behörde von der ihr durch Abs 2 S 3 eingeräumten Befugnis Gebrauch, hat derjenige Beteiligte die Kosten zu tragen, der das fremdsprachige Schriftstück vorgelegt hat. Die vom Antragsteller usw gem S 3 zu tragenden Kosten können nach den allgemeinen Bestimmungen des Kostenrechts über die Festsetzung von Verfahrenskosten **durch VA festgesetzt** werden; dasselbe gilt auch grundsätzlich für den Aufwand, der der Behörde für die Zuziehung eines Dolmetschers oder Übersetzers gem S 4 entsteht. 9

4. Übersetzungsfehler. Übersetzungsfehler oder durch die Übersetzung bedingte **Missverständnisse** gehen grundsätzlich zu Lasten der Beteiligten, die sich der fremden Sprache bedienen, nicht der Behörde. Sind sie auf ein Verschulden der Behörde zurückzuführen oder jedenfalls der Sphäre der Verwaltung zuzurechnen, so muss die Behörde die Betroffenen nach Möglichkeit so stellen, wie sie stehen würden, wenn der Fehler nicht passiert wäre; außerdem kommt eine Haftung des Rechtsträgers, dem das Verschulden der Behörde zuzurechnen ist, für den entstandenen Schaden nach den Vorschriften über die Amtshaftung in Betracht. Zur **Wiedereinsetzung** bei unverschuldeter Fristversäumung wegen fehlender Sprachkenntnisse der Beteiligten s § 32 Rn 21. 10

IV. Beginn und Wahrung von Fristen (Abs 3 und 4)

In Abs 3 und 4 sind zur Milderung von Schwierigkeiten und Härten, die sich aus dem Umstand, dass deutsch allein Amtssprache ist (vgl oben Rn 5), für die Beteiligten oder auch für die Behörde ergeben können, **gewisse Erleichterungen** vorgesehen. Das gilt insbesondere für die Berechnung von Fristen. 11

1. Behördliche Handlungen (Abs 3). Nach Abs 3 beginnen in den näher bezeichneten Fällen Fristen für behördliche Handlungen erst zu laufen, wenn der Behörde auch die Übersetzung vorliegt. Gedacht ist dabei vor allem an Fristen im Zusammenhang mit **Anzeigepflichten** usw, die zur Folge haben, dass eine Handlung als genehmigt gilt, wenn die zuständige Behörde innerhalb bestimmter Frist keine Bedenken erhebt bzw kein Verbot ausspricht (vgl zB § 19 Abs 3 S 6 BauGB, § 15 Abs 1 und § 56a GewO) uä. Insoweit dient die Regelung allerdings nur der Klarstellung, weil ohnehin, da deutsch Amtssprache ist, nicht übersetzte fremdsprachliche Anträge keine Rechtswirkung haben, daher auch keine Fristen in Lauf setzen können. Die Regelung ist jedoch analog auch auf Fälle anwendbar, in denen durch eine Anzeige, einen Antrag usw „Schonfristen" uä Fristen zugunsten des Bürgers in Lauf gesetzt werden, zB die Frist gem § 21 Abs 3 AuslG (**aA** Obermayer 53; StBS 44; Knack 13). Einem Missbrauch kann die Behörde hier durch Fristsetzung entsprechend Abs 4 begegnen. 12

2. Handlungen der Beteiligten (Abs 4). Nach Abs 4 wahren auch in **fremder Sprache abgegebene Anzeigen,** Anträge usw Fristen und Rechte, wenn auf Verlangen der Behörde eine Übersetzung innerhalb einer angemessenen Frist vorgelegt wird. Dies hat Bedeutung zB für die Wahrung der **Einwendungsfrist** nach § 73 Abs 4 im Planfeststellungsverfahren oder der **Widerspruchsfrist** gem § 70 VwGO iVm § 79 (UL § 28 Rn 5; StBS 45; Knack 14), ebenso zB für die rechtzeitige **Geltendmachung von Ansprüchen** auf soziale Leistungen, die ab Antragstellung gewährt werden, usw (Begr 48). Die Vorlage der Übersetzung innerhalb der von der Behörde gesetzten Frist heilt den Mangel rückwirkend (Knack 14). Vorher ist der Antrag, die Einwendung usw schwebend unwirksam (Knack 14; vgl auch München NJW 1976, 1048). 13

14 Eine von der Behörde gem Abs 4 gesetzte **Frist muss angemessen** sein; bei zu kurzer Frist ist die Fristsetzung unwirksam und muss eine neue Frist gesetzt werden (StBS 47; Knack 14; zT **aA** Obermayer 65 – bei zu kurzer Frist gilt statt der gesetzten Frist eine angemessene Frist); außerdem sind die Betroffenen gem S. 3 auf die Folgen einer verspäteten Vorlage der Übersetzung gem S 2 ausdrücklich zusammen mit der Fristsetzung[8] hinzuweisen. Fehlt es an einem entsprechenden Hinweis, können aus der Versäumung der Frist keine Nachteile für den Betroffenen hergeleitet werden. Erforderlichenfalls muss eine neue Frist gesetzt werden.

15 Die Frist kann nach § 31 Abs 7 bzw nach allgemeinen Grundsätzen verlängert werden; außerdem ist eine **Fristversäumung** grundsätzlich als unerheblich anzusehen, wenn die Frist zu kurz war oder wenn in vergleichbaren Fällen die Voraussetzungen für eine Wiedereinsetzung gem § 32 gegeben wären (str). Vgl im Einzelnen § 31 Rn 45.

§ 24 Untersuchungsgrundsatz

(1) **Die Behörde ermittelt den Sachverhalt von Amts wegen.**[6 ff] **Sie bestimmt Art und Umfang der Ermittlungen;**[30] **an das Vorbringen und an die Beweisanträge der Beteiligten ist sie nicht gebunden.**[34]

(2) **Die Behörde hat alle für den Einzelfall bedeutsamen, auch die für die Beteiligten günstigen Umstände zu berücksichtigen.**[54]

(3) **Die Behörde darf die Entgegennahme von Erklärungen oder Anträgen, die in ihren Zuständigkeitsbereich fallen, nicht deshalb verweigern, weil sie die Erklärung oder den Antrag in der Sache für unzulässig oder unbegründet hält.**[57]

Parallelvorschriften: § 88 AO; § 20 SGB-X; § 86 VwGO; § 76 FGO; § 103 SGG.

Schrifttum: Allgemeines: *Becker,* Zur Untersuchungsmaxime im Verwaltungsverfahren, Vw 1976, 161; *Bell,* Die Aufklärung politischer Verfolgung im Verwaltungsverfahren, NVwZ 1992, 627; *Berg.,* Die verwaltungsrechtliche Entscheidung bei ungewissem Sachverhalt, 1980; *Bill,* Die Auskunftspflicht Dritter im Steuerveranlagungs- und Einspracheverfahren, 1991, zugl Diss. St. Gallen 1991; *Brühl,* Entscheiden im Verwaltungsverfahren, 1990; *ders,* Die Sachverhaltsermittlung im Verwaltungsverfahren und ihre Bedeutung für den EntscheidungsProzess, JA 1992, 193; *Eberle,* Zum Verwertungsverbot für rechtswidrig erlangte Informationen im Verwaltungsverfahren, FS Martens 1987, 351; *Ewer/Rapp,* Zur Beweis- und Feststellungslast bei Ansprüchen auf Gewährung von Ermessensleistungen, NVwZ 1991, 549; *Di Fabio,* Verwaltungsentscheidung durch externen Sachverstand, VerwArch 1990, 210; *Foerster,* Die Tatsachenfeststellung im Verwaltungsverfahren, VR 1989, 226; *Frentz,* Zulässigkeit formloser Verwaltungsermittlungen, DöD 1993, 73; *Gitter,* Die Mitwirkung des Leistungsberechtigten im Sozialrecht, in: Jauch-FS 1990, 79; *Grupp,* Mitwirkungspflichten im Verwaltungsverfahren, VerwArch 1989, 44; *Haueisen,* Untersuchungsgrundsatz und Mitwirkungspflicht der Beteiligten, NJW 1966, 764; *Hüsch,* Verwertungsverbote im Verwaltungsverfahren, 1991; *Köhler-Rott,* Die Mitwirkungslast der Beteiligten im Verwaltungsprozess, BayVBl 1999, 711; *Macht,* Verwertungsverbote bei rechtswidriger Informationserlangung im Verwaltungsverfahren, 1999; *Martens,* Einführung in die Praxis des Verwaltungsverfahrens. 4. Teil. Ermittlung des Sachverhalts, JuS 1978, 101; *ders,* Verwaltungsvorschriften zur Beschränkung der Sachverhaltsermittlung, 1980; *Mösbauer,* Zum Umfang der Mitwirkungspflichten der Beteiligten und anderer Personen im Besteuerungsverfahren, Betr 1985, 410; *Papier,* Bedeutung der Verwaltungsvorschriften im Recht der Technik, in: Lukes-FS 1989, 159; *v Pestalozza,* Der Untersuchungsgrundsatz, in: Boorsberg-FS 1977, 185; *Peters,* Die Sachverhaltsermittlung im Verwaltungsverfahren, JuS 1991, 54; *Petri,* Der Gefahrerforschungseingriff, DÖV 1996, 443; *Pfeifer,* Der Untersuchungsgrundsatz und die Offizialmaxime im Verwaltungsverfahren, 1980; *Redeker,* Untersuchungsgrundsatz und Mitwirkung der Beteiligten im VerwaltungsProzess,

[8] Ein späterer Hinweis genügt nicht und macht die Fristsetzung unwirksam; es bedarf dann zugleich einer erneuten Fristsetzung, vgl Obermayer 68; StBS 48; Knack 14.

DVBl 1981, 83; *Rothkegel,* Anforderungen aus Art. 16 II 2 GG an die Tatsachenfeststellung im Asylverfahren, NVwZ 1990, 717; *Schink,* Amtsermittlung und Gefahrerforschung, DVBl 1989, 1182; *Schneider, J. P.,* Nachvollziehende Amtsermittlung bei der UVP, 1991; *Schromek,* Die Mitwirkungspflichten der am Verwaltungsverfahren Beteiligten – eine Grenze des Untersuchungsgrundsatzes? 1989; *Sobota,* Zum Umgang der behördlichen Untersuchungspflicht gemäß § 24 VwVfG, § 31 VermG, DÖV 1997, 144; *Vogel,* Verwaltungsvorschriften zur Vereinfachung der Sachverhaltsermittlung und normkonkretisierende Verwaltungsvorschriften, in: Thieme-FS 1993, 605; *Weber,* Die Mitwirkungspflichten nach der AO und die Verantwortung des Steuerpflichtigen für die Sachaufklärung, Diss. Münster 1991; *Weber,* Der Gefahrerforschungseingriff bei Altlasten, NVwZ 1997, 737; *Wittkopp,* Sachverhaltsermittlung im Gemeinschaftsverwaltungsrecht, 1999.

Beweisrecht: *Baur,* Beweislastverteilung im VerwaltungsProzess, FS Bachof, S. 285; *Berg,* Die Beweislast im VerwaltungsProzess am Beispiel des Wohngeldrechts – BVerwGE 44, 265 –, JuS 1977, 26; *Birkenfeld,* Beweis und Beweiswürdigung im Steuerrecht, 1973; *Callies,* Vorsorgeprinzip und Beweislastverteilung im Verwaltungsrecht, DVBl 2001, 1725; *Dürig,* Beweismaß und Beweislast im Asylrecht, 1990; *Gaentzsch,* Ermittlungs- und Bewertungsdefizite im Verwaltungsverfahren, in: Redeker-FS 1993, 405; *Huster,* Beweislastverteilung und Verfassungsrecht, NJW 1995, 112 *Kempermann,* Amtsermittlung, Mitwirkungspflichten und Beweislast bei Auslandssachverhalten, FR 1990, 437; *Kokott,* Beweislastverteilung und Prognoseentscheidungen bei der Inanspruchnahme von Grund- und Menschenrechten, 1993; *Küpper,* Tagebücher, Tonbänder, Telefonate – Zur Lehre von den selbständigen Beweisverwertungsverboten im Strafverfahren, JZ 1990, 416; *Musielak/Stadler,* Grundfragen des Beweisrechts, JuS 1980, 588; *Mußgnug,* Sachverhaltsaufklärung und Beweiserhebung im Besteuerungsverfahren, JuS 1993, 48; *Nierhaus,* Beweismaß und Beweislast: Untersuchungsgrundsatz und Beteiligtenmitwirkung im VerwaltungsProzess, 1989; *Peschau,* Die Beweislast im Verwaltungsrecht, 1983; *Prütting,* Gegenwartsprobleme der Beweislast, 1983; *Reinhardt,* Die Umkehrung der Beweislast aus verfassungsrechtlicher Sicht, NVwZ 1994, 93; *Ruppel,* Beweismaß bei der Schätzung aufgrund der Verletzung von Mitwirkungspflichten, BB 1995, 750; *Schneider,* Beweis und Beweiswürdigung, 5. Aufl 1994; *Seeliger,* Beweislast, Beweisverfahren, Beweisarten und Beweiswürdigung im SteuerProzess, 1981; *Sonntag,* Die Beweislast bei Drittbetroffenenklagen, Diss. Köln 1986; *Stadler,* Grundfragen des Beweisrechts, JuS 1979, 721, 877; 1980, 126; *v Usslar,* Der Anspruch der Betroffenen auf Beweissicherung im Wasserrecht, NuR 1982, 165.

Übersicht

I. Allgemeines

1 **1. Inhalt.** Die Vorschrift verpflichtet die Behörde zur Ermittlung des für ihre Entscheidung maßgeblichen Sachverhalts von Amts wegen (sog **Untersuchungsgrundsatz** oder Inquisitionsmaxime); außerdem sieht Abs 3 ohne näheren Zusammenhang mit Abs 1 und 2 vor, dass die Behörde Erklärungen usw auch dann entgegennehmen muss, wenn sie diese nicht für entscheidungserheblich hält. Die Regelung in Abs 1 und 2 lehnt sich an § 86 Abs 1 und 2 VwGO an (s unten Rn 10) und entspricht im Wesentlichen dem vor dem Erlass des VwVfG geltenden Recht.[1] Sie ist wie § 86 VwGO **Ausdruck des Rechtsstaatsprinzips,** insb des Grundsatzes der Gesetzmäßigkeit der Verwaltung[2] sowie des sich aus diesen Grundsätzen ergebenden öffentlichen Interesses an der Gesetzeskonformität und sachlichen Richtigkeit des Verwaltungshandelns; sie dient zugleich auch dem

---

[1] Vgl BVerwGE 27, 299; BSG 7, 12; 14, 250; 28, 286; Becker 43f; Ule VerwArch 1971, 126ff; M 67; Fellner 360; Lorenz 263; Kopp 71; VerwArch 1970, 126ff.
[2] Kopp 72, 116 mwN; UL § 1 Rn 9; StBS 1; Brühl JA 1992, 196.

Rechtsschutz der Betroffenen und, soweit in der Sache Grundrechte berührt werden, auch dem Schutz dieser Grundrechte.[3]

Die Regelung weist in Abs 1 u 2 die Aufklärung des Sachverhalts nahezu vollständig dem Verantwortungsbereich der Behörde zu. Die Beteiligten haben insoweit nur sehr schwach ausgeprägte Mitwirkungspflichten (s § 26 Abs 2). Dies gilt nicht nur für die sog amtswegigen, sondern – da das Gesetz insoweit keinen Unterschied macht – im Grundsatz auch für Antragsverfahren (s zu dieser Unterscheidung § 22 Rn 21 ff). Für Antragsverfahren müssen allerdings auch bei fehlenden speziellen Bestimmungen die Grundsätze der nachvollziehenden Amtsermittlung gelten (s hierzu näher Rn 10 a). Auch die Einwirkungsmöglichkeiten der Beteiligten auf die Sachverhaltsermittlung sind begrenzt. Sie können insbesondere keine Beweisanträge stellen; derartige Anträge stellen rechtlich nur Anregungen dar. 2

Ergänzt werden die Regelungen über die Amtsermittlung durch die Bestimmungen über die **Beweiserhebung und die Mitwirkung der Beteiligten in § 26** und – für das förmliche Verfahren – in § 65 ff. Da sämtliche genannten Vorschriften allerdings die Sachverhaltsaufklärung und die Beweiserhebung nur unvollkommen regeln, bedürfen sie außerdem der Ergänzung durch allgemeine rechtsstaatliche Grundsätze. Das gilt insbesondere für die Fragen der Beweiswürdigung (Rn 33) und für der Beweislast bei Unaufklärbarkeit des Sachverhalts (Rn 39 ff). Die Regelungen in §§ 24, 26 enthalten außerdem **keine Eingriffsermächtigungen** für die Beschaffung der erforderlichen Informationen bzw die Erhebung der erforderlichen Beweise. Soweit insoweit Eingriffe in Rechte Privater erforderlich werden, bedarf es spezieller Ermächtigungen (vgl zB die polizeirechtlichen Bestimmungen über das Betreten von Grundstücken und die Feststellung von Personalien usw). Die §§ 24, 26 enthalten auch **keine Grundlage** für die Heranziehung der Beteiligten zu den **Kosten der Sachaufklärung** (s auch § 26 Rn 6 a). 3

2. Anwendungsbereich. § 24 gilt unmittelbar nur für Verwaltungsverfahren (§ 9) im Anwendungsbereich des VwVfG. Die Verwaltungsverfahrensgesetzt des Länder enthalten gleich lautende Bestimmungen. Der Amtsermittlungsrundsatz des Abs 1 und das Berücksichtigungsgebot des Abs 2 sind als Ausdruck allgemeiner Rechtsgedanken sinngemäß-analog grundsätzlich jedoch auch auf Verfahren zum Erlass von VOen oder Satzungen sowie auch auf verwaltungsprivatrechtliche Handlungen der Verwaltung zur Erfüllung öffentlicher Aufgaben anwendbar (Achterberg JA 1985, 510; v Zezschwitz NJW 1983, 1881; Di Fabio VerwArch 1990, 215). 4

3. Speziellere Regelungen. Wie alle Vorschriften des VwVfG steht auch § 24 gem § 1 unter dem Vorbehalt inhaltsgleicher oder entgegenstehender Bestimmungen in anderen Rechtsvorschriften des Bundes. Insb für Antragsverfahren sind vielfach durch Rechtsvorschrift besondere Darlegungs-, Vorlage- und Nachweispflichten vorgeschrieben oder auch umgekehrt Nachweiserleichterungen, wonach bloße Glaubhaftmachung oder überwiegende Wahrscheinlichkeiten genügen, vorgesehen. 5

4. Europarecht. Die Pflicht der Behörden zur vollständigen Sachverhaltsermittlung gilt im **direkten Vollzug**[4] des Gemeinschaftsrechts als allgemeiner Rechtsgrundsatz,[5] der als Element des allgemeinen Rechtsgrundsatzes „guter Verwaltung“ bzw „ordnungsgemäßer Verwaltung“ angesehen wird und dem Amtser- 5 a

---

[3] BVerfG 54, 359; Kassel NVwZ 1982, 137; Stelkens NVwZ 1982, 83; StBS 5; Schlink/Wieland DÖV 1982, 427; Hufen NJW 1982, 2163; Kopp 38 f.

[4] Zur Unterscheidung von direktem und indirektem Vollzug von Gemeinschaftsrecht Einl Rn 58 ff.

[5] EuGH Slg 1991, I 5469, 5499 (TU München); 1992, II 2379, 2394 (Maurissen); 1993, II 669, 684 (Asia Motor France).

mittlungsgrundsatz des Abs 1 weitgehend entspricht.[6] Für den **indirekten Vollzug** von Gemeinschaftsrecht und nationalem Umsetzungsrecht gilt zunächst einmal das nationale Verfahrensrecht. Allerdings gibt es eine Fülle beachtlicher Rechtsgrundsätze und spezialgesetzlicher Vorschriften des Gemeinschaftsrechts, die entweder unmittelbar anwendbar sind oder die Anwendung des nationalen Verfahrensrechts beeinflussen. Zunächst kann festgestellt werden, dass nach der Rspr des EuGH[7] der Untersuchungsgrundsatz zu den Rechtsgrundsätzen zählt, deren Einhaltung für den nationalen Vollzug von Gemeinschaftsrecht sichergestellt werden muss. Dies gilt auch dann, wenn in einzelnen Regelungsbereichen den Beteiligten weitgehende Mitwirkungs- oder Beibringungspflichten auferlegt sind.[8] Diese entheben die zuständige Behörde grundsätzlich nicht der Verpflichtung, den Sachverhalt in eigener Verantwortung aufzuklären. Dies ist vor allem im Hinblick auf die deutsche Diskussion über die sog **Verantwortungsteilung** (s Rn 10c) bedeutsam. Wichtig ist die Feststellung, dass der gemeinschaftsrechtlich geltende Grundsatz der Amtsermittlung auch dem **gleichmäßigen Vollzug** des Gemeinschaftsrechts in den Mitgliedstaaten dient. Das gilt insbesondere auch im Hinblick auf die Anforderungen an die **Beweiswürdigung** (s Rn 30). Sekundärrechtliche Regelungen in Bezug auf die Amtsermittlung gibt es im Gemeinschaftsrecht vor allem in den Bereichen des Zollrechts und des Rechts der Agrarsubventionen.[9]

II. Untersuchungsgrundsatz (Abs 1)

6 **1. Inhalt.** Der Untersuchungsgrundsatz gem § 24 Abs 1 bestimmt, dass die Ermittlung und Feststellung des für die Entscheidung der Behörde maßgeblichen Sachverhalts in Verwaltungsverfahren Sache der Behörde ist, die hierfür auch allein die Verantwortung trägt. Dies entspricht der Regelung in § 86 VwGO für den Verwaltungsprozess, unterscheidet sich aber maßgeblich vom Zivilprozess, der vom Beibringungsgrundsatz (Verhandlungsgrundsatz) geprägt ist, wonach Sammlung und Vortrag der für die Entscheidung wesentlichen Tatsachen sowie die Beweisführung grundsätzlich den Parteien überlassen ist (vgl §§ 138, 282, 288 ZPO). Wegen des im Verwaltungsverfahren bestehenden besonderen öffentlichen Interesses an der sachlichen Richtigkeit, insb der **Gesetzmäßigkeit des Handelns** der Behörden wird die Beibringung des Sachverhalts nicht in die Hände der Beteiligten gelegt, denn „nur die Feststellung des wirklichen Sachverhalts bietet die Gewähr dafür, dass die Verwaltungsentscheidung unabhängig von der Willkür der Parteien zustandekommt" (Becker 44).

7 **Zu unterscheiden** ist der Untersuchungsgrundsatz von dem – auch im Verwaltungsverfahren in gewissem Umfang (vgl § 22 Rn 21 ff) geltenden – **Verfügungsgrundsatz** (Dispositionsmaxime), der sich nicht auf die Ermittlung der entscheidungserheblichen Tatsachen bezieht, sondern auf die Befugnis der Behörde bzw des Antragstellers, über den Gegenstand des Verfahrens und das Verfahrensverhältnis zu verfügen, insb das Verfahren durch einen Antrag anhängig zu machen, es durch Änderung des Antrags auf ein anderes Ziel zu richten oder es durch Antragsrücknahme, Vergleich usw zu beenden.[10]

8 Der gem § 24 geltende Untersuchungsgrundsatz verpflichtet die Behörde zu **einer umfassenden Aufklärung** des für ihre Entscheidung maßgeblichen

---

[6] Wittkopp, Sachverhaltsermittlung im Gemeinschaftsverwaltungsrecht, 64; Gornig/Trüe JZ 2000, 395, 458.

[7] Vgl ausf *Wittkopp,* Sachverhaltsermittlung im Gemeinschaftsverwaltungsrecht, 1999, S. 81 ff.

[8] EuGH Slg 1986, 3309, 3332 (Irish Grain Board), Wittkopp 83.

[9] ZB Zollkodex s Einf Rn 60.

[10] Vgl UL § 22 Rn 1; Ule 28 I; SG 14 I–III; RÖ VwGO § 86 Rn 1 ff; Kopp/Schenke § 86 Rn 1 ff.

Sachverhalts („ermittelt den Sachverhalt"), ausnahmsweise auch bestehenden Gewohnheitsrechts, insb bestehender sog. örtlicher Observanzen und ausländischen Rechts (vgl zu ausländischem Recht auch BVerwG NJW 1989, 3107; StBS 40; Knack 11). Ziel und Umfang der nach § 24 vorzunehmenden Ermittlungen einschließlich der Erhebung von Beweisen werden dabei durch die Rechtssätze bestimmt, welche die formellen (auch verfahrensrechtlichen, insb auch nach dem VwVfG) und materiellrechtlichen Voraussetzungen regeln, die erfüllt sein müssen, damit eine von der Behörde beabsichtigte bzw von einem Beteiligten beantragte Entscheidung ergehen kann (VdGK 2.1; vgl auch BVerwG DVBl 1990, 1170 sowie Kopp/Schenke VwGO § 86 Rn 4).

In den so von der Sache, dh dem Gegenstand des Verfahrens (hierzu § 9 Rn 24), her gezogenen Grenzen überlässt es § 24 Abs 1 im Interesse einer möglichst umfassenden, den Erfordernissen des einzelnen konkreten Falles angepassten Aufklärung des Sachverhalts grundsätzlich dem **pflichtgemäßen Ermessen** (§ 40) der Behörde, welche Mittel sie zur Erforschung des Sachverhalts anwendet.[11] Die Behörde ist dabei wie auch hins. der Würdigung der Ergebnisse der Ermittlungen und des Gesamtergebnisses des Verfahrens an Vorbringen und Beweisanträge nicht gebunden (Abs 1 S 2). Im Rahmen ihres Ermessens entscheidet die Behörde auch darüber, in welchem Umfang sie die Amtshilfe anderer Behörden in Anspruch nimmt (BVerwG UPR 1999, 146). 9

2. Verhältnis zu § 86 VwGO. Trotz der strukturellen Parallelität von § 24 und § 86 VwGO bestehen gewichtige Unterschiede. § 24 dient der Herstellung einer mit der Rechtsordnung in Einklang stehenden Verwaltungsentscheidung. Die Vorschrift steuert also einen originären Entscheidungsprozess. 86 VwGO betrifft dagegen ein Rechtsschutzverfahren, in welchem die Verwaltungsentscheidung Gegenstand einer gerichtlichen Kontrolle ist. Die Sachverhaltsaufklärung ist deshalb im ersten Fall der Gesetzmäßigkeit der Verwaltung im zweiten Fall der Rechtsschutzgarantie des Art 19 Abs 4 GG geschuldet (StBS 5). Aus diesem Grund können Umfang der Aufklärungspflicht und Reaktion bei Verstößen im Verwaltungsverfahren einerseits und im Verwaltungsprozess andererseits unterschiedlich sein. 10

3. Nachvollziehende Amtsermittlung. Soweit nach speziellen Bestimmungen des Besonderen Verwaltungsrechts einschl des Gemeinschaftsrechts **Beibringungs- oder Vorlagepflichten der Beteiligten** bestehen oder Beteiligte im Rahmen ihrer Mitwirkungspflicht nach § 26 Abs 2 Unterlagen vorlegen oder Erklärungen abgeben, wandelt sich die Pflicht der Behörde zur Amtsermittlung in eine Verpflichtung zur Überprüfung der vorgelegten Unterlagen bzw abgegebenen Erklärungen auf Richtigkeit und Vollständigkeit. Dies ist vor allem in Antragsverfahren der Fall, in denen die Antragsteller typischerweise bereits von sich aus Erklärungen zu anspruchsbegründenden Tatsachen abgeben bzw erforderliche Prüfunterlagen vorlegen, seien sie nun dazu rechtlich verpflichtet oder nicht. 10 a

a) Art und Umfang der nachvollziehenden Kontrolle hängen jeweils von der einschlägigen Materie und den dafür geltenden rechtlichen Bestimmungen ab. Insoweit lassen sich nur schwer allgemeine Maßstäbe angeben. Soweit es um den Vollzug von Gemeinschaftsrecht oder von Umsetzungsrecht geht, sind auch die gemeinschaftsrechtlichen Vollzugsstandards, die eine einheitliche Kontrollintensität in den Mitgliedstaaten sicherstellen sollen, zu berücksichtigen. Im Übrigen gelten die allgemeinen Grundsätze der Amtsermittlung. Danach sind die Angaben der Beteiligten stets inhaltlich auf ihre Plausibilität hin zu prüfen und mit dem bisherigen Erfahrungswissen abzugleichen. Weiterhin wird man eine stichprobenartige 10 b

[11] BVerwG UPR 1999, 145; 146; DVBl 1988, 152; OVG Münster NVwZ 1988, 175: die Behörde bestimmt Art und Umfang der Ermittlungen nach pflichtgemäßem Ermessen; M 67; Erichsen/Ehlers § 37 Rn 2; UL § 21 Rn 2; s auch § 26 Rn 5.

Prüfung einzelner Angaben für erforderlich halten müssen. Für die Überzeugungsbildung im Übrigen kommt es darauf an, ob die Angaben nach den allgemeinen Grundsätzen der Beweiswürdigung (s Rn 30) überzeugend sind.

10 c **b) Verantwortungsteilung?** Die Anordnung besonderer Mitwirkungspflichten der Beteiligten lässt sich als eine Art von **Kooperationsverhältnis** zwischen Verwaltung und Privaten und damit als Erscheinung des kooperativen Staates begreifen. Es besteht kein Zweifel, dass eine Mitwirkung der Beteiligten an der Ermittlung des Sachverhalts für die Behörden **Entlastungseffekte** haben kann, weil sie sich insoweit auf eine nachvollziehende Kontrolle beschränken können. Die verstärkte Heranziehung der Beteiligten kann deshalb auch der Effizienzsteigerung dienen. Hieraus folgt allerdings noch nicht, dass die Heranziehung der Beteiligten zu einer Verantwortungsteilung führt. Vielmehr bleibt die Verantwortung für die Aufklärung des Sachverhalts bei der zuständigen Behörde. Soweit sich diese auf die Prüfung der vorgelegten Erklärungen und Unterlagen beschränkten darf, führt das jedenfalls rechtlich nicht dazu, dass die Verantwortung für die Entscheidung ganz oder teilweise auf Private übergeht. Die Richtigkeit der getroffenen Entscheidung hat vielmehr auch in diesen Fällen allein die Behörde zu verantworten.

10 d **Faktisch** führt aber die verstärkte Beteiligung von Privaten an der Ermittlung des Sachverhalts dazu, dass der Anteil der unmittelbar von Amts wegen ermittelten Tatsachen und Umstände zurückgeht. Hierin liegt noch kein Verstoß gegen die Pflicht zur Amtsermittlung, auch wenn uU Richtigkeit und Vollständigkeit der Entscheidungen darunter leiden sollten. Derartige Verstöße sind erst dann anzunehmen, wenn die Pflichten zur nachvollziehenden Amtsermittlung verletzt werden. Auch sie bleiben indessen zumeist folgenlos, solange und soweit die gerichtliche Kontrolle der Verwaltungsentscheidungen auf eine Selbstentscheidung des Falles durch die Verwaltungsgerichte hinausläuft (s § 40 Rn 6 ff). Soweit indessen Spielräume der Verwaltung angenommen werden, deren Ausfüllung von den Gerichten nur auf Fehler hin überprüft wird, kommt Fehlern der Amtsermittlung Relevanz zu.

III. Umfang der Sachverhaltsermittlung

11 **1. Grundsatz. a) Verfahrensermessen.** Die Behörde bestimmt nach Abs 1 S. 2 Art und Umfang der Ermittlungen, wobei sie an das Vorbringen und die Beweisanträge der Beteiligten nicht gebunden ist. Diese Regelung darf nicht zu der Annahme verleiten, Art und Umfang der Sachverhaltsaufklärung stünden im freien Ermessen der zuständigen Behörde. Die Verpflichtung zur erforderlichen Sachverhaltsaufklärung folgt nämlich schon aus Abs 1 S 1, in S 2 wird diese Verpflichtung nicht relativiert; es wird lediglich klargestellt, dass sich die allgemeine Verfahrensherrschaft der Behörde, die sich bereits aus § 10 ergibt, auch auf die Sachverhaltsermittlung erstreckt. Die Beteiligten sollen zwar an der Ermittlung des Sachverhalts mitwirken (§ 26 Abs 2 S 1), Art und Umfang der Ermittlungen liegen aber grundsätzlich im Verantwortungsbereich der Behörde.

12 **b) Umfang der Aufklärungspflicht.** Sämtliche entscheidungserheblichen Tatsachen und Umstände müssen soweit aufgeklärt werden, dass die Voraussetzungen für den Abschluss des Verwaltungsverfahrens, nämlich entweder für den Erlass eines VA oder das Zustandekommen eines verwaltungsrechtlichen Vertrages, zur Überzeugung der Behörde bestehen. Hierfür hat sich die Behörde der tatsächlich erreichbaren und rechtlich zulässigen Beweis- und Erkenntnisquellen (§ 26 Abs 1) zu bedienen. Maßgeblich für den Umfang der erforderlichen Sachverhaltsermittlung sind danach erstens die **Entscheidungserheblichkeit,** zweitens das Erfordernis der Überzeugungsbildung **(Beweismaß)** und drittens die zur Verfügung stehenden Erkenntnisquellen **(Beweismittel).** Zu den Beweismitteln s § 26.

c) Die Bedeutung von Mitwirkungspflichten. Auch soweit keine besonderen Rechtsvorschriften bestehen, ergibt sich aus allgemeinen Rechtsgrundsätzen iVm § 10 und § 26 Abs 2, dass die Behörde bei **Fragen, zu denen ein Beteiligter ohne weiteres** etwas vortragen bzw **Aufklärung geben könnte,** dies aber unterlässt, obwohl ihm die Bedeutung für das Verfahren bewusst ist oder bewusst sein musste oder ihn die Behörde ausdrücklich dazu auffordert und obwohl von ihm die Beantwortung uä erwartet werden kann, weil sie in seinem Interesse liegt oder **jedenfalls nicht unzumutbar** ist,[12] **nicht von sich aus allen denkbaren Möglichkeiten nachgehen muss,** wie die Tatsachen sich verhalten könnten.[13] Entsprechendes gilt auch zB für die „Fehlersuche" bei der Nachprüfung von Rechtsetzungsakten (VOen, Satzungen, uU Gesetzen) im Rahmen der Inzidentprüfung durch die Behörde.[14] 12 a

Dies gilt vor allem **für die einem Beteiligten günstigen Tatsachen,** insb Tatsachen, die der Behörde nicht ohne weiteres bekannt sein konnten und mit denen sie auch nicht ohne weiteres rechnen musste,[15] in gewissem Umfang aber **auch für** (tatsächlich oder möglicherweise) **nachteilige Tatsachen,** sowie allg auch für eine der Sache nach mögliche und zumutbare **Mitwirkung bei der Aufklärung** günstiger oder ungünstiger Tatsachen (Stürner NJW 1981, 1762; Reiß NJW 1982, 2540), zB für die Mitwirkung bei der Untersuchung zur Klärung der Eignung zur Führung eines Kfz.[16] S auch § 26 Rn 40. Die Ermittlungspflicht der Behörde findet insoweit ihre Grenzen in besonderen Mitwirkungspflichten und in der allgemeinen Mitwirkungspflicht der Beteiligten gem § 26 Abs 2.[17] 12 b

Verletzt ein Beteiligter die Mitwirkungspflicht (Mitwirkungslast) gem § 26 Abs 2 oder nach anderen Rechtsvorschriften, so ist er dadurch – sofern durch Gesetz nichts anderes bestimmt ist oder sich ausnahmsweise als Folgerung aus den Grundsätzen von Treu und Glauben und der Verwirkung von Rechten ergibt – grundsätzlich **nicht gehindert,** die von der Behörde daraufhin getroffene Entscheidung **mit Rechtsbehelfen** anzugreifen (BVerwG NVwZ 1987, 802; s auch § 73 Rn 111 ff) und dabei auch geltend zu machen, dass die Behörde den Sachverhalt nicht ausreichend aufgeklärt hat;[18] außerdem muss er sich bei evtl Schadensersatzansprüchen aus Anlass der von der Behörde verfügten Maßnahmen uU ein **Mitverschulden** entspr § 254 BGB anrechnen lassen. Entsprechendes gilt bei 12 c

---

[12] BVerwGE 74, 223, 242; BVerwG NVwZ 1986, 323; BSG 11, 115; 28, 287; VGH München NJW 1982, 787; OVG Berlin FEVS 34, 373; VGH Kassel NJW 1986, 1129; OVG Münster NJW 1990, 728; Lorenz 266; Kopp 219 mwN.

[13] Vgl BVerwGE 26, 30; 74, 223, 242; BVerwG BayVBl 1973, 81; BFH NVwZ-RR 1990, 282 = JuS 1990, 151; VGH München NJW 1982, 787; s auch im Einzelnen § 26 Rn 40.

[14] Vgl zur Normenkontrolle durch die Gerichte BVerwG DVBl 1980, 230; OVG Münster NVwZ 1990, 795; Kopp/Schenke § 86 Rn 12: „nicht ungefragt auf Fehlersuche".

[15] So zu besonderen persönlichen Umständen zB BVerwGE 49, 104; 60, 14; 66, 237; BVerwG NVwZ 1990, 442 mwN; BayVBl 1986, 153; VGH München NJW 1982, 787; OVG Münster DÖV 1979, 421; VGH Mannheim DÖV 1979, 762.

[16] BVerwGE 80, 44; BVerwG DÖV 1982, 855; BayVBl 1982, 694; NJW 1985, 2490; 1986, 270; DÖV 1993, 440; OVG Münster VkBl 1981, 221; NVwZ 1982, 252; NVwZ-RR 1994, 386; VGH Kassel NJW 1994, 1611 = DVBl 1994, 1206; OVG Koblenz DVBl 1994, 1207; VGH Mannheim NJW 1986, 1372; NVwZ-RR 1990, 164; Franßen DVBl 1994, 999.

[17] OVG Münster NVwZ-RR 1994, 386; VGH Mannheim DÖV 1994, 1055; StBS 28; Sendler AöR 1969, 147; Obermayer VerwR 126; s auch BVerwGE 49, 104; 59, 103; 77, 242 und BVerwG BayVBl 1986, 153: was eine Behörde in einem Planungsverfahren nicht sieht und sich ihr auch nicht aufdrängen musste, ist nur zu berücksichtigen, wenn es vorgetragen wurde; ähnlich Redeker NJW 1980, 1596.

[18] ZT **aA** zu Planfeststellungen BVerwG NJW 1984, 189; BayVBl 1986, 153; Sendler AöR 1969, 147 f; Kopp 37; zum Planfeststellungsverfahren kritisch Ule VerwArch 1971, 126; vgl auch BVerwGE 69, 52: ein Prüfling muss auf Grund seiner Mitwirkungspflicht seine Prüfungsunfähigkeit unverzüglich geltend machen; der Verlust des Rügerechts ist mit Art 19 Abs 4 GG vereinbar.

verspäteter Rüge von Verfahrensfehlern (s § 46 Rn 5). Allg zum Erfordernis alsbaldiger Geltendmachung von Verfahrensmängeln, insb auch bei Prüfungen, § 2 Rn 56.

13 **2. Entscheidungserheblichkeit. a) Grundsatz.** Welche Tatsachen und Umstände für die Entscheidung erheblich sind und deshalb aufgeklärt werden müssen, ergibt sich aus dem materiellen Recht. Maßgeblich sind die Tatbestandsvoraussetzungen derjenigen Rechtsnormen, die der Entscheidung zugrundezulegen sind (Entscheidungsnormen), unter die der Sachverhalt also subsumiert werden muss. Bei den sog **streng gebundenen Entscheidungen** ergibt sich jedenfalls nach der gegenwärtigen Praxis der Verwaltungsgerichte (vgl § 40 Rn 6f) gegenüber der Sachverhaltsaufklärung im gerichtlichen Verfahren kein signifikanter Unterschied. Allerdings muss die Behörde im Verwaltungsverfahren den Sachverhalt gewissermaßen originär feststellen, während die Verwaltungsgerichte zu Recht in vielen Fällen eine Art nachvollziehender Kontrolle praktizieren. Soweit der zuständigen Behörde **Entscheidungsspielräume** zustehen, also Ermessen, Beurteilungsspielräume oder planerische Gestaltungsspielräume (vgl § 40), muss die zuständige Behörde den Sachverhalt darüber hinaus soweit aufklären, dass ihr eine fehlerfreie Ausfüllung des Spielraums möglich ist. Sie hat in derartigen Fällen sämtliche Tatsachen zusammenzutragen und ggf aufzuklären, deren Berücksichtigung nach dem Zweck der Ermächtigung (vgl § 40 Rn 23) geboten ist. Für die Frage der Entscheidungserheblichkeit spielt der Umfang der Mitwirkung der Beteiligten naturgemäß keine Rolle (StBS 28).

14 **b) Keine Bindung an Einschätzungen der Beteiligten.** Die Auffassung der Beteiligten über die Erheblichkeit von Fragen oder Umständen spielt grundsätzlich keine Rolle. Abs 1 S 2 stellt klar, dass die Behörde bei der Ermittlung des Sachverhalts an das Vorbringen (auch zB die Begründung eines Antrags, vgl BSG 36, 122) und die Beweisanträge der Beteiligten – anders als zB im Zivilprozess – nicht gebunden ist. Nach § 26 Abs 2 sollen die Beteiligten zwar bei der Ermittlung des Sachverhalts mitwirken (s dazu unten Rn 20ff; zum Recht der Beteiligten, Beweisanträge zu stellen, auch § 26 Rn 42). Die Behörde muss unabhängig davon aber von sich aus sämtliche für die Entscheidung möglicherweise erheblichen Tatsachen ermitteln, prüfen und berücksichtigen, auch solche, die von den Beteiligten, aus welchen Gründen auch immer, nicht vorgetragen werden. Dazu gehören, wie Abs 2 klarstellt, auch die für die Beteiligten günstigen Umstände. Die Behörde muss erforderlichenfalls auch Beweise erheben, wenn die Beteiligten zu einer Frage nichts vortragen, keine Beweisanträge stellen, usw. Sie wird andererseits durch das Vorbringen der Beteiligten, auch wenn es nicht bestritten wird, nicht der Notwendigkeit enthoben, in eigener Verantwortung, ggf auf Grund eigener Ermittlungen, zu prüfen, ob der Vortrag der Beteiligten den Tatsachen entspricht.

15 **Selbst ein Geständnis von Beteiligten** (vgl § 288 ZPO) bindet die Behörde nicht, sondern ist im Rahmen der Sachverhaltsermittlung frei zu werten (vgl BVerwGE 4, 312; BVerwG JZ 1972, 119). Dagegen sind ein **Verzicht auf das Antragsrecht** oder auf den dem Antrag zugrundeliegenden Anspruch sowie **ein Anerkenntnis** hins. des Anspruchs (vgl auch § 26 Rn 42), soweit die Beteiligten bzw die Behörde über den Gegenstand verfügen können, auch im Verwaltungsverfahren **möglich und beachtlich** (Erichsen/Ehlers § 11 Rn 50) und für die Behörde bindend, da ein Verzicht bzw ein Anerkenntnis nicht die Feststellung des Sachverhalts betrifft, sondern eine Verfügung über den Gegenstand des Verfahrens darstellt. Ähnliches gilt für entsprechende Erklärungen der Behörde (vgl § 22 Rn 17).

16 Die Behörde darf auch dann, **wenn ein Beteiligter** (oder Betroffener) **auf seine Rechte verzichtet** oder mit ihnen präkludiert ist (vgl zur Präklusion § 73 Rn 80ff), nicht Feststellungen unterlassen, die zur Wahrung etwaiger gleichlaufender Interessen der Allgemeinheit erforderlich sind (vgl BGH DVBl 1981, 627). Auch die Feststellungen in einem rechtskräftigen Strafurteil zu bestimmten Tatsa-

chen entbinden, wenn durch Gesetz nicht etwas anderes bestimmt ist, die Behörde nicht von weiteren Ermittlungen, wenn sich hins. ihrer Richtigkeit Zweifel ergeben oder wenn von einem Beteiligten substantiierte Einwände dagegen erhoben werden (vgl allg auch BVerwG NJW 1990, 2855; VGH Kassel NVwZ-RR 1994, 432). Andererseits darf die Behörde im Regelfall wegen der umfassenden Möglichkeiten der Sachaufklärung im Strafprozess, wenn nicht gewichtige Anhaltspunkte, die für die Unrichtigkeit sprechen, vorgetragen werden oder nahe liegen oder wenn neue Tatsachen oder Beweismittel vorgetragen werden, die eine Wiederaufnahme des Strafverfahrens begründen würden, die strafrichterlichen Feststellungen auch ihrer Entscheidung zugrundelegen, ohne dass es dazu eigener zusätzlicher Ermittlungen bedürfte (BVerwG Buchh 442.10 § 4 StVG Nr 59 und 60; OVG Koblenz NJW 1990, 1554).

c) Bedeutung präjudizieller Entscheidungen. Die Verpflichtung der Behörde zu umfassender Sachaufklärung findet ebenso wie im verwaltungsgerichtlichen Verfahren (vgl Kopp/Schenke § 86 Rn 5) ihre Grenze auch in der Bindung an präjudizielle, rechtskräftige bzw in anderer Weise für die Behörde (zB gem §§ 48 ff) bindende eigene Entscheidungen – auch zB Vorbescheide, vorangegangene Teilgenehmigungen (BVerwGE 61, 274; s auch § 9 Rn 15 ff) –, Entscheidungen anderer Behörden oder der Gerichte.[19] 17

d) Entscheidungserheblichkeit bei Ermessensentscheidungen. Auch bei Ermessensentscheidungen und Entscheidungen, bei denen der Behörde ein Beurteilungsspielraum zukommt, ist der für die Entscheidung maßgebliche Sachverhalt **grundsätzlich erschöpfend** aufzuklären. Es ist idR jedoch nicht ermessensfehlerhaft, wenn die Behörde in Fällen, in denen hinsichtlich des Vorliegens von Tatbestandsvoraussetzungen erhebliche Zweifel bestehen, die voraussichtlich auch durch weitere Ermittlungen nicht ohne weiteres geklärt werden können oder deren Klärung mit unverhältnismäßigen Schwierigkeiten, insb übermäßigem finanziellen Aufwand, Zeitverlust uä, verbunden wäre, auf eine weitere Klärung verzichtet und statt dessen die bestehenden Zweifel (auch zB Verdachtsgründe) im Rahmen ihrer Ermessensentscheidung bei der Abwägung der für oder gegen die sich bietenden Entscheidungsalternativen berücksichtigt.[20] 18

aa) Sollvorschriften. Sollvorschriften ordnen für den Regelfall eine bestimmte Rechtsfolge an, von der die Behörde nur abweichen darf, wenn ein Sonderfall vorliegt (s näher § 40 Rn 44). Bei der Anwendung von Sollvorschriften muss die Behörde deshalb zunächst nur die Frage untersuchen, ob der Fall in relevanter Weise „aus der Regel fällt", Ist dies nicht der Fall, bedarf es keiner Aufklärung von ermessensleitenden Gesichtspunkten. 19

bb) Intendiertes Ermessen. Keine Ausnahmen von der umfassenden Ermittlungspflicht der Behörden gem § 24, wohl aber praktische Erleichterungen werden von der Rspr beim sog intendierten Ermessen anerkannt, dh bei Ermessensentscheidungen, für deren Ausfüllung der Gesetzgeber für den Regelfall eine bestimmte Entscheidung vorgibt, wenn und soweit im konkreten Fall keine besonderen atypischen Umstände gegeben sind, die eine andere Beurteilung oder Entscheidung rechtfertigen könnten (s hierzu § 40 Rn 45). In solchen Fällen sind nähere Ermittlungen und Abwägungen grundsätzlich nicht erforderlich, wenn Besonderheiten des Falles, die eine andere Beurteilung oder Entscheidung erfordern könnten, weder der Behörde bekannt oder erkennbar sind oder sich ihr nach 20

---

[19] S zur weitgehenden Bindung der Behörde gem § 4 StVG im Verfahren zur Entziehung einer Fahrerlaubnis an die Sachverhaltsfeststellungen in einem rechtskräftigen Strafurteil BVerwGE 71, 95 mwN; 80, 43; BVerwG BayVBl 1993, 26; ähnlich für die Verwaltungsgerichte Kopp/Schenke § 86 Rn 5.

[20] Vgl BVerwGE 63, 214; OVG Münster DÖV 1982, 458; VGH München BayVBl 1977, 181; s auch Kopp/Schenke § 86 Rn 6.

den Umständen des Falles aufdrängen müssten, noch von Beteiligten vorgetragen werden (BVerwGE 72, 5 = NJW 1986, 738; 82, 363; BVerwG NVwZ 1994, 383). Die Behörden können sich deshalb bei ihren Ermittlungen des entscheidungserheblichen Sachverhalts in diesen Fällen mit der Feststellung begnügen, dass keine der vorgenannten Voraussetzungen ersichtlich sind, die weitergehende Ermittlungen erfordern könnten.

21 **3. Beweisbedürftigkeit. a) Grundsatz.** Grundsätzlich ist die Behörde verpflichtet, die beweiserheblichen Tatsachen soweit aufzuklären, dass sie sich über deren Vorliegen oder Nichtvorliegen eine **eigene Überzeugung** bilden kann. Die Überzeugungsbildung folgt den Grundsätzen freier Beweiswürdigung (vgl unten Rn 33). Wann das erforderliche Maß an Gewissheit hinsichtlich des Vorliegens oder Nichtvorliegens der entscheidungserheblichen Tatsachen erreicht ist, hängt vom Einzelfall und den Gesamtumständen ab. So ist die Behörde zB nicht verpflichtet, sämtliches Vorbringen der Beteiligten auf seinen Wahrheitsgehalt hin zu überprüfen und entsprechenden Beweis zu erheben. Behauptungen oder Angaben, die plausibel erscheinen, dürfen vielmehr der Entscheidung zugrunde gelegt werden, sofern sich auch sonst kein vernünftiger Anlass zu Zweifeln ergibt (s oben Rn 10b).

22 **b) Allgemeinkundige, amtskundige Tatsachen.** Nach entsprechend auch im Verwaltungsverfahren geltenden prozessualen Grundsätzen (vgl § 291 ZPO) sind idR allgemeinkundige oder behördenkundige Tatsachen, allgemeine Erfahrungssätze, Denkgesetzlichkeiten usw nicht beweisbedürftig (vgl nur BVerwG NVwZ 1990, 571; StBS § 26 Rn 23; Knack § 26 Rn 6; vgl auch Kopp/Schenke § 98 Rn 22). **Allgemeinkundig** sind Tatsachen, die allgemein in der Öffentlichkeit bzw in der Fachöffentlichkeit als gesicherte Erkenntnis angesehen werden und über die man sich ohne weiteres aus allgemein zugänglichen und zuverlässigen Quellen unterrichten kann (BVerfGE 10, 183 = NJW 1960, 31; BVerwG DVBl 1983, 35). **Behörden- oder amtskundige Tatsachen** sind solche, die dem jeweiligen Amtsinhaber aus seiner amtlichen Tätigkeit (private Tätigkeit reicht nicht aus) zuverlässig bekannt sind (BVerwG NVwZ 1990, 571; StBS § 26 Rn 23; entsprechendes gilt für gerichtskundige Tatsachen Kopp/Schenke 24 zu 98).

23 **c) Mangelnde Mitwirkung der Beteiligten. Wirken die Beteiligten** an der Aufklärung des Sachverhalts nicht im erforderlichen Umfang mit, obwohl ihnen das möglich und zumutbar ist, so kann dies die Aufklärungspflicht der zuständigen Behörde einschränken (StBS 28). Dies gilt insbesondere dann, wenn infolge mangelnder Mitwirkung bestimmte Erkenntnisquellen oder Beweismittel nicht mehr zur Verfügung stehen (zB bei Weigerung eines Beteiligten, sich einer notwendigen Untersuchung zu unterziehen). Dies gilt aber auch, wenn die Aufklärung mit Hilfe anderer Erkenntnismittel die Feststellung des Sachverhalts unzumutbar erschweren würde.

24 **d) Berücksichtigung von Verwaltungsvorschriften.** Im Verwaltungsverfahren keiner näheren Feststellung des Sachverhalts bzw einzelner entscheidungsrelevanter Aspekte bedarf es dann, wenn und soweit besondere Verwaltungsvorschriften die Behörde davon „dispensieren".[21] Dies gilt etwa, sofern kein Anlass zu

[21] ZT **aA** – nunmehr jedoch zT durch BVerwGE 77, 290 = NJW 1987, 2886; 79, 264 = NJW 1988, 2396; BVerwG NVwZ 1988, 824; NJW 1989, 1291 klargestellt, s im BVerwG 72, 320 (Wyhl-Urteil) = DVBl 1986, 196; OVG Münster NVwZ 1988, 173: von den lediglich norminterpretierenden Richtlinien sind die sog „normkonkretisierenden" Richtlinien oder Verwaltungsvorschriften, die auf Grund gesetzlicher Ermächtigungen erlassen werden und bestimmte Beurteilungsmaßstäbe autoritativ und auch für die Gerichte mit bindender Wirkung vorschreiben, zu unterscheiden; mit Recht kritisch dazu zB Rengeling DVBl 1986, 268; Quaas NVwZ 1991, 18; offen VGH Kassel NVwZ 1991, 90. Wie BVerwGE 77, 290 klarstellt, handelt es sich auch bei den normkonkretisierenden Richtlinien nur um „Indizes", die sich nicht grundlegend, sondern graduell von „antizipierten Sachverständigengutachten" unterscheiden.

Zweifeln gegeben ist oder substantiierte Einwände vorgetragen werden, die nicht ohne weiteres als untauglich angesehen werden können – hins. anerkannter technischer Normen, zB der zu § 48 BImSchG ergangene TA-Luft;[22] hins. der auf Erfahrungswerten beruhenden **Richtlinien über die Tauglichkeit zum Wehrdienst** (BVerwGE 66, 81), die Zumutbarkeit von Verkehrslärm (VGH München BayVBl 1984, 272); hins. der VDI-Richtlinien über Immissionsrichtwerte (München BayVBl 1982, 500 mwN; s auch Viehweg NJW 1982, 2474f) und hins. **anerkannter Regeln der Technik.**[23] Im Einzelnen sind hier jedoch die zT sehr erheblichen Unterschiede der bestehenden Vorschriften, technischen Normen zu berücksichtigen. Hier spielt zB eine Rolle, ob sie ausschließlich Ausdruck anerkannter sachverständiger Beurteilung sind („antizipierte Sachverständigengutachten" ieS) oder ob sie Ausdruck von Wertungsentscheidungen bei dem Versuch sind, unterschiedliche Interessen zu einem vertretbaren Ausgleich zu bringen. Hiervon hängt ab, ob sich die Behörde darauf verlassen darf, vor allem wenn die Beteiligten die in Frage stehenden technischen Normen nicht substantiiert angreifen. Ggfs besteht Anlass, **zusätzliche Ermittlungen** anzustellen, Gutachten einzuholen usw (Wittmann BayVBl 1987, 746; Gusy NuR 1987, 156; Gerhardt NJW 1989, 2237).

Verwaltungsvorschriften können aber die Behörden wegen des **Vorrangs** des 25
Gesetzes und der Bindung der Behörden an das Gesetz auch hins. der Ermittlung des entscheidungserheblichen Sachverhalts (nicht anders als Verwaltungsvorschriften zur Anwendung des materiellen Rechts oder des Verfahrensrechts) im Übrigen **immer nur im Rahmen des Gesetzes** und ggf der durch Art 3 GG begründeten Selbstbindung der Verwaltung und nur insoweit, als sie mit dem Gesetz im Einklang stehen, binden.[24]

e) Amtshilfe. Die Behörde kann sich bei der Ermittlung des Sachverhalts und zu 26
dessen Beurteilung nach pflichtgemäßem Ermessen auch der **Hilfe anderer Behörden** im Weg der Amtshilfe (§ 5 Abs 1 Nr 3; s dazu auch Wittmann BayVBl 1987, 746; Gusy NuR 1987, 156; Gerhardt NJW 1989, 2237) bedienen; dieser Weg ist gegenüber der Heranziehung von externen Sachverständigen idR kostensparender; zumal wenn in Fachbehörden der erforderliche Sachverstand idR zur Verfügung steht. Auch wenn ihr die Zuständigkeit oder Möglichkeit zu eigenen Ermittlungen oder die erforderliche eigene Sachkunde fehlt, darf die Behörde die Ermittlungsergebnisse und Schlussfolgerungen der anderen Behörde bzw der Sachverständigen **nicht einfach ungeprüft** übernehmen, sondern muss sich **ein eigenes Urteil** über den Aussagewert für die von ihr zu treffende Entscheidung bilden.[25]

---

[22] Vgl BVerwGE 55, 256: als repräsentative Erfahrung und wissenschaftliche Erkenntnis, sofern nicht neuere gesicherte Erkenntnisse; 66, 81; BVerwG NVwZ 1988, 824; BGH NJW 1978, 420; OVG Münster NJW 1979, 772; OVG Koblenz NVwZ 1991, 87; Breuer DVBl 1978, 34; Krebs VerwA 1979, 259; Kutscheidt NVwZ 1983, 583; Quaas NVwZ 1991, 18: „antizipierte" Sachverständigengutachten; kritisch Sendler UPR 1981, 3; Rengeling, Der Stand der Technik bei umweltgefährdenden Anlagen, 1985, 43 mwN; Papier, Bitburger Gespräche 1981, 91; ders, in: Merten (Hg), Gewaltentrennung im Rechtsstaat, 1989, 110; Lübbe-Wolff DÖV 1987, 896; zT **aA** BVerwGE 72, 320 = DVBl 1986, 196.

[23] S dazu Nicklisch NJW 1982, 2633; Papier, in: Lukes-FS 1989, 159; anders, wenn unterschiedliche Auffassungen vertreten werden; vgl BVerfG 49, 135 = NJW 1979, 359; Nicklisch aaO; ferner Obenhaus-Kuckuck DVBl 1980, 156).

[24] Vgl BVerfG 78, 226 = NJW 1989, 666; Rengeling DVBl 1986, 268; Sellner NVwZ 1986, 618; Gusy DVBl 1987, 497; Hill NVwZ 1989, 401; Nierhaus 181; Gerhardt NJW 1989, 2233; Papier, Bedeutung der Verwaltungsvorschrift im Recht der Technik, in: Lukes-FS 1989, 159; s allg auch § 40 Rn 25.

[25] BVerwGE 80, 224: Gutachten nur als Beitrag zur eigenen Beurteilung; eine ungeprüfte Übernahme wäre ein Aufklärungsfehler; BVerwG NVwZ-RR 1990, 122: die Behörde darf sich nicht mit den Stellungnahmen der Fachbehörde begnügen BVerwG UPR 1988, 440: der Bundesverteidigungsminister darf bei der Genehmigung eines Militärflugplatzes sich nicht die Stellungnahme der Landesregierung zu den dabei auftauchenden Fragen der Raumordnung und Landesplanung ungeprüft zu eigen machen; Kühling DVBl 1989, 223; Knack 11; StBS 41.

27 **f) Heranziehung von Sachverständigen.** Wenn bzw soweit die Behörde, dh die bei ihr tätigen Amtsträger, nicht die zur Feststellung und/oder Beurteilung der für die von ihr zu treffende Entscheidung maßgeblichen Tatsachen **erforderlichen Fachkenntnisse und tatsächlichen Erfahrungen** besitzt und ihr dafür auch nicht andere Möglichkeiten, auch zB nicht die sachkundige Hilfe bzw Beratung durch Fachbehörden, ggf im Weg der Amtshilfe gem §§ 4 ff zur Verfügung steht, so muss sie geeignete Sachverständige gem § 26 Abs 1 Nr 2 heranziehen bzw sich durch Sachverständige beraten lassen (s § 26 Rn 29), anderenfalls verletzt sie ihre Aufklärungspflicht. **Zu einfachen Fragen** genügt uU auch eine **telefonische Rückfrage** bei einem Sachverständigen (vgl Kopp/Schenke § 86 Rn 9). S allg zur Aufklärung des Sachverhalts durch Sachverständige § 26 Rn 27 ff; zur erhöhten Bindungswirkung von Fachgutachten in Habilitationsverfahren, insb vor „gemischten" Fachbereichsräten und in ähnlichen Fällen, BVerwGE 95, 246 = NVwZ 1994, 1209.

28 **Bestehen** zu einer Frage in der Wissenschaft **unterschiedliche Meinungen,** so darf die Behörde sich nicht auf die herrschende Meinung beschränken, sondern muss grundsätzlich **alle vertretbaren wissenschaftlichen Auffassungen** in ihre Erwägungen mit einbeziehen (BVerwGE 72, 316 = NVwZ 1986, 208; BVerwG NVwZ 1989, 1169). Entsprechend kann **bei schwierigen komplexen Fragen** auch eine „Beratung" der Behörde durch Sachverständige angezeigt sein, wenn nicht von vornherein zwischen tatsächlichen und bewertenden Gesichtspunkten getrennt werden kann und die Beurteilung tatsächlicher Umstände spezifische Fachkenntnisse erfordert (vgl BVerwG NVwZ-RR 1991, 121; BVerfG 88, 59 = NVwZ 1993, 670).

29 **4. Verwertungsverbote.** Ausdrückliche Beweisverwertungsverbote finden sich im VwVfG nicht. Die im Fachrecht enthaltenen „absoluten" Verwertungsverbote, wie sie etwa in § 51 BZRG für getilgte oder tilgungsreife Eintragungen in das Zentralregister oder in § 153 Abs 5, 6 GewO für entsprechende Eintragungen in das Gewerbezentralregister oder im Datenschutzrecht vorgesehen sind, sind aber auch im Verwaltungsverfahren beachtlich. Auch im übrigen ergibt sich aus dem materiellen Recht, ob unzulässig bzw rechtswidrig erlangte Informationen einem Verwertungsverbot unterliegen (StBS 61). In diesem Zusammenhang muss regelmäßig geprüft werden, ob der Schutzzweck der verletzten Verbotsnorm auch für das Verwaltungsverfahren ein Verwertungsverbot erfordert (Knack § 26 Rn 16 mwN; Hüsch 103 ff). Legt ein VA Tatsachen zugrunde; die unter Verstoß gegen ein Verwertungsverbot gewonnen worden sind, so liegt ein Verfahrensfehler vor, auf den im Grundsatz § 46 zur Anwendung gelangt (Obermayer § 30 Rn 64; zweifelnd wohl StBS 63). Es ist dann zu prüfen, ob der VA auch ohne die rechtswidrig erlangte Information erlassen worden wäre.

30 **5. Grundsatz freier Beweiswürdigung.** Das VwVfG schreibt für das allgemeine Verwaltungsverfahren den Grundsatz der freien Beweiswürdigung nicht ausdrücklich vor. Der Grundsatz wird nur in § 69 Abs 1 für das förmliche Verfahren erwähnt, er liegt aber dem Untersuchungsgrundsatz des § 24 zugrunde (WBS II § 60 Rn 47; UL § 27 Rn 14; Brühl JA 1992, 198; StBS 14; Knack 21). Seine Geltung auch für das allgemeine Verwaltungsverfahren wird allgemein anerkannt.[26] Insoweit gilt für das Verwaltungsverfahren **dasselbe wie gem § 108 Abs 1 S 1 VwGO** (UL § 27 Rn 14); daher kann auch auf die Rspr und das Schrifttum zu § 108 Abs 1 S 1 VwGO zurückgegriffen werden.

[26] UL § 27 Rn 14; StBS 14; ebenso zum bish Recht Spanner JZ 1970, 672; M 67; RP 20; vdGK 4; Begr 49, wo zugleich darauf hingewiesen wird, dass die Erwähnung in § 69 Abs 1 nur der Klarstellung dient, dass nicht nur das Ergebnis des mV, sondern das Gesamtergebnis des Verfahrens zu würdigen ist.

a) Keine Bindung an starre Beweisregeln. Der Grundsatz der freien Beweiswürdigung besagt, dass die Behörde bei der **Würdigung und Abwägung** aller für die Feststellung des für die Entscheidung maßgeblichen Sachverhalts erheblichen Tatsachen und Tatsachenschlüsse nicht an starre Beweisregeln gebunden, sondern frei ist. Das gilt nicht nur für die Würdigung des Ergebnisses einer Beweisaufnahme, sondern auch für den Inhalt der Akten, den Vortrag der Beteiligten und den persönlichen Eindruck, den diese machten, ferner für eingeholte Auskünfte, amtskundige Tatsachen usw (UL § 27 Rn 14). Die Behörde darf und muss alle in Betracht kommenden Gesichtspunkte und Argumente **ausschließlich nach ihrer inneren sachlichen Überzeugungskraft** im Zusammenhang des Ergebnisses des Verfahrens und nach den Grundsätzen der Logik und anerkannter Erfahrungssätze beurteilen. Die Behörde kann und muss daher zB, je nach den Umständen des Falles, uU auch einem bloßen Beteiligtenvorbringen stärkeres Gewicht beimessen als einer an Eides Statt versicherten oder beeideten Zeugenaussage (§ 65) oder den Feststellungen in einem rechtskräftigen Strafurteil. 31

Die **Feststellungen in einem rechtskräftigen Strafurteil** haben zwar wegen der im Strafprozess bestehenden hohen Anforderungen idR erhebliches praktisches Gewicht auch für die Beweiswürdigung der Behörde, **binden** die Behörde aber **rechtlich nicht,** wenn das Gesetz insoweit nichts anderes bestimmt (vgl zB § 35 Abs 3 GewO; § 4 Abs 3 S 1 StVG, dazu BVerwGE 80, 46), und lassen auch die **Beweislast unangetastet.** Allerdings kann die Behörde solche Feststellungen idR ihrer Entscheidung ohne weitere eigene Feststellungen zugrunde legen, wenn das Strafurteil insoweit zu keinen Zweifeln Anlass gibt und auch die Beteiligten nicht substantiiert Gesichtspunkte vortragen, die zu Zweifeln Anlass geben. 32

b) Maßgeblichkeit der gewonnenen Überzeugung. Maßgebend ist, wenn das Gesetz nicht ausnahmsweise andere Maßstäbe vorschreibt oder zulässt, zB die überwiegende Wahrscheinlichkeit oder Glaubhaftmachung genügen lässt, letztlich allein die unter Berücksichtigung aller Umstände gewonnene Überzeugung. **Absolute Gewissheit ist nicht erforderlich.** Es genügt ein so hoher Grad an Wahrscheinlichkeit, dass kein vernünftiger, die Lebensverhältnisse klar überschauender Mensch noch zweifelt.[27] Auch in Fällen besonderer, durch die Natur der Sache bedingter und von dem an der Feststellung einer bestimmten Tatsache interessierten Beteiligten (§ 13) nicht verschuldeter **Beweisnot** genügt der für die bloße Glaubhaftmachung erforderliche Grad von Wahrscheinlichkeit nicht.[28] Einer echten Beweisnot oder besonderen sonstigen Gründen, die die Anwendungen der vollen Beweismaßregel unverhältnismäßig oder für die Beteiligten oder die Behörde unzumutbar machen würden – für den Bürger auch zB, weil es sich um Tatsachen im Bereich der Behörde handelt, zu denen er keinen „Zugang“ hat, – ist durch angemessene **Berücksichtigung bei der Beweiswürdigung** und idS uU einer **Minderung des Beweismaßes** Rechnung zu tragen, dh des Maßes der Überzeugung bzw Gewissheit vom Vorliegen der entscheidungserheblichen Tatsachen, damit der Sachverhalt als gegeben im Sinn des Tatbestands einer Vor- 33

---

[27] UL § 27 Rn 14; StBS 20; Knack 21; HHSp 79 zu § 88 AO; Pickel § 20 Rn 2; Nierhaus DÖV 1985, 634; Kopp, in: Handbuch des Umweltschutzes 1986, Stichwort: Beweislast; Brühl JA 1992, 198: ein jeden vernünftigen Zweifel ausschließender Grad an Wahrscheinlichkeit; ebenso allg RS ZPO § 113 II 1; zT **aA** Martens 5 V 1 und 5: differenzierte Erfordernisse je nach den materiellrechtlichen Zielsetzungen des jeweiligen Sachgebiets, den erreichbaren Informationsquellen, den bestehenden Mitwirkungspflichten und dem Ausmaß ihrer Erfüllung.

[28] BVerwGE 71, 180 = NVwZ 1985, 658; BVerwG NVwZ-RR 1990, 165; Buchh 412.3 § 6 BVFG Nr 49; Nierhaus 484; **aA** zum Nachweis der Gewissensentscheidung bei der Kriegsdienstverweigerung BVerwGE 41, 54; BVerwG DVBl 1978, 401 mwN; zum Asylrecht zum Nachweis von Verfolgungstatsachen im Herkunftsland in bestimmten Fällen BVerwGE 55, 86 = NJW 1978, 249; 65, 251; 67, 199; 70, 169; 71, 175; BVerwG NVwZ 1988, 635: Glaubhaftmachung genügt.

schrift angesehen werden darf,[29] was allerdings im praktischen Ergebnis doch im Wesentlichen darauf hinausläuft, dass die Behörde sich mit einem auf Grund aller in Betracht kommenden Umstände, insb auch dem schlüssigen, in sich stimmigen Vortrag Beteiligter und dem Fehlen besonderer Gründe, die für die Unglaubwürdigkeit dieses Vortrags sprechen, ermittelten **hohen Grad an Wahrscheinlichkeit begnügen muss** (vgl BVerwGE 55, 86; 65, 251; 67, 199; 70, 169; 71, 175).

34 **c) Bedeutung des Vortrags der Beteiligten.** Je nach den Umständen des konkreten Falles kann auch schon der Vortrag der Beteiligten (§ 13) oder auch nur eines Beteiligten für die Feststellung des Sachverhalts und die Beweiswürdigung genügen (vgl BFH 145, 487 = BStBl II 1986, 241; NVwZ-RR 1990, 121: nach stRspr braucht das Finanzamt den Steuererklärungen nicht mit Misstrauen zu begegnen, sondern kann regelmäßig von der Richtigkeit und Vollständigkeit einer Steuererklärung ausgehen; demzufolge verletzt das Finanzamt seine Ermittlungspflicht grundsätzlich nur dann, wenn es Unklarheiten oder Zweifelsfragen, die sich bei einer Prüfung der Steuererklärung sowie den eingereichten Unterlagen ohne weiteres aufdrängen mussten, nicht nachgeht). Vor allem in Fällen eines unverschuldeten **Beweisnotstandes,** dh wenn ohne Verschulden des an der Feststellung einer Tatsache interessierten Beteiligten **andere Beweismöglichkeiten nicht bestehen,** wie dies häufig im **Vertriebenenrecht, Asylrecht** und Häftlingshilferecht (vgl BVerwGE 71, 180 = NVwZ 1985, 658; BVerwG NVwZ-RR 1990, 165 mwN) der Fall ist, darf die Behörde „in großem Umfang auch Tatsachen feststellen, die nur vom Antragsteller vorgetragen worden sind" (BVerwG NVwZ-RR 1990, 165). **Voraussetzung** ist in einem solchen Fall allerdings, **dass** der Vortrag unter Angabe von Einzelheiten **„einen in sich stimmigen Sachverhalt schildert"** (BVerwG NVwZ 1990, 411), aus dem sich, die Wahrheit unterstellt, die zu beweisende Tatsache ergibt.

35 **d) Verzicht auf Beweiserhebung.** Von den in Rn 24 ausgeführten Ausnahmen abgesehen, darf die Behörde, wenn hins. des für ihre Entscheidung maßgeblichen Sachverhalts Unklarheiten oder Zweifel bestehen (vgl BFH NVwZ-RR 1990, 121), auf mögliche Erkenntnismöglichkeiten, insb Beweismittel (§ 26), nur dann verzichten, wenn diese **unzulässig** (vgl § 26 Rn 10), **untauglich**[30] oder für die Entscheidung **unerheblich** sind (ebenso UL § 21 Rn 1; vgl auch BVerwGE 39, 37) oder wenn sie vom Vorliegen oder Fehlen der in Frage stehenden Tatsachen **bereits überzeugt** ist (BSG 33, 279; UL § 27 Rn 11; vgl Kopp/Schenke § 86 Rn 21; s auch § 26 Rn 64f), dh, wenn auf Grund des glaubwürdigen Vorbringens der Beteiligten und unter Berücksichtigung der Ergebnisse einer ggf bereits durchgeführten Beweisaufnahme jede Möglichkeit ausgeschlossen ist, dass eine weitere Beweisaufnahme noch Sachdienliches ergeben und die bereits gewonnene gegenteilige Überzeugung erschüttern könnte, oder wenn **„weitere Bemühungen im Verhältnis zum Erfolg nicht mehr vertretbar** und zumutbar wären" (Begr 49), insb auch im Hinblick auf die Ermittlungskosten (Brühl JA 1992, 196: uU Verzicht auf weitere, sehr aufwändige Ermittlungen, wenn der Ermittlungsaufwand schwerer wiegt als die Folgen einer für die Beteiligten günstigen Entscheidung, die möglicherweise eine Fehlentscheidung ist); wenn die Behörde zugunsten der betroffenen Rechte oder Belange eines Bürgers und vorausgesetzt, dass gewichtige öffentliche Interessen nicht entgegenstehen, eine Tatsache

[29] Vgl BFH BStBl II 1989, 462 = JuS 1990, 151 m Anm Osterloh; Martens StuW 1981, 322; ders., VwVf Rn 158 ff; Nierhaus 484; wohl auch BGH NJW 1990, 172.

[30] UL § 27 Rn 11; vgl auch § 244 Abs 3 S 2 StPO; BGH JR 1962, 149; NJW 1989, 3291 – zu einem „Informanten", dessen Identität die Behörde nicht bekannt geben muss; OVG Münster DÖV 1982, 950 mwN; VGH München DÖV 1990, 442 = BayVBl 1990, 440: ein Sachverständigengutachten zur „Richtigkeit" einer Prüfungsbewertung wäre angesichts des Beurteilungsspielraums der Prüfer ein ungeeignetes Beweismittel.

als wahr oder eine rechtliche Folge als gegeben unterstellt.[31] Unzulässig ist es, bei noch nicht hinreichend geklärten Fragen tatsächlicher Art von vornherein weitere Ermittlungen zu unterlassen, insb Beweisanträge (Abs 1 S 2; § 26 Abs 2) eines Beteiligten abzulehnen, „weil das zu erwartende Ergebnis der Beweisaufnahme nach Lage der Dinge die Überzeugung der Behörde nicht ändern könne" (**Verbot der Vorwegnahme einer Beweiswürdigung,** vgl BVerwGE 2, 329; BVerwG DVBl 1970, 464; BayVBl 1971, 199; Knack 22).

6. Folgen mangelnder Sachverhaltsaufklärung. a) Fehlerhaftigkeit des Verwaltungsverfahrens. Unterlässt die Behörde eine sachlich notwendige Aufklärung des Sachverhalts, so liegt ein Verfahrensfehler vor (BVerwGE 25, 90). Das gilt sowohl dann, wenn die Behörde die Entscheidungserheblichkeit verkennt, als auch dann, wenn sie erreichbare Beweismittel nicht nutztz oder trotz sich aufdrängender Zweifel vorschnell vom Vorhandensein bzw. Nichtvorhandensein bestimmter Umstände ausgeht. Der Verfahrensfehler führt zur Rechtswidrigkeit der Entscheidung. Zur Aufhebung der Entscheidung führt der Fehler aber nur unter den besonderen Voraussetzungen des § 46, nämlich dann, wenn nicht ausgeschlossen werden kann, dass sich der Fehler auf das Ergebnis der Entscheidung ausgewirkt hat. Dies ist idR der Fall, wenn der Behörde bei ihrer Entscheidung Spielräume eingeräumt waren (Ermessen, Beurteilungsspielraum, planerischer Gestaltungsspielraum) und die Entscheidung auf Grund der mangelnden Sachverhaltsaufklärung auf einer unrichtigen oder unvollständigen Grundlage getroffen wurde. 36

b) Kein isolierter Verfahrensrechtsschutz. Die fehlerhafte Sachverhaltsermittlung als solche kann grundsätzlich nicht Gegenstand einer verwaltungsgerichtlichen Kontrolle sein. Die Beteiligten können die Behörde also gerichtlich nicht zu einer sorgfältigen Sachverhaltsermittlung zwingen. § 44a VwGO schließt dies ebenso aus, wie den Rechtsschutz gegen einzelne Verfahrenshandlungen. Rechtsbehelfe sind insoweit nur gegen die Endentscheidung in der Sache selbst zulässig. 37

c) Amtshaftung. Eine Verletzung der Verpflichtung zur umfassenden Erforschung des Sachverhalts stellt, wenn infolge davon die Beurteilungs- und Entscheidungsgrundlage der Behörde in wesentlichen Punkten zum Nachteil des Betroffenen unvollständig bleibt, zugleich idR auch eine **Amtspflichtverletzung** iS des Amtshaftungsrechts dar (BGH NJW 1989, 99 mwN = NVwZ 1989, 187; StBS 66). Auch hier ist die Regelung des § 46 zu beachten (s § 46 Rn 17). 38

IV. Beweislast im Verwaltungsverfahren

1. Formelle und materielle Beweislast. Das VwVfG enthält keine Regelungen hins. der Beweislast, dh der Frage, in welcher Weise sich Zweifel auswirken, die trotz aller zumutbaren Bemühungen der Behörde um die Sachaufklärung nicht behoben werden können. Insoweit gelten im Wesentlichen dieselben Grundsätze wie im Verwaltungsprozess; daher kann die Rspr der Verwaltungsgerichte zur Beweislast auch im Verwaltungsverfahren fruchtbar gemacht werden.[32] 39

Das Verwaltungsverfahren kennt ebenso wie der Verwaltungsprozess grundsätzlich **keine Behauptungslast und Beweisführungspflicht** (formelle Beweislast), wie sie im Zivilprozess gilt. Sie wäre mit dem Untersuchungsgrundsatz des § 24 Abs 1 nicht vereinbar,[33] zumal den Beteiligten im Verwaltungsverfahren nicht 40

[31] Vgl BVerwGE 61, 304; BVerwG BayVBl 1980, 440: Wahrunterstellung, dass die Planfeststellung für eine Straße im Verhältnis zu einem bestimmten Betroffenen enteignend wirkt; BVerwG DVBl 1980, 999: Wahrunterstellung, dass die Existenz des Betriebs gefährdet ist; ferner Paetow DVBl 1985, 373; UL § 21 Rn 2; Obermayer 10ff.; Knack 115ff.

[32] UL § 27 Rn 16; Di Fabio DÖV 1994, 5.

[33] UL § 27 Rn 15; StBS 54; Knack 4; Erichsen/Ehlers § 37 Rn 10; vgl zum Prozessrecht auch Kopp/Schenke § 108 Rn 11; Martens JuS 1978, 103.

einmal das Recht zusteht, förmliche Beweisanträge zu stellen. Probleme bereitet deshalb **nur die materielle Beweislast** des „non liquet", dh die Notwendigkeit, eine trotz aller Bemühungen ggf verbleibende Unerweislichkeit von Tatsachen entweder zu Lasten der Behörde oder des Antragstellers oder eines anderen Beteiligten gehen zu lassen.[34]

41 **2. Beweislastregeln. a) Allgemeines.** Die Frage, wer **die materielle Beweislast** idS trägt, ist entspr der hM zum Verwaltungsprozess[35] eine **Frage des materiellen Rechts,** nicht des Verfahrensrechts,[36] was insb hins. der Gesetzgebungszuständigkeit für gesetzliche Regelungen über die Beweislast, uU auch gem § 137 Abs 1 VwGO im Hinblick auf die Revision, von Bedeutung ist. Zu berücksichtigen sind in diesem Zusammenhang nebem dem einfachen Recht auch die Vorgaben des Verfassungsrechts und des Gemeinschaftsrechts. Auf den Zusammenhang von Beweislast und Beweismaß wird zu Recht hingewiesen (StBS 55).

41a **b) Gesetzliche Beweislastregelungen.** Ausdrückliche Regelungen über die Verteilung der Beweislast finden sich relativ selten. Soweit die Rechtsnorm eine Vermutung für das Vorliegen eines bestimmten Sachverhalts aufstellt, wirkt sich diese wie eine Beweislastregel aus. Ist die Vermutung widerlegt, so bleibt es bei den allgemeinen Beweislastregeln (s unten Rn 42ff). Auch untergesetzliches Regelwerk kann sich wie eine Beweislastregelung auswirken: Werden etwa in einer Rechtsverordnung Grenzwerte für die Annahme einer Gesundheitsbeeinträchtigung festgelegt, so trifft den Betroffenen die Beweislast für die Behauptung, diese Grenzwerte seien unzureichend[37]

42 **c) Normbegünstigungsprinzip.** Soweit besondere gesetzliche Regelungen fehlen und auch Bestimmungen zB des BGB, zB § 282 BGB (Nierhaus S. 112, 183), nicht analog anwendbar sind und etwas anderes bestimmen und soweit auch allgemeine Rechtsgrundsätze, insb auch Gerechtigkeitserwägungen und aus dem Verfassungsrecht abzuleitende Wertungen keine andere Beweislastverteilung rechtfertigen, geht die Unerweislichkeit einer Tatsache grundsätzlich **zu Lasten desjenigen, der aus ihr eine ihm günstige Rechtsfolge herleitet.**[38] Wer ein Recht, eine Befugnis oder einen Anspruch geltend macht, trägt die Beweislast für das Vorliegen der anspruchsbegründenden Tatsachen (BVerwG NVwZ-RR 1993, 205). Die Behörde trägt grundsätzlich die Beweislast für das Vorliegen der Voraussetzungen für die von ihr geplanten Eingriffsmaßnahmen (BVerwG NJW 1986, 1122, 1124). Für das Vorliegen rechtshindernder Tatsachen trägt derjenige die Beweislast, der hieraus für sich günstige Rechtsfolgen herleiten möchte, etwa das Nichtbestehen eines Anspruchs oder das Fehlen von Eingriffsvoraussetzungen (BVerwG 1980, 252).

43 Die Frage, **welche Tatsachen rechtsbegründenden Charakter** haben und welche rechtshindernd sind, ist nicht isoliert allein nach der Fassung der anzuwendenden Vorschriften des materiellen Rechts zu beurteilen, sondern vor allem nach dem **Zweck der Regelung**[39] und nach den aus der Gesamtheit der Rechtsvor-

---

[34] BVerwGE 19, 94; 45, 132; BSG 6, 72; 30, 219; UL § 27 Rn 16; Erichsen/Ehlers § 37 Rn 10; StBS 55; WB III § 156 IV c; Lorenz 264; Knack 4; Berg JuS 1977, 25; zum Prozessrecht zB BVerwGE 70, 143; 71, 180 = NVwZ 1985, 558; 74, 226; BVerwG NVwZ 1990, 165 mwN; OVG Münster NJW 1990, 728.

[35] Vgl zB BVerwGE 19, 94; 45, 132; BGHZ 31, 358; Stern 154; Kopp/Schenke § 108 Rn 11; Berg JuS 1977, 25; **aA** mit beachtlichen Gründen Ule 50 II 2: Frage des Verfahrensrechts.

[36] StBS 55; Knack 17; Obermayer 291.

[37] S hierzu Ramsauer UTR 42, 71, 92; Callies DVBl 2001, 1725, 1732.

[38] UL § 27 Rn 16; Erichsen/Ehlers § 37 Rn 10; StBS 55; Obermayer 301; zum Prozeßrecht BVerwGE 78, 370; BVerwG NJW 1990, 464; Kopp/Schenke § 108 Rn 12.

[39] Vgl BVerwGE 44, 265; Berg JuS 1977, 26; Knack 17.

schriften des geltenden Rechts, insb des Verfassungsrechts und hier vor allem aus betroffenen Grundrechten (vgl VG Düsseldorf NJW 1982, 2333).

d) Grundrechtsschutzprinzip. Maßgeblich sind die hieraus folgenden grundlegenden Rechtsgedanken und Gerechtigkeitsvorstellungen (vgl Berg JuS 1977, 26; Stern 17 I 6; Kopp/Schenke § 108 Rn 13; v Pestalozza, in: Boorberg-FS 1977, 195), die rechtsstaatlichen Anforderungen, insb die Erfordernisse wirksamen Rechtsschutzes.[40] Entscheidend ist letztlich, wer von den Beteiligten, nach dem Plan des Gesetzgebers und nach den Grundentscheidungen der Verfassung, hilfsweise nach allgemeinen Rechtsgrundsätzen, „mit dem potentiellen Unrecht belastet werden kann".[41] Im Verhältnis des Bürgers zur Verwaltung sind hierbei vor allem auch die Grundrechte sowie **verfassungsrechtlich geschützte Positionen** und Gewährleistungen zu berücksichtigen,[42] insb auch das Rechtsstaatsprinzip und die Gewährleistung effektiven Rechtsschutzes (Art 19 Abs 4 GG) des betroffenen Beteiligten (BVerwGE 78, 370 = DVBl 1988, 405). Anhaltspunkte für die Abgrenzung der rechtsbegründenden Tatsachen von den rechtsvernichtenden usw bietet idR auch die **Frage danach, was „Regel"** und was „Ausnahme" ist (vgl Berg JuS 1977, 27 Fn 30); ferner, je nach Art und Zielsetzung der in Frage stehenden Regelungen und der betroffenen Rechtsgüter, ggf auch **Gesichtspunkte des Schutzes schutzwürdigen Vertrauens,** eines schutzwürdigen Besitzstandes, der Abwehr von Gefährdungsmomenten usw.[43] Zum Einfluss des umweltrechtlichen Vorsorgeprinzips auf die Beweislastverteilung Callies DVBl 2001, 1725; Ramsauer UTR 42, 71, 92. 44

e) Umkehr der Beweislast. Von einer Beweislastumkehr spricht man, wenn die materielle Beweislast in Abkehr von der Grundregel des Normbegünstigungsprinzips im Einzelfall nicht denjenigen trifft, der aus der nicht erweislichen Tatsache für sich günstige Rechtsfolgen herleiten möchte, sondern denjenigen, für den die Tatsache an sich ungünstig ist. Auch wenn eine Entscheidung für die Betroffenen zu unverhältnismäßigen **unzumutbaren oder unbilligen Ergebnissen** führen würde, hat dies allein nicht eine Umkehr der Beweislast, dh deren Überbürdung auf den „Gegner" zur Folge, sondern allenfalls eine Ermäßigung des Beweismaßes, die freilich häufig zu einem im Wesentlichen gleichen Ergebnis führt, wenn der Vortrag des Betroffenen in sich schlüssig ist, konkrete Tatsachen glaubhaft vorträgt und der „Gegner" nicht seinerseits konkrete Umstände darlegen kann, die die Glaubwürdigkeit des Vortrags des Betroffenen erschüttern können. 45

3. Einzelfälle. a) In Antragsverfahren auf Erlass eines den Antragsteller begünstigenden VA geht es idR zu Lasten des Antragstellers, wenn **die Voraussetzungen für das Bestehen des Anspruchs** nicht zur Überzeugung der Behörde festgestellt werden können.[44] Hat der Antragsteller nach dem maßgeblichen materiellen Recht grundsätzlich einen Anspruch auf den beantragten VA, so muss die Behörde dem Antrag stattgeben, wenn nicht die Voraussetzungen einer rechtshin- 46

---

[40] BVerwGE 70, 143 = DVBl 1985, 61; BVerwG DVBl 1988, 404: Rechtspositionen dürfen nicht durch eine Beweislastverteilung eingeschränkt werden, wenn damit ein wirksamer Rechtsschutz nach Art 19 Abs 4 GG erheblich beeinträchtigt wird; ähnlich BVerwGE 78, 370 = DVBl 1988, 405; Peschau 104; Tietgen 40; Nierhaus 446ff und DÖV 1985, 635; s auch BVerfG 52, 144.

[41] Vgl Berg JuS 1977, 26; ihm folgend Kopp/Schenke § 108 Rn 13; ferner BVerwGE 70, 143; 78, 370 = DVBl 1988, 405: es sind die Folgen zu berücksichtigen, die sich jeweils ergeben, wenn auf Grund der Beweislastverteilung von einer Lage auszugehen ist, die in Wirklichkeit gerade nicht besteht.

[42] VG Düsseldorf NJW 1982, 2333; Stern 17 I 6 d; Sachs NVwZ 1985, 324.

[43] Berg JuS 1977, 27 Fn 39; enger Nierhaus 484: Berücksichtigung der Zumutbarkeit, Billigkeit der Beweislast nicht bei der Frage der Verteilung der Beweislast, sondern allenfalls bei der Beweiswürdigung.

[44] UL § 27 Rn 16; StBS 56; Erichsen/Ehlers § 37 Rn 10; v Pestalozza, in: Boorberg-FS 1977, 195; ebenso zum Prozessrecht BVerwGE 21, 212; 20, 211.

dernden Ausnahme erwiesen sind, zB im Verfahren um Erteilung einer Gewerbeerlaubnis die fehlende Zuverlässigkeit (vgl BVerwGE 12, 247; 20, 211), im Verfahren um die Erteilung einer Fahrerlaubnis die mangelnde körperlich oder charakterliche Eignung des Antragstellers (BVerwG DÖV 1982, 854; Buchh 442.10 § 2 StVG Nr 1). Umgekehrt muss der Antragsteller die für das Gewerbe erforderliche Vorbildung bzw Ausbildung, seine **fachliche Eignung** für eine Taxi-Genehmigung (BVerwG NVwZ 1990, 1378), seine **Fähigkeit zum Führen eines Kraftfahrzeugs** (BVerwG DÖV 1982, 854 mwN), der **Prüfungskandidat** seine Kenntnisse usw nachweisen.

47 **b) Prüfungsverfahren.** Grundsätzlich beweispflichtig ist auch zB ein **Prüfungskandidat,** der geltend macht, dass der Prüfer die Bewertung der Arbeit im Wesentlichen einem „Korrekturhelfer" überlassen hat und sich selbst kein eigenes Bild von der Prüfungsleistung gemacht hat (BVerwG NVwZ 1990, 65). Ergeben sich in einem solchen Fall aber aus den Korrekturbemerkungen oder aus sonstigen Umständen hinreichende konkrete Anhaltspunkte, die für die Richtigkeit des Vortrags des Kandidaten sprechen, auch wenn sie dafür nicht den letzten Beweis begründen, so ist es **Sache des Prüfers,** seinerseits unter Angabe konkreter Tatsachen (etwa auf Grund zusätzlicher Randbemerkungen oder weil er von dem Bewertungsvorschlag des „Vorkorrektors" abgewichen ist) nachzuweisen, dass er sich in eigener Verantwortung ein eigenes Bild von der Prüfungsleistung gemacht und dieses seiner Bewertung zugrundegelegt hat. Für die Beweislastverteilung bzw das Beweismaß bedeutet es grundsätzlich einen Unterschied, ob nur die Folgen eines erwiesenen Prüfungsmangels nicht aufklärbar sind, oder dies schon für die Frage, ob der behauptete Prüfungsmangel gegeben war, gilt.[45]

48 **c) In Verfahren im Bereich der Eingriffsverwaltung** geht die Nichterweislichkeit der Voraussetzungen des belastenden VA grundsätzlich **zu Lasten der Behörde** (UL § 27 Rn 16); dies gilt auch für VAe, deren Erlass im Ermessen der Behörde steht (Kopp/Schenke § 108 Rn 14; **aA** Ule 50 II 4). Die Behörde, nicht der Bürger, hat grundsätzlich auch die Beweislast hins. der tatsächlichen Voraussetzungen der Rechtswidrigkeit eines begünstigenden VA im Verfahren um die Rücknahme eines solchen VA.[46] Etwas anderes gilt, wenn die Unerweislichkeit dem Betroffenen zuzurechnen ist, etwa, weil er durch unlauteres Verhalten dazu beigetragen oder die Aufklärung verhindert hat (BVerwG NVwZ 1985, 489; Nierhaus 380; StBS 56).

49 Bei Zweifeln hins. der **Tauglichkeit für den Wehrdienst** liegt die materielle Beweislast bei der Bundesrepublik Deutschland, wenn konkrete Anhaltspunkte dafür vorliegen, dass die Ableistung des Wehrdienstes zu gesundheitlichen Gefahren des Wehrpflichtigen führen kann, mangels hinreichend gesicherter medizinischer Erkenntnisse jedoch keinerlei Aussage zur Frage der Wahrscheinlichkeit eines Schadenseintritts möglich ist (BVerwG NVwZ 1990, 765); **anders** dagegen, wenn eine wissenschaftlich gesicherte Aussage zwar hinsichtlich einzelner abgestufter Grade an Wahrscheinlichkeit des Eintretens einer Schädigung bzw Gefährdung möglich ist, dennoch aber nicht festgestellt werden kann, ob der im konkreten Fall maßgebende (höhere) Wahrscheinlichkeitsgrad erreicht wird; das geht zu Lasten des Wehrpflichtigen, denn ein die Unzumutbarkeit der Wehrdienstleistung

---

[45] BVerwGE 78, 367, 369 = DVBl 1988, 405; zu den Folgen einer Nichterweislichkeit von Prüfungsmängeln, weil die Prüfungsarbeiten im Bereich der Behörde abhandengekommen sind.

[46] Ebenso UL § 27 Rn 16; zum Prozessrecht auch BVerwGE 18, 171; 20, 295; 24, 294; 59, 15; BVerwG DÖV 1982, 854; NVwZ 1985, 489; BFH 107, 483; 118, 115; 146, 320 = BStBl II 1986, 441; NVwZ-RR 1990, 121; Nierhaus 379; § 48 Rn 155; **aA** für den Fall, dass der Betroffene den Rücknahmegrund zu vertreten hat, insb den VA durch unrichtige oder unvollständige Angaben oder sonst in unlauterer Weise erwirkt hat, BVerwGE 34, 225; OVG Münster NJW 1982, 1662; StBS § 48 Rn 51.

begründender Schadenseintritt ist voraussetzungsgemäß nur dann „wahrscheinlich“, wenn die Wahrscheinlichkeit auf Grund der gegebenen Erkenntnismittel positiv feststellbar ist.

d) Die Verletzung von Mitwirkungspflichten bei der Aufklärung des Sachverhalts, obwohl dem betroffenen Beteiligten die Mitwirkung möglich und zumutbar gewesen wäre und er von der Behörde, wenn insoweit Zweifel bestehen konnten, auch auf diese mögliche Folge hingewiesen wurde (Nierhaus 480; Knack 20), ist idR bei der Beweiswürdigung analog §§ 356, 444, 446 ZPO zu berücksichtigen,[47] hat aber idR keine **Umkehr der Beweislastverteilung** zur Folge.[48] Wenn die in Betracht kommende Mitwirkung zur Sachaufklärung nicht zumutbar wäre bzw war;[49] dann kann auch fehlende Mitwirkung bei der Beweiswürdigung nicht zu Lasten des Beteiligten gewertet werden. Ist die Nichtbeweislichkeit einer Tatsache nicht die Folge einer vorsätzlichen oder (im Hinblick auf die dem Betroffenen bekannte Tatsache etwaiger späterer Beweiserheblichkeit) grob fahrlässiger **Beweisvereitelung** (unklar BVerwGE 78, 367 = DVBl 1988, 405, wo offenbar kein Unterschied zwischen grob fahrlässiger und einfachfahrlässiger Beweisvereitelung gemacht wird), sondern liegt insoweit allenfalls einfache **Fahrlässigkeit** vor, so ist diesem Umstand bei der Beweiswürdigung im Allgemeinen nur geringes Gewicht beizumessen. Als grobfahrlässige Beweisvereitelung ist es idR jedoch zB anzusehen, wenn Zustellungsnachweise, Briefumschläge mit Poststempel in Fällen, in denen das Datum wichtig ist, Prüfungsarbeiten, auf die es zu Beweiszwecken noch ankommen kann, usw nicht sorgfältig aufbewahrt werden (**aA** offenbar hins des Abhandenkommens von Prüfungsarbeiten BVerwGE 78, 367). Zur Beweislast bei Verlust eines Steuerbescheides BFH NVwZ 2001, 475; zur Beweisverteilung OVG Münster NVwZ 1996, 610; VG Berlin NuR 2002, 629. 50

4. Erfahrungssätze, Vermutungen, Anscheinsbeweis. Keine Umkehrung der Beweislast, wohl aber eine **Erleichterung** der Anforderungen an einen Beweis, wenn das Verfahren keine Anhaltspunkte für mögliche abweichende Ursachen oder Geschehensabläufe gibt, kann sich im Einzelfall auch nach den Grundsätzen des Beweises des ersten Anscheines[50] (prima facie-Beweis), die auch im Verwaltungsverfahren anwendbar sind,[51] und auf Grund sog. „tatsächlicher“ Vermutungen oder allgemeiner Erfahrungssätze ergeben. 51

a) Der Beweis des ersten Anscheins bedeutet, dass ein bestimmter **typischer Geschehensablauf,** der in ähnlicher Weise immer wieder vorkommt, oä 52

---

[47] BVerwGE 38, 314; 60, 143; 74, 222; 80, 44; BVerwG NVwZ 2001, 436, 437; DVBl 1988, 405; BFH NVwZ-RR 1990, 283; OVG Münster NJW 1981, 1398; NJW 1990, 728; VGH Mannheim NVwZ-RR 1990, 164; VGH München BayVBl 1982, 694; 1984, 757 zur Weigerung, sich auf den Geisteszustand untersuchen zu lassen.

[48] Vgl BVerwGE 10, 270; 38, 314; BVerwG NVwZ 2001, 436, 437; Buchh 442.10 § 4 StVG Nr 32 und 52; NVwZ 1988, 434; BFH NVwZ-RR 1990, 282 = JuS 1990, 151 m zust Anm Osterloh: keine Umkehr der objektiven Beweislast, sondern Begrenzung der Sachaufklärungspflicht und Minderung des Beweismaßes; keine schematische Berücksichtigung, sondern je nach den Umständen des Falles unter Abwägung nach dem Grad der Pflichtverletzung, der Verhältnismäßigkeit, der Zumutbarkeit, der Beweisnähe usw; OVG Greifswald NordÖR 2001, 129: Beweislastumkehr bei Verstoß gegen Pflicht zur Aktenführung; OVG Münster NVwZ 1982, 255; VkBl 1981, 211; NJW 1990, 728; VGH München BayVBl 1977, 565; OLG Karlsruhe FamRZ 1990, 521; Ule 50 IV; Knack 20; Nierhaus 481; Kopp/Schenke § 108 Rn 17; Martens VwVfG 158 ff; StuW 1981, 322.

[49] BVerwGE 74, 223, 242; BVerwG NVwZ 1986, 323; OVG Münster NJW 1990, 728.

[50] Vgl zum Anscheinsbeweis im Einzelnen ua BVerwG NJW 1982, 1893; 1986, 3093; BGH NJW 1978, 2197; 1982, 2448; VGH Mannheim DVBl 1990, 537; Kopp/Schenke § 108 Rn 18 mwN.

[51] UL § 27 Rn 16; StBS § 26 Rn 27 f; Knack § 26 Rn 5; Obermayer 250; vgl auch BVerwGE 20, 231; Ule 50 III; Kopp/Schenke § 108 Rn 18.

nach der allgemeinen Erfahrung des täglichen Lebens den Schluss von einer gegebenen Ursache oä auf das üblicherweise zu erwartende Ergebnis nahelegt (BVerwGE 69, 268; BGH NJW 1985, 1774; VGH Mannheim DVBl 1990, 537). Der Beweis des ersten Anscheins ist auch anwendbar, wenn es auf bewusstes individuelles Verhalten von Menschen ankommen kann;[52] er wird erschüttert, wenn konkrete Tatsachen erwiesen sind, die die Möglichkeit eines anderen Hergangs oder Sachverhalts dartun und damit den typischen Geschehensablauf in Frage stellen (VGH Kassel NVwZ-RR 1990, 226).

53 **b) Tatsächliche Vermutungen.** und **allgemeine Erfahrungssätze** wirken ähnlich wie der Anscheinsbeweis und können einen konkreten Beweis erübrigen oder erleichtern (Knack 18). Sie sind allgemeine, abstrakte Erkenntnisse, die sich auf die Beobachtung von Einzelfällen gründen (Musielak/Stadler JuS 1980, 281; StBS § 26 Rn 27; s auch § 26 Rn 14). Auch Erfahrungssätze sind nur anwendbar, wenn sie nicht hins. ihres Bestehens und ihrer Anwendbarkeit allgemein oder im konkreten Fall widerlegt oder zumindest erschüttert werden (vgl BFH NVwZ-RR 1990, 120); im Übrigen sind sie jedoch im Verwaltungsverfahren zumindest als ergänzende Gesichtspunkte ohne Einschränkung anwendbar (zT **aA** BFH NVwZ-RR 1990, 120: ein Rückgriff auf tatsächliche Vermutungen und auf aus der allgemeinen Lebenserfahrung gewonnene, widerlegbare Erfahrungssätze ist nur zulässig, wenn die Aufklärung zu keinem gesicherten Ergebnis führt). ZB wird die tatsächliche Vermutung, dass einander nicht nahe stehende Personen regelmäßig Leistungen nur nach Maßgabe der zu erwartenden oder bereits erlangten Gegenleistung erbringen, dadurch entkräftet, dass besondere Umstände festgestellt werden, die dafür sprechen, dass es im konkreten Fall plausible Gründe für die Leistung ohne Zusammenhang mit einer unmittelbaren Gegenleistung gibt (vgl BFH NVwZ-RR 1990, 120).

V. Berücksichtigungsgebot (Abs 2)

54 **1. Grundsatz.** Abs 2 stellt klar, dass alle nach Abs 1 ermittelten Umstände bei der Entscheidung auch berücksichtigt werden müssen, sofern sie für die Entscheidung objektiv erheblich sind. Erheblichkeit besteht dann, wenn die Umstände entweder für das Vorliegen einzelner Tatbestandsvoraussetzungen einer beachtlichen Rechtsnorm oder für die Betätigung vpn Ermessen, für die Ausfüllung von Beurteilungsspielräumen oder von planerischen Gestaltungsspielräumen von Bedeutung sind. Das Berücksichtigungsgebot gilt unabhängig davon, wer die Umstände vorgetragen oder in das Verfahren eingebracht hat. Den Beteiligten günstige Umstände müssen also auch dann berücksichtigt werden, wenn diese solche Umstände gar nicht geltend machen. Diese Verpflichtung besteht jedoch **nur vorbehaltlich** der in zahlreichen Gesetzen den Beteiligten auferlegten, in gewissem Umfang sich uU auch aus der Natur der Sache sowie aus § 26 Abs 2 ergebenden **Mitwirkungspflichten** (s dazu § 26 Rn 40). Rechtsvorschriften, die den Beteiligten, insb einem Antragsteller, die **Vorlage bestimmter Urkunden,** Pläne uä, bestimmte Angaben usw auferlegen, berechtigen die Behörde idR, insoweit von eigenen Ermittlungen abzusehen (vgl Begr 49); die betroffenen Beteiligten sind in diesen Fällen in entspr Anwendung von § 25, ggf unter Fristsetzung, nur auf das Fehlen der Unterlagen usw hinzuweisen.

55 **2. Begriff der Berücksichtigung.** Berücksichtigen heißt, dass die Umstände im Verwaltungsverfahren entsprechend ihrer objektivrechtlichen Bedeutung (Erheblichkeit) in den Entscheidungsprozess einbezogen werden müssen. Ob sie dabei die Entscheidung maßgeblich beeinflussen, hängt von ihrem Stellenwert ab, der

[52] BGH NJW 1982, 2668; Knack 2.2; enger BVerwGE 69, 268; BVerwG DÖV 1979, 601; VGH Mannheim DVBl 1990, 537: nicht anwendbar auf vom menschlichen Willen abhängige Abläufe.

sich nach dem jeweils einschlägigen materiellen Recht richtet. Soweit die Behörde über einen Ermessens-, Beurteilungs- oder planerischen Gestaltungsspielraum verfügt, müssen die Umstände in die Abwägung einbezogen werden, sofern dies dem Zweck der Ermächtigung entspricht (§ 40 Rn 48). Im Grundsatz ergibt sich die Pflicht zur Berücksichtigung der von einem Beteiligten vorgetragenen Umstände schon aus § 28 (StBS 67).

3. Berücksichtigungsgebot und Ermittlungspflicht. Abs 2 bezieht sich in erster Linie auf die Pflicht zur Berücksichtigung der ermittelten bzw festgestellten Tatsachen. Richtigerweise enthält die Vorschrift aber auch eine Klarstellung im Hinblick auf den Umfang der Ermittlungspflicht nach Abs 1 (so auch Obermayer 183). Da es aber nur eine Klarstellung der sich aus Abs 1 ohnehin ergebenden Pflichten zur umfassenden Ermittlung der erheblichen Umstände geht, entfaltet Abs 2 insoweit keine besondere Steuerungswirkung. Wichtig ist aber, dass sich die Berücksichtigungspflicht nach Abs 2 auf alle vorliegenden Umstände bzw Tatsachen bezieht und deshalb über die Ermittlungspflicht nach Abs 1 hinausgehen kann. Dies ist dann der Fall, wenn die Beteiligten etwa von sich aus Umstände vorgetragen habe, die von Amts wegen nicht hätten aufgeklärt werden müssen. Gleiches gilt, wenn sich die Ermittlungspflichten auf Grund besonderer Rechtsvorschriften oder wegen Verletzung von Obliegenheiten seitens der Beteiligten nach § 26 Abs 2 reduzieren (s hierzu § 26 Rn 40), sowie in den Präklusionsfällen (s näher § 22 Rn 55). Auch die Präklusion enthebt die Behörde grundsätzlich nicht der Verpflichtung, die tatsächlich vorliegenden Informationen bzw bekannten Umstände zu berücksichtigen (so wohl auch StBS § 26 Rn 54). 56

VI. Entgegennahme von Erklärungen und Anträgen (Abs 3)

1. Grundsatz. Abs 3 verpflichtet die Behörde zur Entgegennahme von Erklärungen und Anträgen **ohne Rücksicht auf Zulässigkeit oder Begründetheit.** Die Regelung hat im Hinblick auf Abs 1 und 2 insofern Bedeutung, als sonst vor allem nach Abs 1 S. 2 uU zweifelhaft sein könnte, ob die Behörde Erklärungen, Anträge, Anregungen usw entgegennehmen muss, die sie nicht für entscheidungserheblich hält. Die Pflicht nach Abs 3 sichert zugleich eine **ordnungsgemäße Aktenführung,** die ihrerseits praktische Voraussetzung für effektiven Rechtsschutz durch die Gerichte ist. Sie gilt zumindest analog auch unabhängig von konkreten, bereits anhängigen **Verfahren** (Begr 49), insb auch für die Stellung von Anträgen iS des § 22 zur Einleitung eines Verfahrens, sowie für Erklärungen, Eingaben usw, die in keinem Zusammenhang mit einem Verwaltungsverfahren iS von § 9 stehen (Begr 49). 57

Mittelbar ergibt sich aus Abs 3 auch die Verpflichtung der Behörden, in geeigneter Weise dafür zu sorgen, dass bei ihr Erklärungen abgegeben und Anträge gestellt werden können (Gusy BayVBl 1985, 485). Für fristwahrende Anträge bzw Schriftsätze muss beispielsweise für die Behörde ein **Nachtbriefkasten** eingerichtet sein.[53] Die Einrichtung gemeinsamer Nachtbriefkästen oder Annahmestellen für mehrere Behörden ist zulässig; es muss für die Betroffenen aber durch entsprechende Hinweise eindeutig erkennbar sein, für welche Behörden die Einrichtung bestimmt ist. Die **Entgegennahme mündlicher Anträge,** Eingaben bzw Erklärungen kann dagegen auf die normalen Dienststunden beschränkt bleiben. Die Behörden sind aber im Grundsatz verpflichtet, den Betroffenen die Möglichkeit einzuräumen, ihr Anliegen auch mündlich vorzubringen. Die Voraussetzungen für die Stellung von Anträgen zur Niederschrift bei der Behörde müssen nur bestehen, wenn und soweit eine Regelung dies für spezielle Verfahren vorsieht. 58

[53] Allg Meinung, vgl BVerfGE 69, 381; OVG Münster NJW 1987, 1353; StBS 84; Knack 23; Obermayer 198.

59 **a) Erklärungen und Anträge.** Die Pflicht des Abs 3 bezieht sich nicht nur auf förmliche Anträge, sondern auch auf alle sonstige Erklärungen in Bezug auf laufende, abgeschlossene oder künftige Verfahren. Betrifft die Eingabe ein **bereits durch VA abgeschlossenes** Verfahren und kommt eine Umdeutung in einen Rechtsbehelf nicht in Betracht, so muss die Behörde auch prüfen, ob das Begehren auf **Rücknahme bzw Widerruf** des VA oder **Wiederaufnahme** des Verfahrens gerichtet ist. Liegt einer Eingabe offensichtlich kein schutzwürdiges Anliegen zugrunde, so kann die Behörde ausnahmsweise auch die Sache unerledigt und unbeantwortet lassen (vgl WBS III § 156 V a); dies gilt auch zB bei ausschließlich **querulatorischen Eingaben** sowie bei Eingaben, die schon früher vorgebrachte Erklärungen usw, die von der Behörde bereits beantwortet wurden, lediglich wiederholen, nicht dagegen bei Eingaben, die lediglich im Ton ungebührlich, zB beleidigend, sind.

60 **b) Zuständigkeit.** Eine Prüfungspflicht besteht grundsätzlich nur dann, wenn der Antrag bzw die Erklärung sich an die Behörde richtet, der gegenüber sie abgegeben bzw eingereicht wird. Ist die Eingabe an eine andere Behörde gerichtet als die, der sie eingereicht wird (zB Antrag an das Landratsamt A wird beim Landratsamt B eingereicht), so kommt nur eine Weiterleitung (s Rn 63) in Betracht. Richtet sich die Eingabe dagegen an die angerufene Behörde, so muss diese zunächst prüfen, ob sie für das Begehren zuständig ist. Fehlt es daran, so kann die Eingabe ohne materielle Prüfung als unzulässig zurückgewiesen werden. Zulässig wäre es auch, den Antragsteller bzw Absender von der Unzuständigkeit in Kenntnis zu setzen und die Eingabe nach entsprechender Willensäußerung an die zuständige Stelle weiterzuleiten.

61 **c) Pflicht zur Prüfung.** Die Verpflichtung zur Entgegennahme bedeutet nicht, dass die Behörde sich in jedem Fall sachlich damit befassen muss, sondern nur, dass sie die Erklärung, den Antrag usw **zur Kenntnis nehmen** und entscheiden muss, welche Folgerungen sie daraus zieht. Je nach der Art der Erklärung, des Antrags usw muss die Behörde gesondert durch VA darüber entscheiden oder kann sich ggf damit begnügen, in der Begründung der Entscheidung in der Sache, auf die sich die Erklärung bezieht, oder in anderer Form bzw in anderer Weise dazu Stellung zu nehmen.

62 Ist die Erklärung oder der Antrag als **Petition** iS von Art 17 GG zu verstehen, so muss die Behörde dem Antragsteller einen sog „informativen Bescheid" über die Art der Erledigung geben (BVerfG 2, 225; OVG Münster NJW 1979, 281). Auf den Erlass eines derartigen „Bescheides" hat der Petent grundsätzlich einen Anspruch. Dies gilt auch in Fällen sog **Sachaufsichtsbeschwerden.**

63 **2. Weiterleitung bei Unzuständigkeit.** Umstritten ist, ob die Behörde verpflichtet ist, Anträge an die zuständige Behörde weiterzuleiten. Während dies in § 16 Abs 2 SGB I für das Sozialrecht (BSG NJW 1975, 1380) vorgesehen ist, fehlt für den Bereich des VwVfG eine derartige Vorschrift. Die hM geht davon aus, dass es eine Pflicht zur Weiterleitung nur gebe, wenn sie gesetzlich vorgesehen ist, und lehnt deshalb für den Regelfall eine Weiterleitungspflicht ab.[54] Die Gegenmeinung sieht in den Vorschriften über die Weiterleitungspflicht einen allgemeinen Rechtsgedanken oder geht von dem Grundsatz der Einheit der Verwaltung aus (so Bryde VVDStRL 46, 182, 198). Der zuletzt genannten Auffassung ist zuzustimmen. Es entspricht ohnehin einer weitgehenden Übung, Anträge und Eingaben weiterzuleiten. Damit kommt die Verwaltung einer allgemeinen Betreuungspflicht nach. Allerdings besteht keine Pflicht zur fristwahrenden Weiterleitung, da diese eine inhaltliche Prüfung erfordern würde (Knack 23).

---

[54] BVerwG DVBl 1981, 775; VGH Mannheim NJW 1973, 385; StBS 87; UL § 21 Rn 6; Knack 23 mwN.

§ 25 Beratung, Auskunft

Die Behörde soll[12a] **die Abgabe von Erklärungen, die Stellung von Anträgen**[9] **oder die Berichtigung von Erklärungen oder Anträgen anregen,**[11] **wenn diese offensichtlich**[10] **nur versehentlich oder aus Unkenntnis unterblieben oder unrichtig abgegeben oder gestellt worden sind. Sie erteilt, soweit erforderlich, Auskunft über die den Beteiligten im Verwaltungsverfahren zustehenden Rechte und die ihnen obliegenden Pflichten.**[13]

Parallelvorschriften: §§ 13, 14, 15, 16 Abs 3 SGB I; § 89 AO

Schrifttum: *Erichsen,* Das Recht auf freien Zugang zu Informationen über die Umwelt, NVwZ 1992, 409; *Faber,* Die Bedeutung des Umweltinformationsgesetzes für die Kommunalverwaltung, DVBl 1995, 722; *Foerster,* Beratungs- und Auskunftspflichten der Behörden gegenüber dem Bürger, SKV 1974, 321; *Haller,* Die Rechtsqualität der Behördenentscheidungen im Rahmen des Auskunftsanspruchs nach § 9 Umwelthaftungsgesetz, NuR 1995, 217; *Jäde,* Befangenheitsschranken behördlicher Beratungspflicht, BayVBl 1988, 264; *Jochum,* Auskunfts- und Hinweispflichten bei der Wahrnehmung hoheitlicher Aufgaben, NVwZ 1987, 460; *Knemeyer,* Auskunftsanspruch und behördliche Auskunftsverweigerung, JZ 1992, 348; *Kothe,* Beratungspflichten und Informationsbedarf im Umweltschutz, DÖV 1998, 577; *Kunze,* Aufklärung, Beratung und Auskunft im Sozialrecht, 1978; *Lübbe-Wolff,* Der Anspruch auf Information über den Inhalt ermessensbindender Verwaltungsvorschriften, DÖV 1980, 594; *Oebbecke,* Beratung durch Behörden, DVBl 1994, 147; *Perthold-Stoitzner,* Die Auskunftspflicht der Verwaltungsorgane, Wien, 1993; *Thiele,* Akteneinsicht, Auskunfts- und Beratungspflicht bei Behörden, DöD 1978, 65.

Übersicht

I. Allgemeines

1 **1. Inhalt.** Die Vorschrift regelt **Betreuungs- oder Fürsorgepflichten** der Behörde gegenüber den Beteiligten im allgemeinen Verwaltungsverfahren. Sie lehnt sich an vereinzelt bestehende Vorschriften und an § 86 Abs 2 VwGO bzw § 139 ZPO an und entspricht im Wesentlichen dem vor Inkrafttreten des VwVfG geltenden Recht (vgl Begr 49). Sie betrifft nicht den Anspruch der Beteiligten auf sachliche Informationen bzw Akteneinsicht usw (s hierzu näher § 29), sondern nur Unterstützung bzw Auskünfte in Bezug auf ein sinnvolles, zweckentsprechendes Verhalten der Beteiligten im Verwaltungsverfahren.

2 **2. Verfassungsrechtlicher Hintergrund.** Wie § 86 Abs 2 VwGO und § 139 ZPO ist die Vorschrift Ausfluss vor allem des Rechtsstaatsprinzips und des Sozialstaatsprinzips (StBS 7) sowie ggf in einer Sache berührter Grundrechte (BVerfG 52, 380; Hufen NJW 1982, 2163). Sie soll nach Möglichkeit verhindern, dass die Verwirklichung der den Beteiligten nach materiellem Recht oder im Verfahren zustehenden Rechte an der Unkenntnis, Unerfahrenheit oder Unbeholfenheit im Umgang mit Behörden scheitert (vgl UL § 26 Rn 1, 6; Erichsen/Ehlers § 37 Rn 24). Insoweit ist die Regelung auch Ausfluss der im sozialen Rechtsstaat den Behörden allgemein dem Bürger gegenüber obliegenden Fürsorge- und Betreuungspflichten (vgl Begr 49) und des Grundsatzes der Waffengleichheit im Verfahren (vgl Kopp 173). Zugleich soll sie auch die geordnete und sachgemäße Durchführung des Verfahrens fördern und dient insofern auch der Effektivität der Verwaltung.

3 **3. Anwendungsbereich. a) Konkrete Verwaltungsverfahren.** § 25 regelt unmittelbar nur die Verpflichtung der Behörden im Rahmen von konkreten Verwaltungsverfahren nach dem VwVfG zu **Hinweisen** in bezug auf Erklärungen und Anträge in Verfahren (S 1) sowie zu **Auskünften** hins. des Verfahrens, insb auch zum Verfahrensrecht (S 2). Die Verwaltungsverfahrensgesetze der Länder enthalten mit § 25 gleich lautende Vorschriften. § 94 Abs 1 und Abs 2 bwVwVfG sieht darüber hinaus eine grundsätzliche Verpflichtung der Gemeinden vor, ihren Einwohnern nach Möglichkeit auch bei der Einleitung von Verfahren bei anderen Behörden behilflich zu sein und unter bestimmten Voraussetzungen auch Vordrucke für Verfahren vor anderen Behörden bereitzuhalten. Für **förmliche Verfahren** gem § 63 gilt ergänzend die Hinweispflicht in der mV nach § 68 Abs 2, die nach § 73 Abs 6 S 6 auch für das Planfeststellungsverfahren anwendbar ist; für Verfahren iS des § 71 a außerdem die Vorschriften des § 71 c.

4 **b) Anhängigkeit erforderlich?** Die Beratungs- und Auskunftspflicht setzt die Anhängigkeit eines Verwaltungsverfahrens **nicht voraus.** Notwendig ist aber stets der Bezug zu einem konkreten, bereits anhängigen oder in Aussicht genommenen Verwaltungsverfahren (StBS 2). Insbesondere die Auskunftspflicht des S 2 bezieht sich auch auf den Zeitraum vor Beginn eines Verwaltungsverfahrens, etwa im Hinblick auf die Frage, ob ein Antrag gestellt werden soll usw. Eine allgemeine Auskunftspflicht der Behörde in Bezug auf etwaige Rechte und Pflichten ergibt sich aus der Vorschrift dagegen nicht.

4 a **c) Beteiligte, Betroffene, Dritte.** Die Vorschrift gilt unmittelbar **nur für die Beteiligten** des Verfahrens (§ 13) einschließlich von Einwendern gem § 73 Abs 4 oder nach entsprechenden Vorschriften in Planfeststellungsverfahren und nach ähnlichen Regelungen in vergleichbaren Verfahren, zB gem § 10 BImSchG sowie nach dem Zweck der Vorschrift auch für Personen, die die Stellung eines Antrags gem § 22, durch den sie gem § 13 Abs 1 Nr 1 erst Beteiligte werden, beabsichtigen oder die ihre Zuziehung zum Verfahren gem § 13 Abs 1 Nr 4, Abs 2, insb auch S 2, oder nach vergleichbaren Vorschriften anstreben bzw Einwendungen erheben wollen.[1] Erfasst werden außerdem **Einrichtungen, Organe oder Ver-**

[1] StBS 24 f; Knack 17; enger Obermayer 33.

bände, die auf Grund besonderer Vorschriften (vgl § 60 BNatSchG nF) ein Beteiligungsrecht haben. Zumindest analog ist § 25 auch auf **Dritte** anwendbar, die, ohne Beteiligte zu sein, im Verfahren iS von § 13 Abs 3 anzuhören sind oder als **Zeugen** im Verfahren aussagen (vgl zum förmlichen Verfahren insoweit auch § 65 iVm §§ 380ff, 407ff ZPO sowie allg BVerfG 38, 111) bzw als **Sachverständige** von der Behörde zum Verfahren zugezogen werden oder die zur Unterstützung von Beteiligten auftreten, ebenso auch auf die **Bevollmächtigten, Vertreter und Beistände** von Beteiligten gem §§ 14ff.

d) Anwendbarkeit auf sonstige Verwaltungsverfahren. Als Ausdruck allgemeiner Rechtsgedanken sind § 25 und die entspr Vorschriften des Landesrechts, vor allem soweit sie ohnehin nur auch schon vorher anerkannte Verpflichtungen der Behörden kodifizieren, aber auch wegen der Beispielswirkung des VwVfG (vgl § 1 Rn 6) im Zweifel sinngemäß-analog auch auf Verwaltungsverfahren anwendbar, die nicht unter den Anwendungsbereich der Verfahrensgesetze fallen und für die keine entsprechenden Rechtsvorschriften bestehen. 5

Die Regelungen des § 25 sind **analog** auch auf **privatrechtliche** fiskalische **Handlungen** der Verwaltung zur Erfüllung öffentlicher Aufgaben anwendbar (Achterberg JA 1985, 510; Zezschwitz NJW 1983, 1881). **Mittelbar** ergibt sich aus § 25 auch die **Verpflichtung** der Verwaltung, **Verwaltungsformulare** klar und unmißverständlich abzufassen (BVerwGE 95, 227). 6

e) Speziellere Vorschriften. Für einzelne Bereiche bzw Angelegenheiten **gelten** in Bezug auf Beratungs-, Auskunfts- und Informationspflichten **Sondervorschriften,** die der Regelung in § 25 vorgehen und zT weitergehende Verpflichtungen der Behörden begründen oder überhaupt vom Erfordernis des Bezugs auf konkrete Verwaltungsverfahren iS von § 9 absehen. Zu nennen sind neben den §§ 13ff SGB I auch die Bestimmungen der GOen der Länder über Beratungs- und Unterstützungspflichten. Eine allgemeine Auskunfts- und Beratungspflicht der Behörde gegenüber Jedermann besteht dagegen nicht (vgl Rn 20). Zu den Informationsansprüchen vgl § 29. 7

II. Hinweise bei der Abgabe von Erklärungen und Anträgen (S 1)

1. Allgemeines Die Behörde soll nach § 25 S 1 die Beteiligten insb auf **Formfehler und Unzulänglichkeiten** der von ihnen abgegebenen Erklärungen bzw gestellten Anträge hinweisen und im Interesse einer zweckmäßigen Rechtsverfolgung und Rechtsverteidigung notwendige **Ergänzungen, Berichtigungen und Klarstellungen** anregen und erforderlichenfalls die Betroffenen entsprechend belehren. Die Hinweispflicht nach S 1 erfüllt dabei zT **auch die Funktion des Fragerechts,** das sonst nur in § 71 Abs 1 für das förmliche Verfahren ausdrücklich vorgesehen ist. Die Vorschrift begründet aber grundsätzlich **keine Verpflichtung** der Behörde, einen Antragsteller, der die ihm obliegenden Mitwirkungspflichten für die Inanspruchnahme von Leistungen der Verwaltung nicht innerhalb angemessener Zeit erfüllt, vor den durch seine Säumigkeit bedingten Risiken zu bewahren (VGH Kassel NVwZ 1985, 915). Die Verpflichtung nach S 1 entsteht, sobald sich der Behörde der Eindruck aufdrängen muss, dass Anträge oder Erklärungen versehentlich oder aus unkenntnis unterblieben oder unrichtig abgegeben sind. Dies fordert ein Tätigwerden von Amts wegen. 8

2. Erklärungen, Anträge. Der **Begriff der Erklärung** in S 1 ist entsprechend dem Zweck der Vorschrift in einem weiten Sinn zu verstehen. Darunter fallen alle Willens- und Wissensbekundungen, zB auch der **Vortrag von Tatsachen** (vgl BVerwGE 36, 267; Knack 12), die **Vorlage von Urkunden** usw und alle sonstigen Mitwirkungshandlungen der Beteiligten gem § 26 Abs 2 S 1 (ähnlich StBS 30, 31; UL § 26 Rn 20; MB 9). **Anträge** iS der Vorschrift sind sowohl die das Verfahren einleitenden Anträge gem § 22 S 2 als auch Anträge im anhängigen 9

Verfahren zu einzelnen Verfahrenshandlungen, auch zB der Antrag auf Wiedereinsetzung gem § 32.

10 **3. Offensichtlichkeit.** Die Pflicht zur Anregung sachdienlicher Anträge setzt Offensichtlichkeit des Versehens oder der Unkenntnis voraus. Dies bedeutet, dass der Mangel für einen durchschnittlichen Beamten **ohne weiteres erkennbar** sein muss. Ausreichend ist, wenn es sich für den Bediensteten die Notwendigkeit einer Nachfrage aufdrängt, etwa weil das Verhalten des Bürgers ersichtlich durch Unkenntnis oder Irrtum geprägt ist (vgl StBS 32; Knack 12).

11 **4. Anregen von Anträgen und Erklärungen.** Die Behörde erfüllt die Verpflichtung ach S. 1, wenn sie den Beteiligten bzw Betroffenen auf die nach Lage der Dinge erforderlichen oder sinnvollen Anträge bzw Erklärungen hinweist (UL § 26 Rn 20; Knack 12; Hill NVwZ 1985, 153). Ob und in welchem Umfang der entsprechende Hinweis begründet werden muss, hängt vom Einzelfall ab. Soweit Zweifel hins. des objektiv richtigen Vorgehens im konkreten Fall bestehen oder Fragen in der Rspr oder im Schrifttum umstritten sind, beschränkt sich die **Hinweispflicht** darauf, auf **mögliche Alternativen** und die bestehenden Zweifel hinzuweisen, es im Übrigen aber den Beteiligten zu überlassen, in eigener Verantwortung sich für den einen oder anderen Weg zu entscheiden ebenso Knack 3.2; dies auch deshalb, weil nicht auszuschließen ist, dass uU später die Rechtsbehelfsbehörde oder das Verwaltungsgericht andere Auffassungen vertreten.

12 Nach S 1 können Hinweise sowohl auf **Tatsachen als auch auf Rechtsfragen** veranlasst sein, soweit sie im Hinblick auf eine zweckentsprechende Antragstellung oder auf eine Ergänzung des Vorbringens oder auf die Abgabe besonderer Erklärungen erforderlich sind (vgl BVerwGE 36, 267; OVG Münster DÖV 1983, 986; Knack 12). Dies gilt insb dann, wenn die Beteiligten für die Behörde erkennbar bei ihren Erklärungen und Anträgen von einer anderen Rechtsauffassung ausgehen als die Behörde oder wenn ihnen aus anderen Gründen die mögliche Bedeutung bestimmter Tatsachen oder Rechtsvorschriften im Hinblick auf den Gegenstand des Verfahrens nicht bewusst ist (vgl zur Hinweispflicht in Bezug auf Tatsachen OVG Münster DVBl 1978, 508; UL § 24 Rn 4). Insoweit gilt auch für das Verwaltungsverfahren **nichts anderes als** im Verwaltungsprozess gem **§ 86 Abs 3 VwGO** iVm § 278 Abs 3 ZPO. Die Hinweispflicht kann aber auch in diesem Fall nur der zweckentsprechenden Durchführung des Verfahrens dienen und **darf nicht zur Rechtsberatung werden;** eine solche wäre Aufgabe eines Rechtsanwalts, an den ggf ein Beteiligter zu verweisen ist, nicht der Behörde, die sich damit uU nur dem Vorwurf der Parteilichkeit aussetzen würde.

12a **5. Sollvorschrift.** Die Fassung der Vorschrift als Sollvorschrift gibt der Behörde einen gewissen Spielraum im Hinblick auf die Erfordernisse des Einzelfalls. Im Regelfall ist die Behörde verpflichtet, die in der Sache veranlassten Hinweise zu geben (UL § 26 Rn 20; Knack 12). Ist ein Rechtsanwalt beteiligt, so sind an die Hinweispflicht geringere Anforderungen zu stellen.[2]

III. Auskünfte über Verfahrensrechte und -pflichten (S 2)

13 **1. Auskunftspflicht im Rahmen des Verwaltungsverfahrens.** Rechtsbelehrungen sind, jedenfalls soweit sie nicht unmittelbar der Erfüllung der Hinweispflicht nach S 1 dienen, grundsätzlich nicht Aufgabe der Behörde. S 2 macht jedoch aus den oben zu 1 dargelegten Gründen hins. der Rechte und Pflichten der Beteiligten im Verfahren eine Ausnahme. Die Regelung betrifft **nur verfahrensrechtliche Rechte und** Pflichten, sie ist in Bezug auf das materielle Recht nicht

[2] Vgl BVerwGE 21, 217; 29, 268; VG Berlin DVBl 1981, 196; BVerwGE 49, 256: Keine Verpflichtung der Behördem einen Anwalt auf eine drohende Fristversäumung hinzuweisen.

anwendbar;[3] eine Verpflichtung zu Hinweisen auf Vorschriften des materiellen Rechts kann sich jedoch mittelbar aus S 1 ergeben, wenn bzw soweit diese für die Stellung von Anträgen oder die Abgabe von Erklärungen iS des Abs 1 von Bedeutung sind; weitergehende Pflichten können sich aus speziellen gesetzlichen Regelungen (Rn 7) oder auch aus allgemeinen Rechtsgrundsätzen ergeben.

S 2 verpflichtet die Behörden nur zur **Erteilung von Auskünften, nicht auch zur Rechtsberatung.** Im Regelfall ist auch die Erteilung einer Auskunft nur veranlasst, wenn ein Beteiligter die Behörde darum bittet (Begr 49, wo dies als Folge aus dem Begriff der Auskunft angesehen wird). Aus dem Zusammenhang mit S. 1 ergibt sich jedoch, dass die Behörde einen Beteiligten über seine Rechte oder Pflichten im Verfahren auch dann belehren muss, wenn dieser offensichtlich eine für die Verfolgung seiner Rechte wesentliche verfahrensrechtliche Regelung nicht kennt oder sich aus Unkenntnis, Unerfahrenheit oder Unbeholfenheit des Problems gar nicht bewusst ist und deshalb auch nicht um Auskunft bitten kann.[4] 14

2. Erforderlichkeit der Auskunft. Die Verpflichtung der Behörde beschränkt sich auf die **erforderlichen Auskünfte,** dh die Behörde muss nur dann und nur insoweit Auskunft erteilen, als dies erforderlich ist, **damit der Beteiligte seine Rechte effektiv wahrnehmen** und seine Pflichten im Verfahren ordnungsgemäß erfüllen **kann.**[5] **Ob** die Auskunft idS erforderlich ist, ist eine gerichtlich **voll nachprüfbare Rechtsfrage.** In Verfahren mit Beteiligten mit gegensätzlichen Interessen darf die Behörde aber nicht einseitig einen Beteiligten beraten usw, weil sie sich sonst uU dem Verdacht der Parteilichkeit § 21 aussetzt. 15

Nach S 2 sind Auskünfte im Verwaltungsverfahren zu erteilen, soweit es erforderlich ist. Die Erforderlichkeit schränkt den Auskunftsanspruch auch inhaltlich ein. Die Auskunftspflicht bezieht sich nur auf die im konkreten Verwaltungsverfahren bestehenden Rechte des Beteiligten. Dabei darf der Grundsatz der Waffengleichheit bei Beteiligten mit divergierenden Interessen nicht verletzt werden (StBS 21). Zu beachten sind außerdem spezielle **Bestimmungen über Geheimhaltung** und/oder Vertraulichkeit, zB § 30 AO. Wird eine Auskunft erteilt, so muss sie richtig, vollständig und klar sein, unabhängig davon, ob ein Anspruch besteht oder nicht. Fehlt es an einem Anspruch, so kann zwar nicht die Richtigstellung oder Vervollständigung der Auskunft verlangt werden, wohl aber ggfs. Ersatz des Schadens, der auf Grund der fehlerhaften Auskunft eingetreten ist (BGHZ 117, 83 = NJW 1992, 1230). 16

IV. Rechtsfolgen einer Verletzung der Beratungs- bzw. Auskunftspflicht

1. Gerichtliche Durchsetzbarkeit. Eine eher theoretische Frage ist, ob die Beteiligten bzw Betroffenen die ihnen nach § 25 zustehenden Rechte auch gerichtlich durchsetzen könnten oder ob § 44a VwGO den Rechtsschutz auch insoweit auf die Endentscheidung beschränkt. Richtigerweise dürfte § 44a VwGO einem Rechtsbehelf etwa im vorläufigen Rechtsschutz nicht entgegenstehen.[6] 17

---

[3] Ebenso StBS 44; **aA** Bieback DVBl 1983, 168; UL § 26 Rn 8; Obermayer 35; MB 14; Knack 17: auch Auskunft über Rechte und Pflichten des Betroffenen nach materiellem Recht; „im Verwaltungsverfahren" bedeute nur eine Beschränkung auf Auskünfte, die für das anhängige Verfahren von Belang sind.

[4] BVerwG NJW 1980, 2574; 1985, 1337; VersR 1970, 1106; Krohn ZfBR 1978, 3; Erichsen § 37 Rn 24; MB 14; **aA** UL § 26 Rn 20.

[5] UL § 26 Rn 20; StBS 39; Knack 18; zT **aA** MB 14: „soweit erforderlich" beziehe sich nur auf spontane Auskünfte, die die Behörde von Amts wegen gibt; gegen diese Einschränkung UL § 26 Rn 10 Fn 20.

[6] Vgl BVerwGE 74, 115, 118; 61, 40; enger Obermayer 69.

17 a **2. Verfahrensfehler.** Eine Verletzung der Hinweispflicht nach S 1 stellt einen Verfahrensfehler dar, der die Rechtswidrigkeit des im Verfahren ergangenen VA nach § 46 allerdings nur dann zur Folge hat, wenn die Möglichkeit nicht auszuschließen ist, dass er sich auf das Ergebnis ausgewirkt hat (OVG Lüneburg DVBl 1983, 989; UL § 26 Rn 26), außerdem zugleich uU eine **Verletzung des Rechts auf Gehör.**

18 **3. Folgenbeseitigung. Umstritten** ist, in welchem Umfang im Falle der Erteilung einer fehlerhaften Auskunft oder bei rechtswidriger Auskunftsverweigerung ein Anspruch auf Rückgängigmachung der dadurch verursachten verfahrensrechtlichen Folgen, zB einer Fristversäumung besteht. Ein allgemeiner hierauf gerichteter Anspruch besteht im Anwendungsbereich des VwVfG nicht. Die hM lehnt eine Übernahme des sog **sozialrechtlichen Herstellungsanspruchs** (vgl hierzu Bieback, DVBl 1983, 159; Stelkens, NuR 1985, 213; Wallerath DÖV 1987, 505) in das allgemeine Verwaltungsverfahrensrecht ab.[7] Deshalb kommt eine Rückgängigmachung der Folgen nur im Rahmen des allgemeinen FBA in Betracht. Dies setzt voraus, dass es der Behörde rechtlich möglich ist, die Folgen zu beseitigen. Deshalb ist die Behörde uU **nach Treu und Glauben** gehalten, Betroffene, soweit ihr dies rechtlich möglich ist, grundsätzlich **so zu stellen,** wie sie stehen würden, **wenn** sie **ordnungsgemäß belehrt** worden wären.[8] Die **Behörde kann sich** zB auf die **Rücknahme** eines Antrags **nicht berufen,** wenn sie diese durch eine unrichtige Belehrung veranlasst hat (UL § 26 Rn 29), oder eine behördliche Frist nicht als versäumt behandeln, wenn sie es pflichtwidrig unterlassen hat, den Betroffenen zur rechtzeitigen Stellung des Antrags zu veranlassen (vgl BVerwGE 16, 156; OVG Hamburg ZMR 1996, 511; VGH München DVBl 1978, 115; OVG Münster NVwZ 1986, 134; Knack 13). **Anders** bei **Versäumung einer gesetzlichen Frist;** hier ist jedoch grundsätzlich Wiedereinsetzung gem § 32 zu gewähren (StBS 16).

19 **4. Amtshaftung.** Die schuldhafte Verletzung der Hinweispflicht stellt immer auch eine Amtspflichtverletzung dar, die gem § 839 BGB, Art 34 GG zum Schadensersatz verpflichtet.[9] Entsprechendes gilt für eine Verletzung der Auskunftspflicht;[10] auch hier kommen Schadensersatzpflichten wegen Amtspflichtverletzungen bei falschen oder mißverständlichen Auskünften in Betracht.[11]

---

[7] BVerwG NJW 1997, 2966; BVerwGE 79, 192; StBS 17; Obermayer 76; **aA** Knack 13 mwN.

[8] Vgl BVerwGE 25, 183; UL § 26 Rn 29ff; sog Folgenbeseitigungsanspruch iwS; zT weitergehend die Rspr zum Sozialrecht, vgl zB BSG 49, 78; 51, 94; Ebsen DVBl 1987, 393; Schoch VerwArch 1988, 56; Kluth NVwZ 1990, 611 mwN: nicht nur ein Folgenbeseitigungsanspruch ieS, sondern Anspruch auf Herstellung des Zustandes, der eingetreten wäre, wenn ordnungsgemäß belehrt worden wäre.

[9] BGHZ 99, 251 = NJW 1987, 1945; BVerwG NVwZ 1986, 76; NJW 1978, 371; 1980, 2573 und 2576; 1985, 1337 und 1338; DVBl 1981, 88; OLG Düsseldorf NVwZ-RR 1993, 173; UL § 26 Rn 27; StBS 16; Knack 3.3; MB 17; Erichsen/Ehlers § 37 Rn 25; Jochum NVwZ 1987, 460; Kluth NVwZ 1990, 611.

[10] Vgl zur Rechtswidrigkeit des betroffenen VA UL § 26 Rn 26; zur Verpflichtung, den Betroffenen, der infolge einer falschen Auskunft eine Frist versäumt hat, im Rahmen des Zulässigen so zu stellen, wie er stehen würde, wenn er eine zutreffende Auskunft erhalten hätte; VGH Mannheim DÖV 1994, 484; dazu auch § 31 Rn 39.

[11] BGHZ 99, 251 = NJW 1987, 1945; 117, 83 = DVBl 1992, 560; VersR 1990, 275; NJW 1972, 1290; 1978, 371; 1980, 2573 und 2576; 1985, 1338 – Amtshaftung, wenn die Auskunft nicht vollständig, richtig und unmißverständlich war –; 1985, 1337; NVwZ 1986, 76; DVBl 1981, 88; 1994, 1135: Auskünfte müssen richtig, vollständig, eindeutig und unmißverständlich sein; OLG Düsseldorf NVwZ-RR 1993, 173; OLG Saarbrücken NVwZ 1995, 199; StBS § 26 Rn 27; StBS 15; Knack 4.8; MB 16; Krieger, Das Recht des Bürgers auf behördliche Auskunft, 1972, 205.

V. Allgemeine Belehrungs- und Auskunftspflichten

1. Grundsatz: Erfordernis einer gesetzlichen Grundlage. Nach hM besteht grundsätzlich **kein allgemeiner Anspruch des Bürgers auf Auskünfte,** Belehrungen usw durch die Behörden, soweit nicht spezielle Vorschriften wie § 25 solche Rechte bzw entsprechende Verpflichtungen der Behörden vorsehen,[12] auch nicht für die Beteiligten eines Verwaltungsverfahrens (StBS 10). Vgl auch BVerwG DÖV 1994, 740 zur Belehrung von Zeugen. Eine allgemeine Verpflichtung der Behörden zu Auskünften zu Rechtsfragen und gesetzlichen Gestaltungsfragen in Bereichen, die die öffentliche Verwaltung berühren, ergibt sich **auch nicht aus dem Rechtsstaatsprinzip** oder dem **Sozialstaatsprinzip und den Grundrechten** oder der speziell aus diesen Prinzipien und Rechten entwickelten Betreuungspflicht der Behörden gegenüber dem Bürger (vgl BVerfG NJW 1988, 405; BVerwGE 84, 375, 388; StBS 10 ff). 20

2. Materielle Auskunftsansprüche sind im Verwaltungsrecht an vielen Stellen anzutreffen. Sie sind entweder spezialgesetzlich geregelt, wie zB in § 19 BDSG sowie den entspr Länderbestimmungen das Recht auf **Auskunft über gespeicherte Daten** oder das Auskunftsrecht nach § 15 BVerfSchG (hierzu BVerwG NJW 1990, 2761) oder sie ergeben sich für bestimmte Bereiche aus bereichsspezifischen Grundsätzen zB als Ausfluss des beamtenrechtlichen Fürsorgeprinzips (BVerwG NWVBl 1997, 295). Das Recht auf **Einsicht in die Personalakten** ist in § 90 c BBG, § 56 BRRG geregelt. Weiter folgt aus der gesteigerten Schutzbedürftigkeit des Bürgers bei der Abgabe von Verpflichtungserklärungen eine Pflicht der Behörde zur Aufklärung über die Risiken und Folgen einer derartigen Erklärung nach § 84 AuslG (VGH Kassel InfAuslR 1998, 166). Auch beim **Umweltinformationsanspruch** nach dem UIG handelt es sich um einen materiellen Auskunfts- bzw Informationsanspruch, der von Verwaltungsverfahren unabhängig ist (s unten Rn 23 ff). 21

3. Anspruch auf fehlerfreie Ermessensentscheidung. Soweit ein Anspruch auf Auskunft usw nicht besteht und deshalb die Erteilung der Auskunft usw im **Ermessen** der Behörde steht (vgl dazu BVerwGE 31, 306; 35, 226; 50, 263; BVerwG DVBl 1984, 53; 1990, 707; Knack 9), haben Bürger, für deren Rechte oder Pflichten die Auskunft wichtig ist, also bei berechtigtem Interesse, **Anspruch auf ermessensfehlerfreie Entscheidung** der Behörde darüber. In besonders gelagerten Fällen einer Ermessensreduktion auf Null (vgl dazu § 40 Rn 30), insb idR bei schwerwiegender Gefährdung wichtiger Rechte, wenn der Bürger zur Wahrung der in Frage stehenden Rechte auf eine Auskunft angewiesen ist, besteht auch ein Anspruch auf Erteilung der erforderlichen Auskunft.[13] Auch bei der zu treffenden Ermessensentscheidung sind jedenfalls immer auch die Folgerungen, die sich aus Grundrechten dafür ergeben, zu berücksichtigen, insb außer grundrechtlichen Schutzpflichten auch etwaige aus dem betreffenden Grundrecht herzuleitende **Förderpflichten** (vgl Kopp NJW 1994, 1753), zB bei Auskünften usw, die für wissenschaftliche Arbeiten benötigt werden, aus Art 5 Abs 3 GG (vgl auch BVerwG NJW 1986, 1243; BVerwG NJW 1986, 1277; Bayer JuS 1989, 191; Kopp NJW 1994, 1753), für die Presseberichterstattung aus Art 5 Abs 1 und 2 GG 22

---

[12] BVerwG NJW 1983, 2954; 1987, 2098; BGH NJW 1985, 1337 und 1338; OVG Münster 23, 388; Erichsen/Ehlers § 37 Rn 24; Piepkorn DÖV 1970, 171; UL § 26 Rn 12; StBS 10; Knack 9; Foerster SKV 1974, 321; Thiele DÖV 1978, 67; WB III § 156 IV f; Krieger, Das Recht des Bürgers auf behördliche Auskunft, 1992; Laubinger, Die Verwaltung als Helfer des Bürgers; Uffhausen, Die behördliche Betreuungspflicht, 1992; Müller DÖV 1981, 558.

[13] BVerwG DVBl 1984, 55; OVG Berlin NVwZ 1987, 817; OVG Münster NJW 1989, 544; VG Gelsenkirchen NWVBl 1991, 283; StBS 13; Knack 9.

(BVerfG 56, 239; NJW 1993, 915; BVerwG NJW 1991, 118; Kopp NJW 1994, 1753).

23 **4. Allgemeiner Informationsanspruch.** Ein Anspruch auf freien Zugang zu Umweltinformationen ergibt sich aus § 4 I UIG (dazu § 29 Rn 45). Weitere Informationsansprüche können sich neuerdings aus sog Informationsfreiheitsgesetzen ergeben, die einige Bundesländer in letzter Zeit erlassen haben (s § 29 Rn 46).

24 **5. Auskunft über Verwaltungsvorschriften und technische Regelwerke.** Ein Anspruch besteht grundsätzlich bei Vorliegen eines berechtigen Interesses auch auf Auskünfte über das Bestehen und den Inhalt von Verwaltungsvorschriften einschließlich sog technischer Regelwerke (s zum Begriff § 24 Rn 27), wie zB der TA-Luft, sofern diese nicht ohnehin veröffentlicht sind (BVerwGE 69, 278; BVerwG NJW 1985, 1234; weitergehend BVerwGE 61, 23 und 44: Anspruch). Das erforderliche **berechtigte Interesse ist jedenfalls dann gegeben,** wenn es in einem konkreten Verwaltungsverfahren auf den Inhalt solcher Vorschriften ankommen kann. Umstritten, richtigerweise aber zu bejahen ist ein berechtigtes Interesse auch für Personen, die beruflich mit Angelegenheiten zu tun haben, für die die Vorschriften von unmittelbarer Bedeutung sind, oder, wie bei Rechtsanwälten, die Dritte in derartigen Angelegenheiten beraten oder vor Behörden und/oder Gerichten vertreten (**aA** allerdings BVerwG NJW 1981, 535; VGH Mannheim DVBl 1980, 89 = JuS 1979, 673 m Anm Schulze-Osterloh; Knack 9). Dagegen besteht nach hM kein allgemeiner Anspruch auf Veröffentlichung (BVerwGE 61, 17).

§ 26 Beweismittel

(1) **Die Behörde bedient sich der Beweismittel, die sie nach pflichtgemäßem Ermessen zur Ermittlung des Sachverhalts für erforderlich hält.**[9] **Sie kann insbesondere**

1. **Auskünfte jeder Art einholen,**[16]
2. **Beteiligte anhören, Zeugen**[23] **und Sachverständige**[27] **vernehmen oder die schriftliche oder elektronische Äußerung von Beteiligten, Sachverständigen und Zeugen einholen,**[19]
3. **Urkunden und Akten beiziehen,**[33]
4. **den Augenschein einnehmen.**[37]

(2) **Die Beteiligten sollen bei der Ermittlung des Sachverhalts mitwirken. Sie sollen insbesondere ihnen bekannte Tatsachen und Beweismittel angeben.**[40] **Eine weitergehende Pflicht, bei der Ermittlung des Sachverhalts mitzuwirken, insbesondere eine Pflicht zum persönlichen Erscheinen oder zur Aussage, besteht nur, soweit sie durch Rechtsvorschrift besonders vorgesehen ist.**[44]

(3) **Für Zeugen und Sachverständige besteht eine Pflicht zur Aussage oder zur Erstattung von Gutachten, wenn sie durch Rechtsvorschrift vorgesehen ist.**[45] **Falls die Behörde Zeugen und Sachverständige herangezogen hat, werden sie auf Antrag in entsprechender Anwendung des Gesetzes über die Entschädigung von Zeugen und Sachverständigen entschädigt.**[48]

Parallelvorschriften: § 21 SGB X; §§ 92 ff AO

Schrifttum allgemein: *Baur,* Auskunftsansprüche des Sozialhilfeträgers gegen Unterhaltspflichtige und ihre Erzwingung, FamRZ 1986, 1175; *Bayerlein ua,* Praxishandbuch des Sachverständigenrechts, 1990; *Brandt,* Präklusion im Verwaltungsverfahren, NVwZ 1997, 223; *Bender/Nack,* Grundzüge einer allgemeinen Beweislehre, DRiZ 1980, 121; *Di Fabio,* Verwaltungsentscheidung durch externen Sachverstand, VerwA 1990, 193; *Foerster,* Die Tatsachenfeststellung im Verwaltungsverfahren, Vr 1989, 226; *Gössel,* Behörden und Behördenangehörige als Sachverständige vor Gericht, DRiZ 1980, 363; *Grupp,* Mitwirkungspflichten im Verwaltungsverfahren, VerwArch 1989, 44; *Gusy,* Antizipierte Sachverständigengutachten im Verwaltungs- und Verwaltungsgerichtsverfahren, NuR 1987, 956; *Huster,* Beweislastverteilung und Grundgesetz, NJW 1995, 112; *Jessnitzer/Frieling,* Der gerichtliche Sachverständige. 23. Abschnitt: Der Sachverständigenbeweis nach dem VwVfG, 10. Aufl 1992; *Kokott,* Beweislastverteilung und Prognoseentscheidungen bei der Inanspruchnahme von Grund- und Menschenrechten, 1993; *Krause/Steinbach,* Steuer- und Sozialgeheimnis im Gewerberecht, DÖV 1985, 549; *Mußgnug,* Sachverhaltsaufklärung und Beweiserhebung im Besteuerungsverfahren, JuS 1993, 48; *Peters,* Die Sachverhaltsermittlung im Verwaltungsverfahren, JuS 1991, 54; *Petri,* Der Gefahrenerforschungseingriff, DÖV 1996, 443; *Reinhardt,* Die Umkehrung der Beweislast aus verfassungsrechtlicher Sicht, NJW 1994, 93; *Reiß,* Gesetzliche Auskunftsverweigerungsrechte bei Gefahr der Strafverfolgung in öffentlichrechtlichen Verfahren, NJW 1982, 2540; *Ruppel,* Beweismaß bei Schätzung aufgrund der Verletzung von Mitwirkungspflichten, BB 1995, 750; *Schromek,* Die Mitwirkungspflichten der am Verwaltungsverfahren Beteiligten – eine Grenze des Untersuchungsgrundsatzes?, 1989; *Skouris,* Grundfragen des Sachverständigenbeweises im VwVfG und im Verwaltungsprozeß, AöR 1982, 215; *Stack,* Der Anscheinsbeweis, JuS 1996, 153; *Wielinger/Gruber,* Zur Frage der Mitwirkungspflicht der Parteien im Verwaltungsverfahren, ZfV 1983, 365; *Wittkopp,* Sachverhaltsermittlung im Gemeinschaftsverwaltungsrecht, 1999; s auch die Nachweise zu § 24.

Beweisverwertungsverbote: *Eberle,* Zum Verwertungsverbot für rechtswidrig erlangte Informationen im Verwaltungsverfahren, in: Martens-FS 1987, 351; *Fezer,* Grundfälle zum Verlesungs- und Verwertungsverbot im Strafprozeß, JuS 1979, 35; *Gössel,* Kritische Anmerkungen zum gegenwärtigen Stand der Lehre von den Beweisverboten, NJW 1981, 649; *ders,* Überlegungen zu einer neuen Beweisverbotslehre, NJW 1981, 2217; *Hildebrandt,* Verwertungsverbote für Tatsachen und Beweismittel im Besteuerungsverfahren, DStR 1982, 20; *Hüsch,* Verwertungsverbote im Verwaltungsverfahren, Diss. Hamburg 1991; *Küpper,* Tagebücher, Tonbänder, Telefonate – Zur Lehre von den selbständigen Beweisverwertungsverboten im Strafverfahren, JZ 1990, 416; *Maetzel,* Beweisverbote zwecks Geheimniswahrung, DVBl 1966, 665; *Rüping,* Beweisverbote als Schranken der Aufklärung im Steuerrecht, 1981.

Übersicht

I. Allgemeines

1 **1. Inhalt.** Die Vorschrift regelt ergänzend zu § 24 einige **Einzelheiten der Beweiserhebnung** in Anlehnung an § 98 VwGO und insb die Frage, welcher Beweismittel sich die Behörde zur Aufklärung des Sachverhalts bedienen kann, außerdem die Mitwirkung der Beteiligten bei der Ermittlung des Sachverhalts und die Verpflichtung von Zeugen und Sachverständigen zur Aussage oder zur Erstattung von Gutachten. Im Einzelnen folgt die Regelung dem vor Erlass des VwVfG geltenden Recht.[1]

2 **2. Verhältnis zum gerichtlichen Beweisrecht.** Das VwVfG regelt die Beweiserhebung nicht als selbständigen Teil des Verwaltungsverfahrens, sondern als Teil der Sachverhaltsermittlung nach § 24. Deshalb bestehen insoweit erhebliche Unterschiede zur Beweiserhebung im Verwaltungsprozess. Es gilt der Grundsatz der Nichtförmlichkeit auch für das Beweisverfahren. Der für das Prozessrecht zentrale Grundsatz der Unmittelbarkeit der Beweisaufnahme gilt im Verwaltungsverfahren nicht (VGH Kassel NJW 1984, 821). Zweifelhaft ist, in welchem Umfang die Beteiligten das Recht haben, an der Beweisaufnahme teilzunehmen. Anders als nach § 66 Abs 2 im förmlichen Verfahren haben die Beteiligten keinen allgemeinen Anspruch auf Teilnahme. Der Grundsatz der Beteiligtenöffentlichkeit gilt im Verwaltungsverfahren nicht (StBS 13; Knack 34). Allerdings haben die Beteiligten einen Anspruch auf ermessensfehlerfreie Entscheidung darüber, ob sie zu

[1] Vgl WB III 3. Aufl § 156 IV c; V c; Obermayer VerwR 2. Aufl 155; M 66.

einer Beweisaufnahme hinzugezogen werden, wenn sie es beantragen (ähnlich auch Obermayer 33). Dieser Anspruch kann sich auf Null reduzieren, zB wenn es weder zu einer Verzögerung noch zu einer sonstigen Erschwerung der Beweisaufnahme käme oder die Anwesenheit des Beteiligten dienlich bzw sogar nötig ist. Ähnlich wie im Prozessrecht gibt es eine Dokumentationspflicht für die Behörde im Hinblick auf die Beweisaufnahme und ihre Ergebnisse.

Die Entscheidung, **welche Beweismittel** die Behörde im Einzelfall anwenden will, ist grundsätzlich ihrem pflichtgemäßen **Ermessen** (§ 40) überlassen („für erforderlich hält", vgl § 24 Abs 1 S 2). Die Behörde muss jedoch nach Abs 2 S 1 **den Beteiligten** Gelegenheit geben, **bei der Feststellung des Sachverhalts mitzuwirken,** insb auch die ihnen bekannten Tatsachen und Beweismittel anzugeben und ggf auch (für die Behörde freilich nicht bindende) Beweisanträge zu stellen. 3

3. Anwendungsbereich. Unmittelbar gilt die Vorschrift nur für Verwaltungsverfahren im Anwendungsbereich des VwVfG. Die Bundesländer haben in ihren Verfahrensgesetzen weitgehend gleich lautende Bestimmungen erlassen. Gem § 1 steht auch § 26 unter dem Vorbehalt inhaltsgleicher oder entgegenstehender besonderer Bestimmungen in anderen Vorschriften (s unten Rn 4). Soweit vergleichbare Regelungen fehlen, sind § 26 und die entspr Vorschriften des Landesrechts als **Ausdruck allgemeiner Rechtsgrundsätze** grundsätzlich – mit Ausnahme von Abs 3 – analog anwendbar. Eine **Verpflichtung zum Erscheinen und zur Aussage** sowie ggf zur Eidesleistung kann jedoch in jedem Fall nur durch förmliches Gesetz begründet werden (Ule/Becker 36; MuE 121; WB III § 156 IV c, V c; Kopp 74, 269). Derartige Verpflichtungen können im Zweifel auch nicht aus einer gesetzlich festgelegten Verpflichtung der Behörde zur Vornahme von Ermittlungshandlungen, zur Vernehmung von Zeugen und Sachverständigen usw abgeleitet werden (Krause 281; WB III § 156 V c); **anders,** wenn die Verpflichtung zur Aussage ausdrücklich durch Rechtsvorschrift vorgesehen ist und nur eine nähere Regelung darüber fehlt, wie die Behörde die Verpflichtung erzwingen kann. 4

II. Beweisverfahren

1. Verfahren der Beweisaufnahme. a) Grundsatz der Nichtförmlichkeit. Das VwVfG enthält für das allgemeine Verfahren keine näheren Vorschriften über die Durchführung von Beweisaufnahmen (anders für förmliche Verfahren, s §§ 65, 66 Abs 2). Den Behörden ist es damit nach §§ 10, 24 Abs 1, 26 grundsätzlich überlassen, das Verfahren im Wesentlichen frei von den Förmlichkeiten, wie sie für gerichtliche Beweisaufnahmen gelten, **nach ihrem Ermessen** (§ 40) zu gestalten (ebenso UL § 27 Rn 2). Sie können auch zB die näheren Einzelheiten der Durchführung dem mit der Erstattung eines Gutachtens betrauten Sachverständigen überlassen.[2] **Nicht erforderlich sind besondere Beweisbeschlüsse** (UL § 27 Rn 12: auch nicht, wenn die Behörde gem § 65 Abs 2 ein Gericht um die Vernehmung von Zeugen oder Sachverständigen ersucht); ebenso wenig eine Trennung einzelner Verfahrensabschnitte, etwa der Anhörung der Beteiligten als Beweismittel gem § 26 Abs 1 Nr 2 und ihrer Anhörung im Rahmen des rechtlichen Gehörs nach § 28, geboten. Die Behörde ist nach den VwVfG nicht verpflichtet, Beweisaufnahmen selbst, dh durch ihr zugehörige Amtsträger, durchzuführen. Sie kann in geeigneten Fällen nach ihrem Ermessen insb **auch andere Behörden** im Weg der Amtshilfe gem §§ 4 ff um die Durchführung von Ermittlungen ersuchen oder **Sachverständige** damit betrauen (Brühl JA 1992, 198). 5

---

[2] VGH München BayVBl 1982, 694: der Kfz-Sachverständige kann alles anordnen, was er für erforderlich hält, auch zB eine Fahrprobe.

6 **b) Mindestanforderungen.** Grundsätzlich geboten ist die Dokumentation der Beweisaufnahme in einer Weise, die es den Beteiligten erlaubt, zu den Ergebnissen in angemessener Weise Stellung zu nehmen. Das bedeutet, dass die Beweisaufnahme und ihr Ergebnis aktenkundig gemacht werden müssen **(Aktenkundigkeit der Beweisaufnahme).** Außerdem haben die Beteiligten einen Anspruch auf ermessensfehlerfreie Entscheidung darüber, ob sie an der Beweisaufnahme teilnehmen dürfen, wenn sie es beantragen.

6a **c) Kostenfragen.** Die Kosten einer Beweisaufnahme im Verwaltungsverfahren hat grundsätzlich die Behörde zu tragen. Die entsprechenden Kosten gehören zu den Kosten des Verwaltungsverfahrens; sie können nur im Rahmen spezieller Kosten- und Gebührenregelungen den Beteiligten ganz oder teilweise auferlegt werden. Im Übrigen ist die Beweisaufnahme für die Beteiligten nicht mit Kosten verbunden, selbst dann nicht, wenn sie die Beweisaufnahme angeregt oder beantragt haben. Eine **Pflicht zur Kostentragung** kann sich allerdings im Einzelfall aus dem **materiellen Recht** ergeben. Dies ist zB der Fall, soweit das Ordnungsrecht die Möglichkeit der Heranziehung eines Störers in den Fällen der Anscheinsgefahr bzw des Gefahrenverdachts ermöglicht.[3]

7 **2. Rechtsnatur der Verfahrenshandlungen.** Die Entscheidungen der Behörde im Rahmen des Beweisverfahrens, insb die Entscheidung, welche Beweise erhoben werden, sind grundsätzlich **unselbstständige Verfahrenshandlungen** ohne VA-Qualität, die im Übrigen gem § 44a von den Beteiligten nur im Zusammenhang mit den gegen die Entscheidung in der Sache gegebenen Rechtsbehelfen angegriffen werden können.[4] Selbständig angreifbare VAe sind nur dann gegeben, wenn sie auf Grund besonderer gesetzlicher Vorschriften über ihre Bedeutung und Wirksamkeit für die Sachaufklärung hinaus für Beteiligte **selbstständige eigene Rechtswirkungen** haben (VGH München NJW 1966, 2030; Knack 35 mwN), insb gesondert erzwingbar ist (s § 35 Rn 73ff) oder Dritte unmittelbar in ihren Rechten berührt.

7a **Selbständig anfechtbare VAe** sind demgemäß zB die selbstständig erzwingbare **Anordnung einer amtsärztlichen Untersuchung** seitens der Dienstbehörde gem § 42 Abs 1 S. 3 BBG im Rahmen des Zwangspensionierungsverfahrens gegen einen Beamten (BVerwGE 34, 250; OVG Lüneburg NVwZ 1990, 1195), **nicht** dagegen die nicht erzwingbare Aufforderung der Behörde gem § 3 Abs 2 StVZO im Verfahren zur Entziehung einer Fahrerlaubnis, **ein Gutachten** über die körperliche und geistige **Eignung zum Führen von Kfz** beizubringen (BVerwGE 80, 43: kein VA, da nicht erzwingbar und da als Folge nur Beweisnachteile).

8 **3. Zuziehung der Beteiligten zur Beweisaufnahme.** Der Grundsatz der Beteiligtenöffentlichkeit der Beweisaufnahme gilt im allgemeinen Verwaltungsverfahren nicht. Anders ist dies gem § 66 Abs 2 im förmlichen Verfahren. Das bedeutet, dass es grundsätzlich im **Verfahrensermessen der Behörde** liegt, ob und in welchem Umfang sie den Beteiligten Gelegenheit geben will, an der Beweisaufnahme teilzunehmen. Dies ist etwa sinnvoll, wenn zu erwarten steht, dass die Beteiligten an einen Zeugen oder Sachverständigen sachdienliche Fragen stellen und dadurch die Durchführung der Beweisaufnahme erleichtern können. **Umstritten** ist die Frage, ob und unter welchen Voraussetzungen es zu einer **Ermessensreduzierung** auf Null kommen kann. Die hM geht davon aus, dass eine Beteiligtenöffentlichkeit aus rechtsstaatlichen Gründen grundsätzlich nicht geboten ist.[5] Die Gegenmeinung betont den engen Zusammenhang von Beweisaufnahme und rechtlichem Gehör und sieht deshalb idR eine Reduktion des Ermessens auf

---

[3] S hierzu näher Schenke, Polizei- und Ordnungsrecht, 2002, Rn 704.
[4] VGH Kassel NVwZ 1992, 391; StBS 19.
[5] OVG Münster NVwZ 1987, 607; StBS 13; UL § 27 Rn 12; Knack 5.

Null, wenn einzelne Beteiligte sich aus sachlichen Gründen an der Beweisaufnahme beteiligen wollen (Obermayer 2. Aufl 107; Kopp 37). Richtigerweise wird man in **begründeten Einzelfällen,** in denen die Wahrung der Interessen der Beteiligten es erfordert, zB weil eine Beweiserhebung ohne Hinzuziehung der Beteiligten praktisch nicht Erfolg versprechend durchgeführt werden kann, eine Ermessensreduktion auf Null in Betracht zu ziehen haben.

4. Zulässige Beweismittel. a) Grundsatz des Freibeweises. Die Aufzählung der Beweismittel ist nicht abschließend („insbesondere"; ebenso StBS 21; Knack 4; Brühl JA 1992, 198). Im Gegensatz zum Beweisrecht im Prozess, für das der Grundsatz des Strengbeweises gilt, gilt im Verwaltungsverfahren gem § 26 Abs 1 der Grundsatz des Freibeweises. Die Behörden sind nicht wie die Gerichte auf einen abschließenden Katalog von Beweismitteln verwiesen, sondern dürfen sich vielmehr bei der Ermittlung des Sachverhalts gem § 24, § 26 nach pflichtgemäßem Ermessen grundsätzlich **aller Erkenntnismittel** bedienen, die nach den Grundsätzen der Logik, nach allgemeiner Erfahrung und/oder wissenschaftlicher Erkenntnis geeignet sind oder sein können, ihre Überzeugung vom Vorhandensein oder Nicht-Vorhandensein bestimmter entscheidungserheblicher Tatsachen und von der Richtigkeit einer Beurteilung und Wertung von Tatsachen zu begründen (Brühl JA 1992, 198). 9

b) Beispiele. Zu nennen sind auch psychologische Gutachten (BVerwGE 17, 346; 73, 146; 80, 43); Meinungsforschungsgutachten (vgl BGH NJW 1987, 350; 1989, 1804; NJW-RR 1987, 1059; Teplitzky WPR 1990, 145); Tonband- und Filmaufnahmen, sofern zulässigerweise hergestellt (StBS 22); Zeitungsartikel (OVG Koblenz DÖV 1986, 1032), zu wissenschaftlich-technischen Fragen uU auch anerkannte Lehrbücher (vgl Gusy NuR 1987, 156; Gerhardt NJW 1989, 2237). 9a

5. Unzulässige Beweismittel. Ausgeschlossen sind jedoch ihrer Art nach oder aus sonstigen Gründen (zB Datenschutz) unzulässige Beweismittel,[6] zB **Lügendetektoren** (vgl BVerfG NJW 1982, 375; BVerwGE 17, 346; kritisch Schwabe NJW 1982, 367; Amelung NVwZ 1982, 38), **nicht dagegen** zB Tagebuchaufzeichnungen (vgl BVerfG 80, 372 = NJW 1990, 1799) und **freiwillig** der Behörde anvertraute, für den Betroffenen **belastende Tatsachen.**[7] 10

Ausgeschlossen sind außerdem auch analog §§ 136a, 163a Abs 4 StPO unter Verstoß gegen gesetzliche Verbote (Schneider NJW 1978, 1602; Krause/Steinbach DÖV 1985, 556), Grundrechtsgewährleistungen (vgl insoweit zB BVerfG NJW 1982, 375; BGHZ 27, 284; 73, 120; NJW 1981, 277) uä auf rechtswidrige Weise (vgl BGH NJW 1990, 1799; Kramer NJW 1990, 1760; LRStPO 13 zu § 136a mwN) erlangte Beweismittel,[8] zB heimliche Tonbandaufnahmen (vgl BGH NJW 1982, 278; 1988, 1016; 1989, 278: jedenfalls gem § 201 Abs 2 StGB) und sonstige unter Verletzung des Persönlichkeitsrechts erlangte Beweismittel (vgl ArbG Berlin NJW 1989, 861); unter Verletzung des Wahlgeheimnisses (BVerwGE 49, 76), des Brief-, Post- oder Fernmeldegeheimnisses gem Art 10 GG (Knack 16), des Da- 11

[6] Vgl Rüping, Beweisverbote, 1981; Küpper JZ 1990, 416; Blau Jura 1993, 513; Hüsch, Verwertungsverbote im Verwaltungsverfahren, 1991; Störmer, Dogmatische Grundlagen der Verwertungsverbote, 1992, zugl. Diss. Marburg.

[7] Vgl OLG Hamm NStZ 1989, 187; **aA** OLG Hamburg NJW 1986, 2541 = JR 1986, 167 m krit. Anm von Meyer: Beweisverwertungsverbot des „nemo tenetur se ipsum accusare".

[8] Knack 16; vgl auch BVerfG 65, 46; BVerwG NJW 1988, 1924; NVwZ 1988, 432; BGH NJW 1982, 278; 1989, 2760; BayObLG NJW 1990, 197; LG Frankfurt NJW 1982, 1056; Hüsch, Verwertungsverbote, 24 ff; Kaissis, Die Unverwertbarkeit materiell rechtswidrig erlangter Beweismittel, 1978; Krause/Steinbach DÖV 1985, 556; Hufen JZ 1984, 1077; Fezer JZ 1987, 937; Eberle, in: Martens-GedS 1987, 351; Reichert-Hammer JuS 1989, 446; Schröder JZ 1990, 1034 mwN; Hill NVwZ 1985, 453; Simitis NJW 1986, 2805; Brodersen JuS 1988, 577; Brinkmann DÖV 1985, 900.

tenschutzes gem § 5 BDSG, der Verschwiegenheitspflicht der Ärzte, Rechtsanwälte, Seelsorger usw erlangte Beweismittel; unter Verletzung des Völkerrechts usw (BGH NJW 1990, 1799), durch unerlaubte Einwirkung eines Staatsorgans usw (vgl LR 13 zu § 130a StPO mwN) erlangte Beweismittel.[9]

12 Ein Beweismittel wird andererseits jedoch **nicht** schon **dadurch unzulässig, dass** es **zufällig** oder infolge einer rechtlich nicht erforderlichen Maßnahme entstanden ist oder von der Behörde erlangt wurde.[10]

13 **6. Erkenntnisquellen.** Im Rahmen der Amtsermittlung nach § 24 kann die Behörde auf die bei ihr ohnehin vorhandenen Informationen und Datenbestände zurückgreifen. Dabei handelt es sich nicht um eine Beweiserhebung iSd § 26, da es nicht um die Beschaffung von Informationen, sondern um die Nutzung vorhandener geht. Das gilt insbesondere für Karteien, Datenbanken, sonstige elektronisch gespeicherte Informationen, Bibliotheken, Archive und sonstigen Sammlungen. Für die Überzeugungsbildung (s § 24 Rn 30) kommt es grundsätzlich nicht darauf an, ob die Informationen bzw Erkenntnisse auf Grund einer Beweisaufnahme oder durch Nutzung eigener Erkenntnisse gewonnen wurden.

Allgemeinkundige (offenkundige) und amtskundige („behördenkundige") Tatsachen **bedürfen** entspr § 291 ZPO **keines Beweises** (BVerwG NJW 1982, 2620; DVBl 1985, 577; BSG 33, 279; OVG Hamburg NVwZ 1990, 380; Knack 4), können jedoch grundsätzlich hins. ihres Bestandes oder ihrer Anwendbarkeit im konkreten Fall widerlegt werden (vgl BFH NVwZ-RR 1990, 120; s auch § 24 Rn 24). Die Berücksichtigung allgemeinkundiger oder (lediglich) amtskundiger Tatsachen im Verfahren setzt voraus, dass die Behörde die Beteiligten darauf hinweist, ihnen, soweit erforderlich, diese Tatsachen (auch zB Erfahrungssätze usw) und uU auch die Quelle, der die Behörde sie entnimmt, mitteilt und ihnen dazu rechtliches Gehör gewährt.[11]

14 **a) Allgemeinkundige Tatsachen.** Allgemeinkundig sind solche Tatsachen, die in der Öffentlichkeit als feststehend angesehen werden und gegen die auch von informierter Seite, insb von der Wissenschaft, keine Zweifel vorgebracht werden, zB **allgemeine Erfahrungssätze,** allgemein anerkannte **technische Normen** (s dazu auch § 24 Rn 27), allgemein anerkannte **wissenschaftliche Erkenntnisse** sowie Tatsachen, über die sich jedermann ohne besondere Fachkunde aus zuverlässigen Quellen unterrichten kann (vgl BVerwG ZBR 1968, 183; 793; WBS I § 36 Rn 4). Allgemeine Erfahrungssätze sind „nur solche empirisch aus der Beobachtung von Einzelfällen gewonnenen Einsichten", die „auf ihren Anwendungsbereich bezogen, schlechthin zwingende Folgerungen enthalten" (BGH NJW 1982, 2456). Anders, als der besondere Erfahrungssatz, der nicht für jeden Einzelfall Geltung beanspruchen kann, kennt der besondere Erfahrungssatz keine Ausnahmen.[12] **Veröffentlichungen in einer Illustrierten** begründen idR keine Offenkundigkeit (KG NJW 1972, 1909).

15 **c) Amtskundige Tatsachen.** Amtskundig (behördenkundig) sind Tatsachen, die einem Amtsträger nicht nur privat oder anlässlich seiner amtlichen Tätigkeit,

---

[9] Obermayer 15 ff; Werner NJW 1988, 993; Hufen JZ 1984, 1077; Hill NVwZ 1985, 453; Krause/Steinbach DÖV 1985, 557; ferner Kopp/Schenke § 98 Rn 4.

[10] BVerwG BayVBl 1982, 570: Berücksichtigung des Ergebnisses einer rechtlich nicht veranlassten theoretischen Fahrprüfung als neue Tatsache nicht unzulässig; vgl auch BVerfG NJW 1988, 1075 und HbgVerfG NJW 1989, 1081 zu Tatsachen, die im Rahmen einer zulässigen Abhörmaßnahme bekannt wurden; BVerfG 80, 367 zur Verwendung von Tagebuchaufzeichnungen als Beweismittel; Hüsch, Verwertungsverbote, S 385 ff; Schünemann NJW 1978, 406; Kopp/Schenke § 98 Rn 4; kritisch Ule DVBl 1990, 1245; Störmer Jura 1991, 17; zT **aA** Bottke JA 1980, 749.

[11] Vgl zu amtskundigen Tatsachen BVerwG NVwZ 1982, 409.

[12] S dazu BVerwGE 65, 84; BGH NJW 1982, 2456; VGH Mannheim VBlBW 1981, 149; Obermayer 15; StBS 23.

sondern **aus seiner Amtstätigkeit bekannt** sind und nicht erst einer Feststellung aus den Behördenakten bedürfen, dh nicht nur „aktenkundig" sind.[13] Hat also der zuständige Behördenmitarbeiter in einem verfahren Feststellungen zB über Örtlichkeiten, Belegenheiten usw getroffen, dann kann er diese ohne weiteres in ein anderes Verwaltungsverfahren einführen, indem er diese auf geeignete Weise aktenkundig macht und den Beteiligten hierzu rechtliches Gehör gewährt, soweit dies nach § 28 geboten ist. Gehen derartige Feststellungen dagegen nur aus Aktenbeständen hervor, so müssen diese beigezogen werden.

c) Verwaltungsvorschriften, Technische Regelwerke Verwaltungsvorschriften, Technische Regelwerke wie TA Luft, TA Lärm usw, aber auch Technische Prüfdienste, DIN-Vorschriften, Dienstvorschriften usw können für die Sachverhaltsermittlung einen gewissen Beweiswert haben. Dabei ist der Streit über die Frage, ob und inwieweit derartige Regelwerke etwa als antezipierte Sachverständigengutachten im Verwaltungsprozess beachtlich sind,[14] für das Verwaltungsverfahren ohne Belang. Soweit derartige Regelwerke allgemeine Feststellungen bzw Erkenntnisse enthalten, können (bzw müssen) sie von der Behörde im Rahmen ihrer Ermittlungen berücksichtigt werden. Dabei spielt, soweit nicht eine interne Bindung an die jeweiligen Regelwerke besteht, auch ihre Aktualität und Anerkennung bzw Ablehnung in der Fachwelt eine Rolle. Auch bei Bindung an die Verwaltungsvorschrift ist die Behörde stets berechtigt und verpflichtet, darüber hinaus auch Gesichtspunkte des Einzelfalles, besondere Umstände usw in die Ermittlung einzubeziehen.[15] 15a

III. Die einzelnen Beweismittel (Abs 1 S 2)

1. Einholung von Auskünften (Nr 1). Die Einholung von Auskünften (Nr 1) ist im Verwaltungsverfahren **allgemein zulässig.** In Betracht kommen Auskünfte jeder Art, insb anderer Behörden, die im Weg der Amtshilfe erbeten werden,[16] aber auch von Privatpersonen (Obermayer 64; StBS 36; Knack 18). Eine besondere **Form** ist nicht vorgeschrieben. Möglich sind deshalb schriftliche Auskünfte, aber auch mündlich, ggfs fernmündlich eingeholte Auskünfte. Letztere müssen, sollen sie Verwendung finden, aktenkundig gemacht werden. Von **Zeugenaussagen unterscheiden** sich Auskünfte dadurch, dass die Auskunft die Kenntnis von Tatsachen erst verschaffen will, während die Zeugenaussage der Bestätigung einer Tatsache dient (Knack 18; StBS 40), von Sachverständigengutachten dadurch, dass Gutachten erst noch eine Wertung und Würdigung von Tatsachen voraussetzen (Knack 18). 16

a) Gegenstand. Gegenstand einer Auskunft können **Tatsachen,** zB Feststellungen über bestimmte Vorgänge, Eintragungen usw sein, **nicht** dagegen **Rechtsfragen,** mit Ausnahme solcher, die Gewohnheitsrecht, Satzungs- und Verordnungsrecht oder ausländisches Recht betreffen (vgl § 293 ZPO). **Aussagen** und Äußerungen **von Beteiligten,** Sachverständigen und Zeugen fallen nicht unter Nr 1, sondern unter Nr 2; anders Auskünfte über solche Aussagen usw. 17

b) Pflicht zur Auskunftserteilung. Auskunftsverlangen gegenüber Privaten können, soweit Rechtsvorschriften nichts anderes vorsehen, **nicht erzwungen werden** (StBS 41, Knack 18). Pflichten zur Auskunftserteilung enthalten zB § 22 GastG, § 93 AO, § 116 BSHG sowie §§ 98 ff. SGB X. Behörden sind nach Maß- 18

---

[13] Obermayer 16; Knack 4; vgl auch StBS 23; Kopp/Schenke § 98 Rn 24.

[14] S hierzu näher aus der umfangreichen Lit Breuer AöR 1976, 46, 79; Gusy NVwZ 1995, 105; Jarass JuS 1999, 105, 108; Sparwasser/Komorowski VBlBW 2000, 348, 353.

[15] Zu dieser Pflicht näher Kopp/Schenke § 114 Rn 42.

[16] Vgl § 5 Abs 1 Nr 3, sowie dazu 16 zu § 5; zu Auskünften der Finanzbehörden und Sozialbehörden BVerwG DVBl 1982, 696, der Behörden des Verfassungsschutzes auch Meyer-Teschendorf ZBR 1979, 261; Wenstenfeld ZBR 1979, 71.

gabe der Amtshilfebestimmungen der §§ 4 ff. zur Erteilung von Auskünften verpflichtet. Innerhalb von Behörden muss die Erteilung von Auskünften durch das Weisungsrecht sichergestellt werden. Zu den Obligenheiten der Beteiligten s unten Rn 40 ff. Soweit Auskunftspflichten Privater bestehen, können sie idR durch VA durchgesetzt werden (vgl OVG Münster NWVBl 1991, 12).

19 **2. Anhörung Beteiligter (Nr 2).** Eine Anhörung Beteiligter (§ 13) gem § 26 Abs 1 Nr 2 ist **als Beweismittel** von der Gewährung rechtlichen Gehörs nach § 28 Abs 1, mit der sie jedoch verbunden sein kann und dann praktisch zusammenfällt, zu unterscheiden. Nr 2 bezeichnet abweichend vom Sprachgebrauch des § 28 mit Beteiligtenanhörung als Beweismittel **nur die mündliche** Anhörung und nennt die Einholung schriftlicher Äußerungen gesondert. Beide Formen der Beteiligtenanhörung (iwS) gehören zu den **wichtigsten Beweismitteln im Verwaltungsverfahren,** weil die Beteiligten vielfach die wichtigsten, oft die Einzigen „Wissensträger" sind. Zur **Mitwirkungspflicht** der Beteiligten gem Abs 2 auch unten Rn 40. Die Anhörung der Beteiligten bzw bei juristischen Personen deren gesetzlicher oder satzungsgemäßer Vertreter usw (auch Minister, Behördenleiter usw), ist nach Nr 2 im Verwaltungsverfahren als Beweismittel allgemein und nicht wie im Zivilprozess nur unter bestimmten Voraussetzungen zulässig. Die Einholung schriftlicher Äußerungen von Beteiligten nach Nr 2, 2. Halbs. ist häufig vor allem dann zweckmäßig, wenn es auf den persönlichen Eindruck nicht wesentlich ankommt. Aus der allgemeinen Verpflichtung zur vollständigen Aktenführung folgt, dass das Ergebnis der Anhörung zu dokumentieren ist. Eines wörtlichen Protokolls bedarf es grundsätzlich nicht.

20 **a) Unterscheidung von Anhörung und Beweisaufnahme.** Wegen der unterschiedlichen Funktion wie auch wegen des **unterschiedlichen Beweiswertes** (vgl BVerwG NVwZ 1982, 40) der **Anhörung** Beteiligter gem § 28 im Rahmen des rechtlichen Gehörs einerseits und andererseits einer Anhörung iS von Nr 2 bzw der Einholung schriftlicher Äußerungen von Beteiligten zur Erläuterung eines unklaren Sachverhalts (sog **„informatorische Anhörung"**) oder schließlich als Beweismittel ist grundsätzlich immer zu unterscheiden, ob die Anhörung als Beteiligter bzw Einholung schriftlicher Äußerungen von Beteiligten nach § 26 oder (nur) nach § 28 erfolgt. Bei der Anhörung iwS als Beteiligter nach § 26 ist es grundsätzlich geboten (§ 10), im Interesse der Wahrheitsfindung den Beteiligten **darauf hinzuweisen** und ihn besonders zur Wahrheit zu ermahnen.

21 **b) Aussagepflichten, Persönliches Erscheinen.** Eine Verpflichtung zum persönlichen Erscheinen zu einer Beteiligtenvernehmung und/oder zur Aussage besteht nach dem VwVfG nicht (Abs 2 S 2), kann sich aber aus anderen Gesetzen ergeben (zB §§ 60 ff SGB I). Entsprechendes gilt trotz der insoweit nicht ganz klaren Fassung von Abs 2 S 2 auch für von der Behörde erbetene schriftliche Äußerungen gem Nr 2. Besonderer Regelungen über Aussageverweigerungsrechte bedurfte es daher nicht. Ebenso hat die Behörde, soweit nicht gesetzlich etwas anderes bestimmt ist (zB § 65), nach § 26 keine Möglichkeit, zur Herbeiführung wahrheitsgemäßer Aussagen eine **Beeidigung** vorzunehmen oder durch ein Gericht vornehmen zu lassen (UL § 27 Rn 5; Kopp 74) oder eine eidesstattliche Versicherung (§ 27) zu verlangen (UL § 27 Rn 5). Die Behörde kann aus der **Weigerung eines Beteiligten,** ihrer Bitte um Erscheinen und Aussage oder um eine schriftliche Äußerung nachzukommen, jedoch uU im Rahmen der Beweiswürdigung Schlüsse ziehen (s § 24 Rn 25; ferner unten Rn 43 f).

22 **c) Folgen von Falschaussagen.** Falsche Aussagen vor einer Behörde, die nicht zur eidlichen Vernehmung befugt ist (vgl § 153 StGB), sind vorbehaltlich besonderer gesetzlicher Vorschriften (vgl zB § 116 BSHG) **nicht als solche strafbar.** In Betracht kommt eine Strafbarkeit aber unter anderen Gesichtspunk-

ten, etwa, wenn mit dem VA, um dessen Erlass es geht, Vermögensvorteile verbunden sind, wegen Betrugs uä. Zur Strafbarkeit einer falschen Aussage **in anderen Fällen** s §§ 153ff StGB, einer falschen Versicherung an Eides Statt (vgl § 27) §§ 156, 163 StGB sowie § 27 Rn 7.

23 **3. Vernehmung von Zeugen (Nr 2).** Zeugen sind natürliche Personen, von denen nach den Umständen angenommen werden kann, dass sie in fremden Angelegenheiten aus eigener Wahrnehmung etwas über bestimmte Tatsachen aussagen können. **Sachverständige Zeugen** sind Personen, die ihre Wahrnehmungen kraft ihrer besonderen Sachkunde machen (vgl BVerwGE 71, 40 mwN; BVerwG NJW 1986, 2268), nicht Sachverständige (Knack 21; **aA** Jessnitzer 355).

24 **a) Keine Beteiligtenstellung.** Als Zeugen kommen wie im Prozessrecht nur am Verfahren nicht beteiligte Dritte in Betracht. Auch im Verwaltungsverfahren können die „Parteien", dh die Beteiligten (§ 13), nicht Zeugen sein (ebenso Knack 20), daher auch zB **nicht** die **Mitglieder der Vertretungsorgane** einer Körperschaft (§ 12 Abs 1 Nr 3 und 4), zB Minister, Behördenleiter usw (vgl § 62 Abs 2 VwGO) oder die Behördenbediensteten, die die Entscheidung in dem betreffenden Verfahren zu treffen haben, wohl aber sonstige Beamte (vgl VGH Mannheim NJW 1988, 3282; StBS 72; Knack 20).

25 **b) Mündliche oder schriftliche Befragung.** Zeugen werden von der Behörde nach ihrem Ermessen entweder mündlich gehört oder, wenn es auf den persönlichen Eindruck nicht wesentlich ankommt, durch Einholung einer schriftlichen Äußerung befragt (Nr 2, 2. Halbs). Eine Verpflichtung zum persönlichen Erscheinen zur Aussage oder zu einer schriftlichen Äußerung als Zeuge besteht nach dem VwVfG nur im förmlichen Verfahren (Abs 2, § 65), kann sich aber aus anderen Rechtsvorschriften ergeben. Soweit keine Verpflichtung besteht, erübrigen sich Regelungen über ein **Zeugnisverweigerungsrecht** (StBS 74). Eine generelle Pflicht der Behörde, Zeugen darüber zu belehren, dass sie zur Aussage nicht verpflichtet sind, besteht nicht (BVerwG DÖV 1994, 740).

26 **c) Aussagegenehmigung. Beamte bedürfen** für ihre Aussagen als Zeugen über Angelegenheiten, die ihnen bei ihrer amtlichen Tätigkeit bekannt geworden sind, grundsätzlich einer **Aussagegenehmigung** des Dienstherrn (vgl § 61 BBG; § 376 ZPO). Vgl allg zur Aussagegenehmigung Ziegler, Die Aussagegenehmigung im Beamtenrecht, 1989. **Die Verweigerung der Aussagegenehmigung** ist ein VA, den die dadurch möglicherweise benachteiligten Verfahrensbeteiligten anfechten können.[17] Unabhängig davon kann die das Verfahren führende Behörde die Weigerung ggf nach allgemeinen Grundsätzen (vgl § 444 ZPO; § 24 Rn 50; unten Rn 43f) je nach den besonderen Umständen des Falles zugunsten des dadurch in Beweisnot kommenden Beteiligten bei der Beweiswürdigung berücksichtigen.

27 **4. Hinzuziehung von Sachverständigen (Nr 2). a) Begriff.** Sachverständige[18] sind Personen, die der Behörde das ihr fehlende Fachwissen zur Beurteilung von Tatsachen vermitteln (vgl BVerwGE 45, 248). Die Zuziehung Sachverständiger kommt sowohl zur Feststellung von äußeren und inneren Tatsachen, von **allgemeinen Erfahrungssätzen** als auch zur Klärung von **Schlussfolgerungen,** die aus allgemeinen Erfahrungssätzen für einen konkreten Sachverhalt zu ziehen sind, ggf auch zur Feststellung von **Gewohnheitsrecht und ausländischem**

---

[17] BVerwGE 18, 59; 34, 254; VGH München BayVBl 1982, 695 ua mit Ausführungen auch zur Frage, wann die Genehmigung versagt werden kann, und zur gerichtlichen Nachprüfung der Verweigerung; s dazu auch VG Mainz DVBl 1982, 659; vgl ferner Schmid JR 1978, 8; Ziegler DRiZ 1989, 11.

[18] Allg zur Zuziehung von Sachverständigen im Verwaltungsverfahren Jessnitzer, Der gerichtliche Sachverständige, Anhang: der Sachverständigenbeweis nach dem VwVfG.

Recht (vgl § 293 ZPO), nur ausnahmsweise dagegen von (deutschem) Satzungs- und Verordnungsrecht,[19] in Betracht.

28 **Nicht erforderlich** ist, dass ein Sachverständiger speziell zum konkreten Verfahren zugezogen wird; die Behörde kann **auch Gutachten,** die **in anderen Verfahren** angefallen sind, verwerten (vgl BVerwG NVwZ 1990, 375 und 653). Sie müssen dann allerdings auf eine Weise in das Verfahren eingeführt werden, die eine Stellungnahme der Beteiligten hierzu ermöglicht. Von den Beteiligten zur Stützung ihres Vorbringens vorgelegte sog **Privatgutachten stellen keinen Sachverständigenbeweis** iS der Vorschrift dar, da Nr 2 die Einholung durch die Behörde verlangt. Rechtlich handelt es sich zunächst nur um ein Beteiligtenvorbringen. Die Behörde kann solche Gutachten jedoch im Einvernehmen mit dem Privatgutachter zu Gutachten iS der Regelung machen. **Rechtsgutachten,** soweit sie nicht der Feststellung von Gewohnheitsrecht oder von fremdem Recht dienen, sind keine Sachverständigengutachten iS der Nr 2.

29 **b) Notwendigkeit. Die Behörde muss Sachverständige zuziehen,** wenn die Beurteilung eines Sachverhalts besondere Sachkunde erfordert, die kein Angehöriger der Behörde besitzt.[20] Glaubt die Behörde, selbst die erforderliche besondere Sachkunde zu besitzen, obwohl dies nach ihrem Aufgabenbereich und ihrer personellen Ausstattung nicht ohne weiteres angenommen werden kann, so muss sie dies in der Begründung nach § 39 näher darlegen (vgl BVerwG MDR 1969, 1040); Entsprechendes gilt, wenn die Behörde vom Gutachten des Sachverständigen abweicht (BGH NJW 1989, 2948). Hins. der Beurteilung, ob die eigene Sachkunde ausreicht, hat die Behörde einen gewissen Beurteilungsspielraum (vgl zum Prozessrecht BVerwG NVwZ 1985, 395).

30 **c) Voraussetzungen.** Die Feststellung der für die Erstellung („Erstattung") des Gutachtens erforderlichen Tatsachen kann die Behörde nach ihrem Ermessen (§ 40, § 24 Abs 1 S 2) grundsätzlich auch dem Sachverständigen überlassen (vgl BVerwG NJW 1986, 1187); sie muss dies uU sogar, wenn Feststellungen gerade die besondere Sachkunde eines Sachverständigen erfordern; anders uU bei strittigen Tatsachen, die nicht in die Kompetenz des Sachverständigen fallen. In jedem Fall muss die Behörde jedoch die Voraussetzungen und Ergebnisse der Begutachtung **in eigener Verantwortung nachprüfen** bzw nachvollziehen und sich ein eigenes Bild machen und darf sie nicht einfach übernehmen. Der Gutachter kann auch seinerseits mit der Vorbereitung des Gutachtens **Hilfskräfte** betrauen, vorausgesetzt, dass sichergestellt ist, dass er deren Beitrag eigenverantwortlich überprüft und das Gutachten selbst dann in allen Punkten, auch zu Nebensächlichkeiten, seine eigene, selbstverantwortlich gewonnene Überzeugung wiedergibt (BVerwG NVwZ 1993, 771).

31 **d) Auswahl des Sachverständigen.** Der Sachverständige muss **unparteiisch** sein, dh es dürfen in seiner Person weder Ausschlussgründe (§ 20) noch Befangenheitsgründe (§ 21) vorliegen.[21] Er muss außerdem über die erforderliche besondere **Sachkunde** verfügen (BVerwGE 45, 235). Nicht erforderlich ist, dass der Sachverständige öffentlich bestellt (§ 36 GewO) oder vereidigt ist (StBS 68). Umstritten ist, ob als **Sachverständige nur natürliche Personen** in Betracht kommen

---

[19] Die Feststellung des anzuwendenden Rechts durch einen Sachverständigen kommt idR nur in Betracht, wenn die Quellen unzugänglich oder die Authentizität ungeklärt ist.

[20] BVerwGE 17, 342; 68, 182; 69, 73; BGH NVwZ 1988, 284; BSG 33, 279.

[21] Da der Sachverständige „Gehilfe" der Behörde ist, gelten für ihn die Ausschlussregelungen der §§ 20 f; str; wie hier Knack 27; ebenso im Ergebnis auch Obermayer 69 und StBS 69: §§ 20 f analog; zT **aA** UL § 12 Rn 4: § 65 analog; MB 5 vor § 20; Jessnitzer 342 Im förmlichen Verfahren haben die Beteiligten gem § 65 Abs 1 S 2 außerdem ein Ablehnungsrecht. Der Umstand, dass der Sachverständige Beamter ist, stellt für sich allein keinen Ausschlussgrund dar vgl BVerwGE 18, 218; 76, 137; RÖ VwGO § 98 Rn 10.

(so VGH München BayVBl 1982, 694: auch Fachbehörden; Knack 23; StBS 70; **aA** Bleutge NJW 1985, 1185, 1187) sowie weiter, ob die Behörde die nähere Auswahl eines Sachverständigen auch zB einer Fachbehörde, Klinik oder sonstigen Einrichtung usw überlassen und idS „kurzerhand“ eine andere **Behörde** uä „als Sachverständigen“ zuziehen kann.[22] Letzteres wird von der hM zu Recht angenommen.[23] Im Zweifel ist die Zuziehung einer Fachbehörde, einer privaten Organisation uä „als Sachverständiger“ in diesem Sinn zu verstehen.

e) Durchführung des Gutachterauftrages. Da der **Gutachter hoheitlich tätig** ist, besteht bei fehlerhaften Gutachten ein **Amtshaftungsanspruch** gegen den Staat.[24] Hins der Verpflichtung zur Tätigkeit als Sachverständiger gilt grundsätzlich dasselbe wie bei Zeugen (§ 26 Abs 2 und § 65); für beamtete Sachverständige bestehen aber idR entsprechende Dienstpflichten. 31 a

f) Weitere Gutachten. Die Einholung weiterer, sog **Obergutachten** ist grundsätzlich nur dann erforderlich, wenn ein Gutachten **Mängel** aufweist, die es zur Sachverhaltsfeststellung als ungeeignet erscheinen lassen.[25] Das ist insb der Fall, wenn sich erhebliche **Zweifel an der Sachkunde** des bereits zugezogenen Gutachters ergeben oder wenn durch den Vortrag der Beteiligten oder durch eigene Überlegungen der Behörde die Ergebnisse des Gutachtens oder die Voraussetzungen, von denen der Gutachter ausging, ernsthaft erschüttert werden, ferner wenn einander widersprechende Gutachten vorliegen oder wenn das Gutachten aus anderen Gründen die Überzeugung der Behörde nicht zu begründen vermag (vgl BVerwGE 56, 127; 71, 45 mwN). Ist die Behörde dagegen von der Richtigkeit der vom Sachverständigen dem Gutachten zugrundegelegten Tatsachen und der Schlussfolgerungen auf Grund eigener Nachprüfung überzeugt, so kann sie nach dem **Rechtsgedanken des § 244 Abs 4 S 2 StPO** auch Anträge auf Einholung weiterer Gutachten ablehnen; **das Verbot vorweggenommener Beweiswürdigungen** gilt für die Ablehnung der Einholung weiterer Gutachten **nicht** (BVerwG BayVBl 1971, 199; Kopp/Schenke § 98 Rn 15 c für den Verwaltungsprozess). Allerdings ist die Behörde verpflichtet, den Beteiligten die nötigen Akten herauszugeben, wenn diese auf eigene Kosten eigene Gutachten anfertigen lassen wollen (OVG Koblenz NJW 1997, 2342). Zur **Beweiskraft amtsärztlicher Gutachten** vgl ua OVG Koblenz NVwZ 1990, 388. 32

5. Beiziehung von Urkunden und Akten (Nr 3). a) Begriff der Beiziehung. Beiziehung ist die Anforderung von Urkunden bzw Akten bei den Beteiligten, anderen Behörden oder Dritten ohne verpflichtenden Charakter zu Beweiszwecken (Obermayer 112). Sie erfolgt idR formlos. Etwas anderes gilt, wenn dem Betroffenen gegenüber eine Pflicht zur Vorlage (s hierzu Rn 36) durchgesetzt werden soll. In diesen Fällen stellt die verpflichtende Aufforderung zur Vorlage idR einen VA dar. 33

b) Urkundsbegriff. Urkunden sind schriftlich niedergelegte Äußerungen von Personen, die einen bestimmten Gedankeninhalt vermitteln (ähnlich StBS 88 und Knack 31: die schriftliche Verkörperung eines Gedankens). Anders, als im Strafrecht kommt es hier nicht darauf aon, ob die Urkunde einen Aussteller erkennen lässt und im Rechtsverkehr sonst bedeutung hat (Obermayer 115). Urkunden können amtlicher oder privater Natur sein, zB amtliche Schreiben, private Briefe 33 a

[22] Vgl BVerwG NJW 1969, 1591; VGH München BayVBl 1982, 694; Kopp/Schenke § 98 Rn 7; Gießler RzW 1981, 41.

[23] BVerwGE 56, 110, 127; OVG Münster NWVBl 1992, 27; StBS 70; Knack 23; **aA** Bleutge NJW 1985, 1185, 1187.

[24] HM; vgl OLG Köln NJW 1989, 2065; Kopp/Schenke § 98 Rn 17; **aA** OLG Düsseldorf NJW 1986, 2891; allg zur Sachverständigenhaftung Damm JZ 1991, 373; Eickmeier, Die Haftung des gerichtlichen Sachverständigen für Vermögensschäden, 1993.

[25] BVerwGE 56, 127; BVerwG DÖV 1982, 411; Buchh 310 § 86 Abs 1 VwGO Nr 79; 442.10 § 4 StVG Nr 42; OVG Koblenz NJW 1997, 2342.

(vgl Stelkens ZAR 1975, 21; Ritter NVwZ 1986, 29 – zur Beweiskraft privater Briefe in Asylverfahren –); auch zB **Fotokopien und Reproduktionen,** wenn sie anstelle des Originals den Gedanken verkörpern sollen und nicht nur als Hinweis auf die Originalurkunde erscheinen (FG Berlin NJW 1977, 2232; StBS 88 unter Hinweis auf BGH NJW 1990, 1170 und 1992, 829). Bei **Fotografien** kommt es darauf an, ob sie anstelle des Originals den Gedanken, den auch das Original verkörpert, vermittelnoder ob sie ledliglich einen Eindruck vermitteln.[26] Darüber hinaus behördliche oder gerichtliche Inhalts- oder Ergebnisprotokolle über Zeugen- oder Sachverständigenaussagen; **nicht** dagegen **schriftliche Zeugenaussagen** selbst[27] und schriftliche **Sachverständigengutachten** (OVG Bremen NJW 1990, 2337, StBS 88), da diese in Abs 1 Nr 2 dem Zeugen- und Sachverständigenbeweis zugeordnet sind; ebenfalls nicht **Tonband- und Videoaufnahmen,** da diese Augenscheinsobjekte sind (s unten Rn 37). Auf den **Aussteller** (amtliche Stellen oder Privatpersonen), den Zweck der Errichtung und den Inhalt kommt es insoweit für den Charakter als Urkunde nicht an; nicht erforderlich ist auch, dass die Urkunde unterschrieben ist. Diese Umstände sind jedoch idR für den Beweiswert, uU auch für die Beweiskraft, von Bedeutung. Vgl auch zu „Ober"- oder „Neben"schriften statt Unterschriften BGH NJW 1991, 487; 1992, 829. **Keine Urkunden** sind bloße **Beweiszeichen** uä (anders der insoweit weitere Urkundenbegriff des Strafrechts); sie können nur Gegenstand eines Augenscheins iS von Nr 4 sein.

34 Die Bestimmungen über die **Beweiskraft von Urkunden** gem §§ 415 bis 419 ZPO sind als Ausdruck allgemeiner Rechtsgedanken auch im Verwaltungsverfahren anwendbar.[28] Sie gelten grundsätzlich **auch für ausländische Urkunden.**[29] Zur **Beweiskraft** von **Sitzungsniederschriften** von Behörden vgl VGH Mannheim NJW 1990, 1808 (Sitzungsniederschrift nach einer Gemeindeordnung). Dieselben **Grundsätze** müssen **allgemein** gelten, auch zB für die Niederschrift über die mündliche Verhandlung nach § 68 Abs 4.

35 **c) Begriff der Akten.** Akten iS von Nr 3 sind nach bestimmten Ordnungsgesichtspunkten gesammelte, in einem Ordner oder in anderer geeigneter Form zusammengestellte und/oder geordnete Urkunden (vgl StBS 89; Knack 31; Obermayer 118). Sie können öffentlich (zB Behördenakten, Gerichtsakten) oder privat sein (StBS 89; Knack 31). Eine Verpflichtung zur Anlegung und Führung von Akten wird jedoch weder durch § 5 noch durch § 26 Abs 1 Nr 3, wohl aber mittelbar durch § 29 begründet.

36 **d) Vorlagepflicht. Die Beteiligten** (§ 13) sind grundsätzlich im Rahmen ihrer Mitwirkungspflicht gem Abs 2 S 1 und 2 zur **Vorlage von Urkunden und Akten** verpflichtet, die sie in ihrem Besitz haben; diese Verpflichtung ist von der Behörde jedoch nicht erzwingbar.[30] Kommen Beteiligte ihrer Vorlagepflicht trotz Aufforderung der Behörde nicht nach, so kann die Behörde dies allerdings **bei der Beweiswürdigung** grundsätzlich zu ihrem Nachteil **berücksichtigen.**[31] Von anderen Behörden kann die Vorlage von Urkunden und Akten grundsätzlich im Rahmen der **Amtshilfe** gem § 5 Abs 1 Nr 4 verlangt werden (vgl § 5 Rn 12). Am Verfahren nicht beteiligte sonstige Dritte sind zur Vorlage nicht verpflichtet.

---

[26] Ähnlich wohl StBS 88 unter Hinweis auf BGH NJW 1976, 294 f.

[27] Obermayer 116; **aA** die wohl hM, die den Beweis durch eine schriftliche Zeugenaussage dem Urkundsbeweis zuordnet, vgl StBS 88 unter Hinweis auf BVerwG Buchh 402.25 § 14 AsylVfG Nr 2; vgl dazu einschränkend BVerwGE 70, 24.

[28] ZT **aA** StBS 88: Anhaltspunkte, jedoch keine strenge Bindung; Knack 31: allenfalls Hinweise für die Beweiswürdigung.

[29] BVerwG NJW 1987, 1159 = BayVBl 1987, 123; BGH LM § 418 ZPO Nr 3; BL § 415 Rn 5; Stelkens ZAR 1985, 21.

[30] Erichsen/Ehlers § 37 Rn 3; StBS 90; Knack 31; Obermayer 90.

[31] Rechtsgedanke des § 444 ZPO, s oben Rn 26; unten Rn 43 f; vgl auch § 24 Rn 24.

UU besteht aber auf Grund spezieller **Rechtsvorschriften,** auch etwa des bürgerlichen Rechts, ein Anspruch der Behörde oder eines Beteiligten auf Herausgabe, Vorlage oder Einsichtnahme.

6. Augenscheinnahme (Nr 4). a) Allgemeines. Augenschein ist jede **unmittelbare Sinneswahrnehmung** über die Beschaffenheit von Personen und Gegenständen oder über Vorgänge durch die Behörde oder durch Beauftragte der Behörde. **Gegenstand** können **auch Gerüche,** Geräusche, Lärm, Lichtimmissionen und andere mit den Sinnen (Augen, Ohren, Nase, Mund, Tastsinn) wahrnehmbare Tatsachen und Vorgänge sein; auch **zB Tonband- und Videoaufnahmen,** die Augenscheinsobjekte zum Gegenstand haben (StBS 91) und Fotografien von Augenscheinsobjekten. Nicht Gegenstand des Augenscheins können **gedankliche Inhalte** als solche sein, etwa der Inhalt von Urkunden, Aussagen von Personen usw. Insoweit ist ein Urkundsbeweis bzw ein Zeugenbeweis zu erheben (Knack 32, Obermayer 120f). 37

b) Augenschein mit Hilfsmitteln, Messungen. Zum Augenschein gehört auch die Ermittlung mit Hilfe von technischen Geräten, die die Wahrnehmung von Sinneseindrücken erst ermöglichen oder jedenfalls präzisieren bzw messbar machen. Dies umfasst etwa den Einsatz von Ferngläsern oder Horchgeräten, von Mikroskopen, Maßbändern usw. Technische Einrichtungen dagegen, mit deren Hilfe bestimmte physikalische, chemische oder biologische Effekte gemessen werden, sind keine Hilfsmittel des Augenscheins, sondern allenfalls selbst wiederum Augenscheinsobjekte insoweit, als auf ihren Anzeigeeinrichtungen das Ergebnis von Messungen abgelesen werden kann. Verlangt die Handhabung besonderen technischen Sachverstand, muss uU ein Sachverständiger hinzugezogen werden, der die Geräte fachgerecht einsetzt und die Ergebnisse auswertet. 37 a

c) Keine Eingriffsbefugnis. Weder § 26 noch andere Vorschriften des VwVfG geben der Behörde die Befugnis zu Rechtseingriffen, zB zum Betreten von Grundstücken, zur Entnahme von Proben, zur **Durchsuchung von Wohnungen** usw, auch wenn anders die Vornahme des Augenscheins nicht möglich ist und auch andere Beweismittel nicht zur Verfügung stehen. **Soweit spezialgesetzliche Ermächtigungen fehlen** und der Eigentümer bzw Besitzer oder sonst über das Objekt des Augenscheins Verfügungsberechtigte nicht zustimmen bzw ein Beteiligter auf Grund eines besonderen privatrechtlichen Titels die **Zustimmung des Berechtigten** durch gerichtliche Entscheidung gem § 894 ZPO nicht ersetzen lassen kann, muss der Augenschein unterbleiben. Vgl zur **Durchsuchung von Wohnungen** und zur dafür idR erforderlichen gerichtlichen Anordnung auch Art 13 GG sowie dazu BVerfG 51, 97; NJW 1981, 2111; OVG Münster NJW 1981, 1057; StBS 93. 38

d) Keine Verpflichtung Dritter. Für die Verpflichtung anderer Behörden sowie von Gerichten, der Beteiligten und Dritter zur Vorlage von Augenscheinsobjekten bzw zur Duldung des Augenscheins gelten die oben zu Rn 36 für Urkunden dargelegten Grundsätze entsprechend; insb kann die Weigerung eines Beteiligten bei der Beweiswürdigung zu dessen Lasten berücksichtigt werden, sofern ihm die erforderliche Mitwirkung möglich und nach Treu und Glauben zumutbar gewesen wäre (vgl auch BGH NJW 1960, 821). 39

IV. Mitwirkungspflicht der Beteiligten (Abs 2)

1. Mitwirkungslast. Abs 2 sieht, ähnlich wie § 86 Abs 4 VwGO, die freilich nicht erzwingbare grundsätzliche Verpflichtung der Beteiligten iS einer Mitwirkungslast vor, bei der Ermittlung des Sachverhalts mitzuwirken.[32] Die Mitwirkung 40

[32] Ganz hM, vgl Obermayer 104; StBS 46; Knack 36; MB 5; ebenso auch schon zum früheren Recht BVerwGE 11, 274; 34, 248; BVerwG Buchh 442.10 § 4 StVG Nr 45; NJW

der Beteiligten am Verfahren dient vor allem der Sachaufklärung im Rahmen der Amtsermittlung (s § 24 Rn 50f). Die Mitwirkung ist zugleich aber auch ein wichtiges Mittel der Durchsetzung und Verteidigung der Rechte der Beteiligten und der Verfahrensförderung (vgl BVerwG DVBl 1968, 431; Kopp 36ff). Sie stellt sowohl eine Pflicht bzw Obliegenheit (iS einer Last, die nicht erzwingbar ist) als auch ein Recht der Beteiligten dar.[33]

41 **a) Umfang. Mitwirkung bedeutet** nach Abs 2 S 2 insb, dass die Beteiligten die ihnen bekannten **Tatsachen und Beweismittel** angeben sollen (ebenso zum früheren Recht M 67; Erichsen/Ehlers § 37 Rn 2ff, 5ff). So muss ein **Asylbewerber** zB grundsätzlich konkrete Gründe (Tatsachen) für seine Furcht vor politischer Verfolgung schlüssig vortragen und dabei unter Angabe von Einzelheiten einen in sich stimmigen Sachverhalt schildern, aus dem sich, die Wahrheit unterstellt, ergibt, dass politische Verfolgung mit hoher Wahrscheinlichkeit droht vgl (BVerfG NVwZ 1990, 151 mwN; vgl auch BVerwGE 66, 237).

42 **b) Beweisanträge.** Die Behörde ist nach § 24 Abs 1 S 2 an Beweisanträge der Beteiligten zwar nicht gebunden und muss ihnen auch nicht allein deshalb, weil sie gestellt wurden, stattgeben oder auch nur VwGO förmlich entscheiden, auch nicht unter dem Gesichtspunkt des rechtlichen Gehörs gem § 28; sie muss sich aber damit **ernsthaft auseinandersetzen** und spätestens in den Entscheidungsgründen (§ 39) darlegen, warum sie von einer entsprechenden Beweiserhebung abgesehen hat. S. zu den Gründen, die ein Absehen von möglichen Ermittlungen rechtfertigen können, § 24 Rn 24ff. Wenn die Beweisaufnahme für die Verwirklichung eines Grundrechts entscheidend sein kann, stellt es idR eine Verletzung dieses Grundrechts dar, wenn die Behörde gleichwohl dem Beweisantrag des Betroffenen nicht stattgibt (Laubinger VerwArch 1982, 76); Entsprechendes gilt, wenn sich der Behörde die Notwendigkeit der Beweiserhebung aufdrängen musste.

43 **2. Rechtsfolgen. a) Aufklärungspflicht. Kommen die Beteiligten ihrer Mitwirkungslast** im Verfahren **nicht nach,** obwohl die Mitwirkung ihnen zumutbar war (BVerwGE 74, 272), so hat dies grundsätzlich **keine unmittelbaren verfahrensrechtlichen Folgen.**[34] Die Behörde ist aber, wenn und soweit ein Beteiligter es unterlässt, zur Klärung der für ihn günstigen Tatsachen beizutragen, obwohl ihm dies möglich und zumutbar wäre, idR nicht mehr gehalten, insoweit von sich aus allen sonstigen denkbaren (Erkenntnis-)Möglichkeiten nachzugehen, um die Tatsachen aufzuklären;[35] dies gilt vor allem dann, wenn die Behörde die Beteiligten auf die Erheblichkeit bestimmter Umstände hingewiesen hat. Ein derartiger Hinweis ist Voraussetzung für die Berechtigung, aus der fehlenden oder unzulänglichen Mitwirkung **Schlüsse für die Beweiswürdigung** zu ziehen.[36] Die Behörde braucht in diesen Fällen nicht von sich aus ohne jeden Hinweis der Beteiligten und ohne sonstige Anhaltspunkte Ermittlungen zugunsten des Beteiligten anzustellen; auch aus § 24 Abs 2 ergibt sich hier nichts anderes. Im Einzelnen sind immer die **näheren Umstände des Falles** zu berücksichtigen (StBS 53).

1979, 2580; BSG 4, 118; 17, 97; 26, 62, 174; Erichsen/Ehlers § 37 Rn 3; M 67; Lorenz 265f; Kopp 121; zT **aA** offenbar UL § 21 Rn 2.

[33] Erichsen/Ehlers § 37 Rn 3; StBS 45f; ebenso zum Prozessrecht BVerwGE 19, 94.

[34] Erichsen/Ehlers § 37 Rn 2ff, 5ff; StBS 47; vgl aber zu Auswirkungen bei späterer Geltendmachung ungenügender Sachaufklärung in Rechtsbehelfsverfahren und bei Schadensersatzansprüchen des Beteiligten gegen die Behörde, § 24 Rn 22.

[35] Vgl BVerwGE 26, 30; 74, 223; 77, 242; BVerwG NJW 1986, 1704; NVwZ 1987, 404; NVwZ-RR 1990, 442 mwN; BRS 33, 7; BauR 1980, 30; BFH NVwZ-RR 1990, 282; Redeker NJW 1980, 1598; Becker NJW 1980, 1036; Grupp VerwArch 1989, 51; Knack 37; Kopp 36ff; vgl auch zum Prozessrecht BVerwGE 26, 30; 60, 153; 66, 238.

[36] S § 24 Rn 20; Nierhaus 480; **aA** VGH Kassel NVwZ 1985, 915:keine Verpflichtung zu Hinweisen auf Risiken einer Säumnis bei der Erfüllung von Mitwirkungspflichten.

b) Negative Folgerungen. Aus denselben Gründen ist die Behörde **bei Weigerung eines Beteiligten, an der Aufklärung** bestimmter Fragen, zu denen ihn die Behörde um Stellungnahme, Beweisangebote usw gebeten hatte, **mitzuwirken,** idR berechtigt, je nach den näheren Umständen der Weigerung ggf **für den Beteiligten ungünstige Schlüsse** hins der in Frage stehenden Tatsachen zu ziehen, wenn nähere Anhaltspunkte fehlen, die für das Gegenteil sprechen könnten. Dem steht der **Ausschluss einer Verpflichtung** der Beteiligten **zum persönlichen Erscheinen** und zur Aussage gem S 3 nicht engegen; denn dadurch wird nur klargestellt, dass die Behörde, sofern sich aus anderen Rechtsvorschriften nichts anderes ergibt, nicht berechtigt ist, das Erscheinen oder eine Aussage zu erzwingen; die allgemeine **Mitwirkungspflicht** (Mitwirkungslast) nach S 1 und 2 und damit auch die Befugnis der Behörde, einen Beteiligten um persönliches Erscheinen oder um mündliche oder schriftliche Stellungnahme zur Klärung offener Fragen zu bitten, werden davon nicht berührt. 44

3. Spezialgesetzliche Mitwirkungspflichten Das Fachrecht enthält eine Fülle spezialgesetzlich geregelter Mitwirkungspflichten und gesteigerter Obliegenheiten, die idR über die Obliegenheiten des Abs 2 S 1 hinausgehen. Um Obliegenheiten handelt es sich, wenn ihre Erfüllung rechtlich nicht unmittelbar erzwungen werden kann; Pflichten können dagegen idR bei Säumigkeit durchgesetzt werden. Zu den weitergehenden Mitwirkungspflichten iSd Abs 2 S 3 gehören zB die Pflicht zum persönlichen Erscheinen nach § 6 Abs 3 PassG, §§ 15 ff WPflG, § 70 Abs 4 AuslG, § 23 AsylVfG, ferner Auskunftspflichten nach § 17 Abs 1 HandwO, § 22 GastG, § 116 BSHG, § 41 LMBG, § 15 WPflG, § 24 b GewO, die Beibringung von Gutachten (§ 29 a BImSchG) oder anderen Unterlagen (§ 46 Abs 3 WaffG; § 44 KWG). Von Bedeutung sind auch die in § 208 BauGB normierten Möglichkeiten der zuständigen Behörde zur Erforschung des Sachverhalts (Anordnung des persönlichen Erscheinens, der Vorlage von Urkunden usw). 44 a

V. Pflichten von Zeugen und Sachverständigen (Abs 3)

1. Keine Aussage- und Gutachtenpflicht (S 1). Das VwVfG sieht keine allgemeine Verpflichtung für die Beteiligten, Zeugen und Sachverständige zum Erscheinen und zur Aussage bzw zur Erstattung eines Gutachtens vor, sondern verweist insoweit auf besondere Vorschriften (s unten Rn 46). Die Behörden sind daher in weitem Umfang auf Freiwilligkeit der Zeugen und Gutachter angewiesen. Dies kann vor allem dann zu schwierigkeiten führen, wenn sich der Sachverhalt ohne Zeugen nicht aufklären lässt, die in Frage kommenden Zeugen aber ein Interesse daran haben, dass eine Aufklärung möglichst unterbleibt. 45

Da eine Verpflichtung zur Aussage bzw zur Gutachtenerstattung nicht vorgesehen ist, erübrigt sich auch eine ausdrückliche Regelung hins. des **Rechts der Verweigerung der Aussage** bzw der Tätigkeit als Gutachter im VwVfG. Wenn sonstige Gesetze eine entsprechende Verpflichtung vorsehen, ohne über das Recht der Aussageverweigerung usw etwas auszusagen, ist insoweit jedoch § 65 Abs 1 entspr anzuwenden, da diese Vorschrift Ausdruck allgemeiner rechtsstaatlicher Grundsätze ist. Zu eidesstattlichen Versicherungen § 27 Rn 1 ff, zur Beeidigung von Zeugen und Sachverständigen usw § 65 Rn 11 ff. Eine Verpflichtung zur Belehrung eines Zeugen über die Freiwilligkeit seiner Aussage besteht grundsätzlich nicht (BVerwG NVwZ-RR 1995, 113, Knack 42). 46

2. Spezialgesetzlich geregelte Pflichten. In § 65 Abs 1 sowie an verschiedenen Stellen im Fachrecht finden sich gesteigerte Pflichten für Zeugen und Sachverständige. Beispiele dafür sind § 44 Abs 4 BBG für den Untersuchungsführer, § 25 Abs 2, 3 WoGG, § 22 GastG, § 116 BSHG. In diesen Spezialgesetzen ist zumeist eine Aussagepflicht für Zeugen bzw eine Gutachtenpflicht für Sachverständige festgelegt, zu deren Normierung sich der Gesetzgeber des VwVfG seinerzeit nicht durchringen konnte. 47

48 **3. Entschädigung (S 2).** Abs 3 S 2 sieht für Zeugen und Sachverständige eine Entschädigung entspr der auch für gerichtliche Verfahren geltenden Regelung des ZSEG vor (ähnlich § 107 AO). Die Regelung ist notwendig, da ohne gesetzliche Bestimmung grundsätzlich eine Entschädigung nicht gewährt werden könnte. Der Entschädigungsanspruch ist nicht davon abhängig, dass die Heranziehung von Zeugen bzw Sachverständigen auf Grund einer gesetzlich vorgesehenen Verpflichtung des Zeugen oder Sachverständigen erfolgt. Auch Zeugen und Sachverständige, die der Aufforderung freiwillig nachkommen, haben die in Abs 3 S 2 vorgesehenen Ansprüche, die **auf Antrag** (§ 15 ZSEG) **durch VA festgesetzt** wird (so auch StBS 86; Obermayer 201, **aA** offenbar Knack 43, wonach der Anspruchsberechtigte ggfs Leistungsklage erheben muss).

49 **a) Anspruchsberechtigte.** Den Anspruch nach Abs 3 S 2 haben die von einer Behörde herangezogenen Zeugen und Sachverständigen, soweit sie dem Ersuchen bzw der Heranziehung Folge leisten. Die Vorschrift ist analog **auch auf sonstige Personen anwendbar,** die von der Behörde für Auskünfte in Anspruch genommen werden, ohne Zeugen oder Sachverständige zu sein (so ausdrücklich § 107 AO); **nicht** dagegen **auch auf Beteiligte** (§ 13), auch nicht, soweit diesen ein Verdienstausfall oder sonstige Kosten entstehen (vgl § 107 S 2 AO; str). Bei Beteiligten kommt jedoch uU ein Anspruch auf Ersatz für Aufwendungen und Verdienstausfall nach den Grundsätzen, die für Zeugen und Sachverständige gelten – nicht dagegen auch für Verluste an Zeit und für die eigene Mühe unter dem Gesichtspunkt der **Erstattung der Verfahrenskosten** gem § 80 bzw nach allg Grundsätzen in Betracht.

50 **b) Anspruchsinhalt. Zeugen** erhalten nach § 2 ZSEG eine **Verdienstausfallentschädigung,** die sich nach der Höhe des regelmäßigen Bruttoverdienstes richtet, sich aber innerhalb des jeweils festgesetzten Rahmens halten muss. Sie erhalten ferner ggfs Fahrtkosten erstattet (§ 9 ZSEG) sowie bei entsprechenden Aufwendungen eine Entschädigung (§ 10 ZSEG) und die Erstattung barer Auslagen (§ 11 ZSEG). **Sachverständige** erhalten eine Entschädigung, die **nach Arbeitsstunden berechnet** wird, innerhalb eines Stundentarifrahmens (§ 3 ZSEG), sowie ggfs zusätzlich für besondere Verrichtungen eine Entschädigung nach bestimmten Pauschalsätzen (§ 5 ZSEG), ferner ggfs wie bei Zeugen Fahrtkostenersatz, Aufwandsentschädigung und Erstattung barer Auslagen.

§ 27 Versicherung an Eides Statt

(1) **Die Behörde darf bei der Ermittlung des Sachverhalts eine Versicherung an Eides Statt nur verlangen und abnehmen, wenn die Abnahme der Versicherung über den betreffenden Gegenstand und in dem betreffenden Verfahren durch Gesetz oder Rechtsverordnung vorgesehen und die Behörde durch Rechtsvorschrift für zuständig erklärt worden ist.**[6] **Eine Versicherung an Eides Statt soll nur gefordert werden, wenn andere Mittel zur Erforschung der Wahrheit nicht vorhanden sind, zu keinem Ergebnis geführt haben oder einen unverhältnismäßigen Aufwand erfordern.**[8] **Von eidesunfähigen Personen im Sinne des § 393 der Zivilprozessordnung darf eine eidesstattliche Versicherung nicht verlangt werden.**[9]

(2) **Wird die Versicherung an Eides Statt von einer Behörde zur Niederschrift**[19] **aufgenommen, so sind zur Aufnahme nur der Behördenleiter, sein allgemeiner Vertreter sowie Angehörige des öffentlichen Dienstes befugt, welche die Befähigung zum Richteramt haben oder die Voraussetzungen des § 110 Satz 1 des Deutschen Richtergesetzes erfüllen.**[10 f.] **Andere Angehörige des öffentlichen Dienstes kann der Behördenleiter oder sein allgemeiner Vertreter hierzu allgemein oder im Einzelfall schriftlich ermächtigen.**

(3) **Die Versicherung besteht darin, dass der Versichernde die Richtigkeit seiner Erklärung über den betreffenden Gegenstand bestätigt und erklärt: „Ich versichere an Eides Statt, dass ich nach bestem Wissen die reine Wahrheit gesagt und nichts verschwiegen habe.“[15] Bevollmächtigte und Beistände sind berechtigt, an der Aufnahme der Versicherung an Eides Statt teilzunehmen.**

(4) **Vor der Aufnahme der Versicherung an Eides Statt ist der Versichernde über die Bedeutung der eidesstattlichen Versicherung und die strafrechtlichen Folgen einer unrichtigen oder unvollständigen eidesstattlichen Versicherung zu belehren.[17] Die Belehrung ist in der Niederschrift zu vermerken.**

(5) **Die Niederschrift[19] hat ferner die Namen der anwesenden Personen sowie den Ort und den Tag der Niederschrift zu enthalten. Die Niederschrift ist demjenigen, der die eidesstattliche Versicherung abgibt, zur Genehmigung vorzulesen oder auf Verlangen zur Durchsicht vorzulegen. Die erteilte Genehmigung ist zu vermerken und von dem Versichernden zu unterschreiben. Die Niederschrift ist sodann von demjenigen, der die Versicherung an Eides Statt aufgenommen hat, sowie von dem Schriftführer zu unterschreiben.**

Parallelvorschriften: § 23 SGB X, §§ 95, 284 AO

Schrifttum: *Ebert,* Der Eid als prozessuales Instrument – zum Beschluß des BVerfG v. 11. 4. 1972, JR 1973, 397; *Martens,* Eidesstattliche Versicherungen in der Sozialversicherung, Versorgung und Sozialgerichtsbarkeit, NJW 1957, 1663; *Müller,* Wer ist nach deutschem Recht zur Abnahme von Eiden befugt?, DRiZ 1965, 330; *Oswald,* Die eidesstattliche Versicherung, JR 1953, 292; *Zipfel,* Die Zuständigkeit zur Abnahme von eidesstattlichen Versicherungen iS des § 156 StGB, NJW 1951, 952.

Übersicht

I. Allgemeines

1 **1. Inhalt.** Die Vorschrift regelt die Voraussetzungen, unter denen Behörden eidesstattliche Versicherungen verlangen, entgegennehmen (abnehmen) und selbst aufnehmen dürfen. In Abkehr von der vor Inkrafttreten des VwVfG weithin üblichen Praxis ist das Verlangen, die Abnahme und die Aufnahme von Erklärungen an Eides Statt nur noch zulässig, wenn dies in einem Gesetz oder einer Rechtsverordnung besondere vorgesehen ist **(spezialgesetzliches Zulassungserfordernis).** Das VwVfG selbst sieht derartige Möglichkeiten der Behörden nicht vor. Dies gilt sowohl für das allgemeine Verwaltungsverfahren als auch für das förmliche. In § 65 Abs 3 ist lediglich die Möglichkeit vorgesehen, ein Verwaltungsgericht um eine eidliche Vernehmung von Zeugen und Sachverständigen zu ersuchen. Die Aufnahme einer eidesstattlichen Versicherung ist dagegen im VwVfG selbst nirgendwo vorgesehen. Spezialgesetzliche Vorschriften, die eine Abnahme oder Aufnahme eidesstattlicher Versicherungen vorsehen, werden aber durch die Bestimmungen des § 27 ergänzt.

1a **2. Sinn und Zweck der Regelung.** Die Regelungen dienen dem Ziel, die Versicherung an Eides Statt als Mittel der Sachverhaltsermittlung bzw der Beweiserhebung wieder aufzuwerten. Vor Inkrafttreten des VwVfG war die Praxis weitverbreitet, auch ohne gesetzliche Grundlage zur Bekräftigung von Erklärungen die Abgabe eidesstattlicher Versicherungen zu verlangen. Auf diese Weise sollte die Richtigkeitsgewähr von Erklärungen erhöht werden, weil die Abgabe falscher eidesstattlicher Versicherungen einen Straftatbestand (§§ 156, 163 StGB) erfüllt. In der Rechtsprechung der Strafgerichte war indessen schon lange anerkannt, dass die Abgabe einer falschen eidesstattlichen Versicherung nur dann strafbar ist, wenn die Behörde auch gesetzlich ermächtigt ist, für das in Rede stehende Verfahren und für bestimmte abzugebende Erklärungen eidesstattliche Versicherungen entgegenzunehmen (vgl BGH NJW 1971, 525). Daher brachten die ohne derartige Ermächtigung verlangten Versicherungen an Eides Statt keinen gesteigerten Beweiswert, weil insoweit keine Strafbewehrung vorlag.

2 **3. Anwendungsbereich. a) Unmittelbar.** Die Vorschrift regelt nicht nur, dass die Abgabe einer Versicherung an Eides Statt seitens einer Behörde von einem Beteiligten oder Dritten nur bei Vorliegen einer entsprechenden Ermächtigung verlangt werden darf, sondern auch, dass eine derartige Erklärung ohne Ermächtigung nicht „abgenommen", dh nicht von der Behörde entgegengenommen werden darf (Abs 1). Sie regelt außerdem die Frage, unter welchen Voraussetzungen Behörden selbst eidesstattliche Versicherungen zur Niederschrift aufnehmen dürfen und welches Verfahren dabei einzuhalten ist (Abs 2–5). Sämtliche Regelungen gelten nur für Verwaltungsverfahren iSd §§ 9ff VwVfG und nur für eidesstattliche Versicherungen, die der Ermittlung des Sachverhalts gem §§ 24, 26 dienen. Die Verwaltungsverfahrensgesetze der Länder enthalten im Wesentlichen gleich lautende Bestimmungen.

3 **b) Besondere Rechtsvorschriften. Nicht berührt** werden durch § 27 und die entspr Vorschriften des Landesrechts **weitergehende sondergesetzliche Vorschriften,** die Aussagen von Zeugen, Sachverständigen oder auch Beteiligten unter Eid vorsehen oder zulassen, entweder in der Form der Abnahme durch die Behörde selbst (vgl zB § 44 Abs 4 S. 2 BBG iVm § 46 S 1 BDisziplO; § 5 VwVG iVm § 95 AO; § 85 s-hlVwG) oder durch ein Verwaltungsgericht (vgl § 65 VwVfG).

Besondere Rechtsvorschriften sehen meist nur allgemein die Zulässigkeit oder auch Erforderlichkeit von Versicherungen an Eides Statt vor, ohne insoweit nähere Einzelheiten vorzuschreiben. Sie werden insofern durch § 27 bzw die entsprechenden Vorschriften des Landesrechts ergänzt, soweit die in Frage stehenden Behörden diese Gesetze anzuwenden haben (vgl §§ 1 und 2 VwVfG).

4 Eine **allgemeine Befugnis** zur Aufnahme eidesstattlicher Versicherungen enthält auch **§ 22 Abs 2 BNotO** für Notare. Insoweit handelt es sich jedoch nicht um eine inhaltsgleiche oder entgegenstehende Regelung iS des § 1 bzw der entspr Vorschriften der Verfahrensgesetze der Länder. Die **Möglichkeiten** der Aufnahme eidesstattlicher Versicherungen durch eine Behörde oder durch einen Notar stehen vielmehr nebeneinander, dh der Bürger kann sich nach seiner Wahl der einen oder anderen Möglichkeit bedienen. Zur Befugnis des Bürgers, die eidesstattliche Versicherung selbst abzufassen, s Rn 11.

5 **c) Entsprechende Anwendbarkeit. Zweifelhaft** ist, ob § 27 Abs 2 und 4 und die entspr Vorschriften des Landesrechts sinngemäß als **Ausdruck allgemeiner Rechtsgedanken** auch auf Fälle anwendbar sind, die nicht unter den Anwendungsbereich der Verfahrensgesetze fallen und für die insoweit auch keine sonstigen Regelungen über das Verfahren bestehen, in denen lediglich die Befugnis der Behörde, eine eidesstattliche Versicherung zu verlangen oder abzunehmen, vorgesehen ist. Die Frage muss im Hinblick auf die Grundgedanken der Regelung (sachgemäße Aufnahme, Hilfe bei der Formulierung, Sicherung des Beweiswerts und Schutz des Bürgers durch entsprechende Belehrung) grundsätzlich bejaht werden. Die Aufnahme von Versicherungen an Eides Statt oder von Eiden durch nicht rechtskundige oder entsprechend qualifizierte Amtswalter oder ohne Belehrung entspr § 27 Abs 4 sowie – darüber hinaus – auch über ein evtl Weigerungsrecht entspr den Vorschriften der Prozessordnungen (vgl §§ 280 ff, 407 ff ZPO; ferner § 65 Rn 5 f) ist zumindest ermessensfehlerhaft.

II. Voraussetzungen für die Abnahme der Versicherung an Eides Statt (Abs 1)

6 **1. Zulässigkeit (S 1).** Abs 1 S 1 enthält einen spezialgesetzlichen Regelungsvorbehalt für das Verlangen eidesstattlicher Versicherungen im Rahmen der Sachverhaltsermittlung sowie für die Abnahme (dh die Entgegennahme verlangt oder unverlangt vorgelegter versicherungen). Die Zuständigkeit der Behörde dafür sowohl hins. des Gegenstandes als auch hins. des in Frage stehenden Verfahrens muss durch **besondere Rechtsvorschriften** vorgesehen sein (Begr 50). Die **Befugnis zur Abnahme eidesstattlicher Erklärungen** kann dabei nur durch **Gesetz oder Verordnung** auf Grund eines Gesetzes, die örtliche und sachliche Zuständigkeit außerdem auch durch Satzungen begründet werden (Begr 100 f, 109). Die Zuständigkeit zur Abnahme von Eiden umfasst im Zweifel nicht die Ermächtigung zur Abnahme von Versicherungen an Eides Statt (BGH NJW 1966, 1037; vdGK 1.2; Knack 4). Für die **Strafbarkeit** der Abgabe einer falschen eidesstattlichen Versicherung ist Voraussetzung, dass die Abgabe einer iS des Abs 1 zuständigen und kraft ausdrücklicher Rechtsvorschrift zur Abnahme ermächtigten Behörde gegenüber erfolgt (BGH NJW 1971, 525; OLG Hamm NJW 1974, 327; Knack 3) und der die Versicherung Abgebende eidesmündig (s unten Rn 9) iS von Abs 1 S 3 iVm § 393 ZPO ist, bei Abgabe zur Niederschrift der Behörde außerdem, dass der die Niederschrift aufnehmende Amtsträger dazu ermächtigt war und der die Versicherung Abgebende gem Abs 4 belehrt worden war. **Bei Fehlen ausdrücklicher gesetzlicher Vorschriften** sind die Behörden weder befugt, Versicherungen an Eides Statt noch auch Aussagen, Erklärungen usw unter Eid zu verlangen oder entgegenzunehmen.[1]

7 Die Vorschrift schränkt das an sich bestehende Verfahrensermessen der Behörde ein, welches sich gem § 24 Abs 1 auch auf Art und Umfang der Ermittlungen und gem § 26 Abs 1 auch auf die Wahl der Beweismittel bezieht. Eidesstattliche Versi-

---

[1] Kopp 74, 269; vgl auch BGHSt 2, 218; 5, 69; NJW 1966, 1037; nach der letztgenannten Entscheidung genügt es jedoch, dass ein förmliches Beweisverfahren vorgeschrieben ist.

cherungen dürfen deshalb nur unter den in Abs 1 genannten Voraussetzungen als Beweismittel eingesetzt werden. Wenn die Beteiligten ihre Erklärungen gleichwohl von sich aus an Eides Statt versichern, so ist die Versicherung unbeachtlich; die abgegebenen Erklärungen sind als einfache Aussagen anzusehen und ggfs zu verwenden.

8 **2. Grundsatz der Subsidiarität (S 2).** Nach Abs 1 S 2 soll auch eine für die Abnahme einer Versicherung an Eides Statt an sich iS von Abs 1 S 1 zuständige und befugte Behörde dieses Mittel zur Erforschung der Wahrheit **nur** dann anwenden, **wenn andere Erkenntnismittel nicht zur Verfügung stehen** oder einen unverhältnismäßigen Aufwand erfordern würden (Grundsatz der Subsidiarität der Versicherung an Eides Statt, vgl ABegr 7). Da es sich um eine Soll-Vorschrift handelt, kann die Behörde davon abweichen, wenn besondere Umstände des Falles dies rechtfertigen. **Für Personen, die eine Versicherung** an Eides Statt **freiwillig abgeben wollen, gilt diese Beschränkung nicht** („soll nur gefordert werden"); die Behörde kann daher eine solche Versicherung unter Hinweis auf Abs 1 S 2 nicht zurückweisen, sondern allenfalls dem Betroffenen anheimstellen, auf die besondere Versicherung zu verzichten. **Eine Verletzung** des Grundsatzes der Subsidiarität gem Abs 1 S 2 berührt die **Wirksamkeit** der abgegebenen Versicherung und die Strafbarkeit bei Abgabe einer falschen oder wesentliche Umstände verschweigenden Versicherung nicht (ebenso Knack 6).

9 **3. Eidesunfähige Personen (S 3).** Von eidesunfähigen Personen iS von § 393 ZPO darf die Behörde gem Abs 1 S 3 eine Versicherung an Eides Statt nicht verlangen. Dabei handelt es sich um Personen, die das 16. Lebensjahr noch nicht vollendet haben oder die wegen mangelnder Verstandesreife oder wegen Verstandesschwäche vom Wesen und der Bedeutung einer Versicherung an Eides Statt keine genügende Vorstellung haben. Eine von einer solchen Person gleichwohl – verlangt oder unverlangt – abgegebene Versicherung an Eides Statt ist nur als **einfache Aussage** zu werten (vgl ThP § 393 Rn 2).

III. Abgabe der Versicherung an Eides Statt zur Niederschrift der Behörde (Abs 2)

10 **1. Aufnahme der Versicherung an Eides Statt (S 1).** Abs 2 regelt die Aufnahme, dh die **schriftliche Niederlegung,** von eidesstattlichen Versicherungen durch eine Behörde. Die Regelung gilt sowohl für Behörden, die zugleich auch für die Abnahme iS von Abs 1 zuständig sind – in diesem Fall treffen Aufnahme und Abgabe zusammen –, als auch für die Aufnahme von eidesstattlichen Versicherungen durch eine andere Behörde, die dann die Niederschrift an die Behörde weiterleitet, bei der die Versicherung an Eides Statt abgegeben werden soll, oder die die Niederschrift dem Betroffenen aushändigt, damit dieser selbst gegenüber der nach Abs 1 dafür zuständigen Behörde davon Gebrauch machen kann.

11 **Nicht berührt** wird durch Abs 2 die Möglichkeit, dass derjenige, der die Versicherung abgeben will, **den Text selbst abfasst,** von einer anderen Person abfassen lässt oder auch sich eines entsprechenden Formblattes bedient und das Schriftstück unterschrieben der Behörde persönlich vorlegt, durch einen Vertreter vorlegen lässt oder aber es durch die Post oder durch einen Boten an die Behörde sendet (vgl Begr 51; StBS 11; im Ergebnis auch Knack 7). Insb kann die eidesstattliche Versicherung nach § 22 Abs 2 BNotO **auch von einem Notar** aufgenommen werden (Knack 7), aber auch zB von einer anderen Behörde **im Weg der Amtshilfe** (Knack 7), sofern diese zur Abnahme eidestattlicher Versicherungen ermächtigt ist.

12 **2. Zur Aufnahme der Versicherung an Eides Statt befugte Personen.** Abs 2 behält die Aufnahme von Versicherungen an Eides Statt **bestimmten Amtsträgern** vor. Dies soll die Bedeutung der Angelegenheit unterstreichen

(Begr 51), zugleich aber (insb durch Belehrung nach Abs 3 und Hilfe bei der Abfassung) dazu beitragen, zu verhindern, dass eidesstattliche Versicherungen leichtfertig abgegeben werden oder unklar, mißverständlich usw formuliert werden.

Zur Aufnahme befugt sind Amtsträger mit **Befähigung zum Richteramt;** beim **Behördenleiter** und seinem allgemeinen Vertreter die Befähigung zum Richteramt bzw nach dem DRiG nicht erforderlich (Begr 51). Wer **allgemeiner Vertreter** ist, ergibt sich aus der Geschäftsverteilung. Die zur Aufnahme befugte Person kann sich bei der Aufnahme der **Schreibhilfe** einer anderen Person bedienen, die nicht über die Qualifikation nach Abs 2 verfügt (Knack 8). Versicherungen an Eides Statt, die von anderen als den in Abs 2 genannten Personen aufgenommen werden, sind **unwirksam** (StBS 20; Knack 8; MB 11). 13

Zum **Recht eines Bevollmächtigten** oder Beistandes auf Teilnahme an der Aufnahme der Versicherung an Eides Statt s Abs 3 S 2. Die Regelung gilt nur für Bevollmächtigte und/oder Beistände desjenigen, der die eidesstattliche Versicherung abgibt, nicht auch für Bevollmächtigte und/oder Beistände sonstiger an einem Verfahren ggf Beteiligter Knack 9 mwN; **aA** StBS 23. Für letztere gilt, dass sie im selben Umfang wie die Beteiligten selbst am Verfahren teilnehmen können (§ 14). 14

IV. Begriff der Versicherung an Eides Statt (Abs 3)

1. Legaldefinition Eine Versicherung an Eides Statt (sog „eidesstattliche Versicherung") ist eine besonders formalisierte Versicherung der Richtigkeit und Vollständigkeit einer bestimmten Aussage (Erklärung), auf die sie sich bezieht. Die in Abs 3 vorgegebene Formelist zwingend einzuhalten. Sie lautet: **„Ich versichere an Eides statt, dass ich nach bestem Wissen die reine Wahrheit gesagt und nichts verschwiegen habe."** Diese Formel gilt nicht nur für die nach Abs 2 von einer Behörde aufgenommenen eidesstattlichen Versicherungen, sondern auch analog für schriftlich übergebene eidesstattliche Versicherungen (Obermayer 49; Knack 9). **Abweichungen** von dem in Abs 3 vorgesehenen Wortlaut sind nur dann unerheblich und insoweit für die Wirksamkeit unschädlich, wenn die Versicherung **jedenfalls die wesentlichen** dort genannten **Begriffe** enthält und keinerlei darüber hinausgehende Einschränkungen macht (Knack 9); andernfalls handelt es sich um keine Versicherung an Eides Statt iS des § 27 bzw vergleichbarer Vorschriften sowie auch des Strafrechts; die Erklärung ist dann im Rahmen der Beweiswürdigung als einfache Erklärung zu werten. 15

2. Beweiswert. Einer Erklärung, deren Richtigkeit an Eides Statt versichert worden ist, kommt im Hinblick auf die Strafbarkeit falscher eidesstattlicher Versicherungen zwar idR ein erhöhter Beweiswert zu. Allerdings gilt auch hier der **Grundsatz der freien Beweiswürdigung.** Das bedeutet, dass eine Behörde die an Eides Statt versicherte Erklärung ihren Entscheidungen nicht zugrunde legen muss, wenn sie diese trotz der Versicherung nicht für glaubhaft bzw überzeugend hält, zB weil ihr Inhalt unplausibel, unwahrscheinlich, widersprüchlich, inkonsistent oder unsubstantiiert ist. Stehen sich zwei einander widersprechende Erklärungen gegenüber, so muss nicht der einen von ihnen allein deshalb der Vorzug gegeben werden, weil deren Richtigkeit an Eides Statt versichert wurde, während dies bei der anderen nicht der Fall ist. Vielmehr ist die Versicherung nur einer von mehreren Gesichtspunkten, der bei der Überzeugungsbildung zu berücksichtigen ist (StBS 21). Eine generell höhere Beweiskraft eidesstattlich versicherter Angaben gibt es nicht (Obermayer 20). 16

V. Belehrung (Abs 4)

1. Belehrungspflicht. Abs 4 schreibt vor, dass der Bürger, der eine Versicherung an Eides Statt gem Abs 2 abgeben will, von der die Versicherung zur Nie- 17 derschrift aufnehmenden Behörde vor der Aufnahme dieser Versicherung über deren **Bedeutung und strafrechtliche Folgen zu belehren** ist. Dem Bürger soll dadurch die Bedeutung seiner Aussage und deren Bekräftigung durch eidesstattliche Versicherung bewusst gemacht werden. Die Belehrung dient damit zugleich und vor allem auch der Wahrheitsfindung im Verfahren. Sie ist unmittelbar nur für die Fälle des Abs 2 vorgeschrieben, in denen die eidesstattliche Versicherung zur Niederschrift gem Abs 2 abgegeben wird.

18 **Die Belehrungspflicht gilt nur bei Aufnahme** der Versicherung zur Niederschrift durch die Behörde. Erfolgt die Annahme der eidesstattlichen Versicherung in anderer Form, etwa durch Übergabe einer vom Erklärenden verfassten Erklärung, so gilt die Belehrungspflicht nach Abs 4 nach nunmehr weitgehender einhelliger Auffassung nicht.[2] Die Vorschrift setzt nach Wortlaut, Sinn und Zweck die Aufnahme der eidesstattlichen Erklärung durch die Behörde zwingend voraus (OLG Düsseldorf NVwZ-RR 1991, 282). Der Grundgedanke der Regelung, insb der Zweck, der Wahrheitsfindung zu dienen, und der Schutzzweck der Regelung, den Erklärenden zu warnen und von der Abgabe einer falschen eidesstattlichen Erklärung abzuhalten, lassen zwar auch hier eine Belehrung wünschenswert erscheinen, erfordern jedoch auch rechtlich nicht zwingend eine entsprechende Anwendung von Abs 4, und zwar auch nicht in den Fällen, in denen eine Belehrung ohne Schwierigkeiten möglich wäre, zB durch Verwendung eines Formblattes, das vom Betroffenen zu unterschreiben und der Behörde vorzulegen ist.

18a **2. Rechtsfolge von Verstößen.** Die **Verletzung der Belehrungspflicht** gem Abs 4 (Fehlen oder Unvollständigkeit der Belehrung) hat zur Folge, dass die Strafbarkeit einer von einer Behörde gem Abs 2 aufgenommenen falschen eidesstattlichen Versicherung, nicht jedoch auch einer in anderer Form abgegebenen eidesstattlichen Erklärung, entfällt (OLG Düsseldorf NVwZ-RR 1991, 281). Die Fehlerhaftigkeit der Belehrung hat grundsätzlich die Unwirksamkeit der Versicherung zur Folge (StBS 27; unklar Obermayer 85).

VI. Niederschrift (Abs 5, Abs 4 S 2, Abs 2 S 1)

19 **1. Inhalt.** Über die Aufnahme der Versicherung an Eides Statt gem Abs 2–4 ist eine Niederschrift aufzunehmen, die außer dem Text der gemachten **Aussage** und der **Versicherung** gem Abs 3 S 1 (Abs 2 S 1) auch einen Vermerk über die **Belehrung** gem Abs 4 (Abs 4 S 2) sowie die in Abs 5 genannten weiteren Angaben enthalten muss. Abs 5 enthält außerdem weitere Vorschriften hins. der Genehmigung der Niederschrift, des zu unterschreibenden Vermerks darüber und der Unterschriften unter dem Protokoll. **Verweigert** derjenige, der die eidesstattliche Versicherung abgegeben hat, **die Genehmigung** oder die Unterschrift unter diese, so ist dies ebenfalls zu vermerken.

20 **2. Rechtsfolge von Verstößen. Eine Verletzung der Vorschriften über die Niederschrift** berührt grundsätzlich nur deren Beweiswert als öffentliche Urkunde, hat jedoch **nicht die Unwirksamkeit** der Versicherung an Eides Statt zur Folge, sofern jedenfalls der Text der Versicherung ordnungsgemäß aufgenommen wurde (ebenso Knack 11; MB 15); ebenso berührt auch der **Verlust der Niederschrift** die Wirksamkeit einer vor der zuständigen Behörde abgegebenen Versicherung an Eides Statt nicht, sondern erschwert nur den Nachweis (s Obermayer 85).

---

[2] OLG Düsseldorf NVwZ-RR 1991, 282, MB 13; ebenso nunmehr auch Knack 10, StBS 28.

§ 28 Anhörung Beteiligter

(1) **Bevor ein Verwaltungsakt erlassen wird, der in Rechte**[24] **eines Beteiligten**[22] **eingreift,**[24] **ist diesem Gelegenheit zu geben, sich zu den für die Entscheidung erheblichen Tatsachen zu äußern.**[39]

(2) **Von der Anhörung kann abgesehen werden, wenn sie nach den Umständen des Einzelfalles nicht geboten ist, insbesondere wenn**

1. **eine sofortige Entscheidung wegen Gefahr im Verzug**[51] **oder im öffentlichen Interesse**[56] **notwendig erscheint;**
2. **durch die Anhörung die Einhaltung einer für die Entscheidung maßgeblichen Frist in Frage gestellt würde;**[62]
3. **von den tatsächlichen Angaben eines Beteiligten, die dieser in einem Antrag oder einer Erklärung gemacht hat, nicht zu seinen Ungunsten abgewichen werden soll;**[64]
4. **die Behörde eine Allgemeinverfügung**[66 a] **oder gleichartige Verwaltungsakte in größerer Zahl**[68] **oder Verwaltungsakte mit Hilfe automatischer Einrichtungen**[68 a] **erlassen will;**
5. **Maßnahmen in der Verwaltungsvollstreckung getroffen werden sollen.**

(3) **Eine Anhörung unterbleibt, wenn ihr ein zwingendes öffentliches Interesse entgegensteht.** [75 ff]

Parallelvorschriften: § 91 AO; § 24 SGB-X

Schrifttum: *Arndt,* Das rechtliche Gehör, NJW 1959, 6; *Bartels,* Die Anhörung Beteiligter im Verwaltungsverfahren, dargestellt anhand von § 24 SGB-X, 1985, zugleich Diss Bochum 1985; *Bracker,* Nachholung der Anhörung bis zum Abschluß des verwaltungsgerichtlichen Verfahrens? DVBl 1997, 534; *Ehlers,* Anhörung im Verwaltungsverfahren, Jura 1996, 617; *Feuchthofen,* Der Verfassungsgrundsatz des rechtlichen Gehörs und seine Ausgestaltung im Verwaltungsverfahren, DVBl 1984, 170; *Ganter,* Anordnung der sofortigen Vollziehung und rechtliches Gehör, DÖV 1984, 970 und DÖV 1985, 398; *Häusler,* Heilung von Anhörungsfehlern im gerichtlichen Verfahren, BayVBl 1999, 616; *Hill,* Verfahrensermessen der Verwaltung, NVwZ 1985, 454; *Horn,* Die unterbliebene Anhörung vor der Einberufung, NVwZ 1984, 700; *ders,* Das Anhörungsrecht des mit Drittwirkung Betroffenen nach § 28 VwVfG, DÖV 1987, 20; *Krasney,* Anhörungspflicht im Verwaltungsverfahren, NVwZ 1986, 337; *Kuschnerus,* Planänderung vor Erlass des Planfeststellungsbeschlusses – Zur praktischen Anwendung der Anhörungsvorschriften, DVBl 1990, 235; *Laubinger,* Zur Erforderlichkeit der Anhörung des Antragstellers vor Ablehnung seines Antrags durch die Verwaltungsbehörde, VerwArch 1984, 55; *Mandelartz,* Anhörung, Absehen von der Anhörung, Nachholen der unterbliebenen Anhörung – Zur Relativierung eines Verfahrensrechts, DVBl 1983, 112; *Rüping,* Verfassungs- und Verfahrensrecht im Grundsatz des rechtlichen Gehörs, NVwZ 1985, 304; *Schenke,* Das Verwaltungsverfahren zwischen Verwaltungseffizienz und Rechtsschutzauftrag, VBlBW 1982, 313; *Schilling,* Die Anhörungsregelung des VwVfG im Licht des GG, VerwArch 1987, 45; *Schmitz,* Anhörung der Asylsuchenden vor Erlass der ausländerbehördlichen Verfügung, NJW 1981, 1879; *Schoch,* Heilung unterbliebener Anhörung im Verwaltungsverfahren durch Widerspruchsverfahren?, NVwZ 1983, 249; *Schröder,* Anhörung vor Anordnung der sofortigen Vollziehbarkeit? VBlBW 1995, 384; *Spranger,* Beschränkungen des Anhörungsrechts im förmlichen Verwaltungsverfahren, NWVBl 2000, 166; *Stein,* Die Anhörung im Verwaltungsverfahren nach § 28 VwVfG, VR 1997, 238; *Weides,* Die Anhörung der Beteiligten im Verwaltungsverfahren, JA 1984, 648; *Wimmer,* Die Wahrung des Grundsatzes des rechtlichen Gehörs, DVBl 1985, 773; *Weyreuther,* Einflußnahme durch Anhörung, in: Sendler-FS 1991, 189.

Übersicht

I. Allgemeines

1. Inhalt. Die für das Verwaltungsverfahren zentrale Vorschrift regelt die **Verpflichtung** zur **Anhörung der Beteiligten,** die durch einen VA in ihren Rechten (negativ) betroffen werden können (Abs 1), sieht jedoch zugleich bestimmte Ausnahmen vor (Abs 2 und 3). Die Regelung trägt dem grundsätzlichen Recht des Bürgers auf Gehör im Verwaltungsverfahren[1] Rechnung. Sie wird, soweit in einer Sache Grundrechte berührt sind, dem modernen Verständnis hins der Erfordernisse effektiver Grundrechtssicherung nur begrenzt gerecht. Die Anhörung dient neben der Wahrung der Rechte des Betroffenen zugleich als **Mittel der Sachverhaltsaufklärung** und als Beweismittel (s unten Rn 3). 1

2. Funktion und Bedeutung der Anhörung. Die Anhörung der Beteiligten (§ 13 Abs 1) ist ein wesentlicher Teil der Parteiöffentlichkeit des Verfahrens und stellt **das wichtigste Recht der Beteiligten** im Verfahren dar; sie ist zugleich eine wesentliche Voraussetzung für das für eine moderne Verwaltung wesentliche Vertrauensverhältnis zwischen Bürger und Behörde im demokratischen Rechtsstaat.[2] 2

Objektivrechtlich dient das Anhörungsrecht vor allem dem Finden der richtigen Entscheidung[3] und der Gleichbehandlung der Bürger und der Verhinderung 3

---

[1] Vgl Begr 51, 109; BVerfG 4, 190; 6, 14; BVerwGE 2, 343; BVerwG NJW 1976, 588; BSG 15, 122; 26, 174; F 188, 228, 235; WBS II § 60 Rn 54; MDH 92 ff zu Art 103 GG; Säcker/Reimann JuS 1969, 579; Ule/Laubinger DVBl 1968, 785; 1976, 427; NJW 1968, 785; Ule/Laubinger/Becker 40 ff; Lange DVBl 1975, 230; Lorenz 266; Geiger JA 1982, 316; Kopp VerwArch 1970, 242.

[2] Begr zum ESGB BT-Dr 6/3764, 28; BSG DVBl 1985, 632; Kopp 184, 188; Krasney NVwZ 1986, 338.

[3] BGH DVBl 1993, 1290: die Anhörung soll im Interesse der öffentlichen Verwaltung Fehler bei der Tatsachenermittlung vermeiden helfen; Wimmer DVBl 1985, 776; vgl auch OVG Münster NVwZ 1987, 607.

von Willkür (Rengeling, in: Lukes-FS 1989, 181 mwN) und im Zusammenhang damit insb auch der Verwirklichung und Wahrung der Rechte – vor allem auch etwaiger vom Verfahren bzw dessen möglichem Ausgang berühter Grundrechte – der Beteiligten im und durch das Verfahren (BSG DVBl 1985, 632; München BayVBl 1988, 497; Kopp 75, 116); zugleich ist die Anhörung der Beteiligten aber auch ein wichtiges Mittel zur **Aufklärung des Sachverhalts;**[4] dies gilt insb auch bei Ermessensentscheidungen (BVerfG 58, 67: Anhörungspflicht als Folge davon, dass eine ordnungsgemäße Ermessensausübung die Kenntnis aller relevanten Umstände erfordert).

3a **a) Verfassungsrecht. Verfassungsrechtlich** ist das Recht auf Gehör im Verwaltungsverfahren zwar nicht durch Art 103 Abs 1 GG gewährleistet, der das rechtliche Gehör nur im gerichtlichen Verfahren schützt, aber jedenfalls eine notwendige **Folge des Rechtsstaatsprinzips**[5] sowie der Verpflichtung des Staates zur Achtung und Wahrung der Menschenwürde,[6] die es verbietet, den Menschen zu einem Objekt staatlichen Handelns zu machen (MDH 93 zu Art 103 Abs 1 GG; Kopp 30). Vor allem dient die Anhörung dem **Schutz der Grundrechte**[7] die in der jeweiligen Sache betroffen sind, sowie sonstiger einschlägiger Prinipien des Verfassungsrechts, bei Gemeinden auch des Selbstverwaltungsrechts und insb der darin enthaltenen Planungshoheit.[8] In Verwaltungsverfahren mit materieller Präklusionswirkung (vgl § 73 Rn 80ff) erfüllt die Anhörung zugleich die **Funktion des Art 103 Abs 2 GG** und muss auch schon deshalb **den gleichen Erfordernissen genügen.**[9]

3b **b) Europarecht.** Der Grundsatz des rechtlichen Gehörs im Verwaltungsverfahren gehört zu den **allgemeinen Rechtsgrundsätzen des Gemeinschaftsrechts** (EuGH Slg I 1996, 5373; Slg 1998, 8255).[10] Im Anwendungsbereich des Gemeinschaftsrechts (s Einf Rn 65) müssen sich deshalb die Regelungen des § 28 einschließlich der Ausnahmen an diesem Grundsatz messen lassen. **Problematisch** ist zunächst, dass sich die Anhörungspflicht nach der derzeit wohl noch hM und entgegen der hier vertretenen Auffassung auf eingreifende VAe beschränkt und sich nicht auf solche VAe bezieht, durch die eine Begünstigung abgelehnt wird (s unten Rn 26), während das Gemeinschaftsrecht eine Anhörungspflicht allgemein bei beschwerenden Entscheidungen vorsieht. Hier erscheint im Anwendungsbereich des Gemeinschaftsrechts eine **europarechtskonforme Auslegung** des

---

[4] VGH München BayVBl 1988, 497; StBS 4; vgl ferner BAG NJW 1986, 3161.

[5] Begr 51; BVerfGE 7, 279; OVG Münster NVwZ 1987, 607; OVG Lüneburg DVBl 1989, 888; UL § 1 Rn 7; Schoch NVwZ 1983, 249, 251; Schmidt-Aßmann DÖV 1987, 1029; Bracher DVBl 1997, 534; Häberle, in: Boorberg-FS 1977, 47, 55, 58f; F 228; Laubinger VerwArch 1984, 74; Obermayer 2; Kopp 75ff, 116ff; Müller NVwZ 1988, 702; Schenke VBlBW 1982, 320; Horn DÖV 1987, 21 mwN; Knack 3 mwN.

[6] BVerfGE 101, 397; NJW 2000, 1709; BVerfGE 9, 89, 95; MDH 93 zu Art 103 Abs 1 GG; Kopp 30; Nehls NVwZ 1982, 494; Obermayer 2; StBS 2; Renck DVBl 1990, 1040; insoweit **aA** Knack 3.

[7] BVerwGE 74, 112; 91, 262; 92, 132; BVerfG 56, 236 = NJW 1981, 1436; 84, 34 zum Anspruch aus Art 12 GG auf ein „Nachverfahren" zur Geltendmachung von Einwendungen gegen Prüfungsbewertungen bei berufsrelevanten Prüfungen; ebenso BVerwG NVwZ 1993, 686; VGH Kassel NVwZ 1982, 136; Laubinger VerwArch 1984, 72, 74; v Mutius NJW 1982, 2159; Creutzfeld NVwZ 1982, 88.

[8] BVerwG DVBl 1987, 847 und 1000 mwN; BVerfG 56, 320; OVG Münster NVwZ 1987, 606; OVG Lüneburg DVBl 1987, 1021 mwN; VG Oldenburg DVBl 1989, 682.

[9] BVerwG DÖV 1984, 467 = NVwZ 1984, 558; BVerfG 55, 94 = DÖV 1981, 388; s dazu im selben Sinn auch Martens NVwZ 1984, 558 und Knemeyer, in: Isensee/Kirchhof (Hg), Hb des Staatsrechts, Bd VI, 1297.

[10] S auch Haibach NVwZ 1998, 456, Gornig/Trüe JZ 2000, 395, 404; Einf Rn 65.

Abs 1 geboten.[11] Der Ausnahmekatalog des Abs 2 dürfte dagegen den gemeinschaftsrechtlichen Anforderungen standhalten. Bedenken ergeben sich insoweit lediglich im Hinblick auf den Ausschluss der Anhörung vor Maßnahmen in der Verwaltungsvollstreckung. Hier wird den gemeinschaftsrechtlichen Anforderungen indessen durch eine entsprechende Ausübung des Ermessens Rechnung getragen werden können und müssen.

3. Anwendungsbereich. a) Allgemeines. Die Vorschrift gilt unmittelbar nur für Verwaltungsverfahren im Anwendungsbereich des VwVfG. Die Verwaltungsverfahrensgesetze der Länder enthalten allerdings inhaltsgleiche Regelungen. Die Vorschrift gilt weiter nur insoweit, als speziellere Bestimmungen keine entsprechenden, insbesondere keine weitergehenden Regelungen enthalten. **Als Ausdruck allgemeiner Rechtsgedanken** und als Ausfluss des Rechtsstaatsprinzips sowie der betroffenen grundrechtlichen Garantien gelten die Regelungen des § 28 aber entsprechend auch für **andere hoheitliche Maßnahmen** der Verwaltung, durch die zielgerichtet in dem Rechtskreis des Betroffenen eingegriffen wird, wie zB für den Ausschluss eines Gemeinderatsmitglieds aus einer Fraktion,[12] bestimmte **Realakte** (vgl auch Krause DÖV 1986, 940 zu tatsächlichen Sozialleistungen), die Stellung eines Auskunftsersuchens an einen fremden Staat im Rahmen internationaler Rechtshilfe, insb wenn eine Verletzung von Geschäftsgeheimnissen ua droht oder eine Verletzung anderer Rechte nicht auszuschließen ist,[13] oder behördliche Warnungen, uU auch behördliche Empfehlungen.[14] Zumindest analog ist § 28 grundsätzlich, soweit eine Anhörung möglich und tunlich ist, auch auf verfahrensrechtliche Entscheidungen der Behörde anzuwenden, zB hins. der Weitergabe der Sache an eine andere dafür zuständige Behörde, hins. der Anerkennung oder Nichtanerkennung eines Befangenheitsgrundes gem §§ 20f (§ 20 Rn 60f); hins. des Verzichts auf Anhörung Beteiligter gem § 28 Abs 2 oder 3 (s unten 44ff) oder auf eine Begründung der Entscheidung gem § 39 Abs 2 (str). 4

b) Verwaltungsprivatrecht. Außerdem ist § 28 sinngemäß-analog auch auf privatrechtliche Handlungen bei Wahrnehmung öffentlicher Aufgaben (v Zezschwitz NJW 1983, 1881; Achterberg JA 1985, 510) anwendbar, **nicht dagegen** in Verfahren zum **Erlass von Rechtsvorschriften,** auch nicht, wenn diese die Regelung konkreter Angelegenheiten, wie zB des Einzugsbereichs einer Schule[15] oder die Festlegung eines städtebaulichen Entwicklungsbereichs durch VO (BGH NVwZ 1987, 924; OVG Lüneburg NJW 1979, 1317; OVG Bremen BRS 40 Nr 245) – sog EntwicklungsVO – zum Gegenstand haben. Zur – zu bejahenden – Anwendbarkeit in Verfahren **vor parlamentarischen Untersuchungsausschüssen** s OVG Münster NVwZ 1987, 606 mwN. 5

c) Anwendbarkeit auf öffentlich-rechtliche Verträge? Streitig ist die Anwendbarkeit der Vorschrift in Verfahren, die zum Abschluss verwaltungsrechtlicher Verträge führen. Die Anwendbarkeit des § 28 auf verwaltungsrechtliche 6

---

[11] **AA** StBS 74: Unterschied nicht hinreichend eindeutig. Diese Position überzeugt nicht, da der Unterschied zwischen eingreifenden und belastenden VAen klar genug ist.

[12] OVG Münster NVwZ 1993, 399; VGH München NVwZ 1989, 494; VG Darmstadt NVwZ-RR 1990, 104; Erdmann DÖV 1988, 910; Aulehner JA 1980, 483; Rick, Die Ratsfraktion 1989, 163.

[13] Mössner DVBl 1989, 1233; offen allg BFH BStBl II 1987, 92; vgl auch BFH 149, 404 = NJW 1988, 2502 und BFH 148, 108 = NJW 1987, 1040.

[14] Ossenbühl, Umweltpflege durch behördliche Warnungen und Empfehlungen, 1986, 69; Kuhfuss DÖV 1988, 393; **aA** offenbar BVerwGE 82, 76 = NJW 1989, 2273 zur Warnung vor Jugendsekten; zur Ankündigung eines Beschäftigungsverbots wegen Unzuverlässigkeit vgl auch VG München GewArch 1987, 205.

[15] So wohl VGH München BayVBl 1984, 336 mwN; OVG Koblenz NVwZ 1987, 243; vgl auch BVerwGE 59, 48 = NJW 1980, 1763; VGH München BayVBl 1985, 87; VGH Mannheim NJW 1984, 1700; Schutt NVwZ 1991, 13.

Verträge wird **von der hM zu Recht verneint** (StBS 13; Knack 5; **aA** Obermayer 8). Abgesehen davon, dass die Vorschrift ausdrücklich auf belastende VAe abstellt und damit gerade nicht alle Verwaltungsverfahren iSd § 9 erfassen soll, besteht auch kein Grund dafür, dass die Behörde einen Betroffenen, mit dem sie einen Vertrag abschließen will, zuvor speziell anhört. Selbst wenn dem Vertrag kein besonderer Aushandlungsprozess zugrunde liegt, setzt er doch eine auf den Abschluss gerichtete Willenserklärung auch des Bürgers voraus. Diese qualifizierte Form der Beteiligung an der Gestaltung eines Rechtsverhältnisses passt schwerlich zu der auf einseitiges hoheitliches Handeln zugeschnittenen Anhörung.

7 **d) Anwendbarkeit auf Anordung der sofortigen Vollziehbarkeit? Umstritten** ist die Notwendigkeit einer Anhörung vor Erlass einer Anordnung der sofortigen Vollziehbarkeit (§ 80 Abs 2 Nr 4 VwGO). Die **wohl hM lehnt sie ab,** überwiegend mit der Begründung, es handele sich bei der Anordnung nicht um einen VA, sondern um einen unselbstständigen Annex.[16] Eine entsprechende Anwendung wird wegen der abweichenden Interessenlage abgelehnt. Die **Gegenmeinung** steht demgegenüber teilweise auf dem Standpunkt, die Anordnung habe VA-Qualität (OVG Bremen NordÖR 1999, 284, 285; VGH Kassel DÖV 1988, 1023); teilweise wird auch eine entsprechende Anwendbarkeit des § 28 vertreten (OVG Berlin GewArch 1982, 372; Hufen § 32 Rn 17; Müller NVwZ 1988, 702). Der hM ist zuzustimmen. Die Anordnung der sofortigen Vollziehbarkeit nach § 80 Abs 2 Nr 4 VwGO stellt selbst keinen VA dar (vgl § 35 Rn 67; siehe auch Kopp/Schenke § 80 Rn 78). Eine entsprechende Anwendbarkeit des § 28 würde eine vergleichbare Interessenlage voraussetzen, die nicht gegeben ist. Die Anordnung des Sofortvollzuges setzt nämlich im Unterschied zum Normalfall einer Anhörung vor Erlass eines VA zwingend ein besonderes Vollzugsinteresse voraus, welches idR aus einer besonderen Eilbedürftigkeit folgt. Gleiches dürfte für die **Aussetzung der Vollziehung** durch die Widerspruchsbehörde gem § 80 Abs 4 VwGO zu gelten haben. Da diese nur auf Antrag erfolgt, hat der Betroffene ohnehin Gelegenheit, seine Belange zu Gehör zu bringen.

8 **4. Weitergehende Regelungen: a) Im VwVfG.** Eine weitergehende und umfassendere Anhörungspflicht enthalten § 66 Abs 1 für **förmliche Verfahren,** zT auch **§ 73** für **Planfeststellungsverfahren,** außerdem auch **§ 71 VwGO** für das **Widerspruchsverfahren** (s dazu § 79 Rn 21). Außerdem ergibt sich ein Recht auf persönliche Anhörung als Folge aus den betroffenen materiellen Rechten auch ohne ausdrückliche gesetzliche Regelung grundsätzlich auch dann, wenn eine persönliche Anhörung wegen des Gegenstands des Verfahrens (zB Notwendigkeit von Erklärungen anhand von Plänen, die zum Verständnis erforderlich sind) oder wegen der **Betroffenheit in höchstpersönlichen Rechten** zur wirksamen Wahrung oder Geltendmachung von Rechten (vgl BVerwG NVwZ-RR 1990, 441: Anhörungsrechte von Minderjährigen) notwendig ist.

8 a **b) Spezialgesetzlich geregelte Anhörungsrechte.** Das Fachrecht sieht in einer Fülle von Rechtsvorschriften spezielle Anhörungsrechte der Betroffenen vor, die zT über die Regelungen in § 28 hinausgehen. Zu nennen sind zB § 90 Abs 1 S. 3 BBG, § 56 Abs 1 S. 3 (Zustimmung zu anderweitiger Verwendung der Personalakte); § 25 AsylVfG; § 23 WPflG; § 10 Abs 6 BImSchG; § 36 Abs 2 VermG. Eine besondere Anhörungspflicht enthält auch § 71 VwGO für den Fall der reformatio in peius. Soweit spezielle Regelungen des Anhörungsrechts bestehen, stellt sich jeweils die Frage, ob § 28 insbes mit dem Ausnahmekatalog des Abs 2 ergänzend zur Anwendung kommt. Dies hängt davon ab, ob die speziellen An-

---

[16] BVerwGE 24, 92, 94; OVG Berlin NVwZ 1993, 198; VGH Mannheim NVwZ-RR 1995, 175; NVwZ-RR 1995, 17, 19; OVG Münster BauR 1995, 69; OVG Schleswig NVwZ-RR 1993, 587; OVG Koblenz NVwZ 1988, 748.

hörungsregelungen abschließend sind oder nicht. Das muss durch Auslegung des speziellen Fachrechts geklärt werden (ebenso StBS 10).

5. Besondere Anhörungsrechte. a) Behörden, Verbände. Rechte zur Abgabe von Stellungnahmen bestehen gem § 73 Abs 2 für bestimmte Behörden im Planfeststellungsverfahren und auf Grund besonderer Gesetze für bestimmte Institutionen und Organe, zB den für die Industrie- und Handelskammern in Verfahren zur Eintragung von Handwerkern in die Handwerksrolle, den Bundesbeauftragten für Angelegenheiten gem § 6 AsylVfG, außerdem insb auch für anerkannte Naturschutzverbände gem § 60 BNatSchG (s § 13 Rn 15). Soweit sich aus den maßgeblichen Vorschriften insoweit nichts anderes ergibt, sind darauf **die allgemeinen Grundsätze** der Anhörung gem § 28 und sinngemäß-analog anwendbar, als Ausdruck eines allgemeinen Rechtsgedankens auch § 28 Abs 3, **nicht dagegen** auch ohne weiteres die **Beschränkungen** auf Rechtseingriffe und auf entscheidungserhebliche Tatsachen, und die **Ausnahmen** gem § 28 Abs 2 und 3. 9

b) Die Anhörung Dritter gem § 13 Abs 3. Die Anhörung „Dritter" gem § 13 Abs 3 dient nicht der Gewährung rechtlichen Gehörs, sondern der Feststellung allgemeiner Anschauungen. Sie setzt nicht Betroffenheit in eigenen Rechten oder rechtlichen Interessen voraus, sondern erfolgt primär im öffentlichen Interesse, insb auch im Interesse der **besseren und umfassenderen Information der Behörden** (s § 13 Rn 54f). Dies gilt auch für die Anhörung in **Planfeststellungsverfahren** gem § 73 Abs 4 und 6 und entsprechenden fachplanungsrechtlichen Bestimmungen sowie gem § 10 Abs 3 BImSchG, soweit die **Anhörung nicht** der Wahrung eigener Rechte oder rechtlicher Interessen dient, sondern **einem weiteren Kreis Interessierter gewährt** wird, die nicht selbst betroffen sind (s § 73 Rn 92), außerdem zB auch für die **Anhörung anerkannter Naturschutzverbände** gem § 29 Abs 1 S 1 BNatSchG in naturschutzrelevanten Planfeststellungsverfahren und in einigen sonstigen Verfahren. 10

c) Vernehmung der Beteiligten. Nicht unmittelbar der Gewährung rechtlichen Gehörs, sondern primär dem öffentlichen Interesse an der Sicherung der inhaltlichen Richtigkeit und Gesetzmäßigkeit des Handelns der Behörden und dem Rechtsschutz aller in einer Sache ggf Betroffenen dient die Vernehmung der Beteiligten als Beweismittel gem § 26 Abs 1 S 2 Nr 2 (S dazu § 26 Rn 19). Sie wird allerdings idR mit der Anhörung zusammenfallen. Soweit eine Vernehmung stattgefunden hat, kann sich ein Beteiligter deshalb nicht auf die Verletzung rechtlichen Gehörs berufen. 11

II. Anhörungspflicht (Abs 1)

1. Begriff und Inhalt. Anhörung iS des § 28 bedeutet, dass die Behörde – dh die Amtsträger, die für die in der Sache zu treffende Entscheidung zuständig sind[17] – den Betroffenen **Gelegenheit zur Äußerung** zum Gang des Verfahrens, zum Gegenstand, den entscheidungserheblichen Tatsachen und zum möglichen Ergebnis (vgl OVG Münster NVwZ 1987, 607), ggf innerhalb einer angemessenen Frist gibt (BVerwG DVBl 1989, 378; VGH Kassel NVwZ-RR 1989, 137). Die Beteiligten müssen die Möglichkeit erhalten, auf den Gang und das Ergebnis des Verfahrens dadurch Einfluss zu nehmen, dass die Behörde die Stellungnahmen bei ihrer Entscheidung **ernsthaft in Erwägung zieht.**[18] Sie muss sich spätestens in der 12

---

[17] Vgl auch BSG SozR 1200 § 34 Abs 1 Nr 1: dass der Arzt, der das Gutachten erstellt, anhört, genügt nicht.

[18] BVerwGE 66, 114 = NVwZ 1983, 284; BVerwG NVwZ 1991, 337; VGH Kassel NVwZ 1987, 510; NJW 1990, 3192: die Aufklärungspflicht ist auch verletzt, wenn zwar zur Kenntnis genommen, dann aber Ablehnung aus willkürlichen Gründen; OVG Münster DVBl 1989, 378; OVGE 43 (1995), 12; VG Berlin NJW 2002, 1063, 1064; StBS 1, 7 und 25; HHSp 7 vor § 91 AO; K 17; MDH 81 zu Art 103 GG; Kopp 47, 89.

Begründung ihrer Entscheidung (§ 39 Abs 1) damit auseinandersetzen, wenn sie anderer Auffassung ist.[19] Die Anhörung muss nicht notwendig unmittelbar durch den Amtsträger, der letztlich den Verwaltungsakt unterschreibt, persönlich erfolgen; es muss aber jedenfalls organisatorisch sichergestellt sein, dass alle wesentlichen Ergebnisse der Anhörung derart in den Willensbildungs- und Entscheidungsvorgang einfließen, dass sie dabei **adäquate Berücksichtigung** finden können (VGH München BayVBl 1988, 497).

13 **a) Voraussetzungen des rechtlichen Gehörs.** Außerdem umfasst der Anspruch auf Gehör auch die Gewährleistung bestimmter Voraussetzungen, die notwendig sind, damit die Anhörung ihren Zweck erfüllen kann. Dazu gehört insb das **Recht auf Kenntnisnahme** von allen der Behörde bekannten, für die Entscheidung uU erheblichen Tatsachen, Beweisergebnissen, usw (s unten Rn 15 ff), sowie das Recht darauf, etwa beabsichtigte Ausführungen sachgemäß vorbereiten zu können (OVG Lüneburg DVBl 1973, 506; StBS 43; Weides JA 1985, 650 mwN). **Fristen** für Stellungnahmen usw oder **Termine** für eine mV oder Besprechung sind so festzusetzen, dass die Betroffenen bzw von ihnen Bevollmächtigte sie unter **zumutbaren Bedingungen** wahrnehmen können und ausreichende Gelegenheit haben, für ihre Stellungnahme **erforderliche Erkundigungen einzuholen,** einen Rechtsanwalt oder eine andere geeignete Person ihres Vertrauens mit ihrer Vertretung zu betrauen usw und alle sonstigen Maßnahmen zu treffen (bzw durch Bevollmächtigte treffen zu lassen), die sie zur Geltendmachung oder Wahrung ihrer Rechte für erforderlich halten.[20]

14 **b) Gelegenheit.** Die Behörde muss Gelegenheit zur Stellungnahme geben. Unerheblich ist, ob die Betroffenen von der ihnen im Rahmen des rechtlichen Gehörs gebotenen Gelegenheit zu Ausführungen usw **tatsächlich Gebrauch machen** (wollen).[21] Die Beteiligten können auf ihre **Anhörung verzichten;**[22] dann entfällt auch für die Behörde die Verpflichtung zur Anhörung, sofern diese nicht zur Klärung des für die Entscheidung maßgeblichen Sachverhalts im öffentlichen Interesse erforderlich ist. Einem **Verzicht ist es grundsätzlich gleichzuachten,** wenn der Betroffene die Verletzung der Pflicht zur Gewährung rechtlichen Gehörs nicht rechtzeitig, spätestens bis zum Ergehen des VA rügt, obwohl die Behörde ihn nach § 13 Abs 2 S 2 von der Einleitung des Verfahrens benachrichtigt hat; anders, wenn der Bürger alle zumutbaren Möglichkeiten ausgeschöpft hat, um sich rechtliches Gehör zu verschaffen (BSG SozSich 1982, 361; Martens NVwZ 1984, 558).

15 **2. Elemente ordnungsgemäßer Anhörung. a) Hinweis- und Informationspflicht der Behörde.** Da den Beteiligten eine Äußerung zu den für die Entscheidung erheblichen Tatsachen nur dann möglich ist, wenn ihnen diese Tatsachen bekannt sind, ergibt sich aus dem Recht auf Anhörung mittelbar auch die Verpflichtung der Behörde, den Betroffenen diese Tatsachen, soweit dies zur Wahrung des rechtlichen Gehörs erforderlich ist, mitzuteilen oder ihnen jedenfalls die Möglichkeit zu geben, sie in Erfahrung zu bringen;[23] dies gilt umso mehr und

---

[19] OVG Münster DVBl 1989, 378; Mandelartz DVBl 1983, 113; Martens NVwZ 1982, 16; Erichsen/Ehlers § 38 Rn 9; Kopp 47 ff; s auch § 39 Rn 35.

[20] Vgl BVerwGE 44, 309; BVerwG 1984, 467: unzulässig sind unzumutbare oder unverhältnismäßige Anforderungen an fristgerechtes Vorbringen; OVG Lüneburg DVBl 1973, 506; StBS 43; vdGK 2.3; Weides JA 1984, 650 mwN.

[21] BVerwGE 92, 132; VG Frankfurt NVwZ-RR 1991, 290; UL § 24 Rn 6; K 17; MDH 66 ff zu Art 103 GG.

[22] BSG 53, 167 = SozR 1200 § 34 Nr 4, 17; DVBl 1985, 630; Martens NVwZ 1984, 558; zweifelnd Krause DÖV 1986, 940.

[23] BVerwGE 43, 40; VGH München DÖV 1978, 336; MDH 73 zu Art 103 GG mwN; UL § 24 Rn 3; F 236; K 5; MuE 210; Becker 48; Pipkorn DÖV 1970, 174; Geiger JA 1982, 316; Kopp 121; vgl allg auch Knack/Kirsch DÖV 1988, 25.

mit strengeren Anforderungen dann, wenn in der Sache Grundrechte betroffen sind (Laubinger VerwArch 1982, 75). **Die Behörde** ist **nicht verpflichtet,** den Beteiligten vorweg **mitzuteilen, welche Entscheidung** sie auf Grund des von ihr ermittelten Sachverhalts **zu treffen beabsichtigt;**[24] dies mag zwar vielfach zweckmäßig sein und der abschließenden Regelung des Falles dienen, ist jedoch jedenfalls nicht rechtlich geboten.

aa) Akteneinsicht. Akteneinsicht ist ausreichend, wenn die Tatsachen auf die sich das rechtliche Gehör bezieht, insb Ermittlungsergebnisse, in den das Verfahren betreffenden Akten enthalten sind.[25] Soweit allerdings wesentliche Urkunden, Ermittlungsergebnisse usw erst zu einem späteren Zeitpunkt bekannt werden oder zu den Akten gelangen, ohne dass die Beteiligten hiervon Kenntnis haben, muss die Behörde die Betroffenen grundsätzlich besonders darauf hinweisen;[26] ebenso muss die Behörde die Beteiligten grundsätzlich auch auf Tatsachen hinweisen, die ihnen zwar bekannt sind, deren Entscheidungserheblichkeit aber ihnen offensichtlich nicht bewusst ist (OVG Münster DÖV 1983, 786; UL § 24 Rn 3; Knack 9). Tatsachen, die **nicht in den Akten enthalten** sind oder die von der Akteneinsicht ausgeschlossen sind, muss die Behörde den Betroffenen spätestens im Rahmen der Anhörung mitteilen.[27] 16

bb) Geheimhaltungspflichten. Soweit Tatsachen berechtigterweise geheimzuhalten sind, darf sich die Mitteilung auf solche Tatsachen beschränken, die ohne Verletzung der Geheimhaltungspflicht gegeben werden können (vgl auch BVerwG DVBl 1990, 711: in einer Form, in der keine Rückschlüsse auf geheimhaltungspflichtige Tatsachen möglich sind); im Übrigen muss den Betroffenen nur bekanntgegeben werden, dass nicht weiter mitteilbare Tatsachen der Behörde bekannt sind (vgl K 14). Die **Gründe, die die Geheimhaltung erfordern,** sind dabei zumindest insoweit näher zu bezeichnen, als es erforderlich ist, damit die Betroffenen sie noch als triftig anerkennen können (vgl BVerwG DVBl 1990, 711; s auch BVerwGE 15, 9; 46, 707; 66, 44, 233; 74, 120). Entsprechendes gilt für die namentliche **Nennung** bzw unbestimmte Bezeichnung **bestimmter Auskunftspersonen,** an deren Geheimhaltung ein öffentliches Interesse besteht.[28] Vgl insoweit allg auch unten Rn 75. 17

cc) Teilnahme an einer Beweiserhebung. Umstritten ist, ob die Beteiligten das Recht haben, an den Beweiserhebungen der Behörde teilzunehmen. Die hM geht davon aus, dass im einfachen Verwaltungsverfahren anders als im förmlichen Verwaltungsverfahren nach § 66 Abs 2 ein Anspruch auf Teilnahme der Beteiligten an der Beweiserhebung grundsätzlich nicht besteht (s § 26 Rn 8). Allerdings muss ein Anspruch der Beteiligten auf ermessensfehlerfreie Entscheidung über eine Beteiligung anerkannt werden, der sich ggfs auch auf Null zugunsten der Beteiligten reduzieren kann (s § 26 Rn 8). 18

b) Rechtzeitige Mitteilung der Verfahrenseinleitung. Die Wahrung des rechtlichen Gehörs erfordert, dass die Behörde die Beteiligten oder ihre Vertreter (vgl VGH Kassel NVwZ-RR 1989, 137), sofern sie davon noch keine Kenntnis haben, alsbald **von der Einleitung eines Verfahrens,** das ihre Rechte berührt, 19

---

[24] München GewArch 1984, 17; UL § 24 Rn 4; StBS 38; Knack 15; **aA** Mandelartz DVBl 1983, 112; Weides JA 1984, 650; Laubinger VerwArch 1984, 69.

[25] Ebenso UL § 24 Rn 3; Geiger JA 1982, 316; weitergehend Mandelartz DVBl 1983, 112: Verpflichtung der Behörde, dem Beteiligten den bisher von ihr ermittelten erheblichen Sachverhalt und die Entscheidung, die sie auf Grund dieses Sachverhalts zu treffen beabsichtigt, mitzuteilen.

[26] OVG Lüneburg MDR 1975, 788; vgl auch BVerwGE 43, 40; BSG BB 1982, 559.

[27] OVG Münster DÖV 1983, 786; Weides JA 1984, 650; Mandelartz DVBl 1983, 113; F 236; MuLö BayVBl 1987, 637.

[28] BVerwG Buchh 310 § 99 VwGO Nr 11 und 19; K 16 c zu § 88.

bzw von ihrer Absicht, einen VA zu erlassen[29] **verständigt** (vgl Laubinger VerwArch 1982, 75; Horn DÖV 1987, 22), sowie nach hM (vgl BVerwGE 44, 309), dass die Behörde den betroffenen Beteiligten Verfahrenstermine rechtzeitig mitteilt (Franke ZfW 1979, 10) und ihnen ausreichend **Zeit zur Vorbereitung ihrer Äußerungen** lässt, ggf auch für die dafür (nach Auffassung des Beteiligten) noch notwendigen Ermittlungen usw (OVG Lüneburg DVBl 1973, 506; StBS 41 ff; Nehls NVwZ 1982, 495; Mandelartz DVBl 1983, 113).

20 **c) Keine Pflicht zur Belehrung über Äußerungsmöglichkeit.** Die Behörde ist unter dem Gesichtspunkt des rechtlichen Gehörs grundsätzlich nicht verpflichtet, die Beteiligten in jedem Fall ausdrücklich auf die Möglichkeit zu Äußerungen zur Sache hinzuweisen oder sie dazu aufzufordern (VGH Kassel NVwZ-RR 1989, 137), bzw dafür eine Frist zu setzen.[30] Setzt die Behörde den Betroffenen keine Frist, so müssen diese damit rechnen, dass in absehbarer Zeit entschieden werden wird und sich mit beabsichtigten Äußerungen darauf einstellen (VGH Mannheim NVwZ 1987, 1087: ca 1 Monat genügt). Im Regelfall ist der Pflicht zur Gewährung rechtlichen Gehörs mit der Mitteilung an Antragsgegner oder sonstige Betroffene über die Eröffnung eines Verfahrens, in dem sie Beteiligte sind, bzw mit der Hinzuziehung, genügt.

21 **Ausnahmsweise** ist gem § 25 iVm § 28 eine **Verpflichtung zu einem besonderen Hinweis** auf die Möglichkeit einer Äußerung zur Sache oder zu einzelnen Punkten dann anzunehmen, wenn für die Behörde erkennbar ist, dass einem Beteiligten dieses Recht nicht bekannt ist; ebenso, wenn die Behörde ihre Entscheidung auf **Gründe** zu stützen beabsichtigt, **die im bisherigen Verfahren keine Rolle gespielt haben** und von denen sie annehmen muss, dass für die dadurch uU nachteilig betroffenen Beteiligten die (mögliche) Erheblichkeit für den Ausgang des Verfahrens nicht ohne weiteres erkennbar ist (Münster DÖV 1983, 986; VG Berlin DVBl 1981, 196); anders, wenn es sich um Gesichtspunkte handelt, deren Bedeutung den Beteiligten für das Verfahren bekannt ist oder sein musste (VG Berlin DVBl 1981, 196; s auch § 25 Rn 14). **In komplizierten Verfahren,** deren Verlauf und Abschluss für die Beteiligten nicht ohne weiteres ersichtlich ist, muss die Behörde idR vor ihrer Entscheidung die Beteiligten nochmals auf die Möglichkeit einer abschließenden Stellungnahme hinweisen (VGH Kassel NVwZ-RR 1989, 113). Bei einem durch einen Rechtsanwalt vertretenen Beteiligten sind insoweit geringere Anforderungen zu stellen (VG Berlin DVBl 1981, 196; s allg auch § 25 Rn 13).

22 **3. Anhörungsberechtigte. a) Beteiligte.** § 28 gewährt das Recht auf Anhörung nur Beteiligten iS von § 13 Abs 1 und 2 (Horn DÖV 1987, 20) bzw deren Vertretern oder Bevollmächtigten (§ 14). Die in der Begründung des Regierungsentwurfs enthaltene Formulierung, dass den **Betroffenen** Gelegenheit zur Stellungnahme gegeben werden müsse, hat im Wortlaut des § 28 keinen Niederschlag gefunden. Die Vorschrift kann auch nicht **analog auf Betroffene,** die nicht zugleich nach § 13 Beteiligte sind, angewandt werden (Horn DÖV 1987, 20).

22 a **aa) Hinzuziehung. Mittelbar** ergibt sich aber aus § 28 iV mit den verfassungsrechtlichen Grundsätzen, als deren Folgerung sich das Recht auf Anhörung darstellt, dass die Behörde alle Personen, deren Rechte durch den Ausgang eines Verfahrens betroffen werden können, zu diesem Verfahren gem § 13 Abs 2 als Beteiligte hinzuzieht (vgl BVerfG 77, 134; Erichsen/Ehlers § 35 Rn 9; Kopp 21, 108; Weides JA 1984, 643; Horn DÖV 1987, 20). Die in ihren Rechten un-

---

[29] BVerwGE 84, 78; vgl auch MuLö BayVBl 1987, 637: die Behörde muss die Beteiligten hinreichend über den Gegenstand des Verfahrens unterrichten.

[30] Vgl zur Fristsetzung VGH Mannheim NVwZ 1987, 1087: zulässig, aber nicht erforderlich; allg zur Zulässigkeit einer Fristsetzung bejahend auch BFH 148, 48 = BStBl II 1987, 78; BSG 65, 266; Martens NVwZ 1988, 686.

mittelbar Betroffenen haben einen **Anspruch auf ihre Zuziehung** zum Verfahren aus den dargelegten Gründen. Einer Verpflichtungsklage auf Hinzuziehung steht § 44 a VwGO nicht entgegen (vgl Kopp/Schenke § 44 a Rn 9). UU müssen Betroffene ihre Hinzuziehung beantragen.[31]

bb) Anhörung von Bevollmächtigten und Dritten. Die Beteiligten können, soweit die allgemeinen Voraussetzungen erfüllt sind, sie insb beteiligungsfähig iS von § 12 sind, von ihrem Recht auf Anhörung **persönlich oder durch ihre Bevollmächtigten** oder Vertreter Gebrauch machen. Umgekehrt genügt die Behörde grundsätzlich ihrer Anhörungspflicht, wenn sie den Vertreter bzw den Bevollmächtigten des Beteiligten **hört** (vgl BVerfG NJW 1990, 1104); anders jedoch, wenn im Verfahren **höchstpersönliche Rechte** betroffen sind (vgl BVerwG NVwZ-RR 1990, 441). Zur persönlichen Anhörung eines **Verfahrenshandlungsunfähigen,** dem ein Pfleger, Betreuer oä bestellt wurde, vgl BVerwGE 63, 62; BVerwG NVwZ-RR 1990, 441: Anhörung eines minderjährigen Asylsuchenden. Ist kein Pfleger, Betreuer oä bestellt, so muss die Behörde grundsätzlich zur Wahrung des Anhörungsrechts auf die **Bestellung eines Pflegers** bzw Betreuers hinwirken (vgl BGH NJW 1989, 985; s auch § 12 Rn 21). 23

b) Eingriff in Rechte der Beteiligten. Das Anhörungsrecht nach Abs 1 hat zur Voraussetzung, dass der zu erlassende bzw jedenfalls auf Grund des Verfahrens in Betracht kommende VA „in Rechte eines Beteiligten eingreift". Obwohl die Vorschrift nur von Rechten spricht, muss dasselbe auch für Eingriffe in rechtlich geschützte Interessen eines einfachen (dh nicht notwendigen) Beigeladenen nach § 13 Abs 1 Nr 4, Abs 2 gelten, da auch diesem gegenüber der VA in der Sache Verbindlichkeit erlangt und deshalb nicht angenommen werden kann, dass er nach dem VwVfG kein Recht auf Gehör haben sollte. 24

aa) Belastende VAe. Eingriffe iS der Vorschrift sind nicht nur Eingriffsakte im Bereich der Eingriffsverwaltung, sondern, wie auch durch Abs 2 Nr 3 bestätigt wird, alle belastenden VAe, die eine rechtlich geschützte Position eines Beteiligten beeinträchtigen, einschließlich solcher, durch die eine Begünstigung eingeschränkt oder aufgehoben wird, wie die Aufhebung oder Abänderung eines begünstigenden VA (BSG DÖV 1985, 588) oder die Rücknahme eines VA (vgl BVerwGE 68, 267; OVG Münster NVwZ-RR 1990, 567) oder die nachträgliche Zufügung belastender Nebenbestimmungen (ebenso StBS 26). Maßgebend ist, dass die Behörde das Ziel verfolgt, einen belastenden VA u erlassen bzw diese Möglichkeit im Verwaltungsverfahren jedenfalls in Betracht zieht (Knack 6). 25

bb) Ablehnung einer Begünstigung. Umstritten ist die Zuordnung von VAen, mit denen einem Beteiligten eine Leistung oder sonstige Begünstigung versagt wird, insb ein Antrag auf einen begünstigenden VA ganz oder teilweise abgelehnt wird (s dazu insb Laubinger VerwArch 1984, 64 und Martens NVwZ 1984, 556). Die **Rspr** geht nach dem Wortlaut davon aus, dass § 28 eine Anhörung nur in den Fällen verlangt, in denen der VA eine Rechtsbeeinträchtigung verursacht, die ggfs. mit der Anfechtungsklage abgewehrt werden müsste.[32] Ein Teil der Literatur teilt diese Auffassung mit der Begründung, die Formulierung „VA ..., der in Rechte eingreift ..." sei bewusst gewählt worden, um nicht alle belastenden VAe zu erfassen (StBS 27; Knack 6). 26

Die **ganz hM in der Literatur** geht demgegenüber davon aus, dass die Pflicht zur Anhörung nach dem Zweck der Regelung, insb auch nach ihrem rechtsstaatlichen Gehalt, den Bürger vor Rechtsnachteilen zu schützen, entgegen der Begr zu 26 a

[31] Vgl § 13 Rn 46; ferner BAG NJW 1986, 3161; enger Horn DÖV 1987, 20: nur wenn der Betroffene seine Zuziehung zum Verfahren nach § 13 Abs 2 S 2 beantragt.

[32] BVerwGE 66, 184, 186 = NJW 1983, 2044; BVerwGE 68, 267, 270 = DVBl 1993, 271; VGH Mannheim NVwZ 1994, 919 – keine Anhörung erforderlich, wenn eine Rechtsposition erst vermittelt werden soll.

§ 28 (vgl BT-Dr 7/910 S. 51; s dazu sowie zum MuE und zum RegE 1970 auch StBS 14) **auch die Ablehnung einer Vergünstigung** und insb eines Antrags auf Erlass eines begünstigenden VA als Eingriff iS von Abs 1 erfassen müsse.[33] Dasselbe gelte auch für eine Teilablehnung, zB die Bewilligung von weniger als beantragt, und sonstige belastende Teilregelungen, einschließlich belastender **Nebenbestimmungen** (§ 36) im Rahmen eines im Übrigen begünstigenden VA (Hufen 139; Knack 6; MB 9; offen OVG Mannheim NVwZ 1994, 919). Teilweise wird auch eine differenziertende Auffassung vertreten, wonach die Ablehnung einer Begünstigung nur dann erfasst werde, wenn sie im Ergebnis einem Eingriff gleichkomme.[34]

26 b **Der weitergehenden Auffasung ist zuzustimmen,** weil auch bei Ablehnung eines begünstigenden **in ein Recht des Betroffenen** – wenn die Entscheidung der Behörde in deren Ermessen steht oder sie insoweit einen Beurteilungsspielraum hat, zumindest in sein formelles subjektives Recht auf ermessens- bzw beurteilungsfehlerfreie Entscheidung mit der realen Chance eines seinem Antrag entsprechenden Ergebnisses – eingegriffen wird (ebenso UL § 24 Rn 2; Götz NJW 1976, 1427; Weides JA 1984, 652; MB 11). Ob das von ihm ausdrücklich oder konkludent mit seinem Antrag geltend gemachte Recht tatsächlich besteht und ihm zusteht und deshalb die Ablehnung letztlich einen Eingriff in dieses Recht darstellt, kann bei den betroffenen Fällen **ebenso wenig** wie in allen anderen Fällen, deren Eingriffscharakter unzweifelhaft ist, maßgeblich sein, weil diese Frage auf Grund eben des Verfahrens ja erst geklärt werden soll. Die Frage des Bestehens des Rechts kann daher nicht Voraussetzung der Anhörung dazu sein. Ausreichend ist die **Möglichkeit, dass das in Frage stehende Recht besteht** und dem Beteiligten zusteht. Diese Möglichkeit ist aber selbst bei Anträgen auf Ausnahmebewilligungen uä („Dispense") von Verbotsregelungen mit Erlaubnisvorbehalt nicht auszuschließen. Der Eingriffscharakter iS von Abs 1 ist in allen Fällen zu bejahen, in denen auch eine etwa in der Sache später erhobene Anfechtungs- und Verpflichtungsklage nicht an der fehlenden Klagebefugnis gem § 42 Abs 2 VwGO scheitern würde.

27 Für diese Auslegung von Abs 1 spricht auch **der Wortlaut in § 28 Abs 2 Nr 3** (wenn „von den tatsächlichen Angaben eines Beteiligten, die dieser in einem Antrag ... gemacht hat, nicht zu seinen Ungunsten abgewichen werden soll"), der nicht ohne weiteres als „Redaktionsversehen" abgetan werden kann. Auch der Bundesgesetzgeber geht hier offenbar von der Anwendbarkeit von § 28 auf die Ablehnung von Anträgen aus (vgl Stelkens NVwZ 1986, 543 mwN). Die von der **Gegenauffassung** vertretene Formel, die danach unterscheiden will, ob ein Eingriff abgewehrt werden soll oder aber ein „Mehr an Rechten" erstrebt wird, entspricht nicht mehr dem heutigen Verständnis der Grundrechte, insb auch des „Auffanggrundrechts" des Art 2 Abs 1 GG, und der **grundrechtlichen Schutz-**

---

[33] UL § 24 Rn 2; MB 8 f; Erichsen/Ehlers § 37 Rn 15; Bull DÖV 1997, 970; Götz NJW 1976, 1427; Sendler DÖV 1978, 342; K 11; Häberle, in: Boorberg-FS 70 Fn 96; Pitschas JuS 1983, 436; Feuchthofen DVBl 1984, 174; Laubinger VerwArch 1984, 64 f; Wulffen SGB 1981, 3 zu § 24; Tippke/Kruse, AO, FGO 2 zu § 91; Achterberg 418 Rn 15 Fn 16; JA 1985, 510 Fn 75; MK 43 II 3; Ehlers VerwArch 1983, 130 mwN; DVBl 1986, 918; Joos RiA 1987, 98; Hufen 139; Schmidt-Aßmann 10; wohl auch Martens NVwZ 1984, 556 ff; vgl auch Schoch NVwZ 1983, 250 Fn 16.

[34] OVG Münster DÖV 1983, 986 zur Befreiung von Höchstpreisvorschriften; ähnlich Weides JA 1984, 651; WBS II § 60 Rn 65; Maurer 19 Rn 20; im Ergebnis für VAe, deren gerichtliche Nachprüfung besonderen Schranken unterworfen ist, unter Hinweis auf Art 103 Abs 1 GG auch BVerwG NVwZ 1984, 234; vgl auch Ehlers Vw 1984, 299: Anhörungspflicht, wenn im Bereich der Leistungsverwaltung die Versagung einer Vergünstigung „einem Eingriff gleichkommt"; ähnlich Obermayer 13, wonach jedenfalls die Ablehnung einer Kontrollerlaubnis in den Fällen präventiven Verbote mit Erlaubnisvorbehalt erfasst werden soll.

und Förderungspflichten der Behörden und den entsprechenden Rechten der Bürger.

c) Betroffenheit in einem rechtlichen Interesse. Dem Eingriff in Rechte ist **bei Hinzugezogenen** gem § 13 Abs 2 S. 1 die (negative) Betroffenheit in einem rechtlichen Interesse gleichzustellen.[35] Nicht als Eingriffe anzusehen sind „Eingriffe" in lediglich behauptete, objektiv jedoch nicht von der Rechtsordnung vorgesehene oder jedenfalls dem Betroffenen nicht denkmöglich zustehende Rechte (BSG SozR 1200 § 34 SGB I Nr 8; Nehls NVwZ 1982, 494); anders die Rücknahme eines rechtswidrigen begünstigenden VA und die Rückforderung zu viel bezahlter Beamtenbezüge uä (vgl BSG DVBl 1985, 630). Entgegen des insoweit zu engen Wortlauts des Abs 1 ist die Voraussetzung, dass der VA in Rechte „eingreift", dahin zu verstehen, dass bereits die **Möglichkeit eines solchen Eingriffs** in eine geschützte Rechtsstellung genügt (Laubinger VerwArch 1984, 55), denn die Frage, ob es zu einem belastenden VA kommen wird, ist im Verfahren noch offen, und die Anhörung des Betroffenen hat gerade auch den Zweck, diesem Gelegenheit zu geben, einen solchen Eingriff zu verhindern; daher muss es als ausreichend angesehen werden, dass, je nach dem Ausgang des Verfahrens, ein solcher Eingriff möglich ist. Allerdings kann ein Beteiligter eine Verletzung nicht rügen, **wenn er im Ergebnis,** dh durch den abschließenden VA, **nicht belastet wird;** das aber gilt für jede Verletzung unselbstständiger Verfahrensvorschriften (s näher Einleitung Rn 81). 28

4. Gegenstand des rechtlichen Gehörs. a) Tatsachen, Behauptungen und Ermittlungsergebnisse. Die Anhörungspflicht bezieht sich nach der Formulierung in Abs 1 auf die „für die Entscheidung erheblichen Tatsachen". Dazu gehören auch die Ermittlungsergebnisse – einschließlich der Ergebnisse von Beweisaufnahmen[36] – und die Äußerungen anderer Beteiligter zu den entscheidungserheblichen Tatsachen (UL § 24 Rn 4). Die Beteiligten haben nach § 28 das Recht, alles vorzutragen, was aus ihrer Sicht, auch auf Grund ihrer möglicherweise unzutreffenden Rechtsauffassung, für die Entscheidung der Behörde erheblich ist.[37] 29

b) Rechtsfragen. Umstritten ist, ob und inwieweit sich die Anhörung gem § 28 – ähnlich wie gem § 66 Abs 1 im förmlichen Verfahren, für das keine Beschränkung auf Tatsachen vorgesehen ist – auch auf Rechtsfragen bezieht. Die Frage ist trotz der engen Fassung der Vorschrift in Übereinstimmung mit der hM zum früheren Recht[38] **zu bejahen.**[39] Rechtsausführungen sind nicht nur wesentlicher und notwendiger Bestandteil jedes rechtsstaatlich geordneten Verfahrens, sondern von dem in § 28 ausdrücklich gewährleisteten Recht auf Äußerung zu den für die Entscheidung erheblichen Tatsachen auch gar nicht zu trennen, da beides Aspekte ein und derselben Sache sind.[40] In weitem Umfang sind Rechtsausführungen nämlich auch schon **zum Verständnis des Vorbringens in tat-** 30

---

[35] Erichsen/Ehlers § 37 Rn 15.

[36] OVG Münster DVBl 1978, 508; UL § 24 Rn 4; StBS 20, 34; Knack 9; Kuschnerus DVBl 1990, 237; Weides JA 1984, 652; Laubinger VerwArch 1984, 68; WBS II § 60 Rn 69.

[37] MuLö BayVBl 1987, 637; dazu neigend auch Martens NVwZ 1984, 557; **aA** BVerwGE 66, 190: nur zu den Tatsachen, die die Behörde nach ihrer Rechtsauffassung für maßgeblich ansieht. S dazu im Einzelnen unten Rn 30 ff.

[38] BVerwGE 2, 343; 4, 192; VGH Kassel 12, 134; M 69; Kopp 34 f; 78 f; 119 f; 156; 190; im Ergebnis, jedoch mit anderer Begründung, auch MuE 125.

[39] Martens 6 II 3 Fn 65; Knack 9; StBS 23, 38; zur grundsätzlich zu verneinenden Frage des Anspruchs Beteiligter darauf, dass die Behörde ihre Rechtsauffassung zum Fall darlegt, sowie der Frage des Rechts auf ein „Rechtsgespräch" s Rn 47.

[40] Vgl Werner, zit bei Kopp 38; Wimmer DVBl 1985, 773; Kopp 35 mwN, 190; wohl auch Laubinger VerwArch 1984, 71; Weides JA 1984, 652; allg zur Bedeutung der Anhörung auch zu Rechtsfragen für die Findung des „richtigen" Rechts in einer Sache auch Hassemer JuS 1986, 28 mwN; **aA** MB 16.

sächlicher Hinsicht erforderlich und auch deshalb notwendiger Teil einer Anhörung „zu Tatsachen“, etwa weil ein Betroffener eine andere Rechtsvorschrift für anwendbar hält oder eine Rechtsvorschrift anders auslegt und daher andere Tatsachen vorträgt (Kopp 35, 190).

31 **Der Einbeziehung von Rechtsfragen** in den Anspruch der Beteiligten auf Anhörung gem § 28 steht auch der Wortlaut der Vorschrift nicht entgegen. § 28 Abs 1 beschränkt die Anhörung nicht auf Ausführungen tatsächlicher Art, sondern spricht von „Äußerungen“ schlechthin „zu ... Tatsachen“. Auch Rechtsausführungen stellen solche Äußerungen dar. Ausgeschlossen werden durch § 28 Abs 1 allerdings Rechtsausführungen, die keinen sinnvollen Bezug zu den für die Entscheidung erheblichen Tatsachen haben, in diesem Sinn also nicht zur Sache gehören; ebenso besteht **kein Anspruch** auf Erörterung rechtlicher Gesichtspunkte, dh auf ein **Rechtsgespräch** (s unten Rn 47).

32 **c) Entscheidungserheblichkeit.** Für die Entscheidung erheblich iS des Abs 1 sind nur Tatsachen bzw (im Hinblick auf die Ermittlung und Würdigung solcher Tatsachen erhebliche) Rechtsfragen, von deren Vorliegen oder Nichtvorliegen bzw Beantwortung die von der Behörde zu treffende Entscheidung abhängt. Der Zweck der Einschränkung des rechtlichen Gehörs auf entscheidungserhebliches Vorbringen besteht darin, der Behörde die Möglichkeit zu geben, anderes, idS nicht sachdienliches, Vorbringen von vornherein vom Verfahren auszuschließen.

33 **aa) Erheblichkeit.** Der Begriff der Erheblichkeit ist weit zu fassen. Die Frage, ob etwas für die Entscheidung erheblich ist, oft erst bei der abschließenden Würdigung des Sachverhalts beurteilt werden kann und uU auch von der Rechtsmittelinstanz oder von den Gerichten anders beurteilt wird. Es muss daher nach allgemeinen Rechtsgrundsätzen – entsprechend dem Begriff der Erheblichkeit im Prozessrecht (vgl Kopp/Schenke § 132 Rn 23) – genügen, dass die **Möglichkeit nicht ausgeschlossen** werden kann, dass die Entscheidung bei Berücksichtigung des in Frage stehenden Vorbringens anders ausfällt (MuLö BayVBl 1987, 399; StBS 16, 20; Knack 9; str). Jedenfalls kann es dabei nicht maßgeblich auf die Rechtsauffassung der Behörde hins. des im konkreten Fall anzuwendenden Rechts ankommen.[41] **Vorbringen, das eindeutig neben der Sache liegt,** darf ausgeschlossen werden und bedarf keiner weiteren Berücksichtigung. Dies gilt aber nur für Ausführungen rechtlicher oder tatsächlicher Art, die nach jeder vernünftigerweise vertretbaren Auffassung für das Verfahren nicht erheblich werden können.

34 **bb) Straffung des Vorbringens.** Darüber hinaus erlaubt es das Erfordernis der Erheblichkeit iVm § 10 der Behörde, von den Beteiligten eine Konzentration ihres mündlichen oder schriftlichen Vorbringens auf die wesentlichen Fragen unter Verzicht auf Weitschweifigkeiten – zu verlangen, ggf auch weitschweifiges schriftliches Vorbringen zurückzugeben und dem Betroffenen anheimzustellen, sich kürzer und präziser zu äußern.

35 **Zulässig ist eine straffe Verhandlungsführung** – auch zB eine Beschränkung der Anhörung auf eine vorweg den Betroffenen bekanntgegebene angemessene Zeit – bei Besprechungen und Verhandlungen mit den Beteiligten, sofern dadurch den Beteiligten nicht die Möglichkeit genommen oder unzumutbar beschränkt wird, zu den wesentlichen Fragen Stellung zu nehmen und ihre wichtigsten Argumente vorzubringen. Dies gilt insb dann, wenn den betroffenen Beteiligten das Recht, ihren Vortrag später durch weitere schriftliche Ausführungen **zu ergänzen,** vorbehalten wird. Zur Befugnis der Behörde, Bevollmächtigte oder Beistände, die zu sachlichem Vortrag usw nicht geeignet oder bereit sind, zu-

---

[41] StBS 16, 20; **aA** BVerwGE 66, 190 = BayVBl 1983, 406: nur zu Tatsachen, auf die es nach Auffassung der Behörde für die Entscheidung ankommt; ebenso Weides JA 1984, 652; Ehlers Vw 1984, 302; kritisch dazu Martens NVwZ 1984, 557; vgl auch OVG Münster NVwZ 1987, 607; Knack 9.

rückzuweisen, s auch § 14 Abs 6, zur Zuziehung eines **Dolmetschers** oder Übersetzers § 23 Rn 2.

5. Form und Zeitpunkt der Anhörung. a) Zeitpunkt. Die Gelegenheit zur Anhörung muss nach Zeit, Ort und sonstigen Umständen **angemessen** und zumutbar sein (vgl BVerwGE 2, 343; BGH NJW 1959, 1330). Den Zeitpunkt kann die Behörde im Übrigen nach ihrem Ermessen bestimmen. Es besteht keine Pflicht der Behörde, die Anhörung erst nach vollständiger Ermittlung des Sachverhalts im Übrigen durchzuführen. Ergeben sich aber nach der Anhörung neue Gesichtspunkte, muss den Beteiligten uU erneit Gelegenheit zur Stellungnahme dazu gegeben werden. Die Behörde kann den Beteiligten für Stellungnahmen usw auch eine angemessene Frist setzen (BSG NVwZ 1986, 596; Obermayer 25; Weides JA 1984, 650; StBS 41). **Fristablauf führt nicht zur Präklusion,** sondern nur zum Recht der Behörde, ohne Stellungnahme zu entscheiden (VGH Mannheim NVwZ 1987, 1087). Welche Zeit angemessen ist, hängt von den Umständen ab, insb vom Umfang und der Schwierigkeit der Sache, der Sachkunde und Erfahrenheit der Beteiligten, den Möglichkeiten, Beratung zu erlangen, usw.[42] Eine zu kurz bemessene Frist für Äußerungen wird nicht dadurch zu einer angemessenen Frist, dass die Behörde mit ihrer Entscheidung länger wartet (BSG DVBl 1993, 262). 36

Versäumt ein Beteiligter ohne sein Verschulden **die ihm gebotene Gelegenheit zur Anhörung,** so muss die Behörde ihm eine weitere Gelegenheit geben (vgl Kopp/Schenke § 60 Rn 9). Unabhängig davon muss die Behörde weiteres, wenn auch (wegen Versäumung einer von ihr gesetzten Frist) verspätetes, Vorbringen bei ihrer Entscheidung berücksichtigen, wenn es jedenfalls noch vor Ergehen der Entscheidung bei ihr eingeht; dies gilt selbst dann, wenn behördenintern die Entscheidung bereits getroffen und nur den Betroffenen noch nicht bekanntgegeben worden war (VG Frankfurt NVwZ-RR 1991, 240). 37

War eine Frist gesetzt und erfolgte eine Stellungnahme schon vor dem Ablauf der Frist, so muss die Behörde im Zweifel gleichwohl mit ihrer Entscheidung noch bis zum Ablauf der Frist zu warten, wenn nach dem Inhalt und den Umständen der Stellungnahme damit zu rechnen ist, dass der Betroffene sich vor Ablauf der Frist nochmals äußern wird (VGH Kassel NVwZ-RR 1991, 225 ff; Krasney NVwZ 1986, 342). 38

b) Form der Anhörung. aa) Grundsatz der Formfreiheit. § 28 schreibt keine bestimmte Form der Anhörung vor, insb auch kein irgendwie geartetes förmliches Verfahren (OVG Lüneburg NVwZ-RR 1990, 778). Die Entscheidung über die Form, dh die Art und Weise der Anhörung – **schriftlich, mündlich,** uU **auch fernmündlich,** wenn dies nach den konkreten Umständen des Falles ausreichend erscheint und der Betroffene mit dem Sachverhalt hinreichend vertraut ist und sich keine Zeit für weitere Überlegungen ausbittet oder auf weitere Anhörung verzichtet (vgl Krasney NVwZ 1986, 341) – und die näheren Modalitäten steht grundsätzlich im **Ermessen der Behörde** (Hill NVwZ 1985, 445). Die Anhörung muss insb grundsätzlich, sofern durch Rechtsvorschriften (zB § 67 Abs 1, § 73 Abs 6) nichts anderes bestimmt ist, nicht notwendig mündlich erfolgen.[43] Es steht im Ermessen der Behörde, den Betroffenen auch nur Gelegenheit zu schriftlichen Äußerungen zu geben.[44] 39

---

[42] BSG SozR 1200 § 34 SGB I Nr 12; NVwZ 1986, 596; Nehls NVwZ 1982, 495.

[43] BVerwGE 20, 166; BVerwG BayVBl 1985, 402; Erichsen/Ehlers § 37 Rn 14; vdGK 2, 4; M 69; WBS II § 60 Rn 75; UL § 24 Rn 8; Mandelartz DVBl 1983, 113; Kopp 89; vgl auch BVerfG NJW 1979, 1315.

[44] Erichsen/Ehlers § 37 Rn 14; Rasch/Patzig 22; **aA** offenbar K 17: die Behörde kann dem Beteiligten nicht vorschreiben, dass er sich nur schriftlich oder nur mündlich äußern dürfe; vgl auch LSG NRW NVwZ-RR 1989, 2: die Anhörung nach § 24 SGB-X ist stets mündlich möglich, auch wenn es sich um einschneidende Eingriffe in die Rechtsposition des Berechtigten – hier: Rückforderungen in beträchtlicher Höhe – handelt.

40 **bb) Mündliche Anhörungen. Mündliche Anhörung** muss angeboten werden, wenn und soweit **aus besonderen Gründen,** etwa bei einer Erläuterung von Plänen oder in **Asylsachen** (vgl zum Asylverfahren VGH Kassel NVwZ 1982, 136; Creutzfeld NVwZ 1982, 88), nur mündliche Ausführungen den Zweck des rechtlichen Gehörs voll erfüllen können;[45] in derartigen Fällen wäre die Ablehnung einer mündlichen Anhörung idR ermessensfehlerhaft (vgl Kopp 89).

41 Als **mündliche Anhörung** genügt **nicht jedes Gespräch** mit dem Beteiligten (Knack 13). In jedem Fall muss für den Beteiligten klar sein – erforderlichenfalls muss die Behörde bzw der Behördenvertreter, der das Gespräch führt, dem Beteiligten gegenüber klarstellen –, **dass** es sich um **eine Anhörung nach § 28** handelt, dh, dass sie dem Gespräch diese Bedeutung beimißt und dass von ihr aus die Anhörung damit als erfolgt und abgeschlossen betrachtet wird. Grundsätzlich muss die Behörde **über jede mündliche Anhörung einen Aktenvermerk fertigen** (VGH Kassel 30, 210; OVG Münster GewArch 1980, 195; Knack 13). Hat die Behörde einen Termin für die mündliche Anhörung angesetzt, so muss sie uU auch in vertretbarem Ausmaß über die festgesetzte Zeit hinaus zuwarten, vor allem, wenn nicht auszuschließen ist, dass der Beteiligte oder sein Bevollmächtigter sich schuldlos etwas verspätet. Jedenfalls, wenn in einem vergleichbaren Fall die Voraussetzungen für eine Wiedereinsetzung gem § 32 gegeben wären, muss dem Beteiligten bzw seinem Vertreter grundsätzlich ein neuer Termin für die Anhörung eingeräumt werden oder aber er auf die Möglichkeit schriftlicher Ausführungen verwiesen werden, wenn bzw soweit eine mündliche Anhörung nicht wegen Besonderheiten der Angelegenheit nicht erforderlich erscheint bzw verlangt werden kann.

42 **c) Rechtsgespräch.** Der Anspruch auf Anhörung umfasst grundsätzlich **kein Recht der Beteiligten auf Erörterung** der vorgebrachten Tatsachen und der von ihnen gemachten Rechtsausführungen.[46] Die Notwendigkeit dazu kann sich uU aber aus der Verpflichtung der Behörde zur vollständigen Ermittlung des Sachverhalts nach § 24 Abs 1 bei **anders nicht oder nur schwer aufklärbaren Fragen,** in gewissem Umfang auch aus der Hinweispflicht der Behörde nach § 25, ergeben (Kopp 34; 190). Im Regelfall genügt es aber auch insoweit, wenn die Behörde die Beteiligten auf entscheidungserhebliche, insb aufklärungsbedürftige, Fragen oder Zweifelsfragen hinweist und ggf die Abgabe von Erklärungen oder die Stellung von Anträgen nach **§ 25 S 1** anregt.[47] Eine **abweichende Regelung enthält § 364a AO,** der dem Einspruchsführer im Rechtsbehelfsverfahren ausdrücklich ein Recht auf Erörterung der Sach- und Rechtslage zubilligt.

43 **d) Besondere Regelungen.** Soweit durch Rechtsvorschriften, zB in förmlichen Verfahren gem §§ 67f oder in Planfeststellungsverfahren gem § 73, **besondere Formen der Anhörung,** zB im Rahmen einer mündlichen Verhandlung oder eines speziellen Erörterungstermins in einem Verfahren mit Öffentlichkeitsbeteiligung und der Möglichkeit von Einwendungen vorgeschrieben sind, gehen diese einer Anhörung gem § 28 vor (vgl auch VGH Kassel NVwZ-RR 1991, 216: Ladung eines Asylbewerbers zur Anhörung unter der zuletzt angegebenen Anschrift auch dann erforderlich, wenn Anhaltspunkte dafür bestehen, dass der Asylbewerber „untergetaucht" ist).

---

[45] Obermayer 21; UL § 24 Rn 8; Ehlers VW 1984, 306; Krasney NVwZ 1986, 341; Knack 13.

[46] So zutreffend zum Rechtsgespräch Begr 125; MuE 125; UL § 24 Rn 4; Knack 9; K 4; VdGK 2.2; Kopp 34, 79, 190; Laubinger VerwArch 1984, 71; Wimmer DVBl 1985, 773; Weides JA 1984, 652; unklar StBS 38ff; **aA** Achterberg 418 Rn 15, Fn 16.

[47] Laubinger VerwArch 1984, 71 Fn 49; Wimmer DVBl 1985, 777.

III. Ausnahmen von der Anhörungspflicht (Abs 2)

1. Allgemeines. a) Ermessensentscheidung. Nach Abs 2 und 3 ist die Anhörung der Beteiligten abweichend von dem in Abs 1 aufgestellten Grundsatz in bestimmten Fällen – vorbehaltlich zwingender öffentlicher Interessen, die gem Abs 3 eine Anhörung schlechthin verbieten – in das Ermessen der Behörde gestellt. Diese kann in diesen Fällen von einer Anhörung ganz oder teilweise, zB auch zu einzelnen Fragen oder Fragekomplexen, absehen, **„wenn sie nach den Umständen des Einzelfalles nicht geboten"** ist. Die in Abs 2 ausdrücklich geregelten Ausnahmen sollen teils besonderen öffentlichen Interessen Rechnung tragen, teils auch Interessen Beteiligter oder Dritter und teils auch lediglich Gesichtspunkten der Verfahrensökonomie.[48] Die Ausnahmen **gelten nicht für das Anhörungsrecht anerkannter Naturschutzverbände** gem § 60 BNatSchG nF (str; zT **aA** Bender/Sparwasser/Engel, Umweltrecht Abschn 3 Rn 248 hins. § 28 Abs 2 Nr 1 und 2 und Abs 3). 44

b) Rechtsnatur. Will die Behörde gem Abs 2 von einer Anhörung absehen, so muss sie darüber, wenn auch im Rahmen des Verfahrens, unter Abwägung aller dafür bzw dagegen sprechenden Gesichtspunkte **besonders entscheiden** (VGH Kassel NVwZ-RR 1989, 113; NVwZ 1987, 510; VG Gießen NVwZ-RR 1993, 249). **Umstritten** ist, ob die Entscheidung über ein **Absehen von der Anhörung als VA** anzusehen ist.[49] Die Frage hat wegen § 44a VwGO keine große praktische Bedeutung. Will **die Behörde** nach Abs 2 von einer Anhörung absehen, so muss sie dies jedenfalls in der Endentscheidung gem § 39 unter Berufung auf Abs 2 ausdrücklich tun und **begründen.** Entsprechendes gilt, wenn die Behörde **die Voraussetzungen des Abs 3** für gegeben hält. 45

c) Voraussetzungen. Die Aufzählung der Ausnahmegründe in Abs 2 ist **nicht abschließend** („insbesondere"; ebenso StBS 47; UL § 24 Rn 10). Als weitere Gründe kommen außer den zwingenden Gründen des Abs 3 Gründe in Betracht, die den in Nr 1–5 genannten vergleichbar sind (Knack 15). Im Hinblick auf die Bedeutung des rechtlichen Gehörs für ein rechtsstaatlich geordnetes Verfahren (s oben Rn 1 und 2), vor allem auch für den Rechtsschutz der Betroffenen, ist jedoch sowohl bei der Anerkennung weiterer Ausnahmen als auch bei der konkreten Interessenabwägung nach Abs 2 im Einzelfall **ein strenger Maßstab** anzuwenden (vgl auch StBS 47; Weides JA 1984, 653; Maurer 19 Rn 20; Häberle, in: Boorberg-FS 1977, 68). Da Fälle, in denen die Unterlassung der Anhörung aus anderen als den in Nr 2–5 genannten Gründen im öffentlichen Interesse liegen kann, schon durch Abs 2 Nr 1 erfasst werden, kann es sich bei weiteren Gründen nur um solche handeln, die eine Anhörung **im Interesse des Betroffenen selbst oder Dritter** nicht angezeigt erscheinen lassen, zB, wenn die Anhörung überhaupt oder zu einzelnen Fragen wesentliche nachteilige Folgen für wichtige Rechtsgüter (Laubinger VerwArch 1982, 81), zB die psychische Gesundheit des Betroffenen, haben kann.[50] 46

Beschränkung der Ausnahmen auf das notwendige Maß. Trotz der allgemeinen Fassung der Abs 2 und 3 („Anhörung", „wenn") darf die Behörde nach dem auch im Verwaltungsverfahren zu beachtenden Grundsatz der Verhältnismäßigkeit (vgl § 40 Rn 29) auch dann, wenn ein Ausnahmetatbestand nach Abs 2 47

---

[48] WBS II § 60 Rn 81; Schenke VBlBW 1982, 321; Mandelartz DVBl 1983, 113.

[49] Bejahend OVG Münster NVwZ 1982, 326; OVG Bremen DÖV 1980, 180; Rothkegel DÖV 1982, 511; Hill NVwZ 1985, 455; verneinend VGH Mannheim DÖV 1981, 971; StBS 50; Knack 15.

[50] Vgl OVG Münster DVBl 1974, 382: Selbstmordgefahr wegen Wahnvorstellungen; VGH München BayVBl 1984, 758; MDR 1967, 494; K 14; Kopp 40; vgl auch BayObLG FamRZ 1987, 87 zu § 50b FGG: wenn eine Störung des inneren Gleichgewichtes des Kindes zu befürchten ist.

oder 3 an sich gegeben ist, von einer Anhörung **nur insoweit absehen,** als die in Abs 2 oder 3 genannten Gründe im konkreten Fall dies rechtfertigen bzw erfordern.

48 **aa) Keine Vorwegnahme des Ergebnisses.** Nicht zulässig ist es, von einer Anhörung abzusehen, **weil** es **ausgeschlossen** erscheint, **dass sie Sachdienliches** ergeben könnte (**aA** zu § 8 Abs 2 AsylVfG Hamburg NVwZ 1984, 463). Keinen Ausnahmegrund stellt auch der Umstand dar, dass das Gesetz hins. der zu treffenden Entscheidung für den Regelfall eine Entscheidung in einem bestimmten Sinn vorsieht (sog **„intendierte Entscheidung";** vgl §§ 40, 45) und die Behörde deshalb zu näheren Ermittlungen, Abwägungen usw nur in Fällen verpflichtet, die für die Behörde erkennbar durch besondere, idR nicht gegebene Umstände gekennzeichnet sind oder in denen von Beteiligten solche Umstände vorgetragen werden.

49 **bb) Einzelfallprüfung.** Im Einzelnen ist in jedem Fall als Rechtsfrage zu prüfen, ob die Voraussetzungen gemäß Nr 1–5 oder vergleichbare Umstände gegeben sind (ebenso Weides JA 1984, 653; **aA** Obermayer 57: ein Beurteilungsspielraum), und ob nicht gleichwohl besondere Umstände des konkreten Falles die Anhörung insgesamt oder jedenfalls zu einzelnen Fragen gebieten; letzteres gilt auch für die Fälle der Nr 1–5 (vgl UL § 24 Rn 10; Schmitz NJW 1981, 1879; Rothkegel DÖV 1982, 512; MB 20; Mandelartz DVBl 1983, 114). Beide Voraussetzungen sind **gerichtlich voll nachprüfbar,** dh die Behörde hat insoweit **keinen Beurteilungsspielraum** (Rothkegel DÖV 1982, 512 mwN; MB 18; Weides JA 1984, 653; StBS 47; Knack 14). Ist schon nach diesen Gesichtspunkten ein Absehen von der Anhörung nicht gerechtfertigt, so ist die Behörde zur Anhörung verpflichtet; die Ermessensfrage stellt sich dann gar nicht mehr.

50 **cc) Ermessen.** Ergibt die Prüfung, dass eine Anhörung weder generell in Fällen der vorliegenden Art noch unter den Umständen des konkreten Falles geboten ist, so muss die Behörde – sofern nicht eine Anhörung nach Abs 3 oder auf Grund anderer besonderer gesetzlicher Vorschriften oder allgemeiner Rechtsgrundsätze (zB auch Geheimhaltungspflichten, vgl unten Rn 59) ausgeschlossen ist – nach pflichtgemäßem Ermessen unter Abwägung aller Umstände, insb unter Berücksichtigung des Zwecks der Anhörung und schutzwürdiger öffentlicher oder privater Interessen, die der Anhörung entgegenstehen könnten, entscheiden, ob gleichwohl eine Anhörung stattfinden soll oder ob sie davon absehen darf.[51] Zur Rechtsnatur der Entscheidung Rn 45.

51 **2. Gefahr in Verzug (Nr 1, 1. Alt).** Die Regelung erlaubt der Behörde – vorbehaltlich besonderer Umstände des Falles – von einer Anhörung abzusehen, wenn wegen Gefahr im Verzug für eine Anhörung kein Raum ist (**Eilfälle**), insb die Anhörung die Durchführung notwendiger Maßnahmen in unvertretbarem Maße verzögern würde.[52] Die Regelung entspricht dem früheren Recht.[53] Dass die Voraussetzungen für eine VzA nach § 80 Abs 2 Nr 4 VwGO gegeben sind, bedeutet **nicht,** dass deshalb auch die Voraussetzungen nach **Nr 1** erfüllt sein müssten (VGH Kassel NVwZ 1987, 510; StBS 51; Knack 16).

52 **a) Begriff.** Der Begriff der **Gefahr im Verzug** in Abs 2 Nr 1 unterliegt in vollem Umfang der gerichtlichen Nachprüfung (BVerwGE 68, 271; StBS 34; MB 20). Erfasst werden vor allem Fälle, in denen durch die Anhörung als solche selbst bei Setzung sehr kurzer Äußerungsfristen oder durch die Notwendigkeit, die Betroffe-

---

[51] OVG Münster NVwZ 1982, 326; UL § 24 Rn 10; Schmitz NJW 1981, 1879; Weides JA 1984, 653; Mandelartz DVBl 1983, 114; StBS 47; Knack 4; **aA** Obermayer 57.

[52] BVerwGE 68, 271 = NVwZ 1984, 577; BVerwG NJW 1989, 993.

[53] BVerfG 9, 102; 18, 404; 46, 26; 51, 111; BayVerfGH BayVBl 1982, 49; Kopp 32; kritisch Ule/Laubinger Verwaltungsreform 65.

nen erst festzustellen, die anzuhören sind (vgl OVG Münster DVBl 1973, 925), ein Zeitverlust eintreten würde, der mit hoher Wahrscheinlichkeit zur Folge hätte, dass die in der Sache **gebotenen Maßnahmen zu spät kommen** (BVerwGE 68, 271 = NVwZ 1984, 577; Knack 17) oder doch ihren Zweck nur noch in geringerem Ausmaß als erforderlich erreichen könnten (vgl BVerwGE 45, 57).

Bei der Beurteilung ist von einer **ex-ante-Sicht** auszugehen (BVerwGE 68, 271; Knack 17), dh maßgeblich ist, wie sich die Situation im Zeitpunkt der Entscheidung für die für die Entscheidung zuständigen Amtsträger darstellt, nicht wie sie sich im Nachhinein (vielleicht anders) erweist. Der objektiven Notwendigkeit steht demgemäß nach allgemeinen Rechtsgrundsätzen zur sog **Anscheinsgefahr**[54] der Fall gleich, dass die Behörde auf Grund der gegebenen Umstände ein sofortiges Handeln für geboten halten durfte (BVerwGE 68, 271 „notwendig erscheint"; BVerwGE 80, 303 = NJW 1989, 993; Knack 17; StBS 52). 53

b) Grund für Gefahr im Verzug. Umstritten ist die Frage, ob die Vorschrift der Behörde auch dann die Möglichkeit gibt, auf die Anhörung zu verzichten, wenn sie durch eigene Säumigkeit die Gefahrensituation heraufbeschworen hat. Richtigerweise wird dies bei der zu treffenden Ermessensentscheidung zu berücksichtigen sein: Nur wenn die Gefahrensituation äußerst schwer wiegt, kann es trotz eigener Versäumnisse der Behörde gerechtfertigt sein, auf die Anhörung zu verzichten.[55] 54

c) Beschränkung auf sofort erforderliche Regelungen. Auch soweit in einer Angelegenheit sofortiges Handeln notwendig ist, gilt dies nicht ohne weiteres auch für abschließende Entscheidungen, sondern nur für sofort erforderliche **vorläufige Regelungen,** Sicherungsmaßnahmen uä (vgl § 9 Rn 18), die vorbehaltlich einer späteren endgültigen Entscheidung getroffen werden können. In derartigen Fällen gebietet es der **Grundsatz der Verhältnismäßigkeit** idR, die ohne Anhörung der Betroffenen ergehenden Entscheidungen auf die Fragen zu beschränken, deren Regelung keinen Aufschub zulässt, abschließende Entscheidungen dagegen einem „Nachverfahren" mit Anhörung der Betroffenen vorzubehalten.[56] Auch **Maßnahmen, die ihren Zweck nur dann voll erreichen** können, wenn sie sofort getroffen werden, darf die Behörde nur dann **ohne Anhörung** der Betroffenen treffen, wenn die Bedeutung der Angelegenheit, dh das damit verbundene öffentliche Interesse bzw von der Behörde wahrzunehmende Interesse Dritter oder des Beteiligten selbst dieses Vorgehen rechtfertigt. 55

3. Sonstiges öffentliches Interesse. a) Allgemeines. Die 2. Alt der Nr 1 erweitert die im ersten Teil der Vorschrift für Fälle drohender Gefahr getroffene Regelung auf Fälle, in denen eine sofortige Entscheidung aus sonstigen Gründen des öffentlichen Interesses notwendig ist Auch diese Regelung entspricht im Wesentlichen dem bereits vor Inkrafttreten des VwVfG geltenden Recht.[57] Sie stellt einen **Auffangtatbestand** für alle VAe dar, die nicht unter die ausdrücklich geregelten Tatbestände der Nr 1–5 fallen, bei denen jedoch ebenfalls aus ähnlichen Gründen des öffentlichen Interesses eine sofortige Entscheidung notwendig erscheint (BT-Dr 7/910 S. 51; Häberle, in: Boorberg-FS 1977, 70; Weides JA 1984, 654; Knack 18). 56

b) Notwendigkeit sofortiger Entscheidung. Dies bedeutet im Hinblick auf den Zweck der Regelung nicht nur zeitliche Unaufschiebbarkeit, sondern allgemein die Erforderlichkeit einer **Entscheidung ohne vorherige Anhörung** der 57

---

[54] BVerwGE 45, 58; Hoffmann-Riem, in: Wacke-FS 1972, 327.

[55] Weitergehend Knack 17 u Voraufl, **aA** Obermayer 40: Der Grund für die Gefahrensituation ist unerheblich; so auch WBS II § 60 Rn 78.

[56] BVerwGE 68, 271; Knack 17; Kopp F.J. 106f; vgl auch BVerfG 9, 105; 18, 404; 19, 51; 49, 342; NJW 1986, 372; Kopp AöR 1981, 630.

[57] Vgl VGH München DÖV 1978, 336; Obermayer VerwR 2. Aufl 155; WB III 3. Aufl § 156 IV d; zu den ebenfalls von Nr 1 erfassten Fällen drohender Zweckvereitelung auch VGH Mannheim NVwZ-RR 1993, 25; Ule/Laubinger Verwaltungsreform 65; Kopp 27.

Betroffenen, zB zur Ausnutzung eines Überraschungseffekts. Voraussetzung ist, dass das mit der Entscheidung verfolgte oder doch damit verbundene öffentliche Interesse (Zweck) ganz oder zu einem nicht unwesentlichen Teil vereitelt zu werden droht,[58] **beispielsweise,** weil bei einer beabsichtigten Festnahme der Betroffene dadurch gewarnt würde und sich der Festnahme möglicherweise entziehen könnte; bei der Beschlagnahme von Beweismaterial, wenn zu befürchten ist, dass es vorher beiseite geschafft wird, uä (vgl Ule, Verwaltungsreform 65; Kopp 27); bei der Auflösung eines nach Art 9 Abs 2 GG verbotenen Vereins, weil nach den der Behörde bekanntgewordenen Umständen im Falle einer Anhörung ein Beiseiteschaffen von Vermögensgegenständen und Unterlagen und folglich eine Vereitelung des Vollzugs der Beschlagnahme und Einziehung des Vereinsvermögens zu befürchten wäre (BVerwGE 80, 299, 303 = NJW 1989, 993; BVerwG NVwZ 1995, 587; VGH Mannheim NVwZ-RR 1993, 25). **Notwendig** kann eine sofortige Entscheidung im öffentlichen Interesse auch im Hinblick auf die Art der zu treffenden Regelung sein, die eine vorherige Anhörung ausschließt, **zB die Verkehrsregelung** durch Verkehrspolizisten oder Verkehrsampeln.

58 **c) Öffentliches Interesse.** Aus der **Parallele zur Gefahr im Verzug** folgt, dass es sich grundsätzlich um ein damit **wertungsmäßig vergleichbares öffentliches Interesse** handeln muss (Weides JA 1984, 654). Häufig rechtfertigt das gleiche öffentliche Interesse, das auch die Anordnung der sofortigen Vollziehung des in Frage stehenden VA gem § 80 Abs 1 Nr 4 VwGO begründet, auch ein Absehen von der Anhörung; dies ist jedoch wegen der unterschiedlichen Zielsetzung der Regelungen nicht zwingend.[59] Gerade in Fällen, in denen die Behörde die sofortige Vollziehung anordnen will, ist oft die Anhörung besonders wichtig (Koblenz DÖV 1979, 606; Weides JA 1984, 655). Auch der Umstand, dass zunächst **nur eine vorläufige Regelung** erfolgen soll, rechtfertigt nicht schon deshalb ein Absehen von der Anhörung,[60] sondern nur, wenn auch die Voraussetzungen nach Nr 1 gegeben sind.

59 **Auch sonstige Fälle,** in denen das öffentliche Interesse eine sofortige Entscheidung notwendig macht, werden von dem sehr weiten Anwendungsbereich der Vorschrift erfasst, etwa weil sofortiges Handeln zur **Beseitigung eines öffentlichen Missstandes,** der nicht zugleich eine Gefahr iS der ersten Alternative der Nr 1 darstellt, oder zur **Wahrnehmung besonderer Vorteile** einer günstigen Situation für eine im öffentlichen Interesse gebotene Regelung erforderlich ist, die Betroffenen oder einzelne davon jedoch nicht rechtzeitig gehört werden können (ebenso Knack 18). Soweit in derartigen Fällen der bestehenden Notwendigkeit jedoch auch durch vorläufige Maßnahmen genügt werden kann, gelten die Ausführungen oben zu Rn 54 auch hier. Auch zB **Geheimhaltungsinteressen** im staatlichen Bereich können Ausnahmen rechtfertigen, zB weil ein öffentliches Interesse daran besteht, dass nicht allgemein bekannt wird, dass bestimmte Maßnahmen geplant werden (zB im Bereich der Verteidigung), oder weil sonst die Betroffenen über bestimmte geheimzuhaltende Vorgänge, über die sie sonst im Rahmen der mit dem rechtlichen Gehör verbundenen Informationspflichten der Behörde unterrichtet werden müssten (StBS 53; ebenso Knack 18).

60 **Als öffentliche Interessen** iS der Regelung sind uU auch **wichtige fiskalische** Interessen anzusehen, wenn sie von solcher Bedeutung sind, dass das öffentli-

---

[58] BVerwGE 80, 299, 303 = NJW 1989, 993; VGH Mannheim NVwZ-RR 1993, 25; Knack 18; vgl auch BVerfG 57, 359; Geiger JA 1982, 316.

[59] OVG Münster NJW 1978, 1765 = DVBl 1978, 508; OVG Koblenz DÖV 1979, 606; VGH Kassel NVwZ 1987, 510; NVwZ-RR 1989, 113 = DVBl 1989, 64; Weides JA 1984, 655 mwN.

[60] VG Köln NJW 1989, 417 zur vorläufigen Anordnung der Aufnahme einer Schrift in die Liste jugendgefährdender Schriften gem § 15 GjS; **aA** BVerfG NJW 1971, 1559; vgl auch OVG Koblenz DVBl 1988, 1229.

che Wohl berührt ist (ebenso Knack 4.1; **aA** StBS 54), in Ausnahmefällen auch gewichtige Gesichtspunkte der Verwaltungsökonomie.

d) Verhältnismäßigkeit. Auch für die Anwendung der Nr 1, 2. Alt gilt als notwendiges Korrektiv der Grundsatz der Verhältnismäßigkeit. Ein Absehen von der Anhörung der Betroffenen ist in allen Fällen nur dann zulässig und nicht ermessensfehlerhaft, wenn dies zur Wahrung übergeordneter und dringlicher öffentlicher Interessen notwendig ist. Bloße administrative Zweckmäßigkeit und Kosten- und Zeitersparnis, etwa in Verfahren mit einer sehr großen Zahl von Beteiligten, oder Arbeitsüberlastung der Behörde (vgl dazu auch die Sonderregelung der Nr 4) können eine Ausnahme nicht rechtfertigen. 61

4. Notwendigkeit zur Wahrung von Fristen (Nr 2). Nr 2 ermöglicht eine Ausnahme von der Ahörungspflicht besonderen Fälle einer **Eilbedürftigkeit wegen drohender Fristversäumung.** Die Regelung greift nicht ein, wenn die Behörde durch eigenes vorwerfbares Verhalten, zB schuldhafte Verzögerung der Bearbeitung, die Gefahr einer Fristversäumung selbst herbeigeführt hat (StBS 54; zT **aA** Obermayer 48: nur im Rahmen des Ermessens zu berücksichtigen. 62

a) Begriff der Frist. Gedacht ist vor allem an gesetzliche Handlungsfristen für das Handeln der Behörde, wie zB nach § 15 Abs 1 und § 56a GewO, § 19 Abs 3 BauGB uä, deren Ablauf kraft Gesetzes zur Folge hat, dass eine Handlung als genehmigt gilt[61] uä, wenn die Behörde nicht innerhalb der Frist entscheidet, sowie an Verjährungs- und Ausschlussfristen. Umstritten ist die Geltung von Abs 2 Nr 2 für sonstige Fristen, die von der entscheidenden Behörde zu berücksichtigen ist. Die Frage ist richtigerweise zu bejahen, weil die Vorschrift insoweit Einschränkungen nicht enthält.[62] **Keine Fristen** iS von Nr 2 sind die **zeitlichen Erfordernisse gem § 75 VwGO,** da ihre Nichteinhaltung nur prozessuale Folgen hat, eine spätere Entscheidung der Behörde aber nicht hindert, ihre Einhaltung also nicht zwingend geboten ist. Nicht erfasst werden auch Fälle, in denen nach den maßgeblichen Vorschriften Fristen schon durch Einleitung des Verfahrens oder auf andere Weise, etwa durch eine vorläufige Entscheidung, gewahrt werden können. 62a

b) Einschränkungen des Ermessens. Die Regelung der Nr 2 ist unter **rechtsstaatlichen Gesichtspunkten eng auszulegen,** da im Regelfall im Rechtsstaat davon auszugehen ist, dass gesetzliche oder sonstige Fristen (unter Berücksichtigung etwaiger Verlängerungs- oder Wiedereinsetzungsmöglichkeiten) angemessen sind und insb auch für die Durchführung eines geordneten Verfahrens unter Anhörung der Betroffenen ausreichen; ungenügende Regelungen über behördliche Handlungsfristen dürfen nicht zu Lasten der Rechte des Bürgers gehen (ebenso Weides JA 1984, 655). Die Problematik ist mit der Möglichkeit einer Nachholung der Anhörung (§ 45 Abs 1 Nr 3) weitgehend entschärft. 63

5. Keine Abweichung von Angaben des Beteiligten (Nr 3). a) Vorweggenommene Anhörung. Nr 3 betrifft die Fälle einer Entscheidung auf Grund eigener Angaben eines Beteiligten. Die Regelung betrifft zwar in erster Linie Antragsverfahren, ist aber, wie der Begriff „Erklärung" zeigt, nicht auf sie beschränkt. Die Anhörung wird hier durch die eigenen Angaben der Betroffenen gewissermaßen vorweggenommen (Weides JuS 1992, 56). Die Regelung dient vor allem der Verfahrensökonomie und beruht ua auf dem Gedanken, dass eine Anhörung zusätzlich zu den bereits vorliegenden eigenen Angaben des Betroffenen gewissermaßen entbehrlich ist. 64

---

[61] Vgl die Genehmigungsfiktion nach den LBauOen bei nicht fristgemäßer Entscheidung über Anträge auf Genehmigung von Werbeanlagen (zB § 60 Abs 3 HBauO).

[62] Begr 51; Knack 19; StBS 54: nicht erforderlich, dass die Frist gesetzlich bestimmt ist: **aA** Obermayer 47.

65 **b) Eingeschränktes Ermessen.** Nach dem gesetzgeberischen Grund der Regelung und im Hinblick auch auf §§ 24, 25 ist Nr 3 **einschränkend auszulegen** bzw anzuwenden: eigene Angaben können eine Entscheidung ohne weitere Anhörung nur dann rechtfertigen, wenn nach Lage des konkreten Falles die Angaben des Beteiligten Entscheidungsgrundlage sind (ebenso Wimmer DVBl 1985, 766) und die Möglichkeit auszuschließen ist, dass die Anhörung **neue Gesichtspunkte** ergeben könnte, die eine für den Antragsteller günstigere Entscheidung rechtfertigen könnten (ebenso StBS 55; Obermayer 50; Weides JA 1984, 655), etwa weil nach der maßgebenden Vorschrift eine Genehmigung auch auf Grund einer alternativen Voraussetzung zulässig ist, zu der der Antragsteller im Vertrauen darauf, dass schon die vorgetragenen Gründe ausreichen, nichts vorgetragen hat (vgl OVG Münster DÖV 1983, 986), oder weil der Antragsteller möglicherweise bestimmte Fragen im Antragsformular mißverstanden hat.

66 **6. Allgemeinverfügungen, gleichartige VAe (Nr 4).** Nr 4 erlaubt es der Behörde beim Erlass von Allgemeinverfügungen iS von § 35 S 2 und von gleichartigen VAen in größerer Zahl oder mit Hilfe automatischer Einrichtungen von einer vorherigen Anhörung abzusehen. Die Vorschrift soll insb den besonderen Schwierigkeiten und Problemen begegnen, die in **Verfahren mit einer Vielzahl von Beteiligten** oder bei Verwendung von Datenverarbeitungsanlagen usw hins der Gewährung rechtlichen Gehörs auftreten können (vgl VGH Mannheim NVwZ 1989, 981). Die Vereinbarkeit mit dem Rechtsstaatsprinzip wird mit der Erwägung in Frage gestellt, dass die Schutzbedürftigkeit des Bürgers nicht deshalb geringer sei, weil andere Bürger sich in einer ähnlichen Lage befänden (vgl Häberle, in: Boorberg-FS 1977, 7). Die Rspr hält die Vorschrift für verfassungsrechtlich unbedenklich, weil bei VAen der betroffenen Art eine Berücksichtigung individueller Verhältnisse ohnehin kaum möglich sei (VGH München BayVBl 1988, 497; auch Weides JA 1984, 655). Im Hinblick darauf, dass der Verzicht auf eine Anhörung im pflichtgemäßen Ermessen der Behörde steht, können gegen die Regelung keine durchgreifenden verfassungsrechtlichen Regelungen erhoben werden (ähnlich wohl StBS 57).

66 a **a) Allgemeinverfügung.** Der Begriff der Allgemeinverfügung ist in § 35 S 2 definiert. Die Regelung in Abs 2 Nr 4 knüpft an diese Begriffsbestimmung an. Danach kommen personenbezogene und sachbezogene Allgemeinverfügungen in Betracht (s hierzu näher § 35 Rn 102ff). Bedeutung hat die Regelung vor allem für die Aufstellung von Verkehrszeichen, die als Regelungen zur Benutzung des öffentlichen Weges durch die Allgemeinheit angesehen werden.

67 **b) Gleichartige VAe. Gleichartige VAe** iS der Nr 4 sind nach dem Zweck der Regelung solche, die auf Grund eines **generellen, typischen Sachverhalts,** der erfahrungsgemäß keine näheren individuellen Feststellungen erfordert, an eine Vielzahl von Betroffener ergehen und sich nach ihrem Inhalt, dh hins. der getroffenen Regelung, und nach dem Sachverhalt, den sie betreffen, nicht oder allenfalls nur unwesentlich voneinander unterscheiden (Müller-Ibold 180 mwN; Knack 31), zB formularmäßige Aufforderungen zu Impfungen, Schuleinschreibungen (Obermayer 53), zur Abgabe von Steuererklärungen, Ladungen zur Musterung usw. Dass Entscheidungen nach bestimmten einheitlichen Tarifen, Richtlinien usw zu treffen sind, genügt nicht. Die Regelung ist zumindest entsprechend auch auf Fälle anwendbar, in denen **ein einziger VA** (wenn er nicht ohnehin Allgemeinverfügung ist), der einen entsprechenden Inhalt hat, **eine größere Anzahl von Personen** betrifft (Begr 52; StBS 57; **aA** Obermayer 82; MB 25).

68 **aa) In größerer Zahl.** Wie groß die Zahl sein muss, lässt sich nicht generell sagen. Sie muss in jedem Fall aber so groß sein, dass sich für die Behörde bei einer Einzelanhörung erhebliche praktische Schwierigkeiten ergeben würden (Knack 21). Insb muss der Erlass der in Frage stehenden VAe auch aus sachlich bedingten Gründen **in einem engen zeitlichen Rahmen** erfolgen müssen und eine

Verteilung auf einen längeren Zeitraum, der ohne weiteres auch Einzelanhörungen erlauben würde, ausschließen (Knack 21). Werden die Betroffenen in einem Massenverfahren durch einen oder wenige gemeinsame Bevollmächtigte (§ 16) oder Vertreter (§§ 17ff) vertreten und kann die Behörde sich deshalb auf deren Anhörung beschränken, so ist auch für ein Absehen von der Anhörung kein Raum (**aA** Knack 21).

bb) Mit Hilfe automatischer Einrichtungen. Mit Hilfe automatischer Einrichtungen erstellt sind VAe, wenn sie auf Grund eines automatisch ablaufenden Programms für eine Vielzahl von Personen erstellt werden (s hierzu § 37 Rn 38ff). Nicht ausreichend ist, dass der VA auf einem PC geschrieben oder sonst maschinengestützt hergestellt wird (s auch StBS 62). **68 a**

c) Eingeschränktes Ermessen. In allen Fällen ist weitere Voraussetzung für die Anwendbarkeit von Nr 4, dass die in Frage stehenden VAe **Sachverhalte** betreffen, **die erfahrungsgemäß nicht kontrovers sind** und bei denen dem rechtlichen Gehör auch keine besondere Bedeutung zukäme. Wenn wesentliche Rechte der Beteiligten auf dem Spiel stehen können (ebenso Obermayer 56; vgl auch OVG Koblenz DÖV 1985, 368: bei schweren Eingriffen grundsätzlich Anhörung) und damit gerechnet werden muss, dass die Anhörung der Betroffenen zu einer anderen Beurteilung der Dinge führt, wäre es idR ermessensfehlerhaft, wenn die Behörde ohne Anhörung entscheiden würde (ebenso Obermayer 56; Weides JA 1984, 655). **Soweit der VA einzelne Bürger in besonderer Weise betrifft,** wie dies zB bei der Widmung einer Straße für den Eigentümer des Straßengrundes, den (künftigen) Baulastträger und die Anlieger der Fall ist, ist Nr 4 nicht anwendbar; für die Anhörung gilt insoweit Abs 1. **69**

7. Vollstreckungsmaßnahmen (Nr 5). Nr 5 sieht eine Ausnahme für Vollstreckungsmaßnahmen vor. Die Regelung soll vor allem der Effektivität der Vollstreckung dienen (Begr 52). Sie beruht außerdem auf der – nur zT zutreffenden – Vorstellung, dass im Vollstreckungsverfahren wesentliche Fragen nicht mehr zu erörtern sind, weil sie bereits Gegenstand des Hauptsacheverfahrens waren, und neue Gesichtspunkte insoweit im Vollstreckungsverfahren nicht mehr geltend gemacht werden können. Die Regelung gilt nur, soweit nicht vollstreckungsrechtliche Bestimmungen des Bundes bzw der Länder spezielle Regelungen enthalten (vgl zB § 34 Abs 1 S 2 AsylVfG für die Abschiebung). Regeln sie das Vollstreckungsverfahren für einzelne Bereiche (zB § 5 VwVfG iVm AO) abschließend, so ist das VwVfG auch nicht ergänzend anwendbar (Obermayer 58; StBS 63). **70**

a) Maßnahmen der Verwaltungsvollstreckung. Solche Maßnahmen sind nicht nur Vollstreckungsakte nach den Verwaltungsvollstreckungsgesetzen des Bundes und der Länder. Der Begriff der Verwaltungsvollstreckungsmaßnahme ist vielmehr in einem weiten Sinn zu verstehen. Er entspricht im Wesentlichen dem in § 80 Abs 2 S 2 VwGO und erfasst auch bereichsspezifische Vollstreckungsmaßnahmen wie etwa die Abschiebung nach § 49 AuslG.[63] Die Löschung der Eintragung in die Handwerksrolle, die Schließung von Betriebs- oder Geschäftsräumen[64] und die Rückforderung von Urkunden nach § 52 sind keine Vollstreckungsmaßnahmen.[65] **71**

Maßnahmen der unmittelbaren Ausführung, denen kein damit zu vollstreckender VA vorangegangen ist, die vielmehr mit diesem zusammenfallen, fallen nach zutreffender hM ebenfalls unter Nr 5.[66] Dies gilt etwa für Maßnahmen un- **72**

---

[63] Kopp/Schenke § 80 Rn 70.

[64] Näher Schoch in Schoch/Pietzner/Schmidt-Aßmann § 80 Rn 136.

[65] S § 52 Rn 1; Obermayer 60; Weides JA 1984, 656.

[66] Vgl BVerwG DVBl 1983, 999; VGH Mannheim DÖV 1981, 973; VG Berlin NJW 1981, 541; Knack 22; Weides JA 1984, 656; **aA** wohl StBS 63.

mittelbaren Polizeizwangs, die allerdings idR schon unter die Ausnahmeregelung der Nr 1 fallen. In derartigen Fällen ist eine Entscheidung ohne vorherige Anhörung der Betroffenen jedoch **idR ermessensfehlerhaft,** wenn sie nicht aus anderen Gründen geboten ist (**aA** offenbar die vorstehend erwähnte hM).

73 **b) Schutz der Effektivität der Verwaltungsvollstreckung.** Die Regelung betrifft vor allem Fälle, in denen mit einer Anhörung die **Gefahr einer Vollstreckungsvereitelung** durch den dadurch gewarnten Betroffenen verbunden ist (so wohl Begr 52; ebenso zum früheren Recht Ule/Laubinger Verwaltungsreform 65; Kopp 27; vgl auch oben Rn 58). Außerdem ist Nr 5 aber auch, da die Vorschrift ihrem Wortlaut und Zweck nach nicht auf Fälle der vorgenannten Art beschränkt ist, auf sonstige Fälle anwendbar, in denen eine Anhörung angesichts der besonderen Umstände, insb auch angesichts einer schon im Verfahren zum Erlass des VA, um dessen Vollstreckung es nunmehr geht, erfolgten Anhörung der Betroffenen, nicht mehr zielführend erscheint und nur die Vollstreckung unnötig belasten und verzögern würde, ohne dass andererseits schutzwürdige Interessen der Betroffenen sie erfordern könnten (BVerwG DVBl 1983, 998f ua unter Hinweis darauf, dass die Gefahr einer Vollstreckungsvereitelung nicht zu den gesetzlichen Tatbestandsvoraussetzungen gehört).

74 Ähnlich wie bei Nr 4 ist auch für ein Absehen von der Anhörung gem Nr 5 in allen Fällen, in denen dafür keine anderen Gründe als solche der Verfahrensökonomie sprechen, Voraussetzung, dass im Hinblick auf die Art der zu treffenden Maßnahme von einer Anhörung der Beteiligten **auch angesichts der konkreten Umstände des Einzelfalles** keine entscheidungserheblichen neuen Gesichtspunkte erwartet werden können (ebenso Weides JA 1984, 656). Bieten sich in Fällen, in denen keine besonderen Gründe (wie zB drohende Vollstreckungsvereitelung) ein Absehen von der Anhörung rechtfertigen, für eine Vollstreckung mehrere Möglichkeiten, die die Betroffenen unterschiedlich belasten, oder ist nach Lage der Dinge mit Einwendungen gegen die Zulässigkeit oder die Art und Weise der beabsichtigten Vollstreckung zu rechnen, so handelt die Behörde idR ermessensfehlerhaft, wenn sie gleichwohl von einer Anhörung der Betroffenen absieht.

IV. Ausschluss der Anhörung bei entgegenstehendem zwingenden öffentlichen Interesse (Abs 3)

75 **1. Allgemeines.** Im Gegensatz zu den Fällen des Abs 2, bei denen die Entscheidung über die Anhörung der betroffenen Beteiligten letztlich dem Ermessen der Behörde überlassen bleibt, schreibt Abs 3 zwingend vor, dass eine Anhörung zu unterbleiben hat, wenn **zwingendes öffentliches Interesse** entgegensteht. Diese Voraussetzung ist **gerichtlich voll überprüfbar** (Häberle, in: Boorberg-FS 1977, 68; Weides JA 1984, 656). Es erscheint zweifelhaft, ob eine derartige zwingende Regelung rechtspolitisch geboten ist (vgl zur Kritik UL § 24 Rn 16), zumal § 66 für das förmliche Verwaltungsverfahren eine derartige Einschränkung nicht kennt. Diese Frage bedarf aber angesichts der geringen Relevanz der Vorschrift keiner Vertiefung.

76 **2. Begriff des zwingenden öffentlichen Interesses. Zwingend** ist ein öffentliches Interesse, wie der Vergleich mit den Fällen des Abs 2 zeigt, nicht schon dann, wenn eine Anhörung die Durchsetzung öffentlicher Interessen im konkreten Fall zu vereiteln droht; derartige Fälle werden idR von Abs 2 Nr 1, 2 oder 5 erfasst. Vielmehr sind darunter **nur besonders gewichtige öffentliche Interessen** zu verstehen, die gegenüber dem Zweck der Anhörung (s oben Rn 1 und 2) und gegenüber dem Interesse des Betroffenen daran eindeutig und unzweifelhaft Vorrang haben und gerade durch die Anhörung verletzt würden,[67] **zB** bei **Lebens-**

[67] Ganz allgemeine Meinung, vgl StBS 65; Knack 23; Obermayer 63.

gefahr für Menschen (Knack 23), wenn die erforderlichen Hilfsmaßnahmen sonst voraussichtlich zu spät kämen (Weides JA 1984, 656), bei einer **Gefährdung der Sicherheit der Bundesrepublik** (vgl Begr 52) uä, bei erheblichen Nachteilen für das **Wohl des Bundes** oder eines **Bundeslandes,** wenn durch die Anhörung unvermeidbar gerade Tatsachen bekannt würden, deren Bekanntwerden eben diese Gefahren oder Nachteile auslösen oder bewirken würde.

Auch in den unter Abs 3 fallenden Fällen ist **immer zu prüfen,** ob das zwingende Interesse der Anhörung schlechthin oder nur der Anhörung zu bestimmten Fragen entgegensteht; **sind nur bestimmte Fragen betroffen** – was die Regel sein dürfte –, so gilt bezüglich der übrigen Fragen die allgemeine Regelung gem Abs 1 und 2. Im Übrigen ist jedoch eine Anhörung – anders als in den Fällen des Abs 2 – schlechthin ausgeschlossen; es steht dann auch nicht wie in den Fällen des Abs 2 **im Ermessen** der Behörde, die Betroffenen gleichwohl vor Erlass des VA anzuhören (Knack 23). **77**

V. Rechtsfolgen der Verletzung der Anhörungspflicht

1. Grundsatz: Rechtswidrigkeit. Die Unterlassung der Anhörung hat, wenn keine Ausnahmen von der Anhörungspflicht Platz greifen, die Rechtswidrigkeit des VA zur Folge (Obermayer 66; Weides JA 1984, 656 mwN; Schilling VerwArch 1987, 51; Knack 24; wohl auch Berlin GewArch 1982, 372), grundsätzlich nicht dagegen die Nichtigkeit;[68] sie kann von den Beteiligten jedoch gem § 44 a VwGO nur **im Rahmen eines Rechtsbehelfs in der Hauptsache** gerügt werden; ebenso auch die Ablehnung einer beantragten Anhörung (BT-Dr 7/910 S. 52; Obermayer 99; StBS 52; Weides JA 1984, 656). Die Verletzung der Anhörungspflicht ist im Prozess grundsätzlich auch dann zu berücksichtigen, wenn der Betroffene sich nicht darauf beruft (vgl BSG – GrS – NJW 1992, 2444; Knack 24). Allerdings handelt es sich bei einem Verstoß gegen die Anhörungspflicht nicht um einen absoluten, sondern nur um einen **relativen Verfahrensfehler,** der nur dann zur Aufhebung des VA führen kann, wenn er sich auf das Ergebnis ausgewirkt haben kann. Anderenfalls ist der Fehler gem. § 46 unbeachtlich (Voraussetzung der Ergebnisrelevanz, siehe hierzu § 46 Rn 25 ff). Außerdem stellt eine schuldhafte Verletzung der Anhörungspflicht grundsätzlich eine **Amtspflichtverletzung** gem § 839 BGB, Art 34 GG dar. **78**

Der **Antrag eines** bisher am Verfahren nicht beteiligten **Dritten** auf **Anhörung** als Beteiligter ist im Zweifel zugleich als **Antrag auf Zuziehung als Beteiligter** zum Verfahren gem § 13 Abs 2 zu verstehen; die Ablehnung ist als VA mit den normalen Rechtsbehelfen anfechtbar bzw die Zuziehung ggf mit einem Verpflichtungswiderspruch und erforderlichenfalls der Verpflichtungsklage erzwingbar (s Kopp/Schenke § 44 a Rn 4). Entsprechendes gilt für die Ablehnung einer Anhörung bzw Mitwirkung von mitwirkungsberechtigten Einrichtungen oder Vereinigungen, zB von anerkannten **Naturschutzverbänden** gem § 29 Abs 1 S 1 BNatSchG in Verfahren (s dazu § 13 Rn 15) sowie analog dazu für **sonstige Anhörungsberechtigte** kraft eigenen Rechts. **79**

2. Heilung durch Nachholung. Eine fehlende Anhörung konnte in der Vergangenheit nur bis zur Klagerhebung nachgeholt werden (§ 45 Abs 2 aF). Durch das GenBeschlG wurde § 45 Abs 2 dahin geändert, dass nunmehr auch eine erforderliche Anhörung bis zum Abschluss des verwaltungsgerichtlichen Verfahrens nachgeholt werden kann. Die Neuregelung ist ein rechtspolitischer Fehler, da sie die rechtsstaatlichen Verfahrensgarantien im Verwaltungsverfahren weiter marginalisiert (vgl hierzu § 45 Rn 33 ff). Gleichwohl dürfte der Vorwurf der Verfassungswidrigkeit **80**

[68] Nehls NVwZ 1982, 495; Weides JA 1984, 656 mwN; UL § 57 Rn 13; Schilling VerwArch 1987, 50 mwN; Obermayer § 44 Rn 42; Knack 24.

unberechtigt sein.[69] Es ist deshalb zu fragen, welche Anforderungen an die Nachholung der Anhörung iSd § 45 Abs 2 nach Abschluss des Verwaltungsverfahrens und des Vorverfahrens gestellt werden müssen (s hierzu auch näher § 45 Rn 26).

81 **a) Ausdrücklichkeit.** Die Nachholung der Anhörung muss ausdrücklich als Anhörung bezeichnet und durchgeführt werden. Äußerungen bzw Stellungnahmen des Betroffenen gegenüber einem Gericht reichen hierzu nicht aus. Gleiches gilt für schriftsätzliches Vorbringen des Anzuhörenden im Verwaltungsprozess. Der Betroffene muss vielmehr durch die Verwaltungsbehörde ausdrücklich aufgefordert werden, ihr gegenüber nachträglich zu den wesentlichen Fragen Stellung zu nehmen. Eine Fristsetzung ist auch hier zulässig. Verstreicht die Frist ungenutzt, so ist, wenn sie angemessen war, Heilung eingetreten, weil der Betroffene nachträglich Gelegenheit zur Stellungnahme hatte.

82 **b) Berücksichtigungsgebot.** Die im Zuge der nachgeholten Anhörung vorgebrachten Tatsachen bzw Rechtsstandpunkte müssen von der zuständigen Behörde zur Kenntnis genommen und auf ihre sachliche Bedeutung für die getroffene Entscheidung geprüft werden. Eine Wiederholung des gesamten Verwaltungsverfahrens ist nicht erforderlich (BVerwGE 75, 214, 217). Es muss aber eine Prüfung der Frage stattfinden, ob auf Grund des Vorbringens in der Anhörung Anlass besteht, den bereits erlassenen VA aufzuheben oder abzuändern.

82 a **aa) Dokumentationsgebot.** Der Nachweis, dass eine derartige Prüfung stattgefunden hat, muss vond er Behörde erbracht werden. Er lässt sich idR nur führen, wenn die maßgeblichen Überlegungen der Behörde dokumentiert werden. Regelmäßig wird eine Ergänzung der dem VA gegebenen Begründung (§ 39) angezeigt sein. Findet die Nachholung noch im Widerspruchsverfahren statt, so wird die Begründung des Widerspruchsbescheides auf das Ergebnis der Anhärung eingehen müssen.

83 **bb) Gebot der Unvoreingenommenheit.** Soweit die Prüfung der Frage, ob das Ergebnis der nachträglichen Anhörung zu einer Abänderung oder Aufhebung des erlassenen VA Anlass gibt, erst während des gerichtlichen Verfahrens stattfindet, besteht die Gefahr, dass prozesstaktische Überlegungen eine Rolle spielen. Eine Heilung setzt aner eine unvoreingenommene Prüfung der im Rahmen der Anhörung vorgebrachten Tatsachen und Erwägungen voraus. Insbesondere darf die Behörde nicht allein deshalb an der einmal getroffenen Entscheidung festhalten, weil sie eine prozessual günstige Situation nicht gefährden will. Diese Unvoreingenommenheit lässt sich allerdings nur sichern oder nachweisen. Auch das Gegenteil wird sich nur in Ausnahmefällen nachweisen lassen. Hier wird der Begründung eine wesentliche Bedeutung zukommen.

§ 29 Akteneinsicht durch Beteiligte

(1) **Die Behörde hat den Beteiligten[19] Einsicht in die das Verfahren betreffenden Akten[14] zu gestatten, soweit deren Kenntnis zur Geltendmachung oder Verteidigung ihrer rechtlichen Interessen[15] erforderlich ist. Satz 1 gilt bis zum Abschluss des Verwaltungsverfahrens nicht für Entwürfe zu Entscheidungen sowie die Arbeiten zu ihrer unmittelbaren Vorbereitung. Soweit nach den §§ 17 und 18 eine Vertretung stattfindet, haben nur die Vertreter Anspruch auf Akteneinsicht.[23]**

(2) **Die Behörde ist zur Gestattung der Akteneinsicht nicht verpflichtet, soweit durch sie die ordnungsgemäße Erfüllung der Aufgaben der Be-**

[69] StBS 67; Bonk NVwZ 1997, 320, 322; Redeker NVwZ 1997, 625; kritischer Knack 25; Obermayer § 45 Rn 66; für Verfassungswidrigkeit Bracher DVBl 1997, 534; Hartje DÖV 1997, 344.

hörde beeinträchtigt,[29] **das Bekanntwerden des Inhalts der Akten dem Wohl des Bundes oder eines Landes Nachteile bereiten würde**[34] **oder soweit die Vorgänge nach einem Gesetz oder ihrem Wesen nach, namentlich wegen der berechtigten Interessen der Beteiligten oder dritter Personen, geheim gehalten werden müssen.**[36]

(3) **Die Akteneinsicht erfolgt bei der Behörde, die die Akten führt.**[40] **Im Einzelfall kann die Einsicht auch bei einer anderen Behörde oder bei einer diplomatischen oder berufskonsularischen Vertretung der Bundesrepublik Deutschland im Ausland erfolgen; weitere Ausnahmen kann die Behörde, die die Akten führt, gestatten.**

Parallelvorschriften: § 25 SGB X, §§ 99 f VwGO

Schrifttum: Allgemein zur Akteneinsicht: *Bayer,* Akteneinsicht zu Forschungszwecken (zu BVerwG NJW 1986, 1243 und 1277), JuS 1989, 191; *Bieber,* Informationsrechte Dritter im Verwaltungsverfahren, DÖV 1991, 857; *Dubach,* Das Recht auf Akteneinsicht, 1990; *Flümann,* Die Vorlage von Akten nach § 99 VwGO im Rahmen von Auskunftsverlangen aus Kriminalakten, NJW 1985, 1452; *Gallwas,* Der allgemeine Konflikt zwischen dem Recht auf informationelle Selbstbestimmung und der Informationsfreiheit, NJW 1992, 2785; *Groß,* Zum Auskunftsanspruch der Presse gegenüber Behörden, RiA 1993, 14; *Haueisen,* Akteneinsicht im Verwaltungsverfahren, NJW 1967, 2291; *Hix,* Das Recht auf Akteneinsicht im europäischen Wirtschaftsverwaltungsrecht, 1992; *Knemeyer,* Auskunftsanspruch und behördliche Auskunftsverweigerung, JZ 1992, 348; *Knirsch,* Offenbarungspflichten der öffentlichen Verwaltung, DÖV 1988, 25; *Kollmer,* Die verfahrensrechtliche Stellung der Beteiligten nach dem UVP-Gesetz, NVwZ 1994, 1057; *Kunz,* Einsicht in Prüfungsakten, Vr 1994, 217; *Lindgen,* Akteneinsicht im strafrechtlichen Ermittlungsverfahren und während disziplinarrechtlicher Votermittlungen, DöD 1980, 193; *Mecking,* Umfang der Einsichtnahme in ausgelegte Unterlagen, NVwZ 1992, 316; *v. Mutius,* Akteneinsicht im atom- und immissionsschutzrechtlichen Genehmigungsverfahren, DVBl 1978, 665; *Pardey,* Informationelles Selbstbestimmungsrecht und Akteneinsicht, NJW 1989, 1647; *Pawlita,* Die Wahrnehmung des Akteneinsichtsrechts im gerichtlichen und behördlichen Verfahren durch Überlassung der Akten in die Rechtsanwaltskanzlei, AnwBl 1986, 1; *Podlech,* Die Bedeutung des Sozialgeheimnisses für das sozialgerichtliche Verfahren, ZfSH/SGB 1985, 1; *Preussner,* Das Recht auf Akteneinsicht im Verwaltungsverfahren, VBlBW 1982, 1; *Rieger,* Einsicht der Patienten in Krankenhausunterlagen über psychiatrische Behandlung, DMW 1989, 1935; *Schäfer/Jekewitz,* Die Einsicht in Strafakten durch *Schimanski,* Aktenvorlage, Akteneinsicht und Datenschutz, SozSich 1987, 207; *Karsten Schmidt,* Drittschutz, Akteneinsicht und Geheimnisschutz im Kartellverfahren, 1992; *Schnellenbach,* Beamtenrecht in der Praxis, 4. Aufl 1998, Rn 493 ff; *Schoenemann,* Akteneinsicht und Persönlichkeitsschutz, DVBl 1988, 520; *Schoreit,* Verwaltungsstreit um Kriminalakten, NJW 1985, 169; *Schwab,* Das Recht auf Akteneinsicht, 1989; *Schwan,* Amtsgeheimnis oder Aktenöffentlichkeit? Der Auskunftsanspruch des Betroffenen, das Grundrecht auf Datenschutz und das Prinzip der Aktenöffentlichkeit, 1984; *Simitis/Fuckner,* Informationelle Selbstbestimmung und „staatliches Geheimhaltungsinteresse", NJW 1990, 2714; NVwZ 1996, 326; *Thiele,* Akteneinsicht, Auskunft- und Beratungspflicht bei Behörden, DöD 1978, 65; *Wassebarg,* Das Einsichtsrecht des Anwalts in die kriminalpolizeilichen Spurenakten, NJW 1980, 2440; *Widhofer-Mohnen,* Das Recht auf Akteneinsicht nach § 29 VwVfG, Vr 1980, 285; *Ziegler,* Die gerichtliche Kontrolle der Geheimhaltungsmittel der Exekutive, ZRP 1988, 25; *Ziekow,* Die Pflicht der Behörden zur Gewährung von Informationen an die Verwaltungsgerichte, BayVBl 1992, 132.

Umweltinformationsgesetz: *Cosack/Tomerius,* Betrieblicher Geheimnisschutz und Interesse des Bürgers an Umweltinformationen bei der Aktenvorlage im Verwaltungsprozeß, NVwZ 1993, 841; *Engel,* Akteneinsicht und Recht auf Information über umweltbezogene Daten, 1993; *Erichsen,* Das Recht auf freien Zugang zu Informationen über die Umwelt, NVwZ 1992, 404; *Fluck,* Der Schutz von Unternehmensdaten im Umweltinformationsgesetz, NVwZ 1994, 1048; Verfahrensbeteiligte und Dritte, NStZ 1985, 198 bzw 395; *Scherer,* Verwaltung und Öffentlichkeit, 1978; *Röger,* Umweltinformationsgesetz, 1995; *ders,* Regelungsmöglichkeiten und -pflichten der Landesgesetzgeber nach Inkrafttreten des Umweltinformationsgesetzes des Bundes, NuR 1995, 175; *Scherzberg,* Freedom of Information – auf deutsch gewendet: Das neue Umweltinformationsgesetz, DVBl 1994, 733; *Schomerus,* Anspruchsvoraussetzungen und Verwaltungsverfahren nach dem Umweltinformationsgesetz – Zum Umgang mit betriebsbezogenen Umweltdaten –, ZUR 1994, 226; *Schomerus/Schrader/Wegener,* Kommentar zum UIG, 1995; *Stollmann,* Umweltinformation im Verwaltungsverfahren – zwischen europäischem Anspruch und deutscher Umsetzung, NVwZ 1995, 146; *Stollmann,* Umweltinformation im Verwaltungsverfahren, NVwZ 1995, 146; *ders,* Aktuelle Rechtsprechung zum Umweltinformationsrecht, NuR 1988, 78; *Thener,* Der Zugang zu Umweltinformationen auf Grund des Umweltinformationsgesetzes NVwZ 1996, 326; *Turiaux,* Das neue Umweltinformationsgesetz, NJW 1994, 2319; *Zschiesche,* Die Aarhus-Konvention – mehr Bürgerbeteiligung durch umweltrechtliche Standards? ZUR 2001, 177.

Informationsfreiheitsgesetze: *Partsch,* Brandenburgs Akteneinsichts- und Informationszugangsgesetz (AIG) – Vorbild für Deutschland? NJW1998, 2559.

Übersicht

I. Allgemeines

1. Inhalt. Die Vorschrift regelt die Akteneinsicht der Beteiligten während des Verwaltungsverfahrens (§ 13) und erkennt diesen Abs 1 grundsätzlich einen nicht vom Ermessen der Behörde abhängigen Anspruch darauf zu. In Abs 2 wird die Verpflichtung zur Gewährung von Akeneinsicht zugunsten von Geheimhaltungsinteressen eingeschränkt. Die Regelungen lehnen sich an §§ 99, 100 VwGO aF an.[1] Vor Inkrafttreten des VwVfG wurde bei Fehlen ausdrücklicher Bestimmungen überwiegend angenommen, dass die Entscheidung über die Gewährung von Akteneinsicht in das Ermessen der Behörden gestellt sei.[2] Für laufende Verwaltungsverfahren räumt das VwVfG den Beteiligten nunmehr einen **Anspruch auf Akteneinsicht** ein soweit die Kenntnis der Akte Voraussetzung für die Wahrung ihrer rechtlichen Interessen ist. Zur **Akteneinsicht nach Abschluss** des Verwaltungsverfahrens bzw eines anschließenden Widerspruchsverfahrens oder eines weiteren Verwaltungsverfahrens s Rn 7f; 20f; zur Akteneinsicht durch Personen, die nicht Beteiligte sind, sowie unabhängig von anhängenden Verwaltungsverfahren s unten Rn 20ff; 45ff. 1

2. Verfassungsrechtliche Bezüge. Das Recht auf Akteneinsicht ist ein wesentlicher Teil der im Rechtsstaat grundsätzlich unverzichtbaren Mitwirkungsmöglichkeiten der Beteiligten eines Verfahrens und der in Art 1 Abs 1 GG garantierten Menschenwürde, mit der ein Verwaltungsverfahren nicht vereinbar wäre, welches die Betroffenen über bereits die bereits gesammelten tatsächlichen und rechtlichen Grundlagen des Verfahrens im Unklaren ließe. Soweit ein Verwaltungsverfahren den Gewährleistungsbereich von Grundrechten betrifft, ist das Recht auf Akteneinsicht zugleich Ausfluss dieser Gewährleistung.[3] Verfahrens (Obermayer 156; Knack 6; StBS 3; Kopp 191ff); es ist insoweit Ausfluss des **Rechtsstaatsprinzips,** weil der Bürger ohne die Möglichkeit, vom Inhalt der seine Verwaltungsverfahren betreffenden Akten Kenntnis zu nehmen, seine Rechte nicht wirksam wahrnehmen könnte (VGH München NVwZ 1990, 775). 2

Die Akteneinsicht dient insb **der Verwirklichung** des **rechtlichen Gehörs** gem § 28 oder nach anderen Vorschriften und allgemeinen Rechtsgrundsätzen[4] und der **„Waffengleichheit"** der Beteiligten (Mayer 70; Kopp 173; MB 10; StBS 4) sowie der **Fairneß** im Verfahren (Knack 6); sie soll zugleich auch den Beteiligten die effektive Mitwirkung bei der Wahrheitsfindung der Behörde gem § 26 Abs 2 ermöglichen (vgl BVerwGE 15, 132). Darüber hinaus ist die Akteneinsicht in der Demokratie ein notwendiger Bestandteil der **öffentlichen Kontrolle** über die Verwaltung (vgl Kopp 192; ferner BVerwG DVBl 1971, 512) und wesentliche 3

---

[1] Die in BVerfG 101, 106 = NJW 2000, 1175 gemachten Vorgaben sind inhaltlich auch für die Beschränkung des Akteneinsichtsrecht nach Abs 2 beachtlich (vgl Rn 26ff).

[2] Vgl BVerwGE 7, 153; 12, 296; 30, 154; Münster 14, 199; Erichsen/Ehlers § 37 Rn 18; M 70; MuE 126f; **aA,** unter grundsätzlicher Bejahung eines Anspruchs schon für das bish Recht, Ule/Becker 41; Kopp 85.

[3] BVerwGE 92, 136 = NVwZ 1993, 681: Anspruch auf Einsicht in Prüfungsprotokolle, Prüfungsgutachten und Korrekturbemerkungen aus Art 12 GG; VGH München NVwZ 1990, 775; Laubinger VerwArch 1984, 75, 79; Hufen NJW 1982, 2163; Knack 6; im Ergebnis wohl auch Blümel VerwArch 1982, 7 mwN; vgl auch BVerfG NJW 1991, 415; **aA** Münster DVBl 1980, 964.

[4] BVerwGE 30, 157; OVG Lüneburg MDR 1975, 788; vgl allg auch BVerfG 63, 59 = NJW 1983, 1043; BGH NJW 1990, 1614; StBS 4; Knack 3; Kopp 83 zugleich unter Hinweis darauf, dass dem rechtlichen Gehör auch die mündliche Bekanntgabe der entscheidungserheblichen Tatsachen genügen würde.

Voraussetzung eines sinnvollen **Vertrauensverhältnisses zwischen Bürger und Behörde** (K 2; Kopp 191 ff).

3 a **3. Europarechtliche Vorgaben.** Das Gemeinschaftsrecht enthält eine Vielzahl von Regelungen über Akteneinsichtsrechte. Außerdem ist das Akteneinsichtsrecht als Teil des Anspruchs auf rechtliches Gehör zugleich ein **allgemeiner Rechtsgrundsatz** des Gemeinschaftsrechts.[5] Gleichwohl ist § 29 weiterhin auch im Bereich des indirekten Vollzugs des Gemeinschaftsrechts (s hierzu Einf Rn 58) anwendbar, zumal weitergehende Akteneinsichtsrechte nicht ausgeschlossen werden. Zu den Anforderungen der UI-RL und den Regelungen der UIG Rn 45 sowie § 25 Rn 23. Zu weitergehenden Akteneinsichtsrechten s näher Rn 7, 8.

4 **4. Anwendungsbereich. a) Unmittelbare Anwendung.** Unmittelbar gilt die Vorschrift nur im Verfahren nach dem VwVfG und nur für die Akteneinsicht durch Beteiligte des Verfahrens (§ 13) zum Erlass eines VA oder zum Abschluss eines verwaltungsrechtlichen Vertrages **während des anhängigen Verfahrens,** dh nicht mehr auch nach Abschluss des Verfahrens.[6] **Umstritten** ist, ob das Recht auf Akteneinsicht bis zur Unanfechtbarkeit der in der Sache ergehenden Entscheidung oder nur bis zum Erlass des VA besteht. Die hM nimmt zu Recht an, dass das Recht auf Akteneinsicht über den Zeitpunkt des Erlasses des VA hinaus andauert, entweder deshalb, weil der Abschluss des Verfahrens erst für den Zeitpunkt der Unanfechtbarkeit angenommen wird (so § 9 Rn 30; Knack 12), oder weil dies aus rechtsstaatlichen Gründen für Notwendig erachtet wird (StBS 33). Die Gegenmeinung (Obermayer 9) führt vor allem für die Zeit vor Erhebung des Widerspruchs bzw der Klage zu schwer hinnehmbaren Ergebnissen. **Nach Klageerhebung** bzw nachdem ein Rechtsmittelverfahren in der Sache oder ein Verfahren nach § 80 Abs 5, § 80 a Abs 3 VwGO bzw nach § 123 VwGO anhängig geworden ist, ergibt sich das Recht der Beteiligten auf Akteneinsicht auch aus § 100 VwGO (BVerwGE 67, 304 StBS 2). Die Vorschrift gilt gem § 2 Abs 3 Nr 2 auch für **Prüfungsverfahren.** In den Verwaltungsverfahrensgesetzen der Länder ist das Akteneinsichtsrecht in Detailfragen teilweise abweichend geregelt.

5 **b) Entsprechende Anwendung.** Sinngemäß-analog anzuwenden ist § 29 als **Ausdruck allgemeiner Rechtsgedanken** auch auf Verfahren, die an sich gem § 2 von der Anwendung des VwVfG ausgenommen sind, für die aber entsprechende Rechtsvorschriften fehlen (vgl zB BVerwGE 92, 137 allg zur Einsicht in Prüfungsprotokolle, Prüfungs- und Korrekturvermerke usw, mit Einschränkungen auch auf **behördliche Auskünfte** (BVerwGE 74; allg auch Knemeyer JZ 1992, 348) sowie auf **privatrechtliche** (fiskalische) **Handlungen** der Verwaltung zur Erfüllung öffentlicher Aufgaben (Achterberg JA 1985, 510; v Zezschwitz NJW 1983, 1981, **aA** StBS 14).

6 **c) Spezielle Regelungen.** Sonderbestimmungen, die § 29 vorgehen und dessen Anwendung ausschließen oder einschränken, gelten gem Abs 1 S 3 für die Akteneinsicht in **Massenverfahren,** außerdem für die Akteneinsicht in **Planfeststellungsverfahren** (§ 72 Abs 1 letzter Halbs) und für die **Einsicht in** nach § 73 Abs 3 S 1 **ausgelegte Pläne** (VGH München BayVBl 1987, 83: § 73 Abs 3 S 1 ist lex specialis gegenüber § 29). S auch § 73 Rn 30; § 72 Rn 20. **Grundsätzlich anwendbar** ist § 29 dagegen auch auf die eingeschränkte **Akteneinsicht anerkannter Naturschutzverbände** in naturschutzrechtlich relevanten Verfahren gem § 60 BNatSchG, das sich allerdings nur auf gutachtliche Stellungnahmen bezieht.[7]

---

[5] S hierzu näher Gornig/Trüe JZ 2000, 395, 405; Haibach NVwZ 1998, 456; Kuntze VBlBW 2001, 5, 9 mwN.

[6] BVerwGE 67, 304; OVG Koblenz NVwZ 1992, 384; **aA** VG Berlin NVwZ 1984, 576; StBS 33; Obermayer 9.

[7] S zum Umfang des Einsichtsnahmerechts nach § 60 BNatSchG zB Gellermann NVwZ 2002, 1025 (1032).

5. Spezialgesetzlich geregelte Akteneinsichtsrechte. Akteneinsichtsrechte außerhalb des VwVfG waren bisher außerordentlich restriktiv geregelt. Ein allgemeines Recht auf Einsichtnahme des Bürgers in von der öffentlichen Hand geführte Akten gibt es bisher nicht (StBS 18; Knack 4; Übersicht bei Partsch NJW 1998, 2559). In bestimmten Teilbereichen existieren spezielle Regelungen. So ist nach § 9 HGB die Einsichtnahme in das **Handelsregister** Jedermann gestattet, gleiches gilt nach § 79 BGB für das **Vereinsregister** und nach § 1563 BGB für das Güterrechtsregister. Die Einsichtnahme in das **Grundbuch** erfordert ein berechtigtes Interesse, vgl § 12 GBO. Spezielle Akteneinsichtsrechte bestehen außerdem im Beamtenrecht, wonach der einzelne Beamte berechtigt ist, Einsicht in seine **Personalakten** zu nehmen (vgl § 90c BBG; § 56c BRRG, hierzu näher Schellenbach, BeamtenR Rn 511; Battis BBG § 90c Rn 1ff). Für das Strafverfahren ist das **Akteneinsichtsrecht des Verteidigers** (nicht des Beschuldigten selbst) in § 147 StPO geregelt (vgl Tz 185ff RiStBV). Die Krankenhausgesetze der Länder gewähren teilweise Auskunfts- und Einsichtsrechte in **Krankenakten** (vgl zB § 13 HmbKrG). 7

a) Akteneinsicht nach Ermessen. Soweit spezielle Regelunge nicht bestehen, steht die Gewährung von Akteneinsicht grundsätzlich im pflichtgemäßen Ermessen der zuständigen Behörde. Die Behörde kann – unter Beachtung des öffentlichen und privaten Interesses an der Geheimhaltung von Vorgängen – also Akteneinsicht auch dann gewähren, wenn keine speziellen Regelungen bestehen (StBS 18; Knack 9). Der Einzelne hat einen **Anspruch auf ermessensfehlerfreie Entscheidung** über die Gewährung von Akteneinsicht, soweit er ein **berechtigtes Interesse** geltend machen kann.[8] Bei Vorliegen eines berechtigten Interesses kann eine **Ermessensreduzierung auf Null** in Betracht kommen; es besteht dann auch unabhängig von einem Verwaltungsverfahren ein Recht auf Akteneinsicht. Letzteres kommt insbesondere in Betracht, wenn dies zur sachgerechten Wahrnehmung von Rechten erforderlich ist. Das berechtigte Interesse muss substantiiert vorgetragen werden (BVerwG NVwZ 1994, 72; VGH München BayVBl 1988, 404; StBS 19). S. auch Rn 20, 21. 8

b) Akteneinsicht nach Informationsgesetzen. Eine Reihe von Bundesländern haben in den letzten Jahren Informationsfreiheitsgsetze erlassen, die den Bürgern allgemein den Zugang zu Behördeninformationen erleichtern sollen (s unten Rn 46). Ein allgemeines Recht auf Akteneinsicht bzgl umweltrelevanter Informationen sieht das 1994 erlassene **Umweltinformationsgesetz** (UIG idF d Bek v 23. 8. 2001 (BGBl I 2218) zur Umsetzung der EU-Richtlinie 90/313/EWG über den freien Zugang zu Informationen über die Umwelt v 7. 6. 1990 (ABlEG Nr L 158/56; abgedr auch in NVwZ 1990, 844) vor. Bereits vor Erlass des UIG bestand auf Grund der unmittelbaren Geltung der EU-Richtlinie ein entsprechendes Akteneinsichtsrecht.[9] Soweit das Gesetz bzw die ggf ergänzend dazu heranzuziehende Richtlinie Einzelheiten nicht näher regelt, ist § 29 zur Ausfüllung von Lücken subsidiär sinngemäß-analog anwendbar (vgl im Ergebnis auch Erichsen NVwZ 1992, 416; Bieber DÖV 1991, 857; Knack 42). 9

c) Akteneinsicht nach dem Stasi-Unterlagen-Gesetz. Ein spezielles Akteneinsichtsrecht für Betroffene sieht das sog Stasi-Unterlagen-Gesetz (StUG) v 20. 12. 1991 (BGBl I S. 2272) hinsichtlich der beim Bundesbeauftragten für die Unterlagen des Staatssicherheitsdienstes verwalteten Stasi-Akten vor. **Jedermann** 10

---

[8] HM, vgl BVerwGE 67, 304; 61, 15; BVerwG NJW 1983, 2954; OVG Hamburg NJW 1983, 2405; OVG Koblenz NVwZ 1992, 384; VGH Minden NVwZ 1989, 266; OVG Münster UPR 1989 152; StBS 18; Knack 9.

[9] Erichsen NVwZ 1992, 417; Blumenberg NuR 1992, 8; v Schwanenflügel DÖV 1993, 102; Bieber DÖV 1991, 857; Kramer NVwZ 1990, 843; Winter NuW 1991, 453; Engel NVwZ 1992, 111; Erichsen NVwZ 1992, 409.

hat ein Auskunftsrecht darüber, ob über ihn Unterlagen vorhanden sind (§§ 1, 12 ff StUG). Soweit Informationen vorhanden sind, besteht ein **spezielles Akteneinsichtsrecht,** das bei Verweigerung vor dem Verwaltungsgericht mit der Verpflichtungsklage durchgesetzt werden kann (näher Schmidt/Dörr, StUG Kommentar 1993; Stoltenberg, StUG Kommentar 1993; Weberling StUG Kommentar 1993).

11 **6. Verpflichtung zum Führen von Akten.** Mittelbar ergibt sich aus § 29 auch die Verpflichtung der Behörden, ordnungsgemäße Akten zu führen und alle wesentlichen Vorgänge, die für Verwaltungsverfahren, insb auch für das rechtliche Gehör der Beteiligten und für die Entscheidung der Behörde von Bedeutung sein können, in Niederschriften oder Aktenvermerken festzuhalten, dh „aktenkundig" zu machen.[10] Diese Verpflichtung umfasst das **Gebot der Aktenmäßigkeit** des Verwaltungsverfahrens, also die Pflicht der Behörden, überhaupt Akten zu führen (BVerfG NJW 1983, 2135; BVerwG NVwZ 1988, 621; StBS 5; Knack 7; Hufen, Fehler 214), ferner das **Gebot der Vollständigkeit** der Akten und schließlich das Gebot **der Führung wahrheitsgetreuer Akten** (StBS 5). Besondere Bedeutung kommt in diesem Zusammenhang dem Vollständigkeitsgebot zu. Es verpflichtet dazu, sämtliche wesentlichen Vorgänge zu dokumentieren und so aufzubewahren, dass sie ohne weiters auf das konkrete Verwaltungsverfahren bezogen und zur Kenntnis genommen werden können (VGH Kassel ZBR 1990, 185 für Auswahlerwägungen im beamtenrechtlichen Beförderungsverfahren). Es verbietet die Führung informeller Nebenakten (Geheimakten) ebenso wie die Entfernung oder Verfälschung von Aktenteilen (Knack 7). Die Verletzung der Pflicht zur ordnungsgemäßen Aktenführung kann eine Beweislastumkehr zur Folge haben (OVG Greifswald NordÖR 2001, 129).

II. Anspruch auf Akteneinsicht (Abs 1)

12 **1. Begriff und Gegenstand der Akteneinsicht.** Das Recht auf Akteneinsicht bedeutet, dass den Beteiligten auf Wunsch Einsicht in die **von der Behörde geführten Akten,** soweit sie das Verfahren betreffen, sowie in sonstige von der Behörde im Wege der Amtshilfe **beigezogenen Akten anderer Behörden,** Gerichtsakten usw[11] zu gewähren ist, soweit deren Kenntnis zur Geltendmachung oder Verteidigung ihrer Rechte und rechtlichen Interessen erforderlich ist. **Nicht der Akteneinsicht unterliegen** Akten, die nur gleich oder ähnlich liegende **Parallelfälle oder Musterfälle betreffen** oder nur allgemeine, wenn auch für das konkrete Verfahren anwendbare **Verwaltungsvorschriften;** insoweit besteht nur ein Recht auf Bekanntgabe (BVerwG NJW 1981, 535; DVBl 1981, 190; Jellinek NJW 1981, 2235; Knack 4.2); nicht erfasst werden ferner Berichte (BVerwG NVwZ 1984, 445; dazu Günther ZBR 1984, 161), auch nicht Akten, die nur mittelbaren Bezug zum Verfahren haben, soweit dieses den Beteiligten betrifft, der die Akten einsehen will, **zB in Verfahren zur Besetzung einer Beamtenstelle** oder zur Vergabe von Genehmigungen usw aus einem zahlenmäßig begrenzten Kontingent die **Akten bzgl der Mitbewerber** (vgl BVerwG NVwZ 1984, 445; dazu Günther ZBR 1984, 161; DVBl 1984, 53).

13 **a) Begriff der Akten.** Der Begriff der Akten ist **umfassend** zu verstehen. Er umfasst alle das konkrete Verfahren betreffenden Unterlagen wie Schriftsätze, Gutachten, Aktenvermerke, Randbemerkungen zu Schriftsätzen, Prüfungsaufgaben

---

[10] VGH Kassel ZBR 1990, 185; StBS 25, Knack 7; vgl auch zur ähnlich begründeten Verpflichtung eines Arztes, Krankenunterlagen zu führen, BGH NJW 1978, 2339; zu förmlichen Verfahren uä s auch § 68 Abs 4 und § 93.

[11] Begr 53; UL § 25 Rn 1; StBS 35; MB 10: als Folgerung aus dem Grundsatz der Waffengleichheit; **aA** MuE 127; K 10; vdGK 4.2: in beigezogene Akten nur mit Zustimmung der Behörde, um deren Akten es sich handelt.

usw (BVerwGE 91, 274 = NVwZ 1993, 677; 95, 237 = NVwZ 1994, 1206), nicht nur beschriebenes oder bedrucktes Papier, sondern auch **Fotos, Karten, Filme, Ton- oder Videobänder, Mikrofiches,** Mikrofilme uä (StBS 8 unter Bezugnahme auf § 299a ZPO sowie auf BVerfG NJW 1991, 2952). Es gilt ein materieller Aktenbegriff,[12] der auf die funktionale Zuordnung von Datenträgern zu einem bestimmten Verfahren abstellt, nicht auf die Art der Aufbewahrung bzw Ablage. Es kommt also nicht darauf an ob sie in einem Ordner zusammengefasst sind oder auf andere Vorgänge – auch ggf zusammen mit anderen, nicht das konkrete Verfahren betreffende Vorgänge – oder Ablagestellen verteilt sind. Der Aktenbegriff umfasst auch Datenträger in EDV-Systemen, also zB Disketten, CD-Rom usw, sofern auf ihnen Informationen die das konkrete Verwaltungsverfahren betreffen, gespeichert sind (Hufen, Fehler Rn 240). Ein Grund, EDV-Dateien auszunehmen, wie dies von StBS 9 angenommen wird, ist nicht ersichtlich. Insbesondere können datenschutzrechtliche Bestimmungen insoweit nicht als speziellere Regelungen § 29 vollständig verdrängen.

b) Das Verfahren betreffende Akten. Als das Verfahren betreffend sind dem Zweck der Regelung entsprechend sind zunächst einmal die unmittelbar für ein Verfahren angelegten oder dazu beigezogenen Akten (einschließlich aller Urkunden, zB auch Zustellungsnachweise) anzusehen (StBS 36; Knack 13; Obermayer 19). Allerdings hat die Behörde es nicht in der Hand, solche Akten oder Aktenteile, deren sie sich im Rahmen des Verfahrens tatsächlich bedient, durch Unterlasseen einer förmlichen Einbeziehung aus dem Geltungsbereich des § 29 herauszuhalten. Regelmäßig gehören deshalb auch solche Akten bzw Aktenbestandteile dazu, die ersichtlich für **die Entscheidung von Bedeutung** sein können, insb auch Vorakten in derselben Angelegenheit; dies auch dann, wenn die Behörde sie nicht oder noch nicht zu den Akten des anhängigen Verfahrens genommen hat. Ein Anspruch auf **Beiziehung von Akten anderer Behörden** kann dagegen aus § 29 **nicht** abgeleitet werden, da die Vorschrift sich offensichtlich nur auf Akten bezieht, die die Behörde selbst ihrer Entscheidung zugrunde legen will bzw legt (ebenso Knack 13). Eine Pflicht zur Beiziehung von Akten kann sich jedoch uU aus § 24 Abs 1, § 26 Abs 2 S 1 ergeben. 14

2. Erforderlichkeit der Kenntnis des Akteninhalts (Abs 1 S 1). a) Rechtliches Interesse. Der Akteneinsicht unterliegen nach Abs 1 S 1 Akten nicht schlechthin, sondern nur soweit, als für die Beteiligten deren Kenntnis zur Geltendmachung oder Verteidigung ihrer rechtlichen Interessen erforderlich ist. Soweit die Erforderlichkeit nicht ohne weiteres erkennbar bzw aus den Umständen und dem Zusammenhang offensichtlich ist, muss der Beteiligte substantiiert darlegen, inwiefern und wozu die Kenntnis der Akteneinsicht erforderlich ist.[13] Ein rechtliches Interesse eines Beteiligten ist dann gegeben, wenn die Einsichtnahme zu dem Zweck dient, die **Voraussetzungen für ein rechtlich relevantes Verhalten** nach dem Ergebnis der Einsichtnahme **zu klären** oder eine gesicherte Grundlage für die Verfolgung eines Anspruchs zu schaffen (Begr s 53; ebenso Knack 16). 15

Die Erforderlichkeit kann **uU** auch **nur für Teile der Akten** begründet sein („soweit"); dann beschränkt sich der Anspruch auf Akteneinsicht gem Abs 1 auf diese Teile (StBS 45; Knack 16). Wenn Gründe nach Abs 2 nicht entgegenstehen, ist es in solchen Fällen idR gleichwohl zweckmäßig, den gesamten Akteninhalt zur Einsichtnahme zur Verfügung zu stellen; **andernfalls** muss, wenn eine Aussonderung der für die Einsicht an sich zur Verfügung zu stellenden Aktenteile oder 16

---

[12] StBS 36; Knack 12; Obermayer 17 ff.

[13] Vgl VGH München NJW 1988, 1615; Knack 16; vgl auch VGH Mannheim NJW 1984, 1911; OVG Koblenz NJW 1984, 1914; StBS 43: auch, damit ein Missbrauch ausgeschlossen wird.

die Herstellung von Kopien mit entsprechenden Auslassungen, Schwärzungen usw nicht möglich ist, der Betroffene **in anderer Weise** über den Inhalt der Akten, soweit er an sich Anspruch auf Einsicht hätte, **informiert werden.**

17 **b) Möglichkeit eines Klärungsbedarfs.** Ausreichend ist, dass der Beteiligte nach den Umständen davon ausgehen darf, dass der Akteninhalt für die Vertretung seines Standpunktes bzw seiner Interessen wesentliches enthält. Für die Beurteilung der Erforderlichkeit der Kenntnis bestimmter Akten oder Aktenteile ist nicht die Auffassung der Behörde, auch nicht ihre Auffassung hins. der für die Entscheidung maßgeblichen Rechtssätze und die insoweit erheblichen Tatsachen, maßgeblich; vielmehr ist die Frage gerichtlich voll überprüfbar. Ausreichend ist, dass Akten oder Aktenteile, wenn auch uU im Hinblick auf eine andere Rechtsauffassung, für Anträge oder für Ausführungen der Beteiligten zu Sach- oder Rechtsfragen **von Bedeutung sein können.** Insofern gilt Entsprechendes wie für die Frage der Erheblichkeit von Tatsachen gem § 28 Abs 1 im Hinblick auf das rechtliche Gehör (s dazu § 28 Rn 29). Dies muss auch deshalb gelten, weil der Zweck der Akteneinsicht wesentlich auch darin besteht, den Beteiligten die Kenntnisse zu vermitteln, die sie für die sinnvolle und zweckentsprechende Ausübung ihres Rechts auf Gehör benötigen (Becker/König 46; Ule/Becker 41; Kopp 83, 120).

18 **Ausgeschlossen** von der Akteneinsicht sind nur solche Akten, die unter keinem denkbaren Gesichtspunkt für die Entscheidung von Bedeutung sein können (ebenso Knack 16), insb keinen konkreten Bezug zu dem anhängigen Verfahren oder die im Verfahren zu treffende Entscheidung haben können. Dies ist etwa bei missbräuchlichen, offensichtlich querulatorischen Begehren der Fall. Nicht ausreichend, um die Erforderlichkeit zu begründen, ist der Umstand, dass ein Akt einen parallelen Fall, Musterfall uä, betrifft; insoweit fehlt es schon an der Voraussetzung, dass der Akt das Verfahren betreffen muss (s auch oben Rn 12).

19 **3. Berechtigter Personenkreis. a) Beteiligte.** Zur Akteneinsicht berechtigt sind grundsätzlich nur die am konkreten Verfahren, für das die Akten von Bedeutung sind, Beteiligten iS des § 13 (BVerwGE 61, 24; 67, 303; 84, 376; BVerwG DVBl 1990, 707; Buchh 316 § 29 VwVfG Nr 2). Hierzu zählen, wie sich ua daraus ergibt, dass Abs 1 rechtliche Interessen ausreichen lässt, auch diejenigen Beteiligten, zu deren Hinzuziehung die Behörde nicht verpflichtet gewesen wäre, die sie aber tatsächlich hinzugezogen hat (§ 13 Abs 2 S 1), außerdem gem § 60 BNatSchG anerkannte Naturschutzverbände in bestimmten umweltrechtlichen Verfahren (VG Darmstadt NuR 1991, 393; s auch § 13 Rn 15). Soweit Beteiligte im Verfahren **durch einen Bevollmächtigten vertreten** werden, **behalten sie selbst** neben dem Bevollmächtigten das Recht auf Akteneinsicht und können von der Behörde nicht auf das Recht ihres Bevollmächtigten verwiesen werden.

19a **Problematisch** ist die Anwendbarkeit auf Personen, die im Hinblick auf eine evtl Beteiligung am Verfahren Akteneinsicht begehren, zB weil sie entweder an einem anhängigen Verwaltungsverfahren beteiligt werden wollen oder weil sie die Einleitung eines Verwaltungsverfahrens durch Antragstellung erwägen. Hier dürfte § 29 unanwendbar sein (StBS 15; v Danwitz Jura 1994, 285; **aA** Voraufl); der insoweit interessierte Bürger wird in diesen Fällen aber einen Anspruch haben, weil sich das Ermessen in diesen Fällen auf Null reduzieren wird (s Rn 8, 20f).

20 **b) Nicht unmittelbar Beteiligte.** Rechte sonstiger, am Verfahren nicht iS von § 13 – oder nicht mehr (vgl OVG Koblenz NVwZ 1992, 384 = DVBl 1991, 1367) – beteiligter Personen auf Akteneinsicht können aus § 29 nicht – jedenfalls nicht unmittelbar, sondern allenfalls analog – hergeleitet werden;[14] § 29 schließt andererseits aber die Gewährung der Akteneinsicht und die Erteilung von

---

[14] BVerwGE 84, 376 = NJW 1990, 2761; BVerwG DVBl 1984, 55 = NVwZ 1984, 445; Buchh 316 § 29 VwGO Nr 2; Koblenz DVBl 1991, 1367; VGH München BayVBl 1984, 758; NJW 1980, 198; Münster NJW 1985, 1107; UL § 25 Rn 1.

Auskünften durch die Behörde an Dritte nicht aus, sofern ein Geheimhaltungsbedürfnis (vgl § 30) dem nicht entgegensteht (BVerwGE 74, 119). Die Gewährung von Akteneinsicht und die Erteilung von Auskünften steht in diesen Fällen grundsätzlich **im Ermessen** der zuständigen Behörde.[15] S auch Rn 8.

Ansprüche Dritter und früherer Beteiligter auf Akteneinsicht ergeben sich außerdem aus allgemeinen rechtsstaatlichen Grundsätzen als Nachwirkung des abgeschlossenen Verfahrens (vgl OVG Koblenz NVwZ 1992, 384) mit der Folge, dass der **Ermessensspielraum** der Behörde in diesen Fällen idR **auf Null reduziert** ist, wenn die Kenntnis des Akteninhalts Voraussetzung für eine wirksame Rechtsverfolgung ist.[16] Im Übrigen steht die Gewährung der Einsicht in verfahrensfremde Akten, soweit gesetzlich nichts anderes bestimmt ist, im Ermessen der Behörde; diese muss bei ihrer Entscheidung die Belange der Betroffenen und der Allgemeinheit abwägen (VGH München BayVBl 1984, 758). Ein Recht auf **Akteneinsicht** kann sich uU auch aus anderen Gründen ergeben, zB bei Beamten **aus der Fürsorgepflicht als Dienstherrn** (BVerwGE 67, 304) oder aus besonderen gesetzlichen Vorschriften des Beamtenrechts (vgl zB München BayVBl 1989, 311; VG Frankfurt NVwZ 1986, 864). 21

c) Einsichtnahme in Verwaltungsvorschriften uä. Eine **Einsichtnahme in Verwaltungsvorschriften,** Ermessensrichtlinien uä kommt nach hM gegenwärtig nur in Betracht, wenn der betroffene Bürger ein „berechtigtes" Interesse geltend macht.[17] Ein Recht auf Akteneinsicht aus **wissenschaftlichem** Interesse besteht grundsätzlich nicht;[18] ebenso nicht auf Grund des Informationsrechts der Presse aus Art 5 I GG;[19] anders hinsichtlich Umweltinformationen VG Stade DVBl 1993, 1372; zur Einsicht in Strafakten BVerfG NJW 1988, 405 und Schäfer/Jekewitz NStZ 1985, 198 und 395. 21 a

Die Befugnis der Behörden, sonstigen Dritten, der Presse usw, Akteneinsicht zu gewähren, Auskunft über anhängige Verfahren zu geben usw, wird von § 29 nicht berührt. Insoweit sind aber stets Geheimhaltungsinteressen zu beachten. Auch die Erteilung von Auskünften durch eine Behörde liegt, soweit durch Gesetz nichts anderes bestimmt ist, grundsätzlich im Ermessen der Behörde;[20] anders grundsätzlich, wenn und soweit ein Bürger zur Wahrung seiner Rechte auf die Auskunft angewiesen ist (einschränkend BVerfG NJW 1988, 405 mwN). Zur Auskunft über Maßnahmen des Verfassungsschutzes gegenüber dem Bürger bzw über die Gründe solcher Maßnahmen vgl BVerwG 74, 115. Zu den für die Ermessensentscheidung, ob die Akteneinsicht oder Auskunft gewährt wird, geltenden Grundsätzen vgl auch oben Rn 8; zum datenschutzrechtlichen Auskunftsanspruch auch BVerwGE 84, 375 und Bremen NJW 1987, 2393. Zur **Haftung für Auskünfte** unter dem Gesichtspunkt der **Amtshaftung** nach § 839 BGB, Art 34 GG vgl BGHZ 110, 1 = NJW 1990, 1042; BGH DVBl 1989, 1094 = NJW 1990, 245. 22

---

[15] BVerwGE 30, 154; 67, 300; BVerwG DVBl 1984, 1078; VGH München BayVBl 1988, 404; **aA** OLG Hamm NStZ 1986, 236: grundsätzlich nur, wenn durch Gesetz vorgesehen.

[16] BVerwGE 30, 159f; 61, 23; 69, 278 mwN; BVerwG NJW 1981, 535 und 2270; DVBl 1984, 1078; OVG Hamburg NJW 1983, 2405; OVG Lüneburg MDR 1975, 786; VGH Mannheim DVBl 1974, 818; Münster NVwZ 1989, 266 = NJW 1989, 544; VG Köln DVBl 1980, 385; VG Braunschweig NJW 1987, 459; LG Aachen NJW 1989, 531; WB III § 156e; UL § 25 Rn 1.

[17] BVerwGE 61, 15; 69, 278 = NJW 1984, 2590; Jellinek NJW 1981, 2235.

[18] S BVerfG NJW 1986, 1243 = NVwZ 1986, 462; BVerwG NJW 1986, 1277; JZ 1985, 48; Koblenz DVBl 1983, 601; Bayer JuS 1989, 191.

[19] BVerwGE 70, 315 = JZ 1985, 624; BVerwG DÖV 1986, 475; DVBl 1991, 490; Groß RiA 1993, 14.

[20] Vgl BVerwGE 74, 118; 84, 376 = NVwZ 1990, 1164; Berlin NVwZ 1986, 2005 zur Auskunft aus Kriminalakten; OVG Münster NVwZ 1989, 1177 zur Auskunft aus dem Melderegister; OLG Hamburg NStZ 1988, 381.

23 **4. Ausnahme bei Entscheidungsentwürfen uä (Abs 1 S 2). a) Allgemeines.** Nach Abs 1 S 2 sind Entscheidungsentwürfe und Arbeiten zu ihrer unmittelbaren Vorbereitung vom Anspruch auf Akteneinsicht ausgenommen. Zweck dieser Ausnahme ist es, zu vermeiden, dass durch die Einsicht in Entwürfe usw, deren Bedeutung für das Verfahren die Beteiligten oft nicht beurteilen können, Verwirrung und Missverständnisse entstehen, die das Verfahren belasten, ohne die Klärung von entscheidungserheblichen Fragen zu fördern, zT aber auch, dass (ua um dies zu vermeiden) Entwürfe und Vorarbeiten überhaupt nicht zu den Akten genommen werden. Die Regelung steht andererseits jedoch einer Bekanntgabe oder auch Übersendung von Entscheidungsentwürfen an die Beteiligten zur Stellungnahme nicht entgegen.

24 **b) Begriff des Entwurfs.** Entwürfe und sonstige Vorarbeiten für die zu treffende Entscheidung sind diejenigen Ausarbeitungen, aus denen die Entscheidung entwickelt werden soll. Erfasst werden Entscheidungsvorschläge sowie Formulierungsskizzen der mit der Ausarbeitung der Entscheidung befassten Bediensteten. **Nicht als Entscheidungsentwürfe** oder Arbeiten zur unmittelbaren Vorbereitung der Entscheidung anzusehen sind **Aktenvermerke, Berichte, Stellungnahmen,** auch solche anderer Behörden, die nur entscheidungserhebliche Tatsachen, Vorgänge usw betreffen, aber noch nicht Entscheidungsvorschläge, Weisungen uä zum Inhalt der Entscheidung enthalten (aA offenbar Berlin GewArch 1971, 155); auch nicht **Gutachten, Auskünfte** usw (VGH Mannheim NJW 1969, 2254 zu Gutachten über die Beurteilung von Prüfungsleistungen), Randbemerkungen zu Prüfungsarbeiten uä; wohl aber **Beratungsprotokolle,** soweit sie Entscheidungsvorschläge betreffen (K 18).

25 **c) Zeitliche Begrenzung.** Die Ausnahme gilt **nur für den Zeitraum bis zum Erlass der Entscheidung,** die durch die Entwürfe bzw Vorarbeiten vorbereitet wird. Danach verlieren die Vorarbeiten ihre Entwurfsqualität. Im weiteren Verfahren, insb auch **im Rechtsbehelfsverfahren,** gelten auch für die Entwürfe usw der Vorinstanz die allgemeinen Bestimmungen über die Akteneinsicht (StBS 48; Obermayer 23; Knack 15; **aA** UL § 25 Rn 1; MB 1).

III. Ausnahmen vom Recht auf Akteneinsicht (Abs 2)

26 **1. Allgemeines.** Abs 2 sieht in den drei näher bezeichneten Fallgestaltungen Ausnahmen vom Recht auf Akteneinsicht vor. Die Ausnahmen sind angesichts der großen rechtsstaatlichen Bedeutung der Akteneinsicht **restriktiv** zu handhaben (VGH München NVwZ 1990, 778; StBS 51 ff; MB 16). Die Aufzählung ist **abschließend.** Durch die Fassung des Abs 2 („insoweit") wird dabei klargestellt, dass die Ausnahme nicht notwendig für sämtliche das Verfahren bertreffende Akten gilt, sondern nur für solche Akten bzw **Teile von Akten,** uU auch nur einzelne Aktenblätter, Zeilen oder einzelne Worte, für die die Ausschlussgründe zutreffen. Im Einzelfall reicht auch die Unkenntlichmachung oder **„Anonymisierung"** einzelner Namen oder Vorgänge aus (vgl VGH München NVwZ 1990, 778). Zur Frage, ob die Beschränkungen sachlich gerechtfertigt und mit der Verfassung vereinbar sind, s Wimmer DVBl 1985, 777. Erweist sich die Verweigerung der Akteneinsicht als ganz oder teilweise berechtigt, so muss dem Betroffenen **zur Wahrung des rechtlichen Gehörs** nach § 28 der wesentliche Inhalt der Akten bzw betroffenen Aktenteile mitgeteilt werden, soweit dies ohne Verletzung von Geheimhaltungspflichten möglich ist.

27 **a) Keine Verpflichtung zur Weigerung.** Auch und soweit die rechtlichen Voraussetzungen gem Abs 1 S 2 oder Abs 2 vorliegen, ist die Behörde nach § 29 nur befugt, nach ihrem **Ermessen** die Akteneinsicht zu verweigern, nicht dagegen auch verpflichtet (StBS 51; Knack 18; enger wohl Obermayer 26). Eine Verpflichtung kann sich jedoch aus anderen Vorschriften, insb auch aus § 30 sowie

aus Vorschriften außerhalb der VwVfG, insb auch aus in der Sache berührten Grundrechten anderer Verfahrensbeteiligter oder Dritter (vgl Laubinger VerwArch 1982, 81), ergeben (dies ist in den Fällen des Abs 2 auch meist der Fall). Die Behörde hat, sofern solche Verpflichtungen nicht die Akteneinsicht schlechthin ausschließen, bei ihrer Ermessensentscheidung das Für und Wider sorgfältig und unter Berücksichtigung der Bedeutung der Akteneinsicht für das rechtliche Gehör und die Sachaufklärung abzuwägen (VGH München NVwZ 1990, 778; vgl auch Schatzschneider NVwZ 1988, 223; BVerwGE 7, 285; 75, 9; ferner unten Rn 35).

b) Strenger Maßstab. Grundsätzlich sind die Ausnahmetatbestände eng auszulegen und das Ermessen großzügig zu handhaben. Es ist insb und – auch im Interesse der Vermeidung unnötiger Prozesse – nicht zu rechtfertigen, Beteiligten in Verwaltungsverfahren Akteneinsicht zu verweigern, wenn und soweit sie in einem nachfolgenden gerichtlichen Verfahren dann ohnehin Anspruch auf Akteneinsicht haben (Rauschning JuS 1993, 554). **Die Entscheidung,** dass die Akteneinsicht ganz oder zT verweigert wird, **hat VA-Qualität** (s § 35 Rn 65 a) und ist nach § 39 den Betroffenen gegenüber zu begründen; dabei genügt nach § 37 Abs 2 eine mündliche Begründung, die jedoch ebenso wie die Entscheidung selbst auf Verlangen schriftlich zu bestätigen ist. S. zur Begründung bei bestehenden Geheimhaltungspflichten auch unten § 28 Rn 17. 28

2. Beeinträchtigung der Aufgabenerfüllung (Abs 2 1. Alt). a) Allgemeines. Nach Abs 2 kann die Behörde Akteneinsicht ua verweigern, soweit dadurch die ordnungsgemäße Erfüllung ihrer Aufgaben im Allgemeinen oder im Hinblick auf das konkret in Frage stehende Verfahren, das die Akten betreffen, gefährdet würde. Diese Ausnahmeregelung greift nur ein, wenn die mit der Gewährung der Akteneinsicht notwendigerweise verbundene Beeinträchtigung bei Zugrundelegung eines strengen Maßstabes nicht hinnehmbar scheinen (VGH München NVwZ 1990, 778; MB 19). Die verfassungsrechtlich nicht unbedenkliche Regelung dient vor allem dem **Schutz der Funktionsfähigkeit der Behörde** vor übermäßiger Belastung durch Verlangen nach Akteneinsicht (Begr 53), zB in Massenverfahren (UL § 25 Rn 5; v Mutius DVBl 1978, 665). 29

Erforderlich ist im Hinblick auf die Bedeutung der Akteneinsicht für das Verfahren, insb auch für das rechtliche Gehör der Beteiligten, eine **konkrete und unmittelbar aktuelle Beeinträchtigung** (VGH München NVwZ 1990, 778; Knack 19). Die Verweigerung der Akteneinsicht muss in jedem Fall auf **hinreichend gewichtige, konkret angebbare Gründe** gestützt werden, die hinreichend „plausibel" gemacht werden müssen (BVerwGE 74, 116; 84, 388; zT **aA** VGH München NVwZ 1990, 778: Glaubhaftmachung wie bei § 99 VwGO ist nicht erforderlich), die dem Betroffenen auch mitgeteilt werden müssen (s oben Rn 24) und zu denen er vor der endgültigen Verweigerung der Akteneinsicht grundsätzlich auch **gehört** werden muss. 30

b) Beeinträchtigung des Verfahrensziels. Mit der Regelung wird der Behörde aber auch die Möglichkeit gegeben, Akteneinsicht in Fällen zu verweigern, in denen die Kenntnis des Akteninhalts den **Erfolg des Verfahrens gefährden** könnte (VGH München NVwZ 1990, 778; v Mutius DVBl 1978, 665; Knack 19), zB im Polizeirecht, wenn das Verfahren seinen Zweck nur erreichen kann, wenn der Anlass den Betroffenen zunächst verborgen bleibt (Begr 53; UL § 25 Rn 5; StBS 55; Knack 19), oder in denen eine in der Sache gebotene rasche **Entscheidung unangemessen verzögert** würde; ebenso auch, wenn durch das Bekanntwerden bestimmter Umstände aus den Akten die Arbeitsweise oder Erkenntnisquellen von Staatsschutzbehörden uä oder anderen Behörden (vgl VGH München NVwZ 1990, 778: hins. bestimmter Informationsquellen uU auch eines Gesundheitsamts) bekannt würden, deren Funktionsfähigkeit davon abhängt, dass diese geheim bleiben (vgl BVerwGE 74, 116). 30 a

31 **c) Schutz von Informationsquellen.** In Betracht kommen auch Beschränkungen, die sich daraus ergeben, dass eine Behörde zur Wahrung ihrer Funktionsfähigkeit ihre Informationsquellen, die Namen von Informanten usw, auf deren Hilfe sie zur Erfüllung ihrer Aufgaben angewiesen ist, geheim halten muss.[21] **Die Ablehnung** oder Beschränkung der Akteneinsicht ist in solchen Fällen **plausibel zu begründen.**[22] Dabei ist auch darzulegen, weshalb in diesen Fällen eine Anonymisierung nicht ausreichend ist.

32 **d) Sonstige Gründe. Allgemeine Behinderungen und Verzögerungen** der Arbeit der Behörde von nicht allzulanger Dauer müssen idR in Kauf genommen werden, sofern dadurch nicht die Erfüllung besonders eilbedürftiger Aufgaben betroffen wird. Außerdem muss es sich immer um Belastungen handeln, die auch nicht durch **geeignete organisatorische Maßnahmen** (zB durch Begrenzung der Akteneinsicht auf bestimmte Zeiten, Inanspruchnahme der Amtshilfe anderer Behörden, Vervielfältigung bestimmter Aktenteile, sofern die Beteiligten sich zur Übernahme der Kosten bereit erklären, Anheimgabe der Bestellung gemeinsamer Vertreter usw) auf ein mit den Aufgaben der Behörde noch zu vereinbarendes Maß verringert werden können. In Betracht kommt vor allem eine **außergewöhnliche, übermäßige Inanspruchnahme der Diensträume** oder des für das Heraussuchen der Akten und die Beaufsichtigung der Akteneinsicht usw benötigten Personals, uU aber auch die längerdauernde Nicht-Verfügbarkeit der betroffenen Akten für die im Verfahren zu treffenden Entscheidungen und eine durch die Akteneinsicht bedingte **Verzögerung** des Verfahrens, die im Hinblick auf dringliche öffentliche Interessen oder Interessen Dritter nicht vertretbar erscheint. Der Umstand, **dass die Akten dem Behördenleiter** oder dem Sachbearbeiter **vorliegen,** ist dagegen kein Grund für die Verweigerung der Akteneinsicht; er kann allenfalls hins. des Zeitpunkts der Akteneinsicht von Bedeutung sein (UL § 25 Rn 5; Widhofer-Mohnen Vr 1980, 288; StBS 56).

33 **Eine allgemeine Belastung des Dienstbetriebs** durch die Akteneinsicht reicht nicht aus; insoweit muss die Verwaltung ggf durch die Einstellung zusätzlichen Personals, die Bereitstellung, erforderlichenfalls Anmietung usw, von Räumen Vorsorge treffen. Bei der Entscheidung über die Akteneinsicht sollte die Behörde immer auch **berücksichtigen, dass sie bei Ablehnung** der Akteneinsicht die Beteiligten zur Wahrung des rechtlichen Gehörs in anderer Weise über den wesentlichen Inhalt der Akten **unterrichten muss,** wodurch ebenfalls idR eine gewisse Belastung entsteht, die durch Gewährung der Akteneinsicht vermieden werden könnte.

34 **3. Nachteile für Bund und Länder (Abs 2, 2. Alt).** Abs 2 sieht als weitere Ausnahme in Anlehnung an die § 100 iVm § 99 VwGO und in Übereinstimmung mit dem vor Inkrafttreten des VwVfG geltenden Recht (Mannheim DVBl 1974, 819; Obermayer VerwR 2. Aufl 155; Kopp 86 f) vor, dass die Akteneinsicht auch dann verweigert werden kann, wenn das Bekanntwerden des Inhalts der Akten dem Wohle des Bundes oder eines Landes Nachteile bereiten würde. Der Begriff des **Nachteils** für das Wohl des Bundes bzw Landes ist derselbe wie in § 5 Abs 2 Nr 2. Vgl dazu im Einzelnen § 5 Rn 23. Nachteile idS können auch **solche fiskalischer** Art sein, wenn dadurch die Funktionsfähigkeit des Staates in Frage gestellt wird (StBS 58; Widhofer-Mohnen Vr 1980, 288; Knack 20; zT weiterge-

---

[21] VGH München NVwZ 1990, 778 zugleich zu Grenzen des Informantenschutzes; vgl auch BVerwGE 84, 375.

[22] Vgl BVerwGE 74, 116; 84, 388: die Gründe sind so einleuchtend darzulegen, dass sie unter Berücksichtigung rechtsstaatlicher Belange als triftig anerkannt werden können; abzulehnen ist jedoch die in dieser Entscheidung geäußerte Auffassung, dass es uU auch genügt, wenn die entsprechende Darlegung jedenfalls im gerichtlichen Verfahren erfolgt; s auch BVerwGE 66, 233; 75, 1; 81, 100; zT **aA** VGH München NVwZ 1990, 778: Glaubhaftmachung wie bei § 99 VwGO ist nicht erforderlich.

hend MB 18). Ob ein Nachteil gegeben ist oder droht, ist **gerichtlich voll überprüfbar** (vgl VGH München BayVBl 1978, 86; NVwZ 1990, 779) Wegen der Parallelität der Regelungen ist die Rspr zu § 99 Abs 1 S. 2 VwGO auch hier entsprechend heranzuziehen (Begr 53; BVerwGE 74, 119; Knack 20). Vgl zum Erfordernis einer **hinreichenden Begründung,** wenn die Behörde sich auf Erfordernisse des Staatsrechts beruft, auch oben Rn 30, zur erforderlichen **Glaubhaftmachung** der Gründe unten Rn 35. Das **Wohl des Bundes** und des Landes erfordert insb die Aufrechterhaltung der äußeren und inneren Sicherheit und der öffentlichen Ordnung und die Abwehr jeder Beeinträchtigung und Gefährdung der Sicherheit und die Vermeidung jeder erheblichen Störung der öffentlichen Ordnung. Eine konkrete, unmittelbare Gefährdung steht grundsätzlich einer Beeinträchtigung gleich.

Die Verweigerung der Akteneinsicht zur Verhinderung von Nachteilen für das Wohl des Bundes oder eines Landes ist nach dem klaren Wortlaut der Regelung auch dann zulässig, wenn sie zur Folge hat, dass ein Beteiligter an der wirksamen Verfolgung legitimer Ansprüche gegen den Staat oder einen anderen öffentlichen Rechtsträger gehindert wird (vgl VGH Mannheim DVBl 1974, 819; Knack 20; zT offenbar **aA** Begr 53), es sei denn, dass die Berufung auf die Ausnahmeregelung für die Behörde nur ein Vorwand ist oder nur zu dem Zweck erfolgt, den Bürger an der Verfolgung solcher Ansprüche zu hindern (Begr 53; MB 18; Widhofer-Mohnen Vv 1980, 288; Knack 20). Auch in derartigen Fällen muss die Behörde jedoch bei ihrer Entscheidung **das Für und Wider sorgfältig abwägen** und bei einer evtl Ablehnung ihre Gründe so einleuchtend darlegen, dass sie unter Berücksichtigung rechtsstaatlicher Belange als triftig anerkannt werden können (vgl BVerwGE 74, 116; 84, 388. Vgl auch BVerwGE 12, 75; 75, 9; BVerwG NVwZ 1983, 407). In begründeten Fällen kommt ein Anspruch des Bürgers auf Entschädigung für die ihm entstehenden Nachteile unter dem Gesichtspunkt des enteignungsgleichen Eingriffs oder der Aufopferung in Betracht. 35

4. Ausnahme wegen Geheimhaltungsinteressen (Abs 2, 3. Alt). Eine Verweigerung der Akteneinsicht ist nach Abs 2 auch zulässig und in der Regel auch geboten, soweit Geheimhaltungspflichten entgegenstehen.[23] Die § 99 Abs 1 VwGO nachgebildete Vorschrift dient dem Schutz **berechtigter Geheimhaltungsinteressen.** Die besondere Erwähnung („namentlich") berechtigter Interessen Beteiligter oder Dritter dient nur der Klarstellung. Geschützt sind sowohl Vorgänge, Informationen usw aus dem staatlichen Bereich wie auch aus dem privaten Bereich. 36

Geheimhaltungsinteressen sind vielfach **spezialgesetzlich** geregelt, Insoweit ergibt sich die Möglichkeit einer Vreweigerung der Akteneinsicht bereits aus dem Bereichsspezifischen Besonderen Verwaltungsrecht, vgl zB § 5 Abs 1 PostG; § 9 KWG; § 16 BStatG; § 139b Abs 1 GewO. Soweit **Datenschutzgesetze** oder andere spezielle Rechtsnormen Auskünfte aus Datensammlungen ganz oder teilweise verbieten, unterliegen sie auch nicht der Akteneinsicht.[24]

a) Öffentliche Geheimhaltungsinteressen. Abs 2 stellt ähnlich wie § 5 Abs 2 S 2 den durch besondere gesetzliche Bestimmungen begründeten Geheimhaltungspflichten (vgl dazu als allgemeine Vorschrift auch § 30) **Geheimhaltungspflichten** gleich, die zwar nicht gesetzlich vorgesehen sind, sich aber **aus dem Wesen eines Vorganges,** dh den in den Akten festgehaltenen Tatsachen, besonderen Umständen usw, insb auch im Hinblick auf die Verpflichtung des Staates gem Art 1 GG zum Schutz der Menschenwürde und des Persönlichkeits- 37

---

[23] Ebenso zum früheren Recht WB III 3. Aufl § 156 IV e; Obermayer VerwR 2. Aufl 155; MDH 66ff zu Art 103 GG; BayObLGZ 56, 117; Kopp 86f.

[24] Vgl Knack 5.3; allgemein auch Riegel, Datenschutz in der Bundesrepublik Deutschland, 1988; Klinger/Kunkel, Sozialdatenschutz in der Praxis, 1990; Wallerath 9 I 3.

bereichs sowie auf berechtigte Vermögensinteressen oder sonstige schutzwürdige Interessen ergeben. Im Einzelnen kann wie zu § 5 Abs 2 S 2 auch hier auf die Rspr zu § 99 Abs 1 S 2 VwGO zurückgegriffen werden (vgl BVerwGE 31, 306; 74, 116; 75, 1 = DVBl 1986, 1208 zu § 96 StPO; OVG Berlin DÖV 1987, 743; OVG Bremen DÖV 1987, 744). **Prüfungsakten** gehören nach heute hM nicht dazu,[25] wohl aber grundsätzlich die Akten der für die innere oder äußere **Sicherheit des Staates tätigen Behörden,** wenn und soweit aus den Akten die Arbeitsweise und geheime Erkenntnisquellen ersichtlich wären (vgl BVerwGE 74, 116; VG Koblenz GewArch 1975, 294), auch zB **Angaben zur Identität eines Behördeninformanten** bzw sog V-Mannes (vgl München BayVBl 1987, 145; 1988, 210; VG Gießen NVwZ 1992, 401; VG Ansbach GewArch 1979, 20; Obermayer 45; Knack 22), nicht jedoch idR der Inhalt der gegebenen Informationen als solcher; **vertrauliche Auskünfte,** die auf Grund schutzwürdigen Vertrauens darauf, dass sie vertraulich bleiben, gegeben wurden, zB die von einer IHK eingeholten vertraulichen Auskünfte über einen Bewerber für eine öffentliche Bestellung als Sachverständiger (OVG Koblenz DVBl 1977, 425); **nicht dagegen die Personalakten** eines Beamten, die ein Mitbewerber um einen Beförderungsposten einsehen möchte und in denen auch Angaben bzgl anderer Bewerber enthalten sind.[26] Dass ein Vorgang unter die allg Verpflichtung zur Amtsverschwiegenheit (zB nach § 39 Abs 1 BRRG, § 61 BBG) fällt, macht ihn deshalb allein noch nicht zu einem geheimzuhaltenden Vorgang.[27]

38 **b) Private Geheimhaltungsinteressen.** Aus dem privaten Bereich stehen einer Akteneinsicht im Wesentlichen dieselben Gründe entgegen, die auch eine Geheimhaltungspflicht der Behörde gem § 30 begründen, soweit nicht im Einzelfall im Rahmen der hier gebotenen **Güter- und Interessenabwägung** das Informationsinteresse des Beteiligten, der die Akteneinsicht begehrt, überwiegt. Der Akteneinsicht grundsätzlich entgegen steht zB die Verpflichtung der Behörde zu vertraulicher Behandlung von Informationen, deren Weitergabe wegen ihres streng persönlichen Charakters für die Betroffenen unzumutbar wäre (BVerwGE 74, 119: Folgerung aus Art 2 Abs 1, Art 1 Abs 1 GG; vgl auch BVerfG 65, 46; 67, 144; DVBl 1990, 1041); von Informationen über den **Gesundheitszustand** von Personen,[28] über **„familiäre Verhältnisse"** (Begr 53), **Einkommens- und Vermögensverhältnisse,**[29] **Betriebs- und Geschäftsgeheimnisse** (vgl KG ZIP 1986, 1614) uä (Begr 53; vgl auch § 30).

---

[25] BVerwGE 91, 269 = NVwZ 1993, 677, unter ausdrücklicher Aufgabe der früheren Rspr; BVerwGE 92, 137; 95, 237ff und 252 = NVwZ 1994, 1209; BVerwG DVBl 1993, 844 = NVwZ 1993, 681; OVG Koblenz NJW 1968, 1899; OVG Münster NJW 1972, 2243; VGH München DÖV 1978, 336; 1986, 151; VG Berlin NVwZ 1982, 578; Kopp/Schenke § 99 Rn 9.

[26] BVerwG NJW 1976, 204 und 1364; VG Düsseldorf DöD 1980, 70.

[27] Vgl Kopp/Schenke § 99 Rn 8; zT **aA** VGH Kassel NVwZ 1994, 398; DVBl 1994, 592: nur Einsicht, nicht auch Ablichtungen; ferner VGH Kassel DVBl 1994, 593.

[28] Vgl OVG Münster DÖV 1974, 105 zur Einsichtnahme in Krankengeschichten, deren Kenntnis eine vorhandene Selbstmordpsychose verstärken könnte; ferner BGH NJW 1989, 764 = JZ 1989, 440: nur eingeschränktes Einsichtsrecht für Patienten in Krankenunterlagen nach psychiatrischer Behandlung; Bundschuh/Siemer-Weidner ArztR 1989, 338; Widhofer-Mohnen Vr 1980, 289; Obermayer 46; StBS 69; Knack 24; **aA** BVerwGE 82, 45 = NJW 1989, 2960 = VBlBW 1989, 411 m Anm v Lutterotti VBlBW 1989, 413; BVerwG NVwZ 1989, 1171; BayVBl 1989, 536 = DVBl 1989, 880: Vorrang des Selbstbestimmungsrechts und der Eigenverantwortung aus Art 2 Abs 1, Art 1 Abs 1 GG; ebenso VGH München NVwZ 1990, 777; MB 21.

[29] Vgl BGH NJW 1984, 740; **aA** offenbar OLG Karlsruhe NJW 1982, 2507: Akteneinsicht in Prozesskostenhilfeverfahren auch hins. der persönlichen und wirtschaftlichen Verhältnisse; abzulehnen.

Soweit die Geheimhaltung ausschließlich **im Interesse bestimmter Betroffener** liegt, kann eine Verweigerung der Akteneinsicht grundsätzlich dann nicht darauf gestützt werden, wenn die Betroffenen der Akteneinsicht **zustimmen,** da in diesem Fall keine Geheimhaltungspflicht mehr besteht; **anders wenn** zugleich **ein öffentliches Interesse** an der Geheimhaltung besteht, sowie in besonders gelagerten Fällen, zB wenn die Zustimmenden vor sich selbst geschützt werden müssen, zB wegen Selbstmordgefahr (OVG Münster DÖV 1974, 105). Vgl auch VGH München NJW 1988, 1615. 39

IV. Ort und Form der Akteneinsicht (Abs 3)

1. Ort der Akteneinsicht. Die Akteneinsicht muss in einer Weise gewährt werden, dass sich die daran interessierten Personen unter nach Zeit, Ort und sonstigen Umständen **zumutbaren Bedingungen** über den Inhalt der Akten informieren können. Sie ist grundsätzlich bei der Behörde, die das Verfahren führt, dh **in deren Amtsräumen** und unter ihrer Aufsicht, zu gewähren (Abs 3 S 1). Nach S 2 sind die Behörden jedoch befugt, nach pflichtgemäßem Ermessen (§ 40) **auch andere Regelungen** zu treffen (ebenso zu § 25 SGB-X BSG AnwBl 1980, 498m Anm Danner), insb auch die Akten an andere Behörden, einschließlich der deutschen Auslandsvertretungen (ebenso Knack 26), zu versenden, damit diese im Weg der **Amtshilfe** nach § 5 (vgl VGH München NVwZ 1987, 614; Obermayer 50) bzw nach entsprechenden Vorschriften des Landesrechts, hilfsweise unmittelbar auf Grund von Art 35 die Einsicht in die Akten gewähren. 40

2. Form der Akteneinsicht. Anstelle der persönlichen Einsichtnahme des Beteiligten oder einer von ihm bevollmächtigten Person kann die Behörde auch andere Regelungen über die Modalität der Akteneinsicht treffen (Abs 3 S 2). **In Betracht kommen** vor allem Regelungen, die für die Beteiligten günstiger sind; die Ermächtigung deckt jedoch auch Regelungen, die primär im Interesse der Behörde liegen, sofern sie **keine unzumutbare Erschwerung der Akteneinsicht** bedeuten. Zulässig ist auch zB („weitere Ausnahmen"), obwohl nicht ausdrücklich genannt, die **Überlassung der Akten** analog § 100 Abs 2 S 2 VwGO an Rechtsanwälte sowie uU auch an andere Personen **zur Einsicht in deren Kanzlei** oä (Begr 53; ABegr 7; Münster NJW 1980, 722; UL § 25 Rn 9; StBS 76 mwN), uU auch an sonstige Personen (StBS 76), insb auch an Amtsträger als Vertreter von am Verfahren beteiligten öffentlichrechtlichen Rechtsträgern. Ein Anspruch darauf besteht jedoch – anders als gem § 25 Abs 5 SGB-X – grundsätzlich nicht.[30] 41

3. Zulässigkeit von Abschriften und Ablichtungen. Nicht ausdrücklich vorgesehen, aber ebenfalls als zulässig anzusehen, ist auch die Herstellung von Abschriften und Ablichtungen von Akten und Aktenteilen für Beteiligte durch die Behörde gegen Übernahme der Kosten.[31] Steht ein Münzfotokopierer zur Verfügung, so kann den Beteiligten auch das Recht eingeräumt werden, Fotokopien selbnst herzustellen. Die Beteiligten haben insoweit **Anspruch auf ermessenfehlerfreie Entscheidung,** je nach den Umständen bei Ermessensreduktion auf Null auch einen unmittelbaren Anspruch. Die Behörde hat bei ihrer Entscheidung über Ausnahmen gem S 2 die Interessen der Beteiligten und das Risiko eines evtl Verlusts der Akten zu berücksichtigen. Soweit die Erfüllung der Aufgaben nicht nennenswert beeinträchtigt wird, etwa weil die Akten laufend benötigt werden, und auch sonstige Gesichtspunkte nicht entgegenstehen, kann die Verweigerung einer Vergünstigung nach S 2 uU ermessensfehlerhaft sein (UL § 25 Rn 8). 42

---

[30] BVerwG NJW 1980, 722; VGH München BayVBl 1980, 94; Knack 26 mwN; vgl auch K 21, wo zu Unrecht jedoch auch der Anspruch auf ermessensfehlerfreie Entscheidung über einen entspr Antrag verneint wird.

[31] WBS II § 60 Rn 96; Erichsen/Ehlers § 37 Rn 18; StBS 80; Knack 7; Wallerath 9 I 3; enger UL § 25 Rn 8 falls sich bei der Behörde eine entsprechende Einrichtung befindet.

V. Rechtsfolgen einer Verletzung des Akteneinsichtsrechts, Rechtsbehelfe

43 **1. Verfahrensfehler.** Die Versagung der Akteneinsicht unter Verletzung des § 29 bzw des Rechts auf fehlerfreie Ausübung des danach den Behörden eingeräumten Ermessens (zB hins. Ort und Zeit der Akteneinsicht, Überlassung von Akten in die Kanzlei usw) stellt einen Verfahrensfehler dar. Soweit die Beteiligten nicht auf andere Weise durch die Behörde ausreichend informiert werden, liegt darin zugleich eine **Verletzung des Rechts auf Gehör** nach § 28. Der Fehler führt idR nicht zur Nichtigkeit des später erlassenen VA (Obermayer 55). Deshalb kommt eine Heilung des Fehlers gem § 45 Abs 1 Nr 3 insbes im Widerspruchsverfahren und eine Unbeachtlichkeit des Fehlers gem § 46 in Betracht, wenn die Verletzung rechtlichen Gehörs und des Akteneinsichtsrechts das Ergebnis offensichtlich nicht beeinflusst haben (s § 46 Rn 37). Die nicht durch Ausnahmegründe gedeckte oder ermessensfehlerhafte Verweigerung der Akteneinsicht stellt grundsätzlich eine **Amtspflichtverletzung** dar und berechtigt die Betroffenen zu Schadensersatzansprüchen nach § 839 BGB, Art 34 GG (LG Aachen NJW 1989, 531 = NVwZ 1989, 293).

44 **2. Rechtsschutz gegen Verweigerung der Akteneinsicht.** Die Verweigerung der Akteneinsicht ist nach allgemeiner Auffassung ein **VA,**[32] der zu begründen ist (BFH NJW 1979, 1383). Ob dies auch für die Gewährung der Akteneinsicht der Fall ist, hängt davon ab, ob darüber eine Entscheidung getroffen wird. Umstritten ist, ob Rechtsschutz gegen die Verweigerung der Akteneinsicht von den Beteiligten gem **§ 44 a VwGO** erst zusammen mit dem Rechtsschutz gegen die Hauptsache zu gewähren ist. Dies wird von der traditionellen Auffassung angenommen.[33] Diese Auffassung berücksichtigt nicht hinreichend die **eigenständige Bedeutung des Akteneinsichtsrechts** für die Beteiligten, die sich aus ihrer aktiven Rolle im Verwaltungsverfahren ergibt. Im Übrigen kann das Akteneinsichtsrecht nach § 29 nicht mit geringerem Rechtsschutz ausgestattet sein als das allgemeine Akteneinsichtsrecht außerhalb des Verwaltungsverfahrens bei bestehenden rechtlichen Interesse, für welches die Möglichkeit des Rechtschutzes allgemein Anerkannt ist (Obermayer 60). Eine Kompensation durch den später möglichen Rechtsschutz in der Hauptsache ist schon wegen der Regelungen in § 46 zweifelhaft. Deshalb ist entgegen der traditionellen Auffassung die Möglichkeit einer **selbstständigen Durchsetzung des Akteneinsichtsrechts** durch die Beteiligten, auch im Wege des Rechtsschutzes nach § 123 VwGO, zu bejahen.[34] Damit erst wird zugleich der durch den Einfluss des Europarechts erheblich gestiegenen Bedeutung des Rechts auf rechtliches Gehör und auf Akteneinsicht Rechnung getragen. **Betroffene Dritte** können die Entscheidung über die Akteneinsicht stets selbstständig anfechten, wenn die Gewährung der Akteneinsicht für sie selbstständige, von der Entscheidung in der Hauptsache unabhängige Nachteile haben kann, zB weil damit dann Geschäftsgeheimnisse Dritten bekannt würden (vgl BVerfG NJW 1988, 403). Entsprechendes gilt auch für **vorbeugende Unterlassungsklagen.**

---

[32] BVerwGE 31, 307 = NJW 1969, 1131; VGH München BayVBl 1972, 364; 1984, 758; VG Berlin NVwZ 1982, 576; VG Frankfurt NVwZ 1986, 865; VG Köln NJW 1978, 1397; UL § 25 Rn 10; StBS 81; Obermayer 66; unklar BVerwG NJW 1982, 120; **aA** München NVwZ 1990, 776 = BayVBl 1990, 62.

[33] BVerwG NJW 1979, 177 = JuS 1979, 147 m Anm Brodersen; NJW 1982, 120; OVG Münster DÖV 1980, 222; VGH München BayVBl 1995, 631; VG Köln NJW 1978, 1397; Knack 28; UL § 25 Rn 10; Obermayer 57 f.

[34] So auch Meyer/Borgs 25; RÖ § 44 a Rn 3 a; Plagemann NJW 1978, 2261; enger BVerfG NJW 1991, 445; StBS 81: nur bei Erschwerung des effektiven Rechtsschutzes.

VI. Umweltinformationsgesetz, Informationsfreiheitsgesetze

1. Das Umweltinformationsgesetz. In Bezug auf Umweltdaten hat der Bürger einen unmittelbaren Anspruch auf **Auskunft** und auf **Einsicht** in entsprechende Akten und sonstige Unterlagen.[35] Das Umweltinformationsgesetz[36] wurde in verspäteter Umsetzung der europäischen Richtlinie über den freien Zugang zu Informationen über die Umwelt (UIR) v. 7. 6. 1990 (90/313/EWG, abgedruckt in NVwZ 1990, 844) erlassen und ist am 16. 7. 1994 in Kraft getreten.[37] Seither hat es allerdings noch nicht die erwartete Bedeutung erlangt.[38] Zentrales Element des Gesetzes ist der in § 4 Abs 1 UIG festgelegte Rechtsanspruch auf Zugang zu allen umweltrelevanten Daten einer Behörde für jedermann.[39] Ein besonderes persönliches oder rechtliches Interesse bedarf es hierbei nicht. Das UIG beschränkt das Akteneinsichtsrecht jedoch auf umweltrelevante Daten. Teile der Rechtsprechung und Literatur reagierten eher zurückhaltend.[40] An der Umsetzung der UI-RL ist vielfach Kritik geübt worden;[41] Auch eine Beanstandung durch den EuGH hat es gegeben.[42] Im Mittelpunkt der Diskussion stand der Begriff des Vorverfahrens, den die UI-RL in Art 3 Abs 2 Sp 3 verwendet und durch den deutschen Gesetzgeber sehr weit gefasst umgesetzt wurde.[43] Die **Änderungen des UIG** durch das Artikelgesetz v 27. 7. 2001 (BGBl I 1950) tragen den Bedenken inzwischen Rechnung (s Koch/Siebel-Huffmann NVwZ 2001, 1081, 1088). Weitere Impulse für die Stärkung der Informationsrechte der Bürger werden von der Aarhus-Konvention v 22. 6. 1998 ausgehen (Zschiesche ZUR 2001, 177). 45

2. Die Informationsfreiheitsgesetzgebung der Länder. Einige Bundesländer haben neuerdings sog Informationsfreiheitsgesetze erlassen, die einen Anspruch auf einen allgemeinen Informationszugang zu Unterlagen der öffentlichen Verwaltung vermitteln **(verfahrensunabhängiger Informationszugang).** Ziel solcher Gesetze ist eine erhöhte Transparenz des Verwaltungshandeln und hierdurch eine Stärkung der demokratischen Beteiligungsrechte des Bürgers.[44] Es soll die Be- 46

---

[35] Vgl Erichsen NVwZ 1992, 417; Kremer NVwZ 1990, 843; v Schwanenflügel DVBl 1991, 93; Blumenberg NuR 1992, 8; Bieber DÖV 1991, 862; Winter RuW 1991, 453; Engel NVwZ 1992, 111; Stollmann NVwZ 1995, 146; Kremer LKV 1994, 349; Turiaux NJW 1994, 2319; Scherzberg DVBl 1994, 217; Kramer UIG, 1994.

[36] Umweltinformationsgesetz, BGBl. 1994 I S. 1490.

[37] Siehe zur Entstehungsgeschichte der Umweltinformationsrichtlinie *Engel*, Akteneinsicht und Recht auf umweltbezogene Daten, 1993, S. 184ff.

[38] Vgl die einschlägigen Kommentierungen, zB Fluck/Theuer, Umweltinformationsrecht UIG. Loseblatt-Kommentar 1994; Schomerius/Schrader/Wegener, Umweltinformationsgesetz, 1995; Turiaux, Umweltinformationsgesetz, Kommentar, 1995; Röger, Umweltinformationsgesetz, Kommentar, 1995; Kummer/Schumacher, Umweltinformationsgesetz, 1997, Moormann in: Landmann/Rohmer, Umweltrecht, Loseblatt-Kommentar 1995ff.

[39] Gem § 2 UIG unterfallen dem Anspruch nicht nur Behörden, sondern auch natürliche oder juristische Personen des Privatrechts, die öfentliche-rechtliche Aufgaben im Bereich des Umweltschutzes wahrnehmen und die der Aufsicht von Behörden unterstellt sind.

[40] Nachweise bei Voßkuhle in Hoffmann-Riem/Schmidt-Aßmann, S. 383.

[41] *Voßkuhle*, Der Wandel von Verwaltungsrecht und Verwaltungsprozessrecht in der Informationsgesellschaft, in: Hoffman-Riem/Schmidt-Aßmann (Hrsg.) Verwaltungsrecht in der Informationsgesellschaft, S. 381 wirft dem Gesetzgeber Halbherzigkeit vor.

[42] EuGH NVwZ 1998, S. 945; DVBl 1999, S. 1494, vgl. hierzu *Schrader*, Europäische Anstöße für einen erweiterten Zugang zu (Umwelt)-Informationen, NVwZ 1999, S. 40ff; *Turiaux*, Das deutsche Umweltinformationsgesetz auf dem Prüfstand des EG-Rechts, EuZW 1998, S. 716ff.

[43] Hierzu *Turiaux*, Das deutsche Umweltinformationsgesetz auf dem Prüfstand des EG-Rechts, EuZW 1998, 716.

[44] Vgl Begründung des Entwurfs eines Informationsfreiheitsgesetzes des Bundesministerium des Innern, Stand 20. 12. 2000, S. 11; als Zweck des Berliner Informationsfreiheitsgesetzes wird in § 1 BerlFG die Förderung der demokratischen Meinungs- und Willensbildung und die Kontrolle des staatlichen Handelns genannt.

schränkungen der verfahrensrechtlichen Akteneinsichtsrechte ausgleichen. Bereits in Kraft getreten sind derartige Gesetze in Berlin,[45] in Schleswig-Holstein[46] und in Brandenburg.[47] Gesetzgebungsvorhaben bestehen auf Bundesebene[48] und auf Länderebene in Bremen, Hessen, Nordrhein-Westfalen, Niedersachsen, Bayern, Sachsen und Sachsen-Anhalt.[49] Allen Informationsfreiheitsgesetzen ist gemeinsam, dass sie einen **Zugang ohne Angabe von Gründen** und unabhängig von einer verfahrensrechtlichen Stellung des Antragstellers gewähren. Da keine besonderen Interessen oder Rechte für einen Akteneinsichtsanspruch erforderlich sind, enthalten die Gesetze detaillierte Regelungen darüber, unter welchen Voraussetzungen ein Anspruch verwehrt bleiben soll.[50] Um die Einschränkung des einfachgesetzlichen Informationsanspuchs möglichst gering zu halten, wurden zT flankierende **Regelungen zur Aktenführung** erlassen. So schreibt zB das Informationsfreiheitsgesetz des Landes Schleswig-Holstein in § 15 IFG-SH vor, dass die Behörden geeignete organisatorische Vorkehrungen treffen, damit Informationen, die den Ausnahmeregelungen der §§ 9 bis 12 IFG-SH unterfallen,[51] möglichst ohne unverhältnismäßigen Aufwand abgetrennt werden können **(Trennungsgrundsatz).** § 12 des Berliner IFG gewährt auch bei Vorliegen der Schranken der §§ 5–11 Berliner IFG dann Akteneinsicht, wenn geheimhaltungsbedürftige Aktenteile unkenntlich gemacht oder abgetrennt werden können. Die Umsetzung eines solchen Trennungsgebotes betrifft also insbesondere die Form der Aktenführung, wodurch es zu einer Modifizierung des sich mittelbar aus § 29 VwVfG ergebenen Gebotes der Aktenmäßigkeit kommt: nun ist nicht nur das Gebot der Vollständigkeit und das Gebot der Führung wahrheitsgetreuer Akten zu berücksichtigen,[52] sondern im Hinblick auf das IFG – SH auch das Trennungsgebot. In ersten Erfahrungsberichten haben sich z.T. Regelungen als problematisch erwiesen, die das Verhältnis der einzelnen Freiheitsinformationsgesetze zum VwVfG klären sollten. So besteht im IFG –Brandenburg zB eine generelle Ausnahme vom Anwendungsbereich des Akteneinsichtsrecht für laufende Verwaltungsverfahren, was im Hinblick auf dadurch entstehende unterschiedliche Tranzparenzniveau zu Recht kritisiert wurde.[53]

---

[45] Berliner Informationsfreiheitsgesetz (IFG) v 15. Oktober 1999, GVBl. Berlin Nr. 45 S. 561. Vgl hierzu die Darstellung bei Partsch, Das Gesetz zur Förderung der Informationsfreiheit in Berlin, LKV 2001, 98 ff.

[46] Informationsfreiheitsgesetz Schleswig-Holstein v 9. Februar 2000, GVBl. Schleswig-Holstein 4/2000 S. 166.

[47] Akteneinsichts- und Informationsgesetz (AIG) v 10. März 1998, GVBl. Brandenburg I S. 46; hierzu Partsch, Brandenburgs Akteneinsichts- und Informationsgesetz (AIG) – Vorbild für Deutschland?, NJW 1998, 2559.

[48] Entwurf und Begründung eines Informationsfreiheitsgesetzes durch das Bundesministerium des Innern, Stand 20. 12. 2000. Ein solcher Gesetzentwurf war bereits Bestandteil der Koalitionsvereinbarung von 1998.

[49] Bremen, Entwurf (Bü-Dr 15/768), Hessen, Entwurf (LT-Dr 15/1474); NRW, Entwurf (LT-Dr 13/321 und LT-Dr 13/1311), Niedersachsen (LT-Dr 14/2191), Bayern, Entwurf (LT-Dr 14/6034 und LT-Dr 14/6180), Sachsen, Entwurf (LT-Dr 3/2394), Sachsen-Anhalt, Entwurf (LT-Dr 3/4253).

[50] Voßkuhle, Der Wandel von Verwaltungsrecht und Verwaltungsprozessrecht in der Informationsgesellschaft, in: Hoffmann-Riem/Schmidt-Aßmann (Hg), Verwaltungsrecht in der Informationsgesellschaft, S. 384 f.

[51] Die §§ 9–12 IFG –SH betreffen den Schutz öffentlicher Belange und Rechtsdurchsetzung (§ 9), den Schutz des behördlichen Entscheidungsprozesses (§ 11) und den Schutz personenbezogener Daten (§ 12), hierzu Nordman, Erste Erfahrungen mit dem Informationsfreiheitsgesetz, Die Gemeinde 2/2000, S. 40 ff; Friedersen, Das Informationsfreiheitsgesetz für das Land Schleswig Holstein, NordÖR 2001, 89 (90).

[52] Hierzu Rnr 11.

[53] Dix, Akteneinsicht und Informationszugang in Brandenburg, in: Bundesministerium für Wirtschaft und Technologie (Hg), Bürgerkommunen im Netz. Tagungsband des 2. Media & Komm-Fachkongresses am 11./12. 6. 2001 in Esslingen, S. 222 ff.

§ 30 Geheimhaltung

Die Beteiligten haben Anspruch darauf, dass ihre Geheimnisse,[8] insbesondere die zum persönlichen Lebensbereich gehörenden Geheimnisse[9] sowie die Betriebs- und Geschäftsgeheimnisse,[9a] von der Behörde nicht unbefugt[12] offenbart[10] werden.

Parallelvorschriften: § 30 AO; § 35 SGB I; §§ 67 ff SGB-X

Schrifttum: *App,* Auskünfte der Finanzämter an die Gewerbebehörden mit dem Ziel einer Gewerbeuntersagung, LKV 1993, 192; *André,* Schutz der Sozialdaten und rationales Verwaltungshandeln, DVP 1993, 3; *Beckmann,* Ärztliche Schweigepflicht und Einsichtnahme in ärztliche Gutachten des Rentenversicherungsträgers, SozV 1973, 88; *Berg,* Geschäftsgeheimnisse, Akteneinsicht und Drittbeteiligung im Kartellverwaltungs- und -beschwerdeverfahren, Diss. Berlin 1984; *Bittmann,* Das Sozialgeheimnis im Ermittlungsverfahren, NJW 1988, 3118; *Breuer,* Schutz von Betriebs- und Geschäftsgeheimnissen im Umweltrecht, NVwZ 1986, 171; *Bull,* Datenschutz contra Amtshilfe, DÖV 1979, 261; *Bullinger,* Wettbewerbsgefährdung durch präventive Wirtschaftsaufsicht, NJW 1978, 2121; *Cosack/Tomerius,* Betrieblicher Geheimnisschutz und Interesse des Bürgers an Umweltinformationen bei Aktenvorlage im Verwaltungsprozeß, NVwZ 1993, 841; *Eilers/Roeder,* Die Verletzung des Steuergeheimnisses bei der internationalen Rechtshilfe, wistra 1987, 92; *Engel,* Der freie Zugang zu Umweltinformationen nach der Informationsrichtlinie der EG und der Schutz von Rechten Dritter, NVwZ 1992, 111; *Erichsen,* Das Recht auf freien Zugang zu Informationen über die Umwelt, NVwZ 1992, 409; *Felix,* Kollision zwischen Presse-Informationsrecht und Steuergeheimnis, NJW 1978, 2134; *Fischer/Schaaf,* Offenbarung steuerlicher Daten gegenüber Gewerbeuntersagungsbehörden, GewA 1990, 337; *Gola,* Der Personalaktenschutz im öffentlichen Dienst, RiA 1994, 1; *Grigg,* Amtsverschwiegenheit – Schutz der Parteien – Amtshaftung, ZfV 1982, 13; *Groll,* Steuergeheimnis und abgabenrechtliche Offenbarungsbefugnis, NJW 1979, 90; *Haus,* Sozialdatenschutz in gerichtlichen Verfahren, NJW 1988, 3126; *Heckel,* Behördeninterne Geheimhaltung, NVwZ 1994, 224; *Knemeyer,* Geheimhaltungsanspruch und Offenbarungsbefugnis im Verwaltungsverfahren, NJW 1984, 2241; *ders,* Auskunftsanspruch und behördliche Auskunftsverweigerung, JZ 1992, 348; *Knirsch,* Offenbarungspflichten der öffentlichen Verwaltung, DÖV 1988, 25; *Krause/Steinbach,* Steuer- und Sozialgeheimnis im Gewerberecht, DÖV 1985, 549; *Kühne,* Innerbehördliche Schweigepflicht von Psychologen, NJW 1977, 1478; *Kunkel,* Die Rechtsfolgen unzulässigen Offenbarens eines Geheimnisses, insb des Sozialgeheimnisses durch die Behörde, VBlBW 1992, 47; *Meyer,* Verletzung des Steuergeheimnisses (§ 30 AO) im Rahmen des gewerblichen Untersagungsverfahrens gemäß § 35 GewO, GewA 1985, 319; *Podlech,* Die Bedeutung des Sozialgeheimnisses für das sozialgerichtliche Verfahren, ZfSH/SGB 1985, 1; *Scherer,* Verwaltung und Öffentlichkeit, 1978; *Karsten Schmidt,* Drittschutz, Akteneinsicht und Geheimnisschutz im Kartellverfahren, 1992; *Schnapp,* Amtshilfe, behördliche Mitteilungspflichten und Geheimhaltung, NJW 1980, 2165; *Stadler,* Der Schutz von Unternehmensgeheimnissen im Zivilprozeß, NJW 1989, 1202; *Steinberg,* Schutz von Geschäfts- und Betriebsgeheimnissen im atomrechtlichen Genehmigungs- und Aufsichtsverfahren, UPR 1988, 1; *Taeger,* Die Offenbarung von Betriebs- und Geschäftsgeheimnissen, 1988; *Walter,* Zur Auskunftspflicht der Sozialbehörden und Arbeitsämter in Ermittlungs- und Strafverfahren, NJW 1978, 868; MusterErlass der Finanzminister des Bundes und der Länder zur Auskunftserteilung der Finanzämter an Gewerbebehörden in gewerberechtlichen Verfahren v 17. 12. 1987, BStBl I 1988, 2 = NVwZ 1988, 417.

Übersicht

I. Allgemeines

1 **1. Inhalt des § 30.** Die Vorschrift regelt den **Anspruch der Beteiligten auf Geheimhaltung** der sie persönlich betreffenden Tatsachen, Umstände usw, die nach den herrschenden Auffassungen oder nach besonderen Rechtsvorschriften, insb auch nach den Wertungsmaßstäben der Art 1, 2, 12 und 14 GG, als „persönliche" oder sonst „private" Angelegenheiten zu betrachten sind, die „andere nichts angehen". Die Regelung lehnt sich an § 203 Abs 2 StGB an. Mit dem Anspruch der Beteiligten wird zugleich die objektiv-rechtliche Verpflichtung der Behörden auf Wahrung der Geheimnisse der Beteiligten begründet. Sie ist **Ausfluss des Rechtsstaatsprinzips** und des **Persönlichkeitsrechts** der Betroffenen auf Schutz ihrer Geheimnisse, insb auch der in einer Sache berührten Grundrechte.[1] Zugleich dient sie auch **der Herstellung eines Vertrauensverhältnisses** zwischen Bürger und Behörde, das Voraussetzung für eine sinnvolle Zusammenarbeit im Verwaltungsverfahren und damit auch für die **Effizienz des Verwaltungshandelns** ist (Begr 54; UL § 23 Rn 8; Knack 2). Der Anspruch auf die Geheimhaltung persönlicher Daten in Verwaltungsverfahren ist auch ungeschriebener Bestandteil des europäischen Verwaltungsverfahrensrechts (Schwarze DVBl 1996, 881; Gassner DVBl 1995, 16) und gilt deshalb auch insoweit, als Verwaltungsverfahren der Umsetzung von Rechtsvorschriften des EU-Rechts dient (StBS 30).

2 **2. Anwendungsbereich. a) Unmittelbarer Geltungsbereich.** § 30 gilt unmittelbar nur für Verwaltungsverfahren nach dem VwVfG und gibt nur den Beteiligten (§ 13) eines anhängigen Verwaltungsverfahrens (§ 9) einen Anspruch auf Wahrung ihrer „Geheimnisse" durch die Behörden. Die Regelung gilt an sich unmittelbar nur bis zum Abschluss des Verwaltungsverfahrens. Nach dem Zweck der Vorschrift, der insb auch darin besteht, das Vertrauen des Bürgers zu schützen, ist § 30 aber jedenfalls zumindest analog auch **über den Abschluss eines Verwaltungsverfahrens hinaus, anwendbar,** obwohl damit die Beteiligtenstellung der Verfahrensbeteiligten endet (ebenso Papier NJW 1985, 12; Knack 6; StBS 5). Die Verwaltungsverfahrensgesetze der Länder enthalten weitgehend gleich lautende Vorschriften. Soweit einige Bundesländer (Baden-Würtemberg, Nordrhein-Westfalen) ihre entspr Vorschriften aufgehoben haben, gelten die allgemeinen Grundsätze, die einen vergleichbaren Mindestschutz gewährleisten.

3 **b) Entsprechende Anwendung.** § 30 ist als **Ausdruck eines allgemeinen Rechtsgrundsatzes** sinngemäß-analog, soweit keine Sonderregelungen bestehen,

---

[1] BVerfG 67, 142 = NJW 1984, 2271; 80, 373; BVerwGE 74, 119; StBS 2; Knack 2; Obermayer 2; Schulze-Fielitz DVBl 1982, 338; Spanner DVBl 1984, 1004. Vgl allg zum Schutz personenbezogener Daten iwS BVerfG 89, 69 = NJW 1993, 2365; zu sich aus den Grundrechten ergebenden besonderen Schutzpflichten Kopp NJW 1994, 1753; zum Geheimnisschutz im Verfahren auch Cosack/Tomerius, NVwZ 1993, 841.

die gem § 1 oder § 2 vorgehen, entsprechend seinem Zweck und als Ausdruck eines allgemeinen Rechtsgedankens und insb auch als Folgerung aus Art 1, 2, 12 und 14 GG (vgl BVerfG 27, 344) **auch auf Geheimnisse Dritter anzuwenden,** die im Zusammenhang mit einem Verwaltungsverfahren zur Kenntnis der Behörde gelangen, zB von Zeugen, Sachverständigen, Informanten, Familienangehörigen der Beteiligten, Bevollmächtigten und Vertretern der Beteiligten usw (UL § 23 Rn 8; Obermayer 9 ff; Knack 6; StBS 6). Dafür spricht nicht zuletzt auch die **Parallele zur Akteneinsicht,** bei der gem § 29 Abs 2 ebenfalls die entsprechenden Dritten in den Schutzbereich mit einbezogen sind (Knack 6).

Die Verpflichtung zur Wahrung der Geheimnisse des Bürgers gilt nicht nur für die Behörde, die das Verfahren geführt hat, sondern **für alle Behörden,** die, wie auch immer amtlich oder außeramtlich Kenntnis von Geheimnissen eines Bürgers erlangt haben oder erlangen, einschließlich der Behörden, die sonst nicht unter das VwVfG fallen (str; vgl idS auch StBS 5: auch außerhalb des durch §§ 1 und 2 bestimmten Anwendungsbereich). 4

Darüber hinaus muss § 30 als Ausdruck eines vor allem auch verfassungsrechtlich begründeten **allgemeinen Rechtsgedankens** auch außerhalb des Anwendungsbereichs des VwVfG und ohne notwendigen Zusammenhang mit einem Verwaltungsverfahren gem § 9 sinngemäß-analog **auch auf sonstiges öffentlichrechtliches Verwaltungshandeln** angewandt werden (StBS 6; zweifelnd Knack 6 unter Hinweis auf BVerwG MDR 1983, 344), auch auf Verfahren zum Erlass von VOen oder Satzungen, sowie grundsätzlich auch auf privatrechtliche (fiskalische) Handlungen der Verwaltung zur Erfüllung öffentlicher Aufgaben (Achterberg JA 1985, 510; v Zezschwitz NJW 1983, 1881). 5

c) Spezielle Regelungen. Nicht berührt werden von § 30 **sonstige Geheimhaltungsvorschriften** zum Schutz bestimmter öffentlicher Interessen oder von Interessen Dritter, zum Schutz des Bestandes des Bundes und der Länder usw, zB § 30 Abs 2 AO (s dazu BVerwG DVBl 1982, 696) und die **Vorschriften des Beamtenrechts** über die **Amtsverschwiegenheit.** Das gilt sowohl für den Fall, dass sie strengere Geheimhaltungspflichten enthalten, als auch dann, wenn sie als speziellere Normen Einschränkungen des Geheimhaltungsanspruches enthalten. Anwendbar bleiben auch die **Datenschutzgesetze,** die sich heute nicht mehr nur wie früher (vgl VGH München BayVBl 1987, 119) grundsätzlich nur auf „Daten" ieS beziehen, sondern zT auch auf sonstige Informationen (vgl zB Büllesbach NJW 1991, 2593; Dammann NVwZ 1991, 640). 6

d) Konkordanz. Da § 20 das Verbot „unbefugter" Offenbarung enthält, wird sich im Regelfall eine Abweichung der damit geregelten Rechte und Pflichten von bereichsspezifischen spezielleren Regeln nicht ergeben. Wie letztere ist auch § 30 stets vor dem Hintergrund der betroffenen grundrechtlichen Gewährleistungen zu verstehen und auszulegen. 7

II. Geheimhaltungsanspruch

1. Begriff des Geheimnisses. Geheimnisse iS von § 30 sind alle Tatsachen, Umstände, Vorgänge usw, die nur einem begrenzten Personenkreis bekannt sind und an deren Wahrung der Geheimnisträger ein schutzwürdiges Interesse hat.[2] und die **auf Grund bestehender Rechtsvorschriften** oder nach **allgemeiner Anschauung,** insb auch unter Berücksichtigung der im Verfassungsrecht vorgegebenen Wertungen, **Dritte „nichts angehen"** (MuLö BayVBl 1990, 765). Das setzt idR einen personalen Bezug des Geheimnisses voraus (StBS 9; Obermayer 14). Der Begriff entspricht dem Geheimnisbegriff des Strafrechts gem § 203 Abs 2 8

[2] Länderausschuss NVwZ 1986, 284; MB 7; Knemeyer NJW 1984, 2243; Obermayer 12; StBS 8; Knack 7.

StGB (Knack 7) und des Prozessrechts gem § 170 GVG; er schließt den Begriff der **geheimzuhaltenden Vorgänge** iS von § 5 Abs 2 S 2 und § 29 Abs 2 mit ein. Er ist wie dieser in tatsächlicher und rechtlicher Hinsicht **gerichtlich voll überprüfbar;** die Behörde hat insoweit **keinen Beurteilungsspielraum** (vgl VGH München NVwZ 1990, 778; StBS 14). Maßgeblich sind nicht allein die Vorstellungen des Beteiligten; die Geheimnisse **müssen auch objektiv unter** Berücksichtigung vor allem auch der Wertungsvorgaben des Verfassungsrechts (s oben Rn 1) **geheimhaltungswürdig** sein (StBS 8; Knack 7).

9 **a) Persönlichkeitssphäre.** Zu den Geheimnissen iS von § 30 gehören grundsätzlich alle **Privatgeheimnisse,** die unter den Schutz der Persönlichkeits- und Intimsphäre fallen (VGH München BayVBl 1978, 870; BVerwGE 50, 264) zB die **gesundheitlichen** (vgl zu Patientendaten auch BVerwGE 82, 60 – zweifelhaft, soweit das BVerwG im konkreten Fall die Weitergabe für zulässig hält), **familiären** und **wirtschaftlichen** Verhältnisse einer Person (vgl UL § 23 Rn 9; zu Ehescheidungsakten auch BVerfG 27, 353), frühere Verfehlungen usw; **nicht dagegen** schlechthin alle den Bürger persönlich betreffenden Tatsachen und Umstände (Meyer-Teschendorf ZBR 1979, 266; sehr eng BVerfG 65, 45; Wilde BayVBl 1986, 231).

9a **b) Betriebs- und Geschäftsgeheimnisse.** Zu den Geheimnissen zählen weiter Betriebs- und Geschäftsgeheimnisse, also Tatsachen, die im Zusammenhang mit einem Geschäftsbetrieb stehen und an deren Geheimhaltung der Unternehmer ein schutzwürdiges wirtschaftliches Interesse hat.[3] Für Unternehmen bezeichnen Geschäfts- und Betriebsgeheimnisse gleichzeitig abschließend die von § 30 geschützten Geheimnisse (Länderausschuss NVwZ 1986, 284). Dabei versteht man unter dem Begriff des **Betriebsgeheimnisses** die Tatsachen, die die technische Seite des Unternehmens betreffen, wie zB **Produktionsmethoden** und **Verfahrensabläufe;** von dem Begriff des **Geschäftsgeheimnisses** werden die Geheimnisse des kaufmännischen Bereichs des Unternehmens umfasst, zB **Kalkulationen, Marktstrategien, Kundenlisten** (Länderausschuss NVwZ 1986, 284). Im Einzelnen kann zur Abgrenzung wegen der Identität des Schutzobjekts auch auf die **Rspr** und das Schrifttum zu § 203 Abs 2 StGB,[4] dem die Vorschrift nachgebildet ist, und zu § 170 GVG zurückgegriffen werden (Meyer-Teschendorf ZBR 1979, 267).

9b **c) Mehrheit der Betroffenen.** Beziehen sich geheimhaltungsbedürftige Tatsachen uä zugleich auf mehrere Personen, so sind sie schon dann geheimzuhalten, wenn die Voraussetzungen für eine der beteiligten Personen erfüllt sind und eine Offenbarung nicht möglich ist, ohne deren Rechte zu verletzen (**aA** offenbar VGH München BayVBl 1990, 214). Sind die Informationen ihres persönlichen Charakters entkleidet, handelt es sich also um statistische oder anonyme Daten, so fallen sie nicht unter den Begriff des Geheimnisses. Gleiches gilt für Informationen, die allgemein oder jedenfalls einer unbestimmten Vielzahl von Personen bekannt sind.

10 **2. Unbefugte Offenbarung von Geheimnissen. a) Begriff der Offenbarung.** Erfasst werden alle Formen der Offenbarung von Geheimnissen, außer schriftlichen oder mündlichen Mitteilungen oder Äußerungen auch zB die Gewährung von **Akteneinsicht** (vgl dazu § 29 Rn 36 ff), die Erteilung von **Auskünften,** konkludentes Verhalten usw, uU sogar Schweigen (beredtes Schweigen). Die Offenbarung muss nicht notwendig in typisch dienstlichen Zusammen-

[3] Vgl auch BGH NJW 1977, 1062; BayObLG NJW 1991, 439 – uU auch Geheimnisse, die der Unternehmensinhaber selbst nicht kennt, die er aber als Geheimnisse gewahrt wissen möchte, wenn er Kenntnis hätte –.

[4] S dazu allg auch OLG Schleswig NJW 1985, 1091, in der entschiedenen Sache jedoch mit kaum vertretbarem Ergebnis.

hängen erfolgen. Ausreichend sind **Mitteilungen im privaten Kreis,** die Angabe auf einem Beleg für eine Geldüberweisung, dass die Zahlung als Sozialleistung erfolgt (BVerwG NJW 1995, 410), Mitteilungen innerhalb der Behörde an nicht dienstlich mit der Sache befasste Bedienstete[5] usw, gleichgültig zu welchen Zwecken; angesichts der allgemeinen Fassung der Vorschrift auch im Verhältnis der Behörden untereinander (ebenso UL § 23 Rn 10; Papier NJW 1985, 12; StBS 15), insb **auch im Rahmen der Amtshilfe.**[6]

Unerheblich ist, **ob** die Offenbarung des Geheimnisses **bewusst oder vorsätzlich** erfolgt; um eine Offenbarung eines Geheimnisses handelt es sich auch dann, wenn ein Geheimnis einem Dritten durch **fahrlässiges Verhalten** eines Bediensteten der Behörde bekannt wird (UL § 23 Rn 10; Knack 8), zB wenn ein Dritter von einem offen herumliegenden Schriftstück Kenntnis nehmen kann (ebenso Knack 8). 11

b) Begriff der Befugnis. Befugt ist eine Offenbarung, wenn sie entweder durch Rechtsvorschriften, durch Einwilligung des Berechtigten oder durch allgemeine Rechtsgrundsätze gerechtfertigt ist. Kein Grund, der eine Offenbarung von Geheimnissen rechtfertigt, ist der Umstand, dass ein Geheimnis ohnehin bereits vielen Personen bekannt geworden ist, sofern der **Geheimnischarakter** nicht bereits entfallen ist (vgl Rn 9a). Solange die Betroffenen nicht selbst auf weitere Geheimhaltung verzichten, muss die Behörde auch solche Tatsachen als geheim behandeln und darf sie nicht gewissermaßen „amtlich bestätigen";[7] sie darf allenfalls ohne eigene Stellungnahme auf Äußerungen Dritter in der Presse usw zur Sache hinweisen. Etwas anderes gilt für den Fall der Offenkundigkeit, weil dann der Charakter eines „Geheimnisses" verloren ist und die Schutzwürdigkeit entfällt. Das bedeutet allerdings keine Ermächtigung für eine Information der Allgemeinheit. 12

aa) Rechtsvorschriften. Rechtsvorschriften können die Behörde zur Weitergabe von Informationen berechtigen oder verpflichten. Voraussetzung ist, dass die fraglichen Bestimmungen Ausdruck einer Abwägung seitens des Gesetzgebers in Bezug auf die kollidierenden Interessen der Geheimhaltung einerseits und der Offenbarung andererseits sind. Vor diesem Hintergrund müssen solche Rechtsvorschriften auch ausgelegt werden. **Beispiele:** § 35 Abs 2 SGB I; § 31 AO; § 116 BSHG; § 47 BAföG; § 25 WoGG; §§ 35 ff StVG. Die Regelung über die Akteneinsicht nach § 29 Abs 2 stellt keine Befugnisnorm dar, weil sie sich ihrerseits an den Maßstäben des § 30 orientieren muss. 13

bb) Amtshilfe als Rechtfertigung? Umstritten ist, ob die Weitergabe von Informationen durch die Verpflichtung zur Amtshilfe gerechtfertigt werden kann. Dies wird teilweise angenommen (Knack 11; Bullinger NJW 1978, 2126; UL § 23 Rn 10). Die hM geht demgegenüber zutreffend davon aus, dass § 30 eine Vorschrift iSd § 5 Abs 2 S. 2 darstellt und dass die ersuchte Behörde eine anderweitige Ermächtigung braucht, wenn sie Informationen offenbart, die unter § 30 fallen (StBS 23; Obermayer 54; Cehner 107 ff). 14

cc) Zustimmung. Die Zustimmung der Beteiligten kann die Offenbarung rechtfertigen, soweit diese über die Geheimnisse allein verfügen können (Begr. 54; 15

---

[5] Obermayer 34; Knemeyer NJW 1984, 2244; Knack 3.3; Heckel NVwZ 1994, 224; **aA** StBS 22: nur gegenüber anderen Behörden.

[6] StBS 7 und 23 – unter Hinweis darauf, dass bei der Amtshilfe jedoch häufig bei der bei § 30 vorzunehmenden Güter- und Interessenabwägung – das Informationsinteresse der ersuchenden Behörde überwiegt –; Obermayer 43 ff; Schwan VerwArch 1975, 132; **aA** Knack 3.4.2; Bullinger NJW 1978, 2126; Steinbömer DVBl 1981, 341; Meyer-Teschendorf ZBR 1979, 261.

[7] Vgl OLG München NJW 1986, 162; im Wesentlichen auch StBS 15 und Knack 11: außer wenn die Tatsachen so offenkundig sind, dass sie den Charakter als Geheimnisse verloren haben; ähnlich Begr 54; OLG Frankfurt NVwZ 1982, 215: kein Geheimnisschutz mehr.

BVerfG 27, 344; UL § 23 Rn 10; Länderausschuss NVwZ 1986, 284; StBS 16; Obermayer 47). Betrifft das Geheimnis mehrere Personen, so müssen sie sämtlich zustimmen. Ein nachträgliche Zustimmung reicht aus (StBS 17), auch ist die Zustimmung nicht notwendig ausdrücklich zu erteilen.

16 **cc) Allgemeine Rechtsgrundsätze.** Allgemeine Rechtsgrundsätze können ebenfalls dazu führen, dass die Offenbarung nicht unbefugt iSd § 30 ist. Dies ist dann anzunehmen, wenn eine Interessen- und Güterabwägung ergibt, dass die Offenbarung zur **Wahrung höherrangiger Rechtsgüter** der Allgemeinheit oder Einzelner erforderlich ist.[8] Umstritten ist, ob auch fiskalische Interessen die Offenbarung rechtfertigen können (bejahend Koch 25 zu § 30 AO; verneinend Mössner DVBl 1987, 1233). Richtigerweise wird eine Rechtferigung durch gewichtige fiskalische Interessen nicht grundsätzlich ausgeschlossen; maßgebend sind die Umstände des Einelfalls.

17 **3. Geschützter Personenkreis.** § 30 gilt nach dem Wortlaut der Vorschrift für **die Beteiligten** (§ 13) eines Verfahrens. Als solche sind über den Wortlaut hinaus **auch andere Personen** anzusehen, deren Geheimnisse im Rahmen dieses oder eines anderen Verwaltungsverfahrens bekannt oder aktenkundig geworden sind. Das gilt auch für Verfahren, die bereits abgeschlossen sind und auch für die Geheimnisse Dritter, die nicht iSd § 13 beteiligt sind oder waren (ebenso Papier NJW 1985, 12; StBS 5: auch Beteiligte früherer Verfahren; siehe auch Rn 4).

III. Rechtsfolgen der Verletzung der Geheimhaltungspflicht

18 **1. Rechtsfolgen hinsichtlich der späteren Entscheidung.** Der im Verlauf des Verwaltungsverfahrens erlassene VA ist bei einem Verstoß gegen Geheimhaltungspflichten nur dann rechtswidrig, wenn der VA auf diesem Fehler beruht. Das ist nur dann anzunehmen, wenn die rechtswidrig erlangte Kenntnis von einem Geheimnis den Inhalt der Entscheidung beeinflusst hat und der Verstoß zum Verwertungsverbot führt (StBS 28). Dies dürfte ein eher seltener Ausnahmefall sein. Zum **Verwertungsverbot** siehe § 26 Rn 10. Typischerweise führt der Verstoß gegen Geheimhaltungspflichten im Rahmen eines Verwaltungsverfahrens zu einer selbstständigen Beschwer außerhalb des Verfahrens. Die Verletzung der Geheimhaltungspflicht kann außerdem die **Besorgnis der Befangenheit** des handelnden Bediensteten begründen und dadurch auch weitere Konsequenzen für das Verwaltungsverfahren haben (StBS 28).

19 **2. Rechtsschutz bei Verletzung der Geheimhaltungspflicht.** Die unbefugte Offenbarung eines Geheimnisses iSd § 30 löst idR den **allgemeinen Abwehranspruch** (s hierzu BVerwGE 94, 100 = NVwZ 1994, 275; Ramsauer JuS 1995, 60; ders Assessorexamen, Rn 25.01) aus, dessen Geltendmachung durch § 44 a VwGO nicht ausgeschlossen wird. Auch für Beteiligte gilt § 44 a VwGO hier nicht (VGH München BayVBl 1985, 631; Knack 14; StBS 28; im Ergebnis auch Obermayer 67; VGH Kassel DÖV 1988, 468). weil die Verletzung des Geheimhaltungsanspruchs eine selbstständige rechtliche Beeinträchtigung enthält, die idR unabhängig vom Ausgang des Verwaltungsverfahrens ist. Möglich ist die Geltendmachung eines **Unterlassungsanspruchs** bei drohender Verletzung (Kopp/Schenke vor § 40 Rn 33) oder eines **Folgenbeseitigungsanspruchs,** der sich zB auf die Verpflichtung zur Rückforderung unbefugt herausgegebener Unterlagen beziehen

---

[8] Vgl Begr 54; ebenso BVerwGE 35, 227; 49, 93; 84, 379; BVerwG DVBl 1981, 505; 1992, 298; VGH Mannheim DVBl 1992, 1309; OVG Hamburg NJW 1981, 697; VGH München BayVBl 1987, 119 zu Mitteilungen des Gesundheitsamts über Bedenken hins der Fahrtauglichkeit; Länderausschuss für Immissionsschutz NVwZ 1986, 284; OLG Celle NJW 1990, 1802; StBS 20; Knack 12; Obermayer 56; UL § 23 Rn 10; IV; Steinberg UPR 1988, 4; Fluck NVwZ 1994, 1048; vgl auch BVerfG 27, 353: nur wenn der Grundsatz der Verhältnismäßigkeit nicht entgegensteht; BVerfG 32, 380; 80, 374.

kann. Auch die Verpflichtung zum Widerruf einer unter Verletzung der Geheimhaltungspflicht aufgestellten Behauptung kommt in Betracht (StBS 28).

3. Sonstige Rechtsfolgen. Die unbefugte Offenbarung von Geheimnissen kann **strafrechtliche Konsequenzen** haben, wenn und soweit die Tatbestände zB der §§ 203 Abs 2, 204, 353 a ff StGB verletzt sind. Im Übrigen kann die Verletzung von Geheimhaltungspflichten für den handelnden Beamten disziplinarrechtliche Konsequenzen haben und zu einem Schadensersatzanspruch wegen **Amtspflichtverletzung** (Art 34 GG iVm 839 BGB führen, der auch Schmerzensgeld umfassen kann (UL § 23 Rn 11; StBS 28; Kunkel VBlBW 1992, 49; MB 25). 20

Abschnitt 2. Fristen, Termine, Wiedereinsetzung

§ 31 Fristen und Termine

(1) **Für die Berechnung von Fristen und für die Bestimmung von Terminen gelten die §§ 187 bis 193 des Bürgerlichen Gesetzbuchs**[14] **entsprechend, soweit nicht durch die Absätze 2 bis 5 etwas anderes bestimmt ist.**

(2) **Der Lauf einer Frist, die von einer Behörde gesetzt wird, beginnt mit dem Tag, der auf die Bekanntgabe der Frist folgt, außer wenn dem Betroffenen etwas anderes mitgeteilt wird.**[28]

(3) **Fällt das Ende einer Frist auf einen Sonntag, einen gesetzlichen Feiertag oder einen Sonnabend, so endet die Frist mit dem Ablauf des nächstfolgenden Werktags.**[30] **Dies gilt nicht, wenn dem Betroffenen unter Hinweis auf diese Vorschrift ein bestimmter Tag als Ende der Frist mitgeteilt worden ist.**[30 a]

(4) **Hat eine Behörde Leistungen nur für einen bestimmten Zeitraum zu erbringen, so endet dieser Zeitraum auch dann mit dem Ablauf seines letzten Tages, wenn dieser auf einen Sonntag, einen gesetzlichen Feiertag oder einen Sonnabend fällt.**[34]

(5) **Der von einer Behörde gesetzte Termin ist auch dann einzuhalten, wenn er auf einen Sonntag, gesetzlichen Feiertag oder Sonnabend fällt.**[35]

(6) **Ist eine Frist nach Stunden bestimmt, so werden Sonntage, gesetzliche Feiertage oder Sonnabende mitgerechnet.**[37]

(7) **Fristen, die von einer Behörde gesetzt sind, können verlängert werden.**[40] **Sind solche Fristen bereits abgelaufen, so können sie rückwirkend**[42] **verlängert werden, insbesondere wenn es unbillig wäre, die durch den Fristablauf eingetretenen Rechtsfolgen bestehen zu lassen. Die Behörde kann die Verlängerung der Frist nach § 36 mit einer Nebenbestimmung verbinden.**

Parallelvorschriften: § 108 AO; § 26 SGB-X; § 27 VwGO; § 222 ZPO; § 17 FGG; § 54 FGO; §§ 64 ff SGG; §§ 42 f StPO; §§ 187–193 BGB

Die §§ 187–193 BGB haben den Wortlaut:

§ 187 Fristbeginn. (1) Ist für den Anfang einer Frist ein Ereignis oder ein in den Lauf eines Tages fallender Zeitpunkt maßgebend, so wird bei der Berechnung der Frist der Tag nicht mitgerechnet, in welchen das Ereignis oder der Zeitpunkt fällt.

(2) Ist der Beginn eines Tages der für den Anfang einer Frist maßgebende Zeitpunkt, so wird dieser Tag bei der Berechnung der Frist mitgerechnet. Das Gleiche gilt von dem Tage der Geburt bei der Berechnung des Lebensalters.

§ 188 Fristende. (1) Eine nach Tagen bestimmte Frist endigt mit dem Ablauf des letzten Tages der Frist.

(2) Eine Frist, die nach Wochen, nach Monaten oder nach einem mehrere Monate umfassenden Zeitraum – Jahr, halbes Jahr, Vierteljahr – bestimmt ist, endigt im Falle des § 187

Abs 1 mit dem Ablauf desjenigen Tages der letzten Woche oder des letzten Monats, welcher durch seine Benennung oder seine Zahl dem Tage entspricht, in den das Ereignis oder der Zeitpunkt fällt, im Falle des § 187 Abs 2 mit dem Ablauf desjenigen Tages der letzten Woche oder des letzten Monats, welcher dem Tage vorhergeht, der durch seine Benennung oder seine Zahl dem Anfangstag der Frist entspricht.

(3) Fehlt bei einer nach Monaten bestimmten Frist in dem letzten Monat der für ihren Ablauf maßgebende Tag, so endigt die Frist mit dem Ablauf des letzten Tages dieses Monats.

§ 189 Berechnung einzelner Fristen. (1) Unter einem halben Jahr wird eine Frist von sechs Monaten, unter einem Vierteljahr eine Frist von drei Monaten, unter einem halben Monat eine Frist von 15 Tagen verstanden.

(2) Ist eine Frist auf einen oder mehrere ganze Monate und einen halben Monat gestellt, so sind die 15 Tage zuletzt zu zählen.

§ 190 Fristverlängerung. Im Falle der Verlängerung einer Frist wird die neue Frist von dem Ablauf der vorigen Frist an berechnet.

§ 191 Berechnung von Zeiträumen. Ist ein Zeitraum nach Monaten oder nach Jahren in dem Sinne bestimmt, dass er nicht zusammenhängend zu verlaufen braucht, so wird der Monat zu 30, das Jahr zu 365 Tagen gerechnet.

§ 192 Anfang, Mitte, Ende des Monats. Unter Anfang des Monats wird der Erste, unter Mitte des Monats der 15., unter Ende des Monats der letzte Tag des Monats verstanden.

§ 193 Sonn- und Feiertag; Sonnabend. Ist an einem bestimmten Tage oder innerhalb einer Frist eine Willenserklärung abzugeben oder eine Leistung zu bewirken und fällt der bestimmte Tag oder der letzte Tag der Frist auf einen Sonntag, einen am Erklärungs- oder Leistungsort staatlich anerkannten allgemeinen Feiertag oder einen Sonnabend, so tritt an die Stelle eines solchen Tages der nächste Werktag.

Schrifttum: *App,* Überblick über die Berechnung von Fristen nach dem VwVfG, VR 1993, 3; *Foerster,* Besonderheiten beim Fristablauf im öffentlichen Recht, SKV 1972, 68; *Haueisen,* Zur Bedeutung der Antragsfristen bei öffentlich-rechtlichen Leistungen, NJW 1966, 1433; *Henneke,* Form- und Fristfragen beim Telefax, NJW 1998, 2194: *Johlen,* Zur Berechnung der Frist des § 3 Abs 2 S. 2 BauGB und des § 73 Abs 5 S. 1 VwVfG, BauR 1994, 561; *Köppl,* Die Ausschlussfristen im öffentlichen Recht, Diss. München 1970; *Kopp,* Wiedereinsetzung und Nachsicht bei Versäumung materiellrechtlicher Fristen, BayVBl 1977, 33; *Krause,* Wie lang ist ein Monat? – Fristberechnung ab Beispiel des § 5 Abs 3 VwVfG, NJW 1999, 1448; *Linhart,* Fristen und Termine im Verwaltungsrecht, 3. Aufl 1996; *Müller,* Geltung des § 186 BGB für die gesamte Rechtsordnung, NJW 1964, 1116; *Nipperdey,* Fristversäumnis bei der Anmeldung von Versorgungsansprüchen, NJW 1962, 321; *Sendler,* Anwendung allgemeiner Vorschriften des BGB im Verwaltungsverfahren, NJW 1964, 2137; *Steimel,* Aus der Praxis: Die zu spät abgegebene Hausarbeit, JuS 1982, 289; *Ule,* Zur rechtlichen Bedeutung von Ausschlussfristen im Verwaltungsprozess, BB 1979, 1009; *Volbers,* Fristen und Termine 7. Aufl 1993; *Siegltrum,* Grundfälle zur Berechnung von Fristen und Terminen gem §§ 187 ff BGB, JuS 1986, 705V.

Übersicht

I. Allgemeines

1. Inhalt. Die Vorschrift regelt die **Berechnung von Fristen und Terminen,** soweit diese für Verwaltungsverfahren (§ 9; s jedoch auch unten Rn 2) von Bedeutung sind. Das Gesetz knüpft hier an die vor Inkrafttreten des VwVfG hM an, wonach die **Vorschriften des BGB als Ausdruck allgemeiner Rechtsgrundsätze** im Zweifel auch für die Berechnung von Fristen und Terminen im Verwaltungsrecht anzuwenden waren.[1] Abs 1 schreibt in Übereinstimmung damit die entspr Anwendung der Vorschriften des BGB über Fristen und Termine vor. Die Abs 2–5 enthalten in Anlehnung an einige Sonderregelungen (zB §§ 124 RVO; § 115 FlurBG aF; §§ 108f. AO 1977) ergänzend einige eigenständige Re- 1

[1] Vgl BVerwGE 44, 47; BVerwG DVBl 1970, 417; RGZ 113, 240; F 174; vgl auch §§ 108f AO.

gelungen, die sich aber inhaltlich ebenfalls an die Vorschriften des BGB anlehnen. Im Zweifel kann daher auch insoweit auf die Rspr zu §§ 187ff BGB zurückgegriffen werden.

2 Die **Vorschrift regelt nur die Berechnung,** nicht die Befugnis zur Setzung von Fristen. Für materiellrechtliche Fristen ist nach den Grundsätzen des Vorbehalts des Gesetzes stets eine **gesetzliche Ermächtigung** der Behörde erforderlich (BayVerfGH NVwZ 1986, 292; FG Kiel NJW 1980, 87; StBS 13 mwN; Knack 6). Die Befugnis der Behörde zur Setzung von Fristen innerhalb eines Verwaltungsverfahrens folgt dagegen grundsätzlich aus ihrer **Verfahrensherrschaft** (s Rn 7).

3 **2. Anwendungsbereich.** Die Vorschrift gilt unmittelbar nur im Anwendungsbereich des VwVfG für Verwaltungsverfahren iSd § 9. Die Verwaltungsverfahrensgesetze der Länder enthalten gleichlautende Regelungen. Obwohl § 31 im Teil II des VwVfG über das Verwaltungsverfahren ieS (§ 9) steht, sind die hier getroffenen Regelungen zumindest analog im Zweifel auch auf die Berechnung von Fristen oder Terminen im **Bereich der sonstigen öffentlichen Verwaltung** analog anwendbar (ebenso StBS 3; Knack vor § 31 Rn 8). § 31 ist außerdem gem § 79 auch im **Widerspruchsverfahren** gem §§ 68ff VwGO anwendbar. In Verträgen gem §§ 54ff können für Fristen und Termine abweichende Regelungen getroffen werden, hilfsweise gelten im Zweifel auch hier die Bestimmungen gem § 31 (Knack 3). Für das Handeln der Behörden **im Bereich des Privatrechts** und des **Verwaltungsprivatrechts** gelten die §§ 187–193 BGB unmittelbar, hilfsweise gilt § 31 analog, soweit das Handeln der Erfüllung öffentlicher Aufgaben dient. Die wohl hM wendet im Bereich des Fiskalrechts und des Verwaltungsprivatrechts dagegen allein die §§ 186ff BGB unmittelbar an (StBS 3; Knack vor § 31 Rn 8).

II. Allgemeines zu Fristen und Terminen

4 **1. Begriffliches.** Die Vorschrift enthält keine eigenständige Begriffsbestimmung für Fristen und Termine. Allgemein wird angenommen, dass das Gesetz die Begriffe mit demselben Inhalt verwendet, der sich zu den §§ 186ff BGB herausgebildet hat (VGH München NJW 1991, 1250; StBS 5). **Fristen** iS der Vorschrift sind **festgelegte Zeiträume,** die der Behörde, den Beteiligten (§ 13) oder Dritten für bestimmte Verfahrenshandlungen zur Verfügung stehen. Voraussetzung ist, dass Anfangs- und Endpunkt des Zeitraums bestimmt (zB „am 1. 6. 2002") sind oder sich jedenfalls für den Betroffenen genau bestimmen lassen (zB „innerhalb eines Monats"). Dieses ist nicht der Fall, wenn bestimmte Verfahrenshandlungen zB „umgehend" (OVG Koblenz, NJW 1993, 2457) oder „unverzüglich" (ohne schuldhaftes Zögern, vgl § 121 BGB) zu erfolgen haben. **Termine** sind von einer Behörde festgesetzte oder durch Gesetz **bestimmte Zeitpunkte** für ein bestimmtes Handeln, insbesondere für gemeinsames Handeln bzw Verhandeln. Ist eine Frist bestimmt, so muss etwas innerhalb eines Zeitraums, ist ein Termin bestimmt, so muss es zu einem bestimmten Zeitpunkt geschehen (Knack 4; UL § 29 Rn 1). Eine Frist muss nicht notwendig aus einem einzigen zusammenhängenden Zeitraum bestehen.

5 **2. Arten von Fristen.** Die Rechtsordnung kennt eine Fülle unterschiedlicher Arten von Fristen, für die jeweils auch unterschiedliche Regeln gelten. So gelten die Abs 2 u 7 für behördliche Fristen, § 32 dagegen nur für gesetzliche Fristen. Deshalb ist es erforderlich, die einzelnen Fristarten zu unterscheiden.

6 **a) Gesetzliche und behördliche Fristen. Gesetzliche Fristen** sind solche, die durch Rechtsnormen (Gesetz, VO oder Satzung; VwV reichen dagegen nicht aus) festgelegt sind. Dabei kommt es nicht darauf an, ob die Frist unmittelbar durch Rechtsnorm geregelt ist (zB bei Antragstellung jeweils bis spätestens 31. 12. eines Jahres) oder ob die Rechtsnorm den Zeitraum durch Festlegung von An-

fangs- und Endpunkt bestimmt (zB Klagerhebung innerhalb eines Monats nach Zustellung des Widerspruchsbescheides). Gesetzliche Fristen stehen nicht zur Disposition der Beteiligten; die Behörde kann ihren Lauf zwar auslösen (zB die Frist in § 70 VwGO durch Bekanntgabe des VA), nicht aber die Frist selbst setzen (unklar insoweit Obermayer 10). Gesetzliche Fristen können auch von der Behörde grundsätzlich nicht verändert, insbesondere auch nicht verlängert werden, sofern im Gesetz nicht ausnahmsweise etwas anderes bestimmt ist (zB Verlängerung der Geltungsdauer von Baugenehmigungen nach den LBauOen). Im übrigen kommt eine Verlängerung gesetzlicher Fristen auch zugunsten des Bürgers grundsätzlich nicht in Betracht; möglich ist allein die Wiedereinsetzung in den vorigen Stand (vgl § 32 bzw § 60 VwGO) im Falle unverschuldeter Fristversäumnis. **Behördliche Fristen** sind dagegen solche, die von der Behörde selbst gesetzt, dh insbesondere bemessen werden (dürfen). Sie stehen zur Disposition der federführenden Behörde und können nach § 31 Abs 7 grundsätzlich von der Behörde verlängert werden, uU auch rückwirkend.

b) Materiellrechtliche und verfahrensrechtliche Fristen. Die Unterscheidung zwischen materiellrechtlichen und verfahrensrechtlichen Fristen entspricht derjenigen im Prozessrecht (vgl Kopp/Schenke § 57 Rn 1). Als **verfahrensrechtliche Fristen** werden solche bezeichnet, deren Bedeutung sich im Ablauf eines konkreten Verwaltungsverfahren erschöpft. Sie berühren anders als die materiellrechtlichen Fristen nicht unmittelbar die materiellrechtliche Position der Beteiligten. Die Unterscheidung hat Bedeutung für die Präklusionsfristen (s unten Rn 10) sowie für die Erforderlichkeit einer gesetzlichen Grundlage. Soweit die Behörde Fristen nur im Rahmen eines Verwaltungsverfahrens setzt, bedarf sie hierfür keiner besonderen Ermächtigung; die Befugnis der Behörde zur Setzung von Verfahrensfristen folgt vielmehr aus ihrer allgemeinen Verfahrensherrschaft (StBS 13). Für **Fristen mit materiellrechtlichem Charakter** ist nach den allgemeinen Grundsätzen des Gesetzesvorbehalts stets eine gesetzliche Ermächtigung erforderlich (BVerwG NVwZ 1994, 575; VGH München, NVwZ 1986, 290; StBS 13; Knack 6). Eine Ausnahme gilt nach VGH Mannheim NVwZ 1995, 278 für die materiellrechtlich nicht geregelte staatliche Leistungsgewährung. 7

c) Eigentliche und uneigentliche Fristen. Die Unterscheidung zwischen eigentlichen (echten) und uneigentlichen Fristen stammt aus dem Prozessrecht. Als **eigentliche Fristen** werden danach diejenigen bezeichnet, die den Beteiligten für die Vornahme von verfahrenshandlungen regulär zur Verfügung stehen (zB Widerspruchsfrist anch § 70 VwGO) oder bon der Behörde gesetzt werden. Als **uneigentliche Fristen** werden herkömmlich diejenigen gesetzlichen Fristen bezeichnet, die weder von der Behörde nach § 31 Abs 7 verlängert werden können, noch eine Wiedereinsetzung in den vorigen Stand zulassen (StBS 8). Die uneigentlichen Fristen haben einen **strikten Charakter;** ihre Versäumung kann nur unter ganz engen Voraussetzungen (höhere Gewalt usw) folgenlos bleiben (s Rn 12). Der Begriff wird normalerweise mit dem Begriff Ausschlussfrist bzw **Präklusionsfrist gleichgesetzt** (vgl Knack 7), teilweise wird aber auch ein Unterschied zwischen Ausschlussfristen im weiteren und im engeren Sinne gemacht. So soll es sich bei § 73 Abs 4 nach StBS § 73 Rn 86 um eine Präklusionsfrist im weiteren Sinne handeln, was die Möglichkeit einer Wiedereinsetzung nicht ausschließe (s näher unten Rn 10 sowie § 73 Rn 80 ff). 8

3. Ausschluss- bzw Präklusionsfristen. a) Allgemeines. Für das Verwaltungsverfahren von großer Bedeutung sind (materielle und formelle) Ausschluss- bzw Präklusionsfristen, die nicht verlängert werden können und nach deren Ablauf eine Wiedereinsetzung selbst bei unverschuldeter Versäumung der Frist nicht möglich ist. Nach der oben (Rn 8) angeführten Unterscheidung handelt es sich um uneigentliche Fristen. Nach Ablauf einer verfahrensrechtlichen Ausschlussfrist können die entsprechenden Rechtshandlungen im Verwaltungsverfahren nicht 9 mehr wirksam vorgenommen werden; die Verfahrenshandlung ist unzulässig (StBS 10). Tritt materielle Präklusion ein, verliert der Betroffene darüber hinaus die materielle Rechtsposition mit der Folge, dass er diese auch im gerichtlichen Verfahren nicht mehr wirksam geltend machen kann. In der Regel tritt damit auch der **Verlust der Antragsbefugnis** bzw der Klagebefugnis ein.[2]

10 Wegen der einschneidenden Folgen von Ausschlussfristen bedürfen diese stets einer gesetzlichen Grundlage und einer besonderen **verfassungsrechtlichen Rechtfertigung** (BVerfG NJW 1986, 1603; BVerwGE 72, 368; 74, 369; BVerwG NJW 1997, 2966). Der Ausschlusscharakter einer Frist muss sich hinreichend eindeutig aus den maßgeblichen Rechtsnormen ergeben. Voraussetzung ist weiter, dass die Ausgestaltung als Präklusionsfrist verfassungsrechtlich zulässig ist. Dies setzt voraus, dass ein öffentliches Interesse daran besteht, dass selbst bei unverschuldeter Fristversäumung keine Wiedereinsetzung in den vorigen Stand stattfindet. Dies kann zB der Fall sein, wenn ein Gesetz (oder eine VO) vorsieht, dass zu einem bestimmten Zeitpunkt über Zulassungsansprüche mehrerer Bewerber bei begrenzter Kapazität entschieden werden muss (VGH Mannheim DVBl 1988, 406 für Bewerbungsfristen für die Zulassung zum Studium; StBS 9). Das öffentliche Interesse muss nach dem Verhältnismäßigkeitsprinzip den generellen Ausschluss einer Wiedereinsetzung in den vorigen Stand rechtfertigen (vgl auch § 32 Rn 65).

11 **Ob eine Frist eine Ausschlussfrist idS ist,** ist **Auslegungsfrage,** die vor allem auch nach dem Zweck der Regelung zu beantworten ist. Der Zweck muss ein solches Gewicht haben, dass er die Präklusionswirkungen rechtfertigen kann. Um eine Ausschlussfrist handelt es sich immer dann, wenn „der Sinn der gesetzlichen Regelung mit **der Fristbeachtung steht und fällt**" (Münster NVwZ 1984, 387; MB 19 zu § 32) oder die Fristversäumung zur Folge hat, dass das materielle Recht erlischt.[3] Der Umstand allein, dass eine Frist den **Zweck** hat, der Behörde zu einem möglichst frühen Zeitpunkt eine **Übersicht darüber zu verschaffen,** welche Forderungen voraussichtlich zu erfüllen sein werden, rechtfertigt nicht notwendig die Annahme, dass die Frist eine Ausschlussfrist ist (OVG Münster NVwZ 1984, 387; MB § 32 Rn 19).

12 **b) Einzelfälle.** Wegen ihrer einschneidenden Wirkungen ist der Gesetzgeber gehalten, Präklusions- bzw Ausschlussfristen hinreichend deutlich als solche zu bezeichnen. Das gilt insbesondere für Fälle materieller Präklusion. Dies ist etwa geschehen in § 73 Abs 4; § 17 Abs 4 FStrG; § 10 Abs 4 LuftVerfG; § 29 Abs 4 PbefG; § 20 Abs 2 AEG; 28 Abs 2 BauGB sowie in verschiedenen landesrechtlichen Bestimmungen zur Vergabe von Studienplätzen (hierzu Bay VerfGH NVwZ 1986, 290; OVG Münster DÖV 1977, 711). Zur Zulässigkeit von Präklusionsfristen bei Wiederholung einer Prüfung s VGH Mannheim DVBl 2002, 207. Im Einzelfall kann sich eine materielle Präklusionswirkung einer Norm auch durch Auslegung ergeben. Dies ist zB der Fall in § 48 Abs 4; § 36 Abs 2 S 2 BauGB.

13 **c) Ausnahmen von der Ausschlusswirkung.** Obwohl bei Präklusionsfristen die Wiedereinsetzung in den vorigen Stand grundsätzlich nicht möglich ist, werden unter bestimmten sehr engen Voraussetzungen Ausnahmen von der Präklusionswirkung gemacht. Dies ist etwa der Fall, wenn die Ausschlusswirkung **nicht mit Treu und Glauben** vereinbar wäre (OVG Koblenz NVwZ 1989, 381; KG Berlin NJW RR 1997, 643; StBS 10). Ein weiterer Ausnahmefall ist die Verpflichtung zur **Nachsicht bei höherer Gewalt** (BVerwG NJW 1986, 207;

---

[2] Str, wie hier OVG Bautzen SächsVBl 1997, 120; VGH Kassel NVwZ-RR 1991, 171, VGH München NJW 1980, 723; Brandt NVwZ 1997, 235; Wahl/Schütz in Schoch § 42 Rn 107; **aA** BVerwGE 60, 299; VGH Mannheim DVBl 1992, 438; Kopp/Schenke § 42 Rn 179.

[3] BVerwGE 21, 261; 24, 156; BVerwG Buchh 427.6 § 30 BFG Nr 1; OVG Berlin NJW 1975, 1530; OVG Münster NVwZ 1984, 387.

Knack 7). Problematisch ist die gelegentlich vertretene weitere Ausnahme in Fällen, in denen die Fristversäumnis auf **staatliches Fehlverhalten** zurückzuführen ist. Diese Ausnahme beruht auf dem Folgenbeseitigungsgedanken, der im Bereich des Sozialrechts zur Anerkennung eines sog **sozialrechtlichen Herstellungsanspruches** geführt hat (BSGE 57, 288, 290). Die Anerkennung eines solchen Herstellungsanspruchs, der zu Unbeachtlichkeit der Fristversäumnis führt, erfolgt im allgemeinen Verwaltungsverfahrensrecht nur sehr zögernd (vgl BVerwG NJW 1997, 71, 75; für Wohngeld VG Bremen NVwZ-RR 1996, 272; allg Pietzner/Müller VerwArch 1994, 603; StBS 10).

III. Berechnung von Fristen und Bestimmung von Terminen (Abs 1)

1. Anwendung der Regelungen des BGB. Nach Abs 1 sind, soweit in Abs 2–6 nichts anderes bestimmt ist, auch im Verwaltungsverfahrensrecht grundsätzlich die §§ 187–193 BGB entspr anzuwenden. Insoweit kann die Rspr zu diesen Vorschriften auch für das Verwaltungsverfahrensrecht herangezogen werden (vgl BVerwGE 44, 45; BVerwG DVBl 1970, 417). **Fristen** sind **nach Stunden, Tagen, Wochen, Monaten** usw zu bemessen. Eine Anordnung mit „unverzüglich" ist keine wirksame Fristbestimmung (OVG Münster NVwZ-RR 1993, 59). **Unverzüglich** bedeutet, dass die Handlung ohne schuldhaftes Zögern durchzuführen ist (§ 121 Abs 1 BGB). 14

2. Beginn der Frist. Für die Bestimmung des Fristbeginns gelten gem Abs 1 die Regelungen des § 187 BGB. Die Vorschrift unterscheidet zwei Fälle: Ist vorgesehen, dass der Fristbeginn durch ein Ereignis im Laufe eines Tages ausgelöst wird (erster Fall), wird dieser Tag bei der Fristberechnung nicht mitgezählt (§ 187 Abs 1 BGB). Soll die Frist dagegen mit dem Beginn eines Tages zu laufen beginnen (zweiter Fall), wird dieser erste Tag mitgezählt (§ 187 Abs 2 BGB). 15

a) Fristbeginn nach § 187 Abs 1 BGB. Nicht mitgezählt wird der Tag der Zustellung, Bekanntgabe bzw Bekanntmachung bei der Berechnung der **Rechtsbehelfsfristen,** Fristen für die Geltendmachung von Einwendungen (zB gem § 73 Abs 4) und ähnlicher Fristen; ebenso nicht bei der Berechnung **von Bekanntmachungsfristen,** zB gem § 41 Abs 2 und Abs 4 S 3 oder gem § 73 Abs 5 S 1 oder nach vergleichbaren Bestimmungen in anderen Gesetzen (vgl GSOBG NJW 1972, 2035); dasselbe müßte an sich auch für die **Berechnung von Auslegungsfristen** (zB nach § 73 Abs 3 S 1) und ähnlichen Fristen gelten (so zutreffend UL § 40 Rn 17; Erichsen/Ehlers § 39 Rn 35). Die hM geht demgegenüber davon aus, dass der erste Tag der Auslegung mitzählt, weil die Auslegung üblicherweise zu Beginn der Geschäftszeiten eines Tages anfängt (GSOGB BVerwGE 40, 363 = NJW 1972, 2035). 16

b) Fristbeginn nach § 187 Abs 2 BGB. Der erste Tag wird nach § 187 Abs 2 BGB dann mitgerechnet, wenn nach dem maßgeblichen Fachrecht der Beginn eines Tages für den Anfang der Frist maßgeblich sein soll. Nach hM ist § 187 Abs 2 auch auf die Monatsfrist bei der Auslegung von Unterlagen zB nach § 3 Abs 2 BauGB bzw nach § 73 Abs 3 anzuwenden (s hierzu § 73 Rn 36 ff). Grundgedanke ist, dass die Auslegung mit der Öffnung der Behörde am Morgen des ersten Auslegungstages beginnt, nicht dagegen mit einem Ereignis, welches in den Lauf eines Tages fällt. Dem Umstand, dass die Öffnung der Büros auch Ereignisse sind, die in den Lauf eines Tages fallen, wird unter teleologischen Aspekten hier keine entscheidende Bedeutung beigemessen. 16 a

c) Sonderfall Lebensalter. Bei der **Berechnung des Lebensalters** wird der Tag der Geburt mitgezählt, so dass das erste Lebensjahr bereits **am Tage vor** der ersten Wiederholung des **1. Geburtstages** vollendet wird und entsprechend jedes weitere Lebensjahr dann jeweils am Tag vor dem entsprechenden Geburtstag. Wer 17 am 1. Oktober geboren ist, vollendet somit das 18. Lebensjahr an einem 30. September und ist daher am 1. Oktober bereits volljährig. Entsprechend vollendet er auch an einem 30. September das 65. Lebensjahr und tritt, falls er Beamter ist, mit Ablauf des Monats September in den Ruhestand (Beispiel nach Knack 4.3; vgl auch BVerwGE 30, 167).

18 **3. Ende der Frist. a) Allgemeines.** Für die Berechnung des Fristendes kommt es darauf an, ob nach den oben (Rn 15) dargestellten Regeln der erste Tag mitgezählt wird, oder nicht. **Wird der erste Tag nicht mitgezählt,** weil die Frist ausgelöst wird durch ein Ereignis, das in den Lauf eines Tages fällt, so endet die Frist mit Ablauf des Tages, der durch seine Bezeichnung dem Tag entspricht, der durch seine Bezeichnung dem Tag entspricht, an dem die Frist begonnen hat. Wird also eine Monatsfrist durch die Bekanntgabe eines VA am 17. des Monats ausgelöst, so endet sie mit dem Ablauf des 17. des Folgemonats; eine Wochenfrist, die durch Zustellung am Montag einer Woche ausgelöst wird, endet mit dem Ablauf des Montags der Folgewoche. **Wird dagegen der erste Tag mitgezählt,** weil die Frist nach der maßgeblichen Vorschrift mit dem Beginn eines Tages ausgelöst wird, so endet die Frist mit dem Ablauf desjenigen Tages, der dem Tag vorangeht, der durch seine Bezeichnung dem Tag entspricht, an dem die Frist beginnt, also gegenüber der oben dargestellten Regelung einen Tag früher. Beginnt also die Auslegung eines Plans nach § 73 Abs 3 am 17. eines Monats, so endet in diesem Fall die Monatsfrist bereits am 16. eines Folgemonats, wird eine Wochenfrist durch den Beginn eines Tages ausgelöst, so endet eine am Dienstag ausgelöste Frist mit dem Ablauf des Montags in der folgenden Woche.

b) Beispiele. Erhält zB eine Behörde am 22. 9. 1990 **Kenntnis von Tatsachen,** die die Rücknahme eines VA rechtfertigen, so kann sie ihn gem § 48 Abs 4 S 1 nur bis spätestens zum Ende des 22. 9. 1991 – maßgeblich ist insoweit gem § 43 Abs 1 iVm mit den gesetzlichen Vorschriften über die Bekanntgabe von VAen der Zeitpunkt des Zugangs der Rücknahme, nicht der Aufgabe zur Post usw (s § 43 Rn 34) – zurücknehmen (Beispiel nach UL § 29 Rn 15).

19 **c) Sonderregelungen für das Monatsende. Fehlt** bei einer nach Monaten bzw mehreren Monaten (zB auch ein Jahr, ein Vierteljahr) bestimmten Frist in dem letzten Monat der für ihren Ablauf maßgebliche **letzte Tag des Monats,** so endet die Frist gem § 188 Abs 3 BGB mit dem letzten Tag dieses Monats, zB eine am 31. 1. 1991 beginnende Frist von einem Monat am 28. 2. 1991 (vgl Palandt BGB § 188 Rn 2). Bei einer durch ein Ereignis am 31. 1. 1985 ausgelösten Frist ist in einem solchen Fall gem § 188 Abs 3 BGB Fristende am 28. 2. 1985.

20 **4. Wahrung von Fristen. a) Fristwahrende Handlung.** Maßgebend für die Wahrung einer gesetzlichen oder behördlichen Frist ist die Vornahme der in Frage stehenden Handlung vor Ablauf der Frist, bei Verfahrenshandlungen, die gegenüber der Behörde vorzunehmen sind, zB die Stellung eines Antrags, der Zeitpunkt des Eingangs des Antrags usw bei der zuständigen Behörde. Bei notwendiger Verfahrensgemeinschaft (vgl § 9 Rn 47 ff) genügt, da der fleißige Streitgenosse auch die faulen vertritt, Fristwahrung durch einen Streitgenossen (s § 9 Rn 35). Zum maßgeblichen Zeitpunkt der Bekanntgabe von VAen und behördlichen Mitteilungen beim Bürger s § 41.

21 **aa) Antrag bei unzuständiger Stelle. Umstritten** ist, ob es genügt, wenn ein Antrag bei einer unzuständigen Stelle – rechtzeitig – gestellt wird und diese den Antrag bzw die Sache erst nach Ablauf der Frist an die zuständige Behörde **weiterleitet.** Die hM geht davon aus, dass nur der Eingang bei der zuständigen Behörde die Frist wahrt.[4] Eine Fristwahrung durch Antragstellung bei der un-

[4] BVerwGE 19, 362 = DÖV 1965, 174; FG Hamburg EFG 1996, 959; StBS § 22 Rn 50; Knack 40.

zuständigen Behörde kommt deshalb nur dann in Betracht, wenn dies gesetzlich besonders vorgesehen ist (zB bei gesetzlicher Annahme- und Weiterleitungspflicht). UU kommt in derartigen Fällen jedoch **Wiedereinsetzung gem § 32** in Betracht (vgl OVG Bremen NVwZ 1982, 456; OLG Zweibrücken NJW 1982, 1008). Wird ein an eine nicht zuständige Behörde adressiertes Schreiben in eine Briefannahmestelle eingelegt, welche sowohl für die nicht zuständige als auch für die an sich zuständige Behörde Annahmestelle ist, so ist es nur bei der nicht zuständigen Behörde eingegangen (vgl OLG Frankfurt NJW 1988, 2811).

bb) Nachholung vor Ergehen einer behördlichen Entscheidung. Unabhängig von der Möglichkeit bzw Gewährung einer Fristverlängerung gem Abs 7 ist die Versäumung behördlicher Fristen grundsätzlich ohne verfahrensrechtliche Folgen, wenn die Handlung, für die die Frist gesetzt wurde, **jedenfalls noch vor der abschließenden Entscheidung** der Behörde in der Sache, dh vor Bekanntgabe der Entscheidung (s § 9 Rn 30 ff), **nachgeholt** wird (vgl auch zum Prozessrecht BVerwG DÖV 1985, 485 mwN; Kopp/Schenke § 57 Rn 14). 21 a

b) Zeitpunkt des Eingangs. Da ein Antragsteller im Verwaltungsverfahren das **Recht hat, Fristen voll, dh bei Tagen bis 24 Uhr, auszunützen,**[5] ist für die Fristwahrung nicht maßgeblich, wann bei üblichem Verlauf mit Kenntnisnahme zu rechnen ist, sondern allein, wann der Antrag tatsächlich in die **Verfügungsgewalt der Behörde** gelangt ist. Anders als bei der Frage des Zugangs von Willenserklärungen nach § 130 BGB kommt es nicht darauf an, ob zu diesem Zeitpunkt mit einer Kenntnisnahme zu rechnen war. Die Frist ist demnach auch gewahrt beim Eingehen eines Fernschreibens nach Dienstschluss (BVerfG 42, 128 = NJW 1976, 747); beim Einwurf einer Klageschrift in den **Nachtbriefkasten,** bei Fehlen eines solchen in den **normalen Briefkasten;**[6] beim Einlegen in das **Postschließfach**[7] oder in das bei der Post für das Gericht eingerichtete **Postsammelfach.**[8] 22

aa) Schriftliche Antragstellung. Wird der Antrag schriftlich gestellt, kommt es nicht darauf an, wann ein für die Behörde handelnder Amtsträger der Behörde davon Kenntnis erlangt (BVerfG 69, 381; BGHZ 101, 376; Oebbecke DVBl 1987, 873), sondern darauf, wann der Antrag oder das sonstige Schreiben in die **Verfügungsgewalt der Behörde**[9] – Briefkasten (BVerwGE 18, 52), Postschließfach (BVerwG DVBl 1961, 827), Postsammelfach (RÖ VwGO § 81 Rn 6), Postfach beim Postamt,[10] Posteinlaufstelle der Behörde (vgl BVerfG 57, 117, auch wenn dort ein Hinweis angebracht ist, dass Fristsachen anderswo abzugeben sind) **gelangt** (BSG 42, 140, 280; Oebbecke DVBl 1987, 873), auch wenn der Briefkasten oder das Postfach usw erst am folgenden Tag geleert werden (BVerfG NJW 1976, 747). **Eingeschriebene Sendungen** gehen im Rechtssinn erst mit der 23

---

[5] Vgl BVerfG 40, 44; 41, 327; 42, 128; 51, 355; 52, 207 unter Hinweis auf § 222 Abs 1 ZPO, § 188 BGB; BVerwGE 62, 337.

[6] BVerfG 42, 128; BVerwGE 18, 52; BFH 123, 122; NJW 1975, 1384; BGH NJW 1981, 1216; 1984, 1237: wenn kein Nachtbriefkasten vorhanden, genügt Einwurf in den Tagesbriefkasten, auch wenn mit Leerung nicht mehr zu rechnen; OLG Hamm NJW 1976, 747; Kopp/Schenke § 74 Rn 11; Kopp BayVBl 1977, 34.

[7] BSG 48, 12; MDR 1978, 83; Kl 405; **aA** RÖ VwGO 6 zu § 81; RGZ 141, 401: maßgeblich, wann mit Kenntnisnahme zu rechnen ist.

[8] VGH München BayVBl 1983, 439; Kopp/Schenke § 74 Rn 11.

[9] Vgl BVerfG 52, 209; 57, 117; 60, 243; 69, 381; BVerwGE 18, 52; BVerwG NJW 1984, 788; BGHZ 80, 62; BAG NJW 1986, 1373; VGH München BayVBl 1983, 439.

[10] BVerwG NJW 1984, 783; BSG MDR 1978, 83; BGH NJW 1984, 1237; 1986, 2646: sobald in das Postfach einsortiert, auch wenn zu diesem Zeitpunkt Leerung nicht mehr zu erwarten; VGH München BayVBl 1983, 439: jedenfalls, wenn der Zugang vor Beginn und über das Ende der Dienstzeit bei Gericht hinaus geöffnet ist; zT enger BVerwGE 10, 193; BSG 42, 140.

Übergabe zu, nicht schon mit der Hinterlegung eines Benachrichtigungszettels,[11] und zwar auch dann nicht, **wenn die Behörde es zu vertreten hat,** dass die Sendung erst so spät abgeholt wurde (BVerfG 41, 27; Kopp/Schenke VwGO § 74 Rn 11); in Fällen der letztgenannten Art kommt jedoch idR Wiedereinsetzung gem § 32 oder nach anderen Vorschriften oder Nachsicht bzw Fristverlängerung in Betracht; **anders** bei missbräuchlicher Verzögerung (OVG Münster MDR 1971, 1048; offen BVerwG NJW 1983, 2344). Gleiches gilt für postlagernde Sendungen (BSG 27, 239: erst mit Abholung.

24 **Die Übergabe** eines Antrags **an einen unzuständigen Behördenbediensteten** stellt noch keine wirksame Antragstellung dar, bevor der Antrag nicht in den normalen Geschäftsgang der Behörde gelangt (vgl BVerwGE 46, 261 mwN; wenn Unzuständigkeit nicht erkennbar, aber idR Wiedereinsetzung nach § 32). Entsprechendes gilt für die Übergabe eines Antrags **außerhalb des Dienstgebäudes,** selbst an den an sich zuständigen Beamten, da die Antragstellung bei der Behörde als Institution erfolgen muss;[12] eine **Ausnahme** ist jedoch **in Eilfällen** für die Übergabe eines Antrags auf einstweilige Regelung an einen für die Entscheidung zuständigen Amtsträger (auch in dessen Privatwohnung) anzuerkennen.

25 **bb) Elektronische Datenübertragung.** Die Benutzung moderner Kommunikationsformen wie **Telegramm, Telefax, Telekopie oder E-Mail** ist im Verwaltungsverfahren grundsätzlich zulässig, soweit die Behörde bzw die Beteiligten entsprechende technische Geräte bereithalten. Dies wird für die elektronische Übertragung durch den mit dem 3. VwVf-ÄndG neu eingefügten § 3a Abs 1 ausdrücklich klarstellt. Probleme ergeben sich aber, wenn es darum geht, wem eine Übertragungsstörung zugerechnet werden muss, wie sie bewiesen werden kann und wenn es darum geht, den Absender sicher zu identifizieren. Deshalb erfüllen die **Anforderungen der Schriftform** nur diejenigen neuen Kommunikationsformen, die eine **hinreichend sichere Identifikation des Absenders** ermöglichen. Dies ist zB für das Telefax inzwischen allgemein anerkannt, aber auch hinsichtlich des Telegramms (Kopp/Schenke § 81 Rn 9; StBS § 22 Rn 32 mwN). Für die **elektronische Übermittlung** von Dokumenten (E-Mail und andere Internet-Dienste) gilt das gem § 3a nur insoweit, als zwischen den Beteiligten die elektronische Kommunikation eröffnet worden ist und zur Erfüllung der Schriftform eine **qualifizierte Signatur** verwendet wird (s § 3a Rn 6ff). Ohne entsprechende Vorkehrungen erfüllen E-Mails die Voraussetzungen der Schriftlichkeit nicht, weil sie den Aussteller nicht hinreichend sicher erkennen lassen und ihre unverfälschte Übermittlung nicht sichergestellt ist.[13]

26 **c) Nachweis der Fristwahrung.** Der Zeitpunkt der Antragstellung wird idR durch den Einlaufvermerk **(Eingangsstempel)** der Behörde bewiesen (BGH VersR 1982, 652). Der Gegenbeweis ist zulässig, etwa wenn dieser **verfälscht** wurde oder nach den Umständen des Falles nicht den wirklichen Eingangszeitpunkt wiedergeben, etwa in Fällen einer Zustellung nach Dienstschluss, wenn kein Nachtbriefkasten vorhanden ist, wenn der Mechanismus des Nachtbriefkastens nicht sicher funktioniert, wenn der Briefkasten nachweislich nicht regelmäßig ge-

---

[11] BVerwGE 36, 127 = NJW 1971, 446; BVerwG NJW 1983, 2344; BAG NJW 1986, 1373; Kopp/Schenke § 74 Rn 11; **aA** offenbar BFH BStBl II 1976, 76.

[12] Vgl BVerwGE 46, 261; ebenso Knack 40.

[13] S hierzu näher § 3 Rn 6ff, aus der Zeit vor Inkrafttreten des 3. VwVfÄndG Ewer/Schürmann NVwZ 1990, 336; Ebnet, Rechtsprobleme bei der Verwendung des Telefax, NJW 1992, 2985; Roßnagel, Digitale Signaturen im Rechtsverkehr, NJW-CoR 1994, 96; Mellullis, Zum Regelungsbedarf bei der elektronischen Willenserklärung, MDR 1994, 109; Pape/Notthoff, Prozeßrechtliche Probleme bei der Verwendung von Telefax, NJW 1996, 4417; Bröhl, Rechtliche Rahmenbedingungen für neue Informations- und Kommunikationsdienste, CR 1997, 37; Rosenbach, Verfahrensrechtliche Rahmenbedingungen für den Einsatz der elektronischen Datenverarbeitung in der Verwaltung, NWVBl 1997, 121.

leert wird bzw im konkreten Fall nicht geleert wurde, wenn Zustellung in das Postfach erfolgte und die Möglichkeit besteht, dass der Antrag auch schon vorher eingelegt wurde (s auch BGH VersR 1982, 652; OVG München BayVBl 1983, 439). Grundsätzlich genügt es, dass ein **früherer Zugang glaubhaft gemacht** wird; ausreichend ist danach die hohe Wahrscheinlichkeit, dass die Datumsangabe des Eingangsstempels unzutreffend ist.

d) Behördlich verursachte Fristversäumung. Fristversäumung ist entgegen der wohl hM im Hinblick auf den Zweck von Fristbestimmungen, der Rechtssicherheit zu dienen, auch dann anzunehmen, wenn die Einhaltung einer gesetzlichen oder behördlichen Frist für die Geltendmachung eines Anspruchs durch einen Umstand, den die Behörde zu vertreten hat, pflichtwidrig verhindert wurde;[14] zB durch verzögerndes Verhalten eines Amtswalters. In solchen Fällen ist jedoch idR Wiedereinsetzung gem § 32 oder Nachsicht bzw, bei behördlichen Fristen, rückwirkende Verlängerung der Frist gem § 31 Abs 7 zu gewähren. Dasselbe gilt, wenn die Behörde die Fristüberschreitung aus anderen Gründen zu vertreten hat, weil die Ursache dafür in ihrem Bereich liegt, zB weil für Eingänge nach Dienstschluss kein Briefkasten vorhanden ist (str; vgl § 32 Rn 28) oder weil die Behörde von einer Einschreibsendung keine Kenntnis erhält, weil sie ihr Postfach, in dem ein Benachrichtigungszettel darüber liegt, nachmittags nicht mehr leert.[15] 27

IV. Beginn einer behördlich gesetzten Frist (Abs 2)

1. Grundsatz. Nach Abs 2 beginnt eine von einer Behörde gesetzte Frist normalerweise mit dem Tag, der auf die Bekanntgabe folgt. Die Regelung entspricht damit derjenigen für gesetzliche Fristen nach Abs 1, die durch ein Ereignis (zB Zustellung, Bekanntgabe usw) in Gang gesetzt werden, das in den Lauf eines Tages fällt (§ 187 Abs 1 BGB). Insoweit hat Abs 2 nur deklaratorischen Charakter, da das Setzen einer Frist stets ein Ereignis ist, das in den Lauf eines Tages fällt. 28

2. Anderweitige Regelung. Die Regelung in Abs 2 stellt klar, dass die Behörde bei den von ihr zu setzenden Fristen berechtigt ist, den Fristbeginn abweichend von § 187 Abs 1 BGB durch **entsprechende Mitteilung** für einen konkreten Fall **anders zu regeln,** zB vorzusehen, dass die Frist ab einem bestimmten Ereignis laufen soll; in diesem Fall **geht die behördliche Bestimmung vor.** Wenn die Behörde keine abweichende Regelung trifft, zählt gem Abs 2 – ebenso wie bei gesetzlichen Fristen gem § 187 Abs 1 BGB – der Bekanntgabetag nicht mit. Eine am 1. 2. 1990 bekanntgegebene Monatsfrist beginnt daher am 2. 2. 1990, null Uhr, und endet somit am 1. 3. 1990 nachts 24 Uhr. Zum Begriff der Bekanntgabe s § 41 Rn 7. 28a

3. Ordnungsgemäße Bekanntgabe der Frist. Voraussetzung dafür, dass die von einer Behörde gesetzte Frist zu laufen beginnt, ist in jedem Fall die ordnungsgemäße **Bekanntgabe** der Fristsetzung nach den für Bekanntgaben geltenden Vorschriften, bei förmlicher Zustellung nach dem VwZG. Insoweit gelten auch für behördliche Fristsetzungen grundsätzlich **dieselben Vorschriften wie für** 29

---

[14] **AA** BVerwGE 9, 26, 203; BSG 32, 60; NJW 1987, 2184; WBS I § 37 Rn 17: die Frist gilt als gewahrt; vgl auch OVG Koblenz NVwZ 1989, 381: Treu und Glauben kann es einer Behörde nach Maßgabe der besonderen Umstände des Einzelfalles verbieten, sich auf die Nichteinhaltung einer **Ausschlußfrist** zu berufen; ähnlich BVerfG 75, 183: beruht die Verspätung auf der Verletzung der richterlichen Fürsorgepflicht, so ist sie nach dem Gebot fairer Verhandlungsführung als unerheblich anzusehen.

[15] **AA** BFH BStBl II 1976, 76; str; vgl allg auch BSG 14, 246; 22, 260; 32, 65; Erichsen/Ehlers § 36 Rn 7: Frist als nicht versäumt anzusehen; vgl VG Neustadt NVwZ-RR 1994, 63: Behörde kann sich nicht auf eine Fristversäumung berufen, die sie selbst maßgeblich verschuldet.

VAe. Bei Verletzung zwingender Zustellungs- oder sonstiger **Bekanntgabevorschriften** oder Grundsätze ist die Bekanntgabe unwirksam und setzt auch eine behördlich gesetzte Frist nicht in Lauf (vgl zur Verletzung von Zustellungsvorschriften zB VGH Kassel NJW 1990, 467; Knack 10). Insoweit gilt für behördliche Fristen nichts anderes als für gesetzliche Fristen, insb auch Rechtsbehelfsfristen.

V. Die Montagsregelung (Abs 3)

30 **1. Grundzüge.** Abs 3 regelt den Fall, dass das Ende einer (gesetzlichen oder behördlichen) Frist nach den Berechnungsregeln in Abs 1 u 2 an sich auf auf einen Sinnabend, Sonntag oder gesetzlichen Feiertag fallen würde. In diesem Fall verlängert sich die Frist automatisch bis zum Ablauf des Folgenden Montags bzw bei Feiertagen des folgenden Werktages. Die Bestimmung **entspricht § 193 BGB bzw § 222 Abs 2 ZPO,** erweitert die dort getroffenen Regelungen jedoch auf alle Fristen (ebenso zum früheren Recht BVerwGE 44, 45) und erfasst damit auch zB Fristen zur Vornahme von **tatsächlichen Handlungen** (StBS 34), wie den Abbruch eines Hauses. **Abs 3 gilt nur für Fristen,** nicht auch für Termine (VGH München BayVBl 1990, 693).

30a **2. Abweichende Fristbestimmung.** Für behördlich gesetzte Fristen läßt Abs 3, ähnlich wie Abs 2, **auch abweichende Regelungen** durch die Behörde zu. Eine abweichende Regelung in einem VA ist jedoch nach der ausdrücklichen Regelung des Abs 3 S 2 nur dann wirksam, wenn sie unter Hinweis auf § 31 Abs 3 erfolgt; andernfalls verbleibt es beim Grundsatz des Abs 3 S 1. **Abweichungen** können sich, aus speziellen Regelungen ergeben (zB nach Abs 4 für Leistungen), uU **auch aus der Natur der Sache,** zB im Hinblick auf die Art der zu erbringenden Leistung, hins. der Leistungspflicht und/oder hins. der Verpflichtung der Behörde zur Annahme der Leistung auch am Sonnabend usw ergeben, ist aber im Zweifel nicht anzunehmen (Knack 30). Aus dem Regelungszweck des Abs 3 folgt, dass eine Behörde eine abweichende Fristbestimmung auf einen Sonnabend, Sonntag oder Feiertag nur vornehmen darf, wenn gesetzliche Regelungen dazu ermächtigen oder jedenfalls gewichtige sachliche Gründe dies erfordern. Anderenfalls wäre eine derartige Fristbestimmung ermessensfehlerhaft.

31 **3. Voraussetzung der Montagsregelung.** Das **Ende einer Frist** wird durch einen **Feiertag** nur dann hinausgeschoben, wenn der betreffende Tag gerade an dem Ort, an dem die Handlung vorzunehmen, der Antrag zu stellen ist, nach Bundes- oder Landesrecht ein allgemeiner **gesetzlicher Feiertag** ist; dass er am Ort der Absendung eines Schreibens ein gesetzlicher Feiertag ist, genügt nicht (vgl BAG NJW 1989, 1181). Nicht als Feiertag iS des Abs 3 anzusehen ist – auch wenn die Behördenbediensteten aufgrund landesrechtlicher Regelungen dienstfrei haben (Knack 33) – der **24. Dezember** (BVerwG NJW 1993, 1941; BAG NZA 1984, 300), der **31. Dezember** und – auch nicht in Köln – **der Rosenmontag** (BPatG GRUR 1978, 711). UU besteht jedoch Anspruch auf Wiedereinsetzung gem § 32, wenn dem Betroffenen die Fristversäumung nicht als Verschulden zuzurechnen ist (BGH VersR 1980, 928; NJW 1992, 184; Knack 33).

32 **Abs 3 S 1 betrifft nur das Fristende** und ist für die Bestimmung des Beginns einer Frist nicht entsprechend anwendbar (Linhart 38; s auch § 41 Rn 53). Auch wenn der 3. Tag nach Aufgabe eines Briefes zur Post gem § 41 Abs 2 VwVfG oder nach ähnlichen Vorschriften auf einen Samstag, Sonntag oder Feiertag fällt, so gilt dieser und nicht der nächstfolgende Werktag als Bekanntgabetag.[16]

33 Erfolgt eine Zustellung oder eine Bekanntgabe also an einem Sonnabend, so beginnt auch die Frist an diesem Tag zu laufen, nicht erst am folgenden Montag. Al-

---

[16] So auch BFH 1986, 968; FG Hamburg EFG 1981, 488; Linhard 38; wohl auch Harbich BayVBl 1985, 96; offen BVerwG NJW 1983, 2345; **aA** Knack § 41 Rn 19; StBS 35; Obermayer 34; MB 14 zu § 41; Offergeld NJW 1977, 1513; s auch § 41 Rn 53.

lerdings wird in diesen Fällen der Sonnabend selbst nicht mitgezählt (s Rn 18). **Umstritten** ist, ob die Montagsregelung des Abs 3 auch für die **Bekanntgabefiktion des § 41 Abs 2** gilt. Richtigerweise ist dies zu verneinen, weil es sich nicht um eine Frist handelt (VGH München NJW 1991, 1250).

VI. Ende der Frist bei behördlichen Leistungen (Abs 4)

Die sog Montagsregelung des Abs 3 S 1 gilt gem Abs 4 nicht für den Fall, dass eine Behörde Leistungen für einen bestimmten Zeitraum zu erbringen hat. Endet der Leistungszeitraum also an einem Sonnabend, Sonntag oder an einem Feiertag, so muss die Behörde ihre Leistung gleichwohl bis zu diesem Zeitpunkt erbracht haben. Hauptanwendungsfall für Abs 4 sind Geldleistungspflichten, die nach spezialgesetzlicher Regelung innerhalb eines bestimmten Zeitraumes zu erbringen sind. Für die meisten Zahlungspflichten folgt dies allerdings auch bereits aus spezielleren Regelungen, zB für Sozialleistungen aus § 26 Abs 4 SGB X. **34**

Erfordert die von der Behörde zu erbringende Leistung **persönliche Handlungen von Behördenbediensteten,** so werden durch Abs 5 grundsätzlich – außer, wenn sich ausnahmsweise aus der Natur der Sache im Hinblick auf die Art der Leistung etwas anderes ergibt – **keine Dienstleistungen außerhalb der Dienststunden** erforderlich (vgl StBS 40); vielmehr ist in solchen Fällen das Erforderliche idR an einem Tag vorher zu tun bzw zu veranlassen. **34 a**

VII. Sonderregelung bei behördlich gesetzten Terminen (Abs 5)

1. Keine Anwendung der Montagsregelung. Abs 5 stellt klar, dass Termine anders als Fristen nach Abs 3 S 1 auch dann einzuhalten sind, wenn sie auf einen der genannten Tage fallen. Da es bei den von einer Behörde gesetzten Fristen typischerweise um Einzelfälle geht, bei denen die besonderen Umstände eine entscheidende Rolle spielen, darf hier – anders als bei den gesetzlichen Fristen – die Möglichkeit, eine Frist an einem Sonntag enden zu lassen, nicht ausgeschlossen werden. **35**

2. Zulässigkeit der Terminsbestimmung. Ob die Bestimmung eines Termins für einen Sonntag usw zulässig ist, ist nicht § 31, sondern Rechtsvorschriften außerhalb des VwVfG zu entnehmen. Im Zweifel ist eine derartige Terminbestimmung, die nicht durch besondere Umstände, etwa besondere Dringlichkeit oder weil bestimmte Erkenntnisse nur an einem solchen Tag (etwa Feststellung der Besucherzahl eines Ausflugslokals) gewonnen werden können, gerechtfertigt ist, ermessensfehlerhaft; ein gleichwohl festgesetzter Termin ist zwar idR – anders uU gem § 44 bei schwerwiegender und offensichtlicher Fehlerhaftigkeit, insb bei „reiner" Willkür, vgl § 44 Rn 50 – nicht unbeachtlich, die Beteiligten haben aber Anspruch auf Absetzung bzw Verlegung des Termins. **36**

VIII. Nach Stunden berechnete Fristen (Abs 6)

1. Grundsatz. Abs 6 enthält für die nach Stunden bestimmten Fristen eine Sonderregelung gegenüber Abs 3 S 1. Die Regelung schreibt abweichend von der für das Prozessrecht nach § 57 Abs 2 VwGO, § 222 Abs 3 ZPO geltenden Regelung vor, dass bei nach Stunden bestimmten Fristen **auch Sonntage usw mitzurechnen** sind. Die Regelung wurde im Hinblick auf die typischerweise bei einer nach Stunden berechneten Frist bestehenden Dringlichkeit getroffen. Hauptanwendungsfall ist die bei der Gefahrenabwehr sehr kurz bemessene Stundenfrist (zB „innerhalb von 24 Stunden"). **37**

2. Voraussetzungen. Nach Abs 6 kommt es nur darauf an, dass eine Frist nach Stunden bemessen ist. Die Vorschrift geht davon aus, dass eine Stundenfrist nur in dringlichen Fällen gesetzt wird. **Liegt ein dringlicher Fall nicht vor** oder wer- **38**

den die Beteiligten dadurch, dass sie bestimmte Handlungen an Sonntagen usw vornehmen müssten, unzumutbar belastet, ohne dass dies durch hinreichend gewichtige öffentliche Interessen geboten wäre, so ist die **Fristbestimmung ermessensfehlerhaft.** Der Fehler führt nur zur Nichtigkeit, wenn die gebotenen Handlungen usw wegen des Sonntags usw überhaupt nicht möglich oder zulässig sind (§ 44 Rn 39ff) oder die Fristbestimmung sonst offensichtlich schwer fehlerhaft ist.

IX. Verlängerung von Fristen (Abs 7)

39 **1. Allgemeines.** Eine Verlängerung durch die Behörde sieht das Gesetz nur bei **behördlichen Fristen** vor. Gesetzliche Fristen können, soweit sich nicht aus besonderen gesetzlichen Vorschriften etwas anderes ergibt, durch die Behörde nicht verlängert werden (BVerwGE 43, 237; Knack 36); wurde eine gesetzliche Frist schuldlos versäumt, kommt nur eine **Wiedereinsetzung** nach § 32 in Betracht, sofern keine Präklusionsfrist vorliegt. Bei gesetzlichen uneigentlichen Fristen (s oben Rn 5), insb bei gesetzlichen **Ausschlussfristen,** sind Verlängerung oder Wiedereinsetzung nach § 32 nur möglich, wenn sie (ausnahmsweise) ausdrücklich durch eine Rechtsvorschrift zugelassen ist.[17] Wurde die Frist ohne Verschulden des Betroffenen **infolge höherer Gewalt** versäumt, so ist grundsätzlich auch eine unverzüglich nach Wegfall des Hindernisses vorgenommene Handlung noch als rechtzeitig anzusehen;[18] das gleiche gilt, wenn besondere Umstände des Einzelfalles vorliegen, welche die Anwendung der Frist für den Betroffenen als **außergewöhnliche Härte** erscheinen ließen, die durch den Zweck der Frist nicht geboten oder im Hinblick darauf nicht vertretbar erschiene,[19] oder wenn die Berufung auf die Fristversäumung angesichts der besonderen Umstände des Falles **gegen Treu und Glauben** verstoßen würde.[20]

40 **2. Verlängerung behördlicher Fristen. a) Ermessensentscheidung.** Eine Verlängerung behördlicher Fristen gem Abs 7 **im Ermessen der Behörde,** sofern nicht durch Gesetz etwas anders bestimmt ist (vgl BVerwGE 67, 51); sie kann **auch formlos** erfolgen (WBS I § 37 Rn 10). Die Betroffenen haben grundsätzlich **Anspruch** darauf, dass die Behörde über einen entsprechenden Antrag unter Berücksichtigung aller von ihnen dafür geltend gemachten oder der Behörde selbst bekannten oder von ihr gem § 24 festzustellenden Gründe nach pflichtgemäßem Ermessen (§ 40) entscheidet.

40 a **b) Maßstab für die Ermessensentscheidung.** Die Ermessensentscheidung hat zu berücksichtigen, dass sie für die behördlich gesetzten Fristen an die Stelle der bei gesetzlichen Fristen allein möglichen Wiedereinsetzung tritt. Die Voraussetzungen, unter denen eine Verlängerung erfolgt, dürfen also **nicht strenger sein als bei der Wiedereinsetzung** nach § 32. Sprechen erhebliche, ggf von den Betroffenen in entspr Anwendung von § 32 Abs 2 S 2 glaubhaft gemachte,

---

[17] Vgl BVerwG NVwZ 1988, 1128; VGH München BayVBl 1982, 369; OVG Münster NVwZ 1984, 387; WBS I § 37 Rn 18; zT **aA** insoweit aufgrund eines abweichenden Begriffs der Ausschlußfrist Badura, in Erichsen/Ehlers § 36 Rn 7; Knack § 32 Rn 7 und § 31 Rn 36; MB 6.

[18] Vgl BVerfG DÖV 1986, 32; BGH NJW 1982, 2779; RGZ 166, 246; RAG 11, 210; Kramer NJW 1978, 1416; Kopp BayVBl 1977, 35; Kopp/Schenke § 57 Rn 15; Jäckle NJW 1984, 2132 Fn 22; offen VGH München BayVBl 1982, 369; VersR 1977, 442 = NJW 1977, 950; NJW 1982, 2779: wenn kein Verschulden, darf sich der Versicherungsträger ua nicht auf die Fristversäumung berufen.

[19] Vgl BVerwG DÖV 1986, 32 – zu § 33 AsylVfG: analog §§ 58 Abs 2, 60 Abs 3, 76 VwGO –; Berlin NJW 1975, 1530; Kopp BayVBl 1977, 35 mwN; ferner VGH München BayVBl 1982, 369; BAG NJW 1982, 1664.

[20] OVG Koblenz DVBl 1989, 119 = NVwZ 1989, 381; VGH Mannheim DÖV 1994, 484; VG Neustadt NVwZ-RR 1994, 63; vgl auch BVerfG 75, 183.

Gründe, die bei gesetzlichen Fristen eine Wiedereinsetzung gem § 32 rechtfertigen würden, für die Verlängerung, so erfolgt eine **Ermessensreduzierung auf Null;** es besteht ein Anspruch auf Verlängerung;[21] eine Ablehnung wäre in diesem Fall ermessensfehlerhaft. Entsprechendes gilt, wenn die Nichtverlängerung unbillig wäre (StBS 51), ferner wenn eine Frist wegen **unklarer Fristsetzung** (Fristbestimmung) versäumt wurde (BVerwG NJW 1994, 2779) oder wenn ein Berufen auf die Fristversäumung **gegen Treu und Glauben** verstoßen würde (vgl VGH Mannheim DÖV 1994, 484).

Da die Entscheidung über eine Fristverlängerung durch eine Ermessensentscheidung der Behörde erfolgt, kann sie, wie in S 3 klargestellt ist, auch **mit einer Nebenbestimmung** gem § 36 Abs 2 **verbunden** werden. Welche Nebenbestimmungen in Betracht kommen, hängt von der Art der Handlung ab, für die die Frist gesetzt ist. Die neue Frist läuft im Zweifel, wenn die Behörde nichts anderes bestimmt, vom Ablauf der vorangegangenen Frist an (UL § 29 Rn 18 unter Hinweis auf § 190 BGB).

Die in Abs 7 S 2 angesprochenen Gesichtspunkte der **Billigkeit im Hinblick** 41 **auf die Rechtsfolgen** und ähnliche Gründe („insbesondere") sind entgegen der Fassung des S 2 nach dem Zweck der Regelung nicht Voraussetzung der rückwirkenden Verlängerung, sondern Gesichtspunkte, die die Behörde bei ihrer Entscheidung besonders zu berücksichtigen hat und bei deren Vorliegen idR zugunsten des Betroffenen zu entscheiden ist, wenn keine wesentlichen Gesichtspunkte dagegen sprechen. Eine nachträgliche Fristverlängerung kommt insb auch sonst aus den Gründen gem Abs 2 S 2 **wegen Unbilligkeit** aus persönlichen oder sachlichen Gründen in Betracht (Knack 36). Soweit die Fristverlängerung in Rechte Dritter eingreift, müssen andererseits grundsätzlich auch die Voraussetzungen einer Rücknahme oder eines Widerrufs gem §§ 48 f erfüllt sein (ebenso Knack 36).

3. Rückwirkende Verlängerung. Eine Verlängerung kann auch noch nach 42 Ablauf der Frist gewährt werden (Abs 7 S 2; vgl auch § 109 Abs 1 S 2 AO); dies gilt jedenfalls dann, wenn die Verlängerung rechtzeitig, dh vor Ablauf der First beantragt worden war und die Voraussetzungen für eine Verlängerung gegeben sind (vgl Kopp/Schenke § 57 Rn 13), nach str Auffassung außerdem aber auch bei **Antragstellung erst nach Ablauf der Frist,** da S 2 insoweit keinen Unterschied macht, und insb dann, wenn Gründe entspr § 32 vorliegen, da die Folgen für die Betroffenen nicht einschneidender sein können als bei Versäumung gesetzlicher Fristen.[22]

X. Verfahrens- und Rechtsschutzfragen

1. Rechtsnatur der der Festsetzung. Umstritten ist, ob die Fristsetzung in- 43 nerhalb eines Verwaltungsverfahrens durch die Behörde als verfahresnrechtlicher VA oder nur als vorbereitende Maßnahme anzusehen ist. Richtigerweise wird die Fristsetzung ebenso wie die Fristverlängerung als VA anzusehen sein, der allerdings im Hinblick auf § 44 a VwGO idR nicht selbständig anfechtbar ist (so auch Knack 38; Linhorst 15). Die Gegenmeinung[23] berücksichtigt Abs 7 S 3 nicht hinreichend, wonach eine Fristverlängerung mit Nebenbestimmungen versehen werden kann. Was aber für eine Fristverlängerung gilt, muss auch für die iriginäre Fristsetzung

[21] Ebenso UL § 29 Rn 18; Knack 36; Steimel JuS 1982, 291; Kopp BayVBl 1977, 36; vgl ähnlich zu § 130 a VwGO auch BVerwG NJW 1994, 673; VG Frankfurt NVwZ 1991, 459.

[22] VG Frankfurt NVwZ-RR 1991, 453; StBS 49; Knack 36; weitergehend Obermayer 43: Es ist idR zugunsten des Betroffenen zu entscheiden, wenn nicht wesentliche Gründe dagegen sprechen; vgl. zum Prozeßrecht auch BGHZ – GrS – 83, 217 = NJW 1982, 1651 – nicht erforderlich, daß die Fristverlängerung während noch offener Frist beantragt wurde; Kopp/Schenke § 57 Rn 13; **aA** RGZ 156, 386.

[23] So VGH München BayVBl 1984, 629; StBS 25.

gelten (Knack 38). Im übrigen sind Differenzierungen auch danach, ob Fristsetzungen in einem VA erfolgen oder ob Dritte betroffen sind (StBS 24, 47, 52) wenig praktikabel.

44 2. **Ermessensentscheidung.** Das Setzen und das Verlängern bzw Verkürzen einer behördlichen Frist steht im Ermessen der zuständigen Behörde. Diese ist dabei an allgemeine rechtsstaatliche Grundsätze gebunden, kann aber in diesem Rahmen Gesichtspunkte der Beschleunigung und der Verwaltungseffizienz zur Geltung bringen.

44 a **a) Bestimmtheit. Fristen** bzw Termine **müssen jedenfalls hinreichend bestimmt** (vgl OVG Koblenz NVwZ 1993, 1000: „umgehend" ist zu unbestimmt) und **angemessen** sein, insb den Beteiligten für die Vornahme der ihnen gebotenen Handlungen bzw der in ihrem Interesse liegenden Handlungen, Vorbereitungen usw ausreichend Zeit lassen. Soweit mit dem Zweck des Verfahrens vereinbar, sollen nach allgemeinen Grundsätzen Termine auch **grundsätzlich nicht auf Sonntage, Feiertage oder Sonnabende** gelegt, bzw Fristen nicht so festgesetzt werden, dass die Beteiligten zu Handlungen an diesen Tagen gezwungen werden.

45 **b) Angemessenheit.** Fristen müssen so bemessen sein, dass sie vom Betroffenen mit zumutbarem Aufwand eingehalten werden können. Dabei ist auch zu berücksichtigen, welche Zeiträume üblicherweise für die maßgebliche Handlung eingeräumt werden bzw zur Verfügung stehen. Die Festsetzung zu kurzer Fristen bzw die zu kurzfristige Anberaumung von Terminen sind fehlerhaft. Die Betroffenen haben in derartigen Fällen Anspruch auf Verlängerung der Frist bzw Verlegung des Termins, wenn sie rechtzeitig einen entsprechenden Antrag stellen. **Stellen sie keinen solchen Antrag,** obwohl ihnen dies ohne weiteres möglich und zumutbar wäre, so können sie grundsätzlich den Verfahrensfehler nachträglich auch mit Rechtsbehelfen nicht mehr geltend machen. Ist der den Beteiligten zur Verfügung stehende Zeitraum so kurz, dass auch ein Antrag auf Verlängerung bzw Verlegung nicht mehr rechtzeitig gestellt werden kann, so ist die Festsetzung nichtig und unbeachtlich (str). Zur **Angemessenheit einer Frist** vgl BVerwGE 15, 3; 28, 6, 25; 38, 19.

46 3. **Rechtsbehelfe.** Die Festsetzung von behördlichen Fristen und Terminen kann, unabhängig davon, ob sie den Betroffenen gegenüber durch VA erfolgt, von den Beteiligten (§ 13) nach § 44a VwGO grundsätzlich **nicht gesondert angefochten** werden, etwa wegen unangemessener Kürze bzw Kurzfristigkeit. Entsprechend kann auch die Festsetzung längerer Fristen oder späterer Termine grundsätzlich nur im Rahmen eines Rechtsbehelfs in der Angelegenheit, für die die Fristsetzung oder Terminbestimmung gelten soll, erzwungen werden, bei Untätigkeit hins. des Erlasses eines VA gem § 75 VwGO. Gleiches gilt hins. der Setzung von Fristen für das Handeln Dritter, zB für die Beseitigung einer Störung, die sich zu Lasten des Antragstellers auswirkt, durch VA.

§ 32 Wiedereinsetzung in den vorigen Stand

(1) **War jemand ohne Verschulden[20] verhindert,[17] eine gesetzliche Frist[16] einzuhalten, so ist ihm auf Antrag Wiedereinsetzung in den vorigen Stand zu gewähren. Das Verschulden eines Vertreters ist dem Vertretenen zuzurechnen.[33]**

(2) **Der Antrag[40] ist innerhalb von zwei Wochen[43] nach Wegfall des Hindernisses zu stellen. Die Tatsachen zur Begründung des Antrags sind bei der Antragstellung oder im Verfahren über den Antrag glaubhaft zu machen.[53] Innerhalb der Antragsfrist ist die versäumte Handlung nach-**

zuholen.[42] **Ist dies geschehen, so kann Wiedereinsetzung auch ohne Antrag gewährt werden.**[47]

(3) **Nach einem Jahr seit dem Ende der versäumten Frist**[35] **kann die Wiedereinsetzung nicht mehr beantragt oder die versäumte Handlung nicht mehr nachgeholt werden, außer wenn dies vor Ablauf der Jahresfrist infolge höherer Gewalt**[57] **unmöglich war.**

(4) **Über den Antrag auf Wiedereinsetzung entscheidet die Behörde, die über die versäumte Handlung zu befinden hat.**[58 ff]

(5) **Die Wiedereinsetzung ist unzulässig, wenn sich aus einer Rechtsvorschrift ergibt, dass sie ausgeschlossen ist.**[65]

Parallelvorschriften: § 27 SGB X; § 110 AO; § 60 VwGO; §§ 233 ff ZPO; § 210 BauGB

Schrifttum: *Heiß,* Wiedereinsetzung in den vorigen Stand bei Verschulden von Behördenbediensteten, BayVBl 1984, 646; *Jaekel,* Fristversäumung und Ausschluß der Wiedereinsetzung, IFLA 1982, 98 ff, 108 ff; *Ganter,* Wiedereinsetzung in die Widerspruchsfrist, VBlBW 1984, 402; *Klemm,* Wiedereinsetzung im steuerlichen Verwaltungsverfahren, NVwZ 1988, 102; *Kopp,* Wiedereinsetzung und Nachsicht bei Versäumung materiellrechtlicher Fristen, BayVBl 1977, 33; *ders,* Der eilige Gesetzgeber, DVBl 1977, 29; *Linhart,* Fristen und Termine im Verwaltungsrecht, 3. Aufl 1996; *Müller,* Die Rechtsprechung des BGH zur Wiedereinsetzung in den vorigen Stand, NJW 1995, 3224; NJW 1998, 497; *Pape/Notthoff,* prozeßrechtliche Probleme bei der Verwendung von Telefax, NJW 1996, 417; *Walchshöfer,* Die Rechtsprechung des BGH zur Wiedereinsetzung in den vorigen Stand, JurBüro 1985, 321; *H. A. Wolff,* Überschneidungen der Wiedereinsetzung in den vorigen Stand (§ 60 VwGO) mit dem Wiederaufgreifen des Verfahrens (§ 51 VwVfG), NVwZ 1996, 559.

Übersicht

I. Allgemeines

1 **1. Inhalt.** Die Vorschrift regelt die **Wiedereinsetzung bei Versäumung gesetzlicher Fristen.** Dabei handelt es sich um Fristen, die sich aus Gesetzen, VAen oder Satzungen ergeben, über die die Behörde deshalb nicht verfügen darf.[1] Die Regelung lehnt sich eng an § 60 VwGO und an vereinzelte sondergesetzliche Vorschriften an (vgl zB § 210 BauGB, § 110 AO 1977) an (Begr 55 mwN) und folgt weitgehend der schon vor Erlass des VwVfG anerkannten Rechtslage, für die ein Anspruch auf Wiederersetzung unter bei unverschuldeter Fristversäumung und rechtzeitiger Nachholung nach Wegfall des Hindernisses trotz Fehlens ausdrücklicher Rechtsvorschriften anerkannt war.[2]

2 **2. Verfassungsrechtliche Bedeutung.** Das Recht auf Wiedereinsetzung in unverschuldet versäumte Fristen ist ein **grundlegendes Erfordernis jedes rechtsstaatlichen Verfahrens,** insb auch des Anspruchs Betroffener auf ein faires Verfahren (BVerfG NJW 2000, 709) und auf Gehör in diesem Verfahren,[3] und der Wahrung der durch Art 2 Abs 1 GG verbürgten Handlungsfreiheit bzw anderer durch spezielle Grundrechte geschützter Rechte bzw Rechtsgüter, die vom Verfahren betroffen werden (vgl BVerfG 60, 296, 300). Es wird außerdem, soweit die Versäumung von Fristen auch für ein uU nachfolgendes gerichtliches Verfahren nicht mehr reparable Folgen hat, was die Regel ist, mittelbar auch durch **Art 19 Abs 4 GG** gewährleistet (vgl BVerfG 60, 266; BayVBl 1977, 33).

3 **Die Voraussetzungen** des Rechts auf Wiedereinsetzung tragen dem Erfordernis einer sinnvollen Abwägung dieser Grundsätze mit dem ebenfalls im Rechtsstaatsprinzip und im Grundsatz der Effektivität des staatlichen Handelns sowie ggf des Rechtsschutzes Dritter begründeten Grundsätzen der **Rechtssicherheit und des Rechtsfriedens** Rechnung (vgl BVerfG 49, 252; 60, 267, 300; BVerwG NVwZ 1985, 35). § 32 beruht insofern wie § 60 VwGO auf einem Kompromiß

[1] StBS 8; Knack 7; Obermayer 5.

[2] Vgl BVerwGE 21, 48; Kopp/Schenke § 60 Rn 2; WBS I § 37 Rn 19; Rotter DVBl 1971, 379; s aber zur bish str Frage der Wiedereinsetzung bei Versäumung materiellrechtlicher Fristen unten Rn 5 f.

[3] Vgl BVerfG 25, 166; 26, 318; 31, 390; 34, 156; 35, 298; 37, 97 und 102; 38, 40.

zwischen den Anforderungen der Rechtssicherheit und der Einzelfallgerechtigkeit. Die getroffene Abgrenzung trägt, auch soweit in einer Sache Grundrechte betroffen sind, den verfassungsrechtlichen Anforderungen voll Rechnung.[4] Auch der Umstand, dass ein Grundrecht betroffen ist, hat nicht zur Folge, dass an die Voraussetzungen einer Wiedereinsetzung ein weniger strenger Maßstab zu legen wäre (BVerfG 60, 269 = NJW 1982, 2425; BVerwG NVwZ 1985, 35.

3. Begriff der Wiedereinsetzung. Wiedereinsetzung iS von § 32 ist die ausdrückliche oder stillschweigende **Entscheidung der Behörde,** dass für eine verspätet, dh nach Ablauf der dafür gesetzlich vorgesehenen Frist, vorgenommene Verfahrenshandlung **die Zulässigkeit wiederhergestellt wird** mit der Folge, dass der Weg für eine Entscheidung der Behörde über die in Frage stehende Verfahrenshandlung wieder in dem Stadium eröffnet wird, wie er vor Fristablauf gegeben war („voriger Stand"). Auch wenn eine Sache bereits bei Gericht anhängig ist, kann die Wiedereinsetzung für Fristen des Verwaltungsverfahrens **nur von der zuständigen Behörde,** ggf auch der Widerspruchsbehörde, nicht dagegen vom Gericht gewährt werden (vgl Kopp/Schenke § 70 Rn 13; **aA** BVerwG BayVBl 1983, 476); das Gericht kann jedoch ggf **über den Mangel hinwegsehen** und den Antrag als rechtzeitig gestellt behandeln. 4

4. Anwendungsbereich. a) Unmittelbare Anwendbarkeit. Die Vorschrift gilt für **alle gesetzlichen Fristen** (s zum Begriff § 31 Rn 4ff) im Anwendungsbereich des VwVfG, einschl der **materiellrechtlichen Fristen** außerhalb eines konkreten Verwaltungsverfahrens,[5] insb für Fristen zur Antragstellung gem § 22, durch die ein Verfahren eingeleitet werden soll, wie zB für die Antragsfrist gem § 21 Abs 1 BauGB, für durch Gesetz oder eine sonstige Rechtsvorschrift vorgesehene **Einwendungsfristen,** zB gem § 73 Abs 4 (s § 73 Rn 76), und für die **Frist** für den Antrag auf Wiedereinsetzung nach Abs 2 selbst (vgl BVerfG 22, 83; Kopp/Schenke § 60 Rn 30; Klemm NVwZ 1989, 107). 5

Nicht anwendbar ist die Vorschrift auf die sog **uneigentlichen Fristen,** insb **Ausschlussfristen** (s zum Begriff § 31 Rn 8f), zB nach Abs 3, es sei denn, dass die insoweit maßgeblichen Vorschriften ausdrücklich Wiedereinsetzung zulassen (OVG Münster NVwZ 1984, 387; StBS 6; Kopp BayVBl 1977, 33); ebenso nicht auf **von der Behörde gesetzte Fristen** (hier kommt nur eine Verlängerung nach § 31 in Betracht (vgl § 31 Rn 6) und nicht für **vertragliche Fristen,** zB Widerrufs- oder Kündigungsfristen nach §§ 54ff. Ein Berufen auf die Versäumung einer behördlichen Frist oder einer vereinbarten Widerrufs- bzw Kündigungsfrist verstößt jedoch, wenn die Frist ohne Verschulden versäumt wurde, idR **gegen Treu und Glauben** und ist dann unbeachtlich mit der Folge, dass die unverschuldet verspätete Handlung gleichwohl noch als rechtzeitig zu behandeln ist (BVerfG 69, 386). Insoweit besteht ein Unterschied zu den Fristen, für die Wiedereinsetzung oder Verlängerung infrage kommen (s § 31 Rn 12, 24). Aus ähnlichen Gründen besteht bei, durch höhere Gewalt verursachter Versäumung einer Ausschlussfrist ein ungeschriebener, gleichwohl aber verfassungsrechtlich gebotener Anspruch auf Nachsicht.[6] Gleiches gilt, wenn die Ursache der Fristversäumung im Bereich der Behörde liegt (vgl § 31 Rn 12). 6

b) Entsprechende Anwendung. Als Ausdruck eines allgemeinen Rechtsgedankens sind die Regelungen über die Wiedereinsetzung in den vorigen Stand 7

---

[4] BVerfG 35, 48; 49, 252; 60, 269ff; NJW 1990, 1747; BVerwG NVwZ 1985, 34.

[5] BVerwGE 60, 309; BFH BB 1981, 782; BSG 64, 153 – zur Beitrittsfrist zur Sozialversicherung –; OVG Münster DÖV 1982, 168; OVG Bremen DÖV 1981, 882; OVG Münster NVwZ 1984, 387; StBS 5; Knack 7; Kopp BayVBl 1977, 35; Kopp/Schenke § 60 Rn 3; Obermayer 6; vgl auch BSG MDR 1989, 675.

[6] BVerwGE 66, 99, 105 = NJW 1984, 1250; StBS 9; ähnlich Koblenz NVwZ 1989, 381; UL § 29 Rn 3.

sinngemäß-analog grundsätzlich auch in anderen Fällen einer Versäumung gesetzlicher Fristen anwendbar, die nicht unter das VwVfG oder sonstige ausdrückliche gesetzliche Vorschriften über die Wiedereinsetzung fallen,[7] außerdem auch analog (da solche Fristen nicht strenger bindend sein können als gesetzliche Fristen) auf in **allgemeinen Verwaltungsvorschriften festgelegte Fristen,** wenn diese sonst für die ein Verfahren führende Behörde strikt bindend sind.[8]

8 **Umstritten** ist, ob die Regelung als Ausdruck allgemeiner rechtsstaatlicher Grundsätze und da das VwVfG – anders als die ZPO (vgl § 251 a und §§ 330 ff, 338 ZPO) – keine andere Möglichkeit vorsieht, mit der ein Betroffener sonst seine Rechte wirksam wahren könnte, **auch auf die Versäumung von Terminen,** insb des Termins zu einer mV, analog angewendet werden kann. Dies ist zu bejahen.[9]

9 Auch auf die **nachträgliche Beseitigung formeller Mängel einer** zwar fristgerecht, aber fehlerhaft vorgenommenen Verfahrenshandlung, zB wenn ein Antrag nicht formgerecht gestellt worden war, ist die Regelung entsprechend anzuwenden (vgl vdGK 1; Knack 6; str), ebenso auf die **Nachholung einer** aufgrund besonderer gesetzlicher Vorschriften innerhalb einer bestimmten Frist vorzunehmenden **Begründung,** Glaubhaftmachung usw (sehr str) bzw das Nachschieben einzelner Gründe, zB einzelner Wiedereinsetzungsgründe nach § 32 Abs 2 S 2, nach Ablauf einer gesetzlichen Begründungsfrist usw, bei im übrigen fristgerecht gestellten Anträgen uä.[10]

10 **Anwendbar** ist die Vorschrift auch für die **verspätete Einzahlung von Kostenvorschüssen** uä in Fällen, in denen aufgrund besonderer gesetzlicher Vorschriften die nicht rechtzeitige Zahlung usw zur Folge hat, dass der Antrag usw als zurückgenommen gilt bzw sonstige, auf andere Weise nicht mehr heilbare verfahrensrechtliche Nachteile eintreten.

11 **Umstritten** ist die entsprechende Anwendbarkeit auf **fristgebundene Handlungen von Behörden.** Man wird hier differenzieren müssen: Bei fristgebundenen Handlungen und Maßnahmen der federführenden Behörde zB nach § 48 Abs 4 usw kommt eine Wiedereinsetzung nach Sinn und Zweck der Regelung nicht in Betracht. Soweit eine Behörde aber als Beteiligte eines Verwaltungsverfahrens (vgl § 13 Rn 10) eine gesetzliche Frist versäumt, ist § 32 anwendbar, wenn keine Ausschlussfrist vorliegt (ebenso Knack 6; weiter Voraufl).

12 **c) Speziellere Regelungen.** Gem § 1 gilt die Regelung nur vorbehaltlich inhaltsgleicher oder entgegenstehender Bestimmungen in anderen Gesetzen oder VOen oder Satzungen aufgrund von Bundesgesetzen. Solche Rechtsvorschriften können uU eine Wiedereinsetzung auch an strengere Voraussetzungen knüpfen oder auch gänzlich ausschließen. Ein völliger Ausschluss der Wiedereinsetzung, wie er bei den sog Präklusions- oder Ausschlussfristen gegeben ist, bedarf einer besonderen Rechtfertigung, die auch verfassungsrechtlichen Anforderungen standhält (s hierzu näher Rn 65; § 31 Rn 9). Zu den spezielleren Regelungen gehören § 70 Abs 2 VwGO für die Widerspruchsfrist, wonach für die Wiedereinsetzung § 60 Abs 1–4 VwGO gilt, § 210 BauGB für Fristen des BauGB oder auf Grund des BauGB; § 134 FlurbG für das Flurbereinigungsverfahren. Es besteht die Tendenz, speziellere Regelungen abzubauen und auf diese Weise das Recht der Wie-

---

[7] Ähnlich StBS § 31 Rn 3; enger UL § 29 Rn 4.

[8] Str, wie hier VGH Mannheim NVwZ 1995, 278; StBS 8; Knack 7; **aA** Obermayer 7 unter Hinweis auf BVerwG NVwZ 1994, 475.

[9] Str, vgl UL § 29 Rn 4; für das Verwaltungsprozeßrecht, wo die Probleme ähnlich liegen, Kopp/Schenke § 60 Rn 4; für den Termin zur Vernehmung eines Zeugen auch Dittmar NJW 1982, 209; **aA** Obermayer 16; StBS 8.

[10] Vgl BVerwGE 46, 292; BFH NJW 1986, 279 – nur Erläuterungen und unwesentliche Ergänzungen können jederzeit noch nachgeschoben werden –; Kopp/Schenke § 60 Rn 4; str; **aA** offenbar BVerwG BayVBl 1976, 29.

dereinsetzung zu vereinheitlichen. So wurden zB die Spezialregelungen in § 20 WPflG, § 12 ZDG aufgehoben.

II. Wiedereinsetzung in den vorigen Stand (Abs 1)

1. Versäumnis einer gesetzlichen Frist (S 1). Voraussetzung für die Wiedereinsetzung ist grundsätzlich, dass die für die in Frage stehende Verfahrenshandlung maßgebliche **gesetzliche Frist tatsächlich versäumt** wurde. Die Behörde muss idR (Ausnahmen s Rn 14) auch wegen etwaiger Kostenfolgen von Amts wegen prüfen, ob eine Fristversäumung wirklich vorliegt.[11] Dies setzt voraus, dass die Frist wirksam gesetzt wurde, zB durch wirksame Zustellung, Bekanntgabe usw). Auf den Grund der Versäumung kommt es in diesem Zusammenhang noch nicht an. Eine Frist ist auch dann als versäumt anzusehen, wenn ihre Einhaltung durch pflichtwidriges Verhalten eines Amtswalters der Behörde, bei der die Frist zu wahren war, oder aus einem sonst von der Behörde zu vertretenden Grund verhindert wurde (str, s § 31 Rn 24). 13

Ist die Feststellung der Fristwahrung mit erheblichen Schwierigkeiten verbunden, so kann die Behörde auf eine Prüfung verzichten und Wiedereinsetzung gewähren, sofern die Voraussetzungen vorliegen. Im Zweifel ist jedoch zugunsten des Betroffenen anzunehmen, dass seine glaubhaft gemachten Behauptungen über die Wahrung der Frist zutreffen, und die Frist gewahrt ist.[12] Dies gilt auch, wenn der Zeitpunkt des Eingangs nicht mehr nachweisbar ist, weil die Behörde den **Briefumschlag nicht zu den Akten** genommen hat.[13] Zur Frage, wann ein Antrag im Rechtssinne als eingereicht anzusehen ist s auch § 31 Rn 22. Der **Eingangsstempel** der Behörde ist ein widerlegbarer Beweis für den Zeitpunkt des Eingangs (BGH VersR 1982, 652, zugleich auch zu den an den Nachweis in Zweifelsfällen zu stellenden Anforderungen; vgl auch BGH VersR 1984, 442). 14

Bei einer Fristversäumung nach vorheriger Rücknahme einer rechtzeitig durchgeführten Verfahrenshandlung handelt es sich streng genommen nicht mehr um eine versäumte Frist; gleichwohl kommt auch hier zumindest analog § 32 für die erneute Vornahme der Handlung Wiedereinsetzung in Betracht, wenn die übrigen Voraussetzungen dafür gegeben sind, insbesondere die Rücknahme der rechtzeitigen Verfahrenshandlung auf einem unverschuldeten Irrtum beruht (**aA** BGH NJW 1991, 2839). 15

a) Begriff der gesetzlichen Frist. Gesetzliche Fristen sind solche, die nicht von einer Behörde, sondern unmittelbar durch Gesetz, Rechtsverordnung oder Satzung bestimmt sind. Die Festlegung einer Frist in einer VwV reicht hierzu zwar nicht aus, insoweit kommt aber eine entsprechende Anwendung des § 32 in Betracht, wenn die VwV für die Behörde eine vergleichbare Bindungswirkung entfaltet (s Rn 7). Die Frist muss durch Rechtsvorschriften so bestimmt sein, dass ihr Ablauf und ihre Länge einer Einflußnahme durch eine Behörde entzogen sind. Unschädlich ist, wenn der Beginn der Frist durch eine Maßnahme der Behörde ausgelöst wird. Keine Rolle spielt auch, ob es sich bei der gesetzlichen Frist um eine **verfahrensrechtliche oder eine materiellrechtliche Frist** handelt. Auch die sog uneigentlichen Fristen, insbes. die Ausschlussfristen, sind gesetzliche Fristen, allerdings ist bei ihnen eine Wiedereinsetzung idR ausgeschlossen (s § 31 Rn 6ff). 16

---

[11] Vgl Kopp/Schenke § 60 Rn 6; **aA** VGH München BayVBl 1970, 223: die Frage kann dahingestellt bleiben, wenn jedenfalls Wiedereinsetzungsgründe vorliegen.

[12] Vgl BVerwG NJW 1969, 1731; BSG NJW 1973, 535; VGH München BayVBl 1975, 561; OVG Hamburg NVwZ-RR 1995, 122; s auch BVerwG DÖV 1972, 798 und DVBl 1982, 645: Verschulden muß nach den vorgetragenen Gründen mit überwiegender Wahrscheinlichkeit auszuschließen sein.

[13] BVerwG NVwZ 1994, 575; OVG Schleswig NJW 1994, 2841; OVG Hamburg NVwZ-RR 1995, 122.

17 **b) Hindernis. aa) Dauer.** Der Betroffene muss **während der noch laufenden Frist gehindert** gewesen sein, die Verfahrenshandlung rechtzeitig vorzunehmen. **Umstritten** ist, ob die Wiedereinsetzung auch dann möglich ist, wenn das Hindernis zwar vor dem Ablauf der Frist wegfällt, dem Betroffenen aber weniger als zwei Wochen Überlegungsfrist verbleiben. Nach Sinn und Zweck der Vorschrift, insb auch des S 1 des Abs 2, der eine **Überlegungsfrist von 2 Wochen** einräumt, ist die Frage zu bejahen.[14] Die hM geht demgegenüber davon aus, dass bei Wegfall des Hindernisses während des Laufs der Frist eine Wiedereinsetzung nur möglich ist, wenn die verbleibende Frist zu kurz ist, um die erforderliche Handlung noch vorzunehmen.[15]

18 **bb) Breites Spektrum von Hinderungsgründen.** Das Hindernis braucht nicht in einem Umstand der Außenwelt zu liegen. Auch **Unkenntnis, Irrtum** (s unten Rn 30; **aA** zur irrigen Beurteilung oder Unkenntnis der Rechtslage BFH BStBl II 1971, 111; vgl auch Klemm NVwZ 1989, 103 mwN), **fehlende Beherrschung der deutschen Sprache** usw können Hinderungsgründe sein; jedoch ist in diesen Fällen die Verschuldensfrage besonders streng zu prüfen. Hinderungsgrund ist immer auch zB das **Fehlen eines Nachtbriefkastens** oder eines anderen auch nachts zugänglichen Briefkastens am Amtsgebäude der Behörde; das **Fehlen der Beteiligungsfähigkeit** (§ 11), sofern es nicht schon ohnehin zur Folge hat, dass Fristen gar nicht in Lauf gesetzt wurden; ebenso das **Fehlen der Verfahrenshandlungsfähigkeit** (§ 12), wenn kein gesetzlicher Vertreter usw vorhanden ist; **fehlende Kenntnis** hins. des Vorliegens der tatsächlichen Voraussetzungen der in Frage stehenden Verfahrenshandlung, zB bei Ersatzzustellung **vom Ergehen eines VA,** durch den aufgrund besonderer gesetzlicher Vorschriften eine Frist in Lauf gesetzt wurde.[16]

19 **cc) Wegfall des Hindernisses.** Wegfall des Hindernisses ist anzunehmen, sobald der Betroffene selbst die in Frage stehende Handlung vornehmen bzw eine andere Person mit ihrer Vornahme betrauen kann (UL § 30 Rn 6). Kein Wegfall liegt vor, wenn der Hinderungsgrund zwar wegfällt, ein anderer aber an seine Stelle tritt (zB Rückkehr von Auslandsreise und anschließende schwere Erkrankung).

20 **2. Fehlendes Verschulden (Abs 1 S 1). a) Maßstab.** Die Wiedereinsetzung hat zur Voraussetzung, dass die Fristversäumung unverschuldet war. Verschulden idS liegt dann vor, wenn der Betroffene bzw sein Vertreter (s Rn 33) die gebotene und nach den Umständen **zumutbare Sorgfalt** nicht eingehalten hat, dh diejenige Sorgfalt außer acht gelassen hat, die für einen gewissenhaften, seine Rechte und Pflichten sachgemäß wahrenden Verfahrensbeteiligten geboten ist und ihm nach den gesamten Umständen zuzumuten war.[17] **Auch leichte Fahrlässigkeit**

---

[14] Str, wie hier VGH München, BayVBl 1980, 183; Kopp/Schenke § 60 Rn 7; Gottwald FamRZ 1987, 926; Leisner Jura 1990, 123.

[15] BVerwG NVwZ-RR 1999, 472; NJW 1976, 74: VBlBW 1985, 177; VGH München NJW 1982, 2660; StBS 14; Obermayer 10; vgl zum Prozessrecht Bier in Schoch § 60 Rn 50; für den Fall, daß noch ausreichend Zeit – im entscheidenden Fall noch 8 Tage – blieb, so daß die Fristwahrung zumutbar war, auch BGH NJW 1976, 627; vgl auch BVerfG 31, 371 = NJW 1971, 2217: 24 Stunden ausreichend; BVerwGE 88, 66 = NJW 1991, 1904; 43, 78: 4 Tage ausreichend; OLG Stuttgart MDR 1976, 509: jedenfalls Wiedereinsetzung, wenn Wegfall des Hindernisses so spät, daß Fristwahrung nur noch durch telegrafische Rechtsmitteleinlegung möglich gewesen wäre.

[16] Vgl BVerwGE 44, 108; BVerfG 25, 166; 26, 319; 34, 156; 37, 93; 37, 100; 38, 38 zur fehlenden Kenntnis vom Ergehen eines durch Niederlegung bei der Postanstalt während der Abwesenheit des Empfängers zugestellten Bescheids; BVerwG NVwZ 1988, 348; VGH München BayVBl 1972, 497; VGH Mannheim NJW 1978, 719.

[17] BVerwG NJW 1990, 3103; DVBl 1978, 888; NVwZ-RR 1990, 87 mwN; BFH BStBl II 1977, 769; StBS 15; Knack 10; Klemm NVwZ 1989, 104; vgl auch BVerwGE 50, 254; BVerwG NJW 1984, 1251, 2593; VGH München BayVBl 1982, 251; BGH NJW 1985,

schließt die Wiedereinsetzung aus (Klemm NVwZ 1989, 104). Die Anforderungen an die Sorgfaltspflicht dürfen angesichts der Bedeutung der Wiedereinsetzung für den verfassungsrechtlich gewährleisteten Rechtsschutz der Betroffenen (s oben Rn 2) jedoch nicht überspannt werden.[18]

Im **Gegensatz zum objektivierten Fahrlässigkeitsmaßstab** des BGB ist auf die **konkreten Verhältnisse** einschließlich **höchstpersönlicher Umstände** (Klemm NVwZ 1989, 104 mwN) des Betroffenen abzustellen (StBS 15; Kopp/Schenke § 60 Rn 9; Bier in Schoch § 60 Rn 19). **Bei einem Rechtsanwalt, Steuerberater** (in Abgabensachen) usw sind grundsätzlich höhere Anforderungen zu stellen als bei einem juristischen Laien,[19] bei einer im Umgang mit Behörden und Gerichten erfahrenen Person höhere als bei einer unerfahrenen, unbeholfenen Person (BSG NJW 1975, 1383; StBS 15). Wesentlich kommt es immer auf die konkreten Umstände des Einzelfalles an.

Zumutbarkeitsmaßstab. Es kommt darauf an, ob dem Beteiligten nach den 21
Umständen des Falles ein Vorwurf daraus gemacht werden kann, dass er die Frist versäumt hat (BVerwGE 50, 254; BayVBl 1990, 378 mwN), zB dass er vom Wegfall des Hindernisses keine Kenntnis erlangt hat und dadurch die Frist versäumt hat (BGH NJW 1985, 1744; BAG NJW 1986, 2785: Kenntnis vom Wegfall des Hindernisses oder Kennen-müssen); bzw nicht alle ihm **(persönlich) zumutbaren Anstrengungen** unternommen hat, um das Hindernis schnellstmöglich zu beseitigen, zB bei einem der deutschen Sprache nicht mächtigen **Ausländer,** dass er sich nicht rechtzeitig um eine Übersetzung des ihm zugestellten VA bemüht hat.[20] Nicht erforderlich ist, dass der Betroffene (oder sein Vertreter), wenn er für einen fristgebundenen, rechtzeitig gestellten Antrag uä von der Behörde keine **Eingangsbestätigung** erhält, überprüft, ob der Antrag fristgerecht eingegangen ist (vgl BGH NJW 1986, 1330; offen OVG Münster NVwZ-RR 1990, 378); dies gilt unabhängig davon, ob bei der Behörde Eingangsbestätigungen üblich sind oder nicht. Tut jemand zur Fristwahrung mehr, als von ihm verlangt werden konnte, und macht er dabei einen Fehler, so begründet dies kein die Wiedereinsetzung ausschließendes Verschulden (BGH NJW 1990, 188; Knack 10).

b) Beweispflicht. Die Beweispflicht für fehlendes Verschulden trifft **grundsätzlich den Bürger** (vgl BAG NZA 1990, 538). Ist jedoch Verschulden des 22
Beteiligten oder seines Vertreters auszuschließen, so geht die Unaufklärbarkeit der Gründe für den verspäteten Zugang nicht zu Lasten des Bürgers (BAG NZA 1990, 538). An die Beweisführung sind eine überzogenen Anforderungen zu stellen. Wenn andere Beweismittel fehlen, der Bürger aber substantiiert unter Angabe von Tatsachen glaubhaft darlegt, dass er alles seinerseits Erforderliche getan hat, wird davon auszugehen sein, dass kein Verschulden vorliegt.

c) Kausalität und Verschulden bei Mitwirkung Dritter. Verschulden iS 23
von § 32 Abs 1 ist nicht nur etwaiges Alleinverschulden, sondern **auch bloßes Mitverschulden** (VGH Mannheim NJW 1978, 719; OLG Hamm MDR 1977, 948; OLG Düsseldorf FamRZ 1978, 730; Knack 27). Kausalität und Verschulden

---

1711; BSG NJW 1975, 1383; zu weitgehend BFH 119, 208 = BStBl II 1976, 624: entschuldigt nur, wenn auch äußerste, den Umständen des Falles angemessene und vernünftigerweise zu erwartende Sorgfalt die Fristversäumung nicht hätte verhindern können.

[18] Vgl BVerfG 25, 166; 31, 390; 37, 96; 38, 38; 40, 91; 41, 334; 54, 84; BVerfG NJW 1991, 2208; 1991, 2277; BayVerfGH NJW 1982, 2661 mwN; BVerwGE 58, 104 mwN; BGH NJW 1982, 533; BFH HFR 1961, 157; BStBl II 1982, 166; Klemm NVwZ 1989, 104.

[19] BVerwGE 49, 255; BAG NJW 1989, 2708; Münster NVwZ 1991, 490; Klemm NVwZ 1989, 106 mwN; StBS 15; zT **aA** Knack 10: es ist nicht darauf abzustellen, ob jemand zufällig besondere Sach- oder Rechtskenntnis besitzt; dennoch ist an die Gruppe der Rechtskundigen ein höherer Anspruch zu stellen, als an Laien.

[20] BVerwG BayVBl 1978, 474; NJW 1990, 3103; BVerfG 40, 100; 42, 146; BSG DÖV 1989, 356; BGH VersR 1989, 1318; FamRZ 1989, 1282; VG Kassel NJW 1977, 543; enger BayObLG MDR 1977, 322.

entfallen nicht deshalb, weil ein Dritter, zB die Post, wenn sie bei einem unzulänglich adressierten Brief bei der Ermittlung der Adresse rascher gearbeitet oder mehr Sorgfalt angewandt hätte (BVerwG BayVBl 1990, 378) oder ein unzuständiges Gericht oder eine sonst unzuständige Stelle, an die der Antrag, die Erklärung usw irrtümlich adressiert war, die Fristversäumung noch verhindern hätte können, zB durch (noch möglichen) rechtzeitigen Hinweis auf noch fehlende notwendige Förmlichkeiten[21] oder durch Weiterleitung des Antrags usw an die zuständige Behörde usw.[22]

24 Auch sonst wird weder die Verursachung noch das Verschulden dadurch berührt, dass auch ein Dritter oder eine Behörde pflichtwidrig **schuldhaft gehandelt** hat (vgl BVerwGE 55, 66), selbst wenn der Verursachungsbeitrag des Dritten überragende („wesentliche oder prägende") Bedeutung hatte (BVerwGE 55, 67), oder wenn der Verfahrensgegner oder ein Dritter durch **arglistiges Verhalten** die Fristwahrung verhindert hat.[23] Anders uU, wenn die Fristversäumung ihre Ursache ausschließlich im Bereich der Behörde hat; dann gelten nach hM die Fristen als gewahrt, die Säumnis ist jedenfalls nicht verschuldet.[24] **Zum Verschulden Bevollmächtigter** oder von **Hilfskräften** s unten Rn 33f.

25 **d) Beispiele.** Bei **Antragstellung** usw **bei einer unzuständigen Stelle** liegt Verschulden idR vor, wenn dem Betroffenen die zuständige Behörde bekannt war oder bei entsprechender Sorgfalt von ihm ohne Schwierigkeiten hätte festgestellt werden können. Dass die angegangene unzuständige Stelle noch ausreichend Zeit gehabt hätte, den Antrag an die zuständige Stelle weiterzuleiten, kann den Antragsteller nicht entlasten, es sei denn, die unzuständige Stelle ist spezialgesetzlich verpflichtet, den Antrag unverzüglich weiterzuleiten.

26 **aa) Verzögerungen im Postlauf. Kein Verschulden** bei Absendung zu einem Zeitpunkt, in dem bei der üblichen normalen Beförderungsdauer mit rechtzeitigem Eingehen gerechnet werden konnte.[25] **Bei einem einfachen Brief** darf

---

[21] Vgl BVerwGE 55, 66; BVerwG Buchh 310 § 60 VwGO Nr 132; BFH 90, 395; BAG NJW 1987, 3274 mwN; **aA** zum Sozialrecht BSG 60, 85; NJW 1987, 2184: grundsätzlich ein Herstellungsanspruch des Bürgers darauf, daß er so gestellt wird, wie er stünde, wenn die Behörde alles ihr Mögliche getan hätte.

[22] BVerwGE 55, 66; BGH NJW 1978, 1165; 1979, 877; BFH 90, 395: wer das Risiko unrichtiger Adressierung schuldhaft übernimmt, kann zu seiner Entschuldigung auch nicht geltend machen, daß der unrichtige Adressat bei schnellerer Bearbeitung des Vorgangs die Sache noch rechtzeitig an die richtige Stelle hätte weiterleiten können; VGH Mannheim NVwZ-RR 1994, 474; zT **aA** BSG – GrS – 38, 249 = NJW 1975, 1383 mwN: Wiedereinsetzung, wenn die Rechtsmittelschrift trotz ordnungsgemäßer Rechtsbehelfsbelehrung an eine unzuständige Stelle – zB Gericht, Behörde usw – übersandt worden ist und infolge pflichtwidrigen Verhaltens erst nach Ablauf der Rechtsmittelfrist beim zuständigen Gericht eingeht; ähnlich OLG Zweibrücken NJW 1982, 2832.

[23] VGH München VRspr 10, 632; wohl auch BVerwGE 55, 67 für den Fall, daß durch die Arglist für den Betroffenen eine nicht voraussehbare Lage geschaffen wurde; in Fällen der letztgenannten Art fehlt es jedoch ohnehin schon am Verschulden.

[24] Vgl BSG NJW 1987, 2184: das Verhalten eines Behördenbediensteten, das zum verspäteten Eingang eines Schreibens führt, ist dem Rechtsuchenden nicht zuzurechnen; OVG Lüneburg NJW 1994, 1299; ferner BVerfG 75, 183 = DÖV 1987, 1060: keine Präklusion verspäteten Vorbringens, wenn die Verspätung ihre Ursache in der Verletzung der Fürsorgepflicht des Gerichts hat.

[25] BVerfG 41, 27; 44, 306; 45, 362; 46, 406; 50, 397, 399; 51, 149, 354; 53, 29 und 151; 54, 84; 62, 221 und 334; NJW 1983, 560, 1479; BVerwG NJW 1979, 641; 1980, 769; BFH 132, 396; NJW 1991, 1704; BGH VersR 1981, 1160; BAG NJW 1978, 1495; BayObLG NJW 1978, 1488; vgl ferner BVerwG BayVBl 1973, 474: Aufgabe am vorletzten Tag der Frist genügt bei nicht weit entfernten Orten; BAG NJW 1990, 2405: zwei Tage nach Absendung genügen bei relativ nahegelegenen Orten; München BayVBl 1974, 682: bei nahe gelegenen Orten mit günstiger Verbindung uU auch am letzten Tag vor Ablauf der Frist; zweifelhaft.

der Absender sich auf **die üblichen Brieflaufzeiten** oder auf eine Auskunft des Postamtes verlassen, sofern der Brief ordnungsgemäß adressiert und frankiert war.[26] Dies gilt selbst bei an sich vorhersehbaren Verzögerungen, zB bei besonderen Witterungsverhältnissen, an Wochenenden, in „Stoßzeiten vor oder nach Feiertagen“ usw,[27] **wenn** die Sendung **nicht ordnungsgemäß frankiert** oder die Sendung nicht als Brief, sondern als Päckchen gesandt wurde (vgl BGH VersR 1969, 753 zur allerdings engeren Fassung des § 233 aF ZPO; **aA** BAG NJW 1990, 2405); anders wohl auch in Zeiten eines lange vorher angekündigten oder angedrohten **Poststreiks** von mehreren Tagen.[28] Verschulden liegt idR auch bei **unzulänglicher Adressierung** eines mit der Post beförderten Schreibens vor (BVerwG BayVBl 1989, 122; NJW 1990, 1747; BayVBl 1990, 378), zB wenn die **Postleitzahl** nicht angegeben wurde (OLG Düsseldorf NJW 1994, 2841; **aA** noch OLG Stuttgart 1982, 2832), wenn die genaue Adresse, zB nur die Behörde, München und ‚Abholfach‘, nicht aber auch der Zustellbezirk angegeben wird (BVerwG NJW 1990, 1747; BayVBl 1990, 378). **Kein Verschulden** liegt dagegen vor, wenn nur die Straßenangabe verwechselt wurde (Rheinlandstraße statt Rheinstahlstraße), der Zustellbezirk jedoch zutreffend angegeben war (BVerwG BayVBl 1989, 122), oder wenn die Adresse zwar unvollständig war, der Brief aber so frühzeitig abgesandt wurde, dass er trotz Unvollständigkeit der Anschrift und der dann notwendigen Sonderbehandlung bei der Postzustellung üblicherweise noch rechtzeitig zugehen hätte müssen. Macht die Post bei der Zustellung eines Briefes einen Fehler, so geht dies nicht zu Lasten des Absenders (BVerwG NJW 1990, 1747; NVwZ 1990, 753).

Bei **Absendung eines Antrags usw kurz vor Ablauf** der zu wahrenden Frist 27 trifft den Antragsteller usw eine erhöhte Sorgfaltspflicht (vgl BGH NJW 1995, 1431; BAG NJW 1994, 743; OVG Hamburg NordÖR 2000, 29). **Verschulden liegt zB** vor, wenn ein Schreiben so spät abgesandt wird, dass nur unter besonders günstigen Umständen, nicht aber bei normalem Beförderungsverlauf, mit fristgerechtem Eingehen gerechnet werden kann (vgl BVerwG DÖV 1972, 798; VGH München BayVBl 1974, 682). Bei **eingeschriebenen Briefen** muss der Absender **mit einer Verzögerung rechnen,** insb auch damit, dass der Brief nur während der Dienststunden zugestellt werden kann, und deshalb den Brief entsprechend früher aufgeben (vgl BVerwG BayVBl 1974, 681).

bb) Störungen im Bereich des Empfängers. Kein Verschulden ist anzu- 28 nehmen, wenn der Betroffene, der die Frist zu wahren gehabt hätte, von der Sendung, die die Frist in Gang gesetzt hat, keine Kenntnis erlangt hat, weil eine **dritte Person,** die nicht Bevollmächtigter des Betroffenen ist, die Zustellung in Empfang genommen und nicht weitergegeben hat (vgl BVerwGE 44, 108; VGH Mannheim NJW 1978, 719), zB weil der Benachrichtigungszettel über die Niederlegung des Schriftstücks zwischen Werbeprospekte geraten war (FG Köln NJW-RR 1994, 703), oder weil auf dem Briefumschlag ein **falsches Zustellungsdatum vermerkt** wurde und dem Betroffenen nicht zum Vorwurf gemacht werden kann, dass er sich darauf verlassen hat, weil für die Einreichung kein **Nachtbriefkasten** (vgl BVerwGE 3, 355) oder **sonstiger Briefkasten** (vgl BVerwGE 18, 51; BVerwG NJW 1962, 1268); zur Verfügung stand und die Verspätung dadurch bedingt ist (vgl BVerwGE 18, 51). Letzteres gilt selbst dann, wenn der Betroffene

---

[26] Vgl BGH NJW-RR 1990, 508; BFH NJW 1991, 1704: auch wenn die Brieflaufzeiten bei früheren Briefsendungen in Einzelfällen überschritten wurden; BVerfG 41, 27, 344, 359; 42, 260; 51, 146, 352; 53, 25, 148; 62, 221, 334; zu einem Telegramm auch BFH NJW 1976, 1960.

[27] Vgl BVerfG 41, 27; 44, 307; 54, 84; NJW 1980, 769; BAG NJW 1978, 1495; NJW 1995, 548; BayObLG NJW 1978, 1489; zweifelhaft; **aA** BGH VersR 1980, 928.

[28] BGH NJW 1993, 1333; BAG NJW 1975, 1144; VGH Kassel NJW 1993, 750; OVG Berlin NJW 1994, 3112; sehr zweifelhaft; **aA** BAG NJW 1995, 548.

wusste, dass kein Briefkasten vorhanden ist, da er jedenfalls das Recht hat, die Frist (24 Uhr!) voll auszunützen (vgl BVerfG 51, 355; 62, 337; BVerwG Buchh 310 § 60 Nr 28).

29 **cc) Krankheit. Kein Verschulden** liegt vor, wenn der Betroffene ernsthaft **erkrankt** war und infolge davon die Frist nicht selbst wahren oder einen Bevollmächtigten beauftragen konnte (UL § 30 Rn 7; vgl auch BVerwGE 25, 243); wenn dem Betroffenen infolge besonderer Umstände (zB Erkrankung der Ehefrau, die sonst alle Schreibarbeiten erledigt, starke berufliche Anspannung, Unerfahrenheit, hohes Alter usw) die Dinge über den Kopf gewachsen waren.[29]

30 **dd) Irrtum, Unkenntnis. Kein Verschulden** liegt auch vor, wenn sich der Betroffene in einem **entschuldbaren Rechts- oder Tatsachenirrtum** befunden hat,[30] insb wenn auch eine nach Sachlage im Hinblick auf mögliche Zweifel gebotene Rückfrage bei einem Rechtsanwalt bzw bei der Behörde, die den VA erlassen hat, ihn in dem Irrtum bestärkt hat. Gleiches gilt, wenn die **Auslegung** einer Vorschrift durch die Rspr noch nicht geklärt ist (vgl BVerwGE 49, 255; VRspr 10, 789) und der Betroffene mit einer anderen Auslegung als der, die er für richtig hielt, nicht rechnen musste (vgl BGH NJW 1978, 890), nicht dagegen, wenn der Betroffene Vorschriften nicht kannte und sich auch nicht in geeigneter, zuverlässiger Weise darüber informiert hat.[31]

30 a Hat der Betroffene sich in derartigen Fällen bei einer Person erkundigt, auf deren Sachkunde er vertrauen durfte, und eine **falsche Auskunft** erhalten, so stellt dies idR einen Wiedereinsetzungsgrund dar (vgl BVerwGE 43, 335; Knack 14); dasselbe gilt zB, wenn ein Bürger, der einen schriftlich zu stellenden Antrag nur mündlich gestellt hat, darauf vertraute, alles Erforderliche getan zu haben, weil man ihn sonst sicher auf einen etwaigen Formmangel, der für den den Rechtsbehelf entgegennehmenden Beamten ja offensichtlich sein musste, hingewiesen hätte (vgl BVerwGE 50, 254), oder wenn ein Bürger auf eine ihm gewährte, an sich rechtlich nicht mögliche und daher unwirksame Verlängerung einer Frist durch eine Behörde vertraut hat und dadurch die Frist versäumt hat (vgl BVerwGE 43, 240).

30 b Ein **Irrtum über die Erfolgsaussichten** eines Antrags, von Einwendungen usw ist grundsätzlich **kein Wiedereinsetzungsgrund;**[32] **anders** jedoch nach § 45 Abs 3, wenn der Irrtum die Folge des **Fehlens einer erforderlichen Begründung** bzw einer erforderlichen Anhörung ist (s § 45 Abs 3, dazu § 45 Rn 1 ff). Unverschuldet ist auch die **fehlende Kenntnis vom Ergehen eines Bescheids,** der im Weg einer ordnungsgemäßen Ersatzzustellung einem Dritten übergeben wurde, der ihn nicht weitergegeben hat (BVerwGE 44, 108), oder der während der Abwesenheit von der ständigen Wohnung durch Niederlegung bei der Postanstalt zugestellt wurde; **anders,** wenn der Betroffene von der Unzuverlässigkeit

---

[29] Anders VGH München BayVBl 1982, 251 hins der Zurechnung des Anwaltsverschuldens gem Abs 1 S 2 bei Arbeitsüberlastung eines Rechtsanwalts infolge der Übernahme zu vieler Mandate; s dazu unten Rn 33 ff.

[30] Vgl BVerwGE 53, 139; 61, 313; BVerwGE NJW 1970, 773; BVerwGE 50, 248 = NJW 1976, 1332: Irrtum über die Form, in der Widerspruch einzulegen ist; BGH FamRZ 1989, 1282 m Anm Hausmann: Irrtum hins Form und Frist; zT **aA** BFH 123, 395: Irrtum über Fristbeginn bzw über den Fristlauf; Klemm NVwZ 1989, 103 mwN.

[31] Vgl BVerwGE 60, 313; BVerwG NJW 1991, 125 = BayVBl 1991, 30: auf die Auskunft eines Stationsreferendars bei Gericht darf ein Rechtsanwalt sich nicht verlassen; BGH VersR 1982, 672; FamRZ 1989, 1282; VGH München BayVBl 1973, 15 zur Unkenntnis hins der Vorschriften über die Berechnung der Rechtsmittelfristen;vgl auch BVerwG NJW 1983, 1923 = BayVBl 1983, 476: ein Irrtum über den Beginn der Rechtsbehelfsfrist bei Zustellung durch Niederlegung ist nur entschuldbar, wenn der Beteiligte sich durch ein entsprechendes Verhalten der Behörde bestärkt fühlen mußte.

[32] BVerwG DÖV 1990, 256 zu einem Irrtum über die Mangelhaftigkeit eines VA und über Erfolgsaussichten eines Rechtsbehelfs dagegen; vgl auch BVerwG Buchh 310 § 60 VwGO Nr 159; NVwZ-RR 1989, 591; Knack 13 mwN.

des Dritten wußte und gleichwohl nichts unternommen hat (vgl BVerwG MDR 1977, 431; VGH Mannheim NJW 1978, 122), oder wenn die mangelnde Kenntnis dadurch zumindest **mitverschuldet** ist, dass der Betroffene keinen ordnungsgemäßen Briefkasten für die Aufnahme von Sendungen, Benachrichtigungen über abzuholende Sendungen usw besitzt (vgl BVerfG 41, 335 = NJW 1976, 1537; BVerwG NJW 1977, 543).

31 **ee) Abwesenheit. Wer eine ständige Wohnung** hat, braucht, wenn er vorübergehend abwesend ist,[33] keine besonderen Vorkehrungen hins. möglicher Zustellungen zu treffen;[34] **anders** bei **voraussehbarer längerer Abwesenheit** (vgl VGH München BayVBl 1974, 595; oder wenn besondere Umstände vorliegen, die für den Betroffenen Anlass hätten sein müssen, besondere Vorkehrungen zu treffen (vgl BVerwG MDR 1977, 431; VGH Mannheim NJW 1978, 719; BGH JZ 1977, 762; NJW 1978, 427), zB wenn der Betroffene selbst auf rasche Entscheidung gedrängt hat und ihm eine **Entscheidung angekündigt** war (vgl BVerwG DÖV 1976, 167; VGH Mannheim NJW 1975, 50), oder wenn er aus anderen Gründen, etwa weil, wie er wußte, eine abschließende Besprechung bereits stattgefunden hat, mit einer alsbaldigen Zustellung rechnen musste (vgl BVerfG 41, 335; BGH VersR 1982, 652); grundsätzlich nicht dagegen, wenn der Betroffene nur allgemein von der Anhängigkeit einer Sache oder einer bevorstehenden Klage wußte oder wissen hätte können und müssen, außer wenn aufgrund besonderer Umstände mit einer alsbaldigen Entscheidung oä zu rechnen war.[35] Verschulden liegt idR auch vor, wenn ein Beteiligter seinem Prozessbevollmächtigten eine Anschriftänderung nicht mitteilt und dadurch eine Frist versäumt wird (BGH MDR 1978, 749; VGH München NVwZ 1982, 266).

32 **ff) Sonstige Gründe. Unverschuldet** ist eine Fristversäumung, wenn die Person, die die Frist zu wahren hat, **nicht verfahrenshandlungsfähig** (§ 12) ist und ein Vertreter für sie nicht bestellt ist.[36] Grundsätzlich **kein Verschulden** liegt vor, wenn mehrere Wohnungsinhaber oder sonstige Mitbewohner in einem kleinen Miethaus nur einen **gemeinsamen Briefkasten** besitzen und ein Mitbewohner versehentlich einen Brief oder eine Benachrichtigung an sich genommen hat (BVerwG NVwZ 1988, 348); **anders** jedoch uU, wenn es schon früher wegen des gemeinsamen Briefkastens zu Schwierigkeiten gekommen war. **Verschulden** ist dagegen anzunehmen, wenn der Betroffene deshalb keine Kenntnis von dem Inhalt des Schreibens hat, weil die **Annahme verweigert** wird oder auf einen Benachrichtigungszettel hin die Sendung nicht abgeholt wird.

33 **3. Verschulden der Vertreter und Bevollmächtigten (Abs 1 S 2).** Das Verschulden eines gesetzlichen Vertreters, Bevollmächtigten oder Vertreters nach §§ 14 ff ist, wie Abs 1 S 2 in Übereinstimmung mit der hM zum Prozessrecht[37]

---

[33] Dies gilt etwa für Urlaub, auch außerhalb der allgemeinen Urlaubszeit, vgl BVerfG 40, 91; 41, 332; NJW 1993, 847; VGH Mannheim DÖV 1979, 303; VGH München DÖV 1981, 974 = BayVBl 1981, 660 –, Geschäftsreise usw.

[34] Vgl BVerfG 25, 166; 34, 154 zur sechswöchigen Abwesenheit einer Studentin, obwohl diese vor Erlaß des in Frage stehenden Bußgeldbescheids polizeilich vernommen worden war; ferner BVerfG 26, 320; 37, 102, 38, 40; 40, 91, 186; 41, 335; NVwZ-RR 1990, 87 = BayVBl 1990, 57 zur vierwöchigen urlaubsbedingten Abwesenheit eines Wehrpflichtigen, dessen Antrag auf Anerkennung als Kriegsdienstverweigerer abgelehnt worden war und der für die Zustellung des Bescheids nur einen Zustellungsbevollmächtigten benannt, nicht aber für die rechtzeitige Widerspruchseinlegung gesorgt hatte; VGH München BayVBl 1980, 183.

[35] Ebenso wohl Knack 16; offen BVerwG NJW 1975, 1574; zT weitergehend BGH JZ 1977, 762 zum Prozeßrecht; vgl auch BFH 119, 208 = BStBl II 1976, 624: wer häufig längere Dienst- oder Geschäftsreisen unternimmt, muß Vorkehrungen treffen, zB sich die durch Niederlegung zugestellten Schriftstücke als einfache Sendung nachsenden lassen.

[36] Vgl LG Frankfurt NJW 1976, 757; Niemeyer NJW 1976, 742 mwN, auch zur abw A: Fristen laufen nicht; str.

[37] Vgl BVerwGE 53, 141; 55, 63; BVerwG BayVBl 1984, 763; NJW 1977, 773.

klarstellt, dem durch diesen vertretenen Beteiligten **wie eigenes Verschulden zuzurechnen.** Eine Zurechnung erfolgt auch dann, wenn es im Verfahren um höchstpersönliche und/oder verfassungsrechtlich geschützte Rechte geht, zB in Kriegsdienstverweigerungssachen[38] oder in Asylsachen (BVerfG 60, 253 = NJW 1982, 2425 mwN). Bei fehlender oder unwirksamer Vollmacht erfolgt keine Zurechnung, auch wenn die Behörde den angeblich Bevollmächtigten vorläufig als Vertreter zugelassen hat (vgl BGH NJW 1987, 440). **Nicht Vertreter** iS von Abs 1 S 2 ist der **Bote,** ebenso nicht (außer bei Vorliegen einer Bevollmächtigung) **die Ehefrau, Familienangehörige** oder sonstige Dritte, auch wenn oder soweit Zustellungen an sie wirksam vorgenommen werden können.

34 **a) Anwaltsverschulden. aa) Allgemeines.** Verschulden des Bevollmächtigten ist dem Beteiligten entspr § 85 Abs 2 ZPO **zuzurechnen, solange das Mandat besteht.** Die Zurechenbarkeit endet mit dem Zeitpunkt des Wirksamwerdens einer Niederlegung des Mandats (vgl BGHZ 43, 138). War zu diesem Zeitpunkt eine Frist jedoch bereits in Lauf gesetzt, so hätte der Bevollmächtigte den Mandanten darüber unterrichten müssen. Hat er dies schuldhaft unterlassen, so ist dieses Verschulden dem Mandanten zuzurechnen und schließt die Wiedereinsetzung aus (vgl VGH München BayVBl 1977, 221). Wurde an einen nicht oder nicht mehr **bevollmächtigten Anwalt** zugestellt und hat dieser den Betroffenen nicht verständigt, so muss sich dieser ein etwaiges Verschulden des Anwalts **nicht** mehr zurechnen lassen (BGH NJW 1980, 999). Zu beachten ist, dass Anwaltsverschulden nicht vorliegt, wenn das Fehlverhalten seine Angestellten **(Hilfspersonen)** trifft und der Rechtsanwalt selbst diese hinreichend sorgfältig ausgesucht, angeleitet, organisiert und überwacht hat (s unten Rn 37).

35 **bb) Einzelfälle. Verschulden des bevollmächtigten Anwalts** ist gegeben, wenn dieser die übliche Sorgfalt eines ordentlichen Anwalts nicht angewandt hat;[39] dabei dürfen jedoch die Anforderungen nicht überspannt werden (BGH NJW 1982, 2670; 1985, 1711). Die Beachtung der Sorgfaltspflichten muss nach der konkreten Sachlage zumutbar sein (BGH NJW 1985, 1711). **Verschulden** ist zB anzunehmen, wenn die Fristversäumung dadurch entstanden ist, dass ein Rechtsanwalt Rechtsmittelfristsachen nicht gesondert von normalen Wiedervorlagesachen notierten ließ (BVerwG BayVBl 1985, 124), ebenso, wenn er bei einem Rechtsmittelauftrag an einen anderen Anwalt die Angaben über das Zustellungsdatum nicht überprüft hat (BGH NJW 1985, 1709), wenn sich ohne weitere Nachprüfung auf die handschriftliche Änderung eines Eingangsstempels verlassen hat (BGH NJW 1985, 1710), ebenso, wenn er in einer Asylsache eine Klage, zu der er nach der ihm erteilten Vollmacht ermächtigt war, nicht wenigstens vorsorglich erhoben hat, sondern eine Weisung abwarten wollte (BVerwG NVwZ 1984, 571), oder wenn er nicht ausreichend sichergestellt hat, dass eine **Mitteilung** den Mandanten **zuverlässig** und rechtzeitig erreicht.[40] Gleiches gilt, wenn er zumutbare Anstrengungen unterlassen hat, um die neue Anschrift seines Mandanten festzustellen (VGH München BayVBl 1979, 637; 1980, 541) oder einen Schriftsatz **unkontrolliert unterzeichnet** hat (BVerwGE 55, 65) oder bei einer zur Unterzeich-

---

[38] Vgl BVerwGE 49, 258; 53, 141; BVerwG NVwZ 1982, 35; BVerfG 35, 46 zugleich unter Bejahung der Verfassungsmäßigkeit; BVerwGE 60, 253; 49, 258; BVerwG NVwZ 1985, 34; BGH 121, 164; 122, 123; NJW 1984, 1992; BSG 11, 160; **aA** Grunsky NJW 1977, 1694.

[39] Allg zur Sorgfaltspflicht eines Anwalts hins der Wahrung von Fristen s auch BVerwG NJW 1984, 2542; BayVBl 1989, 221; BGH NJW 1980, 1846; 1985, 1709, 1710; KG AnwBl 1982, 71.

[40] BVerwG NJW 1982, 2425; NVwZ 1984, 571; vgl auch BVerwGE 66, 250 = NJW 1983, 1280: bei Asylbewerbern grundsätzliche Verpflichtung auch zur Wiederholung eines Benachrichtigungsversuchs; ähnlich VGH Mannheim VBlBW 1982, 16; **aA** OVG Koblenz NJW 1983, 1509: einmalige briefliche Rückfrage genügt.

nung vorgelegten Rechtsmittelschrift nicht geprüft hat, ob sie an das richtige Gericht adressiert ist (BGH VersR 1981, 1126) oder mit einem **ausländischen Mandanten** nicht in einer Sprache verkehrt hat, die dieser versteht (OVG Münster NJW 1981, 1855).

cc) Arbeitsüberlastung des Prozessbevollmächtigten. Arbeitsüberlastung des Prozessbevollmächtigten ist nur dann ein Grund, der dessen Verschulden ausschließen kann, wenn sie unvorhersehbar war, nach den Umständen des Falles Abhilfe nicht möglich war und der Prozessbevollmächtigte **alles seinerseits Mögliche getan** hat, um dadurch bedingte Fristversäumungen zu vermeiden.[41] Nicht Voraussetzung für die Zurechnung des Verschuldens ist, dass der Rechtsanwalt die betroffene Sache selbst bearbeitet; die Zurechnung tritt auch dann ein, wenn ein Bevollmächtigter – zB bei Bevollmächtigung einer Sozietät, der andere Sozius – nur die Übermittlung eines Schriftstücks übernommen hat (BFH NJW 1984, 1992). 36

b) Verschulden von Hilfspersonen. Das Verschulden von Hilfspersonen eines Bevollmächtigten, Vertreters oder Organs ist diesem (und damit dem Beteiligten) **nur dann zuzurechnen,** wenn ihn ein **Auswahl- oder Überwachungsverschuolden** trifft. Dies ist der Fall, wenn der (für den konkreten Rechtsstreit) Bevollmächtigte, Vertretungsberechtigte usw diese nicht mit der erforderlichen Sorgfalt ausgewählt, angeleitet und überwacht hat und bei (Anwälten) durch eine zweckmäßige Büroorganisation, insb auch hins. der Ausgangskontrolle, insb der Postausgangskontrolle,[42] allgemein durch Organisationsanweisungen oder durch Weisung im Einzelfall (vgl BAG NZA 1990, 538) das Erforderliche zur Verhinderung von Fristversäumnissen getan hat.[43] **Entsprechendes gilt** für das **Verschulden sonstiger dritter Personen,** die in der Sache **nicht bevollmächtigt sind,**[44] auch eines angestellten, in der Sache nicht bevollmächtigten Rechtsanwalts, dem die Sache nicht zur selbständigen Erledigung übertragen war (BGH NJW 1985, 1178), sowie für das Verschulden eigener, nicht zur Vertretung in dem in Frage stehenden Verfahren berechtigter **Hilfspersonen des Beteiligten** selbst[45] und für **Hilfspersonal eines Bevollmächtigten** oder Vertreters, der nicht Anwalt ist (str; bejahend für Verbandsvertreter BSG 6, 1). 37

Unter den genannten Voraussetzungen kann insb ein Rechtsanwalt zB auch die **Terminüberwachung,**[46] die Berechnung von im Bürobetrieb häufig vorkommenden Fristen (BVerwG NJW 1982, 224, 2458; Buchh 310 § 60 VwGO Nr 49 S. 15), die **Unterschriftenüberwachung** (BGH NJW 1975, 56; VersR 1979, 823) uä, etwa die Sicherstellung, dass nochmals geschriebene Seiten ordnungsgemäß in Schriftsätze eingefügt werden (Ostler NJW 1980, 460; **aA** insoweit OLG 38

---

[41] Zu eng OVG München NJW 1981, 1855: kein Entschuldigungsgrund, wenn ein Anwalt zu viele Mandate übernommen hat und dadurch überlastet ist; offen BVerwG BayVBl 1985, 187; BGH VersR 1975, 40; NJW 1985, 1178.

[42] Vgl BGH VersR 1980, 871, 973; NJW 1983, 834, 885; 1988, 32: Verwechslung der Telefaxnummer durch eine sonst zuverlässige Angestellte ist dem Anwalt nicht als Verschulden anzurechnen; BVerwG BayVBl 1989, 221; BSG NVwZ 1988, 767.

[43] BVerwGE 44, 104; 55, 62; BVerwG DÖV 1978, 618; 1981, 180; BAG NJW 1982, 72; BVerwG Buchh 310 § 60 VwGO Nr 46, 80, 107; 310 § 58 VwGO Nr 23; BFH NJW 1983, 1872; BSG 6, 1; BGH NJW 1976, 627; 1979, 876; VersR 1983, 753, 838, 988 und 1984, 166: auf eine fachlich ausgebildete und generell auf ihre Zuverlässigkeit überprüfte Fachkraft darf sich ein Anwalt verlassen; 1984, 286; BAG NZA 1990, 538; VGH Kassel NVwZ 1993, 750.

[44] Vgl BVerwG BayVBl 1985, 187; BGH NJW 1974, 1511; BFH NJW 1984, 1992.

[45] BVerwGE 44, 109 = DÖV 1974, 378; BVerwG DÖV 1972, 790; 1974, 348; BFH NJW 1983, 1872: wenn die Hinzuziehung sachgerecht war und die Hilfsperson in zumutbarer Weise unterwiesen und beaufsichtigt worden war; **aA** zum Büroversehen bei Unternehmen im Abgabenrecht BFH BStBl II 1969, 263; Klemm NVwZ 1989, 106.

[46] BGHZ 43, 148; VersR 1983, 753, 839, 988; 1984, 166, 286; Heiß BayVBl 1984, 646; Ostler NJW 1980, 460.

München NJW 1980, 480), an qualifiziertes Büropersonal delegieren. **Kein Anwaltsverschulden** ist auch zB anzunehmen, wenn ein Anwalt eine von ihm angeordnete, im Rahmen üblicher Büroerledigungen liegende wichtige **Korrektur in einem Schriftsatz** nach Unterschriftsleistung nicht mehr selbst nachprüft, sondern die Erledigung einer zuverlässigen Angestellten überläßt (BGH NJW 1982, 2670 und 2671; Ostler NJW 1982, 2671).

39 **c) Zurechnung bei Behörden.** Ähnlich wie bei den Bevollmächtigten von Beteiligten ist auch bei Behörden danach zu **differenzieren,** ob Vertretungsberechtigung vorliegt oder nicht. Während das Verschulden von in der Sache nicht zur Vertretung der Behörde berechtigten und **zuständigen Behördenbediensteten** der Behörde bzw dem Rechtsträger, für den diese handelt, nach denselben Grundsätzen, wie sie für das Anwaltsverschulden gelten (BVerwG VRspr 11, 749; OVG Münster DÖV 1974, 825; Heiß BayVBl 1984, 646), zuzurechnen ist, gilt dies bei **anderen Bediensteten** nur bei mangelhafter Auswahl, Anleitung oder Überwachung[47] sowie bei Fehlen ausreichender organisatorischer Maßnahmen (sog **Überwachungs-, Auswahl, oder Organisationsverschulden**) zur Sicherstellung der Einhaltung von Fristen (vgl VGH München BayVBl 1973, 240) zuzurechnen. Wenn und soweit diese Voraussetzungen erfüllt sind, ist das Verschulden von Behördenbediensteten, auch solcher, die, ohne vertretungsberechtigt zu sein, mit der Überwachung und Beachtung von Fristen befasst sind, der Behörde nicht zuzurechnen.[48] Der zuständige Beamte darf sich in einer Behörde mit einer geordneten Versendungsorganisation darauf verlassen, dass zum Versand bestimmte Schriftsätze zum unverzüglichen Versand gelangen; er braucht nicht – ebensowenig wie ein Anwalt in einer geordneten Anwaltskanzlei – persönlich kontrollieren, ob tatsächlich versandt wurde.[49]

III. Formelle Voraussetzungen gem Abs 2

40 **1. Antrag auf Wiedereinsetzung.** Nach Abs 1 S 2 ist der Antrag auf Wiedereinsetzung in den vorigen Stand innerhalb von zwei Wochen nach Wegfall des Hindernisses zu stellen. Innerhalb dieser Frist ist nach Abs 2 S 3 auch die versäumte Handlung nachzuholen. Tatsächlich ist die Nachholung innerhalb der Zwei-Wochen-Frist das Entscheidende, weil gem Abs 2 S 4 Wiedereinsetzung auch ohne förmlichen Antrag gewährt werden kann bzw muss (vgl Rn 50), sofern Wiedereinsetzungsgründe glaubhaft gemacht worden sind (Abs 2 S 2). Unterbleibt also eine Antragstellung, so muss jedenfalls die versäumte Handlung unter Angabe von Wiedereinsetzungsgründen innerhalb der Frist nachgeholt werden.

41 **Umstritten** ist, ob für den in Abs 1 Satz 1 vorgesehenen Antrag auf Wiedereinsetzung gelten dieselben Formvorschriften wie für die versäumte Handlung (vgl für das Prozessrecht Bier in Schoch § 60 Rn 57). Die hM geht von **Formlosigkeit** aus.[50] Hierauf kommt es im Ergebnis jedoch nicht an, weil in

---

[47] BVerwGE 44, 109; BFH BStBl II 1982, 131; II 1983, 335; NVwZ 1983, 763: es muss eindeutig geregelt sein, wer für die Einhaltung von Fristen verantwortlich ist; BSG SGb 1988, 292: Verschulden, wenn keine Postausgangskontrolle für fristgebundene Schriftstücke eingerichtet ist; Heiß BayVBl 1984, 646; BL 4 zu § 233 ZPO.

[48] BVerwG NJW 1982, 2458; Buchh 310 § 60 VwGO Nr 49 S 15; Heiß BayVBl 1984, 646; **aA** anscheinend München BayVBl 1973, 240.

[49] **AA** München BayVBl 1973, 240: Anordnung der Wiedervorlage nach Auslauf zur Kontrolle erforderlich; vgl allg auch BGH VersR 1980, 871; 1980, 973; NJW 1983, 885; s allg zur Wiedereinsetzung bei sog „Büroversehen" auch Ostler NJW 1980, 460; Förster NJW 1980, 432; Klemm NVwZ 1989, 106 mwN.

[50] StBS 33; Klemm NVwZ 1989, 107: Antrag formfrei und nur die in jedem Fall erforderliche Nachholung der Verfahrenshandlung in der Sache ggf formbedürftig; vgl auch Knack 35: Antrag formfrei, kann auch konkludent gestellt werden; grundsätzlich müssen jedoch jedenfalls die Wiedereinsetzungsgründe geltend gemacht werden.

Übereinstimmung mit § 60 Abs 2 VwGO ein Antrag auf Wiedereinsetzung nach § 32 Abs 2 Satz 4 überhaupt nicht erforderlich ist. Ausreichend ist es, wenn die Verfahrenshandlung innerhalb der Frist nachgeholt wird (§ 32 Abs 2 Satz 3) und die Gründe für die Wiedereinsetzung geltend gemacht werden, sofern sie der Behörde nicht schon bekannt sind. Der Antrag kann auch dann noch gestellt werden, wenn die Behörde **in der Sache bereits entschieden** hat.[51] Betrifft die Wiedereinsetzung nicht das Verfahren als solches, sondern nur Einwendungen, so können diese nach Abschluss des Verfahrens nur noch im Rechtsbehelfsverfahren geltend gemacht werden (BVerwGE 60, 309).

Zwingende Voraussetzung ist die Nachholung der Verfahrenshandlung während der Antragsfrist, anderenfalls ist auch der Antrag unzulässig (vgl StBS 35; Knack 38; BSG NJW 1957, 1007); im Antrag auf Wiedereinsetzung kann jedoch in vielen Fällen auch die Nachholung der versäumten Handlung selbst gesehen werden (vgl BVerfG 88, 118, 127 = NJW 1993, 1635). Ist die versäumte **Handlung bereits vorgenommen,** so bedarf es keiner erneuten Vornahme. 42

2. Die Zwei-Wochen-Frist. Die Frist zur Antragstellung und/oder zur Nachholung der versäumten Rechtshandlung beginnt mit dem Wegfall des Hindernisses, dh mit dem Zeitpunkt, in dem dem Betroffenen die Fristversäumung und der Wegfall des Hindernisses **bekannt wurde** oder **bekannt hätte sein können und müssen,** wenn er die erforderliche Sorgfalt bei der Beachtung und Prüfung der Erfordernisse der Fristwahrung angewandt hätte,[52] und er demgemäß frühestens in der Lage war, den Wiedereinsetzungsantrag zu stellen bzw durch einen Bevollmächtigten stellen zu lassen. **Liegen mehrere Umstände** vor, die jeder für sich allein die Fristwahrung hindern, so beginnt die Frist erst dann zu laufen, wenn alle diese Umstände weggefallen sind (Knack 35). Beruht dagegen die Verhinderung auf dem **Zusammenwirken zweier oder mehrerer Umstände,** von denen keiner für sich allein an der Fristwahrung gehindert hätte, so genügt bereits der Wegfall eines dieser Umstände, um die Frist in Lauf zu setzen (BGH NJW 1990, 188; Knack 35). 43

Die Zwei-Wochen-Frist beginnt unabhängig davon, ob dem Betroffenen bekannt ist, dass sie durch den Wegfall des Hindernisses ausgelöst wurde. Eine Belehrung hierüber ist nicht erforderlich (Klemm NVwZ 1989, 107). Der Betroffene wird vielmehr so behandelt, als laufe die ursprüngliche Frist nach Wegfall des Hindernisses noch 2 Wochen weiter. 44

Die Antragsfrist gilt auch für die **Geltendmachung der Wiedereinsetzungsgründe,** nicht dagegen für deren Glaubhaftmachung. Vorgetragen werden müssen innerhalb der Antragsfrist die Tatsachen, die zur Begründung des Wiedereinsetzungsantrags dienen sollen,[53] sowie diejenigen, aus denen sich ergibt, dass der Antragsteller nach Behebung des Hindernisses die Wiedereinsetzung rechtzeitig (Abs 2 S 1) beantragt hat (BVerwG BayVBl 1985, 286; BGH MDR 1979, 1019; BAG NJW 1973, 214). Eine **Ausnahme** von der Darlegungspflicht besteht nur hins. solcher **Gründe,** die für die Behörde **offensichtlich** sind und daher keiner 45

[51] Koblenz VRspr 27, 210; Knack 36; Klemm NVwZ 1989, 108; **aA** offenbar Papier NJW 1980, 321; die gegenteilige Auffassung ist mit rechtsstaatlichen Grundsätzen jedoch nicht vereinbar.

[52] Vgl BGH NJW 1971, 1704; 1991, 1179; NJW-RR 1990, 379: Zeitpunkt, in dem er die Fristversäumung erkennen hätte können; OLG Hamm NJW 1977, 2078; s auch oben Rn 20 ff zum Verschulden, dieses kann sich auch auf die Unkenntnis des Wegfalles des Hinderungsgrundes beziehen.

[53] BVerwGE 49, 254 mwN; BVerwG NJW 1976, 74 mwN; DÖV 1980, 767; 1981, 636; ZBR 1981, 320; BFH 124, 141; OVG Koblenz NJW 1972, 2326; VGH München BayVBl 1983, 595; OLG Celle MDR 1976, 336; kritisch Klemm NVwZ 1989, 108.

Darlegung bedürfen.[54] Nach Ablauf der Frist sind nur noch bloße Verdeutlichungen und Ergänzungen zum Sachvortrag zulässig, soweit dieser die wesentlichen Punkte bereits anspricht – der Antragsteller ist gem § 25 S 1 erforderlichenfalls auf die Notwendigkeit einer Ergänzung seines Vortrags hinzuweisen –, nicht jedoch das Nachschieben völlig neuer Gründe.[55]

46 Eine **Wiedereinsetzung in die Zwei-Wochen-Frist** ist grundsätzlich möglich, wenn auch diese Frist ohne Verschulden nicht eingehalten werden konnte (BVerwG DVBl 1986, 287; VGH München BayVBl 1978, 246; Klemm NVwZ 1989, 107). Dies gilt auch insoweit, als der Betroffene gehindert war, die Gründe für die unverschuldete Fristversäumung rechtzeitig geltend zu machen. Die bloße Unkenntnis der Zwei-Wochen-Frist ist aber nicht ausreichend.

47 **3. Wiedereinsetzung von Amts wegen (S 4).** Die Behörde kann bzw muss (s unten Rn 50) die Wiedereinsetzung auch von Amts wegen gewähren, wenn die versäumte Rechtshandlung innerhalb der für einen Antrag geltenden Frist nachgeholt wird und Wiedereinsetzungsgründe entweder glaubhaft gemacht wurden oder der Behörde ohnehin bekannt sind. Damit ist eine Wiedereinsetzung auch dann möglich, wenn der betroffene Bürger von der Versäumung der Frist keine Kenntnis hatte. Der Betroffene braucht in diesem Fall auch dann keinen Antrag zu stellen, wenn er nachträglich von der Verspätung Kenntnis erlangt;[56] aus demselben Grund ist in diesem Fall auch ein verspäteter Wiedereinsetzungsantrag unschädlich.

48 Die Wiedereinsetzung von Amts wegen ist auch dann zulässig, wenn der Betroffene den Antrag bzw die Nachholung der Verfahrenshandlung in der Frist des Abs 2 S 1 bewußt unterläßt, weil er die Verfahrensfrist für gewahrt hält[57] oder mit Wiedereinsetzung von Amts wegen rechnet (vgl BAG NJW 1989, 2708).

49 **Gegen den Willen des Betroffenen** ist eine Wiedereinsetzung – etwa zum Zweck der Verböserung im Rechtsbehelfsverfahren – **nicht zulässig** (vgl BAG NJW 1989, 2708). Der Betroffene kann den einmal gestellten Wiedereinsetzungsantrag auch **zurückzunehmen,** solange eine Entscheidung darüber noch nicht erfolgt ist (Klemm NVwZ 1989, 107 mwN mit dem zutreffenden Hinweis darauf, dass in solchen Fällen die Rücknahme des Sachantrags näher liegt).

50 Die Behörde hat bei der Wiedereinsetzung von Amts wegen gem S 4 trotz der Formulierung („kann") **keinen Ermessensspielraum,** sondern muss die Wiedereinsetzung gewähren, wenn die sonstigen Voraussetzungen (mit Ausnahme des Antrags auf Wiedereinsetzung) erfüllt sind;[58] „kann" bedeutet hier wie in § 60 Abs 2 S 4 VwGO nur die Befugnis, nicht aber eine Ermächtigung zu einer Ermessensentscheidung.

51 **4. Angabe der Wiedereinsetzungsgründe. a) Geltendmachung.** Die Wiedereinsetzungsgründe müssen innerhalb der Wiedereinsetzungsfrist vorgetragen und bis zur Entscheidung über die Wiedereinsetzung glaubhaft (§ 294 ZPO) gemacht werden (Abs 2 S 2). Dies gilt **auch bei Wiedereinsetzung von Amts**

---

[54] BVerwG NJW 1976, 74; DVBl 1983, 996; BayVBl 1985, 286; Buchh 310 § 60 VwGO Nr 86; BGH NJW 1979, 109; VGH München BayVBl 1978, 246.

[55] BFH 124, 141; NJW 1986, 279; BStBl II 1985, 586; BGH NJW 1979, 876; 1991, 1892; OVG Koblenz NJW 1972, 2326; Klemm NVwZ 1989, 108 mwN.

[56] Klemm NVwZ 1989, 107: Wiedereinsetzung von Amts wegen auch dann zulässig, wenn der Beteiligte die Verspätung kennt, aus welchen Gründen auch immer aber keinen Wiedereinsetzungsantrag stellt; s aber zur Geltendmachung und Glaubhaftmachung der Wiedereinsetzungsgründe unten Rn 51.

[57] Klemm NVwZ 1989, 107; **aA** BGH zit. in: HHSp AO 122 zu § 110: nicht anwendbar; die bewusst verspätete Vornahme der Verfahrenshandlung enthält auch nicht stillschweigend einen Antrag auf Wiedereinsetzung.

[58] VGH Kassel NVwZ-RR 1993, 434; Klemm NVwZ 1989, 108; HHSp FGO 67 zu § 56; UL § 30 Rn 5, die aber nicht überzeugend für die Wiedereinsetzung von Amts wegen Ermessen annehmen.

wegen nach Abs 2 S 4, soweit sich der Wiedereinsetzungsgrund und die sonst erforderlichen Angaben nicht schon aus der in Frage stehenden Rechtshandlung oder den Umständen ihrer Vornahme ergeben. Dazu gehören auch die für die Entscheidung notwendigen Angaben über die Frist, den Hinderungsgrund, darüber, wann der Hinderungsgrund weggefallen ist (vgl OLG Düsseldorf NJW 1984, 2901 zu § 45 StPO), und die Tatsachen, aus denen sich ergibt, dass der Antragsteller die Wiedereinsetzung nach Wegfall des Hindernisses rechtzeitig beantragt bzw die Handlung rechtzeitig nachgeholt hat. Als Tatsachen kommen hier vor allem die Lebensumstände in Betracht, aus denen sich die unverschuldete Verhinderung ergibt (Klemm NVwZ 1989, 107). **Bei Fristversäumung durch einen Anwalt** oder durch eine Behörde muss auch vorgetragen werden, inwieweit organisatorische Maßnahmen zur Sicherstellung der Einhaltung von Fristen getroffen waren, insb auch die damit befaßten Bediensteten sorgfältig ausgewählt, angeleitet und überwacht waren und kein Anlass bestand (evtl frühere Vorkommnisse), an ihrer Zuverlässigkeit zu zweifeln.[59]

52 **Kein besonderer Vortrag** ist erforderlich, soweit die **Wiedereinsetzungsgründe offensichtlich** sind, sich zB schon aus der in Frage stehenden Rechtshandlung und den Umständen ihrer Vornahme ergeben,[60] oder für die Behörde sonst, etwa aus dem Poststempel auf dem Briefumschlag ersichtlich sind,[61] allgemein, jedenfalls aber der Behörde bekannt sind oder sonst innerhalb der 2-Wochen-Frist für die Behörde erkennbar sind (BVerwG DVBl 1983, 996 zu einem Fall einer Wiedereinsetzung von Amts wegen; BVerwG DÖV 1973, 647 mwN). Zur Darlegungspflicht bei Wiedereinsetzungsanträgen nach dem BundesentschädigungsG s auch BVerfG NJW 1984, 2148; BGH RzW 1971, 510; Schwarz NJW 1984, 2138.

53 **b) Glaubhaftmachung. aa) Allgemeines.** Anders als die Geltendmachung der Wiedereinsetzungsgründe kann die Glaubhaftmachung auch nach Ablauf der 2-Wochen-Frist und **auch noch im Widerspruchsverfahren** erfolgen (vgl BVerfG 41, 338). Die Behörde kann für die Glaubhaftmachung **eine Frist setzen** (vgl BVerfG 41, 339) und nach deren Ablauf entscheiden. Zur Glaubhaftmachung nach Ablauf der Frist, jedoch bevor die Behörde entscheidet, s § 31 Rn 21 a. Glaubhaft gemacht sind die geltend gemachten Hinderungsgründe für die Einhaltung der Frist, wenn die dafür maßgeblichen Tatsachen und Umstände als **überwiegend wahrscheinlich** erscheinen (BVerwG DÖV 1972, 798; DVBl 1982, 645; Klemm NVwZ 1989, 108). Eine zweifelsfreie Überzeugung ist nicht erforderlich. Sind die Gründe für den verspäteten Zugang eines Antrages nicht aufzuklären, Verschulden des Verfahrensbeteiligten bzw seines Vertreteres aber auszuschließen, so ist Wiedereinsetzung zu gewähren (BAG NJW 1990, 2707; Knack 35).

53 a **bb) Mittel zur Glaubhaftmachung.** In Betracht kommen nicht nur die in § 26 Abs 2 genannten Beweismittel, sondern alles, was der Herstellung der erforderlichen Plausibilität dient. Die Glaubhaftmachung kann zB auch durch die Vorlage einer **amtlichen Auskunft** der Post über die normalen Brieflaufzeiten (BVerfG 41, 27, 358; 42, 259; 54, 86), durch Bestätigungen und Bescheinigungen Dritter, zB Krankheitsbescheinigungen (Klemm NVwZ 1989, 108) oder in anderer geeigneter Weise erfolgen. UU genügt, wenn andere Mittel zur Glaubhaftma-

---

[59] Vgl München BayVBl 1973, 240 zum Behördenverschulden; s auch oben Rn 39; zu weitgehend BGH VersR 1982, 144: keine Wiedereinsetzung, wenn die Möglichkeit, daß die Fristversäumung verschuldet ist, offen bleibt.

[60] Vgl BGH NJW 1979, 110; 1986, 2646: Glaubhaftmachung entbehrlich, wenn der Wiedereinsetzungsgrund sich ohne weiteres aus den Akten ergibt; BFH BStBl II 1985, 586; Koblenz NJW 1972, 2326; Klemm NVwZ 1989, 108 mwN; Knack 35.

[61] BVerwG BayVBl 1973, 474; Klemm NVwZ 1989, 108; BVerwG DÖV 1976, 168; ähnlich BGH NJW 1979, 109, 1989.

chung nicht zur Verfügung stehen, auch eine **schlichte Erklärung des Betroffenen,** insb wenn es sich – zB bei Urlaub in der allgemeinen Ferienzeit – um einen ausgesprochen naheliegenden, der Lebenserfahrung entsprechenden Versäumungsgrund handelt und kein Anlass besteht, an der Richtigkeit des vorgebrachten Sachverhalts zu zweifeln (vgl BVerfG 26, 315; Klemm NVwZ 1989, 108 mwN; wohl auch Knack 35; **aA** KG NJW 1974, 657); dies gilt selbst für eine nicht persönlich abgegebene, sondern **in einem Schriftsatz des Bevollmächtigten** enthaltene entsprechende Erklärung.[62] Die Versicherung an Eides Statt erhöht die Glaubhaftigkeit idR nur geringfügig. Die Anforderungen sind umso höher, je weniger der Grund nach der allgemeinen Lebenserfahrung wahrscheinlich ist. Ungewöhnliche Geschehensabläufe lassen sich idR auch durch eine eidesstattliche Versicherung nicht glaubhaft machen.

54 **cc) Hinweispflicht der Behörde.** Die Verpflichtung zur Glaubhaftmachung der zur Begründung des Antrags dienenden Tatsachen enthebt die zuständige Behörde nicht der Pflicht, gem § 25 ggf **auf die Unvollständigkeit** bzw Ergänzungsbedürftigkeit des Vortrags des Betroffenen zur Wiedereinsetzung **hinzuweisen** (vgl BGH VersR 1977, 1100; Hartmann NJW 1978, 1458; Klemm NVwZ 1989, 108 mwN. Eine eigene Aufklärung der Richtigkeit der vorgetragenen Hinderungsgründe mit dem Ziel der Herstellung der Glaubhaftigkeit muss die Behörde dagegen nicht vornehmen. Insoweit stellt Abs 2 S 2 eine Sonderregelung gegenüber der Amtsaufklärungspflicht nach § 24 dar (Obermayer 37; **aA** 6. Aufl).

IV. Ausschlussfrist für die Wiedereinsetzung gem Abs 3

55 **1. Ausschlussfrist.** Der Antrag auf Wiedereinsetzung kann nach Abs 3 grundsätzlich **nur innerhalb eines Jahres** gestellt werden. Entsprechendes gilt auch für die Wiedereinsetzung von Amts wegen. Auch die versäumte Handlung kann nach Ablauf der Jahresfrist, wie S 1 klarstellt, nicht mehr nachgeholt werden, die nach Ablauf der Jahresfrist unzulässig ist (StBS 41). Die Jahresfrist ist eine Ausschlussfrist (vgl BVerwGE 58, 103; zum Begriff § 31 Rn 9), deren Lauf eine Belehrung darüber nicht voraussetzt. Zur Verfassungsmäßigkeit der Ausschlussfrist vgl BVerfG 55, 158. Bei Versäumung der Jahresfrist ist eine **Wiedereinsetzung nicht möglich** (StBS 41; Klemm NVwZ 1989, 108). In Fällen höherer Gewalt wird nicht Wiedereinsetzung gegen die Versäumung der Frist des Abs 3 gewährt, vielmehr bleibt der Wiedereinsetzungsantrag gegen die versäumte Handlung nach Abs 1 weiterhin zulässig (vgl BVerwGE 58, 103). Zur Möglichkeit einer **Nachsichtgewährung** trotz Versäumung der Ausschlussfrist, insb wenn die Ursache in der Sphäre der Verwaltung liegt, s § 31 Rn 12.

56 **2. Fristberechnung.** Die Jahresfrist läuft ab dem Ende der versäumten Frist für die vorzunehmende Verfahrenshandlung. Fällt das Hindernis für diese Handlung in einem zeitlichen Abstand von weniger als einem Monat zum Ablaufzeitpunkt der Jahresfrist weg, so steht dem Antragsteller nur eine entsprechend verkürzte Frist für Antragstellung und Begründung zur Verfügung (Klemm NVwZ 1989, 108). Auf das Andauern der Hinderungsgründe kommt es ebenso wenig an, wie auf die Kenntnis von der Frist.

57 **3. Höhere Gewalt.** Höhere Gewalt liegt vor bei außergewöhnlichen Ereignissen, die nach den Umständen des Falles auch durch die äußerste (gerade) dem Betroffenen zuzumutende Sorgfalt weder abgewehrt noch in ihren schädlichen Folgen verhindert werden konnten (StBS 41; UL § 30 Rn 6. Der Begriff der hö

[62] Vgl BVerfG 26, 315; 38, 40; 40, 92 zu § 45 aF StPO; enger BVerfG 41, 337, 340 zu § 45 nF StPO im Hinblick darauf, daß die Neufassung der Vorschrift keine Frist für die Glaubhaftmachung mehr vorsieht; auch in diesen Entscheidungen wird es jedoch ausdrücklich als zulässig angesehen, daß das Gericht sich ggf mit schlichten Erklärungen begnügt.

heren Gewalt entspricht dem Begriff der **Naturereignisse oder anderer unabwendbaren Zufälle** in § 233 Abs 1 ZPO aF; RÖ VwGO § 60 Rn 19); daher kann zur näheren Bestimmung auch auf die Rspr der Zivilgerichte zu § 233 aF ZPO zurückgegriffen werden. Vgl zum Begriff der höheren Gewalt auch BVerwG NJW 1990, 1435 = NVwZ 1990, 559. Höhere Gewalt kann in besonders gelagerten Fällen auch in einer **irreführenden Anregung oder Auskunft der Behörde** nach § 25 zu sehen sein (vgl zur entspr Lage im Prozessrecht Kopp/Schenke § 60 Rn 28).

V. Entscheidung über die Wiedereinsetzung

58 **1. Zuständigkeit (Abs 4).** Der Wiedereinsetzungsantrag ist nach Abs 4 an die Behörde zu richten, die auch **für die Entscheidung über die nachzuholende Handlung** zuständig ist. Ihr gegenüber ist auch die versäumte Handlung vorzunehmen. Dies gilt auch dann, wenn die Behörde, die für die Entscheidung über die Handlung, zB über den Antrag nach § 22, zuständig ist, den in Frage stehenden Antrag uä in der Sache bereits als verspätet abgelehnt hat. Das Verfahren kann auch in diesem Fall, ohne dass es einer erneuten Antragstellung bedürfte, trotz der bereits getroffenen Entscheidung einfach fortgeführt werden, wenn die Wiedereinsetzung gewährt wird.

59 **2. Form und Wirkung der Entscheidung. a) Entscheidung durch VA.** Für das Wiedereinsetzungsverfahren und die Form der Entscheidung sind die Vorschriften maßgeblich, die für die nachgeholte Handlung gelten. Die Entscheidung über die Wiedereinsetzung erfolgt durch VA.[63] Den übrigen Beteiligten ist gem § 28 vorher zur Frage der Wiedereinsetzung **rechtliches Gehör** zu gewähren. Die Behörde kann nach ihrer Wahl über die Wiedereinsetzung gesondert oder zusammen mit der Entscheidung in der Hauptsache im Rahmen des das Verfahren abschließenden VA entscheiden – dies ist meist der zweckmäßigere Weg – oder, wenn sie Wiedereinsetzung gewährt, auch durch (eine die Zulässigkeit bejahende) **Teilentscheidung** über die Zulässigkeit des bei ihr in der („Haupt"-)Sache gem § 22 gestellten Antrags. Hatte die Behörde bereits über die Hauptsache entschieden, so wird diese Entscheidung unwirksam, wenn sie nunmehr Wiedereinsetzung gewährt.

60 **b) Ausdrückliche oder stillschweigende Entscheidung.** Die Behörde muss über die Wiedereinsetzung nicht ausdrücklich entscheiden; die Wiedereinsetzung kann **auch stillschweigend** im Rahmen der Sachentscheidung gewährt werden (BVerwGE 60, 314 = DÖV 1981, 267; NJW 1981, 698; Knack 40 und 43; Jarass JuS 1984, 354). Die Sachentscheidung muss aber idR erkennen lassen, dass Wiedereinsetzung gewährt wurde, zB durch Erwähnung in den Gründen der Entscheidung in der Sache bzw der Entscheidung über die Zulässigkeit des Antrags.[64] Ausreichend soll es sogar sein, dass die Behörde zur Sache entschieden hat (BVerwGE 60, 314; zweifelhaft).

61 Besteht Streit über die Wiedereinsetzung, so ist eine isolierte Vorabentscheidung über die Wiedereinsetzung sinnvoll. Die gesonderte Entscheidung der Behörde über die Frage der Wiedereinsetzung ist als VA anzusehen.[65] Welchen Weg die Behörde wählt, steht in ihrem Ermessen (§ 40).

62 **c) Wirkung der Wiedereinsetzung.** Die Wiedereinsetzung bewirkt, dass die Behörde verpflichtet ist, wieder so und in dem Stand der Dinge in der Sache zu

---

[63] Bremen NVwZ 1982, 456; RÖ VwGO 6 zu § 70; Knack 10; StBS 45; UL § 30 Rn 11; Obermayer 38; **aA** für das abgabenrechtliche Verfahren BFHE 159, 103.

[64] BVerwGE 60, 314; StBS 44; MB 15; UL § 30 Rn 10; Kopp/Schenke § 70 Rn 13.

[65] Bremen NVwZ 1982, 455; UL § 30 Rn 10; StBS 45; Sachs NVwZ 1982, 422; Krause 321; vgl auch VGH Mannheim NJW 1972, 461; **aA** BFH NJW 1990, 2407; Klemm NVwZ 1989, 109: kein VA, da nur mittelbare Rechtswirkung.

entscheiden, wie sie vor der Fristversäumung entscheiden konnte (s oben Rn 4; ebenso Knack 3). Die Entscheidung über die Wiedereinsetzung entfaltet keine Bindungswirkung[66] **weder die höhere Instanz noch das Verwaltungsgericht,** sofern sie nicht in der Form eines selbständigen VA erfolgt ist, der unanfechtbar geworden ist.

63 **d) Schicksal eines bereits erlassenen VA.** Umstritten ist, ob ein VA, der bereits vor der Wiedereinsetzung in den vorigen Stand in der Sache ergangen ist, ohne weiteres gegenstandslos wird (so die hM) oder ob das Verfahren wiederaufgegriffen und der VA formell aufgehoben werden muss (so Obermayer 46).[67] Der hM ist zuzustimmen. Eine deklaratorische Aufhebung des VA ist aus Gründen der Rechtsklarheit gleichwohl wünschenswert.

64 **3. Rechtsbehelfe.** Die Beteiligten haben gegen die Gewährung oder Versagung der Wiedereinsetzung, auch soweit die Behörde darüber durch gesonderten Beschluss entschieden hat, nach § 97 iVm § 44a VwGO **keine gesonderten Rechtsbehelfe,** sondern können die Fehlerhaftigkeit der Entscheidung nur im Rahmen eines Rechtsbehelfs in der Hauptsache geltend machen.[68] **Umstritten** ist die Rechtslage, wenn die Behörde im Rahmen einer **Teilentscheidung über die Zulässigkeit** einer Sachentscheidung in der Hauptsache entschieden hat; in diesem Fall sind gegen diese Zwischenentscheidung die allgemeinen Rechtsbehelfe, insb auch die Verpflichtungsklage auf Gewährung von Wiedereinsetzung (vgl Klemm NVwZ 1989, 109), gegeben, weil diese Entscheidung nicht nur eine Verfahrenshandlung iS von § 44a VwGO ist, sondern für nachfolgende Verfahrensstufen Bindungswirkung entfaltet.[69]

VI. Spezialgesetzlicher Ausschluss der Wiedereinsetzung (Abs 5)

65 Abs 5 enthält einen besonderen **Vorbehalt zugunsten von Rechtsvorschriften** außerhalb des VwVfG, die eine Wiedereinsetzung ausdrücklich oder doch nach Sinn, Zweck und Regelungszusammenhang (OVG Münster NWVBl 1991, 280; NVwZ 1992, 183) schlechthin ausschließen, zB im **Wahlrecht,** wo die Möglichkeit der Wiedereinsetzung den Ablauf des Wahlverfahrens in Frage stellen könnte. Die Regelung dient der Klarstellung. Von ihr wurde mit der Einführung von **Präklusionsfristen** (vgl § 31 Rn 9) Gebrauch gemacht. Sie ist über den Wortlaut hinaus auch auf Rechtsvorschriften anzuwenden, die besondere **Beschränkungen** des Rechts auf Wiedereinsetzung vorsehen. Die Vereinbarkeit von Vorschriften nach Abs 5 mit dem **Rechtsstaatsprinzip** und etwa in der Sache betroffenen **Grundrechten** (vgl BVerfG 52, 266; 55, 158) setzt stets eine be-

---

[66] BVerwGE 48, 48; 60, 314 = DÖV 1981, 267; BVerwG DVBl 1982, 1097; BGH DVBl 1981, 396; BFH 147, 407 = BStBl II 1987, 7; NJW 1990, 2407; Klemm NVwZ 1989, 108 mwN; zur entsprechenden Entscheidung der Widerspruchsbehörde auch Bremen DÖV 1981, 882; Mannheim NJW 1980, 2290; v Mutius 197; Kopp/Schenke § 70 Rn 13; **aA** für VAe ohne Doppelwirkung BVerwGE 15, 307; BVerwG DVBl 1982, 1097; DVBl 1972, 423; BayVBl 1973, 557; RÖ VwGO 6, 8 zu § 70; Wallerath DÖV 1970, 657: Berücksichtigung nur, wenn ausdrücklich im Verfahren gerügt; nach anderer Auffassung kann die WE nur noch nach den Grundsätzen über die Rücknahme begünstigender VAe zurückgenommen werden, vgl Klemm NVwZ 1989, 108 mwN.

[67] BVerwGE 11, 323; BVerwG NJW 1990, 573; NJW 1990, 1806; BGH NJW 1982, 887 mwN; StBS 46; Knack 36; Kopp/Schenke § 70 Rn 12; OVG Koblenz VRspr 27, 120; Klemm NVwZ 1989, 108; HHSp AO 145 zu § 110; RS § 77 II b; **aA** Papier NJW 1980, 321: keine Wiedereinsetzung mehr nach Ergehen der Entscheidung in der Hauptsache.

[68] VGH Mannheim DÖV 1981, 228; RÖ VwGO § 44a Rn 3; im Ergebnis zum Abgabenrecht auch Klemm NVwZ 1989, 109 mwN; Knack 10; **aA** VGH Mannheim DVBl 1982, 207.

[69] **AA** StBS 45; UL § 30 Rn 11, wo zwischen einer Entscheidung über die Zulässigkeit einer Sachentscheidung in der Hauptsache und einer Entscheidung über die Wiedereinsetzung nicht unterschieden wird; Klemm NVwZ 1989, 109 mwN.

sondere **sachliche Rechtfertigung** voraus.[70] Eine derartige Rechtfertigung kann sich zB in Verteilungsverfahren ergeben, in denen Entscheidungen nur schwer rückgängig gemacht werden können (zB numerus-clausus-Verfahren). Zur Frage der **Nachsichtgewährung in besonders gelagerten Fällen** trotz Ausschlusses einer Wiedereinsetzung s § 31 Rn 12f, allg auch BVerfG 55, 158; zu **Ausnahmen** auf Grund von **Treu und Glauben** (§ 242 BGB), insb in besonderen Härtefällen, BVerwGE 24, 154; DÖV 1975, 137; OVG Berlin NJW 1975, 1530 mwN und krit Anm v Morner.

Abschnitt 3. Amtliche Beglaubigung

§ 33 Beglaubigung von Dokumenten

(1) **Jede Behörde ist befugt,[15] Abschriften von Urkunden, die sie selbst ausgestellt hat, zu beglaubigen.[12] Darüber hinaus sind die von der Bundesregierung durch Rechtsverordnung bestimmten Behörden im Sinne des § 1 Abs. 1 Nr. 1 und die nach Landesrecht zuständigen Behörden befugt, Abschriften zu beglaubigen, wenn die Urschrift von einer Behörde ausgestellt ist oder die Abschrift zur Vorlage bei einer Behörde benötigt wird, sofern nicht durch Rechtsvorschrift die Erteilung beglaubigter Abschriften aus amtlichen Registern und Archiven anderen Behörden ausschließlich vorbehalten ist; die Rechtsverordnung bedarf nicht der Zustimmung des Bundesrates.**

(2) **Abschriften dürfen nicht beglaubigt werden,[19] wenn Umstände zu der Annahme berechtigen, dass der ursprüngliche Inhalt des Schriftstücks, dessen Abschrift beglaubigt werden soll, geändert worden ist, insbesondere wenn dieses Schriftstück Lücken, Durchstreichungen, Einschaltungen, Änderungen, unleserliche Wörter, Zahlen oder Zeichen, Spuren der Beseitigung von Wörtern, Zahlen und Zeichen enthält oder wenn der Zusammenhang eines aus mehreren Blättern bestehenden Schriftstücks aufgehoben ist.[19]**

(3) **Eine Abschrift wird beglaubigt durch einen Beglaubigungsvermerk,[22] der unter die Abschrift zu setzen ist. Der Vermerk muss enthalten**

1. **die genaue Bezeichnung des Schriftstücks, dessen Abschrift beglaubigt wird,**
2. **die Feststellung, dass die beglaubigte Abschrift mit dem vorgelegten Schriftstück übereinstimmt,**
3. **den Hinweis, dass die beglaubigte Abschrift nur zur Vorlage bei der angegebenen Behörde erteilt wird, wenn die Urschrift nicht von einer Behörde ausgestellt worden ist,**
4. **den Ort und den Tag der Beglaubigung, die Unterschrift des für die Beglaubigung zuständigen Bediensteten und das Dienstsiegel.**

---

[70] BVerwGE 74, 369 = NVwZ 1987, 409 zur Ausschlußfrist nach § 28 Abs 2 FeststellungsG – auch wenn der Antragsteller die sein Antragsrecht begründenden Umstände nicht gekannt hat; der für die Antragsfrist sprechende Grund ist angemessen –; BayVerfGH BayVBl 1986, 143 zur Anmeldung bei der ZVS für die Studienplatzverteilung im Hinblick auf die hier bestehende Notwendigkeit einer alsbaldigen endgültigen Entscheidung; allg offenbar auch BVerfG 70, 278 = NJW 1986, 1603 zur Ausschlußfrist für die Antragstellung auf Lohnsteuerausgleich; VGH München BayVBl 1982, 369 zur Ausschlußfrist für die Geltendmachung der Prüfungsunfähigkeit auch bei Nichterkennbarkeit des Prüfungsmangels.

(4) **Die Absätze 1 bis 3 gelten entsprechend für die Beglaubigung von**

1. Ablichtungen, Lichtdrucken und ähnlichen in technischen Verfahren hergestellten Vervielfältigungen,
2. auf fototechnischem Wege von Schriftstücken hergestellten Negativen, die bei einer Behörde aufbewahrt werden,
3. Ausdrucken elektronischer Dokumente,[29]
4. elektronischen Dokumenten,[32]
   a) die zur Abbildung eines Schriftstücks hergestellt wurden,
   b) die ein anderes technisches Format als das mit einer qualifizierten elektronischen Signatur verbundene Ausgangsdokument erhalten haben.

(5) **Der Beglaubigungsvermerk muss zusätzlich zu den Angaben nach Absatz 3 Satz 2 bei der Beglaubigung**

1. des Ausdrucks eines elektronischen Dokuments, das mit einer qualifizierten elektronischen Signatur verbunden ist, die Feststellung enthalten,
   a) wen die Signaturprüfung als Inhaber der Signatur ausweist,
   b) welchen Zeitpunkt die Signaturprüfung für die Anbringung der Signatur ausweist und
   c) welche Zertifikate mit welchen Daten dieser Signatur zugrunde lagen;
2. eines elektronischen Dokuments den Namen des für die Beglaubigung zuständigen Bediensteten und die Bezeichnung der Behörde, die die Beglaubigung vornimmt, enthalten; die Unterschrift des für die Beglaubigung zuständigen Bediensteten und das Dienstsiegel nach Absatz 3 Satz 2 Nr. 4 werden durch eine dauerhaft überprüfbare qualifizierte elektronische Signatur ersetzt.

Wird ein elektronisches Dokument, das ein anderes technisches Format als das mit einer qualifizierten elektronischen Signatur verbundene Ausgangsdokument erhalten hat, nach Satz 1 Nr. 2 beglaubigt, muss der Beglaubigungsvermerk zusätzlich die Feststellungen nach Satz 1 Nr. 1 für das Ausgangsdokument enthalten.

(6) **Die nach Absatz 4 hergestellten Dokumente stehen, sofern sie beglaubigt sind, beglaubigten Abschriften gleich.**[33]

Parallelvorschriften: § 29 SGB X; §§ 39, 42 BeurkG

Schrifttum: *Blaschke,* „Amtliche Beglaubigung" – Recht der Kirche kraft Herkommens, SchlHA 1981, 121; *v Campenhausen/Christoph,* Amtliche Beglaubigungen der öffentlich-rechtlich korporierten Kirchen im weltlichen Recht, DVBl 1987, 984; *Luther,* Beglaubigungen und Legalisationen im zwischenstaatlichen vertraglosen Verkehr und nach Staatsvertragsrecht, MDR 1986, 10; *Mecke/Lerch,* BeurkG, 2. Aufl. 1991.

Übersicht

I. Allgemeines

1. Inhalt. § 33 betrifft die Beglaubigung von Abschriften, die von Urkunden gemacht worden sind (Abs 1). Die Vorschrift gilt entsprechend für andere Formen der Vervielfältigung (Abs 4). Durch die Beglaubigung wird die **Übereinstimmung der Abschrift mit einer Urkunde** bestätigt. Auf den Inhalt der Urkunde, insbesondere deren Richtigkeit, kommt es nicht an. Bestätigt wird allein die Übereinstimmung von Abschrift und Vorlage. Die Vorschrift regelt die Befugnis von Behörden, derartige Beglaubigungen (Bestätigungen) vorzunehmen. Dabei unterscheidet sie zwischen der Beglaubigung der Abschriften von Urkunden, die sie selbst ausgestellt hat **(Eigenurkunden)** und von anderen Urkunden **(Fremdurkunden).** Während jede Behörde nach Abs 1 S 1 grundsätzlich befugt ist, Abschriften der von ihr selbst ausgestellten Urkunden zu beglaubigen, steht diese Befugnis bei der Beglaubigung von Fremdurkunden nur den in einer Rechtsverordnung der Bundesregierung bezeichneten Behörden und nur unter den in Abs 1 S 2 genannten Voraussetzungen zu. Abs 2 macht eine Ausnahme von dem Grundsatz, dass der Inhalt der Urkunde (Vorlage) im Zuge des Beglaubigungsverfahrens nicht überprüft werden muss. Ist nämlich nach den Umständen anzunehmen, dass der ursprüngliche Inhalt der Urkunde (Vorlage) verändert worden ist, besteht ein Beglaubigungsverbot. Abs 3 regelt den Inhalt des Beglaubigungsvermerks, der auf der Abschrift anzubringen ist. 1

Materiellrechtlicher Charakter. Obwohl die §§ 33 und 34 als Abschnitt 3 im Teil II über das Verwaltungsverfahren stehen, handelt es sich der Sache nach um materiellrechtliche Regelungen über Beglaubigungsbefugnisse, die nur in einem sehr losen Zusammenhang mit dem Verwaltungsverfahren ieS des § 9 steht und die als sog **annexe Materie** nur aus Gründen der Zweckmäßigkeit in das VwVfG hineingenommen wurde. Insb ergibt sich aus dem Zweck der Regelung, dass sie Zulässigkeit von Beglaubigungen **unabhängig von einem konkreten Verfahren** iS von § 9 regelt.[1] 2

[1] Knack vor § 33 Rn 6; StBS 3; weitergehend Obermayer 17: unerheblich, ob die Ausstellung der Urkunde eine Tätigkeit darstellt, die unter das VwVfG fällt.

3 **2. Kein Anspruch auf Beglaubigung.** Die Vorschrift bestimmt lediglich die Befugnis der Behörde zur Vornahme von Beglaubigungen. Über die Frage, unter welchen Umständen ein Anspruch des Bürgers auf Vornahme einer Beglaubigung besteht, sagt sie unmittelbar nichts. Auch eine objektivrechtliche Verpflichtung ist nicht geregelt. Die Frage nach einem Anspruch auf Beglaubigung ist deshalb nach allgemeinen Grundsätzen zu beantworten. Liegt die Befugnis zur Beglaubigung vor, so entscheidet die zuständige Behörde im Rahmen ihres pflichtgemäßen Ermessens (§ 40), ob sie einem Antrag auf Beglaubigung stattgibt. Es entspricht allgemeiner Auffassung, dass der Bürger nur einen **Anspruch auf ermessensfehlerfreie Entscheidung** über sein Beglaubigungsbegehren hat, soweit die angegangene Behörde überhaupt zur Beglaubigung befugt ist (UL § 31 Rn 5; Obermayer 2; Knack 9; StBS 20, MB vor § 33 Rn 8). Ist die Beglaubigung in einem konkreten Verwaltungsverfahren vor derselben Behörde erforderlich, wird stets eine **Ermessensreduzierung auf Null** anzunehmen sein (StBS 20; Knack 9; vorsichtiger Obermayer 27). Im übrigen dürfte die Verweigerung einer Beglaubigung ermessensfehlerfrei nur zulässig sein, wenn sich die Verweisung auf eine sachnähere Behörde aufdrängt.

4 **3. Anwendungsbereich. a) Unmittelbarer Geltungsbereich.** Die Vorschrift gilt gem § 1 und § 2 nur für amtliche Beglaubigungen durch Behörden im Anwendungsbereich des VwVfG (Obermayer 6). Da alle Bundesländer inzwischen eigene Verwaltungsverfahrensgesetze erlassen haben, gilt die Regelung unmittelbar nur für Bundesbehörden (Knack vor § 33 Rn 2).

5 **Nicht erfasst werden behördeninterne Beglaubigungen** ausschließlich für den eigenen Gebrauch durch die beglaubigenden Behörde (Begr 55; UL § 31 Rn 8; Obermayer 16; Knack 4), oder für den internen Gebrauch einer anderen Behörde, etwa im Zusammenhang mit einer dieser geleisteten **Amtshilfe.** Es ist daher allgemein (und insb auch, ohne dass es insoweit einer besonderen Ermächtigung bedürfte) zulässig, dass der Sachbearbeiter einer Behörde auf einer Abschrift, Ablichtung usw, die er für den verwaltungsinternen Gebrauch zu den Akten nimmt, vermerkt, dass die Abschrift usw mit dem Original übereinstimmt. Insoweit handelt es sich um keine amtliche Beglaubigung iS von § 33.

6 **b) Speziellere Regelungen. Zulässigkeit der Einführung eines Beglaubigungsmonopols.** Die Befugnis zur Erteilung beglaubigter Abschriften kann gem § 1 durch Vorschriften des Bundesrechts auch eingeschränkt oder ausgeschlossen, auch zB schlechthin bestimmten Behörden vorbehalten werden, durch Rechtsvorschriften des Landesrechts gem § 33 Abs 1 S 2 jedoch nur für Abschriften aus amtlichen Registern (zB dem Liegenschaftskataster) und Archiven (vgl Begr 101; ABegr 8). Von der in Abs 1 S 2 vorgesehen Möglichkeit der Einführung von sog **Beglaubigungsmonopolen,** indem die Beglaubigung auf einzelnen Gebieten bestimmten Behörden vorbehalten wird, ist in Bund und Ländern in vielfältiger Weise Gebrauch gemacht worden (vgl zB § 61 a f. PStG).

7 **Nicht berührt** wird durch die §§ 33 und 34 die **Befugnis der Notare** gem § 20 NotarO zur Beglaubigung von Unterschriften, Handzeichen und Abschriften. Der Bürger hat insoweit ggf die Wahl zwischen einer amtlichen Beglaubigung und der Beglaubigung durch einen Notar. Zu **Beurkundungen im Ausland** s § 10, § 13 und § 16 KonsularG.

8 **c) Entsprechende Anwendung.** Als Kodifizierung ungeschriebenen Rechts und als **Ausdruck allgemeiner Rechtsgrundsätze** ist die Vorschrift – jedoch ohne die Zuständigkeitsbeschränkungen nach Abs 1 S 2 – grundsätzlich sinngemäß auch auf Fälle anwendbar, die nicht unter das VwVfG bzw entsprechende Bestimmungen des Landesrechts oder besondere Rechtsvorschriften fallen (Knack vor § 33 Rn 6), auch auf Beglaubigungen durch Behörden fremder Staaten oder internationaler oder zwischenstaatlicher Organisationen (Knack vor § 33 Rn 7; vgl

auch Stephan NJW 1974, 1596). Aufgrund des Körperschaftsstatuts der öffentlichrechtlich korporierten Kirchen ist der Staat verpflichtet, auch **kirchliche Beglaubigungen** als amtliche Beglaubigungen iS von § 65 BeurkG anzuerkennen (v Campenhausen/Christoph DVBl 1987, 984).

4. Erfasste Urkunden. Die Vorschrift gilt nur für Beglaubigungen von Abschriften, Ablichtungen, Computerausdrucken, Vervielfältigungen, Negativen usw von Urkunden, die entweder von einer Behörde ausgestellt worden sind (amtliche Urkunden) oder zur Vorlage bei einer Behörde benötigt werden. Für die Beglaubigung von Privaturkunden im allgemeinen privaten Rechtsverkehr sind die Notare bzw die Geriche zuständig; insoweit räumt § 33 keine Befugnisse ein. Zum **Begriff der Urkunde** s § 26 Rn 26. Als von einer Behörde ausgestellte Urkunden sind auch öffentlichrechtliche, **schriftlich abgefasste Verträge** gem §§ 54 ff anzusehen, an denen die Behörde bzw der durch sie vertretene Rechtsträger als Vertragspartner beteiligt ist, da auch hier der Grund der Regelung zutrifft, dass die Behörde den Inhalt der Urkunde sachlich beurteilen kann (K 8). 9

5. Begriff der amtlichen Beglaubigung. Die amtliche Beglaubigung iSd § 33 ist die amtliche Bestätigung der Übereinstimmung einer Kopie, Abschrift usw mit einem Original. Die Beglaubigung ist zu unterscheiden einerseits von der **öffentlichen Beurkundung,** zB gem § 128 BGB, die sich auf zivilrechtliche Verträge uä bezieht und grundsätzlich den Gerichten und Notaren vorbehalten ist, andererseits von der **öffentlichen Beglaubigung,** zB gem § 129 BGB, bei der die Unterschrift unter einer privatrechtlichen Erklärung von der dafür zuständigen Behörde (zB dem Jugendamt gem § 59 KJHG) oder einem zuständigen Beamten oder Notar beglaubigt wird. 10

Eine **öffentliche Beglaubigung** liegt dann vor, wenn eine eigens dazu ermächtigte Urkundsperson (idR ein Notar, s aber § 63 BeurkG) die **Echtheit einer Unterschrift** oder eines Handzeichens oder die Richtigkeit einer Abschrift in der dafür vorgeschriebenen Form amtlich bezeugt (Mecke, BeurkundungsG § 65 Rn 1; v Campenhausen/Christoph DVBl 1987, 985). Demgegenüber umfaßt der Begriff der **amtlichen Beglaubigung** alle diejenigen Beglaubigungen, die von einer Behörde vorgenommen werden und die keine öffentlichen Beglaubigungen sind (v Campenhausen/Christoph DVBl 1987, 985). 11

Anders als die öffentliche Beglaubigung, deren Zeugnis eine öffentliche Urkunde iS des § 415 Abs 1 ZPO darstellt, besitzt die amtliche Beglaubigung grundsätzlich nicht die uneingeschränkte Beweiskraft öffentlicher Urkunden (§ 65 Satz 2 BeurkG); die **Beweiskraft der amtlichen Beglaubigung beschränkt** sich vielmehr auf den in dem Beglaubigungsvermerk angegebenen **Verwendungszweck.**[2] Als Ausnahme von diesem Grundsatz sieht § 65 Satz 3 BeurkG jedoch ausdrücklich vor, dass in den beiden dort genannten Fällen bestimmte beglaubigte Abschriften eine uneingeschränkte Beweiskraft entfalten. Amtliche Beglaubigungen können eine durch Gesetz vorgeschriebene öffentliche Beurkundung oder Beglaubigung grundsätzlich nicht ersetzen (UL § 31 Rn 3).

6. Rechtsnatur der amtlichen Beglaubigung. Die Beglaubigung bzw der Beglaubigungsvermerk, der auf die Urkunde gesetzt wird, sind als solche keine VAe, sondern Wissenskundgebungen[3] und auch ihrerseits öffentliche Urkunden iS der §§ 415, 417, 418 ZPO, § 271 StGB (BVerwG BayVBl 1987, 123; Knack vor § 33 Rn 1). Umstritten ist die Frage, ob **die Entscheidung, ob** eine amtliche Beglaubigung vorgenommen wird und ggf mit welchem Inhalt, VA-Qualität hat. Dies ist wegen der Selbständigkeit des Beglaubigungsverfahrens und der damit idR 12

---

[2] UL § 31 Rn 3; Höfer/Huhn/von Schuckmann, Beurkundungsgesetz und ergänzende Vorschriften, 1972, § 65 Rn 3; v Campenhausen/Christoph DVBl 1987, 785.

[3] UL § 31 Rn 4; StBS 4; Knack vor § 33 Rn 5; v Campenhausen/Christoph DVBl 1987, 985; K 6 zu § 91; unklar WBS II § 46 Rn 8; F 210: „beurkundender VA".

verbundenen Entscheidung über einen Beglaubigungsantrag zu bejahen (ebenso für die Ablehnung einer Beglaubigung Knack vor § 33 Rn 5; nunmehr auch UL § 31 Rn 4). S hierzu auch näher § 35 Rn 24.

13 **7. Verfassungsrechtliche Gesichtspunkte.** Die Zuständigkeit des Bundesgesetzgebers für die Regelung der §§ 33, 34 ergibt sich aus dem Zusammenhang mit der Erfüllung von Verwaltungsaufgaben im Vollzug von Bundesrecht gem § 1. Dadurch ist andererseits bedingt, dass nur die Beglaubigung von Abschriften usw von Urkunden, die von Behörden im Rahmen ihrer Zuständigkeit nach § 1 ausgestellt worden sind, bzw die zur Vorlage bei solchen Behörden benötigt werden (§ 33), sowie von Unterschriften in Schriftstücken mit ähnlicher Zweckbestimmung (§ 34) erfasst werden. Für alle **sonstigen amtlichen Beglaubigungen** ist grundsätzlich, dh vorbehaltlich speziellerer Regelungen, Landesrecht maßgeblich (StBS 5).

14 **Für Bundesbehörden** ist eine Befugnis zur Beglaubigung von Urkunden usw jedoch nach den Grundsätzen verfassungskonformer Auslegung auch nach allgemeinem ungeschriebenen Recht gem Art 30, 83ff GG **nur bei Sachzusammenhang** der in Abs 1 genannten Art mit der Erfüllung von Bundesaufgaben anzuerkennen.

II. Befugnis zur amtlichen Beglaubigung (Abs 1)

15 **1. Bundesbehörden.** Abs 1 ermächtigt die Behörden zur Vornahme von amtlichen Beglaubigungen, verpflichtet sie jedoch nicht dazu. Die zuständigen Behörden entscheiden über Beglaubigungsbegehren nach pflichtgemäßem **Ermessen.**

16 Die Zuständigkeit für Beglaubigungen ist in Abs 1 S 1 nur für die Beglaubigung von Urkunden, die eine Behörde selbst ausgestellt hat **(Eigenurkunden)** geregelt; für andere Urkunden **(Fremdurkunden)** verweist Abs 1 S 2 auf Rechtssätze außerhalb des VwVfG und ermächtigt die Bundesregierung zum Erlass entsprechender RechtsVOen. Durch § 1 Nr 1 der VO zur Bestimmung der zu Beglaubigungen befugten Behörden v 3. 1. 1977 (BGBl I S 52) wurden **alle Bundesbehörden** iSd § 1 Abs 1 Nr 1 als zuständig auch für Beglaubigungen bestimmt, sofern ihre Tätigkeit nicht nach § 2 Abs 2 oder 3 von der Anwendung des VwVfG ausgenommen ist (Knack vor § 33 Rn 2).

17 **2. Landesbehörden.** Die Bestimmung der Zuständigkeit von Landesbehörden für Beglaubigungen nach dem VwVfG ist Sache des Landesrechts. § 33 stellt insoweit nur die Kompetenz der Länder für die Zuständigkeitsbestimmung klar, da sich insoweit aus § 1 Zweifel ergeben könnten; eine **Ermächtigung von Landesorganen** zur Regelung der Zuständigkeit durch RechtsVO kann daraus nicht entnommen werden. Grundsätzlich ist für die Ausfüllung der Vorschrift ein **Landesgesetz** oder eine VO auf Grund eines Landesgesetzes erforderlich. Die Freistellung vom Erfordernis der **Zustimmung des Bundesrates** in S 2, 2. Halbs. war im Hinblick auf Art 80 Abs 2 GG erforderlich; sie hat, da Abs 1 S 2 ohnehin derzeit im Hinblick auf die Regelungen in den Verwaltungsverfahrensgesetzen der Länder gegenstandslos ist, keine aktuelle Bedeutung. Die Verwaltungsverfahrensgesetze der Länder regeln entsprechend Abs 1 zunächst die Zuständigkeit der Behörden zur Beurkundung von Eigenurkunden; für die Beglaubigung von Fremdurkunden finden sich die Regelungen in Zuständigkeitsverordnungen.

18 Die **Zuständigkeit für Beglaubigungen** sind derzeit geregelt für:

Baden Württemberg durch VO v 16. 8. 1977 (GBl S. 382),
- Bayern durch VO (BeglV) v 10. 11. 1977 (GVBl S. 585);
- Berlin durch Zweites Gesetz zur Änderung des Gesetzes v 16. 12. 1987 (GVBl S. 2746);
- Brandenburg durch VO v. 8. 7. 1993 (GVBl II S. 334);
- Bremen durch VO v 28. 3. 1977 (GBl S. 197);

- Hamburg durch Anordnung v 23. 11. 1977 (Amtl Anz S. 1831);
- Hessen durch VO zur Bestimmung der zu Beglaubigungen befugten Behörden v 31. 8. 1978 (GVBl I S. 513);
- Mecklenburg-Vorpommern durch VO v 9. 6. 1992 (GVOBl S. 333);
- Niedersachsen durch ZuständigkeitsVO zur Ausführung des Vorläufigen VwVfG für das Land Niedersachsen v 1. 2. 1977 (GVBl S. 17);
- Nordrhein-Westfalen durch VO v 19. 4. 1977 (GVBl S. 180);
- Rheinland-Pfalz durch G v 21. 7. 1978 (GVBl S. 597), geändert durch G v 26. 3. 1980 (GVBl S. 71);
- das Saarland durch VO über die Befugnis zur amtlichen Beglaubigung v 12. 1. 1977 (ABl S. 86);
- Sachsen durch BeglaubigungsVO v 1. 4. 1998 (SächsGVBl S. 154);
- Sachsen-Anhalt durch § 3 Abs 2 der Allgemeinen Zuständigkeitsverordnung für die Gemeinden und Kreise zur Ausführung von Bundesrecht v 7. 5. 1994 (GVBl S. 568);
- Schleswig-Holstein durch VO v 2. 1. 1968 (GVOBl S. 11), geändert durch VO v 25. 8. 1969 (GVOBl S. 196);
- Thüringen durch § 4 der Zweiten ThürVO zur Bestimmung von Zuständigkeiten im Geschäftsbereich des Thür. Innenministeriums v 12. 2. 1992 (GVBl S. 66).

III. Beglaubigungsverbot (Abs 2)

1. Allgemeines Beglaubigungsverbot. Abs 2 enthält ein Beglaubigungsverbot für solche Fälle, in denen der Verdacht der Verfälschung des Originals durch nachträgliche unbefugte Änderung besteht. Die Regelung soll einem Mißbrauch der amtlichen Beglaubigung zur Vertuschung von Fälschungen vorbeugen (Begr 55). Die Aufzählung einzelner **Verdachtsgründe** (Lücken usw) ist **nur beispielhaft** („insbesondere"), nennt aber jedenfalls die wichtigsten Gründe. Unter **„Zusammenhang eines aus mehreren Blättern bestehenden Schriftstücks"** iS von Abs 2 ist der durch das die Urkunde ausstellende Organ mittels eines versiegelten Bandes, Klebestreifens uä hergestellte Zusammenhang zu verstehen (K 10 zu § 91). Liegt auch nur eine der in Abs 2 näher bezeichneten Voraussetzungen oder ein vergleichbarer Tatbestand vor, so darf die Behörde die Abschrift nicht beglaubigen, dh sie **muss die Beglaubigung ablehnen,** wenn sich nicht aus anderen Gründen zweifelsfrei ergibt, dass eine Fälschung ausgeschlossen ist. Es muss sich aber immer um konkrete, angebbare Umstände handeln, die bei objektiver Betrachtung zur Annahme, dass eine Änderung vorgenommen wurde oder vorgenommen worden sein könnte, berechtigen. Nur für diesen Fall gilt das strikte Verbot gem Abs 2. 19

Die Umstände müssen zur Annahme einer Verfälschung berechtigen. Ausreichend ist insoweit ein **begründeter Verdacht.** Die Behörde ist **nicht verpflichtet, Ermittlungen** zur Klärung **durchzuführen** (ebenso Obermayer 41). Da die Behörde auch beim Nichtvorliegen von Verbotsgründen nach Abs 2 zur Vornahme einer Beglaubigung nicht verpflichtet ist (s oben Rn 4), ist es zudem jedenfalls nicht ermessensfehlerhaft, wenn sie die Beglaubigung in Verdachtsfällen ablehnt, ohne weitere Beweise zu erheben (ebenso Obermayer 41). Insofern sind die Maßstäbe des § 24 nicht anwendbar. 20

2. Rechtsfolgen. Umstritten ist die Frage, welche Folgen ein Verstoß gegen das Beurkundungsverbot des Abs 2 hat. Die Kategorien der Rechtswidrigkeit bzw Nichtigkeit passen hier nur bedingt (vgl Obermayer 48), weil es nicht um die Qualifizierung eines VA geht. Entscheidend ist vielmehr, ob der Verstoß gegen Abs 2 die Beweiskraft der amtlichen Beglaubigung ohne weiteres entfallen lässt. Dies ist bei einem Verstoß gegen Abs 3 (vgl Rn 26) grundsätzlich nicht der Fall (s auch Knack 10; anders Obermayer 48). 21

IV. Form der Beglaubigung (Abs 3)

22 **1. Beglaubigungsvermerk.** Abs 3 regelt **Form und Inhalt des Beglaubigungsvermerks.** Die Vorschrift dient der Sicherung des Beweiswerts. Der Beglaubigungsvermerk ist grundsätzlich unmittelbar unter die Abschrift und so, dass für nachträgliche Einfügungen kein Raum mehr ist, zu setzen. Ist die letzte Seite der Abschrift bis zum untersten Rand beschrieben, so sollten, wenn irgend möglich, wenigstens die ersten Worte des Beglaubigungsvermerks noch auf diese Seite gesetzt werden (Knack 11). Dem **Erfordernis der genauen Bezeichnung** (Nr 1) des Schriftstücks, dessen Abschrift, Ablichtung usw (s Abs 4) beglaubigt wird, wird idR auch dadurch genügt, dass der **Beglaubigungsvermerk auf die Rückseite** der Abschrift (usw) gesetzt wird.

23 **2. Mehrzahl von Blättern.** Besteht die zu beglaubigende Abschrift aus mehreren Blättern, so muss grundsätzlich ein **Beglaubigungsvermerk auf jedes einzelne Blatt** gesetzt werden, auch soll die Art der beglaubigten Urkunde im Vermerk festgehalten werden. Nach dem Rundschreiben des Bundesinnenministers v 8. 12. 1976 – GMBl S. 684 sind außerdem die verschiedenen Blätter derart miteinander zu verbinden, dass eine Trennung ohne merkbare Beschädigung nicht möglich ist, und sind die **Verbindungsstellen zu siegeln.**

24 Eine ordnungsgemäße Beglaubigung liegt nicht vor, wenn der beglaubigende Bedienstete auf die letzte Seite einer mehrseitigen Abschrift den Beglaubigungsvermerk setzt, die restlichen Seiten aber erst später abgeschrieben und von der Kanzlei vorgeheftet werden (BGH NJW 1973, 1973).

25 Betrifft die zu beglaubigende Abschrift eine **Urschrift, die Fehler wie zB Löcher, Durchstreichungen, Verbesserungen usw aufweist,** so sind diese auch in der zu beglaubigenden Abschrift kenntlich zu machen; auch der Beglaubigungsvermerk muss in geeigneter Weise darauf eingehen.

26 **3. Folgen eines Verstoßes.** Eine Verletzung der Formerfordernisse gem Abs 3 hat grundsätzlich die **Unwirksamkeit des Beglaubigungsvermerks** zur Folge[4] mit der Konsequenz, dass es sich bei der dem Schriftstück nicht um eine beglaubigte Abschrift, Kopie usw handelt. Dies gilt insb, wenn die Angabe der beglaubigten Behörde, das Dienstsiegel (offen OVG Münster DÖV 1978, 334) oder die Unterschrift fehlen.[5] Daneben kann eine Verletzung **Haftungsansprüche** Dritter unter dem Gesichtspunkt einer Amtspflichtverletzung begründen.

27 **4. Muster.** Der Bundesminister des Innern hat mit Rundschreiben v 8. 12. 1976 (GMBl S. 684) für den Beglaubigungsvermerk folgendes **Muster** empfohlen:

„Hiermit wird amtlich beglaubigt, dass die vor-/umstehende Abschrift/Ablichtung mit der vorgelegten Urschrift/Ausfertigung beglaubigten/einfachen Abschrift/Ablichtung der/des

....

(Bezeichnung des Schriftstückes)

übereinstimmt
Die Beglaubigung wird nur zur Vorlage bei

....

(Behörde)

erteilt.

Bonn, den .... Der Bundesminister des Innern
(Siegel) Im Auftrag

....
(Unterschrift)

[4] Allg Meinung, vgl StBS 31; Knack 16; Obermayer 48.

[5] UL § 31 Rn 10; vdGK 4.5 unter Hinweis auf RGZ 135, 359; Obermayer 76; StBS 31; MB 8; str; **aA** die 5. Auflage: Ungültigkeit nur bei Fehlen wesentlicher Elemente, sonst grundsätzlich nur eine Minderung des Beweiswertes.

V. Ablichtungen, Vervielfältigungen, Negative, elektronische Dokumente (Abs 4)

1. Allgemeines. Abs 4 stellt den in Abs 1–3 genannten Abschriften von Urkunden **andere Formen der Vervielfältigung** sowie Negative gleich. Die Regelung soll den vielfältigen Formen moderner Herstellung von Texten Rechnung tragen und ist daher insoweit extensiv auszulegen. Erfasst werden nicht nur Ausdrucke aus modernen Textvorbereitungsanlagen, sondern auch solche, die auf dem Weg moderner Datenübermittlung zustandegekommen sind. Dies wird mit der Neufassung des Abs 4 durch das 3. VwVfÄndG klargestellt. 28

2. Beglaubigung elektronischer Dokumente sowie von Ausdrucken. 29
Die Neufassung des Abs 4 stellt in Nr 3 klar, dass auch die Beglaubigung eines Ausdrucks eines elektronischen Dokuments zulässig ist und regelt in dem neu geschaffenen Nr 4 die Möglichkeit der Beglaubigung von elektronischen Dokumenten, die zur Abbildung eines Original-Schriftstücks angefertigt werden, bei der also aus einem herkömmlichen Schriftstück eine beglaubigte Ausfertigung in elektronischer Form hergestellt wird (a) und solchen mit qualifizierter Signatur versehenen elektronischen Dokumenten, deren mit einer Signatur versehenes Original bei einer Umformatierung verloren geht (b). Für die Beglaubigung in diesen Fällen sind in Abs 5 u 6 weitere Anforderungen aufgestellt worden.

VI. Zusätzliche Anforderungen an die Beglaubigung bei elektronischen Originalen (Abs 5).

1. Allgemeines. Der mit dem 3. VwVfÄndG neu geschaffene Abs 5 enthält zusätzliche Anforderungen für die Beglaubigung in den Fällen des Abs 4 Nr 3 u 4, in denen entweder aus einem Schriftstück ein elektronische Ausfertigung hergestellt oder umgekehrt aus einem elektronischen Dokument ein Schriftstück hergestellt wird oder in denen ein signiertes elektronisches Dokument infolge einer notwendig werdenden Umformatierung verloren geht und als beglaubigtes Exemplar erhalten bleiben soll. 30

2. Die Anforderungen im Falle des Abs 4 Nr 3. Voraussetzung einer Beglaubigung eines Ausdrucks eines elektronischen Dokuments nach Abs 4 Nr 3 ist, dass das Dokument selbst über eine **qualifizierte elektronische Signatur** (s dazu näher § 3a Rn 14ff) verfügt; diese Signatur muss gültig sein, anderenfalls ist eine Beglaubigung eines Ausdrucks nicht möglich. Nach Abs 5 Nr 1 muss der Beglaubigungsvermerk über die Angaben nach Abs 3 hinaus die Feststellungen enthalten, wen die Signaturprüfung als Inhaber der Signatur ausweist, zu welchem Zeitpunkt die Signatur an dem Dokument angebracht worden ist, und welche Zertifizierung der Signatur zugrunde lag. Zweck dieser Feststellung ist die Prüfung der Authentizität des Dokuments mit Hilfe der Signatur. Geprüft wird deshalb, ob die Signatur gültig war, ob also ein noch gültiger Signaturschlüssel verwendet wurde, und ob das Zertifikat ausreichend ist. Authentizität bedeutet hier lediglich, dass das Dokument von einer Person hergestellt bzw versandt worden ist, die einen Zugang zu dem Signatur-Schlüssel hatte. 31

3. Besondere Anforderungen in den Fällen des Abs 4 Nr 4. Die Regelung in Abs 4 Nr 4 ermöglicht in den dort geregelten Fällen eine Beglaubigung in elektronischer Form. Sie erfolgt durch den Beglaubigungsvermerk iS des Abs 3 und durch eine zusätzliche qualifizierte elektronische Signatur des Dokuments durch den beglaubigenden Bediensteten, durch die Unterschrift und Dienstsiegel ersetzt werden. Für den Fall des Abs 4 Nr 4 b, also die Beglaubigung eines Dokuments, dessen Original durch Umformatierung verloren geht, verlangt Abs 5 S 2 klarstellend, dass die Ergebnisse der Signaturprüfung des untergehenden Originals in die amtlichen Festsetzungn aufgenommen werden müssen. 32

VII. Gleichstellung mit beglaubigten Abschriften (Abs 6)

33 Die Regelung in dem durch das 3. VwVfÄndG neu geschaffenen Abs 6 stellt klar, dass die nach Abs 4 u 5 hergestellten beglaubigten Ausfertigungen in elektronischer Form beglaubigten Abschriften gleichstehen. Diese Regelung war zuvor in Abs 4 S 2 enthalten und wurde zur Klarstellung ans Ende gesetzt.

§ 34 Beglaubigung von Unterschriften

(1) **Die von der Bundesregierung durch Rechtsverordnung bestimmten Behörden im Sinne des § 1 Abs. 1 Nr. 1 und die nach Landesrecht zuständigen Behörden sind befugt, Unterschriften zu beglaubigen, wenn das unterzeichnete Schriftstück zur Vorlage bei einer Behörde oder bei einer sonstigen Stelle, der auf Grund einer Rechtsvorschrift das unterzeichnete Schriftstück vorzulegen ist, benötigt wird.**[3] **Dies gilt nicht für**[6]

1. Unterschriften ohne zugehörigen Text,
2. Unterschriften, die der öffentlichen Beglaubigung (§ 129 des Bürgerlichen Gesetzbuchs) bedürfen.

(2) **Eine Unterschrift soll nur beglaubigt werden, wenn sie in Gegenwart des beglaubigenden Bediensteten vollzogen oder anerkannt wird.**[7]

(3) **Der Beglaubigungsvermerk ist unmittelbar bei der Unterschrift, die beglaubigt werden soll, anzubringen. Er muss enthalten**[8]

1. die Bestätigung, dass die Unterschrift echt ist,
2. die genaue Bezeichnung desjenigen, dessen Unterschrift beglaubigt wird, sowie die Angabe, ob sich der für die Beglaubigung zuständige Bedienstete Gewissheit über diese Person verschafft hat und ob die Unterschrift in seiner Gegenwart vollzogen oder anerkannt worden ist,
3. den Hinweis, dass die Beglaubigung nur zur Vorlage bei der angegebenen Behörde oder Stelle bestimmt ist,
4. den Ort und den Tag der Beglaubigung, die Unterschrift des für die Beglaubigung zuständigen Bediensteten und das Dienstsiegel.

(4) **Die Absätze 1 bis 3 gelten für die Beglaubigung von Handzeichen entsprechend.**[11]

(5) **Die Rechtsverordnungen nach Absatz 1 und 4 bedürfen nicht der Zustimmung des Bundesrates.**[12]

Parallelvorschriften: § 30 SGB X; §§ 39, 40 BeurKG

Schrifttum: S zu § 33.

Übersicht

I. Allgemeines

1 **1. Inhalt des § 34.** Die Vorschrift regelt die **amtliche Beglaubigung von Unterschriften** und Handzeichen in Schriftstücken, die zur Vorlage bei Behörden und diesen insoweit gleichgestellten Stellen (iS des Abs 1) bestimmt sind. Eine nach gesetzlichen Vorschriften erforderliche **öffentliche Beglaubigung** (§ 129 BGB, § 4 BeurkG) kann dadurch **nicht ersetzt** werden. Die Vorschrift entspricht weitgehend der für die Beglaubigung von Abschriften usw getroffenen Regelung in § 33, insoweit gelten die Ausführungen zu § 33 auch hier. Zur allgemeinen Befugnis der Behörden zur Beglaubigung von **Unterschriften in eigenen Schriftstücken** und für bei ihnen einzureichende Schriftstücke s unten Rn 5.

2 **2. Anwendungsbereich.** Die Vorschrift gilt wie § 33 nur für amtliche Beglaubigungen von Unterschriften durch Behörden im Anwendungsbereich des VwVfG (vgl § 33 Rn 4ff). Die Regelung erfasst nur die Beglaubigung für die in Abs 1 näher bezeichneten Zwecke der **Vorlage bei einer Behörde oder bei einer sonstigen Stelle.** Behörden idS sind nur Behörden gem § 1 (StBS 7). Unklar ist, was unter **sonstigen Stellen** zu verstehen ist. Im Hinblick auf die allgemeine Fassung des Begriffs sind darunter auch im Bereich des Privatrechts tätige Dienststellen von Verwaltungsträgern und „Dienststellen" privater Einrichtungen zu verstehen. Voraussetzung ist insoweit aber, anders als bei der Vorlage bei Behörden, dass eine durch eine Rechtsvorschrift begründete Verpflichtung zur Vorlage besteht (so auch StBS 10). In Betracht kommen, da anders eine Zuständigkeit des Bundes zur Regelung nicht begründet wäre, nur **Verpflichtungen kraft Bundesrechts** (str; **aA** Obermayer 11: auch aufgrund Landesrechts).

II. Befugnis zur amtlichen Beglaubigung (Abs 1 S 1)

3 **1. Gesetzliche Beglaubigungsbefugnis.** Abs 1 beschränkt die Befugnis zur Beglaubigung von Unterschriften auf bestimmte Behörden, die dafür ausdrücklich durch VO des Bundes oder durch Landesrecht für zuständig erklärt worden sind. Dadurch soll ua eine Überlastung anderer Behörden vermieden werden (Begr 56). Die unmittelbare Befugnis folgt gleichwohl aus Abs 1, da die Zuständigkeitsverordnung nur die Zuständigkeit regelt. Voraussetzung für die Beglaubigung ist, dass die Unterschrift sich auf einen Text beziehen kann. Die Beglaubigung von Blankounterschriften ist unzulässig (Abs 1 S 2 Nr 1).

4 **Verhältnis zur Beglaubigungsbefugnis nach § 33:** Die gem § 33 Abs 1 zur Beglaubigung von Abschriften usw für zuständig erklärten Behörden sind nicht zugleich auch für die Beglaubigung von Unterschriften zuständig; vielmehr bedarf es gem Abs 1 einer ausdrücklichen Zuständigkeitsbestimmung auch für die Beglaubigung von Unterschriften; diese kann jedoch gemeinsam mit der Regelung nach § 33 Abs 1 getroffen werden. Im übrigen gilt das zu § 33 Ausgeführte (s § 33 Rn 15ff). Für den Bereich des Bundes ist die Zuständigkeitsbestimmung durch § 1 Nr 2 der VO zur Bestimmung der zu Beglaubigungen befugten Behörden v 3. 1. 1977 (BGBl I S. 52) erfolgt. Zuständig sind danach sämtliche Behörden des Bundes und der bundesunmittelbaren Körperschaften, Anstalten und Stiftungen. Zu den Zuständigkeitsregelungen in den Ländern s § 33 Rn 17.

5 **2. Beglaubigungen für den eigenen Gebrauch.** Zweifelhaft ist, ob sich aus der Regelung in Abs 1 ergibt, dass die nicht durch VO ermächtigten Behörden keinerlei Beglaubigungen durchführen dürfen, oder ob ihr Recht zur Beglaubigung für interne Zwecke unberührt bleiben sollte. Da § 33 und § 34 das Recht der amtlichen Beglaubigung nicht abschließend regeln (vgl MuE 131f) und ein erhebliches praktisches Bedürfnis für die Zuständigkeit der Behörden in diesen Fällen besteht, ist über Abs 1 hinaus eine solche **Befugnis zu beja-**

hen.[1] Für die Beglaubigung von **Unterschriften in schriftlichen Ausfertigungen von VAen** ergibt sich die Zulässigkeit schon aus § 37 Abs 3 (s § 37 Rn 31). Im Einzelnen ist auch auf eine Beglaubigung in den genannten Fällen jedoch § 34 sinngemäß anzuwenden.

III. Beglaubigungsverbote (Abs 1 S 2)

6 Nach Abs 1 S 2 ist eine Beglaubigung in den in Nr 1 und 2 genannten Fällen schlechthin verboten und ausgeschlossen. Durch das Verbot einer Beglaubigung von Unterschriften ohne zugehörigen Text in Nr 1 **(Gebot des Textbezugs)** soll einem **Missbrauch** durch nachträgliche Einfügung eines Textes **vorgebeugt** werden. **Nr 2** verbietet die amtliche Beglaubigung wegen der damit verbundenen **Verwechslungsgefahr** in Fällen, in denen eine öffentliche Beglaubigung erforderlich ist. Die Regelung trägt dem Umstand Rechnung, dass die amtliche Beglaubigung eine durch Rechtsvorschrift vorgeschriebene öffentliche Beglaubigung nicht ersetzen kann. **Verstöße gegen Abs 1 S 2** haben die Unwirksamkeit der Beglaubigung zur Folge.

IV. Anwesenheitsgebot (Abs 2)

7 Nach Abs 2 soll eine Beglaubigung nur erfolgen, wenn sie in Gegenwart des beglaubigenden Bediensteten vollzogen oder anerkannt wird. Diese Regelung entspricht § 40 Abs 1 BeurkG. Sie soll sicherstellen, dass die Unterschrift tatsächlich von demjenigen geleistet wurde, für den sie beglaubigt wird. Durch die Fassung der Vorschrift als **Soll-Bestimmung** (vgl § 40 Rn 44) wird der Behörde jedoch die Möglichkeit gegeben, in Fällen, in denen insoweit jeder **Zweifel an der Echtheit der Unterschrift ausgeschlossen** ist, von diesem Erfordernis abzusehen (Knack 14: wenn auch ein Missbrauch nicht zu befürchten ist; enger Obermayer 20; StBS 15). Dies muss dann jedoch gem Abs 3 Nr 2 im Beglaubigungsvermerk angegeben werden. Ein Verstoß gegen die Bestimmung des Abs 2 führt zur Unwirksamkeit der Beglaubigung (StBS 15; **aA** Voraufl).

V. Form der Beglaubigung (Abs 3)

8 **1. Inhalt des Beglaubigungsvermerks.** Die Regelung über den Beglaubigungsvermerk in Abs 3 entspricht weitgehend § 33 Abs 3; vgl dazu § 33 Rn 22 ff. Als genaue **Bezeichnung desjenigen, dessen Unterschrift beglaubigt wird,** ist iS von Abs 3 S 2 idR der Name, ggf aber auch der **Künstlername** oder eine andere Bezeichnung, die oftmals eine genauere Bezeichnung darstellt als der Name selbst, zu verstehen (Knack 14). Der Hinweis gem Nr 3, dass die Beglaubigung nur zur Vorlage des Schriftstückes bei einer Behörde oder bei einer sonstigen Stelle erfolgt, erfordert **nicht notwendig eine genaue Bezeichnung der Behörde** oder anderen Stelle. Es genügt auch zB der allgemeine Hinweis, dass die Beglaubigung zur Vorlage bei einer Behörde, zB der Steuerbehörde, erfolgt. **Sonstige Stellen** sind alle nichtbehördlichen privaten oder öffentlichen Einrichtungen, denen auf Grund einer Rechtsvorschrift bestimmte Schriftstücke mit amtlich beglaubigter Unterschrift vorzulegen sind (MB 2; Knack 16). Besteht das zu unterzeichnende Schriftstück aus **mehreren Blättern,** so sind diese fest miteinander zu verbinden und die Verbindungsstellen zu siegeln; insoweit gilt das Gleiche wie für aus mehreren Blättern bestehende zu beglaubigende Abschriften (vgl § 33 Rn 23).

---

[1] Ebenso Obermayer 9; StBS 9; Knack 9; vor § 33 Rn 3; vgl auch § 33 Rn 6; **aA** UL § 31 Rn 11 unter Hinweis auf das Fehlen einer dem § 33 Abs 1 S 1 entsprechenden Vorschrift in § 34 und auf das Erfordernis eines Vermerks gem § 34 Abs 3 S 2 Nr 3.

Der Bundesminister des Innern hat mit Rundschreiben v 8. 12. 1976 (GMBl S. 684) für den Beglaubigungsvermerk folgendes **Muster** empfohlen: 9

„Die/Das vorstehende Unterschrift/Handzeichen ist von

....

(Vorname, Familienname, ggfs. Geburtsname)

wohnhaft in ....

(Ort, Straße und Hausnummer)

persönlich bekannt – ausgewiesen durch ....

....

(Personalausweis, Paß)

Vor mir vollzogen – anerkannt – worden.
Dies wird hiermit amtlich beglaubigt.
Die Beglaubigung wird nur zur Vorlage bei

....

(Behörde oder Stelle)

erteilt.

Bonn, den (Siegel)

Der Bundesminister des Innern
Im Auftrag

....

(Unterschrift)

2. Rechtsfolgen bei Verstößen. Verstöße gegen die formellen Erfordernisse für den Beglaubigungsvermerk gem Abs 3 haben die **Nichtigkeit** (Ungültigkeit) **der Beglaubigung** zur Folge; dies gilt insb auch für das Fehlen eines Hinweises gem Abs 3 Nr 4 auf die Behörde oder Stelle, bei der die Vorlage erfolgen soll (ebenso Knack 19). Außerdem kommen uU Schadensersatzansprüche aus **Amtshaftung** in Betracht. 10

VI. Beglaubigung von Handzeichen (Abs 4)

Abs 4 stellt hins. einer Beglaubigung **Handzeichen** (vgl § 126 BGB) den Unterschriften gleich. Die Vorschrift regelt nicht die Frage, wann ein Handzeichen anstelle einer Unterschrift ausreichend ist. Deshalb kommt es nach Abs 4 nicht darauf an, die Voraussetzungen für eine Unterzeichnung durch bloßes Handzeichen, etwa Schreibunkundigkeit, zu prüfen (**aA** StBS 19). 11

VII. Rechtsanwendung des Bundes (Abs 5)

Die Bestimmung des Abs 5, wonach die Rechtsverordnungen des Bundes über die für die Beglaubigung von Unterschriften zuständigen Behörden der Zustimmung des Bundesrats nicht bedürfen, war im Hinblick auf Art 80 Abs 2 GG für erforderlich gehalten worden. Sie **läuft gegenwärtig leer,** da die Rechtsverordnung sich auf Bundesbehörden beschränkt und die Bundesländer eigene Regelungen getroffen haben. 12

Teil III. Verwaltungsakt

Abschnitt 1. Zustandekommen des Verwaltungsaktes

§ 35 Begriff des Verwaltungsaktes

Verwaltungsakt[4] ist jede Verfügung, Entscheidung oder andere hoheitliche Maßnahme,[25] die eine Behörde[23] zur Regelung[47] eines Einzelfalls[68] auf dem Gebiet des öffentlichen Rechts[32] trifft und die auf unmittelbare Rechtswirkung nach außen[73] gerichtet ist. Allgemeinverfügung[102] ist ein Verwaltungsakt, der sich an einen nach allgemeinen Merkmalen bestimmten oder bestimmbaren Personenkreis[103] richtet oder die öffentlich-rechtliche Eigenschaft einer Sache[106] oder ihre Benutzung durch die Allgemeinheit betrifft.

Parallelvorschriften: § 31 SGB X; § 118 AO; § 23 EGGVG

Schrifttum allgemein: *Achterberg,* Der Verwaltungsvorakt, DÖV 1971, 397; *Appel/Melchinger,* Rechtsanwendung und feststellender VA, VerwArch 1993, 349; *Bachof,* Verwaltungsakt und innerdienstliche Weisung, in: Laforet-FS 1952, 285; *Battis,* Änderung des Aufgabenbereichs eines Beamten durch Organisationsverfügung kein Verwaltungsakt, NVwZ 1982, 87; *Brede,* Der VA mit Dauerwirkung, 1997; *Bryde,* Die Kontrolle von Schulnoten in verwaltungsrechtlicher Dogmatik und Praxis, DÖV 1981, 193; *Caspar,* Der fiktive VA, AöR 2000, 131; *Erbguth,* Zur Rechtsnatur von Programmen und Plänen der Raumordnung und Landesplanung, DVBl 1981, 557 ff; *Erfmeyer,* Der nichtmaterielle VA – eine rechtswidrige und überflüssige Fiktion, DÖV 1996, 629; *ders,* Die Rechtsnatur „heimlicher" behördlicher Maßnahmen DÖV 1999, 719; *Fiedler,* Die materiell-rechtlichen Bestimmungen des VwVfG und die Systematik der verwaltungsrechtlichen Handlungsformen, AöR 1980, 79; *Gornig,* Die sachbezogene hoheitliche Maßnahme, 1985; *Ipsen,* Verbindlichkeit, Bestandskraft und Bindungswirkung von VAen, Vw 1984, 169; *Kirchhof,* Der VA auf Zustimmung, DVBl 1985, 651; *Kirschner,* Die Abgrenzung des VA von anderen behördlichen Handlungen, vor allem zur Beeinflussung wirtschaftlicher Abläufe in der Rspr des Gerichts erster Instanz der EG, 1991; *Köhler,* Die unmittelbare Ausführung einer vollzugspolizeilichen Maßnahme, BayVBl 1999, 582; *König,* Ablehnung und Versagung im Verwaltungsrecht, BayVBl 1993, 268; *ders,* Der feststellende VA, BayVBl 1987, 261; *Kopp,* Zum Rechtsschutz des Bürgers gegenüber innerdienstlichen Weisungen durch die Gerichte und im Verwaltungsverfahren, BayVBl 1976, 719; *ders,* Die Bestandskraft von VAen, DVBl 1983, 392; *Krause,* Rechtsformen des Verwaltungshandelns, 1974; *Ladner,* Die Zukunft des VA, VerwArch 1995, 511; *Laubinger,* Der Verwaltungsakt mit Doppelwirkung, 1967; *Linhart,* Der Bescheid, 1994; *Löwer,* Die Zeugnisnote – ein VA, DVBl 1980, 952; *Losch,* Der vorsorgliche VA, NVwZ 1995, 235; *Müller-Franken,* Der VA-Begriff der VwGO beim Handeln von Landes- und Kommunalbehörden, VerwArch 1999, 552; *Neßler,* Der transnationale VA-Zur Dogmatik eines neuen Rechtsinstituts, NVwZ 1995, 863; *ders,* Gemeinschaftsrechtliche Fristenhemmung, richtlinienkonforme Auslegung und Bestandskraft von VAen, DVBl 1998, 758; *Obermayer,* Die Bedeutung der „Regelung" im Rahmen der Begriffsbestimmung des Verwaltungsaktes nach § 35 VwVfG, RiA 1980, 121; *ders,* Das Dilemma der Regelung des Einzelfalles nach dem VwVfG, NJW 1980, 2386; *Ortloff,* Die fiktive Baugenehmigung, FS Gelzer, 1991, 223; *Osterloh,* Gesetzliche Ermächtigung für VA? JuS 1983, 280; *ders,* Entwicklungen im Recht des VA – eine Zwischenbilanz, in: Thieme-FS 1993, 563; *Pietzner,* Unmittelbare Ausführung als fiktiver VA, VerwArch 1991, 291; *Poscher,* VA und Verwaltungsakt in der Vollstreckung, VerwArch 1998, 111; *Rasch,* Der Realakt insb im Polizeirecht, DVBl 1992, 207; *Robbers,* Schlichtes Verwaltungshandeln, DÖV 1987, 272; *Rubel,* Der Leistungsbescheid, JA 1990, 86; *Schenke,* Formeller oder materieller Verwaltungsaktsbegriff, NVwZ 1990, 1009; *Schmidt-Aßmann,* Die Lehre von den Rechtsformen des Verwaltungshandelns, DVBl 1989, 533; *ders,* Institute gestufter Verwaltungsverfahren: Vorbescheid und Teilgenehmigung, in: BVerwG-FS 1978, 569; *Schmidt-De Caluwe,* Die Wirksamkeit des VA, VerwArch 1999, 48; *Schnellenbach,* Rechtsfolgen von VAen, JA 1996, 981; *Schwerdtner,* Die Weisung – Innerdienstlicher Rechtsakt oder anfechtbarer VA? VBlBW 1996, 209; *Selmer/Gersdorff,* Verwaltungsvollstreckungsverfahren, 1996; *Stelkens,* Verpflichtung zur Duldung – Notwendigkeit einer Duldungsanordnung? NuR 1983, 261; *Ule,* Probleme des verwaltungsgerichtlichen Rechtsschutzes im besonderen Gewaltverhältnis, VVDStRL 1957, 133; *Volkert,* Die Verwaltungsentscheidung, 1989; *Voßkuhle,* Der relative VA – eine unzulässige Handlungsform, SächsVBl 1995, 54; *Wendt,* Zustandekommen, Inhalt und Fehlerhaftigkeit von VAen, JA 1980, 25; *Widmann,* Abgrenzung zwischen VA und Realakt, Diss 1996; *Zimmer,* Das mißverstandene Verkehrszeichen, DÖV 1980, 116; *ders,* Handlungsformen und Handlungsbefugnisse der öffentlichen Verwaltung, Jura 1980, 242; *Zuleeg,* Die Zweistufenlehre, in: Fröhler-FS 1980, 275.

Zum vorläufigen VA: *Bockey,* Der vorläufige VA, JA 1992, 161; *Di Fabio,* Vorläufiger VA bei ungewissem Sachverhalt, DÖV 1991, 629; *Kemper,* Der vorläufige VA, DVBl 1989, 981; *ders,* Der vorläufige VA, 1990; *Koch,* Vorläufige VAe im Gaststättenrecht, GewArch 1992, 374; *Kopp* F. J., Vorläufiges Verwaltungsverfahren und vorläufiger Verwaltungsakt, 1992; *ders,* VAe unter Vorbehalt und sonstige vorläufige VAe, DVBl 1989, 238; *Kreßel,* Der „vorläufige" VA, BayVBl 1989, 65; *Losch,* Der vorsorgliche VA, NVwZ 1995, 235; *Martens,* Vorläufige Regelungen durch VA, DÖV 1987, 992; *Peine,* Der vorläufige VA, DÖV 1986, 849; *Schimmelpfennig,* Vorläufige VAe, 1989; *Tiedemann,* Der vorläufige VA in der Leistungsverwaltung, DÖV 1981, 786.

Zur Allgemeinverfügung: *Freude,* Die Sachgenehmigung, DVBl 1999, 496; *ders,* Die Zulassungsbedürftigkeit von Pflanzenschutzmittel-Importen im deutschen und europäischen Recht; NuR 1999, 86; *Maurer,* Wasserrecht, Allgemeinverfügung und Rechtsverordnung, VBlBW 1987, 361; *Niehues,* Die Bekanntgabe dinglicher VAe, DVBl 1982, 317; *Schäfer,* Benutzungsregelung gemeindlicher öffentlicher Einrichtungen auf der Grundlage des § 35 S. 2 3. Altern. VwVfG, 1986, zugl Diss. Göttingen;

Übersicht

I. Allgemeines

1 **1. Grundlagen.** Die Vorschrift enthält eine **Definition des VA-Begriffs** zwar unmittelbar nur für den Bereich des VwVfG. Da der Begriff des VA in Bund und Ländern identisch ist, gelten die Begriffsmerkmale des § 35 in der Sache aber bundeseinheitlich. Zahlreiche Gesetze und sonstige Rechtsvorschriften verwenden den Begriff des VA bzw des Bescheids, der Anordnung, Verfügung usw, ohne dafür nähere Definitionen zu geben. Im Hinblick darauf, dass der Begriff des VA **verfahrensrechtliche, materiellrechtliche und prozessuale Bedeutung** hat und ihm gem § 42 und §§ 68ff VwGO wesentliche Bedeutung als bundeseinheitlicher Anknüpfungspunkt für das verwaltungsgerichtliche Verfahren nach der VwGO zukommt, sowie darauf, dass auch durch die Aufnahme einer Legaldefinition in das VwVfG und in die Verfahrensgesetze der Länder insoweit nicht ein neuer, abweichender Begriff des VA geschaffen werden sollte (MuE 135f; Begr 56), ist im Zweifel davon auszugehen, dass der **Begriff des VA in allen Gesetzen im selben Sinn zu verstehen** ist.[1] Wenn in Bestimmungen des Bundes oder der Länder von VAen die Rede ist, sind deshalb grundsätzlich Maßnahmen gemeint, die die Begriffsmerkmale des § 35 erfüllen.

2 **a) Bedeutung.** Der VA ist nach wie vor die wichtigste Handlungsform der Verwaltung, insbesondere für den Gesetzesvollzug. Die weitaus meisten Rechtsnormen des materiellen Verwaltungsrechts sehen ausdrücklich oder stillschweigend den Erlass von VAen in der einen oder anderen Form vor. Der VA-Begriff ist deshalb der **Zentralbegriff des Verwaltungsrechts,** und zwar im Bund wie in den Ländern. Das Verwaltungsverfahrensrecht knüpft an diesen Begriff an (§ 9) und stellt in § 35 eine einheitliche Definition zur Verfügung, die zwar aus dem materiellen und dem Prozessrecht gewonnen wurde (Rn 3), nun aber auf diese Gebiete zurückwirkt. Ob eine Maßnahme VA-Qualität hat oder nicht, ist für eine Fülle von Fragen des materiellen Rechts, des Verfahrensrechts und des Prozessrechts von Bedeutung, so etwa für Wirksamkeit (§ 43), Bestandskraft, Abänderbarkeit (§§ 48ff), Vollstreckbarkeit, Anfechtbarkeit usw.

3 **b) Entwicklung.** Eine der ersten klassischen Definitionen des VA stammt von O. Mayer. Danach ist der VA ein „der Verwaltung zugehöriger Ausspruch, der dem Unterthanen gegenüber im Einzelfall bestimmt, was für ihn Rechtens sein soll" (Deutsches Verwaltungsrecht Bd. I, 1. Aufl. 1895, 95). Der Sache nach ist diese Definition bis heute unverändert geblieben, auch wenn § 35 für die Definition andere Begriffe verwendet und die Dogmatik des VA-Begriffs in Randbereichen weiterentwickelt wurde. § 25 Abs 1 MRVO 165 enthielt zwar eine präziser formulierte, sachlich aber nicht abweichende Definition. Die VwGO verzichtete auf eine eigene Begriffsbestimmung, auch um Raum für eine Weiterentwicklung des Begriffs zu lassen. Das VwVfG übernahm den überkommenen Begriff im wesentlichen so, wie er seinerzeit vorgefunden wurde und präzisierte lediglich den Begriff der Allgemeinverfügung in § 35 S. 2, ohne insoweit allerdings wesentliche Klarheit zu bringen (s Rn 102ff). Der Gesetzgeber des VwVfG hat mit den Begriffsmerkmalen des VA in § 35 die zuvor bereits in Rspr. und Schrifttum zu

[1] Vgl Vogel BayVBl 1977, 619; Wendt JA 1980, 29; Bley DOK 1978, 806; TK 10 zu § 1979 AO.

§§ 42, 113 VwGO entwickelten Kriterien lediglich aufnehmen und positivieren wollen. Die Entwicklung ist indessen dabei nicht stehen geblieben. Da die VwGO heute in § 40 Abs 1 Rechtsschutz unabhängig von der Form des Verwaltungshandelns eröffnet, konnte manche Erweiterung des VA-Begriffs, die lediglich das Ziel verfolgte, angemessenen Rechtsschutz zu eröffnen, wieder zurückgenommen werden (vgl Rn 20).

4 **2. Grundstruktur, Funktionen. a) Akt singulärer Rechtsetzung.** Der VA ist als Rechtsfigur gleichsam induktiv aus der Verallgemeinerung typischer Merkmale von Verfügungen, insbesondere von Polizeiverfügungen, entstanden. Deshalb haftet dem VA-Begriff nach wie vor eine gewisse Unschärfe an, und zwar sowohl was seine intentionalen Grundstrukturen anlangt, als auch im Hinblick auf den Bereich der begrifflich erfassten Hoheitsakte. Ein VA stellt einen Akt singulärer Rechtssetzung dar; dem Adressaten gegenüber wird verbindlich festgelegt, was für ihn rechtens ist bzw was für ihn zu gelten hat. Der Kern der mit dem VA getroffenen Regelung liegt in der **Verbindlichkeit kraft hoheitlichen Geltungsanspruchs.** Die Behörde muss in dem VA für den Adressaten zum Ausdruck bringen, dass sie seine Rechte bzw seine Rechtsposition verbindlich regeln will. In diesem Sinne handelt es sich bei dem VA um eine hoheitliche Willenserklärung.

4a **b) VA-Begriff als Zweckbegriff.** Von grundlegender Bedeutung für das Verständnis und die Anwendung des § 35 ist die Einsicht, dass der VA-Begriff ein Zweckbegriff ist, der im Hinblick auf die für den VA typischen Funktionen (s Rn 6ff) entwickelt wurde. Ob eine gesetzlich vorgesehene Maßnahme, zB ein Plan, eine Schulnote, ein Organisationsakt, ein Verkehrszeichen oder die Ablehnung einer Auskunft, VA-Qualität besitzt oder nicht, läßt sich nicht allein anhand der Begriffsmerkmale des § 35 entscheiden, sondern muss stets auch danach beurteilt werden, ob der Maßnahme nach der gesetzlichen Regelung gerade die VA-typischen Funktionen zukommen sollen. Dies erklärt manche begriffliche Unstimmigkeit und Unklarheit in der Lehre zum VA-Begriff.

5 **c) Die Funktionen des VA.** Mit dem Begriff des VA werden Maßnahmen zusammengefasst, die im Rahmen des Gesetzesvollzugs und der Erledigung von Verwaltungsaufgaben bestimmte Zwecke bzw Funktionen erfüllen. Dabei wird unterschieden zwischen der sog Konkretisierungs- und Umsetzungsfunktion, zT auch als Individualisierungsfunktion bezeichnet (StBS 24), der Titel- und Vollstreckungsfunktion und der verfahrensrechtlichen bzw der Rechtsschutzfunktion. Teilweise wird auch die Gestaltungsfunktion des VA hervorgehoben. Nicht alle diese Funktionen kommen bei jedem VA zum Zuge, weshalb etwa einem feststellenden VA die Titel- und Vollstreckungsfunktion fehlt, weil er keinen vollstreckbaren Inhalt hat (s Rn 51f).

6 **aa) Konkretisierungs- und Umsetzungsfunktion.** Der VA ist das klassische Instrument zum Gesetzesvollzug, also zur Umsetzung allgemeiner Rechtsnormen durch einen Rechtsbefehl im Einzelfall. Die Verwaltung vollzieht Gesetz und Recht, indem sie dem einzelnen Bürger gegenüber diejenigen Rechte und Pflichten festsetzt, die sich für ihn aus den jeweils maßgeblichen Rechtsnormen ergeben. Ob sie dabei von Amts wegen oder auf Antrag tätig werden darf oder muss (vgl § 22), spielt in diesem Zusammenhang keine Rolle. Um **Vollzugsakte** in diesem Sinne handelt es sich nicht nur dann, wenn die Behörde eine eigene Ermessensentscheidung treffen muss, sondern auch bei den schlichten gesetzeskonkretisierenden Vollziehungsverfügungen von Behörden, dh Gebots- oder Verbotsverfügungen und ähnlichen Verfügungen, die ein schon in einer Rechtsnorm enthaltenes unmittelbar geltendes Gebot oder Verbot für den konkreten Einzelfall konkretisieren und dadurch die Voraussetzungen für die Vollstreckbarkeit herstellen, bzw jedenfalls die für den konkreten Fall geltende Rechtslage in verbindlicher Weise klarstellen und dem Betroffenen den Einwand, dass er nicht verpflichtet usw sei, abschnei-

den,[2] zB die Entscheidung der Behörde, dass eine vom Bürgen aufgrund öffentlichen Rechts gestellte **Kaution verfallen** ist (BVerwG NJW 1990, 1435 = NVwZ 1990, 554); die Aufforderung zur Abgabe einer **Steuererklärung,** zu deren Abgabe der Betroffene bereits aufgrund Gesetzes verpflichtet ist (Jäckle NJW 1984, 2132), sowie die Aufforderung, der **Meldepflicht nachzukommen** (vgl OVG Münster NVwZ 1990, 181). Gleiches gilt etwa für die Untersagung einer ohne die erforderliche Genehmigung betriebene Gaststätte nach § 15 Abs 2 GewO. Der Betreiber dürfte die Gaststätte bereits von Gesetzes wegen nicht weiterführen, sein Verhalten ist sogar ordnungswidrig (§ 28 Abs 1 Nr 1 GastG); aber erst durch die Untersagungsverfügung wird dem Betreiber gegenüber die Pflicht zur Unterlassung des weiteren Betriebs verbindlich und vollstreckbar (Rn 7) angeordnet.

bb) Titelfunktion, Vollstreckungsfunktion. Soweit ein VA einen voll- 7
streckbaren Inhalt hat, ist er nach den Regeln der Verwaltungsvollstreckungsgesetze des Bundes und der Länder ohne vorherige Einholung einer gerichtlichen Entscheidung vollstreckbar. Die Verwaltung kann sich durch Erlass eines VA also ihren Vollstreckungstitel selbst schaffen. Voraussetzung der Vollstreckbarkeit ist allerdings grundsätzlich, dass der VA unanfechtbar oder sofort vollziehbar ist (vgl § 6 VwVG). Der Betroffene hat deshalb die Möglichkeit, durch Erhebung des Widerspruchs bzw der Klage die Wirkung des VA zu suspendieren (§ 80 Abs 1 VwGO) und dadurch eine Vollstreckung oder sonstige Durchsetzung bis zu einer abschließenden Entscheidung darüber zu verhindern. Von den Ausnahmefällen der sofortigen Vollziehbarkeit (§ 80 Abs 2 VwGO) abgesehen, bewirken Widerspruch bzw Klage die Aufschiebung der Vollstreckbarkeit. Ist der VA kraft Gesetzes (§ 80 Abs 2 Nr 1–3 VwGO) oder kraft besonderer behördlicher Anordnung (§ 80 Abs 2 Nr 4 VwGO) sofort vollziehbar, muss der Betroffene, wenn er die Vollstreckbarkeit einstweilen beseitigen will, einen Antrag auf Aussetzung der Vollziehung nach § 80 Abs 4 VwGO oder einen Antrag auf Anordnung bzw Wiederherstellung der aufschiebenden Wirkung nach § 80 Abs 5 VwGO stellen.

cc) Verfahrensfunktion, Rechtsschutzfunktion. Weitere Funktionen erfüllt 8
der VA-Begriff für das Verwaltungsverfahren und den Verwaltungsrechtsschutz. Da das VwVfG jedenfalls unmittelbar nur auf Verwaltungsverfahren anwendbar ist, die auf den Erlass von VAen gerichtet sind (von den Verfahren auf Abschluss öffentlich-rechtlicher Verträge einmal abgesehen), hängen von der VA-Qualität der zu erlassenden Maßnahme auch die verfahrensrechtlichen Garantien des VwVfG, wie zB Anspruch auf rechtliches Gehör, Bekanntmachungserfordernisse, Akteneinsichtsrechte, Begründungspflichten ab. Insofern wird mit der Qualifizierung der Maßnahme auch über das Bestehen der verfahrensrechtlichen Rechte und Garantien nach den §§ 9 ff VwGO entschieden. Ähnliches gilt auch für den verwaltungsgerichtlichen Rechtsschutz: Zwar ist heute gem § 40 Abs 1 VwGO die Gewährung von verwaltungsrichtlichem Rechtsschutz nicht mehr davon abhängig, ob sich der Bürger gegen einen VA wendet oder einen VA erstrebt. Gleichwohl gelten einige Besonderheiten für die Rechtstellung des Klägers für solche Klage- und Antragsverfahren, in denen es um Maßnahmen mit VA-Qualität geht. Zu nennen ist in erster Linie der **Suspensiveffekt des § 80 Abs 1 VwGO,** der nur durch Widerspruch bzw Anfechtungsklage gegen VAe ausgelöst wird. Weitere Verbesserungen der Rechtsstellung des Klägers enthalten die §§ 68 ff VwGO über die **Durchführung eines Widerspruchsverfahrens** und § 80 VwVfG über die **Kostenerstattung** im Widerspruchsverfahren. Keine Besonderheit besteht nach heute hM mehr hin-

[2] Vgl BVerwGE 78, 7; BVerwG DVBl 1990, 540 und 583; Buchh 442.03 § 18 StVZO Nr 1; 442.03 § 52 GüKG Nr 1; 451.20 § 14 GewO Nr 2; GewArch 1991, 68: Vollziehungsverfügung zur Erzwingung der Anmeldung des Gewerbes gem § 14 GewO; VGH München DVBl 1992, 1608; BayVBl 1989, 753; DÖV 1982, 251; VGH Mannheim NVwZ 1985, 493; OVG Münster NJW 1987, 1934; Mußmann GewArch 1986, 126; Kopp GewArch 1986, 41.

sichtlich des Erfordernisses einer **Klagebefugnis** (§ 42 Abs 2 VwGO), nachdem die hM nunmehr – wenn auch zu Unrecht – § 42 Abs 2 VwGO auch auf die allgemeine Leistungsklage und die Feststellungsklage entsprechend anwendet.[3]

8a **3. Verfassungsrecht, Europarecht. a) Verfassungsrechtliche Problematik.** Der VA als Rechtsfigur bzw Rechtsinstitut ist mit dem Verfassungsrecht, insbesondere auch mit dem Rechtsstaatsprinzip vereinbar. Dies gilt, obwohl der VA nach § 43 mit der Bekanntgabe auch dann wirksam wird, wenn er dem geltenden Recht nicht entspricht. Die Bestimmung, wonach ein VA, wenn er nicht an einem besonders schweren Fehler (vgl § 44) leidet, unabhängig von seiner Rechtmäßigkeit wirksam bleibt, ist insbes mit dem Prinzip der **Gesetzmäßigkeit der Verwaltung** vereinbar. Es kann als allgemein anerkannt gelten, dass der VA als Mittel der Verwaltung ein unverzichtbares Instrument des Gesetzesvollzugs ist und dass es aus Gründen der **Verwaltungseffizienz** ebenso wie unter dem Aspekt der **Rechtssicherheit** hinnehmbar erscheint, wenn die Wirksamkeit eines VA zunächst ohne Rücksicht auf die Rechtmäßigkeit eintritt. Zum Ausgleich für diese „Zumutung" ist für den betroffenen Bürger die Möglichkeit geschaffen worden, den VA innerhalb einer Frist von idR einem Monat durch den Widerspruch und später mit der Anfechtungsklage anzugreifen mit der regelhaften Konsequenz, dass allein durch die Anfechtung mit Widerspruch und Anfechtungsklage die Wirksamkeit suspendiert wird (vgl § 80 Abs 1 VwGO). Der damit für den Normalfall angeordnete **Suspensiveffekt** stellt gewissermaßen den Ausgleich für den Umstand dar, dass der Bürger einen von der Behörde einseitig erlassenen VA ohne Rücksicht auf die Rechtmäßigkeit gegen sich gelten lassen muss, wenn er sich nicht rechtzeitig zur Wehr setzt. Diese Bedeutung des Suspensiveffekts wird in der neueren Gesetzgebung, mit der auf immer mehr Gebieten die aufschiebende Wirkung ausgeschlossen und statt dessen die sofortige Vollziehbarkeit angeordnet wird, nicht hinreichend gewürdigt.

8b **b) VAe im Vollzug von Europarecht.** Es kann als anerkannt gelten, dass der VA ein zulässiges Instrument zum indirekten Vollzug von Gemeinschaftsrecht darstellt.[4] S allgemein zur Unterscheidung von direktem und indirektem Vollzug Einf Rn 58. Das Gemeinschaftsrecht kennt mit der „Entscheidung" ein dem VA weitgehend vergleichbares Instrument zum Gesetzesvollzug. Auch gegen die Regelungen über die Wirksamkeit von VAen unabhängig von ihrer Vereinbarkeit mit dem maßgeblichen Recht werden derzeit keine ernsthaften Bedenken erhoben, sofern effektive Möglichkeiten bestehen, einen der Rechtslage entsprechenden Zustand wieder herzustellen. Insoweit ergeben sich gewisse Modifizierungen der Regelungen über die Rücknahme rechtswidriger VAe (s § 48 Rn 45a) und über die Anfechtung belastender VAe, insbes im Hinblick auf die nach deutschem Recht erforderliche Klagebefugnis gem § 42 Abs 2 VwGO.[5]

Die Bestandskraft von VAen nach Ablauf der Anfechtungsfrist des § 70 VwGO bzw des § 74 VwGO dürfte ebenfalls mit den Vorgaben des Gemeinschaftsrechts vereinbar sein. Anzeichen dafür, dass der EuGH insoweit Einschränkungen des Prinzips der Unanfechtbarkeit vornehmen würde (sog Emmott'sche Fristenhemmung), haben sich im Ergebnis nicht bestätigt.[6] Auch das unmittelbar anwendbare

---

[3] Vgl Kopp/Schenke § 42 Rn 62ff; krit Ramsauer, Assessorprüfung 16.06a; 18.05.

[4] S hierzu nur StBS 253; Schweitzer, Europäischen Verwaltungsrecht, 1991, 59.

[5] S zur Frage einer Modifizierung der Klagebefugnis im Hinblick auf die Vorgaben des Gemeinschaftsrechts Everling NVwZ 1993, 215; Schoch NVwZ 1999, 457; Ruthig BayVBl 1997, 289; Frenz DVBl 1995, 412; Trinantafyllou DVBl 1997, 196; weitergehend v Danwitz DVBl 1998, 426; Wahl/Schütz in Schoch vor § 42 Abs 2 Rn 128; Gellermann DÖV 1996, 436.

[6] Die Entscheidung EuGH Slg I 1991, 4269 (Emmott'schen Fristenhemmung) ist nicht verallgemeinerungsfähig, vgl EuGH Slg I 1997, 6783 = NVwZ 1998, 833; s hierzu näher Gundel NVwZ 1998, 910; Müller-Franken DVBl 1998, 758.

Gemeinschaftsrecht kennt den Eintritt der Unanfechtbarkeit von Entscheidungen, zB nach den Regelungen des Zollkodex (hierzu näher Einf Rn 60).

c) Der transnationale VA. Als transnationaler VA wird neuerdings ein VA bezeichnet, der in einem Mitgliedstaat der EU erlassen wird, von den übrigen Mitgliedstaaten aber anerkannt und ggfs auch umgesetzt werden muss.[7] Die Besonderheit liegt zunächst darin, dass ein VA **Bindungswirkungen außerhalb des Hoheitsgebiets** eines Mitgliedstaates erzeugen kann. So müssen etwa Berufsabschluss-Zertifikate (Diplome, akademische Grade usw) grundsätzlich in allen Mitgliedstaaten gleichermaßen akzeptiert werden (Pernice/Kadelbach DVBl 1996, 1101, 1110). Gleiches gilt für die sog Schengen-Visa nach Art 10 des Schengen-Abkommens. Die Pflicht zur Anerkennung der Regelungen eines transnationalen VA greift unabhängig von der Rechtmäßigkeit des jeweiligen Inhalts ein, sofern nicht ein Fall der Nichtigkeit vorliegt (EuGH Slg I 1996, 4115). Sie beruht idR auf den Bestimmungen von in nationales Recht umgesetzten Richtlinien (vgl zB Lienhard NuR 2002, 13 zur Freisetzungs-RL im GenT-Recht), kann aber auch unmittelbar auf einer EG-Verordnung beruhen. 8 c

4. Die Ermächtigung zum Erlass eines VA. a) Ermächtigung und Rechtsnatur. Ob eine Rechtsgrundlage für den Erlass eines VA, dh dafür, dass die Behörde sich zu einer Regelung der Rechtsform der VA bedienen durfte, vorhanden ist, ist für die Frage der Rechtsnatur eines Aktes als VA unerheblich.[8] Im Zweifel ist jedoch ein Akt als VA anzusehen, wenn er in einem Bereich ergeht, in dem die Behörde zum Erlass von VAen ermächtigt ist und sich aus dem Akt selbst und aus den Umständen seines Erlasses nichts anderes ergibt. Fehlt die erforderliche Rechtsgrundlage, so ist der VA fehlerhaft und allein schon deshalb gem §§ 42, 113 aufzuheben (BVerwGE 30, 214; BVerwG MDR 1980, 344); er bleibt gleichwohl ein VA (BVerwG NVwZ 1985, 264). Entsprechendes gilt wegen des äußeren Anscheins – im Gegensatz zu Nicht-VAen – auch für nichtige VAe (s unten Rn 16). 9

b) Ermächtigungserfordernis. Ob ein VA einer gesetzlichen Ermächtigung bedarf, ist eine Frage des **Gesetzesvorbehalts.**[9] Das VwVfG enthält, abgesehen von einigen speziellen Ermächtigungen (zB § 49 a) **keine allgemeine Ermächtigung zum Erlass** von VAen; auch § 35 stellt keine Grundlage für den Erlass von VAen dar (Knack vor § 35 Rn 38). Insoweit bleiben allein die besonderen Vorschriften des materiellen Rechts außerhalb des VwVfG maßgeblich. 10

aa) Erfordernis doppelter Ermächtigung. Der Erlass eines VA setzt im Grundsatz nicht nur voraus, dass für die getroffene rechtliche Regelung **in materieller Hinsicht** eine gesetzliche Grundlage besteht, sondern auch dafür, dass die Behörde **in der Form eines VA** handeln darf.[10] Dies ist besonders für die Geltendmachung von öffentlichrechtlichen Leistungsansprüchen dem Bürger gegenüber von Bedeutung. Hier ist nicht nur das Vorliegen eines öffentlich-rechtlichen Anspruchs der Behörde (zB auf Zahlung eines Geldbetrages) Voraussetzung, sondern auch eine Ermächtigung der Behörde, diesen Anspruch durch VA festzusetzen (VGH Mannheim NVwZ 1990, 388; VGH München BayVBl 1993, 374). Eine solche Ermächtigung fehlt zB regelmäßig bei Ansprüchen aus öffentlich- 11

---

[7] S hierzu näher Schmidt-Aßmann, Lerche-FS 513; ders DVBl 1993, 924, 935; Wahl/Groß DVBl 1998, 2; Fastenrath Vw 1998, 277, 301; Nessler NVwZ 1995, 863; Zuleeg VVDStRL 1994, 165.

[8] Vgl zum Ermächtigungserfordernis BVerwG NVwZ 1985, 264; NJW 1990, 2482; BSG 49, 292 = SozR 4100 § 145 Nr 1; DVBl 1987, 850; NJW 1961, 228; BFH NVwZ 1987, 1118; Münster NVwZ 1987, 1118; OLG Stuttgart NJW 1990, 3101; Zimmer DÖV 1980, 120.

[9] Zum Gesetzesvorbehalt näher Jarass/Pieroth, Art 20 Rn 29 mwN.

[10] BVerwG NJW 1991, 242; Erichsen/Ehlers § 15 Rn 4; Osterloh JuS 1983, 280, 283; Schenke JuS 1979, 888; unklar WBS II § 45 II 1 Rn. 13; zT **aA** die ältere Rspr, vgl BVerwGE 28, 1, 9; 18, 283, 285; Maurer § 10 Rn 5.

rechtlichen Verträgen, sofern kein Fall des § 61 vorliegt. **Ausnahmen** vom Erfordernis einer besonderen Handlungsermächtigung sind lediglich anerkannt im Bereich des **Beamtenverhältnisses** (BVerwGE 71, 357; 52, 185; Knack vor § 35 Rn 39) und in den Fällen, in denen sich die Rückforderung als actus contrarius der Gewährung darstellt **(Kehrseitentheorie).**[11] Die zuletzt genannte Fallgruppe wird nunmehr im Wesentlichen durch § 49a erfasst (vgl § 49 Rn 1). Eine Ermächtigung zum Handeln in Form eines VA lässt sich idR bereits der materiell-rechtlichen Grundlage durch Auslegung entnehmen (BVerwGE 97, 117, 20; BVerwG NVwZ 1991, 267; VGH Mannheim NVwZ 1994, 1135). Dies gilt insbesondere dann, wenn die materiell-rechtliche Grundlage eine Ermessensentscheidung der zuständigen Behörde zulässt oder erfordert; es ist dann idR davon auszugehen, dass die Rechtsnorm auch zum Handeln in der Form des VA ermächtigt (StBS 23). Umgekehrt lässt allein das Vorhandensein einer materiell-rechtlichen gesetzlichen Regelung im Bereich des Über-Unterordnungsverhältnisses (Subordinationsverhältnis) allein noch nicht auf die Ermächtigung zum Handeln in der Form des VA schließen.[12]

12 **bb) Ermächtigungserfordernis für feststellende VAe.** Bisher nicht restlos geklärt ist die Frage, ob Behörden auch für verbindliche Feststellungen einer Rechtslage durch VA einer Ermächtigung bedürfen.[13] Der Hinweis auf die Maßgeblichkeit des Gesetzesvorbehalts (so zB StBS 143; Knack 90) ist wenig hilfreich, weil sich gerade die Reichweite des Gesetzesvorbehalts bei feststellenden VAen in Frage steht. Die Rspr stellt zu Recht darauf ab, ob sich die Feststellung im Einzelfall für den Bürger **als belastende Maßnahme darstellen** kann.[14] Das hängt nicht nur vom konkreten Inhalt der Feststellung ab, sondern auch davon, welche Funktion die verbindliche Feststellung von Rechten und Pflichten erfüllen soll. Muss der Betroffene damit rechnen, dass die Feststellung zum Anknüpfungspunkt für weitere Maßnahmen ihm gegenüber genommen wird, so wird man eine Ermächtigungsgrundlage verlangen müssen.

12a **cc) Ermächtigung für Verfahrens-VAe.** Entscheidungen der federführenden Behörde im Rahmen eines Verwaltungsverfahrens, die der Vorbereitung der abschließenden Verwaltungsentscheidung dienen, haben idR keine VA-Qualität. Sie bedürfen deshalb auch keiner besonderen Ermächtigungsgrundlage, weil sie ihre allgemeine **Grundlage in der Verfahrensherrschaft** der federführenden Behörde finden. Etwas anderes gilt für diejenigen Entscheidungen, die eine eigenständige und unmittelbare Bindungswirkung entfalten. Dabei handelt es sich idR um diejenigen Entscheidungen, für die § 44a VwGO eine selbständige Anfechtbarkeit im Regelfall ausschließt. Soweit sie nach § 44a S 2 VwGO selbständig anfechtbar sind, müssen sie über eine Ermächtigungsgrundlage verfügen und deren Voraussetzungen erfüllen. Für Entscheidungen anderer Behörden gilt Entsprechendes: IdR wird ihnen wegen ihres lediglich vorbereitenden Charakters die VA-Qualität fehlen. Soweit sie selbständig durchsetzbar sind oder Nichtbeteiligte beeinträchtigen, benötigen sie eine gesetzliche Grundlage.

13 **5. Der VA im Verhältnis zu anderen Handlungsformen.** Ein System verwaltungsrechtlicher Handlungsformen gibt es nicht (Krause S 590). Die übrigen Handlungsformen der Verwaltung haben sich im Wesentlichen um den VA-Begriff herum entwickelt und lassen sich dementsprechend durch das **Fehlen be-**

---

[11] Vgl BVerwGE 30, 79; 40, 89; BVerwG NVwZ 1984, 36; Maurer § 10 Rn 7; Knack vor § 35 Rn 39; **aA** Erichsen/Ehlers § 15 Rn 4.

[12] OVG Lüneburg NJW 1996, 2947; OVG Schleswig NJW 1994, 1889; StBS 23; Knack vor § 35 Rn 38; **aA** die ältere Rspr, vgl VGH Mannheim NJW 1991, 2365; OVG Münster NJW 1990, 2901.

[13] Zum Begriff des feststellenden VA s unten Rn 51 f.

[14] BVerwGE 72, 265; 96, 160, 162; BVerwG NJW 1987, 969.

stimmter für den VA typischer Merkmale charakterisieren. Für das schlicht-hoheitliche Handeln ist zB das Fehlen einer außenwirksamen Regelung typisch, für innerdienstliche Anordnungen das Fehlen der Außenwirksamkeit, für vertragliche Regelungen das Fehlen der Einseitigkeit, für VO und Satzung das Fehlen der Einzelfallbezogenheit, für privatrechtliches Handeln das Fehlen der Öffentlichrechtlichkeit. Zur Abgrenzung im einzelnen s unten Rn 25 ff. Gleichwohl wirft die Abgrenzung eine Reihe von praktischen Problemen auf, die nicht durch die bloße Heranziehung der Merkmale des VA-Begriffs in § 35 zu lösen sind.

a) Der VA als vorgeschalteter Entscheidungsakt? Problematisch ist, ob und ggfs in welchen Fällen anzunehmen ist, dass schlichthoheitlichem Handeln ein VA als Entscheidungsakt vorausgeht. So geht der **Erteilung einer Auskunft** stets die Entscheidung darüber voraus, ob dem Betroffenen die gewünschte Auskunft erteilt werden soll bzw darf, einer Geldleistung die Entscheidung darüber, ob die Zahlung geleistet werden soll, dem Schlagstockeinsatz die Entscheidung darüber, dass diese Form des unmittelbaren Zwangs zur Anwendung kommen soll (vgl BVerwGE 26, 161 = JuS 1967, 389 – Schwabinger Krawalle). Eine vergleichbare Frage stellt sich bei der **Abgabe schuldrechtlicher Willenserklärungen.** So geht dem Abschluss des öffentlichrechtlichen Vertrages die Entscheidung darüber voraus, dass eine auf den Vertragsschluss gerichtete Willenserklärung abgegeben werden soll. In diesen Fällen stellt sich jeweils die Frage, ob die dem Handeln vorausgehende Entscheidung bereits VA-Qualität hat. Diese Frage hat vor allem Bedeutung für die Form des verwaltungsgerichtlichen Rechtsschutzes. S hierzu näher unten Rn 24. 14

b) Gedanklich vorgeschaltete Entscheidungen. Als VAe können ggf auch überhaupt nur als notwendige gedankliche Voraussetzung einer anderen Handlung und idS konkludent in oder mit dieser Handlung in Erscheinung treten, die sich erkennbar als ihr Vollzug darstellt. Es ist zweifelhaft, ob und inwieweit dies auch bei der Entscheidung über ein tatsächliches Handeln ohne eigene VA-Qualität anzunehmen ist, zB bei der Erteilung oder Verweigerung von Auskünften, der Gewährung oder Ablehnung einer Akteneinsicht, der Sammlung und Aufbewahrung erkennungsdienstlicher Unterlagen oder der Ablehnung ihrer Vernichtung. Teilweise wird hier generell ein gedanklich vorgelagerter VA angenommen (BVerwGE 31, 301, 306; 74, 115; BVerwG NJW 1990, 2761; s auch Voraufl). Teilweise wird darauf abgestellt, ob die Entscheidung eine Interessenabwägung voraussetzt (zB OVG Münster NJW 1995, 2741 für Auskunftsanspruch). Teilweise wird auch darauf abgestellt, **ob ein Antrag abgelehnt wird oder nicht.**[15] Richtigerweise kann es weder darauf ankommen, ob die Entscheidung über die Vornahme eines tatsächlichen Handelns positiv oder negativ ausgeht, oder ob sie eine **Ermessensbetätigung** erfordert oder nicht. Auch Ermessensentscheidungen müssen nicht notwendig in der Form eines VA getroffen werden. Entscheidend ist vielmehr, ob die Behörde nach Recht und Gesetz zu einer **verbindlichen Entscheidung** über die Vornahme tatsächlicher Maßnahmen ermächtigt ist oder nicht bzw ob sie (berechtigter- oder unberechtigterweise) ihrer **Entscheidung eine für VAe typische Verbindlichkeit beilegen will.** Dies wird bei einer schlichten Verweigerung einer Auskunft idR nicht angenommen werden können;[16] eben- 15

[15] BVerwGE 26, 169; offengelassen BVerwGE 77, 268; VGH Kassel NJW 1993, 3011 für Ablehnung der Vernichtung von Unterlagen, weitere Bsp bei StBS 57.

[16] BVerwGE 31, 306 = NJW 1969, 1131; 74, 118; BVerwG DVBl 1990, 711; BGH NJW 1987, 259; BFH BStBl II 1975, 673; VGH Mannheim DVBl 1992, 1309 zur **Auskunft** an den Betroffenen **über** ihn betreffende **gespeicherte Daten**; OVG Bremen NVwZ 1983, 358; NJW 1987, 2392; VGH München BayVBl 1972, 364; 1983, 402 – Ablehnung als VA; BayVBl 1984, 758; NVwZ 1990, 778; VGH Mannheim NVwZ-RR 1993, 466; Kunkel VBlBW 1992, 47; zur Ablehnung einer Auskunft unter Hinweis auf das Steuergeheimnis auch BFH NJW 1979, 735 = DVBl 1979, 560; Martens NVwZ 1982, 483 mwN; vgl auch BFH 108, 520; im Ergebnis auch Robbers DÖV 1987, 276, der Handlungen dieser Art nur

sowenig bei der schlichten Verweigerung der Akteneinsicht[17] wohl aber bei einer mit Rechtsmittelbelehrung versehenen Ablehnung der Vernichtung erkennungsdienstlicher Unterlagen (offen insoweit BVerwGE 77, 268; ähnlich wohl StBS 56ff). In Zahlungen wird häufig ein vorgeschalteter verbindlicher Gewährungsakt angenommen, zB in der **Auszahlung der Aufwandsentschädigung** für die Teilnahme an einer Sitzung ohne vorangegangene Entscheidung darüber (OVG Berlin NVwZ 1982, 253; Knack 84; kritisch Renck NVwZ 1982, 236); in der „einfachen" Auszahlung der beantragten Sozialhilfeleistung uä, ohne dass darüber vorher durch Bescheid entschieden wurde **(Schalter-VA)**[18] in der Überweisung eines Geldbetrags ohne vorherige ausdrückliche Entscheidung durch VA darüber (Ruland JuS 1987, 919; Kopp DVBl 1990, 1189; Knack 84); in der **Zahlung von Zinsen** auf von der Behörde zu erstattende Geldbeträge;[19] in der **Rückzahlung** (Erstattung) zuviel bezahlter Lohnsteuer im Rahmen des Lohnsteuerjahresausgleichs[20] oder zu viel bezahlter Rundfunkgebühren (**aA** OVG Münster DÖV 1982, 124: kein VA); in der **Rechnungstellung** mit hoheitlicher Zahlungsaufforderung (BVerwG NVwZ 1988, 57) bzw in der **Zusendung einer Kostenrechnung** für hoheitliche Maßnahmen[21] oder für Gebühren;[22] in der **Honorarabrechnung** durch die von der Kassenärztlichen Vereinigung damit beauftragte Zentrale für Leistungen des ärztlichen Notfalldienstes (BSG NJW 1993, 813).

15 a **c) Unmittelbare Zwangs- und Vollzugsmaßnahmen. Zweifelhaft** ist, ob und unter welchen Voraussetzungen **unmittelbare Zwangs- oder Vollzugsmaßnahmen** heute noch als VAe anzusehen sind. Dies gilt etwa für die in der Ausübung sofortigen oder unmittelbaren Zwangs durch eine Behörde;[23] in polizeilichen oder sonstigen hoheitlichen Vollzugsmaßnahmen als Maßnahmen zur Durchsetzung eines entsprechenden stillschweigenden Gebots oder Verbots,[24] zB den Knüppelschlag als Vollzug eines Platzverweises (BVerwGE 26, 165 hatte dies noch als VA angesehen); in der zwangsweisen Vorführung zur Musterung (BVerwGE 82, 244); im Aufbrechen eines Kfz durch die Polizei;[25] im Abschleppen bzw der Veranlassung des Abschleppens eines falsch geparkten Kfz;[26] in der Foto- und Videoüberwachung und der Polizeibegleitung einer Demonstration (VG Bremen NVwZ 1989, 895); in der Inbesitznahme eines Grundstücks für den

---

als VA-ähnliche behandeln will; **aA** VGH München VRspr 25, 783: kein VA; ebenso König BayVBl 1993, 268; kritisch ME VerwArch 1969, 388; Erichsen/Ehlers § 12 Rn 32; Bettermann DVBl 1969, 703; Fiedler NJW 1981, 2098.

[17] BVerwG NJW 1982, 120; VGH München NVwZ 1990, 776: kein VA, da keine Regelungswirkung.

[18] BSG NVwZ 1987, 927 unter Aufgabe der früheren abw Auffassung; OVG Berlin NVwZ 1982, 253; Knack 84 mwN.

[19] Vgl BVerwG DVBl 1993, 1363 Klage auf Zinszahlung als Klage auf Erlaß eines entsprechenden Zinsbescheids zu behandeln.

[20] BFH NJW 1974, 1784 mwN: auch bei irrtümlicher Auszahlung an einen falschen Empfänger; vgl auch BGH NJW 1978, 1385.

[21] BVerwGE 48, 248 zu einer Kostenrechnung über Abschleppkosten; VGH München BayVBl 1984, 559; 1988, 180: als Kostenbescheid zu verstehen.

[22] BVerwG NVwZ-RR 1990, 439: Gebührenrechnung des Schornsteinfegers für das Ausbrennen von Kaminen.

[23] Differenzierend StBS 64: VAe, soweit sie Rechte und Pflichten festsetzen; s auch die folgenden Beispiele; **aA** Pietzner VerwArch 1991, 291: keine VAe, sondern Verwaltungsrealakte; ebenso König BayVBl 1993, 268.

[24] BVerwGE 26, 164; OVG Lüneburg NVwZ 1990, 787; **aA** Stern 4 IV 2b, ɑɑ; Renck JuS 1970, 113 und BayVBl 1973, 268; Robbers DÖV 1987, 276: bloße Realhandlung.

[25] OVG Münster DAR 1980, 223; Kowalczyk/Knemeyer BayVBl 1985, 31; Schäfer BayVBl 1989, 742; **aA** offenbar Obermayer 25 zu § 9.

[26] BVerwG NJW 1978, 656; 1982, 348; BayVBl 1989, 248; VGH Kassel NVwZ 1987, 911; OVG Münster NJW 1982, 2277; zT **aA** für den Fall, daß der Adressat nicht sofort erreicht werden kann, Schäfer BayVBl 1989, 742.

Wegebau;[27] in der Sammlung, Aufbewahrung oder Vernichtung erkennungsdienstlicher Unterlagen wie Fingerabdrücke, Lichtbilder uä auf Antrag des Betroffenen;[28] in Grenzvermarkungen;[29] in der Aufstellung eines Verkehrsschildes (BVerwGE 102, 316 = NVwZ 1997, 1021). Hier ist sorgfältig zwischen der eigentlichen Maßnahme und ihrer vorangehenden Anordnung zu unterscheiden. Fehlt es an letzterer und kann sie auch bei lebensnaher Betrachtungsweise nicht konkludent in der Maßnahme selbst gesehen werden, liegt kein VA vor.

6. Formeller und materieller VA-Begriff. a) Verhältnis von Form und Inhalt des VA. Eine verbreitete Auffassung unterscheidet zwischen der Qualifizierung eines VA nach der äußeren Form einerseits und dem Inhalt andererseits.[30] In diesem Zusammenhang wird allgemein betont, es komme zunächst auf die äußere Form an.[31] Ein Akt, der in der (äußeren) Form eines VA ergehe, sei als VA anzusehen und zu behandeln, auch wenn er einen Inhalt (Regelungsgehalt) habe, der nach der maßgeblichen gesetzlichen Regelung oder rechtslogisch eine VO erfordern würde oder der, da es sich um eine privatrechtliche Angelegenheit handelt, nicht durch VA erfolgen dürfte. Richtigerweise ist zu differenzieren: Die äußere Form kann eine fehlende Regelung nicht ersetzen, sie erlaubt vielmehr nur Rückschlüsse auf das möglicherweise Gemeinte. Wird zB in einem Schreiben keine Regelung getroffen, sondern nur eine Mitteilung oder ein Hinweis bzw eine Warnung gegeben, so wird aus dem Schreiben auch dann kein VA, wenn es mit „Bescheid" überschrieben und mit einer Rechtsmittelbelehrung verbunden worden ist. Wird dagegen **in den äußeren Formen eines VA eine Regelung** getroffen, so ist die Maßnahme unabhängig davon als VA zu behandeln, ob sie als VA hätte erlassen werden dürfen oder ob etwa eine privatrechtliche Willenserklärung hätte abgegeben oder eine Rechtsverordnung hätte erlassen werden müssen (Kopp/Schenke Anh § 42 Rn 5). Wird also dem Pächter einer Bahnhofsgaststätte gegenüber per Bescheid eine Räumungsverfügung erlassen, so handelt es sich um einen VA, obwohl im Rahmen des privatrechtlichen Pachtverhältnisses nur eine Kündigung in Betracht gekommen wäre (OVG Lüneburg DVBl 1954, 297 – seinerzeit konnte die Bahn noch als Behörde auftreten). Richtigerweise kommt es nämlich nicht darauf an, ob eine Regelung in VA-Form erfolgen durfte (was eine Frage der Rechtmäßigkeit ist), sondern allein darauf, **welche Regelung die Behörde treffen will und welcher Handlungsform** sie sich deshalb in erkennbarer, von den Betroffenen nach Treu und Glauben auszulegender Weise (vgl unten Rn 16) zu Recht oder zu Unrecht bedient (so auch StBS 13). Dies kann wie 16

---

[27] Vgl MuLö BayVBl 1982, 573: VA, wenn zugleich als verbindliche Feststellung des entsprechenden gemeindlichen Anspruchs gewollt; **aA** offenbar VGH Kassel NVwZ 1982, 565: nur tatsächliche Handlung.

[28] Vgl BVerwGE 11, 181; 26, 169; 66, 192; BVerfG 16, 94 = BayVBl 1983, 247; VGH München NJW 1984, 2236; BayVBl 1983, 182; 1986, 337; 1993, 212; VGH Kassel NVwZ-RR 1994, 653 = DVBl 1993, 616: Ablehnung der Vernichtung als VA, Verpflichtungsklage auf dahingehende Entscheidung der Behörde; OVG Münster DÖV 1964, 278: die Ablehnung des entsprechenden Antrags ist VA; s auch Kopp/Schenke § 179 Rn 7; **aA** OVG Münster DÖV 1964, 278 zur Ablehnung der Vernichtung der Akten über eine Unterbringung; König BayVBl 1993, 268: eine sonstige Handlung, ein entsprechendes Begehren ist mit der allg Leistungsklage zu verfolgen.

[29] BVerwG DÖV 1972, 174; s auch BayObLG BayVBl 1982, 28: der Vermessungsnachweis ist ein VA; zum sog. Veränderungsnachweis der Katasterbehörde s auch unten Rn 52.

[30] So zB WBS II § 46 Rn 1 ff; Obermayer 133; Kopp/Schenke Anh § 42 Rn 5.

[31] BVerfG 11, 16; 34, 307; BVerwGE 16, 116 = NJW 1963, 2088; 18, 1; 26, 251; 70, 77; BayVBl 1969, 282; 1974, 500; VGH München NVwZ 1985, 502; NVwZ-RR 1995, 115; WBS II § 45 Rn 80 u. § 46 Rn 27; Martens NVwZ 1982, 482; MK 11 III 1 d mwN; differenzierend Lübbe BayVBl 1995, 97 mwN; zT **aA** Schenke VerwArch 1981, 185; NVwZ 1990, 1009; Ronellenfitsch DÖV 1981, 940.

alle Rechtmäßigkeitsvoraussetzungen des VA **nicht Kriterium** der Definition des VA sein, sondern nur eine Frage der Rechtmäßigkeit und dementsprechend der Begründetheit einer Anfechtungs- oder Verpflichtungsklage.

17 Auf die **Bezeichnung** als Verfügung, Bescheid, Anordnung usw **kommt es nicht an** (vgl BVerwGE 51, 93; 57, 159, 161; BVerwG DÖV 1980, 116; Krebs VerwArch 1978, 235), ebenso nicht darauf, dass bzw ob der entsprechende Akt den in vielen Gesetzen vorgesehenen VA-Typen, wie Genehmigung, Erlaubnis, Anordnung usw entspricht und in der etwa durch Gesetz vorgeschriebenen Form ergeht, sondern ausschließlich darauf, dass für die Adressaten und/oder sonstige unmittelbar Betroffene aus dem Akt selbst oder den Umständen seines Erlasses objektiv erkennbar ist, dass eine einseitige und „konkrete", verbindliche, der Rechtsbeständigkeit fähige Regelung kraft hoheitlicher Gewalt gewollt ist (BVerwGE 13, 99; 44, 2; 57, 161; Schwerdtfeger JuS 1969, 520). Sofern die oben dargelegten Voraussetzungen erfüllt sind, ist ggf auch ein in höflicher Briefform abgefasstes Schreiben als VA anzusehen.[32] Im Zweifel ist jedoch zugunsten des Bürgers anzunehmen, dass ein nicht als VA „deklarierter" und für die Betroffenen nach Treu und Glauben (s unten Rn 16) auch nicht ohne weiteres als VA erkennbarer Akt kein VA ist (Renck NVwZ 1982, 237; FG Düsseldorf NVwZ 1986, 1056: Mit „Fotokopie" überschriebener Berechnungsbogen kein VA). Auch die Verletzung einer durch besondere Rechtsvorschriften vorgeschriebene Form (vgl § 37) berührt nicht den Charakter eines Aktes als VA, sondern führt ggf zur Rechtswidrigkeit des VA, uU sogar zur Nichtigkeit (OVG Münster NVwZ 1993, 76); anders, wenn ein Akt überhaupt nicht von einer Behörde ausgeht oder einer Behörde zurechenbar ist oder wenn er erkennbar nicht ernst gemeint ist (sog. „Nicht-VA").

18 **Maßgeblich für die Beurteilung,** ob ein behördlicher Akt ein VA ist, ist im Zweifel nicht das, was die Behörde gewollt oder gedacht hat (innerer Wille oder auch Fehlen eines solchen), sondern der **objektive Erklärungswert** (BVerwGE 74, 126; BVerwG NJW 1996, 1073; NVwZ 1987, 598), dh, wie der Bürger unter Berücksichtigung der äußeren Form, Abfassung, Begründung, Beifügung einer Rechtsbehelfsbelehrung usw[33] und aller sonstigen ihm bekannten oder erkennbaren Umstände (BVerwGE 49, 247 = DVBl 1976, 221; 81, 110; BFH NJW 1987, 920; 1990, 3231 mwN) nach Treu und Glauben bei objektiver Auslegung analog §§ 157, 133 BGB die Erklärung oder das Verhalten der Behörde verstehen durfte bzw musste.[34] Maßgeblich kommt es dabei auf den **„Empfängerhorizont"** an (Kluth NVwZ 1990, 610). UU sind auch nachträgliche, den Beteiligten bekannte Umstände (BFH NVwZ-RR 1989, 521), insb zB auch auf das spätere Ergehen eines Widerspruchsbescheids zur Sache und die Begründung des Widerspruchbescheids, zu berücksichtigen;[35] dies auch deshalb, weil der Widerspruchsbescheid dem VA die gem § 79 Abs 1 Nr 1 maßgebliche Gestalt gibt.[36] Qualifiziert zB die

---

[32] BVerwGE 51, 93; OVG Bremen NVwZ 1982, 264; OVG Berlin NVwZ 1982, 253; VGH München BayVBl 1982, 278 = NJW 1982, 1717; 1990, 470.

[33] BVerwGE 60, 228; 69, 377; 74, 17; 77, 271; 80, 364; BVerwG JZ 1987, 939; BayVBl 1988, 57; BFH NVwZ 1987, 1118; Geiger BayVBl 1987, 107.

[34] BVerwGE 48, 281; 49, 247; 60, 147, 228; 67, 305; BVerwG NJW 1996, 1073; DVBl 1990, 371; JZ 1987, 939; BFH 146, 340 = NJW 1986, 1954; NJW 1990, 3231 mwN; BGH NJW 1985, 1336; OVG Bremen NVwZ 1982, 264; VGH Mannheim VBlBW 1981, 397; NJW 1987, 1880 mwN: übergebenes „Merkblatt für Straßenmusikanten" als VA; BVerwG NVwZ 1990, 535; OVG Münster DVBl 1976, 398; NuR 1990, 445; OVG Berlin NVwZ-RR 1990, 195; VG Augsburg NVwZ 1987, 258; Geiger BayVBl 1987, 107; Erichsen/Ehlers § 38 Rn 17.

[35] BVerwGE 57, 161; 61, 168: Auslegung eines Schreibens im Licht des später ergangenen Widerspruchsbescheids; BVerwG DVBl 1990, 375: Auslegung eines VA unter Heranziehung der Gründe, mit denen der Widerspruch eines Drittbetroffenen zurückgewiesen worden war.

[36] Vgl BVerwGE 61, 168; 78, 3; 84, 220; BVerwG NVwZ 1988, 51 = BayVBl 1988, 57; BVerwG NVwZ-RR 1990, 619; Ipsen/Koch JuS 1992, 815.

mit der Gemeinde nicht identische Widerspruchsbehörde im Widerspruchsbescheid eine Rechnung der Gemeinde als VA, so ist die so (um-)gestaltete Rechnung als VA zu werten.[37]

19 **Auch für die Auslegung des VA** zur Bestimmung seines Inhalts[38] kommt es grundsätzlich auf den **„Empfängerhorizont"** an (Kluth NVwZ 1990, 610), dh darauf, wie Adressaten und Drittbetroffene den VA nach Treu und Glauben verstehen mussten bzw durften (BVerwG NVwZ 1993, 179); **Unklarheiten** gehen **zu Lasten der Verwaltung.**[39] Soweit dies mit diesem Grundsatz vereinbar ist, ist davon auszugehen, dass die Behörde den VA **im Zweifel im Einklang mit dem Gesetz,** das sie zum Erlass des VA ermächtigt, und mit sonstigen einschlägigen Rechtsvorschriften und Rechtsgrundsätzen verstanden wissen wollte.[40]

20 **Objektiver Erklärungswert.** Auch wenn das anzuwendende Recht verbindliche Entscheidungen durch VAe vorsieht, ist maßgeblich für die Beurteilung eines behördlichen Akts als VA letztlich immer, ob der Akt sich nach objektiver Betrachtung als verbindliche, auf die Setzung einer verbindlichen Rechtsfolge gerichtete (BVerwGE 72, 268 = NJW 1988, 97; OVG Schleswig NJW 1993, 252) und auf Rechtsbeständigkeit hin abzielende und von der Behörde erkennbar so gewollte Regelung darstellt oder nicht.[41] Soweit das anzuwendende Recht eine Regelung durch VA vorsieht, ist im Zweifel davon auszugehen, dass die Behörden eine solche treffen und nicht nur eine (letztlich unverbindliche) Meinung äußern oder eine Handlung ohne Anspruch auf abschließende Verbindlichkeit vornehmen wollte. Anders im umgekehrten Fall, wenn das Gesetz keine Entscheidung durch VA vorsieht und eine solche auch nicht nach Sinn und Zweck einer Regelung als vom Gesetz gewollt oder zugelassen erscheint; hier ist im Zweifel anzunehmen, dass ein Akt nicht als verbindliche und abschließende Regelung gedacht ist.

21 **b) Leitbild des VA.** Der Gesetzgeber hat mit der Definiton den Versuch unternommen, diejenigen Begriffsmerkmale aufzuführen, die vorliegen, wenn einer Maßnahme die typischen Eigenschaften bzw Funktionen eines VA zukommen. Insofern ist die Begriffsdefinition gewissermaßen induktiv gewonnen worden. Die nachfolgend behandelten Begriffsmerkmale müssen deshalb teleologisch so ausgelegt werden, dass sie zu einer **Qualifizierung im Hinblick auf das gesetzgeberische Leitbild des VA** auch tatsächlich beitragen können. Dabei ist zu berücksichtigen, dass heute – anders als in der Zeit vor dem Inkrafttreten des GG und der Generalklausel des § 40 VwGO – die Einordnung einer Maßnahme als VA nicht mehr erforderlich ist, um den Rechtsschutz gegen sie zu eröffnen. Während seinerzeit die Rechtsprechung von dem Bemühen geprägt war, durch eine Ausdehnung des VA-Begriffs auch den Rechtsschutz möglichst weit zu ziehen, spielen heute nur noch die Besonderheiten des vorläufigen Rechtsschutzes für

---

[37] BVerwGE 61, 168; kritisch Renck BayVBl 1988, 407 und NVwZ 1989, 117; Martens NVwZ 1988, 684; **aA** VGH München NVwZ 1990, 776: der Charakter einer Rechtshandlung kann nicht dadurch bestimmt werden, was Dritte nachträglich rechtswidrig hineinlegen.

[38] BVerwGE 60, 228 mwN; 67, 234, 308; BVerwG DVBl 1983, 810; BVerwG NVwZ 1993, 179; BayVBl 1985, 373; DVBl 1990, 207.

[39] BVerwGE 41, 306; 48, 281; 52, 293; 60, 229; BVerwG NJW 1996, 1073 für ein als Beitragsrechnung bezeichnetes Schreiben; NVwZ 1987, DÖV 1987, 293 mwN; BGH NJW 1983, 1986; VGH München BayVBl 1984, 214; NVwZ 1990, 776 = BayVBl 1990, 623; OVG Münster NVwZ 1993, 76: dies gilt auch hins. etwaiger Zweifel, die sich daraus ergeben können, dass die Form nicht eingehalten wurde; VGH Mannheim VBlBW 1991, 340; Knack § 43 Rn 3.2.

[40] Vgl Kluth NVwZ 1990, 610; ferner VGH München BayVBl 1980, 501: Auslegung des VA auch im Einklang mit dem Grundsatz der Verhältnismäßigkeit.

[41] BVerwGE 79, 293; BayVBl 1983, 248; OVG Münster DÖV 1987, 116 – im konkreten Fall jedoch abzulehnen, wenn das Herausgabeverlangen des Untersuchungsausschusses nicht als VA angesehen wird; vgl auch BVerwG DVBl 1970, 866.

die Qualifizierung eine Rolle (s insoweit vor allem die Rspr zu Maßnahmen in Sonderstatursverhältnissen unten Rn 82).

22 **7. Formlose, konkludente, fiktive VAe a) Konkludentes Handeln.** VAe können auch in einem konkludenten Verhalten zu sehen sein,[42] beispielsweise im **Handzeichen eines Polizeibeamten** zur Verkehrsregelungl; im **Lichtzeichen,** zB Rotlicht einer Verkehrsampel. Ferner kann in einem VA konkludent eine weitere Regelung enthalten sein, zB in der Rückforderung einer Subvention die stillschweigende Rücknahme des Bewilligungsbescheides;[43] in der Räumungsanordnung bzgl einer Obdachlosenunterkunft zugleich der Widerruf der Einweisung;[44] in der Ausweisung eines Ausländers zugleich die konkludente Aufhebung eines früher erlassenen Ausreiseverbots (BVerwG NVwZ 1988, 184); in der Stellung eines Antrags an das AG durch eine Behörde auf Eintragung einer Sicherungshypothek, da darin zugleich die Feststellung enthalten ist, dass die gesetzlichen Voraussetzungen der Vollstreckung gegeben sind (BFH NVwZ 1987, 360 = BStBl II 1986, 236); im Rücktritt der Gemeinde von einem privatrechtlichen Vertrag über die Vermietung der Stadthalle der Widerruf der Entscheidung über die Überlassung der Stadthalle; in der vorbehaltslosen Entgegennahme einer Steuererklärung bei Abgaben, bei denen eine förmliche Festsetzung nicht vorgesehen oder nicht üblich ist;[45] in der Entgegennahme der Mitteilungen der Molkereien über die Summe der Referenzmengen gem § 4 Abs 5 S 2 MGVO durch das Hauptzollamt (BFH AgrarR 1985, 154; BVerfG NJW 1986, 148: VA gegenüber den milchanliefernden Landwirten) und der Entgegennahme der Anmeldung der Summen der Abgaben, welche die Molkereien gem § 11 MGVO dem Hauptzollamt überweisen müssen (BFH 143, 525; s auch BVerfG DVBl 1986, 566).

22 a **Nicht als (stillschweigender) VA** ist, soweit durch Gesetz nicht ausnahmsweise etwas anderes bestimmt ist, das bloße **Schweigen einer Behörde** auf einen Antrag auf Erlass eines VA anzusehen, es sei denn, es liegen besondere Umstände vor, die zweifelsfrei konkludent für das Gegenteil sprechen, zB bei den selbsterrechneten Steuern (BVerwGE 19, 68). Entsprechendes gilt für die behördliche Duldung eines bestimmten Verhaltens, Zustandes usw (sog **passive Duldung,** vgl auch StBS 51); **anders,** wenn die Behörde förmlich erklärt, das Verhalten usw zu dulden (aktive Duldung), oder wenn ein Gesetz, wie zB § 17 AuslG[46] der Duldung diese Bedeutung zuerkennt (vgl allg Wasmuth/Koch NJW 1990, 2435). VA ist zB auch die schriftliche Erklärung einer Behörde, etwas nicht zu beanstanden (VGH Mannheim NJW 1990, 3164).

23 **VA** ist die im **Prüfungszeugnis** zum Ausdruck kommende Entscheidung über das Bestehen oder Nichtbestehen einer Prüfung und das Ergebnis der Prüfung insgesamt und ggf in einzelnen Prüfungsteilen (BVerwG 27, 360; 35, 111; München NVwZ-RR 1990, 358; Steininger GewArch 1984, 261; s näher unten Rn 58); die **Mitteilung einer ungünstigen Auswahlentscheidung** an einen Bewerber um

---

[42] VGH München BayVBl 1976, 176; WBS III § 45 Rn 46: VA; F 210; vgl auch BGH NJW 1978, 1385.

[43] BVerwGE 62, 5 = DVBl 1981, 640; 67, 305 = NVwZ 1984, 518; BVerwG NVwZ 1985, 489 = BayVBl 1985, 373 mwN; DVBl 1978, 212 = DÖV 1977, 606; VGH Mannheim NVwZ 1988, 186; MuLö BayVBl 1990, 509.

[44] OVG Berlin NVwZ-RR 1990, 195; BSG 48, 122; DVBl 1988, 449 mwN; MuLö 1990, 509; Kopp DVBl 1990, 728; **aA** Seibert 196.

[45] Vgl BVerfG 71, 339; BFH 143, 525; AgrarR 1985, 154; kritisch Renck JuS 1970, 114; MB 40; Amelung JZ 1987, 744; **aA** zur Entgegennahme einer Beitragszahlung in der Sozialversicherung BSG 15, 124; 17, 175; 41, 298; Krause NJW 1979, 1072 mwN.

[46] Vgl InfAuslR 1981, 98; VG Braunschweig NVwZ 1990, 655; vgl auch OVG Münster NVwZ 1990, 333.

eine zur Bezeichnung ausgeschriebene Beamtenstelle (Beförderungsstelle);[47] das **höfliche Schreiben** der Schulbehörde, das nach dem Zusammenhang als verbindliche Aufforderung zur Zahlung von Schulgeld erkennbar ist (München BayVBl 1990, 470); die verbindliche **„Mitteilung“,** dass eine bestimmte Art der Prüfung als nicht zulässig angesehen wird (BVerwGE 39, 346); die **Fotokopie** eines Schreibens, das die Regelung eines Einzelfalles enthält, wenn im Zusammenhang mit den für den Betroffenen erkennbaren Umständen der Übersendung oder Übergabe eine entsprechende Regelung als Zielsetzung erkennbar ist (vgl FG Niedersachsen NVwZ-RR 1993, 229).

b) Fiktive VAe. VAe sind auch die sog „fiktiven VAe“ dh VAe, die kraft besonderer Rechtsvorschriften bei Vorliegen bestimmter Voraussetzungen, zB bei Untätigkeit einer Behörde während eines bestimmten Zeitraums nach Antragstellung des Bürgers, als ergangen gelten.[48] Derartige Genehmigungsfiktionen sind zB in den BauOen der Länder für bestimmte Genehmigungen, zB von Werbeanlagen (zB § 69 Abs 2 HBauO) oder in vereinfachten Genehmigungsverfahren vorgesehen. Eine Genehmigungsfiktion hat immer zur Voraussetzung, dass ein hinreichend klarer und eindeutiger Antrag gestellt war (BVerwG NJW 1982, 2788 mwN = DVBl 1982, 538; OVG Berlin NVwZ 2001, 1068); sie tritt nicht ein, **wenn** der Antragsteller auf die Einhaltung der Reaktionsfrist **verzichtet** hat (VGH Mannheim BauR 1986, 678). 24

8. Vorläufige, vorsorgliche VAe In der Rspr sind mit dem vorläufigen und dem vorsorglichen VA zwei Sonderformen des VA entwickelt worden, die nicht ohne weiteres in das im VwVfG vorgesehene System des VA hineinpassen, deren Ziel es aber ist, der Verwaltung im Einzelfall trotz Ungewissheit über den Sachverhalt ein schnelles Handeln zu ermöglichen und die erforderliche Prüfung später nachzuholen. Beide Sonderformen sind nach wie vor umstritten, sowohl im Hinblick auf Zulässigkeit als auch im Hinblick auf die rechtsdogmatische Behandlung. 24 a

a) Der vorläufige VA. Bei einem vorläufigen VA wird die Regelung unter den Vorbehalt einer späteren endgültigen Entscheidung gestellt. **Ausgangsfall** der Rspr zum vorläufigen VA bildete der Streit um einen Subventionsbescheid, der vorbehaltlich der Ergebnisse einer Betriebsprüfung erlassen worden war. Die spätere Aufhebung nach negativem Ergebnis der Betriebsprüfung wäre uU an der Jahresfrist des § 48 Abs 4 gescheitert. Das BVerwG nahm an, einer Aufhebung des vorläufig erlassenen VA bedürfe es nicht; der vorläufige VA sei durch die endgültige negative Entscheidung abgelöst bzw ersetzt (BVerwGE 67, 99 = NJW 1983, 2043). **Umstritten** ist, ob es sich bei dem vorläufigen VA um einen **VA sui generis** handelt[49] oder lediglich um die Bezeichnung eines **VA mit Nebenbestimmung,** durch die auf geeignete Weise, etwa durch Befristung oder Widerrufsvorbehalt, die Vorläufigkeit sichergestellt wird (so insbes F.J.Kopp DVBl 1989, 238; Kemper 159u passim; ders DVBl 1989, 981, 985). Bei der Frage geht es im wesentlichen um die Einordnung der **Vorbehaltsklausel,** mit der der vorläufige VA versehen ist. 24 b

Das **Fachrecht** sieht verschiedentlich die Möglichkeit vor, vorläufige Regelungen zu treffen. Dies ist zB der Fall in § 11 GastG, § 20 PBefG, aber auch in § 74 Abs 3. Hier handelt es sich sicher um VAe sui generis; die Vorbehaltsklausel gehört

---

[47] BVerwGE 80, 127 = DVBl 1989, 197; BVerfG NJW 1990, 501; kritisch Bracher ZBR 1989, 142: allenfalls die Auswahlentscheidung könnte VA sein, nicht jedoch die Mitteilung; **aA** OVG Saarlouis NVwZ 1990, 687: kein VA.

[48] BVerwGE 31, 276; BVerwG NJW 1982, 2788 mwN; 1988, 275; NVwZ 1993, 272; VGH Mannheim BauR 1986, 678.

[49] So die wohl hM; vgl OVG Münster NVwZ 1991, 589; Knack 118; Obermayer 66; Schimmelpfennig BayVBl 1989, 69; Tiedemann DÖV 1983, 815; Götz JuS 1983, 921; offen StBS 75; krit gegen die Rechtsfigur überhaupt Gündisch NVwZ 1984, 489; Henke DVBl 1983, 1247.

gleichsam zum Wesen dieser spezialgesetzlich vorgesehenen vorläufigen Regelungen (s zum GastG Koch GewArch 1992, 374). Im Übrigen, also soweit spezielle Regelungen fehlen, dürfte der Streit weitgehend ohne praktische Folgen bleiben. Zulässig kann ein vorläufiger VA jedenfalls nur sein, wenn das Regelungsziel auch mit den im Gesetz vorgesehenen Mittteln, also insbes auch mit der Beifügung von Nebenbestimmungen gem § 36 erreichbar wäre. Möglicherweise lässt sich einzelnen Ermächtigungsgrundlagen auch die konkludente Zulässigkeit von Regelungen mit Vorbehaltsklausel entnehmen (vgl BSG DVBl 2002, 1057 zu Honorarbescheiden der Ärzte, s auch S StBS 175; Losch NVwZ 1995, 235, 237). Der Begriff des vorläufigen VA eröffnet der Verwaltung keine neuen Handlungsspielräume (im Ergebnis wohl ähnlich StBS 175). Im Bereich der Ermessensverwaltung kommt deshalb ein VA mit Vorbehaltsklausel in Betracht; ferner zugunsten des Bürgers dann, wenn anderenfalls eine positive Entscheidung unterbleiben müsste.

24 c **b) Der vorsorgliche VA.** Auch der Begriff des vorsorglichen VA ist vom BVerwG in einer recht speziellen Fallgestaltung entwickelt worden. Es ging um die vorsorgliche Ablehnung eines Antrags auf Zustimmung der Hauptfürsorgestelle zur Kündigung eines Schwerbehinderten, dessen Schwerbehinderteneigenschaft in einem anderen Verfahren aber noch nicht endgültig festgestellt worden war, für den Fall, dass diese Eigenschaft tatsächlich festgestellt werden sollte (BVerwGE 81, 84, 94 = NVwZ 1989, 1172). Auch bei dieser Rechtsfigur hat es in der Literatur (s F.J. Kopp 86 ff) Streit darüber gegeben, ob es sich ähnlich wie beim vorläufigen VA wiederum um einen VA sui generis handeln soll (vgl Losch NVwZ 1995, 235, 238) oder um einen VA mit Nebenbestimmung, und zwar mit einer aufschiebenden Bedingung (sowohl Martens NVwZ 1991, 1043; ähnlich Püttner JZ 1989, 846). Auch hier muss gelten, dass mit der Entdeckung einer neuen Rechtsfigur keine neuen Handlungsspielräume eröffnet werden. Ob VAe mit einer Vorsorglichkeitsklausel, die jedenfalls ähnlich wie eine aufschiebende Bedingung wirkt, erlassen werden dürfen, ist nach dem jeweiligen Fachrecht zu entscheiden.

II. Merkmale des VA

25 **1. Verfügungen, Entscheidungen oder andere hoheitliche Maßnahmen.** Es muss eine Verfügung, Entscheidung oder andere hoheitliche Maßnahme mit Entscheidungscharakter vorliegen. Soweit auf die Hoheitlichkeit der Maßnahme abgestellt wird, ist dieses Merkmal mit „Maßnahme auf dem Gebiet des öffentlichen Rechts“ (s unten Rn 32 ff) identisch. Steuerungswirkung kommt deshalb nur den Begriffen „Verfügung, Entscheidung, Maßnahme“ zu. In ihnen gelangt zum Ausdruck, dass es sich um eine einseitige hoheitliche Regelung handeln muss. Der VA, auch der mitwirkungsbedürftige VA, unterscheidet sich von einer in einem öffentlich-rechtlichen Vertrag getroffenen Regelung durch das **Merkmal der Einseitigkeit.** Die Abgrenzung kann mitunter schwierig sein, weil der Spielraum des Bürgers auch bei Vertragsabschlüssen ggfs sehr gering sein kann. Wird dem Betroffenen die in Aussicht genommene Regelung lediglich zur Unterschrift vorgelegt, so kommt es darauf an, ob die Gesamtumstände einschließlich der Formulierung auf eine einseitige Regelung oder auf eine zweiseitige Vereinbarung schließen lassen.

26 **VA-Qualität** haben auch die behördlichen Entscheidungen im Zusammenhang mit einvernehmlichen, scheinbar **vertragsähnlichen Regelungen,** wenn das entscheidende Element eine behördliche Regelung ist, der der Betroffene Bürger lediglich zustimmt.[50] Diese gestuften Rechtsverhältnisse lassen sich zT auch mit der Zweistufentheorie (s Rn 41 ff) erfassen, so zB die Entscheidung über die **Er-**

[50] BVerwGE 60, 210; BVerwG GewArch 1977, 263; DÖV 1967, 269; OVG Münster DÖV 1967, 271; OVG Lüneburg NJW 1978, 2260; VG Schleswig NJW 1982, 344; Salje DÖV 1988, 333.

teilung eines im übrigen dem Privatrecht unterliegenden **Lehrauftrags** an einer Universität, sofern für diese Entscheidung öffentliches Recht maßgeblich ist oder die entscheidende Behörde, wenn auch zu Unrecht, jedenfalls die Form des VA wählt (BVerwGE 52, 314); die Entscheidung der staatlichen Interventionsstelle über eine **Preisintervention** (BGH NJW 1986, 475: VA, der daraufhin abgeschlossene Kaufvertrag jedoch privatrechtlich) und die Übernahmeerklärung sowie die Festsetzung des Übernahmepreises nach § 8 Abs 1 GetreideG (BVerwG DVBl 1973, 418; Ule 32 Anh I 4); die von einer Behörde mit einem Antragsteller getroffene **„Vereinbarung" über die diesem zuerkannten Leistungen** (BVerwGE 25, 72; DVBl 1973, 932); die Entscheidung über die Vergabe **einer Subvention** in Form der Gewährung eines öffentlichen Darlehens oder der Übernahme einer Bürgschaft (s im einzelnen unten Rn 41) oder über die **Vergabe eines öffentlichen Auftrags** im Verhältnis zu normativ Begünstigten, nicht aber gegenüber sonstigen Anbietern (insoweit gilt Vergaberecht, vgl Rn 39), **nicht** dagegen die Entscheidung darüber, ob und mit wem die Behörde einen Vertrag gem §§ 54ff abschließt.[51] – **Kein VA** ist auch idR (anders, wenn sie in der Form eines VA erfolgt) die **Zahlungsaufforderung aufgrund eines Vertrags** (BVerwGE 59, 69).

2. Hoheitliche Maßnahme einer Behörde. a) Allgemeines. Es muss sich um die hoheitliche Maßnahme einer Behörde handeln,[52] dh eine Maßnahme, die von einer Behörde in ihrer Eigenschaft als Trägerin öffentlicher Verwaltung getroffen wird (oder wurde) oder ihr zumindest zuzurechnen ist und die die Behörde ausdrücklich oder konkludent auf ihr tatsächlich oder nach ihrer Auffassung vermeintlich insoweit dafür zukommende **hoheitliche Befugnisse** stützt. Behörde iS der Definition ist nur die Verwaltungsbehörde, also jede Stelle, die Aufgaben der öffentlichen Verwaltung unter Einsatz obrigkeitlicher Gewalt erfüllt,[53] insbes die Verwaltungsstellen der unmittelbaren Staatsverwaltung in Bund und Ländern sowie die Organe der mittelbaren Staatsverwaltung, zB der Selbstverwaltungskörperschaften, auch zB der **beliehene Unternehmer,** zB der TÜV bei der Kfz-Zulassungsprüfung nach § 29 StVZO (vgl Kopp/Schenke Anh § 42 Rn 21); der **Stadtrat** bzw Gemeinderat bei der ihm vom Gesetz zugewiesenen Entscheidung über die Gültigkeit einer Kommunalwahl (OVG Münster DVBl 1981, 874); die Organe einer Gemeinde bei der Zulassung oder Zurückweisung eines Bürgerantrags nach §§ 2, 20b bwGemO (VGH Mannheim DÖV 1988, 476); **Ausschüsse** mit Entscheidungsbefugnissen usw; die Organe einer **Kirchengemeinde** im Bereich der ihr vom Staat zuerkannten Hoheitsbefugnisse, zB hins. der Umbettung eines Toten im kirchlichen Friedhof (OVG Münster DÖV 1991, 1021). 27

b) Organisatorische und funktionelle Zuordnung. Behörden sind nur solche Einrichtungen und Stellen, die der öffentlichen Verwaltung organisatorisch und funktionell zugeordnet sind. Insoweit ist der Begriff identisch mit dem **Behördenbegriff in § 1 Abs 4** (s hierzu näher § 1 Rn 51ff). So ist der Immissionsschutzbeauftragte eines Unternehmens nach § 53 BImSchG keine Behörde und auch keiner Behörde zugeordnet. 28

Die Rechtswirksamkeit der Errichtung oder Einrichtung der handelnden Behörde und die Begründung ihrer Zuständigkeiten, die Bestellung der Organe, die Ernennung der für sie handelnden Organwalter und die Übertragung hoheitlicher Befugnisse ist für den Behördenbegriff **unerheblich.** Auch die durch 29

---

[51] Vgl Ehlers VerwArch 1983, 121; Friehe JZ 1980, 519; s hierzu § 54 Rn 17.

[52] Vgl BVerwGE 50, 18; NJW 1977, 72; Erichsen/Ehlers § 12 Rn 22; M 82; Obermayer 31; Ule 32 Anh II; UL § 48 Rn 3.

[53] Vgl BVerfGE 9, 182; 17, 41; ferner Schnapp, in: Wertenbruch-FS 1984, 144: Behörden sind diejenigen Organe eines Trägers öffentlicher Verwaltung, welche mit sog Außenzuständigkeit zu konkreten Rechtshandlungen auf dem Gebiet materieller Verwaltungstätigkeit ausgestattet sind.

eine nichtige Rechtsvorschrift errichtete Behörde ist Behörde, sofern sie jedenfalls organisatorisch und/oder funktionell der Verwaltung zuzurechnen ist und ihre Tätigkeit die äußeren Merkmale öffentlicher Verwaltungstätigkeit erfüllt; **anders,** wenn eine Person oder Einrichtung bei objektiver Betrachtung der öffentlichen Verwaltung nicht zugerechnet werden kann. Ebenso ist rechtsfehlerhaftes Handeln von Behörden, das nicht den nach öffentlichem Recht zu stellenden Erfordernissen genügt, nicht deshalb schon als privatrechtlich zu qualifizieren.

30 **c) Ausstattung mit Hoheitsrechten.** Behörde iS des § 35 kann nur eine Stelle oder eine Einrichtung sein, die überhaupt auf irgendeinem Tätigkeits- bzw Aufgabenbereich mit Hoheitsmacht ausgestattet ist. **Keine Behörden** iS von § 35 sind staatliche und andere (zB kommunale, kirchliche uä) Einrichtungen und Stellen, **die ausschließlich auf dem Gebiet des Privatrechts** und (nur) in den Formen des Privatrechts tätig werden.

31 **d) Gerichte, Parlamente. Keine Behörden** iS der Regelung sind auch die Parlamente in ihrer Funktion als Organe der Gesetzgebung und die Gerichte in ihrer Funktion als Organe der Rechtsprechung; **anders, soweit deren Organe funktionell Verwaltungsaufgaben wahrnehmen** und deshalb insoweit als „Behörden“ tätig werden, zB der Präsident eines Gerichts bei der Ausübung des Hausrechts (WBS II § 45 IV Rn 25), das Präsidium bei der Geschäftsverteilung, der Bundestagspräsident bei der Ausübung der Polizeigewalt im Bundestagsgebäude oder der Diensthoheit über die Bundestagsbeamten (vgl Münster DVBl 1987, 101) oder bei der Erstattung von Wahlkampfkosten an die Parteien; ein Untersuchungsausschuss des Parlaments.[54]

32 **3. Maßnahme auf dem Gebiet des öffentlichen Rechts.** Der Begriff des VA setzt immer ein Handeln auf dem Gebiet des öffentlichen Rechts, dh ein Handeln aufgrund einer wirklichen oder vermeintlichen – oder zumindest vorgeschützten oder behaupteten – öffentlichrechtlichen Befugnis voraus (Erichsen/Ehlers § 12 Rn 20; Ule 32 Anh I 2ff; Obermayer 24). Der Begriff des öffentlichen Rechts ist dabei auch in § 35 **im engeren Sinn des Verwaltungsrechts** zu verstehen. Nicht darunter fällt außer der Tätigkeit der Behörden auf dem Gebiet und in den Formen des Privatrechts auch die Tätigkeit auf dem Gebiet des **Verfassungsrechts** (s unten Rn 44), **des Strafrechts, des Völkerrechts, des inneren Kirchenrechts** usw. Vgl insoweit auch § 1 Rn 5ff.

33 **a) Abgrenzung zum Privatrecht.** Nicht als VAe anzusehen sind alle Handlungen, Erklärungen usw, die eine Behörde im Rahmen ihrer privatrechtlichen Tätigkeit und in den Formen des Privatrechts vornimmt bzw abgibt, zB der Abschluss oder die Kündigung eines Kaufvertrags, Miet- oder Pachtvertrags bzw die Entscheidung der Behörde darüber wenn und soweit der Zweck ausschließlich im fiskalischen Bereich, dh im Bereich der **sog fiskalischen Hilfsgeschäfte** und der **Teilnahme am (Privat-)Rechts- und Wirtschaftsverkehr,** der **Nutzung und Verwaltung eigenen Vermögens** uä, liegt, zB die Entscheidung der Gemeinde über die Verpachtung des Eigenjagdbezirks der Gemeinde (VGH München RdL 1989, 122). **Anders,** wenn die Behörde primär oder zumindest zugleich **unmittelbar öffentliche Ziele** verfolgt.[55] Ist dies der Fall, so kann die Maßnahme öffentlichrechtlich (vgl zB BVerwGE 82, 282: öffentlich-rechtlicher Vertrag) oder zweistufig ausgestaltet sein, wobei VA dann nur vorgeschaltete die Entscheidung,

---

[54] OVG Berlin DVBl 1970, 294; VG Hannover NVwZ 1988, 864; Kopp/Schenke § 40 Rn 17 mit weiteren Bsp; im Ergebnis auch OVG Lüneburg DÖV 1986, 210; OVG Münster NVwZ 1987, 609.

[55] Vgl BVerwGE 82, 282 zur Abgabe von Getreide aus Marktordnungsbeständen zu Subventionszwecken; Kopp BayVBl 1980, 609; Kopp/Schenke § 40 Rn 20; zur Vergabe öffentlicher Aufträge unten Rn 39.

ob und wem gegenüber gehandelt wird, und die Bestimmung des wesentlichen Inhalts der Handlung ist (**Zwei-Stufen-Theorie,** vgl unten Rn 41).

34 **Privatrechtliche Maßnahmen** sind zB die **Rechnungsstellung** in einer privatrechtlichen Angelegenheit (vgl BVerwG VRsp 25, 93; anders, wenn dies nach den Umständen als öffentlichrechtliches Zahlungsgebot zu verstehen ist, s oben Rn 14); die Verpflichtung des **Sozialhilfeträgers** gegenüber einem Vermieter **zur Zahlung der Miete** für die vom Bedürftigen gemietete Wohnung (BVerwG DÖV 1994, 829; zT **aA** für die **Mietgarantie** VGH München NJW 1990, 1868; OVG Bremen NJW 1990, 1313); die Erklärung einer **Aufrechnung** im Rahmen privatrechtlicher Beziehungen:[56] die Entscheidung über eine Auskunft in einer privatrechtlichen Angelegenheit (BSG NVwZ 1987, 259).

Etwas anderes gilt jedoch dann, wenn die in Frage stehenden, an sich privatrechtlichen Akte (unzulässigerweise und daher rechtswidrig) **in der Form eines VA** mit dem Anspruch auf Verbindlichkeit kraft öffentlichen Rechts ergehen (BVerwGE 13, 307; 30, 211; NVwZ 1985, 264; 1988, 51; Stern 3 I; Zimmer DÖV 1980, 120) oder in einer Weise in Erscheinung treten, dass sie **nach Treu und Glauben** vom Bürger so zu verstehen sind (Bettermann DVBl 1954, 97).

35 **Öffentlich-rechtlich** sind wegen ihrer Zuordnung zu öffentlich-rechtlichen Normen die Entscheidung über die Begründung eines Ausbildungsverhältnisses mit dem Staat als **Rechtsreferendar außerhalb des Beamtenverhältnisses** (BAG NJW 1990, 663), die (den Übergang privatrechtlicher Ansprüche auf eine Behörde bewirkende) **Überleitungsanzeige** nach §§ 90f BSHG;[57] die **Überleitungsmitteilung** gem § 23 Abs 3 S 1 GüKG (BVerwG DÖV 1980, 49; NVwZ 1982, 628); die **Ausübung des Vorkaufsrechts** durch eine Gemeinde gem §§ 24ff BauGB;[58] die Festsetzung der **Versicherungsentschädigung** durch eine öffentlich-rechtlich tätige Versicherungsanstalt (VGH München BayVBl 1978, 2410); die auf Abschluss eines privatrechtlichen Vertrags mit einem Dritten gerichtete **Ersatzvornahme** der Gemeindeaufsichtsbehörde im eigenen Wirkungskreis der Gemeinde (vgl OVG Münster NWVBl 1989, 400: VA gegenüber der Gemeinde, privatrechtlicher Vertrag mit dem Dritten; str); die Festsetzung des **Diskont- und Lombardsatzes,** der Mindestreservenpflicht (Stern JuS 1963, 71; Ule 32 Anh III 3; str), der Rediskontierungskontingente usw **durch die Bundesbank;**[59] die Übernahmeerklärung und die **Festsetzung des Übernahmepreises** nach § 8 Abs 1 GetreideG;[60] die Abgabe von **Interventionsgütern** (BVerwGE 82, 282) aus Marktordnungsbeständen zu bestimmten Sonderbedingungen;[61] die

---

[56] Vgl BVerwGE 66, 218 = NJW 1983, 776; BSG 32, 78; WBS I § 45 Rn 51; Kopp/Schenke Anh § 42 Rn 15; Pietzner DÖV 1982, 458; Ebsen DÖV 1982, 396; Weidemann DVBl 1981, 113 mwN; **aA** – jedoch nunmehr überholt – BVerwG 8, 261; 11, 283; 13, 148; wohl auch BFH 88, 31 = BStBl III 1967, 381; vgl allg auch Ehlers NVwZ 1983, 446; Appel BayVBl 1983, 201.

[57] BVerwGE 56, 300; 58, 209; 62, 156; 82, 321; 90, 246; BVerwG NJW 1983, 130; 1987, 915 = BayVBl 1987, 59; NJW 1992, 3312 und 3313; Buchholz 436.36 § 37 BAföG Nr 13; NJW 1983, 130 = DÖV 1982, 780; BGH DVBl 1983, 1249; OVG Münster NVwZ 1988, 156 mit eingehender Erörterung auch der Frage, auf welche Gründe die Anfechtung gestützt werden kann; OVG Lüneburg NJW 1986, 1705.

[58] BVerwG NJW 1994, 178; gleiches gilt für die Vorkaufsrechte in anderen Gesetzen, zB Naturschutzrecht, vgl VGH Mannheim NVwZ 1992, 898; 1983, 556.

[59] Kindermann, Die Anfechtung von kreditpolitischen Beschlüssen der Bundesbank, 1974; Feldhahn, Die Rechtsnatur der Diskontsatzfestsetzung der Deutschen Bundesbank und der dagegen gegebene Rechtsschutz, Diss. Passau 1990; Naumann DÖV 1974, 719; kritisch Schmidt JZ 1990, 1019; **aA** Gramlich, BundesbankG, WährungsG, MünzG 1988.

[60] BVerwG DVBl 1973, 418; DÖV 1974, 134; BGH DVBl 1977, 102; ME VerwArch 1968, 378.

[61] BVerwGE 82, 282 = NVwZ 1990, 554; **anders** jedoch, wenn keine solche Zweckbestimmung erkennbar ist; vgl auch VGH Kassel NVwZ 1985, 662 zum Verkauf von Interventionsware durch die Bundesanstalt für landwirtschaftliche Marktordnung.

Entscheidung einer Behörde über die **Vermögensauseinandersetzung** zwischen Gemeinden (Koblenz DVBl 1980, 76); **der Erlass** und die **Stundung** einer öffentlichrechtlichen Schuld[62] die Genehmigung eines nach öffentlichem Recht genehmigungsbedürftigen privatrechtlichen Rechtsgeschäft usw, zB **die Genehmigung der Kündigung** des Arbeitsverhältnisses eines Schwerbehinderten,[63] eines Pachtvertrags über einen Kleingarten (BVerwGE 90, 275 = DVBl 1992, 1490), die Genehmigung **von privatrechtlichen Tarifen,** zB von **Verkehrstarifen ua**[64] (BVerwG NVwZ 1991, 59; VGH Mannheim DVBl 1981, 220)[65] oder die behördliche Zustimmung dazu, zB zur Kündigung einer Arbeitnehmerin gem § 9 MutterSchG (BVerwGE 10, 148; 54, 277; Kopp DÖV 1980, 510); die **Auslobung einer Belohnung** durch die Polizei (**aA** Stober DÖV 1979, 859; privatrechtlich; vgl auch Zacher VVDStRL 1987, 337; Meister DVBl 1982, 595); die **Ermächtigung** eines Arbeitnehmers in einem Rüstungsunternehmen **zum Umgang mit Verschlusssachen** (BVerwG DVBl 1988, 580; OVG Münster NJW 1985, 281); der im Zweifel in der Zusendung einer **Kostenrechnung für Abschleppkosten** durch die Polizei zu sehende Kostenbescheid (VGH München BayVBl 1984, 559; 1988, 180).

36 **VA** ist im Zweifel, dh soweit sich aus der Form der Geltendmachung der Rückforderung nichts anderes ergibt, auch die **Rückforderung** von aufgrund VA zu Unrecht erbrachten Leistungen. Umstritten ist allerdings die materielle Berechtigung eines solchen VA gegenüber einem Empfänger, an den die nunmehr zurückgeforderte Leistung nur versehentlich, zB durch eine Falschbuchung, gelangt ist,[66] oder gegenüber dem **Erben**[67] **oder Gesamtrechtsfolger** analog § 419 BGB.[68]

---

[62] BVerwGE 69, 237; Buchh 401.0 § 163 Nr 1 S 2 und Nr 2 S 10; sehr zweifelhaft; anders jedenfalls in Gleichordnungsverhältnissen und allgemein bei privatrechtlichen Schulden.

[63] BVerwGE 48, 264; 81, 84; 90, 275 = DVBl 1992, 1490; OVG Münster NVwZ 1990, 573; OVG Lüneburg DÖV 1990, 81; Kopp DÖV 1980, 510.

[64] Vgl BVerwGE 30, 137; 69, 110; 75, 147; BVerwG NJW 1980, 416; 1990, 1804; DÖV 1994, 962 = DVBl 1994, 1241; Buchh 310 § 42 VwGO Nr 75; Dörschuk, Typen und Tarifgenehmigungen im Verwaltungsrecht, 1988: VA gegenüber den Unternehmen, nicht gegenüber dem Dritten, auf deren privatrechtliche Rechtsverhältnisse die genehmigten Tarife angewandt werden; Mayer, Rechtsschutz im Rahmen staatlicher Genehmigungsverfahren unter besonderer Berücksichtigung des Verhältnisses zwischen Deutscher Bundesbahn und Verkehrsminister 1992, zugl Diss. Münster; Fromm DVBl 1992, 1180; weiter insoweit Kopp DÖV 1980, 504; vgl auch BVerwG NJW 1990, 1804: berechtigtes Interesse der betroffenen Versicherungsnehmer für eine Nichtigkeitsfeststellungsklage hins. der Genehmigung zu bejahen.

[65] Vgl OVG Münster NVwZ 1984, 522; VGH Kassel NVwZ 1990, 879; VG Wiesbaden DVBl 1974, 244; Menger, in: Ernst-FS 1980, 301; Jarass JuS 1980, 118 mwN; Kopp WuV 1978, 178 f; Ehlers VerwArch 1983, 132; Joos RiA 1987, 98; weitergehend Henke, Das Recht der Wirtschaftssubventionen als öffentliches Vertragsrecht 79; Bethge JR 1972, 142: nur durch Vertrag.

[66] Vgl BFH NJW 1993, 2263: der Rückforderungsanspruch richtet sich gegen den Empfänger der Leistung; dies kann im Falle einer Abtretung auch der Abtretungsempfänger sein; § 13 Rn 63; sehr str, vgl die Übersicht bei Martens NVwZ 1993, 27.

[67] BVerwGE 52, 72; 71, 355 = NVwZ 1985, 905; 81, 303; BVerwG NVwZ 1990, 670; OVG Hamburg NVwZ 1990, 686; VGH Mannheim NVwZ 1989, 892; zur Rückforderung von zu Unrecht gewährten oder nicht bestimmungsgemäß verwendeten Subventionen s § 49 a; zT **aA** hins. der Rechtsnatur als öffentlich-rechtlicher Anspruch bzw der Zulässigkeit einer Geltendmachung durch VA BVerwG BayVBl 1990, 475; BSG NJW 1988, 85; BGHZ 71, 183; 73, 203 = NJW 1979, 763; 1978, 1385; München NJW 1990, 934; OVG Münster NJW 1985, 2438; 1990, 2901; OLG Karlsruhe NVwZ 1988, 869 = NJW 1988, 1920; VGH München NJW 1990, 933; vgl auch BGHZ 71, 180; 73, 202; Weides JuS 1992, 57; Haueisen NJW 1977, 441; ferner allg die Übersicht über die sehr kasuistische Rspr bei Martens NVwZ 1993, 27.

[68] BSG DVBl 1987, 247: VA gegen den Vermögensübernehmer; VG Berlin NVwZ 1990, 692; FG BaWü NVwZ 1988, 872 = EFG 1988, 335; Kopp/Schenke § 40 Rn 21.

Öffentlich-rechtlich ist idR auch die **Ausübung des Hausrechts** durch den Behördenleiter oder seinen Stellvertreter zu qualifizieren, soweit diese der Sicherung der Zweckbestimmung einer öffentlichen Einrichtung dient;[69] ebenso die auf das Hausrecht und die Sitzungsgewalt gestützte **Untersagung einer Tonbandaufnahme** über die öffentliche Sitzung eines Gemeinderats gegenüber einem Journalisten (vgl – ohne Stellungnahme zur Frage der Rechtsnatur der Untersagung – BVerwG DVBl 1991, 490) oder ein darauf gestütztes **Rauchverbot** gem § 35 S 2 für eine Gemeinderatssitzung oder ein allgemein als Allgemeinverfügung für Gemeinderatssitzungen verfügtes Rauchverbot.[70] – **Maßgeblich ist in erster Linie die Form,** in der das Verbot ergeht, und der objektive Erklärungswert der Maßnahme.[71] Die **Befugnis zum Erlass eines Hausverbots** bzw eines Hausverweises ergibt sich bei Fehlen besonderer gesetzlicher Ermächtigungen, wie sie etwa in Art 40 Abs 2 S 1 GG für den BT-Präsidenten, § 62 Abs 1 S 3 HRG für die Hochschulleitung, in den Gemeindeordnungen für die Leitung der Gemeindeverwaltung geregelt sind, aus der Sachkompetenz der Behörde als Annexkompetenz;[72] in einigen Bundesländern, zB in Hamburg, auch unmittelbar aus der **polizeilichen Generalklausel.** Störungen der ordnungsgemäßen Erfüllung der öffentlichen Aufgaben schließen andererseits jedoch grundsätzlich die **Befugnis auch zu privatrechtlichen Hausverboten** uä gem §§ 903, 1004 BGB nicht aus, wenn und soweit die Maßnahme nicht primär – oder zumindest auch – subjekte öffentliche Rechte des Betroffenen, zB das Recht, sich auch persönlich mit einem Antrag usw an die Behörde zu wenden (vgl OVG Hamburg MDR 1957, 188), berührt (vgl auch BVerwGE 35, 103 und BGHZ 33, 230). Dies dürfte aber nur ausnahmsweise der Fall sein. 37

Öffentlich-rechtlich ist auch die ggf konkludent in der Rückforderung der Subvention (ggf auch von einem Rechtsnachfolger, insb Erben, vgl Kopp/Schenke § 40 Rn 21 mwN) zu sehende – **Aufhebung der Subventionsbewilligung** (BVerwGE 62, 5 = DVBl 1981, 640; DVBl 1978, 212; DÖV 1981, 440), ebenso auch die hoheitliche **Aufforderung zur Rückzahlung** der als **Subvention** zu Unrecht erhaltenen oder aus anderen Gründen inzwischen nicht mehr 38

---

[69] OVG Münster NVwZ-RR 1989, 316 = NWVBl 1989, 91; OVG Bremen NJW 1990, 931; VGH Kassel NJW 1990, 1250; OVG Schleswig NVwZ 1994, 301 = NJW 1994, 340; VG Berlin NJW 2002, 1063; VG Berlin NJW 2002, 1063; Knemeyer VBlBW 1982, 247; Berg JuS 1982, 260; Ehlers DÖV 1977, 737; Zeiler DVBl 1981, 1000; Gebhardt BayVBl 1980, 725; Erichsen Jura 1982, 52; Erichsen/Weiß Jura 1993, 103; zT **aA** u differenzierend nach dem Zweck des Besuchs oder Aufenthalts im Amtsgebäude, in der öffentlichen Anstalt usw BVerwGE 35, 103 = DÖV 1971, 137; BGH MDR 1970, 614: VA nur dem gegenüber, der die Behörde zur Wahrnehmung öffentlichrechtlicher Belange aufsucht, sonst privatrechtlich, zB bei Ausschluß eines Handelsvertreters; ähnlich BGHZ 33, 230: privatrechtlich, wenn, wie bei der Hinausweisung eines Fotografen aus dem Standesamt, die öffentliche Zweckbestimmung des Gebäudes nicht berührt wird; VGH Mannheim NJW 1994, 2500: ein im Zusammenhang mit einer arbeitsrechtlichen Kündigung ausgesprochenes Hausverbot ist privatrechtlich; ähnlich WBS II § 99 II c; zT **aA** VGH Mannheim DVBl 1994, 1260: ausgesprochenes Hausverbot grundsätzlich nicht öffentlich-rechtlicher Natur; Kunz BayVBl 1983, 424: privatrechtlich; kein VA.

[70] Gornig/Jahn JA 1991, 169: VA auch gegenüber den Zuhörern; vgl auch VGH München BayVBl 1981, 465; Gornig, Die sachbezogene hoheitliche Maßnahme, 1985, 35; MB 49; offen OLG Lüneburg DVBl 1958, 935; **aA** OVG Münster NVwZ 1983, 185 = JA 1983, 666 m Anm Pitschas; VG Stade NJW 1988, 780: kein VA, da keine Außenwirkung.

[71] VGH München DVBl 1981, 1010; OLG Karlsruhe DÖV 1980, 100 = DVBl 1980, 78; Knemeyer BayVBl 1981, 152; Ehlers DÖV 1977, 737; Bethge Vw 1977, 313; Stern 3 I 1 bb; vgl idS wohl auch VGH München BayVBl 1986, 271; Erichsen DÖV 1977, 737; Ronellenfitsch VerwA 1982, 465; **aA** offenbar BVerwGE 35, 103; 47, 247; BGHZ 33, 230; MDR 1970, 614, ua, die ausschließlich auf den Zweck des Besuchs abstellen.

[72] Vgl Bethge Vw 1977, 330; Zeiler DVBl 1981, 1004 f mwN; Folz JuS 1965, 46: Annexkompetenz zu den Sachkompetenzen; kritisch insoweit VGH München DVBl 1981, 1010; Ehlers DÖV 1977, 737; Gebhard BayVBl 1980, 723.

gerechtfertigten Vergünstigung usw, auch vom Erben, Vermögensübernehmer usw.

39 **b) Auftragsvergabe. Privatrechtlich** sind auch die **Vergabeentscheidungen** hins. öffentlicher Aufträge zu beurteilen (vgl OLG Brandenburg NVwZ 1999, 1144; Byok NJW 1998, 2774; Thieme/Correll DVBl 1999, 884). Insoweit sieht das GWB nach der Neuregelung durch das VRÄG eine öffentlich-rechtliche Überprüfung durch Vergabekammern vor, gegen deren Entscheidungen die OLG angerufen werden können. **Als öffentlich-rechtlich** anzusehen sind **dagegen die Entscheidungen** der aufgrund des zum 1. 1. 1999 in Kraft getretenen Vergaberechtsänderungsgesetzes (VgRÄG) v 2. 9. 1998 (BGBl I, 2546) gebildeten Vergabekammern (§§ 102, 104 GWB) bei Streitigkeiten über die Vergabe öffentlicher Aufträge. Die genannten Behörden sind keine Gerichte, sondern mit weitgehender Unabhängigkeit ausgestattete besondere Verwaltungsbehörden. Einrichtung, Organisation und Besetzung dieser Kammern sind in §§ 105f GWB geregelt. Soweit spezielle Regelungen fehlen, kommen trotz der gerichtlichen Zuständigkeit des OLG die Vorschriften des VwVfG bzw der entspr Vorschriften der Länder zur Anwendung.[73]

40 **Öffentlich-rechtlich** sind die Entscheidungen einer Behörde über die Aufnahme eines Unternehmers in die **Liste der Abschleppunternehmen,** die von der Polizei regelmäßig beauftragt werden (**aA** OLG Karlsruhe NVwZ 1982, 397 unter Bezugnahme auf BGHZ NJW 1967, 1911: privatrechtlich); anders bei bloßem **Ausschluss eines Unternehmers** von weiteren Aufträgen („Auftragssperre“). Öffentlichrechtlich ist die Zulassung zu öffentlichen Anstalten, die Zulassung als Subventionsbetreuer BVerwGE 75, 109 = NVwZ 1987, 315; **aA** BGH NJW 1977, 628; OLG Düsseldorf DÖV 1981, 537: privatrechtlich), ebenso die Entscheidung über die Zulassung von Firmen als **Lieferanten** für einen **Träger der Sozialversicherung** bzw für die bei diesem versicherten Personen (vgl Schulin JZ 1986, 481; Kopp/Schenke § 40 Rn 20; **aA** GSOGB BGHZ 97, 312 = NJW 1986, 2359; GSOGB NJW 1988, 2295 und 2297; NJW 1990, 1527: privatrechtlich). Öffentlich-rechtlich ist auch die Entscheidung einer Behörde, der Presse bestimmte **Informationen** zu geben oder nicht zu geben (OVG Bremen NJW 1987, 2393 unter Hinweis auf den öffentlichrechtlichen Informationsanspruch aus Art 5 GG); die **Zusage** einer Behörde oder eines Gerichts an einen privaten Herausgeber, ihm **Entscheidungen zur Veröffentlichung** zu überlassen (OVG Bremen NJW 1987, 2392; DVBl 1989, 314; zweifelhaft); die **Weigerung** eines staatlichen Forschungsamtes, die wissenschaftliche Arbeit eines von ihr damit betrauten Historikers in ein von ihr herausgegebenes **Geschichtswerk aufzunehmen** (zT **aA** VG Freiburg VBlBW 1984, 286: zwar eine öffentlichrechtliche Handlung, mangels „Außenwirkung“ jedoch kein VA).

41 **c) Vorabentscheidungen und Zwei-Stufen-Theorie. Öffentlich-rechtlich** ist nach der sog. Zwei-Stufen-Theorie auch die Entscheidungen über die Zuerkennung von öffentlichen Leistungen, zB **Subventionen (Beihilfen)** in Form von privatrechtlichen Darlehen, Bürgschaften uä zu Vorzugsbedingungen im Hinblick auf die verfolgten öffentlichen Zwecke (dh die Entscheidung über das „Ob“ der Leistung), auch wenn Abwicklung des Subventionsverhältnisses selbst und die nähere Regelung der Modalitäten (das „Wie“), zB des Zinssatzes im Rahmen der grundsätzlichen Vergünstigung (BGH NVwZ 1988, 472; OVG Münster NVwZ 1988, 452), der Rückzahlungsraten, eines besonderen Kündigungsrechts usw dann privatrechtlich im Rahmen eines privatrechtlichen Darlehensvertrags oä erfolgt;[74]

---

[73] S hierzu OLG Brandenburg NVwZ 1999, 1144; Byok NJW 1998, 2774, 2778; Thieme/Correll DVBl 1999, 884, 888.

[74] BVerwGE 52, 165; 61, 299; 82, 282; VGH Kassel NVwZ 1990, 880; OLG Frankfurt DVBl 1980, 382; OLG Schleswig NVwZ 1988, 761; Jarass JuS 1980, 117; Joos RiA 1987,

ebenso die Entscheidung über ähnliche Leistungen, zB über die Übernahme von Ausfuhrgewährleistungen (Spiegel NJW 1984, 2007); über die Bereitstellung von Siedlungsland im Rahmen eines staatlichen Siedlungsprogramms (OVG Koblenz NVwZ 1993, 281; Kopp/Schenke § 40 Rn 20).

Als öffentlich-rechtlich anzusehen ist die Entscheidung über die **Zulassung zur Benutzung einer öffentlichen Einrichtung** im Rahmen ihrer Zweckbestimmung oder aufgrund eines durch die Mitgliedschaft in der Körperschaft, die Träger der Einrichtung ist, vermittelten Statusrechts (VGH München BayVBl 1980, 300, bestätigt durch BVerwG NJW 1980, 1863), auch wenn das Benutzungsverhältnis selbst im übrigen privatrechtlich geregelt ist;[75] zB die Zulassung zu gemeindlichen Einrichtungen aufgrund des Anspruchs nach den Gemeindeordnungen auf Zugang, zB die Überlassung eines gemeindeeigenen Festsaals oder einer kommunalen Turnhalle für private Veranstaltungen im Rahmen des Widmungszwecks (BVerwGE 31, 368; 32, 333); die Zulassung eines Schaustellers, Verkäufers usw zu einem **kommunalen Jahrmarkt,** Festplatz usw;[76] die Zulassung zur Benutzung einer Schleusenanlage, sofern sie sich innerhalb des Widmungszwecks bewegt (verneint für Schiffsausrüster auf dem Schleusengelände in BVerwGE 39, 236; bejaht für Nutzung der **Bonner Hofgartenwiese** für Demonstration in BVerwGE 91, 135 = NJW 1993, 609); im Hinblick auf die mit einem erfolgreichen Abschluss verbundene öffentlichrechtliche Berechtigung idR – dh, soweit die insoweit maßgeblichen Vorschriften nichts anderes bestimmen (vgl VGH München NVwZ 1982, 563: Entlassung aus einer öffentlichen Schule nach dem bayEUG privatrechtlich) auch die **Zulassung zu staatlich anerkannten** (anders bei nur staatlich genehmigten) **Privatschulen** (BVerwGE 17, 41; BVerwG NJW 1964, 368; 45, 118; s auch Kopp/Schenke § 40 Rn 18; **aA** BGH DVBl 1962, 70: privatrechtlich). 42

Problematisch ist die **Zulassung** zur Benutzung – anders dann für die Benutzung als solche – der **Post** (Postdienst, Postbank, Telekom) nach der Privatisierung im Jahre 1991 (s hierzu Müssig NJW 1991, 472; Gramlich JuS 1991, 88) und der **Bahn** (s Kopp/Schenke § 40 Rn 19 a) sowie zu sonstigen Einrichtungen und Programmen der sog Daseinsvorsorge. S hierzu näher § 2 Rn 63. 43

d) Abgrenzung zum Verfassungsrecht. Nicht verwaltungsrechtlich iSd § 35 sind die Maßnahmen zu beurteilen, die Verfassungsorgane in ihrer Eigenschaft als solche **aufgrund der Verfassung** im Verhältnis zu anderen Verfassungsorganen oder obersten Staatsorganen als solchen vornehmen oder die aus anderen Gründen ausschließlich dem Verfassungsrecht zuzurechnen sind (FL 13; UL § 48 Rn 2; Leiner DVBl 1990, 1243), **zB die Wahl des Bundeskanzlers** (FL 13), die **Beantwortung einer Anfrage** im Parlament, **Weisungen** nach Art 84, 44

97; Kopp WuV 1978, 177; BayVBl 1980, 609; Salje DÖV 1988, 333; Kopp/Schenke § 40 Rn 20; allg auch Ehlers VerwArch 1983, 116 mwN; enger Münster NVwZ 1984, 522: nach der Zwei-Stufen-Theorie nur, wenn das Gesetz dies vorsieht oder die Beteiligten es so wollen; zT **aA** BVerwG MDR 1980, 344: privatrechtlich, wenn das Darlehen unmittelbar gewährt wird; zur Rückforderung eines Wohnungsbaudarlehens auch BVerwGE 41, 129; die Entscheidung läßt offen, ob die Gewährung als VA anzusehen wäre; BVerwG DÖV 1982, 784: Widerruf des Schuldnachlasses bei unzeitiger Ablösung öffentlicher Baudarlehen privatrechtlich; BGH NJW 1978, 45; Henke, Das Recht der Wirtschaftssubvention als öffentlichrechtliches Vertragsrecht, 79; OVG Koblenz NVwZ 1993, 281.

[75] BVerwGE 31, 368; 32, 333; BVerwG DVBl 1977, 216; s auch Kopp/Schenke § 40 Rn 16; zur – zu bejahenden – Möglichkeit der Regelung durch öffentlichrechtlichen Vertrag auch StBS § 54 Rn 45; Badura NJW 1978, 2414.

[76] BVerwG NVwZ 1984, 585; OVG Münster NVwZ 1987, 519; Widera Vw 1986, 20; Roth WuV 1985, 52; BGH NVwZ 1984, 265; BayVerfGH NVwZ 1984, 232; OVG Koblenz DÖV 1986, 153; VGH München BayVBl 1982, 656; GewArch 1986, 241; offen VGH Mannheim NVwZ 1984, 255; OVG Hamburg GewArch 1987, 303; OVG Koblenz NVwZ 1987, 519 zur Zulassung zu einem nach § 69 GewO festgesetzten und von der Gemeinde veranstalteten Markt: kann auch privatrechtlich sein.

85 GG;[77] die **Anordnung des** militärischen **Bereitschaftsdienstes** nach § 6 Abs 6 WPflG (BVerwGE 15, 63).

45 **Verwaltungsrechtlich sind dagegen,** da es sich insoweit nicht um spezifisch verfassungsrechtliche Akte im dargelegten Sinn handelt – vgl im Einzelnen Kopp/Schenke § 40 Rn 33 ff – **zB** die **Maßnahmen** des Bundestagspräsidenten in Ausübung der **Polizeigewalt im Bereich des Bundestages** (vgl OVG Münster NVwZ 1987, 609); die Ernennung eines Richters aufgrund der Wahl durch den **Richterwahlausschuss** des Parlaments (vgl BVerfG 24, 268; VGH Kassel DVBl 1990, 306; kritisch Leiner DVBl 1990, 1242); die Entscheidung über die **Erstattung von Wahlkampfkosten** (BVerwGE 44, 187; NJW 1980, 2092; BVerfG 27, 152; OVG Münster DVBl 1987, 101); über die Auszahlung von **Abgeordnetendiäten** (BVerwG NJW 1985, 2341; zT **aA** BVerfG 4, 144), über die **Zulassung von Sendezeiten** an Parteien und Wählergemeinschaften (BVerwGE 35, 344; BVerfG 7, 104; 14, 137; vgl auch BVerfG 40, 308; 64, 312; Kopp/Schenke § 40 Rn 34), über die Vorladung vor einen **parlamentarischen Untersuchungsausschuss** (OVG Münster NJW 1989, 1103 zur **Ladung als Zeuge;** Kästner JuS 1993, 112), über die Verpflichtung zur Vorlage bestimmter Beweismittel (OVG Münster NVwZ 1987, 609; NVwZ 1990, 1083: kein VA) und über sonstige Maßnahmen des Zeugniszwangs im Verfahren vor einem Untersuchungsausschuss des Parlaments;[78] über die Verhängung einer Ordnungsstrafe durch einen parlamentarischen Untersuchungsausschuss gegen einen Zeugen (OVG Berlin DVBl 1970, 293; zT **aA** OVG Münster DÖV 1987, 115), über die **Eintragung** in **das Wählerverzeichnis,**[79] über die Einleitung **diplomatischer Schritte** (BVerfG 55, 353; OVG Münster zit in BVerwGE 62, 14; offen hins. der Rechtsnatur als VA BVerwGE 62, 14) oder von Schritten gegenüber der NATO. Auch das Erfordernis der Zustimmung des Parlaments oder eines Parlamentsausschusses zu einem VA (zB zur **Zusammenlegung von Gemeinden**) macht diesen nicht zu einem Akt des Verfassungsrechts (VG Ansbach BayVBl 1972, 306); die Erklärung des **Einvernehmens** eines Landes **mit der Übernahme eines Beamten** in den Beamtendienst eines anderen Landes oder des Bundes (OVG Münster NVwZ 1986, 561: die Erklärung des Einvernehmens zum VA). Vgl auch Kopp/Schenke § 40 Rn 34. **Keine verfassungsrechtlichen Handlungen** sind auch die Entscheidungen im Zusammenhang mit **Kommunalwahlen** (OVG Münster DVBl 1981, 875: Entscheidung des Rats über die Gültigkeit einer Kommunalwahl als VA).

46 **Verwaltungsrechtlich** sind auch die Entscheidungen über die Verleihung von **Auszeichnungen und Orden**[80] und über die **Genehmigung der Annahme ausländischer Orden** und Ehrenzeichen (FL 14 zu § 1 VwVfG mwN). Dasselbe gilt für (Entscheidungen über) **Gnadenakte;**[81] dies gilt **auch** dann, **wenn die**

---

[77] BVerfG 81, 310 = DVBl 1990, 763 = BayVBl 1991, 111; BayVBl 1992, 720; Winter DVBl 1985, 996; Wagner DVBl 1987, 917; NJW 1987, 417; Schulte VerwArch 1990, 415.

[78] OVG Berlin DVBl 1970, 294; VG Hannover NJW 1988, 1928 = NVwZ 1988, 864; **aA** OVG Lüneburg DÖV 1986, 210.

[79] BayVerfGH BayVBl 1979, 129; Kopp/Schenke § 40 Rn 33; vgl nunmehr auch BVerfG NVwZ 1988, 818; MDH 28 zu Art 19 Abs 4 GG; **aA** BVerfG BayVBl 1968, 131: Rechtsschutz gegen Entscheidungen im Rahmen des Wahlverfahrens nur im Rahmen der Wahlprüfung.

[80] WBS II § 45 V 5 Rn. 39; Obermayer 38 str; **aA,** außer wenn die Voraussetzungen rechtlich normiert sind; Ule 32 Anh VII 3; SG 2 II A; vgl auch BVerwGE 18, 40: die Verleihung des Sportabzeichens ist ein rein privatrechtlicher Akt.

[81] BVerwGE 49, 201 mwN; DVBl 1977, 186; Erichsen JK GG Art I/3; ME VerwArch 1970, 168; MDH 27 zu Art 19 IV GG; Bettermann AöR 1971, 528; Knack 75 mit Hinweis darauf, dass sich eine gerichtliche Überprüfung im wesentlichen darauf beschränken könne, dass das rechtlich geordnete Verfahren beim Erlass des Gnadenbeweises eingehalten wurde und der Gleichheitssatz nicht verletzt ist; StBS § 1 Rn 172 ff; Schnapp AöR 1983, 137; SG 2

Entscheidung durch Verfassungsrecht **einem Verfassungsorgan,** zB dem Bundespräsidenten, **vorbehalten** ist oder die entsprechende Befugnis in dessen Namen ausgeübt wird. Kein VAe, sondern privatrechtliche Akte sind die Verleihung des **Sportabzeichens** (BVerwGE 18, 40) und des **Ehrenpreises der Landwirtschaftskammer** (VGH München AgrarR 1981, 351).

4. Regelung. Wesentlich für den Begriff des VA ist, dass dieser nach seinem objektiven Sinngehalt auf eine unmittelbare, für die Betroffenen **verbindliche Festlegung** von Rechten und Pflichten oder eines Rechtsstatus gerichtet sein **muss,**[82] dh darauf, mit dem Anspruch unmittelbarer Verbindlichkeit[83] und mit der Bestandskraft fähiger Wirkung[84] unmittelbar subjektive Rechte der Betroffenen zu begründen – einschließlich: konkretisieren und individualisieren (BVerwGE 79, 293) – aufzuheben, abzuändern oder verbindlich festzustellen,[85] oder aber darauf, die Begründung, Aufhebung, Abänderung oder Feststellung unmittelbar verbindlich abzulehnen. Zum Begriff des subjektiven Rechts s Einf Rn 63 ff; zur Frage, ob und wieweit mittelbare Folgewirkungen für subjektive Rechte aus Rechtspositionen ausreichen, unten Rn 80. 47

Die Maßnahme muss nach ihrem objektiven Sinngehalt auf **unmittelbare Rechtswirkung gerichtet** sein; dass sie lediglich tatsächliche Auswirkungen auf geschützte Rechtspositionen des Bürgers hat, genügt nicht;[86] ebenso grundsätzlich nicht, dass sie **mittelbare rechtliche Auswirkungen** auf geschützte Rechtspositionen hat (BVerwG DÖV 1992, 970). Dem Erfordernis der Rechtserheblichkeit entspricht auf seiten der Betroffenen eine durch Rechtsnormen begründete bzw durch Rechtsnormen geschützte Rechtsposition, die durch den VA berührt wird. Eine solche Rechtsposition kann auch öffentlichen Rechtsträgern zukommen (vgl zB BVerwGE 80, 201), zB **Selbstverwaltungsträgern** im Verhältnis zum Staat, außerdem zB auch natürlichen Personen und Personenmehrheiten in ihrer Eigenschaft **als Organe in Organschaftsverhältnissen** (vgl unten Rn 90). Zum Erlass eines VA gegenüber einer öffentlich-rechtlichen Körperschaft OVG Schleswig NordÖR 2000, 214; s auch Müller-Franken VerwArch 1999, 552. 48

Regelung ist auch die Ablehnung der Begründung, Aufhebung usw eines subjektiven Rechts, einer Pflicht, eines Rechtsstatus einer Sache usw gegenüber einem Bürger usw, insb auch die Ablehnung eines darauf gerichteten Antrags (BVerwGE 55, 285; 69, 377; 77, 271; 79, 293, 296; BVerwG DÖV 1981, 68; OVG Berlin NVwZ 1981, 253) bzw die Ablehnung eines beantragten VA (StBS 49

II A; WBS I § 45 Rn 39; Schenke JA 1981, 588; zu einem Gnadenakt im Disziplinarrecht auch BVerwG VRspr 27, 943; für die verfassungsgerichtliche Nachprüfung auch BayVerfGH 18, 140; 23, 8; 24, 54; zum Widerruf von Gnadenakten auch BVerfG 30, 108 und OLG Celle NJW 1989, 114; differenzierend Stern 3 I 4 b: **aA** BVerwG NVwZ 1983, 99; BVerfG 45, 242; 60, 363; Berlin NVwZ 1983, 681; UL § 38 Rn 9; zur Begnadigung von Strafgefangenen auch BVerfG 25, 352; vgl auch Ule DVBl 1973, 899; Oettl DVBl 1974, 924; Schätzler NJW 1975, 1249; s allg auch Bachof JZ 1983, 469.

[82] Vgl BVerwGE 60, 145; 77, 271 = NJW 1988, 88; 81, 260 = NVwZ 1989, 1055; OVG Schleswig NJW 1993, 952; VGH Kassel NVwZ-RR 1993, 484 = DVBl 1993, 616; Menger VerwArch 1981, 152; Erichsen/Ehlers § 12 Rn 26.

[83] Vgl BVerwGE 31, 306; 61, 168; VGH München BayVBl 1992, 469; OVG Schleswig NordÖR 1999, 446; Weidemann DVBl 1981, 117.

[84] BVerwGE 78, 3 = NVwZ 1988, 51; ferner VGH München BayVBl 1981, 241 und NVwZ 1990, 776: Regelungsgehalt in dem Sinn, daß mit dem Akt eine Verwaltungsrechtssache bestandskräftig abgeschlossen werden soll und kann.

[85] Vgl BVerwGE 69, 377; 77, 271; 79, 293; 80, 364; BVerwG BayVBl 1978, 375; BSG 14, 106; 17, 175; 18, 273; 21, 54; 25, 258 und 282; 32, 157; Ule 32 Anh I 5; WBS I § 45 Rn 53 ff; Erichsen/Ehlers § 12 Rn 27; Obermayer NJW 1980, 2386; Lorenz 271 mwN; Renck BayVBl 1973, 368; s auch unten 41; zu feststellenden VAen s auch unten 36; **aA** Bettermann DVBl 1969, 705.

[86] BVerwGE 60, 145; 81, 260; OVG Lüneburg DVBl 1990, 883; Erichsen/Ehlers § 12 Rn 39; s auch Rn 80.

56; König BayVBl 1993, 268) oder die Versagung bzw Ablehnung eines von Amts wegen zu erlassenden bzw jedenfalls möglichen VA; **anders die Ablehnung einer Handlung, die nicht VA** ist, sofern der Ablehnung insoweit keine Regelungswirkung zukommt.[87]

50 **a) Mitteilungen, Gutachten, Warnungen, Empfehlungen. Keine Regelungen** sind mangels unmittelbarer Verbindlichkeit im dargelegten Sinn zB Erklärungen oder Handlungen einer Behörde, denen nach Inhalt, Zusammenhang oder nach den näheren Umständen weder unmittelbar noch konkludent **ein entsprechender** konkreter **Regelungs- und Bindungswille** der Behörde entnommen werden kann, zB die lediglich faktische **(passive) Duldung** eines bauordnungswidrigen oder polizeiwidrigen Zustandes; (bloße) **Mitteilungen** (BVerwGE 75, 113 = NVwZ 1987, 315), zB die Mitteilung, dass gegen ein bestimmtes Vorhaben oder Verhalten keine Bedenken bestehen (vgl OLG Düsseldorf NVwZ-RR 1993, 452); **Absichtserklärungen** (BVerwGE 76, 50; s jedoch die Rspr zur Mitteilung der Absicht der Eintragung in die Handwerksrolle bzw der Löschung Rn 59ff); bloße **Meinungsäußerungen;**[88] **Auskünfte;**[89] **Informationen;**[90] **Erklärungen,** die eine Behörde im Verwaltungsprozess abgibt,[91] sofern sich nicht aus dem Inhalt der Erklärung und den Umständen etwas anderes ergibt; **Hinweise;**[92] **Empfehlungen;**[93] **Vorschläge** (auch zB der Vorschlag eines Beamten zur Beförderung); bloße **Feststellungen,** auch zB der Hinweis in einem Bescheid, dass innerhalb einer bestimmten Frist eine Nachuntersuchung erforderlich sein wird (VGH München BayVBl 1982, 694; im entscheidenen Fall zweifelhaft, ob der Betroffene darin nicht eine Anordnung oder verbindliche Feststellung sehen musste, zumal der Hinweis im Tenor des Bescheids enthalten war); formlose **Beanstandungen;**[94] formlose **Mißbilligungen** des Verhaltens eines Behördenbediensteten (Beamter oder Angestellter) durch einen Behördenleiter;[95] nicht disziplinarische **Ermahnungen** (BVerwGE 50, 66; BVerwG DVBl 1983, 1248; OVG Koblenz NJW 1982, 2277); zB die nicht disziplinarrechtliche Ermahnung an einen Richter wegen politischer Betätigung (VG Schleswig NJW 1985, 1099); **War-**

[87] Vgl VGH Mannheim DÖV 1986, 1067; Wendt JA 1980, 29; König BayVBl 1993, 268; **aA** offenbar StBS 56, insb auch zur Ablehnung von Verfahrenshandlungen, die nicht VAe sind; vgl auch Stelkens NJW 1977, 2367.

[88] BSG 14, 106; 21, 54; 31, 226; 42, 179 = NJW 1977, 77.

[89] BVerwGE 31, 306; BSG 14, 104; 25, 66, 220; 37, 180; 44, 118; BFH 126, 358 = DVBl 1979, 561; VGH München BayVBl 1984, 758; **aA** LG Stuttgart VBlBW 1981, 329.

[90] BVerwG NJW 1992, 1641: Nachweis von Unternehmensberatern; BVerwG NVwZ-RR 1991, 200: Leitfaden mit Informationsmaterial der Bundeswehr keine anfechtbare Maßnahme.

[91] BVerwGE 74, 15; OVG Münster NWVBl 1990, 63 = NVwZ-RR 1990, 435; zT **aA** BVerwG NVwZ 1988, 724 zur sachlichen Einlassung einer Behörde auf eine Verpflichtungsklage auf Erlaß eines VA; vgl auch BVerwG NJW 1984, 507 mwN; VGH Kassel NVwZ-RR 1989, 324; OVG Lüneburg NVwZ-RR 1989, 327 = KStZ 1988, 117; allg zur Ersetzung des Widerspruchsbescheids durch eine vorbehaltlose Ablehnung auch zB BVerwGE 57, 211; 64, 325; 68, 123.

[92] BVerwGE 51, 60; BSG 17, 124; NJW 1961, 1646; 1977, 77.

[93] BVerwGE 53, 106; 71, 183 = NJW 1985, 2774 – Arzneimittel-Transparenzliste.

[94] Schleswig, zit in BVerwG DÖV 1992, 536 = NVwZ-RR 1992, 371: Beanstandung einer Gemeinde durch den staatlichen Datenschutzbeauftragten ist kein VA; VGH Mannheim VBlBW 1981, 397: Beanstandung und Ermahnung durch einen Baukontrolleur ist kein VA; VG München BayVBl 1982, 505: keine VA, es sei denn, daß als verbindlich erkennbar gewollt.

[95] BVerwG DÖV 1975, 174 zur Mißbilligung durch einen Gerichtspräsidenten; **anders** bei einer einem Rechtsbeistand erteilten förmlichen Rüge wegen einer Pflichtverletzung, vgl BVerwG NJW 1984, 1051 unter Hinweis auf BVerfG 50, 16 zur mißbilligenden Belehrung eines Rechtsanwalts; – ähnlich OVG Münster NJW 1992, 1580 zur förmlichen Mißbilligung des berufspflichtwidrigen Verhaltens eines Arztes durch das Gesundheitsamt; ferner BVerwG NJW 1984, 1051; auch Czernak BayVBl 1989, 201.

nungen;[96] **Belehrungen** (München 11, 25; VRspr 9, 241; Krause 329f mwN); die **Ermahnung in Form eines Sich-Verbittens** durch einen Beamten an einen Besucher, nicht einfach in das Dienstzimmer „hereinzuschneien", ohne anzuklopfen; die formlose **Ladung zur Musterung;**[97] die **Ankündigung** oder In-Aussichtstellung eines VA;[98] die **Androhung eines VA,** sofern sie nicht wie zB in § 50 AuslG tatbestandsmäßige Voraussetzung für einen evtl Erlass des angedrohten VA ist;[99] **Gutachten** (BVerwG BayVBl 1971, 305 zu Gutachten des Amtsarztes; VGH München NVwZ 1990, 776); Sprüche des **Oberseeamts** (BVerwGE 59, 319); **Berichte des Bundesluftfahrtamtes** über die Ursachen eines Luftunfalls (BVerwGE 14, 323; entsprechend BVerwGE 32, 21 und Buchh 310 § 42 VwGO Nr 78 für Berichte.

b) Bescheinigungen, Feststellungen. Stellt die Behörde Bescheinigungen aus oder trifft sie Feststellungen dem Bürger gegenüber, so ist zu differenzieren: **Regelungen enthalten** die **feststellenden VAe,** durch die ein Rechtsverhältnis oder einzelne sich daraus ergebende Rechte oder Pflichten für den Bürger verbindlich und in einer der Rechtsbeständigkeit fähigen Weise festgestellt werden.[100] **Kriterium für die Beurteilung,** ob eine Feststellung nur als einfache Feststellung gemeint ist oder als „regelnde Feststellung" (BVerwGE 72, 232) rechtsverbindlich und damit als VA gewollt ist, ist außer dem Wortlaut vor allem der Zusammenhang, in dem sie erfolgt, insb. ob ein Rechtsverhältnis oder einzelne Rechte oder Pflichten strittig sind bzw als klärungsbedürftig angesehen werden (BVerwGE 34, 353; 72, 367; VGH Mannheim DÖV 1982, 703; VG Aachen NVwZ 1987, 258); ein Indiz für einen feststellenden VA ist auch, wenn eine derartige **Feststellung im Gesetz vorgesehen** ist[101] oder in einem besonderen 51

---

[96] BVerwGE 82, 76 (Jugendsekten); 48, 264; zugleich auch zur Abgrenzung von einer Weisung gem § 36 StVO –; BVerwG NJW 1991, 1766 (Warnung vor glykolhaltigem Wein); weitere Bsp bei Di Fabio JZ 1993, 689; Philipp, Behördliche Warnungen, passim; Lübbe-Wolff NJW 1987, 2705.

[97] BVerwGE 82, 244; NJW 1984, 2541; OVG Lüneburg NVwZ 1990, 1195: nur Information über Ort und Zeit der Musterung und über etwaige Folgen eines Fernbleibens; zweifelhaft.

[98] BVerwGE 69, 374 = NVwZ 1985, 417 zur Aufforderung an den Ruhestandsbeamten, sich zum Dienstantritt vorzustellen; es sei beabsichtigt, ihn erneut in das Beamtenverhältnis zu berufen: kein VA; BVerwG NVwZ 1985, 419 zur Bemerkung in einem Bescheid, daß die Bezüge zurückgefordert würden: kein VA; OVG Hamburg DVBl 1982, 852; OVG Münster NVwZ 1985, 661; VG Augsburg GewArch 1974, 158; zT **aA** zur Mitteilung einer beabsichtigten Eintragung eines Handwerkers in die Handwerksrolle BVerwGE 95, 364: da die Behörde bereits mit der Ankündigung verbindlich erklärt, daß sie künftig die Eintragung vornehmen wird; VGH München NVwZ 1983, 691; VGH Kassel GewArch 1988, 199: die Mitteilung enthält schon die Entscheidung über die Eintragung; entsprechend zur Löschungsmitteilung BVerwGE 88, 123; BVerwG DVBl 1992, 1172.

[99] VGH Kassel DVBl 1984, 794 = NVwZ 1985, 794: nur Hinweis auf die Gesetzeslage und auf die Möglichkeit unmittelbarer Zwangsmaßnahmen; zT weitergehend offenbar BVerwGE 50, 55; 82, 246: auch wenn nicht tatbestandliche Voraussetzung für Zwangsmaßnahmen; VG Braunschweig NVwZ-RR 1990, 655; **andererseits** VGH München BayVBl 1993, 600 sowie OVG Koblenz NJW 1982, 2277: kein VA, auch wenn rechtliche Voraussetzung für eine Zwangsmaßnahme; ferner Kopp/Schenke § 167 Rn 17.

[100] BVerwGE 39, 346; 41, 277; 57, 162; 58, 39, 264, 346; 67, 165; 72, 232: regelnde Feststellung; 72, 265 = NJW 1986, 1120; 79, 293: Bescheinigung über die gem § 20 Abs 4 AsylVfG kraft Gesetzes eintretende Aufenthaltsgestattung; BVerwG DVBl 1988, 1025; BSG NJW 1987, 2422; VGH Mannheim DÖV 1982, 703; 1987, 116 und 118; VBlBW 1990, 234 zur Feststellung des Status einer Wohnung durch VA; VGH München NJW 1981, 2076; VG Aachen NVwZ 1987, 256; Martens NVwZ 1982, 483; Erichsen/Ehlers § 12 Rn 28; Kopp/Schenke Anh § 42 Rn 28; Kopp GewArch 1986, 41; König BayVBl 1987, 261; Knack 90 mwN.

[101] WBS II § 46 II 3 Rn. 13 differenziert hier zwischen „selbstständigen" feststellenden VAen aufgrund einer allgemeinen Ermächtigungsgrundlage bzw Generalermächtigung und unselbstständigen feststellenden VAen zB aufgrund einer Spezialermächtigung.

Verfahren erfolgt (BVerwGE 75, 101). Umgekehrt bedeutet das Fehlen einer gesetzlichen Grundlage nicht notwendig, dass der Bescheinigung bzw Feststellung die Verbindlichkeit seitens der Behörde nicht zugedacht ist (BVerwGE 57, 162). Teilweise wird hier zwischen selbständigen feststellenden VAen und unselbständigen feststellenden VAen differenziert (WBS II § 46 Rn 13).

52 Als **feststellende VAe** sind anzusehen die (verbindliche, förmliche) Feststellung durch eine Behörde, dass bestimmte Wohnräume dem **Zweckentfremdungsverbot** unterliegen (BVerwGE 72, 265 = NJW 1986, 1120); dass der Erwerber oder Eigentümer, der die Pacht von Kleingartenland kündigt, **kein Ersatzland** bereitzustellen braucht (BVerwGE 59, 56); dass die Herstellung einer bestimmten Ware unter das **Nachtbackverbot** fällt (VGH München NJW 1981, 2076; Martens NVwZ 1982, 483); dass ein Bauwerk nach einem bestimmten Gesetz bereits **Denkmalseigenschaft** hat (VGH Mannheim DÖV 1982, 703); dass ein **Wasserbenutzungsrecht erloschen** ist (VGH Mannheim NVwZ 1982, 570); die Feststellung, dass eine bestimmte Art der **Abnahme der Fahrprüfung als nicht zulässig** angesehen wird (BVerwGE 39, 346); die Feststellung (Entscheidung), dass eine im Rahmen eines hoheitlich gestalteten Rechtsverhältnisses gestellte **Kaution verfallen ist** (BVerwGE 82, 282 = NJW 1990, 1435); die verbindliche **Feststellung der Staatsangehörigkeit;**[102] die (verbindliche) Feststellung, dass ein Vorhaben nicht gemeinnützigkeitsschädlich ist (sog **Unbedenklichkeitsbescheinigung,** BVerwGE 57, 162 = NJW 1979, 1726; BVerwG NJW 1980, 718); die (verbindliche) Feststellung, dass ein Bauvorhaben **nicht genehmigungspflichtig** ist (BVerwG DÖV 1980, 136); die amtliche **Feststellung der Bevölkerungszahl** einer Gemeinde durch das Statistische Amt aufgrund der letzten Volkszählung (VGH Kassel NVwZ 1993, 497; Poppenhäger NVwZ 1993, 444); die **Feststellung des Ergebnisses** einer ärztlichen **Tauglichkeitsuntersuchung** für den Wehrdienst durch förmlichen Bescheid;[103] die (verbindliche) Feststellung der **Wehrdienstunfähigkeit** (sog Ausmusterung, vgl BVerwGE 58, 39); dies gilt auch, wenn für die entsprechenden Feststellungen durch VA keine ausdrückliche Rechtsgrundlage besteht (BVerwGE 57, 162); die **Anerkennung als Kriegsdienstverweigerer** (BVerwGE 65, 288; 69, 91); als **Schwerbehinderter** (BVerwGE 72, 10; 81, 86); die in der **Bekanntgabe eines Smog-Alarms** liegende verbindliche Feststellung, dass die Bedingungen für den Smogalarm erfüllt sind und deshalb die damit verbundenen Beschränkungen in Kraft treten;[104] der sog. **Veränderungsnachweis der Katasterbehörde** (VGH München BayVBl 1985, 122: da bindende Voraussetzung für die Grundbucheintragung; Martens NVwZ 1987, 106); die **Bescheinigung,** die eine Studentin als Forschungsstudentin bestätigt (OVG Berlin LKV 1992, 299); die Erteilung einer **Bescheinigung nach der EWG-VO** Nr 1035 § 72, dass eingeführte Äpfel den EWG-EU-Normen entsprechen (BVerwG DÖV 1985, 207 = BayVBl 1984, 666: Regelung, aber mangels unmittelbarer Außenwirkung kein VA); die sog. **Abgeschlossenheitsbescheinigung,** mit der die Behörde dem Antragsteller bestätigt, dass eine Wohnung iS des Wohnungseigentumsrechts abgeschlossen ist und insoweit deshalb der Eintragung als Eigen-

[102] BVerwGE 41, 277; NJW 1959, 1726; anders der bloße Staatsangehörigkeitsnachweis, der sog „Heimatschein", vgl BVerwG DVBl 1985, 968.

[103] BVerwG NVwZ 1987, 787; NJW 1988, 1536; DÖV 1991, 75; vgl aber auch unten Rn 65 zu unselbständigen Beweisanordnungen zu einer Untersuchung in einem Verwaltungsverfahren.

[104] Str, wie hier Jarass, BImSchG § 40 Rn 4; NuR 1984, 174; NVwZ 1987, 97; Jacobs NVwZ 1987, 105; **aA** LR GewO III 28 zu § 40; Hansmann, Smog, in: Wirtschaft und Umweltschutz, 1986, 123: bloße Rechtstatsache; Kluth NVwZ 1987, 960: keine eigene Regelungswirkung, nur objektive behördliche Sachverhaltsfeststellung; Ehlers DVBl 1987, 979: Verordnung oder Realakt, je nach Art der Regelung.

tum nichts entgegensteht;[105] die **Entscheidung gem § 17 Abs 2 FStrG,** dass für eine Straßenbaumaßnahme die Planfeststellung unterbleiben kann, weil die Änderung nur unwesentlich ist;[106] die **Anerkennung als Asylbewerber** (BVerwGE 75, 101); die Bescheinigung über die kraft Gesetzes eintretende **Aufenthaltsgestattung** gem § 20 Abs 4 AsylVfG (BVerwGE 79, 293 = DVBl 1988, 1025); die förmliche **Feststellung über das Erlöschen** der Aufenthaltserlaubnis kraft Gesetzes (VGH Mannheim DVBl 1990, 1070); die entsprechende Eintragung im Pass (VG Augsburg NVwZ 1987, 258); die Feststellung durch die Meldebehörde, dass eine bestimmte Wohnung **Hauptwohnung** iS des Melderechts ist (VGH Mannheim NJW 1987, 209 = NVwZ 1987, 1007; Hamburg HmbJVBl 1985, 221); s aber zur bloßen Eintragung in das Melderegister Rn 59, Fn 122; die Feststellung der Vertriebeneneigenschaft (BVerwGE 70, 169; 85, 82 = DVBl 1990, 1057); die **Erklärung** einer Örtlichkeit **zum militärischen Sicherheitsbereich;** die **Feststellung,** dass bestimmte Räume **als Wohnräume iS des Zweckentfremdungsrechts** anzusehen sind und dem Verbot der Zweckentfremdung von Wohnräumen unterliegen;[107] die **Feststellung in einem Schulzeugnis,** dass der Schüler **die Schule verlassen** muss, weil er bereits mehrmals nicht versetzt wurde (VGH Mannheim NVwZ 1985, 593 = DVBl 1985, 1070; VGH München NVwZ 1986, 398); die Entscheidung, dass einem Bürger **diplomatischer Schutz** durch geeignete diplomatische Maßnahmen oder auch zB durch Anrufung eines internationalen Schiedsgerichts gewährt wird (offen BVerwGE 62, 14); die **Entscheidung,** dass die Bundesregierung sich bei den **Nato-Streitkräften** zum Schutz der Nachbarrechte eines Bürgers verwenden wird;[108] die **Stellung eines Antrags** an das AG durch die Behörde **auf Eintragung einer Sicherungshypothek,** da darin zugleich die Feststellung enthalten ist, dass die gesetzlichen Voraussetzungen der Vollstreckung erfüllt sind (BFH 152, 53 = NVwZ 1989, 96; BFH NVwZ 1987, 360 = BStBl II 1986, 236).

Steuerbescheinigungen von Verwaltungsbehörden haben idR Regelungsqualität;[109] zB die sog **Investitionszulagenbescheinigung** nach § 2 InvZulG oder nach entsprechenden Vorschriften (BVerwGE 48, 214; 92, 82 = NJW 1993, 2764; BVerwG NVwZ-RR 1990, 178); die **Investitionsbescheinigung** nach dem G über besondere Investitionen in der ehemaligen DDR (BVerwGE 91, 335); die Bescheinigung **über die Gebührenbefreiung beim Wohnungsbau** (BVerwGE 60, 113; ebenso VGH München BayVBl 1985, 278 zum **Anerkennungsbescheid nach dem 2. WoBauG** aF); die Bescheinigung nach § 40 **nwDenkmalSchG** (OVG Münster NVwZ-RR 1990, 341); die Bescheinigung für die **Grunderwerbssteuerbefreiung** (**aA** VGH Mannheim KStZ 1982, 200: bloßes Beweismittel ohne Regelungscharakter); nach §§ 82i und k EStDV über steuerbegünstigte Aufwendungen für Baudenkmäler (VGH Mannheim DVBl 53

---

[105] **Anders** die hM, vgl BVerwG NJW 1990, 848 mwN; BGH-Vorlagebeschluß NJW 1991, 1611 = BayVBl 1991, 347 m Anm Bötsch: nur eine Wissenserklärung; BayObLGZ NJW-RR 1990, 1356; VGH München BayVBl 1990, 536; 1992, 310 nur ein urkundlicher Nachweis gegenüber dem Grundbuchamt; vgl auch Pause NJW 1990, 3178.

[106] BVerwGE 64, 325 = NJW 1982, 1546: die Entscheidung enthält zugleich die öffentlich-rechtliche Zulassung der Baumaßnahme; s hierzu näher § 74 Rn 175 ff.

[107] BVerwGE 72, 268 = NJW 1986, 1120: VA, jedoch rechtswidrig, da die Feststellung nicht durch VA getroffen werden durfte.

[108] Vgl allg BVerwGE 81, 110 = NVwZ 1989, 750; VGH Kassel NJW 1984, 2055; OVG Münster NVwZ 1990, 174; Ronellenfitsch VerwArch 1985, 334; Ronellenfitsch/Harndt NJW 1989, 425.

[109] Bescheinigung nach § 6 Abs 1 S 2 Nr 5 EStG 1984 § 7d Abs 2 Nr 2 EStG 1979; vgl BVerwG NVwZ 1987, 216; NJW 1994, 337 und 393; OVG Berlin NVwZ-RR 1991, 23; BVerwGE 90, 353; BVerwG NVwZ 1993, 900; vgl auch BVerwGE 79, 171 = NVwZ 1988, 929.

1986, 188; DÖV 1981, 803; die Bescheinigung nach § 7, § 9 Abs 2 Nr 1 **Milch-Garantiemengen-VO** (BVerwGE 79, 191; 81, 49; 81, 68; 90, 18 = NVwZ-RR 1993, 70; NVwZ 1987, 44; BVerfG 71, 344); die **„Bezeichnung" eines Verteidigungsvorhabens** nach § 1 Abs 3 LBG;[110] die **Zustimmung zur Mitwirkung** eines Wehrpflichtigen **im Katastrophenschutz** (BVerwGE 54, 240; BVerwG DÖV 1991, 28).

Regelungswirkung hat idR die Ausstellung eines sog **Negativattests,** dass ein bestimmtes Vorhaben, eine bestimmte Tätigkeit usw zulässig ist bzw keiner Genehmigung, Erlaubnis usw bedarf,[111] zB das **Negativattest** nach § 23 Abs 2 BauGB aF, **dass eine Teilungsgenehmigung** nach § 19 BauGB **nicht erforderlich ist** oder als erteilt gilt; die verbindliche Mitteilung (feststellender VA), dass eine bestimmte Tätigkeit keiner Erlaubnis nach dem **RechtsberatungsG** bedarf (BVerwG NJW 1978, 234); die **Entscheidung** bei einer Straßenänderung von unerheblicher Bedeutung, dass gem § 17 Abs 2 S 3 FStrG **eine Planfeststellung unterbleiben kann;**[112] die **Mitteilung** an eine Flughafengesellschaft, dass bestimmte nach § 45 Abs 2 LuftVG angezeigte Erweiterungsmaßnahmen bei einem Flughafen **nicht genehmigungspflichtig** sind (BVerwG NJW 1980, 718: zugleich VA, der als Genehmigung der Maßnahmen anzusehen ist); die **Verständigung der Betroffenen** nach § 1 Abs 1 S 2 des Gesetzes zur Vereinfachung des Planfeststellungsverfahrens für Fernmeldelinien v 24. 9. 1935 (RGBl S. 1177) von einem geplanten Vorhaben (BVerwGE 77, 136); die **Mitteilung,** dass das **Genehmigungsverfahren ohne Sachentscheidung abgeschlossen** wird, da keine Genehmigung erforderlich ist (BVerwGE 81, 110); die **Mitteilung** einer Gemeinde an den Käufer eines Grundstücks, dass das **Vorkaufsrecht** gem § 24 Abs 4 S. 1 BauGB **nicht ausgeübt** wird (Böhle BayVBl 1986, 43).

54 **Feststellende VAe** können auch **Eintragungen in öffentliche Bücher,** zB in das **Wasserbuch,** in das **Straßen- und Wegeverzeichnis sein,** soweit sie für bestimmte Rechte oder Rechtspositionen konstitutiv sind (OVG Münster NVwZ 1992, 991: **Eintragung in die Denkmalliste** mit der Folge, dass damit die Eigenschaft des Denkmals als Denkmal iS des DenkmalG begründet wird, ist ein VA); **anders** die Eintragung in **lediglich der verwaltungsinternen Information** dienende Listen, Register usw (vgl BVerwGE 77, 269 = NJW 1988, 88 zu Eintragungen in das Verkehrszentralregister: mangels Außenwirkung keine VAe).

55 **c) Wiederholende Verfügungen, Zweitbescheide, Zusagen.** Wird in derselben Sache dem Bürger ein weiterer Bescheid mit uU demselben Inhalt wie der Erstbescheid übersandt, so ist zu differenzieren: Kein VA ist mangels unmittelbarer Rechtserheblichkeit die **bloße Wiederholung** eines bereits ergangenen VA ohne neuen Regelungsgehalt (BVerwGE 13, 99). Etwas anderes gilt für die Ablehnung der erneuten Sachprüfung eines bereits durch VA entschiedenen Sachverhalts unter (ausdrücklichem oder stillschweigendem) Hinweis auf eine frühere

---

[110] BVerwGE 74, 123; BVerwG DÖV 1993, 531; Laubinger VerwArch 1986, 434; Paal BayVBl 1981, 243; Geiger DÖV 1982, 648; BayVBl 1987, 106; 1990, 505 mwN; Dehner BayVBl 1986, 660; Koch JA 1987, 205; im Verhältnis zur betroffenen Gemeinde auch BVerwGE 74, 124 = NJW 1986, 2447 m Anm Brodersen JuS 1987, 154; BVerwG NJW 1986, 2451; DVBl 1989, 1051; vgl auch Robbers DÖV 1987, 272, der solche Akte zT VAen gleichsetzt; **aA** noch BVerwG DVBl 1983, 345, in BVerwGE 74, 124 jedoch nunmehr zT aufgegeben; VGH München BayVBl 1981, 241; DÖV 1982, 646; Lang NuR 1981, 158; StBS 145: kein VA; Geiger BayVBl 87, 106 weist gegenüber BVerwGE 74, 124 zutreffend darauf hin, daß die Frage der Qualifikation als VA nur einheitlich beantwortet werden kann und die Frage des „wem gegenüber" eine Frage der Klagebefugnis nach § 42 Abs 1 VwGO ist.

[111] BGH GRUR 1986, 79; StBS 60; **aA** Müller/Giessler GWB 5 vor § 51.

[112] BVerwGE 64, 325 = NJW 1982, 1546; BVerwG BayVBl 1985, 155: zugleich VA, der die Baumaßnahmen zulässt; s näher § 74 Rn 175 ff.

Entscheidung, auch wenn die Ablehnung zugleich unter Angabe neuer Sachgründe erfolgt. Die **Ablehnung des Wiederaufgreifens** eines abgeschlossenen Verfahrens hat VA-Qualität (BVerwG NVwZ 2002, 482). Gleiches gilt für eine neue Sachentscheidung **(Zweitbescheid),** die, auch wenn sie wieder im gleichen Sinn ergeht, neue Rechtsbehelfsfristen in Lauf setzt.[113] Immer VA ist auch die **Verlängerung der Geltungsdauer eines VA** (OVG Koblenz DÖV 1985, 367); ebenso auch jede sonstige nachträgliche **Änderung eines VA,** insb auch die **Rücknahme** und der **Widerruf** (§§ 48ff VwVfG) eines VA. S auch zur VA-Eigenschaft des Widerspruchsbescheids § 79 Rn 21.

Kein VA ist mangels unmittelbarer Rechtserheblichkeit gegenüber dem Bürger 56 (dem nach materiellem Recht kein Anspruch auf Einschreiten der Aufsichtsbehörde oder eine sonst geschützte Rechtsposition insoweit zukommt) auch die **Weigerung der höheren Behörde** oder der Aufsichtsbehörde, gegen eine ihrer Aufsicht unterstehende Behörde oder Körperschaft **im Aufsichtsweg einzuschreiten** (BSG DVBl 1968, 809); ebenso nicht die Ablehnung eines dahin gehenden Antrags des Bürgers.

Umstritten ist die Rechtsnatur von **Zusicherungen** gem § 38 VwVfG oder 57 nach anderen Vorschriften bzw ohne ausdrückliche gesetzliche Rechtsgrundlage (s § 38 Rn 2), auch zB hins des Nichterlasses eines vom Bürger befürchteten VA. Die hM sieht Zusicherungen zu Recht als VAe an (s hierzu näher § 38 Rn 2f). Dasselbe muss auch für Zusagen eines sonstigen Verwaltungshandelns gelten.[114]

d) Prüfungen, Zeugnisse, Schulnoten, dienstliche Beurteilungen. Während 58 die Entscheidung über die Versetzung eines Schülers in die nächste Klasse oder über die Zuerkennung einer Abschlussqualifikation eines Bildungsgangs (Abitur, Realschulabschluss, Gesellen- oder Meisterprüfung, Diplom) nach einhelliger Meinung als VA eingestuft wird, ist die **Qualität von Zeugnissen,** Beurteilungen und Benotungen im übrigen **umstritten.** Teilweise wird der Regelungscharakter von Benotungen und Beurteilungen generell verneint, weil derartige Bewertungen lediglich bestimmte Qualifikation feststellen, aber nicht verbindlich festlegen könnten (StBS 129; Grupp JuS 1983, 351, 353; Koch/Rubel III Rn 11). Nach dieser Auffassung beschränkt sich der Regelungscharakter eines Schulzeugnisses auf die Entscheidung über die Versetzung, das Bestehen oder Nichtbestehen einer Prüfung. Die Gesamtnote wie auch die Noten in einzelnen Fächern werden danach lediglich als Elemente der Begründung eines VA angesehen, gegen die Rechtsschutz nur auf dem Wege einer Leistungsklage gewährt werden kann.[115]

Die hM sieht die Gesamtnote einer Prüfung bzw eines Zeugnisses und darüber hinaus auch einzelne besonders wichtige Einzelnoten als selbständige Regelungen und damit entweder als **selbständige VAe** oder als selbständig anfechtbare Teile von VAen an[116] zB die **Ausbildungsnote** (BVerwGE 57, 130) und das

---

[113] Vgl BVerwGE 39, 233; 42, 358; 44, 334; 53, 14; 57, 345; 69, 94; BVerwG NVwZ 1982, 50; 1985, 341; DVBl 1993, 737; BVerfG 27, 297; BGH DÖV 1973, 92; VGH Kassel NVwZ 1985, 282; OVG Lüneburg NJW 1985, 507; OVG Schleswig DÖV 1994, 394; Schenke NJW 1982, 490; Erichsen/Ehlers § 12 Rn 27; § 20 Rn 16; § 38 Rn 53.

[114] Ebenso die der Entscheidung nach § 767 ZPO entsprechende Feststellung, daß die Vollstreckung aus einem VA unzulässig ist, vgl OVG Koblenz NJW 1982, 2277; s auch Kopp/Schenke § 167 Rn 35; **aA** OVG Münster DÖV 1976, 675.

[115] VGH Kassel DVBl 1990, 546; VGH München NJW 1988, 2632; VGH Mannheim DÖV 1982, 164; OVG Koblenz DÖV 1980, 614; OVG Münster DÖV 1975, 358.

[116] BVerwGE 24, 64; 57, 130; 73, 376; BVerwG NVwZ 1992, 56; DÖV 1995, 79; VGH Mannheim DVBl 1990, 933: auch einzelne Noten aus einem Zeugnis, sofern sie gesondert festgesetzt werden und für bestimmte Berechtigungen, zB die Zulassung zu einem bestimmten Studiengang an der Universität, von Bedeutung sind oder sein können; BVerwG NJW 1993, 1027; OVG Münster NVwZ 1985, 595 zur Gesamtnote einer berufsqualifizierenden Prüfung; VGH München BayVBl 1984, 629; NVwZ-RR 1990, 358; mwN.

Stationszeugnis eines Referendars (OVG Münster VRspr 24, 936; allg auch Lässig DÖV 1983, 876; Stauf RiA 1983, 179). Dies gilt mangels unmittelbarer Rechtserheblichkeit **nicht für die Bewertung einzelner mündlicher oder schriftlicher Leistungen** in der Prüfung oder im Jahresfortgang, wenn diese nur (unselbständige) Elemente im Rahmen der Gesamtbewertung und nicht selbständige Teile davon sind, wie zB die Bewertung einzelner Prüfungsklausuren in einem Fach.[117] Teilweise wird als VA nur die Gesamtbewertung der Prüfung angesehen, jedoch die Klage gegen die Prüfungsentscheidung, soweit im Fach Latein nur die Note genügend gegeben wurde, bzw auf eine neue Entscheidung für zulässig gehalten.[118] Etwas anderes gilt dann, wenn es nach den oben dargelegten Grundsätzen auf eine einzelne Note ankommen kann und diese insoweit selbständig rechtserheblich ist, zB im Hinblick auf die Zulassung zu einem „numerus clausus"-Studium.[119]

59 **e) Aufnahme in Register, Dateien.** Bei behördlichen Eintragungen in Register, Verzeichnisse, Listen usw kommt es für die Rechtsqualität auf deren Rechtsfolgen an. VA-Qualität liegt idR dann vor, wenn **die Eintragung konstitutiv** für Rechte oder Rechtstellungen ist oder die Rechtstellung der Betroffenen in anderer Weise unmittelbar berührt.[120] **Umstritten** ist die Frage, ob die bloße Beweiswirkung einer Eintragung für die VA-Qualität ausreichend ist. Die Frage kann nur für solche Fälle bejaht werden, in denen ein Gesetz die Eintragung gerade zu diesem Zweck vorsieht (ähnlich BVerwGE 39, 103; Obermayer 57; enger StBS 62 a). Wo zwischen Eintragung und vorausliegendem **Entscheidungsakt** über die Eintragung unterschieden werden kann, kommt es auf den **Publizitätsakt** an, also auf die Frage, was dem Betroffenen gegenüber bekannt gegeben wird.

59 a **VA-Qualität wird zB angenommen** für die Eintragung oder Löschung eines **Berufsausbildungsvertrags** in das amtliche Verzeichnis (BVerwGE 65, 109 = NJW 1981, 2209; 69, 162; VG Aachen GewArch 1978, 166); die Eintragung oder Löschung eines Handwerkers in die **Handwerksrolle,** die als Vollzug der gedanklich vorausliegenden Entscheidung, dass die Voraussetzungen dafür als erfüllt angesehen werden.[121] **Umstritten** ist die VA-Qualität der **Eintragung** einer Person in das **Melderegister** bzw die Streichung oder Berichtigung einer Eintra-

---

[117] BVerwG DÖV 1995, 79 und 116; OVG Münster NVwZ 1985, 595; zT **aA** BVerwG ZBR 1978, 72; Buchh 421.0 Prüfungswesen Nr 118.

[118] Vgl BVerwGE 41, 153; BVerwG RiA 1982, 79; OVG Koblenz DÖV 1980, 614; OVG Münster NVwZ 1985, 595; VGH München BayVBl 1984, 629; Bryde DÖV 1981, 194; Steimel JuS 1982, 290; zT **aA** BVerwG BayVBl 1983, 471 = DÖV 1983, 819: der einzelnen Zeugnisnote fehlt die unmittelbare Außenwirkung; BVerwG NVwZ-RR 1994, 582; VGH Mannheim DÖV 1982, 164; OVG Koblenz DÖV 1980, 614; Löwer DVBl 1980, 959: Einzelnote auch nicht Teil eines VA.

[119] BVerwGE 73, 376; BVerwG ZBR 1978, 72; VGH München BayVBl 1984, 629; VGH Mannheim DVBl 1990, 533; Niehues, Schul- und Prüfungsrecht, Bd I 3. Aufl 1994, Rn 46.

[120] BVerwGE 62, 330; 77, 271; VGH Kassel NJW 1980, 356; VGH München BayVBl 1963, 356; Sauthoff NVwZ 1994, 21; StBS 62 a; weiter Obermayer 57; Knack 62.

[121] VGH Mannheim NVwZ-RR 1992, 473; OVG Hamburg NVwZ-RR 1992, 184; Kopp GewArch 1967, 73; BVerwG NVwZ 1988, 151: die Eintragung ist idS VA; ferner VGH Mannheim NVwZ-RR 1993, 183: die Mitteilung über die beabsichtigte Löschung entzieht die Rechtsposition noch nicht, sondern eröffnet nur ein förmliches Verfahren zur Prüfung der Löschungsvoraussetzungen; zT **aA** BVerwGE 88, 123; 95, 364; DVBl 1992, 1172 = BayVBl 1993, 439; NVwZ 1983, 673; Buchh 451.45 § 7 HwO Nr 10; VGH München NVwZ 1983, 691; VGH Kassel GewArch 1988, 199: die Mitteilung gem § 11 HwO über die beabsichtigte Eintragung bzw Löschung stellt bereits die Eintragungsverfügung bzw Löschungsverfügung dar; Kritik: die Mitteilung nach § 11 HwO eröffnet nur das Eintragungsverfahren und soll hier der vorherigen Anhörung dazu dienen; sie ersetzt nicht die Entscheidung und macht sie auch nicht überflüssig.

gung;[122] VA-Qualität hat dagegen die **Eintragung** einer Sache in ein amtliches **Verzeichnis** national wertvoller Kulturgüter (OVG Lüneburg NVwZ 1993, 79); die **Eintragung eines Denkmals in die Denkmalliste,** auch wenn bzw soweit die Eintragung für die Entstehung als Denkmal iS des Denkmalschutzrechts nicht gem § 35 S 2 konstitutiv ist, sondern nur für die kraft Gesetzes bereits bestehende Denkmaleigenschaft **deklaratorisch** wirkt[123] **oder** wenn die **Eintragung** nur „nachrichtlich" erfolgt und der Schaffung eines Beweismittels für die Denkmaleigenschaft durch **Schaffung einer öffentlichen Urkunde** dient;[124] ebenso der Eintragung **einer Straße** in das **Straßenbestandsverzeichnis** (Sauthoff NVwZ 1993, 21). Bei Eintragungen in Straßen- und Straßenbestandsverzeichnisse kommt es auf deren jeweilige Funktion an, bei Eintragungen in Baulastverzeichnisse ist idR VA-Qualität anzunehmen.[125]

Nicht um VAe handelt es sich bei Eintragungen in **verwaltungsinterne** 60
Listen, Register usw, die nicht zumindest auch der unmittelbaren Begründung, Aufhebung oder Feststellung der Rechte Betroffener oder als rechtliche Voraussetzung dafür dienen, wie die Aufnahme eines Lehramtsbewerbers oder eines Bewerbers um eine Taxi-Erlaubnis in die entsprechende **Warteliste für Bewerber**[126] (BVerwGE 77, 271 = NJW 1988, 88). Kein VA ist daher zB die Eintragung (bzw die Entscheidung über die Eintragung) von Entscheidungen von Verwaltungsbehörden und Gerichten über Verkehrsverstöße eines Bürgers **in das Verkehrszentralregister,** das ausschließlich als Tatsachengrundlage für die Vorbereitung neuerlicher Entscheidungen dieser Stellen dient.[127] Gleiches gilt für die Eintragung in das Gesamtzentralregister gem § 149 GewO (Knack 62). Anders, wenn die Eintragung unmittelbar eine Rechtsposition des Bürgers berührt, wie die Sammlung und Registrierung persönlicher Daten (BVerfG 65, 41 – Volkszählungsurteil); Eintragungen in das Strafregister (vgl auch OVG Lüneburg NJW 1979, 563); die Aufnahme **erkennungsdienstlicher Unterlagen** wie Fingerabdrücke, Lichtbilder von Personen, die Straftaten begangen haben oder sich einer Straftat verdächtig gemacht haben, zu präventivpolizeilichen Zwecken in eine Kartei. **Umstritten** ist die Qualität der Entscheidungen über eine weitere Aufbewahrung dieser Unterlagen (BVerwG NJW 1997, 2535). Die wohl hM nimmt VA-Qualität an.[128]

f) Rechtsgeschäftliche Handlungen. Willenserklärungen einer Behörde, wie 61
die Kündigung eines Vertrages, die Erklärung der Aufrechnung (BVerwGE 66, 218), die Geltendmachung eines Zurückbehaltungsrechts, die Fristsetzung und Stundung von Forderungen im Rahmen allgemeiner verwaltungsrechtlicher

---

[122] Die hM verneint die VA-Qualität der Eintragung, vgl OVG Greifswald NVwZ-RR 2000, 93; OVG Münster NVwZ-RR 1999, 503; VGH München NVwZ 1998, 1318; VGH Mannheim NVwZ 1993, 797; Knack 62; StBS 62; **aA** VGH Kassel NVwZ 1990, 182: Mitteilung über die Berichtigung des Melderegisters ist wegen der Folgen für die Ausübung des Wahlrechts VA; NVwZ-RR 1991, 359.

[123] BVerwG NJW 1988, 505; VGH München BayVBl 1988, 425; OVG Münster NVwZ-RR 1993, 129; NVwZ 1992, 991; NWVBl 1993, 32; DVBl 1992, 1110 = DÖV 1992, 888; DVBl 1989, 378; Steinberg NVwZ 1992, 17; Knack 62; Kummer, Denkmalschutz als gestaltender VA, 1981, 75; Niebaum/Eschenbach DÖV 1994, 12; zT **aA** für die deklaratorisch wirkende Eintragung StBS 62b; VGH Kassel DVBl 1992, 888.

[124] BVerwGE 37, 103: Eintragung als beurkundender VA; Steinberg NVwZ 1992, 17; StBS 147f; vgl BVerwGE 62, 330; 77, 271; **aA** VGH Kassel NVwZ-RR 1993, 462.

[125] So die hM, vgl OVG Bremen NVwZ 1998, 1322; OVG Lüneburg NVwZ 1999, 1013; OVG Münster NVwZ 1996, 275; Knack 62; Kluth/Neuhäuser NVwZ 1996, 739; **aA** Mannheim NJW 1993, 678; StBS 62b mwN.

[126] **AA** BVerwG DVBl 1990, 867 = NVwZ-RR 1990, 619 zur Aufnahme in die Warteliste für Lehramtsbewerber: kein VA.

[127] BVerwGE 74, 268, 271 = NVwZ 1988, 144: da weder Regelung noch Außenwirkung; ebenso Knack 62; StBS 62b.

[128] VGH Kassel NVwZ-RR 1995, 661; Knack 58; **aA** VGH München BayVBl 1993, 211; Kopp/Schenke Anh § 42 Rn 35; offen VG Würzburg BayVBl 1997, 285.

Schuldverhältnisse, haben nach hM mangels eigenen verbindlichen Regelungsgehalts **keine VA-Qualität** (Jarass NVwZ 1987, 90); **anders** ggf bei auch sonst durch VA gestalteten Über- und Unterordnungsverhältnissen, wenn sie in der Form und mit dem Ziel einer verbindlichen Regelung erfolgen (vgl BVerwG NVwZ 1988, 51).

62 **Keine VAe** sind die Übersendung einer einfachen **Kostenrechnung** über die Kosten des Abschleppens eines PKW ohne hoheitliches Zahlungsgebot (BVerwGE 48, 264); gewöhnliche **Zahlungsaufforderungen** und sonstige Rechnungsstellungen.[129] **Anders,** wenn die Übersendung der Rechnung nach den Umständen als Zahlungsgebot oder Gebührenfestsetzung zu verstehen ist;[130] eine als VA **(Leistungsbescheid)** ergehende förmliche Zahlungsaufforderung[131] oder die Erstattungsverfügung, mit der die Behörde eine Rückzahlung anordnet.

63 **Keine VAe** sind auch zB **Fälligkeitsmitteilungen** (VGH München BayVBl 1973, 611; 1975, 154; VG Köln NVwZ 1985, 202); ebenso wenig **Besoldungsmitteilungen** an einen Beamten, außer wenn ein anderer Wille für den Betroffenen hinreichend erkennbar ist (BVerwGE 48, 283; OVG Münster DÖV 1974, 599; anders Feststellungsbescheide über bestimmte Besoldungsparameter wie zB das Besoldungsdienstalter); **Kassenanweisungen;**[132] bloße **Auszahlungen** am Schalter zum Vollzug vorangegangener Bewilligungsbescheide uä;[133] **Gutschriften,** auch zB über die Anrechnung einer Zahlung (VGH München KStZ 1986, 198; OVG Lüneburg NVwZ 1989, 1192); die **Anrechnung** einer erfolgten Zahlung auf eine Schuld;[134] die Erklärung der **Aufrechnung;**[135] die Ausübung eines öffentlich-rechtlichen **Zurückbehaltungsrechts;**[136] die **Kündigung** eines öffentlich-rechtlichen Vertrages durch die Behörde oder die Geltendmachung eines **Anpassungsverlangens** nach § 60. Der Umstand, dass eine **Regelung nur als vorläufig** gedacht ist, schließt ihren Charakter als VA nicht aus, wenn sie jedenfalls als einseitig für den Bürger verbindlich gewollt ist.

---

[129] BVerwGE 29, 311; 41, 305; 48, 281; BVerwG VRspr 25, 93; VGH Mannheim NVwZ 1991, 80; Weidemann DVBl 1981, 114; s zum „Rückruf" der Bezüge eines Beamten auch VGH München ZBR 1981, 227.

[130] VGH München BayVBl 1984, 559; 1987, 500; 1988, 180.

[131] Vgl BVerwGE 66, 218 = NJW 1983, 776; NVwZ 1984, 168; BFH BStBl II 1976, 259; 1985, 2166; 1987, 405; OVG Lüneburg NVwZ 1989, 1192; VGH München BayVBl 1985, 119: VA.

[132] BVerwGE 24, 273; OVG Münster DÖV 1974, 599; VGH München BayVBl 1981, 239: die Zusendung dient nur der Information, keine Regelungsintention.

[133] BSG 25, 258, 282; 32, 157; Wendt JA 1980, 29 mwN; Krause NJW 1979, 1012: hier fehlt der für einen VA erforderliche Regelungs- und Bindungswille; anders dagegen, wenn die Auszahlung konkludent die als VA anzusehende Entscheidung mit einschließt, daß ausbezahlt werden soll, in welcher Höhe usw, und zugleich eine Feststellung über den entsprechenden Anspruch des Bürgers auf die Leistung beinhaltet und nicht nur dem Vollzug einer derartigen Entscheidung dient; zur Auszahlung von Sozialleistungen am Schalter auch BSG NVwZ 1987, 927 = JuS 1987, 919 unter Aufgabe der bish abw Rspr; zur Steuererstattung im Lohnsteuerjahresausgleich auch BFH NJW 1974, 1784 mwN.

[134] OVG Lüneburg NVwZ 1989, 1192: nur Rechenvorgang und ggf unselbständige Begründung zur Höhe der mit Leistungsbescheid festgesetzten Zahlung; zT **aA** BFH BStBl II 1987, 405: die mit dem Steuerbescheid verbundene Abrechnung über erfolgte Vorauszahlungen ist ein begünstigender VA.

[135] BVerwGE 66, 218 = NJW 1983, 776; BFH 149, 482 = NVwZ 1987, 1118; FG München NVwZ 1984, 472; StBS 67 b; Ebsen DÖV 1982, 389; Pietzner VerwArch 1982, 453; Ehlers NVwZ 1983, 446; Glose DÖV 1990, 147; MuLö BayVBl 1990, 511; anders, wenn die Aufrechnung durch Bescheid erklärt wird, BFH NVwZ 1987, 1119, sowie hins. der häufig mit einer Aufrechnung verbundenen förmlichen Zahlungsaufforderung oder eines damit verbundenen Abrechnungsbescheids über die in Frage stehende öffentlichrechtliche Forderung, vgl BFH NVwZ 1988, 871; FG Nürnberg NVwZ 1988, 878.

[136] OVG Münster DVBl 1983, 1074: eine öffentlich-rechtliche Willenserklärung; wenn ermessensfehlerhaft, unbeachtlich; Jarass NVwZ 1987, 96.

Als VA anzusehen ist dagegen der Erstattungsbescheid, mit dem die Behörde einen Anspruch gegen einen Bürger verbindlich festsetzt und Leistungen zurückfordert. Erfolgt diese Rückforderung **in der Form eines VA,** also zB mit der Androhung von Vollstreckungsmaßnahmen, mit einer Rechtsmittelbelehrung usw, dann handelt es sich auch dann um einen VA, wenn die festgesetzte Forderung privatrechtlicher Natur ist oder gar nicht besteht. Ob und unter welchen Voraussetzungen die Behörde materiell berechtigt ist, irrtümlich geleistete Beträge durch VA zurückzuverlangen, ist von der Frage, ob ein VA erlassen wurde, zu unterscheiden. Für die **materielle Berechtigung** ist maßgebend, ob eine gesetzliche Ermächtigungsgrundlage (zB § 49a) besteht. Grundsätzlich ist die Behörde berechtigt, eine aufgrund eines VA geleistete Zahlung auch durch VA wieder zurückzuverlangen (sog **Kehrseitentheorie**). Problematisch und umstritten ist die Rechtslage, wenn die aufgrund des VA geleisteten Zahlungen irrtümlich an Dritte gelangt sind. Hier wird teilweise eine bloß privatrechtliche Bereicherung des Dritten, auch des Erben, angenommen (BVerwG JZ 1990, 862; BGHZ 71, 180), teilweise auch ein öffentlich-rechtlicher Erstattungsanspruch (zB Maurer JZ 1990, 863; Martens NVwZ 1993, 27).[137] 64

g) Verfahrenshandlungen. aa) Unselbständige. Keine VAe sind idR – im Gegensatz zu den selbständigen Verfahrensentscheidungen mit Regelgehalt iS von § 44a S 2 VwGO[138] – die **unselbständigen Verfahrenshandlungen** (iS von § 44 a S 1 VwGO) ohne eigenen Regelungsgehalt[139] von Behörden, zB die **Einleitung eines Verwaltungsverfahrens,** etwa eines Verfahrens zur Eintragung eines Denkmals (VGH München NVwZ 1988, 743); ebenso wenig die **Einstellung des Verfahrens** ohne Sachentscheidung (OVG Münster NWVBl 1996, 357). Kein VA ist auch die Aufforderung der Behörde an einen Fahrerlaubnisinhaber, sich gem § 3 Abs 2 StVZO im Hinblick auf die Entscheidung über eine etwaige Entziehung der Fahrerlaubnis einer **medizinisch-technischen Untersuchung zu unterziehen;**[140] ebenso wenig der an einen Bewerber um eine Hochschullehrerstelle gerichtete Ruf (BVerwG DVBl 1998, 643), der nur **Berufungsverhandlungen** auslöst; die nicht erzwingbare bzw bei Nichtbefolgung nur mit allg Beweisnachteilen bei der Beweiswürdigung verbundene (vgl OVG Lüneburg DVBl 1990, 884; NVwZ 1990, 1195) **Aufforderung an einen Prüfling** zum Nachweis einer krankheitsbedingten Prüfungsunfähigkeit ein **amtsärztliches Attest vorzulegen** (BVerwG BayVBl 1992, 762 = NVwZ-RR 1993, 252; vgl auch VGH Kassel NVwZ-RR 1995, 47); die Aufforderung an einen Beamten, sich zur Prüfung der Dienstfähigkeit gem § 45 Abs 4 BBG sich gesundheitlich untersuchen zu lassen;[141] 65

---

[137] Vgl zu „überzahlten" Beamtenbezügen BVerwGE 52, 72; 81, 303: Rückforderungsbescheid zulässig, auch wenn der Beamte im Zeitpunkt des Erlasses des VA nicht mehr im Dienst ist; VGH Mannheim NVwZ 1989, 892: jedoch nicht zulässig, auch vom Erben mit VA zurückzufordern.

[138] Vgl Knack 65; Martens NVwZ 1982, 483; MB 18 zu § 97; Obermayer § 97 Rn 4; Kopp/Schenke § 44a Rn 8ff.

[139] Vgl BVerwG NJW 1982, 120; DVBl 1993, 51; BFH NVwZ 1987, 174; VGH München BayVBl 1984, 629; 1990, 152; NVwZ 1990, 776; VGH Kassel NVwZ-RR 1995, 47; Martens NVwZ 1982, 483; 1987, 109; Hill Jura 1985, 61; vgl auch BSG NVwZ 1989, 902: jedenfalls nicht gesondert anfechtbar.

[140] BVerwGE 34, 250 = NJW 1970, 1989; 80, 43; BVerwG BayVBl 1995, 59; Buchh 442.10 § 4 StVG Nr 39, 45, 72 und 87; NVwZ 1983, 346; BayVBl 1995, 59; VGH München NJW 1986, 1562; 1987, 2455; BayVBl 1987, 109; NVwZ 1990, 776; OVG Lüneburg DVBl 1990, 884; **aA** Pagenkopf NJW 1979, 2382; offen BVerwG NJW 1982, 120.

[141] BVerwGE 34, 250 = NJW 1970, 1989; BVerwG NVwZ 2001, 436, 438; OVG Lüneburg NVwZ 1990, 1195: Da Nichtbefolgung nicht mit Sanktionen, zB disziplinarrechtlichen Folgerungen, bedroht ist; **anders** die entsprechende Aufforderung an einen Beamten im Zwangspensionierungsverfahren gem § 42 Abs 1 S 3 BBG, vgl OVG Lüneburg NVwZ 1990, 1195.

die **Aufforderung zu weiterem Vortrag,** zB bestimmte Angaben in einem Antrag näher zu spezifizieren;[142] die **Ladung zu einer Anhörung** gem § 28 oder zu einer mündlichen Verhandlung gem § 67 Abs 1 S 2 ff; die öffentliche **Bekanntmachung der Planauslegung** gem § 73 Abs 5, die Einräumung der Möglichkeit zu Einwendungen usw im Planfreistellungsverfahren; die formlose **Ladung zur Musterung;**[143] die **Anordnung eines Erörterungstermins** (VGH München NVwZ 1990, 776); **sonstige unselbständige Verfahrensanordnungen** im Rahmen anhängiger bzw vorausgegangener Verwaltungsverfahren, die nur der Vorbereitung eines VA dienen, nicht selbständig erzwingbar sind und der Nachprüfung erst im Rahmen des das Verfahren abschließenden VA unterliegen.[144]

65 a **Umstritten** ist die VA-Qualität der Entscheidung über die Ablehnung eines Antrags auf **Akteneinsicht** eines Verfahrensbeteiligten. Hier kommt es darauf an, ob dem Anspruch der Beteiligten auf Akteneinsicht selbständige Bedeutung neben dem eigentlichen Verwaltungsverfahren, dem er dienen soll, beigemessen werden muss. Die wohl hM nimmt hier zu Recht **VA-Qualität** an.[145] Der Durchsetzung eines Anspruchs auf Akteneinsicht innerhalb eines anhängigen Verfahrens wird nach hM allerdings idR § 44 a VwGO entgegenstehen.[146] Etwas anderes gilt jedenfalls dann, wenn die Akteneinsicht außerhalb eines Verwaltungsverfahrens, zB auf der Grundlage des UIG oder einer anderen Spezialnorm, verlangt wird. Hier ist es Sache dieser Spezialnormen, zu regeln, ob sich der Anspruch unmittelbar auf die reale Gewährung der Akteneinsicht oder zunächst auf eine Entscheidung über die Gewährung der Akteneinsicht richtet.

66 **bb) Selbständige Verfahrenshandlungen** verfügen über eine eigenständige Regelungswirkung, die sich nicht in der Vorbereitung einer Entscheidung erschöpft. **Als VAe** anzusehen sind zB **die selbständig erzwingbare Anordnung** einer ärztlichen Untersuchung eines Beamten nach § 42 Abs 1 S 3 BBG;[147] das **Auskunftverlangen** gem § 17 Abs 1 HandwO (OLG Hamm NVwZ-RR 1993, 244); die **Festsetzung der Anmeldefrist** für eine Prüfung (**aA** VGH München BayVBl 1984, 629). Zur VA-Qualität der Entscheidung über die **Hinzuziehung** als Beteiligter nach § 13 Abs 2 s § 13 Rn 28. Bei manchen VAen, zB bei **Entscheidungen von Kollegialorganen,** ist Außenwirkung idR erst mit dem von dem mit dem damit betrauten Organ vorgenommenen **Vollzug** des Beschlusses, bei Gemeinderatsbeschlüssen mit dem Vollzug durch den Bürgermeister, nicht schon mit dem Beschluss als solchem, verbunden (Brugger JuS 1990, 567; Leiner

---

[142] Vgl BFH 146, 99 = NVwZ 1987, 174; Schmidt-Liebig DStR 1987, 1592; **aA** zu § 160 § 1 AO BFH 140, 518 = BStBl II 1984, 750; Martens NVwZ 1987, 109: VA, der zwar nicht selbständig erzwingbar ist, aber doch jedenfalls eine Rechtspflicht konkretisiert.

[143] BVerwGE 82, 244; NJW 1984, 2541 = BayVBl 1984, 761; OVG Lüneburg NVwZ 1990, 1195: nur Information über Zeit und Ort sowie über Folgen des Fernbleibens; zweifelhaft.

[144] BVerwGE 34, 248 = NJW 1970, 1989; BSG NVwZ 1989, 901 zur Akteneinsicht; OVG Münster NVwZ 1982, 252 mwN; OVG Bremen NJW 1976, 770; VGH München BayVBl 1990, 62; VG Köln NJW 1978, 1397; Ule 32 Anh I 5 a; Kopp 233; zT **aA** Martens NVwZ 1987, 109: VA, wenn zur Konkretisierung einer durch Gesetz vorgesehenen Auskunftspflicht; unerheblich dagegen insoweit, ob selbständig vollstreckbar.

[145] BVerwGE 50, 259; VG Lüneburg NdsVBl 1997, 14; wohl auch StBS § 29 Rn 81; **aA** § 35 Rn 87; VGH München NVwZ 1990, 775; Kopp/Schenke Anh § 42 Rn 45; Steiner JuS 1984, 858; s auch § 29 Rn 44; offen BVerwGE 82, 47.

[146] Vgl Kopp/Schenke Anh § 42 Rn 45; Stelkens in Schoch § 44 a Rn 17 mwN; **aA** Steike NVwZ 2001, 868, 871; VGH München BayVBl 1995, 631 für den Fall, dass ein Rechtsverlust droht.

[147] BVerwGE 34, 250; OVG Lüneburg DVBl 1990, 883 mwN wegen Sanktionen bei Nichtbefolgung; ebenso OVG Koblenz NVwZ-RR 1990, 154 = DöD 1990, 71; offen BVerwG DVBl 1981, 503; vgl auch BVerwG DVBl 1980, 882; BGH NJW 1980, 692; **aA** auch VGH Kassel DVBl 1994, 1084 zu der an einen wegen eines Dienstunfalls vorzeitig in den Ruhestand versetzten Beamten gerichteten Anordnung einer Untersuchung zur Feststellung der Dienstfähigkeit.

DVBl 1990, 1243); Entsprechendes gilt für **Beschlusswahlen,** die durch VA vollzogen werden (vgl § 92 Rn 2), und in sonstigen Fällen, in denen **zunächst Entscheidungen** ergehen, denen nach den maßgebenden Rechtsvorschriften oder nach ihrem Inhalt erst, nachdem weitere Voraussetzungen erfüllt sind, der VA folgt.

h) Maßnahmen in gestuften Verfahren. Das Fachrecht sieht nicht selten vor, dass vor Erlass eines VA durch die federführende Behörde Entscheidungen anderer Behörden ergehen müssen, die Voraussetzung für die letztlich zu treffende Sachentscheidung sind. Ob derartige Entscheidungen, die in einem gestuften Verfahren auf den Vorstufen der Sachentscheidung getroffen werden müssen, selbst VA-Qualität haben oder nicht, hängt von der rechtlichen Ausgestaltung der Mitwirkung ab (Erichsen § 12 Rn 44). Im Regelfall handelt es sich bei der Entscheidung im Vorfeld um ein **Verwaltungsinternum,** so zB die Entscheidung der Gemeinde über das **Einvernehmen nach § 36 BauGB** (BVerwG NVwZ 1986, 556; die Ersetzung des fehlenden Einvernehmens durch die höhere Verwaltungsbehörde ist der Gemeinde gegenüber VA, vgl VGH Kassel NVwZ 2001, 823), bei der **Zustimmung nach § 9 Abs 2 FStrG** (BVerwGE 16, 116), bei der Entscheidung des Bundesverkehrsministers über die **Trassenführung nach § 16** FStrG (BVerwG NVwZ 1996, 1011) oder die Führung von Bundeswasserstraßen (BVerwGE 72, 15 = NVwZ 1985, 736). **VA-Qualität** haben dagegen zB **Ausnahmeentscheidungen** nach § 8 Abs 9 FStrG (BVerwG NJW 1986, 2205), die **Befreiungsentscheidungen** nach den Landesbauordnungen (OVG Münster DVBl 1999, 788). Maßgebend ist insoweit nicht die Frage, ob die mitwirkende Behörde eine Teilregelungsbefugnis hat, sondern die gesetzliche **Ausgestaltung der Mitwirkung.** Handelt es sich um einen VA, so ist ein selbständiges Verwaltungsverfahren durchzuführen, das sich seinerseits an den Regelungen der §§ 9ff zu orientieren hat. 66 a

i) Vollstreckungs- und Vollzugsmaßnahmen. aa) Allgemeine Abgrenzung. Maßnahmen zur Vollstreckung von VAen sind selbst VAe, **soweit sie selbständig** über die Art und Weise der Vollstreckung oder über Einwendungen gegen die Vollstreckung entscheiden. VAe sind demzufolge die **Androhung**[148] und die **Festsetzung eines Zwangsmittels,**[149] zB die Abschiebungsandrohung nach § 28 Abs 1 AsylVfG (BVerwG NVwZ 1988, 260; VG Braunschweig NVwZ-RR 1990, 655). Bei der **Ersatzvornahme** ist zu unterscheiden: VA ist die Festsetzung der Ersatzvornahme.[150] Die Ersatzvorname selbst ist dagegen kein VA, sondern Realakt.[151] Auch die Vollstreckungsanordnung und der Vollstreckungsauftrag nach § 3 VwVG werden von der hM nicht als VAe angesehen (BVerwG DÖV 1961, 182; BSG NJW 1987, 1846; StBS 64); ebenso nicht die Mahnung, die nach § 3 Abs 3 VwVG der Vollstreckung vorausgehen soll (OVG Koblenz NJW 1982, 2276). **Umstritten ist die VA-Qualität** von Anträgen der Vollstreckungsbehörden bei Gerichten, zB des Antrags auf Eintragung einer 67

---

[148] BVerwGE 49, 120; 82, 246; BVerwG NVwZ 1991, 792: Abschiebungsanordnung ist VA; OVG Schleswig GewArch 1992, 232 = NVwZ-RR 1992, 444; NVwZ-RR 1993, 409; Kopp/Schenke § 167 Rn 16 mwN. Keine VA-Qualität hat demgegenüber der zB im HambVwVfG vorgesehene „Hinweis" auf die Möglichkeit der Anwendung von Zwangsmitteln.

[149] BVerwGE 82, 246; BVerwG NVwZ 1988, 260; VGH München DÖV 1982, 84 = NJW 1982, 460; OVG Koblenz DÖV 1986, 1030; zur Androhung von Zwangsgeld auch VGH München BayVBl 1981, 371 = NJW 1982, 460; **aA** zur Festsetzung des angedrohten Zwangsmittels aufgrund besonderer Regelungen nach bay Recht VGH München BayVBl 1975, 302; DÖV 1986, 619: nur Feststellungsklage im Streitfall; ähnlich nach nw Recht VG Köln NVwZ 1985, 202; vgl ferner Kopp/Schenke § 167 Rn 16.

[150] OVG Koblenz NVwZ 1986, 762 = DÖV 1986, 1030; zT anders in Bayern, s Kopp/Schenke § 167 Rn 16.

[151] VGH Kassel NVwZ 1982, 514; Schoch JuS 1995, 307, 311; StBS 55.

Sicherungshypothek gem § 4 VwVG iVm § 322 AO (für VA BFH BStBl II 1986, 236) oder der Antrag auf Zwangsversteigerung (für VA BFH BStBl II 588). Richtigerweise wird hier mangels verbindlicher Regelungswirkung nicht von einem VA gesprochen werden können (offen insoweit StBS 64).

67 a **bb) Polizeiliche Standard-Maßnahmen.** Die Rechtsqualität polizeilicher Standard-Maßnahmen nach den Polizeigesetzen der Länder lässt sich nicht einheitlich beurteilen. Soweit es um die Anordnung von Geboten oder Verboten geht, liegen Regelungen und damit auch VAe vor. Dies gilt zB für den **Platzverweis** (OVG Bremen NVwZ 1999, 314), oder die Anordnung der Herausgabe zum Zwecke der **Sicherstellung.** Auch die Sicherstellung als solche wird wegen des damit begründeten Verwahrungsverhältnisses als VA eingestuft (Kopp/Schenke Anh § 42 Rn 35). Zweifelhaft ist dagegen, ob in einer **Durchsuchung** neben dem Realakt auch ein VA in der Form einer Duldungsverfügung zu sehen ist.[152] Umstritten ist auch in anderen Fällen, wann neben einer Realhandlung zugleich eine Duldungsverfügung angenommen werden muss (vgl StBS 66 b: Realakt; **aA** Kopp/Schenke Anh § 42 Rn 35: VA). Dagegen fehlt es an einer Regelung, wenn die Polizei lediglich tatsächlich tätig wird, zB durch die verschiedenen Formen der **verdeckten Informationserhebung** (VGH Mannheim DVBl 1997, 367).

67 b **cc) Unmittelbare Ausführung. Umstritten** ist nach wie vor die Rechtsnatur der unmittelbaren Ausführung von Maßnahmen. Sie werden durchgeführt, ohne dass dem an sich Pflichtigen gegenüber zuvor eine Anordnung ergangen wäre. Die Frage hat keine große praktische Bedeutung mehr, seit die Rspr für die spätere Feststellung der Rechtswidrigkeit praktisch identische Voraussetzungen aufstellt (BVerwGE 109, 203; BVerwG NVwZ 2000, 63). Die wohl hM geht inzwischen davon aus, dass derartige Maßnahmen keinen Regelungsgehalt haben und deshalb **Realakte** seien.[153] Begründet wird dies zT mit der Erwägung, ein Adressat sei für den Erlass eines VA in den Fällen der unmittelbaren Ausführung idR gerade nicht greifbar. Diese Überlegung vermag nicht zu überzeugen. Richtig ist zwar, dass ein nicht Anwesender nicht tatsächlich dazu gezwungen werden muss, die unmittelbare Ausführung einer Maßnahme zu dulden. Ähnlich wie bei der Sicherstellung, durch die in Abwesenheit des Betroffenen ein öffentlich-rechtliches Verwahrungsverhältnis begründet wird (s oben Rn 67 a), muss aber auch sonst entscheidend sein, ob die Maßnahme nach ihrem äußeren Erscheinungsbild derart in den Rechtskreis eines Betroffenen eingreift, dass sie einer vorherigen Anordnung bedarf, die dem Betroffenen später bekannt gegeben werden kann bzw muss. Dies wird zB bei der Räumung einer Wohnung im Wege der unmittelbaren Ausführung anzunehmen sein, nicht aber zB bei der Observation oder dem Einsatz verdeckter Ermittler (BVerwG NJW 1997, 2534) oder in den sonstigen Fällen der Beseitigung einer vom Pflichtigen geschaffenen Gefahrenlage.

68 **5. Regelung eines Einzelfalles. a) Allgemeines.** Mit dem Merkmal des Einzelfalles soll der VA von der Rechtsnorm abgegrenzt werden, die ebenfalls Regelungen mit Außenwirkung auf dem Gebiet des öffentlichen Rechts treffen können. S 2 stellt klar, dass auch die dort erfassten Allgemeinverfügungen als Einzelfallregelungen angesehen und damit vom VA-Begriff erfasst werden (s hierzu näher Rn 120 ff). Die Abgrenzung nach dem materiellen Kriterium des Einzelfalls kommt aber nur dann zum Zuge, wenn der Gesetzgeber nicht selbst eine hiervon

---

[152] So VGH München BayVBl 1997, 634; Selmer/Gersdorf 29 ff; Kopp/Schenke Anh § 42 Rn 35; **aA** StBS 66 b; Heckmann, in Becker/Heckmann/Kempen/Manssen, Bay Polizei- und Sicherheitsrecht, Rn 291.

[153] OVG Münster NVwZ-RR 2000, 429; StBS 65; Kopp/Schenke Anh § 42 Rn 36; Heckmann, in Becker/Heckmann/Kempen/Manssen, Bay Polizei- und Sicherheitsrecht, Rn 278; **aA** VGH München BayVBl 1997, 634; Erfmeyer DÖV 1999, 719; Jahn JuS 1998, 833, 836; Köhler BayVBl 1999, 582; offen OVG Münster NWVBl 1997, 306.

abweichende Einordnung vorgenommen hat oder wenn die Verwaltung ihre Maßnahme – berechtigterweise oder nicht – in die äußere Form einer Rechtsnorm gekleidet hat.

Die Schwierigkeit der Abgrenzung ergibt sich zT daraus, dass der **Gesetzgeber grundsätzlich die Wahl** hat, ob er eine Regelung durch VA oder VO vorsieht.[154] Auch den Behörden stehen zur Durchsetzung ihrer Ziele gelegentlich beide Möglichkeiten zur Verfügung, dh sie können wählen, ob sie durch VAe iS von § 35 sich unmittelbar mit Geboten, Verboten usw an bestimmte, konkrete Personen bzw zumindest an eine in diesem Sinn bestimmbaren Personenkreis wenden oder unmittelbar bestimmte Rechtsverhältnisse an einer Sache regeln (dinglicher VA), oder aber, ob sie durch einen Rechtssatz eine Regelung für eine unbestimmte Zahl von Fällen gegenüber einer unbestimmten Mehrzahl von Personen treffen. 69

b) Abgrenzung nach der Form. Für die Abgrenzung von VAen (insb auch Allgemeinverfügungen nach S 2) und Verordnungen usw kommt es primär auf die äußere Form der in Frage stehenden Regelung, nicht auf deren abstrakten oder konkreten Inhalt, an.[155] Auf den **Inhalt** einer Regelung ist nur dann abzustellen, wenn die Form (zB „Anordnung“) mehrdeutig ist (vgl VGH München BayVBl 1980, 210); auch ein offensichtlicher Formenmißbrauch, um den Rechtsschutz einzuschränken, zB die Verwendung der Gesetzesform[156] oder VO-Form hat nicht zur Folge, dass ein Gesetz oder eine VO bzw Satzung als VA angesehen werden könnte.[157] S zur **Rechtsnatur von Plänen** der Raumordnung und Landesplanung auch Kopp/Schenke VwGO § 47 Rn 16a. 70

c) Materielle Abgrenzungskriterien. Was genau unter Regelung eines Einzelfalls zu verstehen ist, ist umstritten.[158] Offenbar hatte auch der Gesetzgeber keine klaren Vorstellungen, zumal bis zum Erlass des VwVfG die unterschiedlichsten Auffassungen dazu vertreten wurden. Übereinstimmung besteht jedoch dahin, dass durch das Einzelfallerfordernis zunächst einmal **individuell-konkrete** Regelungen (A wird verpflichtet, ein Gebäude einzureissen) erfasst werden. Nach einhelliger Auffassung werden aber auch individuell-abstrakte Regelungen erfasst (A wird 71

---

[154] Vgl BVerwGE 11, 16; BVerwG DÖV 1985, 109; VGH München NVwZ 1985, 502; zu verfassungsrechtlichen oder strukturlogischen Grenzen dieser Befugnis v Mutius, in: Wolff-FS 1973, 177; vgl auch Schenke NVwZ 1990, 1009.

[155] BVerfG 11, 16; 34, 307; BVerwGE 18, 1; 18, 155 = DVBl 1964, 669; 18, 251; 29, 207; 30, 287; 70, 77 = NVwZ 1985, 39; BVerwG NVwZ 1985, 39; VGH München BayVBl 1978, 272; NJW 1978, 773; OVG Lüneburg DVBl 1973, 151; VGH Mannheim VBlBW 1987, 377 m Anm Maurer VBlBW 1987, 361; Löhr DVBl 1980, 14; Nedden DVBl 1982, 1033; Martens NVwZ 1982, 482; WBS I § 25 Rn 30ff und § 45 Rn 80; Obermayer, VA und innerdienstl Rechtsakt 54f; Soell/Martin BayVBl 1978, 221; Zimmer DÖV 1980, 120; Stern 4 IV 2dd; Maurer VBlBW 1987, 361; MuLö BayVBl 1988, 191; vgl auch BayVerfGH NVwZ 1988, 821: künftig wohl nur noch nach der äußeren Form; differenzierend Lübbe BayVBl 1995, 97; **aA** Schenke VerwArch 1981, 185, 205; NVwZ 1990, 1009; Ronellenfitsch DÖV 1981, 940; Laubinger VerwArch 1987, 355 Fn 165; Knack 24: maßgeblich ist ausschließlich der materielle Inhalt; ebenso die früher hM, zB VGH München BayVBl 1971, 155; 1972, 359; Ule VwGO 147; Obermayer NJW 1980, 2380; Knemeyer BayVBl 1972, 180.

[156] Vgl VGH München NVwZ 1995, 115; OVG Hamburg NVwZ 1985, 51: Verstoß gegen Art 3 GG, wenn Gesetzesform, um die verwaltungsgerichtliche Kontrolle auszuschalten; ferner BVerfG 70, 35 = NJW 1985, 2370 zu „satzungsvertretenden Gesetzen“.

[157] Zweifelnd VGH München BayVBl 1978, 84; **aA** hins. des Rechtsschutzes gegen „satzungsvertretende“ Gesetze BVerfG 70, 35; s dazu Kopp/Schenke § 47 Rn 12.

[158] Allg zum Begriff der Regelung eines Einzelfalles s auch BVerwGE 75, 113 – Richtlinien sind keine Einzelfallregelung –; BVerwG DÖV 1985, 108; v Mutius, in: Wolff-FS 1973, 207; Obermayer NJW 1980, 2386; Jaag, Die Abgrenzung zwischen Rechtssatz und Einzelakt, 1985; Maurer VBlBW 1987, 361; Ehlers DVBl 1987, 974; Jarass NJW 1987, 98; Schenke NVwZ 1990, 1009.

verpflichtet, Abfall durch die öffentlichen Abfallentsorgungssysteme entsorgen zu lassen). Eindeutig ist weiter, dass das Einzelfallkriterium **jedenfalls abstrakt-generelle Regelungen,** wie sie für Rechtsnormen typisch sind, ausgeschlossen sein sollen. **Problematisch** bleibt vor allem der Bereich der generell-konkreten Maßnahmen, zu denen auch die Allgemeinverfügungen nach S 2 gehören. Soweit derartige Maßnahmen nicht durch den Gesetzgeber selbst eindeutig zugeordnet werden (wie zB der Bebauungsplan, der nach § 10 BauGB als Satzung erlassen wird) und die äußere Form der Maßnahme keine eindeutige Einordnung zulässt, bleiben einige Bereiche, in denen die Zuordnung schwierig ist (zB Verkehrszeichen).[159] Siehe hierzu näher Rn 10ff. Für die Frage, ob ein Akt ein VA ist, kommt es nach Wortlaut, Sinn und Zweck des § 35 zudem nur darauf an, ob die Maßnahme zur „Regelung eines Einzelfalles" idS erfolgt, dh von der Behörde erkennbar als solche Regelung gewollt ist, nicht darauf, ob auch die rechtlichen Voraussetzungen für eine solche Regelung gegeben sind. Letzteres ist eine Frage der Rechtmäßigkeit des Aktes, nicht seiner Qualifikation als VA; im Zweifel kann jedoch als Indiz angenommen werden, dass die Behörde die rechtlich zulässige Form wählt **(Grundsatz der gesetzmäßigen Auslegung von Hoheitsakten;** vgl auch Schenke NVwZ 1990, 1009). Anhaltspunkt kann in Zweifelsfällen auch die **Geltungsdauer** eines Aktes sein (vgl Maurer § 9 Rn 19; Jarass NVwZ 1987, 98); Regelungen, die nur für sehr kurze Zeit, etwa einige Tage, gedacht sind, sind oft im Zweifel als VAe zu qualifizieren (vgl auch BVerwGE 12, 87 – vorübergehendes, im Rundfunk bekanntgegebenes Verkaufsverbot für Endiviensalat wegen Seuchengefahr; Jarass NVwZ 1987, 18; Maurer § 9 Rn 17).

72 **d) Einzelfälle. VA,** nicht Rechtsetzungsakt oder Mitwirkung an einem Rechtsetzungsakt, ist im Verhältnis zur rechtsetzenden Körperschaft – anders im Verhältnis zum normunterworfenen Bürger – die Genehmigung (bzw Versagung der Genehmigung) einer VO oder Satzung.[160] VA ist auch die Genehmigung privatrechtlicher Tarife ua;[161] der Oktroi, die Aufhebung oder Änderung einer VO oder Satzung durch die Aufsichtsbehörde;[162] gegenüber den Tarifvertragsparteien die Allgemeinverbindlicherklärung (bzw die Ablehnung des entsprechenden Antrags) eines Tarifvertrags.[163] Anders im Verhältnis zum Bürger, dem gegenüber die Genehmigung, Vollziehbarkeitserklärung usw keine unmittelbare Rechtserheblichkeit haben, sondern erst der daraufhin erlassene bzw damit zusammenfallende (vgl Bachof, in: Weber-FS 1974, 525 f) Rechtssatz.[164]

---

[159] S Rn 104; Maurer § 9 Rn 15; enger Obermayer NJW 1980, 2387 und Vogel BayVBl 1977, 620, die nur auf die Adressaten abstellen; zu unbestimmt StBS 82 und Ehlers DVBl 1987, 974, die auf einen bestimmten Lebenssachverhalt verweisen.

[160] BVerwGE 34, 304; 75, 146; BVerwG DÖV 1982, 283; VGH München BayVBl 1985, 84, 337; 1986, 622; OVG Münster DÖV 1974, 715 mwN; VGH Mannheim NVwZ 1984, 124; s auch Müller-Franken VerwArch 1999, 552; Brosche DVBl 1980, 215; **aA** Bettermann, in: Nipperdey-FS 1965, Bd 2, 723 ff: nur Mitwirkung an der Rechtsetzung.

[161] BVerwGE 30, 135; 69, 110; 75, 148; BVerwG DVBl 1994, 1241 = DÖV 1994, 962: VA jedoch nur gegenüber dem Unternehmer, nicht auch gegenüber dem Kunden.

[162] BVerwG DVBl 1972, 323; Bachof, in: Weber-FS 1974, 524 f: der VA gegenüber der Körperschaft und der Rechtsetzungsakt fallen nur äußerlich zusammen; **aA** Meyer DVBl 1972, 924.

[163] Bachof, in: Weber-FS 1974, 525 f; Stern 4 IV 2 dd; **aA** BVerwGE 80, 355 = NVwZ 1989, 648; BVerfG 34, 316; 44, 340; 55, 24; 64, 215: ein Rechtsetzungsakt eigener Art; BAG AP Nr 12 zu § 5 TVG; VGH Mannheim DVBl 1986, 1066; Bettermann, in: Nipperdey-FS 1965 II 739; Renck JuS 1982, 338.

[164] Vgl BVerfG NJW 1977, 2255; DÖV 1981, 58; VGH München BayVBl 1985, 84: daher auch keine vorbeugende Unterlassungsklage einer Gemeinde gegen die Genehmigung für den Bebauungsplan einer anderen Gemeinde; **aA** insoweit VGH Mannheim DVBl 1986, 1066: Rechtsetzungsakt; auch die Ablehnung ist kein VA; Brosche DVBl 1980, 217; Hoppe, in: v Unruh-FS 1983, 579; Kriener BayVBl 1984, 84; zweifelnd Kopp DÖV 1980, 504; vgl auch Rauch BayVBl 1980, 615.

6. Außenwirkung. Die Verfügung, Entscheidung oder sonstige hoheitliche Maßnahme muss auf Außenwirkung gerichtet sein. Dies bedeutet, dass die getroffene hoheitliche Regelung nicht nur darauf abzielt, wie zB eine verwaltungsinterne Anweisung, im Bereich der Behörden **(behördlicher Innenbereich)** Wirkungen zu zeigen, sondern dass unmittelbar die Rechtsposition von Personen in ihrem allgemeinen Status als Bürger verbindlich gestaltet oder festgestellt werden soll. 73

Keine selbständig anfechtbaren VAe sind deshalb Maßnahmen, die nicht auf eine unmittelbare Begründung oder Veränderung eines Rechtsverhältnisses bzw einer Rechtsposition eines anderen Rechtsträgers gerichtet sind, sondern ausschließlich verwaltungsinterne Bedeutung haben.[165] 74

Mit dem Merkmal der Außenwirkung der Regelung werden solche Maßnahmen ausgeschlossen, die keine **Rechtsbetroffenheit** bei einem anderen Rechtsträger, insbes bei einem Bürger, auslösen. Durch das Erfordernis des Gerichtetseins werden solche Rechtswirkungen ausgeschlossen, die lediglich eine mittelbare, zufällige Folge der Regelung sind. Die **Außenwirkung muss** nach dem objektiven Sinngehalt des VA intendiert, dh **Gegenstand der Regelung sein** (BVerwGE 41, 258; 60, 145; 81, 260; Beschorner NVwZ 1986, 361; Ehlers NVwZ 1990, 106 Fn 12) und im konkreten Fall zur Eigenschaft des Aktes als hoheitliche Regelung hinzutreten. Nicht maßgebend ist, wie sich die Maßnahme uU im Einzelfall tatsächlich auswirkt (BVerwGE 60, 145; 81, 260). Eine lediglich **mittelbare Außenwirkung genügt nicht;** insb genügt es auch nicht, dass ein Akt tatsächlich Folgen hat oder solche damit verbunden sein können.[166] 75

a) Vorbereitungsmaßnahmen, gestufte Verfahren. Die Außenwirkung fehlt idR für vorangehende behördliche Akte, wenn ein Gesetz für eine Regelung **mehrere aufeinanderfolgende Akte** vorsieht, von denen nur der letzte Akt dem Bürger bekanntgegeben wird; im Zweifel hat dann nur die letzte, dem Bürger gegenüber bekannt gegebene Maßnahme VA-Qualität; bei den übrigen fehlt es idR an der Auswirkung (BVerwG NVwZ 1987, 2319 zum Krankenhausbedarfsplan). 76

b) Mitwirkungshandlungen anderer Behörden, die das Gesetz als Voraussetzungen für den Erlass eines VA vorsieht, sind nur dann selbständige VAe, wenn das Gesetz für die Mitwirkungshandlungen ein selbständiges Verwaltungsverfahren vorgesehen hat. Handelt es sich dagegen um einen nur verwaltungsintern bleibenden Rechtsakt, so fehlt diesem die Außenwirkung auch dann, wenn er für die federführende Behörde Bindungswirkung entfaltet. In derartigen Fällen kann der Bürger grundsätzlich nur den ihm gegenüber ergehenden abschließenden Akt als VA anfechten, während die **Mitwirkung** der anderen Behörden sich ihm gegenüber nur als **Verwaltungsinternum** oder jedenfalls als gem § 44a VwGO nicht gesondert anfechtbarer Akt darstellt.[167] Deshalb ist auch die Erhebung einer Verpflichtungsklage auf die Mitwirkungshandlung unzulässig. Der Betroffene muss auf den Erlass der Endentscheidung klagen. Die Zustimmung wird dann durch die gerichtliche Verpflichtung zum Erlass des begehrten VA ersetzt. Gehört die zur Mitwirkung berufene Behörde einem anderen Rechtsträger an, so ist dieser 77

---

[165] BVerwGE 36, 194; 45, 42; 60, 145; BVerwG DÖV 1981, 98; NJW 1978, 1821; 1988, 88; VGH München BayVBl 1981, 464.

[166] BVerwGE 60, 145, 146; Menger VerwArch 1977, 176; Günther ZBR 1978, 84; Erichsen DVBl 1982, 96; Weidemann DVBl 1981, 114; zT **aA** Ule 32 V 2; Schütz BayVBl 1981, 609.

[167] Vgl BVerwGE 26, 40ff; 28, 147; 34, 68; 67, 173; 77, 180; Buchh 406.1 § 36 BBauG Nr 5; BayVBl 1986, 729 = NVwZ 1986, 556; NJW 1987, 2178; VGH München BayVBl 1979, 24; Erichsen/Ehlers § 12 Rn 44; § 37 Rn 34; Kopp GewArch 1970, 121; **aA** für den Fall, daß die mitwirkende Behörde einen eigenen Sachbereich zu wahren hat, Ule 32 Anh I 6; Obermayer VerwR 82; vgl auch VG München BayVBl 1975, 422.

Rechtsträger notwendig zum Verfahren hinzuzuziehen (§ 13 Abs 2); im VerwaltungsProzess liegt ein Fall notwendiger Beiladung vor. Ein stattgebendes Urteil ersetzt dann wegen der Bindungswirkung der Rechtskraft auch für den Beigeladenen (§ 121) die fehlende Zustimmung uä.[168] S zur Ersetzung der Zustimmung zB der Gemeinde nunmehr § 36 Abs 3 BauGB.

77 a **Keine VAe im Verhältnis zum Bürger** sind mangels Außenwirkung Zustimmungen, Genehmigungen uä anderer Behörden beim Erlass sog. mehrstufiger VAe, zB die **Unbedenklichkeitserklärung** des Bundesministers zu einem Verzicht auf die Staatsangehörigkeit (BVerwG NJW 1986, 2205); die **Zustimmung** oder die Versagung des Bundesministers zur Einbürgerung eines Ausländers;[169] die **Zustimmung der Gemeinde,** die bisher Dienstherr eines Beamten war, zur Versetzungsverfügung der Gemeinde, an die der Beamte versetzt wird (Fiedler/Fink DÖV 1988, 323); die Zustimmung der Ausländerbehörde zur Erteilung eines **Sichtvermerks** durch due Auslandsvertretung (BVerwGE 70, 127 = NJW 1984, 2775); die **Zustimmung einer Gemeinde** nach § 36 BauGB zB zu einem Bauvorhaben;[170] die **Zustimmung der Straßenbaubehörde** nach § 9 Abs 2 FStrG zu einer Baugenehmigung.

78 Um **VAe** handelt es sich dagegen, wenn die Entscheidung der zur Mitwirkung berufenen Behörde dem Betroffenen **als selbständiger VA** eröffnet wird, auch wenn diese Bekanntgabe zusammen mit dem Haupt-VA erfolgt **oder wenn** ihr nach den dafür maßgeblichen Rechtsvorschriften **selbständige** Bedeutung zukommt (BVerwG DVBl 1981, 1069 zu § 7 Abs 2 S 1 BBG). Dies ist zB bei der Dispensentscheidung nach § 9 Abs 8 FStrG der Fall (BVerwGE 16, 301 = NJW 1964, 217) der Fall. Gleiches gilt wegen ihrer unmittelbaren Auswirkung die **Zustimmung der Betreuungsbehörde** zur Kündigung eines Schwerbehinderten und die **Genehmigung privatrechtlicher Tarife,** zB von Verkehrstarifen, Versicherungstarifen uä.[171]

79 **Nicht als VA anzusehen** sind im Verhältnis zum Bürger – anders jedoch im Verhältnis zum antragstellenden Rechtsträger – **die Genehmigung von Satzungen** und **Verordnungen** (s Kopp/Schenke § 42 Rn 88) und die **Allgemeinverbindlicherklärung** eines Tarifvertrags im Verhältnis zu den Tarifvertragspartnern.

80 **c) Verwaltungsinterne Weisungen. Keine VAe** sind mangels unmittelbarer Rechtserheblichkeit gegenüber dem Bürger, auch verwaltungsinterne Weisungen, Anordnungen usw, die sich unmittelbar nur im Innenbereich der Verwaltung auswirken, selbst wenn sich im weiteren dann daraus Folgerungen für den Bürger ergeben,[172] zB Weisungen übergeordneter an nachgeordnete Behörden oder von Vorgesetzten gegenüber Organwaltern.[173] Gleiches gilt für Weisungen des Bundes im Rahmen der Auftragsverwaltung nach Art 85 GG (Lerche BayVBl 1987, 321; nunmehr auch BVerfG 81, 310 = DVBl 1990, 763); die **Plan- und Linien-**

---

[168] BVerwGE 34, 67; 67, 174 = NJW 1984, 72; 70, 129 = NJW 1985, 2775; 70, 271; 72, 168; 77, 180; NJW 1986, 2206.

[169] BVerwGE 67, 174 = NJW 1984, 72; 70, 129 = NJW 1985, 2775; s dazu auch Wagner DVBl 1987, 924.

[170] BVerwGE 22, 342 = NJW 1966, 513; NVwZ 1985, 566 = BayVBl 1984, 602; NVwZ 1986, 556 = BayVBl 1986, 729; VGH Kassel NVwZ 1984, 798; NuR 1985, 75.

[171] Str; **aA** BVerwGE 30, 135; 67, 110; 75, 147; BVerwG NJW 1980, 416; DVBl 1994, 1241 = DÖV 1994, 962; Buchh 442.41 LuftVZO Nr 4 S 13; Buchh 310 § 42 Nr 75; VGH München VRS 1980, 239; VG München NVwZ 1982, 328.

[172] BVerwGE 39, 345; NJW 1986, 2205; BFH JW 1970, 68; VGH München BayVBl 1992, 469; Erichsen/Ehlers § 12 Rn 36; Erichsen/Hoffmann-Becking JuS 1971, 144, 146; Kopp BayVBl 1976, 419; Beschorner NVwZ 1986, 361.

[173] BVerwG 39, 345: die Weisung des Ministeriums gegenüber dem TÜV hins. der Abnahme von Prüfungen ist kein VA gegenüber den Fahrschulen; VG Berlin NVwZ 1988, 757.

führungsbestimmung des Bundesverkehrsministers gem § 16 Abs 1 FStrG;[174] ebenso für den **Vorschlag,** einen Beamten zu befördern. Dies gilt **auch dann, wenn** die Weisung **Bindungswirkung** entfaltet und die Handlung des angewiesenen Rechtsträgers oder Beamten bereits **abschließend determiniert** und keinerlei Entscheidungsspielraum mehr lässt[175] oder wenn der Inhalt der Weisung den Betroffenen Dritten oder der Allgemeinheit bekannt wird.[176] VA ist dagegen die Entscheidung gem § 74 Abs 7, **dass** für eine Straße eine **Planfeststellung unterbleiben** könne, weil die vorgesehene Änderung nur unwesentlich ist.[177]

d) Amtshilfe. Keine VAe sind im Verhältnis zum Bürger idR auch Entscheidungen über die Gewährung von Amtshilfe oder über „spontane" Hilfeleistungen zugunsten anderer Behörden, zB über die Weitergabe von Informationen (OVG Berlin NJW 1978, 1644 zur Weitergabe dienstlicher Erkenntnisse und von Akten des Verfassungsschutzes an die Einstellungsbehörde: nur Feststellungsklage; zweifelhaft); anders, wenn sich die erbetene oder spontan erfolgende Handlung unabhängig vom Amtshilfeanlass dem Bürger gegenüber als VA darstellt, wie zB die Weigerung der im Weg der Amtshilfe ersuchten Behörden, eine für ein Verfahren als Beweismittel benötigte Urkunde zur Verfügung zu stellen. 81

e) Akte in Sonderstatusverhältnis. aa) Allgemeines. Schwierig ist die Abgrenzung von VAen einerseits und Regelungen ohne Außenwirkung andererseits in den sog Sonderstatusverhältnissen. Dabei handelt es sich um Rechtsverhältnisse, in denen der Bürger zum Staat in eine besondere Beziehung tritt, die beiderseits spezielle Rechte und Pflichten zur Folge hat. Zu diesen Sonderstatusverhältnissen zählen das **Beamtenverhältnis** einschließlich Soldaten-, Wehrpflicht- und Richterverhältnis, das Strafgefangenenverhältnis, der Status von **Schülern** und **Studenten** und ähnliche Rechtsverhältnisse, nicht jedoch das Benutzungsverhältnis in öffentlichen Einrichtungen der Daseinsvorsorge (**aA** StBS 130). In der Vergangenheit hatte sich für diese der Begriff **„besondere Gewaltverhältnisse"** herausgebildet (ausf Loschelder, vom besonderen Gewaltverhältnis zur öffentlichen Sonderverbindung, 1982; Ule VVDStRL 1957, 133), die dadurch gekennzeichnet waren, dass verwaltungsgerichtlicher Rechtsschutz nur begrenzt zu erreichen war, nämlich nur dann, wenn der Betroffene in seinem Sonderstatus selbst (Grundverhältnis) betroffen war. Maßnahmen im sog Betriebsverhältnis waren dagegen der gerichtlichen Kontrolle vollständig entzogen (Ule VVDStRL 1957, 133, 157). Diese Sichtweise der Dinge ist seit der Strafgefangenenentscheidung (BVerfGE 33, 1; vgl hierzu Schenke JuS 1982, 906; Luethe DVBl 1986, 440; StBS 120) überholt. Heute ist anerkannt, dass es kein rechtsfreies Gewaltverhältnis mehr geben kann und verwaltungsgerichtlicher Rechtsschutz auch gegenüber Maßnahmen im Betriebsverhältnis gegeben ist, sofern subjektive Rechte beeinträchtigt werden. Allerdings werden nicht sämtliche Maßnahmen im Sonderstatusverhältnis als VAe angesehen, auch dann nicht, wenn sie an sich Regelungen iSd § 35 enthalten. Vielmehr hat sich die Differenzierung zwischen Grund- und Betriebsverhältnis insoweit erhalten, als es um die Abgrenzung zwischen Maßnahmen mit VA-Qualität und anderen geht (**aA** StBS 120). 82

---

[174] BVerwGE 48, 60; 62, 342 = NJW 1981, 2592 = DÖV 1981, 921; BVerwG VRS 87, 154; 89, 318: nur ein verwaltungsinterner Vorgang, der allein die Straßenbaubehörden betrifft, nicht auch Gemeinden oder Bürger; ebenso BVerwGE 72, 18 zur Bestimmung von Planung und Linienführung für eine Bundeswasserstraße: eine die Sachentscheidung vorbereitende verwaltungsinterne Maßnahme.

[175] Kopp BayVBl 1976, 719; Beschorner NVwZ 1986, 361; **aA** die frühere Rspr, die auf den Gesichtspunkt der Teilregelungsbefugnis abstellte, vgl BVerwG 53, 25, 175; 53, 112 = NJW 1976, 725; 63, 280; NJW 1987, 2950; vgl auch LSG Hamm NVwZ 1986, 422.

[176] Kopp BayVBl 1976, 719; zT **aA** BVerwGE 46, 78; LSG Hessen NVwZ 1986, 422; WBS I § 45 Rn 84; unklar Vehse BayVBl 1976, 419.

[177] BVerwGE 64, 325 = NJW 1982, 1546, = BayVBl 1982, 344 s näher § 74 Rn 175.

83 **bb) Differenzierung nach Grund- und Betriebsverhältnis.** VAe sind Anordnungen und sonstigen Einzelfallregelungen im Rahmen von Sonderverhältnissen, die nicht der Regelung des inneren Betriebs der Einrichtung (des sog Betriebsverhältnisses) dienen, sondern unmittelbar auf die Bestätigung oder Veränderung der persönlichen Rechtsstellung[178] des betroffenen Beamten, Schülers usw (sog. Grundverhältnis) abzielen oder, wie zB die Verweigerung einer Aussagegenehmigung,[179] Rechte Dritter berühren.[180] Keine VAe sind insb die an einen Beamten allein in seiner Eigenschaft als **Amtsträger und Glied der Verwaltung** gerichteten, auf organisationsinterne Wirkung zielenden Weisungen des Dienstherrn und die auf die **Art und Weise der dienstlichen Verrichtung** bezogenen innerorganisatorischen Maßnahmen der Behörde, in deren Organisation der Beamte eingegliedert ist.[181] Maßgeblich für die VA-Qualität von Maßnahmen im Sonderstatusverhältnis ist nicht allein, dass das Grundverhältnis beeinträchtigt ist; die Maßnahme muss vielmehr auf die Beeinträchtigung des Grundverhältnisses abzielen. Eine nur tatsächliche Beeinträchtigung, die nicht Gegenstand der Regelung selbst ist, sondern nur eine Folgewirkung darstellt, kann zwar vom Betroffenen mit Rechtsbehelfen abgewehrt, nicht aber als VA angefochten werden.

84 **cc) Im Beamtenrecht.** Im Beamtenrecht hat **Außenwirkung** und damit **VA-Qualität** zB die **Ernennung;**[182] die **Versetzung** an eine andere Behörde desselben oder eines anderen Dienstherrn;[183] nicht dagegen die Umsetzung eines Beamten innerhalb einer Behörde (s Rn 83), wohl aber die **Abordnung eines Beamten** an eine andere Behörde desselben oder eines anderen Dienstherrn,[184] ferner die **Entlassung** (BVerwGE 19, 332); die **Übertragung eines anderen Amtes** (im statusrechtlichen Sinn), zB des Amtes einer **anderen Laufbahn,** wenn auch im Rahmen derselben Behörde (BVerwGE 65, 274); die Übertragung eines **höherwertigen Dienstpostens,** zB als Leiter einer Behörde[185] sowie die

---

[178] BVerwGE 65, 270 = DVBl 1983, 1110 – BVerwGE 65, 270 = DVBl 1983, 1110 – „Maßnahmen, die geeignet sind, den Beamten in seiner individuellen Rechtsphäre zu verletzen, in der er dem Dienstherren nicht ausschließlich als Amtswalter und Glied der Verwaltung, sondern als Träger eigener Rechte gegenübertritt"; ähnlich BVerwGE 60, 146 = NVwZ 1981, 67; 81, 260; OVG Lüneburg DVBl 1990, 883; vgl auch BVerwG DVBl 1983, 505; Buchh 232 § 54 BBG Nr 6; DVBl 1981, 495; Buchh 232 § 26 BBG Nr 18; OVG Bremen NVwZ-RR 1989, 564; OVG Koblenz NVwZ-RR 1993, 23; ähnlich WBS II § 45 IX 2 Rn. 82: Anordnungen, die nicht das amtliche, sondern das persönliche Rechtsverhältnis betreffen oder auf dieses einwirken.

[179] BVerwG NJW 1983, 638 = DÖV 1983, 894; offen NJW 1983, 2243 zur Weisung des Behördenleiters an den Beamten, über eine Sache zu schweigen.

[180] BVerwGE 34, 254; 41, 258; 60, 145 = DVBl 1981, 496; 63, 177; Erichsen/Ehlers § 12 Rn 40; Ule VVDStRL 1957, 133; TSG 2 II B; Zimmermann VerwArch 1971, 48; Püttner DVBl 1987, 190; grundsätzlich auch Vogel BayVBl 1977, 619.

[181] Vgl BVerwGE 60, 146; BVerwG BayVBl 1989, 569; Pietzcker in Schoch § 42 Abs 1 Rn 48; Knack 37; Kösling NVwZ 1994, 457; vgl allg auch BVerwG DVBl 1983, 1110; Püttner DVBl 1987, 190.

[182] BVerwGE 19, 33; 23, 295; 62, 173; vgl auch OVG Lüneburg NJW 1984, 1702: die Entscheidung, statt eines Bewerbers, der auf der Vorschlagsliste an 1. Stelle genannt ist, einen anderen auf die Professorenstelle zu berufen, ist dem Bewerber gegenüber ein VA.

[183] BVerwGE 60, 147; 65, 270; BVerwG ZBR 1979, 57; DVBl 1980, 882; 1981, 495; 1983, 1110; OVG Münster DÖV 1983, 865; OVG Saarlouis RiA 1985, 260 mwN; Kremer NVwZ 1983, 7 mwN.

[184] BVerwGE 60, 147; BVerwG DVBl 1990, 1239 zugleich zur Unterscheidung von Abordnung und Versetzung; Kremer NVwZ 1983, 7 mwN.

[185] VGH Mannheim DÖV 1980, 577; OVG Münster ZBR 1976, 183; OVG Koblenz ZBR 1975, 117; Lüneburg DÖV 1980, 276; Britz DöD 1982, 232, ua unter Hinweis darauf, daß damit zugleich idR eine Vorentscheidung hins. einer evtl Beförderung erfolgt; zT **aA** VGH Kassel NVwZ 1982, 638: kein VA, wenn im Rahmen des „amtsgemäßen Aufgabenbereichs".

Abberufung von einem solchen;[186] die **Beförderung** (BVerwGE 80, 127 = NJW 1989, 997); die (verfassungsrechtlich gebotene, vgl BVerfG NJW 1990, 501 = JuS 1990, 756 m Anm Hufen) **Mitteilung der Auswahlentscheidung** an den Unterlegenen für eine Beamtenstelle bzw Beförderungsstelle, **dass ein anderer dafür ausgewählt** wurde und demnächst befördert werden wird;[187] die **Entscheidung über** die **Zulassung zum Aufstieg** in die nächsthöhere Laufbahn (OVG Münster NVwZ-RR 1990, 621 = NWVBl 1990, 155); die **Aufnahme in eine Warteliste** der Lehramtsbewerber für die Anstellung;[188] nach neuerer hM **nicht dagegen** die bloße **Übertragung von Aufgaben** eines höherwertigen sog Beförderungsdienstpostens, auf den bei Bewährung mit einer entsprechenden Beförderung gerechnet werden kann;[189] ebenso nicht die Änderung des Amts im konkret-funktionalen Sinn, also die **Zuweisung eines anderen Dienstpostens,** der nicht „Beförderungsposten" ist, innerhalb derselben Behörde in derselben oder auch einer anderen Dienststelle (**Umsetzung**), auch wenn damit unmittelbare Auswirkungen hins. des gesellschaftlichen Status, der Beförderungsaussichten, des Dienstwagen, der Tätigkeit usw verbunden sind oder sich die Frage der Zumutbarkeit stellt.[190] Die Qualifizierung als VA setzt insoweit voraus, dass ein anderes statusrechtliches Amt oder ein anderes Amt im abstrakt-funktionalen Sinn (zB Regierungsrat bei der Baubehörde), nicht aber nur ein anderes Amt im konkret-funktionellen Sinn (zB Leiter des Baureferats anstelle des Sozialreferats) übertragen wird (BVerwG ZBR 1985, 118). Danach kommt es für die Qualifizierung des Einsatzes eines **Realschullehrers an einer Volksschule** darauf an, ob damit ein Behördenwechsel verbunden ist.[191]

Umstritten sind Maßnahmen, die sich auf die Möglichkeiten von Forschung und Lehre sowie von Nebenverdiensten auswirken, wie die **Abberufung** eines Universitätsprofessors **von der Leitung eines wissenschaftlichen Instituts** (vgl VGH Mannheim DVBl 1990, 269: kein VA, wenn ein Fachhochschullehrer von der Leitung des Rechenzentrums abberufen wird; VGH Kassel KMK-HSchR 85

---

[186] BVerwGE 14, 87; OVG Münster ZBR 1973, 313 zur Abberufung des Leiters einer Behörde; sehr str; **aA** BVerwGE 60, 145.

[187] BVerwGE 80, 127 = NJW 1989, 227; DöD 1989, 267; Günther ZBR 1990, 288; 1991, 261; Peter JuS 1992, 1044 mwN; zweifelhaft; vgl die Kritik von Schnellenbach DöD 1990, 155; **aA** Laubinger VerwArch 1992, 277.

[188] Vgl OVG Münster DVBl 1991, 65; zT **aA** BVerwG DVBl 1990, 867 = NVwZ-RR 1990, 619: Nicht-Aufnahme kein VA, außer, wenn als abschließende Regelung zu verstehen.

[189] BVerwG 60, 144 = NJW 1981, 67; 75, 141; 80 127 = BayVBl 1989, 439; OVG Saarlouis NVwZ 1990, 688 mwN; VGH Kassel NVwZ 1982, 638 unter Aufgabe jeder früheren abw Rspr; DÖV 1984, 161; DöD 1984, 161; OVG Münster RiA 1985, 286; Günther NVwZ 1986, 700 mwN; ZBR 1983, 51 Fn 89; 1990, 288; DÖV 1984, 161; Wittkowski NJW 1993, 818: nur allg Leistungsklage auf Freimachung des infolge der erfolgten Dienstpostenübertragung besetzten Dienstpostens und Übertragung des Dienstpostens auf den Kläger; Peter JuS 1992, 1047; vgl auch Schnellenbach DöD 1990, 155; ZBR 1992, 259; Peter JuS 1992, 1047; **aA** die frühere Rspr, vgl BVerwGE 53, 231; Britz DÖV 1982, 231.

[190] BVerwG 60, 144 = NJW 1981, 67: bloße Veränderungen des Aufgabenbereichs eines Beamten, insb bloße „Umsetzungen", sind, solange diesem ein dem statusrechtlichen Amt entsprechender Dienstposten verbleibt, kein VA; ebenso BVerwGE 75, 140; 89, 199 = DVBl 1992, 899; DVBl 1991, 642: die Versetzung eines Leitenden Landesmedizinaldirektors als Chefarzt eines Krankenhauses in eine Verwaltungsabteilung des Dienstherrn berührt nicht das statusrechtliche Amt und ist deshalb kein VA; ebenso BVerwG DVBl 1992, 900 = NJW 1986, 1153; VGH Mannheim VBlBW 1981, 227; VGH München BayVBl 1981, 465; VGH Kassel NVwZ 1982, 638; NVwZ-RR 1990, 262; OVG Saarlouis NVwZ 1986, 769: kein VA, auch wenn mit Fehlverhalten des Beamten begründet ; OVG Lüneburg DVBl 1990, 883; VG Neustadt NJW 1987, 672; Günther ZBR 1979, 93; 1981, 83; DöD 1980, 265; Ronellenfitsch DÖV 1981, 938; Kremer NVwZ 1983, 7; Battis NJW 1986, 1153; **aA** die frühere Rspr, vgl BVerwG DVBl 1976, 916.

[191] OVG Berlin ZBR 1987, 375; VG Frankfurt NVwZ-RR 1989, 566; **aA** noch VGH Kassel NVwZ-RR 1981, 67.

1987, 233); die **Änderung der Institutsstruktur** an einer Universität mit Beschränkung der Befugnisse der Institutsvorstände (VGH München BayVBl 1978, 573); die **Neuabgrenzung des Zuständigkeitsbereichs** eines Klinikarztes, die unmittelbar auch die Möglichkeit der Behandlung von Privatpatienten berührt; die Anordnung an einen Beamten, in einer **Gemeinschaftsunterkunft** zu wohnen (BVerwG Buchh 448.11 § 31 ZDG Nr 1); die **Zuteilung von Assistenten** an einen Universitätsprofessor;[192] die **Zuweisung von Sachmitteln** an einen Universitätsprofessor (VGH Kassel 31, 60).

86 Eine **dienstliche Beurteilung** berührt durchaus die persönlichen Rechte des Beamten; mangels Regelungswirkung handelt es sich aber nicht um einen VA (BVerwGE 49, 351). Der einzelne Beamte hat aber einen **Anspruch auf Korrektur** fehlerhafter dienstlicher Beurteilungen (BVerwGE 49, 352). Die Entscheidung über einen entsprechenden **Abänderungsantrag** wird von der hM als VA angesehen (BVerwGE 28, 192; 49, 352; StBS 76; **aA** Kopp/Schenke Anh § 42 Rn 43). VA-Qualität hat die Anordnung einer **dienstärztlichen Untersuchung,** wenn bei Nichtbefolgung spezielle Sanktionen drohen;[193] die **Festsetzung** des allgemeinen **Dienstalters** eines Beamten;[194] Entscheidungen über Besoldung bzw **Dienstbezüge,** wie zB die Festsetzung des Gehalts eines Beamten (BVerwGE 48, 283); die Einbehaltung eines Teils des Gehalts (OVG Lüneburg NVwZ 1990, 1195 mwN); Rückforderung von überzahlten Dienstbezügen (BVerwGE 40, 238; 52, 72; 81, 303); die Geltendmachung eines mit dem Dienst zusammenhängenden **Schadensersatzanspruchs** durch Leistungsbescheid gegen den Beamten (BVerwGE 18, 285; 21, 271); die Entscheidung über die Bewilligung von **Erholungsurlaub, Sonderurlaub** usw (BVerwGE 51, 216; 53, 25); die Zusage der **Umzugskostenerstattung** (BVerwGE 81, 149); die Anerkennung eines Unfalls **als Dienstunfall** (BVerwGE 51, 220); die **Festsetzung des Pflichtstundenmaßes** für einen Lehrer;[195] die Übertragung amtsanwaltlicher Aufgaben (OGV Greifswald NordÖR 1999, 26); die **Untersagung einer Beschäftigung** oder Erwerbstätigkeit eines Ruhestandssoldaten nach § 20a Abs 2 SG (BVerwGE 84, 194 = DVBl 1990, 638); die **Weisung an den Gerichtsvollzieher** seitens des aufsichtsführenden Richters, bestimmte **Gebühren,** die er für seine Tätigkeit erhebt, **niedriger anzusetzen** (BVerwG DöD 1987, 137); die **Aufforderung** an den Gerichtsvollzieher, bestimmte von diesem erhobene, nach seiner Auffassung ihm zustehende **Auslagen zu erstatten** (BVerwGE 65, 262, 279); die Versetzung eines Gerichtsvollziehers in den Innendienst (BVerwGE 65, 270 – zweifelhaft); der Ausspruch der **Mißbilligung eines Verhaltens** (vgl Czermak BayVBl 1989, 201) bzw die **nicht-disziplinarrechtliche Rüge** des Verhaltens eines Beamten durch den Vorgesetzten (VG Schleswig NJW 1985, 1099 zur Ermahnung eines Richters wegen politischer Betätigung); **nicht dagegen** der **Entzug der Verschlusssachenermächtigung** (BVerwGE 81, 258 = NVwZ 1989, 1055, **aA** BVerwGE 53, 134); ebenso nicht die Anordnung an Richter, eine Robe zu tragen (BVerwGE 65, 270 = DVBl 1987, 1110; 67, 228), oder die Regelung der Dienstzeiten (BVerwGE 86, 161).

87 **Maßnahmen, die nicht auf Außenwirkung abzielen,** sind solche Akte in Sonderstatusverhältnissen, die keine unmittelbaren rechtlichen **Auswirkungen**

---

[192] VGH Mannheim DÖV 1980, 367; Fuß WissR 1972, 102; Anm: VA zu bejahen auch wegen der Auswirkungen auf das Grundrecht aus Art 5 Abs 3 GG auf Freiheit der Forschung und Lehre, vgl dazu auch VGH Mannheim DVBl 1989, 264.

[193] BVerwGE 34, 250; offen BVerwG DVBl 1981, 503; OVG Lüneburg DVBl 1990, 883 mwN; ferner DVBl 1980, 882; BGH NJW 1980, 692.

[194] BVerwG ZBR 1964, 310; OVG Lüneburg VRspr 24, 793; ebenso zur Festsetzung des Besoldungsdienstalters VGH München BayVBl 1981, 239.

[195] VGH Kassel ZBR 1970, 124; VG Schleswig DVBl 1978, 117; anders bei genereller Festsetzung, vgl BVerwGE 21, 293.

auf die persönliche Rechtsstellung der Betroffenen haben sollen, sondern diese **ausschließlich in ihrer Funktion als Organwalter** uä einer öffentlichen Einrichtung betreffen, wie **Weisungen** an einen Beamten bezüglich der Erledigung einer bestimmten Angelegenheit, die Weisung, an einem bestimmten Verfahren mitzuwirken oder sich der Mitwirkung, zB wegen tatsächlicher oder vermeintlicher Befangenheit gem § 21 oder aus anderem Grund, zu enthalten; die **Festlegung der Lehrverpflichtung** für einen Lehrer; die **Ungültigerklärung einer Schulaufgabe** durch den Schulleiter im Verhältnis zum Lehrer, der die Aufgabe gestellt hat (VGH München BayVBl 1986, 729); die Untersagung eines Vortrags eines Gewerkschaftsvertreters im Rahmen des Unterrichts und/oder die Ablehnung des entsprechenden Antrags des Klassenlehrers auf dessen Zulassung (VGH Kassel NVwZ-RR 1993, 483); die **Regelung der Vertretung** eines Amtsträgers (BVerwGE 63, 178); die Nichtzuziehung eines Beamten zu einer Besprechung zu Fragen, die in dessen Zuständigkeit fallen (BVerwGE 63, 177); die **Zuweisung bestimmter Hilfskräfte** usw; mangels unmittelbarer Auswirkung auf die Rechtsstellung der davon (nur mittelbar) Betroffenen, auch die **Bewertung eines Dienstpostens** bzw die Ablehnung der Höherstufung eines Dienstpostens;[196] die **Einweisung in eine Planstelle,** wenn die Dauer und Höhe der Dienstbezüge dadurch nicht berührt wird und auch sonst keine Auswirkungen auf die Rechtsstellung damit verbunden sind (VGH München BayVBl 1978, 56); anders bei Übertragung eines höherwertigen Dienstpostens.

dd) Im Schulrecht. Außenwirkung und damit VA-Qualität hat die Entschei- 88
dung über die **Aufnahme eines Schülers** in eine öffentliche Schule (OVG Schleswig NJW 1993, 953); die **Versetzung eines Schülers** in die nächsthöhere Klasse (BVerwGE 56, 155 = NJW 1979, 229; VG Darmstadt NVwZ-RR 1999, 380); die **Entlassung eines Schülers** aus der Schule als Ordnungsmaßnahme (VGH Mannheim NVwZ 1995; 593; VGH München NVwZ-RR 1998, 239); die **Überweisung eines Schülers** in eine andere Schule (BVerwG DVBl 1966, 882); die **Umsetzung** (Versetzung) eines Schülers als Schulstrafe oder Ordnungsmaßnahme in eine **Parallelklasse;**[197] die Anordnung von Disziplinarmaßnahmen in der Schule,[198] die **Zulassung eines Schulbuchs** für den Gebrauch an den Schulen (VGH München NVwZ-RR 1993, 357); die **Einführung bestimmter Schulbücher** an einer bestimmten Schule offen (BVerwGE 61, 168).

Keine Außenwirkung und damit auch keine VA-Qualität haben Maßnahmen, die lediglich die **interne Ordnung** in der Schule betreffen, also zB die Entscheidung über den Ausfall einer Unterrichtsstunde, über **„Hitzefrei“,** über den Ausschluss eines Schülers von einzelnen Unterrichtsstunden wegen Störens; über die Durchführung von Schulausflügen;, über **Nachsitzen,** sowie die Terminierung von **Klassenarbeiten,**[199] die Festlegung von Hausaufgaben usw, die Anordnung, dass die Schüler einer Klasse die von ihnen verursachte Unordnung wieder bereinigen müssen (OVG Schleswig NJW 1993, 952 = NVwZ 1993, 499: kein VA, da keine Rechtsfolgen gesetzt werden).

---

[196] BVerwGE 36, 194, 225; 38, 269; 41, 253; BVerwG ZBR 1978, 199; DÖV 1979, 59; OVG Hamburg DVBl 1970, 692; Seewald DÖV 1980, 60; Mayer DVBl 1970, 693; anders uU die damit verbundene Ablehnung einer Beförderung oder einer Anwartschaft auf Beförderung des Antragstellers, vgl OVG Hamburg DVBl 1970, 692.

[197] OVG Koblenz DÖV 1994, 397; VGH München BayVBl 1985, 631 mwN; BayVBl 1993, 599; DÖV 1990, 753; VGH Mannheim NVwZ 1984, 810: VA nur, wenn als Schulstrafe verfügt; ebenso Theuersbacher NVwZ 1988, 891 Fn 55.

[198] OVG Lüneburg DVBl 1973, 280 zu einem Verweis; VGH Mannheim NVwZ 1984, 808 zum „Nachsitzen“; VGH Kassel DÖV 1968, 663; **aA** zum „Nachsitzen“ RÖ VwGO § 42 Rn 82; zweifelnd auch Theuersbacher NVwZ 1988, 891 Fn 55.

[199] Anders für die Entscheidung, eine versäumte Klausur nachzuholen, OVG Münster NVwZ-RR 2000, 432, zweifelhaft.

89 **ee) Im Hochschulrecht. VA-Qualität** haben im Hochschulverhältnis die **Immatrikulation,** die **Exmatrikulation,** die Zulassung zu einzelnen Lehrveranstaltungen, für die ein besonderes Zulassungsverfahren vorgesehen ist; die **Zulassung zu Prüfungen,** die Entscheidungen über die Prüfungen selbst usw (s auch Pietzcker in Schoch § 42 Abs 1 Rn 54). **Keine VAe** sind dagegen die Entscheidungen der Hochschullehrer über Einzelheiten der Lehre, über Klausurtermine, über die Themenwahl, über die Zuordnung zu einzelnen Teilkursen usw. Für die Einordnung kommt es vor allem auf die Bedeutung an, die die Entscheidung für den Status des einzelnen Studenten hat.

89 a **ff) Im Anstaltsrecht.** Im Anstaltsrecht hat sich die Unterscheidung von Grund- und Betriebsverhältnis nicht durchgesetzt. Hier werden Maßnahmen, die die Rechtstellung des Einzelnen berühren, idR als VAe angesehen. **VA-Qualität** hat die **Einweisung eines Obdachlosen** in eine Unterkunft im Obdachlosenheim oder die Räumungsanordnung hins. dieser Unterkunft (OVG Berlin NVwZ-RR 1990, 195); die **Anordnung der Räumung** eigenmächtig bezogener Räume in einer Obdachlosenunterkunft (BVerwG NVwZ-RR 1992, 20 = JuS 1992, 618); die **Umquartierung eines Obdachlosen** in einem als öffentlichrechtliche Anstalt betriebenen Obdachlosenheim in andere Räume (VGH Mannheim NJW 1993, 1027); die **Räumungsanordnung für ein Asylbewerberwohnheim** (VGH Mannheim NVwZ 1993, 207); die **Hinausweisung** eines Besuchers aus einem Museum, einem Dienstgebäude usw, im Rahmen der **Anstaltspolizei;** das **Verbot** an Beamte, Schüler usw, eine bestimmte außerschulische **Veranstaltung zu besuchen.**

90 **f) Organschaftliche Maßnahmen. Streitig** ist, ob auch Maßnahmen, die im Rahmen von **Kommunalverfassungsverhältnissen** und ähnlichen Rechtsverhältnissen organschaftliche Rechte der Mitglieder oder von mit solchen Rechten ausgestatteten Organen[200] berühren, als VAe anzusehen sind.[201] Die hM geht davon aus, dass Maßnahmen in diesem Bereich keine VA-Qualität haben und Streitigkeiten unter Organen desselben Rechtsträgers, also zB zwischen Bürgermeister und Gemeinderat oder zwischen einzelnen Fraktionen des Gemeinderates, zwischen Konzil und Universitätspräsident, zwischen Mitgliedern des Rundfunkrates (weitere Bsp bei StBS 118) sog Organ- und Innenrechtsstreitigkeiten sind. Maßnahmen, die Behörden und Organe untereinander erlassen, haben danach lediglich internen Charakter, ihnen fehlt die Außenwirkung; sie können deshalb grundsätzlich **keine VA-Qualität** haben.[202] Dies bedeutet allerdings nicht, dass sie einer gerichtlichen Kontrolle gänzlich entzogen sind. Soweit die internen Maßnahmen einzelne Organe des Rechtsträgers in wehrfähigen Rechten beeinträchtigen, kann das betroffene Organ gerichtlichen Rechtsschutz für sich in Anspruch nehmen.[203] Etwas anderes gilt in den Fällen, in denen eine Behörde wegen ihrer besonderen Funktion ihrem eigenen Rechtsträger gegenüber hoheitlich tätig wird (vgl OVG Münster NVwZ 1992, 186: Bauaufsichtsbehörde der Gemeinde erteilt dieser eine Baugenehmigung). In derartigen Fällen wird die handelnde Behörde dem öffentlich-rechtlichen Adressaten gegenüber wie gegenüber einesm Privaten tätig; entsprechend haben diese Maßnahmen auch VA-Qualität (so auch StBS 117).

---

[200] S Kopp/Schenke § 42 Rn 44; Dolde, in: Menger-FS 1985, 427.

[201] Dies wird bejaht von Seewald, in: Steiner, Besonderes Verwaltungsrecht IB Rn 215 a S. 89; Bleutge, Der Kommunalverfassungsstreit 1970, 159; MK 11 III 1 f; Kopp BayVBl 1977, 518; DVBl 1988,1080; im wesentlichen auch Dolde, in: Menger-FS 1985, 427.

[202] BVerwG NVwZ-RR 1994, 352; VGH Mannheim NVwZ 1993, 396; OVG Münster DVBl 1991, 495; OVG Saarlouis NVwZ 1987, 914; Pietzner in Schoch § 42 Abs 1 Rn 61 mwN; Ehlers NVwZ 1990, 106; Bauer/Krause JuS 1996, 413; Kopp/Schenke Anh § 42 Rn 86; **aA** Kassel NVwZ-RR 1996, 409; Martensen JuS 1995, 1077.

[203] Vgl BVerwG NJW 1992, 927; Ehlers NVwZ 1990, 101; vgl auch Martensen JuS 1995, 989.

Nicht um VAe handelt es sich idR bei Handlungen, Unterlassungen usw, die **keine wehrfähigen Organrechte** iS von Individualrechten von natürlichen Personen auf ein Amt oder aus einem Amt in ihrer Eigenschaft als Organwalter betreffen, sondern nur **Kompetenzen und Befugnisse eines Organs,** dh Kompetenzen und Befugnisse, deren Träger nicht eine oder auch mehrere natürliche Personen sind, sondern das Organ als solches, das im Verfahren nur durch einen Organwalter (organschaftliche Vertretung) vertreten wird (Dolde, in: Menger-FS 1985, 427; vgl auch Bethge DVBl 1980, 824; Papier DÖV 1980, 297). Soweit Organrechte als eigene wehrfähige Rechte des Organs betroffen sind, wird verwaltungsgerichtlicher Rechtsschutz gewährt. Allerdings geht die hM mangels VA-Qualität derartiger Maßnahmen nur von der Möglichkeit einer Leistungsklage aus. 91

Beschlüsse von Kolligialorganen haben **gegenüber den Personen, die an ihrem Erlass mitwirken** oder (nach ihrer Auffassung) zu Unrecht von der Mitwirkung daran ausgeschlossen wurden, grundsätzlich nur dann Außenwirkung, wenn damit in eigene subjektive (wehrfähige) Organrechte des Mitglieds eingegriffen wird (OVG Koblenz DVBl 1985, 177). Dies kann bei Mitgliedern von Kommunalvertretungsgremien und anderen Selbstverwaltungsorganen der Fall sein, soweit es um ihre verfahrensrechtlichen Mitwirkungsrechte geht, nicht aber hinsichtlich der in der Sache gefassten Beschlüsse, zB der gegen die Stimme eines Gemeinderatsmitglieds oder ohne seine Mitwirkung gefasste Beschluss eines Gemeinderats über eine allgemeine Angelegenheit der Gemeinde.[204] Daher kann zB das nach seiner Auffassung zu Unrecht **wegen Befangenheit** von der Mitwirkung an einem Gemeinderatsbeschluss ausgeschlossene Gemeinderatsmitglied nur die Entscheidung über seinen Ausschluss, nicht auch den später in der zur Beschlussfassung anstehenden Sache ergehenden Beschluss angreifen, der ihm gegenüber kein VA ist.[205] 92

Überwiegend wird eine **VA-Qualität abgelehnt** zB für die **Bestellung** oder **Wahl von Organen** durch die Mitglieder der Organe einer Körperschaft des öffentl Rechts, autonomer Ausschüsse usw;[206] die Entscheidung über die **Bildung,** Aufhebung und Besetzung eines **Ausschusses** (VGH München BayVBl 1993, 81 zur Neubildung eines Ausschusses des Gemeinderats und zur Zuteilung weiterer Sitze an eine Fraktion); die **Abwahl oder Abberufung eines Mitglieds** eines Ausschusses ua (BVerwG NVwZ 1989, 972; Hennecke Jura 1988, 376; **aA** VGH Kassel DVBl 1989, 934); die **Feststellung des Amtsverlustes** eines Gemeinderatsmitglieds durch den Gemeinderat (VGH München DÖV 1981, 144); den **Ausschluss von einer Sitzung** wegen Störungen bzw von der Teilnahme an einer Beratung und/oder Abstimmung **wegen Befangenheit** uä durch Beschluss des Gemeinderats;[207] die **Zulassung** eines Gemeinderatsmitglieds **als Zuhörer** zur Sitzung eines Ausschusses, in dem er nicht Mitglied ist, und die Verweigerung der Zulassung (VGH München BayVBl 1983, 729); ferner für **Sanktionen,** die 93

---

[204] Vgl VGH München JZ 1977, 129; OVG Koblenz DVBl 1985, 177 = NVwZ 1985, 283; Sendler DVBl 1982, 931; **aA** wohl OVG Münster zit bei Hoppe NJW 1980, 1020 Fn 38 und 1021 Fn 54; wohl auch Wittmann BayGO 11 zu Art 41: die Mitglieder haben ein Recht darauf, daß ihre Stimme ihren Wert entsprechend gewertet wird; dagegen überzeugend OVG Koblenz DVBl 1985, 177.

[205] Vgl VGH München JZ 1977, 129, wo jedoch auch die Klage gegen den Ausschluß nicht zugelassen wurde; vgl auch OVG Koblenz NVwZ 1985, 283.

[206] VGH München BayVBl 1981, 87; 1984, 77; 1988, 83; OVG Bremen NVwZ-RR 1990, 1193 zur Ablehnung des Rede- und Antragsrechts für fraktionslose Ratsmitglieder; VG Neustadt DÖV 1976, 142; Stern 4 VIII 1; Stahl DVBl 1972, 770: keine VAe; vgl auch OVG Saarlouis DVBl 1977, 1001, OVG Münster DVBl 1981, 874 und Dageförde DVBl 1976, 241: Ungültigerklärung der Wahl als VA.

[207] UL § 12 Rn 18; vgl auch Gramlich BayVBl 1988, 33; **aA** VGH München BayVBl 1976, 744; 1983, 729; 1987, 239; 1988, 16; VGH Kassel NVwZ 1982, 44; VGH Mannheim VBlBW 1983, 342; VG Frankfurt NVwZ 1982, 52; Krebs VerwArch 1977, 189: kein VA.

ein Organ, zB der Bürgermeister oder der Gemeinderat einer Gemeinde (vgl VGH München BayVBl 1989, 81 zum Ordnungsgeld gegen ein Gemeinderatsmitglied), **gegen** einzelne seiner **Mitglieder** beschließt;[208] die Verfügung eines **Rauchverbots** für Gemeinderatssitzungen durch den Bürgermeister (OVG Münster DVBl 1983, 54: nur im Weg eines Kommunalverfassungsstreits gegen den Bürgermeister auf Untersagung des Rauchens erzwingbar); die **Aufnahme** eines Punktes **in die Tagesordnung** des Gemeinderats im Verhältnis zum Antragsteller und zu den übrigen Gemeinderatsmitgliedern;[209] die Entscheidung des Gemeinderats, dass **über einen Antrag abgestimmt** werden soll (VGH Kassel NVwZ 1988, 82); die **Entlastung** oder Verweigerung der Entlastung gem Art 102 BayGO **für den Vollzug des Gemeindehaushalts;**[210] die Feststellung durch Beschluss des Gemeinderats, **dass** ein bestimmtes Mitglied des Gemeinderats die Verschwiegenheitspflicht verletzt hat (**aA** VG Minden NVwZ 1983, 495); die Bestätigung der Aussetzung des Vollzugs eines Gemeinderatsbeschlusses durch den Bürgermeister durch die Aufsichtsbehörde (OVG Koblenz DÖV 1981, 145). **Kein VA** ist, da eine Fraktion des Parlaments, Gemeinderats usw keine Behörde ist, der **Ausschluss aus einer Fraktion** (Erdmann DÖV 1988, 908 zum Fraktionsausschluss im Gemeinderecht); ebenso nicht die **Wahl eines Fraktionsvorsitzenden** durch eine Fraktion; gleichwohl ist für entsprechende Streitigkeiten der VRW gegeben.[211] Ob in diesen Fällen ein Organstreit geführt werden kann, hängt nicht an der VA-Qualität der Maßnahme sondern davon ab, ob wehrfähige Rechte der Organmitglieder verletzt werden (vgl Rn 48).

94 **g) Organisationsakte.** Organisationsakte der Verwaltung haben **keine einheitliche Rechtsnatur,** sie können vielmehr, je nach der Form, in der sie erfolgen, und nach den damit verbundenen Auswirkungen als VAe, Allgemeinverfügung, VO oder auch als verwaltungsinterner Akt ergehen, wie zB die Entscheidung der ZVS, Studienplätze nur im Wege eines Vergabeverfahrens zu vergeben (vgl BVerwGE 80, 376: kein VA) **oder** wie zB idR die **Errichtung,** Aufhebung oder Verlegung **einer Behörde** (vgl OVG Berlin DVBl 1992, 288, hins des entschiedenen Falles jedoch zweifelhaft). Zunächst wird man darauf abheben müssen, ob die Organisationsmaßnahme in einer bestimmten Form, zB als Gesetz, VO oder als Satzung erlassen wurde. Ist eine Rechtsqualität danach nicht festzustellen, wird zwischen VA und verwaltungsinterner Maßnahme abzugrenzen sein.

95 **aa) Änderung, Aufhebung, Auflösung und Abwicklung** einer öffentlichen Einrichtung. Organisationsentscheidungen dieser Art werden idR als Maßnahme mit Außenwirkung und damit auch mit VA-Qualität angesehen, so etwa die Auflösung der Akademie der Wissenschaften der DDR gem Art 13 des Einigungsvertrags;[212] im Hinblick auf das Recht des Bürgers auf eine schickli-

---

[208] Offen VGH München BayVBl 1985, 339: jedenfalls Klage auf Aufhebung; **aA** VGH München BayVBl 1976, 754; 1981, 87: mit der allgemeinen Leistungsklage angreifbar; BayVBl 1988; 16: Ausschluß eines Gemeinderatsmitglieds wegen Störung der Sitzung kein VA; Linhart APF 1984, 260: mit einer „anderen" Gestaltungsklage angreifbar; Stahl DVBl 1972, 771 f; Lange BayVBl 1976, 756; Machens DVBl 1970, 296: kein VA, da es an einer Über- und Unterordnung fehle.

[209] VGH Mannheim NVwZ 1984, 660 und 664; VGH München BayVBl 1987, 239 = NVwZ 1988, 84: kein VA, nur im Weg der allg Leistungsklage erzwingbar.

[210] Masson/Samper, BayGO, 6 zu Art 102; Hölzl/Hien, BayGO Art 102 Anm 8; Bouse, Die Entlastung der leitenden Gemeindebeamten, 1982, 180; **aA** VGH München BayVBl 1984, 401: kein VA, da nicht auf unmittelbare Rechtswirkung „nach außen" gerichtet; Schmidt-Jortzig Kommunalrecht Rn 888.

[211] Erdmann DÖV 1988, 908 mwN, auch zur Gegenmeinung; vgl allg auch OVG Münster NVwZ 1989, 496.

[212] **AA** insoweit offenbar BVerwGE 90, 220 = DÖV 1992, 970: jedenfalls den Bediensteten gegenüber kein VA; vgl auch BVerfG 84, 149 = DVBl 1992, 618.

che[213] Beerdigung die Einrichtung bzw **Widmung eines Friedhofs** bzw die Entwidmung eines Friedhofs oder Nutzungsbeschränkungen für Grabstätten (BVerwG DÖV 1993, 355 = BayVBl 1993, 409); im Hinblick auf das Recht der Bürger aus Art 2 Abs 1 GG auf Kommunikation die Widmung bzw Entwidmung von Straßen (zweifelhaft vgl Rn 108); im Hinblick auf das Erziehungsrecht der Eltern und das Recht der Schüler auf Bildung – die Entscheidung über **Eröffnung bzw Schließung einer Schule;**[214] die Errichtung oder Schließung zB eines Schlachthofes (VGH Kassel DÖV 1989, 358; zT **aA** BGH DVBl 1970, 135: kein VA, wenn auf die Benutzung kein Anspruch besteht); die **Auflösung aller Oberstufen** an den bisherigen Gymnasien bei gleichzeitiger Errichtung einer Oberstufenschule (VGH Kassel NVwZ 1984, 114); die **Auflösung aller Schulklassen** eines bestimmten Jahrgangs an einer Schule; die jahrgangsweise **Umwandlung eines Gymnasiums** in eine Gesamtschule (OVG Hamburg DVBl 1980, 486; NJW 1980, 2146); die **Einführung der 5-Tagewoche** an einer Schule (BVerwGE 47, 210; s auch Rn 109); die **Einführung eines Diplomstudiengangs** für ein bestimmtes Gebiet an der Universität durch den Minister (VGH Kassel NVwZ 1988, 850); die **Übertragung einer öffentlichen Einrichtung** auf einen kirchlichen oder privaten Träger (**aA** zur Übertragung der Trägerschaft an einem kommunalen Kindergarten auf einen kirchlichen Träger OVG Münster NWVBl 1989, 440: kein VA); die Entscheidung über die **Stillegung einer Bundesbahnlinie** oder die **Aufhebung** eines **Bahnhofs;**[215] die Entscheidung über die **Einrichtung** oder Verlegung **einer Bushaltestelle;**[216] die Zuteilung oder Änderung einer **Hausnummer oder Straßenbezeichnung.**[217]

bb) Maßnahmen zur Ordnung des kommunalen Bereichs. Maßnahmen zur Ordnung des kommunalen Bereichs haben idR VA-Qualität, soweit sie nicht förmlich durch Erlass eines Gesetzes oder einer VO erfolgen, auch zB die **Errichtung, Auflösung** oder **Kreisfreierklärung einer Gemeinde** gegenüber der betroffenen Gemeinde und dem Landkreis, dem sie bisher angehörte, nicht dagegen auch gegenüber dem Bürger; (nur) im Verhältnis zu den betroffenen Gemeinden **Gebiets- und Bestandsänderungen von Gemeinden,** sofern sie nicht durch Rechtsnorm erfolgen, gegenüber den betroffenen Gemeinden, nicht auch gegenüber den Gemeindebürgern (BVerwGE 18, 154; OVG Koblenz NVwZ 1983, 304; s auch Rn 111); die **Namensgebung für eine Gemeinde** und die Änderung des Namens einer Gemeinde (VGH München DVBl 1981, 223: VA gegenüber der Gemeinde); die **Änderung von Schulsprengeln,** sofern sie nicht formell durch Rechtssatz erfolgt.[218] 96

cc) Behördenintern wirkenden Organisationsmaßnahmen. Behördenintern wirkenden Organisationsmaßnahmen haben keine VA-Qualität, wie die 97

---

[213] Vgl Art 149 BayVerf oder entsprechende einfachgesetzliche Regelungen bzw Gewohnheitsrecht und wohl auch aufgrund von Art 1 Abs 1 GG bzw Art 2 Abs 1 iV mit Art 1 Abs 1 GG.

[214] BVerwGE 18, 40; OVG Koblenz NVwZ 1986, 1036; OVG Münster DVBl 1989, 1272 = DÖV 1990, 442; OVG Bremen NVwZ 1986, 1038 besprochen von Hufen JuS 1988, 410; s im Einzelnen auch unten Rn 109.

[215] Nach der Bahneform (s Einf Rn 109) können idR nur noch Entscheidungen des Eisenbahnbundesamtes, nicht jedoch der Deutschen Bahn AG, als VA eingestuft werden.

[216] VGH Kassel NJW 1986, 2781 unter Hinweis auf die Gebots- und Verbotswirkung des Zeichens 224 der StVO an Bushaltestellen; ähnlich OVG Münster VRS 1979, 396; **aA** VGH München BayVBl 1979, 341: kein VA.

[217] VA gegenüber dem Hauseigentümer, s VGH München BayVBl 1983, 20; VGH Mannheim BWVPr 1976, 202; OVG Münster NJW 1987, 2695: auch gegenüber den Mietern, str.

[218] VGH München BayVBl 1972, 580; **aA** VGH Kassel NVwZ 1984, 116; Theuersbacher NVwZ 1988, 888.

Umorganisation innerhalb von Behörden,[219] **die Einrichtung neuer Behörden** – im Gegensatz zur Einführung neuer Behördenarten mit neuen Zuständigkeiten gegenüber dem Bürger, die jedenfalls hins. der Zuständigkeitsregelungen eines Rechtssatzes bedarf[220] –, die **Verlegung von Behörden** und die **Auflösung** (Aufhebung) von Behörden, soweit es sich um staatliche Behörden handelt, auch im Verhältnis zu den „betroffenen" Gemeinden (VGH München BayVBl 1972, 580 zur Änderung eines Standesamtsbezirks im Verhältnis zu der Gemeinde); ebenso wenig die **Änderung des Zuständigkeitsbereichs von Behörden,** da insoweit kein allgemeines Recht des Bürgers oder sonstiger Rechtsträger besteht (vgl VGH München BayVBl 1975, 115).

98 **h) Weisungen und Aufsichtsmaßnahmen. aa) Kommunalaufsicht.** Weisungen der Kommunalaufsichtsbehörde gegenüber den Kommunen (Städten und Gemeinden) haben idR **VA-Qualität** (OVG Koblenz DÖV 1981, 145). Sie enthalten gegenüber den Kommunen als selbständigen Körperschaften des öffentlichen Rechts verbindliche Regelungen auf solchen Gebieten, auf denen die Kommunen der staatlichen Hoheitsmacht ähnlich wie der Bürger gegenüber steht. Die Verbindlichkeit derartiger Weisungen beruht nicht auf Hierarchie, sondern auf der für VAe typischen Geltungskraft der Anordnungen, die sich aus gesetzlichen Ermächtigungen zum hoheitlichen Tätigwerden gegenüber den Kommunen ergeben.

99 **VA-Qualität** haben Anordnungen und sonstige unmittelbar rechtserhebliche Maßnahmen (auch zB förmliche Beanstandungen, vgl VGH Mannheim VBlBW 1989, 332; OVG Münster NVwZ-RR 1990, 243) der Aufsichtsbehörden gegenüber Gemeinden und anderen öffentlich-rechtlichen Körperschaften, die deren **eigenen Wirkungskreis** berühren. Diese sind den Kommunen gegenüber idR VAe;[221] ebenso Anordnungen usw **im Bereich der Selbstverwaltungsaufgaben nach Weisung** und im Bereich der Sonderaufsicht (offen hins der Weisungsangelegenheiten VGH Kassel DVBl 1990, 170). Dasselbe gilt aber auch sonst für Maßnahmen im staatlichen Aufgabenbereich und im übertragenen Wirkungskreis, wenn und soweit eigene Rechte der Körperschaft dadurch betroffen werden, außerdem dann, wenn dies gesetzlich (zB in den GOen) vorgesehen ist.

100 **Auch eine Ersatzvornahme,** die als Maßnahme der Aufsichtsbehörde gegenüber einer Körperschaft vorgenommen wird, hat VA-Qualität. Dies gilt nicht nur dann, wenn sie auf den Erlass eines VA gerichtet ist bzw in einem solchen besteht, indem die Aufsichtsbehörde damit zugleich uno actu einen VA sowohl gegenüber der Körperschaft als auch gegenüber dem Bürger, dem gegenüber die Körperschaft den nunmehr ersetzten VA zu erlassen gehabt hätte (OVG Münster DVBl 1989, 1272), sondern **auch dann,** wenn die Ersatzvornahme **auf den Abschluss eines privatrechtlichen Vertrags** gerichtet ist, zu dessen Abschluss die Körperschaft vorher durch die Anordnung der Aufsichtsbehörde, die durch die Ersatzvornahme „vollzogen" wird, verpflichtet worden war.[222]

---

[219] OVG Münster DVBl 1968, 660; ferner BVerwG DÖV 1966, 766: Umorganisation in einer Klinik, die einem Arzt die Leitung eines Bereichs, den er bisher auch für die Behandlung von eigenen Privatpatienten benützen konnte, entzieht, ist ihm gegenüber ein VA; str.

[220] S Kopp VVDStRL 1971, 264; **aA** BVerwG BayVBl 1972, 161; für den Bereich der Leistungsverwaltung auch VGH München VRspr 19, 347; BayVBl 1969, 139; 1970, 408; vgl auch BVerfG 8, 167.

[221] BVerwGE 19, 121; 52, 315; OVG Münster DVBl 1981, 227; NVwZ-RR 1990, 243; VGH München BayVBl 1984, 659; NJW 1989, 790 = NVwZ 1989, 390; VGH Kassel DVBl 1990, 170; VGH Mannheim VBlBW 1989, 332; Müller-Franken VerwArch 1999, 552; Pietzcker in Schoch § 42 Abs 1 Rn 56 f; Erichsen DVBl 1985, 947.

[222] Vgl OVG Münster NWVBl 1989, 400: VA gegenüber der Gemeinde, privatrechtlicher Vertrag der Aufsichtsbehörde mit dem Dritten; Schnapp, Die Ersatzvornahme in der Kommunalaufsicht, 1972, 80; **aA** Erichsen JK 90 GONW § 109 II 2.

Keine VAe sind **Anordnungen** (Weisungen) staatlicher Behörden (Aufsichtsbehörden) gegenüber den Organen selbständiger Rechtsträger (zB Gemeinden, Hochschulen) **im Bereich der rein staatlichen Aufgaben,** die diesen zur Erfüllung übertragen sind;[223] ebenso im Regelfall auch Anordnungen, Weisungen und sonstige unmittelbar rechtserhebliche Maßnahmen der staatlichen Aufsichtsbehörden in ihrer Eigenschaft als Fachaufsichtsbehörden gegenüber Gemeinden und anderen öffentlich-rechtlichen Körperschaften im übertragenen Wirkungskreis. **Etwas anderes gilt,** wenn und soweit diesen nach materiellem Recht (BVerwG NJW 1978, 1821; BayVBl 1989, 247) – so zB in Bayern gem Art 109 Abs 2 S 2 bayGemO[224] – auch insoweit eine in bestimmtem Umfang geschützte Rechtsstellung zuerkannt ist[225] oder soweit sie nicht zugleich in eigenen geschützten Rechten betroffen werden,[226] zB in ihrer Stellung als Darlehensgeber (BVerwGE 52, 159: Aufforderung der Aufsichtsbehörde an eine Gemeinde, für Darlehen für den sozialen Wohnungsbau keine Zinsen zu erheben), als Dienstherr[227] oder als Träger einer eigenen Finanzhoheit. 101

bb) Sonstige Weisungen. Weisungen von Vorgesetzten an Mitarbeiter oder nachgeordnete Dienststellen einer Behörde haben keine VA-Qualität, soweit sie sich auf die Art und Weise der Aufgabenerledigung beziehen. Insoweit fehlt es regelmäßig an der für den VA erforderlichen Außenwirkung der getroffenen Regelung. Das gilt sowohl für Weisungen im Einzelfall als auch für allgemeine Weisungen, wie zB Verwaltungsvorschriften, Richtlinien, Dienstvorschriften usw. Auch Weisungen, die von einer Behörde einer untergeordneten Behörde gegenüber erteilt werden, haben mangels Außenwirkung keine VA-Qualität. Das gilt auch dann, wenn sie das Handeln der untergeordneten Behörde gegenüber dem einzelnen Bürger entscheidend bestimmen. 101 a

III. Allgemeinverfügung (S 2)

1. Allgemeines. Die Regelung in S 2 enthält nicht nur eine Legaldefinition des Begriffs der Allgemeinverfügung, sondern stellt zugleich in Übereinstimmung mit dem früheren Recht[228] klar, dass die von S 2 erfassten Fälle abstrakt-genereller 102

---

[223] OVG Münster DÖV 1986, 480 zu Anordnungen des Ministeriums gegenüber der Universität im staatlichen Aufgabenbereich; VGH Mannheim DVBl 1978, 276 zu Maßnahmen des Rektors einer Universität in seiner Eigenschaft als Organ der staatlichen Aufsicht gegen die Studentenschaft; Lippert DVBl 1978, 276.

[224] Vgl VGH München DVBl 1978, 148; soweit es sich um Anordnungen im Bereich der Ermessensverwaltung handelt, auch BVerwG NJW 1978, 1821; Reigl BayVBl 1985, 369 mit eingehender Erörterung der Probleme; vgl auch Erichsen DVBl 1985, 948 mwN; offen VGH Kassel DVBl 1990, 170; weitergehend Schröder JuS 1986, 371; WBS I § 45 Rn 84; Widtmann BayVBl 1978, 723: immer VA, jedoch fehlt für eine Anfechtung uU die Widerspruchs- oder Klagebefugnis nach § 42 Abs 2 VwGO; BVerwG DÖV 1995, 512 = DVBl 1995, 744: fachaufsichtliche Weisung gegenüber Gemeinde kein VA, jedenfalls fehlt aber Klagebefugnis; vgl auch Kopp/Schenke § 42 Rn 77; **aA** zu Anordnungen im Bereich der gebundenen Verwaltung BVerwG NJW 1978, 1821; unklar insoweit VGH München BayVBl 1985, 368.

[225] BVerwGE 52, 151 = DVBl 1977, 497; BVerwG NJW 1978, 1827; DÖV 1982, 283; BayVBl 1989, 247; VGH München DVBl 1978, 148; OVG Lüneburg NVwZ 1982, 386; VG Köln DVBl 1985, 181 = NVwZ 1984, 745 zu einer Weisung im Bereich des Sonderordnungsrechts; Schröder JuS 1986, 371; Leidinger, in: Menger-FS 1985, 257; Erichsen DVBl 1985, 947; **aA** WBS II § 45 Rn 84; Widtmann BayVBl 1978, 723: immer VA; s auch BVerfG NVwZ 1989, 347 = JuS 1990, 137.

[226] BVerwGE 52, 159 = DVBl 1977, 497; 52, 315; VGH Mannheim VBlBW 1981, 19; Knemeyer BayVBl 1977, 130; Schmidt-Jortzig JuS 1979, 491; s auch Kopp/Schenke § 42 Rn 95.

[227] BVerwG 52, 316: Ablehnung der Erteilung eines Lehrauftrags durch die zuständige Aufsichtsbehörde ist ein VA gegenüber der antragstellenden Universität.

[228] Vgl Ule 32 Anh III 3; F 201.

Regelungen VA-Qualität haben und nicht etwa Rechtsnormen sind. Nach der Legaldefinition des S 2 handelt es sich bei Allgemeinverfügungen um VAe, die sich an einen nach allgemeinen Merkmalen bestimmten oder bestimmbaren Personenkreis richten **(personenbezogene Allgemeinverfügung)** oder die öffentlich-rechtliche Eigenschaft einer Sache oder die Benutzung einer solchen Sache durch die Allgemeinheit betreffen **(sachbezogene Allgemeinverfügung).** Voraussetzung ist auch insoweit jedoch, dass die getroffene Regelung nicht in der Form eines Rechtssatzes erfolgt.[229] Das VwVfG enthält spezielle Regelungen für Allgemeinverfügungen in Bezug auf die **Anhörung** (§ 28 Abs 2 Nr 4), die **Begründung** (§ 39 Abs 2 Nr 5) und die **Bekanntgabe** (§ 41 Abs 3 S 2). Im Übrigen gelten die für VAe geltenden Regelungen des VwVfG auch Allgemeinverfügungen (StBS 200 d).

102 a **2. Prozessuale Behandlung von Allgemeinverfügungen.** Grundsätzlich gilt für Allgemeinverfügungen, dass sie wie sonstige VAe mit Widerspruch und Anfechtungsklage angefochten werden können. Die Anfechtung einer Allgemeinverfügung gilt wie die Anfechtung von sonstigen VAen nur relativ, dh nur für den jeweiligen Kläger, nicht für die übrigen von ihr Betroffenen. Das bedeutet, dass ein Suspensiveffekt nach § 80 Abs 1 VwGO auch nur dem Anfechtenden gegenüber eintritt. Dies gilt allerdings nicht für Verkehrsschilder, bei denen die Wirksamkeit nur allgemein entfallen kann. Deshalb ist insoweit auch eine Kassation nur insgesamt gegenüber allen Betroffenen möglich.

103 **3. Die personenbezogene Allgemeinverfügung.** Die personenbezogene Allgemeinverfügung richtet sich an einen nach allgemeinen Merkmalen bestimmten Kreis von Adressaten aus Anlass einer bestimmtem konkreten Situation. Während die Adressaten nur nach allgemeinen Merkmalen bestimmt bzw bestimmbar sind, ist der Anlass der Allgemeinverfügung ein konkreter Einzelfall; denkbar sind aber auch mehrere konkrete Einzelfälle. Nicht die Unbestimmtheit des Personenkreises,[230] sondern die **Konkretheit des geregelten Sachverhalts** unterscheidet die personenbezogene Allgemeinverfügung von der Rechtsnorm. Hierzu gehören insbesondere anlassbezogene Regelungen, wie das **präventive Versammlungsverbot** (OLG München NVwZ 2000, 467; StBS 211; Obermayer 127), das über den Rundfunk verbreitete Verbot, **Endiviensalat** zu verkaufen (BVerwGE 12, 87, 90 = NJW 1961, 2077; StBS 212 a), die Feststellung des **Smog-Alarms**[231] und ähnliche Regelungen, die sich auf stark konkretisierte Sachverhalte beziehen. Zur Einordnung von **Verkehrszeichen** (Rn 112).

104 **a) Abgrenzung zu Rechtsnormen.** Gerade bei der personenbezogenen Allgemeinverfügung atellt sich das Problem der Abgrenzung zu Rechtsnormen in besonderer Schärfe, weil klare Kriterien für die Konkretheit des geregelten Sachverhalts fehlen. Hier hat sich noch keine klare Linie herausgebildet. So werden Anordnungen nach § 32 AuslG nicht als Allgemeinverfügung eingestuft BVerwGE 100, 335, 339 = NVwZ-RR 1997; 317), ebenso wenig die allgemeine Festsetzung

---

[229] v Mutius, in: Wolff-FS 1973, 215; Krebs VerwArch 1978, 235; Zimmer DÖV 1980, 120; ferner § 47 Rn 4. **Allg** zum dinglichen VA s auch BVerwGE 70, 77 = NVwZ 1985, 39; VG Sigmaringen NVwZ-RR 1995, 327 – zur Abgrenzung Einzelverfügung/Allgemeinverfügung –; Niehues DÖV 1965, 319; DVBl 1982, 317; Kopp BayVBl 1970, 233; Martens NVwZ 1982, 481.

[230] So aber Vogel BayVBl 1977, 620; Obermayer 67; NJW 1980, 2386; Manssen NZV 1992, 465; zT **aA** BVerwGE 27, 181; NJW 1969, 809: VA kann auch eine Regelung für „wen immer es angeht" bezüglich erst in der Zukunft liegender Konkretisierungsfälle sein.

[231] **Str,** wie hier Jacobs NVwZ 1987, 100, 105; Jarass NVwZ 1997, 95; Appel/Melchinger VerwArch 1993, 349; 376; StBS 214; **aA** Ehlers DVBl 1987, 972; Maurer § 9 Rn 36 a.

der Pflichtstundenzahl für Lehrer, anders nach hM die öffentlich bekanntgemachte allgemeine Ausnahmegenehmigung nach § 23 LSchlG.[232]

105 **b) Abgrenzung zu Sammel-VAen.** Von Sammelverfügungen spricht man idR bei dem Erlass einer Vielzahl gleichlautender Bescheide an eine feststehende Zahl von Personen. Allerdings ist der Sprachgebrauch hier nicht eindeutig.[233] Ein Sammel-VA stellt lediglich ein Bündel von einzelnen VAen dar (OVG Bremen DVBl 1991, 877). Der Unterschied zwischen Sammel-VAen und personenbezogenen Allgemeinverfügungen ist nicht einfach zu bestimmen. Typischerweise ist bei Erlass einer personenbezogenen Allgemeinverfügung der Kreis der Adressaten zwar bestimmbar, aber für die erlassende Behörde idR nicht zB zahlenmäßig bestimmt. Bei Sammelverfügungen ist demgegenüber die Zahl der Adressaten typischerweise bestimmt (WBS II § 45 Rn 77).

106 **4. Sachbezogene Allgemeinverfügungen. a) Allgemeines.** VA-Qualität haben auch Regelungen der öffentlich-rechtlichen Eigenschaft einer Sache oder Benutzung durch die Allgemeinheit (sachbezogene Allgemeinverfügung). Die für für die Allgemeinverfügung wesentliche Konkretheit der Regelung wird hier durch den Bezug zu **einer konkreten Sache** hergestellt (Maurer § 9 Rn 34). Allgemeinverfügung ist danach die **Einstufung einer Straße** in eine bestimmte Straßenklasse (VGH München NVwZ 1991, 590 = DÖV 1991, 252); ebenso auch die **Umstufung** einer öffentlichen Straße. **VAe-Qualität** haben außerdem die sog **intransitiven Zustandsregelungen,** dh sachbezogene VAe, die nicht primär Rechtsbeziehungen zwischen Personen (insb zwischen dem Staat und einem oder mehreren Bürgern) regeln, sondern bestimmte rechtserhebliche Eigenschaften (einen „Rechtszustand") einer Sache begründen, aufheben, abändern oder feststellen (zB die **wegerechtliche Widmung**) und dadurch, dass diese Eigenschaften Voraussetzung für die Anwendbarkeit bestimmter Rechtssätze sind, die daran anknüpfen, Rechte und/oder Pflichten einer unbestimmten Vielzahl von Personen begründen, aufheben, abändern oder feststellen und insofern auch diesen Personen gegenüber VAe sind.[234]

107 **b) Verhältnis zum dinglichen VA.** Eine sachbezogene Allgemeinverfügung kann als dinglicher VA eingestuft werden, weil es um die öffentlich-rechtliche Eigenschaft einer Sache oder ihrer Benutzung geht. Allerdings wird der Begriff des dinglichen VA zumeist in einem weiteren Sinne verwendet. Erfasst werden vom Begriff des dinglichen VA auch VAe, die sich zwar an einzelne Adressaten wenden, aber wegen ihrer Sachbezogenheit auch deren Rechtsnachfolger verpflichten und berechtigen (zB Baugenehmigungen,[235] nicht aber Abriss- bzw Beseitigungsverfügungen, vgl Knack 94 mwN).

108 **c) Einzelfälle. VAe** idS sind zB die **Widmung eines Weges** für den öffentlichen Verkehr, und zwar nicht nur gegenüber dem Baulastträger, dem Eigentümer des Straßengrundes und den Anliegern,[236] sondern – ähnlich wie ein Verkehrszeichen – **auch den Verkehrsteilnehmern** gegenüber, für die durch die Widmung nach dem Verkehrsrecht und dem Straßen- und Wegerecht Rechte und Pflichten begründet werden (vgl Erichsen/Ehlers § 43 Rn 15ff); die **Einziehung eines**

---

[232] OVG Greifswald NordÖR 2000, 66; OVG Bautzen NJW 1999, 2986; OVG Magdeburg NJW 1999, 2982; StBS 217.

[233] Vgl Erichsen/Ehlers § 12 Rn 51; WBS I § 45 Rn 77; StBS 205.

[234] Niehues DÖV 1965, 319; WBS I § 45 Rn 89; ME VerwArch 1968, 366; v Mutius DVBl 1974, 904; Krebs VerwArch 1978, 233; Kopp BayVBl 1970, 233; s auch Kopp/Schenke § 42 Rn 90; ablehnend VGH München BayVBl 1978, 505; Obermayer NJW 1980, 2386.

[235] So zB StBS 193; Guckelberger VerwArch 1999, 499; wohl auch Knack 94.

[236] BVerwGE 47, 144 = NJW 1975, 841; OVG Koblenz NJW 1987, 1284 mwN; VGH München BayVBl 1988, 497; **aA** Obermayer NJW 1980, 2386.

Weges, die ebenfalls nicht nur den Anliegern (BVerwGE 94, 100 = NVwZ 1994, 275 – Bargteheide; BVerwGE 54, 3), sondern auch sonstigen interessierten Verkehrsteilnehmern das Recht auf Benützung der Straße nimmt;[237] die Festsetzung einer **Bushaltestelle** mit Halteverbot gem § 12 Abs 3 Nr 4 StVO (VGH Mannheim NVwZ-RR 1990, 60 mwN = VBlBW 1989, 182); eine **Verkehrsmarkierung** mit Anordnungscharakter (OVG Bremen VRS 1984, 232); die Eintragung eines Denkmals in die Denkmalliste (OVG Bremen NVwZ 1983, 234); die **Schutzbereichsanordnung** nach § 2 SchBG;[238] die **Erklärung** einer Örtlichkeit **zum militärischen Sicherheitsbereich** nach § 2 Abs 2 S 2 UZwGBw (BVerwG DVBl 1990, 704; VG Schleswig NJW 1987, 87; Beck DÖV 1987, 990); die Festlegung eines **Tieffluggebiets** für Bundeswehrübungen (VG Oldenburg NJW 1989, 1942); die **Benennung** (Namensgebung) **eines Bahnhofs** (BVerwG NVwZ-RR 1993, 373 VA gegenüber den betroffenen Gemeinden); die Zuteilung und Änderung von **Straßennamen** (vgl VGH Mannheim NVwZ 1992, 196: ein an sich adressatloser VA, bei dem die Betroffenen jedoch Anspruch auf Berücksichtigung ihrer Interessen haben) und **Hausnummern** im Verhältnis zu den Eigentümern und Mietern der anliegenden Grundstücke;[239] die **Festsetzung eines Volksfestes,** dh des Ortes, der Zeit, der Öffnungszeiten dafür gem §§ 60b Abs 2, 69 Abs 1 GewO (BVerwG DÖV 1987, 539; OVG Münster NVwZ 1984, 531); die Anordnung gem § 4 Abs 2 LSchlG über die **Öffnungszeiten der Apotheken** (VGH München NJW 1986, 1564); die Abrundungsverfügung für ein **Jagdgebiet** (OVG Münster AgrarR 1983, 139).

109 **VA-Qualität hat auch,** sofern nicht eine Regelung in Form einer Rechtsverordnung erfolgt, die **Aufhebung einer öffentlichen Anstalt** oder sonstigen öffentlichen Einrichtung; die **Errichtung** (Widmung) und **Schließung** (Entwidmung) eines **Friedhofs** (BVerwG NVwZ 1993, 675), **die Eröffnung oder Schließung** eines **Schlachthofs** (VGH Kassel DÖV 1989, 358); eines **Verkehrsflughafens** (BVerwGE 82, 246 = NVwZ 1990, 262; VGH München NVwZ-RR 1994, 241); **einer Schule,**[240] nicht nur im Verhältnis zum Schulträger, sondern auch gegenüber den Lehrern, den Schülern und den Eltern der Schüler;[241] die **Zusammenlegung von zwei Gymnasien;**[242] die **Aufteilung einer Schule** in zwei oder mehrere selbständige Schulen; **Errichtung eines Studiengangs** an einer Hochschule (vgl VGH Kassel NVwZ 1988, 850); die Bildung oder **Schließung einer Schulklasse;**[243] die **Zuweisung der Schüler** in die bestehenden

---

[237] Str; wie hier Erichsen/Ehlers § 12 Rn 52; für den Fall, daß der Verkehrsteilnehmer auf die Benutzung der Straße aus beruflichen oder sonstigen Gründen angewiesen ist, mit überzeugenden Gründen auch VGH Kassel VRspr 5, 340; **aA** BVerwGE 32, 222, 225; 44, 3; jedenfalls keine Klagebefugnis sonstiger Verkehrsteilnehmer; s auch Kopp/Schenke § 42 Rn 63, 78a.

[238] BVerwGE 70, 77 = NVwZ 1985, 39; VGH Mannheim NVwZ 1989, 978; Lang DVBl 1969, 549; ebenso offensichtlich auch BVerwG BayVBl 1979, 543; **aA** OVG Koblenz DÖV 1982, 125.

[239] OVG Münster NJW 1987, 2695 = JuS 1988, 77; VGH Mannheim NJW 1981, 1749; VGH München BayVBl 1983, 20; 1988, 496; Ehlers DVBl 1970, 493; Niehues DVBl 1982, 318; Brugger JuS 1990, 567 mwN; zu Hausnummern VGH München NVwZ 1983, 353; offen BayVBl 1988, 496.

[240] BVerwG DVBl 1979, 812; VGH München NVwZ-RR 1993, 355; OVG Koblenz DÖV 1986, 482 = NVwZ 1986, 1036; OVG Bremen NVwZ 1986, 1038.

[241] BVerwGE 18, 40; BVerfG 51, 268 = NJW 1980, 35; OVG Münster DVBl 1989, 1272; OVG Lüneburg DÖV 1974, 285; VGH Kassel NVwZ 1984, 115; OVG Koblenz NVwZ 1986, 1036; OVG Bremen NVwZ 1986, 1038; Knack 128; Lüke NJW 1968, 81; Krebs VerwArch 1978, 232; Hufen JuS 1988, 410.

[242] OVG Münster DVBl 1992, 448; VGH München BayVBl 1980, 245; 1993, 185; OVG Lüneburg DVBl 1981, 54

[243] BVerwGE 18, 40; OVG Koblenz NVwZ 1986, 1036; OVG Bremen NVwZ 1986, 1038; Stern 4 IV 2i Fn 133; offen VGH München BayVBl 1982, 211; **aA** VGH München BayVBl 1980, 245; OVG Lüneburg DVBl 1981, 54; Theuersbacher NVwZ 1988, 891 Fn 55.

Klassen oder zu errichtenden Schulklassen;[244] die **Einführung der 5-Tagewoche** an einer Schule, ebenfalls gegenüber Schulträgern, Lehrern, Schülern und Schülereltern;[245] die **Umwandlung eines Gymnasiums** in eine Gesamtschule (OVG Hamburg DVBl 1980, 486; NJW 1980, 2146).

110 VA-Qualität hat, sofern sie nicht in Form einer Satzung bzw VO erlassen wird, auch zB die öffentlichrechtliche **Anstalts- oder Benutzungsordnung** einer öffentlichen Einrichtung (Löwer DVBl 1985, 938); die Regelungen hins des **Betriebs eines Verkehrsflughafens** (VGH München NVwZ-RR 1994, 241); die Anordnung, dass **auf einem Friedhof keine weiteren Bestattungen** mehr vorgenommen werden dürfen (BVerwG DVBl 1993, 217); die **Festsetzung der Öffnungszeiten** einer öffentlichen Einrichtung (OVG Münster KStZ 1970, 30 zur Regelung der Öffnungszeiten eines Schlachthofes; die Erhöhung der **Krankenhauspflegesätze** im Verhältnis zu den Krankenhausträgern (BVerwGE 60, 154; OVG Lüneburg NJW 1978, 1211; VGH München BayVBl 1977, 605), zu den Trägern konkurrierender Krankenhäuser; die **Anerkennung eines Kindergartens** nach Art 8 bayKindergartenG (VGH München NVwZ-RR 1990, 155 und 159); die **Zulassung eines Schulbuchs** für den Gebrauch in Schulen (vgl BVerwGE 61, 164; 79, 298; NVwZ 1984, 102; Theuersbacher NVwZ 1988, 891).

111 VA-Qualität hat auch, sofern durch Gesetz nichts anderes vorgesehen ist, im Verhältnis zu den betroffenen Gemeinden, Landkreisen uä die Verfügung von **Gebiets- und Bestandsänderungen von Gemeinden**[246] und die **Kreisfreierklärung** einer Gemeinde (VGH München BayVBl 1965, 59), sofern die insoweit maßgeblichen Rechtsvorschriften – was die Regel ist – nur den Gemeinden, nicht aber auch den Gemeindebürgern eine geschützte Rechtsstellung gegenüber diesen Akten einräumen.

112 **d) Verkehrszeichen. aa) Allgemeines.** Verkehrsschilder sowie andere Verkehrszeichen nach §§ 41 ff StVO werden inzwischen allgemein als VAe in der Form von **Allgemeinverfügungen mit Dauerwirkung** angesehen.[247] Der Grund hierfür liegt wohl vor allem darin, dass in Verkehrszeichen ein Ersatz für entsprechende Verkehrsregelungen durch Vollzugspolizisten gesehen wurde.[248] Die früher vor allem vom VGH München vertretene Gegenmeinung, wonach es sich um Rechtsverordnungen handele, ist weitgehend aufgegeben worden. Gleichwohl löst die Einordnung als VA eine Reihe von Problemen aus, die bisher nicht restlos geklärt worden sind. Nahe liegt es wohl, eine sachbezogene Allgemeinverfügung in Bezug auf die (straßenverkehrsrechtliche) Benutzung einer Sache, nämlich des öffentlichen Weges, durch die Allgemeinheit anzunehmen.[249]

112 a **bb) Bekanntgabe.** Bekanntgegeben wird das Verkehrszeichen nach heute hM durch die Aufstellung nach den Regeln der StVO, die insoweit als

---

[244] Offen VGH München BayVBl 1982, 211; vgl auch VGH München BayVBl 1980, 245; OVG Lüneburg DVBl 1981, 54; Theuersbacher NVwZ 1988, 891 Fn 55.

[245] BVerwGE 47, 201; OVG Münster DVBl 1976, 948; 1978, 948; Erichsen/Krebs VerwArch 1976, 379; Krebs VerwArch 1978, 232; **aA** hins des Verhältnisses zu Schülern und Eltern Kassel HessVG Rspr 1976, 21.

[246] BVerwGE 18, 154; Koblenz NVwZ 1983, 304: auch keine Feststellungsklage des Bürgers; zT **aA** Obermayer BayVBl 1958, 69; SG 3 I A: VA gegenüber den betroffenen Gemeinden, VO gegenüber den Gemeindebürgern; Knemeyer BayVBl 1972, 180 mwN: immer VO.

[247] BVerwGE 102, 316, 318; 92, 32, 26; 59, 221, 224; OVG Hamburg NordÖR 2000, 330 für Geschwindigkeitsbeschränkung auf Autobahn.

[248] Dies spielt heute noch vor allem bei der Anwendung von § 80 Abs 2 Nr 2 VwGO eine Rolle, vgl Kopp/Schenke § 80 Rn 64.

[249] So die wohl hM, vgl StBS 241 ff.

Sonderbestimmungen gegenüber § 41 angesehen werden.[250] Mit der Aufstellung gilt es gegenüber sämtlichen Verkehrsteilnehmern als bekanntgegeben. Mit der Bekanntgabe wird das Verkehrsschild nach heute hM gegenüber sämtlichen Verkehrsteilnehmern gleichermaßen wirksam (§ 43), auch gegenüber solchen, die tatsächlich noch keine Gelegenheit hatten, das Verkehrszeichen zur Kenntnis zu nehmen. Diese Auffassung dehnt das bisher allgemein akzeptierte **Sichtbarkeitsprinzip,** wonach es nicht auf die tatsächliche Kenntninahme, sondern allein auf die Möglichkeit der Kenntnisnahme ankommen sollte,[251] insoweit aus, als es nunmehr bereits die lediglich theoretische Möglichkeit der Kenntnisnahme ausreichen soll. Von praktischer Bedeutung ist dies vor allem für diejenigen Personen, die zB als Halter eines Kfz eine Zustandsverantwortlichkeit trifft und die nun auch dann, wenn sie des Verkehrszeichens gar nicht ansichtig werden konnten, weil sie das Kfz gar nicht geführt hatten, gleichwohl als Pflichtige für eine etwaige Verwaltungsvollstreckung angesehen werden.[252]

112 b **cc) Anfechtbarkeit.** Als VA ist ein Verkehrsschild mit Widerspruch und Anfechtungsklage anfechtbar. Maßgeblich ist die Sach- und Rechtslage im Zeitpunkt der gerichtlichen Entscheidung (BVerwGE 92, 32, 35; OVG Hamburg NordÖR 2000, 330). Gem § 70 VwGO beginnt die Widerspruchsfrist mit der Bekanntgabe, dh nach heute hM Auffassung mit der Aufstellung. Dies gilt auch für solche Verkehrsteilnehmer, die das Verkehrszeichen erst später als ein Jahr nach seiner Aufstellung zur Kenntnis nehmen können, zB weil sie zuvor den öffentlichen Weg zu keinem Zeitpunkt befahren hatten. Sie können hiernach – anders als nach der früher vertretenen Auffassung – das Verkehrsschild nicht mehr in zulässiger Weise anfechten, weil die – mangels Rechtsmittelbelehrung gem § 58 Abs 2 VwGO maßgebliche – Jahresfrist für den Widerspruch gegen das Verkehrsschild verstrichen ist. Eine Wiedereinsetzung in den vorigen Stand gem § 60 VwGO würde jedenfalls an § 60 Abs 3 VwGO scheitern. Ihnen bleibt im Falle der Rechtswidrigkeit des Schildes nur die Möglichkeit, eine Rücknahme zu beantragen.

112 c **dd) Dauer der Wirksamkeit.** Grundsätzlich bleibt ein Verkehrsschild so lange wirksam, bis es aufgrund entsprechender Anordnung der zuständigen Straßenverkehrsbehörde abgebaut wird. Der actus contrarius der Aufstellung beseitigt die Wirksamkeit. Problematisch ist, ob das Verkehsschild im Hinblick auf das Sichtbarkeitsprinzip auch dann seine Wirksamkeit verlieren kann, wenn es infolge Verwitterung, Beschädigung oder infolge anderer Umstände Straßenmarkierungen sind wegen geschlossener Schneedecke nicht sichtbar) nicht erkennbar ist. In der Konsequenz der neuen Auffassung des BVerwG (E 102, 316) dürfte es liegen, selbst in Fällen unbefugter Beseitigung nicht ein Ende der Wirksamkeit anzunehmen. Verstöße müssen in diesen Fällen allerdings sanktionslos bleiben. Dies erscheint indessen unter rechtsstaatlichen Aspekten fragwürdig. Das aus dem Rechtsstaatsprinzip folgende Sichtbarkeitsprinzip verlangt im Grundsatz, dass Verkehrszeichen jederzeit erkennbar sein müssen. Die Fiktion der Bekanntgabe an sämtliche Verkehrsteilnehmer würde überzogen, wenn man die Verkehrsteilnehmer auch für verpflichtet halten wollte, sich an Verkehrsschildern zu orientieren, die mit zumutbaren Mitteln nicht (mehr) wahrnehmbar sind.

---

[250] So insbes BVerwGE 102, 316 = JZ 1997, 780 m Anm Hendler.

[251] Zum Sichtbarkeitsprinzip s BVerwGE 97, 214; 59, 221, 227; 27, 181, 184; VGH Mannheim NJW 1991, 1698; allerdings alle noch in der Annahme, es komme auf die Annäherung an.

[252] Praktische Bedeutung erlangt diese Frage vor allem bei der Ersatzvornahme gegenüber dem Halter und bei mobilen Verkehrszeichen, vgl VGH Kassel NJW 1997, 1023; OVG Münster NVwZ-RR 1996, 59; OVG Hamburg DÖV 1995; 783; Mehde Jura 1998, 297; zu Streng Hendler JZ 1997, 782.

e) Benutzungsordnungen. Umstritten ist, ob auch die allgemeine Regelung der Benutzung öffentlicher Einrichtungen durch Benutzungsordnungen als Regelung der Benutzung einer Sache durch die Allgemeinheit iSd § 35 S 2 angesehen werden kann. Dies wird von einer jüngeren Auffassung angenommen, die deshalb anstaltliche Benutzungsordnungen, sofern sie nicht als Satzungen oder Rechtsverordnungen erlassen werden und nicht nur innerbehördliche Bedeutung haben, als Allgemeinverfügungen einstuft.[253] Es erscheint zweifelhaft, ob damit die Möglichkeiten der Allgemeinverfügung nicht überspannt werden. Soweit es um die Regelung der Benutzung öffentlicher Einrichtungen geht, steht nicht die Benutzung einer Sache im Vordergrund, sondern der mit dieser Einrichtung verfolgte Zweck, der mit der „Sache" möglicherweise nur wenig zu tun hat, sich jedenfalls in der Benutzung einer Sache nicht erschöpft. 113

§ 36 Nebenbestimmungen zum Verwaltungsakt

(1) **Ein Verwaltungsakt, auf den ein Anspruch besteht,[41] darf mit einer Nebenbestimmung nur versehen werden, wenn sie durch Rechtsvorschrift zugelassen ist[43] oder wenn sie sicherstellen soll, dass die gesetzlichen Voraussetzungen des Verwaltungsaktes erfüllt werden.[44]**

(2) **Unbeschadet des Absatzes 1 darf ein Verwaltungsakt nach pflichtgemäßem Ermessen[47] erlassen werden mit**

1. **einer Bestimmung, nach der eine Vergünstigung oder Belastung zu einem bestimmten Zeitpunkt beginnt, endet oder für einen bestimmten Zeitraum gilt (Befristung);[15]**
2. **einer Bestimmung, nach der der Eintritt oder der Wegfall einer Vergünstigung oder einer Belastung von dem ungewissen Eintritt eines zukünftigen Ereignisses abhängt (Bedingung);[19]**
3. **einem Vorbehalt des Widerrufs[23]**

oder verbunden werden mit

4. **einer Bestimmung, durch die dem Begünstigten ein Tun, Dulden oder Unterlassen vorgeschrieben wird (Auflage);[29]**
5. **einem Vorbehalt der nachträglichen Aufnahme, Änderung oder Ergänzung einer Auflage.[38]**

(3) **Eine Nebenbestimmung darf dem Zweck des Verwaltungsaktes nicht zuwiderlaufen.[54]**

Parallelvorschriften: § 32 SGB X; § 120 AO

Schrifttum allgemein: *Badura,* Schutz Dritter durch Nebenbestimmungen einer Planfeststellung oder Genehmigung, in: Lukes-FS 1989, 3; *Brenner,* Der VA mit Nebenbestimmungen, JuS 1996, 281; *Ehlers,* Verwaltungsrechtsdogmatik und modifizierende Auflage, VerwArch 1976, 369; *Eichberger,* Ausübung des Widerrufsvorbehalts im Wirtschaftsverwaltungsrecht, GewA 1983, 105; *Engelhardt,* Die Anordnung über Schutzanlagen in Planfeststellungen, BayVBl 1981, 389; *Erichsen,* Nebenbestimmungen zu VAen, Jura 1990, 214; *Fickert,* Die Anordnung von Schutzauflagen in der Planfeststellung, in: BVerwG-FS 1978, 153; *Franßen,* Über bedingungsfeindliche VAe, Diss Münster 1969; *Fluck,* Genehmigungszusätze, nachträgliche Anordnungen und Aufhebung der Genehmigung im Planungsrecht, DVBl 1992, 831; *Gern/Wachheim,* Nebenbestimmungen in Verwaltungsakten, JuS 1980, 276; *Hoffmann,* Die aufgedrängte Erlaubnis – Zur Lehre von der sogenannten „modifizierenden Auflage", DVBl

---

[253] So zB Maurer § 9 Rn 34; WBS II § 99 Rn 8; StBS 133 a; Obermayer 132; Ortmanns NdsVBl 2000, 105; Bier VBlBW 1991, 81; ausf Schäfer, Benutzungsregelungen gemeindlicher öffentlicher Einrichtungen, S 209 ff; aA Schmidt-Aßmann, Die kommunale Rechtssetzung im Gefüge administrativer Handlungsformen und Rechtsquellen, 1981, S. 42; Becker/Sichert JuS 2000, 144, 146.

1977, 514; *Keller,* Die gerichtliche Anfechtung von Planfeststellungsbeschlüssen, NJW 1979, 1490; *ders,* Das System der Nebenbestimmungen, WuV 1982, 117; *Leiner,* Zulässigkeit und Umfang nachträglicher Auflagen zur Anlagengenehmigung, NVwZ 1991, 844; *Leisner,* Die Lenkungsauflage, 1982; *Marburger,* Nebenbestimmungen zum VA im sozialrechtlichen Verfahren, ZfS 1992, 107; *Martens,* Die Rspr zum Verwaltungsverfahrensrecht, II 2. Nebenbestimmungen, NVwZ 1984, 558; 1987, 108; *Mößle,* Der VA mit Nebenbestimmungen im Planungsrecht und der verwaltungsrechtliche Rechtsschutz, BayVBl 1982, 193, 231; *Remmert,* Nebenbestimmungen zu begünstigenden VAen, VerwArch 1997, 112; *Rumpel,* Zur Verwendung von Genehmigungsinhaltsbestimmungen und Auflagen, BayVBl 1987, 577; *ders,* Abschied von der „modifizierenden Auflage" im Umweltverwaltungs- und Umweltstrafrecht, NVwZ 1988, 502; *Schachel,* Geldleistungsauflagen, DVBl 1980, 1038; *ders,* Nebenbestimmungen zu VAen, Jura 1981, 449; *Schleich,* Nebenbestimmungen in Zuwendungsbescheiden des Bundes und der Länder, NJW 1988, 236; *Stelkens,* Das Problem Auflage, NVwZ 1985, 469; *Tietzsch,* Nebenbestimmungen zur Sanierungsgenehmigung: Mietobergrenzen, NVwZ 2002, 435; *Weyreuther,* Modifizierende Auflagen, DVBl 1984, 365; *Wolnicki,* Zum Akzessorietätsprinzip bei der Systemfeststellung nach § 6 III VerpackV – zugleich zur Nebenbestimmungsfeindlichkeit von rechtsgestaltenden VAen, NVwZ 1994, 872.

Rechtsschutz gegen Nebenbestimmungen: *Erichsen,* Die selbständige Anfechtbarkeit von Nebenbestimmungen, VerwArch 1975, 299; *Fehn,* Die isolierte Auflagenanfechtung, DÖV 1988, 202; *Funk,* Zur Anfechtbarkeit von Auflagen und „Genehmigungsinhaltsbestimmungen", BayVBl 1986, 105; *Hoenig,* Rechtsschutz gegen Auflagen, Diss Bonn 1990; *Kopp,* Die selbständige Anfechtbarkeit von Nebenbestimmungen zu VAen, GewArch 1970, 97; *Laubinger,* Die Anfechtbarkeit von Nebenbestimmungen, VerwArch 1982, 345; *Pietzcker,* Rechtsschutz gegen Nebenbestimmungen – unlösbar?, NVwZ 1995, 15; *Schenke,* Rechtsschutz, gegen Nebenbestimmungen bei Wirtschaftsverwaltungsakten, WuV 1982, 142; *Schmidt,* Zur Anfechtbarkeit von Nebenbestimmungen, NVwZ 1996, 1188; *Schneider,* Nebenbestimmungen und Verwaltungsprozeß, 1981; *Sieckmann,* Die Anfechtbarkeit von Nebenbestimmungen zu begünstigenden VAen, DÖV 1998, 525; *Stadie,* Rechtsschutz gegen Nebenbestimmungen eines begünstigenden VA, DVBl 1991, 613; *Störmer,* Rechtsschutz gegen Inhalts- und Nebenbestimmungen, DVBl 1996, 81; *ders,* Die aktuelle Rspr zur Anfechtbarkeit von Nebenbestimmungen, NWVBl 1996.

Übersicht

I. Allgemeines

1 **1. Grundsätzliches.** Die Vorschrift regelt die Zulässigkeit von Nebenbestimmungen zu VAen und gibt zugleich in Abs 2 Legaldefinitionen für die wichtigsten Nebenbestimmungen. Rechtlich handelt es sich primär um Regelungen des materiellen Rechts, die als sog **annexe Materie** in das VwVfG aufgenommen wurden, die allerdings auch verfahrensrechtlich eine erhebliche Bedeutung haben, weil sie das Verwaltungsverfahren um praktisch wichtige Möglichkeiten ergänzen. Die Vorschrift entspricht im wesentlichen dem vor Erlass des VwVfG geltenden Recht[1] und nimmt die überkommene Entscheidung zwischen der Zulässigkeit von

[1] Vgl BVerwG BayVBl 1974, 703 unter Bezugnahme auf § 32 EVwVfG; Menger VerwArch 1973, 207 mwN; WBS I § 47 Rn 1 mwN; M 89f; Erichsen/Ehlers § 14 Rn 1; Obermayer VerwR 91 ff.

Nebenbestimmungen bei gebundenen VAen einerseits (Abs 1) und bei in das Ermessen der Behörde gestellten VAen andererseits (Abs 2) wieder auf.

2 **2. Zweck von Nebenbestimmungen.** Die Beifügung von Nebenbestimmungen zu einem VA dient der Anpassung der mit dem Haupt-VA beabsichtigten Regelung an die besonderen Gegebenheiten des Einzelfalls, insb an die im konkreten Fall betroffenen **öffentlichen Interessen** und an die Erfordernisse des **Schutzes der Rechte Dritter,** einschließlich in der Sache berührter Grundrechte, ggf aber auch der Rechte des durch den in Frage stehenden VA Begünstigten selbst, dem die Behörde nach dem Grundsatz der Verhältnismäßigkeit eine beantragte Genehmigung usw nicht versagen darf, wenn entgegenstehenden öffentlichen Interessen oder betroffenen Rechten oder schutzwürdigen Interessen Dritter auch durch Nebenbestimmungen hinreichend Rechnung getragen werden kann.

3 **3. Anwendungsbereich. a) Allgemeines.** § 36 regelt unmittelbar nur die Zulässigkeit von Nebenbestimmungen zu VAen im Anwendungsbereich des VwVfG. Voraussetzung ist außerdem, dass die Nebenbestimmung einem VA iSd § 35 beigefügt werden soll. VAe idS sind auch **fiktive VAe,** denen uU nachträglich Nebenbestimmungen beigefügt werden können (BVerwG DVBl 1982, 306). Auf öffentlichrechtliche Verträge ist die Vorschrift nicht anwendbar. Die Verwaltungsverfahrensgesetze der Länder enthalten mit § 36 gleichlautende Vorschriften (vgl zB § 36 HmbVwVfG). Zum **vorläufigen VA** s Rn 9.

Kompetenzrechtlich problematisch ist an sich, dass es im Geltungsbereich der Verfahrensgesetze der Länder bei der Anwendung von Bundesrecht zu einer Modifikation bundesrechtlicher Regelungen aufgrund von Landesrecht kommt. Dies ist indessen jedenfalls insoweit unbedenklich, als die Bestimmungen der Länder mit denen des VwVfG wortgleich sind (im Ergebnis ebenso StBS 108, allerdings unter Hinweis auf die Annexkompetenz; ebenso Knack 2).

3 a **b) Analoge Anwendbarkeit.** Als **Ausdruck allgemeiner Rechtsgrundsätze** sind § 36 und die entspr Vorschriften des Landesrechts im Zweifel sinngemäß auch auf Verwaltungsverfahren anwendbar, für die andere ausdrückliche Regelungen über Zulässigkeit und Inhalt von Nebenbestimmungen fehlen bzw nur lückenhafte Regelungen bestehen. Das gilt sowohl für die in Abs 2 aufgeführten Arten von Nebenbestimmungen als auch für die Voraussetzungen, unter denen sie einem VA beigefügt werden können, insbes für die Regelung, wonach Ermessens-VAe mit Nebenbestimmungen verbunden werden können, soweit diese den Zwecken der Ermächtigung entsprechen.

4 **c) Vorbehalt spezieller Regelungen.** Gem § 1 gilt § 36 nur vorbehaltlich gleicher oder entgegenstehender Regelungen in anderen Rechtsvorschriften des Bundes und ist daher nur dann und nur insoweit anwendbar, als nicht andere „inhaltsgleiche oder entgegenstehende" Rechtsvorschriften Zulässigkeit und Inhalt von Nebenbestimmungen bereits abschließend regeln, zB nur bestimmte Nebenbestimmungen zulassen usw oder die Behörde unter näher bezeichneten Voraussetzungen (vgl zB § 74 Abs 2 S 2) zur Aufnahme bestimmter Nebenbestimmungen verpflichten.

4 a **aa) Vorrangige Regelungen.** Das Fachrecht enthält eine Fülle von Sonderbestimmungen für die Zulässigkeit von Nebenbestimmungen, die den Regelungen in § 36 vorgehen (vgl zB §§ 12, 14 AuslG) bzw sie ganz oder teilweise ausschließen (vgl zB § 145 Abs 4 BauGB). So ist die Beifügung von Nebenbestimmungen zu einer Aufenthaltsberechtigung nach § 27 Abs 1 S 2 AuslG ausgeschlossen; gleiches gilt für die Genehmigung nach § 9 PBefG gem § 15 Abs 4 PBefG. Andere Vorschriften lassen demgegenüber Nebenbestimmungen in weiterem Umfang zu (vgl zB § 5 GastG, wonach jederzeit, also auch nach Erteilung der Erlaubnis, Auflagen erlassen werden können). Vorrangig sind auch solche Regelungen, die im

wesentlichen inhaltsgleich sind (zB § 33i Abs 1 S 2 GewO; § 8a Abs 2 S 2 BImSchG). Keine abweichenden Regelungen enthalten die Landesbauordnungen, soweit sie vorsehen, dass Baugenehmigungen mit Nebenbestimmungen versehen werden können (vgl zB § 69 Abs 1 HBauO). Hiermit werden entgegen dem missverständlichen Wortlaut keine gegenüber § 36 hinausgehenden Regelungen getroffen.

bb) Nebenbestimmungsfeindlichkeit. Die Unzulässigkeit von Nebenbestimmungen kann sich auch **aus allgemeinen Rechtsgrundsätzen,** insb auch aus dem Zusammenhang und dem Zweck einer Rechtsvorschrift und aus der Natur der VAe, zu denen sie ermächtigt, ergeben. VAe, die **Statusänderungen** bewirken (StBS 62), wie die **Einbürgerung** (BVerwGE 27, 266; OVG Hamburg NJW 1975, 1902; StBS 62; Knack 16), die **Ernennung** zum Beamten auf Lebenszeit (Knack 16), die **Namensänderung** usw (MuE 139), die **Approbation** (BVerwG NJW 1999, 1798; WBS II § 47 Rn 17), außerdem idR **privatrechtsgestaltende VAe** von Rechtsgeschäften nach Privatrecht sind nebenbestimmungsfeindlich, weshalb die eine entsprechende Bedingung, Auflage usw nicht zulässig wäre (BVerwG DVBl 1981, 922; BGH NJW 1981, 980; Franßen §§ 18 ff; differenzierend StBS 62; Knack 16). Der Umstand allein, dass ein VA rechtsgestaltenden Charakter hat, schließt dagegen Nebenbestimmungen nicht grundsätzlich aus (**aA** Wolnicki NVwZ 1994, 872). Auch Allgemeinverfügungen sind nicht als solche grundsätzlich nebenbestimmungsfeindlich (StBS 56a **aA** VG Potsdam NVwZ 1994, 925; so auch Knack 16 für die Widmung). Auch die **Akzessorietät der Nebenbestimmungen** hat nicht zur Folge, dass Nebenbestimmungen nur den Adressaten des begünstigenden VA belasten könnten (s **aA** Wolnicki NVwZ 1994, 872). 5

4. Begriff der Nebenbestimmung. Der Begriff der Nebenbestimmungen wird in Abs 2 nur durch die Aufzählung und Definition der wichtigsten Typen näher erläutert. Es handelt sich um Regelungen, die auf einen bestimmten VA bezogen sind, also mit dem (Haupt-)VA stehen und fallen **(strenge Akzessorietät),** ohne dass sie Inhaltsbestimmungen des (Haupt-)VA selbst darstellen. Während Bedingung, Befristung und Widerrufsvorbehalt nur in Bezug auf einen Haupt-VA überhaupt formulierbar sind, können Auflagen Regelungen enthalten, die inhaltlich selbständige Rechte und Pflichten begründen (zB die einer Aufenthaltserlaubnis beigefügte Auflage, keine selbständige Erwerbstätigkeit auszuüben, oder die einer Gaststättenerlaubnis beigefügte Auflage, Schallschutzfenster einzubauen). **Keine Nebenbestimmungen** sind danach **Auflagen gem § 15 VersG,** da sie nicht mit einem Haupt-VA verbunden sind (OVG Bautzen DÖV 2002, 529; s auch BVerfG NJW 2001, 1409). 6

a) Abgrenzung von Nebenbestimmung und Inhaltsbestimmung. Keine Nebenbestimmungen iS des § 36 liegen vor, wenn ein VA mit einem anderen Inhalt als beantragt erlassen worden ist, wenn also zB anstelle des beantragten dreigeschossigen ein zweigeschossiges Wohnhaus genehmigt wird. Dies gilt auch dann, wenn sie vergleichsweise untergeordnete Teile der Anlage betreffen (zB VGH Mannheim VBlBW 1994, 23: Bestimmung, die Zapfhähne einer Tankstelle mit einer Gaspendelanlage auszurüsten; BVerwG NVwZ 1984, 366: Auflage, eine Pipeline zu ummanteln; zweifelhaft dagegen BVerwG NVwZ 1984: Auflage zu Genehmigung eines Krafwerks, kein schwefelarmes Heizöl zu verwenden), und auch wenn sie als Auflage bezeichnet werden, wie zB die sog **modifizierenden Auflagen.**[2] Die Inhaltsbestimmung enthält eine Abweichung von dem zur Genehmigung vorgelegten Antrag, während die Auflage zu dem genehmigten Antrag hinzutritt, also bestimmte Anordnungen über die Projektbeschreibung des Antrags hinaus trifft. In der Rspr besteht derzeit die Tendenz, darüber hinaus auch solche 7

[2] S hierzu unten Rn 35.

Nebenbestimmungen als Inhaltsbestimmung des VA anzusehen, deren **isolierte Anfechtbarkeit unerwünscht** ist, aber nach der Auffassung von der weitgehend unbeschränkten Anfechtbarkeit von Nebenbestimmungen (s unten Rn 60 ff) nicht verhindert werden kann.

7a **Die Abgrenzung der Nebenbestimmung zu einer Zweckbestimmung** iSd § 49 Abs 3, wie sie zB Beihilfebescheiden beigefügt wird, ist problematisch. Mit der Zweckbestimmung soll ein bestimmter Einsatz zugewendeter Mittel sichergestellt werden. Wird die Zweckbestimmung verfehlt, so kann die zuständige Behörde nach § 49 Abs 3 Nr 1 vorgehen und den Zuwendungs-VA widerrufen. Da die Zweckverfehlung nicht automatisch zur Unwirksamkeit des VA führt, kann die Zweckbestimmung nicht als Bedingung eingestuft werden (StBS 11 b). Ob sie als Auflage anzusehen ist, hängt davon ab, ob eine selbständige Durchsetzbarkeit der Zweckbestimmung in Betracht kommt. Der Gesetzgeber ist in § 49 Abs 3 offensichtlich davon ausgegangen, dass die Zweckbestimmung nicht notwendigerweise zugleich eine Auflage darstellt, anderenfalls wäre die Regelung in § 49 Abs 3 Nr 1 überflüssig gewesen.

8 **b) Abgrenzung zu Hinweisen.** Keine Nebenbestimmungen sind mangels unmittelbarer Rechtserheblichkeit die vielfach in VAen enthaltenen – in manchen Fällen auch gesetzlich vorgeschriebenen – **Hinweise auf bestehende gesetzliche Beschränkungen** einer erteilten Erlaubnis usw, zB auf eine nach den maßgeblichen Rechtsvorschriften vorgesehene zeitliche Beschränkung der Geltungsdauer, eine schon kraft Gesetzes gegebene allgemeine Widerruflichkeit, eine schon durch Gesetz angeordnete Vorläufigkeit der Regelung (vgl Jäckle NJW 1984, 2132). Dies gilt auch für den in Baugenehmigungen enthaltenen Hinweis, dass die Genehmigung erlischt, wenn nicht innerhalb des gesetzlich festgelegten Zeitraums von ihr Gebrauch gemacht wird. Keine Nebenbestimmungen sind auch **Hinweise auf besondere Verpflichtungen** nach öffentlichem oder bürgerlichem Recht, die mit dem VA bzw der durch ihn gestatteten Tätigkeit verbunden sind, zB Beachtung gewerberechtlicher Vorschriften, Einhaltung der Baulinie, usw;[3] **anders, wenn** die bestehende Rechtslage im konkreten Einzelfall **mit unmittelbarer Rechtserheblichkeit** durch Entscheidung der Behörde näher konkretisiert oder eingeschränkt wird (s auch Rn 16).

Ist der Haupt-VA kraft Gesetzes befristet oder steht er schon kraft Gesetzes unter einer aufschiebenden bzw auflösenden Bedingung (zB § 75 Abs 4; 49 Abs 2 GewO) oder unter einem Widerrufsvorbehalt (zB § 7 Abs 1 WHG), so bedarf es keiner Nebenbestimmung nach § 36, weil die entsprechenden Wirkungen (zB das Erlöschen der Planfeststellung im Fall des § 75 Abs 4) automatisch eintreten. Eine dem VA gleichwohl beigefügte entsprechende Nebenbestimmung hätte nur deklaratorische Wirkung (StBS 9 g) und wäre idR lediglich als Hinweis auf die Rechtslage anzusehen. Etwas anderes hätte zu gelten, wenn der VA eine Nebenbestimmung enthält, die inhaltlich von dem unmittelbaren gesetzlichen Regelungsgehalt abweicht, zB eine Bedingung vorsieht oder die Widerruflichkeit einschränkt. In diesen Fällen entwickelt die Nebenbestimmung eine gegenüber der Gesetzeslage eigenständige Regelungswirkung (**aA** offenbar StBS 9 g).

9 **c) Abgrenzung zum vorläufigen VA.** Keine (nur) mit einer Nebenbestimmung versehenen VAe, sondern eigenständige **VAe sui generis** sind die vorläufigen VAe, die unter dem ausdrücklichen oder stillschweigenden (insb in ihrem Charakter als vorläufige VAe konkludent enthaltenen) **Vorbehalt einer späteren abschließenden Entscheidung** ergehen (BFH NJW 1993, 2445; Knack 14; StBS 11; zT **aA** insb zum Abgabenrecht BVerwGE 45, 106). S hierzu näher § 35 Rn 24 b. Um einen VAe mit Widerrufsvorbehalt nach Abs 2 Nr 2 und nicht um

---

[3] BVerwGE 51, 60; 60, 275; 71, 50, 52; Mannheim NVwZ 1985, 433; OVG Münster VRspr 7, 177; Knack 11; StBS 10; Obermayer 56; MB 6 f.

im eigentlichen Sinne vorläufige VAe handelt es sich bei Regelungen, die mit dem Vorbehalt versehen werden, dass die getroffene vorläufige Regelung widerrufen werden kann, wenn sich nachträglich erweist, dass die ursprünglich vorläufig angenommenen Voraussetzungen in Wahrheit nicht gegeben sind bzw waren (vgl Kopp F.J. DVBl 1989, 238; zT **aA** BSG DVBl 1988, 453). S zum vorläufigen VA § 9 Rn 18f. Der Widerrufsvorbehalt bewirkt eine (faktische) Beschränkung der Möglichkeit des Bürgers, sich auf schutzwürdiges Vertrauen zu berufen, weil Adressaten und Betroffene mit dem Widerruf rechnen müssen. Umgekehrt kann ein Widerrufsvorbehalt im Einzelfall auch dazu dienen, die schon nach § 49 Abs 2 bestehenden Widerrufsmöglichkeiten zugunsten des Bürgers zu begrenzen. Nach richtiger Auffassung (vgl Kopp BayVBl 1990, 524 mwN) bedarf es allerdings eines Widerrufsvorbehalts nicht, weil **vorläufige VAe** mit dem Wegfall der Situation, an deren Fortbestand sie geknüpft sind, nicht anders als mit dem Eintritt einer auflösenden Bedingung, **automatisch unwirksam** werden (s näher § 48 Rn 18).

5. Form und Verfahren. a) Akzessorietät. § 36 schreibt für Nebenbe- 10
stimmungen keine bestimmte Form vor. Die **Form** ergibt sich aus den Vorschriften, die für den VA, dem die Nebenbestimmungen beigefügt wird und von dem sie ein Teil ist, gelten. Wenn für einen VA Schriftlichkeit vorgeschrieben ist, gilt dies auch für Nebenbestimmungen, da diese Teil des VA sind. Unabhängig von der Frage, ob Nebenbestimmungen Teil des VA, dem sie beigefügt sind, oder selbständige, mit dem Haupt-VA akzessorisch verbundene VAe sind, gelten für sie jedenfalls grundsätzlich alle auch sonst für VAe maßgeblichen Vorschriften, so zB hins. des Erfordernisses hinreichender **Bestimmtheit** gem § 37 Abs 2 (BVerwGE 38, 209; BVerwG NVwZ 1990, 856; KG NVwZ 1993, 304; OVG Münster DVBl 1976, 800), der **Anhörungspflicht** gem § 28 (Knack 8), der **Begründungspflicht** gem § 39 (OVG Lüneburg NVwZ 1989, 1181), usw.

b) Ausdrücklichkeit. Stets erforderlich für die Annahme einer Neben- 11
bestimmung ist eine ausdrückliche Regelung in oder ergänzend zu einem VA; es gibt keine stillschweigenden oder konkludenten Nebenbestimmungen. Allerdings setzen Nebenbestimmungen nicht immer eine ausdrückliche Kennzeichnung mit den Bezeichnungen nach § 36, dh als Befristung, Bedingung usw, voraus, sondern können sich auch aus der Verwendung anderer Bezeichnungen wie „unter Vorbehalt" (vgl VGH Mannheim DVBl 1991, 777), „mit der Maßgabe, dass" oder aufgrund eines allgemeinen „Vorspanns", wie „folgende Auflagen, Bedingungen usw", in erkennbarem Zusammenhang mit dem Inhalt und Zweck eines VA ergeben, wobei die Grenze zu schon kraft allgemeinen Rechts bestehenden Beschränkungen oft zweifelhaft sein kann und eine Frage der Auslegung des VA im konkreten Fall ist (vgl BSG 7, 726; WBS I § 51 Rn 42). So kann zB, je nach den Umständen, die Erteilung einer **Erlaubnis „mit der Maßgabe, dass"** vom Antragsteller noch einzelne Voraussetzungen nachgewiesen werden müssen, als VA mit einer entsprechenden Auflage, aufschiebenden Bedingungen oder unter einem Widerrufsvorbehalt für den Fall, dass der Antragsteller nicht in der Lage sein sollte, die noch fehlenden Nachweise usw nachzubringen, angesehen werden.

Es ist grundsätzlich Sache der Behörde, **klar, bestimmt, verständlich und widerspruchsfrei** zum Ausdruck zu bringen, was gemeint ist und gelten soll (BSG DVBl 1988, 451). **Unklarheiten** gehen zu Lasten der Verwaltung (BSG 37, 160 = SozR 4600 § 143f Nr 1; DVBl 1988, 451; Knack 8; vgl zum objektiven Erklärungswert § 35 Rn 17). Läßt eine Nebenbestimmung oder Klausel mehrere Auslegungen zu, so muss sich die Verwaltung diejenige Auslegung entgegenhalten lassen, die die Betroffenen vernünftigerweise zugrunde legen dürfen, ohne die Unbestimmtheit oder Unvollständigkeit des VA willkürlich zu ihren Gunsten auszunutzen (BSG 42, 189; 48, 125; DVBl 1988, 451ff).

12 **c) Gleichzeitigkeit.** Grundsätzlich, dh soweit nichts anderes bestimmt ist, werden Nebenbestimmungen zusammen mit dem Haupt-VA erlassen, also gleichzeitig mit ihm. Das gelangt in Abs 2 eindeutig zum Ausdruck („darf ein VA ... erlassen werden mit"), gilt aber auch für Nebenbestimmungen nach Abs 1. Die nachträgliche Nebenbestimmung stellt eine selbständige Regelung dar, die einer gesetzlichen Ermächtigung bedarf.[4] **Gesetzliche Grundlage** für nachträgliche Auflagen finden sich in Bestimmungen des Fachrechts, zB in § 5 GastG („jederzeit"). Fehlt es an derartigen Regelungen, so liegt in der nachträglich erlassenen Nebenbestimmung eine Modifikation des ursprünglichen VA, die nur unter den **Voraussetzungen von Widerruf oder Rücknahme** gem §§ 48f zulässig ist (s näher Rn 56ff).

II. Arten von Nebenbestimmungen

13 **1. Allgemeines. a) Kein numerus clausus der Nebenbestimmungen.** Abs 2 enthält neben einer allgemeinen Ermächtigung zur Beifügung von Nebenbestimmungen bei ErmessensVAen zugleich auch **Legaldefinitionen** der wichtigsten in Betracht kommenden Nebenbestimmungen. Die Aufzählung ist **nicht abschließend** (hM, vgl StBS 3; Knack 7; **aA** MB 24; Obermayer 2). Der Streit spielt indessen keine praktische Rolle. Die meisten in einzelnen Gesetzen vorgesehenen oder in der Praxis üblichen Regelungen, die im Zusammenhang mit VAen getroffen werden, lassen sich entweder unter die in Abs 2 genannten Arten, insb auch unter Abs 2 Nr 3 als Vorbehalt eines Teilwiderrufs (s unten Rn 23) einordnen, oder aber sie stellen überhaupt keine Nebenbestimmungen iS von § 36, sondern inhaltliche Beschränkungen (Qualifikationen) des VA, auf den sie sich beziehen, dar.[5]

14 **b) Maßgeblichkeit des materiellen Gehalts.** Maßgebend für die Zuordnung zu den hier genannten Typen von Nebenbestimmungen ist **nicht die äußere Bezeichnung** als Befristung, Bedingung usw, sondern der materielle Gehalt. Die in Gesetzen – vor allem in älteren Gesetzen vor Erlass des VwVfG – verwendete **Terminologie und der Sprachgebrauch** der Behörden stimmen nicht immer mit den Definitionen in Abs 2 überein, insb wird der Ausdruck Bedingung häufig auch als Oberbegriff auch für andere Nebenbestimmungen gebraucht (vgl BVerwG NJW 1986, 600; Erichsen/Ehlers § 14 Rn 4, 7f). Oft werden einem VA auch Bedingungen, Auflagen usw unter einer allgemeinen Sammelbezeichnung beigefügt, der nicht zu entnehmen ist, welche der im einzelnen beigefügten Nebenbestimmungen als Bedingungen, Auflagen usw zu verstehen sind. Die nähere Abgrenzung ist in diesen Fällen Auslegungsfrage (Erichsen AllgVR § 14 Rn 7f); insb kommt es darauf an, wie die getroffene Regelung **nach ihrem objektiven Erklärungswert** und den sonst den Betroffenen bekannten Umständen nach Treu und Glauben zu verstehen ist (vgl auch BVerwG DVBl 1981, 260; NJW 1986, 660; 1989, 54); **im Zweifel** ist die für die Betroffenen **weniger belastende Art** (zB Auflage statt Bedingung) anzunehmen (Knack 7).

15 **2. Befristung (Abs 2 Nr 1).** Befristung bedeutet entspr § 163 BGB die Festsetzung eines **dem Datum nach bestimmten Zeitpunkt** (zB 31. 12. 1998) oder doch, ohne dass dies von künftigen ungewissen Ereignissen (BVerwGE 60, 275; WBS I § 47 Rn 3) abhängen würde, eines **bestimmbaren Zeitpunktes** (zB Ostersonntag 2002; innerhalb eines Jahres nach Zustellung usw) als Voraussetzung für den Eintritt, die Dauer oder die Beendigung der (inneren) Rechtswirkungen

---

[4] Obermayer 28; StBS 9c.

[5] Vgl WBS II § 47 Rn 11; Hoffmann DVBl 1977, 514; Laubinger VerwArch 1982, 358; Maurer 12 Rn 16; Schachel Jura 1981, 455; Langer JA 1990, 28; Rumpel BayVBl 1987, 577; **aA** insoweit Weyreuther DVBl 1969, 232, 295.

eines VA.[6] Ausreichend ist, wenn Bestimmbarkeit erst später eintritt (zB der 1. Prüfungstermin im Jahr 2003), ebenso, wenn die Frist von einem konkret bezeichneten Ereignis abhängig ist, dessen Eintreten hinreichend gewiss ist, auch wenn der Zeitpunkt des Eintretens bei Erlass einer Nebenbestimmung noch ungewiss ist. Um eine Befristung handelt es sich deshalb auch zB, wenn eine Erlaubnis für einen Verkaufsstand auf einem öffentlichen Platz für die Zeit bis zum alljährlich auf dem Platz stattfindenden Frühjahrsmarkt oder wenn einem Beamten eine Nebentätigkeit für die Dauer der Ausübung eines bestimmten Amtes, zB als Bürgermeister, erteilt wird (Knack 32). Ist jedoch nach der auch den Beteiligten erkennbaren Auffassung der Behörde der **Eintritt des Ereignisses ungewiss,** von dem der Ablauf oder Beginn einer Frist abhängt, so handelt es sich nicht um eine Befristung, sondern um eine **Bedingung.**[7] Dass die Beteiligten von der Erwartung ausgehen, dass das Ereignis eintreten wird, genügt nicht (Knack 32; zT **aA** VGH München BayVBl 1980, 49).

Keine Befristung iS von Nr 1 liegt vor **bei bereits kraft Gesetzes** oder nach allgemeinen Rechtsgrundsätzen bestehender Fristabhängigkeit eines VA, zB bei aufgrund gesetzlicher Vorschrift vorgesehener **beschränkter Geltungsdauer** bestimmter Erlaubnisse (ebenso Knack 35). Dies gilt auch dann, wenn im VA auf diese Befristung hingewiesen wird, **anders,** wenn die Befristung **mit eigenem Geltungsanspruch** als Nebenbestimmung in den VA aufgenommen wird. Nicht um eine Befristung iS von § 36 Abs 2 Nr 1 handelt es sich auch bei der Aufforderung in einem VA, einer bestimmten Verpflichtung, die kraft Gesetzes besteht oder sich aus dem VA ergibt, innerhalb einer bestimmten Frist nachzukommen (**aA** wohl Martens NVwZ 1987, 108); ebensowenig bei der dem Bürger gegenüber erklärten Selbstverpflichtung der Behörde **zu einem befristeten Aufschub der zwangsweisen Durchsetzung** eines VA (**aA** VGH Mannheim NVwZ 1985, 433). 16

Die Befristung ist vor allem ein Mittel, um den Erfordernissen des Grundsatzes der Verhältnismäßigkeit Rechnung zu tragen, wenn die künftige Entwicklung der maßgeblichen Sach- oder Rechtslage im Zeitpunkt des Erlasses noch nicht hinreichend übersehbar ist.[8] Sie kommt deshalb zB in Betracht bei der **Aufenthaltserlaubnis** für Ausländer, bei **Sperrstundenerlaubnissen** für Gaststätten, bei wegerechtlichen **Sondernutzungserlaubnissen,** die idR nicht unbefristet bzw ohne Widerrufsvorbehalt eingeräumt werden dürfen (vgl zB § 8 Abs 2 S 1 FStrG), aber auch zB bei der **Ausnahmebewilligung** nach § 8 HandwO, um dem Antragsteller die Möglichkeit zu geben, innerhalb eines bestimmten Zeitraums die Meisterprüfung nachzuholen (Faber GewArch 1987, 6; Stober NJW 1989, 573). 17

Nachträgliche Verlängerungen der festgesetzten Frist sind grundsätzlich zulässig, erfordern jedoch einen neuen VA, dessen Erlass wiederum im Ermessen der Behörde steht. Vgl insoweit auch zu den sog. Kettenverwaltungsakten, insb zu Genehmigungen, die jeweils nur für kurze Zeiträume erteilt werden, jedoch im Regelfall immer wieder erneuert werden, § 48 Rn 18; ferner Kloepfer DVBl 1972, 371. Eine **nachträgliche Verkürzung** einer Frist ist **nur zulässig,** wenn sie durch Gesetz ausdrücklich zugelassen ist (zB nach § 5 GastG) oder wenn die Voraussetzungen für eine Rücknahme oder einen Widerruf des VA gegeben sind (BVerwGE 65, 174). 18

---

[6] BVerwGE 60, 269; BSG DVBl 1988, 452; VGH München BayVBl 1980, 49; ZfW 1977, 51; Laubinger WuV 1982, 121; Knack 32; ebenso zum bish Recht M 90; Erichsen/Ehlers § 14 Rn 3; WBS II § 47 Rn 3; Obermayer VerwR 91.

[7] BVerwGE 60, 275 = DVBl 1981, 264: Befristung, wenn hinreichende Gewissheit besteht, daß das Ereignis eintritt; Laubinger WuV 1982, 121: eine Befristung, wenn nach menschlichem Ermessen mit dem Eintritt zu rechnen ist.

[8] BVerwGE 60, 276; DVBl 1990, 646; zweifelhaft VG Oldenburg GewArch 1986, 229, wonach eine Befristung der Erlaubnis nach § 33i GewO zur Prüfung, ob ein Versagungsgrund für die Erlaubnis besteht, nicht zulässig sein soll; vgl Kopp DVBl 1989, 241.

19 **3. Bedingung (Abs 2 Nr 2).** Bei einer Bedingung hängt entspr § 158 BGB der Eintritt (aufschiebende Bedingung) oder die Beendigung (auflösende Bedingung) der mit dem VA erstrebten Wirkungen von einem **zukünftigen ungewissen Ereignis ab,** also von einem Ereignis, von dem im Zeitpunkt des Erlasses des VA ungewiss ist, ob es überhaupt eintreten wird (BVerwGE 29, 261; M 90; Erichsen/Ehlers § 14 Rn 4; WBS II § 47 Rn 4; K 9; Knack 32). Maßgeblich sind auch hier wie bei der Befristung die **Vorstellungen der Behörde** hins. der Ungewissheit des Ereignisses. Der Umstand, dass die Herbeiführung des Ereignisses vom Willen eines Beteiligten abhängt (sog „unechte" Bedingung oder **Potestativbedingung**), schließt den Charakter als Bedingung nicht aus (BVerwGE 29, 265: Baugenehmigung mit der Bedingung, dass Kfz-Einstellplätze geschaffen werden). Als zulässig anzusehen sind auch Bedingungen, die die **Wirkungen des VA rückwirkend entfallen** lassen, zB eine Bedingung, bei deren Eintritt der VA rückwirkend wegfällt und daher zB die damit bewilligte Leistung grundsätzlich zurückzuerstatten ist (Kopp F.J. DVBl 1989, 238).

20 **Nicht um Bedingungen** iS der Nr 2 handelt es sich bei „Bedingungen" oder vergleichbaren **inhaltlichen Beschränkungen** eines VA, die sich bereits **unmittelbar aus gesetzlichen Vorschriften** oder allgemeinen Rechtsgrundsätzen ergeben und auf die im VA nur hingewiesen wird. Dies gilt zB für VAe, deren Wirkungen nach ihrem Inhalt oder kraft Gesetzes enden (vgl zB § 3 Abs 1 GaststG, wonach eine Gaststättenerlaubnis erlischt, wenn von ihr innerhalb eines Jahres kein Gebrauch gemacht wird). Gleiches gilt auch für **vorläufige VAe,** bei denen die Vorläufigkeit nicht durch eine auflösende Bedingung oder Befristung, was ebenfalls möglich ist (vgl Kopp F.J. DVBl 1989, 238; Kopp DVBl 1990, 728), sichergestellt ist, sondern die schon ihrem Inhalt nach dahin eingeschränkt ergehen, dass sie gegenstandslos werden, sobald die endgültige Entscheidung getroffen wird und sie damit durch diese „abgelöst" werden (s auch oben Rn 9, ferner BFH NJW 1993, 2445; Kopp/Schenke § 80 Rn 41; im Ergebnis auch Begr 57).

21 **Umstritten** ist, ob es sich bei den sog **vorsorglichen VAen** um solche handelt, denen eine auflösende Bedingung, nämlich der Erlass eines anderen VA, beigefügt worden ist (so Püttner JZ 1989, 846; **aA** BVerwGE 81, 84 = NVwZ 1989, 1172: keine auflösende Bedingung; krit Langer JA 1990, 41), zB die Bewilligung einer **Sozialleistung unter dem Vorbehalt,** dass das Verfahren des Versorgungsamts zur Feststellung der Schwerbehinderteneigenschaft führt. Maßgeblich ist insoweit jedoch immer die konkrete Regelung, die die Behörde trifft, und nach der auch zu beurteilen ist, ob es sich um eine auflösende Bedingung, eine inhaltliche Beschränkung oder um den Widerrufsvorbehalt handelt.

22 Wird der Eintritt einer **Bedingung** von der Behörde oder einem Beteiligten **gegen Treu und Glauben herbeigeführt oder vereitelt,** so ist § 162 BGB entspr anzuwenden (BVerwGE 9, 92; 11, 352; 31, 200; 68, 159). Wird das Eintreten einer Bedingung treuwidrig vereitelt, so wird der Betroffene so behandelt, als sei die Bedingung eingetreten (BVerwGE 68, 159 mwN).

23 **4. Vorbehalt des Widerrufs (Abs 2 Nr 3). a) Allgemeines.** Der Widerrufsvorbehalt gibt der Behörde die **Befugnis,** bei Vorliegen bestimmter, im VA selbst oder in Rechtsvorschriften näher bezeichneter Umstände oder nach den allgemeinen für die sachgemäße Ausübung des Ermessens geltenden Grundsätzen, den VA, dem der Widerrufsvorbehalt beigefügt ist, ganz oder teilweise gem § 49 Abs 2 Nr 1 oder nach entsprechenden Vorschriften für die Zukunft[9] zu widerrufen und dadurch seine Wirksamkeit zu beenden (vgl BVerwGE 95, 223; M 90;

---

[9] Der Vorbehalt eines rückwirkenden Widerrufs würde gegen § 49 Abs 2 verstoßen, wonach ein Widerruf nur für die Zukunft zulässig ist; anders, wenn ein Fall des § 49 Abs 3 vorliegt, oder soweit durch eine Rechtsvorschrift, auch zB des EU-Rechts, etwas anderes bestimmt ist, vgl BVerwGE 95, 223 = NVwZ 1995, 167.

Erichsen/Ehlers § 14 Rn 5; WBS II § 47 Rn 6). Bis zu diesem Zeitpunkt bleibt der VA voll wirksam; insb berührt der Widerrufsvorbehalt für sich allein noch nicht den Bestand oder die Wirksamkeit des VA.

Der Widerruf selbst erfolgt durch **Erlass eines neuen VA,** der selbständig mit Rechtsbehelfen anfechtbar ist. Durch diesen wird der ursprüngliche VA aufgehoben oder – bei nur teilweisem Widerruf – abgeändert. Der Widerrufsvorbehalt ermöglicht es grundsätzlich auch, dem ursprünglichen VA zusätzliche Regelungen, auch **weitere Nebenbestimmungen,** hinzuzufügen (vgl unten Rn 50). Er ist im Zweifel, dh wenn im Widerrufsvorbehalt nichts anderes bestimmt ist, nur für die Zukunft zulässig. Die aufschiebende Wirkung eines gegen den Widerruf eines VA aufgrund eines Widerrufsvorbehalts eingelegten Rechtsbehelfs hat gem § 80 Abs 1 VwGO zur Folge, dass der ursprüngliche VA vorläufig weiterhin für die Behörde, die Beteiligten und Dritte maßgeblich bleibt. 24

b) Anwendbarkeit. Nr 3 betrifft nur den konstitutiven Widerrufsvorbehalt und ist daher **auf VAe nicht anwendbar, die bereits kraft Gesetzes** und ohne dass es dafür eines besonderen Widerrufsvorbehalts bedürfte, widerruflich oder sonst aufhebbar oder abänderbar sind (vgl auch § 49 Abs 2 Nr 1, der ausdrücklich zwischen dem Widerrufsvorbehalt und der Zulassung des Widerrufs durch Rechtsvorschrift unterscheidet). Wenn die Zulässigkeit eines Widerrufs sich bereits unmittelbar aus einer gesetzlichen Regelung ergibt, bedarf es keiner Nebenbestimmung zum Haupt-VA. Einer entsprechenden Regelung im VA kommt in diesem Fall idR **nur deklaratorische Bedeutung,** nicht aber unmittelbare Rechtserheblichkeit zu; **anders,** wenn durch den Widerrufsvorbehalt ein Widerruf an besondere, engere oder weitere Voraussetzungen gebunden würde, als sie die gesetzliche Regelung vorsieht (vgl BVerwGE 95, 224: Begrenzung des Widerrufs auf den Fall der Nichteinhaltung einer eingegangenen Verpflichtung). 25

Keines Widerrufs und entsprechend auch keines Widerrufsvorbehalts bedarf es idR auch bei VAen, die nach ihrem Zweck und Inhalt wesentlich und offensichtlich – gewissermaßen als **Geschäftsgrundlage** – in zulässiger Weise an bestimmte Voraussetzungen oder an eine bestimmte Situation gebunden sind, sobald diese Voraussetzungen entfallen bzw die Situation nicht mehr gegeben ist (vgl Knack 39). Dies kann auch dann der Fall sein, wenn dem VA keine ausdrückliche Bedingung beigefügt worden ist. Ist die Bedingtheit für den Betroffenen ohne weiteres klar erkennbar, ist von einer **stillschweigenden Bedingung** des VA auszugehen. 26

c) Zulässigkeit eines Widerrufsvorbehalts. Die Zulässigkeit eines Widerrufsvorbehalts setzt voraus, dass er entweder gesetzlich zugelassen ist (§ 36 Abs 1 1. Alt), insbesondere wenn er erforderlich ist, um die Voraussetzungen für den Haupt-VA zu schaffen (§ 36 Abs 1 2. Alt; Fälle dieser Art sind schwer vorstellbar), oder, dass der Haupt-VA im Ermessen der Behörde steht (§ 36 Abs 2). In letzterem Fall muss die Beifügung des Widerrufsvorbehalts aufgrund zulässiger Ermessenserwägungen erfolgen, nicht allein, um für die Zukunft freiere Hand zu haben (OVG Münster NVwZ 1993, 76). Die Rechtswidrigkeit des Widerrufsvorbehalts hindert nach hM den späteren Widerruf nicht, wenn der VA mit dem Vorbehalt unanfechtbar geworden ist (BVerwG NVwZ 1987, 498; **aA** Maurer § 11 Rn 41). 27

Die Voraussetzungen für den Widerruf müssen nach hM[10] im Widerrufsvorbehalt nicht näher präzisiert werden. Dies gilt auch dann, wenn sich die in Betracht kommenden Widerrufsgründe nicht bereits aus einer gesetzlichen Regelung ohne weiteres ergeben. Dem **Erfordernis der Bestimmtheit** wird vielmehr 28

[10] BVerwGE 25, 91; 32, 12; VGH München NJW 1986, 1564; Eichberger GewArch 1983, 105 mwN; Knack 38; StBS 22; mißverständlich BVerwGE 66, 65; **aA** K 11; Gern-Wachenheim JuS 1980, 277.

schon durch die Begrenzung auf die Entscheidung im VA genügt (VGH München NJW 1986, 1564). Der Widerrufsvorbehalt kann andererseits aber auf bestimmte Widerrufsgründe beschränkt oder mit einer Bedingung oder Befristung verbunden werden (OVG Münster MDR 1979, 963; VGH Mannheim GewArch 1973, 244; Knack 38), usw.

29 **5. Auflage (Abs 2 Nr 4). a) Allgemeines.** Die Auflage ist eine zusätzlich mit einem VA verbundene, **selbständig erzwingbare hoheitliche Anordnung** (Gebot oder Verbot, s auch BVerwG DVBl 1982, 376; VGH Kassel NVwZ-RR 1990, 132). Sie ist nicht integrierter Bestandteil des VA, sondern tritt selbständig zum Hauptinhalt eines VA hinzu und ist für dessen Bestand und Wirksamkeit ohne unmittelbare Bedeutung.[11] Auflagen sind auf ein bestimmtes **Tun, Dulden oder Unterlassen gerichtet** (BVerwG DVBl 1982, 306; WBS I § 47 Rn 8), zB die Auflage in einer Gaststättenerlaubnis für eine Diskothek, dass die **Besucherzahl** eine bestimmte Zahl nicht überschreiten darf (BVerwG NVwZ-RR 1990, 404 = DÖV 1990, 571); in einer atomrechtlichen Genehmigung, dass zum Schutz des Kernkraftwerks ein mit Waffen ausgerüsteter **Werkschutz** eingerichtet werden muss (BVerwG DÖV 1990, 256); in einer Fahrerlaubnis, dass in bestimmten Zeitabständen der Nachweis anhaltender Alkoholabstinenz erbracht wird (OVG Koblenz NJW 1990, 1194).

30 **Selbständig erzwingbare Rechte Dritter** werden durch Auflagen nur in den Fällen begründet, in denen eine Auflage **speziell zum Schutz dieser Dritten** in den VA aufgenommen wurde und nicht nur im Interesse des Gemeinwohls oder der Allgemeinheit.[12] Ob dies der Fall ist, ist nach den allgemeinen Grundsätzen über die Auslegung von VAen zu ermitteln. Soweit eine Auflage Rechte Dritter begründet oder schon kraft Gesetzes bestehende Rechte Dritter konkretisiert und präzisiert, kann der begünstigte Dritte ihre Geltendmachung und erforderlichenfalls Durchsetzung, soweit dazu VAe erforderlich sind, mit dem Antrag auf diese und erforderlichenfalls mit der **Verpflichtungsklage,** sonst mit der allgemeinen **Leistungsklage** (s Kopp/Schenke § 42 Rn 13), **uU** auch mit einer **zivilrechtlichen Unterlassungsklage** erzwingen.

31 **b) Rechtsnatur. Umstritten** ist, ob **Auflagen selbständige VAe** sind (so Stelkens NVwZ 1985, 470, StBS 32; Hufen, Fehler im Verwaltungsverfahren, Rn 343; UL § 50 Rn 13; WBS II § 47 Rn 9) **oder nur Bestandteile** von VAen, dh der durch VAe geschaffenen Hauptsacheregelungen.[13] Nach zutreffender Auffassung sind sie **VAe, die** jedoch an den Haupt-VA, dem sie beigefügt sind, gebunden sind und insoweit **akzessorisch** sind (so wohl auch Knack 41). Wird der Haupt-VA aufgehoben, so entfällt auch die Auflage.

32 **c) Beispiele.** Auflage in einer Aufenthaltserlaubnis, das Geld für die Rückfahrt in das Heimatland anzusparen (BVerwGE 64, 285 = DÖV 1982, 451); der Zusatz in einer Aufenthaltserlaubnis, dass diese nicht zur Arbeitsaufnahme berechtigt (LSG Darmstadt NJW 1981, 543; Schickedanz BayVBl 1982, 44); die einer Baugenehmigung beigefügte Verpflichtung, nicht herstellbare Kfz-Stellplätze abzulösen (OVG Hamburg NordÖR 1999, 377). Gegenstand der Auflage kann auch eine vom Begünstigten zu erbringende **Gegenleistung** sein (BVerwGE 55, 135 = NJW 1978, 1020; DÖV 1974, 381; Mößle BayVBl 1982, 194).

---

[11] BVerwGE 41, 180; 55, 135 = NJW 1978, 1020; Erichsen/Ehlers § 14 Rn 6ff; M 90; Obermayer VerwR 91; WBS I § 47 Rn 9; Mößle BayVBl 1982, 194.

[12] Ebenso Knack 42; vgl auch BGH NJW 1993, 1580; **aA** Sieder/Zeitler, WHG, 18 zu § 17 WHG: Dritte können die Erfüllung einer Auflage nicht verlangen.

[13] So Obermayer 43; MB 1, 19; Weyreuther DVBl 1984, 368 Fn 25; Laubinger WuV 1982, 148; Lange AöR 1977, 361; Schenke WuV 1982, 146; 1983, 184; Mößle BayVBl 1982, 232; Fehn DÖV 1988, 202; zT **aA** Erichsen/Ehlers § 14 Rn 7: Maßnahmen mit Regelungscharakter, aber keine VAe; ebenso Erichsen Jura 1990, 217.

Keine Auflagen iS der Nr 4 sind bloße **Hinweise im VA** auf bestehende **gesetzliche Verpflichtungen** usw oder deren bloße Wiederholung in einem VA, auch wenn sie in den Verfügungssatz des VA aufgenommen werden; ebenso nicht die sog **modifizierenden Auflagen** (s unten Rn 35) und sonstige „Auflagen", die nicht zum Inhalt des VA hinzutreten, sondern dessen Zweck festlegen (OVG Koblenz NVwZ-RR 1993, 208). Keine Auflage stellt auch die Festlegung eines Bewilligungszeitraums dar (OVG Münster NVwZ 2001, 693). 33

d) Abgrenzung von Auflage und Bedingung. Am klarsten kommt die Unterscheidung nach wie vor in der klassischen Formulierung C. F. v Savignys (System des heutigen römischen Rechts, Bd III, 1840 S. 231) zum Ausdruck: „Die Bedingung suspendiert, zwingt jedoch nicht, der Modus (die Auflage) zwingt, suspendiert aber nicht." Ist bei einer in einem VA getroffenen Regelung unklar, ob eine Bedingung gem Nr 2 oder nur eine – für den Betroffenen idR weniger belastende – Auflage gem Nr 4 vorliegt, so kommt es darauf an, ob der Empfänger nach Sinn und Zweck der Regelung und den Gesamtumständen davon ausgehen musste, dass die Erfüllung der Nebenbestimmung für das Fortbestehen der Hauptregelung essentiell sein sollte (WBS I § 47 Rn 9, 10 mwN; Obermayer VerwR 92). **Im Zweifel** ist **eine Auflage anzunehmen,** da diese für den Betroffenen weniger belastend ist.[14] ZB ist die Nebenbestimmung zu einer Gaststättenerlaubnis, dass zumindest eine Toilette den Gästen zur Verfügung gestellt werden muss, für die Betroffenen erkennbar eine (aufschiebende) Bedingung, vor deren Erfüllung die Gaststätte nicht betrieben werden darf; die Bestimmung, dass zu den bereits vorhandenen 10 Toiletten binnen angemessener Frist eine weitere zu errichten ist, dagegen **im Zweifel nur eine Auflage.** Letzteres gilt – schon aus Gründen der Unverhältnismäßigkeit – für die einer Aufenthaltserlaubnis beigefügte Nebenbestimmung „selbständige Erwerbstätigkeit nicht gestattet". 34

e) Abgrenzung zu Inhaltsbestimmungen. Keine Nebenbestimmungen iS des § 36 sind, auch wenn sie als solche bezeichnet werden, die sog „modifizierenden" Auflagen,[15] dh ergänzende, nämlich mit dem VA integrativ verbundene Regelungen, die den Inhalt des VA betreffen.[16] Um eine soche inhaltliche „Beschränkung" und nicht um eine Nebenbestimmung iS von § 36 handelt es sich idR, wenn ein VA dadurch inhaltlich verändert" wird (BVerwGE 35, 318; 70, 161; BVerwG NVwZ 1984, 366), wenn also ein VA mit anderem Inhalt ergeht als beantragt (der ergangene VA also im Vergleich zum beantragten VA ein aliud darstellt, vgl Weyreuther DVBl 1984, 365) oder wenn bei einem VA bestimmte typische, normalerweise damit verbundene Rechtsfolgen ausgeschlossen oder modifiziert werden;[17] außerdem auch zB wenn zusätzlich zu einem VA ein weiterer, damit gekoppelter selbständiger VA ergeht, der den VA sachlich einschränkt (vgl Weyreuther DVBl 1984, 365; s im Ergebnis auch VGH Mannheim BWVPr 1983, 243). 35

---

[14] BVerwG DVBl 1988, 299; OVG Lüneburg GewArch 1981, 344; Erichsen/Ehlers § 14 Rn 7; Knack 43; Erichsen Jura 1990, 215; Weyreuther DVBl 1969, 232; StBS 31; Obermayer 24; vgl auch Roellecke DÖV 1968, 333; Johlen DVBl 1989, 290.

[15] BVerwG Buchh 407.4 § 9 Nr 13 S 13; Kassel DÖV 1978, 137; Weyreuther DVBl 1984, 365; Rumpel BayVBl 1987, 577; NVwZ 1988, 502; Obermayer 26; Laubinger VerwArch 1982, 362 Fn 55; Wallerath 7 III 3b; WBS I § 47 Rn 11; sehr zweifelhaft; **aA** nunmehr offenbar Wallerath DVBl 1984, 368.

[16] Jäckle NJW 1984, 2132; StBS 11; Knack 47; **aA** insoweit offenbar BVerwGE 45, 109; s auch zum Rückforderungsvorbehalt BVerwGE 62, 1 = DVBl 1981, 639.

[17] Vgl BVerwGE 36, 154; 41, 181; 85, 27; BVerwG BayVBl 1974, 702; NVwZ 1984, 317; NJW 1982, 2269; VGH München BayVBl 1980, 20; OVG Münster DVBl 1976, 801; VGH Kassel DÖV 1978, 137; GewArch 1984, 206; Bremen BRS 36 Nr 179; LSG Stuttgart NVwZ 1982, 464; Weyreuther DVBl 1969, 232, 295; 1984, 368; Laubinger VerwArch 1982, 352 – mit eingehender Definition –; StBS 48ff; Hoffmann DVBl 1977, 514; Keller NJW 1979, 1490; vgl auch BVerwGE 56, 138.

36 **Als inhaltliche Beschränkung anzusehen** ist es zB, wenn eine Baugenehmigung für ein Haus mit Giebeldach beantragt war, die Behörde aber nur ein Haus mit Flachdach genehmigt (Weyreuther DVBl 1969, 297; Knack 47); eine Einfuhrerlaubnis, die nur mit der Maßgabe erteilt wird, dass sie nur für Einfuhren aus bestimmten, näher bezeichneten Ländern gilt; wenn anstelle der beantragten (endgültigen) Erlaubnis eine nur **vorläufige Erlaubnis** erteilt wird (vgl Tiedemann DÖV 1981, 788; ferner BVerwGE 45, 109; BFH NJW 1993, 2445). Gleiches gilt für die Gewährung einer Subvention mit der Maßgabe, dass eine **Abtretung** des Auszahlungsanspruchs **ausgeschlossen** ist (vgl OVG Münster DÖV 1991, 564); eine **Planfeststellung** mit besonderen Regelungen für die Ausgestaltung des Vorhabens, zB der Böschungen und des Entwässerungssystems (BVerwG NVwZ 1993, 366 – zur Planfeststellung für eine Abfalldeponie); eine Planfeststellung mit der „Auflage", dass die Straße tiefer als geplant gelegt werden muss (Mößle BayVBl 1982, 197); ein Vertriebenenausweis mit eingeschränkter statt voller Betreuungsberechtigung.[18] Um **eine derartige inhaltliche Beschränkung** handelt es sich außerdem, wenn mit der Genehmigung für eine Halle die Auflage verbunden wird, eine Rauchabzugsanlage einzubauen (OVG Münster NVwZ 2000, 1319), oder eine über das Nachbargrundstück führende **Pipeline feuerhemmend zu ummanteln** (BVerwG NVwZ 1984, 366 = BayVBl 1984, 372); oder dass bestimmte **Lärmgrenzwerte** eingehalten werden;[19] wenn eine Feuerungsanlage mit „Maßgabe" genehmigt wird, dass nur **Heizöl mit einem bestimmten Schwefelgehalt** verwendet werden darf;[20] wenn eine **Aufenthaltserlaubnis** mit der Maßgabe erteilt wird, dass eine **Arbeitsaufnahme nicht gestattet** wird (Mannheim VBlBW 1984, 88, str).

37 **Um Auflagen** iS des § 36 Abs 2 Nr 4 handelt es sich, wenn einem Vertriebenenausweis ein **Sperrvermerk** gem § 15 Abs 4 BVFG aF beigefügt wird (BVerwGE 70, 161 = NVwZ 1985, 212); wenn eine Baugenehmigung mit der Auflage einer **Stellplatzablösung** versehen wird, wenn eine Gaststättenerlaubnis mit der Maßgabe erteilt wird, dass Pornofilme nicht vorgeführt werden dürfen (**aA** BVerwG GewArch 1985, 169: eine modifizierende Auflage); wenn mit der Genehmigung eines Bauwerks die Auflage verbunden wird, dass gleichzeitig ein anderes Bauwerk auf dem Grundstück renoviert wird (vgl Kopp BayVBl 1985, 670). **Keine Auflage** iS von Nr 4, sondern **Bestimmung des Zwecks** der Bezüge und damit Bestimmung des Inhalts des VA und insofern eine „modifizierende" Auflage ist auch die Auflage bestimmter Studienleistungen oder Ausbildungsfortschritte bei der Gewährung von Anwärterbezügen nach § 59 Abs 5 BBesG iV und Tz 59.5.2 BBesGVwV (OVG Koblenz DÖV 1993, 400; ähnlich BVerwG NVwZ 1993, 373). Zur Abgrenzung von Auflagen und Inhaltsbestimmungen s auch Rumpel BayVBl 1987, 583 und Maurer 12 Rn 13 mwN; Langer JA 1990, 28; Schachel Jura 1981, 449.

38 **6. Auflagenvorbehalt (Abs 2 Nr 5).** Der Vorbehalt nachträglicher Auflagen bzw der Änderung oder Ergänzung von Auflagen gibt der Behörde die **Befugnis zu entsprechenden Anordnungen** – einschließlich einer Erweiterung und Verschärfung bestehender Auflagen (BVerwG BayVBl 1982, 601) – nach Erlass des VA. Dies ist vor allem in Fällen von Bedeutung, in denen sich die Auswirkungen

---

[18] Vgl BVerwGE 71, 161: zulässige Einschränkung; **aA** BVerwGE 55, 40 = Buchh 412.3 § 1 BVFG Nr 21: die Betreuungsberechtigung ist untrennbar mit der Statusfeststellung als Vertriebener verbunden.

[19] BVerwG NVwZ 1984, 366 = BayVBl 1984, 372, offensichtlich unter teilweiser Aufgabe der gegenteiligen Auffassung in BayVBl 1974, 379, wo eine modifizierende Auflage angenommen worden war.

[20] BVerwGE 69, 37 = NVwZ 1984, 371: keine Auflage, auch keine modifzierende Auflage; die Vorinstanz VGH Mannheim VBlBW 1982, 176 hatte eine gewöhnliche Auflage angenommen.

eines Vorhabens usw im Zeitpunkt der Entscheidung der Behörde noch nicht voll übersehen lassen. **Nr 5 ist an sich überflüssig,** da die nachträgliche Anordnung weiterer Auflagen usw sich sachlich immer als teilweiser Widerruf des ursprünglichen VA darstellt und daher die Behörde denselben Zweck immer auch durch einen entsprechenden Widerrufsvorbehalt gem Nr 3 erreichen kann.[21] Ähnlich wie der Widerrufsvorbehalt ist auch der Vorbehalt nachträglicher Auflagen nicht zulässig, wenn er allein den Zweck hat, der Behörde allgemein freie Hand zu verschaffen oder eine weniger sorgfältige Prüfung der Entscheidungsvoraussetzungen zu „kompensieren“ (vgl Knack 45). Wie beim Widerrufsvorbehalt (s oben Rn 23 ff) und aus letzlich den gleichen Gründen **bedarf** es auch beim Auflagenvorbehalt **keiner näheren Präzisierung** der Voraussetzungen.[22]

III. Zulässigkeit von Nebenbestimmungen

39 **1. Erfordernis einer materiellen Ermächtigungsgrundlage.** Umstritten ist, ob § 36 selbst die Behörden unter den in dieser Vorschrift näher geregelten Voraussetzungen zur Beifügung von Nebenbestimmungen **materiellrechtlich ermächtigt** (so zB Schneider, Nebenbestimmungen 42 f; MB 33; Voraufl) oder nur die entsprechenden Befugnisse, die die Behörden aufgrund der im konkreten Fall anwendbaren Fachgesetze und allgemeinen Rechtsgrundsätze haben, näher bestimmt, konkretisiert und ggf auch einschränkt mit der Folge, dass zusätzlich eine den Erfordernissen der Gesetzmäßigkeit, insb auch des Vorbehalts des Gesetzes genügende, gesetzliche Ermächtigung außerhalb des VwVfG erforderlich ist.[23] Zutreffend erscheint die Annahme, dass § 36 die Berechtigung der Behörde zum Erlass des Haupt-VA voraussetzt und von der Grundüberlegung ausgeht, dass Nebenbestimmungen (lediglich) dazu führen, dass dem Adressaten oder sonst Betroffenen anstelle einer uneingeschränkten Regelung ein „Minus“ gewährt wird. Die Beifügung belastender Nebenbestimmungen muss sich im **Ermächtigungsrahmen des Haupt-VA** bewegen. § 36 konkretisiert diesen Bereich lediglich und enthält insoweit eine akzessorische Ermächtigung.

39 a Ist für den Haupt-VA eine **materielle Ermächtigung entbehrlich,** wie dies zB im Bereich der Leistungsverwaltung für den Erlass von Subventionsentscheidungen angenommen wird, so ist davon auszugehen, dass der Haupt-VA im pflichtgemäßen Ermessen der zuständigen Behörde steht, die dabei gem Art 3 Abs 1 GG insbesondere an eine einheitliche Verwaltungspraxis gebunden ist. Im Rahmen der hiernach zu treffenden Ermessensentscheidung können dem Haupt-VA gem § 36 Abs 2 Nebenbestimmungen beigefügt werden (ähnlich StBS 74 c). Auch insoweit kommt es also auf die Berechtigung zum Erlass des Haupt-VA an. Ist für diesen eine besondere gesetzliche Grundlage nicht erforderlich, dann bedeutet dies, dass im Rahmen des bestehenden Befugnisbereichs auch belastende Nebenbestimmungen als Minus zur Hauptregelung zulässig sind (vgl auch StBS 74).

40 **2. Dreistufige Prüfung.** Die Prüfung der Zulässigkeit von Nebenbestimmungen zu einem VA erfolgt in drei Stufen. Auf der ersten Stufe ist die Frage zu prüfen, ob sich die Frage nach **besonderen Rechtsvorschriften** richtet. Diese gehen den Regelungen des § 36 stets vor. Bestehen besondere Rechtsvor-

---

[21] Vgl OVG Schleswig NVwZ 1994, 553; M 92; Obermayer VerwR 92; **aA** StBS 41; Knack 45 f: kein teilweiser Widerruf. Allg zum Auflagenvorbehalt s auch Kloepfer Vw 1975, 295 ff; Leiner NVwZ 1991, 844.

[22] **AA** MB 23; Knack 45: der Widerrufsvorbehalt muß entweder die spätere Belastung umschreiben oder die Gründe und Zielsetzungen darlegen, unter denen eine spätere Belastung erlaubt ist.

[23] So zB Kirchhof DVBl 1985, 654; Erichsen/Ehlers § 9 Rn 14 und § 14 Rn 11; StBS 74, Knack 15; Maurer § 17 und 6 Rn 6.

schriften, kommt die Anwendung des § 36 nur noch insoweit in Betracht, als keine abschließende Regelung gegeben ist, was durch Auslegung ermittelt werden muss. Fehlt es an speziellen gesetzlichen Regelungen, so ist auf der **zweiten Stufe** zu fragen, ob es sich bei dem Haupt-VA um eine gebundene oder um eine Ermessensentscheidung handelt. Im zuerst genannten Fall richtet sich die Zulässigkeit von Nebenbestimmungen allein nach Abs 1, im zuletzt genannten auf der dritten Stufe auch nach Abs 2. Die Entscheidung, ob die Behörde von der Möglichkeit zum Erlass von Nebenbestimmungen Gebrauch macht und welche Nebenbestimmung sie ggf zur Sicherung der Erfüllung des gesetzlichen (oder bei Ermessensentscheidungen analog Abs 1 zur Erfüllung der Voraussetzungen ihrer Entscheidung) vorsieht, steht in ihrem **pflichtgemäßen Ermessen** (§ 40), sofern durch Rechtsvorschriften nichts anderes bestimmt ist (OVG Münster NJW 1983, 2834; StBS 67; Knack 18; MB 21). Beschränkungen des Ermessensspielraums bis hin zur Ermessensreduzierung auf Null können sich im konkreten Fall aber aus den Ermessenszwecken sowie aus den Grundsätzen der Verhältnismäßigkeit und der Zumutbarkeit ergeben (ebenso StBS 70; Knack 24 mwN).

41 **3. Zulässigkeit bei gebunden VA (Abs 1).** Abs 1 **regelt nur die Zulässigkeit** einer Beifügung von Nebenbestimmungen, wenn die in Abs 1 näher bezeichneten Voraussetzungen erfüllt sind. Für die Frage, ob die Behörde verpflichtet ist – insb auch im Interesse eines Antragstellers, für den die Forderung, dass alle Voraussetzungen des VA schon vor dessen Erlass erfüllt bzw nachgewiesen sein müssen, uU eine unverhältnismäßige Härte darstellen könnte – von dieser Ermächtigung Gebrauch zu machen, kommt es vor allem auch auf **das in der Sache anwendbare materielle Recht** an. Obwohl Abs 1 nur von VAen, auf die ein Anspruch besteht, spricht, ist die Regelung analog auch hins der gesetzlichen Voraussetzungen von **Ermessensentscheidungen** gem zu Abs 2 anwendbar (BVerwG NJW 1982, 1956; StBS 75). Zur Frage, ob zusätzlich zu Abs 1 für die Anordnung einer Nebenbestimmung noch eine besondere Ermächtigung außerhalb des VwVfG erforderlich ist, s oben Rn 39.

42 **Arten zulässiger Nebenbestimmungen.** Abs 1 schreibt keine bestimmte Nebenbestimmung vor, sondern verweist insoweit offenbar auf die in Abs 2 genannten Nebenbestimmungen.[24] In Betracht kommt insb eine auflösende Bedingung, uU auch mit Rückwirkung (Kopp DVBl 1989, 238), oder ein Widerrufsvorbehalt, aber auch zB eine Auflage, bei deren Nichterfüllung dann ggf gem § 49 Abs 2 Nr 1 auch ein Widerruf des begünstigenden VA möglich ist. Für die **Anerkennung weiterer Nebenbestimmungen,** wie sie das BSG in DVBl 1988, 453 erwägt, besteht dagegen wohl **kein Bedürfnis** (**aA** offenbar Bieback DVBl 1988, 454). In jedem Fall bedarf es jedoch einer Nebenbestimmung, die sicherstellen kann, dass die zunächst noch nicht erfüllten gesetzlichen Voraussetzungen – bzw bei analoger Anwendung der Regelung auf Ermessensentscheidungen (s oben Rn 43) die von der Behörde als Voraussetzung für ihre Entscheidung angesehenen Erfordernisse – erfüllt werden. Die Behörde muss die Beschränkungen gem Abs 1 grundsätzlich auch dann beachten, wenn der Betroffene darauf verzichtet (OVG Lüneburg NJW 1978, 2260; StBS 73; Knack 23) bzw der beabsichtigten Nebenbestimmung jedenfalls zustimmt.

43 **a) Zulässigkeit aufgrund besonderer Rechtsvorschriften.** Eine Fülle von Rechtsvorschriften in Gesetzen, VOen und Satzungen enthält Regelungen über die Zulässigkeit von Nebenbestimmungen. Zumeist unterscheiden sie sich inhaltlich nicht von den Regelungen des § 36, gehen ihnen aber wegen des Vorbehalts

---

[24] Unklar insoweit BSG DVBl 1988, 452: durch Nebenbestimmungen sicherzustellen, daß die getroffene Regelung nur bei Eintritt dieser Voraussetzungen wirksam wird oder wirksam bleibt; zur Frage, ob die Aufzählung in Abs 2 abschließend ist.

in § 1 Abs 1 gleichwohl vor.[25] Zu den inhaltsgleichen Bestimmungen zählen vor allem die Vorschriften über die Zulässigkeit von **Nebenbestimmungen zu Baugenehmigungen** in den Landesbauordnungen. Diese enthalten nicht etwa eine generelle Ermächtigung zur Beifügung von Nebenbestimmungen iSd § 35 Abs 1, sondern lediglich die Berechtigung der Baugenehmigungsbehörden, Nebenbestimmungen beizufügen, soweit dies entweder zur Herstellung der Genehmigungsfähigkeit des Vorhabens erforderlich ist oder soweit die Erteilung der Baugenehmigung (etwa wegen der Erforderlichkeit von Ausnahmen oder Befreiungen) im Ermessen der Behörde steht.

b) Herstellung der gesetzlichen Voraussetzungen eines VA. Nach Abs 1 darf einem VA, auf dessen Erlass ein Anspruch besteht, außer in den Fällen einer ausdrücklichen Ermächtigung der Behörde, eine Nebenbestimmung nur dann und nur insoweit beigefügt werden, als dadurch sichergestellt wird, dass die gesetzlichen Voraussetzungen des VA erfüllt werden.[26] Die Regelung ist auch auf gebundene VAe anzuwenden, die die Behörde von Amts wegen erlässt, ebenso grundsätzlich auch auf VAe, für die an sich durch das anwendbare Fachgesetz Nebenbestimmungen allgemein ausgeschlossen sind. Ihr Zweck besteht vor allem darin, es der Behörde im Interesse des Bürgers oder auch im öffentlichen Interesse zu ermöglichen, in sachlich gerechtfertigten Fällen ausnahmsweise abschließende Sachentscheidungen auch schon zu einem Zeitpunkt zu treffen, zB eine Genehmigung zu erteilen, eine Leistung (vgl BSG DVBl 1988, 451), zu bewilligen, in dem noch nicht alle gesetzlichen Voraussetzungen dafür erfüllt oder nachgewiesen sind.[27] 44

aa) Maßgeblicher Zeitpunkt. Nur die Voraussetzungen im Zeitpunkt des Erlasses des VA oder für einen jedenfalls überschaubaren Zeitraum und hins. bereits hinreichend konkretisierbarer und konkretisierter Erfordernisse dürfen durch Nebenbestimmungen sichergestellt werden (vgl BSG DVBl 1988, 451). Die Vorschrift bietet, wie ein Vergleich mit § 49 Abs 2 Nr 2 und 3 zeigt, keine Grundlage für Vorbehalte hins. bloßer Möglichkeiten einer späteren Rechts- oder Tatsachenänderung (BSG DVBl 1988, 451 mwN; Knack 20); anders allenfalls, wenn im Zeitpunkt der Entscheidung bereits konkret zu erwarten ist, dass die anspruchsbegründenden Voraussetzungen alsbald wegfallen werden (BVerwG DÖV 1988, 300; Knack 20). Zulässig ist jedoch zB die Bewilligung von Leistungen dem Grunde nach, wenn die dafür maßgeblichen tatsächlichen oder rechtlichen Voraussetzungen noch nicht erfüllt sind, sondern ganz oder zum Teil noch in der Zukunft liegen, aber bereits hinreichend übersehbar ist, dass sie in Zukunft erfüllt sein werden, wenn nicht unvorhergesehene Ereignisse eintreten. Bei der Beurteilung sind dabei die von der Rspr für die Zulässigkeit einer Feststellungsklage insb hins. der erforderlichen Konkretisierung eines Rechtsverhältnisses entwickelten Kriterien (vgl dazu Kopp/Schenke § 43 Rn 17ff) entsprechend anzuwenden. 45

bb) Einzelfälle. In Betracht kommen zur Sicherstellung der gesetzlichen Voraussetzungen des VA nach Abs 1 zB bei der Erteilung einer Gaststättenerlaubnis die Auflage, bestimmte unerläßliche bauliche Veränderungen noch vorzunehmen (vgl MuE 139; Erichsen/Ehlers § 14 Rn 10); bei der Bewilligung laufender Zahlungen die (auflösende) Bedingung, dass in bestimmten Zeit- 46

---

[25] Vgl nur § 3 Abs 2; § 5 GastG; § 12 Abs 2, § 15 Abs 2 AuslG; § 19b Abs 1 WHG; § 8 Abs 1 TKG.

[26] BVerwG NJW 1998, für Nebenbestimmungen zu Zweckentfremdungsgenehmigungen; WBS I § 47 Rn 15; Roellecke DÖV 1968, 333; s auch Begr 57; MuE 137: keine Abweichung vom früheren Recht.

[27] Vgl MuE 139; BSG DVBl 1988, 451; Wendt JA 1980, 33; Knack 18: insb in Fällen, in denen der begehrte VA sonst abzulehnen wäre und sich die in Betracht kommende nicht zweckbeeinträchtigende Nebenbestimmung, zB eine Auflage, demgegenüber als das mildere Mittel darzustellen vermag.

abständen eine **Lebensbescheinigung** vorgelegt wird (vdGK 2.1); bei der vorläufigen Bewilligung bestimmter Leistungen der Vorbehalt, dh die rückwirkend auflösende Bedingung, dass nicht eine nähere Prüfung ergibt, dass wesentliche Anspruchsvoraussetzungen in Wirklichkeit nicht gegeben sind,[28] oder bei der Genehmigung bestimmter Vorhaben die Auflage, einzelne **Genehmigungsunterlagen nachzubringen,**[29] und mit der Möglichkeit des Widerrufs für den Fall, dass sich aus den Unterlagen ergeben sollte, dass das Vorhaben nicht allen gesetzlichen Anforderungen entspricht.

46 a **c) Ermessensentscheidung.** Auch in den Fällen des Abs 1 steht die Entscheidung über die Beifügung von Nebenbestimmungen zum Haupt-VA im Ermessen der zuständigen Behörde. Das gilt sowohl für die Frage, mit welchen Nebenbestimmungen konkret die Einhaltung der gesetzlichen Voraussetzungen sichergestellt werden soll, als auch – in Grenzen –, ob überhaupt anstelle der Ablehnung eines Antrags der Versuch gemacht werden soll, die Einhaltung der gesetzlichen Bestimmungen durch Nebenbestimmungen sicherzustellen. Insoweit wird das Ermessen häufig zugunsten des Betroffenen reduziert sein (s auch unten Rn 49). Trotz der allgemeinen Fassung der Vorschrift kann diese jedoch nicht als allgemeine Ermächtigung der Behörden angesehen werden, nach Ermessen von der Erfüllung oder genaueren Prüfung zwingender Genehmigungsvoraussetzungen usw abzusehen und statt dessen sich mit Nebenbestimmungen zufrieden zu geben, die sicherstellen, dass in Zukunft diese Voraussetzungen erfüllt werden (ebenso StBS 71; Knack 45). Insb darf die Behörde wesentliche Voraussetzungen des in Frage stehenden VA nicht auf Nebenbestimmungen „abschieben" und damit letztlich offen lassen (OVG Lüneburg DVBl 1984, 229; Knack 21).

47 **4. Zulässigkeit bei Ermessensentscheidungen (Abs 2). a) Allgemeines.** Abs 2 enthält nicht nur eine **Legaldefinition** der wichtigsten Nebenbestimmungen, sondern auch eine allgemeine Ermächtigung zur Beifügung von Nebenbestimmungen zu VAen, deren Erlass oder näherer Inhalt in das Ermessen der Behörde gestellt ist.[30] Die Regelung gilt analog auch für VAe, hins. derer die Behörde einen **Beurteilungsspielraum** oder einen **planerischen Gestaltungsspielraum** hat. Die Entscheidung über die Beifügung einer Nebenbestimmung steht auch hier wie bei Abs 1 (im Rahmen der durch das anzuwendende Recht gezogenen Grenzen und des Abs 3) grundsätzlich im **Ermessen** der Behörde. Die Formulierung („unbeschadet des Abs 1") macht zugleich klar, dass Abs 1 auch für Ermessens-VAe anwendbar ist (StBS 74).

47 a **b) Verhältnis zum materiellen Recht.** Die Frage, ob die Ermächtigung zum Erlass von Nebenbestimmungen unmittelbar aus § 36 Abs 2 oder aus dem materiellen Recht folgt, ist **umstritten.**[31] In erster Linie folgt die Ermächtigung zum Erlass von Nebenbestimmungen aus denjenigen Vorschriften, die der Behörde hins. des Haupt-VA Ermessen einräumen. Die Befugnis, uU einen VA gänzlich abzulehnen oder nur mit einem engeren Inhalt zu erlassen, schließt grundsätzlich immer auch die Befugnis zu einem Erlass mit lediglich einschränkenden Nebenbestimmungen mit ein. Hinsichtlich der gesetzlichen Voraussetzungen des in Frage stehenden VA gelten jedoch auch bei VAen gem Abs 2 die Erfordernisse gem

---

[28] Vgl BSG DVBl 1988, 451, wo jedoch keine Bedingung angenommen wird, sondern das Gericht zur Annahme einer Nebenbestimmung besonderer Art neigte.

[29] Vgl OVG Lüneburg DVBl 1982, 966; 1984, 299: Auflage, einen Nachweis über die Sicherheit der Anlage nachzubringen; s dazu auch BVerwG DÖV 1982, 823.

[30] Ebenso im Ergebnis zum bish Recht BVerwGE 38, 298; 61, 126 = BayVBl 1978, 40; 62, 100; VG Schleswig NJW 1982, 349; Erichsen/Ehlers § 14 Rn 11 f; M 89.

[31] Umittelbar Abs 2 als Ermächtigung sehen an Schneider 42 f; MB 33; die materielle Ermächtigung des Haupt-VA sehen als Ermächtigung an StBS 74 b; Knack 24; BVerwG NVwZ 2000, 820; offen OVG Münster NVwZ 1999, 556. Primär ist auf das Fachrecht abzustellen, weil dieses auch die Ermessensmaßstäbe bestimmt.

Abs 1 (BVerwG NJW 1982, 1956; StBS 74). Auch Abs 2 ermächtigt die Behörde nicht zu einer Ausdehnung des gesetzlichen Ermessensrahmens.[32]

c) Rechte des Betroffenen. Die **Zustimmung des Betroffenen** ist **nicht erforderlich** (BVerwG GewArch 1977, 263: kein VA auf Unterwerfung); sie **könnte** andererseits aber **auch nicht** eine nach allgemeinem Recht für den Haupt-VA und insoweit mittelbar auch für eine Nebenbestimmung erforderliche (s oben Rn 39) gesetzliche **Ermächtigung ersetzen** oder entbehrlich machen.[33] Grundsätzlich ist der Betroffene jedoch gem § 28 **zu hören,** weil nur so geklärt werden kann, ob er auch angesichts der beabsichtigten belastenden Nebenbestimmungen gleichwohl am VA interessiert ist und nicht ggf eine andere Beschränkung oder Nebenbestimmung vorziehen würde (vgl auch unten Rn 53; allg auch § 40 Rn 35 ff). Andererseits kann die Beifügung bestimmter Nebenbestimmungen auch **aufgrund entsprechender Rechte Dritter,** deren Schutz sie dienen sollen[34] oder als Frage des Grundsatzes der Verhältnismäßigkeit geboten sein. Dies gilt grundsätzlich auch zum Schutz lediglich nur formell, insb wegen Fehlens einer erforderlichen Genehmigung rechtswidriger („illegaler") Rechtspositionen Dritter, für die die Betroffenen aufgrund der materiellrechtlichen Situation billigerweise Schutz erwarten können (vgl BVerwGE 51, 33; 52, 126; 88, 144; BVerwG Buchh 406 § 5 BImSchG Nr 5). 48

Auch derjenige, zu dessen Gunsten der in Frage stehende VA ergehen soll, hat nach den Grundsätzen der Verhältnismäßigkeit sowie einer Ermessensreduktion auf Null Anspruch darauf, dass die Behörde, wenn dem VA Hinderungsgründe entgegenstehen, nicht den Erlass des VA gänzlich ablehnt, wenn den betroffenen öffentlichen Interessen bzw Interessen oder Rechten Dritter auch durch geeignete Nebenbestimmungen ausreichend Rechnung getragen werden kann[35] und auch keine anderen gewichtigen Gründe gegen die Gewährung der Vergünstigung sprechen. Auch wenn diese Voraussetzungen nicht gegeben sind, hat er jedenfalls Anspruch darauf, dass die Behörde bei ihrer Ermessensentscheidung auch die Möglichkeit der Auferlegung von Nebenbestimmungen in ihre Erwägungen mit einbezieht. 49

5. Nachträgliche Anordnung von Nebenbestimmungen. Grundsätzlich ist eine nachträgliche Anordnung von Nebenbestimmungen nur aufgrund einer **speziellen gesetzlichen Ermächtigung** (zB § 5 GastG), sonst nur unter den Voraussetzungen von **Widerruf und Rücknahme** (§§ 48, 49) zulässig (s oben Rn 12). Nicht ausdrücklich vorgesehen ist in § 36 die Möglichkeit eines Vorbehalts zugunsten nachträglicher Befristungen oder Fristverkürzungen, Bedingungen usw oder der Rücknahme des VA, wenn sich nachträglich ergeben sollte, dass wesentliche tatsächliche oder rechtliche Voraussetzungen des VA gefehlt haben bzw nicht eintreten. Eine solche Möglichkeit ergibt sich aber aus Abs 2 Nr 3,[36] sofern die Voraussetzungen für einen entsprechenden Widerrufsvorbehalt erfüllt sind. 50

---

[32] BVerwG NJW 1978, 1394; NVwZ 1988, 147; DVBl 1989, 517; VGH München DÖV 1985, 266; Knack 25.

[33] VGH München DÖV 1985, 266: die Zulässigkeit von Nebenbestimmungen kann durch die Zustimmung der Betroffenen nicht erweitert werden; Erichsen/Ehlers § 14 Rn 11; Kirchhof DVBl 1985, 654; wohl auch Knack 25: **aA** offenbar zu Subventionen BVerwG NVwZ 1984, 63; OVG Lüneburg NVwZ 1988, 450; Weides JuS 1985, 369: die Zustimmung des Betroffenen berechtigt die Behörde zur Beifügung einer Nebenbestimmung.

[34] Vgl BVerwGE 45, 235; BVerwG DVBl 1990, 594; OVG Lüneburg DVBl 1989, 834; NuR 1987, 375; VGH Mannheim DÖV 1972, 642; GewArch 1983, 89; BauR 1978, 46; StBS 75; Knack 26.

[35] BVerwGE 60, 276; DVBl 1990, 646; VGH München BauR 1978, 46; OVG Münster NJW 1984, 2116; VGH Mannheim VBlBW 1983, 24; WBS II § 47 Rn 18; Obermayer VerwR 93.

[36] Vgl ebenso im Ergebnis Meßerschmidt NVwZ 1984, 567; Kloepfer Vw 1975, 306.

51 **Eine Rechtsgrundlage für nachträgliche** Nebenbestimmungen kann sich nicht allein aus einem entsprechenden Vorbehalt im ursprünglichen VA oder ein Grund gem §§ 48 ff ergeben, vielmehr muss die beabsichtigte Neuregelung auch mit dem im Zeitpunkt der Entscheidung der Behörde geltenden Recht im Einklang stehen. Wegen der **„Vorwarnung"** durch den Auflagenvorbehalt kann der Betroffene – ähnlich wie beim Widerrufsvorbehalt – gegen eine später verfügte Auflage grundsätzlich **keinen Vertrauensschutz** geltend machen (BVerwG NJW 1988, 2552; OVG Münster NJW 1988, 854; Knack 46).

52 **Gesetzesvorbehalt.** Die nachträgliche Anordnung einer Befristung, Bedingung, Auflage usw ist, soweit gesetzlich nichts anderes vorgesehen ist (zB gem § 75 Abs 2 S 2), nur zulässig, wenn sie ausdrücklich durch Gesetz zugelassen ist (vgl zu § 7 Abs 4 AuslG BVerwG DVBl 1982, 306) oder im ursprünglichen VA gem Abs 2 Nr 5 oder in Analogie dazu aufgrund von Abs 2 Nr 3 vorbehalten wurde (BVerwG DÖV 1979, 293; Meßerschmidt NVwZ 1984, 567 f mwN; s ferner oben Rn 12), oder wenn insoweit die **Voraussetzungen eines Widerrufs** gem § 49, **einer Rücknahme** gem § 48 oder einer **Abänderung** des VA (bzw der diesem beigefügten Nebenbestimmung) im Wiederaufnahmeverfahren nach § 51 gegeben sind.[37] Sie stellt, auch wenn sie förmlich nicht als solche in Erscheinung tritt, sondern eine solche gerade vermeidet (vgl Knack 31) sachlich immer eine **teilweise Aufhebung des ursprünglichen VA dar, verbunden mit einem teilweisen NeuErlass eines VA** mit teilweise anderem Inhalt (OVG Schleswig NVwZ 1994, 553; WBS I § 47 Rn 15), für die alle Voraussetzungen einer rechtmäßigen Ausübung des Widerrufsrechts – bzw des Rücknahmerechts – (s oben Rn 56) und zusätzlich auch des Erlasses des neuen VA (insb das Vorliegen einer Rechtsgrundlage für die beabsichtigte Regelung) erfüllt sein müssen.

53 **Wenn** die (zulässige) **nachträgliche Anordnung von Nebenbestimmungen** für die Betroffenen im Vergleich zu einem gänzlichen Widerruf bzw einer gänzlichen Rücknahme des VA **den weniger belastenden Eingriff** darstellt, ist die Behörde nach dem Grundsatz der Verhältnismäßigkeit verpflichtet, diesen Weg zu gehen. Die durch einen VA Begünstigten haben in diesem Fall einen entsprechenden Anspruch (vgl K 12), zumindest aber ein **formelles subjektives Recht darauf,** dass die Behörde vor einer Entscheidung über einen evtl gänzlichen Widerruf usw die Möglichkeit nachträglicher weiterer Auflagen usw berücksichtigt.

IV. Verbot zuwiderlaufender Zweckbestimmung (Abs 3)

54 **1. Akzessorietät der Zweckbestimmung.** § 36 enthält abgesehen von der Regelung für gebundene VAe in Abs 1 keine näheren positiven Festlegungen oder Umschreibungen der Zwecke, zu deren Verwirklichung oder Wahrung Nebenbestimmungen zulässig sind, und hins. der von der Behörde bei ihrer Entscheidung im übrigen zu berücksichtigenden Gesichtspunkte, sondern begnügt sich insoweit mit der negativen Abgrenzung in Abs 3, dass „dem Zweck des VA zuwiderlaufende Nebenbestimmungen" ausgeschlossen sind.[38] Maßgebend sind insoweit die allgemeinen Grundsätze für die Ermessensausübung gem § 40 in Verbindung mit dem im konkreten Fall, insb auch für den Haupt-VA, anwendbaren Recht. Nebenbestimmungen sind danach **nur** dann zulässig, **wenn sie dem Zweck des VA** in der Hauptsache bzw der gesetzlichen Regelung, die für den Erlass des VA maßgeblich sind, **dienen;** nicht ausreichend ist es, dass die Nebenbestimmung ir-

---

[37] OVG Schleswig NVwZ 1994, 553; BVerwG BayVBl 1992, 442: nachträgliche Auflagen dürfen die durch einen begünstigenden VA erlaubte Tätigkeit nicht unmöglich machen und „die Grenze zu den Rücknahme- und Widerrufsvorschriften mißachten"; BVerwG BayVBl 1986, 474 = Buchh 451.41 § 18 GastG Nr 3; Obermayer VerwR 2. Aufl 125 f.

[38] Vgl zum Verbot der Zweckwidrigkeit im selben Sinn zum früheren Recht BVerwGE 36, 147; 55, 140; BVerwG NJW 1979, 1113; VRspr 11, 103; M 90; Roellecke DÖV 1968, 333; Obermayer VerwR 2. Aufl 125.

gendeinem legitimen Verwaltungszweck dient (BVerwG BayVBl 1986, 89; Jarass JuS 1980, 117; ebenso zum früheren Recht auch BVerwGE 51, 166). Bedingungen und Auflagen sowie sonstige Nebenbestimmungen müssen ihre Rechtfertigung in dem Zweck des Gesetzes und der vom Gesetzgeber gewollten Ordnung der Rechtsmaterie finden.[39]

2. Maßgeblichkeit der materiellen Ermächtigung. Ihre materiellrechtliche Grundlage finden Nebenbestimmungen, soweit durch Gesetz nichts anderes vorgeschrieben oder zugelassen ist, in den Bestimmungen, die auch die Ermächtigung zum Erlass des VA in der Hauptsache enthalten oder sonst beim Erlass des VA zu beachten sind (s oben Rn 39; vgl auch WBS I § 47 Rn 20) und müssen sich deshalb **auch im Rahmen der Zwecksetzung des Haupt-VA** und der für diesen maßgeblichen gesetzlichen Regelung halten[40] **und sachbezogen und sachgerecht** sein (BVerwGE 36, 147 und 154; OVG Münster DVBl 1985, 532). Somit können für sie letztlich auch nur dieselbe ratio legis, dh auch dieselben Zwecke und dieselben Rechtsvorschriften und Rechtsgrundsätze, zu denen § 36 nur ergänzend hinzu kommt, maßgeblich sein, wie für die Gesamtregelung.[41] S. zur Zulässigkeit von Nebenbestimmungen zu der Begrenzung auf straßenrechtliche Erwägungen in einer **straßenrechtlichen Sondernutzungerlaubnis** auch BVerwGE 47, 284; 56, 68; NJW 1981, 472; OVG Lüneburg NJW 1986, 864; OVG Münster NVwZ 1988, 270; VGH München NVwZ 1985, 207; VGH Kassel NVwZ 1987, 903; Löhr NVwZ 1983, 20. 55

a) Zweckzusammenhang, Kopplungsverbot. Nebenbestimmungen müssen mit dem VA, dem sie beigefügt, zumindest insofern in einem Zweckzusammenhang stehen, als sie die Schaffung oder Beseitigung von Umständen zum Ziel haben, deren Fehlen bzw Vorhandensein die Verwaltung sonst zwingen oder im Rahmen des ihr zukommenden Ermessensspielraums berechtigen würden, die in der Hauptsache in Betracht kommende Regelung zu versagen oder mit einem für die Betroffenen ungünstigeren Inhalt zu treffen.[42] Das sog Koppelungsverbot (vgl § 56 Rn 16 ff) gilt als **allgemeiner Rechtsgrundsatz** insoweit auch für die Beurteilung der Zulässigkeit von Nebenbestimmungen.[43] ZB ist eine Zahlungsauflage in einer Genehmigung zur Zweckentfremdung von Wohnraum nur zum Zweck der wenigstens teilweisen Kompensation der durch die Zweckentfremdung entstehenden Mehraufwendungen für die Schaffung von Wohnraum zulässig und findet deshalb ihre Grenze in den von dem Vorhaben ausgehenden Nachteilen (BVerfG 55, 259; BVerwG DÖV 1993, 164). 56

Zweckzusammenhang. Nebenbestimmungen zu begünstigenden VAe sind somit, sofern sie nicht lediglich sicherstellen sollen, dass die gesetzlichen Voraussetzungen des VA erfüllt werden (dazu oben Rn 42), nur dann zulässig, wenn und soweit sie der Verhinderung, Beseitigung oder Minderung von Nachteilen dienen, 57

---

[39] BVerwGE 36, 147; 51, 166; 56, 261; BVerwG NJW 1977, 449; 1979, 113; VGH Mannheim ZfW 1988, 347; VGH Kassel NVwZ 1994, 189; Roellecke DÖV 1968, 341; Knack 29; StBS 75; Erichsen/Ehlers § 14 Rn 11; WBS II § 47 Rn 20; Menger VerwArch 1973, 207 mwN; s allg auch OVG Münster NJW 1976, 688; VG Schleswig NJW 1982, 349; Weides NJW 1981, 842; **aA** MuE 139.

[40] BVerwGE 36, 147 und 154; VG Karlsruhe NJW 1994, 1979; Erichsen/Ehlers § 14 Rn 11; Schachel, Nebenbestimmungen 117 f; ders, Jura 1981, 458; Knack 29; MB 33.

[41] BVerwGE 26, 302; 41, 183; BGH NJW 1984, 2698; Menger VerwArch 1975, 207 f mwN; Erichsen/Ehlers § 14 Rn 11; Schachel DVBl 1980, 1040; StBS 78–81; MB 33; offen BVerwGE 36, 145; **aA** VGH Kassel NVwZ 1987, 902; Pappermann/Löhr/Andriske, Recht der öffentlichen Sachen, 1987, 93: uU auch „zuständigkeitsfremde" Gesichtspunkte.

[42] Vgl Obermayer VerwR 125; WBS I § 47 Rn 20: „wenn durch Bedingungen oder Auflagen Versagungsgründe ausgeräumt werden"; zur vergleichbaren Problematik bei verwaltungsrechtlichen Verträgen auch BVerwGE 41, 183.

[43] BVerwG NJW 1986, 600; DVBl 1982, 307; OVG Lüneburg NJW 1978, 2260; WBS I § 47 Rn 20; Knack 30; Jarass JuS 1980, 117.

die sich sonst aus dem VA bzw dem Gebrauch, den der Adressat oder Dritte davon machen können, für die Allgemeinheit oder Einzelne ergeben können.[44] Zwischen dem VA und den möglichen Nachteilen muss dabei ein **adäquater Kausalzusammenhang** iS der in der Rspr des BVerwG aufgestellten Grundsätze (vgl BVerwGE 41, 186) bestehen. Unzulässig wäre danach zB die mit einem Baudispens verbundene Bedingung der Bezahlung ausstehender Steuerschulden, zulässig dagegen eine Befreiung von der Verpflichtung zur Schaffung eines Stellplatzes unter der Auflage, dass statt dessen ein Beitrag zur Errichtung einer gemeindlichen Kfz-Abstellfläche geleistet wird (BVerwG NJW 1986, 600). Abs 3 regelt insofern nur einen Grenzfall.

58 **b) Einzelfälle. Zulässig** ist zB auch die mit der Stundung einer Forderung verbundene Auflage, dass **Zinsen** zu zahlen sind (BVerwGE 38, 298; 61, 126); die Auflage in der Aufenthaltsgenehmigung, dass das Geld für die Kosten einer Rückreise in die Heimat anzusparen ist (BVerwG DVBl 1982, 307). **Als zulässig** angesehen hat das BVerwG auch die zeitliche Befristung einer wasserrechtlichen Genehmigung, um eine Entschädigungspflicht zu vermeiden, die sonst uU bei einem Widerruf (vgl § 49 Abs 5) in Betracht käme (BVerwG NJW 1988, 148). Es ist jedoch höchst **zweifelhaft,** ob hier nicht das Verbot einer Ausweitung des Entscheidungsrahmens über die Ermächtigung zum Erlass des VA hinaus entgegensteht und ob es sich, was sehr nahe liegt, nicht überhaupt **um einen sachfremden Zweck** handelt, nicht in der Ordnung des Wasserrechts begründet ist; anders wohl, wenn die Befristung durch die Unüberschaubarkeit der Entwicklung bedingt ist und wenn nach Ablauf der Frist eine neue Genehmigung zu für den Betroffenen vertretbaren Bedingungen in Betracht kommt.

59 **Nicht zulässig** sind Nebenbestimmungen, die über den **gesetzlichen Rahmen der Ermächtigung** zum Erlass des Haupt-VA **hinausreichen** und ihn im Ergebnis ausweiten, indem sie der Behörde weitere Befugnisse geben, die außerhalb der Ermächtigung zum Erlass des Haupt-VA liegen. Dies gilt **zB** für eine Nebenbestimmung zur Aufnahme eines Beamten in eine besondere Ausbildung, wenn die Nebenbestimmung eine **Rückzahlungspflicht** hins. der Ausbildungskosten bei vorzeitigem Ausscheiden auch für den Fall vorsieht, dass den Kosten der Ausbildung eine adäquate Gegenleistung des Begünstigten gegenüberstand (vgl BVerwGE 52, 187; Krebs VerwArch 1979, 81), oder für die **Befristung einer Erlaubnis, um** anläßlich der dann anstehenden erneuten Erteilung wiederum die **Zahlung einer vollen erneuten Erlaubnisgebühr** oder eine **„Ablöse"** für die Nicht-Inanspruchnahme eines „Heimfallrechts hins. der aufgrund der ursprünglichen Erlaubnis errichteten Anlagen" durch die Genehmigungsbehörde verlangen zu können (vgl Kopp ZfW 1989, 185).

V. Rechtsschutz gegen Nebenbestimmungen

60 **1. Anfechtungs- oder Verpflichtungsklage.** Das Problem des Rechtsschutzes gegen Nebenbestimmungen gehört zu den umstrittensten des allgemeinen Verwaltungsrechts.[45] Die Rechtsprechung hat bisher nicht zu einer einheitlichen Linie gefunden. Der Streit betrifft die Frage, ob der Betroffene eine belastende Nebenbestimmung, die einem begünstigenden VA beigefügt worden ist, isoliert anfechten kann oder ob er eine Verpflichtungsklage auf Erlass eines VA ohne die belastende Nebenbestimmung erheben muss. Von der generellen Zulässigkeit[46] ei-

[44] Vgl auch BGH NJW 1984, 2698: Auflagen nur zur Schaffung oder Beseitigung von Verhältnissen, deren Fehlen oder Vorhandensein somit der Behörde berechtigten Anlaß geben könnte, den Antrag abzulehnen.

[45] Vgl aus neuerer Zeit vor allem Stadie DVBl 1991, 613; Pietzcker NVwZ 1995, 15; Remmert VerwArch 1997, 112.

[46] Schenke Rn 295; Kopp/Schenke § 42 Rn 22; Pietzner/Ronellenfitsch § 9 Rn 13; Erichsen/Ehlers § 15 Rn 33; WBS II § 47 Rn 24; UL § 50 Rn 29.

ner Anfechtungsklage bis hin zur generellen Unzulässigkeit[47] der Anfechtungsklage werden fast alle möglichen Positionen vertreten. Der Streit hat allerdings an praktischer Bedeutung verloren, seit die Rspr in den Fällen modifizierender Auflagen immer häufiger eine Inhaltsbestimmung des Haupt-VA annimmt (s oben Rn 35).

a) Klassische Position. Die überkommene und wohl nach wie vor hM geht davon aus, dass **nur die Auflage selbständige anfechtbar** ist, (sofern nicht eine modifizierende Auflage vorliegt, s Rn 35). Alle anderen Nebenbestimmungen können danach dadurch angegriffen werden, dass der Betroffene eine Verpflichtungsklage auf dem Erlass eines Haupt-VA ohne die belastende Nebenbestimmung erhebt.[48] Diese Auffasssung hat den Vorzug, eine relativ klare Abgrenzung zu bieten und das Problem des Suspensiveffekts ebenso befriedigend zu lösen wie das Problem des Eingriffs in eine einheitliche Ermessensentscheidung. 61

b) Neuere Auffassung. Eine neuere Auffassung geht, im wesentlichen ausgelöst durch einige allerdings vereinzelt gebliebene Entscheidungen des BVerwG (vgl vor allem BVerwGE 60, 269; BVerwGE 112, 221 = NVwZ 2001, 429), davon aus, dass es für die Anfechtbarkeit nicht auf die Art der Nebenbestimmung ankomme, dass vielmehr eine isolierte **Anfechtungsklage gegen sämtliche Formen von Nebenbestimmungen** zulässig sei. Lediglich die Begründetheit einer Anfechtungsklage hänge – von Rechtswidrigkeit und Rechtsverletzung abgesehen – davon ab, ob der Rest-VA sinnvoller- und rechtmäßigerweise ohne die angefochtene Nebenbestimmung bestehen bleiben könne.[49] Entsprechendes soll auch für die sog modifizierenden Auflagen gelten.[50] Diese Auffassung kann weder befriedigend erklären, weshalb eine zulässige Anfechtungsklage erfolglos bleiben soll, obwohl die Voraussetzungen des § 113 Abs 1 S 1 für die Begründetheit vorliegen, noch kann sie das Problem des durch die Anfechtungsklage ausgelösten Suspensiveffekts befriedigend lösen. Gelangt man nämlich zur Zulässigkeit der Anfechtungsklage gegen die belastende Nebenbestimmung, dann entfaltet diese gem § 80 Abs 1 VwGO aufschiebende Wirkung. Der Betroffene könnte im Schutze des Suspensiveffekts von der uneingeschränkten begünstigenden Regelung des Haupt-VA Gebrauch machen. Das Problem, dass die isolierte Aufhebung der Nebenbestimmung möglicherweise in eine einheitliche Ermessensentscheidung eingreift und ein Entscheidungstorso zurückbleibt, lässt sich dagegen wohl durch Annahme der Rechtswidrigkeit und damit der Rücknehmbarkeit des verbliebenen Rest-VA in den meisten Fällen bewältigen (StBS 82d; Pietzcker in Schoch § 42 Abs 1 Rn 134). 62

c) Stellungnahme. Vorzugswürdig ist die klassische Auffassung (s Rn 61). Maßgeblich muss die Erkenntnis sein, dass eine isolierte Anfechtung nicht möglich ist, wenn und soweit Haupt-VA und Nebenbestimmung untrennbar miteinander 63

---

[47] EF § 42 Anh Rn 3; Fehn DÖV 1988, 202; Stadie DVBl 1991, 613.

[48] OVG Berlin NVwZ 2001, 1059: Ausdrückliche Bedingung nicht selbständig anfechtbar; Tietzsch NVwZ 2002, 435; StBS 84ff; Knack 7.1; Pietzcker NVwZ 1995, 15, 20; ders in Schoch § 42 Rn 120 mwN; Störmer DVBl 1996, 81; Schmidt, NVwZ 1996, 1188; Remmert VerwArch 1997; 134.

[49] BVerwGE 60, 274; 81, 186; BVerwG NVwZ 2001, 429; NJW 1982, 2269; 1985, 2043; 1988, 276; NVwZ 1984, 366; BSG 59, 152; NJW 1992, 2981; OVG Münster NVwZ 1993, 488 zu einer auflösenden Bedingung; VGH München BayVBl 1980, 40; WBS II § 47 IV 2 Rn 24; Ule 32 II 2; Kopp/Schenke § 42 Rn 22; Laubinger VerwArch 1982, 367; Schenke WuV 1982, 113; DÖV 1982, 722; JuS 1983, 182; Obermayer 47; Maurer § 12 Rn 24; **aA** BVerwGE 29, 265; 36, 154; 55, 137; DÖV 1974, 381; Weyreuther DÖV 1982, 708; kritisch zur bish Rspr auch Ule DVBl 1982, 752.

[50] Vgl BVerwGE 24, 129; 36, 154; 41, 178; 55, 136; 65, 140; **aA** Buchh 310 § 113 VwGO Nr 72 S. 43; 407.4 § 9 FStrG Nr 13 S. 13; VGH Mannheim BWVPr 1983, 243; München NVwZ-RR 1990, 552; Ule 32 II 2; Laubinger WuV 1982, 135; Schenke WuV 1982, 144; Stelkens NVwZ 1985, 471; wohl auch Knack 57; vgl auch BVerwG NVwZ 1984, 371; BayVBl 1981, 437; BGH NJW 1984, 2698.

verbunden sind.[51] Hieraus folgt zunächst die inzwischen ganz allgemein vertretene Auffassung, wonach Nebenbestimmungen, die den Inhalt des Haupt-VA verändern, nicht selbständig angefochten werden können (s oben Rn 61). Der Betroffene muss in diesen Fällen vielmehr Verpflichtungsklage auf Erlass des nicht modifizierten VA erheben. Dies ist allgemein anerkannt für solche Regelungen eines VA, die in Rspr und Literatur als modifizierende Auflagen (s Rn 35) bezeichnet werden. Abweichend von der unter Rn 62 dargestellten Auffassung ist dies aber auch bei Bedingungen, Befristungen und Widerrufs- bzw Auflagenvorbehalten anzunehmen. Derartige Nebenbestimmungen modifizieren nämlich auch den Inhalt des Haupt-VA. Bedingung und Befristung beschränken die Wirksamkeit des Haupt-VA in zeitlicher Hinsicht, Auflagen- oder Widerrufsvorbehalt in sachlicher Hinsicht. Ihre isolierte Aufhebung lässt deshalb den Rest-VA nicht unberührt; vielmehr erschöpft sich umgekehrt die Wirkung der Aufhebung dieser Nebenbestimmungen in den Auswirkungen auf den von der Anfechtung an sich nicht berührten Rest-VA. Etwas **anderes** ist nur für die **nachträgliche Beifügung von Nebenbestimmungen** anzunehmen, die stets isoliert mit der Anfechtungsklage angreifbar ist.

63 a Ein Blick auf das **System der Klagearten** der VwGO bestätigt dieses Ergebnis: Wenn der Adressat eines mit einer Befristung versehenen VA die Befristung isoliert anficht, dann will er damit in Wahrheit nicht eine Belastung abwehren, sondern eine Besserstellung erreichen. Er möchte einen VA mit einer längeren zeitlichen Geltungsdauer. Bei der Befristung liegt es ebenso. Wird ein Auflagen- oder Widerrufsvorbehalt angefochten, so möchte der Kläger in der Hauptsache ebenfalls eine Besserstellung, in diesem Fall in sachlicher Hinsicht. Für derartige Besserstellungen ist die Verpflichtungsklage die richtige Klageart. Dass die Anfechtungsklage hier nicht paßt, zeigen die **Auswirkungen im Bereich des vorläufigen Rechtsschutzes:** Die isolierte Anfechtbarkeit einer Bedingung hätte zB zur Folge, dass ein aufschiebend bedingt erlassener VA infolge der aufschiebenden Wirkung des § 80 Abs 1 VwGO plötzlich sofortige Wirksamkeit erlangen würde. Der Suspensiveffekt würde in diesen Fällen also nicht den „status quo ante" wiederherstellen, sondern dem Anfechtenden mehr vermitteln, als er vor Erlass des mit einer Nebenbestimmung versehenen VA hatte. Ein solches Ergebnis ließe sich nur mit Einschränkungen des § 80 Abs 1 VwGO erreichen, die in der Regelung kaum eine Grundlage finden. Schließlich würde die isolierte Anfechtbarkeit von Bedingung, Befristung und Auflagen- bzw Widerrufsvorbehalt dazu führen, dass der Erfolg einer Anfechtungsklage abweichend von § 113 Abs 1 VwGO auch noch von der Frage anhängig ist, ob der Rest-VA rechtmäßigerweise bestehen bleiben könnte.

64 **d) Praktische Bedeutung.** Außerhalb des vorläufigen Rechtsschutzes ist die praktische Bedeutung des Meinungsstreits eher gering. Das liegt nicht zuletzt an der Neigung der Gerichte, in denjenigen Fällen, in denen eine Anfechtungsklage nicht für zulässig gehalten wird, eine Inhaltsbestimmung des Haupt-VA anzunehmen.[52] Auch im **Widerspruchsverfahren** spielt der Streit keine Rolle. Der Wi-

---

[51] BVerwGE 55, 137 = NJW 1978, 1018; 60, 275 = NJW 1980, 277; BVerwG NVwZ 1984, 366: das Gericht darf die Ermessensentscheidung der Behörde nicht an sich ziehen und einem Kläger nicht mehr geben, als ihm bei fehlerfreier Entscheidung zusteht; VGH München BayVBl 1990, 151; OVG Münster DVBl 1992, 920; Schneider, Nebenbestimmungen und Verwaltungsprozeß, 191, 166 ff; Gern NVwZ 1982, 186; s auch Laubinger VerwArch 1982, 349; **aA** BVerwGE 36, 153; BVerwG NJW 1982, 2260: isolierte Aufhebung von Auflagen auch bei Ermessensentscheidungen; die Behörde kann, wenn das Ergebnis nicht ihren Vorstellungen entspricht, den VA gem § 49 Abs 2 Nr 2 VwVfG ganz oder teilweise widerrufen; ähnlich StBS 86.

[52] S zB BVerwG NVwZ 1984, 371 – Schwefelarmes Heizöl; VGH Mannheim VBlBW 1994, 23 – Gaspendelanlage.

derspruchsführer kann, wenn die Widerspruchsbehörde die gleichen Entscheidungsbefugnisse wie die Ausgangsbehörde hat und insb auch zu Ermessensentscheidungen befugt ist, **immer die Aufhebung** einer ihn belastenden Nebenbestimmung oder modifizierten Auflage **beantragen.** Die Widerspruchsbehörde muss dem Antrag stattgeben, wenn der Widerspruchsführer Anspruch auf Erlass des VA ohne die in Frage stehende Nebenbestimmung hat; **im übrigen** liegt die Stattgabe **in ihrem Ermessen.** Sie kann auch die angegriffene Nebenbestimmung durch eine andere ersetzen usw.

e) Umdeutung der Klage. Liegen die genannten Voraussetzungen für eine isolierte Aufhebung der Nebenbestimmung nicht vor, ist eine Anfechtungsklage gem § 88 VwGO in eine **Verpflichtungsklage** auf Erlass eines neuen VA (uU, wenn der Kläger „hilfsweise“ auch den VA mit Nebenbestimmung jedenfalls behalten möchte, zB eine Aufenthaltserlaubnis mit einer Befristung, auf Erlass eines weiteren VA) **ohne die belastende Nebenbestimmung,** oder auf Neuverbescheidung (VGH Mannheim NVwZ 1990, 390) umzudeuten. Ist die in Frage stehende Nebenbestimmung rechtswidrig und werden dadurch Rechte des Klägers verletzt, so hat die Klage insoweit Erfolg. 65

2. Besonderheiten der Drittanfechtung. a) Grundsatz Wahlfreiheit. In ihren Rechten betroffene Dritte hatten nach früher hM[53] grundsätzlich die Wahl, ob sie Anfechtungsklage wegen Fehlens der in Frage stehenden Nebenbestimmung gegen den begünstigenden VA erheben oder aber Verpflichtungsklage (Bescheidungsklage) auf entsprechende Ergänzung des VA. Diese Auffassung ist inzwischen aufgegeben worden. Die Betroffenen haben nach heute hM[54] idR nur noch die Verpflichtungsklage auf Ergänzung des Planfeststellungsbeschlusses durch eine Nebenbestimmung zu ihrem Schutz; etwas anderes gilt nur dann, wenn es ihnen nur um eine Nebenbestimmung geht, die einen wesentlichen, für die Ausgewogenheit der Regelung insgesamt relevanten Teil des VA betrifft. 66

b) Planergänzungsanspruch. Bei Planfeststellungsbeschlüssen besteht nach der neueren Rspr bei fehlenden Schutzauflagen zugunsten betroffener Dritter ausschließlich ein **Anspruch auf Planergänzung,** der im Wege einer Verpflichungsklage, geltend zu machen ist. Eine Anfechtung des Haupt-VA ist nur dann zulässig, wenn die erforderliche Planergänzung die Grundzüge oder die Ausgewogenheit der Planung berühren würde, und deshalb letztlich eine **neue Planfeststellung insgesamt** erforderlich wäre.[55] In jedem Falle kommt eine Aufhebung nach § 75 Abs 1a nur noch dann in Betracht, wenn die Behebung des Mangels weder durch eine Planergänzung, noch durch ein ergänzendes Verfahren möglich ist. Ist die Behebung des Mangels durch ein ergänzendes Verfahren möglich, so hat das Gericht den Planfeststellungsbeschluss nicht aufzuheben, sondern dessen Rechtswidrigkeit und Nichtvollziehbarkeit festzustellen (BVerwGE 109, 370 = NVwZ 1996, 1016). 67

c) Rechtsschutz nach Unanfechtbarkeit. Nachdem der Haupt-VA unanfechtbar geworden ist, können Drittbetroffene einen Anspruch auf Anordnung 68

---

[53] BVerwGE 51, 15 = DÖV 1976, 783 auch dazu, daß die Verpflichtungsklage, da sie die Anfechtung mit einschließt, das Eintreten der Unanfechtbarkeit des VA im übrigen verhindert; BVerwGE 56, 254 = NJW 1979, 1112; BVerwG DVBl 1979, 585; NJW 1980, 1066; 1985, 3034; Keller NJW 1979, 1490 mwN.

[54] Vgl für Planfeststellungen den Grundsatz des Vorrangs des Planergänzungsanspruchs, vgl zB BVerwGE 56, 133 = NJW 1979, 64; Buchh 407.4 § 17 FStrG Nr 44 zu einer Schutzauflage in einem Planfeststellungsverfahren; ähnlich BVerwGE 71, 151 = DVBl 1985, 896; BVerwGE 84, 45; 85, 49; 90, 53; BVerwG BayVBl 1986, 154; NVwZ 1988, 535; BVerwG NVwZ 1993, 362 = DVBl 1993, 155; VGH München NVwZ 1994, 186; UPR 1993, 235; Kühling/Herrmann, Fachplanungsrecht Rn 645; Geislinger BayVBl 1994, 73.

[55] BVerwGE 56, 135; 71, 160; 90, 42; DVBl 1986, 418; NVwZ 1993, 267 = DÖV 1993, 433; VGH München BayVBl 1990, 151.

von Nebenbestimmungen nach vorheriger Antragstellung bei der zuständigen Ausgangsbehörde und ggf Widerspruchseinlegung **nur noch mit der Verpflichtungsklage** geltend machen. Die Verpflichtungsklage ist entsprechend den oben dargelegten Grundsätzen auf Verpflichtung zur Anordnung bestimmter Nebenbestimmungen oder jedenfalls der erforderlichen Nebenbestimmungen zu richten, wenn der Kläger Anspruch darauf hat und das Unterbleiben der Anordnung ihn in seinen Rechten verletzt, andernfalls auf ermessensfehlerfreie Entscheidung der Behörde. Soweit besondere Rechtsgrundlagen (zB § 75 Abs 2 S. 2) fehlen, kommt, da die Anordnung sich dem durch den Haupt-VA Begünstigten gegenüber als Teilrücknahme oder Teilwiderruf darstellt (s Rn 12), idR nur der letztgenannte Anspruch in Betracht. **Für das Vorverfahren** ergeben sich hier keine Besonderheiten.

69 **d) Vor Erlass des Haupt-VA. Nur die Verpflichtungsklage** nach vorangegangenem Verfahren vor der zuständigen Behörde und ggf nach Durchführung des Vorverfahrens steht Drittbetroffenen zur Verfügung, wenn noch kein Haupt-VA ergangen ist und auch ein auf einen solchen gerichtetes Verfahren nicht anhängig ist, zB wenn Straßenanlieger auf Anordnung von Schutzvorkehrungen zu ihrem Schutz im Zusammenhang mit einem Straßenbauvorhaben klagen, für das kein Planfeststellungsverfahren durchgeführt wurde oder wird, in dem sie diesen Anspruch geltend machen hätten können oder könnten (s zur Zulässigkeit solcher Klagen auf „isolierte" Auflagen in derartigen Fällen zB BVerwGE 44, 239; 62, 246; allg auch § 22 Rn 46). Im übrigen gilt das oben Dargelegte hier entsprechend.

VI. Durchsetzung der Beachtung von Nebenbestimmungen

70 **1. Auflagen. Erfüllt der Betroffene eine Auflage nicht,** bzw nicht innerhalb einer ihm gesetzten Frist, oder handelt er ihr zuwider, so hat die Behörde die Möglichkeit, die Erfüllung bzw Beachtung der Auflage nach den für VAe geltenden Vorschriften des Verwaltungsvollstreckungsrechts (vgl §§ 9 ff VwVG) zu **erzwingen;**[56] die **Auflage** stellt insoweit die **Grundverfügung iS von § 6 VwVG** dar (StBS 38). Außerdem hat die Behörde, vorbehaltlich besonderer gesetzlicher Bestimmungen, gem § 49 Abs 2 Nr 2 die Befugnis, statt die Erfüllung zu erzwingen, ggf den begünstigenden VA, mit dem die Auflage verbunden ist, (ganz oder teilweise) zu **widerrufen** (vgl § 49 Abs 2 Nr 2; s hierzu § 49 Rn 38 f), bzw den Widerruf des VA, mit dem die Auflage verbunden ist, gem § 49 Abs 2 Nr 1 bzw nach vergleichbaren Vorschriften mit einem entsprechenden Hinweis (der kein VA ist), **anzudrohen.** Welche der beiden genannten **Möglichkeiten** die Behörde wählt, steht in ihrem **pflichtgemäßen Ermessen** (§ 40). Allerdings darf von der Widerrufsmöglichkeit erst Gebrauch gemacht werden, wenn die Durchsetzung der Auflage im Wege der Verwaltungsvollstreckung wenig aussichtsreich erscheint. Zum Widerruf aufgrund der Nichterfüllung einer rechtswidrig beigefügten Auflage s § 49 Rn 38.

71 **2. Durchsetzung anderer Nebenbestimmungen.** Bedingungen und Befristungen sind naturgemäß **weder vollstreckungsfähig, noch vollstreckungsbedürftig.** Lässt der Betroffene die Bedingung durch sein Verhalten eintreten, so hat dies den Wegfall des Haupt-VA (bei der auflösenden Bedingung) oder den Eintritt der Wirksamkeit des Haupt-VA (bei der aufschiebenden Bedingung) zur Folge. Führt der Betroffene den Eintritt einer aufschiebenden Bedingung nicht herbei, indem er das zur Herbeiführung erforderliche Handeln unterlässt, so bleibt der VA wirkungslos, entfaltet also keine innere Wirksamkeit (s hierzu § 43 Rn 6). Gegen ein erlaubnispflichtiges Handeln, dem die Erlaubnis fehlt, weil

---

[56] Vgl BVerfG NJW 1989, 1663; M 90; WBS II § 47 Rn 9; StBS 38; Knack 40.

die aufschiebende Bedingung, mit der die Erlaubnis verbunden war, nicht eingetreten oder umgekehrt die auflösende Bedingung eingetreten ist, kann die Behörde im übrigen nach allgemeinem Recht **aufgrund ihrer fachgesetzlichen Befugnisse einschreiten,** hilfsweise nach dem Recht der öffentlichen Sicherheit und Ordnung oder nach Polizeirecht, außerdem je nach Art des in Frage stehenden VA uU auch Folgenbeseitigungsansprüche, Erstattungsansprüche usw geltend machen und durchsetzen (vgl auch Maurer § 8 Rn 15; Ramsauer, Assessorprüfung Rn 33.23).

3. Nebenbestimmungen zugunsten Dritter. Dritte, zu deren Gunsten einem VA eine Nebenbestimmung beigefügt wurde, haben, wenn und soweit damit ein subjektives Recht bzw eine subjektive Rechtsposition für sie begründet wurde, nach Maßgabe des insoweit für behördliches Einschreiten geltenden allgemeinen materiellen Rechts **Anspruch auf ermessensfehlerfreie Entscheidung** der zuständigen Behörde über Maßnahmen zur Sicherstellung der Einhaltung der Nebenbestimmung. Im Einzelfall kommt aufgrund der zugrundeliegenden materiellrechtlichen Vorschriften oder allgemein aufgrund einer Ermessensreduzierung auf Null, auch ein Anspruch unmittelbar auf Einschreiten der Behörde zur Durchsetzung der Nebenbestimmung in Betracht. Der Anspruch ist nach vorheriger Antragstellung bei der zuständigen Behörde und ggf Durchführung des Vorverfahrens gem § 68 VwGO im Weg der **Verpflichtungsklage,** ggf in der Form der Bescheidungsklage durchsetzbar. Für die Behörden stellt die **Durchsetzung** von Nebenbestimmungen, die dem Schutz Dritter dienen, grundsätzlich eine **Amtspflicht** dar, bei deren Verletzung Ansprüche aus Amtshaftung nach § 839 BGB, Art 34 GG in Betracht kommen (BGH NJW 1986, 2309). 72

4. Zivilrechtliche Aspekte. Neben den Ansprüchen des geschützten Dritten gegenüber der Behörde oder auch stattdessen kommen häufig auch zivilrechtliche, im Zivilrechtsweg durchsetzbare Ansprüche in Betracht. Dies gilt zB für Ansprüche aus dem allgemeinen Nachbarrecht, wenn der bestimmtes Verhalten oder eine bestimmte Anlage auf einem Nachbargrundstück legitimierende VA noch nicht oder nicht mehr wirksam ist, weil eine aufschiebende Bedingung noch nicht eingetreten ist oder eine dafür gesetzte Frist noch nicht abgelaufen ist, oder umgekehrt eine auflösende Bedingung eingetreten oder die Geltungsfrist für den VA abgelaufen ist, noch nicht bzw nicht mehr wirksam ist. 73

Bei **Auflagen zugunsten eines Dritten** erkennt die Rspr dem begünstigten Bürger gegen den „Störer" bzw Betreiber, der eine Anlage oä unter Nichteinhaltung der im Genehmigungsbescheid dafür zu seinen, des Dritten, Gunsten enthaltenen Auflage betreibt, auch einen unmittelbaren, vom allgemeinen Recht, zB von den besonderen Voraussetzungen des Nachbarrechts nach § 906 BGB bzw von §§ 823 Abs 2, 1004 Abs 1 S. 2 BGB unabhängigen, **zivilrechtlichen Unterlassungsanspruch aus der Auflage** zu seinen Gunsten zu (BGH NJW 1993, 1580 = JuS 1993, 773).

§ 37 Bestimmtheit und Form des Verwaltungsaktes

(1) **Ein Verwaltungsakt muß inhaltlich hinreichend bestimmt sein.**[5]

(2) **Ein Verwaltungsakt kann schriftlich, elektronisch, mündlich oder in anderer Weise erlassen werden**[18]**. Ein mündlicher Verwaltungsakt ist schriftlich oder elektronisch zu bestätigen**[22]**, wenn hieran ein berechtigtes Interesse besteht und der Betroffene dies unverzüglich verlangt**[25]**. Ein elektronischer Verwaltungsakt ist unter denselben Voraussetzungen schriftlich zu bestätigen; § 3 a Abs 2 findet insoweit keine Anwendung.**

(3) **Ein schriftlicher oder elektronischer Verwaltungsakt muss die erlassende Behörde erkennen lassen**[29] **und die Unterschrift**[33] **oder die Namenswiedergabe des Behördenleiters**[35]**, seines Vertreters oder seines**

Beauftragten enthalten. Wird für einen Verwaltungsakt, für den durch Rechtsvorschrift die Schriftform angeordnet ist, die elektronische Form verwendet, muss auch das der Signatur zugrunde liegende qualifizierte Zertifikat oder ein zugehöriges qualifiziertes Attributzertifikat die erlassende Behörde erkennen lassen[35 a]**.**

(4) **Für einen Verwaltungsakt kann für die nach § 3 a Abs 2 erforderliche Signatur durch Rechtsvorschrift die dauerhafte Überprüfbarkeit vorgeschrieben werden**[37 a]**.**

(5) **Bei einem schriftlichen Verwaltungsakt, der mit Hilfe automatischer Einrichtungen erlassen wird**[39]**, können abweichend von Absatz 3 Unterschrift und Namenswiedergabe fehlen**[40]**. Zur Inhaltsangabe können Schlüsselzeichen**[41] **verwendet werden, wenn derjenige, für den der Verwaltungsakt bestimmt ist oder der von ihm betroffen wird, auf Grund der dazu gegebenen Erläuterungen den Inhalt des Verwaltungsaktes eindeutig erkennen kann.**

Parallelvorschriften: §§ 119 AO, 33 SGB X

Schrifttum allgemein: *Badura,* Die Form des VA, in: Boorberg-FS 1977, 205; *Bull,* Verwaltung durch Maschinen, Rechtsprobleme der Technisierung der Verwaltung, 2. Aufl 1964; *Grabrucker,* Die Unterschriftsbefugnis von Rechtsreferendaren während ihrer Ausbildungszeit am Landratsamt, BayVBl 1991, 332; *Kamphausen/Kampmann,* Bestimmtheit und Begründung von Verwaltungsakten, insbesondere der Bauverwaltung, BauR 1986, 403; *Kübler,* Die Zeichnungsbefugnis im Verwaltungsrecht, Diss. Berlin 1970; *Kunig,* Zur „hinreichenden Bestimmtheit" von Norm und Einzelakt, Jura 1990, 496; *Lazaratos,* Rechtliche Auswirkungen der Verwaltungsautomation auf das Verwaltungsverfahren, Diss. Tübingen 1989; *Polomski,* Der automatisierte VA, 1993; *Popper,* Rechtsprobleme der automatisierten Verwaltung DVBl 1977, 509; *Redeker,* Der elektronisch übermittelte VA, NVwZ 1986, 545; Schreiben des *Bundesministers der Finanzen* zur Bekanntgabe von schriftlichen Verwaltungsakten in der Finanzverwaltung vom 14. 8. 1986 – IV A 5 – F 0284–20/86 –, abgedruckt in NVwZ 1987, 874; *Schmitz/Schlatmann,* Digitale Verwaltung? – Das Dritte Gesetz zur Änderung verwaltungsverfahrensrechtlicher Vorschriften, NVwZ 2002, 1281; *Stumpp,* Die Bestimmtheit von Verwaltungsakten, DVBl 1968, 330; *v Mutius,* Zu den Formerfordernissen automatisierter Verwaltungsentscheidungen, VerwA 1976, 116; *Wegmann,* Form und Zustellung von beamtenrechtlichen Bescheiden, BayVBl 1981, 40; *Wiethaup,* Zum Grundsatz der Bestimmtheit von Verwaltungsakten und Leistungsurteilen bei Lärmstörungen, GewA 1973, 8.

Zum elektronischen VA: Siehe die Nachweise bei § 3 a

Übersicht

I. Allgemeines

1. Inhalt. Die Vorschrift enthält in Abs 1 das materiellrechtliche Erfordernis hinreichender inhaltlicher **Bestimmtheit** und regelt in den Abs 2–4 **Formerfordernisse** des VA. Sie wird hins der Verpflichtung zur schriftlichen Begründung von VAen durch § 39, hins einer Rechtsbehelfsbelehrung durch §§ 58, 59 VwGO ergänzt. Weitere Formvorschriften für besondere Verfahrensarten enthalten die §§ 69 und 74 sowie zahlreiche speziellere Gesetze. Im einzelnen entsprechen die Regelungen im wesentlichen der bereits vor Inkrafttreten des VwVfG herrschenden Rechtsauffassung.[1] 1

2. Verfassungsrechtliche Bedeutung, Europarecht. Das Erfordernis hinreichender Bestimmtheit und die genannten Formvorschriften dienen vor allem der Rechtsklarheit und Rechtssicherheit, außerdem auch der Abgrenzung der **Entscheidungswirkungen** einschließlich der Bestandskraft der VAe von dem (für die Vollstreckung bzw Vollziehung maßgeblichen) **Entscheidungsinhalt** (MuE 141; Kopp 136 f). Das Bestimmtheitserfordernis folgt aus dem Rechtsstaatsprinzip und hat deshalb insoweit Verfassungsrang, als damit ein rechtsstaatlicher Mindeststandard verlangt wird, was der Zusatz „hinreichend“ zum Ausdruck bringen soll (OVG Münster NWVBl 1996, 69; StBS 19). Die Regelungen des § 37 sind auch auf die Fälle des **indirekten Vollzugs von Gemeinschaftsrecht** durch deutsche Behörden anwendbar. Sie entsprechen hinreichend sowohl dem gemeinschaftsrechtlichen Bestimmtheitsgrundsatz[2] als auch den allgemeinen Anforderungen, die gemeinschaftsrechtlich an die Schriftlichkeit von VAen gestellt werden. Allerdings kann Gemeinschaftsrecht im Einzelfall hinsichtlich der Form des zu erlassenden VA gegenüber § 37 strengere Anforderungen stellen. 2

3. Der elektronisch erlassene VA. Insbesondere mit der durch das 3. VwVfÄndG neu eingefügten Regelung in Abs 3 werden die Voraussetzungen für 2 a

---

[1] Vgl zur Bestimmtheit von VAen zB BVerwGE 17, 192; 41, 306; 42, 306; VGH München NJW 1982, 2571; F 219 und 249; zur Frage der Form BVerwGE 26, 164; 31, 306; 45, 192; WBS § 48 Rn 25; F 217.

[2] Zum gemeinschaftsrechtlichen Bestimmtheitsgrundsatz s näher EuGH Slg II 1997, 1185 = EuZW 1997, 696; StBS 79.

die Form elektronischer VAe iSd § 3a festgelegt. Dabei unterscheidet Abs 3 die Fälle der „normalen" elektronischen VAe und solcher elektronisch erlassener VAe, für die durch Rechtsvorschrift die Schriftform angeordnet worden ist (Abs 3 S 2). Während für erstere wie beim schriftlichen VA lediglich die erlassende Behörde erkennbar sein und der Name des Behördenleiters bzw seines Vertreters oder Beauftragten wiedergegeben werden muss, ist im zweiten Fall auch das der Signatur zugrunde liegende Zertifikat bzw ein qualifiziertes Attributzertifikat erkennbar sein (s unten Rn 35a). Außerdem stellt Abs 4 klar, dass die dauerhafte Überprüfbarkeit für die nach § 3a Abs 2 erforderliche qualifizierte Signatur vorgeschrieben werden kann.

3 **4. Anwendungsbereich.** Die Vorschrift gilt für VAe gem § 35 im Geltungsbereich des VwVfG sowie auch für **Zusicherungen** gem § 38 und für **Nebenbestimmungen** iS des § 36. Die Anwendbarkeit des Bestimmtheitserfordernisses nach Abs 1 ist nicht auf schriftliche oder elektronische VAe begrenzt, sondern erfasst auch sämtliche in mündlicher oder in anderer Weise erlassenen VAe (Abs 2 S 1), zB solche durch Handzeichen, durch Verkehrszeichen usw. Abs 2 gilt unmittelbar nur für mündliche VAe; zur Frage, ob auch in anderer Weise erlassene VAe bestätigt werden müssen, siehe unten Rn 22. Die neu gefassten Abs 3 u 4 gelten nur für schriftliche und elektronische VAe; hier ist eine entsprechende Anwendung auf andere VAe nicht möglich. Allerdings wird aus Abs 1 herzuleiten sein, dass auf andere Weise als schriftlich erlassene VAe einer mit Hoheitsmacht ausgestatteten Behörde zuzurechnen sein müssen (s Rn 9).

4 Als **Ausdruck allgemeiner Rechtsgrundsätze** sind § 37 und die entspr Vorschriften des Landesrechts im Zweifel sinngemäß auch **in Verfahren** anwendbar, die nicht unter die allgemeinen Verfahrensgesetze fallen und für die auch keine sonstigen oder nur lückenhafte Regelungen bestehen. Zweifelhaft ist dies nur hins des Anspruchs gem Abs 2 S 2 (bzw den entspr Bestimmungen der Landesgesetze) auf schriftliche oder elektronische Bestätigung von in anderer Weise erlassenen VAen und hins. der Anforderungen nach den neu gefassten Abs 3 u 4. Infolge der Bedeutung und der Beispielswirkung der entsprechenden Regelungen durch die Verwaltungsverfahrensgesetze ist jedoch zu erwarten, dass die Praxis von der in diesen Gesetzen zum Ausdruck gekommenen neueren Auffassung ausgehen wird.

II. Bestimmtheitsgebot (Abs 1)

5 **1. Grundsatz.** Hinreichende Bestimmtheit eines VA bedeutet, dass der Inhalt der getroffenen Regelung, der Entscheidungssatz im Zusammenhang mit den Gründen (vgl VGH Kassel NVwZ-RR 1993, 303) und den sonstigen bekannten oder ohne weiteres erkennbaren Umständen, **für die Beteiligten** gem § 13 (BVerwG NJW 1993, 1667), insb für die Adressaten des VA so **vollständig, klar und unzweideutig** erkennbar sein muss, dass sie ihr Verhalten danach richten können,[3] und dass auch die mit dem Vollzug betrauten oder sonst mit der Angelegenheit befaßten Behörden und deren Organe den Inhalt etwaigen Vollstreckungsmaßnahmen oder sonstigen weiteren Entscheidungen zugrunde legen können.

6 **a) Erkennbarkeit.** Die Erkennbarkeit des Inhalts der Regelung aufgrund einer Auslegung des VA unter Berücksichtigung der weiteren Umstände und nach Treu

---

[3] BVerwGE 31, 18; 38, 211; BVerwG NJW 1993, 1667; NVwZ 1990, 866; BSG 24, 164; 27, 157; OVG Münster NVwZ-RR 1990, 409; NVwZ-RR 1993, 234: Baugenehmigung für vorübergehende Unterbringung von Asylbewerbern zu unbestimmt; VGH München NJW 1982, 2571; BayVBl 1993, 275; 1994, 151; NVwZ-RR 1994, 690; VGH Kassel NJW 1984, 1645; NVwZ 1989, 486; DÖV 1993, 82; WBS I § 48 Rn 33; Lorenz 274; Knack 5; StBS 11.

und Glauben genügt. Im einzelnen richten sich die Anforderungen an die notwendige Bestimmtheit eines VA nach dem jeweiligen Regelungsgehalt des VA und den Besonderheiten des jeweils anzuwendenden und mit dem VA umzusetzenden materiellen Rechts (BVerwGE 84, 335 = NVwZ 1990, 658 zu einem Baugebot) sowie nach den konkreten **Umständen des Einzelfalles.**[4] Neben deden bekannten oder ohne weiteres erkennbaren Umständen ist vor allem die dem VA beigefügte Begründung (§ 39) zur Auslegung des Regelungsinhalts heranzuziehen.[5] Ist in der Sache ein Widerspruchsbescheid ergangen, so genügt es, wenn dieser die erforderliche Bestimmtheit herstellt (BVerwG NJW 1988, 506).

Zulässig sind auch Bezugnahmen im VA auf gegenüber den Beteiligten 7
früher ergangene VAe, ihnen bekannte und ihnen vorliegende oder jederzeit zugängliche Unterlagen, Pläne, technische Regelwerke usw (Knack 6). Es muss, ohne dass dazu erst besondere Überlegungen, Rückfragen usw erforderlich sein dürfen, erkennbar sein, dass es sich bei dem in Frage stehenden Akt um einen VA handelt und auf welche Angelegenheit sich der VA bezieht, von wem etwas, was und wann (vgl VGH München BayVBl 1986, 177) verlangt wird bzw wem etwas, was und wann gewährt oder versagt wird, wem gegenüber etwas und was festgestellt wird usw.[6]

b) Objektiver Erklärungswert. Bei der Ermittlung des Inhalts der Regelung 8
ist nicht auf die Vorstellungen oder die subjektiven Vorstellungen der Personen abzustellen, die die Entscheidung getroffen oder dabei mitgewirkt, den VA verfasst, ausgefertigt oder in anderer Weise erlassen haben, sonderen auf den objektiven Erklärungswert und Erklärungsinhalt des den Betroffenen schriftlich, elektronisch, mündlich oder in anderer Weise als Inhalt des VA Mitgeteilten, so wie sich dieses den Betroffenen darstellt und nach Treu und Glauben (§ 157 BGB) verstanden werden darf und muss. **Unklarheiten gehen zu Lasten der Behörde.**[7] Um keine Unbestimmtheit iS von Abs 1, sondern ggf um inhaltliche Rechtswidrigkeit handelt es sich, wenn ein VA eine nach materiellem Recht gebotene notwendige Beschränkung, zB eine zeitliche Befristung der Geltungsdauer, nicht enthält (BVerwG BayVBl 1993, 409).

2. Bestimmtheit hinsichtlich des VA-Charakters. Das Gebot hinreichen- 9
der Bestimmtheit bezieht sich auch auf den Rechtscharakter der Maßnahmen als VA (Knack 5). Für die hinreichende Bestimmtheit eines VA ist insoweit die **Bezeichnung** als Bescheid, Anordnung, Verfügung, Entscheidung usw nicht zwingend erforderlich (WBS II § 48 Rn 31), idR jedoch im Interesse der Rechtsklarheit zumindest zweckmäßig. Auch ein **Schreiben in höflicher Briefform** kann genügen (BVerwGE 41, 306). Es darf aber für die Adressaten des VA und für sonstige Betroffene **kein Zweifel** bestehen, dass eine einseitige, unmittelbar verbindliche **hoheitliche Regelung** getroffen wird; andernfalls liegt überhaupt kein VA, sondern lediglich eine andere Willensäußerung oder ähnliches vor (BVerwGE 41, 306; zu automatisierten VAen im selben Sinn auch OVG Münster DÖV 1974, 599; v Mutius VerwArch 1976, 116).

---

[4] BVerwGE 84, 335; BVerwG NJW 1993, 1667; VGH München BayVBl 1993, 275; OVG Münster UPR 1988, 229; Martens NVwZ 1990, 625; Schmitz DVP 1991, 40; Knack 6.

[5] BVerwG NJW 1988, 506. Vgl im einzelnen auch die Beispiele bei Knack 10 ff und Kunig Jura 1990, 496, zum Abgabenrecht auch die Beispiele bei Martens NVwZ 1990, 625.

[6] BVerwGE 17, 192; 31, 15; BFH 112, 452; 114, 156; 120, 217; 155, 26 = BStBl II 1989, 221; OVG Münster NVwZ-RR 1990, 409; VGH Kassel NJW 1984, 1645; FG Rheinland-Pfalz NVwZ 1986, 159; Stumpp DVBl 1968, 330; WBS II § 48 Rn 34; F 219 f und 249; Knack 5.

[7] BVerwGE 41, 306; BVerwG NJW 1972, 1682 unter Hinweis auf Art 19 Abs 4 GG; Buchh 238.90 Reise- und Umzugskosten Nr 47; VGH Kassel NVwZ-RR 1993, 303; F 219, 249; Knack 7.

10 **3. Bestimmtheit hinsichtlich der Betroffenen.** Grundsätzlich müssen Adressaten und sonstige Betroffene in einem schriftlich erlassenen VA mit Namen, Adresse, in Zweifelsfällen auch mit Geburtsdatum und ggf weiteren Angaben genannt werden. Je nach Art des in Frage stehenden VA können jedoch auch eine **Bezeichnung der Betroffenen** nach generellen Merkmalen (vgl § 35 S 2 zur Allgemeinverfügung) oder andere Formen einer Abgrenzung des Kreises der Adressaten usw genügen, wenn daraus im konkreten Fall ohne Zweifel folgt, wer gemeint ist, dh die Betroffenen dies ohne Schwierigkeiten klar und unzweifelhaft erkennen können,[8] wenn auch uU erst aufgrund ausgelegter Pläne, allgemein zugänglicher Lagepläne, Stadtpläne usw, und wenn auch der Zweck des VA nicht eine konkret-individuelle, namentliche Bezeichnung erfordert (zB bei personenbezogenen Erlaubnissen uä hins. des Erlaubnisnehmers). Ausreichend bestimmt ist zB auch ein ohne Namensnennung oder Adreßangabe an den Fahrer oder Halter eines mit dem amtlichen Kennzeichen bezeichneten Kfz gerichteter VA (VGH Mannheim DÖV 1990, 482).

11 **Nicht ausreichend bestimmt** ist zB ein Abgabenbescheid, aus dem nicht zweifelsfrei hervorgeht, wer Schuldner der Abgabe ist (BFH NJW 1987, 920: Bescheid ist nichtig, wenn zweifelhaft ist, wer Steuerschuldner ist) bzw wenn der Adressat lediglich als Vertreter des Schuldners zur Erfüllung der Abgabenschuld aufgefordert wird;[9] ebenso ein **Abgabenbescheid an eine Wohnungseigentümergemeinschaft** (BVerwG DVBl 1994, 810; VGH Kassel NJW 1984, 1645) oder an eine **Erbengemeinschaft** (VGH München BayVBl 1984, 186); die Adressaten müssen hier einzeln genannt werden. Bei Abgabenbescheiden muss grundsätzlich angegeben werden, ob sie als Gesamtschuldner oder sonst nach (welchen) Teilen verpflichtet sind (VGH München BayVBl 1984, 186; 1995, 86; Preißer NVwZ 1987, 869). Nicht erforderlich ist dagegen, wenn ein Gesamtschuldner als solcher in Anspruch genommen wird, die Bezeichnung auch der übrigen Gesamtschuldner oder ein Hinweis auf die gesamtschuldrechtliche Haftung weiterer Personen (BVerwG NJW 1993, 1667). **Bei sonstigen VAen genügt dagegen** grundsätzlich auch zB die Adressierung an die Wohnungseigentümergemeinschaft X-Straße (BVerwG DVBl 1994, 810; OVG Bremen NJW 1985, 2660; Meyer NVwZ 1986, 517) oder die Erbengemeinschaft XY (vgl BVerwG DVBl 1994, 810; BGH NJW 1977, 1686), da dies im Zweifel so auszulegen ist, dass die jeweils dazu gehörenden Personen gemeint sind (OVG Bremen NJW 1985, 2660); ebenso ein VA an „Herrn May und Frau".[10] S aber zur **Zustellung solcher VAe** und zur Frage, ob eine bestimmte Adressierung für eine wirksame Zustellung oder Bekanntgabe eines VA genügt, insb auch **Rechtsbehelfsfristen in Lauf** setzt, auch § 41 Rn 29. Bedenklich BFH 146, 358 = NVwZ 1987, 926: „Herrn und Frau Müller" (obwohl Herr Müller bereits verstorben ist). Zu zunächst adressatlosen VAen s unten Rn 15; zur – zu bejahenden – Zulässigkeit einer Adressenangabe „postlagernd" vgl Kopp/Schenke § 82 Rn 4.

12 **4. Bestimmtheit hinsichtlich des Regelungsinhalts. a) Grundsatz.** Auch die in der Sache selbst durch den VA getroffene Regelung muss hinreichend klar,

---

[8] BFH NJW 1977, 167; NVwZ 1994, 98: aus dem Bescheid selbst muß erkennbar sein, gegen wen die damit getroffene Regelung gerichtet ist; VGH Kassel NJW 1984, 1645; VGH München BayVBl 1984, 180; OVG Bremen NJW 1985, 2660; VGH Mannheim DÖV 1990, 482; FG Düsseldorf NVwZ 1984, 752.

[9] VGH München NJW 1984, 195; vgl auch VGH München NJW 1984, 626; Fischer-Hüftle BayVBl 1984, 394; Preißer NVwZ 1987, 869; weniger eng dagegen offenbar BFH NVwZ 1987, 929.

[10] BFH 134, 396 = BStBl II 1982, 208; NVwZ 1986, 157 zu Einkommensteuerbescheiden bei Zusammenveranlagung; StBS § 41 Rn 18f; MB 7; **aA** VGH Mannheim NVwZ 1986, 140; Renck JuS 1977, 449.

verständlich und in sich widerspruchsfrei sein.[11] Der Entscheidungsinhalt muss idS für die Adressaten nach Art und Umfang **aus sich heraus verständlich** sein (BVerwG NVwZ 1990, 866) und den Adressaten in die Lage versetzen, zu erkennen, was genau von ihm gefordert wird bzw was in der ihn betreffenden Sache geregelt oder verbindlich durch den VA (Feststellungsbescheid) festgestellt wird (BVerwGE 84, 338 = NVwZ 1990, 656; OVG Koblenz NVwZ 1993, 1006).

Wenn der VA einen vollstreckbaren Inhalt hat, muss er darüber hinaus so bestimmt sein, dass er Grundlage für Maßnahmen zu seiner zwangsweisen Durchsetzung sein kann (BVerwG NVwZ 1990, 866; OVG Magdeburg NVwZ 1995, 614 zur Zwangsgeldandrohung). **Nicht erforderlich** ist, dass der vollstreckbare Inhalt der Regelung getrennt von den übrigen Teilen des VA, insb auch von der Begründung, in einem besonderen Entscheidungssatz zusammengefasst ist, der alle wesentlichen Punkte vollständig und aus sich allein heraus verständlich wiedergibt. Es genügt, dass aus dem gesamten Inhalt des VA und aus dem Zusammenhang, vor allem aus der von der Behörde gegebenen **Begründung des VA,**[12] aus den Beteiligten bekannten näheren Umständen des Erlasses (BVerwG DVBl 1976, 211; VGH Kassel NVwZ 1989, 165), den dem Erlass **vorausgegangenen Anträgen** usw, im Weg einer an den Grundsätzen von Treu und Glauben orientierten **Auslegung** hinreichende Klarheit gewonnen werden kann.[13] Dass die gebotene Bestimmtheit (erst) durch einen **Rückgriff auf Unterlagen,** die sich bei den Akten befinden, hergestellt werden kann, **genügt grundsätzlich nicht** (**aA** BSG 24, 164; kritisch dazu Lorenz 274).

Enthält ein VA einander **widersprechende Regelungen** oder widersprechen 13
die getroffenen anderen den Betroffenen gegenüber erfolgten Regelungen in einer Weise, dass auch im Weg der Auslegung nicht feststellbar ist, was nun gelten soll, so fehlt es an der erforderlichen Bestimmtheit.[14] Der **VA** ist dann zwar existent, aber **unwirksam** (VGH München BayVBl 1982, 631 = NJW 1982, 2571). Dagegen sind **Unklarheiten, Unvollständigkeiten, Widersprüche in der Begründung** des VA oder in sonstigen im VA mit enthaltenen Hinweisen nur dann iS des Abs 1 erheblich, wenn dadurch auch die getroffene Regelung selbst unklar, unvollständig oder widerspruchsvoll wird.

b) Einzelfälle. Hinreichend bestimmt sind zB die Anordnung, leerstehende 14
Räume, die dem Zweckentfremdungsverbot unterliegen, wieder wohnlich zu nutzen bzw nutzen zu lassen (VGH Kassel DÖV 1993, 82); die **Androhung unmittelbaren Zwangs** ohne nähere Konkretisierung von Art und Weise der Zwangsmittelanwendung (OVG Münster NVwZ-RR 1993, 138); das Verbot, Transparente mit beleidigendem Inhalt zu benutzen, (OLG Köln MDR 1980, 80); hinreichend bestimmt ist auch eine Anordnung nach § 26 Abs 1 S 1 BImSchG, dass ein Meßgutachten über die von einer Anlage ausgehende Lärmemission zu erstatten ist, auch wenn sie keine näheren Angaben über das Meßprogramm und den Meßumfang enthält (BVerwG DVBl 1983, 943); ein

[11] BFH NJW 1987, 359; OVG Kassel NVwZ 1987, 991; VGH Koblenz KStZ 1988, 185; NVwZ 1990, 399 mwN.

[12] BGH NVwZ 1986, 506; VGH Kassel NVwZ-RR 1993, 303; VGH München BayVBl 1993, 345; 1995, 86; Obermayer 19; Erichsen/Ehlers § 38 Rn 11.

[13] BVerwG BayVBl 1974, 347; DVBl 1976, 221; 1989, 469 zur hinreichenden Bestimmtheit einer Fahrtenbuchauflage; VGH Kassel NVwZ 1989, 165 zur Bestimmtheit eines Teilwiderrufs, welche Bescheide bzw in welchem Umfang sie widerrufen werden; VGH München BayVBl 1982, 436 = NJW 1982, 2571.

[14] VGH München BayVBl 1982, 631; 1993, 345 = NVwZ 1993, 382; BayVBl 1984, 150; 1995, 85; VGH Mannheim NVwZ 1988, 184 – eine Ausweisungsverfügung ist wegen Verstoßes gegen das Bestimmtheitsgebot rechtsfehlerhaft, wenn ein gegen den betroffenen Ausländer zuvor erlassenes und nach wie vor bestehendes Ausreiseverbot nicht gleichzeitig aufgehoben wird; WBS I § 48 Rn 33; F 249.

Abgabennachforderungsbescheid für mehrere Jahre, der nur den Zeitraum angibt und (nur) den Gesamtbetrag ausweist, nicht jedoch den Betrag aufgliedert (VGH Mannheim VBlBW 1984, 119). Vgl auch OVG Lüneburg NordÖR 2002, 121: Keine zentimetergenauen Angaben in naturschutzrechtlicher Verfügung erforderlich.

Nicht hinreichend bestimmt ist zB ein Vorbescheid, der die Zulässigkeit eines Vorhabens in einer Nebenbestimmung davon abhängig macht, dass es **sich einfügen** muss (OVG Münster UPR 1989, 457); die Anordnung, eine **ihrer Art nach nicht bezeichnete Steuer** zu zahlen;[15] Grundsteuer zu zahlen, wenn unklar bleibt, für welche Grundstücke oder, bei mehreren Grundstücken, wie der verlangte Gesamtbetrag sich auf die einzelnen Grundstücke verteilt (OVG Koblenz NVwZ 1990, 399); die Anordnung, einen **ordnungsgemäßen Zustand** herzustellen (PrOVG 77, 457; 79, 140); die Anordnung, einen Ventilator **gegen Lärm zu isolieren** (OVG Münster 16, 263) oder den Lärm einer Kegelbahn zu beschränken (vgl BVerwGE 31, 15; VGH Mannheim GewArch 1971, 257); eine Baugenehmigung für die **„vorübergehende" Unterbringung** von Asylbewerbern (OVG Münster NVwZ-RR 1993, 234); eine Baugenehmigung für **„Einzel- und Großhandel"** (BVerwG NVwZ 1989, 379); die Eintragung eines Weges in das Wegebestandsverzeichnis **ohne Angabe der Flurnummer** oder sonstiger Anhaltspunkte hins. der Lage, Länge usw (vgl BVerwG NdsMBl 1994, 1052; enger VGH München BayVBl 1990, 627: ohne Angabe der Flurnummer zu unbestimmt und deshalb sogar nichtig); die schlichte Forderung **naturschutzrechtlicher Ersatzmaßnahmen** für eine mengenmäßig bestimmte Versiegelungsfläche (BVerwG NVwZ 2001, 562, 564); eine Regelung „für **Betriebe, die zu Waldschäden führen** können" (vgl OVG Münster NVwZ 1984, 452: angesichts des wissenschaftlichen Streits um die Schadensursachen zu unbestimmt); eine Fristbestimmung nicht nach Tagen, Wochen usw, sondern mit **„umgehend"** (OVG Koblenz NVwZ 1993, 1006; anders zu „unverzüglich", § 31 Rn 21).

15 **c) Teilregelungen, vorläufige Regelungen.** Nicht ausgeschlossen wird durch Abs 1 die Möglichkeit von Teilregelungen und vorläufigen Regelungen, die zunächst nur über einen Teil der insgesamt zu entscheidenden Fragen und/oder vorbehaltlich ggf erforderlicher weiterer VAe erfolgen.[16] Aus dem Erfordernis der Bestimmtheit ergibt sich jedoch auch für diese Fälle, dass für die Betroffenen nicht nur der Inhalt der getroffenen konkreten Regelung, sondern auch der Umstand erkennbar sein muss, dass diese noch nicht die abschließende Regelung darstellt, durch einen **Hinweis auf Unvollständigkeit bzw Vorläufigkeit.**[17] Dies kann insb auch im Hinblick auf die Frage der Zulässigkeit des späteren VA von Bedeutung sein, wenn die Betroffenen mit einem weiteren VA nicht rechnen mussten. Kein Verstoß gegen das Bestimmtheitsgebot des Abs 1 liegt auch vor bei VAen, die analog § 111 VwGO in einer Sache **nur dem Grunde nach** entscheiden, die Höhe des zu leistenden Betrags uä dagegen zunächst noch offen lassen (vgl Sieder/Zeitler, WHG, 23 zu § 45 WHG). Entsprechendes gilt für sog. **Grundlagenbescheide.** Unter den genannten Voraussetzungen sind auch zB VAe zulässig, die zunächst nur die erforderliche Maßnahme als solche bezeichnen und vorschreiben, ohne den zunächst nicht bekannten oder jedenfalls im Augenblick nicht ‚greifbaren', etwa weil nicht auffindbaren, Adressaten zu benennen, oder die über-

[15] BFH NVwZ 1986, 792; ähnlich BFH NVwZ 1986, 792: die Festsetzung einer Kirchensteuer ist nur dann ihrer Art nach hinreichend bestimmt, wenn sich aus dem Steuerbescheid ergibt, für welche Konfessionszugehörigkeit Kirchensteuer erhoben wird; vgl ferner BGH 154, 439 = BStBl II 1989, 12 mwN.

[16] Vgl BVerwGE 24, 23; 70, 365; 72, 300; DÖV 1979, 143; 1976, 288; K 22; Erichsen/Ehlers § 38 Rn 25; vgl auch § 9 Rn 18 ff.

[17] BVerwGE 70, 365; 72, 300; OVG Lüneburg DVBl 1982, 32; NVwZ 1987, 342; VGH München DVBl 1984, 882; Martens DÖV 1987, 998; Knack 16.

haupt ‚an wen es angeht', ergehen. Zur näheren Bestimmung insoweit bedarf es dann eines weiteren VA.

d) Wahlfreiheit für Betroffene. Zulässig sind auch VAe, die zunächst **nur das Ziel festlegen,** dass der Adressat durch eigene Maßnahmen erreichen muss (zB die Anordnung, dass der Lärm einer Anlage einen bestimmten Höchstwert nicht übersteigen darf), die ihm aber hinsichtlich der einzusetzenden Mittel, dh der zur Verwirklichung dieses Zieles zu treffenden Maßnahmen **Wahlfreiheit lassen** und häufig auch schon im Hinblick auf den verfassungsrechtlichen Grundsatz der Verhältnismäßigkeit lassen müssen.[18] Dies gilt auch für Nebenbestimmungen zu Planfeststellungsbeschlüssen aus Gründen der Problembewältigung (VGH München NuR 1981, 64) und für **Baugebote** (vgl BVerwGE 84, 338 = NVwZ 1990, 658). Ein Baugebot ist danach schon dann hinreichend bestimmt, wenn es die Verpflichtung des Eigentümers ausspricht, innerhalb einer angemessenen Frist die notwendigen Maßnahmen für eine Bebauung seines Grundstücks zu ergreifen, die sich im Rahmen der im jeweiligen Einzelfall zulässigen baulichen Nutzung hält. Die dem Eigentümer offenstehenden Möglichkeiten, sein Grundstück in Übereinstimmung mit geltendem Baurecht baulich zu nutzen, darf ein Baugebot nicht einschränken. Zum Baugebot darf dem Eigentümer auch aufgegeben werden, innerhalb einer bestimmten Frist einen notwendigen **Bauantrag** zu stellen. 16

5. Rechtsfolgen von Versößen gegen das Bestimmtheitsgebot. Nicht jeder Verstoß gegen Abs 1 hat die Nichtigkeit des VA zur Folge, sondern, wenn kein Fall des § 44 Abs 2 vorliegt, nur derjenige, der schwer und offensichtlich ist.[19] **Nichtig ist ein VA wegen Unbestimmtheit** zB, wenn er völlig unverständlich und undurchführbar ist (OVG Koblenz NVwZ 1990, 399) oder wenn nicht erkennbar ist, wer durch ihn verpflichtet werden soll (vgl VGH Mannheim NVwZ 1990, 1096) und/oder in welcher Höhe. Soweit ein VA wegen Unbestimmtheit nicht schon nichtig, sondern nur rechtswidrig ist, kann der Mangel durch nachträgliche Klarstellungen, die grundsätzlich in derselben Form erfolgen müssen, wie sie auch für den VA selbst gilt, **mit Rückwirkung geheilt** werden (vgl OVG Koblenz NVwZ 1990, 399), auch durch einen insoweit fehlerfreien Widerspruchsbescheid und selbst noch im VerwaltungsProzess. Anders bei Nichtigkeit des VA (vgl VGH Mannheim NVwZ 1990, 1096). **Bloße Unrichtigkeiten** iS von § 42, uU auch falsche Bezeichnungen, können gem § 42 jederzeit von Amts wegen oder auf Antrag berichtigt werden, wenn offensichtlich ist, wer bzw was gemeint ist (vgl BFH NVwZ 1993, 1230). 17

III. Grundsatz der Formfreiheit (Abs 2)

1. Formfreiheit (Abs 2 S 1). Abs 2 schreibt in Übereinstimmung mit der schon vor Erlass des VwVfG hM[20] für VAe keine bestimmte Form vor, insb auch nicht die Schriftform, sondern überlässt die Wahl der Form grundsätzlich dem **Ermessen der Behörde.** Die Vorschrift entspricht insoweit § 10, wonach auch für das Verwaltungsverfahren selbst keine besondere Form vorgeschrieben ist. 18

[18] BVerwGE 31, 18 = BayVBl 1969, 64; BVerwG BayVBl 1992, 442: Auflage für Gaststätte, daß während der Nachtzeit der Richtwert von 35 dB A nicht überschritten werden darf; OVG Bremen NordÖR 2001, 206 für Sanierungsverfügung; VGH Mannheim VBlBW 1982, 97; Stumpp DVBl 1968, 330; WBS II § 48 Rn 34; Erichsen/Ehlers § 38 Rn 18; F 249; **aA** vdGK 1.2; vgl auch Obermayer VerwR 2. Aufl 121: der VA darf den Betroffenen nicht die Auswahl zwischen mehreren zur Verfügung gestellten Mitteln lassen.

[19] BFH BStBl II 1986, 834; VGH München BayVBl 1994, 151; VGH Kassel NJW 1984, 1645 mwN; NVwZ 1989, 484; OVG Koblenz NVwZ 1990, 333 mwN; OVG Münster NVwZ-RR 1993, 234; Martens NVwZ 1990, 624; str; zT **aA** OVG Münster NJW 1989, 1086 mwN.

[20] BVerwGE 26, 164; BSG 13, 270; 21, 54; F 199, 277 ff; WBS II § 48 Rn 25; M 71; Erichsen/Ehlers § 38 Rn 5 f; Obermayer VerwR 108; Lorenz 274.

Formfreiheit besteht gem § 1 wie nach dem bish Recht jedoch nur dann und nur insoweit, als für bestimmte VAe nicht allgemein oder in bestimmten Fällen durch besondere Rechtsvorschriften eine bestimmte Form vorgeschrieben ist oder sich aus der Natur des VA oder den Umständen seines Erlasses ergibt.

19 **a) Beispiele formloser VAe. Soweit Sonderregelungen fehlen** und sich auch aus der Natur der zu treffenden Entscheidung nichts anderes ergibt, können VAe auch mündlich (vgl VGH Mannheim NVwZ-RR 1993, 559), durch Zeichen, zB bei der Verkehrsregelung durch einen Polizeibeamten, bei den Lichtzeichen einer **Verkehrsampel** (vgl VG Hannover NJW 1984, 1644), durch **telefonische** oder telegrafische (vgl BVerwG DÖV 1994, 611) **Übermittlung,** uU auch durch **konkludentes Verhalten** der Behörde erlassen werden,[21] zB (wenn in einer Überweisung zugleich konkludent eine Entscheidung über die Gewährung einer Geldleistung liegt) durch **Auszahlung** einer beantragten oder von Amts wegen zuerkannten Geldleistung (Schalter-VA)[22] durch **Eintragung in** ein **öffentliches Register;**[23] uU auch die Übersendung der **Fotokopie** eines VA (FG Niedersachsen NVwZ-RR 1993, 229; **aA** Knack 23). Auch in derartigen Fällen müssen jedoch der Charakter des Aktes als VA, dh als verbindliche hoheitliche Regelung, und die Behörde, die den VA erlässt, für die Betroffenen erkennbar sein; Abs 3 enthält insoweit einen allgemeinen, auch hier sinngemäß anzuwendenden Rechtsgedanken.

20 **b) Anwesenheitserfordernis. Mündliche VAe** und VAe „per Telefon"[24] sind nur gegenüber Anwesenden (bzw ihren Vertretern oder Bevollmächtigten) möglich und wirksam. Eine auf Anrufbeantworter gesprochene Mitteilung genügt nicht (KG NJW 1990, 1804), ebenso wenig eine elektronische Übermittlung. **Abwesenden gegenüber** ist die spätere Mitteilung, dass ein bestimmter VA mündlich erlassen wurde, nicht ausreichend. Auch die schriftliche Bestätigung nach Abs 2 S 2 heilt den Mangel nicht, stellt aber im Zweifel in solchen Fällen einen NeuErlass des VA dar.

21 **c) Erklärung durch Schweigen.** Bloßes Stillschweigen auf einen Antrag stellt idR keinen VA dar, auch wenn der Antragsteller der Behörde mitgeteilt hat, dass er Schweigen als Zustimmung (bzw Ablehnung) ansehen werde; **anders,** wenn ein Gesetz bei Vorliegen bestimmter Umstände, etwa bei Schweigen der Behörde innerhalb bestimmter Frist, einen VA **fingiert**[25] und soweit aus einem Verhalten der Behörde auf eine **konkludente Erklärung** geschlossen werden darf.

21 a **d) Ausnahmen vom Grundsatz der Formfreiheit.** Für viele wichtige Gebiete (vgl auch § 69 Abs 2 und § 74 Abs 1 iVm § 69 Abs 2) ist im Interesse der Rechtssicherheit durch Gesetz die **Schriftform oder eine strengere Form** zwingend vorgesehen. Das Erfordernis der Schriftform kann sich uU auch aus der Art des VA (BSG 13, 270; 21, 54 – zur Beitragsanforderung im Rahmen des KindergeldG –; Lorenz 274) oder mittelbar daraus ergeben, dass durch eine Rechtsvorschrift die **Zustellung des VA vorgeschrieben** ist (zB beim Widerspruchsbescheid gem § 73 Abs 3 S 1 VwGO). Ein Beurkundungserfordernis besteht zB

---

[21] Ebenso zum bish Recht BVerwGE 26, 164; VG Hannover NJW 1984, 1644; F 199, 217; Erichsen/Ehlers § 38 Rn 4; K 6; M 71; differenzierend Krause 202 ff.

[22] BVerwGE 28, 358; **aA** VGH Kassel FEVS 19, 304; Stern 4 IV 2; Krause 354.

[23] BVerwGE 37, 104; WBS II § 48 Rn 25; F 210, zweifelnd Krause 354.

[24] Vgl zur Zulässigkeit zB die ausdrückliche Zulassung in § 13 Abs 4 ArbeitssicherstellungsG und § 18 VerkehrssicherstellungsG; enger OLG Hamm NJW 1972, 1769 und Knack 22: fernmündliche Erklärungen können mündlich erlassenen VAen nur dann gleichstehen, wenn der Adressat den für die Behörde anrufenden Amtsträger erkennen kann.

[25] BVerwGE 31, 274; BVerwG NJW 1975, 1240; 1982, 2788; OVG Lüneburg NJW 1968, 1692; Schmaltz NJW 1968, 1078; Steiner DVBl 1970, 34; **aA** Münster NJW 1968, 170; Obermayer DVBl 1969, 237.

für die Beamtenernennung durch Aushändigung der Urkunde (§ 6 Abs 2 BBG); für die Einbürgerung bzw Entlassung aus der Staatsangehörigkeit durch Ausstellung einer entsprechenden Urkunde (§ 16 bzw § 23 StAG).

2. Schriftliche Bestätigung mündlicher VAe (Abs 2 S 2). Abs 2 S 2 gibt den Betroffenen bei Bestehen eines berechtigten Interesses einen Anspruch auf schriftliche Bestätigung des VA. Die Regelung betrifft unmittelbar nur mündlich erlassene VAe; **zweifelhaft** ist, ob sie entspr auch auf **in anderer Form ergangene VAe** (zB durch Zeichen, konkludentes Verhalten) sowie auf sog. **fingierte** VAe, die bei Vorliegen bestimmter Umstände kraft Gesetzes als ergangen gelten, anwendbar ist. Dies wird teilweise unter Hinweis auf die Entstehungsgeschichte verneint (Knack 24), ist aber jedenfalls dann zu bejahen, wenn der Zweck der Vorschrift, Rechtssicherheit und Rechtsgewissheit zu schaffen, in gleichem Maße wie bei mündlichen VAen zutrifft und die Betroffenen ein erhebliches **rechtliches Interesse** an einer schriftlichen Bestätigung haben. Nach einer vermittelnden Auffassung (StBS 45) steht die Bestätigung in diesen Fällen im Ermessen der Verwaltung. 22

Die **Bestätigung stellt keinen NeuErlass des VA** dar (vgl OVG Münster NVwZ 1994, 549; NWVBl 1997, 306), sondern ist eine lediglich **schlichthoheitliche Maßnahme,** die Beweiszwecken dient; auf sie finden jedoch die Bestimmungen über schriftliche VAe gem Abs 3 Anwendung (ebenso Obermayer 22; MB 25; Knack 25). Wenn bzw soweit die Bestätigung inhaltlich von dem ursprünglichen VA abweicht und die Abweichung nicht auf einem offensichtlichen und für die Betroffenen iS von § 42 erkennbaren Versehen beruht, ist sie idR als **selbständiger neuer VA** anzusehen (ebenso StBS 41; Obermayer 22; Knack 24; **aA** Wallerath 7 IV 2; MB 17: kein VA mangels fehlender Finalität des Handelns), dessen Aufhebung auch nach den §§ 48, 49 zu beurteilen ist. 23

a) Berechtigtes Interesse. Das in S 2 geforderte berechtigte Interesse an einer schriftlichen Bestätigung kann rechtlicher, wirtschaftlicher oder auch ideeller Natur sein (Knack 24); es ist bei einem **durch einen VA Betroffenen idR zu bejahen,** es sei denn, dass die Sache sich in der Zwischenzeit bereits erledigt hat und sich daraus auch keine weiteren Folgerungen mehr für die Gegenwart ergeben können, die ein Interesse im dargelegten Sinn begründen (zB Wiederholungsgefahr, Schadensersatzansprüche, Fortdauer einer diskriminierenden Wirkung). 24

b) Unverzügliches Verlangen. Der Antrag auf schriftliche Bestätigung muss unverzüglich gestellt werden, dh ohne schuldhaftes Zögern (§ 121 Abs 1 BGB), nachdem der Betroffene vom Ergehen des VA Kenntnis erlangt hat. Gegen die Ablehnung des Antrags auf Bestätigung, die (im Gegensatz zur Bestätigung selbst) von der hM als VA angesehen wird (str, vgl § 35 Rn 49), sind die normalen **Rechtsbehelfe** gegeben, ebenso gegen eine Bestätigung, die vom ursprünglichen VA abweicht und daher idR als Erlass eines neuen VA zu werten ist. 25

3. Die schriftliche Bestätigung elektronischer VAe (Abs 2 S 3). Mit dem durch das 3. VwVfÄndG neu eingefügten Abs 2 S 3 wird klargestellt, dass die Betroffenen auch die schriftliche Bestätigung elektronisch erlassener VAe verlangen können, wenn die Voraussetzungen des Abs 2 S 2 vorliegen, wenn also ein berechtigtes Interesse besteht und das Bestätigungsverlangen unverzüglich erfolgt. Damit wird es möglich, dass ein elektronischer VA, der nach § 3a Abs 1 ohne eine qualifizierte Signatur nach § 3a Abs 2 erlassen wurde, auch ohne eine eine solche Signatur schriftlich bestätigt werden kann und muss, wenn der Betroffene es beantragt. Dies erleichtert den elektronischen Rechtsverkehr ohne qualifizierte Signatur. An das Vorliegen eines berechtigten Interesses werden derzeit keine besonderen Anforderungen gestellt werden dürfen. 26

IV. Formerfordernisse bei schriftlichen und elektronischen VAen (Abs 3)

27 **1. Inhalt der Regelung.** Abs 3 stellt in Abweichung von den Regelungen des § 126 BGB (BVerwGE 45, 189, 192) für VAe, die schriftlich oder elektronisch erlassen werden, bestimmte **Mindesterfordernisse** auf. Diese gelten sowohl für die nach besonderen gesetzlichen Vorschriften schriftlich zu erlassenden VAe (einschließlich der Zusicherungen gem § 38) als auch für VAe, für die die Behörde aus freien Stücken nach Abs 2 S 1 die Schriftform oder die elektronische Form wählt; dass ein VA auch mündlich erlassen werden könnte, hat nicht zur Folge, dass an die Schriftlichkeit deshalb geringere Anforderungen zu stellen wären (Erichsen/Ehlers § 38 Rn 6). Abs 3 ist außerdem **auch auf die Bestätigung** mündlicher VAe nach Abs 2 S 2 anwendbar. Analog Abs 2 S. 2 ist ein entsprechender Anspruch auf schriftliche Bestätigung auch bei in anderer als mündlicher Form ergangenen VAen anzuerkennen (vgl Rn 22; **aA** Badura, in: Boorberg-FS 1977, 211; Obermayer 39; MB 19; Knack 24; differenzierend StBS 45).

28 **Schriftlichkeit** bedeutet die **Verkörperung einer Gedankenerklärung** mit Hilfe von Schriftzeichen auf einem Datenträger in einer ohne weiteres lesbaren Form. Der Schriftform genügt auch ein **Telegramm, Fernschreiben, Telefax** oder **Telebrief,** außerdem auch zB das **gerichtliche Protokoll,** das die Erklärung enthält, mit der der Vertreter einer Behörde die in Frage stehende Erlaubnis uä zur Niederschrift erklärt hat.[26] Zulässig sind und der Schriftform genügen auch **(schriftliche) Verweisungen im VA** auf beigefügte **Pläne, Diagramme** und auf bestimmte vorausgegangene Anträge, Schreiben oder auch schriftlich den Beteiligten gegenüber ergangene **VAe,** nicht dagegen auf Mikrofiche, Disketten uä (Müller-Ibold 192).

28 a **Elektronisch erlassen** ist ein VA, wenn er unter den Voraussetzungen des § 3a Abs 1 dem Empfänger übermittelt worden ist. Die elektronischen VAe sind durch das 3. VwVfÄndG in Abs 3 aufgenommen worden, um auch insoweit die elektronische Form der schriftlichen ausdrücklich gleichzustellen. Die Regelung in Abs 3 S 1 stellt klar, dass elektronisch erlassene VAe auch dann erfasst werden, wenn sie nicht über eine qualifizierte Signatur verfügen, also nur nach § 3a Abs 1 erlassen wurden. Sie müssen in jedem Fall die ausstellende Behörde erkennen lassen und eine Wiedergabe des Namens des Behördenleiters oder seines Vertreters bzw Beauftragten enthalten.

29 **2. Erkennbarkeit der Behörde.** Das Erfordernis, dass die den VA erlassende Behörde erkennbar sein muss, dient einerseits der Rechtssicherheit (auch zu Beweiszwecken) und der Klarstellung, dass es sich um einen VA handelt, hat andererseits aber vor allem auch Bedeutung im Hinblick auf Rechtsbehelfe, deren Einlegung wesentlich erschwert wäre, wenn die Ausgangsbehörde nicht ohne weiteres erkennbar ist. Das Erfordernis der Erkennbarkeit der erlassenden Behörde folgt bereits aus Abs 1 und ist insoweit auch auf VAe anwendbar, die nicht in schriftlicher Form ergehen; hier muss die erlassende Behörde zumindest aus den Umständen des Ergehens des VA ersichtlich sein.

30 **Die Behörde,** dh die konkrete, den VA erlassende Behörde (zB „Landratsamt München"), **muss aus dem VA selbst,** dh aus der Kopfleiste, dem Text oder einem beigefügten Stempel oder Siegel (StBS 47: zB Beglaubigungsvermerk; Knack 5.1), **erkennbar sein.** Dass die Behörde aus den Umständen, zB aus dem Poststempel, ersichtlich ist, genügt nicht. Erforderlich ist auch – wie sich auch schon nach Abs 1–2 ergibt –, dass aus dem Schreiben, das den VA enthält, zwei-

---

[26] EVwVfG BT-Dr 7/910 zu § 37; StBS 36c; **aA** insoweit VGH München NVwZ 1985, 470 unter Hinweis auf das Fehlen einer Unterschrift gem Abs 3: VA nicht wirksam erlassen; ebenso VGH München BayVBl 1991, 373; im Ergebnis auch Knack 23.

felsfrei hervorgeht, dass die Behörde als Behörde, dh hoheitlich und nicht etwa im Fiskalbereich, handelt (BVerwGE 41, 306). Der VA muss die ausstellende Behörde grundsätzlich **mit ihrer amtlichen Bezeichnung** angeben, jedenfalls aber sie so bezeichnen, dass Zweifel ausgeschlossen sind, um welche Behörde es sich handelt (zB nicht nur „Das Landratsamt", sondern „Das Landratsamt München"), er darf auch **keine widersprechenden gleichrangigen Angaben** über die ausstellende Behörde enthalten zB Angabe der Behörde im Briefkopf und der Aufsichtsbehörde bei der Unterschrift und im Siegel (K 9).

3. Unterschrift bzw. Namenswiedergabe. Das Erfordernis der Unterschrift 31 bzw Namenswiedergabe soll vor allem im Interesse der Rechtssicherheit grundsätzlich gewährleisten, dass nicht (noch) unfertige, noch nicht als endgültige Entscheidung gedachte Schreiben, insb Entwürfe, als VA „ergehen" – sog **„Beweisfunktion"** (BVerwGE 45, 194; BGH NJW 1984, 2533; Erichsen/Ehlers § 38 Rn 5f; v Mutius VerwArch 1976, 120); es soll außerdem im Interesse des Bürgers wie auch der Verwaltung selbst (insoweit **aA** BVerwGE 45, 193: die Behörde soll dadurch nicht geschützt werden) sicherstellen, dass VAe nur von den nach der internen Organisation der Behörde zuständigen „zeichnungsberechtigten" und damit für die Handlung **verantwortlichen Amtsträgern** bzw nur mit deren Billigung erlassen werden – sog **Garantiefunktion** (OVG Weimar NVwZ-RR 1995, 253), und dient insofern auch der **Identifizierung des verantwortlichen Sachbearbeiters.**[27]

a) Unterschrift. Die ausdrückliche Erwähnung der Unterschrift in Abs 3 32 schließt es nicht aus, dass entspr der früheren Rspr[28] **das Fehlen einer Unterschrift** dann als **unbeachtlich angesehen** wird, wenn aus den gesamten Umständen, zB aus einem Begleitschreiben, das den Anforderungen des Abs 3 genügt,[29] zweifelsfrei hervorgeht, dass es sich um eine abschließende, für den Bürger bestimmte Entscheidung und nicht lediglich um einen Entwurf, der noch einer abschließenden Entscheidung, der Zustimmung des Behördenleiters usw bedarf, handelt.[30] **Etwas anderes** gilt grundsätzlich für VAe, für die durch Gesetz die **Form einer Urkunde** vorgeschrieben ist (Erichsen/Ehlers § 38 Rn 6; F 238f; Knack 6; Lorenz 275), zB für die **Beamtenernennung** durch Aushändigung der Urkunde (§ 6 Abs 2 BBG); für die **Einbürgerung** bzw Entlassung aus der Staatsangehörigkeit durch Ausstellung einer entsprechenden Urkunde (§ 16 bzw § 23 RuStAG).

Unterschrift bedeutet die eigenhändige Unterzeichnung durch eine na- 33 türliche Person mit ihrem Namen (zT **aA** Knack 5: die Unterschrift muss, da Abs 3 nicht wie das bürgerliche Recht Eigenhändigkeit vorschreibt, nicht eigenhändig sein). Unterzeichnung mit der **Behördenbezeichnung,** etwa Stadtamt X, Rechtsamt Y, **genügt nicht** (vgl BVerwGE 3, 56). Hins. des Unterschriftserfordernisses gelten **dieselben Grundsätze** wie für die **Unterschrift bei Anträgen** und **gerichtlichen Klagen** (vgl dazu Kopp/Schenke § 81 Rn 5). Die Unterschrift braucht **nicht lesbar** zu sein, muss aber einen individuellen Bezug zum

---

27 Vgl auch AG Hersbruck NJW 1994, 306 mit zust Anm Redeker: die Angabe des Sachbearbeiters ist Voraussetzung der Wirksamkeit des VA.

28 BVerwGE 36, 296; 45, 193f; BFH 62, 263; 75, 425; BSG 13, 271; enger Münster VRspr 5, 889; F 238; Erichsen/Ehlers § 38 Rn 6; vdGK 3.2: Unterschrift in keinem Fall entbehrlich.

29 Vgl idS sowie entsprechend für Telegramme, Telekopien und Formschreiben Knack 5.3; allg auch BGH NJW 1986, 1760 und BVerwG NVwZ 1991, 1193.

30 So wohl BVerwG NJW 1993, 1667; München NVwZ 1987, 729; Badura, in: Boorberg-FS 1977, 217; Obermayer 61; Knack 28; Wendt JA 1980, 30: nur rechtswidrig-aufhebbar; differenzierend Erichsen/Ehlers § 38 Rn 9; Knack 4.1.3; **aA** München BayVBl 1985, 154 = NVwZ 1985, 430; vgl insofern auch BGH NJW 1984, 2533; MuE 162: Fehlen der Unterschrift ist ein schwerwiegender Mangel.

Namen erkennen lassen (vgl BVerwGE 43, 114; OLG Oldenburg MDR 1988, 253 = NJW 1988, 2812). Ein **Faksimile** oder eine **Paraphe genügt nicht.**[31] Die Unterschrift muss grundsätzlich unter dem Text des VA stehen und idS den VA abschließen;[32] anders allenfalls hins. der Rechtsbehelfsbelehrung, für Anlagen, auf die im Text des VA Bezug genommen wird, und für allgemeine Hinweise.

34 **Wer als Behördenleiter,** dessen Vertreter oder Beauftragter **unterschriftsberechtigt** (zeichnungsbefugt) ist, ergibt sich aus der internen Organisation der Behörde; dass die interne Zuständigkeitsregelung insoweit durch Rechtssatz erfolgt oder jedenfalls in geeigneter Weise bekanntgemacht ist (zB durch Aushang in den Amtsräumen), ist auch nach Abs 3 nicht erforderlich (str). Allg zur **Zeichnungsbefugnis** in Behörden s Kübler, Die Zeichnungsbefugnis im Verwaltungsrecht, Diss. Berlin 1970, zur Zeichnungsbefugnis von Rechtsreferendaren, die einer Behörde zur Ausbildung zugewiesen sind und denen die entsprechende Befugnis zumindest konkludent übertragen wurde, bejahend Grabrucker BayVBl 1991, 332.

35 **b) Namenswiedergabe des Behördenleiters.** Der Unterschrift ist die Namenswiedergabe gleichgestellt. Unter Namenswiedergabe ist die maschinengeschriebene (VGH München BayVBl 1985, 154 = NVwZ 1985, 430), faksimilierte,[33] mit einem Stempel mit dem Schriftzug oder auch in Druckschrift gestempelte (vgl zu Bußgeldbescheiden OLG Saarbrücken NJW 1973, 2041; OLG Frankfurt NJW 1976, 337; StBS 52) oder gedruckte (München BayVBl 1985, 154 = NVwZ 1985, 430; K 10; vdGK zu § 124; F 238 Fn 5) und von der Kanzlei **beglaubigte Namenswiedergabe** zu verstehen.[34] Nach anderer Auffassung (vgl Obermayer 52), der zuzustimmen ist, da das Gesetz zur Namenswiedergabe nicht ausdrücklich weitere Erfordernisse nennt, genügt auch eine schlichte mit dem Zusatz „gez." versehene Namenswiedergabe, dh Wiedergabe jedenfalls des Familiennamens (GSOBG NJW 1980, 172). Der **Beglaubigungsvermerk** muss die Übereinstimmung der Namenswiedergabe mit der handschriflichen Unterschrift[35] in dem bei der Behörde verbleibenden Original bestätigen und selbst von dem Beamten oder Angestellten, der die Beglaubigung vornimmt, unterschrieben werden. Vgl zur Beglaubigung § 34 Rn 3 ff; zum Erfordernis jedenfalls der Beglaubigung für die Zustellung einer beglaubigten Abschrift § 2 VwZG (dazu auch StBS 52). Unterschrift oder Namenswiedergabe auf den als VA übersandten oder übergebenen Abschriften können, sofern jedenfalls das bei der Behörde verbleibenden Original ordnungsgemäß unterschrieben bzw mit der Namenswiedergabe versehen ist, jederzeit nachgeholt werden (StBS 53).

35 a **4. Anforderungen an elektronische VAe nach Abs 3 S 2.** Der durch das 3. VwVfÄndG neu eingefügte Abs 3 S 2 stellt besondere Anforderungen an VAe, die nach § 3 a Abs 2 elektronisch erlassen werden, für die aber durch Rechtsvorschrift die **Schriftform angeordnet** worden ist. Da nach § 3 a Abs 2 der elektronische Erlass eines VA mit qualifizierter Signatur der durch Rechtsnorm angeordneten Schriftform genügt, muss hierauf bei der Regelungen der Formerfordernisse

---

[31] VGH München NVwZ 1987, 729; vgl auch OLG Köln NJW 1988, 2805; anders zur Paraphe auf der bei den Akten verbleibenden Urschrift.

[32] Vgl Kopp/Schenke § 81 Rn 6; zT **aA** BSG NJW 1995, 550 = NVwZ 1994, 830: Teile der mit einem VA getroffenen Regelung können auch der Unterschrift nachfolgen.

[33] VGH München BayVBl 1985, 154 = NVwZ 1985, 430; F 238 Anm 5 mwN; K 10; v Mutius VerwArch 1976, 121 mwN; OLG Saarbrücken NJW 1973, 2041: faksimilierte Unterschrift genügt in jedem Fall.

[34] VGH München BayVBl 1985, 154 = NVwZ 1985, 430; vgl auch GSOBG BVerwGE 58, 359; BVerwGE 81, 35; zT **aA** StBS 52; Knack 27; Redeker NVwZ 1986, 546: Beglaubigungsvermerk auf der Urschrift nicht erforderlich; anders gem § 2 VwZG nur für die Zustellung einer beglaubigten Abschrift.

[35] Vgl BGH RzW 1968, 222; DÖV 1981, 723; NJW 1984, 1533; VGH München BayVBl 1985, 154; WBS § 48 Rn 28; StBS 40: Paraphierung genügt in diesem Fall.

entsprechend Rücksicht genommen werden. Deshalb verlangt Abs 3 S 2, nicht nur die **qualifizierte Signatur** (s hierzu § 3a Rn 14), sondern darüber hinaus, dass das der qualifizierten Signatur zugrunde liegende qualifizierte Zertifikat die erlassende Behörde erkennen lassen muss. Gleiches gilt für ein zugehöriges **Attributzertifikat.** Ein Attributzertifikat ist eine gesonderte digitale Bescheinigung, die unter eindeutiger Bezugnahme auf ein Signaturschlüsselzertifikat weitere Angaben darüber enthält welche Privilegien oder Attribute an einen Benutzer, zB einen Behördenmitarbeiter, gebunden sind. Ein Attributzertifikat ist vergleichbar mit einer Identifikationskarte, die nur in Verbindung mit dem Personalausweis gilt. Es enthält einen Verweis auf das eigentliche Zertifikat sowie auf die zusätzlichen Rechte des Benutzers. Wechselt also zB die Zuständigkeit eines Mitarbeiters innerhalb der Behörde, muss nicht das gesamte Zertifikat erneuert, sondern nur ein entsprechendes Attributzertifikat erstellt werden. Zertifikat und Attributzertifikat brauchen nicht von dem selben Zertifizierungsdiensteanbieter stammen, allerdings ist der Aussteller des Attributzertifikats auf die korrekte Arbeit des Aussteller des Hauptzertifikats angewiesen.

5. Rechtsfolge des Verstoßes gegen Abs 3. Die **fehlende Erkennbarkeit** der Behörde, die den VA erlassen hat, hat in Übereinstimmung mit dem bish Recht gem § 44 Abs 2 Nr 1 die **Nichtigkeit** des betroffenen VA zur Folge; **anders** trotz der ausdrücklichen Hervorhebung der Notwendigkeit der Unterschrift bzw der Namenswiedergabe, die **Verletzung des Unterschriftserfordernisses** bzw der Namenswiedergabe gem Abs 3 S 1, wenn sich aus den Umständen zweifelsfrei ergibt, dass es sich um einen „fertigen VA" und nicht möglicherweise nur um einen irrtümlich zum Versand gelangten Entwurf handelt.[36] Sonst hat das Fehlen einer Unterschrift oder Namenswiedergabe bzw der dafür maßgeblichen Mindesterfordernisse die Nichtigkeit des VA nur bei VAen, für die die **Form einer Urkunde** vorgeschrieben ist, zur Folge, bei anderen VAen dagegen nur die Rechtswidrigkeit (VGH München NVwZ 1987, 729 mwN; Wendt JA 1980, 30; Obermayer 61; Knack 34; **aA** 7. Aufl). 36

Als unerheblich anzusehen ist grundsätzlich ein Verstoß gegen das Erfordernis, dass die **Unterschrift vom Behördenleiter,** seinem Vertreter oder einem von ihm Beauftragten geleistet werden muss bzw der VA die entsprechende Namenswiedergabe enthalten muss. Für die Wirksamkeit und Rechtmäßigkeit eines VA genügt es, wenn der VA die Unterschrift (bzw Namenswiedergabe) eines bei der Behörde beschäftigten, **mit Verwaltungsaufgaben betrauten Beamten** oder Angestellten – nicht etwa eine Raumpflegerin oder einer zufällig im Amtsgebäude anwesenden Person uä (vgl BFH 125, 347) – trägt, selbst wenn dieser nach der internen Organisation der Behörde für die in Frage stehende Angelegenheit nicht zuständig oder nicht zeichnungsbefugt ist.[37] Der Umstand, dass die Unterschrift von einer dazu nicht befugten Person geleistet wurde, ist, anders als das Fehlen der Unterschrift, für Außenstehende nicht ohne weiteres erkennbar; der **Verletzung interner Zuständigkeitsregelungen** kann daher im Verhältnis zum Bürger, der durch einen VA in seinen Rechten betroffen wird (abgesehen allenfalls von Fällen bewußter Kollusion), keine Außenwirkung zukommen (vgl auch § 14 Rn 22 zu den Grundsätzen der Anscheinsvollmacht). 37

[36] Vgl FG Niedersachsen NVwZ 1993, 229; im einzelnen oben Rn 32; vgl zur ähnlichen Situation bei Fehlen der Unterschrift des Bürgers bei schriftlichen Anträgen gem § 22.

[37] BFH 132, 219 = BStBl II 1981, 404; VGH München BayVBl 1990, 212: keine drittschützende Funktion des Geschäftsverteilungsplans; Offerhaus NJW 1979, 631; str; enger BFH 125, 347 = BStBl II 1978, 595: jedenfalls dann unerheblich, wenn die Kompetenzüberschreitung nicht schwerwiegend ist; allg zur Überschreitung der Zeichnungsbefugnis auch Nissen RWP SG 1.3, S. 1833; **aA** wohl Obermayer 31: rechtswidrig-aufhebbar; für Zusicherungen iS von § 38 auch BVerwGE 26, 36; 49, 248 = DVBl 1976, 221: ungültig.

V. Dauerhafte Überprüfbarkeit der Signatur (Abs 4)

37 a Mit dem durch das 3. VwVfÄndG eingefügten Abs 4 wird klargestellt, dass die dauerhafte Überprüfbarkeit der nach § 3a Abs 2 erforderlichen qualifizierten Signatur durch Rechtsvorschrift angeordnet werden kann. Das Erfordernis einer dauerhaften Überprüfbarkeit der Signatur wird also durch Abs 4 selbst nicht aufgestellt, vielmehr setzt dies eine besondere Anordnung in einer Rechtsvorschrift voraus. Damit soll für VAe von besonderer Bedeutung, insbesondere für Dauer-VAe, sichergestellt werden können, dass sie auch über lange Zeiträume hinweg hinreichend beweiskräftig bleiben. Für den Normalfall der angeordneten Schriftform wird dies nicht verlangt, weil der technisch Aufwand derzeit noch relativ groß ist. Dauerhafte Überprüfbarkeit wird derzeit angenommen, wenn der Zertifizierungsdienste-Anbieter sicherstellt, dass die von ihm ausgestellten qualifizierten Zertifikate nicht nur für einen angegebenen Gültigkeitszeitraum, sondern mindestens 30 Jahre nach dem Ende des Gültigkeitszeitraums eines Zertifikats in einem Verzeichnis nach § 5 Abs 1 S 2 SigG geführt werden. Für diesen Zeitraum muss die Dokumentation nach § 10 SigG aufbewahrt werden (vgl BT-Dr 13/7385 S. 2446).

VI. Verwendung automatischer Einrichtungen (Abs 5)

38 **1. Zweck der Regelung.** Abs 5 (vor Erlass des 3. VwVfÄndG handelte es sich um Abs 4) sieht eine Ausnahme vom Erfordernis der Unterschrift bzw Namenswiedergabe und gewisse Erleichterungen auch hins. des Inhalts für VAe vor, die „mit Hilfe automatischer Einrichtungen", insb unter Verwendung von EDV-Anlagen „erlassen" werden. Die Regelung trägt **den besonderen Erfordernissen des „Massenbetriebs"** und des **Einsatzes** der technisch modernen **Datenverarbeitungsanlagen** Rechnung, die Schlüsselzeichen verwenden und bei denen Unterschriften vielfach eine bloße Formsache wären, während andererseits Zweifel, ob schon ein fertiger VA oder nur ein Entwurf vorliegt, weitestgehend ausgeschlossen sind (BVerwG NJW 1993, 1667; BFH 133, 252). Die Regelung ist, auch soweit sie sich auf die Frage der Unterschrift bezieht, **verfassungsrechtlich** unbedenklich (BVerfG NJW 1994, 575; BFH 133, 250 = BB 1981, 1386; Knack 30).

39 **2. Automatisch erstellte VAe.** Unter Abs 5 fallen **nur VAe,** bei denen auch **schon die Regelung als solche automatisch erstellt** wird (vgl Redeker NVwZ 1986, 545; Ehlers Jura 1991, 340; Erichsen/Ehlers § 38 Rn 8; StBS 55 ff), **nicht** auch in üblicher Weise **vervielfältigte,** gleichlautende **Bescheide (aA** Knack 5.4) oder unter Verwendung **von Speicherschreibgeräten** erstellte Bescheide (StBS 55), **außerdem** auch nicht im wesentlichen mittels elektronischer Datenverarbeitung gefertigte **Bescheide,** in denen die Behörde aber handschriftlich oder maschinenschriftlich so wesentliche Änderungen oder Hinzufügungen vorgenommen hat, dass sie in der Sicht des Empfängers **ihren prägenden Charakter** als „mit Hilfe einer automatischen Einrichtung erlassene VAe" **verlieren** (BVerwG NJW 1993, 781 und 1667), sowie auch Bescheide in Angelegenheiten, **die sich** ihrer Art nach für eine Entscheidung unter Verwendung **automatischer Einrichtungen** unter **Verzicht auf eine abschließende Kontrolle,** die in der Unterschrift oder Namenswiedergabe zum Ausdruck kommt, **nicht eignen.**[38] **Nicht rechtlich geboten,** aber im Interesse der Rechtsklarheit und Rechtssicherheit zweckmäßig ist ein **Hinweis** im VA, dass er mit Hilfe einer Datenverarbeitungsanlage gefertigt wurde und ohne Unterschrift gültig ist (BVerwG NJW 1993, 1667).

---

[38] Vgl StBS 57 unter Hinweis auf BVerwGE 45, 193: nicht anwendbar, wenn ein Gesetz die Schriftform vorschreibt, um die Behörde vor besonderer Übereilung zu schützen; s auch BVerwGE 45, 193.

40 **3. Verzicht auf das Erfordernis der Unterschrift bzw. Namenswiedergabe.** Anders als bei sonstigen und auch bei formularmäßig erstellten VAen bedarf es bei automatisch hergestellten VAen keiner Unterschrift und Namenswiedergabe, da in solchen Fällen die Behörde als solche als Urheber anzusehen ist, nicht notwendig ein einzelner Bediensteter. Deshalb reicht es in derartigen Fällen aus, dass der VA die erlassende Behörde erkennen lässt. Darüber hinaus sind Unterschrift und Namenswiedergabe entbehrlich; sie werden vom Rechtsverkehr auch nicht erwartet (StBS 64). Trotz der bestehenden rechtspolitischen Bedenken gegen VAe, die keinen individualisierten Aussteller mehr erkennen lassen, ist die Vorschrift wegen des heute unabdingbaren Einsatzes von Maschinen in der Massenverwaltung nicht verzichtbar.

41 **4. Verwendung von Schlüsselzeichen. Schlüsselzeichen** sind Zahlen, Abkürzungen, Symbole uä Zeichen, die für bestimmte Feststellungen, Begründungen usw stehen und deren **Bedeutung in besonderen, dem VA beigegebenen Erläuterungen** erklärt wird. Auch unter Verwendung von Datenverarbeitungsanlagen usw erstellte VAe müssen jedenfalls aus sich selbst, ggf aufgrund von dem VA beigefügter Erläuterungen, für den Bürger noch hinlänglich verständlich sein (BVerwG DVBl 1972, 955: die Zeichen müssen vom Durchschnittsempfänger verstanden werden können; VG Hersbruck NJW 1984, 2426), insb auch den Erfordernissen des Abs 1 genügen. Abgesehen von der Sonderregelung gem Abs 4 gelten im übrigen auch für automatisch hergestellte VAe **die allgemeinen Vorschriften** und Bestimmungen über VAe (OVG Münster DÖV 1975, 599; v Mutius VerwArch 1976, 116 mwN).

§ 38 Zusicherung

(1) **Eine von der zuständigen[18] Behörde erteilte Zusage, einen bestimmten Verwaltungsakt später zu erlassen oder zu unterlassen (Zusicherung)[7 ff], bedarf zu ihrer Wirksamkeit der schriftlichen Form[20]. Ist vor dem Erlass des zugesicherten Verwaltungsaktes die Anhörung Beteiligter[25] oder die Mitwirkung einer anderen Behörde[27] oder eines Ausschusses auf Grund einer Rechtsvorschrift erforderlich, so darf die Zusicherung erst nach Anhörung der Beteiligten oder nach Mitwirkung dieser Behörde oder des Ausschusses gegeben werden.**

(2) **Auf die Unwirksamkeit der Zusicherung finden, unbeschadet des Absatzes 1 Satz 1, § 44, auf die Heilung von Mängeln bei der Anhörung Beteiligter und der Mitwirkung anderer Behörden oder Ausschüsse § 45 Abs 1 Nr 3 bis 5 sowie Abs 2, auf die Rücknahme § 48, auf den Widerruf, unbeschadet des Absatzes 3, § 49 entsprechende Anwendung.**[31]

(3) **Ändert sich nach Abgabe der Zusicherung die Sach- oder Rechtslage[37] derart, dass die Behörde bei Kenntnis der nachträglich eingetretenen Änderung die Zusicherung nicht gegeben hätte oder aus rechtlichen Gründen nicht hätte geben dürfen, ist die Behörde an die Zusicherung nicht mehr gebunden[42].**

Parallelvorschriften: § 34 SBG X; § 204 AO

Schrifttum: *Achterberg,* Der Verwaltungsvorakt, DÖV 1971, 397; *Baumeister,* Die Zusicherung – ein Muster ohne Bindungswert?, DÖV 1997, 229; *Bracher,* Die bauaufsichtliche Zusage der Duldung formell und materiell rechtswidriger baulicher Anlagen, ZfBR 1987, 127; *Dossmann,* Die Bebauungsplanzusage, 1985; *Erfmeyer,* Bindungswirkung rechtswidriger allgemeiner Zusagen in entsprechender Anwendung der §§ 38 Abs 2, 48 VwVfG, DVBl 1999, 1625; *Erichsen,* Die Zusage, Jura 1991, 109; *Fiedler,* Funktion und Bedeutung öffentlich-rechtlicher Zusagen im Verwaltungsrecht, 1977; *Fischer,* Dispositionsvertrauen gegenüber dem Gesetzgeber und der Verwaltung – dargestellt am Beispiel der Zusagen im Steuerrecht, DÖV 1979, 773; *Günther,* Über Einstellungs- und Beförderungszusicherungen, ZBR 1982, 193; *Hailbronner,* Die Zusage auf Einhaltung des objektiven Rechts, DVBl 1979, 767 ff; *Haueisen,*

Die Bedeutung von Zusagen im Verwaltungsrecht, NJW 1961, 1901; *Jacobs,* Die Abgrenzung der verwaltungsrechtlichen Zusage von Auskunft und Vorbescheid, Jura 1985, 234; *Krebs,* Zur Anwendbarkeit des VwVfG auf verwaltungsbehördliche Zusagen, VerwArch 1978, 85; *Lange,* Probleme des Vertrauensschutzes im Verwaltungsrecht, WuV 1979, 15; *Maiwald,* Die verwaltungsbehördliche Zusicherung im VwVfG, BayVBl 1977, 449, 452; *Martens,* Rechtsprechung zum Verwaltungsverfahrensrecht, Zusicherung und Zusage, NVwZ 1983, 717; *ders,* Verweigerte Zusicherung, JuS 1988, 776; *Mayer,* Zur Frage der Verbindlichkeit behördlicher Zusagen, JZ 1964, 677; *Obermayer,* Rechtsprobleme der allgemeinen verwaltungsrechtlichen Zusage, in: Maunz-FS 1981, 247; *Palauro,* Haftungsrelevante Probleme der allgemeinen verwaltungsrechtlichen Zusage, Diss Konstanz, 1983; *Schick,* Zusage – Zusicherung – „Verbindliche Zusage" – Regelungsformen eines verwaltungsrechtlichen Rechtsinstituts, in: Obermayer-FS 1986, 135; *Püttner,* Zusagen im öffentlichen Recht, JA 1975, 389; *Rotkohl,* Die verwaltungsrechtliche Zusage, insb die Zusicherung, BWVPr 1992, 217; *Schmid,* Zur Rechtswirksamkeit von Auskünften, Bescheinigungen und Beiträgen im Kommunalabgabenrecht, KStZ 1984, 61; *Schick,* Zusage, Zusicherung, Verbindliche Zusage, FS Obermayer 1986 S. 135; *Steinberg,* Die Selbstbindung der Finanzverwaltung. Verbindliche Auskünfte, Zusicherungen und Zusagen, 1981; *Stelkens,* Probleme der Zusicherung, NVwZ 1987, 471; *Wieland,* Die Stufung von Anlagegenehmigungen im Atomrecht, DVBl 1991, 616; *Zeidler,* Empfiehlt es sich, die bestehenden Grundsätze über Auskünfte und Zusagen in der öffentlichen Verwaltung beizubehalten?, Gutachten zum 44. DJT 1962, Bd I 2.

Übersicht

I. Allgemeines

1 **1. Inhalt.** Die Vorschrift definiert den **Begriff der Zusicherung** für den Bereich des Verwaltungsverfahrensrechts und regelt einige früher teilweise streitige Fragen. Insbesondere schreibt sie generell die **Schriftform** als Voraussetzung der Wirksamkeit einer Zusicherung vor. Die Zusicherung ist nach Abs 1 S 1 ein **Unterfall der allgemeinen behördlichen Zusage,** nämlich eine Zusage, die sich auf den späteren Erlass oder die spätere Unterlassung eines VA bezieht. Eine Zusage, die sich auf ein sonstiges Verhalten (Tun, Dulden oder Unterlassen) bezieht, ist in § 38 nicht unmittelbar geregelt (zur Frage der entsprechenden Anwendbarkeit s unten Rn 5f). Insgesamt ist die Regelung lückenhaft. Keine Aussage trifft die Vorschrift zB zur Frage, wann eine Zusicherung gegeben werden darf bzw muss sowie, wann ein Anspruch auf eine Zusicherung besteht. Zu der Frage, welche Anforderungen an eine rechtmäßige Zusicherung in materieller und in formeller Hinsicht zu stellen sind, finden sich in Abs 1 S. 2 und in den Abs 2, 3 nur unvollständige Regelungen. Die umstrittene Frage der Rechtsnatur ist ebenfalls nicht ausdrücklich geregelt worden (s Rn 2). Die Regelung entspricht weitgehend der schon vor Inkrafttreten des VwVfG hM,[1] die jedoch hins. der Form es grundsätzlich als ausreichend ansah, wenn die Zusicherung in der gleichen Form erfolgte, die auch für den endgültigen VA maßgeblich war, zT sogar überhaupt Formfreiheit annahm (vgl BVerwGE 26, 35; BGHZ 23, 36; WBS II § 53 Rn 16).

2 **2. Rechtsnatur der Zusicherung.** Vor Erlass des VwVfG war die Rechtsnatur der Zusicherung wie der Zusage sehr umstritten.[2] Das das VwVfG diesen Streit nicht normativ entschieden hat (vgl BT-Dr 7/19 S. 559), dauert der Streit um die Rechtnatur der Zusicherung an. Teilweise wird sie als VA, teilweise als verwaltungsrechtliche **Willenserklärung** bzw Verwaltungsvorakt angesehen.[3] Nach der heute überwiegend vertretenen Auffassung sind Zusicherungen **als VAe anzusehen,** für die jedoch im Hinblick auf die primär auf die Zukunft gerichteten Wirkungen zT besondere Grundsätze gelten, die sich aus dem Wesen der Regelung ergeben.[4] Die Rspr hat die Frage nach der Rechtsnatur teilweise schlicht offen gelassen (BVerwGE 97, 323, 326 = NVwZ 1995, 1977).

---

[1] Vgl BVerwGE 3, 203; 23, 36; 26, 36; 48, 172; 49, 248; BVerwG GewArch 1978, 303; BGHZ 23, 36; BSG 14, 107; 18, 237; 23, 252; 25, 220; BFH BStBl; 1971 II 122; 1983 II 280; WBS II § 53 Rn 9 mwN; F 171f; Pieper VerwArch 1968, 217ff; Lorenz 272.

[2] Vgl Zeider, Gutachten S 47; Bericht über die Verhandlungen des 44. DJT, NJW 1962, 1854, 1855.

[3] BSG 38, 52, 44, 120; BFH 126, 359; UL § 49 Rn 1, WBS II § 53 Rn 9: Verwaltungsvorakt; Erichsen/Ehlers § 12 Rn 33; AllgVR § 9 Rn 60; Weides 1 I 3; König Vr 1990, 403: eine verwaltungsrechtliche Willenserklärung ohne Regelungscharakter; vgl. ferner Palauro 101: ein verwaltungsrechtliches Schuldverhältnis eigener Art.

[4] BVerwG NVwZ 1986, 1011; 1987, 46; BFHE 159, 114; BSG 25, 220; 56, 249 mwN; DVBl 1994, 1245; OVG Münster NVwZ 1987, 251; NWVBl 1992, 205; VGH Mannheim NVwZ 1991, 79; Hamburg ZBR 1985, 207 – kein ausschließlich begünstigender VA; Maurer JuS 1976, 491; Obermayer 34f; Stelkens NVwZ 1987, 471 mwN; StBS 10; Knack 21; Krebs VerwArch 1978, 89f; zur Zusicherung der Übernahme der Umzugskosten im Beamtenrecht auch BVerwGE 64, 24 = NJW 1982, 1474; 81, 149 = NVwZ 1989, 1172; BVerwG NVwZ 1987, 806f; 1989, 173; differenzierend Krause 299; **aA** WBS II § 53 Rn 9: „nicht unbedingt" dem VA-Regime zuzuordnen.

3 **VA** ist auch die Ablehnung eines Antrags auf Zusicherung sowie eine in einer Zusicherung ggf ausdrücklich oder **konkludent erhaltene verbindliche Feststellung** eines Rechts (BVerwGE 64, 26: die Umzugskostenzusage an einen Beamten enthält zugleich als VA die Anerkennung, dass der Umzug erforderlich ist).

4 **3. Anwendungsbereich. a) Unmittelbare Anwendbarkeit.** § 38 gilt unmittelbar nur im Anwendungsbereich des VwVfG und gem § 1 **nur vorbehaltlich besonderer Rechtsvorschriften** des Bundesrechts, die insb auch abweichende Bestimmungen treffen können. Die Verwaltungsverfahrensgesetze der Länder enthalten jeweils wortgleiche Regelungen. Die unmittelbare Anwendbarkeit beschränkt sich außerdem auf die **Zusage des Erlasses bzw der Unterlassung von VAen,** nicht auch anderen hoheitlichen Verhaltens, auch nicht auf die Zusage eines Vertragsabschlusses.

4 a **b) Spezielle Regelungen.** Für bestimmte Bereiche können Zusicherungen ausgeschlossen sein. Dies ist zB im Beamtenrecht für die **Besoldung** (§ 2 Abs 2 BBesG) und die **Versorgung** (§ 3 Abs 2 BeamtVG) geschehen. Im übrigen sollen Zusicherungen im Beamtenrecht zulässig sein (zB BVerwGE 106, 129, 133 für Zusicherung der **Einstellung;** OVG Münster NWVBl 1996, 108, 110 für die Zusicherung der Beihilfefähigkeit). Die hM nimmt auch die Zusischerungsfähigkeit von **Allgemeinverfügungen** an.[5] Der BFH nimmt an, dass im Steuerrecht Zusicherungen nur in den gesetzlich (zB § 204 AO) geregelten Sonderfällen zulässig seien (BFHE 159, 114, 117; krit StBS 10 d). Dies hätte Konsequenzen für den bereich des Kommunalabgabenrechts, soweit darin auf die AO verwiesen wird. Für Maßnahmen nach § 135 BauGB bleibt § 38 anwendbar (StBS 10 d).

Problematisch ist stets die Frage, ob und inwieweit spezialgesetzliche Regelungen gegenüber § 28 **abschließende Sonderregelungen** enthalten. Dies ist durch Auslegung der speziellen gesetzlichen Regelungen zu ermitteln und im **Zweifelsfall zu verneinen.** So entfalten etwa die Regelungen über Vorbescheide **im** Baurecht keine Ausschlusswirkung für § 38. Gleiches hat für § 9 BImSchG zu gelten. Die §§ 87 Abs 3, 88 Abs 2 AuslG stellen keine abschließende Regelung von Einbürgerungszusagen dar (VGH Mannheim InfAuslR 1995, 116).

5 **c) Analoge Anwendbarkeit. Umstritten** ist, inwieweit die Vorschrift als Ausdruck eines allgemeinen Rechtsgedankens entsprechend auch auf Zusicherungen außerhalb des Anwendungsbereichs des VwVfG anwendbar ist, soweit durch Rechtsvorschriften nichts anderes bestimmt ist, zB in Kommunalabgaberecht.[6] Umstritten ist außerdem die entsprechende Anwendbarkeit auf Zusagen, die nicht auf den Erlass eines VA gerichtet sind (vgl Knack 4 und 35; MB 36), zB auf Vornahme eines Realakts (VGH Mannheim NVwZ 1991, 80), auf Erlass einer VO oder Satzung oder auf Vornahme einer schlichthoheitlichen oder auch privatrechtlichen Handlung der Verwaltung.[7]

6 Auf **Zusagen** im Rahmen **vertraglicher Vereinbarungen** ist § 38 nur insoweit sinngemäß-analog anwendbar, als sich aus § 54 und dem Wesen eines Ver-

---

[5] Umstr ist die Frage, ob Verkehrszeichen als Allgemeinverfügungen zusicherungsfähig sind; bejahend BVerwGE 97, 323 = DVBl 1995, 746; verneinend OVG Lüneburg NVwZ 1985, 436.

[6] Vgl zur analogen Anwendbarkeit im Kommunalabgabenrecht, auch soweit die Anendbarkeit des VwVfG des Landes ausgeschlossen ist, bejahend Allesch DÖV 1990, 277; MB 36; verneinend StBS 10 d: eher auf den Rechtsgedanken der §§ 204 ff. AO zurückgegriffen.

[7] Vgl BFH BStBl II 1983, 462; NJW 1982, 219 zur Zusage, daß ein bestimmter Sachverhalt in bestimmter Weise beurteilt würde; Robbers DVBl 1987, 275 zu schlicht hoheitlichen Handlungen; Mayer, Zusagen 31; MB 36; enger Stelkens NVwZ 1985, 480.

trags nichts anderes ergibt.[8] Eine analoge Anwendung ist hinsichtlich des Erfordernisses der **Schriftform** nicht möglich, da diese ohne ausdrücklich dahin gehende gesetzliche Regelung nicht gefordert werden kann (s im selben Sinn Krebs VerwArch 1978, 85; Erichsen Jura 1991, 111; Knack 35), und zwar grundsätzlich auch nicht in Fällen, in denen der zugesicherte VA nur schriftlich ergehen kann; **nicht** dagegen auch, da insoweit § 38 Ausdruck neuerer Rechtsauffassungen ist und die Analogie zugunsten des Bürgers wirkt, hins. des Erfordernisses der Zuständigkeit des die Zusicherung bzw Zusage gebenden Amtsträgers innerhalb der Behörde (**aA** Erichsen Jura 1991, 121; Knack 35).

II. Begriff und Inhalt der Zusicherung, Abgrenzung

1. Begriff und Inhalt. Zusicherungen iS des § 38 sind nach der Legaldefinition des Abs 1 **Zusagen auf Erlass oder Unterlassung eines VA.** Sie sind von sonstigen Zusagen, die sich auch auf andere Handlungen als VAe, zB auch auf Unterlassungen usw beziehen können, zu unterscheiden und stellen eine **verbindliche Selbstverpflichtung** der Behörde, künftig einen bestimmten VA zu erlassen (VG Köln NVwZ 1984, 676; Erichsen/Ehlers § 12 Rn 29) oder nicht zu erlassen, dar. Eine Zusicherung muss sich immer **auf einen** inhaltlich iS des § 37 Abs 1 bereits hinreichend **bestimmten künftigen VA** beziehen. Nicht ausgeschlossen wird dadurch, dass (was vielfach im Interesse der Rechtsklarheit zweckmäßig ist) die Zusicherung ausdrücklich bestimmte **Vorbehalte, Bedingungen** usw enthält oder nur für den Fall des Eintritts bestimmter Tatsachen gemacht wird. **Keine Zusicherungen** sind rein abstrakte Erklärungen einer Behörde, die keinen konkreten Sachverhalt betreffen oder nur hypothetischen Charakter haben; ebenso nicht zB die bloße Bekanntgabe einer Planung (BVerwGE 63, 166), die bloße Duldung einer baulichen Anlage (OVG Lüneburg NuR 1994, 357), die Äußerungen in einem Betriebsprüfungsbericht (BFHE 176, 160). Keine Zusicherung ist auch der Zusatz in einem Einberufungsbescheid: „Von der Anordnung, in der dienstlichen Unterkunft zu wohnen, sehe ich ab" (VGH Mannheim RsprD 1995, Beil 3 B1). 7

Der **Inhalt der Zusicherung** ist dem objektiven Erklärungswert der behördlichen Erklärung zu entnehmen, wie er für den Adressaten unter Berücksichtigung aller Umstände erkennbar ist (BVerwGE 102, 81, 84 = NJW 1997, 1248; VGH Mannheim NVwZ 2000, 1304). Gesetzliche Begrenzungen des zugesicherten VA (zB einer Baugenehmigung) gelten auch für die Zusicherung (StBS 26; wohl auch OVG Münster AgrarR 1983, 72; **aA** VGH München BayVBl 1978, 735). Die Geltung der Zusicherung kann grundsätzlich **nicht weiter** reichen **als die Geltung des zugesicherten VA.**

2. Abgrenzung zu unmittelbaren Regelungen. Keine Zusicherungen, sondern normale VAe, sind **Entscheidungen** einer Behörde über Ansprüche von Bürgern auf **behördliches Handeln,** das sich **als künftige Vollziehung iwS eines gedanklich vorausliegenden** gegenwärtigen **VA** darstellt (ebenso Knack 5 und 9), zB die Entscheidung, dass eine beantragte Subvention gewährt wird (vgl OVG Münster DVBl 1984, 1081), dass einem Bürger diplomatischer Schutz gewährt wird (vgl. BVerfG 55, 353), usw. Derartige **unmittelbare Sachregelungen** sind keine Zusicherungen; erforderlich für den Begriff der Zusicherung ist, dass der zugesicherte VA erst in Aussicht gestellt, aber noch nicht erlassen wird.[9] 8

---

[8] Vgl BVerwG NVwZ-RR 1993, 643 bei Zusagen aufgrund gegenseitiger Verpflichtungen Wegfall der Bindungswirkung wegen grundlegender Änderung der Verhältnisse nur, wenn ein Festhalten an dem Vereinbarten unmöglich oder schlechterdings unzumutbar ist.

[9] BVerwGE 87, 45; OVG Berlin NVwZ 1986, 599: die Zusage stellt eine bestimmte Regelung in Aussicht, der Bescheid trifft sie; ähnlich BVerwG NVwZ 1987, 46; VG Köln NVwZ 1984, 676 mit sehr eingehender Erörterung der Probleme; Degenhardt DVBl 1981, 997; Stelkens BauR 1978, 165; Knack 7.

Häufig ist es **Auslegungsfrage,** ob ein Akt eine Zusicherung oder bereits eine Sachregelung ist.[10] Entsprechendes gilt zB, wenn in einer Sache bereits abschließend entschieden worden ist, jedoch noch eine Urkunde ausgestellt werden muss, die erst ausgestellt wird, wenn die dafür vorgeschriebene Gebühr bezahlt ist (OVG Münster NVwZ 1985, 661).

9 **Nicht als Zusicherungen anzusehen** sind trotz ihrer zT ähnlichen Wirkung auch VAe, die aufgrund besonderer materiellrechtlicher Vorschriften bestimmte, im Gesetz näher geregelte Bindungswirkungen hins. nachfolgender weiterer VAe haben, wie zB Teilungsgenehmigungen gem §§ 19 ff BauGB aF (vgl allg zur Wirkung von Teilungsgenehmigungen auch BVerwG DVBl 1990, 371; OVG Münster DVBl 1990, 384). **Teilregelungen** wie zB Vorbescheide nach den Landesbauordnungen oder nach § 9 BImSchG sind keine Zusicherungen, auch soweit sie Bedeutung für folgende weitere Regelungen haben (s auch Rn 13).

10 **3. Abgrenzung zu Auskünften, Hinweisen uä.** Keine Zusicherungen iS des § 38 sind bloße Auskünfte, Erklärungen, Hinweise zu Rechtsfragen oder sonstigen Fragen, die für das künftige Verhalten der Behörde von Bedeutung sind oder sein können, oder auch hins. der rechtlichen Beurteilung eines bestimmten Sachverhalts,[11] usw. Während die **Zusicherung** eine **verbindliche Erklärung** darstellt (BSG 56, 249; NJW 1995, 550), gerichtet auf Erlass oder Unterlassung eines VA, handelt es sich bei der Auskunft um eine „Wissenserklärung", die sich in der Mitteilung des Wissens erschöpft und sich vom VA durch das Fehlen eines Regelungswillens unterscheidet (BSG NJW 1995, 550; BGHZ 117, 83 = DVBl 1992, 560).

11 Das bloße **Wecken von Erwartungen** in Bezug auf ein künftiges Verhalten der Behörde reicht für eine Zusicherung nicht aus, auch wenn berechtigtes Vertrauen geschaffen wird. Auskünfte, Hinweise vermitteln daher idR unter gewöhnlichen Umständen (OVG Münster NVwZ-RR 1990, 435) auch keinen Anspruch auf entsprechendes Verhalten,[12] auch nicht unter dem Gesichtspunkt der Folgenbeseitigung iwS.[13] Soweit die Behörde in bezug auf die zu treffende Entscheidung jedoch einen Ermessensspielraum hat, muss sie nach Treu und Glauben bei der Ausübung des Ermessens auch das evtl durch ihre Auskunft veranlasste Vertrauensschutzinteresse berücksichtigen. Eine von der Behörde allgemein gegebene **Gleichbehandlungszusage** führt zur Ermessensbindung, auch wenn sie nicht den Rechtscharakter einer Zusicherung hat (VGH Kassel NVwZ 1995, 394).

12 **Nicht als Zusicherung** iS von § 38 anzusehen sind im Zweifel auch in einem Gerichtsverfahren mündlich oder in einem Schriftsatz abgegebene **Prozesserklärungen** einer Behörde, wonach eine bestimmte Regelung in Kürze erfolgen werde, ein bestimmter VA in Kürze ergehen werde (BVerwGE 74, 15). Diese dienen typischerweise der lediglich der Prozessführung. Etwas anders ist aber anzunehmen, wenn der Erklärung erkennbar Verbindlichkeit beigelegt wird, zB weil sie die Voraussetzungen für verbindliche Erklärungen der übrigen Prozessbeteiligten (zB Erledigungserklärung, Klagänderung, Rücknahme der Klage) sein sollen. Maßgeblich ist für die Abgrenzung stets der erklärte Wille der Behörde, so wie er

---

[10] Vgl OVG Münster NVwZ 1985, 119: die Bewilligung einer Zuwendung, die in einen Finanzierungsplan eingestellt ist, kann ggf auch als Zusicherung einer späteren Bewilligung anzusehen sein; ähnlich BVerwG DÖV 1984, 589 zum Abgabenverzicht, BVerwG NVwZ 1987, 46 zur Zulassung zu einer öffentlichen Einrichtung.

[11] Vgl zur Mitteilung, daß gegen ein bestimmtes Vorhaben oder Verhalten keine Bedenken bestehen, OLG Düsseldorf NVwZ-RR 1993, 452.

[12] BVerwG NJW 1982, 1340; BSG 25, 220; OVG Münster NVwZ 1990, 435; VGH München 20, 126; OVG Koblenz VRspr 18, 325; Erichsen/Ehlers § 37 Rn 26; vgl auch BVerwGE 48, 172; zT **aA** BVerwG NVwZ 1983, 677: die Bezeichnung einer behördlichen Erklärung als Auskunft schließt ihre Verbindlichkeit nicht aus.

[13] ZT **aA** hins der Versäumung einer Frist infolge einer unrichtigen Auskunft BVerwGE 38, 336; BSG DVBl 1973, 793; Erichsen/Ehlers § 37 Rn 25.

sich bei objektiver Würdigung aller Umstände nach Treu und Glauben darstellt (BVerwGE 74, 17).

13 **4. Abgrenzung zu Vorbescheiden. Nicht als Zusicherungen** anzusehen sind nach heute hM auch Vorbescheide (BVerwG NVwZ 1985, 341; Berlin NVwZ 1986, 579; Goerlich NVwZ 1985, 90; Knack 8), zB im Baurecht gem Art 82 BayBO; im Immissionsschutzrecht gem § 9 BImSchG oder im Atomrecht gem § 7a AtomG usw.[14] Mit einem Vorbescheid wird nach nunmehr ganz hM nicht die künftige Genehmigung oä zugesagt, sondern über einen Teil der in der Genehmigung oä zu entscheidenden Fragen vorweg, gleichwohl aber schon bindend, entschieden (VGH München BayVBl 1993, 275). Damit wird ein **Ausschnitt aus dem feststellenden Teil** der Genehmigung, auf den sich der Antrag auf Erteilung des Vorbescheids bezieht und über den nach den maßgeblichen Vorschriften gesondert durch Vorbescheid entschieden werden kann, vorweg festgelegt und ein Teilaspekt des umfassenden Genehmigungstatbestandes mit definitiver Regelungswirkung erledigt,[15] weshalb im Genehmigungsverfahren dann nur noch die Umsetzung des feststellenden Vorbescheids in eine Gestattung erfolgt. Der Vorbescheid enthält, auch soweit für sein Ergehen eine vorläufige positive Gesamtbeurteilung des gesamten Vorhabens Voraussetzung ist, **keine konkludente Zusage,** die Behörde werde sich auch bei der abschließenden Prüfung der Anlage an der bei der Vorprüfung gewonnenen Beurteilung ausrichten, wenn sich keine anderen Erkenntnisse ergeben;[16] **anders,** wenn der Vorbescheid, was uU Auslegungsfrage ist, zugleich als Konzeptgenehmigung (s unten Rn 14) ergeht und idS über die reguläre Vorbescheidsregelung hinausgeht. Ähnliche Funktion wie der Vorbescheid hat im Baurecht auch die Bebauungsgenehmigung.

14 **5. Abgrenzung zu Teil- und Konzeptgenehmigungen.** Teilgenehmigungen und ähnliche Teil-VAe sind keine Zusicherungen. Sie sind **echte Genehmigungen,** die sich von einer Vollgenehmigung lediglich durch ihren beschränkten Inhalt unterscheiden. Anders als beim Vorbescheid ist bei Teilgenehmigungen zumeist ein **vorläufiges positives Gesamturteil** hinsichtlich des gesamten Vorhabens nicht nur Voraussetzung, sondern auch tatsächlich Teil der erlassenen Regelung, dh wird vom Regelungsgehalt der Teilgenehmigung mit umfaßt und bindet damit die Behörde grundsätzlich auch hins. der für das Gesamtvorhaben noch erforderlichen weiteren Teilgenehmigungen uä.[17] Das Ausmaß der Bindung hängt dabei entscheidend vom Gegenstand der Teilgenehmigung (vgl VGH Kassel DVBl 1991, 223), von der tatsächlichen Ausgestaltung der Teilgenehmigung, dh ihrem konkreten Inhalt, den maßgeblichen gesetzlichen Vorschriften und den von der Behörde angebrachten Vorbehalten, insb Befristungen, Bedingungen, Widerrufsvorbehalten usw ab. So bindet zB die Teil-Baugenehmigung zur Errichtung des Rohbaus eines Gebäudes die Behörde auch hinsichtlich der grundsätzlichen Genehmigungsfähigkeit des Vorhabens sowie insb auch hins. des Standorts und der Nutzungsart (VGH Kassel DVBl 1991, 223). Die **Bindungswirkung des positi-**

---

[14] BVerwGE 48, 242; 68, 241; 69, 2 = NJW 1984, 1473; 70, 372 = NVwZ 1985, 341; 72, 300 = NVwZ 1986, 208; BVerwG NVwZ-RR 1994, 17; OVG Lüneburg NJW 1982, 1772; OVG Münster BauR 1982, 50; Krause 297; Degenhardt DVBl 1981, 994; Ossenbühl NJW 1980, 1353; 1981, 377 mwN, Schmidt-Aßmann, in: BVerwG-FS 1978, 580; vgl auch BVerwGE 24, 23; DVBl 1981, 408.

[15] BVerwG NVwZ 1985, 342; OVG Lüneburg NJW 1982, 1772; NVwZ 1985, 507; VGH München BayVBl 1993, 275; Jarass, BImSchG § 9 Rn 2.

[16] **AA** OVG Münster NJW 1979, 381; Selmer/Schulze-Osterloh, JuS 1981, 395; allg zur Bindungswirkung von Vorbescheiden und Teilgenehmigungen auch Glitz, Grundprobleme von Vorbescheid und Teilgenehmigung im Immissionsschutzrecht, 1985, 32 mit Fn 78.

[17] BVerwGE 88, 286 = NVwZ 1993, 178; 92, 189 = NVwZ 1993, 578; BVerwG NVwZ 1986, 208; NVwZ-RR 1994, 17; Jarass JuS 1984, 355; Breuer VerwArch 1981, 266; zT **aA** VGH Mannheim NJW 1979, 2528.

ven Gesamturteils einer Teilgenehmigung ist allerdings entsprechend seiner Vorläufigkeit **eingeschränkt.** Sie entfällt ganz oder teilweise (vgl Wieland DVBl 1991, 616), wenn sich bei der späteren Detailprüfung noch nicht genehmigter Anlagenteile ergibt, dass die ursprüngliche Planung nicht durchführbar ist, oder wenn sich die maßgebliche Sach- und Rechtslage, auch zB aufgrund neuer wissenschaftlicher Erkenntnisse oder **neuer technische Entwicklungen** (BVerwGE 92, 189), ändert und nunmehr weiteren Teilgenehmigungen entgegensteht (BVerwG NVwZ 1985, 341; 1986, 210; Goerlich NVwZ 1985, 90).

15 **Keine Zusicherung** ist trotz ihrer entfernt damit vergleichbaren Bindungswirkung auch die sog **Konzeptgenehmigung** (Konzeptbescheid); die nach hM auch dann zulässig ist, wenn sie vom Gesetz nicht ausdrücklich vorgesehen ist.[18] Mit einem Konzeptbescheid wird die grundsätzliche Genehmigungsfähigkeit oä der gesamten genehmigungspflichtigen Anlage verbindlich festgestellt.[19] Die Bindungswirkung ist nach Inhalt und Ausmaß vom Inhalt der einzelnen Konzeptgenehmigung, auch zB von den dafür geltenden einzelgesetzlichen Vorschriften abhängig.

16 **6. Abgrenzung zu vorläufigen VAen.** Keine Zusicherungen, sondern normale VAe sind auch vorläufige Regelungen (s § 9 Rn 18; § 35 Rn 24) und andere in einer Sache vorausgegangene VAe, zB vorausgegangene zeitlich begrenzte Erlaubnisse für eine bestimmte Tätigkeit bei sog Ketten-VAen. Auch aus derartigen VAen können sich aber uU nach dem auch im öffentlichen Recht geltenden Grundsatz von Treu und Glauben ähnliche Bindungswirkungen hins. weiterer VAe, die in einem logischen Folgeverhältnis zur getroffenen Regelung stehen, ergeben (vgl allg BVerwGE 63, 216; zu sog Ketten-VAen auch § 48 Rn 18).

III. Die besonderen Wirksamkeitsvoraussetzungen gem Abs 1 S 1

17 **1. Mindestvoraussetzungen der Wirksamkeit.** Abweichend von § 44 sind Zusicherungen nichtig und damit unwirksam, wenn sie bestimmte Mindestvoraussetzungen nicht erfüllen, zu denen insbesondere die Zuständigkeit und die Schriftform gehören (s unten Rn 21 ff). Im Wortlaut des Abs 1 S 1 gelangt nur unvollkommen zum Ausdruck, dass neben der Schriftform auch die Zuständigkeit der Behörde nicht nur Voraussetzung für die Rechtmäßigkeit, sondern auch für die Wirksamkeit der Zusicherung ist. Dies ergibt sich aber aus Abs 2, wonach § 44 „unbeschadet des Abs 1 S 1" Anwendung finden soll. Nach Abs 1 sind – weitergehend als gem § 44 Abs 2 Nr 3 und Abs 3 Nr 1 (vgl StBS 50; Obermayer 47; MB 24; Knack 12 und 27) – die (sachliche und örtliche, vgl § 3) **Zuständigkeit der Behörde**[20] und die **Schriftform** (StBS 49; Knack 13 mwN) **unabdingbare Voraussetzung der Wirksamkeit** und damit auch der Verbindlichkeit einer Zusicherung (vgl auch Abs 2 S 1). § 37 geht insoweit über die gem Abs 2 S 1 im übrigen auch auf Zusicherungen entsprechend anwendbaren **Nichtigkeitsgründe** des § 44 hinaus (Knack 12 und 27).

18 **2. Zuständigkeit der Behörde (Abs 1 S 1).** Die Zusicherung muss von der zuständigen Behörde gegeben werden. Zuständig ist grundsätzlich diejenige Behörde, die den zugesicherten VA erlassen müßte (StBS 13; Knack 12). Eine von einer unzuständigen Behörde abgegebene Zusicherung ist unwirksam; die Vo-

---

[18] Dabei wird allerdings nicht der Begriff der Konzeptgenehmigung verwendet; vielmehr wird zumeist von einer Teilgenehmigung mit positivem vorläufigem Gesamturteil gesprochen, vgl BVerwGE 92, 185, 189; Roßnagel DÖV 1995, 624, 627; StBS § 35 Rn 188.

[19] BVerwGE 72, 305 = NVwZ 1986, 208; 70, 372; 78, 178 = NVwZ 1988, 536; 80, 213 = NVwZ 1989, 52; 92, 189 = NVwZ 1993, 578.

[20] UL § 10 Rn 13; StBS 39; Obermayer 21; Knack 12; MB 24; **aA** zum Abgabenrecht Mayer, Die Zusage 116 und 156: Nichtigkeit nur in krassen Fällen sachlicher Unzuständigkeit.

raussetzungen des § 44 müssen insoweit nicht vorliegen. **Fraglich** ist, ob die Wirksamkeit der Zusicherung darüber hinaus voraussetzt, dass die **innerhalb der Behörde zuständige Person** gehandelt hat. Dies wurde vor Inkrafttreten des VwVfG von der hM für die Wirksamkeit der Zusicherung verlangt.[21] Das VwVfG hat diese Auffassung aber nicht aufgegriffen und in Abs 1 ausdrücklich nur die Zuständigkeit der Behörde verlangt. Daraus folgert die hM zu Recht, die Wirksamkeit der Zusicherung setze die Zuständigkeit der handelnden Person innerhalb der Behörde nicht voraus (StBS 40; Knack 12; Bettermann in BVerwG-FS 1978, 66). Teilweise wird differenziert zwischen den (nur) geschäftsplanmäßig unzuständigen Bediensteten und solchen, die von ihrer **Stellung und Rangstufe** her jedenfalls generell berechtigt sind, Zusicherungen abzugeben (StBS 40). Diese an sich sinnvolle Differenzierung findet allerdings keine Stütze im Gesetz. Sie hat auch den Nachteil, dass der Adressat der Zusicherung über die Rangverhältnisse innerhalb der Behörden meist nicht informiert ist und deshalb die Frage der Wirksamkeit der Zusicherung nicht beurteilen könnte. Im übrigen kann für Zusicherungen nichts anderes gelten als für die VAe.

Für **Zusicherungen durch Amtsträger im kommunalen Bereich** müssen 19
ähnliche Grundsätze gelten. Maßgebend ist auch hier nicht die interne Zuständigkeitsverteilung, sondern die Zuständigkeit zur Außenvertretung (VGH Mannheim NVwZ 1990, 892; StBS 42; Knack 12; Erichsen Jura 1991, 111; **aA** BVerwG NVwZ 1987, 46). Das gilt auch dann, wenn zB der Bürgermeister anstelle des intern zuständigen Rates gehandelt hat.

3. Schriftform (Abs 1 S 1). Das Erfordernis der Schriftform gilt nur für Zusi- 20
cherungen, **nicht auch für die Ablehnung** einer Zusicherung (BVerwG NVwZ 1986, 1011; Knack 13; kritisch Stelkens NVwZ 1987, 471). Durch das Erfordernis der Schriftform als Voraussetzung der Wirksamkeit einer Zusicherung soll vor allem Unklarheiten und Meinungsverschiedenheiten über das Bestehen und den Inhalt von Zusicherungen vorgebeugt werden; es dient insoweit (wie die Schriftlichkeit von VAen allgemein) der Rechtssicherheit und Rechtsgewissheit. Da es sich dabei jedoch nicht um eine zwingende Folgerung aus allgemeinen Rechtsgrundsätzen handelt, ist eine entsprechende Anwendung in anderen Bereichen, für die das Erfordernis der Schriftform nicht ausdrücklich durch Rechtsvorschrift vorgesehen ist, nicht möglich. Zu den **Anforderungen an die Schriftform** im einzelnen vgl § 37 Abs 3. **Einfache Schriftform genügt** auch in den Fällen, in denen für den zugesagten VA eine besondere Form, zB die Aushändigung einer Urkunde, vorgeschrieben ist (vgl Knack 13). Fehlt es der Zusicherung an der Schriftform, ist sie unwirksam, ohne dass es auf die Voraussetzungen des § 44 ankäme. Eine in elektronischer Form abgegebene Zusicherung genügt den Voraussetzungen des Abs 1, wenn die Anforderungen des § 3a Abs 2 erfüllt sind (s § 3a Rn 14).

IV. Rechtmäßigkeitsvoraussetzungen, Anspruch auf Zusicherung

1. Allgemeines. Bei Zusicherungen sind in besondere Weise Rechtmäßgkeits- 21
voraussetzungen und Wirksamkeitsvoraussetzungen zu unterscheiden. Zusätzlich zu den allgemeinen Nichtigkeitsgründen nach § 44 sind Zusicherungen nämlich auch dann nichtig und damit unwirksam, wenn sie die Mindestvoraussetzungen des Abs 1 S 1 (Zuständigkeit und Schriftform) nicht erfüllen (s Rn 17ff). Ein Verstoß gegen die übrigen Rechtmäßigkeitsvoraussetzungen führt nur unter den besonderen Voraussetzungen des § 44 zur Nichtigkeit.

2. Problem der gesetzlichen Ermächtigung. § 38 enthält selbst keine Er- 22
mächtigung zur Erteilung einer Zusicherung, sondern setzt eine solche voraus. Al-

---

[21] BVerwGE 26, 31, 36; BVerwG NJW 1976, 303; Kimminich JuS 1963, 268, 272; BFH 132, 219, heute noch UL § 49 Rn 4.

lerdings umfaßt die Ermächtigung zum Erlass des VA idR auch die Ermächtigung, eine hierauf bezogene Zusicherung abzugeben. Soweit eine ausdrückliche Regelung fehlt, ergibt sich die Befugnis also aus der jeweiligen fachgesetzlichen Ermächtigung zum Erlass des VA, auf den sich die Zusicherung bezieht. Das bedeutet, dass eine Zusicherung rechtmäßig nur abgegeben werden kann, wenn die zusichernde Behörde auch den zugesicherten VA erlassen dürfte (stBS 13ff). Das gilt auch im Hinblick auf die sachliche und örtliche Zuständigkeit der Behörde für die Erteilung von Zusicherungen (Knack 12; s auch unten Rn 22f). Wenn durch Gesetz insoweit nichts anderes bestimmt ist, steht die Erteilung einer Zusicherung im **Ermessen der Behörde** (s unten Rn 19).

23 **3. Allgemeine Rechtmäßigkeitsvoraussetzungen.** Grundsätzlich gelten für die Zusicherung dieselben Rechtmäßigkeitsvoraussetzungen wie für den Erlass des zugesicherten VA selbst. Das gilt sowohl in formeller wie in materieller Hinsicht. Die Beachtlichkeit materiellrechtlicher Anforderungen des späteren VA folgt daraus, dass rechtmäßigerweise nur rechtmäßiges Verhalten zugesichert werden kann. Die Beachtlichkeit der Vorschriften des VwVfG folgt bereits aus dem VA-Charakter der Zusicherung, wenn man mit der hM (s Rn 2) diese als VA ansieht, im übrigen aus Abs 1 S 2, Abs 3. Darüber hinaus sind aber **weitere formelle und materielle Anforderungen** zu beachten, die sich aus dem speziellen Zusicherungscharakter der Maßnahme ergeben. Da die Zusicherung, auch soweit sie einen gebundenen VA betrifft, im **Ermessen** der zuständigen Behörde steht, muss die für den Erlass des späteren VA zuständige Behörde von ihrem Ermessen fehlerfreien Gebrauch machen. Außerdem sind die besonderen Anforderungen des Abs 1 und des Abs 2 zu beachten. Die Zusicherung kann **ausdrücklich,** uU aber auch **konkludent** gegeben werden.[22] Maßgeblich ist insoweit die Auslegung der Erklärung analog § 133 BGB. Grundsätzlich müssen Zusicherungen so gegeben werden, dass Zweifel am Charakter als Zusicherung sich nicht ergeben können.[23]

24 **4. Anspruch auf Zusicherung.** Soweit gesetzlich nichts anderes vorgesehen ist, steht die Erteilung einer Zusicherung im **pflichtgemäßen Ermessen** der Behörde.[24] Der Bürger hat jedoch nach den allgemeinen Grundsätzen über die Ausübung des Ermessens (s § 40 Rn 32ff) jedenfalls einen **Anspruch auf ermessensfehlerfreie Entscheidung,** wonach die Behörde aufgrund sorgfältiger Abwägung seines Interesses an der Zusicherung gegen die Gründe, die gegen eine Zusicherung sprechen, über seinen Antrag entscheiden muss.[25] Die Behörde kann eine Zusicherung auch von Amts wegen geben. Hat der Antragsteller ein **berechtigtes Interesse** an der Zusicherung, so muss grundsätzlich auch ein **Anspruch auf eine Zusicherung** gem § 38 anerkannt werden, wenn die materiellrechtlichen Voraussetzungen für den entsprechenden VA gegeben sind. Das Ermessen der Behörde kann sich in diesem Fall auf Null reduzieren. Entsprechendes gilt für die Zusicherung der Behörde, **einen** bestimmten, vom Bürger befürchteten VA zu unterlassen, dh nicht zu erlassen (vgl § 35 Rn 57).

---

[22] OVG Münster DVBl 1984, 1081 = NVwZ 1985, 118: der Bescheid über die Bewilligung einer Zuwendung, der einen Finanzierungsplan enthält, in den weitere von derselben Behörde zu vergebende Mittel eingestellt sind, kann uU auch als Zusicherung der späteren Bewilligung dieser Mittel zu verstehen sein.

[23] ZT **aA** offenbar BSG DVBl 1994, 1245: In einem Hinweis auf einem Ablehnungsbescheid, nach Anerkennung als Asylberechtigter stehe rückwirkendes Kindergeld ab Einreise zu, kann eine Zusicherung iS von § 34 SGB X liegen.

[24] BVerwG NVwZ 1986, 1011; BFH NJW 1962, 320; VG Köln NVwZ 1984, 676; Stelkens NVwZ 1987, 472; Günther ZBR 1982, 196; Knack 22.

[25] StBS 22; Knack 3.5; **aA** BVerwG NVwZ 1986, 1011; 1987, 471: soweit gesetzlich nicht anders bestimmt, kein Anspruch auf eine Zusicherung, auch nicht auf ermessensfehlerfreie Entscheidung darüber, ob eine Zusicherung gegeben wird; kritisch dazu Stelkens NVwZ 1987, 471.

Umstritten ist, **unter welchen Voraussetzungen** sich das Ermessen bei Vorliegen eines berechtigten Interesses dergestalt auf Null reduzieren kann, dass ein Anspruch auf Zusicherung entsteht. Dies ist jedenfalls dann anzunehmen, wenn in einem anderen Verwaltungsverfahren der Erlass eines begünstigenden VA von der vorherigen Erteilung der Zusicherung abhängig gemacht wird (OVG Lüneburg NdsVBl 1999, 262; StBS 13 a). Richtigerweise ist aber auch darüber hinaus eine Ermessensreduzierung auf Null anzunehmen, wenn ein berechtigtes Interesse an der Zusicherung besteht. Es ist nicht einzusehen, wehalb der Betroffene in solchen Fällen, in denen er auch eine gerichtliche Feststellung erreichen könnte, nicht auch einen Anspruch auf eine entsprechende Zusischerung haben sollte (**aA** allerdings die hM, vgl StBS 13 a; Knack 22). 24 a

5. Anhörung der Beteiligten (Abs 1 S 2, 1. Alt). Die Regelung in Abs 1 S 2 stellt sicher, dass eine für einen VA vorgeschriebene Anhörung Beteiligter auch für den Fall der Zusicherung dieses VA durchzuführen ist. Dies gilt nicht nur für die Anhörung Beteiligter nach § 28, sondern auch für alle sonstigen durch Rechtsnorm für den zuzusichernden VA vorgesehenen Anhörungspflichten. Unerheblich sind dagegen insoweit lediglich verwaltungsinterne, nicht rechtssatzmäßige Regelungen (vgl BVerwG DVBl 1976, 221; ebenso Knack 15 mwN). Diese Regelung stellt eine notwendige Komnsequenz der Bindungswirkung der Zusicherung dar und dient der Sicherung der Verfahrensrechte derjenigen, die am Verwaltungsverfahren für den Erlass des zugesicherten VA später beteiligt sein werden (vgl Begr 102). 25

Die Regelung des Abs 1 S 2 regelt zwar ausdrücklich nur die Anhörung Beteiligter. Entgegen dem insoweit nicht ganz klaren Wortlaut der Vorschrift sind **betroffene Dritte** aber nicht nur gem § 28 zu hören, sondern zum Verfahren in vollem Umfang und mit denselben Rechten wie auch sonst im Verwaltungsverfahren nach §§ 9 ff, zB auch mit dem Recht auf Akteneinsicht usw, als Beteiligte gem § 13 zuzuziehen (ebenso Obermayer 9; Knack 16); Abs 1 S 2 spricht ausdrücklich von der Anhörung „Beteiligter" und setzt damit die Zuziehung Betroffener als Beteiligte voraus. 26

6. Mitwirkung anderer Behörden und Stellen (Abs 1 S 2, 2. Alt). Die Zusicherung darf erst gegeben werden, wenn sämtliche Behörden und/oder Ausschüsse beteiligt worden sind, die nach gültigen Rechtsvorschriften im Falle des Erlasses des zugesicherten VA beteiligt werden müssten. Als Rechtsvorschriften kommen auch hier nur außenwirksame Rechtsnormen (Gesetze, Rechtsverordnungen, Satzungen) in Betracht, Verwaltungsvorschriften reichen nicht aus. Erfasst werden **sämtliche Formen der Mitwirkung,** nicht nur die Zustimmung und das Einvernehmen, sondern auch andere Formen, zB das Benehmen, die bloße Anhörung usw. Die Beteiligung muss zwingend erforderlich sein; steht sie im Ermessen der zu sichernden (dh für den Erlass des späteren VA zuständigen) Behörde, so kann diese auch von einer Beteiligung absehen, wenn sie hierfür sachliche Gründe hat. 27

7. Rechtsfolgen der Verletzung formellen Rechts. a) Zuständigkeits- und Schriftformverstoß. Nach Abs 1 S 1 sind die Zuständigkeit der Behörde und die Schriftform **unabdingbare Voraussetzung der Wirksamkeit** und damit auch der Verbindlichkeit einer Zusicherung (vgl auch Abs 2 S 1). Nicht von der zuständigen Behörde (BVerwG NVwZ 1987, 46 zur Umzugskostenzusage) oder nicht in schriftlicher Form gegebene Zusicherungen sind wirkungslos; sie binden die Behörde nicht und geben dem Bürger keinen Anspruch auf Erlass des zugesicherten VA bzw auf Unterbleiben des VA, dessen Unterlassung zugesichert wurde. Dies gilt auch dann, wenn dem Bürger die Unzuständigkeit bzw das Formerfordernis nicht bekannt war. Die Heilungsmöglichkeit nach § 45 gibt es nicht, § 46 greift nicht ein. 28

29 **b) Verstoß gegen Anhörungs- und Mitwirkungspflichten gem Abs 1 S 2.** Unterbleibt die nach Abs 1 S 2 gebotene Beteiligung und Anhörung betroffener Dritter bzw die erforderliche Mitwirkung anderer Behörden usw, so hat dies – anders als die Verletzung der Erfordernisse der Zuständigkeit und der Form nach Abs 1 S 1 – **nicht automatisch die Unwirksamkeit** zur Folge; vielmehr sind die Folgen gem Abs 2 nach den allgemeinen Grundsätzen, die gem §§ 44 ff für VAe gelten, zu beurteilen, insb auch die Möglichkeit einer evtl Heilung des Mangels durch Nachholung der Beteiligung gem § 45, uU auch einer Unbeachtlichkeit gem § 46. Nichtigkeit (Unwirksamkeit) der Zusicherung ist in diesen Fällen nur ausnahmsweise anzunehmen.[26] IdR hat die Verletzung von S 2 nur die Rechtswidrigkeit der Zusicherung zur Folge (ebenso Knack 20).

30 **c) Zusicherung unter Vorbehalt. Unerheblich ist das Unterbleiben** der Beteiligung betroffener Dritter oder mitwirkungsberechtigter Behörden usw dann, wenn die Zusicherung ausdrücklich unter dem Vorbehalt der Rechte Dritter bzw der Zustimmung usw der insoweit zuständigen Behörden usw erfolgt (ebenso Knack 20; **aA** StBS 45: unzulässig). Da in diesem Fall Dritte, andere Behörden, Ausschüsse usw durch die Zusicherung nicht in ihren Rechten bzw Mitwirkungsbefugnissen betroffen bzw präjudiziert werden, ist ihre Anhörung usw vor der Entscheidung über die Zusicherung auch nicht geboten. Abs 1 S 2 schließt die Zulässigkeit von dergestalt durch einen entsprechenden Vorbehalt eingeschränkten Zusicherungen nicht aus, sondern gilt nur für den Normalfall abseits bindender Zusicherungen. Die Befugnis der Behörde zu Zusicherungen unter Vorbehalt ergibt sich insoweit aus ihrer Ermessensfreiheit (vgl § 10), vorausgesetzt, dass einer Einschränkung der Zusicherung im dargelegten Sinn nicht berechtigte Interessen dessen, dem die Zusicherung gegeben werden soll, entgegenstehen (vgl oben Rn 19 f), oder dieser zustimmt.

V. Entsprechende Anwendung sonstiger Vorschriften gem Abs 2

31 **1. Allgemeines.** Abs 2 erklärt die Vorschriften über die Unwirksamkeit eines VA, die Heilung von Mängeln, die Rücknahme und den Widerruf ausdrücklich für Zusicherungen nach § 38 für entspr anwendbar. Da § 38 die Frage offen lassen sollte, ob die Zusicherung einen VA darstellt, lässt sich aus Abs 2 nicht auf den fehlenden VA-Charakter schließen. Vielmehr war eine besondere Verweisung auf die für die Bindungswirkung einer Zusicherung besonders bedeutsamen Vorschriften über VAe notwendig, um deren Anwendbarkeit sicherzustellen. Sieht man in der Zusicherung einen VA, so dient die Regelung nur der Klarstellung.

32 **Über die Verweisungsnorm des Abs 2** hinaus **auf Zusicherungen anwendbar** sind nach allg Ansicht der erst im Gesetzgebungsverfahren eingefügte § 45 Abs 3 (Knack 28), § 46 (Obermayer 49 f; StBS 66; Knack 30; MB 23), §§ 47, 50 und 51, außerdem auch die §§ 48 und 49, soweit ihre Anwendbarkeit nicht durch § 38 Abs 3 modifiziert wird (StBS 61; Knack 29). Entsprechendes gilt für diesen Vorschriften entsprechende Vorschriften in anderen Gesetzen, die gem § 1 vorgehen. Es ist kein Grund ersichtlich, der auch eine sinngemäße Anwendung ausschließen könnte, soweit es sich auch bei diesen Regelungen um den **Ausdruck allgemeiner Rechtsgedanken** handelt (ebenso VGH Mannheim NVwZ 1991, 80; vgl auch Obermayer 52).

33 **2. Bindungswirkung.** Mit der Verweisung auf die §§ 44 und 48 wird zugleich klargestellt, dass auch eine rechtswidrige Zusicherung, sofern sie nicht nach dem

[26] VGH München UPR 1990, 68; StBS 51; Knack 17, 20; **aA** zum Recht vor dem VwVfG BVerwG ZBR 1967, 311; VGH München DÖV 1991, 34: Zusicherung einer Baugenehmigung, die ohne das erforderliche Einvernehmen mit der Gemeinde gegeben wurde, ist unwirksam; WBS II § 53 Rn 19: Zusicherung nicht bindend.

allgemeinen Recht (§ 44) oder nach Abs 1 S 1 (s oben Rn 28) nichtig ist, bis zur Aufhebung volle Bindungswirkung hat.[27] Die Möglichkeit einer Anfechtung wegen Irrtums besteht nicht (BVerwGE 97, 323 = NJW 1995, 1977). Der Bürger, der auf die Zusicherung vertraut hat und insoweit schutzwürdig ist, hat ggf einen Ausgleichsanspruch nach § 38 Abs 2 iV mit § 48 Abs 3 (VGH München BayVBl 1982, 567). Allerdings besteht gem Abs 2 die Möglichkeit eines Widerrufs bzw einer Rücknahme.

Die Regelung in § 38 nimmt in Kauf, dass durch rechtswidrige Zusicherungen subjektive öffentliche Rechte geschaffen werden, die das Gesetz nicht vorsieht. Kein Nichtigkeitsgrund ist bei einer Zusicherung, dass sie subjektive Rechte in Fällen begründet, in denen nach den sonst maßgeblichen Rechtsvorschriften an sich nur eine Verpflichtung der Behörde im öffentlichen Interesse gegeben ist, bzw irrtümlich vom Bestehen solcher Rechte ausgeht und deren Beachtung durch die Behörde zusichert (vgl BVerwGE 49, 244 = DVBl 1976, 221 zur Zusicherung der Einhaltung nicht nachbarschützender Vorschriften). 34

3. Rücknahme und Widerruf. Eine rechtswidrige Zusicherung kann unter den Voraussetzungen des § 48 zurückgenommen werden. Beim Widerruf der Zusicherung ist zu differenzieren: Der Vorbehalt zugunsten von Abs 3 („unbeschadet des Absatzes 3") schließt die Anwendung von § 49 Abs 2 Nr 3 und 4 aus; dies ist dadurch bedingt, dass **Abs 3 hins** einer späteren Änderung der Sach- oder Rechtslage eine abschließende Regelung enthält (Begr 102; BVerwGE 97, 323 = NJW 1995, 1977; StBS 72). Da die §§ 48f nur für entspr anwendbar erklärt werden, ist es bei Vorliegen von Rücknahme- bzw Widerrufsgründen nicht erforderlich, dass die Behörde die Zusicherung ausdrücklich zurücknimmt oder widerruft; vielmehr genügt es, wenn sie das Vorliegen von Rücknahme- bzw Widerrufsgründen erst im Rahmen des Verfahrens über den zugesicherten VA berücksichtigt. Eine alsbaldige ausdrückliche Rücknahme bzw ein ausdrücklicher Widerruf kann wegen der **Jahresfrist** des § 48 Abs 4 bzw des § 49 Abs 3 S 2 notwendig sein, um ein **schutzwürdiges Vertrauen** der Betroffenen auf den Bestand der Zusicherung auszuschließen und um ihnen die Möglichkeit zu geben, sich auf den Umstand einzustellen, dass sie mit dem zugesicherten VA nicht mehr rechnen können, außerdem auch im Hinblick auf einen evtl Ausgleichsanspruch gem Abs 3 iV mit § 48 Abs 3. 35

VI. Wegfall der Bindung gem Abs 3

1. Allgemeines. Abs 3 enthält eine spezielle Regelung für den Wegfall der Bindungswirkung einer Zusicherung bei späterer Änderung der Sach- und Rechtslage. Damit wird eine **Spezialregelung gegenüber § 49 Abs 2 Nr 3 u 4** getroffen, die die Anwendung der genannten Widerrufstatbestände ausschließt (vgl Rn 35). Die Regelung trägt dem Umstand Rechnung, dass Zusicherungen grundsätzlich in Anbetracht einer bestimmten Sach- und Rechtslage gegeben werden. Die entsprechende Beschränkung der Bindungswirkung ist eine Folge der **Rechtsgrundsätze über die Geschäftsgrundlage,** wie sie vor allem im Vertragsrecht des BGB entwickelt wurden, heute aber allgemein auch im öffentlichen Recht anerkannt werden und auch schon nach dem bish Recht auch für Zusicherungen galten.[28] Vgl auch BVerwGE 63, 165 zur Beendigung einer Verwen- 36

---

[27] Ebenso zum bish Recht BFH BStBl III 1963, 271 und 574; NJW 1966, 2036; Schollen DVBl 1968, 415f; Redeker DVBl 1973, 745; **differenzierend** BVerwG DVBl 1966, 859; WBS II § 53 Rn 19; Kellner 44. DJT 60ff: Anspruch auf Erfüllung, wenn der auf die Zusage vertrauende Bürger sonst unerträglich benachteiligt würde.

[28] Vgl BVerwGE 97, 323 = NJW 1995, 1977; BSG 19, 251; 23, 252; VGH München BayVBl 1974, 15; VGH Mannheim DVBl 1975, 871; OVG Münster DVBl 1974, 477; OVG Lüneburg NJW 1977, 73; FG Düsseldorf EFG 1981, 298 mwN; FG Köln EFG 1989, 428.

dungszusage für einen Beamten im Hinblick darauf, dass dieser aus in seiner Person liegenden und von ihm zu vertretenden Gründen die für die vorgesehene Verwendung erforderliche Eignung verloren hat.

37 **2. Begriff der Änderung der Sach- oder Rechtslage.** In Betracht kommt eine nachträgliche Änderung von Tatsachen (Sachlage) sowie eine nachträgliche Änderung der für den Erlass des zugesicherten VA relevanten Rechtsnormen (Rechtslage). Die nachträgliche Änderung der Rechtsprechung zählt grundsätzlich nicht dazu (vgl § 49 Rn 50). Maßgebend sind nur Änderungen solcher Tatsachen bzw Rechtsnormen, die dem zugesicherten VA bei seinem Erlass zugrunde gelegt wurden bzw werden mussten. Dazu gehören auch Tatsachen, die für die Ermessensausübung von Bedeutung sind. Die **Änderung der Subventionspolitik** und der politischen Präferenzen oder der Umstand, dass die Aufsichtsbehörde die Sache überprüft hat können danach den Wegfall der Bindungswirkung nach Abs 3 nicht rechtfertigen (StBS 73; **aA** OVG Lüneburg NJW 1977, 774; NVwZ-RR 1994, 12). Die **nachträgliche Erkenntnis** der Behörde, dass sie die Zusicherung aufgrund falscher tatsächlicher oder rechtlicher Voraussetzungen gegeben hat, steht einer Änderung der Sach- oder Rechtslage nicht gleich (VGH Mannheim NVwZ 1991, 79; StBS 72), kann aber ggf die Rücknahme oder den Widerruf gem §§ 48 f rechtfertigen (Knack 34).

38 **Erheblich** ist nur eine Änderung der Sach- oder Rechtslage, die „Geschäftsgrundlage“ für die Zusicherung war; insoweit hat die Rspr der Zivilgerichte zu Änderungen der Geschäftsgrundlage, die nunmehr in § 313 BGB nF ihren Niederschlag gefunden hat, Bedeutung auch für die Auslegung und Anwendung des Abs 3.[29] Wurde eine **Zusicherung** ausdrücklich oder doch sinngemäß gerade **auch für den Fall einer evtl Änderung der Sach- oder Rechtslage** gegeben, so ist Abs 3 nicht anwendbar.[30] **Unabhängig** von den Voraussetzungen des Abs 3 gilt eine Zusicherung, die sich auf einen **befristeten VA** bezieht, auch selbst grundsätzlich nur befristet (VGH München BayVBl 1978, 735). Betrifft die Änderung der Sach- und Rechtslage nur Teile der Zusicherung, so bleibt die Behörde im übrigen gebunden, soweit den restlichen Teilen selbständige Bedeutung zukommt, ohne dass dadurch ihr Sinn und Zweck verändert würde (vgl auch OVG Lüneburg NJW 1977, 773; ferner hins. der Zusage eines Realaktes Krebs VerwArch 1978, 85). Die Grundsätze über die **Teilnichtigkeit von VAen** (vgl § 44 Abs 4) sind insoweit entsprechend anwendbar (s dazu § 44 Rn 60).

39 **3. Relevanz der Änderung. a) Zusicherung wäre nicht gegeben worden.** Bei der Frage, ob die Behörde auch bei Kenntnis der nachträglichen Änderung die Zusicherung gegeben hätte, ist nicht auf den hypothetischen subjektiven Willen bzw die Meinung der für die Behörde handelnden Amtsträger abzustellen, sondern darauf, ob bei **objektiver Betrachtungsweise,** die sich am Sinn und Zweck der Rechtssätze, deren Vollzug oder Wahrung der zugesicherte VA (bzw die Unterlassung eines VA) dient, orientiert, zu erwarten wäre, dass die Zusicherung nicht gegeben worden wäre (BVerwGE 97, 323, 330; krit StBS 75 a). Anhaltspunkte dafür können die gegenwärtige Praxis der Behörde in ähnlichen Fällen, bei Gesetzesänderungen auch die dafür maßgeblichen Gründe sein (Knack 33).

40 **b) Zusicherung dürfte nicht mehr gegeben werden.** Nach Abs 3, 2. Altern entfällt die Bindungswirkung einer Zusicherung, ohne dass es insoweit noch wie bei der 1. Alternative auf das hypothetische Vorhaben der Behörde an-

---

[29] Vgl auch BVerwG NVwZ 1982, 316; Redeker DVBl 1973, 745; Pieper VerwArch 1968, 241: die Änderung muß jedenfalls wesentlich sein und in die Substanz der bisherigen Regelung eingreifen; s auch § 60 Rn 1 ff.

[30] Ebenso Knack 32; StBS 74; vgl auch BVerwGE 64, 24 = NVwZ 1982, 315 zur beamtenrechtlichen Umzugskostenzusage.

käme, jedenfalls dann, wenn die Zusicherung infolge einer inzwischen eingetretenen **Änderung der Sach- oder Rechtslage** nunmehr rechtlich nicht mehr zulässig wäre, insb auch, weil der zugesicherte VA nach dem nunmehr geltenden Recht bzw wegen der veränderten Umstände nicht mehr rechtmäßig ergehen könnte. Maßgeblich für die Beurteilung ist das gegenwärtige Recht, nicht das Recht im Zeitpunkt der Abgabe der Zusicherung. Auf Fälle, in denen die Zusicherung schon im Zeitpunkt ihrer Abgabe unzulässig war, ist Abs 3 nicht, auch nicht analog, anwendbar; die Behörde hat in diesen Fällen nur die Möglichkeit einer Rücknahme oder eines Widerrufs gem §§ 48f, soweit die Voraussetzungen dafür gegeben sind (Knack 33).

c) Einzelfälle. Nach BVerwG DÖV 2002, 82 entfällt die Bindungswirkung einer Kommandierungszusage gegenüber einem Soldaten im Hinblick auf die spätere Notwendigkeit von Auslandseinsätzen. Nicht ausreichend ist dagegen die spätere Änderung der Rspr (Obermayer 59). S auch BVerwGE 93, 320, 322. **41**

4. Rechtsfolgen. a) Grundsatz: Wegfall der Bindungswirkung. Eine Änderung der Sach- oder Rechtslage gem Abs 3 führt kraft Gesetzes zum Entfallen der Bindungswirkung, ohne dass es dazu noch weiterer Akte oder Erklärungen der Behörde bedürfte (StBS 77). Eine entsprechende Mitteilung an die Betroffenen ist jedoch nobile officium der Behörde, insb, wenn nicht auszuschließen ist, dass diese weiterhin auf die Zusicherung vertrauen. Das Unterlassen der Mitteilung kann auch Ansprüche aus Amtshaftung zur Folge haben. In der Berufung der Behörde auf den Wegfall der Bindung liegt idR auch **kein Verstoß gegen Treu und Glauben** (VGH München BayVBl 1974, 15; StBS 77); Ausnahmen in besonders gelagerten Fällen sind jedoch denkbar, so insb zB, wenn die Zusicherung Teil einer gegenseitigen Verpflichtung war, die der Bürger seinerseits bereits erfüllt hat und wenn seine Leistung nicht mehr ohne weiteres rückgängig gemacht werden kann (BVerwG NVwZ-RR 1993, 643). **42**

b) Ausnahme: Anpassung der Zusicherung. Trotz der allgemeinen Fassung der Vorschrift hat eine iS des Abs 3 rechtserhebliche Änderung der Sach- oder Rechtslage nicht in allen Fällen zur Folge, dass eine früher gegebene Zusicherung schlechthin unbeachtlich wird. Vielmehr wird die Behörde dadurch entspr den für eine Änderung der Geschäftsgrundlage geltenden Grundsätzen sowie nach dem Grundsatz der Verhältnismäßigkeit nur insoweit von ihrer Verpflichtung aus der Zusicherung frei, als die Zusicherung unter den neuen Verhältnissen nicht mehr gegeben würde oder gegeben werden könnte. Kann der eingetretenen Änderung auch mit einer bloßen **Anpassung der Zusicherung** in ausreichendem Maße Rechnung getragen werden, so bleibt die Zusicherung mit den sich insoweit ergebenden Änderungen wirksam (OVG Lüneburg NJW 1977, 773). Vgl insoweit auch § 60 Abs 1 S 1, dessen Grundgedanken auch hier gelten. Wenn der betroffene Bürger an Rechtsklarheit hins. der Fortgeltung der Zusicherung in nunmehr angepaßter Form ein berechtigtes Interesse hat, hat er analog § 44 Abs 5 Anspruch auf eine entsprechende Regelung bzw Feststellung durch VA. **43**

Wenn die nunmehr bestehende geänderte Sach- oder Rechtslage den Erlass eines VA entsprechend der ursprünglichen Zusicherung nicht gänzlich ausschließt, sondern der Behörde insoweit **Ermessen** einräumt, muss die Behörde grundsätzlich, soweit dies nach § 40 möglich ist, bei ihrer Entscheidung das durch die unwirksam gewordene Zusicherung evtl begründete Vertrauensinteresse des Betroffenen berücksichtigen.[31] **44**

---

[31] Vgl StBS 77; zu weitgehend Redeker DVBl 1973, 745: Anspruch auf Erfüllung der Zusicherung, wenn der zugesicherte VA jedenfalls rechtlich zulässig, wenn auch nunmehr unzweckmäßig ist.

45 **c) Anspruch auf Schadensausgleich.** Ist eine Entscheidung iS der früheren Zusicherung nicht mehr möglich, so hat der Betroffene, **soweit sein Vertrauen** auf den Bestand der Zusicherung **schutzwürdig** war, wegen der vergleichbaren Interessenlage und der verfassungsrechtlichen Qualität des Schutzes des Vertrauens des Bürgen auf den Bestand von Hoheitsakten in entspr Anwendung von § 48 Abs 3 bzw § 49 Abs 5 Anspruch auf Ausgleich des ihm dadurch entstandenen Schadens.[32]

§ 39 Begründung des Verwaltungsaktes

(1) **Ein schriftlicher oder elektronischer sowie ein schriftlich oder elektronisch bestätigter Verwaltungsakt ist mit einer Begründung zu versehen[17]. In der Begründung sind die wesentlichen tatsächlichen und rechtlichen Gründe mitzuteilen, die die Behörde zu ihrer Entscheidung bewogen haben[18]. Die Begründung von Ermessensentscheidungen soll auch die Gesichtspunkte erkennen lassen, von denen die Behörde bei der Ausübung ihres Ermessens ausgegangen ist[25].**

(2) **Einer Begründung bedarf es nicht[31],**

1. **soweit die Behörde einem Antrag entspricht oder einer Erklärung folgt[37] und der Verwaltungsakt nicht in Rechte eines anderen eingreift[38];**
2. **soweit demjenigen, für den der Verwaltungsakt bestimmt ist oder der von ihm betroffen wird, die Auffassung der Behörde über die Sach- und Rechtslage bereits bekannt oder auch ohne Begründung für ihn ohne weiteres erkennbar ist;**
3. **wenn die Behörde gleichartige Verwaltungsakte in größerer Zahl[46] oder Verwaltungsakte mit Hilfe automatischer Einrichtungen[47] erlässt und die Begründung nach den Umständen des Einzelfalls[48] nicht geboten ist;**
4. **wenn sich dies aus einer Rechtsvorschrift ergibt[49];**
5. **wenn eine Allgemeinverfügung öffentlich bekannt gegeben wird[54].**

Parallelvorschriften: § 121 AO; § 35 SGB X

Schrifttum: *Dechsling,* Rechtsschutz und Begründungspflicht, DÖV 1985, 714; *Demeter,* Die Begründungspflicht für Verwaltungsentscheidungen im deutschen, französischen und europäischen Recht, München 1974; *Dolzer,* Zum Begründungsgebot im geltenden Verwaltungsrecht, DÖV 1985, 9; *Eisenberg,* Die Anhörung des Bürgers im Verwaltungsverfahren und die Begründungspflicht Jur VAe, 1997; *Gern/Schönhoff,* Begründungspflicht kommunaler Kollegialentscheidungen, VBlBW 1985, 43; *Groß,* Das Kollegialprinzip in der Verwaltungsorganisation, 1999; *Günther,* § 39 Absatz 1 Satz 1 VwVfG und die Begründung von Entscheidungen mit Beurteilungsspielraum, NWVBl 1991, 181; *Hufen,* Fehler im Verwaltungsverfahren, 4. Aufl 2002, Rn 294 ff; *Kischel,* Die Begründung, 2003; *Koenig,* Der Begründungszwang in mehrpoligen Verwaltungsrechtsverhältnissen am Beispiel umweltrelevanter Entscheidungen, AÖR 1992, 514; *Lücke,* Begründungszwang und Verfassung – Zur Begründungspflicht der Gerichte, Behörden und Parlamente, 1987; *Malorny,* Die Pflicht zur Begründung von Verwaltungsakten, Diss Speyer 1981; *Müller-Franken,* Die Begründung von Prüfungsentscheidungen bei Berufszugangsprüfungen, VerwArch 2001, 507; *Müller-Ibold,* Die Begründungspflicht im europäischen und im deutschen Recht, 1990; *Rühl,* Der Umfang der Begründungspflicht von Petitionsbescheiden, DVBl 1993, 14; *Scheffler,* Die allgemeine Pflicht zur Begründung von Verwaltungsakten, DÖV 1977, 767; *Schenke,* Nachschieben von Gründen im Rahmen der Anfechtungsklage, NVwZ 1988, 1; *Schick,* Notwendigkeit und Funktion der Begründung

[32] Vgl Redeker DVBl 1973, 745; str; s auch VGH München BayVBl 1982, 567; **aA** Obermayer 85; UL 49 IV; Lange WuV 1979, 30; StBS 72 – unter Hinweis auf den entsprechenden Vorbehalt zu § 49 in Abs 2 „unbeschadet des Abs 3" und den Umstand, daß der Gesetzgeber dem Vorschlag des DAV, § 49 Abs 5 für entsprechend anwendbar zu erklären, nicht gefolgt ist –.

von VAen, JuS 1971, 1; *Schmidt,* Rechtsschutz gegen ein Begründungsdefizit bei Verwaltungsentscheidungen über öffentliche Interessen, DÖV 1976, 577; *Schwab,* Folgen einer Verletzung der Begründungspflicht nach § 39 VwVfG, DÖV 1993, 249; *ders,* Die Begründung bei Ermessens- und Beurteilungsentscheidungen, DöD 1994, 80; *Ule,* Zur Bedeutung des Rechtsstaatsbegriffs in der Rechtsprechung des Bundesverwaltungsgerichts, DVBl 1963, 477; *Voth,* Zu den Anforderungen an Begründung und Gestaltung des Steuerbescheids, DStR 1981, 291; *Zschacke,* Die Begründung des Verwaltungsakts und ihre Bedeutung im Verwaltungsstreitverfahren, NJW 1954, 413.

Übersicht

I. Allgemeines

1 **1. Inhalt.** Die Vorschrift schreibt in Abs 1 allgemein die **Begründung** schriftlicher, elektronischer bzw schriftlich oder elektronisch bestätigter (§ 37 Abs 2, 3) VAe vor und stellt Anforderungen an den formellen – von der inhaltlich-materiellen Richtigkeit zu unterscheidenden (s unten Rn 2) – **Inhalt der Begründung.** Sie wurde durch das 3. VwVfG-ÄndG auf elektronische bzw elektronisch bestätigte VAe ausgedehnt (s zum Begriff des elekronischen VA näher § 3a). Die Regelungen in Abs 1 entsprechen weitgehend dem schon vor Inkrafttreten des VwVfG geltenden Recht.[1] Abs 2 lässt jedoch **Ausnahmen von der Begründungspflicht** zu, die zT über die Folgerungen, die Rspr und Rechtslehre bisher aus dem Rechtsstaatsprinzip und den Erfordernissen einer wirksamen und leistungsfähigen Verwaltung hins. der Begründungspflicht bei VAen gezogen haben, hinausgehen. Darüber hinaus sieht § 45 eine nunmehr zeitlich nicht mehr durch den Abschluss des Verwaltungsverfahrens begrenzte Möglichkeit vor, die Begründung nachzuholen und den VA dadurch zu heilen. Schließlich ist ein Begründungsmangel nach § 46 unbeachtlich, wenn offensichtlich ist, dass er sich auf das Ergebnis nicht ausgewirkt hat. Diese Regelungen haben zusammengenommen die Bedeutung des Begründungserfordernisses in Abs 1 wesentlich geschmälert (s insoweit § 46 Rn 2). Sie werden deshalb teilweise als verfassungsrechtlich bedenklich angesehen (s § 45 Rn 5; § 46 Rn 4f). Unabhängig davon sind sie jedenfalls rechtspolitisch verfehlt (s § 45 Rn 5; auch StBS § 45 Rn 113ff).

2 **§ 39 regelt nur die formelle Begründungspflicht,** dh die an die verfahrensrechtlich korrekte Begründung eines VA zu stellenden Anforderungen. Diesen ist bereits genügt, wenn die Begründung die wesentlichen tatsächlichen und rechtlichen Gründe enthält, die die Behörde tatsächlich zu ihrer Entscheidung bewogen haben Abs 1 S 2). Maßgeblich ist hierfür die **Übereinstimmung der Begründung mit den tatsächlichen Gründen,** die der Entscheidung zugrunde liegen. Davon zu unterscheiden ist die Frage, ob diese Gesichtspunkte auch in der Sache zutreffend sind, dh, ob der der Entscheidung der Behörde zugrundeliegende Sachverhalt zutrifft und das Recht darauf richtig angewandt wurde (ebenso Schoch DÖV 1989, 403; Knack 4), bei Ermessens- und Beurteilungsentscheidungen auch, ob die Behörde von ihrem Ermessen bzw dem ihr vom Gesetz eingeräumten Beurteilungsspielraum den sachlich gebotenen Gebrauch gemacht und zweckmäßig (vgl auch § 40) gehandelt hat.[2] Fehlt die nach Abs 1 erforderliche Begründung gänzlich, so bedeutet dies noch nicht zwingend, dass die Behörde bei ihrer Entscheidung zB ihr Ermessen nicht oder nicht richtig gebraucht hat. Das Fehlen einer den Erfordernissen des § 39 genügenden Begründung ist idR jedoch Indiz dafür, dass der VA erlassen wurde, ohne dass die Behörde die gebotenen Feststellungen getroffen und eine sachgerechte Abwägung aller einschlägigen Ge-

---

[1] Vgl Begr 60; BVerfG 6, 44 (Elfes); 30, 21; 40, 276, 286; 49, 66; BVerwGE 5, 98; 8, 236; 10, 43; 19, 252; 22, 217; 38, 194; 57, 6; 75, 239; BVerwG DÖV 1981, 77; BSG 11, 116; 17, 83; 27, 38; VGH Kassel NVwZ 1985, 675; F 238; Erichsen/Ehlers § 38 Rn 9; WBS II § 48 Rn 35; Ule/Becker 44ff; Schick JuS 1971, 1ff; Rupp ZRP 1971, 233; Lorenz 275; Kopp 47ff, 90ff, 122, 160; Müller-Ibold 133.

[2] Weyreuther DÖV 1985, 128; Müller-Ibold 231; vgl auch BVerwG Buchh 418.02 § 39 VwVfG Nr 2: eine sachlich unzureichende, nicht überzeugende Begründung verletzt § 39 Abs 1 nicht.

sichtspunkte vorgenommen hat, und deshalb rechtswidrig gehandelt hat (vgl BVerwG DVBl 1992, 1430).

2. Funktionen der Begründung von VAen. Die Begründungspflicht hat in erster Linie **Rechtsschutz- und Akzeptanzfunktion:** Sie soll insb die Beteiligten (§ 13) über die Gründe, die für die Entscheidung der Behörde maßgeblich waren, informieren, um sie zu überzeugen[3] oder aber ihnen die Möglichkeit zu geben, sich über evtl Rechtsbehelfe gegen die Entscheidung schlüssig zu werden und ihre Rechte damit wirksam zu wahren.[4] Die Begründungspflicht ist außerdem „Antwort" auf das Vorbringen der Beteiligten (§ 13) und ist deshalb Ausdruck des modernen diskursiven Verständnisses einer Verwaltung, die den Bürger als Partner und nicht als Untertanen begreift. Sie hat deshalb auch die Funktion, dieses partnerschaftliche Verständnis zum Ausdruck zu bringen (StBS 6) und ist damit zugleich eine Ausprägung auch des **Grundsatzes der Verfahrensfairneß** (Müller-Ibold 138). Darüber hinaus dient die Begründungspflicht auch der **Selbstkontrolle der Behörden** bzw der für sie handelnden Amtsträger (Garantie- und Klarstellungsfunktion, vgl BVerwGE 91, 267; Kopp 225) sowie der Kontrolle der Verwaltung durch Aufsichtsbehörden, Rechtsbehelfsinstanzen und Gerichte (Dokumentations- und Kontrollfunktion)[5] und auch durch die Öffentlichkeit, der gegenüber die Verwaltung sich im demokratischen Staat durch die Rechtmäßigkeit, Sachlichkeit und Zweckmäßigkeit ihres Handelns legitimieren muss (Kopp 183 mwN). Nicht zuletzt soll die Begründungspflicht die Behörden auch zu sorgfältigen Ermittlungen und zur Auseinandersetzung mit dem Vorbringen der Beteiligten zwingen[6] und der Rechtssicherheit und Rechtsgewissheit durch die Abgrenzung und nähere Bestimmung des Inhalts des VA dienen (Müller-Ibold 141; Kopp DVBl 1983, 399). 2a

3. Verfassungsrechtliche und europarechtliche Bedeutung. Die Bedeutung der Begründungspflicht wird in der rechtspolitischen Diskussion, aber auch in der Praxis der Verwaltungsgerichte unterschätzt. Das gilt sowohl für die verfassungsrechtliche als auch für die verwaltungsrechtliche und die rechtspolitische Bedeutung. Vor allem die aktuelle Beschleunigungsgesetzgebung hat zu einer vorschnellen Preisgabe von wichtigen Elementen der Begründungspflicht geführt. Es erscheint deshalb notwendig, die verfassungsrechtlichen Grundlagen und die verwaltungsrechtlichen Funktionen klar herauszustellen. 3

a) Verfassungsrecht. Die Begründungspflicht stellt ein wesentliches Erfordernis jedes rechtsstaatlichen Verfahrens dar[7] und ist deshalb **Ausfluß des Rechtsstaatsprinzips.** Sie ist zugleich unverzichtbarer Teil des **Grundrechtsschutzes** durch Verfahren und deshalb, wenn in der Sache Grundrechte betroffen sind, eine 4

---

[3] Kischel 52; zur Legitimation des Verwaltungshandelns durch Akzeptanz und die Bedeutung der Begründungspflicht dafür auch Präve DÖV 1990, 18; zur Akzeptanz auch Becker NVwZ 1993, 1130.

[4] Vgl BVerwGE 6, 44; 61, 200; 75, 239: erst eine nähere Begründung eröffnet dem Betroffenen die ihm in Art 19 Abs 4 S 1 GG gewährleistete Möglichkeit, wirksamen Rechtsschutz zu erlangen; BVerwGE 83, 356; 91, 262 = NVwZ 1993, 677: Folgerung aus Art 19 Abs 4 GG; München DVBl 1992, 1046; UL § 1 Rn 10; Dolzer DÖV 1985, 9; Kopp 122; Siegfried DÖV 1990, 282; AK-GG-Ramsauer Art 19 Abs 4 Rn 135; Dolzer DÖV 1985, 9.

[5] BVerwGE 38, 194; 62, 340; 91, 268 = NVwZ 1993, 677; BVerwG DÖV 1981, 72; BVerfG 39, 354; VRspr 11, 879; BSG 27, 38; Kassel NVwZ 1985, 675; NVwZ-RR 1993, 361; KG NJW 1979, 2575; Lorenz 275; Kopp 91, 160; Kontrollfunktion der Begründung, vgl Schick JuS 1971, 3; Dolzer DÖV 1985, 9.

[6] BSG 17, 83; BayVBl 1993, 441; Becker 55 ff; ME 41 II 3; Kischel 40; Lorenz 275; Kopp 90 mwN; vgl auch § 28 Rn 2.

[7] Begr 60 mwN; BVerfG 6, 44 (Elfes); 40, 276, 286; 49, 66; BVerwGE 22, 217; 87, 150 = NVwZ 1991, 384; BVerwG NVwZ 1986, 375; BFH 147, 298; VGH München BayVBl 1990, 181; DVBl 1992, 1047; Kischel 64 ff; Rothkegel NVwZ 1992, 313; Müller-Ibold 136 mwN.

notwendige Folge aus diesen,[8] insb aus Art 1 Abs 1 GG, wonach der Einzelne nicht zum Objekt staatlichen Handelns gemacht werden darf,[9] sowie us den jeweils betroffenen einzelnen Grundrechten (vgl BVerfG 84, 34, 46 = NVwZ 1999, 2005), außerdem, weil die Begründung des VA eine unverzichtbare Voraussetzung für **effektiven Rechtsschutz** ist, auch aus Art 19 Abs 4 GG.[10] Das gilt insbes dann, wenn man davon ausgeht, dass das materielle Recht Verwaltungsentscheidungen nicht abschließend determinieren kann (vgl hierzu § 40 Rn 11). Ausnahmen von der Begründungspflicht darf der Gesetzgeber deshalb nur für solche Fälle vorsehen, in denen entweder diese grundrechtlichen Positionen des Bürgers auf andere Weise bereits hinreichend gesichert sind oder in denen öffentliche Interessen ein solches Gewicht haben, dass sie die Einschränkung zu rechtfertigen vermögen.

5 **b) Europarecht.** Der Begründungszwang für VAe entspricht einem allgemeinen Rechtsgrundsatz des Gemeinschaftsrechts,[11] der beim indirekten Vollzug des Gemeinschaftsrechts (s hierzu Einf Rn 64 ff) eine wesentliche Rolle spielt. Die Regelungen des Abs 1 stellen eine Ausprägung dieses Rechtsgrundsatzes dar. Das Gemeinschaftsrecht stellt grundsätzlich keine weitergehenden Anforderungen an die Begründungspflicht, als sie in § 37 vorgesehen sind (BVerwG NVwZ 1999, 303, 305; StBS 74 a). Fraglich könnte insoweit nur sein, ob der Katalog der Ausnahmen von der Begründungspflicht in Abs 2 dem Gemeinschaftsrecht vollen Umfangs entspricht. Dem muss ggfs im Einzelfall im Rahmen des Ermessens Rechnung getragen werden, indem eine etwa gemeinschaftsrechtlich gebotene Begründung trotz Vorliegens der Ausnahmevoraussetzungen des Abs 2 gegeben wird.

6 **3. Anwendungsbereich. a) Unmittelbare Anwendbarkeit.** § 39 gilt unmittelbar nur für schriftliche VAe oder gem § 37 Abs 2 S 2 schriftlich bestätigte VAe im Anwendungsbereich des VwVfG gem §§ 1 f. Die Bestimmungen der Verwaltungsverfahrensgesetze der Länder sind insoweit wortgleich. Durch das 3. VwVfG-ÄndG wurde klargestellt, dass die Regelung auch auf elektronische VAe (zum Begriff s § 37 a) anwendbar ist. Insoweit steht die Anpassung in den Verwaltungsverfahrensgesetzen der Länder derzeit (2002) noch aus. **Mündliche VAe** bedürfen dagegen grundsätzlich keiner Begründung (VGH Mannheim NVwZ 1989, 163). Gleiches gilt für in anderer Weise, zB durch Handzeichen erlassene VAe. Für sie entsteht die Begründungspflicht erst mit der schriftlichen Bestätigung. Entgegen dem insoweit zu engen Wortlaut gilt Abs 1 S 2 **nicht nur für die Begründung von Ermessens-VAen, sondern auch für VAe, die** Beurteilungs- und Planungsentscheidungen enthalten (hM, vgl VGH München BayVBl 1990, 181). Die Begründungspflicht bezieht sich nicht nur auf Sachentscheidungen in der Form eines VA, sondern auch auf Verfahrens-VAe,[12] auch zB auf die Entscheidung gem § 28 Abs 2, 3 und 39 Abs 2, dass von einer Anhörung oder Be-

---

[8] BVerwGE 91, 262 = NVwZ 1993, 677; 87, 150 = NVwZ 1991, 384; Laubinger VerwArch 1982, 75; Müller-Ibold 151 mwN; Kischel 64 ff; Rothkegel NVwZ 1992, 313; ferner Hufen NJW 1982, 2163: Freiheit von „unbegründetem" Zwang.

[9] BVerfG 6, 44 (Elfes); MDH 66 ff zu Art 103 GG; Kopp 47 f mwN, insb auch unter Hinweis auf das Verbot, Menschen zu einem Objekt des Verfahrens zu machen; vgl auch Kassel NVwZ 1985, 675; DÖV 1993, 480; kritisch Dolzer DÖV 1985, 12; Müller-Ibold 148.

[10] BVerfGE 84, 34, 49; BVerwGE 75, 239; 84, 388; BVerwG DVBl 1990, 710; DÖV 1993, 482: dient auch der Selbstkontrolle der Verwaltung; VGH Mannheim VBlBW 1989, 337; DÖV 1993, 780; Knack 5; v Danwitz Jura 1994, 285; Dolzer DÖV 1985, 97 – Begründungspflicht als Annexgarantie aus Art 19 Abs 4 GG –; Kischel 87; Müller-Ibold 139, 143.

[11] S Schwarze, Europäisches Verwaltungsrecht II, 1333; Gornig/Trüe JZ 1993, 884, 934; JZ 2000, 501 ff; Haibach NVwZ 1998, 456; s auch StBS 74 b.

[12] OVG Münster NJW 1978, 1765; NVwZ 1982, 326; VGH Kassel NVwZ-RR 1989, 113; Knack 7; str; **aA** VGH Mannheim DÖV 1981, 973 mit dem nicht überzeugenden Hinweis darauf, daß § 39 im III. Teil 1. Abschnitt des VwVfG steht, der sich nur auf VAe beziehe, die materiellrechtliche Regelungen treffen; ebenso Müller-Ibold 190.

gründung abgesehen wird,[13] unabhängig davon, ob sie nach § 44a VwGO selbständig anfechtbar sind oder nicht.

7 **Kollegialentscheidungen,** dh die Entscheidungen von Ausschüssen uä, sind, soweit durch Gesetz oder sonstige Rechtsnormen, insb auch durch die Geschäftsordnung nichts anderes bestimmt ist, im Zweifel **vom Vorsitzenden zu begründen** (Dolzer DÖV 1985, 17; StBS 18; Knack 8; Groß 294). Dieser ist dabei jedoch an das Ergebnis der Erörterungen und der Meinungsbildung im Kollegium gebunden (Knack 8), insb, soweit darin eine Mehrheitsauffassung zum Ausdruck gekommen ist. Erforderlichenfalls muss im Gremium über die Begründung abgestimmt werden.[14]

8 **b) Analoge Anwendbarkeit.** Umstritten ist, ob die Begründungspflicht aus § 38 sowie der entsprechenden Vorschriften des Landesrechts als Ausdruck **allgemeiner Rechtsgrundsätze** eines rechtsstaatlich geordneten Verfahrens sinngemäß auch in Verfahren anwendbar sind, die nicht unter die allgemeinen Verfahrensgesetze fallen und für die auch keine sonstigen Regelungen bestehen. In der Literatur wird dies inzwischen ganz überwiegend angenommen.[15] Die Rspr ist demgegenüber zurückhaltender.[16] Für mündliche VAe, denen insoweit auch in anderer Weise ergehende VAe gleichgestellt werden müssen, wird dem Zweck der Begründungspflicht dadurch genügt, dass die Betroffenen nach § 37 Abs 2 S 2 eine schriftliche Bestätigung verlangen können, die der Begründungspflicht unterliegt (weitergehend Hufen Rn 298). Auf in anderer Form, zB durch Zeichen, ergehende VAe ist grundsätzlich § 37 Abs 2 S 2 analog anwendbar (s § 37 Rn 22) mit der Folge, dass die schriftliche Bestätigung nach § 39 Abs 1 zu begründen ist (Knack 7).

9 **Auf Zusicherungen** nach § 38 ist die Vorschrift, wenn man Zusicherungen nicht ohnehin als VAe ansieht (s § 38 Rn 2), zumindest sinngemäß (Maiwald BayVBl 1977, 452; Müller-Ibold 165), außerdem auch auf **Nebenbestimmungen** (§ 36) zu VAen (OVG Lüneburg NVwZ 1990, 1181) anwendbar. S zur spezialgesetzlichen Regelung für **Widerspruchsbescheide** unten Rn 11.

10 **Entsprechend anwendbar** ist § 39 auch auf **Gnadenentscheidungen** (Gnadenakte) von Behörden,[17] ferner – soweit man darin bzw „vorgeschaltet" (vgl § 35 Rn 24), nicht ohnehin VAe sieht – auch auf einseitige öffentlich-rechtliche oder uU auch privatrechtliche **Maßnahmen, die ähnlich wie VAe wirken** und insb auch in ähnlicher Weise unmittelbare, einseitige Auswirkungen auf geschützte Rechtspositionen Dritter haben, wie zB die **Umsetzung eines Beamten;** die **Vergabe öffentlicher Aufträge;**[18] die im Verfahren zur Entziehung der Fahrerlaubnis an den Fahrerlaubnisinhaber gerichtete **Aufforderung zur Beibringung**

---

[13] VGH Kassel NVwZ-RR 1989, 113; Rothkegel DÖV 1982, 813; Mandelartz DVBl 1983, 114 mwN; allg auch BVerwGE 81, 95 = NJW 1989, 2074: die Entscheidung nach § 30 LuftVG, daß kein förmliches Genehmigungsverfahren durchgeführt werden soll, bedarf der Begründung; **aA** VGH Mannheim DÖV 1981, 971: nur für materiellrechtliche Entscheidungen.

[14] Müller-Ibold 223; Dolzer DÖV 1985, 17; Groß, 294; Gern/Schönhoff VBlBW 1985, 43; StBS 18; Knack 8. Vgl allg zur Begründungspflicht bei Kollegialentscheidungen Dolzer DÖV 1985, 16; Gern/Schönhoff VBlBW 1985, 44; Müller-Ibold 222.

[15] Schmidt-Aßmann in Schoch, Einl Rn 206; Koenig AöR 1992, 514, 524; Widmann, Abgrenzung zwischen VA und eingreifendem Realakt, 1996, 59; **aA** StBS 7 ff.; Obermayer 12.

[16] BVerwGE 105; 89, 92; 192, 174, 177; 70, 270, 275 für vorgeschaltete Entscheidungen.

[17] Str, wie hier StBS § 1 Rn 178; **aA** OVG Berlin NVwZ 1983, 681 unter Hinweis auf die Rspr zur Nicht-Justitiabilität von Gnadenentscheidungen.

[18] Vgl EuGH Slg I 1999, 7671 = NJW 2000, 569; Vergabekammer Bund NJW 2000, 151; Höfler/Bert NJW 2000, 3310; Rengeling, in: Lukes-FS 1989, 181 mwN; Pietzcker, Der Staatsauftrag als Instrument des Wirtschaftshandelns, 1978, 390.

eines med-psych Gutachtens.[19] Grundsätzlich analog anwendbar – jedoch mit der sich von der Sache her ergebenden Beschränkung von Petitionsbescheiden auf eine Information hins. der Art der Erledigung – ist die Begründungspflicht auch auf **Petitionsbescheide,**[20] nicht dagegen die Kündigung eines verwaltungsrechtlichen Vertrages (s § 60 Rn 15 mwN).

11 **c) Speziellere Regelungen.** § 39 gilt gem § 1 nur vorbehaltlich besonderer inhaltsgleicher oder abweichender Bestimmungen in anderen Rechtsvorschriften. Derartige Bestimmungen gibt es in sehr vielen Bereichen. So ist zB die Begründungspflicht **in förmlichen Verwaltungsverfahren in** § 69 Abs 2 S 1 geregelt, für Planfeststellungsverfahren in § 74 Abs 1 S 2 iVm § 69 Abs 2 S 1. Für **Widerspruchsbescheide** enthält § 73 Abs 3 VwGO eine besondere Regelung, die zwar von denselben Grundgedanken ausgeht und gem § 79 im einzelnen durch § 39 Abs 1 ausgefüllt wird, für die aber zB die Ausnahmen nach Abs 2 nicht gelten.

11 a Wird in speziellen Regelungen lediglich allgemein eine Begründungspflicht normiert, ohne dass diese inhaltlich ausgeformt wurde, so stellt sich die Frage, ob die **Einschränkungen des Abs 2** anwendbar sind. Dies ist im Zweifel zu verneinen (ebenso StBS 10; Knack 10; Obermayer 11). Deshalb sind die Ausnahmen in Abs 2 zB auf die Begründungspflichten in § 69 Abs 2, § 73 Abs 3 VwGO, § 10 Abs 7 BImSchG, § 15 Abs 1, § 24 Abs 4 PBefG, § 31 Abs 1 S 2 AsylVfG, § 24 Abs 3 S 2 BauGB **nicht anwendbar.**

12 **d) Ausschluss der Begründungspflicht.** Speziellere Vorschriften können die Begründungspflicht nicht nur anders regeln, sondern, soweit die oben (Rn 4) dargelegten verfassungsrechtlichen Grundsätze dies zulassen, auch einschränken oder gänzlich ausschließen (vgl auch Begr 61; Knack 10; MB 13). Der Ausschluss oder Beschränkungen können sich dabei auch aus dem Sinn und Zweck einer Vorschrift oder aus dem Zusammenhang im Weg der Auslegung ergeben (BVerwG DÖV 1988, 564 = NVwZ 1988, 629; Knack 10).

13 **Ausgeschlossen ist die Begründungspflicht** zB nach den Beamtengesetzen für die Versetzung sog politischer Beamter in den **einstweiligen Ruhestand** gem § 50 Abs 1, § 36 Abs 1 BBG[21] und nach Kommunalwahlrecht idR für die **Abwahl des Bürgermeisters** bzw die Abberufung von Hauptverwaltungsbeamten (BVerwGE 56, 171; Henneke Jura 1988, 374); ebenso idR für die **Entscheidungen der Richterwahlausschüsse** (vgl VG Schleswig NVwZ 1992, 240); zT auch für Telefonüberwachungsanordnungen nach dem G zu Art 10 GG,[22] nach § 22 Abs 5 S 3 und 4 AsylVfG für Entscheidungen über die Verteilung von Asylbewerbern (VGH Kassel NVwZ 1985, 674: die Behörde muss die Gründe jedoch spätestens im gerichtlichen Verfahren bekanntgeben); nicht dagegen wohl nach § 23 Abs I S 4 WPflG für Einberufungsbescheide zu Wehrübungen hins. der Auswahl der Einberufenen (Wolf DVBl 1988, 1226; **aA** BVerwGE 71, 72; 79, 71

---

[19] S OVG Koblenz NJW 1994, 2436: insb die Zweifel der Behörde an der Eignung müssen im Anforderungssschreiben dargetan werden.

[20] Röhl DVBl 1993, 14 mwN; vgl auch BVerfGE 13, 90; BVerfG NJW 1992, 3033: auch aus Art 17, 19 Abs 4, 103 GG keine weitergehende Begründungspflicht; BayVerfGH NVwZ 1988, 820; BVerwG NJW 1976, 637; OVG Münster DVBl 1978, 895.

[21] BVerwGE 19, 337; 82, 363 mwN; BVerwG NVwZ 1993, 91; VGH Kassel NVwZ 1985, 675: verfassungsrechtlich zweifelhaft; zumindest eine allgemeine Begründung, wie sie sogar, wenn Geheimnisse betroffen sind, gegeben werden muß (s Rn 51), erscheint erforderlich, **aA** zur Verfassungsmäßigkeit BVerfG 7, 166; 8, 356: zulässig, da der Grund offensichtlich ist und eine Erörterung auch nicht im Interesse der Betroffenen wäre; jedenfalls ist die Regelung aber auch nicht analog für die Ablehnung einer Beförderung auf einen Posten für einen politischen Beamten anwendbar.

[22] OVG Münster NJW 1983, 2349: soweit Anordnungen nach diesem Gesetz nicht bekanntgegeben werden müssen, müssen sie auch nicht begründet werden; VG Bremen NVwZ-RR 1993, 78.

= NVwZ 1988, 629). Zur Frage der ergänzenden Anwendbarkeit von § 39 Abs 2 in Fällen, in denen die Begründung durch sondergesetzliche Bestimmungen vorgeschrieben ist, s Rn 11a.

e) Prüfungsentscheidungen. Für Prüfungsentscheidungen schließt § 2 Abs 3 14
Nr 2 eine unmittelbare Anwendung an sich aus. Deshalb fallen auch pädagogische Bewertungen und die Benotung der Prüfungsleistungen[23] nicht unmittelbar unter § 39. Gleichwohl gilt für Prüfungsentscheidungen grundsätzlich eine **allgemeine Begründungspflicht,** die meist unmittelbar aus Art 19 Abs 4 GG hergeleitet wird.[24] Im einzelnen differenziert die Rspr zwischen Prüfungen, die für den Zugang zu einem Beruf wichtig werden (berufsbezogene Prüfungen) und anderen Prüfungen, die nicht unmittelbar den Schutzbereich des Art. 12 Abs 1 GG berühren (zB Fahrprüfungen, Jägerprüfungen, Schulleistungen). Für **berufsbezogene Prüfungen** gelten auch hinsichtlich der Begründungspflicht strengere Maßstäbe (BVerwGE 91, 268 = NVwZ 1993, 677). Dies bedeutet allerdings nicht, dass bei anderen Prüfungen auf eine Begründung vollständig verzichtet werden dürfte.[25] Deshalb gelten die für die berufsbezogenen Prüfungen aufgestellten Grundsätze in abgeschwächter Form auch für andere Prüfungen, die auf die Rechtspositionen des Bürgers Einfluß haben (s auch § 2 Rn 52a).

aa) Begründungsanforderungen. Prüfungsentscheidungen müssen zwar 15
nicht allen Einzelheiten, aber doch in den für das Ergebnis ausschlaggebenden Punkten begründet werden. Fehlt eine Begründung, so muss sie auf Verangen des Prüflings nachgeholt und, falls subsantiierte Gegenvorstellungen erhoben werden, auch ergänzt werden (BVerwG NVwZ 2001, 922; NVwZ-RR 2000, 503; Brehm NVwZ 2000, 880). Art und Umfang der Begründung müssen sich vor allem daran orientieren, dass die Begründung Voraussetzung für die gerichtliche Nachprüfung der Prüfungsentscheidung und damit für effektiven Rechtsschutz ist. Bei mündlichen Prüfungen, deren genauer Ablauf naturgemäß schwer rekonstruierbar ist, setzt eine effektive Kontrolle voraus, dass Aufgaben bzw Fragen, Prüfungsverlauf, die wichtigsten Vorzüge bzw schwerwiegende Fehler und Mängel der erbrachten Leistung und ihre Gewichtung durch die Prüfer im Prüfungsgutachten, in einem Prüfungsprotokoll oder in anderer geeigneter Weise festgehalten werden und dem Kandidaten, jedenfalls wenn er dies alsbald nach der Prüfung verlangt, mündlich bekanntgegeben werden.[26] Das **Prüfungsprotokoll** selbst muss zwingend nur die Gegenstände der Prüfung, die beteiligten Personen, Ort und Zeit der Prüfung so-

---

[23] So jedenfalls im Ergebnis BVerwGE 91, 262 = NVwZ 1993, 677; s allg auch Niehues, Schul- und Prüfungsrecht, Bd 2 Prüfungsrecht, 3. Aufl 1994, Rn 175; Pietzcker, Verfassungsrechtliche Anforderungen an die Ausgestaltung staatlicher Prüfungen, 1975, 142 mwN; Müller-Ibold 173; **aA** Dolzer DÖV 1985, 14; StBS § 2 Rn 116; offenbar auch VGH Kassel NVwZ 1985, 675.

[24] BVerwGE 99, 185, 192 = NJW 1996, 2670; 91, 262, 264; VGH Kassel DVBl 1997, 621; OVG Bautzen SächsVBl 1999, 65; ausf Müller-Franken VerwArch 2001, 507 insbes unter Hinweis auf Art 12 GG; Kischel 249 ff; StBS § 2 Rn 124; Obermayer 10.

[25] Kischel 251 ff; weniger streng VGH Kassel HessVGRspr 1982, 62: es genügt, daß die maßgeblichen Erwägungen in der Korrektur der Arbeit und/oder in den Prüfungsakten festgehalten werden und der Prüfling Gelegenheit hat, nach der Prüfung Einsicht zu nehmen; OVG Münster DVBl 1990, 545 mwN; VGH München DVBl 1992, 1046: es genügt, daß ein Prüfungskandidat die Gründe für die Prüfungsentscheidung insofern erfährt, als es nötig ist, um seine Rechte sachgemäß geltend zu machen; dafür genügen auch allgemeine Aussagen und die Verweisung auf Randbemerkungen.

[26] Vgl BVerwGE 91, 268 = NVwZ 1993, 677; 95, 251 zT weniger streng Niehues NJW 1991, 3003; Müller-Ibold 173; Kröpil JuS 1989, 249; zur früheren, inzwischen **überholten Rspr** s BVerwG DVBl 1990, 545, wonach die Bekanntgabe der Note sowie bei schriftlichen Arbeiten außerdem, daß dem Kandidaten die Einzelheiten aus den Korrekturzeichen und Korrekturbemerkungen in der Arbeit, in die dem Prüfling Einsicht gewährt wird, ersichtlich sind, genügt; Müller-Ibold 173; zu eng Müller-Franken VerwArch 2001, 517, 526.

wie besondere Vorkommnisse umfassen; weitere Punkte, etwa die Antworten des Prüflings, müssen, sofern keine besonderen Vorschriften dies verlangen, nicht notwendigerweise im Protokoll aufgeführt werden.[27] Insoweit reicht es, wenn der Ablauf der Prüfung im einzelnen auf andere Weise rekonstruierbar ist (s auch § 2 Rn 52a).

16 **bb) Leistungsbezogene Bewertung.** Bewertungsgutachten zu Prüfungsleistungen (Voten) müssen, wenn auch nur in kurzen Stichworten eine sachliche Auseinandersetzung mit dem Inhalt der Prüfungsarbeit erkennen lassen, die über die eigentliche Notenfestsetzung hinausgeht.[28] Sind die handschriftlichen Prüferbemerkungen nicht oder nur schwer lesbar, so kann der Kandidat grundsätzlich eine „Leseabschrift" verlangen (BBerwG Buchh 421.0 Nr 175 Sonderausgabe PrüfungsR Nr 324; VGH Mannheim NVwZ-RR 1990, 419). Ob, wenn eine schriftliche Arbeit von zwei oder mehr Prüfern zu bewerten ist, die jeweils anderen Prüfer ihr Votum in Kenntnis der Bewertung der vorher befaßten Prüfer abgeben dürfen und dann auch die Begründung der Prüfungsentscheidung dem Rechnung tragen muss, hängt von der jeweiligen Prüfungsordnung ab. Ein bloßes „Einverstanden" mit der Bewertung eines anderen Prüfers genügt bei schriftlichen Arbeiten jedoch jedenfalls nur, wenn aus den Korrekturbemerkungen des Prüfers ersichtlich ist, dass er die Leistung auch selbständig gewürdigt hat.[29]

II. Inhalt der Begründungspflicht (Abs 1)

17 **1. Form der Begründung.** Die Begründungspflicht bezieht sich nur auf schriftliche und schriftlich bestätigte VAe. Mit der Änderung durch das 3. VwVfÄndG wird klargestellt, dass auch elektronische bzw elektronisch bestätigte VAe erfasst werden. Zum Begriff des elektronischen VA s näher § 37 Rn 2a. Die Begründung ist nach § 39 grundsätzlich ein wesentlicher Bestandteil des VA und bedarf daher derselben Form wie dieser, dh schriftliche VA sowie gem § 37 Abs 1 S 2 schriftlich bestätigte VAe sind schriftlich zu begründen (BVerwGE 91, 262 = NVwZ 1993, 67).

Für elektronische bzw elektronisch bestätigte VAe gilt, dass sie auch in dieser Form mit einer Begründung zu versehen sind. Wird eine Begründung später anchgeholt (vgl § 45 Abs 1 Nr 2), so kann anstelle der elektronischen auch eine schriftliche Begründung gegeben werden und umgekehrt, sofern die Voraussetzungen des § 3a Abs 2 gegeben sind. Dem Schriftformerfordernis genügen uU auch **zeichnerische Darstellungen, Pläne** usw, auf die im VA Bezug genommen wird (Müller-Ibold 192 mwN; Knack 9); außerdem auch **Bezugnahmen** auf vorangegangene VAe, Schreiben der Behörde oder auch der Betroffenen, Gutachten usw, die dem Adressaten gegenüber ergangen sind oder ihnen und etwa betroffenen Dritten ohne weiteres zugänglich sind (BVerwG NVwZ 1987, 504; Müller-Ibold 192); nicht dagegen Bezugnahmen auf Mikrofiche, Computerdisketten usw, die zur Kenntnisnahme der Informationen besondere technische Vorrichtungen erfordern (Müller-Ibold 192), oder auf mündliche Besprechungen, telefonische Ausführungen usw, insb auch nicht auf mündliche oder telefonische Ausführungen, die eine Behörde macht, um sich eine Begründung nach § 39 zu „sparen". Zu Ausnahmen bei Prüfungsentscheidungen oben Rn 15. Zuläs-

---

[27] BVerwGE 38, 324; 41, 155; BFH 147, 298; UL § 52 Rn 9; Müller-Ibold 173; allg auch § 29 Rn 11. Entsprechendes gilt für die Entscheidung über eine Habilitation, vgl BVerwGE 95, 237 = DVBl 1994, 1355.

[28] VGH Mannheim NVwZ-RR 1990, 419; ähnlich BVerwG Buchh 421.0 Sonderausgabe Prüfungsrecht Nr 218 S 482 und 427 Nr 60 und 75; BFH 147, 298.

[29] BVerwGE 91, 268 = NVwZ 1993, 678; BVerwG Buchh 421.0 Prüfungswesen Nr 263; unklar insoweit VGH Mannheim NVwZ-RR 1990, 420: uU genügt ein bloßes „Einverstanden"; ähnlich VGH München DVBl 1992, 1046.

sig sind auch sog **Formularbegründungen,** dh standardisierte Begründungen, sofern sie den inhaltlichen Anforderungen hinreichenden Bezugs als Begründung für den konkreten Fall genügen, und **Begründungen mit Hilfe von sog Schlüsselzeichen,** vorausgesetzt, dass dem Bescheid ein Schlüsselzeichenverzeichnis beigefügt ist und die Gründe mit dessen Hilfe unschwer erkennbar sind.[30]

2. Wesentliche tatsächliche und rechtliche Gründe (Abs 1 S 2). Die Begründung des VA muss gem Abs 1 S 2 erkennen lassen, **von** welchen wesentlichen tatsächlichen und rechtlichen Voraussetzungen und Überlegungen die Behörde bei ihrer Entscheidung ausging.[31] Ob diese einer rechtlichen Überprüfung standhalten, ist für § 39 unerheblich. Sie muss zwar nicht auf alle denkbaren oder im Verfahren angesprochenen Fragen,[32] wohl aber auf alle für die Entscheidung **wesentlichen Fragen** eingehen[33] und für die Betroffenen **aus sich heraus verständlich** sein (Müller-Ibold 198 mwN), ohne dass sie umfangreiche Vergleiche mit dem vorangegangenen Schriftverkehr usw anstellen müssen.[34] Anzugeben sind die Gründe, die die Behörde maßgeblich zu ihrer Entscheidung bewogen haben, dh die die Entscheidung nach Auffassung der Behörde tragen (Jakobs VBlBW 1991, 440; Schroeder/Printzen SGBX, § 35 Rn 2.2). Dazu gehören auch die Gründe, warum die Behörde wesentlichen tatsächlichen oder rechtlichen Vorbringen der Beteiligten oder Überlegungen, die sich ihr angesichts des konkreten Falls aufdrängen mussten, nicht gefolgt ist.[35] Dazu gehört grundsätzlich auch die **Angabe der Rechtsgrundlage** der Entscheidung, jedenfalls dann, wenn die Betroffenen und die Gerichte sonst darüber im Unklaren gelassen würden (vgl EuGH 1987, 1517). 18

a) Bezug auf den konkreten Einzelfall. Die Begründung muss grundsätzlich auf den konkreten Fall abstellen und darf sich nicht in formelhaften allgemeinen Darlegungen erschöpfen, was gerade wegen der heutzutage vielfältig verfügbaren Textbausteine nicht selten vorkommt. Die Betroffenen müssen dadurch in die Lage versetzt werden, sich über einen evtl Rechtsbehelf gegen die Entscheidung schlüssig zu werden und ihn sachgemäß zu begründen.[36] Eine lediglich formale, formelhafte oder inhaltlich abstrakte und nichtssagende Begrün- 19

---

[30] BVerwGE 44, 218; StBS § 37 Rn 68 ff; MB 3; Müller-Ibold 195; enger offenbar Knack 9: bei „automatisierten" VAen muß, was gem § 37 Abs 4 für den Verfügungssatz gilt, auch für die Begründung genügen.

[31] Ebenso für das bish Recht BVerwGE 10, 37; 38, 194; BVerwG DÖV 1981, 77; NVwZ 1986, 375; BVerfG 6, 44; 39, 204; KG NJW 1979, 2575; vdGK 5, B 271 f; Schick JuS 1971, 1; Kopp 51 ff, 90, 122 mwN.

[32] BVerwGE 74, 205; 75, 92; 83, 356; 91, 268 = NVwZ 1993, 677; BVerwG BayVBl 1980, 440; DVBl 1982, 198; NVwZ 1986, 375; OVG Koblenz VRspr 25, 102; VGH München BayVBl 1983, 372; VGH Mannheim NVwZ 1983, 552; VGH Kassel DVBl 1994, 597; Broß VerwArch 1985, 432; Feuchthofen DVBl 1984, 170.

[33] BVerwGE 81, 369; 91, 268 = NVwZ 1993, 677; BVerwG NVwZ 1990, 770 mwN; NVwZ-RR 1989, 560; NVwZ 1988, 525; NVwZ 1995, 590 hins. Einbeziehung in PKK-Verbot.

[34] VGH München NJW 1981, 1002; Müller-Ibold 199; mit zu geringen Anforderungen FG Niedersachsen EFG 1985, 268.

[35] BVerwG DVBl 1982, 198; VGH Mannheim NVwZ 1983, 552; OVG Kassel NVwZ-RR 1994, 601 = DVBl 1994, 594: Abweichung von der Vorschlagsliste der Professoren im Berufungsverfahren bedarf besonderer Begründung; Müller-Ibold 201 mwN; Spanner DÖV 1958, 653; HHSp 7 vor § 91 AO; Kopp 47.

[36] BVerfG 6, 44; BVerwGE 91, 268 = NVwZ 1993, 677; OVG Münster NVwZ 1982, 326; NJW 1989, 478; DVBl 1990, 545; BauR 1981, 363; OVG Koblenz VRspr 25, 102; VGH München BayVBl 1988, 19: die Begründung muß so sein, daß die Betroffenen und die Gerichte sie nachvollziehen können; BayVBl 1990, 181; DVBl 1992, 1046; Erichsen/Ehlers § 38 Rn 11; Kopp 47 ff, 90, 122.

dung genügt nicht;[37] dies schließt jedoch eine Verwendung einer gleichlautenden, vervielfältigten Begründung bei einer Mehrzahl gleichliegender Fälle nicht aus.

20 **b) Abgestufte Anforderungen.** Die an Inhalt und Umfang der Begründung zu stellenden Anforderungen sind je nach den Besonderheiten des jeweiligen Rechtsgebiets, der Art des in Frage stehenden VA und der für die Entscheidung im konkreten Fall maßgeblichen Gründe den vom VA betroffenen Rechten, insb Grundrechten, und dem Ausmaß, in dem sie betroffen werden, sowie nach den besonderen Umständen des Falles verschieden.[38] S zur Begründung der **dienstlichen Beurteilung** durch den Vorgesetzten BVerwGE 60, 298; BVerwG DÖV 1993, 1051: nur besonders wichtige Ereignisse müssen erwähnt werden, im übrigen genügt, zumal Näheres oft kaum in Worte gefasst werden kann, eine plausible, nachvollziehbare allgemeine Wertung. ZB muss die Behörde es näher begründen, wenn sie bei einer **Bewerberauswahl** aufgrund eines Auswahlwettbewerbs mit Platzziffern einen Bewerber mit günstigerer Platzziffer nicht berücksichtigt (BVerwG DÖV 1981, 77).

21 **Welche Gründe wesentlich** sind, hängt davon ab, welche Fragen entscheidungserheblich sind **(tragende Gründe),** welche Fragen sich im Verwaltungsverfahren las kontrovers erwiesen haben, ferner vom Kenntnisstand der Betroffenen hins der in Betracht kommenden Gründe (BVerwGE 22, 218; 38, 194; NVwZ 1986, 375; BSG SozR 2200, 773 Nr 1; Müller-Ibold 207) und der **Regel- oder Ausnahmecharakter der Entscheidung.**[39] Auch in typischen Fällen genügt es als Begründung für die Ablehnung eines Genehmigungsantrags oä aber nicht, dass die Behörde **keinen Bezugsfall** schaffen will, auf den sich andere Antragsteller dann berufen könnten (**aA** OVG Berlin NJW 1970, 110; Knack 26).

22 **c) Mindestanforderungen.** In keinem Fall darf ein Mindestmaß an konkreter Begründung unterschritten werden. Ob eine Begründung den Mindestanforderungen gem Abs 1 genügt, ist nicht allein anhand der beigefügten formellen Begründung zu beurteilen; vielmehr sind dabei auch **die den Beteiligten bekannten Umstände** zu berücksichtigen (OVG Lüneburg NJW 1984, 1702), wie der gestellte Antrag, vorangegangene Schreiben (BVerwG DÖV 1981, 77), vorher schon gegebene Hinweise, Ermahnungen usw, vorausgegangene Gespräche usw (BVerwG NVwZ 1992, 683), uU auch nachfolgende Erläuterungen[40] sowie grundsätzlich auch die Begründung eines in der Sache später ergangenen **Widerspruchsbescheids** (BVerwG NVwZ 1988, 525; VGH Mannheim NVwZ 1990, 1187). Was den Beteiligten bekannt oder ohne weiteres erkennbar ist, braucht nach Abs 2 Nr 2 nicht wiederholt zu werden (BVerwGE 38, 194f; 83, 357; BVerwG NVwZ 1986, 375; VGH München DÖV 1986, 383).

23 **Zulässig ist die Bezugnahme** auf die Gründe eines anderen, den Beteiligten gegenüber ergangenen **VA,** uU auch des VA einer anderen Behörde (str), wenn

---

[37] OVG Münster NVwZ 1982, 326; DÖV 1983, 987; OVG Lüneburg NJW 1984, 1139, 1641; VGH Mannheim DVBl 1989, 378; Obermayer 23.

[38] BVerwGE 22, 217; 38, 194; 57, 6; 71, 72; 74, 205; 79, 71 = NVwZ 1988, 629; 84, 388; BVerwG Buchh 232 § 8 BBG Nr 19 S. 7; 424.01 § 19 FlurbG Nr 12 S. 8 mwN; 448.0 § 21 WPflG Nr 36 S. 21; 232 § 8 BBG Nr 19; DÖV 1981, 77 = DVBl 1982, 198; NJW 1986, 739; NVwZ 1986, 375, 921; DVBl 1990, 711; VGH München BayVBl 1973, 663; OVG Münster NWVBl 1989, 250; OVG Magdeburg NVwZ 1995, 614 hins Zwangsgeldandrohung; Knack 25; Erichsen/Ehlers § 38 Rn 11; Kopp 51; Schoch DÖV 1984, 403; Hufen 296.

[39] Müller-Ibold 209: geringere Anforderungen an die Begründung bei Regelentscheidungen. S zu sog „intendierten Entscheidungen" auch unten Rn 29.

[40] Vgl § 45 Abs 1 Nr 2; zu weitgehend BVerwG DÖV 1981, 77, wonach auch im Rahmen der Klageerwiderung nachgeschobene Gründe hier noch relevant sein sollen.

aus der Begründung erkennbar ist, dass für die Behörde auch im vorliegenden Fall dieselben Gründe maßgeblich waren.[41]

Eine **Verringerung der Begründungsanforderungen** ist anzunehmen, soweit das Gesetz allein auf Gesichtspunkte der Zweckmäßigkeit verweist (vgl BVerwGE 71, 72). Zu Ermessensentscheidungen s unten Rn 25 ff. So brauchen zB bei einem an einen von mehreren Miteigentümern gerichteten Abgabenbescheid die Erwägungen für die Ausübung des **dem Gläubiger zukommenden Auswahlermessens** grundsätzlich nicht dargelegt zu werden (BVerwG NJW 1993, 1667; vgl auch VGH München DVBl 1986, 777; BayVBl 1987, 244). Vgl allg zu rein behördeninternen Zweckmäßigkeitserwägungen auch BVerwGE 57, 6; zur Verteilung der Asylbewerber im Bundesgebiet VGH Kassel DVBl 1990, 1070; zur Bestimmung der Ausreisefrist für abgelehnte Asylsuchende auch BVerwG Buchh 402.25 § 28 AsylVfG Nr 1; Müller-Ibold 224 mwN. 24

3. Begründung von Ermessensentscheidungen (Abs 1 S 3). Die dargelegten Grundsätze gelten auch für Ermessens- und für Beurteilungs- sowie Planungsentscheidungen (BVerwG NVwZ-RR 1991, 63; VGH Mannheim NVwZ 1998, 86; Müller-Ibold 212 f mwN). Die Begründungspflicht ist insoweit zwar in einer **Soll-Vorschrift** enthalten; dies bedeutet aber, dass nur in Ausnahmefällen von einer Darlegung der Ermessens- bzw Beurteilungs- oder Planungserwägungen abgesehen werden darf.[42] Bei Ermessensentscheidungen sind nach Abs 1 S 3 **auch die für die Abwägung maßgeblichen Erwägungen** sowie die Gründe, die dazu geführt haben, dass bestimmten Gesichtspunkten der Vorrang gegeben wurde, anzugeben.[43] Die Begründung muss substantiiert, schlüssig und nachvollziehbar sein (vgl BVerfG 85, 36; DÖV 1983, 528; BVerwGE 91, 262; VGH München BayVBl 1992, 660; 1993, 311). Die Gründe, die für die Entscheidung maßgebend waren, müssen zwar nicht in allen Einzelheiten, aber doch jedenfalls in den **Grundzügen**, benannt werden (BVerwGE 91, 265 = NVwZ 1993, 677). Vgl hins. lediglich behördeninterner Zweckmäßigkeitserwägungen bei der Rücknahme eines VA BVerwGE 57, 6. Erleichterungen gelten zB auch hins. der Dauer einer gesetzten Ausreisefrist (zT **aA** VGH Mannheim DVBl 1987, 55; s dazu unten Rn 40). 25

a) Ermessensentscheidungen allgemein. In jedem Fall muss aus der Begründung ersichtlich sein, dass die Behörde Ermessen ausgeübt und dabei die Interessen der Betroffenen berücksichtigt und abgewogen hat (BVerwGE 57, 1; Knack 30; OVG Münster NJW 1989, 479), von welchen Tatsachen sie ausgegangen ist und welche rechtlichen Beurteilungsmaßstäbe sie angewandt hat (BVerwGE 62, 340; VGH München NJW 1982, 2686). Insb muss für die Betroffenen aus der Begründung, ggf im Zusammenhang mit den ihnen bekannten oder für sie offensichtlichen Umständen, auch hinreichend erkennbar sein, dass die Behörde sich bewußt war, dass ihr in der Sache ein Ermessens- (bzw Beurteilungs- oder planerischer Gestaltungsspielraum) zukommt und sie davon Gebrauch gemacht hat (Müller-Ibold 312), dass sie die gesetzlichen Grenzen des Ermessens gesehen und von ihrem Ermessen pflichtgemäßen Gebrauch gemacht hat (OVG 26

---

[41] OVG Münster NVwZ-RR 1991, 289: Bezugnahme im Widerspruchsbescheid auf die Gründe des Erstbescheids; BVerwG DVBl 1994, 1364; Buchh 421.0 Prüfungswesen Nr 307: bei vollinhaltlicher Übereinstimmung mit der Erstbewertung der Prüfungsaufgabe genügt als Begründung eine Verweisung auf das Erstgutachten.

[42] OVG Hamburg GewArch 1983, 193; OVG Lüneburg NJW 1984, 1138; StBS 33; Obermayer 30; Dechsling DÖV 1985, 714; krit Dolzer DÖV 1985, 9. S auch unten Rn 30.

[43] BVerwGE 84, 388; 91, 268 = NVwZ 1993, 677; BFH 133, 1 = NJW 1981, 2600; NJW 1989, 1383; OVG Münster BauR 1981, 363; NVwZ 1984, 600; 1989, 765; OVG Lüneburg NJW 1984, 1702; NVwZ 1985, 121; ebenso zum früheren Recht BVerwGE 19, 144; 335; 22, 217; vgl auch Ule VerwArch 1971, 129 ff; Rupp ZRP 1971, 233; v Welck ZRP 1971, 124.

Münster NJW 1989, 478 mwN). Der betroffene Bürger muss aufgrund der Begründung in der Lage sein, die Erfolgsaussichten eines etwa von ihm beabsichtigten Rechtsbehelfes ausreichend zu beurteilen (OVG Münster NJW 1989, 479 mwN). Je weiter der Ermessens- bzw Beurteilungsspielraum der Behörde ist, desto eingehender muss die Behörde ihre Entscheidung begründen.[44]

27 **b) Auswahlentscheidungen.** Grundsätzlich zu begründen sind auch Auswahlentscheidungen, mit denen entweder unter verschiedenen Handlungsalternativen oder unter verschiedenen Personen nach sachlichen Gesichtspunkten eine Auswahl zu erfolgen hat. Teilweise handelt es sich dabei um Ermessensentscheidungen **(Auswahlermessen),** teilweise aber auch um **Beurteilungsentscheidungen,** wenn etwa unter verschiedenen Bewerbern der nach Eignung, Befähigung und fachlicher Leistung beste ausgewählt werden muss, teilweise auch um sog Koppelungsentscheidungen mit Ermessens- und Beurteilungselementen. In diesen Fällen sind die Gründe für die Auswahl anzugeben (s OVG Münster NJW 1989, 478), zB, warum bei mehreren Bewerbern um eine Professorenstelle die Entscheidung auf einen bestimmten Bewerber gefallen ist (vgl auch VGH Kassel NVwZ-RR 1993, 361: Begründungspflicht des Ministers bei Abweichung von der Vorschlagsliste der Universität) oder bei mehreren **Wehrpflichtigen** gerade bestimmte Personen zu einer Wehrübung einberufen wurden (Wolf DVBl 1988, 1226; **aA** BVerwGE 71, 72; 79, 71 = NVwZ 1988, 628), warum der Minderjährige und nicht seine Eltern zu einem **Kostenbeitrag** zu der nach § 91 Abs 1 Nr 4 KJWG gewährten Erziehungshilfe herangezogen werden (OVG Münster NJW 1989, 479).

28 **c) Beurteilungs- und Planungsentscheidungen.** Abs 1 S 3 gilt entspr auch für Beurteilungs- und Planungsentscheidungen[45] und für VAe, die wesentlich durch Wertungen und Bewertungen politischer, wirtschaftlicher oder pädagogischer Art bestimmt sind.[46] Vgl allg zum Begriff und zur Bedeutung eines der Behörde vom Gesetz eingeräumten Beurteilungsspielraums § 40 Rn 71 ff. Auch bei solchen VAen muss die Begründung die maßgeblichen Tatsachen, die für die Entscheidung als erheblich angesehen wurden, und die tragenden Erwägungen erkennen lassen.[47] Insoweit gelten dieselben Grundsätze wie für Ermessensentscheidungen.

29 **4. Intendiertes Ermessen und Soll-Vorschriften.** Nicht als Ausnahmeregelungen im engeren Sinn iS von Nr 4, wohl aber als Regelungen, die für den Regelfall eine wesentliche **Reduktion der Anforderungen** zur Folge haben, sind gesetzliche Vorschriften anzusehen, die **für typische Situationen** eine bestimmte Entscheidung dergestalt vorgeben, dh „intendieren", dass sich eine Begründung der Ermessensentscheidung im Regelfall weitgehend erübrigt und grundsätzlich nur in Ausnahmefällen, die eine andere Entscheidung erfordern können bzw könnten, notwendig erscheint (s hierzu näher § 40 Rn 45). Soweit ein Gesetz **von einem**

---

[44] VGH Kassel NVwZ 1983, 552 mwN; StBS 30; Dechsling DÖV 1985, 715; HHSp 10; Scheffler DÖV 1977, 771; Müller-Ibold 215 mwN; **aA** Dolzer DÖV 1985, 13; Walcke-Wulffen 80 ff.

[45] Vgl BVerwG DVBl 1987, 584; Broß VerwArch 1984, 432; Heinze NVwZ 1986, 88; Steinberg/Berg/Wickel, Fachplanungsrecht, 3. Aufl 2000, § 5 Rn 5.

[46] BVerwGE 62, 340; VGH München BayVBl 1990, 181; Scheffler DÖV 1977, 771; Günther NWVBl 1991, 181 mwN; Müller-Ibold 216 f mwN; vgl auch BVerwGE 39, 204.

[47] BVerwGE 39, 204; 62, 340; 91, 268; BVerwG DVBl 1982, 30; OVG Koblenz VRspr 25, 164 zur Eignung und Befähigung eines zu Habilitierenden für die Forschung und Lehre; weniger streng BVerwGE 19, 128: kein Anspruch auf umfassende Begründung der Einzelnoten bei Mißlingen der Reifeprüfung; vgl auch VGH München NJW 1982, 2686: die Begründung muß so viel aussagen, wie erforderlich ist, damit der Prüfling seine Rechte sachgemäß verteidigen kann und sich ein zuverlässiges Urteil bilden kann, ob allgemeingültige Bewertungsmaßstäbe verletzt wurden oder sachfremde Erwägung eine Rolle gespielt haben.

Regelfall ausgeht und dafür eine bestimmte Entscheidung vorsieht, bedarf es nach der Rspr grundsätzlich nur in vom im Gesetz vorausgesetzten Regelfall abweichenden Fällen einer eingehenderen Begründung.[48] Für die vom Gesetz idS als Regelfall vorgesehene sog. „intendierte" Entscheidung genügt idR ein Hinweis auf das Gesetz und die dort für den Regelfall vorgesehene Regelung sowie, soweit Ausnahmen möglich sind, darauf, dass für eine andere Entscheidung keine Gründe vorgebracht oder ersichtlich waren;[49] **anders, wenn Besonderheiten** im Vergleich zum Regelfall erkennbar sind oder jedenfalls von einem Beteiligten solche Besonderheiten geltend gemacht werden; dann muss die Behörde sich damit in der Begründung des VA auseinandersetzen, insb näher begründen, wenn – und warum – sie gleichwohl keinen Anlass sieht, anders als vom Gesetz intendiert zu entscheiden.[50] **Dieselben Grundsätze** wie für die Begründung von „intendierten" Entscheidungen gelten auch für die Begründung von Entscheidungen aufgrund von **Soll-Vorschriften.**

5. Ausnahmen von der Begründungspflicht bei Ermessen. Die Fassung des Abs 1 S 3 als Soll-Vorschrift bedeutet lediglich, dass **nur in besonders gelagerten Ausnahmefällen ein** (ggf auch nur teilweises) Absehen von einer Begründung gerechtfertigt sein kann,[51] etwa weil näheres Eingehen auf bestimmte Umstände wichtigen öffentlichen Interessen oder Belangen der Betroffenen widersprechen würde (vgl unten Rn 50f). Die Rspr behandelt so die Soll-Vorschrift praktisch als Muss-Vorschrift und lässt Ausnahmen praktisch nur unter den Voraussetzungen des Abs 2 zu.[52] Ob darüber hinaus weitere Ausnahmen von der Pflicht zur Darlegung von Ermessens-, Beurteilungs- oder Planungserwägungen anzuerkennen sind, erscheint fraglich (dafür Obermayer 30). Ein praktisches Bedürfnis für weitere Ausnahmen dürfte es kaum geben. 30

III. Ausnahmen von der Begründungspflicht (Abs 2)

1. Grundzüge. a) Allgemeines. Abs 2 gibt der Behörde vor allem aus Gründen der Vereinfachung des Verwaltungshandelns die Befugnis – keine Verpflichtung –, in bestimmten Fällen von einer Begründung ganz oder teilweise abzusehen. Die Ausnahmen gem Abs 2 beruhen vor allem auf wirklichen, zT aber auch nur vermeintlichen Erfordernissen und Interessen der **Verwaltungsökonomie** (vgl Müller-Ibold 153 mwN; Lücke 102). Ob diese auch im Licht der Verfassung Vorrang vor der im Rechtsstaat grundsätzlich gebotenen Begründungspflicht beanspruchen können, kann nur nach den Besonderheiten des konkreten Falles beurteilt werden. Die Aufzählung **ist abschließend.**[53] Die Entscheidung, von der Ausnahmemöglichkeit Gebrauch zu machen, liegt auch bei Vorliegen der aus- 31

---

[48] BVerwGE 91, 82, 90; 105, 55 = NJW 1998, 2233; 72, 5 = NJW 1986, 738 zu einer Ausnahme aus Härtegründen; BVerwGE 82, 363; VGH München NVwZ 2001, 931, 933; OVG Münster NVwZ 1986, 138 zur Ablehnung einer erneuten Befassung mit der Sache gem § 48 VwVfG.

[49] BVerwGE 72, 5 = NJW 1986, 739; 85, 177 = NVwZ 1991, 170; 91, 90 mwN; VG Braunschweig NVwZ-RR 1993, 261: für die Entlassung eines Probebeamten wegen mangelnder Eignung genügen grundsätzlich Ausführungen, warum der Betroffene als nicht geeignet angesehen wird; BVerwG BayVBl 1987, 219: wenn die Ermessensausübung vom Gesetz in Richtung auf Ablehnung vorgezeichnet ist, bedarf es grundsätzlich keiner darüber hinausgehenden Abwägung des Für und Wider; BSG SozR 4100 § 92 AFG Nr 1 S 4; BFH BStBl II 1988, 172; BFH NJW 1989, 1989 – „ungeprüfte Ermessensentscheidung" –; BGH NJW 1992, 448; Müller-Ibold 210 mwN; zT **aA** Stelkens NVwZ 1989, 339.

[50] BVerwGE 91, 90; BVerwG BayVBl 1987, 279; Knack 32.

[51] BVerwGE 84, 388 = DVBl 1990, 711 zu einer Auskunft, die den Verfassungsschutz betrifft; OVG Lüneburg NJW 1984, 1139; NVwZ 1985, 121; StBS 33ff.

[52] Vgl BVerwG DÖV 1982, 77; ZBR 1982, 87; BFH BB 1981, 1022 = BStBl II 1981, 494; VGH Mannheim NVwZ 1983, 554; VGH Kassel HessVGRspr 1985, 38; Müller-Ibold 212f; hiergegen Obermayer 30.

[53] Str, wie hier StBS 43; Knack 11; Obermayer 43; Dechsling DÖV 1985, 719; Schwab 157.

drücklich genannten Ausnahmetatbestände des Abs 2 **im Ermessen** (§ 40) der Behörde. Da das Absehen von einer Begründung selbst kein VA, sondern nur eine verfahrensrechtliche Entscheidung ohne eigene Außenwirkung ist, bedarf sie selbst keiner eigenen Begründung (VGH Mannheim DÖV 1981, 971; StBS 42; Knack 11: da gesetzliche Ausnahme, muss ein Verzicht auf eine Begründung nicht begründet werden; s allg auch oben Rn 12f; **aA** Rothkegel DÖV 1982, 511). Die Ausnahmen gem Abs 2 gelten nicht für Widerspruchsbescheide;[54] insoweit enthält § 73 Abs 3 S 1 eine abschließende Regelung.

32 **b) Ausnahmecharakter.** Im Hinblick auf die überragende Bedeutung der Begründungspflicht im Rechtsstaat sind die Ausnahmen des Abs 2 **eng auszulegen,** zumal im Widerspruchsverfahren entsprechende Ausnahmen nicht vorgesehen sind, die Verwaltung also hier ohnehin die Gründe offenlegen muss, die für ihre Entscheidung maßgeblich waren,[55] und es daher **idR zweckmäßiger** ist, zur Vermeidung von unnötigen Rechtsbehelfsverfahren den Betroffenen die Gründe schon mit dem VA mitzuteilen oder sie jedenfalls in entspr Anwendung von § 45 Abs 1 Nr 2 alsbald bekanntzugeben (vgl VGH München BayVBl 1987, 372). Die Ausnahmebestimmungen gem Abs 2 gelten, wenn und soweit sich die Ausnahmegründe **nur auf Teile** eines VA bzw auf einzelne Voraussetzungen beziehen, auch **nur für diese,** nicht für den gesamten VA (MB 8; Pickel 3; Müller-Ibold 172); dies ergibt sich zT schon aus dem Wortlaut („soweit"), im übrigen aus dem Charakter der Entscheidung über das Unterbleiben einer Begründung als Ermessensentscheidung iV mit dem **Grundsatz der Verhältnismäßigkeit.**

33 **c) Keine Ausnahme für Eilfälle.** Nicht vorgesehen sind in § 39 Abs 2 Ausnahmen von der Begründungspflicht allein aufgrund der Eilbedüftigkeit einer Entscheidung. Auch bei **Entscheidungen in Eilfällen** ist es idR aber zunächst, soweit dies nach den Umständen des Falles anders nicht ohne erhebliche Nachteile möglich erscheint, grundsätzlich als **ausreichend** anzusehen, wenn die Begründung nur kurz und bündig erfolgt.[56] Eine eingehendere Begründung muss dann jedoch grundsätzlich **nachgeholt** werden, sobald dies möglich ist. Die Gründe, die nach § 28 Abs 1 Nr 1, 1. Altern ein Absehen von der Anhörung Beteiligter rechtfertigen, gelten insoweit für eine Beschränkung der Begründungspflicht sinngemäß und vorbehaltlich der Verpflichtung zu nachträglicher Begründung auch hier. Eine zumindest **summarische Begründung** im dargelegten Sinn, ist jedoch angesichts der klaren Regelung des § 39 auch bei Eilentscheidungen idR unverzichtbar (Müller-Ibold 187). Auch eine analoge Anwendung von § 28 Abs 2 Nr 1 ist insoweit nicht möglich.

34 **d) Zulässigkeit eines Verzichts?** Teilweise wird die Auffassung vertreten, der Betroffene könne auf eine Begründung wirksam verzichten (zB OVG Lüneburg NVwZ 1989, 1181; StBS 58). Dieser Standpunkt ist rechtsdogmatisch nicht überzeugend, da die Begründung nicht ausschließlich im Interesse der Betroffenen geboten ist (s oben Rn 5). Erforderlich ist deshalb eine Begründung auch dann, wenn die Betroffenen darauf **verzichten.**[57] Die Begründung kann in diesem Fall jedoch **idR sehr knapp** ausfallen (vgl oben Rn 20f). Obwohl § 39 diese Möglichkeit nicht ausdrücklich vorsieht, erscheint es im Hinblick auf § 45 Abs 1 Nr 2 vertretbar, wenn die Behörde einen VA nur mit knappen Hinweisen auf die

---

[54] Ebenso Knack 11; Wolf DVBl 1988, 1226; Obermayer 42; StBS 44; **aA** vgl allg BVerwGE 82, 338; DVBl 1988, 1225 unter Hinweis auf den Grundsatz der Einheit von Ausgangsverfahren und Widerspruchsverfahren.

[55] Vgl BVerfG 6, 49ff; VGH München BayVBl 1987, 372; Wolf DVBl 1988, 1226; Müller-Ibold 147; Dechsling DÖV 1985, 719; Knack 11; StBS 44.

[56] Müller-Ibold 220; weitergehend BFH BStBl II 1983, 621; 1988, 234: uU genügt ein Hinweis auf die Rechtsgrundlage.

[57] MuE 147; vdGK 4; Knack 24; Obermayer 44; MB 11; Pickel 2; Müller-Ibold 188; Hufen 300.

Sachlage und die maßgeblichen Rechtsvorschriften begründet[58] und sich im übrigen zu einer ausführlichen Begründung bereit erklärt, wenn die Betroffenen dies wünschen.[59]

35 **2. Antragsgemäße Entscheidung (Nr 1).** Nr 1 trägt in Übereinstimmung mit dem bereits früher geltenden Recht (vgl Obermayer VerwR 109) dem Umstand Rechnung, dass bei VAen, die einem Antrag in vollem Umfang stattgeben bzw den eigenen Erklärungen des Betroffenen folgen und Rechte Dritter nicht berühren, idR kein erhebliches Interesse an der Mitteilung der Gründe besteht. Die Vorschrift ist verfassungsrechtlich unbedenklich (zT **aA** Dechsling DÖV 1985, 718). **Dies schließt** jedoch nicht aus, dass die Verweigerung einer Begründung **bei Vorliegen besonderer Umstände** ermessensfehlerhaft sein kann, zB weil ein Antrag oder eine Erklärung offensichtlich aufgrund eines Mißverständnisses abgegeben wurde (Dechsling DÖV 1985, 714). Nr 1 ist angesichts des eindeutigen Wortlauts trotz Gleichartigkeit der Interessenlage **nicht** analog **auch auf ausschließlich begünstigende VAe,** die von Amts wegen erlassen werden, **anwendbar,** wenn die Behörde damit nicht einer Erklärung der Betroffenen folgt (Dechsling DÖV 1985, 720; Obermayer 50; MB 17).

36 **a) Antrag** iS der Vorschrift ist nur der Antrag iS von § 22 und § 65, nicht auch eine bloße Anregung an die Behörde, allgemein oder auch in einem bestimmtem Sinne tätig zu werden (Obermayer 47; **aA** TK 6; Kühn 4a; Müller-Ibold 175: auch bloße Anregungen). Anregungen werden aber idR als „Erklärungen" zu werten sein. **Erklärungen** iS der Vorschrift sind alle Äußerungen und sonstigen Ausführungen zur Sache, die nicht Antragstellung sind und die der Betroffene in der Erkenntnis und dem Bewußtsein abgibt, dass die Behörde sie bei ihrer Entscheidung berücksichtigen wird oder kann (MB 14; StBS 46; Müller-Ibold 175), insb die tatsächlichen Angaben zur Sache (vgl auch § 28 Abs 2 Nr 3), zB die Steuererklärung (Begr 60), aber auch zB Ausführungen, welche die Zulässigkeit des Antrags, die Verfahrenshandlungsfähigkeit des Antragstellers (§ 12) usw betreffen. Nicht unter Nr 1 fallen aber sonstige Erklärungen zur Sach- und Rechtslage (StBS 46).

37 **b) Keine Abweichung.** Nach Wortlaut und Zweck der Regelung ist Nr 1 **nur anwendbar,** soweit die Behörde aus einem Antrag bzw einer Erklärung **für den Beteiligten günstige Schlüsse** zieht und damit seinen offensichtlichen Erwartungen voll Rechnung trägt.[60] Keine volle Entsprechung idS liegt idR bei unbestimmten Anträgen, zB auf angemessene Entschädigung oder auf Entscheidung nach Ermessen der Behörde, vor (Knack 13). **Nicht als antragsgemäße** Entscheidung anzusehen ist es auch, wenn nur einem **hilfsweise gestellten** Antrag stattgegeben wurde, nicht aber dem primär gestellten Hauptantrag;[61] ebenso, wenn einem Antrag nur teilweise oder mit belastenden Nebenbestimmungen oder unter inhaltlicher Modifizierung stattgegeben wurde, ferner wenn ein **Antrag** nur **unter Vorbehalt** gestellt wurde, etwa weil der Antragsteller der Auffassung war, überhaupt keiner Genehmigung zu bedürfen, aber in der Antragstellung den einzigen Weg sah, den Widerstand der Behörde zu überwinden, und nunmehr zur Klä-

---

[58] Vgl zum Prüfungsrecht zB BVerwG Buchh 421.0 Nr 218 Sonderausgabe Prüfungsrecht 432; ferner VGH Kassel NVwZ 1990, 419: knappe, stichpunktartige Begründung genügt.

[59] Kopp 51; vgl auch BVerwGE 22, 217; 38, 194; BVerwG NVwZ 1986, 375: die Begründung kann uU auch sehr kurz sein; eine nähere Begründung kann auch noch im Prozeß nachgeschoben werden.

[60] „Folgt", vgl Obermayer 47; Knack 13; Müller-Ibold 176: die Behörde muß den im Antrag oder der Erklärung zum Ausdruck gebrachten Entscheidungserwartungen in jeder Hinsicht entsprechen; str.

[61] Müller-Ibold 176: die Behörde muß in diesem Fall begründen, warum sie nicht entsprechend dem Hauptantrag entschieden hat; Pickel 3a; StBS 50; Knack 13.

rung der für ihn wegen Wiederholungsgefahr bedeutsamen Frage Rechtsmittel ergreifen will (vgl VGH München BayVBl 1966, 171; bestätigt in BVerwGE 27, 253).

38 **c) Kein Eingriff in Rechte Dritter.** Weitere Voraussetzung für das Absehen von einer Begründung ist, dass der VA nicht in Rechte anderer eingreift, wie dies bei VAen mit Dritt- bzw Doppelwirkung die Regel ist. **Der Begriff des Eingriffs** ist derselbe wie in § 28 Abs 1 (s hierzu § 28 Rn 24). Lediglich mittelbare Auswirkungen wirtschaftlicher Art genügen nicht (Müller-Ibold 176; vgl auch BVerfG 16, 27). Greift der VA idS in Rechte ein, so ist der VA nicht nur gegenüber dem betroffenen Dritten, sondern auch gegenüber dem Antragsteller, dessen Antrag er stattgibt bzw dessen Erklärung die Behörde folgt, und gegenüber sonstigen Beteiligten zu begründen (Müller-Ibold 176; **aA** StBS 51: nur gegenüber dem belasteten Dritten). Dass der Eingriff in Rechte eines anderen **mit dessen Zustimmung** erfolgt, hebt die Begründungspflicht nicht auf (Müller-Ibold 176; **aA** Pickel 3 a).

39 **3. Erkennbarkeit der Gründe für den Betroffenen (Nr 2).** Die Ausnahme in Nr 2 trägt ähnlichen Erwägungen Rechnung wie Nr 1; insoweit gilt auch das zu Nr 1 Ausgeführte entsprechend. Auch diese Regelung entspricht dem bereits früher geltenden Recht.[62] Durch die Fassung der Vorschrift („soweit") wird klargestellt, dass – wie auch bei Nr 1 – die Ausnahme uU auch für Teile der Begründung in Betracht kommt (Müller-Ibold 179 mwN), zB hins der einem Ausländer gesetzten Ausreisefrist, wenn dafür ein Monat angesetzt ist und kein Grund ersichtlich ist, dass nach der Lebenserfahrung eine längere oder kürzere Frist angemessen sein könnte (vgl VGH Mannheim DVBl 1987, 55). Nr 2 erfasst vor allem Fälle, in denen den Beteiligten die Auffassung der Behörde aus den Erörterungen der Sache mit den Beteiligten im Verfahren (vgl VGH Mannheim NVwZ 1992, 898), aus der Vorkorrespondenz mit der Behörde oder aus vorangegangenen Verfahren oder Entscheidungen bekannt ist.

40 **a) Adressaten oder Betroffene.** Hinsichtlich der Kenntnis bzw der Erkennbarkeit der Auffassung der Behörde kommt es auf diejenigen Beteiligten (§ 13 Abs 1) an, an die die Behörde den VA richten will (Adressaten) oder die von ihm betroffen werden und deshalb hinzugezogen worden sind. Ist der VA mehreren Personen gegenüber bekannt zu geben, so ist es ausreichend, wenn er denjenigen gegenüber begründet wird, bei denen die Voraussetzungen des Abs 2 Nr 2 nicht vorliegen.

41 **b) Kenntnis** iS von Nr 2 erfordert, dass den Betroffenen die wesentliche Sach- und Rechtslage, von der die Behörde ausgeht, und die rechtlichen Erwägungen der Behörde – diese, wenn auch nicht in bezug auf konkrete Rechtsvorschriften, so doch zumindest in allgemeiner Form iS einer „Parallelwertung in der Laiensphäre" –, bei Ermessensentscheidungen auch die wesentlichen Ermessenserwägungen, bekannt sind (MB 19; Pickel 3 b; Müller-Ibold 178; ähnlich StBS 55; Knack 14). Soweit diese Voraussetzungen nicht voll erfüllt sind, genügt nach der 2. Alternative der Nr 2 allerdings auch **Erkennbarkeit,** die hier häufig gegeben ist. Dass die Kenntnis von der Behörde selbst herrührt und es sich nicht nur um Zufallskenntnisse handelt, ist nicht erforderlich (**aA** Schick JuS 1971, 5; Müller-Ibold 178). Andererseits genügt es jedoch nicht und wäre als **Umgehung der Begründungspflicht** unzulässig, wenn die Behörde den Betroffenen vorweg mündlich oder telefonisch über die Gründe unterrichtet, um sich eine schriftliche Begründung zu ersparen.[63]

---

[62] Vgl BVerwGE 10, 37; 12, 20; 22, 217; 38, 194; 61, 210 = DVBl 1981, 464; VGH München BayVBl 1975, 81; VG Frankfurt NJW 1968, 226; Müller-Ibold 178.

[63] StBS 56; Müller-Ibold 178 mwN; Knack 14; vgl auch BVerfG 40, 286 = NJW 1976, 38; zT **aA** BFH BStBl II 1981, 4; Klein 4.

c) Erkennbarkeit. Der Kenntnis der Gründe ist die Erkennbarkeit gleichgestellt. Insofern ist aber ein **strenger Maßstab** geboten (ebenso Knack 15). Die Gründe müssen für die Beteiligten so offensichtlich sein, so dass Zweifel vernünftigerweise sich insoweit nicht ergeben können („ohne weiteres erkennbar"). Grundsätzlich ist dafür erforderlich, dass der VA von seiner rechtlichen Struktur und dem zugrundeliegenden Sachverhalt her einfach gelagert ist (Müller-Ibold 178) und die für die Entscheidung maßgeblichen tatsächlichen und rechtlichen Gesichtspunkte ohne weiteres und insb ohne die Notwendigkeit von Rückfragen, von weiteren Erkundigungen usw ohne weiteres einsichtig sind (Müller-Ibold 178 mwN). 42

Für die Erkennbarkeit kommt es auf die **Sicht des Adressaten** des VA und etwaiger sonst durch den VA in ihren Rechten Betroffener unter Berücksichtigung auch ihrer größeren oder geringeren intellektuellen Fähigkeiten, soweit sie für die Behörde erkennbar sind, nicht auf die Sicht der Behörde (BSG SGb 1981, 179; FG Nürnberg EFG 1978, 524; TK 7, Klein 4; Müller-Ibold 178) oder Dritter an. In Grenzfällen und Zweifelsfällen ist zumindest ein allgemeiner Hinweis geboten, der dem Betroffenen sagt, welche der ihm an sich bekannten Umstände oder Erwägungen konkret für die Entscheidung maßgeblich waren; dies gilt insb auch dann, wenn mehrere Gründe in Betracht kommen. 43

d) Offenkundigkeit. Keine nähere Begründung, sondern grundsätzlich nur ein Hinweis auf die maßgeblichen Rechtsvorschriften, ist nach den vorstehend dargelegten Grundsätzen idR erforderlich bei VAen, **deren Voraussetzungen** und Anlass für die Betroffenen im wesentlichen offenkundig oder ohne weiteres einsichtig sind.[64] Das gilt zB für die **Aufforderung zur Schuleinschreibung** eines Kindes oder für die Anordnung einer regulären Außenprüfung gem § 193 AO (vgl BFH 138, 407: ein Hinweis auf § 193 AO genügt). 44

4. Vielzahl gleichartiger VAe, maschinell erstellte VAe (Nr 3). Die in Nr 3 vorgesehene Ausnahme von der allgemeinen Begründungspflicht gem Abs 1 soll vor allem Gesichtspunkten der Verfahrensökonomie bzw technischen Erfordernissen des Einsatzes von Datenverarbeitungsanlagen Rechnung tragen. Sie entspricht im wesentlichen dem bish Recht (vgl WBS I § 48 Rn 35). Allerdings reicht die Gleichartigkeit von VAen in größerer Zahl oder der Umstand, dass VAe mit Hilfe automatischer Einrichtungen erlassen werden, zur Freistellung von der Begründungspflicht nicht aus. Durch den Vorbehalt, dass die Behörde nur dann von einer Begründung absehen darf, wenn eine solche auch nach den **Umständen des Einzelfalles** nicht geboten ist, wird dabei einer einseitigen, mit rechtsstaatlichen Grundsätzen schwerlich zu vereinbarenden Anwendung zu Lasten des Bürgers vorgebeugt. 45

a) Gleichartige VAe in größerer Zahl. Die VAe müssen nicht zur selben Zeit erlassen werden; ausreichend ist, wenn sie fortlaufend erlassen werden (Knack 16). Gleichartige VAe idS sind insb zB **Formularbescheide,** die aus sich heraus verständlich sind (MuE 146; StBS 59; Pickel 3c; Müller-Ibold 180; Knack 16), wie die Anforderung eines Kostenvorschusses (VGH München BayVBl 1975, 81), die Aufforderung zur Abgabe einer Steuererklärung, zum Erscheinen zur Schuleinschreibung, zur Musterung usw, Gehalts- und Ruhegehaltsberechnungen uä; **nicht** dagegen zB **Rentenbescheide** (**aA** Knack 16), **Steuerbescheide,** Asylbescheide und ähnliche VAe, die jeweils auf anderen, wenn auch uU vergleichbaren Sachverhalten beruhen, die im Einzelfall aber auch nach Voraussetzungen und Folgen sehr unterschiedlich sein können;[65] insoweit sind aber uU gleichartige Begründungen, ggf auch unter Verwendung sog. Textbausteine, zulässig (Stelkens NVwZ 1982, 82; StBS 60; Knack 16; vgl auch BVerfG NJW 1982, 29). Eine bestimmte 46

---

[64] BVerwGE 83, 357; BVerwG NVwZ 1986, 375; VGH München BayVBl 1985, 724; GewArch 1987, 296.

[65] Vgl Müller-Ibold 180; Stelkens NVwZ 1982, 82; StBS 60; Knack 16.

Mindestzahl wird **nicht** verlangt. Vielmehr ist ausreichend, dass die Gleichartigkeit auf einer Fallkonstellation beruht, die sich typischerweise häufig wiederholt.

47 **b) VAe mit Hilfe automatischer Einrichtungen.** Diese Alternative der Nr 3 erfasst nicht sämtliche VAe, die etwa mit Hilfe von EDV-Anlagen erstellt werden, sondern nur solche VAe, die im wesentlichen automatisch erstellt werden, deren Erstellung also ganz oder teilweise programmgesteuert erfolgt. Die Erstellung von VAen an PCs oder vernetzten Schreibautomaten fällt nicht darunter, weil insoweit lediglich das Erstellen des Textes (Textbausteines usw) und der Ausdruck erleichtert werden. Dies ist für Abs 2 Nr 3 nicht ausreichend.

48 **c) Umstände des Einzelfalles.** Umstände des Einzelfalles, die gem Nr 3 Halbs 2 eine Begründung entbehrlich erscheinen lassen können, sind vor allem Gründe, die mit den in Nr 1 und 2 genannten vergleichbar sind.[66] Es kommt darauf an, ob bei Würdigung der berechtigten Interessen der Betroffenen eine Begründung entbehrlich ist, zB weil sie offenkundig oder sonst für die Betroffenen unschwer erkennbar ist. Nicht erforderlich ist, dass es sich um besondere, außergewöhnliche Umstände handelt. Da die Beteiligten idR ein schutzwürdiges Interesse daran haben, die Gründe zu erfahren, die für die Entscheidung der Behörde maßgeblich waren, kann als Umstand iS von Nr 3 außer den schon unter Nr 1 oder 2 fallenden Gründen wohl nur in Betracht kommen, dass der VA ausschließlich begünstigenden Charakter hat oder die Betroffenen auf eine Begründung ausdrücklich verzichten. Ist eine Begründung zum Verständnis des VA geboten, so muss sie gegeben werden (Knack 17; Ehlers Jura 1991, 341).

49 **5. Besondere Rechtsvorschriften (Nr 4).** Nr 4 wiederholt den schon in § 1 enthaltenen Vorbehalt zugunsten besonderer Rechtsvorschriften, geht jedoch insofern darüber hinaus, als danach **auch Vorschriften des Landesrechts** (einschließlich des Satzungsrechts) Ausnahmen auch in Verfahren vor Bundesbehörden begründen können (Knack 18; Pickel, Lehrbuch 276; Müller-Ibold 183; **aA** offenbar MB 23). Fälle dieser Art dürften allerdings praktisch kaum vorkommen. Die Vorschrift hat damit in erster Linie deklaratorischen Charakter (StBS 64).

50 **a) Allgemeine Anforderungen an den Ausschluss.** Eine ausdrückliche Regelung über die Entbehrlichkeit einer Begründung ist nicht notwendig. Es genügt, dass sich die Entbehrlichkeit aus dem Zweck oder Zusammenhang einer Vorschrift ergibt.[67] Voraussetzung ist aber stets das Vorliegen einer besonderen verfassungsrechtlichen Rechtfertigung für den Ausschluss. Als **Beispiele** s § 66 Abs 2 AuslG; § 66 BauGB und § 22 Abs 5 S 3 und 4 AsylVfG; zur Verfassungsmäßigkeit dieser Vorschrift vgl Müller-Ibold 183f. Eine Ausnahme gilt auch für Abhörmaßnahmen nach dem G zu Art 10 GG (vgl Müller-Ibold 186f), jedoch nicht mehr nach der Aufhebung der Maßnahmen nach Wegfall des Anordnungsgrundes (Müller-Ibold 187; **aA** OVG Münster NJW 1983, 2349). Die hM nimmt die Entbehrlichkeit einer Begründung auch bei der Versetzung politischer Beamter in den einstweiligen Ruhestand nach § 36 BBG bzw entspr § 31 BRRG an (BVerwG NVwZ-RR 1993, 90; StBS 68). Durch besondere gesetzliche Vorschriften kann die Begründungspflicht sowohl gänzlich ausgeschlossen als auch nur eingeschränkt werden. In keinem Falle darf aber der Ausschluss der Begründungspflicht dazu führen, dass dem Betroffenen der Rechtsschutz unmöglich gemacht oder unzumutbar erschwert wird (vgl BVerwGE 75, 13; OVG Bremen NJW 1987, 2393).

---

[66] Vgl Müller-Ibold 181 unter Hinweis auf Begr 60, wo als einziges Beispiel aus sich heraus verständliche Formularbescheide erwähnt werden, die an sich idR auch schon unter Nr 2 fallen; vgl auch ferner K 6: Nr 3 hat neben Nr 2 keine selbständige Bedeutung

[67] Begr 61; BVerfGE 79, 68; 84, 389; BVerwGE 71, 72; 79, 68 = NVwZ 1988, 629 zu § 23 Abs 1 S 4 WPflG, hier jedoch im Ergebnis nicht überzeugend; BVerwG NJW 1990, 2765; 1993, 1667 mwN; Knack 18; Scheffler DÖV 1977, 771; K 6d; BGH NVwZ 1991, 1022; **aA** StBS 66.

b) Geheimhaltungsvorschriften. aa) Anwendbarkeit der §§ 29, 30. Die Begründung eines VA darf **nicht Tatsachen offenbaren, die** von der Behörde auch sonst, zB nach § 30, geheim zu halten oder vertraulich zu behandeln sind, und die gem § 29 Abs 2 auch der Akteneinsicht nicht unterliegen. Soweit speziellere Vorschriften fehlen, ist die Behörde analog § 29 Abs 2 und § 30 von näheren Angaben von Gründen auch im Rahmen der Begründungspflicht gem § 39 befreit und darf insoweit auch keine Gründe angeben, wenn und soweit das Bekanntwerden von Gründen **dem Wohle des Bundes oder eines Landes** Nachteile bereiten könnte[68] oder die Gründe **ihrem Wesen nach** oder wegen schutzwürdiger privater Interessen **geheimzuhalten** sind (Kopp 50). Insoweit kann auch für die Begründungspflicht nichts anderes gelten, als gem § 30 oder ähnlichen Bestimmungen sonst allgemein für Behörden und gem § 29 Abs 2 für die Akteneinsicht gilt. 51

bb) Darlegung des Geheimhaltungsinteresses. Das Absehen von Gründen wegen Geheimnisschutzes ist rechtfertigungsbedürftig. Deshalb muss ggf zB die Bundeswehr, wenn sie gem § 30 Abs 1 LuftVG von dem normalen formellen Genehmigungsverfahren aus Geheimhaltungsgründen bei einem Militärflughafen abweichen will, in der Begründung ihrer Entscheidung nicht militärische Geheimnisse offenbaren, sondern **auf die Geheimhaltungsbedürftigkeit hinweisen** und diese sowie die übrigen Gründe ihrer Entscheidung unter Berücksichtigung der Bedeutung der Begründungspflicht im Rechtsstaat, erforderlichenfalls auch in Form einer allgemeineren Umschreibung, so „einleuchtend darlegen, dass die Beteiligten sie unter Berücksichtigung rechtsstaatlicher Belange noch als **triftig anerkennen**“ können (BVerwGE 84, 388; vgl auch BVerwG NVwZ 1989, 752). 52

cc) Schutz des Betroffenen. Zweifelhaft ist die Befugnis der Behörde zum Absehen einer Begründung aufgrund von **Art 1 Abs 1, Art 2 Abs 1 und 2 GG** und der aus diesen Bestimmungen abzuleitenden Schutzpflicht der Behörden gegenüber dem Bürger iV mit dem Grundsatz der Güterabwägung bei **Begründungen, mit deren Kenntnis** für die Betroffenen **schwerwiegende Folgen,** zB **psychische Schäden** oder die ernsthafte Gefahr solcher Schäden, verbunden sein können, die auch unter Berücksichtigung der Bedeutung der Begründungspflicht nicht zu rechtfertigen wären (vgl Knack 26; Müller-Ibold 189, 222), zB wenn zu befütchten ist, dass dadurch eine **Selbstmordpsychose** ausgelöst würde. In solchen Fällen muss die Begründung grundsätzlich wenigstens einem Vertreter des Betroffenen, einem Anwalt, Arzt uä eröffnet werden (Müller-Ibold 195). 53

6. Öffentlich bekanntgegebene Allgemeinverfügungen (Nr 5). Nr 5 soll vor allem den bei öffentlicher Bekanntgabe typischerweise auftretenden Schwierigkeiten bzw der Untunlichkeit der Beifügung einer Begründung in solchen Fällen Rechnung tragen (VGH Mannheim VBlBW 1989, 337; Knack 19). Die Regelung entspricht im wesentlichen der früheren Rechtslage (vgl WBS II § 48 Rn 38). Dabei ist offenbar vor allem an die gem § 35 S 2 ebenfalls als Allgemeinverfügungen anzusehenden dinglichen VAe, wie Verkehrszeichen (VGH München BayVBl 1987, 372) usw, gedacht. Zum **Begriff der Allgemeinverfügung** s § 35 Rn 102 ff, zum Begriff der öffentlichen Bekanntgabe § 41 Rn 60. 54

Soweit sich die Regelung auch auf andere Fälle öffentlich bekanntgegebener Allgemeinverfügungen bezieht, bei denen die Beifügung einer Begründung keine nennenswerten Schwierigkeiten bereitet – vgl insoweit auch § 41 Abs 2 S 2 – erscheint die Vereinbarkeit mit rechtsstaatlichen Grundsätzen zweifelhaft. Zumindest ist das Absehen von einer Begründung in solchen Fällen idR ermessensfehlerhaft. 55

---

[68] So im Ergebnis auch BVerwGE 66, 233; 75, 1; Müller-Ibold 186 ff; enger StBS 66; BVerfG NJW 1988, 403 = NVwZ 1988, 237; MB 23; Pickel 3 d; Klein 4.

IV. Folgen der Verletzung der Begründungspflicht

56 **1. Allgemeines.** Eine Verletzung der Begründungspflicht gem § 39 führt zur **Rechtswidrigkeit** des betroffenen VA,[69] grundsätzlich jedoch nicht zur Nichtigkeit iS von § 44. Etwas anderes könnte allenfalls gelten, wenn das Fehlen einer Begründung im Zusammenhang mit anderen Umständen als Beweis für die offensichtliche Willkürlichkeit des VA zu werten ist. Kein Verstoß gegen § 39, sondern ein materieller Verstoß gegen § 40 liegt vor, wenn der VA zwar eine Begründung enthält, die auch die tatsächlichen Erwägungen der Behörde wiedergibt, diese aber inhaltlich fehlerhaft sind. Umgekehrt liegt ein Verstoß gegen § 39 auch dann vor, wenn der VA zwar in materiellrechtlich einwandfreier Weise begründet worden ist, die angeführte Begründung aber nicht den wirklichen Beweggründen der Behörde entspricht. Bei Ermessensentscheidungen ist das Fehlen einer Begründung immer zugleich idR auch **Indiz für die Ermessensfehlerhaftigkeit** (§ 40) und damit auch für die materielle Rechtswidrigkeit des VA, wenn sich aus den Umständen nicht eindeutig das Gegenteil ergibt (im einzelnen § 40 Rn 59; ebenso StBS 41; Knack 31).

57 **Für den Lauf von Rechtsbehelfsfristen** ist das Fehlen der Begründung oder der Umstand, dass ein VA erst später begründet wird (anders als das Fehlen einer Rechtsbehelfsbelehung, vgl § 58 Abs 1 VwGO), **ohne Bedeutung** (hM, vgl Knack 35); ggf wird dadurch jedoch bei Versäumung von Fristen gem § 45 Abs 3 ein Anspruch auf Wiedereinsetzung gem § 32 oder nach anderen Vorschriften, insb nach § 60 VwGO, begründet.

58 **2. Nachholung der Begründung.** Die Begründung kann nach Maßgabe des § 45 Abs 1 Nr 2 nachgeholt werden. Die **Nachholung** stellt (sofern sie nicht zugleich den Inhalt der Entscheidung verändert, vgl Kopp/Schenke § 113 Rn 49, 60 ff) keinen VA und auch **keine Neuvornahme des VA,** zu dem sie gegeben wird, dar. Eine Nachholung der Begründung oder ihre Ergänzung kann vom Betroffenen **idR nicht erzwungen** werden (vgl auch VGH München BayVBl 1985, 278; zT **aA** Knack 36). Wird die Begründung erst im Laufe des gerichtlichen Verfahrens gegeben, kann dies für die Behörde Kostennachteile haben, wenn das gerichtliche Verfahren daraufhin für erledigt erklärt wird.

59 **3. Unbeachtlichkeit von Begründungsmängeln.** Die Rechtswidrigkeit des VA wegen eines nicht nach § 45 geheilten Verstoßes gegen § 39 hat nicht die Aufhebung des VA im Verwaltungsprozess zur Folge, wenn offensichtlich ist, dass der Fehler die Entscheidung in der Sache nicht beeinflußt hat (§ 46). Dies ist bei **streng gebundenen Entscheidungen** regelmäßig anzunehmen. Bei Ermessens-, Beurteilungs- und Planungsentscheidungen ist die Unbeachtlichkeit des Fehlers zunächst nur in den Fällen einer **Ermessensreduktion auf Null** anzunehmen (s § 46 Rn 35), darüber hinaus auch dann, wenn aufgrund der konkreten Umstände offensichtlich ist, dass der Fehler ohne Einfluß geblieben ist (vgl § 46 Rn 34). Der Begriff der **Offensichtlichkeit** ist hier sehr eng auszulegen (s § 46 Rn 33 ff). Im Regelfall wird der Begründungsmangel auch den Schluss auf einen materiellen Begründungsfehler indizieren. Ausnahmen sind allerdings denkbar, wenn zB dem Bescheid irrtümlich nicht die für den VA vorgesehene Begründung beigefügt wurde.

§ 40 Ermessen

Ist die Behörde ermächtigt,[41ff] nach ihrem Ermessen[11] zu handeln, hat sie ihr Ermessen entsprechend dem Zweck der Ermächtigung auszuüben[48 ff] und die gesetzlichen Grenzen[58] des Ermessens einzuhalten.

Parallelvorschriften: § 114 VwGO; § 39 SGB I; § 5 AO; § 54 Abs 2 SGG; § 102 FGO

---

[69] VG Braunschweig NVwZ 1988, 187; StBS 41; Knack 33; Lange 126 – rechtswidrig unabhängig von der inhaltlichen Richtigkeit.

Schrifttum allgemein zu Entscheidungsspielräumen: *Bachof,* Beurteilungsspielraum, Ermessen und unbestimmter Rechtsbegriff im Verwaltungsrecht, JZ 1955, 97; *ders,* Neue Tendenzen in der Rechtsprechung zum Ermessen und zum Beurteilungsspielraum, JZ 1972, 641; *Beckmann,* „Das Verhältnis der verwaltungsrechtlichen Kontrolldichte zur gesetzlichen Regelungsdichte, DÖV 1986, 505; *Bertossa,* „Der Beurteilungsspielraum, Bern 1984; *Breuer,* „Legislative und administrative Prognoseentscheidungen, Der Staat 1977, 21; *Bullinger,* „Ermessen und Beurteilungsspielraum-Versuche einer Therapie, NJW 1974, 769; *Ehmke,* „Ermessen“ und „unbestimmter Rechtsbegriff“ im Verwaltungsrecht, 1960; *Erichsen,* Art 3 Abs 1 GG als Grundlage von Ansprüchen des Bürgers gegen die Verwaltung, VerwArch 1980, 289; *Gassner,* Die Überwindungslast bei der Abwägung öffentlicher Interessen durch die Verwaltung, DVBl 1984, 703; *Goerlich,* Ermessen und unbestimmter Rechtsbegriff – oder: Verwaltungskultur und Rechtskontrolle in den neuen Bundesländern, ThürVBl 1993, 1; *Herdegen,* Beurteilungsspielraum und Ermessen im strukturellen Vergleich, JZ 1991, 747; *Herzog,* Verfassung und Verwaltung – zurück zu mehr Kontrolldichte, NJW 1992, 2601; *Hoppe,* Gerichtliche Kontrolldichte, in: BVerwG-FS 1978, 295; *Jesch,* Unbestimmter Rechtsbegriff und Ermessen in rechtstheoretischer und verfassungsrechtlicher Sicht, AöR 1957, 163; *Klein,* Die Kongruenz des verwaltungsrechtlichen Ermessensbereiches und des Bereiches rechtlicher Mehrdeutigkeit, AöR 1957, 7; *Koch,* Unbestimmte Rechtsbegriffe und Ermessensermächtigungen im Verwaltungsrecht, 1979; *Kokott,* Beweislastverteilung und Prognoseentscheidungen bei der Inanspruchnahme von Grund- und Menschenrechten, 1993; *Ladeur,* Die rechtliche Kontrolle planerischer Prognosen, NuR 1985, 81; *Lange,* Ermessens- und Beurteilungsspielräume als Transformatoren von Innen- und Außenrecht, NJW 1992, 1193; *Lerche,* Übermaß und Verfassungsrecht, 1961; *v Mutius,* Unbestimmte Rechtsbegriffe und Ermessen im Verwaltungsrecht, Jura 1987, 92; *Ossenbühl,* Ermessen, Verwaltungspolitik und unbestimmter Rechtsbegriff, DÖV 1970, 84; *ders,* Der polizeiliche Ermessens- und Beurteilungsspielraum, DÖV 1976, 463; *Pache,* Die Kontrolldichte in der Rspr des EuGH, DVBl 1998, 380; *Redeker,* Verfassungsrechtliche Vorgaben zur Kontrolldichte verwaltungsgerichtlicher Rechtsprechung, NVwZ 1992, 305; *Rupp,* Grundfragen der heutigen Verwaltungsrechtslehre, 2. Aufl 1991, 177; *ders,* Ermessensspielraum und Rechtsstaatlichkeit, NJW 1969, 1273; *ders,* „Ermessen“, „unbestimmter Rechtsbegriff“ und kein Ende, in: Zeidler-FS 1987, 455; *Salzwedel,* Gemischt-interdisziplinäre Tatbestände im Umweltrecht und verwaltungsgerichtliche Kontrolldichte, in: Redeker-FS 1993, 421; *Schenke,* Verwaltung und Verwaltungsgerichtsbarkeit, WuV 1988, 145; *Schmidt-Eichstaedt,* Ermessen, Beurteilungsspielraum und eigenverantwortliches Handeln der Verwaltung, AöR 1973, 173; *ders,* Die Programmierung von Verwaltungsentscheidungen, AöR 96, 321; *Scholz/Schmidt-Aßmann,* Verwaltungsverantwortung und Verwaltungsgerichtsbarkeit, VVDStRL 1976, 145, 221; *Sendler,* Die neue Rechtsprechung des BVerfG zu den Anforderungen an die verwaltungsgerichtliche Kontrolle, DVBl 1994, 1089; *Ule,* Zur Anwendung unbestimmter Rechtsbegriffe im Verwaltungsrecht, in: Jellinek-GedS 1955, 309; *ders,* Unbestimmte Begriffe und Ermessen im Umweltschutzrecht, DVBl 1973, 756; *ders,* Bundesimmissionsschutzgesetz und Vertretbarkeitslehre, WuV 1977, 80. –

Speziell zum Ermessen: *Bettermann,* Rechtsgleichheit und Ermessensfreiheit, Staat 1962, 79; *Beuermann,* Intendiertes Ermessen, 2002; *Borowski,* Intendiertes Ermessen, DVBl 2000, 149; *Brinktrine,* Verwaltungsermessen in Deutschland und England, 1997; *Brühl,* Die Behandlung des Verwaltungsermessens in Bescheid und Urteil, JuS 1995, 249; *Bullinger,* Das Ermessen der öffentlichen Verwaltung, JZ 1984, 1001; *ders* (Hg), Verwaltungsermessen im modernen Staat, 1986; *Evers/Rapp,* Zur Beweis- und Feststellungslast bei Ansprüchen auf Gewährung von Ermessensleistungen, NVwZ 1991, 549; *Gern,* Die Ermessensreduzierung auf Null, DVBl 1987, 1194; *Grote,* Ermessenslehre und Ermessenspraxis in Frankreich, NVwZ 1986, 269; *Hain/Schlette/Schmitz,* Ermessen und Ermessensreduktion, AöR 1997, 32; *Hoffmann-Riem,* Von der Antragsbindung zum konsentierten Optionenermessen, DVBl 1994, 605; *Hill,* Verfahrensermessen der Verwaltung, NVwZ 1985, 449; *Jellinek,* Ermessensausübung durch Verwaltungsbehörden, ZRP 1981, 68; *Kellner,* Einiges zum behördlichen Ermessen, DÖV 1969, 309; *Laub,* Die Ermessensreduzierung in der verwaltungsgerichtlichen Rechtsprechung, 1999; *Lohmann,* Die Zweckmäßigkeit der Ermessensausübung als verwaltungsrechtliches Prinzip, 1972; *Müller,* Das Ermessen in der Rechtsprechung des BVerfG, DÖV 1969, 119; *Obermayer,* Das Verhaltensermessen der Verwaltungsbehörden, NJW 1963, 1177; *Pietzcker,* Der Anspruch auf ermessensfehlerfreie Entscheidung, JuS 1982, 106; *Starck,* Das Verwaltungsermessen und seine gerichtliche Kontrolle, in: Sendler-FS 1991, 167; *Stern,* Die unzulässige Ermessensausübung, BayVBl 1964, 381; *Waechter,* Polizeiliches Ermessen zwischen Planungsermessen und Auswahlermessen, VerwArch 1997, 299; *Wegmann,* Zur Ermessensausübung bei Abbruchverfügungen, NVwZ 1984, 777. –

Speziell zum Beurteilungsspielraum: *Bamberger,* Behördliche Beurteilungsermächtigungen im Lichte der Bereichsspezifik des Verwaltungsrechts, VerwArch 2002, 217; *Brocke,* Der unbestimmte Rechtsbegriff im Sozialrecht, JuS 1987, 874; *DiFabio,* Verwaltungsvorschriften als ausgeübte Beurteilungsermächtigung, DVBl 1992, 1338; *Ebinger,* Der unbestimmte Rechtsbegriff im Recht der Technik, 1993; *Erichsen,* Unbestimmter Rechtsbegriff und Beurteilungsspielraum, VerwArch 1972, 337; *ders,* Die sog. unbestimmten Rechtsbegriffe als Steuerungs- und Kontrollmaßgaben, DVBl 1985, 22; *Ewer,* Beschränkung der verwaltungsgerichtlichen Kontrolldichte bei der Anwendung unbestimmter Rechtsbegriffe, NVwZ 1994, 140; *Geis,* Josefine Mutzenbacher und die Kontrolle der Verwaltung, NVwZ 1992, 25; *ders,* Die Anerkennung des „besonderen pädagogischen Interesses" nach Art 7 Abs 5 GG, DÖV 1993, 22; *ders,* Zur Entscheidungsprärogative der Bundesprüfstelle – Anm zu BVerwG JZ 1993, 790 –, JZ 1993, 792; *Greipl,* Beurteilungsermächtigungen zugunsten der Exekutive, dargestellt am Beispiel des Börsenvorstands, DVBl 1989, 746; *Gusy,* Zur Entscheidungsprärogative der Bundesprüfstelle – Anm zu BVerwG JZ 1993, 794; *Hofmann,* Der Beitrag der neueren Rechtsprechung des BVerfG zur Dogmatik des Beurteilungsspielraums, NVwZ 1995, 740; *Jarosch,* Die Fiktion des unbestimmten Rechtsbegriffs, DÖV 1974, 123; *Kellner,* Zum Beurteilungsspielraum, DÖV 1962, 572; *ders,* Der sogenannte Beurteilungsspielraum in der verwaltungsgerichtlichen Prozeßpraxis, NJW 1966, 857; *Kopp,* Die Grenzen der richterlichen Nachprüfung wertender Entscheidungen der Verwaltung, DÖV 1966, 317; *ders,* in: Götz ua, Die öffentliche Verwaltung zwischen Gesetzgeber und richterlicher Kontrolle, 1985, 146; *Kroh,* Risikobeurteilung im Gentechnikrecht, DVBl 2000, 102; *Nierhaus,* Zur gerichtlichen Kontrolle von Prognoseentscheidungen der Verwaltungen, DVBl 1977, 19; *Obermayer,* Neue Erkenntnisse zum sog. Beurteilungsspielraum?, DÖV 1972, 801; *ders,* Die Beurteilungsfreiheit der Verwaltung, BayVBl 1975, 257; *Ossenbühl,* Zur Renaissance der administrativen Beurteilungsermächtigung, DÖV 1972, 401; *ders,* Die richterliche Kontrolle von Prognoseentscheidungen der Verwaltung, in: Menger-FS 1985, 731; *Pache,* Tatbestandliche Abwägung und Beurteilungsspielraum, 2001; *Ramsauer,* Rechtsschutz durch nachvollziehende Kontrolle, FSB-VerwG, 2003 (iE); *Reidt,* Behördlicher Beurteilungsspielraum und Grundrechtsschutz, DÖV 1992, 916; *Schmidt-Aßmann,* Die Kontrolle der Verwaltungsgerichte: Verfasungsrechtliche Vorgaben und Perspektiven, DVBl 1997, 281; *Schmidt-Aßmann/Groß,* Zur verwaltungsgerichtlichen Kontrolldichte nach der Privatschul-Entscheidung des BVerfG, NVwZ 1993, 617; *Schnellenbach,* Die dienstliche Beurteilung der Beamten und der Richter, 1986; *ders,* Zur Überprüfung dienstlicher Beurteilungen der Beamten und der Richter, RiA 1990, 120; *Schulze-Fielitz,* Neue Kriterien für die verwaltungsgerichtliche Kontrolldichte bei der Anwendung unbestimmter Rechtsbegriffe, JZ 1993, 772; *Schwarze/Schmidt-Aßmann* (Hg), Das Ausmaß der gerichtlichen Kontrolle im Wirtschaftsverwaltungs- und Umweltrecht, 1992; *Sieckmann,* Beurteilungsspielräume und richterliche Kontrollkompetenzen, DVBl 1997, 101; *Smeddinck,* Der unbestimmte Rechtsbegriff – strikte Bindung oder Tatbestandsermessen?, DÖV 1998, 370; *Tettinger,* Überlegungen zu einem administrativen „Prognosespielraum", DVBl 1982, 421; *Theuersbacher,* Probleme der gerichtlichen Kontrolldichte im Kapazitätsrecht, NVwZ 1986, 978; *Wahl,* Risikobewertung der Exekutive und richterliche Kontrolldichte – Auswirkungen auf das Verwaltungs- und das richterliche Verfahren, NVwZ 1991, 409; *Würkner,* BVerfG auf Abwegen? Gedanken zur Kontrolldichte verwaltungsgerichtlicher Rechtsprechung, NVwZ 1992, 309; *Würkner/Kerst-Würkner,* Der Entscheidungsvorrang der Bundesprüfstelle: Das neue Abwägungsermessen als grundrechtsdogmatischer Phönix aus der Asche des alten Beurteilungsspielraums, NJW 1993, 1446; *dies,* Die Indizierung „schlicht" jugendgefährdender Kunstwerke, NVwZ 1993, 641. –

Speziell zu Prüfungsentscheidungen: *Adam,* Die Kontrolldichte-Konzeption des EuGH und deutscher Gerichte, 1993; *Alberts,* Verfassungsrechtliche Grenzen des Beurteilungsspielraums bei Prüfungsentscheidungen, DVBl 1976, 622; *Alexy,* Ermessensfehler, JZ 1986, 701; *Becker,* Überlegungen zur „Neuzeit" des Prüfungsrechts, NVwZ 1993, 1129; *Berkemann,* Die „eingeschränkte" richterliche Kontrolle schulischer Leistungsbeurteilungen, RdJB 1986, 258; *Cattepoel,* Entwicklungen und Tendenzen in der Rechtsprechung zum Prüfungsrecht, NWVBl 1992, 304; *Grupp,* Gerichtliche Kontrolle von Prüfungsnoten, JuS 1983, 351; *Gusy,* Prüfungsentscheidungen vor Gericht – die Beschlüsse des BVerfG (BVerfG NJW 1991, 2005 und 2008) –, Jura 1991, 633; *ders,* Anm zu BVerfG 84, 34 und 59, JZ 1991, 1081; *Goerlich,* Zum Beurteilungsspielraum bei Prüfungsleistungen – Anm zu BVerwG JZ 1993, 798, JZ 1993, 803; *Hufen,* Gerichtliche Kontrolle von berufsbezogenen Multiple Choice-Prüfungen, JuS 1992, 252; *Koenig,* Zur gerichtlichen Kontrolle sog Beurteilungsspielräume im Prüfungsrecht, VerwArch 1992, 351; *Kopp,* Die Neubewertung fehlerhaft bewerteter Prüfungsaufgaben, BayVBl 1990, 684; *ders,* Anm zu BVerfG DVBl 1991, 401, DVBl 1991, 988; *ders,* Grenzen des Beurteilungsspielraumes bei Prüfungen, JuS 1995, 468; *Lindner,* Die

Prägung des Prüfungsrechts durch den Grundsatz der Chancengleichheit, BayVBl 1999, 100; *Löwer,* Kontrolldichte im Prüfungsrecht nach dem Maßstab des Bundesverfassungsgerichts, in: Redeker-FS 1993, 515; *Müller-Franken,* Die Begründung von Prüfungsentscheidungen bei Berufszugangsprüfungen, VerwArch 2001, 507; *Muckel,* Verwaltungsgerichtliche Kontrolle von Prüfungsentscheidungen, WissR 1994, 107; *Niehues,* Schul- und Prüfungsrecht, 3. Aufl 1994; *ders,* Stärkere gerichtliche Kontrolle von Prüfungsentscheidungen, NJW 1991, 3001; *Pieske,* Rechtsprobleme im schulischen Prüfungs- und Beurteilungsbereich, RiA 1980, 103; *Püttner,* Zur gerichtlichen Nachprüfung von Prüfungsentscheidungen, Anm zu BVerwG 11. 8. 92, JZ 1994, 460; *Rauschning,* Kontrolle der Leistungsbewertung im juristischen Staatsexamen (zu OVG Münster, NVwZ 1993, 94 und 95), JuS 1993, 551; *Rozek,* Neubestimmung der Justitiabilität von Prüfungsentscheidungen, NVwZ 1992, 343; *Scherzberg,* Behördliche Entscheidungsprärogativen im Prüfungsverfahren?, NVwZ 1992, 31; *Streinz/Hammerl,* Der praktische Fall: Prüfungsüberprüfung, JuS 1993, 663; *Theuersbacher,* Die gerichtliche Kontrolle im Multiple-Choice-Verfahren der staatlichen ärztlichen und pharmazeutischen Prüfungen, BayVBl 1984, 129, 166; *v Golitschek,* Bewertung der Prüfungsleistungen in juristischen Staatsprüfungen und deren gerichtliche Kontrolle, BayVBl 1994, 257 und 300; *v Mutius/Sperlich,* Prüfungen auf dem Prüfstand – die Beschlüsse des Bundesverfassungsgerichts vom 17. 4. 1991 zur gerichtlichen Kontrolle von Prüfungsentscheidungen, DÖV 1993, 45; *Wagner,* Das Prüfungsrecht in der aktuellen Rechtsprechung, DVBl 1990, 183; *Wimmer,* Gibt es gerichtlich unkontrollierbare „prüfungsspezifische" Bewertungsspielräume?, in: Redeker-FS 1993, 531; *Zimmerling/Brehm,* Die Entwicklung des Prüfungsverfahrensrechts seit 1991, NVwZ 1997, 451. –

Speziell zum Planungsermessen: *Brohm,* Ermessen und Beurteilungsspielraum im Grundrechtsbereich, JZ 1995, 369; *Erbguth,* Neue Aspekte zur planerischen Abwägungsfehlerlehre? DVBl 1986, 1230; *Gassner,* Methoden und Maßstäbe für die planerische Abwägung, Sonderbeilage zum Bundesanzeiger v 4. 2. 1993, Nr 23 a; *Hillermeier,* Methoden und Maßstäbe für die planerische Abwägung, BayVBl 1994, 140; *Ibler,* Die Schranken planerischer Gestaltungsfreiheit im Planfeststellungsrecht, 1988, zugl Diss. Göttingen 1988; *ders,* Die behördlichen Abwägungsspielräume bei Bauleitplanung und Planfeststellung, JuS 1990, 7; *Johlen,* Besonderheiten des Rechtschutzes gegenüber Planfeststellungen, in: Redeker-FS 1993, 487; *Kühling/Herrmann,* Fachplanungsrecht 2. Aufl; *Rubel,* Planungsermessen, 1982; *Sauthoff,* Planerische Abwägungen im System straßen- und wegerechtlicher Entscheidungen, NVwZ 1995, 119; *Schulze-Fielitz,* Verwaltungsgerichtliche Kontrolle der Planung im Wandel, FS Hoppe 2000, 997; *Steinberg,* Das Nachbarrecht der öffentlichen Anlagen – Nachbarschutz gegen Planfreistellungen und sonstigen Anlagen der öffentlichen Hand, 1988; *Wegener,* Die Bedeutung des Planungsermessens, Vw 1981, 300; *Weyreuther,* Rechtliche Bindung und gerichtliche Kontrolle planender Verwaltung im Bereich des Bodenrechts, BauR 1977, 293. –

Speziell zum normativen Ermessen: *Badura,* Das normative Ermessen bei Erlass von Rechtsverordnungen und Satzungen, Martens-GedS 1987, 25; *v Danwitz,* Die Gestaltungsfreiheit des Verordnungsgebers, 1989; *Nagel,* Die Rechtskonkretisierungsbefugnis der Exekutive: Ermessenkategorien und verwaltungsgerichtliche Kontrolldichte, 1993, zugleich Diss. Konstanz 1993; *Schmidt,* Gesetzesvollziehung durch Rechtsetzung, 1969.

Übersicht

I. Allgemeines

1 **1. Inhalt.** Die Vorschrift regelt die Ausübung des Ermessens in Fällen, in denen der Behörde in den maßgebenden Rechtsvorschriften oder Rechtsgrundsätzen für eine von ihr zu treffende Entscheidung ein **Ermessensspielraum** eingeräumt ist. Sie entspricht der auch schon vor Inkrafttreten des VwVfG hM, wonach im demokratischen Rechtsstaat das einer Behörde eingeräumte Ermessen nicht frei, sondern pflichtgemäßes Ermessen ist (vgl BVerfG 14, 114; NJW 1978, 2247), das sich am **Zweck der Ermächtigung** zu orientieren hat und die gesetzlichen Grenzen, die für die Ausübung des Ermessens gelten, nicht überschreiten darf.[1]

2 In der Formulierung lehnt sich § 40 – wenig glücklich – an § 114 VwGO an, ohne dass dabei der grundlegende Unterschied berücksichtigt wird, der sich daraus ergibt, dass § 114 VwGO die Nachprüfung des Ermessens durch die Verwaltungsgerichte betrifft, während sich § 40 auf die Herstellung der Ermessensentscheidung und damit auf den Inhalt dieses Ermessens bezieht (vgl Kopp/Schenke § 114 Rn 1 mwN; allg auch v Unruh NVwZ 1988, 695). **Nicht ausdrücklich geregelt** ist deshalb in § 40 die praktisch wichtige Frage der Sachgemäßheit der Ermessensausübung iS der **Zweckmäßigkeit** (zB gem § 68 VwGO) innerhalb der in § 40 allein angesprochenen Rechtmäßigkeitserfordernisse, ebenso wenig das Problem der Angemessenheit, Gerechtigkeit, Billigkeit der zu treffenden Regelung (vgl MK 9 I 3; Kopp/Schenke § 114 Rn 1), auch nicht die Frage des Rechts des Bürgers auf ermessensfehlerfreie Ausübung des Ermessens. Keine unmittelbare Regelung trifft die Vorschrift über die Auslegung und Anwendung unbestimmter Rechtsbegriffe, der **Beurteilungsspielraum** und das sog. **Planungsermessen,** für die im wesentlichen jedoch dieselben Grundsätze gelten. Zu den ebenfalls nicht ausdrücklich geregelten **Folgen von Ermessensfehlern** s unten Rn 67 ff.

3 **2. Anwendungsbereich. a) Ermessensentscheidungen.** Die Vorschrift gilt unmittelbar nur für Ermessensentscheidungen in der Form von VAen, entsprechend aber auch für die **Vornahme sonstiger Ermessenshandlungen** (ABegr 8) aufgrund des materiellen Rechts und des Verfahrensrechts im Anwendungsbereich des VwVfG, auch zB nach § 10 oder § 28 Abs 2.[2] Nach seiner systematischen Stellung in Teil III des VwVfG gilt § 40 zwar unmittelbar nur für VAe, als Ausdruck eines allgemeinen Rechtsgedankens ist die Vorschrift sinngemäß jedoch auch auf das **Verwaltungshandeln** im Bereich des öffentlichen Rechts **außerhalb konkreter Verwaltungsverfahren** anzuwenden,[3] zB auf die Entscheidung, ob ein öffentlich-rechtliches Zurückbehaltungsrecht ausgeübt werden soll.[4] Trotz der insoweit mißverständlichen Formulierung („Zweck der Ermächtigung"; „Grenzen des Ermessens") findet § 40 zumindest analog auch auf Verwaltungshandeln auf nicht näher durch Gesetze geregelten Gebieten, zB auf die Bewilligung von Subventionen, außerordentliche Maßnahmen in Notfällen usw, Anwendung (**aA** Knack 14). Darüber hinaus gelten die Grundgedanken des § 40 **auch für das privatrechtliche Handeln** der Behörden.[5] Den Ermessensentscheidungen gleichgestellt sind, wenn durch Gesetz nichts anderes bestimmt ist, auch die aufgrund vereinzelter besonderer gesetzlicher Regelungen den Behörden übertrage-

---

[1] Vgl BVerwGE 19, 335; 29, 235; 30, 313; 45, 24; BVerfG 9, 147; 14, 105; NJW 1979, 1113; vdGK 3, 1; M 30; WBS I § 31 Rn 45; Obermayer VerwR 2. Aufl 60, 65; Menger VerwArch 1973, 207; Roellecke DÖV 1968, 377.

[2] Ebenso Rothkegel DÖV 1982, 512; Hill NVwZ 1985, 450; Obermayer 7; Knack 6.

[3] So offensichtlich auch ABegr 8; ebenso Rothkegel DÖV 1982, 513; Obermayer 115; Lange NJW 1992, 1194; Knack 7; StBS 47 f.

[4] OVG Münster DÖV 1983, 1024 = DVBl 1983, 1074; Obermayer 9; StBS 48.

[5] OVG Lüneburg NJW 1977, 450 zu einer privatrechtlichen Gebührenregelung für bestimmte Benutzungsverhältnisse; Knack 9; Obermayer 9; ebenso Rothkegel DÖV 1982, 513; Achterberg JA 1985, 510; v Zetzschwitz NJW 1983, 510.

nen **schiedsrichterlichen Entscheidungen,** zB hins der Vermögensauseinandersetzung von Gemeinden (OVG Koblenz NJW 1980, 76).

b) Geltung für Beurteilungs- und Planungsentscheidungen. Ausdrücklich ist zwar nur von Ermessen die Rede. Wegen der wesentlichen Gleichartigkeit der Probleme und der Regelung zugrundeliegender Rechtsgedanken (vgl Rn 87) ist § 40 aber auch zumindest analog auf Fälle anzuwenden, in denen der Verwaltung aufgrund gesetzlicher Vorschriften oder nach allgemeinen Rechtsgrundsätzen ein Spielraum für die Beurteilung bestimmter tatbestandsmäßiger Voraussetzungen eines VA (sog **Beurteilungsspielraum**) zuerkannt ist, sowie auf Fälle, in denen der Behörde ein Planungsermessen bzw ein **planerischer Gestaltungsspielraum** eingeräumt worden ist (zB für Planfeststellungsbeschlüsse gem § 74).[6] Trotz der von der hM angenommenen unterschiedlichen Struktur der Entscheidungsspielräume bei Ermessen, Beurteilungsspielraum und planerischem Gestaltungsspielraum, wonach sich das Ermessen auf die Rechtsfolgen, Beurteilungsspielraum auf die Handlungsvoraussetzungen bezieht (s näher Rn 10), sind die maßgeblichen rechtlichen Grundsätze im wesentlichen die gleichen (zT str; s unten Rn 22 ff). Auch hier erkennt der Gesetzgeber, im Prinzip nicht anders als bei Ermessensentscheidungen, für die Gesetzesanwendung auf den Einzelfall den Behörden dafür einen gewissen, gerichtlich grundsätzlich nur beschränkt nachprüfbaren Beurteilungs- und Wertungsspielraum[7] zu,[8] damit sie diesen Spielraum entsprechend den Zwecken der Rechtsnorm, die ihn ihr einräumt und unter Einhaltung der ihr vom Gesetz dafür vorgegebenen Grenzen ausfüllt.[9] 4

c) Geltung für normatives Ermessen? Problematisch ist die entsprechende Anwendung der Vorschrift auf Rechtsverordnungen und Satzungen (hierzu v Danwitz, Die Gestaltungsfreiheit des Verordnungsgebers, 189; Maurer DÖV 1993, 184). In diesen Fällen wird die Gestaltungsfreiheit des Normgebers auch als **normatives Ermessen** bezeichnet. Handelt es sich um Entscheidungen des parlamentarischen Gesetzgebers, ist zumeist von **Legislativermessen** die Rede. Auf letzteres lässt sich die Vorschrift nach einhelliger Meinung grundsätzlich nicht anwenden, weil für ihn keine dem administrativen Ermessen vergleichbaren einfachgesetzlichen Zweckvorgaben bestehen, an denen die Legislativentscheidung ausgerichtet werden müßte. Verfassungsrechtliche Vorgaben sind insoweit idR nicht vergleichbar. Grundsätzlich wird man die Anforderungen des § 40 aber auch auf das normative Ermessen des Verordnungs- oder Satzungsgebers nicht ohne weiteres erstrecken können, obwohl dem Verordnungsgeber die Ermächtigungszwecke gem Art 80 Abs 1 S 2 GG bzw entspr Landesverfassungsrecht hinreichend genau vorgegeben werden müssen (StBS 48; vgl AK-GG-Ramsauer Art 80 Rn 55 a). 5

---

[6] Ähnlich Knack 28; **aA** offenbar Obermayer 4.

[7] Die Terminologie ist hier nicht homogen; vgl Schmidt-Aßmann MDH Art 19 Abs 4 Rn 185 ff; zB Einschätzungsprärogative, vgl BVerfG NVwZ 1993, 670; BVerwGE 72, 197 = DÖV 1986, 529; Beurteilungsermächtigung, vgl BVerwGE 62, 337; BVerwG DVBl 1981, 976: Beurteilungsermessen, vgl Obermayer 12: Abwägungsermächtigung, vgl Würkner/Kerst-Würkner NJW 1993, 1446; NVwZ 1993, 641; allg zur unterschiedlichen Terminologie auch BVerwGE 72, 53.

[8] Vgl BVerwGE 39, 203; 57, 130; 59, 215; 62, 336; 81, 17; BVerwG DVBl 1991, 49; BayVBl 1986, 88; 1987, 219; BVerfG 84, 78; NJW 1980, 1153; 84, 46 = NJW 1991, 2005; BSG 10, 51; 11, 117; 23, 209; 38, 289; DÖV 1980, 380; DVBl 1982, 90; NJW 1985, 697; BGHZ 46, 382; BFH 81, 577; Ule 2 I; DVBl 1973, 756; 1974, 918; Erichsen/Ehlers § 10 Rn 33 ff; Maurer § 7 Rn 20 ff; Tettinger DVBl 1982, 421; Obermayer 60, 85 ff; WBS I § 31 Rn 8; Stern 17 I 4 mwN; Ossenbühl DVBl 1974, 309; Bachof JZ 1972, 208 ff; Koch DVBl 1983, 1125; Kopp DVBl 1991, 989; BVerfG NVwZ 1993, 669; BVerwGE 91, 265 = NJW 1993, 1490 ff; VGH Kassel NVwZ 1989, 1183; Würkner/Kerst-Würkner NJW 1993, 1446; Herdegen JZ 1991, 750; Schmidt-Aßmann/Groß NVwZ 1993, 624 mwN.

[9] BVerwGE 39, 203; 62, 336; Obermayer BayVBl 1975, 259; Tettinger DVBl 1982, 421; Herdegen JZ 1991, 747; zur Entwicklung s Erichsen/Ehlers § 10 Rn 31 ff.

Sowohl der EntscheidungsProzess als auch dessen gerichtliche Kontrolle weisen indessen gegenüber dem Administrativermessen Unterschiede auf, die eine entsprechende Anwendung des § 40 im Grundsatz ausschließen (Badura, Martens-GedS, 25; v Danwitz, Die Gestaltungsfreiheit an Verordnungsgebers, 161 ff; Ossenbühl NJW 1986, 2805). Wie weit hier die gerichtliche Kontrolle gehen kann, richtet sich nach den gesetzlichen Vorgaben, die für den Verordnungs- bzw Satzungsgeber bestehen. So kann es Fälle geben, in denen die Normsetzung durch den Gesetzgeber selbst vergleichbaren Bindungen unterworfen worden ist. Dies ist etwa bei dem Erlass von Bebauungsplänen in Form von Satzungen (§ 10 BauGB) der Fall.

6 **3. Verfassungsrechtliche Probleme administrativer Spielräume.** Administrative Entscheidungsspielräume führen zumeist zu einer Einschränkung des gerichtlichen Kontrollumfangs im Streitfall. Soweit grundrechtliche Positionen berührt sind, ist deshalb stets eine gesetzliche Ermächtigung für die Einräumung derartiger Spielräume erforderlich, die sich an der jeweiligen Grundrechtsposition und nach hM an der **Rechtsschutzgarantie des Art. 19 Abs 4 GG** messen lassen muss.[10] Die Anerkennung eines der gerichtlichen Nachprüfung teilweise verschlossenen und idS „gerichtsfreien" Spielraums der Behörden ist vor allem im Bereich des **Beurteilungsspielraums** auf der Tatbestandsseite von Rechtsnormen umstritten. Die Zulässigkeit von **Ermessensnormen,** die bei Erfüllung tatbestandlicher Voraussetzungen der Ermächtigung die Setzung einer bestimmten Rechtsfolge im Einzelfall dem Ermessen der zuständigen Behörde überlassen, wurde demgegenüber zB im Bereich der Gefahrenabwehr nie ernsthaft in Zweifel gezogen. Auch für die **Planungsentscheidungen,** deren Eigenständigkeit relativ spät erkannt wurde, war die Zulässigkeit bzw Notwendigkeit eines planerischen Gestaltungsspielraums von Anfang an anerkannt (BVerwGE 34, 301, 304; 48, 56, 59; 56, 110, 116: Planung ohne planerischen Gestaltungsspielraum ist ein Widerspruch in sich). Im Grunde geht es aber in verfassungsrechtlicher Hinsicht bei sämtlichen Formen von Entscheidungsspielräumen der Verwaltung um dieselbe Frage, nämlich um den notwendigen Umfang der Gesetzesbindung bzw um den verfassungsrechtlich insbesondere durch Art. 19 Abs 4 GG gebotenen Umfang der Kontrolle von Entscheidungen durch die Verwaltungsgerichte **(Kontrolldichte).** Dieser Umfang ist nicht von der rechtskonstruktiven Ausgestaltung des Spielraums als Ermessen, Beurteilungsspielraum oder Planungsermessen) abhängig, sondern hängt entscheidend davon ab, ob es für die Einräumung dieses Spielraums durch den Gesetzgeber Gründe gibt, die die damit verbundene Einschränkung der Kontrolle durch die Gerichte zu rechtfertigen vermögen. Nur insoweit ist die Anerkennung administrativer Spielräume nach heute hM, insb nach der Rspr des BVerfG, mit Art 19 Abs 4 GG und den Folgerungen, die sich daraus und aus anderen Verfassungsgrundsätzen sowie aus in der Sache uU betroffenen Grundrechten ergeben, vereinbar.[11]

7 **a) Die normative Ermächtigungslehre.** Der Umfang der verfassungsrechtlich gebotenen Kontrolle der Verwaltung durch die Verwaltungsgerichte ist seit Inkrafttreten des GG stets umstritten gewesen. Nachdem in der Literatur zunächst

---

[10] Letzteres ist deshalb problematisch, weil sich die Rechtsschutzgarantie nur auf den Schutz der rechtlich konstituierten Positionen beziehen kann. Wenn und soweit die jeweilige Rechtsnorm Spielräume lässt, kann sich die Rechtsschutzgarantie im Grunde auch nur auf eine mit diesen Spielräumen behaftete Position beziehen, vgl AK-GG-Ramsauer Art 19 Abs 4 Rn 111; Ramsauer, Rechtsschutz durch nachvollziehende Kontrolle, FS BVerwG, 2003 (iE IV).

[11] BVerfG 61, 82 = NJW 1982, 2173; 64, 279; 84, 49 = NJW 1991, 2005; 84, 77 = NJW 1991, 2008 m Anm Kopp DVBl 1991, 989; JZ 1991, 1081; NVwZ-RR 1991, 577; BVerfG 88, 56 = NJW 1993, 918; VG Wiesbaden NJW 1988, 360; Obermayer 112 zu § 40; Schulze-Fielitz JZ 1993, 772; zT **aA** BVerwGE 39, 305; 59, 216; 61, 186; 62, 341; 75, 279; DVBl 1982, 31; 1987, 314; Bachof JZ 1972, 209; Erichsen DVBl 1985, 26: mit Art 19 Abs 4 GG ohne weiteres vereinbar.

die Auffassung vorherrschend war, den Gerichten stehe grundsätzlich nur eine eingeschränkte Kontrollbefugnis zu;[12] setzte sich vor allem aufgrund der Rechtsprechung des BVerwG (vgl zB NVwZ 1991, 568) die Auffassung durch, dass **jede Einschränkung der Kontrolle** durch die Verwaltungsgerichte einer zulässigen **gesetzlichen Ermächtigung** bedarf (normative Ermächtigungslehre). Dies bedeutet, dass die sog **Letztentscheidungskompetenz,** also das Recht, in der Sachentscheidung „das letzte Wort" zu haben, nur dann bei der Verwaltung liegt, wenn diese vom Gesetzgeber aufgrund verfassungsrechtlich haltbarer Gründe der Verwaltung übertragen worden ist (Schmidt-Aßmann in M/D Art 19 Abs 4 Rn 185; Schmidt-Aßmann/Groß NJW 1993, 617; Schulze-Fielitz JZ 1993, 772; Maurer § 7 Rn 37 ff; MK 9). In allen anderen Fällen liegt diese Letztentscheidungskompetenz bei den Gerichten, die dann also berechtigt sind, im Rahmen ihrer Rechtskontrolle die Entscheidung in der Sache praktisch selbst zu treffen.

b) Kritik: Kontrolle statt Selbstentscheidung. Die von der hM vertretene normative Ermächtigungslehre läuft darauf hinaus, dass die Gerichte in allen Fällen, in denen die Kompetenz zur Leztentscheidung nicht auf die Verwaltung übertragen worden ist, die ihnen übertragene Rechtskontrolle dadurch ausüben (dürfen), dass sie den Fall selbst entscheiden. Dies berücksichtigt nicht hinreichend das Wesen der Rechtskontrolle. Diese besteht nämlich nicht darin, über die Anwendung von Recht und Gesetz selbst zu entscheiden und das Ergebnis dann mit der von der Verwaltung getroffenen Entscheidung zu vergleichen, um letztere im Falle einer Abweichung aufzuheben bzw zu korrigieren. **Kontrolle heißt vielmehr stets (nur) Fehlerkontrolle.** Dies bedeutet an sich, dass die von der Verwaltung bereits getroffene Entscheidung kritisch nachvollzogen werden muss und nur dort und insoweit korrigiert werden darf, als sie den normativen Vorgaben nicht gerecht wird. Die Kontrolldichte muss dabei der Dichte der normativen Vorgaben entsprechen (Beckmann DÖV 1986, 605). Die Vorgaben entfalten jeweils ganz unterschiedliche Steuerungskraft. Einige sind derart stringent, dass nur eine einzige Entscheidung im Einzelfall mit ihnen vereinbar erscheint, andere dagegen lassen durchaus verschiedene Entscheidungen gleichberechtigt nebeneinander zu, und zwar unabhängig davon, ob sie von der hM als Beurteilungsermächtigungen angesehen werden oder nicht. 8

c) Orientierung der Kontrolle an der Regelungsdichte. Alle in Rechtssätzen verwendeten Begriffe entbehren in geringerem oder größerem Umfang der Bestimmtheit mathematischer Symbole (vgl v Olshausen JuS 1973, 219). Schon angesichts dieser **fließenden Übergänge** (vgl insoweit auch BVerwG DVBl 1991, 49; Kirchhof NJW 1986, 2279; Sendler, in: Ule-FS 1987, 356) ist es nicht vertretbar, an die Unterscheidung zwischen bestimmten und unbestimmten Rechtsbegriffen derart weitreichende Folgerungen auch für den Rechtsschutz zu knüpfen, wie es nach der hM der Fall ist (ebenso VG Wiesbaden NJW 1988, 362). Dem verfassungsrechtlichen Kontrollauftrag der Gerichte entspricht es eher, in jedem Falle des Gesetzesvollzugs nur eine **nachvollziehende Kontrolle** durchzuführen, deren Dichte von der jeweils anzuwendenden gesetzlichen Ermächtigung abhängt. Soweit die anzuwendenden Vorschriften nur eine geringe Steuerungswirkung entfalten und den Behörden in verfassungsrechtlich zulässiger Weise Spielräume überlassen, sollte deshalb auch dann **keine Selbstentscheidung durch die Gerichte** erfolgen, wenn die herkömmlichen Voraussetzungen dafür nach der normativen Ermächtigungslehre vorlägen. Umgekehrt sollte auch in den Fällen, in denen ein Spielraum anerkannt 9

---

[12] Vgl Ule VwPr § 2 I: Vertretbarkeitslehre; Bachof, JZ 1972, 208: Beurteilungsspielraum; WBS I § 31 Rn 19: Einschätzungsprärogative; vgl dazu Ule, in: Jellinek-GedS 1955, 309; VerwArch 1985, 15; WuV 1977, 87; Kopp BayVBl 1983, 679; Hillermeier BayVBl 1984, 581; Bleckmann DVBl 1990, 500; ähnlich Bachof JZ 1972, 208; Erichsen DVBl 1985, 22; Böhle BayVBl 1985, 43; neuerdings Pache passim.

wurde, eine vollständige Überprüfung anhand der maßgeblichen gesetzlichen Vorschriften erfolgen, soweit die gesetzlichen Vorgaben dies erlauben.[13]

9 a **4. Entscheidungsspielräume im Europarecht.** Das Gemeinschaftsrecht kennt anders als das deutsche Recht keine klare Unterscheidung von Ermessen, Beurteilungsspielräumen und Planungsermessen.[14] Vielmehr werden in der Rspr des EuGH die bei der Auslegung und Anwendung von Vorschriften bestehenden Spielräume weitgehend gleich behandelt; dies gelangt auch in der Terminologie zum Ausdruck (vgl EuGH Slg 1965, 859, 878; EuGH DVBl 1986, 92). In der Rspr des EuGH kommt insoweit nicht nur eine andere Ermessensdogmatik zum Ausdruck, sondern auch ein anderes gerichtliches Kontrollkonzept, bei dem die Kontrolle nicht durch Selbstentscheidung seitens der Gerichte, sondern durch eine nachvollziehende Kontrolle erfolgt (vgl näher Pache, Tatbestandliche Abwägung und Beurteilungsspielraum, 2002, 373). Gleichwohl kann § 40 auch in den Fällen des **indirekten Vollzugs von Gemeinschaftsrecht** (s hierzu Einf Rn 58) zur Anwendung kommen. Dies gilt vor allem deshalb, weil die Spielräume beim Ermessen, Beurteilungsspielraum und beim Planungsermessen eine weitgehend einheitliche finale Struktur aufweisen, was eine weitgehend einheitliche Fehlerlehre ermöglicht (s hierzu näher unten Rn 22ff).

II. Entscheidungsspielräume der Verwaltung

10 **1. Allgemeines.** Die Verwaltungsrechtsdogmatik unterscheidet herkömmlich zwischen Entscheidungsspielräumen auf der Tatbestandsseite, die als **Beurteilungsspielräume** bezeichnet werden, und solchen auf der Rechtsfolgeseite, die mit dem Begriff Ermessensspielraum gekennzeichnet werden.[15] Bei den sog Koppelungsvorschriften handelt es sich um solche, die im Tatbestand Beurteilungsspielraum eröffnen und auf der Rechtsfolgeseite eine Ermessensentscheidung vorsehen. Nicht in diese überkommene Systematik passen die **planerischen Entscheidungsspielräume,** die im modernen Verwaltungsrecht von den beiden herkömmlichen Kategorien unterschieden werden und bei denen eine Differenzierung nach Tatbestand und Rechtsfolge nicht oder jedenfalls nicht ohne weiteres möglich ist. Zu Unrecht wird teilweise in den sog **Prognosespielräumen** eine weitere Kategorie gesehen (s unten Rn 18). Auch wenn die rechtsdogmatische Berechtigung dieser Systematisierungen zweifelhaft ist, sollte an ihnen aus Gründen der Übersichtlichkeit festgehalten werden.

11 **2. Ermessen.** Ermessen bedeutet, dass das Handeln der Behörde nicht schon durch die Rechtsvorschriften, die die Grundlage dafür bilden, eindeutig und abschließend vorgezeichnet und determiniert ist und die Behörde nur die Aufgabe hat, die entsprechenden Tatsachen zu subsumieren, sondern dass die insoweit maßgeblichen Rechtsvorschriften der Behörde einen gewissen **Spielraum bei der Setzung einer bestimmten Rechtsfolge** lassen. Die Gerichte dürfen die Entscheidung insoweit nur auf Ermessensfehler hin prüfen.[16] Das Ermessen kann sich

---

[13] S hierzu näher Ramsauer BVerwGFS, 2003 (iE).

[14] Aus dem reichhaltigen Schrifttum hierzu s nur Grabitz NJW 1989, 1776, 1778; Pache 373; Streinz, Europarecht, 5. Aufl 2001, Rn 525.

[15] Vgl BVerwG 72, 38, 53; BVerwG NJW 1999, 2056; OVG Mannheim DÖV 1995, 424; UL § 55 Rn 2; StBS 32ff; Knack 26; nun auch wieder Obermayer 4; krit zu Recht Koch, Unbestimmte Rechtsbegriffe: Ermessen als Ermächtigung zur Tatbestandsergänzung; MB 17; ähnlich Smeddinck DÖV 1998, 370.

[16] Vgl BVerwGE 44, 159; DVBl 1982, 30; Obermayer VerwR 88ff; Rupp VVDStRL 34, 217; Kopp DÖV 1966, 317; MK 9 II; Herdegen JZ 1991, 263; Ossenbühl, in: Redeker-FS 1993, 55; Schmidt-Aßmann/Groß NVwZ 1993, 617; Burgi JZ 1994, 656; Erbguth DVBl 1993, 651 mwN; Hoppe/Schlarmann, Raumordnungs- und LandesplanungsR, 2. Aufl 1992, Rn 511.

beziehen auf die Frage des „Ob" des Handelns der Behörde, bei VAen auf die Frage, ob ein Verfahren nach § 9 eingeleitet wird, ob der beantragte oder von der Behörde von Amts wegen beabsichtigte VA erlassen wird, usw **(Entschließungsermessen),** und auf die Frage des „Wie" des Handelns, insb die Bestimmung des näheren Inhalts einer Entscheidung, zB die Frage, welche Nebenbestimmungen dem VA beigefügt werden, sowie wer von mehreren Pflichtigen in Anspruch genommen werden soll **(Auswahlermessen).**

a) Ermessensermächtigung. Ob und ggf in welcher Hinsicht – zB hins des Erlasses des VA oder nur hins eines Teilaspektes, uU nur hins einer Nebenbestimmung – der Behörde in einer Sache ein Ermessensspielraum zukommt, ist letztlich eine Frage der Auslegung der einschlägigen Vorschriften, insb der gesetzlichen Ermächtigung zum Erlass des in Frage stehenden VA. § 40 enthält keine derartige Ermächtigung, sondern **setzt eine Ermächtigung im Fachrecht voraus.** Das Fehlen näherer Normierung der Voraussetzungen eines VA spricht idR dafür, dass der Erlass in das Ermessen der Behörde gestellt ist (OVG Koblenz NVwZ-RR 1991, 575; s auch unten Rn 41). UU kann sich die Zulässigkeit und uU Notwendigkeit einer Ermessensentscheidung auch aus der Natur der Sache ergeben, zB wenn die Kapazität einer Schule, das zur Verfügung stehende Kontingent usw, nicht für alle Bewerber ausreicht.[17] 12

b) Ermessenszwecke. Ermessen iS von § 40 bedeutet nie Beliebigkeit, sondern immer, auch wenn das Gesetz, das dazu ermächtigt, dies nicht ausdrücklich sagt, **pflichtgemäßes Ermessen** (BVerwGE 18, 363; 49, 184; Knack 37), dh ausschließlich nach sachlichen, am Zweck der Ermächtigung und den Wertungen der Rechtsordnung, insb auch des Verfassungsrechts orientiertes Ermessen (vgl unten Rn 22ff). Je nach den maßgeblichen Rechtsvorschriften, insb auch nach der gesetzlichen Vorschrift, die dazu ermächtigt, kann das der Behörde vom Gesetz eingeräumte Ermessen uU nach Inhalt, Zweck und Ausmaß jedoch auch sehr weit sein, so dass letztlich jede Entscheidung, die in der Sache geeignet und zweckmäßig ist, auch ermessensgerecht und ermessensfehlerfrei ist, sofern nicht im konkreten Fall besondere Umstände vorliegen, insb von einem Beteiligten zutreffend geltend gemacht werden oder sich der Behörde aufdrängen (vgl BVerwG NJW 1993, 1661 zur Auswahl eines Pflichtigen bei einem Gesamtschuldverhältnis). Davon zu unterscheiden ist die Frage der **verfassungsrechtlichen Zulässigkeit** einer Regelung, mit der der Gesetzgeber der Behörde für ihre Entscheidung ein derart weitgehendes oder überhaupt Ermessen einräumt (s oben Rn 6). 13

3. Beurteilungsspielräume. Bei Beurteilungsspielräumen handelt es sich, ähnlich wie beim Ermessen, um Spielräume zur Beurteilung und Wertung eines gegebenen Sachverhalts (BVerwGE 72, 53), die der Gesetzgeber der Behörde mit der Maßgabe überträgt, dass ihre unter wertender Abwägung aller betroffenen Belange getroffene Entscheidung (Beurteilung) grundsätzlich letztverbindlich sein und nur in Grenzen der Kontrolle durch die Gerichte unterworfen sein soll.[18] Wenn bzw soweit ein Gesetz einen derartigen Beurteilungsspielraum vorsieht, ist die **Nachprüfungskompetenz des Gerichts beschränkt** (s im einzelnen unten Rn 86ff). Das Gericht muss, wenn diese Schranken überschritten sind, eine vertretbare Beurteilung durch die Behörde noch nicht stattgefunden hat oder die Beurteilung sonst den Ermächtigungszwecken nicht gerecht wird, bei einer Anfechtungsklage den VA aufheben, bei der Verpflichtungsklage die Verpflichtung der Behörde zur 14

---

[17] VGH Kassel NVwZ-RR 1992, 361; Krebs ZRP 1984, 226; Ehlers DVBl 1993, 865; Theuersbacher NVwZ 1993, 632 auch zu den Auswahlkriterien.

[18] Vgl BVerfG NVwZ 1993, 670; BVerwGE 62, 336 = DVBl 1982, 29; BSG NJW 1985, 697; NVwZ-RR 1991, 577; zur Notwendigkeit einer verfassungsrechtlichen Rechtfertigung BVerfG 84, 53 = NJW 1991, 2005; vgl auch BVerfG 54, 197; 61, 114; 64, 279; 83, 148; AK-GG-Ramsauer Art 19 Abs 4 GG Rn 111.

Neubescheidung aussprechen (s im einzelnen Kopp/Schenke § 113 Rn 195ff). Ein Beurteilungsspielraum im dargelegten Sinn ist nach der neueren Rspr nur dann anzunehmen, wenn der Gesetzgeber der Behörde in verfassungsrechtlich zulässiger Weise einen solchen gerichtlich grundsätzlich nur beschränkt nachprüfbaren Spielraum zuweist oder überlässt[19] (s Rn 72).

15 **Aufgabe der Verwaltung** ist es, in ihrer Eigenschaft als vollziehende Gewalt die in den zu vollziehenden Rechtsvorschriften in genereller, abstrakter Form vorgezeichneten, ihr zum Vollzug oder zur Beachtung aufgegebenen Regelungen an Hand der vorgegebenen Ziele, Zwecke und sonstigen Kriterien nach sachlichen Gesichtspunkten **im Hinblick auf den zu entscheidenden Fall zu Ende zu denken,** und zwar so, dass die dabei angewandten Kriterien und die dabei zugrunde gelegten Maßstäben als allgemeine Regel auch für andere gleichliegende Fälle Anwendung finden könnten.[20] Für die Verwaltungsentscheidung ist die bei den unbestimmten Rechtsbegriffen meist im Vordergrund stehende Frage der Justitiabilität, dh der Nachprüfbarkeit der getroffenen Entscheidungen in tatsächlicher und rechtlicher Hinsicht durch die Gerichte und der dafür ggf bestehenden Beschränkungen nur mittelbar im Hinblick auf die Frage, ob die getroffene Entscheidung einer gerichtlichen Nachprüfung standhalten würde, von Bedeutung.

16 **4. Planungsermessen.** Die für Ermessen und Beurteilungsspielraum maßgeblichen Gesichtspunkte gelten in ähnlicher Weise auch für den planerischen Gestaltungsspielraum bei Planungsentscheidungen. Bei diesen und bei vergleichbaren Entscheidungen[21] hat die Behörde grundsätzlich – dh, soweit durch Gesetz nichts anderes bestimmt ist,[22] insb bestimmte Erfordernisse ausdrücklich oder konkludent für verbindlich erklärt sind – **planerische Gestaltungsfreiheit,** die auch die Gerichte bei der rechtlichen Überprüfung der Planungsakte und Plangenehmigungen, insb Planfeststellungen, zu respektieren haben.[23] Dies gilt primär für **originäre Planungsentscheidungen,** mittelbar jedoch auch für nachvollziehende Planungsentscheidungen, wie sie insbes Planfeststellungsverfahren nach §§ 72ff. idR zugrunde liegen (s unten Rn 102ff). Bei Planungsentscheidungen im ersteren Sinn handelt es sich um Planungen ieS in Ausübung hoheitlicher Planungs- und Gestaltungsbefugnisse öffentlicher Rechtsträger für öffentliche Vorhaben, in selteneren Fällen auch um Planungen in Ausübung privater, idR durch Grundrechte (Art 2 Abs 1, 12 Abs 1 oder 14 Abs 1 GG) geschützter, **planerischer Gestaltungsfreiheit,** bei Plangenehmigungen dagegen um die nach mehr oder weniger

---

[19] Vgl BVerwGE 39, 19; 57, 130; 59, 215; 62, 336; BVerfG 72, 199 = NVwZ 1986, 742; BVerwG NVwZ 1991, 569; NVwZ-RR 1994, 95; BSG 23, 209; 38, 289; BSG NJW 1985, 697; 1986, 797; BGHZ 46, 382; BFH 81, 577; OVG Lüneburg DVBl 1991, 1995; Ule 2 I; DVBl 1973, 756; 1974, 918; Erichsen/Ehlers § 10 Rn 33; Maurer § 7 Rn 20ff; Tettinger DVBl 1982, 421; WBS I § 31 Rn 14; Stern 17 I 4 mwN; Bachof JZ 1955, 97; 1972, 208ff; Koch DVBl 1983, 1125; Jarass NVwZ 1987, 99; Redeker NVwZ 1992, 309 und DÖV 1993, 10; Würkner NJW 1992, 310, 312; Koenig VerwArch 1992, 353; Geis NVwZ 1992, 28; zT enger Reidt DÖV 1992, 919: volle Nachprüfung analog der Wesentlichkeitstheorie bzw zum sog. Parlamentsvorbehalt, insb bei erheblicher Grundrechtsintensität.

[20] Vgl Obermayer 30ff; Kopp/Schenke § 114 Rn 12.

[21] Vgl BVerfG DVBl 1992, 145; NVwZ 1992, 768 zur Bestimmung der Ausbildungskapazität von Hochschulen in Numerus-clausus-Fächern.

[22] Vgl Gaentzsch, in: Sendler-FS 1991, 421; Beckmann DVBl 1992, 748: ob die Behörde Gestaltungsfreiheit hins der Planung hat und ggf inwieweit, ist Auslegungsfrage; daß die Durchführung eines Planfeststellungsverfahrens vorgeschrieben ist, bedeutet nicht notwendig, daß die Behörde in jedem Einzelfall auch Gestaltungsfreiheit hat.

[23] BVerwGE 59, 253 = NJW 1980, 2368; 75, 232 = NVwZ 1987, 587; BVerwG DVBl 1988, 149 und 845; NVwZ 1982, 115; DÖV 1985, 790; UPR 1989, 228: kein planerisches Nachbesserungsrecht der Gerichte; VGH München BayVBl 1990, 150; Kühling DVBl 1989, 229; Ibler, Die Schranken planerischer Gestaltungsfreiheit im Planfeststellungsrecht, 1988; ders, JuS 1990, 7; Beckmann/Appold/Kuhlmann DVBl 1988, 1001; Erbguth DVBl 1992, 398.

festen rechtlichen Maßstäben auszusprechende Genehmigung bzw Zulassung öffentlicher oder privater Planungen bzw der auf solchen Planungen beruhenden Vorhaben.[24] Bei öffentlichen Vorhaben, dh bei Vorhaben öffentlicher Rechtsträger, zB dem Bau öffentlicher Straßen, fallen originäre Planungsentscheidung und nachvollziehende Planfeststellung (oder Plangenehmigung) meist zusammen oder gehen doch mehr oder weniger nahtlos ineinander über, dergestalt, dass die Ergebnisse des Verwaltungsverfahrens unmittelbar auch zu Bestandteilen der Planung selbst werden, die dann Gegenstand der Plangenehmigung bzw Planfeststellung ist.

Planungsrechtliche Genehmigungen im dargelegten Sinn sind ungeachtet 17
der konkreten Bezeichnung in den verschiedenen Gesetzen nicht nur die Planfeststellungen iS von §§ 72ff, sondern auch alle Genehmigungen uä, die aufgrund einer Berücksichtigung, **Beurteilung, Abwägung** und Wertung von unterschiedlichen, zT gleichlaufenden, zT gegenläufigen Belangen mit wesentlichem Bezug auch auf künftige Entwicklung, zu treffen sind, **beispielsweise** auch die naturschutzrechtliche Abwägungsentscheidung nach § 19 Abs 3 BNatSchG[25] oder schulorganisatorische Entscheidungen hins der Errichtung, Zusammenlegung oder Auflösung von Schulen,[26] Entscheidungen hins des Standorts umweltrelevanter Vorhaben oder von Vorhaben, die von der Entwicklung des Verkehrs abängig sind, usw.

5. Prognose-Entscheidungen. Prognose-Entscheidungen sind Entscheidun- 18
gen, die ganz oder teilweise auf Prognosen über künftige Entwicklungen aufbauen, die sich ex ante einer exakten Beurteilung und damit auch einer exakten Vorhersage entziehen und daher immer eine prognostische Beurteilung und Wertung erfordern. Sie werden gelegentlich als eigenständige Kategorie von Entscheidungen mit administrativem Spielraum angesehen: Da sich Prognosen naturgemäß einer exakten Tatsachenfeststellung entzögen (BVerwGE 62, 107 = DVBl 1981, 980), müsse nach denselben Grundsätzen, wie sie für Entscheidungen aufgrund unbestimmter Rechtsbegriffe gelten, ein gewisser Entscheidungsspielraum angenommen werden, innerhalb dessen ihre Entscheidungen, soweit sie auf Prognosen gestützt sind, von den Gerichten nur beschränkt nachprüfbar seien.[27] Diese Sichtweise ist verfehlt. Der Prognosecharakter einer Entscheidung eignet sich weder zur Rechtfertigung noch zur Charakterisierung von Entscheidungsspielräumen. Vielmehr wohnt dem größten Teil der Ermächtigungsgrundlagen des Verwaltungsrechts ein prognostisches Element inne, ohne dass deshalb bereits die Annahme eines besonderen administrativen Entscheidungsspielraums gerechtfertigt wäre. Bei den Fällen, in denen die Rechtsprechung bisher einen Entscheidungsspielraum bei Prognosen

---

[24] Vgl Hoppe/Schoeneberg, Raumordnungs- und Landesplanungsrecht, 2. Aufl 1992, Rn 511ff; Kopp DVBl 1993, 624 mwN.

[25] BVerwGE 85, 348 = NVwZ 1991, 364; VGH Mannheim NVwZ 1992, 998 = JuS 1993, 520; anders nunmehr für den Anwendungsbereich der Eingriffsregelung im Rahmen von § 35 BauGB BVerwG NVwZ 2002, 1112.

[26] Vgl BVerwG NJW 1979, 828; NVwZ 1992, 1202; kritisch Ladeur DÖV 1990, 953; Theuersbacher NVwZ 1993, 632.

[27] Vgl zB BVerfG NVwZ 1993, 670: bei ordnungsgemäß und methodisch vertretbar erarbeiteten und nachvollziehbar begründeten Prognosen grundsätzlich kein Raum mehr für Beweiserhebungen durch das Gericht; BVerwGE 56, 121 = NJW 1979, 64; 72, 288; 75, 234; 87, 355; 90, 208; VGH München UPR 1990, 114; kritisch Steinberg NVwZ 1986, 812. Zu Prognoseentscheidungen s allg auch Ossenbühl, in: Menger-FS 1985, 739; Breuer AöR 1976, 72 mwN; Feldhaus DVBl 1981, 165; Jarass NVwZ 1987, 99; in Asylsachen auch Bertrams, Die Prognoseentscheidung im verwaltungsgerichtlichen Asylverfahren, Diss Münster 1989; zur Entwicklung des von Taxis zu befriedigenden Nahverkehrs BVerwG DÖV 1982, 746; DVBl 1989, 52; zum Güterverkehr BVerwGE 80, 275; zum Smog-Alarm Jarass NVwZ 1987, 99; zur Entwicklung nach dem MühlenstrukturG BVerwG DÖV 1979, 717; hins Regionalwirtschaftlicher Entwicklungen BVerwG NJW 1988, 277; hins der Entwicklung der Wohnungsmärkte BVerwGE 80, 120; hins der Entwicklung des Straßen- bzw Luft-Verkehrs BVerwGE 72, 286; 75, 219; 87, 355.

angenommen hat, handelt es sich sämtlich um solche, die **entweder als Beurteilungsentscheidungen oder als Planungsentscheidungen** anzusehen sind.[28] Besteht für die fragliche Prognose ein Beurteilungsspielraum, dann hat das Gericht die fehlerfrei erstellte Prognose, sofern sie nicht durch die Entwicklung überholt ist, grundsätzlich die „prognostizierten tatsächlichen Umstände" als „voraussichtlich eintretende Tatsachen hinzunehmen".[29]

19 **Soweit hiernach Spielräume anzunehmen sind,** gelten die Ausführungen zu den Voraussetzungen und Erfordernissen sowie zur Nachprüfung von Ermessensentscheidungen (s Rn 59 ff) und von wertenden Entscheidungen aufgrund eines Beurteilungsspielraums (s unten Rn 86 ff) entsprechend. Die in ihren Rechten Betroffenen haben grundsätzlich Anspruch auf sorgfältig erstellte, realistische Prognosen, wenn bzw soweit ihre Rechte davon abhängen bzw die Prognosen die Grundlage für ihnen auferlegte Beschränkungen ihrer Rechte bilden. Voraussetzung ist eine sorgfältige Erhebung der zugrundezulegenden Daten **(Prognosegrundlage)** und die Verwendung einer dem Stand der Wissenschaft entsprechenden Berechnungsmodells **(Prognosemethode).** Die zu stellenden Anforderungen sind dabei um so strenger, je gewichtiger die betroffenen Rechtsgüter, insb auch im Licht des Verfassungsrechts sind, und je größer und schwerwiegender die Nachteile sind, die für den Fall drohen, dass die Prognose sich als unzutreffend erweist (vgl VGH Mannheim DVBl 1993, 1221).

20 **6. Risikoentscheidungen.** Auch sog Risikoentscheidungen, dh Entscheidungen, die sich aus tatsächlichen Gründen, oder weil es an gesicherten, allgemein anerkannten Beurteilungskriterien fehlt, in wesentlichen Punkten einer exakten Beurteilung nicht zugänglich sind und die deshalb nur auf Wahrscheinlichkeit und Schätzungen gestützt sein können, stellen für sich **keine eigenständigen Kategorie** administrativer Entscheidungsspielräume dar. Da es sich der Sache nach um Prognoseentscheidungen handelt, gilt das oben Rn 18 Gesagte. Nur soweit das Gesetz für sie eine Beurteilungsermächtigung eingeräumt hat oder soweit sie Teil einer Planungsentscheidung sind, kommt hier die Anerkennung eines Spielraums in Betracht. Dann ist die Rechtskontrolle durch die Gerichte ähnlich beschränkt wie bei Prognoseentscheidungen mit Beurteilungsspielraum.[30] Dies gilt zB bei atomrechtlichen Genehmigungen[31] und bei der Zulassung von Medikamenten.[32]

21 **7. Kombinierte Tatbestände (Koppelungsentscheidungen).** Nach hM handelt es sich bei unbestimmten Rechtsbegriffen und bei den Beschränkungen der gerichtlichen Nachprüfung unbestimmter Rechtsbegriffe um die Anerkennung

---

[28] Vgl zB BVerwGE 82, 295 = NJW 1990, 1376; BVerwGE 64, 242; 71, 166: „Beurteilungsspielraum der Behörde, ob und wielange abzuwarten ist, wie sich neu erteilte Kraftdroschkengenehmigungen auf die Existenz des örtlichen Droschkengewerbes auswirken", ähnlich BVerwGE 75, 234 zur künftigen Entwicklung des Luftverkehrs; BVerwGE 90, 208 zur Kostenbelastung der Zahlungspflichtigen bei Wahl einer anderen Berechnungsgrundlage für die Abrechnung künftig anfallender Kosten.

[29] BVerwGE 56, 110 = NJW 1979, 65 ; 56, 121; 62, 107; 69, 272; 72, 286; 75, 234 = NVwZ 1987, 588; 87, 355; BVerwG DVBl 1984, 527; NVwZ 1990, 862; VGH Mannheim NJW 1987, 917; OVG Münster DVBl 1983, 1018; OVG Lüneburg ET 1980, 698; VGH München BayVBl 1984, 959: Das Gericht darf nicht der wirtschaftspolitischen und energiepolitischen Entscheidung der Regierung eine eigene Prognose entgegensetzen; VGH München UPR 1990, 114; OVG Koblenz ET 1976, 548; VG Koblenz ET 1982, 53; Hoppe, in: BVerwG-FS 1978, 306 und in: Redeker-FS 1993, 385; Steiner DVBl 1981, 982; Ossenbühl, in: Menger-FS 1985, 731; Tettinger DVBl 1982, 427; Paefgen BayVBl 1986, 519; vgl auch BVerfG 88, 60 = DVBl 1993, 670.

[30] Vgl BVerwGE 72, 180; Di Fabio, Risikoentscheidungen im Rechtsstaat, 1993; Ossenbühl DVBl 1993, 757.

[31] BVerwGE 72, 316; 78, 180; 81, 190 = JZ 1989, 895; Ossenbühl DVBl 1993, 757.

[32] Vgl Ossenbühl DVBl 1993, 757; Di Fabio, Risikoentscheidungen im Rechtsstaat, 1993.

einer vom Gesetzgeber verfügten Beschränkung der gerichtlichen Nachprüfung der Beurteilung und Wertung eines gegebenen Sachverhalts durch die zuständige Behörde. Soweit jedoch in einer Vorschrift der Beurteilungsspielraum auf der Tatbestandsseite mit einer Ermessensregelung auf der Rechtsfolgenseite verbunden ist (sog. Kombinations- oder Koppelungstatbestand) und für die Auslegung des unbestimmten Rechtsbegriffs dieselben Kriterien maßgeblich sind wie für die Beurteilung der Ermessensentscheidung, zu der die Behörde durch die in Frage stehende Vorschrift ermächtigt ist, wird der Unterschied zu Ermessensentscheidungen verwischt und ergeben sich für die behördliche Entscheidung und die gerichtliche Nachprüfung praktisch dieselben Voraussetzungen und Beschränkungen wie für Ermessensentscheidungen.[33] Die Regelung wird in diesen Fällen im Ergebnis weitgehend zur Ermächtigung zur **Ermessensausübung, die sich am unbestimmten Begriff zu orientieren hat** (vgl BVerwGE 40, 356). Gleichwohl sollten Beurteilungsspielraum und Ermessen im Interesse der Rechtsklarheit auseinandergehalten und unterschieden werden und insb auch getrennt und nacheinander geprüft werden.[34] Dies gilt insbes deshalb, weil die Bewertungsmaßstäbe für die Ausfüllung von Ermessen und Beurteilungsspielraum meist unterschiedlich sind. Vgl OVG Lüneburg GewArch 1991, 227: das Bedürfnis bei der Bedürfnisprüfung bei der öffentlichen Bestellung von Sachverständigen gem § 36 GewO ist ein „unbestimmter Rechtsbegriff" und somit eine an Fakten zu ermittelnde tatbestandliche Voraussetzung für die nachfolgende Ermessensentscheidung.

III. Gemeinsame Fragen administrativer Entscheidungsspielräume

1. Allgemeines. Inhalt und Grenzen des Ermessens bzw des der Behörde ein- 22
geräumten Beurteilungs-, Planungs- und Prognosespielraums werden im Einzelfall durch die unmittelbare **Ermächtigungsnorm,** außerdem aber auch durch sonstige Sätze des geschriebenen und ungeschriebenen Rechts bestimmt, die für die Entscheidung „einschlägig" sind, insb auch durch Sätze des Verfassungsrechts, vor allem der **Grundrechte** sowie durch die daraus abzuleitenden Wertungsprinzipien.[35] Der Gesetzgeber muss aber unabhängig davon, ob es sich um Akte der Eingriffs- oder Leistungsverwaltung handelt, zumindest die „wesentlichen" Fragen durch förmliches Gesetz geregelt haben (sog **Wesentlichkeitstheorie**).[36]

2. Zwecke der Ermächtigung. Maßgebend für die inhaltliche Ausfüllung 23
administrativer Entscheidungsspielräume sind in erster Linie die Zwecke der Ermächtigung. In den älteren Ermächtigungsnormen aus dem **Bereich des Ordnungsrechts** (zB den polizeilichen Generalklauseln) fehlt es idR an einer ausdrücklichen Benennung der maßgeblichen Ermächtigungszwecke. Sie wurden zu

---

[33] So ausdrücklich GSOBG BVerwGE 39, 355 = NJW 1972, 1413: erhebliche Härte" iS von § 131 AO (heute: § 227 Abs 1 AO) ist ein unbestimmter Rechtsbegriff, der Inhalt und Grenzen auch der pflichtgemäßen Ermessensausübung bei der Entscheidung über Billigkeitserlaß einer Abgabe bestimmt; ähnlich BVerwGE 72, 1; BVerwG NJW 1988, 1804; 1991, 1074 = DVBl 1991, 1408; vgl auch Seewald JurA 1980, 182; Kloepfer NJW 1972, 1411; Redeker DVBl 1972, 608; zT **aA** BSG 52, 268 = NJW 1982, 2631; 59, 111: es kommt auf die konkrete Regelung an; SGb 1987, 125.

[34] Obermayer 87; vgl idS auch BVerwGE 39, 197; 45, 323; 84, 89; BVerwG NJW 1990, 1061; 1992, 1578; BSG SGb 1987, 125; OVG Lüneburg GewArch 1991, 227; VGH Mannheim GewArch 1992, 1440 = VBlBW 1992, 220.

[35] BVerwGE 3, 121; 10, 199; 18, 250; 24, 22, 156; 59, 108; 76, 246; 77, 171; BVerwG DÖV 1981, 24; DVBl 1985, 963; NJW 1990, 1433 = NVwZ 1990, 571; BVerfG 8, 72; 1, 175; 20, 160; 76, 79 = DVBl 1988, 98; 80, 91 = DVBl 1989, 712; DVBl 1994, 1405; BSG NJW 1985, 699; OVG Bremen NVwZ 1982, 567; kritisch WBS I § 31 Rn 39 ff mwN.

[36] Vgl zB BVerfG 33, 1; 34, 192; 46, 283; 41, 295; 45, 417; 47, 78; 51, 287; 56, 155; 57, 137; BVerwGE 57, 360; Maurer § 6 Rn 20; MK 8 III 2c; s auch Kopp/Schenke § 42 Rn 125.

Recht für entbehrlich gehalten, weil im Sicherheits- und Ordnungsrecht die Ermächtigungszwecke auf der Hand liegen: Es geht einerseits um eine möglichst wirksame Abwehr von Gefahren bzw Störungen der öffentlichen Sicherheit und Ordnung, andererseits um eine möglichste Schonung der Rechtspositionen der betroffenen Bürger, in die zur Abwehr eingegriffen werden müsste. In der Grundkonstellation liegt eine **klassische Mittel-Zweck-Relation** vor, die eine Benennung der Ermächtigungszwecke in der ordnungsrechtlichen Norm entbehrlich scheinen lässt.

Schwieriger ist die Bestimmung der Ermächtigungszwecke in anderen Bereichen, etwa bei der Einräumung von Ermessensermächtigungen in der **lenkenden und steuernden Verwaltung.** Hier werden in modernen Gesetzen die Ermächtigungszwecke teilweise ausdrücklich genannt (zB §§ 1, 2 BNatSchG; § 1 Abs 5 BauGB); soweit dies nicht der Fall ist, müssen sie durch Auslegung ermittelt werden. Bei **Planungsentscheidungen** ergibt sich der Zweck der Ermächtigung aus dem Gebot, unter Berücksichtigung der Planungsleitsätze die maßgeblichen Gesichtspunkte gerecht untereinander und gegeneinander gerecht und mit dem Ziel einer Optimierung abzuwägen, wobei die Normen des Planungsrechts idR die **Planungsziele** und **Planungsgrundsätze** aufzählen, die Steuerungswirkungen entfalten sollen. Welche Gesichtspunkte maßgebend sind, folgt aus den Zielender jeweiligen Planung (zB bei Planungen nach dem FStrG aus den Verkehrsbedürfnissen und den sonstigen nach einschlägigen Rechtsvorschriften maßgeblichen öffentlichen Interessen einerseits sowie den betroffenen Privatinteressen andererseits.

24 **3. Gleichbehandlungsgebot.** Schranken ergeben sich für die Ausfüllung des Spielraums aus dem Gleichbehandlungsgebot gem Art 3 GG,[37] das alle nicht sachlich fundierten Differenzierungen ausschließt und außerdem im Zusammenhang mit einer bestimmten Verwaltungspraxis eine gewisse Selbstbindung der Verwaltung (s unten Rn 25 ff) bewirkt.[38]

24 a **a) Verbot zweckwidriger Differenzierungen.** Die Beschränkung auf die Zwecke der Ermächtigung führt regelmäßig bereits dazu, dass Gesichtspunkte, die nicht den Zwecken der Ermächtigung entsprechen, eine unterschiedliche Behandlung von Fällen nicht rechtfertigen können. Gleichwohl spielt das Verbot sach- bzw zweckwidriger Differenzierungen eine wichtige Rolle, insbes dann, wenn die Ermächtigungsnorm die Zwecke nicht hinreichend deutlich erkennen lässt oder wenn es an einer materiellen Ermächtigung fehlt.[39]

24 b **b) Chancengleichheit.** Beschränkungen des Ermessens ergeben sich insb auch durch den aus Art 3 GG abgeleiteten Grundsatz der **Chancengleichheit** (vgl BVerfG 37, 352; 79, 218; 84, 42; BVerwGE 70, 144, 151; 92, 137), zB bei Wahlen,[40] bei der Zulassung von Parteien zu Wahlsendungen im Rundfunk (VGH München NVwZ 1991, 581; NVwZ-RR 1991, 152), bei der Zulassung zu numerus-clausus-gebundenen Studienfächern (vgl BVerwG DVBl 1982, 303), der Zulassung als Schausteller usw auf einem Jahrmarkt,[41] bei der Zulassung als Taxi-

---

[37] BVerwGE 42, 156; 70, 335; BVerwG DÖV 1981, 82; BVerfG NJW 1985, 2020 mwN; DVBl 1992, 147; Knack 53 ff.

[38] BVerfG 9, 147; 18, 363; NJW 1978, 2448; BVerwGE 58, 51; BVerwG NJW 1979, 508, 1113; DÖV 1981, 1063; BayVBl 1977, 181.

[39] Vgl zur Bedeutung des Art 3 GG im Subventionsrecht Jarass, Wirtschaftsverwaltungsrecht, 3. Aufl 1997, § 10 Rn 48 ff; zum Grundsatz der Sachgerechtigkeit vgl Kassel NVwZ-RR 1992, 361; BezG Erfurt LKV 1993, 236; Theuersbacher NVwZ 1993, 632; ferner auch BGH NJW 1993, 1599.

[40] BVerfG NVwZ 1988, 817; NJW 1994, 40 = JuS 1994, 715; BVerwGE 75, 77 und 85 mwN; OVG Hamburg NJW 1994, 68 = JuS 1994, 705; VGH München BayVBl 1978, 467.

[41] BVerwG NVwZ 1984, 552 = BayVBl 1984, 559: jedenfalls so, daß nicht nur die schon bisher Zugelassenen nach dem Grundsatz „bekannt und bewährt" auch wiederum im-

Unternehmer (BVerwGE 23, 318; 64, 238 = NJW 1982, 1168). Der Grundsatz der Chancengleichheit erfordert **sachgerechte Differenzierungskriterien** bei der Auswahl von Personen aus einer Mehrzahl von Bewerbern. Hierzu zählen auch Gesichtspunkte des Vertrauensschutzes,[42] Treu und Glauben sowie[43] der **Grundsatz der Priorität** bei Zulassungsverfahren, zB für Taxis, insb wenn andere gleichfalls sachgemäße Entscheidungskriterien nicht verfügbar oder nicht praktikabel sind,[44] nach dem **Grundsatz „bekannt und bewährt“,** uU iV mit einem „Rotationssystem“, bei der Zulassung von Schaustellern zu einem Festplatz oder von Markthändlern zu einem öffentlichrechtlich geregelten Markt,[45] ferner den Grundsatz, dass das Ermessen nicht zur Umgehung zwingender gesetzlicher Vorschriften mißbraucht werden darf (BVerwGE 52, 191); das **Gebot der Folgenbeseitigung**[46] iwS und schließlich das **Koppelungsverbot,** dh das Verbot, Ermessensentscheidungen von Leistungen uä des Bürgers abhängig zu machen, die mit der in Frage stehenden Entscheidung in keinem inneren Zusammenhang stehen.[47]

---

mer zugelassen werden, sondern auch Neubewerber eine Zulassungschance in einem zeitlich erkennbaren Turnus haben; BVerwG Buchh 451.20 § 70 GewO Nr 1 und 2; OVG Münster GewArch 1991, 113 mwN; NVwZ-RR 1994, 157; VGH Mannheim DVBl 1991, 940 im Verhältnis 2 : 1 genügt; VGH München GewArch 1991, 230; OVG Bremen NVwZ-RR 1994, 24; s auch unten zum Grundsatz „bekannt-bewährt“ VGH Mannheim NJW 1982, 516: die Ehefrau eines zugelassenen Unternehmers darf nicht allein deshalb, weil sie Ehefrau ist, von der Verteilung weiterer Standplätze von vornherein ausgeschlossen werden.

[42] BVerfG DÖV 1978, 918 = NJW 1978, 2447 zur Verlängerung einer bisher stets immer wieder problemlos verlängerten Genehmigung; BVerwGE 56, 257; 59, 108; 70, 136; BVerwG DÖV 1979, 294; DVBl 1982, 844; NJW 1979, 1113; Buchh 402.24 § 2 AuslG Nr. 8, 9; VGH Mannheim DÖV 1980, 612; BayVerfGH BayVBl 1978, 699; VGH München BayVBl 1987, 754.

[43] Vgl BVerwGE 52, 159: die Behörde muß bei der Ausübung ihres Ermessens ihr vorangegangenes Verhalten berücksichtigen; offen BVerwGE 53, 27; vgl ferner BVerwG NVwZ 1984, 741; Kopp/Schenke § 113 Rn 229; Bull DVBl 1971, 583; VGH München BayVBl 1987, 754.

[44] BVerwGE 16, 190; 23, 318; BVerwG DÖV 1988, 925; 1991, 349; s § 13 Abs 2 S 2 PBefG nF, wo nunmehr für Taxis allgemein als Regel der Grundsatz der Priorität vorgeschrieben ist; s dazu auch BVerwGE 82, 295; BVerwG DÖV 1990, 349; vgl allg auch BVerfG DVBl 1992, 145 zum Erfordernis einer normativen Ordnung der Zulassung; BVerwGE 51, 240 = NJW 1977, 915; 82, 295 = NJW 1990, 1376 auch zur Bedürfnisprüfung und der dafür erforderlichen Prognose; Salzwedel NVwZ 1989, 825; Selmer JuS 1990, 674 zur Zulassung von Taxis.

[45] BVerwG NVwZ 1984, 585; OVG Münster GewArch 1991, 113 mwN; 1991, 229: ausreichend, wenn von drei Standplätzen zwei nach dem Prinzip „bekannt-bewährt“ vergeben werden und einer an einen Neubewerber; VGH Mannheim DVBl 1991, 940 = NVwZ-RR 1991, 133: grundsätzlich ist eine Orientierung an „bekannt und bewährt“ zulässig, aber auch neue Bewerber müssen eine reale Chance haben; VGH München BayVBl 1982, 556 und 658; BezG Erfurt NVwZ 1993, 796: Auswahl so, daß ein möglichst ausgewogenes Angebot sichergestellt wird; OVG Hamburg NVwZ-RR 1993, 248: Zulässige Ablehnung, weil kein attraktives Angebot; Schmidt-Preuß, Kollidierende Privatinteressen im Verwaltungsrecht, 1992, 408; VGH Mannheim NVwZ 1992, 133: grundsätzlich Losentscheid.

[46] BVerwG NVwZ-RR 1993, 65: hat die Genehmigungsbehörde über einen Bauantrag aufgrund einer Rechtsänderung nunmehr nach Ermessen zu entscheiden, so ist das Ermessen regelmäßig auf Null reduziert, wenn dem Antragsteller die Baugenehmigung vor Inkrafttreten der Rechtsänderung zu Unrecht vorenthalten worden ist und nachträglich keine Umstände eingetreten sind, die eine Ermessensausübung zuungunsten des Antragstellers rechtfertigen; BVerwGE 78, 266 = NVwZ 1988, 355; s auch Kopp/Schenke § 113 Rn 229.

[47] BVerwGE 42, 338; 67, 177 = NJW 1984, 70; BVerwG NJW 1980, 1294; MK 30 VIII; vgl auch BVerwGE 67, 177 = NJW 1984, 70 und OVG Münster JZ 1979, 805: zulässig, die Einbürgerung eines Ausländers davon abhängig zu machen, daß der Betroffene ein Stipendium zurückzahlt, das er im Rahmen der Entwicklungshilfe erhalten hatte.

25 **4. Selbstbindung der Verwaltung. a) Ständige Praxis.** Ein willkürliches Abweichen der Behörden von ihrer eigenen bzw der sonst allgemein von den Behörden im Geltungsbereich des Gesetzes (OVG Münster NJW 1979, 508) bisher in vergleichbaren Fällen eingehaltenen und auch weiterhin beabsichtigten ständigen Praxis[48] in besonders gelagerten Fällen uU auch schon von der Entscheidung in einem einzigen vergleichbaren Einzelfall (VGH München NJW 1991, 606) – ist unzulässig, sofern die dieser Praxis zugrundeliegenden Erwägungen der Zielsetzung der vom Gesetz eingeräumten Ermächtigung entsprechen (BVerwGE 31, 212; 34, 282; 57, 182; BVerwG DÖV 1981, 82) und auch nicht aus anderen Gründen zu rechtswidrigen Ergebnissen führen. Eine Selbstbindung an eine rechtswidrige Verwaltungspraxis gibt es grundsätzlich nicht **(keine Gleichheit im Unrecht).**[49]

Maßgeblich ist die Praxis der zuständigen Behörde. Keine Selbstbindung wird deshalb durch das Handeln einer unzuständigen Behörde begründet (BVerwG NVwZ 1994, 581). Wenn bzw soweit der Bürger jedoch auf die Praxis einer Behörde, die er für zuständig halten durfte, konkret vertraut hat und seine Dispositionen danach ausgerichtet hat, ist dieses Vertrauen nach allgemeinen Gesichtspunkten bei Entscheidungen zu berücksichtigen. Zulässig ist dagegen eine Änderung der Praxis aus vertretbarem Grund und mit Wirkung ex nunc, oder, wenn von der Sache her geboten, mit einer angemessenen Übergangsregelung (vgl BVerwGE 46, 89; VGH Mannheim NVwZ 1991, 1194; Knack 56; zu einer Übergangsregelung auch OVG Münster NWVBl 1991, 420).

26 **b) Richtliniengeleitete Praxis. aa) Allgemeines.** Die Grundsätze der Selbstbindung der Verwaltung gelten als Folge aus dem Gleichbehandlungsgebot auch für ein Abweichen von sonst **regelmäßig befolgten**[50] **Richtlinien** oder sonstigen normkonkretisierenden oder ermessenslenkenden Verwaltungsvorschriften,[51] sofern diese sich im Rahmen des Gesetzes halten,[52] nicht zu rechtswidrigen Ergebnissen führen (BFH NVwZ 2002, 1407; BVerwG DVBl 1981, 1083) und nicht infolge veränderter Umstände überholt sind (BVerwGE 71, 348). Die **Abweichung** von einer rechtmäßigen richtliniengeleiteten Praxis **muss durch hinreichende**

---

[48] BVerwGE 2, 281; 4, 155; 15, 196; 31, 212; 39, 355; 55, 352; 57, 182; 75, 93: das Abweichen von der Verwaltungspraxis in vergleichbaren Fällen verletzt Art 3 Abs 1 GG; BVerwG NJW 1979, 1898; BSG 9, 232; 30, 150; 34, 85; BGH NJW 1980, 1570; WBS I § 3 Rn 40; kritisch Bachof JZ 1972, 645; vgl auch Randelzhofer JZ 1973, 536 mwN.

[49] BVerwGE 34, 283 = NJW 1970, 675; 92, 153; BVerwG DÖV 1993, 867; NVwZ 1986, 756; NVwZ-RR 1990, 365, 431; BVerfG NJW 1970, 657; VGH München NVwZ 1985, 506.

[50] BVerwGE 44, 6; 72, 205; BVerwG DVBl 1982, 197: technische Richtlinien als „antizipierte" Verwaltungspraxis; NJW 1980, 75; DÖV 1991, 472: „indizielle" Bedeutung technischer Richtlinien für eine sachverständige Beurteilung; VGH Mannheim NJW 1991, 2363: „praktizierte Selbstbindung"; Scheffler DÖV 1980, 238.

[51] BVerwGE 31, 244; 34, 284; 44, 6; 46, 90; 52, 197, 199; 55, 255; 58, 49; 61, 18; 71, 342 = NVwZ 1985, 909; 76, 259; BVerwG NVwZ 1988, 65; Buchh 421.0 Prüfungswesen Nr 47; NJW 1980, 1570; BVerfG 8, 167; 40, 250; 78, 214; BFH NJW 1979, 392; VGH München BayVBl 1984, 752; DÖV 1980, 458; OVG Münster DÖV 1981, 109; DVBl 1990, 545; NWVBl 1990, 128; VGH Mannheim DVBl 1994, 484; Lange NJW 1992, 1195; Scheffler DÖV 1980, 238; 1981, 680; Osterloh JuS 1990, 100; Erichsen/Ehlers § 6 Rn 30ff, § 10 Rn 20; WBS I § 24 Rn 15; ferner BVerwGE 72, 320 = NVwZ 1986, 208; Hill NVwZ 1989, 401; v Danwitz VerwArch 1993, 73; Maurer § 24 Rn 9f, 21; **aA** offenbar zu rechtsauslegenden bzw sog „gesetzeskonkretisierenden" Verwaltungsvorschriften BVerwGE 34, 278 = NJW 1970, 675; 72, 320 = NVwZ 1984, 795; Sendler, in: Ule-FS 1987, 356 Fn 91.

[52] BVerwGE 32, 278; 34, 282; 36, 313; 45, 200; 52, 213; 58, 19; 71, 342; BVerwG NJW 1979, 1879: eine gesetzwidrige Praxis ist jederzeit zu korrigieren; DÖV 1981, 82 = DVBl 1981, 1063; NJW 1984, 1576; NVwZ 1992, 571; OVG Berlin NVwZ 1982, 48: bei Divergenz von Richtlinie und Gesetz ist nur das Gesetz maßgeblich; kein Anspruch auf Wiederholung gesetzwidrigen Handelns; kritisch dagegen Berg JuS 1980, 418; differenzierend Götz NJW 1979, 1478.

sachliche Gründe gerechtfertigt sein.[53] Zulässig sind uU auch unterschiedliche Beurteilungsmaßstäbe für unterschiedliche Beurteilungszeiträume (BVerwG DVBl 1981, 1063 zu Prüfungen), sofern nicht der Zweck der Regelung verlangt, dass jedenfalls eine gewisse Kontinuität gewahrt bleibt, und gewichtige Gründe eine generelle Änderung angezeigt sein lassen. Häufig werden unbestimmte Rechtsbegriffe durch Verwaltungsrichtlinien näher konkretisiert und „operabel" gemacht.[54] Diese Richtlinien und sonstigen ermessenslenkenden Verwaltungsvorschriften binden grundsätzlich nur die Behörden, an die sie gerichtet sind, nicht dagegen unmittelbar auch die Gerichte, selbst wenn sie aufgrund ausdrücklicher gesetzlicher Ermächtigungen ergangen sind. Für Letztere ergibt sich eine Bindung nur mittelbar über die Verpflichtung der Behörden und der Gerichte zur Beachtung von Art 3 Abs 1 GG, wenn und soweit sich eine der Richtlinie entsprechende **Praxis** tatsächlich herausgebildet hat.[55]

bb) Antizipierte Verwaltungspraxis. Ermessenslenkende Verwaltungsvorschriften dürfen nicht wie Gesetze ausgelegt werden.[56] Maßgeblich ist vielmehr dasjenige Verständnis der Verwaltungsvorschriften, das die Behörde selbst ihrer Entscheidungspraxis zugrunde legt. Anderes dürfte für den Fall der sog antezipierten Verwaltungspraxis gelten, wenn sich nämlich **aufgrund einer Richtlinie noch keine Praxis gebildet** hat (BVerwGE 52, 193, 199; BVerwG DVBl 1982, 196). Hier stellt sich das Problem der erstmaligen Anwendung (StBS 112; Maurer § 24 Rn 22). Für die Anwendung der Richtlinien und sonstiger Verwaltungsvorschriften gelten die allgemeinen Grundsätze über die Ermessensausübung (BVerwGE 58, 52); zu berücksichtigen ist dabei insb auch die tatsächliche Verwaltungspraxis, soweit diese vom Richtliniengeber zumindest geduldet wird.[57] Als Folge einer geänderten Verwaltungspraxis kann sich uU auch eine konkludente Änderung des Inhalts einer Richtlinie oder sonstigen Verwaltungsvorschrift ergeben.[58] 27

cc) Berücksichtigung der Besonderheiten des Einzelfalls. Richtlinien oder sonstige Verwaltungsvorschriften gelten nur für den Regelfall. Sie müssen für die Berücksichtigung der Besonderheiten atypischer Fälle Spielraum lassen (BVerwGE 70, 142; BVerwG DVBl 1983, 999; VGH München NuR 27 a

---

[53] BVerwGE 20, 294; 46, 90; 70, 142; OVG Münster NVwZ 1984, 600; Maurer § 24 Rn 20 ff; Wallerath, Selbstbindung der Verwaltung, 1969; Knack 56; Lange NJW 1992, 1195.

[54] S zum Begriff der „schädlichen Umwelteinwirkungen" in §§ 4 ff BImSchG die zu § 48 BImSchG ergangene TA-Luft; zum „Begriff Stand der Technik" Nicklisch NJW 1982, 2633.

[55] Maßgeblich ist deshalb die praktische Handhabung der VwV durch die Verwaltung; vgl StBS 111; Wahl NVwZ 1991, 412; Gerhardt NJW 1989, 2233; Rupp JZ 1991, 1034. Allg zur Bindungswirkung von Verwaltungsvorschriften s auch Kopp/Schenke § 98 Rn 3 a; Erichsen/Ehlers § 6 Rn 42 ff; Ossenbühl DVBl 1993, 758 mwN zu normkonkretisierenden Verwaltungsvorschriften; Wolf DÖV 1992, 849, 860; kritisch Rengeling NJW 1987, 269; Jarass NJW 1987, 1222; Hill NVwZ 1989, 401; Rupp JZ 1991, 1034; dazu, daß Verwaltungsvorschriften zur Umsetzung von EU-Richtlinien in nationales Recht nicht genügen, zB EuGH Slg 1991, 2567; Rupp JZ 1991, 1034.

[56] BVerwGE 58, 521; 86, 55; BVerwG DVBl 1982, 197, 198; NVwZ-RR 1990, 620; vgl auch BVerwGE 88, 143: nur als Anhaltspunkte, nicht wie Rechtsnormen; **aA** zu sog „gesetzesvertretenden" Richtlinien uä, die für eine Übergangszeit bis zum Erlaß der an sich zur Regelung der Materie erforderlichen Gesetze als Gesetzesersatz dienen, BVerwG DÖV 1981, 679; **anders** auch die gesetzesauslegenden VwV, vgl BFH NVwZ 2002, 1407.

[57] BVerwGE 34, 280; 44, 6; 44, 138; 52, 199; 58, 50; BVerwG DVBl 1981, 1063; 1982, 197, 198; DÖV 1982, 81; NVwZ-RR 1990, 620; OVG Münster DVBl 1990, 545; 1992, 921; Kluth NVwZ 1990, 611.

[58] Kluth NVwZ 1990, 611; vgl auch BFH NVwZ-RR 1990, 121: § 176 Abs 2 AO gewährt dem Steuerpflichtigen nur Schutz im Hinblick auf die fortdauernde Geltungskraft von Verwaltungserlassen, nicht aber davor, daß die Finanzverwaltung bei vertretbarer Auslegung weiterhin bestehender Verwaltungsvorschriften ihre ursprüngliche Rechtsansicht im Einklang mit der tatsächlichen Rechtslage bei Erlaß eines Änderungsbescheides aufgibt.

1991, 489; Lange NJW 1992, 1195) und sind im Zweifel auch so zu verstehen, selbst wenn sie nicht ausdrücklich Ausnahmemöglichkeiten vorsehen. Soweit sie dies ausschließen, sind sie fehlerhaft und rechtswidrig und können insoweit auch keinen Anspruch auf Gleichbehandlung begründen (BVerwG DVBl 1983, 999).

28 **dd) Anspruch auf Bekanntgabe. Umstritten** ist, ob und in welchem Umfang der Bürger einen Anspruch auf Bekanntgabe bestehender Richtlinien bzw auf Einsichtnahme hat (s hierzu auch § 29 Rn 21). Die wohl hM nimmt einen solchen nur an, wenn im Rahmen eines konkreten Verwaltungsverfahrens die Kenntnis der Richtlinien zur angemessenen Geltendmachung der eigenen Rechtsposition erforderlich ist.[59] Diese Auffassung ist zu eng. Richtigerweise ist ein Anspruch auf Bekanntgabe von Richtlinien stets anzuerkennen, wenn und soweit hierfür ein **berechtigtes Interesse** geltend gemacht werden kann (s hierzu näher § 29 Rn 21).

29 **5. Verhältnismäßigkeit.** Schranken ergeben sich auch aus dem Grundsatz der Verhältnismäßigkeit bzw des Übermaßverbots.[60] Die Ermessensentscheidung darf nicht außer Verhältnis zu dem Zweck der gesetzlichen Ermächtigung stehen.[61] Weitere Schranken ergeben sich aus dem (im Grundsatz der Verhältnismäßigkeit mit enthaltenen oder jedenfalls damit im Zusammenhang stehenden) **Grundsatz der Zumutbarkeit**[62] und dem (aus dem Gleichheitsgebot und dem Grundsatz der Verhältnismäßigkeit abzuleitenden) **Grundsatz der Systemgerechtigkeit,** wonach bei staatlichen Eingriffen und bei der Verteilung staatlicher Leistungen der Kreis der Belasteten bzw der Begünstigten und die Auswahl der verfügten Mittel unter Beachtung des Eingriffs- bzw Leistungszwecks sachgemäß abgegrenzt bzw bestimmt werden müssen (BVerwG NJW 1979, 392, 590; Erichsen VerwArch

---

[59] OVG Berlin DVBl 1976, 266; Lübbe-Wolf DÖV 1980, 594; Krebs VerwArch 1979, 271; Lange NJW 1992, 1196 mwN; Gusy DVBl 1979, 720; Oldiges NJW 1984, 1930; Jellinek NJW 1981, 2235; Wittling, Die Publikation der Rechtsnormen einschließlich Verwaltungsvorschriften 1991; Di Fabio DVBl 1992, 1346 Fn 75; Hamann VerwArch 1982, 33; Erichsen/Ehlers § 6 Rn 57: Verwaltungsvorschriften bedürfen für ihre Wirksamkeit der Publikation; Pitschas/Aulehner BayVBl 1990, 423; Wolff DVBl 1988, 1228; NVwZ 1990, 1049; **enger** BVerwGE 61, 15 = DVBl 1981, 193, 1063: nur Anspruch auf Auskunft, begrenzt auf Rechtsanwälte im Rahmen eines konkreten Verfahrens; offen, ob auch der nicht durch einen Anwalt vertretene Bürger; BVerwGE 69, 278 = NJW 1984, 2590: grundsätzlich Ermessen und nur, wenn berechtigtes Interesse; BVerwG NJW 1985, 1234: Anspruch nur, wenn für die Rechtsverfolgung erforderlich und anders nicht erreichbar; sonst Ermessen der Behörde; Knack 55: nur Anspruch Betroffener; **aA** BVerwG NVwZ-RR 1990, 208: kein aus dem Grundgesetz herzuleitender Anspruch auf Überlassung gemeindeeigener Verwaltungsvorschriften an einzelne Mitglieder oder Fraktionen der Gemeindevertretung; VGH Mannheim DVBl 1980, 89; BVerwG NJW 1984, 2590; 1985, 1234: kein Anspruch auf Bekanntgabe; Herausgabe bzw Bekanntgabe im Ermessen der Behörde; VGH Kassel NVwZ-RR 1990, 208: auch kein Anspruch aus Art 19 Abs 4, Art 20 Abs 2 und 3 GG; vgl allg auch Stern StaatsR II § 38 I 5; Erichsen/Ehlers § 6 Rn 30ff.

[60] Vgl BVerfG 35, 400; NJW 1978, 2442; 1985, 2019; BVerwGE 1, 163; 30, 313; 44, 159; 51, 115; 54; 62; 56, 123; 59, 108; 62, 219; 70, 56; 78, 289; 81, 358; BVerwG NJW 1978, 2266; 1979, 1113; 1980, 2034, 2036f; 1984, 1315; 1986, 1186; NVwZ 1983, 227; 1985, 109; GewArch 1992, 24: kein Widerruf der Erlaubnis, wenn Abmahnung oder Auflage genügen; OVG Lüneburg NVwZ 1990, 787; Knack 57.

[61] BVerwGE 65, 178; BVerwG BayVBl 1991, 570; BSG NJW 1990, 1556 mwN; Münster 21, 177; VGH München BayVBl 1982, 53; VGH Kassel NJW 1983, 2280; allg auch Lerche, Übermaß und Verfassungsrecht, 1961; WBS I § 31 Rn 50; Kellner DÖV 1972, 808; Ibler JuS 1990, 14; vgl auch BayVerfGH BayVBl 1982, 653: die Regelung darf keine übermäßige, zu dem angestrebten Zweck im krassen Mißverhältnis stehende Belastung begründen; VGH München BayVBl 1982, 564: zwischen dem mit der Regelung verfolgten Zweck und dem gewählten Mittel muß ein sachlicher Zusammenhang bestehen, dh die Zweck-Relation darf nicht sachwidrig sein.

[62] BVerfGE 69, 244; 84, 72; BSG NJW 1990, 1556; MK 30 VII.

1980, 293; allg auch BVerwGE 34, 115). Nach dem Grundsatz der Systemgerechtigkeit darf die Behörde zB bei **Vorgehen gegen Schwarzbauten** in einem größeren Gebiet nicht wahllos einzelne Bauherren herausgreifen, sondern muss nach einem Gesamtkonzept vorgehen, auch wenn sie zunächst (auch im Hinblick auf die Klärung offener Fragen im Rechtsmittelverfahren) nur bei einzelnen beginnt.[63]

6. Reduktion des Spielraums auf Null. a) Allgemeines. Auch bei Entscheidungen, die an sich von der gesetzlichen Ermächtigung her in das Ermessen der Behörde gestellt sind, kann sich aus dem Zusammenhang mit anderen Rechtsvorschriften oder angesichts der besonderen Umstände des konkreten Falles ergeben, dass schon aus rechtlichen Gründen **nur eine einzige Entscheidung** in Betracht kommt (Di Fabio VerwArch 1995, 214). Im erstgenannten Fall handelt es sich überhaupt nicht mehr um eine Frage des Ermessens, weil die Entscheidung schon durch andere Rechtssätze zwingend determiniert ist. Die Behörde ist damit in gleicher Weise gebunden wie bei der Anwendung strikten Rechts.[64] Im zweiten Fall wird das Ermessen zwar nicht schon durch andere Rechtssätze ausgeschlossen. Es ergibt sich aber dieselbe Wirkung dadurch, dass angesichts der besonderen Umstände des konkreten Falles jede andere Entscheidung ermessensfehlerhaft wäre. Auch in diesem Grenzfall bleibt schon aus (auch von den Verwaltungsgerichten gem § 114 VwGO nachprüfbaren) Rechtsgründen für eine eigentliche Ermessensentscheidung kein Spielraum mehr; vielmehr ist die Behörde wie bei einer unmittelbar schon durch Rechtssätze determinierten Entscheidung gehalten, die einzig zulässige Entscheidung zu treffen.[65] 30

b) Selbstbindung. Eine Reduktion des Ermessens auf Null kommt in den Fällen der Selbstbindung der Verwaltung in Betracht, insbes wenn die Behörde ihr Ermessen durch eine **bestimmte Verwaltungspraxis** in der Vergangenheit gebunden hat.[66] Die Bindung erfolgt in diesen Fällen durch das **Gebot der Gleichbehandlung** nach Art 3 Abs 1 GG. Die Behörde ist danach gehindert, ihr Ermessen entgegen einer bisher geübten Praxis in Einzelfällen ohne zureichenden Grund auszuüben (BVerwGE 31, 212; VGH Mannheim NVwZ 1991, 1199). Dabei ist im Grundsatz gleichgültig, ob die Praxis auf der Grundlage von Verwaltungsvorschriften zustande gekommen ist (s oben Rn 26) oder auf andere Weise. In Einzelfällen kann aber auch das bloße Vorhandensein einer Verwaltungsvorschrift ausreichen, um einen Anspruch auf Gleichbehandlung zu begründen (sog antezipierte Verwaltungspraxis; s Rn 27). Im Übrigen aber kommt es für die Selbstbindung stets auf die Verwaltungspraxis an, nicht auf die Richtlinien bzw Verwaltungsvorschriften, deren Auslegung grundsätzlich nicht Sache der Gerichte ist (s auch StBS 117). Die Behörde hat allerdings grundsätzlich die Möglichkeit, sich für die Zukunft von einer in der Vergangenheit geübten Praxis zu lösen und **für künftige Fälle ihr Ermessen in anderer Weise** zu betätigen. Hier kommt es nur darauf an, dass dargelegt werden 31

---

[63] BVerwGE 92, 360 = BayVBl 1992, 597; BVerwG Buchh 406.17 BauOR Nr 5; VGH München BayVBl 1983, 244; VGH Kassel NJW 1984, 318; NVwZ-RR 1992, 346; OVG Saarlouis KommZ 1982, 125; NVwZ 1988, 60.

[64] Vgl BVerwGE 3, 279; 10, 204; 11, 97; 16, 218; 36, 361; 37, 113, 306; 39, 237; 57, 6; 62, 242; 69, 94; BVerwG Buchh 451.55 Nr 12 S. 48; NJW 1981, 2714; NVwZ 1985, 109; BSG 28, 83; OVG Berlin NJW 1983, 778; Obermayer 50; Gern DVBl 1987, 1194; MuLö BayVBlVBl 1982, 252; Ipsen, Subventionierung Privater 92; Kopp/Schenke § 114 Rn 6.

[65] Vgl BVerwGE 37, 113, 305; 62, 242; BVerwG DVBl 1981, 2714; 1982, 306; NVwZ 1990, 774; BSG 28, 83; WBS I § 31 Rn 55; Stern 18 I 2 mwN; Hoffmann-Becking DVBl 1970, 850 f; Erichsen/Ehlers § 10 Rn 21; Martens JuS 1962, 245; Ossenbühl NJW 1981, 378; Kopp/Schenke § 114 Rn 6.

[66] S näher Gern DVBl 1987, 1199; Di Fabio VerwArch 1995, 214; StBS 104; Maurer § 24 Rn 21; Knack 54.

kann, dass die Neuausrichtung der Ermessenspraxis für die Zukunft eine allgemeine ist und nicht nur für den einen zur Entscheidung stehenden Fall vorgenommen wird.

31 a **c) Verhältnismäßigkeit.** Eine Reduktion des Ermessens auf Null kann sich im Einzelfall auch daraus ergeben, dass sich die zur Verfügung stehenden Entscheidungsmöglichkeiten deshalb verringern, weil alle übrigen zu unzulässigen, weil unverhältnismäßigen oder unzumutbaren Ergebnissen führen. Da von dem Ermessen nur in einer den Betroffenen nicht unverhältnismäßig belastenden Weise Gebrauch gemacht werden darf, scheiden Handlungsalternativen aus, deren Auswahl nicht ermessensfehlerfrei wäre. Insoweit werden allerdings in Rspr und Lit unterschiedliche Positionen vertreten. Während die **ältere Auffassung** eine Ermessensschrumpfung auf Null nur in solchen Fällen annimmt, in denen andere Entscheidungen den Betroffenen in schwerer und unerträglicher Weise beeinträchtigen,[67] geht eine **neuere Auffassung** davon aus, dass eine Reduktion auf Null stets schon dann anzunehmen ist, wenn **Handlungsalternativen sachlich nicht hinreichend begründbar** sind.[68] Dieser Auffassung ist zuzustimmen. Wenn die in Betracht kommenden Handlungsalternativen dem Zweck der Ermächtigung nicht mehr in angemessener Weise gerecht werden, scheiden sie aus, unabhängig davon, ob sie den Betroffenen außerdem in besonders schwerer Weise belasten würden.

32 **7. Subjektive Rechte. a) Anspruch auf fehlerfreie Entscheidung.** Der Einzelne kann Ermessensfehler nur rügen, wenn und soweit er ein subjektives öffentliches Recht auf eine Ermessensfehlerfreie Entscheidung hat. Dieses Recht auf eine ermessensfehlerfreie Entscheidung kann sich in erster Linie aus der Ermessensermächtigung selbst ergeben. Nach der **Schutznormlehre** (s näher Einf Rn 70 ff) ist Voraussetzung dafür, dass die Ermessensermächtigung jedenfalls auch die Interessen des Einzelnen zu schützen bestimmt ist. Insofern bestehen keine besonderen Unterschiede zur Herleitung subjektiver Rechte aus strikten Rechtsnormen. Der Ermessensfreiheit der Behörde entspricht das formelle subjektive Recht des in seinen Rechten betroffenen Bürgers auf ermessensfehlerfreie Entscheidung;[69] dem Beurteilungsspielraum entspricht das Recht auf eine Entscheidung aufgrund einer von sachfremden Gesichtspunkten und Erwägungen freien, alle wesentlichen Tatsachen und Erfahrungssätze berücksichtigenden Beurteilung und Wertung der in dem unbestimmten Rechtsbegriff nur in allgemeiner Form abgegrenzten entscheidungserheblichen Fragen.[70]

33 **Voraussetzung für den Anspruch** auf fehlerfreie Ermessensausübung ist, dass die Tatbestandsvoraussetzungen der Ermessensnorm erfüllt sind. Nur wenn die Behörde objektiv-rechtlich berechtigt ist, eine Ermessensentscheidung zu treffen, kann der betroffene Einzelne ein Recht darauf haben, dass diese Entscheidung ermessenfehlerfrei erfolgt. Geht es um den Erlass einer belastenden Maßnahme, zB einer Untersagungsverfügung, einer Abrissverfügung oder eines Handlungsgebots, so kann der von der Maßnahme unmittelbar Betroffene idR verlangen, dass von einem in der Ermächtigung vorgesehenen Ermessen fehlerfrei Gebrauch gemacht

---

[67] S hierzu näher BVerwGE 11, 95 = NJW 1961, 793; 28, 233, 238 = NJW 1968, 1442, die Problematik spielt vor allem im Baurecht eine wesentliche Rolle.

[68] S hierzu insbes die jüngere Rspr zum Anspruch auf bauordnungsrechtliches Einschreiten, BVerwGE 78, 40, 46 = NJW 1988, 434; Gerhard in Schoch § 114 Rn 27; Eyermann § 114 Rn 32, beide allerdings mit der schwer begründbaren Forderung nach Offensichtlichkeit.

[69] BVerfG 60, 41 – NJW 1982, 2599; 69, 169 = NJW 1985, 2019; BVerwGE 3, 279; 10, 204; 11, 98; 16, 214; 36, 361; 37, 113; 48, 174; 61, 22 = NJW 1981, 535; BVerwG NJW 1985, 2019; BSG 28, 83; WBS I § 31 Rn 54; UL § 55 Rn 7.

[70] Vgl OVG Münster NVwZ-RR 1995, 27 = NWVBl 1995, 28; UL § 55 Rn 7; Kopp/Schenke § 114 Rn 30.

wird.[71] Etwas anders gilt ausnahmsweise dann, wenn das Ermessen ausschließlich im öffentlichen Interesse auszuüben ist.[72]

b) Anspruch auf fehlerfreie Abwägung und Prognosen. Dem Anspruch auf ermessensfehlerfreie Entscheidung entspricht bei Planungsentscheidungen, Planfeststellungen, Plangenehmigungen und vergleichbaren Entscheidungen (auch zB der Entscheidung über eine Schulauflösung, vgl BVerwG NVwZ 1992, 1203) der Anspruch auf fehlerfreie Abwägung seiner Rechte oder schutzwürdigen Interessen (BVerwGE 90, 49; 90, 100; Kopp/Schenke § 42 Rn 91), bei Prognoseentscheidungen darauf, dass die Entscheidung, soweit sie seine Rechte oder schutzwürdigen Interessen berührt, auf einer sorgfältig erstellten, realistischen Tatsachengrundlage, einer hinreichend leistungsfähigen Prognosemethode und einer sachgemäßen Abwägung aller Wahrscheinlichkeiten und möglichen Folgen beruht (vgl Kopp/Schenke § 42 Rn 91). 34

c) Anspruch bei Ermessensreduzierung. Besteht ein Anspruch auf ermessensfehlerfreie Entscheidung, so verdichtet sich dieser zu einem strikten Anspruch im Falle einer Ermessensreduzierung auf Null. Dies ist in den Vornahmefällen von großer Bedeutung (s oben Rn 31). 35

8. Bedeutung von Verfahrensvorschriften. a) Allgemeines. Die Einhaltung der Vorschriften des Verwaltungsverfahrensrechts und der allgemeinen, zT dem ungeschriebenen Recht angehörenden Verfahrensgrundsätze spielt bei Ermessensentscheidungen eine besondere Rolle. Anders als bei den streng gebundenen Entscheidungen aufgrund der Anwendung strikten Rechts, bei denen verfahrensfehler idR gem § 46 als unbeachtlich angesehen werden (s § 46 Rn 30), führen Verfahrensfehler bei Ermessensentscheidungen regelmäßig zur Aufhebung des rechtswidrigen VA[73] (zu den Ausnahmen s § 46 Rn 34). Das Verfahrensrecht bietet mittelbar eine gewisse Garantie für die sachgemäße Ausübung des Ermessens und der sachgemäßen Ausfüllung von Beurteilungsspielräumen durch die Verwaltung, so wie auch die Nachprüfung der Einhaltung des Verwaltungsverfahrensrechts durch die Aufsichts- und Rechtsbehelfsbehörden und durch die Verwaltungsgerichte einen gewissen Ersatz für die fehlende Möglichkeit unmittelbarer Kontrolle darstellt (vgl BVerwG NVwZ 1995, 494). 36

Besondere Bedeutung gewinnen die Vorschriften und Grundsätze des Verwaltungsverfahrensrechts, die dem Schutz der Betroffenen dienen. Dies gilt insb für das Erfordernis der **Unparteilichkeit** der zur Entscheidung berufenen Amtsträger (§ 20 Rn 6) und für die Verpflichtung zur **Anhörung der Beteiligten** (§ 28) und für die Begründung der Entscheidung (§ 39). Die Mitwirkung eines ausgeschlossenen oder befangenen Amtsträgers im Verfahren stellt nicht nur einen Verfahrensfehler (§ 20 Rn 66; § 21 Rn 13) und eine Verletzung des Gleichheitsgebots (§ 20 Rn 6), bei Prüfungen auch der Chancengleichheit (s oben Rn 24) dar, wenn und soweit die Möglichkeit von Auswirkungen auf die Sachentscheidung nicht auszuschließen ist, sondern zugleich grundsätzlich auch einen Verstoß 37

---

[71] BVerwGE 39, 235; VGH Mannheim VBlBW 1982, 90; Kopp/Schenke § 42 Rn 93; zum Begriff des subjektiven Rechts bzw rechtlichen Interesses s Einf Rn 63 ff.

[72] BVerwG NVwZ 1988, 628 zu § 21 Abs 1 WPflG: der Wehrpflichtige kann sich gegenüber dem Einberufungsbescheid zu einer Wehrübung hins der Entscheidung, daß er dafür ausgewählt wurde, nicht auf einen etwaigen Ermessensfehler berufen, weil das Auswahlermessen ausschließlich dem Interesse einer optimalen Personalbedarfsdeckung der Bundeswehr und nicht zugleich auch privaten Interessen der Wehrpflichtigen diene; ähnlich BVerwGE 71, 63 = NVwZ 1986, 126; VGH Mannheim DÖV 1975, 502: kein Anspruch darauf, daß das Ermessen hins einer erneuten Berufung in das Beamtenverhältnis fehlerfrei ausgeübt wird; VG Freiburg DVBl 1986, 1168: da die Regelungen des Personalstrukturgesetzes ausschließlich im öffentlichen Interesse liegen, kein Anspruch interessierter Offiziere auf fehlerfreie Ermessensentscheidung.

[73] Vgl auch BVerwG 68, 267, 75; Obermayer 45.

gegen § 40.[74] Entsprechendes gilt, wenn die Behörde eine in der Sache gebotene Prüfung der Umweltverträglichkeit nach dem UVG unterlassen hat.[75] Zur Bedeutung der Verletzung von Verfahrensvorschriften im Prüfungsrecht s Rn 92 ff.

38 **b) Indizwirkung mangelhafter Begründung.** Das Fehlen einer Begründung ist, soweit eine Begründungspflicht nach § 39 oder nach entsprechenden Vorschriften oder nach allgemeinen Rechtsgrundsätzen vorgeschrieben ist (vgl BSG DVBl 1994, 1246), **Indiz für das Vorliegen** rechtserheblicher **Ermessens oder Beurteilungsmängel,** ohne dass insoweit das Gericht noch weitere Nachforschungen anstellen müßte.[76] Das gilt jedenfalls dann, wenn die Behörde den Begründungsmangel nicht heilt (§ 45) oder die **tragenden Gründe** nicht spätestens im gerichtlichen Verfahren offenlegt. Vgl auch OVG Lüneburg BauR 1986, 692: eine Abbruchsanordnung ist wegen eines Ermessensfehlers rechtswidrig, wenn eine Ermessensbetätigung der Bauaufsichtsbehörde nicht erkennbar ist, obwohl konkrete Anhaltspunkte für die Angemessenheit einer Ausnahme bestehen; enger BVerwGE 82, 2: wenn die Begründung eines Planfeststellungsbeschlusses nicht zu allen Punkten ein ausreichendes Bild gibt, muss das Gericht von sich aus ermitteln, ob Ermessensfehler vorliegen; es darf Defizite jedoch nicht mit zusätzlich eigenen Erwägungen „nachbessern". Fehlerhaft ist die Ermessensentscheidung jedenfalls dann, wenn die Gründe auch sonst nicht ersichtlich sind, und die Behörde die Gründe, die für sie maßgeblich waren, auch nachträglich nicht bekannt gibt und nicht darlegen kann (Beweislast der Behörde), dass sie tatsächlich alle für ihre Entscheidung wesentlichen Gesichtspunkte gekannt, abgewogen und bei ihrer Entscheidung berücksichtigt hat.[77] Zu teilweisen **Ausnahmen** von der Abwägungs- und Begründungspflicht bei Entscheidungen aufgrund von **„Soll"-Vorschriften** und bei **„intendierten" Entscheidungen** s unten Rn 44 f.

39 **c) Anforderungen an die Begründungspflicht.** Anforderungen an die Begründungspflicht bei Ermessensentscheidungen sind deshalb strenger als bei strikt gebundenen Entscheidungen, weil die Begründung zugleich die Grundlage der gerichtlichen Kontrolle des ermessensspezifischen Abwägungsprozesses darstellt.[78]

---

[74] BVerwG NVwZ 1988, 527 = DÖV 1988, 563; ferner VGH Mannheim NVwZ 1990, 348; Kopp BayVBl 1990, 685.

[75] VGH München DVBl 1994, 1199; zT **aA** BVerwG NJW 1981, 239 = DVBl 1980, 996; VGH Mannheim NVwZ-RR 1993, 376: der Bürger hat keinen Anspruch auf Durchführung einer Umweltverträglichkeitsprüfung.

[76] BVerfG 85, 36; 88, 60 = DVBl 1993, 485; BVerwGE 75, 214 = NVwZ 1987, 578; BVerwG NVwZ 1993, 570 und 572; NVwZ 1988, 525; DVBl 1990, 1172; BFH BB 1981, 1021; VGH München BayVBl 1992, 660; 1993, 311; OVG Berlin NJW 1980, 2575; OVG Lüneburg NJW 1984, 1641; OVG Schleswig NVwZ 1992, 71; VGH Kassel DVBl 1990, 1070; VGH Mannheim NVwZ 1991, 1205 = VBlBW 1991, 312: bei Prüfungsentscheidungen ohne ausreichende Begründung auch kein „Nachschieben" von Gründen; Becker NJW 1993, 1132.

[77] VGH Kassel DVBl 1990, 1070; zT großzügiger BVerwGE 74, 251 und BVerwG DÖV 1991, 471: vermag die Begründung des Planfeststellungsbeschlusses die erforderliche planerische Abwägung nicht zu tragen, so hat das Gericht, wenn eine Sache zu einer solchen Prüfung Anlaß bietet, zu prüfen, ob sich aus anderen Gründen feststellen läßt, daß die Behörde die erforderliche Abwägung getroffen und damit den Anforderungen, die das Abwägungsgebot stellt, entsprochen hat.

[78] S zB BVerwGE 12, 25; 22, 215; 62, 340; BSG DVBl 1994, 1246; Kopp VerfR 160; VerwArch 1970, 250; zu den Anforderungen an die Begründungspflicht bei behördlichen Beurteilungsspielräumen ua BVerfG 88, 60 = DVBl 1993, 485; BVerwGE 75, 214 = NVwZ 1987, 578; zu den Anforderungen bei **Prüfungsentscheidungen** BVerwGE 91, 262 = NVwZ 1993, 570; 95, 251: die dem Prüfungsbescheid beigegebene schriftliche Begründung muß hinreichend erkennen lassen, welcher Sachverhalt und welche allgemeinen und besonderen Bewertungsmaßstäbe der Entscheidung zugrunde gelegt worden sind und auf welcher wissenschaftlich-fachlichen Annahme die Bewertung beruht; s auch Müller-Franken VerwArch 2001, 507.

Formelhafte, nicht auf den konkreten Fall bezogene Begründungen reichen hier grundsätzlich nicht aus (vgl OVG Lüneburg NJW 1984, 1641). Der Umstand, dass die Entscheidung der Behörde teilweise auf prognostischen Erkenntnissen beruht, schließt eine gerichtliche Überprüfung nicht aus (vgl BVerfG 88, 60 = DVBl 1993, 485). Die Verwaltung muss nachvollziehbar darlegen, auf welche Tatsachen und Erfahrungen aus ihrer eigenen Sphäre und auf welche wissenschaftlichen Erkenntnisse Dritter sie zur prognostischen Beurteilung zurückgreift. Hat sie ihre Prognose nachvollziehbar begründet, ist für eine Beweiserhebung durch Sachverständige regelmäßig nur noch Raum, soweit die tatsächlichen Grundlagen oder die Methodengerechtigkeit selbst im Streit stehen.

d) Fehlen oder Unzulänglichkeit einer Begründung. Fehlen oder Unzulänglichkeit einer Begründung führen, wenn keine Heilung nach § 45 stattfindet, zur Rechtswidrigkeit des VA. IdR ist der VA im Anfechtungsprozess allein wegen eines Begründungsmangels aufzuheben (s § 39 Rn 56), es sei denn, dass gem § 46 auszuschließen ist, dass der Mangel sich auf den Inhalt der Entscheidung ausgewirkt hat (vgl BVerwGE 84, 44 = NJW 1990, 925; s auch § 39 Rn 59), oder dass die Begründung einer Entscheidung mit einer unzutreffenden Vorschrift, dh einer Vorschrift, auf die sie nicht gestützt werden kann, unschädlich ist, weil jedenfalls nachweislich der Sache nach auch alle tatbestandsmäßig relevanten Voraussetzungen der an sich maßgeblichen Vorschriften geprüft und das Ermessen bzw die insoweit zu treffende Beurteilung, Prognose oder Abwägung danach sachgerecht ausgeübt wurde (BVerwGE 90, 299). 40

IV. Ermessen

1. Die Ermessensermächtigung. a) Allgemeines. Im Bereich des Gesetzesvorbehalts (s Wehr JuS 1997, 231; Rottmann EuGRZ 1985, 277; Vogel VVDStRL 24, 125) setzt eine Betätigung von Ermessen voraus, dass der Behörde in der anzuwendenden Rechtsnorm Ermessen eingeräumt wird also eine Ermächtigung zu einer Ermessenentscheidung vorhanden ist. Ob eine Vorschrift der Behörde Ermessen einräumt, ist eine Frage der Auslegung.[79] Auszugehen ist vom Wortlaut; daneben ist aber auch der Zusammenhang, in dem die Vorschrift steht, zu berücksichtigen. Außer dem Wort „Ermessen" (zB in § 4 Abs 2 BSHG oder in § 22 und § 36 Abs 2 VwVfG) **sprechen** Worte wie **„kann", „soll", „darf", „ist befugt"** uä in einer Vorschrift idR für das Vorliegen eines Spielraums, innerhalb dessen die Behörde ihre Entscheidungen nach pflichtgemäßem Ermessen zu treffen hat.[80] Auch bei scheinbar auf die Einräumung eines Ermessensspielraums hinweisenden Rechtsvorschriften kann sich aus dem Zweck der Regelung oder aus dem Zusammenhang mit anderen Vorschriften, insb auch des Verfassungsrechts, eine strikte Bindung ergeben.[81] Dies ist zB bei § 35 Abs 2 BauGB in Bezug auf die Zulassung von nicht privilegierten Vorhaben im Außenbereich der Fall.[82] 41

Eine Ermessensermächtigung ist im Zweifel anzunehmen, wenn eine Rechtsvorschrift nur allgemein eine Genehmigung usw vorschreibt oder die Behörde zum Erlass eines VA ermächtigt, ohne die Voraussetzungen dafür abschlie- 42

---

[79] BVerwG DVBl 1981, 977; Weidemann DVBl 1992, 1573; Schöpfer NVwZ 1991, 551; Knack 30.

[80] Vgl BSG NJW 1985, 698; OVG Münster NVwZ 1989, 1177 zu „darf"; VG Frankfurt DVBl 1982, 368; Erichsen AllgVR § 10 Rn 12; WBS I § 31 Rn 36; M 29f.

[81] Vgl BVerfG 8, 72; 20, 160; BVerwGE 3, 121; 10, 199; 18, 250; 25, 161; 40, 323; 42, 28; 49, 23; BVerwG DÖV 1992, 635; VG Aachen NVwZ 1987, 258; kritisch WBS I § 31 Rn 34; Scheerbarth DVBl 1960, 185ff.

[82] Vgl BVerwGE 18, 250 = NJW 1964, 1973; st Rspr.

ßend zu regeln.[83] Entsprechendes gilt idR für die Vergabe, Verteilung usw von Genehmigungen, Zulassungen uä bei nur begrenzt zur Verfügung stehenden Kontingenten, Studienplätzen uä bei einer Überzahl von Bewerbern.[84]

43 b) **„Kann-Vorschriften“** bedeuten idR, dass der Behörde dadurch ein Ermessen eingeräumt wird (BSG NJW 1985, 698; MK 9 II 2). In manchen Rechtsvorschriften bedeutet „kann“ – ebenso uU auch das Wort „darf“ – allerdings auch nur die Zuständigkeit und/oder Ermächtigung der Behörde, eine im Gesetz für diesen Fall vorgesehene bestimmte Entscheidung zu treffen, zu der sie dann, wenn die rechtlichen Voraussetzungen dafür erfüllt sind, auch zugleich verpflichtet ist.[85] Ob Ermessen oder lediglich eine Ermächtigung idS gemeint ist, ist Auslegungsfrage. Dieselbe Folge kann sich uU im Ergebnis aber auch daraus ergeben, dass eine als „Kann“-Vorschrift formulierte Norm im Rahmen der Rechtsordnung, insb auch als Folge aus Grundentscheidungen der Verfassung nur als bindende Regelung verstanden werden kann (vgl § 35 Abs 2 BauGB, s dazu Rn 41).

44 c) **„Soll-Vorschriften“.** Die Regelungen in einer Rechtsvorschrift, dass eine Behörde sich in bestimmter Weise verhalten soll, bedeutet idR eine strikte Bindung für den Regelfall und gestattet **Abweichungen nur in atypischen Fällen,** in denen angehbare, nicht von der Behörde selbst zu vertretende (BVerwGE 42, 29), überwiegende Gründe für das Abgehen von der Norm sprechen.[86] Die Behörde darf von der Regel nur in Fällen abweichen, in denen die für den Normalfall geltende Regelung von der ratio legis offenbar nicht mehr gefordert wird (BVerwG NJW 1990, 1377). Ob ein Fall idS atypisch ist, ist **gerichtlich voll nachprüfbar.**[87] Mit der Formulierung einer Sollvorschrift kann allerdings auch zum Ausdruck gebracht werden, dass die Beteiligten bzw Betroffenen keinen Anspruch darauf haben sollen, dass die Behörde die in der Rechtsnorm vorgesehene Rechtsfolge setzt und dass sich auf Abweichungen kein Rechtsbehelf stützen lässt.[88] Das ist bei materiellrechtlichen Normen allerdings nur selten der Fall.

45 d) **Intendiertes Ermessen.** Ähnlich wie Soll-Vorschriften sind auch Vorschriften zu verstehen, die zwar die Behörde zu einer Ermessensentscheidung oder zu einem bestimmten Handeln ermächtigen, gleichzeitig aber ausdrücklich oder doch nach Sinn und Zweck hinreichend deutlich zu erkennen geben, dass nach dem Willen des Gesetzgebers die **Entscheidung im Regelfall in einem be-**

---

[83] Vgl BVerwGE 16, 226; OVG Münster NVwZ 1986, 1040; VGH München BayVBl 1987, 305; DÖV 1991, 941; OVG Lüneburg NuR 1990, 177; OVG Koblenz NJW 1990, 1555; DÖV 1990, 620.

[84] VGH Kassel NVwZ-RR 1992, 361; Krebs ZRP 1984, 226; Ehlers DVBl 1993, 865; Theuersbacher NVwZ 1993, 632; Kopp/Schenke § 113 Rn 87.

[85] BVerwGE 15, 254; 18, 250; 23, 29; 44, 342; BSG 38, 76; 51, 294; NJW 1985, 698; DVBl 1987, 245; NVwZ-RR 1991, 2; BFH 123, 232; NVwZ-RR 1991, 2; OVG Münster NJW 1969, 1732; VGH München BayVBl 1982, 536; 1987, 19; 1995, 84; VG Aachen NVwZ 1987, 258; v Mutius Jura 1987, 97; Maurer § 7 Rn 7; MK 9 II 2.

[86] BVerwGE 12, 285; 16, 226; 20, 118; 42, 28; 49, 23; 56, 223; 62, 242; 64, 323; 68, 242; 78, 105; 84, 220, 232; 88, 8; 90, 93, 278; BSG 35, 270; 59, 114; BVerwG NJW 1984, 70; 1987, 1222; NVwZ 1987, 631; DVBl 1987, 242; 1990, 278; BAG NZA 1992, 24; OVG Magdeburg LKV 1994, 27; OVG Lüneburg NJW 1985, 2348; OVG Münster 15, 84; VGH Manheim DÖV 1980, 730; VGH Kassel NVwZ 1984, 802; v Mutius Jura 1987, 97; WBS I § 34.

[87] BSG DVBl 1987, 243; VGH Kassel NVwZ-RR 1993, 434; Obermayer 14.

[88] OVG Münster 1988, 518; BFH 149, 24 = BStBl II 1987, 438; NVwZ-RR 1990, 334; BGH NJW 1986, 1358; Kassel NVwZ 1984, 802; MK 9 II 3. Vgl auch BVerwG DVBl 1965, 28: die Fassung des § 71 VwGO als Soll-Vorschrift soll verhindern, daß das Gericht die Entscheidung allein wegen unterbliebener Anhörung des Betroffenen auch dann aufheben müßte, wenn sie im Ergebnis nicht zu beanstanden ist.

stimmten Sinn ergehen soll (sog „intendierte“ Entscheidung).[89] Die Rechtsfigur des intendierten Ermessens ist **umstritten.**[90] Nach der Rechtsprechung bedarf es in Fällen, in denen die Behörde den Intentionen des Gesetzes für den Regelfall folgen will und auch keine Gründe ersichtlich bzw geltend gemacht sind, die für eine abweichende Entscheidung sprechen könnten, grundsätzlich **keiner näheren Begründung** der Entscheidung; es genügt, wenn die Behörde auf das Gesetz und die in diesem für den Regelfall vorgesehene Entscheidung sowie darauf verweist, dass besondere Umstände, die eine andere Beurteilung oder Entscheidung rechtfertigen könnten, nicht ersichtlich sind.[91] Nähere Ermittlungen und Abwägungen sind in solchen Fällen erforderlich, wenn Besonderheiten des Falles, die eine andere Beurteilung erfordern könnten, eentweder für die Behörde offensichtlich sind, oder von den Beteiligten vorgetragen werden.

Beispiele für intendiertes Ermessen.[92] Die Fälle, in denen die Rspr angenommen hat, in der Ermessensermächtigung sei eine bestimmte Entscheidung für 46
den Regelfall intendiert, sind vielfältig. So ist zB die in § 135 Abs 5 S 1 BauGB bei der Entscheidung über einen Erlass der Abgabenforderung wegen unbilliger Härte vorgesehene Ermessensausübung durch das Gesetz dahin intendiert, dass von einem Erlass nur ausnahmsweise dann abgesehen werden darf, wenn dies trotz der unbilligen Härte wegen besonderer, berücksichtigungsfähiger und gewichtiger Gründe gerechtfertigt ist (BVerwG NVwZ 1987, 601). Ähnlich sollten Befreiungsvorschriften einer rechtlichen Unausgewogenheit begegnen, die sich ergeben kann, wenn aufgrund der besonderen Umstände des jeweiligen Einzelfalls Anwendungsbereich und materielle Zielrichtung einer Vorschrift nicht miteinander übereinstimmen. Zum intendierten Ermessen bei **Widerruf** und **Rücknahme** von VAen s § 48 Rn 49; § 49 Rn 28 ff; bei der **Auswahl des Gebührenschuldners** OVG Hamburg NordÖR 2001, 306; bei Erlass einer ordnungsrechtlichen **Beseitigungsanordnung** OVG Berlin NuR 2002, 365.

e) Offenes Ermessen. In gewissem Sinn das Gegenteil zu intendierten Ent- 47
scheidungen stellen Ermessensermächtigungen dar, für die die gesetzliche Ermächtigung nicht nur keinerlei näheren Maßstäbe vorgibt, sondern der Behörde freie Wahl zwischen allen sachlich geeigneten, praktikablen und zweckmäßigen Lösungen lässt, sofern nicht besondere Umstände vorliegen, die sich der Behörde aufdrängen oder von einem Beteiligten geltend gemacht werden (BVerwG NJW 1993, 1669). Dies gilt idR zB für die Entscheidung, welcher von mehreren Gesamtschuldnern analog § 421 BGB in Anspruch genommen werden soll.[93]

Fehlt es an einer gesetzlichen Ermächtigung überhaupt, so ist § 40 nicht unmittelbar anwendbar. Soweit die Verwaltung überhaupt ohne gesetzliche

---

[89] Vgl BVerwGE 66, 25; 82, 363: die Entscheidung kann einfach an die Erfüllung der tatbestandsmäßigen Voraussetzungen anknüpfen; BVerwGE 91, 90; BVerwG DVBl 1990, 707; NVwZ 1994, 1383; NJW 1987, 1564; BFH NJW 1989, 1383; Volkmann DÖV 1996, 282; Borowski DVBl 2000, 149; Knack 35.

[90] BVerwGE 61, 25; 66, 25; 72, 6; 82, 363; BVerwG NJW 1987, 1465; DVBl 1983, 1107; 1992, 1491; BFH NJW 1989, 1383; StBS 30: „größte Zurückhaltung geboten“; Obermayer 16: „strenge Anforderungen“; Erichsen/Ehlers § 10 Rn 13; kritisch Stelkens NWVBl 1989, 339; ablehnend Maurer § 7 Rn 12; ausf Beuermann, 53 ff.

[91] BVerwGE 72,5 = NJW 1986, 736; 82, 363; BVerwG NVwZ 1994, 383; BayVBl 1987, 219; OVG Münster NVwZ 1986, 138.

[92] BVerwGE 40, 201; 48, 127; 91, 90: zur Rücknahme eines VA gem § 45 Abs 1 SGB X; BVerwG NVwZ 1987, 601; 1993, 583; BayVBl 1987, 219 mwN.

[93] BVerwGE 31, 213 = NJW 1969, 811; BVerwG NJW 1990, 2761; 1993, 1661 mwN: Heranziehung jeweils der ersten im Datensatz angeführten Person als Schuldner der Fehlbelegungsabgabe bei mehreren als Gesamtschuldner Verpflichteten unbedenklich, sofern nicht besondere Umstände des Einzelfalls dies ausnahmsweise als unbillig erscheinen lassen und eine abweichende Ermessensausübung gebieten; BVerwG NJW 1993, 781: Heranziehung nach freiem, lediglich durch das Willkürverbot und offenbare Unbilligkeit begrenzten Ermessen.

Grundlage handeln darf, trifft sie aber auch und zwar stets Ermessensentscheidungen. Der Begriff **„freies Ermessen"** (Knack 34) ist auch hier verfehlt, weil es im Bereich der öffentlichen Verwaltung nur rechtlich gebundenes und damit pflichtgemäßes Ermessen gibt. Die Regelung in § 40 ist auf Ermessensentscheidungen ohne spezielle gesetzliche Ermächtigung mit der Maßgabe anwendbar, dass die zuständige Behörde die leitenden **Ermessenszwecke selbst setzen** darf, soweit sie sich im Rahmen der Rechtsordnung, insbes der Grundsätze der Gleichbehandlung und der Verhältnismäßigkeit bewegt (StBS 31). Die gerichtliche Kontrolle beschränkt sich in diesen Fällen auf die Einhaltung des Ermessensrahmens.

48 **2. Die Ausübung des Ermessens. a) Zweck der Ermächtigung als Leitlinie.** § 40 stellt in Übereinstimmung mit der bereits zuvor hM (vgl BVerfG 9, 147; BVerwGE 19, 335; 29, 235; 30, 313; 51, 120, 166) klar, dass Behörden von einer Ermächtigung, nach ihrem Ermessen zu handeln, nur nach Maßgabe des Gesetzeszwecks Gebrauch machen dürfen,[94] dh, dass die zu treffende Entscheidung **ihre Rechtfertigung in den Zwecken des Gesetzes** und der vom Gesetzgeber gewollten Ordnung der Materie finden muss (BVerwG DVBl 1982, 307) dienen muss. Das Ermessen darf nur in sachlicher, dh in einer dem Zweck des jeweiligen Gesetzes entsprechenden Weise, ausgeübt werden (BVerwGE 70, 153; BVerwG NVwZ 1990, 766). Für selbständige („autonome") Zweckmäßigkeitserwägungen ist Raum nur im Rahmen des Zwecks der Ermächtigung.[95]

49 **aa) Zweck der Ermächtigung.** Als Zwecke der Ermächtigung idS sind zunächst die Zwecke der Ermächtigungsnorm selbst. Diese können aber durch das übrige Recht ergänzt werden, auch zB durch einschlägige völkerrechtliche Vereinbarungen (BVerwGE 66, 278; 91, 331), einschlägige EU-Richtlinien, auch wenn diese noch nicht ins nationale Recht umgesetzt sind (s BVerwG DVBl 1982, 294; vgl andererseits BVerwGE 91, 331), außerdem durch die sich aus dem Verfassungsrecht, insb auch aus den Grundrechten[96] ergebenden Zwecke (WBS I § 31 Rn 45; ferner Kopp, in: Wilburg-FS 1975, 143ff), soweit ihre Wahrung in der konkreten Ermessensentscheidung geboten ist.[97]

Welche Zwecke mit einer Ermächtigungsgrundlage konkret verfolgt werden, ist durch Auslegung zu ermitteln. Im Bereich des Polizei- und Ordnungsrechts geht es regelmäßig um die Wiederherstellung bzw Sicherung der öffentlichen Sicherheit und Ordnung auf der einen und die möglichst schonende Behandling der Rechtspositionen von Betroffenen auf der anderen Seite. Bei Gesetzen, die nicht nur einen rein ordnungsrechtlichen, sondern darüber hinaus oder ausschließlich steuernden und/oder verteilenden Charakter haben, geht es um die jeweiligen bereichsspezifischen Steuerungszwecke, die für die Ermessensentscheidung beachtlich sind.[98] S hierzu zB OVG Schleswig NordÖR 2002, 122: Auswahl des Beseitigungspflichtigen nach Effektivität, wirtschaftlicher Leistungsfähigkeit, Zumutbarkeit und Verursachung.

---

[94] Vgl BVerfG 9, 147; 18, 363; 38, 369; 49, 147; Henseler DVBl 1982, 397; s auch BVerwGE 51, 166; BVerwG DVBl 1982, 307; 1984, 532; ferner BVerwGE 38, 90; VG Schleswig NJW 1980, 1296: Prüfung, ob die Ermessenserwägungen mit dem Zweck des Gesetzes vereinbar sind.

[95] BVerfG 25, 112; OVG Lüneburg VRspr 25, 213, OVG Münster VRspr 25, 624; Schmidt NVwZ 1985, 169; zT **aA** VGH Kassel NJW 1982, 2280 unter Hinweis auf die Einheit der Rechtsordnung.

[96] BVerwGE 48, 302; 61, 35; 91, 140; DVBl 1995, 47; BVerfG 80, 93; StBS 63.

[97] Schmidt NVwZ 1985, 169; vgl auch BVerwG NVwZ 1990, 766: einem Beamten darf die Nebentätigkeitsgenehmigung von seinem Dienstherrn nur aus Gründen versagt werden, die Bezug zu seiner Amtsführung haben, nicht aus arbeitsmarktpolitischen Gründen.

[98] Vgl zB zur Begrenzung einer Entscheidung über die wegegerechtliche Sondernutzung auf wegerechtliche Gesichtspunkte OVG Lüneburg NJW 1986, 863; VGH Kassel NVwZ 1994, 189, 190; 1987, 902.

bb) Berücksichtigungsgebote. Dazu gehören außer dem unmittelbaren, durch öffentliche Interessen bestimmten Zweck, dem eine Regelung dient, auch zB sog. gesetzliche „Berücksichtigungsgebote“, die die Behörde nicht strikt binden, sondern sie nur verpflichten, den entsprechenden Gesichtspunkt bei ihrer Entscheidung zu berücksichtigen (BVerfG 61, 58 = NVwZ 1983, 217). Zulässig und geboten ist danach zB bei der Entscheidung über die Erteilung einer **Sondernutzungserlaubnis** nach Straßen- und Wegerecht die Berücksichtigung aller verkehrsbezogenen Gesichtspunkte, einschließlich solcher, die sich auf den Schutz des Umfelds beziehen, nicht dagegen auch von sonstigen öffentlichen oder privaten Interessen, so nützlich und sinnvoll diese an sich auch sein mögen.[99] 50

Umstritten ist die Frage, ob auch **fiskalische Interessen** bei Ermessensentscheidungen berücksichtigungsfähig sind. Während das von der überkommenen klassischen Auffassung jedenfalls für den bereich des Ordnungsrechts abgelehnt wurde,[100] wird in jüngerer Zeit die Notwendigkeit einer Einbeziehung auch fikalischer Erwägungen unter dem Gesichtspunkt des Grundsatzes der Effizienz des Verwaltungshandelns zunehmend anerkannt.[101] Diese Auffassung verdient grundsätzlich Zustimmung. Die Effizienz des Verwaltungshandelns spielt nicht nur für das verwaltungsverfahren sondern auch materiellrechtlich eine Rolle.

b) Ermessenslenkende Verwaltungsvorschriften, dienen dem Ziel einer gleichmäßigen Ermessensausübung sowie deren Steuerung innerhalb der Behördenhierarchie. Sie sind grundsätzlich zulässig[102] und mit der Ermächtigung einer Behörde, nach Ermessen zu entscheiden, grundsätzlich vereinbar, soweit sie sich ihrerseits am Zweck der Ermächtigung orientieren und sachgerecht sind.[103] Richtlinien entheben die Behörde jedoch nicht der Verpflichtung zu einer eigenverantwortlichen Ermessensentscheidung unter sachlicher Abwägung aller einschlägigen Gesichtspunkte des konkreten Falles, sondern geben ihr nur – vor allem im Innenverhältnis zum Richtliniengeber und im Interesse der Gleichbehandlung gleicher Sachverhalte – Anhaltspunkte für die gegenüber dem Bürger zu treffende Entscheidung.[104] Weist ein Fall **wesentliche Besonderheiten** auf im Vergleich zum „Regelfall“, auf den die Richtlinien zugeschnitten sind, so muss die Behörde dies bei ihrer Ermessensanwendung berücksichtigen und ggf von der Richtlinie abweichend entscheiden.[105] Wenn und soweit Richtlinien selbst ermessensfehlerhaft sind oder ihre Anwendung im konkreten Fall den besonderen Ermessenserfordernissen nach § 40 nicht genügt, kann auch ihre an sich sonst korrekte Anwendung 51

---

[99] VG Karlsruhe NJW 1994, 1977; vgl auch § 36 Rn 52ff; ungenau OVG Berlin NVwZ 1991, 1299: alle „sachgerechten“ Gründe.

[100] Vgl StBS 65; Drewes/Wacke/Vogel/Martens, Gefahrenabwehr, S. 381,

[101] Vgl zB Papier in Hoffmann-Riem/Schmidt-Aßmann, Effizienz, 231, 240; Schmidt-Aßmann daselbst S. 245, 246; Waechter VerwArch 1997, 298, 327; differenzierend Obermayer 31.

[102] Lange NJW 1992, 1196; Erichsen/Ehlers § 10 Rn 14; 6 Rn 48ff; Knack 9.5.1.1f; s auch oben Rn 27; allg zu typisierenden Verwaltungsvorschriften auch BVerfG 78, 214 = NJW 1989, 666; Osterloh JuS 1990, 100; Rupp JZ 1991, 1034; Hill NVwZ 1989, 401; v Danwitz VerwArch 1993, 73; Maurer § 20 Rn 25a.

[103] BVerwGE 15, 202; 19, 55; 65, 188; 66, 268 = NJW 1983, 532; 70, 142; BVerwG NVwZ-RR 1991, 32; NVwZ 1991, 32; NJW 1991, 650 mwN; OVG Münster NJW 1981, 936; NVwZ 1984, 600; DÖV 1985, 205; OVG Koblenz NVwZ 1984, 533; VGH Mannheim NVwZ 1984, 329 = DÖV 1984, 214; Di Fabio DVBl 1992, 1338; Osterloh JuS 1990, 100 mwN; Hamann VerwArch 1982, 28; Kind DÖV 1988, 680; vgl auch BVerfG 78, 214 = NJW 1989, 666; NVwZ 1984, 166.

[104] BVerwGE 70, 142; BVerwG NJW 1991, 650 mwN; OVG Münster NVwZ 1984, 600; bedenklich VGH Koblenz NVwZ 1984, 553: zusätzlich eigene Ermessenserwägungen nur, wenn der konkrete Fall Besonderheiten aufweist; ähnlich BVerwGE 70, 142.

[105] BVerwG NJW 1991, 651; NVwZ-RR 1989, 330; NVwZ-RR 1989, 762; Buchh 130 § 8 RuStAG Nr 26.

die Ermessensfehlerhaftigkeit des betroffenen Handelns nicht verhindern (OVG Schleswig NVwZ 1993, 911).

Der Betroffene hat einen **Anspruch auf die Einhaltung** ermessenslenkender Richtlinien usw nur insoweit, als diese praktisch umgesetzt werden und deshalb Grundlage eines Anspruchs auf Gleichbehandlung sind (s Rn 26). Eine Ausnahme ist anerkannt für die Einführung neuer Richtlinien, für die sich noch keine Verwaltungspraxis gebildet hat (sog antizipierte Verwaltungspraxis).[106]

52 **c) Betätigung des Ermessens.** Die eigentliche Betätigung des Ermessens besteht in einer **Abwägung** der nach den Zwecken der Ermächtigung maßgebenden Gesichtspunkte gegen- und untereinander. Die Herstellung der Ermessensentscheidung lässt sich dabei in zwei Phasen unterteilen, die zwar in der Praxis nicht zeitlich voneinander getrennt werden können, aber wegen der Unterschiede des Vorgehens unterschieden werden sollten. Die erste Phase betrifft die **Ermittlung des maßgeblichen Sachverhalts.** In Anlehnung an das Planungsrecht kann auch von der Zusammenstellung des Abwägungsmaterials gesprochen werden. In dieser Phase müssen diejenigen Gesichtspunkte festgestellt und ggfs ermittelt werden, die nach den Ermächtigungszwecken für die Entscheidung wichtig sind. In der zweiten Phase erfolgt sodann die **Gewichtung und Abwägung** der maßgeblichen Gesichtspunkte gegen- und untereinander mit dem Ziel einer Entscheidung, die sämtlichen beteiligten Gesichtspunkten soweit als möglich Rechnung trägt. Insoweit stellt auch die Betätigung des allgemeinen Verwaltungsermessens wie die Planungsentscheidung eine Optimierungsaufgabe dar.

53 **aa) Ermittlung des Sachverhalts.** Voraussetzung für die korrekte Ausübung des Ermessens ist die vollständige und zutreffende Feststellung des entscheidungsrelevanten Sachverhalts. Die Behörde muss grundsäztlich von Amts wegen alle Feststellungen treffen, die erforderlich sind, um die nach den Zwecken der Ermächtigung für die Ermessensentscheidung relevanten Gesichtspunkte abwägen zu können. Beschränkungen der Pflicht zur umfassenden Aufklärung und Beweiserhebung bedürfen der gesetzlichen Grundlage. Derartige Einschränkungen ergeben sich uU bei der Verletzung gesteigerter Mitwirkungspflichten der Beteiligten (zB § 70 AuslG), können aber auch schon bei Nichterfüllung allgemeiner Mitwirkungspflichten eintreten (vgl § 24 Rn 20). Von diesen Ausnahmen abgesehen führt die unvollständige oder unkorrekte Sachverhaltsermittlung zu einem Ermessensdefizit und damit zu einem Ermessensfehler (s unten Rn 62).

54 **bb) Entscheidungen bei ungewissem Sachverhalt.** Bleibt die Tatsachengrundlage trotz der gebotenen (vgl § 24) Aufklärungsbemühungen im Einzelfall zweifelhaft, so ist es idR nicht ermessensfehlerhaft, wenn die Behörde diesen Umstand bei ihrer Ermessensentscheidung berücksichtigt; dies kann auch zB zu Lasten eines Beteiligten ausschlagen, der für die in Frage stehende Tatsache die **materielle Beweislast** (s hierzu § 24 Rn 39ff) trägt.[107] Zulässig ist dieses Vorgehen aber erst, nachdem alle zumutbaren Möglichkeiten der Aufklärung des Sachverhalts ausgeschöpft worden sind (BVerwG DVBl 1988, 295). S zur ebenfalls zulässigen Berücksichtigung behördeninterner Zweckmäßigkeitserwägungen BVerwGE 57, 6. Bei Irrtum über für die Entscheidung wesentliche Tatsa-

---

[106] S hierzu BVerwGE 52, 193, 199 m Anm Götz DVBI 1979, 883; Pietzcker NJW 1981, 2090; WBS I § 24 Rn 26.

[107] Vgl BVerwG DVBl 1983, 1013; NJW 1987, 859: es ist nicht ermessensfehlerhaft, wenn die Einbürgerung wegen bestehender Zweifel hins des Bekenntnisses zur freiheitlich-demokratischen Grundordnung abgelehnt wurde; BVerwG DVBl 1987, 373; BVerfG NJW 1975, 1641: Zweifel an der Verfassungstreue eines Bewerbers um Einstellung in den öffentlichen Dienst rechtfertigen die Ablehnung; kritisch dazu Menger VerwArch 1976, 113; s zur Berücksichtigung von „Imponderabilien" bei Ermessensentscheidungen auch BVerwGE 19, 336; 52, 36.

chen[108] liegt ein Ermessensfehler vor. Soweit nach der Ermächtigung **Prognosen** über zukünftige Abläufe erforderlich sind, gehört nur die Schaffung der dieser Prognose zugrunde zu legenden Tatsachen und die Beschaffung einer tauglichen **Prognosemethode** in dem Bereich der Sachverhaltsermittlung (s auch Rn 19).

cc) Vermeidung zweckwidriger Erwägungen. Die Behörde darf bei ihrer Entscheidung oder Handlung keine sachfremden Gesichtspunkte, Erwägungen usw berücksichtigen bzw sich von solchen Gesichtspunkten leiten lassen. Dies ist der Fall, wenn in die Abwägung Gesichtspunkte eingestellt werden, die den Zwecken der Ermächtigung nicht entsprechen.[109] Auch deshalb erfordert eine Ermessensentscheidung zunächst eine sorgfältige **Analyse der maßgeblichen Ermessenszwecke.** Bereits die Berücksichtigung einzelner Gesichtspunkte, die diesen Zwecken nicht entsprechen, führt idR zum Ermessensfehlgebrauch. Außerdem darf sie nicht gegen die **Grundsätze des objektiven Willkürverbots** verstoßen (BVerfG 25, 205; 27, 306; Knack 47). Böse Absicht, Willkür im subjektiven Sinn (BVerwGE 42, 146; BVerwG NJW 1979, 1113), **Befangenheit oder Parteilichkeit**[110] oder sonstige von der Rechtsordnung mißbilligten subjektiven Motive oder Haltungen des Amtsträgers, der den VA erlässt, schließen grundsätzlich die Annahme aus, dass der betroffene VA auf der gebotenen sachgemäßen Abwägung des Für und Wider aller für die Entscheidung einschlägigen Gesichtspunkte beruht.[111] 55

dd) Gewichtung und Abwägung. Die Behörde muss alle einschlägigen Tatsachen und sonstigen Gesichtspunkte mit dem ihnen bei objektiver Betrachtung zukommenden Gewicht in Ansatz bringen und abwägen (BVerwGE 82, 249). Entscheidungen, bei denen die Behörde zwar alle einschlägigen Tatsachen und Gesichtspunkte berücksichtigt, einzelnen davon aber ein Gewicht beimisst, das ihnen nach objektiven, am Zweck des Gesetzes und sonstiger einschlägiger Rechtssätze und Rechtsgrundsätze, insb auch im Hinblick auf etwa betroffene Grundrechte,[112] orientierten Wertungsgrundsätzen nicht zukommt, sind ermessensfehlerhaft und damit rechtswidrig.[113] Ob die (isolierte) Gewichtung der einzelnen Belange zutreffend und angemessen ist, lässt sich allerdings zumeist nicht isoliert sondern nur im Zusammenhang mit der Betrachtung der Tatsachengrundlage (zB dem Verkehrsaufkommen bei Bewertung von Lärm) oder im Zusammenhang mit der Abwägung beurteilen. 56

---

[108] Vgl OVG Lüneburg DÖV 1982, 513; Thedieck DÖV 1982, 515; zT **aA** zu irrigen Vorstellungen von Gemeinderatsmitgliedern bei der Beschlußfassung über einen Bebauungsplan BVerwGE 64, 33 = NJW 1982, 591: subjektive Motive und innere Vorstellungen nicht erheblich; maßgeblich allein die objektiv in die Abwägung einzustellenden Gesichtspunkte und das Abwägungsergebnis.

[109] Vgl BVerwGE 95, 15; 60, 75; 51, 166; 70, 153; Maurer § 7 Rn 22; WBS I § 31 Rn 52; MK 9 IV 2b.

[110] VG Sigmaringen VBlBW 1984, 420; allg zur Verpflichtung zur sachlichen, unparteiischen, ausschließlich am Gesetzeszweck orientierten Ermessensausübung auch Püttner DöD 1989, 279.

[111] BVerwGE 58, 187; BFH BB 1981, 1021; OVG Berlin NVwZ 1983, 481: Durchsetzung privater Interessen, WBS I § 31 Rn 49; ferner BVerwGE 57, 187 zu einem Fall rein schikanöser Mißachtung verständlicher Wünsche des Betroffenen.

[112] Vgl BVerwGE 91, 140; BVerfG 50, 202; 56, 319; 76, 121; VerfGHNW DVBl 1993, 429: wenn betroffene Grundrechte nicht hinreichend berücksichtigt wurden.

[113] BVerwGE 30, 313; 34, 301; 45, 310; 48, 63; 56, 122; 61, 35, 112 mwN, 304; 75, 216; 81, 137; 87, 341; DÖV 1981, 427; NuR 1981, 64; VGH München BayVBl 1982, 498; 1984, 180; 1990, 150; vgl auch BVerwGE 56, 123: die Abwägung darf zur objektiven Gewichtung einzelner Belange nicht außer Verhältnis stehen; zT **aA** zu Planfeststellungen Hoppe, in: Redeker-FS 1993, 386: Abwägung der Belange nur dann rechtswidrig, wenn dabei die objektive Gewichtung völlig verfehlt wurde.

In der **Abwägung** sind alle einschlägigen Gesichtspunkte, Interessen und Belange ordnungsgemäß und gerecht untereinander und gegeneinander abzwägen (BVerwGE 82, 249; s auch unten Rn 84, 112). Die Abwägung muss ebenso wie die Feststellung der einzelnen zu berücksichtigenden Tatsachen und Gesichtspunkte **konkret-fallbezogen** sein und darf nicht nur abstrakt-pauschal erfolgen (BVerwGE 91, 140). Die Abwägung hat sich dabei zu orientieren an dem Gewicht bzw der Bedeutung der betroffenen Belange und an dem Maß, in dem sie durch die möglichen Entscheidungen berührt werden können.

57 **Ermessensfehlerhaft** ist danach die Ausweisung eines Ausländers, bei der die Behörde den an sich einschlägigen (vgl BVerwGE 59, 108; 61, 34, 112) Gesichtspunkt der **Generalprävention** berücksichtigt, diesen Gesichtspunkt aber „so verselbständigt, dass andere Umstände des Falles von vornherein als bedeutungslos zurücktreten" (BVerwGE 61, 112); die Ablehnung der Verlängerung einer bisher problemlos immer wieder verlängerten Erlaubnis, ohne dass dabei das **Vertrauensschutzinteresse** des Betroffenen angemessen berücksichtigt wird (BVerwG DÖV 1979, 294; BVerfG DÖV 1978, 918; Weber DÖV 1978, 371 mwN); das Vorgehen gegen einen „Schwarzbauer", wenn die Behörde, um gegen „wildes" Bauen in einem Gebiet vorzugehen, ohne Plan und **ohne Gesamtkonzept,** das Willkür ausschließt, wahllos einzelne Grundstückseigentümer herausgreift.[114] Die Behörde darf bei der Entscheidung über die Ausübung eines vorbehaltenen Widerrufsrechts oder über die Vollstreckung eines VA nicht unberücksichtigt lassen, wenn der VA **offensichtlich rechtswidrig** ist, oder im Rahmen einer Ermessensentscheidung die Härte, die eine Geldforderung für den Betroffenen bedeutet, im Hinblick auf die Möglichkeit der Einräumung von Zahlungserleichterungen im Einziehungsverfahren nicht weiter berücksichtigen, obwohl dies vom Zweck der Vorschrift her geboten wäre (BVerwGE 52, 83; vgl auch 91, 140).

58 **3. Ermessensfehler. a) Allgemeines.** Für die rechtliche Kontrolle einer bereits getroffenen Ermessensentscheidung hat sich anhand des § 40 und des § 114 VwGO eine **Fehlerlehre** entwickelt, in der weitgehend inheitliche Kriterien und Begriffe verwendet werden. Nach § 40 hat die Behörde ihr Ermessen entsprechend dem Zweck der Ermächtigung auszuüben und die gesetzlichen Grenzen des Ermessens einzuhalten. Im Zweifel ist die **Behörde beweispflichtig,** dass sie ihr Ermessen ausgeübt hat (BVerwG DVBl 1983, 998), die ihr vorgegebenen Ermessensschranken nicht überschritten und ihr Ermessen sachgemäß und nicht fehlerhaft iS eines Ermessensfehlgebrauchs oder Ermessensmißbrauchs ausgeübt hat. Dabei kommt es bei VAen wesentlich auf die **Begründung des VA** (§ 39) an. Daneben können uU auch auf andere Umstände, insb auch auf den Inhalt der Akten eine Rolle spielen (BVerwG NJW 1981, 241, 2139; vgl auch BVerwGE 82, 257). S in diesem Zusammenhang auch einerseits zur Bedeutung einer schlüssigen, substantiell nachvollziehbaren Begründung der Entscheidung der Behörde und andererseits zu Begründungsmängeln als Indiz für die Fehlerhaftigkeit der getroffenen Ermessensausübung oder Beurteilung seitens der Behörde oben Rn 38.

59 **b) Ermessensnichtgebrauch.** Die Behörde muss das ihr zukommende Ermessen tatsächlich betätigen und darf nicht entsprechende Überlegungen, aus welchen Gründen auch immer, schon von vornherein unterlassen (Ermessensnichtgebrauch oder der Ermessensunterschreitung; vgl Erichsen/Ehlers § 10 Rn 16). Ermessensfehlerhaft ist idS eine Entscheidung zB dann, wenn die Behörde eine **in Wahrheit nicht bestehende Beschränkung** ihres Ermessensspielraums (oder

---

[114] BVerwGE 92, 360; BVerwG DVBl 1992, 1242; VGH München BayVBl 1983, 244; OVG Koblenz NVwZ 1984, 597; VGH Kassel NJW 1984, 318; NVwZ-RR 1992, 346; OVG Saarlouis NVwZ 1986, 60 mwN; OVG Lüneburg NVwZ 1994, 249; Kopp/Schenke § 114 Rn 13; s auch oben Rn 24.

Gebundenheit ihrer Entscheidung oder Handlung) annimmt,[115] zB sich durch ein von ihr falsch ausgelegtes Gesetz,[116] eine nichtige Rechtsvorschrift, eine rechtswidrige Richtlinie,[117] eine zu Unrecht als bindend erachtete Praxis (BVerwG DÖV 1976, 570), gebunden erachtet (BVerwG DVBl 1984, 532; Lüneburg NJW 1984, 1641), oder sich gar nicht bewusst ist, dass ihr in der Sache ein Ermessensspielraum zukommt[118] und dass sie eine Ermessensentscheidung zu treffen hat (BVerwGE 61, 110), oder aus anderen Gründen überhaupt keine oder keine eigene (vgl VGH Mannheim DVBl 1987, 953) Ermessensentscheidung trifft bzw keine eigenen Ermessenserwägungen anstellt.[119] Unschädlich ist Ermessensnichtgebrauch bei Entscheidungen aufgrund von **Sollvorschriften** und bei **intendierten Entscheidungen,** die im Regelfall keine (weiteren) Ermessensabwägungen mehr erfordern, sofern kein Ausnahmefall vorliegt (s oben Rn 45).

Entsprechendes gilt, wenn die zur Ermessensentscheidung berufene Behörde keine eigenen Ermessenserwägungen anstellt, sondern auf **Weisung einer anderen Behörde** oder eines Vorgesetzten entscheidet, der (bzw dem) der entscheidungserhebliche Sachverhalt nicht vollständig bekannt ist oder die (der) bei ihrer (seiner) Weisung nicht für den Erlass eines ermessensfehlerfreien VA relevanten Gesichtspunkte beachtet hat.[120] Anders, wenn die Weisung ihrerseits allen Anforderungen genügt, die an eine ermessensfehlerfreie Entscheidung zu stellen sind (OVG Münster NVwZ 1993, 289). Entscheidungen aufgrund von ermessenslenkenden **Verwaltungsvorschriften,** die auf einer generellen Ermessensabwägung beruhen, sind grundsätzlich zulässig, spfern die Besonderheiten des Einzelfalls berücksichtigt wurden, s Rn 51. 60

c) Ermessensfehlgebrauch. Ein Fehlgebrauch des Ermessens liegt vor, wenn die Behörde von dem ihr vom Gesetz eingeräumten Ermessen nicht im Sinne des Gesetzes, dh der im einzelnen Gesetz und in der Rechtsordnung insgesamt zum Ausdruck kommenden **Zwecksetzungen und Zweckvorgaben** (s oben Rn 48f), Gebrauch macht (Erichsen/Ehlers § 10 Rn 18; MK 9 IV 2; Knack 47). Dies kann einmal dadurch geschehen, dass die Behörde nicht sämtliche Gesichts- 61

---

[115] BVerwGE 15, 199; 23, 122; 40, 244; 45, 316; 48, 84; 68, 102; 75, 230 = NVwZ 1987, 578; BVerwG DVBl 1984, 532; NVwZ 1993, 571 mwN: eine fehlerhafte Abwägung bei einer Planfeststellung kann im Einzelfall darin begründet sein, daß sich eine Planfeststellungsbehörde zu Unrecht an Vorstellungen anderer Planungsträger gebunden erachtet hat; BVerfG 9, 137; BSG 55, 251 = NZA 1984, 607; NVwZ-RR 1991, 2; OVG Münster NJW 1985, 1042; OVG Lüneburg NVwZ-RR 1993, 304; VGH Mannheim NVwZ-RR 1990, 543; WBS I § 31 Rn 48; MK 19 IV 2.

[116] Vgl VGH Mannheim DÖV 1980, 383; VGH München BayVBl 1978, 670; VGH Kassel NVwZ 1984, 262; 1988, 745; Erichsen/Ehlers § 10 Rn 16.

[117] Schleswig NVwZ 1993, 911; Kopp/Schenke § 114 Rn 14; allg zur Zulässigkeit ermessens- oder beurteilungslenkender Richtlinien auch oben Rn 51.

[118] BVerwGE 3, 303; 37, 115; 48, 84; 61, 110; 68, 320; BVerwG DÖV 1981, 428; NVwZ 1987, 226; 1988, 526; DVBl 1982, 304; BSG DVBl 1987, 245; NVwZ-RR 1991, 2 mwN; BFH NJW 1991, 1192; NVwZ 1992, 511; OVG Lüneburg DÖV 1985, 76; VGH Kassel NVwZ 1990, 881; OVG Hamburg NVwZ 1990, 687: Entscheidung muß Ermessenserwägungen zumindest „ansatzweise erkennen lassen"; OVG Münster DÖV 1985, 204; BauR 1988, 80; NWVBl 1992, 404; OVG Schleswig NVwZ-RR 1992, 70 und 338; VGH München BayVBl 1987, 305; VG Stuttgart NVwZ 1982, 578; VG Sigmaringen NJW 1983, 65; Steinberg GewArch 1991, 169.

[119] BVerwGE 57, 4; 61, 110; 82, 257; 87, 341; BVerwG BayVBl 1982, 603; DVBl 1983, 998; DVBl 1985, 1070 = NVwZ 1986, 553: Widerruf der Rechtsberatungserlaubnis fehlerhaft, wenn die Behörde dabei nicht erwägt, ob von der Kann-Ermächtigung, eine Abwicklungsfrist zu gewähren, Gebrauch gemacht werden soll; BSG DVBl 1987, 245 mwN; VGH Kassel NVwZ 1990, 881 = DVBl 1990, 1070; OVG Münster DÖV 1985, 205; VGH Mannheim NVwZ-RR 1990, 543 mwN.

[120] Vgl BVerwG ZBR 1992, 374; Münster BauR 1992, 347 = NWVBl 1992, 249; Maier BayVBl 1990, 647 zu VAen aufgrund von Weisungen vorgesetzter Behörden; Knack 45; Brandner DÖV 1990, 970; Allgaier ZBR 1992, 369.

punkte berücksichtigt, die dem Zweck der Ermächtigung entsprechen (Ermessensdefizit), zum anderen dadurch, dass andere Gesichtspunkte, die dem Zweck der Ermächtigung nicht entsprechen berücksichtigt werden (Sachwidrigkeit).

62 **aa) Ermessensdefizit.** Die Behörde muss als Voraussetzung ihrer Entscheidung bzw ihres Handelns **alle** dafür vom Zweck der Ermächtigung her relevanten **Tatsachen umfassend ermitteln** (s zB BVerwGE 90, 278) und bei der Entscheidung alle Ergebnisse dieser Ermittlungen und alle sonst einschlägigen wesentlichen Gesichtspunkte berücksichtigen. Gleiches gilt bei unvollständigen, falsch gedeuteten oder jedenfalls nicht hinreichend zuverlässig und eigenverantwortlich festgestellten Sachverhalten. Ermessensfehlerhaft sind demnach insb zB VAe, bei deren Erlass die Behörde von nicht hinreichend durch sorgfältige Ermittlungen vollständig und umfassend ermittelten festgestellten und gesicherten (BVerwG DVBl 1986, 1009) oder in **Wahrheit nicht vorliegenden Tatsachen** oder rechtlichen Voraussetzungen ausgeht.[121] Damit weist das Ermessensdefizit eine Nähe zum Aufklärungsdefizit nach § 24 auf. Was die Behörde nach § 24 nicht weiter aufklären muss, kann auch kein Ermessensdefizit begründen. S zur Berücksichtigung von Tatsachen, Umständen, besonderer Situationen usw, die der Behörde nicht bekannt sind und sich ihr auch nicht aufdrängen mussten und auf die hinzuweisen Sache der Beteiligten gewesen wäre, § 24 Rn 20f; § 74 Rn 62.

63 **bb) Sachfremde Erwägungen.** Die Behörde darf bei ihrer Entscheidung keine Gesichtspunkte tatsächlicher oder rechtlicher Art berücksichtigen, die nach **Sinn und Zweck des zu vollziehenden Gesetzes** (s oben Rn 55) oder aufgrund anderer Rechtsvorschriften oder allgemeiner Rechtsgrundsätze dabei keine Rolle spielen dürfen (vgl zB BVerwGE 82, 257; BVerwG NVwZ 1990, 766; Henseler NVwZ 1987, 777). Sie darf insbes nicht von unzutreffenden, in Wahrheit nicht gegebenen tatsächlichen oder rechtlichen Voraussetzungen ausgehen.[122] Unzulässig ist danach auch ein Verstoß gegen das sog **Koppelungsverbot,** dh eine Betätigung des Ermessens, die ganz oder zT der Wahrnehmung von Aufgaben dient, für die die Behörde nicht zuständig ist oder die von der die Ermessensbefugnis einräumenden Vorschrift nicht erfasst wird. **Sachfremd ist zB** die Erteilung einer Ausnahmegenehmigung nach dem LSchlG zur Abwehr einer allgemeinen Gefahr für die öffentliche Sicherheit und Ordnung (BVerwGE 65, 167, 169) oder der Ausschluss eines Gewerbetreibenden von einem Markt wegen dessen Familienstand (BVerwG NVwZ 1984, 585), die Nichtberücksichtigung eines Beamtenbewerbers wegen befürchteter Beihilfeansprüche für kranke Angehörige (OVG Greifswald NordÖR 2001, 364) oder die Berücksichtigung anderer als wegerechtlicher Belange bei einer Entscheidung über eine Sondernutzungserlaubnis (OVG Lüneburg NJW 1986, 863).[123] **Nicht sachfremd** ist zB die Berücksichti-

---

[121] BVerwGE 3, 279; BGHZ 21, 260; 23, 43; VGH Kassel DVBl 1964, 689; WBS I § 31 Rn 45; MK 9 IV 2; zT enger BVerwG DÖV 1993, 832 zu VAen mit Planungscharakter: das Unterlassen von Ermittlungen, die der Behörde nicht bekannt waren und sich ihr auch nicht hätten aufdrängen müssen, ist unschädlich.

[122] BVerwGE 3, 279; 4, 300; 35, 296; 75, 253; 82, 363; 90, 47, 278; BVerwG UPR 1989, 273; NJW 1978, 508; 1980, 2044; DVBl 1980, 909; 1990, 1172; DVBl 1991, 1274; BGHZ 21, 260; 23, 43; OVG Münster DVBl 1981, 831; VGH Kassel ZBR 1989, 378; VGH Mannheim GewArch 1992, 446; DVBl 1990, 1046 und 1069; NVwZ-RR 1992, 350; VGH München NVwZ 1990, 575 = BayVBl 1990, 150: Ermessensfehler, wenn das Abwägungsmaterial unzulänglich ermittelt wurde; BayVBl 1991, 178; VG Augsburg GewArch 1990, 63, VG Köln NJW 1992, 1213; Knack 41; BVerwGE 90, 300; 91, 140; BVerwG JZ 1993, 409; DÖV 1981, 426; DVBl 1982, 303; 1990, 1171; VGH München BayVBl 1984, 180: wenn die Behörde von einem in wesentlichen Punkten unvollständigen Sachverhalt ausgeht, ohne dass dies auf einem Verstoß gegen Mitwirkungspflichten beruht.

[123] BVerwGE 42, 339; 55, 135 und 259; 65, 143; BGH NJW 1972, 1657; OVG Münster 22, 201; Knack 50; F 99, 294; s auch § 56 Rn 16.

gung **fiskalischer Interessen** bei Widerruf und Rücknahme von Zuwendungsbescheiden (BVerwGE 105, 55 = NJW 1998, 2233; OVG Weimar NVwZ-RR 1999, 435).

d) Ermessensüberschreitung. Ermessensüberschreitung liegt vor, wenn die Behörde, gleich aus welchem Grund, sich nicht im Rahmen der ihr vom Gesetz gegebenen Ermächtigung hält, zB eine Entscheidungsfreiheit hins der Voraussetzungen oder des Inhalts eines VA in Anspruch nimmt, die ihr aufgrund des zu vollziehenden Gesetzes oder im Hinblick auf andere einschlägige Rechtsvorschriften (auch des Verfassungsrechts) und allgemeine Rechtsgrundsätze nicht zukommt.[124] Eine unzulässige Ermessensüberschreitung liegt zB vor, wenn die Behörde gegen zwingende Gesetzesvorschriften (BVerwGE 52, 190; Knack 46) oder Rechtsgrundsätze (BVerwG GewArch 1988, 191) verstößt oder einem VA eine **nicht zulässige Nebenbestimmung** beifügt (VGH München BayVBl 1973, 440; Knack 46). 64

aa) Unverhältnismäßigkeit. Die Ausübung des Ermessens darf nicht zu einer unverhältnismäßigen Beeinträchtigung eines Betroffenen führen. Dies ist der Fall, wenn die durch die Entscheidung hervorgerufene Beeinträchtigung der Rechtsposition des Betroffenen durch andere gegenläufige Interessen, die mit der Entscheidung zulässigerweise verfolgt werden, nicht zu rechtfertigen ist. Die Entscheidung darüber setzt die Feststellung voraus, welche (grundrechtlich geschützte) Rechtsposition des Betroffenen berührt wird und wie intensiv diese Beeinträchtigung ist. Sodann ist zu prüfen, ob die Ermessensentscheidung den Rahmen der verhältnismäßigen Abwägung überschreitet. 65

bb) Gleichheitswidrigkeit. Die Ausübung des Ermessens darf nicht gegen das Gebot der Gleichbehandlung verstoßen. Dies ist der Fall, wenn von einer (rechtmäßigen) **Verwaltungspraxis** im Einzelfall ohne zureichenden Grund abgewichen wird. Dabei ist es unerheblich, ob diese Praxis sich aufgrund einer **Verwaltungsvorschrift** (Richtlinie usw) gebildet hat oder ob sie auf der schlichten Behandlung von Einzelfällen (sog **Berufungsfälle**)entstanden ist. Ein Anspruch auf Gleichbehandlung mit einer bestehenden Verwaltungspraxis setzt aber voraus, dass diese Praxis rechtmäßig ist (keine Gleichheit im Unrecht), dass der zu entscheidende Fall in wesentlicher Beziehung gleich liegt und dass die Behörde diese Praxis nicht für die Zukunft aus sachlichen Gründen aufgeben bzw ändern will. 66

4. Rechtsfolgen von Ermessensfehlern. a) Allgemeines. Ein VA, der einen Ermessensfehler aufweist und dmait gegen § 40 verstößt, ist idR rechtswidrig, in schweren Fällen, insb bei offensichtlicher Willkür, nichtig (§ 44). Dies gilt jedenfalls dann, wenn der Ermessensfehler nicht später zB durch das Nachschieben von Gründen geheilt wird (§ 114 S 2 VwGO) oder unbeachtlich ist, weil die Ermessensentscheidung alternativ mit fehlerfreien Überlegungen begründet ist. Grundsätzlich ist es zulässig, eine Ermessensentscheidung auf verschiedene Überlegungen zu stützen, die jede für sich das Ergebnis tragen sollen. Die Unbeachtlichkeit eines Fehlers nach § 46, die bei Ermessensentscheidungen nur ausnahmsweise in Betracht kommt, ändert an der Rechtswidrigkeit nichts (s hierzu näher § 46 Rn 1). 67

b) Heilung. aa) Maßgeblichkeit des § 114 S 2 VwGO. Nach früher geltendem Recht war nach Abschluss des Widerspruchsverfahrens eine Heilung von Ermessens- und Beurteilungsmängeln durch Nachholen der erforderlichen Sachverhaltsfeststellungen und fehlerfreier Ermessenserwägungen bzw Beurteilungen nicht mehr möglich. Die zuständige Behörde konnte dann den fehlerhaften VA 68

---

[124] BVerwGE 34, 241; BVerwG DVBl 1980, 962; VGH München BayVBl 1973, 440; Stern 17 I 3 mwN; WBS I § 31 Rn 45; Knack 46; MK 9 IV 2a.

(bzw die sonst fehlerhafte Handlung) nur noch durch einen fehlerfreien VA (bzw eine fehlerfreie sonstige Handlung) ersetzen.[125] Der betroffene Bürger konnte diese dann, idR ohne dass bei VAen ein neues Vorverfahren erforderlich gewesen wäre (BVerwGE 85, 166 mwN; Kopp/Schenke § 68 Rn 23), durch entsprechende Klageänderung gem § 91 VwGO in den Prozess einbeziehen. Seit der Änderung des § 114 VwGO durch das 6. VwGO-ÄnderungsG ist eine Heilung der Entscheidung durch Korrektur bzw Ergänzung einer fehlerhaften bzw unvollständigen Ermessensentscheidung **auch noch im Verwaltungsprozess** möglich (s § 45 Rn 33 f). Diese Regelung hat berechtigte Kritik hervorgerufen.[126] Sie dürfte zwar verfassungsrechtlich haltbar sein (§ 45 Rn 35), ist rechtspolitisch aber verfehlt, weil die klare Trennung zwischen Verwaltungsprozess und Verwaltungsverfahren aufgegeben wird und die Gefahr einer prozesstaktisch motivierten Heilung von Ermessensentscheidungen besteht.

68 a **bb) Voraussetzung einer Heilung.** Voraussetzung einer Heilung nach Abschluss des Verwaltungsverfahrens, insbes des Widerspruchsverfahrens ist es aber auch nach der gegenwärtigen Rechtslage, dass in der Sache, also materiell, eine neue, insgesamt **fehlerfreie Ermessensentscheidung nachgeholt** wird, die allerdings ihren Niederschlag nicht in einer formell neuen Entscheidung finden muss. Die Behörde muss aber darlegen und ggf nachweisen, dass sie die erforderliche Abwägungsentscheidung intern unter Vermeidung des Fehlers nachgeholt hat. Die bloße Verteidigung der Entscheidung gegen den Vorwurf von Fehlern etwa im Laufe des Verwaltungsprozesses reicht nicht aus, auch wenn die vorgetragenen Erwägungen ihrerseits sachgerecht sind. § 114 S 2 VwGO regelt nur die prozessuale Zulässigkeit des Nachschiebens von Gründen, nicht aber die Form, in der dies zu geschehen hat.[127] Konsequenterweise wird man verlangen müssen, dass das Nachschieben von Gründen durch eine entsprechende **Ergänzung der Begründung** des VA erfolgt.

69 **cc) Heilung im Revisionsverfahren. Umstritten** ist, ob eine Heilung des Ermessensfehlers auch noch im Revisionsverfahren möglich ist, oder ob die Heilung spätestens bis zum Abschluss der Berufungsinstanz erfolgen muss (s hierzu § 45 Rn 36 f). Eine Heilung wird teilweise mit der Begründung auch im Revisionsverfahren noch für möglich gehalten, dass die ursprünglich vorgesehene entsprechende Beschränkung im Gesetzgebungsverfahren entfallen ist (§ 45 Rn 37). Dem wird indessen zu Recht entgegengehalten, dass dem Revisionsverfahren eine sachliche Veränderung des Streitstoffes fremd ist und eine Notwendigkeit, hiervon abzugehen, weder ersichtlich ist noch vom Gesetzgeber gesehen worden ist. Die Frage wird aber nur geringe praktische Bedeutung erlangen. Sie ist für die Parallelproblematik der Heilung formeller Mängel wie zB der Begründung inzwischen beantwortet (vgl § 45 Rn 37).

70 **c) Unerheblichkeit.** Unerheblich und ohne Auswirkungen auf die Rechtmäßigkeit der Entscheidung oder des Handelns der Behörde sind Ermessensfehler, bei denen auszuschließen ist, dass sie sich auf die Entscheidung bzw das Handeln ausgewirkt haben bzw auswirken konnten oder könnten (vgl § 46 Rn 35). Die **fehlerhafte Ermessensausübung** der Ausgangsbehörde wird außerdem, wenn und soweit die Widerspruchsbehörde die gleiche Entscheidungskompetenz hat wie die untere Behörde, dh zB nicht durch Gesetz auf eine bloße Nachprüfung in rechtlicher Hinsicht beschränkt ist, durch eine fehlerfreie Er-

[125] S im einzelnen § 45 Rn 45; StBS § 45 Rn 45; im Ergebnis auch BVerwGE 85, 166 = DVBl 1990, 135; BVerwG NJW 1987, 1565; VGH Mannheim DVBl 1990, 1186 = NVwZ-RR 1991, 7.

[126] Vgl die Hinweise bei R. P. Schenke VerwArch 1999, 232.

[127] S hierzu auch Gerhardt in Schoch § 114 Rn 12 e.

messensausübung und Entscheidung der Widerspruchsbehörde in der Sache im Rahmen eines Widerspruchsverfahrens geheilt.[128]

V. Beurteilungsspielräume

71 **1. Die Beurteilungsermächtigung.** Von einer Beurteilungsermächtigung wird im allgemeinen gesprochen, wenn eine Rechtsnorm auf der **Tatbestandsseite** der zuständigen Behörde bei der Auslegung von Rechtsbegriffen einen **Spielraum eigenverantwortlicher Entscheidungen** überlässt, der nur einer eingeschränkten gerichtlichen Überprüfung zugänglich ist.[129] Die überkommene Dogmatik nimmt insoweit eine klare Unterscheidung zwischen Spielräumen auf der Tatbestandsseite, die als Beurteilungsspielräume bezeichnet werden, und solchen auf der Rechtsfolgenseite, die vom Begriff des Ermessens erfasst werden, vor. Die Möglichkeit einer klaren rechtsdogmatischen Trennung ist indessen heute ebenso zweifelhaft wie die teilweise immer noch betonten Unterschiede zwischen der Herstellung und der Kontrolle von Ermessens- und Beurteilungsentscheidungen.[130] Das gilt nicht zuletzt im Hinblick darauf, dass auf der Ebene des Europarechts diese Unterscheidung nicht getroffen wird.[131] Unabhängig von der Unterscheidung zwischen Ermessen und Beurteilungsspielraum stellt sich die Frage, ob sich das Konzept der Letztentscheidungskompetenz, die für den Regelfall in der Gesetzesanwendung bei den Gerichten liegen soll und nur in denjenigen Ausnahmefällen der Verwaltung zuzuweisen ist, in denen der Gesetzgeber einen Beurteilungsspielraum anerkennt, auf Dauer haltbar ist.[132]

72 **a) Allgemeine Kriterien.** Nach welchen Kriterien entschieden werden kann, ob und in welchem Umfang eine Rechtsnorm der Behörde einen Beurteilungsspielraum einräumt, eine Frage der Auslegung.[133] Der Wortlaut einer Vorschrift gibt darüber nur selten Auskunft, deshalb kann es auf ihn allein nicht ankommen.[134] Ob der Gesetzgeber die Letztentscheidungskompetenz der Verwaltung übertragen wollte, ist nach Sinn und Zweck der Norm unter Berücksichtigung auch der Natur der Sache[135] sowie der maßgeblichen Verfahrensvorschriften zu untersuchen. Die bloße Verwendung eines sehr unbestimmten Rechtsbegriffs (zB „Gefahr") reicht nicht. Vielmehr ist die Frage, ob der Gesetzgeber die Letztentscheidungskompetenz (zulässigerweise) der Verwaltung zugewiesen hat, aus einer Betrachtung der Vorschrift insgesamt zu beantworten. Dabei kommt den Gründen, die eine derartige Zuweisung verfassungsrechtlich rechtfertigen können, eine wesentliche Bedeutung zu.

---

[128] BVerwGE 61, 110; 67, 180; 81, 358 mwN; BVerwG DVBl 1990, 1351; Kopp/Schenke § 114 Rn 20; vgl auch § 79 Abs 1 Nr 1 VwGO: „der ursprüngliche Verwaltungsakt in der Gestalt, die er durch den Widerspruchsbescheid gefunden hat".

[129] Vgl BVerwGE 16, 116, 129; 72, 38, 53; Maurer § 7 Rn 32; Knack 17; StBS 32ff.

[130] So bereits Koch, Unbestimmte Rechtsbegriffe, S 102 ff; Bullinger JZ 1984, 1001; Martens JuS 1987, 103; Bamberger VerwArch 2002, 197, 232.

[131] Vgl EuGH Slg 1965, 859, 878; Grabitz NJW 1989, 1776; v Danwitz 331; Kadelbach 444; Streinz Rn 525; StBS 8.

[132] Pache S 69 ff; AK-GG-Ramsauer Art 19 Abs 4 Rn 111; ders FS BVerwG 2003 (iE).

[133] BVerwG NVwZ 1991, 568 (Zusammenfassung der bish Rspr zum Beurteilungsspielraum); BVerwG DVBl 1981, 497; Wahl NVwZ 1991, 410, vgl auch BVerwGE 59, 215.

[134] OVG Münster DÖV 1979, 411; VGH München BayVBl 1984, 753; KG Berlin NJW 1979, 2574; s auch unten Rn 73.

[135] BVerfG NVwZ 1993, 670 zu wesentlich von einer fachlichen Prognose abhängenden Entscheidungen; enger insoweit das Verständnis der genannten Entscheidung bei Schmidt-Aßmann/Groß NVwZ 1993, 621; allg dazu auch Schulze-Fielitz JZ 1993, 778; BVerfG 61, 114; 80, 360; 83, 148; 84, 50 zu Prüfungsentscheidungen; Seebass NJW 1992, 612 Fn 35; Gusy Jura 1991, 635 und Schulze/Fielitz JZ 1993, 779 (für mündliche Prüfungen ua wegen der Nicht-Rekonstruierbarkeit der Prüfungssituation und der Chancengleichheit der Prüflinge).

Anhaltspunkte dafür, dass der Gesetzgeber der Behörde einen Beurteilungs-, Planungs-, Prognose- oder Risikobeurteilungsspielraum einräumen wollte, sind idR insb auch die **besondere Qualifikation** der mit der Beurteilung betrauten Amtsträger, zB der Fachprüfer;[136] die besondere pluralistische **Zusammensetzung** und/oder Sachkunde eines mit der Entscheidung betrauten grundsätzlich weisungsfreien Gremiums;[137] die Maßgeblichkeit von Erwägungen, die außerhalb des rechtlich exakt erfaßbaren Bereichs liegen (VGH München BayVBl 1984, 753; Grupp JuS 1983, 355 mwN); die **Maßgeblichkeit von persönlichen Erfahrungen** und Eindrücken;[138] das Fehlen hinreichend bestimmter Entscheidungsvorgaben in der gesetzlichen Ermächtigung (BVerfG 49, 124; 88, 61 = NVwZ 1993, 670); die **Unvertretbarkeit** einer Bewertung sowie die Unwiederholbarkeit der entscheidungserheblichen Situation, zB einer Prüfungssituation (Schulze-Fielitz JZ 1993, 773 mwN).

73 **b) Übertragung der Letztentscheidungskompetenz.** Abgewendet hat sich die hM von der früher vertretenen Auffassung, wonach ein Beurteilungsspielraum bei unbestimmten Rechtsbegriffen anzunehmen sei, weil deren Auslegung bzw Anwendung nicht zu eindeutigen Ergebnissen führe. Die **Unbestimmtheit des Rechtsbegriffs,** wenn also ein Gesetz sprachlich weite Begriffe, wie zB Gefahr, öffentliche Sicherheit, Eignung, Bedürfnis uä, verwendet oder die Anwendung einer Rechtsvorschrift Wertungen erfordert, hat nach geltendem Recht nicht notwendig zur Folge, dass der Behörde deshalb insoweit auch ein gerichtlich nicht überprüfbarer Beurteilungsspielraum oder Entscheidungsspielraum zuerkannt ist (s oben Rn 71). Dies gilt auch dann, wenn eine Bestimmung oder die Anwendung eines Rechtsbegriffs eine Gegenüberstellung und Abwägung verschiedener, zum Teil gegenläufiger Gesichtspunkte, Interessen usw erfordert (BVerwGE 87, 361; vgl auch VGH Mannheim NJW 1991, 3297). Die heute hM erkennt an, dass die Entscheidung darüber, ob sie Gerichte oder die Verwaltung über das Vorliegen eines Tatbestandsmerkmals letztverbindlich entscheiden dürfen, eine **normative Entscheidung** ist, dh vom Gesetzgeber selbst getroffen werden muss, der dabei auch verfassungsrechtliche Vorgaben zu beachten hat.[139] Dies wird vor allem mit den Grundrechten und Art 19 Abs 4 GG begründet.[140] Dieser Ansatz ist indessen nur begrenzt überzeugend, weil die Rechtsschutzgarantie des Art 19 Abs 4 GG nur die Beachtung des Rechts bzw der Rechtsposition garantiert, nicht aber verlangt, dass die Kontrollaufgabe der Gerichte durch eigene Entscheidungen in der Sache zu erfüllen ist.[141]

74 **c) Eignungs-, Leistungsprüfungen.** Ein gerichtlich nur beschränkt überprüfbarer Beurteilungsspielraum wird von der Rspr zB angenommen für die

---

[136] BVerfG 84, 34 = NJW 1991, 2005; enger BVerfG NVwZ 1993, 669 = DVBl 1993, 485: spezieller Sachverstand allein ist kein zwingendes Indiz.

[137] Vgl BVerwGE 29, 279; 57, 136; 59, 216; 61, 186; 62, 340; 72, 206 = NVwZ 1986, 742; 77, 78 mwN; 91, 211 und 223 = NJW 1993, 1491 f zur Bundesprüfstelle; BVerwG DVBl 1986, 565; 1991, 49; VGH Kassel NJW 1987, 1436; OVG Berlin NJW 1988, 364; OVG Münster NVwZ 1991, 396; VG Wiesbaden NJW 1988, 356; Ossenbühl DVBl 1993, 759; Jarass NVwZ 1987, 99; Knack 21; Bamberger VerwArch 2002, 197, 242; **aA** zu der einem repräsentativ zusammengesetzten Sachverständigenausschuß übertragenen Beurteilung, ob etwas ein national wertvolles Kulturgut ist, BVerwG NJW 1993, 3280; ähnlich BVerwGE 94, 307 = NVwZ 1995, 707; s auch BVerfG 83, 130 zur Beurteilung, ob eine Schrift jugendgefährdend ist; dazu unten Rn 76.

[138] Vgl BVerfG 84, 51; 88, 57 – zu Berufszulassungsprüfungen im Hinblick auf das Gebot der Chancengleichheit –; BVerwGE 91, 268, 274.

[139] BVerwGE 12, 359; 15, 39, 282; 16, 154; 19, 128; 21, 127; 23, 194; 26, 74; 29, 280; 38, 105; BVerfG 64, 279; BGH NJW 1982, 1058; Bachof JZ 1955, 97; Treptow NJW 1978, 2228; Schmidt-Aßmann/Groß NVwZ 1993, 622.

[140] BVerfG 84, 34, 59; 88, 56, 59; Schulze-Fielitz JZ 1993, 772.

[141] S hierzu AK-GG-Ramsauer Art 19 Abs 4 Rn 33.

(prüfungsspezifische) **Bewertung von Prüfungsleistungen,** insb der Gewichtung von Vorzügen oder Mängeln im Rahmen des Gesamtergebnisses; dieser Spielraum bezieht sich nach heute ganz hM nicht darauf, ob Fragen richtig, vertretbar oder falsch beantwortet wurden.[142] Die früher in der Rspr vertretene engere Auffassung ist seit BVerfG 84, 34 und 59 als überholt anzusehen.[143] Ein Spielraum besteht danach nur noch insoweit, als es bei der Entscheidung um einen gerade dem Prüfer bzw dem Prüfungsgremium übertragenen höchstpersönlichen Akt wertender Erkenntnis geht. Soweit die Bewertungsgrundlagen dagegen wissenschaftlich bzw empirisch nachprüfbar sind, besteht kein Spielraum (s zu Prüfungen näher § 2 Rn 42 ff). Zum Antwortspielraum eines Prüflings OVG Saarlouis NVwZ 2001, 942.

d) Beamtenrechtliche Eignungs- und Leistungsbeurteilungen. Ein Beurteilungsspielraum wird anerkannt für die Beurteilung der Eignung eines Beamten oder Soldaten für einen bestimmten Posten oder für bestimmte Aufgaben;[144] die Beurteilung der Bewährung eines Beamten (BVerwG DVBl 1983, 1108, 1114); der „Verfassungstreue" eines Beamten;[145] ferner für die dienstliche Beurteilung eines Beamten;[146] die Entscheidung über die Wehrdienstfähigkeit einer Person (BVerwGE 31, 152; BayVBl 1985, 123); die Eignung eines Mitarbeiters in einem Rüstungsbetrieb als Geheimnisträger (OVG Münster NVwZ 1985, 125 = NJW 1985, 283; sehr zweifelhaft); die Frage, ob bei einem Berufssoldaten ein Sicherheitsrisiko anzunehmen ist, das die Entziehung des Sicherheitsbescheids rechtfertigt (BVerwGE 83, 91); die Bewertung eines Dienstpostens (BVerwGE 36, 218; BVerwG JR 1973, 258; Mayer ZBR 1971, 233); die Frage, ob ein Hochschulbe- 75

[142] BVerfG 4, 59; 84, 34 = NJW 1991, 2005, 2008: Beurteilungsspielraum, jedoch grundsätzlich s jedoch im folgenden. beschränkt auf prüfungsspezifische „pädagogische" Wertungen; BVerwGE 95, 237 = DVBl 1994, 1351 zur Bewertung einer Habilitationsschrift; BVerwG NVwZ 1992, 55; 1992, 657; im wesentlichen zustimmend Niehues NJW 1991, 3001; Theuersbacher BayVBl 1991, 649; Kopp DVBl 1992, 990; Gusy Jura 1991, 633; Muckel JuS 1992, 201; Seebass NJW 1992, 609; Rozek NVwZ 1992, 343; Redeker NVwZ 1992, 305; Reidt DÖV 1992, 916; Scherzberg NVwZ 1992, 31; Koenig VerwArch 1992, 351; v Mutius/Sperlich VerwArch 1992, 351; Rauschning JuS 1993, 551; Löwer, in: Redeker-FS 1993, 487; Becker NVwZ 1993, 1132. Die Rspr wurde fortgeführt durch BVerwGE 91, 265 = JZ 1993, 798 m Anm Goerlich = DVBl 1993, 503; 92, 137 = NVwZ 1993, 689; BVerwG NJW 1995, 977; VGH München DVBl 1992, 1047; OVG Münster DVBl 1992, 1050; Streinz/Hammerl JuS 1993, 663; Pietzcker JZ 1991, 1084; Knack 19 mwN.

[143] Vgl zB BVerwGE 8, 272; 12, 359; 15, 39; 70, 11; 70, 149; 73, 378; 78, 55; Kassel DVBl 1991, 771; VGH München BayVBl 1991, 371 zur Überprüfung der Kenntnisse und Fähigkeiten eines Bewerbers um die Erlaubnis zur Ausübung der Heilkunde als Heilpraktiker; VGH Mannheim DÖV 1982, 165.

[144] BVerwGE 11, 139; 21, 127; 61, 176; 62, 178; 80, 224 = NJW 1989, 1297 (zur Auswahl für Laufbahnaufstieg); BVerwGE 81, 369; 83, 253 = DÖV 1987, 1074 = NVwZ 1988, 836 zur Ablösung eines Soldaten von seinem Dienstposten wegen mangelnder Eignung oder Leistung; volle Nachprüfung jedoch des der Beurteilung zugrundegelegten Sachverhalts sowie hins der Frage, ob die ermittelten Tatsachen generell geeignet sind, einen Eignungs- oder Leistungsmangel zu begründen; BVerwGE 83, 308; 86, 59; BVerwG DVBl 1981, 1052 = DÖV 1981, 80; ZBR 1979, 306; DÖV 1980, 200, 228; 1981, 76; 1984, 343; DVBl 1984, 479; NJW 1984, 1248; NJW 1990, 335 = NVwZ 1990, 161; NVwZ-RR 1990, 620; Buchh 232 § 8 BBG Nr 3, 14, 17, 18; VGH Mannheim DVBl 1984, 276; vgl allg auch BVerwGE 68, 110.

[145] BVerwGE 61, 186 = NJW 1981, 1386; 61, 199 = NJW 1981, 2683; BVerfG 39, 354 = NJW 1975, 1644; vgl auch BAG NJW 1981, 703; 1983, 782: nachprüfbar nur, ob die belastenden Umstände von hinreichendem Gewicht und objektiv geeignet, begründete Zweifel zu rechtfertigen; kritisch Seuffert DVBl 1981, 1037.

[146] BVerfG NVwZ 2002, 1368, auch zum Kontrollmaßstab; BVerwGE 21, 129; 26, 85; 60, 245: ein Akt wertender Erkenntnis; BVerwGE 62, 138; 79, 87; 86, 59; BVerwG DÖV 1982, 80; 1993, 1051; DVBl 1981, 497; NVwZ 1988, 735; DÖV 1993, 1051; Buchh 232 BBG Nr 3; 237.1 Art 12 BayBG Nr 1; 232 § 90 BBG Nr 17 und 18; NVwZ 1982, 101; OVG Münster NVwZ 1990, 623; VGH München BayVBl 1990, 370.

diensteter nicht ausgelastet ist und deshalb einen Lehrauftrag in seinem Hauptamt ausüben kann (OVG Münster DVBl 1990, 546: ein Akt wertender Erkenntnis, der nur einer eingeschränkten gerichtlichen Prüfung unterliegt). Weitere Beispiele s Grupp JuS 1983, 355.

76 **e) Höchstpersönliche Akte wertender Erkenntnis.** In vielen Fällen verlangt die gesetzliche Ermächtigung, dass auf Grund eines persönlichen Eindrucks unter Berücksichtigung einer besonderen fachlichen Erfahrung entschieden wird. Soweit es dem Gesetzgeber gerade darauf ankommt, das dieser höchstpersönliche Eindruck maßgeblich sein soll, liegt zumeist eine Beurteilungsermächtigung vor, damit das Gericht nicht seine eigene wertende Erkenntnis an die Stelle derjenigen der Behörde setzt. Ein Indiz hierfür ist, wenn die Entscheidung einem nach fachlichen oder legitimatorischen Gesichtspunkten **besonders zusammengesetzten Gremium** übertragen wurde (BVerwGE 77, 75, 78; Bamberger VerwArch 2002, 217, 242).

Beispiele: Ein Beurteilungsspielraum im dargelegten Sinne wurde angenommen hins des besonderen **pädagogischen Interesses** iS von **Art 7 Abs 5 GG** als Voraussetzung der Errichtung einer Privatschule als Ersatzschule, soweit für die Beurteilung „Elemente wertender Erkenntnis" maßgeblich sind, die eine „Gewichtung unterschiedlicher Belange" erfordern, für die Art 7 Abs 5 GG keine vollständige Bindung vorgibt;[147] der didaktischen und pädagogischen **Eignung von Schulbüchern** und anderen Lernmitteln im Hinblick auf ihre Zulassung für den Schulgebrauch;[148] der Frage, ob ein Film ein Prädikat iS des VergnügungssteuerG verdient, dh Feststellung der **Eigenschaft eines Films** durch die Filmbewertungsstelle als im Sinne eines Prädikats förderungswürdig;[149] der Bewertung eines Films als guter Unterhaltungsfilm (VG Wiesbaden NJW 1988, 356 mit eingehender Begründung; OVG Berlin NJW 1988, 365); der **Bewertung einer Schrift bzw eines Kunstwerks, Films usw** durch die Bundesprüfstelle als jugendgefährdend;[150] der Beurteilung gem § 13 StVollzG, ob bei einem Strafgefangenen **Entweichens- und Ausbruchsgefahr** besteht;[151] ob **Saatgut landes-**

[147] BVerfG 88, 61 = NVwZ 1993, 670; Schmidt-Aßmann/Groß NVwZ 1993, 617; im wesentlichen im Ergebnis auch Jach DÖV 1990, 509 und Theuersbacher NVwZ 1993, 635 mwN – auch zum Begriff des pädagogischen Interesses im übrigen; weitergehend Geis DÖV 1993, 22: kein Beurteilungsspielraum; Goerlich DVBl 1994, 1091; zT **aA** – für einen weitergehenden Beurteilungsspielraum – die vom BVerfG mit der vorgenannten Entscheidung aufgehobene, in der Sache jedoch überzeugendere Entscheidung des BVerwG DVBl 1987, 313 = NVwZ 1987, 318; vgl auch Geis DÖV 1993, 22; andererseits für volle gerichtliche Überprüfbarkeit VGH Kassel DÖV 1983, 865 = NVwZ 1984, 119.

[148] BVerwGE 61, 164 = DVBl 1981, 682; 79, 309 = NVwZ 1988, 928; BVerwG BayVBl 1990, 440; NVwZ 1984, 104; VGH München NVwZ-RR 1993, 357.

[149] VGH Kassel NJW 1987, 1436 = JuS 1989, 666: Beurteilung ist fehlerhaft, wenn der Ausschuß dem erkennbaren Anspruch des Films nicht ausreichend Beachtung schenkt.

[150] Vgl BVerwGE 91, 211, 217, 223 = NJW 1993, 1490: Beurteilungsprärogative der pluralistisch zusammengesetzten Bundesprüfstelle für die Abwägung mit der Kunstfreiheit, unter Aufgabe von BVerwGE 77, 83 = NJW 1987, 1429; OLG Köln NJW 1994, 1418; VG Köln NJW 1992, 402; allg dazu auch Würkner NVwZ 1992, 3 und 309; Würkner/Kerst-Würkner NJW 1993, 1446; Schulze-Fielitz JZ 1993, 772; Geis JZ 1993, 792; Gusy JZ 1993, 796; zT **enger** BVerfG 83, 148 (Josefine Mutzenbacher) = NJW 1991, 1478 = DVBl 1991, 261: die Indizierung einer als Kunstwerk anzusehenden Schrift setzt auch dann eine Abwägung mit der Kunstfreiheit voraus, wenn die Schrift offensichtlich geeignet ist, Kinder oder Jugendliche iS von § 6 Nr 3 GjS sittlich schwer zu gefährden; ob etwas Kunst iS von Art 5 Abs 3 GG ist, ist grundsätzlich voll gerichtlich überprüfbar; ähnlich VG Köln NVwZ 1992, 402 (Opus Pistorum); **aA** BVerwGE 2, 171; 17, 322; 21, 186; 23, 112; 29, 279; Schmidt-Salzer/Wagenitz DVBl 1972, 388; v Kalm DÖV 1993, 26: volle Nachprüfung in rechtlicher und tatsächlicher Hinsicht.

[151] BGH NJW 1982, 1058; KG NJW 1979, 2574 unter Hinweis auf die amtliche Begründung der Vorschrift; sehr zweifelhaft; **aA** Treptow NJW 1978, 2228.

kulturellen Wert iS von § 42 SaatVGG hat;[152] ob ein Antragsteller die **Berufsbefähigung eines Architekten** erworben hat (BVerwGE 59, 213, 217); ob ein Bewerber um **Zulassung als freier Börsenmakler** für diesen Beruf geeignet ist (BVerwGE 72, 195; anders BVerwG NVwZ 91, 269 hins des Beurteilungsspielraums des Börsenvorstands; Sendler, in: Ule-FS 1987, 354); ab welchem Alter einem Mitglied eine **Beitragsermäßigung wegen „hohen Alters"** gem § 5 Abs 3 und 4 der Beitragsordnung der Steuerberaterkammer Köln zu gewähren ist (OVG Münster NWVBl 1990, 202: Einschätzungsprärogative des Vorstandes der Steuerberaterkammer); ob einem Rechtsreferendar eine **Erfolgsprognose für das 2. Staatsexamen** gestellt werden kann (VGH Mannheim NJW 1987, 917); ob die Voraussetzungen des Ausnahmefalles, soweit sie ausschließlich von pädagogischen Wertungen hins der Lernfähigkeit uä – anders hins sonstiger Voraussetzungen – abhängen, für die **Zulassung zu einer zweiten Wiederholungsprüfung** gegeben sind;[153] ob Schulbücher pädagogisch geeignet sind (BVerwGE 79, 309 = NVwZ 1988, 928); ob die besonderen pädagogischen Voraussetzungen für eine **Versetzung eines Schülers** in die höhere Klasse hins der Beurteilung der Gründe für ein Leistungsdefizit und hins der Prognose für die höhere Klasse gegeben sind.[154]

f) Bewertungen mit planerischem Einschlag. In vielen Fällen hat der Gesetzgeber der Behörde Entscheidungen mit einem stark zukunftsorientierten, planerischen Einschlag übertragen. Die damit übertragene gestalterische Optimierungsaufgabe soll nicht in die Letztentscheidungskompetenz der Gerichte fallen. Ein Beurteilungsspielraum wurde angenommen zB bei der Beurteilung der **Entwicklung des Luftverkehrs** (BVerwGE 75, 219, 234), des **Straßenverkehrs** (BVerwGE 87, 355), des **Wohnungsmarktes** (BVerwGE 80, 113, 120), sowie bei der Beurteilung, ob ein Krankenhaus in die Zielplanliste **(Krankenhausbedarfsplan)** aufzunehmen ist;[155] ferner hins der **Angemessenheit sozialhilferechtlicher Regelsätze;**[156] hins der Frage, welche Betreuungsrelation zur Berechnung der **Ausbildungskapazität an einer Hochschule** für die Zulassung in Numerus-clausus-Fächern anzunehmen ist **(Curricularnormwert);**[157] hins der Frage, ab welcher Zahl zugelassener Taxi-Fahrzeuge die **Funktionsfähigkeit des örtlichen Taxi-Gewerbes** bedroht sein 77

---

152 BVerwGE 62, 336 = DVBl 1982, 29; 68, 336; anders BVerwGE 81, 17 hins der Vertretbarkeit der Auswirkungen eines Pflanzenschutzmittels auf den Naturhaushalt.

153 VGH München BayVBl 1986, 26: ein Akt wertender Erkenntnis, der Prüfungsentscheidungen und fachlich-pädagogischen Beurteilungen vergleichbar ist; zT **aA** Maurer § 7 Rn 35; Streinz/Hammerl JuS 1993, 668.

154 VGH Mannheim NVwZ-RR 1993, 358; VGH München BayVBl 1993, 599; zu „Ausnahme-, Härte- und ähnlichen Regelungen" in anderen Bereichen s Rn 80.

155 OVG Koblenz DVBl 1982, 1010; **aA** BVerwGE 62, 86 = DVBl 1981, 975 mit wenig überzeugender, formalistischer Begründung; vgl Steiner DVBl 1981, 982.

156 BVerwG NVwZ 1994, 1214: die verwaltungsgerichtliche Überprüfung der durch ministeriellen Runderlaß festgesetzten sozialhilferechtlichen Regelsätze ist beschränkt; sie erstreckt sich, soweit die Regelsätze auf Generalisierung, Typisierung und Pauschalierung beruhen, in tatsächlicher Hinsicht darauf, ob die Regelsatzfestsetzung sich auf ausreichende Erfahrungswerte stützen kann, und in bezug auf die der Festsetzung zugrundeliegenden Wertungen darauf, ob diese vertretbar sind.

157 Vgl BVerfG 85, 36 = DVBl 1992, 145: Beurteilungsspielraum, der aber den Erfordernissen einer rationalen Abwägung genügen muß und eine entsprechende normative Regelung (KapazitätsVO) aufgrund einer gesetzlichen Ermächtigung erfordert; volle gerichtliche Nachprüfung, ob die Zulassungszahlen nach der KapazitätsVO richtig berechnet wurden; gerichtlich nicht nur auf Willkür nachprüfbar, sondern – ohne einen der gerichtlichen Nachprüfung unzugänglichen Gestaltungs- oder Entscheidungsfreiraum –, auch darauf hin, ob den Erfordernissen rationaler Abwägung genügt ist; kritisch dazu Sachs JuS 1992, 1060; vgl auch Brehm/Zimmerling NVwZ 1992, 340; **aA** – durch BVerfG 85, 36 jedoch überholt – BVerwGE 70, 328 = NVwZ 1985, 566; 70, 350; NVwZ 1985, 566 und 576: nur Willkürkontrolle durch die Gerichte; kritisch dazu Rollmann/Breinersdorfer NVwZ 1982, 666.

wird;[158] ob **öffentliche Rücksichten** iS von § 13 Abs 2 PBefG der Erteilung einer Erlaubnis zur Personenförderung entgegenstehen (BVerwG NJW 1989, 3234); ob ein Bewerber die Gewähr dafür bietet, ein **öffentliches Verkehrsbedürfnis** im Bereich des Güterfernverkehrs iS von § 10 Abs 3 GÜKG nach bestimmten Maßstäben am besten zu befriedigen (BVerwG NJW 1989, 1749 = DVBl 1989, 557: eine gerichtlich nur beschränkt nachprüfbare Prognose); ob in einem Gebiet mit den vorhandenen Verkehrsmitteln iS von § 13 Abs 2 Nr 2a PBefG **der Verkehr befriedigend bedient** werden kann bzw ob durch die Eröffnung einer neuen Buslinie öffentliche Verkehrsinteressen iS von § 13 Abs 2 Nr 6 PBefG beeinträchtigt werden (BVerwGE 82, 260 = NJW 1989, 3233); hins der **Klassifizierung einer Straße** in Beug auf die Frage, welchem **Verkehr** (örtlich, überörtlich, Fernverkehr) eine Straße überwiegend dient.[159]

78 **g) Verwaltungspolitische und Risikoentscheidungen.** Ein von den Gerichten nicht weiter überprüfbarer Entscheidungsspielraum ist idR auch anzunehmen bei **Entscheidungen verwaltungspolitischer Art** (Schulze-Fielitz JZ 1993, 773), wie zB der Entscheidung über den **Bau oder Ausbau von Straßen,** die Errichtung oder den **Ausbau von Hochschulen** (vgl insoweit aber BVerfG 33, 333, wonach Ausbildungskapazitäten grundsätzlich zu erweitern sind, wenn sonst wegen numerus clausus beschränkte Berufsausbildungen nicht realisiert werden können). Aufgrund der Natur der Sache wird idR ein gewisser, allerdings je nach den betroffenen Rechtsgütern (Leben, Gesundheit, Sachgüter) und nach der Art und Höhe etwaiger Gefahren engerer oder weiterer Bewertungs- und Entscheidungsspielraum der Fachbehörden auch bei sog **Risikoentscheidungen** anerkannt, zB im Atomrecht und im Gentechnikrecht.[160]

79 **h) Kein Spielraum bei sonstigen Prognose- und Wertungsentscheidungen.** Als in rechtlicher und tatsächlicher Hinsicht gerichtlich voll überprüfbar hat die Rspr dagegen zB die Auslegung und Anwendung von Begriffen wie die Zumutbarkeit des **Läutens von Kirchenglocken** (BVerwGE 68, 67; 87, 362; OVG Lüneburg NVwZ 1991, 801), der Lärm-Auswirkungen uä einer Straße, eines Flughafens usw iS von § 74 Abs 2 S. 2 VwVfG, § 9 Abs 2 LuftVG uä Vorschriften (BVerwGE 69, 276; 87, 361), einer **Feuerwehrsirene** (BVerwGE 79, 260) oder des **Lärms eines Sportplatzes** (BVerwGE 81, 200) oder einer **Gaststätte** (OVG Münster NVwZ-RR 1995, 27) für die Umgebung angesehen; ob ein bestimmtes Verhalten die öffentliche **Sicherheit und Ordnung** iS des Polizeirechts stört (vgl BVerwG DVBl 1980, 506) oder die **Sicherheit des Straßenverkehrs** gefährdet oder beeinträchtigt (BVerwG BayVBl 1982, 246); ob die öffentliche Ordnung im Sinn der polizeilichen Generalklausel das Verbot öffentlicher Veranstaltungen anläßlich einer Staatstrauer erfordert (BVerwG DVBl 1970, 504); ob ein **Bauwerk verunstaltend** ist (BVerwG NVwZ 1984, 303); ob ein **wichtiger Grund iS von § 3 Abs 1 NamensÄndG** für eine Namensänderung gegeben ist;[161] ob ein wichtiger Grund iS von § 7 Abs 3 BAföG für einen **Wechsel der Studienfachrichtung** gegeben ist; ob ein **Arzneimittel** iS von §§ 1, 8 Abs 1 Nr 2, 24 Abs 1 Nr 3, 25 Abs 2 Nr 4 AMG **wirksam** und iS von § 5 Abs 2 AMG **unbedenklich**

---

[158] BVerwGE 64, 242; 79, 213 = NJW 1988, 3222; 82, 295 = JuS 1990, 674 m Anm Selmer; BVerwGE 83, 208; BVerwG DÖV 1988, 923; NJW 1989, 3235; Langer NJW 1990, 1331; Kopp/Schenke § 114 Rn 26; **aA** Schulze-Fielitz JZ 1993, 776.

[159] OVG Schleswig DVBl 1994, 1202; **aA** BVerwG NVwZ 1985, 109 = DVBl 1984, 338; VGH München NVwZ 1991, 590; VGH Kassel NVwZ-RR 1989, 338; OVG Koblenz 18, 438: voll gerichtlich nachprüfbar.

[160] BVerwGE 72, 316f, 320f; vgl dazu jedoch auch BVerfG 80, 265, wo die Frage der verfassungsrechtlichen Zulässigkeit eines Beurteilungsspielraums ausdrücklich offen gelassen wird; zum Gentechnikrecht OVG Berlin UPR 1999, 31; allg dazu Wilke Jura 1992, 189.

[161] BVerwGE 40, 358; wohl auch BVerwG NJW 1981, 2174; Mannheim NJW 1991, 3297: durch Abwägung des Für und Wider zu bestimmen.

ist (vgl allg Di Fabio VerwArch 1990, 198); ob bei der Einfuhr von Schweinefleisch aus einem bestimmten Land iS von § 15 Abs 1 Kleintier-EinfuhrVO zu befürchten ist, dass eine **Tierseuche eingeschleppt** wird;[162] ob tatsächliche **Anhaltspunkte für einen Verdacht** iS von § 2 Abs 1 des G zu Art 10 GG für das Abhören eines Telefongesprächs gegeben sind;[163] ob der weitere Aufenthalt eines Ausländers **Interessen der Bundesrepublik** iS von § 7 Abs 2 Nr 3 AuslG **beeinträchtigt** (BVerwGE 101, 236 = NVwZ 1997, 295); ob Belange der Bundesrepublik iS von § 9 StAG einer **Einbürgerung** entgegenstehen (vgl BVerwGE 77, 167); ob eine **Gefährdung erheblicher Belange** der Bundesrepublik iS von § 7 Abs 1 Nr 1 PaßG gegeben ist, die eine Beschränkung rechtfertigt (VG Frankfurt NVwZ 1990, 402); ob ein **Wehrpflichtiger tauglich** ist (BVerwGE 31, 153); ob eine **Prüfung** iS von § 3 Abs 2 Nr 1 BÄO **gleichwertig** ist (OVG Münster DÖV 1991, 655 = NWVBl 1991, 72); ob ein ausländischer **akademischer Grad gleichwertig** ist (VGH München BayVBl 1984, 753); ob Prüfungsanforderungen bzw Prüfungen materiell gleichwertig sind (BVerwGE 32, 155; 36, 361; 55, 104; 64, 142; 64, 153 = NJW 1983, 35; BVerwG NJW 1983, 470; **aA** VGH Mannheim DVBl 1984, 273: Beurteilungsspielraum). ob **Unwürdigkeit** iS von § 4 Abs 1 b und c des AkadGrG vorliegt (Mannheim NJW 1981, 2023); ob eine Sache ein **Kulturdenkmal** ist, dh ua, ob an ihrer Erhaltung und Pflege aus wissenschaftlichen, künstlerischen und städtebaulichen Gründen, zur Förderung des geschichtlichen Bewußtseins oder der Heimatverbundenheit usw ein öffentliches Interesse besteht (VGH München BayVBl 1979, 119; OVG Koblenz DVBl 1985, 407); ob ein Bauwerk uä **denkmalschutzwürdig** ist (BVerwGE 24, 60, 63; OVG Lüneburg NVwZ 1983, 231; OVG Koblenz DVBl 1984, 287, 407); ob die **Abwanderung von Kulturgut** einen wesentlichen Verlust für den deutschen Kulturbesitz bedeuten würde (VGH Mannheim NJW 1987, 1440); ob die besondere öffentliche Zweckbestimmung einer Anlage des Bundes oder eines Landes eine **Abweichung von baurechtlichen Vorschriften gem § 37 Abs 1 BauGB** erforderlich macht; ob Tiefflugübungen zur **Erfüllung des Verteidigungsauftrags** der Bundeswehr zwingend notwendig iS von § 30 Abs 1 S. 3 LuftVG sind (**aA** BVerwG NVwZ-RR 1994, 535 = DÖV 1994, 41; BGH NJW 1993, 2173 = NVwZ 1993, 915); ob der **notwendige Lebensunterhalt** einer Person iS des § 27a Abs 1 BVG als **gesichert** anzusehen ist;[164] was unter dem **Einsatz eigener Mittel** in angemessenem Umfang iS von § 84 Abs 1 S. 1 BSHG, der von einem Sozialhilfeempfänger verlangt werden kann, zu verstehen ist, und wann diese Voraussetzung als erfüllt angesehen werden kann; ob eine **besondere Marktsituation iS** von § 8 Abs 3 MühlenstrukturG gegeben ist und ob eine Maßnahme zur **Sicherung der Versorgung der Bevölkerung** notwendig ist (BVerwG Buchh 451.54 Nr 7); ob eine Investition volkswirtschaftlich **besonders förderungswürdig** iS des InvZulG ist;[165] ob eine Investition iS des § 6b EStG volkswirtschaftlich besonders förderungswürdig und geeignet ist, „die Unternehmenstruktur eines Wirtschaftszweiges zu verbessern oder einer breiten Eigentumsstreuung zu dienen"[166] (vgl auch BVerwG NVwZ-RR 1993, 900); ob eine Inves-

[162] BVerwG DÖV 1984, 558 mit dem nur zT zutreffenden Hinweis, daß es sich in derartigen Fällen überhaupt nur um die Feststellung gegenwärtiger Tatsachen handele.

[163] BVerwG JZ 1991, 511; OVG Münster DVBl 1983, 1020: keine natürliche Überprüfungssperre; vgl auch Schlink NJW 1989, 111.

[164] BVerwGE 35, 179, 182; 69, 161: ein unbestimmter Rechtsbegriff, dessen Auslegung und Anwendung voll der gerichtlichen Überprüfung unterliegt.

[165] Frotscher JuS 1984, 694 Fn 32 mwN; Koch BayVBl 1983, 328; vgl auch BVerfG 67, 141; BVerwG BB 1978, 1238; VG Köln BB 1983, 37; 1991, 1972; OVG Münster NJW 1985, 1973.

[166] BVerwGE 90, 355: wegen des Postulats der Gesetzmäßigkeit der Abgabenerhebung, da Auswirkungen auf die Abgabenpflichtigkeit; OVG Münster NJW 1985, 1973; Meincke JuS 1986, 772; **aA** wohl BVerfG 67, 141.

tition geeignet ist, iS von § 4 AuslInvG „einer verstärkten **weltwirtschaftlichen Verflechtung** zu dienen" (**aA** wohl BVerfG 67, 141); ob eine **Erfindung volkswirtschaftlich wertvoll** ist (BFH NJW 1983, 2960); ob eine Prüfungszeitverlängerung oder eine sonstige Prüfungserleichterung und ggf welche als **Ausgleich für Lärmstörungen** während einer Prüfung oder für persönliche Handicaps eines Prüflings erforderlich bzw die gewährte Prüfungszeitverlängerung ausreichend ist.[167]

80 **Gerichtlich voll nachprüfbar** soll auch sein, ob Schutzvorkehrungen gem § 7 Abs 2 Nr 3 AtomG dem **Stand der Wissenschaft und Technik** entsprechen und erforderlich sind;[168] ob die Erfordernisse der **Umweltverträglichkeit** iS des UVPG gewahrt sind (offen Steinberg DVBl 1990, 1373); ob **schädliche Umwelteinwirkungen,** Gefahren oder erhebliche Nachteile bzw erhebliche Belästigungen iS von § 3 Abs 2, § 5 Abs 1 oder § 41 Abs 1 BImSchG zu befürchten sind;[169] ob ein bestimmter **Eingriff in die Natur** iS von § 18 Abs 1 BNatSchG nF vorliegt und die damit verbundene Beeinträchtigung der Natur **nicht ausgleichbar** ist (vgl BVerwGE 85, 348 = NVwZ 1991, 364; VGH Mannheim NVwZ 1992, 999; zT anders bei der **Abwägung** nach § 19 Abs 3 S 1 BNatSchG nF, vgl BVerwG NVwZ 2002, 1112); ob die Voraussetzungen für die Bekanntgabe **(Anordnung) eines Smog-Alarms** gegeben sind (Jarass NVwZ 1987, 99); ob die „sonstigen **Auswirkungen**" eines **Pflanzenschutzmittels** iS von § 15 Abs 1 Nr 3 lit b PflSchG 1986 **„wissenschaftlich vertretbar"** sind (BVerwGE 81, 1 = NVwZ-RR 1990, 134; **aA** Ule DVBl 1990, 1187); ob die **Gefahr erheblicher Nachteile** uä iS von § 67 iV mit § 5 BImSchG besteht (BVerwGE 55, 253 = DVBl 1978, 591 – Voerde-Urteil –; **aA** OVG Lüneburg DVBl 1985, 1323 – Buschhaus); ob ein **Krankenhaus** iS von § 8 Abs 1 S 2 iV mit § 1 Abs 1 KHG **bedarfsgerecht, leistungsfähig und kostengünstig** ist (BVerwG NJW 1986, 796; 1987, 2320; vgl auch BVerwGE 62, 86 = NJW 1982, 710; BVerwG NJW 1984, 525; zweifelhaft); ob das **Leistungsangebot der niedergelassenen Ärzte ausreichend** iS von § 29 Abs 5 S 2 ZulassungsO für Ärzte, § 368a Abs 8 S 1 RVO ist (**aA** BSG NJW 1985, 698: gerichtlich nicht voll nachprüfbarer Beurteilungsspielraum); ob ein besonderer Einzelfall und Gründe des **öffentlichen Ge-**

---

[167] BVerfG NJW 1993, 917 = BayVBl 1993, 495: voll nachprüfbar; ebenso nunmehr BVerwG NVwZ 1994, 486 = JZ 1994, 460 m krit. Anm v Püttner; VGH Mannheim NVwZ 1994, 599 = DVBl 1993, 1315; Rozek BayVBl 1993, 505 –; **aA** – vor BVerfG NJW 1993, 917 – BVerwGE 85, 327; BFH BayVBl 1993, 315: Nachprüfung nur daraufhin, ob die durch den Grundsatz der Chancengleichheit gezogenen Grenzen eingehalten, insb, ob die zusätzlich gewährte Prüfungszeit angemessen und vertretbar ist; ferner, mit überzeugenden Argumenten, Püttner JZ 1994, 462.

[168] Wohl **aA** BVerfG 61, 115 = DVBl 1982, 944: die Gerichte haben solche Feststellungen und Bewertungen nur auf ihre Rechtmäßigkeit hin zu überprüfen, nicht aber ihre eigenen Bewertungen an deren Stelle zu setzen; ähnlich BVerwGE 72, 316 (Wyhl) = NVwZ 1986, 208: das Gericht darf nur prüfen, ob die Beurteilung der Behörde auf willkürfreien Annahmen und ausreichenden Ermittlungen beruht; die Behörde darf sich jedoch nicht einfach der herrschenden Auffassung anschließen, sondern muß sich selbst eine Meinung bilden und zu diesem Zweck alle vertretbaren Meinungen berücksichtigen und abwägen; BVerwGE 81, 191 = NVwZ 1989, 864: Beurteilungsspielraum wie bei § 7 Abs 2 Nr 5 AtomG für die prognostische Einschätzung einschlägiger Entwicklungen und Geschehensabläufe; BVerwG NVwZ 1989, 1168; unklar BVerfG 49, 136; DVBl 1982, 949; VG Schleswig NJW 1980, 1898; Schulze-Fielitz JZ 1993, 773; zT **aA** insoweit Breuer NuR 1987, 49 und NVwZ 1988, 111; Lübbe-Wolff DÖV 1987, 896; s dazu auch Kopp/Schenke § 86 Rn 5a.

[169] BVerwGE 51, 15; 55, 253; 71, 154 = BayVBl 1985, 601; BVerwG BayVBl 1987, 662; Frotscher JuS 1983, 779; Jarass DVBl 1983, 725; **aA** BVerwGE 24, 32; NJW 1978, 1450; OVG Lüneburg NVwZ 1985, 357; VGH München BayVBl 1990, 149; Ule BImSchG 3 zu § 3 mwN; vgl auch BVerfG DVBl 1982, 944; NJW 1982, 2173: das Gericht darf nicht seine Beurteilung an die Stelle der Beurteilung der Behörde setzen; Horn DVBl 1977, 13; vgl allg auch Salzwedel NVwZ 1987, 276: gerichtlich nicht voll nachprüfbar.

sundheitsinteresses iS des § 3 BÄO gegeben sind (BVerwGE 45, 165); ob die Erteilung der Erlaubnis zur vorübergehenden Ausübung des ärztlichen Berufs im **Interesse der ärztlichen Versorgung der Bevölkerung** liegt;[170] ob die Ausübung der Heilkunde durch einen Heilpraktiker eine **Gefahr für die Volksgesundheit** iS von § 2 Abs 1 DVO zum HeilpraktikerG bedeutet;[171] ob eine **ärztliche Behandlung** oder Verordnung **unwirtschaftlich** ist (vgl BSG NJW 1985, 698); ob ein **dienstliches Bedürfnis** für die Versetzung eines Beamten oder Soldaten besteht (BVerwGE 26, 65; 43, 215 f; hier ist aber die Faktorenlehre zu beachten, vgl Kellner DÖV 1972, 807); ob **zwingende dienstliche Gründe** für ein Verbot der Dienstausübung eines Soldaten gem § 22 SoldG vorliegen (BVerwG NJW 1978, 1598); ob die Voraussetzungen der **Kriegsdienstverweigerung** erfüllt sind (BVerwGE 44, 22; 49, 309; 61, 50 = 1981, 1684; 69, 92; BVerwG NVwZ 1982, 619); ob ein **Bedürfnis** für eine **schulorganisatorische Maßnahme** besteht (OVG Münster DÖV 1979, 411 = NJW 1978, 829; ähnlich OVG Koblenz DÖV 1986, 482); ob die **örtlichen Gegebenheiten** es gem Art 11 Abs 2 bayVoSchG zulassen, versuchsweise eine Grundschule mit je 2 Jahrgangsstufen in einer Klasse zu führen (**aA** VGH München BayVBl 1981, 719: nur beschränkt gerichtlich nachprüfbar); ob eine **Unbilligkeit** iS von § 25 Abs 1 WoBindG 1974 vorliegt (BVerwGE 62, 263); ob die **Einziehung einer Steuer unbillig iS von § 131 Abs 1 § 1 AO** aF – heute § 227 Abs 1 AO – wäre;[172] ob ein **Verzicht** gem § 63 Abs 3, 2. Altern. nwGemO auf die **Erhebung spezieller Entgelte** für von der Gemeinde erbrachte Leistungen „geboten" ist (OVG Münster DÖV 1990, 615; anders hins der Frage, ob ein Verzicht iS von § 63 Abs 3 nwGemO vertretbar ist); ob ein **Anschluss** an eine öffentliche Entwässerungseinrichtung **unzumutbar** ist (VGH München DÖV 1983, 217); ob eine **außergewöhnliche Härte"** iS § 13 Abs 3 StV über die Vergabe der Studienplätze vorliegt;[173] ob ein Absehen von der Erhebung eines Erschließungsbeitrags nach § 135 Abs 5 S 1 BauGB **„im öffentlichen Interesse oder zur Vermeidung unbilliger Härten** geboten ist";[174] **ob ein Straßenbauvorhaben** usw iS des Straßen- und Wegerechts **straßenrechtlich geboten** ist (s BVerwGE 48, 56; 75, 232; 84, 131; 85, 51; s auch § 74 Rn 33); ob ein **Ausnahmefall** vorliegt, der **bei einer Soll-Vorschrift** das Abweichen von der Regel rechtfertigt oder erfordert (BSG DVBl 1987, 242; VGH Kassel NVwZ-RR 1993, 436); ob ein Anschluss an eine öffentliche Entwässerungseinrichtung **unzumutbar** ist (VGH München DÖV 1983, 217).

---

[170] BVerwGE 65, 22 = NJW 1982, 2621; anders BSG NJW 1985, 697 zur Frage, ob das Leistungsangebot der frei praktizierenden Ärzte iS von § 29 Abs 5 S 2 ZulassungsO für Ärzte ausreichend ist: ein Beurteilungsspielraum der Behörde.

[171] BVerwGE 66, 371; **aA** München DVBl 1991, 66 = DÖV 1990, 669: gerichtlich nur beschränkt nachprüfbarer Beurteilungsspielraum des Amtsarztes aufgrund einer Überprüfung.

[172] BVerwGE 84, 89; BVerwG NJW 1990, 1061; 1992, 1578; VGH Mannheim VBlBW 1992, 220; GewArch 1992, 440; OVG Lüneburg GewArch 1991, 227: Rechtsanwendung und Ermessensbetätigung zu trennen; Kopp/Schenke § 114 Rn 27; allg auch BVerwGE 39, 755 = NJW 1972, 1411; BSG SGb 1987, 125; zT **aA** GSOBG BVerwG 39, 355: eine einheitliche Entscheidung zusammen mit der Ermessensentscheidung, bei der die Behörde sich zugleich am umbestimmten Rechtsbegriff der Unbilligkeit zu orientieren hat – sog. Kombinations- oder Koppelungstatbestand; ähnlich BVerwG NJW 1991, 1076 = DVBl 1991, 1408; vgl auch BVerwGE 72, 1 = NJW 1986, 739: einheitliches Ermessen; zum Sozialrecht auch Brocke JuS 1987, 876 mwN.

[173] OVG Hamburg DVBl 1982, 473; OVG Münster NVwZ 1985, 364; **aA** BSG 52, 270 = NJW 1982, 2631 zum Begriff des „besonderen Härtefalles" iS von § 182 c S 3 RVO aF; vgl auch BSG NJW 1985, 698.

[174] Vgl dazu auch BVerwG JuS 1993, 700 m Anm Selmer: geboten bedeutet in diesem Zusammenhang, daß § 135 Abs 5 BauGB geeignet sein muß, um § 127 Abs 1 BauGB zurücktreten zu lassen.

81 **Gerichtlich voll nachprüfbar** ist auch, ob eine Handlung, Veranstaltung oder ein VA **gegen die guten Sitten** verstößt (BVerwGE 64, 282; 71, 30; 84, 317 = DÖV 1990, 708); die Entscheidung über die **Unzuverlässigkeit** eines Gewerbetreibenden zB im Hinblick auf § 35 GewO vorliegt (VGH Mannheim DVBl 1993, 1221; VGH Kassel NVwZ-RR 1991, 146); ob ein Bewerber um eine gewerberechtliche Erlaubnis die **erforderliche Sachkunde** besitzt;[175] ob ein öffentlich zu bestellender **Sachverständiger** die nach § 36 Abs 1 GewO für die Bestellung erforderliche **besondere Sachkunde** besitzt;[176] ob die Voraussetzungen für eine **Ausnahmebewilligung nach § 8 HandwO** gegeben sind (VGH München BayVBl 1990, 312; **aA** hins der notwendigen Kenntnisse und Fertigkeiten VGH München BayVBl 1984, 369); ob die Voraussetzungen für die **Asylgewährung,** insb auch politische Verfolgung, gegeben sind (BVerwGE 39, 197 = NJW 1972, 596; 57, 130 = NJW 1979, 2417); ob eine **ärztliche Behandlung unwirtschaftlich** ist (vgl BSG NJW 1985, 698); ob einem Versicherten eine **Tätigkeit zumutbar** ist (vgl BSG NJW 1985, 698); ob ein **Bedürfnis für eine Sperrzeitverkürzung** besteht (BVerwG GewArch 1977, 26; OVG Münster NVwZ 1986, 66); ob ein dringendes Bedürfnis für den **Anschluss- und Benutzungszwang** in bezug auf eine gemeindliche Einrichtung besteht (OVG Lüneburg 25, 375; **aA** Wortmann NWVBl 1989, 365; Hill, Gutachten DJT 90, 94); ob die Voraussetzungen für die **Körung eines Bullen** nach § 5 Abs 1, 3 und 4 TierZuchtG gegeben sind (BVerwG NVwZ 1991, 568 mit Zusammenfassung der bish Rspr zum Beurteilungsspielraum); ob eine Sache ein **national wertvolles Kulturgut** ist (BVerwG NJW 1993, 3290: auch wenn ein repräsentativ zusammengesetzter Sachverständigenausschuss dies beurteilt); ob bei einem Gegenstand **Erheblichkeit für die deutsche Kultur** iS des KulturschutzG anzunehmen ist (VG Hannover NVwZ-RR 1991, 643); ob ein bestimmter Wein nach Geruch, Geschmack und Aussehen die Voraussetzungen für die Einstufung **als Qualitäts- und Prädikatswein** erfüllt (BVerwG GewArch 1994, 324 – obwohl die Beurteilung einer behördlichen Kommission obliegt); ob die **Auswirkungen eines Pflanzenschutzmittels** auf den Naturhaushalt nach dem Stand der wissenschaftlichen Erkenntnis vertretbar sind (BVerwGE 81, 17); ob das Wohl der Allgemeinheit die **Festsetzung eines Wasserschutzgebiets** gem § 19 Abs 1 Nr 1 WHG erfordert (BVerwG NVwZ 1990, 972; OVG Koblenz ZfW 1999, 102) und wie dieses Gebiet im einzelnen abzugrenzen ist (BVerwG DÖV 1984, 466); ob von einer bestimmten Wassernutzung eine Beeinträchtigung des Wohls der Allgemeinheit iS von § 6 WHG zu erwarten ist;[177] ob **überwiegende Gründe des Allgemeinwohls** iS von § 7 Abs 1 bwStrG bzw ähnlicher straßenrechtlicher Vorschriften vorliegen (VGH Mannheim DÖV 1982, 206); ob Gründe des **öffentlichen Wohles** die **Befreiung von Festsetzungen eines Bebauungsplanes** gem § 31 Abs 2 S 1 2. Altern BauGB – erfordern (BVerwG NJW 1979, 940). Voll nachprüfbar sind auch **Begriffe,** die die Verwaltung im Rahmen **einer aufgrund eigener Richtlinien entwickelten Verwaltungsübung** anwendet, soweit die Richtlinien der Konkretisierung von Rechtsnormen dienen, die ihrerseits keine Beurteilungsermächtigung vorsehen.[178]

---

[175] BVerwG NJW 1991, 1127 = NVwZ 1991, 268: auch wenn die Behörde bei der Entscheidung insoweit von einem Fachausschuß beraten wird, der die Sachkunde in einem „prüfungsähnlichen" Verfahren prüft; **aA** – von BVerwG jedoch durch die vorstehende Entscheidung aufgehoben – VGH Mannheim GewArch 1988, 89.

[176] BVerwG NVwZ 1991, 269 – unter Hinweis auf die fehlende Bindung der Behörde an das Urteil des Prüfers –; **aA** VGH Mannheim GewArch 1988, 91.

[177] BVerwGE 81, 348 = DVBl 1989, 500 auch zur Frage, wieweit dabei auch nicht wasserhaushaltsrechtliche Gesichtspunkte zu berücksichtigen sind.

[178] ZT **aA** für sog normkonkretisierende Richtlinien offenbar BVerwGE 72, 320 – Wyhl: auch für die Verwaltungsgerichte bindend; s dazu und zur Abschwächung dieser Auffassung in

82 **2. Die Herstellung der Beurteilungsentscheidung. a) Die Ermittlung der Beurteilungsmaßstäbe.** Soweit Bewertungsmaßstäbe sich nicht aus dem jeweiligen Fachgesetz ergeben, sind sie insb aus dem Zweck, dem die bei der Entscheidung anzuwendende Rechtsnorm im Verhältnis zur konkreten Situation und zu den Problemen, die durch die Entscheidung bewältigt werden sollen, dient, und im Hinblick auch auf etwa in der Sache betroffene Grundrechte und allgemeine Verfassungssätze abzuleiten. Insoweit unterscheidet sich die Maßstabsbildung nicht von der Auslegungsarbeit der Gerichte.[179] Allgemeine Bewertungsgrundsätze und die daraus abgeleiteten abstrakten „Vorgaben" für die Bewertung müssen im Lichte allgemein anerkannter wissenschaftlicher oder praktischer Erkenntnisse jedenfalls vertretbar sein.

83 **b) Ermittlung der sachlichen Beurteilungsgrundlage.** Hier gelten dieselben Grundsätze wie für die Herstellung von Ermessensentscheidungen. Es sind dabei mindestens zwei Arbeitsvorgänge zu unterscheiden. Der erste besteht in der Ermittlung der erforderlichen Beurteilungsgrundlagen (Zusammenstellung des Beurtelungsmaterials). Auch hier kommt es darauf an, dass sämtliche dem Zweck der Beurteilungsermächtigung entsprechenden Gesichtspunkte erhoben, dh zusammengetragen, ermittelt und festgestellt werden. Welche Gesichtspunkte das sind, ergibt die Auslegung der jeweils maßgeblichen Ermächtigungsnorm. Soweit die Beurteilung eine Prognose erfordert, muss eine Entscheidung über das Prognoseverfahren getroffen und sodann die hierfür **erforderliche Tatsachengrundlage** geschaffen werden. Dies erfordert teilweise wissenschaftliche Spezialkenntnisse, die von der zuständigen Behörde in geeigneter Weise aggregiert werden müssen, uU durch Hinzuziehung von sachverständigen Personen, Gutachtern usw. Bei der Ermittlung der Beurteilungsgrundlage sind wie beim Ermessen sämtliche Gesichtspunkte heranzuziehen, die dem Zweck der Ermächtigung entsprechen, umgekehrt ist alles außer Betracht zu lassen, was nach dem Zweck der Ermächtigung unberücksichtigt bleiben muss. So ist es zB bei der Ermittlung der juristischen Qualifikation eines Kandidaten in einer juristischen Staatsprüfung nicht gerechtfertigt, Fragen zu stellen, die in keinem Zusammenhang mit den geforderten Kenntnissen stehen (zB BVerwGE 78, 55 = NVwZ 1987, 977 – Frage nach Hauptstadt von Mali).

84 **c) Abwägungsentscheidung.** Der zweite Arbeitsschritt besteht in der Bewertung der erhobenen Beurteilungsgrundlage. Hier ist ähnlich wie bei der Ermessensentscheidung (s oben Rn 52) eine Gewichtung sämtlicher maßgeblichen Gesichtspunkte durchzuführen. Dabei sind alle gesetzlich vorgegebenen Beurteilungsgrundsätze und Maßstäbe zu beachten, ferner auch solche allgemeinen Grundsätze der Bewertung, die sich aus Beurteilungsrichtlinien ergeben, sofern diese ihrerseits fehlerfrei sind, sowie solche, die als allgemeine Beurteilungsgrundsätze anerkannt sind (zB Grundsatz der Fairness, der Chancengleichheit im Prüfungsverfahren, Grundsatz der Verhältnismäßigkeit, der Gleichbehandlung usw). Die entscheidende Aufgabe besteht in der Bildung eines Beurteilungsmaßstabs, an dem die Sachgesichtspunkte gemessen werden können.

85 **d) Beachtung formeller Anforderungen.** Bei der Herstellung der Beurteilungsentscheidung sind in sämtlichen Arbeitsschritten die formellen Vorgaben für die Zuständigkeit, die Form und das Verfahren zu beachten. Diese Vorgaben können sich nicht nur aus dem Gesetz ergeben, sondern auch aus Verwaltungsvor-

---

der neueren Rspr Kopp/Schenke § 86 Rn 5 a mwN; allg auch Kind DÖV 1988, 89; ferner BSG 48, 88.

[179] Vgl zB BVerwG NVwZ 1985, 731: bei der Bestimmung, was als wichtiger Grund iS von § 7 Abs 3 BAföG anzusehen ist, sind auch die Grundrechte und die sich aus diesen und aus anderen Verfassungsgrundsätzen ergebenden allgemeinen Wertungen zu berücksichtigen; VGH Kassel NVwZ 1987, 1436; s Ramsauer/Stallbaum, BAföG, § 7 Rn 46 ff.

schriften und sonstigen verwaltungsinternen Anweisungen. Wegen der besonderen Bedeutung der formellen Anforderungen an die Beurteilungsentscheidung können sich aus Verstößen gegen beachtliche Regelungen der Zuständigkeit, des Verfahrens und der Form zugleich materielle Fehler der Beurteilungsentscheidung ergeben (s oben Rn 37).

86 **3. Gerichtliche Kontrolle von Beurteilungsentscheidungen. a) Allgemeines.** Wenn und soweit den Behörden ein Beurteilungsspielraum eingeräumt ist, prüfen die Gerichte die von der Behörde vorgenommene Beurteilung und Wertung eines Sachverhalts als unter den in Frage stehenden unbestimmten Rechtsbegriff fallend oder nicht, grundsätzlich nur auf **Beurteilungsfehler** hin nach. Nach einer nach wie vor **verbreiteten Formulierung**[180] hat sich die Prüfung auf Beurteilungsfehler darauf zu richten,

- ob die Behörde für die ihr gestellte Aufgabe eine den rechtlichen, insb auch den verfassungsrechtlichen, Anforderungen genügende materiellrechtliche und verfahrensrechtliche **Rechtsgrundlage** zur Verfügung hatte,[181]
- ob das vorgeschriebene oder nach allgemeinen Rechtsgrundsätzen gebotene **Verfahren** im konkreten Fall, jedenfalls soweit es dem Schutz von Personen in der Rechtsposition des Klägers dient, eingehalten wurde,
- ob die Behörde den insoweit maßgeblichen unbestimmten Rechtsbegriff und den Sinn und Zweck der Ermächtigung (OVG Lüneburg DVBl 1991, 1004 = NVwZ-RR 1991, 578) oder den gesetzlichen Rahmen, zutreffend gesehen und **nicht verkannt hat,**[182]
- ob die Behörde von einem zutreffenden und vollständig ermittelten **Sachverhalt** ausgegangen ist[183] (BVerwG NVwZ-RR 1990, 620),
- ob die Behörde bei ihrer Entscheidung die dabei zu berücksichtigenden Gesichtspunkte angemessen und vertretbar gewichtet oder mit einem Gewicht berücksichtigt hat, das ihnen bei objektiver, am Zweck des Gesetzes und sonstiger einschlägiger Rechtssätze (vgl oben Rn 23, 48) und an einschlägigen allgemeinen Wertungsgrundsätzen orientierter Betrachtung zukäme bzw nicht zukommt (BVerwG NJW 1995, 977).

87 Diese Formulierung, die vor allem für die Kontrolle von Prüfungsentscheidungen entwickelt worden ist, gibt den Kontrollmaßstab zwar im Ergebnis einigermaßen zutreffend wieder, lässt aber die Systematik der Beurteilungsfehlerlehre nicht hinreichend erkennen. Richtigerweise ist nämlich davon auszugehen, dass insoweit **kein wesentlicher Unterschied zu der Ermessensfehlerlehre** besteht.[184] Ausgangspunkt für die Kontrolle auch der Beurteilungsentscheidung sind die Zwecke der Beurteilungsermächtigung. Wie bei der Ermessenskontrolle sind folgende Beurteilungsfehler zu unterscheiden: Der Nichtgebrauch der Beurteilungsermächtigung **(Beurteilungsausfall),** der **Beurteilungsfehlgebrauch,** unterteilt in Beurteilungsdefizit und zweckwidrige Erwägungen, sowie die **Überschreitung des Beurteilungsrahmens.**

---

[180] Vgl BVerwGE 97, 203, 209; BVerwG 1995, 740; VGH München BayVBl 1993, 310; VGH Mannheim NVwZ-RR 1993, 358; StBS 223; hierzu ausf Bamberger VerwArch 2002, 227 ff.

[181] Vgl BVerfG 84, 34 = NJW 1991, 2005 zu berufsqualifizierenden Prüfungen.

[182] BVerwGE 39, 204; 68, 336; 91, 266; BVerwG DVBl 1981, 497; 1982, 198; NVwZ 1982, 101; NJW 1983, 1108; 1984, 1248; NVwZ-RR 1990, 620; BGH NJW 1982, 1059; VGH München BayVBl 1993, 311.

[183] BVerwGE 60, 245; 62, 340 = DVBl 1982, 29; 68, 337; 70, 143; 72, 315 = NVwZ 1986, 208; 73, 378; 77, 75 = NJW 1987, 1429; 91, 266; BVerwG DVBl 1981, 497; 1985, 1082 = DÖV 1986, 212; NVwZ 1988, 836; 1989, 1168; NVwZ-RR 1990, 620 – zur Frage eines Ermittlungsdefizits; BVerfG 84, 54; BSG NJW 1985, 699; 1987, 1441; BGH NJW 1982, 1059; 1992, 1059; BSG NJW 1985, 699; VGH München BayVBl 1993, 311.

[184] StBS 223; Herdegen JZ 1991, 747, 750; zutreffend auch Bamberger VerwArch 2002, 217, 232.

b) Nichtgebrauch der Beurteilungsermächtigung. Die Behörde muss den ihr zustehenden Beurteilungsspielraum erkennen und durch eine eigene Abwägungsentscheidung ausfüllen, anderenfalls liegt ein Beurteilungsausfall vor. Dabei ist unerheblich, worauf der Nichtgebrauch der Beurteilungsermächtigung beruht, ob die Behörde sich irrtümlich für gebunden erachtet hat oder ob der Spielraum schlicht übersehen wurde. Für den Nichtgebrauch der Beurteilungsermächtigung gelten die zum Ermessensnichtgebrauch entwickelten Grundsätze (s oben Rn 60). 88

c) Beurteilungsfehlgebrauch. Die zuständige Behörde muss die Beurteilung in einer dem Zweck der Ermächtigung entsprechenden Weise vornehmen. Dazu gehört zunächst die sachgerechte Ermittlung der Beurteilungsgrundlage. Hierbei sind sämtliche Gesichtspunkte zu erheben und in die Abwägung einzustellen, die dem Zweck der Beurteilungsermächtigung entsprechen, anderenfalls liegt ein **Beurteilungsdefizit** vor. Soweit diese Ermittlung ein besonderes Fachwissen voraussetzt, müssen Fachleute und ggfs auch externe Sachverständige herangezogen werden. S auch VGH Kassel NJW 1987, 1436: die Ablehnung eines Prädikats durch die Filmbewertungsstelle Wiesbaden ist rechtswidrig, wenn die zur Filmbegutachtung berufenen Ausschüsse dem erkennbaren Anspruch des Films nicht ausreichend Beachtung schenken; BVerwG NJW 1987, 1431: der bloße Umstand, dass die Bundesprüfstelle ohne weiteres von einer Tatsache ausgegangen ist, zu deren Feststellung sie einen Sachverständigen hätte heranziehen müssen, führt nicht zur Rechtswidrigkeit und Aufhebung der Indizierungsentscheidung; das Gericht kann die Indizierungsentscheidung hinsichtlich der Tatsachengrundlage vielmehr nur dann beanstanden, wenn es seinerseits deren Unrichtigkeit festgestellt hat. Ein Fehlgebrauch der Beurteilungsermächtigung liegt auch vor, wenn Gesichtspunkte berücksichtigt werden, die nach dem Zweck der Ermächtigung keine Rolle hätten spielen dürfen. 89

Soweit Prognosen erforderlich sind, ist von den Gerichten nachzuprüfen, ob die Behörde bei ihrer Prognose von zutreffenden Abgrenzungen, Daten, Werten, Zahlen usw ausgeht bzw ausgegangen ist, alle erreichbaren Daten berücksichtigt bzw berücksichtigt hat;[185] ob die Behörde sich einer wissenschaftlich vertretbaren Methode bedient bzw bedient hat und ihre Entscheidung „in einer der Materie angemessenen und methodisch einwandfreien Weise" erarbeitet bzw erarbeitet hat.[186] 90

4. Die Folgen von Beurteilungsfehlern. Die Fehlerhaftigkeit einer Beurteilungsentscheidung führt zur Rechtswidrigkeit des VA, soweit keine Heilung (§ 45) herbeigeführt wird. Ein Fehler ist aber unter den Voraussetzungen des § 46 unbeachtlich (s hierzu § 46 Rn 14ff). Unerheblich sind zB Mängel der Sachverhaltsfeststellung, des Verfahrens, der Abwägung und Wertung, die sich auf das Ergebnis offensichtlich nicht auswirken können bzw nicht ausgewirkt haben können.[187] Ob 91

---

[185] BVerwGE 72, 286; 75, 234; BSG DVBl 1990, 212: alle wesentlichen Fakten müssen rechtsfehlerfrei festgestellt und alle wesentlichen Umstände hinreichend gewürdigt worden sein; Tettinger DVBl 1982, 427; s auch Rn 79.

[186] BVerwGE 72, 286; 75, 234; BVerwG NJW 1979, 64; Hoppe, in: BVerwG-FS 1978, 106; Tettinger DVBl 1982, 427; BayVBl 1978, 674; s allg zu den Erfordernissen von Prognoseentscheidungen auch Nierhaus DVBl 1977, 19; vgl auch Hoppe, in: Redeker-FS 1993, 386 Fn 36 mwN: bei der Prüfung von Prognosen zu beanstanden sind – ohne Evidenzvorbehalt – die unzureichende Ermittlung von den der Prognose zugrundeliegenden Prognosedaten, die fehlende Plausibilität und Schlüssigkeit des Prognoseschlusses von vorhandenen Daten auf die Prognose, die mangelnde Qualität der Prognosemethoden und mangelnde Konsistenz in der Methodenanwendung.

[187] BVerfGE 84, 47, 55 = NJW 1991, 2008; BVerwGE 84, 44 = NJW 1990, 927; 91, 270; BVerwG NVwZ 1990, 925; DVBl 1994, 158; Buchh 421.0 Prüfungswesen Nr 45.

eine mögliche Kausalität idS auszuschließen ist, ist jedoch nach objektiven Gesichtspunkten zu beurteilen.[188]

VI. Besonderheiten der Kontrolle von Prüfungsentscheidungen

92 **1. Allgemeines.** Grundsätzlich richtet sich die Kontrolle von Prüfungsentscheidungen nach den Grundsätzen der Kontrolle von Beurteilungsentscheidungen. Allerdings gibt es eine Reihe von materiellrechtlichen und verfahrensrechtlichen Besonderheiten, die zu beachten sind. Diese betreffen vor allem das **Prüfungsverfahren,** aber auch die spätere Überprüfung in einem **verwaltungsinternen Kontrollverfahren.** Dabei unterscheidet die Rspr solche Prüfungen, die als Zulassungsvoraussetzungen für eine berufliche Tätigkeit dem Schutzbereich des Art 12 GG unterstehen **(berufsrelevante Prüfungen),** und anderen Prüfungen, die lediglich dem allgemeinen Schutz des Art 2 Abs 1 GG unterstehen. Da sich die Rspr für die berufsbezogenen Prüfungen seit der grundlegenden Entscheidung BVerfG 84, 34 = NJW 1991, 2005 grundlegend gewandelt hat, sind Judikate und Literatur aus früherer Zeit weitgehend überholt. Zum Prüfungsrecht näher § 2 Rn 42ff.

93 **2. Anforderungen an die Prüfung. a) Prüfungsstoff.** Bei der Frage, ob die Behörde die gesetzlichen Vorgaben für die ihr vom Gesetz übertragene Entscheidung oder den gesetzlichen Rahmen verkannt hat (vgl oben Rn 72f), wird auch geprüft, ob der Rahmen dessen, was zum Prüfungsstoff gehören darf, verkannt worden ist, etwa weil Prüfungsfragen oder Prüfungsaufgaben keinen hinreichenden **sachlichen Zusammenhang mit dem Ziel der Prüfung** und den Anforderungen des Berufs, dem die Ausbildung dient, aufweisen, oder weil die Prüfungsanforderungen in keinem angemessenen Verhältnis zu den Inhalten der Ausbildung bzw der gebotenen beruflichen Qualifikation stehen (BVerwGE 78, 55 = NVwZ 1987, 977: „Wie heißt die Hauptstadt von Mali" im juristischen Staatsexamen) oder weil die **Eignung der Prüfungsaufgabe** oder einzelner Fragestellungen unter diesen Gesichtspunkten verkannt wird (VGH München 39, 54; Kopp BayVBl 1990, 205), oder weil die **Aufgabenstellung** aus anderen Gründen **fehlerhaft** war (vgl BVerwG NJW 1988, 2318: wenn bei einer Antwort-Wahl-Frage (multiple-choice) irrtümlich davon ausgegangen worden war, dass nur eine Antwort zutreffend ist, tatsächlich aber mehrere Antworten richtig sind).

93 a **b) Durchführung der Prüfung.** Die Prüfungsaufgaben müssen von der zuständigen Stelle bzw dem zuständigen Gremium ausgewählt werden (OVG Münster NVwZ-RR 1994, 585), die eingesetzten Prüfer müssen über die vorgeschriebene Qualifikation verfügen; sie müssen fachlich in der Lage sein, die Leistungen sachkundig zu bewerten (OVG Lüneburg NVwZ-RR 1998, 179; s auch unten Rn 98) und ordnungsgemäß bestellt worden sein (OVG Münster NVwZ 1992, 696). Die Bedingungen während der Prüfung müssen angemessen sein; Störungen und Behinderungen können das Gebot der Chancengleichheit verletzen (BVerwGE 99, 172), sie müssen durch geeignete Maßnahmen, zB die Verlängerung einer Bearbeitungsdauer usw, ausgeglichen werden (s hierzu näher § 2 Rn 47ff).

94 **c) Verhalten der Prüfer.** Es stellt einen Beurteilungsfehler dar, wenn der Prüfer während einer mündlichen Prüfung dem Prüfungsgeschehen **nicht seine ungeteilte Aufmerksamkeit** widmet oder sonst sein Urteil auf einer unvollständigen Kenntnis des Sachverhalts beruht (Münster NJW 1987, 972; ähnlich BVerwGE 70, 143 = NVwZ 1985, 187). Prüfer müssen im Prüfungsverfahren die

---

[188] Vgl Kopp BayVBl 1990, 684; DVBl 1991, 990; zT **aA** BVerfG 84, 47 = NJW 1991, 2008; VGH Mannheim NVwZ 1991, 1205 = VBlBW 1991, 312; Kopp BayVBl 1990, 684; DVBl 1991, 990.

erforderliche Sachlichkeit walten lassen (OVG Münster NVwZ 1993, 94), sie müssen insbes gegenüber den Prüflingen die erforderliche Unbefangenheit haben (BVerwGE 107, 363, 366). Zynische oder grob unsachliche Bemerkungen begründen die Fehlerhaftigkeit einer Bewertung (s unten Rn 99).

d) Sachliche Voraussetzungen einer richtigen Bewertung. Bei der Frage, ob die Behörde, bzw der eingesetzte Prüfer, von einem zutreffenden Sachverhalt ausgegangen ist, kommt es nicht nur darauf an, ob die richtige Prüfungsarbeit bewertet wurde (oder eine Verwechslung vorliegt), sondern auch darauf, dass die richtige Aufgabenstellung zugrundegelegt wurde (BVerwGE 70, 177 = NVwZ 1985, 187; 73, 378), sowie darauf, dass der Prüfer sich über die zugelassene Bearbeitungszeit, die Hilfsmittel und die sonstigen Prüfungsbedingungen nicht im Unklaren war. Bei einer falschen „Weichenstellung" in der Prüfungsarbeit des Prüflings bei der Bewertung der Arbeit sind **auch Ersatzausführungen** zu berücksichtigen und zu bewerten (vgl BVerwG BayVBl 1995, 280; VGH Mannheim VBlBW 1989, 390: Bewertung einer Prüfung fehlerhaft, wenn dies nicht geschieht). Zu den vom Gericht **uneingeschränkt zu überprüfenden** tatsächlichen Voraussetzungen idS gehört bei Prüfungen auch die Frage, in welchem Sinn der Kandidat die Prüfungsfrage oder die Aufgabe verstehen musste oder durfte,[189] außerdem vor die Frage, ob eine gegebene Antwort oder die Bearbeitung einer Frage richtig oder falsch bzw zumindest **vertretbar** ist[190] oder ob der gewählte **Lösungsaufbau** vertretbar ist (BVerwG DVBl 1993, 56; fehlerhaft ist die schematische Verwendung einer sog **Musterlösung** durch den Prüfer, die wesentliche Aspekte nicht oder nicht zutreffend behandelt oder von der Sache her vertretbare Gesichtspunkte nicht berücksichtigt (vgl Obermayer 69). 94 a

e) Allgemeine Bewertungsmaßstäbe. Die Bewertung von Prüfungsleistungen stellt eine Abwägungsentscheidung (Abwägung der Vorzüge und Schwächen) auf Grundlage einer vollständigen Kenntnisnahme der Prüfungsleistung dar. Bei dieser Entscheidung muss sich der Prüfer an allgemeine Bewertungsgrundsätze und -maßstäbe sowie ggfs an Bewertungsrichtlinien halten, anderenfalls liegt ein Fehler vor. So ist es zB ein allgemeiner Bewertungsgrundsatz für Prüfungen, dass vertretbar und mit gewichtigen Argumenten **folgerichtig begründete Lösungen nicht als falsch gewertet** werden dürfen.[191] Als allgemeiner Bewertungsmaßstab für Prüfungen ist wohl auch der Satz anzusehen, dass bei einer „falschen Weichenstellung" in einer Prüfungsarbeit **folgerichtige Ersatzausführungen** vom Prüfer berücksichtigt und als positiv bewertet werden müssen (VGH Mannheim BWVBl 1989, 390). Entsprechendes gilt auch sonst für Hilfsüberlegungen („Hilfsgutachten"), die zwar bei der vertretenen zutreffenden Lösung nicht mehr notwendig wären, bei einer vertretbaren anderen Hauptlösung aber erforderlich wären. Offen ist, ob der Satz, dass grobe Fehler bei den Fragen oder Antworten im Rahmen von multiple-choice (Antwort-Wahl-Verfahren)-Prüfungen durch Ant- 95

---

[189] „Antwortspielraum" des Prüflings, vgl BVerfGE 84, 55; BVerwGE 91, 266; OVG Münster DVBl 1992, 1052; VG Oldenburg NVwZ 1993, 329: mehrdeutige Fragen, die mehrere Lösungen zulassen, dürfen nicht zu Lasten des Prüflings gehen; Kopp BayVBl 1990, 205: es ist fehlerhaft, wenn bei unklarer Aufgabenstellung ein vertretbares Verständnis der Aufgabe nicht oder als falsch bewertet wird; offen insoweit BVerfG 80, 46 = DVBl 1989, 869; BVerwG DVBl 1991, 961; vgl auch Niehues NJW 1991, 3001: volle Nachprüfung, ob eine Aufgabe mehrdeutig, unverständlich oder unlösbar ist; **aA** Türk BayVBl 1991, 328.

[190] BVerfG 84, 34, 55, 59 = NJW 1991, 2005, 2008: angemessener Antwortspielraum; BVerwGE 91, 266 = NVwZ 1993, 677; 92, 134 = NVwZ 1993, 689.

[191] BVerfG 84, 55, 59; BVerwG NVwZ 1993, 677 = DVBl 1993, 56; NJW 1993, 342; Seebass NJW 1992, 615; **aA** insoweit, aber nunmehr als überholt anzusehen, die ältere Rspr.

wort-Gutschriften ausgeglichen werden können, ein allgemeiner Bewertungsgrundsatz ist.[192]

96 **aa) Kontrolle der Richtigkeit.** Zur fachwissenschaftlichen Beurteilung, ob eine Antwort richtig, falsch oder vertretbar ist, muss das Gericht ggf Sachverständige zuziehen.[193] Insoweit besteht kein Bewertungsspielraum; das Gericht hat vielmehr eine vollständige Kontrolle der Prüfungsentscheidung vorzunehmen.

97 **bb) Kontrolle der Bewertung.** Nur auf die Vertretbarkeit hin nachprüfbar sind bei Prüfungsentscheidungen, sofern sie substantiell und nachvollziehbar begründet sind (BVerfG 88, 60; BVerwG 91, 262, grundsätzlich **nur** die pädagogischen, rein **prüfungsspezifischen Wertungen** und Bewertungen der Prüfungsleistung, insb die Einschätzung des Schwierigkeitsgrades und der Angemessenheit der Prüfungsaufgabe bzw des in der Prüfung Verlangten und die Beurteilung, was an Kenntnissen, Fertigkeiten usw von den Kandidaten im Hinblick auf die Art der Ausbildung usw vernünftigerweise erwartet werden kann und ggf muss,[194] die Bewertung der Darstellung, Argumentation usw, die Gewichtung der einzelnen Prüfungsteile allein und im Zusammenhang der gesamten Prüfung (VGH Kassel DVBl 1995, 85). Dies gilt auch für die **Notengebung,** soweit sie im Hinblick auf die gezeigten Leistungen jedenfalls plausibel und vertretbar ist (VGH Kassel DVBl 1993, 85).

98 **f) Grundsatz der Chancengleichheit.** Bei Prüfungen ergeben sich auch aus dem Grundsatz der Chancengleichheit weitgehende Beschränkungen.[195] Folgerungen aus dem Grundsatz der Chancengleichheit sind zB, dass Prüfer grundsätzlich selbst aufgrund **vergleichbarer Prüfungen** oder aufgrund besonderer Kenntnisse und/oder Erfahrungen für die Abnahme der Prüfung, insb auch die Beurteilung der Prüfungsleistungen **hinreichend qualifiziert sind** (BVerwGE 95, 244 = NVwZ 1994, 1209; OVG Münster DVBl 1990, 545) und auch sonst für die Abnahme der Prüfung bzw die Bewertung der Prüfungsleistung geeignet sind; die vorgegebene **Prüfungszeit nicht** bewußt **wesentlich überschritten** wird;[196] dass den Prüflingen nicht wesentlich **unterschiedliche Vorbereitungszeiten** zur Verfügung stehen, weil sie zu wesentlich unterschiedlichen Zeiten vor der Prüfung von den Schwerpunktgebieten erfahren, denen die Prüfungsaufgaben entnommen

---

[192] Vgl BVerfG DVBl 1989, 868; allg zu Prüfungs- und Bewertungsgrundsätzen Niehues, Schul- und Prüfungsrecht Bd 2, Prüfungsrecht, 3. Aufl 1994, Rn 41 ff; ders NJW 1991, 3001; Hofmeyer, „Allgemein anerkannte Bewertungsgrundsätze" als schulrechtliche Beurteilungskriterien, 1988; Kopp JuS 1995, 468.

[193] BVerfG 84, 55 = NJW 1991, 2005; BVerwG NVwZ 1993, 687 – anders jedoch grundsätzlich bei juristischen Prüfungen.

[194] Vgl BVerfG 80, 24; 84, 45; 84, 72 = NJW 1991, 2008; s zur Frage des maßgeblichen „Bewertungsniveaus" aufgrund des Zwecks der Prüfung und der für die Bewertung maßgeblichen Notenskala Kopp JuS 1995, 468.

[195] BVerfG 79, 211 = JuS 1990, 1013 m Anm Hufen; 80, 1 = JuS 1990, 2014 m Anm Hufen; 84, 52 = NJW 1991, 2007; DÖV 1992, 884; BVerwGE 91, 273 = DVBl 1993, 503 = DÖV 1993, 480; 92, 137; NJW 1993, 3345; NVwZ 1993, 686; 1994, 486; BVerwGE 87, 261 = DVBl 1991, 383: Chancengleichheit nicht verletzt, wenn anderen bei der mündlichen Prüfung die Ergebnisse der schriftlichen Prüfung schon bekannt waren; BVerwG NVwZ 1992, 1199: nicht verletzt, wenn bei einer Prüfung auch ein gleichgestellter ausländischer Prüfer mitwirkt; BVerwGE 91, 273 = NJW 1993, 482; 92, 145 = NJW 1993, 484: Chancengleichheit verlangt, daß, wenn eine Neubewertung der Prüfungsarbeit, insb aufgrund substantiierter Einwendungen des Prüflings erforderlich wird, sie grundsätzlich durch die ursprünglichen Prüfer erfolgen muß; NVwZ 1993, 683, 686, 688 und 689; NVwZ 1994, 486: durch Lärmstörung verletzt; BVerfG 84, 34, 55 = NJW 1991, 2005; 84, 59 = NJW 1991, 2008: verletzt, wenn als richtig oder vertretbare Antworten nicht als richtig oder vertretbar gewertet werden; DVBl 1994, 1363; VGH Mannheim DVBl 1990, 546: Grundsatz der Wettbewerbsgleichheit .

[196] Vgl VGH Mannheim DVBl 1992, 1055 zu einer von vornherein beabsichtigten Überschreitung der Prüfungszeit von über 60% .

werden (OVG Bremen DÖV 1990, 442); dass, soweit aufgrund der Prüfung eine allgemeine Qualifikation erworben wird, das **Schwierigkeitsniveau der Prüfung** sich nicht ohne dass dafür hinreichende Gründe bestehen, wesentlich von dem vorangegangenen oder nachfolgenden Prüfungen unterscheidet; dass nicht einzelne Prüflinge oder Gruppen von Prüflingen bei der Bewertung ihrer Leistungen bevorzugt werden;[197] dass in Fällen bestehender **Prüfungshandicaps,** zB bei körperlichen Mängeln, und bei Störungen der Prüfung ein angemessener Ausgleich durch Gewährung zusätzlicher Prüfungszeit, Erlaubnis der Benutzung besonderer Hilfsmittel usw, Berücksichtigung bei der Bewertung (OVG Schleswig SchlHA 1994, 79) gewährt wird;[198] dass, wenn Rauchen im Prüfungssaal erlaubt wird, **für Nichtraucher ein eigener Prüfungsraum** zur Verfügung gestellt wird (**aA** BVerwG NVwZ 1988, 692), dass, soweit der Zweck der Prüfung nicht entgegensteht, auf mangelnde Beherrschung der deutschen Sprache Rücksicht genommen wird (**aA** OVG Münster NJW 1991, 2588).

g) Fairneß im Prüfungsverfahren. Weitere Beschränkungen für Beurteilungen insb, jedoch nicht ausschließlich bei Prüfungen ergeben sich auch zB aus dem Grundsatz der Fairneß bei Prüfungen;[199] dem **Gebot der Sachlichkeit** bei Prüfungen als Folgerung aus dem Rechtsstaatsprinzip, dem Gebot der Chancengleichheit und dem Fairneßgrundsatz,[200] das zB auch verletzt wird durch Äußerungen des Prüfers oder sonstiges **unangemessenes Prüferverhalten,** durch das der Prüfling einer psychologischen Belastung ausgesetzt wird, die das Bild seiner Leistungsfähigkeit verfälschen und dadurch die Chancen des Prüflings mindern können (vgl Streinz/Hammerl JuS 1993, 665 mwN); ebenso bei **Befangenheit des Prüfers;**[201] außerdem auch aus sonstigen allgemeinen Prüfungs- und Bewertungsgrundsätzen.[202] Grundsätzlich nicht zu berücksichtigen sind bei der Bewertung von Prüfungsleistungen Mängel der zur Prüfung vorbereitenden Ausbildung (BVerwG NVwZ 1994, 188); dies gilt allerdings nur, wenn bzw soweit von den Prüflingen erwartet werden kann, dass sie sich die erforderlichen Kenntnisse und Fertigkeiten auf andere Weise erwerben (vgl Kopp JuS 1995, 469). Außerdem aber ist der Durchschnitt der Prüfungsleistungen im Regelfall idR zugleich ein Indiz dafür, was und welche Leistungen erwartet werden können. 99

3. Das verwaltungsinterne Kontrollverfahren. Zur effektiven Geltendmachung von Einwendungen gegen nach § 114 VwGO von den Gerichten nicht weiter überprüfbare Beurteilungen ist ein „Vor"- bzw „Nachverfahren" erforder- 100

---

[197] BVerwG NVwZ 1984, 307 = DÖV 1984, 809: verboten ist nicht nur Benachteiligung, sondern auch Bevorzugung von Kandidaten, da sie auch diese idR für die Nichtbevorzugten erfolgsmindernd auswirkt.

[198] BVerfG NJW 1993, 917 = NVwZ 1993, 452 sowie BVerwGE 65, 323 = DVBl 1991, 56 und 94, 64 = NJW 1994, 2633 zur Beeinträchtigung durch Lärmstörung und zum Anspruch auf Zeitausgleich; BVerwG DVBl 1989, 381; NVwZ 1984, 247 = DVBl 1984, 493; NVwZ 1984, 308; 1987, 593; 1994, 486; DVBl 1987, 1223; OVG Münster DVBl 1992, 1055; VGH Mannheim NVwZ 1994, 578.

[199] BVerwGE 92, 132; 55, 355 = NJW 1978, 2408: Verletzung durch spöttische oder in anderer Weise verletzende Kommentierung von Prüfungsleistungen während der Prüfung durch den Prüfer; 70, 143 = NVwZ 1985, 187; 78, 55 = NVwZ 1987, 978; OVG Münster NVwZ 1988, 458; DVBl 1992, 1053.

[200] BVerwGE 55, 358; 70, 145 = DVBl 1985, 61; 92, 135; BVerwG DVBl 1987, 1223; DÖV 1983, 817; OVG Münster NVwZ 1988, 458; VGH Mannheim DVBl 1990, 945 = VBlBW 1990, 473; Streinz/Hammerl JuS 1993, 665; Wagner DVBl 1993, 184.

[201] BVerwGE 92, 135 = NVwZ 1993, 682: Verletzung des Gebots der Sachlichkeit, wenn der Prüfer die Prüfungsleistung nicht mit innerer Distanz und frei von Emotionen zur Kenntnis nimmt; BVerwGE 93, 50.

[202] Vgl BVerwGE 8, 272; 57, 130; 61, 210: „Schreibversehen" dürfen nicht zum Nachteil des Kandidaten gewertet werden; BVerwGE 70, 145; 73, 378; BVerwG NVwZ 1985, 187; DÖV 1979, 413; 1982, 943; BVerfG DVBl 1980, 481; s auch oben Rn 61.

lich.[203] Zum Erfordernis besonderer verfahrensrechtlicher Vorkehrungen und ihrer Einhaltung, wenn die besondere Struktur eines Verwaltungsverfahrens oder die Art der zu treffenden Entcheidungen – wie dies zB bei sog Multiple-Choice-(Antwort-Wahl-) Prüfungen der Fall ist – die Gefahr typischer und absehbarer Fehler mit sich bringt, sowie ggf. zum Anspruch der Betroffenen auf Fehlerausgleich, wenn der Sache nach die Möglichkeit eines Ausgleichs besteht, zB durch Unbeachtetlassen der fehlerhaften Prüfungsfragen und der gegebenen Antworten (BVerfG 84, 73). Zum Rechtsschutz und zur reformatio in peius § 79 Rn 26; Schlette, DÖV 2002, 816.

101 Der Umstand, dass kein Anspruch auf umfassende gerichtliche Kontrolle des VA hins der Beurteilung durch die Behörde besteht, schließt nicht aus, dass diese von Amts wegen oder auf **Gegenvorstellungen der Betroffenen** hin ihre Beurteilung nochmals überprüft und ggf den VA zugunsten des Betroffenen ändert.[204] Wenn bzgl einer Angelegenheit, hins deren der Behörde ein Beurteilungsspielraum zukommt, den Betroffenen kein weiteres Verfahren, insb kein Widerspruchsverfahren gem §§ 68 ff zur Verfügung steht, in dem sie ihre Einwände gegen die von der Behörde zur Ausfüllung des Beurteilungsspielraums getroffenen Erwägungen und Abwägungen wirksam geltend machen können und eine nochmalige Überprüfung hins der der gerichtlichen Nachprüfung entzogenen Gesichtspunkte erreichen können, muss die Behörde ihnen dazu jedenfalls zu entsprechenden Gegenvorstellungen wirksam Gelegenheit geben.[205]

VII. Planungsermessen

102 **1. Der planerische Gestaltungsspielraum.** Die überkommene Unterscheidung von Spielräumen auf der Tatbestandsebene (Beurteilungsspielraum) und auf der Rechtsfolgenseite (Ermessen) versagt bei der Einordnung des planerischen Gestaltungsspielraums, weil Planungsermächtigung insoweit keine Konditionalstruktur, sondern eine Finalstruktur aufweisen. Zwar ist der planerische Gestaltungsspielraum erst eröffnet, wenn die Voraussetzungen des jeweiligen Fachplanungsgesetzes erfüllt sind, die Planungsentscheidung kann aber nicht als schlichte Rechtsfolgenentscheidung begriffen werden.[206]

102 a **2. Die Planungsermächtigung.** Für die Aufstellung von Plänen, insbesondere der räumlichen Fachplanung, für den Erlass von Planfeststellungsbeschlüssen (§§ 72 ff) usw räumt der Gesetzgeber der zuständigen Behörde typischerweise ein Planungsermessen bzw einen planerischen Gestaltungsspielraum ein. Dies muss nicht notwendig ausdrücklich geschehen. Es entspricht vielmehr allg Ansicht, dass mit der Planung notwendig ein Planungsspielraum verbunden sein muss, weil Planung ohne planerischen Gestaltungsspielraum ein Widerspruch in sich wäre (so die Formulierung seit BVerwGE 34, 301, 304; 48, 56, 59; 56, 110, 116). So besteht ein planerischer Gestaltungsspielraum zB immer dann, wenn ein Fachplanungsgesetz den Erlass eines Planfeststellungsbeschlusses vorsieht, ferner aber auch bei Plänen der Raumordnung unabhängig von ihrer Rechtsnatur (Erbguth/Schoeneberg, Raumordnungs- und Landesplanungsrecht, 2. Aufl 1992, Rn 80, 185).

103 **3. Die Planungsentscheidung.** Eine einheitliche Rechtsnatur von Planungsentscheidungen gibt es nicht. Sie können in der Form eines Gesetzes (BVerfG

---

[203] BVerfG 84, 55 und BVerwGE 91, 266; 92, 136; dazu Müller-Franken VerwArch 2001, 507; Schlette DÖV 2002, 816.

[204] BVerfG 84, 45 = NJW 1991, 2005; BVerwGE 91, 274; 92, 136; BVerwG DVBl 1988, 584; Muckel NVwZ 1992, 348; Kopp JuS 1990, 945.

[205] Vgl BVerfG 84, 45 = NJW 1991, 2005; BVerwGE 91, 274; 92, 136 – sämtliche Entscheidungen betreffen Prüfungsverfahren; s auch § 79 Rn 10.

[206] S hierzu näher Koch VerwArch 1997, 9, 22; Bartlsperger in: Erbguth (Hg), Abwägung im Recht, 1996, 79 ff.

95, 1 – Stendhal; krit Repkewitz VerwArch 1997, 153), einer Rechtsverordnung, Satzung (vgl § 10 BauGB), eines VA oder eines Verwaltungsinternum ergehen. Im Rahmen des VwVfG geht es im wesentlichen um **Planfeststellungsbeschlüsse** nach §§ 72 ff, die in der Rechtsform von VAen bzw Allgemeinverfügungen erlassen werden. Voraussetzung für ihren Erlass ist, dass eine **Ermächtigung in einem Fachplanungsgesetz** (zB § 17 FStrG; § 20 AEG; § 28 PBefG; § 8 LuftVG; § 31 Abs 2 KrW-/AbfG) besteht. Diese Ermächtigungen eröffnen der zuständigen Behörde einen planerischen Gestaltungsspielraum, der jede Planungsentscheidung auszeichnet. Das bedeutet indessen nicht, dass sich Planentscheidungen nicht an das geltende Recht halten müssen.[207] Soweit nicht ausnahmsweise (wie zB in § 38 BauGB) etwas anderes geregelt ist, müssen alle strikten gesetzlichen Vorgaben eingehalten werden. Erst in diesem Rahmen eröffnet sich der planerische Gestaltungsspielraum. Anders als bei der Bauleitplanung hat sich die Planfeststellung aber auf die mit dem Antrag vorgelegten Pläne zu beziehen, eigene Gestaltungsmöglichkeiten hat die Planfeststellungsbehörde kaum (vgl § 72 Rn 12).

4. Die Plankontrolle. a) Allgemeines. Wie bereits dargelegt (vgl Rn 23), 104 weisen Ermessen, Beurteilungsspielraum und planerischer Gestaltungsspielraum im Hinblick auf ihre Orientierung an Ermächtigungszwecken eine einheitliche Struktur auf. Planungsakte sind deshalb grundsätzlich nach denselben Grundsätzen wie Ermessensentscheidungen (s oben Rn 59 ff) und die Auslegung und Anwendung unbestimmter Rechtsbegriffe (s oben Rn 86 ff) zu überprüfen. Die Rspr hat hierfür das planungsrechtliche **Abwägungsgebot** entwickelt. Geboten ist eine gerechte Abwägung aller von der Planung berührten öffentlichen und privaten Belange gegen- und untereinander[208] nach Maßgabe des **Grundsatzes der Konflikt- und Problembewältigung.**[209] Danach ist es Aufgabe der gerichtlichen Planungskontrolle, zunächst festzustellen, ob eine ausreichende Planrechtfertigung besteht, sodann zu untersuchen, ob der rechtliche Rahmen für die Planung eingehalten wurde, und schließlich zu prüfen, ob den Erfordernissen des Abwägungsgebots ausreichend Rechnung getragen wurde.

b) Die Planrechtfertigung. Ein Gebot der Planrechtfertigung enthalten die 105 Fachplanungsgesetze nicht ausdrücklich. Die Rspr hat dieses im Bereich der Bauleitplanung aus § 1 Abs 3 BauGB folgende Gebot gleichwohl auf die Fachplanung übertragen. Jede Planung muss danach durch die Ziele der Ermächtigung grundsätzlich als solche gerechtfertigt werden.[210] Nicht erforderlich ist, dass das Vorhaben zur Verwirklichung der Ziele des Fachplanungsgesetzes zwingend erforderlich ist, ausreichend ist, dass das Vorhaben **„vernünftigerweise geboten"** ist. Wesen und Funktion der Planrechtfertigung als einer eigenständigen Prüfungskategorie sind streitig, weil eine endgültige Rechtfertigung der Planung immer erst möglich

---

[207] Zur Unterscheidung formeller und materieller Konzentrationswirkung s näher § 74 Rn 11 ff.

[208] BVerwGE 34, 309; 38, 63; 41, 77; 45, 314; 48, 63; 52, 343; 56, 123; 57, 301; 58, 156; 59, 256; 61, 301 mwN. Das Abwägungsgebot gilt für jede Planung unabhängig von einer positivrechtlichen Normierung; BVerwGE 62, 349, 353; 64, 270; 67, 78 = NJW 1983, 2459; 69, 270; 72, 18; 75, 232 = NVwZ 1987, 578 = BayVBl 1987, 598; 77, 174; 81, 132, 147; BVerwG DVBl 1995, 242: durch den Grundsatz der Verhältnismäßigkeit geprägt; s näher BVerwGE 82, 249; 87, 342; 90, 100; BVerwG UPR 1989, 273; 1993, 235; NVwZ 1985, 198; DVBl 1982, 355; 1992, 1233; DÖV 1985, 790; 1995, 34; VGH Mannheim DVBl 1986, 365; NVwZ-RR 1993, 342 = VBlBW 1992, 428; VGH München BayVBl 1990, 149; Kühling/Herrmann, Fachplanungsrecht, 2000, Rn 174; Ramsauer DÖV 1981, 37; Heinze NVwZ 1986, 87; Knack § 74 Rn 92; Koch DVBl 1983, 1125.

[209] BVerwGE 48, 68; 51, 27; 56, 116; 57, 300; 61, 304; 69, 34; 87, 341; 90, 99; BayVBl 1984, 343; UPR 1984, 166; DVBl 1987, 1274; VGH Mannheim NVwZ-RR 1993, 342 = VBlBW 1992, 428; Sendler WuV 1985, 211; Gaentzsch DVBl 1985, 35.

[210] Vgl BVerwGE 45, 309, 312; 48, 56, 60; 56, 110, 118; 85, 44, 50; OVG Hamburg NordÖR 1998, 33; ausführlich Ramsauer/Bieback NVwZ 2002, 277.

ist, wenn aufgrund der Abwägungsentscheidung das Vorhaben in seiner konkreten Gestalt feststeht (s hierzu § 74 Rn 31).

106 Die Planrechtfertigung muss sich grundsätzlich an den **Zielen der jeweiligen Fachplanungskompetenz** orientieren. Eie neue Verkehrsstrecke ist danach vernünftigerweise nur geboten, wenn mit einem entsprechenden Bedarf zu rechnen ist. Das bedeutet aber nicht, dass bei der Ausgestaltung im einzelnen die Hauptziele eines Fachplanungsgesetzes stets ausschlaggebend sein müssten (so offenbar aber OVG Hamburg NordÖR 1998, 33 m Anm Laskowski); vielmehr richtet sich die konkrete Ausgestaltung, insbes die Trassenführung, allein nach dem Abwägungsgebot bzw den Planungsleitsätzen.

107 **c) Beachtung des rechtlichen Rahmens für die Planung.** Jede Planung muss sich an den vorgegebenen rechtlichen Rahmen halten. Grundsätzlich muss auch eine Planungsentscheidung sämtliche rechtlichen Bestimmungen beachten, die auch sonst für das Verwaltungshandeln gelten. Die in § 75 Abs 1 geregelte (formelle) **Konzentrationswirkung** macht zwar weitere Zulassungs- oder Genehmigungsentscheidungen entbehrlich, stellt aber nicht von der Beachtung des materiellen Rechts frei (s § 75 Rn 7 b). Nur soweit Planungen ausdrücklich von der Beachtung strikten Rechts freigestellt worden sind, kann darauf verzichtet werden (vgl zB § 38 BauGB für qualifizierte Fachplanungen). Soweit bestimmte Vorschriften strikt zu beachten sind, spricht man auch von **Planungsleitsätzen** (s hierzu § 74 Rn 40).

108 **d) Beachtung des Abwägungsgebots.** Alle Planungsentscheidungen unterliegen den Anforderungen des Abwägungsgebots, unabhängig davon, ob dies ausdrücklich gesetzlich normiert ist oder nicht (vgl BVerwGE 64, 270; BVerwG DVBl 1981, 933). Das planerische Abwägungsgebot hat in seinem Kern Verfassungsrang und kann deshalb insoweit auch nicht eingeschränkt oder gar abgeschafft werden (vgl näher § 74 Rn 50). Das Abwägungsgebot stellt Anforderungen sowohl an die Planung als Vorgang **(Abwägungsvorgang)** als auch an das Planungsergebnis, also den fertigen Plan **(Abwägungsergebnis).** Das Verhältnis von Abwägungsvorgang und Abwägungsergebnis ist in der Literatur umstritten (s hierzu näher § 74 Rn 74). Der Streit ist allerdings wenig fruchtbar, weil er sich praktisch kaum auswirken kann. Im Zuge der allgemein durch das GenBeschlG in § 75 Abs 1 a eingeführten Einschränkung der Plankontrolle, wonach Fehler im Abwägungsvorgang nur noch beachtlich sind, wenn sie sich auf das Abwägungsergebnis ausgewirkt haben (können), dürfte sich der Streit weitgehend erledigt haben, weil damit geklärt ist, dass das gesamte Prüfungsprogramm des Abwägungsgebots jedenfalls zunächst auf den Abwägungsvorgang zu beziehen ist, dass aber dabei auftretende Fehler nur insoweit zur Rechtswidrigkeit der Planung führen, als dieser Fehler seinen Niederschlag in der Planung selbst gefunden hat oder jedenfalls gefunden haben kann (vgl § 75 Rn 15). Das Abwägungsgebot ist verletzt, wenn entweder eine Abwägung gar nicht stattfindet (Abwägungsausfall) oder wenn nicht sämtliche Gesichtspunkte berücksichtigt werden, die „nach Lage der Dinge" in die Abwägung einzubeziehen sind (Abwägungsdefizit), wenn das Gewicht der einzelnen Belange verkannt wird (Abwägungsfehleinschätzung) oder wenn die Abwägung in einer Weise vorgenommen wird, die zum tatsächlichen Gewicht der berührten Belange außer Verhältnis steht (Abwägungsdisproportionalität).

109 **5. Elemente des Abwägungsgebots. a) Abwägungsausfall** liegt vor, wenn die Behörde überhaupt **keine Planungsentscheidung** unter Abwägung der nach dem Zweck der Ermächtigung zu berücksichtigenden öffentlichen und privaten Belange trifft bzw getroffen und dabei die gebotenen Abwägungen vorgenommen hat (vgl BVerwGE 45, 316 = NJW 1975, 70: Planung fehlerhaft, wenn die Behörde ihre Freiheit zur Berücksichtigung aller einschlägigen Belange vorweg durch Absprachen über die weitere Verfahrensgestaltung rechtswidrig eingeschränkt hat;

BVerwGE 75, 230 = NVwZ 1987, 578; BVerwG NVwZ 1993, 571: Planung fehlerhaft, wenn die Planungsbehörde sich zu Unrecht an die Vorstellungen eines anderen Planungsträgers gebunden glaubte; s auch BVerwG NVwZ 1992, 1203). Dass die Behörde ihrer Entscheidung über das Vorhaben schließlich die Planvorlagen des Antragstellers ganz oder teilweise zugrundelegt und feststellt, begründet allein noch keinen Abwägungsausfall. Vielmehr liegt es im Wesen der Planfeststellung, dass sich die Entscheidung der Planfeststellungsbehörde auf die mit dem Antrag vorgelegten Pläne bezieht. Modifizierungen dieser Pläne sind nur insoweit zulässig, als sie sich durch Nebenbestimmungen sicherstellen lassen.

b) Abwägungsdefizit. Ein Abwägungsdefizit liegt vor, wenn die Zusammenstellung des Abwägungsmaterials fehlerhaft vorgenommen wurde. Hier ist zu prüfen, ob die Behörde bei ihrer Planungsentscheidung von **zutreffenden und vollständigen Voraussetzungen** bzw Vorgaben ausgeht bzw ausgegangen ist (vgl OVG Lüneburg NVwZ-RR 1993, 345), zB, wegen der unterschiedlichen Auswirkungen der Einstufung auf die betroffenen privaten Belange bei der Planfeststellung für eine Straße von einer zutreffenden Einstufung der Straße als Orts-, Staats- oder Bundesstraße. Weiter ist zu prüfen, ob die Behörde alle die für ihre Entscheidung maßgeblichen **wesentlichen Belange bzw Interessen** (vgl BVerwG DVBl 1995, 238; 1979, 877; 1982, 302; Bauer JuS 1990, 11 mwN) rechtlich zutreffend und vollständig erkannt und vollständig ermittelt (BVerwGE 90, 47) und festgestellt hat;[211] ob die Behörde bei ihrer Planung bzw Plangenehmigung alle betroffenen Belange, die nach Lage der Dinge zu berücksichtigen sind bzw waren – einschließlich sich bietender planerischer Alternativen (BVerwGE 69, 273; 81, 136 mwN; BVerwG NVwZ 1992, 1203; ferner § 74 Rn 53), in die von ihr vorzunehmende Abwägung eingestellt und gewürdigt hat[212] und andererseits auch **keine sachfremden Belange,** Interessen oder Gesichtspunkte berücksichtigt bzw berücksichtigt hat, als solche, die mit dem Zweck der vorliegenden Planung und den damit zu lösenden Problemen unmittelbar nichts zu tun haben. Problematisch ist in diesem Zusammenhang die Frage, wie weit die **Aufklärungspflicht der zuständigen Behörde** geht. Grundsätzlich kann sie sich darauf beschränken, diejenigen Fragen aufzuklären, die sich nach Lage der Dinge bei dem konkreten Vorhaben vernünftigerweise jedem Fachmann stellen; ferner jene, auf die sie im Rahmen des Verwaltungsverfahrens rechtzeitig hingewiesen worden ist, oder die auf andere Weise während des Verfahrens zutage treten. Gesichtspunkte dagegen, von denen nach Lage der Dinge nur die Betroffenen selbst Kenntnis haben, muss die Behörde nicht von sich aus näher untersuchen. 110

c) Abwägungsfehleinschätzung. Es ist zwar schwierig, die Abwägungsfehleinschätzung in der Praxis von der Abwägungsdisproportionalität klar abzugrenzen. Gleichwohl stellt die Abwägungsfehleinschätzung eine eigenständige Kontrollstufe dar. Die Planungsbehörde muss nämlich bei der Zusammenstellung des Abwägungsmaterials nicht nur die Gesichtspunkte als solche erkennen, sondern auch ihr Gewicht als solches, dh unabhängig von einem Vergleich mit anderen Belangen, und ihre Reichweite richtig beurteilen. Ist dies nicht der Fall, so führt dies zur Fehlerhaftigkeit der Planung. Zu prüfen ist hier, ob die Behörde **das Gewicht** und die Bedeutung der einzelnen betroffenen öffentlichen und privaten Belange **verkennt bzw verkannt** hat (vgl zB BVerwGE 48, 56 = NJW 1975, 1373; 111

---

[211] VGH München DVBl 1990, 150; Ibler JuS 1990, 8 und 10 mwN; zT **aA** Hoppe DVBl 1977, 140; ders, in: Menger-FS 1985, 778; Hoppe/Beckmann DVBl 1987, 1250; Kügel, Der Planfeststellungsbeschluß und seine Anfechtung, 1985, 144.

[212] BVerwGE 48, 56 = NJW 1975, 1373; 77, 133; 87, 341; BVerwG NVwZ 1992, 1203: alles an Belangen in die Abwägung einzustellen, was nach Lage der Dinge eingestellt werden muß.

VGH München BayVBl 1990, 150) oder mit sachgerechter Gewichtung in die Abwägung eingestellt hat (BVerwGE 85, 348 = NVwZ 1991, 364). Zu prüfen ist nur, ob einzelnen Belangen eine Bedeutung beigemessen wird, die zu der ihnen tatsächlich zukommenden Gewichtigkeit außer Verhältnis steht.[213]

112 **d) Abwägungsdisproportionalität.** Im Rahmen des Abwägungsgebots ist weiter zu prüfen, ob die Behörde alle betroffenen öffentlichen und privaten Belange[214] miteinander und gegeneinander unter Beachtung des Grundsatzes der Verhältnismäßigkeit abgewogen hat (BVerwGE 85, 348 = NVwZ 1991, 364; BVerwG DVBl 1995, 242; 1992, 1233; BVerwG UPR 1993, 235; Knack § 74 Rn 93) und den Ausgleich zwischen diesen Belangen nicht in einer Weise vorgenommen hat, die zur objektiven Gewichtigkeit der betroffenen Belange außer Verhältnis steht.[215] In diesem Rahmen ist auch zu prüfen, ob die Behörde bei der Abwägung der Belange zu einem für alle Betroffenen **zumutbaren Ergebnis** gelangt ist. Nicht erforderlich ist, dass die für die (schließlich festgesetzte bzw anerkannte, zB genehmigte) Planung sprechenden Gesichtspunkte eindeutig überwiegen (BVerwGE 75, 253); dies gilt auch im Verhältnis zu sich bietenden anderen **Planungsalternativen** (BVerwGE 69, 273; 71, 171; 75, 253; 81, 136). Die Gewichtung der einzelnen von der Planung betroffenen Belange unterliegt nur einer beschränkten gerichtlichen Kontrolle.[216] Überschritten ist der Planungsspielraum, wenn der Ausgleich zwischen den von der Planung berührten Belangen in einer Weise vorgenommen wurde, der zur objektiven Gewichtigkeit einzelner Belange außer Verhältnis steht.[217] Neben dem Prinip der Berhältnismäßigkeit ist die Einhaltung des planrechtlichen Gebots der Rücksichtnahme und des Gebots der Konfliktbewältigung zu prüfen. Das Vorhandensein von Planungsalternativen führt nur in engen Grenzen zur Rechtswidrigkeit der Planung.

113 **aa) Gebot der Rücksichtnahme.** In der Planung ist auf schutzwürdige Belange der von dem Vorhaben Betroffenen soweit als möglich Rücksicht zu nehmen. Insbesondere dürfen den Betroffenen keine unzumutbaren Nachteile entstehen (s hierzu ausführlich § 74 Rn 105 ff).

114 **bb) Gebot der Konfliktbewältigung.** Für alle Planungentscheidungen gilt das Gebot, dass die jeweilige Planung die durch sie hervorgerufenen Konflikte selbst durch Vorkehrungen bewältigen muss, soweit diese Bewältigung nicht

---

[213] München BayVBl 1990, 150 unter Bezugnahme auf BVerwGE 75, 251 = BayVBl 1987, 563, 598: das Gericht muß prüfen, ob die Behörde die Belange mit dem notwendigen Gewicht in der Abwägung eingestellt hat und ob etwaige Mängel sich auf das Ergebnis ausgewirkt haben können; zT **aA** für eine nur sehr beschränkte Prüfung Hoppe, in: Redeker-FS 1993, 386: Abwägung nur dann rechtsfehlerhaft, wenn die Behörde dabei die objektive Gewichtung der betroffenen Belange völlig verfehlt hat.

[214] BVerwG DVBl 1995, 238, 244; vgl dazu auch VGH Mannheim NJW 1984, 1701: Berücksichtigung der betroffenen privaten Belange auch dann, wenn das Gesetz, aufgrund dessen die Planung erfolgt, dies nicht ausdrücklich umschreibt.

[215] Vgl BVerwGE 34, 309; 48, 58; 56, 123; 59, 253; 62, 340; 64, 270 = NVwZ 1982, 437; 71, 171 = NJW 1986, 80; 75, 237, 245 = DVBl 1987, 573; 87, 341; BVerwG NVwZ 1992, 1203; VGH München BayVBl 1981, 18; 1984, 628; VGH Mannheim NJW 1984, 1701; NVwZ-RR 1993, 342 – unter Einhaltung der Grenzen der ihr obliegenden Gewichtung –; Theuersbacher NVwZ 1993, 632; Redeker, in: Scupin-FS 1983, 874; zur Verteidigungsplanung auch BVerwGE 58, 85; 62, 112.

[216] Vgl BVerwGE 34, 301; 59, 253; 75, 253; BVerwG UPR 1989, 273; VGH München DVBl 1990, 150; vgl auch BVerwG NVwZ 1982, 115: die bewertende Gewichtung der von der Planung betroffenen öffentlichen und privaten Belange ist ein wesentliches und für die Ausführung der Planungsaufgaben unerläßliches Element der planerischen Gestaltungsfreiheit, das als solches der verwaltungsgerichtlichen Kontrolle entzogen ist.

[217] BVerwGE 34, 309; 48, 56 = DVBl 1975, 713; 56, 122; 71, 171 = NJW 1986, 80; 75, 216 = DVBl 1987, 579; 75, 253; 81, 137; 87, 341; BVerwG DVBl 1992, 1026; OVG Koblenz NVwZ 1988, 371; VGH Mannheim NVwZ-RR 1993, 342.

abwägungsfehlerfrei einem nachfolgenden Verfahren überlassen werden darf. Dieses aus dem Recht der Bauleitplanung stammende Gebot[218] wurde jedenfalls im Grundsatz auch in das Fachplanungsrecht und damit in das Planungsfeststellungsverfahren übernommen.[219] Teilweise ist auch vom **Grundsatz der Problembewältigung** die Rede (BVerwGE 61, 307, 311; 80, 184, 188). Danach ist es abwägungsfehlerhaft, wenn für die durch die Planung hervorgerufenen Probleme keine Lösungen in der Planung selbst gefunden werden und diese stattdessen in der Hoffnung auf später nachfolgende Verfahren oder Steuerungsmöglichkeiten unbewältigt bleiben. Dies gilt jedenfalls dann, wenn die Möglichkeit einer Bewältigung in der Planung selbst besteht und spätere Steuerungsmöglichkeiten den erforderlichen Schutz für betroffene Belange nicht oder nur eingeschränkt bieten können.

cc) Planungsalternativen. Das Abwägungsgebot stellt der Planfeststellungsbehörde zwar eine Optimierungsaufgabe. Ob aber tatsächlich die beste Lösung gefunden worden ist, unterliegt nicht der gerichtlichen Kontrolle. Ein Plan ist erst dann fehlerhaft, wenn sich der Behörde eine andere Lösung, zB ein anderer Standort für das geplante Vorhaben, als „offensichtlich" besser geeignet aufdrängen musste (BVerwGE 75, 237); nach der Rspr sollen mögliche **Alternativlösungen** nur dann berücksichtigt werden müssen, wenn sie sich aufdrängen oder **zumindest naheliegen** (vgl BVerwG NVwZ-RR 1989, 458 = UPR 1989, 273; VGH Mannheim NVwZ-RR 1993, 342). Entsprechendes gilt für einzelne Voraussetzungen von VAen, die auf Planungen aufbauen, zB für die Planfeststellung für eine Straße, soweit dem verkehrsmäßigen Aufschließungsbedarf landesplanerische Vorgaben zugrundegelegt werden (BVerwG NVwZ 1990, 862 mwN). 114 a

6. Folgen von Planungsfehlern. Fehler eines Planfeststellungsbeschlusses führen nur in engen Grenzen zur Rechtswidrigkeit einer Planungsentscheidung, außerdem können nicht alle rechtswidrigen Planungsentscheidungen von den Betroffenen mit Erfolg angefochten werden. Durch eine Fülle komplizierter Regelungen über die Unbeachtlichkeit von Planungsfehlern und ein differenziertes Reaktionsinstrumentarium ist das Fehlerfolgenrecht bei Planungsentscheidungen recht unübersichtlich geworden.[220] 115

a) Heilung von Planungsfehlern. Grundsätzlich kommt auch bei Planentscheidungen eine Heilung von Planungsfehlern in Betracht. Allerdings stellt sich bei Planungsverfahren wegen ihres besonderen Entwicklungscharakters, bei dem einzelne Fragen im Rahmen eines längeren Planungsprozesses abgeschichtet werden, die Frage, ob ein Fehler, der in einer frühen Phase aufgetreten ist, nur durch Nachholung bzw Wiederholung des gesamten Planungsprozesses an oder durch eine bloße Nachholung des korrekten Teilaktes geheilt werden kann (s hierzu näher § 75 Rn 18). 116

b) Unbeachtlichkeit von Fehlern. Unerheblich sind nach der durch das GenBeschlG eingeführten Regelung des § 75 Abs 1 a Mängel im Vorgang der Planung bzw Abwägung, die sich auf das Ergebnis (Abwägungsergebnis) **nicht ausgewirkt haben können** (s bereits BVerwGE 75, 251 = BayVBl 1987, 563, 598; VGH München BayVBl 1990, 150). **Soweit Mängel nicht die Planung als ganze berühren,** dh sich auf die Grundstruktur des gesamten Vorhabens ausgewirkt haben können, ist die Planung nur insoweit – in den Teilen – aufzuheben, als die in Frage stehenden Gesichtspunkte betroffen sind, bzw, wenn insoweit 117

---

[218] Vgl zB Berlin DVBl 1984, 147; BVerwGE 34, 67, 334, 338; 47, 144, 155; 69, 30; Weyreuther BauR 1975, 1, 5.

[219] Vgl Sendler, WiVerw 1985, 211; vgl auch Groh, Konfliktbewältigung im Bauplanungsrecht, 1988, 63.

[220] Vgl näher Hoppe DVBl 1996, 12; Ossenbühl DVBl 1995, 904; Bonk NVwZ 1997, 320; Bracher DVBl 1997, 625; Hatje DÖV 1997, 477; Schenke NJW 1997, 81.

Spruchreife gegeben ist (vgl Kopp/Schenke § 113 Rn 193), nach § 113 Abs 5 S 1 VwGO zu der konkret gebotenen rechtlichen Ergänzung zu verpflichten.[221] Die Verfassungsgerichte berücksichtigen Planungsmängel grundsätzlich nur, wenn die Feststellungen und Überlegungen der Behörde offensichtlich fehlerhaft oder eindeutig widerlegbar oder aber verfassungswidrig sind.[222] Zur Möglichkeit von Verbänden, ohne eigene Rechtsverletzung Planfeststellungsbeschlüsse anzugreifen **(Verbandsklage)** s § 73 Rn 53ff.

118 **c) Berufung auf Planungsfehler.** Auch im Falle einer objektiv rechtswidrigen Planung hat eine gegen einen Planfeststellungsbeschluss gerichtete Anfechtungsklage nicht ohne weiteres Erfolg. Letzterer setzt vielmehr voraus, dass die objektiv rechtswidrige Planung **Rechte des Klägers verletzt.** Gerade bei der Anfechtung von Planfeststellungsbeschlüssen durch betroffene Dritte führt aber nicht jede objektive Rechtsverletzung auch zu einer Verletzung subjektiver öffentlicher Rechte. Vielmehr ist insoweit danach zu differenzieren, ob der Kläger von einer enteignungsrechtlichen Vorwirkung des Planfeststellungsbeschlusses betroffen wird (**qualifizierte Betroffenheit,** vgl § 75 Rn 12) oder nur in einem abwägungserheblichen Belang (**schlichte Betroffenheit,** vgl § 75 Rn 15). Nur der qualifiziert Betroffene kann sämtliche Fehler eines Planfeststellungsbeschlusses rügen, der schlicht Betroffene nur diejenigen Vorschriften, die speziell seinem Schutz dienen (BVerwGE 48, 56, 66; 67, 74; 72, 15; 74, 109; OVG Koblenz ZUR 1995, 146; krit hierzu Ramsauer, DÖV 1981, 37).

119 **d) Aufhebung oder Planergänzung?** Wird ein Fehler nicht geheilt und ist er auch nicht unbeachtlich, so stellt sich die Frage, ob er zur Aufhebung des Plans führen kann oder lediglich zu einer Feststellung seiner Rechtswidrigkeit bzw zu einem Anspruch auf Planergänzung. **IdR wird nur ein Anspruch auf Planergänzung** gem § 75 Abs 1a in Betracht kommen. Anderes gilt nur dann, wenn die Ergänzung nicht ohne eine Veränderung der **Grundzüge der Planung** möglich ist (s näher § 75 Rn 18).

§ 41 Bekanntgabe des Verwaltungsaktes

(1) **Ein Verwaltungsakt ist demjenigen Beteiligten bekannt zu geben, für den er bestimmt ist oder der von ihm betroffen wird.[29] Ist ein Bevollmächtigter bestellt, so kann die Bekanntgabe ihm gegenüber vorgenommen werden.[38]**

(2) **Ein schriftlicher Verwaltungsakt gilt bei der Übermittlung durch die Post im Inland am dritten Tage nach der Aufgabe zur Post, ein Verwaltungsakt, der elektronisch übermittelt wird, am dritten Tage nach der Absendung als bekannt gegeben.[44] Dies gilt nicht, wenn der Verwaltungsakt nicht oder zu einem späteren Zeitpunkt zugegangen ist; im Zweifel hat die Behörde den Zugang des Verwaltungsaktes und den Zeitpunkt des Zugangs nachzuweisen[45].**

(3) **Ein Verwaltungsakt darf öffentlich bekannt gegeben werden, wenn dies durch Rechtsvorschrift zugelassen ist[47]. Eine Allgemeinverfügung darf auch dann öffentlich bekannt gegeben werden, wenn eine Bekanntgabe an die Beteiligten untunlich ist.[48]**

(4) **Die öffentliche Bekanntgabe eines schriftlichen oder elektronischen Verwaltungsaktes wird dadurch bewirkt, dass sein verfügender Teil ortsüblich bekanntgemacht wird[51]. In der ortsüblichen Bekanntmachung ist**

---

[221] BVerwGE 41, 180; 51, 27; 56, 133; Geislinger BayVBl 1994, 73; s dazu auch Kopp/Schenke § 42 Rn 32.

[222] Vgl zB BVerfG DVBl 1990, 419; NWVBl 1991, 313; s dazu Hoppe, in: Redeker-FS 1993, 385.

anzugeben, wo der Verwaltungsakt und seine Begründung eingesehen werden können.[55] **Der Verwaltungsakt gilt zwei Wochen nach der ortsüblichen Bekanntmachung als bekannt gegeben.**[56] **In einer Allgemeinverfügung kann ein hiervon abweichender Tag, jedoch frühestens der auf die Bekanntmachung folgende Tag bestimmt werden.**

(5) **Vorschriften über die Bekanntgabe eines Verwaltungsaktes mittels Zustellung bleiben unberührt.**[58]

Parallelvorschriften: § 37 SGB X; § 122 AO; s a die VwZGe des Bundes und der Länder

Schrifttum allgemein: *Blümel,* Öffentliche Bekanntmachung von VA in Massenverfahren, VerwArch 1982, 5; *Bundesminister der Finanzen,* Bekanntgabe von schriftlichen VAen, Schreiben v 18. 8. 1986 – IV A 5–0284–20/86, NVwZ 1987, 874, 1058 ff; *Cremer,* Bekanntgabe des VA an einen nach § 16 VwVfG bestellten Vertreter, Vr 1988, 383; *Drescher,* Der übergangene Bevollmächtigte – Bekanntgabe eines VA an den Betroffenen selbst trotz Bestellung eines Verfahrensbevollmächtigten?, NVwZ 1988, 680; *Füßer,* Fristablauf der Widerspruchsfrist bei Bekanntgabe der Baugenehmigung an Drittbetroffene, LKV 1996, 314; *Großmann,* Die Bekanntgabe von Steuerverwaltungsakten, DStR 1986, 598; *Gusy,* Die ladungsfähige Anschrift des Obdachlosen – VGH Kassel NJW 1990, 138 –, JuS 1992, 28; *Herwig,* Zugang und Zustellung in elektronischen Medien, MMR 2001, 145; *Hundt-Eßwein,* Bekanntgabe von schriftlichen Verwaltungsakten, BB 1986, 2027; *Karst/Otten,* Zur Bekanntgabe von VAen an die GmbH im Konkurs, NVwZ 1994, 979; *Kopp,* Gesetzliche Regelungen zur Bewältigung von Massenverfahren, DVBl 1980, 320; *ders,* Die Beteiligung des Bürgers an Massenverfahren, in: Fröhler-FS 1980, 231; *Niehues,* Die Bekanntgabe dinglicher VAe, DVBl 1982, 377; *Nothnagel,* Die Bekanntgabe von VAen im Steuerrechtsverhältnis, Diss Köln 1983; *Preißer,* Die Bekanntgabe von VAen gegenüber Ehegatten: Ein Problem des öffentlichen Rechts?, NVwZ 1987, 867; *Schenkewitz/Fink,* Die außergerichtlichen Rechtsbehelfsfristen im Steuerrecht und im allgemeien Verwaltungsrecht, BB 1996, 2117; *Rail,* Bekanntgabe von VAen nach § 41 Abs 2 VwVfG und nach § 4 Abs 1 VwZG, BayVBl 1986, 389; *Skouris,* Die amtliche Bekanntgabe als Wirksamkeitsvoraussetzung empfangsbedürftiger VAe, VerwA 1974, 264; *Siegmund-Schulze,* Die Bekanntgabe von Verwaltungsakten mit mehreren Betroffenen, DVBl 1966, 247.

Speziell zur Zustellung: *Allesch,* Zustellungsmängel und Wirksamkeit von VAen, NVwZ 1993, 544; *Bambey,* Massenverfahren und Individualzustellung, DVBl 1984, 374; *Drescher,* Beweisfragen bei der Behauptung des Nichtzugangs eines mittels einfachen Briefs übersandten VA (§ 41 II VwVfG), NVwZ 1987, 771; *Ebnet,* Die Entwicklung des Telefaxrechts seit 1992, JZ 1996, 507; *Fischer,* Die Zustellung im Verfahrensrecht, JuS 1994, 416, 510; *Langohr,* Ist die Zustellung des Widerspruchsbescheids an den Bevollmächtigten zwingend?, DÖV 1987, 138; *Pape/Notthoff,* prozeßrechtliche Probleme bei der Verwendung von Telefax, NJW 1996, 417; *Nies,* Zustellungsreformgesetz – Ein Überblick über das neue Recht, MDR 2002, 69; *Melullis,* Zum Regelungsbedarf bei der elektronischen Willenserklärung, MDR 1994, 109; *Petersen,* Zustellung und Bekanntgabe von Beitragsbescheiden an Personenmehrheiten, KStZ 1988, 41; *Redeker,* Der elektronisch übermittelte VA, NVwZ 1986, 545; *Schwachheim,* Zugangsfiktion (§ 10 II AsylVfG) und behördliche Belehrung: Eine kritische Betrachtung der jüngsten Rspr des BVerfG, NVwZ 1994, 970; *Schwarz,* Kein Zugang bei Annahmeverweigerung des Empfangsboten?, NJW 1994, 891; *Steiner/Steiner,* Beweisprobleme durch das neue Zustellungsreformgesetz, insbes aus verwaltungsverfahrens- und prozessrechtlicher Sicht, NVwZ 2002, 437; *Zoller,* Die Mikro-, Foto- und Telekopie im Zivilprozeß, NJW 1993, 429.

Übersicht

I. Allgemeines

1. Inhalt. Die Vorschrift schreibt in Abs 1 die Bekanntgabe des VA an bestimmte Beteiligte (Adressaten und sonstige Betroffene) vor. Die Bekanntgabe ist nicht nur Pflicht der Behörde, sondern nach § 43 Abs 1 S 1 auch Voraussetzung für das Wirksamwerden eines VA; sie wird dadurch zu einem zentralen Erfordernis des Verwaltungsverfahrens. Erst mit der Bekanntgabe an zumindest einen Betroffenen wird der VA **existent,** er ist bis dahin ein bloßes Internum (Knack 5). Vom Existentwerden des VA ist das Wirksamwerden zu unterscheiden, das jedem Beteiligten gegenüber erst mit der Bekanntgabe an ihn ausgelöst wird (**äußere Wirksamkeit,** vgl § 43 Rn 5). Die Bekanntgabe des VA ist außer für die Wirksamkeit gegen oder zugunsten des betroffenen Bürgers vor allem auch für den Lauf der Widerspruchsfrist von Bedeutung (s §§ 70 und 74 VwGO). 1

Eine Definition der Bekanntgabe enthält das VwVfG nicht; § 41 enthält in den Abs 2–5 lediglich eine Reihe unvollständiger Regelungen über die Art und Weise der Bekanntgabe und den Zeitpunkt, zu dem die Bekanntgabe bewirkt ist. Auch das Verhältnis der Bekanntgabe zu dem zivilrechtlichen **Begriff des Zugangs** (§ 130 BGB) ist nicht geregelt (vgl Rn 7 c); für die spezialgesetzlich geregelten **Zustellung** (vgl VwZG sowie die entspr Vorschriften der Länder) wird in Abs 5 nur klargestellt, dass die Vorschriften über die Bekanntgabe durch Zustellung unberührt bleiben. Abs 2 wurde durch das 3. VwVfÄndG neu gefasst. Dabei wurde der Zeitpunkt der Bekanntgabe elektronisch übermittelter VAe geregelt (vgl Rn 16).

2. Verfassungsrechtliche Gesichtspunkte. Der in Abs 1 aufgestellte Grundsatz, dass VAe an die Beteiligten, für die sie bestimmt sind, sowie an sonstige Betroffene bekanntzugeben sind und **erst mit der Bekanntgabe Wirksamkeit erlangen,**[1] ist eine Folge des Rechtsstaatsprinzips und der Rechtsschutzgarantie des Art 19 Abs 4 GG (BVerwG NJW 1984, 189: bei VAen muss die Bekanntgabeart den Erfordernissen, die sich aus Art 19 Abs 4 GG ergeben, genügen) und entspricht der bereits vor Inkrafttreten des VwVfG hM.[2] Eine geheime Verwaltung, die ihre Entscheidungen den Betroffenen nicht mitteilt, wäre mit den Grundprinzipien des GG nicht vereinbar. Das schließt allerdings 2

---

[1] Vgl BFH NVwZ 1994, 207; VGH Mannheim NVwZ-RR 1993, 359; OVG Münster NVwZ 1992, 991.

[2] Vgl BVerwGE 13, 1; BVerwG Buchh 448.0 § 21 WPflG Nr 22 S 10; BGHZ 4, 20; VRspr 6, 342; BFH 147, 205 = NVwZ 1987, 632; BayObLG BayVBl 1978, 771; Skouris VerwArch 1974, 272 ff; F 239; M 105.

nicht aus, dass in bestimmten sachlich begründeten Fällen die Bekanntgabe ausnahmsweise nachträglich erfolgen kann, wenn ein Gesetz dies vorsieht (vgl § 5 G10).

3 **3. Anwendungsbereich. a) Unmittelbare Anwendbarkeit.** § 41 gilt unmittelbar nur für die Bekanntgabe von VAen, dh von verfahrensabschließenden Sachentscheidungen wie auch von verfahrensrechtlichen VAen (zB der Beiladung gem § 13 Abs 1 Nr 4, Abs 2) im Geltungsbereich des VwVfG. Die Verwaltungsverfahrensgesetze der Länder enthalten im wesentlichen gleichlautende Regelungen; einzelne Abweichungen bestehen hinsichtlich der Regelungen in Abs 2–5. Die Vorschrift bezieht sich unmittelbar nur auf den **verfügenden bzw feststellenden Teil** des VA, nicht auf Begründung und Rechtsmittelbelehrung (so auch StBS 3 b).

4 **b) Analoge Anwendbarkeit.** Die Regelungen gelten entsprechend für **Zusicherungen** nach § 38, soweit diese nicht ohnehin als VAe angesehen werden (s § 38 Rn 2), ebenso für die **Anordnung der sofortigen Vollziehbarkeit** gem § 80 Abs 2 Nr 4 VwGO (StBS 3 d). Zweifelhaft ist, ob die Vorschrift, soweit keine besonderen Rechtsvorschriften bestehen, analog auch auf bloße Verfahrensanordnungen und auf behördliche Willenserklärungen, zB auf die Kündigung eines öffentlichrechtlichen Vertrages anzuwenden ist. Die Frage ist nur für **selbständig anfechtbare Maßnahmen** im Verwaltungsverfahren zu bejahen, im übrigen aber zu verneinen (BVerwGE 71, 72). Das Rechtsstaatsprinzip fordert eine Bekanntgabe unselbständiger Verfahrenshandlungen grundsätzlich nur insoweit, als dies Voraussetzung für die ausreichende Gewährung rechtlichen Gehörs oder des verwaltungsgerichtlichen Rechtsschutzes ist. Soweit es um **behördliche Willenserklärungen** geht, müssen sie entspr § 130 BGB dem Empfänger zugehen; neben den besonderen Voraussetzungen des **Zuganges** (s Rn 7 c) müssen die besonderen Voraussetzungen einer Bekanntgabe nicht erfüllt sein (StBS 3, **aA** Kluth NVwZ 1990, 612).

5 Als **Ausdruck allgemeiner Rechtsgrundsätze** sind **Abs 1** und die entspr Vorschriften des Landesrechts über die **Verpflichtung zur Bekanntgabe** von VAen sinngemäß auch auf VAe anwendbar, für die die Bekanntgabe nicht ausdrücklich vorgeschrieben ist. Dagegen sind **Abs 2–4** wegen ihres speziellen Charakters grundsätzlich auf andere Fälle **nicht analog anwendbar.** Sie enthalten zwar Regelungen, die sich an auch sonst übliche Vorschriften in den Verwaltungszustellungsgesetzen und in anderen Gesetzen anlehnen; die entsprechenden Festlegungen bedürfen aber, da sie Rechte des Bürger berühren, einer ausdrücklichen rechtssatzmäßigen Anordnung. Bei Fehlen ausdrücklicher Regelungen über die Bekanntgabe eines VA sind deshalb allein die allgemeinen **Grundsätze über den Zugang** von Willenserklärungen entspr § 130 BGB (s Rn 7 c) maßgeblich.[3]

6 **c) Speziellere Regelungen.** Soweit das Fachrecht für die Bekanntgabe speziellere Regelungen enthält, gehen denen des § 41 vor. Keine Anwendung findet die Vorschrift deshalb dann, wenn Rechtsvorschriften die **Zustellung** des VA vorschreiben. In diesen Fällen richtet sich die Bekanntgabe allein nach den abschließenden Regelungen des maßgeblichen VwZG (s hierzu näher Rn 58 ff). Sonderregelungen bestehen auch für das förmliche Verfahren (§ 69) oder das **Planfeststellungsverfahren** (§ 74 Abs 4, 5), ferner für das **Asylverfahren** (§§ 10, 31 AsylVfG); sowie für **Verkehrszeichen,** die mit der Aufstellung bekanntgemacht werden (Sichtbarkeitsprinzip, vgl BVerwGE 97, 214, 220; BVerwG NJW 1996, 3027). S zu Verkehrszeichen näher Rn 49.

---

[3] VGH München UPR 2001, 38; OVG Bautzen SächsVBl 1999, 162; StBS 3 a.

II. Das Institut der Bekanntgabe

1. Begriff der Bekanntgabe. Das VwVfG gibt selbst keine Definition des Begriffs der Bekanntgabe eines VA, knüpft aber offensichtlich auch an § 37 Abs 2 an, der bestimmt, dass VAe schriftlich, elektronisch, mündlich oder in anderer Weise erlassen werden. Aus § 41 und anderen Bestimmungen (zB § 69 Abs 2) ergibt sich, dass in Übereinstimmung mit der schon vor Inkrafttreten des VwVfG hM (BVerwGE 22, 14; 29, 329) unter **Bekanntgabe** die **Eröffnung des VA,** dh der Tatsache des Ergehens und des Inhalts des VA, mit Wissen und Willen der Behörde, die den VA erlässt,[4] dh eines für die Behörde handelnden Amtsträgers nach den dafür maßgeblichen Rechtsvorschriften zu verstehen ist. 7

a) Bekanntgabewille. aa) Gezielte individuelle Bekanntgabe. Für alle Formen der Bekanntgabe, die sich letztlich stets auf die Art und Weise der Eröffnung des VA gegenüber dem Betroffenn beziehen, gilt, dass ein Bekanntgabewille der Behörde gegeben sein muss, der sich auf die Bekanntgabe gerade dem einzelnen Betroffenen gegenüber beziehen muss. Lediglich **zufälliges Bekanntwerden** der Tatsache, dass ein VA ergangen ist, oder auch des Inhalts des VA, **genügt nicht;**[5] ebenso nicht eine Mitteilung ohne Wissen und Willen der Behörde, die den VA erlässt, von dritter Seite, zB durch einen andern Beteiligten oder eine nicht dafür zuständige oder jedenfalls nicht mit Wissen und Willen der den VA erlassenden Behörde handelnde Behörde,[6] **ebenso nicht** lediglich „private" Mitteilungen (WBS II § 48 Rn 23; UL § 53 Rn 4) oder **private Kenntniserlangung.** Nicht ausreichend ist auch die Bekanntgabe eines Entwurfs des VA, auch dann, wenn der später erlassene VA mit diesem identisch ist (StBS 8). Dies gilt auch für die telefonische Vorabmitteilung des Inhalts eines schriftlich zu erlassenden VA. Dieser ist erst mit der Bekanntgabe des schriftlichen Exemplars wirksam bekanntgegeben. Gleiches gilt für die **informatorische Übermittlung** des VA per Telefax vorab (OVG Hamburg NJW 1997, 2616; StBS 39). Der zunächst, zB bei abschließender Zeichnung einer Aktenverfügung zu einem Bescheid vorhandene **Bekanntgabewille kann wieder aufgehoben werden,** allerdings nur bis zu dem Zeitpunkt, zu dem der Bescheid den Bereich der Behörde verlässt (BFH NVwZ 2001, 599). Zur Unwirksamkeit der Bekanntgabe und damit des Bescheids führt die Aufgabe des Bekanntgabewillens jedoch nur, wenn diese klar und eindeutig dokumentiert worden ist (BFH NVwZ 1990, 104). Fehlt es tatsächlich an einem Bekanntgabewillen, was von der Behörde zu beweisen wäre, ist eine wirksame Bekanntgabe nicht erfolgt (**aA** wohl StBS 6 a: Empfängerhorizont maßgeblich). 7 a

bb) Maßgeblicher Behördenvertreter. Für den Bekanntgabewillen kommt es auf den Willen eines für die Behörde zeichnungsbefugten Organwalters an. Das sind neben dem Leiter der Behörde (bzw dem Leitungsgremium) und seinen vertretern diejenigen, denen zur Vertretung der Behörde nach außen hin Vertretungsmacht (Zeichnungsbefugnis) übertragen worden ist **(Amtswalter).** Ob ein zur Vertretung der Behöre nach außen berechtigter Amtswalter für den konkreten VA zuständig ist, kann nicht entscheidend sein, weil die Zuständigkeitsverteilung innerhalb einer Behörde für den Adressaten idR nicht durchschaubar ist 7 b

---

[4] BVerwGE 22, 14; BVerwG DÖV 1991, 27 mwN; Buchh 340 § 9 VwZG Nr 12; BFH BStBl II 1975, 894; NVwZ 1994, 207; BayObLG BayVBl 1986, 186; VGH Mannheim NVwZ-RR 1993, 359; VG Köln NVwZ 1987, 83; UL § 53 Rn 4; Allesch NVwZ 1993, 545; StBS 4 f; zT **aA** offenbar BGH NVwZ 1990, 104: nur in Ausnahmefällen mangels Bekanntgabewillens unwirksam.

[5] BVerwGE 22, 14; BFH 147, 205 = NVwZ 1987, 632: versehentliche Absendung durch eine dazu nicht befugte Person genügt nicht; BayObLG BayVBl 1986, 186; VGH München NVwZ 1984, 184; 29, 321; StBS 4 c ff; MB 2; Erichsen/Ehlers § 38 Rn 21.

[6] BVerwG Buchholz 402 240 § 45 AuslG 1990 Nr 11; UL § 53 Rn 4; MB 2; Kopp/Schenke § 57 Rn 4.

(BVerwGE 26, 31, 36; ebenso StBS 11). Etwas anders gilt nur, wenn das Gesetz auf bestimmte Qualifizierungen des Organwalters abstellt. Auf das Dienstverhältnis oder die interne Geschäftsverteilung kommt es nicht an. Der **Amtsträger** muss aber nach seiner Stellung grundsätzlich zu einer Bekanntgabe befugt sein (BFH 132, 319 = NVwZ 1987, 632; StBS 11). Die Veranlassung der Bekanntgabe durch eine offensichtlich gänzlich dafür „unzuständige" Person, zB eine Raumpflegerin, die den Bescheid auf dem Schreibtisch findet und in den Postauslauf gibt, wäre unwirksam.

7 c **b) Zugang.** Die Bekanntgabe setzt unabhängig von der jeweiligen Form den Zugang des VA voraus. Zugang bedeutet entsprechend § 130 BGB, dass der VA derart in den Machtbereich des Adressaten gelangt sein muss, dass dieser bei gewöhnlichem Verlauf und unter normalen Umständen die **Möglichkeit der Kenntnisnahme** hat.[7] Der Zeitpunkt der hiernach maßgeblichen Möglichkeit der Kenntnisnahme ist für die verschiedenen Formen der Bekanntgabe unterschiedlich zu bestimmen (s unten Rn 13).

8 **c) Bekanntgabe durch und an Dritte.** Die Bekanntgabe eines VA muss nicht notwendig durch die den VA erlassende Behörde erfolgen; sie kann mit deren Wissen und Willen auch **durch Vermittlung einer anderen Behörde** oder auch eines Dritten geschehen.[8] Nicht erforderlich ist auch, dass die Behörde, die die Zustellung veranlasst oder vornimmt, zuständig ist.[9] **Unwirksam** dem Betroffenen gegenüber wäre auch **Bekanntgabe an Dritte,** die nicht Vertreter, Bevollmächtigte oder Empfangsboten des einzelnen Adressaten oder Betroffenen sind (VGH München NVwZ 1984, 184).

9 **2. Formen der Bekanntgabe.** Bekanntgabe ist ein Oberbegriff und erfasst **sämtliche Formen** zulässiger Eröffnung des VA gegenüber den Betroffenen, also sowohl die mündliche Mitteilung als auch die schriftliche Übersendung per Post, die elektronische Übermittlung (Abs 2) oder die öffentliche Bekanntgabe (Abs 3). Dies gilt auch für die **Zustellung,** bei der es sich nach Abs 5 um eine besonders formalisierte Art der Bekanntgabe handelt (s unten Rn 58 ff). Die Voraussetzungen einer wirksamen Zustellung sind in den VwZG jeweils abschließend geregelt. § 41 schreibt keine bestimmte Form der Bekanntgabe von VAen vor; anders § 69 Abs 2 und § 74 Abs 1 iVm § 69 Abs 2 für förmliche Verwaltungsverfahren bzw Planfeststellungsverfahren. Auch Abs 2–5 regeln nur einzelne Aspekte der Bekanntgabe von VAen in besonderen Fällen. Ähnliches gilt für die Sonderregelungen über die Bekanntgabe von VAen, vor allem in den sog. Massenverfahren (vgl zB § 69 Abs 2 S 2–5; 74 Abs 5).

10 **a) Formfreiheit der Bekanntgabe.** Soweit das VwVfG oder besondere Rechtsvorschriften **keine Bestimmungen** über die Bekanntgabe von VAen enthalten und auch keine Zustellung zu erfolgen hat, gilt der Grundsatz der Formfreiheit der Bekanntgabe. Nicht geregelt ist der (ebenfalls zulässige) Erlass von VAen mittels **Telegramm, Telefax** oder **Fernschreiben** sowie – soweit dies nach der Art der in Frage stehenden VAen in Betracht kommt – der **mündliche Erlass** von VAen und der Erlass von VAen in anderer Weise; ebenso nicht die Frage, welche Form der Bekanntgabe die Behörde im konkreten Fall zu wählen hat. Ist keine besondere Form der Bekanntgabe vorgeschrieben oder im Hinblick auf die Natur des VA oder die besonderen Umstände des Falles geboten, so kann (zB anstelle der mündlichen) auch eine **telefonische Bekanntgabe** an die Betroffenen bzw deren Bevollmächtigte ausreichen (WBS II § 48 Rn 27), grundsätzlich jedoch

---

[7] StBS 14; Knack 15; Maurer § 9 Rn 69.

[8] BVerwGE 39, 345; 436, 78; BFH NVwZ 1994, 207; Lorenz 278; MB 2; StBS 10.

[9] BVerwG DVBl 1984, 781: die Zustellung durch eine dafür nicht zuständige Behörde hat weder die Unwirksamkeit oder Anfechtbarkeit des VA noch die Unwirksamkeit der Zustellung zur Folge; ebenso StBS 10.

nicht an sonstige Personen, die die Mitteilung erst an die Betroffenen weitergeben sollen, auch nicht die Eröffnung des VA auf einen Anrufbeantworter (KG NJW 1990, 1804). Etwas anderes kann gelten, wenn die Verwendung des Anrufbeantworters zwischen der Behörde und dem Adressaten vereinbart worden ist (StBS § 37 Rn 39). Zu den Anforderungen an eine **elektronische Übermittlung** s § 37 Rn 2a. Zur Zustellung an **Obdachlose** ohne Wohnung vgl Gusy JuS 1992, 28 und Kopp/Schenke VwGO § 82 Rn 4.

b) Ermessen. Wenn und soweit durch Rechtsvorschriften nicht eine be- 11
stimmte Form der Bekanntgabe vorgeschrieben ist (zB Zustellung, vgl Erichsen AllgVR § 38 Rn 22) oder sich aus der Art des VA (vgl 37 Abs 2) nichts anderes ergibt, ist die Entscheidung über die Form der Bekanntgabe dem **Ermessen der Behörde** (§ 10) überlassen.[10] Die Bekanntgabe kann danach, je nach Art des bekanntzugebenden VA, durch Zustellung einer Ausfertigung des VA mit PZU, Aufgabe mit einfachem oder eingeschriebenem Brief, Aushändigung, durch elektronische Übermittlung, durch mündliche Verkündigung, uU sogar durch konkludentes Verhalten erfolgen. Die Behörde muss jedoch, sofern sie sich nicht besonderer gesetzlich geregelter Formen bedient oder die gesetzlichen Regelungen keine näheren Bestimmungen enthalten, entspr § 130 BGB jedenfalls eine Form wählen, die dem Adressaten oder sonstigen Betroffenen bzw deren Vertreter oder Bevollmächtigten hinreichende und angemessene **Gelegenheit zur Kenntnisnahme** gibt.[11] Wird der VA als Bescheid erlassen, so ist umstritten, ob grundsätzlich jeder Adressat in den Besitz einer Ausfertigung (Kopie reicht nicht aus) gelangen muss. Für die Zustellung ist dies stets notwendig, bei der Bekanntgabe wird dagegen teilweise vertreten, die Übermittlung eines an mehrere Adressaten gerichteten Sammelbescheides an einen von ihnen sei ausreichend, wenn davon ausgegangen werden könne, die übrigen würden die Möglichkeit der Kenntnisnahme und – bei schriftlichen Bescheiden – Mitbesitz erhalten.[12] Diese Auffassung überzeugt nicht, soweit nicht spezielle gesetzliche Vorschriften (zB § 10 Abs 3 AsylVfG) dies vorsehen.[13] Wählt die Behörde eine bestimmte Form der Bekanntgabe, zB die förmliche Zustellung des VA, so muss sie die dafür **gesetzlich vorgeschriebenen Förmlichkeiten beachten,** auch wenn sie berechtigt gewesen wäre, den VA statt in der gewählten Form auch formlos bekanntzugeben.[14] Die Verwendung einer bestimmten Formel bei der Bekanntgabe ist nicht erforderlich. Bekanntgabe ‚zur Kenntnis' ist an sich nicht korrekt, genügt jedoch; anders die **Zustellung lediglich einer Ablichtung** des VA ‚zur Kenntnis' (**aA** BFH II 1975, 894; VG Köln NVwZ 1987, 84).

c) Keine Ersatzbekanntgabe. Verschiedene Bestimmungen, so insb § 11 12
VwZG und die entsprechenden Bestimmungen der Verwaltungszustellungsgesetze der Länder sowie § 181 ZPO sehen im Interesse der Verwaltungsvereinfachung die Möglichkeit vor, dass, wenn ein Adressat nicht in seiner Wohnung angetroffen wird, das zuzustellende Schriftstück auch durch Übergabe an eine andere in der Wohnung oder im Haus angetroffene Person, durch die beurkundete Einlegung in den Briefkasten oder durch **Niederlegung bei der Post** gem § 3 VwZG iV nach § 182 ZPO wirksam zugestellt wird (Ersatzzustellung, s Rn 65 ff). Eine vergleich-

---

[10] BFH NJW 1990, 3231; Redeker NVwZ 1986, 547; StBS 25; Weides 10 III; Achterberg, Allg VerwR § 21 Rn 173; Behn SozVers 1981, 60; Drescher NVwZ 1988, 683; ebenso zum bis Recht BSG 21, 54; WBS I § 48 Rn 25; F 220; Lorenz 276.

[11] BFH NJW 1990, 3231 mwN; vdGK 3.3.4; vgl auch HessStGH NVwZ 1989, 1154; BVerwGE 26, 130 = NJW 1967, 1244; Kluth NVwZ 1990, 612.

[12] BVerwG NVwZ 1992, 565; VGH München BayVBl 1998, 404; nunmehr auch StBS 43 b.

[13] BFHE 143, 491 = NVwZ 1986, 156, 160; 207, 212; Preißler NVwZ 1987, 867.

[14] Koblenz DVBl 1983, 955; Schleswig DVBl 1993, 890; MB 33; TK 4 zu § 122 AO; UL § 53 Rn 9; Drescher NVwZ 1988, 683; für die AO ausdrücklich § 122 Abs 5 AO.

bare Ersatzbekanntmachung gibt es nicht. Hierfür besteht auch kein Bedürfnis, da für die Bekanntgabe die Übersendung ausreicht, sofern das Schriftstück in den Machtbereich des Empfängers gelangt (Rn 15). Die Übersendung eines VA an eine nicht mehr zutreffende Anschrift des Adressaten begründet allerdings auch dann keine wirksame Bekanntgabe, wenn die Anschrift noch im Melderegister geführt wird und möglicherweise ein Melderechtsverstoß gegeben ist (OVG Schleswig NVwZ 2002, 358).

13 **3. Zeitpunkt der Bekanntgabe.** Im Grundsatz ist die Bekanntgabe im Zeitpunkt des Zugangs (s Rn 7 c) als bewirkt anzusehen. Dieser Zeitpunkt lässt sich im gerichtlichen Verfahren häufig nur schwer feststellen. Der Zeitpunkt, in dem ein VA als im Rechtssinn bekanntgegeben anzusehen ist und gem §§ 41 Abs 1, 43 Abs 1 wirksam wird, ist deshalb für die schriftliche und elektronische Bekanntgabe teilweise durch **besondere Rechtsvorschriften** näher bestimmt. Vgl Abs 2 und Abs 4 S 3, ferner zB § 4 Abs 1 VwZG und die entspr Bestimmungen der Verwaltungszustellungsgesetze der Länder, für „Massen-VAe" auch zB § 69 Abs 2 S 4. Danach ist vielfach ein vom Zeitpunkts des tatsächlichen Zugangs abweichender Bekanntgabezeitpunkt als maßgeblich anzusehen. Für die mündliche Bekanntgabe enthält die Vorschrift dagegen keine Regelungen. Insoweit gelten die zivilrechtlichen Grundsätze über den Zugang von Willenserklärungen.

14 **a) Mündlicher VA** Die mündliche Bekanntgabe eines VA sowie die meisten Formen von in anderer Weise – etwa durch Handzeichen – erlassenen VAen, sind **nur Anwesenden gegenüber** möglich (vgl KG NJW 1990, 1804; ferner § 37 Rn 20). Die Mitteilung an einen Abwesenden, dass mündlich ein VA erlassen wurde, genügt nicht, ist im Regelfall aber selbst als (erstmaliger) Erlass des VA dem Betroffenen gegenüber anzusehen (vgl auch § 43 Rn 4 ff). Bei einer in einer mV zu Protokoll abgegeben Erklärung reicht die Übersendung der Sitzungsniederschrift aus (BVerwG, Beschl v. 5. 6. 1991 – juris). Zulässig ist auch die fernmündliche telefonische) Bekanntgabe. Umstritten, richtigerweise aber abzulehnen ist die Möglichkeit einer Bekanntgabe durch Mitteilung auf dem Anrufbeantworter oder einer Sprachbox, es sei denn, es ist entsprechendes vorher vereinbart worden.[15]

15 **b) Schriftlicher VA.** Für die Bekanntgabe eines schriftlichen VA gilt die Regelung des Abs 2, wonach ein durch die Post im Inland übermittelter VA mit dem **dritten Tag nach der Aufgabe zur Post** als bekannt gegeben gilt (s näher Rn 52 ff), Soweit Abs 2 nicht eingreift und auch sonst keine besonderen Vorschriften darüber bestehen, ist nicht der Zeitpunkt, in dem der Empfänger Kenntnis nimmt, maßgeblich, sondern analog § 130 BGB der Zeitpunkt, in dem das zuzustellende **Schriftstück in den Machtbereich des Empfängers gelangt** und bei gewöhnlichem Verlauf und normaler Gestaltung der Verhältnisse mit der Kenntnisnahme durch den Empfänger zu rechnen ist;[16] bei Einlegen in den Briefkasten bzw das Postfach der Zeitpunkt, zu dem normalerweise mit Leerung bzw Abholung gerechnet werden kann (VGH München BayVBl 1971, 427; VGH Kassel NJW 1968, 1979), wenn der Empfänger das Postfach am Wochenende üblicherweise leert oder hierzu verpflichtet ist (FG Stuttgart NVwZ 2002, 383). Dies gilt auch dann, wenn der Behörde bekannt ist, dass **der Adressat verreist** ist (BVerwG MDR 1977, 431; ähnlich zum Arbeitsrecht BAG NJW 1989, 606). Ist ein **Nachsendeantrag** gestellt, wird dieser jedoch nicht ausgeführt, so liegt keine ordnungsgemäße Bekanntgabe vor, wenn noch an die ursprüngliche Adresse zu-

---

[15] Vgl KG NJW 1990, 1803; VGH München BayVBl 2000, 149; ähnlich – auf vorherige Gestattung dieser Übermittlungsform abstellend – StBS 23 b.

[16] BVerwGE 10, 293; 13, 7; BVerwG Buchholz 316 § 41 VwVfG Nr 2; BFH BayVBl 1990, 699; BAG NJW 1984, 165; 1989, 606; OVG Schleswig NordÖR 2001, 353; VGH München BayVBl 1985, 154; Redeker NVwZ 1986, 548; Kopp/Schenke § 57 Rn 5 a; BGH LM Nr 2 zu § 130 BGB; BSG 25, 31; 27, 239; Kluth NVwZ 1990, 612.

gestellt wird (Offerhaus NJW 1978, 91). Zulässig ist grundsätzlich auch die Bekanntgabe eines schriftlichen VA durch die **Verwendung von Telefaxgeräten.** Voraussetzung hierfür ist aber, dass der Empfänger die Übermittlung durch Telefax zugelassen hat, was aber bei der Mitteilung einer Telefax-Nr auf dem Briefkopf usw regelmäßig anzunehmen ist. Übertragungsfehler gehen idR zu Lasten des Absenders, der im Zweifel auch die Bekanntgabe beweisen muss.[17] Die Telefax-Übermittlung muss mit **Bekanntgabewillen** erfolgen, die bloße Vorabinformation reicht nicht aus (OVG Hamburg NJW 1997, 2616).

c) Elektronische Bekanntgabe. Für den elektronisch übermittelten VA (s hierzu näher § 3a Rn 6) regelt Abs 2 nach der Neufassung des 3. VwVfÄndG den Zeitpunkt der Bekanntgabe in Anlehnung an die für schriftliche VAe geltende Dreitagesfrist. Danach gelten elektronisch übermittelte VAe als am dritten Tage nach der Absendung bekannt gegeben (s hierzu Rn 42ff). Voraussetzung für eine wirksame elektronische Bekanntgabe ist, dass der Empfänger hierfür einen Zugang eröffnet hat (§ 3a Abs 1) und das übermittelte Dokument auch in einer für ihn lesbaren Form öffnen kann (§ 3a Rn 7ff). 16

4. Wirkung der Bekanntgabe. a) Rechtliche Existenz. Vor der Bekanntgabe an zumindest einen Betroffenen ist ein VA noch nicht erlassen, dh liegt grundsätzlich überhaupt noch kein VA vor.[18] Teilweise wird demgegenüber angenommen, schon die Entäußerung (zB Aufgabe zur Post) bringe den VA zur Entstehung.[19] Auch die Bindung der Behörde an den VA tritt erst mit der Bekanntgabe an zumindest einen durch den VA Betroffenen ein; bis dahin kann die Behörde einen VA **jederzeit noch ändern** oder uU auch auf den Erlass des VA überhaupt verzichten. Mit der ersten Bekanntgabe an einen Betroffenen erlangt der VA formale Existenz (teilweise ungenau auch als äußere Wirksamkeit bezeichnet), und kann daher grundsätzlich von allen Personen, die davon in ihren Rechten betroffen werden, mit Rechtsbehelfen angegriffen werden, auch wenn die persönliche Bekanntgabe ihnen gegenüber noch aussteht.[20] Die Rechtsbehelfsfristen laufen allerdings erst mit individueller Bekanntgabe (Dehner BayVBl 1986, 665). 17

b) Äußere Wirksamkeit. Von der rechtlichen Existenz der VA ist die (äußere) Wirksamkeit gegenüber den einzelnen in ihren Rechten dadurch Betroffenen zu unterscheiden. Die Wirksamkeit eines VA gegenüber den (einzelnen) Betroffenen tritt grundsätzlich für den Adressaten des VA und die Einzelnen sonst durch den VA in ihren Rechten oder rechtlichen Interessen betroffenen Personen erst mit der ordnungsgemäßen **individuellen Bekanntgabe** an den jeweiligen Betroffenen. Erst zu diesem Zeitpunkt erlangt der VA dem Einzelnen gegenüber (äußere) Wirksamkeit ohne Rücksicht darauf, ob der VA an andere Betroffene bereits vorher bekanntgegeben wurde oder erst später bekanntgegeben wird. Grundsätzlich werden mit dem Eintreten der äußeren Wirksamkeit einem Betroffenen gegenüber für diesen auch die **Rechtsbehelfsfristen** bereits in Lauf gesetzt (vgl § 58 VwGO), sofern dafür nicht noch weitere Erfordernisse (zB eine ordnungsgemäße Rechtsbehelfsbelehrung) Voraussetzung sind. 18

---

[17] Vgl BFH NVwZ 1999, 220; StBS 21: Die bloße OK-Meldung auf der Absenderseite reicht zum Beweis nicht aus. Unterlässt der Empfänger die Herstellung eine Ausdrucks des übermittelten Schriftstücks, so kann darin eine Bekanntgabevereitelung liegen.

[18] OVG Münster NVwZ 1992, 991; VGH Kassel DVBl 1993, 617; VGH Mannheim NVwZ-RR 1993, 359; NVwZ 1994, 385; OVG Koblenz DVBl 1983, 955; VGH München BayVBl 1981, 242; StBS 2.

[19] Nach BFH 132, 219 = BStBl II 1981, 409 wird in diesem Fall ein VA uU auch vor der Bekanntgabe existent, jedoch noch nicht wirksam; BSG 15, 180; 21, 54; BGHZ 4, 19 mwN; BFH 147, 205 = NVwZ 1987, 632; NVwZ 1994, 98 = BStBl II 1993, 174 = Betrieb 1993, 259; UL § 53 Rn 2.

[20] BVerwGE 13, 7; BVerwG NJW 1983, 608; NVwZ 1994, 897; VG Bremen NVwZ 1994, 1236.

19 **c) Doppelte Bekanntgabe.** Wird ein VA einem Beteiligten nach erfolgter erster Bekanntgabe nochmals bekanntgegeben, auch zB etwa, weil die Behörde nicht sicher ist, ob die erste Bekanntgabe den Betroffenen erreicht hat, so ist die **zweite Bekanntgabe ohne rechtliche Bedeutung** und setzt deshalb insb auch Rechtsbehelfsfristen nicht erneut in Lauf (BVerwG DVBl 1979, 821; Knack 32); anders, wenn die frühere Bekanntgabe nicht wirksam erfolgt war. Entsprechendes gilt, wenn ein VA nacheinander einem Beteiligten oder Betroffenen und seinem Bevollmächtigten oder mehreren Bevollmächtigten eines Beteiligten oder Betroffenen bekanntgegeben wird (Knack 7). Auch in diesem Fall setzt die erste wirksame Bekanntgabe die Rechtsbehelfsfristen in Lauf. Der Erlass bindet die Behörde noch nicht, solange die Bekanntgabe an mindestens einen ersten Betroffenen noch nicht stattgefunden hat (s oben Rn 17).

20 **5. Begriff des Erlasses.** Von der Bekanntgabe eines VA iS von § 41 ist der Erlass eines VA zu unterscheiden. Der Begriff des Erlasses wird in einigen Vorschriften (zB § 9) verwendet, teilweise wird auch das Existentwerden des VA an den Erlass, nicht an die Bekanntgabe geknüpft (s oben Rn 17). Teilweise wird auch die Auffassung vertreten, mit dem Erlass des VA finde das Verwaltungsverfahren seinen Abschluss (zB UL § 53 Rn 1). Richtigerweise ist davon auszugehen, dass der Erlass des VA **verfahrensrechtlich keine Auswirkungen** hat. Er kann mit der Bekanntgabe zeitlich zusammenfallen, zB bei mündlich oder telefonisch bekanntgegebenen VAen, muss es jedoch nicht. Bei VAen, die durch Übersendung eines Schriftstücks, das den VA enthält, bekanntgegeben werden, ist der **Erlass des VA bereits mit der Aufgabe zur Post** oder mit dem Verlassen der Behörde auf andere Weise abgeschlossen (vgl BVerfG 63, 86; UL § 53 Rn 2), auch wenn die Bekanntgabe des VA erst dann mit Zugang der Sendung beim Adressaten erfolgt.

21 **6. Treuwidrige Vereitelung der Bekanntgabe.** Die Vorschriften über die Bekanntgabe eines VA als Voraussetzung der Wirksamkeit des VA und über die Zulässigkeit evtl Rechtsbehelfe gegen den VA werden durch die in der Rspr[21] entwickelten Grundsätze über die Verwirkung des Rechts zur Einlegung von Rechtsbehelfen ergänzt und zT modifiziert. Nach diesen Grundsätzen muss ein Betroffener, der vom Ergehen eines VA Kenntnis hat oder Kenntnis haben könnte und müßte, sich uU so behandeln lassen, als wäre ihm der VA ordnungsgemäß bekanntgegeben worden, auch wenn in Wirklichkeit keine ordnungsgemäße Bekanntgabe nach § 41 Abs 1, § 43 Abs 1 stattgefunden hat.[22] Die Bekanntgabe eines VA setzt, soweit gesetzlich nicht ausnahmsweise etwas anders bestimmt ist, grundsätzlich die Bereitschaft des Adressaten zur Entgegennahme und Kenntnisnahme nicht voraus. So ist ein Schreiben usw auch dann als zugegangen anzusehen, wenn der Empfänger einen ihm **zugegangenen Brief ungeöffnet liegen lässt** (UL § 53 Rn 6; MB 2; Skouris VerwArch 1974, 272; StBS 18), oder wenn er den **Zugang rechtsmissbräuchlich (treuwidrig) verhindert,** zB einen eingeschriebenen Brief, über den er durch einen Benachrichtigungszettel ordnungsgemäß (vgl VGH Kassel DVBl 1989, 894) informiert wurde, bei der Post nicht abholt, weil er mit einem bestimmten Inhalt rechnet, den er nicht zur Kenntnis nehmen möchte, usw[23] oder einen Empfangsboten veranlasst, eine Annahme zu verweigern (vgl

---

[21] Vgl BVerwGE 44, 214; BVerwG BayVBl 1987, 761; 1998, 693; NJW 1988, 839; NVwZ 1994, 897; OVG Hamburg NVwZ-RR 1993, 110; VGH München BayVBl 1991, 339; Knack 15.

[22] BVerwGE 44, 214 – BayVBl 1974, 475; 78, 89; BVerwG NJW 1988, 532; 1991, 1182; BayVBl 1994, 374; VGH Kassel NJW 1981, 2315; OVG Hamburg GewArch 1992, 300.

[23] Vgl BVerfG 25, 166; BayVerfGH VRspr 25, 528; OVG Münster MDR 1977, 1049; BGHZ NJW 1977, 200; BGHZ 67, 277 = NJW 1977, 194; NJW 1982, 2604; LSG NW NJW 1990, 407: Adressat muß sich so behandeln lassen, als wäre der Brief zugegangen; auch keine Wiedereinsetzung; **aA** Hermann DÖV 1970, 845 ff; vgl auch BGH NJW 1978, 426:

BAG NJW 1993, 1093; zT **aA** Schwarz NJW 1994, 891). Entsprechendes gilt grundsätzlich auch dann, wenn der Adressat Zustellungen usw dadurch verhindert, dass er unter **Verstoß gegen besondere gesetzliche Verpflichtungen** (vgl BVerwGE 85, 213 zur Pflicht nach § 24 Abs 6 WPflG, Wohnsitzwechsel zu melden) oder verkehrsübliche Gepflogenheiten ein Zugehen verhindert (vgl BGH NJW 1991, 109: unzureichende Empfangsadresse am Briefkasten).

7. Nachweis der Bekanntgabe. Besteht Streit über die Frage, ob ein bestimmter VA bekanntgegeben wurde, so trägt **im Zweifel die Behörde die Beweislast** für die Tatsache der (ordnungsgemäßen) Bekanntgabe.[24] Dies gilt auch für die Fälle des Abs 2, in denen der Zugang fingiert wird (s Rn 42ff), wenn berechtigte Zweifel bestehen (Rn 45). Die Behörde kann den Beweis mit allen nach § 26 zulässigen Beweismitteln führen und bei der Beweiswürdigung auch die Einlassungen des Adressaten und ihre Plausibilität sowie die Glaubwürdigkeit des Adressaten berücksichtigen.[25] Bei der Würdigung der Plausibilität spielt eine gewichtige Rolle, wie sehr das behauptete Geschehen von den üblichen Abläufen abweicht. 22

a) Substantiiertes Bestreiten. Führen die Ermittlungen, die von der Behörde auf der Grundlage von § 24 und § 26 durchzuführen hat, nicht zur Klärung des Sachverhalts (vgl BFH NVwZ 1990, 704), so muss die Behörde grundsätzlich dem Bürger Glauben schenken, wenn der Bürger **glaubhaft konkrete Tatsachen** vorträgt, wonach er den VA nicht oder erst zu einem späteren Zeitpunkt erhalten hat.[26] **Bloßes Bestreiten genügt nicht;** der Adressat muss vielmehr sein Vorbringen nach Lage des Einzelfalles derart substantiieren und glaubhaft machen, dass zumindest ernsthaft Zweifel am Zugang begründet werden.[27] Auch die bloße Erklärung des Empfängers, er habe die Mitteilung in seinem Postkasten nicht vorgefunden, genügt idR nicht und begründet auch keine Wiedereinsetzung (§ 32), weil es seine Sache ist, den Inhalt seines Briefkastens sorgfältig zu überprüfen. Das gilt insb dann, wenn er von einem Verfahren Kenntnis hat und deshalb mit der Zustellung einer Entscheidung rechnen muss (BayObLG MDR 1990, 346). 23

b) Wiederholung der Bekanntgabe. Ist es nicht möglich, die bestehenden Zweifel, ob der VA zugegangen ist, zu beseitigen, so bleibt nur die Möglichkeit, die Bekanntgabe des VA zu wiederholen (BayVerfGH VRspr 25, 529). Auch sonst ist im Zweifel die **nochmalige Bekanntgabe** bzw die Anerkennung des vom Betroffenen angegebenen Zugangszeitpunkts der einfachere und daher nach § 10 S 2 auch vorzuziehende Weg. Etwas anderes gilt, wenn es für Rechte Dritter oder aus anderen Gründen auf den Zeitpunkt der ersten – umstrittenen – Bekanntgabe besonders ankommt. Zu Zweifeln über den Zeitpunkt des Zugangs von zur Post 24

---

der Beginn einer Notfrist kann durch arglistige Vereitelung der Zustellung, die sie in Gang setzen soll, nicht herbeigeführt werden, denn der an der Zustellung Interessierte hat die Möglichkeit, gleichwohl gem § 186 ZPO ordnungsgemäß zuzustellen; ferner BSG NJW 1967, 598; OLG Celle NJW 1974; 138.

[24] BVerfG MDR 1977, 202; BFH NVwZ 1990, 704; NJW 1990, 465 = NVwZ 1990, 284; VGH Kassel DVBl 1993, 617: wenn Zugang nicht erweislich ist, ist der VA als nicht wirksam iS von § 43 anzusehen; OVG Münster KStZ 1995, 80; VG Bremen NVwZ 1994, 1236; Erichsen/Ehlers § 38 Rn 23; Klemm NVwZ 1989, 103 mwN.

[25] Vgl zu den an den Bürger ggf zu stellenden Fragen auch zB BFH NVwZ 1990, 704; zur Frage, ob der Empfänger bei behaupteter Divergenz zwischen dem Datum in den Akten und dem Datum des Freistempelaufdrucks uU den Briefumschlag vorlegen muß, auch BFH 134, 213 = BStBl II 1982, 102.

[26] BFH NJW 1976, 2040; VGH Mannheim NJW 1986, 210; VG Bremen NVwZ 1994, 1236: glaubhafter, substantiierter Vortrag eines Bescheidadressaten, daß er den ihm zugedachten Bescheid nicht bekommen hat, bewirkt Zweifel am Zugang iS des § 41 Abs 2, letzter Halbs.; Kopp/Schenke § 57 Rn 2; vgl auch BFH 134, 213 = BStBl II 1982, 102.

[27] VGH Mannheim NJW 1986, 210; VG Bremen NVwZ 1994, 1236; Klemm NVwZ 1989, 103 mwN.

aufgegebenen VAen s auch unten Rn 52ff, von elektronisch übermittelten VAen Redeker NVwZ 1986, 548.

25 **8. Rechtsfolgen fehlerhafter Bekanntgabe. a) Unwirksamkeit.** Die Bekanntgabe eines VA, die in anderer Form als dafür vorgeschrieben (zB mündliche Bekanntgabe statt vorgeschriebener Zustellung) vorgenommen wird oder die unter Verletzung wesentlicher Verfahrensvorschriften oder allgemeiner Rechtsgrundsätze erfolgt, ist grundsätzlich unwirksam und hat auch die **Unwirksamkeit des betroffenen VA dem Betroffenen gegenüber** zur Folge. Fehlt es an einer wirksamen Bekanntgabe überhaupt, dh ist auch anderen Personen gegenüber nicht wirksam bekanntgegeben worden, ist der betroffene VA ein bloßes **Verwaltungsinternum,** nicht ein nichtiger VA.[28]

26 **Fälle unwirksamer Bekanntgabe** sind zB die mündliche Eröffnung eines VA gegenüber nicht anwesenden Beteiligten (vgl oben Rn 14); fernmündliche Mitteilung eines VA, für den die Schriftform vorgeschrieben ist (vgl BSG 21, 54; Lorenz 276); fehlende Übereinstimmung der Ausfertigung mit der Urschrift; Zustellung außerhalb des Geltungsbereichs des GG unter Verletzung völkerrechtlicher Grundsätze, die Bekanntgabe an einen beschränkt Geschäftsfähigen statt an den gesetzlichen Vertreter;[29] die Bekanntgabe eines die Erben in ungeteilter Erbengemeinschaft betreffenden VA an die Erbengemeinschaft statt an die einzelnen Miterben; die Bekanntgabe einer gegen eine BGB-Gesellschaft ergangene Löschungsankündigung nach § 13 Abs 3 HandwO nur an den geschäftsführenden Gesellschafter statt an alle einzelnen Gesellschafter (VG Gießen NVwZ 1990, 412); die Bekanntgabe nur einer einzigen Ausfertigung an mehrere Adressaten.[30] Dies gilt auch dann, wenn die Art der Bekanntgabe, deren Erfordernisse nicht erfüllt wurden, nicht gesetzlich vorgeschrieben ist, sondern, zB förmliche Zustellung, nur zulässigerweise angeordnet worden war (VGH München BayVBl 1982, 630).

27 **b) Kein Lauf von Rechtsbehelfsfristen.** Sonstige, weniger schwere Verstöße berühren grundsätzlich die Existenz und Wirksamkeit des VA nicht, soweit gesetzlich nichts anderes vorgeschrieben ist;[31] sie haben jedoch zur Folge, dass Rechtsbehelfsfristen nicht in Lauf gesetzt werden (BVerwG NVwZ 1989, 1173; VGH Kassel NVwZ 1986, 179). UU haben die Betroffenen auch Anspruch auf **Wiedereinsetzung** gegen eine dadurch verursachte Fristversäumung, wenn sie ohne ihr Verschulden vom Ergehen des VA keine Kenntnis erlangt haben (§§ 60, 70 Abs 2 VwGO). **Keine Auswirkungen** auf die Wirksamkeit einer Bekanntgabe, auf den Lauf von Fristen usw haben **bloße Ungenauigkeiten, irrtümliche Bezeichnungen** uä, sofern sie nicht zur Folge haben, dass der Adressat auch bei verständiger Auslegung nicht zu erkennen vermag, wen oder was die Zustellung betrifft (BVerwG Buchh 310 § 102 VwGO Nr 6). Ohne Folgen ist auch die **Zustellung durch eine örtlich unzuständige** Behörde (BVerwG DVBl 1984, 781).

---

[28] BVerwG NVwZ 1987, 330; 1989, 1173; BFH BStBl II 1974, 367; Hamburg DVBl 1982, 218; München BayVBl 1982, 630; OVG Koblenz NVwZ 1987, 899; StBS 28; offenbar weniger streng BVerwG NVwZ 1992, 565; BGH NJW 1982, 189; VGH Kassel NVwZ 1986, 138: grundsätzlich nur die Folge, daß Rechtsbehelfsfristen nicht zu laufen beginnen; ebenso Knack 30; Allesch NVwZ 1993, 544 unter Bezugnahme auf BVerwG NVwZ 1992, 565; s auch Allesch BayVBl 1991, 653; für den Fall, daß der Adressat jedenfalls den VA nachweislich erhalten hat, auch BVerwG NVwZ 1989, 1173 und BFH 155, 472 = NJW 1989, 2496.

[29] OVG Hamburg DVBl 1982, 218; StBS 12: der VA wird rechtlich nicht existent; Heilung nur, wenn er an Empfangsberechtigten gelangt.

[30] VGH München BayVBl 1982, 630; **aA** Allesch NVwZ 1993, 544 zur Zustellung nur einer einzigen Ausfertigung an Ehegatten; vgl auch BVerwG NVwZ 1992, 565; VGH Mannheim NVwZ-RR 1992, 396.

[31] Vgl BVerwGE 25, 3; NVwZ 1989, 1173; BGH NJW 1982, 189; BSG NJW 1972, 2103; VGH Kassel NVwZ 1986, 138; vgl auch Kopp/Schenke § 56 Rn 12.

c) Heilungsmöglichkeiten. Die Heilung einer fehlgeschlagenen Bekanntgabe erfolgt grundsätzlich durch Nachholung der Bekanntgabe in ordnungsgemäßer Form. Eine rückwirkende Heilung ist aber nicht möglich (StBS 29). Eine Heilung erfolgt in entsprechender Anwendung der an sich für Zustellungen geltenden Vorschrift des § 9 Abs 1 VwZG bzw der entspr Vorschriften des Landesrechts. Danach ist der Bekanntgabemangel zu dem Zeitpunkt geheilt, zu dem der Empfangsberechtigte das zuzustellende Schriftstück **nachweislich erhalten hat.**[32] Der Mangel einer Bekanntgabe an eine nicht bevollmächtigte Person wird geheilt, wenn dieser Person nachträglich Vollmacht erteilt wird (BGH NJW 1980, 990). Zur Heilung einer unzulässigen öffentlichen Bekanntgabe eines VA s VGH Mannheim VBlBW 1991, 340. § 9 Abs 1 VwZG bzw die entsprechenden landesrechtlichen Vorschriften sind analog auch auf die mündliche oder telefonische Bekanntgabe anzuwenden. Sie gelten außerdem über den Wortlaut hinaus auch für sonstige Mängel der Bekanntgabe eines VA, nicht dagegen bei einer falschen Adressierung,[33] für eine Zustellung ohne die erforderliche Übergabe der Ausfertigung zum Alleinbesitz[34] oder für die Zustellung an einen nicht Verfahrenshandlungsfähigen (VGH München NJW 1984, 333, 926, 2845). **Umstritten** ist, ob Heilung anzunehmen ist, wenn ein zwingend dem Bevollmächtigten gegenüber bekannt zu gebender VA dem Beteiligten persönlich bekannt gegeben wird, der den VA an seinen Bevollmächtigten weiterreicht.[35] 28

III. Bekanntgabe an Beteiligte (Abs 1 S 1)

1. Bekanntgabe an „bestimmte" Beteiligte. Die **Bekanntgabe** erfolgt nach Abs 1 an die Beteiligten (§ 13), für die der VA bestimmt ist, dh die idS die **Adressaten** des VA sind, oder die von ihm entsprechend seinem Inhalt, dh der mit dem VA von der Behörde verfügten Regelung, „betroffen sind", genauer: in ihren Rechten betroffen werden, sobald der VA ihnen gegenüber gem § 43 wirksam wird **(sonstige Betroffene).** Dabei ist zu beachten, dass die Bekanntgabe an einen Adressaten oder Betroffenen noch nicht die Wirksamkeit des VA auch schon für die übrigen Beteiligten gem § 43 herbeiführt, sondern es insoweit erst noch der Bekanntgabe gem § 41 auch an diese bedarf.[36] Erst die Bekanntgabe an den einzelnen Beteiligten löst für diesen die Wirksamkeit des VA und ggfs Rechtsbehelfsfristen aus (Knack § 43 Rn 30). Das schließt jedoch nicht aus, dass alle Betroffenen **den VA anfechten** können, sobald der VA jedenfalls *einem* Beteiligten bekanntgegeben wurde und damit existent geworden ist und auch die übrigen Beteiligten oder Betroffenen uU durch Untätigkeiten ihr Recht auf Rechtsbehelfe gegen den VA durch Verwirkung verlieren können (OVG Koblenz NVwZ 85, 666). 29

Grundsätzlich ist eine Adressierung des VA an den Betroffenen, dem bekannt gegeben werden soll, erforderlich. Deshalb genügt es gem § 41 Abs 1 nicht, dass betroffene Dritte aus einem formell an eine andere Person adressierten VA, zB an den Ehepartner, ersehen können, dass sie durch den VA ebenfalls in ihren 30

---

[32] BVerwGE 71, 217; BFHE 184, 232 = NVwZ 1998, 998; StBS 30; UL § 35 Rn 10.

[33] Vgl VG Gießen NVwZ-RR 1990, 412 zur Adressierung an die geschäftsführende Gesellschafterin einer BGB-Gesellschaft statt an die einzelnen Gesellschafter.

[34] München BayVBl 1982, 631; NVwZ 1987, 900; Koblenz NVwZ 1987, 800; Preißer NVwZ 1987, 810; Allesch NVwZ 1993, 545; **aA** BVerwGE 16, 165; BVerwG NJW 1988, 1612; München NVwZ 1987, 900; Kassel NVwZ 1986, 137, 138.

[35] Bejahend BVerwG NJW 1988, 1612; BFHE 155, 472 = NJW 1989, 2496; verneinend BSG NVwZ 1990, 1108; VGH München NJW 1984, 2845; VG Potsdam NVwZ 1999, 214; StBS 30 a.

[36] S unten Rn 47; ferner § 43 Rn 11; ebenso Knack 4; **aA** RÖ § 70 Rn 2 b: der Eintritt der Wirkung des VA gegenüber dem Dritten ist unabhängig davon, ob der VA auch diesem bekanntgegeben wird.

Rechten betroffen werden.[37] **Anders** bei auslegungsfähigen Bescheiden, die zB an eine Bauherrengemeinschaft oä adressiert sind, wenn aus dem Inhalt des VA jedenfalls ersichtlich ist, wer die Personen sind, an die der Bescheid gerichtet ist, und auch eine entsprechende Anzahl von Ausfertigungen des Bescheides beigefügt ist (vgl OVG Bremen NJW 1985, 2660; **aA** VGH Kassel NVwZ 1984, 1685; Knack 4.2).

31 **2. Bekanntgabe bei fehlender Handlungsfähigkeit.** Bei Geschäftsunfähigen und beschränkt Geschäftsfähigen ist grundsätzlich an den gesetzlichen Vertreter bekanntzugeben bzw zuzustellen; eine Zustellung an den Geschäftsunfähigen selbst ist **unwirksam;**[38] der Mangel kann durch Genehmigung seitens des gesetzlichen Vertreters geheilt werden (BVerwG DÖV 1985, 407). Die Bekanntgabe kann auch dadurch wirksam werden, dass der Handlungsunfähige im Zeitpunkt der (Wieder-) Erlangung der Handlungsfähigkeit Kenntnis hat oder erhält (BVerwG NJW 1994, 2633). Soweit beschränkt Geschäftsfähige gem § 12 Nr 2 **verfahrenshandlungsfähig** sind, kann auch die Zustellung an sie selbst erfolgen. Ausreichend ist die Bekanntgabe an einen von mehreren Vertretern (Obermayer 29). Problematisch ist dies beim Vorgehen gegen **minderjährige Störer** in Fällen unmittelbar bevorstehender Gefahr. Hier wird zT die Bekanntgabe an den Minderjährigen trotz fehlender Handlungsfähigkeit angenommen (VGH München DÖV 1984, 433). Richtigerweise wird in diesen Fällen im Wege der **unmittelbaren Ausführung** bzw des Sofortvollzugs vorzugehen sein (Schenke, Polizeirecht Rn 412).

32 **3. Bekanntgabe an mehrere Beteiligte. a) Grundsatz.** Ist in einem verwaltungsverfahren nach Abs 1 S 1 eine Bekanntgabe an mehrere Adressaten und/oder Betroffene musserforderlich, so muss, sofern diese keinen gemeinsamen Bevollmächtigten bestellt oder sich gegenseitig zu Bevollmächtigten bestellt haben, der VA jedem von ihnen gesondert bekannt gegeben werden.[39] Das bedeutet, dass grundsätzlich **jedem von ihnen eine eigene Ausfertigung** zugestellt werden muss (VGH Mannheim VBlBW 1984, 114; OVG Koblenz NVwZ 1987, 899; StBS 43).

33 **b) Zusammengefasste Bescheide.** In der Praxis kommt es vor, dass mehrere an verschiedene Personen gerichtete VAe in einem Bescheid zusammengefasst werden und trotz fehlender Bevollmächtigung nur eine Ausfertigung einem einzelnen Mitglied dieser Personenmehrheit übersandt wird, gegenüber den übrigen Mitgliedern aber eine gesonderte Bekanntmachung unterbleibt. Hier ist **zwischen Bekanntgabe und Zustellung zu differenzieren.** Bei der Zustellung kann auf das Erfordernis einzelner Ausfertigungen nicht verzichtet werden. Da die **Zustellung** die Übergabe (dh Besitzverschaffung) erfordert,[40] ist – soweit durch Gesetz nichts anderes bestimmt ist[41] – eine Zustellung an Ehegatten, Miteigentümer usw, bei der nur eine Ausfertigung an alle gemeinsam zugestellt wird, fehler-

---

[37] Knack 7; **aA** BVerwG DÖV 1976, 353; ähnlich OVG Münster 27, 301 zu einem an einen (anderen) Miteigentümer adressierten VA hins der Sache, auf die sich der VA bezieht.

[38] BVerwGE 23, 15; BVerwG NJW 1992, 2633; BayVBl 1994, 535; OVG Schleswig NVwZ-RR 1994, 485 mwN; OVG Hamburg DÖV 1981, 928; VGH München NJW 1984, 926; 1984, 2845; 1984, 333: auch wenn die Geschäftsunfähigkeit nicht bekannt war; zur Zustellung an einen beschränkt Geschäftsfähigen Engelhard/App VwZG § 7 Rn 6; offen BVerwG NJW 1982, 540.

[39] Proksch BayVBl 1970, 399; Preißer NVwZ 1987, 809; StBS 43; zT **aA** VGH Kassel NVwZ 1980, 138; wohl auch BVerwG NVwZ 1992, 565 = JuS 1992, 971; Allesch NVwZ 1993, 544.

[40] HM, vgl OVG Koblenz NVwZ 1987, 899; VGH München NVwZ 1987, 900; Preißer NVwZ 1987, 869; Kopp/Schenke § 56 Rn 8.

[41] So § 155 Abs 5 AO idF des G v 19. 12. 1985, BGBl I 2426 für die gemeinsame Einkommensteuerveranlagung von Ehepartnern und in einigen anderen Fällen.

haft,[42] da hier keiner der Ehegatten, Miteigentümer usw die Urkunde für sich allein behalten kann.[43] Dies gilt, wenn kein gemeinsamer Bevollmächtigter bestellt ist, auch bei Zustellungen an eine nicht-rechtsfähige Personenmehrheit (vgl § 11 Nr 2), zB an die Miteigentümer eines Hauses oder Grundstücks (Kassel NJW 1984, 1646), an die Erben in ungeteilter Erbengemeinschaft (München NJW 1984, 626) oder an die Gesellschafter einer BGB-Gesellschaft (vgl VG Gießen NVwZ-RR 1990, 412); erforderlich ist in solchen Fällen immer, dass jede einzelne Person eine eigene, für sie bestimmte Ausfertigung erhält.[44] Für die **Bekanntgabe ist die Rechtslage umstritten.** Soweit keine gesetzliche Regelung besteht (vgl zB § 10 Abs 3 AsylVfG), wird von der hM[45] die Auffassung vertreten, die Übermittlung einer einzigen Ausfertigung reiche aus, wenn alle Mitglieder einer Personenmehrheit Gelegenheit hätten, den VA zur Kenntnis zu nehmen. Die **Gegenmeinung** lässt dies zu Recht nicht ausreichen, wenn kein Fall einer (uU konkludent erteilten) Bevollmächtigung gegeben ist.[46]

Nicht ausreichend ist, wenn eine ausdrückliche Bevollmächtigung fehlt und 34
auch eine Anscheinsvollmacht nicht angenommen werden kann, die Bekanntgabe eines an die Miteigentümer eines Hauses oder eines Grundstücks gerichteten VA an den **Verwalter** des Hauses oder Grundstücks;[47] ebenso nicht die Bekanntgabe der Löschungsankündigung nach § 13 Abs 3 HandwO gegen eine ins Handwerksregister eingetragene BGB-Gesellschaft nur an den nach dem Gesellschaftsvertrag **alleinvertretungsberechtigten Gesellschafter** statt an alle Gesellschafter (VG Gießen NVwZ 1990, 412; zweifelhaft).

c) Bevollmächtigung. Bekanntgabe an einen Bevollmächtigten reicht aus, 35
wenn ein gemeinsamer Bevollmächtigter für alle Adressaten bestellt ist und die Zustellung bzw Bekanntgabe an diesen erfolgt,[48] oder wenn sich alle Adressaten bzw Betroffenen gegenseitig zu Bevollmächtigten bestellt haben (BFH BStBl II 1987, 542; FG München NVwZ-RR 1990, 526; StBS 45); außerdem bei Zustellung an Bevollmächtigte, wenn die Zustellung oder Bekanntgabe jedenfalls an ei-

---

[42] Vgl München BayVBl 1982, 630: keine Heilung, wenn die Übergabe nicht nur fehlerhaft ist, sondern überhaupt fehlt; Mannheim NVwZ-RR 1992, 396: fehlerhaft, jedoch nicht nichtig, wenn feststeht, daß der VA den Ehegatten jedenfalls zugegangen ist; FG München NVwZ-RR 1990, 526.

[43] Vgl BFH 126, 5; 134, 396; 139, 224 = NVwZ 1984, 270; 143, 491 = NVwZ 1986, 156; OVG Koblenz NVwZ 1987, 899; OVG Berlin NVwZ 1986, 136; VGH München NVwZ 1984, 249; VGH Mannheim DÖV 1980, 655; VBlBW 1984, 114; OVG Lüneburg NVwZ 1984, 246 unter Hinweis darauf, daß dies nur dann gilt, wenn förmliche Zustellung vorgeschrieben ist; kritisch auch Preißer NVwZ 1987, 867 und Martens NVwZ 1990, 627; zT **aA** für die Bekanntgabe eines VA an Ehegatten BVerwG NVwZ 1992, 565: es genügt, daß jedenfalls beide Ehegatten Kenntnis verschafft wurde; nicht erforderlich, daß jeder Ehegatte in den Besitz einer Ausfertigung gelangt; Kassel NVwZ 1986, 137: Heilung, wenn die Adressaten durch Einlegung von Rechtsbehelfen, einen Stundungsantrag uä zu erkennen geben, daß sie das Schriftstück so zur Verfügung hatten, wie wenn es ordnungsgemäß zugestellt worden wäre.

[44] Vgl VGH München BayVBl 1982, 630; VGH Kassel NJW 1984, 1646; der an eine Miteigentümergesellschaft gerichtete Bescheid ist inhaltlich fehlerhaft; ähnlich VGH München NJW 1984, 626 und VGH Kassel BWVPr 1989, 209 zur Zustellung an eine Erbengemeinschaft; VG Gießen NVwZ-RR 1990, 412 zur Zustellung an eine BGB-Gesellschaft bzw nur an den geschäftsführenden Gesellschafter.

[45] BVerwG NVwZ 1992, 656; VGH München BayVBl 1998, 404; VGH Kassel NVwZ 1984, 246; ebenso StBS 42 b.

[46] BFHE 143, 491, 491 = NVwZ 1986, 156; ebenso Preißer NVwZ 1987, 867, 871.

[47] BVerwG DVBl 1994, 810; Saarlouis NVwZ 1993, 902; **aA** BVerwGE 51, 291; die Zustellung an einen von mehreren Miteigentümern ist ausreichend, wenn dieser der zustellenden Stelle gegenüber als Verwalter des im Miteigentum stehenden Grundstücks aufgetreten ist.

[48] BVerwG DÖV 1958, 1751; VGH München BayVBl 1982, 630; OVG Bremen NJW 1985, 2660; VGH Kassel NVwZ 1987, 898: Zustellung einer Ausfertigung an den Bevollmächtigten genügt.

nen von mehreren erfolgt (BVerwG NJW 1987, 2824; BVerfG NJW 1990, 1105; VGH München BayVBl 1982, 630; **aA** FG München EFG 1987, 219; Preißer NVwZ 1987, 870).

36 **Die Bevollmächtigung** eines gemeinsamen Bevollmächtigten kann **auch konkludent** erfolgen oder durch eine sog **Anscheinsvollmacht** „ersetzt" sein (vgl BFH BStBl II 1991, 123; VGH Mannheim NVwZ-RR 1989, 597; OVG Münster NVwZ 1990, 794). Im Zweifel kann eine konkludente Bevollmächtigung oder eine Anscheinsvollmacht jedoch nicht auch bereits in der Tatsache einer gemeinsamen Antragstellung – auch nicht bei Ehegatten (vgl Preißer NVwZ 1987, 870) oder Miteigentümern – gesehen werden (ebenso StBS 45), ebenso nicht allein aufgrund der Tatsache, dass die Adressaten in einer gemeinsamen Wohnung wohnen, einen gemeinsamen Hausstand haben oder in Erbengemeinschaft miteinander verbunden sind, angenommen werden.[49]

37 **4. Übergangene Betroffene; Anspruch auf Bekanntgabe.** Weder § 41 noch § 43 regeln die Frage abschließend, welche Folgen sich ergeben, wenn ein VA einem in seinen Rechten Betroffenen nicht oder nicht ordnungsgemäß bekanntgegeben wird. Nach § 43 Abs 1 wird der VA an sich in diesem Fall dem Betroffenen gegenüber nicht wirksam. Trotzdem kann ein in seinen Rechten betroffener Beteiligter nach hM – sofern der VA jedenfalls durch Bekanntgabe an irgendeinen anderen Betroffenen schon existent geworden ist – dagegen bereits die in der Sache gegebenen normalen **Rechtsbehelfe** einlegen (VGH Mannheim DVBl 1975, 552), grundsätzlich ohne an die normalen Rechtsbehelfsfristen gebunden zu sein (BVerwGE 44, 300, 343). Der übergegangene Betroffene kann unabhängig davon die **Bekanntgabe des VA an sich verlangen** (beantragen) und, wenn die Behörde dem Antrag nicht stattgibt, durch Einlegung von Rechtsbehelfen bzw im Wege einer Leistungsklage erzwingen. Aus denselben Gründen hat bei einem **VA mit Doppelwirkung,** zB einer Baugenehmigung, der Begünstigte Anspruch auf Bekanntgabe des VA auch an die durch den VA Belasteten (VGH Mannheim NVwZ 1994, 507 = DVBl 1994, 707; **aA** Horn DÖV 1987, 23), zB bei einer Baugenehmigung auch an die Nachbarn, damit der VA auch diesen gegenüber bindend und unanfechtbar wird.[50] Dieser Anspruch bezieht sich **auch** auf die Beifügung einer ordnungsgemäßen **Rechtsbehelfsbelehrung** gem § 58 Abs 1 VwGO, da andernfalls der VA nicht nach Ablauf der normalen Rechtsbehelfsfristen unanfechtbar werden könnte.

IV. Bekanntgabe an Bevollmächtigte (Abs 1 S 2)

38 **1. Ermessensentscheidung.** Abs 1 S 2 stellt klar, dass dem Bekanntgabeerfordernis nach Abs 1 S 1 auch durch Bekanntgabe an den Bevollmächtigten genügt werden kann (s dazu auch § 14 Rn 30). Eine Verpflichtung der Behörde, einen VA dem Bevollmächtigten bekanntzugeben, ist damit anders als im Verwaltungsprozess nach § 67 Abs 3 S 2 VwGO und anders als bei der Zustellung nach vorgelegter Vollmacht nach § 8 Abs 1 S 3 VwZG nach dem Wortlaut („kann") nicht verbunden. Vielmehr stellt die Vorschrift es in das **Ermessen** der zuständigen Behörde, ob sie an den beteiligten Betroffenen selbst oder an dessen Bevollmächtigten bekanntgibt. Die Vorschrift ist also eine echte Ermessensnorm.[51] Auf das Vor-

---

[49] Vgl BFH NJW 1997, 151; StBS 45; zT **aA** – unter Berufung auf die Lebenserfahrung – BVerwG NVwZ 1988, 1228; 1992, 565; BFH 124, 408; NJW 1990, 3230 = BB 1990, 1472; Petersen KStZ 1988, 45; OVG Münster NVwZ 1990, 794.

[50] S auch § 43 Rn 36: Wirksamkeit auch bei fehlender Bekanntgabe in Fällen, in denen Drittbelastete ihr Anfechtungsrecht verwirken.

[51] BVerwGE 105, 288, 292 = NVwZ 1998, 1292; BFHE 193, 41 = NVwZ 2001, 473; BSG NVwZ 1986, 421; StBS 52; UL § 17 Rn 11 ff, § 53 Rn 3; Knack 10: § 41 Abs 1 S 2 ist lex specialis gegenüber § 14 Abs 3; ebenso BGH 131, 271 f = BStBl II 1988, 242 zu § 122

liegen der schriftlichen Vollmacht kommt es danach nicht an. Damit enthält die Vorschrift eine **Abweichung von § 14 Abs 3**, wonach sich die Behörde im Rahmen des Verwaltungsverfahrens an den Bevollmächtigten wenden „soll", also nur in Ausnahmefällen direkt an den Beteiligten selbst (s hierzu § 14 Rn 25 ff). Hieraus wird teilweise geschlossen, dass sich auch das in § 14 Abs 1 S 2 eingeräumte Ermessen auf Ausnahmefälle reduziere, also im Regelfall an den Bevollmächtigten bekanntgegeben werden müsse. Diese – möglicherweise sinnvolle – Harmonisierung der beiden Vorschriften findet indessen im Gesetz keine ausreichende Stütze.[52]

2. Ermessensreduktion. Die Regelung des Abs 1 S 2 bedeutet nicht, dass die Behörde zwischen dem Beteiligten selbst und seinem Bevollmächtigten frei wählen könnte. Vielmehr wird nach pflichtgemäßen Ermessen idR eine Bekanntgabe an den Bevollmächtigten vorzunehmen sein, wenn dieser auch im übrigen im Verwaltungsverfahren tätig war. Die Behörde darf den Beteiligten selbst also **nicht überraschen,** wenn sie davon ausgehen muss, dass dieser mit einer Bekanntgabe an ihn selbst nicht rechnet. Ein Ermessensfehler führt allerdings nicht zur Unwirksamkeit der Bekanntgabe, sofern der Vollmachtgeber den VA tatsächlich erhalten hat (OVG Münster NVwZ-RR 1997, 77), sondern nur dazu, dass die Rechtsbehelfsfristen nicht in Lauf gesetzt werden. Ggfs kommt auch eine Wiedereinsetzung (§§ 70, 60 VwGO) in Betracht (StBS 54). 39

3. Begriff des Bevollmächtigten. Die Vorschrift in Abs 1 S 2 knüpft an den Begriff in § 14 an. Bevollmächtigter iS der Regelung ist **auch der Empfangsbevollmächtigte** gem § 15. Entscheidend ist, dass tatsächlich eine Bevollmächtigung gegeben ist. Zu den Sonderfällen der Anscheins- oder Duldungsvollmacht s Rn 51. Nicht ohne weiteres als Bevollmächtigter auch des Grundstücksverkäufers ist jedoch zB hins des gemeindlichen Vorkaufsrechts der den Verkauf beurkundende Notar anzusehen (vgl VG Frankfurt NJW 1988, 9). 40

Die Bekanntgabe kann auch an einen sog **Empfangsboten,** der vom Adressaten zur Empfangnahme ermächtigt ist oder aufgrund einer Rechtsvorschrift oder nach allgemeiner Verkehrsübung dazu als befugt angesehen wird – zB ein Familienangehöriger –, sofern er zur Entgegennahme bereit ist (vgl BAG NJW 1993, 1093; s dazu auch oben Rn 12), erfolgen; außerdem auch an einen **Anscheins- oder Duldungsbevollmächtigten,**[53] dh eine Person, die mit Duldung des Vertretenen den Anschein erweckt, als sei sie bevollmächtigt (s im einzelnen § 14 Rn 22). Als Inhaber einer derartigen Anscheinsvollmacht werden zT Eheleute untereinander (VGH Mannheim NVwZ 1989, 597) oder andere Hausgenossen angesehen. Zur Anscheinsvollmacht eines Kraftfahrers, der mit der Abholung der Post beauftragt ist, s VGH München BayVBl 1982, 213. Für Vertreter nach §§ 16–18 gilt die Bestimmung nicht; bei Vorliegen einer Gesetzlichen Vertretung darf also nicht an die Vertretenen bekanntgegeben werden. 41

V. Regelungen über den Zeitpunkt der Bekanntgabe (Abs 2)

1. Allgemeines. Abs 2 enthält Sonderregelungen für den vor allem für den Lauf von Rechtsbehelfsfristen wichtigen Bekanntgabezeitpunkt bei Übermittlung 42

Abs 1 S 3 AO jedenfalls für den Fall, daß „weder eine schriftliche Vollmacht des Bevollmächtigten zur Entgegennahme von Steuerbescheiden vorgelegen hat, noch die Steuerpflichtigen auf andere Weise zu erkennen gegeben haben, daß sie eine Bekanntgabe an ihren Berater wünschen.

[52] BVerwGE 105, 288; VGH Kassel NVwZ-RR 1993, 443; ebenso Drescher NVwZ 1988, 681; vgl auch VGH Münster NVwZ-RR 1990, 442, zugleich zu § 22 Abs 7 AsylVfG; MB 10; VGH Mannheim VBlBW 1987, 298; Obermayer 30; **aA** Kopp VwVfG 6. Aufl.

[53] VGH München BayVBl 1982, 214; kritisch Linhart BayVBl 1982, 214; StBS 51; Obermayer 26.

schriftlicher VAe durch die Post im Inland sowie – seit dem 3. VwVfÄndG – für die **Übermittlung elektronischer VAe.** Danach gilt ein durch die Post im Inland übermittelter VA als „mit dem dritten Tage nach der Aufgabe zur Post, ein elektronischer übermittelter VA am dritten Tage nach der Absendung bekanntgegeben, sofern er nicht später oder gar nicht zugegangen ist. Die Regelung dient vor allem der Verwaltungsvereinfachung. Sie ist verfassungsrechtlich unbedenklich (**aA** BFH 121, 142). Die Regelungen des Abs 2 gelten nur für die Bekanntgabe, nicht für die Zustellung nach dem VwZG; insoweit enthält das VwZG für die darin zugelassenen Formen der Zustellung auch spezielle Regelungen über den Zustellungszeitpunkt (s Rn 58 ff).

43 **2. Anwendungsbereich.** Die Regelungen des Abs 2 sind nicht Ausdruck allgemeiner Rechtsgedanken, sondern enthalten im Interesse der Rechtsklarheit und der Verwaltungseffizienz eine **(widerlegliche) Fiktion des Zugangs**, die sich nicht aus allgemeinen Grundsätzen oder Gerechtigkeitserwägungen herleiten lässt. Deshalb ist sie auch **nicht analogiefähig.** Soweit Bestimmungen fehlen, wird man auf den Zeitpunkt des tatsächlichen Zugangs abzustellen haben (ähnlich StBS 3 a).

44 **3. Die Drei-Tages-Frist. a) Grundsatz.** Der dritte Tag ist gem Abs 2, da es sich um eine gesetzliche Fiktion handelt, auch dann maßgeblich, wenn die Sendung nachweislich bereits früher zugeht.[54] Der dritte Tag ist auch dann maßgebend, wenn es sich um **einen Sonntag, Samstag oder Feiertag** handelt. Die nach § 31 Abs 3 iV mit § 193 BGB geltende Regelung, wonach erst der folgende Werktag als Zustellungstag gelten würde, ist nach hM nicht anwendbar.[55] Für die Berechnung der Drei-Tages-Frist gilt § 187 Abs 1 BGB, da der Beginn durch ein Ereignis ausgelöst wird, welches im Laufe eines Tages eintritt (Aufgabe zur Post bzw Absendung des elektronischen VA). Damit gilt die Bekanntgabe als am dritten darauf folgenden Tag bewirkt. Dieser Tag wird dann ebenfalls bei der Berechnung weiterer Fristen nicht mitgezählt. **Zweifelhaft** ist, ob auf den Tag der Aufgabe bei der Post auch dann abgestellt werden darf, wenn das Datum auf dem Freistempel einen späteren Tag aufweist als der Absendevermerk auf der Urschrift (verneinend BFH 134, 213 = BStBl II 1982, 102).

45 **b) Ausnahme. Die Drei-Tages-Frist gilt nicht,** wenn der VA tatsächlich nicht oder zu einem späteren Zeitpunkt zugegangen ist. Das reine Behaupten eines unterbliebenen oder verspäteten Zugangs reicht nicht aus; erforderlich ist der **substantiierte Vortrag eines atypischen Geschehensablaufs,** sonst bleibt es bei der Fiktion.[56] Legt der Adressat plausibel dar, dass ihm die Sendung nicht oder erst zu einem späteren Zeitpunkt zugegangen ist, so liegt ein Zweifelsfall vor, in welchem die Behörde die Beweislast trifft. Hat die Behörde den Vermerk über die Aufgabe eines Bescheides zur Post versehentlich unterlassen **(fehlender Ab-Vermerk),** so hat sie nach Abs 2 den Zugang des Bescheides oder den Zeitpunkt des Zugangs nachzuweisen, wenn der Empfänger den Zugang oder den von der Behörde behaupteten Tag des Zugangs bestreitet; ein qualifiziertes Bestreiten ist dann nicht erforderlich (VGH Mannheim NVwZ-RR 1992, 339; VG Bremen NVwZ-RR 1996, 550).

---

[54] BVerwGE 22, 11; BVerfG DÖV 1965, 861; BayVerfGH VRspr 25, 529; BFH NJW 1970, 80; Münster 25, 267; Hermann DÖV 1970, 845.

[55] HM, vgl VGH München NJW 1991, 1250; VGH Mannheim VBlBW 1992, 138; BFHE 146, 27; Obermayer 25; Pietzner/Ronellenfitsch § 42 Rn 10; Meissner in Schoch § 56 Rn 44; **aA** Knack 19; StBS 66: § 31 Abs 3 anwendbar.

[56] BFH NVwZ 2000, 359; OVG Münster NWVBl 1996, 233; DVBl 1995, 1148; VG Bremen NVwZ 1994, 1236; VGH Mannheim NJW 1986, 210; StBS 68; Obermayer 37; entgegen OVG Münster NVwZ 1995, 1228 reicht die bloße Behauptung, den Brief nicht erhalten zu haben, nicht aus.

VI. Zulässigkeit der öffentlichen Bekanntgabe (Abs 3)

1. Allgemeines. Abs 3 regelt die Frage, in welchen Fällen ein VA öffentlich bekanntgegeben werden darf. Anders als Abs 4, der nur für schriftliche VAe gilt, erfasst Abs 3 auch in anderer Form erlassene VAe (Knack 21). Die öffentliche, dh den einzelnen Betroffenen gegenüber nicht konkret-individuell erfolgende Bekanntgabe in der Form des Abs 4 ist, da sie idR kaum eine Gewähr dafür bietet, dass die Betroffenen tatsächlich Kenntnis erlangen, **nur in Ausnahmefällen zulässig,** in denen sie durch **Rechtsvorschrift** aus hinreichend gewichtigen Gründen ausdrücklich zugelassen ist (Abs 3 S 1). **Allgemeinverfügungen** können nach Abs 3 S 2 auch ohne besondere Rechtsvorschrift öffentlich bekanntgegeben werden, wenn eine Bekanntgabe an den Beteiligten untunlich wäre.[57] Die öffentliche Bekanntgabe gem Abs 3 und 4 ist **zu unterscheiden von der öffentlichen Zustellung** gem § 15 VwZG, die nur dann in Betracht kommt, wenn die Behörde sich nach sorgfältiger Prüfung überzeugt hat, dass alle übrigen Zustellungsarten nicht zum Erfolg führen (s näher unten Rn 74). Eine Verpflichtung zur öffentlichen Bekanntgabe nach § 41 Abs 3 u 4 enthält die Vorschrift nicht; soweit durch Rechtsvorschriften nichts anderes bestimmt ist, lässt sich eine solche Verpflichtung auch bei dinglichen VAen auch nicht aufgrund der Natur der Sache herleiten.[58] 46

2. Zulassung durch Rechtsvorschrift (Abs 3 S 1). Die öffentliche Bekanntgabe gem Abs 3 S 1 ist nur zulässig, wenn sie durch Rechtvorschriften zugelassen worden ist. Damit trägt die Vorschrift dem Umstand Rechnung, dass die öffentliche Bekanntgabe für den einzelnen Betroffenen idR wesentlich problematischer ist, weil sie die Kenntniserlangung erschwert. Das bloße **Unbekanntsein des Aufenthalts reicht nicht** aus. Der Gesetzgeber ist nur dann befugt, eine öffentliche Bekanntmachung vorzusehen, wenn hierfür **besondere Rechtfertigungsgründe** vorliegen. Solche liegen idR in Massenverfahren vor, wenn die Einzelbekanntgabe mit einem erheblichen Verwaltungsaufwand verbunden wäre und die Adressaten zudem zu einer bestimmten Zeit mit dem Erlass des VA rechnen können, ferner bei besonders eiligen Bekanntgaben. Rechtvorschriften, in denen die öffentliche Bekanntgabe vorgesehen ist, sind zB §§ 69 Abs 2 S 2, 74 Abs 5; § 10 Abs 8 BImSchG; § 50 BauGB sowie die Regelungen in den Sicherstellungsgesetzen. 47

3. Öffentliche Bekanntgabe bei Allgemeinverfügungen (Abs 3 S 2). 48
Abs 3 S 2 ergänzt die nach anderen Rechtsvorschriften vorgesehenen Fälle zulässiger öffentlicher Bekanntgabe dahin, dass diese Möglichkeit für Allgemeinverfügungen (§ 35 S 2) allgemein auch dann eröffnet wird, wenn die (individuelle) Bekanntgabe an die Beteiligten unmöglich oder untunlich ist. Unmöglich ist die individuelle Bekanntgabe zB bei adressenlosen VAen. **Untunlich** bedeutet, dass die individuelle Bekanntgabe wegen der Natur des in Frage stehenden VA nicht möglich oder jedenfalls mit erheblichen Schwierigkeiten verbunden wäre (VGH Mannheim NVwZ 1989, 980; Knack 21), etwa weil nicht mit Sicherheit feststellbar ist, wer betroffen ist, oder weil die Anschrift Betroffener nicht bekannt ist und nicht leicht ermittelt werden kann, usw (StBS 78; Knack 22; **aA** Obermayer RiA 1976, 106). Der Umstand allein, dass die Bekanntgabe an eine große Zahl Beteiligter bzw Betroffener einen erheblichen Verwaltungsaufwand verursachen würde, reicht nicht aus (ebenso StBS 80; im Ergebnis auch Obermayer 51; str; **aA** offenbar MB 21). Vgl auch zur Befugnis bzw Verpflichtung der Behörde, ggf für die Bestellung eines besonderen Vertreters zu sorgen, §§ 15ff.

---

[57] WBS II § 48 Rn 30: wenn öffentliche Bekanntmachung „angebracht ist"; vgl zu den Anforderungen an eine öffentliche Zustellung auch München BayVBl 1989, 246.

[58] **AA** Niehues DVBl 1982, 321 wegen der bei dinglichen VAen gegebenen „Ringsumwirkung". S aber allg zur Notwendigkeit hinreichender Publizität bei dinglichen VAen Kopp BayVBl 1970, 233.

49 **4. Verkehrszeichen.** Nach der neueren Rspr des BVerwG gelten für die Bekanntgabe von Verkehrszeichen die speziellen Regelungen und Grundsätze des Straßenverkehrsrechts. Die Bekanntgabe von Verkehrszeichen erfolgt danach durch die Aufstellung des Zeichens derart, dass der durchschnittliche Verkehrsteilnehmer das Zeichen unschwer zur Kenntnis nehmen kann **(Sichtbarkeitsprinzip).**[59] Die Aufstellung bewirkt hiernach die Bekanntgabe gegenüber der Allgemeinheit, also gegenüber jedermann, unabhängig davon, ob die Möglichkeit der Kenntnisnahme tatsächlich besteht oder – mangels Ortsanwesenheit – nicht besteht. Damit werden Verkehrszeichen, die von der hM als VA in der Form der Allgemeinverfügung angesehen werden (s § 35 Rn 112) wieder den Rechtsnormen angenähert. Zweifelhaft ist, ob das Verkehrszeichen mit der Aufstellung auch denjenigen gegenüber als bekannt gegeben gilt, die ihre Fahrzeuge bereits zuvor im Geltungsbereich abgestellt haben. Wenn man dies konsequenterweise annimmt, wird man aber den Umstand des Geparktseins der Fahrzeuge nicht ohne weiteres zu Lasten der Betroffenen berücksichtigen können (s auch § 35 Rn 112a).[60] Dieses Problem wird man allerdings auf der Grundlage der inzwischen wohl hM zur Bekanntgabe von Verkehrszeichen nur dadurch lösen können, dass im Rahmen des Ermessens bei der Vollstreckung auf die nachteiligen Folgen für den Betroffenen verzichtet wird, dem die Nichtbefolgung der Anordnung nicht vorgeworfen werden kann.

VII. Form der öffentlichen Bekanntgabe (Abs 4)

50 **1. Allgemeines.** Abs 4 enthält nur eine Regelung für die öffentliche **Bekanntgabe schriftlicher VAe.** Bei VAen, die nicht in schriftlicher Form ergehen, richtet sich die Form der öffentlichen Bekanntgabe nach der Art des VA (MB 24); sie erfolgt je nachdem zB durch Bekanntgabe im Rundfunk,[61] durch Ausrufen, Zeichen (zB Aufstellung eines Verkehrszeichens; s oben Rn 59) oder auch konkludent (zB durch Verkehrsübergabe einer Straße) erfolgen. Es muss aber jedenfalls eine Art und Weise der Bekanntgabe gewählt werden, die im konkreten Fall gewährleistet, dass ein möglichst großer Teil der Betroffenen Kenntnis erlangt.

51 **2. Ortsübliche Bekanntmachung (Abs 4 S 1).** Abs 4 regelt die öffentliche Bekanntgabe eines VA durch ortsübliche Bekanntmachung des verfügenden Teils. Diese ist von der öffentlichen Bekanntmachung iS von § 63 Abs 3 S 2, die für die Bekanntgabe von VAen im förmlichen Verfahren und in Planfeststellungsverfahren gem § 69 Abs 2 bzw § 74 Abs 5 sowie für sonstige Bekanntgaben gem § 67 Abs 2, § 69 Abs 2 und 3, § 72 Abs 2 und § 73 in bestimmten Fällen vorgeschrieben oder zugelassen ist, zu unterscheiden, weil für letztere strengere Anforderungen gelten (§ 63 Rn 12f). Nach Abs 4 ist bei der öffentlichen Bekanntgabe nicht notwendig der gesamte VA mit Begründung und Rechtsbehelfsbelehrung gem S 2, sondern nur der Teil, der die getroffene Regelung als solche enthält, dh der **Entscheidungssatz,**[62] **die Angabe der Behörde,** die entschieden hat, und die **Bezeichnung der Adressaten** bzw der **sonst Betroffenen** ortsüblich bekanntzumachen. Der bekanntzumachende Akt muss jedenfalls im Original **unterschrieben** sein,

---

[59] Vgl BVerwGE 102, 316; s ferner BVerwGE 97, 214; s auch OVG Hamburg NJW 2001, 3647 zu der Zulässigkeit des Abschleppens bei zurückgelassener Handy-Nr.

[60] Zur Pflicht des Fahrers bzw Halters, sich in bestimmten Abständen über die Fortdauer der Zulässigkeit des Parkens zu informieren Mehde Jura 1998, 297; OVG Hamburg, HmbJVBl 1995, 3, VGH Kassel NJW 1997, 1023.

[61] BVerwGE 12, 91: Verkaufsverbot für Endiviensalat wegen angenommener Seuchengefahr; Jarass NVwZ 1987, 99: Smog-Alarm; allg MB 27.

[62] Mit dem vollen Wortlaut; str; ebenso Blümel VerwArch 1982, 12 mwN; MB 29; StBS 86; Schwarz/Schwan 33 zu § 122 AO; **aA** BVerwGE 67, 206; VGH München BayVBl 1982, 242; Knack 25.

ebenso der Vermerk über die Bekanntgabe.[63] Ist eine bestimmte Dauer des Aushangs vorgeschrieben, so ist auch dies in dem Vermerk darüber festzuhalten (BGH DÖV 1981, 723; **aA** Engelhardt/App, VwZG § 15 Rn 3 d).

3. Anforderungen an die Bekanntmachung. Die Anforderungen, die für die ordnungsgemäße Bekanntmachung erfüllt werden müssen, insb die Art, die notwendige Dauer eines evtl Aushangs an der Gemeindetafel, usw (Knack 24) –, ergeben sich primär aus den dafür maßgeblichen Rechtsvorschriften, grundsätzlich aus Vorschriften des Landesrechts (VGH München DVBl 1978, 183), für Gemeinden meist aus den entsprechenden **Bekanntmachungssatzungen,**[64] die idR Veröffentlichung in bestimmten **Amtsblättern oder Tageszeitungen** und/oder Anschlag an Amtstafeln uä vorschreiben (Ziegler DVBl 1987, 280; Henle BayVBl 1981, 3). Bei Fehlen diesbezüglicher ausdrücklicher Regelungen sind die Gepflogenheiten am Sitz der Behörde maßgeblich,[65] insb auch die Gepflogenheiten der Behörde selbst, die die Bekanntgabe vornimmt, zB Bekanntgabe in Tageszeitungen, im Rundfunk (vgl BVerwGE 12, 87), usw. Soll die Bekanntgabe an einem anderen Ort erfolgen, sind die dort geltenden Vorschriften und die dortigen Gepflogenheiten maßgeblich (Knack 24). Zu berücksichtigen ist grundsätzlich auch die Art des bekanntzugebenden VA. Ist der Aushang an der Amtstafel als ortsüblich anzusehen, so muss das auszuhängende **Schriftstück unterschrieben** sein (vgl BGH DÖV 1981, 722). Sind mehrere Bekanntmachungsformen als ortsüblich anzusehen, müssen sie **im Zweifel kumulativ** angewendet werden. 52

a) Räumlicher und persönlicher Bereich. Abs 4 regelt nicht ausdrücklich, welcher räumliche Bereich von der Bekanntmachung erfasst werden muss. Nach allgemeinen Grundsätzen ist, soweit sich aus besonderen Rechtsvorschriften (vgl zB § 73) oder aus der Natur des in Frage stehenden VA nichts anderes ergibt, dieser Bereich nicht notwendig identisch mit den Orten, an denen mögliche Betroffene wohnen oder an denen sie sich aufhalten könnten – das wäre uU die ganze Welt! –, vielmehr fällt er **im Zweifel** mit dem **örtlichen Zuständigkeitsbereich der Behörde** zusammen, die den VA erlässt (str). Richtet sich der VA, der ortsüblich bekanntgemacht werden soll, nicht an individuell bestimmte Personen (Allgemeinverfügung), so ist der **Kreis der Betroffenen** zumindest generell so zu umschreiben, dass jedermann ohne größere Schwierigkeiten (wenn auch uU erst mit Hilfe eines Ortsplans, des Grundstückskatasters usw oder durch Einsichtnahme in einen ausgelegten Plan) mit hinreichender Sicherheit feststellen kann, ob der VA auch für ihn gilt oder nicht. Die Zulässigkeit der öffentlichen Bekanntgabe bedeutet, sofern durch Gesetz nichts anderes bestimmt ist, grundsätzlich auch eine Freistellung der Behörde von der Verpflichtung, die Adressaten des VA individuell, grundsätzlich namentlich, im VA zu bezeichnen. 53

b) Schutz von Daten und Geheimnissen. Obwohl Abs 4 insoweit nicht ausdrücklich eine Ausnahme vorsieht oder einen Vorbehalt macht, gilt auch für die öffentliche Bekanntgabe eines VA das Verbot einer unbefugten Offenbarung von Geheimnissen gem § 30.[66] Dadurch wird zB auch die öffentliche Bekanntgabe von Prüfungsergebnissen und Prüfungsnoten ausgeschlossen (**aA** VGH München BayVBl 1984, 629 zur öffentlichen Bekanntgabe schlechter Prüfungsnoten). 54

---

[63] Vgl BGH DÖV 1981, 722: Unwirksamkeit der Zustellung, wenn der Vermerk über den Aushang nicht unterzeichnet ist.

[64] München DVBl 1978, 183; zweifelhaft wegen der fehlenden ‚Außenwirkung' von Geschäftsordnungen; vgl auch VGH München BayVBl 1977, 465.

[65] Niehues DVBl 1982, 312; zT **aA** Knack 24 unter Bezugnahme auf VGH München BayVBl 1978, 83: Maßgeblichkeit des Kommunalrechts nur, wenn es an einer entsprechenden Übung fehlt.

[66] Vgl BVerfG NJW 1988, 2031 zum Verbot der öffentlichen Bekanntmachung einer Entmündigung wegen Verschwendung oder Trunksucht; Finger, Öffentliche Zustellung und Datenschutz bei familienrechtlichen Verfahren, NJW 1985, 2684; Knack 29.

55 **c) Angabe der Einsichtsmöglichkeit (Abs 4 S 2).** Die Bekanntgabe muss gem Abs 4 S 2 zugleich angeben, wo der VA und seine Begründung eingesehen werden können; fehlt ein entsprechender Hinweis, so ist die Bekanntgabe und entsprechend als Folge auch der betroffene VA nicht wirksam (Knack 24). Für die Einsichtnahme genügt es, wenn innerhalb der Dienststunden dafür **angemessen Gelegenheit** gegeben wird.[67]

56 **4. Bekanntgabefiktionen (Abs 4 S 3 und 4).** Zur Berechnung der für die Bekanntgabe maßgeblichen Fristen s näher § 31 Rn 15ff. Bei **kürzerer Bekanntgabedauer** (zB bei vorzeitiger Abnahme eines Anschlags von der Amtstafel) als vorgeschrieben, ist die Bekanntgabe nicht wirksam (ebenso Knack 24); eine **längere Frist** ist unschädlich,[68] der VA gilt jedoch gleichwohl schon nach Ablauf der Frist von zwei Wochen als bekanntgegeben (Knack 24). Erfolgt die Bekanntgabe durch Veröffentlichung in mehreren Zeitungen, durch Aushang an mehreren Orten uä, so ist für die Bestimmung des Zeitpunkts, an dem die Bekanntgabe als erfolgt gilt, der **letzte Bekanntmachungsakt** maßgeblich (so offenbar auch ABegr 8); Fristen für den Aushang uä einer Bekanntmachung sind dagegen für jeden Bereich, für den der Aushang erfolgt, gesondert zu berechnen. Wegen der Bedeutung des Fristablaufs für das Wirksamwerden des VA muss – auch im Interesse der Rechtssicherheit und Rechtsklarheit – analog § 15 Abs 3 S 3 VwZG der **Tag des Aushängens und der Tag der Abnahme** auf dem Schriftstück bzw nach dessen Abnahme auf einem an dessen Stelle aufzuhängenden Schriftstück **vermerkt** werden.

57 **In Eilfällen,** zB bei der **Gefahrenabwehr,** wenn es auf möglichst sofortiges Wirksamwerden des VA ankommt, scheidet eine schriftliche Bekanntgabe grundsätzlich aus, da nach Abs 4 S 4 die Bekanntgabe frühestens am folgenden Tag wirksam werden könnte; VAe können deshalb hier nur **mündlich,** durch den **Rundfunk** oä, bekanntgegeben werden (Knack 26).

VIII. Bekanntgabe durch Zustellung (Abs 5)

58 **1. Allgemeines.** Der Vorbehalt zugunsten besonderer Vorschriften über die Zustellung betrifft nur die förmliche Zustellung nach den Verwaltungszustellungsgesetzen des Bundes bzw der Länder. Die Regelung soll klarstellen, dass die Regelung über die förmliche Zustellung in den wesentlich älteren Verwaltungszustellungsgesetzen unberührt bleiben. Deshalb kommt auch eine analoge Anwendung des § 41 auf Zustellungen nicht in Betracht (StBS 110a).

59 **a) Begriff der Zustellung. In der Grundform** ist die Zustellung **die zu beurkundende Übergabe** eines Schriftstücks, mit der dem Empfänger Besitz an dem zugestellten Schriftstück verschafft wird (VGH Kassel NVwZ 1987, 898; StBS 27). Sie ist als besonders **formalisierte Form der Bekanntgabe** nur dann erforderlich, wenn dies gesetzlich vorgeschrieben ist (vgl zB § 73 Abs 3 für Widerspruchsbescheide). Zugestellt wird idR eine Ausfertigung, dh eine mit einem Ausfertigungsvermerk mit Unterschrift des ausfertigenden Beamten versehenen Abschrift oder Kopie des bei der Behörde verbleibenden Originals der Urkunde. Die Zustellung einer Ablichtung lediglich mit dem Vermerk „zur Kenntnisnahme" genügt nicht.[69] Die **Ausfertigung muss beglaubigt** sein. Eine Fotokopie mit fotokopiertem Beglaubigungsvermerk genügt nicht (vgl OVG Münster 28, 45). Nicht möglich ist bislang eine Zustellung iS von Abs 5 auf elektronischem

---

[67] BVerwG BayVBl 1986, 153, OVG Lüneburg BBauBl 1970, 320; **aA** VGH Kassel VRspr 20, 680: nicht ausreichend; vgl auch München BayVBl 1974, 533: nur an 4 Vormittagen in der Woche genügt nicht.

[68] StBS 99; offenbar enger Knack 24: eine kürzere Überschreitung ist unschädlich.

[69] BFH BStBl II 1975, 894; VG Köln NVwZ 1987, 83; dazu, daß der Vermerk zur Kenntnisnahme ausreicht, auch BVerwG NJW 1988, 1612.

Weg (Redeker NVwZ 1986, 548). Die Zustellung erfolgt bei von Bundesbehörden erlassenen VAen nach dem VwZG des Bundes, bei von Landesbehörden erlassenen VAen – auch im Bereich des Vollzugs von Bundesrecht – nach den entspr Gesetzen des jeweiligen Landes (BVerwGE 39, 259). Das VwZG des Bundes wurde durch das ZustellungsreformG v 25. 6. 2001 (BGBl I, 1206) novelliert. Dabei wurde ua § 3 VwZG an die geänderten Bestimmungen in §§ 177–189 ZPO angepasst; ferner wurde die Möglichkeit einer Heilung in § 9 erweitert.[70]

b) Zustellung anstelle der Bekanntgabe. Förmliche Zustellung idS ist durch zahlreiche Gesetze für bestimmte VAe vorgeschrieben, gem § 69 Abs 2 und § 74 Abs 1 iVm § 69 Abs 2 auch für VAe im förmlichen Verwaltungsverfahren bzw **Planfeststellungsverfahren,** sowie nach § 73 Abs 3, § 56 Abs 2 VwGO auch für **Widerspruchsbescheide** (BVerwGE 39, 259; BVerwG MDR 1973, 522). Eine entsprechende Verpflichtung ergibt sich dagegen auch aus § 74 VwGO nicht allgemein für VAe, gegen die unmittelbar die Klage zum Verwaltungsgericht zulässig ist (Kopp/Schenke § 74 Rn 4). Die Behörde kann aber nach ihrem Ermessen auch ohne Bestehen einer besonderen Verpflichtung einen VA im Wege der Zustellung bekanntgeben. Dies kommt insbes dann in Betracht, wenn der **Aufenthalt des Adressaten nicht ermittelt** werden kann und eine öffentliche Bekanntgabe nicht zulässig ist. Dann bleibt idR nur die öffentliche Zustellung gem § 15 VwZG (VGH Mannheim VBlBW 1991, 340). Zu beachten ist, dass auch im Falle einer freiwillig gewährten Zustellung eine fehlerhafte Zustellung nach hM nicht in eine fehlerfreie Bekanntgabe umgedeutet werden kann.[71] Nach der Streichung des § 9 Abs 2 VwZG durch das ZustReformG hat diese Frage allerdings keine besondere Bedeutung mehr, weil der Fehler der Zustellung geheilt wird, wenn der Empfänger das Schriftstück nachweislich erhalten hat. 60

c) Zustellung nur an Bevollmächtigte. Ist für das Verfahren ein Bevollmächtigter (§ 14) bestellt, so ist der VA nach § 8 Abs 1 S. 2 VwZG bzw nach den entsprechenden landesrechtlichen Bestimmungen allein diesem zuzustellen, wenn er eine schriftliche Vollmacht vorgelegt hat. Eine unmittelbar an den Beteiligten bzw Betroffenen gerichtete Zustellung ist in diesem Fall nicht wirksam.[72] **Dies gilt auch dann, wenn die Zustellung nicht vorgeschrieben** ist, die Behörde aber diese Form gewählt hat (OVG Koblenz DVBl 1983, 955). Solange der Bevollmächtigte eine schriftliche Vollmacht noch nicht vorgelegt hat, ist die Zustellung an den Beteiligten bzw Betroffenen selbst jedenfalls wirksam. Die Zustellung an einen Vertreter kann allerdings nur wirksam erfolgen, wenn dieser tatsächlich bevollmächtigt ist. 61

2. Die Zustellung nach dem VwZG. Wenn VAe zuzustellen sind, richtet sich die Zustellung nach dem VwZG, soweit es um VAe von Bundesbehörden geht, im übrigen nach den Verwaltungszustellungsgesetzen der Länder, die sich allerdings weitgehend am VwZG orientieren. Eine **fehlerhafte Zustellung setzt keine Fristen** in Lauf, verhindert aber idR nicht das Existentwerden der Entscheidung überhaupt (Kopp/Schenke § 56 Rn 12) und damit auch nicht die Möglichkeit einer Anfechtung. Eine Heilung von Zustellungsmängeln für den Fall, dass der Adressat das Schriftstück tatsächlich erhalten hat (§ 9 VwZG), war früher nur insoweit möglich, als die Zustellung nicht eine Klagefrist, Berufungs-, Revi- 62

---

[70] S hierzu näher Nies MDR 2002, 69; Engelhardt/App, VwVG/VwZG, Nachtrag mit Stand 1. 8. 2002 (Internet-Download unter www.beck-shop.de, Suche unter „App").

[71] OVG Münster NVwZ-RR 1995, 623; OVG Schleswig NVwZ-RR 1994, 22; StBS 68.

[72] Vgl § 14 Rn 31; BVerwG NJW 1978, 1575; VG Düsseldorf InfAuslR 1985, 114; VG Köln NVwZ 1987, 83; StBS § 14 Rn 21 f; Knack § 14 Rn 5.2; Redeker NJW 1976, 1118; Engelhardt/App, VwVG/VwZG § 8 VwZG Rn 2; Drescher NVwZ 1988, 683; vgl auch BFH 155, 472 = NJW 1989, 2496 = BStBl II 1989, 346 – auch zur Heilung, wenn der Bevollmächtigte den VA jedenfalls nachweislich erhalten hat.

sions- oder Rechtsmittelbegründungsfrist beginnen ließ (§ 9 Abs 2 VwZG aF); dies galt nach hM nicht für die Widerspruchsfrist. Mit dem ZustReformG wurde § 9 Abs 2 gestrichen. Damit ist jetzt in allen Fällen einer fehlerhaften Zustellung eine Heilung zu dem Zeitpunkt anzunehmen, zu dem der Empfänger das Schriftstück nachweislich erhält. Für die Zustellung in gerichtlichen Verfahren ist das VwZG insgesamt nicht mehr anwendbar; insoweit richteten sich Zustellungen allein nach den §§ 166ff ZPO.

Praktisch wichtig sind die Zustellung durch die gem § 33 PostG beliehene Post oder einen anderen Lizenznehmer mit Zustellungsurkunde (ZU) nach § 3 VwZG, mit eingeschriebenem Brief gem § 4 VwZG, gegen Empfangsbekenntnis (EB) nach § 5 VwZG sowie die öffentliche Zustellung nach § 15 VwZG. Zuzustellen ist idR an den Adressaten selbst, bei Vorliegen einer schriftlichen Vollmacht aber nur an den Bevollmächtigten, bei beschränkt Geschäftsfähigen an ihren gesetzlichen Vertreter (§ 7 VwZG).

63 **3. Die Zustellung durch die Post mit Zustellungsurkunde (ZU). a) Zustellung durch Übergabe.** Die Zustellung durch die Post mit ZU erfolgt auf die Weise, dass die Behörde das Schriftstück verschlossen der Post (oder einem anderen Lizenznehmer nach § 33 PostG) mit dem Ersuchen übergibt, die Zustellung einem Postbediensteten des Bestimmungsortes aufzutragen (§ 3 Abs 1 VwZG). Der Postbedienstete übergibt das Schriftstück, beurkundet die Zustellung und leitet die Urkunde an die Behörde zurück (§ 3 Abs 2 VwZG). Trifft der Zusteller den Adressaten selbst nicht an, kommt einen Ersatzzustellung gem § 3 Abs 3 VwZG iVm §§ 177ff ZPO in Betracht.[73]

64 **b) Die Zustellungsurkunde.** Wirksamkeitsvoraussetzung für die Zustellung nach § 3 VwZG ist die ordnungsgemäße Erstellung der Zustellungsurkunde. Der notwendige Inhalt einer gültigen Zustellungsurkunde ist in § 182 ZPO geregelt. Hierzu zählt die Angabe der Geschäftsnummer (des Aktenzeichens) des Verwaltungsverfahrens ebenso zwingend erforderlich wie die nähere Bezeichnung des Schriftstücks, die eine eindeutige Aussage darüber erlaubt, dass Gegenstand der Zustellung auch tatsächlich das zuzustellende Schriftstück war (BFHE 160, 103; Engelhardt/App Nachtrag § 3 Rn 3). Fehlt es an diesen Voraussetzungen, ist die Zustellungsurkunde nicht aussagekräftig, die Zustellung ist dann gescheitert (OVG Hamburg, HmbJVBl 1996, 77). Das gleiche gilt, wenn es zB an einer wirksamen Unterschrift des Postbediensteten fehlt.

65 **c) Die Formen der Ersatzzustellung. aa) Ersatzzustellung in Wohnung oder Geschäftslokal.** Wird der Adressat in seiner Wohnung nicht angetroffen, so kann die Zustellung nach § 178 Abs 1 Nr 1 auch an einen erwachsenen Familienangehörigen, an eine in der Familie beschäftigte Person, insbes an eine nicht nur vorübergehend beschäftigte Hausangestellte (nach FG Berlin 1986, 344 auch an die Putzfrau) oder an einen erwachsenen ständigen Mitbewohner erfolgen. Volljährigkeit ist dafür nicht erforderlich; allgemein wird ein Mindestalter von 14 Jahren angenommen (Engelhardt/App, VwVG/VwZG, Nachtrag § 3 Rn 8). Bei der Zustellung in den Geschäftsräumen des Adressaten kann das Schriftstück auch an eine im Betrieb bzw Unternehmen dauerhaft beschäftigte Person zugestellt werden (§ 178 Abs 1 Nr 2 ZPO), bei der Zustellung in Gemeinschaftseinrichtungen an den Leiter und seine Vertreter (§ 178 Abs 1 Nr 3 ZPO). Die in § 178 Abs 1 Nr 1 ZPO genannten Ersatzempfänger sind nach hM zur Annahme des Schriftstücks verpflichtet, weshalb der Postbedienstete das Schriftstück im Falle der Weigerung nach § 179 ZPO in der Wohnung oder im Geschäftslokal zurücklassen darf (Engelhardt/App, VwVG/VwZG, Nachtrag § 3 Rn 8).

[73] Näher Engelhardt/App, VwVG/VwZG Nachtrag § 3.

Wohnung idS ist unabhängig vom Wohnsitz die Räumlichkeit, in der der Adressat tatsächlich wohnt, insbesondere auch schläft (BGH NJW-RR 1997, 1161). Vorübergehende Abwesenheit bei längerem Urlaub ist unschädlich (BVerwG NJW 1991, 1904), anders aber bei Wohnungswechsel, Getrenntlebens und längerer Abwesenheit zB wegen Verbüßung einer Freiheitsstrafe. Erfasst werden von § 178 Abs 1 ZPO auch **Gemeinschaftseinrichtungen,** in denen die Zustellungsempfänger wohnen, wie zB Altersheime, Wohnheime, Krankenhäuser, Kasernen usw. Der bloße Anschein einer Wohnung, zB aufgrund eines Namensschildes, der Angabe einer Adresse usw allein begründet noch keine Wohnung (FG Münster NJW 1985, 1184). 66

Geschäftsräume sind diejenigen Räume eines selbständigen Gewerbetreibenden oder freiberuflich Tätigen (zB Architekten, Arzt usw), der vom Adressaten erkennbar für seine Gewerbe- und Berufsausübung genutzt wird (OLG Frankfurt MDR 1999, 498). An Gewerbetreibende kann nach Wahl sowohl in der Wohnung als auch in ihrem Geschäftslokal, dort auch an Mitarbeiter, wenn sie in einem dauernden Dienstverhältnis stehen (VGH München, NJW 1991, 1249) zugestellt werden. Dies gilt unabhängig davon, ob sich das Schriftstück auf den privaten oder geschäftlichen Bereich bezieht. Der Begriff des Gewerbetreibenden umfaßt alle Personen, die eine selbständige Erwerbstätigkeit ausüben, also auch Freiberufler. 66 a

bb) Ersatzzustellung durch Einlegen in den Briefkasten. Ist eine Zustellung nach § 178 Abs 1 Nr 1 oder Nr 2 ZPO nicht möglich, weil weder der Adressat noch weitere geeignete Personen angetroffen werden, so kann das Schriftstück nach dem neu gefassten § 180 ZPO auch in einen zu der Wohnung oder zum Geschäftslokal gehörenden Briefkasten eingelegt werden. Voraussetzung dafür ist, dass der Briefkasten vom Adressaten selbst nach außen erkennbar für den Postempfang eingerichtet hat, was idR durch die Anbringung des Namens erfolgt,[74] und dass der Briefkasten in der allgemein üblichen Art für eine sichere Aufbewahrung geeignet ist. Letzteres setzt voraus, dass der Briefkasten abgeschlossen ist und auch sonst hinreichend funktionsfähig ist. Sofern der Briefkasten sich ohne Schlüssel öffnen lässt, liegen die Voraussetzungen des § 180 ZPO nicht vor. Unzulässig ist eine Zustellung durch Einlegen in den Briefkasten auch dann, wenn nach den Umständen davon auszugehen ist, dass der Briefkasten nicht oder jedenfalls nicht regelmäßig geleert wird, was anzunehmen ist, wenn er etwa überquillt oder sich sonst ein Schriftstück nicht mehr sicher einlegen lässt. 67

Die Ersatzzustellung durch Einlegen in den Briefkasten stellt eine **wesentliche Neuerung** durch das ZustReformG dar, weil sie die Niederlegung bei der Post in vielen Fällen entbehrlich werden lässt. Gleichwohl ist sie **rechtspolitisch nicht unbedenklich,** weil sie die Gefahr eines Verlustes des zuzustellenden Schriftstücks aus dem funktionsfähigen Briefkasten jedenfalls teilweise dem Adressaten aufbürdet. Allerdings konnte dies auch bisher schon im Falle der Niederlegung mit der Benachrichtigung geschehen, die auf gewöhnliche Weise in den Briefkasten eingelegt wurde. Voraussetzung für die Wirksamkeit der Zustellung ist, dass der Postbedienstete das Einlegen des Schriftstücks in den Briefkasten in einer dem § 182 ZPO genügenden Weise protokolliert. 68

cc) Ersatzzustellung durch Niederlegung. Niederlegung des Schriftstücks nach § 181 ZPO kommt nur in Betracht, wenn eine reguläre Zustellung ebenso wenig durchführbar ist wie eine Ersatzzustellung durch die Einlegung in den Briefkasten nach § 180 ZPO bzw in den Fällen des § 178 Abs 1 Nr 3 ZPO an den Leiter einer Gemeinschaftseinrichtung. Voraussetzung ist, dass eine Mitteilung 69

---

[74] Es muss sich um einen individuellen Briefkasten mit Zuordnung zu einer Wohnung oder einem Geschäftslokal handeln. Briefkästen von Gemeinschaftsunterkünften reichen nicht aus, auch wenn sie individuell zuzuorden sind.

über die Niederlegung in der für gewöhnliche Briefe üblichen Weise in den Machtbereich des Empfängers gelangt ist. Ausreichend ist hier, dass die Mitteilung „in der bei gewöhnlichen Briefen üblichen Weise abgegeben oder, wenn das nicht möglich ist, an der Tür der Wohnung, des Geschäftslokals oder der Gemeinschaftseinrichtung befestigt wird; Kenntnisnahme des Empfängers ist nicht erforderlich. Den Beweis für die ordnungsgemäße Zustellung durch Niederlegung erbringt nur eine ordnungsgemäß ausgefüllte Zustellungsurkunde. Das Schriftstück gilt mit der Abgabe der schriftlichen Mitteilung als zugestellt (§ 181 Abs 1 S 2 ZPO). Auf den Zeitpunkt der tatsächlichen Kenntnisnahme bzw der Möglichkeit dazu kommt es nicht an (VGH München BayVBl 1981, 660; BayObLG MDR 1990, 346; Kopp/Schenke. Der Tag der Mitteilung ist auch dann maßgeblich, wenn dies ein Samstag ist und eine Abholung frühestens am darauffolgenden Montag möglich ist (vgl zur früheren Rechtslage BayVerfGH NJW 1982, 2661).

70 Die Niederlegung kann wahlweise **beim Amtsgericht oder einer von der Post bestimmten Stelle** erfolgen (§ 181 Abs 1 S 1 ZPO). Dort ist es drei Monate lang zur Abholung aufzubewahren und danach an den Absender zurückzusenden. Voraussetzung der Wirksamkeit einer Zustellung durch Niederlegung bei der Post ist auch in diesem Fall, dass die Mitteilung über die Niederlegung in den **Zugriffsbereich des Empfängers** gekommen ist, nicht aber, dass dieser von der Mitteilung Kenntnis genommen hat.[75]

71 **dd) Zustellungsfiktion bei verweigerter Annahme.** Wird die Annahme des zuzustellenden Schriftstücks unberechtigt verweigert, so gilt das Schriftstück nach § 179 ZPO gleichwohl als zugestellt, wenn das Schriftstück vom Postbediensteten in der Wohnung oder in den Geschäftsräumen zurückgelassen wird. Ist keine Wohnung bzw kein Geschäftsraum vorhanden, so ist das Schriftstück schlicht an den Adressaten zurückzusenden.

72 **4. Die Zustellung mittels eingeschriebenen Briefes.** Bei Zustellung mittels eingeschriebenem Brief liegt ein ordnungsgemäßer Zugang dann vor, wenn die AGB der Deutschen Post AG (die im Zuge der Postprivatisierung die frühere PostO abgelöst haben) beachtet wurden (BVerwGE 39, 261; NJW 1977, 2092; BayVerfGH NJW 1982, 2661). Zu unterscheiden sind **Übergabe-Einschreiben** und **Einwurf-Einschreiben.** Letztere reichen als wirksame Zustellung nicht aus (BVerwG DVBl 2001, 477). Die Zustellung kann hier ua auch durch **Übergabe an den Ehepartner** des Empfängers (BayVerfGH NJW 1982, 2661), den Lebenspartner (BGH NJW 1990, 1666), ein Familienmitglied (BayVerfGH NJW 1982, 2661; OLG Celle NJW 1971, 1227) oder einen sonstigen „Ersatz-Empfänger" (BayVerfGH NJW 1982, 2661) bewirkt werden, auch wenn das Schreiben den Empfänger in Wahrheit auch später nicht erreicht (BayVerfGH NJW 1982, 2661). **Noch nicht als Zugang** anzusehen ist die bloße **Benachrichtigung** des Empfängers, dass ein Einschreibbrief bei der Post hinterlegt ist und zur Abholung bereit liegt.[76] Entsprechendes gilt für Briefe, die in ein abgeschlossenes Postfach eingelegt werden (Münster MDR 1977, 1048; München 28, 32: Zugang erst, wenn abgeholt). Wird der Brief nicht abgeholt, so liegt kein Zugehen im Rechtssinn vor (BVerwGE 36, 127; BayVerfGH NJW 1982, 2661). Zu **treuwidriger Nichtabholung** s aber unten Rn 23.

73 **5. Zustellung mittels Empfangsbekenntnis.** Bei der Zustellung durch die Behörde wird dem Empfänger das Schriftstück ausgehändigt; der Empfänger hat ein mit Datum versehenes Empfangsbekenntnis zu unterschreiben (§ 5 Abs 1

---

[75] BVerwGE 85, 215: Keine Wirksamkeit, wenn keine tatsächlich vom Adressaten bewohnte Wohnung mehr am Zustellort; BayObLG MDR 1990, 346. S auch oben Rn 12.

[76] BVerwGE 23, 127 = NJW 1971, 443; 36, BVerwG NJW 1971, 446; BVerfG 22, 12 f.; BayVerfGH VRspr 25, 527 mwN; NJW 1982, 2661; BGH VersR 1971, 272; BSG 27, 239; NZA 1991, 38; BFH 110, 235.

VwZG). Bei Zustellung mit EB (§ 5 Abs 2 VwZG) an Behörden, öffentliche Körperschaften, Rechtsanwälte (nicht auch Rechtsbeistände, s OVG Koblenz 11, 282) nach § 5 Abs 2 VwZG (bzw nach den entsprechenden landesrechtlichen Bestimmungen) kann die Übermittlung auch per **Telefax** erfolgen (s hierzu auch BFH NVwZ 2003, 252). Es ist grundsätzlich das **Datum des Empfangsbekenntnisses** – dh nicht notwendig der Zeitpunkt des tatsächlichen Zugangs – maßgeblich,[77] außer wenn es nachweislich unrichtig ist (VGH Kassel DVBl 1989, 894), bei Behörden und Gerichten außerdem das Datum des **Eingangsstempels** (BVerwG Buchh 310 § 70 VwGO Nr 5). Es genügt nicht, dass das zuzustellende Schriftstück in den Bereich der Kanzlei oder der Behörde gelangt ist; es muss auch von einem dafür zuständigen Bediensteten als zugestellt angenommen und in Empfang genommen sein (BFH NVwZ 2000, 356; VGH Mannheim GewArch 1985, 133).

6. Öffentliche Zustellung (§ 15 VwZG). Die recht seltene öffentliche Zustellung ist nur in den Fällen des § 15 Abs 1 VwZG zulässig. Voraussetzung ist, dass sämtliche anderen Zustellungsmöglichkeiten nicht zum Erfolg führen können. Sie erfolgt nach § 15 Abs 2 Satz 1 VwZG auf Anordnung eines zeichnungsberechtigten Beamten durch **Aushang des Schriftstücks** oder gem § 15 Abs 2 Satz 2 VwZG durch Aushang einer Benachrichtigung, in der angegeben wird, dass und wo das Schriftstück eingesehen werden kann. Zum Mindestinhalt der Benachrichtigung OVG Hamburg NordÖR 2001, 133. Der Aushang hat an einer von der Behörde allgemein hierzu vorgesehenen Stelle für einen **Zeitraum von zwei Wochen** (§ 15 Abs 3 VwZG) **bei Ladungen von einem Monat,** stattzufinden. Dabei wird der erste Tag nicht mitgezählt (§ 187 Abs 1 BGB). Der Tag des Aushängens und der Tag der Abnahme sind vom zuständigen Beamten auf dem Schriftstück zu vermerken (§ 15 Abs 3 Satz 3 VwZG); der Vermerk mit vollem Namen (BGHZ 80, 320) zu unterschreiben; bloßes Namenskürzel oder Paraphe genügt nicht. 74

Die Öffentliche Zustellung nach § 15 VwZG ist nur zulässig, wenn die **Anschrift nicht in zumutbarer Weise ermittelt werden** kann. Eine Behörde muss sich, bevor sie den Weg der öffentlichen Zustellung einschlägt, durch die nach Sachlage gebotenen Ermittlungen Gewissheit darüber verschaffen, dass der Aufenthaltsort des Zustellungsempfängers nicht nur ihr, sondern allgemein unbekannt ist (VGH München BayVBl 1989, 246). Den Anforderungen an die Prüfungspflicht wird die Behörde in aller Regel gerecht, wenn sie versucht, die Anschrift des Adressaten durch die Polizei bzw durch das Einwohnermeldeamt zu ermitteln (vgl auch BFH 102, 20 = BStBl II 1971, 555; BayObLG BayVBl 1984, 121; VGH München BayVBl 1989, 248). 75

7. Zustellung im Ausland. Eine Zustellung ausserhalb Deutschlands kann wirksam nur mit Zustimmung der dort herrschenden Gewalt zugestellt usw werden.[78] Die Bescheinigung nach § 14 Abs 4 VwZG muss den Zeitpunkt und den Namen der Person enthalten, an den das Schriftstück übergeben wurde (BVerwG NJW 2000, 683). Zustellungen im Ausland erfolgen idR aufgrund **internationaler Abkommen** oder bilateraler Verträge und/oder durch Vermittlung des Auswärtigen Amtes, im Bereich der Zuständigkeiten der Konsulate auch unmittelbar über diese. S im einzelnen G v 20. 7. 1981 (BGBl I 665) sowie oben 1; zur Bekanntgabe von VAen im Ausland unter Inanspruchnahme der Amtshilfe s auch 14 76

[77] BVerwG DVBl 1971, 418; NJW 1979, 1998; BayVBl 1980, 249; OVG Greifswald NVwZ 2002, 113; BGH VersR 1983, 1080 – zugleich zu den strengen Anforderungen an einen Gegenbeweis –; BGHZ 57, 160; NJW 1979, 2566; BFH BayVBl 1990, 699: wenn das Empfangsbekenntnis nicht ausgefüllt wurde, tatsächlicher Zugang maßgeblich; zur Zustellung an Rechtsanwälte nunmehr auch BVerwGE 58, 109; BVerwG DÖV 1984, 776 – bei Annahme an einem Samstag, Fristbeginn am Sonntag.

[78] BSG NJW 1973, 1064; StBS 112.

zu § 4. Zur **Bekanntgabe** von VAen im **Ausland** vgl das **Europäische Übereinkommen** über die Zustellung von Schriftstücken in Verwaltungssachen im Ausland.[79]

77 **8. Heilung von Zustellungsmängeln.** Die Heilung von Zustellungsmängeln richtet sich nach § 9 VwVZG. Danach gilt ein Schriftstück als in dem Zeitpunkt zugestellt, in dem der Empfänger es nachweislich erhalten hat. Voraussetzung für die Heilung ist also der Nachweis des tatsächlichen Erhalts des Schriftstücks. Eine Heilung war gem § 9 Abs 2 VwZG aF ausgeschlossen, „wenn mit einer Zustellung eine Frist für die Erhebung der Klage, eine Berufungs-, Revisions- oder Rechtsmittelfrist beginnt". Diese Regelung wurde nach der Rspr über den Wortlaut der Bestimmung hinaus herangezogen, wenn die Versäumung einer Frist nach ihrer Schwere dem Verlust eines Anspruchs oder eines Rechtsbehelfs gleichkam (vgl OVG Hamburg DVBl 1985, 960; NVwZ-RR 1990, 442; Kopp/Schenke § 56 Rn 16). Auf die Widerspruchsfrist war die Ausschlussregelung indessen nicht anwendbar. Die Bestimmung des § 9 Abs 2 VwZG wurde mit dem ZustReformG aufgehoben. Nunmehr sind auch Zustellungsmängel heilbar, wenn es um die Auslösung von Rechtsbehelfsfristen geht. Die Bedeutung von Zustellungsmängeln wird dadurch stark verringert. Insbesondere wird der Unterschied zwischen der Bekanntgabe nach § 41 und der formellen Zustellung immer geringer.

78 **Findet eine Heilung nicht statt,** so hat die fehlerhafte Bekanntgabe, wenn der VA bzw Widerspruchsbescheid als solcher selbst keine schweren Mängel aufweist, grundsätzlich **nicht die Unwirksamkeit** des VA oder Widerspruchsbescheids zur Folge, sondern nur, dass **Rechtsbehelfsfristen nicht in Lauf** gesetzt werden (BFH NVwZ 1988, 868).

79 **Die Folgen einer fehlerhaften Zustellung entfallen** unabhängig von § 9 VwZG und von vergleichbaren Regelungen, wenn der Adressat bzw der Betroffene **die Handlungen vorgenommen** hat, die ihm durch den in Frage stehenden VA aufgegeben waren oder für die der VA maßgeblich war, zB, ohne dass er den Mangel gerügt hat, den gegen den betroffenen VA in Betracht kommenden Rechtsbehelf eingelegt hat,[80] und sich aus der fehlerhaften Bekanntgabe keine weiteren Nachteile mehr für ihn ergeben.[81] Er kann sich dann nachträglich nicht mehr darauf berufen, dass die Bekanntgabe fehlerhaft war (vgl Kopp/Schenke § 56 Rn 17). Wird der Rechtsbehelf nachträglich wieder zurückgenommen, so kann er später nach Ablauf der Rechtsmittelfrist jedoch nicht nochmals erneut unter Berufung darauf, dass die fehlerhafte Zustellung keine Frist in Lauf gesetzt habe, eingelegt werden.

§ 42 Offenbare Unrichtigkeiten im Verwaltungsakt

Die Behörde kann Schreibfehler, Rechenfehler und ähnliche offenbare Unrichtigkeiten in einem Verwaltungsakt jederzeit berichtigen[15]. Bei berechtigtem Interesse des Beteiligten ist zu berichtigen[16]. Die Behörde

---

[79] BGBl 1981 I 535; wiedergegeben in Engelhardt/App, VwZG, Anh h; dazu – insb auch zu den Aufgaben der Gemeinden nach diesem Abkommen – Korber BayVBl 1983, 301; allg Merkblatt des BMF über die zwischenstaatliche Amtshilfe bei der Steuererhebung, wiedergegeben in Hb für Verwaltungszwangsverfahren, 1989.

[80] Vgl OVG Münster NVwZ 1995, 395; VGH BayVBl 1979, 733 mwN; NJW 1984, 2845; Erichsen/Ehlers § 38 Rn 23; **enger** OVG Hamburg DVBl 1982, 2118: dies gilt nicht bei Zustellung an einen nicht empfangsbereiten Dritten; München NJW 1984, 333, 926, 2845: gilt nicht bei Zustellung an einen nicht Verfahrenshandlungsfähigen; **aA** VGH München BayVBl 1982, 630; Preißer NVwZ 1987, 871: nur, wenn jedenfalls die Übergabe erfolgt war.

[81] VGH München NJW 1984, 2845; VGH Kassel NVwZ 1986, 131; VG Regensburg BayVBl 1976, 761; Linhart APF 1983, 116 Fn 45; vgl auch BGH NJW 1980, 990.

ist berechtigt, die Vorlage des Dokuments zu verlangen, das berichtigt werden soll[17]**.**

Parallelvorschriften: § 38 SGB X; § 129 AO; § 118 VwGO; § 138 SGG; § 107 FGO; § 319 ZPO

Schrifttum: *Bilsdorfer,* Die Korrekturvorschriften der AO, NJW 1982, 2408; *Birkenfeld,* Die Berichtigung von Steuerverwaltungsakten nach § 129 AO i.d. Rspr des BFH, DSTR 1991, 729; *Gerber,* Berichtigung von VAen wegen offenbarer Unrichtigkeiten, BB 1985, 1998; *Gontier,* Die Änderung von Steuerverwaltungsakten nach der AO, 1977; *Jachmann,* Die Berichtigung offenbar unrichtiger VAe gem § 42 VwVfG, Diss Regensburg, 1993; *Kuhfus,* Die Berichtigung offenbarer Unrichtigkeit nach § 129 AO, 1999; *Martens,* Die Rspr zum VwVfG (I 3. Offenbare Unrichtigkeit), NVwZ 1990, 624; *Schmidt,* Korrekturen von VAen im Steuerprozess, 1999; *Schumann,* Offenbare Unrichtigkeiten beim Erlass eines VA, RWP 1980, 223.

Übersicht

I. Allgemeines

1 **1. Inhalt.** Die Vorschrift gibt den Behörden im Interesse der Rechtsklarheit und der Verfahrensökonomie die Befugnis zur Berichtigung offenbarer (offensichtlicher) Unrichtigkeiten in VAen. Sie entspricht dem bereits vor dem Inkrafttreten des VwVfG geltenden Recht.[1] § 38 SGB X enthält eine gleichlautende Regelung; ähnliche Regelungen enthalten § 118 VwGO, § 107 FGO, § 138 SGG und § 319 ZPO; auf die Rspr und das Schrifttum dazu kann zurückgegriffen werden. Die Regelung in § 129 AO weicht dagegen ab, weil sie weitere Unrichtigkeiten erfasst.[2]

2 Grundsätzlich kann ein bereits erlassener VA auch von der Behörde nur noch im **Rechtsbehelfsverfahren** bzw nur durch **Widerruf, Rücknahme oder Wiederaufgreifen** nach §§ 48–51 geändert werden; anders ein noch nicht erlassener, dh noch nicht existent gewordener und daher nur als Entwurf und Verwaltungsinternum anzusehender VA, der bis zur Bekanntgabe jederzeit noch in jeder Richtung abgeändert werden kann. § 42 sieht in Anlehnung an § 118 VwGO (BSG NVwZ-RR 1991, 1) für Schreib- und Rechenfehler sowie andere offenbare

---

[1] Vgl OVG BVerwGE 21, 316; 40, 216; BVerwG DÖV 1970, 747; JZ 1973, 122; BSG 15, 96; BGH MDR 1977, 751; OVG Bremen DÖV 1974, 353; Begr 38; M 107; Krause 170; F 223, 237.

[2] BVerwG NVwZ 1986, 198; Bilsdorfer NJW 1982, 2409; Martens NVwZ 1990, 628; StBS 13; Knack 1.

Unrichtigkeiten eines bereits erlassenen VA die **Möglichkeit einer klarstellenden Berichtigung** vor. Das bedeutet, dass der sachliche Gehalt des VA durch die Berichtigung nicht berührt wird, weil der VA schon in seiner nicht berichtigten Fassung genau das aussagte, was durch die Berichtigung klargestellt wird. Die Berichtigung hat deshalb nur **Klarstellungsfunktion** (BVerwG DÖV 1970, 747; BSG 1991, 1; StBS 2; Knack 2).

3 **2. Anwendungsbereich. a) Unmittelbare Anwendbarkeit.** § 42 gilt unmittelbar nur für schriftlich oder elektronisch erlassene VAe und gem § 37 Abs 2 S. 2 schriftlich oder elektronisch bestätigte VAe im Geltungsbereich des VwVfG. Die Verwaltungsverfahrensgesetze der Länder enthalten gleichlautende Vorschriften. § 42 gilt auch für Zusicherungen gem § 38 und Nebenbestimmungen gem § 36 sowie für Planfeststellungsbeschlüsse (BVerwG NVwZ 2000, 553). Die Berichtigungsmöglichkeit betrifft nicht nur für den Entscheidungssatz (Tenor) eines VA, sondern auch andere Teile, insb auch die Begründung eines VA. Unerheblich ist für die Anwendbarkeit auch, ob sich die Berichtigung formell zugunsten oder zu Lasten des Beteiligten auswirkt (BFH NVwZ 1984, 334), ebenso, ob die Unrichtigkeit auf einem Versehen der Behörde beruht oder auf ein Versehen eines Beteiligten, zB auf unrichtige Angaben, zurückzuführen ist (Herden/Gmach NJW 1988, 2011; StBS 5). Da es sich stets nur um eine Klarstellung handelt, stellt sich auch die Frage der Zumutbarkeit nicht (StBS 6; **aA** offenbar WBS § II 49 Rn 6).

4 **b) Entsprechende Anwendbarkeit.** Als Ausdruck eines allgemeinen Rechtsgedankens gilt § 42 sinngemäß auch für mündlich oder auf andere Weise erlassene VAe sowie für andere öffentlich-rechtliche Handlungen der Verwaltung, insb auch für öffentlichrechtliche Verträge, außerdem auch für privatrechtliche Akte der Verwaltung, soweit keine speziellen Rechtsvorschriften eingreifen. Voraussetzung ist aber stets das Vorliegen einer bloßen Unrichtigkeit; auf Fehler des VA ist § 42 demgegenüber nicht, auch nicht entsprechend, anwendbar. Weitergehende nachträgliche Änderungen, ausgenommen eine Nachholung oder Ergänzung der Begründung nach § 45 Abs 1 Nr 1, sind nur nach Maßgabe der allgemeinen Vorschriften und nur durch einen neuen VA in der Sache möglich (vgl §§ 48 ff).

II. Voraussetzungen der Berichtigung

5 **1. Unrichtigkeit in einem VA.** Eine Unrichtigkeit iS des § 42 liegt vor, wenn in der **Formulierung des VA** etwas anderes ausgesagt wird, als die Behörde gewollt hat, oder etwas nicht ausgesagt wurde, was sie gewollt hat (zB auch versehentliche Auslassungen, vgl BGH NJW 1964, 1858; Obermayer 5 und 25; StBS 7; Knack 5); nicht dagegen, wenn der Behörde bei ihrer Willensbildung (insb der Tatsachenfeststellung, Tatsachenwürdigung oder Rechtsanwendung) ein Fehler unterlaufen ist.[3] Unrichtigkeit ist also die mangelnde Übereinstimmung von Wille und Erklärung (BVerfGE 34, 7; BVerwGE 40, 216; Knack 3). Die **Unrichtigkeit als solche stellt keine Fehlerhaftigkeit** des VA dar, da dieser mit dem wahren, allerdings nur unvollkommen zum Ausdruck gelangten Inhalt wirksam ist. Umgekehrt gilt: Liegt ein materieller Fehler des VA vor, so ist § 42 nicht anwendbar, auch dann nicht, wenn dieser offensichtlich ist (StBS 15 ff). Problematisch ist die Lage, wenn aufgrund eines **Fehlers in einem EDV-Programm** ein offenbar unrichtiger VA erlassen wird. Hier kommt eine entsprechende Anwendung des § 42 nur in Betracht, wenn der Fehler einem Rechenfehler des Sachbearbeiters vergleichbar ist (BVerwG NJW 1976, 532; **aA** StBS 18).

6 Auch eine nicht gewollte **Unklarheit** stellt eine Unrichtigkeit dar. § 42 gilt nicht nur für Unrichtigkeiten im Entscheidungssatz des VA, sondern auch in seiner

[3] BVerwG DÖV 1970, 447; BFH NVwZ 1984, 334; 1985, 448; 1988, 869: nicht Mängel, die auf fehlerhafter Rechtsanwendung beruhen; BFH NVwZ 1993, 512; BSG 24, 264; NVwZ-RR 1991, 1; Erichsen/Ehlers § 38 Rn 51; UL § 59 Rn 9.

Begründung und in der Rechtsbehelfsbelehrung gem § 58 VwGO. Dementsprechend erfasst der **Begriff der Berichtigung** Ergänzungen, Streichungen und sonstigen nachträglichen Änderungen eines ergangenen VA, die der Herstellung der Übereinstimmung des Gesagten mit dem erkennbar mit dem VA Gewollten dienen und nicht darüber hinausgehen. Zur Abgrenzung von Unklarheiten usw, die ohne weiteres durch Auslegung behoben werden können, von Unrichtigkeiten iS von § 42 vgl BFH NVwZ 1987, 360.

Nicht um Unrichtigkeiten iS von § 42 handelt es sich bei Rechtswidrigkeitsgründen iS von §§ 42 Abs 2, 113 Abs 1 VwGO bzw von § 48 und bei Nichtigkeitsgründen iS von §§ 43 Abs 3, 44. Die Anwendbarkeit von § 42 ist auch ausgeschlossen, wenn es sich um Fehler nicht nur im „äußeren Erscheinungsbild des VA", dh im Ausdruck, handelt, sondern bei der Willensbildung der Behörde, zB Mängel der Sachaufklärung, oder bei der Tatsachenwürdigung, zB Rechtsirrtum, Denkfehler usw (BFH NVwZ 1990, 703). Es genügt insoweit für die Unanwendbarkeit von § 42, dass bei einer Unrichtigkeit die Möglichkeit von Mängeln in der Willensbildung nicht auszuschließen ist (BFH NVwZ 1990, 703). 7

2. Offensichtlichkeit. Die Unrichtigkeit muss offensichtlich oder doch unschwer aus den Umständen der Verkündung, aus anderen Teilen des VA oder aus den Beteiligten sonst bekannten Umständen erkennbar sein.[4] Das ist der Fall, „wenn sich der Irrtum aus dem Sinn- bzw Gesamtzusammenhang des VA selbst oder den Vorgängen bei seiner Bekanntgabe ergibt. Entscheidend ist, dass „den Beteiligten aus einer solchen Konstellation heraus die Unrichtigkeit ohne weiteres auffällt" (BVerwG NVwZ 1986, 198). Diese engen Voraussetzungen der Berichtigung folgen nicht nur aus Wortlaut, Sinn und Zweck der Regelung, sondern auch aus § 43 Abs 1 S 2, wonach ein VA mit dem Inhalt wirksam wird, mit dem er bekanntgegeben wird,[5] und aus den für die Auslegung von VAen geltenden Grundsätzen, sondern vor allem auch aus einer **verfassungskonformen Auslegung** unter Berücksichtigung des rechtsstaatlichen Grundsatzes des Vertrauensschutzes (Mössner DVBl 1987, 1233). 8

a) Erkennbarkeit aus dem Inhalt des VA. Die Offensichtlichkeit muss sich grundsätzlich aus dem Inhalt des VA selbst, zB aus einem Vergleich des Entscheidungssatzes mit der Begründung (§ 39) ergeben; sie kann sich aber uU auch aus den sonstigen Umständen, die den Betroffenen bekannt sind oder deren Bedeutung für die Auslegung des VA offensichtlich ist, hervorgehen.[6] **Umstritten** ist, ob für die Frage der Erkennbarkeit auf die persönlichen **Erkenntnismöglichkeiten des Adressaten** bzw sonst vom VA Betroffenen im konkreten Fall (Mössner DVBl 1987, 1233), oder auf den „objektiven Empfängerhorizont" abzustellen ist. Richtigerweise kommt es darauf an, ob sich **die Unrichtigkeit jedermann aufdrängen muss,** der in die Lage des Beteiligten versetzt wird und von daher urteilt, ob der VA unrichtig ist".[7] 9

Das Erfordernis der Offensichtlichkeit gilt **auch für Schreib- und Rechenfehler** („und ähnliche offenbare Unrichtigkeiten"; vgl BSG NVwZ-RR 1991, 1; StBS 26), die deshalb nur dann im Weg einer einfachen Berichtigung korrigiert werden können, wenn sie für die Betroffenen aus dem Inhalt des VA, insb auch 10

---

[4] BVerwG NVwZ 1986, 198; UL § 59 Rn 12; Erichsen/Ehlers § 38 Rn 51: „ins Auge springt"; Schröcker NJW 1968, 2035.

[5] Vgl Martens NVwZ 1990, 628; Mössner DVBl 1987, 1233 zu dem § 43 entsprechenden § 124 AO.

[6] BVerwG NVwZ 1986, 198: die Umstände, die einen VA unrichtig machen, müssen nicht sämtlich aus dem VA selbst zu ersehen sein; dazu auch Martens NVwZ 1987, 469; 1990, 628; ebenso Knack 4.

[7] BVerwG NVwZ 1986, 198; BSG NVwZ-RR 1991, 1: nach Erkenntnisvermögen eines „verständigen" Bürgers; ebenso StBS 24; Knack 4; zu weit gehend wohl BVerwG NVwZ 2000, 553.

aus der Begründung oder sonstigen ihnen bekannten Umständen **ohne weiteres ersichtlich** sind.[8] Dies ist zB der Fall, wenn die Behörde bei einem einfachen Rechenvorgang zu einem offensichtlich falschen Ergebnis kommt und das richtige Ergebnis für jedermann unschwer zu ermitteln ist, ferner dann wenn ein sinnentstellender oder sinnverändernder Schreibfeher aus dem Gesamtzusammenhang unschwer entdeckt und die richtige Aussage unter den konkreten Umständen für Jedermann ohne weiteres erkannt werden kann. Dies gilt auch, wenn die Ursache der Unrichtigkeit in einem **Fehler der Programmierung** einer EDV-Anlage oder der Dateneingabe liegt.[9]

11 **b) Einzelfälle. Offensichtlichkeit** idS liegt zB vor bei **falscher Schreibweise** des Familiennamens, falscher Angabe des Vornamens oder der Adresse des Adressaten oder Dritter, wenn hins der Identität kein Zweifel möglich ist (BFH BStBl II 1974, 724), **falscher Bezeichnung der Hausnummer** eines Hauses oder Flurnummer eines Grundstücks, wenn offensichtlich ist, welches Haus bzw welches Grundstück gemeint ist; **unzutreffender Bezeichnung einer Nebenbestimmung** als Auflage anstelle der offensichtlich gemeinten Bedingung (Knack 3), unrichtiger Wiedergabe von Parteivorbringen in der Begründung eines VA (vgl Schuhmacher NJW 1969, 967); ebenso wohl auch bei aus einem Bescheid klar ersichtlicher **doppelter Berücksichtigung eines Freibetrags** (BFH 156, 59 = NVwZ 1990, 702) oder bei Angabe des Betrags eines BAföG-Stipendiums in einer Höhe, von der schlechthin nicht angenommen werden kann, dass sie zutreffend beziffert sein könnte.

12 **Keine Offensichtlichkeit** ist dagegen zB anzunehmen bei fehlender Übereinstimmung der Ausfertigung des VA mit der bei der Behörde verbleibenden Urschrift (**aA** offenbar WBS I § 49 Rn 73) oder mit dem Inhalt der Akten (Mössner DVBl 1987, 123; **aA** vdGK 1, 2); ebenso nicht bei einem mechanischen Fehler bei der Erstellung des EDV-Programms (**aA** BFH NVwZ 1985, 448), bei einem für den Betroffenen nicht erkennbaren Fehlgriff in einer Tabelle uä, einer falschen Ausfüllung des Eingabebogens in die EDV-Anlage (**aA** BFH NJW 1978, 392; NVwZ 1984, 334; 1985, 448), der Nicht-Anwendung einer Vorschrift (BFH NVwZ 1984, 334), der Übernahme falscher Angaben des Bürgers und deren Zugrundelegung bei der Entscheidung (**aA** Bilsdorfer NJW 1982, 2409); anders, wenn sich daraus für den Inhalt der Entscheidung keine Zweifel ergeben können. Zu weiteren Beispielen, in denen der BFH Offensichtlichkeit bejaht hat, sie jedoch jedenfalls nach den für § 42 maßgeblichen Grundsätzen (s oben Rn 9) verneint werden muss, vgl Martens NVwZ 1990, 628; StBS 26; Knack 6.

III. Verfahren der Berichtigung

13 **1. Allgemeines.** Die Berichtigung erfolgt entweder von **Amts wegen oder auf Antrag** eines Betroffenen. Sie ist nach S 1 jederzeit – auch nach Einlegung von Rechtsbehelfen oder nach Eintritt der Unanfechtbarkeit des VA – durch die Ausgangsbehörde, im Rechtsbehelfsverfahren auch durch die Rechtsbehelfsbehörde, auch zum (allerdings nur formellen) Nachteil des Betroffenen (BVerwGE 21,

[8] Vgl Mössner DVBl 1987, 1233; zT **aA** BVerwG Buchh 427.3 § 335 a LAG Nr 65; BSG NVwZ-RR 1991, 1.

[9] BFH NVwZ 1984, 334: einfache Berichtigung auch bei lediglich mechanischen Versehen; BVerwG NVwZ 1993, 511: die Eintragung einer falschen Kennziffer im Eingabewertbogen kann eine offenbare Unrichtigkeit sein; BFH NVwZ 1993, 511: einfache Berichtigung, wenn die Behörde zunächst übersehen hatte, daß bereits ein Grundlagenbescheid vorlag; Koch zu § 129 AO: Berichtigung auch, wenn ein Bescheid vom Inhalt der Akten abweicht; Mössner DVBl 1987, 1233 – unter Hinweis auf § 124 Abs 1 S 2 AO – entsprechend § 43 Abs 1 S 2 VwVfG –, wonach ein VA abweichend vom früheren Rechtszustand mit dem Inhalt wirksam wird, mit dem er bekanntgegeben wird; ähnlich Martens NVwZ 1990, 628.

316), möglich und **wirkt auf den Zeitpunkt des Erlasses des VA zurück,** dh, die neue Fassung gilt künftighin als die ursprüngliche.[10] Zuständig ist diejenige Behörde, die den zu berichtigenden VA erlassen hat.

Die **Berichtigung ist kein VA** (hM, vgl StBS 32; Knack 12; aA BSG NJW 1966, 129; Voraufl). Auch die Entscheidung über die Berichtigung stellt keinen VA dar, weil sie keine Regelungswirkung entfaltet. Dies gilt unabhängig davon, ob von Amts wegen oder auf Antrag berichtigt wird. Auch die Ablehnung einer beantragten Berichtigung ist kein VA (str, wie hier Knack 11; Obermayer 31; **aA** StBS 43), weil die Berichtigung selbst lediglich eine unselbstständige Verfahrenshandlung darstellt. Es bedarf deshalb vor der Berichtigung keiner Anhörung der Beteiligten; auch eine Begründung ist nicht erforderlich, kann aber sinnvoll sein. 14

2. Berichtigung von Amts wegen (S 1). Die Berichtigung von Amts wegen steht im **Ermessen** der Behörde (BSG NVwZ-RR 1991, 2; Knack 7). Bei gänzlich unbedeutenden Unrichtigkeiten wird sie unterbleiben können, ebenso bei bereits im wesentlichen vollzogenen VAen, wenn die Beteiligten im Rahmen des Vollzugs von einem zutreffenden Inhalt ausgegangen sind. 15

3. Berechtigte Interessen (S 2). Die Beteiligten haben, sofern sie ein berechtigtes Interesse an der Berichtigung haben, nach S 2 **Anspruch auf Berichtigung** (UL § 59 Rn 16; TK 6 zu § 92 AO). Ein berechtigtes Interesse ist insb anzunehmen, wenn durch die Berichtigung eine Rechtsposition formell verbessert oder die Durchsetzung eines Rechts erleichtert wird (vgl BVerwG DVBl 1968, 222), zB, wenn der VA zur Vorlage bei Behörden benötigt wird und nicht auszuschließen ist, dass sich sonst zum Nachteil des Beteiligten Zweifel ergeben könnten. **Nicht schutzwürdig** ist das Vertrauen Betroffener auf iS von § 42 offensichtlich unrichtige Aussagen in einem VA (BVerwGE 40, 212); es kann daher auch nicht gegen eine Berichtigung geltend gemacht werden, ebenso auch nicht gegen den Entzug einer vermeintlich erlangten Rechtsposition. 16

4. Berichtigungsvermerk auf dem VA (S 3). S. 3 ermächtigt die Behörde, von den Beteiligten die Vorlage des VA zu verlangen, damit sie die Berichtigung darauf vermerken kann. Die Wirksamkeit der Berichtigung ist jedoch nicht davon abhängig, dass sie gem S 3 auf der Urschrift und den – ggf nach S 3 von den Beteiligten zur Anbringung des Vermerks zurückzufordernden – Ausfertigungen vermerkt wird (ebenso Knack 10). Die Berichtigung kann auch durch einfaches Schreiben erfolgen (Knack 10). Die **Aufforderung zur Vorlage des VA** zur Berichtigung ist ein ggf mit den Mitteln des Verwaltungszwangs durchsetzbarer VA (StBS 38; Knack 10). 17

IV. Rechtsbehelfe gegen die Berichtigung

1. Rechtsbehelfe gegen Berichtigung. Eine unter **Verletzung der Grenzen** des § 42 vorgenommene Berichtigung (etwa, weil die Unrichtigkeit nicht offenbar war) stellt eine sachliche Abänderung des VA dar, die nach den allgemeinen Vorschriften **anfechtbar ist** (vgl Ule VwGO 400; RGZ 110, 429; **aA** RGZ 122, 334: es bleibt bei der ursprünglichen Fassung). Eine zulässige Berichtigung selbst ist dagegen ebenso auch die Entscheidung der Behörde, eine Berichtigung vorzunehmen, weder als VA anfechtbar, noch lässt sie sich mit einer Unterlassungsklage angreifen, da für diese das Rechtsschutzbedürfnis fehlen wird. Sie eröffnet daher auch keine neuen Rechtsbehelfe und auch keine neuen Rechtsbehelfsfristen gegen den berichtigten VA (BFH BStBl II 1974, 760), es sei denn, dass erst die Berichtigung eine Beschwer durch diesen erkennen lässt. Rechtsbehelfe gegen den berichtigten VA erfassen automatisch auch die Berichtigung, da der VA nur in 18

---

[10] BVerwG JZ 1973, 122; DÖV 1970, 747; UL § 59 Rn 15; Erichsen/Ehlers § 15 Rn 21; WBS II § 49 Rn 74; Knack 12.

der berichtigten Form weiterbesteht (s oben Rn 13). Die Entscheidung über derartige Rechtsbehelfe kann den VA auch hins des berichtigten Teils ändern oder aufheben, erstreckt sich aber nicht auf den Berichtigungsbescheid, sondern macht diesen allenfalls inhaltlich gegenstandslos.

19 **2. Rechtsbehelfe bei Ablehnung der Berichtigung. Umstritten** ist, ob bei Unterlassung bzw Ablehnung einer Berichtigung eine Verpflichtungsklage oder eine allgemeine Leistungsklage erhoben werden kann. Dies hängt von der Beurteilung der Rechtsnatur der Entscheidung ab. Richtigerweise ist die allgemeine Leistungsklage statthaft.[11] Die Gegenauffassung (StBS 43) gerät in einen Widerspruch, wenn sie die Rechtsform der Berichtigung davon abhängig machen will, ob ein Antrag auf Berichtigung gestellt wurde oder nicht.

Abschnitt 2. Bestandskraft des Verwaltungsaktes

§ 43 Wirksamkeit des Verwaltungsaktes

(1) **Ein Verwaltungsakt wird gegenüber demjenigen, für den er bestimmt ist[10] oder der von ihm betroffen wird[11], in dem Zeitpunkt wirksam, in dem er ihm bekannt gegeben wird[34]. Der Verwaltungsakt wird mit dem Inhalt wirksam, mit dem er bekannt gegeben wird.**

(2) **Ein Verwaltungsakt bleibt wirksam, solange und soweit er nicht zurückgenommen, widerrufen, anderweitig aufgehoben oder durch Zeitablauf oder auf andere Weise erledigt ist[40].**

(3) **Ein nichtiger Verwaltungsakt ist unwirksam[46].**

Parallelvorschriften: § 39 SGB X; § 124 AO

Schrifttum allgemein: *Braun,* Die präjudizielle Wirkung bestandskräftiger VAe, 1981; *Broß,* Zur Bindung der Zivilgerichte an Verwaltungsentscheidungen, VerwArch 1987, 91; *Engel,* Planungssicherheit für Unternehmen durch VA, 1992; *Fluck,* Die „Legalisierungswirkung" von Genehmigungen als ein Zentralproblem öffentlich-rechtlicher Haftung für Altlasten, VerwArch 1988, 406; *ders,* Probleme des gestuften Baugenehmigungsverfahrens, VerwArch 1989, 223; *Gaentzsch,* Konkurrenzen paralleler Anlagengenehmigungen, NJW 1986, 2787; *Guckelberger,* Rechtsnachfolgeprobleme im Baurecht, VerwArch 1999, 499; *Haaf,* Die Fernwirkungen gerichtlicher und behördlicher Entscheidungen, 1984; *Haueisen,* Unterschiede in den Bindungswirkungen von Verwaltungsakt, öffentlich-rechtlichem Vertrag, gerichtlichem Vergleich und Urteil, NJW 1963, 1329; *ders,* Anfechtbarkeit und Bestandskraft von Verwaltungsakten mit mehreren Betroffenen, NJW 1966, 2340; *Heitsch,* „Verfestigung" des vorläufigen positiven Gesamturteils trotz Aufhebung der 1. Teilgenehmigung nach Atomrecht?, UPR 1994, 250; *Ipsen,* Verbindlichkeit, Bestandskraft und Bindungswirkungen von VAen, Vw 1984, 169; *Jarass,* Konkurrenz, Konzentration und Bindungswirkung von Genehmigungen, 1984; *Jesch,* Die Bindung des Zivilrichters an VAe, 1956; *Kirchhof,* Der bestandskräftige Steuerbescheid im Steuerverfahren und im Steuerstrafverfahren, NJW 1985, 2975; *Klappstein,* Rechtseinheit und Rechtsvielfalt im Verwaltungsrecht. Dargestellt am Beispiel von VAen nach dem Allgemeinen und Besonderen Verwaltungsrecht, 1994; *Knöpfle,* „Tatbestands-" und „Feststellungswirkung" als Grundlage der Verbindlichkeit von gerichtlichen Entscheidungen und VAen, BayVBl 1982, 225; *Kollmann,* Zur Bindungswirkung von VAen, DÖV 1990, 189; *Kopp,* Mittelbare Betroffenheit im Verwaltungsverfahren und Verwaltungsprozeß, DÖV 1980, 504; *Krebs,* Zur Wirksamkeit und Geltung von VAen, VerwArch 1977, 285; *Kutschera,* Bestandsschutz im öffentlichen Recht, 1990; *Laubinger,* Der VA mit Doppelwirkung, 1967, 96; *ders,* Ergänzende Bemerkungen zu der Abhandlung von Jürgen Fluck und dem Urteil des BVerwG vom 9. 12. 1983, VerwA 1989, 241; *Lämmle,* Konkurrenz paralleler Genehmigungen, 1991; *Lorenz,* Folgepflicht gegenüber rechtswidrigen Verwaltungsakten, DVBl 1971, 195; *O. Mayer,* Zur Lehre von der materiellen Rechtskraft in Verwaltungssachen, AöR 1907, 1; *Ossenbühl,* Regelungsgehalt und Bindungswirkung der 1. Teilgenehmigung im Atomrecht,

[11] Str; wie hier UL § 59 Rn 17: Erzwingung einer Berichtigung allenfalls mit der allg Leistungsklage; ebenso Knack 8; **aA** zur Ablehnung einer beantragten Berichtigung StBS 43.

NJW 1980, 1353; *Peine,* Die Legalisierungswirkung, JZ 1990, 201; *Randak,* Bindungswirkungen von VAen, JuS 1992, 33; *Reichelt,* Der Vorbescheid im Verwaltungsverfahren, 1989; *Schenke,* Rechtsprobleme gestufter Verwaltungsverfahren am Beispiel von Bauvorbescheid und Baugenehmigung, DÖV 1990, 489; *Schmidt-Aßmann,* Institute gestufter Verwaltungsverfahren: Vorbescheid und Teilgenehmigung, in: BVerwG-FS 1978, 569, 583; *Seibert,* Die Bindungswirkung von VAen, 1989; *Stadie,* Unmittelbare Wirkung von EG-Richtlinien und Bestandkraft von VAen, NVwZ 1994, 435; *Tezner,* Das Rechtskraftproblem im Verwaltungsrecht, VerwA 1910, 128, 442; *Vogel,* Die Lehre vom Verwaltungsakt nach Erlaß der Verwaltungsverfahrensgesetze, BayVBl 1977, 617; *Waniorek,* Zur Straf- und Bußgeldbewehrung rechtswidriger VAe – OLG Karlsruhe NJW 1988, 1604 –, JuS 1989, 24; *Weber,* Vorbescheid und Teilgenehmigung im Atomrecht, DÖV 1980, 397.

Speziell zur Bestandskraft: *Bullinger,* Zur Bestandskraft belastender VAe, JZ 1963, 466; *Erichsen/Knoke,* Bestandskraft von VAen, NVwZ 1983, 185; *Domke,* Rechtsfragen der Bestandskraft von VAen, 1989; *Jeromin,* Die Bestandskraft von VAen im Amtshaftungsprozeß, NVwZ 1991, 543; *Kirchhof,* Der bestandskräftige Steuerbescheid im Steuerverfahren und im Steuerstrafverfahren, NJW 1985, 2977; *Kopp,* Die Bestandskraft von VAen, DVBl 1983, 392; *Rößler,* Nochmals: Der bestandskräftige Steuerbescheid im Steuerverfahren und im Steuerstrafverfahren, NJW 1986, 972; *Schenke,* Probleme der Bestandskraft von VAen, DÖV 1983, 320; *Steiner,* Zum Anwendungsbereich der verfahrensrechtlichen Regelungen über die materielle Bestandskraft von VAen (§§ 48, 49 VwVfG), VerwArch 1992, 479; *Treffer,* Zur Bestandskraft eines erledigten Verwaltungsakts, Vr 1994, 300.

Übersicht

I. Allgemeines

1 **1. Inhalt.** Die Vorschrift regelt Beginn und Dauer der Wirksamkeit und damit die **materiellen Wirkungen** von VAen gegenüber den Adressaten und sonstigen Betroffenen und stellt in Abs 3 klar, dass nichtige VAe (vgl § 44) keinerlei Wirksamkeit entfalten können (s unten Rn 46ff). Der Begriff der Wirksamkeit selbst wird nicht weiter definiert (s unten Rn 3ff). Vielmehr geht § 43 von dem Begriff der Wirksamkeit aus, der sich schon vor Inkrafttreten des VwVfG in der hM herausgebildet hatte. Die Wirksamkeit ist zu unterscheiden von der Bestandskraft und der Vollziehbarkeit von VAen (s unten Rn 29ff). Die **formellen Voraussetzungen der Wirksamkeit** von VAen sind nicht nur in § 43, sondern daneben vor allem in § 41 sowie in den Verwaltungszustellungsgesetzen des Bundes und der Länder und in anderen Bestimmungen des Fachrechts geregelt (vgl StBS 167ff; zT abweichend Drescher NVwZ 1988, 680: § 43 regelt allein die materielle Wirkung der Bekanntgabe, § 41 die formellen Voraussetzungen). Zur Wirksamkeit von VAen in Ausnahmefällen auch bei fehlender oder fehlerhafter Bekanntgabe unten Rn 46.

1 a **2. Verfassungsrecht, Europarecht.** Die Regelungen über die Wirksamkeit insbes auch rechtswidriger VAe sind **verfassungsrechtlich unbedenklich.**[1] Sie sind mit dem Rechtsstaatsprinzip und den grundrechtlichen Gewährleistungen vereinbar. Die Bindung der Verwaltung an das materielle Recht muss nach Eintritt der Unanfechtbarkeit des VA partiell zurücktreten. Die darin liegenden Einschränkungen der Prinzipien von Vorrang und Vorbehalt des Gesetzes sind aus Gründen der Rechtssicherheit und des Rechtsfriedens, die ebenfalls aus dem Rechtsstaatsprinzip folgen, gerechtfertigt. Allerdings dürfen insbes die Regelungen über die Unanfechtbarkeit und die Bestandskraft von VAen **nicht zu unzumutbaren Beschränkungen der Einzelfallgerechtigkeit** führen.[2] Dies ist bei der Auslegung der Vorschriften, insbes auch der Auslegung und Anwendung der Regelungen über Widerruf und Rücknahme, zu berücksichtigen.

Die Regelungen über die Wirksamkeit von VAen, insbes auch über die Unanfechtbarkeit nach dem Ablauf der Anfechtungsfristen der §§ 70, 74 VwGO), sind mit den Vorgaben des EU-Rechts grundsätzlich vereinbar. Sie können deshalb auch im Rahmen des **indirekten Vollzugs von Gemeinschaftsrecht** (s hierzu

[1] S hierzu näher AK-GG-Ramsauer Art 19 Abs 4 Rn 90.
[2] Vgl näher MD Art 19 Abs 4 Rn 235; BK-Schenke Art 19 Abs 4 Rn 127.

Einf Rn 58ff) zugrunde gelegt werden.[3] Dies dürfte nunmehr auch dann gelten, wenn die Umsetzung von EG-Richtlinien in nationales Recht in Frage steht. Die sich in der Entscheidung des EuGH Slg I 1991, 4269, 4299 **(Emmott'sche Fristenhemmung)** angedeutete Einschränkung der Geltungskraft nationaler Anfechtungsfristen dürfte inzwischen wieder aufgegeben worden sein (vgl EuGH NJW 1998, 833). Damit ist bis auf weiteres davon auszugehen, dass es bei dem Grundsatz der Verfahrensautonomie der Mitgliedstaaten (s Einf Rn 60) bleibt und die Fristen nur an dem aus Art 10 EG folgenden Effektivitätsgebot und dem Diskriminierungsverbot des Gemeinschaftsrechts (s Einf Rn 57) messen lassen müssen.

3. Anwendungsbereich. Die Vorschrift gilt unmittelbar nur für VAe im Anwendungsbereich des VwVfG. Die Verwaltungsverfahrensgesetze der Länder enthalten wortgleiche Regelungen. Soweit ausdrückliche Regelungen fehlen, sind § 43 und die entspr Vorschriften des Landesrechts als **Ausdruck allgemeiner Rechtsgrundsätze,** wie sie insb auch den entspr Bestimmungen der Prozessordnungen zugrunde liegen, sinngemäß anwendbar. Sinngemäß ist die Vorschrift auch **auf VA-ähnliche Handlungen,** insb auf Beschlüsse gegenüber Organen in Organrechtsverhältnissen, sofern diese nicht ohnehin als VAe zu qualifizieren sind (s § 35 Rn 90ff), anwendbar;[4] ebenso auf nicht als VAe zu qualifizierende **Weisungen** uä im inneradministrativen Bereich (vgl § 35 Rn 80). **Nicht möglich** ist eine sinngemäße Anwendung auf verwaltungsrechtliche **Verträge** (insoweit gilt § 59), auf sonstige schlichthoheitliche Handlungen, auf **Rechtsverordnungen** und Satzungen und **privatrechtliche Handlungen** trotz zT gleicher Probleme und gemeinsamer rechtsstaatlicher Grundgedanken. § 43 gilt auch für die Fortgeltung von VAen der ehemaligen DDR gem Art 19 S 1 EinigungsV.[5] 2

II. Wirksamkeit des VAs

1. Begriff der Wirksamkeit. a) Allgemeines. Die Vorschrift definiert den Begriff der Wirksamkeit eines VA nicht, sondern regelt lediglich Beginn und Ende der Wirksamkeit eines VA. Sie gilt – ohne klare Unterscheidung – sowohl für die **äußere Wirksamkeit** (Rn 5), dh die Existenz des VA, als auch für die **innere Wirksamkeit** (Rn 6). Zwar ist in Abs 1 nur von der Wirksamkeit gegenüber Adressaten und Betroffenen die Rede, Wirksamkeit entfaltet der VA aber unter den genannten Bedingungen auch für die Behörde sowie ggfs auch für den Rechtsnachfolger. Aus der Wirksamkeit des VA folgt weiterhin auch für Dritte, also über den Kreis der unmittelbar Beteiligten hinaus, die sog **Tatbestandswirkung** (Rn 24) und uU eine **Feststellungswirkung** (Rn 26). 3

b) Unabhängigkeit von der materiellen Rechtslage. Ein VA entfaltet seine Wirksamkeit grundsätzlich unabhängig davon, ob die getroffene Regelung mit dem materiellen Recht übereinstimmt (OVG Hamburg NordÖR 2002, 469). Der VA begründet den Betroffenen gegenüber ein rechtlich relativ selbstständiges Rechtsverhältnis, aus dem sich Rechte und Pflichten ergeben können, und welches das materiell-rechtliche Rechtsverhältnis überlagert. Das gilt nicht nur für den Fall der Unanfechtbarkeit, sondern bereits nach Eintritt der Wirksamkeit. Etwas anderes gilt nur im Fall der Nichtigkeit (Abs 3). 3a

2. Rechtliche Existenz. Rechtliche Existenz erlangt ein VA durch die **Bekanntgabe an mindestens einen Betroffenen** (OVG Münster NVwZ 1992, 4

---

[3] OVG Koblenz NVwZ 1999, 198; StBS 24.

[4] OVG Münster 28, 214; OVG Lüneburg HessStuGZ 1987, 464; VGH München BayVBl 1988, 83; **aA** Schoch JuS 1987, 789; Fehrmann NWVBl 1989, 418; Papier DÖV 1980, 299.

[5] Rengeling DVBl 1992, 222; Kunig ZLR 1992, 46; ders, JK 93 EVertr Art 19/1; vgl auch BezG Dresden LKV 1992, 305; **aA** Berlin LKV 1992, 299: VAe der ehemaligen DDR verlieren grundsätzlich ihre Wirkung mit dem Außerkrafttreten der Rechtsgrundlagen, auf denen sie beruhen, ohne dass sie durch Einzelentscheidungen aufgehoben werden müssen.

991; OVG Koblenz NVwZ 1985, 667; StBS 156; Maurer § 9 Rn 66). Vorher handelt es sich lediglich um ein Verwaltungsinternum, um einen Entwurf ohne rechtliche Bedeutung. Durch die Bekanntgabe an jedenfalls einen (ersten) Adressaten oder Betroffenen wird er existent und kann bereits von diesem Zeitpunkt an mit Rechtsbehelfen angegriffen werden, unabhängig davon, ob er dem einzelnen Beteiligten gegenüber bereits durch Bekanntgabe Wirksamkeit erlangt hat (BVerwG NJW 1983, 608). **Vor Bekanntgabe liegt ein VA im Rechtssinn noch nicht vor;** (MK 11 VI 1; zT **aA** UL § 53 Rn 2; Knack § 41 Rn 5: vor Entäußerung, zB durch Aufgabe zur Post); die Behörde kann daher die beabsichtigte Regelung noch in jeder Weise abändern oder auch gänzlich darauf verzichten. Die rechtliche Existenz der VA wird teilweise auch als äußere Wirksamkeit bezeichnet. Dies ist missverständlich, weil die äußere Wirksamkeit den einzelnen Betroffenen gegenüber auch die individuelle Bekanntgabe an sie voraussetzt.

5 **3. Äußere Wirksamkeit.** Von der (teilweise ungenau auch als äußere Wirksamkeit bezeichneten) rechtlichen Existenz des VA ist die (äußere) Wirksamkeit gegenüber den einzelnen in ihren Rechten Betroffenen zu unterscheiden. Äußere Wirksamkeit bedeutet Bindung des Adressaten bzw Betroffenen an den VA, auch wenn die konkret getroffene Regelung, etwa wegen einer aufschiebenden Bedingung oder Befristung, erst später relevant wird, was eine Frage der inneren Wirksamkeit ist (s Rn 6). Sie tritt also unabhängig vom Inhalt der konkret getroffenen Regelung für den Adressaten des VA und die sonst durch den VA in ihren Rechten betroffenen Personen mit der **ordnungsgemäßen Bekanntgabe** an sie – dh individuell an jeden einzelnen von ihnen – ein, und zwar erst mit dem Zeitpunkt der Bekanntgabe an sie (VG Schleswig NordÖR 2002, 151). Ob der VA anderen Betroffenen vorher bekanntgegeben wurde oder erst später bekanntgegeben wird und daher für diese zu einem anderen Zeitpunkt Wirksamkeit erlangt, ist insoweit unerheblich. Grundsätzlich werden mit dem Eintreten der äußeren Wirksamkeit einem Betroffenen gegenüber diesen auch die **Rechtsbehelfsfristen** bereits in Lauf gesetzt (vgl § 58 VwGO), sofern dafür nicht noch weitere Erfordernisse (zB eine ordnungsgemäße Rechtsbehelfsbelehrung) Voraussetzung sind.

6 **4. Innere Wirksamkeit.** Innere Wirksamkeit eines VA bedeutet, dass der VA die in der konkreten Regelung enthaltenen **materiellen Rechtswirkungen bzw Rechtsfolgen,** und zwar sowohl die allgemeinen Bindungs- als auch Tatbestands- und ggfs Feststellungswirkungen, tatsächlich auslöst.[6] Die innere Wirksamkeit eines VA hat immer die äußere Wirksamkeit des VA gegenüber dem einzelnen durch den VA in seinen Rechten oder rechtlichen Interessen betroffenen Bürger zur Voraussetzung. Sie tritt im Regelfall mit der äußeren Wirksamkeit ein (BVerwGE 13, 1, 7; BVerwG NVwZ 1983, 608; Knack 6), kann aber, je nach den insoweit für die durch den VA getroffene Regelung maßgeblichen Rechtsvorschriften und nach dem Inhalt des VA (zB einer beigefügten aufschiebenden Bedingung), ggf auch erst zu einem späteren Zeitpunkt oder – im Fall der Nichtigkeit des VA gem § 44 – überhaupt nicht eintreten. Sie kann auch als Folge der aufschiebenden Wirkung eines Rechtsbehelfs gem § 80 VwGO oder auf Grund entsprechender behördlicher oder gerichtlicher Entscheidung zunächst suspendiert sein (Knack 6).

7 **5. Bestandskraft.** Das VwVfG verwendet den Begriff der Bestandskraft zwar in der Überschrift des 2. Abschnitts, trifft aber insoweit jedenfalls **keine ausdrückliche Regelung.** Es ist davon auszugehen, dass der Begriff der Bestandskraft mit dem (teilweise ungeklärten) Inhalt übernommen worden ist, der sich vor dem Inkrafttreten des VwVfG gebildet hatte. Entstanden ist der Begriff der Bestandskraft von VAen in Anlehnung an den Begriff der Rechtskraft von Urteilen (Maurer § 11 Rn 3), mit dem er nicht gleichgesetzt werden darf, weil die Rechts-

---

[6] Vgl BVerwGE 13, 1; 55, 215; BVerwG ZBR 1981, 15; NVwZ 1983, 608; VG Schleswig NordÖR 2002, 151.

kraft alle Beteiligten des Rechtsstreits strikt bindet, während die Bindung eines bestandskräftigen VA gegenüber der Behörde begrenzt ist, weil ihr die Möglichkeit insbes von Widerruf und Rücknahme zu Gebote stehen (s näher Rn 29ff).

Sinnvoll ist die Unterscheidung von **formeller Bestandskraft,** die eintritt, wenn der VA mit den regulären Rechtsbehelfen (Widerspruch, Klage) nicht mehr angefochten werden kann (s Rn 29), und **materieller Bestandskraft,** mit der die materielle Bindung der Beteiligten an die getroffene Regelung des VA bezeichnet wird (s Rn 31). Die materielle Bindung durch den bestandskräftigen VA findet ihre Grenze in der Möglichkeit und ggfs der Verpflichtung der Behörde, den VA im Rahmen der gesetzlichen Bestimmungen, insbes der §§ 48ff, nachträglich zu modifizieren oder gar aufzuheben. 8

6. Personelle Reichweite der Wirksamkeit. Zur Frage, welchen Personen gegenüber Bindungswirkungen eintreten, enthält die Vorschrift nur unvollkommene Regelungen. In Abs 1 ist von denjenigen, für die der VA bestimmt ist **(Adressaten),** und von denjenigen, die von ihm betroffen sind **(Betroffene),** die Rede. Damit wird die Formulierung in § 41 Abs 1 aufgenommen. An den Begriff der Beteiligung (§ 13) wird merkwürdigerweise nicht angeknüpft. Über die Frage der Wirksamkeit für Rechtsnachfolger (s unten Rn 13) und über die Bindung der Behördenseite (s unten Rn 12) fehlen ausdrückliche Regelungen. 9

a) Adressaten. Bestimmt ist der VA für die Adressaten (s näher § 41 Rn 29). Maßgeblich ist nicht, wer nach den Regelungen des materiellen Rechts verpflichtet werden könnte, auch nicht, wer als Empfänger des VA bezeichnet worden ist, sondern derjenige, für den nach dem Inhalt der getroffenen Regelungen unmittelbar Rechte oder Pflichten begründet werden **(materieller Adressatenbegriff).** Dabei handelt es sich **notwendigerweise um einen Beteiligten** nach § 13 Abs 1 Nr 1 oder 2, auch wenn eine Beteiligtenstellung vor Erlass des VA nicht formell begründet worden sein sollte, was ein Verfahrensfehler wäre. Ein VA muss mindestens einen, kann aber auch mehrere Adressaten haben. Ohne Adressaten kann ein VA nur in den Fällen des § 35 S 2 (Allgemeinverfügung) erlassen werden (s hierzu § 35 Rn 102). 10

b) Betroffene. Ob eine Person von einem VA betroffen wird, richtet sich nach seinem materiellen Regelungsgehalt. Anders als der Adressat des VA ist der **Betroffene nicht notwendig auch Beteiligter** iSd § 13 (StBS 87; Seibert, Bindungswirkung S 250); diese Stellung erhält ein Betroffener nämlich nur durch die Hinzuziehung nach § 13 Abs 2. Da der VA nach § 41 nur den betroffenen „Beteiligten" bekannt gegeben wird, kann es sowohl nicht betroffene Beteiligte, als auch nicht beteiligte Betroffene, also durch die materielle Regelung an sich Betroffene geben, denen gegenüber der VA mangels Bekanntgabe nicht wirksam wird. Bedeutung hat dies vor allem in den Fällen der **VAe mit Drittwirkung,** in denen zB betroffene Nachbarn die einem Bauherrn erteilte Baugenehmigung erst dann gegen sich gelten lassen müssen, wenn sie ihnen bekanntgegeben worden ist. Allerdings ist in diesen Fällen die Möglichkeit der **Verwirkung des Widerspruchsrechts** zu beachten.[7] Wird der VA dem Nachbarn gegenüber bekannt gegeben, ohne dass ihm die Beteiligtenstellung (durch Hinzuziehung nach § 13 Abs 2) eingeräumt worden ist, so liegt ein Verfahrensfehler vor, der aber den Eintritt der Wirksamkeit grds nicht verhindert. S zur Frage, ob die Bekanntgabe als solche bereits eine Hinzuziehung bewirkt, § 13 Rn 30. 11

c) Behörden und deren Träger. Keine Regelung gefunden hat in § 43 die Wirksamkeit von VAen gegenüber der erlassenden Behörde und dem Träger dieser Behörde, idR der Körperschaft, Anstalt oder Stiftung des öffentlichen Rechts. 12

---

[7] BVerwGE 44, 294 = NJW 1974, 1260; 72, 309: IdR bei Nachbarn 1 Jahr nach Möglichkeit der Kenntnisnahme; WBS II § 46 VII Rn 26.

Das Gesetz geht stillschweigend davon aus, dass die mit der Wirksamkeit des VA eintretenden Bindungswirkungen auch den Rechtsträger erfassen, dem die erlassende Behörde angehört (Kopp DVBl 1983, 392, 400; ebenso StBS 88). Dem entspricht es, dass das Gesetz die entscheidende Behörde zwar nicht als Beteiligte iSd § 13 bezeichnet, aber als geborenen Beteiligten voraussetzt (vgl § 13 Rn 10). Die Wirksamkeit des VA und damit seine **Bindungswirkung gegenüber der Behörde** tritt **ohne Rücksicht auf die Anfechtbarkeit** ein und hat zur Folge, dass die Behörde den Inhalt der selbst gesetzten Regelung gegen sich gelten lassen muss, solange der VA nicht (in einem neuen Verfahren und unter den Voraussetzungen der §§ 48 ff) geändert, aufgehoben worden ist oder sich sonst erledigt hat. Im sachlichen Geltungsbereich dürfen von der Behörde keine neuen VAe erlassen werden, die inhaltlich abweichen (StBS 39). Dies gilt auch dann, wenn die Abweichung materiellrechtlich an sich geboten wäre. In einem solchen Fall muss der wirksam gewordene VA zunächst in einem neuen Verfahren aufgehoben oder geändert werden, wenn die Behörde abweichende Regelungen erlassen will. Allerdings kann im Erlass eines neuen VA die stillschweigende Aufhebung bzw Abänderung des alten VA gesehen werden.

13 **7. Wirksamkeit von VAen gegenüber Rechtsnachfolgern.** Die Frage der Wirksamkeit von VAen gegenüber Rechtsnachfolgern des Adressaten und sonstigen Betroffenen ist im VwVfG nicht geregelt. **Im materiellen Verwaltungsrecht** wird zwischen **Nachfolgefähigkeit und Nachfolgetatbestand** unterschieden (vgl nur Erichsen/Ehlers § 11 Rn 48 ff). Für die Erstreckung der Wirksamkeit eines VA auf Personen, die am Verwaltungsverfahren nicht beteiligt waren, kann an diese Kriterien angeknüpft werden: Die Wirksamkeit eines VA gegenüber einem Rechtsnachfolger setzt zunächst eine Regelung mit einem nachfolgefähigen Inhalt voraus und sodann das Vorliegen eines gesetzlichen Nachfolgetatbestandes, der die Erstreckung der Wirksamkeit erlaubt, wie er zB in den Landesbauordnungen für die Geltung von Baugenehmigungen enthalten ist (vgl zB § 69 Abs 2 S 2 HBauO).

13 a **a) Nachfolgefähigkeit.** Höchstpersönliche Rechte und Pflichten sind **nicht nachfolgefähig.** Sie gehen mit dem Tod der natürlichen Person unter. Höchstpersönliche Rechte knüpfen dergestalt an die Person ihres Trägers an, dass ihre Übertragbarkeit schon ihrem Wesen nach ausgeschlossen ist. Dies gilt zB für die Aufenthaltsgenehmigung eines Ausländers nach § 5 AuslG, die Anerkennung als Asylberechtigter nach Art 16 a GG, die Fahrerlaubnis nach § 2 StVG, den Waffenschein nach § 35 WaffG sowie für die Personalkonzessionen des Wirtschaftsverwaltungsrechts, wie zB die Genehmigung nach § 2 GastG usw.

13 b **b) Nachfolgetatbestand.** Gesetzliche Nachfolgeregelungen finden sich nicht nur im Fachrecht, sondern auch im Zivilrecht. Dabei ist zu unterscheiden zwischen der Einzelrechtsnachfolge in bestimmte Rechtspositionen bzw Rechtsverhältnisse (etwa aufgrund einer Eigentumsübertragung) und der Gesamtrechtsnachfolge in sämtliche Rechtspositionen des Rechtsvorgängers. Das Verwaltungsverfahrensrecht enthält keine eigenständigen Nachfolgetatbestände, sondern knüpft hier im Wesentlichen an spezialrechtliche Regelungen, auch des Zivilrechts, an.

13 c **aa) Die Gesamtrechtsnachfolge.** Die wichtigsten Tatbestände sind der Erbfall gem § 1922 BGB, die Firmenübernahme nach § 25 HGB, einzelne Fälle der Verschmelzung nach §§ 2 ff UmwG, der Vermögensübertragung nach §§ 174 ff UmwG, die spezialgesetzlich angeordnete Funktionsnachfolge im öffentlichen Recht (vgl zB BVerwG NVwZ 2001, 807) sowie früher die Vermögensübernahme nach dem inzwischen aufgehobenen § 419 BGB aF. Es wird grundsätzlich der gesamte Bestand der übergangsfähigen Rechte einer Person erfasst, soweit diese nicht höchstpersönlicher Natur sind und deshalb auch von

der Gesamtrechtsnachfolge ausgeschlossen bleiben. Der Rechtsnachfolger tritt idR auch in Rechte und Pflichten ein, die bereits eine Konkretisierung in einem VA gefunden haben und damit in die Stellung des Adressaten eines VA bzw des sonstigen Betroffenen, soweit ihm der VA bereits bekannt gegeben worden war.

bb) Die Einzelrechtsnachfolge. Das Einrücken eines Nachfolgers in die durch einen VA konkretisierten Rechte und Pflichten setzt grundsätzlich eine gesetzliche Regelung voraus, deren Nachfolgetatbestand erfüllt sein muss. Ausdrückliche Regelungen finden sich im Fachrecht recht selten (vgl zB die landesrechtlichen Regelungen für Baugenehmigungen). Umstritten ist, ob und in welchem Umfang darüber hinaus davon auszugehen ist, dass gesetzliche Regelungen bei sachbezogenen Regelungen stillschweigend eine Rechtsnachfolge vorsehen bzw zulassen. In diesen Fällen ist dann häufig – allerdings wegen der Begriffsbestimmung in § 35 S 2 ungenau – von dinglichen VAen die Rede (vgl zB StBS § 35 Rn 194; Maurer § 9 Rn 56). Maßgeblich ist grundsätzlich das materielle Recht. Gleichwohl nimmt hier die hM auch ohne besondere gesetzliche Grundlage gegenwärtig eine Erfassung des Rechtsnachfolgers an **bei sachbezogenen VAen,** insb auch bei grundstücksbezogenen VAen auch für die Fälle der Rechtsnachfolge auf Grund Rechtsgeschäfts, zB bei einer Baugenehmigung auch des Käufers des Grundstücks, für das die Baugenehmigung erteilt wurde, sobald die Auflassung erklärt ist und Nutzungen und Lasten auf ihn übergegangen sind.[8] 13 d

Beispiele: Angenommen wird eine Rechtsnachfolge zB in Nebenbestimmungen zur Baugenehmigung (OVG Hamburg DÖV 1981, 32), naturschutzrechtliche Befreiungen (VGH München NJW 1999, 2914), Altlastenfreistellungen (StBS 195). **Umstritten,** von der hM bejaht wird derzeit auch eine Rechtsnachfolge in baurechtliche Beseitigungsverfügungen (VGH München BayVBl 2000, 662; OVG Münster NVwZ-RR 1998, 159; aA Schoch JuS 1994, 1026), in naturschutzrechtliche Beseitigungsverfügungen (VGH Mannheim NVwZ 1992, 392) und in Stilllegungsverfügungen nach § 20 Abs 2 BImSchG an (VGH Kassel NVwZ 1998, 1315). **Verneint** wird die Rechtsnachfolge zu Recht in die Zwangsmittelandrohung (VGH Mannheim NVwZ 1991, 686) und das Nutzungsverbot (OVG Hamburg NVwZ-RR 1997, 11). Weitere Bsp bei Guckelberger VerwArch 1999, 499).

III. Folgen der Wirksamkeit

1. Bindungswirkung. a) Allgemeines. Schon vor Eintritt der Unanfechtbarkeit und der Bestandskraft des VA ist die Behörde bzw ihr Rechtsträger in einer der Bindungswirkung gem § 318 ZPO vergleichbaren[9] Weise an die getroffene und bekanntgegebene Regelung (§ 43 Abs 2 und 3) gebunden,[10] solange der VA Bestand hat (BVerwGE 60, 117). Dies gilt für alle nicht nach § 44 nichtigen VAe, 14

[8] Vgl die Nachweise bei Peine JuS 1997, 984; Stadie DVBl 1990, 501; Schink VerwArch 1991, 357; Rumpf VerwArch 1987, 269; StBS § 35 Rn 194ff; WBS I § 42 Rn 53ff.

[9] WBS II § 50 Rn 2; Kopp DVBl 1983, 395; vgl auch Ipsen Vw 1984, 171; Fluck VerwArch 1988, 411; Laubinger VerwArch 1988, 241; Schenke DÖV 1990, 489; zT **aA** Erichsen/Ehlers § 38 Rn 48.

[10] BVerwG DVBl 1978, 212; 1981, 640; 1982, 222; Seibert 192; Krause VerwArch 1980, 46; Fluck VerwArch 1988, 411; 1989, 223; NVwZ 1990, 535; Laubinger VerwArch 1988, 241; Schenke DÖV 1990, 489; Reichelt, Der Vorbescheid im Verwaltungsverfahren 1989; Kopp DVBl 1991, 727; zT **aA** – unter Berufung auf Besonderheiten des materiellen Rechts – zum baurechtlichen Vorbescheid BVerwGE 48, 244; 68, 243; BVerwG NVwZ 1989, 863.

nicht nur für befehlende, gestaltende VAe, sondern auch für feststellende VAe[11] und für die Ablehnung des Erlasses eines VA durch VA.[12] Die Bindungswirkung gilt außerdem, soweit der betroffene VA ein begünstigender VA ist, auch für die Rücknahme, den Widerruf und die Änderung von VAen im Wiederaufnahmeverfahren (§§ 48 ff) mit der Folge, dass der Erlass eines neuen VA in derselben Sache mit gleichem Inhalt grundsätzlich unzulässig ist (**aA** BFH NVwZ 1985, 131; 1987, 534).

15 **b) Umfang der Bindungswirkung.** Die Bindung gilt sachlich ähnlich wie bei Urteilen (vgl Kopp/Schenke § 121 Rn 18) **nur für den Tenor (Entscheidungssatz)** des VA, nicht auch für die Begründung (§ 39) oder die wesentlichen Gründe und die Beurteilung von Vorfragen, insb vorausliegender Rechtsverhältnisse. Der Tenor ist jedoch zur näheren Bestimmung dessen, was durch den VA bzw die (ebenso als VA anzusehende) Ablehnung eines VA entschieden bzw geregelt wird, unter Heranziehung der Gründe auszulegen und hins seines näheren Inhalts und seiner Bedeutung näher abzugrenzen. Außerdem ist bei der näheren Bestimmung des Inhalts und der Bindungswirkung, insb der Tatbestands- und Feststellungswirkung, auch das materielle Recht, auf Grund dessen der VA ergangen ist und an das er anknüpft, soweit der VA damit in Übereinstimmung steht, mit heranzuziehen (BVerwG DVBl 1990, 206 = NVwZ 1990, 559). Eine **Bindung der Behörde setzt die Wirksamkeit des VA voraus.** Das bedeutet, dass die Bindungswirkung des VA gegenüber der Behörde stets nur auf diejenigen Personen bezogen werden kann, gegenüber denen der VA durch Bekanntgabe Wirksamkeit erlangt. Auf die Bindungswirkung eines VA kann sich deshalb nur derjenige Adressat oder Betroffene berufen, dem der VA bekannt gegeben worden ist. Sie hindert die Behörde allerdings nicht, den VA nach Maßgabe der §§ 48–51 zurückzunehmen oder zu widerrufen.[13]

16 **2. Tatbestandswirkung. a) Allgemeines.** Wie gerichtliche Urteile (vgl Kopp/Schenke § 121 Rn 5 ff) können auch VAe, auch rechtswidrige VAe, sofern sie nicht nichtig sind (vgl BGH NJW 1993, 1581), Tatbestands- und Feststellungswirkungen[14] entfalten.[15] Beide Begriffe dienen zur Bezeichnung bestimmter Bindungswirkungen von VAen über den Kreis der Verfahrensbeteiligten iS

---

[11] Seibert 192; hM; zT **aA** BFH 134, 194; OVG Koblenz VRspr 1980, 1004; VGH München BayVBl 1982, 52; Kohlmann DVBl 1990, 191: da feststellende VAe materielle Rspr iS von Art 92 GG seien.

[12] Str; wie hier VG Köln DöD 1990, 101; Kopp DVBl 1983, 399; SGb 1988, 38; Merten NJW 1983, 1996; zT **aA** BVerwG DÖV 1992, 207; BSG SozR 4100 § 105 AFG Nr 6 E. 28; VGH München NVwZ 1987, 429; zur Ablehnung einer Baugenehmigung auch BVerwGE 48, 275.

[13] Häufig wird die Bindung auch als Bestandskraft iwS bezeichnet, vgl kritisch WBS II § 50 Rn 5 f. Da die Bindungswirkung bis zum Eintreten der Unanfechtbarkeit jedoch zT nur vorläufigen Charakter hat und primär nur für die Behörde gilt, während die Beteiligten noch durch Einlegen eines Rechtsbehelfs eine Aufhebung oder Änderung, außerdem im Regelfall gem § 80 Abs I VwGO auch schon die vorläufige Suspendierung aller Rechtswirkungen ihnen gegenüber erreichen können, erscheint es nicht zweckmäßig, sie als Bestandskraft zu bezeichnen; vielmehr sollte der Begriff der Bestandskraft der erst nach Unanfechtbarkeit des VA eintretenden umfassenderen Bindung nicht nur der Behörde, sondern auch der Beteiligten vorbehalten werden, vgl BVerwGE 49, 249; 50, 289; BVerwG DVBl 1982, 1097; Erichsen/Ehlers § 38 Rn 19, Rn 45 ff; Maurer § 39 Rn 11.

[14] S allg zur Tatbestands- und Feststellungswirkung von VAen Knöpfle BayVBl 1982, 225; Braun, Die präjudizielle Wirkung bestandskräftiger VAe, 1981; Krebs VerwArch 1979, 231; Kopp DVBl 1983, 400; Erichsen/Knoke NVwZ 1983, 188; Kirchhof NJW 1985, 2977; Seibert, Die Bindungswirkung von VAen, 1989, 193; Kopp/Kopp BayVBl 1994, 230.

[15] Vgl mit zT abweichenden Definitionen und Abgrenzungen der Begriffe BVerwGE 4, 331; 50, 282; 59, 345; 60, 117; BayVerfGH NVwZ 1982, 555; VGH München NVwZ 1982, 387; Erichsen/Ehlers § 13 Rn 4 f; § 38 Rn 44 ff; WBS I § 20 Rn 63, 64; § 48 Rn 8; § 50

von § 13, deren Rechte und Pflichten durch den VA begründet, geändert oder verbindlich festgestellt werden, und der Behörde bzw des Rechtsträgers, dem diese angehört, hinaus **gegenüber sonstigen Personen, Behörden und Rechtsträgern** sowie insb auch gegenüber allen Gerichten.[16] Die Tatbestands- und Feststellungswirkungen eines VA treten schon mit seinem Existentwerden ein, sind also unabhängig von der Frage der Anfechtbarkeit des VA durch die Beteiligten.

17 Im Gegensatz zum Begriff der Tatbestands- bzw Feststellungswirkung werden die Begriffe der **Wirksamkeit, Verbindlichkeit** und **Maßgeblichkeit** eines VA zur Bezeichnung der Bindungswirkung sowohl gegenüber den Beteiligten und den Behörden bzw deren Rechtsträgern als auch gegenüber Dritten, anderen Behörden, Rechtsträgern und Gerichten gebraucht.[17] S zur Tatbestandswirkung ausländischer VAe im deutschen Recht auf Grund des internationalen öffentlichen Rechts auch VGH Mannheim NVwZ 1986, 397 (wegen der Tatbestandwirkung der Entziehung des Doktorgrades im Heimatland auch Widerruf der Genehmigung der Führung des Doktorgrades in der Bundesrepublik).

18 **b) Inhalt.** Tatbestandswirkung bedeutet, dass außer der Behörde, die den VA erlassen hat, und dem Rechtsträger, dem sie angehört, sowie den Verfahrensbeteiligten iS von § 13, denen gegenüber der VA nach § 43 Abs 1 wirksam geworden ist, **auch alle anderen Behörden** und öffentlich-rechtlichen Rechtsträger[18] sowie grundsätzlich auch **alle Gerichte**[19] die **Tatsache, dass der VA erlassen wurde** und rechtlich existent ist, als maßgeblich akzeptieren müssen. Das gilt auch dann, wenn der VA nicht auf Grund von Bundesrecht, sondern von einer Landesbehörde auf Grund von Landesrecht erlassen wurde.[20] Nach den Grundsätzen des internationalen öffentlichen Rechts müssen grundsätzlich auch alle Behörden und Gerichte fremder Staaten und internationaler und supranationaler Organisationen[21] die Tatsache, dass der VA existiert und einen bestimmten Inhalt hat,[22] als gegeben und maßgeblich hinnehmen. Insoweit findet eine über die Beteiligten hinausgehende Bindung an die Tatsache der Existenz des VA statt, sobald dieser innere Wirksamkeit erlangt hat und solange er sie behält (BVerwGE 74, 320; Kopp/Schenke § 121 Rn 6);[23] dies auch dann, wenn der VA rechtswidrig, jedoch

---

Rn 5; Obermayer VerwR 102, 241; Knöpfle BayVBl 1982, 225; Kopp DVBl 1983, 400; MK 11 VI 3; Fluck VerwArch 1988, 411; Randak JuS 1992, 54.

[16] Vgl BVerwGE 50, 282; 59, 345; 60, 117; BVerwG NVwZ 1987, 498; BGHZ 73, 117 = NJW 1975, 597; 103, 34 = NJW 1988, 1026; 112, 368 = NJW 1991, 700; NJW 1993, 1980; Knöpfle BayVBl 1982, 226; WBS I § 20 Rn 63 ff; Erichsen/Knoke NVwZ 1983, 188; Erichsen/Ehlers § 13 Rn 3 ff; Maurer § 9 Rn 3 Anm 8; Wegmann BayVBl 1985, 419; Peine JZ 1990, 212 zugleich zur Legalisierungswirkung; Schröder DVBl 1991, 280.

[17] ZT **aA** offenbar Knöpfle BayVBl 1982, 236, der die Tatbestandswirkung mit der Maßgeblichkeit gleichsetzt und den Begriff auf die Fälle beschränkt, in denen ein VA ausdrücklich Tatbestandsmerkmal einer Rechtsvorschrift ist, wie zB in § 218 BGB.

[18] Vgl zB BGH NJW 1987, 773; Erichsen/Ehlers § 13 Rn 4; Peine JZ 1990, 207; Randak JuS 1991, 37; StBS 147 ff; Knack 17.

[19] Vgl zB BGH NJW 1993, 290; BayObLG DÖV 1979, 380.

[20] Erichsen/Knoke NVwZ 1983, 191; Korn DVBl 1983, 400; Bleckmann NVwZ 1986, 1; Kopp KKZ 1994, 193; Kopp/Kopp BayVBl 1994, 230; Randak JuS 1992, 35.

[21] Kramp, Die Begründung und Ausübung staatlicher Zuständigkeit für das Verbot länderübergreifender Fusionen nach geltendem Völkerrecht, 1993, 24; Groß JZ 1994, 599; Kopp KKZ 1994, 193; vgl ferner Mannheim VGH NVwZ 1986, 397.

[22] Vgl BVerwG NJW 1986, 1629; zT offenbar **aA** für deklaratorisch-feststellende VAe WBS I § 20 Rn 64, 65; gegen diese Einschränkungen Knöpfle BayVBl 1982, 228.

[23] BVerwGE 59, 345; 60, 117; 74, 320; BVerwG NVwZ 1988, 152 und 941; BGH NJW 1993, 1790; VGH München DÖV 1985, 447; DÖV 1992, 886; VG Hamburg NVwZ 1988, 282; Knöpfle BayVBl 1982, 216; Maurer § 9 Rn 3 Anm 6; Wegmann BayVBl 1985, 419; Kirchhof NJW 1985, 2977: für die Dauer der Bestandskraft steht fest, dass die festgesetzte die richtige Steuerschuld ist; Broß VerwArch 1987, 91; Peine JZ 1990, 201.

nicht nichtig, ist;[24] anders, wenn das Berufen auf den VA rechtsmissbräuchlich wäre.[25]

19 **c) Wirkungen. Aufgrund der Tatbestandswirkung** eines VA sind, soweit und solange dieser besteht und auch nicht gem § 80 VwGO oder nach anderen gesetzlichen Bestimmungen vorläufig suspendiert ist, alle Behörden und Gerichte grundsätzlich berechtigt, die **Tatsache, dass der VA ergangen ist,** und die durch den VA getroffene Regelung oder Feststellung auch weiteren Entscheidungen uä unbesehen, dh ohne dass sie die Rechtmäßigkeit des VA nochmals überprüfen müssten oder dürften, **zugrunde zu legen.**[26] Soweit sie nicht durch Gesetz oder auf Grund allgemeiner Rechtsgrundsätze befugt sind, über den VA zu verfügen, ihn aufzuheben, zurückzunehmen, sind sie dazu grundsätzlich nicht nur berechtigt, sondern verpflichtet;[27] allerdings handelt es sich in solchen Fällen meist nicht um wirkliche Ausnahmen von der Bindungswirkung, sondern um den zulässigen **Erlass sog Zweitbescheide** nach den Grundsätzen über die Rücknahme und den Widerruf von VAen. ZB bindet die Entscheidung der Verwaltungsbehörde über das Vorliegen eines Dienstunfalls auch die Gerichte, die über Schadensersatzansprüche aus Anlass des Unfalls zu entscheiden haben (BGH NJW 1993, 1790).

20 **Grenzen im Baurecht.** Die zum Baurecht unter Berufung auf Art 14 GG ergangene Entscheidung des BVerwGE 48, 275 = NJW 1976, 340, wonach es unzulässig ist, Abbruchsverfügungen schon allein auf Grund der Tatsache zu treffen, dass ein (nachträgliches) Baugesuch unanfechtbar abgelehnt wurde, ist abzulehnen (VG Köln DÖV 1990, 101; Martens NJW 1983, 1996; Kopp DVBl 1983, 399; offen, ob ihr zu folgen ist, nunmehr auch BVerwGE 84, 14 f = DVBl 1990, 207). Sie verkennt nicht nur das Wesen und die Funktion der Unanfechtbarkeit bzw Bestandskraft von VAen,[28] sondern auch das Wesen und die Funktion der Tatbestandswirkung wie überhaupt der Wirksamkeit und Verbindlichkeit als eines wesentlichen Elements des Begriffs des VA (Drexelius NJW 1976, 817; Kopp DVBl 1983, 399; zT **aA** offenbar Weiß DÖV 1976, 60 ff).

---

[24] BVerwGE 4, 331; 59, 345; 60, 117; 66, 315; 72, 8; BayVerfGH NVwZ 1982, 555; BGHZ 7, 132; DVBl 1979, 275; VGH München NVwZ 1982, 387; DÖV 1992, 886; Zöller § 13 GVG Rn 45 ff; WBS I § 20 Rn 64; zT **aA** für die Bindung der Zivilgerichte BGHZ 112, 365; NJW 1992, 1384: auch die Bestandskraft eines VA hindert die Zivilgerichte nicht, wenn der VA nicht Gegenstand eines Verfahrens war und vom Gericht bestätigt worden ist.

[25] Vgl VGH München NVwZ 1982, 987; allg Musielak JA 1982, 7 mwN; zu einem besonders gelagerten Fall auch BVerwG DVBl 1990, 218: keine Bindung des Sozialversicherungsträgers durch die Eintragung in die Handwerksrolle hins der Handwerkereigenschaft, wenn das Gewerbe offensichtlich nicht handwerksmäßig betrieben wird.

[26] BVerwGE 59, 315 = DÖV 1973, 683; 72, 8; BSG DVBl 1990, 218 mwN: Bindungswirkung der Eintragung in die Handwerksrolle auch für die Kassenzugehörigkeit in der Sozialversicherung, außer wenn das Gewerbe ganz offensichtlich nicht handwerksmäßig betrieben wird; VGH München NVwZ 1994, 307; DÖV 1992, 886; VGH Mannheim VRspr 26, 905; VG Hamburg NVwZ 1988, 282; Martens JuS 1975, 73.

[27] BVerwGE 4, 331; 50, 289; 59, 315; 60, 117; BAG NJW 1981, 2023; zT **aA** zum Bauvorbescheid unter Berufung auf Besonderheiten des Baurechts hins der Bindungswirkung für eine nachfolgende Baugenehmigung BVerwGE 68, 241 und BVerwG DVBl 1989, 673; ebenso offenbar zur Bindungswirkung der behördlichen Genehmigung von Tarifen, um deren Rechtsgültigkeit es in einem Streit geht, BVerwG DÖV 1980, 416; BGH DVBl 1974, 561; zur Bindungswirkung der Ablehnung eines VA BVerwG DÖV 1992, 207; BSG SozR 4100 § 105 AFG Nr 6 S. 28, der Rücknahme des VA hins des erneuten Erlasses eines VA mit gleichem Inhalt auch BFH NVwZ 1985, 13; 1987, 534 – keine Bindung; gegen diese rechtlich nicht begründbaren Ausnahmen Kopp DÖV 1980, 506, 511; vgl allg auch BGH DVBl 1979, 275; VGH München VRspr 13, 809; OVG Münster VRspr 20, 385.

[28] Vgl die Kritik an dieser Entscheidung von Drexelius NJW 1976, 817; Krebs VerwArch 1976, 411 mwN; Weiß JuS 1976, 401; Kopp DVBl 1983, 399; Erichsen/Knoke NVwZ 1983, 192; Gaentsch NJW 1986, 879.

Die Tatbestandswirkung eines VA hindert die zuständige Behörde nicht, diesen nach §§ 48 ff VwVfG oder nach allgemeinen Rechtsgrundsätzen durch einen Zweitbescheid (§ 35 Rn 55) aufzuheben oder abzuändern (Kopp NVwZ 1994, 1). Dies gilt selbst dann, wenn der VA durch ein rechtskräftiges Urteil bestätigt worden ist (BVerwGE 70, 110; 82, 272; Kopp/Schenke § 121 Rn 13 und 21). Daher kann zB ein Antragsteller, dessen Bauantrag abgelehnt wurde, seinen Bauantrag jederzeit, dh auch ohne dass eine Änderung der Sach- oder Rechtslage eingetreten ist, wiederholen. Der wiederholte Antrag ist nicht von vornherein infolge der Tatbestandswirkung oder der Bestandskraft der früheren Ablehnung unzulässig; die Behörde kann sich jedoch uU auf die Bestandskraft der Ablehnung berufen.[29] 21

d) Reichweite. Die Tatbestandswirkung von VAen entspricht hins der damit verbundenen Bindungswirkung im Wesentlichen der von gerichtlichen Urteilen.[30] Einzelheiten sind stark umstritten. Sie gilt jedenfalls zu Gunsten der Betroffenen – anders, soweit sie sich zu deren Lasten auswirkt – grundsätzlich auch für die Strafbarkeit bzw Bußgeldpflichtigkeit von Verstößen gegen VAe[31] und für die Beurteilung der Rechtswidrigkeit von VAen auch für die Amtshaftung nach § 839 BGB, Art 34 GG[32] und die Enteignungs- bzw Aufopferungsentschädigung (zT **aA** BGHZ 113, 13; NJW 1984, 1170; NVwZ 1986, 76 = JZ 1986, 181 = DÖV 1986, 36; WBS I § 20 Rn 64). Die hier zT in der Rspr des BGH anerkannten Einschränkungen und Ausnahmen sind mit der Funktion des VA schwerlich vereinbar; ihre Verfassungsmäßigkeit ist, soweit sie nicht ausschließlich durch Gesetz vorgesehen sind, zweifelhaft (vgl BVerfG 60, 269). 22

e) Dauer. Die Tatbestandswirkung ist reguläre Folge der äußeren und inneren Wirksamkeit des VA und in gewissem Sinn ein wesentlicher Bestandteil davon; sie bedarf deshalb keiner besonderen Anordnung durch Rechtsvorschriften; anders ihr Ausschluss (BVerwGE 60, 117; WBS I § 20 Rn 63). Die Tatbestandswirkung eines VA kann ähnlich wie die Feststellungswirkung dadurch, dass Rechtsvorschriften an sie anknüpfen, über diese unmittelbare Wirkung hinaus Bedeutung erlangen. Dies ist zB bei den sog dinglichen VAen die Regel. Die **Tatbestandswirkung beginnt idR mit dem Erlass** des VA (§§ 39, 41), dh nicht erst mit dessen Unanfechtbarkeit oder Bestandskraft (Randak JuS 1992, 30); ausnahmsweise, wenn nach dem Inhalt des VA oder auf Grund von Rechtsvorschriften die innere Wirksamkeit des VA erst später eintritt oder die Vollziehbarkeit nach § 80 Abs 1, 4 oder 5 VwGO aufgeschoben ist, erst mit der inneren Wirksamkeit bzw der Vollziehbarkeit des VA (vgl Knöpfle BayVBl 1982, 229). 23

---

[29] ZT **aA** OVG Lüneburg NVwZ 1985, 431: der Wiederholung des Antrags kann die Bestandskraft allein, sofern der VA nicht durch rechtskräftiges Urteil bestätigt wurde, nicht entgegengehalten werden.

[30] Vgl BVerfG 60, 269; BGH NJW 1993, 1790; Kopp DVBl 1983, 395; zT **aA** für VAe, die nicht durch gerichtliche Urteile bestätigt wurden, BGHZ 86, 359; 90, 23; 95, 37; 113, 18 = NJW 1991, 1168; NJW 1993; vgl auch Johlen DVBl 1989, 289.

[31] Vgl Kirchhof NJW 1985, 2977; Schenke JR 1970, 449 mit Einschränkungen; Kopp/Schenke § 113 Rn 11 mwN; allg auch BVerwGE 11, 251; 60, 107; Lorenz DVBl 1971, 165; Mohrbutter JZ 1971, 213; Knöpfle BayVBl 1982, 228; WBS I § 20 Rn 64 mwN; Rößler NJW 1986, 972; Wüterich NStZ 1987, 106; zT **aA** BVerfG 87, 399 = NJW 1993, 581; DVBl 1993, 150; BGHSt NJW 1982, 189; BayObLG NJW 1968, 1848.

[32] BVerwG DVBl 1983, 628; Berkemann DVBl 1986, 181; JR 1992, 18; Ortloff NJW 1987, 670; Broß VerwArch 1987, 106, 110; Jeromin NJW 1991, 543; Lege NJW 1990, 871; mit Einschränkungen auch BGHZ 86, 359; NJW 1983, 1795; 1987, 831; VersR 1985, 832; NVwZ 1982, 148; Kopp/Schenke § 113 Rn 12; OLG München NVwZ 1995, 198; **aA** BGHZ 99, 23; 113, 17; NJW 1983, 2823; DVBl 1993, 105; für Widerspruchsbescheide, die die Rechtswidrigkeit eines anderen vorangegangenen VA feststellen, auch BVerwGE 26, 167; OVG Koblenz NJW 1982, 1302.

24 **3. Erweiterte besondere Tatbestandswirkung.** Manche Rechtsvorschriften knüpfen ausdrücklich oder konkludent bestimmte weitere (dh sich nicht aus dem Inhalt des VA ergebende) Rechtsfolgen nicht an den Inhalt eines VA, sondern ohne Rücksicht auf den näheren Inhalt lediglich an die Tatsache als solche, dass ein bestimmter VA ergangen ist, zB das Unwirksamwerden einer vorläufigen Erlaubnis bei einer Entscheidung über die Erteilung oder Versagung der endgültigen Erlaubnis; eine Kürzung der Beamtenanwärterbezüge, wenn die Prüfung nicht bestanden wurde (BVerwGE 81, 300 = DÖV 1989, 907); das Ausscheiden aus dem juristischen Vorbereitungsdienst mit Ablegen der Prüfung auf Grund einer besonderen Regelung, unabhängig davon, ob die Prüfung bestanden wurde oder nicht (vgl BVerwGE 72, 207 = DVBl 1986, 470; 81, 300; VGH München BayVBl 1972, 617; **aA** Knöpfle BayVBl 1982, 229 Fn 49); der Anspruch eines **Schwerbehinderten** gem § 4 Abs 1 und 4 SchwbG 1986 bzw § 3 Abs 4 SchwbG 1977 iV mit dem einschlägigen Landesrecht auf Befreiung von **Rundfunkgebühren,**[33] auf **Landesblindengeld** (BVerwGE 80, 66; OVG Lüneburg DÖV 1990, 485: Bindung auch an die Feststellung, dass der Antragsteller nicht blind ist) usw.[34]

25 Bei dieser erweiterten besonderen Tatbestandswirkung handelt es sich um keine sich aus dem Wesen oder Inhalt des VA ergebenden Folgen, sondern um Folgen, die eine besondere gesetzliche Anordnung voraussetzen und erfordern, für die das Ergehen des VA nur Tatbestandsmerkmal und Anknüpfungspunkt ist, und die daher auch nur nach näherer Maßgabe der konkreten gesetzlichen Regelung eintreten können. Im Zweifel, dh wenn und soweit die insoweit anwendbaren Rechtsvorschriften nichts anderes bestimmen, setzt die erweiterte besondere Tatbestandswirkung die innere Wirksamkeit, vielfach aber auch darüber hinaus Unanfechtbarkeit oder die sofortige Vollziehbarkeit (§ 80 Abs 2 VwGO) des in Frage stehenden VA voraus.

26 **4. Feststellungswirkung.** Während die Tatbestandswirkung nur die durch den VA getroffene Regelung als solche erfasst, ist ausnahmsweise mit manchen VAen auf Grund besonderer gesetzlicher Vorschriften (vgl auch BVerwG DVBl 1990, 206: auf Grund und nach Maßgabe des materiellen Rechts) eine sog Feststellungswirkung verbunden, die auch der eigentlichen Entscheidung vorausliegende Elemente, zB tatsächliche Feststellungen, auf denen der VA beruht, oder die Beurteilung vorgreiflicher Inzidentfragen (vgl WBS I § 20 Rn 65: „in dem Akt implizit getroffene Feststellungen") mit in die Bindungswirkung einbezieht.[35] ZB waren gem § 15 Abs 4 BVFG aF die in einem **Vertriebenenausweis** getroffenen Feststellungen auch für die Feststellung der deutschen Volkszugehörigkeit bindend,[36] gem § 1 Abs 3 BVFG die Feststellung des Status als Vertriebener auch für den Ehegatten (BVerwGE 70, 159; 78, 139 = NVwZ 1988, 368; Buchh 412.3 § 1 BVFG Nr 31).

27 **Voraussetzung und Umfang** der Feststellungswirkung werden ausschließlich und abschließend **durch die besonderen Rechtsvorschriften,** auf denen diese beruht, dh, die sie anordnen, bestimmt (BVerwG DVBl 1984, 1227; 1990, 206;

---

[33] BVerwGE 66, 315 = DÖV 1983, 509; 72, 8 = NVwZ 1986, 558; BVerwG NVwZ 1993, 586; DVBl 1985, 1317; 80, 65; Kopp DÖV 1980, 506; str; **aA** OVG Bremen ZfS 1981, 83; 1980, 65; VGH München BayVBl 1982, 52.

[34] BVerwGE 66, 315; 72, 8 = NVwZ 1986, 558; 90, 65 = NVwZ 1993, 586; BVerwG DÖV 1992, 829; BSG 52, 174; BFH 145, 546; 152, 490; 158, 378; 164, 200.

[35] Vgl BVerwGE 21, 312; 34, 90; 35, 318; 40, 104; 70, 156; BVerwG NJW 1986, 1629; 1995, 70; DÖV 1993, 1094; WBS I § 20 Rn 65; Maurer § 11 Rn 9; Fluck VerwArch 1988, 411; Erichsen/Ehlers § 13 Rn 4; Obermayer VerwR 102; zu einem Grenzfall auch BVerwGE 50, 289 = NJW 1976, 1989.

[36] BVerwGE 34, 90; 35, 316; 70, 159 und 160; Erichsen/Ehlers § 13 Rn 4; vgl auch BVerwGE 60, 321; BVerwG Buchh 412.3 § 15 BVFG Nr 9; **aA** nunmehr offenbar VGH Mannheim DÖV 1990, 793: keine Feststellungswirkung des Inhalts, dass der Ausweisinhaber deutscher Volkszugehöriger ist.

Seibert 130; Scherzberg DVBl 1991, 92). Soweit in den maßgeblichen Rechtsvorschriften nichts anderes bestimmt ist, hat auch die Feststellungswirkung die innere und äußere Wirksamkeit des VA, vielfach darüber hinaus auch die Unanfechtbarkeit oder sofortige Vollziehbarkeit zur Voraussetzung.

Eine Feststellungswirkung bzw eine zumindest vergleichbare Wirkung kommt **auch Rechtsbehelfsentscheidungen** (§ 73, § 113 iVm § 121 VwGO), durch die ein VA aufgehoben oder abgeändert wird, hins der für die Aufhebung oder Abänderung maßgeblichen Gründe für eine erneute Entscheidung der Behörde erster Instanz in der Sache zu,[37] ebenso auch für eine neue Entscheidung der **Rechtsbehelfsbehörde** selbst, wenn die Sache erneut nach einer weiteren Entscheidung der Erstbehörde wieder bei ihr anhängig wird.[38] Im Einzelnen gilt für die **Voraussetzungen und den Umfang** der Bindungswirkungen von Rechtsbehelfsentscheidungen im Wesentlichen dasselbe wie für zurückverweisende Rechtsmittelentscheidungen gem § 130 Abs 2 bzw § 144 Abs 6 VwGO. Die Bindungswirkung reicht insb in keinem Fall weiter als diese. Sie entfällt **bei Änderung der Rechtslage,** aber auch bei Änderung der obergerichtlichen Rechtsprechung; außerdem auch, wenn und soweit im konkreten Fall Rücknahme-, Widerrufs- oder Wiederaufgreifensgründe gem §§ 48 ff eine Abweichung rechtfertigen. 28

IV. Bestandskraft

1. Formelle Bestandskraft. Formelle Bestandskraft tritt ein, wenn der VA unanfechtbar wird.[39] Unanfechtbarkeit eines VA bedeutet, dass in der durch den VA geregelten Sache nach den insoweit maßgeblichen Vorschriften (insb nach der VwGO) **keine ordentlichen Rechtsbehelfe** mehr gegeben sind, sei es, weil alle in Betracht kommenden Rechtsbehelfe bereits ausgeschöpft wurden, sei es, dass die Betroffenen die dafür vorgesehenen Fristen nicht genutzt haben.[40] Mit der Unanfechtbarkeit erlangt der VA zugleich formelle Bestandskraft. Die Unanfechtbarkeit tritt ohne Rücksicht auf Rechtmäßigkeit oder Rechtswidrigkeit des VA ein, soweit der VA nicht nichtig ist. Sie ist Ausdruck des Gebots der Rechtssicherheit und des Rechtsfriedens und damit eine Folge des Rechtsstaatsprinzips (BVerfG 60, 269 f; 32, 308; Menger VerwArch 1975, 88; Kopp DVBl 1983, 393). 29

Die **Regelungen über die Unanfechtbarkeit** eines VA sind nicht im VwVfG enthalten, wo nur in einzelnen Bestimmungen (vgl § 51) auf die Unanfechtbarkeit Bezug genommen wird, sondern **befinden sich in der VwGO** und ggf in anderen Prozessordnungen und in sondergesetzlichen Bestimmungen. Die Unanfechtbarkeit eines VA kann je nach dem Zeitpunkt der Bekanntgabe des VA an verschiedene Betroffene zu unterschiedlichen Zeitpunkten eintreten (WBS II § 50 Rn 10; Erichsen/Knoke NVwZ 1983, 186); bei trennbarem Inhalt des VA uU auch unterschiedlich für einzelne Teile (vgl BVerwGE 69, 258 = BayVBl 1984, 632). Keine Besonderheiten gelten im Ergebnis für VAe, die Rechte oder Pflichten nach dem EU-Recht berühren, insb auch für VAe, die nach Auffassung eines 30

---

[37] BVerwG DVBl 1971, 590; Kopp/Schenke § 73 Rn 24 ff; str; vgl auch zur vergleichbaren Bindungswirkung zurückverweisender Rechtsmittelentscheidungen im Prozessrecht Kopp/Schenke § 130 Rn 8.

[38] Kopp/Schenke § 73 Rn 27; **aA** BVerwGE 10, 183; 21, 142; vgl auch vdGK 3.2 zu § 119: uU Verstoß gegen Treu und Glauben, wenn die Widerspruchsbehörde nunmehr von einer anderen Auffassung ausgeht.

[39] BVerfG 60, 269 = NJW 1982, 2425; BVerwG DVBl 1981, 939; DÖV 1982, 941; Kassel NJW 1981, 2315; Erichsen/Ehlers § 38 Rn 45; Maurer § 11 Rn 4 ff; Krebs VerwArch 1976, 414 mwN; Erichsen/Knoke NVwZ 1983, 186; Kopp DVBl 1983, 395 mwN; Merten NJW 1983, 1995; Schenke DÖV 1983, 321; Korber DVBl 1984, 405; Martens NVwZ 1985, 158; Rn 427 f; Ipsen Vw 1984, 168.

[40] Vgl OVG Koblenz BauR 1973, 305; Bettermann, in: Wolff-FS 1973, 467; WBS II § 50 Rn 7; Postier NVwZ 1985, 95.

Betroffenen gegen noch nicht oder erst verspätet in nationales Recht umgesetzte EU-Richtlinien gem Art 249 Abs 3 EG verstoßen und die er deshalb mit Rechtsbehelfen angreifen will.[41]

31 **2. Materielle Bestandskraft.** Die materielle Bestandskraft eines VA bedeutet, dass Behörde und Beteiligte (§ 13) grundsätzlich **an die im VA getroffene Regelung gebunden** sind (Randak JuS 1992, 35) und eine Aufhebung oder Änderung nicht mehr im Rahmen normaler Rechtsbehelfe, sondern nur noch nach Maßgabe besonderer gesetzlicher Bestimmungen sowie nach den §§ 48–51 möglich ist.[42] Auch ein Zweitbescheid ist nur nach Maßgabe der für **Rücknahme, Widerruf oder Wiederaufgreifen** des Verfahrens geltenden Grundsätze zulässig (s § 48 Rn 6; § 49 Rn 4). Die Bestandskraft wird durch den Grundsatz der Rechtssicherheit, der seinerseits eine Folgerung aus dem Rechtsstaatsprinzip ist auch verfassungsrechtlich gerechtfertigt (BVerfG 60, 267; BSG NJW 1987, 2462).

32 **Die Bindung bezieht sich nur auf den Entscheidungssatz,** nicht auch auf wesentliche Gründe der Entscheidung, auf Vorfragen und auf präjudizielle Rechtsverhältnisse, sofern diese nicht ausnahmsweise von einer gesetzlich besonders angeordneten Feststellungswirkung (s oben Rn 26ff) erfasst werden. Die Entscheidungsgründe sind jedoch (ähnlich wie bei Urteilen, vgl Kopp/Schenke § 121 Rn 16) ggf zur Auslegung des Entscheidungssatzes heranzuziehen, insb bei Ablehnung eines Antrags.

33 Die Bestandskraft in diesem engeren Sinn ist idR mit dem **Eintritt der Unanfechtbarkeit** eines nicht nichtigen VA verbunden[43] und hat diese zur Voraussetzung. Die bereits zuvor eintretende Bindungswirkung des VA für die Behörde (s oben Rn 14) muss nicht als Folge der materiellen Bestandskraft erklärt werden (StBS 52). Bei mehreren Beteiligten tritt die Bestandskraft eines VA jedem (einzelnen) gegenüber mit dem Zeitpunkt ein, in dem der VA ihm gegenüber unanfechtbar wird, nicht erst mit dem Zeitpunkt, in dem er auch für den letzten Beteiligten unanfechtbar wird.[44] Anders als die Bestandskraftwirkung eines VA treten die Tatbestands- und Feststellungswirkung und die Bindung der Behörde gem §§ 48ff dem gegenüber grundsätzlich schon mit dem Existentwerden, also mit der Bekanntgabe des VA gegenüber dem ersten Beteiligten in Kraft. Die Bestandskraft bindet analog § 121 VwGO nur die Beteiligten und die Behörde bzw den Verwaltungsträger (mit allen ihm zugehörigen Behörden, Ämtern usw), denen das Handeln der Behörde zuzurechnen ist, und ihre Rechtsnachfolger (Schöndorf BayVBl 1984, 492; Kopp/Schenke § 121 Rn 23ff).

V. Beginn der Wirksamkeit (Abs 1)

34 **1. Maßgeblichkeit der Bekanntgabe.** Abs 1 stellt klar, dass ein VA einem Adressaten oder sonst durch ihn in seinen Rechten oder rechtlichen Interessen Betroffenen gegenüber (erst) in dem Zeitpunkt wirksam wird, in dem er ihm be-

---

[41] Siehe zu der vereinzelt gebliebenen Entscheidung EuGH 1991, 4269 = HFR 1993, 137 (Emmott'sche Fristenhemmung), wonach Rechtsbehelfe erst ab ordnungsgemäßer Umsetzung der Richtlinie in das nationale Recht laufen sollen.

[42] BVerwGE 49, 248; BVerwG DVBl 1982, 1997; BVerfG 60, 269; Krause 179; Martens DVBl 1968, 324; JuS 1975, 72; Obermayer VerwR 104; Knöpfle BayVBl 1982, 2271; Erichsen/Knoke NVwZ 1983, 188; Kirchhof NJW 1985, 2977; 1986, 1315; Rößler NJW 1986, 972; Kopp DVBl 1983, 397, GewArch 1986, 177, Knack vor § 43 Rn 30; Merten NJW 1983, 1996.

[43] Vgl BVerfG 60, 269; BVerwGE 79, 297; BVerwG DVBl 1982, 1097; VGH Kassel NJW 1981, 2315; Erichsen/Knoke NVwZ 1983, 188; Kopp DVBl 1983, 395.

[44] Vgl Rn 5; zT **aA** Erichsen/Knoke NVwZ 1983, 188; StBS 85: erst mit allseitiger Unanfechtbarkeit.

kannt gegeben wird.[45] Die Bekanntgabe an einen anderen Betroffenen bewirkt zwar, dass der VA rechtlich existent und insofern auch wirksam (OVG Münster NVwZ 1992, 991) wird, dh nicht mehr als lediglich verwaltungsinterner Vorgang ohne Rechtserheblichkeit gegenüber den Betroffenen anzusehen ist, und dass er **auch schon Gegenstand eines Rechtsbehelfs** sein kann.[46] Erst mit der Bekanntgabe an den einzelnen Adressaten bzw Betroffenen selbst erlangt der VA auch ihm gegenüber Wirksamkeit, und zwar grundsätzlich unabhängig davon, ob und wann der VA auch anderen Betroffenen gegenüber bekannt gegeben und damit wirksam wird. Etwas anderes gilt, wenn spezialgesetzlich die Wirksamkeit von der Bekanntgabe an alle (zB Verkehrszeichen) oder an mehrere vorgesehen ist (vgl BAG NJW 1982, 2630: Wirksamkeit der Zustimmung zur Kündigung des Arbeitsverhältnisses eines Schwerbehinderten mit Zustellung an den Arbeitgeber, auch wenn dem Arbeitnehmer nicht zugestellt). Erst mit der individuellen Bekanntgabe an den Betroffenen beginnen für ihn ggf auch Rechtsbehelfsfristen und sonstige Fristen (zB nach § 58 Abs 2 VwGO) zu laufen, usw.

2. Wirksamkeit bei fehlender oder fehlerhafter Bekanntgabe? Umstritten ist, ob VAe auch ohne Bekanntgabe an die Betroffenen wirksam werden können, wenn diesen gegenüber gehandelt werden muss, ihnen aber der VA nicht oder jedenfalls nicht rechtzeitig bekanntgegeben werden könnte, zB die Anordnung zum Abschleppen eines falsch geparkten Kfz, das den Verkehr gefährdet; sofort notwendige Maßnahmen bei einem Mineralölunfall, wenn die dafür Verantwortlichen nicht sofort erreichbar sind; bei notwendiger sofortiger Sicherstellung einer herrenlosen Sache; die Ingewahrsamnahme eines Volltrunkenen oder eines Minderjährigen usw. Soweit dies in der Literatur angenommen wird,[47] ist dem entgegenzutreten. Grundsätzlich lassen sich derartige Notsituationen mit dem Instrumentarium der **unmittelbaren Ausführung** des Polizeirechts und des Vollstreckungsrechts hinreichend bewältigen. Allerdings kann es den Beteiligten und auch der Behörde nach Treu und Glauben verwehrt sein, sich auf die fehlende oder fehlerhafte Bekanntgabe zu berufen.[48] 35

3. Verwirkung des Widerspruchsrechts trotz fehlender Bekanntgabe. Bei Vorliegen besonderer Umstände (zB im Baurecht angesichts des „nachbarlichen Gemeinschaftsverhältnisses", vgl BVerwGE 44, 300) kann die Anwendung der Grundsätze der Verwirkung im Ergebnis dazu führen, dass ein VA **im Hinblick auf Rechtsbehelfsfristen** so behandelt werden muss, als sei er in dem Zeitpunkt ordnungsgemäß bekanntgegeben worden, in dem der Rechtsbehelfsberechtigte davon sichere Kenntnis erlangt hat oder hätte haben können und müssen (BVerwGE 44, 294: Verwirkung des Widerspruchsrechts nach Ablauf eines Jahres von der Möglichkeit der Kenntnisnahme an; kritisch Menger VerwArch 1975, 91); uU sogar vor Ablauf der Jahresfrist gem §§ 70, 74 iVm § 58 Abs 2 VwGO. Im Regelfall kann jedenfalls nach **Ablauf eines Jahres** Verwirkung angenommen werden (BVerwGE 44, 294 = NJW 1974, 1266; 72, 309; BFH 106, 137). Einer wirksamen Bekanntgabe gleichzuachten ist es, wenn der Betroffene treuwidrig 36

---

[45] BVerwG NJW 1970, 263; StBS 165; ebenso die schon früher hM, vgl BVerwGE 29, 321; BVerwG NJW 1970, 263; DVBl 1981, 403; WBS II § 48 Rn 23; Skouris VerwArch 1974, 264 ff; Erichsen/Ehlers § 13 Rn 1; UL § 56 Rn 6.

[46] Herrschende Auffassung, vgl BVerwGE 44, 294; BVerwG DVBl 1969, 268; NVwZ 1994, 896. Die Wirksamkeit eines VA tritt damit nicht erst mit der Bekanntgabe an alle Adressaten oder Betroffenen ein (OVG Münster NVwZ 1992, 991).

[47] Vgl im Ergebnis auch Robbers DÖV 1987, 276, der die in Frage stehenden Maßnahmen jedoch nur analog zu VAen behandeln will; s auch München GewArch 1981, 234; Schwabe NJW 1983, 370; weitere N bei Robbers DÖV 1987, 276 Fn 42: keine VAe, sondern bloße Realakte.

[48] BVerwGE 44, 298 f; 78, 89; OVG Hamburg GewArch 1992, 300; Schenke VerwProzR Rn 676; Kopp/Schenke § 74 Rn 18 ff mwN.

eine Bekanntgabe vereitelt, zB einen Einschreibbrief, von dessen Ankunft er informiert wurde, nicht bei der Post abholt, weil er mit einem bestimmten Inhalt rechnet. Aus den entsprechenden Gründen ist auch der **Widerruf oder die Rücknahme** eines jedenfalls existent gewordenen begünstigenden VA mit Doppelwirkung auch dann nur noch unter den erschwerten Voraussetzungen der für die Rücknahme bzw den Widerruf begünstigender VAe geltenden Grundsätze (§§ 44 Abs 1 S 2, Abs 2–4; 45 Abs 2–4) zulässig, wenn er dem Begünstigten nicht bekanntgegeben wurde. Die Verwaltung kann sich die erleichterte Rücknahme- bzw Widerrufsmöglichkeit nicht dadurch erhalten, dass sie VAe den dadurch Begünstigten nicht bekanntgibt.

37 **4. Schwebende Unwirksamkeit?** Das Verwaltungsrecht kennt anders als das bürgerliche Recht bei Willenserklärungen und Verträgen **keine schwebende Unwirksamkeit von VAen,** die durch nachträgliche Genehmigung oder Zustimmung geheilt werden kann. VAe sind entweder gültig und wirksam – wenn auch ggf anfechtbar – oder nichtig.[49] Hiervon ist die Noch-nicht-Wirksamkeit noch nicht erlassener VAe oder für einzelne Betroffene noch nicht durch Bekanntgabe (§§ 41 Abs 1, 43 Abs 1) wirksam gewordener VAe zu unterscheiden. Solche VAe sind aber dem Bürger gegenüber nicht schwebend unwirksam, sondern überhaupt noch nicht wirksam, dh ihm gegenüber noch keine VAe; sie können erst mit ihrem Erlass bzw ihrer wirksamen Bekanntgabe oder durch Heilung des Mangels der Bekanntgabe Wirksamkeit erlangen. Dies gilt auch zB für VAe, die einem Handlungsunfähigen (§ 12) persönlich bekanntgegeben wurden (vgl VGH München DÖV 1984, 433).

38 **5. Mehrere Beteiligte.** Wie sich aus § 43 in Übereinstimmung mit der bisher hM ergibt, tritt die innere Wirksamkeit eines VA den einzelnen Betroffenen gegenüber – und damit auch der Beginn von Rechtsbehelfsfristen (BVerwGE 44, 297 = NJW 1974, 1260; 55, 215) – uU zu unterschiedlichen Zeitpunkten ein (vgl ähnlich zur Unanfechtbarkeit BVerwG BayVBl 1984, 632). Die Wirksamkeit kann deshalb auch eine nur relative sein, dh nur einzelnen Betroffenen gegenüber bestehen, anderen gegenüber nicht, oder im Verhältnis zwischen mehreren Betroffenen zueinander bestehen oder nicht bestehen. Dies ist zB der Fall im Verhältnis zwischen dem Bauherrn, der eine Bauerlaubnis erhalten hat, und einzelnen Nachbarn, dem sie bekanntgegeben wurde, nicht jedoch gegenüber einem Nachbarn, dem sie nicht ordnungsgemäß bekanntgegeben wurde und daher nicht nach § 43 Abs 1 wirksam ist (Erichsen/Ehlers § 38 Rn 19 ff). Bei mehreren Beteiligten ergeben sich daraus uU unterschiedliche Zeitpunkte für den Beginn der Wirksamkeit (BVerwG NJW 1970, 263; Knack 29; StBS 169; **aA** UL § 56 Rn 6).

39 **Härten,** die sich daraus für den durch einen VA mit Doppelwirkung Begünstigten ergeben können, werden dadurch gemildert, dass der Begünstigte in diesem Fall die **Bekanntgabe an den Drittbetroffenen erzwingen** und damit erreichen kann, dass der VA auch diesem gegenüber wirksam und nach Ablauf der Rechtsbehelfsfrist auch unanfechtbar wird (vgl § 41 Rn 47). Außerdem können Drittbetroffene sich dann nicht mehr auf die fehlende Bekanntgabe und die sich daraus ergebende Unwirksamkeit des VA berufen, wenn sie dieses Recht verwirkt haben.

VI. Dauer der Wirksamkeit (Abs 2)

40 **1. Allgemeines.** Die Regelung stellt klar, dass ein nicht nichtiger VA seine Wirksamkeit unabhängig von der Frage der Rechtmäßigkeit grundsätzlich bis zum

---

[49] Kirchhoff DVBl 1985, 659; Elster, Begünstigende VAe mit Bedingungen, Einschränkungen und Auflagen 1979, 69; Hoffmann DVBl 1977, 516; Knack 7; ebenso im wesentlichen StBS 173; offen BVerwG NJW 1982, 2273; **aA** BVerwGE 20, 36; WBS II § 46 Rn 37; Weyreuther DVBl 1969, 295; M 148; Lorenz VSSR 1975, 281: bis zur Genehmigung, nachträglichen Stellung des erforderlichen Antrags usw schwebend unwirksam.

Eintritt eines der in Abs 2 genannten bzw vergleichbarer Umstände behält. Die Regelung betrifft, anders als Abs 1, nicht nur die äußere Wirksamkeit, sondern erfasst zT auch die innere Wirksamkeit, damit Fälle, in denen der VA formell nicht zurückgenommen uä wird, die **Sache sich aber durch Zeitablauf erledigt,** zB bei **Befristung** (§ 36 Abs 2 Nr 1) oder kraft Gesetzes, wenn von der Erlaubnis (Bauerlaubnis, Gaststättenerlaubnis usw) nicht innerhalb bestimmter Zeit Gebrauch gemacht wird (BVerwG NVwZ 1987, 1081), oder in anderer Weise, zB durch **Eintritt einer auflösenden Bedingung** (§ 36 Abs 2 Nr 2), und die Rechtswirkungen sich damit erschöpfen (WBS II § 52 Rn 1; Redeker DVBl 1981, 56), bei einem Widerspruchsbescheid auch zB dadurch, dass der Erstbescheid aufgehoben wird und dadurch der Widerspruchsbescheid gegenstandslos wird (vgl VGH München VRspr 10, 895; Redeker DVBl 1981, 52). Der Aufhebung des VA im gerichtlichen Verfahren steht die **Feststellung seiner Rechtswidrigkeit** gem § 113 Abs 1 S 4 VwGO gleich (BVerwG NVwZ 2002, 853).

Die **Aufzählung ist nicht abschließend** („oder in anderer Weise"). Eine Erledigung des VA kann ua auch eintreten durch den **Tod des aus einem höchstpersönlichen VA Berechtigten** oder Verpflichteten (BVerwGE 84, 274 = NJW 1990, 2482: Bewilligung von Wohngeld erledigt sich mit dem Tod des Berechtigten), oder durch Vollstreckung des VA, wenn nach Lage der Dinge eine Aufhebung und Folgenbeseitigung nicht mehr in Betracht kommen (Kopp/Schenke § 113 Rn 103). Erledigung kann ferner eintreten bei antragsbedürftigen VAen, solange der VA noch nicht unanfechtbar geworden ist, durch **Rücknahme des Antrags,** bei begünstigenden VAen, deren Bestand nicht zugleich auch im öffentlichen Interesse oder im rechtlich geschützten Interesse Dritter liegt, auch durch **Verzicht des Berechtigten** auf den VA bzw auf Rechte aus dem VA (BVerwG NVwZ 1990, 464; VGH Mannheim NVwZ 1995, 280), ebenso auch bei Folgebescheiden durch **Wegfall des Grund-VA**, der die Grundlage für die Folgebescheide bildet, oder durch eine **Gegenstandslosigkeit des VA** auf Grund einer wesentliche Änderung der Sach- oder Rechtslage, zB durch den Wegfall einer Erlaubnispflicht (BVerwG DÖV 1974, 677: eine behördliche Erlaubnis erlischt, wenn für die von ihr erfasste Tätigkeit die Erlaubnispflicht wegfällt) oder wenn sonst die nach dem Inhalt der mit dem VA getroffenen Regelung maßgeblichen Voraussetzungen dafür offensichtlich entfallen. 41

2. Änderung der Sach- und Rechtslage. Die Wirksamkeit des VA entfällt nur bei solchen Änderungen der Sach- und Rechtslage, die zur Gegenstandslosigkeit der getroffenen Regelung führen. Soweit eine wesentliche Änderung der Sach- oder Rechtslage einen VA nicht gegenstandslos macht, sondern nur zur Folge hat, dass die Voraussetzungen nunmehr anders zu beurteilen wären, bleibt ein VA, wenn bzw soweit durch Gesetz nicht ausnahmsweise etwas anderes bestimmt ist, wirksam.[50] Die Behörden sind dann jedoch befugt, den VA unter den Voraussetzungen des § 49 zu widerrufen bzw als Teilwiderruf abzuändern; auch die Betroffenen haben in diesen Fällen idR Anspruch auf Widerruf oder Abänderung belastender VAe oder zumindest auf erneute Entscheidung (sog Zweitbescheid). Entsprechendes gilt für sog Prognoseentscheidungen (s zum Begriff § 40 Rn 18), wenn sich später die für den VA maßgebliche **Prognose** als unzutreffend erweist; auch in diesem Fall wird der betroffene VA idR nicht gegenstandslos – und grundsätzlich auch nicht rechtswidrig –, sondern kann, uU muss den veränderten Voraussetzungen angepasst werden. 42

Für die Gegenstandslosigkeit kommt es bei einer nachträglichen Änderung der Sach- oder Rechtslage aber immer auch darauf an, ob der VA nach seinem Inhalt und Zweck und ggf im Zusammenhang mit den gesetzlichen Vorschriften, auf 43

---

[50] Vgl zB BVerwG BayVBl 1990, 509; Kluth NVwZ 1990, 613; Kopp BayVBl 1989, 652; 1990, 524; zT **aA** Schenke BayVBl 1990, 107.

denen er beruht, Geltung auch für den Fall veränderter Umstände beansprucht oder nicht. So entfällt bei einer Veränderungssperre nach § 14 Abs 3 BauGB die Wirksamkeit und Bindungswirkung eines Bauvorbescheids auch dann nicht, wenn der Vorbescheid wegen eines Nachbarwiderspruchs noch nicht bestandskräftig ist (OVG Lüneburg NVwZ 1990, 685; vgl auch VG Arnsberg NVwZ 1990, 592: auch kein Widerruf wegen nachträglich erlassener Veränderungssperre). Vgl zur Beschränkung der Geltung von Zusicherungen § 38 Abs 3; zur Lösung von Konfliktsfällen bei einander widersprechenden VAen auch § 174 AO sowie Martens NVwZ 1989, 628. Zur Erledigung eines VA durch Vollziehung s OVG Hamburg NordÖR 2002, 469, 471.

44 **3. Aufhebung der Rechtsgrundlage.** Die **Aufhebung des Gesetzes,** auf Grund dessen der VA ergangen ist, durch den Gesetzgeber oder als Folge der Bildung neuen, abweichenden Gewohnheitsrechts oder neuer ungeschriebener Rechtsgrundsätze (vgl § 49 Rn 49), lässt, wenn das Gesetz oder das sonstige neue Recht nichts anderes bestimmt, die **Wirksamkeit eines VA grundsätzlich unberührt** ebenso auch, wenn durch Gesetz nichts anderes bestimmt ist oder in der Entscheidung des Gerichts bestimmt wird, die **Ungültigerklärung des Gesetzes durch das BVerfG** oder das Verfassungsgericht eines Landes (vgl § 79 Abs 2 BVerfGG; ferner BSG 61, 187 = NVwZ 1989, 998; Martens NVwZ 1990, 629) oder einer untergesetzlichen Rechtsvorschrift im Verfahren nach § 47 VwGO (vgl Kopp/Schenke § 183 Rn 6). Auch **Änderungen der Rspr** lassen früher ergangene VAe grundsätzlich unberührt und geben nur allenfalls, soweit sie zugleich Ausdruck neu entstandener allgemeiner Rechtsgrundsätze sind, Anlass zum Widerruf der VA gem § 49 Abs 2 Nr 4 oder nach entsprechenden Vorschriften oder allgemeinen Grundsätzen oder zur Wiederaufnahme der Verfahren gem § 51 Abs 1 Nr 1 oder entsprechender Vorschriften (vgl Martens NVwZ 1989, 629; Bogs, in: Martens-GS 1987, 297).

45 **4. Aufhebung im Rechtsbehelfsverfahren.** Die Beendigung der Wirksamkeit kann auch durch Aufhebung des VA im Rechtsbehelfsverfahren durch die Widerspruchsbehörde oder durch das Verwaltungsgericht erfolgen, bei **Teilanfechtung** uU auch nur teilweise (vgl BFH NVwZ 1990, 600), soweit die verbleibenden restlichen Teile ohne Beeinträchtigung ihres Sinnes und Zweckes eines selbstständigen Bestandes fähig sind. Die Wirksamkeit des aufgehobenen VA entfällt in diesen Fällen erst mit Unanfechtbarkeit der aufhebenden Entscheidung; sie erfolgt automatisch (Kassation), ohne dass es weiterer Maßnahmen bedürfte. Nicht die Wirksamkeit, wohl aber die Vollziehbarkeit iwS einschließlich des Rechts, von einer Genehmigung uä Gebrauch zu machen, wird als Folge der aufschiebenden Wirkung eines Rechtsbehelfs nach § 80 VwGO vorläufig suspendiert (s hierzu näher Kopp/Schenke § 80 Rn 22).

VII. Nichtige VAe (Abs 3)

46 **1. Unwirksamkeit nichtiger VAe. a) Grundsatz.** Ein nichtiger VA ist unwirksam, er entfaltet die mit ihm beabsichtigten Rechtswirkungen weder für die Behörde noch für die Adressaten oder Dritte, ebenso auch keine Bindungswirkung für andere Behörden und für Gerichte (s im Verhältnis zu Zivilgerichten auch zB BGH NJW 1993, 1581; DVBl 1983, 1150). Aus der fehlenden Wirksamkeit folgt, dass der nichtige VA **von niemandem befolgt oder beachtet werden muss bzw darf**[51] sowie nicht vollzogen werden kann und darf (BGH NJW 1986,

---

[51] Vgl BVerwGE 23, 238; BVerwG NVwZ 1982, 194; DÖV 1982, 411; DVBl 1990, 701: nichtig, mithin unwirksam; BFH NVwZ 1982, 216; BGHZ 24, 386; NJW 1975, 1402; DVBl 1983, 1150; BSG 21, 80; 24, 15; 28, 113; OLG München NVwZ 1982, 150; VG Berlin NVwZ 1988, 757; F 227; WBS II § 49 Rn 43; M 109; Erichsen/Ehlers § 15 Rn 23.

1108), auch wenn und solange er nicht formell aufgehoben oder seine Nichtigkeit nicht gem § 44 Abs 5 oder im Verwaltungsrechtsweg gem § 43 VwGO verbindlich festgestellt wird. In Ausnahmefällen kann jedoch die Berufung auf die Nichtigkeit als **unzulässige Rechtsausübung** unbeachtlich sein (BVerwG NVwZ 1982, 194: der Bürger, der Antrag auf Grundsteuererlass gestellt hat, kann sich nicht darauf berufen, dass der Grundsteuerbescheid nichtig ist, weil er nicht erkennen lässt, gegen wen er gerichtet ist).

b) Nichtigkeit. Untern welchen Voraussetzungen die Nichtigkeit eines VA 47
anzunehmen ist, ergibt sich abschließend aus § 44. Die Nichtigkeit besteht idR **von Anfang an;** sie kann aber uU auch die Folge erst nachträglich eintretender Nichtigkeitsgründe sein (vgl auch Schenke DÖV 1990, 496: Nichtigkeit, wenn eine Leistung nachträglich unmöglich wird). Trotz der insoweit wenig klaren Terminologie des Gesetzes, die äußere und innere Wirksamkeit nicht unterscheidet, ist anzunehmen, dass die **Nichtigkeit sowohl die äußere als auch die innere Wirksamkeit** betrifft. Der nichtige VA erlangt – bzw behält – weder die äußere Wirksamkeit noch löst er die von der Behörde damit angestrebten Rechtsfolgen aus (Knack 40). Eine Heilung von Fehlern nichtiger VAe ist grundsätzlich nicht möglich. Auch eine nachträgliche Genehmigung durch die zuständige Behörde kann grundsätzlich – anders, wenn das Gesetz insoweit etwas anderes vorsieht (zB § 8 Abs 1 S 2 BRRG, § 11 Abs 1 § 1 BBG) – die Nichtigkeit nicht heilen; sie kann aber uU, was Auslegungsfrage ist, als Neuvornahme des in Frage stehenden VA, dh als neuer VA gedeutet werden.

2. Rechtsbehelfe gegen nichtige VAe. Die Nichtigkeit eines VA kann gem 48
§ 44 Abs 5 von der Behörde durch feststellenden Bescheid, bzw gem § 43 VwGO im Rahmen einer Feststellungsklage, außerdem inzident als Vorfrage von allen Gerichten und Behörden, jederzeit, auch noch nach Ablauf der Rechtsbehelfsfristen, festgestellt werden. Die Betroffenen haben grundsätzlich einen Anspruch auf diese Feststellung, der mit einer **Verpflichtungsklage** oder mit einer **Feststellungsklage** durchgesetzt werden kann, sofern ein berechtigtes Interesse besteht. Da auch ein nichtiger VA zumindest einen Rechtsschein erzeugt, und da Nichtigkeit immer zugleich auch Rechtswidrigkeit bedeutet, haben die Betroffenen (genauer: diejenigen, die bei Rechtswirksamkeit des VA in ihren Rechten betroffen wären) nach hM auch gegen nichtige VAe dieselben Rechtsbehelfe wie gegen rechtswidrig-anfechtbare VAe, insb den Widerspruch gem §§ 68ff VwGO und die **Anfechtungsklage** gem §§ 74ff VwGO.[52] Aus denselben Gründen, die für die Zulässigkeit der allgemeinen Rechtsbehelfe sprechen, ist auch die Zulässigkeit einer **Rücknahme** nichtiger VAe gem § 48, uU auch eines Widerrufs gem § 49, zu bejahen.

3. Abgrenzung zu Nicht-VAen. Von nichtigen VAen, die zwar nicht die 49
intendierten Wirkungen haben, aber doch jedenfalls den Rechtsschein von VAen erzeugen und deshalb auch aufgehoben oder für nichtig erklärt werden können usw, sind die sog Nicht-VAe zu unterscheiden, dh Akte, die überhaupt keine VAe iS von § 35 sind. Nichtige VAe unterscheiden sich von solchen dadurch, dass sie jedenfalls als Hoheitsakt existent und dem Schein nach auch ein VA sind, während dem Nicht-VA zB wegen fehlender Ernstlichkeit des Gewollten, weil überhaupt kein Bezug zur öffentlichen Gewalt gegeben ist oder wegen fehlender Zurechnungsmöglichkeit zu einer Behörde jede öffentlich-rechtliche Qualität fehlt oder mangels wirksamer Bekanntgabe an zumindest einen Adressaten bzw Betroffenen eine wesentliche Voraussetzung für das Existentwerden fehlt.

---

[52] BVerwGE 18, 155; BFH NVwZ 1987, 359; BSG DVBl 1990, 210; VGH München BayVBl 1975, 117; 1976, 239; Ule 32 II 1; Pietzcker in Schoch § 42 Abs 1 Rn 18; Kopp/Schenke § 42 Rn 3.

50 Ist **bei einem Nicht-VA der Schein der „Amtlichkeit"** nicht auszuschließen, so haben die Betroffenen dagegen dieselben Rechtsbehelfe wie gegen nichtige VAe;[53] auch sonst bestehen in diesem Fall dieselben Möglichkeiten einer Feststellung der Nichtigkeit, Rücknahme usw wie bei nichtigen VAen. Nicht ausgeschlossen werden durch Abs 3 andere als die durch den VA intendierten oder kraft Gesetzes mit einem VA, dem innere Wirksamkeit zukommt, verbundenen Rechtsfolgen. Dies gilt zB für **Schadensersatzpflichten wegen Amtspflichtverletzung** im Zusammenhang mit dem VA oder auch durch Erlass des nichtigen VA (ebenso Knack 40).

§ 44 Nichtigkeit des Verwaltungsaktes

(1) **Ein Verwaltungsakt ist nichtig, soweit er an einem besonders schwerwiegenden Fehler leidet[8] und dies bei verständiger Würdigung aller in Betracht kommenden Umstände offensichtlich ist.**[12]

(2) **Ohne Rücksicht auf das Vorliegen der Voraussetzungen des Absatzes 1 ist ein Verwaltungsakt nichtig,**

1. **der schriftlich oder elektronisch erlassen worden ist, die erlassende Behörde aber nicht erkennen lässt;**[32]
2. **der nach einer Rechtsvorschrift nur durch die Aushändigung einer Urkunde erlassen werden kann, aber dieser Form nicht genügt;**[36]
3. **den eine Behörde außerhalb ihrer durch § 3 Abs. 1 Nr. 1 begründeten Zuständigkeit erlassen hat, ohne dazu ermächtigt zu sein;**[38]
4. **den aus tatsächlichen Gründen niemand ausführen kann;**[39]
5. **der die Begehung einer rechtswidrigen Tat verlangt, die einen Straf- oder Bußgeldtatbestand verwirklicht;**[43]
6. **der gegen die guten Sitten verstößt.**[47]

(3) **Ein Verwaltungsakt ist nicht schon deshalb nichtig, weil**

1. **Vorschriften über die örtliche Zuständigkeit nicht eingehalten worden sind, außer wenn ein Fall des Absatzes 2 Nr. 3 vorliegt;**[52]
2. **eine nach § 20 Abs. 1 Satz 1 Nr. 2 bis 6 ausgeschlossene Person mitgewirkt hat;**[53]
3. **ein durch Rechtsvorschrift zur Mitwirkung berufener Ausschuss den für den Erlass des Verwaltungsaktes vorgeschriebenen Beschluss nicht gefasst hat oder nicht beschlussfähig war;**[55]
4. **die nach einer Rechtsvorschrift erforderliche Mitwirkung einer anderen Behörde unterblieben ist.**[59]

(4) **Betrifft die Nichtigkeit nur einen Teil des Verwaltungsaktes, so ist er im Ganzen nichtig, wenn der nichtige Teil so wesentlich ist, dass die Behörde den Verwaltungsakt ohne den nichtigen Teil nicht erlassen hätte.**[60]

(5) **Die Behörde kann die Nichtigkeit jederzeit von Amts wegen feststellen; auf Antrag ist sie festzustellen, wenn der Antragsteller hieran ein berechtigtes Interesse hat.**[64]

Parallelvorschriften: § 40 SGB X; § 125 AO

Schrifttum: *Alscher,* Willensmängel bei kollegialem Verwaltungshandeln, NJW 1972, 18; *Badura,* Die Form des Verwaltungsaktes, in: Boorberg-FS 1977, 216; *Bender,* Der nichtige Verwaltungsakt, DVBl 1953, 33; *Erbel,* Die Unmöglichkeit von Verwaltungsakten, 1972;

[53] BFH NVwZ 1986, 157 = BStBl II 1987, 472; Kopp/Schenke § 42 Rn 3 mwN; Erichsen/Ehlers § 12 Rn 19; TSG 3 I A 1 a; **aA** BVerwG NVwZ 1987, 330: nur Feststellungsklage hins der sich daraus ergebenden Rechte und Pflichten nach § 43 Abs 1 VwGO, nicht auch Anfechtungsklage nach § 42 VwGO.

Grave, Zur Problematik des an einen Toten gerichteten Beitragsbescheides einer Gemeinde, KStZ 1978, 7; *Grimm,* Verfahrensfehler als Grundrechtsverstöße, NVwZ 1985, 865; *Hill,* Der fehlerhafte VA und seine Folgen im Verwaltungsrecht, 1986; *Hufen,* Fehler im Verwaltungsverfahren, 1986; 3. Aufl 1998; *ders,* Zur Systematik der von Verfahrensfehlern – eine Bestandsaufnahme nach zehn Jahren VwVfG, DVBl 1988, 69; *Lerche/Schmitt Glaeser/Schmidt-Aßmann,* Verfahren als staats- und verwaltungsrechtliche Kategorie, 1984; *Papier,* Der verfahrensfehlerhafte Staatsakt, 1973; *Pickel,* Fehlerhafte VAe, SGb 1985, 532; *Schiedeck,* Die Nichtigkeit von VAen nach § 44 Abs 1 VwVfG, 1993; *ders,* Die Nichtigkeit von VAen gem § 44 VwVfG, JA 1994, 483; *Schnapp,* Die Folgen von Verfahrensfehlern im Sozialrecht, SGb 1988, 309; *Stelkens,* Renaissance des nichtigen VA im Straßenverkehrsrecht? NJW 1980, 2174; *Stober,* Zur Teilnichtigkeit im öffentlichen Recht, JA 1979, 416; *Tetzlaff,* Die Nichtigkeit von VAen unter neuen Aspekten, Die Polizei 1980, 94; *Vogel,* Die Lehre vom Verwaltungsakt nach Erlaß der Verwaltungsverfahrensgesetze, BayVBl 1977, 621; *Wahl/Pietzcker,* Verwaltungsverfahren zwischen Verwaltungseffizienz und Rechtsschutzauftrag, VVDStRL 1983, 151ff; 193f; *Weber,* Nichtigkeit des VA bei Fehlen der Unterschrift, SaarlKommZ 1985, 32; *Winkler,* Die absolute Nichtigkeit von Verwaltungsakten, 1960; *Wolff,* Die Nichtigkeit von Verwaltungsakten, MDR 1951, 523.

Übersicht

I. Allgemeines

1 **1. Inhalt des § 44.** Die Vorschrift regelt als annexe Materie zum Verwaltungsverfahrensrecht die **Nichtigkeit von VAen,** dh die Frage, in welchen Fällen eine Verletzung des formellen oder des materiellen Rechts die Nichtigkeit und damit gem § 43 Abs 3 auch die Unwirksamkeit des davon betroffenen VA zur Folge hat. Die Regelung steht dabei in systematischen Zusammenhang mit § 43, wonach die bloße Fehlerhaftigkeit bzw Rechtswidrigkeit eines VA seine Wirksamkeit nicht berührt. Nur Fehler, die infolge ihrer Schwere nach § 44 zur Nichtigkeit führen, lassen die Wirksamkeit des VA nach § 43 Abs 3 entfallen. Eine umfassende Regelung der Fehlerprüfung und Fehlerfolgen enthält das VwVfG nicht; geregelt werden nur Teilaspekte wie etwa die Heilung von formellen Fehlern in § 45 und die Unbeachtlichkeit bestimmter Mängel in § 46; diese Vorschriften gelten aber jeweils nur für solche Fehler, die nicht zur Nichtigkeit nach § 44 führen.

2 **Zweck der Regelung** ist vor allem die Wahrung der **Gesetzmäßigkeit der Verwaltung** und der **Rechtsschutz der Betroffenen.** Die Vorschrift folgt im Wesentlichen der bereits vor Inkrafttreten des VwVfG hM. Zu der im Gesetzgebungsverfahren geäußerten Kritik an der generalklauselartigen Umschreibung der Nichtigkeit s Ule/Becker S 50; Spanner JZ 1970, 671, 673; Feneberg DVBl 1965, 222, 224; hierzu Rietdorf DVBl 1964, 333.

3 **a) Begriff. Nichtigkeit bedeutet Unwirksamkeit** der getroffenen Regelung (§ 43 Abs 3) von Anfang an (BVerwG DVBl 1990, 702). Der gute Glaube an die Wirksamkeit ist nicht geschützt (WBS II § 49 Rn 43). Sie setzt jedoch immerhin die Existenz eines VA voraus und ist insofern von dem Fehlen der VA-Eigenschaft eines Aktes bei sog **Nicht-VAen** (s § 43 Rn 49) zu unterscheiden. Von nichtigen VAen sind auch die gegenstands- oder funktionslos gewordenen VAe zu unterscheiden. Bei letzteren fällt ihre Wirksamkeit auf Grund äußerer Ereignisse und unabhängig von ihrer Fehlerhaftigkeit weg.

Die Vorschrift trifft **keine abschließende Regelung** der Nichtigkeitsgründe bei VAen, sondern stellt in Abs 1 nur eine allgemeine Regel auf, die in Abs 2 dann durch Bestimmungen über wichtige Fallgruppen ergänzt („ohne Rücksicht auf") und in Abs 3 eingeschränkt wird. Abs 2 zählt ohne Anspruch auf Vollständigkeit wichtige Fälle auf, in denen jedenfalls Nichtigkeit gegeben ist; Abs 3, ebenfalls ohne Anspruch auf Vollständigkeit, wichtige Fälle, in denen jedenfalls keine Nichtigkeit vorliegt. Über die unmittelbar geregelten Fälle hinaus sind dabei die genannten Fälle als Beispiele dafür vorgesehen und geeignet, welche VAe wegen ihrer Vergleichbarkeit mit VAen gem Abs 2 oder aber gem Abs 3 als nichtig bzw als lediglich anfechtbar anzusehen sind (StBS 107; Knack 9). 4

2. Anwendungsbereich. a) Unmittelbare Geltung. § 44 gilt unmittelbar nur für VAe im Geltungsbereich des VwVfG, außerdem gem § 79 auch für Widerspruchsbescheide (§ 73 VwGO) und gem § 38 Abs 2 mit Einschränkungen auch für Zusicherungen (Günther ZBR 1982, 197); allgemein auch für den **Bereich der ehemaligen DDR** und für dort früher ergangene VAe (OVG Bautzen NVwZ 1993, 488). Die Vorschrift gilt unmittelbar ferner nur für VAe der Bundesverwaltung; wortgleiche Regelungen finden sich aber in den Verwaltungsverfahrensgesetzen der Länder. Gem § 1 Abs 1 und 2 gilt § 44 für VAe nur vorbehaltlich inhaltsgleicher oder entgegenstehender Bestimmungen, dh wenn bzw soweit keine vorgehenden Sondervorschriften bestehen. Sonderbestimmungen idS sind nicht nur Vorschriften, die ausdrücklich bestimmen, in welchen Fällen Nichtigkeit gegeben ist, sondern auch Vorschriften, die nach Sinn, Zweck und Zusammenhang die Frage der Nichtigkeit für einen bestimmten Bereich oder Fragenkomplex abschließend regeln. **Vorgehende Sonderbestimmungen,** die § 44 ausschließen, bestehen zB im **Beamtenrecht** (vgl zB §§ 8f BRRG, § 18 NBG; dazu BVerwGE 81, 284). Zur **Nichtigkeit nach EU-Recht** wegen Verstoß gegen Art 88 Abs 2 EG s EuGH NJW 1993, 49. 5

b) Entsprechende Geltung. Die Vorschrift ist als **Ausdruck eines allgemeinen Rechtsgedankens** sinngemäß-analog auch auf sonstige einseitige Verwaltungshandlungen anwendbar, die nach Anschein oder Wirkung mit VAen vergleichbar sind (Ehlers NVwZ 1990, 108), soweit ausdrückliche Regelungen fehlen (BVerwGE 75, 65 = NVwZ 1987, 230). Dies gilt zB für **Nicht-VAe** (s zum Begriff § 43 Rn 49) und für infolge grundlegend veränderter Umstände oder wegen Wegfalls des vorangegangenen Grund-VA (analog § 111 VwGO; **aA** Knack 11) gegenstandslos oder **funktionslos gewordene VAe** (vgl Schenke DÖV 1990, 495); beamtenrechtliche Weisungen ohne Außenwirkung (VG Berlin NVwZ 1988, 757 zur dienstlichen Anordnung eines bestochenen Vorgesetzten; Ehlers NVwZ 1990, 108 mit Fn 36; str); **Beschlüsse von Gemeindeorganen,** einer Personalvertretung usw (BVerwGE 75, 62 = NVwZ 1987, 230), außerdem auch zB für **Bußgeldbescheide** nach dem OwiG (OLG Oldenburg NVwZ 1992, 607; Knack 11); zT allgemein auch für **sonstige einseitige Maßnahmen** und einseitige **verwaltungsinterne Akte.** 6

Keine Geltung beansprucht § 44 für **verwaltungsrechtliche Verträge;** insoweit enthält § 59 besondere Regelungen; für subordinationsrechtliche Verträge verweist § 59 Abs 2 Nr 1 allerdings auch auf § 44 Abs 1. Keine entsprechende Anwendung findet § 44 auf Rechtsnormen, insbesondere auf Rechtsverordnungen und Satzungen, weil § 44 der Sache nach vom Grundsatz der Wirksamkeit des Rechtsaktes auch bei Fehlerhaftigkeit ausgeht, der für Rechtsnormen nicht oder jedenfalls nicht uneingeschränkt gilt (Knack 11). 6 a

3. Verfassungsrecht, Europarecht. Die Regelungen des § 44 über die Nichtigkeit von VAen, die unter besonders schweren und offensichtlichen Fehlern leiden, **entsprechen den Grundsätzen des nationalen Verfassungsrechts.** Beim Vorliegen schwerer Fehler erscheint es geboten, den Gesichtspunkt der Rechtssicherheit durch die Anerkennung einer Wirksamkeit und einer Bestands- 6 b kraft gegenüber dem Geltungsanspruch des materiellen Rechts zurücktreten zu lassen. Die Vorschrift ist auch im Bereich des **indirekten Vollzugs von Gemeinschaftsrecht anwendbar.** Die Unterscheidung der schlicht fehlerhaften Maßnahmen von einer gesteigerten Fehlerhaftigkeit, die zur Nichtigkeit der Maßnahme führt, wurde im Gemeinschaftsrecht schon frühzeitig anerkannt (EuGH Slg 1957, 83, 126). Seither kann auch für das Gemeinschaftsrecht als anerkannt gelten, dass Maßnahmen, die an besonders schweren und offensichtlichen Fehlern leiden, nicht wirksam werden können (EuGH NJW 1987, 3074; EuZW 1994, 436; Schwarze II Rn 960ff). Der Geltungsvorrang des Gemeinschaftsrechts führt nicht dazu, dass jeder Verstoß gegen Gemeinschaftsrecht zur Nichtigkeit führt (BVerwG NVwZ 2000, 1039).

II. Nichtigkeit auf Grund schwerer und offensichtlicher Fehler (Abs 1)

7 **1. Allgemeines.** Abs 1 knüpft für die Abgrenzung der Nichtigkeit von der einfachen Rechtswidrigkeit, die nur Aufhebbarkeit und uU Rücknehmbarkeit des VA zur Folge hat, an die überkommene sog **Evidenztheorie**[1] an, nach der es auf die Schwere und Offenkundigkeit des Fehlers ankommt (kritisch insoweit unter Hinweis darauf, dass das Merkmal der Offenkundigkeit zu unbestimmt sei, WBS II § 49 Rn 12; F 226; Lorenz 278f). Dieser Grundsatz gilt, wie sich aus dem Zusammenhang von Abs 1 und Abs 2 und 3 ergibt, nur **subsidiär,** dh nur soweit ein VA nicht bereits ohne Rücksicht auf die Offenkundigkeit des Fehlers (BVerwG DVBl 1990, 702; OVG Münster NVwZ 1985, 286; Knack 10) nach Abs 2 als nichtig oder umgekehrt nach Abs 3 gerade nicht als nichtig anzusehen ist.[2] Deshalb ist die Frage der Nichtigkeit nach Abs 1 erst nach der Prüfung des Abs 2 bzw 3 zu beantworten. Im Zweifel sind jedoch auch die Sonderregelungen der Abs 2 und 3 im Lichte des in Abs 1 aufgestellten Evidenzgrundsatzes auszulegen.

8 **2. Besonders schwerwiegende Fehler.** Fehler iSd Abs 1 sind solche, die in einem so schwerwiegenden Widerspruch zur geltenden Rechtsordnung und den ihr zugrunde liegenden Wertvorstellungen der Gemeinschaft stehen, dass es unerträglich wäre, wenn der VA die mit ihm intendierten Rechtswirkungen hätte.[3] Maßgebend ist nicht primär der Verstoß gegen bestimmte (wenn auch uU zwingende, vgl BVerwG DVBl 1974, 564) Rechtsvorschriften als solcher, sondern der Verstoß gegen die der Rechtsordnung insgesamt oder in bestimmter Hinsicht zugrunde liegenden und diese **tragenden Zweck- und Wertvorstellungen,** insb auch gegen tragende Verfassungsprinzipien, und das Ausmaß des Widerspruchs

---

[1] Vgl Begr 63; BVerwGE 35, 343; 70, 43; BVerwG NVwZ 1987, 230; DÖV 1978, 405; NJW 1978, 508; DVBl 1974, 564 mwN; BSG 24, 165; 25, 256; BVerfG 34, 25; BGHZ 21, 294; MDR 1977, 946; Erichsen/Ehlers § 15 Rn 26; Obermayer VerwR 117; WBS II § 49 Rn 9ff; StBS 99; Knack 9.

[2] S VGH München BayVBl 1976, 237; BGHZ 21, 294; WBS II § 49 Rn 24ff; Lorenz 279; BSG 17, 142: so grober Rechtsverstoß, dass der Bescheid als nichtig anzusehen ist.

[3] BVerwG NVwZ 1984, 578: bei einem offenkundigen und grundlegenden Widerspruch zur geltenden Rechtsordnung; NJW 1985, 2658: besonders schwerwiegend iS des § 44 Abs 1 sind nur solche Rechtsfehler, die deshalb mit der Rechtsordnung unter keinen Umständen vereinbar sein können, weil sie tragenden Verfassungsprinzipien oder den der Rechtsordnung immanenten Wertvorstellungen widersprechen; VGH München BayVBl 1994, 53: Nichtigkeit, wenn so schwerwiegender Verstoß gegen die Rechtsordnung, dass es unerträglich wäre, wenn der VA die intendierten Rechtswirkungen hätte; Knack 14: wenn das Gewicht des Fehlers derart ist, dass es mit der rechtsstaatlichen Ordnung und den Anforderungen an eine ordnungsgemäße Verwaltung unvereinbar erscheint, dem VA den Anschein der Wirksamkeit oder auch nur eine vorläufige Geltung zu lassen.

zu diesen.[4] Der Verstoß muss nach Art und Ausmaß ein Gewicht haben, das es unerträglich erscheinen ließe, dem VA gleichwohl iSd § 43 zukommen zu lassen. Deshalb kommt es auch nicht entscheidend auf den Rang der Rechtsvorschrift an, gegen die der VA verstößt; nicht nur der Verstoß gegen Verfassungsrecht führt zur Nichtigkeit. Gleiches muss auch für den Verstoß gegen Rechtsnormen der Europäischen Union gelten. Auch hier kann nicht jeder Verstoß als derart schwerwiegend angesehen werden, dass er zwingend zur Nichtigkeit führen müsste.[5]

a) Anhaltspunkte für die Beurteilung. Anhaltspunkte für die Beurteilung geben die in Abs 2 und 3 ausdrücklich geregelten Fälle, außerdem auch die Regelungen des § 45 Abs 1. Es muss sich grundsätzlich um Fehler handeln, die denen in **Abs 2 an Tragweite und Schwere vergleichbar** sind, die andererseits aber schwerer wiegen als die in Abs 3 genannten Mängel (Begr BT-Dr 7/910 S. 64; BVerwG DVBl 1985, 624). Ferner ist im Wege der systematischen Auslegung aus § 45 trotz des ausdrücklichen Hinweises, dass die Regelung für nichtige VA nicht gilt, zu folgern, dass die in § 45 Abs 1 aufgezählten **heilbaren Mängel im Regelfall nicht so schwerwiegend** sind, dass sie Nichtigkeit zur Folge haben; dies ist vielmehr nur in besonders gelagerten schweren Fällen anzunehmen, in denen insb auch der Zweck der verletzten Vorschrift durch Nachholung der unterlassenen Verfahrenshandlung nicht mehr erreicht werden könnte, etwa bei rechtsmissbräuchlichem Vorgehen der Behörde in der Absicht, den Betroffenen die Möglichkeit der Inanspruchnahme rechtzeitigen gerichtlichen Rechtsschutzes zu nehmen oder zu erschweren. 9

b) Beispielsfälle. Als schwere Fehler iS von Abs 1 sind idR Verstöße gegen ausnahmslos geltende **zwingende gesetzliche Verbote** oder Gebote und vergleichbare Regelungen oder grundlegende rechtsethische und rechtslogische Grundsätze anzusehen (s unten Rn 43ff; zweifelnd WBS II § 49 Rn 30ff), sofern diese Ausdruck bestimmter für die Rechtsordnung grundlegender Zweck- und Wertvorstellungen sind, zB eine im Widerspruch zu §§ 28ff BBG erfolgende Kündigung eines Beamten (M 109; F 247f); ein an eine Frau gerichteter Musterungsbescheid (WBS II § 49 Rn 33 unter Hinweis auf Art 12a GG, wonach Wehrpflicht nur für Männer zulässig ist); eine positive Prüfungsentscheidung, der keinerlei sachlich relevante Leistungen zugrunde liegen;[6] sonstige **offensichtliche Gefälligkeits-VAe** denen keinerlei rechtfertigender Sachverhalt zugrundeliegt. Schwere Fehler idS liegen ferner vor bei krasser **absoluter sachlicher Unzuständigkeit** der Behörde, bei **völliger Unbestimmtheit** oder Unverständlichkeit, bei absoluter rechtlicher Unmöglichkeit oder bei einem hoheitlichen Handeln auf Gebieten, auf denen der Behörde ersichtlich keinerlei Hoheitsmacht zusteht. 10

Kein Nichtigkeitsgrund ist dagegen ein **unzulässiger Verzicht** auf eine öffentliche Abgabe, den der Bürger aber angesichts der besonderen Umstände des Falles als zulässig ansehen konnte (BVerwG NJW 1984, 2114 m Anm Selmer JuS 1984, 815; OVG Lüneburg DÖV 1986, 282; OVG Koblenz NVwZ 1986, 68; Knack 26); ein **grober Schätzungsfehler** bei der Feststellung von Besteuerungsgrundlagen (BFH NJW 1990, 2582) oder die dingliche Inanspruchnahme eines Grundstückseigentümers wegen eines Erschließungsbeitrags nach § 134 Abs 2 Bau- 11

---

[4] Vgl BVerwGE 8, 332; BVerwG DVBl 1985, 624 = NJW 1985, 2658; Vogel BayVBl 1977, 622; Knack 14: das Gewicht des Fehlers entscheidet sich nach den verletzten Werten, der rechtsethischen oder gesellschaftlichen Bedeutung der verletzten Rechtsnorm und dem Ausmaß der Verletzung.

[5] So aber StBS 106; offen BVerwGE 104, 289, 295; BVerwG NVwZ 2000, 1039.

[6] Berlin DVBl 1979, 355 zu einer Diplomarbeit; OVG Koblenz GewArch 1992, 428 zu einer Prüfung, für die der Kandidat sich nicht angemeldet hatte und an der er auch nicht teilgenommen hatte.

GB, obwohl eine persönliche Beitragspflicht nicht entstanden war (vgl BVerwG NJW 1985, 2658: **Beitragsbescheid** ist infolge eines Versehens **an einen Nichteigentümer** ergangen, der ihn hat bestandskräftig werden lassen). Kein Nichtigkeitsgrund ist auch, dass ein VA auf Grund einer arglistigen **Täuschung oder Drohung** erlassen wurde (BVerwG DVBl 1985, 624 unter Hinweis auf § 48 Abs 2 Nr 1 VwVfG; StBS 113). Zu VAen, die auf eine aus rechtlichen oder tatsächlichen Gründen **unmögliche Leistung** uä gerichtet sind, s auch unten Rn 39 ff und 43 ff. Ein **Verstoß gegen Gemeinschaftsrecht** führt nicht ohne Weiteres zur Nichtigkeit (BVerwG NVwZ 2000, 1039).

12 **3. Offenkundigkeit des Fehlers. Zusätzlich** zur besonderen Schwere des Fehlers verlangt Abs 1 im Interesse der Rechtssicherheit – gewissermaßen als Ersatz für die Klärung der Frage der Rechtswidrigkeit in einem Rechtsbehelfsverfahren – und zum Schutz des Vollzugsinteresses der Verwaltung gegenüber einer zu weitgehenden „Selbstjustiz" des Bürgers, aber auch im Interesse des Vertrauenschutzes des Bürgers (BVerwGE 84, 316 = NVwZ 1990, 668), dass der Fehler offenkundig sein muss. Offenkundigkeit bedeutet, dass die schwere Fehlerhaftigkeit des VA für einen unvoreingenommenen, mit den in Betracht kommenden Umständen vertrauten, verständigen Beobachter **ohne weiteres ersichtlich** sein muss, sich geradezu aufdrängen muss (vgl OVG Lüneburg DÖV 1986, 382; Martens NVwZ 1987, 464; 1990, 624). Die Fehlerhaftigkeit muss dem VA gewissermaßen **„auf die Stirn geschrieben"** sein (vgl BSG 17, 83), dh es darf die ernsthafte Möglichkeit, dass der VA doch rechtmäßig sein könnte, nach Lage der Dinge, für einen unvoreingenommenen, urteilsfähigen, weder besonders sach- noch rechtskundigen, aber aufgeschlossenen Durchschnittsbetrachter nicht bestehen.[7] Kenntnis der verletzten Rechtsvorschriften oder Rechtsgrundsätze ist nicht Voraussetzung; es genügt, dass iS der strafrechtlichen Theorie der **Parallelwertung in der Laiensphäre** ein gerecht und billig denkender, aufgeschlossener Staatsbürger ohne weitere Ermittlungen oder besondere rechtliche Überlegungen (vgl Stelkens NJW 1980, 2175; Knack 28) zu dem Schluss kommen muss, **dass der VA unmöglich rechtens sein kann.**

13 **Nicht erforderlich** ist Allgemeinkundigkeit der Nichtigkeit bzw **Erkennbarkeit für Dritte,** die mit den Umständen des Falles nicht vertraut sind. Es ist ausreichend, dass die mit den näheren Umständen vertrauten Personen, insb die Beteiligten (§ 13), aber auch andere Angehörige des Personenkreises, dem der Betroffene angehört (zB Beamte, Grundeigentümer, vgl Knack 29), die besondere Fehlerhaftigkeit ohne weiteres erkennen können; sei es aus dem Inhalt oder der Form des VA, sei es auf Grund der besonderen Umstände seines Erlasses (zB Kenntnis, dass eine Namensverwechslung vorliegt oder dass der VA nicht von einem Amtsträger gefertigt wurde). Die Offenkundigkeit muss sich auf die Fehlerhaftigkeit beziehen. Nicht ausreichend für Abs 1 ist es deshalb, wenn ein VA nicht oder nicht mehr als solcher erkennbar ist, zB ein Verkehrszeichen, das entfernt wurde (vgl Krebs VerwArch 1977, 29) oder so verwittert, verschmutzt oder mit Schnee bedeckt ist, dass es nicht mehr zu erkennen ist. In derartigen Fällen ist vielmehr von einem Nicht-VA auszugehen.

14 **4. Beispiele. a) Zuständigkeitsfehler. aa) Absolute Unzuständigkeit.** Nichtig sind VAe **absolut unzuständiger Behörden,** dh von Behörden, die unter keinem denkbaren Gesichtspunkt für den VA zuständig bzw zu seinem Erlass befugt sein können,[8] so bei **offenkundig fehlender hoheitlicher Gewalt,** zB

[7] MuE 153; BVerwGE 19, 287; BSG 24, 168; 28, 113; OVG Münster NVwZ 1988, 74; StBS 60; UL § 57 Rn 9; Kirchhof DVBl 1985, 661; WBS II § 49 Rn 5; K 5; Knack 28; Rietdorf DVBl 1964, 334; OLG Celle NJW 1967, 743; kritisch Martens NVwZ 1990, 625.

[8] BVerwG DVBl 1974, 565 mwN; BSG 19, 132; 24, 168; BayObLG BayVBl 1973, 242; OLG München NVwZ 1982, 150; VG Freiburg NVwZ 1990, 594; WBS II § 49 Rn 30; F 245; M 104, 110; Erichsen/Ehlers § 15 Rn 26.

bei hoheitlichem Handeln auf fremdem Staatsgebiet ohne Zustimmung der dort herrschenden Gewalt (BVerwG VRspr 25, 538; BSG NJW 1973, 1064); **bei offenkundig fehlender Verwaltungskompetenz** (VGH Kassel NVwZ-RR 1991, 227; prOVG 50, 248; WBS II § 49 Rn 34; Obermayer 36; Erichsen/Ehlers § 15 Rn 26; Knack 16), zB **Parteienverbot durch eine Behörde** statt durch das BVerfG; Verhängung schwerer Strafen nach dem StGB durch eine Behörde; die Entscheidung über einen zivilrechtlichen Rechtsstreit durch eine Behörde (OLG München NVwZ 1982, 150). Nichtigkeit ist idR auch anzunehmen **bei offenkundig fehlender Verbandskompetenz,** dh bei Entscheidung der Behörde eines anderen Rechtsträgers im Vollzug von Recht, für dessen Vollzug die handelnde Behörde unter keinem denkbaren Gesichtspunkt zuständig sein kann,[9] zB bei Entscheidung einer Bundesbehörde statt einer Landesbehörde im Vollzug von Landesrecht, da das GG zwar gem Art 83 ff GG einen Landesvollzug von Bundesrecht, nicht jedoch einen Bundesvollzug von Landesrecht kennt.[10] Offenkundig nichtig sind auch **Entscheidungen von Landesbehörden in anderen Bundesländern,** wenn und soweit die Voraussetzungen einer entsprechenden Kompetenzausdehnung offensichtlich nicht gegeben sind (vgl § 3 Rn 8; Kopp/Kopp BayVBl 1994, 229; Kopp KKZ 1994, 193) ähnlich Entscheidungen von **Kommunalbehörden anstelle der zuständigen Staatsbehörde** im Vollzug;[11] des Bürgermeisters der Gemeinde A statt der Gemeinde B bei Vollzug des Rechts seiner Gemeinde;[12] **nicht dagegen** bei Entscheidung der Behörde des Landes A statt einer Behörde des Landes B im Vollzug von Bundesrecht;[13] bei dem von einer Mitgliedsgemeinde eines Gemeindeverwaltungsverbands statt von diesem Verband erlassenen Beitragsbescheid.

bb) Sachliche Unzuständigkeit. Die offensichtliche Verletzung der sachlichen Zuständigkeit der Behörden führt idR zur Nichtigkeit, wenn die mit dem VA geregelte Angelegenheit unter keinem sachlichen Gesichtspunkt Bezug zum Aufgabenbereich der handelnden Behörde hat und dies auch offenkundig ist (VGH Kassel NVwZ-RR 1989, 631; VG Freiburg NVwZ 1990, 594; Obermayer 51–56; Knack 16), insb auch **bei offenkundig fehlender Ressortzuständigkeit** (sog. Ressortverwechslung), zB bei Entscheidung der Behörde eines mit gänzlich anderen Aufgaben betrauten Ressorts, zB Finanzamt statt Baubehörde, Forstamt statt Finanzamt (BVerwGE 49, 371; StBS 88; F 233; M 110; wohl auch UL § 57 Rn 12). Die Aufstellung eines Verkehrszeichens durch die Forstbehörde (anstelle der an sich zuständigen Verkehrsbehörde) dürfte entgegen Obermayer 36 nicht zur Nichtigkeit führen. 15

Eine Verletzung sonstiger Zuständigkeitsregelungen, denen der ausschließliche Charakter fehlt, führt idR nicht zur Nichtigkeit. Dies ist zB der Fall, wenn eine Behörde entscheidet, die zwar nicht im Regelfall, wohl aber ausnahmsweise oder im Rechtsbehelfsverfahren zur Entscheidung berufen sein kann (so zur sachlichen Zuständigkeit BVerwGE 49, 371; WBS II § 49 Rn 38). Nicht 16

---

[9] BVerwG DÖV 1972, 173; BGHZ 20, 119; VGH Kassel NVwZ-RR 1991, 226; Knack 15; F 230; WBS II § 49 Rn 35; Obermayer 36; Oldiges DÖV 1989, 882.

[10] **AA** BVerwGE 82, 21 zum Vollzug im Rahmen einer Planfeststellung nach Bundesrecht mit dem Hinweis, Landesrecht werde hier nur „beachtet", nicht vollzogen; kritisch dazu Kopp BayVBl 1973, 85: wohl nur unter dem Gesichtspunkt einer Annex-Zuständigkeit des Bundes vertretbar.

[11] VGH Kassel NVwZ-RR 1991, 227; OVG Münster DVBl 1976, 395; NJW 1979, 1057; DÖV 1979, 102; MB 5 zu § 3.

[12] BVerwG DÖV 1972, 173; OVG Lüneburg DÖV 1973, 683; OVG Münster NJW 1979, 1058; StBS 88; WBS II § 49 Rn 35; zT weitergehend BGHZ 54, 162; Obermayer 51; F 230.

[13] BVerwGE 90, 35 – zur Entscheidung der wegen Studienwechsel nicht mehr zuständigen Behörde eines anderen Bundeslandes –; BVerwG NVwZ 1993, 481; OVG Lüneburg DÖV 1973, 683; Obermayer 101; vgl auch BVerwGE 90, 35; **aA** offenbar OVG Münster NJW 1979, 1059; zweifelhaft vor allem für den Vollzug vom Bundesrecht gem Art 83, 84 GG.

schwer bzw offensichtlich ist danach zB die Fehlerhaftigkeit eines VA, der unter Verletzung der Zuständigkeit im Instanzenzug ergangen ist,[14] und zwar auch dann, wenn an Stelle der zuständigen Behörde eine nachgeordnete Behörde gehandelt hat (VGH Mannheim VBlBW 1973, 91; WBS II § 49 Rn 39; K 12; **aA** F 232); ebenso nicht, wenn anstelle der allgemein zuständigen Behörde eine nur unter bestimmten im konkreten Fall nicht vorliegenden Voraussetzungen zuständige Behörde gehandelt hat, zB die Polizei anstelle der Ordnungsbehörde (OLG Stuttgart VRS 1980, 464: Aufstellung eines Verkehrszeichens durch die Polizei, obwohl keine Gefahr im Verzug war, führt nicht zur Nichtigkeit). **Keine Nichtigkeit** tritt ein bei Verletzung der Zuständigkeitsabgrenzung durch Gesetz oder Satzung zwischen Bürgermeister und Gemeinderat (WBS II § 49 Rn 40; **aA** Obermayer 36). Nicht nichtig ist auch die **Entscheidung des Vorsitzenden** oder eines Ausschussmitglieds anstelle des Ausschusses.

17 **cc) Örtliche Unzuständigkeit.** Auch die **Verletzung der örtlichen Zuständigkeit** hat, wie sich aus § 44 Abs 2 Nr 3 und § 46 ergibt, idR nur dann Nichtigkeit zur Folge, wenn sie die ausschließliche Zuständigkeit iS des § 3 Abs 1 Nr 1 betrifft (BVerwGE 90, 35; Knack 36); uU bleibt sie nach § 46 überhaupt ohne Folgen. Rechtlich unerheblich ist eine Verletzung (lediglich) verwaltungsinterner Aufgabenabgrenzungen, die nur auf Verwaltungsanordnung und nicht auf Gesetz beruhen (WBS II § 49 Rn 40; StBS 90; OLG Zweibrücken DÖV 1972, 106). Kein Nichtigkeitsgrund ist idR – auch soweit ausdrückliche Regelungen (vgl zB § 14 BBG) fehlen – die Rechtsunwirksamkeit (Nichtigkeit) der Ernennung des handelnden Amtsträgers (Erichsen/Ehlers § 12 Rn 19).

18 **b) Schwere Verfahrensfehler.** Für die Nichtigkeit als Folge von schweren Verfahrensverstößen gelten primär die Sonderregelungen der Abs 2 und 3. Auch bei besonderem Grundrechtsbezug der verletzten Verfahrensvorschrift bzw des verletzten Verfahrensgrundsatzes ist Nichtigkeit allenfalls in besonders gelagerten Fällen anzunehmen (zT **aA** für Fälle, in denen Art und Gewicht des Verfahrensfehlers offensichtlich sind, v Mutius NJW 1982, 215).

19 **aa) Mängel der Willensbildung. Nichtigkeit ist anzunehmen** zB bei VAen eines offensichtlich **geisteskranken Amtsträgers,** sofern nicht überhaupt ein Nichtakt vorliegt;[15] bei VAen, die durch **unmittelbaren Zwang** (vis absoluta) herbeigeführt wurden (M 110; Obermayer VerwR 122; **aA** F 242; SG 3 I A 1 c); bei VAen, die durch **Nötigung** iS von § 52 Abs 1 StGB erzwungen wurden (F 242; M 110; **aA** WBS II § 49 Rn 20: ein Nicht-VA; s auch Alscher NJW 1972, 803); **nicht dagegen** bei VAen, die lediglich von Mängeln der Willensbildung betroffen sind, die bei privatrechtlichen Willenserklärungen (nur) ein Anfechtungsrecht nach §§ 119ff BGB begründen würden (M 111; zT auch Obermayer VerwR 2. Aufl 122; vgl allg auch Alscher NJW 1972, 800), insb bei **arglistiger Täuschung oder Bestechung;**[16] zB eine durch bewusstes Verschweigen von Vorstrafen erschlichene Einbürgerung (Rey JuS 1993, 263 – nicht nichtig, da nicht offensichtlich, außer wenn für die Behörde ohne weiteres durchschaubar; **aA** Montag JuS 1992, 646).

20 **bb) Nichthinzuziehung von Betroffenen. Keine Nichtigkeit** hat grundsätzlich das Unterlasen der Hinzuziehung von Betroffenen zur Folge. Dies gilt anders als im Verwaltungsprozess im Falle einer unterbliebenen notwendigen Beila-

---

[14] BVerwGE 30, 138; 49, 371; WBS II § 49 Rn 35; zT **aA** Obermayer 36: Nichtigkeit bei Handeln der unteren Behörde statt der höheren.

[15] Auch bei nicht erkennbarer Geisteskrankheit; **aA** Jellinek 273; F 233; M 111: nur anfechtbar.

[16] BVerwG DVBl 1985, 624: arg. aus § 48 Abs 2 Nr 1 VwVfG; uU ergibt sich hier Nichtigkeit jedoch gem § 44 Abs 2 Nr 6 oder wegen Verstoßes gegen ein gesetzliches Verbot, s unten Rn 45f.

dung auch für den Fall der notwendigen Hinzuziehung (OVG Münster NVwZ 1988, 74; zT **aA** Raeschke-Kessler/Eilers NVwZ 1988, 40).

cc) Fehlende oder fehlerhafte Mitwirkungshandlungen. Nicht nichtig 21
sind idR, soweit durch Gesetz (vgl zB §§ 16, 23 RuStAG) nichts anderes bestimmt ist (Kirchhof DVBl 1985, 659), wie aus § 45 Abs 1 Nr 1 zu folgern ist, VAe, die ohne die erforderliche Mitwirkung des betroffenen Bürgers erlassen wurden (Schmidt-De Caluwe Jura 1993, 405 mwN, auch zu den Folgen einer Anfechtung der Mitwirkungshandlung seitens des zur Mitwirkung berufenen Bürgers), insb antragsbedürftige VAe, wenn kein Antrag gestellt wurde;[17] ebenso sog „zweiseitige" VAe, bei denen der Antrag oä zugleich eine für die Entscheidung wesentliche und unerlässliche Zustimmung zum VA mit einschließt, wie bei der Ernennung zum Beamten, der Einbürgerung usw[18] und bei **VAen,** bei denen die auf Grund einer gesetzlichen Vorschrift **erforderliche Zustimmung** Betroffener **fehlt.**[19] Dasselbe gilt, wenn der **Antrag** oder die sonst in Frage stehende wesentliche Mitwirkungshandlung wegen **fehlender Unterschrift unwirksam** war (BFH NJW 1992, 2175; FG Niedersachsen NVwZ-RR 1993, 222) oder wegen Irrtums, arglistiger Täuschung oder Drohung **angefochten** wurde (UL § 57 Rn 8) oder von **einem Geschäftsunfähigen** gestellt worden war (UL § 57 Rn 13; Pappermann/Löhr JuS 1980, 37). Sofern ein Antrag nicht zwingend vorgeschrieben ist, ist das Fehlen des Antrags uU überhaupt ohne Bedeutung, insb wenn der Begünstigte von der in Frage stehenden Erlaubnis usw Gebrauch macht.[20]

Kein Nichtigkeitsgrund ist idR auch das **Fehlen der Vertretungsmacht** 22
des angeblichen Vertreters, der den Antrag gestellt hatte (VGH München BayVBl 1975, 139). Der VA hat in diesem Fall aber keine Wirkung gegenüber dem angeblich Vertretenen, sofern dieser den Antrag nicht genehmigt. Kein Nichtigkeitsgrund ist grundsätzlich auch der Umstand, dass eine gem § 28, § 68 Abs 2, § 73 Abs 6 oder nach anderen Vorschriften gebotene Anhörung der Betroffenen unterblieben ist.[21] Entsprechendes gilt bei Verstößen gegen das Gebot einer mV gem § 67 Abs 1 oder nach entsprechenden Vorschriften (BVerwG NVwZ 1984, 578).

Kein Nichtigkeitsgrund ist, vorbehaltlich abweichender gesetzlicher Rege- 23
lungen, auch das **Fehlen** der erforderlichen **Genehmigung der Aufsichtsbehörde** (vgl § 44 Abs 3 Nr 4; § 45 Abs 1 Nr 5; BGH NJW 1984, 2578; **aA** zum bish Recht M 87; Obermayer 2. Aufl 119); sofern allerdings die Betroffenen im VA selbst oder in anderer Weise auf das Erfordernis der (noch ausstehenden) Genehmigung hingewiesen wurden, ist der VA bis zur Erteilung der Genehmigung

---

[17] VGH Kassel NVwZ 1985, 499: arg. aus § 45 Abs 1 Nr 1 VwVfG; NVwZ-RR 1994, 334; Knack 15; WBS II § 49 Rn 42; Hablitzel BayVBl 1974, 392; Dölker BayVBl 1974, 400; Lorenz 281; Meyer NVwZ 1986, 517; StBS 53; **aA** BSG 12, 268; 52, 245 – da schwer und offensichtlich –; UL § 57 Rn 13: Nichtigkeit; differenzierend Lorenz 281 mwN: schwebend unwirksam; zT aA zu VAen, bei denen auf die Mitwirkung des Betroffenen nicht verzichtet werden kann, weil der VA seinen Status betrifft, Stelkens NuR 1985, 220.

[18] **AA** BVerwG DÖV 1972, 174; Lorenz 281; Mayer, die Zusage nach der AO, 1991, 80 – VA nichtig, weil in diesen Fällen, ua auch wegen der belastenden Wirkung des VA, die Mitwirkung so bedeutsam ist, dass der VA unter keinen denkbaren Umständen als mit der Rechtsordnung vereinbar angesehen werden könnte –; offen gelassen in BVerwGE 30, 187; Obermayer VerwR 2. Aufl 122.

[19] Pappermann/Löhr JuS 1980, 37 mwN; Weides JuS 1985, 369; grundsätzlich auch Kirchhof DVBl 1985, 559 f; **aA** BVerwGE 30, 169; UL § 48 Rn 21.

[20] BVerwGE 11, 18; VGH München BayVBl 1969, 105; WBS II § 46 Rn 37; Hablitzel BayVBl 1974, 392; Kopp VerwArch 1970, 233 Fn 56; zT **aA** Kassel 23, 74; Dölker BayVBl 1974, 400: nichtig.

[21] BVerwG DVBl 1974, 565; M 105; F 236; ebenso zu § 67 Abs 1 S 1 BVerwG NVwZ 1984, 578: Entscheidung ohne gebotene mV ist kein Nichtigkeitsgrund; zu § 73 Abs 6 Hoppe/Schlarmann, Rechtsschutz bei der Planung von Straßen und anderen Verkehrsanlagen, 2. Aufl 1981, Rn 93; s § 73 Rn 47; **aA** zu § 73 Abs 6, wenn der Erörterungstermin überhaupt unterblieben ist, UL § 40 Rn 38; Knack § 73 Rn 115; Heigl in: Boorberg-FS 268.

noch nicht wirksam. Zur **fehlenden Mitwirkung anderer Behörden** uä s allg unten Rn 58 ff; § 45 Rn 31 f.

24 **c) Sonstige schwere formelle und inhaltliche Mängel.** Nichtig sind auch sonstige VAe, die unter offensichtlichem und schwerem Verstoß gegen wesentliche Grundsätze des formellen oder materiellen Rechts erlassen wurden (WBS II § 49 Rn 32; vgl auch BVerwGE 8, 649), zB bei Entscheidung durch VA statt durch VO oder in sonstigen Fällen **groben Formenmissbrauchs** (Obermayer VerwR 2. Aufl 120; Krause 192; vgl auch BSG 17, 142; Lorenz 280), **bei reiner Willkür** (BVerwGE 35, 343; M 70, 104 und 110), oder wenn die Behörde sich über Vorschriften bewusst hinwegsetzt, um dem Betroffenen die Möglichkeit rechtzeitigen Rechtsschutzes zu nehmen und vollendete Tatsachen zu schaffen.

25 **aa) Die Verletzung des Schriftformerfordernisses.** Die Verletzung des Schriftformerfordernisses führt idR zur Nichtigkeit, außer wenn die Schriftform ausnahmsweise lediglich Ordnungs- und Beweiszwecken dient.[22] Voraussetzung ist, dass die VAe unter Verletzung der durch Gesetz (vgl § 38 Abs 1; § 69 Abs 2; § 23 AuslG; § 10 Abs 7 BImSchG) zwingend vorgeschriebenen Schriftform, zB mündlich, ergangen sind.[23] Fehlt dem VA die gem § 37 Abs 3 bzw nach entspr Vorschriften vorgeschriebene **Unterschrift** oder Namenswiedergabe, so kommt Nichtigkeit nur in Betracht, wenn nach den Umständen anzunehmen ist, dass der VA durch den zuständigen Bediensteten tatsächlich erlassen werden sollte (zT **aA** BGHZ 90, 328; Badura, in: Boorberg-FS 218; Knack 21: nur, wenn die Unterschrift Bestandteil eines besonders qualifizierten Formanforderung). Nicht Nichtigkeit, sondern nur schlichte Rechtswidrigkeit hat das Fehlen einer vorgeschriebenen oder sonst erforderlichen Begründung des VA zur Folge (MB 13; Knack 20).

26 **bb) Unklarheit, Unbestimmtheit. Nichtig** sind inhaltlich nicht hinreichend bestimmte (§ 37 Abs 1) VAe, wenn die bestehende Unbestimmtheit offensichtlich ist (VGH Kassel NVwZ 1989, 484; OVG Koblenz NVwZ 1990, 399 mwN) und auch nicht durch Auslegung behoben werden kann,[24] einschließlich solcher VAe, die zwar den Bereich der Behörde verlassen haben, aber **mangels eindeutiger Adressierung** nicht bekannt gegeben werden können (VGH München BayVBl 1982, 631: existent als VA, aber unwirksam; WBS II § 48 Rn 2; Preißer NVwZ 1987, 869) oder bei denen unklar ist, wer daraus verpflichtet werden soll. Nichtig sind danach alle VAe, die **in wesentlichen Punkten unklar, widersprüchlich, unsinnig oder unverständlich** sind,[25] zB ein Abgabenbescheid, der die Art der festgesetzten Abgabe (BFH NVwZ 1986, 792), den Beitragsschuldner oder den Beitragsbetrag (OVG Koblenz NVwZ 1990, 399, mwN) nicht bezeichnet, oder ein Kirchensteuerbescheid, dem nicht zu entnehmen ist, für welche Konfessionszugehörigkeit die Steuer erhoben wird (BVerwG NVwZ 1986, 792); ein Bußgeldbescheid, der gegen das Verbot widersprüchlichen Verwaltungshandelns sowie einer zweimaligen Ahndung durch die Bußgeldbehörde verstößt (OLG Oldenburg

---

[22] Vgl BGHZ 114, 315; Badura, in: Boorberg-FS 1977, 216; Knack 20; UL § 57 Rn 11 MB 13; enger WBS II § 49 Rn 41.

[23] VGH München BayVBl 1973, 295; ArbG Heilbronn NZA 1985, 364; Dölker BayVBl 1974, 402; F 237; WBS II § 49 Rn 41; UL § 57 Rn 11; str.

[24] BFH 112, 452; 114, 156; 120, 217; 154, 439; 155, 24 = BStBl II 1989, 220; NJW 1987, 920; NJW 1984, 195; NVwZ 1986, 581; NVwZ-RR 1993, 234; VGH München NJW 1984, 626; BayVBl 1986, 177; 1988, 660; NVwZ-RR 1990, 407; OVG Kassel NVwZ 1987, 987; 1988, 1150; 1989, 484; Martens NVwZ 1990, 625 mwN; UL § 57 Rn 1; Fischer-Hüftle BayVBl 1984, 394, StBS 56.

[25] BSG 25, 256: Formularverwechslung; OVG Koblenz NVwZ 1990, 399 mwN; OVG Münster NVwZ 1986, 580; DÖV 1989, 685 m Anm Stüer DÖV 1989, 672; NVwZ 1989, 379 m Anm Martens NVwZ 1990, 625; NWVBl 1989, 93; OLG Oldenburg NVwZ 1992, 607; Erichsen/Ehlers § 15 Rn 26; WBS II § 49 Rn 25; UL § 57 Rn 14; StBS 56.

NVwZ 1992, 607); **anders** idR lediglich einander widersprechende mehrere VAe (vgl auch Martens NVwZ 1989, 628).

cc) Fehlendes Bezugssubjekt oder -objekt. Nichtig sind auch VAe, deren Subjekt oder Objekt nicht oder nicht mehr existiert bzw weggefallen ist, zB wenn ein **VA gegenüber einem Verstorbenen** eine höchstpersönliche Leistung festsetzt, oder wenn unklar bleibt, ob die Verpflichtung auch für den Rechtsnachfolger gilt (BFH NVwZ 1994, 98); oder wenn ein inzwischen **abgerissenes Gebäude unter Denkmalschutz** gestellt wird (OVG Münster NVwZ-RR 1990, 341 = NWVBl 1990, 199). Nicht nichtig ist dagegen der an einen Nichteigentümer gerichtete Erschließungsbeitragsbescheid (BVerwG NJW 1985, 2658). 27

dd) Fehlende Eignung. Die fehlende Eignung einer im VA getroffenen Regelung zur Erreichung des angestrebten Zwecks führt grundsätzlich nicht zur Nichtigkeit des VA, sondern nur zur Rechtswidrigkeit, sofern es sich nicht einmal um einen „Schritt in die richtige Richtung" handelt. Etwas anderes muss gelten, wenn die Regelung zur Erreichung des angestrebten Zieles **offensichtlich absolut ungeeignet** ist.[26] Dies setzt voraus, für jedermann ohne weiteres ersichtlich ist, dass die Regelung schlechthin ungeeignet ist, also zur Erreichung des Zwecks ernsthaft nicht in Betracht kommt. 28

ee) Sonstige schwere Verstöße. Nichtig sind VAe auch bei **anderen schweren Verstößen** gegen die der Rechtsordnung insgesamt oder einem einzelnen Gesetz zugrunde liegenden unverzichtbaren Zweck- und Wertvorstellungen (s oben Rn 8f); nicht dagegen, abgesehen von den in § 44 Abs 2 ausdrücklich genannten Fällen, bei sonstigen Verstößen gegen zwingende Rechtsvorschriften oder gesetzliche Verbote, mit Ausnahme von VAen, die mit Strafe oder Bußgeld bedrohtes Handeln oder Verhalten verlangen (insoweit greift Abs 2 Nr 5; vgl dazu unten Rn. 43). Das bloße **Fehlen einer gesetzlichen Grundlage** für die getroffene Regelung führt nicht zur Nichtigkeit.[27] Auch der Umstand, dass der für den Erlass des VA verantwortliche Amtsträger selbst mit dem Erlass des VA **eine strafbare Handlung** oder Ordnungswidrigkeit begeht, macht den VA nur dann nichtig, wenn darin zugleich ein Verstoß gegen grundlegende Zweck- oder Wertvorstellungen im vorgenannten Sinn liegt. **Grundsätzlich nichtig** sind dagegen sog **kollusiv erlangte VAe,** dh VAe, die unter bewusstem Verstoß gegen das Gesetz in rechtswidrigem Zusammenwirken mit dem zuständigen Sachbearbeiter erlassen wurden (zT **aA** BGHSt 39, 381 = NJW 1994, 670: formell wirksam und uU sogar Rechtfertigungsgrund). 29

Zur **Nichtigkeit** führt die **absolute Gesetzlosigkeit** (vgl VG Freiburg NVwZ 1990, 594), etwa wenn es sich um der hoheitlichen Betätigung offensichtlich fremde, gesetzlich **schlechterdings nicht zu rechtfertigende Akte** handelt.[28] Nicht nichtig sind dagegen VAe, die auf Grund einer Rechtsnorm ergingen, die (später) durch ein Verfassungsgericht, gem § 47 VwGO durch ein OVG oder durch den EuGH für nichtig erklärt wurde oder deren Nichtigkeit in einer gerichtlichen Entscheidung inzident festgestellt wurde.[29] **Nicht nichtig,** sondern 30

[26] Vgl VGH Kassel NVwZ 1982, 514 zu einer – vom Gericht allerdings nicht als VA angesehenen – Zwangsmittelandrohung ohne Fristsetzung: nichtig, da der Fristablauf als Voraussetzung der Vollstreckung nicht feststellbar ist.

[27] BVerwGE 19, 287; NVwZ 1982, 193; BFH 134, 223; WBS II § 49 Rn 32; UL § 57 Rn 15; Knack 26; **aA** Lorenz 280.

[28] BVerwGE 35, 343; BGHZ 4, 10; ähnlich BFH 134, 223 = NVwZ 1982, 216: Nichtigkeit, wenn die an eine ordnungsgemäße Verwaltung zu stellende Anforderungen in einem so erheblichen Umfang verletzt sind, dass von niemandem erwartet werden kann, ihn als verbindlich anzuerkennen.

[29] BVerwGE 19, 284; 27, 141; Knack 26; zT **aA** UL § 57 Rn 15: Nichtigkeit von VAen, die auf eine Norm gestützt sind, deren Nichtigkeit schon vor Ergehen des VA durch ein Gericht festgestellt worden war.

idR nur rechtswidrig-anfechtbar sind grundsätzlich auch VAe, für deren Erlass eine **wesentliche gesetzliche Voraussetzung** fehlt, zB ein Grundsteuerbescheid, der ergeht, obwohl noch kein Grundsteuermessbescheid ergangen ist (BVerwG NVwZ 1982, 193); ebenso auch die **Genehmigung einer nichtigen VO oder Satzung** (BVerwGE 75, 147).

III. Besondere Nichtigkeitsgründe (Abs 2)

31 **1. Allgemeines.** Abs. 2 enthält eine **abschließende Aufzählung** (vgl StBS 124) **absoluter Nichtigkeitsgründe,** bei deren Vorliegen weder Schwere noch Evidenz des Fehlers besonders geprüft werden müssen. Nichtigkeit ohne Rücksicht auf das Vorliegen der Voraussetzungen nach Abs 1, also insb auch bei fehlender Offensichtlichkeit des Mangels (BVerwG NVwZ 1990, 668), ist in den in Abs 2 genannten Fällen immer gegeben. Das Gesetz hat damit zur Vereinfachung des Vollzugs und zur Vermeidung von Abgrenzungsschwierigkeiten nach Abs 1 einige Fehler benannt, in denen **Mindestvoraussetzungen,** unter denen nach rechtsstaatlichen Gesichtspunkten eine Wirksamkeit fehlerhafter VAe hingenommen werden kann, fehlen.

32 **2. Fehlende Erkennbarkeit der erlassenden Behörde (Nr 1).** Das Erfordernis, dass bei einem schriftlichen oder elektronischen VA die Behörde erkennbar sein muss, die ihn erlassen hat, gehört gem § 37 Abs 3 zu den Mindestformerfordernissen eines schriftlichen oder elektronischen VA (vgl auch WBS II § 48 Rn 25; § 49 Rn 24). Nr 1 trägt vor allem dem Umstand Rechnung, dass Rechtsbehelfe gegen einen VA schwierig, wenn nicht unmöglich sind, wenn die ausstellende Behörde nicht bekannt ist (Begr 69), und dass vielfach nicht einmal mit Sicherheit feststellbar ist, ob überhaupt eine Behörde gehandelt hat (vgl OVG Schleswig NordÖR 2002, 239) und ein VA vorliegt oder nicht, sowie ob nicht eine absolut unzuständige Behörde den VA erlassen hat. Nicht zwingend erforderlich ist, dass die Behörde im Briefkopf genannt wird; ausreichend ist, wenn sie im Bescheid überhaupt genannt wird (OVG Weimar NVwZ-RR 1995, 253).

33 **a) Erkennbarkeit.** Trotz der allgemeinen Fassung der Vorschrift, und des Sinns der Schriftlichkeit eines VA, der darin besteht, dass alle wesentlichen Elemente aus dem entsprechenden Schriftstück selbst, grundsätzlich aus dem Kopf, dem Rubrum oder einem entsprechenden Zusatz bei der Unterschrift, ersichtlich sein müssen, tritt Nichtigkeit nach Abs 2 Nr 1 nicht ein, wenn der Betroffene dem Bescheid insgesamt entnehmen kann, welche Behörde gehandelt hat. Außerdem genügt es, um die Anwendung des Abs 2 auszuschließen, dass die erlassende Behörde aus dem Text des VA, ggf im Wege der Auslegung, oder aus dem Umschlag, dem Poststempel bei Selbststemplern, der Zustellungsurkunde usw (VGH Mannheim VBlBW 1988, 439; Knack 33) zweifelsfrei festgestellt werden kann. Nicht ausreichend ist dagegen idR, wenn allein dem Betroffenen, etwa auf Grund vorangegangener Gespräche, die Zuordnung des VA zu einer bestimmten Behörde möglich ist.

34 **Der fehlenden Erkennbarkeit gleich** steht es, wenn zwar die Behörde angegeben ist, diese aber nach den Umständen des Falles offensichtlich nicht die ausstellende Behörde gewesen sein kann, oder wenn eine nicht existierende Behörde angegeben ist (K 10). Gleiches gilt, wenn in einem VA mehrere unterschiedliche Behörden als Aussteller in Betracht kommen. Angabe der Behörde nur nach einer **generellen Bezeichnung,** zB Landratsamt, **genügt nicht,** wenn es mehrere Behörden dieser Art gibt und dem VA nicht zweifelsfrei entnommen werden kann, welche davon den VA erlassen hat. Ist nicht erkennbar, ob überhaupt eine Behörde gehandelt hat, so fehlt es schon an der Eigenschaft als VA.

35 **b) Entsprechende Anwendung?** Die Regelung des Abs 2 Nr 1 ist **nicht entsprechend anwendbar** auf das **Fehlen der Unterschrift** bzw der Namens-

wiedergabe, wie sie in § 37 Abs 3 vorgeschrieben ist. Allerdings entfaltet ein nicht unterschriebener bzw mit Namensangabe versehener Bescheid keine Wirksamkeit, wenn nach den näheren Umständen seines Erlasses angenommen werden muss, dass der Akt noch nicht als endgültige Entscheidung der Behörde gewollt war, sondern erst den Entwurf eines VA darstellt.[30] Das gilt insb auch dann, wenn für einen VA die **Form der Urkunde vorgeschrieben** ist. Nr 1 gilt unmittelbar nur für schriftliche oder elektronische VAe sowie für die schriftliche oder elektronische Bestätigung eines in anderer Form ergangenen VA gem § 37 Abs 1 S 2 (Knack 34), ist als Ausdruck eines allgemeinen Rechtsgedanken **analog anwendbar** auch auf **mündliche oder in anderer Weise erlassene VAe,** wenn für die Betroffenen auch aus den Umständen des Erlasses nicht mit hinreichender Sicherheit erkennbar ist, ob eine Behörde und ggf welche Behörde die Regelung getroffen hat (vgl auch Knack 34).

3. Verstoß gegen das Erfordernis einer Urkundenaushändigung (Nr 2). 36
Nr 2 betrifft – in Übereinstimmung mit der schon früher hM (vgl F 239; Obermayer VerwR 2. Aufl 117, 120) – die eher seltenen Fälle, in denen nach den maßgeblichen Rechtsvorschriften die Aushändigung einer Urkunde einen konstitutiven, unerlässlichen Teil des Erlasses des VA selbst bildet. Dies gilt vor allem für die **Einbürgerung** gem § 16 StAG (OVG Münster NVwZ 1986, 936), für die dieses Erfordernis vor allem im Hinblick auf die Bedeutung der Entscheidung und im Interesse der Rechtssicherheit zwingend vorgeschrieben ist (WBS II § 49 Rn 25). Für die Wirksamkeit von **Ernennungen im Beamtenrecht** bestehen Sonderbestimmungen (vgl § 6 Abs 2 S 2 BBG; § 5 Abs 3 BRRG), die grundsätzlich vorgehen (BVerwGE 81, 284); str ist hier ua auch, ob bei einer Beamtenernennung ohne Aushändigung der Ernennungsurkunde die Ernennung nicht nur nichtig iS der entspr Regelungen des Beamtenrechts, die eine rückwirkende Heilung zulassen, ist, sondern eine „Nichternennung", dh ein Nicht-VA vorliegt (so StBS 129; Wagner DÖV 1988, 283; **aA** Knack 35: nur nichtig).

Nicht unter die Regelung fallen VAe, bei denen die Ausstellung einer Ur- 37
kunde **nur Legitimations- oder Beweiszwecken** dient, zB die Reisegewerbekarte, der Führerschein, die Gaststättenerlaubnis usw (vgl Obermayer 51; Ehlers DÖV 1991, 480). Im Zweifel ist anzunehmen, dass eine Rechtsvorschrift nur diese Form meint. Auf die Verletzung solcher und anderer Formvorschriften ist Nr 2 auch nicht analog anwendbar.

4. Örtliche Unzuständigkeit nach § 3 Abs 1 Nr 1. a) Ortsgebundene 38
Rechte. Nr 3 trägt – im Einklang mit der vor Erlass des VwVfG hM[31] – der besonderen Bedeutung der örtlichen Zuständigkeit für die in § 3 Abs 1 Nr 1 genannten Fälle besonderer Ortsgebundenheit von VAen Rechnung (s dazu näher § 3 Rn 19a, 20). Sie ist über den insoweit zu engen Wortlaut hinaus auch auf Fälle anzuwenden, in denen die Zuständigkeit durch andere Rechtsvorschriften im gleichen Sinn wie in § 3 Abs 1 Nr 1 geregelt ist (ebenso Knack 36; vgl auch München BayVBl 1976, 726; ferner Art 44 Abs 1 Nr 3 BayVwVfG). Auf die **Verletzung der sachlichen Zuständigkeit** und der nicht unter dem Gesichtspunkt der „belegenen Sache" begründeten örtlichen Zuständigkeit ist Nr 3 dagegen **nicht, auch nicht analog anwendbar;** insoweit verbleibt es bei der Regel des Abs 1. Zur Nichtigkeit bei krassen Verstößen gegen Zuständigkeitsbestimmungen s oben Rn 14. Im Zweifel, insb bei fehlender Offenkundigkeit, ist nicht Nichtigkeit, sondern nur einfache Rechtswidrigkeit, uU Unerheblichkeit anzunehmen.

---

[30] S oben Rn 26; § 37 Rn 32; weitergehend Weber Saarl Kommunalzeitschrift 1985, 34: immer nichtig; Nachholung nur als Neuvornahme des VA, auch nicht gem § 42 unbeachtlich; **aA** VGH München NVwZ 1987, 729; Stelkens BauR 1978, 161; MB 23 zu § 37; Knack 27 zu § 37; Badura, in: Boorberg-FS 1977, 218: idR nur anfechtbar.

[31] Vgl VGH München BayVBl 1976, 726; BayVerfGH 4, 9f; F 229f, 235; Erichsen/Ehlers § 15 Rn 26; WBS II § 49 Rn 26; Obermayer VerwR 2. Aufl 119.

38 a **b) Fehlende Ermächtigung.** Nichtigkeit nach Abs 2 Nr 3 setzt voraus, dass die nach § 3 Abs 1 Nr 1 unzuständige Behörde zu ihrem Handeln nicht ermächtigt ist. Hier kommt vor allem die Ermächtigung zum Handeln in Fällen der Eil- und Notzuständigkeit (vgl zB § 3 Abs 4) in Betracht (StBS 137; Knack 37). Die Ermächtigung muss grundsätzlich wirksam sein; auf die Rechtmäßigkeit kommt es dagegen nicht an (StBS 136; weiter OVG Münster NVwZ 1993, 75).

39 **5. Tatsächliche objektive Unmöglichkeit (Nr 4). a) Allgemeines.** Nr 4 entspricht dem allgemeinen Rechtsgrundsatz, dass niemand zu objektiv unmöglichen Leistungen verpflichtet ist oder werden kann.[32] Die Regelung gilt nach dem Wortlaut unmittelbar **nur für die objektive tatsächliche Unmöglichkeit,** dh dass nach dem gegenwärtigen Stand der Wissenschaft, Technik usw niemand den VA ausführen könnte. Sie ist **zumindest analog** auch auf solche Fälle anwendbar, in denen eine Leistung zwar technisch usw möglich ist, jedoch mit einem **so hohen Aufwand** oder mit **so großen Schwierigkeiten** verbunden wäre, dass niemand sie vernünftigerweise in Betracht ziehen würde (ebenso Knack 38; **aA** StBS 140). Da es auf die Offensichtlichkeit der Unmöglichkeit nicht ankommt, kann sich diese auch erst später im Zuge der Erfüllung oder Vollstreckung herausstellen (StBS 140). Bloße **Unzumutbarkeit** hat idR nur die Fehlerhaftigkeit, nicht die Nichtigkeit des VA zur Folge. Um einen Fall objektiver Unmöglichkeiten handelt es sich auch, wenn die geforderte Leistung usw zwar an sich möglich ist, **der VA dem Betroffenen aber keine Möglichkeit dazu lässt.**[33] Die mangelnde Eignung eines VA oder der durch den VA gebotenen Handlung usw zur Erreichung des mit dem VA verfolgten Zwecks fällt nicht unter den Begriff der Unmöglichkeit iS von Nr 4; sie kann aber ebenfalls die Nichtigkeit des VA zur Folge haben, wenn hierin ein schwerer und offensichtlicher Fehler gem Abs 1 liegt (s Rn 28).

40 **b) Rechtliche Unmöglichkeit.** Rechtliche Unmöglichkeit **reicht grundsätzlich nicht aus** (StBS 141). Es führt also nicht zur Nichtigkeit, wenn der VA Anordnungen trifft, die aus rechtlichen Gründen nicht ausgeführt werden darf, sofern kein Fall des Abs 2 Nr 5 vorliegt (Bsp: Keine Nichtigkeit einer nur an einen von mehreren Miteigentümern gerichteten Abrissverfügung; s Rn 42 a). **Umstritten** ist, ob Nichtigkeit gem Abs 2 Nr 4 eintritt, wenn die rechtliche Unmöglichkeit sich ebenso kategorisch auswirkt wie die tatsächliche Unmöglichkeit.[34] Maßgeblich ist insoweit nicht ohne weiteres die Frage der Vollstreckbarkeit, sondern die **Frage, ob der Pflichtige die Leistung unter keinen Umständen bewirken kann.** Dies ist etwa der Fall bei der Einbürgerung einer Person, die bereits die deutsche Staatsangehörigkeit besitzt (VGH München VerwRspr 1961 Nr 83) oder bei beamtenrechtlichen Maßnahmen gegenüber einem Nichtbeamten (StBS 141). Die Verpflichtung eines Ausländers, seine Wiedereinbürgerung im Heimatland herbeizuführen, ist rechtlich nicht unmöglich (so auch StBS 143; **aA** VGH Mannheim NVwZ 1994, 1233). Die Verpflichtung ist allerdings nicht vollstreckbar, wenn der Betroffene darlegt, dass ihm die Erfüllung tatsächlich nicht möglich ist.

41 **c) Begriff der Ausführung.** Der Begriff der Ausführung in Nr 4 ist im **weitesten Sinn** zu verstehen. Betroffen sind nicht nur VAe, die eine bestimmte

---

[32] KreisG Dresden NVwZ 1993, 601 zu einem Gebührenbescheid, der auf eine nicht mehr gültige Währungseinheit ausgestellt ist; OLG Stuttgart NJW 1988, 1616; ebenso zum bish Recht WBS II § 49 Rn 27; F 242; Erichsen/Ehlers § 15 Rn 26; Obermayer VerwR 2. Aufl 121; Erbel, Die Unmöglichkeit von VAen, 1972.

[33] Vgl VGH Kassel NVwZ 1982, 514: eine Zwangsmittelandrohung ohne Fristsetzung ist nichtig, weil sie dem Betroffenen keine Möglichkeit lässt, sie zu befolgen, bevor uU Vollzugsmaßnahmen eingeleitet werden; im entschiedenen Fall zweifelhaft.

[34] Vgl Kreisgericht Dresden NVwZ 1993, 601: ein auf DDR-Mark ausgestellter Zahlungsbescheid ist nichtig, da der Leistung nach Einführung der D-Mark als alleiniges Zahlungsmittel dauernde Rechtshindernisse entgegenstehen; **aA** StBS 141.

Leistung oder Handlung gebieten, sondern auch solche, die auf eine Unterlassung gerichtet sind, sowie uU auch gestaltende oder feststellende VAe, die Berechtigungen begründen oder feststellen uä, die auf etwas objektiv Unmögliches gerichtet sind (ABegr 9). **Nichtig sind zB VAe** bezüglich einer nicht existierenden Person (hier wird es idR schon an einer wirksamen Bekanntgabe fehlen, vgl StBS 138) oder eines nicht existierenden Objekts; dies jedenfalls dann, wenn es sich um höchstpersönliche VAe bzw nur für ganz bestimmte Objekte gewollte Regelungen handelt (s oben Rn 27), zB die Entziehung der Fahrerlaubnis eines Verstorbenen (s oben Rn 39); die Unterschutzstellung eines nicht mehr existierenden Denkmals (OVG Münster NWVBl 1990, 199); die Abbruchverfügung hins. eines bereits beseitigten Bauwerks, die Planfeststellung für einen Plan, der mit der tatsächlichen Örtlichkeit in wesentlichen Punkten nicht übereinstimmt.[35] Kein Fall des Abs 2 Nr 4 liegt vor, wenn in einer Baugenehmigung, die auf ein Baugesuch zurückgeht, die Größe des Baugrundstücks unrichtig angegeben ist.

d) Subjektive Unmöglichkeit. Nicht anwendbar ist Nr 4 auf die Fälle der subjektiven Unmöglichkeit (Unvermögen), wenn also (nur) der Adressat des VA oder ein sonstiger Betroffener aus wirtschaftlichen, finanziellen oder anderen in seiner Person liegenden Gründen die durch den VA ihm auferlegte Leistung usw nicht erbringen kann, wohl aber die Leistung uä objektiv möglich wäre und von einem Dritten erbracht werden könnte. In solchen Fällen ist die Frage der Nichtigkeit ausschließlich nach Abs 1 zu beurteilen (M 111; Knack 39). Nichtig sind nach Abs 1 VAe wegen subjektiven Unvermögens des Betroffenen **ausnahmsweise** dann, wenn ein VA **höchstpersönliche Leistungen** uä betrifft, die der Betroffene aus Gründen, die er nicht zu vertreten hat, wie Krankheit, Alter usw, offensichtlich nicht in der Lage ist, zu erbringen, und die gleichwohl zu fordern, offensichtlich dem Sinn und Zweck der gesetzlichen Ermächtigung, auf die sich der VA stützt, nicht entsprechen kann (ebenso Knack 25). 42

Keine Nichtigkeit liegt vor bei Anordnungen, die der **Pflichtige mangels Berechtigung nicht erfüllen kann,** weil in derartigen Fällen die erforderliche Berechtigung nachträglich geschaffen werden kann, zB durch Erlass von Duldungsverfügungen usw.[36] Nebenbestimmungen zu einer Genehmigung uä sind idR auch dann wirksam, wenn der Erlaubnisnehmer wegen entgegenstehender Rechte Dritter rechtlich nicht in der Lage ist, sie zu erfüllen; denn die Nebenbestimmung verpflichtet in diesen Fällen den Erlaubnisnehmer usw ja nicht unbedingt, sondern nur für den Fall, dass er von der Genehmigung Gebrauch macht, was allein in seinem Willen steht (BVerwG DÖV 1966, 701). 42 a

6. Verlangen strafbaren bzw ordnungswidrigen Handelns (Nr 5). a) Strafbarkeit. Abs Nr 5 ist eine notwendige Folge der Einheit der Rechtsordnung und soll zugleich den Betroffenen Konflikte ersparen, die sich aus der Befolgung eines VA im Hinblick auf das Straf- oder Ordnungswidrigkeitenrecht ergeben könnten. Die Regelung entspricht der schon früher hM.[37] Durch die Fassung der Vorschrift ist klargestellt, dass es **allein** auf **die objektive Tatbestandsmäßigkeit** und **Rechtswidrigkeit** der in Frage stehenden Handlung, nicht auf subjektive Elemente, insb auch nicht auf ein etwaiges Verschulden (das im Hinblick darauf, dass der Betroffene etwas ihm durch Hoheitsakt verbindlich Aufgetragenes tun würde, zweifelhaft sein könnte) ankommt (ebenso StBS 78; Knack 40). Soweit im Einzelfall **Rechtfertigungsgründe** gegeben sind, ist auch der VA wirksam, zB ein VA, der eine Handlung gebietet, die nach den Grundsätzen des übergesetz- 43

[35] Vgl PrOVG 28, 381; F 242; zT **aA** BVerwG NVwZ 1992, 554 = DVBl 1992, 568.
[36] OVG Lüneburg NJW 1994, 3309; VGH Mannheim VBlBW 1994, 310; v Kalm DÖV 1996, 463.
[37] Vgl WBS II § 49 Rn 27; F 247; Obermayer VerwR 2. Aufl 121; Erichsen/Ehlers § 15 Rn 26; OLG Celle NJW 1969, 2250.

lichen Notstandes gerechtfertigt ist (ebenso Knack 40). Keine Nichtigkeit ist gegeben, wenn das verlangte Verhalten durch den VA selbst gerechtfertigt wird **(Legalisierungswirkung).** Allerdings ist umstritten, wann der VA eine derartige Wirkung entfalten kann.[38] Der Streit spielt vor allem im Bereich des Umweltstrafrechts eine wichtige Rolle.

44 **b) Begriff des Verlangens.** Abs Nr 5 gilt dem Wortlaut nach nur für VAe, die die Begehung einer Straftat oder Ordnungswidrigkeit „verlangen". Dasselbe muss aber auch dann gelten, wenn ein VA die Begehung einer entsprechenden Tat erfordert oder erlaubt, letzteres zumindest dann, wenn die Rechtswidrigkeit der Gestattung offensichtlich ist (so zum bish Recht OLG Celle NJW 1969, 2250 zur Erlaubnis für ein strafbares Glücksspiel; ebenso Erichsen/Ehlers § 15 Rn 26).

45 **c) Sonstige Rechtswidrigkeit.** Auf andere Fälle rechtswidrigen Handelns ist Abs Nr 5 nicht, auch nicht analog, anwendbar. Das gilt insb für Fälle sog rechtlichen Unvermögens, in denen der Betroffene aus rechtlichen Gründen nicht in der Lage ist, einem Gebot, Verbot usw nachzukommen, von einer Erlaubnis Gebrauch zu machen usw.[39]

46 **Ebenfalls nur nach Abs 1 zu beurteilen** sind Fälle schwerwiegender und offensichtlicher Rechtswidrigkeit des VA, insb wenn der VA gegen ein **gesetzliches Verbot** verstößt,[40] außerdem zB, wenn das durch den VA gebotene Verhalten, etwa gegen ein gesetzliches Verbot verstoßen würde oder nur im Weg verbotener Eigenmacht möglich wäre (vgl Lüneburg DÖV 1968, 699; VerwR 121; F 248; M 110). Dies gilt dann nicht, wenn der in Frage stehende VA nur vorbehaltlich der Zustimmung eines anderen, die zur rechtmäßigen Ausführung erforderlich ist, ergeht oder erkennbar nur eine Teilregelung gegenüber einem Adressaten trifft, die durch eine entsprechende **Duldungsverfügung** usw gegen die übrigen Mitberechtigten, ohne deren Zustimmung sonst der Verpflichtete nicht handeln könnte, ergänzt werden soll.[41]

47 **7. Verstoß gegen die guten Sitten (Nr 6).** Nr 6 entspricht dem allgemeinen, in § 138 BGB zum Ausdruck gekommenen, aber auch im öffentlichen Recht geltenden Grundsatz, dass sittenwidrige Rechtshandlungen keine Rechtswirkungen haben.[42] Im Einzelnen ist die Abgrenzung umstritten und wird auch in Nr 6 nicht weiter geklärt. In Übereinstimmung mit der bisher hM sind entgegen der insoweit nicht ganz klaren Fassung der Nr 6 nicht nur VAe als nichtig anzusehen, die selbst nach Inhalt oder Zweck gegen die guten Sitten verstoßen, sondern auch solche, die dem Bürger sittenwidriges Verhalten gebieten oder erlauben,[43] oder die in sittenwidriger Weise herbeigeführt, insb zB erschlichen, wurden (vgl BGH NJW-RR 1987, 831).

---

[38] S hierzu näher StBS § 43 Rn 68.

[39] Begr 64; Obermayer VerwR 2. Aufl 121: Nichtigkeit bei Verstoß gegen ein gesetzliches Verbot; vgl auch BVerwGE 8, 332; BayObLGZ 1970, 192.

[40] VGH Mannheim UPR 1990, 355; WBS II § 49 Rn 33; Knack 27; MB 14; zu Zusicherungen vor Inkrafttreten des VwVfG auch BVerwGE 48, 166; 49, 359 mwN; **aA** zu Zusicherungen Knack 27: die Auffassung, dass die Zusicherungen, die gegen gesetzliche Verbote verstoßen, nichtig seien, lässt sich nach § 38 VwVfG nicht mehr aufrechterhalten; solche Zusicherungen sind rechtswidrige VAe.

[41] BVerwGE 40, 101; VGH München BayVBl 1977, 403; prOVG 72, 284; OVG Münster 26, 141; OVG Saarbrücken BRS 20 Nr 213; Erichsen/Ehlers § 15 Rn 26 Fn 78; 15 II 3; F 248.

[42] Begr 64; ebenso zum bish Recht VGH München BayVBl 1976, 237; OLG Köln NJW 1986, 1352; VG Düsseldorf NVwZ 1983, 176; Obermayer VerwR 2. Aufl 121; Erichsen/Ehlers § 15 Rn 21 Fn 83; M 110; Kirchberg NVwZ 1983, 142; enger F 247.

[43] BVerwGE 84, 314 = NVwZ 1990, 668 zur Erlaubnis sog peep-shows nach § 35 a Abs 1 GewO; OVG Hamburg NVwZ-RR 1993, 793; Obermayer 64; StBS 156; Discher JuS 1991, 642; vgl zur vergleichbaren Situation bei Urteilen auch BGH NJW-RR 1987, 831; **aA** Knack 44: würde wegen der sich laufend ändernden Auffassungen über sittengemäßes Verhalten zu große Rechtsunsicherheit zur Folge haben.

a) Begriff der Sittenwidrigkeit. Sittenwidrigkeit bedeutet, dass der VA das **Anstandsgefühl aller billig und gerecht Denkenden** verletzt.[44] Dabei ist nicht nur auf die in der Gesellschaft vorherrschenden Auffassungen über sittengemäßes Verhalten, sondern **vor allem auch auf das Wertesystem** des GG abzustellen (Obermayer 63; Sack NJW 1985, 761; Knack 42). Nicht erforderlich ist ein Verstoß gegen tragende, allgemein anerkannte Grundsätze der Moral oder Ethik, oder gar, dass sich die Behörde mit dem Erlass des VA außerhalb der Grundlagen des moralischen und ethischen Empfindens stellt. Was als gute Sitten anzusehen ist, ist den sozialethischen Wertvorstellungen zu entnehmen, die in der Rechtsgemeinschaft als maßgebliche Ordnungsvoraussetzungen anerkannt sind.[45] Es genügt ein **Widerspruch zu Mindestanforderungen anständigen, redlichen Verhaltens,** wie sie in der Rspr zu §§ 138, 242 BGB entwickelt wurden, insb auch ein Widerspruch zu grundlegenden Wertungsmaßstäben des GG (VGH München BayVBl 1976, 237), zB Nötigung zur Eheschließung, zur Annahme eines bestimmten religiösen Bekenntnisses (vgl F 247), antisemitische Maßnahmen, die Ausnutzung einer Notlage des Bürgers, der auf die in Frage stehende Entschädigung angewiesen war (Degenhart NVwZ 1982, 74), die Durchführung von Veranstaltungen, die mit der Menschenwürde nicht vereinbar sind.[46] 48

b) Maßstab. Bei der Beurteilung, ob ein Verstoß gegen die guten Sitten vorliegt, ist ein durchschnittlicher Maßstab anzuwenden (VGH München BayVBl 1976, 238). Ein Verstoß ist nur dann anzunehmen, wenn die Abweichung von der **herrschenden Rechts- und Sozialmoral** erheblich ist und der Handelnde sich der Sittenwidrigkeit seines Tuns bewusst war oder bewusst sein musste. **Bloße Sittenwidrigkeit des Motivs** macht einen VA idR nicht nichtig (vgl auch zur ähnlich liegenden Situation bei Verträgen BVerwGE 42, 342f; BGH NJW 1958, 1772); ebenso wenig nicht ohne weiteres schon der Umstand, dass der VA mit sittenwidrigen Mitteln erwirkt, wurde, zB durch Täuschung, Drohung oder Bestechung.[47] Es kann sich in Fällen der letztgenannten Art aber Nichtigkeit nach Abs 1 ergeben, insb wenn die inkriminierenden Umstände den Beteiligten bekannt oder doch für sie erkennbar sind. 49

c) Willkürmaßnahmen. Nichtig gem Nr 6 sind auch auf **reiner Willkür** beruhende VAe, insb VAe, für die kein denkbarer sachlicher Grund spricht oder die in grober Außerachtlassung elementarer Grundsätze eines rechtsstaatlichen Verfahrens erlassen wurden (vgl M 70, 104, 110; MDH 66ff zu Art 103 GG); ebenso VAe, die einen **groben Verstoß gegen das Kopplungsverbot** enthalten,[48] auch etwa, weil die Gegenleistung sittenwidrig ist oder für einen zu missbilligenden Zweck bestimmt ist, oder weil die Behörde mit der Forderung der Gegenleistung eine Zwangslage des Betroffenen ausnützt. 50

---

[44] BGH NJW 1990, 1356; VGH München BayVBl 1976, 227; VG Berlin NVwZ 1988, 757; StBS 149; Obermayer 97.

[45] BVerwGE 64, 276, 282; 71, 30 zu § 33a GewO; BVerwGE 71, 36 zu § 4 Abs 1 Nr 1 GastG zugleich mit der Klarstellung, dass BVerwGE 49, 160 insoweit nicht alle wesentlichen Belange nennt; BVerwGE 84, 317 = NVwZ 1990, 668; VG Berlin NVwZ 1988, 757.

[46] BVerwGE 64, 274 = NJW 1982, 614; 64, 280; 84, 314 = NVwZ 1990, 668: auch bei Peep-Show anzunehmen, zweifelhaft; OVG Münster GewArch 1983, 363; Gern NJW 1983, 1585; Redeker BayVBl 1985, 73 mwN; VGH Mannheim NVwZ 1988, 640 mit einer Übersicht zur Rspr und zum Schrifttum; zur Verfassungsmäßigkeit auch BVerfG NJW 1987, 3246; vgl auch VGH München NVwZ 1992, 78.

[47] VGH Mannheim DVBl 1990, 1098; Montag JuS 1992, 645; Knack 44; zT **aA** Obermayer VerwR 2. Aufl 122: Nichtigkeit des durch Drohung oder Zwang gegen den Amtsträger herbeigeführten VA.

[48] VGH München BayVBl 1976, 237, in der Sache freilich wohl zu weitgehend, weil ein grober Verstoß nicht ersichtlich ist; BGH VRspr 24, 715 mwN auch zur Rspr des RG; s zum Koppelungsverbot auch § 56 Rn 16, zu Nebenbestimmungen zum VA auch § 36 Rn 53.

IV. Nicht zur Nichtigkeit führende Verstöße (Abs 3)

51 **1. Allgemeines.** Abs 3 enthält einen **nicht abschließenden Katalog** wichtiger Fälle, in denen die Fehlerhaftigkeit des VA nicht dessen Nichtigkeit zur Folge haben, auch wenn der Fehler vielleicht sonst iS von Abs 1 als schwer oder offenkundig gewertet werden könnte. Die genannten Fälle sind vielmehr zugleich als Beispiele für die Beurteilung ähnlicher Fälle gedacht. Die Nichtigkeit kann sich jedoch auch in den in Abs 3 genannten Fällen durch das Hinzutreten weiterer Umstände gem Abs 1 oder Abs 2 ergeben („nicht schon deshalb nichtig").

52 **2. Verletzung der örtlichen Zuständigkeit (Nr 1).** Nr 1 stellt klar, dass eine Verletzung der Vorschriften über die örtliche Zuständigkeit abgesehen von den Fällen des Abs 2 Nr 3 nicht zur Nichtigkeit führen. Das gilt auch für eine Verletzung der Verbandszuständigkeit (Oldiges DÖV 1989, 873, 882), für die das vor Inkrafttreten des VwVfG umstritten war (StBS 155 ff). Im Übrigen entspricht die Regelung der schon früher hM.[49] Zum Begriff der örtlichen Zuständigkeit s § 3 Rn 4. Zu den Folgen einer **Verletzung der sachlichen Zuständigkeit** s oben Rn 17 und 38. In Fällen absoluter Unzuständigkeit kann sich die Nichtigkeit des VA aus Abs 1 ergeben (s oben Rn 14). Nach § 46 bleibt eine Verletzung von Vorschriften über die örtliche Zuständigkeit uU überhaupt ohne Rechtsfolgen (s § 46 Rn 22).

53 **3. Mitwirkung ausgeschlossener Personen (Nr 2). a) Grundsatz.** Nr 2 regelt, ebenfalls vorbehaltlich etwa hinzukommender weiterer Gesichtspunkte, die Folgen der rechtswidrigen Mitwirkung von Personen, die gem § 20 Abs 1 S 1 Nr 2–6 ausgeschlossen sind.[50] Die Regelung ist auch auf die entsprechenden Ausschlussgründe nach anderen, gem dem Vorbehalt in § 1 zugunsten inhaltsgleicher oder entgegenstehender Vorschriften aufrechterhaltenen Bestimmungen anzuwenden; ebenso auf den Ausschluss auf Grund besonderer Anordnung oder Entscheidung gem § 21, § 65 Abs 1 und § 71 Abs 3 oder auf Grund vergleichbarer Vorschriften.[51]

54 **b) Einschränkungen.** Gem dem allgemeinen Vorbehalt in Abs 3 („nicht schon deshalb nichtig") erfasst Nr 2 nur Fälle, in denen die besonderen in § 20 Abs 1 S 1 Nr 2–6 genannten Beziehungen bzw Befangenheit iS des § 21 den VA nicht offensichtlich wesentlich beeinflusst haben (StBS 98; Kopp SGb 1994, 235 auch zur Frage der Kausalität des Verhaltens für die Entscheidung der Behörde). **Bei offensichtlicher Parteilichkeit** der Entscheidung ist idR Nichtigkeit nach Abs 1 anzunehmen (vgl UL § 12 Rn 23). Nicht möglich ist die analoge Anwendung der Nr 2 auf die Fälle des **Handelns in eigener Sache** gem § 20 Abs 1 S 1 Nr 1 oder nach entsprechenden Vorschriften. Insoweit bleibt es bei der Regelung des Abs 1 (ebenso Knack 49). Hierzu zählt zB auch die Einwirkung auf Ermittlungen oder Verfahrensentscheidungen (Knack 49) oder auf Mitwirkungsakte anderer Behörden; ebenso die Mitwirkung an der Entscheidung eines Ausschusses, auch wenn sie für die Entscheidung nicht ausschlaggebend sein konnte (StBS 101; nunmehr auch Knack 49). Dies hat grundsätzlich die Nichtigkeit des betroffenen VA zur Folge, sofern nicht nach dem Inhalt des VA

---

[49] BayVerfGH 4, 9; VGH München BayVBl 1976, 726; WBS II § 49 Rn 30; BGHZ 4, 11; Obermayer VerwR 2. Aufl 119.

[50] Ebenso zum bish Recht WBS II § 49 Rn 30; F 234; vdGK 5.2; M 104; Kopp SGb 1994, 235.

[51] Vgl BSG SGb 1994, 232 im Anm Kopp: Mitwirkung von Beamten, die von einem Beteiligten wegen Besorgnis der Befangenheit abgelehnt werden können, ist kein Nichtigkeitsgrund, auch wenn nicht auszuschließen ist, dass das Verhalten des Beamten den Ausgang des Verfahrens beeinflusst hat.

(zB negative Verbescheidung eines Antrags) eine Selbstbegünstigung ausgeschlossen ist.[52]

4. Fehlende, fehlerhafte Beschlussfassung eines Ausschusses (Nr 3). Nr 3 trägt dem Umstand Rechnung, dass der Mangel in diesen Fällen idR den Beteiligten nicht bekannt ist und die Annahme der Nichtigkeit des VA mit den Erfordernissen der Rechtssicherheit und ggf des Vertrauensschutzes nicht vereinbar wäre. Die Regelung entspricht der schon früher hM.[53] Nicht unter Nr 3, sondern unter Nr 4 fallen Mängel der Beschlussfassung von Ausschüssen, die selbst Behördeneigenschaft iS des § 1 Abs 3 haben (StBS 102; Knack 50). Nicht als Ausschuss iS von Nr 3 anzusehen ist auch der **Personalrat;** die Vorschrift ist darauf aber analog anzuwenden (BVerwGE 68, 193). 55

Beschlüsse iS der Vorschrift sind sowohl solche, auf denen der VA unmittelbar beruht und deren „Vollzug" er darstellt, als auch sonstige Beschlüsse, mit denen ein bei der Behörde gebildeter Ausschuss einem beabsichtigten VA zustimmt oder dazu Stellung nimmt (Knack 50; letzteres ist aber im Hinblick auf die Fassung der Vorschrift „für den Erlass ... vorgeschrieben", zweifelhaft). Dem Fehlen eines Beschlusses ist die Nichtigkeit des Beschlusses sowie eine etwa noch vor Erlass des VA erfolgte Aufhebung gleichzusetzen. Zur Beschlussfähigkeit von Ausschüssen und den Beschlusserfordernissen s §§ 90f. 56

Auf die Art der Mitwirkungshandlung kommt es grundsätzlich nicht an. Die Mitwirkung kann, je nach der im konkreten Fall anwendbaren Vorschrift, in einer erforderlichen **Zustimmung,** Genehmigung ua oder auch in einer vorgeschriebenen bloßen **Anhörung** bestehen (Knack 50). **Unerheblich** ist, auf **welches Stadium** des Verfahrens sie sich bezieht, insb ob auf die Sachverhaltsermittlung oder die Entscheidung selbst, und ob sie im Rahmen des Verfahrens der entscheidenden Behörde oder als Bestandteil des Verfahrens einer anderen Behörde vorgeschrieben ist (Knack 50). **Umstritten** ist, ob bei besonderer Schwere und Offenkundigkeit des Fehlers, etwa bei den Beteiligten bekannter oder vielleicht sogar von ihnen mit herbeigeführter Umgehung der erforderlichen Beschlussfassung, auf Grund des allgemeinen Vorbehalts des Abs 3 Nichtigkeit nach Abs 1 anzunehmen ist (so Voraufl; **aA** StBS 81; Knack 50; im Ergebnis auch MB 21). Zur Möglichkeit der Heilung des Mangels, sofern er nicht Nichtigkeit zur Folge hat, s § 45 Abs 1 Nr 4. 57

5. Fehlende Mitwirkung einer anderen Behörde (Nr 4). Nr 4 trifft eine der Nr 3 entsprechende Regelung für die Fälle sog mehrstufiger VAe, die ohne die (auf Grund besonderer Rechtsvorschriften, nicht auf Grund von bloßen Verwaltungsanordnungen) erforderliche Mitwirkung anderer Behörden erlassen werden. Die Regelung entspricht der schon früher überwiegenden, wenn auch nicht unbestrittenen Auffassung.[54] Ähnlich wie bei Nr 3 **kommt es auf die Art der Mitwirkung nicht an** (MB 25; Knack 51), ebenso nicht auf das Stadium des Verfahrens und die Stellung im Rahmen des Verfahrens. 58

Auch die Nichtbeteiligung einer Behörde, deren Zustimmung erforderlich ist, oder die Nicht-Berücksichtigung der Versagung einer erforderlichen Zustimmung machen idR den VA **nicht nichtig,** sondern nur sonst fehlerhaft und rechtswidrig, mit der Möglichkeit einer Heilung gem § 45 Abs 1 Nr 5. Sofern die Mitwirkung nur dem Erlass des VA vorgeschaltet ist und nicht in der Form einer **gemeinsamen Entscheidung** (zB nach § 3 Abs 2 S 4 letzter Halbs) vorgeschrieben ist, liegt auch bei Offensichtlichkeit des Verstoßes idR kein Fall der Nichtigkeit des betroffenen VA nach Abs 1 vor; ebenso bei Fehlen einer für den Erlass des 59

---

[52] Begr 64; F 234; vdGK 5.2; WBS II § 49 Rn 30; UL § 12 Rn 4ff; StBS 97; MB 3; weitergehend Obermayer 29 und 103 sowie VerwR 2. Aufl 119: Nichtigkeit in jedem Fall.

[53] Vgl BSG 24, 162 = MDR 1966, 540; WBS II § 49 Rn 30; F 227.

[54] Vgl BVerwG DÖV 1972, 174; WBS II § 49 Rn 30; vdGK 5.2; **aA** F 236f.

VA **erforderlichen Genehmigung,** zB der Aufsichtsbehörde, was idR zur schwebenden Unwirksamkeit führt. **Nicht unter Nr 4** fällt eine lediglich durch interne Verwaltungsanordnung gebotene Beteiligung anderer Behörden; die Verletzung solcher Anordnungen berührt die Rechtmäßigkeit des VA in keiner Weise (BVerwG DVBl 1976, 221; M 104).

V. Teilweise Nichtigkeit eines VAs (Abs 4)

60 **1. Grundsatz der Teilnichtigkeit.** Abs 4 stellt in bewusster Abweichung von § 139 BGB (vgl BT-Dr 7/910 S 65), jedoch in Übereinstimmung mit der schon früher hM (vgl OVG Lüneburg 23, 391; OLG München NVwZ 1982, 150; WBS II § 49 Rn 69; F 250; M 109) klar, dass die teilweise Nichtigkeit eines VA **nicht notwendig die Nichtigkeit des ganzen VA** zur Folge hat, sondern im Zweifel der Teil, der nicht von dem Nichtigkeitsgrund betroffen ist, wirksam bleibt. Im Interesse der Rechtssicherheit und des öffentlichen Interesses am Bestand der Hoheitsakte sollen die von der Nichtigkeit nicht betroffenen Teile nach Möglichkeit aufrechterhalten bleiben (Begr 65; F 250; WBS II § 49 Rn 69; entspr zur Teilnichtigkeit von Rechtsnormen BVerfG 17, 148).

61 **2. Maßgeblicher Behördenwille.** Bei der nach Abs 4 als maßgebliches Kriterium genannten Frage, ob die Behörde den VA auch ohne den nichtigen Teil erlassen hätte, ist, ähnlich wie bei vergleichbaren Regelungen (zB in § 38 Abs 3), entsprechend dem Zweck der Bestimmung nicht auf den subjektiven oder hypothetischen Willen der Behörde bzw die Meinung der für diese handelnden Amtsträger abzustellen. Maßgeblich ist vielmehr, ob **bei objektiver Betrachtungsweise,** die sich am Sinn und Zweck der Rechtssätze, deren Vollzug der VA dient, orientiert, zu erwarten ist, dass eine Behörde jedenfalls auch die verbleibende Regelung getroffen hätte oder aus Rechtsgründen hätte treffen müssen.[55] Vgl auch § 38 Rn 36 ff; die dort gemachten Ausführungen gelten hier entsprechend.

62 **3. Teilbarkeit des VAs.** Wesentlich iS der Vorschrift ist der nichtige Teil insb dann, wenn der verbleibende Teil keine selbstständige Bedeutung hat oder durch die Nichtigkeit des anderen Teils **einen anderen Sinn erhalten** und dadurch den Zweck verfehlen würde, den der VA insgesamt erfüllen sollte (vgl Erichsen/Ehlers § 15 Rn 30 f; Laubinger VerwArch 1982, 360). Im Einzelnen ist dabei auf dieselben Gesichtspunkte abzustellen, wie sie auch für die Teilaufhebung eines VA durch das Verwaltungsgericht im Rahmen eines Aufhebungsurteils gem § 113 VwGO gelten. Zur Teilbarkeit eines Planfeststellungsbeschlusses im Hinblick auf Ersatzmaßnahmen s BVerwG NVwZ 2001, 563, 564.

63 **Besteht eine Rechtspflicht** zum Erlass des VA ohne den nichtigen Teil, zB weil der Antragsteller kraft Gesetzes oder weil jede andere Entscheidung ermessensfehlerhaft wäre (s § 40 Rn 30 f), Anspruch auf Erlass eines VA ohne die beigefügte nichtige Bedingung usw hat, ist **stets** von der **Wirksamkeit** des nicht von der Fehlerhaftigkeit betroffenen, rechtlich allein möglichen „Teils" auszugehen.[56] Trennbarkeit ist ferner zu bejahen, wenn mehrere Verfügungen, zwischen denen kein zwingender innerer Zusammenhang besteht, nur äußerlich in einem VA zusammengefasst sind.

---

[55] OVG Münster DVBl 1991, 1366; Knack 55: nicht die tatsächliche Auffassung der handelnden Behörde, sondern der mutmaßliche Wille einer sachgemäß entscheidenden Behörde; Laubinger VerwArch 1982, 367: wie sich eine vernünftige, rechtlich denkende und sachlich entscheidende Behörde verhalten hätte; StBS 196; WBS II § 49 Rn 66; Obermayer 2. Aufl 120; Erichsen/Ehlers § 15 Rn 31; **aA** offenbar BSG 30, 219; MB 27: subjektiver Maßstab.

[56] Vgl OVG Münster DVBl 1991, 1366; Knack 55; WBS II § 49 Rn 45 für die Auflage; Erichsen/Ehlers § 15 Rn 31; Kopp/Schenke VwGO § 113 Rn 15; s auch § 36 Rn 63.

VI. Feststellung der Nichtigkeit (Abs 5)

1. Feststellung der Nichtigkeit durch die Behörde. Abs 5 ermächtigt die Behörde zur Feststellung der Nichtigkeit eines VA. Dies gilt auch für die Teilnichtigkeit gem Abs 4. Die Regelung lehnt sich an § 43 Abs 1 VwGO an und entspricht dem früheren Recht.[57] Obwohl die Nichtigkeit eo ipso Unwirksamkeit bedeutet (§ 43 Abs 3), besteht doch vielfach, vor allem in Zweifelsfällen, ein praktisches Bedürfnis für eine verbindliche Feststellung. Die Feststellung erfolgt durch **(feststellenden) VA,**[58] ebenso die Ablehnung eines Antrags auf Feststellung (Knack 59). Insoweit besteht auch keine Ausnahme in den Fällen, in denen die Behörde, die den nichtigen VA erlassen hat, nunmehr selbst auch dessen Nichtigkeit festzustellen hat. Die Möglichkeit nach Abs 5 schließt die Anfechtungsklage gegenüber dem nichtigen VA ebenso wenig aus, wie die Erhebung einer Feststellungsklage nach § 43 VwGO (hM, vgl StBS 203; **aA** MB 30). S hierzu näher Rn 69. 64

Zweifelhaft ist, ob auch die Wirksamkeit eines VA in analoger Anwendung des Abs 5 festgestellt werden kann. Die bejahende Auffassung geht von der Prämisse aus, dass die Behörden allgemein ermächtigt seien, in Über-Unterordnungsverhältnissen streitige Rechtsverhältnisse durch VA zu klären. Dies ist indessen außerhalb von Sonderstatusverhältnissen wie zB dem Beamtenverhältnis sehr **zweifelhaft** (vgl BVerwGE 72, 265; BVerwG NVwZ 1991, 267; StBS 207). Deshalb sprechen gewichtige Gründe gegen eine entsprechende Anwendung des Abs 5. Zulässig dürfte eine derartige positive Feststellung nur sein, wenn die Behörde aus anderen Gründen (Gesetz, VO, Satzung oder allg Rechtsgrundsätzen) zu verbindlichen Feststellungen ermächtigt ist. 65

2. Voraussetzungen der Feststellung. Bei Vorliegen eines berechtigten Interesses an der Feststellung hat der Bürger einen ggf mit der Verpflichtungsklage verfolgbaren Anspruch auf Feststellung der Nichtigkeit des VA gem Abs 5.[59] Die Feststellung gem Abs 5 ist jederzeit zulässig und kann jederzeit beantragt werden, auch noch nach Einlegung eines Rechtsbehelfs (Widerspruch, Klage) und **auch nach Ablauf der Fristen** für die Erhebung des Widerspruchs bzw einer Anfechtungsklage (Knack 61; ebenso Kopp/Schenke § 43 Rn 20 f). Nur eine unanfechtbar gewordene bzw rechtskräftige Bestätigung des VA, dessen Nichtigkeit der Bürger behauptet, durch das Urteil eines Verwaltungsgerichts steht einer späteren Feststellung der Nichtigkeit entgegen, sofern diese nicht auf erst nachträglich eingetretenen Gründen beruht (ebenso Knack 61); ebenso die unanfechtbar gewordene Ablehnung eines Feststellungsantrags gem Abs 5 (Knack 61). 66

a) Zuständigkeit. Zuständig ist die Behörde, die im Zeitpunkt der Entscheidung auch für den Erlass des VA zuständig wäre, bei Behördenwechsel daher uU eine andere Behörde als die, die den VA erlassen hat (Knack 57), außerdem aber daneben immer auch **die Behörde, die den nichtigen VA erlassen hat** und, sobald ein Widerspruchsverfahren anhängig geworden ist, auch die Widerspruchsbehörde. Antragsberechtigt ist nicht nur der Adressat des VA, sondern jeder, der durch den VA betroffen wird. 67

b) Berechtigtes Interesse. Berechtigte Interessen sind nicht nur die rechtlichen Interessen, sondern auch wirtschaftliche, ideelle und vergleichbare Interessen. Das berechtigte Interesse an der Feststellung der Nichtigkeit ist bei Anträgen der durch den VA betroffenen Beteiligten, deren Rechte oder rechtliche Interessen vom Bestand bzw der Nichtigkeit des VA abhängen, grundsätzlich zu bejahen. Hat 68

---

[57] Vgl vdGK 7; vgl auch BFH DVBl 1973, 894.

[58] BVerwG DVBl 1990, 210; Knack 59; Hauck/Haines 31 zu § 40; Zwerger/Scheerer/Buschmann, SGB 10, Sp 40 Anm 6; nunmehr auch Obermayer 82.

[59] BVerwG DÖV 1982, 411; StBS 204.

sich der VA nach seinem Inhalt oder Zweck bereits erledigt, wird ein berechtigtes Interesse entspr der Rspr zu § 43 und zu § 113 Abs 1 S 4 VwGO (vgl dazu Kopp/Schenke § 113 Rn 136) grundsätzlich nur anzuerkennen sein, wenn eine **Wiederholung** zu befürchten ist, wenn **Schadensersatzansprüche** in Betracht kommen, für die die Klärung von Bedeutung ist, oder wenn sonstige fortbestehende **Auswirkungen** des VA, zB ein damit verbundener diskriminierender Vorwurf, zu befürchten oder zu erwarten sind.

69 **3. Alternativen.** Bei Vorliegen eines berechtigten Interesses kann der Bürger anstelle eines ggfs durch die Verpflichtungsklage durchzusetzendes Anspruchs auf Feststellung durch die Behörde auch gem § 43 Abs 1 VwGO unmittelbar **Klage auf Feststellung** der Nichtigkeit erheben. Beide Möglichkeiten stehen gleichberechtigt nebeneinander, insb wird auch das berechtigte Interesse an einer Feststellung nach Abs 5 nicht durch die Möglichkeit der entspr Feststellungsklage nach § 43 VwGO ausgeschlossen oder umgekehrt (BSG NVwZ 1989, 902). Außerdem haben die Betroffenen bis zum Ablauf der Rechtsbehelfsfristen auch die allgemeinen Rechtsbehelfe **(Widerspruch bzw Anfechtungsklage)** nach denselben Vorschriften, wie sie auch für lediglich rechtswidrige, nicht nichtige VAe gelten. Die Betroffenen können unter diesen drei Möglichkeiten frei wählen (BSG DVBl 1990, 210 = NVwZ 1989, 2910). Sowohl der Antrag nach Abs 5 als auch die Nichtigkeitsfeststellungsklage und die Anfechtungsklage sind auch in Bezug auf Nicht-VAe (s dazu § 43 Rn 49) zulässig, sofern deren Eigenschaft als solche nicht so offensichtlich ist, dass sich jede Klarstellung erübrigt.[60]

70 Außer der Feststellung der Nichtigkeit eines VA gem Abs 5 haben die Behörden auch die Möglichkeit der **Rücknahme** und **des Widerrufs des betroffenen VA** gem §§ 48f (s zur Rücknahme § 48 Rn 19, zum Widerruf § 49 Rn 14). Vor allem in Zweifelsfällen, in denen Erstattungsansprüche gem § 48 Abs 3 oder § 49 Abs 5 nicht in Betracht kommen, ist dieser Weg vielfach der einfachere, und daher nach § 10 vorzuziehen.

§ 45 Heilung von Verfahrens- und Formfehlern

(1) **Eine Verletzung von Verfahrens- oder Formvorschriften, die nicht den Verwaltungsakt nach § 44 nichtig macht, ist unbeachtlich, wenn**

1. der für den Erlass des Verwaltungsaktes erforderliche Antrag nachträglich gestellt wird;[15]
2. die erforderliche Begründung nachträglich gegeben wird;[18]
3. die erforderliche Anhörung eines Beteiligten nachgeholt wird;[23]
4. der Beschluss eines Ausschusses, dessen Mitwirkung für den Erlass des Verwaltungsaktes erforderlich ist, nachträglich gefasst wird;[28]
5. die erforderliche Mitwirkung einer anderen Behörde nachgeholt wird.[31]

(2) **Handlungen nach Absatz 1 können bis zum Abschluss der letzten Tatsacheninstanz eines verwaltungsgerichtlichen Verfahrens nachgeholt werden.**[33]

(3) **Fehlt einem Verwaltungsakt die erforderliche Begründung oder ist die erforderliche Anhörung eines Beteiligten vor Erlass des Verwaltungsaktes unterblieben und ist dadurch die rechtzeitige Anfechtung des Verwaltungsaktes versäumt worden, so gilt die Versäumung der Rechtsbehelfsfrist als nicht verschuldet.**[48] **Das für die Wiedereinsetzungsfrist nach**

---

[60] BFH NVwZ 1986, 157 = BStBl II 1987, 472; NJW 1987, 920; Dehner BayVBl 1986, 665; Kopp/Schenke § 42 Rn 2; **aA** BVerwG DVBl 1987, 629 = BayVBl 1987, 217: bei Nicht-VAen nur Feststellungsklage gem § 43 VwGO hins der Rechtsfolgen für die Betroffenen.

§ 32 Abs. 2 maßgebende Ereignis tritt im Zeitpunkt der Nachholung der unterlassenen Verfahrenshandlung ein.[54]

Schrifttum allgemein: *Bader,* Die Heilung von Verfahrens- und Formfehlern im verwaltungsgerichtlichen Verfahren, NVwZ 1998, 674; *Bettermann,* Anfechtung von Verwaltungsakten wegen Verfahrensfehlern, Ipsen-FS 1977, 271; *ders,* Zuständigkeitsfragen in der Rechtsprechung des BVerwG zum Verwaltungsverfahrensrecht, BVerwG-FS 1978, 61; *Bracker,* Nachholung der Anhörung bis zum Schluß des verwaltungsgerichtlichen Verfahrens? DVBl 1997, 534; *Grimm,* Verfahrensfehler als Grundrechtsverstöße, NVwZ 1985, 865; *Groschupf,* Wie entscheidet das Verwaltungsgericht, wenn das Verwaltungsverfahren fehlerhaft war?, DVBl 1982, 627; *Haberbrunner,* Rechtsfolgen fehlender und nachgeholter Mitwirkung von Antragsteller und Leistungsempfänger im Sozialverwaltungsverfahren, 1992; *Hatje,* Die Heilung formell rechtswidriger VAe im Prozeß als Mittel der Verfahrensbeschleunigung, DÖV 1997, 477, 653; *Häußler,* Die Heilung von Anhörungsfehlern im gerichtlichen Verfahren, BayVBl 1999, 616; *Horn,* Das Nachschieben von Gründen und die Rechtmäßigkeit von VAen, Vw 1992, 203; *Hufen,* Heilung und Unbeachtlichkeit von Verfahrensfehlern, JuS 1999, 313; *ders,* Fehler im Verwaltungsverfahren, 4. Aufl 2002; *Kopp,* Die Heilung von Mängeln des Verwaltungsverfahrens, VerwArch 1970, 219; *ders,* Der eilige Gesetzgeber – Bemerkungen zur Wiedereinsetzung gemäß § 45 Abs 3 VwVfG gegen die Versäumung von Rechtsbehelfsfristen, DVBl 1977, 29; *Laubinger,* Heilung und Folgen von Verfahrens- und Formfehlern, VerwArch 1981, 333; *Messerschmidt,* Zur Heilung und Folgenlosigkeit von Verfahrens- und Formfehlern bei VAen gem §§ 45 und 46 VwVfG, NVwZ 1985, 877; *Meyer,* Die Kodifikation des Verwaltungsverfahrens und die Sanktion für Verfahrensfehler, NVwZ 1986, 513; *Müller-Ibold,* Die Begründungspflicht im europäischen Gemeinschaftsrecht und im deutschen Recht, 1990; *Odenthal,* Die Heilung von Verfahrensfehlern gem § 45 VwVfG nach erhobener Untätigkeitsklage, NVwZ 1995, 668; *Roßnagel,* Verfahrensfehler ohne Sanktion? JuS 1994, 927; *Redeker,* Die Heilungsvorschriften der 6. VwGO-Novelle, NVwZ 1997, 625; *Rupp,* Bemerkungen zum verfahrensfehlerhaften VA, in: Bachof-FS 1984, 151; *Schlichter,* Kommission Investitionsförderung durch flexible Genehmigungsverfahren, Bericht, hrsg v BMWi, 1994; *Schmitz-Wessendorf,* Das GenBeschlG, NVwZ 1996, 955; *Schnapp,* Die Folgen von Verfahrensfehlern im Sozialrecht, SGb 1988, 309; *Schnapp/Cordewener,* Welche Rechtsfolgen hat die Fehlerhaftigkeit eines VA ?, JuS 1999, 147; *Schoch,* Heilung unterbliebener Anhörung im Verwaltungsverfahren durch Widerspruchsverfahren?, NVwZ 1983, 249; *ders,* Nachholung der Begründung und Nachschieben von Gründen, DÖV 1984, 401.

Speziell zum Nachschieben von Gründen: *Bader,* Die Ergänzung von Ermessenserwägungen im Verwaltungsgerichtlichen Verfahren, NVwZ 1999, 120; *Dolders,* Die neu eingefügte „Ergänzung von Ermessenserwägungen im Verwaltungsprozess", DÖV 1999, 204; *Rupp J.,* Nachschieben von Gründen in verwaltungsgerichtlichen Verfahren, 1987; *Schenke,* Das Nachschieben von Gründen im Rahmen der Anfechtungsklage, NVwZ 1988, 1; *R. P. Schenke,* das Nachschieben von Ermessenserwägungen, JuS 2000, 230; *ders,* Das Nachschieben von Gründen nach dem 6. VwGO-Änderungsgesetz, VerwArch 1999, 163.

Übersicht

I. Allgemeines

1 **1. Inhalt.** Die Vorschrift regelt die früher in Rspr und Lehre umstrittene (vgl Kopp VerwArch 1970, 219 ff) Frage der **Möglichkeit einer Heilung von** Verstößen gegen Verfahrensvorschriften. Im Interesse der **Verfahrensökonomie** sollen formelle Fehler geheilt werden können, soweit dies mit den Erfordernissen eines rechtsstaatlichen Verfahrens wirksamen Rechtsschutzes für die Betroffenen in der Sache vereinbar erscheint (Begr 65; MuE 158). § 45 lässt zu diesem Zweck in den in Abs 1 Nr 1–5 näher bezeichneten Fällen eine Heilung bestimmter Verfahrens- bzw Formmängel **durch Nachholung der fehlenden oder fehlerhaften Verfahrenshandlungen** zu (Abs 1). Diese Möglichkeit war früher durch Abs 2 aF zT in Übereinstimmung mit Forderungen im Schrifttum[1] gegenüber der insoweit uneinheitlichen Rspr der Verwaltungsgerichte auf die Zeit bis zum Abschluss des Widerspruchsverfahrens begrenzt. Diese Begrenzung wurde durch das GenBeschlG im Jahre 1996 abgeschafft. Nunmehr soll eine Heilung bis zum Abschluss des verwaltungsgerichtlichen Verfahrens möglich sein, was zu erheblichen Bedenken Anlass gibt (s Rn 5).

2 **Die Heilungsmöglichkeit ist unabhängig von einer Unbeachtlichkeit** eines Fehlers gem § 46 (Knack 14) bzw einer Umdeutung gem § 47 (vdGK 1, 5; **aA** wohl Begr 65). Nicht berührt wird durch § 45 auch die Möglichkeit der Bereinigung der durch den fehlerhaften VA entstandenen Situation durch Erlass eines sog Zweitbescheids. Soweit eine Heilung aber nicht möglich ist und der Mangel

---

[1] Vgl Ule, Verwaltungsreform 53 ff; Ule/Becker 427; Ossenbühl DÖV 1964, 516; Kopp 96 ff, 129 ff, 153 ff, 162 ff, 198 ff, 215 ff, 246 ff; VerwArch 1970, 219 ff.

auch nicht gem §§ 46, 47 oder nach allgemeinen Grundsätzen unbeachtlich ist, kommt nur der Erlass eines Zweitbescheides, idR mit Wirkung ex nunc, in Betracht (BVerwG BayVBl 1987, 220). Dabei sind, sofern der VA nicht nichtig ist, die Beschränkungen gem § 48 zu beachten.

Die Vorschrift **regelt nur die verfahrensrechtlichen Voraussetzungen und Folgen** der Nachholung von Verfahrenshandlungen, nicht aber die materiellrechtliche Frage, ob und unter welchen Voraussetzungen eine Behörde dazu befugt ist. Daher werden insb auch Vorschriften des materiellen Rechts, die Verfahrenshandlungen an sonstige Voraussetzungen knüpfen, etwa für die Antragstellung eine bestimmte Frist vorschreiben oder die Nachholung bestimmter Mitwirkungshandlungen ausschließen, davon nicht berührt; sie können eine Heilung schlechthin ausschließen oder von besonderen weiteren Voraussetzungen, zB einer Wiedereinsetzung gegen eine Fristversäumung, usw abhängig machen (vgl BVerwGE 17, 297; BVerwG DÖV 1974, 603). 3

2. Verfassungsrecht. a) Dienende Funktion des Verfahrensrechts. Die Regelungen des § 45 Abs 1 begegnen im Grundsatz keinen verfassungsrechtlichen Bedenken. Dies gilt, obwohl die Ausgestaltung eines fairen Verwaltungsverfahrens ein Gebot des Rechtsstaatsprinzips und ggfs grundrechtlicher Gewährleistungen darstellt, die durch die zu treffende Verwaltungsentscheidung berührt werden können (BVerfG 52, 380, 389; 69, 315, 355; 89, 340, 342). Aus der dienenden Funktion des Verfahrensrechts folgt vielmehr, dass verfahrensrechtliche Regelungen für den Schutz subjektiver Rechte nur insoweit relevant sind, als sich konkrete Auswirkungen auf die grundrechtlichen Schutzgüter ergeben (vgl BVerfG 83, 111, 118). Der Gesetzgeber hat deshalb einen weiten Spielraum bei der Ausgestaltung des Verwaltungsverfahrens und bei der Regelung der Folgen von Verstößen gegen Verfahrensnormen (StBS Rn 12f). 4

b) Aufhebung der zeitlichen Beschränkung. Mit der Änderung des Abs 2 durch das GenBeschlG wurde die bisherige Beschränkung der Heilungsmöglichkeiten bei Verstößen nach Abs 1 auf die Zeit bis zum Abschluss des Vorverfahrens nach den §§ 68ff VwGO bzw bis zur Klagerhebung aufgehoben. Nunmehr ist eine Heilung bis zum Abschluss des verwaltungsgerichtlichen Verfahrens (letzte Tatsacheninstanz, s unten Rn 36) möglich. Die Neuregelung stellt eine Rechtslage wieder her, die vor dem Erlass des VwVfG der hM in der Rspr entsprach. Sie ist gleichwohl **nicht frei von rechtspolitischen und verfassungsrechtlichen Bedenken** (vgl BT-Dr 13/271 u 272 des 16. Ausschusses). Die bisher geltende zeitliche Beschränkung der Heilungsmöglichkeiten auf die Zeit bis zum Erlass des Widerspruchsbescheides bzw bei nicht erforderlichem Vorverfahren bis zur Erhebung der Klage beruhte auf dem Grundgedanken, dass bei Zulassung einer zeitlich späteren Nachholung von Verfahrenshandlungen idR **die dem Verfahrensrecht zugrundeliegenden Zwecke nicht mehr erreicht werden** können, und dass eine klare Trennung zwischen Verwaltungs- und gerichtlichen Verfahren notwendig sei. Diese nach wie vor zutreffenden Überlegungen werden gegenüber allgemeinen unspezifischen Beschleunigungserwartungen nicht mehr für ausschlaggebend gehalten. Da die Begründung von VAen (Abs 1 Nr 2) und die Anhörung von Beteiligten (Abs 1 Nr 3) verfassungsrechtlich gebotene Rechtsschutzfunktionen haben, die im Falle einer Nachholung im gerichtlichen Verfahren nur noch begrenzt erfüllt werden können, führt die Neuregelung hier zu Einschränkungen, die allerdings wegen des weiten Gestaltungsspielraums des Gesetzgebers die **Grenze zur Verfassungswidrigkeit noch nicht überschreiten,** sofern hinreichend strenge Anforderungen an die Nachholung gestellt werden (s Rn 20ff). **Rechtspolitisch verfehlt** ist die Regelung wegen der Aufgabe der klaren Trennung zwischen Verwaltungsverfahren und Prozess gleichwohl, zumal Beschleunigungseffekte hiervon kaum zu erwarten sind. 5

5a **3. Europarecht.** Die Regelungen über die Heilung von Verfahrensfehlern können grundsätzlich auch im **indirekten Vollzug von Gemeinschaftsrecht** (s hierzu Einf Rn 58) Anwendung finden, solange der aus Art 10 EG folgende Effektivitätsgrundsatz und das Diskriminierungsverbot beachtet werden (ebenso StBS 185 ff; WBS II § 49 Rn 65). Soweit das Gemeinschaftsrecht allerdings selbstständige Verfahrensanforderungen aufstellt, sind diese grundsätzlich nach dem allgemeinen Subsidiaritätsprinzip des § 1 Abs 1 Nr 2 vorrangig. Es kommt dann darauf an, ob die entsprechenden Vorschriften eigene Regelungen über die Heilung von Verfahrensfehlern enthalten oder ob sie durch die Regelungen des § 45 ergänzt werden. Dies gilt auch für solche Verfahrensvorschriften, die in Umsetzung einer Richtlinie des Gemeinschaftsrechts erlassen worden sind. Problematisch ist bei diesen insbes die in Abs 2 vorgesehene Heilung nach Abschluss des Verwaltungsverfahrens.[2]

6 **4. Anwendungsbereich. a) Unmittelbare Anwendung.** Die Vorschrift regelt nur die Heilung der in Abs 1 genannten Verfahrensfehler von VAen durch Nachholung der betroffenen Verfahrenshandlung durch die Behörde bzw die Widerspruchsbehörde (s dazu unten Rn 40). Den VAen gleichgestellt sind insoweit **Zusicherungen** nach § 38 und **Nebenbestimmungen** nach § 36. Unmittelbar gilt die Vorschrift nur für VAe im Rahmen der allgemeinen Anwendbarkeit des VwVfG. Die Verwaltungsverfahrensgesetze der Länder enthalten inhaltsgleiche Bestimmungen. § 45 steht gem § 1 unter dem allgemeinen Vorbehalt gleich lautender oder entgegenstehender Rechtsvorschriften, die die Möglichkeit einer Heilung ganz oder teilweise ausdrücklich oder nach Sinn, Zusammenhang und Zweck regeln oder uU auch ausschließen.[3] Besondere Regelungen enthalten zB § 8 Abs 1 S 2 BRRG. Ausgeschlossen ist eine Heilung insb auch in Fällen, in denen die nachzuholende Verfahrenshandlung ihre rechtsstaatlich gebotene Funktion nicht mehr erfüllen könnte und insofern eine hinreichend **offene Entscheidungssituation** nicht mehr gegeben ist (BVerwGE 66, 291; OVG Münster NJW 1982, 1662; Hufen, Fehler Rn 600 mit Beispielen; Knack 13; zT **aA** Obermayer 4), zB eine Nachholung der Anhörung der Hauptfürsorgestelle gem § 47 Abs 2 SchwbG mit heilender Wirkung.[4]

7 Die Regelung gilt nicht nur für Verstöße gegen die Vorschriften des VwVfG, sondern auch gegen entsprechende Vorschriften anderer Gesetze, die gem § 1 diesen vorgehen und ihre Anwendung ausschließen oder weitergehende Vorschriften enthalten. Indirekt ergibt sich eine Erweiterung außerdem dadurch, dass die nachträgliche Anhörung eines Beteiligten gem Nr 3 auch sonstige Verstöße gegen Vorschriften heilen kann, die iwS dem rechtlichen Gehör dienen, wie die Hinzuziehung als Beteiligter, die Akteneinsicht usw (vgl BVerwGE 44, 17).

8 **b) Entsprechende Anwendbarkeit.** Als **Ausdruck eines allgemeinen Rechtsgedankens** ist § 45 bei Fehlen entsprechender Vorschriften auch auf Verfahren anwendbar, die zwar unter das VwVfG fallen, für die aber auf Grund besonderer Vorschriften nicht die Rechtsbehelfe nach der VwGO gegeben sind, sondern ein Gesetz ausnahmsweise, obwohl es sich der Sache nach um eine ver-

---

[2] S hierzu näher Rn 33 ff.

[3] Vgl ebenso zum früheren Recht BVerwGE 41, 64 f; s ferner BVerwGE 11, 205 mit Beispielen für absolute, nicht heilbare Verfahrensverstöße; BVerwGE 17, 280; 34, 138; 29, 282; 62, 114; BVerwG DVBl 1982, 583; BRS 33, 7; BauR 1980, 30; OVG Münster NJW 1982, 1663; OLG Frankfurt NVwZ 1982, 581; Becker NJW 1980, 1036; Redeker NJW 1980, 1598; StBS 36, 151.

[4] BVerwG DVBl 1982, 583; ebenso BVerwGE 17, 280; 34, 138 zur entsprechenden Regelung der §§ 35 Abs 2, 36 Abs 2 SchwbG 1953, 1967; BVerwGE 66, 297 zur unterbliebenen Anhörung des Personalrats bei der Entlassung eines Beamten auf Probe gem § 74 nwPersonalvertretungsG; anders dagegen BVerwGE 68, 189 zur unterbliebenen Mitwirkung des Personalrats bei der Entlassung eines Beamten auf Widerruf gem §§ 87, 72 nwPersVG.

waltungsrechtliche Streitigkeit handelt, einen anderen Rechtsweg als den Verwaltungsrechtsweg gem § 40 vorsieht, zB den ordentlichen Rechtsweg oder den Finanzrechtsweg (vgl § 79 Rn 7; **aA** Knack § 79 Rn 17); außerdem, obwohl sie nicht unter das VwVfG fallen, auch zB auf das **Dienststrafverfahren** nach §§ 91 ff BDO (BVerwGE 83, 79: auch noch nach Stellung des Antrags auf gerichtliche Entscheidung gem § 95 Abs 3 S 1 BDO, da diese mit einer Klageerhebung nicht vergleichbar ist), ferner auf Verfahren zur Genehmigung nach dem Grundstücksverkehrsrecht, soweit für Streitigkeiten die Zivilgerichte zuständig sind (BGH NJW 1984, 2577). Zur Heilung bei Fehlen eines Antrags für die Anordnung des Sofortvollzugs nach § 80 Abs 5 VwGO s OVG Hamburg NVwZ 2002, 356.

c) Sonstige Verfahrensfehler. Soweit es um Fehler iSd § 45 Abs 1 geht, begegnet die sinngemäße Anwendung keinen durchgreifenden Bedenken, da auch schon die frühere Rspr in den den Nr 1–5 entsprechenden Fällen eine Heilung zuließ. Zweifelhaft ist dies aber für die Verletzung sonstiger Verfahrensvorschriften oder Verfahrensgrundsätze, die in Nr 1–5 nicht genannt werden, für die die Rspr vor Erlass des VwVfG aber ebenfalls zT eine Heilung anerkannte. Trotz der erheblichen Bedenken, die gegen die weitergehende Zulassung einer Heilung vorgebracht wurden, ist § 45 heute jedoch auch insoweit als Ausdruck allgemeiner Rechtsgrundsätze anzusehen und analog anzuwenden, soweit die Interessenlage vergleichbar ist.[5] Dies muss jedenfalls für die Heilung **bis zum Abschluss des Widerspruchsverfahrens** gelten. Voraussetzung ist außerdem, dass der **Schutzzweck** der jeweiligen Verfahrensvorschrift dem nicht entgegensteht. 9

d) Ausgenommene Verstöße. Generell ausgenommen von der Möglichkeit einer Heilung sind **Verstöße, die die Nichtigkeit des VA zur Folge haben.** In diesen Fällen kommt nur der Erlass eines neuen VA in Betracht. Nicht heilbar sind nach § 45 auch Verstöße gegen die Vorschriften über die **örtliche oder sachliche Zuständigkeit** (vgl BVerwG DÖV 1969, 140; WB II § 72 IV a: keine Heilung durch Entscheidung der zuständigen Widerspruchsbehörde in der Sache) oder gegen die Vorschriften über den **Ausschluss bestimmter Personen** gem § 20 und § 21.[6] Insoweit kommt jedoch uU Unbeachtlichkeit gem § 46 in Betracht. 10

Nicht analog anwendbar ist wegen der unterschiedlichen Zielsetzungen § 45 auf die Heilung von **Fehlern von Satzungen, Rechtsverordnungen** sowie auf die Anordnung der sofortigen Vollziehbarkeit nach § 80 Abs 1 Nr 4 VwGO (Kopp/Schenke § 80 Rn 64; **aA** VGH Kassel DVBl 1984, 794; ähnlich OVG Bremen DÖV 1980, 572). Für **verwaltungsrechtliche Verträge** trifft § 58 eine Sonderregelung. Nicht anwendbar ist § 45 auch auf den Fall, dass das **prüfungsrechtliche Nachverfahren,** auf das Prüflinge Anspruch haben, wenn das Gesetz nichts anderes bestimmt, insbes das Widerspruchsverfahren dafür vorsieht, unterblieben ist (BVerwG DVBl 1994, 1363). **Nicht in Betracht** kommt auch eine **analoge Anwendung von § 45 Abs 3** bzw entsprechender Vorschriften, da es sich insoweit nicht um den Ausdruck eines allgemeinen Rechtsgedankens, sondern um eine Neuschöpfung des Gesetzgebers handelt, die dem früheren Recht fremd war und als Durchbrechung der Vorschriften der VwGO über die Unanfechtbarkeit von Verwaltungsakten nur durch Gesetz möglich ist. 11

---

[5] Vgl idS BVerwG DVBl 1994, 210; VGH München NVwZ-RR 1999, 119; OVG Münster NVwZ-RR 1995, 314; BGH NJW 1984, 2577; StBS 151; Knack 21; Bader NVwZ 1998, 674, 676; Erichsen/Ehlers § 38 Rn 38; **aA** WBS II § 49 Rn 65; Obermayer 5: Als Ausnahmeregelung nicht analogiefähig.

[6] Ebenso zum bish Recht BVerwG MDR 1968, 524; VGH München BayVBl 1965, 302; Kopp VerwArch 1970, 244; vgl auch prOVG 84, 306.

II. Heilung einzelner Verfahrens- und Formfehler (Abs 1)

12 **1. Grundsätze der Heilung.** Heilung iS des § 45 bedeutet, wie sich aus der Fassung der Vorschrift ergibt, dass ein Verfahrensfehler, iSd Abs 1 der vorbehaltlich der §§ 46 und 47 an sich die Rechtswidrigkeit des davon betroffenen VA zur Folge hat, **durch Nachholung der entsprechenden Verfahrenshandlung behoben** wird, dh der betroffene VA rechtmäßig wird[7] und der ursprüngliche Mangel in einem Rechtsbehelfsverfahren vor einer Behörde bzw vor dem Verwaltungsgericht nicht mehr mit Erfolg geltend gemacht werden kann und der Behörde auch keinen Anlass mehr für die Rücknahme des VA nach § 48 gibt.

13 **a) Funktionale Grenzen der Heilung.** Wie sich aus der Systematik sowie aus Sinn und Zweck der Vorschrift ergibt, betrifft § 45 nur die Nachholung von Verfahrenhandlungen **nach Bekanntgabe eines VA;** bis zu diesem Zeitpunkt kann grundsätzlich jeder Verfahrensfehler (dh auch andere als die in § 45 genannten Mängel) ohne weitere Beschränkungen korrigiert werden, zB auch das Tätigwerden eines nach § 20 ausgeschlossenen Amtsträgers durch die Fortführung des Verfahrens (ggf nach Überprüfung und Bestätigung oder nach Wiederholung der von dem ausgeschlossenen Amtsträger vorher vorgenommenen Handlungen) durch einen Amtsträger, dessen Tätigkeit keine Ausschlussgründe entgegenstehen. Nach allgemeinen Grundsätzen ist eine **Heilung nach Eintreten der Bestandskraft** eines VA **nicht mehr möglich** (BVerwG NVwZ 1988, 63: die Bestandskraft eines Einberufungsbescheides wird durch eine nach deren Eintritt erfolgte Anhörung des Wehrpflichtigen nicht berührt). Anders, soweit die Voraussetzungen nach § 45 Abs 3 erfüllt sind und Wiedereinsetzung beantragt wurde; dann ist auch die Nachholung zB einer Anhörung noch möglich, bzw ist, wenn die Nachholung bereits erfolgt ist, rückwirkend Heilung anzunehmen.

Nicht mehr möglich ist eine Heilung nach § 45 entsprechend dem Zweck der Regelung in Fällen, in denen der **VA sich vorher erledigt** hat und nur noch eine Feststellung der Rechtswidrigkeit des VA (bzw der Ablehnung oder Unterlassung eines VA) gem § 113 Abs 1 S 4 VwGO in Betracht kommt (vgl allg BVerwGE 68, 204: Heilung im Rahmen des Verfahrens, solange noch eine Abänderung des VA möglich ist; VGH Mannheim NVwZ 1984, 808). Dies gilt auch für das Nachschieben von Gründen (vgl Rn 21) gem § 114 S 2 VwGO (OVG Münster NVwZ 2001, 1424).

14 **b) Rückwirkung der Heilung?** Die umstrittene Frage, ob die Heilung auf den Zeitpunkt des Erlasses zurückwirkt, wird von der wohl überwiegenden Meinung bejaht.[8] Nach der zutreffenden Gegenmeinung tritt die **Heilung nur mit ex nunc-Wirkung** ein (Hill, Das fehlerhafte Verfahren, 98; Hufen 613; nunmehr auch UL § 58 Rn 16; Obermayer 76). Die Frage ist nicht von großer praktischer Bedeutung, da auch die Vertreter einer ex-tunc-Wirkung annehmen, dass aus der früher bestehenden Rechtswidrigkeit Konsequenzen gezogen werden können (StBS 19). § 45 steht einem evtl Anspruch eines Betroffenen auf **Feststellung der Rechtswidrigkeit vor der Heilung** gem § 113 Abs 1 S 4 oder analog dazu durch das Verwaltungsgericht nicht entgegen, sofern die sonstigen Voraussetzungen für einen solchen Anspruch, insb auch das erforderliche berechtigte Interesse, dafür gegeben sind. Ebensowenig steht § 45 **Schadensersatzansprüchen** wegen Amtspflichtverletzung im Hinblick auf Schäden, die als Folge des bis zur Heilung ja rechtswidrigen Handelns der Behörde eingetreten sind, entgegen (K 3). Für Prozesskosten sind §§ 155 Abs 5, 156 VwGO zu beachten, wenn ein Rechtsbe-

---

[7] BSG SozR 1200 § 34 Nr 13; OVG Münster NVwZ 1988, 740; Klein 2b; zT **aA** Obermayer 30: so anzusehen, als ob der VA rechtmäßig erlassen worden wäre.

[8] Vgl Knack 15; differenzierend nach der Art des Fehlers Messerschmidt NVwZ 1985, 877; BSG SozR 1200 § 34 Nr 13; Horn Vw 1992, 206; StBS 18f; MB 12; wohl auch FG Köln EFG 1985, 477.

helf nur deshalb erfolglos bleibt, weil der Mangel nach Einlegung des Rechtsbehelfs geheilt wurde. Danach können der Behörde die Kosten auferlegt werden, wenn der Kläger nach der Heilung der Verfahrensfehler unverzüglich den Rechtsstreit in der Hauptsache für erledigt erklärt.

2. Nachträgliche Stellung des erforderlichen Antrags (Nr 1). Setzt der Erlass eines VA einen Antrag des Adressaten oder Betroffenen voraus (vgl § 22 Abs 2 Nr 2), so ist der ohne wirksamen Antrag erlassene VA fehlerhaft,[9] in Ausnahmefällen möglicherweise sogar nichtig. Wenn keine Nichtigkeit vorliegt, kann der fehlende Antrag nach Abs 1 Nr 1 ohne zeitliche Begrenzung nachträglich gestellt werden, sofern dies nach materiellem Recht nicht ausgeschlossen war. Abs 1 iVm Abs 2 lässt die Nachholung einer durch Gesetz vorgeschriebenen (vgl VGH Mannheim ZBR 1986, 334) und idS zwingend erforderlichen **Antragstellung ohne zeitliche Begrenzung** zu, mit der Folge, dass dadurch der bis dahin bestehende Mangel geheilt wird (VGH Kassel NVwZ 1985, 498). Obwohl das Vorliegen eines ordnungsgemäßen Antrages bei antragsbedürftigen VAen **eine wesentliche Voraussetzung der Zulässigkeit des Verfahrens** darstellt (s § 22 Rn 26), heilt die nachträgliche Antragstellung diesen Mangel, weil das Antragserfordernis den Interessen und ggf dem Schutz des Betroffenen, von dessen Antrag die Rechtmäßigkeit des Verfahrens abhängig ist, dient (Begr 65). 15

Nr 1 ist analog auch auf die nachträgliche Genehmigung eines Antrages, der der Zustimmung des gesetzlichen Vertreters, der Genehmigung des Vormundschaftsgerichts usw bedarf, sowie auf die Genehmigung eines wegen fehlender Verfahrenshandlungsfähigkeit (§ 12) nicht wirksam gestellten Antrags durch den inzwischen voll verfahrenshandlungsfähig gewordenen Beteiligten (BVerwGE 43, 74) anwendbar (StBS 30); ebenso auf eine auf Grund gesetzlicher Vorschriften oder nach allgemeinen Rechtsgrundsätzen erforderliche Zustimmung eines Beteiligten zu einem (zustimmungsbedürftigen) VA. 16

Nur die Antragstellung als Verfahrensvoraussetzung wird von der Heilung erfasst. Die Versäumung materiellrechtlicher Antragsfristen wird dadurch nicht geheilt (vdGK 2.1); insb wirkt die Antragstellung auch nicht in entspr Anwendung der Grundsätze des bürgerlichen Rechts über die Genehmigung zurück auf den Zeitpunkt der Einleitung des Verfahrens oder des Ergehens des VA (Begr 65). War eine Antragsfrist, die inzwischen abgelaufen ist, zu wahren, so tritt zwar mit nachträglicher Antragstellung nach Nr 1 Heilung hins des Erfordernisses ordnungsgemäßer Antragstellung (die nach Verfahrensrecht zu beurteilen ist) ein, **nicht aber Heilung hins. der materiellen Fristversäumung;** insoweit kommt allenfalls Wiedereinsetzung nach § 32 in Betracht. 17

3. Nachholung der Begründung des VA (Nr 2). a) Allgemeines. Nach Abs 1 Nr 2 kann der Verstoß gegen das Erfordernis einer Begründung nach § 39 oder entspr spezielleren Vorschriften durch Nachholung geheilt werden, wenn die Begründung unvollständig ist oder gänzlich fehlt. Die nachträgliche Bekanntgabe der Gründe führt zur Unbeachtlichkeit des Verstoßes gegen die verfahrensrechtlichen Anforderungen des § 39. Die Heilung nach Nr 2 betrifft nur den Fall der nachträglichen Bekanntgabe (Nachholung) der Begründung, in dem diejenigen **Gründe, die für den Erlass des VA tatsächlich maßgebend** waren, in der gem § 39 gegebenen Begründung nicht oder nicht ausreichend wiedergegeben worden waren. Sie betrifft also **nicht den Fall des Nachschiebens von Gründen,** in dem die von der Behörde tatsächlich angestellten Erwägungen nachträglich korrigiert durch neue oder andere Erwägungen ergänzt oder ausgewechselt werden.[10] 18

---

[9] BVerwGE 20, 35; 23, 237; BayVBl 1969, 105; Kopp VerwArch 1970, 233; s auch § 44 Rn 22.

[10] Vgl BVerwGE 85, 241 m Anm Osterloh JuS 1991, 427; BVerwGE 64, 358; 71, 368; 80, 96: Durch das Nachschieben von Gründen darf der VA nicht in seinem Wesen verändert werden; s auch Maurer § 10 Rn 40; StBS 30; Schenke JZ 1996, 1069.

Während die Möglichkeit einer Nachholung der Begründung auch nach dem Erlass des Widerspruchsbescheides während eines verwaltungsgerichtlichen Verfahrens in § 45 nunmehr ausdrücklich vorgesehen ist, besteht über die Zulässigkeit eines Nachschiebens von Gründen nach Erlass des Widerspruchsbescheides nach wie vor keine Einigkeit (vgl Kopp/Schenke § 113 Rn 63 ff mwN). Die Möglichkeit des **Nachschiebens von Ermessenserwägungen** im verwaltungsgerichtlichen Verfahren ist nunmehr in § 114 S 2 VwGO ausdrücklich vorgesehen.

19 **b) Kein Auswechseln der Begründung.** Zulässig ist nach Nr 2 nur das Nachholen der Begründung bei vorher fehlender oder unzulänglicher Begründung gem § 39 oder nach entspr Vorschriften,[11] einschließlich der Ergänzung einer bisher unvollständigen Begründung (OVG Münster NJW 1981, 936; VG Köln NJW 1981, 780; Knack 26), nicht dagegen auch ein Auswechseln oder Ändern der Begründung eines zunächst anders begründeten VA.[12] **Nicht berührt** wird durch Nr 2 die ohne weiteres bestehende Befugnis der Behörde zur **Präzisierung und Klarstellung** der dem VA beigefügten Begründung (vgl BVerwGE 60, 252; 68, 150; 85, 165; Müller-Ibold 231 mwN). Letztere setzt aber voraus, dass der ursprüngliche VA bereits iS von § 39 Abs 1 ausreichend begründet war (insb nicht nur eine formelhafte, allgemeine Begründung, die zum konkreten Fall nichts aussagt, enthielt), und dass die nachträglichen Ergänzungen sich im Rahmen der ursprünglichen Begründungen halten.[13]

20 **c) Form der Nachholung.** Die Nachholung erfolgt durch die **nachträgliche Bekanntgabe (§ 41) der Gründe,** die für den VA bei Erlass maßgebend waren. Bei **schriftlichen VAen** kann auch die Begründung **nur schriftlich nachgeholt** werden (ebenso Knack 24). Entsprechendes gilt für elektronische oder elektronische bestätigte VAe (s hierzu näher § 3a). Die Nachholung der Begründung stellt **keine Neuvornahme des VA** dar und setzt daher auch keine neuen Rechtsbehelfsfristen in Lauf. Für den Lauf von Rechtsbehelfsfristen gilt § 45 Abs 3, wenn eine Beschwer erst durch die Begründung ersichtlich wird. Die Betroffenen haben in diesem Fall, wenn sie wegen des Fehlens einer Begründung Fristen versäumen, nach § 45 Abs 3 Anspruch auf Wiedereinsetzung (s dazu unten Rn 48). Soweit die Behörde nach § 39 bzw nach entsprechenden Vorschriften befugt war, gem § 39 Abs 2 oder nach anderen Vorschriften von einer Begründung abzusehen, ist § 45 Abs 1 Nr 1 nicht anwendbar. Die Nachholung unterliegt in derartigen Fällen keinerlei Beschränkungen (BVerfG 6, 44). Zum **Zeitpunkt** der Nachholung s unten Rn 33 ff.

21 **d) Nachschieben von Gründen.** Abs 1 Nr 2 **enthält keine Regelung** über die Zulässigkeit des Nachschiebens vom Gründen, womit das spätere **Abstützen eines VA** mit neuen Erwägungen bezeichnet wird, also mit Erwägungen, die im Zeitpunkt des Erlasses noch nicht angestellt worden waren.[14] Anders als bei der durch Abs 1 Nr 2 geregelten nachträglichen Vervollständigung der Begründung eines VA durch Angabe weiterer Gesichtspunkte, die bei Erlass des VA für die Entscheidung ausschlaggebend waren, handelt es sich beim Nachschieben von Gründen um ein **prozessuales Problem.** Allerdings wurde in der Vergangenheit

---

[11] BVerwGE 75, 120; DÖV 1981, 77: lediglich präzisierende Ausführungen; s auch OVG Lüneburg DVBl 1980, 885; NJW 1984, 1138; OVG Münster DVBl 1981, 936.

[12] VGH München BayVBl 1991, 246; StBS 46; Scheffler DÖV 1977, 773; Müller NJW 1978, 1354; Preusche DVBl 1992, 799; Obermayer 12. Die Rspr unterscheidet nicht immer hinreichend klar, vgl BVerwGE 61, 210 = DÖV 1982, 701; 68, 150; 91, 275 = NVwZ 1993, 681; OVG Lüneburg DVBl 1980, 880; OVG Münster NJW 1981, 936.

[13] Müller NJW 1978, 1355; MB 3; StBS 45 ff; Kopp/Schenke § 113 Rn 63; BVerwGE 85, 167 und BVerwG NJW 1987, 1565: eine materiell unrichtige Begründung kann im Prozess berichtigt werden.

[14] Zur Unterscheidung der Vervollständigung der Begründung und dem Nachschieben von Gründen s näher Maurer § 10 Rn 40; StBS 46.

teilweise aus § 45 Abs 1 Nr 2 iVm Abs 2 auch auf die Unzulässigkeit und Unbeachtlichkeit wesentlich neuen, von der ursprünglichen Begründung des VA abweichenden Vorbringens der Behörde im verwaltungsgerichtlichen Verfahren geschlossen.[15] Die ratio legis der Beschränkung des § 45 Abs 2 und die Aufgabe der Gerichte, die Verwaltung zu kontrollieren, nicht aber das Verwaltungshandeln fortzuführen und fehlerhafte Handlungen nachzubessern, sollten danach ein Nachschieben von Gründen ausschließen.[16] Allerdings sei die Behörde nicht gehindert, einen neuen VA mit ganz oder zum Teil neuer oder anderer Begründung zu erlassen (BVerwGE 85, 166; StBS 51; Kopp/Schenke § 113 Rn 63 ff) und zwar auch schon während des gegen den ursprünglichen VA anhängigen Prozesses und mit der Folge, dass der Kläger auch den neuen VA im Weg der Klageänderung in das anhängige Verfahren mit einbeziehen konnte (vgl BVerwGE 92, 145).

Mit der **Neuregelung in § 114 S 2 VwGO** durch das 6. VwGO-ÄndG hat sich der Streit um die Zulässigkeit des Nachschiebens von Gründen im Verwaltungsprozess jedenfalls teilweise erledigt. Nach § 114 S 2 kann die Verwaltungsbehörde ihre Ermessenserwägungen auch noch im Verwaltungsprozess ergänzen. Damit wird die grundsätzliche Zulässigkeit des Nachschiebens von Erwägungen auch für Ermessens-, Beurteilungs- und Planungsentscheidungen ausdrücklich anerkannt. Die **Grenze** wird weiterhin dort zu ziehen sein, wo der **VA in seinem Wesen verändert wird** oder der **Rechtsschutz** für den Betroffenen **unzumutbar erschwert** wird.[17] Nach Erledigung eines VA können Ermessenserwägungen nicht mehr nachgeschoben werden (OVG Münster NVwZ 2001, 1424). 22

4. Nachholung der Anhörung (Nr 3). a) Allgemeines. Nr 3 regelt iVm Abs 2 die Frage, ob und bis zu welchem Zeitpunkt eine Nachholung der nach § 28 erforderlichen, zunächst ganz oder teilweise unterbliebenen oder sonst nicht ordnungsgemäßen (BVerwG NVwZ-RR 1991, 337) oder nicht ausreichenden (Knack 31) Anhörung eines Beteiligten (vgl § 13) möglich ist. An sich kann die Anhörung der Beteiligten ihren verfahrensrechtlichen **Zweck nur dann voll erfüllen, wenn sie vor Erlass des VA** erfolgt (vgl BVerwGE 11, 195; Kopp 132). Gleichwohl lässt Nr 3 die Nachholung zu, um Rechtsbehelfe, die lediglich auf eine Verletzung des Rechts auf Gehör gestützt sind, nach Möglichkeit einzuschränken. Im Einzelnen gilt hins der Nachholung der Anhörung dasselbe wie gem § 28; wie auch sonst nach § 28 bezieht sich die Nachholung sowohl auf Anhörung zu **Tatsachen** als auch zu **Rechtsfragen** sowie auf nach Auffassung der Behörde oder der Beteiligten **erst zu ermittelnde** Tatsachen hins. der Frage, ob die Feststellung dieser Tatsachen für erforderlich gehalten wird (zT **aA** OVG Münster NVwZ 1983, 617: eine wirksame Nachholung der Anhörung setzt voraus, dass der Sachverhalt vollständig aufgeklärt ist). 23

b) Entsprechende Anwendung auf andere Verfahrensfehler. Nr 3 betrifft nach dem Wortlaut zwar unmittelbar nur die nach § 28 oder nach entsprechenden Vorschriften gebotene Anhörung, ist über den Wortlaut hinaus analog aber auch auf andere Verfahrensregelungen anzuwenden, deren Zweck primär darin besteht, 24

---

[15] Müller NJW 1978, 1354 unter Hinweis auch auf BT-Dr 7/910; Rupp 13 ff; Schenke NVwZ 1988, 1; offen OVG Schleswig NVwZ 1992, 72; **aA** offenbar OVG Lüneburg DVBl 1980, 885; OVG Münster RiA 1983, 218; krit Hufen Rn 620 mwN.

[16] Vgl idS BSG MDR 1987, 700; VGH Kassel NVwZ-RR 1993, 413: Nachholung, uU aber auch Änderung der Begründung bis zum Abschluss des Vorverfahrens; StBS 52; Rupp 13 ff; Schenke NVwZ 1988, 1; Schnapp DVBl 1987, 1178; SGb 1988, 314; Kopp 94 ff, 255; VerwArch 1970, 219; für Ermessensentscheidungen auch zB Schoch DÖV 1984, vgl auch VGH München BayVBl 1990, 536; zT **aA** die überwiegende Rspr (vgl nur BVerGE 61, 210; BVerwG DÖV 1993, 722) für gebundene Entscheidungen und bei Ermessens- bzw Beurteilungsspielraum-Reduktion auf „Null", soweit der betroffene VA dadurch nicht in seinem Wesen geändert und die Rechtsverteidigung der Beteiligten unzumutbar beschränkt wird.

[17] Hierzu näher R. P. Schenke VerwArch 1999, 163; ders, JuS 2000, 230; Bader NVwZ 1999, 120; Dolderer DÖV 1999, 104; StBS 49.

den Betroffenen im Verfahren rechtliches Gehör zu gewähren (ebenso Obermayer 31; ähnlich wohl StBS 70), so vor allem auch auf die **Zuziehung Betroffener gem § 13** zum Verfahren überhaupt, die Bestellung eines Vertreters von Amts wegen nach § 16, die **Akteneinsicht** gem § 29 usw,[18] außerdem auch auf die mV gem § 67 S 1 (BVerwG NVwZ 1984, 578; StBS § 68 Rn 33; Knack 21), die Durchführung des **Erörterungstermins** nach § 73 Abs 6 (vgl BVerwGE 24, 32) usw. Auch Verstöße gegen derartige Verfahrensvorschriften sind gem Abs 1 Nr 3 dann als geheilt anzusehen, wenn die in Frage stehenden Verfahrenshandlungen nachgeholt wurden und anschließend den Betroffenen rechtliches Gehör gewährt wurde (vgl BVerwGE 44, 18).

25 **Nicht unter Abs 1 Nr 3** fallen Vorschriften, die in keinem unmittelbarem Zusammenhang mit dem rechtlichen Gehör stehen, insb auch solche, die, wie die Regelung der **Zuständigkeiten,** des **Ausschlusses von Personen** (§§ 20f), sowie weiterer Vorschriften, die nicht nur dem Schutz der Betroffenen, sondern auch der Sicherung des objektiven (vor allem in der Wahrung der Gesetzmäßigkeit der Verwaltung liegenden) Zwecks des Verfahrens dienen und an deren Einhaltung deshalb auch ein besonderes öffentliches Interesse besteht.

26 **c) Anforderungen an die Nachholung.** Eine Heilung des Fehlers tritt nur insoweit ein, als die Anhörung formell ordnungsgemäß erfolgt und ihre Funktion für den Entscheidungsprozess der Behörde uneingeschränkt erreicht werden kann (**funktionale Äquivalenz,** vgl auch Rn 42). Dies setzt ua voraus, dass die Ergebnisse der Anhörung von der zur Entscheidung in der Sache berufenen Behörde nicht nur zur Kenntnis, sondern auch zum Anlass genommen werden, die **Entscheidung selbst kritisch zu überdenken.** Äußerungen und Stellungnahmen von Beteiligten auch in Anwesenheit von Behördenvertretern im gerichtlichen Verfahren stellen keine nachgeholte Anhörung iSd Abs 1 Nr 3 dar. Die Nachholung einer Anhörung kann idR **nur durch die Ausgangsbehörde** erfolgen. Durch die Widerspruchsbehörde kann die Heilung durch eine Nachholung nur herbeigeführt werden, wenn und soweit dadurch der gleiche Zweck voll erreicht werden kann. Dies ist jedenfalls dann nicht der Fall, wenn die Widerspruchsbehörde auf eine reine Rechtskontrolle beschränkt ist (BVerwG NVwZ 1984, 578; VGH München GewArch 1983, 205; StBS 77; Hufen 604).

27 **Die Anhörung durch das Gericht** stellt keine Nachholung durch die Behörde dar und führt deshalb nicht zur Heilung. Auch in der bloßen **Erhebung des Widerspruchs** liegt noch keine Anhörung; erst mit der Entscheidung über den Widerspruch kann Heilung eintreten, wenn darin die in der Widerspruchsbegründung angegebenen Gesichtspunkte berücksichtigt werden (s unten Rn 41; zT **aA** BVerwGE 61, 50 = NJW 1981, 1683; vgl auch BVerwGE 85, 167). Dies schließt allerdings nach der Neufassung des Abs 2 nicht aus, dass die Behörde den Anhörungsmangel außerhalb des gerichtlichen Verfahrens im Verwaltungsverfahren behebt oder dass die Behörde den wegen fehlender ausreichender Begründung rechtswidrigen VA durch Erlass eines ordnungsgemäß begründeten neuen VA ersetzt und der neue VA während der Anhängigkeit des Prozesses gegen den ursprünglichen VA ohne neues Vorverfahren vom Kläger durch zulässige Klageänderung in seine Klage einbezogen wird (BVerwGE 91, 275 = NVwZ 1993, 677; Kopp/Schenke § 68 Rn 11).

28 **5. Nachträgliche Beschlussfassung eines Ausschusses (Nr 4).** Abs 1 Nr 4 erkennt auch der nachträglichen Beschlussfassung heilende Wirkung zu, was früher str war (vgl Erichsen/Ehlers § 38 Rn 38). Damit ist zugleich klargestellt, dass die nahe liegende Gefahr, dass sich auf die Nachholung des Versäumten die Neigung,

[18] Ebenso BVerwG NVwZ 1984, 578; Messerschmidt NVwZ 1985, 878; Obermayer 28–30; enger Knack 3 mwN; vgl VGH München BayVBl 1990, 371 zur „Heilung" bei Gewährung der Akteneinsicht im Prozess.

es bei den einmal Verlautbarten zu belassen, auswirkt, grundsätzlich eine Heilung nicht ausschließt (vgl VGH Kassel GewArch 1975, 295). Dies gilt allerdings nur dann, wenn das materielle Recht nicht die Beteiligung des Ausschusses vor Erlass des VA zwingend vorsieht. Hierzu zählen auch solche Fälle, in denen die nachträgliche Beteiligung den Zweck der Mitwirkung des Ausschusses nicht mehr erfüllen kann (StBS 95).

In Nr 4 sind dieselben Fälle gemeint wie in § 44 Abs 3 Nr 3; die Erläuterungen zu dieser Vorschrift gelten deshalb auch hier. Auch durch Nr 4 werden diejenigen Fälle, in denen ein ursprünglich wegen Beschlussunfähigkeit oder aus anderen Gründen gültiger oder jedenfalls rechtmäßiger Beschluss nicht zustande gekommen war, dem Fehlen eines Beschlusses gleichgestellt (Knack 37), auch zB ein Beschluss, der wegen Beteiligung einer nach § 20 Abs 1 und 4 ausgeschlossenen Person rechtswidrig war (StBS 93; Knack 27). Zum Begriff des Ausschusses s § 88, zu den formellen Erfordernissen der Beschlussfassung eines Ausschusses §§ 90 ff. Die Mitwirkung des Ausschusses muss durch eine Rechtsvorschrift vorgesehen sein (Knack 38). Nicht erforderlich ist, dass der Ausschuss mit Außenwirkung am Verfahren beteiligt ist (str; **aA** Knack 37 unter Hinweis auf BVerwGE 68, 189). Nr 4 ist zumindest analog auch auf die nachträgliche Beteiligung zB des Personalrats anwendbar.[19] 29

Für den Fall einer nachträglichen abweichenden Beschlussfassung gilt die Regelung **nicht;** die Zulässigkeit einer solchen erneuten Beschlussfassung und deren Auswirkungen auf das Verfahren sind nach den allgemeinen Grundsätzen zu beurteilen. Da Nr 4 nur die verfahrensrechtlichen Wirkungen einer nachträglichen Beschlussfassung regelt, bleiben **Vorschriften des materiellen Rechts,** die eine Nachholung ausschließen, **unberührt.** 30

6. Nachholung der Beteiligung einer anderen Behörde (Nr 5). Abs 1 Nr 5 enthält eine der Regelung in Nr 4 vergleichbare Regelung hins. der heilenden Wirkung einer nachträglichen Beteiligung anderer Behörden, dh der Anhörung, Einholung der Zustimmung oder sonstiger Mitwirkungshandlungen von Behörden, deren Mitwirkung auf Grund einer Rechtsvorschrift ein rechtlich relevanter Einfluss auf die Entscheidung zukommt.[20] Wenn bzw soweit die zu beteiligende Behörde ihrerseits für ihre Mitwirkungshandlung die Zustimmung usw einer anderen Behörde benötigt, gilt dies auch für die Nachholung dieser Mitwirkung (vgl OVG Saarlouis DÖV 1990, 154). Auch die Widerspruchsbehörde hat insoweit, sofern durch Gesetz nichts anderes bestimmt ist oder sich aus allgemeinen Rechtsgrundsätzen ergibt, keine weitergehenden Kompetenzen als die Ausgangsbehörde (vgl OVG Saarlouis DÖV 1990, 154). 31

Nur die durch Rechtsvorschriften gebotene Beteiligung wird von Abs 1 Nr 5 erfasst. Die Verletzung einer lediglich durch verwaltungsinterne Anordnung (Verwaltungsvorschrift) vorgeschriebenen Beteiligung einer anderen Behörde ist für die Rechtmäßigkeit des VA ohne Bedeutung und bedarf daher auch keiner Heilung (Knack 38). Entsprechendes gilt auch für eine Mitwirkung lediglich **im Rahmen der Amtshilfe** (Knack 38). Wie bei Nr 4 bedeutet die verfahrensrechtliche Möglichkeit der Heilung des Verfahrens nicht, dass damit auch etwaige maßgebliche Beschränkungen nach materiellem Recht gegenstandslos würden. 32

Voraussetzung der Heilung ist, dass die Nachholung der Beteiligung ihren Zweck noch erfüllen kann. Dies ist nicht der Fall, wenn die federführende Behörde die Ergebnisse der Beteiligung nicht zum Anlass nimmt, den VA kritisch zu prüfen bzw zu überdenken. Erbringt die Beteiligung bei Ermessens-, Beurteilungs-

---

[19] OVG Hamburg ZBR 1983, 305; s auch VGH Mannheim VBlBW 1991, 67: entsprechend dem Rechtsgedanken, **aA,** im Ergebnis jedoch übereinstimmend BVerwGE 68, 193 = NJW 1984, 1981 mwN; vgl auch BVerwGE 66, 291 = NJW 1983, 2516; **aA** Knack 37.

[20] MB 25; ebenso zum früheren Recht BVerwGE 62, 113; WBS II § 49 Rn 65; M 105; für das Widerspruchsverfahren auch Kopp VerwArch 1970, 227 Fn 3.

oder Planungsentscheidungen neue Gesichtspunkte, so wird in materieller Hinsicht idR ein Nachschieben von entsprechenden Erwägungen erforderlich.

III. Zeitliche Beschränkung der Heilungsmöglichkeit (Abs 2)

33 **1. Neuregelung durch das GenBeschlG.** Während in der Vergangenheit eine Nachholung der in Abs 1 genannten Verfahrensschritte auf die Zeit bis zum Abschluss des Verwaltungsverfahrens begrenzt war, ist nach Abs 2 nunmehr bis zum Abschluss des gerichtlichen Verfahrens möglich. Eine erfolgreiche Nachholung im Laufe des gerichtlichen Verfahrens führt nun ebenfalls zur „Unbeachtlichkeit" des Mangels. Ziel dieser Neuregelung, die einer Abschaffung jeder zeitlichen Beschränkung der Heilung – vorbehaltlich der Einschränkungen gem Rn 36 – gleichkommt, war es, die vermeintliche Fehleranfälligkeit von Verwaltungsverfahren zu verringern, um damit vor allem Genehmigungsverfahren im Ergebnis zu beschleunigen (BT-Dr 13/1445 S. 7; 13/3995). Es erscheint zweifelhaft, ob dieses Ziel mit der Neuregelung in Abs 2 erreicht werden kann (StBS 114f; Knack 42; Schmitz/Wessendorf NVwZ 1996, 955, 957), jedenfalls ist der Preis für dieses Ziel eindeutig zu hoch, weil trotz des Gebots der funktionalen Äquivalenz die **konservative Tendenz** späterer Nachholung unvermeidlich ist.

34 **a) Rechtspolitische Kritik.** Die frühere Begrenzung der Heilungsmöglichkeit ging von dem zutreffenden Gedanken aus, dass eine Nachholung von Verfahrenshandlungen nach Klageerhebung bzw nach Abschluss des Vorverfahrens idR den **Zweck des Verfahrensrechts,** eine abschließende Entscheidung der Verwaltung in eigener Verantwortung zu ermöglichen und zu gewährleisten, nicht mehr erfüllen könnte, und insb die Gefahr besteht, dass die beteiligten Behörden ihre Entscheidungen nicht mehr unbefangen und ohne **Rücksicht auf prozesstaktische Überlegungen** und auf die „Autorität" der Verwaltung, die im gerichtlichen Verfahren in gewissem Sinn auf dem Spiel steht, treffen (Begr 66; OVG Münster DVBl 1993, 64; Kopp 137 mwN; VerwArch 1970, 224; ferner BVerwGE 11, 206; WBS II § 49 Rn 65). Diese Ziele lassen sich nach der Abschaffung der zeitlichen Beschränkung nicht mehr oder jedenfalls nur noch begrenzt erreichen.

35 **b) Verfassungsrechtliche Bedenken.** Trotz der rechtspolitisch nahezu einhellig erhobenen Kritik wird man die Regelung im Ergebnis nicht als verfassungswidrig ansehen können, weil rechtsstaatliche Mindeststandards erhalten bleiben.[21] Dabei ist nicht nur zu berücksichtigen, dass die Neuregelung der Rechtslage vor dem Inkrafttreten des VwVfG entspricht, sondern auch, dass die Behörde bereits in der Vergangenheit durch Erlass eines verfahrensfehlerfreien Zweitbescheides, der dann in das anhängige verwaltungsgerichtliche Verfahren einbezogen werden konnte, der Sache nach eine ähnliche Möglichkeit hatte, wie sie nunmehr durch Abs 2 eingeräumt wird.

36 **2. Abschluss des verwaltungsgerichtlichen Verfahrens.** Zweifelhaft war, ob mit der Formulierung „Abschluss des verwaltungsgerichtlichen Verfahrens" eine Heilung auch in der **Revisionsinstanz** ermöglicht werden sollte. Dies hätte vorausgesetzt, dass mit § 45 Abs 2 eine Ausnahme von dem Grundsatz des § 137 Abs 2 VwGO gemacht werden sollte, wonach Änderungen der Sach- und Rechtslage für das Revisionsverfahren unbeachtlich sind. Da im Gesetzgebungsverfahren nicht deutlich geworden ist, dass mit der Neuregelung in § 45 Abs 2 eine Änderung des Revisionsrechts vorgenommen werden sollte, wurde deshalb teilweise angenommen, dass mit Abschluss des verwaltungsgerichtlichen Verfah-

[21] Str, wie hier StBS 112ff; Bonk NVwZ 1997, 324; Redeker NVwZ 1997, 625; **aA** Bracher DVBl 1997, 534; zT auch Schenke NJW 1997, 81 sowie für die Heilung in den Fällen des Abs 1 Nr 2 u 3 Knack 42; ähnlich Obermayer 66.

rens der Schluss der letzten Tatsacheninstanz gemeint sei; teilweise wurde angenommen, dass im Falle der Heilung eines Fehlers in der Revisionsinstanz die Sache an die letzte Tatsacheninstanz zurückzuverweisen sei (StBS 120; Kopp/Schenke § 137 Rn 27 mwN).

Eine Beschränkung auf die Zeit bis zur letzten Tatsacheninstanz, wie sie bereits im Gesetzgebungsverfahren zum Erlass des GenBeschlG vom Bundesrat vorgeschlagen worden war (BT-Dr 13/3995 S 11) wurde seinerzeit aus nicht nachvollziehbaren Gründen (unzutr Hinweis auf BR-Dr 422/94) abgelehnt (BT Dr 13/3995 S 16). Durch das 3. VwVf-ÄndG wurde nunmehr klargestellt, dass eine Heilung nach Abs 2 nur bis zum Abschluss der letzten Tatsacheninstanz zulässig ist. Damit ist der Streit dahin entschieden, dass eine Heilung in der Revisionsinstanz nicht mehr möglich ist (so bereits die Voraufl Rn 37). 37

3. Verwaltungsprozessuale Konsequenzen. a) Kosten bei Beendigung des Prozesses nach Heilung. Wird eine Verfahrenshandlung iSd Abs 1 während des gerichtlichen Verfahrens nachgeholt und damit ein nach § 46 beachtlicher Mangel geheilt, so kann der Kläger die Klage nach § 92 Abs 1 VwGO zurücknehmen. Es tritt dann die Kostenfolge des § 155 Abs 5 VwGO ein, die auch im Rahmen des § 155 Abs 2 VwGO zu berücksichtigen ist (Kopp/Schenke § 155 Rn 11 mwN). Wird der Rechtsstreit nach der Heilung übereinstimmend für erledigt erklärt, so ist der Rechtsgedanke des § 155 Abs 5 VwGO auch im Rahmen der Kostenentscheidung nach § 161 Abs 2 VwGO maßgebend (Kopp/Schenke § 161 Rn 32). Das Gericht kann also in diesen Fällen stets die späte Heilung zugunsten des Klägers berücksichtigen. Ist der Fehler allerdings nach § 46 ohnehin nicht beachtlich, spielen Nachholung und Heilung im gerichtlichen Verfahren kostenrechtlich keine Rolle. 38

b) Fortführung des Prozesses nach Heilung. Wird der Prozess trotz erfolgreicher Heilung fortgeführt, so ist die Klage abzuweisen, wenn keine anderen Gründe als die erfolgreich geheilten Fehler durchgreifen können. Der VA ist dann so zu behandeln, als sei er von vornherein ohne den geheilten Fehler erlassen worden. Es kommt in diesem Fall nicht darauf an, auf welchen Zeitpunkt der Sach- und Rechtslage das Gericht im Übrigen abzustellen hat. Insoweit wirkt die Heilung also stets auf den für die gerichtliche Beurteilung maßgeblichen Zeitpunkt zurück (s aber Rn 14). 39

IV. Nachholung der erforderlichen Handlung

1. Zuständige Behörde. § 45 regelt nicht, welche Behörde für die zur Heilung erforderliche Verfahrenshandlung zuständig ist bzw welcher Behörde gegenüber die in Frage stehende Handlung vorzunehmen ist. Insoweit gelten die allgemeinen Bestimmungen über die Entscheidungskompetenzen der Behörden, insb auch die §§ 68 ff VwGO.[22] Die Heilung erfordert nicht nur, dass die bisher fehlende oder unzulängliche Verfahrenshandlung fehlerfrei nachgeholt wird, sondern auch, dass, wenn bereits in der Sache entschieden wurde, die zuständige Behörde in der Sache entscheidet, ob es bei der getroffenen Entscheidung bleiben soll bzw ob und wie diese Entscheidung geändert werden soll.[23] Zuständig für die Nachholung der in Frage stehenden Verfahrenshandlung und für die Überprüfung der Entscheidung im dargelegten Sinn ist grundsätzlich die Behörde, deren Verfahren der Mangel betrifft, 40

---

[22] BVerwGE 66, 114 = NVwZ 1983, 284; BVerwG NVwZ 1984, 578; Martens NVwZ 1984, 557; str; zT **aA** BVerwGE 66, 184 = NJW 1983, 2044.

[23] BVerwGE 66, 184 = NJW 1983, 2044; OVG Koblenz DÖV 1979, 607; OVG Münster NJW 1978, 1764; VGH Kassel NVwZ-RR 1989, 114; VG Gießen NVwZ-RR 1993, 249 mit eingehender Darstellung der erforderlichen Schritte; Laubinger VerwArch 1981, 342; Mußgnug NJW 1979, 1359: Nachverfahren analog § 33 a StPO.

dh **idR die Ausgangsbehörde** als solche oder auch, nach Einlegung eines Widerspruchs, in ihrer Eigenschaft als Abhilfebehörde (§ 72 VwGO).

41 **Nach überwiegender Auffassung genügt es,** wenn und soweit in der Sache der Widerspruch nach §§ 68 ff VwGO angesichts der umfassenden Funktion des Widerspruchsverfahrens auch, wenn die nunmehr einwandfreie Vornahme (Nachholung) der Verfahrenshandlung vor oder durch die Widerspruchsbehörde erfolgt und diese im Widerspruchsbescheid alle sich auf Grund der Nachholung ergebenden möglicherweise neuen Aspekte umfassend und in eigener Verantwortung prüft und insoweit nicht lediglich die Ergebnisse des fehlerhaften Verfahrens der Erstbehörde ohne nähere eigene Prüfung übernimmt.[24] Soweit gegen den in Frage stehenden VA ein Vorverfahren nach §§ 68 ff VwGO stattfindet, ist nach Abschluss des Abhilfeverfahrens gem § 72 VwGO, dh mit der Weiterleitung des Rechtsbehelfs an die Widerspruchsbehörde, Grundsätzlich **allein die Widerspruchsbehörde** zuständig.[25] Eine Ausnahme gilt lediglich für die **Nachholung der Begründung;** diese kann sowohl von der Ausgangsbehörde als auch gem § 73 Abs 3 VwGO durch die Widerspruchsbehörde erfolgen. Nach Erlass des Widerspruchsbescheides fällt die Zuständigkeit wieder an die Ausgangsbehörden (VGH Mannheim NVwZ-RR 1995, 476; StBS 56, 80). Ist kein Vorverfahren zulässig bzw noch kein Vorverfahren anhängig, so verbleibt es bei der Zuständigkeit der Behörde, die den VA erlassen hat.

42 **2. Verfahren. a) Grundsatz vollständiger Kompensation.** Die Heilung durch Nachholung muss in einer Art und Weise erfolgen, durch die die mit dem Fehler verbundenen Nachteile vollständig beseitigt werden (Hufen Rn 599 ff). Die Heilung durch Nachholung ist nur in einem Verwaltungsverfahren möglich, das geeignet ist, zu einer Änderung des betroffenen VA zu führen **(Nachholverfahren).**[26] Daher kann zB bei Ermessensentscheidungen eine Heilung der Verletzung der Anhörungspflicht (§ 28) im Widerspruchsverfahren nicht erfolgen, wenn die Widerspruchsbehörde den VA nur im Hinblick auf Rechtmäßigkeit, nicht aber auf Zweckmäßigkeit hin nachprüfen kann. In derartigen Fällen muss die Widerspruchsbehörde entweder das Verfahren aussetzen, um Gelegenheit zur Nachholung und ggf Abhilfe zu geben, oder den Bescheid wegen des Verfahrensfehlers aufzuheben. Eine Nachholung, zB einer unterbliebenen Anhörung, **unmittelbar in einem gerichtlichen Verfahren** zB durch den Austausch von Schriftsätzen oder durch Stellungnahme in der mündlichen Verhandlung **genügt nicht.**[27]

---

[24] BVerwGE 58, 43; 66, 114 = DVBl 1982, 1149; 66, 184 = NJW 1983, 2044 jedoch einschränkend bei Ermessensentscheidungen; BVerwG DVBl 1982, 1149; NVwZ 1984, 447, 578; DÖV 1983, 247, 286, 338; NVwZ Buchh 436.4 § 9 MuSchG Nr 5; BSG SozR 1200 § 34 SGB I Nr 1; OVG Münster NVwZ 1985, 132 mwN; VGH Mannheim NVwZ 1988, 562; VGH Kassel NVwZ 1986, 683; VGH München BayVBl 1988, 497: Berücksichtigung bei der Nichtabhilfe und der Vorlage des Widerspruchs an die Widerspruchsbehörde genügt; Martens NVwZ 1984, 557; **aA** insoweit Hufen NJW 1982, 2166; Mandelartz DVBl 1983, 115; Erichsen/Weiß Jura 1987, 154: nur die Ausgangsbehörde; zT auch BVerwGE 54, 276; 66, 184 = NJW 1983, 2044 bei Ermessensentscheidungen wegen des Unterschieds zwischen Ermessenskontrolle und originärer Ermessensentscheidung nur Nachholung und nochmalige Überprüfung durch dieselbe Behörde, ggf im Abhilfeverfahren; vgl auch OVG Münster DVBl 1981, 690: Weides JA 1984, 659: zur Heilung einer unterbliebenen Anhörung muss noch eine „Rücksprache" stattfinden; einschränkend auch Martens NVwZ 1982, 14.

[25] BVerwGE 54, 280; 66, 114; BVerwG NVwZ 1984, 579; Schoch NVwZ 1983, 255; StBS 80 f; Weides JA 1984, 859; jedenfalls auch eine Widerspruchsbehörde.

[26] BVerwGE 68, 267 = NVwZ 1984, 578; VGH Kassel NVwZ 1989, 114; OVG Münster NVwZ-RR 1990, 567; VG Gießen NVwZ-RR 1993, 249; StBS 73 ff; Knack 32.

[27] BVerwGE 68, 275; BVerwG DÖV 1984, 775 = BayVBl 1984, 440 mwN; VGH Kassel NVwZ-RR 1991, 113; Knack 45; s auch oben Rn 27; **aA** VGH München BayVBl 1983, 595; ebenso auch nicht die Nachholung in einem parallelen anderen Verfahren mit denselben Beteiligten.

b) Nachholung im Widerspruchsverfahren. Umstritten ist, ob die Durchführung eines Widerspruchverfahrens als solches insbes in den Fällen des Abs 1 Nr 3 bereits eine Heilung bewirkt,[28] oder ob es zusätzlicher Maßnahmen bedarf. Richtigerweise ist davon auszugehen, dass idR bereits die Durchführung eines Widerspruchsverfahrens allein den Fehler einer unterbliebenen Anhörung heilt, wenn die Widerspruchsbehörde eine umfassende Entscheidungskompetenz hat. Das muss jedenfalls dann gelten, wenn der angefochtene Ausgangsbescheid über eine **Begründung** iSd § 39 verfügt.[29] Die Heilung von etwaigen Fehlern auch des Verwaltungsverfahrens ist nämlich einer der Hauptzwecke des Widerspruchsverfahrens. Ist in der Sache der Widerspruch nach §§ 68 ff VwGO gegeben, so bedarf es zur Durchführung der Nachholung grundsätzlich (zu Ausnahmen siehe im folgenden Absatz) **keiner weiteren besonderen Handlungen,** insb auch keines behördlichen Hinweises auf die Heilungsmöglichkeit. Es genügt idR, dass die Betroffenen die Entscheidung kennen und wissen, dass die Sache – wenn auch ggf erst auf Grund eines von ihnen dagegen eingelegten Widerspruchs – in jeder Hinsicht noch überprüft wird und dabei auch Mängel des Verfahrens vor der Ausgangsbehörde geheilt werden können, und dass sie auch wissen, dass sie mit ihrem Widerspruch und dann auch im Widerspruchsverfahren Gelegenheit erhalten, sich nochmals umfassend zur Sache und zu etwaigen Verfahrensmängeln sowie auch zu den Ergebnissen einer Nachholung von Verfahrenshandlungen zu äußern (§ 28), und dass die Abhilfebehörde (§ 72 VwGO) oder Widerspruchsbehörde in einem Abhilfe- bzw im Widerspruchsbescheid ihr Vorbringen berücksichtigen muss (vgl VGH München BayVBl 1994, 52). 43

Etwas anderes gilt, wenn der Widerspruchsbehörde nur eine **beschränkte Kontrollkompetenz** zukommt. Dies ist der Fall, wenn sie auf eine reine Rechtskontrolle beschränkt ist oder wenn sie ihrer Entscheidung einen anderen Zeitpunkt zugrunde legen müsste. Dann vermag das Verfahren vor der Widerspruchsbehörde in den Fällen der Abs 1 Nr 2–5 eine Heilung nicht herbeizuführen, weil die Widerspruchsbehörde weder die Begründung vervollständigen kann noch die Ergebnisse einer nachgeholten Anhörung (Abs 1 Nr 3) oder Stellungnahme eines Ausschusses (Abs 1 Nr 4) oder einer anderen Behörde (Abs 1 Nr 5) angemessen berücksichtigen darf. Hierzu ist in diesen Fällen nur die Ausgangsbehörde in der Lage, die eine Heilung allerdings im Rahmen der Abhilfeentscheidung (§ 72 VwGO) oder dann herbeiführen kann, wenn sie mit der Widerspruchsbehörde identisch ist. In allen sonstigen Fällen muss die Widerspruchsbehörde das Verfahren aussetzen, um der Ausgangsbehörde Gelegenheit zu geben, den Fehler zu beheben. 44

c) Nachholung durch die Ausgangsbehörde. aa) Nachverfahren. Ist in der Sache kein Widerspruch gegeben bzw ist der Widerspruchsbescheid bereits ergangen oder hat die Widerspruchsbehörde auf Grund besonderer gesetzlicher Regelungen (zB Beschränkung auf eine Nachprüfung des VA nur in rechtlicher Hinsicht, unter Ausschluss von Ermessensfragen, s BVerwGE 66, 184 = NJW 1983, 2044) nicht die Entscheidungskompetenz, die ihr die Berücksichtigung der nachgeholten Handlung und des Vorbringens der Beteiligten dazu erlaubt, so bedarf es stets eines besonderen **Ergänzungs- oder Nachverfahrens vor der Ausgangsbehörde.**[30] Erforderlich ist ein effektives behördliches Verfahren nach Ergehen 45

---

[28] So die RSpr, vgl BVerwGE 66, 111, 114; 54, 276, 280; BVerwG NVwZ-RR 1991, 337; NJW 1987, 143; OVG Münster NVwZ 1985, 133; Obermayer 43; **aA** die hM in der Lit, vgl StBS 78; Knack 33; Hufen 606 ff; Schoch 1992, 44.

[29] Nur dann kann angenommen werden, dass der Widerspruchsführer Gelegenheit hat, umfassend Stellung zu nehmen.

[30] Vgl BVerwGE 66, 184 = NJW 1983, 2044; OVG Münster DVBl 1981, 690; VGH Kassel 1987, 510; VG Gießen NVwZ-RR 1993, 249; Weides JA 1984, 660; Laubinger VerwArch 1981, 342; StBS 77.

eines belastenden VA, dh ein Verfahren, in dem der Betroffene die für die Entscheidung der Behörde maßgeblichen **Gründe erfährt,** seine **Einwände** gegen Entscheidung und ihre Begründung – auch hins. solcher Gesichtspunkte, die gem § 114 VwGO nicht der gerichtlichen Überprüfung zugänglich sind – vortragen und auf Irrtümer und Fehler der Verwaltungsentscheidung hinweisen kann und in dem die Behörde ihre Entscheidung im Licht der vorgetragenen Einwendungen usw in eigener Zuständigkeit überdenken kann (so für das Zwischenverfahren bei berufsrelevanten Prüfungen BVerwGE 91, 275 = NVwZ-RR 1993, 644; 92, 136 = NVwZ 1993, 682).

46 **bb) Entscheidung nach Nachholung. Ähnlich wie im Abhilfeverfahren** nach § 72 VwGO, dessen Grundsätze auch hier entsprechend anzuwenden sind, **bedarf** es nach erfolgter Nachholung immer einer **(weiteren, ergänzenden) Entscheidung** der zuständigen Behörde. Die Entscheidung kann gesondert erfolgen oder auch im Zusammenhang mit der Abhilfeentscheidung nach § 72 VwGO (BVerwGE 66, 184 = NJW 1983, 2044; VGH München BayVBl 1988, 497). Wenn die Behörde auf Grund der nachgeholten Verfahrenshandlung zu keinem anderen Ergebnis kommt und keinen Anlass zur Aufhebung oder Änderung des ursprünglichen VA sieht, und dies für die betroffenen Beteiligten irgendwie auch erkennbar ist oder wird, ist eine **ausdrückliche neue Entscheidung durch VA nicht erforderlich** (ebenso Obermayer 40). Es muss aber mindestens aus den Akten, zB auf Grund eines Aktenvermerks, objektiv erkennbar und nachweisbar sein, dass die zuständige Behörde nach der Nachholung der vorher fehlenden Verfahrenshandlung die Entscheidung nochmals neu und unvoreingenommen überprüft hat.[31]

47 **d) Bekanntgabe der Heilung?** Grundsätze der rechtstaatlichen Transparenz und Rechtssicherheit verlangen, dass der Betroffene das Ergebnis einer Überprüfung der Entscheidung auf der Grundlage des Ergebnisses der nachgeholten Verfahrenshandlungen in den Fällen des Abs 1 Nr 2–5 erfährt. Erfolgt die Heilung in einem Widerspruchsverfahren, so genügt analog zum Abhilfeverfahren nach § 72 VwGO auch die **entsprechende Mitteilung im Rahmen der Begründung des Widerspruchsbescheids,** sofern ein solcher ergeht. Als ausreichende Bekanntgabe ist es außerdem anzusehen, wenn die zuständige Ausgangs- bzw Widerspruchsbehörde den Betroffenen im Rahmen eines gerichtlichen Verfahrens, insb eines Verfahrens nach § 80 Abs 5 VwGO oder § 123 VwGO **das Ergebnis ihrer Überprüfung mitteilt** (VGH Kassel NVwZ-RR 1989, 113; OVG Lüneburg DVBl 1989, 887). Die entsprechenden Erklärungen sind dann nicht nur prozessuale Äußerungen im Rahmen des gerichtlichen Verfahrens, sondern bei verständiger Würdigung zugleich hins des Ergebnisses der Nachprüfung Verfahrenshandlungen iS von § 44a VwGO.[32]

V. Fiktion mangelnden Verschuldens (Abs 3)

48 **1. Anspruch auf Wiedereinsetzung.** Nach Abs 3 gilt die Versäumung der Rechtsbehelfsfrist als nicht verschuldet, wenn wegen Unterbleibens der erforderlichen Begründung oder der erforderlichen Anhörung die rechtzeitige Anfechtung eines VA versäumt wurde. Damit vermittelt die Vorschrift in den Fällen des Abs 1

[31] BVerwG NVwZ 1984, 447; Buchh 448.5 § 13 MustVO Nr 10 und 12: die Behörde muss erkennbar das nachträgliche Vorbringen neu und unvoreingenommen geprüft haben; OVG Münster NJW 1978, 1764: eine nach außen erkennbare Entscheidung auf Grund einer sachlichen Prüfung erforderlich; BVerwG NVwZ 1985, 132: dass im Vorlagebericht an die Widerspruchsbehörde darauf eingegangen wird, genügt.

[32] BVerwGE 91, 275 = NVwZ 1993, 681; vgl auch VGH Kassel NVwZ-RR 1989, 113; OVG Lüneburg DVBl 1989, 887.

Nr 2 u 3 praktisch einen Anspruch auf Wiedereinsetzung (vgl Pahlmann NJW 1979, 99). Die wenig glücklich gefasste Vorschrift (Kopp DVBl 1977, 29; Müller-Ibold 238: „redaktionell verunglückt"), die § 126 Abs 3 AO 1977 nachgebildet ist und erst in den Ausschussberatungen eingefügt wurde, gibt zu zahlreichen Zweifelsfragen Anlass. Sie ist nach ihrem offensichtlichen Zweck trotz des Hinweises in S 2 auf § 32 Abs 2 nicht nur auf die Wiedereinsetzung gem § 32 (die für Rechtsbehelfe idR ohnehin nicht in Betracht kommt) anzuwenden, sondern zumindest analog auch auf die Wiedereinsetzung in die Widerspruchsfrist gem § 70 Abs 2 VwGO iVm § 60 Abs 1 bis 4 VwGO und in die Klagefrist gem § 74 VwGO.[33] Eine nach Eintreten der Bestandskraft erfolgte Nachholung zB der Anhörung wirkt für den Fall der Wiedereinsetzung rückwirkend als Heilung gem Abs 1. Nicht berührt wird von Abs 3 der Ausschluss einer Wiedereinsetzung gem § 58 Abs 2 und 60 Abs 2 VwGO (Knack 52; MB 19).

2. Fristversäumung wegen Verfahrensfehler (S 1). Die Regelung erfasst nur Fälle, in denen ein Beteiligter die rechtzeitige Anfechtung des VA deshalb versäumt hat, weil dem VA die nach § 39 erforderliche Begründung fehlt oder die nach § 28 erforderliche Anhörung unterblieben ist. Sie wird nach Sinn und Zweck der Regelung auch dann anzuwenden sein, wenn die Anhörung und Begründung zwar nicht unterblieben sind bzw fehlen, sondern fehlerhaft durchgeführt wurden. Dann allerdings wird die Darlegung der Kausalität (Rn 50) idR schwierig. Die Vorschrift gilt über ihren Wortlaut hinaus auch für die Versäumung der Frist zur Erhebung der Verpflichtungsklage (Obermayer 82). 49

a) Fiktion mangelnden Verschuldens. Gem Abs 3 S 1 wird zum Schutz des durch den Verfahrensfehler benachteiligten Betroffenen (ABegr 9) bei Fehlen einer nach § 28 bzw § 39 oder nach entsprechenden Vorschriften erforderlichen Begründung bzw Anhörung das sonst grundsätzlich vom Betroffenen nachzuweisende bzw glaubhaft zu machende Fehlen eines Verschuldens (vgl § 32 Rn 33 ff; Kopp/Schenke § 60 Rn 9 ff) fingiert und ist daher nicht mehr besonders zu prüfen.[34] Nach dem Zweck der Vorschrift gilt dies nicht nur bei Fehlen von Gründen schlechthin, sondern auch bei Unvollständigkeit oder Unverständlichkeit der Gründe in einer für die Entscheidung, Rechtsbehelfe einzulegen, wichtigen Frage, außerdem auch bei inhaltlich völlig falschen Begründungen (FG Niedersachsen EFG 1979, 579; Klemm NVwZ 1989, 105; Knack 50). Entsprechendes gilt in Fällen einer unvollständigen oder nicht ordnungsgemäßen Anhörung (Knack 51). Die Fiktion mangelnden Verschuldens gilt auch, wenn der Betroffene **durch einen Anwalt vertreten** war (StBS 173; Knack 52). 49a

b) Kausalitätserfordernis. Die Regelung erspart den Betroffenen nicht die Darlegung, dass die Fristversäumung kausal auf die mangelhafte oder fehlende Begründung oder Anhörung zurückzuführen war (StBS 174). Im Hinblick auf den besonderen Schutzzweck der Vorschrift sind aber an die Darlegung keine hohen Anforderungen zu stellen, weil die genannten Verfahrensfehler an sich, zumindest im Regelfall, die Einlegung eines Rechtsbehelfs nicht hindern, sondern allenfalls die Beurteilung der Erfolgsaussichten und die Begründung des Rechtsbehelfs erschweren und daher bei wörtlicher Auslegung Abs 3 sonst praktisch unanwendbar wäre (vgl BFH 143, 106 = BStBl II 1985, 601; ähnlich FG Niedersachsen FGE 1985, 474; Knack 50; Herden/Gmach NJW 1986, 33; **aA** wohl StBS 174). Das Kausalitätserfordernis ist bereits dann erfüllt, **wenn nicht auszuschließen ist,** 50

---

[33] Kopp DVBl 1977, 29; ebenso OVG Bremen DÖV 1981, 882; StBS 171; MB 34; Müller-Ibold 238; Klemm NVwZ 1989, 105; Knack 49: Wiedereinsetzung nach § 60 VwGO, nicht nach § 32 VwVfG.

[34] Obermayer 84; MB 39; Müller-Ibold 238; Grüner IV S 20; Pickel 6; HHSp 18 ff: fingiert fehlendes Verschulden; **aA** zum bish Recht bei fehlender Begründung BVerwG MDR 1977, 75: kein ausreichender Entschuldigungsgrund für die Wiedereinsetzung.

dass der Betroffene bei Kenntnis der Begründung bzw, wenn er angehört worden wäre, **den Rechtsbehelf ergriffen hätte.**[35]

51 **Die Darlegungslast für die fehlende Kausalität** im darlegten Sinn liegt gleichwohl jedoch **beim Betroffenen.**[36] Ausreichend ist die Darlegung, dass durch die fehlende Kenntnis der Gründe bzw dadurch, dass eine Anhörung nicht erfolgt war und deshalb wesentliche Gesichtspunkte im Verfahren (noch) nicht zur Sprache gekommen sind, die Entscheidung des Betroffenen darüber, ob er einen Rechtsbehelf einlegen und/oder wie er diesen begründen soll, erschwert wurde (vgl Obermayer 83). Da die Frage, ob der Betroffene diese Schwierigkeiten für erheblich genug halten durfte, um von einem Rechtsmittel zunächst abzusehen, als Frage etwaigen Verschuldens nach S 1 nicht zu prüfen ist, kommt es auch insoweit grundsätzlich nur auf die subjektiven Vorstellungen des Betroffenen an.

52 **Ausreichend ist die Glaubhaftmachung,** dass andere Gründe die Fristversäumnis nicht bewirkt haben. Dieser Verpflichtung genügt grundsätzlich auch schon ein **schlüssiger Vortrag** (FG Stuttgart EFG 1987, 156; MB 20; Müller-Ibold 238; Schlücking BB 1982, 1727); verbleibende Zweifel gehen dann zu Lasten der Behörde. Die Mitursächlichkeit einer mangelhaften Überprüfung des Bescheides ist idR unschädlich (Klemm NVwZ 1989, 105). Die Wiedereinsetzung kann damit praktisch nur dann verweigert werden, **wenn zweifelsfrei ausschließlich andere Gründe** für die Fristversäumung verantwortlich waren. Dies ist ein vor allem bei VAen mit Doppelwirkung, wenn ein anderer Beteiligter auf die Unanfechtbarkeit und Bestandskraft des VA vertraut hat, kaum befriedigendes Ergebnis. Im Zweifel ist zugunsten des Säumigen zu entscheiden.[37]

53 **c) Verfahren.** Für **Geltendmachung** und Glaubhaftmachung **der Wiedereinsetzungsgründe** gelten auch in den Fällen des Abs 3 die allgemeinen Erfordernisse. Der Betroffene muss innerhalb der Wiedereinsetzungsfrist des § 32 bzw des § 60 VwGO einen Wiedereinsetzungsantrag stellen bzw die versäumte Handlung nachholen (vgl hierzu § 32 Rn 42). Die Darlegung der Wiedereinsetzungsgründe kann sich wegen der Fiktion des S 1 auf die Kausalität beschränken.

54 **3. Beginn des Laufs der Wiedereinsetzungsfrist (S 2).** Die Frist, innerhalb deren die Wiedereinsetzung gem § 32 Abs 2 (bzw gem § 60 Abs 2 iVm §§ 70, 74 VwGO) zu beantragen ist, bzw die versäumte Handlung nachzuholen ist, beginnt gem Abs 3 S 2 mit der **Nachholung der unterlassenen Verfahrenshandlung,** dh mit der nachträglichen Bekanntgabe der Gründe des VA in der dafür vorgeschriebenen Form, bzw mit dem Abschluss der Nachholung der Anhörung (ebenso Knack 53). Aus den oben zu Rn 42 dargelegten Gründen und im Hinblick auf den Zweck der Regelung ist als **Zeitpunkt der Anhörung** nicht der tatsächliche Vorgang einer mündlichen Anhörung oder des Eingangs einer schriftlichen Stellungnahme des Beteiligten bei der Behörde zu verstehen, sondern **erst der Zeitpunkt, in dem die Behörde dazu Stellung nimmt** und ggf Folgerungen daraus zieht, indem sie den betroffenen VA aufhebt, abändert oder bestätigt, oder es jedenfalls dem Beteiligten nach den Umständen des Falles klar wird oder werden musste, dass die Behörde es bei dem ergangenen VA belassen will (BVerfG NVwZ 2001, 1392; Obermayer 86; eher krit BGH NVwZ 2002, 509, 510).

---

[35] BFH 143, 106 = BStBl II 1985, 602; Müller-Ibold 238; Pickel, Lehrbuch 305; Klein 3; Apitz DStR 1984, 585; Knack 50; MB 37 f; enger StBS 174.

[36] FG Niedersachsen EFG 1987, 334; Müller-Ibold 238; TK 4; Schlücking BB 1982, 1727; MB 20: Darlegungslast bei der Behörde.

[37] BFH BStBl II 1985, 602; FG Baden-Württemberg EFG 1987, 155; HHSp 20; Koch 11; Apitz DStR 1984, 548; Klemm NVwZ 1989, 105.

§ 46 Folgen von Verfahrens- und Formfehlern

Die Aufhebung eines Verwaltungsaktes, der nicht nach § 44 nichtig ist,[24] kann nicht allein deshalb beansprucht werden,[41] weil er unter Verletzung von Vorschriften über das Verfahren,[16] die Form[21] oder die örtliche Zuständigkeit[22] zustande gekommen ist, wenn offensichtlich ist, dass die Verletzung die Entscheidung in der Sache nicht beeinflusst hat.[36]

Parallelvorschriften: § 42 SGB X; § 127 AO

Schrifttum: *Bettermann,* Die Anfechtung von VAen wegen Verfahrensfehlern, in: Ipsen-FS 1977, 271; *ders,* Anfechtbare und nichtanfechtbare Verfahrensmängel. Eine prozeßrechtsvergleichende Studie zu § 46 VwVfG, § 127 AO und § 42 SGB-X, in: Menger-FS 1985, 709; *Degenhart,* Zum Aufhebungsanspruch des Drittbetroffenen beim verfahrensfehlerhaften VA, DVBl 1981, 201; *Geist-Schell,* Verfahrensfehler und Schutznormtheorie, 1989; *Goerlich,* Nachbarschutz durch Verfahrensrechte – Zur Entwicklung formeller Rechte gegen Verfahrensfehler zu Lasten Dritter, DÖV 1982, 631; *Grimm,* Verfahrensfehler als Grundrechtsverstöße, NVwZ 1985, 865; *Hemmen,* Unbeachtlichkeit von Verfahrensfehlern beim Erlaß von VAen, VR 1993, 86; *Hill,* Verfahrensermessen der Verwaltung, NVwZ 1985, 449; *ders,* Das fehlerhafte Verfahren und seine Folgen im Verwaltungsrecht, 1986; *Hoppe,* Gerichtliche Kontrolldichte bei komplexen Verwaltungsentscheidungen, in: BVerwG-FS 1978, 295; *Hufen,* Heilung und Unbeachtlichkeit von Verfahrensfehlern, JuS 1999, 313; *ders,* Zur Systematik der Folgen von Verfahrensfehlern – eine Bestandsaufnahme nach zehn Jahren VwVfG. IV. Zur Unbeachtlichkeit nach § 46 VwVfG, DVBl 1988, 75; *ders,* Fehler im Verwaltungsverfahren, 4. Aufl 2002, IV (Rn 625 ff); *Kopp,* Über die Grenzen der verwaltungsgerichtlichen Kontrolle im Wirtschaftsrecht, WuV 1983, 14; *Krebs,* Kompensation von Verwaltungsverfahrensfehlern durch gerichtlichen Rechtsschutz?, DVBl 1984, 109; *Laubinger,* Heilung und Folgen von Verfahrens- und Formfehlern, VerwA 1981, 333; *Messerschmidt,* Zur Heilung und Folgenlosigkeit von Verfahrens- und Formfehlern bei VAen gem §§ 45 und 46 VwVfG, NVwZ 1985, 877; *Meyer,* Die Kodifikation des Verwaltungsverfahrens und die Sanktion für Verfahrensfehler, NVwZ 1986, 513; *Müller-Ibold,* Die Begründungspflicht im europäischen Gemeinschaftsrecht und im deutschen Recht, 1990, 233; *Ossenbühl,* Verwaltungsverfahren zwischen Verwaltungseffizienz und Rechtsschutzauftrag, NVwZ 1982, 471; *Pentz,* Verfahrensfehler bei der Freiheitsentziehung, NJW 1990, 2777; *Redeker,* Grundgesetzliche Rechte auf Verfahrensteilhabe, NJW 1980, 1593; *Rößler,* Aufhebung eines abgabenrechtlichen VA wegen Form- und Verfahrensfehler, NJW 1981, 436; *Roßnagel,* Verfahrensfehler ohne Sanktion?, JuS 1994, 927; *Rozek,* Neubewertung einer fehlerhaft bewerteten Prüfungsarbeit im Prüfungsrechtsstreit, NVwZ 1992, 73; *Rupp,* Bemerkungen zum verfahrensfehlerhaften VA, in: Bachof-FS 1984, 151; *Schenke,* Der verfahrensfehlerhafte VA gemäß § 46 VwVfG, DÖV 1986, 305; *ders,* Das Nachschieben von Gründen im Rahmen der Anfechtungsklage, NVwZ 1988, 1; *Schilling,* Die Anhörungsregelung des VwVfG im Lichte des GG, VerwArch 1987, 45; *Schnapp,* Die Folgen von Verfahrensfehlern im Sozialrecht, SGb 1988, 409; *Schoch,* Der Verfahrensgedanke im Allgemeinen Verwaltungsrecht, Vw 1992, 21; *Seibert,* Die Beachtlichkeit von Fehlern im Verwaltungsverfahren gemäß § 46 VwVfG und die Konsequenzen für das verwaltungsgerichtliche Verfahren, in: Zeidler-FS 1987, 469; *Skouris,* Die Rücknahme form- und verfahrensfehlerhafter VAe, NJW 1980, 1721; *Sodan,* Unbeachtlichkeit und Heilung von Verfahrens- und Formfehlern, in Ziekow (Hg), Beschleunigung von Planungs- und Genehmigungsverfahren, 1998.

Übersicht

I. Allgemeines

1 **1. Inhalt. a) Allgemeines.** Die Vorschrift sieht – unabhängig von den Möglichkeiten einer Heilung von Verfahrens- und Formfehlern nach § 45 – vor, dass die Rechtswidrigkeit wegen Verfahrens- und Formverstößen einschließlich der Verstöße gegen die örtliche Zuständigkeit einen Anspruch auf Aufhebung eines VA nicht begründen kann, „wenn offensichtlich ist, dass die Verletzung die Entscheidung in der Sache nicht beeinflusst hat". Die Regelung betrifft damit nur den Aufhebungsanspruch und **lässt die Rechtswidrigkeit des VA unberührt,** die sich aus dem nicht geheilten Verstoß gegen Verfahrens- bzw Formvorschriften nach wie vor zwingend ergibt (StBS 1; UL § 58 Rn 25; Knack 6). Es stellt sich deshalb die Frage, ob durch die Vorschrift abgesehen vom Aufhebungsanspruch noch andere Folgen der Rechtswidrigkeit des VA, zB Schadensersatzansprüche usw, ausgeschlossen werden (s Rn 47). Damit zusammen hängt die Frage, ob im Falle des Eingreifens der Vorschrift eine Rechtsverletzung des Betroffenen ausscheidet.[1]

2 **b) Änderungen durch das GenBeschlG.** Die Vorschrift ist durch das GenBeschlG im Jahre 1996 wesentlich umgestaltet worden. Nach der früher geltenden Fassung konnte die Aufhebung des VA wegen der oben genannten Fehler nicht

[1] So BVerwGE 65, 287; DVBl 1981, 683, 685; **aA** Schenke DÖV 1986, 305, 307; UL § 58 Rn 25.

beansprucht werden, „wenn keine andere Entscheidung in der Sache hätte getroffen werden können", also die getroffene Entscheidung der Behörde durch das materielle Recht zwingend vorgegeben war. Sie erfasste nur Fälle, in denen der Verwaltung **rechtlich kein Entscheidungsspielraum** zustand. Abgesehen davon, dass der Gesetzgeber dabei von der methodisch überholten Vorstellung ausgegangen war, dass es bei der Gesetzesanwendung nur eine einzige richtige Entscheidung geben könne, erwies sich die Regelung als zu eng und unflexibel, da sie nur auf Fälle strikt gebundener Entscheidungen anwendbar war. Sie wurde von der hM auch auf solche Fälle angewandt, in denen sich der an sich gesetzlich eingeräumte Spielraum im Einzelfall auf Null reduziert hatte.[2] Die **Neufassung** stellt nicht mehr auf die rechtliche Gebundenheit der Entscheidung als solche ab, sondern auf den **konkreten Einfluss des Fehlers** auf die Entscheidung in der Sache. Damit wird eine **Rekonstruktion des Entscheidungsvorgangs** und die Prüfung des Kausalzusammenhangs zwischen Fehler und Ergebnis erforderlich. Ziel der Neufassung war eine Erweiterung des Anwendungsbereichs (BT-Dr 13/3995 S 8). Unverändert geblieben ist die Zielsetzung der Vorschrift, wonach die Aufhebung allein wegen Fehlern im Verwaltungsverfahren ausgeschlossen werden soll, soweit dies mit dem Gebot effektiven Rechtsschutzes vereinbar ist (Begr 66; MuE 158; ebenso BVerwG NVwZ 1982, 618).

Die ursprüngliche Regelung war den Vorschriften über die **Kontrolle im Revisionsverfahren** nachgebildet[3] und entsprach weitgehend der vor Erlass des Gesetzes herrschenden Auffassung[4] und beruhte wie die vergleichbaren Vorschriften des Prozessrechts (§ 563 ZPO, § 144 Abs 4 VwGO, § 170 Abs 1 S 2 SGG, § 126 Abs 4 FGO) auf verfahrensökonomischen Erwägungen.[5] Anderes galt für die Einbeziehung auch von Verstößen gegen die Vorschriften über die örtliche Zuständigkeit, die bis dahin – aus gutem Grund (vgl Menger System 29; Rößler NJW 1981, 437) – grundsätzlich als erheblich angesehen wurden.[6] 3

2. Vereinbarkeit mit Verfassungsrecht. a) Rechtsstaatliche Grundsätze. 4
§ 46 ist einerseits für den Bereich des Verfahrensrechts Ausfluss des verfassungsrechtlichen Grundsatzes der **Verwaltungseffizienz** und der Verfahrensökonomie, andererseits, soweit die Kontrolle des Verwaltungshandelns durch die Gerichte in Frage steht, auch des Grundsatzes der **Gewaltenteilung** und einer sinnvollen Abgrenzung der Aufgaben der Verwaltung von den Aufgaben der Gerichtsbarkeit im moderneren gewaltenteiligen Staat. Vermeidbarer Verfahrensleerlauf soll unterbleiben. Entscheidungen sollen nicht allein wegen eines Verfahrensfehlers aufgehoben werden, wenn ein Einfluss auf die Sachentscheidung ausgeschlossen werden kann. Die mit dem GenBeschlG eingeführte Neuregelung stellt nicht mehr darauf ab, ob ein VA mit dem selben Regelungsgehalt erneut erlassen werden müsste (so noch die alte Regelung, die insoweit auch den Grundsatz von Treu und Glauben für sich in Anspruch nehmen konnte,[7] sondern auf das Ergebnis einer Rekonstruktion des Entscheidungsvorgangs: Nur wenn sich ergibt, dass der Fehler die Entscheidung nicht beeinflusst hat, ist der Aufhebungsanspruch ausgeschlossen.

---

[2] Vgl BVerwGE 62, 108, 116; BVerwG NJW 1988, 525; krit Hufen DVBl 1988, 69.

[3] Begr 66; BVerwGE 61, 49; 90, 33; BVerwG NJW 1981, 1683.

[4] Vgl BVerwGE 61, 49; 75, 228; BVerwG DVBl 1977, 349; NJW 1981, 1683; OVG Münster DÖV 1981, 585; OVG Lüneburg DÖV 1974, 67; VGH München BayVBl 1979, 568; BSG 28, 74; 26, 181; 42, 271; Bettermann, in: Ipsen-FS 1977, 295; Erichsen/Ehlers § 38 Rn 38; Sendler AöR 1969, 150; Papier, Der verfahrensfehlerhafte Staatsakt, 1973, 16 ff; vgl auch BGH NVwZ 1984, 2577: ein allgemeiner Rechtsgedanke; Haueisen DÖV 1973, 656 f; Kopp 96 f und VerwArch 1970, 236 ff.

[5] BVerwGE 90, 33 unter Hinweis auf BVerwGE 61, 49; 65, 290; BFH 142, 547.

[6] Vgl zB BVerwGE 30, 138; 49, 201; BVerwG DÖV 1969, 140; Buchh 407.4 § 8 FStrG Nr 9; VGH München BayVBl 1979, 568.

[7] „Dolo petit, qui petit quod statim redditurus est"; vgl Schenke DÖV 1986, 305; NVwZ 1988, 13; Kopp/Schenke § 113 Rn 58.

Der Fehler ist dann unwesentlich; der Ausschluss des Aufhebungsanspruchs allein wegen dieses Fehlers stellt letztlich keine Verletzung der Rechtsschutzgarantie des Art 19 Abs 4 GG dar.

5 **b) Erforderlichkeit einer verfassungskonformen Auslegung.** Da § 46 eine Relativierung des Verfahrensrechts zur Folge hat, ist die Regelung **rechtspolitisch**[8] und **verfassungsrechtlich nicht unbedenklich;**[9] dies gilt insb, soweit in einer Sache Grundrechte betroffen sind.[10] Zweifelhaft ist die Regelung außerdem auch im Hinblick auf die Abgrenzung der Gesetzgebungskompetenzen von Bund und Ländern. Den Bedenken kann (und muss) jedoch durch eine **verfassungskonforme Auslegung** Rechnung getragen werden.[11] Erforderlich ist vor allem, dass strenge Anforderungen an die Offensichtlichkeit der fehlenden Auswirkungen des Fehlers auf die Sachentscheidung gestellt werden (s unten Rn 37 ff).

5 a **3. Europarecht.** Grundsätzlich ist die Vorschrift **auch im indirekten Vollzug** von Gemeinschaftsrecht (s hierzu Einf Rn 58 ff) anwendbar, sofern der aus Art 10 EG folgende Effektivitätsgrundsatz und das Diskriminierungsverbot (s Einf Rn 57) nicht verletzt werden. Auch das Gemeinschaftsrecht kennt eine Unterscheidung zwischen wesentlichen und **unwesentlichen Verfahrensfehlern,** die sich daran orientiert, ob ein Fehler geeignet ist, sich auf den Inhalt einer Maßnahme auszuwirken (vgl EuGH Slg 1983, 2191; 1981, 2229; 1957, 9, 38). Allerdings kennt das Gemeinschaftsrecht auch **absolute Verfahrensfehler,** die unabhängig von ihren konkreten Auswirkungen auf das Ergebnis der Maßnahme rechtliche Relevanz beanspruchen können (vgl zB EuGH Slg I 1998, 1752; 1974, 491). Als solche werden insbes Verstöße gegen Verfahrensvorschriften angesehen, die dem Schutz des Betroffenen dienen (vgl zB EuGH Slg 1986, 911, 929; 1987, 755, 758; s auch Classen NJW 1995, 2457, 2459). Dies könnte bedeuten, dass im Bereich des indirekten Vollzugs von Gemeinschaftsrecht bestimmte Verfahrensfehler, die sonst nach § 46 unbeachtlich wären, ihre Bedeutung für die Anfechtbarkeit der Maßnahme behielten. Allerdings ist hier Vorsicht geboten, weil die Rspr des EuGH zum direkten Vollzug wegen des abweichenden Maßstabs bei der gerichtlichen Kontrolle nicht ohne weiteres übertragbar ist.[12] Deshalb wird man von absoluten Verfahrensfehlern beim indirekten Vollzug von Gemeinschaftsrecht nur ausgehen können, wenn sich aus dem jeweiligen Regelungszusammenhang hierfür im Hinblick auf Diskriminierungsverbot und Effizienzgebot **besondere Anhaltspunkte** ergeben.

---

[8] Vgl v Mutius, in: Menger-FS 1985, 597; Bettermann, in: Menger-FS 1985, 721; Hufen Rn 625 ff; Schoch Vw 1992, 41; Erichsen DVBl 1978, 577; WBS II § 49 Rn 52; StBS 4 ff; Götz NJW 1976, 1428; Hufen NJW 1982, 2167; Rupp, in: Bachof-FS 1984, 159; Sendler NJW 1986, 1684 mwN; Maurer § 10 Rn 41 ff; ders, JuS 1976, 492; Kopp BayVBl 1980, 103 ff; WuV 1983, 16; Rößler DStZ 1977, 372.

[9] WBS II § 49 Rn 52; StBS 5 mwN; Renck BayVBl 1990, 703; v Olshausen DÖV 1979, 341; Wimmer DVBl 1985, 771; Rupp, in: Bachof-FS 1984, 151; Kopp VerwArch 1970, 219 ff; allg auch Krebs DVBl 1984, 115; **aA** BVerwGE 70, 147 = NVwZ 1985, 188: mit dem Rechtsstaatsprinzip vereinbar; OVG Lüneburg DVBl 1981, 647; Ossenbühl NJW 1981, 377; NVwZ 1982, 471 mwN; Grimm NVwZ 1985, 871; Obermayer 68; v Mutius NJW 1982, 2159; Schenke DÖV 1986, 312 f mwN: verfassungskonform; vgl zur ähnlichen Problematik bei §§ 155 a und b BBauG – nunmehr § 214 BauGB – auch BVerwGE 64, 34 mwN.

[10] Zu weitgehend VG Arnsberg DVBl 1981, 648 – durch Münster NVwZ 1987, 983 aufgehoben –; Sellner BauR 1980, 396: jedenfalls insoweit verfassungswidrig; **aA** OVG Münster NVwZ 1987, 983; Ossenbühl NVwZ 1982, 471 mwN: auch soweit Grundrechte betroffen, verfassungskonform; StBS 5 ff; Knack 11 mwN: nicht verfassungswidrig, jedoch verfassungskonform eng auszulegen.

[11] StBS 8; Knack 11; Bonk NVwZ 1997, 326; zur alten Fassung bereits Schenke VVDStRL 1983, 276; Stettner, Grundlagen der Kompetenzlehre 371.

[12] Ähnlich wohl auch StBS § 45 Rn 179 f; Obermayer 17.

4. Anwendungsbereich. a) Allgemeines. Die Vorschrift gilt unmittelbar nur im Anwendungsbereich des VwVfG, also nur für solche VAe, die im Rahmen eines nach dem VwVfG durchgeführten Verwaltungsverfahrens erlassen werden. Allerdings enthalten die Verwaltungsverfahrensgesetze der Länder im Wesentlichen gleich lautende Bestimmungen. Auch die Änderung des § 46 durch das GenBeschlG ist inzwischen durch die Bundesländer übernommen worden. Die Anwendbarkeit des § 46 setzt weiter voraus, dass es im Verwaltungsverfahren tatsächlich zu einer **Sachentscheidung** gekommen ist. **Nicht anwendbar** ist § 46 **auf Verfahrensentscheidungen** der Behörden, dh auf Entscheidungen, mit denen ein Antrag aus verfahrensrechtlichen Gründen, etwa weil verspätet gestellt, ohne weitere die Entscheidung tragende Sachprüfung als unzulässig abgelehnt wird (VG Freiburg NVwZ 1994, 403). 6

b) Erfasste Vorschriften. Die Regelung gilt nicht nur für Verstöße gegen die Vorschriften des VwVfG über das Verwaltungsverfahren, die Form und die örtliche Zuständigkeit, sondern **auch für Verstöße gegen entsprechende Vorschriften** anderer Gesetze, die gem § 1 vorgehen und die Anwendung des VwVfG ausschließen und zwar auch, soweit sie weitergehenden Regelungen enthalten (BVerwG NVwZ 1988, 525). Soweit es um die Verletzung von Vorschriften geht, die ausschließlich die Wahrung öffentlicher Interessen oder der Interessen anderer Beteiligter bezwecken und die nicht zumindest zugleich auch dem Schutz desjenigen, um dessen Rechtsbehelf es im konkreten Fall geht, dienen, ist es den Betroffenen grundsätzlich schon nach dem allgemeinen Recht (vgl § 42 Abs 2 VwGO) verwehrt, einen Rechtsbehelf oder Ansprüche auf die Verletzung solcher Regelungen zu stützen. Auf § 46 kommt es in diesen Fällen nicht mehr an.[13] 7

c) Subsidiarität. Die Vorschrift steht gem § 1 unter dem Vorbehalt inhaltsgleicher oder entgegenstehender Bestimmungen in anderen bundesrechtlichen Rechtsvorschriften. Vor allem gehen Rechtsvorschriften vor, welche ausdrücklich oder doch nach ihrem offensichtlichen Sinn und Zweck die Fehlerfolgen abschließend regeln und idS **weitere Unerheblichkeitsgründe** vorsehen **oder umgekehrt absolute Aufhebungsgründe** anerkennen, bei deren Vorliegen der davon betroffene VA in jedem Fall ohne Rücksicht auf die Entscheidungserheblichkeit des Fehlers für die zu treffende Sachentscheidung aufzuheben ist. 8

d) Keine Anwendbarkeit auf materielle Fehler. Eine Heranziehung des § 46 für materiellrechtliche Fehler wird allgemein zu Recht abgelehnt (StBS 38; UL § 58 Rn 21). Eine Analogie scheitert schon daran, dass die Interessenlage bei Vorschriften des materiellen Rechts idR nicht mit derjenigen bei Verfahrensvorschriften vergleichbar ist, weil es an der für das Verfahrensrecht typischen dienenden Funktion fehlt (s unten Rn 15). 9

e) Entsprechende Anwendbarkeit? Die Regelung des § 46 aF wurde bisher als **Ausdruck allgemeiner Rechtsgrundsätze,** die schon bisher in der Rspr als ungeschriebenes Recht angewandt wurden, angesehen, die bei Fehlen besonderer Regelungen sinngemäß auch auf Fälle anzuwenden waren, die nicht unter diese Gesetze fielen (vgl BGH NJW 1984, 2577). Dieser Standpunkt kann hinsichtlich des § 46 in seiner neuen Fassung nicht uneingeschränkt aufrecht erhalten werden. Soweit die Vorschrift in ihrer Neufassung über die Fälle der Alternativlosigkeit der Entscheidung der Behörde hinausgeht, ist sie **nicht analogiefähig.** 10

5. Verhältnis zu anderen Vorschriften. a) Heilungsvorschriften. Soweit die Heilung eines Mangels gem § 45 erfolgt ist, kommt § 46 nicht mehr zur Anwendung, weil der Fehler dann bereits nach § 45 keine Bedeutung mehr für die 11

[13] OVG Lüneburg DVBl 1981, 647; ebenso die hM zum bish Recht, vgl BVerwG 28, 269; 41, 64; 44, 239; DVBl 1982, 360; OVG Lüneburg DVBl 1977, 347; Kopp/Schenke § 42 Rn 81 ff; § 69 Rn 6.

Frage der Rechtmäßigkeit des VA hat.[14] Deshalb ist bei Verfahrensfehlern immer zuerst zu prüfen, ob der Mangel nicht schon nach § 45 geheilt wurde (Begr 45; K 2), zB bei Fehlerhaftigkeit des Verfahrens infolge Mitwirkung eines befangenen Amtsträgers durch nochmalige Vornahme der betroffenen Handlung oder des betroffenen Verfahrensabschnitts durch einen nicht befangenen Amtsträger oder durch umfassende Neuentscheidung in der Sache durch die Widerspruchsbehörde (BVerwG DÖV 1988, 563; VGH München NVwZ 1982, 514). Dies ist insb idR der Fall, wenn ein VA in einem **einwandfreien Widerspruchsverfahren bestätigt** wurde (s Kopp/Schenke § 79 Rn 1). Ist eine Heilung möglich, aber noch nicht erfolgt, so ist § 46 neben und alternativ zu § 45 anwendbar. Die Anwendung von § 46 ist dem Zweck der Vorschrift entsprechend nicht auf Fälle beschränkt, in denen eine Heilung nach § 45 nicht in Betracht kommt. **§ 45 und § 46 stehen insoweit nebeneinander.**[15] § 46 ist deshalb zB auch anwendbar, wenn zweifelhaft ist, ob eine Heilung möglich ist bzw wirksam erfolgt ist.

12 **b) Verzicht auf Rügerecht, Verwirkung.** Nicht mehr auf die evtl Unbeachtlichkeit eines Verfahrensmangels gem § 46 kommt es an, wenn und soweit der betroffene Bürger auf die Einhaltung der in Frage stehenden Vorschrift **wirksam verzichtet** hat oder sein **Rügerecht verwirkt** hat (Schenke DVBl 1996, 388). Nach den Grundsätzen des allgemeinen Verfahrensrechts können Beteiligte und sonstige Betroffene auf Verfahrensrechte, die ihnen auf Grund gesetzlicher Vorschriften oder nach allgemeinen Grundsätzen ausschließlich zur Wahrung und zum Schutz ihrer Interessen zuerkannt sind, grundsätzlich verzichten. Wenn bzw insoweit sie wirksam auf die Einhaltung von Verfahrensrechten, zB auf eine Anhörung, auf die Wahrung einer behördlichen Frist oder auf Rechtsbehelfe gegen die Entscheidung verzichten, können sie dann auch später nicht Rechtsbehelfe in der Sache auf eine Verletzung der entsprechenden Verfahrensrechte stützen. Gleichwohl eingelegte Rechtsbehelfe wären, soweit der Verzicht das Recht auf Einlegen der entsprechenden Rechtsbehelfe betrifft, grundsätzlich unzulässig, soweit er sonstige Verfahrensrechte betrifft, unbegründet, ohne dass es insoweit noch auf weitere Prüfungen materieller Voraussetzungen ankäme (vgl Kopp/Schenke § 74 Rn 21 ff).

13 **Das Recht zur Rüge von Verfahrensmängeln.** Unberührt bleiben Regelungen, die im Fall nicht rechtzeitiger oder gänzlich unterbliebener Geltendmachung von Verfahrensfehlern zur **Präklusion** führen. Da die Rüge von Verfahrensfehlern im gerichtlichen Verfahren stets eine materielle Rechtsposition voraussetzt, entfällt die Rügefähigkeit auch bei Verlust der materiellen Rechtsposition durch Präklusion, zB nach § 73 Abs 4 S 3 (s hierzu näher § 73 Rn 80).

II. Voraussetzungen des § 46

14 **1. Von § 46 erfasste formelle Fehler.** Die Vorschrift erfasst nur die Verletzung von Vorschriften über das **Verfahren,** die **Form** und die **örtliche Zuständigkeit.** Auf andere Fehler ist sie nicht, auch **nicht entsprechend anwendbar.** Das gilt insbesondere für die sachliche oder die Verbandszuständigkeit, die nach dem eindeutigen Wortlaut nicht erfasst werden. Der Wortlaut der Vorschrift knüpft an die klassische Dreiteilung der formellen Vorschriften (Zuständigkeit, Verfahren, Form) an. Nicht erforderlich ist, dass es sich um Vorschriften des VwVfG handelt; auch entsprechende Vorschriften in spezielleren und nach § 1 vorgehenden Gesetzen werden erfasst.

---

[14] Begr 65; K 2; Knack 14; Obermayer 8; Rößler NJW 1981, 437; StBS 23; HHSp § 127 AO Rn 75.

[15] VGH München NVwZ 1982, 514; Knack 14; StBS 15; zT offenbar **aA** Begr 65; Obermayer 8.

15 **Ausgeschlossen ist eine Unbeachtlichkeit** nach § 46 grundsätzlich, wenn mit dem Verfahrensfehler zugleich auch ein **Verstoß gegen materielles Recht** vorliegt,[16] zB bei Fehlen der Sachlegitimation der Behörde in der Sache, insb der erforderlichen Ermächtigung zum Erlass des betroffenen VA (BVerwGE 90, 32); eines auch nach materiellem Recht erforderlichen Antrags (OVG Münster NVwZ 1986, 576; VGH Kassel NVwZ-RR 1994, 344) oder der nach materiellem Recht erforderlichen Zustimmung eines Drittbetroffenen oder eines öffentlichen Rechtsträgers, zB einer Gemeinde gem § 36 BauGB. Gleiches gilt für Verstöße gegen **selbstständige Form-, Verfahrens- und Zuständigkeitsvorschriften.** Dabei handelt es sich um solche, die nach dem Sinn und Zweck keine bloß dienende Funktion haben, sondern unabhängig von der materiellen Richtigkeit der Entscheidung beachtet werden sollen. Bedeutung hat diese Einschränkung vor allem für die sog **absoluten Verfahrensfehler,** auf die § 46 nicht anwendbar ist (s unten Rn 18).

16 **a) Verfahrensfehler.** Verfahrensfehler iSd § 46 sind Verstöße gegen diejenigen Vorschriften, die für das Verfahren von seiner Eröffnung bis zur abschließenden Entscheidung der Behörde, also bis zum Erlass des VA, betreffen. Die Vorschrift gilt vorbehaltlich spezieller gesetzlicher Regelungen (zB § 60 BNatSchG) **für alle Verstöße** gegen das das Verfahren betreffende Recht, die nicht bereits vor Erlass des VA von der Ausgangsbehörde korrigiert oder später nach § 45 geheilt wurden und die **nicht die Nichtigkeit** des betroffenen VA gem § 44 zur Folge haben. Die Anwendbarkeit des § 46 ist nicht auf Verstöße gegen Verfahrensvorschriften des VwVfG beschränkt, sondern gilt auch für Verstöße gegen die verfahrensrechtlichen Bestimmungen der Fachgesetze (OVG Münster GewArch 1979, 331; StBS 21; Knack 20), die gem § 1 vorgehen, und für Verstöße gegen die allgemeinen Grundsätze des Verfahrensrechts. Auf die Schutzrichtung der Vorschriften kommt es nicht an. Allerdings können Verstöße gegen Vorschriften, auf die sich der Kläger zB bei Nachbarklagen nicht berufen kann, ohnehin nicht zur Rechtsverletzung führen. **Nicht anwendbar** ist § 46 auf die **Verletzung von bloßen Verwaltungsvorschriften** (Laubinger VerwArch 1981, 334; Knack 20); soweit Verwaltungsvorschriften Ausdruck oder Folge allgemeiner Rechtsgrundsätze sind, kommt es nur auf eine Verletzung dieser, nicht der Verwaltungsvorschriften an.

17 **aa) Einzelfälle. Grundsätzlich anwendbar** ist § 46 zB bei Mitwirkung eines iS von § 20 Abs 1 Nr 2 oder 5 **befangenen Amtsträgers** (BVerwG DÖV 1988, 563; VGH München NVwZ 1982, 514; UL § 12 Rn 24); bei **Verletzung der Hinweispflicht** gem § 25 (OVG Lüneburg MDR 1983, 784); bei **unterbliebener Anhörung** eines Beteiligten (OVG Hamburg NVwZ-RR 1990, 440; bei **unzulänglicher Ermittlung** des maßgeblichen Sachverhalts gem §§ 24, 26 (Ermittlungsdefizit); bei **Fehlen der Begründung** des VA gem § 39 (BVerwGE 78, 113 = NVwZ 1988, 829; Müller-Ibold 236 mwN).

Nicht um Verfahrensfehler iSd § 46, sondern um Verletzungen materiellen Rechts, handelt es sich bei **Sachverhaltsirrtümern** (BVerwGE 70, 144; Rozek NVwZ 1992, 33; zT **aA** VGH München NVwZ 1991, 499), **Subsumtionsfehlern** und sachlich **unzutreffenden Begründungen.** Nach Sinn und Zweck der Regelung ist das Gericht durch § 46 auch nicht gehindert, den betroffenen VA ohne weitere Sachverhaltsermittlung usw aufzuheben, wenn die Behörde den rechtsstaatlichen Mindestanforderungen des Verfahrens nicht genügt und sich mehr oder weniger willkürlich darüber hinweggesetzt hat.[17]

---

[16] BVerwGE 90, 32; VGH Kassel NVwZ-RR 1994, 344; Hill 100ff; Hufen, Fehler im Verwaltungsverfahren, 410ff; Martens NVwZ 1988, 684 und 689; Messerschmidt NVwZ 1985, 877; s auch oben Rn 9.

[17] Vgl VGH München BayVBl 1990, 535: wenn der Behörde die für den Beitragsbescheid maßgeblichen Werte nicht sorgfältig ermittelt, sondern nur mehr oder weniger „gegriffen hat"; VG Düsseldorf NuR 1993, 399: wenn die Behörde unter Verstoß gegen den Untersuchungsgrundatz den entscheidungserheblichen Sachverhalt nicht sachgerecht und vollständig

18 **bb) Absolute Verfahrensfehler. Keine Anwendung** findet § 46 auf Verstöße gegen solche Vorschriften, die zu sog absoluten Verfahrensfehlern führen.[18] Dies ist nach der Rspr bei Vorschriften anzunehmen, die bestimmten Beteiligten in ihrem Interesse (vgl BVerwGE 41, 64; 44, 239; BVerwG NJW 1981, 240; Buchh 407.4 § 17 FStrG Nr 33 S 101) oder im Interesse einer „besonderen Befriedigungs- und Konsensfunktion" (Ossenbühl NJW 1981, 378) eine vom Ausgang des Verfahrens unabhängige, selbstständig durchsetzbare, im Übrigen jedoch beschränkte (zB nur ein Anhörungsrecht) Verfahrensposition einräumen. Als Vorschriften, die nach ihrem offensichtlichen Sinn und Zweck die Anwendung von § 46 ausschließen, sind in der Vergangenheit die Vorschriften über die **Mitwirkungsrechte anerkannter Naturschutzverbände** gem § 60 BNatSchG nF (entspricht § 29 BNatSchG aF) in naturschutzrelevanten Planfeststellungsverfahren und in einigen sonstigen Verfahren angesehen worden (BVerwGE 105, 348 = NVwZ 1998, 395; 102, 358 = NVwZ 1997, 905; **aA** Dolde NVwZ 1991, 961). Hiervon ist BVerwG NVwZ 2002, 1103, 1105 für solche Fälle abgerückt, in denen Verbände in der Sache selbst ein Klagerecht haben. Es bleibt aber bei der Unanwendbarkeit auf Verstöße gegen **Verfahrensnormen mit besonderer Schutzfunktion** (VGH Mannheim DÖD 1994, 208; StBS 32).

19 **Nicht anwendbar** ist § 46 **bei unterbliebener notwendiger Beteiligung** zB eines Hauptbeteiligten und bei unterbliebener Hinzuziehung im Falle der Notwendigkeit nach § 13 Abs 2, da dies nicht nur ein Verfahrens- oder Formfehler ist, sondern die Wirksamkeit des VA betrifft;[19] bei Fehlen des für die Einleitung des Verfahrens und für den VA notwendigen Antrags[20] oder einer sonst materiellrechtlich notwendigen Mitwirkung Dritter sowie anderer Behörden, insb auch von Aufsichtsbehörden (BGHZ 91, 172 = NJW 1984, 2577: das Fehlen einer erforderlichen **aufsichtsbehördlichen Genehmigung** ist nicht lediglich eine Verletzung von Verfahrensvorschriften), aber auch zB **des Personalrats** bei der Entlassung eines Beamten (Mannheim NVwZ 1990, 791); ebenso bei Verletzung des Rechts der Gemeinde aus **§ 36 BauGB** (VGH München GewArch 1991, 238); bei **Unterbleiben des Öffentlichkeitsverfahrens** gem § 73 Abs 3 oder nach entsprechenden Vorschriften im Planfeststellungsverfahren und in ähnlichen Verfahren (zB § 10 BImSchG), **wenn und soweit** die Öffentlichkeitsbeteiligung hier an **die Stelle einer notwendigen Beiladung** nach § 13 Abs 2 S 2 wegen Betroffenheit in eigenen Rechten tritt (vgl § 13 Rn 11; ferner zum Unterbleiben der Öffentlichkeitsbeteiligung in atomrechtlichen Verfahren OVG Lüneburg DVBl 1981, 647 und 1984, 235).

20 **Grundrechtsrelevanz** einer Verfahrensvorschrift allein reicht zur Annahme eines absoluten Verfahrensfehlers nicht aus. Das gilt auch dann, wenn es sich um einen Fall vorverlagerten Grundrechtsschutzes durch Verfahren (BVerfGE 53, 31) handelt. Dies ist bei der Auslegung und Anwendung zu berücksichtigen,[21] macht

---

ermittelt und auch nicht in der gebotenen Weise bewertet hat, obwohl sich die Notwendigkeit dazu aufdrängte; vgl auch Di Fabio DÖV 1995, 5; Hufen 38 Rn 37.

[18] BVerwG NJW 1982, 120; OVG Lüneburg DVBl 1981, 647; StBS 32; einschränkend Knack 22; ebenso zum bish Recht BVerwGE 41, 64 mwN; 44, 239 mwN; Ossenbühl NJW 1981, 378; OVG Lüneburg DÖV 1974, 67.

[19] Ebenso im Ergebnis Goerlich NVwZ 1985, 92; zT **aA** UL § 15 Rn 22; MB 13; vgl auch BFH 144, 157 = BStBl II 1985, 676: keine Aufhebung des betroffenen VA wegen der unterbliebenen Beteiligung, sondern nur Aussetzung des Verfahrens des Gerichts, damit die Behörde den VA dem noch Hinzuzuziehenden zustellen kann und dieser ggf dagegen klagen kann; abzulehnen.

[20] OVG Münster NVwZ 1986, 576; OVG Koblenz NVwZ 1986, 577; VGH Kassel NVwZ-RR 1994, 344; Martens NVwZ 1985, 877; s auch oben Rn 8 ff; nach **aA** soll dies nur gelten, wenn der Antrag auch materiellrechtliche Bedeutung hat.

[21] Weitergehend Hoppe, in: BVerwG-FS 1978, 295: Grundrechtsrelevanz spricht im Zweifel für „absolute" Wirkung; Laubinger VerwArch 1982, 78; v Mutius NJW 1982, 2159; Dolde NJW 1982, 2159: bei schweren Verstößen ist der VA nichtig und deshalb § 46 unanwendbar.

sie jedoch nicht „automatisch“ zu einer absoluten Verfahrensvorschrift, die die Anwendung des § 46 ausschließt.[22] Absolute Wirkung im oben in Rn 18f dargelegten Sinn mit der Folge, dass dadurch auch die Anwendbarkeit von § 46 ausgeschlossen wird, haben wegen des Erfordernisses effektiver, einheitlicher Wirkung des EU-Rechts in allen Mitgliedsländern auch die **Verfahrensvorschriften nach EU-Recht** und die entsprechenden deutschen Vorschriften, soweit sie der Umsetzung von EU-Recht, insb auch von Richtlinien, dienen und insoweit durch die Vorgaben nach dem EU-Recht gebunden sind (zT **aA** Papier DVBl 1993, 814: § 46 geht EU-Richtlinien vor).

b) Formfehler. Grundsätzlich anwendbar ist § 46 auch auf die Verletzung von Formvorschriften (ebenso Knack § 37 Rn 34 und vor § 43 Rn 39); die Verletzung von Vorschriften über die Form wir ausdrücklich genannt. Allerdings kommen nur Formverstöße in Betracht, die nicht zur Nichtigkeit des VA führen. Praktisch kann es sich dabei, da eine Verletzung des durch Gesetz vorgesehen Erfordernisses des Erlasses des VA durch **Aushändigung einer Urkunde** (§ 44 Abs 2 Nr 2) immer, eine Verletzung der sonst in einem Gesetz vorgeschriebenen **Schriftform** idR die Nichtigkeit des VA zur Folge hat (s unten Rn 24), idR nur um eine **Verletzung weniger bedeutsamer Formvorschriften** handeln, zB von Vorschriften über die **Protokollführung** zu Beweiszwecken uä (**aA** Knack 23: § 46 auch bei Verstößen gegen § 37 Abs 2 und 3 und gegen andere Vorschriften über die Form von VAen anwendbar). 21

c) Fehler hinsichtlich der örtlichen Zuständigkeit. Nach § 46 ist, sofern die übrigen Voraussetzungen gegeben sind, abweichend von früher anerkannten Rechtsgrundsätzen[23] grundsätzlich auch eine Verletzung der örtlichen Zuständigkeit unerheblich.[24] Nach dem Wortlaut und Sinn der Regelung gilt dies jedoch nur für solche Verletzungen von Vorschriften über die örtliche Zuständigkeit, die nicht nach § 44 Abs 1 Nr 3 zur Nichtigkeit führen. Auf das Fehlen einer erforderlichen gesetzlichen Regelung der Zuständigkeit (s § 3 Rn 7) ist § 46 weder unmittelbar noch analog anwendbar. S zum Begriff der örtlichen Zuständigkeit die Erläuterungen zu § 3. 22

Aus der besonderen Erwähnung der Vorschriften über die örtliche Zuständigkeit ergibt sich im Gegenschluss, dass die Regelung **nicht für die sachliche Zuständigkeit** (vgl § 3 Rn 5) einschließlich der **Verbandszuständigkeit** (vgl § 44 Rn 11) sowie bei Fehlen der für den mit dem VA geltend gemachten Anspruch erforderlichen Aktivlegitimation (BVerwGE 90, 25, 35; OVG Hamburg NVwZ-RR 1999, 633) gilt.[25] Gegen die unmittelbare oder analoge Anwendung von § 46 23

---

[22] BVerwG NJW 1982, 120; VGH München NVwZ 1982, 513; OVG Lüneburg DVBl 1981, 647; OVG Münster NVwZ 1987, 983; Ossenbühl NJW 1982, 377; Laubinger VerwArch 1982, 77f; Hoppe, in: BVerwG-FS 1978 295; de Witt DVBl 1981, 560; Hufen NJW 1982, 2167; Steinberg DÖV 1982, 628; Goerlich DÖV 1982, 635; Stelkens NVwZ 1982, 1137; v Mutius NJW 1982, 2159; **aA** VG Arnsberg NJW 1981, 1572; Sellner BauR 1980, 396; s auch Badura JA 1981, 38.

[23] Vgl BVerwG NJW 1963, 1324; DÖV 1969, 140; BayVBl 1969, 97 und 282; Ule, Verwaltungsreform 75; F 231ff; WBS II § 49 Rn 50; M 110; Kopp VerwArch 1970, 230; anders offenbar das Ordnungswidrigkeitenrecht, vgl OLG Düsseldorf NJW 1982, 1008: Unzuständigkeit der Behörde, die den Bußgeldbescheid erlassen hat, nicht relevant.

[24] BVerwGE 61, 45; 65, 287; OVG Hamburg NordÖR 1999, 412, 414; VGH Kassel VRS 1986, 398; vgl auch BVerwGE 65, 291: dies gilt auch dann, wenn im Ergebnis davon bei einer nachfolgenden Klage der gesetzliche Richter gem Art 101 Abs 1 S 2 GG abhängt; BVerwGE 71, 65; 90, 34: auch, wenn beim Vollzug von Bundesrecht die Behörde eines anderen Bundeslandes örtlich zuständig gewesen wäre; sehr zweifelhaft; zT **aA** Knack 4.3.

[25] VGH München NVwZ-RR 1997, 399; VGH Mannheim DÖV 1978, 696; VGH Kassel DVBl 1992, 725; Knack 21; Bettermann, in: Ipsen-FS 1977, 273; StBS 45f; UL § 58 Rn 21; Schenke DÖV 1986, 315 zur instantiellen Zuständigkeit; MB 12; WBS II § 49 Rn 51; MB 16; Oldiges DÖV 1989, 882; **aA** BSG 24, 137; 26, 179.

bei Verletzung der sachlichen Zuständigkeit spricht ua auch, dass solche Verletzungen auch vor Erlass des VwVfG grundsätzlich als erheblich angesehen wurden, und nicht ersichtlich ist, dass das VwVfG insoweit davon abweichen wollte (vgl auch Begr 66). Das Fehlen der Erwähnung der sachlichen Zuständigkeit in § 46 kann deshalb auch nicht nur damit erklärt werden, dass das VwVfG auch sonst keine näheren Bestimmungen über die sachliche Zuständigkeit enthält. In Übereinstimmung mit dem früheren Recht ist daher auch künftig davon auszugehen, dass **Verstöße gegen die sachliche Zuständigkeit immer die Rechtswidrigkeit** des betroffenen VA begründen und zur Aufhebung im Rechtsbehelfsverfahren führen.

24 **2. Keine Nichtigkeit des VA.** Ausgenommen von der Anwendbarkeit des § 46 sind, wie die Vorschrift ausdrücklich besagt, Verstöße, die die Nichtigkeit des VA zur Folge haben. Insoweit führt die Vorschrift des § 44 über die Nichtigkeit zu einer wesentlichen Einschränkung des § 46. Dies hat Bedeutung insb auch bei der Verletzung wesentlicher Verfahrens- und Formvorschriften (s § 44 Rn 8ff). Wesentlich und nicht nach § 46 unbeachtlich ist danach zB idR die Verletzung der durch Gesetz vorgesehenen Schriftform eines VA (vgl § 44 Rn 26).

25 **3. Keine Beeinflussung der Entscheidung durch den Fehler. a) Grundsätzliches.** Nach der früheren Fassung der Vorschrift kam es für die Unbeachtlichkeit des Fehlers auf die Frage an, ob keine andere Entscheidung in der Sache hätte getroffen werden können. Nach der geltenden Fassung ist demgegenüber die Frage entscheidend, ob sich der Fehler auf die Entscheidung ausgewirkt hat. Die damit verbundene Neukonzeption ist aus methodischer Sicht zu begrüßen, weil sie auch bei striktem Recht (s unten Rn 30) nicht mehr vom Postulat der einzig richtigen Entscheidung ausgeht, sondern auch insoweit an der konkret getroffenen Entscheidung ansetzt.[26]

Offensichtlich nicht ausgewirkt hat sich der Fehler dann, wenn in der Sache ohnehin eine andere als die getroffene Entscheidung rechtlich nicht zulässig gewesen wäre (s unten Rn 26). Insoweit ermöglicht die Neuregelung die Erfassung sämtlicher Fälle, die auch bisher schon von § 46 erfasst wurden. **Darüber hinaus** kann die Vorschrift nunmehr aber auch auf Fälle angewandt werden, in denen lediglich die **Rekonstruktion des Entscheidungsvorgangs** ergibt, dass sich der Fehler nicht auf das Ergebnis ausgewirkt hat. Da die fehlende Auswirkung aber offensichtlich sein muss, und an die Offensichtlichkeit ein strenger Maßstab angelegt werden muss, ist die Erweiterung des Anwendungsbereichs gering. Keinerlei Unterschied ergibt sich für diejenigen Stimmen, die schon für die frühere Fassung des § 46 verlangt hatten, dass es für die Frage der Alternativlosigkeit auf eine **mögliche Kausalität** des Fehlers für das Ergehen und/oder den Inhalt des betroffenen VA ankommt.[27]

26 **aa) Alternativlosigkeit. Unerheblich** ist ein Verstoß gegen Verfahrensvorschriften, Formvorschriften oder Bestimmungen über die örtliche Zuständigkeit bei **tatsächlicher Alternativlosigkeit,** dh wenn der Verstoß seiner Art nach im konkreten Fall schlechthin nicht kausal für die Entscheidung sein konnte, dh unter keinem denkbaren Gesichtspunkt **Einfluss darauf haben konn-**

---

[26] Die Regelung kann deshalb auch als Ausdruck eines Methoden- und Richtungswechsels bei der Verwaltungsgerichtlichen Kontrolle verstanden werden, vgl AK-GG-Ramsauer Art 19 Abs 4 Rn 110.

[27] So zB BVerwGE 69, 256; 75, 228; 76, 214; BVerwG NJW 1983, 1507; NVwZ 1988, 530; Buchh 421.0 Prüfungswesen Nr 287; VGH München NVwZ 1982, 510; BayVBl 1985, 399; OVG Münster DVBl 1992, 67; Obermayer 13; Seibert, in: Zeidler-FS 1987, 478; Achterberg 21 Rn 208; ebenso im wesentlichen StBS 24, 60; Erichsen/Ehlers § 38 Rn 36; Dolde NVwZ 1991, 962; **aA** Hufen, Fehler Rn 628ff; Laubinger VerwArch 1981, 347; Hill, Das fehlerhafte Verfahren, 121; Knack 5; Meyer NVwZ 1986, 520: erforderlich allein die Alternativlosigkeit, jedoch keinerlei Kausalität.

te,[28] ferner **bei rechtlicher Alternativlosigkeit,** dh wenn aus rechtlichen Gründen die Entscheidung auch unter Berücksichtigung des Verfahrensfehlers und des Zwecks der verletzten Verfahrensvorschrift jedenfalls im Ergebnis nicht anders ausfallen durfte (vgl BVerwGE 71, 65; VGH München BayVBl 1981, 481). Die Ursächlichkeit des Mangels muss vom Betroffenen nicht behauptet werden, sondern ist von Amts wegen zu prüfen (vgl VGH München BayVBl 1987, 244).

bb) Begriff der (möglichen) Kausalität. Der Begriff der (möglichen) Kausalität in Fällen der erstgenannten Art ist derselbe wie in § 132 Abs 2 Nr 2 und 3, 137 Abs 1 sowie in § 79 Abs 2 VwGO. **Erforderlich ist, dass jede Möglichkeit ausgeschlossen** ist, dass bei Einhaltung der Vorschrift die Entscheidung anders ausfallen hätte können.[29] Erforderlich ist die Gewissheit, dass der Mangel sich nicht auf das Ergebnis ausgewirkt haben kann und der erlassene VA jedenfalls inhaltlich so erlassen werden müsste (Bettermann, in: Ipsen-FS 1977, 277; Knack 28); dass lediglich keine Anhaltspunkte dafür bestehen, genügt nicht (BVerwG DVBl 1980, 482; DVBl 1981, 681). Schon eine denkbare Alternative, auch die Möglichkeit eines Nicht-Erlasses des VA, schließt die Anwendung von § 46 aus. 27

cc) Anderweitige Sicherung der Richtigkeit. Ist die tatsächliche Möglichkeit, dass der Fehler Auswirkungen auf das Ergehen oder den Inhalt der Entscheidung gehabt hat, nicht auszuschließen, so ist er nur dann als unerheblich anzusehen, **wenn** auch unter Berücksichtigung des Verfahrensfehlers **jedenfalls andere,** von dem Verstoß nicht betroffene **Gründe die Entscheidung tragen** und daher der VA jedenfalls im Ergebnis richtig ist und die Betroffenen nicht in ihren Rechten verletzen kann, und insofern auch eine neue Entscheidung wiederum im selben Sinn ausfallen müsste. Unerheblich ist ein Verfahrensfehler idS grundsätzlich insb auch dann, wenn der Zweck (dh der Rechtsschutzzweck) der verletzten Norm jedenfalls nachweislich **auf andere Weise zumindest gleich gut** und wirksam erreicht wurde.[30] Daher ist zB die Unterlassung einer gebotenen Anhörung der Beteiligten zu Fragen, die allenfalls für die Begründetheit eines Antrags von Bedeutung sein konnten, unerheblich, wenn der Antrag bereits wegen fehlender Zulässigkeitsvoraussetzungen abzulehnen war; dies auch dann, wenn die Behörde ihre Entscheidung irrtümlich mit dem Fehlen materieller Anspruchsvoraussetzungen begründet hat. Entsprechendes gilt, wenn die Kausalität durch spätere Handlungen oder Ereignisse „überholt" wurde. 28

dd) Beispielsfälle. Unerheblich idS ist **zB** das **Fehlen einer Unterschrift** unter dem Protokoll über eine Prüfung[31] oder der Umstand, dass die vorgeschriebene **Protokollierung** über den Verlauf einer Sitzung **unterblieben** ist;[32] die 29

---

[28] Nach Hufen Rn 638 ist der Anwendungsbereich auch nach der Neuregelung auf die Fälle rechtlicher Alternativlosigkeit zu beschränken. Hiergegen schon nach früherer Rechtslage zB VGH München NVwZ 1982, 513; Jäde UPR 1996, 392.

[29] Vgl BVerwGE 69, 269; 75, 228 = NVwZ 1987, 579; 76, 147; BVerwG NVwZ 1986, 126 zu einem Fall örtlicher Unzuständigkeit; 1988, 530 mit zust Anm Gerhardt in DVBl 1989, 137; DÖV 1988, 263; DVBl 1988, 402; Buchh 421.0 Nr 82 und 116; OVG Münster DÖV 1983, 987; VGH Mannheim DÖV 1980, 614; 1981, 585; NVwZ 1983, 567 NVwZ-RR 1994, 376; DVBl 1990, 538; OVG Berlin ZMR 1982, 48; VGH München NVwZ 1982, 514; 1987, 244; OVG Koblenz DVBl 1985, 1076; Ossenbühl NJW 1981, 378; Ule, Recht im Wandel 75; StBS 28; ferner WBS II § 58 Rn 51; BVerwGE 61, 49: nicht erheblich iS von § 46 ist die Chance des Kriegsdienstverweigerers, dass er bei der gebotenen mündlichen Anhörung vor dem Ausschuss seinen Fall möglicherweise besser darstellen hätte können.

[30] BVerwGE 71, 152 = NJW 1985, 3034; OVG Lüneburg DVBl 1984, 895; Wahl NVwZ 1990, 433.

[31] OVG Münster DVBl 1992, 1049 mwN: Mängel des Prüfungsprotokolls idR nicht kausal, weil die Prüfungsbewertung nicht auf der Grundlage des Protokolls erfolgt; M 104.

[32] UU wirkt sich jedoch die dadurch bedingte Minderung des Beweiswerts bzw das Fehlen eines geeigneten Beweismittels im Rahmen der Beweiswürdigung aus; vgl auch BVerwG NVwZ 1995, 494.

Mangelhaftigkeit der **vorgeschriebenen Bekanntmachung** über ein Vorhaben, wenn der Betroffene jedenfalls auf andere Weise Kenntnis über alle Einzelheiten erlangt hat und auch sonst im weiteren Verfahren nicht dadurch gehindert war, seine Rechte geltend zu machen (BVerwGE 24, 29; 29, 285; anders jedoch, wenn eine „absolute" Verfahrensvorschrift verletzt wurde, s oben Rn 18f); Verfahrensmängel, deren **Kausalität** durch spätere Handlungen oder Ereignisse inzwischen **neutralisiert** oder **überholt wurde** (VGH München NVwZ 1982, 514; Kopp VerwArch 1970, 244); zB ein Verfahrensfehler, der inzwischen durch die korrekte **Wiederholung des** betroffenen Verfahrensabschnitts überholt (und damit allerdings idR auch geheilt) worden ist (BVerwGE 75, 228; StBS 26); die Weisung eines befangenen Amtsträgers, die nicht befolgt wurde (BVerwGE 69, 270); das **Unterbleiben der Anhörung eines Beteiligten** zu einer Frage, die für die Entscheidung unter keinem denkbaren Gesichtspunkt eine Rolle spielen hätte können (vgl BVerwGE 26, 267; Kopp/Schenke § 138 Rn 10) oder die – etwa in einem Massenverfahren – ohnehin von Amts wegen oder auf Einwendungen anderer Beteiligter hin in jeder Richtung erörtert worden ist und zu der der Betroffene auch zur Begründung seines Rechtsmittels keine neuen Gesichtspunkte anzuführen vermag (vgl auch Lerche BayVBl 1980, 259 Anm 11); **anders** jedoch das Unterbleiben einer nach § 13 Abs 2 S 2 **notwendigen Hinzuziehung** oder des Öffentlichkeitsverfahrens gem § 73 Abs 3 bis 8.

30 **b) Strikt gebundene Entscheidungen.** Eine Verletzung von Vorschriften über das Verfahren, die Form oder die örtliche Zuständigkeit kann die Entscheidung in der Sache „offensichtlich" nicht beeinflusst haben, wenn der Behörde keinerlei Entscheidungsspielraum zustand. Zu dieser Fallgruppe gehören zum einen diejenigen Fälle, in denen das jeweils anwendbare materielle Recht der Verwaltung generell keinen Spielraum eröffnet, zum anderen aber auch diejenigen, in denen der an sich gegebene **Spielraum sich im konkreten Einzelfall auf Null reduziert** hat (allg Meinung, vgl StBS 67).

31 **Die Annahme einer rechtlichen Alternativlosigkeit,** wonach keine andere Entscheidung in der Sache getroffen werden hätte können, ist nur möglich, wenn sich der Inhalt des VA zwingend aus Rechtsvorschriften ergibt. **Bei rechtlich gebundenen Entscheidungen** ist die Frage, ob keine andere Entscheidung hätte getroffen werden können, grundsätzlich eine Frage der Anwendung einfachen Rechts. Musste der VA jedenfalls im Ergebnis so und nicht anders erlassen werden, wenn auch vielleicht auf Grund anderer Tatsachen, anderer Rechtsvorschriften oder anderer Erwägungen, als sie für die in Frage stehende konkrete Entscheidung im konkreten Fall tatsächlich maßgeblich waren, so vermögen nach § 46 auch etwaige im Verfahren unterlaufene Verfahrensfehler an diesem Ergebnis grundsätzlich nichts zu ändern.[33]

Bisher wurde in allen Fällen, in denen der Verwaltung kein Ermessens-, Beurteilungs- oder planerischer Gestaltungsspielraum zusteht, eine strikte Gesetzesbindung angenommen und deshalb eine rechtliche Alternativlosigkeit der Entscheidung. Damit wird indessen das Ausmaß der Gesetzesbindung überschätzt. Die von den Gerichten in diesen Fällen für sich in Anspruch genommene Letztentscheidungskompetenz[34] darf nicht darüber hinwegtäuschen, dass auch gebundene Entscheidungen letztlich ein **schöpferischer Vorgang** sind, bei dem nie auszuschließen ist, dass eine Behörde, wenn sie die für die Feststellung und Beurteilung

---

[33] BVerwGE 61, 45 = NJW 1981, 1684; 61, 116; BVerwG NVwZ 1982, 619; DÖV 1982, 745; 1985, 408; BSG 27, 148; 28, 74; OVG Hamburg DÖV 1984, 901; Bettermann, in: Ipsen-FS 1977, 276; ders, in: Menger-FS 1985, 714; Götz NJW 1976, 1428; UL § 58 Rn 23; Obermayer 14; StBS 29ff; Knack 5.2; vgl auch BSG MDR 1987, 700: die Nachprüfung ist auf die mitgeteilten Ermessenserwägungen beschränkt; zT **aA** Degenhart DVBl 1981, 201.

[34] Zum Begriff der Letztentscheidungskompetenz s Schmidt-Aßmann in MDHS Art 19 Abs 4; AK-GG-Ramsauer Art 19 Abs 4 Rn 105.

des Sachverhalts und die Anwendung des Rechts relevanten Verfahrensbestimmungen eingehalten hätte, uU zu anderen Ergebnissen gekommen wäre,[35] und bei denen vor allem auch die Gerichte im gewaltenteiligen Staat nicht dazu berufen sind, unter dem Deckmantel richterlicher Entscheidungen nach Art von Aufsichtsbehörden Entscheidungen der Behörden nachzubessern und fehlende Feststellungen und Erwägungen nachzutragen.[36]

c) Ermessens-, Beurteilungs- und Planungsentscheidungen. aa) Regelfall. Bei Ermessensentscheidungen, Beurteilungsentscheidungen und Planungsentscheidungen ist im Regelfall die Möglichkeit **nicht auszuschließen,** dass die Behörde bei Beachtung des Verfahrensrechts **zu einer anderen Entscheidung in der Sache hätte kommen können.** Deshalb sind gem § 46 Verfahrens-, Form- und Zuständigkeitsfehler grundsätzlich relevant.[37] Auf den Zweck des Ermessens kommt es dabei nicht an (Bettermann, in: Ipsen-FS 1977, 276; StBS 66); ebenso nicht, worauf sich das Ermessen bezieht (BVerwGE 71, 66: bei einem Einberufungsbescheid genügt, dass die Anordnung hins. Ort oder Zeit der Gestellung für den Betroffenen günstiger ausfallen hätte können). 32

Entsprechendes gilt für Entscheidungen, die von der wertenden Ausfüllung eines der Behörde vom Gesetz eingeräumten Beurteilungsspielraums abhängen,[38] zB für **Prüfungsentscheidungen,** soweit Auswirkungen auf die pädagogische Bewertung nicht auszuschließen sind (BVerwGE 70, 148 = NVwZ 1985, 187). Dies gilt nicht nur, wenn die Behörde selbst nach Ermessen zu entscheiden hat oder ihr ein Beurteilungsspielraum eingeräumt ist, sondern zB auch dann, wenn am Verfahren ein Ausschuss oder eine andere Behörde iS von §§ 44 Abs 3 Nr 3 und 4, 45 Abs 1 Nr 4 und 5 mitwirkt und der Mitwirkungsakt deren Ermessen oder Beurteilung unterliegt (BSG 15, 266; Lorenz 260; StBS 66; zT **aA** BGH NJW 1984, 2578). 33

bb) Ausnahmen von diesem Grundsatz wurden schon früher von der hM in den Fällen anerkannt, in denen sich der formelle Fehler nachweislich nicht auf die Entscheidung ausgewirkt hat, auf die Entscheidung in der Sache also aus tatsächlichen Gründen ohne Einfluss geblieben ist.[39] **Beispiele:** Ein fehlerhafter Verfahrensabschnitt wurde wiederholt (BVerwGE 75, 214, 228), ein Bewertungsfehler im Prüfungsverfahren kann sich **rechnerisch nicht ausgewirkt** haben (BVerfG 34

---

[35] So bereits Kopp 94 ff; ders BayVBl 1977, 514; 1980, 103; VerwArch 1970, 219.

[36] Vgl in ähnlichem Sinn auch BGH MDR 1978, 402; BSG MDR 1977, 83; Martens NVwZ 1982, 14; Hufen 414 ff und DVBl 1978, 76 f mit FN 100 mwN; NJW 1982, 2167; Schenke DÖV 1982, 718; VBlBW 1982, 325; Hill, Das fehlerhafte Verfahren 120 f; Degenhart DVBl 1981, 207; ferner Schlink/Wieland DÖV 1982, 434.

[37] BVerwGE 61, 50; 61, 114; 62, 108; 68, 267; 71, 65; 78, 95; BVerwG NJW 1981, 1684; NJW 1986, 2450; NVwZ 1982, 619; 1988, 525; 1992, 903; Buchh 401.47 Grunderwerbsteuer Nr 4 S 3; BayVBl 1985, 123; VGH München NVwZ 1982, 513; OVG Münster DVBl 1978, 508; 1981, 689; OVG Koblenz DVBl 1985, 1076: auch bei Zuständigkeitsfehlern; Götz NJW 1976, 1428; Rößler NJW 1981, 437; StBS 66; Knack 31 f; HHSp 7 zu § 127 AO; Koch 3 zu § 127 AO; Skouris NJW 1980, 1722; MB 26; K 2.4.4.; Ossenbühl NVwZ 1982, 471; zum Beurteilungsspielraum auch BVerwGE 44, 22; 61, 50; Rößler DStZ 1977, 372; TK zu § 129 AO; ebenso zum bish Recht BVerwGE 49, 308; 61, 67; BSG 9, 280; 26, 179; 27, 158; Lorenz 259 Fn 22 mwN.

[38] BVerwGE 65, 289; 70, 148 = NVwZ 1985, 187; Schoch Vw 1992, 45; StBS 79; Knack 31; Grimm NVwZ 1985, 871; UL § 58 Rn 23; Schenke DÖV 1986, 316; zu Abwägungsentscheidungen auch Grimm NVwZ 1985, 871; Steinberg NVwZ 1980, 814; Rozek NVwZ 1992, 35; s ferner Erbgut DVBl 1986, 1235; Schmidt-Aßmann in MDH Art 19 Abs 4 GG Rn 212 mwN.

[39] Vgl BVerwGE 69, 270 = DVBl 1984, 1078; 75, 228: es muss zumindest die konkrete Möglichkeit bestehen, dass ohne den angenommenen Verfahrensfehler die Entscheidung anders ausgefallen wäre; zu weitgehend Lüneburg NVwZ 1985, 508: auch wenn nichts dazu vorgetragen, dass eine andere Entscheidung ergehen hätte können, wenn der Fehler nicht passiert wäre.

NJW 1991, 2005), die unterlassene weitere Aufklärung hätte keine weiteren Erkenntnisse zutage gefördert (BVerwGE 71, 150, 152), die von einem nach § 20 ausgeschlossenen Amtsträger erteilte **Weisung wurde nicht befolgt** (BVerwGE 69, 263), der Fehler wurde noch vor Abschluss des Verfahrens korrigiert,[40] oder angesichts der besonderen Umstände des Falles wäre jede andere als die getroffene Entscheidung ermessensfehlerhaft und der Ermessens- oder Beurteilungsspielraum daher im konkreten Fall auf Null reduziert.[41]

35 **cc) Neue Sachentscheidung im Widerspruchsverfahren.** Trotz der insoweit unklaren Fassung von § 46 sind alle in dieser Vorschrift genannten Beschränkungen jedoch dann ohne Bedeutung, wenn die Rechtsbehelfsbehörde dieselbe umfassende Entscheidungsbefugnis in der Sache hat wie die Ausgangsbehörde und daher auch ihr Ermessen bzw Beurteilung an die Stelle der fehlerhaft getroffenen Ausgangsentscheidung setzen kann und dies im konkreten Fall auch tut (BVerwG DÖV 1988, 563; DVBl 1992, 1241; MB 13; Knack 41). Dies ist aber im Widerspruchsverfahren die Regel.[42] Es ist nicht anzunehmen, dass § 46 an dieser Befugnis der Widerspruchsbehörde nach §§ 68 ff VwGO etwas ändern sollte. Verfahrensmängel werden jedoch nur dann geheilt, wenn die Widerspruchsbehörde so umfassend mit der Sache befasst wird, dass ein Fortwirken des Mangels ausgeschlossen ist, sie insb zB die betroffenen Tatsachen in eigener Verantwortung und unbeeinflusst von der ursprünglichen Entscheidung neu feststellt (das ist der richtige Kern der vom BVerwGE 66, 184 vertretenen Auffassung).

36 **4. Offensichtlichkeit fehlender Beeinflussung. a) Begriff.** Nach der Neufassung kommt es darauf an, ob es offensichtlich ist, dass sich der Fehler tatsächlich nicht auf die Entscheidung in der Sache ausgewirkt hat. Der Nachweis der fehlenden Kausalität allein reicht nicht aus; es muss vielmehr „offensichtlich" sein, dass der Fehler auf die Entscheidung in der Sache ohne Einfluss geblieben ist. Der **Begriff der Offensichtlichkeit** wird in der Literatur nicht einheitlich verstanden. Insbes besteht keine Einigkeit darüber, ob es insoweit auf den Betroffenen ankommt (so Knack 34) oder auf denjenigen, der die Gesamtumstände und den Inhalt der Akten kennt (so wohl Obermayer 32). Richtigerweise ist Offensichtlichkeit hier wie in § 75 Abs 1 a (vgl § 75 Rn 16) entsprechend der zu § 214 Abs 3 BauGB entwickelten Rechtsprechung (vgl BVerwGE 64, 33 = NJW 1982, 591) zu verstehen sein. Danach ist die fehlende Ursächlichkeit eines Mangels dann offensichtlich ist, wenn sich dies **mit Hilfe von Akten oder sonstigen Unterlagen** objektiv eindeutig nachweisen lässt (einschränkend Knack 34: die Beweismittel müssen dem Betroffenen zugänglich sein). Nicht ausreichend ist, wenn sich der fehlende Einfluss eines Fehlers zB nur durch eine Vernehmung der handelnden Behördenbediensteten als Zeugen feststellen ließe.[43]

---

[40] Vgl BVerwGE 70, 154; VGH München DVBl 1985, 805: auch durch ein Änderungsverfahren, das zusammen mit dem ursprünglichen Verfahren zu einer einheitlichen Planungsentscheidung führt.

[41] BVerwGE 62, 116; BverwG NVwZ 1988, 525 = JuS 1988, 525 mit Anm Osterloh; Mannheim VBlBW 1989, 54; VGH München NVwZ 1982, 513; BayVBl 1981, 481; Münster DVBl 1981, 690; NVwZ 1985, 662; NVwZ-RR 1990, 574; OVG Koblenz DÖV 1979, 606; 1985, 588 zu einem Fall örtlicher Unzuständigkeit; OVG Hamburg NVwZ 1984, 463; Ossenbühl NJW 1981, 376, 378; Bettermann, in: Ipsen-FS 277; Rößler NJW 1981, 437 mwN; Scheuing NVwZ 1982, 491; Erichsen/Ehlers § 38 Rn 35; Krebs DVBl 1984, 113; Schenke DÖV 1986, 316 mwN; StBS 67; Obermayer 15; v Danwitz Jura 1994, 286; enger UL § 58 Rn 23; Bettermann, in: Menger-FS 1985, 725; vgl auch VGH Mannheim VBlBW 1989, 54; MB 27.

[42] BVerwGE 67, 180; BSG DVBl 1985, 632 mwN; 1985, 637; SozR 1200 § 34 Nr 1 und 13; Kopp VerwArch 1970, 234 ff

[43] Vgl Schmitz/Wessendorf NVwZ 1996, 955, 958: Bekundungen der Behörde sind ohne Bedeutung, ebenso StBS 87.

Offensichtlichkeit der fehlenden Relevanz des Fehlers setzt weiter voraus, dass **jeder vernünftige Zweifel ausgeschlossen** ist, dass es bei Vermeidung des Fehlers zur selben Entscheidung in der Sache gekommen wäre. Da hier eine hypothetische Prognose erforderlich ist, kann es insoweit keine absolute Sicherheit geben. Gleichwohl muss im Hinblick auf die Bedeutung des Verfahrensrechts und auf die Effektivität des Rechtsschutzes ein **sehr strenger Maßstab** angelegt werden.[44] Verbleiben auch nur leise Zweifel daran, dass es ohne den Fehler zur selben Entscheidung gekommen wäre, fehlt es an der erforderlichen Offensichtlichkeit. 37

b) Maßgeblicher Zeitpunkt der Beurteilung. Bei der Beurteilung, ob in der Sache eine andere Entscheidung hätte getroffen werden können, ist hins der dafür maßgeblichen Tatsachen und sonstigen maßgeblichen Erwägungen grundsätzlich von den Feststellungen und Erwägungen auszugehen, die bereits Gegenstand des dem Erlass des VA vorangegangenen Verfahrens waren, soweit diese nicht von dem Verfahrensfehler betroffen sind (ebenso Müller NJW 1978, 1354; Ossenbühl NJW 1981, 378; Hufen NJW 1982, 2167; wohl auch Grimm NVwZ 1985, 871; s auch Ossenbühl aaO: nur Tatsachen, die im maßgeblichen Zeitpunkt bereits vorhanden waren). 38

c) Ermittlungen zur Feststellung der Offensichtlichkeit? Zweifelhaft ist, ob Unerheblichkeit des Fehlers iS des § 46 auch dann anzunehmen ist, wenn die Frage, ob nicht jedenfalls aus anderen Gründen ohnehin vielleicht dieselbe Entscheidung hätte getroffen werden müssen, nicht schon auf Grund der Ergebnisse des durchgeführten Verfahrens, in dem der in Frage stehende VA ergangen ist, beurteilt werden kann, sondern hierzu erst neue Ermittlungen und Erwägungen erforderlich sind, die noch nicht Gegenstand des bisherigen Verfahrens waren und daher erst im Rahmen eines neuen, ergänzenden Verfahrens getroffen werden könnten.[45] **Hier ist zu differenzieren:** Für die Fälle, in denen die Unbeachtlichkeit des Fehlers aus dem Umstand folgt, dass in der Sache keine andere Entscheidung hätte getroffen werden dürfen (entspr § 46 aF), also **zur Feststellung rechtlichen der Alternativlosigkeit** ist eine weitere Aufklärung dieser Frage auch durch die Gerichte grundsätzlich zulässig. **In den übrigen Fällen** dagegen, in denen die Unbeachtlichkeit des Fehlers darauf beruht, dass die Entscheidung der Behörde durch den Fehler nicht beeinflusst wurde, ist wegen des Merkmals der Offensichtlichkeit nur auf die nach Aktenlage bekannten Umstände abzustellen. 39

Voraussetzung für die Heranziehung neuer Tatsachen usw ist in jedem Fall, dass, soweit der in Frage stehende VA von der Verwaltung, von der Behörde, die ihn erlassen hat, nicht darauf gestützt war, der VA dadurch, dass er nunmehr auf sie gestützt wird, **nicht in seinem Wesen geändert** wird, dh, dass der Gegenstand des Verfahrens derselbe bleibt und die Rechtsverteidigung der Betroffenen dadurch nicht wesentlich erschwert wird;[46] würde der VA durch die Berück- 40

---

[44] Onsoweit besteht Einigkeit; vgl nur Schmitz/Wessendorf NVwZ 1996, 955, 958; Knack 34; StBS 90.

[45] Ähnlich Hufen NJW 1982, 2167; s auch Ossenbühl NJW 1981, 378: nur Tatsachen, die im maßgeblichen Zeitpunkt schon vorhanden waren; vgl auch Schlink/Wieland DÖV 1982, 434; Grimm NVwZ 1985, 871; Schenke DÖV 1986, 316; zu eng Müller NJW 1978, 1354: Berücksichtigung nur der Gesichtspunkte, die nach § 45 zulässigerweise nachgeschoben wurden oder sonst für das Gericht ohne weiteres, zB auf Grund einer gerichtsbekannten Behördenpraxis, erkennbar sind; **aA** zu gebundenen Entscheidungen BVerwGE 61, 45 = NJW 1981, 1684: es genügt, dass das Gericht selbst den Sachverhalt feststellen und die Beteiligten dazu hören kann; BVerwG NVwZ 1988, 61 zu einer gebundenen Entscheidung, die mit fehlender Zulässigkeit des Antrags begründet worden war und zu der die Behörde die Sache selbst noch nicht geprüft hatte.

[46] Vgl die schon früher hM, zB BSG 3, 216; 11, 239; 14, 47; 17, 81; Obermayer VerwR 2. Aufl 123 f; WBS II § 48 Rn 33; M 105, 107; Erichsen/Ehlers § 38 Rn 40; Kopp VerwArch 1970, 250.

sichtigung der neuen Gründe zu einer anderen Entscheidung, so ist nicht § 46, sondern allenfalls § 47 anwendbar.

III. Rechtsfolgen des § 46

41 **1. Ausschluss des Aufhebungsanspruchs.** Wie bereits oben dargelegt, schließt § 46 in seinem Anwendungsbereich den Anspruch des Betroffenen auf Aufhebung des VA aus, lässt aber die Rechtswidrigkeit des VA wegen des Verstoßes unberührt. Nicht ausdrücklich geregelt ist die Frage, ob die Geltendmachung des von § 46 erfassten Mangels unzulässig ist oder ob ein auf die Aufhebung gerichtetes Begehren (nur) unbegründet ist, wenn es allein auf diese Mängel gestützt wird.

42 **Zweck und Entstehungsgeschichte** der Bestimmung, insb auch die Anlehnung der Regelung an § 144 Abs 4 VwGO (vgl Begr 66), sprechen dafür, dass § 46 nicht die Zulässigkeit von auf die Verletzung der darin näher bezeichneten Verfahrensmängel gestützten Rechtsbehelfen betrifft, insbes auch nicht die Klagebefugnis gem § 42 Abs 2 VwGO berührt (s Kopp/Schenke § 42 Rn 179) bzw, für das Widerspruchsverfahren, die Widerspruchsbefugnis analog § 42 Abs 2 VwGO, sondern ausschließlich die **Begründetheit von Rechtsbehelfen.**[47] Da das Verfahrensrecht keine Bindung der Behörden und der Gerichte an die von den Beteiligten geltend gemachten Gründe kennt, wäre es auch zumindest ungewöhnlich, wenn gem § 46 die Frage der Erheblichkeit bestimmter Verfahrensmängel für die Entscheidung der Behörde und die Geltendmachung entsprechender Rügen schon für die Zulässigkeit eines Rechtsbehelfs oder eines Antrags maßgeblich sein sollte (**aA** offenbar Rößler NJW 1981, 436 zu § 127 AO: spezielle Rügen). Nicht zuletzt erscheint die Auslegung von § 46 im dargelegten Sinn auch durch die Grundsätze **verfassungskonformer Auslegung** geboten, weil mit Art 19 Abs 4 GG nur Beschränkungen des Inhalts eines Rechts, nicht jedoch seiner gerichtlichen Geltendmachung vereinbar sind; für die § 46 entsprechenden Vorschriften der Verwaltungsverfahrensgesetze der Länder ergibt sich die gleiche Folge auch daraus, dass den Ländern hier die Kompetenz zu Regelungen des gerichtlichen Verfahrens fehlen würde, da die VwGO insoweit abschließende Regelungen trifft (vgl Müller NJW 1978, 1355; allg auch BVerwGE 61, 360 = DÖV 1981, 717). Gleichwohl bedeutet dies nicht, dass § 46 als Regelung der Frage der Rechtserheblichkeit von Verfahrensmängeln – somit also der Rechtmäßigkeit bzw Rechtswidrigkeit des Betroffenen VA – angesehen werden müsste. **Der VA bleibt rechtwidrig;** § 46 schließt nur aus Gründen der Verfahrensökonomie seine Aufhebung wegen der hier genannten Mängel aus, weil die Behörde den gleichen VA sofort wieder fehlerfrei neu erlassen könnte bzw müsste.[48]

43 **2. Geltung für Anfechtungsklagen.** § 46 gilt unmittelbar nur für den Anspruch auf Aufhebung eines rechtswidrigen VA im Rahmen eines Anfechtungswiderspruchs gem § 68 VwGO bzw einer Anfechtungsklage gem §§ 42, 74, 113

---

[47] Ebenso VGH München BayVBl 1987, 244; Hufen DVBl 1988, 76; StBS 4, 101; Knack 43; Ossenbühl NJW 1981, 378; Stelkens NJW 1982, 1137; Krebs DVBl 1984, 109; Schenke DÖV 1986, 311 ff; im Ergebnis, jedoch mit unzutreffender Begründung, auch BVerwG BayVBl 1985, 123: der VA ist rechtmäßig; vgl auch BVerwGE 49, 308; 61, 67; **aA** TK 6 zu § 127 AO; ößler NJW 1981, 436 zu § 127 AO; Kühn-Kutter/Hofmann, 3 zu § 127 AO: Frage der Zulässigkeit.

[48] So Schenke DÖV 1986, 314 und NVwZ 1988, 1, Bettermann, in: Menger-FS 1985, 710; Hufen DVBl 1988, 77; vgl im Ergebnis ebenso Maurer 10 V 4; MB 8 ff; ferner BVerwGE 29, 283; 49, 308; 61, 67; Krebs DVBl 1984, 109; Obermayer 18: die Rechtswidrigkeit bleibt unberührt; Erichsen/Ehlers § 38 Rn 35; **aA** offenbar BVerwG 70, 99; Buchh 11 Art 14 GG Nr 102 S 129; Weyreuther DVBl 1972, 14: VA uU rechtmäßig; Kleinlein VerwArch 1990, 191; unklar BVerwGE 70, 147.

VwGO gegen belastende VAe. Erfasst werden auch Anfechtungsklagen Dritter (StBS 12; Knack 37 mwN), sofern diese Dritten überhaupt die fraglichen Verfahrensfehler rügen können, wozu es einer eigenen verfahrensrechtlichen Schutzposition bedarf (BVerwGE 71, 87; Hufen Rn 539). Ob § 46 auch die Geltendmachung des Fehlers im Wege einer **Fortsetzungsfeststellungsklage** gem § 113 Abs 1 S 4 VwGO ausschließt, ist **umstritten.** Die Frage wird von der hM mit der Begründung verneint, § 46 schließe nur den Anspruch auf Aufhebung des VA aus, nicht aber sonstige Konsequenzen aus der Rechtswidrigkeit des VA.[49] Diese Position ist nicht überzeugend. Die Fortsetzungsfeststellungsklage ist die Fortsetzung einer erledigten Anfechtungs- oder Verpflichtungsklage. Es ist wenig konsequent, wenn eine derartige Klage, die im Ergebnis wegen § 46 erfolglos bleiben muss, nach Eintritt eines erledigenden Ereignisses als Fortsetzungsfeststellungsklage soll erfolgreich werden können. Im Übrigen dürfte es am Feststellungsinteresse fehlen.

3. Geltung für Verpflichtungsklagen. Umstritten ist die Anwendbarkeit der Vorschrift auf Verpflichtungsklagen. Teilweise wird vertreten, § 46 sei auf diese weder unmittelbar noch analog anwendbar.[50] Dies ist indessen ungenau. Zutreffend ist, dass die Vorschrift einen materiell bestehenden **Anspruch auf Erlass eines VA unberührt** lässt. Gleiches gilt für Ansprüche auf ermessens- oder beurteilungsfehlerfreie Entscheidungen. Auf VAe, durch die derartige Ansprüche abgelehnt werden, ist § 46 dagegen entsprechend anwendbar (Bettermann FS Ipsen 296; Hill 101). Liegen nun im Verpflichtungsfall ablehnende VAe vor, deren formelle Fehler die Entscheidung in der Sache offensichtlich nicht beeinflusst haben, dann **kann die Verpflichtungsklage jedenfalls nicht wegen dieser Fehler erfolgreich** sein. Eine erfolgreiche Verpflichtungsklage setzt voraus, dass die entgegenstehenden, ablehnenden VAe aufgehoben werden können. § 46 ist deshalb der auch auf Verpflichtungsklagen anwendbare allgemeine Rechtsgedanke zu entnehmen, dass Verfahrensfehler, die bei einer Anfechtungsklage gem § 46 nicht zur Aufhebung des VA führen könnten, auch bei einer Verpflichtungsklage nicht zur Folge haben können, dass diese nicht iS von § 113 Abs 5 VwGO für eine abschließende Entscheidung in der Sache spruchreif wäre (ähnlich UL § 58 Rn 25; Bettermann, in: Ipsen-FS 1977, 296 f). Umgekehrt ist die Spruchreife iS von § 113 Abs 5 VwGO immer zu verneinen, wenn die Ablehnung eines begünstigenden VA dergestalt unter Verletzung von Verfahrens-, Form- oder Zuständigkeitsvorschriften erfolgt ist, dass offen bleibt, wie die Behörde ohne diesen Verfahrensmangel entschieden hätte (vgl Kopp/Schenke § 79 Rn 3, 6). 44

4. Geltung für die Rücknahme von VAen. Umstritten ist, ob § 46 auch die Möglichkeit der Behörde ausschließt, einen formell rechtswidrigen VA, wegen dessen Fehlern der Betroffene die Aufhebung nicht verlangen kann, nach § 48 zurückzunehmen. Dieses Problem ist im Grunde erst mit der Neufassung des § 46 entstanden, weil bis dahin eine Rücknahme schon deshalb nicht in Betracht gekommen wäre, weil die Behörde materiell verpflichtet gewesen wäre, den in der Sache zutreffenden VA mangels zulässiger Alternative wieder neu zu erlassen (so zu Recht Hufen Rn 631). Seit aber der Anspruch auf Aufhebung eines rechtswidrigen VA schon dann ausgeschlossen ist, wenn die formellen Fehler sich im Ergebnis nicht ausgewirkt haben, kommt eine Rücknahme des formell rechtswidrigen VA 45

---

[49] StBS 12; UL § 58 Rn 25; Schenke DÖV 1986, 305; Hufen 632; offen BVerwGE 68, 276.

[50] OVG Münster NJW 1979, 1058; NJW 1981, 936; Knack 15; MB 7; StBS 12; vgl auch BVerwG DVBl 1985, 245 mwN; Weyreuther DÖV 1985, 128; vgl ferner BVerwGE 69, 92: für eine auf örtliche Unzuständigkeit und Verletzung des Rechts auf Anhörung gestützte Anfechtungsklage gegen die Nichtanerkennung als Kriegsdienstverweigerer fehlt das Rechtsschutzinteresse; der Bürger muss im Bereich der gebundenen Verwaltung Verpflichtungsklage erheben; **aA** Bettermann, in: Ipsen-FS 1977, 296; Hill, Das fehlerhafte Verfahren, 101.

nach § 48 in Betracht. Es stellt sich die Frage nach einem Ausschluss der Rücknahme in den Fällen des § 46 in einer neuen Form. Die bisherige Rspr (zB BVerwGE 56, 230) und Lit kann hierfür nur noch mit Vorsicht herangezogen werden. Allerdings dürfte die praktische Bedeutung der Frage gering sein, weil die Behörde in der Praxis kaum einen Anlass sehen wird, einen Fehler, der nach § 46 unbeachtlich ist, weil er das Ergebnis nicht beeinflusst hat, durch Rücknahme zu beseitigen.

46 **Nach einer in der Literatur stark vertretenen Auffassung** ist in den Fällen des § 46 die **Rücknahme nach § 48 nicht ausgeschlossen,** sofern kein Fall der Alternativlosigkeit vorliegt.[51] § 46 soll die Behörde vor einem Aufhebungsbegehren des Betroffenen in den Fällen schützen, in denen seine materiellrechtliche Position offensichtlich nicht verletzt wurde. Sie soll aber einen rechtswidrigen Zustand nicht zementieren. Die Behörde kann deshalb von sich aus den rechtswidrigen VA zurücknehmen, wenn die Voraussetzungen des § 48 vorliegen. Nach der **Gegenmeinung** ist die **Rücknahme in den Fällen des § 46 ausgeschlossen.** Sie stellt darauf ab, dass es das Ziel des § 46 sei, formelle Fehler, die sich auf das Ergebnis nicht auswirken können, grundsätzlich unbeachtlich bleiben zu lassen.[52] Die zuletzt genannte Auffassung ist jedenfalls im **Ergebnis zutreffend.** Wenn der formelle Rechtsverstoß nach § 46 unbeachtlich ist, dann nur deshalb, weil er sich auf das Ergebnis und damit ggfs auch auf eine Willensbildung der Behörde „offensichtlich" nicht ausgewirkt hat. Die Behörde kann deshalb nur andere Motive haben, den formell rechtswidrigen VA zurückzunehmen, Gründe also, die mit dem Rechtsverstoß nichts zu tun haben. Diese Möglichkeit soll aber auch § 48 nicht eröffnen. Es ist deshalb im Grundsatz davon auszugehen, dass ein Fehler nach § 46 auch nicht zur Rücknahme führen kann.

47 **5. Ausschluss von Schadensersatzansprüchen. Umstritten** ist, ob die Unbeachtlichkeit nach § 46 auch dazu führt, dass ein Anspruch auf Schadensersatz zB wegen Amtspflichtverletzung ausgeschlossen ist. Dies wird teilweise mit der Begründung verneint, dass § 46 seinem Wortlaut nach nur den Aufhebungsanspruch, nicht aber Sekundäransprüche ausschließe (UL § 58 Rn 27; Schenke DÖV 1986, 305, 312). Diese Auffassung ist nicht überzeugend. Sie ist mit der Systematik des Schadensersatzrechts nicht vereinbar. Wenn der Betroffene einen formellen Fehler nicht mit Primäransprüchen abwehren kann, weil insoweit eine Rechtsverletzung fehlt, dann ist konsequenterweise auch ein Sekundäranspruch ausgeschlossen. Dies gilt entweder, weil keine Rechtsposition verletzt ist, oder weil es an der Kausalität der Rechtsverletzung für den Schaden fehlt.

§ 47 Umdeutung eines fehlerhaften Verwaltungsaktes

(1) **Ein fehlerhafter Verwaltungsakt kann in einen anderen Verwaltungsakt umgedeutet werden, wenn er auf das gleiche Ziel gerichtet ist,**[13] **von der erlassenden Behörde in der geschehenen Verfahrensweise und Form rechtmäßig hätte erlassen werden können**[17] **und wenn die Voraussetzungen für dessen Erlass erfüllt sind.**[19]

(2) **Absatz 1 gilt nicht, wenn der Verwaltungsakt, in den der fehlerhafte Verwaltungsakt umzudeuten wäre, der erkennbaren Absicht der erlassenden Behörde widerspräche**[24] **oder seine Rechtsfolgen für den Betroffenen ungünstiger wären als die des fehlerhaften Verwaltungsaktes.**[26] **Eine Umdeutung ist ferner unzulässig, wenn der fehlerhafte Verwaltungsakt nicht zurückgenommen werden durfte.**[27]

---

[51] StBS 13; Knack 40; Maurer § 11 Rn 18; MB 12; Hemmen VR 1993, 86.

[52] UL § 58 Rn 26; Schenke DÖV 1983, 320, 324; Hufen DVBl 1988, 69, 77; Skouris NJW 1980, 1723.

(3) **Eine Entscheidung, die nur als gesetzlich gebundene Entscheidung ergehen kann, kann nicht in eine Ermessensentscheidung umgedeutet werden.**[28]

(4) **§ 28 ist entsprechend anzuwenden.**[31]

Parallelvorschriften: § 43 SGB X; § 128 AO

Schrifttum: *Kahl,* Grenzen der Umdeutung rechtsgeschäftlicher Erklärungen (§ 140 BGB), Diss. Münster 1985; *Laubinger,* Die Umdeutung von VAen, VerwArch 1987, 207 und 345; *Massoth,* Die Konversion von Verwaltungsakten, Diss Mainz 1954; *Mühlhaus,* Die (verkannten?) Auswirkungen der §§ 116, 117 BGB auf die Umdeutungen gem § 140 BGB, NJW 1994, 1049; *Müller,* Zum Einfluß der Verwaltungsverfahrensgesetze auf das verwaltungsgerichtliche Verfahren, NJW 1978, 1354; *Pickel,* Fehlerhafte VAe, SGb 1985, 532; *Prutsch,* Konversion von Straßenbaubeiträgen nach BBauG oder Kommunalabgabengesetz, DÖV 1981, 941; *Redeker,* Zum neuen Entwurf eines VwVfG, DVBl 1973, 746; *Schenke,* Die Umdeutung von VAen, DVBl 1987, 641; *Schütz,* Nachschieben von Gründen, Berichtigung der Bezeichnung und „Konversion" von Verwaltungsakten, MDR 1954, 459; *Weyreuther,* Zur richterlichen Umdeutung von VAen, DÖV 1985, 126; *Windthorst/Lüdemann,* Die Umdeutung von VAen im Verwaltungsprozeß, NVwZ 1994, 244; *dies,* Die Umdeutung von VAen, BayVBl 1995, 357; *Wirth,* Umdeutung fehlerhafter VAe, 1991.

Übersicht

I. Allgemeines

1 **1. Inhalt.** Die Vorschrift regelt die **Umdeutung (Konversion).** Dabei wird ein fehlerhafter und damit rechtswidriger VA „ersetzt" durch eine andere Regelung, die der Sache nach bereits in ihm „enthalten" sein muss und mit deren Inhalt der VA der Rechtsordnung entspricht (s näher Rn 7). Sie beruht auf dem auch **§ 140 BGB zugrunde liegenden allgemeinen Rechtsgedanken,** dass eine einmal getroffene rechtliche Regelung nicht unnötig wegen etwaiger Mängel rückgängig gemacht werden soll, wenn sie jedenfalls den Erfordernissen eines gleichwertigen anderen Aktes mit zulässigem Inhalt genügt (Begr 73; UL § 60 Rn 3; StBS 2). § 47 ergänzt insoweit zT die §§ 45 und 46 im Hinblick auf Fehler, bei denen weder eine Heilung noch Unbeachtlichkeit nach den genannten Vorschriften in Betracht kommt. Die rechtsdogmatische Konstruktion der Umdeutung und ihre Abgrenzung zur Auslegung bzw zum Nachschieben und Auswechseln von Gründen sind umstritten (s Rn 8). In der Praxis hat die Umdeutung nur geringe Bedeutung erlangt. Die Regelung folgt im Wesentlichen der schon früher hM.[1] Sie dient vor allem der Verfahrensökonomie, uU aber auch dem Schutz von Rechten der Beteiligten. Im Einzelnen ist die **Regelung unvollständig, unklar und zT widersprüchlich.**[2]

2 **2. Anwendungsbereich. a) Unmittelbar.** Die Vorschrift gilt unmittelbar nur für die Umdeutung eines fehlerhaft-anfechtbaren VA in einen anderen VA im Anwendungsbereich des VwVfG. Unmittelbar anwendbar ist die Vorschrift auch auf **Widerspruchsbescheide**[3] gem § 73 VwGO und **Zusicherungen** gem. § 38, soweit sie jeweils im Bereich der Bundesverwaltung ergehen. Die Verwaltungsverfahrensgesetze der Länder enthalten wortgleiche Bestimmungen. Voraussetzung der Umdeutung ist schließlich, dass sie **keine Änderung der Handlungsform** des VA bewirkt. Nicht möglich ist deshalb die Umdeutung eines VA in einen öffentlichrechtlichen Vertrag,[4] in einen privatrechtlichen Vertrag[5] oder in eine RechtsVO (BVerwGE 18, 5; Obermayer 13).

3 **Die Regelung gilt** nach hM anders als die §§ 45 u 46 nicht nur für schlicht rechtswidrige, sondern **auch für nichtige VAe.**[6] Unerheblich ist, ob ein VA aus materiellrechtlichen Gründen oder wegen eines Verstoßes gegen Verfahrensrecht fehlerhaft ist. Da die Umdeutung als Instrument zur Vermeidung von Rechtswid-

---

[1] Begr 66; ABegr 9; BVerwGE 35, 343; 48, 83; 62, 306; BVerwG NJW 1975, 2303; NVwZ 1982, 246; 1984, 645; VGH Mannheim VBlBW 1970, 75; OVG Münster VRspr 17, 115; VGH München BayVBl 1969, 105; F 254 Fn 2; Laubinger VerwArch 1987, 208; WBS II § 49 Rn 67; F 245; **aA** zur Umdeutung fehlerhafter VAe aus materiellrechtlichen Gründen BVerwGE 12, 9; WBS II § 49 Rn 67; Erichsen/Ehlers § 38 Rn 43; M 107.

[2] Laubinger VerwArch 1987, 207 und 345; Schenke DVBl 1987, 641; MB 1; Knack 4.

[3] HM, vgl VGH Mannheim NVwZ-RR 1991, 49; StBS 64 mwN; **aA** Knack § 79 Rn 7.3.12.

[4] VGH Mannheim NVwZ-RR 1990, 225; BAG 8, 267: keine Umdeutung einer nicht formgerechten Beamtenernennung in einen Anstellungsvertrag.

[5] Ebenso Obermayer 9; allg auch VGH München NJW 1978, 2413; VGH Mannheim NVwZ-RR 1990, 226; UL § 70 Rn 47.

[6] Begr 67; VGH Mannheim NVwZ 1985, 349; Laubinger VerwArch 1987, 358 mwN; Wirth 119; vgl auch BVerwGE 62, 306; zweifelnd Redeker DVBl 1973, 746; **aA** MB 8; Knack 8; Kritik: der Wortlaut enthält, anders als bei § 45 und § 46, keine solche Einschränkung; § 140 BGB gilt auch für nichtige Verträge.

rigkeitsfolgen anzusehen ist, gilt die Vorschrift **nicht für rechtmäßige VAe** (Wirth, Umdeutung 162; Knack 6). Ein etwaiges Interesse an einer Optimierung des VA muss die Behörde durch eine entsprechende Änderung des VA verfolgen.

Die Vorschrift enthält für die Umdeutung von VAen eine **abschließende Regelung.** Im Verwaltungsverfahren nach dem VwVfG kommt eine Umdeutung nach allgemeinen Grundsätzen oder analog § 140 BGB daneben nicht mehr in Betracht (Windhorst/Lüdemann NVwZ 1994, 245; **aA** Weyreuther DÖV 1985, 126). Für die Behörde schließt die Möglichkeit der Umdeutung eines fehlerhaften VA die **Zulässigkeit einer Rücknahme** (oder eines Widerrufs) nicht aus (**aA** Laubinger VerwArch 1987, 353). 4

b) Entsprechende Anwendung. Soweit ausdrückliche Regelungen fehlen, sind § 47 und die entspr Vorschriften des Landesrechts als **Ausdruck allgemeiner Rechtsgrundsätze,** wie sie insb auch § 140 BGB zugrunde, im Zweifel sinngemäß anwendbar. Zweifelhaft ist, ob die Umdeutung anderer Regelungen als solcher in der Form eines VA sich nach allgemeinen aus § 140 BGB hergeleiteten Rechtsgrundsätzen richtet oder nach § 47 in analoger Anwendung. Einigkeit besteht darin, dass Regelungen ohne VA-Qualität nicht in Regelungen mit VA-Qualität umgedeutet werden können.[7] Für die Umdeutung vertraglicher Regelungen wird gem § 62 auf § 140 BGB zurückzugreifen sein (OVG Münster NVwZ 1984, 655; UL § 60 Rn 2). Im Übrigen kommt aber eine Umdeutung anderer Maßnahmen auf dem Gebiet des öffentlichen Rechts in einer analogen Anwendung des § 47, der insoweit Ausdruck eines allgemeinen Rechtsgedanken ist, in Betracht.[8] 5

3. Begriff der Umdeutung. Umdeutung ist die Modifizierung der Regelung eines fehlerhaften VA dadurch, dass er als **VA mit gleichwertiger Regelung aufrecht erhalten** wird, der mit der Rechtsordnung vereinbar ist und den die Behörde, weil er auf das gleiche Ziel gerichtet ist, deshalb auch zweifellos gewollt hätte, wenn sie sich des Fehlers bewusst gewesen wäre (vgl Ule 57 III; UL § 60 Rn 4; Erichsen/Ehlers § 38 Rn 43). Die **Umdeutung ist zu unterscheiden** auch von einer bloßen **Berichtigung einer offenbaren** Unrichtigkeit gem § 42, die den VA als solchen unberührt lässt (Obermayer 16 zur Umdeutung der „Kündigung" eines Beamtenverhältnisses in dessen Widerruf), und von einer bloßen **Auslegung** eines VA (MB 2; Obermayer 15). 6

Das Nachschieben von Gründen stellen **keine Umdeutung** dar.[9] Dies ist vielmehr unabhängig von § 47 zulässig, sofern dadurch das Wesen und die Identität des VA nicht berührt werden.[10] Die Umdeutung **ändert den VA in seinem Entscheidungssatz** (vgl BVerwGE 80, 97; BVerwG NVwZ 1990, 673), ggfs auch in seinem Wesen. Umstritten ist die Frage, ob der fehlerhafte VA im Falle der Umdeutung durch einen anderen VA ersetzt wird, oder ob der VA lediglich mit einer anderen Regelung aufrechterhalten bleibt.[11] Die Frage hat keine besondere praktische Bedeutung. Jedenfalls kann die Umdeutung den VA in seinem 7

---

[7] Vgl zB VGH Mannheim NVwZ 1990, 226: Keine Umdeutung einer vertraglichen Regelung in einen VA; Knack 5; StBS 25.

[8] Teilweise wird insoweit auch eine analoge Heranziehung des § 140 BGB befürwortet; vgl zB OVG Münster NVwZ-RR 1990, 676; Obermeyer 10 für die Umdeutung von Willenserklärungen.

[9] BVerwGE 62, 306 = NVwZ 1982, 244; 80, 96 = NVwZ 1989, 471; 95, 183; BVerwG NVwZ 1990, 673; 1992, 670; NVwZ-RR 1990, 445; VGH München BayVBl 1994, 152; Laubinger VerwArch 1987, 122; MB 3; StBS 5; Prutsch DÖV 1981, 943; Obermayer 17; Weyreuther DÖV 1985, 128; Schoch DÖV 1984, 402.

[10] BVerwGE 80, 97 = NVwZ 1989, 471; 95, 183; BVerwG NVwZ 1990, 673; zT **aA** offenbar OVG Münster NVwZ 1986, 936; vgl auch VGH München BayVBl 1994, 150.

[11] So wohl BVerwG NVwZ 1993, 698; vgl auch BVerwGE 80, 96; BVerwG NJW 1981, 242; Martens Rn 508; StBS 7; Obermayer 5; zT **aA** Laubinger VerwArch 1987, 222; Weyreuther DÖV 1985, 128.

Wesen verändern, während das Nachschieben von Gründen den VA nur „saniert", ihn in seinem Wesen aber unberührt lässt (Obermayer 5; Weyreuther DÖV 1985, 128; Schoch DÖV 1984, 402).

Um **keine Umdeutung,** sondern nur um einen Fall schlichter Rechtsanwendung unter Berücksichtigung anderer Gründe, die den VA stützen können, handelt es sich daher zB, wenn ein **Beitragskostenbescheid** für eine Straße, der auf § 127 BauGB gestützt war, als Beitragsbescheid nach dem KAG aufrechterhalten wird;[12] wenn der **Entzug eines Passes** auf § 8 iV mit § 6 Abs 1 PassG statt auf § 48 nwVwVfG gestützt wird (**aA** Münster NVwZ 1986, 936); wenn eine auf § 13 Abs 2 iV mit Abs 1 AuslG aF gestützte **Abschiebungsanordnung** gegen einen Ausländer auf Grund von § 10 Abs 2 AuslG aF aufrechterhalten wird (BVerwG NVwZ 1990, 673 = BayVBl 1990, 668).

8 **4. Rechtsnatur der Umdeutung. a) Erkenntnisakt oder VA.** Vor Inkrafttreten des VwVfG hatte die hM[13] die Umdeutung als reinen **Erkenntnisakt** angesehen. Im Hinblick auf die Erfordernisse der Rechtssicherheit und Rechtsgewissheit im Rechtsverkehr wird in der Umdeutung nach § 47 demgegenüber teilweise ein VA gesehen.[14] Die Umdeutung, bzw die Möglichkeit einer Umdeutung („Umdeutungslage"), wirke nicht schon kraft Gesetzes oder kraft allgemeiner Rechtsgrundsätze. Vielmehr bedürfe es dazu erst einer besonderen, als VA zu qualifizierenden Entscheidung der Behörde – ggf auch der Widerspruchsbehörde darüber, für die die allgemeinen Vorschriften über VAe zu gelten hätten.[15] Demgegenüber geht die hM davon aus, dass die Umdeutung als Instrument zur „Rettung" eines an sich fehlerhaften VA **nicht selbst als VA zu qualifizieren** sei.[16] Es könne nicht davon ausgegangen werden, dass der Gesetzgeber die Umdeutung in § 47 entgegen der zuvor hM zu diesem Institut habe konzipieren wollen (BVerwG NVwZ 1984, 645; StBS 5).

9 **b) Konsequenzen, Stellungnahme.** Würde die Umdeutung als VA angesehen, stünde sie als Instrument nur der Behörde zu Gebote; gegen sie wären die allgemeinen Rechtsbehelfe zulässig. Wegen ihrer nicht nur verfahrensrechtlichen Natur, sondern ihrer materiellrechtlichen Wirkungen kann die Umdeutung **nicht lediglich als Verfahrenshandlung** iS von § 44a VwGO angesehen werden (unklar insoweit Kopp DÖV 1992, 275). Zielt die Umdeutung dagegen nur auf die Erhaltung eines fehlerhaften VA mit einer gleichwertigen Regelung ab, kann

---

[12] BVerwGE 80, 97 = NVwZ 1989, 471; BVerwG NVwZ-RR 1989, 497; NVwZ 1991, 999; 1992, 670; 1994, 297 = DÖV 1994, 529; DÖV 1995, 37; **aA** Prutsch DÖV 1981, 944.

[13] Vgl BVerwGE 48, 83; 62, 306; 73, 300; OVG Münster VRspr 17, 115; NVwZ-RR 1991, 267; OVG Berlin NVwZ-RR 1988, 7; VGH München NVwZ-RR 1991, 117; WBS II § 49 Rn 67; Erichsen/Ehlers § 38 Rn 43; § 15 Rn 28.

[14] VGH München NVwZ 1984, 184; NVwZ-RR 1992, 507: ein VA, der sowohl die Anordnung der Umdeutung als zugleich auch den Erlass der anderen, mit dem ursprünglichen VA zielgleichen VA enthält;Wirth, Umdeutung 119, 161; Knack 5 und 27; Weides 11 V; TK Nr 4 zu § 128 AO; Schenke DVBl 1987, 641; ders, NVwZ 1988, 5; MK 44 IV; Hauck/Haines 17 zu § 43; Windhorst/Lüdemann NVwZ 1994, 295 mwN; wohl auch Müller NJW 1979, 1357; im Ergebnis auch MB 17: wie ein VA zu behandeln.

[15] Vgl VGH München BayVBl 1992, 401: VA sowohl hins. der Umdeutung als auch hins der Ersetzung des ursprünglichen VA durch einen anderen; MB 6; Müller NJW 1978, 1354; Wirth 161; **aA** Osterloh JuS 1986, 73; Prutsch DÖV 1981, 943: eine „Erklärung"; Laubinger VerwArch 1987, 348: die Umdeutung wirkt unmittelbar kraft Gesetzes; die Behörde kann nicht die Umdeutung vornehmen, sondern nur die kraft Gesetzes bereits erfolgte Umdeutung feststellen; WBS II § 49 Rn 67: „eine Konversion kann sowohl von der erlassenden oder der Beschwerde-Behörde als auch vom Betroffenen und vom Gericht vorgenommen werden.

[16] BVerwGE 97, 245, 255; 62, 300, 306; 48, 81; BVerwG NVwZ 1984, 645; NVwZ 1990, 673; StBS 4f; Gerhardt in Schoch § 113 Rn 22; Laubinger VerwArch 1987, 207, 345, 348; UL § 60 Rn 20; Maurer § 10 Rn 44; Erichsen/Ehlers § 38 Rn 43; Hufen Rn 523; Weyreuther DÖV 1985, 126.

sie **auch durch ein Gericht** im Rahmen eines den ursprünglichen VA betreffenden Prozesses vorgenommen werden. Für die zuletzt genannte Auffassung sprechen die besseren Argumente. Der Gesetzgeber ist bei Erlass des § 47 von der bis dahin üblichen Vorstellung von der Umdeutung als einem Instrument zur Erhaltung der Regelung eines rechtswidrigen VA ausgegangen. Könnte die Umdeutung nur durch den Erlass eines neuen VA erfolgen, dann würde sich das Ergebnis in nahezu allen Fällen auch auf andere Weise, nämlich entsprechend § 48 erreichen lassen.

Als Instrument zur Erhaltung eines VA, der an sich wegen seiner Fehler- 10 haftigkeit aufzuheben wäre, gerade ohne den Erlass eines neuen VA kann nach der zutreffenden hM **die Umdeutung auch durch die Gerichte** erfolgen.[17] Teilweise wird allerdings die Zulässigkeit einer Umdeutung durch das Gericht nicht aus § 47, sondern aus einer Analogie zu § 140 BGB hergeleitet (Weyreuther DÖV 1985, 126; wohl auch Knack 30; hiergegen Müller NJW 1978, 1357). Dies ist indessen nicht überzeugend. Es ist vielmehr davon auszugehen, dass § 47 die **Umdeutung von VAen im Grundsatz abschließend** regelt. Das Wort „kann" steht demnach nicht nur für eine Ermessensentscheidung der Verwaltung, sondern auch für die Möglichkeit der Gerichte, einen VA durch Umdeutung in einen solchen mit gleichwertiger Regelung zu erhalten (Maurer § 10 Rn 44).

Ein Gericht kann nur umdeuten, wenn in der Sache der **Rechtsweg** gege- 11 ben ist (OLG München NJW 1990, 516: keine Umdeutung einer Enteignung auf Grund § 85 Abs 1 Nr 1 BauGB durch die Baulandkammer in eine Enteignung nach dem allgemeinen Enteignungsrecht, für die nicht die Baulandkammer, sondern das Verwaltungsgericht zuständig ist). Auch nach der hier vertretenen Auffassung, wonach bereits § 47 den Behörden und den Gerichten unmittelbar die Befugnis bzw das Recht gibt, den fehlerhaften VA als durch den in Betracht kommenden fehlerfreien ersetzt anzusehen und davon bei weiteren Entscheidungen (zB Vollstreckungsmaßnahmen, der Entscheidung über eine Anfechtungsklage) auszugehen, ist die **Befugnis** der Ausgangsbehörde bzw der Rechtsbehelfsbehörde anzuerkennen, die Umdeutung durch einen feststellenden VA für alle Beteiligten **verbindlich festzustellen.**

II. Voraussetzungen der Umdeutung (Abs 1)

1. Fehlerhafter VA. Wie Abs 1 klarstellt, kommt eine Umdeutung nicht nur 12 bei nichtigen VAen, für die sie bereits bisher unbestritten war, sondern in Übereinstimmung mit der schon bisher hM (BVerwGE 12, 9; WBS II § 49 Rn 67; F 107) auch bei lediglich aus Gründen des formellen oder materiellen Rechts[18] fehlerhaft-aufhebbaren VAen in Betracht.[19] Rechtmäßige VAe können dagegen nach dem eindeutigen Wortlaut der Regelung nicht umgedeutet werden, weil damit das Ziel der Erhaltung eines VA, der sonst wegen Fehlerhaftigkeit unwirksam oder aufhebbar wäre, nicht erreicht werden könnte. Das Ziel, einen fehlerfreien VA in der Sache zu optimieren, ist im Wege der Umdeutung nicht erreichbar.[20] Bei der umzudeutenden Regelung muss es sich um einen VA handeln, Regelungen in anderen Rechtsformen, zB Satzungen, Rechtsverordnungen usw,

---

[17] BVerwGE 48, 81, 83; 62, 300, 306; 97, 245, 255; BVerwG NVwZ 2002, 343, 344; 1984, 645; StBS 10; Osterloh JuS 1986, 73; Obermayer 5; **aA** VGH München NVwZ 1984, 184; Gerhardt in Schoch § 113 Rn 22; Wirth 161; Knack 27; Lüdemann/Windthorst NVwZ 1994, 246.

[18] Laubinger VerwArch 1987, 356; Obermayer 6; StBS 31; Grüner § 43; Knack 7; MB 7; Pickel SGb 1985, 532; **aA** Prutsch DÖV 1981, 941.

[19] Begr 67; BVerwG NVwZ 1982, 245; Mannheim NVwZ 1985, 349; StBS 20; **aA** MB 8; Knack 8: Umdeutung nichtiger VAe nicht möglich.

[20] BVerwGE 80, 96, 98; 98, 298, 304; BVerwG NVwZ 2002, 343, 344; VGH Mannheim NVwZ 1990, 692; StBS 29.

unterliegen der Umdeutung nicht (StBS 25). Allerdings kommt eine entsprechende Anwendung auf **verwaltungsinterne Anordnungen,** denen die VA-Qualität nur wegen mangelnder Außenwirkung fehlt, in Betracht (**aA** wohl StBS 25).

13 **2. Gleichheit des Ziels. a) Gleichartigkeit.** Der angestrebte Erfolg und die **Wirkungen** des VA, in den die Umdeutung erfolgt, müssen im Wesentlichen dieselben oder doch grundsätzlich gleichartig sein und insb demselben öffentlichen Interesse bzw denselben privaten Interessen dienen.[21] Nicht erforderlich ist, dass der umzudeutende und der umgedeutete VA inhaltlich identisch sind (VGH Mannheim NVwZ 1985, 349; Knack 13). Dann würde es sich nicht mehr um eine Umdeutung handeln, sondern nur um ein Nachschieben von Gründen;[22] es genügt, dass der von der Behörde mit dem VA verfolgte Zweck der gleiche ist und auch die Auswirkungen für den Adressaten und Drittbetroffene die gleichen sind (vgl Begr 67: die gleiche materiellrechtliche Tragweite; Wirth 183; WBS II § 49 Rn 67; Knack 13) und auch sonst keine wesentlichen rechtlichen Unterschiede bestehen (VGH Mannheim NVwZ 1985, 350; Knack 14).

14 **b) Weniger weitgehendes Ziel.** Dass mit dem „anderen" VA nur ein weniger weitgehendes Ziel erreicht werden kann, ist unschädlich. Eine Umdeutung kommt im Gegenteil vor allem dann in Betracht, wenn der VA, in den umgedeutet wird, in dem fehlerhaften VA „enthalten", dh „eingeschlossen" ist (Mannheim NVwZ 1985, 350; Obermayer 20; WBS II § 49 Rn 67; StBS 21). Ziele und Wirkungen des umgedeuteten VA dürfen jedoch jedenfalls nicht weiter reichen als beim ursprünglichen VA (vgl auch Abs 2: keine ungünstigeren Rechtsfolgen für die Betroffenen; **aA** offenbar Laubinger VerwArch 1987, 559), und es dürfen auch keine grundsätzlich unterschiedlichen „Gewichtungen" gegeben sein (BVerwG NJW 1975, 2309; Prutsch DÖV 1981, 944).

15 **c) Beispiele: Zulässig ist die Umdeutung** der **Genehmigung** eines Bebauungsplans nach § 10 Abs 2 BauGB in eine Zustimmung nach § 125 Abs 2 BauGB (BVerwG NVwZ 1982, 246); der **Rücknahme** eines VA gem § 48 in einen Abhilfebescheid gem § 72 VwGO (VGH München BayVBl 1983, 212); der Rücknahme eines VA in den erneuten Erlass eines VA (OVG Lüneburg NVwZ 1990, 675 zur Rücknahme der Abhilfeentscheidung, mit der eine Überleitungsanzeige aufgehoben wurde, in eine **neue Überleitungsanzeige**); eines **Widerrufs** oder einer Rücknahme in einen feststellenden VA, dass die durch VA getroffene Regelung erloschen bzw entfallen ist (VGH Mannheim NVwZ 1985, 351; VGH München BayVBl 1990, 405); eines Widerrufs einer **fehlerhaften Entscheidung nach § 53 AuslG** in einen Zweitbescheid (BVerwG NVwZ 2002, 343); eines **Erschließungsbeitragsbescheids** gem §§ 127 ff BauGB in einen Beitragsbescheid nach dem KommunalabgabenG;[23] eines **Widerspruchsbescheids** gegenüber einer Gemeinde in eine rechtsaufsichtliche Beanstandungsverfügung (VGH München BayVBl 1984, 401); eines **Vorausleistungsbescheids** in einen endgültigen Beitragsbescheid (VGH München NVwZ 1984, 184); eines **Gesamt-Beitragsbescheids** in einen Teil-Beitragsbescheid (vgl BVerwGE 68, 57); der Verlängerung einer befristeten Freigabe für den Bau eines Wasserkraftwerks in eine erneute Erteilung der Freigabe für einen gleichen Zeitraum (OVG Münster 13, 334); eines **Waffenbesitzverbotes** in Widerruf einer Waffenbesitzkarte (VGH München BayVBl 1984, 304).

---

[21] BVerwGE 35, 342; 48, 85; VGH München BayVBl 1984, 401; Obermayer 3 ff; StBS 34; Weyreuther DÖV 1985, 134; es dürfen keine wesentlichen Zielunterschiede bestehen; zT **aA** VGH München BayVBl 1982, 254: es dürfen keine Wesensunterschiede bestehen.

[22] Wirth 56; Laubinger VerwArch 1987, 222; Knack 13; vgl auch BVerwGE 80, 96; BVerwGE DÖV 1994, 529.

[23] OVG Münster NVwZ-RR 1991, 265; Obermayer 14; **aA** BVerwGE 80, 96; BVerwG DÖV 1994, 529: keine Umdeutung, sondern bloßes Nachschieben von Gründen.

Nicht zulässig ist dagegen wegen Verschiedenheit des Ziels und weil die tatsächlichen Voraussetzungen andere sind, zB die **Umdeutung eines VA in eine VO** oder umgekehrt (BVerwGE 18, 1); eines Beitragsbescheids auf der Grundlage einer Abrechnung für eine Erschließungseinheit in einen solchen auf der Grundlage einer Abrechnung für eine einzelne Straße (VGH München BayVBl 1982, 153); einer **Baugenehmigung in einen Bauvorbescheid** (VGH Kassel NVwZ 1986, 318); der Rücknahme einer nach § 19 Abs 3 S 6 BauGB aF fingierten Teilungsgenehmigung in die Versagung einer Teilungsgenehmigung nach § 20 BauGB aF (BVerwGE 48, 85); der Anordnung der Einstellung bestimmter Leistungen in eine Rücknahme des diese Leistungen gewährenden VA (BVerwGE 12, 10); eines **Ablehnungsbescheids in die Rücknahme** der Bewilligung einer Subvention (BVerwGE 82, 242); eines Haftungsbescheids nach dem Vergnügungssteuerrecht in einen entsprechenden Steuerbescheid (OVG Münster 17, 115; Obermayer 26); eines Bescheids über **Aussetzungszinsen in einen Bescheid über Säumniszuschläge** (OVG Lüneburg NVwZ-RR 1989, 499: wegen der Verschiedenheit der Zwecke und der Verjährungsfristen); eines gegenüber einer Gemeinde erlassenen **Widerspruchsbescheids in eine aufsichtsrechtliche Ersatzvornahme-Verfügung** (VGH München NVwZ 1983, 161). **Zweifelhaft** ist die Zulässigkeit der Umdeutung eines **Widerrufs in eine Rücknahme** (ablehnend OVG Münster NVwZ 1988, 942); hier wird man darauf abstellen müssen, ob die Wirkungen der Rücknahme im konkreten Fall weiter gehen als die des Widerrufs. Die Umdeutung einer Rücknahme in einen Widerruf wird als zulässig angesehen (s unten Rn 26). 16

3. Gleichheit hinsichtlich Zuständigkeit, Verfahren und Form. Die Behörde, die den Ausgangs-VA erlassen hat, muss für VAe der Art, in die umgedeutet werden soll, zuständig sein (**Identität der Zuständigkeit,** vgl VGH München BayVBl 1984, 304; StBS 37; Lüdemann/Windthorst BayVBl 1995, 357). Die Bestimmungen über Form und Verfahren müssen eingehalten worden sein. Durch diese Erfordernisse wird sichergestellt, dass jedenfalls die verfahrensrechtlichen und formellen Voraussetzungen erfüllt sein müssen, die die Behörde beachten hätte müssen, wenn sie den VA schon ursprünglich in der nunmehr gewollten Gestalt hätte erlassen wollen (VGH Mannheim NVwZ 1990, 789; VGH München NVwZ 1983, 161; BayVBl 1984, 401). Dazu gehört auch zB die nach einer Rechtsvorschrift etwa erforderliche **Beteiligung eines Ausschusses,** einer anderen Behörde usw (vgl VGH Mannheim NVwZ 1990, 789: keine Umdeutung einer fehlerhaften fristlosen Entlassung eines Beamten in eine Entlassung unter Einhaltung einer Frist, wenn dazu der Personalrat mitwirken hätte müssen). Man wird es aber als ausreichend ansehen können, wenn **fehlende Erfordernisse nach § 45 nachgeholt** worden sind. Unerheblichkeit eines Verfahrensfehlers nach § 46 reicht dagegen nicht aus. Weil die Rechtswidrigkeit des Ergebnisses dadurch nicht beseitigt wird (**aA** Vorauflage). Strengere, im vorangegangenen Verfahren beachtete Formen, schließen in jedem Fall auch weniger strenge Formen ein (Obermayer 22; Knack 11); ebenso genügt es, wenn den für den neuen VA gebotenen Vorschriften entsprechend verfahren wurde, obwohl dies für das ursprüngliche Verfahren nicht rechtlich geboten war. 17

Nicht zulässig ist die Umdeutung eines VA, der ohne Anhörung einer bestimmten Behörde erlassen wurde, in einen VA, der nur nach einer solchen Anhörung hätte erlassen werden dürfen (Obermayer 35); eines VA, der nicht mit einer Begründung versehen ist, in einen VA, der einer Begründung bedurft hätte (BVerwGE 48, 84; Obermayer 37; s aber zur Möglichkeit eines Nachschiebens von Gründen oben Rn 7); eines **Widerspruchsbescheids** in eine rechtsaufsichtliche Ersatzvornahme hins. des in Frage stehenden VA, die nur nach vorhergehender Beanstandung und Aufforderung des Landkreises, den fehlerhaften VA zu än- 18 dern, zulässig ist (VGH München NVwZ 1983, 162; zT **aA** VGH München BayVBl 1984, 401).

19 **4. Sonstige Voraussetzungen. a) Allgemeines.** Außer den genannten Voraussetzungen müssen auch alle sonstigen formellen und materiellen Voraussetzungen des Erlasses des VA, in den die Umdeutung erfolgt, erfüllt sein (BVerwGE 48, 84; BSG NVwZ-RR 1989, 1). Dies gilt sowohl für die Zuständigkeit der Behörde für den Erlass eines VA der Art, in den der ursprüngliche VA nunmehr umgedeutet werden soll,[24] als auch für das Verfahren und die **materiellrechtlichen Erfordernisse** (vgl VGH München BayVBl 1982, 153; OVG Lüneburg NJW 1984, 2653; VGH Mannheim NVwZ 1985, 350), einschließlich des Erfordernisses, dass der VA, in den umgedeutet werden soll, nicht rechtswidrig wäre (vgl OVG Hamburg NVwZ 1990, 675), und die Befugnis der umdeutenden Behörde zum Erlass eines VA der in Frage stehenden Art. Maßgeblich ist insoweit die **Sach- und Rechtslage im Zeitpunkt der Umdeutung** (ebenso Knack 12). Dass die rechtlichen oder tatsächlichen Voraussetzungen im Zeitpunkt des Ergehens des umzudeutenden VA gegeben waren bzw gegeben gewesen wären, genügt nicht (MB 12; Knack 12; zT **aA** Münster KStZ 1992, 139).

20 **b) Zuständigkeit.** Für die Zuständigkeit der Behörde genügt es, dass die Behörde, die die Umdeutung vornimmt, für den Erlass des VA, in den umgedeutet werden soll, im Zeitpunkt der Umdeutung zuständig ist (vgl Prutsch DÖV 1981, 945). Zuständig ist insofern idR **auch die Widerspruchsbehörde,** wenn und solange der Widerspruch bei ihr anhängig ist, die **Aufsichtsbehörde** dagegen nur, wenn sie insoweit ein „Selbsteintrittsrecht“ hat (Obermayer 27). Die Widerspruchsbehörde ist insoweit nicht nur für eine Umdeutung des von ihr erlassenen Widerspruchsbescheids zuständig und dazu befugt, sondern kann in einem bei ihr anhängigen Widerspruchsverfahren, statt gem § 79 Abs 1 Nr 1 VwGO nur über den Widerspruch zu entscheiden, mit ihrer Widerspruchsentscheidung auch den mit einem Widerspruch zu ihr angegriffenen VA der Ausgangsbehörde umdeuten, was uU wegen der bei einer einfachen Widerspruchsentscheidung sonst erfolgenden Änderung des VA ex nunc wegen der Rückwirkung einer Umdeutung (s unten Rn 37) von Bedeutung sein kann. Wählt sie die Umdeutung, so muss sie dies aber klar zum Ausdruck bringen.

21 **c) Kein weiterer Prüfungsbedarf. Soweit** der neue VA, wenn auch teilweise, **Voraussetzungen** hat, **deren Vorliegen weiterer Ermittlungen bedarf,** ist die Umdeutung nicht möglich (VGH München BayVBl 1982, 630); denn es fehlt insoweit an einem hins. des (ursprünglichen) VA noch anhängigen Verfahren, in dem die fehlenden Ermittlungen, Anhörungen usw vorgenommen werden könnten; **anders uU,** wenn die Umdeutung im Rahmen eines noch in der Sache anhängigen Widerspruchsverfahrens gem §§ 68 ff VwGO erfolgt.

22 **d) Keine Wesensänderung. Unzulässig** ist eine Umdeutung insb auch dann, wenn der VA durch die Umdeutung in seinem Wesen geändert würde,[25] zB eine **Gebühr in einen Beitrag** oder in eine Steuer umgedeutet werden müsste (BVerwG NVwZ 1982, 621) oder ein Beitrag für ein Grundstück in einen Beitrag für ein anderes. War der für den VA erforderliche Sachverhalt im Zeitpunkt des Erlasses des umzudeutenden VA bzw des Ergehens des Widerspruchsbescheids noch gar nicht vorhanden, so kommt allenfalls eine Umdeutung mit Wirkung ab

[24] S Obermayer 23; vgl auch StBS 10: die Umdeutung darf keine Erweiterung der Zuständigkeit voraussetzen; ebenso Knack 2.2.

[25] BVerwGE 64, 356; 67, 221; BVerwG NVwZ 1982, 621; VGH Mannheim 37, 125 mwN; NVwZ 1990, 789: Umdeutung der fehlerhaften fristlosen Entlassung eines Beamten in die Entlassung unter Einhaltung einer Frist jedenfalls dann, wenn der Entlassungsgrund nicht ausgewechselt wird.

dem Zeitpunkt, in dem die Voraussetzungen erfüllt waren, in Betracht (enger VGH München BayVBl 1982, 630: keine Umdeutung in solchen Fällen).

III. Ausschluss der Umdeutung (Abs 2)

Abs 2 sieht in Übereinstimmung mit der schon vor Erlass des VwVfG hM (vgl BVerwGE 12, 9; Münster 17, 115) **drei Ausnahmen von der Zulässigkeit** einer Umdeutung gem Abs 1 vor. Der Ausschluss der Umdeutung für den (ersten) Fall, dass der VA mit seiner neuen Regelung der erkennbaren Absicht der Behörde widerspräche, dient der Wahrung der behördlichen Zielsetzungen und damit dem Schutz der Behörde. Die beiden letzten Fälle des Ausschlusses der Umdeutung dienen dem Schutz der Betroffenen. 23

1. Widerspruch zur erkennbaren Zielsetzung. Abs 2 S 1 1. Halbs verbietet Umdeutungen, die im Widerspruch zu der erkennbaren Absicht der Behörde stehen, die den ursprünglichen VA erlassen hat. Die Regelung folgt an sich schon aus dem Wesen der Umdeutung, Mit der nur Regelungen zur Geltung gebracht werden können, die in der ursprünglichen Regelung „enthalten" und damit auch von der Zielsetzung des VA erfasst sind. Abzustellen ist nicht auf den inneren Willen der Behörde bzw auf die subjektiven Auffassungen und Erwartungen der für diese handelnden Amtsträger, auf die **Zielsetzung des VA,** wie sie sich bei **objektiver Betrachtungsweise** nach Treu und Glauben aus dem VA selbst, der damit verbundenen Begründung und nach den Umständen des Erlasses für den Betrachter darstellen.[26] Soweit diese Voraussetzungen erfüllt sind, ist eine Umdeutung uU sogar gegen den Willen der Behörde, die den VA ursprünglich erlassen hat, zulässig (Obermayer 38). 24

Bei rechtlich gebundenen VAen fällt das Erfordernis, wonach die Umdeutung der Absicht der erlassenden Behörde nicht widersprechen darf, meist mit der schon nach Abs 1 zu prüfenden Voraussetzung zusammen, dass der neue VA auf dasselbe Ziel wie der ursprüngliche gerichtet sein muss. Bedeutung hat die Regelung dagegen vor allem **bei Ermessensentscheidungen.** Auch hier aber ist es nicht der Sinn der Regelung, der Behörde im Regelfall die Möglichkeit zu geben, ihre frühere Entscheidung zu korrigieren. Abs 2 S 1 soll nur Umdeutungen ausschließen, die bei verständiger Würdigung des ursprünglichen VA nach den gegebenen Umständen nach Treu und Glauben weder erwartet werden konnten noch mussten. 25

2. Ungünstigere Rechtsfolgen für den Betroffenen. Über den nicht ganz klaren Wortlaut hinaus ist nach Abs 2 S 1 2. Halbs eine Umdeutung auch dann **ausgeschlossen,** wenn sie (irgend-)einen Beteiligten des ursprünglichen Verfahrens – oder auch einen sonst Betroffenen – mit den sich daraus ergebenden Rechtsfolgen **stärker belasten** würde als der ursprüngliche VA;[27] ebenso, wenn der neue **VA weitere Personen,** die bisher noch nicht betroffen waren, **erstmals belasten** würde. Dabei kommt es nur auf diejenige Belastung an, die sich durch den neuen VA, dh durch die damit getroffene Regelung bzw als unmittelbare oder mittelbare (Knack 17: auch mittelbare Auswirkungen) Folge davon, auch zB durch wirtschaftliche Auswirkungen (StBS 5; Knack 17), ergibt. Ungünstigere Feststellungen in den Gründen (§ 39) sind insoweit idR nicht erheblich. 26

---

[26] VGH München NVwZ 1985, 215; Weyreuther DÖV 1985, 140: keine Wollensmutmaßungen, sondern objektivierte Betrachtung; MB 13; Spanner 128 Nr 12; Laubinger VerwArch 1987, 220; Knack 16; zu eng BVerwGE 78, 165, 171: Kein Austausch der Ermächtigungsgrundlage aus § 50 SGB X durch § 92 c BSHG; **aA** offenbar Lüneburg NJW 1984, 2653; unklar Obermayer 38: Ob der andere VA nach den Grundsätzen einer rechtsstaatlichen verwaltung hätte erlassen werden können. Diese Formulierung dürfte zu weit sein.

[27] Münster 17, 115; Erichsen/Ehlers § 38 Rn 43; Münster NVwZ 1988, 942; Knack 3.2: keine Umdeutung eines Widerrufs in eine Rücknahme; Prutsch DÖV 1981, 945.

Zulässig ist dagegen eine Umdeutung, die die Betroffenen **günstiger stellt,** zB die Umdeutung einer **Rücknahme** gem § 48 **in einen Widerruf** gem § 49 (vgl im Ergebnis MuLö BayVBl 1992, 639; anders im umgekehrten Fall der Umdeutung eines Widerrufs in eine Rücknahme VGH Münster NVwZ 1988, 942), vorausgesetzt, dass Dritte nicht zugleich stärker belastet werden. Zweifelhaft, im Ergebnis aber zu verneinen ist die Zulässigkeit einer Umdeutung auch dann, wenn den zusätzlichen Belastungen Vorteile gegenüberstehen.

Nicht als Belastung iS der Regelung ist es nach dem Zweck des § 47 auch anzusehen, wenn infolge der Umdeutung die Möglichkeit der erfolgreichen Geltendmachung der Nichtigkeit bzw Rechtswidrigkeit des ursprünglichen VA in einem Rechtsbehelfsverfahren entfällt (VGH Mannheim NVwZ 1985, 349; München BayVBl 1990, 405; Knack 19). **Ungünstig und damit ausgeschlossen** ist die Umdeutung der Entlassung eines Beamten in die Rücknahme seiner Ernennung (BVerwGE 109, 68) oder des Widerrufs einer Genehmigung in eine Untersagungsverfügung (Obermayer 43).

27 **3. Keine Umdeutung bei Ausschluss der Rücknahme.** Nach Abs 2 S 2 ist eine Umdeutung auch dann ausgeschlossen, wenn der fehlerhafte VA nicht nach § 48 oder nach entsprechenden Vorschriften **zurückgenommen werden dürfte.** Betroffen sind insb begünstigende VA, die wegen des damit verbundenen **Vertrauensschutzes** oder überwiegender anderer zugunsten des Betroffenen zu berücksichtigender Gesichtspunkte (s § 48 Rn 82 ff) nicht zurückgenommen werden dürfen, außerdem aber auch VAe, für deren Rücknahme die Jahresfrist des § 48 Abs 3 abgelaufen wäre (StBS 51; Obermayer 44). Soweit eine Rücknahme gem § 50 oder nach entsprechenden Vorschriften zulässig ist, ist auch eine Umdeutung zulässig (Knack 19).

IV. Keine Umdeutung gebundener Entscheidungen in Ermessensentscheidungen (Abs 3)

28 **1. Allgemeines.** Abs 3 stellt klar, dass das Erfordernis der Betätigung des Ermessens durch das Instrument der Umdeutung nicht umgangen werden darf.[28] Soll also eine Regelung durch Umdeutung auf eine andere Ermächtigungsgrundlage gestützt werden, so kann auf eine danach erforderliche Betätigung pflichtgemäßen Ermessens nicht verzichtet werden. Fehlt es an einer Ermessensbetätigung, kann ein VA nicht in eine Ermessensentscheidung umgedeutet werden. Ausgeschlossen sind daher nicht nur VAe, die auf Grund von Ermächtigungen ergangen sind, die der Behörde für ihre Entscheidung keinen Ermessensspielraum (§ 40) einräumen, sondern auch VAe, hins. derer die Behörde an sich einen **Ermessenspielraum oder Beurteilungsspielraum** gehabt hätte, sich dessen bei ihrer Entscheidung jedoch nicht bewusst war oder sich zu Unrecht gebunden betrachtet hatte. Gleichwohl ist nach allgemeinen Grundsätzen eine Umdeutung auch in einen Ermessens-VA zuzulassen, wenn nach den konkreten Umständen des Falles die getroffene Entscheidung zugleich die Einzige ist, die ohne Ermessensfehler getroffen werden könnte, der **Ermessensspielraum auf Null reduziert** ist, dh praktisch nicht besteht.[29]

29 **Für den umgekehrten Fall**, dass ein fehlerhaft auf eine Ermessensnorm gestützte **Ermessensentscheidung** in eine **gebundene Entscheidung** auf anderer Rechtsgrundlage umgedeutet wird, ist eine Umdeutung durch Abs 3 **nicht ausgeschlossen** (StBS 55). Insoweit kommt es vielmehr darauf an, ob das Ergebnis

---

[28] Begr 67; Knack 18; ebenso zum früheren Recht BVerwGE 15, 199; 48, 81; BVerwG NJW 1975, 2309; DVBl 1982, 960; WBS II § 49 Rn 68; F 245; Prutsch DÖV 1981, 945.

[29] BVerwGE 48, 85; VGH München BayVBl 1987, 305; VGH Mannheim VBlBW 1970, 76; FG Mannheim EFG 1984, 86; UL § 60 Rn 19; Laubinger VerwArch 1987, 363; F 245; Götz 147; Wirth 206 mwN; Knack 3.4.3, wohl auch Begr 67.

der Ermessensentscheidung der für den umgedeuteten VA maßbeglichen Rechtsgrundlage entspricht und Gleichwertigkeit vorliegt. Im Übrigen sind die Voraussetzungen der Abs 1, 2 u 4 zu prüfen.

2. Auswechseln der Ermessensermächtigung. Nicht durch Abs 3 ausgeschlossen wird die Umdeutung einer Ermessensentscheidung **in eine andere Ermessensentscheidung** (StBS 43; Obermayer 48; zweifelnd Knack 25). Dies setzt aber voraus, dass die getroffene Ermessensentscheidung den Zwecken der im Wege der Umdeutung herangezogenen Ermächtigungsgrundlage entspricht (Knack 25). Dies macht erforderlich, dass die Behörde bei der ursprünglichen Entscheidung bereits alle auch für den neuen VA zu berücksichtigenden Gesichtspunkte entsprechend berücksichtigt hat und die Rechtsposition der Betroffenen dadurch nicht verschlechtert, sondern allenfalls verbessert wird (s oben Rn 26). Ermessensentscheidungen gem Abs 3 sind Entscheidungen gleichzuachten, hins derer bzw hins. der dafür maßgeblichen Voraussetzungen die Behörde **einen Beurteilungsspielraum hat** (Knack 22). 30

V. Anhörung (Abs 4)

1. Allgemeines. Abs 4 schreibt die entsprechende Anwendung von § 28 vor. Dies bedeutet, dass diejenigen Beteiligten, deren Rechte durch die Umdeutung betroffen werden, vorher anzuhören sind, sofern nicht ein Ausschlussgrund nach § 28 Abs 2 vorliegt. Dadurch wird kein erneuter Anspruch auf Anhörung in der ursprünglich mit dem Erlass des VA, dessen Umdeutung erfolgen soll, abgeschlossenen Sache begründet. Vielmehr bezieht sich die Anhörung nur auf die Frage der Zulässigkeit und der Voraussetzungen der Umdeutung gem § 47 Abs 1–3; deshalb erklärt Abs 4 auch § 28 nur für entsprechend anwendbar. 31

2. Betroffenheit iS des § 28 Abs 1 liegt im Falle einer Umdeutung stets vor, wenn und soweit der ursprüngliche (fehlerhafte) VA Regelungen trifft, die Rechtspositionen der Beteiligten berühren. Da mit der Umdeutung die ursprüngliche Fehlerhaftigkeit der getroffenen Regelung behoben wird, sind sämtliche Beteiligten betroffen, deren Rechte von der umgedeuteten Regelung umfasst werden. 32

3. Verfahren. Nicht näher geregelt ist in Abs 4, wann und in welcher Form die Anhörung erfolgen muss. Sieht man in der Umdeutung einen VA, oder beabsichtigt die Behörde jedenfalls, durch Feststellungsbescheid darüber zu entscheiden, so kommen insoweit **die allgemeinen Bestimmungen** über das rechtliche Gehör zur Anwendung. Sieht man dagegen mit der hM (s oben Rn 8) in der Umdeutung keine selbstständige außenwirksame Maßnahme, so kann Abs 4 wohl nur so verstanden werden, dass **die Behörde** eine Umdeutung nur dann vornehmen und weiteren Maßnahmen zugrunde legen darf, wenn sie vorher die Betroffenen dazu gehört hat. **Für die Gerichte** ergibt sich die Pflicht zur Gewährung rechtlichen Gehörs schon aus dem für sie geltenden Verfahrensrecht. 32 a

VI. Zuständigkeit, Verfahrenswirkungen

1. Allgemeines. Zuständigkeit und Verfahren für die Umdeutung eines VA richten sich nach den **allgemeinen Grundsätzen** für den Erlass von VAen. Abs 4 schreibt insoweit nur eine (weitere) **Anhörung** der Betroffenen vor. Soweit das Gericht eine Umdeutung vornimmt, müssen die Voraussetzungen des VwVfG für den Erlass von VAen nicht erfüllt sein. 33

2. Zuständigkeit. a) Ausgangsbehörde. Zuständig für die Umdeutung ist grundsätzlich die Ausgangsbehörde bzw, wenn der ursprüngliche VA von einer unzuständigen Behörde erlassen worden war, oder bei nachträglicher Änderung 34

der Zuständigkeit, die Behörde, die nunmehr im Zeitpunkt der Umdeutung für den Erlass des VA, in den umgedeutet werden soll, zuständig ist (vgl auch § 48 Rn 148; Knack 29). Dabei handelt es sich um diejenige Behörde, die allgemein zum Erlass eines VA der Art, in die umgedeutet werden soll, befugt ist, dh die nach dem maßgeblichen Recht dazu ermächtigte Behörde. Zum Prinzip der Identität der Zuständigkeiten s Rn 17.

35 **b) Im Widerspruchsverfahren.** Im Widerspruchsverfahren ist nach den allgemeinen Grundsätzen für die Umdeutung grundsätzlich die **Widerspruchsbehörde zuständig.**[30] In analoger Anwendung der Grundsätze über den Zweitbescheid (s § 35 Rn 55; ferner Kopp/Schenke § 72 Rn 8f) **behält die Ausgangsbehörde ihre Zuständigkeit** und Befugnis für eine Umdeutung auch dann, wenn ein Streit über den in Frage stehenden VA bei der Widerspruchsbehörde oder beim Gericht anhängig wird, oder wenn der VA durch rechtskräftiges Urteil bestätigt wurde. Ihre Zuständigkeit und Befugnis endet erst mit Rechtskraft bzw Unanfechtbarkeit der Aufhebung des VA.

35 a **c) Umdeutung durch das Gericht.** Nach ganz hM kann eine Umdeutung **auch im gerichtlichen Verfahren** erfolgen. Danach ist auch das zulässigerweise gegen den VA angerufene Gericht zu einer Umdeutung berechtigt, indem es den angefochtenen VA mit einer anderen, gleichwertigen Regelung aufrecht erhält und die auf Aufhebung gerichtete Klage abweist.[31] Hier stellt sich die Frage, ob die Umdeutung unter entspr Heranziehung des § 47 oder des § 140 BGB erfolgt (s oben Rn 10).

36 **3. Ermessen.** Soweit die Behörde die Umdeutung vornimmt, steht die Entscheidung darüber, ob der betroffene VA umgedeutet werden soll, in ihrem Ermessen.[32] Die Behörde entscheidet darüber von Amts wegen oder auf Antrag. Der an einer Umdeutung interessierte Bürger hat insoweit grundsätzlich nur das formelle subjektive Recht auf ermessensfehlerfreie Entscheidung, soweit der Ermessensspielraum im konkreten Fall nicht angesichts besonderer Umstände auf Null reduziert ist (s dazu § 40 Rn 30). Die **Umdeutung kann jederzeit vorgenommen werden,** auch noch während eines anhängigen verwaltungsgerichtlichen Verfahrens oder nach Unanfechtbarkeit des VA (Obermayer 32). Auch für den Antrag Betroffener auf Umdeutung gelten keine Fristen; allenfalls unterliegt das Antragsrecht nach allgemeinen Grundsätzen der Verwirkung.

37 **4. Ex-tunc-Wirkung.** Grundsätzlich wirkt die Umdeutung **auf den Zeitpunkt des Erlasses des ursprünglichen VA zurück.**[33] Eine Beschränkung der Rückwirkung durch die Behörde selbst ist nur nach Maßgabe des § 48 möglich. Sie ist im Zweifel nicht anzunehmen und müsste ausdrücklich erfolgen.

VII. Rechtsschutz gegen die Umdeutung

38 **1. Allgemeines.** Der Rechtsschutz gegen eine Umdeutung hängt ua von deren Rechtsnatur ab. Sieht man mit der hM (s oben Rn 8) die Umdeutung als einen Erkenntnis- oder Willensakt an, auf Grund dessen der ursprüngliche VA mit einer anderen Regelung weitergilt, so sind gegen die **Umdeutung als solche keine Rechtsbehelfe** gegeben.[34] Der Rechtsschutz richtet sich ggfs gegen den VA in

---

[30] StBS 6 und 37; MB 6; WBS II § 49 Rn 67; Martens JuS 1978, 764; Obermayer 44; Wirth 124; Prutsch DÖV 1981, 943.

[31] BVerwGE 110, 111, 114 = NVwZ 2000, 575; 108, 30, 35 = NVwZ 1999, 302.

[32] RÖ VwGO 38 zu § 108, Schenke DVBl 1987, 641; Martens JuS 1978, 764; Weides 11 V; Müller NJW 1978, 1357; StBS 6; Obermayer 47; **aA** Erichsen/Ehlers § 38 Rn 43; Laubinger VerwArch 1987, 345, 349.

[33] Prutsch DÖV 1981, 992; StBS 32; Knack 33; MB 6 und 9; Obermayer 35; Weyreuther DÖV 1985, 126.

[34] Vgl Obermayer 53: nur Feststellungsklage hins des Ergebnisses kommt in Betracht.

seiner umgedeuteten Form. Das gilt auch, wenn die Umdeutung durch ein Gericht im Rechtsbehelfsverfahren durchgeführt wird. In Betracht kommt allenfalls eine Feststellungsklage mit dem Ziel, das Ergebnis der Umdeutung verbindlich feststellen zu lassen (Obermayer 53). Versteht man die Umdeutung nach § 47 entgegen der hM als VA, so stehen den Betroffenen gegen die entsprechende Entscheidung der Behörde die allgemeinen Rechtsbehelfe zu, die auch sonst gegen VAe gegeben sind.[35] Sie können gegen eine erfolgte Umdeutung, wenn diese für sie belastend wirkt oder sonst nicht so erfolgt ist, wie sie gewünscht hätten, geltend machen, dass die Voraussetzungen gem § 47 dafür nicht gegeben waren oder dass die Umdeutung zu einem anderen Ergebnis hätte führen müssen. Außerdem können sie den ursprünglichen VA angreifen, auch wenn und soweit dieser bereits unanfechtbar geworden ist; denn die Umdeutung stellt zugleich auch eine neue Entscheidung in der Sache, dh einen „Zweitbescheid", dar, durch den der ursprüngliche VA neu konstituiert wird, auch wenn er im Übrigen unberührt bleibt. Insofern ist auch die Situation anders als bei der Berichtigung von VAen gem § 42. Die Umdeutung würde konsequenterweise damit immer auch neue Rechtsbehelfsfristen in Bezug auf den ursprünglichen VA eröffnen (Wirth, Umdeutung 222; **aA** Obermayer 49; Windthorst/Lüdemann NVwZ 1994, 246).

2. Umdeutung durch ein Gericht. Da die Umdeutung keine Änderung des Streitgegenstandes bewirkt (Obermayer 54), ändert sich die prozessuale Situation nicht wesentlich. Allerdings muss das Gericht die Beteiligten auf die Möglichkeit der Umdeutung hinweisen und den Betroffenen die Möglichkeit geben, das Verfahren für erledigt zu erklären. 39

§ 48 Rücknahme eines rechtswidrigen Verwaltungsaktes

(1) **Ein rechtswidriger Verwaltungsakt kann, auch nachdem er unanfechtbar geworden ist, ganz oder teilweise mit Wirkung für die Zukunft oder für die Vergangenheit zurückgenommen werden.**[46] **Ein Verwaltungsakt, der ein Recht oder einen rechtlich erheblichen Vorteil begründet oder bestätigt hat (begünstigender Verwaltungsakt), darf nur unter den Einschränkungen der Absätze 2 bis 4 zurückgenommen werden.**[57]

(2) **Ein rechtswidriger Verwaltungsakt, der eine einmalige oder laufende Geldleistung**[75] **oder teilbare Sachleistung gewährt**[76] **oder hierfür Voraussetzung ist,**[79] **darf nicht zurückgenommen werden, soweit der Begünstigte auf den Bestand des Verwaltungsaktes vertraut hat**[83] **und sein Vertrauen unter Abwägung mit dem öffentlichen Interesse an einer Rücknahme schutzwürdig ist.**[86] **Das Vertrauen ist in der Regel schutzwürdig, wenn der Begünstigte gewährte Leistungen verbraucht**[95] **oder eine Vermögensdisposition getroffen hat,**[97] **die er nicht mehr oder nur unter unzumutbaren Nachteilen rückgängig machen kann. Auf Vertrauen kann sich der Begünstigte nicht berufen, wenn er**

1. **den Verwaltungsakt durch arglistige Täuschung, Drohung oder Bestechung erwirkt hat;**[98]
2. **den Verwaltungsakt durch Angaben erwirkt hat, die in wesentlicher Beziehung unrichtig oder unvollständig waren;**[101]
3. **die Rechtswidrigkeit des Verwaltungsaktes kannte oder infolge grober Fahrlässigkeit nicht kannte.**[106]

In den Fällen des Satzes 3 wird der Verwaltungsakt in der Regel mit Wirkung für die Vergangenheit zurückgenommen.[116]

---

[35] ZT **aA** Kopp DÖV 1992, 275: Anfechtung analog § 44a VwGO nur zusammen mit dem umgedeuteten VA.

(3) **Wird ein rechtswidriger Verwaltungsakt, der nicht unter Absatz 2 fällt, zurückgenommen, so hat die Behörde dem Betroffenen auf Antrag den Vermögensnachteil auszugleichen, den dieser dadurch erleidet, dass er auf den Bestand des Verwaltungsaktes vertraut hat, soweit sein Vertrauen unter Abwägung mit dem öffentlichen Interesse schutzwürdig ist.**[126] **Absatz 2 Satz 3 ist anzuwenden. Der Vermögensnachteil ist jedoch nicht über den Betrag des Interesses hinaus zu ersetzen, das der Betroffene an dem Bestand des Verwaltungsaktes hat.**[128] **Der auszugleichende Vermögensnachteil wird durch die Behörde festgesetzt.**[129] **Der Anspruch kann nur innerhalb eines Jahres geltend gemacht werden; die Frist beginnt, sobald die Behörde den Betroffenen auf sie hingewiesen hat.**[129 a]

(4) **Erhält die Behörde von Tatsachen Kenntnis, welche die Rücknahme eines rechtswidrigen Verwaltungsaktes rechtfertigen, so ist die Rücknahme nur innerhalb eines Jahres seit dem Zeitpunkt der Kenntnisnahme zulässig.**[130] **Dies gilt nicht im Falle des Absatzes 2 Satz 3 Nr. 1.**

(5) **Über die Rücknahme entscheidet nach Unanfechtbarkeit des Verwaltungsaktes die nach § 3 zuständige Behörde; dies gilt auch dann, wenn der zurückzunehmende Verwaltungsakt von einer anderen Behörde erlassen worden ist.**[146]

Parallelvorschriften: §§ 44 f. SGB X; 130 AO

Schrifttum allgemein: *Allesch,* Fragen zum Beginn der Ausschlußfrist nach § 48 Abs 4 VwVfG, BayVBl 1984, 519; *Britz,* Aufhebung fehlerhafter Dienstpostenübertragungen, DÖV 1982, 233; *Detterbeck,* Das VA-Wiederholungsverbot, NVwZ 1994, 35; *Dolde,* Bestandsschutz im Immissionsschutzrecht, in: Bachof-FS 1984, 191; *Dorn,* Möglichkeiten der Veränderung bestandskräftiger Zuwendungsbescheide, DÖV 1988, 7; *Ehlers,* Rechtsprobleme der Rückforderung von Subventionen, GewArch 1999, 305; *Erichsen,* Rechtsfragen der Aufhebung von begünstigenden VAen durch die Verwaltung nach Inkrafttreten der VwVfGe des Bundes und der Länder, VerwA 1978, 303; *Frohn,* Das verwaltungsrechtliche Zweitverfahren. Rücknahme, Widerruf und Wiederaufgreifen (§§ 48 ff VwVfG), Vw 1987, 337; *ders,* Die Korrektur von VAen wegen nachträglicher Verhältnisänderung, Jura 1993, 393; *Frotscher,* Vermögensschutz oder Bestandsschutz bei der Rücknahme von VAen, DVBl 1976, 281; *Gagel,* Die Aufhebung von VAen mit Dauerwirkung bei Änderung der Verhältnisse, SGb 1990, 252; *Göldner,* Die Rücknahme rechtswidriger begünstigender VAe nach dem neuen Verwaltungsverfahrensrecht, DÖV 1979, 805; *Horn,* Der Aufhebungsanspruch beim VA mit Drittwirkung, DÖV 1990, 864; *Johlen,* Ausgleichsansprüche bei der Rücknahme oder dem Widerruf begünstigender VAe, NJW 1976, 2155; *Kisker/Püttner,* Vertrauensschutz im Verwaltungsrecht, VVDStRL 1974, 149, 200; *Knoke,* Rechtsfragen der Rücknahme von VAen, 1989; *Kopp,* Die Bestandskraft von VAen, DVBl 1983, 392; *ders,* Der Schutz des Vertrauens auf den Bestand von VAen im Wirtschaftsrecht, GewArch 1986, 177; *ders,* Die Neubewertung fehlerhaft bewerteter Prüfungsarbeiten, BayVBl 1990, 684; *Kopp* F.J., VAe unter Vorbehalt und sonstige vorläufige VAe, DVBl 1989, 238; *Korber,* Der Aufbau des Verwaltungsverfahrens zur Aufhebung belastender VAe, DÖV 1985, 303; *Martens,* Die Rspr zum Verwaltungsverfahrensrecht, I. Bestandskraft und Wiederaufnahme des Verwaltungsverfahrens, NVwZ 1983, 130; *Maurer,* Das Vertrauensschutzprinzip bei Rücknahme und Widerruf von VAen, in: Boorberg-FS 1977, 223; *Montag,* Rücknehmbarkeit der Einbürgerung, JuS 1992, 645; *Oldiges,* Die Entwicklung des Subventionsrechts seit 1996, NVwZ 2001, 280, 626; *Pickel,* Die Rücknahme von VAen nach dem SGB-X, NVwZ 1987, 454; *ders,* VAe mit Dauerwirkung und ihre Aufhebung, SGb 1992, 294; *Pieroth,* Interpretationsproblem § 48 VwVfG, NVwZ 1984, 681; *Rey,* Rücknehmbarkeit der Einbürgerung?, JuS 1993, 263; *Richter,* Die Aufhebung von VAen auf Betreiben der Verwaltung und des Betroffenen, JuS 1990, 719; *Roßnagel,* Zum Bestandsschutz von Atomkraftwerken, JZ 1986, 716; *Schenke,* Die verwaltungsbehördliche Aufhebung nachträglicher rechtswidrig gewordener VAe, DVBl 1989, 433; *ders,* Widerruf oder Rücknahme rechtswidrig gewordener VAe?, BayVBl 1990, 107; *Schnapp,* Rücknahme von VAen, SGb 1993, 1; *Schwabe,* Das Wiederaufgreifen unanfechtbarer VAe, JZ 1985, 545; *Skouris,* Die Rücknahme form- und verfahrensfehlerhafter VAe, NJW 1980, 1721; *Stelkens,* Änderung der Voraussetzungen für die Rücknahme und den Widerruf von Baugenehmigungen, BauR 1980, 7; *Steiner,* Zum Anwendungsbereich der verwaltungsverfahrensrechtlichen Regelungen über die materielle Bestandskraft von VAen (§§ 48, 49 VwVfG), VerwArch

1992, 479; *Wendt,* Rücknahme und Widerruf von VAen in Spezialgesetzen und im VwVfG, JA 1980, 85; *Zacharias,* Rücknahme und Widerruf von Vertragsgenehmigungen, NVwZ 2002, 1306.

Speziell zu § 48 Abs 4: *Burianek,* Rechtsfragen des § 48 Abs 4 VwVfG, Jura 1985, 518; *Hendler,* § 48 IV VwVfG zwischen Praxisbedürfnissen und Rechtsdogmatik – BVerwG NJW 1985, 819 –, JuS 1985, 947; *Kopp,* Die Ausschlußfrist des § 48 Abs 4 VwVfG nach rechtskräftiger Aufhebung eines Rücknahmebescheides, DVBl 1990, 663; *Schoch,* Die Frist zur Rücknahme begünstigender VAe nach § 48 IV 1 VwVfG, NVwZ 1985, 880; *Stadie,* Zur Auslegung des § 48 Abs 4 VwVfG, DÖV 1992, 247; *Stelkens,* Die Jahresfrist des § 48 Abs 4 VwVfG nach der Entscheidung des Großen Senates vom 19. 12. 1984, NuR 1987, 329; *Weides,* Die Jahresfrist für Rücknahme und Widerruf von begünstigenden VAen, DÖV 1985, 431.

Zum EU-Recht: *Brodale,* Die Rücknahme von VAen in Industriezulassungsverfahren im weitesten Sinn, 1993; *Fastenrath,* Zum Vertrauensschutz bei Rücknahme gemeinschaftswidrig gewährter Beihilfen, JuS 1992, 1080; *Fischer,* Zur Rückforderung von unter Verstoß gegen Art 92, 93 EWGV gewährten nationalen Beihilfen, DVBl 1990, 1089; *Beckmann,* Die Rückforderung gemeinschaftsrechtswidriger staatlicher Beihilfen, 1996; *Fischer,* Gemeinschaftsrechtliche Beihilfekontrolle und nationales Verwaltungsverfahrensrecht, NVwZ 1998, 87, JuS 1999, 749; *Hakenberg,* Die Rspr des EuGH auf dem Gebiet der staatlichen Beihilfen im Jahre 1996, EWS 1997, 217; *Happe,* Zur innerstaatlichen Wirkung von Beihilfeentscheidungen gem Art 93 II EWGV, NVwZ 1993, 32; *Haratsch,* Zur Dogmatik von Rücknahme und Widerruf von Rechtsakten der Europäischen Gemeinschaft; *Hill,* Einwirkungen europäischen Rechts auf Verwaltungsrecht und Verwaltungshandeln in Deutschland, ThürVBl 1992, 251; *Koenig/Kuehling,* Grundfragen des EG-Beihilfenrechts, NJW 2000, 1065; *Koenig/Pickartz,* Die aufschiebend bedingte staatliche Beihilfengewährung nach der Verfahrensverordnung in Beihilfesachen, NVwZ 2002, 151; *Magiera,* Rückforderung gemeinschaftsrechtswidriger staatlicher Beihilfen, in: Börner-FS 1992, 213; *Müller-Franken,* Gemeinschaftsrechtliche Fristenhemmung, richtlinienkonforme Auslegung und Bestandskraft von VAen, DVBl 1998, 758; *Pache,* Rechtsfragen der Aufhebung gemeinschaftswidriger nationaler Beihilfebescheide, NVwZ 1994, 318; *Richter,* Rückforderung gemeinschaftswidriger Subventionen nach § 48 VwVfG, DÖV 1995, 846; *Schmidt-Räntsch,* Zur Behandlung EG-widriger Beihilfen, EuZW 1990, 376; *Scholz,* Zum Verhältnis von europäischem Gemeinschaftsrecht und nationalem Verwaltungsverfahrensrecht, DÖV 1998, 261; *Schulze,* Vertrauensschutz im EG-Recht bei Rückforderung von Beihilfen, EuZW 1993, 279; *Streinz,* Vertrauensschutz und Gemeinschaftsinteresse beim Vollzug von europäischem Gemeinschaftsrecht durch deutsche Behörden, Vw 1990, 153; *Suerbaum,* Die Europäisierung des nationalen Verwaltungsverfahrensrechts am Beispiel der Rückabwicklung gemeinschaftsrechtswidriger staatlicher Beihilfen, VerwArch 2000, 169; *Triantafyllou,* Zur „Europäisierung" des Vertrauensschutzes (insb § 48 VwVfG) – am Beispiel der Rückforderung staatlicher Beihilfen, NVwZ 1992, 436; *Vogt,* Rechtsprobleme des europäischen Beihilfenrechts, 2000.

Übersicht

I. Allgemeines

1 **1. Inhalt.** Die Vorschrift regelt die nachträgliche Aufhebung bzw Abänderung von **rechtswidrigen VAen.** Sie enthält, soweit sie eine Durchbrechung der Wirksamkeit bzw Bestandskraft von VAen zulässt und regelt, **Verfahrensrecht,** im Übrigen **annexes materielles Recht** (BVerwG DÖV 1988, 560). VAe erlangen mit ihrer Bekanntgabe an die Betroffenen (§ 41) Wirksamkeit (§ 43) und nach Ablauf der Rechtsbehelfsfristen auch Unanfechtbarkeit und damit grundsätzlich im Interesse der Rechtssicherheit und des Rechtsfriedens sowie des Rechtsschutzes der Betroffenen Bestandskraft. Die §§ 48 ff lassen jedoch aus Gründen des öffentlichen Interesses und der Rechte bzw Interessen Betroffener und Dritter unter bestimmten Voraussetzungen eine Durchbrechung der Wirksamkeit bzw Bestandskraft eines VA zu, indem sie die zuständige Behörde zur nachträglichen Aufhebung bzw Abänderung eines bereits erlassenen und uU sogar unanfechtbar gewordenen VA ermächtigen, im Einzelfall sogar verpflichten (s unten Rn 56). Die Regelung entspricht weitestgehend dem vor Erlass des VwVfG geltenden Recht.[1]

2 **Die Vorschrift dient dem Prinzip der Gesetzmäßigkeit der Verwaltung,** indem der Behörde die Möglichkeit gegeben wird, einen rechtswidrigen VA nachträglich zu korrigieren bzw aufzuheben. Dabei wird auf die Prinzipien der Rechtssicherheit (vgl BVerwGE 30, 154; BSG NJW 1987, 2462; Merten NJW 1983, 1996; allg auch BVerfG 60, 269), des Vertrauensschutzes in Bezug auf den Bestand ergangener VAe[2] als Folgerungen aus dem Rechtsstaatsprinzip,[3] dem Sozialstaatsprinzip (Knack 87) und etwa in der Sache betroffener Grundrechte (Kopp BayVBl 1980, 39) Rücksicht genommen. Die Vorschrift dient außerdem der Verwirklichung des verfassungsrechtlichen **Gebots der Effizienz der Verwaltung** (BVerfG 59, 164 ff).

3 **2. Änderungen durch das VwVfG-ÄndG. a) Neuregelung des Erstattungsanspruchs.** Bei den in Abs 2 durch das G v 2. 5. 96 (BGBl I S 656) vorgenommenen Streichungen der S 5–8 handelt es sich um Folgeänderungen der Einführung einer allgemeinen Regelung über die Erstattung von Leistungen in § 49 a. Der seinerzeit neu erlassene § 49 a regelt umfassend die Erstattungspflicht für alle Fälle rückwirkender Unwirksamkeit von VAen, durch die Leistungen gewährt oder die Voraussetzungen für eine Gewährung von Leistungen geschaffen werden. Einer besonderen Erstattungsregelung für den Fall der Rücknahme eines rechtswidrigen VA bedarf es deshalb nicht mehr. In ihrem sachlichen Gehalt sind die aufgehobenen Bestimmungen des Abs 2 S 5 bis 8 weitgehend erhalten geblieben (vgl § 49 a Rn 7 ff).

4 **b) Streichung des Abs 6.** Die Rechtswegbestimmung des Abs 6 wurde ebenfalls durch das VwVfG-ÄndG aufgehoben. Obwohl Abs 6 von vornherein nur der Klarstellung dienen sollte und keine konstitutive Rechtswegzuweisung enthielt

---

[1] BVerwGE 78, 169; 83, 197; NJW 1978, 508; BVerfG 59, 166; StBS 26 f; vgl zum bish Recht auch BVerwGE 50, 270; 54, 257; 57, 4; BVerwG ZLA 1978, 32; DVBl 1976, 222; 1982, 581; BVerfG 27, 297; Becker DÖV 1973, 379; WBS II § 51 Rn 8 ff; M 113 ff; Obermayer VerwR 2. Aufl 127 f; Erichsen/Ehlers § 17 Rn 1; § 18 Rn 3.

[2] BVerwGE 83, 197; BVerwG DVBl 1986, 1205; NVwZ 1987, 44, 45; BVerfG 80, 153: sofern eine bestehende Befugnis beseitigt wird, muss der nach dem Rechtsstaatsprinzip gebotene Vertrauensschutz gewahrt bleiben; Becker DÖV 1973, 379; Merten NJW 1983, 1996.

[3] BVerfG 59, 167 = NJW 1983, 103; allg auch BVerfG 32, 308 = NJW 1972, 675; 60, 269; 74, 152; 80, 153; Knoke 205, 207; Menger VerwArch 1975, 88; F 173.

(vgl UL § 62 Rn 25), hatte er nicht zur Rechtsklarheit beigetragen und wurde deshalb als überflüssig angesehen (BT-Dr 13/1534 S 6). Der **Verwaltungsrechtsweg** bleibt auch nach der Streichung des Abs 2 eröffnet, weil über den Entschädigungsanspruch durch VA entschieden werden muss (Knack 117). Der Betroffene muss die Festsetzung eines Entschädigungsanspruchs nach wie vor nach Abs 3 S 4 zunächst bei der Behörde innerhalb eines Jahres (Abs 3 S 5) beantragen. Wird der Antrag abgelehnt oder wird die Entschädigung zu niedrig festgesetzt, so kann er nach erfolglosem Widerspruchsverfahren beim VG Verpflichtungsklage erheben.

Die Zuständigkeit der Zivilgerichte für Entschädigungsansprüche aus ent- 5
eignungsgleichem oder enteignendem Eingriff wird durch die Aufhebung des Abs 6 nicht berührt (BT-Dr 13/1534 S 6). Allerdings dürften derartige Ansprüche allenfalls in Ausnahmefällen in Betracht kommen (StBS 279), deshalb erscheint es sinnvoll, dass mit der Aufhebung des Abs 6 ein „falsches Signal" beseitigt worden ist.

3. Anwendungsbereich. a) Allgemeines. Die Vorschrift gilt für die Rück- 6
nahme im Anwendungsbereich des VwVfG rechtswidrig erlassener VAe. Die Verwaltungsverfahrensgesetze der Länder enthalten gleich lautende Bestimmungen. Dies gilt nach den Änderungen durch das VwVfG-ÄndG, die inzwischen von sämtlichen Bundesländern übernommen worden sind. Grundsätzlich sind die Regelungen auch auf **VAe der ehemaligen DDR** anwendbar.[4] Die Vorschrift gilt auch für sog **fiktive VAe** (s zum Begriff § 35 Rn 23), also solche, die nicht von einer Behörde tatsächlich erlassen worden sind, sondern auf Grund einer Rechtsvorschrift als ergangen fingiert werden[5] und für **Abhilfebescheide** gem § 72 VwGO (OVG Lüneburg NVwZ 1980, 695) sowie für **Widerspruchsbescheide** gem § 73 VwGO. Sie gilt auch für die Änderung **von Nebenbestimmungen,** die einem VA gem § 36 beigefügt worden sind. Sie gilt außerdem für die nachträgliche Beifügung belastender Nebenbestimmungen, wenn dadurch die Rechtswidrigkeit des VA beseitigt werden soll (vgl § 36 Rn 50). Rücknahme und Widerruf von VAen nach §§ 48 und 49 sind anders als das Wiederaufgreifen von Verfahren gem § 51 nicht auf eine Aufhebung nach Unanfechtbarkeit des in Frage stehenden VA beschränkt. § 48 und § 49 unterscheiden nicht danach, ob der VA noch anfechtbar ist oder nicht (Begr 68). Allerdings ist die Unterscheidung nach wie vor im Rahmen der von der Behörde nach § 48 zu treffenden Ermessensentscheidung über eine vom Betroffenen beantragte Rücknahme zu berücksichtigen (s unten Rn 50). § 48 gilt auch für die Rücknahme der Rücknahme oder des Widerrufs[6] sowie für VAe, die **im Rahmen einer Wiederaufnahme** des Verfahrens (§ 51) außerhalb von Rechtsbehelfsverfahren ergangen sind. Mit dem Wirksamwerden der Rücknahme oder des Widerrufs eines Rücknahme- oder Widerrufsbescheids lebt grundsätzlich der ursprüngliche VA wieder auf (BSG 58, 49; Maurer 11 Rn 20; Knack 35).

b) Verhältnis zum Rechtsbehelfsverfahren. Keine Anwendung finden 7
die §§ 48, 49 im Widerspruchs- und Anfechtungsverfahren. Für die Abänderung bzw Aufhebung eines angefochtenen VA im Widerspruchsverfahren oder im anschließenden Klageverfahren enthalten die §§ 68ff VwGO Sonderregelungen. Die

---

[4] Art 19 S 3 EVertrag, dazu auch VGH Mannheim VBlBW 1992, 150; VG Frankfurt LKV 1992, 28; VG Minden NVwZ 1991, 366; StBS 267ff; ferner StBS § 43 Rn 227; s aber zur außerordentlichen Aufhebbarkeit bei Unvereinbarkeit mit rechtsstaatlichen Grundsätzen oder dem Einigungsvertrag Art 19 S 2 EVertrag, dazu StBS 269; s zur beabsichtigten Regelung in einem verwaltungsrechtlichen Rehabilitierungsgesetz die Beantwortung einer Anfrage im Bundestag in BT-Dr 12/6255 v 26. 11. 1993.

[5] BVerwGE 48, 90; VGH Mannheim VBlBW 1984, 380; VGH München NVwZ 1992, 992 = BayVBl 1992, 342; StBS 49; Knack 43: fingierte VAe besitzen keine stärkere Bestandskraft als normale VAe.

[6] Vgl BSG 58, 49; SGb 1986, 157; BFH NVwZ-RR 1990, 281; VGH Mannheim NVwZ 1992, 184; Knack 5; MB 34; Maurer § 11 Rn 20; Bürck SGb 1986, 160.

Anhängigkeit eines Rechtsbehelfsverfahrens bzgl des VA, der gem § 48 zurückgenommen werden soll, **steht einer Rücknahme nicht entgegen** (ebenso zB Knack 32 und 38); ebenso – jedenfalls zugunsten des Bürgers – auch ein in der Sache bereits ergangenes rechtskräftiges Urteil.[7] Erfolgt die Rücknahme während eines anhängigen Rechtsbehelfsverfahrens, kommt uU § 50 zur Anwendung (Johlen NJW 1976, 2156; s auch § 50 Rn 10f). Anwendbar sind die §§ 48ff auf die Aufhebung oder Änderung belastender VAe **trotz Unzulässigkeit eines Rechtsbehelfs** (zB bei verspäteter Einlegung, s dazu BVerwG DÖV 1981, 267; Kopp/Schenke § 70 Rn 9) oder hins nicht angegriffener **Teilregelungen** bzw zusätzlicher Regelungen usw, die sich als reformatio in peius (Verböserung) darstellen (s hierzu § 79 Rn 26ff) oder entgegen einem Verbot der reformatio in peius erfolgen.

7a **c) Rücknahme und Einschreiten nach Ordnungsrecht. Nicht berührt** werden durch §§ 48ff grundsätzlich die Befugnisse der Behörden zu einem Einschreiten nach dem allgemeinen Polizei- und Ordnungsrecht sowie zu Maßnahmen nach dem Enteignungsrecht (vgl WBS II § 51 Rn 64; F 269f; Kopp GewArch 1986, 165). Sie sind insb in Fällen von Bedeutung, in denen die Möglichkeiten nach §§ 48ff für die Erfüllung einer öffentlichen Aufgabe nicht genügen und weitergehende oder andersgeartete Maßnahmen erfordern, zB **polizeiliches Einschreiten** gegen eine ordnungsgemäß genehmigte Veranstaltung, in deren Verlauf es zu Störungen der öffentlichen Sicherheit und Ordnung kommt, oder die **Verfügung der Beseitigung eines Bauwerks,** von dem erhebliche Gefahren für die öffentliche Sicherheit ausgehen, für das nach den Vorschriften des Baurechts aber weder eine Rücknahme noch ein Widerruf der Genehmigung möglich ist, nicht jedoch wegen bloßer Baurechtswidrigkeit. Ob Gesetze außerhalb der VwVfG hier eine Rechtsgrundlage bieten, ist grundsätzlich eine Frage des materiellen Rechts, nicht der §§ 48ff und entsprechender Verfahrensvorschriften. Bei rechtswidrigen, aber nicht rücknehmbaren VAen kann der Zweck uU auch durch Widerruf des VA erreicht werden; zu einem Widerruf wegen schwerer Nachteile für das Gemeinwohl s § 49 Rn 54.

8 **d) Entsprechende Anwendbarkeit. aa) Rücknahme von Maßnahmen ohne VA-Qualität.** Die Vorschrift ist jedenfalls analog **anwendbar auch** auf **Zusagen** (vgl VGH Mannheim NVwZ 1991, 80) sowie **Zusicherungen** iS von § 38 (so ausdrücklich § 38 Abs 2), soweit man diese nicht ohnehin als VAe ansieht (vgl § 38 Rn 2), und auf mit VAen **vergleichbare** vertrauensbegründende einseitige **Handlungen** der Verwaltung auf Grund öffentlichen Rechts im Über- und Unterordnungsverhältnis (vgl OVG Hamburg NVwZ 1988, 73), zB auf **Verzichtserklärungen** einer Behörde, etwa den Verzicht einer Behörde auf Abgaben (OVG Lüneburg NVwZ 1986, 780). Die entsprechende Anwendung des § 48 setzt stets eine dem VA ähnliche Bindungswirkung voraus. **Zu bejahen** ist dies zB bei **Nicht-VAen,** die einer Behörde zuzurechnen sind und nicht ohne weiteres als Nicht-VAe erkennbar sind, wie versehentlich und ungewollt hinausgegangene VAe, ferner bei der **aktiven Duldung** eines bestimmten Verhaltens oder Zustandes (vgl Mannheim NJW 1990, 3163 = NVwZ 1991, 86), bei einseitigen **Maßnahmen** im Beamten- oder Soldatenverhältnis oder ähnlichen **Sonderstatusverhältnissen,** soweit sie nicht als VAe qualifiziert werden (vgl § 35 Rn 83f), zB truppendienstlichen Maßnahmen iS von § 17 Abs 3 WBO (BVerwGE 83, 197), sowie die Entscheidung über die Gewährung eines von einem Soldaten beantragten Urlaubs, oder **in Organschaftsverhältnissen** (vgl § 35 Rn 90f). Zur **Anwendbarkeit** auf **vorläufige VAe** s unten Rn 18; auf **nichtige VAe, Nicht-VAe** (s zum Begriff § 43 Rn 49) und VAe, deren Grund weggefallen ist, bzw die

---

[7] BVerwGE 70, 110 = NJW 1984, 280; kritisch Sachs JuS 1985, 447; vgl auch BVerwGE 91, 256 = NVwZ 1993, 672; dazu kritisch Maurer JZ 1993, 574; Kopp/Kopp NVwZ 1994, 1; Detterbeck NVwZ 1994, 35.

infolge des Ablaufs einer Befristung, des Eintritts einer auflösenden Bedingung oder auf Grund inhaltlicher Beschränkung ihre Geltung verloren oder gegenstandslos oder funktionslos geworden sind und damit ihre (innere) Wirksamkeit verloren haben, s Rn 19f.

Zweifelhaft und im Ergebnis abzulehnen ist die Anwendbarkeit der §§ 48f auf andere einseitige öffentlichrechtliche Verwaltungshandlungen der Verwaltung, die nicht VAe oder VA-ähnlich sind, zB auf öffentlichrechtliche **Willenserklärungen** (**aA** Kluth NVwZ 1990, 612), die Geltendmachung eines **Zurückbehaltungsrechts** analog § 273 BGB, zB bei öffentlichrechtlichen Verträgen, Verwahrungsverhältnissen usw; die **Kündigung** von öffentlichrechtlichen Verträgen und das **Anpassungsverlangen** nach § 60. Insoweit kommt nur die entsprechende Heranziehung der Bestimmungen des BGB über Willenserklärungen in Betracht (s § 60 Rn 3). 9

bb) Rücknahme bei Fehlen einer ausdrücklichen Regelung. Bei Fehlen ausdrücklicher Regelungen über die Rücknahme von VAen in Bereichen, in denen die Verwaltungsverfahrensgesetze nicht anwendbar sind, ist § 48 heute als Ausdruck neuerer Rechtsüberzeugungen grundsätzlich **seinen Grundgedanken entsprechend** sinngemäß-analog **anwendbar,** sofern diese mit den allgemeinen Rechtsgrundsätzen übereinstimmen und als deren Positivierung angesehen werden können.[8] **Dies trifft für Abs 1 und 2 zu,** auch für die generelle **Bedeutung des Vertrauensschutzes** bei VAen, die nicht den unter Abs 2 fallenden VAen entsprechen (BVerwGE 78, 142; 83, 197, 199; BVerwG NVwZ 1989, 144). Sinngemäß-analog **anwendbar ist auch Abs 1 S 2 iVm Abs 3,** wonach bei VAen, die nicht unter Abs 2 fallen, eine Rücknahme grundsätzlich auch dann in Betracht kommt, wenn ihr an sich Gesichtspunkte des Vertrauensschutzes oder etwa betroffener Grundrechte entgegenstehen, die Nachteile aber durch einen entsprechenden Ausgleich analog Abs 3 in Geld ausgeglichen werden können. Das Bestehen eines allgemeinen **Ausgleichsanspruchs** als wesentlicher Teil des Rechts der Rücknahme von VAen war früher zwar umstritten, muss heute aber analog zu Abs 3 unter dem Gesichtspunkt des enteignenden Eingriffs bejaht werden (s unten Rn 125). Auch wenn die grundsätzliche Trennung und unterschiedliche Behandlung der Fälle des Abs 2 einerseits und des Abs 3 andererseits im Gegensatz zur Rspr vor Erlass des VwVfG stehen und zudem in gewissem Sinn willkürlich sind, bestehen keine grundsätzlichen rechtlichen Bedenken gegen eine analoge Anwendung von Abs 1 und Abs 3.[9] 10

Nicht entsprechend anwendbar sind, da die Regelung derartiger Fristen dem Vorbehalt des Gesetzes unterliegt und deshalb nur vom Gesetzgeber getroffen werden kann, die Bestimmungen des § 48 über besondere **Ausschlussfristen** in Abs 3 S 5 und Abs 4. Soweit gesetzlich nichts anderes vorgeschrieben ist, wird die Zulässigkeit einer Rücknahme in zeitlicher Hinsicht nur durch die Grundsätze über die **Verwirkung** eingeschränkt.[10] Etwas anderes wird in den Fällen angenommen, in denen das VwVfG an sich anwendbar ist und nur einzelne spezialgesetzliche Regelungen bestehen, die nach der Subsidiaritätsregelung der Verwaltungsverfahrensgesetze Vorrang haben.[11] Insoweit kommt es stets darauf an, ob die 11

---

[8] Vgl BVerfG 59, 167; BVerwGE 62, 5; 78, 142; 78, 169; 83, 197; NJW 1977, 1838; Knack 12; zT **aA** BVerwGE 71, 261 = NVwZ 1986, 913; BVerwG Buchh 427.3 § 335a LAG Nr 76; Stelkens NVwZ 1986, 543.

[9] Vgl Ule/Becker 57ff; WBS II § 51 Rn 102: Haueisen DÖV 1968, 15; Witten NJW 1968, 22; Erichsen/Ehlers § 29 Rn 19; Frotscher DVBl 1976, 281ff.

[10] BVerwGE 44, 343; BVerwG NVwZ 1987, 47; NVwZ-RR 1994, 388 mwN: § 48 Abs 4 kein allgemeiner Rechtsgedanke; zeitliche Begrenzung bei Fehlen ausdrücklicher Vorschriften nur unter dem Gesichtspunkt der Verwirkung; s auch unten Rn 131.

[11] VGH Mannheim NVwZ 1984, 382: § 99 bwBauO durch 48 Abs 4 LVwVfG ergänzt; ähnlich OVG Lüneburg NVwZ 1985, 120; MB 22 und 69f.

Zulässigkeit der nachträglichen Aufhebung oder Änderung von VAen spezialgesetzlich eine abschließende Regelung gefunden hat (s unten Rn 15 ff).

12 **e) Verhältnis von Widerruf und Rücknahme.** Die Ermächtigung zur Rücknahme nach § 48 erfasst nach ganz hM nur die **von Anfang an rechtswidrigen VAe** (s unten Rn 22), ist also auf rechtmäßig erlassene VAe nicht anwendbar. Das gilt auch für den Fall, dass ein ursprünglich rechtmäßig erlassener VA später infolge der Änderung rechtlicher oder tatsächlicher Verhältnisse mit dem geltenden Recht nicht mehr vereinbar ist. Ob in derartigen Fällen nur ein Widerruf nach § 49, nicht aber eine Rücknahme nach 48 zulässig ist, ist **umstritten** (vgl zum Streit näher Rn 33). Umgekehrt ist ein Widerruf auch rechtswidriger VAe nach § 49 grundsätzlich möglich (s § 49 Rn 5). Insoweit schließen sich die Vorschriften also nicht aus. Aus systematischen Gründen ist § 48 allerdings idR vor § 49 zu prüfen. Unter den Voraussetzungen des § 50 finden diejenigen Regelungen über die Rücknahme keine Anwendung, die den Schutz des Vertrauens betreffen. Unanwendbar sind nach der ausdrücklichen Regelung in § 50 die § 48 Abs 1 S 2, Abs 2–4. Die Sonderbestimmung des § 51 über das **Wiederaufgreifen des Verfahrens** schließt die Vorschriften über Widerruf und Rücknahme grundsätzlich nicht aus.

13 **4. Verhältnis zu besonderen Rechtsvorschriften. a) Grundsatz der Subsidiarität.** § 48 gilt gem § 1 nur vorbehaltlich bestehender besonderer Regelungen in anderen bundesrechtlichen Vorschriften.[12] So enthalten viele bundesrechtlichen Vorschriften eine rechtliche Verpflichtung der Behörde zur Rücknahme von VAen.[13] Ähnliches gilt auch für landesrechtliche Spezialregelungen des Fachrechts gegenüber den Verwaltungsverfahrensgesetzen der Länder. Auf Planfeststellungsbeschlüsse ist § 48 (anders als § 51) anwendbar (s § 72 Rn 22). Soweit die Rücknahme besonders geregelt ist, gehen diese Vorschriften vor; sie werden allerdings meist **durch § 48 ergänzt,**[14] uU auch modifiziert, insb, soweit sie, ohne dass dafür hinreichend gewichtige, überwiegende Gründe sprechen würden, in bestimmten Fällen eine Rücknahme zwingend vorschreiben (vgl Knack 11) oder für eine Berücksichtigung schutzwürdigen Vertrauens keinen Raum lassen.[15] Für den Vorrang spezieller Regelungen kommt es auf die Bezeichnung als Rücknahme uä nicht an; es muss sich jedoch um nach Zweck und Funktion vergleichbare Regelungen handeln. Ob die spezielleren Vorschriften durch die Reglungen des § 48 ergänzt werden, ist in vielen Fällen nicht klar genug geregelt. Die Frage muss bei Fehlen klarer Regelungen aus der Systematik sowie aus dem Sinn und Zweck der Bestimmung beantwortet werden. Dies hat zu vielen Zweifelsfragen und zu einer reichen Kasuistik geführt.[16]

14 **b) Einschränkungen der Anwendbarkeit. aa) Ausdrückliche Bestimmungen.** Gänzlich ausgeschlossen werden §§ 48 ff zB durch die besonderen **Vor-**

---

[12] BVerwG NJW 1978, 340; DVBl 1981, 640; 1982, 646; OVG Berlin FamRZ 1980, 949; Steiner VerwArch 1992, 479; UL § 61 Rn 2; Knack 9, 10; Erichsen VerwArch 1978, 305 ff; Göldner DÖV 1979, 808; Dommach DÖV 1981, 122.

[13] Vgl zB die Regelungen in § 5 Abs 1 BÄO; § 47 Abs 1 WaffG; § 15 Abs 2 GastG; § 33 Abs 4 GewO über die Rücknahme rechtswidrig erteilter Genehmigungen, s auch § 73 Abs 2 u 3 AsylVfG.

[14] OVG Lüneburg NVwZ 1985, 120; Steiner VerwArch 1992, 490; Knack 12; Schnapp/Cardewener JuS 1999, 39, 42.

[15] BVerfG 59, 128, 164; BVerwGE 66, 168 = NJW 1983, 695; vgl auch BVerwGE 78, 110; BVerwG NVwZ 1988, 350: Bestimmungen, die den Vertrauensschutz ausschließen, sind verfassungsrechtlich bedenklich; ähnlich StBS 5, Knack 11; **aA** offenbar BVerwG NJW 1984, 2842, wo das Problem, insb auch der offensichtliche Widerspruch zu BVerfG 59, 164, jedoch offenbar nicht gesehen wird.

[16] Ebenso Knack 13; zT **aA** BVerwG NVwZ 1987, 694 m Anm Brodersen JuS 1987, 831; VGH München BayVBl 1992, 83; Stelkens NVwZ 1986, 543; vgl auch BVerwG NVwZ 1988, 2912; 1992, 1201; **aA** BVerwG NVwZ-RR 1994, 205.

schriften des Beamtenrechts über die Rücknahme und den Widerruf von Beamtenernennungen (BVerwGE 81, 284); durch §§ 20, 53 BAföG hins der **Rückforderung von Ausbildungsförderungsleistungen** (BVerwG NVwZ-RR 1990, 251); durch § 87 Abs 2 BBG hins der Rückforderung zu viel bezahlter **Beihilfebeträge** (BVerwG NVwZ 1990, 673 mwN). **Umstritten** ist die Anwendbarkeit von § 48 auf VAe gem § 73 AsylVfG im **Asylanerkennungsverfahren;**[17] und die Anwendbarkeit ergänzend zu § 47 Abs 2 S 1 WaffG im Verfahren zum **Entzug eines Waffenscheins** bzw einer Waffenbesitzkarte (BVerwGE 97, 245, 254; 84, 17, 21); zu § 8 RuStAG aF im Verfahren zur Rücknahme einer rechtswidrig erschlichenen **Einbürgerung** (offen BVerwG NVwZ-RR 1990, 220, ob nach § 48 oder nach allgemeinen Grundsätzen); zu **Art 45 Abs 3 S 2 BayVoSchG** im Verfahren zur Rücknahme der Bewilligung eines Zuschusses für eine Schule hins. des hier nur sehr lückenhaft geregelten Erstattungsanspruchs (MuLö BayVBl 1990, 509).

Die Anwendbarkeit kann uU auch nur **teilweise ausgeschlossen** sein, so dass zur Ausfüllung von Lücken auf § 48 zurückzugreifen ist oder umgekehrt grundsätzlich § 48 anwendbar bleibt und nur hins einzelner Regelungen **durch Sonderbestimmungen ergänzt** oder in der Anwendung modifiziert wird; zB hins des der Behörde eingeräumten **Ermessens** (vgl BVerwG NVwZ 1984, 518; StBS 14). **Ergänzend anwendbar,** soweit ausdrückliche entgegenstehende Regelungen fehlen, ist § 48 auch zB hins der Frage, ob der Einziehung eines zu Unrecht erteilten **Vertriebenenausweises** gem § 18 BVFG aF Vertrauensschutz entgegensteht.[18] Vgl zur **Rücknahme einer Investitionszulagenbescheinigung** nach § 2 Abs 4 InvZulG 1979 auch BVerwGE 92, 81 = DVBl 1993, 727; BVerwG NVwZ-RR 1990, 178.

bb) Ausschluss nach Sinn und Zweck der Vorschrift. Die Unanwendbarkeit der §§ 48 ff kann sich auch aus Sinn und Zweck und dem Zusammenhang spezialgesetzlicher Regelungen ergeben (BVerwG NVwZ 1985, 655; Weber BayVBl 1984, 269). Dies ist im Zweifel anzunehmen bei der **Genehmigung von Verordnungen und Satzungen** durch die Rechtsaufsichtsbehörde;[19] bei VAen, die in gerichtsförmigen **besonderen Streitentscheidungsverfahren** ergehen; **bei privatrechtsgestaltenden VAen,** sobald die Gestaltungswirkung eingetreten ist,[20] zB bei **VAen,** die ein **komplexes Rechtsverhältnis auflösen,** das durch Rücknahme (bzw Widerruf) nicht wiederhergestellt werden kann,[21] zB die Nichtigerklärung eines Rechtsgeschäftes nach § 12 Abs 2 Nr 3 KartellG (Krause 175), 15

---

[17] Bejahend BVerwG NVwZ 2001, 335, 337; offen BVerwG NVwZ 1990, 774 zu § 16 AsylVfG aF; vgl auch BVerwGE 108, 30 = NVwZ 1999, 302; zT **aA** OVG Koblenz NVwZ 2001, Beil I 9.

[18] BVerwGE 85, 80 = NVwZ 1990, 1066; BVerwG DVBl 1991, 1083; NVwZ 1992, 176: unmittelbare Anwendung der den § 18 BVFG insoweit ergänzenden Vorschrift des § 48 bzw der nach § 1 Abs 3 VwVfG an ihre Stelle tretenden entsprechenden landesrechtlichen Bestimmungen, soweit der Vertriebenenstatus Grundlage für Geld- oder Sachleistungen iSv § 48 Abs 2 ist, im Übrigen § 48 Abs 3 anwendbar.

[19] BVerwGE 75, 146 = DVBl 1987, 482 m Anm Steiner; BVerwGE 90, 88; BVerwG DVBl 1992, 1173; VGH München BayVBl 1982, 654 = NVwZ 1983, 481: die Rücknahme der Genehmigung würde das Verfahren zur Aufhebung einer VO unterlaufen; es fehlt auch eine geeignete Möglichkeit zur Verkündung; DÖV 1992, 866; OVG Münster DVBl 1993, 61: nur noch Änderung oder Aufhebung der Rechtsvorschrift; Knack 49; StBS 20; wohl auch BVerwG DVBl 1992, 1173: kein zum Widerruf der Genehmigung einer Innungssatzung; **aA** Dolde BauR 1978, 157; NJW 1986, 823; Gierke ZfBR 1985, 23.

[20] Vgl BVerwGE 48, 92; BVerwG NJW 1978, 340, 388; BAG AP § 13 SchwbG Nr 7; Saarlouis FEVS 29, 158; einschränkend BGH NJW 1982, 1152; WBS II § 51 Rn 82; Ossenbühl JZ 1985, 794; **aA** Zacharias NVwZ 2002, 1306; Erichsen Jura 1981, 542; Knack 111; Steiner DVBl 1970, 34: keine Sonderstellung privatrechtsgestaltender VAe.

[21] Vgl BGH NVwZ 1991, 100; Krause 175; s auch unten 13 a; **aA** Göldner DÖV 1979, 808.

oder die ein solches Rechtsverhältnis begründenden VAe (vgl BVerwGE 35, 126; 48, 92); bei der **Genehmigung eines Rechtsgeschäfts,** wenn die Gestaltungswirkung eingetreten ist und eine Aufhebung und Rückabwicklung nicht mehr möglich erscheint;[22] bei der Ausübung eines öffentlichrechtlichen **Vorkaufsrechts;** bei **VAen,** die **auf Grund eines rechtskräftigen Verpflichtungsurteils** gem § 113 Abs 4 S 1 VwGO oder Bescheidungsurteils gem § 113 Abs 5 S 2 VwGO ergangen sind, sofern die Rücknahme gegen die Bindungswirkung dieser Urteile verstoßen würde (Sauer DÖV 1971, 156 mwN; Krause 166; **aA** Schachtschneider VerwA 1972, 278).

16 **cc) Im Zweifel kein Ausschluss.** Der Ausschluss der Anwendbarkeit muss sich aber jedenfalls mit **hinreichender Eindeutigkeit** im Wege der Auslegung ergeben (so auch Göldner DÖV 1979, 808). Die Unwiederholbarkeit der Prüfungssituation bei Prüfungen begründet kein grundsätzliches Rücknahme- oder Widerrufsverbot für **Prüfungsentscheidungen.**[23] Dass die Rückgängigmachung der Folgen eines früheren VA nicht ohne weiteres möglich ist oder damit erhebliche Schwierigkeiten verbunden sein können, schließt allein die Anwendbarkeit der §§ 48 f nicht aus, da solche Schwierigkeiten zT schon in diesen Vorschriften berücksichtigt sind, zT im Rahmen der von der Behörde zu treffenden Ermessensentscheidung berücksichtigt werden können. **Zulässig ist die Rücknahme** von Rechtsbehelfsentscheidungen, insb **Widerspruchsentscheidungen;**[24] die Rücknahme einer **Einbürgerung,** dh der Verleihung der Staatsangehörigkeit;[25] die Rücknahme **privatrechtsgestaltender VAe,** solange die endgültige Gestaltungswirkung noch nicht eingetreten ist, insb zB der Genehmigung eines privatrechtlichen Rechtsgeschäfts;[26] der (konstitutiven) **Errichtungsgenehmigung,** mit der eine öffentliche Einrichtung, zB eine Betriebskrankenkasse entsteht (**aA** BSG 59, 126; 68, 229; GSb 1994, 233: nur noch Auflösung für die Zukunft); die Rücknahme einer **Baugenehmigung** (vgl OVG Münster NVwZ 1988, 943, allerdings mit dem Hinweis auf die Feststellungswirkung der einmal erteilten Baugenehmigung, die auch bei deren materieller Rechtswidrigkeit jedenfalls eine Beseitigungsverfügung ausschließt); einer **Ausweisungsverfügung** trotz der Möglichkeit, deren Wirkungen nach § 8 Abs 2 S 3 AuslG zu befristen (BVerwG NVwZ 2000, 688); der **Gaststättengenehmigung** (VGH Kassel NVwZ-RR 1992, 407: § 15 GastG nicht abschließend); der **Zulassung zu einer Prüfung,** nachdem auf Grund der Zulassung die Prüfung abgelegt wurde (vgl aber VGH Mannheim NVwZ 1989, 382: Aufhebung der Zulassung hat nicht zur Folge, dass deshalb eine bestandene Prüfung für nicht bestanden erklärt werden könnte).

17 **Nicht ausgeschlossen wird** die Anwendbarkeit der §§ 48 ff ferner zugunsten eines Beteiligten auch bei ausschließlich belastenden VAen auch durch die **Bestä-**

---

[22] Vgl OVG Münster NVwZ 1987, 155; **aA** BVerwGE 48, 87 = NJW 1975, 1240; BVerwG Buchh 406.11 Nr 11; zur Bodenverkehrsgenehmigung auch VGH München NVwZ 1992, 76 = BayVBl 1992, 342; wohl auch BVerwG NJW 1988, 276; VGH Kassel UPR 1986, 71.

[23] VGH Mannheim NVwZ 1989, 882; Mehring BayVBl 1984, 714; Kopp JuS 1990, 945; für schriftliche Prüfungen auch Rozek JA 1989, 241; **aA** Weber BayVBl 1984, 269.

[24] Göldner DÖV 1979, 808: aus den Vorschriften über Rechtsbehelfe ist auch im Weg der Auslegung eine solche Folge nicht zu entnehmen; **aA** BVerwGE 15, 263; 39, 132; München BayVBl 1980, 298; WBS II § 51 Rn 79; F 271.

[25] Vgl OVG Hamburg NVwZ 2002, 885; VGH Mannheim NVwZ 1990, 1198 mwN; OVG Münster DVBl 1994, 545; MDH 53 zu Art 16 I GG; Rey JuS 1993, 263; offen BVerwG NVwZ-RR 1990, 220; **aA** PrOVG 13, 108; Montag JuS 1992, 645.

[26] Vgl BVerwG NJW 1977, 210; 1978, 388, 340; DVBl 1975, 514; BAG AP § 13 SchwbG Nr 7; OVG Saarlouis FEVS 29, 158; einschränkend BGH NJW 1982, 1152; s auch oben 13; **aA** BVerwGE 29, 314; 48, 92; 54, 257; OVG Lüneburg DVBl 1970, 74; M 91; WBS II § 51 Rn 82; Krause 175; vgl auch BGH NVwZ 1991, 100: keine Rücknahme und kein Widerruf komplexer privatrechtsgestaltender VAe.

tigung des VAs durch gerichtliches Urteil.[27] **Anders** wegen der entgegenstehenden Rechtswirkung des Urteils grundsätzlich bei Verpflichtung der Behörde zum Erlass des VA (VGH Mannheim NVwZ 2001, 460), sowie bei Bestätigung eines begünstigenden **VA mit Drittwirkung** durch rechtskräftige Abweisung einer dagegen gerichteten Anfechtungsklage, soweit ein nach §§ 48ff ergehender VA zu Lasten eines Beteiligten ginge.[28] Wurde der ursprüngliche VA auf eine dagegen gerichtete Anfechtungsklage hin durch rechtskräftiges Urteil aufgehoben, so kann die Behörde bei unveränderter Sach- und Rechtslage wegen der erweiterten Rechtskraftwirkung des Urteils auch in diesem Fall **einen neuen VA** mit gleichem Inhalt, wie ihn der durch das Urteil aufgehobene VA hatte, nur erlassen, wenn der neue VA analog § 48 Abs 1 S 1 bzw § 49 Abs 1 **ausschließlich zugunsten des Bürgers** wirkt, **zu Lasten eines Bürgers** dagegen nur, **wenn** außer den materiellen Voraussetzungen für den Erlass des VA zugleich auch die **Voraussetzungen analog § 51 oder § 49 Abs 2** gegeben sind.[29]

c) Anwendbarkeit auf vorläufige VAe. Keine Anwendung findet § 48 auf 18
die Ablehnung der erneuten Vornahme eines zeitlich befristeten VA (sog Ketten-VA), **zB die Nichtverlängerung** einer bisher immer wieder verlängerten gewerberechtlichen Erlaubnis, zB einer Sperrstundenerlaubnis, einer Aufenthaltserlaubnis, da es sich in diesen Fällen nicht um die nachträgliche Aufhebung oder Änderung eines (denselben Gegenstand betreffenden) VA handelt.[30] **Berechtigte Erwartungen** des Bürgers im Hinblick auf das bisherige Verhalten der Behörde sind jedoch bei Ermessensentscheidungen grundsätzlich zu berücksichtigen.[31]

Für vorläufige VAe ist die Anwendbarkeit des § 48 **umstritten.** Vorläufige VAe sind ohnehin in ihrer Wirkung und Geltungsdauer auf die Zeit bis zum Ergehen (dh zum Wirksamwerden) einer endgültigen Regelung **beschränkt** (s § 9 Rn 18f) und stehen insoweit einer endgültigen Regelung nicht entgegen, bedürfen daher auch keiner Rücknahme und keines Widerrufs, um den Weg für die endgültige Regelung frei zu machen (Kopp DVBl 1990, 729 = NWVBl 1990, 179; Maurer § 9 Rn 63b; im Ergebnis auch BVerwGE 67, 103), oder aber sie sind mit einem Rücknahmevorbehalt versehen (vgl § 36 Rn 9). Deshalb stellt die **endgültige Entscheidung idR keine Rücknahme** oder Widerruf dar; der vorläufige VA findet vielmehr automatisch mit dem endgültigen VA seine Er-

---

[27] Vgl zu § 51 BVerwGE 70, 110 = NJW 1985, 280m Anm Sachs JuS 1985, 447; BVerwGE 82, 272 = DVBl 1988, 638; BVerwG NJW 1990, 199 = DVBl 1989, 1192; VGH Mannheim NVwZ 1989, 884; Erichsen/Knoke NVwZ 1983, 189; Kopp/Schenke § 121 Rn 13; Knack 57; **aA** offenbar BVerfG NVwZ 1989, 141; MB 35; hins der Befugnis des Gerichts zur erneuten Sachprüfung eines Zweitbescheids auch BVerwG NVwZ 1989, 162, außer wenn ein Gericht gem § 113 Abs 5 VwGO die Verpflichtung zum Erlass des VA ausgesprochen hat.

[28] Vgl BVerwGE 91, 256 = NVwZ 1993, 672m krit Anm von Maurer JZ 1993, 574; Detterbeck NVwZ 1994, 35; differenzierend Kopp/Kopp NVwZ 1994, 1. Eine Rücknahme des ursprünglichen VA kommt dann nur noch in Betracht, soweit die Voraussetzungen gem § 51 analog gegeben sind, vgl Kopp/Kopp NVwZ 1994, 1; **aA** Maurer JZ 1993, 575: § 48 ohne Einschränkung anwendbar. Im Übrigen kommt nur noch ein Widerruf insb gem § 49 Abs 2 Nr 4, des ursprünglichen VA in Betracht, vgl Kopp/Kopp NVwZ 1994, 1.

[29] Kopp/Kopp NVwZ 1994, 1; weitergehend Maurer JZ 1993, 574: unbeschränkt auch analog § 48; enger BVerwGE 91, 256 = NVwZ 1993, 672m krit Anm von Maurer; BVerwG BayVBl 1993, 250; StBS 21; kritisch dazu auch Kopp/Kopp NVwZ 1994, 1.

[30] BVerwGE 37, 47; 78, 206; BVerwG NVwZ-RR 1990, 649; VGH Mannheim VBlBW 1990, 465; VGH Kassel InfAuslR 1990, 7; WBS II § 51 Rn 101; StBS 128; Knack 34; vgl auch BVerfG NVwZ 1985, 259; Lüneburg DVBl 1984, 572; zT **aA** BVerwG 52, 201; vgl auch Rittstieg NJW 1972, 2153.

[31] BVerfG 49, 168 = NJW 1978, 2446: die Behörde darf sich nicht zu ihrem bisherigen Verhalten in Widerspruch setzen; BVerwGE 52, 201; 63, 216; BVerwG DÖV 1979, 370; DVBl 1984, 572; OVG Lüneburg DVBl 1984, 572; VGH München BayVBl 1988, 567; VGH Mannheim VBlBW 1990, 465.

ledigung.[32] Dies bedeutet aber nicht, dass ein vorläufiger VA einer Rücknahme prinzipiell nicht zugänglich wäre.[33] Soweit § 48 Anwendung findet, kommt wegen der Vorläufigkeit dem Gesichtspunkt des **Vertrauensschutzes nur geringe Bedeutung** zu. Gleichwohl ist eine Rücknahme des vorläufigen VA aus anderen Gründen als denen, die die Vorläufigkeit begründen, nur unter den Voraussetzungen des § 48 möglich.

19 **d) Anwendbarkeit auf nichtige und erledigte VAe.** § 48 ist, da auch nichtige VAe jedenfalls einen Rechtsschein erzeugen, auch auf nichtige VAe **zumindest analog** – gegen die unmittelbare Anwendbarkeit von § 48 spricht § 43 Abs 2, wo die Rücknahme auf wirksame VAe bezogen wird – anwendbar;[34] ebenso auch auf Nicht-VAe (s zum Begriff § 43 Rn 49), wenn das Fehlen der VA-Eigenschaft und der entsprechenden Verbindlichkeit als VA nicht offensichtlich ist.[35] Die Rücknahme steht in diesen Fällen jedoch alternativ nach Wahl der Behörde neben der Befugnis zur Feststellung der Nichtigkeit gem § 44 Abs 5. Für die Anerkennung dieser Befugnis sprechen dieselben Gesichtspunkte, insb auch dieselben verfahrensökonomischen Gründe, wie für die Zulässigkeit der allgemeinen gegen fehlerhafte VAe gegebenen Rechtsbehelfe auch gegen nichtige VAe (s dazu § 44 Rn 64). Vor **allem in Grenzfällen und Zweifelsfällen** ist für die Behörden vielfach die Rücknahme der einfachere Weg. Der Gesichtspunkt des Vertrauensschutzes steht dabei gem § 48 Abs 2 S 3 Nr 3 im Regelfall der Rücknahme jedenfalls dann nicht entgegen, wenn die Nichtigkeit iS von § 44 Abs 1 offenkundig ist (vgl BVerwG DÖV 1981, 267); dann entfallen in diesen Fällen auch etwaige Ausgleichsansprüche gem § 48 Abs 3 (BGH DVBl 1982, 1093).

19a **Zweifelhaft ist, ob auch erledigte VAe** zurückgenommen werden können. Sie bedürfen wie nichtige VAe an sich zur Beendigung ihrer Rechtswirkungen keiner Rücknahme und keines Widerrufs, da die Wirkungen von selbst, eo ipso, enden, ohne dass es dazu eines neuen VA bedürfte.[36] Soweit Zweifel hins der Beendigung bestehen oder möglich erscheinen, kann die Behörde die Beendigung der Wirksamkeit des VA durch Fristablauf, Eintreten der auflösenden Bedingung usw bzw die dadurch entstandene Rechtslage idR durch einen **feststellenden VA** verbindlich klarstellen (VGH München BayVBl 1990, 405; Kopp BayVBl 1990, 524). Ob daneben ein Bedürfnis für eine Rücknahmemöglichkeit besteht, erscheint fraglich. Wie bei nichtigen VAen würde es sich dabei auch hier nicht um eine Rücknahme oder einen Widerruf gem § 48 oder § 49, sondern der Sache nach um eine klarstellende Entscheidung auf Grund der allgemeinen Befugnisse der Behörde im Über- und Unterordnungsverhältnis handeln. Etwaiges **schutzwürdiges Vertrauen** der Betroffenen ist dabei ggf bei der (durch VA zu treffenden Entscheidung über entstandene Folgenbeseitigungs- bzw Erstattungsansprüche zu berücksichtigen (Kopp BayVBl 1990, 524; allg BVerwGE 71, 85 = NVwZ 1985, 2456).

---

[32] BVerwGE 67, 99 = NJW 1983, 2643; Knoke 147 Fn 28; 239; Schimmelpfennig 139; Martens NVwZ 1985, 161; vgl auch Goetz JuS 1983, 924; Maurer § 9 Rn 63b; Jäckle NJW 1984, 2132; Tiedemann DÖV 1981, 786.

[33] So zu Recht Kopp F.J. DVBl 1989, 238; Kopp DVBl 1990, 731.

[34] BFH 147, 113 = NVwZ 1987, 533; BSG DVBl 1990, 210; OVG Münster NVwZ 1985, 286; VGH München NVwZ 1992, 76; BayVBl 1994, 52: zumindest analog; StBS 67; UL § 61 Rn 11; wohl auch BGH DVBl 1982, 1093; **enger** Maurer § 11 Rn 16; Knack 30; MB 15: nur als eine deklaratorisch wirkende „Rücknahme".

[35] Vgl BGH NVwZ-RR 1989, 523 = VersR 1988, 1029 zu einem wegen fehlender Bekanntgabe nicht wirksam gewordenen VA; allg auch Erichsen JK 89 VwVfG § 48/8.

[36] Vgl BVerwGE 84, 274; BVerwG NJW 1990, 2482 = BayVBl 1990, 475; VGH München BayVBl 1990, 405; Kopp BayVBl 1990, 524; **aA** offenbar BVerwGE 84, 111 = NVwZ 1990, 672; BVerwG DVBl 1988, 1047; OVG Münster NVwZ 1988, 71; NVwZ-RR 1988, 1; Schenke DVBl 1989, 433 und BayVBl 1990, 107.

e) VAe im gestuften Verfahren. Die Grundsätze über die Rücknahme (bzw den Widerruf) eines nichtigen oder wegen Eintritts einer auflösenden Bedingung wirkungslos gewordenen VA gelten auch für **VAe,** die in sog gestuften Verwaltungsverfahren (s auch § 38 Rn 35) auf Grund eines später aufgehobenen oder unwirksam gewordenen (vgl BVerwGE 72, 309) Grund-VA (Konzeptgenehmigung, Vorbescheid) ergangen sind, insb **für weitere Genehmigungen bzw Teilgenehmigungen.** Soweit gesetzlich nichts anderes bestimmt ist oder sich aus dem Zusammenhang der anwendbaren Vorschriften ergibt, werden auch die späteren Teil-VAe (Teilgenehmigungen) mit dem Wegfall des Grund-VA (ähnlich wie sog Betrags-Urteile durch Aufhebung eines Grundurteils nach § 111 VwGO) grundsätzlich gegenstandslos und damit **ungültig und unwirksam,** ohne dass insoweit noch Raum für eine Rücknahme oder einen Widerruf wäre.[37] Nur wenn die Betroffenen die Folge-VAe (weiteren Teil-VAe) nach Treu und Glauben als in ihrer **Geltung vom Bestand des Grund-VA unabhängig** verstehen mussten und durften, kommt ein Widerruf in Betracht; in allen anderen Fällen muss bzw kann die Behörde entsprechend den oben dargelegten Grundsätzen nur, wenn es im Interesse der Rechtsklarheit erforderlich erscheint, die Rechtslage durch **feststellenden VA** klären. 20

5. Geltung für VAe auf Grund von Gemeinschaftsrecht. Für die Rücknahme von wegen eines Verstoßes gegen Art 87 EG rechtswidrigen Subventionsbescheiden gelten **keine besonderen Rechtsnormen** des Gemeinschaftsrechts.[38] Zur Verfahrensverordnung in Beihilfesachen s Koenig/Pickartz NVwZ 2002, 151. Für die Anwendbarkeit des § 48 ist grundsätzlich danach zu differenzieren, ob der Gewährung bzw der Rückforderung einer Beihilfe ein **Beihilfeaufsichtsverfahren der EU-Kommission** nach Art 88 EG vorgeschaltet ist oder nicht. Entscheidet die Kommission selbst über die Rückforderung der Beihilfe, entfaltet diese Entscheidung für die spätere Rücknahme des VA durch die zuständige Behörde des Mitgliedstaats **Bindungswirkung** (EuGH EuZW 1997, 276; BVerwG EuZW 1998, 730). Vertrauensschutzgesichtspunkte müssen auf der Ebene der Entscheidung der EU-Kommission berücksichtigt werden; insoweit ist die Nichtigkeitsklage vor dem EuGH zulässig (hierzu näher Ehlers GewArch 1999, 305, 308; auch Fischer JuS 1999, 749). Für die Berücksichtigung von Vertrauensschutz ist dann im Rahmen des nationalen Rückabwicklungsverfahrens nach den §§ 48 ff praktisch kein Raum mehr. Abs 4 ist in diesen Fällen nicht anwendbar (s unten Rn 135). **Anders** ist die Lage, wenn kein Aufsichtsverfahren vorgesehen ist. Dann ist § 48 – auch Abs 4 (vgl Pache NVwZ 1994, 325) – mit der sich aus den für die Auslegung und Anwendung von § 48 geltenden Grundsätzen ergebenden Maßgabe anzuwenden, dass bei der Abwägung nach § 48 Abs 2 S 1 grundsätzlich das Vertrauen in den Bestand des VA gegenüber dem öffentlichen **Interesse an der einheitlichen und wirksamen Durchsetzung des EU-Rechts** als idR minder gewichtig und daher idR nicht als schutzwürdig anzusehen ist, wenn die Beihilfe 21

---

[37] BVerwGE 92, 185 = NVwZ 1993, 578; ebenso im wesentlichen Schenke DÖV 1990, 495, der Nichtigkeit bzw Rechtswidrigkeit der Folge-VAe analog § 44 Abs 4 annimmt; nach **aA** sind die Folge-VAe rechtswidrig und müssen aufgehoben werden; so insb in der Konsequenz von BVerwGE 72, 309; ähnlich Laubinger VerwArch 1989, 243: Aufhebung nach § 51 Nr 3; vgl auch BVerwG NVwZ 1989, 1170: Widerruf der Konzeptgenehmigung, wenn sich im Verfahren zum Erlass weiterer Folgegenehmigungen erweist, dass die Vollgenehmigung nicht mehr zulässig ist; zT ähnlich BVerwG NVwZ 1989, 52.

[38] Vgl allg zur Rücknahme von Subventionsbescheiden bei Rechtswidrigkeit wegen eines Verstoßes gegen EU-Recht, insb auch EuGH 1980, 617; 1980, 1863 = NJW 1981, 510; 1983, 2633 = NJW 1984, 2024; NVwZ 1990, 1162; Pache NVwZ 1994, 318; Knack 20; StBS 29 ff; Fischer DVBl 1990, 1098; Schulze DVBl 1993, 279; Happe NVwZ 1993, 32; Triantafyllou NVwZ 1992, 436; Fastenrath JZ 1992, 1083; Stober JZ 1992, 1088; Bleckmann JZ 1992, 47; Schmidt-Räntsch EuZW 1990, 376; Ehlers DVBl 1991, 605; Dickersbach NVwZ 1996, 962; Jannasch VBlBW 1996, 163; Richter DÖV 1995, 846.

gewährt wurde, ohne dass das Verfahren gem Art 93 EG-V beachtet worden war.[39] Zur Pflicht zur Einleitung eines Prüfungsverfahrens durch die Kommission EuGH NVwZ 2001, 1021, zur Entscheidungsfrist EuGH NVwZ 2001, 661.

21 a **Die gleichmäßige Durchsetzung des Gemeinschaftsrechts** in allen Mitgliedsländern – bei Subventionen insb auch eine Rückforderung von zu Unrecht erfolgten Zahlungen – darf nach dem aus Art 10 EG folgenden Effektivitätsgrundsatz durch das nationale Verfahrensrecht **nicht praktisch unmöglich** gemacht werden (BVerwGE 95, 225 unter Bezugnahme auf EuGH NJW 1993, 979). Das schließt zwar die Gewährung von Vertrauensschutz nicht gänzlich aus, da der Schutz berechtigten Vertrauens auch zu den Grundsätzen des EU-Rechts gehört, führt aber zu verschiedenen Modifizierungen der rechtlichen Voraussetzungen der Rücknahme. So darf die nach Gemeinschaftsrecht gebotene Rücknahme eines VA weder durch Gesichtspunkte des Vertrauensschutzes (s unten Rn 88) noch im Rahmen des Rücknahmeermessens (s unten Rn 112), noch durch die Jahresfrist des Abs 4 (s hierzu unten Rn 135) noch schließlich durch den Gesichtspunkt der Entreicherung (s hierzu § 49 a Rn 18) verhindert werden.[40]

22 **6. Begriff und Systematik der Rücknahme. a) Begriff.** Rücknahme ist die vollständige oder teilweise Aufhebung (Beseitigung) oder Änderung eines **rechtswidrigen VA** durch einen neuen VA außerhalb eines Rechtsbehelfsverfahrens. Im Gegensatz bezeichnet das Gesetz in § 49 die Aufhebung rechtmäßiger VAe als Wiederruf (vgl Begr 67). Maßgeblich für die Unterscheidung ist grundsätzlich die **Rechtswidrigkeit im Zeitpunkt des Erlasses** des VA. Die Regelungen in § 48 betreffen daher die rechtswidrig erlassenen VAe, nicht die später rechtswidrig gewordenen VAe. **Umstritten** und richtigerweise zu verneinen ist, ob eine erst später eingetretene **Änderung der Rechts- oder Sachlage,** die den VA in Widerspruch zum geltenden Recht treten lässt oder umgekehrt zur Folge hat, dass der ursprünglich rechtswidrig erlassene VA nunmehr rechtmäßig erlassen werden könnte, auch unter § 48 fällt oder ob insoweit nur ein Widerruf in Betracht kommt (s unten Rn 33). Umstritten ist auch, ob die Unbeachtlichkeit von formellen Fehlern nach § 46 einer Rücknahme entgegensteht (vgl § 46 Rn 45 f).

23 **b) Abgrenzung von Rücknahme und späterer Neuregelung.** Die Rücknahme eines VA bedeutet in sachlicher Hinsicht, dass durch einen späteren VA bzgl desselben Sachverhalts eine andere Regelung getroffen wird. Rücknahme und Neuregelung können in ein und demselben VA zusammenfallen, was auch häufig der Fall ist. IdR wird in einer Neuregelung eine konkludente Rücknahme zu sehen sein (s ausf Rn 38). Trotz der insoweit unklaren Fassung des § 48 (ähnlich auch des § 49 und des § 51) handelt es sich deshalb dann nicht um eine Rücknahme, wenn im Hinblick auf eine Änderung der Rechts- oder Sachlage eine **neue Regelung** durch einen neuen VA in einer Angelegenheit getroffen wird, die bisher nur im Hinblick auf eine bestimmte andere und nunmehr nicht mehr gegebene Sach- oder Rechtslage geregelt war (BVerwGE 69, 92; Erichsen/Ehlers § 38 Rn 55 ff). Das gilt auch dann, wenn der frühere VA bis zur Neuregelung formell fortbesteht und erst durch diese auch formell aufgehoben oder gegenstandslos wird (F 255; Redeker DVBl 1973, 746). Keine Rücknahme liegt deshalb vor bei der Ablösung der Untersagung eines Gewerbes durch eine **Wiedergestattung,** nachdem die Voraussetzungen dafür erfüllt sind, ebenso der Ablösung der Entziehung der Fahrerlaubnis durch **Wiedererteilung einer Fahrerlaubnis,**

---

[39] BVerwGE 92, 86 = NJW 1993, 2764 unter Bezunahme auf EuGH Slg 1990, 3453 Rn 16; BVerwGE 95, 213 unter Bezugnahme auf EuGH NVwZ 1993, 973, zu § 48 Abs 4 außerdem auch zB Pache NVwZ 1994, 325; Schmidt-Räntsch EuZW 1990, 379; zT **aA** die frühere Rspr, vgl BVerwGE 74, 357 = NVwZ 1987, 44; Münster NVwZ 1993, 7; Kassel NVwZ 1990, 884: kein Ermessen der Behörde hins. der Rücknahme; Koblenz NVwZ 1993, 82 = JZ 1992, 1084.

[40] S auch Einf Rn 58 ff.

nachdem die Eignungsvoraussetzungen wieder gegeben sind (BVerwG DVBl 1964, 483)oder bei der Ablehnung der **Anerkennung als Kriegsdienstverweigerer,** nachdem nunmehr neue Tatsachen (zB ein „Schlüsselerlebnis") eingetreten sind (BVerwGE 69, 93), sowie einer Ablehnung einer **Zurückstellung vom Wehrdienst** auf Grund des Zurückstellungsgrundes A, nachdem ein anderer, neuer Zurückstellungsgrund B geltend gemacht wird (BVerwGE 68, 154 = NVwZ 1984, 705).

c) Erfordernis der Sachidentität. Eine Rücknahme liegt immer nur bei Identität der Sache vor, wenn der frühere VA entweder zu einem invariablen Tatbestand erging (F 255) oder ausdrücklich nach Inhalt und Zweck der getroffenen Regelung auch für den Fall einer **Änderung der Sach- und Rechtslage** Geltung beansprucht (VGH Mannheim NVwZ 1990, 986) und idS einer Dauer-VA ist, wie zB die Bauerlaubnis oder eine immissionsschutzrechtliche Genehmigung (VGH Mannheim NVwZ 1990, 986; Kopp BayVBl 1990, 525). Die Ablehnung eines Antrags auf Erlass eines begünstigenden VA, ist zwar immer VA, im Zweifel jedoch idR kein Dauer-VA idS (vgl BSG 58, 49). 24

Nicht um eine Rücknahme mangels Identität der Sache, sondern um einen neuen, nicht den Beschränkungen des § 48 unterworfenen VA handelt es sich, wenn der neue VA zwar denselben allgemeinen Sachverhalt betrifft, jedoch gegenüber anderen Personen ergeht, die nicht Rechtsnachfolger der vom ursprünglichen VA betroffenen Personen sind. Insoweit gelten die Grundsätze des Prozessrechts über die **sachlichen und persönlichen Grenzen der Rechtskraft** – vgl dazu Kopp/Schenke § 121 Rn 18ff – sinngemäß auch für das Verwaltungsverfahrensrecht (vgl Kopp DVBl 1983, 392). 25

d) Grundsatz der doppelten Deckung. § 48 ist primär eine Verfahrensvorschrift, die die Zulässigkeit der Durchbrechung der Bindungswirkung und ggf auch der Bestandskraft (s zum Begriff § 43 Rn 29ff) regelt, zugleich aber als annexe Regelung zum Verfahrensrecht im Zusammenhang damit zT auch materielle Voraussetzungen der Rücknahme festlegt. Zu der verfahrensrechtlichen Zulässigkeit einer nachträglichen Änderung muss in jedem Fall immer auch deren **Zulässigkeit nach dem maßgeblichen materiellen Recht** im Zeitpunkt der Rücknahme hinzukommen.[41] 26

Die §§ 48ff ermächtigen die Behörde, sich in bestimmten Fällen **über die verfahrensrechtliche Bindung** an einen einmal erlassenen VA bzw über die Bestandskraft eines VA hinwegzusetzen; sie regeln außerdem auch die der Behörde in diesen Fällen zustehenden besonderen materiellrechtlichen Befugnisse zum **Erlass eines „Zweitbescheids"**, durch den ein vorangegangener VA aufgehoben oder abgeändert wird. **Hinzukommen muss aber stets die materielle Sachbefugnis** nach allgemeinem Recht, zB nach Baurecht, Gewerberecht usw. Auch wenn eine Rücknahme zulässig ist, ist sie nur dann rechtmäßig, wenn die Behörde auch nach dem im Zeitpunkt ihrer Entscheidung geltenden materiellen Recht ermächtigt ist, die mit der Rücknahme verbundene inhaltliche Regelung zu treffen (BVerwGE 60, 325; OVG Münster DÖV 1982, 705; Kopp BayVBl 1980, 102; wohl auch Laubinger VerwArch 1982, 368). Die §§ 48ff geben den Behörden keine Befugnisse, die ihnen in der Sache nach dem für sie (sonst) maßgeblichen materiellen Recht nicht zukommen. 27

e) Rechtswidrigkeit als Voraussetzung für die Rücknahme. Die Rücknahme eines VA nach § 48 ist nur zulässig, wenn der VA rechtswidrig ist. Die 28

[41] Sog Prinzip der doppelten Deckung, ähnlich nunmehr BVerwGE 74, 361 = DÖV 1986, 1062: sowohl eine Verfahrensregelung als auch eine materielle Regelung; OVG Münster DÖV 1982, 705; Laubinger VerwArch 1982, 368; im Ergebnis auch BVerwGE 68, 153; 76, 260; BVerwG DVBl 1986, 1205; Hufen DVBl 1988, 74; vgl auch BFHE 151, 45 = NVwZ 1989, 293; StBS 90.

Rechtswidrigkeit muss immer tatsächlich, dh nicht nur nach Überzeugung der Behörde, gegeben sein (BVerwGE 12, 353; 18, 168; 24, 294). Ob dies der Fall ist, wird freilich häufig erst in einem Rechtsbehelfsverfahren geklärt. Der Begriff der Rechtswidrigkeit ist derselbe wie in § 42 VwGO und § 113 VwGO (OVG Münster DÖV 1989, 456). Ist in einer Sache ein **Widerspruchsbescheid** ergangen, so beurteilt sich die Frage der Rechtswidrigkeit idR nach diesem (vgl § 79 Abs 1 Nr 1 VwGO). Die Rechtswidrigkeit kann in einer Verletzung des formellen Rechts, insb des Verfahrensrechts iS des § 9, oder des materiellen Rechts, des positiven Rechts wie des Gewohnheitsrechts oder allgemeiner Rechtsgrundsätze des ungeschriebenen Rechts,[42] auch des EU-Rechts,[43] uU auch des Völkerrechts, oder eines auf Grund des internationalen öffentlichen Rechts anzuwendenden Rechtsnorm des Rechts eines fremden Staates liegen. **Umstritten,** richtigerweise aber zu verneinen ist, ob von einer Rechtswidrigkeit iSd § 48 ausgegangen werden kann, wenn der Fehler gem § 46 als unerheblich anzusehen ist (vgl § 46 Rn 45ff). Rechtswidrig iS der §§ 48, 49 kann **auch ein fiktiver VA** sein, zB eine kraft Gesetzes als erteilt geltende Genehmigung (BVerwG DVBl 1975, 513: die Wirkung erschöpft sich in der Fiktion des Vorganges der Genehmigungserteilung; eine über diese verfahrensrechtliche Funktion hinausgehende Bedeutung kommt ihr nicht zu).

29 **aa) Begriff der Rechtswidrigkeit.** Die Rechtswidrigkeit kann darin bestehen, dass die Behörde das geltende **Recht falsch ausgelegt oder angewandt** hat oder bei der Entscheidung von einem Sachverhalt ausgegangen ist, der in Wahrheit gar nicht vorlag (BVerwGE 31, 222; Begr 68), oder dass sie die **Bindungswirkung einer Zusicherung** (BVerwGE 49, 244 = DVBl 1976, 220) oder eines in der Sache früher ergangenen oder für einzelne Entscheidungsvoraussetzungen präjudiziellen VA oder einer entsprechenden gerichtlichen Entscheidung nicht beachtet hat, außerdem auch in der **rechtsfehlerhaften Betätigung von Ermessen, Beurteilungsspielraum oder Planungsermessen.** Nicht als Rechtswidrigkeit sind bloße Unrichtigkeiten iS von § 42 anzusehen, die der vereinfachten Berichtigung nach § 42 unterliegen und deshalb allenfalls im Zweifelsfällen Anlass für eine Rücknahme des betroffenen VA gem § 48 sein können.

30 **Ein Verstoß gegen Verwaltungsvorschriften** kann als solcher nicht zur Rechtswidrigkeit eines VA führen. Lässt eine Behörde die für sie geltenden Verwaltungsvorschriften außer Acht oder wendet sie falsch an, so bleibt dies zunächst einmal folgenlos.[44] Eine Rechtswidrigkeit kann sich in diesen Fällen aber mittelbar aus einem **Verstoß gegen den Gleichbehandlungsgrundsatz** aus Art 3 GG ergeben, wenn die Behörde in vergleichbaren Fällen richtlinienkonform vorgegangen ist.[45] Das gilt auch für Richtlinien, denen der Betroffene sich „unterworfen" hat, indem er sich mit ihrer Anwendung einverstanden erklärt hat.[46]

---

[42] BSG SozR 1300 § 44 Nr 17; vgl auch Lüneburg OVG NVwZ 1985, 499: eine Subvention ist auch bei Fehlen einer ausdrücklichen Regelung rechtswidrig, wenn sie durch den Subventionszweck nicht gerechtfertigt wird.

[43] Vgl zB BVerwGE 92, 81 = DVBl 1993, 727; s zu Richtlinien, die, wenn das nationale Recht nicht in angemessener Frist angepasst wird, uU wie Rechtsnormen anzuwenden sind, auch BVerwG DÖV 1986, 1092 = DVBl 1987, 94; Jarass NJW 1990, 2420; Knösels Vr 1992, 159; zT zweifelnd Papier DVBl 1993, 813.

[44] Erichsen VerwArch 1978, 308; UL § 58 Rn 21; StBS 61; unklar insoweit BVerwG NJW 1977, 1838; zT **aA** OVG Lüneburg 33, 55; zur Verletzung von Verwaltungsvorschriften, die „unmittelbare Auswirkung" haben; Dommach DÖV 1981, 124.

[45] Vgl BVerwGE 52, 193 = DÖV 1978, 110; VGH München BayVBl 1982, 659; NVwZ 1990, 882; OVG Koblenz DVBl 1982, 219; OVG Bremen NVwZ 1988, 447; OVG Münster NJW 1981, 2597; OVG Lüneburg NVwZ 1985, 499; Götz NVwZ 1980, 481; Dorn DÖV 1988, 11; Erichsen VerwArch 1978, 309.

[46] BVerwG DVBl 1983, 810; Lüneburg DÖV 1988, 36; VGH München NVwZ 1990, 882; kritisch Grawert DVBl 1981, 1029; Weides NJW 1981, 841.

Bei Ermessensentscheidungen kann die Rechtswidrigkeit auch in **Ermessensfehlern** iS von § 114 VwGO liegen,[47] wenn zB die Behörde bei ihrer Entscheidung von in Wahrheit nicht vorliegenden Tatsachen ausging (Lange NJW 1986, 2462; MB 8), bei VAen die auf Grund von Rechtsvorschriften ergehen, die der Behörde einen Beurteilungsspielraum einräumen (s § 40 Rn 71 ff), auch im Vorliegen eines Beurteilungsfehlers. Nicht erforderlich ist, dass Rechtsätze verletzt sind, die zugleich subjektive Rechte oder Verpflichtungen begründen oder begründen können oder die Behörde zu solchen Regelungen ermächtigen. Eine Rechtsverletzung ist stets nur dann auch iS von § 48 erheblich, wenn sie nicht gem § 45 geheilt wurde (OVG Münster NVwZ 1988, 740 = NJW 1988, 2690; MB 12; Knack 29). 31

bb) Wegfall der Ermächtigungsgrundlage. VAe, deren Rechtsgrundlagen nachträglich wegfallen, bleiben grundsätzlich voll wirksam und werden auch nicht rechtswidrig (vgl BVerwG NVwZ-RR 1990, 323: es gibt keinen Rechtssatz des Bundesrechts, nach welchem ein entstandener Beitragsanspruch deshalb nicht fortbestehen könnte, weil ein gesetzliches Tatbestandsmerkmal nachträglich mit Wirkung ex nunc weggefallen ist). Insoweit kommt daher grundsätzlich nur ein Widerruf nach § 49 Abs 2 Nr 4 in Betracht. Etwas anders gilt nur, wenn durch Gesetz, etwa durch gesetzliche Überleitungsbestimmungen, etwas anders bestimmt ist oder die betroffenen VAe auf Grund besonderer Umstände obsolet wurden. Wurde die Rechtsgrundlage durch Richterspruch des BVerfG, des Verfassungsgerichts des Landes oder nach § 47 VwGO des OVG mit Gesetzeskraft oder Allgemeinverbindlichkeit für **ungültig erklärt,** so berührt dies zwar die Wirksamkeit des ergangenen VA nicht unmittelbar.[48] Die betroffenen VAe sind jedoch wegen fehlender Rechtsgrundlage **von Anfang an rechtswidrig** gewesen und können daher nach § 48 zurückgenommen werden (BVerwGE 64, 62; BSG 61, 187 = NVwZ 1989, 998; Martens NVwZ 1990, 630). Der Rücknahme stehen hier auch nicht § 79 BVerfGG, § 183 VwGO oder allgemeine Grundsätze entgegen (BSG NVwZ 1989, 998). Etwas anderes gilt dann, wenn nicht die Ungültigkeit der in Frage stehenden Rechtsnormen festgestellt wurde, sondern im Interesse der Funktionsfähigkeit der Verwaltung oder aus sonstigen übergeordneten Gründen **nur die Verfassungswidrigkeit** bzw Gesetzwidrigkeit der Ermächtigungsgrundlage und deren vorläufige Fortgeltung anerkannt oder sogar angeordnet wird (vgl zB BVerfG 54, 159, 301; 73, 297; DVBl 1989, 247). In solchen Fällen kommt grundsätzlich nur ein Widerruf der betroffenen VAe analog § 49 Abs 2 Nr 4 in Betracht. 32

f) Maßgeblicher Zeitpunkt für die Rechtswidrigkeit. Die Rücknahme setzt stets voraus, dass ein VA bereits im Zeitpunkt seines Erlasses rechtswidrig war, dass also die Behörde bei dem Erlass des VA gegen geltendes Recht verstoßen hat.[49] Eine Änderung der Sach- und Rechtslage nach Erlass des VA kann zwar dazu führen, dass die Regelung in Widerspruch zum geltenden Recht gerät, nicht aber zur Rechtswidrigkeit und Rücknehmbarkeit des VA. Etwas anderes gilt nur in den Fällen, in denen sich eine Rechtslage rückwirkend ändert (BVerwGE 84, 111; Maurer § 11 Rn 11; Erichsen § 17 Rn 6). Die Auffassung, dass § 48 auch auf nachträglich „rechtswidrig gewordene" VAe anwendbar sei, steht im Widerspruch zu § 49 Abs 2 Nr 3, 4; sie hat sich zu Recht nicht durchgesetzt. 33

---

[47] Vgl OVG Münster DÖV 1989, 456; MB 8; Lange NJW 1986, 2462.

[48] Vgl § 79 BVerfGG; § 183 VwGO; Kopp/Schenke § 183 Rn 6; vgl auch OVG Münster NWVBl 1990, 12: die Bindungswirkung einer Teilungsgenehmigung entfällt nicht deshalb, weil der Bebauungsplan für ungültig erklärt wurde.

[49] Begr 68; BVerwGE 59, 160; Pieroth NVwZ 1984, 683; Maurer § 11 Rn 52; Dommach DÖV 1981, 124; Pickel NVwZ 1987, 455; Kopp BayVBl 1989, 652 und 1990, 524; Knack 28 u vor § 43 Rn 47; Ehlers GewArch 1999, 312; vgl auch StBS 59 ff; **aA** Martens NVwZ 1989, 832; Schenke DVBl 1989, 938; BayVBl 1990, 107; SG 13 II 1 Rn 723.

34 **Nachträgliche Änderungen** der rechtlichen oder tatsächlichen Voraussetzungen eines VA können grundsätzlich, soweit durch Gesetz, zB durch Überleitungsvorschriften nichts anderes bestimmt ist, einen ursprünglich rechtmäßig erlassenen VA **nicht rechtswidrig werden** lassen, sondern nur Anlass und Rechtfertigung für einen **Widerruf** nach § 49 oder eine Wiederaufnahme nach § 51 sein,[50] nur in besonders gelagerten Fällen auch den **VA gegenstandslos** werden lassen,[51] oder nach dem Grundsatz der doppelten Deckung (s dazu oben Rn 27) eine Rücknahme dadurch ausschließen, dass nach dem nunmehr im Zeitpunkt der Rücknahme geltenden Recht die Behörde verpflichtet wäre, einen inhaltsgleichen VA sofort wieder zu erlassen; eine bloße Berechtigung der Behörde, einen gleichen VA wieder zu erlassen, würde dagegen nicht genügen. Umgekehrt beseitigt eine **Rechtsänderung,** die nunmehr den Erlass eines VA mit gleichem Inhalt ermöglichen würde, die Rechtswidrigkeit eines schon vorher erlassenen VA nicht, sofern sie nicht mit entsprechender Rückwirkung ausgestattet ist.[52] Eine solche Rückwirkung kommt zB bei einer Heilung nach § 214f BauGB in Betracht (StBS § 44 Rn 26). Entsprechend den in § 47 und § 49 Abs 1 2. Halbs enthaltenen allgemeinen Rechtsgedanken ist in diesen Fällen aber eine Rücknahme des früheren VA für die Zeit ab dem Inkrafttreten des neuen Rechts nicht mehr zulässig.

35 **aa) Änderung der Rechtsprechung.** Eine Änderung der Rechtsprechung ist insoweit einer Rechtsänderung nur dann gleichzuachten, wenn sie Ausdruck veränderter neuer Rechtsauffassungen ist (vgl § 49 Rn 50). Wenn und soweit sie nur diese Auslegung einer Vorschrift oder sonstiger Rechtsnormen klarstellt, ist auch die Frage der Rechtswidrigkeit nach ihr zu beurteilen, nicht nach der früheren abweichenden Rechtsprechung.[53] Die Fälle, in denen die Rspr[54] nachträgliche Rechtswidrigkeit angenommen hat, betreffen, soweit ersichtlich, zumeist VAe, die schon von ihrem Inhalt her zeitlich an die Fortdauer einer bestimmten Situation, die später wegfiel, gebunden waren und deren Wirksamkeit daher entfiel, ohne dass es einer Rücknahme oder eines Widerrufs, sondern allenfalls einer Klarstellung durch feststellenden VA bedurfte (Kopp BayVBl 1990, 524; **aA** Schenke DVBl 1989, 433; BayVBl 1990, 107). Soweit VAe von den Betroffenen nach Treu und Glauben als nicht im dargelegten Sinne beschränkt und lediglich als vorläufige Regelungen gedacht verstanden werden durften, wäre nicht eine Rücknahme, sondern nur ein Widerruf in Betracht gekommen.

36 **bb) Änderung des Sachverhalts.** Auch eine nachträgliche Änderung des Sachverhalts, der für den Erlass eines VA maßgebend war, kann einen VA nicht rechtswidrig werden lassen,[55] sondern ihn, was grundsätzlich Auslegungsfrage ist, je

---

[50] Kopp BayVBl 1989, 652; 1990, 524; Lehner Vw 1993, 183; Knack vor § 43 Rn 48; vgl allg auch Heilemann SGb 1994, 15; **aA** BVerwG NVwZ 1994, 375: Rücknahme der Pflegezulagebewilligung bei Besserung des Gesundheitszustands München NVwZ 1989, 378; Schenke DVBl 1989, 433; BayVBl 1990, 107; Schenke/Baumeister JuS 1991, 547; Ehlers VerwArch 1993, 175 Fn 181.

[51] Vgl BVerwG BayVBl 1990, 215: die rückwirkende Bewilligung einer Rente führt zur Rechtswidrigkeit eines Beihilfebescheides, der davon ausgeht, dass keine Rente bezogen wird; OLG Köln NJW 1988, 2119m Anm Lange NStZ 1989, 122: die Anordnung des Anschluss- und Benutzungszwangs bezüglich einer Kanalisation macht die durch Baugenehmigung erteilte Berechtigung zur Einleitung von Abwässern in Gewässer gegenstandslos; vgl auch BVerwGE 66, 68; BVerwG DVBl 1982, 797; Kopp BayVBl 1989, 652; 1990, 524.

[52] Str, **aA** BVerwGE 64, 218.

[53] Ebenso StBS 44 Rn 31; zT **aA** BFH NVwZ 1989, 293; vgl auch BFH 146, 496 = BStBl II 1986, 707.

[54] Vgl BVerwGE 84, 111 = NVwZ 1990, 672; DVBl 1988, 1047; OVG Münster NVwZ 1988, 71; NVwZ-RR 1988, 1.

[55] Begr 68; BVerwG ZBR 1982, 350; OVG Münster NVwZ 1988, 94; Maurer § 10 Rn 3; § 11 Rn 11; Pickel NVwZ 1987, 455; Pieroth, Rückwirkung und Übergangsrecht, 1981, 217; Kopp BayVBl 1989, 43; 1990, 524; **unklar** BVerwGE 84, 111; BVerwG DVBl 1994,

nach seinem Inhalt und dem dafür maßgeblichen Recht allenfalls gegenstandslos machen oder die innere Wirksamkeit (§ 43) der mit dem VA getroffenen Regelung entfallen lassen.[56] Der VA kann in diesen Fällen nur widerrufen oder deklaratorisch für gegenstandslos erklärt werden.[57]

cc) Neue wissenschaftliche Erkenntnisse. Neue wissenschaftliche Erkenntnisse (zB hins. der Gefährlichkeit radioaktiver Strahlen), die eine andere Beurteilung der sachlichen Voraussetzungen eines VA notwendig machen, insb bisher als gesichert geltende Annahmen widerlegen, können die Beurteilung des VA im Zeitpunkt seines Erlasses beeinflussen. Ergeben sie, dass der VA im Lichte der nunmehrigen Erkenntnisse nicht hätte ergehen dürfen, so ist der VA auch hins einer evtl Rücknahme als **von Anfang an rechtswidrig** anzusehen (vgl Lange NJW 1986, 2462; Wagner DÖV 1987, 526; Gaentzsch NVwZ 1990, 507; StBS § 44 Rn 32). Vgl zur Zulässigkeit auch eines Widerrufs wegen veränderter Umstände in diesen Fällen und zur Befugnis der Behörde, grundsätzlich zwischen beiden Möglichkeiten zu wählen, § 49 Rn 46. Gleiches gilt, wenn bisher angenommene Tatsachen, auf Grund derer der VA erlassen wurde, sich nachträglich **auf Grund neuer Beweismittel als unzutreffend erweisen** oder sonst die dem VA zugrundeliegenden tatsächlichen Annahmen auf Grund bisher unbekannt gewesener Tatsachen erschüttert werden (vgl BVerwGE 78, 141; s auch BVerwG NJW 1988, 2912: wenn nachträglich, eine Gefährlichkeit bekannt wird, die sehr viel größer ist, als man zunächst wusste und wissen konnte). 37

g) Form und Umfang der Rücknahme. aa) Konkludente Aufhebung. Um eine Rücknahme eines VA handelt es sich nicht nur dann, wenn mit einem späteren VA der frühere ausdrücklich zurückgenommen wird, sondern grundsätzlich immer auch schon dann, wenn der neue VA **im Widerspruch zu einem früheren** rechtswidrigen VA ergeht und insoweit hins des Regelungsgegenstands jedenfalls eine andere Regelung trifft, ohne den früheren VA ausdrücklich aufzuheben oder abzuändern.[58] Dies gilt selbst dann, wenn die Behörde, die den späte- 38

115; **aA** Schenke DVBl 1989, 634; BayVBl 1990, 107; Schenke/ Baumeister JuS 1991, 547; Baumeister VerwArch 1992, 399 Fn 102; allg wohl auch Lange WuV 1979, 16; Jura 1980, 459.

[56] Vgl BVerwGE 84, 274 = NJW 1990, 2482 = BayVBl 1990, 475: die Bewilligung von Wohngeld findet mit dem Tod des Berechtigten „automatisch" ihr Ende, es bedarf dann keiner Aufhebung des Bewilligungsbescheids als Voraussetzung für die Rückforderung wieter erfolgter Zahlungen; BVerwGE 84, 111 = NVwZ 1990, 672: „Rücknahme" der Bewilligung einer beamtenrechtlichen Beihilfe, für die durch die rückwirkende Bewilligung einer Rente die Grundlage entfiel; BVerwG DVBl 1994, 115: Entfallen der Pflegezulage bei unzweifelhafter grundlegender Besserung des Gesundheitszustands; OVG Münster NVwZ 1988, 71 zur „Rücknahme" der Bewilligung eines beamtenrechtlichen Witwenunterhaltsbeitrags, für den mit der Wiederverheiratung die Grundlage entfallen war; Münster NVwZ-RR 1988, 1: „Rücknahme" einer funktionsbedingten Stellenzulage eines Beamten nach Wegfall der Funktion.

[57] Kopp BayVBl 1989, 652; 1990, 525; s auch § 49 Rn 40 mwN; ebenso Maurer § 10 Rn 3; vgl auch BVerwG DÖV 1992, 875 = DVBl 1992, 1173: Widerruf der Genehmigung der Satzung einer Innung, wenn diese rechtswidrig geworden ist; zT **aA** BFH NVwZ 1989, 293: nachträglich bekannt gewordene Tatsachen, „deren Bedeutung für den Fall sich erst auf Grund einer Änderung der Rspr ergibt, können nur dann zu einer Änderung des Steuerbescheides führen, wenn ihre rechtzeitige Kenntnis die Entscheidung des Finanzamts mit einer an Sicherheit grenzenden Wahrscheinlichkeit beeinflusst hätte".

[58] BVerwGE 62, 5; 82, 242: die falsche Auslegung eines früheren VA stellt noch keine Rücknahme dar; BVerwG DVBl 1982, 1001; 1986, 563; 1992, 1171 zur nachträglichen Anordnung einer Auflage zu einer Gaststättenerlaubnis; BFH NVwZ 1986, 792; OVG Münster NVwZ 1993, 76; VGH Mannheim NVwZ 1988, 186; 1991, 80; NVwZ-RR 1993, 329: die nachträgliche Berichtigung einer fehlerhaften Festsetzung einer Verwaltungsgebühr ist nach §§ 48f zu beurteilen; VGH Kassel NVwZ 1990, 881; ebenso KG NJW 1990, 48; StBS 243; wohl auch WBS II § 51 V 4 Rn. 91 **aA** Seibert 196; Obermayer Grundzüge 107; Götz NVwZ 1984, 481.

ren VA erlassen hat, sich des Widerspruchs gar nicht bewusst war,[59] oder der spätere VA überhaupt von einer anderen Behörde auf Grund anderer Rechtsgrundlagen erlassen wurde. Darüber hinaus wird allgemein angenommen, dass die **Rückforderung einer Subvention** im Zweifel konkludent die Rücknahme der Bewilligung mit einschließt.[60] Ähnlich stellt die **Nacherhebung von Erschließungsbeiträgen** zugleich eine entsprechende Änderung des ursprünglichen Heranziehungsbescheids dar (OVG Lüneburg NVwZ 1986, 104); die **Räumungsanordnung** für eine Obdachlosenunterkunft die **Rücknahme** (oder den Widerruf) der Zuteilung der Unterkunft (OVG Berlin NVwZ 1990, 195); eine **Ausweisungsverfügung** zugleich die Rücknahme eines Ausreiseverbots (vgl VGH Mannheim NVwZ 1988, 185); der erneute Erlass eines **Haftungsbescheids,** nachdem ein Haftungsbescheid für denselben Sachverhalt zurückgenommen worden war, die Rücknahme (oder den Widerruf) der Rücknahme (vgl BFH NVwZ 1986, 792); die Genehmigung einer **Nutzungsänderung,** nachdem die Nutzung vorher gänzlich untersagt worden war, die zumindest teilweise Rücknahme (Widerruf) der Untersagung (Hausmann BayVBl 1988, 118; **aA** München BayVBl 1987, 437); die Versagung einer Baugenehmigung im Widerspruch zu einer vorher erteilten **Bebauungsgenehmigung** (Bauvorbescheid) zugleich eine Rücknahme oder einen Widerruf hins der Bebauungsgenehmigung.[61] Die Qualifizierung derartiger VAe als konkludente Rücknahme-VAe sagt noch nichts über die Rechtmäßigkeit dieses Vorgehens aus. In vielen Fällen wird es jedenfalls an der erforderlichen Ermessensbetätigung fehlen.

39 **bb) Nachträgliche Nebenbestimmungen.** Die nachträgliche Beifügung belastender Nebenbestimmungen gem § 36 kann, sofern es keine spezielle Ermächtigungsgrundlage hierfür gibt, als Sonderform der Teilrücknahme jedenfalls nach § 48 oder § 49 in analoger Anwendung beurteilt werden (BVerwG DVBl 1992, 1171; 1986, 563). UU ist aber eine für den Betroffenen nicht als solche erkennbare Rücknahme bzw ein solcher Widerruf und eine Rücknahme bzw ein Widerruf, bei der (dem) unklar bleibt, ob und ggf inwieweit dadurch ein früherer VA aufgehoben wird, wegen eines Ermessensnichtgebrauchs oder wegen Unbestimmtheit rechtswidrig und ggf nichtig. **Nicht um eine Rücknahme** (bzw einen Widerruf) handelt es sich dagegen, wenn ein vorläufiger VA lediglich durch die in ihm seinem Wesen entsprechende und insofern in ihm bereits konkludent vorbehaltene endgültige Regelung ersetzt wird;[62] anders bei Rücknahme aus anderen Gründen. Zu den rechtlichen Problemen der Rückforderung von durch VA bewilligten Zahlungen im Wege einer mit den Banken vereinbarten schlichten Rückbuchung vgl v Einem SGb 1988, 484.

40 **cc) Teilrücknahme.** Die Rücknahme kann sich auch auf einzelne Teile eines VA beschränken und diese aufheben oder abändern (ebenso Laubinger VerwArch 1982, 346). Als (Teil-)Rücknahme idS stellt sich auch zB die nachträgliche Befristung (Beschränkung der Geltungsdauer eines fehlerhaften VA) oder die nachträgliche Anordnung sonstiger Nebenbestimmungen zu einem solchen VA gem § 36 oder der Ausschluss einzelner mit VA sonst idR vorhandener Wirkungen

---

[59] ZT **aA** OVG Münster NVwZ 1993, 76: nur wenn dem neuen VA mit hinreichender Deutlichkeit entnommen werden kann, dass mit ihm die ursprünglich zuerkannte Rechtsposition entzogen werden soll.

[60] BVerwGE 62, 5 = DVBl 1981, 640; BVerwG NJW 1977, 1838 m abl Anm v Erichsen in VerwArch 1978, 303 und Menger VerwArch 1978, 93; 1978, 212; NVwZ 1984, 518; Koblenz DVBl 1982, 222; Münster DÖV 1991, 561.

[61] Kopp DVBl 1991, 727; **aA** Schenke DÖV 1990, 497; ebenso offenbar BVerwGE 68, 241 und DVBl 1989, 673, jedoch ohne Erörterung der Frage.

[62] BVerwGE 67, 99 m Anm Götz in JuS 1983, 924; Münster DÖV 1991, 561 m Anm v Martens NVwZ 1991, 1045; Henke DVBl 1983, 1247; Tiedemann DÖV 1983, 814; Knack 34.

(BVerwGE 68, 159 zu einem Vertriebenenausweis) dar, **nicht dagegen eine bloße Änderung der Begründung** oder ein Nachschieben von Gründen zu einem VA, sofern dieser dadurch in seinem Regelungsgehalt nicht berührt wird (BVerwGE 21, 316), oder eine andere Beurteilung von Fragen, die für den früher ergangenen VA nur Vorfragen waren und deshalb von dessen Bindungswirkung nicht erfasst werden (BVerwGE 24, 175); anders, wenn auf Grund besonderer Rechtsvorschriften ausnahmsweise eine Bindungswirkung auch in Bezug auf den neuen VA vorgesehen ist, wie zB bei der Bodenverkehrsgenehmigung gem § 21 BauGB hins der späteren Baugenehmigung (BVerwGE 29, 253).

dd) Erlass eines Rücknahme-VA. Die Rücknahme erfolgt durch einen neuen VA, den sog Rücknahmebescheid, der sich zwar (ausdrücklich oder konkludent) auf den ursprünglichen VA bezieht, **rechtlich aber selbstständig** ist (WBS II § 51 Rn 106; Knack 34; vgl auch BVerwGE 90, 43), auf Grund eines neuen selbstständigen Verfahrens ergeht und grundsätzlich denselben **Zuständigkeits-, Form- und Verfahrensvorschriften** unterliegt wie der zurückgenommene VA (WBS II § 51 Rn 91; Knack 37), sofern und soweit diese im Zeitpunkt des Erlasses des Rücknahmebescheids noch in Geltung sind; andernfalls nach den nunmehr für VAe der in Frage stehenden Art geltenden Vorschriften und Rechtsgrundsätzen. Entsprechend sind am Rücknahmeverfahren auch die Beteiligten des ursprünglichen VA bzw deren Rechtsnachfolger im Zeitpunkt der Rücknahme zu beteiligen und auch die Rücknahmeverfügung an den ursprünglichen Adressaten bzw dessen Rechtsnachfolger zu adressieren. **Zur Zuständigkeit** für die Entscheidung über die Rücknahme s Rn 148. 41

h) Sonstige Folgen der Rücknahme. § 48 enthält abgesehen von den Regelungen zum Entschädigungsanspruch in Abs 3, 5 selbst keine Regelung über die Beseitigung der Folgen, die auf Grund des ursprünglichen, nunmehr zurückgenommenen VA eingetreten sind. Für die **Rückgabe von Urkunden** und Sachen, die zum Nachweis der aus dem zurückgenommenen VA folgender Berechtigung dienten, gilt § 52. Für den Erstattungsanspruch der Behörde gilt nunmehr die **Erstattungsregelung des § 49a;** im Übrigen kommt der allgemeine Erstattungsanspruch (vgl § 49a Rn 24) bzw der allgemeine **Folgenbeseitigungsanspruch** zur Anwendung (vgl auch StBS 193). 42

aa) Folgenbeseitigungsanspruch. Wird ein rechtswidriger VA zurückgenommen, so ist die Behörde grundsätzlich verpflichtet, die noch andauernden unmittelbaren rechtswidrigen Folgen des VA zu beseitigen, soweit dies tatsächlich möglich, rechtlich zulässig und zumutbar ist.[63] Problematisch ist hier vor allem, wie weit der Kreis der zu beseitigenden Folgen des VA zu ziehen ist, zB ob bei der Aufhebung der Einweisung eines Obdachlosen in eine Wohnung, nach Aufhebung der Einweisung der Obdachlose nicht nur verpflichtet ist, die Wohnung herauszugeben, sondern der Eigentümer unter dem Gesichtspunkt der Folgenbeseitigung einen Anspruch gegen die Behörde auf Räumung der Wohnung hat (bejahend Götz VBlBW 1987, 425; Knemeyer JuS 1989, 696), oder ob auf Grund sondergesetzlicher Bestimmungen oder des allgemeinen Polizeirechts idR nur einen **Anspruch auf ermessensfehlerfreie Entscheidung** über eine evtl Räumung.[64] 43

Der Folgenbeseitigungsanspruch kann gegen den ursprünglich durch den zurückgenommenen VA Begünstigten nach der sog Kehrseitentheorie **durch VA festgesetzt** werden. Nicht unter den Folgenbeteiligungsanspruch fallen alle nur mittelbaren Folgen des zurückgenommen VA (vgl Kopp/Schenke § 113 Rn 38). 44

---

[63] Zum FBA näher Schoch VerwArch 1988, 1; BVerwGE 94, 100 = NVwZ 1994, 275 – Bargteheide; Ramsauer, Assessorprüfung Rn 25.02.

[64] So zutreffend VGH Mannheim NVwZ 1987, 1101 = VBlBW 1987, 424; NVwZ 1990, 476; DÖV 1990 573; zT **aA** Knemeyer JuS 1988, 696; Horn DÖV 1989, 976.

Die **Rücknahme der Zulassung zu einer Prüfung** hat deshalb zB nicht zur Folge, dass auch die auf Grund der Zulassung erfolgte und bestandene Prüfung für nicht bestanden erklärt werden könnte (vgl VGH Mannheim NVwZ 1989, 382). Folgenbeseitigungsanspruch und Erstattungsanspruch schließen sich nicht gegenseitig aus; sie können auch nebeneinander bestehen (Broß VerwArch 1985, 224; WBS II § 52 Rn 28; Aulehner JA 1989, 452).

45 **bb) Strafbarkeit.** Keine Auswirkungen hat die Rücknahme eines begünstigenden VA, zB einer Erlaubnis, auch wenn und soweit sie rückwirkend erfolgt, grundsätzlich auf die in einem Gesetz vorgesehene Strafbarkeit uä eines Handelns oder Verhaltens, das nach Strafrecht oder Ordnungswidrigkeitenrecht strafbar oder verfolgbar ist, wenn der Betroffene sich nicht im Besitz des in Frage stehenden VA befindet. Dies gilt (außer, wenn der VA nichtig ist) selbst dann, wenn der Betroffene den VA iS von Abs 2 S 3 Nr 1 durch arglistige Täuschung, Drohung oder Bestechung erwirkt hatte und der VA deshalb zurückgenommen wurde, oder wenn jedenfalls das Vertrauen in den Bestand des VA analog Abs 2 S 3 Nr 1–3 nicht schutzwürdig war. Umgekehrt **entfällt jedoch die Strafbarkeit** bzw Bußgeldpflichtigkeit des Zuwiderhandelns gegen eines VA, **wenn** der VA **mit Rückwirkung auf** den Zeitpunkt der Zuwiderhandlung zurückgenommen wird.[65]

II. Freie Rücknehmbarkeit rechtswidriger VAe (Abs 1 S 1)

46 **1. Grundsatz der freien Rücknehmbarkeit.** Nach Abs 1 S 1 kann die Behörde einen rechtswidrigen VA grundsätzlich jederzeit – auch während eines anhängigen Rechtsstreits über den VA oder nachdem er bereits unanfechtbar geworden ist, und selbst nach Bestätigung durch ein gerichtliches Urteil[66] – ganz oder teilweise zurücknehmen (BVerwGE 82, 272; 85, 79; BVerwG NVwZ 1985, 265; Münster NVwZ 1985, 661). Auch die Ungültigerklärung der Vorschrift, auf Grund deren der VA erlassen worden war, hat nach § 79 Abs 2 BVerfG bzw § 183 VwGO weder eine Beschränkung noch eine Erweiterung der Befugnis der Behörde zur Rücknahme zur Folge, ebenso auch keine Verpflichtung dazu.[67] Die Entscheidung über die Rücknahme eines VA steht dabei nach § 48 grundsätzlich im Ermessen der Behörde. S zur Frage, ob § 48 für den Regelfall eine bestimmte Entscheidung vorgibt („intendiert") Rn 50.

47 **a) Änderung, Teilrücknahme.** Die Befugnis zur Rücknahme **schließt die Befugnis zu Änderungen** mit ein. Dazu gehört auch die nachträgliche Beifügung von **Nebenbestimmungen** nach § 36 zu dem VA, wenn dadurch Rechtmäßigkeit hergestellt werden kann. Eine **Teilrücknahme oder Teiländerung** ist nur zulässig, wenn bzw soweit der in Frage stehende VA hins seines Inhalts oder hins. der idR damit verbundenen Folgen (vgl BVerwGE 68, 159; 85, 79) teilbar ist (Laubinger VerwArch 1982, 346) und die Voraussetzungen der Rücknahme (nur) hins des in Frage stehenden Teils erfüllt sind, auch zB die Beschränkung oder der Ausschluss bestimmter mit dem VA im Regelfall „automatisch" verbundener Begünstigungen (BVerwGE 68, 159 und 85, 79 zum teilweisen Entzug von mit dem Vertriebenenausweis idR verbundenen Vergünstigungen).

---

[65] Vgl BayObLG NJW 1992, 1120: bei Aufhebung des Urteils, mit dem die Fahrerlaubnis entzogen wurde, im Wiederaufnahmeverfahren keine Bestrafung wegen Fahrens ohne Führerschein für die Zwischenzeit; str.

[66] BVerwGE 70, 110; 82, 272; BVerfG 23, 101; dazu Ule DVBl 1981, 1009, 1010; kritisch Sachs JuS 1985, 447; BGH DÖV 1973, 92.

[67] BSG NVwZ 1989, 998; VGH München BayVBl 1989, 86; zT **aA** offenbar BVerwG NVwZ 1991, 31: Ermessensreduktion auf Null, wenn der VA auf Grund einer verfassungswidrigen Norm ergangen war.

b) Einschränkungen bei Vertrauensschutz. Der Grundsatz der freien Rücknehmbarkeit von VAen gilt ohne Einschränkungen nur **für ausschließlich belastende VAe,** sofern keine Sonderregelungen bestehen. Für begünstigende VAe gelten im Hinblick auf die Grundsätze der Rechtssicherheit und des Vertrauensschutzes die wesentlichen Einschränkungen der Abs 2–4, die eine Rücknahme abweichend von Abs 1 in vielen Fällen ausschließen oder von einem Ausgleich der Nachteile abhängig machen. **Zum Begriff der Belastung** bzw Begünstigung s Rn 61. Nach Abs 4 ist die Rücknahme begünstigender VAe außerdem grundsätzlich nur **innerhalb eines Jahres** zulässig (s unten Rn 130 ff). 48

2. Ermessensentscheidung. Die Entscheidung über die Rücknahme eines VA steht, sofern die rechtlichen Voraussetzungen gem § 48 Abs 1, 2 und 4 oder nach zu beachtenden Sondervorschriften erfüllt sind, grundsätzlich im Ermessen („kann") der zuständigen Behörde (Begr 68).[68] **Umstritten** ist, ob hier ein Fall sog. **intendierten Ermessens** (s dazu § 40 Rn 45) vorliegt, bei dem nur besondere Gesichtspunkte ein Absehen von der Rücknahme rechtfertigen könnten (so wohl BVerwG NJW 1998, 2233; hiergegen zu Recht StBS 28; Maurer § 7 Rn 12). Für die von der Behörde zu treffende Ermessensentscheidung gelten die allgemeinen Grundsätze (§ 40). 49

Für die Ermessenserwägungen maßgebend ist vor allem der Zweck der Ermächtigung des Fachgesetzes, das die Ermächtigung für den ursprünglichen VA bzw – entsprechend dem Grundsatz der doppelten Deckung (s oben Rn 27) – für den im Zeitpunkt der Rücknahmeentscheidung diesem entsprechenden VA enthält. Wenn bzw soweit die Rücknahme auf **Weisung einer höheren Behörde,** im Widerspruchsverfahren auch zB durch die untere Behörde auf Grund einer Weisung der Widerspruchsbehörde, erfolgt, kommt es auf deren Ermessen an (vgl OVG Münster NWVBl 1992, 249). 50

a) Anspruch auf ermessensfehlerfreie Entscheidung. Der Bürger, der durch einen fehlerhaften VA in seinen Rechten betroffen ist, hat, auch soweit die rechtlichen Voraussetzungen gem § 48 für eine Rücknahme gegeben sind, grundsätzlich keinen Anspruch auf Rücknahme, sondern nur ein formelles subjektives **Recht auf ermessensfehlerfreie Ermessensausübung** hins. der Entscheidung über die Ausübung der Rücknahmebefugnis.[69] Das gilt auch für den Fall, dass der VA noch nicht unanfechtbar geworden ist.[70] Etwas anderes gilt nach § 51, der bei Vorliegen der Voraussetzungen für ein Wiederaufgreifen einen Anspruch auf eine neue Sachentscheidung vermittelt, sowie bei einer Ermessensreduktion auf Null (s hierzu Rn 56). § 48 gibt mit den gesetzlichen Tatbeständen den Behörden keine bestimmte Entscheidung allgemein oder zu einzelnen Fragen iS „intendierter Ent- 51

---

[68] BVerwGE 57, 4: Ermessensentscheidung auch notwendig, wenn das Vertrauen nicht schutzwürdig; BVerwGE 69, 90 = DÖV 1984, 678; 70, 362; BVerwG NVwZ 1985, 265; BFH 139, 128 = BStBl II 1984, 321; NVwZ 1990, 700; BSG NVwZ 1989, 285; VGH Mannheim DVBl 1989, 886; OVG Münster NVwZ 1985, 661; Knack 44; StBS 87; UL § 61 Rn 16; WBS II § 51 Rn 64; MB 20; Erichsen/Ehlers § 17 Rn 20; 20 Rn 4f; Göldner DÖV 1979, 805; ebenso die hM zum früheren Recht, vgl BVerwGE 39, 233; 44, 334; BVerfG 27, 305; VGH München DVBl 1978, 115.

[69] BVerwGE 44, 355 mwN; 48, 278; 53, 14; 69, 90 = DÖV 1984, 678; 78, 338 = NVwZ 1988, 757; BVerwG NVwZ 1985, 265; 1988, 738; NVwZ-RR 1990, 26 = DVBl 1989, 1196; NVwZ-RR 1993, 222; BSG 67, 232; BFH 139, 128; NVwZ 1990, 700; OVG Münster NVwZ 1986, 135; VGH Mannheim DVBl 1989, 886; Obermayer 22; StBS 88; Knack 44; Erichsen/Ehlers § 17 Rn 5; WBS II § 51 Rn 124; Siegmund-Schultze DVBl 1979, 256/9; Erichsen/Knoke NVwZ 1983, 189; **aA** zum Asylrecht wegen hier geltender besonderer Regelungen BVerwGE 78, 333 = DVBl 1988, 638.

[70] HM; zT **aA** Maurer JuS 1976, 493; für den Fall, dass der VA noch nicht unanfechtbar ist, auch Schenke DÖV 1986, 313; BayVBl 1990, 110; Schenke/Baumeister NVwZ 1993, 3; gegen die Auffassung, die einen Anspruch auf Rücknahme bei Rechtswidrigkeit des VA schlechthin bejaht, zutreffend Göldner DÖV 1989, 805.

scheidungen" (s zum Begriff § 40 Rn 45) für den Regelfall vor.[71] Voraussetzung für den Anspruch auf ermessensfehlerfreie Entscheidung über die Rücknahme ist die Betroffenheit in subjektiven öffentlichen Rechten. **Keinen Anspruch auf Rücknahme** eines einen Dritten begünstigenden VA hat auch der in einem Auswahlverfahren (zB Vergabe eines Studienplatzes in einem numerus-clausus-Fach; Besetzung einer Beamtenstelle) **unterlegene Mitbewerber** um eben diesen VA, der dann im weiteren die Zuerkennung des durch die Rücknahme wieder „frei" werdenden VA an sich erreichen möchte (vgl BVerwGE 80, 273 = NJW 1989, 1749; **aA** Schenke NVwZ 1993, 723).

52 aa) **Eingeschränkte Prüfungs- und Begründungspflicht.** Die Behörde muss nicht alle von ihr erlassenen VAe laufend von Amts wegen im Hinblick auf etwaige Rücknahmegründe prüfen, sondern in eine solche Prüfung und eine nachfolgende Abwägung des Für und Wider einer evtl Rücknahme nur eintreten, wenn ein **konkreter Anlass** besteht, insb wenn ein Beteiligter dies beantragt und dafür konkrete neue Tatsachen oder sonstige Gesichtspunkte vorträgt.[72] Auch dann sind nicht alle denkbaren Gesichtspunkte zu prüfen, sondern nur solche, die vom Bürger vorgetragen werden oder die der Behörde bekannt sind oder sich ihr aufdrängen müssen. Die Ablehnung des Antrags auf Rücknahme bzw Änderung (s oben Rn 47) eines VA kann nicht allein damit begründet werden, dass der Betroffene Rechtsmittel gegen den VA hätte einlegen können.[73] Sie bedarf im Regelfall jedoch keiner näheren Auseinandersetzung mit der Sache (OVG Berlin NVwZ 1988, 184; OVG Münster NVwZ 1986, 135; VGH Mannheim DVBl 1989, 886; v Mutius JK VwVfG § 51/2). Grundsätzlich genügt ein Hinweis darauf, dass für eine andere Beurteilung des Falles kein Anlass besteht (BVerwG NVwZ 1986, 294). Dafür sprechen vor allem die Gründe der **Rechtssicherheit und des Rechtsfriedens** und der Verwaltungsökonomie sowie die Überlegung, dass der belastete Bürger die Möglichkeit ordentlicher Rechtsbehelfe hätte oder, wenn der VA bereits unanfechtbar ist, gehabt hätte.

53 bb) **Weitergehende Prüfungs- und Begründungspflichten.** Einer eingehenderen Prüfung und Abwägung des Für und Wider eines erneuten Aufgreifens der Sache und einer entsprechenden Begründung einer evtl Ablehnung bedarf es, wenn **besondere Umstände** des Einzelfalles vorliegen und sich der Behörde aufdrängen oder vom Bürger substantiiert vorgetragen werden (vgl BVerwGE 39, 231; 44, 338; BFH NVwZ 1990, 701). Solche Gründe sind zB, dass der VA für den Bürger, für Dritte oder die Allgemeinheit **unzumutbare Folgen** hat (vgl BVerwGE 44, 336; 59, 148; BVerwG NVwZ 1985, 265; VGH Mannheim NVwZ 1989, 884; Gern DVBl 1987, 1197); dass sich die **Sach- oder Rechtslage geändert** hat (BVerwGE 39, 232; BVerwG NVwZ 1985, 265; Gern DVBl 1987, 1197); dass die Behörde auch sonst **in vergleichbaren Fällen** den belastenden VA aufgehoben und ggf durch eine für den Betroffenen günstigere Regelung ersetzt hat (BVerwGE 44, 336; OVG Münster NVwZ 1986, 135; VGH Mannheim NVwZ 1989, 884); dass Gründe von **Treu und Glauben** eine Rücknahme geboten erscheinen lassen,[74] etwa weil die Behörde

---

[71] Str; zur **aA** vgl zu § 49 BVerwGE 72, 1, 6; BVerwG NJW 1998, 2233; bei Erfüllung der Tatbestandsvoraussetzungen ist die Entscheidung für den Regelfall „intendiert"; anders nur, wenn die vom Gesetz für den Regelfall vorgesehene Entscheidung aus besonderen Gründen nicht als ausreichend erscheint.

[72] BVerwG NVwZ 1984, 727; BGH NVwZ 1990, 701; Schwabe JZ 1985, 545; zT **aA** Korber DÖV 1985, 309.

[73] BVerwG NVwZ 1990, 700; BFH NVwZ 1990, 701; Knack 36; zT **aA** der Einführungserlass zur AO 1977 BStBl I 1987, 664: bei nicht entschuldbarer Versäumnis der Rechtsbehelfsfrist keine Verpflichtung der Behörde, in eine Überprüfung des VA einzutreten.

[74] BVerwGE 44, 336 mwN; BVerwG NVwZ 1985, 265; Gern DVBl 1987, 1197.

den Bürger gehindert hatte, den VA rechtzeitig mit einem Rechtsbehelf anzugreifen, oder durch ihr Verhalten wesentlich dazu beigetragen hat (vgl OVG Münster NVwZ 1986, 135). **Kein hinreichender Grund,** der bei der Entscheidung, ob in eine erneute Sachprüfung eingetreten werden soll, besonders geprüft werden muss, ist dagegen **die Rechtswidrigkeit** eines VA als solche, **anders, wenn sie offensichtlich ist;**[75] ebenso auch nicht, dass der VA, ohne dass ein Rechtsbehelfsverfahren stattgefunden hat, unanfechtbar geworden ist (BFH NVwZ 1990, 701).

Die besonderen Umstände muss die Behörde in ihre Ermessensentscheidung einbeziehen und dabei abwägen, ob dem Prinzip der Gesetzmäßigkeit der Verwaltung und der **Einzelfallgerechtigkeit** oder dem Interesse der Allgemeinheit am Eintritt von Rechtsfrieden und **Rechtssicherheit** der Vorzug zu geben ist. Dabei kommt es vor allem auf die Schwere und Offensichtlichkeit des Rechtsverstoßes, die Zumutbarkeit der durch den VA für die Betroffenen und ggf für Dritte eingetretenen Situation, seit dem Erlass des VA uU eingetretene Änderungen der Sach- oder Rechtslage, insb auch bei Ermessensentscheidungen und darauf an, weshalb die Rechtswidrigkeit des Verwaltungsaktes erst nach Ablauf der Rechtsbehelfsfrist vom Betroffenen geltend gemacht wird (BVerwG NVwZ 1990, 249 mwN; BFH NVwZ 1990, 701). 54

b) Die Ermessensreduzierung auf Null. Der Ermessensspielraum der Behörde kann angesichts der besonderen Umstände des konkreten Einzelfalls auf Null schrumpfen mit der Folge, dass der betroffene Bürger praktisch einen Anspruch auf Rücknahme hat.[76] Das kann zB der Fall sein bei **Dauer-VAen,** wenn die Sach- oder Rechtslage sich so geändert hat, dass ein Festhalten am VA **nicht mehr zumutbar** ist;[77] ferner in Fällen der **Selbstbindung,** wenn auch in anderen Fällen einem Antrag auf Rücknahme stattgeben wurde und Art 3 GG die Gleichbehandlung verlangt;[78] wenn aus anderen Gründen ein Aufrechterhalten des VA **schlechthin unerträglich** wäre (BVerwGE 44, 336; BVerwG NVwZ 1985, 265; Knack 46); wenn Umstände vorliegen, die ein Festhalten am VA als Verstoß gegen die guten Sitten oder gegen **Treu und Glauben** erscheinen lassen (BVerwG NVwZ 1985, 265; VGH Mannheim NVwZ 1989, 884; Gern DVBl 1987, 1197). Ähnliches gilt, wenn die Behörde selbst in vorwerfbarer Weise dazu beigetragen hat, dass der Betroffene den VA unanfechtbar werden ließ (OVG Münster NVwZ 1986, 135). Bei nicht auf Geldleistungen oder teilbare Sachleistungen iS von Abs 2 bezogenen VAen kommt eine Ermessensreduktion in Betracht, wenn das **Vertrauensschutzinteresse** des Betroffenen analog Abs 2 eindeutig und offensichtlich schwerer wiegt als das öffentliche Interesse an einer Rücknahme (BVerfG 59, 166) und ein finanzieller Ausgleich gem Abs 3 den Nachteil nicht ausgleichen könnte.[79] 55

---

[75] Erichsen/Ehlers § 20 Rn 5; Maurer JuS 1976, 493: Ablehnung wäre grundsätzlich ermessensfehlerhaft; Schenke BayVBl 1990, 110; unklar BVerwG NVwZ 1983, 152 zum Erschließungsbeitragsrecht: die Gemeinde ist verpflichtet, ein abgeschlossenes Heranziehungsverfahren wieder aufzugreifen, wenn „kein überzeugender Grund" erkennbar ist, der eine andere Ermessensentscheidung rechtfertigen könnte; **aA** Voraufl.

[76] BVerwG NVwZ 1985, 265; UL § 62 Rn 16; WBS II § 51, Rn 88; Erichsen/Ehlers § 20 Rn 5; StBS 96; Knack 26; MB 20 und 48; Göldner DÖV 1979, 809; s auch oben Rn 5; allg zur Ermessensreduktion auf Null § 40 Rn 30.

[77] BVerwGE 59, 148; NVwZ 1985, 265; VGH Mannheim NVwZ 1989, 884 = DVBl 1989, 886; Gern DVBl 1987, 1179.

[78] BVerwGE 44, 336; BVerwG NVwZ 1985, 265 mwN; OVG Münster NVwZ 1986, 135 unter Hinweis auf BVerwG 26, 155; VGH Mannheim NVwZ 1989, 884; Gern DVBl 1989, 1197; Knack 26 mwN.

[79] UL § 62 Rn 28; Maurer Boorberg-FS 1977 242 ff; Schleicher DÖV 1976, 554; MB 4, 36; Erichsen/Ehlers § 17 Rn 17 ff; zT **aA** offenbar Knack 48 und 111.

56 **3. Rückabwicklungsansprüche.** Die Rücknahme eines VA kann Erstattungs-, Folgenbeseitigungs- und sonstige Ansprüche auslösen. Hat der Betroffene im Hinblick auf einen belastenden VA, der später zurückgenommen wurde, **Aufwendungen** gemacht, so sind diese gem bzw in entspr Anwendung von Abs 3 **zu erstatten.**[80] Außerdem hat der Betroffene Anspruch auf Rückgängigmachung aller durch eine bereits erfolgte Vollziehung des zurückgenommenen VA unmittelbar herbeigeführten Folgen nach den allgemeinen Grundsätzen über den **Folgenbeseitigungsanspruch.** Auch über diesen Anspruch ist auf Antrag oder von Amts wegen **durch VA zu entscheiden.** Daneben können ggf auch Ansprüche aus Amtshaftung (BGH NJW 1985, 682), aus enteignungsgleichem Eingriff sowie wegen Verletzung der beamtenrechtlichen Fürsorgepflicht uä in Betracht kommen (s unten Rn 125). Bei Rücknahme nichtiger VAe besteht idR keine Schadenersatzpflicht (vgl BGH NJW 1983, 216; MB 73; Knack 113).

III. Rücknahme begünstigender VAe (Abs 1 S 2)

57 **1. Grundzüge der Regelungen.** Begünstigende VAe können gem Abs 1 S 2 nur zurückgenommen werden, wenn die Voraussetzungen der Abs 2 bis 4 erfüllt sind. § 48 unterscheidet dabei abweichend vom früheren Recht zwischen einer Rücknahme von VAen, die auf eine Geldleistung oder teilbare Sachleistung gerichtet sind (Abs 2), und sonstigen VAen (vgl Abs 3). Während die Rücknahme von VAen der erstgenannten Art nach Abs 2 grundsätzlich ausgeschlossen ist, soweit ihr das schutzwürdige Vertrauen des Begünstigten entgegensteht, ist bei der Rücknahme sonstiger VAe das schutzwürdige Vertrauen des Begünstigten nach dem Wortlaut des Abs 3 nicht beachtlich; einem berechtigten Vertrauen soll lediglich durch die Zuerkennung eines Ausgleichsanspruchs Rechnung getragen werden. Der Unterschied zwischen den Regelungen in Abs 2 und Abs 3 ist indessen nicht grundlegend. Vielmehr geht der Gesetzgeber davon aus, dass den Begünstigten nach Abs 2 der Anspruch auf die Geldleistung (bzw teilbare Sachleistung) anstelle eines sonst evtl fälligen Ausgleichanspruchs belassen werden soll. Diese „saldierende" Betrachtungsweise ist bei Abs 3 nicht möglich.

58 **Die Regelung des Abs 3** stößt auf erhebliche **verfassungsrechtliche Bedenken,** sofern damit jede Berücksichtigung des Vertrauensschutzes auf die Zuerkennung von Ausgleichsansprüchen beschränkt werden soll (s unten Rn 120 ff). Mit einem finanziellen Ausgleich lässt sich der Vertrauensschutz in Fällen des Abs 3 nämlich nicht immer hinreichend gewährleisten. Vielmehr sind die in Abs 2 genannten Gesichtspunkte eines **schutzwürdigen Vertrauens** mit dem Gewicht, das ihnen gegenüber dem im konkreten Fall auf dem Spiel stehenden öffentlichen Interesse zukommt, auch in Fällen des Abs 3 im Rahmen der Betätigung des Rücknahmeermessens zu berücksichtigen.[81] Die Notwendigkeit der Berücksichti-

---

[80] Vgl idS offenbar auch BVerwGE 85, 79 = NJW 1991, 583; str; **aA** zu den Fällen des Abs 2 MuE 174; vgl auch unten Rn 124; ferner zur Frage der analogen Anwendung des Abs 3 StBS 180; Schenke DÖV 1983, 328; Johlen NJW 1976, 2155.

[81] Vgl BVerfG 59, 167; 85, 79 = DVBl 1990, 1057 zu § 15 Abs 5 BVFG aF, der nach seinem Wortlaut keinen Raum für die Berücksichtigung des Vertrauensgesichtspunkts lässt, vom BVerfG aber iS des Schutzes schutzwürdigen Vertrauens ausgelegt wurde; BVerwGE 68, 164; 83, 197; BVerwG BayVBl 1994, 374; OVG Hamburg NVwZ-RR 1993, 323; OVG Münster NVwZ 1985, 662; 1988, 942; VGH Kassel NVwZ 1986, 58; KG NJW 1990, 1804; VG Karlsruhe NJW 1994, 1979; Obermayer 17; Schenke DÖV 1989, 369; MB 52, 55 und 63; Göldner DÖV 1979, 805; Hufen 211; MK 15 III 3, Gramlich DÖV 1986, 462; Osterloh JuS 1989, 239; Kopp GewArch 1986, 181; DVBl 1992, 1179; allg auch BVerwG DVBl 1985, 986; 1986, 1205; DÖV 1986, 1002; NVwZ 1987, 45; 1988, 281 = BayVBl 1988, 281 unter Hinweis auf BVerfG 59, 152: der Vertrauensschutz kann als Folge aus dem Rechtsstaatsprinzip grundsätzlich nicht ausgeschlossen werden; BVerwGE 74, 152 und 80, 152: wenn eine bestehende Befugnis nachträglich beseitigt wird, muss der nach dem Rechtsstaatsprinzip ge-

gung des schutzwürdigen Vertrauens ergibt sich schon aus dem **Verfassungsrang** des Grundsatzes des Vertrauensschutzes, weshalb er notwendig bei jeder Entscheidung über die Rücknahme eines VA zu Berücksichtigen ist.[82]

2. Begriff des begünstigenden VA. Begünstigend ist nach der **Legaldefinition des Abs 1 S 2** ein VA dann, wenn er „ein Recht oder einen rechtlich erheblichen Vorteil begründet oder bestätigt". Als bestätigend idS ist auch die verbindliche Feststellung eines Rechts durch feststellenden VA anzusehen.[83] Nicht begünstigend sind alle belastenden VAe, dh solche, die eine Rechtsverletzung in dem weiten Sinne des § 42 Abs 2 VwGO bewirken können; das ist dann der Fall, wenn eine Verletzung subjektiver Rechte möglich ist (OVG Münster NVwZ 1989, 72). Zu dem Fall, dass ein VA den Betroffenen weniger belastet als möglich oder erwartet, s unten Rn 67. Maßgeblich ist, wenn ein Widerspruchsbescheid ergangen ist, der VA in der „Gestalt, die er durch den Widerspruchsbescheid erhalten hat". Eine lediglich tatsächliche Begünstigung oder Belastung genügt nicht (OVG Münster NJW 1987, 269, StBS 126). Begünstigend ist auch ein **VA, der eine Belastung aufhebt** oder mindert;[84] bei **VAen mit Drittwirkung** für den Dritten, der durch den beantragten VA begünstigt wurde, auch die Ablehnung eines solchen Antrags, zB für den Nachbarn die Ablehnung des Bauantrags des Bauwerbers.[85] 59

Nicht begünstigend ist ein VA, der **Pflichten begründet,** also Gebote und Verbote auferlegt, **Rechte entzieht** oder aufhebt oder zum Nachteil des Betroffenen verändert oder einschränkt (Knack 56), **Verpflichtungen konkretisiert** (VGH München NVwZ 1983, 20), oder sonstige rechtlich erhebliche Nachteile begründet oder bestätigt. Gleiches gilt umgekehrt für die **Ablehnung der Begründung eines Rechts** oder eines rechtlich erheblichen Vorteils (zB bei Ablehnung eines beantragten VA)[86] und für einen zwar antragsgemäß ergangenen VA, soweit er unmittelbar zu einem vom Antragsteller nicht vorhergesehenen **Nachteil bei einer anderen Leistungsart** führt (BVerwGE 25, 194; Knoke 55). § 48 verwendet im Gegensatz zu verschiedenen sondergesetzlichen Regelungen und zur früheren Rspr den Begriff des belastenden VA nicht ausdrücklich; dieser Begriff ist jedoch in allen Bestimmungen des VwVfG und entsprechender Gesetze 60

---

botene Vertrauensschutz gewahrt werden; ähnlich VGH Mannheim NVwZ 1988, 859; zur Rücknahme der Erlaubnis zur Führung der Bezeichnung „Fachanwalt" auch Kewenig NJW 1990, 1721; vgl auch BVerwG DVBl 1993, 728; differenzierend v Danwitz Jura 1994, 287: Vertrauensschutz zu berücksichtigen, wenn der Ausgleichsanspruch gem Abs 3 keinen adäquaten Ausgleich darstellen würde; **aA** OVG Münster DVBl 1980, 887; VGH München NVwZ 1992, 992: kein Schutz des Vertrauens auf den Bestand des VA, nur Vermögensschutz nach Abs 3; StBS 189; Erichsen/Ehlers § 17 Rn 22f; Knack 48; ebenso im Ergebnis Knoke 236, der die Regelung jedoch als verfassungswidrig und ungültig betrachtet.

[82] BVerfG 59, 152, 166: Ausschluss der Berücksichtigung der Gesichtspunkte des Vertrauensschutzes wäre als Vorstoß gegen das Rechtsstaatsprinzip verfassungswidrig; ähnlich BVerwG NVwZ 1988, 281 = BayVBl 1988, 281: Vertrauensschutz kann grundsätzlich nicht ausgeschlossen werden, auch wenn die Behörde auf Grund besonderer gesetzlicher Regelung kein Ermessen hins. der Rücknahme hat; ferner BVerwG BayVBl 1988, 281 zur Einziehung eines Vertriebenenausweises; vgl auch Kopp DVBl 1992, 1179.

[83] Knoke 54; kritisch zur Unterscheidung begünstigender und nicht begünstigender VAe gem Abs 1 S 2 mit beachtlichen Gründen Krause NJW 1979, 1013.

[84] OVG Lüneburg NVwZ 1990, 675; WBS II § 46 Rn 23; StBS 128; **aA** offenbar OVG Münster BRS 47, 483.

[85] Kopp DVBl 1983, 399 mwN; **aA** BGH NVwZ 1987, 356 unter Hinweis auf BVerfG 48, 271, weil der Antrag jederzeit wiederholt werden könne; Kritik: die in der erwähnten Entscheidung zum Ausdruck gekommene Vorstellung, dass Anträge beliebig wiederholt werden können und ihre Ablehnung nicht der Bestandskraft unterliegt, ist heute auch in Fällen, in denen Grundrechte betroffen sind, nicht mehr vertretbar, vgl Kopp DVBl 1983, 397.

[86] Begr 68; WBS II § 46 Rn 13; § 51 Rn 28; Erichsen Jura 1981, 554; Wendt JA 1980, 87; Knoke 55; StBS 128; Erichsen/Ehlers § 16 Rn 8; Maurer § 9 Rn 48.

gemeint, die wie Abs 1 S 2 Regelungen über nicht begünstigende VAe enthalten, denn ein Drittes gibt es nicht.[87]

61 **Grundsätzlich ist Wirksamkeit** des begünstigenden VA **erforderlich.** Das setzt voraus, dass der in Frage stehende VA dem Betroffenen gegenüber schon durch ordnungsgemäße Bekanntgabe gem §§ 41 Abs 1, 43 Abs 1 wirksam geworden ist (K 15 d; unklar BGH NVwZ-RR 1989, 523 = VersR 1988, 1029); der VA muss jedenfalls erlassen und damit existent geworden sein (§ 43 Rn 4). Sofern allerdings der Betroffene keine gesicherte Kenntnis vom Ergehen des VA erlangt hat, ist sein Vertrauen auf den Bestand des VA auch nicht schutzwürdig.

62 **a) Der Begriff rechtlich erheblichen Vorteils** umfasst Rechte ieS und rechtlich geschützte Interessen (BT-Dr 7/910 S 68; OVG Münster NVwZ 1989, 72; Knoke 50), dh jeden von der Rechtsordnung durch Sätze des öffentlichen Rechts[88] als schutzwürdig (vgl BVerwGE 15, 61; WBS II § 51 Rn 28; Kopp/Schenke § 42 Rn 78 ff) anerkannten und **rechtlich geschützten Vorteil.**[89] Durch die Verwendung dieses Begriffs sollte einer zu engen Auslegung des Begriffs des Rechts in S 2 zum Nachteil des Bürgers vorgebeugt und zugleich eine Parallele „zu dem vergleichbaren Begriffspaar ‚Rechte' und ‚rechtlich geschützte Interessen' hergestellt" werden (Begr 68; ebenso MuE 165).

63 **aa) Rechte, rechtlich geschützte Interessen.** Zu den Rechten iSd S 2 zählen alle subjektiven öffentlichen Rechte einschl des **Rechts auf ermessens- bzw beurteilungsfehlerfreie Entscheidung.** Es muss sich immer um rechtserhebliche Vorteile bzw Nachteile, nicht nur lediglich tatsächliche, wirtschaftliche, ideelle uä handeln. Die Vorteile oder Nachteile müssen sich unmittelbar aus dem VA ergeben (StBS 127; Knack 65), dh die durch den VA getroffene Regelung muss begründet, bestätigt oder festgestellt sein. Nur mittelbar damit im Zusammenhang stehende lediglich tatsächliche Vorteile oder Nachteile sind insoweit nicht maßgeblich; anders dagegen rechtliche Vorteile oder Nachteile, für die der in Frage stehende VA auf Grund ausdrücklicher rechtlicher Vorschriften oder als Folge aus der Natur der Sache rechtliche Voraussetzung ist.[90] Ebenso **unerheblich sind bloße Reflexwirkungen** des objektiven Rechts (Erichsen Jura 1981, 537; Knack 65).

64 Bei **dinglichen VAen** (s zum Begriff § 35 Rn 104), **zB** der **Widmung einer Straße** für den allgemeinen Verkehr, sind als begünstigt bzw belastet nicht nur die unmittelbaren Adressaten uä, bei einer Widmung zB der Eigentümer des gewidmeten Grundstücks anzusehen, sondern auch Dritte, für die der VA Rechtswirkung erst über eine gesetzliche Vorschrift, die an ihn Rechtsfolgen „inter omnes" knüpft, auslöst, zB bei einer Straße die Verkehrsteilnehmer (str; vgl Kopp/Schenke § 42 Rn 55). Bei einer Baugenehmigung ist auch der Grundstückseigentümer begünstigt, der nicht selbst den Bauantrag gestellt hat, aber mit der Antragstellung einverstanden war (OLG Köln NVwZ 1989, 288), wegen der positiven Auswir-

---

[87] **AA** VGH München BayVBl 1983, 20 = NVwZ 1983, 352; BayVBl 1988, 497; VGH Mannheim NJW 1979, 1671; Knoke 55.

[88] ZT **aA** Knoke 53: auch solche des Privatrechts, sofern sie durch VA begründet werden können. Kritik: das Problem besteht nur scheinbar. Soweit ein Recht durch VA begründet oder bestätigt werden kann, beruht es immer auch auf den Rechtsnormen, auf Grund derer der VA ergeht. Diese sind notwendig solche des öffentlichen Rechts.

[89] VG Freiburg NJW 1976, 1765; WBS II § 51 Rn 28; UL § 61 Rn 25; StBS 125: jedes von der Rechtsordnung als schutzwürdig anerkannte Individualinteresse; vgl auch vdGK 6.2 und K 15 a, die zu Recht den Begriff mit dem des rechtlich geschützten Interesses, der damit nur vergleichbar ist, gleichsetzen; **aA** offenbar Begr 60.

[90] BVerwGE 85, 85 zum Vertriebenenausweis, soweit damit gem § 15 Abs 3 BVFG eine Feststellungswirkung für bestimmte Ansprüche auf Geld- und Sachleistungen verbunden ist; **aA** zur Zusage der Umzugskostenvergütung gem § 2 BUKG, die ua auch zur Folge hat, dass der Anspruch des Beamten auf Trennungsgeld entfällt, BVerwGE 81, 149 = NVwZ 1989, 1172: nur eine tatsächliche Auswirkung.

kungen hins der Bebaubarkeit des Grundstücks wohl aber auch unabhängig von seiner Zustimmung.

bb) Vorteilhaftigkeit der Regelung. Ob eine Regelung rechtlich vorteilhaft ist, ergibt sich aus der **Verkehrsauffassung** und aus den allgemeinen Wertentscheidungen des Verfassungsrechts wie auch der Rechtsordnung im Übrigen; im Zweifel auch aus den subjektiven **Vorstellungen der Betroffenen** (deren schutzwürdige Interessen und Vertrauen §§ 48ff schützen sollen), wenn sie der Behörde bekannt oder doch für sie erkennbar sind[91] oder von ihr unschwer festgestellt werden können. Begünstigend oder belastend ist zB je nach den Erwartungen der Betroffenen auch die durch VA getroffene **Feststellung der Wehrdienstunfähigkeit** oder Zivildienstunfähigkeit;[92] die **Festlegung eines Straßennamens,** der von den Anwohnern akzeptiert wurde, auf den sich diese eingerichtet haben und den sie beizuhalten wünschen;[93] die **Zuteilung einer Hausnummer** (vgl VGH München NJW 1988, 2826; **aA** VGH München BayVBl 1983, 20: weder begünstigend noch belastend; Knoke 51); eine **Einfuhrgenehmigung,** die ein Geschäft werden lässt, auch wenn das Geschäft sich dann als Verlustgeschäft erweist (MB 21). 65

b) Gleichzeitig belastender und begünstigender VA. Erhält ein VA für den einzelnen Betroffenen sowohl begünstigende als auch belastende Teile (Elemente), so ist er iS von Abs 1 S 2 **insgesamt als begünstigend** zu werten, es sei denn, dass die Rücknahme ausschließlich die Nachteile betrifft[94] oder dass der Begünstigte ausschließlich an der Beseitigung der Belastung interessiert und dafür bereit ist, die sich aus der Rücknahme des VA für ihn ergebenden Nachteile in Kauf zu nehmen.[95] Nicht maßgebend ist, ob die begünstigenden oder belastenden Teile überwiegen.[96] Eine einheitliche Betrachtung ist aber nur dann angebracht, wenn Begünstigung und Belastung untrennbar miteinander verbunden sind (Erichsen Jura 1981, 538; Obermayer 21); **anders,** wenn Begünstigungen und Belastungen in keinem unmittelbaren notwendigen inneren Zusammenhang miteinander stehen und nur äußerlich in einem VA zusammengefasst sind; wenn die belastenden Wirkungen ohne Bedeutung für den Betroffenen sind (StBS 132) oder wenn die Belastung nur Nebenbestimmungen (§ 36) betrifft (Begr BT-Dr 7/910 S. 68; Knoke 47; W 47 VI b; Frotscher DVBl 1976, 283; StBS 132 für Nebenbestimmungen; zweifelhaft) oder nur die mittelbare Folge eines begünstigenden VA, zB der Zusage einer Umzugskostenvergütung (BVerwGE 81, 149 = NVwZ 1989, 117). Nach den zu 46 dargelegten Grundsätzen ist auch ein an sich begünstigender 66

---

[91] BVerwG DVBl 1986, 561; VGH Kassel NVwZ 1990, 384: ein im Wesentlichen begünstigender VA, da die dort geregelte Rekultivierung dem eigenen Wunsch des Antragstellers entspreche; Weber BayVBl 1984, 269 zu Prüfungsergebnissen; Kopp SGb 1987, 130; StBS 125; vgl auch BVerwGE 58, 39 zur Wehrdienstunfähigkeit; **aA** Knack 65; MB 49: maßgebend allein die Rechtsordnung, nicht die Auffassung der Betroffenen.

[92] BVerwGE 58, 39; BVerwG DVBl 1982, 1001 mit zust. Anm Busch: die Abänderung in „vorübergehend nicht zivildienstfähig" stellt die Teilrücknahme eines begünstigenden VA dar.

[93] VGH Mannheim BWVPr 1976, 202; vgl auch VGH München NJW 1988, 2826: kann rechtliche Nachteile zur Folge haben Knoke 51; Brugger JuS 1990, 569; vgl auch Münster NJW 1987, 2695 = JuS 1988, 77: keine Rechte der Anlieger betroffen.

[94] VGH München VRspr 13, 529; UL § 61 Rn 27; Knack 68; Erichsen Jura 1981, 538; Knoke 62; StBS 129: der ganze VA ist als begünstigend zu behandeln.

[95] Vgl BVerwGE 81, 149 = NVwZ 1989, 1172 und VGH München BayVBl 1984, 405: die Zusage der Umzugskostenvergütung ist als ausschließlich begünstigend zu sehen, auch wenn sie Nachteile hins. des Trennungsgeldanspruchs zur Folge hat; vgl auch München BayVBl 1994, 51: Die Einweisung eines Obdachlosen ist im Zweifel für den Eigentümer der Wohnung belastend, auch wenn er für die Nutzung ein Nutzungsentgelt erhält.

[96] Knoke 62; zT **aA** offenbar BVerwG DÖV 1977, 106: Verkehrszeichen als belastend zu werten, wenn der belastende Charakter völlig überwiegt und die Begünstigung Einzelner nur eine Nebenwirkung ist.

VA als belastend anzusehen, **soweit er weniger gewährt,** als der Bürger glaubt, beanspruchen zu können, bzw als ihm tatsächlich zusteht.[97]

67 **Belastet ein VA den Betroffenen weniger als möglich** oder erwartet, so wird er dadurch allein nach zutreffender hM nicht schon zu einem begünstigenden VA.[98] Der Nacherhebung einer Abgabe steht deshalb § 48 Abs 2 nicht im Wege (BVerwGE 67, 134 = NVwZ 1983, 613). Als Begünstigung ist eine zu niedrige Belastung nur anzusehen, wenn durch die entsprechende Festsetzung uä zugleich ausdrücklich oder konkludent verbindlich klargestellt bzw sonst geregelt wurde oder der Bürger den VA jedenfalls so, dh als ihn begünstigend, verstanden hat und nach Treu und Glauben so verstehen durfte, dass die Behörde auf weitergehende oder andersartige **zusätzliche Belastungen, zB höhere Gebühren, verzichtet** (vgl BGH NVwZ 1986, 792; Erichsen/Ehlers § 17 Rn 19, die eine solche Verzichtswirkung allerdings für den Regelfall annehmen und damit zu weit gehen) bzw solche jedenfalls nicht (mehr) auferlegt werden würden und dem VA insofern eine der Konsumationswirkung des Satzes ne bis in idem vergleichbare Konsumationswirkung zukommt.[99] Soweit ein belastender VA nach den vorstehenden Grundsätzen nicht als Verzicht oder Ausschluss weiterer Belastungen in der Sache verstanden werden kann, liegt kein begünstigender VA vor; Vertrauen kann insoweit nur im Rahmen der von der Behörde bei jeder Rücknahmeentscheidung zu treffenden **Ermessensentscheidung berücksichtigt werden** (BVerwGE 79, 163; BVerwG NVwZ 1988, 938; KStZ 89, 213; Knack 6; StBS 54).

68 **Begünstigend** kann die Auferlegung eines **Verwarnungsgeldes anstelle eines Bußgeldbescheides** sein, wenn es darum ging, ein Bußgeldverfahren zu vermeiden (KG NJW 1990, 1803); ebenso ein Beitragsbescheid, wenn damit zugleich ein höherer Beitrag ausgeschlossen werden soll (s oben Rn 67). In diesen Fällen kann dann **zwar die Belastung** als solche frei nach Abs 1 S 1 **zurückgenommen** werden, nicht aber – vorbehaltlich abweichender Regelungen in besonderen Rechtsvorschriften (vgl zB für Abgaben § 177 AO) – die Begünstigung, dh die Behörde kann nicht durch Aufhebung des belastenden Teils die Freiheit zurückgewinnen, durch einen neuen VA eine umso größere Belastung zu verfügen. Vgl auch OVG Lüneburg NVwZ 1990, 675: „Die Aufhebung eines belastenden VA ist immer ein begünstigender VA. Je nach den Umständen kann jedoch in der Aufhebung eines VA dann keine Begünstigung, die einer belastenden Neuregelung entgegensteht, gesehen werden, wenn die Aufhebung nach Treu und Glauben von den Betroffenen nicht als abschließende Regelung verstanden werden kann, so idR zB bei Aufhebung nur aus verfahrensrechtlichen Gründen (BFH NJW 1990, 1199)".

---

[97] BVerwGE 71, 226: ein rechtswidriger, nicht begünstigender VA, wenn ein zu geringer Betrag bewilligt wurde; Martens NVwZ 1985, 464; 1986, 225; VGH Kassel NVwZ 1990, 384; ebenso im Ergebnis VGH Mannheim NVwZ 1986, 225.

[98] BVerwGE 109, 283, 285 = NVwZ 2000, 233 für die irrtümlich zu niedrige Festsetzung; BVerwG NVwZ-RR 2000, 367; StBS 131; **aA** WBS II § 46 Rn 23; Erichsen/Ehlers § 17 Rn 19; UL § 62 Rn 28, die in solchen Fällen eine stillschweigende Reduktion der Verpflichtung annehmen.

[99] BFH 147, 113 = NVwZ 1987, 533; 147, 215 = BStBl II 1986, 779 m Anm Herden/Gmach NJW 1987, 2790 zur Aufhebung eines VA mit dem Hinweis, dass diese „ersatzlos" erfolgt; BStBl II 1987, 405: auch ein belastender VA kann ein geeigneter Gegenstand für verfassungsrechtlich geschütztes Vertrauen sein; UL § 62 Rn 28; StBS 52 ff; MB 14 zu § 49; Knack 56; WBS II § 51 Rn 28; Wallerath 7 II 2; Wolff 29 I, Martens NVwZ 1985, 164; Jäckle NJW 1984, 2134; Weber BayVBl 1984, 269; vgl allg auch BVerwG NVwZ 1988, 938: auch ein nach seinem Tenor ausschließlich belastender VA kann ein geeigneter Gegenstand für ein verfassungsrechtlich geschütztes Vertrauen sein; BVerwG NVwZ 1989, 161; weitergehend zugunsten des Schutzes des Vertrauens der Betroffenen Maurer § 11 Rn 15; einschränkend BVerwGE 67, 134 = NVwZ 1983, 613: im Zweifel keine Konsumtionswirkung.

Der Auferlegung zusätzlicher Belastungen über einen bereits ergangenen belastenden VA hinaus kann unabhängig von § 48 **das Vertrauensprinzip** entgegenstehen (vgl BVerwG NVwZ 1989, 938; 1989, 161; NVwZ-RR 1990, 324). Soweit jedoch der Bürger einen begünstigenden VA nach den für die Auslegung von VAen auch sonst geltenden Grundsätzen, insb nach Treu und Glauben, als **abschließende Regelung** eines Sachverhalts verstehen musste oder durfte, durch die weitere Belastungen gerade ausgeschlossen werden sollten, erscheint es aber aus Gründen der Sachnähe richtiger, den VA als insgesamt auch in dieser Hinsicht begünstigend iS von § 48 Abs 1 zu behandeln und damit auch die hier bereits von der gesetzlichen Regelung her vorgegebene Berücksichtigung schutzwürdigen Vertrauens anzuwenden, als die Betroffenen insoweit auf allgemeine Rechtsgrundsätze des Vertrauensschutzes als Folge aus dem Rechtsstaatsprinzip zu verweisen. 69

c) VAe mit Dritt- bzw Doppelwirkung sind aus den dargelegten Gründen und wie auch durch § 50 bestätigt wird, **immer als begünstigende VAe** iS des Abs 2 S 2 anzusehen, wenn es um die Rücknahme des VA als ganzen geht;[100] **anders,** wenn nur Teilregelungen (zB Nebenbestimmungen) betroffen sind, die Rechte oder Pflichten ausschließlich für einen Betroffenen begründen oder feststellen; dann kommt es nur auf die Rechtswirkungen gegenüber diesem an. Dasselbe muss auch für die **Ablehnung eines Antrags auf Erlass eines VA mit Doppelwirkung** gelten, sofern sie auf Grund von Rechtssätzen erfolgt, die auch dem Schutz betroffener Dritter dienen; der Vorteil für den Dritten liegt hier darin, dass die Behörde künftig bei unveränderter Sach- und Rechtslage nur noch nach Maßgabe der §§ 48, 49 anders entscheiden kann; **anders** uU bei einer Änderung der Sach- oder Rechtslage. 70

Widerspruchsbescheide teilen die Bewertung des VA, den sie bestätigen; im Übrigen sind die dargelegten Differenzierungskriterien auch auf sie anzuwenden. Die Wirkungen des Widerspruchsbescheids erschöpfen sich in der getroffenen Entscheidung hins des angegriffenen VA; bei Aufhebung eines VA im Widerspruchsverfahren ist die Erstbehörde zugunsten des Widerspruchsführers an die für die Aufhebung maßgeblich gewesenen Gründe gebunden, wenn sie in der Sache einen neuen VA erlässt (str); ebenso die Widerspruchsbehörde, wenn sie in einem neuen Widerspruchsverfahren über diesen zu entscheiden hat. 71

IV. Rücknahme bei Gewährung von Geld- oder Sachleistungen (Abs 2)

1. Allgemeines. Abs 2 schützt in bei VAen, die Geldleistungen oder teilbare Sachleistungen betreffen oder die Voraussetzungen für solche Leistungen sind, **das Vertrauen des Bürgers auf den Bestand des VA** und erkennt diesem Vertrauen für den Fall der Schutzwürdigkeit Vorrang vor dem öffentlichen Interesse an der Gesetzmäßigkeit der Verwaltung zu. Die Regelung beruht im Wesentlichen auf dem Gedanken, dass die bei Geld- oder Sachleistungen allein betroffenen fiskalischen Interessen idR leichter zugunsten berechtigter Vertrauensinteressen des Betroffenen zurücktreten können als andere öffentliche Interessen und dass die Gewährung eines bloßen Vermögensschutzes entspr Abs 3 idR zu vergleichbaren Ergebnissen führen würde. Im Einzelnen stellt Abs 2 auf eine **Abwägung der beteiligten Interessen** ab, also des öffentlichen Interesses an der Herstellung des dem Gesetz entsprechenden Zustandes gegen das Interesse des Bürgers, dh des Adressaten des VA, uU aber auch sonstiger Betroffener (BVerwGE 48, 92; 54, 261) an der Aufrechterhaltung des VA (Begr 69). 72

---

[100] BVerwG BayVBl 1984, 48; VGH München VRspr 13, 529; StBS 130; Knack 68; Erichsen/Ehlers § 19 Rn 2ff; zT **aA** MB 47: es kommt auf den Adressaten an.

73 Die Regelung entspricht der schon früher hM.[101] Sie gilt **auch zugunsten öffentlicher Rechtsträger;**[102] ein überwiegendes **Vertrauensinteresse** – das auch ein öffentliches Interesse sein kann – kommt hier jedoch **nur in Ausnahmefällen** in Betracht, zB bei einer Gemeinde, die im Vertrauen auf eine Finanzierungszusage ein Vorhaben begonnen hat (ebenso Knoke 163; vgl auch OVG Koblenz NVwZ 1988, 449: Schutz einer Gemeinde nur bei ernstlicher Gefährdung ihrer wirtschaftlichen Existenz und der wirtschaftlichen Voraussetzungen für die Erfüllung wesentlicher Aufgaben).

74 **2. Geld- oder teilbare Sachleistung.** Abs 2 betrifft nur VAe, die derartige Leistungen gewähren oder Voraussetzung hierfür sind. Geld- bzw Sachleistungen usw iS von Abs 2 sind nur **öffentliche Leistungen,** nicht auch Leistungen Privater, die durch VA angeordnet werden. Nicht unter Abs 2 fällt auch **die Zustimmung** der Behörde zu solchen Leistungen Dritter oder die Genehmigung solcher Leistungen, auch nicht unter dem Gesichtspunkt einer Voraussetzung solcher Leistungen (OVG Berlin DVBl 1992, 285).

75 **a) Geldleistungen.** Geldleistungen iS von Abs 2 sind in Geld bezifferte oder jedenfalls ohne weiteres in Geld bezifferbare Leistungen (ebenso Knoke 144), zB die Bewilligung einer Subvention, außerdem aber auch zB der **Verzicht der Behörde** auf eine geschuldete oder jedenfalls uU zu erbringende Geldleistung, eine **Steuerbefreiung,**[103] die **Nicht-Erhebung** (BVerwGE 85, 89) oder **Stundung** einer Abgabenforderung usw.[104] Nicht unter Abs 2 fällt dagegen die zu geringe Festsetzung einer öffentlichrechtlichen Geld- oder Sachleistungspflicht im Übrigen, weil es sich insoweit nicht um einen begünstigenden VA handelt, sondern ausschließlich um einen belastenden VA (s Rn 67). Dies gilt allerdings dann nicht, wenn in der niedrigeren Festsetzung der konkludente Verzicht auf eine höhere Forderung liegt (s oben Rn 69).

76 **b) Teilbare Sachleistungen.** Als (teilbare) Sachleistungen sind nicht nur die Lieferung von Gütern uä anzusehen, sondern auch sonstige Leistungen, wie die Überlassung von **Wohnräumen** (ebenso StBS 135; Obermayer 35), einer Dienstwohnung (Knoke 146) usw, die **Zulassung zu öffentlichen Einrichtung,** soweit im Rahmen der Benutzung bestimmte Gegenstände überlassen werden (Knoke 146), die Bewilligung eines **Krankenhausaufenthalts,** die Gewährung von **Heizmaterial, Bekleidung** und ähnliche Leistungen, die auf Grund einer Bewilligung, Zulassung uä durch VA gewährt werden (K 16). Entscheidend ist der Zweck der Regelung und, wie ein Vergleich mit Abs 3 zeigt, ob es sich um Leistungen handelt, deren Erbringung für die öffentliche Hand **im Wesentlichen nur eine finanzielle Belastung** bedeutet und nicht eine Festlegung (Bindung) in

---

[101] Vgl Begr 69; BVerwGE 45, 235; 50, 270; BVerwG DVBl 1976, 222; BVerfG 18, 173; 59, 167 = DVBl 1982, 582; WBS II § 51 Rn 66; Grabitz DVBl 1973, 675; Kisker VVDStRL 32, 149; Püttner VVDStRL 32, 200.

[102] VGH Mannheim NVwZ 1991, 80; VG Köln NVwZ 1984, 537; Merten NJW 1983, 1996; Knoke 153; Grziwotz BayVBl 1990, 710; Kopp SGb 1989, 218; str; zT **aA** BVerwGE 23, 30; 27, 215; 36, 114; 60, 211 unter Hinweis auf den Grundsatz der Gesetzmäßigkeit der Verwaltung und das Gebot sachgemäßer Verwaltung öffentlicher Mittel; BSG SGb 1989, 216; OVG Koblenz NVwZ 1988, 448 = DVBl 1988, 456; StBS 142: idR kein Vertrauensschutz; Knack 90; wohl auch Ossenbühl DÖV 1972, 27.

[103] Vgl BVerwGE 90, 326: wirtschaftlich betrachtet eine Subvention; je nach der konkreten Ausgestaltung kann eine Vorweg-Befreiung von noch nicht geschuldeten Abgaben auch ein VA, der Voraussetzung für die Geldleistung ist, sein.

[104] Ebenso StBS 140 a; Obermyer 32; vgl auch OVG Lüneburg NVwZ 1986, 780: analoge Anwendung auf Abgabenverzicht; richtiger erscheint jedoch die Annahme einer unmittelbaren Anwendbarkeit; vgl ferner BVerwG NVwZ 1985, 653 = NJW 1985, 1972: die Investitionszulage ist keine Steuervergünstigung, sondern eine Subvention; Piduch BayVBl 1989, 352.

Aufgabenbereichen, in denen fehlerhafte begünstigende VAe die Wahrnehmung uU vorrangiger öffentlicher Interessen gefährden können (vgl auch Begr 71; BVerwG DVBl 1990, 1058). Der Begriff der **Teilbarkeit von Sachleistungen** ist entsprechend dem Zweck der Regelung in einem allgemeinen Sinn zu verstehen, der in etwa dem Begriff der Vertretbarkeit (vgl § 91 BGB) des Zivilrechts entspricht. **Die Teilbarkeit** einer Leistung iS von Abs 2 kann sowohl **in sachlicher** als auch in **zeitlicher Hinsicht,** zB Gewährung für einen bestimmten Zeitraum, Zurverfügungstellung einer Dienstwohnung für bestimmte Zeit, bestehen (StBS 137).

Beispiele: Dem Zweck der Regelung entspricht es, trotz des Wortlauts auch 77
die **Bewilligung eines Wintermantels** für einen Sozialhilfeempfänger oder eines Paars Schuhe als eine „teilbare" Sachleistung iS der Vorschrift anzusehen (**aA** Voraufl). **Keine Sachleistungen** iS von Abs 2 sind zB die Erteilung von **Gewerbeerlaubnissen** (Knoke 144), die Bewilligung von **Dienstleistungen** (StBS 135), **Befreiungsentscheidungen,** Befreiung von einem kommunalen Anschluss- und Benutzungszwang (München DÖV 1984, 216), die Anerkennung einer Einrichtung als Beschäftigungsstelle für Zivildienstleistende (zT **aA** BVerwGE 90, 326 – wirtschaftlich betrachtet eine Subvention; zweifelhaft).

c) Gemischte VAe. Wenn ein VA sowohl Geld- und/oder Sachleistungen iS 78
von Abs 2 betrifft als auch sonstige Regelungen enthält, ist Abs 2 nur insoweit anwendbar, als die Regelungen hins der Geld- und/oder Sachleistungen isoliert aufgehoben werden können. Andernfalls ist der gesamte VA als sonstiger VA iS von Abs 1 S 1 und Abs 2 zu behandeln. **Sind die Leistungen nicht teilbar,** so ist die Rücknahme nicht nach Abs 2, sondern nur nach Abs 1 oder Abs 3 möglich, wobei jedoch im Übrigen dieselben Grundsätze wie in den Fällen des Abs 2 zur Anwendung kommen, insb auch das Vertrauen in gleicher Weise zu berücksichtigen ist (s unten Rn 118 ff) und die Nichtteilbarkeit nur zur Folge hat, dass bei der Entscheidung über die Rücknahme auch die Möglichkeit der Gewährung eines Ausgleichsanspruchs nach Abs 3 zu berücksichtigen ist und dieser Anspruch bei einer von der Interessenabwägung her an sich nicht gebotenen gänzlichen Rücknahme des VA dann den Ausgleich für die „überschießende" Belastung herstellen und insoweit einen Ersatz für die mangels Teilbarkeit der Leistung nicht mögliche Teilrücknahme darstellen kann. Nach dem Zweck der Regeln muss zT dasselbe auch dann gelten, wenn eine Leistung zwar teilbar ist, **die Teilung aber in der Weise nicht möglich** ist, wie die nach Abs 2 gebotene Interessenabwägung es an sich erfordern würde; auch in diesen Fällen muss dann der Ausgleich ggf gem Abs 3 erfolgen. UU ist bei nicht entsprechend teilbaren Sachleistungen eine Regelung auch in der Weise möglich, dass dem Begünstigten der Gegenstand **gegen Zahlung eines Ausgleichsbetrags belassen** wird.[105]

3. VA als Voraussetzung für Geld- oder Sachleistungen. Durch Abs 2 79
S 1 werden begünstigende VAe, die Voraussetzung für Geld- oder teilbare Sachleistung sind, den VAen, die eine solche Leistung gewähren, **gleichgestellt,** da auch insoweit letztlich für den öffentlichen Rechtsträger nur Interessen des öffentlichen Haushalts auf dem Spiel stehen. Dabei handelt es sich um solche VAe, deren Zweck darin besteht, eine rechtliche Voraussetzung für eine solche Leistung zu schaffen, wie die Zuerkennung einer entsprechenden Rechtsstellung, **zB** die Festsetzung des **Besoldungsdienstalters** nach § 27 Abs 2 BBesG (Britz DÖV 1982, 234; Obermayer 39; Knoke 144; MB 55); die **Bescheinigung** nach § 4 AuslInvG, die ausschließlich für steuerliche Vorteile von Bedeutung ist (StBS 136); die Investitionszulagebescheinigung nach § 2 InvZulG (BVerwGE 92, 84 = DVBl 1993, 728); **nicht dagegen** die beamtenrechtliche **Einweisung in die Plan-**

---

[105] Vgl zur zT analogen Rechtslage bei Folgenbeseitigungsansprüchen BVerwGE 82, 24 = NJW 1989, 2484; kritisch Schenke JuS 1990, 371.

stelle;[106] die **Erteilung von Sonderurlaub** unter Weiterzahlung der Bezüge, weil es insoweit nicht allein um Geldleistungen geht.

80 **Erfasst werden auch feststellende VAe,** wenn die Feststellung Voraussetzung für die Leistung ist, sowie VAe, die auf Grund besonderer gesetzlicher Bestimmungen unmittelbare Feststellungswirkung haben, wie zB **Messbescheide, Festsetzung von Einheitswerten** usw.[107] **Zweifelhaft** ist dies für die Feststellungswirkungen eines Vertriebenenausweises, im Hinblick auf die mit der Vertriebeneigenschaft verbundenen Ansprüche auf Geld- und Sachleistungen (BVerwGE 85, 79, 85; BVerwG NJW 1992, 128, 131; zweifelnd auch StBS 163). Im zuletzt genannten Fall sind jedenfalls die nicht unter Abs 2 fallenden Wirkungen von der Rücknahme auszunehmen, zB durch einen entsprechenden Vermerk im VA (BVerwG 85, 85 = DVBl 1990, 1057). Die zu niedrige Festsetzung einer Zahlungs- oder Leistungspflicht fällt nicht unter Abs 2, weil es sich insoweit nicht um einen begünstigenden VA handelt (s oben Rn 67).

81 **Liegt den Geld- oder Sachleistungen ein weiterer VA zugrunde,** so ist es eine Frage des anwendbaren materiellen Rechts, ob mit der Rücknahme des Grund-VA auch dieser VA ‚automatisch' wegfällt oder gegenstandslos wird oder aber seinerseits erst zurückgenommen werden muss. Bedarf es insoweit einer besonderen Rücknahme (BVerwG DVBl 1990, 1059), so muss die dafür zuständige Behörde eine eigene Entscheidung nach § 48 in eigener Zuständigkeit treffen und dabei auch die Frage des schutzwürdigen Vertrauens grundsätzlich nochmals in eigener Verantwortung prüfen.[108] Soweit für die Rücknahme des Haupt-VA und der darauf gestützten weiteren VAe dieselbe Behörde zuständig ist, kann die Rücknahme des Grund-VA und der weiteren VAe ggf miteinander verbunden werden.

82 **4. Vertrauensschutz.** Voraussetzung des Bestandsschutzes ist, dass der durch den VA Begünstigte auf den Bestand des VA vertraut hat und dass dieses **Vertrauen schutzwürdig** ist. Die Regelung dient in erster Linie dem **Schutz des betätigten Vertrauens.** Ob daneben auch der Schutz der letztlich betroffenen materiellrechtlichen **Rechtspositionen** eine Rolle spielt, hängt davon ab, ob trotz der Rechtswidrigkeit der Begünstigung eine geschützte Rechtsposition besteht, in die durch die Rücknahme eingegriffen wird. Dies hat Auswirkungen auf die Frage der Schutzwürdigkeit und die Zumutbarkeit und Verhältnismäßigkeit eines Eingriffs (so zutreffend BVerwGE 52, 213).

83 **a) Vertrauen in den Bestand des VAs. aa) Berechtigte Bestandserwartung.** Berechtigte Bestandserwartung iS von Abs 2 ist das tatsächlich betätigte Vertrauen der Person bzw der Personen, in deren Rechte oder schutzwürdige Interessen die Rücknahme eingreifen würde, auf den Bestand und Fortbestand des in Frage stehenden VA (BVerwGE 59, 170; UL § 62 Rn 8). Soweit der Betroffene das Vertrauen „betätigt" hat, bedarf es idR keines besonderen weiteren Nachweises für das Vorhandensein einer entsprechenden Bestandserwartung. Anders, wenn keine äußerlich sichtbaren Anzeichen vorliegen.[109] Das Vertrauen wird auch durch einen **Widerrufsvorbehalt** oder Hinweise im VA auf sonstige Möglichkeiten einer Aufhebung, Ersetzung oder Änderung des VA (zB bei vorläufigen VAen) nicht

---

[106] Britz DÖV 1982, 234 und Knoke 144 zur Übertragung eines höher bewerteten Dienstpostens; **aA** Obermayer 39.

[107] Obermayer 39; Knack 66.

[108] **AA** zu dem jedoch wegen der Feststellungswirkung gem § 15 Abs 5 BVFG aF besonders gelagerten Fall der Entziehung eines Vertriebenenausweises BVerwGE 85, 88 – DVBl 1990, 1059: keine nochmalige Vertrauensschutzprüfung erforderlich.

[109] BSG DÖV 1985, 583; vgl auch BVerwGE 83, 198: mangels entgegenstehender Anhaltspunkte kann davon ausgegangen werden, dass der Bürger auf den Bescheid des VA vertraut hat. Die Beweislast trifft idR den Bürger, vgl UL § 62 Rn 8; Knoke 56; StBS 51.

schlechthin ausgeschlossen.[110] Wenn allerdings der Bürger konkret mit dem alsbaldigen Wegfall des VA rechnen musste, ist sein Vertrauen nur insoweit schutzwürdig, als selbst eine begrenzte Bestandserwartung enttäuscht wurde (Knoke 149 unter Hinweis auch auf Begr S. 70).

bb) Betätigtes Vertrauen. Umstritten ist die Frage, ob es für Abs 1 S 1 darauf ankommt, dass **das Vertrauen bereits „betätigt"** wurde, dh insb, dass der Bürger im Vertrauen auf den Bestand des VA bereits Dispositionen getroffen hat.[111] In jedem Fall muss sich das Vertrauen nach außen manifestiert haben. Ob und ggf welche Dispositionen getroffen worden sind und ob eine Disposition leicht oder schwer wieder rückgängig gemacht werden kann, ist nur bei der zu treffenden Abwägung zur Schutzwürdigkeit des Vertrauens nach Abs 2 S 2 zu berücksichtigen (BSG DVBl 1985, 628 = DÖV 1985, 582).Betätigt ist das Vertrauen, wenn der Bürger auf Grund des VA bereits Dispositionen getroffen, zB die erhaltene Leistung verbraucht hat (StBS 146). Auch andere Formen der Vertrauensbetätigung, wie etwas das Eingehen einer Verbindlichkeit oder der Verzicht auf anderweitige Erwerbs- oder Betätigungsmöglichkeiten können ausreichen (s näher Rn 89). Je mehr Dispositionen usw der Bürger im Vertrauen auf den Bestand des VA bereits „ins Werk gesetzt hat" und je weniger das Getane wieder rückgängig gemacht werden kann, desto größeres Gewicht ist dem Vertrauen bei der von der Behörde zu treffenden Entscheidung über die Rücknahme beizumessen. 84

Kein Vertrauensschutz besteht, wenn der Betroffene vom Ergehen des in Frage stehenden VA **noch gar keine Kenntnis** erlangt hatte.[112] Nur in besonders gelagerten Fällen kann schon das berechtigte **Vertrauen den lediglich angekündigten VA** eine Rücknahme des später ergehenden VA ausschließen, insb wenn im Vorgriff auf einen später tatsächlich erlassenen VA bereits nicht mehr oder nur schwer rückgängig zu machende Dispositionen getroffen wurden. Ergeht ein zunächst nur mündlich angekündigter begünstigender VA alsbald in der angekündigten Form, kann ein Verbrauch der zugewendeten Mittel im Vertrauen auf den Bestand des VA auch dann vorliegen, wenn der Begünstigte den erwarteten Betrag schon auf Grund der mündlichen Erklärung und im Vorgriff auf den VA zum Kauf von Gegenständen einsetzt, die er ohne die erwartete Zuwendung nicht erworben hätte (vgl OVG Hamburg NVwZ 1988, 73). 85

b) Schutzwürdigkeit des Vertrauens. Bei der Frage der allgemeinen Schutzwürdigkeit des Vertrauens nach Abs 2 S 1 kommt es grundsätzlich (eine Ausnahme stellen insoweit die Fälle des Abs 2 S 3 dar) auf eine **wertende Abwägung** der Gesichtspunkte, die für die Aufrechterhaltung des VA sprechen, gegen das öffentliche Interesse an der Herstellung des an sich nach den maßgeblichen Rechtsvorschriften gebotenen Rechtszustandes an.[113] Abs 2 verzichtet insoweit auf eine nähere Abgrenzung und regelt nur beispielhaft einige **typische Sonderfälle** 86

---

[110] Knoke 149; vgl auch OVG Münster NJW 1981, 2598; Erichsen/Ehlers § 17 Rn 9; Wendt JA 1980, 92; vgl F.J. Kopp DVBl 1989, 241; Kopp NWVBl 1990, 179; **aA** Maurer, in: Boorberg-FS 1977, 246.

[111] Verneinend BSG DVBl 1975, 514: Manifestierung des Vertrauens nicht unbedingt erforderlich; DVBl 1985, 628 = DÖV 1985, 582: die Erwähnung des Verbrauchs und von Vermögensdispositionen ist nur beispielhaft; Knoke 149; bejahend offenbar BVerwGE 48, 93 = NJW 1975, 1240; 57, 5; 67, 133 = NVwZ 1984, 717; 68, 164; OVG Lüneburg NVwZ 1989, 1192: nur das betätigte Vertrauen ist schutzwürdig; es müssen bereits Dispositionen erfolgt sein; StBS 142; vgl auch BVerwG NVwZ 1989, 144.

[112] BVerwGE 48, 92: kein Vertrauensschutz bei einem „fingierten" VA, wenn der Betroffene infolge einer falschen Berechnung der Frist vom Bestand des VA noch gar nicht ausging; Maurer § 11 Rn 30; Knoke 148; StBS 43; Erichsen/Ehlers § 17 Rn 9.

[113] Vgl zB BVerwGE 92, 81 = NJW 1993, 2764; VG Oldenburg NVwZ 2002, 119; Erichsen/Ehlers § 17 Rn 10; Knack 89; ebenso auch schon die hM zum früheren Recht, vgl BVerfG 59, 169; BVerwGE 38, 290; 40, 217; 83, 198; StBS 141; WBS II § 51 Rn 73.

(Grenzfälle), die jedoch zugleich Anhaltspunkte auch für die Beurteilung vergleichbarer Fälle geben.[114]

87 **aa) Das öffentliche Interesse an der Rücknahme.** Unter dem in Abs 2 S 1 genannten öffentlichen Interesse an der Rücknahme ist in Übereinstimmung mit der früheren Rspr nicht nur das allgemeine öffentliche Interesse an der **Gesetzmäßigkeit der Verwaltung** (BVerwGE 92, 81 = NJW 1993, 2764; F 261) einschließlich des Interesses an der Widerherstellung eines damit im Einklang stehenden Rechtszustandes in den Fällen einer vorangegangenen Rechtsverletzung zu verstehen. Erfasst werden **auch sonstige öffentliche Interessen.** Dazu gehört insb auch **das allgemeine fiskalische Interesse** an der Vermeidung nicht gerechtfertigter öffentlicher Ausgaben und Aufwendungen[115] bzw der Rückführung der zu Unrecht durch den in Frage stehenden VA erfolgten Leistungen gem Abs 2 S 4 in den öffentlichen Haushalt. **Umstritten** ist, ob hierzu auch das **Interesse an der Vermeidung von Ausgleichszahlungen** gem Abs 3 im Fall der Rücknahme.[116] Zu dem berücksichtigungswerten öffentlichen Interesse gehört auch das **Vollzugsinteresse,** also das Interesse an der ordnungsgemäßen Umsetzung und Anwendung der verletzten Fachgesetze, auf denen die betroffenen VAe beruhen, und sonstiger einschlägiger Rechtsnormen und Rechtsprinzipien, einschließlich verfassungsrechtlicher Grundsätze, wie des Sozialstaatsprinzips, aber auch der Verpflichtung der öffentlichen Gewalt zum Schutz der Grundrechte der Betroffenen und Dritter und zur Förderung der Grundrechtsverwirklichung. Soweit danach auch private Rechte und Interessen zu schützen und zu fördern sind, ist ihr Schutz und ihre Förderung auch Teil des öffentlichen Interesses (vgl auch Rupp, Wohl der Allgemeinheit und öffentliche Interessen, 123; Kopp BayVBl 1980, 263).

88 **bb) Europarechtliche Interessen.** Besondere öffentliche Interessen an der Rücknahme einer VA ergeben sich bei Verstößen gegen Gemeinschaftsrecht. Bei den im Rahmen von Abs 2 S 1 sowie allgemein auch bei der Entscheidung über die Rücknahme von VAen zu berücksichtigenden öffentlichen Interessen ist hier auf Grund des Effizienzprinzips (Einf Rn 57) das grundsätzlich vorrangige Interesse an einem effektiven, gleichmäßigen Vollzug des EU-Rechts in den Mitgliedsstaaten der Union zu berücksichtigen, im Bereich des Wettbewerbsrechts, insb auch an der effektiven, gleichmäßigen Durchsetzung der gemeinschaftsrechtlichen Wettbewerbsordnung (vgl BVerwGE 92, 81 = NJW 1993, 2764; Knack 89; WBS I § 29 Rn 16). Dies hat zB zur Folge, dass in Fällen, in denen nach Art 87 Abs 1 EG **unzulässige staatliche Beihilfen** (der Begriff ist weiter als derjenige der Subvention, vgl EuGH NVwZ 2002, 193) gewährt wurden, bei der Interessenabwägung dem **Rücknahmeinteresse besonderes Gewicht** („gesteigertes öffentliches Rücknahmeinteresse“; vgl StBS 106, 173 ff) zuzuerkennen ist, wenn die EU-Kommission gem Art 88 Abs 2 EG die Unvereinbarkeit der gewährten Beihilfe mit Art 87 Abs 1 EG feststellt, dem bei der Abwägung im Rahmen des Abs 2 S 1 auch dann **Vorrang vor dem gegenteiligen Interesse des Begünstigten** einzuräumen ist, wenn dieses nicht wegen Bösgläubigkeit im Sinne des § 48 Abs 2

---

[114] Begr 70; BSG DVBl 1985, 628; Obermayer 61, 62, 65; mißverständlich BVerwGE 57, 5; 67, 133 = BayVBl 1984, 409; 68, 164: Vertrauensschutz setzt voraus, dass das Vertrauen betätigt worden ist und Vermögensdispositionen getroffen worden sind.

[115] BVerwGE 60, 211; 83, 199; BVerwG NVwZ 1986, 482: das Interesse an der sparsamen Verwendung von öffentlichen Mitteln; DVBl 1982, 797; DÖV 1986, 202; UL § 62 Rn 15; StBS 144; Knack 89; Maurer, in: Boorberg-FS 233, Lässig DVBl 1981, 488; einschränkend Rupp, Wohl der Allgemeinheit und öffentliche Interessen, 123; **aA** Ossenbühl 233.

[116] Dies ist im Hinblick auf das Gebot einer umfassenden Abwägung zu bejahen; Knack 91 **aA** Schleicher DÖV 1976, 554; StBS 189: Berücksichtigung würde dem Sinn der Unterteilung der Rücknahmevoraussetzungen für begünstigende VAe nach Abs 2 und 3 widersprechen.

S 3 VwVfG ohnehin nicht schutzwürdig ist. Wurde das vorgeschriebene Überwachungsverfahren gem § 93 EG nicht durchgeführt, so ist das Vertrauen des Beihilfeempfängers nur ausnahmsweise schutzwürdig, wenn dafür besondere Umstände sprechen".[117]

cc) Schutzwürdige Interessen des Adressaten. Schutzwürdig ist grundsätzlich jeder Betroffene, der sich mit guten Gründen auf den Bestand bzw Fortbestand der Rechte aus dem VA verlassen durfte, insb weil die Fehlerhaftigkeit, die Anlass für die Rücknahme sein könnte, nicht in seinem Verantwortungsbereich liegt und ihm weder bekannt war, noch bekannt sein musste.[118] Dies gilt **entgegen** einer verbreiteten Meinung (BVerwGE 60, 208; OVG Koblenz DVBl 1988, 455; Knack 90) grundsätzlich auch für von der Rücknahme betroffene und belastete **öffentliche Rechtsträger.** Ausschlaggebend für die Beurteilung sind nicht allein formale Anknüpfungspunkte, sondern nach Treu und Glauben alle Umstände und Besonderheiten des einzelnen Falles, einschließlich der Folgen einer Rücknahme (BVerwG DVBl 1982, 798). 89

Die Dauerhaftigkeit der Regelung des VA spielt für die Schutzwürdigkeit des Vertrauens eine wichtige Rolle. Das Vertrauen hat deshalb geringeres Gewicht, wenn es sich zB um einen mit einem **Widerrufsvorbehalt** versehenen, jederzeit widerruflichen VA, auf den der Bürger ohnehin nur beschränkt vertrauen kann, handelt; anders, wenn es sich um Dauer-VAe handelt (BSG DVBl 1985, 628). Bei VAen, die in einem förmlichen Verwaltungsverfahren oder in einem Planfeststellungsverfahren ergangen sind, kann der Begünstigte grundsätzlich in höherem Maße auf den Bestand vertrauen als bei VAen, die in einem formlosen Verfahren ergangen sind (UL § 62 Rn 15; Knack 94 mwN). Weitere Gesichtspunkte sind die sozialen und persönlichen Verhältnisse des Betroffenen (Knack 98), zB eine drohende Obdachlosigkeit usw und die **Möglichkeit** oder Unmöglichkeit, im Vertrauen auf den VA getroffene **Dispositionen** mit zumutbaren Mitteln **wieder rückgängig zu machen** oder auszugleichen (Becker DÖV 1973, 384); ferner das **Ausmaß der Verfestigung** der in Frage stehenden Rechtsposition (BVerwGE 29, 314; 83, 199; M 114), auch die seit dem Erlass des VA **verstrichene Zeit.** Je mehr Zeit verstrichen ist, desto stärker ist das Vertrauen des Betroffenen schutzwürdig;[119] ebenso der Umstand, dass der Anlass für die Rücknahme im **Bereich der Behörde** oder im Bereich des Betroffenen oder Dritter liegt (BVerwG DVBl 1982, 798); ein etwaiges **Verschulden** des Betroffenen (Buchh 427.3 § 335 a LAG Nr 60) oder der Behörde. Liegt der Fehler ganz oder überwiegend im Bereich der Behörde, überwiegt idR das Vertrauensinteresse.[120] 90

dd) VA mit Drittwirkung. Bei der Rücknahme eines VA mit Drittwirkung ist das Vertrauen **Eintritt der Unanfechtbarkeit** idR (noch) nicht oder jedenfalls nur weniger oder nur ausnahmsweise **bei Vorliegen besonderer Umstände** schutzwürdig, da der Begünstigte ja noch mit einer Aufhebung im Rechtsbehelfsverfahren rechnen muss.[121] Keine Schutzwürdigkeit besteht auch, 91

---

[117] BVerwGE 92, 81 = NJW 1993, 2764 unter Bezugnahme auf EuGH Slg 1990, 3453 Tz 16.

[118] BVerwGE 83, 199; BVerwG DVBl 1982, 798; NVwZ 1990, 1070: wenn der Fehler im Bereich der Behörde liegt, so überwiegt idR der Vertrauensschutz.

[119] Vgl BVerwGE 49, 250; 51, 315; BayVBl 1984, 408; StBS 150; WBS II § 51 Rn 29; Obermayer VerwR 129; Erichsen/Ehlers § 38 Rn 49; Meister DÖV 1985, 148.

[120] BVerwGE 74, 364 = NVwZ 1987, 45: bei Mitverantwortung in hohem ist Unzulässigkeit der Rücknahme wegen unzulässiger Rechtsausübung anzunehmen; anders bei falschen Angaben des Betroffenen, wenn die Behörde nur Mitverantwortung wegen mangelnder Sorgfalt bei der Ermittlung des Sachverhalts trifft; vgl auch BVerwG NVwZ 1990, 1070; WBS II § 51 Rn 70; M 116; BSG 10, 72; **aA** BVerwGE 10, 308; 19, 190.

[121] Vgl BVerwGE 49, 250; 51, 315; BVerwG BayVBl 1984, 408; WBS II § 51 Rn 29; Obermayer VerwR 129; einschr neuerdings Erichsen/Ehlers § 19 Rn 3.

wenn bzw solange der Begünstigte vom Ergehen des VA noch gar keine Kenntnis hatte.

92 **5. Die Schutzwürdigkeit. a) Grundzüge der Regelung.** Abs 2 S 2 u 3 Enthalten konkretisierende Regelungen für die Beurteilung der Schutzwürdigkeit des Vertrauens in den Bestand des VA nach Abs 1 S 1. Während in **Abs 2 S 2 ein Regelvorrang** für den Fall des Verbrauchs der gewährten Leistung und für den Fall der Vermögensdisposition mit Endgültigkeitstendenz statuiert wird, enthält Abs 2 S 3 den **Ausschluss der Schutzwürdigkeit** für die dort genannten Fallkonstellationen. Diese Regelungen erleichtern die Feststellung der Schutzwürdigkeit: Liegt der Regelvorrang des Abs 2 S 2 vor, tritt der Vertrauensschutz hinter das öffentliche Interesse nur in Ausnahmefällen zurück; umgekehrt entfällt die Schutzwürdigkeit des Vertrauensschutzes in den in Abs 2 S 3 genannten Fällen, ohne dass es einer Abwägung bedürfte.

93 Abs 2 S 2 und 3 enthalten **keine abschließende Aufzählung der Fallgruppen,** bei denen der Betroffene sich nach Abs 2 S 2 idR auf schutzwürdiges Vertrauen bzw umgekehrt nach Abs 2 S 3 Nr 1–3 nicht auf Vertrauensschutz berufen kann (BT-Dr 7/910 S. 70). Abs 2 S 2 und S 3 Nr 1–3 nennen nur die wichtigsten Fälle und schließen nicht aus, dass auch in anderen Fällen Vertrauen als schutzwürdig bzw nicht schutzwürdig anerkannt werden kann oder jedenfalls gem Abs 2 S 1 gegenüber den Rücknahmeinteressen Vorrang hat bzw zurücktreten muss (BVerwGE 92, 85 = DVBl 1993, 728; StBS 153). Immerhin gibt die Aufzählung in S 2 und in S 3 Nr 1–3 Anhaltspunkte für die Beurteilung vergleichbarer Fälle sowie zusammen mit S 2 darüber hinaus allgemein auch für die Gewichtung bestehenden Vertrauens. Daher kann zB eine **unter Verstoß gegen Art 87 Abs 1 EG gewährte Beihilfe** wegen mangelnder Sorgfalt des Empfängers, weil er sich nicht vergewissert hat, dass das nach Art 88 Abs 2 EG vorgeschriebene Verfahren ordnungsgemäß durchgeführt wurde, zurückgenommen werden (vgl EuGH Slg I 1997, 1607 = NJW 1998, 47 – Alcan II), außerdem wegen des besonderen öffentlichen Interesses nach Abs 2 S 1.[122]

94 **b) Verbrauch des Geleisteten bzw Verfügung darüber.** Nach Abs S 2 ist das Vertrauen idR dann als schutzwürdig anzusehen, wenn das Erhaltene bereits verbraucht wurde oder sonst zu besonderen Dispositionen geführt hat, die nicht mehr ohne weiteres rückgängig gemacht werden können.[123] Die Vorschrift statuiert einen **Regelvorrang des Vertrauensschutzes** bei der Abwägung nach Abs 2 S 1. Das Vertrauen des Betroffenen geht „in der Regel" vor; es sind damit auch Fälle möglich, in denen Verbrauch oder Vermögensdisposition nicht den Vorrang des Vertrauensschutzes zur Folge haben. Als Ausnahmefälle sind diese aber besonders begründungsbedürftig, entweder im Hinblick auf ein gesteigertes öffentliches Interesse oder im Hinblick auf das Verhalten des Betroffenen beim Verbrauch bzw den Vermögensdispositionen. So unvernünftige Verwendungen, wie zB Spekulationsgeschäfte (Knack 97), Spiel- und Wettgeschäfte den Vertrauensschutz entfallen lassen. Wegen des Ausnahmecharakters derartiger Fälle sind hier strenge Anforderungen zu stellen.

95 **aa) Verbrauch der Leistungen.** Verbrauch iS von Abs 2 S 2 ist jede Form der Nutzung, **die eine Minderung des Bestands** oder der Substanz des auf Grund des VA Erhaltenen zur Folge hat, außerdem auch jede Abnutzung oder sonstige Form einer Entwertung. **Kein Verbrauch** ist eingetreten, wenn zB

---

[122] EuGH NVwZ 1990, 1161; BVerwGE 92, 81 = DVBl 1993, 727; Triantafyllou NVwZ 1992, 439; StBS 176; **aA,** aber mit dem selben Ergebnis OVG Münster DVBl 1992, 792: kein Vertrauensschutz, wenn der Empfänger sich nicht vergewissert hat; vgl auch Fastenrath JZ 1992, 1084: schwerer Verstoß gegen Sorgfaltspflicht.

[123] Ebenso zum früheren Recht WBS II § 51 Rn 70; M 114; Erichsen/Ehlers § 17 Rn 8; Kisker VVDStRL 32, 149: Obermayer VerwR 2. Aufl 129; Knack 96.

Geldbeträge für Anschaffungen im entsprechenden Wert eingesetzt wurden, die wertmäßig dem Vermögen zugeführt wurden, oder die Tilgung von Schulden (StBS 147).

96 Der **Begriff des Verbrauchs** entspricht im Wesentlichen dem der **Entreicherung** nach § 818 Abs 3 BGB (BVerwG DVBl 1993, 947). Deshalb können die dort entwickelten Grundsätze auch hier herangezogen werden (StBS 147). Soweit sich die Empfangenen Leistungen noch im Vermögen des Betroffenen befinden, liegt kein Verbrauch vor, auch wenn der Vermögenswert nicht (mehr) realisierbar ist (dann kommt uU die zweite Alternative der Vermögensdisposition in Betracht). Als Verbrauch ist es auch anzunehmen, wenn ein entsprechender Betrag im Vorgriff auf die erwartete Leistung bestimmungsgemäß eingesetzt wird (OVG Hamburg NVwZ 1988, 73; VGH Mannheim NVwZ 1991, 79; Knack 76; zweifelnd StBS 147).

97 **bb) Vermögensdisposition.** Vermögensdisposition iS des Abs 2 S 2 ist nicht nur eine Verfügung über die gewährte Leistung, zB die Ausgabe des erhaltenen Betrags für den Kauf eines Pelzmantels (OVG Hamburg NVwZ 1988, 73), sondern **jedes Verhalten, das** in ursächlichem Zusammenhang mit dem begünstigenden VA steht und **Auswirkungen auf die Vermögenssituation des Betroffenen hat** (Zanker NVwZ 1984, 86), dh jegliches Tun, Dulden oder Unterlassen, dem subjektiv das Vertrauen auf den Bestand des VA zugrunde liegt und das objektiv im Fall der Rücknahme des VA als wirtschaftlich nachteilig anzusehen wäre,[124] wie zB Aufwendungen für Baupläne uä, das Ausheben der Baugrube, die Planung der Reiseroute, die Werbung, Quartierbestellung usw eines Zirkus (F 269), die Beteiligung an einer Gesellschaft, das Ausrichten der Lebensführung auf die gewährten Leistungen (BVerwGE 8, 269; BVerwG DVBl 1961, 380; MDR 1962, 926; BSG 15, 81), die Aufgabe und die Neubesetzung eines Arbeitsplatzes (Zanker NVwZ 1984, 86), die Übernahme von Abzahlungsverpflichtungen (Obermayer 70), der Verbrauch von als Zuwendung erwarteter Mittel, wenn der Begünstigte den erwarteten Betrag schon auf Grund einer mündlichen Erklärung der Behörde im Vorgriff auf den VA ausgegeben hat (OVG Hamburg NVwZ 1988, 73; VGH Mannheim NVwZ 1991, 79; Knack 96), die Einstellung der Milchproduktion infolge der Betriebsumstellung, die Voraussetzung der Gewährung der Umstellungsprämie war (BVerwGE 95, 228); das Unterlassen einer nun nicht mehr als notwendig angesehenen Erwerbstätigkeit (vgl K 18; Obermayer 70) oder einer Rechtsverfolgung zur Durchsetzung eines vermögensrechtlichen Anspruchs (BVerwGE 17, 335; Knack 8.3.5; Ossenbühl 160; Obermayer 70; Ossenbühl DÖV 1972, 25). Dispositionen idS sind insb **auch eingegangene Verpflichtungen,** zB Kauf-, Dienst- und Werkverträge (Dorn DÖV 1988, 11). Die Dispositionen müssen **nach Art und Umfang schutzwürdig** sein; dies schließt unvernünftige, insbes riskante Geschäfte, wie zB hochspekulative Geschäfte idR aus (Knack 97; ähnlich StBS 149; **aA** Voraufl).

97 a **Unmöglich oder unzumutbar** ist die Rückgängigmachung der Vermögensdisposition, wenn zB eingegangene Verpflichtungen nicht aufgehoben werden können (ein Ratenkaufvertrag kann nur unter bestimmten Voraussetzungen rückgängig gemacht werden, vgl §§ 495, 501, 503 BGB nF) oder wenn die Rückabwicklung mit ganz erheblichen Verlusten verbunden wäre. Für die Beurteilung der **Zumutbarkeit einer Rückgängigmachung** kommt es dabei insb auf die Einkommens-, Vermögens- und sonstigen Lebensumstände des Betroffenen an (Knack 98). Die Regelung soll ua nach Möglichkeit verhindern, dass dem Betroffenen durch sein Vertrauen auf den Bestand des VA Vermögensschäden entstehen (vgl vdGK 7.2.3).

---

[124] Zanker NVwZ 1984, 86; vgl auch OVG Münster NVwZ 1990, 435: wenn durch die Rücknahme des VA unzumutbare Nachteile entstehen würden.

98 **c) Täuschung, Drohung oder Bestechung (Abs 2 S 3 Nr 1).** Das Vertrauen in den bestand des VA ist nach Abs 2 S 3 Nr 1 nicht schutzwürdig, wenn der Betroffene durch unredliches Verhalten iS der Vorschrift eine Ursache für den Erlass des rechtswidrigen VA gesetzt hat.[125] Der Täterschaft stehen dabei Anstiftung und Beihilfe gleich (Begr 70). Zum Begriff der arglistigen Täuschung vgl VGH Mannheim NVwZ-RR 1990, 1199; Kopp SGb 1987, 122. Um eine **arglistige Täuschung** handelt es sich zB, wenn der Adressat des VA durch Angaben, deren Unrichtigkeit ihm bewusst war oder deren Unrichtigkeit er für möglich hielt, jedoch in Kauf nahm, oder durch Verschweigen wahrer Tatsachen bei einem am Zustandekommen des VA maßgeblich beteiligten Mitarbeiter der Behörde einen Irrtum in dem Bewusstsein hervorruft, diesen durch Täuschung zu einer günstigen Entscheidung zu bestimmen (BVerwG ZBR 1986, 52). Als arglistige Täuschung ist uU auch schon die **wahrheitswidrige Beantwortung** einer ausdrücklichen Frage anzusehen (vgl BAG NZA 1986, 635). Der Begriff der **Bestechung ist nicht im technischen Sinn** zu verstehen; darunter fällt außer der Bestechung iS von § 334 StGB jedenfalls auch die Vorteilsgewährung gem § 333 StGB. Auf ein **Verschulden kommt es nicht an.**[126] Die Regelung ist deshalb auch anwendbar, wenn für die Täuschung, Drohung oder Bestechung Schuldausschließungsgründe vorliegen.

99 **aa) Erwirken des VA. Umstritten** ist, ob die Täuschung, Drohung oder Bestechung für den Erlass des VA oder für dessen Rechtswidrigkeit ursächlich sein muss. Entgegen dem insoweit nicht ganz eindeutigen Wortlaut muss es nach Sinn und Zweck der Regelung die Erwirkung gerade des rechtswidrigen VA ankommen. Fälle, in denen der Fehler auf andere Ursachen als die Täuschung, Drohung oder Bestechung zurückzuführen ist – was im Zweifel der Begünstigte zu beweisen hat (Knack 100) – fallen nicht die Regelung.[127] Wesentlich für die **Beurteilung der Kausalität** ist, ob die Behörde ohne die Täuschung tatsächlich vom Erlass des VA, so wie dieser ergangen ist, abgesehen hätte, nicht jedoch, wie sie bei anderer Auslegung der angewendeten Vorschriften hätte verfahren können. Nr 1 ist **nicht anwendbar,** wenn sich die Täuschung usw zwar auf die Willensbildung der Behörde ausgewirkt hat, der VA aber **jedenfalls im Ergebnis zutreffend** ist, wenn auch nur auf Grund anderer – uU erst vom Gericht festgestellter – Tatsachen oder Überlegungen (vgl BVerwGE 66, 170; s auch BGH DVBl 1985, 795: maßgeblich ist, was die Behörde bei zutreffenden Angaben getan hätte); es handelt sich, da dann der VA ja rechtmäßig ist, überhaupt nicht mehr um eine Rücknahme. Dies gilt sowohl für gebundene VAe als auch für Ermessens-VAe oder auf einer Beurteilung beruhende VAe, wenn angesichts der besonderen Umstände des Falles, das Ermessen bzw der Beurteilungsspielraum auf Null reduziert ist und idS eine andere Entscheidung als die ergangene unzulässig wäre.

100 **bb) Handeln eines Vertreters.** Das Handeln eines Vertreters oder Bevollmächtigten ist dem Vertretenen zuzurechnen (UL § 62 Rn 12; Obermayer 61; StBS 156), auch das Handeln eines **gesetzlichen Vertreters** oder eines von Amts wegen bestellten Vertreters, auf dessen Bestellung der Begünstigte keinen Einfluss hat (BVerwGE 32). **Nicht von Nr 1 erfasst** wird der Fall einer **Täuschung usw durch einen Dritten,** der nicht Vertreter, Bevollmächtigter oder Beistand des Begünstigten ist oder von diesem angestiftet wurde oder dabei unterstützt wurde (UL § 62 Rn 12; **aA** offenbar K 20 für den Fall, dass der Begünstigte von der Handlung Kenntnis hatte); insoweit kommt es nach dem allgemeinen Grundsatz

[125] Ebenso zum früheren Recht WBS II § 51 Rn 65; M 114; Obermayer VerwR 2. Aufl 129.

[126] BGH DVBl 1985, 795; vgl auch BVerwG NVwZ 1989, 144; zweifelhaft; **aA** Obermayer 76: nur bei Verschulden anwendbar; wohl auch StBS 157: schuldhafte Irreführung.

[127] BVerfG 59, 171; Knack 100; MB 59; Obermayer 75; vgl auch BVerwGE 31, 1; 66, 170; RFH 23, 134; wohl auch F 241 f; **aA** offenbar StBS 158; K 20.

der Interessen- und Güterabwägung nach S 2 auf die besonderen Umstände des konkreten Falles an. Weiß der Begünstigte oder sein Vertreter bzw Bevollmächtigter von der Handlung und duldet er sie, so ist jedoch Nr 3 anwendbar (ebenso Obermayer 75).

d) Unrichtige oder unvollständige Angaben (Abs 2 S 3 Nr 2). Nr 2 beruht, ähnlich wie Nr 1, auf dem Gedanken, dass auch in diesen Fällen die Ursache der Fehlerhaftigkeit des VA im Bereich des Betroffenen liegt und daher dessen Vertrauen auf den Bestand des VA nicht schutzwürdig ist (vgl BVerwG DÖV 1986, 1063). Unvollständigkeit der Angaben schließt nach allgemeinen Grundsätzen nur dann den Vertrauensschutz aus, wenn sie ein Verschweigen iS der Eidesformel nach § 392 ZPO darstellt (vgl BVerwGE 66, 170: auch das Verschweigen rechtserheblicher Tatsachen, die anzugeben nur der Betroffene in der Lage war), insb, wenn der Begünstigte auf Grund einer Rechtsvorschrift oder behördlicher Aufforderung zu einer (richtigen) Angabe über eine entscheidungserhebliche Tatsache verpflichtet war (Obermayer 78). 101

aa) Erwirken des VA. Der Begünstigte muss den VA durch unrichtige oder unvollständige Angaben erwirkt, dh durch darauf gerichtetes **zweck- und zielgerichtetes Handeln** (VGH München NVwZ 2001, 931, 932; BayVBl 1987, 696; VG Freiburg VBlBW 1989, 354) erreicht haben (Knack 101), und die Angaben müssen idS entscheidungserheblich gewesen sein. Wie bei Nr 1 muss sich auch bei Nr 2 die **Kausalität auf die Fehlerhaftigkeit des VA,** nicht auf den Erlass als solchen, beziehen, dh, die Angaben oder das Unterlassen von Angaben müssen ursächlich dafür sein, dass der VA rechtswidrig ist.[128] Dass das Handeln oder Unterlassen für den Mangel **mitursächlich war, genügt,**[129] weitere Ursachen sind ggf bei der zu treffenden Ermessensentscheidung zu berücksichtigen. Die Anwendung unlauterer Mittel, die tatsächlich „ins Leere stoßen", dh nicht ursächlich für die Rechtswidrigkeit des VA werden und daher iS von S 3 nicht relevant sind, hat ggf zur Folge, dass der Vertrauensschutz nach allgemeinen Grundsätzen entfällt. Erklärt die Behörde dem Antragsteller, auf bestimmte Angaben komme es nicht an, so kann ihm die Unvollständigkeit der in Frage stehenden Angaben auch nicht zugerechnet werden (BVerwGE 88, 278). Die Kausalität entfällt, wenn der Betroffene die unrichtigen Angaben noch vor Ergehen des VA korrigiert bzw unvollständige Angaben vervollständigt hat (BVerwGE 71, 220); es genügt auch, wenn er dies formlos, zB mündlich oder telefonisch, getan hat. 101 a

Ursächlich sind die unvollständigen bzw unrichtigen Angaben, wenn anzunehmen ist, dass die Behörde bei vollständiger bzw richtiger Angabe den Fehler nicht gemacht und den VA nicht mit der erlassenen oder nur mit einer ungünstigeren Regelung erlassen hätte (Dommach DÖV 1981, 126); dabei ist nicht auf den subjektiven oder einen hypothetischen Willen der Behörde, sondern auf objektive Kriterien abzustellen. Die Rücknahme wegen falscher Angaben ist unzulässig, wenn der Nachweis der für die Entscheidung der Behörde maßgeblichen Voraussetzungen des VA anderweitig erbracht ist (OVG Münster DÖV 1982, 705). Wenn der in Frage stehende VA ohnehin hätte erlassen werden müssen, 102

---

[128] BVerfG 59, 171 = NJW 1983, 103; BVerwGE 74, 264 = NVwZ 1987, 45: mangelnde Sorgfalt der Behörde ändert – außer bei unzulässiger Rechtsausübung – nichts am Ausschluss des Vertrauensschutzes, wenn jedenfalls falsche Angaben gemacht wurden; BVerwG NJW 1983, 695; VGH München NVwZ 2001, 931; MB 59; Obermayer 78; wohl auch Begr 70; UL § 62 Rn 13; StBS 159; zT **aA** OVG Lüneburg NVwZ-RR 1995, 40: nur falsche Angaben, nicht auch das Unterlassen einer gebotenen Mitteilung.

[129] BVerwGE 74, 264; OVG Münster NVwZ 1983, 129; VGH Mannheim FamRZ 1978, 283 zu Fällen, in denen die Behörde zu weiteren Angaben auffordern hätte müssen; zT **aA** BVerfG 6, 1: unrichtige oder unvollständige Angaben sind unschädlich, wenn die Behörde für ihre Entscheidung nicht auf diese Angaben angewiesen war und eigene Ermittlungen hätte anstellen müssen.

stellt sich die Frage nicht, weil es dann schon tatbestandlich an der Rücknahmevoraussetzung der Rechtswidrigkeit des VA fehlt. **Unterlassen von Angaben** steht unrichtigen oder unvollständigen Angaben gleich, wenn der Betroffene damit gegen die allgemeine Mitwirkungspflicht der Beteiligten gem § 26 Abs 2 oder gegen eine spezielle Rechtspflicht verstößt, insbes dann, wenn im Rahmen eines bestimmten Fragenkomplexes einzelne Angaben, denen für die Gesamtbeurteilung wesentliche Bedeutung zukommt, unterlassen wurden, obwohl sich der Bürger ihrer Bedeutung bewusst ist oder bewusst sein hätte müssen, und idS wesentliche Angaben verschwiegen wurden (OVG Koblenz NJW 1992, 1781).

103 **bb) Entscheidungserheblichkeit.** Entscheidungserheblichkeit der unrichtig oder unvollständig gemachten Angaben ist Voraussetzung (VGH München NVwZ 2001, 931; WBS II § 51 Rn 64). Dabei kommt es nicht darauf an, ob die Behörde für ihre Entscheidung auf die Angaben angewiesen war oder sie uU auch selbst von Amts wegen hätte ermitteln können oder müssen (BVerwGE 74, 357 = NVwZ 1987, 44). – Wenn die Behörde selbst aber erkennbar auf bestimmte Informationen keinen Wert legt, dann kann diese „Unvollständigkeit“ nicht später dem Betroffenen zur Last gelegt werden (BVerwG NVwZ 1992, 474). Ebenso muss die Behörde einen **Mangel des Antragsformulars,** das bestimmte Angaben nicht vorsah, gegen sich gelten lassen und kann nicht etwa den Beteiligten fehlende Angaben vorwerfen (BVerwG Buchh 454.4 § 26 Nr 1). Ob Angaben falsch oder unvollständig sind, ist unter Berücksichtigung der gesamten Umstände, insb auch von Beilagen zu einem Antrag usw zu beurteilen (vgl VGH Kassel ZfSH/SGb 1986, 441). **Offensichtliche Unrichtigkeit** oder **Unvollständigkeiten,** die die Behörde erkennen hätte können und die für sie Anlass zu einer weiteren Klärung des Sachverhalts gem § 24 bzw § 25 sein hätten müssen, schließen die Anwendung der Nr 2 aus (Obermayer 66); dasselbe gilt, wenn die Ursache für die Unrichtigkeit oder Unvollständigkeit sonst im Bereich der Behörde liegt oder auf eine falsche Belehrung zurückzuführen ist (StBS 162).

104 **cc) Verschulden.** Verschulden ist für den Ausschluss der Vertrauensschutzes nach Abs 2 S 3 Nr 3 ebenso wie nach Nr 1 **nicht Voraussetzung.** Die Vorschrift geht vielmehr davon aus, dass es im **Verantwortungsbereich** der Betroffenen liegt, richtige und vollständige Angaben zu machen und dass seine Schutzwürdigkeit entfällt, wenn der Fehler des VA in seinem Verantwortungsbereich liegt (StBS 161; Obermayer 65). **Unerheblich** ist, ob der Betroffene oder sein Vertreter schuldhaft gehandelt hat,[130] insb weil er die **Unrichtigkeit oder Unvollständigkeit kannte bzw hätte kennen können** und müssen.[131] Fehlende Kenntnis bzw unverschuldete Unkenntnis ist aber bei der von der Behörde zu treffenden **Ermessensentscheidung** über die Rücknahme (s unten Rn 112) zu berücksichti-

[130] BVerwGE 74, 364 = NVwZ 1987, 44; 78, 142 = NJW 1988, 1682 m Anm Osterloh JuS 1989, 238 und Martens NVwZ 1989, 830; VG Köln NZV 1989, 287; Obermayer 79; vgl auch BVerwGE 32, 232; BVerwG NVwZ 1989, 144; BSG NJW 1969, 206; VGH Kassel DVBl 1989, 574; sehr zweifelhaft.

[131] Begr 70, 103, 110; BVerwGE 74, 364; 78, 143 = NJW 1988, 368: Nr 3 setzt nicht voraus, dass der Betroffene die Unrichtigkeit kannte oder kennen hätte müssen; dies ist erst für die Erstattungspflicht gem Abs 2 S 7 von Bedeutung; ebenso zum früheren Recht BVerwG NJW 1964, 563; BVerfG DVBl 1962, 562; WBS II § 51 Rn 77; zweifelhaft; zT **aA** BVerwGE 66, 171, 175 = NJW 1983, 695: schuldhaft und vorwerfbar unrichtige Angaben; ausreichend jedoch auch, dass der Betroffene rechtserhebliche Tatsachen verschwiegen hat, die anzugeben im Wesentlichen nur er in der Lage war; VGH München BayVBl 1987, 696; OVG Koblenz DÖV 1982, 751: Gasöl-Betriebsbeihilfen werden im Sinne von Art 2 § 1 Abs 5 S 1 Verkehrsfinanzgesetz zu Unrecht beantragt und können deshalb zurückgefordert werden, wenn die unrichtigen Angaben auf einem vorsätzlichen oder leichtfertigen Verhalten beruhen, das in den Verantwortungsbereich des Betriebsinhabers fällt; diesen muss nicht notwendigerweise persönlich ein dahingehender Schuldvorwurf treffen.

gen (Schimmelpfennig, Vorläufige VAe, 139), eine gleichwohl erfolgende Rücknahme ist idR ermessensfehlerhaft.

dd) Zurechnung des Verhaltens Dritter. Der durch den VA Begünstigte muss sich nach allgemeinen Grundsätzen (vgl § 32 Abs 1 S 2) das Verhalten eines Vertreters zurechnen lassen (BSG 28, 258; Knack 101; MB 59). Angaben seines Vertreters oder Beistands muss sich der Begünstigte zurechnen lassen, ebenso **Angaben des Rechtsvorgängers** (zB des Erblassers), **nicht dagegen Angaben Dritter,** auf die er keinen Einfluss hatte (UL § 62 Rn 14); anders wohl bei Kenntnis, dass Dritte falsche Angaben gemacht haben, weil dann eine Verpflichtung zur Richtigstellung anzunehmen ist. So ist nach BVerwGE 71, 227 eine Erklärung der Ehefrau dem Ehemann zuzurechnen, wenn er davon Kenntnis genommen und sie zur Grundlage des Antrags gemacht hat. 105

e) Kenntnis bzw grobfahrlässige Unkenntnis der Rechtswidrigkeit (Abs 2 S 3 Nr 3). Nr 3 beruht auf dem Gedanken, dass derjenige, der die Fehlerhaftigkeit des VA kennt oder ohne besondere Mühe erkennen könnte, auch mit der Rücknahme rechnen muss.[132] Dem Zweck der Regelung entsprechend kann dies, wenn die Voraussetzung der Nr 3 erst zu einem späteren Zeitpunkt eingetreten ist, nur für eine Rücknahme ab diesem Zeitpunkt gelten. 106

Die Kenntnis oder das Kennenmüssen muss sich nach dem ausdrücklichen Wortlaut wie auch nach dem Zweck der Regelung **auf die Rechtswidrigkeit des VA beziehen** (BVerwGE 70, 356 = NJW 1985, 819; BVerwG NVwZ-RR 1990, 605). Die bloße Kenntnis der Tatsachen oder Vorgänge, die die Rechtswidrigkeit begründen, genügt nicht (BVerwG NVwZ 1994, 369); **anders** jedoch wohl, wenn der Betroffene hinreichend rechtskundig ist, um ohne weiteres die Folgerung zu ziehen, dass der VA nicht rechtmäßig ist oder sein kann (VGH Kassel NVwZ 1990, 885; Obermayer 68). Andernfalls kommt es darauf an, ob der Betroffene im Rahmen einer **Parallelwertung in der Laiensphäre,** wie sie das Strafrecht kennt, erkennen konnte und musste, dass der VA „nicht richtig" sein kann (ebenso Knack 102; StBS 167; Obermayer 68). Kenntnis der Vorläufigkeit einer durch VA getroffenen Regelung ist der Kenntnis iS von Nr 3 nicht gleichzustellen;[133] ebenso nicht die Kenntnis einer Anzeigepflicht.[134] 107

aa) Zurechnung der Kenntnisse Dritter. Die Kenntnis bzw das Kennenmüssen eines **Vertreters** oder eines kraft Gesetzes vertretungsberechtigten Organs (vgl BGH DÖV 1990, 528 = JuS 1990, 667) ist dem Vertretenen zuzurechnen und steht damit eigener Kenntnis gleich,[135] **nicht jedoch** auch die Kenntnis von Dritten, auch nicht von Familienmitgliedern (Ehegatten, Kinder) oder Hausgenossen, es sei denn, dass diese im Hinblick auf den in Frage stehenden VA rechtlich miteinander verbunden sind (offen BVerwG NVwZ 1990, 672 zur Zurechnung der Kenntnis der Ehefrau, ob nach Nr 3 oder allg bei der zu treffenden Ermessensentscheidung zu berücksichtigen). Vgl zur Zurechnung der Kenntnis in Großbetrieben BGH NJW 1989, 2881 = JuS 1990, 667. Die für Behörden insoweit geltenden Grundsätze sind entsprechend auch auf juristische Personen und 108

---

[132] BVerwGE 92, 84 = DVBl 1993, 728; BVerwG DVBl 1994, 115; Buchh 240 § 12 Nr 12 und 17; vgl zur vergleichbaren Frage der Schutzwürdigkeit des Vertrauens auf eine ungültige oder hins ihrer Gültigkeit zweifelhafte Rechtsvorschrift auch BVerfG 15, 324; BVerwG 50, 2; 51, 262; zum Vertrauen auf eine rechtswidrige Verwaltungspraxis VG Oldenburg NVwZ 2002, 119; Kopp APF 1980, 36.

[133] OVG Hamburg NVwZ 1990, 686 zu auf Grund einer einstweiligen Anordnung nach § 123 VwGO erfolgten Regelung; **aA** offenbar BVerwG NVwZ 1990, 673: Kenntnis der Möglichkeit des Wegfalls der Voraussetzungen ist Kenntnis des Mangels des Grundes gleichzuachten.

[134] BVerwG NVwZ 1987, 1082; NVwZ-RR 1990, 622; DVBl 1994, 115.

[135] StBS 169; Obermayer 83; Knack 103; vgl auch BVerwGE 32, 232; BSG NJW 1969, 206; zustimmend unter Aufgabe der vorherigen Auffassung nun auch UL § 62 Rn 14.

Unternehmen anwendbar, da hier schwerlich unterschiedliche Maßstäbe zu rechtfertigen wären.

109 **bb) Grobe Fahrlässigkeit.** Bei der Frage, ob grobe Fahrlässigkeit vorliegt, kommt es auf die individuellen Gegebenheiten, insb auch auf die **persönlichen Umstände und Fähigkeiten des Betroffenen** an, nicht auf objektive Erfordernisse des Rechtsverkehrs.[136] Als grobe Fahrlässigkeit ist es anzusehen, wenn die gebotene Sorgfalt, die vom Begünstigten oder seinem Vertreter erwartet werden hätte können und müssen, in **besonders schwerer Weise oder in besonders schwerem Maße** verletzt worden ist,[137] insb „einfachste, ganz nahe liegende Überlegungen nicht angestellt worden sind" (VGH Kassel NVwZ 1990, 885; Obermayer 69).

110 **Bei Unternehmen mit eigenen Rechtsabteilungen** und bei **Personen mit juristischer Vorbildung** sind im Allgemeinen, soweit juristische Fragen maßgeblich sind, **strengere Anforderungen** zu stellen als an andere.[138] Zu einer Überprüfung des VA anhand der beigefügten Begründung oder unter Verwendung zusätzlicher Erkenntnismittel ist der Bürger nur verpflichtet, **wenn offensichtlich Anlass zu Zweifeln** besteht, etwa wenn ein zuerkannter Betrag ungewöhnlich hoch ist.[139] Insb bei Berechnungen usw ist leichte Erkennbarkeit des Fehlers zu fordern (ebenso Obermayer 69; Knack 102; vgl auch BVerwGE 32, 228; 40, 212). Eine Verpflichtung, sich im Zweifelsfall bei der Behörde oder anderswo zu erkundigen, ist zumindest für den Regelfall nur anzunehmen, wenn sich die Fehlerhaftigkeit (zB bei Widersprüchen und Ungereimtheiten) aufdrängen musste (Knack 102); der Bürger kann sonst darauf vertrauen, dass die Behörde rechtmäßig entschieden hat. Auf **Verwaltungsvorschriften** und eine **ständige Verwaltungspraxis** darf sich der Bürger grundsätzlich verlassen und handelt dann in aller Regel jedenfalls nicht grob fahrlässig (Buchh 412.3 § 18 BVerfG Nr 16; Knack 103).

111 **cc) Subventionsbescheide auf der Grundlage von Gemeinschaftsrecht.** Auch bei Subventionen, die gegen Art 87 EG verstoßen, ist idR als grobe Fahrlässigkeit anzusehen, wenn der Subventionsempfänger sich **nicht vergewissert** hat, dass die Subvention unter **Beachtung von Art 88 Abs 2 EG** gewährt wurde.[140] Insoweit schließt auch das EU-Recht die Gewährung von Vertrauensschutz nicht aus; vielmehr ist anerkannt, dass der Vertrauensschutzgedanke zu den Grundsätzen auch des EU-Rechts gehört (EuGH NVwZ 1990, 1161). Allerdings wird der Vertrauensschutz idR im Verfahren vor der Kommission zu gewährleisten sein, außerdem wird man im Hinblick auf das Interesse an einer gleichmäßigen Subventionierung **strengere Sorgfaltsmaßstäbe** anwenden müssen. Wer die Unzulässigkeit einer Beihilfe wegen eines Verstoßes gegen EU-Recht kennt, kann sich auf Vertrauensschutz auch nach § 48 Abs 2 nicht berufen (VG Köln EuZW 1990, 388).

---

[136] Begr 70; LSG NW NVwZ-RR 1989, 3 zu § 45 Abs 2 Nr 2 SGB-X; UL § 62 Rn 14; vdGK 7.2.5; Knack 102; zT **aA** Obermayer 83: maßgeblich die im Verkehr erforderliche Sorgfalt.

[137] BVerwGE 92, 84 = DVBl 1993, 728 unter Bezugnahme auf die Definition in § 45 Abs 2 S 3 Nr 3 SGB-X; LSG NW NVwZ-RR 1989, 3; OVG Münster NVwZ 1988, 1037; Obermayer 83.

[138] BVerwG RiA 1982, 168; NVwZ 1987, 500; Knack 102 mwN; StBS 167; Obermayer 69; Happe NVwZ 1993, 35.

[139] ZT **aA** BVerwGE 40, 218 m Anm Weber JuS 1973, 322; BVerwG NVwZ 1987, 500; Münster DöD 1988, 99; Knack 102; Obermayer 83: einem Versorgungsempfänger ist grundsätzlich zuzumuten, dass er die Rechtmäßigkeit eines EDV-Versorgungsbescheids anhand beigegebener Schlüsselzahlen überprüft.

[140] BVerwGE 92, 84; Fastenrath JZ 1992, 1083; vgl auch Happe NVwZ 1993, 32; **aA** – durch BVerwGE 92, 84 aber überholt – OVG Münster NVwZ 1993, 79; vgl auch EuGH Slg 1990, 3454 Tz 14 = NVwZ 1990, 1161 sowie der Schlussantrag des Generalanwalts in EuGH 1990, 3445 Nr 24.

6. Abwägung, Ermessen. In den Fällen des Abs 2 S 3 ist die Schutzwürdigkeit des Vertrauens ausgeschlossen, eine Abwägung findet insoweit nicht mehr statt. Im Fall des Abs 2 S 2 ist eine Abwägung entbehrlich, wenn keine Anhaltspunkte für eine Ausnahme von der Bewertungsregel gegeben sind. Gelangt die Behörde nach Abs 2 S 3 oder auf Grund der Abwägung Abs 2 S 1 zu dem Ergebnis, dass das Vertrauen des Betroffenen nicht schutzwürdig ist, so wird die Behörde im Regelfall ihr Ermessen dahin auszuüben haben, dass der VA zurückgenommen wird (**intendiertes Ermessen,** vgl VGH München NVwZ 2001, 931). In Ausnahmefällen, zB bei Zweifeln am Vorliegen des Rücknahmetatbestandes, die sich nicht oder nur schwer ausräumen lassen, kommt auch ein Verzicht auf die Rücknahme in Betracht. Die Notwendigkeit einer Ermessensentscheidung entfällt auch dann nicht, wenn der betroffene Bürger sich mit der Anwendung von Verwaltungsvorschriften einverstanden erklärt hat, die allgemein oder für bestimmte Fälle oder Fallgruppen ausnahmslos die Rücknahme vorsehen, zB die Rücknahme einer zu Unrecht erfolgten Subventionsbewilligung (OVG Münster NJW 1985, 1042). Auch das Gewicht des Vertrauensschutzes für die zu treffende Entscheidung wird dadurch nicht gemindert (OVG Münster NJW 1985, 1042; **aA** OVG Münster NJW 1981, 2597). Etwas anderes gilt, soweit eine gemeinschaftsrechtliche Rückforderungspflicht besteht. 112

7. Rücknahme für Zukunft oder Vergangenheit (Abs 2 S 4). Das der Behörde hins. der Rücknahme eingeräumte Ermessen gilt für VAe nach Abs 2 auch hins. der Frage, ob eine nach Abs 2 zulässige Rücknahme ganz oder teilweise für die Zukunft oder auch für die Vergangenheit (dh ab dem Zeitpunkt des Erlasses des VA oder ggf auch erst ab einem späteren Zeitpunkt) ausgesprochen werden soll.[141] **Wirkung für die Vergangenheit** bedeutet, dass es auch für die in Frage stehende Zeit nicht bei der auf Grund des VA bestehenden Begünstigung bleiben soll (OVG Lüneburg NVwZ 1990, 675; vgl auch BVerwG DVBl 1983, 812 = NVwZ 1984, 36). Nicht um eine Rücknahme für die Vergangenheit, sondern für die Zukunft handelt es sich, wenn die Bewilligung einer Leistung nur hins des „Behalten-Dürfens" zurückgenommen wird. 113

Der Maßstab für die zu treffende Ermessensabwägung folgt aus den allgemeinen und speziellen einschlägigen **verfassungsrechtlichen und einfachgesetzlichen Wertungsprinzipien,** insb den Grundsätzen der Gesetzmäßigkeit der Verwaltung, der Rechtssicherheit, der Einzelfallgerechtigkeit (vgl BVerwGE 28, 127; 44, 333; Mannheim DVBl 1989, 886) und der Vermeidung ungerechtfertigter Bevorzugung einzelner,[142] des Vertrauensschutzes (s dazu oben Rn 82 ff), der Verhältnismäßigkeit und Zumutbarkeit (BVerfG EuGRZ 1986, 259; KG NJW 1980, 1804; Knoke 238), außerdem vor allem auch die mit der Rücknahme verbundenen unmittelbaren oder mittelbaren Auswirkungen auf die geschützten Rechtsgüter der Betroffenen.[143] Grundsätzlich nicht zu beanstanden ist, wenn bei **VAen mit Doppelwirkung** die Behörde dem Interesse des Begünstigten am Bestand des VA nicht prinzipiell Vorrang vor dem Interesse des Drittbetroffenen an der Rücknahme einräumt; zB bei einer Baugenehmigung nicht dem Interesse des Bauherrn vor den Interessen des betroffenen Nachbarn (vgl BVerwG NVwZ 1990, 858). 114

a) Rücknahme für die Zukunft. Vor allem, aber nicht nur[144] bei der Bewilligung von **Dauerleistungen,** die für längere Zeit gewährt werden müssen 115

---

[141] UL § 62 Rn 16; Erichsen/Ehlers § 17 Rn 20; ebenso die hM zum bish Recht, vgl BVerwGE 36, 225; 52, 213; Becker DÖV 1973, 385; WBS II § 51 Rn 102; F 272.

[142] KG NJW 1990, 1804 unter Hinweis auf BVerfG 49, 166 = NJW 1983, 103; vgl auch OVG Lüneburg NVwZ 1989, 1193 unter Hinweis auf BVerwG 1989, 159 = DVBl 1988, 899: Interesse der Beitragsgerechtigkeit.

[143] KG NJW 1990, 1804; Dorn DÖV 1988, 11; **aA** offenbar BVerwG BayVBl 1988, 184 zur Entziehung des Waffenscheins hins Art 14 GG.

[144] BVerwGE 38, 294; 52, 213; BVerwG DVBl 1987, 246; Erichsen/Ehlers § 17 Rn 14.

(BVerwGE 13, 33; BSG DVBl 1987, 242, 246; SozR 1300 § 45 Nr 9 und 19) kommt idR eine Rücknahme mit Wirkung für die Zukunft in Betracht. Bei Vorliegen besonderer Umstände im konkreten Fall kann eine **Rücknahme auch gänzlich ausgeschlossen** sein, weil sie ermessensfehlerhaft wäre (vgl BVerwGE 13, 28; 13, 253; BVerwG DVBl 1964, 324). Dies gilt insb, wenn der in Frage stehende VA zu einer praktisch unabänderlichen Umstellung der Lebensverhältnisse geführt hat (BVerwG NVwZ 1983, 157; Buchh 237.7 § 123 nrwBG Nr 2), und in ähnlichen Fällen nicht ohne weiteres wieder rückgängig zu machender Dispositionen,[145] zB wenn die Rücknahme zum Abbruch einer bereits weit geförderten Ausbildung führen würde (BVerwG DVBl 1964, 324).

116 **b) Rücknahme für die Vergangenheit in den Fällen des Abs 2 S 3.** In den Fällen des S 3 ist, wie S 4 klarstellt, im Regelfall eine Rücknahme mit Wirkung für die Vergangenheit angezeigt. Damit ist S 4 für den Regelfall **Verpflichtung zur Rücknahme mit Rückwirkung zu entnehmen.** Das gilt insbes dann, wenn bei einem VA mit Doppelwirkung ein Dritter durch das unredliche Verhalten des Betroffenen einen Nachteil erlitten hat, dessen Beseitigung die Rückwirkung notwendig macht. Zulässig und ggf durch den Grundsatz der Verhältnismäßigkeit geboten (vgl BVerwG DVBl 1985, 1070) sind, soweit der Behörde in der Sache Ermessen zukommt, außer einer ggf nur teilweisen Rücknahme des fehlerhaften VA, uU **auch Übergangsregelungen,** durch die von der Sache her nicht notwendige Härten für Betroffenen oder eine Beeinträchtigung öffentlicher Interessen vermieden werden.[146] Anhaltspunkte für eine zulässige und ggf gebotene Bestimmung eines späteren Zeitpunkts oder für geeignete Übergangsregelungen kann auch die Rspr des BVerfG zu bei Gesetzen mit unechter Rückwirkung uU gebotenen Überleitungs- und/oder Übergangsregelungen geben.[147]

117 **8. Ausgleichsansprüche. Umstritten** ist, ob dem Betroffenen bei einer Rücknahme des VA wegen überwiegender öffentlicher Interessen trotz an sich sonst zu bejahender Schutzwürdigkeit seines Vertrauens auch in den Fällen des Abs 2 in entspr Anwendung von Abs 3 ein Ausgleichsanspruch zustehen kann. Die Frage dürfte keine besondere praktische Relevanz haben. Restlos ausgeschlossen dürfte ein derartiger Anspruch nicht sein (vgl idS offenbar BVerwGE 85, 79 = NJW 1991, 583; **aA** MuE 174, 181). In Betracht kommt außerdem ein Anspruch aus **Amtshaftung** oder enteignendem bzw enteignungsgleichem Eingriff[148] oder ein **Folgenbeseitigungsanspruch** nach allgemeinen Grundsätzen (ebenso StBS 193).

V. Rücknahme sonstiger begünstigender VAe (Abs 3)

118 **1. Grundgedanken der Regelung.** Für die Zulässigkeit der Rücknahme von rechtswidrigen begünstigenden VAen, die nicht Geld- oder Sachleistungen iS des Abs 2 betreffen, gilt zunächst die Regelung des Abs 1 S 1, wonach die Rücknahme im pflichtgemäßen Ermessen der Behörde steht. Abs 3 sieht ergänzend dazu eine **Ausgleichspflicht für den Fall schutzwürdigen Vertrauens** vor. Die

[145] BVerwGE 13, 28; 13, 253; enger BVerwGE 52, 213: Einstellung einer Hilfe, außer wenn besondere Umstände vorliegen, auf Grund derer die Einstellung der Leistungen dem Betroffenen billigerweise nicht zugemutet werden kann.

[146] Vgl BVerwG DVBl 1985, 1070: Ermessensfehler, wenn beim Widerruf einer Rechtsberatungserlaubnis keine Überlegungen angestellt wurden, ob eine Frist zur Abwicklung der Tätigkeit gewährt werden kann; Knack 51.

[147] Vgl zB BVerfG 31, 12; 37, 81; 39, 2; 41, 259; 53, 300; StBS 113.

[148] Ebenso StBS 192 f; zT **aA** BGH (EGH) NJW 1986, 2500 zur Zurücknahme der Anwaltszulassung nach § 15 Nr 2 BRAO: bei ermessenfehlerfreier Entscheidung kein Entschädigungsanspruch, da der Eingriff sich im Rahmen einer zulässigen Eigentumsinhaltsbestimmung iS von Art 14 Abs 1 GG hält.

Regelung beruht in Abweichung von der früher hM[149] auf dem Grundgedanken, dass bei rechtswidrigen VAen grundsätzlich die Möglichkeit bestehen müsse, rechtmäßige Zustände wieder herzustellen, und dass ein entgegenstehender Vertrauensschutz durch den Ausgleich von Vermögensnachteilen hinreichend berücksichtigt werden könne. Der Unterschied in den Regelungen in Abs 2 und Abs 3 folgt daraus, dass in den Fällen des Abs 2 das Interesse am Ausgleich von Vermögensnachteilen idR mit dem Interesse am Bestand des VA identisch ist. Es ist deshalb nicht davon auszugehen, dass die unter Abs 2 fallenden VAe einen stärkeren Schutz genießen sollten als die unter Abs 3 fallenden VAe.

Die Regelung ist **nicht frei von verfassungsrechtlichen Bedenken.** Diese ergeben sich zum einen aus der **Herauslösung des Entschädigungsverfahrens** nach Abs 3 S 4 aus dem Rücknahmeverfahren. Danach soll der Betroffene die Rücknahme des rechtswidrig erlassenen VA hinnehmen, ohne dass für ihn klar wäre, ob und in welcher Höhe er Ersatz seines Vertrauensschadens erlangen kann. Zum anderen ergeben sich verfassungsrechtliche Bedenken gegen die Regelung jedenfalls dann, wenn Abs 3 dahin verstanden würde, dass der **Gesichtspunkt des Vertrauensschutzes** ausschließlich bei der Festsetzung eines Ausgleichsanspruchs nach Abs 3 S 4 berücksichtigt werden dürfte. Diesem zuletzt genannten Bedenken kann aber durch eine verfassungskonforme Auslegung im Rahmen des Ermessens begegnet werden (s unten Rn 122). 119

2. Ermessensentscheidung. a) Allgemeines. Die Entscheidung über die Rücknahme eines rechtswidrig erlassenen, nicht auf Geld- und Sachleistungen gerichteten VA steht nach Abs 3 S 1 iVm Abs 1 S 1 im Ermessen der zuständigen Behörde. Da die Rücknahme in den Fällen des Abs 3 an keine weiteren Voraussetzungen als die Rechtswidrigkeit geknüpft wird, kommt dem Ermessen hier eine erhebliche Bedeutung zu, weil nur dadurch die beiden Elemente des Rechtsstaatsprinzips, nämlich das Prinzip der Gesetzesmäßigkeit der Verwaltung auf der einen und das Prinzip der Rechtssicherheit und des Vertrauensschutzes auf der anderen Seite, zu einem angemessenen Ausgleich gebracht werden können. Der Gesetzgeber hat zwar in Abs 3 zum Ausdruck gebracht, dass dem Prinzip der Gesetzesmäßigkeit im Grundsatz der Vorrang eingeräumt werden soll, durch die Einräumung des Ermessens zugleich aber der Behörde die Verpflichtung zu einer abwägenden Entscheidung in jedem Einzelfall auferlegt. 120

Bei der Ermessensentscheidung gem Abs 1 und 3 sind die für die Aufrechterhaltung des VA und den Bestandsschutz sprechenden Gesichtspunkte, insb auch das etwaige schutzwürdige Vertrauen des Betroffenen analog Abs 2,[150] gegen das öffentliche Interesse an der Herstellung des an sich nach den maßgeblichen Rechtsvorschriften gebotenen Rechtszustandes unter Berücksichtigung auch eines etwa nach Abs 3 zu gewährenden Vermögensausgleichs und der Frage, ob ein solcher Ausgleich die für den Betroffenen entstehenden Nachteile aufzuwiegen geeignet ist,[151] **abzuwägen.** Bei Teilbarkeit der durch den VA getroffenen Regelungen ist auch die uU unterschiedliche Schutzwürdigkeit hins einzelner Rege- 121

---

[149] Vgl BVerwG DÖV 1970, 113; VGH Kassel NJW 1968, 2122; Erichsen/Ehlers § 17 Rn 21; Haueisen DÖV 1964, 15; Witten NJW 1968, 22; s auch Frotscher DVBl 1976, 284; Göldner DÖV 1979, 805; idR keine Rücknahme, soweit Vertrauensschutz entgegensteht.

[150] BVerwGE 78, 139 = NVwZ 1988, 368; BVerwG NVwZ 1994, 897: im Rahmen der nach § 48 Abs 1 S 1 gebotenen Ermessensentscheidung ist auch zu berücksichtigen, in welcher Weise der Bauherr auf den Bestand vertraut und hierbei bereits Belastungen auf sich genommen hat; OVG Hamburg NVwZ-RR 1993, 522; MB 63; Obermayer 17; Schenke DÖV 1983, 322; Kopp GewArch 1986, 181; MK 15 III 3; allg auch VGH Mannheim NVwZ 1988, 859: als Gebot verfassungskonformer Auslegung; **aA** zB VGH Kassel NVwZ 1993, StBS 186; Knack 48; Knoke 236.

[151] Vgl auch Mannheim VBlBW 1985, 425; NVwZ 1995, 723; Kopp BayVBl 1980, 39; s allg auch BGH NVwZ 1985, 683: auch der Grundsatz der Verhältnismäßigkeit zu beachten.

lungen zu berücksichtigen (BVerwGE 68, 159 = NVwZ 1984, 716). Immer zu berücksichtigen sind auch etwaige **Auswirkungen** einer Aufhebung **auf andere Rechtsverhältnisse** (BVerwGE 54, 257 m Anm Schulze-Osterloh JuS 1978, 137; Maurer § 11 Rn 33; StBS 9; MB 52).

122 **b) Vertrauensschutz in der Ermessensentscheidung.** Trotz der zutage liegenden **verfassungsrechtlichen Bedeutung** des Ermessens in Abs 3 ist die Frage, ob und inwieweit Gesichtspunkte des Vertrauensschutzes bei der Rücknahme eine Rolle spielen dürfen bzw müssen, **umstritten.** Teilweise wird angenommen, der Gesichtspunkt des Vertrauensschutzes dürfe bei der Rücknahmeentscheidung keine Rolle spielen; er sei nur bei der Festsetzung des Vertrauensschadens nach Abs 3 S 4 zu berücksichtigen.[152] Diese Position ist nur in den Fällen haltbar, in denen das schutzwürdige Vertrauen des Betroffenen durch die bloße Zuerkennung finanzieller Ausgleichsansprüche angemessen kompensierbar ist. Dies ist aber nicht immer der Fall. Es wird deshalb bei der Ermessensentscheidung stets zu berücksichtigen sein, ob ein schutzwürdiges Vertrauen des Betroffenen vorliegt und ob dieses im Rahmen des Ausgleichsanspruchs nach Abs 3 S 4 angemessen berücksichtigungsfähig ist.[153] Die Möglichkeit des Ausgleichs von Vermögensnachteilen stellt im Ergebnis nur einen Gesichtspunkt dar, der bei der Abwägung mit in Rechnung zu stellen ist (VGH Mannheim BWVPr 1987, 89; VBlBW 1985, 425; VG Karlsruhe NJW 1994, 1979). Es würde dem hohen Stellenwert, der im Rechtsstaat dem Vertrauensschutz für die Rechtsordnung zukommt, widersprechen, wenn man bei der Entscheidung auch schon über die Rücknahme die **Gesichtspunkte des Vertrauensschutzes** außer Acht lassen würde oder dürfte (ähnlich Erichsen/Ehlers § 17 Rn 45: vollständiger Ausschluss bedenklich; StBS 186 bei immateriellen Schäden). Das schutzwürdige Vertrauen und in Anlehnung an Abs 2 S 2, der insoweit nur einen allgemeinen Grundsatz zum Ausdruck bringt, insbes auch der Schutz der im Vertrauen auf den Bestand des VA getroffenen Dispositionen, die der Betroffene nicht oder nur unter unzumutbaren Nachteilen wieder rückgängig machen kann, sind in aller Regel die gewichtigsten gegen eine Rücknahme sprechenden Gesichtspunkte. Entsprechendes gilt umgekehrt auch für die Gründe analog Abs 2 S 3, die einen Vertrauensschutz ausschließen.

123 **c) Ermessenreduktion auf Null.** Wenn das öffentliche Interesse an der Herstellung des gesetzmäßigen Zustandes weniger dringlich ist, wird diese Abwägung im Hinblick auf den dabei zu beachtenden Grundsatz der **Verhältnismäßigkeit** (vgl BVerfG EuGRZ 1986, 259; Knoke 238; König BayVBl 1988, 171; **aA** StBS 185) zur Aufrechterhaltung des VA führen, auf dessen Bestand der Bürger vertraut hat und nach den Grundsätzen des Abs 2 auch vertrauen durfte.[154]

---

[152] So offenbar BVerwGE 85, 89; VGH Kassel NVwZ-RR 1993, 350; VGH München NVwZ 1992, 76; trotz verfassungsrechtlicher Bedenken nun auch Erichsen/Ehlers § 17 Rn 45; Erichsen/Brügge Jura 1999, 155, 162.

[153] BVerfG 59, 128; 164 zur Einziehung eines rechtswidrig erteilten Vertriebenenausweises; BVerwGE 68, 159; 78, 139 m Anm Osterloh JuS 1989, 238; VGH Mannheim VBlBW 1985, 425; Knack 110; UL § 62 Rn 27; MB 52, 64; Maurer, in: Boorberg-FS 1977, 242; Schenke DÖV 1983, 323; Wendt JA 1980, 90; Zacharias NVwZ 2002, 1306, 1307; Manssen, Privatrechtsgestaltung durch Hoheitsakt, 1994, 296; im Wesentlichen wohl auch Erichsen/Weiß Jura 1987, 153; Pietzcker NJW 1981, 2092; Göldner DÖV 1979, 809; StBS 186; v Danwitz Jura 1994, 287; offen BVerwG NJW 1981, 67; OVG Münster BRS 39 Nr 157 und Nr 177.

[154] BVerfG 59, 167; BVerwGE 83, 195; BVerwG DÖV 1988, 270; BayVBl 1994, 374; NJW 1981, 87; VGH Mannheim VBlBW 1985, 426, BWVPr 1987, 89, OVG Münster NVwZ 1985, 662; VG Karlsruhe NJW 1994, 1977; wohl auch VGH München BayVBl 1994, 51; Häberle, in: Boorberg-FS 1977, 88; Maurer, in: Boorberg-FS 1977, 243; Schleicher DÖV 1976, 554; MB 50 und 63; Wendt JA 1980, 89; Gramlich DÖV 1986, 462; MK 15 III 3; Lange WuV 1979, 18; Jura 1980, 458; Obermayer 17; Bielfeldt DÖV 1989, 442 und 447 zu einer Baugenehmigung; ferner BGHZ 60, 116; Kröner ZfBR 1984, 29; Kopp GewArch 1986, 181.

Eine Ermessensreduktion auf Null kommt in Betracht, wenn und soweit – insb bei immateriellen Vertrauensschutzinteressen (KG NJW 1990, 1804) – ein Ausgleich in Geld gem Abs 3 dem Schutz des berechtigten Vertrauens nicht genügen würde.[155] Es wäre nicht verständlich, weshalb bei der im Rahmen der Ermessensentscheidung über die Rücknahme zu treffenden Abwägung gerade **der Vertrauensgesichtspunkt,** der sich bei der Entscheidung, ob ein VA zurückzunehmen ist, von der Sache her geradezu aufdrängt, dem auch sonst im Rechtsstaat überholten Grundsatz „dulde und liquidiere" Platz machen sollte, und all dies, obwohl weder Wortlaut noch Sinn und Zweck der Vorschrift zu einer so restriktiven Anwendung zwingen, sondern im Gegenteil die Grundsätze verfassungskonformer Auslegung die Berücksichtigung des Vertrauensschutzes schon bei der Entscheidung, ob der VA zurückgenommen werden soll, gebieten (Kopp GewArch 1986, 182; AöR 1987, 506).

3. Vermögensausgleich. a) Allgemeines. Abs 3 gewährt den durch die 124
Rücknahme eines VA gem Abs 2 Betroffenen, sofern ihr Vertrauen auf den Bestand des VA schutzwürdig war, einen Anspruch auf Ausgleich (Entschädigung) der ihnen durch die Rücknahme entstehenden Vermögensnachteile. Der Ausgleichsanspruch ist eine **Neuschöpfung des Gesetzes,** die den Zweck hat, den Behörden die Rücknahme auch in Fällen zu ermöglichen, in denen sonst der Gedanke des Vertrauensschutzes einer Rücknahme entgegenstehen würde, wenn nicht wenigstens ein Ausgleich in Geld erfolgt (Begr 71; MuE 173; K 28). Bei „Geld"-VAen iS von Abs 2 ging der Gesetzgeber dagegen davon aus, dass ein Ausgleich nicht notwendig ist, weil der gleiche Effekt einfacher durch Verzicht auf die Rücknahme bzw die Beschränkung der Rücknahme auf einen Teil des VA erreicht werden kann. In Fällen des Abs 2, in denen dies nicht der Fall ist, ist jedoch auch hier **Abs 3 analog** anzuwenden, wie umgekehrt auch die Grundsätze des Abs 2 für die Beurteilung der Schutzwürdigkeit des Vertrauens nach Abs 3 (Johlen NJW 1976, 2255; Schenke DÖV 1983, 328; **aA** StBS 196).

b) Rechtsnatur des Anspruches. In der Sache lehnt die Regelung des Abs 3 125
sich an die **Grundsätze des Entschädigungsrechts** unter dem Gesichtspunkt der Aufopferung an, deren Anwendung auch schon nach bish Recht in diesen Fällen in Betracht kam[156] und von Abs 3 auch nicht berührt wird. Die Regelung stellt eine ausgleichspflichtige **Inhaltsbestimmung des Eigentums** iS von Art 14 Abs 1 und 2 GG für solche Rücknahmeentscheidungen dar, die erst auf Grund des Ausgleichsanspruchs als mit Art 14 Abs 1 GG vereinbar erscheint.[157] Entschädigungsansprüche unter dem Gesichtspunkt des enteignungsgleichen oder enteignenden Eingriffs werden durch Abs 3 auch nach der Streichung des Abs 6 nicht ausgeschlossen (vgl BGH NJW 1988, 2264; NJW 1986, 2500; StBS 193). Nicht berührt werden durch Abs 3 auch Ansprüche aus dem Gesichtspunkt

---

[155] UL § 62 Rn 27; Maurer, in: Boorberg-FS 1977, 242; Schenke DÖV 1983, 323; Wendt JA 1980, 90; Achterberg AllgVwR 23 Rn 71; im Wesentlichen wohl auch Erichsen/Weiß Jura 1987, 153; Pietzcker NJW 1981, 2092; Göldner DÖV 1979, 809; StBS 186; v Danwitz Jura 1994, 287; offen BVerwG NJW 1981, 67; OVG Münster BRS 39 Nr 157 und Nr 177; **aA** offenbar BVerwGE 85, 87, 89; GewArch 1987, 274; VGH Kassel NVwZ-RR 1993, 350; VGH München NVwZ 1992, 76 zum Widerruf einer Bodenverkehrsgenehmigung; OVG Münster DVBl 1980, 887; VGH Mannheim NJW 1980, 2598; Knoke 236; Frotscher DVBl 1976, 285; Berücksichtigung des Vertrauensschutzes ausschließlich im Rahmen des Abs 3.

[156] Vgl VGH München BayVBl 1982, 627 mwN; vdGK § 12 Rn 5; Maurer, in: Boorberg-FS 1977, 247; Kopp GewArch 1986, 180f; **aA** offenbar Begr 73; StBS 193; WBS II § 51 Rn 108; K 28: Ersatzansprüche allenfalls unter dem Gesichtspunkt der Amtshaftung; vgl ferner VGH München BayVBl 1976, 497.

[157] Vgl BVerwGE 77, 295 = NJW 1987, 2884; NJW 1990, 1929; NVwZ 1986, 296; Schoch DVBl 1990, 552; Stober NJW 1989, 565; Kokott VerwArch 1992, 511; str.

der **Amtshaftung.**[158] Wie der Ausgleichsanspruch nach Abs 3 hat auch ein Anspruch unter den Gesichtspunkt eines enteignungsgleichen Eingriffs wegen Fehlerhaftigkeit des zurückgenommen VA oder des Rücknahmebescheids zur Voraussetzung, dass der Schaden nicht durch Rechtsbehelfe unmittelbar gegen die rechtswidrigen VAe abgewendet werden konnte bzw kann (vgl Schoch DVBl 1990, 553).

126 **c) Voraussetzungen. aa) Schutzwürdigkeit des Vertrauens.** Der Ausgleichsanspruch nach Abs 3 hat zur Voraussetzung, dass das Vertrauen des Betroffenen auf den Bestand des VA schutzwürdig ist. Insoweit gelten für die Beurteilung dieselben Grundsätze wie bei VAen nach Abs 2, insb gilt auch Abs 2 S 3, auf den ausdrücklich verwiesen wird.[159] Der Umstand, dass nur auf Abs 2 S 3, nicht auch auf Abs 2 S 2, verwiesen wird, bedeutet nicht, dass die Abwägungsüberlegungen gem S 2 im Übrigen nicht auch bei der Entscheidung nach Abs 3 maßgeblich sind (StBS 195; Knack 113). Bei der **Rücknahme nichtiger VAe entfällt ein Ausgleichsanspruch** wegen fehlender Schutzwürdigkeit des Vertrauens jedenfalls dann, wenn die schwere Fehlerhaftigkeit offensichtlich ist (vgl BGHZ 84, 292; Knack 113). Voraussetzung des Ausgleichsanspruchs ist zusätzlich zu den Erfordernissen gem Abs 3 analog zur Rspr zum Entschädigungsanspruch wegen enteignenden Eingriffs,[160] dass der Betroffene zunächst die Möglichkeiten bestehender **Rechtsbehelfe gegen den Rücknahmebescheid ausschöpft** bzw ausgeschöpft hat (vgl StBS 198; Schoch DVBl 1990, 553). Im Einzelfall kann sich als Folge aus diesem Grundsatz, wenn der Betroffene ihm nicht Rechnung trägt, auch eine Minderung des Anspruchs ergeben (Schoch DVBl 1990, 553).

127 **bb) Mitverschulden.** Der Ausgleichsanspruch entsteht, wie sich aus der Formulierung in Abs 3 S 1 ergibt, nur insoweit, als das Vertrauen schutzwürdig ist, dh er entfällt oder verringert sich ggf entsprechend dem Maß der Schutzwürdigkeit des Vertrauens im Vergleich mit dem Gewicht des öffentlichen Interesses an der Rücknahme.[161] Zu berücksichtigen ist dabei außer einem etwaigen mitwirkenden Verschulden bzw der **Zurechenbarkeit des Rücknahmegrundes** nach Abs 2 S 3 insb auch, ob und inwieweit der betroffene Bürger den ihm entstandenen Schaden aus anderen Gründen zu vertreten hat, zB weil er nicht notwendige Aufwendungen noch zu einem Zeitpunkt vorgenommen hat, in dem er bereits wusste oder wissen musste, dass ein Rücknahmegrund vorliegt und die Behörde die Rücknahme erwägt (vgl zu § 49 Abs 5 UL § 63 Rn 28). Im Einzelnen gelten für den Ausschluss oder eine Verringerung des Anspruchs wegen fehlender Schutzwürdigkeit des Vertrauens die Grundsätze des § 254 BGB als Ausdruck eines

---

[158] BGH NJW 1985, 682; 1988, 2884: wer im Vertrauen auf die Richtigkeit eines ihm amtspflichtwidrig erteilen, von Anfang an fehlerhaften Vorbescheids Aufwendungen für den Erwerb vermeintlichen Baugeländes macht, kann deren Ersatz verlangen, wenn später die Bebauung des Geländes aus Gründen scheitert, die schon zur Versagung des Bescheids hätten führen müssen; BayObLG NVwZ 1989, 692: Berücksichtigung einer Mitverursachung analog 254 BGB; StBS 192; Johlen NJW 1976, 2155. Vgl auch OLG Düsseldorf NJW 1987, 1336 = NVwZ 1987, 532: Ansprüche aus § 48 Abs 3 und § 39 Abs 1 b nwOBG nebeneinander; allg zur Amtshaftung gegenüber einem durch einen VA Begünstigten auch BGH NJW 1975, 1968; 1988, 2884.

[159] Ebenso UL § 62 Rn 28; Knack 113; StBS 194 f; MB 65; zT **aA** Johlen NJW 1976, 2155: geringere Anforderungen; Obermayer 123 f: die Schutzwürdigkeit ist isoliert zu betrachten, dh ohne Abwägung gegen entgegenstehende öffentliche Interessen, die nicht zugleich auch in der Art der Begünstigung liegen.

[160] Vgl BVerfG 58, 324; BGHZ 90, 31; 91, 24, 258; 92, 50; 97, 125; NJW 1986, 1108; 1990, 898; NVwZ 1988, 1068; Schoch DVBl 1990, 553; Hermes NVwZ 1990, 733.

[161] Johlen NJW 1976, 2155; ähnlich zu § 49 Abs 5 UL § 63 Rn 28; Knack 113; Erichsen/Ehlers § 17 Rn 46; StBS 198.

allgemeinen Rechtsgedankens.[162] Außerdem muss sich der Betroffene uU auch etwaige sich für ihn durch die Rücknahme ergebende Vorteile anrechnen lassen (vgl allg zum **Vorteilsausgleich** Labbé/Wölfel DVBl 1990, 1141). Ob bei der Bestimmung der Höhe des Anspruchs auch das öffentliche Interesse, das schon Voraussetzung für die Rücknahme und für die Beurteilung der Schutzwürdigkeit des Vertrauens ist (Abs 3 S 1), anspruchsmindernd zu berücksichtigen ist, erscheint nach dem Wortlaut des Abs 3 S 1 zweifelhaft, muss im Licht des allgemeinen Rechtsgedankens des § 254 BGB und vor allem nach dem Zweck des Abs 3 verneint werden (**aA** offenbar Maurer, in: Boorberg-FS 245; Knack 116).

d) Umfang. Zu ersetzen sind die **Vermögensnachteile,** die der Betroffene infolge seines Vertrauens auf den Bestand des durch die Rücknahme entfallenden VA erleidet, **zB Aufwendungen,** die er im Vertrauen auf eine erteilte Erlaubnis gemacht hat und die nunmehr nutzlos sind, wie anderweitig nicht verwertbare Anschaffungen, Planungskosten (Obermayer 119), außerdem (vgl BGH BB 1969, 696) aber auch der Schaden, der dadurch entstanden ist, dass er im Vertrauen auf den Bestand des VA **eine anderweitige Gewinnmöglichkeit nicht genutzt** hat (MuLö BayVBl 1986, 190 – sog negatives Interesse), **nicht der entgangene Gewinn,** den ein Unternehmer auf Grund der erteilten Erlaubnis usw voraussichtlich hätte erzielen können (sog positives Interesse; vgl auch StBS 197). Nach S 3 bildet das **positive Interesse die Obergrenze** für die Ausgleichspflicht. Im Einzelnen gilt insoweit dasselbe wie gem §§ 122 Abs 1, 179 Abs 2 und 307 Abs 1 S 1 BGB, so dass in Zweifelsfällen auch auf die Rspr dazu zurückgegriffen werden kann. Soweit Aufwendungen bereits amortisiert sind oder die im Vertrauen auf den Bestand des VA erworbenen Güter anderweitig verwendet, verkauft oder sonst verwertet werden können, mindert sich der Ausgleichsanspruch entsprechend. Vgl zur Berechnung des Vertrauensschadens auch OLG Hamm NVwZ 1990, 694. Zweifelhaft ist, ob Schäden erfasst werden, die aus Vermögensdispositionen herrühren, die sich infolge der Rücknahme als fehlgeschlagen erweisen (ablehnend StBS 197). 128

e) Verfahrensfragen. aa) Allgemeines. Der Ausgleichsanspruch muss vom Betroffenen durch einen **Antrag** geltend gemacht werden und wird gem Abs 3 S 4 **durch VA festgesetzt.**[163] Der Betroffene muss die Festsetzung erforderlichenfalls mit einer **Verpflichtungsklage** erzwingen (StBS 199; Obermayer 136; Knack 117). Eine unmittelbar auf die Leistung gerichtete Klage wäre dagegen unzulässig.[164] Für Streitigkeiten darüber sind die Verwaltungsgerichte zuständig (s Rn 4). Der Antrag auf Entschädigung löst ein selbstständiges Verwaltungsverfahren aus. Wegen der verfassungsrechtlichen Bedenken gegen eine Abkoppelung des Entschädigungsverfahrens von dem Rücknahmeverfahren (s Rn 119) wird man die hilfsweise Geltendmachung des Entschädigungsanspruchs bereits vor der abschließenden Entscheidung über die Rücknahme zulassen müssen mit dem Ziel, dass über beide Verfahren möglichst im Zusammenhang entschieden wird. Dasselbe muss an sich auch für das Widerspruchsverfahren und das Klageverfahren gelten. Eine solche Vorgehensweise ist soweit ersichtlich in der Praxis bisher noch nicht anerkannt. 129

bb) Jahresfrist. Der Anspruch ist innerhalb eines Jahres geltend zu machen (Abs 3 S 5). **Umstritten** ist, ob es sich bei der Jahresfrist um eine **Ausschlussfrist** 129 a

[162] Vgl allg zur Anwendbarkeit des Rechtsgedankens des § 254 BGB auf Folgenbeseitigungsansprüche bei BVerwGE 69, 266; 82, 24 = BayVBl 1990, 24; zweifelnd VGH München BayVBl 1990, 628; kritisch Schenke JuS 1990, 371.

[163] VdGK 8.2.1; StBS 199; Obermayer 136 f; Erichsen/Ehlers § 17 Rn 24.

[164] StBS 199; **aA** Obermayer 136: unbegründet; OLG Düsseldorf NJW 1987, 1336 = NVwZ 1987, 532: Zuständigkeit der ordentlichen Gerichte für Streitigkeiten über ausgleichspflichtige Nachteile.

handelt (so WBS II § 51 Rn 92) oder ob Wiedereinsetzung in den vorigen Stand nach § 32 möglich ist (so zu Recht Obermayer 82). Für die Annahme einer Ausschlussfrist fehlt es nicht nur an Anhaltspunkten im Gesetz, sondern auch an rechtfertigenden Gründen. Im Gegensatz zum Antrag können nähere Angaben dazu, insb zur Begründung und zur Höhe, auch nach Ablauf der Jahresfrist binnen angemessener Frist nachgereicht werden; die Behörde kann dafür ggf eine Frist setzen.

Der Lauf der Jahresfrist hat zur Voraussetzung, dass die Behörde den Betroffenen darauf hingewiesen hat. Der **Hinweis ist an keine Form** gebunden, sollte aus Beweisgründen jedoch grundsätzlich schriftlich erfolgen (StBS 200; Obermayer 82). Die **Frist beginnt** nach § 31 iV mit § 187 Abs 1 BGB mit dem ersten Tag nach Zugang des Hinweises. Wird der Rücknahme-VA angefochten, so beginnt die Frist frühestens mit der Unanfechtbarkeit der Entscheidung. Solange auf die Frist nicht hingewiesen wurde, läuft keine Frist; der Anspruch **verjährt analog § 195 BGB nF nunmehr bereits nach 3 Jahren,** gerechnet ab Kenntnis des Schadens, nach 10 Jahren unabhängig von der Kenntnis (§ 199 Abs 4 BGB nF).

VI. Zeitliche Begrenzung der Rücknahmebefugnis (Abs 4)

130 **1. Inhalt und Zweck der Jahresfrist.** Abs 4 beschränkt im Interesse der Rechtssicherheit und des Rechtsfriedens sowie vor allem auch des Vertrauensschutzes[165] die Befugnis der Behörde zur Rücknahme eines fehlerhaften VA grundsätzlich auf den **Zeitraum eines Jahres,** gerechnet von dem Zeitpunkt an, in dem die Behörde von den Tatsachen Kenntnis erlangt, die die Rücknahme rechtfertigen (s zum Begin Rn 136). Die Frist sollte nach dem Willen des Gesetzgebers (vgl BT-Dr 7/910 S 71) eine eindeutige Klärung der Rücknahmemöglichkeit und damit die Herstellung des Rechtsfriedens in einem überschaubaren Zeitraum herbeiführen (VGH Mannheim VBlBW 1981, 293; Obermayer 87; Knack 72). Dieses Ziel wird mit der derzeit von der Rspr praktizierten Auslegung allerdings nicht erreicht (s Rn 138ff). Die Frist ist eine **Ausschlussfrist,** die weder verlängert werden kann noch eine Wiedereinsetzung in den vorigen Stand nach § 32 zulässt.[166] Bestehen mehrere Rücknahmegründe, so läuft uU für jeden Grund eine gesonderte Jahresfrist (StBS 213). Soweit die Rücknahme zeitlich nicht durch Abs 4 beschränkt wird, ist sie grundsätzlich – -vorbehaltlich einer Verwirkung des Rücknahmerechts – unbeschränkt möglich.

131 **Abs 4 beruht auf dem Gedanken der Verwirkung** (OVG Berlin NJW 1983, 2157; VGH München NVwZ 1984, 736), schließt jedoch die selbstständige Anwendung der allgemeinen **Grundsätze der Verwirkung** (s § 53 Rn 15ff) nicht aus.[167] Die Behörde kann deshalb die Befugnis zur Rücknahme **uU auch schon vor Ablauf der Frist** gem Abs 4 verlieren, wenn sie durch ihr Verhalten den Anschein erweckt, dass sie von ihrer Befugnis zur Rücknahme keinen Gebrauch mehr machen wird (Obermayer 156; Knack 40; Allesch BayVBl 1984, 522). **Andererseits** ist die Behörde nach Ablauf der Frist gem Abs 4 oder wenn sie ihre Rücknahmebefugnis verwirkt hat, auch **nicht gehindert, den VA gem § 49 zu widerrufen,** sofern die Voraussetzungen des Widerrufs gegeben sind, insb auch die Frist gem § 49 Abs 2 S 2 iV mit § 48 Abs 4 noch nicht verstrichen ist und nicht auch die Widerrufsbefugnis verwirkt ist (vgl VGH Kassel NVwZ 1984, 382). Im Zweifel kann die Rücknahme in solchen Fällen gem § 47 in einen Widerruf umgedeutet werden (vgl § 47 Rn 26).

---

[165] BVerwGE 66, 61 = NVwZ 1983, 9; BVerwG NVwZ 1988, 350 unter Bezugnahme auf BVerfG 59, 152; BSG DVBl 1990, 713; v Mutius JK VwVfG § 48/7; Weides DÖV 1985, 91, 432; StBS 205.

[166] Weides DÖV 1985, 431; Allesch BayVBl 1984, 519; Schoch NVwZ 1985, 881; StBS 208; Obermayer 106; MB 69f; Knoke 239.

[167] VGH München BayVBl 1983, 120; Knoke 241 und 271; StBS 207; Knack 40 und 70.

2. Anwendbarkeit. a) Allgemeines. Abs 4 gilt nicht nur für die Fälle der Rücknahme nach den Abs 1–3, sondern grundsätzlich ergänzend auch für die Rücknahme auf Grund von besonderen Rechtsvorschriften, sofern diese die Jahresfrist nicht gerade ausschließen,[168] und auch im Verhältnis **zwischen öffentlichen Rechtsträgern** (VG Köln NVwZ 1984, 837; Kopp SGb 1989, 218). **Ausgenommen** sind im Hinblick auf die fehlende Schutzwürdigkeit des Vertrauens nach S 2 nur die Fälle, in denen ein VA durch **arglistige Täuschung, Drohung oder Bestechung** erlangt wurde; auch in diesen Fällen kann die Behörde jedoch uU bei illoyaler Verzögerung der Entscheidung über die Rücknahme ihre Befugnis dazu nach allgemeinen Grundsätzen verwirken (vgl VGH München BayVBl 1984, 538; Knoke 241 und 271). Eine analoge Anwendung der Jahresfrist auf ähnliche Fallgestaltungen scheidet wegen ihres Sondercharakters grundsätzlich aus (vgl auch StBS 201, 206). 132

b) Geltung für nichtige und vorläufige VAe. Die Regelung gilt an sich auch für die Rücknahme nichtiger VAe (**aA** OVG Münster NVwZ 1985, 286: bei nichtigen VAen läuft die Jahresfrist nicht), hat hier jedoch kaum praktische Bedeutung, weil die Behörde die Nichtigkeit jederzeit, auch nach Ablauf der Jahresfrist, gem § 44 Abs 5 verbindlich feststellen kann. Umstritten, richtigerweise aber zu bejahen ist die Geltung für **vorläufige VAe,** soweit diese überhaupt der Rücknahme unterliegen;[169] der Erlass des vorbehaltenen endgültigen VA stellt hier jedoch keine Rücknahme dar, sondern einen selbstständigen originären VA, der deshalb auch nicht an die Frist gebunden ist. 133

c) Geltung nur für begünstigende VAe. Abs 4 beschränkt die Ausschlussfrist nicht ausdrücklich auf die Rücknahme von begünstigenden VAen (anders § 116 Abs 4 s-hLVwG). Diese Einschränkung ergibt sich jedoch bereits aus Abs 1 S 2 (so zutreffend StBS 204). Auch eine analoge Anwendung von Abs 4 kommt insoweit nicht in Betracht, da eine Sachentscheidung zugunsten des Bürgers auch sonst jederzeit, selbst nach Bestätigung eines VA durch ein rechtskräftiges Urteil eines Gerichts, zulässig ist. Gegen die Anwendung des Abs 4 auf belastende VAe spricht nicht zuletzt auch, dass dieselben VAe, sofern sie rechtmäßig wären, nach § 49 Abs 1 und 2 S 2 ohne zeitliche Beschränkung widerrufen werden können; es ist nicht anzunehmen, dass für die Rücknahme rechtswidriger VAe engere Voraussetzungen gelten sollten. 134

d) Geltung für VAe auf der Grundlage von Gemeinschaftsrecht. Für die Anwendbarkeit des Abs 4 auf Beihilfen (Subventionen) kommt es nach der neueren Rechtsprechung des EuGH zunächst einmal darauf an, ob ein **Beihilfeaufsichtsverfahren der EU-Kommission** nach Art 88 EG (entspr Art 93 aF) durchgeführt worden ist oder nicht: Die Entscheidung der Kommission, die Beihilfe zurückzufordern, ist für die nationalen Behörden verbindlich.[170] Der Betroffene kann sie mit der Nichtigkeitsklage vor dem EuGH anfechten (so zutr Ehlers GewArch 1999, 308; **aA** Classen JZ 1997, 724). Die Berücksichtigung von Vertrauensschutz kann praktisch nur auf dieser Ebene erfolgen. Setzt die nationale Behörde mit den Mitteln des § 48 die Entscheidung der Kommission um, **findet Abs 4 keine Anwendung.**[171] Anders ist dies bei Subventionen, die ohne ein 135

---

[168] Dies wird zB angenommen für die Gasölbetriebshilfe, vgl BVerwG DVBl 1994, 409; für § 4 Abs 2 ZDG, vgl BVerwG NVwZ 1993, 93, s auch StBS 202 m weit Bsp; **aA** WBS II § 51 Rn 93: keine weitergehende Anwendbarkeit der Jahresfrist.

[169] S oben Rn 18; Kemper 187; **aA** BVerwGE 67, 101 = NJW 1983, 1043; Peine DÖV 1986, 859; offen VG Köln NVwZ 1984, 538.

[170] EuGH EuZW 1997, 276; BVerwG EuZW 1998, 730; Ehlers GewArch 1999, 305, 309; Fischer JuS 1999, 749, 751.

[171] EuGH EuZW 1997, 276 f; BVerwGE 106, 328; BVerwG EuZW 1998, 730; Ehlers GewArch 1999, 309; Erichsen/Ehlers § 17 Rn 48 mwN; Fischer JuS 1999, 753.

vorgeschaltetes Aufsichtsverfahren der Kommission gewährt werden (ausf Ehlers GewArch 1999, 309 ff).

136 **3. Beginn der Jahresfrist. a) Kenntnis von der Rechtswidrigkeit.** Die Frist beginnt gem § 31 Abs 1 iV mit § 187 Abs 1 BGB mit dem Ablauf des Tages, an dem die Behörde Kenntnis von eine Rücknahme rechtfertigende Tatsachen erlangt und endet gem § 188 Abs 2 1. Altern. BGB nach einem Jahr mit dem Ablauf desjenigen Tages, der durch seine Zahl dem Tag entspricht, in den die Kenntniserlangung fällt. Bei Kenntniserlangung am 16. 8. 1983 endet die Frist also am 16. 8. 1984 nachts 24.00 Uhr (Obermayer 105). Der Rücknahmebescheid muss dem Bürger vor Ablauf der Frist bekannt gegeben worden sein (**aA** BFH NVwZ 1990, 1207: dass er den Bereich der Behörde verlassen hat, genügt). Maßgeblich für den Beginn des Laufs der Jahresfrist gem Abs 4 ist die **Kenntnis der die Rücknahme rechtfertigenden Tatsachen.**[172] Entgegen dem Wortlaut („erhält ... Kenntnis“) ist **nicht erforderlich,** dass die **Kenntnis erst nachträglich erlangt** wurde. Abs 4 ist auch auf Fälle anwendbar, in denen die Behörde von den maßgeblichen Tatsachen auch schon im Zeitpunkt des Erlasses des VA, dessen Rücknahme in Frage steht, Kenntnis hatte.[173]

137 **Erforderlich ist positive Kenntnis.** Fahrlässige Unkenntnis genügt nicht (StBS 214; **aA** Knack 83; zweifelnd auch BSG DVBl 1994, 1249), wohl aber Kenntnis der Erkenntnisquellen, aus denen die Kenntnis in zumutbarer Weise und ohne besondere Mühe gewonnen werden kann.[174] Die Rspr stellt seit der grundlegenden Entscheidung des BVerwG[175] der Kenntnis von Tatsachen ieS die Erkenntnis gleich, dass für den VA maßgebende Tatsachen unzulänglich berücksichtigt oder rechtlich falsch gewürdigt wurden. Erst die **positive und vollständige Kenntnis aller Tatsachen im weitesten Sinn,** die für die Entscheidung der Behörde über die Rücknahme relevant sind oder sein können einschließlich der für die zu treffenden Ermessensentscheidung uU relevanten Tatsachen[176] setzt nach dieser Rspr die Frist in Lauf.[177] Auch bei „diffusen“ nicht ohne weiteres exakt erfassbaren Tatsachen, wie zB dem durch einen Flughafen verursachten Lärm, gilt

---

[172] BVerwGE 66, 61 = DVBl 1982, 1001; VGH Mannheim VBlBW 1981, 293; VGH München BayVBl 1980, 501; 1982, 660 mwN.

[173] BVerwGE 66, 61 = DVBl 1982, 1001; 70, 365 = NJW 1985, 335; zT **aA** BFH NJW 1987, 2400: Tatsachen, die der Finanzbehörde erst nach abschließender Zeichnung des Eingabewertbogens bekannt werden, sind iS von § 173 Abs 1 AO 1977 nachträglich bekanntgeworden; VGH München BayVBl 1983, 629; NVwZ 1984, 735; OVG Münster NVwZ 1984, 734; VG Köln NVwZ 1984, 537; Busch DVBl 1982, 1002; Pieroth NVwZ 1984, 681: bei Kenntnis der wesentlichen Tatsachen von Anfang an überhaupt keine Frist zu wahren; vgl auch OVG Koblenz NVwZ 1984, 735; zweifelnd auch OVG Koblenz DVBl 1988, 456.

[174] Vgl BGH NJW 1987, 3120 zu § 852 Abs 1 BGB; **aA** wohl BVerwG BayVBl 1994, 379.

[175] BVerwGE – GrS – 70, 356 = NVwZ 1985, 335; BVerwG NVwZ 1986, 119; BSG 60, 240; 62, 108; DVBl 1989, 468; 1990, 711; NJW 1990, 2581; BFH BStBl II 1985, 718; OVG Koblenz JZ 1992, 1686; Krützmann VBlBW 1983, 362; Weides DÖV 1985, 91 und 433; **aA** die frühere Rspr, vgl BVerwGE 66, 61 = DVBl 1982, 1001; BVerwG NVwZ 1984, 717; VGH Mannheim VBlBW 1981, 293; VGH Kassel NVwZ 1984, 382; OVG Berlin NJW 1983, 2156; aus der Lit Steenblock DÖV 1984, 218; Pieroth NVwZ 1984, 681; Knoke 266: auf reine Rechtsanwendungsfehler nicht anwendbar; Becker RiA 1985, 253; Schoch NVwZ 1985, 440; Weides DÖV 1985, 431; Hendler JuS 1985, 947.

[176] BVerwGE – GrS – 70, 356; 92, 730; BVerwG DVBl 1993, 728: dazu gehören auch „die Umstände, deren Kenntnis es der Behörde objektiv ermöglicht, ohne weitere Sachaufklärung unter sachgerechter Anwendung ihres Ermessens über die Rücknahme zu entscheiden“.

[177] BVerwGE 70, 362; 81, 305; VGH Kassel NVwZ-RR 1994, 484; unklar BVerwGE 92, 81 = NJW 1993, 2764; **aA** Knack 79; MK 15 III 5; Kopp DVBl 1985, 525; GewArch 1986, 184; im Wesentlichen auch VG Köln NVwZ 1984, 537; StBS 214; Becker RiA 1985, 253; Schoch NVwZ 1985, 884.

insoweit nichts anderes. Diese heute in der Rspr als hM anzusehende Auffassung wird freilich weder dem Wortlaut (der nur auf die Kenntnis von „Tatsachen", nicht der oder aller Tatsachen abstellt), noch der Entstehungsgeschichte, noch auch dem Zweck der Vorschrift (s dazu auch StBS 205, 222 mwN) gerecht (s auch Knack 83 mwN). Gegen sie spricht, dass **die Frist damit ihren Sinn fast völlig verliert,** weil die Behörde es dann praktisch in der Hand hat, durch immer neue Ermittlungshandlungen, Rückfragen usw, den Beginn der Frist fast beliebig hinauszuschieben. Es ist auch kaum verständlich, warum der Gesetzgeber einer Behörde noch eine Frist von einem Jahr für die Entscheidung eines bereits entscheidungsreifen Falls zugestanden haben sollte, während sonst – zB gem § 75 VwGO – für vergleichbare Fälle sehr viel kürzere Fristen gelten und auch zB die vergleichbare Situation für den Beginn von Verjährungsfristen auch schon Kenntnis ausreicht, die bei einer Klage ausreichende Erfolgsaussichten verspricht.[178]

b) Jahresfrist als Entscheidungsfrist. Entgegen dem Wortlaut des Abs 4 und dem historischen Willen des Gesetzgebers[179] genügt nach BVerwGE 70, 356 = NJW 1985, 819, die inzwischen mittelbar seitens des Gesetzgebers auch dadurch bestätigt wurde, dass zwischenzeitlich auf eine entsprechende Änderung bzw Klarstellung verzichtet wurde (BT-Dr 10/6283; s dazu auch BVerwG NJW 1988, 2912), die bloße, nackte Tatsachenkenntnis allein nicht dafür, dass die Frist in Lauf gesetzt wird. Erforderlich ist jedenfalls zusätzlich, dass die Behörde auch die fehlerhafte Rechtsanwendung auf ihr bekannt gewordene oder von Anfang an bekannte Tatsachen erkennt, dh sich der Rechtswidrigkeit des betroffenen VA und der Notwendigkeit, wegen dieser Rechtswidrigkeit über eine evtl Rücknahme zu entscheiden, bewusst wird oder ist.[180] Erst im Zeitpunkt dieser Kenntnis bzw **Erkenntnis auch der Rechtswidrigkeit** soll die Tatsachenkenntnis iS von Abs 4 für den Lauf der Frist relevant werden.[181] Nach der methodisch und im Hinblick auf das Ergebnis schwer verständlichen Auffassung von BVerwGE 70, 365 soll dies selbst dann gelten, wenn der VA, um dessen Rücknahme es geht, als „eine bewusste oder gewollte Fehlentscheidung ..., mit der dem Begünstigten ein rechtswidriger Vorteil zugewendet werden soll", ergangen war. Nach BVerwG NVwZ 138

[178] Kopp DVBl 1985, 525; vgl allg auch Weides DÖV 1985, 431; Becker RiA 1985, 252; Schoch NVwZ 1985, 880; 1990, 648; Kellermann VBlBW 1988, 46; zweifelnd offenbar auch BSG DÖV 1989, 356; OVG Koblenz DVBl 1988, 456 und OVG Münster NVwZ 1988, 72; vgl auch BSG DVBl 1989, 468.

[179] Vgl BT-Dr 7/910 S. 71; OVG Münster NVwZ 1984, 734 mwN; Busch DVBl 1982, 1002; StBS 222, 224.

[180] BVerwGE 70, 356 = NJW 1985, 819; BVerwG NJW 1988, 2912 = BayVBl 1988, 539: wenn die Behörde die Rechtswidrigkeit des VA erkannt hat; BVerwG NJW 1990, 727; OVG Münster NVwZ 1988, 860; MK 15 III; im Ergebnis auch Knack 77: Abs 4 analog; Knoke 260 und 274: ebenso die ältere Rspr und Lit; Busch DVBl 1982, 1001; Pieroth NVwZ 1984, 685; Schoch NVwZ 1985, 882; kritisch Becker RiA 1985, 254; Kellermann VBlBW 1988, 49; Kopp DVBl 1985, 525; vgl zur Kritik auch BFH NVwZ 1989, 294 zu § 173 AO: Nur das nachträgliche Bekanntwerden von Tatsachen oder Beweismitteln rechtfertigt eine Änderung oder Aufhebung des Steuerbescheids. Die Unkenntnis von Tatsachen oder Beweismitteln muss für die ursprüngliche Veranlagung ursächlich gewesen sein.

[181] BVerwGE – GrS – 70, 356 = NJW 1985, 819; 72, 356 = NVwZ 1988, 822: erst wenn die Behörde die Rechtswidrigkeit des VA erkannt hat; ebenso BVerwG DVBl 1993, 728; OVG Münster DVBl 1992, 792: erst mit Kenntnis der materiellen Gemeinschaftsrechtswidrigkeit nach Art 87 EG; wenn ein Verfahren nach Art 88 Abs 2 EG durchgeführt wird, frühestens mit der Entscheidung der Kommission; Stober JZ 1992, 1088; ebenso im Ergebnis Maurer § 11 Rn 35; ähnlich, aber zT weniger weitgehend, UL § 62 Rn 37: die Überlegungsfrist beginnt erst dann zu laufen, „wenn die Behörde die Rücknahmevoraussetzungen erkannt hat und ihr alle für die Rücknahmeentscheidung erheblichen Tatsachen auch die für die Ermessensbetätigung vollständig bekannt sind"; ferner auch Knack 77; Knoke 277; Weides 28 III: Kenntnis von Tatsachen, die auf die anfängliche Rechtswidrigkeit des VA hinweisen; kritisch StBS 232.

2002, 485 soll die Frist erst nach Abschluss eines erforderlichen **Anhörungsverfahrens** beginnen.

139 **aa) Erkenntnis der Rechtswidrigkeit?** Die Auffassung, dass der Lauf der Jahresfrist auch die Erkenntnis bzw das **Bewusstsein der Rechtswidrigkeit** erfordert und die Frist ggf erst dadurch in Gang gesetzt wird, verdient im Prinzip Zustimmung (Weides DÖV 1985, 91; Kopp GewArch 1986, 184), weil sie einerseits vermeidet, dass in Fällen, in denen alle Tatsachen von vornherein bekannt sind, die Behörde den Rechtsfehler aber erst später erkennt, überhaupt keine Frist läuft, wie vor allem die Rspr vor BVerwGE 70, 356 zT angenommen hatte; andererseits aber auch nicht zu dem vom Gesetzgeber ebenfalls schwerlich gewollten Ergebnis (vgl Krützmann VBlBW 1983, 365) führt, dass bei rechtswidrigen VAen die Jahresfrist idR schon ab dem Zeitpunkt des Ergehens des VA läuft, es sei denn, der Fehler beruht auf fehlender Kenntnis von Tatsachen oder einem Tatsachenirrtum, wie die Gegenauffassung (vgl BVerwGE 65, 61) annimmt. Sie geht jedoch in ihrer „Korrektur" des Wortlauts und des historischen Willens des Gesetzgebers[182] zu weit, wenn sie volle Kenntnis nicht nur hins. der Tatsachen, sondern auch hins. der in Abs 4 nicht ausdrücklich genannten Rechtswidrigkeit verlangt. Vielmehr muss insoweit in Übereinstimmung mit den allgemeinen Grundsätzen der Verwirkung hins. der Rechtswidrigkeit – anders als hins der Tatsachen – auch ein **Kennenmüssen** genügen.[183] Die Anforderungen können für die Behörde jedenfalls nicht geringer sein als im umgekehrten Fall gem Abs 2 S 2 Nr 3 für den Bürger, für den ebenfalls auch schon Kennenmüssen der Rechtswidrigkeit den Vertrauensschutz ausschließt.

140 **bb) Kenntnis der Ermessensvoraussetzungen. Erforderlich** ist nach der in ihrer Begründung zweifelhaften,[184] heute aber weitgehend akzeptierten hM, dass die Behörde alle Tatsachen kennt, aus denen sich die Rechtswidrigkeit des VA ergibt; erst die vollständige Kenntnis aller für die Entscheidung über eine evtl Rücknahme relevanten Tatsachen, einschließlich der für die zu treffende Ermessensentscheidung uU maßgeblichen Tatsachen, setzt die Frist in Lauf.[185] Die Frist ist nach dieser heute hM eine **reine Entscheidungsfrist,** die erst ab Entscheidungsreife des Falles zu laufen beginnt, nicht eine bloße Anstoßfrist oder Bearbeitungsfrist. Trotz des Zwecks der Regelung, das Vertrauen des Bürgers zu schützen und die Rücknahmemöglichkeit zeitlich möglichst zu beschränken, genügt es nach dieser Rspr deshalb nicht, dass die Behörde nur Kenntnis von einzelnen oder auch zahlreichen Tatsachen, Gesichtspunkten usw hat oder erlangt, die geeignet sind, eine sorgfältig und gewissenhaft arbeitende Behörde zu veranlassen, die Frage der Rücknahme zu prüfen.[186] Die Frist beginnt immerhin jedoch auch nach der Rspr

---

[182] Vgl dazu zB BT-Dr 7/910 S. 71; OVG Münster NVwZ 1984, 734 mwN; Becker RiA 1985, 253; Busch DVBl 1982, 1002; Schoch NVwZ 1985, 883.

[183] Kopp DVBl 1990, 665; ebenso im Ergebnis auch OVG Münster NJW 1988, 581 = NVwZ 1988, 71: die Jahresfrist wird in Gang gesetzt, wenn die Behörde sämtliche für die Rücknahmeentscheidung erheblichen Tatsachen vollständig vorliegen und sich hieraus vor dem Hintergrund einer eindeutigen gesetzlichen Regelung die Rechtswidrigkeit des begünstigenden Verwaltungsaktes und die Rücknahmeentscheidung geradezu aufdrängen; UL § 62 Rn 37; Weides 29 III; Taupitz NJW 1984, 662; wohl auch Stadie DÖV 1992, 252; vgl auch BSG DVBl 1994, 1249.

[184] Vgl BSG DÖV 1989, 356: vieles spricht dafür, dass die Jahresfrist nicht, wie das BVerwG annimmt, eine Entscheidungsfrist, sondern eine Handlungsfrist ist; Knack 79: eine Bearbeitungsfrist.

[185] BVerwGE 70, 362 = NJW 1985, 819; 92, 87 = NJW 1993, 2764; BVerwG NVwZ 1988, 822; NJW 1988, 2911; OVG Münster NVwZ 1988, 72; NVwZ 1988, 860 und 975; VGH München BayVBl 1980, 501; 1983, 120; Obermayer 148; StBS 163 ff.

[186] Vgl auch BVerwGE 81, 305: auch die bloße Erkenntnis der Rechtswidrigkeit vermag für sich allein den Fristenlauf nicht auszulösen; vielmehr ist hierfür die vollständige Kenntnis des für die Entscheidung über die Rücknahme erheblichen Sachverhalts notwendig; zum Be-

des BVerwG jedenfalls von dem Zeitpunkt ab zu laufen, ab dem bei objektiver Betrachtung **keine Notwendigkeit mehr für eine weitere Aufklärung** oder für irgendwelche Überlegungen hins der Rücknahme mehr besteht oder jedenfalls sich **die Rücknahme geradezu aufdrängt** (BVerwGE 70, 364; OVG Münster NVwZ 1988, 72; BFH BStBl 1968 II 699; vgl auch Grziwotz BayVBl 1990, 706).

cc) Irrtumslagen bei der Behörde. Bei einem **Tatsachenirrtum** der Behörde über die aus den ihr bekannten Tatsachen zu ziehenden tatsächlichen Schlussfolgerungen läuft die Frist ab dem Zeitpunkt, in dem die Behörde **sich des Irrtums bewusst wird** oder bewusst sein könnte und müsste. Anders ist die Lage bei einem **Rechtsirrtum** der Behörde. Hier differenziert die Rspr zwischen der Erkenntnis der Rechtswidrigkeit des VA auf der einen und den Rücknahmevorschriften auf der anderen Seite: Bei einem Rechtsirrtum in Bezug auf die Rechtswidrigkeit des VA läuft die Frist nicht (BVerwG NJW 1990, 727), insoweit wird die Kenntnis ua der Rechtswidrigkeit verlangt. Anders ist dies bei **unzutreffenden** rechtlichen **Schlussfolgerungen** der Behörde aus dem der Behörde bekannten Sachverhalt, zB hins des Umfangs, in welchem die Rücknahme in Betracht kommt, oder **über Rücknahmevoraussetzungen,** die in keinem Bezug zur Rechtswidrigkeit stehen (BSG NVwZ 1990, 697; Kopp DVBl 1990, 664; SGb 1990, 303; StBS 228). Hier steht der Irrtum dem Lauf der Frist nicht entgegen.[187] 141

c) Kenntnislage innerhalb der zuständigen Behörde. Die Kenntnis muss bei der **zuständigen Behörde** (BVerwG NJW 2000, 1512), **dh grundsätzlich** von einem für diese handelnden, mit der Sache befassten **für die Rücknahme zuständigen Amtsträger** erlangt sein; dass irgendjemand in der Behörde Kenntnis hat oder erlangt, genügt nicht.[188] Gleiches gilt auch für den Kenntnisstand der Aufsichtsbehörde (StBS 218). **Wenn ein Behördenangehöriger einer anderen Abteilung** oä Kenntnis von Tatsachen erlangt, deren Bedeutung für die Rücknahme eines VA ihm bekannt ist oder, weil ohne weiteres erkennbar, bekannt und bewusst sein müsste, so ist fraglich, ob die **Behörde nach Treu und Glauben,** insb auch nach den Grundsätzen der Verwirkung, die auch Abs 4 zugrundeliegen, nicht gehindert ist, sich auf **Unkenntnis zu berufen.** Eine starke Meinung geht deshalb im Anschluss an den BFH davon aus, dass sich die Behörde unter dem 142

---

ginn **der Frist für die Rücknahme von EU-widrigen Subventionen** (Beihilfen) auch BVerwGE 92, 81 = NJW 1993, 2769; ferner allg ausführlich Hoppe NVwZ 1993, 35; **aA** VG Köln NVwZ 1984, 537; Knack 80; Schoch NVwZ 1985, 885; ders Vw 1992, 38; Stadie DÖV 1992, 250; MK 15 III 5; Kopp DVBl 1985, 525; GewArch 1986, 184; ähnlich Weides DÖV 1985, 91 und 434; Becker RiA 1985, 253.

[187] Vgl BVerwG NVwZ 1988, 350 = BayVBl 1988, 281: „diese Fehleinschätzung der Beklagten betrifft nicht die Kenntnis der Tatsachen im Sinne von § 48 Abs 4 VwVfG und auch nicht die Erkenntnis, dass diese Tatsachen den Widerruf des Verwaltungsakts rechtfertigen, sondern allein den Umfang, in welchem auf Grund der ihr bekannten Tatsachen der Widerruf gerechtfertigt ist. Ein solcher Rechtsirrtum über das Ausmaß der sich aus den bekannten Tatsachen ergebenden Berechtigung zum Widerruf steht der fehlenden Kenntnis der den Widerruf rechtfertigenden Tatsachen nicht gleich"; **aA** Knack 77: Fristbeginn auch erst ab späterer Erkenntnis hins. des Umfangs; vgl auch BVerfG 84, 21.

[188] BVerwGE 70, 356 = NJW 1985, 821; BSG 60, 239; NVwZ 1988, 765, 785; DVBl 1989, 468 = DÖV 1989, 356; BFH NVwZ 1986, 587; StBS 217; Allesch BayVBl 1984, 522; Stelkens NuR 1986, 330; Kopp GewArch 1986, 185; allg auch BFH 143, 520; ähnlich BGHZ 109, 327 = NJW 1992, 1100; zur Wissenszurechnung bei juristischen Personen: maßgeblich nur die Kenntnis der vertretungsberechtigen Organe, nicht auch die Kenntnis eines Sachbearbeiters, der mit der Angelegenheit nichts zu tun hat; vgl auch BGH NJW 1989, 2879 und 2881; 1990, 975 = JuS 1990, 660; ZIP 1993, 623; Schultz NJW 1990, 477; Waltermann NJW 1993, 889; **aA** Berlin DVBl 1983, 355 = NJW 1983, 2156 unter Hinweis auf die Definition der Behörde in § 1 Abs 4 VwVfG; Knack 82; Schoch NVwZ 1985, 885; Pieroth NVwZ 1984, 685; Knoke 278, 281 unter Hinweis darauf, dass es sich um eine Frage der Zurechnung handelt.

Gesichtspunkt des **Organisationsverschuldens** ab dem Zeitpunkt, zu dem bei einem ordnungsgemäßen Geschäftsgang die zuständige Stelle Kenntnis erlangt hätte, wenn die Kenntnis an sie weitergegeben worden wäre, so behandeln lassen muss, als hätte sie die Kenntnis iS von Abs 4 erlangt.[189] In Betracht kommt auch eine **Verwirkung** der Rücknahmebefugnis wegen des Verhaltens der unzuständigen Behörde (BVerwG NJW 2000, 1512).

143 Bei **Wechsel der Behördenzuständigkeit** muss die nunmehr zuständige Behörde sich die Kenntnis der früher zuständig gewesenen Behörde **zurechnen lassen** (offen BVerwG NJW 1990, 727; ähnlich zur Verjährung VGH Mannheim NVwZ 1983, 482). Maßgeblich ist andererseits grundsätzlich nur die amtliche Kenntnis; dass jemand privat Kenntnis hat oder erlangt, ist idR grundsätzlich unerheblich (Knoke 281; Kopp GewArch 1986, 185; vgl auch BGH NJW 1989, 914), wenn und solange er die Kenntnis nicht – wozu er nicht verpflichtet ist – zu einer amtlichen macht, zB durch einen Aktenvermerk darüber (vgl auch VGH München NVwZ-RR 1991, 169 = BayVBl 1991, 339: für die Kenntnis iS von Abs 4 sind Art und Weise ihrer Erlangung nicht entscheidend).

144 **d) Beweisfragen. Beweispflichtig für den Zeitpunkt,** in dem die Behörde Kenntnis von Tatsachen iS von Abs 4 erlangt hat, ist grundsätzlich die Behörde, nicht der von der Rücknahme betroffene Bürger.[190] Dies gilt insb soweit es sich um behördeninterne Vorgänge handelt. Es ist jedenfalls im Zweifel Sache der Behörde, nachzuweisen, dass sie nicht schon vor Ablauf der Jahresfrist Kenntnis hatte, vor allem auch dann, wenn die Unerweislichkeit des Zeitpunkts darauf beruht, dass die Behördenakten keine datierten Aktenvermerke über die maßgeblichen Vorgänge enthalten.[191]

145 **e) Neue Frist bei Aufhebung des Rücknahmebescheids?** Hat die Behörde von ihrer Rücknahmebefugnis Gebrauch gemacht und den VA zurückgenommen, wird der Rücknahmebescheid dann jedoch im Rechtsbehelfsverfahren aufgehoben, so stellt sich die Frage, ob die mit dem ursprünglichen Rücknahmebescheid gewahrte Frist durch das Anfechtungsverfahren gehemmt wird,[192] oder ob die Jahresfrist neu zu laufen beginnt.[193] Letzteres ist vom Standpunkt der hM, die die Jahresfrist als reine Überlegungsfrist ansieht, folgerichtig. Allerdings kann **die Behörde gegen Treu und Glauben** verstoßen (venire contra factum proprium), wenn sie sich hins der Frist darauf beruft, dass ihr noch nicht alle für die Entschei-

---

[189] Vgl BFH 143, 52; Kopp GewArch 1986, 185; Herden/Gmach NJW 1986, 561; ebenso im Ergebnis Knack 83: die Behörde muss sich eine durch mangelhafte innere behördliche Information oder fehlerhafte Aktenablage von ihr selbst verursachte Unkenntnis zurechen lassen; ähnlich Dommach DÖV 1981, 125; Stadie DÖV 1992, 251; zu dieser Auffassung neigend auch StBS 218; im Ergebnis, jedoch weitergehend, auch Berlin DVBl 1983, 355; Schoch NVwZ 1985, 885; Pieroth NVwZ 1984, 685; vgl auch BVerwGE 81, 303 = DVBl 1990, 249: uU genügt auch Kenntnis der aufsichtlichtsführenden Stelle; BGH DÖV 1990, 528: auch Kenntnis der vertretungsberechtigten Organe, auch wenn sie bei der Sache nicht persönlich mitgewirkt haben; allg zur Wissenszurechnung in Großunternehmen auch BGH NJW 1989, 2879 und 2881; **aA** VG Köln NVwZ 1984, 539.

[190] München DÖV 1984, 218; Weides DÖV 1985, 435; Krützmann VBlBW 1983, 366; Knoke 273; **aA** OVG Berlin NJW 1983, 366.

[191] Vgl Krützmann VBlBW 1983, 366; im Ergebnis – ohne Möglichkeit eines Gegenbeweises – auch OVG Berlin NJW 1983, 2157; weitergehend VGH München DÖV 1984, 218: die Behörde ist für alle Voraussetzungen der Rücknahme beweispflichtig; **aA** StBS 235.

[192] So zutreffemd OVG Lüneburg NVwZ 1985, 120, 122; OVG Münster NWVBl 1994, 390; StBS 209.

[193] So BVerwG NVwZ 1988, 822 zu einem Fall, in dem das VG den Widerruf mit der Begründung rechtskräftig aufgehoben hat, dass die Behörde das ihr obliegende Ermessen nicht ausgeübt hat: neue Frist läuft ab Rechtskraft des Urteils; ebenso VGH Mannheim NVwZ-RR 2001, 6; Obermayer 98; hiergegen StBS 209 unter Hinweis auf BVerwGE 100, 199, 204 = NVwZ 1996, 1217; Knack 81.

dung maßgeblichen Gesichtspunkte bekannt gewesen seien, obwohl sie mit der Tatsache, dass sie entschieden hat, auch gezeigt hatte, dass nach ihrer Überzeugung weitere Klärungen für eine Entscheidung nicht mehr erforderlich sind.[194]

VII. Rücknahmeverfahren (Abs 5)

146 **1. Zuständigkeit. a) Örtliche Zuständigkeit.** Da die Entscheidung über die Rücknahme eines VA selbst ein VA ist und es sich beim Rücknahmeverfahren um ein **neues, selbständiges Verwaltungsverfahren** handelt,[195] gelten dafür auch die allgemeinen Vorschriften über die Zuständigkeiten und das Verfahren. Abs 5, der auf Wunsch des Bundesrats neu eingefügt wurde, stellt dies überflüssigerweise für die örtlichen Zuständigkeit klar. Zuständig ist damit grundsätzlich die Behörde, die den VA erlassen hat, um dessen Rücknahme es geht, bei Zuständigkeitsänderungen dagegen die Behörde, die im Zeitpunkt der Rücknahme auch für den Erlass zuständig wäre (vgl OVG Koblenz DÖV 1985, 588; Knack 42). War der VA von einer unzuständigen Behörde erlassen worden, so ist gleichwohl **nur die wirklich zuständige Behörde** für die Rücknahme zuständig (BVerwG NVwZ-RR 1996, 538). Umstritten ist, ob in diesem besonderen Falle nach allgemeinen Rechtsgrundsätzen auch die (unzuständige) Behörde, die ihn erlassen hat, den VA wegen dieses formellen Fehlers zurücknehmen kann.[196]

147 **Die Zuständigkeitsregelung** des § 3 Abs 3 findet im Rücknahmeverfahren nach dem Eintritt der Unanfechtbarkeit keine Anwendung mehr, da es sich um ein im Verhältnis zum früheren Verfahren, in dem der zurückzunehmenden VA ergangen ist, **selbständiges, neues Verfahren** iS von § 9 handelt (Begr 104 und 110; vgl auch VGH München BayVBl 1982, 754; VG Regensburg BayVBl 1981, 314). Dagegen bleibt § 3 Abs 3 anwendbar, wenn der VA vor Eintritt der Unanfechtbarkeit zurückgenommen wird.

148 **b) Sachliche Zuständigkeit.** Abs 5 trifft eine Regelung nur für die örtliche Zuständigkeit; auf die sachliche Zuständigkeit ist die Vorschrift deshalb nicht anwendbar (BVerwGE 110, 226, 230 = NJW 2000, 1512). Sachlich zuständig ist grundsätzlich die **Ausgangsbehörde,** die den VA, dessen Rücknahme in Frage steht, erlassen hat (VGH München BayVBl 1988, 20 mwN; MB 76 und 78; Obermayer 159), außerdem daneben, solange ein Widerspruchsverfahren anhängig ist bzw der Widerspruchsbescheid noch nicht unanfechtbar geworden ist, **auch die Widerspruchsbehörde** (BVerwG DÖV 1982, 941; OVG Münster NVwZ-RR 1993, 289; Meister DÖV 1985, 147). Zu einer isolierten Aufhebung des Widerspruchsbescheides ist die Ausgangsbehörde idR nicht befugt (BVerwG NVwZ 2002, 1252).

149 **Nach Eintritt der Unanfechtbarkeit,** insb nach Ablauf der Widerspruchsfrist, wenn kein Widerspruch eingelegt wurde, oder nach Ablauf der Klagefrist, ohne dass Klage erhoben wurde, bzw nach Rechtskraft eines gerichtlichen Urteils, durch das der VA bestätigt wurde, ist **nur noch die Ausgangsbehörde** für die Rücknahme zuständig (StBS 275), nicht auch die Widerspruchsbehörde (StBS 75; **aA** OVG Koblenz NVwZ-RR 1994, 47) bzw, wenn die Zuständigkeiten sich geändert haben, die nunmehr für VAe der in Frage stehenden Art zuständige Behörde.

---

[194] Vgl zur vergleichbaren Situation bei Rechtsbehelfen auch § 41 Rn 29; zum Ausschluss einer Rücknahme wegen Verstoßes gegen Treu und Glauben bei Fehlern, die die Behörde selbst zu vertreten hat, auch BFH NVwZ 1990, 121 mwN; ähnlich Allesch BayVBl 1984, 522: Tatsachen, die erst nach Erlass des Rücknahmebescheids bekannt werden, sind schon nach dem Wortlaut des § 48 Abs 4 S 1 VwVfG für den Beginn der Jahresfrist nicht mehr maßgeblich.

[195] OVG Koblenz DVBl 1985, 1076; StBS 242; WBS II § 51 Rn 91; Obermayer 111; Laubinger DÖV 1983, 906.

[196] Bejahend OVG Münster NVwZ 1989, 72; L Bettermann FS BVerwG 1978, 61; verneinend StBS 256; Gröpl VerwArch 1997, 23, 43.

Nach BVerwG NVwZ 2002, 1252, 1254 soll die Ausgangsbehörde den VA nach Abschluss des Widerspruchsverfahrens wegen anfänglicher Rechtswidrigkeit nur bei Vorliegen neuer Erkenntnisse zurücknehmen dürfen.

150 **Der Widerspruchsbescheid** als solcher kann nur von der Widerspruchsbehörde zurückgenommen werden; die Rücknahme ist jedoch jedenfalls nur bis zur Unanfechtbarkeit des Widerspruchsbescheids zulässig;[197] denn spätestens mit der Unanfechtbarkeit des Widerspruchsbescheids (s § 9 Rn 30; zT **aA** BVerwGE 55, 299: bereits mit Ergehen des Widerspruchsbescheids) endet das Widerspruchsverfahren und damit auch die Zuständigkeit der Widerspruchsbehörde in der Sache. Der Widerspruchsbescheid wird jedoch durch eine neue Sachentscheidung der Ausgangsbehörde gegenstandslos und unwirksam, unabhängig davon, ob er bereits unanfechtbar geworden ist oder nicht (BVerwG NVwZ 2002, 1252; Redeker DVBl 1981, 56). Die Widerspruchsbehörde kann jedenfalls bei VAen mit Drittwirkung nach Ablauf der Widerspruchsfrist ihre Zuständigkeit auch nicht mehr dadurch begründen, dass sie über einen verspätet eingelegten Widerspruch noch zur Sache entscheidet.[198]

151 **2. Verfahren. a) Mehrstufiges Prüfungsverfahren.** Das Rücknahmeverfahren ist ähnlich wie das Verfahren beim Wiederaufgreifen gem § 51 **mehrstufig.**[199] Zunächst hat die Behörde auf der ersten Stufe zu prüfen, ob sie überhaupt in ein **Rücknahmeverfahren** und eine nochmalige Sachprüfung eintreten will bzw soll oder uU muss, oder es bei dem ergangenen VA belassen soll.[200] Sie entscheidet insoweit nach **pflichtgemäßem Ermessen;** ein Anspruch auf erneute Sachprüfung ist jedenfalls dann nicht gegeben, wenn besondere Gründe, die dafür sprechen könnten (zB Rechtswidrigkeit, Nachteile), nicht ersichtlich sind und sich auch aus der Begründung eines darauf gerichteten Antrags keine Anhaltspunkte dafür ergeben (s oben Rn 52). Diese Prüfung muss bei einem belastenden VA, dessen Aufhebung oder Abänderung der betroffene Bürger beantragt oder sich der Behörde aufdrängt, selbst dann erfolgen, wenn der VA durch rechtskräftiges Urteil bestätigt worden ist (vgl BVerwGE 70, 110 = NJW 1985, 280; zT **aA** offenbar BVerfG NVwZ 1989, 141).

152 **Entschließt sich die Behörde zu einer neuen Sachprüfung,** so hat sie auf der zweiten Stufe sodann zu prüfen, ob der VA rechtswidrig erlassen worden war und ob die übrigen **Voraussetzungen einer Rücknahme** gem § 48 erfüllt sind und ob von dem der Behörde eingeräumten Ermessen zur Rücknahme Gebrauch gemacht werden soll. In diesem Zusammenhang ist auch zu prüfen, welche Folgerungen sich aus dem in der Sache anwendbaren **materiellen Recht** für eine neue Entscheidung ergeben (s zum Grundsatz der doppelten Deckung oben Rn 27). Auf der dritten Stufe ist ggf eine neue Sachentscheidung zu treffen und der VA zu erlassen.

---

[197] BVerwG NVwZ 2002, 1252, 1254; OVG Koblenz DÖV 1970, 352; wohl auch StBS 275; VGH München BayVBl 1980, 298: grundsätzlich nur bis zum Ergehen des Widerspruchsbescheids; offen, ob darüber hinaus auch bis zur Unanfechtbarkeit; zT **aA** BVerwGE 39, 132; vdGK 4, 4, 1 zu § 119: gleiche Befugnis zur Rücknahme zum Zweck der Korrektur eigener Fehler wie die Ausgangsbehörde, nicht jedoch auch hins. von Fehlern der Ausgangsbehörde, die durch den Widerspruchsbescheid nur bestätigt wurden; ferner VGH München BayVBl 1991, 20 mwN.

[198] Kopp/Schenke § 70 Rn 9 mwN; Kopp DVBl 1983, 396; für VAe mit Doppelwirkung BVerwG DÖV 1982, 940 = DVBl 1982, 1097 mwN.

[199] Teilweise wird das Verfahren auch in zwei, teilweise in drei Stufen unterteilt; vgl UL § 65 Rn 7; Martens, 11 V; Jura 1979, 81, 87; Bettermann, in: Wolff-FS 1979, 467, 469 f, 498; Sachs JuS 1982, 264; Weides 27 I, 28 II; Maurer § 11 Rn 55 f; Schwabe JZ 1985, 545; **aA** Korber DÖV 1985, 309; ders, Einteiliges Aufhebungs- und zweiteiliges Wiederaufgreifensverfahren, 1983: anders als bei § 51 ein einteiliges Verfahren.

[200] Vgl BVerwGE 69, 90 = NVwZ 1984, 229; OVG Berlin NVwZ 1988, 184; Schwabe JZ 1965, 545 mwN; **aA** Korber DÖV 1985, 309.

b) Beteiligte des Rücknahmeverfahrens. Die Rücknahme erfolgt im Regelfall **gegenüber dem Adressaten** des VA und gegenüber sonstigen durch den VA in ihren Rechten **Betroffenen** sowie – bei begünstigenden VAen – gegenüber dem **Begünstigten** (StBS 242). Bei VAen mit Drittwirkung wird die Rücknahme bereits mit der Bekanntgabe gegenüber dem begünstigten Beteiligten wirksam. Ist der ursprüngliche Adressat oder Betroffene durch Tod oder auf andere Weise weggefallen, so kommt eine Rücknahme nur noch im Fall der Rechtsnachfolge (s hierzu § 43 Rn 13ff) in Betracht. Soweit Erben in ungeteilter Erbengemeinschaft stehen, ist der Rücknahme-VA grundsätzlich an **alle Erben** zu richten (VGH München BayVBl 1985, 181); bevor dies nicht geschehen ist bzw den übrigen Miterben gegenüber zumindest ein VA auf Duldung ergangen ist, ist eine Vollstreckung von mit der Rücknahme verbundenen Anordnungen uä, zB auf Leistungsrückerstattung, nicht zulässig; ebenso kann die Behörde vorher auch grundsätzlich keine weiteren Folgerungen ziehen, die die Wirksamkeit der Rücknahme gegenüber allen Betroffenen voraussetzen. 153

c) Allgemeine Verfahrensregeln. Für das Rücknahmeverfahren gelten ebenfalls die allgemeinen Vorschriften; insb ist den Betroffenen dabei nach § 28 auch **rechtliches Gehör** zu gewähren.[201] Wenn dies auch für das allgemeine Verfahren vorgeschrieben ist, sind zB auch vor der Entscheidung sozial erfahrene Personen zu hören (BVerwG DÖV 1985, 291). Die Entscheidung ergeht von Amts wegen oder auf Antrag eines in der Sache betroffenen Beteiligten (§ 13). Ein Antrag eines Betroffenen auf Rücknahme bedarf keiner näheren Begründung, obwohl eine solche idR zweckmäßig ist, weil die Behörde idR auf Grund des Antrags ohne weitere eigene Ermittlungen prüft, ob sie in eine Prüfung der Rücknahmevoraussetzungen eintreten will (s Rn 151). Im Übrigen gelten die **allgemeinen Antragserfordernisse** (s dazu § 22). 154

d) Aufklärung, Beweislast. Auch die Beweislast (s § 24 Rn 39ff) richtet sich nach den allgemeinen Grundsätzen. Bei der Rücknahme eines begünstigenden VA von Amts wegen geht es grundsätzlich zu Lasten der Behörde, bei Rücknahme auf Antrag oder im Interesse eines Dritten idR (s aber § 24 Rn 45) zu dessen Lasten, wenn im Verfahren nicht mit hinreichender Sicherheit geklärt werden kann, dass die Voraussetzungen für eine Rücknahme, insb auch die Voraussetzung der Rechtswidrigkeit des VA, erfüllt sind.[202] Dies gilt auch für den Nachweis, dass der Betroffene nicht auf den Bestand des VA vertraut hat, und die das Vertrauen ausschließenden Tatbestände gem Abs 2 S 3 Nr 1–3, zB, dass der VA durch arglistige Täuschung erwirkt worden war usw.[203] Soweit die Entscheidung über die Rücknahme **im Ermessen der Behörde** steht, ist es idR nicht ermessensfehlerhaft, wenn die Behörde bei nicht offensichtlichem Vorliegen der rechtlichen Voraussetzungen im Hinblick auf bestehende und nicht ohne weiteres aufklärbare Zweifelsfragen eine von einem Betroffenen beantragte Rücknahme ablehnt; dies gilt selbst in Fällen, in denen sie sonst im Regelfall einen VA zurücknimmt. 155

[201] BSG DÖV 1985, 588; VGH Münster NVwZ 1985, 662: damit der betroffene Bürger die Gesichtspunkte aufzeigen kann, die der Rücknahme entgegenstehen oder einen Ausgleichsanspruch nach sich ziehen können; OVG Lüneburg NVwZ 1985, 120; Weides JA 1984, 652; DÖV 1985, 435; StBS 252.

[202] BVerwGE 59, 164; 66, 168; BVerwG DÖV 1982, 854; OVG Münster NJW 1982, 1662; VGH München DÖV 1984, 216; Dorn DÖV 1988, 11; s allg auch Becker DÖV 1973, 384 mwN; StBS 251.

[203] BVerwGE 66, 170; OVG Münster NVwZ 1988, 1037; StBS 169; zT **aA** BVerwGE 34, 225; 71, 228; BVerwG DÖV 1970, 783; Münster NJW 1982, 1662; ebenso hins des Vertrauens auf den Bestand des VA, insoweit **aA** UL § 62 Rn 8; WBS II § 51 V 2 Rn. 85: da ein begünstigender VA nicht erst dann rechtswidrig sei, wenn die anspruchsbegründenden Tatsachen nicht vorgelegen haben, sondern bereits, wenn diese Tatsachen, für die den Beünstigten die Beweislast traf, nicht erwiesen sind.

156 **e) Begründungspflicht.** Der Rücknahmebescheid ist ein VA und daher gem § 39 zu begründen (StBS 252); in den Gründen ist insb auch auf die Gesichtspunkte des Vertrauensschutzes einzugehen (VGH München NVwZ 1985, 662) sowie auf sonstige gegen die Rücknahme sprechende Gesichtspunkte. Außerdem ist darzulegen, warum gleichwohl das Rücknahmeinteresse als stärker angesehen wurde.[204] Auch die Ablehnung eines auf Rücknahme gerichteten Antrags ist gem § 39 zu begründen (zweifelnd für die ablehnende Ermessensentscheidung BVerwGE 39, 235; 44, 338). Im allg genügt bei einer Ablehnung jedoch, wenn Gründe für eine erneute Entscheidung (insb auch hins der Rechtswidrigkeit des ursprünglichen VA) nicht vorgetragen sind oder sich aufdrängen, als Begründung der Hinweis, dass kein Grund für eine neue Sachentscheidung ersichtlich ist.[205]

157 **3. Rechtsbehelfe in Bezug auf die Rücknahme.** Die Rücknahme hat gegenüber dem ursprünglichen zurückgenommenen VA den Charakter eines selbstständigen VA und kann deshalb mit den allgemein gegen VAe gegebenen Rechtsbehelfen **(Widerspruch, Anfechtungsklage)** angegriffen werden (OVG Münster NJW 1985, 281). Soweit ein Anspruch auf die Rücknahme des VA besteht, ist dieser mit der Verpflichtungsklage geltend zu machen. Gleiches gilt für den Anspruch auf ermessensfehlerfreie Entscheidung über die Rücknahme (s oben Rn 51). Bei einer Aufhebung der Rücknahme eines VA lebt ebenso wie bei einem Widerruf oder einer Rücknahme einer Rücknahme grundsätzlich der ursprüngliche VA wieder auf und wird wieder voll wirksam, es sei denn, dass die Entscheidung über den Rechtsbehelf insoweit in zulässiger Weise in ihre Entscheidung auch den ursprünglichen VA einbezieht (BVerwGE 90, 52).

§ 49 Widerruf eines rechtmäßigen Verwaltungsaktes

(1) **Ein rechtmäßiger nicht begünstigender Verwaltungsakt kann, auch nachdem er unanfechtbar geworden ist, ganz oder teilweise mit Wirkung für die Zukunft widerrufen werden,[19] außer wenn ein Verwaltungsakt gleichen Inhalts erneut erlassen werden müsste[20] oder aus anderen Gründen ein Widerruf unzulässig ist.[22]**

(2) **Ein rechtmäßiger begünstigender Verwaltungsakt darf, auch nachdem er unanfechtbar geworden ist, ganz oder teilweise mit Wirkung für die Zukunft nur widerrufen werden,**

1. **wenn der Widerruf durch Rechtsvorschrift zugelassen[32] oder im Verwaltungsakt vorbehalten ist;[35]**
2. **wenn mit dem Verwaltungsakt eine Auflage verbunden ist und der Begünstigte diese nicht oder nicht innerhalb einer ihm gesetzten Frist erfüllt hat;[38]**
3. **wenn die Behörde auf Grund nachträglich eingetretener Tatsachen[43] berechtigt wäre, den Verwaltungsakt nicht zu erlassen,[44] und wenn ohne den Widerruf das öffentliche Interesse gefährdet würde;[48]**
4. **wenn die Behörde auf Grund einer geänderten Rechtsvorschrift berechtigt wäre, den Verwaltungsakt nicht zu erlassen,[49] soweit der Begünstigte von der Vergünstigung noch keinen Gebrauch gemacht oder**

---

[204] Vgl auch OVG Münster DVBl 1991, 1360: Ausführungen lediglich zum Fehlen des Vertrauensschutzes genügen nicht; zT **aA** VGH Mannheim NVwZ 1983, 552: auf Gründe, die gegen den Widerruf einer Subvention sprechen, ist nur einzugehen, wenn der Betroffene darauf hingewiesen hat oder sie sonst nahe lagen.

[205] BVerwGE 44, 338; BVerwG NVwZ 1986, 294; Buchh 316 § 51 VwVfG Nr 6 mwN; OVG Münster NVwZ 1986, 135; vgl auch BVerwGE 69, 94: keine Verpflichtung der Behörde zu neuer Sachentscheidung, wenn keine neue Sachlage und der Antrag nur auf dieselben Gründe gestützt ist.

auf Grund des Verwaltungsaktes noch keine Leistungen empfangen hat,[52] und wenn ohne den Widerruf das öffentliche Interesse gefährdet würde;

5. um schwere Nachteile für das Gemeinwohl zu verhüten oder zu beseitigen.[54]

§ 48 Abs. 4 gilt entsprechend.

(3) **Ein rechtmäßiger Verwaltungsakt, der eine einmalige oder laufende Geldleistung oder teilbare Sachleistung[63] zur Erfüllung eines bestimmten Zweckes gewährt oder hierfür Voraussetzung ist,[65] kann, auch nachdem er unanfechtbar geworden ist, ganz oder teilweise auch mit Wirkung für die Vergangenheit widerrufen werden,**

1. wenn die Leistung nicht, nicht alsbald nach der Erbringung oder nicht mehr für den in dem Verwaltungsakt bestimmten Zweck verwendet wird;[66]

2. wenn mit dem Verwaltungsakt eine Auflage verbunden ist und der Begünstigte diese nicht oder nicht innerhalb einer ihm gesetzten Frist erfüllt hat.[72]

§ 48 Abs. 4 gilt entsprechend.

(4) **Der widerrufene Verwaltungsakt wird mit dem Wirksamwerden des Widerrufs unwirksam, wenn die Behörde keinen anderen Zeitpunkt bestimmt.[75]**

(5) **Über den Widerruf entscheidet nach Unanfechtbarkeit des Verwaltungsaktes die nach § 3 zuständige Behörde; dies gilt auch dann, wenn der zu widerrufende Verwaltungsakt von einer anderen Behörde erlassen worden ist.**

(6) **Wird ein begünstigender Verwaltungsakt in den Fällen des Absatzes 2 Nr. 3 bis 5 widerrufen, so hat die Behörde den Betroffenen auf Antrag für den Vermögensnachteil zu entschädigen,[78] den dieser dadurch erleidet, dass er auf den Bestand des Verwaltungsaktes vertraut hat, soweit sein Vertrauen schutzwürdig ist.[81] § 48 Abs. 3 Satz 3 bis 5 gilt entsprechend.[83] Für Streitigkeiten über die Entschädigung ist der ordentliche Rechtsweg gegeben.**

Parallelvorschriften: §§ 46 ff SGB X; § 131 AO

Schrifttum: *Baumeister,* Die Novellierung der §§ 48, 49, 49 a VwVfG, NVwZ 1997, 19; *Bronnenmeyer,* Der Widerruf rechtmäßiger begünstigender VAe nach § 49 VwVfG, 1994, zugl Diss. Mannheim 1993; *Classen,* Zur Änderung der Sach- und Rechtslage nach Erlaß eines VA, DÖV 1989, 156; *Dickersbach,* Die Entwicklung des Subventionsrechts seit 1993, NVwZ 1996, 962; *Dommach,* Die Neuregelung des Rückforderungsrechts für Zuwendungen des Bundes im VwVfG, Finanzwirtschaft 1996, 176; *Ehlers,* Rechtsprobleme bei der Rückforderung von Subventionen, GewArch 1999, 305; *Erichsen/Brügge,* Der Widerruf von VAen nach § 49 VwVfG und der ör Erstattungsanspruch nach § 49 a VwVfG, Jura 1999, 496; *Fiedler,* Zum Wirkungsbereich der clausula rebus sic stantibus im Verwaltungsrecht, VerwArch 1976, 125; *Frohn,* Die Korrektur von VAen wegen nachträglicher Verhältnisänderung, Jura 1993, 393; *Gröpl,* Das Gesetz zur Änderung verwaltungsverfahrensrechtlicher Vorschriften vom 2. 5. 1996, VerwArch 1997, 23; *Heße,* Die Rückforderung von Zuwendungen und vergleichbaren staatlichen Leistungen nach dem Gesetz zur Änderung verwaltungsverfahrensrechtlicher Vorschriften, NJW 1996, 2779; *Ibler,* Kann der Widerruf eines VA widerrufen werden?, NVwZ 1993, 451; *Ipsen,* Widerruf gültiger Verwaltungsakte, 1932; *Jarass,* Die Rückforderung zweckwidrig verwendeter Subventionen, DVBl 1984, 855; *Kimminich,* Rücknahme und Widerruf begünstigender VAe, JuS 1965, 249; *Kloepfer,* Kettenverwaltungsakte und Widerrufsvorbehalt, DVBl 1972, 371; *Kopp,* Der Schutz des Vertrauens auf den Bestand von VAen im Wirtschaftsrecht, GewArch 1986, 177; *Lange,* Rechtliche Aspekte eines ‚Ausstiegs aus der Kernenergie', NJW 1986, 2459; *Lehner,* Der rückwirkende Widerruf von begünstigenden VAen nach dem Eintritt einer Sachverhaltsänderung, Vw 1993, 183; *v Mutius* (Hg), Der Widerruf atomrechtlicher Genehmigungen und die Entschädigungsfolge, 1990; *Oldiges,* Die Entwicklung des Subventionsrechts seit 1996, NVwZ 2001, 280, 626; *Reich,* Widerruf der Approbation als Arzt, BayÄrzteBl 1992, 306; *Roßnagel,* Zum rechtlichen und wirtschaftlichen Bestandschutz von Atomkraftwerken, JZ 1986, 717; *Sachs/Wermeckes,* Die Neuregelung verwaltungsverfahrensrechtlicher Vorschriften zur Rückabwicklung fehlgeschlagener Subventionsverhältnisse, NVwZ 1996, 1185; *Sarnighausen,* Widerruf aufgrund rechtswidriger Widerrufsvorbehalte nach § 49 Abs 2 Nr 1, 2. Altern. VwVfG, NVwZ 1995, 563; *Schoch,* Rechtsfragen der Entschädigung nach dem Widerruf atomrechtlicher Genehmigungen, DVBl 1990, 549; *Schröder,* Grenzen der nachträglichen Abänderung belastender VAe, JuS 1970, 615; *M. Schröder,* Rücknahme, Widerruf und die Erstattung von Leistungen nach der VwVfG-Novelle vom 2. 5. 1996, JuS 1998, L 49; *Steiner,* Zum Anwendungsbereich der verwaltungsverfahrensrechtlichen Regelungen über die materielle Bestandskraft von VAen (§§ 48, 49 VwVfG), VerwArch 1992, 479; *Suerbaum,* Widerruf und Erstattung bei Geld- und Sachleistungsverwaltungsakten nach der Novellierung des Verwaltungsverfahrensrechts, VerwArch 1999, 361.

Zum Widerruf von Zuwendungen gem § 44 a BHO aF: *Berg,* Zur Zweckverfehlung im Subventionsrecht, GewArch 1987, 1; *Dommach,* Widerruf und Rückforderung von Zuwendungen des Bundes und der Länder, NJW 1981, 841; *Dorn,* Möglichkeiten der Veränderung bestandkräftiger Zuwendungsbescheide, DÖV 1988, 7; *Götz,* Die vorläufige Subventionsbewilligung – BVerwG NJW 1983, 2043, JuS 1983, 924; *ders,* Rückforderung von Subventionen, NVwZ 1984, 480; *Grziwotz,* Fristenprobleme bei der Rückforderung von Zuwendungen, BayVBl 1990, 705; *Henseler,* Staatliche Verhaltenslenkung durch Subventionen im Spannungsfeld zur Unternehmerfreiheit des Begünstigten, VerwArch 1986, 249 (270); *Kamps,* Der Anspruch auf Zinsen bei Rückforderung durch Leistungsbescheid, DVBl 1982, 777; *Lacher,* Die haushaltsrechtlichen Regelungen für staatliche Zuwendungen – Die umstrittenen Vorläufigen Verwaltungsvorschriften zu §§ 44, 44 a BHO –, DÖV 1990, 63; *Oldiges,* Richtlinien als Ordnungsrahmen der Subventionsverwaltung, NJW 1984, 1933; *Stober,* Zur Problematik des § 44 a Abs 1 BHO und des entsprechenden Länderrechts, DÖV 1984, 265; *Weides,* Widerruf und Rückforderung von Zuwendungen des Bundes und der Länder, NJW 1981, 841; *Zacharias,* Rücknahme und Widerruf von Vertragsgenehmigungen, NVwZ 2002, 1306.

Übersicht

I. Allgemeines

1 **1. Inhalt.** Die Vorschrift regelt den Widerruf bzw die Abänderung insbesondere rechtmäßig erlassener VAe. Sie ergänzt § 48, der spezielle Bestimmungen über die Rücknahme rechtswidriger VAe enthält, und wird ihrerseits durch § 50 und § 51 ergänzt. Das Instrument des Widerrufs erlaubt der Behörde nach hM (vgl Rn 5) unabhängig von der Rechtswidrigkeit des VA die **Reaktion auf rechtliche oder tatsächliche Änderungen** nach Erlass des VA. Die Vorschrift unterscheidet zwischen nicht begünstigenden VAen, deren Widerruf idR im Ermessen der zuständigen Behörde steht (Abs 1), und begünstigenden VAen, die nur unter den engen Voraussetzungen der Abs 2 u 3 widerrufen werden dürfen. Für den zur Abgrenzung der Regelungen nach Abs 1 und Abs 2 maßgeblichen **Begriff des begünstigenden bzw belastenden VA** gilt die Legaldefinition in § 48 Abs 1 S 2 entsprechend (vgl § 48 Rn 59). Die Regelungen des § 49 dienen ebenso wie § 48 und § 51 einerseits der Sicherung der Effizienz der Verwaltung, andererseits auch der Rechtssicherheit und dem Rechtsschutz der Betroffenen, denen sie einen gewissen Vertrauens- und Bestandsschutz gewährleistet (BT-Dr 227/73 S 72). Soweit keine speziellen Bestimmungen gelten, regelt die Vorschrift den Widerruf **abschließend** (vgl Rn 26). Sie entspricht im Wesentlichen, jedoch mit einigen Abweichungen, dem vor Inkrafttreten des VwVfG bestehenden Recht.[1]

2 Nach dem **Grundsatz der doppelten Deckung** stellt auch § 49 keine allgemeine Ermächtigung für die nachträgliche Aufhebung oder Änderung von rechtmäßig erlassenen VAen ohne Rücksicht auf die nach allgemeinem Recht sonst bestehenden Befugnisse der Behörde dar (VGH München BayVBl 1988, 305). Auch ein Widerruf kann **nur im Einklang mit dem materiellen Recht** erfolgen, er muss insoweit „gedeckt" sein. Ein VA, der nach geltendem Recht mit gleichem Inhalt erlassen werden müsste, kann nicht zurückgenommen werden, auch nicht, wenn dies zB nach Abs 2 Nr 5 erforderlich erscheint. Insoweit gilt Abs 1 2. Halbs für alle Fälle des Widerrufs. § 49 beschränkt seinem Zweck entsprechend die sonst, dh, wenn noch kein VA in der Sache ergangen ist, bestehenden Befugnisse der Behörden, erweitert sie jedoch nicht.

3 **2. Änderungen auf Grund der Novelle von 1996.** Nach der Urfassung des § 49 war ein Widerruf eines begünstigenden VA stets nur mit Wirkung für die Zukunft möglich. Dies wurde vor allem in den Fällen des Widerrufs der Bewilligung von Beihilfen (Subventionen) als verfehlt angesehen, weil die Mittel zumeist bereits verbraucht waren, wenn sich bei einem späteren Widerruf die Frage nach der Zulässigkeit einer Rückforderung stellte. Ob eine **Rückforderung von Subventionen** auch nach einem nur für die Zukunft geltenden Widerruf des Subventionsbewilligungsbescheids hätte erfolgen können, war zweifelhaft,[2] da damit nur das Recht, die Subvention behalten zu dürfen, für die Zukunft aufgehoben wird.[3] Um insoweit eine klare Rechtslage zu schaffen, wurde für diese sog Zuwendungsfälle schon frühzeitig (2. BHO-ÄndG v 14. 7. 1980 – BGBl I S 955) mit § 44a

---

[1] Begr 72 ff; MuE 163; vdGK 1, 2; vgl zum früheren Recht BVerfG 59, 168; BVerwGE 25, 91; 32, 12; 38, 290; 39, 314; 40, 65; 42, 68; 59, 128, 161; 65, 139; 66, 175; BVerwG NJW 1977, 1838; F 264.

[2] Bejahend zB Jarass DVBl 1984, 855 ff; **aA** Stober DÖV 1984, 269; Meinecke DVBl 1984, 275: unzulässige Rückwirkung; Widerruf nur nach § 44 a BHO oder entsprechenden Bestimmungen; vgl auch Henke DVBl 1989, 124.

[3] Dies hätte einer Rückforderung an sich nicht entgegengestanden, vgl BVerwG NVwZ 1984, 36; BSG DVBl 1990, 218; VGH Kassel NVwZ 1989, 166; 1990, 879; VGH München NVwZ 1990, 883; Kopp BayVBl 1989, 653; Thoenes DVBl 1983, 812; Jarass DVBl 1984, 855; weitere Nachw bei Suerbaum VerwArch 1999, 363; ferner BVerwGE 95, 225; **aA** Stober DÖV 1984, 265; s auch Osterloh JuS 1984, 230; Meinecke DVBl 1984, 726; Henke DVBl 1989, 124.

BHO eine Spezialvorschrift geschaffen, die einen Widerruf auch mit Wirkung für die Vergangenheit ermöglichte. Deren Regelungen wurden durch das G zur Änderung verwaltungsverfahrensrechtlicher Vorschriften v 2. 5. 96 im Wesentlichen in Abs 3 und § 49a übernommen. Abs 3 wurde neu eingefügt, die bisherigen Abs 3 bis 5 rückten nach hinten und wurden Abs 4 bis 6. Die Ermächtigung für die Rückforderung ist einheitlich auch für die Rücknahmefälle in § 49a geregelt.

3. Europarecht. Die Vorschrift ist auch im Rahmen des indirekten Vollzugs von Gemeinschaftsrecht (s hierzu näher Einf Rn 58ff) anwendbar, allerdings mit Modifikationen, die sich aus der **Pflicht zur effektiven Durchsetzung des Gemeinschaftsrechts** ergeben (Art 10 EG). Danach dürfen verfahrensrechtliche Bestimmungen die Durchsetzung des Gemeinschaftsrechts, auch des mittelbaren Gemeinschaftsrechts (s hierzu Einf Rn 57) nicht vereiteln, sondern müssen für eine wirksame Durchsetzung sorgen. Diese Pflicht kann sich im Bereich der Art 87 EG unterliegenden Beihilfen massiv auswirken.[4] 4

4. Begriff und Rechtsnatur des Widerrufs. a) Begriff. § 49 bezeichnet im Einklang mit der überkommenen Terminologie als Widerruf die (vollständige oder teilweise) Aufhebung (oder Änderung) eines VA **ohne Rücksicht auf seine Rechtswidrigkeit** durch eine Behörde außerhalb eines Rechtsbehelfsverfahrens. Auch der **nachträgliche Erlass einer belastenden Nebenbestimmung** kann als teilweiser Widerruf verstanden werden. In erster Linie geht es um die Aufhebung bzw Änderung rechtmäßiger VAe. Es entspricht der hM (vgl Rn 5), dass unter den Voraussetzungen des § 49 auch rechtswidrige VAe widerrufen werden können, zumal der Vertrauensschutz beim Widerruf ein noch größeres Gewicht hat, als bei der Rücknahme. Ist also eine Rücknahme eines rechtswidrigen VA nicht möglich oder nicht opportun, kann gleichwohl ein Widerruf erfolgen. Sofern hierfür die Voraussetzungen vorliegen. Möglich ist es auch, eine zunächst auf § 48 gestützte Aufhebung eines VA nachträglich als Widerruf zu rechtfertigen,[5] sofern entsprechende Ermessenserwägungen angestellt wurden (StBS § 48 Rn 59). 5

Die **Abgrenzung des Widerrufs von der Neuregelung** eines Sachverhalts ist danach vorzunehmen, ob der neue VA mit dem Gestaltungsspielraum des alten VA kollidiert. Entscheidend ist danach, ob bei einer Neuregelung die inzwischen eingetretene Änderung der Sach- und Rechtslage von dem in der Angelegenheit früher ergangenen VA noch erfasst wird oder ob dieser für die Änderung keine Geltung mehr hat (bzw beansprucht), daher auch einem neuen VA nicht entgegensteht (BVerwGE 69, 93; 79; 33; VGH Mannheim NVwZ 1990, 986). Um keinen Widerruf handelt es sich daher zB bei der in einem Gesetz vorgesehenen Wiederzulassung zB nach § 35 Abs 6 GewO, einer neuen Erlaubnis usw bei Änderung der Verhältnisse.[6] Kein Widerruf ist auch die Ablehnung der Verlängerung einer Erlaubnis uä. 6

b) Rechtsnatur. Als actus contrarius der Vornahme erfolgt der **Widerruf durch VA,** für den grundsätzlich dieselben Form-, Verfahrens- und Zuständigkeitsvorschriften gelten wie für den VA, der widerrufen wird. Auf die Bezeichnung als Widerruf kommt es dabei nicht an; maßgeblich ist, ebenso wie bei § 48, der Inhalt und Zweck des entsprechenden VA sowie die inhaltliche Unvereinbarkeit mit dem VA, der dadurch in seiner Wirkung (s auch BVerwG DÖV 1978, 406m Anm Jarass) aufgehoben oder abgeändert wird. In derartigen Fällen wie 7

[4] S hierzu näher Rn 61 hins der Jahresfrist, Rn 73 hins des Ermessens.

[5] Vgl BVerwGE 108, 30, 35 = NVwZ 1999, 302; BVerwG NVwZ-RR 1992, 68.

[6] BVerwGE 60, 137 = NJW 1980, 2660: neue Aufenthaltserlaubnis bei neuer Sachlage, nicht Widerruf der früheren Versagung der Aufenthaltserlaubnis; BVerwGE 68, 154 = NVwZ 1984, 715: ein neuer Antrag auf eine neue Entscheidung über die Rückstellung vom Wehrdienst, wenn ein neuer Rückstellungsgrund geltend gemacht wird; keine Entscheidung darüber im Verfahren über die ursprüngliche Ablehnung der Rückstellung wegen eines anderen Grundes.

auch bei sonstigen konkludenten Widerrufsentscheidungen fehlt es allerdings nicht selten an der erforderlichen Ermessensbetätigung.

8 **5. Zeitliche Wirkung des Widerrufs.** Der Widerruf eines VA ist, soweit durch Abs 3 oder eine Rechtsvorschrift außerhalb des VwVfG nichts anderes bestimmt ist, gem Abs 1 und Abs 2 sowohl für belastende als auch für begünstigende VAe **nur für die Zukunft** zulässig und daher im Zweifel auch idS zu verstehen. Dies gilt – ohne dass ein zwingender Grund dafür ersichtlich wäre – nach dem Wortlaut der Vorschrift **auch dann, wenn der Widerrufsgrund schon in der Vergangenheit bestanden hat** und der Betroffene bzw die Behörde selbst ein Interesse an einer Aufhebung des VA mit Wirkung auch für die Vergangenheit hätte (vgl aber FG München EFG 1983, 315: eine nach Bestandskraft eines Grunderwerbssteuerbescheids erteilte Bescheinigung über die Förderungswürdigkeit hat steuerliche Wirkung für die Vergangenheit, wenn der Antrag auf Grunderwerbssteuerbefreiung vor Eintritt der Bestandskraft des die Befreiung ablehnenden Grunderwerbsteuerbescheids gestellt war).

9 **6. Anspruch auf Widerruf?** Der Bürger, der durch den in Frage stehenden VA belastet ist, hat wie bei § 48 (vgl § 48 Rn 51) grundsätzlich lediglich ein formelles **subjektives Recht** auf fehlerfreie Ermessensentscheidung über einen Antrag auf Widerruf.[7] Nur bei Vorliegen der Voraussetzungen für ein **Wiederaufgreifen** nach § 51 oder in den Fällen einer **Ermessensreduktion auf Null** besteht darüber hinaus ein gerichtlich durchsetzbarer Anspruch auf Widerruf des belastenden VA bzw auf eine neue Entscheidung in der Sache in einem bestimmten Sinn. Eine Ermessensreduzierung auf Null kommt insbes bei VAen mit Dauerwirkung in Betracht, wenn sich die Sach- und Rechtslage zugunsten des Betroffenen ändert.[8] Soweit der in Frage stehende VA jedoch zugleich einen Dritten begünstigt, besteht ein entspr formelles subjektives Recht bzw ein Anspruch auf Grund von § 49 nur nach Maßgabe der Abs 2–4. Bei VAen mit Doppelwirkung hat auch der durch einen VA **betroffene Dritte** ein **subjektives Recht auf ermessensfehlerfreie Entscheidung** über den Widerruf (uU, bei Ermessensreduktion auf Null, auch einen Anspruch auf Widerruf), auch zB der durch eine ihn begünstigende Auflage zu einem VA Begünstigte gem Abs 2 Nr 1, wenn die Auflage nicht erfüllt wird (OVG Lüneburg NVwZ 1989, 1183; StBS 28). Zum **Anspruch auf Wiederaufgreifen** eines Verfahrens bei Änderung der Sach- oder Rechtslage bzw bei Vorliegen von Wiederaufnahmegründen entsprechend §§ 879, 880 ZPO s § 51 Rn 16, 25f.

II. Anwendungsbereich

10 **1. Allgemeines.** Die Vorschrift gilt unmittelbar nur für den Widerruf von VAen, die im Verfahren nach dem VwVfG erlassen worden sind (vgl die Nachw bei Suerbaum VerwArch 1999, 362). Die Widerrufsmöglichkeit besteht **unabhängig von der Unanfechtbarkeit des VA.** Im Anwendungsbereich des VwVfG gilt § 49 auch für den Widerruf sog fiktiver VAe (s zum Begriff § 35 Rn 23), für den Widerruf einer Rücknahme (Ibler NVwZ 1993, 454) oder eines Widerrufs,[9] außerdem grundsätzlich – abgesehen von der zT inhaltlich abweichen-

---

[7] BVerwGE 44, 335; StBS 27; Knack 32; vgl zur selben Rechtslage bei § 48 s OVG Hamburg NVwZ-RR 1993, 320; VGH Kassel NVwZ 2002, 202; 1995, 394.

[8] BVerwG NVwZ 1982, 193; BFH 155, 491 = BStBl II 1989, 393; Knack 32; Maurer § 11 Rn 49 ff; Martens NVwZ 1993, 32.

[9] Vgl auch Ibler NVwZ 1993, 452; **aA** Maurer § 11 Rn 20 unter Hinweis darauf, dass dafür kein Bedürfnis bestehe, da die Behörde ja jederzeit neu entscheiden könne; Kritik: einem erneuten Widerruf kann uU, zB zugunsten des durch den vorausgegangenen Widerruf Begünstigten, die Bestandskraft und Tatbestandswirkung des vorangegangen Widerrufs oder eines im Verfahren nach § 51 ergangen VA entgegenstehen.

den Sonderregelung gem § 38 Abs 2 bzgl einer Änderung der Sach- oder Rechtslage – auch für **Zusicherungen** gem § 38.

Auch **Abhilfeentscheidungen** und **Widerspruchsbescheide** können zurückgenommen werden. Zum Verhältnis von Widerruf und Widerspruchsverfahren vgl § 50. Anwendbar ist § 49 auch auf sog. **Planfeststellungsbeschlüsse** (s hierzu § 72 Rn 21) sowie **vorläufige VAe** (s zum Begriff § 35 Rn 24a). Der Charakter eines VA als lediglich vorläufige Regelung schließt einen Widerruf nach § 49 nicht aus.[10] Für den Fall der Aufhebung oder Änderung eines VA gem § 50, wenn der VA durch einen Dritten angefochten wurde, gelten die dort vorgesehenen Einschränkungen des § 49. **Nicht anwendbar** ist die Widerrufsregelung, wenn es um die Regelung von Sachverhalten geht, die von einer früheren Regelung durch VA noch nicht erfasst waren und für die diese deshalb auch (noch) keine Geltung beansprucht, zB für sog **KettenVAe,** wie die Entscheidung über die Verlängerung einer schon mehrmals anstandslos verlängerten Genehmigung (vgl BVerwGE 78, 205). **Anwendbar** ist § 49 dagegen auf VAe, deren Mängel nach § 45 oder durch Umdeutung nach § 47 geheilt wurden oder nach § 46 nicht geltend gemacht werden können. 11

2. Anwendbarkeit auf rechtswidrige VAe. Trotz der unterschiedlichen Regelungen der Rücknahme und des Widerrufs in §§ 48f im Hinblick auf die Rechtswidrigkeit bzw Rechtmäßigkeit des in Frage stehenden VA bestehen nach der Rspr keine Bedenken gegen die **Anwendung auch auf rechtswidrige VAe,** die nach § 48 nicht zurückgenommen werden können oder sollen, für die aber jedenfalls die Voraussetzungen des Widerrufs gegeben sind.[11] Diese zutreffende Aussage wird auch von der hM in der Literatur geteilt.[12] Die von der Gegenmeinung ins Feld geführten Argumente, nämlich der Grundsatz der Gesetzmäßigkeit der Verwaltung und die Systematik, vermögen nicht zu überzeugen. Deshalb kann die Behörde, sofern die Rechtsfolgen dieselben sind oder es ihr darauf nicht ankommt, nach ihrem Ermessen uU auch die **Frage der Rechtswidrigkeit dahingestellt sein** lassen und nach § 49 vorgehen, wenn jedenfalls die Voraussetzungen für einen Widerruf gegeben sind (Krause 182). Grundsätzlich ist es auch zulässig, die Rücknahme nachträglich auf § 49 zu stützen und als Widerruf zu rechtfertigen und umgekehrt, soweit die jeweils erforderlichen Voraussetzungen vorliegen und die notwendigen Ermessenserwägungen angestellt wurden.[13] Unzulässig ist ein Widerruf allerdings dann, wenn die Behörde durch Urteil zum Erlass des VA verpflichtet worden war und keine Änderung der Sach- und Rechtslage eingetreten ist (VGH Mannheim NVwZ 2001, 460). 12

3. Analoge Anwendung. a) Anwendung auf Regelungen ohne VA-Charakter. Ähnlich wie auch § 48 ist § 49 zT **sinngemäß-analog** auch auf **einseitige schlichthoheitliche Handlungen** der Behörden, **Zusagen** von anderen Handlungen als VAen und von Unterlassungen, auch zB von formlosen Duldungen anwendbar.[14] Umstritten ist die Anwendbarkeit des § 49 auf die Be- 13

---

[10] Kopp DVBl 1990, 728; Kopp F.J. ZfSH/SGB 1992, 233; **aA** BVerwGE 67, 99 = NJW 1983, 2043; Tiedemann DÖV 1981, 786.

[11] AllgM; vgl BVerwG NVwZ 1987, 498; VGH München NVwZ 1983, 352; DÖV 1984, 217; NVwZ 1992, 76; VGH Kassel NVwZ 1984, 383: ein wegen Versäumung der Frist des Abs 4 nicht mehr zurücknehmbarer VA kann uU widerrufen werden; OVG Münster NJW 1985, 282; GewArch 1991, 224; NVwZ 1993, 76; NWVBl 1992, 279; VGH Mannheim NVwZ 1984, 383; 1986, 395; DÖV 1993, 624.

[12] StBS 6; WBS II § 51 Rn 35; Suerbaum VerArch 1999, 361, 365; Laubinger VerwArch 1982, 364; Schenke DÖV 1983, 325; DVBl 1989, 434; **aA** Erichsen/Ehlers § 18 Rn 7; Obermayer § 49 Rn 7; Erichsen/Brügge Jura 1999, 496; Ehlers GewArch 1999, 312; numehr auch Knack 14.

[13] Vgl BVerwGE 108, 30 35 = NVwZ 1999, 302; BVerwG NVwZ-RR 1992, 68; StBS § 48 Rn 59.

[14] Vgl BVerwGE 90, 299; VGH Mannheim NVwZ 1991, 80.

fugnis der Behörden, auf Antrag oder von Amts wegen auch nach Erlass rechtskräftiger Urteile, mit denen ein VA aufgehoben wurde, erneut in einer Sache durch einen neuen, uU vom vorangegangenen VA abweichenden VA zu entscheiden, wenn die Voraussetzungen des § 49 gegeben sind (bejahend Kopp/Kopp NVwZ 1994, 1; verneinend StBS 38).

14 **b) Widerrufsregelung als Ausdruck allgemeiner Rechtsgedanken.** Soweit Regelungen fehlen, kommt grundsätzlich eine sinngemäße Anwendung der Grundgedanken des § 49 bzw der entsprechenden Regelungen des Landesrechts in Betracht (vgl auch BVerwG NJW 1977, 1838: diese Grundsätze gelten als Gewohnheitsrecht). Dies gilt, mit den bei den einzelnen Erläuterungen aufgezeigten Beschränkungen, insb für Abs 1 und Abs 2 Nr 1–5, jedoch nicht für die Beschränkung der Widerrufsgründe auf die in Nr 1–5 aufgezählten Gründe unter Ausschluss vergleichbarer sonstiger Gründe, bei denen das öffentliche Interesse oder das Interesse eines Betroffenen das Interesse am Bestand des VA in ähnlicher Weise überwiegt. Insoweit kann aber Abs 2 Nr 1–5 der Gedanke entnommen werden, dass ein Widerruf im Zweifel nur bei **Vorliegen vergleichbarer Gründe** in Betracht kommt, soweit außerdem damit kein unzulässiger oder unzumutbarer Eingriff in Grundrechte, zB in § 14 GG, verbunden ist. Im Übrigen aber bleiben auch hier die in der Rspr entwickelten Grundsätze über die Interessen- bzw Güterabwägung unter besonderer Berücksichtigung der Gesichtspunkte des Vertrauensschutzes maßgeblich (vgl auch BVerfG 59, 168).

15 **Eine entsprechende Anwendbarkeit** ist auch für die **Entschädigungsregelung des Abs 6** trotz BVerfG 58, 300 = NJW 1981, 745; BGH DVBl 1982, 949, 950 grundsätzlich zu bejahen. Soweit eine ausdrückliche gesetzliche Grundlage für den Anspruch fehlt, ist hier idR ein Anspruch aus enteignendem Eingriff auf der Grundlage des allgemeinen Aufopferungsanspruchs anzunehmen.[15] Grundsätzlich zu bejahen ist trotz der Eröffnung des Rechtswegs zu den ordentlichen Gerichten auch die Zulässigkeit der **Festsetzung des Entschädigungsanspruchs durch VA** (vgl BVerwG NJW 1980, 1085; BGH VRspr 21, 695; ME VerwArch 1970, 388; M 91).

16 **Nicht als allgemeiner Rechtsgrundsatz** ist die Beschränkung auf einen **Widerruf für die Zukunft** nach Abs 4 ohne Rücksicht auf etwaige besondere Umstände, die eine Rückwirkung im Einzelfall rechtfertigen oder uU geboten erscheinen lassen können, zu betrachten (**aA** VGH München BayVBl 1984, 405: dem Begriff des Widerrufs sei immanent, dass er nicht rückwirkend sei). Soweit gesetzlich nichts anderes bestimmt ist und besondere Umstände ausnahmsweise für eine Rückwirkung sprechen, ist bei Fehlen abweichender Regelungen auch künftig ein **Widerruf auch für die Vergangenheit** als zulässig anzusehen. Nicht analog oder dem Rechtsgedanken nach anwendbar ist bei Fehlen – dh nicht nur bei entsprechender Lückenhaftigkeit der entsprechenden Vorschriften, die dann durch subsidiäre Anwendung des § 49 Abs 2 S 2 iV mit § 48 Abs 4 zu schließen ist – ausdrücklicher Bestimmungen die **Ausschlussfrist** gem Abs 2 S 2 iV mit § 48 Abs 4. Die Befugnis der Behörde zum Widerruf eines VA unterliegt jedoch den allgemeinen **Grundsätzen über die Verwirkung** (BVerwGE 44, 343).

17 **4. Verhältnis zu besonderen Rechtsvorschriften.** § 49 steht wie auch § 48 unter dem allgemeinen Vorbehalt inhaltsgleicher oder entgegenstehender Bestimmungen in anderen Rechtsvorschriften des Bundes. Abs 2 steht außerdem unter einem erweiterten Vorbehalt zugunsten weiterer Widerrufsgründe. Sondervorschriften müssen jedoch jedenfalls auch den verfassungsrechtlichen Anforderungen,

---

[15] Kopp GewArch 1986, 180; vgl allg auch BGH DVBl 1982, 949, 950; MK 53; **aA** für den Fall des Widerrufs – der BGH spricht fälschlich von Rücknahme – einer Anwaltszulassung aus Gründen, die der Betroffene zu vertreten hatte: keine Entschädigung, da Maßnahme innerhalb einer zulässigen Inhalts- und Schrankenbestimmung nach Art 14 Abs 1 GG.

insb auch den Erfordernissen der Rechtssicherheit und des Schutzes schutzwürdigen Vertrauens (vgl BVerfGE 59, 164), genügen und sind deshalb immer im Licht auch der verfassungsrechtlichen Vorgaben auszulegen und anzuwenden. Wenn bzw soweit Sondervorschriften einen Widerruf allgemein oder unter bestimmten Voraussetzungen zwingend vorschreiben, liegt oft die Notwendigkeit einer modifizierenden verfassungskonformen Auslegung oder Anwendung nahe (vgl BVerfG 59, 164; Knack 8); anders bei Widerruf von VAen, die im Rahmen des indirekten Vollzugs von Gemeinschaftsrecht (Einf Rn 58) erlassen worden sind (vgl BVerwGE 95, 213).

a) Spezielle Widerrufsregelungen. Es besteht eine Fülle von Sondervorschriften über den Widerruf von VAen, die teilweise mit § 49 übereinstimmende, teilweise abweichende Regelungen enthalten. Zu diesen gehören der Widerruf einer gaststättenrechtlichen Erlaubnis nach § 15 Abs 2 GastG, der Widerruf der ärztlichen Approbation nach § 5 BÄO, der zahnärztlichen Approbation nach § 4 ZHG (OVG Bremen NordÖR 2002, 384), einer Anlagengenehmigung nach § 21 BImSchG, eines Waffenscheins nach § 47 Abs 2 WaffG, einer atomrechtlichen Genehmigung nach § 17 Abs 3 AtG, einer beförderungsrechtlichen Genehmigung nach § 25 PBefG. Einige der Widerrufsvorschriften sehen anstelle des Ermessens eine Pflicht zum Widerruf beim Vorliegen bestimmter Voraussetzungen vor (s zB § 5 Abs 2 BÄO; § 73 AsylVfG). Soweit die spezielleren Widerrufsvorschriften des Fachrechts den Widerruf nur unvollständig regeln, kommt eine **ergänzende Heranziehung** der Regelungen des § 49 in Betracht; anders bei abschließenden Regelungen. 18

b) Konkludenter Ausschluss des Widerrufs. Die Unanwendbarkeit von § 49 kann sich nicht nur ausdrücklich, sondern auch mittelbar **aus Sinn und Zweck einer Regelung** sowie aus dem Regelungszusammenhang ergeben (BVerwG DVBl 1982, 1004), zB daraus, dass ein Gesetz nach Sinn und Zweck der einschlägigen Vorschriften generell oder, wie idR für **Baugenehmigungen** hins Abs 2 Nr 3 und 4, einem VA gegenüber Änderungen der Sach- oder Rechtslage **Bestandschutz** zuerkennt, oder dass ein Gesetz **besondere Regelungen** für den Fall einer Änderung der Verhältnisse trifft, oder dass sich aus dem **Zusammenhang mit Grundrechten** entsprechende Folgerungen ergeben[16] oder dass sich die Unwiderruflichkeit **aus der Natur der Sache** ergibt. Als nicht widerruflich sind zB im Zweifel anzusehen, soweit durch Gesetz nichts anderes bestimmt ist, die **Genehmigung einer VO oder Satzung durch** die Aufsichtsbehörde oder eine andere Behörde (BVerwGE 75, 146; 90, 90: da die Satzungsgenehmigung nicht nur VA, sondern in erster Linie Mitwirkung an einem Rechtsetzungsverfahren ist; geändert oder aufgehoben werden kann nur noch die Satzung selbst, ferner **Baugenehmigungen**[17] und **Bauvorbescheide;**[18] die **Verleihung der** 18 a

[16] Vgl BVerwGE 72, 363: Bestandsschutz der im Einklang mit dem Baurecht errichteten Bauwerke auf Grund von Art 14 GG auch gegenüber Änderungen des Baurechts, uU sogar Zulässigkeit von Erweiterungen, die für eine zeitgemäße Nutzung erforderlich sind; vgl auch BGHZ 30, 338, 356; 34, 190; Rinne DVBl 1993, 872; ferner BVerwG Buchholz 406.11 § 35 BBauG Nr 112 S. 93; § 29 BBauG Nr 21 S. 11; ebenso trotz Bejahung der grundsätzlichen Widerruflichkeit einer Baugenehmigung jedenfalls im Ergebnis OVG Münster NVwZ 1988, 943 mwN.

[17] S zB BVerwGE 72, 363; BVerwG BayVBl 1985, 247; Buchh 406.19 Nachbarschutz Nr 34 S 48 f: eine Rechtsposition, die auch gegenüber Rechtsänderungen wirkt; Kassel NVwZ 1985, 30; Finkelnburg/Ortloff, Öffentliches Baurecht 260 f; ähnlich BVerwG NVwZ 1988, 144; OVG Bremen BRS 18 Nr 149; OVG Berlin BRS 20 Nr 193; OVG Münster BRS 20 Nr 154; OVG Koblenz BRS 18 Nr 145; VGH Mannheim BRS 35 Nr 55; zT **aA** offenbar BVerwGE 48, 87 = NJW 1975, 1240; BRS 32 Nr 90 und 91; VGH München BayVBl 1988, 370; OVG Münster NVwZ 1988, 943 mwN.

[18] Vgl Arnsberg NVwZ 1990, 592; Gailus NVwZ 1990, 536: nachträglich verfügte Veränderungssperre ist kein Widerrufsgrund.

Staatsangehörigkeit; die **Ernennung zum Beamten auf Lebenszeit** (vgl Münster DÖV 1955, 704; M 91); die meisten **privatrechtsgestaltenden** und ähnlichen VAe, sobald die Gestaltungswirkung eingetreten ist, zB die Ausübung eines öffentlichrechtlichen **Vorkaufsrechts,** einer **Bodenverkehrsgenehmigung** usw; ebenso zahlreiche andere **rechtsgestaltende VAe** (krit Zacharias NVwZ 2002, 1306). Ausgeschlossen ist der Widerruf einer Ausweisungsverfügung durch § 8 Abs 2 S 3 AuslG jedenfalls insoweit, als die maßgeblichen Sachverhaltsänderungen den Zweck der Ausweisung betreffen (BVerwG NVwZ 2000, 688, 690).

III. Widerruf eines belastenden VA (Abs 1)

19 **1. Allgemeines.** Ein belastender rechtmäßiger VA kann nach Abs 1 grundsätzlich jederzeit, auch nachdem er bereits unanfechtbar geworden ist oder durch rechtskräftiges Urteil bestätigt wurde,[19] widerrufen werden; auch die **Ausschlussfrist des § 48 Abs 4 findet auf den Widerruf belastender VAe keine Anwendung,** wie sich im Umkehrschluss aus Abs 2 S 2u Abs 3 S 2 ergibt. Voraussetzung für die Ermessensentscheidung nach Abs 1 ist also erstens, dass es sich um einen belastenden VA handelt, der mit Wirkung für die Zukunft (s Rn 17) widerrufen werden soll, dass zweitens ein VA gleichen Inhalts nicht erneut erlassen werden müsste und dass drittens der Widerruf nicht durch spezielle Rechtsvorschriften eingeschränkt oder ausgeschlossen ist. Liegen diese drei Voraussetzungen vor, kann die Behörde nach pflichtgemäßem Ermessen über den Widerruf entscheiden. Belastend ist ein VA, soweit er die Rechtsstellung des Adressaten gegenüber dem status quo verschlechtert (s hierzu näher § 48 Rn 62).

20 **2. Keine Pflicht zum Erlass eines VA gleichen Inhalts.** Der Widerruf ist nicht zulässig, wenn ein VA gleichen Inhalts erneut erlassen werden müsste. Diese Beschränkung ergibt sich aus dem Zweck des Widerrufs: Die Ermächtigung der Behörde zum Widerruf eines VA soll die nachträgliche Aufhebung oder Änderung eines VA **nur im Einklang mit dem geltenden Recht** ermöglichen; sie stellt keine generelle Ermächtigung zu Regelungen dar, die über die Befugnisse hinausreichen, die den Behörden auf Grund des allgemeinen Rechts zukommen (Grundsatz der doppelten Deckung, s Rn 2). Deshalb ist ein Widerruf nicht zulässig, wenn nach den maßgeblichen Vorschriften des materiellen Rechts die durch den zu widerrufenden VA getroffene Regelung geboten ist und diese daher, wenn sie noch nicht getroffen wäre, sogleich wieder getroffen werden müsste, weil sonst ein rechtswidriger Zustand eintreten würde (StBS 22).

21 **Hauptanwendungsfälle des Abs 1** sind VAe, für deren Erlass ein **Ermessen** oder ein **Beurteilungsspielraum** besteht. Bei rechtlich gebundenen VAen und VAen, bei denen angesichts der besonderen Situation das Ermessen bzw die Beurteilungsfreiheit auf Null reduziert ist, gelangt Abs 1 nur zur Anwendung, **wenn eine Änderung der Sach- oder Rechtslage** eingetreten ist, die zwar vom ursprünglichen VA mit erfasst wurde, die aber nunmehr, nachdem sie eingetreten ist, die Aufrechterhaltung des VA nicht mehr erfordert oder auch nicht mehr zulässt (ebenso Obermayer 10). Soweit der ursprüngliche VA für die veränderte Rechts- oder Sachlage keine Geltung beansprucht und durch die Änderung gegenstandslos geworden ist, würde sich die Neuregelung dagegen nicht als Widerruf darstellen und daher überhaupt nicht nach § 49 zu beurteilen sein (BVerwGE 69, 93).

22 **3. Ausschluss auf Grund spezialgesetzlicher Regelung.** Außer durch Rechtsvorschriften, die einen Widerruf gem dem allgemeinen Vorbehalt des § 1 nicht oder nur unter bestimmten engeren, im konkreten Fall nicht gegebenen

---

[19] BVerwGE 35, 234; BGH DÖV 1973, 92; UL § 63 Rn 2; Knack 5.1; StBS 12; WBS II § 50 Rn 11; Ule DVBl 1971, 593; vgl auch § 48 Rn 46.

Voraussetzungen zulassen, kann sich die Unzulässigkeit des Widerrufs **auch aus dem Sinn und Zweck einer gesetzlichen Regelung** (StBS 24; Weber BayVBl 1984, 269), aus dem allgemeinen Gleichheitsgebot (StBS 25), aus Gewohnheitsrecht oder aus allgemeinen Rechtsgrundsätzen (Begr 72), insb auch aus der Natur des in Frage stehenden VA, ergeben (s auch oben Rn 18a). Nicht unter den Vorbehalt fallen Regelungen durch Verwaltungsanordnungen ohne Rechtssatzcharakter, wie Weisungen der Fachaufsichtsbehörde oder nach Art 85 Abs 3 GG oder Verwaltungsvorschriften nach Art 84 Abs 2 GG (MB 15; Knack 35; König 13; **aA** Begr 71; StBS 26). Sie binden zwar die Behörde intern hins der Ausübung ihres Ermessens, widerruft die Behörde aber einen belastenden VA, ohne sich daran zu halten, so berührt dies die Rechtmäßigkeit des Widerrufs nicht. Etwas anderes würde nur gelten, wenn die Behörde dabei von einer allgemeinen Verwaltungspraxis ohne rechtfertigenden Grund abwiche und damit gegen Art 3 Abs 1 GG verstieße.

4. Ermessensentscheidung. Die Entscheidung über den Widerruf belastender 23
VAe steht, vorbehaltlich der Beschränkungen nach Abs 1 sowie besonderer Vorschriften, die allgemein oder unter bestimmten Voraussetzungen eine Verpflichtung der Behörde vorsehen, im Ermessen der Behörde.[20] Eine Ermessensentscheidung zugunsten des Widerrufs ist nicht ohne weiteres intendiert; es liegt also normalerweise **kein Fall einer sog intendierten Ermessensentscheidung** (s dazu § 40 Rn 45) vor.[21] Die Behörde hat sich vielmehr bei der von ihr zu treffenden Ermessensentscheidung am **Zweck der Ermächtigung** zu orientieren. **Bei der Abwägung** geht es einerseits um die Berücksichtigung des materiellen Rechts, auf Grund dessen der in Frage stehende VA ergangen ist bzw heute ergehen könnte, andererseits um die sich aus § 49 selbst ergebenden Zwecke, zu denen insbesondere der Schutz des Vertrauens in den Bestand des VA gehört. Diese Gesichtspunkte müssen gegeneinander abgewogen werden (VGH Mannheim NVwZ 1990, 482). Eine **Verpflichtung zum Widerruf** ist in einer Reihe von speziellen Regelungen des Fachrechts vorgesehen, die insoweit der Regelung des Abs 1 vorgehen. Diese Regelungen betreffen idR nur den Widerruf begünstigender VAe und spielen deshalb im Rahmen von Abs 1 keine wesentliche Rolle (s zur Verpflichtung zur Rücknahme begünstigender VAe unten Rn 28f).

5. Aufwendungsersatz. Hat der Betroffene im Hinblick auf den VA Aufwen- 24
dungen gemacht, so sind ihm diese in entspr Anwendung von Abs 6 zu ersetzen, soweit er berechtigterweise mit dem Fortbestand des VA rechnen durfte (**aA** die hM; vgl MuE 181; K 117; StBS 122 Knack 85; Knoke 137 Fn 72). Außerdem kommt, wenn der VA bereits vollzogen worden war, grundsätzlich ein **Anspruch auf Folgenbeseitigung** in entspr Anwendung der Grundsätze über den Folgenbeseitigungsanspruch in Betracht (vgl auch Johlen NJW 1976, 2156), zB auf Rückgabe des beschlagnahmten Kraftfahrzeugs nach Widerruf der Beschlagnahmeverfügung. Auch über diesen Anspruch ist **durch VA** zu entscheiden.

IV. Widerruf begünstigender VAe (Abs 2)

1. Allgemeines. Ein Widerruf begünstigender VAe ist grundsätzlich **nur un-** 25
ter den in Abs 2 u 3 genannten Voraussetzungen zulässig. Liegen diese vor, so entscheidet die Behörde nach **pflichtgemäßem Ermessen** (§ 40) unter Berücksichtigung und Abwägung aller einschlägigen Gesichtspunkte. Die Regelung

---

[20] BVerwGE 44, 335; BVerwG DVBl 1984, 532; VGH Kassel DÖV 1992, 271; VGH München DÖV 1984, 217; OVG Münster NJW 1985, 284; ebenso zum früheren Recht BVerwGE 39, 233; 44, 334; BVerfG 27, 307.

[21] Str, wie hier BVerwG NVwZ 1995, 43; StBS 10a; **aA** BVerwG NVwZ 1992, 565; in der Konsequenz wohl auch Obermayer 17.

beruht auf dem grundsätzlichen Gedanken, dass nur in den in Abs 2 Nr 1–5 aufgezählten Fällen das öffentliche Interesse oder gewichtige Interessen Dritter an der Beseitigung oder Änderung des VA eine Zurückstellung des Interesses der Betroffenen am Bestand des VA und des entsprechenden Vertrauensinteresses rechtfertigen können, nicht auch in anderen Fällen. Die einzelnen Tatbestände des § 49 Abs 2 S 1 stehen **selbständig nebeneinander,** so dass zB bei Rechtsänderungen ein Widerruf nach Nr 5 auch dann in Betracht kommen kann, wenn ein Widerruf nach Nr 4 ausgeschlossen ist, weil der Betroffene von der ihm gewährten Vergünstigung bereits Gebrauch gemacht hat (vgl Bronnenmeyer 162). Von Bedeutung ist hier, dass ein Entschädigungsanspruch nach Abs 6 nur in den Fällen des Abs 2 S 1 Nr 3–5 besteht (s aber Rn 82).

26 **a) Abschließende Regelung.** Die Aufzählung der Widerrufsgründe in Abs 2 Nr 1–5 ist vorbehaltlich abweichender Regelungen in spezielleren Vorschriften grundsätzlich abschließend.[22] Durch die Fassung der Vorschrift wird die vor Erlass des Gesetzes angenommene Zulässigkeit eines Widerrufs aus vergleichbaren Gründen, zB weil die Inanspruchnahme des VA durch den Begünstigten rechtsmissbräuchlich wäre oder sonst gegen Treu und Glauben verstoßen würde, nur scheinbar ausgeschlossen. IdR kommt in derartigen Fällen nämlich ein Widerruf gem Nr 3 oder 4 in Betracht. Zulässig ist auch ein Widerruf **mit Zustimmung** des Begünstigten oder auf Grund von entsprechenden Vereinbarungen anlässlich des Erlasses des VA bzw auf Grund von entsprechenden Verwaltungsrichtlinien, denen der Betroffene sich unterworfen hat.[23]

27 **b) Widerruf für die Zukunft.** Wie für belastende VAe nach Abs 1 ist auch der Widerruf begünstigender VAe nach Abs 2 nur für die Zukunft, also für die Zeit vom Wirksamwerden des Widerrufs an, zulässig. Er kann aber, wie Abs 4 klarstellt, ggf nach Ermessen der Behörde auch mit Wirkung auch **für einen späteren Zeitpunkt** als dem Zeitpunkt der Bekanntgabe verfügt werden. Ein Widerruf **für die Vergangenheit** ist nach Abs 2 dagegen **nicht zulässig.**

28 **2. Ermessensentscheidung. a) Ermessen.** Wenn die tatbestandmäßigen Voraussetzungen für einen Widerruf nach Nr 1–5 erfüllt sind, steht die Entscheidung darüber im pflichtgemäßen Ermessen der Behörde; die Entscheidung ist nicht ohne weiteres in Richtung auf einen Widerruf indiziert.[24] Die Behörde muss sich dabei vielmehr im **Rahmen der Zwecksetzungen** der gesetzlichen Ermächtigung zum Erlass des in Frage stehenden VA und der Ermächtigung zum Widerruf gem § 49 halten und auch den Grundsatz der Verhältnismäßigkeit und das Vertrauensschutzinteresse der Betroffenen berücksichtigen.[25] Die Behörde kann trotz Vorliegens von Widerrufsgründen den VA bestehen lassen; uU kann auch angesichts besonderer Umstände des Einzelfalls ein Widerruf schlechthin ausgeschlossen sein (Ermessensreduktion auf Null, vgl § 40 Rn 30) oder nur mit einer Übergangsregelung zulässig sein.[26] Insb haben die Betroffenen auch hier ein for-

---

[22] Erichsen/Ehlers § 18 Rn 11; Knack 37; StBS 35; UL § 63 Rn 4; Erichsen Jura 1981, 591.

[23] Weides NJW 1981, 841; Grawert DVBl 1989, 1029; **aA** OVG Lüneburg DÖV 1988, 36 unter Bezugnahme auf BVerwG DVBl 1983, 810; vgl zum Argument der Zustimmung allg Erichsen/Ehlers § 26 Rn 9 ff.

[24] BVerwG NVwZ 1995, 43; StBS 34; MB 35; ebenso die hM zum bish Recht, vgl BVerwGE 32, 14; F 265; WBS II § 51 Rn 53; **enger** BVerwG NVwZ 1992, 565; **aA** Obermayer 61: intendiertes Ermessen.

[25] BVerwGE 26, 131; 49, 168; OVG Münster NVwZ-RR 1989, 558; OVG Lüneburg NJW 1982, 1248; Knack 38; einschränkend StBS 34.

[26] Vgl BVerwG DVBl 1985, 1070: der Widerruf einer Rechtsberatungserlaubnis ist ermessensfehlerhaft, wenn die Behörde keine Erwägungen darüber angestellt hat, ob dem Betroffenen nicht eine Frist für die Abwicklung seiner Tätigkeit eingeräumt werden kann; ebenso Knack 38.

melles subjektives Recht darauf, dass die Behörde unter Berücksichtigung ihres Interesses an der Aufrechterhaltung des VA, insb auch des Vertrauensschutzinteresses,[27] ohne Ermessensfehler entscheidet.

b) Einschränkung des Ermessens. Soweit besondere Rechtsvorschriften einen Widerruf zwingend vorsehen (zB § 5 BÄO), gehen sie der Ermessensregelungen in § 49 vor. Im Übrigen kann aus besonderen Gründen eine Einschränkung des Ermessens in Betracht kommen. So ist zB eine **Reduktion des Ermessens auf Null** anzunehmen in Fällen, in denen das Gemeinschaftsrecht eine Verpflichtung zum Widerruf zB von Beihilfebescheiden enthält.[28] Hier führt der Effektivitätsgrundsatz des Art 10 EG zu einer Reduktion des Ermessens auf Null. Auch aus **haushaltsrechtlichen Gründen** kann eine Reduktion des Ermessens in Betracht kommen (BVerwGE 105, 55; OVG Magdeburg NVwZ 2000, 585). Im Übrigen besteht ein allgemeiner Grundsatz, wonach das Ermessen in Richtung auf den Widerruf intendiert ist, nicht. 29

c) Berücksichtigung des Vertrauensschutzes. Bei der Ermessensentscheidung ist auch der Schutz des Vertrauens des Betroffenen in den Bestand des VA zu berücksichtigen. Das BVerwG ist demgegenüber der Auffassung, dass der Vertrauensschutz bereits in den Widerrufsgründen des Abs 2 Nr 3–5 und in Abs 6 berücksichtigt wird und damit, wenn die tatbestandsmäßigen Voraussetzungen für einen Widerruf gegeben seien, für den Regelfall der **Widerruf vom Gesetz intendiert** sei, sofern nicht durch Rechtsvorschriften etwas anderes bestimmt sei (BVerwG NVwZ 1992, 565 = JuS 1992, 970 m Anm Osterloh; **aA** insoweit BVerwG NVwZ 1995, 43). Der VA könne deshalb nur ausnahmsweise belassen werden, wenn dies aus besonderen Gründen geboten erscheine, ua etwa, weil der Entschädigungsanspruch nach Abs 6 nicht ausreichend wäre (ebenso Knack 9). **Hiergegen spricht** außer der Fassung des § 49 als Ermessensvorschrift ohne weitere Einschränkung im Wortlaut vor allem der Umstand, dass die erfassten Tatbestände viel zu allgemein sind, als dass sie dem unterschiedlichen Gewicht der Gesichtspunkte des Vertrauensschutzes in jedem Fall ausreichend gerecht werden könnten. Unter dem Gesichtspunkt des Vertrauensschutzes sind vor allem Dispositionen, die der Begünstigte im Vertrauen auf den Bestand des VA getroffen hat, immer, dh nicht nur in atypischen, besonders gelagerten Fällen zu berücksichtigen. Die **Berücksichtigung schutzwürdigen Vertrauens** kann, da es sich insoweit um ein Verfassungsprinzip handelt, auch durch Gesetz nicht ausgeschlossen werden.[29] Andrerseits sind beim Vertrauensschutz auch Einschränkungen zu berücksichtigen, die sich aus einem Widerrufsvorbehalt (OVG Lüneburg Gemeinde 1978, 228; Knack 39) oder aus vorhersehbaren Änderungen der Umstände ergeben. 30

3. Vorbehaltener Widerruf (Nr 1). Nr 1 enthält zunächst eine an sich selbstverständliche Verweisung auf andere Rechtsvorschriften, die einen Widerruf zulassen oder für bestimmte Fälle oder Fallgruppen vorschreiben, und auf den Vorbehalt eines Widerrufs gem § 36 Abs 2 Nr 3 oder nach vergleichbaren Bestimmungen in dem zu widerrufenden VA selbst. 31

a) Aufgrund gesetzlicher Regelung (1. Alt). Wenn bzw soweit der Widerruf in einer Rechtsvorschrift allgemein oder unter bestimmten Voraussetzungen zugelassen oder vorgeschrieben ist, ergibt sich die entsprechende Befugnis der Be- 32

---

[27] OVG Lüneburg NJW 1982, 1248; Kühne DVBl 1987, 1261: auch Abs 5 schließt nicht aus, dass die Behörde den Vertrauensschutz innerhalb der Ermessensentscheidung berücksichtigt; MK 15 II 2, IV 1.

[28] Erichsen/Ehlers § 18 Rn 31; Knack 13; StBS § 48 Rn 29; zum Beihilfenrecht s näher Rn 4; § 48 Rn 21 ff.

[29] Vgl BVerfG 59, 167 = DVBl 1982, 581; allg auch 12 zu § 48; **aA** offenbar zu einem allerdings besonders gelagerten Fall BVerwG NJW 1986, 1772 und 1776.

hörde gem § 1 schon nach dieser Vorschrift. Rechtsvorschriften idS können auch Verordnungen oder Satzungen sein.[30] Praktisch bedeutsam sind zB § 12 WHG; § 15 Abs 3 GastG: § 73 Abs 1 AsylVfG; § 47 Abs 2 WaffG; § 18 BJagdG und § 5 Abs 2 BÄO. Teilweise handelt es sich um selbständige Widerrufsvorschriften, die unabhängig von § 49 bereits aus sich heraus anwendbar sind. Insoweit spielt § 49 nur ergänzend eine Rolle, sofern nicht überhaupt eine abschließende Regelung vorliegt (s hierzu oben Rn 17f).

33 Auf die gesetzliche **Bezeichnung** der Aufhebungsmöglichkeit als Widerruf oder anders in einer gesetzlichen Ermächtigung iS von Nr 1 kommt es nicht an, sofern es sich jedenfalls in der Sache um eine Ermächtigung zur nachträglichen Aufhebung ohne Rücksicht auf die Rechtswidrigkeit handelt. Die Ermächtigung zu einem ordnungsrechtlichen Einschreiten gegen konkrete Gefahren oder Störungen stellt keinen Widerrufstatbestand dar.

34 Auch eine gesetzliche Ermächtigung zum Widerruf eines VA gem Nr 1 begründet **keine freie Widerruflichkeit,** sondern nur die Befugnis der Behörde, nach Maßgabe der näheren Bestimmungen dieser Ermächtigung und des Zwecks der Regelung **nach sachgemäßen Gesichtspunkten** (§ 40) zu entscheiden, ob und in welchem Umfang sie den VA widerruft (BVerwGE 32, 12; 49, 168; Knack 42); im Einzelnen gelten dafür dieselben Grundsätze wie für die Ausübung eines im VA selbst vorbehaltenen Widerrufs. Erforderlich ist insb eine Abwägung der in Frage stehenden öffentlichen Interessen gegen die Vertrauensschutzinteressen und sonstige rechtlich geschützten Interessen des Betroffenen, dabei ist auch der Grundsatz der Verhältnismäßigkeit zu beachten.[31]

35 **b) Aufgrund Widerrufsvorbehalts (2. Alt).** Voraussetzung ist, dass der Widerruf auf Grund eines Vorbehalts nach § 36 Abs 2 Nr 3 in dem zu widerrufenden VA selbst zugelassen worden ist, oder dass der Widerrufsvorbehalt durch Verweisung oder Bezugnahme auf Richtlinien, die dem Betroffenen bekannt gegeben worden sind, unmissverständlich zum Bestandteil des VA gemacht wurde.[32] Der Widerruf ist nur **nach Maßgabe des Widerrufsvorbehalts,** insb auch zB nur unter Beachtung etwaiger darin enthaltener Beschränkungen auf bestimmte Widerrufsgründe usw zulässig (StBS 43; WBS II § 47 Rn 6); er darf zudem grundsätzlich nur aus Gründen erfolgen, die im **Rahmen der Zwecke** liegen, die in den Rechtsvorschriften vorgezeichnet sind, auf Grund deren der VA erlassen wurde bzw die im Zeitpunkt des Widerrufs für den Erlass maßgeblich wären.[33] So kommt der Widerruf einer wegerechtlichen Sondernutzung nur aus wegerechtlich zulässigen Erwägungen in Betracht. Zu beachten ist immer auch der **Grundsatz der Verhältnismäßigkeit** (BVerwGE 49, 168: kein Widerruf, wenn der Behörde auch ein milderes Mittel zur Verfügung stünde).

36 **Eine abschließende Regelung** des Widerrufs stellt ein Widerrufsvorbehalt idR nicht dar. Ist der Widerruf nicht durch den Widerrufsvorbehalt gedeckt, so kann er deshalb gleichwohl auf Grund anderer Widerrufsgründe nach Nr 1–5 erfolgen, sofern mit dem dem VA beigefügten Widerrufsvorbehalt nicht – was Auslegungsfrage ist – ausnahmsweise eine abschließende Regelung getroffen wurde, die als begünstigende Entscheidung insoweit die Behörde bindet (vgl Knack 6) und daher einem Widerruf auf Grund der allgemeinen Bestimmungen entgegen-

[30] VGH München NVwZ-RR 2000, 815; StBS 45; Knack 41; UL § 63 Rn 5; Erichsen/Ehlers § 18 Rn 13.

[31] Vgl OVG Lüneburg NJW 1982, 1248; MK 15 II 2, IV 1; OVG Münster NVwZ 1985, 284.

[32] BVerwG NVwZ 1984, 36; NVwZ 1987, 498; OVG Koblenz NJW 1981, 882; VGH Kassel NVwZ 1989, 166; enger MuLö BayVBl 1992, 639: der Widerrufsvorbehalt muss im VA selbst enthalten sein; Bezugnahme genügt nicht.

[33] VGH Kassel NVwZ 1989, 166; VGH München NJW 1986, 1566; VGH Mannheim NVwZ 1990, 482; WBS II § 51 Rn 42; vgl auch BVerwGE 32, 14; 45, 242.

steht, sofern nicht auch bezüglich der sich daraus ergebenden Beschränkungen selbst wieder Rücknahmegründe oder Widerrufsgründe durchgreifen.

Umstritten ist, ob auch ein **rechtswidriger Widerrufsvorbehalt** als Widerrufsgrund nach Abs 2 Nr 1 in Betracht kommt. Die hM geht zu Recht davon aus, dass es insoweit allein auf die Wirksamkeit des Widerrufsvorbehalts ankommt, sofern er nicht nichtig ist.[34] Die Behörde, die von einem solchen Widerrufsvorbehalt zu Lasten eines Bürgers Gebrauch macht, muss die Rechtswidrigkeit des Vorbehalts allerdings im Rahmen ihres Ermessens berücksichtigen. Sie handelt, wenn die Rechtswidrigkeit des Vorbehalts offensichtlich ist, uU ermessensfehlerhaft.[35] 37

4. Nichterfüllung einer Auflage (Nr 2). Die Zulässigkeit des Widerrufs bei Nichterfüllung einer Auflage entspricht der auch schon früher hM.[36] Der Nichterfüllung einer Auflage sind **schwere Verstöße gegen eine Auflage** gleichzuachten (BVerwGE 49, 168; weitergehend Obermayer 32: auch eine unzureichende Befolgung). Zum Begriff der Auflage s § 36 Rn 29. Ein Verstoß gegen die Auflage der Rechnungslegung unter Vorlage von Belegen kann den Widerruf rechtfertigen (OVG Magdeburg NVwZ 2001, 585). Auch die Nichterfüllung einer rechtswidrigen Auflage kann ähnlich wie ein rechtswidriger Widerrufsvorbehalt (s Rn 37) zu einem Widerruf führen.[37] Die Rechtswidrigkeit der Auflage ist im Rahmen der Ermessensentscheidung bei der Bewertung des Verstoßes zu berücksichtigen. Nr 2 ist analog auch auf die Nichterfüllung sonstiger mit einem VA verbundener wesentlicher Pflichten anzuwenden (vgl auch bish Recht BVerwGE 59, 128), zB auf Benutzungsbedingungen (VGH München BayVBl 1990, 692). Auf ein **Verschulden** seitens des Betroffenen bei der Nichterfüllung der Auflage kommt es nicht an (vgl BVerwG NVwZ-RR 1996, 193; Knack 45; StBS 53). Fehlendes Verschulden kann beim Ermessen berücksichtigt werden. 38

Die isolierte Aufhebung einer Auflage im Rechtsbehelfsverfahren kann mit der Nichterfüllung der Auflage nicht gleichgesetzt werden, was aber teilweise angenommen wird (BVerwGE 65, 141 f). Dies wäre weder mit dem Wortlaut noch mit der Zielsetzung der Nr 2 vereinbar und deshalb abzulehnen (so auch Schenke DÖV 1983, 320, 326; Fehn DÖV 1988, 202, 207; im Ergebnis auch StBS 52); allenfalls kommt in einem solchen Falle ein Widerruf nach Nr 3 oder 5 in Betracht. Der Versuch, die Aufhebung einer Auflage deren Nichterfüllung gleichzuachten, hat seinen Grund lediglich in dem Bemühen, die Folgen einer zu weitgehenden isolierten Anfechtbarkeit von Nebenbestimmungen aufzufangen (s hierzu § 36 Rn 60 ff).

Der Widerruf muss grundsätzlich die „ultima ratio" sein,[38] doch muss die Behörde, wie sich aus dem 2. Halbs. ergibt, vorher nicht stets Maßnahmen des 39

---

[34] BVerwG NVwZ 1987, 498; VGH Mannheim NVwZ 1990, 482; MB 23; UL § 63 Rn 6; StBS 41; MB 23; Schwerdtfeger, Rn 168; Eichberger GewArch 1983, 112; Ehlers GewArch 1999, 314; offen VGH München NJW 1986, 1565; nun auch Obermayer 25 unter Aufgabe der gegenteiligen Auffassung; **aA** Begr 72; BVerwGE 45, 242: Widerruf setzt rechtmäßigen Widerrufsvorbehalt voraus, ähnlich VGH Kassel NVwZ 1989, 166; Maurer § 11 Rn 41; Erichsen Jura 1981, 591; Weides JuS 1985, 367; Bronnenmeyer 101; Schenke DÖV 1983, 326; Knack 43; Erichsen/Ehlers § 18 Rn 7; WBS II § 51 Rn 42.

[35] BVerwG NVwZ 1994, 588; DVBl 1995, 65; Suerbaum VerwArch 1999, 373; MuE 177; Kopp ZfW 1989, 185; StBS 41 f.

[36] Vgl Begr 72; BVerwGE 59, 128; WBS II § 51 Rn 43; M 91; Erichsen/Ehlers § 18 Rn 8.

[37] BVerwG NVwZ 1987, 498; UL § 63 Rn 6; Ehlers GewArch 1999, 314; Suerbaum VerwArch 1999, 374; StBS 53; MB 25; **aA** Knack 44; Erichsen/Ehlers § 18 Rn 7; Obermayer 33; Bronnenmeyer 113; Achterberg AllgVR 2. Aufl 1986, 23 Rn 81; EM 77 Rn 8; Erichsen Jura 1981 592: die Auflage muss rechtmäßig sein.

[38] BVerwGE 49, 168; BGHZ 24, 102; VGH München BayVBl 1990, 690; 1991, 209; Erichsen/Ehlers 18 Rn 8; Obermayer 59.

Verwaltungszwangs versuchen,[39] sondern grundsätzlich nur (sofern dies nicht ohnehin offensichtlich aussichtslos ist, vgl BVerwGE 49, 168) erfolglos angemahnt und ggf eine angemessene (Nach-)frist für die Erfüllung gesetzt haben. Dies gilt auch dann, wenn für die Erfüllung der Auflage schon im VA eine Frist gesetzt war.[40] Anderes gilt, wenn nach den Umständen des Falles der **Grundsatz der Verhältnismäßigkeit** ein vorheriger Vollstreckungsversuch erforderlich erscheint (StBS 56; Erichsen/Ehlers § 18 Rn 8). Die Nichterfüllung von Auflagen, an deren Erfüllung nur ein geringes öffentliches Interesse oder Interesse Dritter besteht und die für die durch den VA getroffenen Regelungen nur von untergeordneter Bedeutung sind, kann idR die Zurücknahme eines VA nicht rechtfertigen (StBS 58; vgl aber VGH Mannheim NVwZ 1987, 50).

40 **5. Neue Tatsachen (Nr 3).** Nr 3 lässt einen Widerruf bei nachträglicher Änderung der maßgeblichen Tatsachen zu, wenn sonst das öffentliche Interesse gefährdet würde. Diese Vorschrift stellt den **zentralen Anwendungsfall des Widerrufs** dar. Anders als nach Nr 4 ist es bei Nr 3 unerheblich, ob der Begünstigte von der Begünstigung bereits Gebrauch gemacht hat. Ist dies der Fall, so ist dies jedoch bei der Ermessensabwägung zu berücksichtigen. Die Bestimmung gibt der Behörde keine Blanko-Vollmacht für beliebige Neuregelungen, sondern nur für solche, die durch die veränderten Tatsachen unmittelbar veranlasst sind (Classen DÖV 1989, 156). Einer neuen Tatsache iS von Nr 3 ist auch die Änderung oder Aufhebung einer anderen präjudiziellen Entscheidung oder eines Grundlagenbescheids, auch der präjudiziellen Entscheidung eines Gerichts gleichzuachten.

41 **a) Anwendbarkeit.** Voraussetzung für die Widerruflichkeit nach Abs 2 Nr 3 ist, dass der ursprüngliche VA kraft Gesetzes oder nach seinem Inhalt auch für den Fall einer etwaigen Änderung der tatsächlichen Verhältnisse Geltung beansprucht, bis er durch einen gegenteiligen Akt (actus contrarius) aufgehoben oder ersetzt wird (BVerwGE 69, 93; WBS II § 51 Rn 45; Obermayer 37). Wurde der frühere VA dagegen ohnehin bereits nur im Hinblick auf eine bestimmte Sachlage erlassen und wurde er durch die Änderung der insoweit maßgeblichen Umstände gegenstandslos, so kommt nicht ein Widerruf iS des § 49 in Betracht, sondern ist eine Neuregelung, die an die Schranken des § 49 nicht gebunden ist und auch keine Entschädigungspflicht nach Abs 6 zur Folge hat, zulässig und uU geboten.[41]

42 **Nicht anwendbar** ist die Regelung des Abs 2 Nr 3 auf VAe, deren Bindungswirkung nach besonderen gesetzlichen Bestimmungen bzw nach dem Sinn und Zweck gesetzlicher Regelungen oder nach allgemeinen Rechtsgrundsätzen, gerade **gegen eine Aufhebung wegen späterer Änderungen der Sachlage Schutz** bieten soll. Dies ist vor allem bei **rechtsgestaltenden VAen** der Fall, zB bei der **Baugenehmigung,** der **Einbürgerung,** der **Ernennung zum Beamten,** der **Genehmigung bestimmter Rechtsgeschäfte** usw. So kann die Bauerlaubnis für ein Gebäude nicht deshalb widerrufen werden, weil es durch die Zunahme des Verkehrs zu einem gefährlichen Verkehrshindernis geworden ist, an dessen Beseitigung ein erhebliches öffentliches Interesse besteht; in diesem Fall käme nur eine Enteignung in Betracht.[42] **Nicht anwendbar** ist Nr 3 auch dann, wenn ein Gesetz bereits **besondere Regelungen** für den Fall einer Änderung der Verhältnisse trifft, zB die Behörde ermächtigt, den veränderten Umständen durch Entzug der

---

[39] Ebenso Erichsen Jura 1981, 592; **aA** Obermayer 59; Knack 44; MB 25; WBS II § 51 Rn 40; Erichsen/Ehlers § 18 Rn 8.

[40] BVerwGE 49, 168; Erichsen/Ehlers § 18 Rn 8; MB 25; **aA** UL § 63 Rn 7; StBS 54; Knack 45.

[41] BVerwGE 44, 335; 69, 93; BVerwG DVBl 1991, 645; Erichsen/Ehlers § 20 Rn 1.

[42] WBS II § 51 Rn 45; vgl auch F 269f; im Ergebnis auch OVG Münster NVwZ 1988, 943 unter Hinweis auf die bestandssichernde Wirkung der Baugenehmigung: an der Feststellungswirkung der Baugenehmigung kann auch ein Widerruf nichts mehr ändern.

Erlaubnis (Gewerbeerlaubnis, Fahrerlaubnis) oder durch nachträgliche Auflagen uä Rechnung zu tragen, die sich als (völlige oder teilweise) Neuregelung und nicht als Widerruf des ursprünglich ergangenen VA darstellen.

b) Begriff der Tatsachen. Es muss sich um Gegebenheiten handeln, die für die getroffene Regelung des VA rechtlich relevant sind. Die Änderung der Tatsachen iS der Nr 3 kann äußere oder innere Umstände betreffen, auch zB Umstände, die die Behörde selbst oder eine andere Behörde geschaffen oder herbeigeführt hat, zB ein zwischenzeitlich erfolgtes Versammlungsverbot als neue Tatsache für einen Widerruf der Überlassung eines Raums für eine Versammlung (MuLö BayVBl 1992, 639) oder die der Betroffene selbst herbeigeführt hat, um die Voraussetzungen für eine Änderung des VA zu seinen Gunsten zu schaffen (BVerwGE 59, 127; VGH München BayVBl 1991, 408), zB die Stellung des erforderlichen Antrags oder die Vorlage erforderlicher Unterlagen für eine Genehmigung. Es muss sich um **Tatsachen** handeln, die, wären sie bei Erlass des ursprünglichen VA bekannt gewesen, die **Behörde berechtigt hätten, den VA nicht zu erlassen,** entweder weil die Voraussetzungen entfallen wären, oder weil sich die für die Ermessens- oder Beurteilungsentscheidung maßgeblichen Gesichtspunkte geändert hätten (StBS 66). 43

aa) Einzelfälle nachträglich eingetretener Tatsachen. Als Änderung der Tatsachen ist es zB anzusehen, wenn ein Wehrpflichtiger seine Mitarbeit beim Katastrophenschutz, derentwegen er freigestellt war, eingestellt hat (OVG Münster NVwZ 1985, 133); wenn die Wohnhausbebauung näher an einen Gewerbebetrieb heranrückt (StBS 61); wenn die für einen VA erforderliche Zustimmung Dritter nachträglich beigebracht wird (vgl BFH 157, 484 = BStBl II 1989, 957 zur nachträglichen Zustimmung zum Realsplitting); wenn durch Wegfall des bisherigen Abnehmers eine geordnete Abfallbeseitigung nicht mehr gesichert ist; wenn ein ausgemusterter Wehrpflichtiger nachträglich wehrdienstfähig geworden ist (BVerwG Buchh 448.0 § 9 WPflG Nr 11); wenn der ausländische akademische Grad, dessen Führung im Inland genehmigt wurde, entzogen wird;[43] wenn der privatrechtliche Vertrag, der Voraussetzung für einen VA ist, nachträglich geändert wird (vgl BFH NJW 1989, 1055); wenn neue Programme, Pläne usw erarbeitet und in Kraft gesetzt werden;[44] wenn eine gewährte Subvention zweckwidrig verwendet wird;[45] wenn sich bei gestuften VAen anlässlich des Verfahrens zur Erteilung weiterer Teilgenehmigungen erweist, dass entgegen der ursprünglichen Annahme eine positive Gesamtentscheidung über das Vorhaben nicht erreicht werden kann (vgl BVerwGE 72, 312 = NVwZ 1986, 208; NVwZ 1989, 1170: Widerruf auch der vorangegangenen Konzeptgenehmigung und vorangegangener Teilgenehmigungen). 44

Als neue Tatsache iwS ist es nach dem Zweck der Bestimmung anzusehen, wenn auf Grund **neuer wissenschaftlicher Erkenntnisse** bestimmte, schon bei Erlass des VA vorhandene und berücksichtigte Tatsachen nunmehr allgemein anders bewertet werden oder zu bewerten sind,[46] zB die **Schädlichkeit** bestimmter Stoffe, oder wenn eine ursprünglich günstige **Prognose** wesentlicher tatsächlicher 45

---

[43] VGH Mannheim NVwZ 1986, 397: die Berechtigung der Entziehung ist nicht nachzuprüfen, da die Entziehung jedenfalls Tatbestandswirkung hat.

[44] BVerwG DVBl 1982, 1004: Widerruf der Zulassung eines Schulbuchs, das den neuen Erziehungszielen, Lernzielen, Lerninhalt nicht mehr entspricht; unerheblich ist, dass auch die neuen Erziehungsziele usw von derselben Behörde aufgestellt wurden.

[45] BVerwG NVwZ 1984, 37; VGH Kassel NVwZ 1989, 166; Thoenes DVBl 1983, 812; 1984, 855; Martens NVwZ 1985, 160; diese Fälle werden nunmehr von Abs 3 erfasst.

[46] BVerwG DVBl 1982, 1004; OVG Münster NVwZ 1988, 173: neue wissenschaftliche Erkenntnisse nicht ohne weiteres, sondern nur, wenn bisherige Annahmen oder „gesicherte" Erkenntnisse widerlegt werden; ähnlich BVerwGE 55, 262 = NJW 1978, 1450; NJW 1978, 2409; StBS 64; Lange NJW 1986, 2465; Roßnagel JZ 1986, 720; Bender DÖV 1988, 817; Schoch DVBl 1990, 554 mwN; Erichsen/Ehlers § 18 Rn 19.

Voraussetzungen eines VA **sich nachträglich als unzutreffend** erweist. Die Behörde hat in diesen Fällen, wenn eine Prognose nicht nur durch die allgemeine Entwicklung überholt wird, sondern nur die wissenschaftlichen Voraussetzungen, auf denen sie beruht, infolge neuer Erkenntnisse als überholt und unzutreffend anzusehen sind, nach der Rspr die Wahl, den VA als schon ursprünglich rechtswidrig zurückzunehmen (vgl BVerwG NJW 1988, 2912: Rücknahme des VA, „wenn eine Gefährlichkeit bekannt wird, die sehr viel größer ist, als man zunächst wusste oder wissen konnte") oder ihn wegen veränderter Verhältnisse gem Abs 2 S 1 Nr 3 zu widerrufen. Die Änderung muss **tatsächlich nachträglich eingetreten** sein; das bloße **Bekanntwerden von Umständen,** die bereits vor Erlass des VA vorlagen, aber nicht berücksichtigt wurden, **genügt nicht.**[47]

46 **bb) Änderungen ohne Tatsachenqualität.** Nicht als neue Tatsachen iS von Nr 3 anzusehen ist eine **Änderung der Behördenpraxis** bzgl der Behandlung bestimmter Angelegenheiten, auch zB eine Änderung der Ermessenspraxis (BVerwG NVwZ 1991, 577; VGH München BayVBl 1991, 408; StBS 62; Knack 49), ebenso wenig eine **Änderung der Verwaltungsvorschriften** bzw Verwaltungsrichtlinien (VGH München BayVBl 1991, 408). Auch eine **geänderte Beurteilung** der (unverändert gebliebenen) Verhältnisse genügt nicht, sofern sie nicht durch neue Tatsachen oder neue Erkenntnisse, die bisher als gesichert geltende Annahmen als widerlegt erscheinen lassen, veranlasst worden ist. Das gilt selbst dann, wenn die neue Beurteilung die Folge einer Änderung der Rspr ist.[48] Anders, wenn die Erkenntnis sich, zB vor allem bei **Prognoseentscheidungen,** darauf bezieht, dass eine bisher als richtig und zielführend angesehene Maßnahme nicht zielführend ist.[49] Zeitablauf allein stellt auch im Asylrecht keine wesentliche Änderung der Sachlage dar (BVerwG NVwZ 2002, 345).

47 **c) Berechtigung, den VA nicht zu erlassen.** Die Änderung der Tatsachen muss dazu führen, dass die Behörde berechtigt wäre, den VA nicht zu erlassen. Die nachträgliche Änderung der Sachlage muss also einen Gesichtspunkt betreffen, der nach dem anzuwendenden Recht den **Nichterlass des VA rechtfertigen** könnte. Dies ist der Fall, wenn infolge der Änderungen die Voraussetzungen der Rechtsnorm nicht mehr vorliegen, der VA also nicht mehr erlassen werden dürfte, aber nach dem insoweit klaren Wortlaut auch dann, wenn sich ein für eine Ermessens-, Beurteilungs- oder Planungsentscheidung maßgeblicher Umstand ändert (StBS 66a). Auch soweit eine Änderung der Verhältnisse vorliegt, stellt dies für die Behörde keinen Freibrief für beliebige Änderungen dar (vgl BGH NJW 1986, 3143 mwN; BSG SGb 1987, 122; Classen DÖV 1989, 156, der mwN). Ein Widerruf ist vielmehr nur zulässig, soweit die Behörde damit den Problemen begegnet, die sich als Folge der Änderung ergeben und deren Lösung Ziel auch der Ermächtigung ist, auf welcher der zu widerrufende VA beruht (vgl BGH NJW 1986, 3143 mwN; StBS 66a).

48 **d) Gefährdung des öffentlichen Interesses.** Zusätzlich ist nach Nr 3 erforderlich, dass ohne den Widerruf das öffentliche Interesse gefährdet würde.[50] Nach

---

[47] BVerwG NVwZ 1991, 577; VGH Mannheim NVwZ-RR 1992, 602; StBS 63; UL § 63 Rn 10; WBS II § 51 Rn 45.

[48] BVerwGE 44, 180 = BayVBl 1974,284; 58, 259; BVerwG DVBl 1982, 1004; München BayVBl 1991, 408; Knack 48 und 56; F 265; zT **aA** BFH – GrS – NVwZ 1989, 293; vgl auch BFH 1986, 496 = BStBl II 1986, 707.

[49] Vgl BVerfG 80, 26 mwN; ferner auch BVerwGE 72, 312 = NVwZ 1986, 208; BVerwG NVwZ 1989, 1170; zum Problem, ob die Änderung der Haushaltslage eine neue Tatsache sein kann, s OVG Bautzen LKV 1993, 145.

[50] Vgl zB BVerwG NVwZ 1992, 565 m Anm Osterloh JuS 1992, 970; VGH Kassel DÖV 1992, 271; VGH Mannheim DVBl 1993, 1221; OVG Lüneburg NVwZ 1992, 501; ebenso zum bish Recht BVerwGE 59, 128; WBS II § 51 Rn 45; M 91f; F 265; zur Rspr des prOVG, insb prOVG 29, 422.

der Fassung der Vorschrift genügt es nicht, dass der Widerruf lediglich allgemein im öffentlichen Interesse liegt (BVerwG BayVBl 1992, 730). Er muss vielmehr zur Abwehr einer Gefährdung des öffentlichen Interesses erforderlich sein, dh zur Beseitigung oder Verhinderung eines sonst unmittelbar drohenden Schadens für den Staat, die Allgemeinheit oder für andere Gemeinschaftsgüter;[51] zB für die Volksgesundheit (BVerwG BayVBl 1992, 730), den Jugendschutz (VGH Mannheim DÖV 1993, 624) oder die Wahrung der Vertrauensstellung öffentlich bestellter Sachverständiger (OVG Lüneburg NVwZ 1992, 501 zum Widerruf der Bestellung eines öffentlich bestellten Sachverständigen, der mehrfach straffällig geworden war). Notwendig ist insoweit eine durch den Bestand des VA gegebene **konkrete Gefährdung,** zu deren Beseitigung der Widerruf beitragen kann und erforderlich ist.[52] Dies ist zB der Fall, wenn sonst der Begünstigte weiterhin in einem extrem sicherheitsempfindlichen Rüstungsbereich tätig sein könnte, obwohl er nicht mehr die Eignung zum Sicherheitsträger besitzt (OVG Münster NVwZ 1985, 284), nicht dagegen, wenn das in Frage stehende öffentliche Interesse durch den Widerruf nicht gefördert werden kann, zB weil einer Durchsetzung rechtliche Gründe entgegenstehen würden (OVG Münster NVwZ 1988, 943). Der **Begriff des öffentlichen Interesses** entspricht dem in § 48 Abs 2, er ist weiter als der Begriff der schweren Nachteile iS von Nr 5 (StBS 70). Auch **fiskalische Interessen** sind öffentliche Interessen; im öffentlichen Interesse liegt zB grundsätzlich auch die **sparsame Verwaltung öffentlicher Mittel** und die Vermeidung überflüssiger Aufwendungen.[53] Erforderlich ist, dass die Wahrung des gefährdeten öffentlichen Interesses zum Aufgabenbereich der widerrufenden Behörde gehört (StBS 71).

6. Änderung der Rechtslage (Nr 4). Nr 4 trifft für die Fälle einer Änderung der Rechtslage eine ähnliche Regelung wie Nr 3 für eine Änderung der entscheidungserheblichen Tatsachen; die Ausführungen zur Nr 3 gelten insoweit auch hier entsprechend. Auch Nr 4 erfasst **nur VAe, die ohne Rücksicht auf eine etwaige Änderung der Rechtslage Geltung beanspruchen.** Die Regelung entspricht im Wesentlichen dem früheren Recht.[54] Mittelbar wird durch Nr 4 der allgemeine Rechtsgrundsatz bestätigt, dass VAe durch eine Änderung des maßgeblichen Rechts im Zweifel (dh, wenn das neue Recht insoweit nicht ausdrücklich oder nach Sinn und Zweck etwas anderes bestimmt) ihre Wirksamkeit auch dann nicht automatisch verlieren, wenn sie nunmehr im Widerspruch zum geltenden Recht stehen,[55] zB eine Erlaubnis für ein nunmehr generell verbotenes Tun, sondern nur widerrufen werden können. Andererseits entfallen jedoch zB beschränkende Wirkungen eines VA, dh, sie werden gegenstandslos, wenn eine Betätigung uä durch späteres Gesetz freigegeben wird (BVerwGE 59, 164: mit der Aufhebung der Depotpflicht entfallen auch durch VA ausgesprochene Gebote, die die Depotpflicht voraussetzen). 49

a) Erfasste Änderungen. Nr 4 erfordert eine Änderung von Rechtsvorschriften also von Gesetzen, Rechtsverordnungen oder Satzungen. Der Änderung von 50

---

[51] BVerwG NVwZ 1992, 565: wenn sonst Schaden für wichtige Gemeinschaftsgüter droht; OVG Lüneburg NJW 1982, 1248; 1992, 501; OVG Münster NVwZ 1985, 284; VGH Mannheim GewArch 1989, 166; DVBl 1993, 1221.

[52] OVG Münster NVwZ 1985, 284; 1988, 943; VGH Mannheim NVwZ-RR 1989, 540; GewArch 1989, 94 und 166; StBS 69.

[53] BVerwG DVBl 1982, 797; DÖV 1986, 202: das öffentliche Interesse besteht auch gegenüber öffentlichen Körperschaften, auch wenn diese ebenfalls zur Sparsamkeit verpflichtet sind; BVerwG NVwZ 1986, 482; OVG Münster DöD 1982, 110; Knack 51.

[54] BVerwGE 59, 161; 64, 28; BVerwG MDR 1966, 1031; M 91; **aA** F 266: Änderung der Rechtslage grundsätzlich kein Widerrufsgrund.

[55] BVerwGE 64, 28; 69, 3 = NJW 1984, 1473; BVerwG BayVBl 1985, 345; VGH Kassel NVwZ 1985, 430.

Rechtsvorschriften sind auch **neues Gewohnheitsrecht** oder **neue allgemeine** (ungeschriebene) **Rechtsgrundsätze,** die sich in der Rechtsgemeinschaft entwickelt haben und von dieser getragen werden,[56] gleichzusetzen.[57] Gleiches dürfte für eine bestandskräftige Entscheidung der EU-Kommission gelten, die das Verbot nach Art 87 EG auslöst (Erichsen/Ehlers § 18 Rn 10; Ehlers GewArch 1999, 314). Voraussetzung ist stets, dass die Änderung der Rechtsvorschriften für den Erlass des VA relevant ist, dh entweder die Verpflichtung oder jedenfalls die Berechtigung zum Erlass des VA berührt (s hierzu die vergleichbare Problematik bei Nr 3 in Rn 47).

50 a **aa) Änderung von Rspr, VwV, Verwaltungspraxis. Keine Änderung** der Rechtslage bedeutet eine Änderung der Rspr,[58] soweit sie nicht Ausdruck neu gebildeten Gewohnheitsrechts oder neuer, veränderter allgemeiner Rechtsüberzeugungen sind;[59] **ebenso nicht** eine Änderung von bloßen **Verwaltungsvorschriften** ohne Rechtssatzcharakter[60] oder der **Verwaltungspraxis** (unklar OVG Koblenz NVwZ 1990, 96: öffentlichrechtliche Nutzungsrechte an Familiengräbern zeitlich unbestimmter Dauer können auch ohne entspr Vorbehalt durch eine Neuregelung des Benutzungsverhältnisses nachträglich befristet werden, solange sich die Neuregelung im Rahmen von Anstaltszweck und Gesetz hält). Die Abgrenzung der Rechtsverordnung von den im Rahmen des Abs 2 S 1 Nr 4 nicht maßgeblichen Verwaltungsvorschriften ist im Wesentlichen nach formellen Kriterien vorzunehmen.[61]

51 **bb) Ungültigerklärung von Rechtsnormen. Soweit** das BVerfG, ein Landesverfassungsgericht oder das OVG gem § 47 VwGO eine einschlägige Rechtsvorschrift nicht für ungültig erklärt, geht die hM zu Recht ebenfalls von einer Änderung der Rechtslage iS der Nr 4 aus.[62] Wird die Rechtsnorm aber nicht für ungültig, sondern im Interesse der Funktionsfähigkeit der Verwaltung oder aus anderen Gründen für eine Übergangszeit nur **für verfassungswidrig** bzw eine untergesetzliche Rechtsvorschrift für gesetzwidrig erklärt, ist **Nr 4 analog anzuwenden,** da in Fällen der genannten Art eine Rücknahme ausgeschlossen wäre (s § 48 Rn 35) und daher nur ein Widerruf in Betracht kommt.

52 **b) Noch kein Gebrauch der Vergünstigung.** Anders als bei Nr 3 ist nach der insoweit freilich nicht ganz klaren Fassung der Vorschrift der Widerruf gem Nr 4 kraft Gesetzes ausgeschlossen, wenn der Begünstigte von der Begünstigung, zB von der ihm erteilten Erlaubnis, bereits Gebrauch gemacht, dh den VA, um

---

[56] Vgl BayVerfGH BayVBl 1972, 579; 1989, 144: bei einem grundlegenden Wandel der Lebensverhältnisse oder der allgemeinen Rechtsauffassungen; Wenig DVBl 1973, 345.

[57] Knack 55; Obermayer 43 – kaum praktisch denkbar –; allg dazu, dass der Gesetzesinhalt sich auch mit dem Wandel der sozialen Verhältnisse und gesellschaftspolitischen Auffassungen ändern kann, zB BVerfG 34, 288 = DVBl 1973, 784; 82, 12 = DVBl 1990, 691.

[58] Vgl BVerwGE 26, 89; 36, 120; BVerwG NJW 1981, 2595; DVBl 1993, 258 = JZ 1993, 573; Stelkens NVwZ 1982, 494; WBS II § 51 Rn 46; K 16; Obermayer 44; Knack 56; Kopp/Schenke § 153 Rn 1 a.

[59] Vgl BayVerfGH 5, 166; BayVBl 1972, 579; 1989, 144: bei einem grundlegenden Wandel der Lebensverhältnisse oder der allgemeinen Rechtsauffassungen; Wenig DVBl 1973, 345; Kopp/Schenke § 153 Rn 1 a.

[60] BVerwG NVwZ 1991, 579; Knack 56; MB 32; Obermayer 49; vgl auch Papier DVBl 1993, 812.

[61] Maßgeblich ist vor allem, ob sich die Rechtsverordnung auf eine Verordnungsermächtigung stützt, wofür die Beachtung des Zitiergebots ein gewichtiges Indiz ist; vgl BVerwGE 19, 48; 21, 293, 295; s näher Ramsauer AK-GG Art 80 Rn 30 mwN.

[62] Überwiegend wird hier eine analoge Anwendung angenommen, vgl StBS 78; Knack 56; für eine direkte Anwendung Erichsen/Ehlers § 18 Rn22; gegen eine Anwendbarkeit von Nr 4 Obermayer 49.

dessen Widerruf es nunmehr geht, bereits **„ins Werk gesetzt"** hat[63] oder auf Grund des VA schon Leistungen empfangen hat. Dies ist zB der Fall, wenn mit der Ausführung des genehmigten Vorhabens begonnen wurde, wenn andere Aufwendungen im Hinblick auf die Ausnutzung des VA gemacht oder sonstige Dispositionen getroffen wurden. Nicht erforderlich ist, dass der Gebrauch nicht mehr ohne weiteres rückgängig gemacht werden kann, bzw die Leistung verbraucht ist, usw;[64] doch muss es sich nach dem Zweck der Vorschrift jedenfalls um einen Gebrauch bzw um Leistungen in nicht gänzlich unbedeutendem Ausmaß handeln. Aufwendige Vorbereitungshandlungen uä stellen zwar noch kein Gebrauchmachen dar, sind aber bei der zu treffenden Ermessensentscheidung zu berücksichtigen (Kühne DVBl 1987, 1261; StBS 76; zT **aA** Knack 59: auch Aufwendungen zur Vorbereitung der Verwirklichung von Maßnahmen auf Grund einer Erlaubnis stellen ein Gebrauchmachen dar).

c) Gefährdung des öffentlichen Interesses. Als weiteres Erfordernis verlangt auch Nr 4, dass ohne den Widerruf das öffentliche Interesse gefährdet würde, dh, dass der Widerruf im öffentlichen Interesse zur Abwehr von Nachteilen für den Staat, Einzelne oder die Allgemeinheit usw erforderlich sein muss. Insoweit gelten die gleichen Grundsätze wie bei Nr 3 (s Rn 48). Das öffentliche Interesse muss über dasjenige Interesse hinausgehen, welches ohnehin an der Anpassung eines VA an die neue Rechtslage besteht. Das bloße fiskalische Interesse an einer sparsamen Mittelverwendung reicht hierzu grundsätzlich nicht aus (**aA** VGH Mannheim RiA 1999, 204, 206; zweifelnd dagegen auch StBS 78b). 53

7. Schwere Nachteile für das Gemeinwohl (Nr 5). Nr 5 ist Ausdruck des auch schon früher überwiegend anerkannten Grundsatzes, dass das Interesse des einzelnen Bürgers auch im sozialen Rechtsstaat gegenüber dringenden Erfordernissen des Gemeinwohls grundsätzlich zurückzutreten hat.[65] Der Zweck der Nr 5 besteht darin, der Behörde in Ausnahmefällen, in denen die Notwendigkeit eines Widerrufs trotz Nichteingreifens der anderen Tatbestände des § 49 Abs 2 S 1 unabweisbar ist, eine Möglichkeit zum Widerruf des VA zu geben (Bronnenmeyer 159). Nr 5 ist auch anwendbar, wenn die **Umstände schon im Zeitpunkt des Erlasses** des VA gegeben waren, jedoch der Behörde erst nachträglich bekannt geworden sind (StBS 80; **aA** MuLö BayVBl 1986, 189: die Umstände müssen sich nach Erlass des VA ergeben haben). Der Begriff ist aus verfassungsrechtlichen Gründen **eng auszulegen** (Knack 60; Erichsen/Ehlers § 18 Rn 26). 54

a) Unzulässigkeit eines VA gleichen Inhalts. Trotz der allgemeinen Fassung der Vorschrift enthält Nr 5 eine Ermächtigung zum Widerruf eines VA nur für Fälle, in denen die näher bezeichneten Gründe – entspr der Regelung in Abs 1 – auch dem Erlass eines VA mit gleichem Inhalt entgegenstehen würden, dh, in denen auch das in der Sache sonst anwendbare materielle Recht die Behörde zur Versagung eines VA mit gleichem Inhalt ermächtigt. 55

b) Begriff des schweren Nachteils. Was als schwerer Nachteil für das Gemeinwohl iS von Nr 5 anzusehen ist, muss grundsätzlich – zu Ausnahmen in Fällen eines übergesetzlichen Notstandes s oben Rn 55 – an Hand der Rechtsvorschriften des materiellen Rechts, welche die Behörde zur Versagung eines begüns- 56

---

[63] BVerwG NVwZ 1992, 565: Ausführungshandlungen erforderlich; Obermayer 54; StBS 75; ebenso zum bish Recht M 92; Kühne DVBl 1987, 1261: „Grundsatz des ersten Spatenstichs".

[64] Wie dies nach § 48 Abs 2 S 2 notwendig ist und nach der bish Rspr auch für den Widerruf grundsätzlich als erforderlich angesehen wurde, vgl StBS 74; Erichsen/Ehlers § 18 Rn 25.

[65] Begr 73; Knack 60; M 92; Erichsen/Ehlers § 18 Rn 26; vgl ferner F 265 und die Nachweise bei F 269f zur Rspr des PrOVG: eine Art „Notstandsrecht". Zum Begriff des Gemeinwohls Bronnenmeyer 159; Murswiek DVBl 1994, 77.

tigenden VA ermächtigen, bestimmt werden. Als ausreichend angesehen werden können nicht beliebige Gemeinwohlgründe, so gewichtig und allgemein berechtigt sie sein mögen, sondern nur **Gründe eines übergesetzlichen Notstandes,** zB in ausgesprochenen **Katastrophenfällen** (vgl Bronnenmeyer 163). Anhaltspunkte dafür, in welchen Fällen dies ausnahmsweise anzunehmen ist, können die Vorschriften des allgemeinen Polizei- und Sicherheitsrechts für vergleichbare Fälle sein.[66] Außerdem müssen die Gründe grundsätzlich in den **Zuständigkeitsbereich der Behörde** fallen (s auch BVerwGE 81, 349 = NVwZ 1989, 106), die den Widerruf vornimmt. Anhaltspunkte für den Nachteilsbegriff kann allgemein auch die Rechtsprechung des BVerfG zu Art 12 GG zum **Begriff der wichtigen Gemeinschaftsgüter** geben,[67] außerdem auch das **Enteignungsrecht,** das ebenfalls Erforderlichkeit im Interesse des Gemeinwohls voraussetzt (vgl Art 14 Abs 3 GG). **Betroffen ist das Gemeinwohl** iS von Nr 5 nicht nur bei Beeinträchtigung oder ernsthafter Gefährdung wichtiger allgemeiner Gemeinschaftsgüter, auch zB wichtiger, vorrangiger sozialpolitischer, wirtschaftspolitischer, außenpolitischer (s zu den auch für die Bundesrepublik verpflichtenden Zielen der EU-Verträge Winkler DVBl 1979, 265), usw Ziele, sondern zB auch bei ernsthafter Gefährdung oder Beeinträchtigung des Lebens und der Gesundheit Einzelner, da auch deren Schutz unter Berücksichtigung von Art 1 und 2 GG eine vorrangige Aufgabe der Gemeinschaft ist (VG Düsseldorf GewArch 1979, 33; Knack 61; Bronnenmeyer 163). **Nicht als ausreichend** anzusehen ist dagegen grundsätzlich eine Beeinträchtigung lediglich **fiskalischer Interessen** des Staates oder anderer Hoheitsträger oder von Vermögensinteressen Einzelner.[68]

57 **c) Verhütung der Beseitigung.** Entgegen dem insoweit missverständlichen Wortlaut ist nicht erforderlich, dass der Widerruf zur Verhütung oder Beseitigung der Nachteile ausreicht; zu fordern ist insoweit nur, dass der Widerruf zumindest Teil umfassenderer Maßnahmen zu dem genannten Zweck ist und diese **Maßnahmen insgesamt geeignet** erscheinen, dieses Ziel zu verwirklichen bzw die Nachteile wenigstens zu mildern.

58 **d) Heranziehung spezieller Rechtsvorschriften.** Soweit spezielle Rechtsvorschriften, zB des Polizei- und Sicherheitsrechts, für Maßnahmen in Situationen der in Frage stehenden Art bestehen, sind sie – dh insb die dort festgelegten Voraussetzungen – sinngemäß-analog auch auf den Widerruf nach Nr 5 anzuwenden (Knack 61). Erforderlich ist außerdem immer schon nach allgemeinen Grundsätzen, insb dem verfassungsrechtlichen Grundsatz der Verhältnismäßigkeit, dass der Beeinträchtigung des Gemeinwohls auf andere Weise als durch Widerruf eines VA nicht wirksam begegnet werden kann. Sind in einer Angelegenheit gegensätzliche öffentliche Belange betroffen, so kann ein schwerer Nachteil für das Gemeinwohl nur angenommen werden, wenn die Bedeutung und das Gewicht der für den Widerruf sprechenden wichtigen öffentlichen Belange gegenüber den dagegen sprechenden Belangen **eindeutig und offensichtlich überwiegt** und durch die Vorteile auch nicht wesentlich relativiert wird (vgl BVerwGE 90, 100).

59 **8. Jahresfrist (Abs 2 S 2 iV mit § 48 Abs 4).** Abs 2 S 2 begrenzt durch die Verweisung auf § 48 Abs 4 die Möglichkeit des Widerrufs begünstigender VA auf den Zeitraum eines Jahres. Obwohl die Übertragung des auf die Rücknahme zugeschnittenen § 48 Abs 4 auf Widerrufsfälle problematisch ist, gelten gem

---

[66] Vgl Bronnenmeyer 163: es muss sich stets um eine Gefahr iS des Polizei- und Ordnungsrechts handeln; weitergehend Häberle, in: Boorberg-FS 1977, 89: die schweren Nachteile für das Gemeinwohl sind aus dem materiellen Verfassungsrecht abzuleiten; ebenso Knack 61.

[67] Vgl zB BVerwGE 13, 97; 19, 330; ebenso Britz DÖV 1992, 233; Dorn DÖV 1988, 15; Erichsen/Ehlers § 18 Rn 11; Häberle, in: Boorberg-FS 1977, 89.

[68] UL § 63 Rn 21; Knack 61; Weides JuS 1985, 368; Bronnenmeyer 161 und 163.

Abs 2 S 2 insoweit die gleichen Grundsätze wie für § 48 Abs 4 (s hierzu § 48 Rn 130 ff).[69] Etwas anderes kann sich aus besonderen Vorschriften ergeben, insbesondere dann, wenn der Widerruf zwingend vorgeschrieben ist (vgl zB BVerwGE 101, 24, 34; VGH Mannheim DÖV 1997, 257 für § 47 Abs 2 S 1 WaffG). Erforderliche Voraussetzung für den Lauf der Jahresfrist ist die positive Kenntnis aller Tatsachen, die für die Entscheidung der Behörde, ob der VA widerrufen wird, von Bedeutung sind oder sein können.[70] Ist die **Nichterfüllung einer Auflage** Widerrufsgrund (Abs 2 Nr 2), so beginnt die Frist frühestens mit dem Ablauf der Frist, die für die Erfüllung der Auflage gesetzt war (VGH Kassel NVwZ 1984, 383).

a) Dauererscheinungen. Handelt es sich bei den nachträglich eingetretenen 60
Tatsachen um Dauererscheinungen, die von der Behörde fortlaufend kontrolliert werden bzw werden müssen, wie zB Fluglärm, Wasserqualität usw, so ist es zweifelhaft, ob in diesen Fällen die Frist überhaupt gilt (verneinend VGH München BayVBl 1984, 46, 49; offen StBS 84) und ggfs von welchem Zeitpunkt an. Als frühester Zeitpunkt für den Beginn des Laufs der Frist ist derjenige anzunehmen, in dem Art, Ausmaß und **künftige Entwicklung hinreichend bestimmbar** sind. Bei erst später entstehenden Zinsforderungen läuft die Frist für den Widerruf des VA, der die Grundlage für die Entstehung der Zinsforderungen bildet, ab dem Zeitpunkt, ab dem die Verzinsungspflicht entsteht, nicht erst ab den Zeitpunkten, zu denen Zinsen fällig werden (zT **aA** OVG Lüneburg DÖV 1988, 35; OVG Münster DVBl 1991, 953). Ist ein VA aus mehreren voneinander unabhängigen Gründen widerruflich, so läuft die Frist für jeden Widerrufsgrund gesondert (vgl VGH München BayVBl 1991, 564). Anders als auf Seiten der Behörde kommt es auf Seiten des durch den zu widerrufenden VA Begünstigten auf die Kenntnis der Widerrufsgründe nicht an.

b) Europarechtliche Einschränkungen. Die Jahresfrist darf im Bereich des 61
indirekten Vollzugs von Gemeinschaftsrecht (s hierzu Einf Rn 58 ff) nicht dazu führen, dass ein gemeinschaftsrechtlich gebotener Widerruf eines VA unterbleibt.[71] Dabei ist zu berücksichtigen, dass das Gemeinschaftsrecht nicht nur die Interessen des Betroffenen in den Blick nehmen muss, sondern auch die gleichmäßige Durchsetzung des Gemeinschaftsrecht in allen Mitgliedstaaten. Hieraus folgt, dass die Mitgliedstaaten im Rahmen der ihnen zukommenden Verfahrensautonomie nicht die **effektive Durchsetzung des materiellen Gemeinschaftsrechts** verhindern darf. Dieser Grundsatz hat praktische Bedeutung bisher vor allem im Recht der Wirtschaftssubventionen erlangt.[72]

V. Widerruf eines VA über eine Geld- oder Sachleistung (Abs 3)

1. Allgemeines. Die Widerrufsregelung in Abs 3 ermöglicht einen Widerruf 62
der darin bezeichneten VAe auch mit **Wirkung für die Vergangenheit,** wenn der VA eine einmalige oder laufende Geldleistung oder teilbare Sachleistung zur

---

[69] BVerwGE 84, 17; BVerwG NJW 1988, 2911; NVwZ-RR 1990, 604; VGH München BayVBl 1991, 209; 1992, 731.

[70] BVerwGE – GrS – 70, 364 = NJW 1985, 819: erst ab Kenntnis aller Tatsachen usw einschließlich aller für die zu treffende Ermessensentscheidung relevanten Gesichtpunkte sowohl für die bestandsmäßigen Voraussetzungen gem § 49 als auch für die zu treffende Ermessensentscheidung; BayVBl 1992, 731: die Frist beginnt erst mit dem Zeitpunkt zu laufen, ab dem bei objektiver Betrachtung keine Notwendigkeit für weitere Ermittlungen oder Überlegungen mehr besteht, zT **aA** vgl Knack § 48 Rn 79: Lauf der Frist ab dem Zeitpunkt, in dem die Behörde von Tatsachen Kenntnis erlangt, die eine sorgfältig handelnde Behörde veranlassen müssen, die Frage eines evtl Widerrufs zu prüfen; kritisch Kopp DVBl 1985, 525; Weides DÖV 1985, 431; vgl auch VGH Mannheim NVwZ 1984, 383.

[71] S näher § 48 Rn 21.

[72] S näher BVerwG NJW 1997, 336; Obermayer 6.

Erfüllung eines bestimmten Zwecks gewährt oder die Voraussetzungen für eine derartige Leistung schafft. Die Vorschrift ist eine Spezialregelung gegenüber Abs 2, **schließt aber die Anwendung von Abs 2 nicht aus.**[73] Abs 3 gilt wie die gesamten übrigen Regelungen des § 49 unmittelbar nur für rechtmäßig erlassene VAe. Eine entsprechende Anwendung auch auf rechtswidrige und sogar nichtige VAe ist aber allgemein anerkannt und auch für Abs 3 nicht ausgeschlossen (s oben Rn 12). Zulässig ist ein **teilweiser Widerruf,** nicht aber ein Widerruf dem Grunde nach (BVerwG NVwZ 2001, 556).

Sprachlich knüpft die Regelung an § 48 Abs 2 S 1 und sachlich an § 44a Abs 1 BHO aF an, dessen Regelung aber über die Zuwendungen iSd § 23 BHO hinaus erweitert und inhaltlich modifiziert worden ist. Die Widerrufsmöglichkeit mit Wirkung für die Vergangenheit steht, nachdem die entsprechenden landesrechtlichen Regelungen erlassen worden sind, anders als bisher auch den Kommunalbehörden offen (vgl BT-Dr 13/1534). Die durch G v 2. 5. 1996 eingeführte Widerrufsmöglichkeit mit Wirkung für die Vergangenheit soll es der Behörde ermöglichen, im Falle der zweckwidrigen Verwendung von gewährten Leistungen, die als solche nicht zur Rechtswidrigkeit des VA führt und deshalb keine Rücknahmemöglichkeit nach § 48 eröffnet, gleichwohl die Voraussetzungen für eine Rückforderung nach § 49a zu schaffen. Ob die Behörde von dieser Möglichkeit Gebrauch macht, steht vorbehaltlich spezieller gesetzlicher Regelungen in ihrem Ermessen. Sie kann den Widerruf auch mit Wirkung für einen späteren Zeitpunkt aussprechen (StBS 97).

63 **2. Voraussetzungen des Widerrufs nach Abs 3. a) VA über eine Geld- oder teilbare Sachleistung.** Die Widerrufsmöglichkeit nach Abs 3 erfasst sämtliche VAe, die Geld- oder teilbare Sachleistungen gewähren oder die Voraussetzungen für eine solche Gewährung schaffen. Der Tatbestand ist insoweit weiter als der des § 44a Abs 1 BHO aF, der sich allein auf Zuwendungen bezog, worunter nach § 23 BHO allein Geldleistungen zu verstehen waren (StBS 94). Auf welcher Rechtsgrundlage die Leistungen gewährt werden, ist für Abs 3 ebenso unerheblich wie die Frage, ob auf die Gewährung ein Rechtsanspruch bestand oder nicht. Letzteres war für § 44a BHO aF streitig.

64 Der **Begriff der Geld- und teilbaren Sachleistungen** ist mit dem des § 48 Abs 2 identisch (vgl § 48 Rn 75ff mwN). Entscheidend ist nach dem Zweck der Regelung, dass es sich um Leistungen handelt, die **in erster Linie finanzielle Bedeutung** haben und sich nicht auf ganz bestimmte, bereits konkretisierte Gegenstände beziehen. Die Voraussetzung für die Gewährung von Geld- oder teilbaren Sachleistungen schafft ein VA, wenn er zB eine Rechtsstellung einräumt, aus der sodann die Leistungen folgen bzw beansprucht werden können (vgl die Bsp in § 48 Rn 77), oder wenn er sonst **für die spätere Leistung bindende Wirkung** hat. Das gilt auch dann, wenn die spätere Leistung ihrerseits auf Grund eines VA erbracht wird. In diesem Fall werden idR, sofern nicht der eigentliche Bewilligungsbescheid unter einer auflösenden Bedingung steht, beide VAe mit Wirkung für die Vergangenheit widerrufen werden müssen.

65 **b) Zweckbestimmung.** Geld- oder Sachleistungen müssen dem Empfänger „zur Erfüllung eines bestimmten Zwecks gewährt" worden (1. Alt) oder der VA muss jedenfalls Voraussetzung für die Gewährung zur Erfüllung eines bestimmten Zwecks sein (2. Alt). Wegen der besonderen Bedeutung des Zwecks der Leistungen für den Widerrufstatbestand des Abs 3 ist zu verlangen, dass die Zweckbindung im **Bescheid selbst mit hinreichender Bestimmtheit und Deutlichkeit** zum Ausdruck kommt (StBS 95, Knack 68; Bauermeister NVwZ 1997, 20). Dies entsprach auch der Rechtslage nach § 44a BHO aF, und es ist davon auszugehen,

[73] StBS 108; Baumeister NVwZ 1997, 19, 21; Erichsen/Ehlers § 18 Rn 28; Sachs/Wermeckes NVwZ 1996, 1185; Suerbaum VerwArch 1999, 375.

dass insoweit eine sachliche Änderung nicht erfolgen sollte. Zweckbindung bedeutet, dass die Leistung nicht zu anderen Zwecken verwendet werden darf. Deshalb liegt zB bei der Beamtenbesoldung, die allerdings ohnehin nicht durch VA gewährt wird, aber auch bei den meisten Sozialleistungen eine Zweckbestimmung iS des Abs 3 nicht vor.[74]

c) Zweckwidrige Verwendung (Nr 1). Der Widerrufsgrund der zweckwidrigen Verwendung der Mittel ist § 44a Abs 1 BHO aF nachgebildet (BT-Dr 13/1534 S 6). **Widerrufsgrund** ist nicht nur die **anderweitige Verwendung** der Leistung, dh der mit dem Leistungsbescheid gewährten Mittel für andere als die im Bescheid festgelegten Zwecke, sondern auch eine Nichtverwendung oder nicht alsbaldige Verwendung für den festgelegten Zweck. 66

Der Widerruf hängt insoweit nicht davon ab, ob der Leistungsempfänger die **Zweckverfehlung zu vertreten** hat oder objektive, außerhalb seiner Einwirkungssphäre bestehende oder eingetretene Umstände die Ursache dafür waren, ebenso nicht, ob er die Entwicklung vorhersehen konnte oder hätte müssen oder nicht.[75] Bei nicht vom Empfänger zu vertretender Unmöglichkeit der Zweckerreichung hat dieser jedoch uU nach dem Grundsatz der Verhältnismäßigkeit Anspruch auf eine Änderung des Bewilligungsbescheids, wenn bzw soweit eine entsprechende **Anpassung des Leistungszwecks** nach dem Förderungsprogramm möglich ist und im Rahmen des der Behörde zur Verfügung stehenden Ermessenspielraums vertretbar ist. Vgl allg zur Zulässigkeit einer abweichenden Verwendung von Mitteln im Rahmen der Zweckbestimmung auch VGH Kassel NVwZ 1989, 165. 67

aa) Begriff der zweckfremden Verwendung. Zum Widerruf berechtigt eine Verwendung der Mittel zu anderen als im Bescheid festgelegten Zwecken. Maßgeblich ist für diese Alternative allein der „in dem Verwaltungsakt bestimmte Zweck", andere Zweckerwartungen oder Vorstellungen der Behörde berechtigen nicht zum Widerruf nach Abs 3 S 1 Nr 1.[76] Der zweckwidrige Einsatz bildet den Kerntatbestand des Abs 3. Für die Frage, ob die Zuwendung zweckwidrig verwendet wurde, ist maßgeblich nur der im Leistungsbescheid bestimmte Zweck. grundsätzlich ausreichend für den Widerruf ist die **zweckwidrige Verwendung eines Teils der Mittel** (StBS 101). In diesem Fall kommt aber im Rahmen des Ermessens eine Beschränkung auf einen teilweisen Widerruf in Betracht. Ist der Zweck im Leistungsbescheid nicht im dargelegten Sinn näher bezeichnet, zumindest in der Form, dass hins der Einzelheiten auf eine gesetzliche Regelung oder auf dem Empfänger bekannte Richtlinien verwiesen wird, die hinreichenden Aufschluss über den Zweck geben, so ist Abs 3 nicht anwendbar; für den Widerruf gelten dann allein die allgemeinen Vorschriften des Abs 2. 68

bb) Unterlassener oder verzögerter Mitteleinsatz. Ein Widerruf nach Abs 3 kommt auch in Betracht, wenn die **Mittel überhaupt nicht eingesetzt** werden, sei es, dass sie nicht abgerufen, sei es, dass sie zu gar keinem Zweck, also auch nicht zum Zweck der Erzielung von Zinserträgen, eingesetzt werden. Dies kann auch im (zufälligen) Abhandenkommen, im Untergang oder in der Zahlungsunfähigkeit des Begünstigten begründet sein (StBS 123). Dieser Fall überschneidet sich mit der dritten Möglichkeit, dass die Mittel „nicht alsbald nach der Erbringung" für den bestimmten Zweck verwendet werden. „Alsbald" bedeutet, 69

---

[74] Ebenso StBS 93; Erichsen/Ehlers § 18 Rn 28; Suerbaum VerwArch 1999, 361, 367.

[75] Vgl VGH München NVwZ 1990, 882; VGH Kassel NVwZ 1989, 165; Suerbaum VerwArch 1999, 373; zT **aA** VGH München BayVBl 1991, 209 zu einer Auflage, deren Erfüllung unmöglich wurde, womit der Empfänge aber rechnen musste.

[76] Baumeister NVwZ 1997, 20; Gröpl VerwArch 1997, 35; Ehlers GewArch 1999, 395; wohl auch StBS 95.

dass die Verwendung innerhalb einer zumutbaren Zeit erfolgen muss, die nach der Art der Verwendung der Mittel zu bemessen ist (StBS 104).

70 Nicht erforderlich ist, dass die Verwendung sofort oder unverzüglich erfolgt (Knack 74). **Erfolgt die Verwendung nicht rechtzeitig** idS, aber noch **vor Ergehen des Widerrufs,** so ist es, da die Widerrufsmöglichkeit nur die Zweckverwendung sichern, nicht aber Strafcharakter haben soll, idR ermessensfehlerhaft, wenn die Behörde gleichwohl die Leistung zurückfordert und nicht nur gem § 49a Abs 4 den Zinsanspruch für die Zwischenzeit bis zu der verspäteten Zweckverwendung geltend macht (Knack 74).

71 **Auf die Gründe,** die für die zweckwidrige, nicht zeitgerechte oder sonst nicht zweckgerechte Verwendung der Mittel maßgeblich waren, **kommt es grundsätzlich nicht an.** Die Widerruflichkeit hängt also allein von der Tatsache der nicht zweck- oder zeitgerechten Verwendung ab. Das gilt auch dann, wenn den Begünstigten hierfür kein Verschulden trifft. Fehlendes Verschulden kann aber bei der Ermessensentscheidung zu berücksichtigen sein (Ehlers GewArch 1999, 316; **aA** wohl Suerbaum VerwArch 1999, 373).

72 **d) Nichterfüllung von Auflagen (Nr 2).** Als weiterer Widerrufsgrund kommt nach Abs 3 S 1 Nr 2 die Nichterfüllung von Auflagen in Betracht. Auch insoweit folgt die Regelung § 44a Abs 1 BHO aF. Die Auflage muss dem VA wirksam (§ 43) beigefügt sein; materielle Rechtmäßigkeit der Auflage ist nicht erforderlich. Ist der VA bestandskräftig, wird die Rechtmäßigkeit der Auflage auch im Falle des Widerrufs nicht mehr geprüft. Kommt in der Auflage eine Zweckbestimmung nach Abs 3 Nr 1 zum Ausdruck, so sind beide Tatbestände zugleich erfüllt. Für die Voraussetzungen von Abs 3 Nr 2 gelten dieselben Maßstäbe, wie für den allgemeinen Widerrufsgrund nach Abs 2 Nr 2 (s oben Rn 68). Der Unterschied besteht in den unterschiedlichen Rechtswirkungen.

73 **3. Ermessen.** Der Widerruf steht im pflichtgemäßen Ermessen der zuständigen Behörde. Das Ermessen ist dem Zweck der Ermächtigung zum Widerruf entsprechend auszuüben (vgl im Einzelnen oben Rn 28). Die Ermächtigung dient vor allem der Sicherung einer dem Zweck der Gewährung entsprechenden Mittelverwendung. Werden die Mittel zwar nicht alsbald, aber noch vor dem beabsichtigten oder ggfs sogar angekündigten Widerruf dem vorgesehenen Zweck zugeführt, so wird idR ein Widerruf unterbleiben müssen. Bei einer nur teilweisen zweckwidrigen Verwendung nur eines Teils der Leistung ist im Rahmen des Ermessens stets zu prüfen, ob ein teilweiser Widerruf zur Sicherung der Zielsetzungen des Widerrufs ausreichend ist. Auch ein fehlendes Verschulden kann im Rahmen der Ermessensentscheidung berücksichtigt werden.[77] Es besteht dann lediglich die Möglichkeit, einen Zinsanspruch nach § 49a Abs 4 geltend zu machen (BT-Dr 13/ 1534).

74 **4. Jahresfrist.** Mit Abs 3 S 2 wird sichergestellt, dass die Jahresfrist des § 48 Abs 4 auch für den Fall des Widerrufs für die Vergangenheit gilt. Zum Streit um den Beginn der Jahresfrist vgl ausführlich § 48 Rn 138ff. Keine Anwendung kann die Regelung über die Jahresfrist in den Fällen finden, in denen dem Widerrufsverfahren ein Beihilfeaufsichtsverfahren nach Art 88 Abs 2 EG vorausgeht (s oben Rn 6).

VI. Wirksamwerden des Widerrufs (Abs 4)

75 **1. Ermessen.** Abs 4 stellt die Festlegung des Zeitpunkts der Unwirksamkeit des widerrufenen VA in das Ermessen der Behörde. Dabei handelt es sich nur um eine Klarstellung, da sich die Berechtigung, den Zeitpunkt des Wirksamwerdens des Widerrufs festzusetzen, bereits aus dem Ermessen ergibt. Die Behörde kann allerdings nur in den Fällen des Abs 3 den Widerruf auf den Erlasszeitpunkt des VA

[77] StBS 100; Ehlers GewArch 1999, 316; **aA** wohl Suerbaum VerwArch 1999, 373.

zurückbeziehen und den Widerruf mit ex-tunc-Wirkung ausstatten. In den Fällen der Abs 1 u 2 kann die Behörde nur den Zeitpunkt der Bekanntgabe des Widerrufs-VA oder einen späteren Zeitpunkt für den Eintritt der Unwirksamkeit wählen (StBS 113).

2. Auffangregelung. Hat die Behörde im Widerrufs-VA einen Zeitpunkt nicht bestimmt, so wird der widerrufene VA nach Abs 4 **mit dem Wirksamwerden** (§ 43) **des Widerrufs** unwirksam. Eine (vorläufige) Suspendierung der Wirkungen – nicht der Wirksamkeit – des Widerrufs und damit eine Suspendierung auch der Beendigung der Wirkungen des widerrufenen VA kann sich außerdem insb auch als Folge der **aufschiebenden Wirkung eines Rechtsbehelfs** nach § 80 VwGO ergeben. Abs 4 schließt eventuelle Schadensersatzansprüche der Behörde gegen den Betroffenen, der die Rücknahme durch sein Verhalten herbeigeführt hat bzw jedenfalls den Rücknahmegrund zu vertreten hat, nicht aus; ebenso auch nicht die **Berücksichtigung mitwirkenden Verschuldens** analog § 254 BGB bei der Entscheidung über eine etwaige Entschädigungspflicht nach Abs 6 (vgl BVerwGE 82, 24 = NJW 1989, 2484; Schenke JuS 1990, 371; zweifelnd VGH München BayVBl 1990, 628 mwN). 75 a

3. Bedarf für Übergangsfrist. Die Bestimmung eines späteren Zeitpunkts oder anderer Übergangsregelungen kann insb dann geboten sein, wenn dem Betroffenen eine Übergangs- oder Anpassungsfrist gewährt werden muss. In Fällen, in denen den Betroffenen, uU auch Dritten, ein sofortiges Einstellen auf die durch den Widerruf geschaffene neue Situation nicht möglich oder zumutbar ist, muss geprüft werden, ob dem durch die Bestimmung von Übergangsfristen, durch eine Fristbestimmung oder auf ähnliche Weise Rechnung getragen werden kann. Insoweit gelten die **gleichen Grundsätze wie für Übergangs- oder Überleitungsvorschriften** in Rechtsvorschriften mit unechter Rückwirkung (vgl dazu zB Kopp SGb 1993, 593 mwN). Anhaltspunkte bietet auch die Rspr des BVerfG bzgl verfassungswidriger Gesetze in ähnlichen Fällen. Die Entscheidung der Behörde ist grundsätzlich ermessensfehlerhaft, wenn die Behörde, obwohl nach der Art des in Frage stehenden VA und den konkreten Umständen des Falles dazu Anlass bestand, keine Erwägungen anstellt, ob für das Wirksamwerden nicht ein späterer Zeitpunkt bestimmt oder Übergangsregelungen getroffen werden könnten oder müssten (vgl BVerwG DVBl 1985, 1070 zur Rücknahme von VAen). 76

VII. Widerrufsverfahren (Abs 5)

Abs 5 regelt das Verfahren des Widerrufs nur hinsichtlich der **örtlichen Zuständigkeit** für die Entscheidung über den Widerruf. Die Regelung entspricht § 48 Abs 5. Im Einzelnen gelten die Ausführungen dazu sowie zur Frage der **sachlichen Zuständigkeit** und zum **Verfahren** auch hier (vgl § 48 Rn 148 ff). Im Übrigen gelten für das Widerrufsverfahren die allgemein für den Erlass von VAen maßgeblichen Bestimmungen. 77

VIII. Ersatz des Vermögensnachteils (Abs 6)

1. Rechtscharakter des Anspruchs. Der Entschädigungsanspruch, den Abs 6 für die Fälle des Abs 2 Nr 3–5 vorsieht, entspricht dem Ausgleichsanspruch bei der Rücknahme rechtswidriger VAe nach § 48 Abs 3, auf den in S 2 auch verwiesen wird. Wie bei diesem handelt es sich um eine Neuschöpfung des Gesetzes in Anlehnung an die Grundsätze über die Entschädigung bei Enteignung und bei enteignenden bzw enteignungsgleichen Eingriffen.[78] Im Licht der neueren Rspr des 78

---

[78] Vgl BVerwG NJW 1980, 1065; BGH NJW 1965, 1173; JZ 1986, 544; LG Detmold NVwZ 1991, 508; Maurer, in: Boorberg-FS 1977, 253; Schoch DVBl 1990, 550 mwN; StBS 125; ME VerwArch 1970, 386: Enteigungsentschädigung; str; allg zur Abgrenzung eines

BVerfG,[79] des BVerwG[80] und des BGH[81] ist die Regelung als gesetzlich geregelte **ausgleichspflichtige Eigentumsinhaltsbestimmung** iS von Art 14 Abs 1 und 2 GG anzusehen. Mit der Ausgleichsregelung soll sichergestellt werden, dass ein Widerruf eines begünstigenden VA im Einzelfall die Zumutbarkeitsgrenze für die Betroffenen nicht überschreitet (vgl Schoch DVBl 1990, 550). Lässt sich die Zumutbarkeit durch den Ausgleichsanspruch nach Abs 6 nicht herstellen, ist der Widerruf nicht zulässig. Der Anspruch nach Abs 6 ist aber insoweit umfassender als ein Anspruch aus enteignungsgleichem bzw enteignendem Eingriff oder Aufopferung, als er uU auch unterhalb der eigentumsrechtlichen Zumutbarkeitsschwelle iS einer schlichten Billigkeitsentschädigung für enttäuschtes Vertrauen in Betracht kommt (Papier JZ 1986, 548; Kopp GewArch 1986, 180).

79 **2. Verhältnis zu anderen Entschädigungsansprüchen.** Ansprüche aus enteignendem oder enteignungsgleichem Eingriff (vgl zB BGH NJW 1965, 1172: Widerruf ggf als enteignungsgleicher Eingriff) usw nach allgemeinen Grundsätzen werden dadurch nicht berührt und können daher ggf in **Anspruchskonkurrenz** zu einem Anspruch nach Abs 6 geltend gemacht werden (ebenso Knack 93). Derartige Ansprüche kann es aber allenfalls in Ausnahmefällen geben (s unten Rn 80). Die ausdrückliche Normierung eines Entschädigungsanspruchs erfolgte vor allem zu dem Zweck, der Verwaltung einen größeren Spielraum bei ihrer Entscheidung über den Widerruf zu geben als früher, als diese Entscheidung stärker durch den Gesichtspunkt des Vertrauensschutzes bestimmt wurde (Begr 73) und sich häufig nur die Alternative zwischen völliger Aufhebung oder Belassen stellte. Dagegen gehen sondergesetzliche Regelungen, zB gem § 21 Abs 4 BImSchG oder § 18 AtomG, vor (Knack 93). Soweit sie einschlägig sind, kann Abs 6 nur ergänzend herangezogen werden.

80 **Eine Enteignung** iS des Art 14 Abs 3 GG kann in einem Widerruf selbst dann nicht gesehen werden, wenn eine als Eigentum durch Art 14 Abs 1 GG geschützte Rechtsposition betroffen ist. Auch in einem solchen Fall würde der Widerruf die Voraussetzungen des formalisierten Enteignungsbegriffs nicht erfüllen, wie er seit BVerfG 58, 300 vom BVerfG entwickelt worden ist und der heutigen Enteignungsdogmatik zugrunde liegt (s zuletzt BVerfG NuR 1999, 527; ferner BGH NJW 1993, 1253; Ramsauer NuR 1990, 349, 356). Der Widerruf lässt etwaige Eigentumspositionen ganz oder teilweise entfallen, entzieht sie jedoch nicht im Interesse einer anderweitigen Verwendung.

81 **3. Voraussetzungen des Anspruchs.** Wie nach § 48 Abs 3 hat auch der Entschädigungsanspruch nach Abs 6 zur Voraussetzung, dass der Betroffene **auf den Bestand des VA vertraut** hat und dass dieses **Vertrauen schutzwürdig** ist. Im Einzelnen gelten für die Beurteilung der Schutzwürdigkeit des Vertrauens, für die Höhe des Anspruchs und für die Geltendmachung des Anspruchs dieselben Grundsätze wie nach § 48 Abs 3. Aus dem Umstand, dass Abs 5 S 2 nur auf § 48 Abs 3 S 3–5, nicht auch auf S 1 verweist, kann nicht gefolgert werden, dass bei der Frage, ob das Vertrauen schutzwürdig war, eine **Abwägung mit dem öffentlichen Interesse** nicht erfolgen soll (StBS 123; Knack 90; **aA** Johlen NJW 1976, 2156).

81 a **a) Schutzwürdigkeit des Vertrauens.** Das Vertrauen ist im Allgemeinen nicht schutzwürdig, wenn der Betroffene den Widerrufsgrund selbst zu vertreten hat, insb selbst die **Tatsachen schuldhaft** oder in ihm jedenfalls zurechenbarer

---

Anspruchs aus enteignendem Eingriff und Billigkeitsleistungen auch BGH NJW 1981, 2002: Enteignungsentschädigung bei Eingriffen in den eingerichteten und ausgeübten Gewerbebetrieb, nicht dagegen bei Entziehung von Forderungsrechten „fürsorgerischer“ Art; vgl auch Papier JZ 1986, 548; Kopp GewArch 1986, 180.

[79] Vgl zB BVerfG 52, 27; 56, 260; 58, 330; 70, 199; 71, 143; 72, 76; 74, 280; 79, 175.

[80] Vgl BVerwGE 77, 295 = NJW 1987, 2884; NJW 1990, 1929.

[81] Vgl zB BGHZ 121, 73; NJW 1995, 964 mwN.

Weise **herbeigeführt** hat, die den Widerruf rechtfertigen (vgl UL § 63 Rn 27, jedoch ohne Hinweis auf das Erfordernis des Verschuldens), zB weil er straffällig wurde und dadurch den Widerrufsgrund verschuldet hat (Knack 90), oder wenn er **nicht-notwendige Aufwendungen** noch zu einem Zeitpunkt vorgenommen hat, als er bereits erfahren hatte, dass ein Widerrufsgrund vorliegt und die Behörde den Widerruf erwägt (UL § 63 Rn 28: kein Ersatz der in Frage stehenden Aufwendungen), oder dass nach den Umständen des Falles **ein Widerruf vorhersehbar war.**[82]

b) Ausschluss und Einschränkung des Anspruchs. Im Einzelnen gilt für den Ausschluss oder eine Verringerung des Entschädigungsanspruchs wegen fehlender Schutzwürdigkeit des Vertrauens **§ 254 BGB als Ausdruck eines allgemeinen Rechtsgedankens entsprechend** (Erichsen/Ehlers § 18 Rn 35; UL § 63 Rn 28). Ein Ausschluss oder eine Verringerung des Anspruchs kann sich auch aus der gebotenen Abwägung mit dem öffentlichen Interesse ergeben, obwohl Abs 6 S 2 nicht ausdrücklich auch auf § 48 Abs 3 S 1 verweist (**aA** Johlen NJW 1976, 2156). Kein Entschädigungsanspruch besteht bei Aufhebung eines VA im Rahmen eines Rechtsbehelfsverfahrens gem § 50. **Abs 6 gilt nicht für den Widerruf eines VA nach Abs 2 Nr 1 und 2.**[83] Soweit jedoch der Widerruf in diesen Fällen aus Gründen der in Nr 3–5 genannten Art erfolgt und nicht primär durch das Verhalten des Betroffenen bedingt ist, kommt in Ausnahmefällen auch eine analoge Anwendung von Abs 6 in Betracht (**aA** Knack 87; offen StBS 121); dies gilt jedenfalls dann, wenn nach den allgemeinen Grundsätzen der Enteignung bzw des enteignenden oder enteignungsgleichen Eingriffs eine Entschädigung geboten ist.[84] Außerdem haben der Betroffene selbst und – vor allem bei Widerruf eines VA mit Doppelwirkung – ggf auch Drittbetroffene Anspruch auf Beseitigung etwaiger Folgen, welche die Vollziehung des widerrufenen VA für sie gehabt hat. 82

4. Umfang des Anspruchs. Zu entschädigen ist gem Abs 6 nur der Schaden, der auf Grund des Vertrauens auf den Bestand des VA entstanden ist (sog **negatives Interesse**). Das Interesse am Bestand des VA (sog positives Interesse) ist nur dann Bemessungsgrundlage des Anspruchs, wenn es geringer ist als das negative Interesse (Abs 6 S 2 iV mit § 48 Abs 3 S 3; Begr 73). 83

Berechnung des Vertrauensschadens. Zu entschädigen sind nicht nur die betroffenen Sachwerte (nach dem Zeitwert), sondern zB auch notwendig werdende Demontagekosten, die Kosten eines Rechtsbehelfsverfahrens zur Abwendung des Widerrufs oder zur Geltendmachung des Entschädigungsanspruchs (vgl OLG Hamm NVwZ 1990, 694), Rechtsberatungskosten (LG Detmold NVwZ 1989, 291), ein Verdienstausfall im Zusammenhang damit, usw. Vgl zur Berechnung des Vertrauensschadens auch OLG Hamm NVwZ 1990, 694. Eine Entschädigung für immaterielle Schäden ist nach Abs 6 nicht vorgesehen (Schenke DÖV 1983, 327; Knack 91), kann jedoch uU unter dem Gesichtspunkt der Aufopferung geboten sein (vgl MK 54 III 2b; **aA** zB BGHZ 78, 45; 111, 355; NJW 1994, 1468; Rinne 84

---

[82] LG Detmold NVwZ 1989, 292: der Genehmigungsempfänger konnte wegen der Situation der Anlage nicht davon ausgehen, dass er die Lebensdauer der Anlage voll ausnutzen könnte.

[83] Ebenso zum früheren Recht WBS II § 51 Rn 59; M 91; BGH NJW 1970, 1178: Widerruf auf Grund eines Widerrufsvorbehalts ist keine enteignende Maßnahme; ähnlich München BayVBl 1976, 497 zu einem gesetzlich vorgesehenen Widerruf; ME VerwArch 1970, 384.

[84] Vgl BAG NJW 1978, 1701: Widerruf des einem Krankenhausarzt widerruflich zuerkannten Liquidationsrechts nur gegen Entschädigung differenzierend ME VerwArch 1970, 389; **aA** zum bish Recht WBS II § 51 Rn 59; BGH NJW 1970, 1178: kein Entschädigungsanspruch bei Ausübung eines vorbehaltenen Widerrufs; ebenso VGH München BayVBl 1976, 497; ME VerwArch 1970, 388.

DVBl 1993, 872). Auch ein Ersatz des entgangenen Gewinns findet nicht statt (StBS 131; Erichsen/Ehlers § 18 Rn 35).

85 **5. Verfahren.** Der Anspruch wird auf **Antrag** des Betroffenen von der widerrufenden Behörde **durch VA** festgesetzt.[85] Der Antrag muss binnen der **Ausschlussfrist** von einem Jahr gestellt werden. Dies folgt daraus, dass Abs 6 S 2 eine entsprechende Anwendung von § 48 Abs 3 S 5 ausdrücklich anordnet. Streitigkeiten sind nach Abs 6 S 3 den Zivilgerichten (ordentlicher Rechtsweg) zugewiesen, die nach Art 14 Abs 3 S 4 GG, § 40 Abs 2 VwGO auch für evtl parallele Ansprüche aus Enteignung oder enteignungsgleichem Eingriff zuständig sind (K 18; vdGK 6.6).

§ 49 a Erstattung, Verzinsung

(1) **Soweit ein Verwaltungsakt mit Wirkung für die Vergangenheit zurückgenommen oder widerrufen worden oder infolge Eintritts einer auflösenden Bedingung unwirksam geworden ist, sind bereits erbrachte Leistungen zu erstatten.**[7] **Die zu erstattende Leistung ist durch schriftlichen Verwaltungsakt festzusetzen.**[11]

(2) **Für den Umfang der Erstattung mit Ausnahme der Verzinsung gelten die Vorschriften des Bürgerlichen Gesetzbuchs über die Herausgabe einer ungerechtfertigten Bereicherung entsprechend.**[12] **Auf den Wegfall der Bereicherung kann sich der Begünstigte nicht berufen, soweit er die Umstände kannte oder infolge grober Fahrlässigkeit nicht kannte, die zur Rücknahme, zum Widerruf oder zur Unwirksamkeit des Verwaltungsaktes geführt haben.**[15]

(3) **Der zu erstattende Betrag ist vom Eintritt der Unwirksamkeit des Verwaltungsaktes an mit fünf Prozentpunkten über dem Basiszinssatz jährlich zu verzinsen.**[19] **Von der Geltendmachung des Zinsanspruchs kann insbesondere dann abgesehen werden, wenn der Begünstigte die Umstände, die zur Rücknahme, zum Widerruf oder zur Unwirksamkeit des Verwaltungsaktes geführt haben, nicht zu vertreten hat und den zu erstattenden Betrag innerhalb der von der Behörde festgesetzten Frist leistet.**[21]

(4) **Wird eine Leistung nicht alsbald nach der Auszahlung für den bestimmten Zweck verwendet, so können für die Zeit bis zur zweckentsprechenden Verwendung Zinsen nach Absatz 3 Satz 1 verlangt werden. Entsprechendes gilt, soweit eine Leistung in Anspruch genommen wird, obwohl andere Mittel anteilig oder vorrangig einzusetzen sind.**[23] **§ 49 Abs. 3 Satz 1 Nr. 1 bleibt unberührt.**

Parallelvorschriften: § 50 SGB X; § 37 Abs 2 AO

Die in Abs. 2 in Bezug genommenen Vorschriften den BGB haben folgenden Wortlaut:

§ 818 [Umfang des Herausgabeanspruchs]. (1) Die Verpflichtung zur Herausgabe erstreckt sich auf die gezogenen Nutzungen sowie auf dasjenige, was der Empfänger auf Grund eines erlangten Rechtes oder als Ersatz für die Zerstörung, Beschädigung oder Entziehung des erlangten Gegenstandes erwirbt.

(2) Ist die Herausgabe wegen der Beschaffenheit des Erlangten nicht möglich oder ist der Empfänger aus einem anderen Grunde zur Herausgabe außerstande, so hat er den Wert zu ersetzen.

(3) Die Verpflichtung zur Herausgabe oder zum Ersatze des Wertes ist ausgeschlossen, soweit der Empfänger nicht mehr bereichert ist.

---

[85] Ebenso schon zum bish. Recht ohne ausdrückliche Rechtsgrundlage BVerwGE 25, 76; 30, 79; BVerwG NJW 1977, 1838; König 34.

(4) Von dem Eintritte der Rechtshängigkeit an haftet der Empfänger nach den allgemeinen Vorschriften.

§ 819 [Haftungsverschärfung bei Bösgläubigkeit]. (1) Kennt der Empfänger den Mangel des rechtlichen Grundes bei dem Empfang oder erfährt er ihn später, so ist er von dem Empfang oder der Erlangung der Kenntnis an zur Herausgabe verpflichtet, wie wenn der Anspruch auf Herausgabe zu dieser Zeit rechtshängig geworden wäre.

(2) Verstößt der Empfänger durch die Annahme der Leistung gegen ein gesetzliches Verbot oder gegen die guten Sitten, so ist er von dem Empfange der Leistung an in der gleichen Weise verpflichtet.

§ 820 [Haftungsverschärfung bei unsicherem Erfolgseintritt]. (1) War mit der Leistung ein Erfolg bezweckt, dessen Eintritt nach dem Inhalte des Rechtsgeschäfts als ungewiß angesehen wurde, so ist der Empfänger, falls der Erfolg nicht eintritt, zur Herausgabe so verpflichtet, wie wenn der Anspruch auf Herausgabe zur Zeit des Empfanges rechtshängig geworden wäre. Das gleiche gilt, wenn die Leistung aus einem Rechtsgrunde, dessen Wegfall nach dem Inhalte des Rechtsgeschäfts als möglich angesehen wurde, erfolgt ist und der Rechtsgrund wegfällt.

(2) Zinsen hat der Empfänger erst von dem Zeitpunkt an zu entrichten, in welchem er erfährt, daß der Erfolg nicht eingetreten oder daß der Rechtsgrund weggefallen ist; zur Herausgabe von Nutzungen ist er insoweit nicht verpflichtet, als er zu dieser Zeit nicht mehr bereichert ist.

Schrifttum: *Baumeister,* Die Novellierung der §§ 48, 49, 49a VwVfG, NVwZ 1997, 19; *Berg,* Zur Zweckverfehlung im Subventionsrecht, GewArch 1987, 1; *Bronnenmeyer,* Der Widerruf rechtmäßiger begünstigender VAe nach § 49 VwVfG, 1994; *Dickersbach,* Die Entwicklung des Subventionsrechts seit 1993, NVwZ 1996, 962; *ders,* Die Rücknahme und der Widerruf von Zuwendungsbescheiden, GewArch 1993, 177; *Dorn,* Möglichkeiten der Veränderung bestandkräftiger Zuwendungsbescheide, DÖV 1988, 7; *Ehlers,* Rechtsprobleme der Rückforderung von Subventionen, GewArch 1999, 305; *Erfmeyer,* Der Entreicherungseinwand bei vorläufigen VAen, DÖV 1998, 459; *Götz,* Die vorläufige Subventionsbewilligung – BVerwG NJW 1983, 2043, JuS 1983, 924; *ders,* Rückforderung von Subventionen, NVwZ 1984, 480; *Grziwotz,* Fristenprobleme bei der Rückforderung von Zuwendungen, BayVBl 1990, 705; *Jarass,* Die Rückforderung zweckwidrig verwendeter Subventionen, DVBl 1984, 855; *Kamps,* Der Anspruch auf Zinsen bei Rückforderung durch Leistungsbescheid, DVBl 1982, 777; *Krämer,* Die Abgrenzung des haushaltsrechtlichen Zuwendungsbegriffs und ihre Bedeutung DÖV 1990, 546; *Lacher,* Die haushaltsrechtlichen Regelungen für staatliche Zuwendungen – Die umstrittenen Vorläufigen Verwaltungsvorschriften zu §§ 44, 44a BHO –, DÖV 1990, 63; *Müller,* Die Bewilligung und Rückforderung von Zuwendungen zur Wirtschaftsförderung durch die Gemeinden, NWVBl 1989, 319; *Nöll,* Die Rückforderung fehlgeschlagener Subventionen, 1987; *Oldiges,* Richtlinien als Ordnungsrahmen der Subventionsverwaltung, NJW 1984, 1933; *Sachs/Wermeckes,* Die Neuregelung verwaltungsverfahrensrechtlicher Vorschriften zur Rückabwicklung fehlgeschlagener Subventionsverhältnisse, NVwZ 1996, 1185; *Siebelt/Schröder,* Der Zeitpunkt der Entstehung von Zinsansprüchen gem § 44a BHO, BayVBl 1996, 558; *Suerbaum,* Widerruf und Erstattung bei Geld- und SachleistungsVAen, VerwArch 1999, 361; *Weides,* Widerruf und Rückforderung von Zuwendungen des Bundes und der Länder, NJW 1981, 841; *Wolff,* Zinsen im öffentlichen Recht, DÖV 1998, 872.

Übersicht

I. Allgemeines

1 **1. Inhalt.** Die Vorschrift enthält eine **Positivierung des allgemeinen öffentlich-rechtlichen Erstattungsanspruchs** für die Fälle, in denen Leistungen auf Grund eines VA erbracht worden sind, der mit Wirkung für die Vergangenheit aufgehoben oder auf andere Weise unwirksam geworden ist (Maurer § 28 Rn 20). Sie hat vor allem Bedeutung für die Rückforderung von Subventionen, für die früher spezielle Regelungen insbes in den Haushaltsordnungen bestanden (s Rn 2). Im Übrigen war, soweit keine speziellen Regelungen im Fachrecht existierten, nur der Rückgriff auf den allgemeinen öffentlichrechtlichen Erstattungsanspruch möglich, der allerdings nach hM auch ohne besondere gesetzliche Grundlage durch VA festgesetzt werden konnte, sofern die Leistung bereits auf Grund eines VA erbracht worden war (Kehrseitentheorie).[1] Im Zuge der Einführung der Möglichkeit eines Widerrufs von VAen für die Vergangenheit (§ 49 Abs 3) wurde die Regelung der Erstattungspflicht sowohl dem Grunde nach als auch hinsichtlich des Umfangs der Erstattung (Abs 2) vereinheitlicht und zugleich die Pflicht zur Verzinsung einheitlich geregelt (Abs 3). Schließlich enthält die Vorschrift in Abs 4 eine Bestimmung über die Möglichkeit der Verwaltung, bei nicht sofortiger Verwendung der Leistungen Zwischenzinsen zu verlangen.

2 **2. Entstehungsgeschichte.** Die Regelung der Erstattungspflicht wurde 1996 in das VwVfG eingefügt.[2] Sie löst die Regelungen in § 48 Abs 2 S 5 bis 8 aF und in § 44a Abs 2 BHO aF ab, die zugleich aufgehoben wurden. Dadurch wurde für den Anwendungsbereich des VwVfG erstmals eine allgemeine Erstattungspflicht positivrechtlich normiert. Inhaltlich orientiert sich die Vorschrift weitgehend an § 44a BHO aF. Die Bundesländer haben ihre Verwaltungsverfahrensgesetze angepasst und die für die Subventionen bestehenden Sondervorschriften in den LHOen aufgehoben. Insoweit liegen die Voraussetzungen für die Revisibilität des Landesrechts nach § 137 Abs 1 Nr 2 VwGO vor. **Vor der Neuregelung** war die Rückforderung von durch VA gewährten Leistungen nur nach allgemeinen Grundsätzen,

[1] Vgl BVerwGE 32, 228, 279; 48, 133, 286; zur Zulässigkeit der Festsetzung durch Leistungsbescheid insb BVerwGE 18, 285, 314; 40, 89, 343; 48, 286; BVerwG DVBl 1978, 213; allg zum Erstattungsanspruch auch BVerwGE 48, 286; 71, 85 = JuS 1986, 29.

[2] Durch das Gesetz zur Änderung des VwVfG v 2. 5. 1996 (BGBl I S 656), s hierzu BT-Dr 13/1534 sowie Einl 32.

insbesondere auf der Grundlage des allgemeinen öffentlichrechtlichen Erstattungsanspruchs möglich, sofern nicht besondere Regelungen (zB § 48 Abs 2 S 5–8; § 12 BBG) bestanden. Die Neuregelung erfasst nach der Übergangsregelung in Art 6 Abs 2 auch die Erstattung von Leistungen auf Grund von VAen, die **vor dem Inkrafttreten des Gesetzes** erlassen worden sind. Verfassungsrechtliche Bedenken bestehen mangels substantieller Schlechterstellung nicht (so auch Ehlers GewArch 1999, 317). Die Rückwirkung erstreckt sich nicht auf die Erhebung von Zinsen nach Abs 3 u 4.

3. Anwendungsbereich. a) Unmittelbar. Abs 1 gilt im Anwendungsbereich des VwVfG für die Rückforderung in allen Fällen von **auf Grund eines VA erbrachten Leistungen,** wenn und soweit die Wirksamkeit des VA mit **Wirkung für die Vergangenheit entfallen** ist, und zwar entweder durch Rücknahme, Widerruf oder infolge Eintritts einer auflösenden Bedingung. Für den umgekehrten Fall eines **Erstattungsanspruches des Bürgers** entfaltet die Regelung trotz ihres Wortlautes **keine Wirkung** (vgl StBS 12 unter Hinweis auf BT-Dr 13/1534, S 6). Die Verwaltungsverfahrensgesetze der Länder enthalten wortgleiche Bestimmungen (Überblick bei Suerbaum VerwArch 1999, 362). In einigen Bundesländern wird auf die Regelung des § 49 a verwiesen. Die Regelung gilt nicht nur für Subventionen und für Geldleistungen und teilbare Sachleistungen, sondern **für sämtliche Leistungen auf Grund eines VA** (StBS 14; Knack 8). Sie ist auch anwendbar, wenn sich Rücknahme oder Widerruf nicht nach den §§ 48, 49, sondern nach spezielleren Rechtsnormen richten, sofern darin die Aufhebung des VA für die Vergangenheit vorgesehen und das VwVfG im Übrigen anwendbar ist. Abs 1 gilt unmittelbar nur für die genannten Fälle des Unwirksamwerdens, nicht für das Unwirksamkeit des VA aus anderen Gründen, insbesondere auch nicht für die Aufhebung des VA im Verwaltungsprozess (vgl BR-Dr 652/91 S 12). In diesem Fall muss auf Grund des allgemeinen Folgenbeseitigungs- und der Erstattungsanspruchs zurückgefordert werden. 3

b) Analoge Anwendung. Keine entsprechende Anwendung kann die Vorschrift auf Leistungen finden, die nicht auf der Grundlage eines VA, sondern auf andere Weise, zB auf der Grundlage eines öffentlichrechtlichen Vertrages erbracht worden sind (StBS 6). Fraglich ist dagegen, ob die Vorschrift entsprechend für andere als die in Abs 1 genannten Fälle der Unwirksamkeit mit Wirkung für die Vergangenheit herangezogen werden kann. Die Formulierung spricht gegen eine analoge Anwendbarkeit, ebenso die Entstehungsgeschichte (BR-Dr 652/91 S 12). Infrage käme ohnehin nur eine entsprechende Heranziehung des § 49 a Abs 1 u 2, nicht auch der Regeln über die Verzinsung in Abs 3. Gegenwärtig wird eine Analogie zu diesen Bestimmungen für andere Fälle des Unwirksamwerdens von Anfang an von der hM abgelehnt.[3] Wegen der von der hM vertretenen sog **Kehrseitentheorie,** wonach eine auf Grund eines VA erbrachte Leistung bei Bestehen eines Erstattungsanspruches auch durch VA zurückverlangt werden kann (s oben Rn 1), ergeben sich aber bei einer Rückforderung nach allgemeinen Grundsätzen in der Sache keine wesentlichen Unterschiede. Eine entsprechende Anwendung wird man jedenfalls in Fällen der Aufhebung nichtiger VAe annehmen können (**aA** Suerbaum VerwArch 1999, 383, nicht überzeugend). Abgelehnt wird zu Recht dagegen eine entsprechende Anwendung der Vorschrift auf Fälle, in denen zugunsten des Bürgers nach Rücknahme oder Widerruf eines belastenden VA ein Erstattungsanspruch entsteht (StBS 12; Knack 9: **aA** Baumeister NVwZ 1997, 22). 4

c) Speziellere Regelungen. Es gibt eine Fülle spezieller Regelungen des Rückforderungsanspruchs im Fall der Aufhebung von begünstigenden VA im 5

---

[3] StBS 7; Knack 8 f; Suerbaum VerwArch 1999, 378; Gröpl VerwArch 1997, 44; **aA** Baumeister NVwZ 1997, 22.

Fachrecht. Im Sozialrecht handelt es sich um die Regelung in § 50 SGB X, im Abgabenrecht um § 37 AO, im Beamtenrecht um § 12 Abs 2 BBesG, § 52 BeamtVG, § 87 Abs 2 BBG. Diese Regelungen gehen der Regelung in § 49 a vor (BVerwG NVwZ 2000, 443; Knack 6). Problematisch ist, ob neben den Spezialvorschriften des Fachrechts auch § 49 a noch zur Anwendung gelangen kann. Dies hängt davon ab, ob von einer abschließenden fachrechtlichen Regelung auszugehen ist oder nicht.

6 **d) Verhältnis zum allgemeinen Erstattungsanspruch.** Abs 1 regelt die Erstattung als Folge der Rücknahme bzw des Widerrufs eines VA **abschließend;** daneben oder statt dessen kommen Erstattungsansprüche der öffentlichen Hand nach den allgemeinen Rechtsgrundsätzen des Erstattungsrechts nicht mehr in Betracht (vgl ähnlich zum Sozialrecht BVerwGE 91, 13 = NVwZ 1993, 1189). Keine Aussage trifft die Vorschrift demgegenüber zur Rückforderung in den Fällen der Aufhebung eines VA mit ex-nunc-Wirkung. Soweit hier bisher schon eine Rückforderungsmöglichkeit anerkannt war, weil der VA die Grundlage für das Behaltendürfen der Leistung war (BVerwG NJW 1993, 1610; NVwZ 1984, 36) dürfte sich hieran durch den Erlass des § 49 a nichts geändert haben (so zu Recht StBS 9).

II. Die Erstattungspflicht (Abs 1)

7 **1. Der Erstattungsanspruch (S 1).** Abs 1 konkretisiert für die Fälle, in denen ein VA mit Wirkung für die Vergangenheit zurückgenommen, widerrufen oder durch Eintritt einer auflösenden Bedingung unwirksam wird, den allgemeinen öffentlichrechtlichen Erstattungsanspruch und stellt klar, dass dieser durch VA festzusetzen ist. Mit der Aufhebung des VA stellt die Behörde zugleich das Vorliegen der entsprechenden Voraussetzungen des Erstattungsanspruches fest; diese sind bei der Frage, ob eine Erstattung verlangt werden kann, grundsätzlich nicht mehr erneut zu prüfen, sobald der Rücknahme- oder Widerrufsbescheid bindend geworden ist (BSG NVwZ 1988, 1071). Der Rückforderung kann aber uU zB der Einwand der Verjährung, der Verwirkung usw entgegenstehen (BSG NVwZ 1988, 1071).

8 **a) Unwirksamkeitsgründe.** Die Unwirksamkeit muss auf Grund eines der in Abs 1 aufgezählten Gründe eingetreten sein. Andere als die dort genannten Gründe reichen nicht aus. Dem Gesetzgeber standen dabei die Subventionsfälle vor Augen: Wird die Leistung von vornherein rechtswidrig bewilligt, so kann eine Rücknahme nach § 48 Abs 2 mit Wirkung für die Vergangenheit in Betracht; kommen wird sie zwar rechtmäßig bewilligt, aber zweckwidrig verwendet, so kommt ein Widerruf nach § 49 Abs 3 mit Wirkung für die Vergangenheit in Betracht. Eine automatische Unwirksamkeit wird ausgelöst, wenn der VA mit einer auflösenden Bedingung versehen war und deren Voraussetzungen eintreten. Allerdings treten die Wirkungen einer **auflösenden Bedingung** entspr § 158 Abs 2 BGB idR nicht für die Vergangenheit, sondern ex nunc ein. Es erscheint zweifelhaft, ob die Vorschrift auf Fälle des Eintritts der auflösenden Bedingung bezogen werden kann, die nicht auch für die Vergangenheit wirkt (bejahend StBS 24). Auf die Rechtmäßigkeit der Bedingung kommt es grundsätzlich nicht an, ebenso wenig auf die Rechtmäßigkeit von Widerruf und Rücknahme, die allerdings Wirksamkeit (§ 43) entfalten müssen (StBS 17). Es kommt auch nicht darauf an, in welcher Form die Leistung tatsächlich erbracht wurde. Auch wenn die durch VA bewilligte **Leistung in den Formen des Privatrechts** erbracht wurde, kann sie nach § 49 a zurückgefordert werden (StBS 33).

9 **b) Entstehung des Anspruchs.** Der Anspruch entsteht nicht erst durch den Erstattungsbescheid, sondern unmittelbar kraft Gesetzes.[4] Obwohl die Entschei-

[4] Vgl StBS 26; Weber JuS 1986, 29; Knack 7; **aA** WBS II § 55 Rn 20.

dung, ob und in welchem Umfang ein VA zurückgenommen wird, im Ermessen der Behörde steht (s § 48 Rn 50), ist der Erstattungsanspruch der Behörde nach Abs 1 S 1 eine **unmittelbare Folge der Aufhebung** bzw des Eintritts der Unwirksamkeit (vgl auch BGH NJW 1983, 2029: die Erstattungspflicht besteht nur, wenn und soweit der VA zurückgenommen worden ist; ebenso Knack 12). Auch eine teilweise Aufhebung kommt in Betracht. Grundlage, Umfang und Höhe ergeben sich aus Abs 2 S 1 iVm den §§ 812ff BGB. Inhaber des Anspruchs ist der Hoheitsträger, dessen Behörde die Leistung auf eigene Rechnung erbracht hat (StBS 33).

c) Anspruchsgegner. Der Anspruch richtet sich grundsätzlich gegen den **Leistungsempfänger,** sofern dieser der durch den VA unmittelbar Begünstigte ist. Er kann aber nach ganz hM in den Fällen der Rechtsnachfolge (s § 43 Rn 13ff) auch gegen **Rechtsnachfolger,** also zB gegen Erben und Erbeserben geltend gemacht werden.[5] Problematisch ist die Möglichkeit einer Inanspruchnahme des Abtretungsempfängers (vgl BFH NJW 1993, 2263; StBS 30). **Unzulässig** ist die **Inanspruchnahme von unbeteiligten Dritten,** an die die Leistung versehentlich, zB infolge einer Fehlbuchung, gelangt ist. Da diesen Dritten gegenüber durch den Erlass des aufgehobenen VA ein Subordinationsverhältnis schon mangels Adressierung und Bekanntgabe nicht konstituiert worden ist, fehlt es insoweit an der Rechtsmacht für ein öffentlichrechtliches Handeln in der Form eines VA. Diese unbeteiligten Dritten können deshalb nicht durch VA in Anspruch genommen werden (so wohl auch StBS 30; s auch Rn 25). 10

2. Festsetzung durch VA (Abs 1 S 2). Der Erstattungsanspruch ist nach Abs 1 S 2 durch VA festzusetzen. Anders als beim Erlass des Widerrufs- oder des Rücknahme-VA hat die Behörde bei der Rückforderung nach dem insoweit eindeutigen Wortlaut der Vorschrift **keinen Ermessensspielraum;** allerdings kommt uU eine Stundung bzw ein Erlass des festgesetzten Anspruchs (zB nach § 31 HGrG; § 59 BHO) in Betracht. Wenn und soweit ein Betroffener sich nicht auf den Wegfall der Bereicherung berufen kann, aber andere Gründe zu seinen Gunsten sprechen, oder das Vorliegen der Voraussetzungen des Abs 2 S 2 zweifelhaft ist und nicht ohne weiteres aufgeklärt werden kann, ist dies unter **dem Gesichtspunkt** der **Verhältnismäßigkeit** (vgl BVerwG DVBl 1986, 1207; in BVerwGE 74, 367 insoweit nicht mit abgedruckt) hier bzw schon bei der von der Behörde zu treffenden Ermessensentscheidung über die Rücknahme zu berücksichtigen. Das Erstattungsverlangen hat nicht zur Voraussetzung, dass die Rücknahme bereits bestandskräftig ist; die zu erstattende Leistung kann vielmehr sofort zusammen mit der Rücknahme festgesetzt werden (VGH München NVwZ 1985, 663). Die Anordnung der sofortigen Vollziehbarkeit des Erstattungsbescheides nach § 80 Abs 2 Nr 4 VwGO setzt aber die sofortige Vollziehbarkeit oder die Unanfechtbarkeit des Widerrufs bzw der Rücknahme des Bewilligungs-VA voraus. Die aufschiebende Wirkung eines Rechtsbehelfs gegen den Rückforderungsbescheid erfasst auch die Durchsetzbarkeit des Erstattungsverlangens (VGH München NVwZ 1985, 663; BayVBl 1988, 658). 11

III. Umfang der Erstattung (Abs 2)

1. Anwendung der Vorschriften des Bereicherungsrechts (S 1). a) Allgemeines. Abs 2 regelt den Umfang des Erstattungsanspruchs wie bereits bisher § 44a Abs 2 BHO aF und § 48 Abs 2 S 6 aF mit Hilfe einer **Rechtsfolgenverweisung** (BT-Dr 13/1534 S 7; StBS 42; Gröpl VerwArch 1997, 23, 40) auf die Vorschriften des Bürgerlichen Gesetzbuchs über die ungerechtfertigte Be- 12

[5] BVerwG NVwZ 1988, 945; Buchh 427.3 § 335a LAG Nr 56; VGH München NJW 1985, 2439; VGH Mannheim NJW 1986, 272; StBS 31; Erichsen/Ehlers § 11 Rn 46.

reicherung. Verwiesen wird nur auf diejenigen Vorschriften, die den Umfang des Anspruchs betreffen. § 814 BGB gehört nicht dazu (BVerwG NVwZ 2002, 854). Zu erstatten ist – soweit spezialgesetzlich nichts anderes bestimmt ist, wie zB gem § 12 Abs 2 BesG und § 49 Abs 2 SVG für die Rückforderung von Gehaltszahlungen, Pensionszahlungen uä (vgl BVerwG DVBl 1992, 1372) – grundsätzlich das **durch die Leistung auf Grund des VA Erlangte;** gem § 818 Abs 1 darüber hinaus die aus dem Erlangten gezogenen Nutzungen sowie etwaige Surrogate. Hieraus folgt die Verpflichtung zur **Herausgabe gezogener Zinsen** sowie bei verschärfter Haftung gem §§ 819 Abs 1, 820 BGB an sich auch zur **Verzinsung** (BVerwG DVBl 1978, 608; aA BVerwG NVwZ 1991, 168). Insoweit stellt allerdings Abs 3 eine speziellere und daher vorrangige Regelung dar (so auch StBS 49). **Umstritten** ist, ob analog § 818 Abs 1 BGB auch **Gewinne,** die mit Hilfe des rechtsgrundlos Erlangten erzielt wurden, und rechtsgeschäftliche Surrogate herauszugeben sind; beide Fragen dürften zu bejahen sein (so wohl auch StBS 44; offen zur Frage der Herausgabe des erzielten Gewinns, verneinend, wenn derselbe Gewinn jedenfalls auch unter Einsatz anderweitig beschaffter Gegenstände erzielt worden wäre, BVerwG NJW 1992, 329 und 705; anders bei der Herausgabe von Surrogaten).

13 **b) Entreicherung.** Gem § 818 Abs 3 BGB ist grundsätzlich nur die noch **vorhandene Bereicherung,** dh, was von der gewährten Leistung in natura oder jedenfalls wertmäßig noch vorhanden ist bzw was der Betroffene dadurch an eigenen Aufwendungen für die allgemeine Lebensführung, dh nicht für außergewöhnliche Anschaffungen, erspart oder zur Tilgung von Schulden verwendet hat.[6] Hat der Empfänger von Subventionen (Beihilfen) diese an seine Abnehmer im Preis weitergegeben, kann dem Einwand der Entreicherung grundsätzlich nicht mit dem Hinweis auf einen Gewinn aus der der Subventionsgewährung zugrundeliegenden Geschäftstätigkeit begegnet werden, wegen fehlenden Kausalzusammenhangs auch nicht unter dem Gesichtspunkt einer evtl Saldierung (BVerwG NJW 1992, 704; VGH Kassel DVBl 1989, 574).

14 **Geltend zu machen** ist Entreicherung im Verfahren zum Erlass des Erstattungsbescheids, außerdem aber auch mit einem Widerspruch oder der Klage gegen den Erstattungsbescheid (vgl BVerwG NJW 1992, 328; DVBl 1992, 1371; Osterloh JuS 1992, 610). Umstritten ist, ob sich auf Vertrauensschutz und den Wegfall der Bereicherung nach § 818 Abs 3 BGB **auch Behörden** und öffentliche Körperschaften berufen können.[7]

15 **2. Ausschluss der Berufung auf Entreicherung. a) Kenntnis, grobfahrlässige Unkenntnis (Abs 2 S 2).** Volle Erstattungspflicht trotz eingetretener Entreicherung besteht gem Abs 2 S 2, der insoweit an die Stelle von § 819 BGB tritt, bei Kenntnis oder grobfahrlässiger Unkenntnis der Umstände, welche die Rechtswidrigkeit des VA begründen.[8] Anders als gem § 48 Abs 2 S 3 Nr 3, wo Kenntnis oder grobfahrlässige Unkenntnis der Rechtswidrigkeit des VA gefordert wird, genügt nach S 2 schon die **Kenntnis der Umstände, die die Rechtswidrigkeit bewirken** (vgl dazu auch BVerwG NJW 1992, 707; differenzierend StBS 64 ff).

16 **Als grobfahrlässige Unkenntnis** iS der Vorschrift ist es jedenfalls anzusehen, wenn die **Rechtswidrigkeit des VA offensichtlich** ist (vgl OVG Hamburg

---

[6] BVerwG NVwZ-RR 1994, 32; BGH NJW 1984, 3095; 1985, 2700 mwN; ebenso zum früheren Recht BVerwGE 32, 228; BVerwG DÖV 1970, 747; OVG Bremen DÖV 1974, 353; StBS 16 f; **aA** zum bish Recht BVerwGE 37, 56; VGH München BayVBl 1973, 184.

[7] **AA** BVerwGE 36, 113: nur der Bürger, nicht auch ein öffentlicher Rechtsträger kann sich auf eine Entreicherung berufen; BVerwGE 60, 211; OVG Koblenz NVwZ 1988, 448, 946 und 948; StBS 46.

[8] Ebenso die frühere Rspr, die die §§ 819 Abs 1, 820 Abs 1 BGB entspr anwandte, vgl VGH München BayVBl 1974, 673 mwN.

NVwZ 1988, 74), oder wenn der Betroffene nach dem Inhalt des VA und/oder nach den ihm bekannten Umständen jedenfalls mit einer Rücknahme des VA rechnen muss (BVerwGE 74, 367 = DVBl 1986, 1207); ein bloßer allgemeiner Hinweis der Behörde auf die Rücknahmemöglichkeit genügt insoweit nicht in jedem Fall, insbes wenn die Rechtslage streitig ist. **Bei juristischen Personen** kommt es auf die Kenntnis einer vertretungsberechtigten Person oder einer für die vorausgegangene Empfangnahme der zu erstattenden Leistung oder nunmehr für die Erstattung der Leistung zuständigen Person an (BVerwGE 71, 56 = NJW 1985, 2208), **bei mehreren** vertretungsberechtigten oder im dargelegten Sinn zuständigen **Personen** auf die Kenntnis desjenigen, der zuerst Kenntnis erlangt (BVerwGE 71, 56).

b) Vorläufige Bewilligung von Leistungen. Wurden Leistungen nur vorläufig bewilligt, so kommt es für die Berücksichtigung des Wegfalls der Bereicherung auf eine **Abwägung des Interesses** des Empfängers der Leistung mit dem öffentlichen Interesse an der Beseitigung dieser Vermögenslage an (BVerwGE 74, 357 = NVwZ 1987, 44; BVerwG NJW 1992, 707). War die vorläufige Bewilligung allein auf Grund nicht näher geprüfter Angaben des Leistungsempfängers erfolgt und liegt der Rücknahmegrund ausschließlich oder überwiegend in seinem Verantwortungsbereich, so entfällt idR die Möglichkeit, sich auf den Wegfall der Bereicherung zu berufen (BVerwG NJW 1992, 707). 17

c) Ausschluss des Entreicherungseinwands nach EG-Recht. Ein Entreicherungseinwand nach Abs 2 S 1 ist ausgeschlossen, wenn die zuständige Behörde auf Grund einer bestandskräftigen Entscheidung der EU-Kommission verpflichtet worden ist, den Bewilligungsbescheid zurückzunehmen und die Beihilfe zurückzufordern.[9] In derartigen Fällen kommt zwar für die Zurücknahme der Bewilligung und die Rückforderung der Beihilfe nationales Recht, hier also § 49 a zur Anwendung, allerdings mit der mit der Maßgabe, dass es auf Kenntnis oder grobfahrlässige Unkenntnis der die Rücknahme begründenden Umstände nicht ankommt. Dies folgt aus dem aus Art 10 EG folgendem Gebot einer effektiven Umsetzung europarechtlicher Vorgaben im Rahmen des nationalen Verwaltungsverfahrens (s näher Einf Rn 57).[10] IdR wird in diesen Fällen bereits der Ausschluss des Entreicherungseinwands nach Abs 2 S 2 greifen, weil Vertrauensschutz bereits auf der Ebene der Entscheidung der Kommission berücksichtigt worden sein wird. Gleichwohl kann es Fälle geben, in denen es trotz fehlender grob fahrlässiger Unkenntnis eine Rückforderung geboten ist. 18

IV. Verzinsung (Abs 3)

1. Zinsanspruch (S 1). Während § 44 a Abs 3 BHO aF für den Fall der Erstattung noch eine Verzinsung von nur 6% vorsah, ist der Erstattungsbetrag nach Abs 3 mit pro Jahr **5% über dem jeweiligen Basiszinssatz** zu verzinsen. Der an die Bedingungen des Kapitalmarktes angepasste Zinssatz soll verhindern, dass Verzögerungen der Erstattung zu finanziellen Vorteilen des Verpflichteten führen (BT-Dr 13/1534 S 7). Der Zinsanspruch kann durch VA geltend gemacht werden (OVG Magdeburg NVwZ 2002, 108). 19

Die **Zinspflicht beginnt** mit dem Eintritt der Unwirksamkeit des der Leistung zugrundeliegenden VA, also nicht erst mit dem Erlass des VA, mit dem die Festsetzung der zu erstattenden Leistung erfolgt, wie dies nach § 44 a Abs 3 S 1 BHO aF der Fall war. Die Unwirksamkeit des VA tritt nach § 43 Abs 2 in dem Zeitpunkt ein, in dem der Widerruf bzw. die Rücknahme wirksam werden. IdR wird 20

---

[9] Vgl EuGH Slg I 1997, 1591 = NJW 1998, 47 – Alcan II; Slg I 1998, 4782 – Oelmühle; StBS 10; s auch Ehlers GewArch 1999, 316; zT **aA** noch BVerwGE 92, 81.

[10] Zur Übertragbarkeit der zur Rücknahme ergangenen Entscheidungen des EuGH Erichsen/Ehlers § 29 Rn 23; StBS 69 b.

dies, da Abs 1 die Erstattungspflicht für den Fall der rückwirkenden Aufhebung des VA regelt, der **Zeitpunkt des Erlasses des ursprünglichen VA** bzw, wenn die Leistung später erbracht wurde, der Zeitpunkt der Leistung sein. Der Erstattungsbetrag ist daher idR rückwirkend zu verzinsen (BT-Dr 13/1534 S 7). Werden Widerruf oder Rücknahme angefochten, so hemmt die dadurch ausgelöste aufschiebende Wirkung (§ 80 Abs 1 VwGO) nur die Durchsetzung des Zinsanspruchs, lässt ihn aber nicht entfallen (so auch StBS 73).

21 **2. Absehen vom Zinsanspruch (Abs 3 S 2). a) Allgemeines.** Nach Abs 3 S 2 kann von der Geltendmachung des Zinsanspruchs ganz oder teilweise abgesehen werden. Die Vorschrift entspricht der Regelung in § 44a Abs 3 S 2 BHO aF. Die Regelung ermächtigt die Behörde dazu, nach Ermessen (§ 40) von einer Zinsforderung abzusehen, „wenn der Zuwendungsempfänger die Umstände, die zum Entstehen des Erstattungsanspruchs geführt haben, nicht zu vertreten hat und die Erstattung innerhalb der von der Bewilligungsbehörde festgesetzten Frist leistet". Das Absehen vom Zinsanspruch steht im Ermessen der Behörde; der Schuldner hat einen **Anspruch auf fehlerfreie Ermessensentscheidung** (StBS 78). Trotz der scheinbar abschließenden Regelung ist anzunehmen, dass die Befugnis der Behörde, auf Grund anderer Vorschriften, zB von Billigkeitsregelungen, auch aus anderen Gründen auf eine Zinsforderung zu verzichten, unberührt bleibt. Dies entspricht allgemeinen haushaltsrechtlichen Grundsätzen. Auch der Zinsanspruch ist von der Behörde mit **VA geltend zu machen;** dies muss nicht zusammen mit der Rücknahme bzw dem Widerruf geschehen, sondern kann auch mit einem gesonderten VA erfolgen (BVerwG NVwZ 1992, 772).

22 **b) Vertretenmüssen des Empfängers.** Voraussetzung für das Absehen von der Erhebung der in Abs 3 S 1 vorgesehenen Zinsen ist, dass der Begünstigte die Rücknahmeumstände nicht zu vertreten hat. Zu vertreten hat der Empfänger analog § 276 BGB jedes Verschulden, **auch leichte Fahrlässigkeit** (Weides NJW 1981, 4848), hins aller Umstände, dh aller Gründe iS von Abs 2 S 2, die **in seine Risikosphäre fallen** (VGH München NVwZ 1990, 882; NVwZ-RR 1991, 451; BayVBl 1990, 310), auch zB, wenn er die in Frage stehenden Umstände nur geduldet hat. Mitverschulden reicht insoweit aus.

V. Zwischenzinsen (Abs 4)

23 Nach Abs 4 können im Fall der nicht alsbaldigen Verwendung der Mittel für die Zeit bis zur zweckentsprechenden Verwendung Zinsen nach Abs 3 verlangt werden (Zwischenzinsen). Damit ist nicht nur die Möglichkeit gegeben, wirtschaftliche Vorteile des Empfängers abzuschöpfen (BT-Dr 13/1534 S 7), sondern auch ein Anreiz geschaffen, die Mittel so rasch wie möglich zweckentsprechend einzusetzen. Die Regelung entspricht § 44a Abs 3 S 4 BHO aF. Der Zinsanspruch nach Abs 4 kann, wie der Bezug auf Abs 3 zeigt, ebenfalls durch VA nach Abs 1 festgesetzt werden.

VI. Der allgemeine öffentlich-rechtliche Erstattungsanspruch

24 Soweit weder § 49a noch die speziellen Vorschriften des Fachrechts anwendbar sind, kann eine Rückforderungsanspruch auch auf den allgemeinen öffentlich-rechtlichen Erstattungsanspruch gestützt werden. Dabei handelt es sich um ein **eigenständiges öffentlich-rechtliches Rechtsinstitut,** das sich aus dem Grundsatz der Gesetzmäßigkeit der Verwaltung ergibt, wonach eine rechtsgrundlose Vermögensverschiebung grundsätzlich rückgängig zu machen ist.[11] Der Erstattungsanspruch kann sowohl den Bürger als auch den Staat zu einer Klage auf

[11] Vgl zB Maurer § 28 Rn 21; Erichsen/Ehlers § 29 Rn 19; Lorenz in Staudinger, Komm zum BGB, Vorb zu § 812 BGB Rn 73ff.

Erstattung berechtigen. Auch der Staat ist grundsätzlich darauf angewiesen, den allgemeinen öffentlichrechtlichen Erstattungsanspruch klageweise geltend zu machen. Eine **Durchsetzung des Anspruchs durch VA** kommt nur in Betracht, wenn dies spezialgesetzlich vorgesehen ist oder die rechtsgrundlose Leistung auch bereits durch VA erfolgte (sog Kehrseitentheorie, vgl BVerwGE 40, 88).

Die **Anspruchsvoraussetzungen** des allgemeinen öffentlichrechtlichen Er- **25**
stattungsanspruchs sind im Wesentlichen anhand der §§ 812ff BGB entwickelt worden. Danach muss eine **Vermögensverschiebung** durch Leistung (VGH München NVwZ 1993, 794) oder in sonstiger Weise (BVerwGE 71, 85) im Rahmen eines **öffentlichrechtlichen Rechtsverhältnisses** vorliegen (vgl auch OVG Münster NJW 1992, 2245). Problematisch ist insoweit vor allem, wann das Rechtsverhältnis, in dem die Vermögensverschiebung stattgefunden hat, dem öffentlichen Recht zuzuordnen ist (s hierzu näher Schoch, Jura 1994, 87). Zur irrtümlichen Zahlung auf Grund einer öffentlichrechtlichen Leistungspflicht an nicht berechtigte Dritte s BVerwGE 84, 274 = NJW 1990, 2482 (privatrechtlich); **aA** Ehlers in Schoch § 40 Rn 290 (öffentlichrechtlich). Die Vermögensverschiebung muss weiter **ohne Rechtsgrund** erfolgt sein. Soweit ein VA den Rechtsgrund für die Verschiebung darstellt, muss dieser zuvor aufgehoben worden sein. Schließlich darf der Geltendmachung des Erstattungsanspruchs **kein Vertrauensschutz** entgegenstehen. Die hM geht dabei davon aus, dass die bürgerlichrechtlichen Vorschriften über die Entreicherung (§§ 818 Abs 3, 819 BGB) im öffentlichen Recht nicht ohne weiteres entsprechend anwendbar sind. Vielmehr müsse der Vertrauensschutz nach öffentlichrechtlichen Maßstäben beurteilt werden (BVerwGE 71, 85 = NJW 1985, 2436; kritisch Maurer § 28 Rn 28).

§ 50 Rücknahme und Widerruf im Rechtsbehelfsverfahren

§ 48 Abs. 1 Satz 2 und Abs. 2 bis 4 sowie § 49 Abs. 2 bis 4 und 6 gelten nicht,[6] wenn ein begünstigender Verwaltungsakt,[13] der von einem Dritten angefochten worden ist,[17] während des Vorverfahrens oder während des verwaltungsgerichtlichen Verfahrens aufgehoben wird, soweit dadurch dem Widerspruch oder der Klage abgeholfen wird.[21]

Parallelvorschriften: § 132 AO, §§ 46–48, 50 SGB-X

Schrifttum: *Cornils,* Zur Anwendbarkeit des § 50 VwVfG: Wahlfreiheit der Verwaltung oder Vorrang des Widerspruchsverfahrens, Vw 2000, 485; *Ehlers,* Das VwVfG im Spiegel der Rechtsprechung, Vw 1998, 53; *Erichsen,* Die Aufhebung von VAen durch die Verwaltung, Jura 1981, 534, 590; *Gassner,* Rücknahme drittbelastender VAe im Rechtsbehelfsverfahren, JuS 1997, 794; *Gusy,* Bestandskraft und Konkurrentenklage, GewA 1988, 322; *Horn,* Die Aufhebung des der Drittanfechtung unterliegenden VA, 1989; *ders,* Der Aufhebungsanspruch beim VA mit Drittwirkung, DÖV 1990, 864; *Klostermann,* Die Aufhebung des Verwaltungsaktes mit Doppelwirkung im Verwaltungsverfahren, 1992; *Laubinger,* Der Verwaltungsakt mit Doppelwirkung, 1967, 185; *Remmert,* Die behördliche Aufhebung von VAen mit Doppelwirkung, VerwArch 2000, 209; *Schenke,* Rechtsprobleme des Konkurrentenschutzes im Wirtschaftsverwaltungsrecht, NVwZ 1993, 718; *ders,* Der Folgenbeseitigungsanspruch bei Verwaltungsakte mit Drittwirkung, DVBl 1990, 328; *Schwerdtfeger,* Grundrechtlicher Drittschutz im Baurecht, NVwZ 1982, 5; *Simon,* Zurücknahme begünstigender Verwaltungsakte auf unzulässigen oder unbegründeten Widerspruch Dritter, BayVBl 1968, 193; S auch zu §§ 48 und 49.

Übersicht

I. Allgemeines

1 **1. Inhalt.** Die Vorschrift sieht **Ausnahmen von den Beschränkungen,** die gem § 48 und § 49 für die Rücknahme bzw den Widerruf begünstigender VAe aus Gründen des Vertrauensschutzes gelten, für den Fall vor, dass die Behörde **während eines anhängigen Widerspruchs- oder Klageverfahrens** den von einem Dritten angefochtenen VA zurücknimmt bzw widerruft, um dem Widerspruch bzw der Klage abzuhelfen. Trotz des Fehlens näherer inhaltlicher Festlegungen sind verfassungsrechtliche Bedenken gegen die Vorschrift nicht veranlasst, weil sich die Maßstäbe für die zu treffende Entscheidung aus dem Zusammenhang mit § 48 und § 49 und mit § 40 ergeben (vgl Kopp DÖV 1990, 165; **aA** Knoke 313, auf Grund der nicht zutreffenden Annahme, dass die Regelung eine Berücksichtigung von Ermessensgesichtspunkten ausschließe).

2 **Die Regelung entspricht der schon vor Erlass des VwVfG vertretenen hM.**[1] Sie dient der Erleichterung der Rücknahme oder des Widerrufs eines VA in Fällen, in denen bereits ein Rechtsbehelfsverfahren anhängig ist (vgl BVerwGE 5, 321), und damit letztlich denselben Zwecken wie §§ 48 und 49. Damit sollen unnötige Widerspruchs- und Klageverfahren vermieden werden. Die Regelung zieht Konsequenzen aus dem Umstand, dass der durch den VA Begünstigte idR **keinen Vertrauensschutz** genießt, weil er, solange ein Rechtsbehelfsverfahren anhängig ist, ohnehin idR nicht auf den Bestand des VA vertrauen kann, sondern mit der Aufhebung durch die Widerspruchsbehörde bzw das Verwaltungsgericht rechnen muss, für die die Beschränkungen nach § 48 und § 49 ebenfalls nicht gelten.[2] Die Ausgangsbehörde hat deshalb im Falle eines Drittwiderspruchs oder einer Drittanfechtungsklage die Wahl, ob sie den Ausgang des Widerspruchs- oder Klageverfahrens abwarten will, oder ob sie durch Widerruf bzw Rücknahme nach Maßgabe des § 50 die Erledigung des anhängigen Rechtsbehelfsverfahrens herbeiführen

[1] Vgl BVerwGE 21, 145; 31, 69; BSG 17, 263; 25, 34; BGH NJW 1982, 2252; Laubinger 185 ff; F 271 mwN; Obermayer VerwR 2. Aufl 129; Erichsen/Ehlers § 38 Rn 48 Anm 85; vgl auch BVerwG NJW 1970, 263.

[2] Begr 74; OVG Münster NVwZ 1989, 72; Meister DÖV 1985, 148; Zanker NVwZ 1984, 86; allg auch BVerwGE 51, 315; 65, 321; BGH NJW 1985, 265; ebenso schon bisher, zB Ossenbühl 124; WBS II § 51 Rn 28.

will.[3] Sie darf allerdings mit einem Vorgehen nach § 50 nicht die anderenfalls drohende Kostenpflicht nach § 80 umgehen (s § 80 Rn 26 f).

2. Anwendungsbereich. a) Unmittelbar. § 50 ergänzt bzw modifiziert die Regelungen der § 48 und § 49 und setzt deshalb zunächst einmal deren Anwendbarkeit voraus. Der unmittelbare Anwendungsbereich erstreckt sich deshalb auf Widerrufs- bzw Rücknahmeverfahren nach dem VwVfG. Die Verwaltungsverfahrensgesetze der Länder enthalten wortgleiche Bestimmungen. Die Regelung gilt nur für die Rücknahme und den Widerruf von **VAen mit Drittwirkung,** die von Dritten, die dadurch in ihren Rechten betroffen werden, mit einem Rechtsbehelf angegriffen werden, und bei denen die Behörde mit der Rücknahme bzw dem Widerruf des angefochtenen VA einer **Rechtsbehelfsentscheidung über diesen zuvorkommt** und damit eine solche überflüssig macht. § 50 gilt gem § 1 Abs 1 und 2 nur vorbehaltlich bestehender anderer inhaltsgleicher oder entgegenstehender Bestimmungen in anderen Rechtsvorschriften. Solche vorgehende Regelungen können sich uU auch aus dem Zusammenhang und Zweck einer gesetzlichen Regelung ergeben. 3

Voraussetzung für die Anwendbarkeit ist ein **anhängiges Widerspruchs- oder Klageverfahren.** Nach Abschluss von Widerspruchs- und Klageverfahren ist § 50 nicht mehr anwendbar, unabhängig davon, ob der angefochtene VA ganz oder teilweise aufgehoben oder bestätigt worden ist; ebenso auch nicht auf VAe, die Gegenstand eines Wiederaufnahmeantrags nach § 51 (Obermayer 12; StBS 94; differenzierend Knack 25) bzw einer Wiederaufnahmeklage nach § 153 VwGO, eines Nichtigkeitsfeststellungsantrags nach § 44 Abs 5 oder einer Nichtigkeitsfeststellungsklage nach § 43 Abs 1 VwGO (Obermayer 12) sind. S dazu, dass der **Rücknahme nichtiger VAe** aber ohnehin idR keine Vertrauensschutzinteressen entgegenstehen, § 48 Rn 19. Nicht anwendbar ist § 50 auch auf VAe, die Gegenstand **einer Aufsichtsbeschwerde** (Obermayer 12) sind, außerdem, da § 50 eine Anfechtung durch einen Dritten vorsieht, auch nicht auf belastende Teilregelungen eines VA, die der im Übrigen durch den VA Begünstigte anficht. 4

b) Entsprechende Anwendbarkeit. Die Vorschrift ist analog anwendbar, wenn sich Widerruf und Rücknahme nicht nach den §§ 48, 49, sondern nach entsprechenden Vorschriften des Fachrechts richten, sofern darin keine abschließende Regelung getroffen worden ist.[4] Sie ist ferner als **Ausdruck eines allgemeinen Rechtsgedankens** auch auf Fälle anzuwenden, die zwar unter das VwVfG fallen und auf die auch die §§ 48 f anwendbar sind, für die aber auf Grund besonderer Rechtsvorschriften, nicht **das Vorverfahren** (Widerspruchsverfahren) gem §§ 68 ff VwGO bzw nicht das Klageverfahren nach der VwGO, sondern nach anderen Gesetzen, zB die Klage im ordentlichen Rechtsweg oder Finanzrechtsweg gegeben ist (vgl § 79 Rn 7), zB bei Streitigkeiten über eine durch VA festgesetzte Enteignungsentschädigung (vgl BGH NJW 1982, 2253; str, vgl Kopp/Schenke § 40 Rn 60). 5

3. Ausgeschlossene Vorschriften. a) Allgemeines. Ausgeschlossen wird durch § 50 die Anwendbarkeit von § 48 Abs 1 S 2, Abs 2–4 und 6 und von § 49 Abs 2–4 und 6 schlechthin, auch bzgl der Ausgleichs- bzw Entschädigungspflicht gem § 48 Abs 3 und § 49 Abs 5.[5] Dies gilt auch dann, wenn die Abhilfe nicht aus Rechtsgründen, sondern aus Ermessensgründen erfolgt, selbst wenn die Abhilfe erst während des gerichtlichen Verfahrens erfolgt, in dem eine Aufhebung aus Ermessensgründen durch das Gericht (§ 114 VwGO) nicht mehr möglich ist (str; 6

---

[3] HM, vgl BVerwGE 101, 64, 69; StBS 5: **aA** Knoke 299; Carnils Vw 2000, 485, 203.

[4] Allg M, vgl StBS 1; UL § 64 Rn 3; Knack 5. Zur Frage, ob § 50 auch für den Widerruf atomrechtlicher Genehmigungen gilt, vgl Schoch, DVBl 1990, 549.

[5] OVG Münster NVwZ 1989, 72; Knack 18; Peters DÖV 1968, 553; K 2; str; s auch im Folgenden; zT **aA** Knoke 286: § 48 wird nur modifiziert.

unklar insoweit vdGK 3.2). Die Bezugnahme auf § 48 Abs 6 beruht auf einem Redaktionsversehen und ist gegenstandslos (so auch Obermayer 32).

7 **b) Rückwirkender Widerruf.** Nach dem klaren Wortlaut der insoweit nicht eingeschränkten Verweisung auch auf § 49 Abs 2 gilt der Ausschluss von § 49 Abs 2 auch hinsichtlich des Verbots eines rückwirkenden Widerrufs begünstigender VAe. Der **Widerruf ist in den Fällen des § 50 stets auch rückwirkend möglich** (BVerwG BayVBl 1994, 374 = DÖV 1994, 750; **aA** Knack 13), selbst bei Rückwirkung über den Zeitpunkt der Anfechtung hinaus (zT **aA** StBS 88; MB 5: rückwirkend nur bis auf den Zeitpunkt der Anfechtung).

8 **c) Kein Ausschluss jeglichen Vertrauensschutzes.** Der Ausschluss der Anwendbarkeit des § 48 Abs 1 S 2, Abs 2–4 und 6 sowie des § 49 Abs 2–4 und 6 bedeutet nicht, dass Gesichtspunkte des Vertrauensschutzes nicht ggf bei der von der Behörde zu treffenden **Ermessensentscheidung** zu berücksichtigen sind, zB, wenn wegen fehlender ordnungsgemäßer Bekanntgabe des VA Rechtsbehelfsfristen nicht zu laufen begonnen haben (StBS 74f; Lange Jura 1980, 464; MB 17–19; **aA** Knoke 313).

9 **d) Ansprüche aus dem Gesichtspunkt der Amtshaftung.** Derartige Ansprüche bleiben unberührt (Gusy GewArch 1988, 327; StBS 2 und 81; Knack 18). Gleiches gilt für etwaige Ansprüche unter dem Gesichtspunkt eines enteignenden oder enteignungsgleichen Eingriffs, etwa wenn die Anfechtung des VA erst nach Jahren erfolgt, weil der VA einem betroffenen Dritten nicht ordnungsgemäß bekanntgegeben worden war (vgl § 41 Rn 27ff; K § 112 Rn 8a). Unberührt bleibt auch ein etwaiger **Folgenbeseitigungsanspruch** (Schenke DVBl 1990, 328; Horn DÖV 1989, 976; Knack 18).

10 **4. Verhältnis zum Rechtsbehelfsverfahren.** § 50 regelt nur die Rücknahme bzw den Widerruf eines VA mit Drittwirkung **„anlässlich" eines Rechtsbehelfsverfahrens** (Widerspruchs- oder Klageverfahren), nicht dagegen die Befugnisse der Abhilfebehörde nach § 72 VwGO oder der Widerspruchsbehörden nach §§ 68, 73 VwGO bei der Entscheidung über den Rechtsbehelf. Die Befugnisse der Rechtsbehelfsbehörden in ihrer Eigenschaft als solche ergeben sich ebenso wie die Befugnisse der Gerichte bei der Überprüfung von VAen unmittelbar aus der VwGO bzw, soweit für Rechtsbehelfe besondere Bestimmungen gelten (zB Zuständigkeit der Zivilgerichte), nach diesen.[6] Für die Abhilfe- oder Widerspruchsentscheidung nach §§ 68ff VwGO spielen die §§ 48, 49 ohnehin keine Rolle. Deshalb betrifft § 50 praktisch nur Fälle, in denen ein VA aus anderen Gründen als zur Beseitigung einer Rechtsverletzung des Klägers oder Widerspruchsführers, insbes aus Zweckmäßigkeitsgründen (s Rn 26), zurückgenommen oder widerrufen werden soll. Gleiches gilt im Falle des Widerrufs auch bei einer Änderung der Sach- und Rechtslage.

11 Die erweiterte Rücknahme- bzw Widerrufsbefugnis nach § 50 besteht nur **für die Dauer** der Anhängigkeit **eines Rechtsbehelfsverfahrens** bezüglich des in Frage stehenden begünstigenden VA und grundsätzlich auch **nur in den Grenzen,** die durch die Anfechtung, dh durch den entsprechenden Rechtsbehelfsantrag und dessen Zulässigkeit gem §§ 40ff, 68ff, 74ff VwGO oder nach anderen Vorschriften gezogen sind. **Sie beginnt** mit dem Eingang des Rechtsbehelfs und **endet** mit dem Eintritt der Unanfechtbarkeit der Entscheidung darüber bzw mit der Erledigung des Rechtsbehelfs in anderer Weise, zB durch Zurücknahme, Abschluss eines Vergleichs.

12 Nicht geregelt ist in § 50 die umstrittene Frage der Zulässigkeit einer **reformatio in peius** im Widerspruchsverfahren zu Lasten des Widerspruchsführers selbst (vgl MuE 183). Insoweit lässt § 50 die allgemeinen Grundsätze des Rechtsbehelfs-

---

[6] Ebenso StBS 3; Erichsen/Ehlers § 19 Rn 5; str; vgl Begr 74, **aA** offenbar noch Erichsen VerwArch 1978, 311f, insb Anm 60.

verfahrensrechts unberührt. Mittelbar kann jedoch wegen der Vergleichbarkeit der Situation § 50 als Bestätigung der hM (vgl dazu Kopp/Schenke § 68 Rn 10c) angesehen werden, wonach die reformatio in peius, soweit durch Rechtsvorschriften nichts anderes bestimmt ist, im Grundsatz als zulässig anzusehen ist (vgl hierzu § 79 Rn 26ff).

II. Voraussetzungen des § 50

1. Begünstigender VA mit Drittwirkung. Voraussetzung für die Anwendbarkeit des § 50 ist zunächst das Vorliegen eines VA mit Drittwirkung, dh eines VA, der eine oder mehrere Personen begünstigt und zugleich mindestens eine andere belastet (Begr 73f; MuE 181f). Darauf, ob die Behörde beim Erlass des VA diese Wirkung beabsichtigt hat oder ein VA nur unbeabsichtigt diese Wirkung hat, kommt es nicht an (ebenso Knack 7). § 50 bewirkt folglich eine Erweiterung der Befugnisse der Behörden zur Rücknahme bzw zum Widerruf für VAe mit Drittwirkung. 13

a) Begünstigender VA. Begünstigend ist ein VA dann, wenn er dem Adressaten einen rechtlichen Vorteil einräumt. Erfasst werden auch VAe, die einer anderen Person als dem Adressaten einen derartigen Vorteil einräumen (s auch StBS 63; UL § 65 Rn 2). Zum Begriff des begünstigenden VA iS des § 50 vgl näher § 48 Rn 61. Dass der VA zugleich einen anderen, nämlich den Dritten, der dagegen einen Rechtsbehelf eingelegt hat, belastet, schließt entsprechend dem Zweck des § 50 nicht aus, dass der VA im Hinblick auf § 50 auch als iS der §§ 48, 49 begünstigend anzusehen ist (vgl § 48 Rn 72). Als begünstigend idS ist **auch ein Widerspruchsbescheid** anzusehen, der zugunsten desjenigen entschieden hat, zu dessen Lasten die Rücknahme bzw der Widerruf nach § 50 erfolgen sollte (vgl § 48 Rn 73). 14

b) Belastende Drittwirkung. Der begünstigende VA muss eine belastende Drittwirkung entfalten. Dies setzt voraus, dass ein subjektives öffentliches Recht des Dritten beeinträchtigt ist. Der VA muss also Rechtspositionen Dritter in rechtlich relevanter Weise berühren. Ob der anfechtende Dritte über subjektive öffentliche Rechte verfügt, die durch den VA beeinträchtigt werden (können), ist eine Frage des materiellen Rechts. Zur Begründung subjektiver öffentlicher Rechte s Einf Rn 63ff. Eine Übersicht über Einzelfälle gibt StBS 29ff. 15

Wird nur der Widerspruchsführer bzw **Kläger selbst** insgesamt oder durch einzelne Teilregelungen belastet, liegt kein VA mit Drittwirkung idS vor (s Knack 7u 8; StBS 61); es erübrigt sich eine entsprechende Regelung, da hier Rücknahme und Widerruf schon nach § 48 Abs 1 S 1 bzw § 49 Abs 1 den in § 50 genannten Beschränkungen nicht unterliegen. Zur Frage der analogen Anwendung des § 50 auf anfechtbare, aber noch nicht angefochtene VAe s auch unten Rn 17. 16

2. Anfechtung durch einen Dritten. a) Anfechtung. Die Vorschrift setzt voraus, dass der VA von einem Dritten angefochten worden ist.[7] Dass der in Frage stehende VA dem Dritten ordnungsgemäß bekanntgegeben worden war, ist nicht Voraussetzung (BVerwG NJW 1994, 3116), so wie auch allgemein die ordnungsgemäße Bekanntgabe nicht Voraussetzung für die Zulässigkeit des Rechtsbehelfs gegen den VA ist. Umstritten ist, ob die Anfechtung durch Widerspruch bzw Anfechtungsklage bereits erfolgt sein muss, oder ob die bloße Anfechtbarkeit ausreicht. Solange ein VA nicht angefochten ist, aber wegen noch offener Anfechtungsfristen noch anfechtbar ist, kann der Begünstigte zwar noch nicht auf den Bescheid vertrauen; gleichwohl erlaubt die unterschiedliche Interessenlage (vgl 17

---

[7] Knoke 64; Erichsen/Ehlers § 19 Rn 6; Maurer § 11 Rn 20; Knack 19; StBS 70; **aA** Schenke DÖV 1983, 324: auch schon bloße Anfechtbarkeit genügt; ebenso offenbar auch Horn DÖV 1990, 864.

Begr 74) die **Anwendbarkeit des § 50 nicht, solange noch keine Anfechtung erfolgt ist.**[8] Es muss sich um ein Rechtsbehelfsverfahren handeln, das durch den **Rechtsbehelf eines Dritten** anhängig geworden ist, bzw, wenn das Verfahren schon vorher durch einen Rechtsbehelf zB des Adressaten des VA anhängig geworden ist (etwa weil dieser sich gegen eine ihn belastende Nebenbestimmung wehrt), in dem jedenfalls auch über den Rechtsbehelf eines Dritten zur Sache zu entscheiden ist.

18 **Umstritten ist die Anwendbarkeit** für die **Zeit zwischen dem Erlass des Widerspruchsbescheides** und dem Eintritt der Unanfechtbarkeit bzw der **Klageerhebung.** Entgegen der hM (vgl StBS 94; Knack 16; Obermayer 20) reicht es für die Anwendbarkeit aus, dass der Widerspruchsbescheid noch nicht unanfechtbar geworden ist. Auch wenn über einen VA bereits durch Widerspruchsbescheid entschieden wurde, wird § 50 nicht erst dann wieder erneut anwendbar, wenn Klage erhoben wird, sondern bleibt auch in der Zeit zwischen dem Ergehen des Widerspruchsbescheids und der Klageerhebung anwendbar. Die Anfechtungswirkung des Widerspruchs dauert hier an; deshalb ist die Interessenlage hier eine andere, als vor Erhebung des Widerspruchs.

19 **b) Dritter.** Dritter iS von § 50 ist der durch den einen anderen begünstigenden VA in seinen subjektiven öffentlichen Rechten Betroffene. Dies kann ggf auch der ursprünglich durch den VA Begünstigte sein, der nach § 79 Abs 1 Nr 2 VwGO gegen den Widerspruchsbescheid klagt, durch den zB die ihm ursprünglich erteilte Genehmigung usw aufgehoben oder zu seinen Ungunsten abgeändert wurde (ebenso Knack 4.3); ebenso auch ein Vertreter kraft Amtes. Nicht anwendbar ist § 50 auf den Fall, dass der Begünstigte selbst den VA hins. einer ihn belastenden Teilregelung, zB einer Nebenbestimmung, anficht (ebenso Obermayer 10; Knack 23). Die Behörde kann daher eine solche Anfechtung auch nicht nach § 50 zum Anlass einer Verböserung (reformatio in peius) des VA nehmen, die nach den §§ 48, 49 sonst nicht zulässig wäre (vgl MuE 183). Dies gilt jedoch nur für das vom Widerspruchsverfahren zu unterscheidende Rücknahme- bzw Widerrufsverfahren, nicht auch für Entscheidungen über den Widerspruch selbst (MuE 183), für die die Frage der Zulässigkeit der Verböserung umstritten ist, angesichts der Parallelität der Probleme aber eher zu bejahen ist (vgl § 79 Rn 26 ff).

20 **c) Teilanfechtung.** Ist die Anfechtung eines VA **auf einen Teil des VA** beschränkt, so ist § 50 auch nur hins. dieses Teils anwendbar (Begr 74; UL § 64 Rn 16; Knack 17), auch wenn der Rechtsbehelf nachträglich noch in zulässiger Weise (vgl BVerwG DÖV 1970, 138) auf weitere Teile erweitert werden kann (Knack 17). Voraussetzung ist insoweit jedoch, dass der angefochtene Teil – entsprechendes gilt, wenn mehrere Teile angefochten wurden, für diese – in dem Sinn abtrennbar ist, dass der nicht angefochtene Teil selbstständig bestehen bleiben kann, ohne dass er gegenstandslos wird oder seinen Sinn oder seine Funktion ändert. Hängen weitere Teile des VA mit dem angefochtenen Teil so eng zusammen, dass der angefochtene Teil auch im Rechtsbehelfsverfahren nicht isoliert aufgehoben werden könnte, so werden auch diese Teile erfasst.

21 **3. Abhilfe durch Aufhebung. a) Voraussetzungen.** Die erleichterten Rücknahme- bzw Widerrufsvoraussetzungen gelten nur, **soweit dadurch dem Widerspruch oder der Klage abgeholfen wird.** Die Aufhebung des VA darf nur insoweit unter den erleichterten Voraussetzungen des § 50 erfolgen, wie durch sie die Beeinträchtigung beseitigt wird, wegen der der Dritte den VA angefochten hat (StBS 96). Unerheblich ist, aus welchen Gründen die Abhilfe erfolgt. Insb muss der dafür maßgebliche Grund nicht mit dem Grund, auf den der Rechtsbe-

[8] HM, vgl StBS 70; Knack 16; Erichsen/Ehlers § 19 Rn 13; Maurer § 11 Rn 70; **aA** BVerwGE 31, 69; Horn DÖV 1990, 864; F 264; ferner Schenke DÖV 1983, 329.

helf gestützt war, identisch sein.[9] Unerheblich ist deshalb auch, ob die Abhilfe **wegen Rechtswidrigkeit des VA oder aus Zweckmäßigkeitsgründen** (§ 68 Abs 1 VwGO) erfolgt.[10] Umstritten ist aber die Frage, welche Anforderungen an die Erfolgsaussichten der Drittwiderspruchs bzw der Drittanfechtungsklage gestellt werden müssen, damit ihm durch einen Widerruf bzw eine Rücknahme des angefochtenen VA abgeholfen werden darf (Übersicht zum Streitstand bei Gassner JuS 1997, 794).

aa) Zulässigkeit des Rechtsbehelfs. Weitgehende Einigkeit besteht darüber, 22
dass der Rechtsbehelf, idR also Widerspruch oder Klage, der Anlass für die Rücknahme oder den Widerruf ist, **mindestens zulässig sein muss.**[11] Im Falle einer Fristversäumung muss Wiedereinsetzung gewährt worden sein. Auch darf das Anfechtungsrecht nicht **verwirkt** sein. Erforderlich ist weiter, dass der widersprechende oder klagende Dritte über die erforderliche **Widerspruchs- bzw Klagebefugnis** (§ 42 Abs 2 VwGO) verfügt. Hierzu muss er geltend machen können, durch den angefochtenen VA in seinen subjektiven öffentlichen Rechten verletzt zu sein. Dies erfordert praktisch dieselbe Prüfung, die auch Maßstab des Rechtsbehelfsverfahrens selbst ist.

Abweichend wird teilweise vertreten, es müsse genügen, dass der Rechtsbehelf 23
jedenfalls **nicht offensichtlich unzulässig** ist, etwa weil die Rechtsbehelfsbefugnis nach bzw analog § 42 Abs 2 VwGO offensichtlich fehlt (OVG Bautzen DVBl 1992, 1449 = LKV 1993, 79; StBS 100, 104). Diese Auffassung vermag nicht zu überzeugen. Es mag dahinstehen, ob der Begriff der Abhilfe in § 50 im selben Sinne wie in § 72 VwGO gebraucht wird, wofür viel spricht. Jedenfalls kann es nicht Sinn und Zweck des § 50 sein, die Behörde auch in solchen Fällen von den Vorschriften der §§ 48 f über den Vertrauensschutz freizustellen, in denen es im Rahmen des Rechtsbehelfsverfahrens mangels Zulässigkeit nicht zur Aufhebung des VA kommen könnte (Knoke 309; Gassner JuS 1997, 798).

bb) Begründetheit des Rechtsbehelfs. Umstritten ist, ob als weitere Vo- 24
raussetzung auch die Begründetheit des von dem Dritten eingelegten Rechtsbehelfs verlangt werden muss. Teilweise wird auf eine Prüfung der Begründetheit überhaupt verzichtet (zB VGH München NVwZ 1997, 701, hierzu Gassner JuS 1997, 794). Überwiegend wird demgegenüber verlangt, dass der Rechtsbehelf **jedenfalls nicht offensichtlich unbegründet** ist, dh die Behörde, die dem Rechtsbehelf abhilft, muss bei verständiger Würdigung der Sach- und Rechtslage, insb auch des Vorbringens in der Rechtsbehelfssache, vom Erfolg des Rechtsbehelfs ausgehen können, und deshalb den VA zurücknehmen oder widerrufen.[12] Auch diese Position ist nicht überzeugend. Vielmehr wird dem gebotenen Vertrauensschutz nur eine Position gerecht, die **sowohl Zulässigkeit als auch Begründetheit** des Rechtsbehelfs im Zeitpunkt der Rücknahme bzw des Widerrufs des VA verlangt.[13] Es kann nicht angenommen werden, dass § 50 der Behörde die Möglichkeit geben wollte, auch einen VA zurückzunehmen oder zu widerrufen,

---

[9] OVG Münster NVwZ 1989, 72; MB 40; **aA** Büdenbender/Mutschler, Bindungs- und Präklusionswirkung von Teilentscheidungen nach BImSchG und AtG, 1979, 99.

[10] StBS 89; Erichsen/Ehlers § 19 Rn 8; beim Widerruf kommt idR nur eine Aufhebung aus Zweckmäßigkeitsgründen in Betracht, vgl Knack 14.

[11] BVerwG NVwZ 1983, 285 mwN; OVG Münster NVwZ 1989, 72; Knack 20; Lange Jura 1980, 464; Obermayer 16; MB 11; Gusy GewArch 1988, 325; Osterloh JuS 1983, 722; UL § 64 Rn 9; Knoke 309; Gasner JuS 1997, 798.

[12] BVerwGE 65, 321 = NJW 1983, 242; VGH Mannheim BWVPr 1987, 89; StBS 100, 104; Erichsen JK 89 VwVfG §§ 50, 49 I; Schmidt-Aßmann, in: BVerwG-FS 1978, 583; Knoke 310.

[13] So die hM, vgl BVerwG NVwZ 1990, 857; Knack 20; Maurer § 11 Rn 70 f; nunmehr auch Erichsen/Ehlers § 19 Rn 9.

der im Rahmen der Drittanfechtung nicht aufgehoben werden könnte bzw müsste. Umgekehrt nimmt die Rspr eine **Ermessensreduzierung auf Null** an, wenn der VA im Widerspruchsverfahren aufgehoben werden müsste (BVerwG NVwZ 2002, 730).

25 **Ein unzulässiger oder unbegründeter Rechtsbehelf** darf daher nach § 50 nicht zum Anlass für die Rücknahme oder den Widerruf eines VA unter den erleichterten Bedingungen des § 50 zu Lasten des Begünstigten genommen werden, wenn dieser auch im Rechtsbehelfsverfahren nicht damit rechnen musste; dies ergibt sich zwingend aus dem Zweck der Regelung. Entsprechendes gilt für **in der Sache beschränkte Rechtsbehelfe,** die eine Nachprüfung des VA im Rechtsbehelfsverfahren nur in bestimmter Richtung eröffnen und eine Aufhebung oder Abänderung des VA durch die Rechtsbehelfsbehörde bzw durch das Gericht aus anderen Gründen damit ausschließen.[14]

26 **cc) Ausnahme: Ermessen.** Eine scheinbare Ausnahme dürfte angesichts der weiten Fassung des § 50 nur insoweit gelten, als die Behörde, sofern ihr nach dem maßgeblichen materiellen Recht oder nach § 48 bzw § 49 ein Ermessensspielraum zusteht, auch dann Ermessensfreiheit hat, wenn die Widerspruchsbehörde bzw das Gericht im Rechtsbehelfsverfahren nur zur Nachprüfung des VA im Hinblick auf Rechtsverletzungen befugt ist. Nicht erforderlich ist, dass dem Rechtsbehelf in vollem Umfang abgeholfen wird. § 50 gilt auch für eine teilweise Abhilfe („soweit“) durch nur teilweise Rücknahme bzw teilweisen Widerruf eines VA (BFH NVwZ 1984, 824).

27 **b) Begriff der Abhilfe.** Der Begriff der Abhilfe iS von § 50 entspricht demjenigen in § 72 VwGO, wo er sich nur auf Abhilfe durch die Ausgangsbehörde und nur auf den Zeitraum bis zur Weiterleitung des Widerspruchs an die Widerspruchsbehörde bezieht (Kopp/Schenke § 72 Rn 1 ff). Nach § 50 ist eine Abhilfe demgegenüber **auch noch nach Klageerhebung** möglich,[15] **nicht mehr jedoch nach** Eintritt der **Unanfechtbarkeit** des VA, sofern nicht Wiedereinsetzungsgründe nach § 60 VwGO bzw § 70 Abs 2 iVm § 60 VwGO gegeben sind (vdGK 3.1).

28 **Die Abhilfe erfolgt durch Rücknahme oder Widerruf** des betroffenen VA. Die Behörde ist gem § 50 dabei von den besonderen Beschränkungen gem § 48 Abs 1 S 2, Abs 2 bis 4 und § 49 Abs 2–4 und Abs 6 freigestellt (vgl Meister DÖV 1985, 148), nach dem Wortlaut der Regelung auch ein evtl Widerruf vom Verbot einer Verfügung mit Rückwirkung. Bei der zunächst angeordneten Freistellung auch von § 48 Abs 6, der durch das GenBeschlG aufgehoben wurde, handelte es sich um ein Redaktionsversehen, das im Jahre 1998 korrigiert wurde. Bei der von der Behörde zu treffenden Ermessensentscheidung ist jedoch auch etwa bestehendes Vertrauen auf den Bestand des VA, etwaige Belastungen, die im Vertrauen auf den Bestand des VA aufgenommen wurden, zu berücksichtigen (BVerwG NJW 1994, 3116 = BayVBl 1994, 374; s auch oben Rn 9; **aA** Knoke 313).

29 **4. Zuständige Behörde.** Da § 50 nur die Voraussetzungen von Widerruf und Rücknahme modifiziert, verbleibt es hinsichtlich der Zuständigkeit der Behörden bei den allgemeinen Vorschriften (vgl § 48 Rn 148; § 49 Rn 77). Zuständig gem § 50 für die Rücknahme bzw den Widerruf ist danach **grundsätzlich die Aus-**

---

[14] Vgl aus der Zeit vor Inkrafttreten des VwVfG BVerwGE 47, 19; DÖV 1969, 141; m Anm Simon BayVBl 1969, 99 und ME VerwArch 1969, 378; NJW 1970, 263; 1981, 67; Begr 74; MuE 183; vdGK 2; Simon BayVBl 1969, 141.

[15] VGH München BayVBl 1987, 465; VGH Mannheim VBlBW 1989, 53; Obermayer 26; zT **aA** hins eines Widerrufs Knack 14: kein Widerruf mehr zur Abhilfe einer Klage; Kritik: für eine unterschiedliche Behandlung von Widerruf und Rücknahme besteht kein zwingender Grund, wenn die Klage nicht offensichtlich unbegründet ist.

gangsbehörde, die den betroffenen VA erlassen hat.[16] **Umstritten** ist, ob daneben **auch die Widerspruchsbehörde** für die Rücknahme bzw den Widerruf in den Fällen des § 50 zuständig ist, wenn in der Sache Widerspruch eingelegt worden ist und die Ausgangsbehörde dem Widerspruch nicht abgeholfen hat. Die Frage ist richtigerweise **zu verneinen.** Die Möglichkeit eines Widerrufs bzw einer Rücknahme nach § 50 hat nur die Ausgangsbehörde; die Zuständigkeit der Widerspruchsbehörde beschränkt sich auf die Entscheidung nach § 73 VwGO.[17]

§ 51 Wiederaufgreifen des Verfahrens

(1) **Die Behörde hat auf Antrag des Betroffenen**[10] **über die Aufhebung oder Änderung eines unanfechtbaren Verwaltungsaktes zu entscheiden,**[12] **wenn**

1. **sich die dem Verwaltungsakt zugrunde liegende Sach- oder Rechtslage nachträglich zugunsten des Betroffenen geändert hat;**[25]
2. **neue Beweismittel vorliegen, die eine dem Betroffenen günstigere Entscheidung herbeigeführt haben würden;**[32]
3. **Wiederaufnahmegründe entsprechend § 580 der Zivilprozessordnung gegeben sind.**[37]

(2) **Der Antrag ist nur zulässig, wenn der Betroffene ohne grobes Verschulden außerstande war, den Grund für das Wiederaufgreifen in dem früheren Verfahren, insbesondere durch Rechtsbehelf, geltend zu machen.**[44]

(3) **Der Antrag muss binnen drei Monaten gestellt werden.**[46] **Die Frist beginnt mit dem Tage, an dem der Betroffene von dem Grund für das Wiederaufgreifen Kenntnis erhalten hat.**[47]

(4) **Über den Antrag entscheidet die nach § 3 zuständige Behörde; dies gilt auch dann, wenn der Verwaltungsakt, dessen Aufhebung oder Änderung begehrt wird, von einer anderen Behörde erlassen worden ist.**[48]

(5) **Die Vorschriften des § 48 Abs. 1 Satz 1 und des § 49 Abs. 1 bleiben unberührt.**[50]

Parallelvorschriften: §§ 173–177 AO; § 48 SGB-X

Die in § 51 in Bezug genommene Vorschrift der ZPO lautet:

§ 580 ZPO. Die Restitutionsklage findet statt:

1. wenn der Gegner durch Beeidigung einer Aussage, auf die das Urteil gegründet ist, sich einer vorsätzlichen oder fahrlässigen Verletzung der Eidespflicht schuldig gemacht hat;
2. wenn eine Urkunde, auf die das Urteil gegründet ist, fälschlich angefertigt oder verfälscht war;
3. wenn bei einem Zeugnis oder Gutachten, auf welches das Urteil gegründet ist, der Zeuge oder Sachverständige sich einer strafbaren Verletzung der Wahrheitspflicht schuldig gemacht hat;
4. wenn das Urteil von dem Vertreter der Partei oder von dem Gegner oder dessen Vertreter durch eine in Beziehung auf den Rechtsstreit verübte Straftat erwirkt ist;
5. wenn ein Richter bei dem Urteil mitgewirkt hat, der sich in Beziehung auf den Rechtsstreit einer strafbaren Verletzung seiner Amtspflichten gegen die Partei schuldig gemacht hat;

---

[16] UL § 64 Rn 9; **aA** Erichsen VerwArch 1978, 311 f auf Grund seines abw Verständnisses von der Zielsetzung von § 50: nur die Widerspruchsbehörde, weil die Ausgangsbehörde nach Abschluss des Abhilfeverfahrens gem § 72 VwGO nicht mehr zuständig sei und den betroffenen VA nur noch gem §§ 48 ff abändern oder aufheben könne.

[17] HM, vgl Knack 12; Obermayer 23; UL § 64 Rn 6; Erichsen/Ehlers § 19 Rn 7.

6. wenn das Urteil eines ordentlichen Gerichts, eines früheren Sondergerichts oder eines Verwaltungsgerichts, auf welches das Urteil gegründet ist, durch ein anderes rechtskräftiges Urteil aufgehoben ist;
7. wenn die Partei
   a) ein in derselben Sache erlassenes, früher rechtskräftig gewordenes Urteil oder
   b) eine andere Urkunde auffindet oder zu benutzen in den Stand gesetzt wird, die eine ihr günstigere Entscheidung herbeigeführt haben würde.

Schrifttum: *Arndt,* Die Versagung des Zweitbescheids, DVBl 1971, 252; *Bastian,* Das verwaltungsbehördliche Ermessen zur Wiederaufgreifen des Verwaltungsverfahrens, Diss Hamburg 1985; *Baumeister,* Der Anspruch auf ein Wideraufgreifen unanfechtbar abgeschlossener Verwaltungsverfahren, VerwArch 1992, 374; *Bettermann,* Über die Wiederaufnahme abgeschlossener Verwaltungsverfahren, in: Wolff-FS 1973, 465; *Burgi,* Das Wiederaufgreifen des Verfahrens gem § 51 VwVfG, JuS 1991, 281; *Classen,* Zur Änderung der Sach- und Rechtslage nach Erlaß eines VA, DÖV 1989, 156; *Erfmeyer,* Die Befugnis der Behörde zum Erlass von Folgebescheiden nach rechtskräftigem Urteil über den Erstbescheid, DVBl 1997, 27; *Erichsen/Ebber,* Das Wiederaufgreifen unanfechtbar abgeschlossener Verwaltungsverfahren gem § 51 VwVfG, Jura 1997, 424; *Frohn,* Das verwaltungsrechtliche Zweitverfahren: Rücknahme, Widerruf und Wiederaufgreifen (§§ 48 ff VwVfG), Vw 1987, 337; *Geuder,* Wiederaufgreifen des Verwaltungsverfahrens und neue Sachentscheidung, 1983, zugleich Diss. Würzburg 1981; *Gosch,* Die Wiederaufnahme unanfechtbar abgeschlossener Verwaltungsverfahren – Zur Dogmatik und Kritik des § 51 VwVfG, Diss. Bielefeld 1981; *Gotzen,* Einige Überlegungen zum Wiederaufgreifen von Verwaltungsverfahren nach rechtskräftiger Klageabweisung, Vr 1998, 361; *Haubitzer,* Zur Anwendung des § 173 AO und § 51 LVwVfG auf bestandskräftige Kommunalabgabenbescheide, KStZ 1984, 24; *Kemper,* Rechtsfragen zum Anwendungsbereich des § 51 VwVfG, unter besonderer Berücksichtigung des Asylverfahrens, NVwZ 1985, 872; *Korber,* Einteiliges Aufhebungsverfahren und zweiteiliges Wiederaufgreifensverfahren, 1983; *ders,* Die Beseitigung belastender VAe durch die Verwaltung im Aufhebungs- und im Wiederaufgreifensverfahren, DVBl 1984, 405; *ders,* Der Aufbau des Verwaltungsverfahrens zur Aufhebung belastender VAe, DÖV 1985, 303; *Kühne,* Zur Systematik des Wiederaufgreifens (§ 51 VwVfG), JA 1985, 326; *Maurer,* Wiederaufgreifen unanfechtbar abgeschlossener Verwaltungsverfahren, JuS 1976, 25; *Möller,* Die Aufhebung unanfechtbar gewordener Verwaltungsakte auf Initiative des Bürgers, Vr 1984, 112; *Rokohl,* Das Wiederaufgreifen des Verfahrens nach dem Landesverwaltungsverfahrensgesetz Baden-Württemberg, VR 1993, 73; *Sachs,* Das Wiederaufgreifen des Verwaltungsverfahrens, JuS 1982, 264; *Schaarschmidt,* Wiederaufgreifen auf Antrag des Betroffenen, Diss Kiel, 1984; *Schenk,* Die Behandlung wiederholender Asylanträge, NJW 1982, 491; *Schenke,* Probleme der Bestandskraft von VAen, DÖV 1983, 333; *Schmidt,* Das Wiederaufgreifen des Verwaltungsverfahrens – Zur Dogmatik des § 51 VwVfG, Diss Erlangen 1982; *Schwabe,* Das Wiederaufgreifen unanfechtbarer VAe, JZ 1985, 545; *Selmer,* Wiederaufgreifen des Verwaltungsverfahrens von Amts wegen und auf Antrag, JuS 1987, 363; *Sigmund-Schultze,* Wiederaufgreifen des Verwaltungsverfahrens nach rechtskräftiger Klageabweisung – BVerwG NJW 1985, 280 –, JuS 1985, 447; *Stelkens,* Die Änderung höchstrichterlicher Rechtsprechung als nachträgliche Änderung der Rechtslage iS des § 51 I Nr 1 VwVfG, NVwZ 1982, 492; *v Wedelstädt,* Aufhebung und Änderung von Steuerbescheiden nach § 173 Abs 1 Nr 2 AO und Änderung der Rspr, DB 1986, 2571; *Wilke,* Wiederaufgreifen oder Wiederaufnahme von Verwaltungsverfahren?, in: FS-125 Jahre Berl. Jur. Gesellschaft 1984, 863; *Wolff,* Überschneidungen der Wiedereinsetzung in den vorigen Stand mit dem Wiederaufgreifen des Verfahrens, NVwZ 1996, 559.

Übersicht

I. Allgemeines

1. Inhalt. Die Vorschrift regelt in nicht ganz klarer Abgrenzung zu § 48 und § 49 das Wiederaufgreifen von Verfahren, die **durch unanfechtbaren VA abgeschlossen** wurden, und ergänzt insoweit die allgemeinen Vorschriften der §§ 48 ff über die Rücknahme und den Widerruf von VAen (vgl Abs 5). Sie gibt als **außerordentlicher Rechtsbehelf** in den in Abs 1 im Einzelnen aufgezählten Fällen den Betroffenen einen **Anspruch auf Wiederaufgreifen** des Verfahrens. 1

Die Regelung lehnt sich an das gerichtliche Wiederaufnahmeverfahren gem §§ 580, 581 ZPO und einzelne sondergesetzliche Regelungen (zB § 342 LAG; § 206 Abs 1 BEG) an und folgt im Wesentlichen der schon früher hM,[1] die jedoch 2

[1] Vgl BVerwGE 31, 112; 39,; 44, 355; 53, 14; 57, 345; 60, 326; VGH München DVBl 1978, 114; OVG Hamburg DÖV 1981, 33; Menger VerwArch 1970, 274, 286; Krause 180 f; **aA** OVG Münster DVBl 1963, 119; Erichsen VerwArch 1979, 358.

nicht immer klar zwischen Wiederaufnahme und Rücknahme unterschied.[2] Die Regelung dient letztlich, zumindest zum Teil denselben Zwecken wie die §§ 48–50, beschränkt sich aber auf den **Schutz der Rechte des Bürgers.** Wie bei §§ 48 f ist auch bei § 51 die Aufhebung oder Abänderung eines VA durch die zuständige Behörde durch einen neuen VA Ziel des Verfahrens (OVG Koblenz NJW 1982, 2277; VGH München BayVBl 1987, 371). Gleichfalls handelt es sich bei der Wiederaufnahme um eine **Durchbrechung der Wirksamkeit bzw Bestandskraft eines VA,**[3] die hier jedoch stets von einem Antrag des Betroffenen abhängig ist.

3 **2. Anwendungsbereich. a) Unmittelbar.** Die Vorschrift gilt unmittelbar nur für VAe, die in Verwaltungsverfahren nach dem VwVfG erlassen worden sind, außerdem gem § 1 nur vorbehaltlich inhaltsgleicher oder abweichender Bestimmungen in anderen Rechtsvorschriften. Ein **Ausschluss der Anwendbarkeit** ergibt sich gem § 72 Abs 1 für **Planfeststellungsverfahren;** er kann sich auch aus dem Zusammenhang der Regelungen iV mit der Natur der Sache ergeben (Obermayer 12f; vgl auch OVG Münster NVwZ 1986, 51), so zB bei der Erteilung oder Versagung der Zustimmung zur Kündigung eines Schwerbehinderten gem § 15 SchwbG (Obermayer 12). Die Vorschrift ist **auch auf vorläufige VAe** und nach § 63 Abs 1 auch in förmlichen Verwaltungsverfahren anwendbar. Ausgeschlossen wird § 51 auch dann nicht, wenn der in Frage stehende VA durch ein **rechtskräftiges Urteil bestätigt** worden ist.[4] Wiederaufnahmegründe, die den VA betreffen, können auch in diesem Fall nicht mit der Wiederaufnahmeklage gem § 153 VwGO geltend gemacht werden, sondern nur mit einem Antrag nach § 51 bei der dafür zuständigen Behörde (VGH München NVwZ 1993, 92; BayVBl 1995, 22).

4 **Auch VAe mit Drittwirkung** können Gegenstand eines Wiederaufnahmeverfahrens sein (Knack 8). Der Antrag auf ein Wiederaufgreifen des Verfahrens kann auch gegen belastende **Teilregelungen,** zB Auflagen, in einem VA, außerdem auch gegen an sich **begünstigende VAe** mit dem Ziel der Erweiterung der gewährten Begünstigung oder der Ergänzung zB durch eine begünstigende Nebenbestimmung gerichtet werden (s unten Rn 12; Knack 8).

5 **b) Analoge Anwendbarkeit.** Soweit ausdrückliche Regelungen fehlen, sind § 51 und die entspr Vorschriften des Landesrechts in Übereinstimmung mit der schon vor Erlass des VwVfG hM **als Ausdruck allgemeiner Rechtsgrundsätze,** wie sie insb auch den Bestimmungen über die Wiederaufnahme gerichtlicher Verfahren zugrunde liegen, **sinngemäß** anzuwenden.[5] Zu der Inbezugnahme des § 51 durch Sonderbestimmungen für Asylfolgeanträge s §§ 10, 14 und 21 AsylVfG.

6 **3. Verhältnis zu Widerruf und Rücknahme.** Nach der ausdrücklichen Regelung des Abs 5 bleibt die **Anwendbarkeit der §§ 48 ff unberührt.** Dies gilt auch für das formelle subjektive öffentliche Recht eines Betroffenen gegen die Behörde auf fehlerfreie Ausübung ihres Ermessens bei der Entscheidung über die

---

[2] Vgl die berechtigte Kritik von Bettermann, in: Wolff-FS 1973, 430 f; Krause 181 ff; Redeker DVBl 1972, 746.

[3] Vgl BVerwGE 70, 112; OVG Hamburg NVwZ 1985, 512; VGH München BayVBl 1987, 371 mwN.

[4] BVerwGE 70, 110 = NJW 1985, 280; 82, 272 = NJW 1990, 199; BVerwG NVwZ 1986, 293 = JuS 1985, 488; VGH Mannheim VBlBW 1981, 402; StBS 82; Seibert 585; kritisch Sachs JuS 1985, 447 unter Hinweis auf § 153 VwGO; vgl auch Giegerich JuS 1985, 924; Schickedanz JuS 1985, 924; **aA** Schachtschneider VerwArch 1972, 112, 297; WBS II § 51 Rn 39; **aA** offenbar BVerfG NVwZ 1989, 141; beschränkt auf die Zulässigkeit einer Klage zum VG gegen einen negativen Zweitbescheid auch BVerwG NVwZ 1989, 162.

[5] OVG Hamburg DÖV 1981, 33; OVG Münster DVBl 1988, 912; Bettermann Wolff-FS 1973, 465.

Rücknahme bzw den Widerruf eines VA nach §§ 48 bzw 49.[6] Die Rechte aus § 51 und aus §§ 48f stehen **selbständig nebeneinander;** es ist jedoch idR nicht als ermessensfehlerhaft gegenüber einem Betroffenen anzusehen, wenn die Behörde in den von § 51 erfassten Fällen die Eröffnung eines Verfahrens nach § 48 oder § 49 von Amts wegen unter Hinweis auf die Möglichkeit der Antragstellung nach § 51 bzw mit der Begründung abgelehnt, dass der Betroffene von dieser Möglichkeit nicht rechtzeitig Gebrauch gemacht habe.

Unberührt bleibt auch der Anspruch auf Widerruf oder Rücknahme eines VA, der nach allgemeinen Rechtsgrundsätzen in den Fällen einer **Ermessensreduktion auf Null** besteht, zB wenn die Aufrechterhaltung des Erstbescheids unzumutbare Nachteile zur Folge hätte (BVerwGE 28, 127; 44, 336; BVerwG DVBl 1989, 885; Knack 17; s auch § 48 Rn 56; § 49 Rn 18) oder wenn Umstände gegeben sind, die die Berufung der Behörde auf die Unanfechtbarkeit des Erstbescheids als einen Verstoß gegen die guten Sitten oder gegen Treu und Glauben erscheinen ließen;[7] ebenso wenn die Behörde in vergleichbaren Fällen erneut entschieden hat und Art 3 GG die Gleichbehandlung erfordert (BVerwGE 28, 127; DÖV 1974, 858; StBS 19; WBS II § 51 Rn 126). Außerdem ist in allen Fällen, in denen unter vergleichbaren Umständen in gerichtlichen Verfahren eine Nichtigkeitsklage gem § 153 Abs 1 VwGO iVm § 579 ZPO gegeben wäre, auch ein Anspruch auf erneute Entscheidung der Behörde zu bejahen. 7

II. Das Wiederaufgreifen

1. Begriff. Wiederaufgreifen des Verfahrens bedeutet, dass die Behörde ein bereits mit unanfechtbarem VA abgeschlossenes Verfahren neu eröffnet, um die Sache inhaltlich noch einmal zu prüfen und ggf auch abweichend, dh unter Aufhebung des unanfechtbaren VA, neu zu entscheiden (UL § 65 Rn 7; StBS 8). Zu unterscheiden ist das **Wiederaufgreifen des Verfahrens im engeren Sinne** nach § 51, auf das der Betroffene einen Anspruch hat, von dem Wiederaufgreifen im weiteren Sinne, welches unabhängig vom Vorliegen spezieller Wiederaufgreifensgründe erfolgen kann, aber grundsätzlich im Ermessen der zuständigen Behörde liegt, und zwar auch dann, wenn der VA rechtswidrig ist. § 51 regelt nur den Anspruch auf ein Wiederaufgreifen im engeren Sinne und gibt den Betroffenen unter bestimmten Voraussetzungen einen **Anspruch auf erneute Eröffnung eines bereits abgeschlossenen Verfahrens** mit dem Ziel einer erneuten Sachentscheidung (BVerwG ZfS 1979, 210; OVG Hamburg NVwZ-RR 1993, 320). Es handelt sich um einen **außerordentlichen Rechtsbehelf,** der darauf gerichtet ist, die bereits eingetretene Unanfechtbarkeit des VA zu beseitigen und den (nach Auffassung des Antragstellers) fehlerhaften VA durch einen neuen VA aufzuheben oder abzuändern. 8

2. Verhältnis zu Widerruf und Rücknahme. Nach zutreffender hM stellt das Wiederaufgreifen des Verfahrens keinen Fall der Rücknahme oder des Widerrufs dar. Deshalb finden weder die in den §§ 48, 49 vorgesehenen Beschränkungen einer Aufhebung des VA Anwendung, noch die Regelungen über das im Falle der Rücknahme und des Widerrufs bestehende Ermessen.[8] Nur eine Mindermeinung in der Literatur[9] nimmt an, dass sich im Fall eines erfolgreichen Wiederaufgreifensantrags die Aufhebung oder Abänderung des VA nach §§ 48, 49 9

---

[6] BVerwGE 60, 325; 78, 338 = NVwZ 1988, 737; NVwZ-RR 1993, 667 = BayVBl 1993, 120; VGH Mannheim DVBl 1989, 885; NVwZ-RR 1991, 31.

[7] BVerwGE 44, 336; BVerwG NVwZ 1985, 265; StBS 19; Maurer § 11 Rn 65; Knack 17; vgl auch BVerfG 27, 306.

[8] HM; vgl BVerwGE 70, 110, 115; BVerwG DVBl 1982, 2204; StBS 30; UL § 65 Rn 30; Knack 20; Sachs JuS 1982, 264; Erichsen/Ehlers § 20 Rn 4.

[9] Maurer § 11 Rn 61; MB 3.21; Weides § 28 VI.

richten würde. Wegen der Selbständigkeit des Wiederaufgreifens kann keine Abänderung des VA zum Nachteil des Antragstellers erfolgen, denn die Wiederaufnahme eröffnet die Möglichkeit einer neuen Sachentscheidung nur im Rahmen des Antrags gem § 51 (hM, vgl StBS 42; Knack 22; Obermayer 93) und des geltend gemachten Wiederaufnahmegrunds (Classen DÖV 1989, 156).

10 **3. Antragserfordernis. a) Antrag eines Betroffenen.** Die Wiederaufnahme findet nur auf Antrag eines Betroffenen statt. Antragsbefugt ist jeder, der durch den VA, auf den sich der Wiederaufnahmeantrag bezieht, betroffen ist (OVG Hamburg NVwZ 1993, 322). Der **Begriff der Betroffenheit** entspricht in etwa dem der Klagebefugnis gem § 42 Abs 2 VwGO. Auf eine Beteiligung iSd § 13 am ursprünglichen Verfahren kommt es nicht an; andererseits sind als Betroffene nur Personen anzusehen, denen der in Frage stehende VA gem § 41 und § 43 Abs 1 bekanntgegeben worden ist und denen gegenüber der VA dadurch nach § 43 Abs 1 Wirksamkeit erlangt hat, oder die sich jedenfalls nach Treu und Glauben so behandeln lassen müssen, als ob der VA ihnen bekanntgegeben worden wäre und Wirksamkeit erlangt hätte.

11 **b) Zulässigkeitsvoraussetzungen.** Der Antrag auf Wiederaufgreifen des Verfahrens muss die allgemeinen Voraussetzungen für die Zulässigkeit von Verfahrenshandlungen erfüllen und darüber hinaus innerhalb der Frist des Abs 3 gestellt worden sein. Der Antragsteller muss mit seinem Antrag ausdrücklich oder doch konkludent, jedenfalls hinreichend deutlich mindestens **einen bestimmten Wiederaufnahmegrund** geltend machen. Der Antrag bestimmt den Gegenstand des Verfahrens. Die Behörde, und ggf in einem nachfolgenden Klageverfahren das Gericht, sind nicht befugt, andere als die vom Antragsteller geltend gemachten Gründe für eine Wiederaufnahme ihrer Entscheidung zugrunde zu legen.[10] Der Antrag ist stets bei der Behörde zu stellen; er kann auch in einem über einen anderen Wiederaufnahmegrund anhängigen Klageverfahren nicht unmittelbar gegenüber dem Gericht geltend gemacht bzw nachgeschoben werden.[11]

12 **4. Gestuftes Verfahren.** Über einen Antrag auf Wiederaufgreifen wird in einem gestuften Verfahren entschieden, für das im Einzelnen die allgemeinen Vorschriften gelten. Insb muss die Behörde die Beteiligten (§ 13) des früheren Verfahrens auch zu diesem Verfahren zuziehen, ihnen **rechtliches Gehör** nach § 28 gewähren, usw. Der Anspruch des Betroffenen gem § 51 Abs 1 ist letztlich auf eine Entscheidung über die Aufhebung oder Änderung des in Frage stehenden VA gerichtet. Bevor die Behörde jedoch darüber entscheiden kann, muss sie zunächst **in einem neuen Verwaltungsverfahren** entscheiden, ob die Voraussetzungen gem § 51 für eine Wiederaufnahme des bereits mit dem an sich unanfechtbaren VA abgeschlossenen Verfahrens gegeben sind (UL § 65 Rn 7; StBS 27; Knack 9 mwN).

Das gesamte **Verfahren gem § 51 vollzieht sich in zwei Stufen:** Auf der **ersten Stufe** wird die Frage geprüft, ob das Verfahren, welches zum Erlass des unanfechtbaren VA geführt hatte, wiederaufzugreifen ist, auf der **zweiten Stufe** ist, falls das Verfahren wiederaufgegriffen wird, auf der Grundlage des materiellen

---

[10] BVerwG NVwZ 1989, 162 = BayVBl 1989, 216; NVwZ 1990, 359 = BayVBl 1990, 216: das bloße objektive Vorhandensein von für ein Wiederaufnahmeverfahren geeigneten neuen Beweismitteln genügt nicht; ihr Vorhandensein muss auch innerhalb der Frist des Abs 3 geltend gemacht werden; OVG Münster NWVBl 1990, 170: sowohl die neuen Beweismittel als auch die Tatsachen, für die sie benannt werden, sind anzugeben.

[11] OVG Münster NVwZ 1986, 52 = DÖV 1986, 619; VGH München NVwZ 1990, 269; **aA** BVerwG NVwZ 1990, 359 = BayVBl 1990, 216 unter Hinweis auf §§ 227, 283 ZPO: erstmalige Geltendmachung im Prozess genügt, wenn sie noch innerhalb der 3-Monatsfrist des § 51 Abs 3 erfolgt und den anderen Beteiligten vom Gericht rechtliches Gehör nach § 108 Abs 2 VwGO, Art 103 Abs 1 GG gewährt wird; vgl auch BVerwG NJW 1988, 1280 = BayVBl 1988, 251.

Rechts über die Sache selbst zu entscheiden und ein neuer VA zu erlassen. Soweit in Anlehnung an das gerichtliche Verfahren drei Stufen unterschieden werden, bedeutet dies keinen Unterschied in der Sache, weil bei einer solchen Sichtweise lediglich Zulässigkeit und Begründetheit des Antrags auf Wiederaufnahme zwei verschiedenen Stufen zugeordnet werden.[12] Diese Differenzierung ist indessen missverständlich, weil die Unterscheidung von Zulässigkeit und Begründetheit zwar notwendig ist, aber auf einer ganz anderen Ebene liegt als die Unterscheidung zwischen Wiederaufgreifen (verfahrensrechtliche Ebene) und Neuentscheidung in der Sache (materiellrechtliche Ebene). Sinnvoller ist es deshalb, von einem zweistufigen Verfahren zu sprechen.[13]

a) Entscheidung über das Wiederaufgreifen des Verfahrens. In der ersten Stufe des Verfahrens ist nur über die Frage zu entscheiden, ob die Voraussetzungen (Zulässigkeit und Begründetheit des Wiederaufnahmeantrags) für die Eröffnung eines Verfahrens gem § 51 (und damit eine Wiedereröffnung des Verfahrens zur Sache) erfüllt sind,[14] nicht auch bereits über die Frage, ob auf Grund der Änderung der Sach- oder Rechtslage, neuer Beweise usw der VA, gegen den sich der Wiederaufnahmeantrag richtet, aufzuheben oder zu ändern ist. Wenn auch beide Verfahren idR miteinander zu verbinden sind, sind sie doch systematisch und im Hinblick auf die unterschiedlichen Voraussetzungen und Folgen zu unterscheiden.[15] 13

aa) Zulässigkeit des Antrags. Für die Zulässigkeit des Wiederaufnahmeantrags genügt es, dass die geltend gemachten Wiederaufnahmegründe einen anderen Ausgang des Hauptsacheverfahrens möglich erscheinen lassen, dass die Behörde also auf Grund des geltend gemachten Wiederaufnahmegrundes in der Hauptsache zu einem für den Antragsteller günstigeren Ergebnis kommen könnte.[16] Die Wiederaufnahme selbst setzt dagegen voraus, dass der geltend gemachte Wiederaufnahmegrund tatsächlich besteht.[17] Voraussetzung für die Zulässigkeit ist weiter, dass der Antragsteller eine **rechtliche Beschwer** geltend machen kann (BVerwGE 60, 326). Diese Voraussetzung entspricht der **Klagebefugnis des § 42 Abs 2** VwGO; dafür genügt nicht jeder Nachteil, vielmehr ist eine konkrete gegenwärtige Beschwer, dh ein bereits bestehender oder als Folge des VA in absehbarer Zeit zu erwartender Rechtsnachteil erforderlich (BVerwGE 60, 326; vgl auch MB 21). Die Beschwer kann auch darin liegen, dass dem Betroffenen mit dem angegriffenen VA zu wenig bewilligt worden war.[18] 14

Unanfechtbarkeit des VA. Der Antrag des Betroffenen gem § 51 ist gem Abs 1, 1. Halbs und Abs 2 nur zulässig, wenn der in Frage stehende VA nicht 15

---

[12] Für dreistufigen Aufbau BVerwG NVwZ-RR 1993, 667; OVG Hamburg NVwZ 1985, 512; Bettermann, in: Wolff-FS 1973, 469; StBS 22; WBS II § 51 Rn 123; Selmer JuS 1987, 363, 366; Erichsen/Ebber Jura 1997, 424, 427.

[13] So auch UL § 65 Rn 7; Erichsen/Ehlers § 20 Rn 3; Korber DVBl 1984, 805; ders DÖV 1985, 309, 313.

[14] OVG Hamburg NVwZ 1985, 512; StBS 23; UL § 65 Rn 10ff; vgl auch OVG Münster DÖV 1984, 901.

[15] Korber DÖV 1982, 859; zT **aA** zu § 51 Abs 1 Nr 2 BVerwG NJW 1982, 2204.

[16] BVerwGE 77, 325; StBS 25f; Knack 30 mwN; Erichsen/Ehlers § 20 Rn 14; vgl auch allg BGH NJW 1982, 2128; 1984, 2631; StJ 2 zu § 641 ZPO; zu § 51 OVG Münster DÖV 1984, 901; wohl auch Sachs JuS 1985, 448; enger BVerwGE 78, 336 = NVwZ 1988, 738: Zulässigkeit eines Antrags auf Wiederaufgreifen des Verfahrens nur dann, wenn auch vom Antragsteller die Geeignetheit dieser Umstände für eine günstigere Entscheidung schlüssig dargelegt wird; vgl auch BVerwG NJW 1982, 2204: Antrag auf Wiederaufnahme nur zulässig und begründet, wenn die Sach- oder Rechtslage sich tatsächlich geändert hat.

[17] BVerwG BayVBl 1983, 25; VGH München BayVBl 1987, 371; zu § 14 Abs 1 AsylVfG wohl auch OVG Hamburg DÖV 1987, 120; zT **aA** BVerwG NVwZ 1988, 738.

[18] Vgl im Ergebnis auch VGH Mannheim NVwZ 1986, 225: auch gegen begünstigende VAe, wenn neue Beweismittel vorliegen, die eine günstigere Entscheidung herbeigeführt haben würden.

mehr angefochten werden kann. Ist die Anfechtung des ursprünglichen VA noch zulässig, weil die Anfechtungsfrist noch nicht verstrichen ist, oder kommt insoweit eine Wiedereinsetzung gem § 60 VwGO in Betracht, so ist der Antrag auf Wiederaufgreifen **in einen Widerspruch umzudeuten** (OVG Münster NVwZ 1984, 655; StBS 89). Die Zulässigkeit eines Antrags auf Wiederaufnahme des Verfahrens wird durch ein **rechtskräftiges Urteil zuungunsten des Betroffenen nicht ausgeschlossen.**[19] Sofern die Wiederaufnahmegründe den VA betreffen, hat der Betroffene grundsätzlich nicht die Wahl, statt eines Antrags gem Abs 1 an die Behörde eine Wiederaufnahmeklage nach § 153 VwGO zu erheben (**aA** offenbar Knack 7). Das Verfahren nach § 51 kann zwar die Rechtskraft eines Urteils bzgl des in Frage stehenden VA nicht beseitigen; das Urteil wird jedoch gegenstandslos, wenn der Antrag nach § 51 Erfolg hat.

16 **bb) Begründetheit des Antrags.** Die Begründetheit des Antrags hängt vom Vorliegen des im Antrag dargelegten Wiederaufnahmegrundes ab. Der Antragsteller hat eine besondere **Darlegungspflicht hins der tatsächlichen Voraussetzungen des Wiederaufnahmegrundes** (vgl BVerwG NJW 1982, 2204). Er muss jedenfalls Tatsachen, dh konkrete Umstände, dazu vortragen; allgemeine, nicht weiter belegte Behauptungen genügen nicht.[20] Der Wiederaufnahmegrund muss substantiiert vorgetragen werden (BVerwG DÖV 1988, 77) oder jedenfalls aus dem gesamten Vorbringen hinreichend klar hervorgehen.

Die **Begründetheitsprüfung** erfolgt allein auf Grundlage des vom Antragsteller dargelegten Grundes für das Wiederaufgreifen des Verfahrens. Die Behörde prüft also das Vorliegen weiterer oder anderer Wiederaufgreifungsgründe nicht von Amts wegen. Auch ein Nachschieben von Gründen für das Wiederaufgreifen durch den Antragsteller ist grundsätzlich nur bis zur Entscheidung der Behörde zulässig.[21] Der Behörde steht hins der hier zu treffenden Entscheidung **kein Ermessen** zu.[22] Insofern besteht ein wesentlicher Unterschied zu Verfahren nach § 48 und § 49, die es grundsätzlich dem Ermessen der Behörde überlassen, ob sie ein entsprechendes Verfahren einleiten will oder nicht, und ob sie, wenn die rechtlichen Voraussetzungen dafür erfüllt sind, den VA ganz oder teilweise aufheben, ändern oder aber bestehen lassen will.

17 **cc) Entscheidung über Wiederaufgreifen.** Bejaht die Behörde die Zulässigkeit und Begründetheit des Wiederaufnahmeantrags, so bedarf es darüber keiner ausdrücklichen Entscheidung; sie kann dann gleich zur Sachprüfung in der Sache selbst übergehen (Knack 11; MB 20). Es ist aber zulässig und bei Streit über das Bestehen von Wiederaufnahmegründen uU auch zweckmäßig, über die Wiederaufnahme gesondert durch VA zu entscheiden. **Anders bei Ablehnung der Wiederaufnahme:** Diese muss mit einem ausdrücklichen, nach § 39 zu begründenden VA, der mit den normalen Rechtsbehelfen angreifbar ist, erfolgen.[23] Auch soweit dieser VA im Ergebnis den früheren VA bestätigt, ist er keine lediglich wiederholende Verfügung, sondern ein auf die verfahrensrechtlichen Rechte des Betroffenen beschränkter VA (UL § 65 Rn 14; Martens JuS 1979, 120; Knack 11).

---

[19] BVerwGE 70, 110 mit Anm Sachs JuS 1985, 447; 82, 272 mit Anm Osterloh JuS 1990, 851; NVwZ 1986, 293; StBS 81; Kemper NVwZ 1985, 875.

[20] BVerwGE 77, 325; BVerwG DÖV 1988, 77: substantiierter Vortrag erforderlich; ähnlich BVerwG NVwZ 1990, 359: der Antragsteller muss die Eignung des Beweismittels für eine ihm günstigere Entscheidung schlüssig darlegen; OVG Münster NVwZ 1986, 52; MB 18; weitergehend Obermayer 27 und 31: der Antragsteller muss die Voraussetzungen des Wiederaufnahmeanspruchs glaubhaft machen.

[21] OVG Münster NVwZ 1986, 52; ähnlich VGH München NVwZ 1990, 269. Etwas anderes gilt für bloße Präzisierungen.

[22] Erichsen/Ehlers § 20 Rn 5; UL § 65 Rn 14; Knack 10.

[23] BVerwGE 70, 110; BVerfG 27, 297; Knack 11; MB 20; Obermayer 36.

b) Neue Entscheidung in der Sache. Ist ein Wiederaufgreifen des Verfahrens zulässig und begründet, so muss die Behörde erneut in der Sache entscheiden, die Gegenstand des VA war (sog **Zweitbescheid;** vgl Maurer § 11 Rn 56; Knack 9). Für die Frage, welche Entscheidung in der Sache, dh hins des Schicksals des VA, zu treffen ist oder bei Ermessensentscheidungen getroffen werden kann, kommt es nach der zutreffenden hM (s oben Rn 9) ausschließlich auf das in der Sache anzuwendende **aktuelle materielle Recht** im Zeitpunkt der nunmehr zu treffenden Entscheidung an.[24] Nur wenn und soweit dieses der Behörde einen Ermessensspielraum gibt, steht auch die Entscheidung über die Aufrechterhaltung oder Änderung des VA im Ermessen der Behörde; in allen anderen Fällen ist die Behörde gebunden.[25] Die Behörde ist außerdem an den Antrag gebunden und darf das erneut eröffnete Verfahren nicht zum Anlass nehmen, zugleich andere Regelungen zu treffen (BVerwG NVwZ 1990, 359; StBS 27), sofern nicht dafür die Voraussetzungen gem §§ 48 ff erfüllt sind (vgl Abs 5). 18

aa) Prüfungsumfang. Im wiederaufgenommenen Verfahren ist dann **der gesamte aktuelle Verfahrensstoff,** soweit er sich nicht durch Verbescheidung erledigt hat, Gegenstand des Verfahrens und bei der Entscheidung zu berücksichtigen (BVerwG NVwZ-RR 1993, 667 = BayVBl 1993, 120; vgl auch BGHZ 57, 284). Auch neues Vorbringen und neue Anträge sind zulässig. Wie § 49 Abs 2 Nr 3 und 4 gibt auch § 51 jedoch der Behörde keine Blanko-Vollmacht für beliebige Änderungen, sondern nur für solche, die mit dem geltend gemachten **Wiederaufnahmegrund** in einem unmittelbaren Zusammenhang stehen.[26] 19

bb) Voraussetzungen der Abänderung des ursprünglichen VA. Liegen die materiellen Voraussetzungen für eine gegenüber dem ursprünglichen VA abweichende Regelung vor, so hat die neue Entscheidung sich ohne weiteres an der (aktuellen) maßgeblichen Sach- und Rechtslage zu orientieren (s oben Rn 18). Eine Prüfung der Voraussetzungen der §§ 48, 49 für Widerruf und Rücknahme des VA ist nach der ganz hM nicht erforderlich. Eine solche Regelung würde bedeuten, dass bei der Entscheidung auch Gesichtspunkte des Vertrauensschutzes zu berücksichtigen wären und dass die Entscheidung über die Abänderung des ursprünglichen VA jedenfalls im Grundsatz im Ermessen der Behörde stehen würde (so zB Maurer § 11 Rn 61; MB 21). Die hM geht demgegenüber zu Recht davon aus, dass sich im Falle der Zulässigkeit und Begründetheit eines Antrags auf Wiederaufgreifen des Verfahrens die zu treffende **neue Entscheidung allein am maßgeblichen materiellen Recht zu orientieren** hat und nicht an den §§ 48 f (s oben Rn 9). Allerdings darf es nach hM keine Entscheidung zu Lasten des Antragstellers geben. 20

cc) Schutz des Vertrauens Dritter. Die hM gelangt zu **unbefriedigenden Ergebnissen,** wenn es nach dem Wiederaufgreifen des Verfahrens zu einer neuen Entscheidung kommt, bei der ein Dritter seine günstige Regelung aus dem ursprünglichen VA verliert, obwohl er berechtigtes Vertrauen in den Bestand des VA gesetzt und entsprechend betätigt hat. In derartigen Fallkonstellationen erlaubt das materielle Recht nur dann eine Berücksichtigung des Vertrauens Dritter, wenn die neu zu treffende Entscheidung im Ermessen der Behörde steht (VGH Mannheim NVwZ 1990, 985). Für Fälle streng gebundener Entscheidungen ist dagegen die 21

---

[24] BVerwG NJW 1982, 2205; NJW 1985, 280; Sachs JuS 1982, 267; 1985, 448; Martens NVwZ 1983, 131; Obermayer 91 ff; Bettermann, in: Wolff-FS 1973, 498; UL § 65 Rn 30; zweifelnd Wilke 383; **aA** Maurer § 11 Rn 61; MB 21.

[25] BVerwGE 70, 114 = NJW 1982, 2205; Redeker DVBl 1973, 746; UL § 65 Rn 31; Knack 20; Baumeister VerwArch 1992, 376; nun auch StBS 32; **aA** Begr 75, wo in Verkennung der dort zit Rspr angenommen wird, dass die Entscheidung in allen Fällen dem Ermessen der Behörde überlassen ist; der Begr folgend wohl auch OVG Münster NVwZ 1986, 134; MB 1 und 21; Weides 27 VI.

[26] Vgl BVerwG NVwZ 1990, 359 = BayVBl 1990, 216; StBS 36; Classen DÖV 1989, 156.

Möglichkeit, Vertrauensschutz Dritter zu berücksichtigen, nicht vorgesehen. Hier wird ein **Entschädigungsanspruch** des Dritten in entsprechender Anwendung der § 48 Abs 3, 49 Abs 5 erwogen.[27]

22 **dd) Entscheidung durch Zweitbescheid.** Die zuständige Behörde entscheidet, wenn die Voraussetzungen für die Wiederaufnahme gegeben sind, in jedem Fall in der Sache durch einen neuen VA (Zweitbescheid; VGH München BayVBl 1987, 371; StBS 38; Knack 14; MB 21), auch wenn sie auf Grund der erneuten Prüfung zu keinem anderen Ergebnis kommt als der ursprüngliche VA und diesen deshalb im Ergebnis und vielleicht auch weitgehend mit der gleichen Begründung bestätigt (Maurer § 11 Rn 61; Ule § 65 Rn 33; StBS 40; Knack 14). **Der neue VA tritt an die Stelle des ursprünglichen VA.** Die ausdrückliche Aufhebung des ursprünglichen VA ist nicht erforderlich, im Interesse der Rechtsklarheit jedoch jedenfalls zweckmäßig.

23 **Der ursprüngliche VA,** gegen den sich die Wiederaufnahme richtet, verliert seine Wirksamkeit nicht schon mit der Stellung des Wiederaufnahmeantrags oder mit der erneuten Eröffnung des Verfahrens durch die Behörde, sondern erst mit der Bekanntgabe der Entscheidung im Wiederaufnahmeverfahren über seine Aufhebung bzw Abänderung und idS der Bekanntgabe des nunmehr allein maßgeblichen VA (vgl Bettermann, in: Wolff-FS 1973, 483; UL § 65 Rn 28).

III. Wiederaufnahmegründe (Abs 1)

24 **1. Allgemeines.** Die Aufzählung der **Wiederaufnahmegründe** in § 51 Abs 1 ist **abschließend** (Bettermann, in: Wolff-FS 1973, 487; Knack 27; MB 12). Die Behörde (und ebenso auch ein später ggf zur Nachprüfung der Behördenentscheidung angerufenes Gericht) hat den Wiederaufnahmeantrag **nur auf die geltend gemachten Gründe** hin zu prüfen und darf andere als die geltend gemachten Gründe nicht berücksichtigen (BVerwG NVwZ 1990, 359 = BayVBl 1990, 216; UL § 65 Rn 32). Soweit Gründe der in § 51 aufgezählten Art nicht in Betracht kommen bzw nicht geltend gemacht werden oder die geltend gemachten Gründe nicht durchgreifen, kann die Behörde nur ein Wiederaufgreifen im weiteren Sinn durch Rücknahme oder Widerruf gem §§ 48f in Betracht ziehen. Praktisch führt jedoch Abs 5 iVm der Anerkennung des Rechts Betroffener auf ermessensfehlerfreie Entscheidung der Behörde über eine nach § 48 mögliche Rücknahme bzw einen nach § 49 möglichen Widerruf dazu, dass die Behörde **auch in anderen Fällen immer prüfen muss,** ob sie einem Antrag auf erneute Entscheidung in der Sache stattgeben will,[28] und dass sie in allen Fällen, in denen hinreichend schwerwiegende Gründe dafür sprechen, insb solche, die den in § 51 Abs 1 genannten vergleichbar sind, uU hierzu sogar verpflichtet ist (s § 48 Rn 55; § 49 Rn 29).

25 **2. Änderung der Sach- oder Rechtslage (Nr 1). a) Anwendungsbereich.** Nr 1 gibt dem Betroffenen einen Anspruch auf das Wiederaufgreifen eines abgeschlossenen Verfahrens dann, wenn sich die Sach- und Rechtslage nachträglich zu seinen Gunsten verändert hat. Es muss sich um eine **nachträgliche Änderung** handeln, dh um eine Änderung nach Erlass des VA.[29] Die Änderung muss Faktoren betreffen, die im ursprünglichen Verfahren und in einem allenfalls sich diesem

[27] StBS 67; Sachs JuS 1982, 264, 267; Erichsen/Ehlers § 20 Rn 5.

[28] BVerwGE 44, 335; 57, 345; 60, 325; VGH München DVBl 1978, 115; BayVBl 1988, 20; VGH Mannheim DVBl 1989, 885; NVwZ-RR 1991, 31; StBS 15; WBS II § 51 Rn 126; MB 20 zu § 48; s allg auch BVerwGE 69, 90 = NVwZ 1984, 727 m krit Anm v Martens NJW 1985, 163: keine überzeugende Unterscheidung zwischen einem Antrag nach § 51 und einem Antrag auf neue Sachprüfung.

[29] Insoweit gilt für Abs 1 Nr 1 ein anderer Zeitpunkt als für Abs 2, für den es auf den Abschluss des Verwaltungsverfahrens unter Einschluss auch der Rechtsmittelverfahren ankommt, vgl StBS 93.

anschließenden verwaltungsgerichtlichen Verfahren (BVerwGE 70, 110 = NJW 1985, 281; BVerwG NVwZ 1985, 899) für das Ergehen und/oder den Inhalt des VA **entscheidungserheblich** waren (vgl OLG Hamburg NVwZ 1985, 512) und an deren Stelle nunmehr eine wesentlich neue für den Betroffenen günstigere Sach- oder Rechtslage getreten ist, die damals noch nicht gegeben war oder damals noch nicht – auch nicht mit einem Rechtsbehelf (Abs 2) – geltend gemacht werden konnte (BVerwGE 70, 110; Bettermann, in: Wolff-FS 1973, 480). Die Änderung muss bereits eingetreten sein; lediglich zu **erwartende Änderungen** fallen **nicht** unter die Regelung (BVerwG NJW 1986, 1187; Knack 33).

Für die **Zulässigkeit des Antrags nach Nr 1** genügt die substantiierte (vgl BVerwGE 77, 323 = DÖV 1988, 77; OVG Hamburg DÖV 1987, 119) Behauptung, dass eine Änderung der für die Regelung erheblichen Sach- oder Rechtslage eingetreten ist.[30] Die Behörde darf gem § 51 Abs 1 das Verfahren aber nur dann zur Sache selbst eröffnen, wenn sie nach der gem § 24 gebotenen Sachaufklärung zur Überzeugung gekommen ist, dass eine wesentliche Änderung der Sach- bzw Rechtslage tatsächlich vorliegt, die für die Sachentscheidung von Bedeutung sein kann (Knack 30). 26

aa) VA mit Dauerwirkungen. Der Wiederaufnahmegrund der Nr 1 gilt nur für Änderungen, welche die durch den VA getroffene Regelung unmittelbar berühren. Das ist nur dann der Fall, wenn der VA kraft Gesetzes oder nach seinem Inhalt auch für den Fall ihres Eintretens Geltung beansprucht.[31] Abs 1 Nr 1 ist insoweit § 323 ZPO vergleichbar. Die Regelung **erfasst damit praktisch nur Dauer-VAe.**[32] Änderungen der Sach- oder Rechtslage, für die ein VA ohnehin keine Geltung beansprucht, weil er nur im Hinblick auf eine im Zeitpunkt seines Erlasses gegebene Situation bzw nur angesichts einer bestehenden Rechtslage eine Regelung trifft, fallen nicht unter § 51.[33] So kann zB ein Wehrpflichtiger, dessen Antrag als Kriegsdienstverweigerer abgelehnt worden ist, mit später entstandenen neuen Gesichtspunkten **jederzeit einen neuen Antrag auf Anerkennung** stellen (BVerwGE 69, 93 = DÖV 1984, 678; DVBl 1987, 381); ebenso kann ein Bürger für ein neues Bauvorhaben **jederzeit einen neuen Antrag auf Bauerlaubnis** stellen, auch wenn ein früheres anderes Vorhaben abgelehnt worden war, auch zB für ein Vorhaben, das bereits einmal unter Hinweis auf einen entgegenstehenden Bebauungsplan durch VA abgelehnt worden war, nach Änderung des Bebauungsplans jederzeit erneut wiederum einen inhaltlich gleichen Antrag stellen (VGH München BayVBl 1974, 436; OVG Hamburg DÖV 1972, 641; Obermayer 46). 27

bb) Ausschluss durch spezielle Regelungen. Nicht anwendbar ist Nr 1 bei solchen Änderungen, für deren Berücksichtigung die maßgeblichen Rechtsvorschriften **selbständige Verfahren vorsehen,** wie zB für die Wiedergestattung eines Gewerbes gem § 35 Abs 6 GewO, wenn die Unzuverlässigkeit später weggefallen ist (vgl BVerwG GewArch 1996, 24; NVwZ-RR 1997, 621; VGH Kassel NVwZ 1986, 83), oder für die Wiedererteilung einer Fahrerlaubnis gem §§ 2, 4 StVG, die gem § 3 StVG entzogen worden war (ebenso Obermayer 46 f). Dagegen fallen, wenn zwischenzeitlich die Rechtslage sich ändert, unter Nr 1 zB Rentenbescheide und ähnliche Bescheide, die Renten oder ähnliche Zahlungen jeweils 28

---

[30] Vgl OVG Münster DÖV 1984, 901; die Möglichkeit einer nunmehr positiven Entscheidung genügt; Knack 30; StBS 25 f; str; **aA** OVG Hamburg NVwZ 1985, 512.

[31] BVerwGE 60, 316; 69, 93 = DÖV 1984, 678; VGH Mannheim NVwZ 1990, 986; Obermayer 46 ff; UL § 65 Rn 6; Knack 31.

[32] BVerwGE 59, 148; VGH Mannheim NVwZ 1990, 986; Bettermann, in: Wolff-FS 1973, 480; Sachs JuS 1982, 294; Knack 31; MB 13.

[33] BVerwGE 69, 93; BVerwG NVwZ 1984, 727; 1985, 899; VGH Kassel NJW 1986, 83; Kemper NVwZ 1985, 872; StBS 91; Knack 31.

für einen längeren Zeitraum festsetzen, sofern nicht das SGB X zur Anwendung kommt.

29 **b) Änderung der Sachlage.** Eine Änderung der Sachlage liegt vor, wenn sich die für die unanfechtbare Entscheidung maßgeblichen, dh ihr zugrundeliegenden Tatsachen ändern. Als Tatsachenänderungen anzusehen sind auch **Erkenntnisfortschritte,** durch die Annahmen, auf denen der in Frage stehende VA beruht, zB hins der von Immissionen ausgehenden Risiken, widerlegt werden,[34] ebenso zB die Erkenntnis, dass ein ursprünglich als geeignet angesehener VA nicht zielführend ist und deshalb aufgehoben oder geändert werden muss (vgl BVerfG 80, 26 mwN). Als Änderung der Sachlage ist auch eine Rechtsänderung anzusehen, die den für eine Entscheidung maßgeblichen Sachverhalt ändert, zB wenn sich die Verfolgungsgefahr für einen Asylbewerber wegen geänderter Strafvorschriften im Heimatland ändert (StBS 96). **Nicht als Änderung** der Sachlage ist dagegen anzusehen eine bloße **Änderung der Verwaltungspraxis** (vgl BVerwG BayVBl 1993, 308); ebenso nicht ein Wegfall der Tatbestands- oder Feststellungswirkung von Urteilen (vgl VGH München BayVBl 1995, 23: Erreichen des Klageziels nicht ausreichend; **aA** Obermayer 47). Der Anerkennung als neue Tatsache steht der Umstand nicht entgegen, dass der Antragsteller sie selbst herbeigeführt hat, zB den für eine positive Entscheidung der Behörde erforderlichen Antrag erst jetzt gestellt oder wesentliche Fragen im Antragsformular erst jetzt beantwortet hat;[35] in solchen Fällen ist der Antrag aber häufig nach Abs 2 wegen verschuldeter verspäteter Geltendmachung unbegründet (s im Ergebnis auch BFH 157, 196 = BStBl II 1989, 789; 157, 488 = BStBl II 1989, 960; Herden/Gmach NJW 1990, 1762 mwN).

30 **c) Änderung der Rechtslage.** Eine Änderung der Rechtslage setzt voraus, dass sich das maßgebliche materielle Recht nach Erlass des VA geändert hat; Änderungen des Verfahrensrechts, nach denen also der VA nunmehr in einem anderem Verwaltungsverfahren erlassen werden müsste, reichen nicht aus (BVerwGE 60, 324). **Keine Änderung der Rechtslage** stellt die **Änderung der höchstrichterlichen Rspr** dar, sofern sie nicht Ausdruck neuer allgemeiner Rechtsauffassungen ist,[36] **ebenso nicht** eine **Änderung der Verwaltungspraxis** oder von Verwaltungsvorschriften, sofern sie nicht Ausdruck neuer wissenschaftlicher Erkenntnisse sind (StBS 99). In diesen Fällen besteht nur ein Anspruch auf ermessensfehlerfreie Prüfung und Bescheidung gem §§ 48 ff nach den Grundsätzen über sog. Zweitbescheide (s oben Rn 6 ff; allg auch Stelkens NVwZ 1982, 496; Krause 181). **Dagegen** steht eine **Änderung der allgemeinen Rechtsauffassungen** einer Rechtsänderung gleich;[37] ebenso bei Eintritt der **Funktionslosigkeit einer Rechtsnorm,** zB eines Bebauungsplans (vgl zur Funktionslosigkeit BVerwGE 54, 5 = NJW 1977, 2325; BVerwGE 67, 334 = NJW 1984, 138; BVerwG NVwZ-RR 1990, 122). **Keine Änderung** der Rechtslage stellt es dar, wenn eine

---

[34] BVerwG NVwZ 2002, 718; OVG Münster NVwZ 1988, 173; Lange NJW 1986, 2665; Roßnagel JZ 1986, 720; Bender DÖV 1986, 817; Schoch DVBl 1990, 554; StBS 97; UL § 65 Rn 18; s auch § 49 Rn 46.

[35] **AA** offenbar insoweit BFH 157, 196 = BStBl II 1989, 789; Herden/Gmach NJW 1990, 1762 mwN zu § 173 Abs 1 Nr 2 AO: keine neue Tatsache; anders nur uU bei Unkenntnis.

[36] BVerwG NVwZ-RR 1994, 119 mwN; NVwZ 1982, 500; 1988, 143; 1989, 162; OVG Lüneburg DVBl 1982, 903; OVG Münster NVwZ 1986, 125; VGH München BayVBl 1988, 20; NVwZ 1989, 378; ZBR 1992, 22; UL § 65 Rn 19; Knack 5.3; StBS 106; WBS II § 51 Rn 116; Krause 181; offen BVerwG DÖV 1993, 532; **aA** MB 15; zu einer gefestigten neuen Rspr auch Martens JuS 1979, 119; ebenso ausdrücklich auch § 48 Abs 2 SGB-X; auch Stelkens NVwZ 1982, 494.

[37] Maurer JuS 1976, 29; Stelkens NVwZ 1982, 494; vgl auch BVerfG 34, 288 = DVBl 1973, 784; DVBl 1990, 691; BayVerfGH BayVBl 1989, 145; enger StBS 110: nur wenn bereits zu Gewohnheitsrecht erstarkt ist; **aA** Bettermann, in: Wolff-FS 1973, 486; Weides 335.

Rechtsnorm durch ein Bundes- oder Landesverfassungsgericht oder ein Oberverwaltungsgericht für **nichtig erklärt** wird.[38] Dies gilt jedenfalls, soweit nicht gesetzlich etwas anderes vorgesehen oder zugelassen ist (zB § 43 Abs 2 HessStGHG).

d) Folgerungen für die Sachentscheidung. Die Entscheidung in einer gem Nr 1 wiederaufgenommenen Sache wird durch den sich aus der nachträglichen Änderung der Sach- oder Rechtslage ergebenden Rahmen (s oben Rn 16ff; Classen DÖV 1989, 156), im Übrigen durch das anzuwendende **materielle Recht** bestimmt (BVerwG DVBl 1982, 1000 = NJW 1982, 2205). Soweit das materielle Recht keine besonderen Regelungen vorsieht, kann eine Aufhebung oder Änderung des ursprünglichen VA nur mit Wirkung **ab dem Zeitpunkt, in dem die Änderung eingetreten** ist, erfolgen, bei einer rückwirkenden Rechtsänderung ab dem Zeitpunkt, auf den das neue Recht zurückwirkt. 31

3. Neue Beweismittel (Nr 2). Die Regelung soll die Wiederaufnahme eines Verfahrens in Fällen ermöglichen, in denen ein Betroffener wegen Beweisschwierigkeiten, die nunmehr behoben sind, einen Nachteil erlitten hat.[39] Dies ist der Fall, wenn ein neues Beweismittel vorliegt, das eine für den Antragsteller günstigere Entscheidung herbeigeführt hätte. 32

a) Begriff des Beweismittels. Beweismittel sind alle Erkenntnismittel, die geeignet sind, das Vorliegen oder Nichtvorliegen einer Tatsache zu beweisen (BVerwGE 82, 272, 276; UL § 65 Rn 22), dh die Überzeugung vom Vorliegen oder Nichtvorliegen der Tatsache zu beeinflussen. Die Aufzählung der Beweismittel in § 26 ist nicht abschließend. Neben Urkunden kommen auch Zeugenaussagen, Sachverständigengutachten (hierzu StBS 114) und Augenscheinsobjekte in Betracht. 32 a

b) Neuheit des Beweismittels. Ob ein Beweismittel neu ist, ist aus der **Sicht der Betroffenen,** dh des Antragsstellers nach Abs 1, zu beurteilen; auf die Kenntnis der Behörde kommt es nicht an (Knack 41; MB 16). Unter die Regelung fallen sowohl **gänzlich neue Beweismittel,** die früher überhaupt noch nicht zur Verfügung standen, zB ein erbbiologisches Gutachten, das erst von einem gewissen Alter einer Person ab erstellt werden kann (sog nova producta; s StBS 119; zweifelnd allgemein zu nachträglich erstellten oder bekanntgewordenen Gutachten BVerwG NVwZ 1989, 162) als auch im Zeitpunkt des Verfahrens **schon vorhandene Beweismittel,** die ohne Verschulden des Betroffenen zum Verfahren nicht oder nicht mehr rechtzeitig beschafft werden konnten oder von deren Existenz der Betroffene noch gar keine Kenntnis hatte,[40] uU auch Zeugenaussagen oder Gutachten, die der Behörde zwar bei ihrer Entscheidung vorgelegen hatten, die sie jedoch nicht zur Kenntnis genommen oder falsch verstanden und deshalb bei seiner Entscheidung nicht oder jedenfalls nicht ausreichend berücksichtigt hatte (vgl OLG Düsseldorf NJW 1987, 2030). 33

Neue Gutachten sind dann neue Beweismittel iS der Vorschrift, wenn ihnen neue, bisher nicht bekannte Tatsachen zugrundeliegen oder sie auf neuen wissenschaftlichen Erkenntnissen beruhen, die erst nachträglich gefunden oder den Gutachtern bekannt wurden. Umstritten ist, ob es ausreicht, wenn Gutachten lediglich 34

---

[38] HM; vgl BVerwG DVBl 1991, 65; VGH Mannheim VBlBW 1990, 253; OVG Lüneburg NVwZ 1984, 595; StBS 102; UL § 65 Rn 19; **aA** Knack 38; Obermayer 55; Stelkens NVwZ 1982, 492, 494.

[39] VGH München BayVBl 1987, 371; ebenso zum früheren Recht zB BVerwGE 25, 243; 32, 124; vgl ferner BVerwGE 24, 115.

[40] Nova reperta; s BVerwGE 70, 110 = NJW 1985, 280; BVerwG NJW 1982, 2204; VGH Mannheim NVwZ 1986, 225; NVwZ-RR 1991, 55; VGH München BayVBl 1987, 371; Knack 42; Korber DÖV 1981, 858; für die Neuheit des Beweismittels kommt es auf das Verschulden nicht an; letzteres ist erst nach Abs 2 zu berücksichtigen (StBS 119).

vorhandenes Material neu bewerten.[41] Als neues Beweismittel ist auch die **Verfügbarkeit eines Zeugen** anzusehen, von dem bisher nur eine schriftliche Erklärung vorlag (VGH Mannheim NVwZ-RR 1991, 55). Beweismittel für Tatsachen, die im ersten Verfahren dem Beteiligten schon bekannt waren, aber von ihm nicht vorgetragen wurden, sind zwar, wenn die allgemeinen Voraussetzungen für ihre „Neuheit" gegeben sind, an sich neue Tatsachen (VGH Mannheim NVwZ 1986, 225); der Wiederaufnahmeantrag kann jedoch gem Abs 2 idR nicht darauf gestützt werden, weil insoweit der Vorwurf nicht rechtzeitigen Vorbringens gemacht werden kann (vgl VGH München DVBl 1978, 115; OVG Münster NVwZ 1986, 134).

35 **c) Eignung des Beweismittels.** Das neue Beweismittel muss für sich allein oder in Verbindung mit anderen, wenn auch schon bekannten Beweismitteln geeignet sein, der Behörde die Überzeugung zu vermitteln, dass die Behörde damals von falschen Voraussetzungen ausgegangen ist und bei Kenntnis der wirklichen Tatsachen zugunsten des Betroffenen anders entschieden hätte (BVerwGE 82, 272 m Anm Osterloh JuS 1990, 851; ebenso Knack 43).

36 **Ist das Beweismittel nicht geeignet,** in dem durch den VA entschiedenen Fall bei nochmaliger Sachprüfung eine andere Entscheidung herbeizuführen, so ist der Wiederaufnahmeantrag unzulässig (VGH München BayVBl 1987, 371). Dies gilt zB für die Vorlage eines **ärztlichen Attests,** das die Prüfungsunfähigkeit bestätigt, im Hinblick auf eine andere, bessere Bewertung des Prüfungsergebnisses, die damit unter keinem denkbaren Gesichtspunkt erreicht werden könnte (VGH München BayVBl 1987, 371; Rozek JA 1989, 237).

36a **d) Herbeiführung einer anderen Entscheidung. Für den Erfolg** des Wiederaufnahmeantrags genügt, dass der Antragsteller analog § 42 Abs 2 VwGO substantiiert (BVerwG DÖV 1988, 78) geltend macht, dass das Beweismittel zu einer für ihn günstigeren Entscheidung geführt hätte, und dies nicht offensichtlich und nach jeder Betrachtungsweise unmöglich erscheint.[42] Ob das Beweismittel tatsächlich zu einer anderen Beurteilung des Falles führt und dadurch die Aufhebung des VA notwendig wird, ist nicht im Verfahren über die Wiederaufnahme, sondern, wenn auch die sonstigen Voraussetzungen für die Wiederaufnahme erfüllt sind, im wiederaufgenommenen Verfahren zu prüfen und zu entscheiden.[43]

37 **4. Wiederaufnahmegründe entspr § 580 ZPO (Nr 3).** Abs 1 Nr 3 verweist für weitere Gründe, die ein Wiederaufgreifen rechtfertigen, auf die Wiederaufnahmegründe der sog Restitutionsklage gem § 580 ZPO, die für entspr anwendbar erklärt werden (ebenso zum früheren Recht BVerwGE 24, 115; Bettermann, in: Wolff-FS 1973, 48). Durch die Verweisung auf § 580 ZPO ergeben sich zahlreiche Zweifelsfragen, da § 580 ZPO zT auf besondere Förmlichkeiten des gerichtlichen Verfahrens abstellt, die im allgemeinen Verwaltungsverfahren keine unmittelbare Entsprechung haben. Im Einzelnen kommt auf Grund der Verweisung in Nr 3 eine Wiederaufnahme entspr § 580 ZPO insb in Betracht:

---

[41] Vgl bejahend BVerwGE 82, 277: VGH Mannheim VBlBW 1991, 472; Knack 42; **aA** VGH München DVBl 1978, 114; BayVBl 1987, 371: durch die nachträgliche Vorlage eines die Prüfungsunfähigkeit bestätigenden Attests kann die Wiederaufnahme eines unanfechtbar abgeschlossenen Prüfungsverfahrens nicht erreicht werden; vgl auch OVG Bremen NJW 1990, 2337; idR wird die bloße Neubewertung nicht ausreichend sein.

[42] Vgl BVerwG DÖV 1982, 856 m Anm Korber; OVG Bremen NVwZ 1984, 58; VGH München BayVBl 1987, 371: wer sich darauf beruft, muss die Eignung des Beweismittels für eine ihn günstige Entscheidung schlüssig darlegen; ebenso Knack 43; vgl auch BVerfG NVwZ 1986, 821.

[43] VGH München BayVBl 1987, 371 unter Berufung auf BVerwG BayVBl 1983, 24 f; Korber DÖV 1982, 859; vgl idS auch BFH – GrS – NVwZ 1989, 293; unklar StBS 117; **aA** offenbar BVerwG NJW 1982, 2204; grds zustimmend UL § 65 Rn 25.

a) VA auf falscher Beweisgrundlage. Entspr § 580 Nr 1–3 ZPO liegt ein Wiederaufnahmegrund vor, wenn ein VA auf einer vorsätzlich oder fahrlässig **falschen Aussage eines Beteiligten** im Rahmen der Beteiligtenvernehmung (vgl § 26 Abs 1 Nr 2), einer unrichtigen oder unvollständigen Angabe, einer **falschen Urkunde** oder einer **wahrheitswidrigen Zeugenaussage** (vgl § 26 Abs 1 Nr 2), einer **falschen Auskunft** (vgl Abs 1 Nr 1) oder einem unter Verletzung der Wahrheitspflicht erstatteten **fehlerhaften Gutachten** beruht, dh, wenn nicht auszuschließen ist, dass die Entscheidung der Behörde sonst anders ausgefallen wäre. Als Sachverständige iS von Nr 3 sind auch **Dolmetscher** anzusehen (Obermayer 80). 38

b) VA auf Grund strafbarer Handlung. Entspr § 580 Nr 4 ZPO liegt ein Wiederaufnahmegrund vor, wenn ein VA durch eine strafbare Handlung, insb durch arglistige Täuschung, Drohung oder Bestechung (vgl § 48 Abs 2 S 3 Nr 1), herbeigeführt wurde. Hierzu zählen die Fälle des Verfahrensbetrugs (Prozessbetrug), Nötigung (§ 240 StGB) und Erpressung (§ 253 StGB). 39

c) VA auf Grund einer Amtspflichtverletzung. Entspr § 580 Nr 5 ZPO ist ein Wiederaufnahmegrund gegeben, wenn im Verfahren ein Amtsträger mitgewirkt hat, der sich in Beziehung auf das Verfahren einer **mit Strafe bedrohten Verletzung seiner Amtspflichten** gegenüber dem Betroffenen schuldig gemacht hat, zB weil ein anderer Beteiligter oder ein Dritter den Amtsträger durch **Bestechung** dazu veranlasst hat, eine für den Antragsteller ungünstige Entscheidung zu treffen (Obermayer 84). Die Regelung ist auf lediglich mit **Disziplinarstrafen** „bedrohte" Handlungen **nicht analog anwendbar** (Obermayer 85; StJ § 580 ZPO Rn 17). 40

d) Aufhebung einer präjudiziellen Entscheidung. Ein Grund für das Wiederaufgreifen des Verfahrens liegt entspr § 580 Nr 6 ZPO vor, wenn ein VA auf einer bestimmten **Beurteilung einer Vorfrage** beruht, die nachträglich durch das sachlich dafür zuständige Gericht bzw die dafür zuständige Behörde durch rechtskräftiges Urteil oder durch unanfechtbaren VA anders entschieden wurde.[44] Dass nur die gleiche Rechtsfrage in einem anderen Fall anders entschieden wurde, genügt nicht (BFH 114, 298; NJW 1978, 511). 41

e) Wiederauffinden früherer Entscheidungen. Ein Grund für das Wiederaufgreifen liegt entspr § 580 Nr 7a ZPO (Nr 7b ist für das Verwaltungsverfahrensrecht durch § 51 Abs 1 Nr 2 ersetzt; vgl Knack 46) vor, wenn ein in derselben Sache **früher** ergangener, **unanfechtbarer VA aufgefunden wird,** der inhaltlich dem späteren widerspricht und der Behörde bei ihrer späteren Entscheidung nicht bekannt war (UL § 65 Rn 27; Knack 46; Bettermann, in: Wolff-FS 1973, 482; Obermayer 85). War der ältere VA der Behörde bei ihrer Entscheidung bekannt, so ist die Vorschrift nicht anwendbar; der spätere VA kann dann nur nach §§ 48f zurückgenommen oder widerrufen werden. 42

f) Anwendbarkeit des § 581 ZPO? Umstritten ist, ob auch für das Verwaltungsverfahren § 581 ZPO entsprechend herangezogen werden muss. Obwohl § 51 Abs 1 Nr 3 nur auf § 580 ZPO verweist, ist auch für das Verwaltungsverfahren entspr § 581 ZPO, der insofern § 580 ZPO ergänzt, bei den Gründen gem § 580 Nr 1–5 (oben Rn 37ff) erforderlich, dass wegen der strafbaren Handlung eine **rechtskräftige Verurteilung** erfolgt ist oder der Einleitung oder Durchführung eines Strafverfahrens andere Gründe als ein Mangel an Beweisen entgegenstehen (Obermayer 65; Knack 45; **aA** StBS 126). 43

---

[44] BSG 22, 16; UL § 65 Rn 27; Weides 27 VI 1b; Seibert 581 mwN; vgl auch BAG NJW 1981, 2024.

IV. Unmöglichkeit rechtzeitiger Geltendmachung (Abs 2)

44 **1. Allgemeines.** Abs 2 bestimmt in Anlehnung an § 582 ZPO, dass im Wiederaufnahmeverfahren nur Wiederaufnahmegründe geltend gemacht werden können, die der Betroffene nicht schon im ursprünglichen Verfahren, einschließlich des Rechtsbehelfsverfahrens[45] hätte geltend machen können. Entgegen der Formulierung des Abs 2 handelt es sich bei der Frage, ob der Grund auch früher hätte geltend gemacht werden können, um eine **Frage der Begründetheit des Antrags,** welche die Behörde im Zweifel nach § 24 aufklären muss (vgl zur insoweit gleichen Fassung des § 582 ZPO ThP § 582 ZPO Rn 1).

45 **2. Der Maßstab groben Verschuldens.** Ob der Betroffene den Wiederaufnahmegrund schon im früheren Verfahren hätte geltend machen können, ist auf Grund des in Abs 2 aufgestellten Verschuldensmaßstabs zu beurteilen. Grobes Verschulden ist anzunehmen, wenn einem Betroffenen das Bestehen eines Grundes, **zB** das **Fehlen eines** für den Erlass des VA erforderlichen Antrags oder der Beantwortung wichtiger Fragen im Antragsformular,[46] das Vorhandensein einer als Beweismittel benötigten Urkunde, bekannt war oder doch sich den ganzen ihm bekannten Umständen zufolge aufdrängen musste, und er trotzdem unter Verletzung der Mitwirkungspflicht gem § 26 Abs 2 S 1 und der einem ordentlichen Verfahrensbeteiligten **zumutbaren Sorgfaltspflicht** sich nicht weiter um die Sache kümmerte,[47] insb auch die Behörde nicht auf das vorhandene oder doch möglicherweise beschaffbare Beweismittel hinwies usw.[48] Bei der Beurteilung sind wie bei § 32 auch **subjektive Merkmale** zu berücksichtigen (VGH Mannheim NVwZ 1986, 225; MB 59; vgl allg auch § 32 Rn 20). Das **Verschulden eines Vertreters** oder Bevollmächtigten ist dem Vertretenen anzurechnen (BFH 140, 18 = BStBl II 1984, 256; StBS 130; Knack 49). Nicht als Verschulden anzusehen ist es, wenn Beweismittel nicht vorgelegt wurden, die nach der höchstrichterlichen Rspr im Zeitpunkt der ursprünglichen Entscheidung der Behörde unerheblich waren und bei deren Kenntnis deshalb damals nicht zu erwarten war, dass die Behörde anders entschieden hätte (vgl Vorlagebeschluss BFH 146, 496 = BStBl II 1986, 707; StBS 131; **aA** wohl Wilhelm DStZ 1987, 117).

V. Antragsfrist (Abs 3)

46 **1. Begrenzung des Antragsrechts.** Nach Abs 3, der § 586 ZPO nachgebildet ist, kann der Antrag auf Wiederaufnahme nur **innerhalb von drei Monaten** nach Kenntnis des Wiederaufnahmegrundes gestellt werden. Die Wahrung der Frist ist Zulässigkeitsvoraussetzung für den Antrag. Gegen die schuldlose Versäumung der Antragsfrist des Abs 3 ist Wiedereinsetzung nach § 32 möglich (VGH Mannheim NVwZ-RR 1991, 55). Zur Berechnung der Frist vgl § 31.

47 **2. Fristbeginn.** Voraussetzung für den Beginn der Frist ist die **positive Kenntnis aller insoweit maßgeblichen Tatsachen,** dh ein auf sicherer Grundlage beruhendes Wissen insoweit, nicht dagegen die zutreffende rechtliche Einordnung der bekannten Tatsachen, also die Erkenntnis, dass diese einen Wie-

---

[45] Vgl idS VGH München BayVBl 1982, 754; VGH Mannheim NVwZ 1986, 225; StBS 131; Knack 48; zur Verfassungsgemäßheit BVerfG NVwZ 1986, 822: Beschränkung ist aus den Gerichtspunkten der Rechtssicherheit und Verfahrensökonomie gerechtfertigt.

[46] Vgl BFH 157, 196 = BStBl II 1989, 789, wo die nachträgliche Antragstellung jedoch schon nicht als neue Tatsache iS von § 173 Abs 1 Nr 2 AO angesehen wird, ebenso Herden/Gmach NJW 1990, 1762 mwN.

[47] VGH München DVBl 1978, 114; VGH Mannheim NVwZ 1986, 225; vgl auch BFH 157, 196 = BStBl II 1989, 789; Herden/Gmach NJW 1990, 1762 mwN.

[48] BFH 140, 18 = BStBl II 1984, 256; VGH München DVBl 1978, 115; OVG Münster NVwZ 1986, 134; Knack 48; Bettermann, in: Wolff-FS 1973, 480; Obermayer 119.

deraufnahmegrund ergeben (vgl BGH VersR 1992, 176; ZIP 1993, 613; StBS 134). Bei mehreren Wiederaufnahmegründen läuft die Frist für jeden Grund gesondert; das gilt auch dann, wenn bereits ein Verfahren nach § 51 anhängig ist, sowie für nachgeschobene, der Sache nach aber selbstständige Gründe.[49] Kennenmüssen, dh **durch Fahrlässigkeit verschuldete Unkenntnis, steht der Kenntnis nicht gleich** (ebenso StBS 133; Knack 51). Das Wissen von Vertretern bzw Bevollmächtigten wird dem Beteiligten zugerechnet (vgl BVerwG ZIP 1993, 613; allg auch § 32 Rn 33). Bei den Restitutionsgründen nach Abs 2 Nr 2 iVm § 580 Nr 1–5 ZPO ist entspr § 581 ZPO auch die Kenntnis, dass eine strafrechtliche Verurteilung erfolgt ist und das Urteil rechtskräftig ist, bzw dass ein Strafverfahren nicht durchgeführt werden kann, erforderlich; erst mit ihr beginnt die Frist zu laufen. Im Falle des § 51 Abs 1 Nr 2 sind innerhalb der Frist des Abs 3 nicht nur das neue Beweismittel, sondern auch die Tatsachen, für die es benannt wird, anzugeben (OVG Münster NWVBl 1990, 170).

VI. Zuständigkeit (Abs 4)

Abs 4 stellt klar, dass für das Wiederaufnahmeverfahren die allgemeinen Be- 48
stimmungen über die **örtliche Zuständigkeit** gelten, die auch sonst in der Sache Anwendung finden würden. Da es sich um ein selbstständiges Verfahren handelt, nicht um die Fortführung des mit der Unanfechtbarkeit des VA abgeschlossenen Verfahrens, ist § 3 Abs 3 über die Fortführung von Verfahren nicht anwendbar (Obermayer 135). Für die **sachliche Zuständigkeit** gilt Entsprechendes. Zuständig ist grundsätzlich die Behörde, die im Zeitpunkt des Wiederaufgreifens für VAe der in Frage stehenden Art zuständig ist, auch wenn der VA, der Gegenstand des Wiederaufnahmeverfahrens ist, von einer anderen Behörde erlassen wurde (so ausdrücklich Abs 4 2. HS; vgl auch VGH Mannheim VBlBW 1990, 985).

Zuständig ist stets die Ausgangsbehörde. Da eine ausdrückliche Regelung 49
darüber fehlt, welche Behörde entscheiden soll, wenn der Wiederaufnahmegrund nicht einen Erstbescheid, sondern einen **Widerspruchsbescheid** betrifft, ist nach allgemeinen Grundsätzen davon auszugehen, dass **auch in diesem Fall Ausgangsbehörde,** nicht die Widerspruchsbehörde für die Entscheidung über den Wiederaufnahmeantrag zuständig ist (str; wie hier StBS 150; Knack 55; s auch Judick NVwZ 1984, 356; **aA** Voraufl), weil die Widerspruchsbehörde mit dem Eintritt der Unanfechtbarkeit des Widerspruchsbescheids ihre Kompetenz in der Sache verliert (VG Regensburg BayVBl 1981, 314; Obermayer 108; allg auch VGH München BayVBl 1982, 754).

VII. Verhältnis zu Rücknahme und Widerruf (Abs 5)

1. Grundsatz der Parallelität. Abs 5 stellt klar, dass durch § 51 die Zulässig- 50
keit der Rücknahme bzw des Widerrufs eines VA durch die Behörde gem § 48 und § 49 zugunsten des Betroffenen nicht berührt wird, dh beide Möglichkeiten unabhängig voneinander nebeneinander bestehen.[50] Obwohl Abs 5 unmittelbar an

[49] BVerwGE 95, 86, 88; BVerwG NVwZ 1990, 359; OVG Münster NVwZ 1986, 52; **aA** vgl RGZ 168, 230; BGHZ 57, 211; für nachgeschobene Gründe auch OVG Münster NWVBl 1990, 170.

[50] Begr 75; BVerwGE 60, 325; 78, 339 = NVwZ 1988, 738; BVerwG NVwZ-RR 1993, 667; VGH Mannheim NVwZ 1986, 225; DVBl 1989, 885 = NVwZ 1989, 882; OVG Münster NVwZ 1986, 125; OVG Hamburg NVwZ-RR 1993, 322; VG Berlin NVwZ 1982, 522; Knack 56; Sachs JuS 1982, 267; StBS 141; **aA** offenbar Maurer § 11 Rn 61; Wallerath 7 VI 5; Weides 27 VI; MB 4.9; WBS II § 51 Rn 126, die Abs 5 dahin zu verstehen scheinen, dass die Regelungen der §§ 48 Abs 1 S 1 und 49 Abs 1, insb die Ermessensfreiheit der Behörde, auch für die Entscheidung nach § 51 gelten sollen; wäre diese Auffassung richtig, so wäre § 51 weitgehend überflüssig, da § 51 dann nur noch bei VAen mit Doppelwir-

sich nur auf § 48 Abs 1 und § 49 Abs 1 verweist, ist davon auszugehen, dass die Verweisung auch die folgenden Absätze der genannten Vorschriften erfasst (Schwabe JZ 1985, 551; Knack 56; offen OVG Hamburg NVwZ 1993, 323). Die Behörde kann gem Abs 5 unabhängig von einem Verfahren nach § 51, auch während der Anhängigkeit eines solchen Verfahrens oder obwohl ein Antrag nach § 51 nicht gestellt wurde oder nicht mehr gestellt werden kann, den in Frage stehenden VA zurücknehmen bzw widerrufen, wenn die Voraussetzungen gem § 48 bzw § 49 erfüllt sind (BVerwGE 60, 325). Sie kann sich damit uU die vielfach schwierige Prüfung der formellen Voraussetzungen des Verfahrens nach § 51 ersparen.

51 **2. Praktischer Vorrang des Wiederaufgreifens.** Für den Bürger ist der Rechtsanspruch nach § 51 grundsätzlich günstiger als das lediglich formelle subjektive Recht auf fehlerfreie Ermessensentscheidung gem §§ 48f. IdR handelt die Behörde bei einer Entscheidung gem § 48 bzw § 49 nicht ermessensfehlerhaft, wenn sie einem Betroffenen gegenüber, der die Möglichkeit der Antragstellung nach § 51 hatte, sie jedoch nicht genutzt hat, die Rücknahme oder den Widerruf des in Frage stehenden VA gem § 48 bzw § 49 ablehnt.

52 **Über den Wortlaut des Abs 5 hinaus** ist der Regelung der allgemeine Grundsatz zu entnehmen, dass die Befugnisse nach § 51 und nach den §§ 48, 49 schlechthin **getrennt und voneinander unabhängig** bestehen. Andererseits ist aus Abs 5 im Zusammenhang mit dem Zweck des Wiederaufnahmeverfahrens zu folgern, dass die Entscheidung nach § 51 nicht davon abhängig ist, ob auch (kumulativ) die Voraussetzungen gem §§ 48 Abs 1 S 1 oder 48 Abs 1 für eine Rücknahme oder einen Widerruf des VA von Amts wegen gegeben wären; dies ist insb bei VAen mit Doppelwirkung von Bedeutung.

VIII. Rechtsbehelfe

53 **1. Klage auf Wiederaufgreifen oder Durchgriff.** Gegen den im Verfahren nach § 51 ergangenen VA (s oben Rn 22) sind die allg Rechtsbehelfe gegeben (UL § 65 Rn 34; Maurer JuS 1976, 31; Knack 11); ebenso auch gegen die Ablehnung der Wiederaufnahme. Hat die zuständige Behörde den Wiederaufnahmeantrag abgelehnt oder ohne zureichenden Grund nicht in angemessener Frist darüber entschieden (§ 75 VwGO), so ist streitig, ob der Antragsteller (ggf nach Durchführung des Vorverfahrens) sogleich Klage auf Verpflichtung der Behörde auf Aufhebung oder Abänderung des VA, gegen den sich der Wiederaufnahmeantrag richtet, erheben kann oder zunächst nur auf Verpflichtung zur Wiederaufnahme des Verfahrens.[51] Gegen eine Entscheidung des Gerichts schon sogleich in der Sache würde nicht nur bei Ermessensentscheidungen, sondern auch bei gebundenen Entscheidungen sprechen, dass sich die primär in der Sache zuständige Behörde mit der Sachfrage noch gar nicht befasst hat. Für die Klage zur Hauptsache könnte deshalb das Rechtsschutzinteresse fehlen (ebenso im Ergebnis StBS 72; Korber DÖV 1982, 858).

54 **Für die Zulässigkeit** einer **Klage unmittelbar auf die erstrebte Sachentscheidung** spricht jedenfalls in den Fällen streng gebundener Verwaltung die Prozessökonomie (BVerwG NJW 1982, 2204: bei gebundenen VAen Entscheidung

---

kung mehr gewähren würde als das auch bei § 48 und § 49 anerkannte formelle subjektive Recht Betroffener auf eine ermessensfehlerfreie Entscheidung über ihren Antrag auf einen Zweitbescheid.

[51] VGH München VRspr 19, 377; Korber DÖV 1982, 858; **aA** zu einer nicht im Ermessen der Behörde stehenden Entscheidung in der Sache über das actum rescissorium BVerwGE 26, 158; BVerwG Buchh 402.22 Nr 14 S 9; NJW 1982, 2204: sogleich auch Entscheidung in der Sache; auch schon dem Wiederaufnahmeantrag kann nur stattgegeben werden, wenn der Wiederaufnahmegrund „durchgreift" und allein oder zusammen mit früheren oder noch anzustellenden Ermittlungen einen Anspruch des Antragstellers auf die begehrte Aufhebung oder Abänderung des angegriffenen VA begründet.

in einem Verfahren mit der Entscheidung über die Wiederaufnahme auch sogleich über die Aufhebung oder Abänderung selbst, dergestalt, dass auch schon die Wiederaufnahme abzulehnen ist, wenn der geltend gemachte Wiederaufnahmegrund nicht zur gewünschten Entscheidung auch in der Hauptsache führt; ebenso BVerwGE 95, 86; VGH München NVwZ 1991, 309; hiergegen ausführlich StBS 70ff). Die gegen den prozessökonomisch gerechtfertigten Durchgriff (StBS 70; Maurer § 11 Rn 5; MB 24) erhobenen Einwände sind in den Fällen nicht durchschlagend, in denen die Entscheidung in der Sache streng gebunden ist. Hier gibt es keine wirklich zwingenden Gründe, dem Gericht einen Durchgriff auf die Sachentscheidung zu versagen.

2. Schadensersatz-, Erstattungs- und Folgenbeseitigungsansprüche. Hat der Antrag auf Wiederaufnahme des Verfahrens Erfolg und ergeht im wiederaufgenommenen Verfahren eine für den Antragsteller positive Sachentscheidung, so hat der Antragsteller ggf gegen die Behörde Schadensersatz-, Erstattungs- und Folgenbeseitigungsansprüche nach den gleichen Grundsätzen wie bei Rücknahme eines VA (Sachs JuS 1982, 267; Obermayer 113f; StBS 67; § 48 Abs 3, 49 Abs 5 analog). Entschädigungsansprüche hat uU auch der im Falle einer Neuentscheidung nachteilig betroffene Dritte (StBS 67). 54

§ 52 Rückgabe von Urkunden und Sachen

Ist ein Verwaltungsakt unanfechtbar widerrufen oder zurückgenommen oder ist seine Wirksamkeit aus einem anderen Grund nicht oder nicht mehr gegeben,[5] so kann die Behörde die auf Grund dieses Verwaltungsaktes erteilten Urkunden[8] oder Sachen,[9] die zum Nachweis der Rechte aus dem Verwaltungsakt oder zu deren Ausübung bestimmt sind, zurückfordern. Der Inhaber und, sofern er nicht der Besitzer ist, auch der Besitzer dieser Urkunden oder Sachen sind zu ihrer Herausgabe verpflichtet.[10] Der Inhaber oder der Besitzer kann jedoch verlangen, dass ihm die Urkunden oder Sachen wieder ausgehändigt werden, nachdem sie von der Behörde als ungültig gekennzeichnet sind; dies gilt nicht bei Sachen, bei denen eine solche Kennzeichnung nicht oder nicht mit der erforderlichen Offensichtlichkeit oder Dauerhaftigkeit möglich ist.[15]

Parallelvorschriften: § 133 AO; § 52 SGB-X

Übersicht

I. Allgemeines

1 **1. Inhalt.** Die Vorschrift regelt in Ergänzung zu den Bestimmungen über die Unwirksamkeit bzw die Beendigung der Wirksamkeit von VAen (vgl § 43 Abs 2) die **Rückforderung von Urkunden** usw, die durch den Wegfall des VA, zu dessen Nachweis bzw Ausübung der damit verbundenen Befugnisse sie bestimmt waren, gegenstandslos werden (vgl auch OVG Münster NVwZ 1990, 1183). Die den Behörden durch § 52 verliehene **Befugnis zur Einziehung** usw solcher Urkunden uä dient vor allem der Sicherheit des Rechtsverkehrs und der Verhinderung eines evtl Missbrauchs (UL § 66 Rn 2; Knack 5). Dies gilt insb für Urkunden wegen ihrer Bedeutung als Beweismittel im Rechtsverkehr. Die Vorschrift gibt der Behörde eine **materielle Ermächtigungsgrundlage** für die Rückforderung unter den in S 1 genannten Voraussetzungen gegenüber den in S 2 genannten herausgabepflichtigen Personen durch VA (UL § 66 Rn 3; Knack 16; Obermayer 15; zweifelnd StBS 25). Ob von der Möglichkeit einer Rückforderung Gebrauch gemacht wird, steht im Ermessen (§ 40) der zuständigen Behörde. Der **Herausgabeanspruch nach § 52 S 3** stellt sicher, dass die Betroffenen die Urkunden oder sonstigen Gegenstände zurückerhalten, nachdem ihnen die Rechtsscheinswirkung durch Kenntlichmachen der Ungültigkeit bzw Unwirksamkeit genommen worden ist.

2 **2. Anwendungsbereich. a) Unmittelbar.** § 52 gilt für alle Fälle der Beendigung der Wirksamkeit eines VA. Hierzu zählen Rücknahme und Widerruf, Eintritt einer auflösenden Bedingung, Ablauf der Frist im Falle der Befristung und ähnliche **Fälle nachträglich eintretender Unwirksamkeit.** Es kommt nicht darauf an, ob die Wirksamkeit rückwirkend, also ex-tunc, endet, oder nur für die Zukunft, also ex nunc. Die Vorschrift gilt darüber hinaus in allen Fällen der **Unwirksamkeit von Anfang an,** wenn also die Wirksamkeit des VA aus irgendeinem Grund von vornherein nicht eingetreten war. Die Vorschrift gilt unmittelbar nur im Geltungsbereich des VwVfG. Die Verwaltungsverfahrensgesetze der Länder enthalten aber gleich lautende Vorschriften. Die Vorschrift gilt außerdem nur dann, wenn spezialgesetzlich keine gleich lautenden oder abweichenden Regelungen getroffen wurden.

3 **b) Sondervorschriften.** Sondervorschriften, die die Anwendbarkeit des § 52 ausschließen, sind zB § 63 Abs 4 AsylVfG (Einziehung der Bescheinigung über die Aufenthaltsgestattung), § 18 BjagdG (Einziehung des Jagdscheins), § 12 Abs 1 PassG (Einziehung von Pässen), § 4 Abs 4 S 2 StVG (Ablieferung des Führerscheins bei Fahrerlaubnisentziehung), § 17 Abs 2 StVZO (Entstempelung des Kfz-Kennzeichens), § 48 WaffG (Rückgabe von Waffenschein, Waffenbesitzkarte usw). Enthalten diese Vorschriften nur eine Verpflichtung zur Rückgabe, Abgabe usw, so kommt eine **ergänzende Heranziehung** des § 52 insoweit in Betracht, als dieser eine Ermächtigung zum Erlass eines Rückforderungs-VA und eine spätere Rückgabepflicht enthält (StBS 8). Zur **Rückforderung** der Ausfertigung eines VA **zum Zweck der Berichtigung** offenbarer Unrichtigkeiten s § 42 Rn 17.

4 **c) Analoge Anwendbarkeit. Als Ausdruck des allgemeinen Rechtsgrundsatzes,** dass mit der Beendigung der Wirksamkeit eines VA auch die durch diesen bedingten Folgen ihre Grundlage und Berechtigung verlieren, und dass die Entscheidungsbefugnis der Behörde im Zweifel auch die Befugnis zur Beseitigung solcher Folgen mit umfasst, sind § 52 und die entspr Vorschriften des Landesrechts

sinngemäß auch auf Fälle anwendbar, für die entsprechende ausdrückliche Regelungen fehlen. Die entsprechende Anwendung des § 52 geht in diesen Fällen der Heranziehung des allgemeinen öffentlichrechtlichen Erstattungsanspruches vor. Das gilt auch für den Fall der Unvollständigkeit spezieller Vorschriften für eine entsprechende **Ergänzung** (s Rn 3). Zur Anwendung auf **vorläufige VAe** s unten Rn 6.

II. Rückforderung von Urkunden und Sachen

5 **1. VA, der seine Wirksamkeit verloren hat (S 1). a) Ursprüngliche und nachträgliche Unwirksamkeit.** § 52 macht hins. der Rückforderung keinen Unterschied zwischen VAen, deren Wirksamkeit nachträglich durch Rücknahme, Widerruf oder in anderer Weise beendet wurde und VAen, die von vornherein schon nicht wirksam zustandegekommen waren oder noch nicht wirksam geworden sind, zB infolge einer aufschiebenden Bedingung (offenbar enger Knack 8: wenn die aufschiebende Bedingung nicht eingetreten ist und nicht mehr eintreten kann) oder wegen nicht wirksamer Bekanntgabe gem § 41 Abs 1, § 43 Abs 1. Beendigungsgrund kann außer der ausdrücklich in § 42 genannten Rücknahme gem § 48 und dem Widerruf gem § 49 oder nach vergleichbaren Vorschriften auch zB die Aufhebung des VA im Widerspruchsverfahren oder durch das Verwaltungsgericht (MB 1), oder im Wiederaufnahmeverfahren gem § 51 oder nach anderen Vorschriften sein. Das gilt auch für den Eintritt einer auflösenden Bedingung, den Tod des Berechtigten bei persönlichen Erlaubnissen, den Wegfall des Gegenstandes einer Erlaubnis, zB einer Kfz-Zulassung infolge der Zerstörung des Kfz.

6 **b) Unanfechtbarkeit.** § 52 setzt nach seinem Wortlaut grundsätzlich die Unanfechtbarkeit des Widerrufs, der Rücknahme oder der sonstigen die Unwirksamkeit auslösenden Maßnahme voraus. Der Grundgedanke dieser Regelung besteht darin, dass eine Rückforderung erst stattfinden soll, wenn die mangelnde Berechtigung, die durch die Urkunde bzw die sonstigen Sachen nachgewiesen werden kann, feststeht (enger StBS 16: Rücksicht auf einen Suspensiveffekt). Daher können vorläufige Maßnahmen, wie sie vielfach notwendig sind, um einen Missbrauch zu verhindern, nicht unmittelbar auf § 52 gestützt werden. **Möglich ist aber eine Rückforderung zugleich mit dem die Wirksamkeit des VA** aufhebenden VA, wenn sie unter die aufschiebende Bedingung des Eintritts der Unanfechtbarkeit gestellt wird (StBS 14).

7 **c) Sofortige Vollziehbarkeit.** Die hM geht davon aus, dass eine Rückforderung auch dann bereits nach § 52 erfolgen kann, wenn Widerruf, Rücknahme bzw ein anderer die Unwirksamkeit auslösender VA nach § 80 Abs 2 VwGO sofort vollziehbar ist, so dass einem Widerspruch bzw einer Anfechtungsklage keine aufschiebende Wirkung zukäme.[1] Dabei kann der Ausschluss des Suspensiveffekts nicht nur nach § 80 Abs 2 Nr 4 VwGO angeordnet werden, sondern auch unmittelbar kraft Gesetzes eintreten (§ 80 Abs 2 Nr 1–3 VwGO). Tritt die Unwirksamkeit des VA nicht durch Widerruf, Rücknahme oder auf Grund eines anderen VA ein, sondern ist sie aus einem anderen Grunde bereits gegeben, so spielt die Voraussetzung der Unanfechtbarkeit keine Rolle.

8 **2. Gegenstand der Herausgabepflicht. a) Urkunden.** Die Rückforderung erfasst Urkunden, die zum Nachweis der Rechte aus dem VA oder zu deren Ausübung bestimmt sind. Erfasst werden Urkunden aller Art iS von § 26 Abs 1 Nr 3, wie Ausweise, Erlaubnisscheine, Staatsangehörigkeitsurkunden, Schifffahrtspatente usw, ohne Rücksicht darauf, ob sie für den VA **konstitutive Bedeutung** haben,

[1] OVG Münster NVw Z 1990, 1183; StBS 15; Obermayer 13; UL § 66 Rn 3; ähnlich Knack 5: bei sofortiger Vollziehbarkeit können nur vorläufige Maßnahmen auf § 52 gestützt werden.

wie Beamtenernennungs- oder Einbürgerungsurkunden, oder ob sie nur **deklaratorische Bedeutung** haben, also dem Nachweis der durch den VA begründeten Rechte, Pflichten usw dienen, wie dies bei sonstigen schriftlichen VAen der Fall ist (Knack 11; zweifelnd VGH München GewArch 1987, 276 hins der schriftlichen Erlaubnis gem § 34 c GewO zur Ausübung des Maklergewerbes).

9 **b) Sachen.** Sachen iS von § 52 S 1 sind **körperliche Gegenstände** wie Polizeimarken, Siegel, Kfz-Plaketten usw, die in ähnlicher Weise wie Urkunden auf Grund von Rechtsvorschriften, Verwaltungsvorschriften oder auch nur nach der Verkehrsauffassung dem **Nachweis der Rechte aus einem VA** oder zur Ausübung solcher Rechte dienen (vgl Knack 12 u 13; Begr 75; Obermayer 5), insb auch Gegenstände, die wie Polizeimarken, Siegel usw im Zusammenhang mit einem VA stehen, zur Ausübung einer verliehenen Befugnis usw gebraucht werden usw. Erforderlich ist stets, dass es sich um Urkunden oder Sachen handelt, die in gewissem Sinn **amtlichen Charakter** haben und eine **Akzessiorität** zu dem unwirksamen bzw unwirksam gewordenen VA aufweisen und deshalb uU missbraucht werden könnten. Daher sind zB Werkzeuge, Gerätschaften usw allgemeiner Art keine Gegenstände iS der Vorschrift, auch wenn sie zur Ausübung einer erteilten Genehmigung usw bestimmt sind.

10 **3. Die Herausgabepflichtigen (S 2).** Herausgabepflichtig ist gem S 2 in erster Linie **der Inhaber der Urkunde** oder Sache, dh derjenige, für den sie ausgestellt oder dem sie ausgehändigt worden ist (Knack 14); außerdem, sofern der Inhaber nicht zugleich Besitzer ist, auch **jeder Besitzer, zB Erbe, Rechtsnachfolger,** aber auch zB der unrechtmäßige Besitzer oder der Finder einer Urkunde oder Sache (Obermayer 27; Knack 14). Die Vorschrift stellt auf die tatsächlichen Verhältnisse, nicht auf die privatrechtliche Eigentums- oder Besitzrechte ab, um der Behörde deren Ermittlung zu ersparen (StBS 36). Bei mehreren Pflichtigen kommt der Behörde ein Auswahlermessen (§ 40) zu.

11 **4. Ermessen.** Die Rückforderung bzw die Anordnung der Unbrauchbarmachung usw steht, soweit durch Rechtsvorschriften nichts anderes vorgesehen ist, im **Ermessen** der Behörde („kann"). Bei der Entscheidung ist auch ein etwaiges **Interesse des Inhabers bzw Besitzers** zu berücksichtigen (vgl auch OVG Münster NVwZ 1990, 1183).

12 **5. Rückforderung durch VA.** Die Rückforderung erfolgt durch VA, der erforderlichenfalls mit den Mitteln des Verwaltungszwangs zu vollstrecken ist (Begr 75; UL § 66 Rn 3; MB 5; Knack 16 u 19; MB 4; Obermayer 20). Wenn nach S 2 die Herausgabe einer Urkunde oder einer Sache **von einem Dritten,** in dessen Besitz sie sich befindet, gefordert wird, muss auch diesem gegenüber ein entsprechender VA ergehen (vgl Obermayer 27). Der **Begriff der Zurückforderung** ist nicht eng zu verstehen. Je nach der Art der Urkunde oder der Sache kommt nach § 53 auch die **Unbrauchbarmachung** zB von Stempeln, die Anbringung eines Ungültigkeitsvermerks auf einer Urkunde usw in Betracht.

13 **6. Zuständigkeit.** Zuständig für die Geltendmachung des Herausgabeanspruchs ist grundsätzlich die Behörde, die die Urkunde ausgestellt bzw den Gegenstand usw herausgegeben hat. Hat sich die Zuständigkeit seit der Ausgabe des Gegenstandes geändert, so ist für die Rückforderung die Behörde zuständig, die nunmehr analog §§ 48 Abs 5; 49 Abs 5; 51 Abs 4 und/oder nach allgemeinen Grundsätzen für die Ausstellung bzw Herausgabe entsprechender Urkunden, Gegenstände usw zuständig ist (UL § 66 Rn 3; Knack 18).

14 **7. Verfahren.** Für das Verfahren gelten die allg Bestimmungen. Insb sind die Betroffenen gem § 28 vor der Entscheidung zu hören. IdR ist es zweckmäßig, das Verfahren schon mit dem Verfahren über die Rücknahme oder den Widerruf des VA zu verbinden.

III. Anspruch auf Rückgabe nach Entwertung (S 3)

1. Materiellrechtlicher Herausgabeanspruch. § 52 S 3 gibt dem Inhaber bzw Besitzer auf Verlangen – ggf ist er gem § 25 auf diese Möglichkeit hinzuweisen – **Anspruch auf Rückgabe der Urkunde** bzw Sache nach entsprechender Kennzeichnung als ungültig, sofern eine solche Kennzeichnung möglich ist und dem Zweck der Regelung genügt. Dies ist insb dann von Bedeutung, wenn der Inhaber oder Besitzer die Urkunde usw noch zum Nachweis seiner bisherigen Rechtsposition oder aus anderen schutzwürdigen Gründen benötigt (Begr 75); Voraussetzung ist das Bestehen eines schutzwürdigen Interesses aber nicht (StBS 41; UL § 66 Rn 5; **aA** Voraufl). Der Anspruch ist nicht gegeben, wenn die Vernichtung des Rechtsscheins durch Kennzeichnung der Urkunde oder Sache nicht möglich oder ausreichend ist. In diesem Fall hat der Betroffene einen **Anspruch auf eine Bestätigung** über Art, Inhalt uä der eingezogenen Urkunde oder Sache (ebenso Obermayer 34). 15

2. Durchsetzbarkeit. Der bisherige Inhaber bzw Besitzer muss die Rückgabe bei der zuständigen Behörde beantragen und erforderlichenfalls zur Durchsetzung seines Rechts eine **allgemeine Leistungsklage** auf Rückgabe erheben (StBS 49; MB 5; Knack 23). 16

Abschnitt 3. Verjährungsrechtliche Wirkungen des Verwaltungsaktes

§ 53 Hemmung der Verjährung durch Verwaltungsakt

(1) **Ein Verwaltungsakt, der zur Feststellung oder Durchsetzung des Anspruchs eines öffentlich-rechtlichen Rechtsträgers erlassen wird, hemmt die Verjährung dieses Anspruchs.**[20] **Die Hemmung endet mit Eintritt der Unanfechtbarkeit des Verwaltungsakts**[29] **oder sechs Monate nach seiner anderweitigen Erledigung.**[30]

(2) **Ist ein Verwaltungsakt im Sinne des Absatzes 1 unanfechtbar geworden, beträgt die Verjährungsfrist 30 Jahre.**[31] **Soweit der Verwaltungsakt einen Anspruch auf künftig fällig werdende regelmäßig wiederkehrende Leistungen zum Inhalt hat, bleibt es bei der für diesen Anspruch geltenden Verjährungsfrist.**[32]

Parallelvorschriften: § 45 SGB-I; §§ 228–232 AO; s auch §§ 169–171 AO

Schrifttum: *Altmeppen,* „Fortschritte" im modernen Verjährungsrecht, BB 2002, 514; *Blanke,* Unterbrechung der Verjährung privatrechtlicher Forderungen der Verwaltung durch schlichte Zahlungsaufforderung?, NVwZ 1991, 245; *Dietlein,* Verjährungsunterbrechung durch Verwaltungsakt, DÖV 1967, 804; *Dörr,* Die Verjährung vermögensrechtlicher Ansprüche im öffentlichen Recht, DÖV 1984, 12; *v Einem,* Die Unterbrechung der Verjährung des Amtshaftungsanspruchs bei Inanspruchnahme sozialgerichtlichen Rechtsschutzes, BayVBl 1991, 164; *Gsell,* Schuldrechtsreform: Die Übergangsregelungen für die Verjährungsfristen, NJW 2002, 1297; *Haenicke,* Zur „Einrede" der Verjährung im öffentlichen Recht, NVwZ 1995, 148; *Haueisen,* Unzulässige Rechtsausübung und öffentlichrechtliche Ausschlußfristen, NJW 1957, 729; *v Köhler,* Die Zeit als Faktor des Verwaltungsrechts, VerwA 1959, 213; *Lange,* Die verwaltungsrechtliche Verjährung. Begriff und Zweck sowie prozessuale Behandlung, Diss. Münster, 1984; *Mansel,* Die Neuregelung des Verjährungsrechts, NJW 2002, 89; *Marburger,* Zur Verjährung von Beitrags- und Leistungsansprüchen in der gesetzlichen Sozialversicherung, SGb 1986, 365; *Martensen,* Die Verjährung als Grenze polizeilicher Verantwortlichkeit, NVwZ 1997, 442; *Müller,* Zum VwVfG des Bundes, Vw 1977, 513, 521; *Leenen,* Die Neugestaltung des Verjährungsrechts durch das SchuldrechtsmodernisierungsG, DStR 2002, 34; *Stich,* Die Verwirkung im Verwaltungsrecht, DVBl 1959, 234; *Witt,* Schuldrechtsmodernisierung 2001/2002 – Das neue Verjährungsrecht, JuS 2002, 105; *Wussow,* Bürgerlichrechtliche Verjährungsvorschriften auf dem Gebiet der Sozialversicherung, WzS 1963, 232.

Übersicht

I. Allgemeines

1 **1. Inhalt des § 53.** Die Vorschrift regelt als annexe materiellrechtliche Materie zum Verwaltungsverfahrensrecht die **verjährungsrechtliche Wirkung von VAen,** und zwar in Abs 1 die Hemmung der Verjährung von Ansprüchen öffentlichrechtlicher Rechtsträger durch Erlass eines VA und in Abs 2 die Verjährung von durch VA festgestellten Ansprüchen. Sie betrifft, wie sich aus dem Zusammenhang der Vorschrift und der Entstehungsgeschichte ergibt (vgl Begr 76), nur Ansprüche, für die überhaupt der Erlass eines VA zur Festsetzung bzw Durchsetzung in Betracht kommt, und enthält selbst keine Ermächtigung zum Erlass von VAen zum Zweck der Unterbrechung der Verjährung, auch nicht im Bereich von Gleichordnungsverhältnissen. Die Vorschrift entsprach in ihrer ursprünglichen Form im Wesentlichen der Rspr vor Inkrafttreten des

VwVfG,[1] wurde aber im Jahre 2002 an das neu geregelte Verjährungsrecht des BGB angepasst.

2 **a) Unvollständigkeit. Da Bestimmungen über die Verjährung an sich materiellrechtlicher Natur** sind, werden im VwVfG nur einige wenige Fragen geregelt, die für das Institut des VA von besonderer Bedeutung sind; deshalb ist die Regelung der Verjährung in § 53 unvollständig. Viele Fragen, etwa ob und welche öffentlichrechtlichen Ansprüche oder Befugnisse überhaupt einer Verjährung unterliegen, welche Fristen gelten, welche Folgen die Verjährung für den Anspruch hat, ob sie geltend gemacht werden muss oder von Amts wegen zu berücksichtigen ist, müssen nach dem jeweils maßgeblichen Fachrecht beantwortet werden. Insoweit ist in Abs 2 nur die Verjährung der gem Abs 1 durch VA festgesetzten Ansprüche geregelt. Zur **Verwirkung,** die eine ähnliche Funktion erfüllt wie die Verjährung, s unten Rn 15; zur Frage der analogen Anwendung des § 53 auf Ansprüche des Bürgers gegen öffentliche Rechtsträger unten Rn 20. Zur Verjährung von gem § 61 vollstreckbaren **Ansprüchen aus verwaltungsrechtlichen Verträgen** s unten Rn 20, 38; zur **Anrechnung** von einem Rechtsvorgänger gegenüber bereits verstrichenen Verjährungs- und Erlöschensfristen sowie Verwirkungsfristen s zB VG Köln NVwZ 1994, 927.

3 **b) Neuregelung des Verjährungsrechts.** Durch das Schuldrechts-ModG[2] v 26. 11. 2001 wurde das Verjährungsrecht der §§ 194 ff BGB grundlegend neu geregelt. Das überkommene Verjährungsrecht des BGB wurde hinsichtlich der Dauer der Verjährung, der Wirkungen und der Möglichkeiten von Unterbrechung, Hemmung und Ablaufhemmung auf völlig neue Füße gestellt. Das Verjährungsrecht des VwVfG musste entsprechend angepasst werden.[3] Diese Anpassung erfolgte im Rahmen des Hüttenknappschaftlichen Zusatzversicherungsneuregelungs G[4] mit Wirkung vom 1. 1. 2002, wobei allerdings zT komplizierte Übergangsvorschriften zu beachten sind (s hierzu § 102).

3 a **aa) Dreijährige Verjährungsfrist.** Die regelmäßige Verjährungsfrist, die bisher 30 Jahre betrug, wurde in § 195 BGB nF auf 3 Jahre herabgesetzt. In 30 Jahren verjähren nur noch Herausgabeansprüche aus Eigentum und anderen dinglichen Rechten, familien- und erbrechtliche Ansprüche, sowie rechtskräftig festgestellte und sonst titulierte Ansprüche (§ 197 BGB nF). Für wiederkehrende Leistungen tritt auch bei rechtskräftig festgestellten Ansprüchen nach § 197 Abs 2 BGB nF die dreijährige an die Stelle der dreißigjährigen Verjährungsfrist. Auch der Beginn der regelmäßigen Verjährungsfrist wurde neu geregelt. Wie bereits bei den kürzeren Verjährungsfristen nach bisherigem Recht **beginnen die regelmäßigen Verjährungsfristen nun mit dem Schluss des Jahres,** in dem der Anspruch entstanden ist, sofern der Gläubiger von den anspruchsbegründenden Umständen und der Person des Schuldners Kenntnis erlangt, oder – was neu ist – ohne grobe Fahrlässigkeit erlangen müsste (§ 199 BGB nF).

3 b **bb) Hemmung statt Unterbrechung.** Von erheblicher Bedeutung ist die im Schuldrechts-ModG vorgenommene **Beseitigung der Verjährungsunterbrechung** der Verjährung. Das BGB sieht in den §§ 203 nur noch die Hemmung der Verjährung als den Regelfall, die Ablaufhemmung in §§ 210 f BGB nF und als Ausnahmefall in § 212 BGB nF den Neubeginn der Verjährung nur noch bei

---

[1] Vgl BVerwGE 28, 341; 34, 97 mwN; 48, 283; BVerwG DVBl 1970, 632; DÖV 1971, 68, 749; OVG Lüneburg DVBl 1970, 479; VGH München DVBl 1966, 151; OVG Münster 25, 211; BSG NJW 1970, 1567; BGH VRspr 11, 36.

[2] Gesetz zur Modernisierung des Schuldrechts v 26. 11. 2001 (BGBl I 3138).

[3] Übersichten über die Neuregelung bei Gsell NJW 2002, 1297; Mansel NJW 2002, 89; zur Reform ferner Zimmermann JZ 2000, 853; Leenen JZ 2001, 552.

[4] Gesetz zur Einführung einer kapitalgedeckten Hüttenknappschaftlichen Zusatzversicherung und zur Änderung anderer Gesetze (HZvNG) v 21. 6. 2002 (BGBl I 2137).

Anerkennung durch den Schuldner oder bei Vollstreckungshandlungen vor. Vor allem der wichtigste Fall, der in der Vergangenheit die Unterbrechung der Verjährung bewirkt hatte, nämlich die Rechtsverfolgung, führt nach § 204 BGB nur noch zur Hemmung der Verjährung. Auch die Verjährungswirkungen haben eine differenzierte Neuregelung in den §§ 214 ff BGB nF erfahren.

3 c **cc) Neuregelung im Verwaltungsverfahrensrecht.** Durch das HüttenknappschaftsG wurde § 53 vollständig umgestaltet und an das neue Verjährungsrecht des BGB angepasst. Die Parallelität der verjährungsrechtlichen Wirkungen von VA und gerichtlichem Vollstreckungstitel wurde beibehalten. Der Erlass eines VA führt nach der Neuregelung nicht mehr zur Unterbrechung der Verjährung mit der Konsequenz eines Neubeginns, sondern nur noch zur Hemmung der Verjährung (Abs 1 S 1). Die **Hemmung der Verjährung endet mit dem Eintritt der Unanfechtbarkeit** des VA oder 6 Monate nach seiner anderweitigen Erledigung (Abs 1 S 2). Tritt Unanfechtbarkeit ein, so gilt wie für gerichtliche Titel nach Abs 2 eine Verjährungsfrist von 30 Jahren, sofern es nicht um wiederkehrende Leistungen geht, für die in Abs 2 S 2 eine dem § 197 Abs 2 BGB nF entsprechende Vorschrift geschaffen wurde. Ist der VA anderweitig erledigt, so besteht die Möglichkeit, durch einen neuen VA innerhalb von 6 Monaten die Hemmung der Verjährung aufrecht zu erhalten.

4 **2. Anwendungsbereich. a) Unmittelbar.** Die verjährungsrechtlichen Wirkungen des § 53 Abs 1 betreffen unmittelbar nur solche VAe, die im Rahmen eines Verwaltungsverfahrens nach dem VwVfG erlassen werden bzw worden sind. Die Verwaltungsverfahrensgesetze der Länder enthalten derzeit noch mit § 53 aF gleich lautende Vorschriften, Art 53 bayVwVfG zusätzlich auch eine entsprechende Regelung über die Unterbrechung von Erlöschensfristen. Mit einer raschen Anpassung des Landesrechts ist zu rechnen. Die Regelungen gelten im Übrigen vorbehaltlich gleich lautender oder abweichender spezialgesetzlicher Bestimmungen, wie sie für bestimmte Ansprüche zB nach der AO gelten.

b) Erlöschenstatbestände. Die Regelungen des § 53 Abs 1 aF über die Unterbrechung der Verjährung konnten in der Vergangenheit auch für solche Fälle bedeutsam sein, in denen der Ablauf einer bestimmten Zeit zu einem **Erlöschen des Anspruches** führt (vgl zB Art 125 bayAGBGB; § 14 ndsKAG; dazu unten Rn 9), sofern diese Rechtsvorschriften nichts anderes bestimmten. Die Neuregelung des § 53 kann für diese Fälle nun nicht mehr ohne weiteres herangezogen werden, weil das geänderte Verjährungsrecht nicht automatisch auch für diejenigen Rechtsverhältnisse zur Anwendung kommen kann, für die eine Geltung nicht in Rechtsvorschriften angeordnet worden ist.

5 **c) Beschränkung auf vermögensrechtliche Ansprüche.** Nach zutreffender hM kommt eine Verjährung nur bei vermögensrechtlichen Ansprüchen in Betracht (StBS 6; Knack vor § 53 Rn 4). Die Befugnisse der Behörden zu **sonstigen hoheitlichen Regelungen,** zum Erlass von Geboten, Verboten usw durch VA, unterliegen grundsätzlich keiner Verjährung,[5] sondern allenfalls besonderen Ausschlussfristen oder der Verwirkung, für die andere Grundsätze gelten (s dazu unten Rn 15 ff). Deshalb kann sich § 53 Abs 1 nur auf solche VA beziehen, die vermögensrechtliche Ansprüche festsetzen; dementsprechend kann auch § 53 Abs 2 nur solche Ansprüche erfassen. Hoheitliche **Eingriffsbefugnisse unterliegen keiner Verjährung.** Sie werden von der hM zu Recht nicht als Ansprüche iS des Verjährungsrechts angesehen.[6] Sie können unter allerdings sehr engen Voraussetzungen der

---

[5] VGH Mannheim NVwZ-RR 1996, 387; vgl BSG 122, 177 = NJW 1965, 1502; MK 39 II.

[6] Allg M, vgl VGH Mannheim NVwZ-RR 1996, 387, 390; StBS 6 a; Obermayer 16; **aA** Ossenbühl NVwZ 1995, 547, 549; ähnlich Kothe VerwArch 1997, 456, 486; wohl auch Knack 3; diese Auffassung berücksichtigt das Wesen der Verjährungsvorschriften ebenso wie das Wesen hoheitlicher Eingriffsbefugnisse nicht ausreichend.

Verwirkung unterliegen (s unten Rn 17). Für Ansprüche aus öffentlichrechtlichen Verträgen gelten die Verjährungsvorschriften der §§ 194 ff BGB nF unmittelbar. Einen Grund, hier eine Analogie zu § 53 vorzunehmen, besteht nicht.[7]

d) Spezialgesetzliche Regelungen. Diese Regelungen gehen den Bestimmungen des Abs 1 vor. Das gilt für Regelungen im Fachrecht, die weiterhin eine **Unterbrechung** der Verjährung vorsehen, sowie für die **Regelungen im Kommunalabgabenrecht,** wonach der Eintritt der Verjährung zum Erlöschen der Schuld und damit auch zur Rechtswidrigkeit einer entsprechenden Festsetzung durch VA führt (vgl WBS I § 37 Rn 14; StBS 2). Maßgeblich sind für die **Festsetzungsverjährung** §§ 169 ff AO, für die **Zahlungsverjährung** §§ 228 ff AO. Beide führen anders als die Verjährung im Zivilrecht und im Verwaltungsrecht zum Erlöschen des Anspruchs (vgl § 232 AO). Soweit es sich um Abgabenbescheide des Bundes handelt, finden die Vorschriften der AO unmittelbare Anwendung, im Übrigen nur analog insoweit, als die kommunalabgabenrechtlichen Regelungen der Länder auf die AO verweisen. 6

e) Analoge Anwendung. Während die frühere Fassung der Vorschrift, die eine Unterbrechung der Verjährung vorsah, als **Ausdruck allgemeiner Rechtsgrundsätze** angesehen werden konnte, die bereits in der Zeit vor dem Inkrafttreten des VwVfG galten, sind die Regelungen des § 53 in seiner neuen Fassung ebenso wie die entspr angepassten Vorschriften des Landesrechts nicht mehr ohne weiteres sinngemäß auch auf VAe anwendbar, die nicht unmittelbar unter diese Vorschriften fallen und für die auch keine ausdrücklichen sonstigen Regelungen bestehen. Vielmehr ist davon auszugehen, dass diese allein nach dem maßgeblichen Fachrecht zu beurteilen sind, in welchem derzeit noch Regelungen über die Unterbrechung der Verjährung weitergelten. Es ist deshalb davon auszugehen, dass die Neuregelungen des Verjährungsrechts ohne weiteres nur für neu geschaffene fachrechtliche Verjährungstatbestände analogiefähig sind. 7

f) Geltung für Ansprüche des Bürgers? Nach ihrem Wortlaut erfasst die Vorschrift unmittelbar nur Ansprüche öffentlicher Rechtsträger. Fraglich ist, ob und in welchem Umfang § 53 entsprechend auf Ansprüche des Bürgers gegenüber öffentlichen Rechtsträgern anwendbar ist. Grundsätzlich unterliegen Ansprüche des Bürgers den allgemeinen materiellen Verjährungsbestimmungen (StBS 10). Eine entsprechende Anwendung von § 53 Abs 2 ist geboten, **wenn der Anspruch des Bürgers durch VA festgestellt wurde,** weil insoweit eine Rechtfertigung für eine unterschiedliche Behandlung nicht besteht (str, **aA** StBS 10; Knack 3; Obermayer 13; wie hier wohl BVerwG NVwZ 1982, 377). Solange aber eine derartige Festsetzung durch VA nicht stattgefunden hat, bleibt es bei den allgemeinen Verjährungsvorschriften. 8

Im Übrigen passen die Regelungen nicht auf Ansprüche des Bürgers, weil der Bürger nur einen Antrag auf Erlass einer VA stellen, die Hemmung der Verjährung aber nicht selbst durch rechtzeitigen Erlass eines VA herbeiführen könnte. Diese Fallkonstellation lässt sich durch eine **entsprechende Anwendung des § 204 Abs 1 Nr 12 BGB** befriedigend bewältigen, ohne dass es einer Analogie zu § 53 Abs 1 bedürfte: Daraus ergibt sich, dass für den Fall, dass die Zulässigkeit des Rechtsweges von einer Vorentscheidung einer Behörde abhängt, die Verjährung durch die Einreichung des Gesuchs (Antrag) in gleicher Weise wie durch die Erhebung der Klage gehemmt wird. (StBS 11 zu § 53 aF). Hiernach wird die Verjährung durch die Erhebung des Widerspruches gehemmt.[8] 8 a

---

[7] Ein ör Vertrag, der eine Vollstreckungsklausel nach § 61 enthält, fällt unter § 197 BGB nF. Die Verjährung entspricht daher derjenigen des unanfechtbaren VA.

[8] So zur bisherigen Rechtslage für die Unterbrechung der Verjährung BVerwG NJW 1985, 2324 = DVBl 1986, 181 m zust Anm von Berkemann; **aA** VGH Kassel NVwZ-RR 1993, 396.

9 **3. Begriff der Verjährung. a) Grundsatz.** Öffentlichrechtliche Ansprüche vermögensrechtlicher Art unterliegen ebenso wie privatrechtliche Ansprüche grundsätzlich der Verjährung. Das bedeutet, dass der Verpflichtete nach Ablauf der Verjährungsfrist **berechtigt ist, die Leistung zu verweigern.** Die Verjährung führt also grundsätzlich nicht zu einem Erlöschen des Anspruchs, sondern nur zur Entstehung einer Einrede, die der Geltendmachung des Anspruchs entgegengehalten werden kann (vgl § 214 Abs 1 BGB nF). Abweichend hiervon kennt das **Abgabenrecht** eine andere Form der Verjährung, bei welcher der Ablauf der im Gesetz hierfür bestimmten Frist zum Erlöschen des Anspruchs, nicht nur zu einer Einrede gegen den Anspruch führt (sog **rechtsaufhebende Verjährung**).[9] Auch auf diese Fälle sind die Regelungen des § 53 anwendbar, sofern sie nicht spezielleren Bestimmungen unterliegen. Nach hM betrifft die Frage, ob der Anspruch, der durch VA festgesetzt oder festgestellt werden soll, verjährt ist, im Zweifel nicht die Zulässigkeit des Verfahrens, sondern das **materielle Recht** und damit die (inhaltlichen) Begründetheit bzw Rechtmäßigkeit des VA.[10]

10 **b) Geltendmachung.** Für die Verjährung im öffentlichen Recht ist **streitig, ob sie nur auf Einrede** des Pflichtigen hin oder von Amts wegen zu beachten ist. Teilweise wird aus dem Rechtsstaatsprinzip hergeleitet, dass Behörden und Gerichte den Eintritt der Verjährung von Amts wegen zu beachten hätten (Dörr DÖV 1984, 12). Die hM geht demgegenüber zu Recht davon aus, dass das Rechtsstaatsprinzip keine Abweichung von dem Grundsatz der Geltendmachung der Verjährung durch Einrede des Pflichtigen rechtfertigt, weil das Prinzip der Rechtssicherheit auch zugunsten der Verwaltung gilt (vgl StBS 3; Knack 2; UL § 54 Rn 1). Maßgeblich sind auch insoweit primär die bestehenden besonderen gesetzlichen Bestimmungen. Im Zweifel ist anzunehmen, dass die Verjährung **nur ein Einrederecht** begründet, dh nur zu berücksichtigen ist, wenn der Betroffene sich im Verfahren darauf beruft;[11] **anders** beim Sonderfall der **rechtsaufhebenden Verjährung** (s oben Rn 9), die als Erlöschenstatbestand grundsätzlich von Amts wegen berücksichtigt werden muss.

11 **c) Die Erhebung der Verjährungseinrede.** Die Erhebung durch die Behörde hat nicht die Rechtsnatur eines VA (s hierzu § 35 Rn 61); vielmehr handelt es sich um eine **schuldrechtsähnliche Handlung.** Gleichwohl steht sie im Ermessen und unter den Schranken des § 40 (vgl VG Stuttgart NVwZ 1982, 578: nach § 114 VwGO gerichtlich nachprüfbar). Die Einrede der Verjährung ist ausgeschlossen, wenn ihre Geltendmachung sich als **unzulässige Rechtsausübung** darstellen würde.[12] Das ist zB der Fall, wenn der Verpflichtete die Behörde vom Erlass eines VA bzw den Kläger (Widerspruchsführer) usw von einer Klageerhebung uä abgehalten hat (BVerwGE 23, 169f; 42, 357) oder wenn er seine Mitteilungspflicht nicht erfüllt hat und dadurch die Ursache dafür gesetzt hat, dass der Bescheid erst so spät ergehen konnte (BVerwGE 69, 36). Das Unterlassen einer Rechtsbehelfsbelehrung kommt für sich allein einem Abhalten von einem Rechtsbehelf idS nicht gleich (BVerwGE 42, 357), auch nicht bei ermessensfehlerhafter – anders bei arglistiger – Unterlassung. Auch der Umstand, dass die Forderung selbst durch **unredliches Verhalten** herbeigeführt worden ist, steht der Einrede nicht entgegen (BVerwGE 48, 288; vgl § 78 Abs 3 BBG; § 852 Abs 1 BGB).

---

[9] BayVerfGH VRspr 24, 922; WBS I § 37 Rn 14; Erichsen/Ehlers § 11 Rn 56; zB gem §§ 228–232 AO

[10] BVerwGE 42, 346; WBS § 37 Rn 20.

[11] BVerwGE 23, 166; 42, 353; 48, 288; 52, 24; 69, 236; BSG NJW 1968, 1947; StBS 3; Knack vor § 53 Rn 2; **aA** BSG 22, 173; Dörr DÖV 1984, 16; F 193; WBS I § 37 Rn 20.

[12] BVerwGE 42, 353, 356; 69, 227, 236; BayVerfGH VRspr 24, 931; VG Stuttgart NVwZ 1982, 578; Knack vor § 53 Rn 2; WBS I § 37 Rn 21; s im Einzelnen auch unten Rn 15.

4. Regelungen über die Verjährung. Das VwVfG enthält abgesehen von der Regelung des § 53 keine weiteren Bestimmungen über die Verjährung öffentlichrechtlicher Ansprüche. Maßgeblich sind insoweit die **bereichsspezifischen Bestimmungen des Fachrechts.** Derartige Regelungen finden sich vor allem in den steuerrechtlichen und den kommunalabgabenrechtlichen Gesetzen der Länder sowie im Gebührenrecht. Bei Fehlen derartiger Regelungen kommen grundsätzlich die **allgemeinen verjährungsrechtlichen Regelungen des BGB,** insbes der §§ 194 ff BGB entsprechend zur Anwendung. Dies gilt sowohl für Beginn als auch für die Dauer der Verjährung **(Verjährungsfristen)** sowie für **Hemmung,** Ablaufhemmung und Neubeginn der Verjährung, sofern sich aus den Grundgedanken und Erfordernissen und allgemeinen Rechtsgrundsätzen[13] des öffentlichen Rechts nichts anderes ergibt. 12

a) Neuregelung der Verjährung im BGB. Die Verjährungsfristen sind in den §§ 194 ff BGB nF grundlegend neu geregelt worden. An die Stelle der regelmäßige Verjährungsfrist von 30 Jahren in § 195 BGB aF, die durch die zweijährige Verjährungsfristen in § 196 BGB aF und die vierjährige in § 197 BGB aF modifiziert war, ist jetzt eine **reguläre Verjährungsfrist von 3 Jahren** getreten (§ 195 BGB nF). Die dreißigjährige Verjährungsfrist gilt nur noch für Ansprüche aus dinglichen Rechten, für familien- und erbrechtliche Ansprüche sowie für titulierte Ansprüche (§ 197 BGB nF). S zur Neuregelung auch oben Rn 3 ff. 12 a

b) Die Anwendung der kurzen Verjährungsfristen. Die Anwendung der Verjährungsvorschriften des BGB ist im öffentlichen Recht nur möglich, wenn der gesetzgeberische Grund nicht mit Besonderheiten des Zivilrechts in Zusammenhang steht, sondern Ausdruck eines allgemeinen Gedanken ist, dem auch für das öffentliche Recht Bedeutung zukommt.[14] Im Allgemeinen galt bisher gem § 195 BGB aF eine Verjährungsfrist von 30 Jahren (BVerwGE 66, 252; 75, 179). Es ist deshalb nicht möglich, die Neuregelung in den §§ 194 ff BGB nF ohne weiteres auf die Verjährung von Ansprüchen im öffentlichen Recht anzuwenden. Eine Anwendung kommt nur in den Fällen in Betracht, in denen das öffentliche Recht im Wege einer **zulässigen dynamischen Verweisung** auf die Vorschriften des BGB verweist, oder in denen in gesetzlichen Neuregelungen die §§ 194 ff BGB nF in Bezug genommen werden. Soweit bisher im Wege der statischen Verweisung auf die Regelungen der §§ 194 ff BGB aF verwiesen worden ist, verbleibt es bei den alten Verjährungsregelungen. 13

5. Ausschlussfristen (Präklusion). Zahlreiche Gesetze sehen für die Geltendmachung von Ansprüchen auf Leistungen und für Verfahrenshandlungen der Behörden oder der Betroffenen Ausschlussfristen vor, nach deren Ablauf die Leistung nicht mehr verlangt werden kann bzw nicht mehr erbracht zu werden braucht oder das entsprechende Recht erlischt, eine Verfahrenshandlung unzulässig wird usw (WBS I § 37 Rn 18). Maßgeblich sind die **besonderen Rechtsvorschriften des Fachrechts,** die jedoch nur für die unmittelbar ausdrücklich geregelten Sachverhalte gelten und wegen ihrer einschneidenden Folgen auf andere nicht, auch nicht analog, angewandt werden können (Knack vor § 53 Rn 3; s näher § 32 Rn 12). Auf Präklusionsfristen sind die Bestimmungen über die Verjährung grundsätzlich nicht anwendbar. 14

6. Verwirkung. a) Gedanke der unzulässigen Rechtsausübung. Die Zulässigkeit einer Verfahrenshandlung oder die Befugnis bzw das Recht, um die es in einem Verfahren geht, auch zB die Befugnis zum Erlass eines VA (vgl OVG 15

---

[13] BVerwGE 52, 24; 57, 307; 66, 257; 69, 233; 75, 179; BVerwG NJW 1977, 823; VRspr 25, 785; BSG 19, 88; 22, 173; NVwZ 1988, 733; VGH Kassel NVwZ-RR 1993, 396; Knack vor § 53 Rn 4; F 174 mwN; WBS I § 37 Rn 21; MK 39 II; s auch § 45 Abs 2 SGB-I.

[14] BVerwGE 48, 286; 69, 233; BVerwG BayVBl 1987, 26 mwN; DöD 1983, 181; Buchh 427.3 § 350 a LAG N 25; VGH München 11, 582; 23, 161.

Münster NVwZ-RR 1990, 435), kann im Einzelfall auch nach den Grundsätzen der Verwirkung ausgeschlossen sein, wenn die Behörde bzw der Bürger die Anwendung oder Geltendmachung entgegen Treu und Glauben **(Umstandselement)** in illoyaler Weise über längere Zeit **(Zeitelement)** hinaus verzögert haben, obwohl sie wussten, dass die „Gegenseite", der betroffene Bürger, die Behörde oder Dritte, darauf vertrauten, dass von der Befugnis bzw dem Recht kein Gebrauch mehr gemacht würde, und sich darauf eingerichtet hat.[15]

16 **b) Anwendungsbereich der Verwirkung.** Die Verwirkung kann sich, je nach den Umständen, auf materiellrechtliche Befugnisse und Rechte oder auf die Zulässigkeit des Verfahrens, die Zulässigkeit eines Antrags oder einer einzelnen Verfahrenshandlung beziehen.[16] Dies gilt insb für Ansprüche und Rechte des Bürgers und für Leistungen im Bereich der Leistungsverwaltung, grundsätzlich nicht jedoch für unverzichtbare Befugnisse und Rechte (s unten Rn 17). **Verwirkt werden** kann ein Recht oder eine Befugnis grundsätzlich **erst, nachdem es entstanden** ist;[17] der auch im öffentlichen Recht geltende Grundsatz von Treu und Glauben kann im Einzelfall uU aber auch schon das Entstehen eines Rechts oder einer Befugnis hindern (BVerwGE 48, 247; OVG Münster NVwZ 1990, 435).

17 **c) Verzichtbarkeit.** Das verwirkte Recht muss zur Disposition des jeweiligen Rechtsträgers stehen. **Hinsichtlich unverzichtbarer Rechte und Befugnisse** und in Bereichen, in denen dem öffentlichen Interesse besonderes Gewicht zukommt, ist eine **Verwirkung idR nicht möglich.**[18] Dies gilt vor allem für im öffentlichen Interesse verliehene Befugnisse und Rechte, die der Wahrung und dem Schutz wichtiger Gemeinschaftsgüter oder unverzichtbarer Rechte dienen, wenn durch Gesetz nichts anderes bestimmt ist (vgl BSG 122, 177 = NJW 1965, 1502; BGH NJW 1981, 123; VG Stuttgart NVwZ 1982, 578), etwa im **Recht der Gefahrenabwehr,** insb im Polizei- und Sicherheitsrecht, außerdem auch im beamtenrechtlichen **Disziplinarrecht** (BVerwG NJW 1985, 215). Die Verwirkung von Eingriffsbefugnissen kann im Übrigen grundsätzlich nicht weiter gehen als eine Zusicherung des Unterlassens nach § 38 (zT **aA** StBS 16b).

18 **d) Voraussetzungen der Verwirkung.** Ob eine Befugnis oder ein Recht verwirkt ist und die Ausübung bzw Geltendmachung deshalb unzulässig geworden ist, kann immer nur angesichts der besonderen Umstände des konkreten Falles beurteilt werden.[19] Erforderlich ist neben der **Rechtsmissbräuchlichkeit das Verhaltens** (Umstandselement) auch das Verstreichen eines **längeren Zeitraumes** (Zeitelement),[20] sofern die Illoyalität des Verhaltens nicht gerade darin besteht, dass trotz der bekannten oder offensichtlichen Dringlichkeit einer Angelegenheit die „Gegenseite" im Glauben gelassen wird, dass von der Befugnis bzw dem Recht kein Gebrauch (mehr) gemacht wird. Unzulässig wegen Verwirkung sind zB Ein-

---

[15] BVerwGE 48, 247; 69, 237; BVerwG NVwZ 2002, 718; 1998, 289; 1993, 1102; BFH NVwZ 1987, 631; OVG Münster NVwZ-RR 1990, 435; VGH München BayVBl 1982, 722; WBS I § 37 Rn 16ff; StBS 13; Kopp 269.

[16] BVerwGE 32, 308; 44, 294 = NJW 1974, 1260; 44, 343; BVerwG NJW 1977, 824; NVwZ 1988, 730; DVBl 1990, 1185; Buchh 406.11 § 30 BBauG Nr 6; 406.19 Nachbarschutz Nr 22; BVerfG 32, 308; BGHZ 43, 292; JZ 1986, 99; VGH München BayVBl 1982, 727; WBS I § 37 Rn 17.

[17] BVerwGE 48, 250 = NJW 1975, 221; OVG Münster NVwZ 1990, 435.

[18] BVerwGE 83, 384, 387; 76, 176; BVerwG NVwZ 1998, 289; OVG Berlin JR 1970, 476; Erichsen/Ehlers § 11 Rn 55; WBS I § 37 Rn 17; StBS 16ff; Obermayer 7 (nur vermögensrechtliche Ansprüche); vgl auch zur ähnlichen Rechtslage bei der Verjährung oben Rn 5.

[19] BVerwGE 44, 294, 343; 69, 237; VGH München BayVBl 1982, 722; WBS I § 37 Rn 17.

[20] BVerwGE 88, 210 = NVwZ 1991, 886; 44, 294, 343; 69, 237: Verwirkung des Widerspruchsrechts des Nachbarn innerhalb eines Jahres nach Möglichkeit der Kenntnisnahme von der Baugenehmigung.

wendungen, die unter Verstoß gegen das **Verbot widersprüchlichen Verhaltens** erhoben werden, wenn der Betroffene sich zuvor mit einer Maßnahme einverstanden erklärt hat bzw erklärt hatte, er halte seine Einwendungen nicht aufrecht (BVerwGE NVwZ 1988, 730). **Auch das öffentliche Interesse** an der Erhaltung des Rechtsfriedens kann ggf ein besonderer Umstand sein, der die Geltendmachung eines Anspruchs nach längerer Zeit als unzulässig erscheinen lassen kann.[21]

Enttäuschtes Vertrauen. Grundsätzlich hat die Verwirkung zur Voraussetzung, dass der Bürger bzw die Behörde, der (die) sich darauf beruft bzw zu dessen (deren) Gunsten sie wirkt, auf das in Frage stehende Verhalten, die Nicht-Ausübung eines Rechts oder einer Befugnis tatsächlich vertraut hat (BVerwG NVwZ 2002, 718, 722 mwN; OVG Münster NVwZ-RR 1990, 435). Hiervon wird allerdings mangels anderweitiger Anhaltspunkte bei Vorliegen der Voraussetzungen einer Verwirkung idR auszugehen sein. Nicht erforderlich, wohl aber im Rahmen des Erfordernisses, ob ein VA, eine Maßnahme usw für die „Gegenseite" zumutbar ist, ist zu berücksichtigen, dass der Begünstigte sich in seinen Maßnahmen und Vorkehrungen darauf eingerichtet hat.[22] 19

II. Die Hemmung der Verjährung (Abs 1)

1. Voraussetzungen (Abs 1). a) Öffentlichrechtliche Ansprüche. Unter § 53 fallen nur solche öffentlichrechtliche Ansprüche, die nach den maßgeblichen Rechtsvorschriften oder nach allgemeinen Rechtsgrundsätzen **durch VA geltend gemacht werden dürfen,** wie Gebührenansprüche, Ansprüche auf Grund einer Beitragspflicht, der Erstattungspflicht nach § 49a und nach ähnlichen Bestimmungen (vgl VGH München NVwZ 2000, 84). Ausnahmsweise gilt § 53 auch für privatrechtliche Ansprüche, sofern sie nach gesetzlichen Bestimmungen ausnahmsweise durch VA festgesetzt oder nach Verwaltungsvollstreckungsrecht vollstreckt werden können, zB der Erstattungsanspruch nach dem ErstG (vgl Kopp/Schenke § 40 Rn 21), oder aus sog Ausstandsverzeichnissen (Knack 4; **aA** Obermayer 12ff; StBS 25: nur öffentlichrechtliche Ansprüche in Über- und Unterordnungsverhältnissen). Für Ansprüche **aus verwaltungsrechtlichen Verträgen,** in denen sich der verpflichtete Partner gem § 61 oder auf Grund entsprechender Vorschriften der sofortigen Vollstreckung unterworfen hat (VGH München NVwZ 2000, 85; Knack 4; **aA** 7. Aufl). Andere Ansprüche werden von § 53 nicht erfasst. 20

b) Wirksamkeit des VA. Hemmungswirkung haben auch wirksam erlassene **rechtswidrige VAe,** sofern sie nicht nichtig sind (ebenso StBS 27; Knack 8), zB auch nicht-nichtige VAe von Behörden, die in der Sache nicht zuständig sind (**aA** insoweit zu § 231 Abs 1 S 1 AO BVerwG BayVBl 1992, 506). Mit ihrer rückwirkenden Aufhebung gem § 48 oder auf Grund anderer Rechtsvorschriften durch die Behörde oder gem §§ 68ff und §§ 113, 114 VwGO im Rechtsbehelfsweg entfällt auch die Hemmung rückwirkend (s unten Rn 33); anders, wenn die Aufhebung nicht mit Rückwirkung auf den Zeitpunkt des Erlasses des VA, sondern nur mit Wirkung ab einem späteren Zeitpunkt oder für die Zukunft erfolgt; in 21

---

[21] BVerfG 32, 309; VGH München BayVBl 1982, 727, vgl aber BFH NVwZ 1987, 631: hat das Finanzamt die Steuer bereits festgesetzt und legt der Steuerschuldner dagegen Einspruch ein, so darf er allein aus dem Umstand, dass der Einspruch über 9¾ Jahre unbearbeitet geblieben ist, nicht schließen, das Finanzamt habe den geltend gemachten Steueranspruch aufgegeben.

[22] BVerwG NVwZ 2002, 718; offen OVG Münster NVwZ-RR 1990, 435 mwN; vgl auch BVerwGE 44, 339; BFH NVwZ 1987, 631; VGH Mannheim VBlBW 1988, 145; Schmid KStZ 1980, 42; Blümel VerwArch 1983, 153; Erichsen/Ehlers § 11 Rn 51; Klein AO 51 zu § 4.

diesem Fall endet die durch seinen Erlass ausgelöste Hemmung der Verjährung nach Abs 1 S 2 sechs Monate nach dem Zeitpunkt, auf den die Aufhebung bezogen ist. **Nichtige VAe** (§ 44) sind gem § 43 Abs 3 (bzw nach allgemeinen Rechtsgrundsätzen) unwirksam und **können** daher auch den Ablauf der **Verjährung nicht hemmen.**

22 **c) VA zur Durchsetzung des Anspruchs.** VAe zur Durchsetzung von Ansprüchen öffentlicher Rechtsträger sind nicht nur VAe im Rahmen von Verwaltungsvollstreckungsverfahren, sondern auch **Festsetzungs- und Leistungsbescheide,** mit denen die zu erbringende Leistung erst festgesetzt wird, außerdem auch **Feststellungsbescheide,** also VAe, die eine Leistung verbindlich feststellen.[23] Mahnungen, Zahlungsaufforderungen und Vollstreckungsanordnungen hemmen die Verjährung nur, wenn sie VAe sind (Knack 5). Zur Frage, wann insoweit VAe anzunehmen sind, s § 35 Rn 51; zu Zahlungsaufforderungen zur Durchsetzung privatrechtlicher Forderungen auf Grund besonderer Vorschriften des Verwaltungsvollstreckungsrechts nach Landesrecht auch Blanke NVwZ-RR 1991, 245; Knack 6: keine VAe).

23 **d) Hemmung der Verjährung aus anderen Gründen.** Entspr § 204 Abs 1 Nr 1 BGB nF wird die Verjährung **auch durch gerichtliche Geltendmachung** gehemmt (vgl BVerwGE 48, 283 zur alten Rechtslage). Ist vor Erhebung der Klage ein Vorverfahren (§ 79) erforderlich, so wird die Hemmung schon durch die **Erhebung des Widerspruchs** ausgelöst (§ 204 Abs 1 Nr 12 BGB nF). Nach der Rspr des BGH unterbrach bisher außerdem allgemein die Inanspruchnahme des Primärrechtsschutzes gegen enteignungsgleiche Eingriffe immer auch die Verjährung und hinderte entsprechend dazu auch das Erlöschen von Entschädigungsansprüchen wegen enteignungsgleichen Eingriffs (BGHZ 95, 238; 97, 37; 103, 242; BayVBl 1993, 93). Das Gleiche muss nach der Neuregelung des Verjährungsrechts für die Hemmungswirkung gelten. Aus ähnlichen Gründen hemmen Widerspruch und Klage gegen einen amtspflichtwidrig erlassenen VA analog § 204 Abs 1 Nr 1, 12 BGB nF die Verjährung eines aus dem angegriffenen VA abgeleiteten Amtshaftungsanspruchs (BGHZ 95, 238 = NJW 1985, 2324; Schenke JuS 1986, 694).

24 **Der Antrag auf eine Leistung** bewirkt, wenn durch Gesetz nichts anderes bestimmt ist, **die Hemmung** der Verjährung entspr § 204 Abs 1 Nr 12 BGB nF, wenn die Leistung auf Grund des Bewilligungsprinzips nur durch VA gewährt bzw bewilligt werden kann. Eine ähnliche Regelung enthält § 45 Abs 3 SGB I (vgl hierzu aber BVerwGE 90, 41 = NVwZ 1992, 1204 zu Anträgen, die nicht nur verfahrensrechtliche, sondern zugleich auch materiellrechtliche Voraussetzung für das Entstehen des Anspruchs auf Sozialleistung sind; **aA** BSG SozR 12a § 45 SGB Nr 5).

25 **2. Begriff und Wirkung der Hemmung (Abs 1 S 1).** Hemmung bedeutet gem § 209 BGB nF, der insoweit entspr anzuwenden ist, dass die Verjährungsfrist nicht weiterläuft. Die Zeiträume, in denen der Ablauf der Verjährung gehemmt ist, werden bei der Berechnung der Verjährungsfrist nicht mitgezählt bzw von der Gesamtlaufzeit der Verjährung abgezogen. Der Ablauf der Frist kann durch unterschiedliche Ereignisse auch mehrmals gehemmt werden.

26 **Die Hemmung ist zu unterscheiden** von der Unterbrechung der Verjährung, die im öffentlichen Recht trotz der Änderungen des Verjährungsrechts in den §§ 194ff BGB nF nach wie vor möglich ist und zu einem **Neubeginn der Verjährung** und damit zu demselben Ergebnis führt wie die Anerkennung des Anspruchs durch den Schuldner oder die Titulierung des Anspruchs (vgl § 212

[23] Für die Einbeziehung auch der feststellenden VAe spricht außer dem Zweck der Regelung insb auch die Parallele zu § 201 Abs 1 BGB nF; ebenso StBS 29; **aA** UL § 54 Rn 3; Obermayer 19; Knack 7: nicht auch feststellende VAe.

BGB nF). In Betracht kommt ein Neubeginn der Verjährungsfrist gem § 212 BGB nF als Folge eines Anerkenntnisses, das in einer Abschlagzahlung, einer Zinszahlung oder in einer Sicherheitsleistung (§ 212 Abs 1 Nr 1 BGB) oder in einer gerichtlichen oder behördlichen Vollstreckungsmaßnahme (§ 212 Abs 1 Nr. 2 BGB) gesehen werden kann. Stundung, aufschiebende Wirkung eines Rechtsbehelfs nach § 80 VwGO, Bestehen eines sonstigen Leistungsverweigerungsrechts, Fehlen eines gesetzlichen Vertreters, Verhinderung des Berechtigten innerhalb des letzten halben Jahres der Verjährungsfrist durch höhere Gewalt (WBS I § 37 Rn 21), Durchführung von Ermittlungen im Einvernehmen mit den Beteiligten zur Aufklärung des Sachverhalts (BGH VRspr 11, 36; WBS I § 37 Rn 21), Schweben von Vergleichsverhandlungen (§ 55), Ruhen des Verfahrens analog § 251 ZPO, usw führen nicht zur Unterbrechung, sondern zur Hemmung der Verjährung.

3. Dauer der Hemmung (S 2). a) Beginn. Die Unterbrechung beginnt mit dem Erlass des VA. Das ist der Zeitpunkt, zu dem der VA dem Pflichtigen gegenüber bekanntgegeben wird (§ 41). Auf die Entscheidung innerhalb der Behörde oder die Absendung des VA kommt es dagegen nicht an (StBS 26 a). Zu diesem Zeitpunkt wird der VA dem Adressaten gegenüber gem § 43 Abs 1 wirksam. Die Bekanntgabe (§ 41) muss ihrerseits wirksam, darf also nicht fehlgeschlagen sein. Im Falle einer fehlerhaften Zustellung kommt eine Heilung gem § 9 VwZG zu dem Zeitpunkt in Betracht, zu dem der Empfänger den VA nachweislich erhalten hat (s hierzu näher § 41 Rn 77). 27

b) Ende der Hemmung. Abs 1 S 2 bestimmt nunmehr, dass die durch Erlass (dh mit Bekanntgabe gem § 41, § 43 Abs 1) des VA eingetretene Hemmung erst mit dem Eintritt der **Unanfechtbarkeit des VA endet.** Kommt es nicht zur Unanfechtbarkeit, so liegt ein Fall anderweitiger Erledigung vor, zB durch Abschluss eines Vergleichs oder auch durch endgültigen Wegfall des VA durch Rücknahme, Widerruf oder Aufhebung in einem Rechtsbehelfsverfahren (ebenso Knack 10; für das frühere Recht VGH München BayVBl 1981, 241). Die Hemmung der Verjährung endet dann **6 Monate nach dem Eintritt der anderweitigen Erledigung.** Die Verwaltung hat dann also 6 Monate Zeit, um ggfs die Hemmung durch den Erlass eines neuen VA wieder auszulösen. Die mit einem Rechtsbehelf gem § 80 VwGO ggf verbundene aufschiebende Wirkung ist insoweit ohne Bedeutung.[24] Die verjährungsrechtliche Wirkung des Erlasses des VA kann also durch den Suspensiveffekt nicht beeinflusst werden. 28

aa) Unanfechtbarkeit. Unanfechtbar iS von Abs 1 S 2 wird ein VA mit Ablauf der Rechtsbehelfsfristen oder durch Eintritt der Rechtskraft eines klageabweisenden Urteils. Der Unanfechtbarkeit ist der Eintritt von Ausschlussfristen für Rechtsbehelfe gleichzuachten (vgl BVerwGE 28, 305); ebenso die Verwirkung der in der Sache in Betracht kommenden Rechtsbehelfe bzw des Rechts, sie einzulegen (StBS 32) oder ein wirksamer Verzicht auf sie. Maßgebend sind die in einer Sache gegebenen **ordentlichen Rechtsbehelfe;** auf außerordentliche Rechtsbehelfe (zB Wiederaufgreifen) kommt es nicht an. 29

bb) Anderweitige Erledigung. Die Hemmung endet 6 Monate nach der anderweitigen Erledigung des VA. Hierunter ist **jede Form der Beendigung der Wirksamkeit** (§ 43) des VA zu verstehen. Anders als nach Abs 1 S 2 aF differenziert die Neufassung der Vorschrift nicht mehr nach unterschiedlichen Arten der Erledigung. So galt früher die Aufhebung des VA im Rechtsbehelfsverfahren nicht als anderweitige Erledigung iS des Abs 1 S 2 aF; vielmehr wurde dieser Fall nach Abs 1 S 3 aF behandelt, wonach § 212 Abs 2 BGB aF gelten sollte, der für den Fall 30

[24] Mit der anderweitigen Erledigung entfällt der Suspensiveffekt mit allen seinen Wirkungen.

der Aufhebung die 6-Monatsfrist enthielt.[25] Die Neuregelung in Abs 1 S 2 ändert die Rechtslage für den Fall der Aufhebung des VA nicht. Die Behörde hat vielmehr nach Abs 1 S 2 nun jeweils 6 Monate nach der Aufhebung des VA durch Widerruf, Rücknahme oder im Rechtsbehelfsverfahren Zeit, um einen neuen VA zu erlassen, mit dem die Hemmungswirkung nach Abs 1 S 1 erneut ausgelöst wird.

III. Dauer der Verjährung nach Unanfechtbarkeit (Abs 2)

31 **1. Grundsatz.** Abs 2 S 1 stellt im Hinblick auf Verjährungsfristen die Festsetzung bzw Feststellung eines Anspruchs nach Abs 1 durch einen unanfechtbar gewordenen VA der Feststellung durch rechtskräftiges Urteil (vgl § 197 Abs 1 Nr 3 BGB) gleich. Damit gilt für die Verjährung nach Festsetzung durch einen VA ohne Rücksicht auf eine sonst für den materiellen Anspruch selbst geltende Verjährungsfrist grundsätzlich eine Verjährungsfrist von 30 Jahren. Die Regelung gilt nicht nur für Zahlungsansprüche, sondern **für sämtliche der Verjährung unterliegende Ansprüche.** Die 30-Jahre-Frist beginnt mit dem Zeitpunkt, in dem der VA für den jeweiligen Schuldner unanfechtbar wird (Knack 14). Zum **Begriff der Unanfechtbarkeit** vgl oben Rn 29. Entspr § 197 Abs 1 Nr 4 BGB stehen einem unanfechtbaren VA auch mit sofortiger Vollstreckbarkeit gem § 61 ausgestattete **Vergleichsverträge** iS von § 55 gleich, mit denen ein Streit über einen Festsetzungs- oder Leistungsbescheid usw gem § 53 Abs 1 S 1 beendet wurde (**aA** Knack 15); darüber hinaus aber auch alle sonstigen schriftlich (vgl § 57) abgeschlossenen und damit den in § 218 Abs 1 S 2 genannten Urkunden gleichzustellenden (str) verwaltungsrechtlichen Verträge iS von §§ 54 ff mit **Unterwerfungsklausel** hins des in Frage stehenden Anspruchs gem § 61 (str; **aA** Knack 15).

32 **2. Kürzere Verjährungsfrist nach Abs 2 S 2.** Für Ansprüche auf künftig fällig werdende regelmäßig wiederkehrende Leistungen verbleibt es nach Abs 2 S 2 bei den durch Gesetz bestimmten kürzeren Verjährungsfristen. Ausgenommen von der 30-Jahresfrist sind insoweit nur die erst künftig fällig werdenden **Leistungen.** Dies gilt auch dann, wenn der VA nur für einen bestimmten Leistungszeitraum (zB für 2 Jahre) gilt. Wird also in einem Gebührenbescheid eine Gebühr in Höhe von 100 DM monatlich für einen Zeitraum von 2 Jahren festgesetzt, so gilt die Verjährungsfrist von 30 Jahren nur für diejenigen monatlichen Gebühren, die im Zeitpunkt des Erlasses des VA bereits fällig waren. Im Übrigen verbleibt es bei der idR kürzeren abgabenrechtlichen Verjährungsfrist. Diese Regelungen gelten vorbehaltlich spezieller Bestimmungen im jeweiligen Rechtsbereich.

---

[25] So auch Begr 76; im selben Sinn für das bish Recht München BayVBl 1981, 241; Lüneburg DVBl 1970, 419; StBS 34; Knack 12; MB 5, 8; WBS I § 37 Rn 22: wird die Geltendmachung mit Wirkung ex nunc zurückgenommen oder aufgehoben, so hat sie keine Unterbrechung bewirkt.

Teil IV. Öffentlich-rechtlicher Vertrag

§ 54 Zulässigkeit des öffentlich-rechtlichen Vertrags

Ein Rechtsverhältnis auf dem Gebiet des öffentlichen Rechts[27] kann durch Vertrag[18] begründet, geändert oder aufgehoben werden (öffentlich-rechtlicher Vertrag), soweit Rechtsvorschriften nicht entgegenstehen.[41] Insbesondere kann die Behörde, anstatt einen Verwaltungsakt zu erlassen, einen öffentlich-rechtlichen Vertrag mit demjenigen schließen, an den sie sonst den Verwaltungsakt richten würde.[48]

Parallelvorschriften: § 53 SGB X

Schrifttum: Historische Entwicklung: *Apelt,* Der verwaltungsrechtliche Vertrag, 1920; *ders,* Der verwaltungsrechtliche Vertrag, AöR 1959, 209; *Bullinger,* Vertrag und Verwaltungsakt, 1962; *ders,* Zur Notwendigkeit funktionalen Umdenkens des öffentlichen und privaten Vertragsrechts im leistungsintensiven Gemeinwesen, Peters-GedS 1967, 667; *Haueisen,* Zur Zulässigkeit, Wirksamkeit und Nichtigkeit des öffentlich-rechtlichen Vertrages, NJW 1969, 122; *Imboden,* Der verwaltungsrechtliche Vertrag, 1958; *Martens,* Normenvollzug durch VA und Verwaltungsvertrag, AöR 1964, 429; *Otto Mayer,* Zur Lehre vom öffentlich-rechtlichen Vertrag, AöR 1888, 3; *Redeker,* Die Regelung des öffentlich-rechtlichen Verwaltungsvertrages im Musterentwurf, DÖV 1966, 545; *Rupp,* Zum Anwendungsbereich des verwaltungsrechtlichen Vertrages, JuS 1961, 59; *Salzwedel,* Die Grenzen der Zulässigkeit des öffentlich-rechtlichen Vertrages, 1958; *Stern,* Zur Grundlegung einer Lehre des öffentlich-rechtlichen Vertrages, VerwArch 1958, 106.

Allgemein zum öffentlich-rechtlichen Vertrag: *Bauer,* Anpassungsflexibilität im öffentlich-rechtlichen Vertrag, in: Hoffmann-Riem/Schmidt-Aßmann, Innovation und Flexibilität des Verwaltungshandelns, 1994, 245; *Berg,* Zur Durchsetzbarkeit einer öffentlich-rechtlich vereinbarten Vertragsstrafe – BVerwGE 98, 58, JuS 1997, 888; *Birk,* Normsetzungsbefugnis und öffentlich-rechtlicher Vertrag, NJW 1977, 1797; *Bleckmann,* Verfassungsrechtliche Probleme des Verwaltungsvertrages, NVwZ 1990, 601; *Braun,* Der öffentlich-rechtliche Vertrag im Spannungsfeld zwischen VA und verwaltungsprivatrechtlichem Rechtsgeschäft, JZ 1983, 841; *Bullinger,* Leistungsstörungen beim öffentlich-rechtlichen Vertrag, DÖV 1977, 812; *Burmeister/Krebs/Autexier/Hengstschläger/Schweizer,* Verträge und Absprachen zwischen Verwaltung und Privaten, VVDStRL 1993, 190; *Clemens,* Öffentlich-rechtliche Verträge zwischen Privaten?, Vw 1979, 380; *Efstratiou,* Die Bestandskraft des öffentlich-rechtlichen Vertrages, 1988, zugl Diss Heidelberg 1987; *Erichsen,* Der Nichtigkeit und Unwirksamkeit öffentlich-rechtlicher Verträge, Jura 1994, 47; *Degenhart,* Faktische Vertragsverhältnisse im Verwaltungsrecht, AöR 1978, 163; *Di Fabio,* Vertrag statt Gesetz?, Gesetzesvertretende und gesetzesausfüllende Verwaltungsverträge im Natur- und Landschaftsschutz, DVBl 1990, 338; *Fluck,* Die Erfüllung des öffentlich-rechtlichen Verpflichtungsvertrages durch VA, 1985; *Franke,* Der gerichtliche Vergleich im Verwaltungsprozeß, 1995; *Friehe,* Die Klage auf Abschluß eines subordinationsrechtlichen Verwaltungsvertrages, JZ 1980, 516; *Gern,* Zur Möglichkeit öffentlich-rechtlicher Verträge zwischen Privaten, NJW 1979, 694; *Göldner,* Gesetzmäßigkeit und Vertragsfreiheit im Verwaltungsrecht, JZ 1976, 352; *Griwotz,* Vertragsgestaltung im öffentlichen Recht 2002; *Gurlit,* Verwaltungsvertrag und Gesetz, 2000; *Gusy,* Öffentlich-rechtliche Verträge zwischen Staat und Bürgern, DVBl 1983, 1222; *Heberlein,* Wider den öffentlich-rechtlichen Vertrag, DVBl 1982, 763; *Henke,* Praktische Fragen des öffentlichen Vertragsrechts – Kooperationsverträge –, DÖV 1985, 41; *Hill* (Hg), Verwaltungshandeln durch Verträge und Absprachen, 1990; *Kasten/Rapsch,* Der öffentlich-rechtliche Vertrag zwischen Privaten – Phänomen oder Phantom?, NVwZ 1986, 708; *Koch,* Die Vertragsstrafe im öffentlichen Recht am Beispiel von Ausbildungsförderungsverträgen, DÖV 1998, 141; *Kunig,* Verträge und Absprachen zwischen der Verwaltung und Privaten, DVBl 1992, 1193; *Lange,* Die Abgrenzung des öffentlich-rechtlichen Vertrages vom privatrechtlichen Vertrag, NVwZ 1983, 313; *Lecheler,* Verträge und Absprachen zwischen der Verwaltung und Privaten, BayVBl 1992, 545; *Maurer,* Der Verwaltungsvertrag – Probleme und Möglichkeiten, DVBl 1989, 798; *Maurer/Bartscher,* Die Praxis des Verwaltungsvertrags im Spiegel der Rspr, 2. Aufl 1997; *Meyer,* Vertragsstrafe und Unterwerfungserklärung im öffentlichen Recht, JZ 1996, 78; *Neumann,* Dogmatische und prinzipiengeleitete Argumente bei der Abgrenzung von Verwaltungsverträgen, DÖV 1992, 154; *Oebbecke,* Die staatliche Mitwirkung an gesetzesabwendenden Vereinbarungen, DVBl 1986, 793; *Scherer,* Rechtsprobleme normsetzender Absprachen zwischen Staat und Wirtschaft am Beispiel des Umweltrechts, DÖV 1991, 1; *Scherzberg,* Grundfragen des verwaltungsrechtlichen Vertrages, JuS 1992, 205; *Schlette,* Die Verwaltung als Vertragspartner, 2000; *Warmke,* Verwaltungsabkommen in der Bundesrepublik Deutschland, Vw 1991, 455; *Weides,* Der mißglückte Ablösungsvertrag, JuS 1978, 841; *Weihrauch,* Verwaltungsrechtlicher Vertrag und Urkundeneinheit, VerwArch 1991, 543.

Vereinbarungen im Abgabenrecht: *Allesch,* Zur Zulässigkeit öffentlich-rechtlicher Verträge im Kommunalabgabenrecht, DÖV 1988, 103; *Eich,* Die tatsächliche Verständigung im Steuerverfahren, 1992; *Gern,* Die Zulässigkeit der Vertragsform zur Festsetzung von Kommunalabgaben, 1979, 161; *Heun,* Die Zulässigkeit öffentlich-rechtlicher Verträge im Bereich der Kommunalabgaben, DÖV 1989, 1053; *Martens,* Vergleichsvertrag im Steuerrecht? StuW 1986, 97; *Meyer,* Vereinbarungen im Steuerrecht, NJW 1977, 1707; *Mohr,* Austauschverträge mit Steuerbehörden, NJW 1978, 790; *Sontheimer,* Der verwaltungsrechtliche Vertrag im Steuerrecht, 1987; *Tiedemann,* Der Vergleichsvertrag im kommunalen Abgabenrecht, DÖV 1996, 594; *Vogel,* Vergleich und Gesetzmäßigkeit der Verwaltung im Steuerrecht, FS Döllerer, 1988, 677.

Vereinbarungen im Baurecht: *Bick,* Städtebauliche Verträge, DVBl 2001, 154; *Birk,* Die städtebaulichen Verträge nach dem BauGB 1998 – Inhalte und Leistungsstörungen, 3. Aufl 1999; *Brohm,* Städtebauliche Verträge zwischen Privat- und öffentlichem Recht, JZ 2000, 321; *Ehlers,* Die Zulässigkeit von öffentlich-rechtlichen Verträgen über die Ablösung der Stellplatz- oder Garagenbaupflicht, DVBl 1986, 529; *ders,* Anmerkung zu BVerwG Urteil vom 15. 12. 1989, JZ 1990, 593; *Erbguth,* Bauleitplanung und private Institutionen, VerwArch 1998, 189; *Grziwotz,* Vertragsgestaltung im öffentlichen recht, 2002, 5. Teil; *ders,* Städtebauliche Verträge und AGB-Recht, NVwZ 2002, 391; *Jäde,* Neue Aspekte städtebaulicher Verträge, BayVBl 1992, 549; *Krebs,* Zulässigkeit und Wirksamkeit vertraglicher Bindungen kommunaler Bauleitplanung, VerwArch 1981, 49; *Oerder,* Städtebaulicher Vertrag nach dem BauROG 1998, NVwZ 1997, 1190; *Papier,* Grunderwerbsverträge mit „Bauplanungsabreden" – BVerwG NJW 1980, 2538, JuS 1981, 498; *Quaas,* Städtebauliche Verträge zur Umsetzung der naturschutzrechtlichen Eingriffsregelung, NVwZ 1995, 840; *Schmidt-Aßmann,* Verwaltungsverträge im Städtebaurecht, in: Gelzer-FS 1991, 117; *Spannowski,* Vertragliche Regelungen als Instrument der nachhaltigen städtebaulichen Entwicklung, DÖV 2000, 569; *Weyreuther,* Ablösungsverträge, entgegenstehende Rechtsvorschriften und gesetzliche Verbote, Reimers-FS 1979, 379.

Vereinbarungen im Wirtschaftsförderungsrecht: *Ehlers,* Zur kommunalen Wirtschaftsförderung im Wege des öffentlich-rechtlichen Vertrages mit dem Ziel des vorbeugenden Immissionsschutzes, JZ 1990, 594; *Friehe,* Die Konkurrentenklage gegen einen öffentlich-rechtlichen Subventionsvertrag, DÖV 1980, 673; *Giacomini,* Verwaltungsrechtlicher Vertrag und Verfügung im Subventionsverhältnis Staat – Privater, 1992; *Henke,* Subventionsrecht und Wirtschaftsförderung, in Hill (Hg), Verwaltungshandeln durch Verträge und Absprachen, 1990, 115; *Knuth,* Konkurrentenklage gegen einen öffentlich-rechtlichen Subventionsvertrag, JuS 1986, 523; *Menger,* Zu den Handlungsformen bei der Vergabe von Subventionen, VerwArch 1978, 93; *Schneider,* Vertragliche Subventionsverhältnisse im Spannungsfeld zwischen europäischem Beihilferecht und Verwaltungsrecht, NJW 1992, 1197.

Public-Private Partnership: *Bauer,* Verwaltungsrechtliche und verwaltungswissenschaftliche Aspekte der Gestaltung von Kooperationsverträgen bei Public-Private-Partnership, DÖV 1998, 89; *Franckenstein,* Public Private Partnership in der Bauleitplanung, UPR 2000, 288; *Stober,* Public-Private-Partnership aus juristischer Sicht, DÖV 2000, 261; *Tettinger,* Die rechtliche Ausgestaltung von Public Private Partnership, DÖV 1996, 764.

Informelle Absprachen: *Benz,* Verhandlungen, Verträge und Absprachen in der öffentlichen Verwaltung, Vw 1990, 83; *Bulling,* Kooperatives Verwaltungshandeln, DÖV 1989, 277; *Brohm,* Rechtsgrundsätze für normersetzende Absprachen – Zur Substitution von Rechtsverordnungen, Satzungen und Gesetzen durch Kooperatives Verwaltungshandeln, DÖV 1999, 1025; *ders,* Rechtsstaatliche Vorgaben für informelles Verwaltungshandeln, DVBl 1994, 133; *Eberle,* Arrangements im Verwaltungsverfahren, Vw 1985, 439; *Gaßner/Holznagel/Lahl,* Mediation – Verhandlungen als Mittel der Konsensfindung bei Umweltstreitigkeiten, 1992; *Hoffmann-Riem/Schmidt-Aßmann* (Hg), Konfliktbewältigung durch Verhandlungen, 1990; *Holznagel,* Konfliktlösung durch Verhandlungen, 1990; *Holznagel/Ramsauer,* Mediation im Verwaltungsrecht, in Haft/Schlieffen, Handbuch Mediation, 2002, 1124; *Krebs,* Konsensuales Verwaltungshandeln im Städtebaurecht, DÖV 1989, 969; *Ramsauer,* Mediation im Umweltrecht, in; Breidenbach/Henssler (Hg), Mediation für Juristen, 1997, 161; *Scheudel,* Selbstverpflichtungen der Industrie als Steuerungsinstrument im Umweltschutz, NVwZ 2001, 494; *Tomerius,* Informelle Projektabsprachen im Umweltschutz, 1995.

Übersicht

I. Allgemeines

1 **1. Inhalt.** Die Vorschrift regelt die Zulässigkeit verwaltungsrechtlicher Verträge im Allgemeinen und stellt in Satz 2 klar, dass im Anwendungsbereich des VwVfG der öffentlich-rechtliche Vertrag als Handlungsform grundsätzlich auch an die Stelle des Handelns durch VA treten kann. Öffentlich-rechtliche Verträge sind danach ohne spezialgesetzliche Ermächtigung zulässig, sofern kein Vertragsformverbot (Rn 42) besteht. Während beim VA nach hM für Eingriffe und sonst wesentliche Entscheidungen eine Ermächtigung auch für das Handeln gerade in der Form eines VA erforderlich ist,[1] reicht für das Handeln durch Abschluss eines öffentlich-rechtlichen Vertrages grundsätzlich die allgemeine Ermächtigung des § 54 Satz 1 aus. Das Gesetz enthält in S 1 einen **Verzicht auf spezielle Vertragsformermächtigungen** im Einzelfall, weil dem Vertrag als Handlungsform kein über den Inhalt der Vereinbarung hinausgehender Eingriffsgehalt eigen ist (Scherzberg JuS 1992, 208). Mit der grundsätzlichen Zulassung des öffentlich-rechtlichen Vertrages als Handlungsform im Verwaltungsverfahren nach dem VwVfG hat der Gesetzgeber den vor Erlass des VwVfG bestehenden Streit (vgl Begr RegE, BT-Dr 7/910 S 78) um die Zulässigkeit des öffentlich-rechtlichen Vertrages als Handlungsform iS eines Regel-Ausnahme-Verhältnisses beendet: **Unzulässig ist der Vertrag nur dort, wo ein spezielles Vertragsformverbot** (vgl. Rn 42) besteht. § 54 Satz 2 wirkt sich als klarstellende Ergänzungsnorm zu allen Rechtsvorschriften aus, die als Grundlage für den Erlass von VAen in Betracht kommen und nunmehr grundsätzlich auch als Ermächtigung zum Abschluss von verwaltungsrechtlichen Verträgen gelten.

2 **Die allgemeine Grundnorm** des § 54 für den Abschluss verwaltungsrechtlicher Verträge wird in §§ 55 ff durch verschiedene formelle und materielle Anforderungen an den Abschluss und den Inhalt ergänzt. Außerdem werden einige Vertragstypen, nämlich der Vergleichsvertrag in § 55 und der Austauschvertrag in § 56, näher geregelt. Dadurch wird jedoch die Zulässigkeit von Verträgen, die unter keine der in den §§ 55 ff geregelten Vertragstypen fallen und die daher im Wesentlichen allein auf Grund der Ermächtigung in § 54 geschlossen werden können, nicht in Frage gestellt (Begr 79). Es gibt **keinen numerus clausus der Vertragstypen.** Über den möglichen konkreten sachlichen Inhalt verwaltungsrechtlicher Verträge enthalten die §§ 54 ff keine Regelungen; insoweit ist im Rahmen der durch §§ 54 ff gezogenen Grenzen ausschließlich das **allgemeine materielle Recht,** das für die vom Vertrag geregelte Materie gilt, und der

[1] Vgl nur BVerwGE 72, 265; StBS § 35 Rn 13; Scherzberg JuS 1992, 205 208; **aA** Maurer § 10 Rn 5.

Wille der Vertragspartner maßgeblich (WBS II § 54 Rn 14; vdGK 6; zT **aA** K 29).

2. Anwendungsbereich. a) Verträge im Anwendungsbereich des VwVfG. Obwohl in § 54 allgemein von öffentlich-rechtlichen Verträgen die Rede ist, gilt die Regelung ebenso wie die folgenden Vorschriften unmittelbar **nur für verwaltungsrechtliche Verträge** (Begr 77; StBS 20 ff) im Anwendungsbereich des VwVfG. Das bedeutet, dass die Regelungen der §§ 54 ff keine, jedenfalls keine unmittelbare Anwendung (zur entsprechenden Anwendbarkeit s Rn 9 ff) finden können auf Verträge, die Kirchen und Religionsgemeinschaften auf dem Gebiet des öffentlichen Rechts abschließen, ferner nicht auf Verträge im Rahmen von Verwaltungsverfahren nach der AO oder nach SGB X und schließlich nicht für Verträge im Bereich des Verfassungsrecht[2] oder unter Privaten (s unten Rn 7). Wegen der Begrenzung auf den Anwendungsbereich des VwVfG gelten die §§ 54 ff außerdem unmittelbar nur für die nach dem Inkrafttreten des VwVfG am 1. 1. 1977 abgeschlossenen Verträge (vgl §§ 96, 103). Die Verwaltungsverfahrensgesetze der Länder enthalten im Wesentlichen gleich lautende Vorschriften (Abweichungen im Wortlaut zB in § 121 LVwVfGSH). Für sonstige öffentlich-rechtliche Verträge gelten die §§ 54 ff nicht unmittelbar. Gleiches gilt für privatrechtliche Verträge im Bereich des Verwaltungsprivatrechts. 3

aa) Prüfungsrecht. Das Prüfungsrecht ist im Grundsatz aus dem Geltungsbereich der §§ 54 ff ausgenommen worden, weil diese Vorschriften nach § 2 Abs 3 Nr 2 nicht auf die Tätigkeit der Behörde bei Leistungs-, Eignungs- und ähnlichen Prüfungen anwendbar sind (s zum Begriff § 2 Rn 43). Entgegen dem insoweit sehr weiten Wortlaut des Ausschlusses folgt hieraus indessen kein generelles Vertragsformverbot im Prüfungsrecht (s unten Rn 42). 3 a

bb) Sozialleistungsrecht. Im Sozialleistungsrecht treten an die Stelle der §§ 54 ff die Bestimmungen der §§ 53 ff SGB X (vgl § 2 Abs 2 Nr 5). Die Regelungen des SGB X zum öffentlich-rechtlichen Vertrag stimmen indessen mit den §§ 54 ff vollständig überein; eine Ausnahme stellt lediglich § 53 Abs 2 SGB X dar, der zum Schutz der Leistungsempfänger Verträge über Leistungen, auf die ein Rechtsanspruch besteht, verbietet, sofern es sich nicht um einen Vergleichsvertrag (§§ 54 Abs 2 SGB X) oder einen Austauschvertrag (§ 55 Abs 3 SGB X) handelt. Einen sachlichen Unterschied gegenüber den Bestimmungen der §§ 54 ff stellt dies indessen nicht dar (StBS 175). 4

cc) Abgabenrecht. Im Abgabenrecht ist die **Rechtslage umstritten,** soweit die Anwendung des VwVfG nicht ohnehin nach § 2 Abs 2 Nr 1 ausgeschlossen ist. Die AO selbst enthält den §§ 54 ff vergleichbare Vorschriften nicht, sieht also den Abschluss öffentlich-rechtlicher Verträge nicht explizit vor. Der öffentlich-rechtliche Vertrag findet lediglich in den §§ 78, 224 AO Erwähnung. Die noch hM im Abgabenrecht lehnt den Vertrag als Handlungsform nach wie vor ab.[3] Nicht einmal Vergleichsverträge werden im Bereich der AO für zulässig gehalten. Zulässig ist nach der Rspr des BFH lediglich eine **„tatsächliche Verständigung"** zwischen Behörde und Steuerpflichtigem über schwer zu ermittelnde tatsächliche Umstände, also ein **Vergleich über Tatsachenfragen** (BFHE 142, 549 = NVwZ 1985, 863; BFHE 162, 211, 214; 164, 168; BFH NVwZ 2000, 598). Diese überkommene Position überzeugt nicht. Zutreffend ist es allerdings, in § 155 Abs 1 AO, wonach die Steuern durch Steuerbescheid festzusetzen sind, ein 5

---

[2] BVerwGE 86, 227; BVerwG NJW 1976, 637; Knack 5; s auch BVerfG 22, 221; 42, 345; 94, 297.

[3] Tipke/Lang § 4 Rn 163; HHS § 78 Rn 36; Birk § 10 Rn 5; J. Martens StuW 1986, 97; bejaht wird die Zulässigkeit dagegen von Kirchhof, Grundriß des Abgabenrechts, 1991, Rn 89; Vogel FS Döllerer, 677.

Vertragsformverbot zu sehen (Maurer § 14 Rn 3; StBS 124ff), weshalb die Festsetzung von Steuern durch Vertrag grundsätzlich ausgeschlossen ist. Dies gilt aber nicht in gleicher Weise für Verträge über die Art und Weise der Zahlung, über einen Billigkeitserlass oder für einen Vergleichsvertrag bei Streit über Steuerforderungen.

6 Für **abgabenrechtliche Verfahren im Geltungsbereich des VwVfG,** also im Wesentlichen für Gebühren, Beiträge und kommunale Steuern (vgl § 2 Rn 17), gelten die Bedenken (s oben Rn 5) nicht in gleicher Weise; vor allem Vergleichsverträge werden hier überwiegend für zulässig gehalten.[4] Hier stellt sich allerdings ebenfalls die Frage, ob gesetzliche Bestimmungen dem Handeln der Verwaltung in Vertragsform entgegenstehen (s unten Rn 42). Soweit Vertragsformverbote nicht bestehen, öffentlich-rechtliche Verträge im Abgabenbereich also zulässig sind, gelten auch die §§ 54ff uneingeschränkt. Greift dagegen ein Vertragsformverbot ein, ist ein öffentlich-rechtlicher Vertrag ohne Rücksicht auf seinen Inhalt im Einzelnen unzulässig; für die Anwendung der §§ 55ff ist in diesen Fällen kein Raum.

7 **dd) Verträge zwischen Privaten.** Die Anwendbarkeit des VwVfG setzt gem § 1 grundsätzlich eine Tätigkeit von Behörden, dh die Mitwirkung einer Behörde bzw des Verwaltungsträgers, dem die Behörde zuzurechnen ist, voraus. Verwaltungsrechtliche Verträge zwischen Privaten werden deshalb **nicht unmittelbar erfasst,** obwohl auch sie dem Verwaltungsrecht unterliegen (vgl BVerwG NJW 1992, 2908). Etwas anderes gilt, wenn die beteiligte Privatperson als Beliehene in den Geltungsbereich des VwVfG einbezogen ist (zum Begriff des Beliehenen siehe § 1 Rn 58). Eine Beleihung ist grundsätzlich nicht Voraussetzung für die Öffentlichrechtlichkeit eines Vertrages; es gibt auch öffentlich-rechtliche Verträge zwischen Privatleuten (vgl BSG 70, 37, 39: Abtretung eines Rentenanspruchs). Eine ganze Reihe von öffentlich-rechtlichen Verträgen unter Privaten sind allerdings **weitgehend spezialgesetzlich geregelt.** Dies gilt etwa für die Übernahme von Verkehrssicherungs-, Reinigungs- oder Unterhaltungspflichten im Wege- und Wasserrecht (ZB OVG Lüneburg, OVGE 27, 341, 343: vertragliche Übernahme der öffentlich-rechtlichen Straßenreinigungspflicht). Diese speziellen Vorschriften können entweder ausdrücklich oder konkludent auf die Regelungen der §§ 54ff verweisen. Auf solche Verträge sind die §§ 54ff grundsätzlich jedenfalls analog anwendbar.[5]

8 **ee) „Hinkende" Austauschverträge.** § 54 gilt nicht nur für gegenseitige verwaltungsrechtliche Verträge, also solche, bei denen die beiden Hauptleistungspflichten in einem Gegenseitigkeitsverhältnis stehen, sondern auch für sog „hinkende Verträge", in denen nur die von einem Vertragspartner zu erbringende Hauptleistung geregelt wird, nicht jedoch die Gegenleistung.[6] Allerdings liegt ein derartiger hinkender Austauschvertrag nur dann vor, wenn die Beteiligten darüber einig sind, dass die im Vertrag vereinbarte Leistung vom Bürger nur erbracht werden muss, wenn die Behörde ihrerseits bestimmte Maßnahmen ergreift, Regelungen erlässt, Situationen schafft usw (**Abhängigkeitsverhältnis zwischen Leis-**

---

[4] BVerwG DÖV 1980, 48; OVG Lüneburg KStZ 1988, 146; VGH München BayVBl 1987, 335; OVG Koblenz NVwZ 1986, 68; Allesch DÖV 1988, 103; Gern KStZ 1979, 161; Heun DÖV 1989, 1053; Tiedemann DÖV 1996, 594.

[5] Str, wie hier UL § 67 Rn 6; Knack 8; zT **aA** BVerwG NJW 1992, 2908 = DVBl 1992, 1295.

[6] Vgl BVerwGE NJW 1995, 1105; OVG Koblenz DVBl 1992, 786: ein Austauschvertrag, dh ein Vertrag, bei dem nur die Hauptleistung, zB eine Zahlung, geregelt ist, welche die Gegenleistung für den Erlaß eines VA, eine sonstige Verwaltungshandlung, die Erteilung des Einvernehmens der Gemeinde, die Partner des Vertrags ist, zu einer Grundstücksteilung usw darstellt; ähnlich VGH Mannheim NVwZ 1991, 584; StBS § 56 Rn 20; Knack 14; UL § 68 Rn 6; MB 25; **aA** Lange NVwZ 1983, 321; Papier JuS 1981, 499.

tungspflicht und Handlungserwartung, vgl Knack § 56 Rn 4). Anderenfalls liegt nur eine einseitige Verpflichtung vor, für die bestimmte Erwartungen an die Behörde motivationsbildend waren.

9 **b) Entsprechende Anwendbarkeit.** Als Ausdruck allgemeiner Rechtsgrundsätze sind die §§ 54 ff analog auch auf Verträge in Bereichen anwendbar, die nicht unter das VwVfG fallen (ebenso StBS 25; Knack vor § 54 Rn 6; MB 2, 10 und 11), und für die ausdrückliche Bestimmungen fehlen, zB auf öffentlich-rechtliche **Verträge zwischen Privaten,** zT auch auf sog **normsetzende Verträge,** dh Verträge, die den Erlass von Rechtsverordnungen und Satzungen betreffen[7] und zT auch, jedenfalls wenn und soweit öffentlich-rechtliche Körperschaften daran beteiligt sind, auf privatrechtliche **Verträge im Bereich des Verwaltungsprivatrechts** zur Erfüllung öffentlicher Aufgaben (vgl Achterberg JA 1985, 510). Gleiches gilt für Verträge zwischen **Behörden verschiedener Länder** im Bereich des Landesrechts. Dies ist ungeachtet des Umstandes anzunehmen, dass bei Fehlen ausdrücklicher § 54 entsprechender Rechtsvorschriften eine gesetzliche Ermächtigung zum Abschluss solcher Verträge fehlt, wie sie die normative Ermächtigungslehre vor Erlass des VwVfG forderte.[8]

10 **c) Spezielle Regelungen des Vertragsrechts.** Bei dem Verhältnis der speziellen Regelungen des Vertragsrechts zu den Anpassungs- und Kündigungsregelungen des § 60 ist zu differenzieren. Soweit für den Fall der nachträglichen Änderung der Umstände spezielle vertragsrechtliche Regelungen bestehen, die eine entsprechende Änderung der Leistungspflichten zur Folge haben, wie etwa Regelungen zum Verzug oder zur Unmöglichkeit der Leistung (s hierzu § 60 Rn 6b), können die Anpassungsregelungen des § 60 grundsätzlich nicht mehr zur Anwendung kommen, weil der Anpassungsbedarf bereits speziell bewältigt ist. Im Übrigen wird die Anwendung des § 60 durch die speziellen Regelungen des Vertragsrechts idR nicht ausgeschlossen.

11 **3. Funktion und Bedeutung. a) Allgemeines.** Der verwaltungsrechtliche Vertrag ist, ähnlich wie der VA, eine Rechtsfigur sowohl des Verfahrensrechts, bei gerichtlichen Vergleichen des Prozessrechts, als auch des materiellen Rechts **(Doppelnatur des verwaltungsrechtlichen Vertrages).** Während der VA die Handlungsform für die einseitig verbindliche Regelung von Rechtsverhältnissen im Verhältnis zwischen Staat und Bürger ist, ermöglicht der öffentlich-rechtliche Vertrag eine kooperative Form der Regelung von Rechtsverhältnissen. Diese Möglichkeit bietet vielfältige Vorteile, birgt aber auch Gefahren: Positiv ist zu bewerten, dass der Bürger als Vertragspartner eines öffentlich-rechtlichen Vertrages am Prozess des Aushandelns der Vertragsbedingungen aktiv beteiligt ist. Als Verhandlungspartner kann der Bürger seine Interessen besser zur Geltung bringen als in der nach § 28 vorgesehenen Anhörung Beteiligter vor Erlass eines VA.[9] Der Vertrag bietet damit die **Chance einer Optimierung** der Lösung eines regelungsbedürftigen Interessenkonflikts. Zugleich erhöht der Aushandlungsprozess vor dem Abschluss eines verwaltungsrechtlichen Vertrages die Transparenz und die Akzeptanz der einvernehmlich getroffenen vertraglichen Regelung für die beteiligten Vertragspartner. Die damit beschriebenen Vorteile (**Flexibilität, Kooperation, Transparenz** und **Akzeptanz**) setzen aber einen echten Aushand-

[7] Vgl BSG NJW 1993, 813; StBS 63; MB 54 ff; Krebs VerwArch 1981, 54; Papier JuS 1981, 501; Degenhardt BayVBl 1979, 296; Scherer DÖV 1991, 4; MB 55; Ebsen VSSR 1990, 65; **aA** Birk NJW 1977, 1798; Obermayer 95.

[8] So im Ergebnis auch BVerwGE 42, 335; 44, 335; BGHZ 22, 246; Erichsen/Ehlers § 25 Rn 2; M 95; Obermayer 139.

[9] Ausführlich Knack vor § 54 Rn 32 F 275; Obermayer 117; Stein AöR 86, 327; **aA** Pieper DVBl 1967, 11 ff: der öffentlich-rechtliche Vertrag ist überflüssig, da VAe dieselben Zwecke erfüllen können; ähnlich Püttner DVBl 1982, 122; s auch Heberlein DVBl 1982, 763.

lungsprozess voraus. Dieser ist im Subordinationsverhältnis zwischen Bürger und Staat nur dann gegeben, wenn nicht ein Vertragspartner seine stärkere Verhandlungsposition einseitig zur Durchsetzung seiner Interessen missbraucht, sondern bereit ist, die Vertragsverhandlungen zu einer Optimierung des Nutzens für alle beteiligten Vertragspartner einzusetzen (hierzu näher Schilling VerwArch 1996, 191).

11 a **b) Gefahren.** Stärker als bei der Handlungsform des VA besteht beim verwaltungsrechtlichen Vertrag die **Gefahr** der Monetarisierung von Verwaltungsleistungen bzw umgekehrt des **Ausverkaufs von Hoheitsrechten** (F 275; Obermayer VerwR 2. Aufl 141). Es besteht weiter die Gefahr, dass sich die getroffenen vertraglichen **Regelungen zu Lasten Dritter** oder der Allgemeinheit auswirken und schließlich, dass der mit geringerer Verhandlungsmacht ausgestattete Vertragspartner unangemessen benachteiligt wird. Daher ist es notwendig, verwaltungsrechtliche Verträge, vor allem solche in Über- und Unterordnungsverhältnissen, engeren Beschränkungen zu unterwerfen, als sie im Zivilrecht für Verträge gelten (s §§ 54 ff), und ihren Abschluss in gewissem Umfang auch den für den Erlass von VAen geltenden Vorschriften zu unterwerfen (krit zum Erfolg derartiger Bemühungen Götz DÖV 1973, 300; Renck NJW 1970, 737).

12 **c) Praktische Bedeutung.** Die Bedeutung des verwaltungsrechtlichen Vertrages liegt heute nicht nur in seiner besonderen Eignung zur **Regelung atypischer Situationen,** sondern vor allem in seiner Eignung als Instrument konsensualen Verwaltungshandelns, wenn es gilt, durch die Erzielung von Einverständnissen und durch die Vereinbarung von **Mechanismen der Selbststeuerung** (regulierte Selbstregulierung) die öffentliche Verwaltung von Aufsichts-, Kontroll- und Durchsetzungsaufgaben zu entlasten und ein einseitiges Eingreifen zu erübrigen (WBS II § 54 Rn 1; ähnlich vdGK 5.3 zu § 121; M 94, 96; MK 20 I 1). Nach wie vor werden Verwaltungsverträge nur sehr zurückhaltend abgeschlossen (Maurer/Bartscher, 1 ff). Das liegt auch in der für Behörde und Bürger unübersichtlichen und schwer durchschaubaren Nichtigkeitslehre (vgl § 59).

13 **4. Historische Entwicklung. a) Rechtslage vor Erlass des VwVfG.** Auf einigen Gebieten des öffentlichen Rechts hat es Verträge bereits im 19. Jahrhundert gegeben (vgl Maurer DVBl 1989, 800 mwN). Gleichwohl blieb der öffentlich-rechtliche Vertrag als Handlungsform der Verwaltung jahrzehntelang umstritten. Dies ist vor allem auf die **Position Otto Mayers** zurückzuführen, der den öffentlich-rechtlichen Vertrag im Subordinationsverhältnis strikt ablehnte, weil er einen Widerspruch zwischen dem Über-Unterordnungsverhältnis zwischen Staat und Bürger einerseits und dem Gleichordnungsverhältnis zwischen Vertragspartnern andererseits sah (AöR 1888, 42). Otto Mayer konnte indes nicht verhindern, dass sich der öffentlich-rechtliche Vertrag in Rechtswissenschaft und Praxis allmählich durchsetzte (vgl etwa Apelt, Der verwaltungsrechtliche Vertrag 1920) und insbesondere nach 1945 immer mehr Befürworter fand. Grundlegend waren die Arbeiten von Imboden (Der verwaltungsrechtliche Vertrag, 1958), Salzwedel (Die Grenzen der Zulässigkeit des öffentlich-rechtlichen Vertrages, 1958) und Stern (VerwArch 1958, 106).

13 a **Streitfragen.** Vor Erlass des VwVfG beschäftigte sich die rechtswissenschaftliche Diskussion vor allem mit zwei Fragen. Umstritten war zum einen, ob der öffentlich-rechtliche Vertrag nur in den vom Gesetz zugelassenen Fällen sollte abgeschlossen werden dürfen **(Ermächtigungslehre),**[10] oder ob öffentlich-rechtliche

---

[10] Vgl idS OVG Münster DÖV 1966, 798; VGH Kassel DÖV 1966, 760; Fleiner, Institutionen des deutschen Verwaltungsrechts, 8. Aufl 1928, 209 ff; Bullinger, Vertrag und Verwaltungsakt, 1962; Stern VerwArch 1958, 143, 146 mwN; Friauf AöR 1963, 281; M 95; Schmidt-Salzer VerwArch 1971, 148.

Verträge ohne besondere Ermächtigung zulässig sein sollten.[11] Diese Frage hat der Gesetzgeber mit dem Erlass des VwVfG erledigt, indem § 54 den Grundsatz der generellen Zulässigkeit öffentlich-rechtlicher Verträge vorbehaltlich spezieller Vertragsformverbote aufstellt. Die andere Frage betrifft das Problem des **Missbrauchs der Handlungsform,** insbesondere im Bereich subordinationsrechtlicher Verhältnisse. Damit ist zugleich eine gewisse Gefahr für den einheitlichen und gleichmäßigen Vollzug der Gesetze gegeben. Hier hat das Gesetz vor allem in § 56 durch das sog Kopplungsverbot und das Gebot der Angemessenheit der Gegenleistung Schutzvorkehrungen getroffen (vgl § 56 Rn 3).

b) Die Regelungen des VwVfG. Die Bestimmungen über Verträge folgen in weitem Umfang der vor Erlass des VwVfG praktizierten Rspr (VGH München BayVBl 1978, 147; zur Entstehungsgeschichte Maurer § 14 Rn 21 ff), enthalten jedoch zT Neuerungen und vor allem Klarstellungen zu bisher bestehenden Zweifelsfragen. Positiv beantwortet wurde indes die grundlegende Frage der Zulässigkeit öffentlich-rechtlicher Verträge, die in Rspr und Schrifttum sehr unterschiedlich beantwortet wurde, was zu einer erheblichen Rechtsunsicherheit geführt hatte (Begr 77). Unklar geblieben ist trotz der Regelungen des § 59 der Umfang der Gesetzesbindung und die Frage der Wirksamkeit bzw Nichtigkeit verwaltungsrechtlicher Verträge, wodurch in der Praxis nach wie vor Unsicherheiten ausgelöst werden. 14

5. Die Entscheidung über den Abschluss eines Vertrags. a) Ermessensentscheidung. Kann ein Rechtsverhältnis sowohl durch VA als auch durch öffentlich-rechtlichen Vertrag geregelt werden, so steht es im pflichtgemäßen Ermessen der zuständigen Behörde, ob sie einen VA erlassen oder dem Bürger den Abschluss eines verwaltungsrechtlichen Vertrages anbieten will. Die **maßgebenden Ermessenszwecke** (vgl § 40) ergeben sich dabei aus § 10 Satz 2, wonach das Verwaltungsverfahren einfach, zweckmäßig und zügig durchzuführen ist. Die Regelung eines Rechtsverhältnisses durch öffentlich-rechtlichen Vertrag setzt grundsätzlich die Bereitschaft beider Vertragsparteien zum Abschluss eines Vertrages voraus. Eine Verpflichtung der Vertragsparteien, einen öffentlich-rechtlichen Vertrag bestimmten Inhalts abzuschließen, besteht grundsätzlich nicht. Allerdings ist es nicht ausgeschlossen, dass sich aus speziellen Rechtsvorschriften die Verpflichtung zum Abschluss eines Vertrages ergibt **(Kontrahierungszwang).** Ein derartiger Kontrahierungszwang kann sowohl zum Abschluss eines privatrechtlichen, wie auch eines öffentlich-rechtlichen Vertrages verpflichten.[12] 15

Spezielle Rechtsvorschriften können die Behörde verpflichten, unabhängig vom Bestehen eines Kontrahierungszwangs ein Rechtsverhältnis in der Form eines öffentlich-rechtlichen Vertrages zu regeln. Dies ist beispielsweise der Fall, wenn in einer Satzung die Zulassung zu einer öffentlichen Einrichtung durch Abschluss eines öffentlich-rechtlichen Vertrages vorgesehen ist. Sie kann sich aber auch unter dem Aspekt der **Selbstbindung der Verwaltung** (Art 3 Abs 1 GG) ergeben, wenn die Behörde in vergleichbaren Fällen mit den Bürgern öffentlich-rechtliche Verträge zur Regelung eines Rechtsverhältnisses abgeschlossen hat und keine sachlichen Gründe dafür bestehen, von dieser Übung im Einzelfall abzuwei- 16

[11] Vgl idS BVerwGE 23, 213; 30, 65; 42, 335; 44, 202; 49, 362; BVerwG DVBl 1967, 43; BGHZ 22, 246; DVBl 1957, 348; 1966, 36; VGH München BayVBl 1962, 285; 1982, 178; OVG Münster DÖV 1960, 798; DVBl 1972, 799; OVG Lüneburg NJW 1957, 76; OVG Berlin NJW 1982, 956; F 277; Menger VerwArch 1970, 208; Eyermann GewArch 1962, 70; allg auch Bleckmann VerwArch 1972, 404 ff.

[12] Vgl StBS 32 für Erschließungsverträge. Praktisch dürfte ein Kontrahierungszwang allerdings selten sein, vgl Knack vor § 45 Rn 30; Kunig DVBl 1992, 1196; Scherzberg JuS 1992, 209; Maurer DVBl 1989, 805; vgl auch Bauer in Hoffmann-Riem/Schmidt-Aßmann Bd II 266.

chen.[13] Einen bestehenden Anspruch auf Abschluss eines Vertrages kann der Bürger im Wege der allgemeinen Leistungsklage geltend machen, die auf Abgabe der zum Vertragsabschluss erforderlichen Willenserklärung zu richten ist. Liegen die Voraussetzungen eines Abschlusszwanges nicht vor, so kann der Bürger **keinen Anspruch auf ermessensfehlerfreie Entscheidung** über die Frage, ob die Behörde ein Rechtsverhältnis durch VA oder durch öffentlich-rechtlichen Vertrag regelt, geltend machen. Insoweit fehlt es idR an einem subjektiven öffentlichen Recht.

17 **b) Rechtsnatur.** Nicht ausdrücklich geregelt ist die Frage, welche Rechtsnatur die Entscheidung der Behörde, mit einem Bürger oder einem sonstigen Partner einen verwaltungsrechtlichen Vertrag abzuschließen, hat. Die hM sieht diese Entscheidung zu Recht als **schlichthoheitliche Maßnahme** an.[14] Die Gegenmeinung, die in der Entscheidung einer Behörde, einen Vertrag abzuschließen, unter Heranziehung der sog. Zwei-Stufen-Theorie als VA ansieht,[15] wird der Praxis nicht gerecht und wirkt vor allem wegen der damit implizierten Verbindlichkeit der Regelung lebensfremd.

II. Begriff des öffentlich-rechtlichen Vertrages

18 **1. Vertrag. a) Allgemeines.** Vertrag ist nach allgemeiner Auffassung die Einigung zweier oder mehrerer Rechtssubjekte über die Herbeiführung eines bestimmten Rechtserfolges (vgl nur Maurer § 14, Rn 6; StBS 28). Voraussetzung für das Zustandekommen eines Vertrages ist das Vorliegen einander entsprechender, auf einen bestimmten Rechtserfolg gerichteter Willenserklärungen **(Angebot und Annahme)** der Vertragspartner, die dem jeweils anderen zugegangen sein müssen. Die Willenserklärungen müssen von einem Erklärungsbewusstsein getragen sein und einen Rechtsbindungswillen zum Ausdruck bringen (vgl StBS 29; WBS II § 53 Rn 5). Für die **Wirksamkeit der Willenserklärungen** der Vertragspartner gelten grundsätzlich die allgemeinen bürgerlich-rechtlichen Regeln, insbesondere auch die §§ 116 ff BGB entsprechend (§ 62 S 2). Voraussetzung ist darüber hinaus, dass die die Erklärung abgebenden Vertragspartner nach § 12 **Handlungsfähigkeit** besitzen. Da für den öffentlich-rechtlichen Vertrag Schriftform zwingend vorgeschrieben ist (§ 57), müssen die auf den Vertragsabschluss gerichteten Willenserklärungen (Angebot und Annahme) ihrerseits in schriftlicher Form den übrigen Vertragspartnern zugehen (siehe § 57 Rn 7). Zum **Problem der Urkundeneinheit** siehe § 57 Rn 8. Für die Wirksamkeit von Angebot und Annahme gelten im Übrigen die §§ 145 ff BGB entsprechend (§ 62 S 2). Wegen des Schriftformerfordernisses kommt allerdings weder ein mündliches oder konkludentes Vertragsangebot noch eine ebensolche Annahmeerklärung in Betracht.

19 **b) Faktische Verträge?** In der Literatur ist **umstritten,** ob Verträge auch anders als durch die Abgabe zweier auf die Setzung einer gemeinsamen Rechtsfolge gerichteten übereinstimmenden Willenserklärungen zustande kommen können, nämlich durch bloßes faktisches, sozialtypisches Verhalten (vgl hierzu Haupt, Über faktische Vertragsverhältnisse, 1941). Die Begründung eines faktischen Vertrags-

---

[13] Zur Ermessensschrumpfung s § 40 Rn 25; ferner Di Fabio VerwArch 1995, 214; Hill NVwZ 1985, 449.

[14] Vgl VGH München NJW 1978, 2411; OVG Münster 1984, 522; OVG Schleswig Gemeinde 1991, 357; Ehlers VerwArch 1983, 119; Fricke JZ 1980, 519; UL § 69 Rn 4; Knack 30; StBS 36.

[15] Maunz BayVBl 1962, 3; Harries NJW 1984, 2190; Kopp WuV 1978, 178; BayVBl 1980, 611; im Verhältnis zu Konkurrenten auch Bleckmann, Subventionsrecht, 1978, 87, 89, 91, 146; hins der Ablehnung eines Vertragsschlusses auch BSG 44, 247; 51, 126; NJW 1978, 1215; Kopp 6. Aufl, § 54 Vorbem Rn 12.

verhältnisses im öffentlichen Recht wird teilweise für Fälle der rein tatsächlichen Inanspruchnahme von öffentlichen Versorgungseinrichtungen, etwa bei Verkehrsbetrieben, Schwimmbädern, Museen und Parkplätzen, für möglich gehalten (vgl Degenhart AöR 1978, 163; StBS 33; WBS II § 54 Rn 27). Diese Auffassung **wird zu Recht abgelehnt.**[16] Für eine Übertragung der im Zivilrecht entwickelten Lehre vom faktischen Vertrag in das öffentliche Recht besteht kein Bedürfnis. Soweit bei öffentlichen Einrichtungen das Benutzungsverhältnis öffentlich-rechtlich ausgestaltet ist, ist der Abschluss formloser öffentlich-rechtlicher Benutzungsverträge nicht ausgeschlossen, wenn das Schriftformerfordernis (§ 57) durch entsprechende Bestimmungen einer Benutzungssatzung rechtswirksam aufgehoben worden ist (vgl § 57 Rn 4). Fehlt es an einer derartigen Satzung, so kommt durch die Zulassung zu einer öffentlichen Einrichtung ein öffentlich-rechtliches Benutzungsverhältnis zustande, welches nicht vertraglich, sondern einseitig hoheitlich begründet wird. Zur rechtlichen Qualifikation der Reglung von Anstaltsbenutzungsverhältnissen als Allgemeinverfügung s § 35 Rn 110.

c) Rechtsnatur der Willenserklärungen. Die auf den Abschluss eines öffentlich-rechtlichen Vertrages gerichteten Willenserklärungen von Behörden stellen **keine VAe** dar. Sie sind zwar auf einen Rechtserfolg gerichtet, rufen diesen aber auf Grund einer vertraglichen Einigung und nicht kraft ihrer einseitig hoheitlichen Bindungswirkung hervor.[17] Die übereinstimmenden schriftlichen Willenserklärungen müssen auf einen Rechtserfolg **Kraft vertraglicher Einigung** gerichtet sein. Dies bedeutet nicht, dass alle Vertragsparteien eigene Leistungspflichten übernehmen müssten. Möglich sind auch **einseitig berechtigende und verpflichtende Verträge** (zB: Erlassvertrag, Verzichtsvertrag) und sog **hinkende Austauschverträge,** in denen sich nur ein Beteiligter zu einem bestimmten Tun, Dulden oder Unterlassen verpflichtet für den Fall, dass bestimmte (idR ihm günstige) Bedingungen eintreten (Beispiel: Verpflichtung zur Übernahme von Folgekosten für den Fall der Aufstellung eines Bebauungsplanes). Auch die Willenserklärung der privatrechtlichen Vertragspartner sind öffentlich-rechtlicher Natur, weil sie auf das Zustandekommen eines öffentlich-rechtlichen Vertrages gerichtet sind (ebenso StBS 37 mwN). 20

d) Abgrenzung zum mitwirkungsbedürftigen VA. In den Fällen des § 54 Satz 2 kann zweifelhaft sein, ob die Beteiligten einen öffentlich-rechtlichen Vertrag geschlossen haben oder ob die Behörde einseitig einen VA erlassen hat, der zuvor vom Bürger beantragt wurde oder dem er später zustimmt (Erteilung der beantragten Genehmigung, Bewilligung der beantragten Leistung). Ob vor Erlass des VA Verhandlungen stattgefunden haben, kann nicht entscheidend sein (Schlette 183). Maßgeblich ist vielmehr, ob den schriftlichen Erklärungen der Beteiligten ein **rechtsgeschäftlicher Bindungswille** innewohnt, die Erklärungen also auf die gemeinsame Herbeiführung eines Rechtserfolges kraft Einigung gerichtet sind, oder ob die beteiligte Behörde kraft ihrer Hoheitsmacht eine den Bürger bindende **einseitige Rechtsfolgeanordnung** trifft, der von Seiten des Bürgers nur zugestimmt wird. Maßgeblich ist der erkennbare Wille der Beteiligten, wie er nach den Gesamtumständen zu verstehen ist.[18] 21

aa) Maßgebliche Auslegungskriterien. Wichtige Indizien für die Einordnung bieten die **Bezeichnung** als Vertrag oder Bescheid, das **Verfahren** und die 22

---

[16] Vgl für das Zivilrecht MüKo vor § 116 Rn 40; Köhler JZ 1991, 464; Canaris JZ 1971, 560.

[17] Ganz hM vgl StBS 36; Kluth NVwZ 1990, 608 mwN; VGH München NJW 1978, 2410; OVG Münster NVwZ 1984, 522; Knack 30; Obermayer 8; **aA** Kopp 6. Aufl, vor § 54 Rn 12.

[18] BVerwGE 60, 210 25, 72; BVerwG NJW 1984, 2113; Knack 17; Schlette 184f; Ehlers Vw 1998, 53, 77; WBS II § 54 Rn 14; StBS 39.

übrigen **Umstände** des Zustandekommens der Regelung.[19] Allein der Umstand, dass eine Regelung mit dem Betroffenen besprochen wurde oder diesem der Entwurf der einer beabsichtigten Regelung mit der Bitte um Zustimmung vorgelegt wurde, lässt noch nicht auf einen öffentlich-rechtlichen Vertrag schließen.[20] Auch die Festlegung einer Gegenleistung lässt nicht zwingend auf das Vorliegen eines Vertrages schließen, da auch ein VA Nebenbestimmungen enthalten kann, die den Bürger zu einem bestimmten Verhalten verpflichten (Brohm VVDStRL 30, 282; Krause 227). Das Angebot der Behörde zu einem abgestimmten Vorgehen kann auch eine Zusage unter einer Bedingung enthalten („der VA wird erlassen, wenn . . .").

23 **bb) Gleichordnungsverhältnisse.** In Gleichordnungsverhältnissen spricht im Allgemeinen der Umstand, dass kein Beteiligter die Befugnis zu hoheitlichem Handeln gegenüber dem anderen hat, im Zweifel für das Vorliegen eines Vertrags. **In Über- und Unterordnungsverhältnissen,** dh in Bereichen, in denen die Behörde zum Erlass von VAen ermächtigt ist und Regelungen durch VA üblich sind, ist dagegen im Zweifel anzunehmen, dass durch VA gehandelt wurde (BVerwG NJW 1961, 137). Nicht um einen Vertrag handelt es sich zB, wenn aufgrund der Erklärung eines Bürgers gegenüber der Ausländerbehörde, für Unterhalt usw eines Ausländers zu sorgen, eine Aufenthaltsgenehmigung erteilt wird (BGH NJW 1991, 2209).

24 **e) Abgrenzung zu informellem Verwaltungshandeln.** In der Verwaltungspraxis spielen zunehmend informelle Formen der Kooperation zwischen Staat und Bürger eine Rolle.[21] Innerhalb oder außerhalb eines Verwaltungsverfahrens kommt es zu Verhandlungen mit dem Ziel einer partiellen oder vollständigen Konfliktlösung, an deren Ende eine Verständigung zwischen Beteiligten über einzelne Fragen oder das gesamte weitere Vorgehen stehen. Derartige Verständigungen, die sich sowohl auf materiell-rechtliche als auch auf verfahrensrechtliche Fragen beziehen können, werden als **Agreements,** als **informelle Absprachen,** kooperatives oder konsensuales Verhalten bezeichnet. Sie werden nicht selten auch schriftlich fixiert. Das gilt insbesondere für die Ergebnisse sog mittlergestützter Aushandlungsprozesse, den sog. **Konfliktmittlungs- oder Mediationsverfahren** (Einf Rn 87 ff).

25 **aa) Maßgeblichkeit des Rechtsbindungswillens.** Entscheidend ist, ob die Beteiligten bei der Abgabe ihrer Erklärungen einen rechtsgeschäftlichen Bindungswillen hatten oder nur informelle Absichtserklärungen abgeben wollten (StBS 9 f; Schlette 217). Der Umstand allein, dass die Erklärungen unter Umständen auch in einer einheitlichen Urkunde fixiert werden, reicht für die Annahme des für einen öffentlich-rechtlichen Vertrag erforderlichen Rechtsbindungswillens nicht aus. Maßgeblich ist vielmehr, ob nach dem Inhalt der Erklärungen und den Gesamtumständen anzunehmen ist, dass eine verbindliche Regelung getroffen werden sollte, oder ob der Inhalt der Vereinbarung erst noch einer rechtsförmigen Umsetzung zB durch Stellung von Anträgen, Erlass eines VA oder eines Bebauungsplans bedarf. Nicht ausgeschlossen ist auch, dass die Absprachen auf den späteren Abschluss eines Vertrags gerichtet sind.

---

[19] BVerwGE 60, 210; OVG Koblenz NVwZ 1998, 945; VG Schleswig NJW 1982, 348; MuLö BayVBl 1982, 574; UL § 68 Rn 2; StBS 39; Knack 16; Krause 328 ff; Grupp VerwArch 1978, 125, 135; Schlette 185.

[20] BVerwGE 25, 72; Bauer in Hoffmann-Riem/Schmidt-Aßmann, Innovation und Flexibilität, 245, 256; Schlette 183; zu Berufungsvereinbarungen mit Professoren und zu beamtenrechtlichen Zusicherungen auch VGH München ZBR 1953, 118; WBS II § 54 Rn 14.

[21] S näher Einf Rn 94 ff; Brohm DVBl 1994, 133; Erichsen/Ehlers § 32; Maurer § 15 Rn 19; StBS 40 ff; Schneider VerwArch 1996, 38; Schendee, NVwZ 2001, 495; Burmeister VVDStRL 1993, 190; Kunig DVBl 1992, 1195; ders in Hoffmann-Riem/Schmidt-Aßmann, Konfliktbewältigung durch Verhandlung I, 1990, 43; kritisch Schlette 218 ff.

bb) Faktische Bindungen. Regelmäßig wird es sich bei informellen Absprachen, Agreements usw nicht um öffentlich-rechtliche Verträge handeln, weil die abgegebenen Erklärungen nicht auf die Herbeiführung eines rechtsgeschäftlichen Erfolgs gerichtet sind. Sie können zwar **faktische Bindungen** auslösen, durch die sich die Beteiligten in der Regel veranlasst sehen werden, sich im weiteren Verfahren den Absichtserklärungen entsprechend zu verhalten (s hierzu Einf Rn 96). Diese Bindungen sind aber nicht rechtlicher Natur und insbesondere gerichtlich nicht durchsetzbar. Die Beteiligten verbinden mit ihnen vielmehr die Erwartung, dass es im ihrem Interesse des Partners liegt, sich den entsprechenden Absichtserklärungen gemäß zu verhalten. 26

2. Öffentlichrechtlichkeit des Vertrages. a) Allgemeines. Der Vertrag muss auf dem Gebiet des öffentlichen Rechts geschlossen werden. Maßgeblich für die Zuordnung zum öffentlichen oder zum privaten Recht ist der **Gegenstand des Vertrages** bzw. der Vertragsinhalt.[22] Es kommt also nicht auf die subjektiven Vorstellungen der vertragschließenden Parteien an, sondern objektiv auf die Zuordnung des Rechtsverhältnisses, welches durch den Vertrag einer Regelung unterworfen wird (Maurer § 14 Rn 9). Anders als beim Handeln in der Form eines VA (vgl § 35 Rn 14ff) kommt der Form, in der ein Vertrag geschlossen wird, für die Zuordnung zum öffentlichen Recht keine bedeutsame Rolle zu (§ 57 betrifft nur die Wirksamkeit). Schließlich hat auch die Behörde **kein Wahlrecht,** ob sie einen öffentlich-rechtlichen oder privatrechtlichen Vertrag schließen will (so zutreffend Schlette 122ff). Lediglich in den Bereichen, in denen der Verwaltung das Recht zusteht, ein Rechtsverhältnis entweder öffentlich-rechtlich oder privatrechtlich zu regeln (zB bei der Ausgestaltung des Benutzungsverhältnisses von öffentlichen Einrichtungen, sofern keine gesetzlichen Vorgaben bestehen), ergibt sich mittelbar ein Wahlrecht, welches aber dem Abschluss des Vertrages gewissermaßen vorgelagert ist. 27

b) Zuordnung zum öffentlichen Recht. Der Inhalt der Vereinbarung muss dem öffentlichen Recht zugeordnet werden können.[23] Hierfür kommt es auf den **Gegenstand der Vereinbarung** an. Maßgebliches Kriterium sind dabei vor allem die **angestrebten Rechtsfolgen,**[24] dh die Frage, ob die Rechtsverhältnisse, auch die einzelnen Rechte und Pflichten der Vertragspartner auf dem Gebiet des öffentlichen Rechts durch Vertrag begründet, geändert, aufgehoben oder für die Vertragspartner konkretisiert bzw bindend festgestellt werden sollen.[25] Dass ein Vertrag der **Erfüllung öffentlicher Aufgaben** dient, macht ihn allein noch nicht zu einem öffentlich-rechtlichen Vertrag, da öffentliche Aufgaben uU auch mit Mitteln des Privatrechts erfüllt werden können (vgl zB BVerwG BayVBl 1993, 406). Insoweit liegt lediglich ein durch nähere Betrachtung der einzelnen vertraglichen Regelungen widerlegbares Indiz dafür vor, dass es sich um einen öffentlich-rechtlichen Vertrag handelt. 28

c) Grundsatz der einheitlichen Beurteilung. Bei der Beurteilung der Rechtsnatur eines Vertrags als öffentlich-rechtlich ist nicht auf einzelne Vertragsbestimmungen, sondern grundsätzlich, jedenfalls soweit die einzelnen **Regelun-** 29

[22] Vgl GSOGB, BVerwGE 74, 368; ferner BVerwGE 30, 65, 67; 42, 331; Erichsen/Ehlers § 24 Rn 2; StBS 76; Maurer § 14 Rn 7; Knack 2.

[23] Begr 308; GSOBG BVerwGE 74, 370 = NJW 1986, 2359; BVerwG DVBl 1993, 655 zum sog. Weilheimer Modell; ebenso zur Rechtslage vor Inkrafttreten des VwVfG BVerwGE 30, 65; 42, 332; 49, 361; WBS II § 54 Rn 16; Erichsen/Ehlers § 24 Rn 2; zT **aA** Gern NJW 1979, 695; VerwArch 1979, 219: maßgebend allein, ob zumindest auf einer Seite ein öffentlicher Rechtsträger in seiner Eigenschaft als solcher – auch zB ein beliehener Unternehmer – beteiligt ist.

[24] VGH München BayVBl 1978, 146; 1985, 372; Erichsen/Ehlers § 24 Rn 2.

[25] Vgl auch Obermayer 21 zu § 58; StBS 75ff; Maurer § 14 Rn 8f; BVerwG NJW 1995, 1105; ferner BGHZ 32, 217; 56, 368; 89, 251.

gen in engem inneren Zusammenhang miteinander stehen, nach dem Grundsatz der Einheitlichkeit auf die Gesamtheit der Regelungen abzustellen.[26] Ein Rechtsverhältnis kann, auch soweit es verschiedene Rechte und Pflichten umfasst, nur einheitlich entweder öffentlich-rechtlich oder privatrechtlich qualifiziert werden. Deshalb kann auch ein öffentlich-rechtlicher Vertrag, soweit er nur ein Rechtsverhältnis regelt, nur einheitlich entweder öffentlich-rechtlich oder privatrechtlich eingeordnet werden. In diesem Sinne gibt es **keine gemischten Rechtsverhältnisse,** bei denen einzelne Rechte und Pflichten dem Privatrecht, andere wiederum dem öffentlichen Recht zuzuordnen wären.[27] Wenn sich also eine Behörde in einem Kaufvertrag nicht nur zur Übertragung des Eigentums an einem Grundstück verpflichtet, sondern auch zum Erlass späterer Erschließungsbeiträge, so ist dies Teil der versprochenen Leistung; eine Trennung in einem privatrechtlichen Kaufvertrag und einen öffentlich-rechtlichen Erlass ist idR nicht möglich.

30 **d) Zusammengesetzte Verträge.** Der Grundsatz der einheitlichen Beurteilung schließt die Anerkennung von zusammengesetzten Verträgen nicht aus, in denen sowohl öffentlich-rechtliche als auch privatrechtliche Rechtsverhältnisse in einer Vertragsurkunde zusammengefasst werden. Von derartigen zusammengesetzten oder auch gemischten Verträgen spricht man dann, wenn entweder **zwei Verträge in einer Urkunde** zusammengefasst werden oder wenn innerhalb einer vertraglichen Vereinbarung der privatrechtliche und der öffentlich-rechtliche Teil ein jeweils voneinander unabhängiges Schicksal haben können **(Teilbarkeit).** Letzteres ist der Fall, wenn sich die Teile sachlich voneinander trennen lassen, weil sie nicht im Synallagma stehen und auch sonst **nicht aufeinander bezogen** sind (vgl OVG Lüneburg NordÖR 2002, 307 für öffentlich-rechtliche Nebenabrede im Angestelltenvertrag; StBS 77; Kopp JZ 1991, 569). In einem derartigen Fall gelten die §§ 54ff nur für denjenigen Teil des Vertrages, der die öffentlich-rechtlichen Rechtsverhältnisse umfasst (BVerwG NJW 1980, 2538; DÖV 1981, 878: Grundstückskaufvertrag mit nichtiger Bebauungsplanvereinbarung; BVerwG NJW 1990, 1679: Grundstückskaufvertrag und Ablösungsvertrag; zweifelhaft für Grundstückskaufvertrag mit Kostenregelung für Sielanschlusskosten, vgl OVG Schleswig NordÖR 2002, 309).

31 **e) Maßgeblichkeit des prägenden Teils.** Nach dem Grundsatz der Einheitlichkeit muss der Vertrag entweder dem öffentlichen oder dem privaten Recht zugeordnet werden. In der Rspr wird vor allem die sog **Schwerpunkttheorie** vertreten. Danach kommt es darauf an, ob der Schwerpunkt der vertraglichen Regelungen auf dem Gebiet des öffentlichen oder des privaten Rechts liegt.[28] In der Literatur wird demgegenüber die Auffassung vertreten, ein Vertrag sei schon dann einheitlich als öffentlich-rechtlicher zu behandeln, wenn auch nur **ein einziger Regelungsgegenstand dem öffentlichen Recht zuzuordnen** sei.[29] Richtigerweise wird man darauf abzustellen haben, ob der öffentlich-rechtliche Teil der Vereinbarung jedenfalls ein solches Gewicht hat, dass er **dem Vertrag**

---

[26] BVerwGE 22, 140; 42, 332f; BVerwG DÖV 1981, 878; NJW 1980, 2538; DÖV 1994, 570; BGHZ 35, 71; 56, 372; VRspr 24, 498; MDR 1977, 259; Erichsen/Ehlers § 24 Rn 3; MuLö BayVBl 1982, 574; Knack 12; MB 30f; Menger VerwArch 1973, 203; Gern VerwArch 1979, 219; Lange JuS 1982, 503; Gries/Willebrand JuS 1990, 106; MK 20 III 1b; zT **aA** BGHZ 56, 368: getrennte Beurteilung.

[27] Str, wie hier StBS 77; Maurer § 14 Rn 11; Knack 13; Erichsen/Ehlers § 24 Rn 3; Obermayer 33; Schlette 137; **aA** offenbar BVerwGE 84, 183, 185; Brohm Baurecht § 7 Rn 15; Jachmann BayVBl 1993, 326; Götz DVBl 1990, 441; hierzu zutreffend Schlette 137 FN 144.

[28] So wohl BVerwGE 92, 56, 59 = DVBl 1993, 653; BVerwG NJW 1990, 1679; BGHZ 67, 81, 88; hierhin tendierend wohl auch StBS 77.

[29] UL § 68 Rn 5; Erichsen/Ehlers § 24 Rn 4; Maurer § 14 Rn 11; Schlette 138; wohl auch Obermayer 33; Knack 12; Lange JuS 1982, 500.

insgesamt sein Gepräge geben kann. Dies wird stets anzunehmen sein, wenn die im Vertrag übernommene öffentlich-rechtliche Verpflichtung oder – bei hinkenden Verträgen – die vorausgesetzte öffentlich-rechtliche Handlung nicht nur den Charakter einer bloßen Nebenabrede hat, sondern für die Vertragspartner wesentliches Gewicht hat (ähnlich StBS 78; Maurer § 14 Rn 11). Regelmäßig sind es nicht die Geldleistungen, zu denen sich ein Vertragspartner verpflichtet, die das Rechtsverhältnis prägen (StBS 77); maßgeblich ist vielmehr vor allem das, was die Behörde verspricht oder in Aussicht stellt. Auch eine quantitative Betrachtung ist idR nicht angebracht; es kommt nicht darauf an, welches finanzielle Gewicht der öffentlich-rechtliche Teil gegenüber dem privatrechtlichen hat, sofern er nicht nur eine ganz untergeordnete Rolle spielt. Ein Vertrag ist danach schon dann insgesamt als verwaltungsrechtlicher Vertrag zu qualifizieren, wenn die getroffenen Regelungen unmittelbar den Vollzug oder die Anwendung öffentlich-rechtlicher Normen berühren oder die getroffenen Regelungen in synallagmatischer Wechselwirkung damit stehen. Darauf, wo dann der Schwerpunkt des Vertrags liegt, kommt es dagegen nicht an.

f) Hybrides Verwaltungshandeln. Fraglich ist, ob eine in einem Vertrag übernommene Verpflichtung je nach dem Zusammenhang als **öffentlich-rechtlich und zugleich als privatrechtlich** qualifiziert werden kann, zB eine Lohnregelung in einem Arbeitsvertrag, die hins der Lohnhöhe vom öffentlichen Arbeitgeber zT auch als Gegenleistung für die Verpflichtung, nach Abschluss der Ausbildung als Beamter in den Staatsdienst zu treten, bestimmt wurde (Kopp JZ 1991, 564; allg zu Ausbildungsförderungsverträgen unten Rn 60f). Dies wurde vom GemSOGB (BVerwGE 74, 370) für Verträge zwischen den gesetzlichen Krankenkassen und privaten Unternehmern über die Lieferung von Heil- und Hilfsmittel an Versicherte angenommen. Soweit es dabei um wettbewerbsrechtliche Fragen geht, soll die Vereinbarung privatrechtlich, im Übrigen aber sozialrechtlich und damit öffentlich-rechtlich einzustufen sein. Diese Konstruktion ist abzulehnen. Vielmehr ist hier eine einheitliche öffentlich-rechtliche Qualifizierung geboten.[30] 32

g) Abgrenzungsfragen. Als öffentlich-rechtliche Verträge iS von § 54 sind alle Verträge anzusehen, die sich auf einen nach den maßgeblichen Rechtsvorschriften und Grundsätzen **öffentlich-rechtlich geregelten Sachverhalt** beziehen,[31] dh Verträge, die auf eine Ausgestaltung oder Abänderung öffentlich-rechtlicher Verpflichtungen oder Berechtigungen abzielen (BVerwGE 60, 209), insb Pflichten und Rechte in **Über- und Unterordnungsverhältnissen** durch vertragliche Regelungen ersetzen, abändern, ergänzen oder näher bestimmen,[32] oder die inhaltlich so eng mit öffentlich-rechtlichen Berechtigungen oder Verpflichtungen zusammenhängen, dass sie unter dem Gesichtspunkt des **Sachzusammenhangs** demselben Rechtsbereich zuzurechnen sind,[33] insb auch Verträge, die VAe ersetzen (§ 54 S 2), zB Verträge über die Gewährung von Subventionen (vgl dazu 33

[30] HM, vgl Maurer § 14 Rn 11; UL § 68 Rn 7; s auch BSG JZ 1986, 501; Schoch/Schmidt-Aßmann/Pietzner, VwGO § 40 Rn 313f.

[31] BVerwG NJW 1995, 1105; BVerwGE 42, 332 = NJW 1973, 1895; BVerwG DÖV 1981, 878; BGHZ 56, 368 = NJW 1971, 1842; OVG Münster NJW 1986, 1012; 1991, 61; Lange JuS 1982, 501.

[32] Begr 78; GSOBG BVerwGE 74, 370 = NJW 1986, 2359; BVerwGE 22, 140; 60, 269; 84, 257 = NJW 1990, 1926: vertragliche Regelung über Schuldgrund, Umfang und Modalitäten der öffentlichen Leistungspflicht und ihre Durchsetzung; BVerwG DVBl 1994, 482 zur Pflegesatzvereinbarung gem § 93 Abs 2 BSHG; BGHZ 32, 214; 35, 71; 56, 368; 116, 339 = DVBl 1992, 615; Erichsen/Ehlers § 24 Rn 2; WBS II § 54 Rn 14; Bettermann JZ 1967, 663, 445; zu eng Gusy DVBl 1983, 1333: nur Regelungen, die auch durch VA gestaltet werden könnten; alle anderen Verträge zwischen Staat und Bürgern privatrechtlich.

[33] Vgl BVerwG NVwZ 1989, 176 = DVBl 1989, 930; NVwZ 1990, 665; BGHZ 56, 368; 87, 12; OLG Schleswig NVwZ 1988, 761; Lange NVwZ 1983, 313; Maurer § 14 Rn 10.

eingehend Knack 20), oder in denen sich eine Behörde zum Erlass von VAen, Satzungen usw verpflichtet.[34]

34 **Auch wenn die öffentlich-rechtliche „causa" nicht ausdrücklich** im Text des Vertrages als Vertragsgegenstand genannt wird,[35] sondern sich die für den öffentlich-rechtlichen Charakter wesentlichen Elemente nur im Weg der Auslegung aus dem Zusammenhang der im Vertrag getroffenen Regelungen ergeben oder uU auch ohne Erwähnung im Vertragstext offensichtlich sind, kann ein öffentlich-rechtlicher Vertrag vorliegen (vgl BVerwGE 42, 343; 84, 236 = NVwZ 1990, 665; OVG Koblenz DVBl 1992, 786). Insb genügt es auch, wenn das von einem öffentlich-rechtlichen Rechtsträger erwartete Handeln, zB die **Aufstellung eines Bebauungsplans,** die Herstellung des Einvernehmens nach § 36 BauGB usw, nicht als Gegenleistung der vom Vertragspartner zu erbringenden Leistung erscheint, sondern stillschweigend als „Bedingung" dafür vorausgesetzt wird, ohne dass entsprechende Ansprüche des Vertragspartners begründet werden.[36] Öffentlichrechtlich ist auch ein Vertrag, in dem sich ein Antragsteller, um seine Einbürgerung zu erreichen, in einer notariell beurkundeten Erklärung zur Rückzahlung von Ausbildungsbeihilfen verpflichtet und sich hins der Rückzahlungsverpflichtung in der notariellen Urkunde gem § 784 Abs 1 Nr 5 ZPO durch ein Schuldanerkenntnis gem § 781 BGB der sofortigen Zwangsvollstreckung unterwirft (BVerwG NJW 1995, 1104).

35 Die **Beteiligung eines Hoheitsträgers** ist für die Qualifizierung eines öffentlich-rechtlichen Vertrages grundsätzlich nicht erforderlich,[37] wohl aber für die Einordnung als Verwaltungsvertrag iSd §§ 54 ff. Als öffentlich-rechtlich ist ein Vertrag auch dann anzusehen, wenn er zwar zwischen Bürgern geschlossen wird, aber eine öffentlich-rechtliche Verpflichtung oder Berechtigung zum Gegenstand (s oben Rn 28) hat.[38] Dies gilt etwa für Verträge gem Art 54 Abs 4 bayStrWG über die **Übernahme der Straßenbaulast** (vgl Kopp/Schenke § 40 Rn 9) oder gem § 55 nwLWG über die **Unterhaltungspflicht an einem Gewässer** (Erichsen/Ehlers § 24 Rn 9 mwN); der **Beförderungsvertrag** zwischen einem nach dem UnBefG zur unentgeltlichen Beförderung berechtigten **Schwerbehinderten** und einem Bus-Unternehmer (BVerwGE 37, 243).

36 **h) Einzelfälle. aa) Öffentlich-rechtliche Verträge.** Als öffentlich-rechtlich sind danach anzusehen zB Verträge über die **Gewährung von staatlichen Beihilfen,** wenn bzw soweit über das „Ob" nicht gesondert durch VA entschieden worden ist;[39] der Vertrag einer Gemeinde mit einem Bürger, der ein Grundstück von ihr kauft, wenn der Kaufvertrag zugleich einen **Verzicht der Gemeinde auf Erschließungskosten** für dieses Grundstück enthält (VGH München NJW 1992,

---

[34] Birk NJW 1977, 797; Di Fabio DVBl 1990, 342; Peine NVwZ 1990, 548; K 17.

[35] Vgl BVerwGE 45, 309, 317 = DVBl 1974, 767, 771 – sog „Flachglasurteil" – zu einer vertraglichen Vereinbarung im „Vorfeld" der Bauleitplanung; München NJW 1990, 3164 (Einheimischenmodell); Koblenz NVwZ 1992, 796: ausreichend, wenn die öffentlich-rechtliche Leistung der Behörde nur „Geschäftsgrundlage" ist.

[36] BVerwGE 42, 333; BGHZ 56, 365 und DÖV 1974, 712; VGH München NVwZ 1990, 981: wenn die öffentlich-rechtliche Leistung nur als „Geschäftsgrundlage" vorausgesetzt wird; unklar BVerwGE 92, 56.

[37] BGHZ 32, 214; 35, 177; 56, 368; WBS I § 44 Rn 9; Maurer § 14 Rn 10; Erichsen/Ehlers § 24 Rn 9; Kopp/Schenke § 40 Rn 9; Lange NVwZ 1983, 321; **aA** Gern NJW 1979, 695: zumindest ein Vertragspartner muß öffentlicher Rechtsträger sein und in seiner Eigenschaft als solcher am Vertrag beteiligt sein.

[38] BVerwGE 37, 243; DVBl 1992, 1295; F 280; Erichsen/Ehlers § 24 Rn 9; Obermayer VerwR 2. Aufl 137, 139; Kopp/Schenke § 40 Rn 9; wohl auch WBS II § 54 Rn 19, wo es jedoch auch als ausreichend angesehen wird, daß der Vertrag der Erfüllung einer öffentlich-rechtlichen Verpflichtung dient.

[39] Vgl BVerwGE 84, 236; OVG Münster NVwZ 1984, 522; VGH Kassel NVwZ 1990, 880; Knuth JuS 1986, 523; vgl auch Knack 22.

2652); der zwischen einer Gemeinde und einem Plakatanschlagunternehmen abgeschlossener **Werbenutzungsvertrag** über die werbemäßige Nutzung öffentlicher Strassen, Wege und Plätze, wenn der Vertrag zugleich die Erteilung der generalisierbaren Teile der erforderlichen öffentlich-rechtlichen Sondernutzungserlaubnisse beinhaltet und insoweit zugleich ein sog. **„Sondernutzungsvertrag"** ist;[40] Verträge zwischen den Eltern und einer Gemeinde über den **Besuch eines gemeindlichen Kindergartens** (OVG Berlin JR 1976, 216; BVerwG NVwZ 1995, 790); zwischen Kirche und Staat über die Erfüllung der staatlichen Baupflicht an Pfarrgebäuden (München BayVBl 1982, 689); über die Zustimmung der Gemeinde zu einem Bauantrag usw gegen die Übernahme von Folgekosten (sog **Folgekostenvertrag**[41]); über die Durchführung von Erschließungsmaßnahmen gem § 123 Abs 3 BauGB (**Erschließungsvertrag**[42]); über die Ablösung von Erschließungsbeiträgen gem § 133 Abs 3 S 2 BBauG – nunmehr § 134 Abs 3 S 5 BauGB – (BVerwGE 84, 186 = NJW 1990, 1679); über die Überbürdung der Erschließungskosten auf die Anlieger (BVerwGE 64, 861); zwischen einer Gemeinde und den Grundstückseigentümern eines Gebiets zur Neuordnung der Grundstücksverhältnisse für die Erschließung und Bebauung des Gebiets (**Umlegungsvertrag** vgl BVerwG NVwZ 2002, 473; VGH Mannheim NVwZ 2001, 694); über den Erlass oder Nichterlass eines VA oder über die Zustimmung eines Rechtsträgers des öffentlichen Rechts zum Erlass eines VA (Obermayer 109f); über die Abholung und Beseitigung von Altöl und die Gewährung von Zuschüssen im Zusammenhang damit (**Entsorgungsvertrag** BVerwG NVwZ 1986, 554; vgl Kunig/Paetow/Versteyl, KrW-/AbfG § 16 Rn 11); über Darlehen nach § 89 BSHG (BVerwG NVwZ 1988, 762); **Pflegesatzvereinbarungen** gem § 93 Abs 2 BSHG (BVerwG DVBl 1994, 482; BGHZ 116, 339 = DVBl 1992, 615); zwischen Margarineherstellern und der Bundesrepublik über **Ausgleichszahlungen** an Stelle der gesetzlich vorgesehenen Beimischungspflicht (BGH DVBl 1970, 978); zwischen einem Exporteur und der im Auftrag des Bundes tätigen HERMES über eine **Garantie im Rahmen der staatlichen Exportförderung** (BVerwG DÖV 1974, 133; Münster DVBl 1972, 614); zwischen einem FKK-Verein und einer Gemeinde über die Benutzung des öffentlich-rechtlich betriebenen städtischen Bades (**Nutzungsvertrag,** vgl Saarlouis DÖV 1963, 273; anders bei einer privatrechtlichen Benutzungsregelung); zwischen Rechtsträgern des öffentlichen Rechts über die Unterhaltung von Wegen oder Brücken **(Wegebaulastvertrag);**[43] über Sondernutzungen an öffentlichen Wegen zu Werbezwecken **(Werbenutzungsvertrag)** vgl VGH München NVwZ 1993, 903; zwischen einem Bürger und einem öffentlichen Rechtsträger über die Verpflichtung zum Ausbau einer Straße (UL § 68 Rn 7; Obermayer 69); zwischen einem Bauträger und einem öffentlichen Rechtsträger über den Ausbau und die Übereignung eines Kanals (VGH Kassel DÖV 1978, 357); zwischen einem öffentlichen Dienstherrn und einem Beamten über die **Erstattung von Umzugskosten** (VRspr 24, 688); zwischen Gemeinden über Höhe und Zahlung von Ausgleichsbeträgen nach den Gesetzen über den Gewerbesteuerausgleich (Knack 6); über Gastschulbeiträge; **Stellplatzablöseverträge** zwischen Gemeinde und Bürger über die Ablösung der Verpflichtung zur Errichtung einer Garage;[44] **Promotionsverträge** zwischen

---

[40] VGH Mannheim NJW 1994, 340 = NVwZ 1993, 903: öffentlich-rechtlich, da eine vorweggenommene öffentlich-rechtliche Sondernutzung an öffentlichen Straßen.

[41] Vgl BVerwGE 42, 331 = NJW 1973, 1895; 90, 311 = NJW 1993, 1810; BVerwG NVwZ 1991, 583; BGHZ 56, 368; 71, 288; NJW 1986, 1109.

[42] Vgl BVerwG NVwZ-RR 1990, 434; BGH NJW 1970, 2108.

[43] BVerwGE 37, 236; OVG Münster DVBl 1972, 414; VGH München BayVBl 1967, 134; Hamburg VRspr 8, 228; Gries/Willebrand JuS 1990, 107; WBS I § 54 Rn 19.

[44] BVerwGE 23, 213; VGH München BayVBl 1987, 531; vgl auch BGH NJW 1983, 2823 mwN; Ehlers DVBl 1986, 529.

Professor und Student über die Annahme als Doktorand (BVerwG NJW 1967, 72; BGH 1960, 742; zT **aA** VGH Mannheim VBlBW 1981, 360; Fettig DVBl 1960, 881); zwischen einem öffentlich-rechtlichen Rechtsträger und einem Studenten über die Verpflichtung zum späteren Eintritt in den öffentlichen Dienst gegen teilweise Übernahme der Ausbildungskosten **(Ausbildungskostenvertrag**[45]**)** oder über die Rückzahlung der Ausbildungskosten uä; zwischen einem Tierarzt und einem Landkreis über die **Tätigkeit als nicht-beamteter Fleischbeschauer** (BGHZ 22, 246); zwischen Bürgern und öffentlichen Rechtsträgern über besondere **öffentlichrechtliche Geschäftsbesorgungen** (WBS II § 54 Rn 19; Klein DVBl 1968, 129f; Kriebel DÖV 1962, 766); zwischen einem Grundeigentümer und einem Hoheitsträger über **Grundstückskauf im Enteignungsverfahren** nach § 110 BauGB, anders bei Kaufvertrag zur Abwendung eines drohenden Enteignungsverfahrens (BGHZ 95, 56, 58; 84, 1, 3); ebenso ein Vertrag zwischen diesen über die **Höhe der Enteignungsentschädigung** (Degenhart NVwZ 1982, 72); ein Vertrag über die **Erfüllung naturschutzrechtlicher Pflichten** (BVerwGE 104, 353 = NVwZ 1997, 1216); zwischen Ausländerbehörde und Bürger über die Übernahme der Verpflichtung, erforderlichenfalls für den Lebensunterhalt eines Ausländers aufzukommen (**Lebenshaltungskostenübernahme,** vgl OLG Düsseldorf NVwZ 1993, 405); **Grabnutzungsverträge** zwischen Friedhofsverwaltung bzw Gemeinde und Bürger über eine Überlassung einer Grabstelle für einen bestimmten Zeitraum (BVerwGE 42, 332; 74, 37; 84, 236; Mannheim DVBl 1993, 1295). **Öffentlich-rechtlich** sind Verträge, die zwischen der (früheren) Bundesbahn und einer Gemeinde über die Benennung eines Bahnhofs (BGH NJW 1975, 2015; Obermayer 85; vgl auch BVerwGE 44, 351); zwischen Bundesländern über die Errichtung und den **Betrieb einer gemeinsamen Rundfunk- und Fernsehanstalt** (vgl BVerwGE 60, 162); zwischen Bundesländern über die Verteilung und Zuweisung von Studienplätzen an den Universitäten in numerus-clausus-Fächern durch die ZVS (Vergabestaatsvertrag, vgl BVerwG NJW 1977, 66; BVerfG 42, 103); über eine gemeinsame Filmbewertungsstelle der Länder; zwischen einer Gemeinde und der Bundesbahn über die Beförderung von Schülern zum Schulzentrum gegen Erstattung der Betriebskosten und über die Einrichtung besonderer Haltepunkte (BVerwGE 81, 312 = NVwZ 1989, 876); über die Förderung gewerblicher Investitionen mit öffentlichen Mitteln durch die Gemeinde und über vom Vertragspartner vorzunehmende besondere **Maßnahmen vorbeugenden Umweltschutzes** über den gesetzlich erzwingbaren Rahmen hinaus (BVerwGE 84, 236 = DVBl 1990, 376 = NVwZ 1990, 665 = JZ 1990, 591);

37 **bb) Umstrittene Fälle. Umstritten ist die Qualifizierung** von Verträgen zwischen einer Gemeinde und den an der Aufstellung eines bestimmten Bebauungsplans interessierten Grundstückseigentümern darüber, dass die Grundstücke im betroffenen Gebiet für einen bestimmten Zeitraum nur „gemäß den für die Gemeinde aufgestellten landesplanerischen Zielen" verwendet, insb nur an Ortsansässige veräußert werden dürfen, und mit einem näher bestimmten Kaufangebot der Gemeinde und einer Auflassungsvormerkung zugunsten der Gemeinde, wenn der Grundstückseigentümer gegen die erwähnte Klausel verstoßen würde **(„Weilheimer Modell").** Hier hatte VGH München (NVwZ 1990, 979) zunächst einen öffentlich-rechtlichen Vertrag angenommen; diese Entscheidung wurde von BVerwGE 92, 56, 59 = NJW 1993, 2695m Anm Grziwotz NJW 1993, 2665 zu Recht korrigiert: Die landesplanerische Zielsetzung und deren Offenlegung Ver-

[45] Vgl BVerwGE 30, 65; 40, 237; BVerwG DVBl 1986, 945 mwN; NJW 1982, 1412; BAG JZ 1991, 563; OVG Münster DVBl 1990, 314; Tiedemann DÖV 1981, 428; Weber NVwZ 1986, 363; Kopp JZ 1991, 565; Schubert BayVBl 1994, 233; **aA** LG München NJW 1968, 2016; Schmidt NJW 1969, 617.

trag macht den Vertrag nicht schon unbeschadet seiner sonstigen Regelungen zu einem öffentlich-rechtlichen.[46] **Umstritten** ist auch die Einordnung von Verpflichtungserklärungen eines Sozialhilfeträgers gegenüber einem Vermieter **(Mietzinsgarantien)** (vgl BVerwGE 94, 226: öffentlich-rechtlich).

cc) Nicht öffentlich-rechtliche Verträge. Nicht als öffentlich-rechtlich sind Verträge zu qualifizieren, die zwar der Wahrnehmung öffentlicher Aufgaben dienen, die aber nicht eine unmittelbare Änderung oder Ausgestaltung oä einer öffentlich-rechtlichen Berechtigung oder Verpflichtung selbst regeln oder jedenfalls nicht in unmittelbarem notwendigen Zusammenhang damit stehen, sondern allenfalls mittelbar deren Vorbereitung oder Erfüllung dienen. Keine öffentlich-rechtlichen Verträge sind zB der Vertrag einer Gemeinde mit einer juristischen Person des Privatrechts über **Errichtung und Betrieb eines Krankenhauses,** eines Schwesternheims usw (OVG Münster NVwZ 1991, 61); ebenso nicht Verträge, die nur die privatrechtlichen Voraussetzungen für die Wahrnehmung öffentlich-rechtlicher Rechte, Befugnisse oder Pflichten oder für öffentlich-rechtliche Regelungen schaffen (K 6), zB der Vertrag zwischen zwei Studenten über einen **Studienplatztausch** (OLG München NJW 1978, 701; Gern NJW 1979, 694; Knack 8); zwischen Nachbarn über die **Zustimmung zur Grenzbebauung** (BGH NJW 1978, 695; Gern NJW 1979, 694; Knack 8); ebenso wenig eine außergerichtliche Einigung zwischen einem Widerspruchsführer und einem Beteiligten über die Rücknahme des Widerrufs (BGH DÖV 1981, 380 = DVBl 1981, 627), usw. 38

Ebenfalls nicht als öffentlich-rechtlich zu beurteilen sind auch Verträge, die öffentlich-rechtliche Körperschaften usw im Rahmen ihrer **Teilnahme am Privatrechtsverkehr** schließen (Stern 3 I 1 b, aa; Kopp DVBl 1970, 725), zB Miet-, Kauf-, Arbeits- uä Verträge; ebenso nicht Verträge im Bereich der sog **fiskalischen Hilfsgeschäfte,** die zwar mittelbar auch der Erfüllung hoheitlicher oder schlichthoheitlicher Aufgaben dienen, selbst aber den Formen des Privatrechts unterliegen, wie Verträge über die **Unterbringung eines Minderjährigen** durch die Jugendbehörde bei einer Familie (KG Berlin MDR 1978, 403: privatrechtlicher Vertrag zwischen Jugendamt und Pflegeeltern), über den Kauf von Kohlen für ein Finanzamt, von **Ausrüstungsgegenständen für die Bundeswehr,** über die Durchführung von Straßenbaumaßnahmen (BGHZ 36, 95; DÖV 1969, 861; Kopp DVBl 1970, 724), über die Darlehensbedingungen eines als Subvention bereits gewährten Darlehens. 39

Keine öffentlich-rechtlichen Verträge sind auch die Verträge über öffentliche Aufträge, dh über den Inhalt insb der vom Auftragnehmer zu erbringenden Leistungen, auch zB über von einem öffentlichen Rechtsträger vergebene **Forschungsaufträge** (BVerwGE 35, 103); ebenso die **Konzessionsverträge** zwischen Gemeinden und Unternehmen der Gas-, Wasser- oder Elektrizitätsversorgung (Tettinger DVBl 1991, 786; Knack 4); Verträge gem § 8 FStrG (BVerwGE 29, 251); Verträge zwischen Straßenbauverwaltung und einem Versorgungsunternehmen über die **Kostentragung für die Verlegung einer Versorgungsleitung** in einer Straße (Knack 2); Verträge über die Abtretung von Grundflächen für den Straßenbau (Knack 4); **Grundstückskaufverträge** mit einer Gemeinde, in dem der Käufer sich zur Einhaltung des noch nicht bestandskräftigen Bebauungsplans sowie dazu, dass er ein nach öffentlichem Recht zulässiges Bauwerk ändert, verpflichtet;[47] der Vertrag des deutschen Sportbundes mit der ARD/ZDF über ein ausschließliches **Senderecht für bestimmte Sportveranstaltungen** (BGH JZ 1991, 515 = NJW 1990, 2815). 40

---

[46] S auch Aulehner JA 1994, 128; vgl auch BGH DÖV 1969, 861 und NJW 1984,924.

[47] BGH DVBl 1985, 793; zweifelhaft; vgl andererseits BVerwGE 84, 236 = NVwZ 1990, 665 zu einem ähnlichen Vertrag, der vom BVerwG als öffentlich-rechtlich angesehen wird.

40 a **dd) Vergabeaufträge, fiskalische Hilfsgeschäfte.** Grundsätzlich sind fiskalische Hilfsgeschäfte der Verwaltung dem Privatrecht zuzuordnen, auch wenn sie ein erhebliches Finanzvolumen umfassen. Für Verträge, durch die die öffentliche Verwaltung die persönlichen und sächlichen Voraussetzungen für die öffentlich-rechtliche Verwaltungstätigkeit schafft (Ankauf von Grundstücken, Material, Einstellung von Arbeitern und Angestellten im öffentlichen Dienst), finden zwar verschiedene haushaltsrechtliche und sonstige Regelungen Anwendung; eine Zuordnung derartiger Verträge zum öffentlichen Recht ist damit aber nicht verbunden (s näher Einf Rn 43 a). Gleiches gilt insoweit, als über die Beschaffung auf der Grundlage spezieller Vergaberegelungen (zB VOB, VOL usw) zu entscheiden ist. UU kommt hier die Zweistufentheorie zur Anwendung, wonach über die Frage der Auswahl des Vertragspartners usw auf der Ebene des öffentlichen Recht zu entscheiden ist (s auch Einf Rn 43 e). An der privatrechtlichen Einstufung der Verträge als solcher ändert dies aber nichts. Etwas anderes gilt nur dann, wenn die Beschaffung öffentlichrechtlich ausgestaltet ist, wie zB bei Verträgen, die im Rahmen eines Enteignungsverfahrens zur Abwendung der Enteignung geschlossen werden (s hierzu Rn 36).

III. Vorbehalt entgegenstehender Rechtsvorschriften (S 1, 2. Halbs)

41 **1. Allgemeines.** Nach S 1 sind verwaltungsrechtliche Verträge nur zulässig, soweit Rechtsvorschriften nicht entgegenstehen.[48] Verträge sind nach S 1 ausgeschlossen und demgemäß unzulässig, wenn oder soweit eine Rechtsvorschrift ausdrücklich oder nach Sinn und Zweck für bestimmte Gegenstände **vertragliche Regelungen ausschließt oder verbietet**[49] oder die Gewährung oder Annahme der im Vertrag vorgesehenen oder unmittelbar durch ihn bzw mit ihm zu erbringenden **vereinbarten Leistungen usw verbietet** oder von Voraussetzungen abhängig macht, die im konkreten Fall nicht gegeben sind oder erfüllt werden können (UL § 69 Rn 2; Obermayer BayVBl 1977, 546 m Anm 19; Schapals BWVPr 1978, 75; **aA** MB 48; Meyer NJW 1977, 1710); ebenso, wenn eine Vorschrift schon das Tätigwerden einer Behörde verbietet.

41 a **Umstritten** ist, ob sich der Vorbehalt nur auf die Zulässigkeit des Vertrags als Handlungsform bezieht, also nur die **Vertragsformverbote** meint (so Erichsen/Ehlers § 27 Rn 3; Krebs VerwArch 1981, 56; Meyer NJW 1977, 1710; Kunig DVBl 1992, 1196), oder ob er sich auch auf den möglichen Inhalt eines verwaltungsrechtlichen Vertrags im Einzelfall bezieht, also auch **Inhaltsverbote** enthält.[50] Die Frage ist von geringer praktischer Bedeutung, weil sich für die Inhaltskontrolle nach Art und Umfang keine Unterschiede ergeben: Sieht man in § 54 S 1 nur ein Handlungsformverbot, so richtet sich die Inhaltskontrolle allein nach § 59. Sieht man mit der hM in § 54 S 1 auch ein Verbot bestimmter Vertragsinhalte, so folgt daraus gleichwohl **Nichtigkeit** einzelner Verträge nach zu-

---

[48] Ebenso im wesentlichen die hM zum früheren Recht, vgl BVerwGE 42, 334; 48, 168; 49, 359; 84, 238; Mohr NJW 1978, 790; Obermayer VerwR 117 und BayVBl 1977, 546; Götz JuS 1970, 2; Bleckmann VerwArch 1972, 404.

[49] UL § 70 Rn 3; Knack 18; StBS 94; Erichsen/Ehlers § 26 Rn 4; WBS II § 54 Rn 23.

[50] So die zutr hM, vgl Begr 79; BVerwG NVwZ 1993, 1193; UL § 70 Rn 4; Obermayer 101 und BayVBl 1977, 546 m Anm 19; Wallerath 8 III 3; MuLö BayVBl 1992, 573; StBS 100; Knack 1 unter Hinweis auch auf die Entstehungsgeschichte; vgl auch BVerwGE 84, 238 = NVwZ 1990, 665, wo offenbar als selbstverständlich vorausgesetzt wird, daß die Vorschrift auch hins der Handlungsform gilt; kritisch Schmidt-Aßmann, in: Gelzer-FS 1991, 125; **aA** Kunig DVBl 1992, 1196: die Regelung betrifft nur die Form, nicht die Vertragsinhalte; bezieht sich auf alle Vorschriften, die andere Handlungsformen zwingend vorschreiben; Erichsen/Ehlers § 26 Rn 3 mwN; Achterberg JA 1979, 359; MB 66; Krebs VerwArch 1981, 49 und 56 Fn 52; Meyer NJW 1977, 1710 Fn 55: nur Verbot der Vertragsform gemeint.

treffender hM gleichwohl **nur nach Maßgabe des § 59 Abs 1 iVm § 134 BGB.**[51]

2. Vertragsformverbote. Von Vertragsformverboten spricht man, wenn der Abschluss eines Vertrages auf einem bestimmten Gebiet **ohne Rücksicht auf den Inhalt,** also seiner inhaltlichen Vereinbarkeit mit den maßgeblichen gesetzlichen Bestimmungen unzulässig ist. Dies ist der Fall, wenn bestimmte Sachbereiche wegen ihrer besonderen Eigenart generell der vertraglichen Regelung entzogen sein sollen. Dieses Verbot muss nicht notwendig ausdrücklich erfolgen, es kann sich auch im Wege der Auslegung ergeben (Begr 79). Die Verwendung von Begriffen wie Bescheid, Erlaubnis usw in einem Gesetz reicht als Ausschluss vertraglicher Regelungen allein nicht aus (Götz NJW 1976, 1429; Knack 18). Ein klassisches Beispiel stellte in der Vergangenheit das **Vertragsformverbot im Abgabenrecht** dar.[52] Auch das **Beamtenrecht** und das **Prüfungsrecht** sind als Beispiele für Vertragsformverbote genannt worden (Maurer § 14 Rn 26; eher krit UL § 70 Rn 3; Knack 18). Bei genauerem Hinsehen zeigt sich aber, dass auch auf diesen Gebieten vertragliche Regelungen nicht kategorisch ausgeschlossen sind. Meist geht es um das Verbot gesetzesinkongruenter Vereinbarungen, also um das Verbot von Gesetzesverstößen in Vertragsform (ähnlich Schmidt-Aßmann/Krebs 137; Schlette 501ff). Zu Verträgen im Staatsangehörigkeitsrecht Kunig DVBl 1991, 1169. 42

Echte Vertragsformverbote sind relativ selten. Sie liegen vor, wenn **das Gesetz die Regelung durch Vertrag zwingend untersagt** (zB § 2 Abs 3 BauGB) oder die Regelung eines Rechtsverhältnis durch VA oder durch einen anderen Rechtsakt zwingend vorschreibt. Dies ist etwa der Fall bei der **Beamtenernennung** (vgl zB § 5 Abs 2 BRRG), bei der **Beamtenbesoldung** (vgl § 2 Abs 2 BBesG), bei der **Steuererhebung** gem § 155 Abs 1 AO (allgM, vgl die Nachw bei StBS 124ff; Knack 28), bei der **Erteilung von Prüfungszeugnissen** (vgl § 2 Abs 3 Nr 2; s dort Rn 42). Im Übrigen sind die meisten Rechtsverhältnisse des Beamtenrechts und des Prüfungsrechts zB im Streitfall einer vergleichsweisen Regelung in einem öffentlich-rechtlichen Vertrag zugänglich. Lediglich im Abgabenrecht ist dies nach wie vor umstritten (nach hM **sind im Abgabenrecht nur „tatsächliche Verständigungen"** zulässig; vgl BFHE 142, 549 = NVwZ 1985, 863). Verträge gem §§ 54ff sind auch in förmlichen Verfahren gem § 63 und **in Planfeststellungsverfahren** zulässig (Knack § 62 Rn 2). Ohne ausdrückliche gesetzliche Ermächtigung ausgeschlossen sind verwaltungsrechtliche Verträge zwischen Privaten, da nach dem Grundsatz der Gesetzmäßigkeit der Verwaltung und nach allgemeinen Rechtsgrundsätzen des Verwaltungsrechts Private ohne gesetzliche Ermächtigung nicht über Gegenstände des öffentlichen Rechts verfügen und daher auch nicht Rechtsverhältnisse auf dem Gebiet des öffentlichen Rechts begründen, ändern oder aufheben können (Begr 79; Erichsen/Ehlers § 24 Rn 9 mwN). **Unzulässig** sind vertragliche Regelungen über die Verpflichtung zur **Aufstellung eines Bebauungsplans** (§ 2 Abs 3 BauBG); Verträge, welche das planerische Ermessen der Behörde zB hins der Aufstellung von Bauleitplänen unzulässig einengen;[53] Verträge, die Verpflichtungen vorsehen, die „mit dem Wesen und Inhalt des in den beamten- und laufbahnrechtlichen Vorschriften abschließend geregelten **Beamtenverhältnisses** nicht in Einklang zu bringen sind" (BVerwGE 43

[51] OVG Münster NVwZ 1984, 522, 524; StBS 109; Knack 19.

[52] ZB BFHE 142, 549 = NVwZ 1985, 863; ähnlich BVerwGE 64, 361; BVerwG DVBl 1992, 372; ausführlich Knack 29.

[53] BVerwGE 42, 338; BVerwG NJW 1980, 679; 1980, 2538; NVwZ 1982, 249; DÖV 1981, 878; VGH München BayVBl 1980, 296; Krebs VerwArch 1981, 49; Gusy BauR 1981, 164; Dolde NJW 1981, 1930; Papier JuS 1981, 501; vgl auch VGH München NVwZ 1990, 280: zulässig sind jedenfalls „flankierende" vertragliche Regelungen zur Bauleitplanung; zT **aA** Dolde NJW 1980, 1658.

52, 108); Verträge, die eine Umgehung eines durch Gesetz vorgeschriebenen Anhörungsverfahrens zur Folge haben (OVG Lüneburg DVBl 1978, 178). Zur Zulässigkeit von Haftungsbeschränkungsklauseln in öffentlich-rechtlichen Verträgen s Erichsen VerwArch 1974, 219. Unzulässig sind nach § 54 Verträge insb auch dann, wenn ein Gesetz ausdrücklich bestimmt oder nach dem Inhalt oder Gesamtzusammenhang erkennbar ist, dass es nur durch VAe umgesetzt werden darf, wie zB § 155 Abs 1 AO; § 16 StAG oder §§ 5, 9, 17 f, 21 BRRG;[54] ebenso, wenn eine Regelung durch Gesetz, Verordnung oder Satzung erfolgen müsste.[55]

44 **3. Unzulässige Vertragsinhalte. a) Allgemeines.** Die Zulässigkeit der Vertragsform bedeutet grundsätzlich keine **Ermächtigung zu Abweichungen vom Gesetz** (Knack 25). § 54 S 1 erlaubt keinen Vertragsschluss und keine vertraglichen Regelungen, die gegen den Grundsatz des Vorrangs des Gesetzes verstoßen, sowie, wenn bzw soweit die Leistungen, zu denen sich die Behörde im Vertrag verpflichtet oder die mit dem Vertrag erbracht werden, dem Vorbehalt des Gesetzes unterliegen, auch keinen Verstoß gegen diesen Grundsatz.[56] **Nicht erforderlich** ist dagegen, dass jede der getroffenen Vereinbarungen durch eine über § 54 hinausgehende **spezielle gesetzliche Ermächtigung** gedeckt ist (BVerwGE 84, 236 = NVwZ 1990, 665). Die vertragschließende Behörde unterliegt gem § 54 – sofern sich nicht aus anderen Rechtsvorschriften (§ 1) etwas anderes ergibt – insoweit nicht einem speziellen Vorbehalt des Gesetzes, sondern nur dem Vorrang des Gesetzes.[57] Allerdings enthalten auch schon die §§ 55 ff und andere Rechtsvorschriften außerhalb des VwVfG, zB für Gemeinden in den GemO, und in einzelnen Fachgesetzen (s BVerwGE 84, 236 = NVwZ 1990, 665) zahlreiche Beschränkungen, dh iS von § 54 „entgegenstehende Vorschriften“, die ausschließen oder verbieten, dass eine Behörde bestimmte Leistungen gewährt, verspricht oder sich versprechen lässt, für die keine normative Grundlage besteht.

45 **b) Maßgeblichkeit des § 59.** Ob ein öffentlich-rechtlicher Vertrag wegen seines Inhalts nichtig ist, kann nicht allein nach § 54 S 1 beurteilt werden. Die Vorschrift enthält nach zutreffender Auffassung (Rn 41 a) keine Aussage zu der Frage, welche Folgen eine Abweichung des Vertragsinhalts vom materiellen Recht hat. Die Frage, wann ein derartiger Vertrag wegen Verstoßes gegen gesetzliche Vorschriften nichtig ist, beurteilt sich vielmehr allein und abschließend nach der speziellen Regelung des § 59 (hM, vgl Knack § 59 Rn 5; StBS § 59 Rn 4; UL § 70 Rn 14).

IV. Vertragsarten

46 **1. Allgemeines.** Ein System verwaltungsrechtlicher Verträge hat das VwVfG in den §§ 54 ff nicht geschaffen. Die Regelungen geben gewissermaßen nur den Minimalkonsens wieder, der bei Schaffung des VwVfG über öffentlich-rechtliche

---

[54] Begr 79; BVerwGE 4, 111; 5, 161; 23, 213; 25, 72; 42, 331; Badura NJW 1978, 2414; WBS I § 54 Rn 23; vdGK 7; zu weitgehend K 10: Ausschluß von Verträgen idR, wenn nach einem Gesetz ausdrücklich durch Bescheid, Beschluß usw zu entscheiden ist; zweifelnd Erichsen/Ehlers § 26 Rn 4.

[55] VGH München NVwZ 1990, 980: offen, ob eine Bauleitplanung durch vertragliche Regelung ersetzt werden dürfte; zulässig sind aber jedenfalls „flankierende Regelungen“ mit nur ergänzendem Charakter; ähnlich im Ergebnis BVerwGE 84, 236.

[56] Enger wohl Obermayer BayVBl 1977, 549; Erichsen/Ehlers § 26 Rn 10 f; StBS 108; Knack vor § 45 Rn 20 ff: der Vertragsinhalt unterliegt voll dem Vorbehalt und dem Vorrang des Gesetzes.

[57] UL § 70 Rn 2; Kopp 24; wohl auch Göldner JZ 1976, 354 f; MuLö BayVBl 1992, 573; vgl auch BVerwGE 84, 236 = NVwZ 1990, 665 = BayVBl 1990, 281: die Behörde kann sich in einem verwaltungsrechtlichen Vertrag vom privaten Vertragspartner auch Leistungen versprechen lassen, für die es keine gesetzliche Grundlage gibt.

Verträge zu erzielen war. Gem § 54 muss vor allem im Hinblick auf die nur auf subordinationsrechtliche Verträge anwendbaren Vorschriften der §§ 55, 58 Abs 2, 59 Abs 2 und 61 zwischen sog koordinationsrechtlichen und subordinationsrechtlichen Verträgen unterschieden werden. Während § 54 S 1 und §§ 57, 58 Abs 1, 59 Abs 1 und 3, 60 und 62 beide Arten von Verträgen erfassen, gelten § 54 S 2 und die übrigen Bestimmungen über Verträge nur für subordinationsrechtliche Verträge. In den §§ 55, 56 wird ferner zwischen Vergleichsvertrag und Austauschvertrag unterschieden; allerdings werden damit nur bestimmte Qualitäten von Verträgen bezeichnet, die sich nicht gegenseitig ausschließen. Ein Vertrag kann zugleich sowohl Vergleichs- als auch Austauschvertrag sein. Schließlich kommt im Hinblick auf bestimmte Zulässigkeitsvoraussetzungen auch der Unterscheidung von Verpflichtungs- und Verfügungsverträgen eine gewisse Bedeutung zu.

2. Koordinations- und subordinationsrechtliche Verträge. a) Koordinationsrechtliche Verträge. Entgegen einer verbreiteten Auffassung (s unten Rn 49) kommt es für die Qualifizierung eines Vertrages als einen Koordinationsrechtlichen nicht darauf an, dass sich als Vertragspartner zwei oder mehrere Träger hoheitlicher Gewalt gegenüberstehen. Dies ist zwar die typische, aber nicht die einzige Konstellation; es gibt im Übrigen auch subordinationsrechtliche Verträge zwischen Hoheitsträgern (zB zwischen Gemeinde und Kommunalaufsicht). Koordinationsrechtlich sind vielmehr alle Verwaltungsverträge zwischen Trägern öffentlicher Verwaltung, zwischen solchen und Bürgern oder auch zwischen Bürgern im Bereich des öffentlichen Rechts, bei denen **hinsichtlich des Gegenstands des Vertrags kein Vertragsteil dem anderen übergeordnet ist,** zB Zweckverbandsvereinbarungen zwischen Gemeinden; Schulfinanzierungsverträge; Vereinbarungen über die Unterhaltung von Brücken und Wegen (BVerwGE 37, 236; VGH München BayVBl 1967, 134); Vereinbarungen zwischen Bürgern über die Übernahme der Unterhaltungspflicht gem Art 54 Abs 4 bayStrWG (vgl Kopp/Schenke § 40 Rn 9). Dass die Beteiligten normalerweise gleichgeordnet sind, zB Gemeinden, schließt nicht aus, dass bezüglich des Gegenstandes des Vertrags kraft Gesetzes ausnahmsweise etwas anderes gilt, zB dass einer Gemeinde die Befugnis eingeräumt ist, gegenüber einer anderen den geschuldeten Schulfinanzierungsbeitrag durch VA festzusetzen (vgl BSG 15, 118; 17, 89; 25, 67; Lorenz 273); in solchen Fällen handelt es sich dann, wenn statt des möglichen VA eine Vereinbarung getroffen wird, nicht um einen koordinationsrechtlichen Vertrag, sondern um einen subordinationsrechtlichen Vertrag. 47

b) Subordinationsrechtliche Verträge. Subordinationsrechtliche Verträge sind gem der aus S 2 zu entnehmenden Legaldefinition alle Verträge, die eine Behörde mit einem Partner schließt, **an den sie in der Sache auch einen VA richten „würde".** Die Reichweite der Regelung ist umstritten (ausf Schlette 381 ff). Nach zutreffender hM erfasst § 54 S 2 alle öffentlich-rechtlichen **Subordinationsverhältnisse,** dh alle Fälle, in denen die Behörde dem Vertragspartner gegenüber bezüglich des Vertragsgegenstandes, auch zum Erlass eines VA ermächtigt (gewesen) wäre, oder in denen sonst auf Grund der maßgeblichen Rechtsnormen ein hoheitliches Über-/Unterordnungsverhältnis gegeben ist.[58] Das ist nicht nur dann der Fall, wenn eine gesetzliche Ermächtigungsgrundlage eine Regelung durch VA vorsieht oder zulässt, sondern nach der Rspr allgemein in allen Über- und Unterordnungsverhältnissen.[59] **Nicht erforderlich ist, dass die Behörde einen VA mit genau demselben Inhalt** erlassen könnte, entscheidend ist viel- 48

[58] Begr 79; BVerwGE 111, 162 = NVwZ 2000, 1285; Wallerath 8 III 2; Bullinger DÖV 1977, 815; Frank DVBl 1977, 685; UL § 67 Rn 10 ff; MB 30.

[59] BVerwG NVwZ 2000, 1285; VGH Mannheim NVwZ 1991, 583; VGH München NVwZ 1990, 281; Knack 9; Degenhart NVwZ 1982, 72; **aA** Obermayer 79: Nur solche Fälle werden erfasst, in denen alternativ der Erlass eines VA in Betracht käme.

mehr, dass der Gegenstand der vertraglichen Regelung auch einer Regelung durch VA zugänglich wäre. Nicht erforderlich ist auch, dass die Behörde selbst ermächtigt ist, die versprochene Leistung durch den Erlass eines VA zu erbringen (BVerwG VRspr 27, 125). Aus dem Zweck der Regelung und in Analogie zu § 56 Abs 1 S 1, der insoweit Ausdruck eines allgemeinen Rechtsgedankens ist, lässt sich aber folgern, dass die vertragliche Regelung einen Gegenstandsbereich betreffen muss, der so oder ähnlich einer Regelung durch VA zugänglich wäre. Wie nach S 1 allgemein, so ist auch **nach S 2 nicht Voraussetzung, dass der Vertragspartner der Behörde ein Bürger ist,** es kann auch ein anderer Rechtsträger des öffentlichen Rechts sein, dem hoheitliche Befugnisse eingeräumt sind.

49 **In der Literatur** wird demgegenüber zT eine weitergehende Auffassung vertreten, nach der sämtliche Verträge zwischen Hoheitsträgern auf der einen und Bürgern auf der anderen Seite als subordinationsrechtliche Verträge iSd § 54 S 2 eingestuft werden.[60] Diese Auffassung ist nicht überzeugend. Sie berücksichtigt nicht, dass es auch zwischen Staat und Bürger öffentlich-rechtliche Beziehungen geben kann, die nicht subordinationsrechtlicher Natur sind, und dass auch umgekehrt zwischen Hoheitsträgern subordinationsrechtliche Beziehungen bestehen können (zB in der Kommunalaufsicht).

50 **3. Verpflichtungs- und Verfügungsverträge.** § 54 gilt sowohl für **Verpflichtungsverträge,** dh für Verträge, mit denen sich eine Behörde zur Erbringung einer Leistung, auch zB zum Erlass eines VA, verpflichtet (vgl BVerwG NVwZ 1986, 559), als auch für **Verfügungsverträge,** mit denen sie die in Frage stehende Leistung unmittelbar erbringt, zB eine Erlaubnis erteilt oder eine Sondernutzung gewährt.[61] Die Unzulässigkeit kann sich jedoch aus S 1, 2. Halbs („soweit Rechtsvorschriften nicht entgegenstehen“) ergeben, zB, wenn durch Gesetz eine bestimmte – andere – Form der Erfüllung vorgeschrieben ist, zB für die Ernennung eines Beamten, die gem § 5 BRRG, § 6 Abs 2 BBG nur durch Aushändigung einer entsprechenden Ernennungsurkunde wirksam erfolgen kann (Knack 27). Verträge können sowohl Verpflichtungs- als auch Verfügungselemente enthalten.

51 **4. Vergleichsvertrag und Austauschvertrag.** Das Gesetz unterscheidet Vergleichsverträge (§ 55) und Austauschverträge (§ 56). Das bedeutet aber nicht, dass beide Vertragsarten sich gegenseitig ausschließen. Vielmehr kann ein Vergleichsvertrag zugleich den Austausch von Leistungen vorsehen; ein Austauschvertrag kann zugleich Vergleichscharakter haben. In derartigen Fällen müssen sowohl die Wirksamkeitsvoraussetzungen des § 55 als auch die des § 56 erfüllt sein. **Ein Vergleichsvertrag** ist nach der Definition in § 55 eine Vereinbarung, durch die eine bei verständiger Würdigung des Sachverhalts oder der Rechtslage bestehende Ungewissheit durch gegenseitiges Nachgeben beseitigt wird (Einzelheiten bei § 55). Der Vergleichsvertrag dient also der Konfliktlösung, nicht dem Austausch von Leistungen. Allerdings kann der Vergleichsvertrag einen solchen Austausch vorsehen, wenn zB das Nachgeben der einen Seite im Versprechen einer Leistung besteht. Ein **Austauschvertrag** iSd § 56 ist ein Vertrag, in welchem sich die eine Seite zu einer Leistung im Hinblick darauf verpflichtet, dass sie von der anderen Seite ebenfalls eine Leistung erhält. Typischerweise stehen Leistung und Gegenleistung in einem **Gegenseitigkeitsverhältnis** (Synallagma); notwendig ist dies aber nicht. Es kommt auch vor, dass eine Seite eine Leistung unter der Vorausset-

---

[60] So zB StBS 61; Erichsen/Ehlers § 23 Rn 2; WBS II § 54 Rn 22; Scherzberg JuS 1992, 205, 208; Schlette 387; so wohl auch Maurer § 14 Rn 13; entgegen StBS 138 lässt sich BVerwGE 111, 162 = NVwZ 2000, 1285 für diese Auffassung nicht in Anspruch nehmen.

[61] Martens JuS 1978, 607; Knack 7.2; UL § 68 Rn 15; StBS 115 ff; **aA** Obermayer 19 und BayVBl 1977, 548; Püttner DVBl 1982, 124: § 54 gilt nur für Verfügungs- bzw Erfüllungsverträge.

zung verspricht, dass sie von der anderen eine Leistung erhält, zu der sich diese aber nicht verpflichtet. In diesem Falle spricht man von einem **hinkenden Austauschvertrag** (s § 56 Rn 4). Der Austauschvertrag kann auch Vergleichselemente enthalten, wenn den Beteiligten die Rechtslage ungewiss erscheint und beide Seiten bei den Verhandlungen deshalb nachgeben.

V. Besondere Vertragsinhalte

1. Abgabenrechtliche Verträge. Unzulässig sind nach § 54 S 1 Verträge, die **Kernbereiche des Abgabenrechts** betreffen, zB Verträge über eine Befreiung von Steuern und sonstigen Abgaben über die gesetzlich vorgesehenen Ausnahmen (zB ausdrückliche Zulassung vertraglicher Regelungen) und Freistellungs- bzw Befreiungs- oder Ermäßigungstatbestände hinaus,[62] **anders** wohl **im Rahmen von Vergleichsverträgen,**[63] wenn sich die Parteien zB über einen schwierig zu ermittelnden Sachverhalt verständigen (BFHE 142, 549 = NJW 1985, 863: über schwierig zu ermittelnde Umstände ist eine **„tatsächliche Verständigung"** zulässig und bindend). Zum Verhältnis derartiger tatsächlicher Verständigungen zu der grundsätzlichen Pflicht zur Sachverhaltsermittlung Martens StuW 1986, 97. 52

2. Verträge im Beamtenrecht. a) Grundsatz. Verträge im öffentlichen Dienstrecht, in denen sich die Behörde zu einer Leistung verpflichtet, die sie in Übereinstimmung mit der Gesetzeslage nicht zu erbringen vermag, bzw die die **Kernbereiche des Beamtenrechts** betreffen, sind **unzulässig** (BVerwGE 91, 200, 203 = NVwZ 1993, 1193; 52, 183, 189; StBS 129). Das gilt für alle Verträge, die Verpflichtungen vorsehen, die „mit dem Wesen und Inhalt des in den beamten- und laufbahnrechtlichen Vorschriften abschließend geregelten Beamtenverhältnisses nicht in Einklang zu bringen sind" (BVerwGE 52, 108) oder im Bereich des **Besoldungsrechts,** insbes Verträge, über eine höhere Beamtenbesoldung als gem § 183 BBG, § 2 BBesG vorgesehen (Knack 25). Das gilt grundsätzlich auch für finanzielle Zusatzleistungen. **Vergleichsverträge** sind dagegen auch hier nicht gänzlich ausgeschlossen, etwa bei Streitigkeiten über die Wirksamkeit einer Ernennung oder über die Pflicht zur Beförderung. 53

b) Zulässige Vereinbarungen. Als zulässig angesehen werden vertragliche Vereinbarungen außerhalb der eigentlichen statusrechtlichen sowie außerhalb der besoldungsrechtlichen Fragen, zB Verträge zwischen einem öffentlichen Dienstherrn und einem Beamten über die Erstattung von **Umzugskosten** (BVerwG Rspr 24, 688) oder die **Rückzahlung von Lehrgangskosten** oder sonstigen Kosten spezieller Ausbildungen (BVerwG DÖV 1974, 517); sowie der Vertrag zwischen einem öffentlich-rechtlichen Rechtsträger und einem Studenten über die Verpflichtung zum späteren Eintritt in den öffentlichen Dienst gegen teilweise Übernahme der Ausbildungskosten[64] oder über die Rückzahlung der Ausbil- 54

---

[62] BVerwGE 49, 128; 64, 361; BVerwG VRspr 27, 216; DVBl 1982, 550; 1983, 113; NJW 1984, 2113; BFH 60, 235; 74, 312; 78, 228; NVwZ 1985, 863; NJW 1985, 863; BGHZ 66, 199; OVG Koblenz NVwZ 1986, 68; Knack 28 mit eingehender Erörterung; differenzierend nach der Art der Regelung, insb auch hins der Zulässigkeit eines Vergleichsvertrages, Kassel HessStGZ 1978, 405; zT **aA** Meyer NJW 1977, 1708; Mohr NJW 1978, 790; vgl auch BVerwG DVBl 1984, 192: unter besonderen Voraussetzungen nur rechtswidrig, jedoch nicht nichtig.

[63] BVerwGE ZMR 1979, 88; Schick aaO; enger BFH NJW 1985, 863: über schwierig zu ermittelnde Umstände ist eine „tatsächliche Verständigung" zulässig und bindend Ruppel DStR 1985, 685.

[64] BVerwGE 74, 81 = DÖV 1987, 72; 40, 237; BVerwG NJW 1982, 1412; BAG JZ 1991, 563; OVG Münster DVBl 1990, 314; Tiedemann DÖV 1981, 428; Weber NVwZ 1986, 363; Kopp JZ 1991, 565; Schubert BayVBl 1994, 233.

dungskosten uä.[65] Zulässig sind außerdem Berufungsvereinbarungen im Rahmen der Begründung hochschulrechtlicher Dienstverhältnisse.[66]

55 **3. Städtebauliche Verträge.** Solche Verträge haben eine spezialgesetzliche Regelung in § 11 BauGB erfahren. Nach § 11 Abs 1 können ua Verträge mit Privaten abgeschlossen werden über die Durchführung städtebaulicher Maßnahmen auf Kosten eines privaten Unternehmers einschließlich der Vorbereitung städtebaulicher Planungen, über die Nutzung von Grundstücken und baulicher Anlagen einschließlich der Durchführung des Ausgleichs nach § 1 a Abs 3 BauGB sowie über die Übernahme von Kosten für städtebauliche Maßnahmen. Die Aufzählung ist nicht abschließend, wie in § 11 Abs 4 BauGB klargestellt wird.

55 a **a) Allgemeines.** Die Regelung in § 11 BauGB ist Ausdruck der weitgehenden Zulassung vertraglicher Vereinbarungen im Städtebaurecht. Unzulässig ist allerdings nach wie vor die Begründung vertraglicher Verpflichtungen im Hinblick auf die Aufstellung eines Bebauungsplans bzw anderer städtebaulicher Satzungen (vgl § 2 Abs 3 BauGB). Auch der Durchführungsvertrag nach § 12 Abs 1 BauGB begründet keinerlei Ansprüche auf den Erlass eines Vorhaben- und Erschließungsplans. Insoweit sind also nur hinkende Austauschverträge möglich (StBS 143).

Eine Zuordnung der Verträge zum öffentlichen Recht nimmt § 11 BauGB nach hM nicht vor (StBS 137; Dolde NVwZ 1996, 209, 212); das gilt insbes für § 11 Abs 1 Nr 2 BauGB (vgl BVerwGE 92, 56 = NJW 1993, 2695). Insoweit bleibt es bei dem Grundsatz, wonach es für die Zuordnung auf den Gegenstand der Vereinbarung ankommt. Gleichwohl lassen sich städtebauliche Verträge idR dem öffentlichen Recht zuordnen, weil sie sich auf öffentlich-rechtliche Sachverhalte beziehen (Erbguth in Achterberg/Püttner/Württenberger II Rn 178).

55 b **b) Privatrechtliche Vereinbarungen.** Privatrechtlich einzustufen sind dagegen Vereinbarungen zwischen einer Gemeinde und den an der Aufstellung eines bestimmten Bebauungsplans interessierten Grundstückseigentümern darüber, dass die Grundstücke im betroffenen Gebiet für einen bestimmten Zeitraum nur „gemäß den für die Gemeinde aufgestellten landesplanerischen Zielen" verwendet, insb **nur an Ortsansässige veräußert** werden dürfen, und mit einem näher bestimmten Kaufangebot der Gemeinde und einer Auflassungsvormerkung zugunsten der Gemeinde, wenn der Grundstückseigentümer gegen die erwähnte Klausel verstoßen würde (sog **„Weilheimer Modell"** (BVerwGE 92, 56, 59 = NJW 1993, 2695 – m Anm Grziwotz NJW 1993, 2665; **aA** VGH München NVwZ 1990, 979). Bauplanungsverträge, bei denen sich die Gemeinde zur Aufstellung, Änderung, Aufhebung etc von Bebauungsplänen verpflichtet, sind zwar öffentlich-rechtlicher Natur, nach § 2 Abs 3 BauGB aber unzulässig. Gleiches gilt für Verträge, welche das **planerische Ermessen** der Behörde zB hins der Aufstellung von Bauleitplänen unzulässig **einengen.**[67]

56 **c) Erschließungsverträge.** Als zulässige öffentlich-rechtliche Verträge sind die sog Erschließungsverträge anzusehen, zB der Vertrag einer Gemeinde mit einem Bürger, der ein Grundstück von ihr kauft, wenn der Kaufvertrag zugleich als wesentlichen Bestandteil einen **Verzicht der Gemeinde auf Erschließungskosten**

[65] BVerwGE 30, 65 = NJW 1968, 2023; 40, 239; BVerwG NJW 1978, 1393; 1982, 1412; DÖV 1974, 597; Buchh 232 § 30 BBG Nr 4; § 79 a BBG Nr 17; § 83 BBG Nr 4; § 133 BBG Nr 43.

[66] Vgl OVG Münster NVwZ-RR 1997, 475; Schlette 321 mwN.

[67] BVerwGE 42, 338; BVerwG NJW 1980, 679; 1980, 2538; NVwZ 1982, 249; DÖV 1981, 878; BGH VRspr 27, 183; VGH München BayVBl 1980, 296; Krebs VerwArch 1981, 49; Gusy BauR 1981, 164; Dolde NJW 1981, 1930; Papier JuS 1981, 501; vgl auch VGH München NVwZ 1990, 280: zulässig sind jedenfalls „flankierende" vertragliche Regelungen zur Bauleitplanung; zT **aA** Dolde NJW 1980, 1658.

für dieses Grundstück enthält (VGH München NJW 1992, 2652); über die Durchführung von Erschließungsmaßnahmen gem § 123 Abs 3 BauGB (BVerwG NVwZ-RR 1990, 434; BGH NJW 1970, 2108); über die **Ablösung von Erschließungsbeiträgen** gem § 134 Abs 3 S 5 BauGB;[68] über die Überbürdung der Erschließungskosten auf die Anlieger (BVerwGE 64, 861); zwischen einer Gemeinde und den Grundstückseigentümern eines Gebiets zur Neuordnung der Grundstücksverhältnisse für die Erschließung und Bebauung des Gebiets – sog **freiwillige Umlegung** – (BVerwG NJW 1985, 989); Unzulässig sind dagegen Verträge über die Abwälzung von Erschließungsaufwand über die gem § 129 Abs 1 BauGB zulässigen 90% hinaus (BVerwGE 32, 39; BVerwG DVBl 1976, 390; BGHZ 65, 370).

d) Folgekostenverträge. Verträge, die die Übernahme von Aufwendungen, die der Gemeinde bei der Ansiedlung von Vorhaben über die ersatzfähigen Erschließungsmaßnahmen hinaus entstehen, zum Inhalt haben (sog Folgekostenverträge), sind als öffentlich-rechtliche Verträge zu qualifizieren, zB der Vertrag über die Zustimmung der Gemeinde zu einem Bauantrag usw gegen die Übernahme von Folgekosten.[69] Die Einschränkungen der Zulässigkeit von Folgekostenverträgen durch die neuere Rspr (vgl BVerwGE 90, 310 = NJW 1993, 1810) sind zu beachten, soweit nicht bereits § 11 Abs 1 Nr 3 BauGB Anwendung findet (s hierzu oben Rn 55). 57

4. Stellplatzverträge. Solche Verträge betreffen die vielfach in den Landesbauordnungen vorgesehene Möglichkeit einer finanziellen Ablösung der Verpflichtung zur Schaffung von Stellplätzen bzw Garagenplätzen in Zusammenhang mit einem Bauvorhaben. Sie sind als öffentlich-rechtliche Verträge zwischen Bürger und Gemeinde zulässig und zT ausdrücklich in den Landesbauordnungen geregelt (BVerwGE 23, 213; OVG Münster 22, 176; VGH München BayVBl 1987, 531; vgl auch BGH NJW 1983, 2823 mwN; Ehlers DVBl 1986, 529). 58

5. Umweltrechtliche Verträge. Als öffentlich-rechtlich anzusehen ist zB der Vertrag über die Förderung gewerblicher Investitionen mit öffentlichen Mitteln durch die Gemeinde und über vom Vertragspartner vorzunehmende besondere **Maßnahmen vorbeugenden Umweltschutzes** über den gesetzlich erzwingbaren Rahmen hinaus (BVerwGE 84, 236 = NVwZ 1990, 665). Gleiches gilt auch für Vereinbarungen zur Erfüllung naturschutzrechtlicher Verpflichtungen insbes im Bereich der naturschutzrechtlichen Eingriffsregelung (**naturschutzrechtliche Ausgleichsvereinbarungen,** vgl BVerwGE 104, 353 = NVwZ 1997, 1216). 59

6. Subventions- und Darlehensverträge. Auch die Verträge über die Gewährung und die nähere Ausgestaltung einer Subvention sind, soweit nicht über das „Ob" bereits gesondert durch einen Zuwendungsbescheid entschieden worden ist, als zulässige öffentlich-rechtliche Verträge anzusehen,[70] zB der Vertrag zwischen einem Exporteur und der im Auftrag des Bundes tätigen HERMES über eine Garantie im Rahmen der **staatlichen Exportförderung** (BVerwG DÖV 1974, 133; OVG Münster DVBl 1972, 614); ebenso Verträge über Darlehen, zB nach § 89 BSHG (BVerwG NVwZ 1988, 762). **Keine öffentlich-rechtlichen Verträge** sind dagegen Verträge über den näheren Inhalt von in Form von Darlehen, Bürgschaften usw zu günstigeren als marktüblichen Bedingungen gewährten Subventionen uä, sofern die Behörde nicht in Ausübung eines Wahlrechts ersicht- 60

---

[68] BVerwGE 84, 186 = NJW 1990, 1679.

[69] BVerwGE 42, 331 = NJW 1973, 1895; 90, 311 = NJW 1993, 1810; BVerwG NVwZ 1991, 583; BGHZ 56, 368; 71, 288; NJW 1986, 1109.

[70] BVerwGE 84, 236; OVG Münster NVwZ 1984, 522; VGH Kassel NVwZ 1990, 880; Knuth JuS 1986, 523; StBS 47; vgl auch Knack 20, wo zu weitgehend hierin die allein zulässige Form bei Subventionen gesehen wird.

lich auch darüber einen öffentlich-rechtlichen Vertrag abschließt (StBS 47; MuLö BayVBl 1990, 509).

§ 55 Vergleichsvertrag

Ein öffentlich-rechtlicher Vertrag im Sinne des § 54 Satz 2,[4] durch den eine bei verständiger Würdigung des Sachverhalts oder der Rechtslage bestehende Ungewissheit[14] durch gegenseitiges Nachgeben[18] beseitigt wird (Vergleich), kann geschlossen werden, wenn die Behörde den Abschluss des Vergleichs zur Beseitigung der Ungewissheit nach pflichtgemäßem Ermessen für zweckmäßig hält.[20]

Schrifttum: *Breetzke,* Der Vergleich bei verständigem Zweifel, NJW 1969, 1408; *Degenhart,* Der öffentlich-rechtliche Abfindungsvergleich, NVwZ 1982, 71; *Eisenlohr,* Der Prozessvergleich in der Praxis der Verwaltungsgerichtsbarkeit, 1999; *Erfmeyer,* Die Beseitigung einer Ungewissheit über den Sachverhalt durch Abschluss eines Vergleichsvertrages, DVBl 1998, 753; *Franke,* Der gerichtliche Vergleich im Verwaltungsprozeß, 1995; *Haueisen,* Die Bestandskraft verwaltungsgerichtlicher Vergleiche, DÖV 1968, 285; *Knepper,* Der Vergleich im Steuerrecht, BB 1986, 168; *Löwer,* Der verwaltungsgerichtliche Prozeßvergleich als materielles Rechtsgeschäft, VerwA 1965, 142, 236; *Martens,* Der öffentlich-rechtliche Vertrag, JuS 1978, 607; *Meyer-Hesemann,* Die Zulässigkeit gesetzesinkongruenter verwaltungsrechtlicher Vergleichsverträge und Prozeßvergleiche, DVBl 1980, 869; *Michel,* Der Prozeßvergleich in der Praxis, JuS 1986, 41; *Schick,* Vergleiche und sonstige Vereinbarungen zwischen Staat und Bürger im Steuerrecht, 1967; *Schlette,* Die Verwaltung als Vertragspartner, 2000; *Tiedemann,* Der Vergleichsvertrag im kommunalen Abgabenrecht, DÖV 1996, 594.

Übersicht

I. Allgemeines

1 **1. Inhalt des § 55.** Die Vorschrift nach dem Vorbild des § 106 VwGO und § 779 BGB enthält Bestimmungen über **Vergleichsverträge.** Dabei handelt es sich um Vereinbarungen, durch die ein Konflikt zwischen zwei oder mehreren

Beteiligten über einen Streitgegenstand durch gegenseitiges Nachgeben beigelegt wird. Sie sieht aber zugleich – entsprechend dem Wesen eines Vergleichs – in gewissem Umfang eine **begrenzte Lockerung der strikten Gesetzesbindung** vor, ermöglicht es der Behörde, von der sonst auch für Verträge geltenden strengen Bindung an die im Regelfall zu beachtenden Rechtsvorschriften,[1] insb auch von der Verpflichtung zur umfassenden Aufklärung des Sachverhalts (§ 24), teilweise abzuweichen.[2] S zur (begrenzten) Zulässigkeit von Vergleichsverträgen auch in Fällen, in denen sonst vertragliche Regelungen grundsätzlich unzulässig sind, zB im Abgabenrecht, § 54 Rn 52. Die Regelung entspricht dem vor Erlass des VwVfG geltenden Recht. Sie erfasst auch Verträge, die zugleich Austauschverträge iSd § 56 sind.[3]

Zweck des Vergleichsvertrages ist es, in Fällen, in denen eine Regelung durch VA nicht ohne erhebliche Aufklärungsarbeit in tatsächlicher oder rechtlicher Hinsicht möglich wäre, eine **einvernehmliche Lösung durch gegenseitiges Nachgeben** zu ermöglichen. Die Beteiligten sollen im Interesse der Verfahrensökonomie (vgl Degenhart NVwZ 1982, 73) und der Vermeidung unnötiger Rechtsbehelfsverfahren nicht zur Durchführung von Verfahren mit schwierigen und ggf umfangreichen und kostspieligen Ermittlungen gezwungen sein, wenn der zu erwartende Erfolg voraussichtlich außer Verhältnis zur Mühe und zum Aufwand stehen würde und/oder eine abschließende Erledigung der Angelegenheit nicht fördern würde (Begr 80; BVerwG DVBl 1981, 255). 2

2. Verfassungsrechtliche Gesichtspunkte. Die Regelung ist **verfassungsrechtlich unbedenklich.** Zwar erlaubt sie unter den aufgeführten Voraussetzungen eine wirksame Vereinbarung auch von Regelungen, die mit den maßgeblichen gesetzlichen Bestimmungen nicht in Einklang stehen. Derartige Abweichungen sind aber unter dem Aspekt der Verfahrensökonomie auch verfassungsrechtlich hinnehmbar (StBS 6). In allen Fällen sind vom Gesetz abweichende Vereinbarungen nur im Hinblick eine **tatsächliche oder rechtliche Ungewissheit gerechtfertigt** (BVerwG DVBl 1976, 219; vgl auch § 779 BGB). Voraussetzung ist weiter, dass sich die Ungewissheit nicht mit vertretbarem Aufwand ausräumen lässt. Es ist nicht gerechtfertigt, die nach § 24 gebotene und auch ohne unverhältnismäßigen Aufwand mögliche Aufklärung zu unterlassen und stattdessen einen Vergleichsvertrag abzuschließen (so zutreffend Schlette 488). 3

3. Anwendungsbereich. a) Unmittelbare Anwendbarkeit. Die Vorschrift gilt unmittelbar nur im Anwendungsbereich des VwVfG. Die Verwaltungsverfahrensgesetze der Länder enthalten im Wesentlichen gleich lautende Vorschriften. § 55 gilt nach seinem Wortlaut, der auf § 54 S 2 verweist, unmittelbar nur für Vergleichsverträge, die in einem hoheitlichen Über- und Unterordnungsverhältnis im Hinblick auf die Ungewissheit der Sach- oder Rechtslage geschlossen werden. Zum Begriff des **subordinationsrechtlichen Vertrags** s näher § 54 Rn 48ff. Erfasst werden sowohl Vergleichsverträge, die im Rahmen eines zunächst auf Erlass eines VA gerichteten Verfahrens abgeschlossen werden und das Verfahren beenden, als auch Vergleichsverträge, die von vornherein gem § 54 S 2 einen VA ersetzen sollen, außerdem auch die entsprechenden außergerichtlichen Vergleiche entspr § 106 VwGO. Erfasst werden auch Vergleichsverträge, die zugleich Austauschverträge iS des § 56 sind. Sie müssen dann nicht nur die Voraussetzungen des § 55, sondern auch die des § 56 erfüllen. 4

---

[1] BVerwGE 49, 364; 84, 157; BVerwG NJW 1976, 219; NJW 1979, 330; OVG Münster DVBl 1980, 767; Knack 3; Obermayer 2.

[2] Vgl BVerwGE 14, 104; 17, 93; 49, 359; 84, 157, 165; StBS 2; WBS II § 54 Rn 32; Degenhart NVwZ 1982, 73.

[3] Vgl BVerwG VRspr 27, 138; Erichsen VerwArch 1977, 66; Haueisen DVBl 1968, 285; **aA** F 279; Obermayer VerwR 2. Aufl 140.

5 **b) Entsprechende Anwendbarkeit.** Als **Ausdruck allgemeiner Rechtsgrundsätze** sind § 55 und die entspr Vorschriften des Landesrechts sinngemäß auch auf verwaltungsrechtliche Verträge anwendbar, die nicht unter diese Vorschriften fallen und für die auch keine Sonderregelungen gelten, auch zB auf Vergleichsverträge im Kommunalabgabenrecht.[4] Die Zulässigkeit von Vergleichsverträgen in anderen als subordinationsrechtlichen Verhältnissen nach § 54 S 2 richtet sich nach den allgemeinen Vorschriften der §§ 54, 56ff. Auf nicht subordinationsrechtliche Vergleichsverträge ist § 55 jedoch als Ausdruck allgemeiner Rechtsgrundsätze zT analog anwendbar, wenn die Beteiligten einer dem Subordinationsverhältnis vergleichbaren Gesetzesbindung unterliegen; ebenso auf Vergleichsverträge im Bereich der privatrechtlichen (fiskalischen) Tätigkeit der Verwaltung zur Erfüllung öffentlicher Aufgaben (Achterberg JA 1985, 510).

6 **c) Vergleichsverträge zwischen Hoheitsträgern.** Für diese Verträge gelten die Erfordernisse des § 55 nur dann sinngemäß, wenn und soweit sie zur Beseitigung einer Ungewissheit hins zwingender rechtlicher Voraussetzungen geschlossen werden. Da § 55 eine Lockerung der strikten Gesetzesbindung enthält, setzt seine Anwendung nach Sinn und Zweck eben diese Bindung auch voraus. **Soweit** die Beteiligten **Dispositionsfreiheit** haben, dh rechtlich befugt sind, über den Gegenstand des Verfahrens zu verfügen, kommt es auf das Bestehen einer Ungewissheit in rechtlicher oder tatsächlicher Hinsicht deshalb nicht an (Knack 2; StBS 25).

7 **4. Vergleichsvertrag und gerichtlicher Vergleich.** Der gerichtliche Vergleich hat wie der Vergleichsvertrag nach § 55 eine Doppelnatur; er ist einerseits Prozesshandlung, andererseits materiellrechtlich ein Vertrag, und zwar, wenn er auf dem Gebiet des öffentlichen Rechts geschlossen wird, ein öffentlich-rechtlicher Vertrag. Wegen dieser **Doppelnatur** muss ein gerichtlicher Vergleich sowohl die Wirksamkeitsvoraussetzungen für Prozesshandlungen als auch diejenigen für verwaltungsrechtliche Verträge erfüllen, wenn er Wirksamkeit entfalten soll (BVerwGE 14, 103, 105; 17, 87, 93; BVerwG NJW 1988, 603; StBS 13; Kopp/Schenke § 106 Rn 6 mwN). In prozessualer Hinsicht führt dies zu gewissen **Modifikationen:** Während Prozesshandlungen grundsätzlich nicht anfechtbar und bedingungsfeindlich sind, können die zu einem öffentlich-rechtlichen Vertrag führenden Willenserklärungen zB nach §§ 119, 123 BGB angefochten und auch mit Bedingungen versehen werden. Greift die Anfechtung durch oder tritt die Bedingung ein, so wird der Vergleich insgesamt unwirksam. Eine Aufspaltung in einen wirksamen prozessualen Vertrag und einen unwirksamen materiellrechtlichen Vertrag ist nicht möglich.

Zu den **prozessualen Voraussetzungen** der Zulässigkeit eines gerichtlichen Vergleichs (s Franke, Der gerichtliche Vergleich im Verwaltungsprozess, 101): Für den gerichtlichen Vergleich ist insoweit die einschlägige Prozessordnung maßgeblich, also nach der VwGO § 106, nach dem SGG § 101. Keine Regelung über einen Prozessvergleich trifft die FGO; für die hierunter fallenden Streitigkeiten ist der Gesetzgeber ursprünglich von einer generellen Unzulässigkeit gerichtlicher Vergleiche ausgegangen. Inzwischen werden jedenfalls sog tatsächliche Verständigungen für zulässig gehalten (s hierzu näher § 54 Rn 52).

II. Begriff und Rechtsnatur des Vergleichsvertrags

8 **1. Legaldefinition.** Ein Vergleich iS des § 55 ist übereinstimmend mit dem im Prozessrecht entwickelten Vergleichsbegriff (vgl Kopp/Schenke § 106 Rn 1) nach der Legaldefinition in § 55 ein Vertrag, „durch den eine bei verständiger Würdigung des Sachverhalts oder der Rechtslage **bestehende Ungewissheit durch gegenseitiges Nachgeben beseitigt** wird". Wesentliche Merkmale sind die Un-

[4] VGH München NVwZ 1989, 167; Allesch DÖV 1990, 275; StBS 18.

gewissheit der Rechts- oder Sachlage (s dazu unten Rn 14ff) und das gegenseitige Nachgeben aller Beteiligten (s unten Rn 20ff) im Hinblick auf diese Ungewissheit. Ungewissheit und Nachgeben müssen sich auf ein und dieselbe Frage beziehen.[5] Daher ist es zB nicht zulässig, eine Ungewissheit darüber, ob und in welcher Höhe eine Abgabe geschuldet ist, durch ein Entgegenkommen bei einer Baugenehmigung zu „kompensieren" (BVerwGE 49, 365; Knack 4). Der Vergleichsvertrag **kann zugleich ein Austauschvertrag** iSd § 56 sein. Notwendig ist dies aber nicht, denn das gegenseitige Entgegenkommen als solches hat noch keinen Leistungscharakter. Wenn also über die Frage des Anspruchs auf die Erteilung einer baurechtlichen Befreiung Ungewissheit besteht, dann kann ein Vergleich darin bestehen, dass der Bauherr, der ursprünglich viergeschossig bauen wollte, sich mit einer Baugenehmigung für ein dreigeschossiges Gebäude zufrieden gibt, während die Behörde von ihrem Standpunkt abrückt, es dürfe nur zweigeschossig gebaut werden. Hier liegt kein Austauschvertrag vor. Gleiches gilt, wenn sich der Bauherr außerdem noch zur Errichtung einer Tiefgarage verpflichtet, weil auch insoweit keine Leistung an die Verwaltung vorliegt. Verpflichtet sich aber der Bauherr in dem Vergleich außerdem zur Übereignung eines Grundstücksteils oder zur Zahlung eines Geldbetrages an die Verwaltung, so liegt zugleich ein Austauschvertrag vor, der die Voraussetzungen des § 56 erfüllen muss.

2. Rechtsnatur. Ähnlich wie der Prozessvergleich hat auch der verwaltungs- 9
rechtliche Vergleichsvertrag eine **Doppelnatur:** Er ist einerseits **Verfahrenshandlung,** die das Verfahren, soweit die Sache sich durch den Vergleichsvertrag erledigt, abschließt, zugleich andererseits aber auch **materiellrechtlicher Vertrag,** der wie jeder andere Vertrag nach materiellem Recht zu beurteilen ist. Als Verfahrenshandlung erfordert der Vergleichsvertrag zu seiner Wirksamkeit wie jede Verfahrenshandlung zB die Beteiligungsfähigkeit (§ 11) und die Verfahrenshandlungsfähigkeit (§ 12) der Partner bzw der für sie handelnden Personen (s § 62 Rn 4); als Vertrag des materiellen öffentlichen Rechts unterliegt er grundsätzlich – vorbehaltlich der Regelungen des § 55 – den allgemeinen Bestimmungen über die Zulässigkeit öffentlich-rechtlicher Verträge gem § 54 und den Bestimmungen über die Nichtigkeit gem § 59 Abs 1 iVm § 779 BGB (vgl VGH Kassel FEVS 11, 176). Gem § 59 Abs 2 Nr 3 kann er unter einer Bedingung (auch einer auflösenden Bedingung, vgl VGH Mannheim NVwZ 1988, 755) abgeschlossen werden, insb auch unter dem Vorbehalt des Widerrufs (s unten Rn 12), entspr den §§ 116ff BGB angefochten werden (vgl BGHZ 16, 388) oder nachträglich durch neue Vereinbarungen jederzeit wieder aufgehoben oder ersetzt werden, usw.

3. Vertragsgegenstand. Gegenstand des subordinationsrechtlichen Vergleichs- 10
vertrags ist die Regelung von Rechten, Pflichten und Befugnissen nach öffentlichem Recht, uU auch der Erlass eines VA (vgl § 54 Rn 21) oder die Verpflichtung der Behörde zur Duldung eines an sich rechtswidrigen Zustandes.[6] Wie bei Prozessvergleichen gem § 106 VwGO können auch Rechte, Pflichten usw nach bürgerlichem Recht in die Regelung einbezogen werden, sofern sie in unmittelbarem Zusammenhang mit dem Vergleichsgegenstand stehen und auch § 56 nicht entgegensteht.[7] Dasselbe gilt auch für Rechte oder Pflichten Dritter, dh am Verfahren bisher nicht beteiligter Personen (vgl Kopp/Schenke § 106 Rn 10). Dabei

---

[5] Konnexität zwischen Ungewissheit und Nachgeben, BVerwGE 49, 364; 84, 157; NJW 1979, 330; Obermayer 20ff; Knack 4; s auch unten Rn 14.

[6] Vgl Mannheim NVwZ 1988, 755 zu einem Vergleich über die Duldung eines unanfechtbar ausreisepflichtigen Ausläders, solange keine weiteren Umstände eintreten, die eine Aufenthaltsbeendigung rechtfertigen.

[7] Vgl OVG Münster 10, 104; VRspr 4, 673; Lüneburg NJW 1969, 206; Kopp/Schenke § 106 Rn 5; StBS 27.

ist das Erfordernis der Konnexität zwischen Ungewissheit und Nachgeben zu beachten (s oben Rn 8).

11 Möglich und zulässig sind auch **Teilvergleiche** über einer selbstständigen Regelung zugängliche Teile einer insgesamt angestrebten Regelung. **Unzulässig** ist jedoch – entgegen der missverständlichen Fassung der Vorschrift („Abschluss des Vergleichs zur Beseitigung der Ungewissheit") – ein **Vergleich hins einzelner unselbständiger Elemente** oder Vorfragen eines zu erlassenden VA, etwa hins der Frage, ob der Antragsteller zuverlässig iS der Voraussetzungen für eine gewerberechtliche Erlaubnis ist, ob ein Werbeschild verunstaltend ist,[8] ob eine bestimmte Rechtsvorschrift auf den Fall anwendbar ist (vgl VGH München VRspr 4, 886), usw.[9]

12 **4. Bedingungen, Widerrufsvorbehalt.** Vergleiche können auch unter Bedingungen, Befristungen sowie unter Widerrufsvorbehalt geschlossen werden. Ein Widerruf kann sich nur auf die Willenserklärung beziehen, der Vertrag als solcher kann nicht Gegenstand des Widerrufs sein. Wird das Widerrufsrecht ausgeübt, so wird der **Vergleichsvertrag rückwirkend unwirksam.** Ein vorher anhängiges Verfahren wird automatisch wieder in den Stand zurückversetzt, den es vor Abschluss des Vergleichs hatte.[10] Der Widerruf muss grundsätzlich in der Form erfolgen, die dafür vereinbart wurde; im Zweifel ist Erfordernis der Schriftform gem § 57 anzunehmen (vgl Kopp/Schenke § 106 Rn 17). Er muss allen Beteiligten gegenüber erklärt werden. Bei verspätetem Widerruf ist **Wiedereinsetzung nach § 32 nicht möglich** (OVG Lüneburg DÖV 1999, 923); bei unverschuldeter Fristversäumung kann der Widerruf aber nach Treu und Glauben so behandelt werden, als wäre er rechtzeitig. Wurde vereinbart, dass der Widerruf nur unter bestimmten Voraussetzungen zulässig sein soll, etwa wenn ein bestimmtes Organ nicht zustimmt, so ist ein aus anderem Grund erklärter Widerruf unbeachtlich (vgl OVG Münster DÖV 1972, 324; BGHZ 16, 390). Dies gilt jedoch nur, wenn die Zustimmung nicht nach § 58 Abs 2 schon Wirksamkeitserfordernis für den Vergleich ist.

III. Voraussetzungen des Vergleichsvertrags

13 **1. Allgemeines.** Liegen die Voraussetzungen des § 55 vor, so kann ein Vertrag nach § 59 Abs 2 Nr 3 wirksam sein, auch wenn der Inhalt der Vereinbarung mit der tatsächlich bestehenden Rechtslage nicht in Einklang steht. Darin liegt seine praktische Bedeutung für den Verwaltungsvollzug. Das bedeutet nicht, dass ein Vergleichsvertrag, der die Voraussetzungen des § 55 nicht erfüllt, zwangsläufig unwirksam wäre. Er kann vielmehr, wenn kein Nichtigkeitsgrund nach § 59 vorliegt, als allgemeiner öffentlich-rechtlicher Vertrag nach § 59 wirksam sein.

13 a Der Vergleichsvertrag muss die **allgemeinen Wirksamkeitsvoraussetzungen** eines öffentlich-rechtlichen Vertrages erfüllen. Hierzu zählen übereinstimmende wirksame Willenserklärungen, die auf den Abschluss eines Vertrages gerichtet sind (s § 54 Rn 18), ferner die Handlungsfähigkeit nach § 12, die Fähigkeit, über den Gegenstand eine Verfügung zu treffen, die Zustimmung betroffener Dritter und die Beteiligung der zuständigen Behörden (§ 58) sowie das Fehlen eines Vertragsformverbots (§ 54 S 1). Derartige Verbote können grundsätzlich auch Vergleichsverträge erfassen (StBS 21).

---

[8] Vgl OVG Münster VRspr 4, 886 f; **aA** offenbar F 279, der aus der unterschiedlichen Fassung von § 55 und § 106 VwGO folgert, daß dies zulässig ist.

[9] Vgl Kopp/Schenke § 106 Rn 15; zT **aA** offenbar BFH NJW 1985, 863 mwN zu „tatsächlichen Verständigungen" über die Annahme eines bestimmten Sachverhalts oder/und die Art der Sachbehandlung.

[10] StBS 29; für den Widerruf eines Prozessvergleichs BVerwG NJW 1994, 2306.

2. Ungewissheit über die Sach- oder Rechtslage. An sich ist die Behörde nach § 24 und nach dem Grundsatz der Gesetzmäßigkeit der Verwaltung verpflichtet, den Sachverhalt aufzuklären und die Folgerungen, die sich daraus für ihre Entscheidung ergeben, zu ziehen. § 55 erlaubt es der Behörde jedoch im Einvernehmen mit dem Bürger, **von einer solchen Klärung abzusehen** und statt dessen eine Regelung durch einen Vergleich zu treffen (vgl auch § 24 Rn 12ff). Entgegen der unklaren Fassung ist § 55 dahin zu verstehen, dass diese Befugnis immer dann besteht, wenn es die Behörde bei sachlicher, verständiger Würdigung der Schwierigkeiten einer Aufklärung des Sachverhalts oder der Klärung einer unsicheren Rechtslage nach **pflichtgemäßem Ermessen** für vertretbar und zweckmäßig halten darf, eine Regelung durch Vergleich anzustreben oder einem Vergleich zuzustimmen.[11] Fehlt es an der Ungewissheit der Sach- oder Rechtslage, so ist ein Vergleich nach § 55 nicht zulässig, sondern allenfalls ein Vertrag nach § 54 und nach allgemeinem Recht. 14

a) Ungewissheit bei den Beteiligten. Hins. der Ungewissheit kommt es auf Seiten der Behörde **nicht allein auf das Wissen des zuständigen Sachbearbeiters** an. Eine Ungewissheit iS von § 55 ist nur dann gegeben, wenn das erforderliche Wissen in der Behörde insgesamt, also auch etwa bei Vorgesetzten oder bei anderen Behördenbediensteten, deren Wissen der Behörde zuzurechnen ist, nicht für die Entscheidung zur Verfügung gestanden hat bzw hätte bzw unschwer dafür herangezogen hätte werden können (vgl BGH DÖV 1992, 498; VGH München NVwZ 1989, 167; Knack 4). Im Einzelnen gelten insoweit im Wesentlichen dieselben Grundsätze wie hins der **Tatsachenkenntnis gem § 48 Abs 4** seitens der Behörde (s hierzu § 48 Rn 136ff). Entsprechendes gilt für Ungewissheiten auf Seiten des Vertragspartners der Behörde. 15

Umstritten ist, ob **Ungewissheit bei sämtlichen Vertragspartnern** vorliegen muss, oder ob es genügt, wenn die Ungewissheit auf Seiten der Behörde besteht. Richtigerweise wird man verlangen müssen, dass **sämtliche Beteiligten** den Vertrag in dem Bewusstsein schließen müssen, eine Ungewissheit aus der Welt zu schaffen.[12] Die Frage ist von geringer praktischer Bedeutung, da es in der praktischen Konfliktsituation nicht um die Frage der Berechtigung des Konflikts, sondern darum geht, einen – weshalb auch immer – vorhandenen Konflikt einvernehmlich zu lösen. Regelmäßig wird man zwischen berechtigten und unberechtigten Zweifeln nur schwer unterscheiden können.[13]

b) Ungewissheit in tatsächlicher oder rechtlicher Hinsicht. Ungewissheit iS von § 55 in tatsächlicher Hinsicht ist dann anzunehmen, wenn Tatsachen unbekannt und die Ergebnisse weiterer Tatsachenermittlung ungewiss sind und die an sich erforderliche Klärung voraussichtlich in angemessener Zeit (vgl BVerwGE 17, 94; Knack 4) oder zu im Verhältnis zur Bedeutung der Sache angemessenen Kosten nicht möglich ist bzw wäre.[14] Ungewissheit **in rechtlicher Hinsicht** ist insb dann gegeben, wenn die Anwendbarkeit und/oder Auslegung der entscheidungserheblichen bzw möglicherweise entscheidungserheblichen Rechtsnormen zweifelhaft ist und eine eindeutige höchstrichterliche Rechtsprechung dazu noch fehlt, oder wenn Gewohnheitsrecht, älteres oder ausländisches oder 16

[11] Vgl VGH München BayVBl 1977, 406; WBS II § 54 Rn 32; Haueisen DVBl 1968, 285; Knobloch KStZ 1975, 205; Tiedemann DÖV 1996, 594; Erfmeyer DVBl 1998, 753; Schlette 486ff: qualifizierte Ungewissheit bei objektivierter Sicht.

[12] So die hM; vgl BVerwG NJW 1975, 1751; VGH München BayVBl 1988, 721; StBS 38; Knack 4; Obermayer 9: alle Vertragspartner müssen sich der Zweifel und der daraus folgenden Ungewißheit bewußt sein und den Willen haben, eben diese Ungewißheit durch den Vertrag zu überwinden; **aA** UL § 68 Rn 21; MB 9; Kopp VwVfG 6. Aufl § 54 Rn 9f.

[13] RGZ 62, 201, 206: Würdigung muss frei sein von „Eigensinn, subjektiven Launen und törichten Anschauungen".

[14] BVerwG DÖV 1980, 48; Knack 7; StBS 44; MB 9; Obermayer 7; Schlette 487.

sonst fremdes Recht anzuwenden ist und die in Betracht kommenden Normen nur schwer feststellbar sind. Hier sind strenge Anforderungen zu stellen (Obermayer 15; Knack 5). **Das übliche Verfahrensrisiko,** das dem allgemeinen Prozessrisiko entspricht, reicht für die Annahme einer Ungewissheit der Rechtslage nicht ohne weiteres aus (vgl VGH München NVwZ 1989, 167; Knack 5; weiter StBS 46).

17 **c) Andere Vergleichsgründe.** Wird ein subordinationsrechtlicher oder koordinationsrechtlicher Vergleich nicht im Hinblick auf eine gegebene Ungewissheit der Sach- oder Rechtslage geschlossen, sondern aus anderen Gründen, etwa zur Beilegung von Meinungsverschiedenheiten über das zweckmäßigste Vorgehen in einer Ermessensangelegenheit, so ist § 55 nicht anwendbar (vgl BVerwG NJW 1976, 686; vgl auch Obermayer 5). Die Zulässigkeit beurteilt sich in diesem Fall ausschließlich nach § 54 ggf iVm § 56. Seitens der Behörde ist dabei außer der örtlichen und sachlichen Zuständigkeit vor allem auch die Dispositionsfreiheit hins der beabsichtigten Regelung erforderlich (vgl Rn 6; ferner Kopp/Schenke § 106 Rn 13). Die von der Behörde zu erbringende Leistung muss jedenfalls zulässig sein (BVerwGE 49, 764f).

18 **3. Beseitigung der Ungewissheit durch gegenseitiges Nachgeben.** Das gegenseitige Nachgeben ist wesentliche Voraussetzung für das Vorliegen – und damit auch für die Zulässigkeit – eines Vergleichs iS des § 55 (UL § 68 Rn 22; Knack 6; MB 13). **Gegenseitigkeit** bedeutet, dass jeder Partner des Vergleichs im Hinblick auf ein Nachgeben der „Gegenseite" auch selbst in irgendeinem Punkt von rechtlicher Bedeutung nachgibt, und sei das Nachgeben auch noch so gering. Das Nachgeben muss sich auf die bestehende Ungewissheit beziehen (BVerwGE 49, 365, 364; Obermayer 20ff). **Gibt nur eine Partei nach,** so handelt es sich um keinen Vergleich, sondern um einen Vertrag gem § 54 oder § 56 oder um einen Verzicht oder ein Anerkenntnis (vgl BGHZ 39, 64; Knack 6).

19 **a) Nachgeben.** Nachgeben ist **jedes Abrücken von dem im Verfahren günstigstenfalls erreichbaren Ergebnis,** auf Seiten der Behörde zB der Verzicht auf eine Auflage, die Verlängerung einer dem Betroffenen eingeräumten Frist, der Verzicht auf die Vollstreckung eines VA, die Stundung einer Forderung, die Verpflichtung, über einen Antrag erneut zu entscheiden, wenn das Gericht in einer parallelen Sache zugunsten des Klägers entscheiden sollte (OVG Münster NJW 1990, 2701). Auf Seiten des Bürgers bedeutet Nachgeben zB das Einverständnis mit einer von der Behörde gewünschten Änderung des Bauvorhabens, für das eine Baugenehmigung beantragt wird, der Verzicht auf Zinsen für eine geschuldete Leistung uä, der **Verzicht auf Rechtsbehelfe** gegen eine Entscheidung (Krause 228), die Rücknahme eines bereits eingelegten Rechtsbehelfs (BVerwGE 14, 104; Münster DVBl 1973, 696), der Verzicht auf eine Schadensersatzforderung (OVG Münster DVBl 1973, 696), die Abgabe eines Schuldanerkenntnisses (BVerwG DÖV 1977, 206) usw. Das Nachgeben muss sich nicht auf **materiellrechtliche Positionen** beziehen, es kann auch mit der Aufgabe einer **verfahrensrechtlichen Position** bestehen und darf sich auch auf Rechte und Rechtspositionen beziehen, die nicht Gegenstand des Verfahrens waren, auch zB auf Ansprüche nach bürgerlichem Recht. Es darf bei einer Gesamtbewertung nicht gänzlich vernachlässigenswert sein, sondern muss für die Beteiligten eine substantielle Bedeutung haben. Soweit des Nachgeben im Versprechen einer Gegenleistung besteht, liegt zugleich ein **Austauschvertrag** vor, für den § 56 beachtet werden muss.

19a **b) Konnexität.** Das gegenseitige Nachgeben muss seine Ursache in dem Bestreben des Vertragspartners haben, die rechtliche bzw tatsächliche Ungewissheit gemeinsam zu bewältigen. Voraussetzung ist deshalb ein innerer Zusammenhang zwischen Ungewissheit und Nachgeben.[15] Das Nachgeben in einem Aushandlungsprozess mit dem Ziel, die Vor- und Nachteile eines Austauschvertrages für sämtliche Vertragspartner zum Ausgleich zu bringen, fällt nicht hierunter.

4. Ermessen zum Abschluss eines Vergleichsvertrags. Auch bei bestehender Ungewissheit steht die Entscheidung der Behörde, ob sie einen Vergleichsvertrag für „zweckmäßig" hält, in ihrem Ermessen. Hiervon muss sie unter Beachtung des Prinzips der Verhältnismäßigkeit und des Gebots der Gleichbehandlung (Obermayer 30) Gebrauch machen. Ausreichend ist insoweit, dass die Behörde erstens zu der – angesichts der besonderen Umstände des Falles vertretbaren – Auffassung kommt, dass eine befriedigende Aufklärung der Sach- oder Rechtslage nicht ohne erhebliche Schwierigkeiten möglich sein würde (ebenso Degenhart NVwZ 1982, 73), und sich zweitens nach pflichtgemäßem Ermessen unter Abwägung des Für und Wider – insb auch der Schwierigkeiten, Kosten und Erfolgsaussichten einer weiteren Aufklärung und der Aussichten, eine Lösung zu finden, die nicht von vornherein Rechtsbehelfsverfahren heraufbeschwört – für den Abschluss eines Vergleichs entscheidet. 20

Voraussetzungen und Umfang des Anspruchs, auf den sich der Vergleich bezieht, müssen grundsätzlich zumindest in Umrissen feststehen (Degenhart NVwZ 1982, 73); die Frage der Konkretheit des Anspruchs ist auch bei der Ermessensentscheidung zu berücksichtigen. Entgegen der Fassung der Vorschrift ist nicht erforderlich, dass der Vergleich die Unklarheiten „löst"; dazu ist ein Vergleich in aller Regel nicht geeignet, zumal ein Vergleich über die Beurteilung von einzelnen Tatsachen oder Rechtsfragen gar nicht möglich ist. Sofern der Behörde hins der Angelegenheit, auf die sich der Vergleich bezieht, schon nach den allgemeinen Rechtsvorschriften ein **Ermessens- oder Beurteilungsspielraum** (vgl § 40) eingeräumt ist, ist ein Vergleich auch immer schon dann zulässig, wenn die Berücksichtigung der bestehenden Schwierigkeiten usw bei einer Entscheidung durch VA nicht ermessensfehlerhaft wäre (vgl BVerwGE 17, 87; Kopp/Schenke § 106 Rn 13). 21

IV. Fehlerhafter Vergleichsvertrag

1. Allgemeine Unwirksamkeitsgründe. Ein Vergleichsvertrag unterliegt den allgemeinen Wirksamkeitsvoraussetzungen von öffentlichrechtlichen Verträgen. Das gilt nicht nur für die Frage des Zustandekommens durch übereinstimmende Willenserklärungen, sondern auch für etwaige Willensmängel und die Schriftform des § 57 sowie für gesetzliche Verbote iS des § 134 BGB, insbes für Vertragsformverbote, die allerdings für Vergleichsverträge nur in relativ seltenen Fällen relevant werden können (s hierzu näher § 59 Rn 8 ff; 18). 22

2. Unwirksamkeit nach § 59 Abs 2 Nr 3. Fehlt es an den Voraussetzungen des Vergleichsvertrages nach § 55, weil entweder keine Ungewissheit über die Sach- und Rechtslage besteht oder weil die Vereinbarung nicht auf der Grundlage eines gegenseitigen Nachgebens zustande gekommen ist, dann führt dies nach § 59 Abs 2 Nr 3 zur Nichtigkeit des Vertrages in allen Fällen, in denen ein VA mit entsprechendem Inhalt nicht nur wegen eines Form- oder Verfahrensfehlers iS des § 46 rechtswidrig wäre. Das bedeutet, dass ein Vergleichsvertrag eine Abweichung von materiellen gesetzlichen Regelungen nur unter den Voraussetzungen des § 55 enthalten darf. Soweit aber Gesetzeskongruenz besteht, kann der Vertrag zwar nicht als Vergleichsvertrag, wohl aber als sonstiger Vertrag, zB als Austauschvertrag, fortbestehen. 23

3. Unwirksamkeit nach § 59 Abs 1 iVm § 779 BGB. Die Unwirksamkeit eines Vergleichsvertrages kann sich ferner aus § 779 BGB ergeben, wenn der nach 24

[15] BVerwG NJW 1976, 686; DÖV 1990, 930; StBS 38; Obermayer 22; Knack 6.

dem Inhalt des Vertrages zugrunde gelegte Sachverhalt der Wirklichkeit nicht entspricht und anzunehmen ist, dass der Streit bzw die Ungewissheit bei Kenntnis der Sachlage nicht entstanden sein würde. § 779 BGB gehört zu den Vorschriften, die gem § 59 Abs 1 zur Unwirksamkeit des Vergleichsvertrages führen können. Allerdings ist zu berücksichtigen, dass der Vertrag nach § 779 iVm § 59 Abs 1 nur dann nichtig ist, wenn sein Inhalt gesetzesinkongruent ist. Hiervon wird bei Vergleichsverträgen typischerweise auszugehen sein.

§ 56 Austauschvertrag

(1) **Ein öffentlich-rechtlicher Vertrag im Sinne des § 54 Satz 2, in dem sich der Vertragspartner der Behörde zu einer Gegenleistung verpflichtet,**[5] **kann geschlossen werden, wenn die Gegenleistung für einen bestimmten Zweck im Vertrag vereinbart wird**[7] **und der Behörde zur Erfüllung ihrer öffentlichen Aufgaben dient.**[11] **Die Gegenleistung muss den gesamten Umständen nach angemessen sein und im sachlichen Zusammenhang mit der vertraglichen Leistung der Behörde stehen.**[16]

(2) **Besteht auf die Leistung der Behörde ein Anspruch,**[20 a] **so kann nur eine solche Gegenleistung vereinbart werden, die bei Erlass eines Verwaltungsaktes Inhalt einer Nebenbestimmung nach § 36 sein könnte.**[21]

Parallelvorschrift: § 55 SGB X

Schrifttum: *Bleckmann,* Verfassungsrechtliche Probleme des Verwaltungsvertrages, NVwZ 1990, 606; *Bötsch,* Die Unwirksamkeit von Nachfolgelastenverträgen, BayVBl 1981, 11; *v Campenhausen,* Die Kopplung von VAen mit Gegenleistungen im Vertragswege im Bau- und Bauordnungsrecht, DÖV 1967, 662; *Ehlers,* Das VwVfG im Spiegel der Rspr, Vw 1998, 54; *Grziwotz,* Baulanderschliessung, 1993; *Herms,* Die Koppelung der Einbürgerung an die Rückzahlung von Ausbildungsbeihilfen, BayVBl 1997, 74; *Koch,* Die Vertragsstrafe im ör Vertrag am Beispiel von Ausbildungsförderungsverträgen, DÖV 1998, 141; *Loomann,* „Ausverkauf von Hoheitsrechten" in Verträgen zwischen Bauherrn und Gebietskörperschaften, NJW 1996, 1439; *Menger,* Zum Koppelungsverbot bei öffentlich-rechtlichen Verträgen, VerwA 1973, 207; *Mohr,* Austauschverträge mit Steuerbehörden, NJW 1978, 790; *Schulze-Osterloh,* Zulässigkeit eines öffentlich-rechtlichen Vertrages und Kopplungsverbot, JuS 1980, 458; *Weides,* Der mißglückte Ablösungsvertrag, JuS 1978, 841; *Weyreuther,* Ablösungsverträge, entgegenstehende Rechtsvorschriften und gesetzliche Verbote, in: Reimers-FS 1979, 379. S im übrigen zu § 54.

Übersicht

I. Allgemeines

1 **1. Inhalt.** Die Vorschrift enthält besondere Bestimmungen für Austauschverträge im Über- und Unterordnungsverhältnis (§ 54 S 2), dh nur für **(subordinationsrechtliche)** Verträge, in denen sich der Vertragspartner einer Behörde gegenüber im Hinblick auf eine ihm von dieser versprochenen oder in Aussicht gestellten Leistung (VA, sonstige Leistung, vgl BVerwGE 52, 187) „zu einer Gegenleistung verpflichtet". § 56 sieht für derartige Verträge besondere Beschränkungen vor, um der **„Gefahr eines Ausverkaufs von Hoheitsrechten"**[1] vorzubeugen. Die Vorschrift dient zugleich aber auch dem **Schutz des Bürgers** davor, dass ihm Leistungen abverlangt werden, die im Hinblick auf die bestehende Gesetzeslage nicht gerechtfertigt sind oder nicht angemessen erscheinen (Begr 80; vgl auch BGHZ 26, 84; StBS 2; Bötsch BayVBl 1981, 12). Das **Verbot sachwidriger Koppelung** ist ein für das gesamte öffentliche Recht geltender allgemeiner Rechtsgedanke, der deshalb nicht nur für den Austauschvertrag nach Abs 1, sondern schlechthin gilt, insbes auch für die Beifügung von Nebenbestimmungen zu VAen nach § 36. Was nicht Gegenstand einer Nebenbestimmung nach § 36 sein kann, darf deshalb idR auch nicht als Gegenleistung in einem öffentlich-rechtlichen Vertrag vereinbart werden. Die Vorschrift enthält zwingendes Recht; sie kann vertraglich nicht abbedungen werden.

2 **2. Anwendungsbereich. a) Unmittelbar.** Die Vorschrift gilt, wie sich aus der Inbezugnahme von § 54 S 2 ergibt, unmittelbar **nur für subordinationsrechtliche Verträge** (zum Begriff s § 54 Rn 55) im Geltungsbereich des VwVfG, dh vorbehaltlich spezieller Regelungen. Die Verwaltungsverfahrensgesetze der Länder enthalten gleich lautende Regelungen. Die Vorschrift gilt außerdem nur in den Bereichen, in denen überhaupt Austauschverträge geschlossen werden dürfen, in denen also kein **Vertragsformverbot** besteht. Sie ist deshalb grundsätzlich nicht anwendbar in den Bereichen des Abgabenrechts (§ 2 Abs 2 Nr 1) und des Prüfungsrechts (§ 2 Abs 3 Nr 2). S hierzu näher § 54 Rn 4 ff. Im Anwendungsbereich des § 56 wird danach differenziert, ob es sich um einen Vertrag über einen Gegenstand der streng gebundenen Verwaltung, in der auf die Leistung der Behörde ein Anspruch besteht (Abs 2) oder im Bereich der Ermessensverwaltung handelt (Abs 1); der Hauptanwendungsbereich ist naturgemäß die Ermessensverwaltung.

3 **b) Analoge Anwendbarkeit.** Als **Ausdruck allgemeiner Rechtsgrundsätze,** wie sie in der Rspr und Schrifttum insbes zu den sog Folgelastenverträgen Anerkennung gefunden haben, sind § 56 und die entspr Vorschriften des Landesrechts sinngemäß auch auf verwaltungsrechtliche Verträge anwendbar, die nicht

[1] Begr 80; Loomann NJW 1996, 1439; StBS 4; vgl ebenso zum bish Recht auch BVerwGE 42, 339 = NJW 1973, 1895; BVerwG NJW 1980, 1294; NJW 1992, 1810 = DVBl 1993, 263; Münster DVBl 1981, 836; OLG München BayVBl 1980, 504; Tittel DVBl 1967, 39; Meyer ZMR 1972, 40; K 9; ferner auch die Bedenken bei ME VerwArch 1967, 176.

unter diese Vorschriften fallen und für die auch keine Sonderregelungen gelten.[2] Bisher vor allem im Schrifttum vertretene abweichende Auffassungen sind angesichts der Beispielswirkung des § 56 künftig schwerlich aufrechtzuerhalten.

Auf Verträge in Gleichordnungsverhältnissen ist § 56 grundsätzlich **nicht entsprechend anwendbar.**[3] In Betracht kommt nur eine entsprechende Anwendung des auch sonst im öffentlichen Recht anerkannten Koppelungsverbots (s MK 30 VIII). Die wohl hM lässt auch insoweit das Bestehen der Verfügungsmacht über den jeweiligen Vertragsgegenstand ausreichen.[4] Dies erscheint im Hinblick auf den Schutzzweck der Vorschrift (s Rn 1) folgerichtig. Zumindest analog ist § 56 nach seinem Rechtsgedanken auch auf Verträge anwendbar, in denen ein öffentlich-rechtlicher Rechtsträger sich vom Bürger für Handlungen im Über-/Unterordnungsverhältnis eine Gegenleistung versprechen lässt, die im (Innen-) Verhältnis zwischen Behörden Voraussetzung für Leistungen einer anderen Behörde ist, zB eine Gemeinde für die Erteilung ihres Einvernehmens zu einer Grundstücksteilung (OVG Koblenz DVBl 1992, 786).

4 **c) Echte und unechte Austauschverträge.** Unmittelbar gilt § 56 nur für Austauschverträge, also für **gegenseitige Verträge,** in denen die Leistungen der Vertragspartner iS des Synallagmas miteinander verbunden sind. Es entspricht aber allgA, dass die Vorschrift zumindest analog auch auf sonstige gegenseitige Verträge, die nicht Austauschverträge ieS sind, anwendbar ist (BVerwGE 96, 326; StBS 20). Dies gilt zum einen für die Fälle, in denen der Bürger mit seiner Leistung erst die Voraussetzungen für die Leistung der Behörde, zB eine fehlerfreie Ermessensbetätigung, schafft, zum anderen auch für die sog. **hinkenden Austauschverträge,** in denen nicht die Leistung der Behörde, sondern die Gegenleistung des Bürgers als vertragliche Hauptleistung ausgestaltet ist, während die Leistung der Behörde entweder gar nicht Inhalt des Vertrages oder jedenfalls nicht als Hauptleistung ausgestaltet ist.[5] S zu hinkenden Austauschverträgen, bei denen die Leistung der Behörde überhaupt nicht ausdrücklich genannt, sondern nur stillschweigend vorausgesetzt wird, auch unten Rn 6; allg auch § 54 Rn 8. **Nicht erforderlich** ist, dass der Vertrag **„eine wirtschaftliche Dimension“** aufweist, dh zumindest auf Seiten eines Vertragspartners finanzielle uä Leistungen zum Gegenstand hat (BVerwGE 96, 326; zweifelnd OVG Lüneburg NJW 1978, 2262).

5 **3. Begriff und Inhalt des Austauschvertrages. a) Allgemeines.** § 56 gibt der Behörde im Rahmen der vorgesehenen Beschränkungen eine gewisse Freiheit, eine von ihr zu erbringende Leistung vertraglich von einer Gegenleistung des Vertragspartners abhängig zu machen, die nicht ausdrücklich gesetzlich vorgesehen ist, zB von der Zahlung eines Geldbetrages für bestimmte Zwecke, von der Stilllegung eines Betriebs, dem Bau von Häusern für den sozialen Wohnungsbau, usw. Der Austauschvertrag kann zugleich auch den **Charakter eines Vergleichsvertrages** nach § 55 haben (s § 55 Rn 8). Hinsichtlich der Anforderungen, denen ein Vertrag genügen muss, unterscheidet § 56 zwischen Verträgen, die Leistungen der Behörde betreffen, auf die der Bürger keinen Anspruch hat und die insoweit im Ermessen der Behörde stehen (Abs 1 – insoweit gelten weniger strenge Anforderungen), und Verträgen die Leistungen betreffen, auf die ein Anspruch besteht (Abs 2); insoweit gelten strengere Anforderungen (s dazu unten Rn 20 ff).

---

[2] Ebenso im Ergebnis BVerwGE 42, 231 ff; StBS 14; enger hins der Frage zulässiger Gegenleistungen Erichsen/Ehlers § 26 Rn 11 ff; Götz JuS 1970, 5; Thieme NJW 1974, 2204.

[3] BVerwG DÖV 1977, 206; 1989, 640; OVG Lüneburg DÖV 1978, 220; StBS 9; UL § 68 Rn 27; Knack 5.

[4] ZT **aA** Knack 5: zulässig ohne Bindung an die Voraussetzungen des § 56; es genügt, daß die Vertragspartner hins des Gegenstands verfügungsbefugt sind.

[5] BVerwG NJW 1995, 1105; DÖV 1978, 220; OVG Lüneburg NJW 1978, 2269 = DÖV 1978, 222; OVG Koblenz 1992, 786; **aA** offenbar BVerwG VRspr 27, 137.

b) Leistung der Behörde. Die Vorschrift regelt nur die Gegenleistung des Bürgers; für die Leistung der Verwaltung enthält sie keine Bestimmungen. Insoweit gelten die Vorschriften des jeweils geltenden Fachrechts. Die Behörde kann sich daher nur zu Leistungen verpflichten, für die sie zuständig ist und zu deren Erbringung sie nach dem anzuwendenden materiellen Recht befugt ist;[6] dabei genügt es, dass die Gegenleistung die tatbestandsmäßigen Voraussetzungen der Leistung der Behörde erst schafft. Verpflichtet sich die Behörde zu einer Leistung, die sie nach geltendem Recht nicht erbringen darf (zB zu einer unzulässigen Befreiung von baurechtlichen Vorschriften), so ist der Vertrag idR nach § 59 Abs 1 iVm § 134 BGB nichtig (s § 59 Rn 8 ff). 6

Als Leistungen der Behörde kommt außer dem **Erlass eines VA** auch jedes **andere Handeln, Dulden oder Unterlassen** in Betracht, und zwar grundsätzlich unabhängig davon, ob es öffentlich-rechtlich oder privatrechtlich zu beurteilen ist. Allerdings liegt bei rein privatrechtlichen Leistungen im Zweifel kein öffentlich-rechtlicher, sondern ein privatrechtlicher Vertrag vor. Grundsätzlich kommt auch das Versprechen des Erlasses, der Änderung oder Aufhebung einer Verordnung oder einer Satzung als Leistung der Behörde in Betracht (StBS 23); allerdings sind rechtswirksame **Verpflichtungen zum Normerlass idR nicht zulässig** (vgl zB § 2 Abs 3 BauGB); soweit sie wirksam sind, fehlt ihnen die gerichtliche Durchsetzbarkeit (Zulässigkeit einer Feststellungsklage bejahend: BVerwGE 80, 362; BVerwG NVwZ 1990, 163; krit hierzu Schenke Rn 1083). Möglich ist auch, dass die Leistung der Behörde überhaupt nicht unmittelbar Vertragsgegenstand ist, sondern im Vertrag **nur als (stillschweigende) Bedingung** uä in Erscheinung tritt,[7] zB die Aufstellung eines Bebauungsplans als Voraussetzung der vom Bürger zu leistenden Nachfolgelasten (BVerwGE 42, 341; vgl auch § 54 Rn 34).

II. Voraussetzungen des Austauschvertrags gem Abs 1

1. Zweckbindung der Gegenleistung (Abs 1 S 1). Gem Abs 1 S 1 muss die Gegenleistung, zu der sich der Vertragspartner der Behörde verpflichtet, im Vertrag (dh auch in der Schriftform des § 57) für einen bestimmten Zweck vereinbart werden.[8] Das Erfordernis der Angabe des Zwecks dient vor allem der Wahrung und **Kontrollierbarkeit** der in § 56 genannten materiellen Voraussetzungen der Zulässigkeit der Vereinbarung einer Gegenleistung (StBS 52). Abs 1 S 1 schließt damit die Vereinbarung einer Gegenleistung aus, deren Zweck nicht im Vertrag angegeben wird (Obermayer 11; Ehlers JZ 1990, 595). Entgegen der früher überwiegend vertretenen Auffassung (vgl MB 14) muss nach der Rspr jedoch der Zweck der Gegenleistung **nicht notwendig ausdrücklich** im Text genannt sein, vielmehr reicht es aus, wenn der Zweck im Wege der Vertragsauslegung bestimmt werden kann.[9] Voraussetzung ist, dass sich aus dem Inhalt der Vertragsurkunde selbst zureichende Anhaltspunkte für die Auslegung ergeben und Gegenstand und Zweck der Gegenleistung nicht ausschließlich anhand von Umständen ermittelt werden müssten, die außerhalb der Vertragsurkunde liegen; insoweit gelten die gleichen Grundsätze (vgl dazu BGH NJW 1989, 1484) wie für die Auslegung von privatrechtlichen Willenserklärungen, die der Schriftform gemäß § 126 BGB bedürfen (BVerwGE 84, 236; kritisch Ehlers JZ 1990, 595). 7

---

[6] WBS II § 54 Rn 29; StBS 25; Knack 6; Erichsen/Ehlers § 26 Rn 13.

[7] Sog hinkender Austauschvertrag, vgl VGH München NVwZ 1990, 979; VGH Mannheim NVwZ 1991, 583; OVG Koblenz DVBl 1992, 785: § 56 zumindest entsprechend anwendbar; UL § 68 Rn 33; StBS 20; Erichsen/Ehlers § 26 Rn 12; Knack 4; **aA** Papier JuS 1981, 499; Lange JuS 1982, 503; NVwZ 1983, 320: ein privatrechtlicher Vertrag.

[8] Vgl BVerwGE 84, 236 = NVwZ 1990, 665; StBS 51; ebenso zum früheren Recht BVerwGE 42, 343.

[9] BVerwGE 84, 236 = NVwZ 1990, 665; vgl auch bereits BVerwGE 42, 343; BayVBl 1982, 178; krit UL § 68 Rn 38.

8 **a) Bestimmtheit der Zweckvereinbarung.** Hieran sind keine allzu hohen Anforderungen zu stellen. Grundsätzlich genügt es insoweit, dass in dem Vertragstext nur Anhaltspunkte hins der Zweckbestimmung aufgenommen werden. Ist dies der Fall, kann die nähere Bestimmung der Leistung im vertraglich festgelegten Rahmen gem § 62 S 2 analog § 315 BGB der Behörde überlassen werden.[10] Dass sich insoweit aus dem Vertragstext zumindest hinreichende Anhaltspunkte ergeben, ist jedoch unverzichtbar. Ist in einem Vertrag als Gegenleistung vereinbart, dass sich die Behörde das Einvernehmen für Baumaßnahmen des Vertragspartners vorbehält, so entspricht dies dem Bestimmtheitserfordernis des § 56 Abs 1 VwVfG nur, wenn auch vereinbart ist, unter welchen Voraussetzungen und zu welchem Zweck das Einvernehmen versagt werden darf (BVerwGE 84, 236 = NVwZ 1990, 665). Zulässig ist zB auch eine Regelung, die unter Nennung des Zwecks die Gegenleistung von einer Bedingung abhängig macht, die mit dem Zweck im Zusammenhang steht, etwa der Bedingung, dass die Leistung nur erbracht werden muss, wenn andere Finanzierungsmöglichkeiten für ein bestimmtes Vorhaben nicht ausreichen usw.

9 **b) Konkretheit des Zwecks.** Der Zweck muss hinreichend konkret bezeichnet werden, zB für Schulbaumaßnahmen (BVerwGE 42, 344f; Bötsch BayVBl 1981, 12 mwN). Soweit mehrere Zwecke in Betracht kommen, müssen auch die ungefähren Anteile angegeben werden (BVerwGE 42, 344; Obermayer 12). Erforderlich ist zB bei einer Übernahme von sog Folgelasten durch den Vertragspartner der Verwaltung, dass Art und Zahl der Investitionsvorhaben, für die die Zahlungen zu leisten sind, bestimmbar sind und die Berechtigung der Höhe der Beträge nachgeprüft werden kann (VGH München BayVBl 1980, 721). **Nicht ausreichend sind allgemeine, schematische Bezeichnungen** wie „Zuzugsabgabe, Folgelasten, usw" (BVerwGE 42, 344f; Obermayer 11), oder „Verbesserung der Infrastruktur" (StBS 51). Soweit für bestimmte Zwecke auch allgemeine Abgaben usw in Betracht kommen, ist die Zwecksetzung auch gegenüber solchen Leistungen abzugrenzen.

Der Zweck muss so konkret bezeichnet werden, dass der innere **Zusammenhang von Leistung und Gegenleistung** festgestellt werden kann. Notwendig ist deshalb nur die Vereinbarung des Zwecks, nicht auch eine Vereinbarung hins der Verwendung der Gegenleistung im Einzelnen (zB ist bei der Zweckbestimmung Schulbaumaßnahmen keine Angabe der konkreten Gebäude, zB Aula, Turnhalle usw erforderlich). Zulässig ist auch die Bestimmung alternativer Zwecke, wenn im Vertrag jedenfalls die Grundsätze festgelegt sind, nach denen zu bestimmen ist, in welcher Reihenfolge die Alternativen zum Zuge kommen sollen, zB, dass der Zweck B nur gelten soll, wenn sich der Zweck A als unrealistisch erweist und nicht erfüllt werden kann (Obermayer 10). Nicht ausreichend ist die Vereinbarung eines „freiwilligen Betrages" in einem Umlegungsvertrag ohne konkrete Zweckbestimmung (vgl BVerwG NVwZ 2002, 473).

10 Die **Zweckvereinbarung ist bindend.** Erweist sich der vereinbarte Zweck nachträglich als unerreichbar oder möchte die Behörde aus zwingenden Gründen des Gemeinwohls davon abgehen, so hat der Vertragspartner nach § 60 einen Anspruch auf **Anpassung des Vertrags** bzw kann diesen kündigen. In anderen Fällen ist eine Zweckänderung nur im gegenseitigen Einvernehmen durch Abschluss eines Ergänzungsvertrags möglich.

11 **2. Gegenleistung zur Erfüllung öffentlicher Aufgaben (Abs 1 S 1).** Zulässig sind nur Gegenleistungen, die der Erfüllung öffentlicher Aufgaben der Behörde dienen. Der Begriff der öffentlichen Aufgaben ist iS der durch die allgemeinen Zuständigkeiten und Befugnisse der Behörde näher abgegrenzten Aufgaben zu verstehen, an deren Erfüllung ein öffentliches Interesse besteht. Es muss sich um

[10] BVerwGE 84, 236 = NVwZ 1990, 665; krit UL § 68 Rn 38; Ehlers JZ 1990, 595.

öffentliche Aufgaben der vertragschließenden Behörde handeln.[11] **Umstritten** ist, ob es ausreicht, dass es sich um Aufgaben des Hoheitsträgers handelt, dem die Behörde angehört, die aber nicht in ihren Zuständigkeitsbereich fallen. Dies wird in der Lit teilweise verneint.[12] Diese Auffassung ist indessen zu eng; sie nimmt Gesichtspunkte des Kopplungsverbots bereits vorweg (ähnlich auch StBS 53). Unschädlich ist es dagegen, wenn die Maßnahme, zB ein Umweltschutzverfahren, zugleich auch Dritten zugute kommt (Obermayer 14). Nicht erforderlich ist, dass die Aufgaben mit hoheitlichen Mitteln oder in den Formen des öffentlichen Rechts erfüllt werden (ebenso Obermayer 14; MB 16: auch wenn für Einrichtungen in der Organisationsform einer AG; auch für fiskalische Hilfsgeschäfte; **nicht dagegen für erwerbswirtschaftliche Einrichtungen** der öffentlichen Hand, wie zB eine staatliche Porzellanmanufaktur); ebenso nicht, dass der mit der Gegenleistung erstrebte Zweck dem gleichen Ziel dient wie die an sich bestehende gesetzliche Verpflichtung, die durch den Vertrag abgelöst wird (**aA** vdGK 221).

3. Angemessenheit der Gegenleistung (Abs 1 S 2). Nach Abs 1 S 2 darf nur eine Gegenleistung vereinbart werden, die angemessen ist, dh insb dem Grundsatz der Verhältnismäßigkeit genügt.[13] Das Erfordernis betrifft nur die Gegenleistung, dh die vom Vertragspartner der Behörde zu erbringende Leistung; die Angemessenheit kann aber nicht ohne die Leistung, die die Behörde selbst zu erbringen hat, beurteilt werden. Die Regelung dient nur dem Schutz des Vertragspartners der Behörde; die Behörde ist dadurch grundsätzlich nicht gehindert, auch geringere Gegenleistungen zu verlangen (Knack 14; MB 22). 12

a) Begriff der Angemessenheit. Angemessenheit bedeutet, dass bei wirtschaftlicher **Betrachtung des Gesamtvorganges** die Gegenleistung nicht außer Verhältnis zu der Bedeutung und dem wirtschaftlichen Wert der von der Behörde erbrachten oder zu erbringenden Leistung stehen darf und sich daraus auch **keine unzumutbaren Belastungen** für den Vertragspartner oder für etwaige Dritte, auf die dieser die Lasten abwälzt (zB Erwerber oder Mieter der zu bauenden Häuser bei Folgelastenverträgen), ergeben dürfen.[14] Abs 1 S 2 ist insoweit Ausdruck und Anwendungsfall des allgemeinen **Grundsatzes der Verhältnismäßigkeit** bzw des Übermaßverbots und der auch für das öffentliche Vertragsrecht gem §§ 54 ff geltenden Verpflichtung der Behörde gem § 40, von dem ihr eingeräumten Ermessen nur einen sachgemäßen Gebrauch zu machen. 13

b) Beurteilungsmaßstab. Gleichwertigkeit der Leistungen bzw Verpflichtungen ist **nicht erforderlich;** Leistung und Gegenleistung müssen im dargelegten Sinn **in etwa ausgewogen** sein (VGH Mannheim NVwZ 2001, 694, 696; ähnlich OVG Münster NWVBl 1989, 138: kein klares Missverhältnis). Im Regelfall kann, soweit das Ergebnis vertretbar erscheint, davon ausgegangen werden, dass beide Seiten ihre Interessen sachgemäß wahrgenommen haben und Leistung und Gegenleistung sich die Waage halten (UL § 68 Rn 42; Obermayer 20). Durch den Hinweis auf die „gesamten Umstände" wird klargestellt, dass „Leistung und Gegenleistung **in einem größeren Rahmen** zu sehen sind" (Begr 80), dh, dass dabei die Gesamtheit der im Vertrag, in parallelen Verträgen oder VAen usw im Verhältnis zwischen den Vertragspartnern getroffenen Regelungen zu berücksich- 14

---

[11] Obermayer 15; UL § 68 Rn 40; Knack 13; zT **aA** Bleckmann DVBl 1990, 606: nicht auf Kompetenzbereich der Behörde begrenzt; das Erfordernis soll nur den Zusammenhang mit der Leistung der Behörde sichern; ähnlich StBS 53.

[12] Knack 13; Erichsen/Ehlers § 26 Rn 13; wohl auch Obermayer 16.

[13] BGH NJW 2002, 429; Achterberg AllgVerwR 2. Aufl 1986 Rn 256; Knack 14; vgl auch BVerwGE 42, 345; 84, 236 = NVwZ 1990, 665; im Ergebnis auch Bleckmann NVwZ 1990, 606; **aA** offenbar MB 21.

[14] BVerwGE 42, 345; BGHZ 26, 88; VGH München NJW 1990, 3164 = NVwZ 1990, 979; Bielenberg DVBl 1967, 260; Obermayer 19; Knack 14; StBS 54; Schlette 482.

tigen ist, nicht nur der einzelne Vertrag oder die einzelne Vertragsbestimmung (ebenso BVerwGE 42, 345).

15 **aa) Folgenlastenverträge.** Bei Folgelastenverträgen im Zusammenhang mit Bauvorhaben ist das Erfordernis der Angemessenheit idR nur dann gewahrt, wenn die vom Vertragspartner der Verwaltung übernommenen Leistungen sich im Rahmen der durch das Bauvorhaben adäquat verursachten zusätzlichen Aufwendungen der Gemeinde halten. Ursächlichkeit idS ist grundsätzlich nur bei größeren Vorhaben anzunehmen, die „erhebliche Auswirkungen auf die gemeindlichen Verhältnisse" (BVerwGE 42, 343; BVerwG NJW 1981, 1747) haben, nicht bei einzelnen Ein- oder auch Mehrfamilienhäusern, es sei denn, dass diese Teil eines großen Gesamtprojektes sind (VGH München BayVBl 1980, 719; kritisch dazu Bötsch BayVBl 1981, 13).

15 a **bb) Geldleistungspflichten.** Bei Geldleistungspflichten kann wegen der Gleichheit der Interessenlage bei der Beurteilung der Angemessenheit insb auch auf die Rspr zur Angemessenheit von Gebühren und Beiträgen **(Äquivalenzprinzip)** zurückgegriffen werden (vgl dazu ua BVerwGE 12, 166; 26, 308; BVerfG 20, 270; OVG Münster GewArch 1973, 51; VGH München BayVBl 1984, 496). Angemessenheit ist idR insb auch dann anzunehmen, wenn ein Gesetz Art und Höhe der Gegenleistung als Voraussetzung der Leistung der Behörde fordert (vgl Knack 14) oder wenn erst die Gegenleistung es der Behörde ermöglicht, die fragliche Entscheidung zu treffen, wenn also durch die Gegenleistung ein der Entscheidung entgegenstehendes rechtliches oder sachliches Hindernis überwunden wird (BVerwGE 42, 339; Knack 14), zB die Behörde in den Stand versetzt wird, die sich aus einem Vorhaben für sie ergebenden unausweichlichen Folgelasten, insb Folgekosten, zu tragen.

16 **4. Kopplungsverbot (Abs 1 S 2).** Abs 1 S 2 schreibt zusätzlich zu dem schon in S 1 enthaltenen Erfordernis, dass die Gegenleistung der Erfüllung öffentlicher Aufgaben der Behörde dienen muss (s oben Rn 7 ff), vor, dass sie in **sachlichem Zusammenhang mit der Leistung der Behörde** stehen muss.[15] Durch das Erfordernis des Zusammenhangs soll insb ein „Verkauf von Hoheitsrechten" ausgeschlossen werden (Begr 80; s auch oben Rn 1). Das hierin zum Ausdruck kommende Kopplungsverbot ist **Ausdruck eines allgemeinen Rechtsgedankens,** der auch in anderen Bereichen des Verwaltungsrechts gilt.

17 **a) Zweckzusammenhang.** Ein sachlicher Zusammenhang iS des Abs 1 S 2 ist nur dann zu bejahen, wenn die Zweckbestimmung der vom Vertragspartner der Behörde (bzw dem Rechtsträger, dem diese angehört) zu erbringenden Gegenleistung **demselben öffentlichen Interesse** iwS dient wie die Rechtsvorschriften bzw allgemeinen Rechtsgrundsätze, welche die Behörde zu der von ihr zu erbringenden Leistung ermächtigen; nur in diesem Rahmen ist die von § 56 zugelassene Durchbrechung des Grundsatzes der Gesetzmäßigkeit gerechtfertigt. Bei einem Vertrag, in dem die Behörde sich zur Erteilung einer Bauerlaubnis verpflichtet, darf zB die Gegenleistung des Bürgers dafür, dass die Behörde auf die Errichtung einer Garage verzichtet, darin bestehen, dass der Bürger einen Beitrag zu den Kosten der Errichtung eines gemeindlichen Parkhauses leistet;[16] nicht dagegen in einem Beitrag zu einem Sozialfonds (vgl Begr 80) oder in der Abtretung eines

[15] Vgl VGH Mannheim NVwZ 2001, 964; Bleckmann NVwZ 1990, 606; Knack 15; MK 30 VIII; im selben Sinn zum bish Recht BVerwGE 42, 339; BVerwG DVBl 1967, 43; OVG Lüneburg DVBl 1978, 181; OVG Münster DVBl 1981, 836; BGHZ 26, 84; DVBl 1967, 36; NJW 1972, 1657; 1985, 1825; VRspr 24, 715 mwN auch zur Rspr des RG: Nichtigkeit wegen Sittenwidrigkeit bei fehlendem inneren Zusammenhang; Menger VerwArch 1973, 203; M 96; Obermayer VerwR 2. Aufl 140.

[16] BGH NJW 1979, 643; 1983, 2823; 1985, 1825; Obermayer 26; vgl auch BVerwG NJW 1980, 1295; 1986, 600; Ehlers DVBl 1986, 529.

Grundstücksteils, der mit den Zwecken der dispensierten baurechtlichen Bestimmung in keinem Zusammenhang steht, als Gegenleistung bei der Befreiung von einem Bauverbot (vgl BGH NJW 1972, 1657; Obermayer 24 mwN). Bei Vereinbarung einer „Spende" kommt es auf den Spendenzweck an (BVerwG NVwZ 2002, 473, 475).

18 **b) Sachbereich.** Der erforderliche Sachzusammenhang ist idR gegeben, wenn die vom Bürger versprochene Gegenleistung den gesetzlichen Regelungszielen in dem jeweiligen Sachbereich dient, auf den sich auch die Leistung der Behörde bezieht. **Zulässig sind Leistungen, die eine Art Aufwendungsersatz** iS des § 670 BGB für die dem öffentlichen Rechtsträger durch die von ihm zu erbringenden Leistungen erwachsenden Auslagen darstellen, zB bei Folgelastenverträgen,[17] Zahlungen, die es der Gemeinde ermöglichen, die Erschließungsmaßnahmen iwS zu finanzieren, die ihrerseits Voraussetzung für eine geordnete Bebauung der in Frage stehenden Grundstücke und damit auch für die Zustimmung der Gemeinde zur Erteilung der vom Bürger beantragten Bauerlaubnisse sind.[18] Folgelastenverträge unterliegen idS der „Schranke der Ursächlichkeit" (BVerwG NJW 1993, 1810).

19 **c) Nebenbestimmungsfähigkeit.** Wie sich aus Abs 2 ergibt, ist dem Erfordernis des sachlichen Zusammenhangs jedenfalls dann Genüge getan, wenn die entsprechende Regelung auch Gegenstand einer Nebenbestimmung nach § 36 sein könnte. Darüber hinaus ist der erforderliche Zusammenhang aber auch in allen Fällen als gegeben anzusehen, in denen die Leistung der Behörde in ihrem Ermessen steht und die Berücksichtigung des Ergebnisses, auf das die Gegenleistung gerichtet ist, dabei nicht als sachfremde Erwägung iS des § 40 anzusehen wäre,[19] zB die Zurverfügungstellung eines Grundstücks und die Zahlung eines Beitrags für die Errichtung eines Kinderspielplatzes oder einer Grünanlage als Gegenleistung für einen Dispens von Vorschriften über die höchstzulässige Bebauungsdichte. Voraussetzung ist auch hier jedoch, dass ein Dispens nach den maßgeblichen Vorschriften zulässig ist. Zulässig ist die Zahlung eines Stellplatzablösebetrages als Voraussetzung für die Befreiung von der Verpflichtung zur Errichtung von Kfz-Stellplätzen; die Übernahme der Verpflichtung, Ausbildungskosten, die der Dienstherr übernimmt, im Falle eines vorzeitigen Ausscheidens aus dem Dienst zurückzuzahlen (vgl BVerwGE 40, 277). Nicht sachbezogen idS wäre es dagegen, wenn eine Dispenserteilung hins der Bebauungsdichte im oben genannten Beispiel von der Übertragung eines an gänzlich anderer Stelle der Stadt gelegenen Grundstücks abhängig gemacht würde (Knack 15).

III. Voraussetzungen des Austauschvertrags gem Abs 2

20 **1. Allgemeines.** Abs 2 schränkt die Möglichkeit der Vertragsparteien zur Vereinbarung von Gegenleistungen über Abs 1 hinaus ein, wenn der Bürger auf die vereinbarte Gegenleistung der Behörde einen Anspruch hat. In derartigen Fällen soll der anspruchsberechtigte Bürger bei Abschluss eines Vertrages nicht schlechter gestellt werden, als bei einem Vorgehen durch vA, dem dann nur unter den Voraussetzungen des § 36 Abs 1 Nebenbestimmungen beigefügt werden könnten.

---

[17] BVerwGE 42, 341 = NJW 1973, 1895; 90, 310 = NJW 1993, 1810 = JZ 1993, 150 m Anm Erbguth S. 152.

[18] Vgl BVerwG NJW 1993, 1810: die Zulässigkeit der Abwälzung von Baufolgekosten beschränkt sich auf solche Kosten, die durch das jeweilige Vorhaben bzw durch den seiner Zulässigkeit zugrundeliegenden Bebauungsplan verursacht werden; OVG Münster DÖV 1967, 722; BGHZ 26, 84; Erichsen/Ehlers § 26 Rn 14 ff; v Campenhausen DÖV 1967, 667; Bielenberg DVBl 1967, 261; offen gelassen in BVerwGE 42, 339.

[19] BGH DVBl 1972, 826; WBS II § 54 Rn 30; B 214; Menger VerwArch 1973, 206; Götz JuS 1970, 6.

20a **2. Bestehen eines Anspruchs iSd § 56 Abs 2.** Ein Anspruch iS von Abs 2 besteht insb, wenn eine Rechtsvorschrift (Gesetz, Rechtsverordnung, Satzung) der Behörde ein bestimmtes Tun oder Unterlassen vorschreibt und zumindest (neben der Allgemeinheit) auch den Vertragspartner schützt, dh ihm ein **subjektives öffentliches Recht** vermittelt (Knack 8). Einem Anspruch iS der Vorschrift steht der Anspruch auf fehlerfreie Ausübung des Ermessens nur im Fall einer Ermessensreduktion auf Null (vgl § 40 Rn 33) gleich, dh, wenn angesichts der besonderen Umstände des Falles nur eine bestimmte Entscheidung in Betracht kommt, die nicht ermessensfehlerhaft wäre. Der Anspruch auf ermessensfehlerfreie Entscheidung als solcher ist dagegen nach Sinn und Zweck der Regelung (insb, da sonst für die Anwendung von Abs 1 kein Raum mehr bliebe), nicht als Anspruch iS von Abs 2 anzusehen.[20]

21 **3. Vergleich mit Vorgehen durch VA.** Abs 2 schreibt für Leistungen, auf die der Vertragspartner der Behörde Anspruch hat, zusätzlich zu den Erfordernissen gem Abs 1 vor, dass im entsprechenden Fall bei Erlass eines VA die Gegenleistung auch als Nebenbestimmung gem § 36 Abs 1 zulässig wäre. Dadurch soll vor allem der rechtsunkundige Bürger davor geschützt werden, dass er sich vertraglich zu Gegenleistungen in Fällen verpflichtet, in denen die Behörde ohnehin schon kraft Gesetzes die Leistung nicht verweigern könnte (Begr 80). Die Gegenleistung muss Umstände schaffen oder beseitigen, deren Fehlen bzw Vorhandensein auch bei einer Entscheidung durch VA berücksichtigt werden könnte bzw müsste und die Behörde zur Ablehnung der vom Vertragspartner erstrebten Leistung berechtigen würde (WBS II § 54 Rn 30; vgl auch BVerwGE 42, 342). Vgl BVerwG NJW 1981, 1747: eine Gemeinde kann ihre Zustimmung nach § 36 BBauG zu einem Bauvorhaben nur dann von der Übernahme von Folgelasten abhängig machen, wenn auf Grund einer Satzung gem § 9a Abs 8 BBauG eine an sich nach § 34 BBauG zulässige Bebauung erst dann genehmigt werden kann, wenn die Errichtung bestimmter Infrastrukturvorhaben gesichert ist.

22 **Nach § 36 Abs 1** kann einem VA, auf den ein Anspruch besteht, eine Nebenbestimmung nur in zwei Fällen beigefügt werden, nämlich dann, wenn dies in einer Rechtsvorschrift vorgesehen ist, und dann, wenn die Nebenbestimmung dazu dient, die Voraussetzungen für den Erlass des begünstigenden VA zu schaffen, also Anspruchshindernisse aus dem Weg zu räumen (s näher § 36 Rn 44).

IV. Rechtsfolgen eines Verstoßes gegen § 56

23 Die Folgen eines Verstoßes gegen die Anforderungen des § 56 ergeben sich abschließend aus § 59. Nach § 59 Abs 2 Nr 4 sind **Austauschverträge nichtig,** wenn die dort genannten Voraussetzungen vorliegen. Darüber hinaus kommt die Nichtigkeit eines fehlerhaften Austauschvertrages nach § 59 Abs 1 iVm §§ 104ff, 134, 138 in Betracht (s hierzu näher § 59 Rn 8ff). Die Regelungen in § 59 Abs 1 erfassen sowohl Vertragsformverbote nach § 54 S 1 als auch Inhaltsverbote nach § 134 BGB. Zu den Rechtsfolgen s auch Spannowski S 110; StBS 57; Knack 18.

§ 57 Schriftform

Ein öffentlich-rechtlicher Vertrag ist schriftlich[8] zu schließen, soweit nicht durch Rechtsvorschrift eine andere Form vorgeschrieben ist.[3]

Parallelvorschriften: § 56 SGB X

Schrifttum: *Weihrauch,* Verwaltungsrechtlicher Vertrag und Urkundeneinheit, VerwArch 1991, 543. S auch zu § 54.

---

[20] Knack 9 und 11; StBS 36; **aA** WBS II § 54 Rn 30, wo offenbar der Anspruch auf ermessensfehlerfreie Entscheidung schlechthin und ohne Rücksicht auf die konkreten Umstände als Anspruch iS der Vorschrift angesehen wird.

Übersicht

I. Allgemeines

1. Inhalt. Die Vorschrift schreibt abweichend vom vor Erlass des VwVfG geltenden Recht (vgl F 281) allgemein für alle verwaltungsrechtlichen Verträge gem § 54 grundsätzlich **Schriftform** vor, sofern nicht durch Rechtsvorschrift eine andere Form vorgesehen ist (zB § 313 BGB). Die Einhaltung der Schriftform bzw der nach anderen Vorschriften gebotenen Form ist entspr § 125 BGB Voraussetzung der Gültigkeit des Vertrags. Ein **Verstoß** gegen das Schriftformerfordernis **führt zur Nichtigkeit.** Ein Vertrag, der den Erfordernissen der Schriftform nicht genügt, ist gem § 59 Abs 1 iVm § 125 BGB nichtig;[1] er kann auch weder in einen VA noch in einen privatrechtlichen Vertrag umgedeutet werden (s auch § 47 Rn 2). UU können aber die Vertragspartner – oder ggf auch nur ein Vertragspartner – nach Treu und Glauben zur Einhaltung des (unwirksam) Vereinbarten verpflichtet sein.[2] Die Schriftform soll vor allem den Erfordernissen der Sicherheit des Rechtsverkehrs (Offenlegung und Beweisbarkeit des Vertragsinhalts, Kontrollfunktion, vgl Knack 3) und dem Umstand Rechnung tragen, dass öffentlich-rechtliche Verträge im Vergleich zu Regelungen durch VA, für die nach § 37 Abs 2 die Schriftform nicht allgemein vorgeschrieben ist, eher eine Ausnahme bilden (Begr 81); zugleich kommt der Schriftform eine **Warnfunktion** für die Vertragspartner zu (Weihrauch VerwArch 1991, 558). **Zu abweichenden Regelungen** über die Form auf Grund besonderer Rechtsvorschriften s unten Rn 3ff; zur analogen Anwendung von § 57 auf Vertragsangebote unten Rn 9. 1

---

[1] AllgM, vgl StBS 12; Ehlers JZ 1990, 595; Knack 11; vgl zu § 34 GWB BGH NJW 1981, 2246: Fehlen der Schriftform uU unschädlich, wenn sich die entsprechende Verpflichtung auch schon aufgrund von Treu und Glauben ergibt.

[2] BVerwGE 111, 162 = NVwZ 2000, 1285; BVerwG NJW 1998, 3135; OVG Lüneburg NJW 1992, 1404, 1406 mwN; StBS 26; ebenso zum Zivilrecht RGZ 153, 61; BGHZ 6, 333; – zu § 34 GWB – auch BGH NJW 1981, 2246; **aA** MB 4 zu § 57; 50 zu § 59; Knack 11: allenfalls Haftungsansprüche aus culpa in contrahendo; offen Obermayer 20.

2 **2. Anwendungsbereich.** § 57 gilt unmittelbar nur für **verwaltungsrechtliche Verträge** im Anwendungsbereich des VwVfG gem § 1f (OVG Münster KStZ 1988, 15; StBS 5), an denen eine Behörde (bzw der Rechtsträger, für den diese tätig wird) als Vertragspartner beteiligt ist. Die Verwaltungsverfahrensgesetze der Länder enthalten mit § 57 gleich lautende Vorschriften. Das Schriftformerfordernis gilt sowohl für subordinationsrechtliche, als auch für koordinationsrechtliche Verträge (StBS 6; Knack 2). Unerheblich ist, ob es sich um einseitig oder zweiseitig verpflichtende Verträge (vgl hierzu § 54 Rn 34) handelt. Auf verwaltungsrechtliche Verträge zwischen Privaten ist § 57 nicht anwendbar, weil es an einem verwaltungsverfahren fehlt. Auch wegen des Eingriffscharakters der Regelung (vgl Brohm DÖV 1992, 1032), trotz der Schutzrichtung der Vorschrift (s oben 1) ist auch eine **analoge Anwendung nicht möglich,** sofern durch Gesetz nicht etwas anderes bestimmt ist (vgl BVerwG NJW 1992, 2908 = DVBl 1992, 1295; StBS 5; **aA** Lange NVwZ 1983, 221). Verträge iS von § 57, für die das Erfordernis der Schriftform nach dieser Vorschrift gilt, sind auch Vorverträge (ebenso StBS 9; Knack 2); ebenso auch die Änderung und Aufhebung eines Vertrags durch entsprechende vertragliche Vereinbarungen (StBS 10; MB 6; Knack 2). Zur Zulässigkeit sog **faktischer Verträge** kraft sozialtypischen Verhaltens im Verwaltungsrecht und zur Anwendbarkeit von § 57 darauf s unten Rn 5. **Nicht** unter § 57 fallen **privatrechtliche Verträge,** auch wenn eine Behörde daran beteiligt ist; für sie gilt ausschließlich das Privatrecht. Das gilt auch für Verträge auf dem Gebiet des Verwaltungsprivatrechts.

II. Abweichende Formvorschriften

3 **1. Allgemeines.** Das Schriftformerfordernis gilt bereits nach § 57 nur insoweit, als nicht durch Rechtsvorschriften eine andere Form vorgeschrieben ist. Dabei ist, wie aus der Begründung hervorgeht, offenbar vor allem an weitergehende **strengere Formvorschriften,** insbesondere an die notarielle Beurkundung gedacht (vgl Begr 81; StBS 22), zB analog § 311b Abs 1 BGB nF für Verträge, die die Übertragung von Grundstücken zum Gegenstand haben (BGHZ 58, 392; 65, 372; Maurer § 14 Rn 29). Allerdings hat diese Klarstellung in der Norm keinen Niederschlag gefunden; außerdem steht die Vorschrift gem § 1 Abs 1 ohnehin unter dem allgemeinen Vorbehalt inhaltsgleicher oder entgegenstehender Rechtsvorschriften (UL § 69 Rn 10). Gleichwohl ist es **umstritten,** ob speziellere Regelungen **auch weniger strenge Anforderungen** stellen dürfen.[3] Die Regelung gilt auch für Formvorschriften auf Grund von Rechtssätzen, die im Zeitpunkt des Inkrafttretens des VGVfG bereits bestanden haben. Rechtsvorschriften idS sind nicht nur förmliche Gesetze, sondern auch Rechtsverordnungen.

4 **a) Satzungsrecht. Umstritten** ist, ob auch Satzungen von § 57 abweichende Formvorschriften statuieren dürfen. Dies wird teilweise unter Hinweis auf den Vorrang des Gesetzes verneint (vgl StBS 22). Dies ist nicht überzeugend, weil die Vorschrift selbst hinsichtlich der Art der Rechtsvorschriften nicht differenziert. Richtigerweise wird man deshalb davon ausgehen müssen, dass andere Formvorschriften auch durch Satzungsbestimmungen vorgesehen werden können.[4] Satzungsrecht kann deshalb beispielsweise vorsehen, dass der Abschluss eines öffentlich-rechtlichen Vertrages über die Benutzung einer öffentlichen Einrichtung durch die Aushändigung einer Eintrittskarte dokumentiert wird.

5 **b) Mündlichkeit.** Fraglich ist, ob als andere Form iSd Vorschrift auch Mündlichkeit vorgesehen werden kann. Dies ist für Gesetze und Rechtsverordnungen wegen des allgemeinen Vorrangs nach § 1 Abs 1 ohne weiteres möglich, proble-

---

[3] Bejahend zu Recht Maurer § 14 Rn 29; Knack 10; **aA** StBS 22; UL § 69 Rn 10; Obermayer 25; Erichsen/Ehlers § 26 Rn 5.

[4] HM, vgl Knack 10; Maurer § 14 Rn 29; UL § 69 Rn 10; Erichsen/Ehlers § 26 Rn 5.

matisch aber für solche Satzungsbestimmungen, die nur auf Grund des Vorbehalts des § 57 eine abweichende Regelung treffen. Insoweit wird vertreten, § 57 berechtige nicht zur Einführung formloser Verträge, weil es sich insoweit nicht um die Regelung einer anderen Form handele.[5] Dies ist nicht überzeugend. Der Begriff „Form" ist hier als Kategorie gemeint; damit ist **kein Mindeststandard** verbunden (so wohl auch Knack 10). Der Gesetzgeber ist ohnehin nicht gehindert, abweichende Regelungen zu treffen. Gleiches gilt nach der hier vertretenen Auffassung auch für den Verordnungs- und den Satzungsgeber. Zulässig ist es deshalb, in einer Satzung zB zur Benutzung einer öffentlichen Einrichtung vorzusehen, dass auch mündlich geschlossene oder in einem konkludenten Verhalten zu sehende Verträge gelten sollen (vgl Obermayer 26; str; vertretbar erscheint auch die Auffassung, dass der gesetzliche Vorbehalt in § 57 zugunsten anderer Formen insoweit lex specialis zum allgemeinen Vorbehalt gem § 1 ist).

c) Vertragliche Benutzungsverhältnisse. Als **formlos auf Grund von** 6
Gewohnheitsrecht zulässig anzusehen sind trotz der scheinbar abschließenden Regelung des § 57 nach wie vor auch formlose Verträge in Benutzungsverhältnissen öffentlich-rechtlicher Einrichtungen der Daseinsvorsorge. Sofern diese Benutzungsverhältnisse nicht privatrechtlich ausgestaltet sind und auch nicht durch einseitige Zulassung zustande kommen, kann im Erwerb einer Eintrittskarte für ein kommunales Bad, dessen Benutzung öffentlich-rechtlich geregelt ist, deshalb auch der Abschluss eines öffentlich-rechtliche Benutzungsvertrages zu sehen sein.[6]

d) Kommunalrechtliche Spezialvorschriften. Nicht berührt werden die 6 a
besonderen Vorschriften des Kommunalrechts und anderer Rechtsbereiche, die für die Wirksamkeit von bindenden Willenserklärungen **besondere Erfordernisse** als Wirksamkeitsvoraussetzung, wie die Mitwirkung von zwei Organwaltern, die Beifügung eines Dienstsiegels uä vorschreiben (Kluth NVwZ 1990, 608; Habermehl DÖV 1987, 144; StBS 24). Dies gilt für die Bestimmungen zB der GOen über die Vertretung der Kommunen, die gem § 62 iVm §§ 164 ff BGB auch auf öffentlich-rechtliche Verträge anwendbar sind.

2. Beispiele für strengere Formvorschriften. Während es für speziellere 7
Rechtsvorschriften, die eine schwächere Form als die Schriftform vorsehen, kaum Beispiele gibt, lassen sich für die Anordnung strengerer Formvorschriften viele Fälle anführen. Zu nennen sind das Erfordernis notarieller Beurkundung bei Verträgen über die Verpflichtung zum Erwerb oder zur **Übertragung von Grundstücken, Vermögen oder Nachlass** gem § 311 b BGB nF, das Erfordernis gerichtlicher oder notarieller Beurkundung im Falle der **Einigung nach § 18 Abs 3 SchutzBerG,** das Erfordernis einer von den Beteiligten unterschriebenen Niederschrift bei der Einigung im **Enteignungsverfahren** gem § 110 Abs 2 BauGB, das Erfordernis der Protokollierung eines **gerichtlichen Vergleichs** nach § 106 VwGO, die allerdings durch die schriftliche Annahme eines in Beschlussform unterbreiteten gerichtlichen Vergleichsvorschlags ersetzt werden kann (§ 106 Abs 2 VwGO).

III. Erfordernis der Schriftform

1. Allgemeines. Das Schriftformerfordernis betrifft lediglich die Form des 8
Vertrages; erhöhte Anforderungen an die Bestimmtheit, Klarheit oder Vollständig-

---

[5] Vgl Begr 81; Erichsen/Ehlers § 26 Rn 5; StBS 22 unter Hinweis auch auf MuE 199: Schriftform ist Mindestform; hiergegen zutreffend Maurer § 14 Rn 29; ders DVBl 1989, 803; offenbar auch Knack 10; K 4: auch mildere Formen, einschließlich eines Verzichts auf die Schriftform.

[6] Maurer 14 Rn 27 **aA** Erichsen/Ehlers § 26 Rn 5; StBS 12; Knack 11; Obermayer § 54 Rn 13.

keit der Regelungen werden damit nicht gestellt. Es ist deshalb Raum für eine – auch ergänzende – Vertragsauslegung nach den allgemeinen Grundsätzen (vgl §§ 133, 157 BGB). Die wesentlichen Vertragspunkte, bei Verträgen nach § 56 auch Gegenstand und Zweck der Gegenleistung, müssen sich aber aus dem schriftlich geschlossenen Vertrag selbst ergeben. Nicht ausreichend ist es, wenn sie sich lediglich anhand vom Umständen ermitteln lassen, die außerhalb des Vertragstextes liegen (s dazu BVerwGE 84, 236 = NVwZ 1990, 665). Im Übrigen sind **unklare oder mehrdeutige Formulierungen** des Vertragstextes unschädlich, wenn die sich daraus ergebenden Zweifel **im Wege der Auslegung,** zu der auch außerhalb der Vertragsurkunde liegende Umstände herangezogen werden dürfen, behoben werden können. Insofern gelten gleiche Grundsätze (vgl dazu BGHZ 87, 154 = JZ 1983, 759; NJW 1989, 1484) wie für die Auslegung von privatrechtlichen Willenserklärungen, die der Schriftform gemäß § 126 BGB bedürfen (BVerwGE 84, 236 = NVwZ 1990, 665). Nach allgemeinen Rechtsgrundsätzen muss der schriftlich geschlossene Vertrag auch die Vertragspartner bezeichnen. Entsprechend § 37 Abs 3 ist zu fordern, dass aufseiten der öffentlichen Hand ebenfalls die Behörde bezeichnet ist, die den Vertrag abgeschlossen hat (StBS 15); die Bezeichnung der juristischen Person, der die Behörde angehört oder zuzurechnen ist, ist indessen nicht zwingend erforderlich.

9 **2. Die Anforderungen der Schriftform. a) Die Lehre von der Urkundeneinheit. Umstritten** ist, ob und in welchem Umfang sich die Anforderungen des Schriftformerfordernisses im Einzelnen gem § 62 Satz 2 aus § 126 BGB ergeben. Danach wäre nicht nur die eigenhändige Unterzeichnung der Vertragsurkunde erforderlich, die Unterzeichnung der Beteiligten muss auch auf derselben Urkunde erfolgen (§ 126 Abs 2 Satz 1 BGB). Dies entsprach der **früher hM,** die entspr § 126 Abs 2 S 1 BGB nach dem Grundsatz der Urkundeneinheit verlangte, dass der Vertragstext in eine einzige, einheitliche Urkunde aufgenommen[7] und von allen Vertragspartnern (bzw ihren Vertretern oder Bevollmächtigten) unterschrieben bzw mit Handzeichen versehen wird. Anders als nach § 127 BGB sollte ein Briefwechsel uä nicht ausreichend sein (so nach wie vor Obermayer 15; MB 2; UL § 69 Rn 9; offen VGH München NVwZ 1987, 814). Heute wird das Schriftformerfordernis stärker an § 37 Abs 3 orientiert und überwiegend auf das Erfordernis der Urkundeneinheit verzichtet (StBS 19 ff; Knack 6; Weyhrauch VerwArch 1991, 543; Herms BayVBl 1997, 74). Das BVerwG hat jedenfalls bei den Bürgern **einseitig verpflichtenden Verträgen** die **Urkundeneinheit für entbehrlich** gehalten (BVerwGE 96, 326, 332 = NJW 1995, 1104). Danach soll es bei Verträgen, die wie bei einem Schuldanerkenntnis nach § 781 BGB eine lediglich einseitige Verpflichtung des Bürgers gegenüber der Verwaltung zum Gegenstand haben, genügen, wenn dem **schriftlichen Vertragsangebot** eine **unmissverständliche schriftliche Annahmeerklärung** der Behörde gegenübersteht (ebenso offenbar für die tatsächliche Verständigung im Abgabenrecht (s § 54 Rn 5) BFH NVwZ 2000, 598). In Fällen der Übernahme einseitiger Verpflichtungen des Bürgers gegenüber der Verwaltung werde dem Zweck von § 57 (s oben Rn 1) auch ohne Urkundeneinheit ausreichend Rechnung getragen. Stellt man in diesem Sinne auf die Beweis- und Warnfunktion der Vorschrift ab, ist eine unterschiedliche Behandlung von einseitigen und zweiseitigen Vereinbarungen nicht zwingend. Es sollte deshalb ausreichen, wenn über den Vertrag **mehrere gleich lautende Urkunden** aufgenommen werden, sofern jede Partei die für die andere Partei (bzw bei meh-

---

[7] Grundsatz der Urkundeneinheit, vgl OVG Lüneburg NJW 1992, 1404; ebenso UL § 69 Rn 9; Obermayer 10, 14; MB 3; König 5; offen VGH München NVwZ 1987, 814; **aA** Weihrauch VerwArch 1991, 543: Schriftwechsel, zB Briefwechsel, genügt; ebenso Knack 6; StBS 20: die Schriftform ist auch dann erfüllt, wenn die willensmäßige Übereinstimmung über den Abschluß eines Vertrags unzweifelhaft ist.

reren Beteiligten, die für die anderen Parteien) bestimmte Ausfertigung unterzeichnet.

b) Schriftlichkeit von Angebot und Annahme. Soweit für den verwaltungsrechtlichen Vertrag auf das Erfordernis der Urkundeneinheit verzichtet wird, ist aber jedenfalls zu verlangen, dass das **Vertragsangebot und die Annahmeerklärung der Schriftform genügen.**[8] Für die Bindung an ein Vertragsangebot an Abwesende gilt gem § 62 S 2 § 147 Abs 2 BGB analog (OVG Saarlouis NJW 1993, 1612). Der Vertragstext, auf den sich die Vertragsparteien geeinigt haben, muss demnach schriftlich fixiert und jedenfalls von einer Vertragspartei handschriftlich unterschrieben sein. Fehlt es an einer Unterschrift der übrigen Vertragsparteien auf derselben Urkunde, so muss deren Annahmeerklärung auf dem Vertragstext eindeutig Bezug nehmen und ihrerseits unterschrieben sein. Die Annahmeerklärung muss außerdem denjenigen Vertragsparteien, die sie nicht unterzeichnet haben, innerhalb der allgemeinen Fristen des § 147 BGB wirksam zugehen (§ 130 BGB). Auf das Erfordernis der eigenhändigen Unterschrift sämtlicher Vertragsparteien kann nicht verzichtet werden. 10

Auf die Art der Übermittlung der Schriftstücke kommt es, wenn die Schriftformvoraussetzungen vorliegen, nicht an: Möglich sind deshalb nicht nur der Austausch der Schriftstücke als solcher, sondern auch die Übermittlung per Telefax oder Telekopie.[9] Nach allgemeinen Rechtsgrundsätzen muss die Vertragsurkunde auch **die Vertragspartner bezeichnen** (StBS 15), auf Seiten der Behörde jedoch nicht notwendig auch die juristische Person (Staat, Gemeinde usw), der die Behörde angehört bzw zuzurechnen ist (König 10; **aA** offenbar StBS 15). Außerdem ist – analog § 37 Abs 3 – erforderlich, dass die Vertragsurkunde erkennen lässt, **welche Behörde** den Vertrag abgeschlossen hat (ebenso StBS 15; vgl insoweit auch § 59 Abs 2 Nr 1 iVm § 44 Abs 2 Nr 1). Nicht erforderlich, wenn auch zweckmäßig, ist die Angabe von Ort und Datum des Vertragsschlusses (ebenso StBS 15).

c) Protokollierung. Der Schriftform wird auch durch Aufnahme des Vertragstextes zur Niederschrift der Behörde (dh durch Protokollierung des Vertrags) genügt (StBS 15 unter Hinweis auf MuE 199); da es nur auf die Schriftform ankommt, **auch einer unzuständigen Behörde** (**aA** insoweit offenbar StBS 15). Die Protokollierung eines gerichtlichen Vergleichs ersetzt jede sonst erforderliche Form. Ausreichend ist dementsprechend auch die Protokollierung durch die Widerspruchsbehörde. 11

d) Elektronischer Vertrag? Ob ein Verwaltungsvertrag auf elektronischem Weg zustande kommen kann, hängt nunmehr – nach der Einführung des § 3a – davon ab, ob an der Urkundeneinheit festgehalten wird oder nicht. Richtigerweise wird man auf das Erfordernis verzichten können (s hierzu näher Rn 9). Dann steht aber auch dem Abschluss eines öffentlichrechtlichen Vertrages auf elektronischem Weise nichts im Wege, wenn die einzelnen Erklärungen, die für das Zustandekommen des Vertrages erforderlich sind, die Anforderungen des § 3a Abs 2 erfüllen (qualifizierte elektronische Signatur). 11a

3. Probleme der ordnungsgemäßen Vertretung. Natürliche Personen müssen eigenhändig unterschreiben; wird ein Vertreter tätig, so gelten die allgemeinen Regeln über die Stellvertretung (§§ 164ff BGB). Für juristische Personen des privaten oder des öffentlichen Rechts sowie für Behörden muss eine zur Ver- 12

---

[8] Vgl OVG Saarlouis NJW 1993, 1612: soweit für öffentlich-rechtliche Verträge Schriftform vorgeschrieben ist, liegt ein die Wirksamkeit des Angebotes herbeiführender Zugang nur dann vor, wenn die Erklärung dem anderen Vertragspartner in dieser Form, dh in ihrer Verkörperung, zugeht.

[9] S hierzu näher § 37 Rn 28; StBS § 37 Rn 55; **aA** Knack § 37 Rn 5.

tretung befugte Person unterschreiben.[10] Welche Personen vertretungsbefugt sind, ergibt sich aus dem für die jeweilige juristische Person bzw Behörde maßgeblichen internen Organisationsrecht. **Mängel in der Vertretungsmacht** des jeweiligen Unterzeichners stellen grundsätzlich keine Formfehler iSd § 57 dar, die zur Nichtigkeit führen.[11] Dies gilt auch dann, wenn in Rechtsvorschriften vorgesehen ist, dass für einzelne Vertragsparteien jeweils zwei Vertreter unterschreiben müssen (vgl OVG Lüneburg NJW 1977, 773; VGH Mannheim VBlBW 1990, 140). Derartige Vertretungsmängel führen nicht zur Nichtigkeit, sondern entsprechend §§ 177 ff BGB nur zur **schwebenden Unwirksamkeit** bis zur Nachholung der zweiten Unterschrift oder der Genehmigung der Erklärung des vollmachtlosen Vertreters, die grundsätzlich nicht an eine besondere Frist gebunden sind (StBS 24; vgl auch § 58 Rn 22). Von Bedeutung ist hier auch das **kommunalrechtliche Vertretungsverbot,** vgl Waechter, Kommunalrecht, 1996, Rn 100 ff mwN.

13 **4. Erfordernis der Zustimmung Dritter.** Soweit die Wirksamkeit des Vertrages nach § 58 von der Zustimmung oder Genehmigung Dritter oder anderer Behörden abhängig ist, führt deren Fehlen nicht zur Formnichtigkeit des Vertrages entsprechend § 125 Abs 2 BGB, sondern zur **schwebenden Unwirksamkeit** (s § 58 Rn 2). Die nach § 58 erforderliche Zustimmung oder Genehmigung ist zwar schriftlich zu erteilen, muss aber nicht auf der Vertragsurkunde oder auf den Schriftstücken (Angebot und Annahme) gegeben werden, die den Vertrag konstituieren (StBS 8). Die Zustimmung muss auch dann nicht **in derselben Urkunde** erfolgen, wenn im Übrigen der Grundsatz der Urkundeneinheit gelten würde.[12] Schriftlichkeit ist nicht erforderlich für die **Genehmigung** des von einem vollmachtlosen Vertreter abgeschlossenen Vertrags durch den Vertretenen (vgl BGH NJW 1994, 1344: Genehmigung kann formlos erfolgen).

IV. Folgen des Formverstoßes

14 **1. Grundsatz der Nichtigkeit.** Ein Vertrag, der den Erfordernissen der Schriftform nicht genügt, ist gem. § 59 Abs 1 iVm § 125 BGB nichtig (allgM, vgl StBS 25; Ehlers JZ 1990, 595; Knack 11). Eine Umdeutung in einen VA ist grundsätzlich nicht möglich, weil es bei einer schuldrechtlichen Willenserklärung einer Behörde an einer einseitig verbindlichen Regelung fehlt (vgl § 35 Rn 47 f). Auch eine Umdeutung in einen privatrechtlichen Vertrag ist nicht möglich, weil die Rechtsnatur des Vertrages nicht zur Disposition der Beteiligten steht. Schließlich kommt im Grundsatz auch eine Heilung des Formmangels nur in Betracht, soweit dies in Rechtsvorschriften vorgesehen ist (vgl zB § 311 b Abs 1 S 2 BGB), im Übrigen bedeutet die Nachholung der Schriftlichkeit **Neuvornahme des Geschäfts.**

15 **2. Unbeachtlichkeit des Formmangels.** Unter bestimmten engen Voraussetzungen wird die Formnichtigkeit des Vertrages für unbeachtlich gehalten. Wenn die **Berufung auf die Ungültigkeit einen schweren Verstoß gegen Treu und Glauben** bedeuten würde, sollen die Vertragsparteien im Ergebnis so behandelt werden, als läge kein Formmangel vor.[13] Hiervon zu unterscheiden sind diejenigen Fälle, in denen eine der Vertragsparteien eine Aufklärungspflicht in Bezug auf die Formbedürftigkeit trifft und diejenigen Fälle, in denen eine Haftung aus dem Aspekt des Verschuldens bei Vertragsschluss (culpa in contrahendo) in Betracht kommt (vgl BVerwG DÖV 1974, 134). Zu Ansprüchen aus culpa in

---

[10] Vgl StBS 18; VGH Mannheim VBlBW 1990, 140; Kohler-Gehrig VBlBW 1996, 441.
[11] Vgl Habermehl DÖV 1987, 144; Kluth NVwZ 1990, 608; Kohler-Gehrig VBlBW 1996, 441.
[12] Weihrauch VerwArch 1991, 560; StBS 8; Obermayer § 58 Rn 26; **aA** MB 25 zu § 58.
[13] BGH NJW 1996, 2504; OVG Münster NJW 1992, 1404; VGH Mannheim, VBlBW 1986, 462; OVG Lüneburg KStZ 1992, 93; StBS 27; MB 5; **aA** Knack 11 mwN.

contrahendo bei Nichterfüllung der Schriftform vgl BVerwG DÖV 1974, 134; München 26, 45; Knack 11.

§ 58 Zustimmung von Dritten und Behörden

(1) **Ein öffentlich-rechtlicher Vertrag, der in Rechte eines Dritten eingreift**[5]**, wird erst wirksam, wenn der Dritte schriftlich zustimmt.**[9]

(2) **Wird anstatt eines Verwaltungsaktes, bei dessen Erlass nach einer Rechtsvorschrift die Genehmigung, die Zustimmung oder das Einvernehmen einer anderen Behörde erforderlich ist, ein Vertrag geschlossen, so wird dieser erst wirksam,**[19] **nachdem die andere Behörde in der vorgeschriebenen Form mitgewirkt hat.**[15]

Parallelvorschrift: § 57 SGB X

Schrifttum: *Dimaras,* Anspruch „Dritter" auf Verfahrensteilnahme, 1987; *Grziwotz,* Städtebauliche Verträge zu Lasten Dritter? NJW 1995, 1927; *Horn,* Das Anhörungsrecht des mit Drittwirkung Betroffener nach § 28 VwVfG, DÖV 1987, 20; *Ortloff,* Nachbarschutz durch Nachbarbeteiligung am Baugenehmigungsverfahren, NJW 1983, 961; s im übrigen zu § 54.

Übersicht

2–3 c

I. Allgemeines

1 **1. Inhalt.** Die Vorschrift enthält Wirksamkeitsvoraussetzungen für die Fälle, in denen ein Vertrag in Rechte Dritter eingreift (Abs 1) oder nach Rechtsvorschriften die Mitwirkung anderer Behörden vorgeschrieben ist (Abs 2). Sie macht die Gültigkeit eines öffentlich-rechtlichen Vertrages von der schriftlichen Zustimmung des betroffenen Dritten bzw von der Mitwirkung der anderen Behörde in der vorgeschriebenen Form abhängig. Sie ist zT Ausdruck des auch im öffentlichen Recht geltenden Grundsatzes, dass **keine Verträge zu Lasten Dritter** geschlossen werden können (BVerwG DVBl 1993, 434). Das Gesetz zieht damit die Konsequenz

aus dem Umstand, dass ein öffentlich-rechtlicher Vertrag anders als ein VA von einem betroffenen Dritten nicht angefochten werden kann und dass Mitwirkungsakte anderer Behörden nach Vertragsschluss nicht mehr sinnvoll nachgeholt werden können. Deshalb dient Abs 2 der **Sicherung der Kompetenzordnung.** Sie dient damit der Einhaltung des objektiven Rechts ebenso wie dem Schutz des betroffenen Dritten und der vertragsschließenden Behörde, die davor bewahrt werden soll, vertragliche Bindungen einzugehen, die sie uU nicht erfüllen könnte, weil durch sie in Rechte Dritter eingegriffen wird.

2 Soweit in der fehlenden Zustimmung des Dritten (Abs 1) bzw Mitwirkung einer anderen Behörde (Abs 2) Rechtsverstöße liegen, die nach § 59 zur Nichtigkeit des Vertrages führen können, ist § 58 mit der **Rechtsfolge der schwebenden Unwirksamkeit** s Rn 19 als **lex specialis** anzusehen. Für das Erfordernis der Genehmigung, Zustimmung usw anderer Behörden konkretisiert § 58 das allgemeine Gesetzmäßigkeitserfordernis des § 54 S 1, wonach Verträge nur zulässig sind, sofern Rechtsvorschriften nicht entgegenstehen.

3 **2. Anwendungsbereich.** Die Vorschrift insgesamt gilt unmittelbar für sämtliche öffentlich-rechtlichen Verträge iS des § 54 einschließlich solcher zwischen Trägern öffentlicher Verwaltung, sofern spezialgesetzlich nichts anderes bestimmt ist. Die Verwaltungsverfahrensgesetze der Länder enthalten gleich lautende Vorschriften. Allerdings muss zwischen dem Zustimmungserfordernis nach Abs 1 und dem Mitwirkungserfordernis nach Abs 2 differenziert werden.

3 a **a) Zustimmungserfordernis nach Abs 1.** Das Zustimmungserfordernis nach Abs 1 gilt unmittelbar für alle öffentlich-rechtlichen Verträge iS des § 54, sofern keine vorrangigen spezialgesetzlichen Regelungen eingreifen.

3 b **b) Mitwirkungserfordernis nach Abs 2.** Das Mitwirkungserfordernis nach Abs 2 gilt unmittelbar nur für Verträge iSd § 54 S 2, also für subordinationsrechtliche Verträge (zum Begriff s § 54 Rn 48). Es besteht aber weitgehende Einigkeit darüber, dass auch andere Verträge iS des § 54 bei Fehlen der erforderlichen Mitwirkung nach Abs 2 schwebend unwirksam sind (BVerwG NJW 1988, 663). Dies gilt auch hins der in § 58 nicht ausdrücklich vorgesehenen, aber entsprechend dem allgemeinen Recht auch hier anzunehmenden (s unten Rn 11) **Rückwirkung der Genehmigung.** Zumindest entsprechend ist § 58 auch auf den Fall anzuwenden, dass der durch den Vertrag ersetzte VA an die Zustimmung eines Ausschusses einer gesetzgebenden Körperschaft uä (MB 8; vgl auch UL § 69 Rn 20: erwägenswert) oder an die Zustimmung eines anderen Rechtsträgers (BVerwG NJW 1988, 663 zur Zustimmung des Bundes zu einer Einbürgerung; StBS 25 f) gebunden ist. Zumindest analog gilt Abs 2 außerdem auch auf Verträge, die sich auf mitwirkungsbedürftige Hoheitsakte beziehen, die in ihren Rechtswirkungen VAen im Wesentlichen gleichgestellt sind (BVerwG NJW 1988, 663 = BayVBl 1988; MB 15).

3 c **c) Entsprechende Anwendbarkeit.** Abgesehen von der entsprechenden Anwendbarkeit des Abs 2 auf koordinationsrechtliche Verträge können die Regelungen des § 58 als **Ausdruck allgemeiner Rechtsgrundsätze** auch in anderen Fällen angewandt werden, für die ausdrückliche Rechtsvorschriften fehlen oder lückenhaft sind.[1] Danach ist in Übereinstimmung mit den allgemeinen Grundsätzen des Vertragsrechts ein Vertrag, der in Rechte Dritter eingreift, im Zweifel jedenfalls dem Dritten gegenüber schwebend unwirksam, wenn und solange der betroffene Dritte nicht zustimmt oder seine Zustimmung nicht in anderer Weise ersetzt wird. **Umstritten ist die entsprechende Anwendung** des § 58 auf einzelne Vertragshandlungen, insbesondere auf **Vertragsangebote.** In diesen Fällen ist die Anwendbarkeit richtigerweise zu verneinen; § 58 regelt nur die Wirksamkeit des Vertrages

[1] BVerwG NJW 1988, 663; StBS 8.

als solchen, Folgerungen für die Bindung der Beteiligten an ihre hierauf gerichteten Willenserklärungen ergeben sich daraus nicht (StBS 8; **aA** Knack 3). Insoweit gelten die allgemeinen Vorschriften und Grundsätze des bürgerlichen Rechts, zB § 145 BGB über die Bindung an Angebote, entspr (**aA** K 4: die Vertragspartner können bis zum Wirksamwerden des Vertrags ihre Willenserklärung frei zurückziehen).

II. Kein Vertrag zu Lasten Dritter (Abs 1)

1. Allgemeines. Das Erfordernis, dass ein Vertrag nicht ohne die Zustimmung der durch ihn in ihren Rechten betroffenen Dritten geschlossen werden kann, dient, ähnlich wie das Erfordernis der notwendigen Beiladung gem § 13 Abs 2 in Verfahren, die den Erlass eines VA mit vergleichbarem Inhalt zum Ziel haben, dem Rechtsschutz der Betroffenen, es liegt idR aber auch im öffentlichen Interesse (s oben Rn 1). Die Regelung entspricht, soweit sie die Wirksamkeit des Vertrags gegenüber Dritten von deren Zustimmung abhängig macht, dem bereits früher geltenden Recht (vgl M 116 mwN; ferner Redeker DÖV 1966, 543), nicht dagegen auch hins der Unwirksamkeit des ohne Zustimmung des Dritten geschlossenen Vertrags auch zwischen den Vertragspartnern. 4

2. Eingriff in Rechte Dritter. a) Der Tatbestand des Eingriffs. Voraussetzung für das Zustimmungserfordernis des Abs 1 ist die Beeinträchtigung einer Rechtsposition des Dritten; bloße faktische Nachteile oder tatsächliche Beeinträchtigungen sind nicht ausreichend. Dritte in diesem Sinne können nur Personen mit eigener Rechtspersönlichkeit sein. Es muss sich nicht notwendig um eine Person des Privatrechts handeln.[2] Voraussetzung ist also ein **subjektives öffentliches Recht des Dritten,** welches durch den abgeschlossenen Vertrag in rechtlich relevanter Weise beeinträchtigt wird. Dies ist nicht erst dann der Fall, wenn dem Dritten die subjektive Rechtsposition ganz oder teilweise entzogen werden soll oder wenn eine Umgestaltung der Rechtsposition erfolgen soll. Ausreichend wird, dass einer der Beteiligten des Vertrages verpflichtet ist, **Maßnahmen zu ergreifen, die zwangsläufig zu einer Rechtsbeeinträchtigung führen** müssen. Nicht erforderlich ist in diesem Zusammenhang, dass die Rechtsbeeinträchtigung beabsichtigt, in Kauf genommen oder auch nur vorhersehbar ist. Abs 1 gilt vielmehr **auch für unvorhersehbare Eingriffe.** Ein Eingriff kommt dabei sowohl durch aktives Tun als auch – bei gegebener Rechtspflicht zum Handeln – durch Unterlassen in Betracht. 5

Bei subordinationsrechtlichen Verträgen iS des § 54 Satz 2 liegt ein Eingriff immer dann vor, **wenn der Dritte einen VA gleichen Inhalts anfechten** könnte. **Beispiele:** Ein Eingriff in Rechte Dritter liegt beispielsweise vor bei Verträgen, die eine Baugenehmigung enthalten oder zum Erlass einer solchen verpflichten, wenn die Genehmigung nachbarschützende Vorschriften verletzt, ferner bei Verträgen, die andere Regelungen mit Drittwirkung enthalten (s insoweit die Bsp bei Wahl/Schütz in Schoch § 42 Abs 2 Rn 110ff). Dritte idS können auch klagebefugte **Verbände des Naturschutzrechts** in den Fällen des § 61 BNatSchG sein (so zutr Schlette 437). **Kein Eingriff** liegt dagegen beispielsweise vor, wenn ein Subventionsvertrag bei der Konkurrenz zwar gewisse wirtschaftliche Nachteile auslöst, diese aber noch nicht die bei faktischen Beeinträchtigungen von Grundrechten bestehende Schwelle der Rechtsbeeinträchtigung überschreiten (OVG Münster NVwZ 1984, 522; Knack 4) ebenso wenig bei einem Vertrag, in dem sich ein Bürger zu einer Handlung verpflichtet, die von der Zustimmung eines Dritten abhängt, wie zB bei der **Verpflichtung eines Miteigentümers** zum Abriss einer baurechtswidrigen baulichen Anlage (BVerwG BRS Nr 205; OVG Münster BRS 47 Nr 193). 6

---

[2] VGH Mannheim NuR 1997, 245; StBS 12; aus dem systematischen Verhältnis zu Abs 2 lässt sich eine Beschränkung auf Privatpersonen entgegen Schlette 432 nicht herleiten.

7 **b) Anwendbarkeit auf Verpflichtungsverträge.** Ein Eingriff in Rechte Dritter liegt unbezweifelbar dann vor bei Verträgen, durch die eine Genehmigung durch VA mit Drittwirkung ersetzt wird oder solchen, die unmittelbar rechtsgestaltende Wirkung gegenüber Dritten haben sollen (Verfügungsverträge). **Umstritten** ist dagegen die Frage, ob Abs 1 auch auf **Verpflichtungsverträge** anwendbar ist, wenn sich die Behörde also im Vertrag zu einer Maßnahme oder einem Verhalten verpflichtet hat, welches dann erst zu einem Eingriff in die Rechte des Dritten führt (Bsp: Die Behörde verpflichtet sich zum Erlass einer Baugenehmigung, mit der in Rechte von Nachbarn eingegriffen wird). Die hM versteht den Begriff der Rechtsbeeinträchtigung auch angesichts des Zwecks der Regelung in einem weiteren Sinn dahin, dass es genügt, wenn die Durchführung des Vertrages ohne Beeinträchtigung der Rechte des Dritten nicht möglich ist. Das Zustimmungserfordernis gilt deshalb **auch für Verpflichtungsverträge.**[3] Die Gegenmeinung, nach der nur Verfügungsverträge erfasst werden,[4] berücksichtigt nicht hinreichend, dass Abs 1 auch dem Schutz der Behörde vor Verpflichtungen dienen soll, die sie wegen entgegenstehender Rechte nicht erfüllen könnte. StBS 16 weist zutreffend darauf hin, dass die generelle Verneinung einer Eingriffswirkung für Verpflichtungsverträge de facto die Anerkennung öffentlich-rechtlicher Verträge zu Lasten Dritter zur Folge hätte, die dem Recht sonst fremd sind.

8 **Bei einem Verpflichtungsvertrag** ist es als Rechtsbeeinträchtigung iS des Abs 1 anzusehen, **wenn die Erfüllung Rechte des Dritten verletzen** kann (Knack 6), auch zB die von einer Behörde vertraglich eingegangene Verpflichtung, einen VA mit Drittwirkung zu erlassen, zB einen Dispens von nachbarschützenden Vorschriften zu erteilen. Ein entsprechender Vertrag kann daher nur mit Zustimmung der betroffenen Dritten wirksam abgeschlossen werden.[5] Eine Rechtsbeeinträchtigung ist jedoch dann zu verneinen, wenn der Vertrag – was im Zweifel zulässig ist – **vorbehaltlich der Zustimmung betroffener Dritter** geschlossen wird.[6] Unter Abs 1 fällt auch die Genehmigung eines von einem **vollmachtlosen Vertreter** abgeschlossenen Vertrags (K 3). Auch insoweit wird die entspr Anwendung des § 184 BGB, wonach die nachträgliche Genehmigung Rückwirkung hat, durch Abs 1 nicht ausgeschlossen (vgl oben Rn 3).

9 **3. Das Zustimmungserfordernis.** Liegt ein Eingriff in Rechte Dritter vor, so ist die Vereinbarung solange **schwebend unwirksam,** bis der betroffene Dritte zustimmt oder die Zustimmung endgültig verweigert oder die Zustimmung als endgültig verweigert anzusehen ist. Sind mehrere Dritte betroffen, so müssen sie alle die erforderliche Zustimmung geben. Erfordert der Vertrag die Zustimmung unbekannter oder iS von § 16 verhinderter Dritter, so kann er nur nach **Bestellung eines Vertreters** gem § 16 oder nach anderen Vorschriften mit dessen Zustimmung wirksam werden. Zur Einholung der Zustimmung sind die betroffenen Dritten nach § 13 Abs 1 Nr 4, Abs 4 zum Verfahren hinzuziehen (zutr Schlette 433).

10 **a) Schriftlichkeit.** Nach Abs 1 muss die Zustimmung schriftlich erklärt werden; mündliche Erklärungen oder konkludentes Handeln reichen nicht aus. Die Regelung knüpft damit an § 57 an, wonach auch für den Vertrag im übrigen

---

[3] Ebenso BVerwG NJW 1988, 663; OVG Münster NVwZ 1988, 370; StBS 15; Knack 6; MB 8; Erichsen/Ehlers § 26 Rn 8; Erichsen Jura 1994, 48; Friehe DÖV 1980, 674.

[4] UL § 69 Rn 15; Bullinger DÖV 1977, 816; Knuth JuS 1986, 524; differenzierend Maurer § 14 Rn 30.

[5] MB 5; StBS 15; vgl zur vergleichbaren Rechtslage bei der Zusicherung **aA** Redeker DÖV 1966, 545; UL § 69 Rn 19; Bullinger DÖV 1977, 816.

[6] Vgl insoweit auch § 38 Rn 30 zur ähnlich liegenden Situation im Prozeßrecht auch BGH NJW 1978, 1262: Ist die zu erbringende Leistung von einer behördlichen Genehmigung abhängig, so kann grundsätzlich unter Vorbehalt der Erteilung der Genehmigung verurteilt werden.

Schriftform zwingende Wirksamkeitsvoraussetzung ist. Bestehen für den Vertrag selbst strengere Formvorschriften (vgl § 57 Rn 7) so gelten diese in der Regel auch für die nach § 58 Abs 1 erforderliche Zustimmung (StBS 22). Ausreichend zur Erfüllung von Formerfordernissen ist in jedem Fall die **gerichtliche Protokollierung** (§ 106 VwGO), zur Erfüllung der Schriftform auch die Protokollierung der Zustimmung in einer **Widerspruchsverhandlung.** Das Erfordernis der Urkundeneinheit des § 57 gilt für die Zustimmung nicht. Die Zustimmung muss deshalb nicht auf einer Vertragsurkunde erteilt werden. Die elektronische Form (§ 3a Abs 2) ist zur Erfüllung des Schriftformerfordernisses ausreichend.

b) Zeitpunkt der Zustimmung. aa) Keine allgemeine Frist. Abs 1 enthält keine Regelung über einen Zeitraum, in dem die Zustimmung erteilt werden muss. Deshalb kann sie sowohl vor als auch nach längere Zeit nach Vertragsschluss noch erteilt werden. Wird die Zustimmung **vor Abschluss des Vertrages** erteilt, so muss sie sich grundsätzlich auf eine Regelung beziehen, die mit dem später abgeschlossenen Vertrag identisch ist. Geringfügige Abweichungen dürften unschädlich sein, soweit sie die Rechtsposition des Dritten unberührt lassen. Im Falle der nachträglichen Zustimmung handelt es sich um eine Genehmigung entsprechend § 184 BGB, für die eine zeitliche Befristung nicht vorgesehen ist. Die Zustimmung kann daher auch noch lange nach Abschluss des (schwebend unwirksamen) Vertrages gegeben werden. Dies ist vor allem in den Fällen von Bedeutung, in denen die Eingriffswirkung in Rechte Dritter erst spät bemerkt wird. 11

bb) Schwebende Unwirksamkeit. Bis zur Erteilung oder der endgültigen Verweigerung der Zustimmung ist der Vertrag gem § 62 Satz 2 iVm § 184 BGB schwebend unwirksam. Dies bedeutet, dass eine nachträgliche Zustimmung des Betroffenen zur Wirksamkeit des Vertrages von Anfang an führt (so auch StBS 19; **aA** Knack 3). Die Beteiligten sind bis zur Entscheidung über die Erteilung oder Versagung der Zustimmung an ihre Erklärungen gebunden, sofern sie nicht etwas anderes erklärt haben. 12

cc) Behandlung des Schweigens. Problematisch ist, von welchem Zeitpunkt an das Schweigen des Dritten als Verweigerung der Zustimmung anzusehen ist. Dies dürfte nach Treu und Glauben jedenfalls dann der Fall sein, wenn die Beteiligten nach den Gesamtumständen nicht mehr mit der Zustimmung des Dritten rechnen dürfen bzw müssen. Dies ist idR auch nach Ablauf einer von den Beteiligten dem Dritten gesetzten Frist der Fall (StBS 17; Knack 10; **aA** MB 33). **Verweigert einer der betroffenen Dritten** seine Zustimmung, so ist der Vertrag insoweit (s Rn 20) endgültig gescheitert. Eine später gleichwohl erteilte Zustimmung geht dann ins Leere. Die Zustimmung oder ihre Verweigerung kann beiden Beteiligten gegenüber erklärt werden (§ 62 Satz 2 iVm § 182 BGB). Für die Zustimmung gelten grundsätzlich die **für Willenserklärungen maßgeblichen Bestimmungen,** etwa über Zugang (§ 130 BGB) und Willensmängel (§§ 119, 123 BGB). 13

c) Ersetzung der Zustimmung. Sind die Betroffenen durch Gesetz oder auf Grund einer vertraglich eingegangenen Bindung **zur Zustimmung verpflichtet** oder ist die Verweigerung sonst willkürlich oder rechtsmissbräuchlich, so kann die Zustimmung ggf durch gerichtliche Entscheidung analog § 894 ZPO ersetzt werden (ebenso Obermayer 17); bei Behörden als Vertreter einer betroffenen Körperschaft uU auch durch eine Entscheidung der Aufsichtsbehörde (vgl unten Rn 18). Soweit gesetzlich nichts anderes vorgesehen ist, entfällt das Zustimmungserfordernis nach Abs 1 dagegen nicht schon bei rechtsmissbräuchlicher Verweigerung der Zustimmung. Im Über- und Unterordnungsverhältnis kann die fehlende Zustimmung uU auch durch **Erlass einer Duldungsverfügung** (VA auf Duldung der zur Durchführung des Vertrags erforderlichen Handlungen usw) ersetzt werden, bei Behörden uU auch durch entsprechende Erklärung der Aufsichtsbe- 14 hörde. Erfordert der Vertrag die Zustimmung unbekannter oder iS von § 16 verhinderter Dritter, so kann er nur nach Bestellung eines Vertreters gem § 16 oder nach anderen Vorschriften mit dessen Zustimmung wirksam werden (s Redeker DÖV 1966, 545).

III. Notwendige Beteiligung einer anderen Behörde (Abs 2)

15 **1. Zweck und Umfang des Mitwirkungserfordernisses.** Abs 2 trifft eine der Regelung in Abs 1 vergleichbare Regelung für die Fälle, in denen nach einer Rechtsvorschrift (Gesetz, Verordnung oder Satzung) für den VA, der durch die vertragliche Regelung ersetzt wird, die Genehmigung, die Zustimmung oder das Einvernehmen einer anderen Behörde erforderlich wäre (BVerwG NJW 1988, 663 = BayVBl 1988, 122; StBS 25). Die Regelung gilt auch für den Fall, dass sich die Behörde durch Vertrag zum Erlass eines VA verpflichtet, für den dieses Erfordernis zutrifft.[7] Anders, wenn der Vertrag nur vorbehaltlich des Ergebnisses der Mitwirkung der betroffenen Behörden geschlossen wird und insoweit die Mitwirkungsbefugnisse nicht berührt (vgl oben Rn 8). Behörden idS sind **auch zur Mitwirkung berufene Ausschüsse,** die selbstständig öffentlich-rechtliche Verwaltungstätigkeit ausüben (Knack 5; StBS 29; UL § 69 Rn 20: analoge Anwendung).

16 **2. Erfasste Formen der Mitwirkung.** Die Vorschrift ist nur anwendbar auf solche Mitwirkungsformen anderer Behörden, Gremien usw, die die Maßnahme vom Willen dieser Einrichtungen abhängig machen, also der mitwirkungspflichtigen Behörde ein **Mitentscheidungsrecht** einräumen (Obermayer 11; StBS 27; Knack 6). Abs 2 gilt außerdem nur für Genehmigungs-, Zustimmungs- oder Einvernehmungserfordernisse **auf Grund von Rechtsvorschriften.** Lediglich auf Verwaltungsvorschriften beruhende Mitwirkungserfordernisse uä sind insoweit unerheblich. Einvernehmen iS von Abs 2 bedeutet je nach den im konkreten Fall anwendbaren Rechtsvorschriften dasselbe wie Genehmigung, Einwilligung oder Zustimmung. Die Vorschrift ist **nicht anwendbar** auf Bestimmungen, die nur die Herstellung des **Benehmens, eine Anhörung,** die Einholung einer gutachtlichen **Stellungnahme** usw einer anderen Behörde vorschreiben (vdGK 2.2). Die Behörde ist zwar – in entspr Anwendung der Vorschriften, die eine Mitwirkung in dieser Form vorsehen – in diesen Fällen verpflichtet, vor Vertragsschluss die andere Behörde anzuhören usw (ebenso Knack 9; StBS 28; zT **aA** MB 18); eine Verletzung dieser Verpflichtung berührt aber die Wirksamkeit des Vertrages nicht, da die Anhörung usw nicht nach Abs 2 Voraussetzung für das Wirksamwerden des Vertrages ist.

17 **3. Rechtsnatur der Genehmigung, Zustimmung usw.** Die Zustimmung, Genehmigung usw einer anderen Behörde zu einem VA ist idR ein verwaltungsinterner Akt, **kein VA** (BVerwG DVBl 1993, 436: da nicht dazu bestimmt, Rechtswirkungen nach außen zu entfalten; ebenso Erichsen/Ehlers § 37 Rn 34); **anders, wenn** und ggf soweit mit der Zustimmung, Genehmigung usw oder deren Verweigerung zugleich unmittelbar insoweit über eine **eigene Rechtsstellung** eines oder beider Vertragspartner entschieden wird. Dies kann der Fall sein, wenn einem Beteiligten ein subjektives Recht auf Erteilung der Zustimmung eingeräumt ist.

18 **4. Ersetzung der Mitwirkung.** Eine nach Abs 2 erforderliche Genehmigung usw kann uU durch die Zustimmung uä der Aufsichtsbehörde ersetzt oder im Aufsichtswege erzwungen werden (vgl BVerwGE 22, 342; vgl auch VGH Mann-

---

[7] Ebenso MB 9; im Ergebnis auch Schapals BWVPr 1978, 76: § 58 analog anzuwenden; zu dieser Auffassung neigend wohl auch BVerwG NJW 1988, 663 = BayVBl 1988, 122; **aA** Bullinger DÖV 1977, 816; wohl auch UL § 69 Rn 20, zur vergleichbaren Situation bei fehlender Zustimmung Dritter auch Erichsen/Ehlers § 26 Rn 8.

heim NuR 1990, 122), ausnahmsweise, wenn es sich um eine Entscheidung der Behörde eines anderen Rechtsträgers handelt, durch deren Verweigerung eigene Rechte des Rechtsträgers verletzt werden (zB das Selbstverwaltungsrecht einer Gemeinde), dem die Behörde angehört, welche die Zustimmung benötigt, auch im Wege der **Verpflichtungsklage.** Zur Frage einer **missbräuchlichen Verweigerung der Zustimmung** gilt dasselbe wie zu oben Rn 14.

IV. Rechtswirkungen für den Vertrag

19 **1. Schwebende Unwirksamkeit.** Fehlt es an der erforderlichen Zustimmung oder Mitwirkung, so führt dies nicht ohne weiteres zur Unwirksamkeit des Vertrages, sondern zunächst nur zur schwebenden Unwirksamkeit. Entgegen der Fassung der Vorschrift („wird erst wirksam") ist in Übereinstimmung mit § 184 BGB und mit der zum bish Recht hM (vgl Redeker DÖV 1966, 543) davon auszugehen, dass Zustimmung bzw Genehmigung usw nach Abs 1 und 2 **auf den Zeitpunkt des Vertragsschlusses zurückwirken,** und dass der zunächst schwebend unwirksame Vertrag danach als von Anfang an wirksam zu behandeln ist.[8] Bis zur Entscheidung des Dritten besteht nach Treu und Glauben eine **Bindung der Vertragspartner** an ihre Vertragserklärungen (Obermayer 16; Schlette 433; StBS 14; ähnlich Knack 3; MB 32); jeder von ihnen kann dem Dritten jedoch für seine Erklärung eine angemessene Frist setzen. Nach deren Verstreichen, oder wenn der Dritte sonst seine Entscheidung ungebührlich hinauszögert, ist davon auszugehen, dass die Zustimmung verweigert wurde. Unterlässt die Behörde die Einholung einer erforderlichen Genehmigung, Zustimmung usw, deren Erforderlichkeit dem Bürger aber nicht bekannt ist, so hat der Bürger, insb wenn er auf die Wirksamkeit des Vertrags vertraut hat, ggf **Schadensersatzansprüche** gegen die Behörde unter dem Gesichtspunkt der Amtshaftung oder der culpa in contrahendo (s § 62 Rn 8).

20 **2. Eingeschränkte Zustimmung.** Erfolgt eine Genehmigung mit dem Vorbehalt, dass sie nicht auch für die Vergangenheit wirken soll, so kann der Vertrag, sofern die Vertragsparteien diese Möglichkeiten schon in ihren Willen aufgenommen haben oder sich nachträglich durch eine ergänzende Vereinbarung damit einverstanden erklären, **erst mit Wirkung für die Zukunft** wirksam werden. Entsprechendes gilt, wenn der Vertrag von vornherein schon mit der Maßgabe geschlossen wurde, dass er erst wirksam werden soll, wenn der betroffene Dritte bzw die zu beteiligende Behörde zugestimmt haben; ein dahingehender Wille muss jedoch aus dem Vertrag selbst hinreichend klar erkennbar sein und kann nicht im Zweifel unterstellt werden. Dadurch, dass § 58 die Genehmigung, Zustimmung usw zum Erfordernis der Wirksamkeit des Vertrags macht, ist zugleich sichergestellt, dass ein Vertrag dann nicht wirksam werden kann, wenn die Durchführung wegen entgegenstehender Rechte Dritter oder Genehmigungs-, Zustimmungs- oder Einvernehmensvorbehalte zugunsten anderer Behörden uU nicht möglich ist. Sofern die Zustimmung, Genehmigung usw nur **für einzelne Teile eines Vertrags** erforderlich ist, gilt § 59 Abs 3 entsprechend.

21 **3. Endgültige Unwirksamkeit oder Wirksamkeit.** Mit der Ablehnung oder Verweigerung der Zustimmung bzw Genehmigung usw enden im Zweifel auch die Verpflichtungen der übrigen Beteiligten. Ist zwischen den Beteiligten keine Frist vereinbart, bis zu deren Ablauf sie gebunden sein sollen, so endet im Zweifel die Bindung, wenn die erforderliche Zustimmung usw nicht innerhalb einer dafür von einem Vertragspartner gesetzten Frist (vorausgesetzt, dass diese nicht unange-

---

[8] OVG Münster NVwZ 1984, 524: bis zur Zustimmung des Dritten bzw der Genehmigung und der zur Mitwirkung berufenen Behörde schwebend unwirksam; Obermayer 13; StBS 33; Wallerath 8 III 4; Maurer § 14 Rn 37; Müller-Ibold 167 mwN.

messen kurz ist), sonst, wenn keine Frist gesetzt wurde, innerhalb angemessener Frist nach einer entspr Aufforderung an den Dritten erfolgt. Die Unwirksamkeit können die Vertragspartner, aber auch Dritte, an deren fehlender Zustimmung der Vertrag gescheitert ist, gem § 43 VwGO im Wege der Feststellungsklage im Streitfall klären lassen.

§ 59 Nichtigkeit des öffentlich-rechtlichen Vertrags

(1) **Ein öffentlich-rechtlicher Vertrag ist nichtig, wenn sich die Nichtigkeit aus der entsprechenden Anwendung von Vorschriften des Bürgerlichen Gesetzbuchs ergibt.**[84]

(2) **Ein Vertrag im Sinne des § 54 Satz 2 ist ferner nichtig, wenn**

1. **ein Verwaltungsakt mit entsprechendem Inhalt nichtig wäre;**[19]
2. **ein Verwaltungsakt mit entsprechendem Inhalt nicht nur wegen eines Verfahrens- oder Formfehlers im Sinne des § 46 rechtswidrig wäre und dies den Vertragschließenden bekannt war;**[23]
3. **die Voraussetzungen zum Abschluss eines Vergleichsvertrags nicht vorlagen und ein Verwaltungsakt mit entsprechendem Inhalt nicht nur wegen eines Verfahrens- oder Formfehlers im Sinne des § 46 rechtswidrig wäre;**[26]
4. **sich die Behörde eine nach § 56 unzulässige Gegenleistung versprechen lässt.**[28]

(3) **Betrifft die Nichtigkeit nur einen Teil des Vertrags, so ist er im Ganzen nichtig, wenn nicht anzunehmen ist, dass er auch ohne den nichtigen Teil geschlossen worden wäre.**[29]

Parallelvorschriften: § 58 SGB X

Schrifttum: *Blankenagel,* Folgenlose Rechtswidrigkeit öffentlich-rechtlicher Verträge?, VerwArch 1985, 276; *Bleckmann,* Verfassungsrechtliche Probleme des Verwaltungsvertrages, NVwZ 1990, 601; *Bötsch,* Die Unwirksamkeit von Nachfolgelastenverträgen, BayVBl 1981, 11; *Bramsche,* Rechtsfolgen verwaltungsvertraglicher Gesetzesverstöße, 1986; *Corell,* Problembereiche und Möglichkeiten des öffentlich-rechtlichen Vertrags, DÖV 1998, 363; *Efstratiou,* Die Bestandskraft des öffentlich-rechtlichen Vertrags, 1988, zugl Diss Heidelberg 1987; *Erichsen,* Die Nichtigkeit und Unwirksamkeit verwaltungsrechtlicher Verträge, Jura 1994, 48; *Göldner,* Gesetzmäßigkeit und Vertragsrecht im Verwaltungsrecht, JZ 1976, 352, 358; *Gurlit,* Grundlagen des Verwaltungsvertrages, Jura 2001, 731; *Krebs,* Zulässigkeit und Wirksamkeit vertraglicher Bindungen kommunaler Bauleitplanung (zur Auslegung der §§ 54 und 59 VwVfG des Bundes und der Länder), VerwArch 1981, 49; *Obermayer,* Der nichtige öffentlich-rechtliche Vertrag nach § 59 VwVfG, in: BayVGH-FS 1979, 275; *Reidt,* Rechtsfolgen bei nichtigen städtebaulichen Verträgen, NVwZ 1999, 149; *Schenke,* Der rechtswidrige Verwaltungsvertrag nach dem VwVfG, JuS 1977, 281; *Schimpf,* Der verwaltungsrechtliche Vertrag unter besonderer Berücksichtigung seiner Rechtswidrigkeit, 1982, zugl Diss Berlin; *Schlette,* Die Verwaltung als Vertragspartner, 2000, S. 536ff; *Schuster,* Wirksame rechtswidrige ör Verträge, Diss Tübingen 1990; *Tschaschnig,* Die Nichtigkeit subordinationsrechtlicher Verträge nach dem VwVfG, 1984; *Weides,* Der mißglückte Ablösungsvertrag, JuS 1978, 841. S im übrigen zu §§ 54–58.

Übersicht

I. Allgemeines

1. Inhalt. Die Vorschrift regelt abschließend die Frage der Nichtigkeit verwaltungsrechtlicher Verträge und betrifft damit die **Folgen einer Abweichung des Vertragsinhalts von Gesetz und Recht,** also die Frage, ob und unter welchen Voraussetzungen Verträge wirksam bzw unwirksam sind, wenn die darin getroffenen Regelungen mit den gesetzlichen Bestimmungen nicht übereinstimmen. Nach den Grundgedanken dieser Regelung sind verwaltungsrechtliche Verträge grundsätzlich auch im Falle der Abweichung von gesetzlichen Regelungen wirksam, wenn und soweit sie nicht nichtig sind. Vor Erlass des VwVfG hatte es eine Kontroverse über die Frage gegeben, ob verwaltungsrechtliche Verträge wirksam sein können, obwohl sie inhaltlich den gesetzlichen Bestimmungen nicht entsprechen. Das VwVfG folgt im Wesentlichen der seinerzeit hM, wonach **auch gesetzesinkongruente Verträge wirksam,** also zu beachten sind,[1] und enthält in Abs 2 die **Aufzählung der Nichtigkeitsgründe,** die zur Unwirksamkeit der Vereinbarungen führen. 1

Die **allgemeine Unwirksamkeitsklausel** des Abs 1 soll eingreifen, wenn sich die Nichtigkeit aus der entsprechenden Anwendung der Vorschriften des BGB ergibt. Weil mit dieser Regelung auch die Vorschrift des § 134 BGB (Nichtigkeit bei Verstoß gegen ein gesetzliches Verbot) in Bezug genommen wird, besteht nach wie vor eine Kontroverse über die Frage, ob damit nicht die grundsätzliche Nichtigkeit sämtlicher gesetzesinkongruenter Verträge angeordnet ist (vgl unten Rn 9ff). Dann allerdings hätte Abs 2 kaum eine Daseinsberechtigung. Insbesondere geht das VwVfG davon aus, dass auch bei Verstößen etwa gegen § 54 S 1 oder gegen das Schriftlichkeitsprinzip des § 57 die Nichtigkeitsfolge allein nach

[1] Vgl BVerwGE 42, 339; BVerwG DVBl 1990, 777; BSG NJW 1968, 176; OVG Münster NJW 1979, 124; Stein AöR 1961, 330; einschränkend BVerwGE 49, 361; BSG 14, 104; 16, 61; OVG Münster DVBl 1973, 697; kritisch Götz DÖV 1973, 303; Renck NJW 1970, 737; Maurer JuS 1976, 494; Schenke JuS 1977, 281; Frank DVBl 1977, 685.

§ 59 zu beurteilen ist (s § 54 Rn 45). Ferner sieht die Vorschrift – abweichend von § 126 shLVwG – auch kein Anfechtungs-, Kündigungs- oder Rücktrittsrecht wegen Rechtswidrigkeit des Vertrags vor.[2]

1 a **2. Abschließende Regelung der Nichtigkeit.** Die Aufzählung der Nichtigkeitsgründe in § 59 iV mit den Vorschriften, auf die § 59 verweist, ist abschließend (München NVwZ 1990, 980; Knack 5). Grundsätzlich ist daher die Frage der Nichtigkeit eines zustande gekommenen Vertrages allein **am Maßstab des § 59** zu prüfen. Das gilt auch, soweit andere Vorschriften materielle Verbote enthalten (zB § 54 zum Vertragsformverbot). Allerdings kennt das Gesetz neben der Nichtigkeit die schwebende Unwirksamkeit. So enthalten einige Vorschriften speziellere Regelungen. Dies gilt etwa für die schwebende Unwirksamkeit eines Verwaltungsvertrages bei **fehlender Zustimmung Dritter** oder fehlender **Mitwirkung einer Behörde** §§ 58; zur **Anfechtung von Verträgen** wegen eines Willensmangels entspr § 119 ff BGB unten Rn 17, ferner § 62 Rn 7; zu besonderen Kündigungsrechten § 60.

2 **3. Verfassungsrechtliche Zulässigkeit.** „Im Einzelnen beruht die Regelung auf dem Gedanken eines Kompromisses zwischen dem Grundsatz unbedingter Vertragsbindung („pacta sunt servanda") als Erfordernis der Rechtssicherheit im Rechtsstaat und den ebenfalls im Rechtsstaatsprinzip verankerten Erfordernissen der Gesetzmäßigkeit der Verwaltung[3] und folgt damit, wie auch in der Abgrenzung der Nichtigkeitsgründe, weitgehend den schon bisher in Rspr und Schrifttum überwiegend vertretenen Auffassungen. Die Verfassungsrechtliche Unbedenklichkeit ist deshalb inzwischen allgemein anerkannt (vgl nur BVerwGE 111, 265 = NVwZ 2000, 1285; 89, 7, 10; StBS 8; Erichsen/Ehlers § 26 Rn 28).

3 **Nicht jeder Verstoß** gegen eine Rechtsvorschrift hat nach § 59 die Nichtigkeit des Vertrags zur Folge, sondern nur bestimmte, besonders schwerwiegende Rechtsverletzungen, die in **Abs 1 u 2 abschließend aufgezählt** sind.[4] Die Beschränkung der Nichtigkeitsgründe ist im Hinblick auf rechtsstaatliche Erfordernisse, insb auch auf das Rechtsschutzbedürfnis des Bürgers, nicht unbedenklich, erscheint aber vertretbar, zulässig und mit dem GG vereinbar;[5] dies insb auch deshalb, weil der Bürger beim Vertrag – anders als idR bei VAen – am Zustandekommen maßgeblich beteiligt ist und ohne seine Zustimmung ein Vertrag nicht zustandekommen kann.[6]

4 **4. Anwendungsbereich. a) Unmittelbar.** Die Vorschrift gilt insgesamt unmittelbar nur für verwaltungsrechtliche Verträge im Anwendungsbereich des VwVfG und vorbehaltlich gleich lautender oder abweichender Regelungen; die Verwaltungsverfahrensgesetze der Länder enthalten aber gleich lautende Bestimmungen. Nach § 126 shLVwG gilt allerdings außerdem eine Frist, innerhalb der ein Nichtigkeitsgrund geltend zu machen ist. Im Übrigen ist zu differenzieren: Während die Nichtigkeitsgründe des **Abs 1 für alle verwaltungsrechtlichen**

---

[2] StBS 2; zT **aA** in früherer Zeit BVerwGE 25, 72; OVG Münster DVBl 1973, 697; Götz DÖV 1973, 303: Auflösungsrecht in allen Fällen, in denen ein vergleichbarer VA zurückgenommen werden könnte; vgl auch § 126 Abs 3 shLVwG, wo für diese und bestimmte andere Fälle ein zeitlich befristetes Recht zur Geltendmachung der Nichtigkeit vorgesehen ist.

[3] Götz DÖV 1973, 298; Maurer JuS 1976, 493; Erichsen/Ehlers § 26 Rn 19, 28; StBS 8; Bleckmann VerwArch 1981, 437.

[4] Begr 81; WBS II § 54 Rn 41; Erichsen/Ehlers § 26 Rn 28; StBS 6; vgl auch die Nachweise zur hM oben Rn 1; **aA** Götz JuS 1970, 5; DÖV 1973, 303; Renck NJW 1970, 737; Henke JZ 1984, 445.

[5] Ebenso Frank DVBl 1977, 685; Knack 3; StBS 6; MB 3 ff; vgl auch BVerwGE 55, 341; zweifelnd UL § 70 Rn 13.

[6] BVerwGE 44, 335; WBS II § 54 Rn 41; Knack 3; Martens AöR 1964, 449 ff; Götz NJW 1976, 1430, der § 59 teilweise als mit Art 19 Abs 4 GG nicht vereinbar ansieht; vgl auch Renck NJW 1970, 737.

Verträge im Anwendungsbereich des VwVfG gelten, betreffen die Nichtigkeitsgründe des **Abs 2 unmittelbar nur subordinationsrechtliche Verträge** iS von § 54 S 2; für letztere gilt Abs 1 zusätzlich („ferner nichtig").[7] Nichtigkeitsgründe, die wie gem § 126 Abs 3 shLVwG nur innerhalb einer bestimmten Frist geltend gemacht werden können, kennt das Bundesrecht derzeit nicht. Entsprechenden Vorschriften würden jedoch keine rechtlichen Bedenken entgegenstehen (vgl auch Knack 4).

b) Analoge Anwendung. Es ist inzwischen davon auszugehen, dass die Vorschrift sowohl hins der allgemeinen Nichtigkeitsgründe des Abs 1 als auch – für subordinationsrechtliche Verträge – hinsichtlich der besonderen Nichtigkeitsgründe des Abs 2 als **Ausdruck allgemeiner Rechtsgedanken** angesehen werden kann. Deshalb sind § 59 sowie die entsprechenden Vorschriften des Landesrechts entsprechend auf Verwaltungsverträge anzuwenden, die nicht dem Geltungsbereich des VwVfG unterfallen, sofern keine spezielleren Vorschriften gelten.[8] 5

5. Begriff der Nichtigkeit des Vertrages. Nichtigkeit iS des § 59 bedeutet wie die Nichtigkeit von Verträgen nach dem BGB und entsprechend der Nichtigkeit eines VA gem § 43 Abs 3, § 44, dass der Vertrag die mit ihm bezweckten Wirkungen nicht hat, die Beteiligten daran nicht gebunden sind und daraus auch keine Rechte herleiten können usw. Nicht berührt werden davon etwaige Schadensersatzansprüche auf Grund oder im Zusammenhang mit der Nichtigkeit. Lässt ein Vertrag mehrere Auslegungen zu, so ist im Zweifel die Auslegung als maßgeblich anzusehen, bei der der Vertrag nicht nichtig ist (**Grundsatz der gesetzeskonformen Auslegung;** vgl VGH München BayVBl 1977, 246; OVG Münster NVwZ 1992, 988). 6

Die Frage der Nichtigkeit des Vertrages kann im Streitfall mit einer **Feststellungsklage** gem § 43 VwGO geklärt werden (OVG Münster NVwZ 1984, 524); der Kläger ist dabei nicht auf Gründe beschränkt, die seine eigenen Interessen zu stützen bestimmt sind (Münster NVwZ 1984, 524; **aA** Friehe DÖV 1980, 677). 7

II. Nichtigkeit des Vertrages nach Vorschriften des BGB (Abs 1)

1. Allgemeines, Systematik. Nach Abs 1 – nicht erst gem § 62 S 2 (Knack 6) – gelten alle Gründe, die nach bürgerlichem Recht die Nichtigkeit eines zustande gekommenen Vertrags zur Folge haben, entspr auch für verwaltungsrechtliche Verträge.[9] Lediglich die Fälle, in denen mangels übereinstimmender oder gem §§ 119, 123 BGB erfolgreich angefochtener Willenserklärungen ein Vertrag nicht wirksam zustande gekommen ist, werden nicht erfasst. Abs 1 ist damit die Grundnorm für die Beurteilung der Nichtigkeit öffentlich-rechtlicher Verträge schlechthin, während Abs 2 spezielle Regelungen für die Nichtigkeit öffentlich-rechtlicher Verträge iSd § 54 S 2, also für die subordinationsrechtlichen Verträge (zum Begriff § 54 Rn 48) enthält. Trotz der entspr Intention des Gesetzgebers (vgl Begr 40) hat sich die Auffassung, wonach Abs 2 insoweit eine abschließende Regelung enthält, nicht durchgesetzt. Vielmehr geht die allgM heute davon aus, dass Abs 1 auch auf subordinationsrechtliche Verträge anwendbar ist. Sie erfasst insoweit **sowohl** 8

---

[7] VGH Mannheim NVwZ 1991, 583; UL § 70 Rn 31; Schenke JuS 1977, 288; StBS 14; Knack 2; Obermayer 1; Erichsen/Ehlers § 26 Rn 18.

[8] Vgl idS schon zum bish Recht BVerwGE 42, 335; WBS II § 54 Rn 43.

[9] Ebenso zum bish Recht BVerwGE 4, 111; 5, 128; 8, 329; 49, 539; BVerwG DVBl 1978, 178; OVG Münster DVBl 1981, 835; Götz 146; M 115; zT **aA** Obermayer BayVGH-FS 1979, 279: alle Verträge, die mit dem Gesetzmäßigkeitsprinzip unvereinbar sind; ähnlich Henke JZ 1984, 445.

Vertragsformverbote iSd § 54 S 1, **als auch Vertragsinhaltsverbote,** soweit sie nicht bereits unter Abs 2 fallen.[10]

9 **2. Verstoß gegen ein gesetzliches Verbot (§ 134 BGB).** Nichtig sind gem Abs 1 entspr § 134 BGB Verträge, die gegen ein gesetzliches Verbot – auch ein solches nach dem EU-Recht (BVerwGE 70, 45) – verstoßen. Nicht erforderlich ist, dass das Verbot materiellrechtlicher Natur oder in einem förmlichen Gesetz enthalten ist. Es genügen auch in einer Rechtsverordnung oder Satzung enthaltene Verbote (UL § 70 Rn 22; Knack 9) unabhängig davon, ob sie dem einfachen Gesetzesrecht, dem Europarecht oder dem Verfassungsrecht einschließlich der allgemeinen verfassungsrechtlichen Prinzipien (Bleckmann NVwZ 1990, 601), zu entnehmen sind, so zB das Verbot eines Verstoßes gegen Grundrechte (vgl München NVwZ 1990, 981). Ausreichend sind dem ungeschriebenen Recht, insbes dem Gewohnheitsrecht zu entnehmende Verbote (UL § 70 Rn 22), nicht dagegen in bloßen Verwaltungsvorschriften enthaltene Verbote (UL § 70 Rn 22; Knack 9). Unerheblich ist auch, ob das Verbot ausdrücklich in einer Rechtsvorschrift ausgesprochen ist, oder sich aus dem Zweck und Zusammenhang einer Regelung hinreichend deutlich ergibt.[11]

10 **a) Begriff des gesetzlichen Verbots.** Ein Verstoß gegen ein gesetzliches Verbot idS besteht, wie sich insb auch aus einem Vergleich mit Abs 2 ergibt, nicht bereits dann, wenn die Vereinbarung nicht mit allen formellen und materiellen Rechtsvorschriften übereinstimmt.[12] Ein gesetzliches Verbot liegt vielmehr nur dann vor, wenn und soweit der **spezifische Sinn und Zweck der Vorschrift** die Nichtigkeit auch einer von ihr abweichenden vertraglichen Regelung erfordert, was Auslegungsfrage ist.[13]

11 **Gesetzliche Verbote** iS von Abs 1 iV mit § 134 BGB, sind grundsätzlich (nur) solche, die entweder den Abschluss eines Vertrags, dh eine Regelung der in Frage stehenden Angelegenheit durch Vertrag,[14] oder den Inhalt der vertraglichen Regelung (OVG Münster NVwZ 1984, 524; StBS 31 f), dh insb den mit dem Vertrag bezweckten Erfolg (vgl BGH NJW 1981, 387 mwN, 399; 1990, 1603; 1992, 2552; Knack 9; StBS 51; UL § 70 Rn 23), insb ein bestimmtes Verhalten (vgl OVG Münster NVwZ 1984, 524) oder die Herbeiführung eines bestimmten Erfolges (Knack 9), **schlechthin verbieten.** Jedenfalls haben nach ganz hM Verbote der letztgenannten Art die Nichtigkeit des Vertrags gemäß § 59 Abs 1 iV mit § 134 BGB zur Folge (vgl nur Krebs VerwArch 1979, 86). Der Nichtigkeitsgrund des Gesetzesverstoßes gem § 134 BGB setzt voraus, dass sich das gesetzliche **Ver-**

---

[10] Zur Geltung des § 59 auch für Vertragsformverbote BFHE 142, 549; BFH NJW 2000, 2447; Scherzberg JuS 1992, 205; Gurlit Jura 2001, 731.

[11] OVG Münster NVwZ 1984, 524; ebenso UL § 70 Rn 22; MB 21; vgl auch BGHZ 71, 360; 85, 43 = NJW 1983, 109 mwN; NJW 1985, 1020: wenn aus der Rechtsvorschrift ausnahmsweise zu entnehmen, daß das Geschäft bei einem Verstoß keinen Bestand haben soll.

[12] Begr 81; UL § 70 Rn 24; MB 18 ff; StBS 52; s auch Weyreuther, in: Reimers-FS 383: nur bei einer „qualifizierten Art des Konflikts" zwischen Vertrag und Rechtsnorm; allg auch OLG Stuttgart NJW 1980, 1800; ebenso zum bish Recht Thieme NJW 1974, 2203; Haueisen NJW 1969, 122; Götz DÖV 1973, 299; **aA** BSG 13, 104; Götz NJW 1976, 1430 Fn 38; Henke JZ 1984, 445 – nach § 54 sind alle Verträge nichtig, die gegen ein die Verwaltung oder den Bürger bindendes Gesetz verstoßen –; Obermayer 54: auch das Fehlen einer besonderen Rechtsgrundlage für die beabsichtigte vertragliche Regelung ist als „entgegenstehende" Rechtsvorschrift anzusehen.

[13] Vgl BGHZ 37, 261; 71, 360; 85, 43; 111, 308; BVerwG DVBl 1990, 39; NJW 1992, 2557 mwN; OVG Münster NVwZ 1992, 988.

[14] OVG Münster NVwZ 1984, 524; UL § 70 Rn 23; StBS 32; Knack 8; MB 71 zu § 54; 22 zu § 59; Grupp VerwArch 1978, 135; allg auch Krebs VerwArch 1979, 86; zT **aA** Erichsen/Ehlers § 26 Rn 26; Müller Vw 1977, 523: § 59 betrifft nur Fälle der Unzulässigkeit wegen des Inhalts des Vertrages; ebenso Schenke JuS 1977, 290; Krebs VerwArch 1981, 54 f: Nichtigkeit als Folge aus § 54 S 1 iV mit § 306 BGB; offen BVerwG NJW 1980, 2539.

bot gegen die Vornahme gerade eines Vertrags der vorliegenden Art zwischen den Vertragsparteien, wie sie im konkreten Fall daran beteiligt sind, richtet und alle als Vertragsparteien daran beteiligten Beteiligten (§ 13) als Verbotsadressaten anspricht.[15] Verstöße lediglich gegen den Grundsatz der materiellen Gesetzmäßigkeit oder gegen materielle Ermächtigungsnormen allein stellen als solche grundsätzlich noch keinen Verstoß gegen ein gesetzliches Verbot dar. Das gilt auch für das Fehlen einer an sich erforderlichen gesetzlichen Ermächtigung oder für Verstöße gegen Vorschriften, aus denen sich ergibt, dass eine bestimmte Regelung nicht zulässig ist (BSG DVBl 1990, 214; Knack 9). Sonst allerdings hat auch der spätere Wegfall eines Verbots nicht zur Folge, dass ein zunächst nichtiger Vertrag dann wirksam wird, und zwar im Zweifel auch dann nicht, wenn das Verbot rückwirkend aufgehoben wird (BVerwG NJW 1982, 2392).

b) Einzelfälle. Als Verstoß gegen ein gesetzliches Verbot ist es anzusehen, 12 wenn dem Gesetz zumindest konkludent der Wille des Gesetzgebers zu entnehmen ist, dass abweichende Regelungen keinesfalls zulässig sein sollen (BVerwG BayVBl 1991, 18; Knack 9), zB gem § 183 Abs 1 BBG, § 2 Abs 2 BBesG **vom Besoldungsrecht abweichende Vereinbarungen** (BVerwGE 84, 183); von zwingendem Beamtenrecht abweichende Vereinbarungen (OVG Lüneburg NordÖR 2002, 308); gem § 123 Abs 3 BBauG bzw § 124 Abs 1 BauGB eine **Überbürdung höherer Kosten auf den Erschließungsunternehmer,** als abgabenrechtlich auf die Abgabenpflichtigen abgewälzt werden dürfte (BVerwG DVBl 1992, 372); nach § 2 Abs 3 BauGB die vertragliche **Verpflichtung einen Bebauungsplan aufzustellen.**[16] Verstößt ein Vertrag nicht unmittelbar gegen ein gesetzliches Verbot, sondern wird damit nur verbotenes, zB insb strafbares, Handeln vereinbart, so ist der Vertrag idR nicht analog § 134 BGB, sondern wegen Sittenwidrigkeit analog § 138 BGB nichtig (vgl BGH NJW-RR 1990, 750).

Kein Nichtigkeitsgrund wegen eines Verstoßes gegen ein gesetzliches Verbot 13 liegt dann vor, wenn ein Gesetz **nur bestimmte Umstände des Rechtsgeschäfts missbilligt** (UL § 70 Rn 23), zB, wenn der Vertragspartner der Behörde für die nach dem Vertrag von ihm zu erbringende Leistung eine besondere Gewerbeerlaubnis benötigen würde, die er nicht besitzt (vgl BGH NJW 1981, 387; 1983, 109; 1984, 1175; 1985, 1020; 1990, 2542; 1992, 2558). Die Nichtigkeit des Vertrags gem § 59 Abs 1 iV mit § 134 BGB hat idR zur Voraussetzung, **dass beide Vertragspartner** mit dem Abschluss des Vertrags oder mit der vertraglichen Regelung gegen ein Verbot verstoßen.[17] Der **Verstoß nur eines Vertragspartners** genügt nur ausnahmsweise dann, wenn dem Verbotsgesetz ein dahin gehender Wille zu entnehmen ist (vgl OVG Koblenz NJW 1991, 430). Letzteres ist vor allem bei im öffentlichen Interesse liegenden **Beschränkungen der Befugnisse von Behörden** anzunehmen.[18] Dies gilt zB bei einem Verstoß gegen Rechtsvorschriften, die es (nur) einer Behörde aus hinreichend gewichtigen Gründen verbieten, die von ihr nach dem Vertrag zu erbringende Leistung als solche oder unter Voraussetzungen, wie sie Gegenstand oder Grund (causa) des Vertrags sind, zu erbringen;[19] ebenso bei einem Verstoß gegen Rechtsvorschriften, die verbieten,

---

[15] Vgl BGHZ 115, 125 = NJW 1991, 2955; BGHZ 118, 145 = NJW 1992, 2021; NJW 1983, 2873; 1994, 729 – keine Nichtigkeit des Vertrags zB bei einem Verstoß gegen das Rabattgesetz bei unzulässiger Rabattgewährung.

[16] Vgl noch zur alten Rechtslage BVerwG DVBl 1980, 686; DÖV 1981, 878; NVwZ 1983, 92; BGHZ 76, 22; DVBl 1989, 1094; OVG Lüneburg DVBl 1978, 179.

[17] Vgl BGH NJW 1981, 387, 399; 1984, 1775; 1992, 2552; **aA** UL § 70 Rn 24.

[18] Vgl BVerwG DVBl 1976, 217; 1978, 178; ähnlich Bullinger DÖV 1977, 816; zT **aA** K 2b: nur die für jedermann geltenden Verbote, nicht auch solche, die sich nur an die Verwaltung richten; ähnlich vdGK 3.3; wohl auch Pietzcker NJW 1981, 2092.

[19] BVerwG DVBl 1976, 217: Nichtigkeit eines Vertrags, in dem die Behörde sich zu einer Leistung verpflichtet, die sie in Übereinstimmung mit der gesetzlichen Lage nicht erbringen kann; BVerwG DVBl 1978, 178: Nichtigkeit eines Vertrags gem § 134 BGB, mit dem ein

dass sich eine Behörde Leistungen bestimmter Art oder für einen bestimmten Zweck oder trotz des Vorliegens bestimmter Umstände versprechen lässt (vgl VGH München BayVBl 1976, 237; zu subordinationsrechtlichen Verträgen auch Abs 2 Nr 4 iVm § 56; dazu unten Rn 28). Dass eine Übertretung des Verbots mit Strafe oder als Ordnungswidrigkeit mit Bußgeld bedroht ist, ist nicht erforderlich. Soweit dies der Fall ist, führt bei subordinationsrechtlichen Verträgen auch Abs 2 Nr 1 iVm § 44 Abs 1 Nr 5 zum selben Ergebnis.

14 **3. Verstoß gegen Formvorschriften (§ 125 BGB).** Nichtig sind entspr § 125 BGB immer auch Verträge, die nicht in der Schriftform des § 57 bzw der sonst durch Rechtssatz gebotenen Form (s § 57 Rn 14) abgeschlossen wurden (vgl VGH München NJW 1978, 2412; LG Stuttgart NVwZ 1982, 58; Obermayer 52; Ehlers JZ 1990, 595; Knack 6); auch zB Verträge, die eine Übereignung von Grundstücken, Vermögen als ganzen oder Nachlässen zum Gegenstand haben, bei Verstoß gegen 311 b Abs 1 BGB (MuLö BayVBl 1982, 575).

15 **4. Nichtigkeit wegen Sittenwidrigkeit (§ 138 BGB).** Nichtigkeitsgrund gem Abs 1 ist immer auch die Sittenwidrigkeit des Vertrags entspr § 138 BGB. Die Sittenwidrigkeit idS kann sich aus dem Inhalt, Zweck oder Beweggrund des Vertrags oder aus der Art des Zustandekommens des Vertrages ergeben (Knack 3.2), wenn der Zweck des Vertrages gegen die guten Sitten verstößt, zB auf die Förderung sittenwidrigen oder strafbaren Verhaltens gerichtet ist, zB ein Rechtsgeschäft, das der Förderung strafbaren Tuns dient. Die Sittenwidrigkeit kann sich auch aus einer erkennbaren **Ausnutzung einer Not- oder Zwangssituation** des Partners (vgl BGH DVBl 1981, 628; Degenhart NJW 1982, 74) oder der Überlegenheit der Behörde in einer Weise, die die Freiheit der Willensentschließung des Partners unzumutbar einschränkt, ergeben.[20] Sittenwidrigkeit wegen des Zustandekommens eines Vertrags setzt voraus, dass die besonderen Umstände dem Vertragspartner bekannt oder zumindest erkennbar waren, zB, dass der Vertragsgegner aus besonderen Gründen auf die sofortige Zahlung der im Vertrag zu vereinbarenden Entschädigungssumme dringend angewiesen ist (vgl Degenhart NJW 1982, 74 mwN).

16 **5. Nichtigkeit wegen Unmöglichkeit der Leistung.** Nichtigkeitsgrund iSd § 59 Abs 1 war in der Vergangenheit auch die ursprüngliche objektive tatsächliche Unmöglichkeit der vereinbarten Leistung gem § 306 BGB aF. Durch das SchuldrechtsmodernisierungsG vom 26. 11. 2001 (BGBl I S 3138) wurde die Regelung des § 306 BGB aF aufgehoben. Gem § 311 a Abs 1 BGB nF steht es der Wirksamkeit eines Vertrages nun nicht mehr entgegen, wenn der Schuldner wegen objektiver Unmöglichkeit der Leistung gem § 275 Abs 1 BGB nF nicht mehr zu leisten braucht und das Leistungshindernis schon bei Vertragsschluss vorgelegen hat. Damit führt die Unmöglichkeit der Leistung nun nicht mehr zur Nichtigkeit eines öffentlichrechtlichen Vertrages. Gleichwohl ergibt sich die Nichtigkeitsfolge für subordinationsrechtliche Verträge weiterhin aus Abs 2 Nr 1 iVm § 44 Abs 2 Nr 6 bzw Nr 4, die dieselben Fälle betreffen (Begr 82). Die rechtliche Unmöglichkeit ist der tatsächlichen Unmöglichkeit nur dann gleichzustellen, wenn ein VA mit

---

Anhörungs- und Auslegungsgebot umgangen wird; ebenso UL § 70 Rn 22; im Ergebnis auch Götz NJW 1976, 1430, der jedoch bezweifelt, ob zwingende Vorschriften idS als „Verbotsgesetze" angesehen werden können, und die Nichtigkeit in derartigen Fällen als Folge allgemeiner rechtsstaatlicher Grundsätze ansieht; vgl auch Götz DÖV 1973, 298; ähnlich Petersmann DVBl 1978, 824; zT **aA** Pietzcker NJW 1981, 2092.

[20] UL § 70 Rn 27; Knack 5; vgl im Ergebnis auch Bleckmann NVwZ 1990, 607, der hier jedoch einen Verstoß gegen ein gesetzliches Verbot annimmt, wenn Behörden ihre bargaining power ausnützen und es dadurch zum Abschluß sog. „ungleicher Verträge" kommt; Bleckmann will auf solche Verträge § 56 umgekehrt analog anwenden; zum Zivilrecht auch BGH NJW 1990, 1595; LG Münster NJW 1990, 1668.

entspr Inhalt nichtig wäre (vgl § 44 Rn 40), nicht auch bei bloßer Unzulässigkeit der in Frage stehenden Leistung im Allgemeinen.[21] Dies gilt zB für die Vereinbarung eines unzulässigen Dispenses (MB 27; StBS 60; Knack 15; **aA** Bullinger DÖV 1977, 816), oder für den Fall, dass **Rechte Dritter** entgegenstehen. Eine evidenterweise gegen eine elementare Rechtsnorm verstoßende Leistung hat idR die Nichtigkeit des Vertrags gem Abs 1 iV mit § 134 BGB zur Folge. Das Verbot, eine Regelung durch Vertrag zu treffen, dann deshalb weiterhin zur Nichtigkeit nach Abs 1 iVm § 134 BGB führen.

6. Nichtigkeit aus sonstigen Gründen. Angesichts der weiten Fassung der Verweisung auf das BGB in Abs 1 ergibt sich die Nichtigkeit eines Vertrags auch dann aus § 59, wenn die Voraussetzungen für die Wirksamkeit von Willenserklärungen (zB gem §§ 104ff BGB) nicht erfüllt sind (Berg 81; K 3e; zu §§ 116, 117 auch Erichsen/Ehlers § 26 Rn 22) oder als Folge vollzogener Anfechtung gem § 62 iVm § 119, 120, 123 BGB.[22] Allerdings handelt es sich hierbei genau genommen nicht um den Fall der Nichtigkeit des Vertrages, sondern um den Fall eines nicht wirksam zustande gekommenen Vertrages, weil es an zwei wirksamen übereinstimmenden Willenserklärungen fehlt. Bei Vergleichsverträgen gem § 55 ist auch der **Irrtum über die Vergleichsgrundlage** entspr § 779 BGB Nichtigkeitsgrund iSd § 59 Abs 1,[23] nicht aber einseitige Erwartungen, die unerfüllt bleiben (VGH München NVwZ 2000, 1310). 17

III. Nichtigkeitsgründe bei subordinationsrechtlichen Verträgen (Abs 2)

Abs 2 sieht ergänzend zu den allgemeinen Nichtigkeitsgründen des Abs 1 für subordinationsrechtliche Verträge **besondere Nichtigkeitsgründe** vor, die sich zT an die für VAe geltenden Fehlergründe anlehnen, zT Folgerungen aus den besonderen Regelungen für subordinationsrechtliche Verträge nach § 55 und § 56 ziehen. Die Nichtigkeitsgründe gelten **sowohl für Verfügungs- als auch für Verpflichtungsverträge.** Die Regelung gilt nicht nur für Verträge, die an die Stelle von VAen getreten sind, sondern für alle subordinationsrechtlichen Verträge.[24] Abs 2 erweitert für subordinationsrechtliche Verträge die auch hier anwendbaren allgemeinen Nichtigkeitsgründe gem Abs 1 („ferner") um weitere, spezielle Nichtigkeitsgründe, dh, die Nichtigkeit kann sich hier außer aus Abs 2 zugleich auch aus Abs 1 ergeben.[25] Insoweit kommt es zwischen den Anwendungsbereichen von Abs 1 u Abs 2 zu Überschneidungen. 18

1. Nichtigkeit eines VA mit entsprechendem Inhalt (Nr 1). Nach Abs 2 Nr 1 gelten für subordinationsrechtliche Verträge **dieselben Nichtigkeitsgründe wie für VAe** gem § 44.[26] Die zu § 44 gemachten Ausführungen gelten insoweit entspr auch für Verträge. Zu unterscheiden sind deshalb Vereinbarungen, die an 19

---

[21] UL § 70 Rn 28; Obermayer, in: BayVGH-FS 1979, 284 und BayVBl 1977, 550; Knack 15.

[22] S auch WBS II § 55 Rn 32; Krause JuS 1972, 420; Erichsen/Ehlers § 26 Rn 22 mwN; vdGK 3.2; K 3.

[23] Vgl BVerwG BayVBl 1974, 197; VGH Kassel FEVS 11, 176; UL § 70 Rn 29; Knack 16.

[24] Bullinger DÖV 1977, 815; Frank DVBl 1907, 68; ebenso im Ergebnis Wallerath 8 III 5: Nr 1 ist auf sonstige Verträge im Über/Unterordnungsverhältnis analog anwendbar; enger OLG München NVwZ 1993, 101: allenfalls Vergleiche, soweit sich nicht aus den Regelungen selbst Einschränkungen ergeben, wie zB bei Nr 3 aus der Beschränkung auf Vergleichsverträge, bei Nr 4 auf Austauschverträge.

[25] UL § 70 Rn 31; Knack 2; Maurer 38 zu § 14; Schenke JuS 1977, 288; s auch oben 3; **aA** Begr 81; Götz DÖV 1973, 299; NJW 1976, 1430; Maurer JuS 1976, 494; Schleicher DÖV 1976, 554: Abs 2 lex specialis.

[26] Ebenso zum bish Recht BVerwG DVBl 1976, 218; OVG Münster DÖV 1973, 683; M 115; Haueisen DVBl 1968, 287; NJW 1969, 122; Rüfner 431; Kottke 92.

einem besonders schweren Fehler leiden, wenn dieser bei verständiger Würdigung der Gesamtumstände offensichtlich ist (§ 44 Abs 1) und die Vereinbarungen, die aus einem der in § 44 Abs 2 enumerativ aufgezählten Nichtigkeitsgründe keinen Bestand haben können.

20 **a) Schwere Fehlerhaftigkeit der Vereinbarung.** Eine solche kann sich sowohl auf die von der Behörde übernommenen Verpflichtung als auch aus der Fehlerhaftigkeit der Verpflichtung des Vertragspartners der Behörde, etwa der Verpflichtung zu einer unmöglichen, sittenwidrigen oder strafrechtswidrigen Leistung ergeben.[27] Aus dem Zusammenhang der Nr 1 mit den Regelungen der folgenden Nrn ergibt sich jedoch, dass Fehlerhaftigkeit allein, die, wenn sie nicht das Handeln des Vertragspartners der Behörde, sondern das Handeln der Behörde betreffen würde, nicht die Nichtigkeit eines VA zur Folge hätte, nur in den in § 59 ausdrücklich genannten Fällen die Nichtigkeit des Vertrags zur Folge hat (vgl Götz DÖV 1973, 299).

21 **Nichtig** sind etwa Verträge, die ein **Amtswalter** als Vertreter seiner Behörde entgegen § 20 Abs 1 S 1 Nr 1 **mit sich selbst** abschließt (UL § 12 Rn 5; StBS 20; Knack 18); Entsprechendes muss bei einem gem § 21 **befangenen Amtswalter** gelten, wenn der Mangel offensichtlich (§ 44 Abs 1) oder dem Vertragspartner bekannt (§ 59 Abs 2 Nr 2) war (**aA** UL § 12 Rn 23). In beiden Fällen ergibt sich die Nichtigkeit im Regelfall zudem auch schon gem § 59 Abs 1 iVm § 181 BGB. **In sonstigen Fällen** hat eine Verletzung der §§ 20 und 21 die Nichtigkeit des Vertrags nur dann zur Folge, wenn die Voraussetzungen gem Abs 2 Nr 2 gegeben sind (vdGK 2.2; **aA** UL § 12 Rn 5) oder ein schwerer und offensichtlicher Fall parteilichen Handelns vorliegt.[28]

22 **b) Nichtigkeitsgründe entspr § 44 Abs 2.** Von den in § 44 Abs 2 enumerativ aufgezählten Nichtigkeitsgründen werden im Vertragsrecht nur wenige praktisch relevant. Nichtig sind nach Abs 2 Nr 1 zB Verträge, die die vertragschließende Behörde nicht erkennen lassen (§ 44 Abs 2 Nr 1), ferner eine von einer Gegenleistung abhängig gemachte Einstellungszusage (OVG Lüneburg NordÖR 2002, 307), sowie Verträge einer offensichtlich sachlich unzuständigen Behörde (UL § 70 Rn 33; StBS 19; UL § 10 Rn 47); ebenso Verträge einer gem § 3 Abs 1 Nr 1 für den Vertragsabschluss über ein ortsbezogenes Recht erkennbar nicht zuständigen Behörde (UL § 10 Rn 48; FL 13 zu § 3; **aA** MB 17); anders gem § 59 Abs 2 Nr 2 bei Verletzung der Behördenzuständigkeit in anderen Fällen, wenn der Zuständigkeitsmangel nicht offensichtlich und den Vertragschließenden auch nicht bekannt war. Die **Sittenwidrigkeit** iS des § 44 Abs 2 Nr 6 kann sich aus dem Inhalt, Zweck oder Beweggrund ergeben, außerdem auch aus der Art des Zustandekommens des Vertrags, zB Einsatz des „Übergewichts" der Behörde, um den Partner zu rechtlich nicht geschuldeten Leistungen zu zwingen (Begr 82; ABegr 9; K 12; MB 35). Dass ein Amtsträger verwerflich gehandelt hat, ist nicht erforderlich (Degenhart NVwZ 1982, 74).

23 **2. Nichtigkeit des Vertrags bei Kenntnis (Nr 2).** Nach Abs 2 Nr 2 ist ausnahmsweise auch die schlichte Rechtswidrigkeit des Vertrags Nichtigkeitsgrund, wenn sie den Vertragspartnern bekannt war und bei einem VA mit entsprechendem Inhalt nicht nach § 46 unbeachtlich wäre.[29] Die Vorschrift spiegelt wegen

---

[27] Ebenso Knack 18; str; **aA** offenbar K 11: nur die von der Behörde übernommene Verpflichtung ist maßgeblich; vgl auch vdGK 2.1.7: Nichtigkeit bei Fehlern, die nicht die Leistung der Behörde betreffen, allenfalls nach Abs 1.

[28] Vgl § 44 Rn 54; ähnlich vdGK 20; **aA** UL § 12 Rn 23: bei Verstoß gegen § 20 Abs 1 Nr 2–6 und gegen § 21 auch bei Offensichtlichkeit keine Unwirksamkeit des Vertrags.

[29] UL § 10 Rn 48; § 70 Rn 35; enger MB 37: nicht bei fehlender örtlichen Zuständigkeit, da diese in Nr 2 nicht genannt wird und kein bloßer Verfahrens- oder Formfehler ist.

ihrer subjektiven Anforderungen, deren Vorliegen praktisch nur schwer nachweisbar ist, derzeit keine wichtige Rolle.

a) Kollusion. Gedacht ist vor allem an den Fall, dass die Vertragschließenden **in bewusstem und gewolltem Zusammenwirken** (sog. Kollusion) auf dem Umweg über einen öffentlich-rechtlichen Vertrag einen (auch im Ergebnis) rechtswidrigen Erfolg herbeiführen (Begr 82; ABegr 9; K 12; MB 35). Die gemeinsame Kenntnis von Verfahrens- und Formfehlern, die bei einem VA unbeachtlich wären (vgl § 46), führt nicht zur Nichtigkeit. Dabei berücksichtigt die Vorschrift, dass die wichtigsten Verfahrens- und Formfehler von Verträgen nach den speziellen Regelungen der §§ 57, 58 ohnehin zur Nichtigkeit führen. 23 a

b) Kenntnis beider Vertragspartner. Außer für die Fälle einer Kollusion gilt Nr 2 auch für alle anderen Fälle, in denen sämtlichen Vertragspartnern (ebenso Knack 19) die Rechtswidrigkeit des Vereinbarten oder die Verletzung wesentlicher Zuständigkeits- oder Verfahrensvorschriften, die nicht nach § 46 unbeachtlich wären oder nach §§ 57, 58 ohnehin zur Nichtigkeit führen, beim Zustandekommen des Vertrags bekannt war (zB Mitwirkung einer nach § 20 ausgeschlossenen Person auf Seiten der Behörde, vgl vdGK 22; **aA** offenbar UL § 12 Rn 23). Maßgeblich ist die **Kenntnis im Zeitpunkt des Vertragsschlusses** (Knack 19). Kennenmüssen, dh grob fahrlässige Unkenntnis, steht der Kenntnis nicht gleich (ebenso Knack 19; MB 38). Kenntnis der verletzten Vorschriften ist nicht erforderlich; insoweit genügt die „Parallelwertung in der Laiensphäre" (ebenso Knack 19; StBS 34; Obermayer 79; **aA** Thieme NJW 1974, 2204). Vgl insoweit auch § 48 Rn 107; zur Kenntnis seitens der Behörde § 48 Rn 136f. 24

Ist die **Rechtswidrigkeit** auch nur einem der beiden Vertragspartner **nicht bekannt,** so ist Nr 2 nicht anwendbar.[30] **Umstritten** ist, ob dann, wenn mehr als zwei Partner an dem Vertrag beteiligt sind, die Kenntnis von allen verlangt werden muss. Nach dem Sinn und Zweck der Vorschrift des Abs 2 Nr 2, Unrechtsvereinbarungen auszuschließen, muss es ausreichen, wenn die Kenntnis bei der Behörde und bei einem weiteren Vertragspartner vorhanden ist (so auch Obermayer 80). 25

3. Fehlen der Vergleichsvoraussetzungen (Nr 3). Die Vorschrift regelt die Nichtigkeit von Vergleichsverträgen. Sie geht davon aus, dass ein gesetzesinkongruenter Vertrag vorliegt, der nur als Vergleichsvertrag nach § 55 wirksam sein könnte und schließt die Wirksamkeit für den Fall aus, dass die Vergleichsvoraussetzungen nicht vorliegen. Die Bestimmung soll sicherstellen, dass die erleichterte Möglichkeit vertraglicher Regelungen im **Vergleichsvertrag nicht dazu missbraucht wird,** einen an sich rechtlich missbilligten Erfolg herbeizuführen (Begr 82). Voraussetzung ist, dass die Behörde den ihr in § 55 eingeräumten Beurteilungs- und/oder Ermessensspielraum überschritten hat.[31] Genau genommen regelt Nr 3 nicht die Nichtigkeit eines Vergleichsvertrages, sondern nur den Fall, dass der Vergleichscharakter des Vertrages eine Abweichung vom materiellen Recht nicht rechtfertigen kann. Führt also ein Rechtsverstoß der getroffenen Vereinbarung ohnehin nicht zur Nichtigkeit, dann kann auch das Fehlen der Vergleichsvoraussetzungen keine Nichtigkeit begründen. 26

a) Fehlen der Vergleichsvoraussetzungen. Dies ist insb bei offensichtlicher oder doch nach den Umständen des Falles unschwer erreichbarer Eindeutigkeit der Sach- und Rechtslage der Fall. Die Nichtigkeit eines Vergleichsvertrags kann sich außer aus Nr 3 insb auch aus Abs 1 ergeben (s zu § 779 BGB) außerdem auch zB, wenn der Vergleichsvertrag zugleich ein Austauschvertrag iS von § 56 ist, aus Nr 4 (Degenhart NVwZ 1982, 74). Zur Ungültigkeit eines Vertrags als Vergleichsver- 26 a

---

[30] StBS 31; Obermayer 80; Knack 19.

[31] Degenhart NVwZ 1982, 73; **aA** offenbar Erichsen/Ehlers § 26 Rn 21: keine Nichtigkeit, wenn es nur „am pflichtgemäßen Ermessen fehlt".

trag – anders uU als sonstiger Vertrag – bei Fehlen wesentlicher Erfordernisse wie etwa des gegenseitigen Nachgebens s § 55 Rn 18.

27 **b) Materielle Rechtswidrigkeit.** Voraussetzung der Nichtigkeit ist außerdem, dass ein VA mit entsprechendem Inhalt nicht nur wegen des Verfahrens- oder Formfehlers iS von § 46 rechtswidrig wäre (vgl oben Rn 23). Im Gegensatz zu Nr 2 kommt es bei Nr 3 jedoch nicht darauf an, dass die Beteiligten Kenntnis davon hatten, dass die Voraussetzungen für einen Vergleich fehlen (Begr 82). Nr 3 gilt nicht auch für den Fall der kollusiven Vereinbarung unzulässiger Rechtsfolgen, die mit der Ungewissheit, der der Vergleich Rechnung tragen soll, nichts zu tun haben (Erichsen VerwArch 1977, 67); in derartigen Fällen ergibt sich die Nichtigkeit idR aber schon aus Nr 2.

28 **4. Nichtigkeit bei unzulässiger Gegenleistung (Nr 4).** Nach Nr 4 führt eine Verletzung des § 56 zur Nichtigkeit des Vertrags.[32] Die Regelung dient vor allem dem **Schutz des Bürgers,** der zu Leistungen verpflichtet wird, die nicht in einem sachlichen und angemessenen Verhältnis zur Gegenleistung stehen (**Verbot sachwidriger Koppelung,** vgl Begr 82; Knack 21). Zugleich soll damit auch dem **„Verkauf" von Hoheitsrechten** die Wirksamkeit versagt werden. Nr 4 ist zumindest analog (s 3 zu § 56) auch auf einseitige Verträge anwendbar, die den Bürger zu einer unzulässigen Leistung verpflichten **(hinkende Austauschverträge).**[33]

Die Regelung erfasst über das Koppelungsverbot hinaus **alle in § 56 genannten Erfordernisse,** auch das Erfordernis, dass der Zweck der Gegenleistung im Vertrag festgelegt sein muss (VGH Mannheim NVwZ 1991, 583; UL § 68 Rn 44; Knack 21). Wenn die Behörde sich dagegen nachträglich nicht an die vereinbarte Zweckbestimmung hält, so berührt dies die Wirksamkeit des Vertrags nicht, stellt aber als einen Kündigungsgrund nach § 60 dar (ebenso Knack 21 – auch keine Ausnahme für das Erfordernis, dass die Gegenleistung für einen bestimmten Zweck vereinbar ist und der Erfüllung von Aufgaben der Behörde dienen muss –). **Maßgeblich ist allein die Unzulässigkeit der Gegenleistung.** Dass die Leistung der Behörde unzulässig ist, ist allenfalls nach Abs 1 oder Abs 2 Nr 1–3 Nichtigkeitsgrund, macht aber die Gegenleistung nicht ebenfalls iS der Nr 4 unzulässig (K 14; Knack 22; StBS 39f).

IV. Teilnichtigkeit des Vertrags (Abs 3)

29 Betrifft die Nichtigkeit nur Teile des Vertrags (Teilnichtigkeit), so ist die Frage, ob auch die übrigen Teile davon betroffen sind und ebenfalls nichtig sind und damit der gesamte Vertrag nichtig ist oder nicht, nach § 62 iV mit § 139 BGB zu beurteilen. Abs 3 sieht entspr § 139 BGB und in Übereinstimmung mit der bisher hM[34] vor, dass **im Zweifel** die Nichtigkeit eines Teiles eines verwaltungsrechtlichen Vertrags die **Nichtigkeit des ganzen Vertrags** zur Folge hat (VGH Mannheim NVwZ 1991, 583). Bei der Beurteilung, ob der Vertrag auch ohne den nichtigen Teil abgeschlossen worden wäre, ist in erster Linie ebenso wie nach § 139 BGB auf den mutmaßlichen **Willen der Beteiligten** abzustellen (vgl BVerwG NVwZ 2002, 473), wie er zB im **offensichtlichen Zweck des Vertrags** und auf den Gesamtzusammenhang der getroffenen Regelung (ebenso MB 46; Obermayer 127).

---

[32] VGH Mannheim NVwZ 1991, 583 auch zum Erstattungsanspruch des Bürgers in solchen Fällen, s dazu auch unten Rn 31; vgl auch Ehlers JZ 1990, 595; ebenso zum bish Recht M 115; Erichsen AllgVR § 26 Rn 20; ebenso im wesentlichen Götz JuS 1970, 5 mwN; im Ergebnis auch VGH München DÖV 1970, 563, 564; DVBl 1978, 18.

[33] Vgl Krebs VerwArch 1979, 88; Schenke JuS 1977, 287; Blasius Vr 1978, 28; **aA** K 14 zu § 126 s-hLVwG.

[34] NJW 1980, 688; Buchh 454.2 §§ 42ff WBG Nr 1; WBS II § 54 Rn 46a; M 115.

V. Folgen der Nichtigkeit des Vertrags

1. Allgemeines. Das VwVfG enthält keine Regelung hins der Folgen der Nichtigkeit verwaltungsrechtlicher Verträge. Gem § 62 S 2 sind daher insoweit die Vorschriften des BGB und die dazu von den Gerichten und der Rechtslehre entwickelten Grundsätze entspr anzuwenden, wenn und soweit besondere Vorschriften oder Grundsätze des öffentlichen Rechts nicht entgegenstehen, was allerdings vor allem bzgl der Rückgewähr von Leistungen in erheblichen Ausmaß der Fall ist. Bei Einwendungen gegen einen Vergleichsvertrag ist grundsätzlich das Verwaltungsverfahren fortzusetzen (vgl VGH München NVwZ 2000, 1310 für das gerichtliche Verfahren). 30

2. Rückgewährschuldverhältnis. Soweit auf Grund eines nichtigen Verwaltungsvertrages Leistungen erbracht worden sind, muss im Grundsatz eine Rückabwicklung stattfinden. Die erbrachten Leistungen sind nach den **Grundsätzen des öffentlich-rechtlichen Erstattungsrechts,** nicht dagegen nach den Bestimmungen des zivilrechtlichen Bereicherungsrechts (§§ 812ff BGB), zurückzugewähren.[35] Grundsätzlich nicht anwendbar sind vor allem die §§ 818 Abs 3 und 819 Abs 1 BGB. Auf **Entreicherung** analog § 818 Abs 3 BGB kann sich nur der Bürger, nicht jedoch die dem Grundsatz der Gesetzmäßigkeit verpflichtete Behörde berufen (vgl BVerwGE 36, 113; 71, 85; Maurer 28 Rn 26; str). Darüber hinaus kann der Bürger grundsätzlich die ihm gewährten Vorteile behalten, wenn sein Vertrauen **auf den Bestand des Vertrags schutzwürdig** war (BVerwGE 71, 85; Knack 25). Die Rückabwicklung hat grundsätzlich Zug um Zug zu erfolgen (BVerwGE 55, 338; OVG Münster NJW 1978, 1542; allg auch BGH NJW 1977, 1194). § 814 BGB ist auf den öffentlich-rechtlichen Erstattungsanspruch des Bürgers nicht anwendbar, wenn es um die Rückabwicklung einer rechtsgrundlosen Leistung des Bürgers in einem Verhältnis der Über- und Unterordnung zu einem Träger öffentlicher Verwaltung geht (VGH Mannheim NVwZ 1991, 583; OVG Koblenz DVBl 1992, 786). Steht dem Bürger ein öffentlich-rechtlicher Erstattungsanspruch gegen die Behörde bzw den Hoheitsträger, dem diese angehört, zu, so kann er in entsprechender Anwendung des § 291 BGB allenfalls **Prozesszinsen** seit Klageerhebung, grundsätzlich jedoch nicht darüber hinaus Verzugszinsen in entsprechender Anwendung des § 288 Abs 1 BGB geltend machen (VGH Mannheim NVwZ 1991, 588). 31

3. Einschränkungen nach Treu und Glauben. Die Verpflichtung zur Rückabwicklung findet dort ihre Grenze, wo dies mit den Grundsätzen von Treu und Glauben, die auch im öffentlichen recht gelten, nicht vereinbar wäre. Ein Anspruch auf Rückgewähr von Leistungen ist nach der neueren Rspr (BVerwG NVwZ 2002, 473; 2000, 1285) jedenfalls in den Fällen des § 59 Abs 2 Nr 4 nicht schon dann ausgeschlossen, wenn die Leistung eines Beteiligten nicht mehr zurückerstattet werden kann,[36] zB, weil der Bebauungsplan, im Hinblick auf dessen versprochene Aufstellung der Bürger sich zur Leistung eines Folgekostenbeitrags verpflichtet hatte, inzwischen aufgestellt worden ist und in Kraft getreten ist (OVG Münster NJW 1978, 1542). Vielmehr muss jedenfalls in den Fällen des § 59 Abs 2 Nr 4 noch ein treuwidriges Verhalten hinzutreten (BVerwG NVwZ 2002, 473). UU kann der Vertragspartner, der seinerseits seine Leistung schon erbracht hat, auch analog §§ 812, 818 Abs 2 BGB Wertersatz verlangen, wenn § 242 BGB der Anwendung des § 817 S 2 BGB (analog) entgegensteht (vgl BGHZ 111, 312; BVerwG NJW 1992, 2552 = JA 1993, 58; Knack 26). Etwas anderes gilt insoweit 32

---

[35] BVerwG DVBl 1980, 687; BGH NJW 1977, 1194; VGH Mannheim NVwZ 1991, 583; Frank DVBl 1977, 688; vgl auch Knack 25: Rückabwicklung nach den Grundsätzen des öffentlich-rechtlichen Erstattungsrecht, nicht, auch nicht über § 62, nach §§ 812ff BGB analog.

[36] So die frühere Rspr, vgl BVerwGE 55, 338; OVG Münster NJW 1978, 1542 = DVBl 1978, 305; BGH NJW 1977, 1194.

jedoch dann, wenn eine der Parteien den Nichtigkeitsgrund gekannt hat (vgl § 819 BGB; dazu Münster NJW 1978, 1542; anders wohl VGH Mannheim NVwZ 1991, 583) oder aus grober Fahrlässigkeit nicht gekannt hat (BayVBl 1992, 474; Knack 26 unter Hinweis auf BVerwG 71, 85) oder ihn zu vertreten hat (vgl zB § 307 BGB aF, dazu Münster NJW 1978, 1452; BGHZ 57, 150; WM 1972, 564).

33 **Der Grundsatz von Treu und Glauben** (§ 242 BGB) steht der einseitigen Rückabwicklung eines öffentlich-rechtlichen Vertrags zu Gunsten des am Vertrag beteiligten Bürgers nicht entgegen, wenn die Verknüpfung der durch den Vertrag begründeten Zahlungspflicht des Bürgers mit hoheitlichen Maßnahmen des öffentlich-rechtlichen Partners, zB einer Gemeinde, bei einem Nachfolgelastenvertrag, rechtlich zu missbilligen ist (vgl VGH Mannheim NVwZ 1991, 583).

34 **4. Wirksamkeit von VAen. Wurde** in Ausführung des nichtigen Vertrags ein VA erlassen, zu dessen Erlass sich die Behörde vertraglich verpflichtet hatte, so ist dieser nur dann fehlerhaft, **wenn** der Vertrag bzw vertraglich vereinbarte Leistungen rechtliche Voraussetzungen für den VA sind, oder wenn bei einem VA, der im Ermessen der Behörden steht, die Entscheidung wesentlich durch den Vertrag bestimmt ist. In allen übrigen Fällen kommt allenfalls ein Widerruf gem § 49 Abs 2 Nr 3 – die Erkenntnis, dass der Vertrag nichtig ist, stellt, wenn die Behörde erst nach Erlass des VA dazu kommt, ggf eine nachträglich eingetretene Tatsache iS dieser Vorschrift dar – in Betracht. Trotz Nichtigkeit eines Vertrags kann es uU einem Vertragspartner **nach Treu und Glauben** (§ 242 BGB analog) **verwehrt** sein, sich auf die Nichtigkeit zu berufen (vgl BGH NJW 1992, 2552; auch § 57 Rn 15).

§ 60 Anpassung und Kündigung in besonderen Fällen

(1) **Haben die Verhältnisse, die für die Festsetzung des Vertragsinhalts maßgebend gewesen sind, sich seit Abschluss des Vertrags so wesentlich geändert,**[8] **dass einer Vertragspartei das Festhalten an der ursprünglichen vertraglichen Regelung nicht zuzumuten ist,**[12] **so kann diese Vertragspartei eine Anpassung des Vertragsinhalts an die geänderten Verhältnisse verlangen**[14] **oder, sofern eine Anpassung nicht möglich oder einer Vertragspartei nicht zuzumuten ist, den Vertrag kündigen.**[15] **Die Behörde kann den Vertrag auch kündigen, um schwere Nachteile für das Gemeinwohl zu verhüten oder zu beseitigen.**[17]

(2) **Die Kündigung bedarf der Schriftform, soweit nicht durch Rechtsvorschrift eine andere Form vorgeschrieben ist. Sie soll begründet werden.**[20]

Parallelvorschrift: § 59 SGB X

Schrifttum: *Bauer,* Anpassungsflexibilität im öffentlichrechtlichen Vertrag, in: Hoffmann-Riem/Schmidt-Aßmann (Hg), Innovation und Flexibilität des Verwaltungshandelns, 1994, 245; *Bleckmann,* Verfassungsrechtliche Probleme des Verwaltungsvertrages, NVwZ 1990, 601; *Bullinger,* Leistungsstörungen beim öffentlich-rechtlichen Vertrag, DÖV 1977, 812; *Fiedler,* Zum Wirkungsbereich der clausua rebus sic stantibus im Verwaltungsrecht, VerwArch 1976, 125; *Gries/Willebrand,* Beendigung der auf Leistung oder Nutzung gerichteten verwaltungsrechtlichen Schuldverhältnisse, JuS 1990, 193; *Horn,* Vertragsbindungen unter veränderten Umständen. Zur Wirksamkeit von Anpassungsregelungen in langfristigen Verträgen, NJW 1985, 1118; *Köbler,* Die „clausula rebus sic stantibus" als allgemeiner Rechtsgrundsatz, 1991; *Kokott,* Entschädigungsfragen bei der Ausübung des einseitigen Kündigungsrechts der Behörde beim öffentlich rechtlichen Vertrag (§ 60 Abs 1 Satz 2 VwVfG), VerwArch 1992, 503; *Littbarski,* Der Wegfall der Geschäftsgrundlage im öffentlichen Recht, 1982; *Lorenz,* Der Wegfall der Geschäftsgrundlage beim verwaltungsrechtlichen Vertrag, DVBl 1997, 865; *Meyer,* Das neue öffentliche Vertragsrecht und die Leistungsstörungen, NJW 1977, 1705; *Nelle,* Neuverhandlungspflichten, 1993; *Oppenländer/Dolde,* Auswirkungen veränderter Verhältnisse auf den Zweckverband als Freiverband, DVBl 1995, 637; *Prölss/Armbruster,* Wegfall der Geschäftsgrundlage und deutsche Einheit, DtZ 1992, 203; *Schlette,* Die Verwaltung als Vertragspartner, 2000; *Schwerdtner,* Verwaltungsverträge im Spannungsfeld unbedingter Vertragsbindung und dem Interesse auf Vertragsanpassung bei unveränderter Sachlage, VBlBW 1998, 9; *Stern,* Die clausula rebus sic stantibus im Verwaltungsrecht, in: Mikat-FS 1989, 775. S auch zu § 54.

Übersicht

I. Allgemeines

1 **1. Inhalt.** Die Vorschrift sieht in Ergänzung zu den allgemeinen Bestimmungen und Grundsätzen über die Kündigung oder Abänderung von Verträgen besondere Kündigungs- bzw Anpassungsrechte in bestimmten Fällen vor. Sie enthält **zwingendes Recht;** die Anpassung oder Kündigung nach Abs 1 kann durch Vertrag nicht abbedungen werden. Auch ein im Voraus erklärter oder vereinbarter Verzicht auf diese Rechte wäre unwirksam (allgM, vgl StBS 6). Die in Abs 1 geregelten Anpassungs- und Kündigungsrechte treten grundsätzlich **selbstständig neben allgemeine Anpassungs-, Kündigungs- oder Gestaltungsrechte,** die sich für die Vertragspartner nach sonstigen Vorschriften, zB Schuldrecht oder nach vertraglichen Regelungen ergeben (s unten Rn 3). Die Vorschrift regelt zwei Fallkonstellationen, die streng zu unterscheiden sind: Den Fall der nachträglichen Än-

derung der Verhältnisse (Abs 1 Satz 1) und den Fall der Gefahr schwerer Nachteile für das Gemeinwohl (Abs 1 Satz 2).

2 **a) Durchbrechung strikter Vertragsbindung. Abs 1 Satz 1** ist Ausdruck des auch im öffentlichen Recht geltenden Grundsatzes, wonach die strikte Vertragsbindung (pacta sunt servanda) auch ohne entsprechende Vereinbarung dann durchbrochen werden muss, wenn ein Festhalten an der Vereinbarung infolge einer Änderung der Geschäftsgrundlage für einen oder mehrere Vertragspartner zu unzumutbaren Ergebnissen führen würde **(clausula rebus sic stantibus).** Dieser Grundsatz genießt **Verfassungsrang** (vgl BVerfGE 34, 216, 230) und gilt deshalb über den unmittelbaren Anwendungsbereich der Vorschrift hinaus (s unten Rn 5). Die im Zivilrecht zum ungeschriebenen Grundsatz der Vertragsanpassung bei Änderung oder Wegfall der Geschäftsgrundlage entwickelte Rechtsprechung[1] kann in wesentlichen Teilen auch zur Auslegung des § 60 herangezogen werden.[2] Sie hat auf Grund des Schuldrechts-ReformG nunmehr ihren Niederschlag in § 313 BGB nF gefunden. Die in § 313 Abs 1 BGB nF getroffene Regelung entspricht weitgehend Abs 1 S 1.

2a **Abs 1 Satz 2** berechtigt einseitig die an einem öffentlich-rechtlichen Vertrag beteiligte öffentliche Hand (Behörde) zur Kündigung, sofern dies zur **Verhütung schwerer Nachteile für das Allgemeinwohl** erforderlich ist. Die Vorschrift geht im öffentlichen Interesse über die Grundsätze und Regelungen, die im Zivilrecht für die Änderung der Geschäftsgrundlage gelten, hinaus und durchbricht damit den Grundsatz der Vertragsbindung für solche Fälle, in denen ein Festhalten am Vertrag das öffentliche Interesse in unerträglicher Weise gefährden oder beeinträchtigen würde. Sie entspricht im Wesentlichen der Regelung, die nach § 49 Abs 2 Nr 5 für den Widerruf von VAen gilt.

3 **b) Verhältnis zu anderen Vorschriften. Nicht berührt** wird durch § 60 das Recht der Beteiligten zur Geltendmachung eines vereinbarten oder in entspr Anwendung der Vorschriften des BGB anzuerkennenden gesetzlichen Kündigungsrechts (M 97; Knack 21), einschließlich des Rechts zur **Kündigung aus wichtigem Grund.**[3] Unberührt bleibt auch die Befugnis der Beteiligten zur Aufhebung oder Änderung des Vertrags im gegenseitigen Einvernehmen sowie das Recht zur Anfechtung von Willenserklärungen entspr §§ 119, 120, 123 und 142 BGB, zum Rücktritt entspr §§ 323 ff BGB nF (BVerwGE 42, 333, 341; Knack 21) wobei ggf auch das öffentliche Interesse zu berücksichtigen ist, sowie schließlich zur Geltendmachung der Nichtigkeit eines Vergleichsvertrages gem § 55 Abs 1 und gem § 779 BGB (vgl BGH BayVBl 1974, 197; VGH Kassel FEVS 11, 176. **Ausgeschlossen** durch § 60 als Sonderregelung ist eine entspr Anwendung der **Grundsätze des Zivilrechts über die Geschäftsgrundlage,** die nunmehr durch das Schuldrechts-ReformG in § 313 BGB nF eine positive Regelung erfahren haben. Ebenfalls ausgeschlossen ist die Anwendung der Grundsätze der §§ 48 f über die Rücknahme und den Widerruf von VAen auf verwaltungsrechtliche Verträge.[4]

4 **2. Anwendungsbereich. a) Unmittelbar.** Die Vorschrift gilt unmittelbar für sämtliche verwaltungsrechtlichen Verträge iS des § 54 im Anwendungsbereich des

---

[1] Vgl BGHZ 61, 153, 159; 89, 226, 231; Lorenz DVBl 1997, 865; Palandt § 313 Rn 14 ff.

[2] Efstratiou, Die Bestandskraft des öffentlich-rechtlichen Vertrags, 1988, S 291, 310 ff; krit Littbarski passim; Schwerdtner VBlBW 1998, 10; Lorenz DVBl 1997, 865.

[3] Für Dauerschuldverhältnisse ist dieses Recht nunmehr in § 314 BGB nF ausdrücklich normiert.

[4] Ebenso zum bish Recht BGH DVBl 1967, 37; WBS I § 54 Rn 48; K 2; ME VerwArch 1967, 177; **aA** BVerwGE 25, 72; OVG Münster DVBl 1973, 667; Götz JuS 1970, 5; Martens AöR 1964, 462 ff; Rüfner 325; 342; Pieper DVBl 1967, 16 f; Haueisen DVBl 1968, 288; NJW 1969, 122: der betroffene Vertragspartner hat bei Vorliegen der Voraussetzungen, die bei einem VA die Rücknahme oder den Widerruf rechtfertigen würden, ein außerordentliches Rücktrittsrecht.

VwVfG, dh vorbehaltlich inhaltsgleicher oder entgegenstehender Regelungen in anderen Rechtsnormen. Die Verwaltungsverfahrensgesetze der Länder enthalten im Wesentlichen gleich lautende Vorschriften (vgl § 127 s-hLVwG, mit zT abweichender Formulierung). Die Vorschrift bezieht sich **nicht nur auf Verträge, die Dauerschuldverhältnisse begründen,** sondern auch auf solche mit einmaligen Leistungspflichten. Speziellere Rechtsvorschriften, die nur Teilbereiche regeln, sind im Zweifel nicht abschließend und lassen für eine ergänzende Anwendung Raum.

b) Analoge Anwendbarkeit. Als **Ausdruck allgemeiner Rechtsgrundsätze** sind § 60 und die entsprechenden Vorschriften des Landesrecht sinngemäß auch auf verwaltungsrechtliche Verträge anwendbar, die unmittelbar in den Anwendungsbereich des VwVfG fallen und auch keine Sonderregelung erfahren haben.[5] Die hM bejaht zu Recht auch die Anwendung des Abs 1 Satz 1 auf die Fälle des **beiderseitigen Irrtums über die Geschäftsgrundlage** (s unten Rn 11), ferner auch auf bestimmte einseitige Rechtsgeschäfte, zB auf einen Verzicht (VGH München, DÖV 1981, 70). **Keine entsprechende Anwendung** kann die Regelung auf **privatrechtliche Verträge** der Verwaltung im Bereich der Erfüllung öffentlicher Aufgaben finden.[6] In derartigen Fällen richten sich Anpassung und Kündigung nach den allgemeinen im Zivilrecht geltenden Vorschriften, insbes der §§ 313ff BGB nF. Zur entsprechenden Anwendbarkeit der Regelung für Verträge, die vor Inkrafttreten des VwVfG geschlossen wurden, vgl BVerwGE 97, 332, 340. 5

c) Einschränkungen des Geltungsbereichs. Die Anwendung der Vorschrift scheidet regelmäßig aus, wenn die Änderung der Verhältnisse erst zu einem Zeitpunkt eintritt, zu dem das Vertragsverhältnis bereits abgewickelt und die Leistungspflichten etwa infolge Erfüllung erloschen sind. In derartigen Fällen kommen Kündigung oder Vertragsanpassung grundsätzlich nicht mehr in Betracht. Der Ausschluss der Anwendbarkeit kann sich aus Sinn und Zweck der konkret getroffenen Vereinbarung ergeben. Allerdings führt allein der Umstand, dass eine Vertragspartei ausdrücklich oder stillschweigend das **Risiko für bestimmte Veränderungen** der Verhältnisse übernommen hat, nicht automatisch zum Ausschluss der Regelung. Vielmehr tritt in diesen Fällen das Recht, zu kündigen oder eine Anpassung zu verlangen, erst dann ein, wenn die Veränderungen der Verhältnisse sich **außerhalb des übernommenen Risikobereichs** bewegen (StBS 20). Die Natur eines Vertrags als vertragliche Rechtsgrundlage einer auf gewisse Dauer gedachten Einrichtung, zB eines Zweckverbands zur Erfüllung bestimmter Aufgaben, steht der Anwendbarkeit des § 60 nicht entgegen.[7] 6

Ausgeschlossen ist die Anwendung der Vorschrift, wenn eine später erlassene Rechtsnorm die durch einen Vertrag geregelten Rechtsverhältnisse unmittelbar erfasst und **gesetzlich abweichend regelt,** zB entgegenstehende Verträge unmittelbar aufhebt, gegenstandslos werden lässt oder den Vertragspartnern ein Recht auf eine neue Entscheidung einräumt.[8] In derartigen Fällen stellt sich dann jedoch die Frage der verfassungsrechtlichen Zulässigkeit der unmittelbar in die vertraglichen Rechtspositionen eingreifenden Rechtsvorschrift, nicht zuletzt im Hinblick 6 a

---

[5] So die hM, vgl BVerwGE 97, 331, 340; VGH Mannheim VBlBW 1987, 388; Schwerdtner VBlBW 1998, 10; wohl auch StBS 4; Knack vor § 54 Rn 6 und § 60 Rn 2.

[6] S hierzu näher StBS 11; nach der Neuregelung in § 313 BGB nF besteht hierfür auch kein Bedarf mehr.

[7] **AA** VGH Mannheim NVwZ-RR 1990, 215, jedoch mit weitgehend gleichem Ergebnis aufgrund allgemeiner Rechtsgrundsätze und zT analoger Anwendung von § 60.

[8] Vgl BVerwGE 31, 62; BVerwG BayVBl 1972, 669; BGHZ 40, 355; 54, 293; DÖV 1980, 171, 879; Knack 5.

auf die damit verbundene Rückwirkung.[9] Im Zweifel ist eine unmittelbare Einwirkung des neuen Rechts auf bestehende Verträge zu verneinen und nur die Anpassungspflicht bzw ein Anpassungs- oder Kündigungsrecht gem § 60 anzunehmen (vgl BAG NJW 1982, 642).

6 b **3. Verhältnis zu den Regeln der Unmöglichkeit. a) Vorrang des Unmöglichkeitsrechts.** Nach der Neuregelung durch das Schuldrechts-ModernisierungsG ist auch das Verhältnis zwischen den Regelungen für Anpassung und Kündigung und den Regelungen der Unmöglichkeit im BGB neu zu bestimmen. Nach der zivilrechtlichen Systematik, die insoweit auch für den öffentlichrechtlichen Vertrag gelten muss, sind die **Regelungen der Unmöglichkeit vorrangig,** weil sie die Leistungsansprüche ganz oder teilweise ausschließen. Zu einer Vertragsanpassung oder einer Kündigung nach § 60 kann es deshalb nur kommen, wenn die Leistungspflichten durch die nachträglichen Änderungen nicht entfallen sind (vgl BGH NJW-RR 1995, 854). Nur wenn der Schuldner nicht gem § 275 BGB nF iVm § 62 S 2 von seiner Pflicht zur Leistung frei geworden ist, was bei subordinationsrechtlichen Verträgen nach § 59 Abs 2 Nr 1 iVm § 44 Abs 2 Nr 6 bzw Nr 4 idR zur Nichtigkeit des Vertrages führt (vgl § 59 Rn 16), stellt sich die Frage der Anpassung des Vertrags überhaupt.

6 c **b) Abgrenzung zur Unmöglichkeit.** Für die Abgrenzung ist auf die im Zivilrecht entwickelten Grundsätze zurückzugreifen (vgl hierzu Palandt § 313 Rn 25). Eine sog **faktische Unmöglichkeit** gem § 275 Abs 2 BGB nF liegt vor, wenn die Leistungserbringung dem Schuldner zwar theoretisch noch möglich ist, aber nach der allgemeinen Lebensauffassung sinnlos ist. Maßgebend ist hier das Gläubigerinteresse, dass in einem groben Missverhältnis zu dem Aufwand stehen muss (der Ring auf dem Meeresgrund). Insoweit kann der Schuldner nach § 275 Abs 2 BGB nF die Leistung verweigern; für die Gegenleistung gilt dann § 326 BGB nF. Eine Anwendung der Regelungen des § 60 ist damit ausgeschlossen. Etwas anderes gilt nach wie vor für die Fälle der **wirtschaftlichen Unmöglichkeit,** bei der dem Schuldner die erforderliche Leistungshandlung wirtschaftlich nicht mehr zumutbar ist. Diese Form der Unmöglichkeit wird von § 275 BGB nF nicht erfasst und begründet zivilrechtlich eine Vertragsanpassung (vgl RegBegr zum Schuldrechts-ModernisierungsG BT-Dr 14/6040, 130). Für den öffentlichrechtlichen Vertrag bleibt es deshalb insoweit bei der Anwendbarkeit des Anpassungs- bzw Kündigungsrechts nach § 60. Weitere Abgrenzungsschwierigkeiten treten in Fällen der **Zweckstörung** auf. Während in Fällen der Zweckerreichung und des Zweckfortfalls Unmöglichkeit anzunehmen ist und damit eine Anpassung nach § 60 ausscheidet, soll zivilrechtlich in Fällen, in denen der Schuldner die Leistung noch erbringen kann und der Gläubiger sie lediglich nicht mehr dem vertraglich vorausgesetzten Zweck entsprechend verwenden kann (Zweckstörung) eine Anpassung des Vertrages möglich sein (BGHZ 74, 374, vgl auch Palandt § 275 Rn 20). Für diese Fälle bleibt auch die Anpassungs- und Kündigungsmöglichkeit nach § 60 anwendbar.

---

[9] S zur Zulässigkeit der echten Rückwirkung von Rechtsvorschriften zB BVerfG 11, 145; 14, 104, 297; 25, 290; 30, 386; 33, 293; 36, 82; 48, 415; 53, 309; MK 30 IV mwN; Kopp APF 1980, 33 mwN; zur Zulässigkeit einer **unechten,** dh erst für die Zukunft geltenden, aber mittelbar, auch im Vertrauen auf eine bestehende Regelung in der Vergangenheit getroffene Dispositionen „entwertenden", Rückwirkung, zB BVerfG 11, 146; 13, 271; 18, 144, 439; 22, 275; 24, 220, 270; 31, 275; 33, 23; 43, 288; 62, 163; MK 30 IV; Kopp APF 1980, 33.

II. Anpassung und Kündigung bei wesentlicher Änderung der Verhältnisse (Abs 1 S 1)

7 **1. Allgemeines.** Abs 1 gibt der durch eine wesentliche Änderung der Verhältnisse betroffenen Vertragspartei Anspruch auf Anpassung des Vertrags bzw ein außerordentliches Kündigungsrecht zur Lösung des Vertrags für die Zukunft.[10] Die Regelung entspricht dem früher geltenden Recht. Sie hat praktische Bedeutung nur für Verträge, deren Abwicklung sich über eine gewisse Zeit hinweg erstreckt und bei denen im Zeitpunkt der Kündigung bzw des Anpassungsverlangens Leistungen zumindest eines Partners noch ausstehen (Knack 10; K 9). Der Anspruch auf eine Anpassung des Vertrages kann auch als **rechtsvernichtende Einrede** gegen Erfüllungsansprüche geltend gemacht werden (BVerwG NVwZ 2002, 486).

8 **2. Wesentliche Änderung der Verhältnisse. a) Wesentlichkeit.** Eine wesentliche Änderung der Verhältnisse iS des Abs 1 ist entsprechend den Grundsätzen zur Geschäftsgrundlage dann anzunehmen, wenn Änderungen eingetreten sind, mit denen die Vertragspartner bei Abschluss des Vertrages nicht gerechnet haben und die bei objektiver Betrachtung so erheblich sind, dass davon auszugehen ist, dass der **Vertrag bei Kenntnis dieser Umstände nicht mit demselben Inhalt geschlossen worden wäre.**[11] Es muss sich um grundlegende Änderungen handeln, die zu einem mit Recht und Gerechtigkeit nicht zu vereinbarenden und damit der betroffenen Partei nach **Treu und Glauben nicht zumutbaren Ergebnis** führen, zB zu einem untragbaren Missverhältnis zwischen Leistung und Gegenleistung **(Äquivalenzstörung).**[12] Die Geschäftsgrundlage eines Vertrages entfällt dabei nicht schon dann, wenn eine Vertragspartei nach ihrer heutigen Interessenlage vernünftigerweise nicht mehr in den Vertragsschluss einwilligen würde; erforderlich ist vielmehr – anders als zur Begründung des Kündigungsrechts gem § 60 Abs 1 S 2 –, dass die Vertragspartner bestimmte, später weggefallene Umstände als **gemeinsame Grundlage des Vertrages** angenommen und vorausgesetzt haben (OVG Münster NJW 1993, 2637).

9 **b) Begriff der Verhältnisse. aa) Tatsachen. Im tatsächlichen Bereich** liegen beispielsweise Änderungen des Preis- oder Kostenniveaus, des Standes der Technik, der naturwissenschaftlichen, medizinischen oder anderen Erkenntnisse oder der persönlichen Lebensumstände. Änderungen, die ein Vertragspartner selbst herbeigeführt hat, sind nicht grundsätzlich unbeachtlich; in solchen Fällen wird es dem betroffenen Vertragspartner allerdings in der Regel zuzumuten sein, an der ursprünglichen vertraglichen Regelung festzuhalten (StBS 14; Knack 9).

9a **bb) Rechtsänderungen.** Auch **Rechtsänderungen** sind im Rahmen von Abs 1 Satz 1 zu berücksichtigen. Dies gilt sowohl für die Änderung von Rechtsvorschriften,[13] als auch bei Änderungen der Rechtsprechung (Knack 6; MB 6; BGHZ 58, 362; BVerwGE 35, 236). Bei der Änderung von Rechtsvorschriften ist danach zu unterscheiden, ob durch sie unmittelbar in das Vertragsverhältnis eingegriffen wird (dann keine Anwendbarkeit des § 60, vgl Rn 6a) oder ob sich lediglich die **Rahmenbedingungen** des Vertragsverhältnisses ändern (dann Anwendbarkeit des § 60). Umstritten, richtigerweise aber zu bejahen, ist die Anwendbarkeit des § 60 auf die Fälle, in denen der Vertrag auf der **Grundlage einer später für verfassungswidrig oder ungültig erklärten Rechtsnorm** ge-

---

[10] Vgl idS auch BAG NZA 1987, 16; vgl auch Bleckmann NVwZ 1990, 607; zweifelhaft für den Fall, daß der Grund bereits in der Vergangenheit entstanden ist, für die Zeit ab der maßgeblichen Änderung der Verhältnisse.

[11] BVerwGE 87, 77; OVG Münster DVBl 1975, 47; Veelken DVBl 1980, 926.

[12] Vgl OVG Münster NVwZ 1986, 1044; Knack 3; StBS 17 f.

[13] BVerwG NVwZ 2002, 486, 488 (im entschiedenen Fall abgelehnt); VGH München BayVBl 1988, 721, 722; VGH Kassel DÖV 1976, 357.

schlossen wurde. Hier wird teilweise im Hinblick auf die Rechtslage bei Verwaltungsakten (vgl § 49 Rn 49) die Auffassung vertreten, eine Anpassung sei nicht gerechtfertigt (BVerwG NJW 1974, 2247; OVG Münster DVBl 1972, 2010). Richtigerweise wird man bei vertraglich geregelten Rechtsverhältnissen, für die es keine bei Unanfechtbarkeit eintretende Bestandskraft gibt, die Anwendbarkeit des § 60 nicht ausschließen können.[14] **Umstritten** ist die Frage, ob auch die **Änderung von Verwaltungsvorschriften** und der auf sie gestützten Verwaltungspraxis als beachtliche Veränderung der Verhältnisse angesehen werden kann. Es wird überwiegend verneint (Knack 5; Obermayer Rn 20). Grundgedanke ist, dass die Verwaltung durch eine Änderung ihrer Praxis nicht selbst die Voraussetzungen des § 60 soll schaffen dürfen. Die Änderung von Verwaltungsvorschriften oder einer Verwaltungspraxis rechtfertigt die Anwendung des § 60 deshalb grundsätzlich nicht (**aA** 7. Aufl).

10 **3. Für den Vertragsinhalt maßgebend.** Maßgebend waren rechtliche und tatsächliche Verhältnisse dann, wenn sie von den Vertragspartnern ausdrücklich oder stillschweigend zur **gemeinsamen und wesentlichen Grundlage des Vertrags** gemacht worden sind (BVerwGE 25, 299; Knack 7). Die Vertragspartner müssen die fraglichen Umstände als gemeinsame Grundlage des Vertrages abgenommen und vorausgesetzt haben (OVG Münster NJW 1993, 2637). Ausreichend ist, dass die fraglichen Umstände nur von einer Vertragspartei zugrundegelegt wurden, sofern dies den anderen Vertragspartnern bei Vertragsabschluss erkennbar war und nicht beanstandet wurde (BGHZ 84, 889, 231; BGH NJW 1991, 1478). Nicht ausreichend ist, dass die fraglichen Verhältnisse lediglich zum Motivationsbereich einzelner oder aller Vertragspartner gehörten, ohne dass diese Ziele, Absichten, Erwartungen oder sonstigen Vorstellungen Geschäftsgrundlage geworden wären. Soweit die fraglichen Änderungen der Verhältnisse vertraglich geregelt wurden, ist diese **vertragliche Regelung vorrangig** zu beachten; § 60 findet insoweit keine Anwendung (Knack 7). Dies ist beispielsweise der Fall, wenn der Vertrag für die Änderung der Verhältnisse bestimmte Anpassungen der Leistungspflichten bereits selbst vorsieht.

11 **4. Änderung nach Abschluss des Vertrages.** Grundsätzlich müssen sich die Verhältnisse nach Abschluss des Vertrages geändert haben. Die Vorschrift regelt damit unmittelbar lediglich den Fall des nachträglichen Wegfalls bzw der nachträglichen Änderung der Geschäftsgrundlage. Fehlte dem Vertrag die Geschäftsgrundlage bereits von Anfang an, weil die Vertragspartner irrig von bestimmten rechtlichen oder tatsächlichen Verhältnissen ausgegangen sind, so ist die Regelung nach ihrem Wortlaut nicht unmittelbar anwendbar. Das bloße **Aufdecken des Irrtums** stellt keine Änderung der tatsächlichen Verhältnisse dar. In diesen Fällen geht die hM allerdings zu Recht von einer **entsprechenden Anwendbarkeit der Vorschrift aus.**[15] Die Änderung der Verhältnisse muss sich allerdings grundsätzlich bis zur endgültigen Abwicklung des Vertrages ergeben haben. Sind die Leistungspflichten infolge Erfüllung oder auf andere Weise erloschen, so spielen Änderungen, die das Geschäft für den einen oder anderen Vertragspartner im Nachhinein als ungünstig erscheinen lassen, keine Rolle mehr.

12 **5. Unzumutbarkeit des Festhaltens am Vertrag.** Verträge werden unter Kontingenzbedingungen geschlossen. Mit gewissen Änderungen der Verhältnisse muss deshalb jeder Vertragspartner rechnen. Nicht zuzumuten ist das Festhalten an der ursprünglichen vertraglichen Regelung einem Vertragspartner dann, wenn der **Rahmen des Risikos** überschritten wird, den der Vertragspartner bei Abwägung aller Umstände, einschließlich der Interessen der übrigen Vertragspartner, nach Treu und Glauben hinzunehmen hat. Dabei ist davon auszugehen, dass die Ver-

---

[14] HM, vgl VGH München DVBl 1970, 977; StBS 15; Knack 6; UL § 71 Rn 11.
[15] StBS 13; Knack 8; Obermayer Rn 26; Meyer NJW 1977, 1710.

tragspartner bei Abschluss des Vertrages grundsätzlich das Risiko bestimmter Änderungen der rechtlichen und tatsächlichen Verhältnisse selbst übernehmen und deshalb auch bei Eintritt dieser Änderungen am Vertrag festgehalten werden können. Dies gilt in besonderer Weise dann, wenn einzelne Vertragspartner das **Risiko bestimmter Veränderungen bewusst übernommen** haben, um in den Genuss einer bestimmten Gegenleistung zu gelangen.

Neben der Überschreitung des Risikorahmens ist weitere Voraussetzung für die Unzumutbarkeit des Festhaltens am Vertrage, dass dies **wesentliche Nachteile** für den betroffenen Vertragspartner zur Folge hätte. Dabei ist ein objektiver Maßstab zugrundezulegen. Maßgeblich sind die gesamten Umstände des Einzelfalls. Hierzu zählt auch die Frage, ob der betroffene Vertragspartner die Änderung der maßgeblichen Verhältnisse selbst verursacht oder gar verschuldet hat, ob Vorkehrungen gegen die Auswirkungen treffen konnte oder kann und welche Bedeutung die Änderung im Verhältnis zum Interesse des Vertragspartners am Inhalt des Vertrages selbst hat.

6. Rechtsfolgen: Anpassung oder Kündigung. Die dargelegten Grundsätze 13
sind auch für die Frage maßgeblich, ob eine an sich mögliche Anpassung des Vertrags einem Beteiligten nicht zumutbar ist und daher nur die Kündigung in Betracht kommt (VGH Mannheim VBlBW 1996, 257). Die Anpassung bzw Kündigung muss **für alle Vertragspartner zumutbar sein** (ebenso Knack 10). Anpassungen kommen außerdem nur in Betracht, wenn sie **tatsächlich und rechtlich möglich,** insb die geänderten Regelungen auch in der künftigen Form rechtlich zulässig und für die Beteiligten auch sinnvoll sind. Soweit Verpflichtungen aus dem **Vertrag bereits erfüllt** sind und die erbrachten Leistungen nicht mehr ohne weiteres zurückgegeben werden können, ist eine Abänderung oder Kündigung idR nicht mehr zumutbar,[16] andererseits aber auch nicht schlechthin ausgeschlossen (Knack 10), insb auch bei nur teilweiser Erfüllung (vgl Knack 10). Ist der Vertragspartner, an den ein Anpassungsverlangen gerichtet wird, der Auffassung, dass ihm nur die gänzliche Auflösung des Vertrags zuzumuten ist, so kann er die Kündigung nicht erzwingen, sondern nur die Anpassung verweigern.

Der Vertragspartner, der die Anpassung verlangt, kann seinen **Anspruch auf die Zustimmung** mit einer Leistungsklage geltend machen (Knack 11); mit dem Urteil wird dann ggf gem § 894 ZPO die Zustimmung ersetzt. Die unberechtigte Verweigerung der Zustimmung zu einem Anpassungsverlangen stellt außerdem eine positive Vertragsverletzung (vgl OLG Karlsruhe NJW 1982, 54), seitens der Behörde außerdem ggf auch eine Amtspflichtverletzung (Art 34 GG, § 839 BGB), dar. Bei **Streit über die Berechtigung der Kündigung bzw des Anpassungsverlangens,** insb im Hinblick auf die Frage, ob die Voraussetzungen des § 60 gegeben sind, ist der **Verwaltungsrechtsweg** eröffnet. Kündigung und Anpassungsverlangen sind an keine Fristen gebunden. Das Recht dazu kann aber nach allgemeinen Grundsätzen verwirkt werden, wenn der Berechtigte die Geltendmachung treuwidrig hinauszögert. Vgl zur Verwirkung dieser Rechte § 53 Rn 18.

a) Anpassung. Die Anpassung kann, wie sich aus der Parallelität der Regelung 14
mit der Bestimmung über die Kündigung ergibt, **nur für die Zukunft** verlangt werden (StBS 24; Knack 11). Maßgeblich ist der Zeitpunkt des Zugangs des Anpassungsverlangens bei den übrigen Vertragspartnern. Die Anpassung ist durch entsprechende (Willens-) Erklärung gegenüber den Vertragspartnern geltend zu machen. Das Anpassungsverlangen steht im **Ermessen** der Behörde; es stellt gleichwohl mangels einseitiger rechtsverbindlicher Regelung **keinen VA** dar, sondern eine **öffentlich-rechtliche Willenserklärung,** die zugleich Verfahrens-

[16] Münster DVBl 1973, 697; VGH Mannheim VBlBW 1987, 388; Meyer NJW 1977, 1711; Nierwetberg NVwZ 1989, 539.

handlung ist und deshalb die allgemeinen Voraussetzungen, insbesondere des § 12, erfüllen muss. Sie hat keine rechtsgestaltende Wirkung, sondern zielt auf die einvernehmliche Abänderung des Vertragsinhalts ab (allgM, vgl StBS 23, Knack 11).

Die Anpassung selbst erfolgt durch **Abschluss eines entsprechenden Änderungsvertrages,** der in der Regel den Charakter eines Vergleichsvertrages gem § 55 trägt (vgl VGH München NVwZ 1989, 167). Weigern sich die Vertragspartner, einen entsprechenden Abänderungsvertrag abzuschließen, so kann der Betroffene seinen Anspruch auf Vertragsanpassung prozessual mit einer Leistungsklage geltend machen, die auf Zustimmung zu dem Änderungsvertrag gerichtet ist (allgM vgl Knack 11). **Der Inhalt der Neuregelung** richtet sich nach Treu und Glauben unter Zugrundelegung der Interessenlage der Beteiligten. Zuständig ist das Verwaltungsgericht. Mit Rechtskraft des verwaltungsgerichtlichen Urteils wird entsprechend § 894 ZPO die Zustimmung ersetzt. **§ 28 ist nicht anwendbar;** eine Anhörung der übrigen Vertragspartner vor der Erklärung des Anpassungsverlangens ist daher nicht erforderlich und auch entbehrlich, weil die Anpassung selbst nur im Wege der Vertragsänderung durch sämtliche Vertragspartner erfolgen kann. Anders als bei der Kündigung (Abs 2) muss das Anpassungsverlangen nicht schriftlich erklärt werden (anders StBS 23). Auch für die Bestimmung des Zeitpunkts der Vertragsanpassung ist lediglich der Nachweis des Zugangs des Anpassungsverlangens bei den übrigen Vertragspartnern erforderlich.

15 **b) Kündigung.** Die Kündigung ist die Geltendmachung eines einseitigen Gestaltungsrechts durch **öffentlich-rechtliche Willenserklärung.**[17] Sie bringt im Falle ihrer Wirksamkeit das (primäre) Rechtsverhältnis unmittelbar zum Erlöschen. Gleichwohl handelt es sich nicht um eine Maßnahme mit einseitiger verbindlicher Regelungswirkung gegenüber den Vertragspartnern und damit nicht um einen VA (allgM, vgl Knack 13; StBS 31). Als Verfahrenshandlung muss die Kündigung die allgemeinen Voraussetzungen, insbesondere die Handlungsfähigkeit nach § 12, erfüllen. Die **Vorschriften über VAe sind nicht entsprechend anwendbar.**[18] Der Kündigung muss daher auch nicht notwendig eine Anhörung der übrigen Beteiligten vorausgehen.

16 Die Kündigung hat Wirkung **grundsätzlich nur für die Zukunft,** führt also nicht zur Rückabwicklung des gesamten Schuldverhältnisses.[19] Zur Rückabwicklung kommt es nur insoweit, als einzelne Vertragspartner ihre Leistungen bereits erbracht haben, ohne dass sie hierfür eine Gegenleistung erhalten hätten. Über die Voraussetzungen des Wegfalls bzw der Änderung der Geschäftsgrundlage (s Rn 8 ff) hinaus ist Wirksamkeitsvoraussetzung für die Kündigung, dass die an sich gebotene Vertragsanpassung entweder nicht möglich oder jedenfalls einer Vertragspartei nicht zumutbar ist. Die Unzumutbarkeit kann sich dabei sowohl für die Position des kündigenden Vertragspartners als auch für einen der übrigen ergeben.

III. Kündigung wegen schwerer Nachteile für das Gemeinwohl (Abs 1 S 2)

17 **1. Allgemeines.** Abs 1 Satz 2 gibt der Behörde ein außerordentliches Kündigungsrecht für den Fall, dass die Beendigung der vertraglichen Bindung notwendig ist, um schwere Nachteile für das Gemeinwohl zu verhüten oder zu beseitigen.

---

[17] OVG Bremen NVwZ 1987, 251; WBS II § 55 Rn 32; Bullinger DÖV 1977, 820; vdGK 8; StBS 31.

[18] Bullinger DÖV 1977, 820; StBS 31; **aA** Knack 13; offenbar auch VG Minden aaO; anders noch Kopp VwVfG 6. Aufl Rn 22.

[19] VGH Mannheim VBlBW 1987, 388, 395; Lorenz DVBl 1997, 865, 872; Knack 13; Meyer NJW 1977, 1710.

Obwohl in Abs 1 Satz 2 nur von Kündigung die Rede ist, ist auch hier eine **Anpassung des Vertrages vorrangig,** wenn dies zur Wahrung der öffentlichen Belange ausreichend und den Beteiligten zumutbar ist (allgM, vgl Knack 15; Obermayer 66; MB 19). Diese Auslegung ist nach dem Grundsatz der Verhältnismäßigkeit geboten. Auch die Kündigung nach Abs 1 Satz 2 ist grundsätzlich nur für die Zukunft möglich (StBS 4). Ob in besonderen Ausnahmefällen auch eine Rückabwicklung für die Vergangenheit möglich ist, ist streitig (vgl Bleckmann NVwZ 1990, 607). Die Rechtsnatur der Kündigung entspricht derjenigen in Abs 1 Satz 1 (vgl Rn 15).

2. Voraussetzungen der Kündigung. a) Allgemeines. Die Regelung in Abs 1 S 2 enthält einen eigenen, von den Bestimmungen über die Geschäftsgrundlage in Abs 1 S 1 völlig unabhängigen Kündigungstatbestand, der allein auf die Notwendigkeit der Kündigung zur Verhütung bzw Beseitigung schwerer Nachteile für das Gemeinwohl anknüpft. Dieser **Kündigungsgrund** muss **nicht erst nach Vertragsschluss** entstanden oder erkennbar geworden sein; das besondere Kündigungsrecht nach S 2 gilt auch dann, wenn die Voraussetzungen dafür schon bei Vertragsschluss vorgelegen haben.[20] Voraussetzung ist jedoch auch insoweit, dass die Kündigung zur Verhütung oder Beseitigung schwerer Nachteile für das Gemeinwohl dient (zT **aA** offenbar Knack 14: auch bei Fehlen der Geschäftsgrundlage). Zu den von der Behörde bei der von ihr, wenn die rechtlichen Voraussetzungen gegeben sind, zu treffende **Ermessensentscheidung** vgl oben Rn 14; Bleckmann NVwZ 1990, 609: Berücksichtigung der Interessen des Bürgers analog § 48. Obwohl S 2 nur von Kündigung spricht, ist entspr S 1 auch in den Fällen des S 2 nach dem Grundsatz der Verhältnismäßigkeit eine Kündigung dann ausgeschlossen, wenn dem Zweck, dem sie dienen soll, **eine Anpassung des Vertrags** genügt und den Beteiligten zumutbar ist.[21] 18

b) Begriff des schweren Nachteils. Der Begriff ist eng auszulegen. Das Gesetz bringt damit zum Ausdruck, dass eine Kündigung wegen schwerer Nachteile für das Gemeinwohl als ultima ratio anzusehen ist und deshalb nur in Ausnahmefällen angenommen werden soll (StBS 28). Die bloße Hinnahme einer rechtswidrigen Regelung stellt einen derartigen schweren Nachteil nicht dar. Vielmehr muss es um eine Gefährdung bzw Störung besonders wichtiger, überragender Interessen der Allgemeinheit handeln. Im Einzelnen gelten hier ähnliche Gesichtspunkte wie für § 49 Abs 2 Nr 5. 19

IV. Schriftform und Begründung der Kündigung (Abs 2)

1. Schriftform. Für die Kündigung schreibt Abs 2 Satz 1 im Interesse der Rechtssicherheit die Schriftform vor. Diese Regelung ist auf das Anpassungsverlangen nicht entsprechend anwendbar, weil dieses nicht dieselbe unmittelbare Gestaltungswirkung hat wie die Kündigung, die bei Vorliegen der rechtlichen Voraussetzungen das Vertragsverhältnis unmittelbar beendet. Für die **Schriftform gelten § 126 BGB und § 37 Abs 3 entsprechend.** Sie kann unter den Voraussetzungen des § 3a Abs 2 auch in elektronischer Form erfolgen. Aus dem Kündigungsschreiben, welches der kündigende Vertragspartner eigenhändig zu unterschreiben hat, muss erkennbar sein, dass es sich um eine Kündigung handelt, auf welchen Vertrag sie sich bezieht und wer sie ausspricht. Sind mehrere Personen beteiligt, so muss die Kündigung allen Vertragspartnern zugehen (BVerwGE 97, 331 = NVwZ 1996, 171). Hinsichtlich des **Inhalts der Kündigung** ist erforder- 20

---

[20] Vgl vdGK 2, 3; K 8; StBS 29; dazu neigend auch Bleckmann NVwZ 1990, 607; vgl auch Knack 14; **aA** Ule/Becker 71.

[21] Ebenso Littbarski 51; Meyer NJW 1977, 1711; Knack 15; Obermayer 66; MB 19; ebenso zum bish Recht WBS II § 54 Rn 48.

lich, dass aus dem Kündigungsschreiben erkennbar ist, dass es sich um eine Kündigung handelt, auf welchen Vertrag sie sich bezieht und wer sie ausspricht.

21 **2. Begründungserfordernis.** Gem Abs 2 Satz 2 soll die Kündigung begründet werden. Die Vorschrift statuiert damit eine Begründungspflicht, von der nur in Ausnahmefällen abgesehen werden kann (zu Sollvorschriften § 40 Rn 44). Eine Ausnahme ist entsprechend § 39 Abs 2 Nr 2 anzunehmen, wenn dem Vertragspartner die Auffassung des Kündigenden über die Sach- und Rechtslage bereits bekannt ist oder auch ohne schriftliche Begründung für ihn ohne weiteres erkennbar ist. Für Inhalt und Umfang der Begründung gilt § 39 Abs 1 Satz 2 entsprechend, wonach die wesentlichen tatsächlichen und rechtlichen Gründe mitzuteilen sind, die den Kündigenden zu seiner Entscheidung bewogen haben.

Eine **nicht begründete Kündigung führt nicht zur Unwirksamkeit.**[22] Dies folgt aus dem Umstand, dass die Begründung jederzeit nachgeholt werden kann. Zweck des Begründungserfordernisses ist es, dem kündigenden Vertragspartner die Behauptungs- und Darlegungslast dafür aufzubürden, dass die Voraussetzungen einer Kündigung vorliegen (VGH München BayVBl 1987, 532). Dies erscheint geboten, damit die übrigen Vertragspartner prüfen können, ob sie die Kündigung anerkennen oder die Berechtigung der Kündigung bezweifeln. Kommt es nach umstrittener Kündigung zu einem Rechtsstreit, so geht das **Fehlen einer Begründung zu Lasten des kündigenden Vertragspartners.** Problematisch ist, inwieweit das Gericht bei Fehlen einer Begründung auf die Ermittlung von Kündigungsgründen verzichten kann (vgl insoweit VGH München BayVBl 1987, 532). Erkennt ein Vertragspartner in einem Rechtsstreit die Berechtigung der Kündigung an, nachdem eine Begründung nachgeliefert worden ist, so ist für die Kostenentscheidung § 155 Abs 5 VwGO in Betracht zu ziehen.

V. Entschädigungsfragen

22 **1. Keine Entschädigung in den Fällen des Abs 1 S 1.** Kommt es auf Grund eines berechtigten **Anpassungsverlangens** zur Anpassung des öffentlichrechtlichen Vertrages an die geänderte Geschäftsgrundlage, so ist eine Entschädigung ausgeschlossen. Die Interessen der übrigen Vertragspartner ist bei der Anpassung angemessen zu berücksichtigen. Gleiches gilt für den Fall der **Kündigung nach Abs 1 Satz 1,** wenn bei nachträglicher Änderung der Geschäftsgrundlage eine Vertragsanpassung nicht möglich oder den Beteiligten nicht zuzumuten ist. Auch hier kommt ein Ausgleich etwa eines Vertrauensschadens oder anderer Nachteile der übrigen Vertragspartner nur insoweit in Betracht, als dies nach Treu und Glauben ausnahmsweise geboten erscheint.

23 **2. Entschädigung bei Kündigung nach Abs 1 S 2. Anders ist die Lage,** wenn die Behörde nach Abs 1 Satz 2 das Vertragsverhältnis kündigt, um **wesentliche Nachteile für das Gemeinwohl** abzuwenden. In diesem Fall kommt ein Entschädigungsanspruch der übrigen Vertragspartner in Betracht, die auf den Fortbestand des Vertragsverhältnisses vertraut haben.[23] Umstritten ist, ob der Entschädigungsanspruch mit der hM (MB 23; UL § 71 Rn 19; Maurer § 14 Rn 53) in Analogie zu § 49 Abs 6 hergeleitet werden kann, oder ob insoweit die allgemeine Anspruchsgrundlage des enteignenden bzw aufopfernden Eingriffs einschlägig ist (so StBS 30). Im Hinblick auf die mit dem Fall des § 49 Abs 2 Nr 5 vergleichbare Interessenlage erscheint hier die Begründung der hM folgerichtig.

---

[22] AllgM, vgl VGH München BayVBl 1988, 721; Knack 20; StBS 31.

[23] Kokott VerwArch 1992, 516 mwN; WBS II § 54 Rn 49; Fiedler VerwArch 1976, 147 mwN; Maurer 14 Rn 53; Knack 19; UL § 71 Rn 19; Obermayer 64; Schenke JuS 1977, 290; MB 23; Wallerath 8 III 6; Efstratiou 389; Scherer DÖV 1991, 7; zT **aA** StBS 30.

§ 61 Unterwerfung unter die sofortige Vollstreckung

(1) **Jeder Vertragschließende kann sich der sofortigen Vollstreckung aus einem öffentlich-rechtlichen Vertrag im Sinne des § 54 Satz 2 unterwerfen.**[7] **Die Behörde muss hierbei von dem Behördenleiter, seinem allgemeinen Vertreter oder einem Angehörigen des öffentlichen Dienstes, der die Befähigung zum Richteramt hat oder die Voraussetzungen des § 110 Satz 1 des Deutschen Richtergesetzes erfüllt, vertreten werden.**[8]

(2) **Auf öffentlich-rechtliche Verträge im Sinne des Absatzes 1 Satz 1 ist das Verwaltungs-Vollstreckungsgesetz des Bundes entsprechend anzuwenden, wenn Vertragschließender eine Behörde im Sinne des § 1 Abs. 1 Nr. 1 ist.**[10] **Will eine natürliche oder juristische Person des Privatrechts oder eine nichtrechtsfähige Vereinigung die Vollstreckung wegen einer Geldforderung betreiben, so ist § 170 Abs. 1 bis 3 der Verwaltungsgerichtsordnung entsprechend anzuwenden.**[11] **Richtet sich die Vollstreckung wegen der Erzwingung einer Handlung, Duldung oder Unterlassung gegen eine Behörde im Sinne des § 1 Abs. 1 Nr. 2, so ist § 172 der Verwaltungsgerichtsordnung entsprechend anzuwenden.**[13]

Parallelvorschriften: § 60 SGB X

Schrifttum: *Baumanns,* Die Zwangsvollstreckung aus ör Verträgen, 1978; *Berg,* Zur Durchsetzbarkeit einer ör vereinbarten Vertragsstrafe – BVerwGE 98, 58, JuS 1997, 888; *Erichsen,* Rechtsfragen des verwaltungsrechtlichen Vertrages, VerwA 1977, 69; *Fluck,* Die Erfüllung des öffentlichrechtlichen Verpflichtungsvertrages durch VA, 1985; *Kowalski,* Zur Unterwerfung des Bürgers unter die sofortige Vollstreckung eines öffentlichrechtlichen Vertrages, § 61 Abs 1 VwVfG, NVwZ 1992, 351; *Meyer,* Vertragsstrafe und Unterwerfungserklärung im öffentlichen Recht, JZ 1996, 78; *Wettlaufer,* Die Vollstreckung aus verwaltungs-, sozial- und finanzgerichtlichen Titeln zugunsten der öffentlichen Hand, 1989. S auch zu § 54.

Übersicht

I. Allgemeines

1. Inhalt des § 61. Die Vorschrift regelt die Vollstreckbarkeit von subordina- 1
tionsrechtlichen Verträgen und die Vollstreckung aus solchen Verträgen. Verwaltungsrechtliche Verträge sind **nicht schon als solche Vollstreckungstitel** iS des VwVG (bzw der entsprechenden Gesetze der Länder), sondern erhalten diese Eigenschaft nur dann, wenn sich die Vertragschließenden durch vertragliche Verein-

barung, die auch gesondert, insb **auch nachträglich** getroffen werden kann, gem § 61 (bzw nach entsprechenden Rechtsvorschriften) schriftlich der sofortigen Vollstreckung unterwerfen (Begr 83). Fehlt es an einer derartigen Vereinbarung oder ist sie unwirksam, so muss der Gläubiger seinen Anspruch klageweise vor dem zuständigen Gericht, idR dem Verwaltungsgericht geltend machen. Mittelbar ergibt sich aus § 61 im Weg des Gegenschlusses, dass Ansprüche aus öffentlich-rechtlichen Verträgen, soweit durch § 61 oder entsprechende Vorschriften nichts anderes bestimmt ist, anders als früher häufig angenommen (vgl OVG Hamburg VRspr 9, 228; OVG Münster DÖV 1960, 798), statt mit Hilfe einer Leistungsklage grundsätzlich nicht durch VA vollstreckt bzw durchgesetzt werden können.

2 **Abs 1 bestimmt die Voraussetzungen** der sofortigen Vollstreckbarkeit der in einem verwaltungsrechtlichen Vertrag übernommenen Verpflichtungen. **Abs 2 enthält** für das **Vollstreckungsverfahren besondere Regelungen,** die für Bundesbehörden auf das sonst nur für VAe anwendbare VwVG bzw die Bestimmungen der VwGO über die Vollstreckung gerichtlicher Urteile verweisen.

Unberührt bleibt die Möglichkeit, dass die Vertragspartner sich statt dessen durch entsprechende Erklärung in einer **Urkunde gem § 794 Abs 1 Nr 5 ZPO** bezüglich aller oder einzelner Verpflichtungen aus dem Vertrag der sofortigen Vollstreckung unterwerfen; dies stellt nach Auffassung des BVerwG (BVerwGE 96, 326 = NJW 1995, 1104) keine Umgehung des § 61 und des damit vom Gesetzgeber verfolgten Schutzzwecks dar.[1] Zu den Unterschieden zwischen der Unterwerfungserklärung nach Abs 1 und der vollstreckbaren Urkunde nach § 794 Abs 1 Nr 5 ZPO näher Baumanns 38 ff; Obermayer 4.

3 **2. Anwendungsbereich. a) Unmittelbar.** Unmittelbar gilt § 61 nur für verwaltungsrechtliche Verträge in einem Über- oder Unterordnungsverhältnis (**subordinationsrechtliche Verträge,** s zum Begriff § 54 Rn 48) im Anwendungsbereich des VwVfG und steht unter dem Vorbehalt besonderer Vorschriften. Die Verwaltungsverfahrensgesetze der Länder enthalten gleich lautende Vorschriften; Unterschiede bestehen allerdings bei den besonderen Voraussetzungen des Abs 1 S 2, unter denen sich die Verwaltung der sofortigen Vollstreckung unterwerfen kann. Die Regelung gilt auch für in einen verwaltungsrechtlichen Vertrag mit aufgenommene, vom übrigen Inhalt iS von § 59 Abs 3 nicht trennbare Vertragspflichten, die an sich privatrechtlicher Natur sind (ebenso Knack 3); anders bei entsprechender Trennbarkeit der Regelungen (StBS 13). Die Vorschrift gilt nicht nur für die Vollstreckung gegenüber dem Bürger, sondern auch für die **Vollstreckung gegen die öffentliche Hand** (UL § 72 Rn 18). Auch auf den vertraglich vereinbarten **Anspruch des Bürgers auf Erlass eines VA** ist § 61 grundsätzlich anwendbar. Der Anspruch muss in diesen Fällen deshalb nicht mit der Verpflichtungsklage geltend gemacht werden.[2]

4 **b) Entsprechende Anwendung?** Ob Vollstreckbarkeit auch bei Fehlen ausdrücklicher gesetzlicher Regelungen entspr Abs 1 vereinbart werden kann, ist zweifelhaft, dürfte aber zu verneinen sein.[3] Auf **koordinationsrechtliche Verträge** ist § 61 deshalb **nicht anwendbar;** sie sind nicht unmittelbar vollstreckbar. Verneint man die Zulässigkeit einer Vollstreckbarkeitsvereinbarung entspr § 61, so können die Beteiligten in diesen Fällen nur eine **Vereinbarung gem § 794 Abs 1 Nr 5 ZPO** treffen (BVerwGE 96, 326 = NJW 1995, 1104), mit der Folge, dass die Verpflichtungen aus dem Vertrag ohne Rücksicht auf dessen öffentlich-rechtlichen Charakter nach der ZPO zu vollstrecken sind (offen BVerwGE 50,

---

[1] Ebenso Obermayer 9; StBS 11; Knack 8; **aA** Schlettl 633 ff.

[2] Vgl UL § 72 Rn 27; StBS 3; Knack 20; MB 4; BuR 1; P 22 Rn 10; Klückmann SKV 1977, 99.

[3] München BayVBl 1975, 651; UL § 72 Rn 19; Knack 3; StBS 12 f; offen BVerwGE 50, 175.

175; **aA** offenbar VGH München BayVBl 1975, 651). Nicht entspr anwendbar sind § 61 Abs 1 S 2 und Abs 2, da es sich hierbei um Regelungen handelt, die nur durch Gesetz oder durch Verordnung auf Grund von Gesetzen getroffen werden können.

3. Durchsetzung bei Fehlen einer Vollstreckungsklausel. Haben die Vertragspartner sich nicht gem § 61 der sofortigen Vollstreckung unterworfen, so ist **der Vertrag kein Vollstreckungstitel.** Die Beteiligten können deshalb nicht unmittelbar aus dem Vertrag vollstrecken. Vielmehr muss der Berechtigte seine Rechte beim Verwaltungsgericht einklagen und kann dann erst die Vollstreckung aus dem (rechtskräftigen oder für vorläufig vollstreckbar erklärten) Urteil, das gem § 168 Abs 1 Nr 1 VwGO Vollstreckungstitel ist, betreiben.[4] IdR ist hier die **allgemeine Leistungsklage** gegeben, ausnahmsweise, wenn die Verpflichtung der Behörde auf Erlass eines VA gerichtet ist und dieser nicht bereits durch den Vertrag selbst ersetzt wird (s § 54 Rn 50), nach Durchführung eines Vorverfahrens gem §§ 68ff die **Verpflichtungsklage.**[5] Entsprechendes gilt für die Durchsetzung einer Vereinbarung auf Aufhebung eines VA; sie ist (ggf nach Durchführung des Vorverfahrens) mit einer Anfechtungsklage durchzusetzen (Kopp/Schenke § 42 Rn 43). 5

Auch die Behörde kann in diesen Fällen die Verpflichtung des Bürgers aus dem Vertrag grundsätzlich **nicht,** sofern nicht ausdrückliche Sonderregelungen bestehen,[6] durch VA festsetzen und diesen dann vollstrecken.[7] – Etwas anderes gilt im Über- und Unterordnungsverhältnis, wenn ein Gesetz eine abweichende Regelung vorsieht und zB die Durchsetzung vertraglich übernommener Pflichten durch VA zulässt,[8] oder wenn der Vertrag – was Auslegungsfrage ist – die Rechtsbeziehungen nicht abschließend regelt und die Befugnisse der Behörde zu einer Gestaltung der Rechtsverhältnisse durch VA im Übrigen unberührt lässt.[9] Rechtsgrundlage des VA ist in solchen Fällen aber das Gesetz, nicht der Vertrag; letzterer kann in derartigen Fällen allenfalls einige bei der Entscheidung zu berücksichtigende Aspekte regeln.[10] 6

II. Voraussetzung der sofortigen Vollstreckung aus Verwaltungsverträgen

1. Unterwerfung unter die sofortige Vollstreckung (Abs 1 S 1). Abs 1 gibt den Vertragspartnern bei subordinationsrechtlichen Verträgen, dh insb bei Verträgen, die an die Stelle eines VA treten (s § 54 Rn 48), die Möglichkeit, sich 7

---

[4] OVG Münster DÖV 1967, 722f; WBS II § 54 Rn 50; Erichsen/Ehlers § 28 Rn 1; Knack 19.

[5] Obermayer 160; Czermak DVBl 1967, 830; Fluck 84; Kopp/Schenke § 42 Rn 43; **aA** Knack 20 mwN: auch in diesem Fall nur Leistungsklage; vgl auch BVerwGE 50, 171; Münster DVBl 1977, 903; StBS 10.

[6] BVerwGE 50, 171 = NJW 1976, 1516; 59, 60; 82, 283; BVerwG NJW 1992, 2846 = NVwZ 1992, 769 – zugleich als Ergänzung und Klarstellung zu BVerwGE 50, 171.

[7] BVerwGE 50, 171; 59, 62; VGH Kassel VRspr 20, 874; BSG NJW 1973, 776; WBS I § 54 Rn 50; Knack 2 mwN; Erichsen/Ehlers § 28 Rn 1; Maurer § 10 Rn 6.

[8] BVerwGE 50, 171; 59, 60; BVerwG NJW 1992, 2846 = BayVBl 1992, 475; Knack 2; Badura NJW 1978, 2414.

[9] BVerwGE 52, 11, 185; 59, 60 = DÖV 1980, 644; 59, 63; ebenso offenbar auch VGH Kassel NVwZ-RR 1993, 396; s allg auch Erichsen VerwArch 1977, 69; Menger VerwArch 1978, 101.

[10] Vgl BVerwGE 52, 71: Rückforderung zu viel gezahlter Ausbildungsbeihilfe durch VA; BVerwG NJW 1978, 1393: zur Rückforderung der Ausbildungskosten aufgrund getroffener Vereinbarungen; BVerwG DÖV 1974, 597 = DöD 1974, 230 zur Rückforderung von zu Unrecht von einem Lehrgangsteilnehmer bezogenen Sonderleistungen, zB Trennungsentschädigung; vgl auch BVerwGE 50, 174; 52, 185; 59, 63; kritisch Maurer § 10 Rn 6.

im **Vertrag,** in einer **Zusatzvereinbarung** oder auch durch **einseitige schriftliche Erklärung gegenüber** der Behörde oder zur Niederschrift der Behörde (StBS 14; **aA** nunmehr Knack 4) der sofortigen Vollstreckung hins der im Vertrag getroffenen Verpflichtungen zu unterwerfen und damit den Vertrag selbst zu einem Vollstreckungstitel werden zu lassen. Die Verpflichtung muss ausdrücklich und eindeutig erklärt werden (StBS 14; Knack 4); sie kann auch auf einzelne vertragliche Verpflichtungen beschränkt werden und darf insoweit auch Bedingungen oder Befristungen enthalten (vgl BGHZ 16, 180; vdGK 2). Die Vollstreckbarkeit muss, wenn sie als Teil des Vertrags im Vertrag vereinbart wird, gem § 57 **schriftlich** vereinbart werden, andernfalls von dem sich unterwerfenden Vertragspartner schriftlich oder zur Niederschrift erklärt werden.[11]

8 **2. Vertretung der Behörde (Abs 1 S 2). Gibt die Behörde die Unterwerfungserklärung** ab, so muss sie hierbei, damit die Erklärung wirksam ist, durch eine der in Abs 1 S 2 genannten Personen vertreten werden. Hierbei handelt es sich um eine besondere Regelung der funktionalen Zuständigkeit für die Abgabe der Erklärung nach Abs 1 S 1. Das Erfordernis der Befähigung zum Richteramt bzw der entsprechenden Befähigung in S 2 bezieht sich – ebenso wie in § 27 Abs 2 und § 65 Abs 5 – nur auf besondere Vertreter der Behörde, nicht auch auf den Behördenleiter und seinen allgemeinen Vertreter (K 4; StBS 19). Die Bestimmung über die Vertretungsbefugnis gem S 2 soll die Bedeutung der Entscheidung unterstreichen. Die Regelung hat vor allem auch den Zweck, die Behörde zu schützen (StBS 19; kritisch Bullinger, in: Peters-GedS 1967, 671) und sicherzustellen, dass die Behörde eine Verpflichtung nach S 1 nur nach sorgfältiger Prüfung übernimmt (Knack 5). **Ein Verstoß gegen Abs 1 S 2 führt zur Unwirksamkeit** der behördlichen Erklärung (BVerwGE 98, 58, 72; Knack 6; StBS 20; Obermayer 25).

9 **3. Genehmigungserfordernis (Abs 1 S 3 und 4 aF).** Die Unterwerfung unter die sofortige Vollstreckung bedurfte in der Vergangenheit zu ihrer Gültigkeit (Knack 5) auf Seiten der Behörde – sofern diese nicht oberste Bundes- oder Landesbehörde war (S 4) – gem S 3 der Genehmigung der Aufsichtsbehörde. Das Erfordernis einer aufsichtsbehördlichen Genehmigung gem S 3 sollte die Bedeutung der Entscheidung unterstreichen. Es war durch das 2. VwVfÄndG zunächst eindeutig auf die Unterwerfungserklärung der Behörde beschränkt worden. Mit dem 3. VwVfÄndG wurde nunmehr Abs 1 S 3 u 4 gestrichen und das **Genehmigungserfordernis gänzlich abgeschafft,** und zwar mit Wirkung vom 1. 2. 2003.

III. Durchführung der Vollstreckung; anwendbare Vorschriften (Abs 2)

10 **1. Allgemeines.** Abs 2 regelt die Frage, nach welchen Vorschriften die Vollstreckung aus einem öffentlich-rechtlichen Vertrag erfolgen muss. Es wird in Abs 2 S 1–3 danach differenziert, ob zugunsten einer Behörde (dann Abs 2 S 1) oder eines Privaten (dann Abs 2 S 2, 3) vollstreckt werden soll. Die Vorschrift stellt also auf den Vollstreckungsgläubiger, nicht auf den Schuldner ab. Die Frage, ob nach Abs 1 S 1 eine Behörde auch gegen eine andere Behörde nach dem VwVfG vollstrecken kann, ist nur theoretischer Natur.[12]

---

[11] Obermayer § 61 Rn 25: ein allgemeiner Rechtsgrundsatz; analog §§ 57, 58 Abs 1 und 60 Abs 2; ebenso UL § 72 Rn 21; StBS 14; nach Knack 4.1 reicht eine Erklärung der Unterwerfung zu Protokoll der Behörde nicht aus; ebenso Meyer JZ 1996, 78, 82.

[12] Dies würde voraussetzen, dass ein subordinationsrechtlicher Vertrag zwischen Hoheitsträgern geschlossen wurde, in dem eine Unterwerfungserklärung abgegeben worden ist.

2. Anwendbarkeit des VwVG des Bundes (Abs 2 S 1). Abs 2 S 1 erklärt für die Vollstreckung aus subordinationsrechtlichen Verträgen, soweit die Beteiligten sich nach Abs 1 der sofortigen Vollstreckung unterworfen haben, die für die Vollstreckung von VAen nach dem VwVG geltenden Vorschriften für entspr anwendbar und erweitert insoweit ausdrücklich den Anwendungsbereich dieses Gesetzes. Die Regelung betrifft grundsätzlich die **Vollstreckung gegen den Bürger.** Sie gilt außerdem nur für Behörden iS des § 1 Abs 1 Nr 1, dh nur für Bundesbehörden. Für Landesbehörden, die im Vollzug von Bundesrecht tätig werden, gilt Entsprechendes nur auf Grund entsprechender Bestimmungen des Landesrechts (Begr 83; StBS 24; Knack 14). Von ihnen abgeschlossene Verträge sind nur nach Maßgabe des Landesrechts vollstreckbar. 10 a

3. Vollstreckung wegen Geldforderungen gegen die öffentliche Hand (Abs 2 S 2). S 2 sieht für Fälle, in denen wegen einer Geldforderung gegen einen Rechtsträger des öffentlichen Rechts, der sich gem Abs 1 der sofortigen Vollstreckung unterworfen hat, vollstreckt werden soll, die **entspr Anwendung des § 170 Abs 1–3 VwGO** vor, da das VwVG diese Fälle sonst nicht erfasst. Aufgrund dieser Verweisung liegt die Vollstreckung in der Hand des Verwaltungsgerichts, das im Streitfall zuständig wäre. Die Regelung gilt, wie sich aus dem Zusammenhang mit § 1 und § 3 ergibt, unmittelbar nur für die Vollstreckung gegen Bundesbehörden (Knack 17; MB 17; Obermayer 74). 11

Der Vollstreckungsgläubiger muss sich mit einem entspr Antrag auf Durchführung der Vollstreckung **an das Verwaltungsgericht** wenden, das dann die nach § 170 Abs 2 und 3 VwGO erforderlichen Verfügungen trifft. Nach § 170 Abs 2 VwGO muss das Gericht vor etwaigen Vollstreckungsmaßnahmen die Betroffenen von der beabsichtigten Vollstreckung **verständigen** und sie unter Fristsetzung zur Abwendung der Vollstreckung auffordern. Vgl im einzelnen Kopp/Schenke § 170 Rn 1 ff. 12

4. Erzwingung einer Handlung, Duldung, Unterlassung gegenüber der öffentlichen Hand (Abs 2 S 3). Hat sich eine Behörde wirksam zu einer Handlung, Duldung oder Unterlassung verpflichtet und sich insoweit gem Abs 1 der sofortigen Vollstreckung unterworfen, so findet § 172 VwGO entsprechende Anwendung. Das gilt auch für die Pflicht zum Erlass eines VA. Das zuständige Verwaltungsgericht kann entspr § 172 VwGO die Handlung, Duldung oder Unterlassung durch – erforderlichenfalls zu wiederholende – Androhung, Festsetzung und Vollstreckung von **Zwangsgeld in Höhe bis zu 10 000 Euro** nach den für die Vollstreckung von Urteilen gem § 113 Abs 1 S 2 und 4 und einstweiligen Anordnungen geltenden Grundsätzen (die an sich nach § 172 VwGO sonst nicht für einfache Verpflichtungen zu sonstigen Handlungen, Duldungen oder Unterlassungen gelten) erzwingen. 13

§ 62 Ergänzende Anwendung von Vorschriften

Soweit sich aus den §§ 54 bis 61 nichts Abweichendes ergibt, gelten die übrigen Vorschriften dieses Gesetzes.[4] **Ergänzend gelten die Vorschriften des Bürgerlichen Gesetzbuchs entsprechend.**[6 ff]

Parallelvorschriften: § 61 SGB X

Schrifttum: *Bullinger,* Leistungsstörungen beim öffentlich-rechtlichen Vertrag – Zur Rechtslage nach den Verwaltungsverfahrensgesetzen –, DÖV 1977, 812; *Dolde/Uechtritz,* Ersatzansprüche aus Bauplanungsabreden, DVBl 1987, 446; *Emmerich,* Das Recht der Leistungsstörungen, 1978; *Erichsen,* Rechtsfragen des verwaltungsrechtlichen Vertrages, VerwA 1977, 69; *Fluck,* Die Erfüllung des öffentlich-rechtlichen Verpflichtungsvertrags durch VA, 1985 (kritisch dazu Henke DÖV 1988, 126); *Friehe,* Verzugszinsen aus öffentlichrechtlichem Vertrag, NVwZ 1986, 540; *Geis,* Die Schuldrechtsreform und das Verwaltungsrecht, NVwZ 2002, 285; *Griwotz,* Städtebauliche Verträge und AGB-Recht, NVwZ 2002, 391; *Janson,* Verwaltungsrechtliches Schuldverhältnis, VwVfG und Reform der Staatshaftung, DÖV 1979,

696; *Keller,* Vorvertragliche Schuldverhältnisse im Verwaltungsrecht, 1997; *Kluth,* Rechtsfragen der verwaltungsrechtlichen Willenserklärung, NVwZ 1990, 608; *Knöpfle,* Zum Verhältnis zwischen Gewährleistungsansprüchen und Ansprüchen aus cic oder pVV, NJW 1990, 2497; *Krause,* Willensmängel bei mitwirkungsbedürftigen Verwaltungsakten und öffentlich-rechtlichen Verträgen, JuS 1972, 429; *ders,* Die Willenserklärungen des Bürgers im Bereich des öffentlichen Rechts, VerwA 1970, 297; *Kurz,* Anfechtung öffentlich-rechtlicher Willenserklärungen durch Private, BayVBl 1980, 587; *Littbarski,* Die Haftung aus culpa in contrahendo im öffentlichen Recht, JuS 1979, 537; *Meyer,* Vertragsstrafe und Unterwerfungserklärung im öffentlichen Recht, JZ 1996, 78; *Obermayer,* Leistungsstörungen beim öffentlich-rechtlichen Vertrag, BayVBl 1977, 546; *Papier,* Die Forderungsverletzung im öffentlichen Recht, 1970; *Scherer,* Rechtsweg bei öffentlichrechtlicher „Culpa in contrahendo", NVwZ 1986, 540; *Schilling,* Die Vertragsstrafe in Verträgen mit der öffentlichen Hand, VerwArch 1993, 226; *Schmidt-De Caluwe,* Zur Anfechtung privater Willenserklärungen im öffentlichen Recht, insb im Sozialrecht, Jura 1993, 399; *Sendler,* Anwendung allgemeiner Vorschriften des BGB im Verwaltungsverfahren, NJW 1964, 2137; *Simons,* Leistungsstörungen verwaltungsrechtlicher Schuldverhältnisse, 1967; *Stichlberger,* Anfechtung öffentlich-rechtlicher Willenserklärungen durch Private, BayVBl 1980, 393. S auch zu §§ 54–61.

Übersicht

I. Allgemeines

1 **1. Inhalt des § 62.** Die Vorschrift stellt in Übereinstimmung mit § 9 klar, dass die Bestimmungen des VwVfG grundsätzlich auch für verwaltungsrechtliche Verträge gelten, soweit in §§ 54ff nichts Abweichendes geregelt ist, und verweist ergänzend auf die Vorschriften des Vertragsrechts des BGB. Eine besondere Verweisung auf das BGB enthält auch § 59 Abs 1 hins der Gründe, die zur Nichtigkeit eines Vertrags führen. Die Geltung der Bestimmungen des VwVfG trägt dem Umstand Rechnung, dass der verwaltungsrechtliche Vertrag ein Verwaltungsverfahren abschließt und insoweit an die Stelle eines VA tritt; die ergänzende Geltung der Bestimmungen des BGB ist Ausdruck des rechtsgeschäftlichen Charakters des Vertrages (StBS 1) und trägt dem Umstand Rechnung, dass die Modalitäten des Vertragsschlusses und der Vertragsabwicklung sowie Fälle der Äquivalenzstörungen von den Regelungen der §§ 54f nur lückenhaft erfasst werden.

Soweit die Anwendbarkeit des VwVfG durch Sonderregelungen gem § 1 oder gem § 2 **ausgeschlossen** ist, gilt dies auch für Verträge gem §§ 54 ff. Andererseits sind über die Verweisung in § 62 hinaus auch alle sonst für das Verfahren bestehenden **Sonderregelungen** grundsätzlich auch auf Verträge anwendbar, zB auch die Bestimmungen über die sachliche Zuständigkeit der Behörden (K 8 zu § 125 s-hLVwG). 2

2. Anwendungsbereich. § 62 gilt unmittelbar nur für verwaltungsrechtliche Verträgen gem §§ 54 ff im Anwendungsbereich des VwVfG; die Verwaltungsverfahrensgesetze der Länder enthalten gleich lautende Vorschriften. Die Vorschrift gilt auch im förmlichen Verfahren und im Planfeststellungsverfahren (Knack 2). Sie ist als **Ausdruck allgemeiner Rechtsgrundsätze** im übrigen, soweit Rechtsvorschriften nichts anderes bestimmen, sinngemäß-analog **auch auf sonstige öffentlichrechtliche Verträge** anwendbar. 3

II. Anwendung der Vorschriften des VwVfG auf Verwaltungsverträge (S 1)

1. Allgemeines. Die **Bestimmungen des VwVfG** sind auf verwaltungsrechtliche Verträge anwendbar, soweit sich aus den §§ 54 ff nichts Abweichendes ergibt. Dabei kommt es nicht nur darauf an, ob die Bestimmungen der §§ 54 ff abweichende Regelungen enthalten, sondern auch darauf, ob die Vorschriften auf vertragliche Regelungen passen oder auf das Handeln in der Form des VA speziell zugeschnitten sind. **Dies ist der Fall** zB bei den Vorschriften über die Zuständigkeit (§ 3), die Beteiligungsfähigkeit (§ 11) und die Verfahrenshandlungsfähigkeit (§ 12), über Beteiligte (§ 13 Abs 1 Nr 3), Bevollmächtigte und Beistände (§ 14), Vertreter von Amts wegen (§§ 16–19), über ausgeschlossene Personen (§ 20) und den Ausschluss bei Besorgnis der Befangenheit (§§ 20, 21, § 65 Abs 1, § 71 Abs 3), über die Akteneinsicht (§ 29) usw, **nicht dagegen** bei den ausschließlich auf VAe zugeschnittenen Vorschriften (Knack 4), zB den Vorschriften über die Begründungspflicht (§ 39), anders insoweit zT bei einer Kündigung des Vertrags durch die Behörde gem § 60 oder bei einem Rücktritt der Behörde vom Vertrag aus anderen Gründen,[1] ferner nicht bei den Vorschriften über Widerruf und Rücknahme (§§ 48 ff). 4

2. Problematische Fälle. Problematisch ist die Anwendbarkeit des § 28 über die Pflicht zur **Anhörung der Beteiligten.** Hier wird überwiegend angenommen, bei Abschluss des öffentlich-rechtlichen Vertrages sei eine Anhörung entbehrlich (StBS 15; Weides JA 1984, 648). Diese Auffassung geht von der grundsätzlich bestehenden Freiwilligkeit des Vertragsabschlusses und der Klarstellung eines Aushandlungsprozesses aus. Wo diese Elemente aber fehlen, kann auf die entspr Anwendbarkeit des § 28 nicht verzichtet werden. Hinsichtlich der Anforderungen des § 24 gilt im Hinblick auf § 55 eine gewisse Einschränkung; im Übrigen ist auch § 24 entspr anwendbar. 5

III. Ergänzende entsprechende Anwendung der Vorschriften des BGB (S 2)

1. Allgemeines. a) Prinzip der modifizierten Anwendung. Soweit das VwVfG keine besonderen Vorschriften über das Vertragsrecht enthält, sind entsprechend den schon bisher anerkannten Grundsätzen gem S 2 die Vorschriften 6

---

[1] Vgl Bullinger DÖV 1977, 820: analoge Anwendung von §§ 28 und 39 wegen der Verwaltungsaktsähnlichkeit d er in Frage stehenden behördlichen Willenserklärungen.

und Grundsätze des BGB ergänzend und entsprechend auch auf verwaltungsrechtliche Verträge anzuwenden. **Entsprechende Anwendung** bedeutet, dass Besonderheiten des öffentlichen Rechts im Allgemeinen oder des öffentlichen Vertragsrechts nicht entgegenstehen dürfen, was jeweils bei jeder Vorschrift zu prüfen ist (vgl Haueisen DVBl 1964, 711). Soweit allerdings aus den Vorschriften des BGB die Nichtigkeit des Vertrages folgt (zB §§ 104, 125, 134, 138 BGB), ist allein § 59 Abs 1 maßgeblich; einer Heranziehung des § 62 S 2 bedarf es dann nicht.

6a **b) Änderungen durch das Schuldrechtsmodernisierungsgesetz. aa) S 2 als dynamische Verweisung.** Durch das am 1. 1. 2002 in Kraft getretene Gesetz zur Modernisierung des Schuldrechts (BGBl I S 3138) hat das BGB und insbesondere das allgemeine Schuldrecht weit reichende Änderungen erfahren.[2] Die Verweisung des § 62 S 2 erklärt als dynamische Verweisung die Vorschriften des BGB in seiner jeweils gültigen Fassung auf verwaltungsrechtliche Verträge anwendbar. Die gegen die Zulässigkeit einer dynamischen Verweisung teilweise vorgebrachten verfassungsrechtlichen Bedenken vermögen jedenfalls insoweit nicht durchzugreifen, als es sich um eine Verweisung auf Bundesrecht handelt und die in Bezug genommenen Normen eindeutig erkennbar sind (StBS § 1 Rn 57; vgl auch Einf Rn 9; **aA** Obermayer Einl Rn 61). Dass S 2 der VwVfGe der Länder eine dynamische Verweisung auf das BGB als Bundesrecht beinhaltet und insoweit keine Identität des Gesetzgebers mehr besteht, kann vor dem Grundsatz der **Einheitlichkeit des Verfahrensrechts** in der Bundesrepublik hingenommen werden (vgl hierzu ausführlich Einf Rn 9). Die Änderungen des BGB durch das SchuldRModG lassen sich somit auch auf das Gebiet des Verwaltungsverfahrensrechts anwenden.

6b **bb) Die Übergangsvorschriften des EGBGB.** Für bis zum 31. 12. 2001 geschlossene verwaltungsrechtliche Verträge haben die Änderungen gem Art 229 § 5 S 1 EGBGB allerdings noch keine Auswirkungen; hier gilt das BGB in seiner bis zum 31. 12. 2001 geltenden Fassung weiter. Abweichend ist in Art 229 § 5 S 1 EGBGB lediglich für Dauerschuldverhältnisse, die vor dem 1. 1. 2002 entstanden sind, eine Anpassungsfrist bis zum 21. 12. 2002 vorgesehen, während deren Lauf noch das alte Recht anzuwenden ist (s zu den Überleitungsvorschriften auch Heß NJW 2002, 253).

6c **2. Verjährung.** Nach den entsprechend anzuwendenden Vorschriften des BGB richtet sich die Verjährung von Ansprüchen aus verwaltungsrechtlichen Verträgen nach den Bestimmungen des BGB.[3] Nach §§ 195, 198 BGB aF galt grundsätzlich eine Verjährungsfrist von 30 Jahren, wohingegen §§ 195, 199 BGB nF nunmehr eine dreijährige Regelverjährung vorsehen. Lediglich für den Fall des vollstreckbaren vertraglichen Anspruchs wird man weiterhin entspr § 197 Abs 1 Nr 4 BGB nF eine dreißigjährige Verjährungsfrist anzunehmen haben, da der Gläubiger sonst, um in den Genuss der längeren Verjährungsfrist zu gelangen, den bereits vollstreckbaren Anspruch einklagen müsste. Für Ansprüche aus bereits abgeschlossenen Verträgen gilt die Übergangsregelung in Art 229 § 6 EGBGB.

7 **3. Willenserklärungen.** Die entspr Anwendung von Vorschriften des BGB bzw der in der Rspr und im Schrifttum zum BGB entwickelten Grundsätze kommt ua in Betracht hins der §§ 133, 157 BGB über die **Auslegung von Willenserklärungen** (BVerwGE 84, 258 = NVwZ 1990, 665; BVerwG NVwZ

[2] Überblick zu den Neuregelungen bei Däubler NJW 2001, 3729.
[3] So zum bisherigen Verjährungsrecht BVerwGE 28, 336; 52, 16 VGH Kassel NVwZ-RR 1993, 396; VGH München BayVBl 2001, 395; StBS 32.

1990, 857; VGH München BayVBl 1981, 755), der §§ 116ff, 154 BGB über **Willensmängel,** der §§ 119, 120, 123 – auch § 123 Abs 2 BGB über **Irrtum, Täuschung und Drohung** (vgl UL § 69 Rn 3; StBS 28; VGH München BayVBl 1978, 148; **aA** Knack 3; WBS II § 55 Rn 32) und § 124 BGB[4] – und der §§ 142–144 BGB über die **Anfechtung** von Willenserklärungen bzw eines Vertrages;[5] der §§ 105, 116, 117, 118, 134 BGB über die **Wirksamkeit** von Willenserklärungen usw (vgl § 59 Abs 1; WBS II § 55 Rn 32); der **Formvorschriften** der §§ 126f BGB (StBS 28; zT **aA** Knack 3); des § 130 BGB über den **Zugang** von Willenserklärungen, auch zB einer Vertragskündigung; des § 140 BGB über die **Konversion** (BVerwG DVBl 1980, 688; OVG Münster NVwZ 1990, 677; M 115); § 184 BGB über die nachträgliche Zustimmung (zT **aA** Knack 3); der Vorschriften über die Kündigung von Verträgen (Obermayer 46).

4. Regelungen über Allgemeine Geschäftsbedingungen. a) Allgemeines. Umstritten war bisher, ob verwaltungsrechtliche Verträge einer Klauselkontrolle nach den Vorschriften des bis zum 31. 12. 2002 gültigen AGBG zugänglich waren. Teilweise wurde dies aus formalen Gründen unter Hinweis auf die Stellung der Vorschriften außerhalb des BGB verneint.[6] In der zivilrechtlichen Literatur wurde die Anwendung des AGBG auf öffentlichrechtliche Verträge dagegen überwiegend befürwortet.[7] Das BVerwG hat bei verwaltungsrechtlichen Verträgen unter Hinweis auf das im öffentliche Recht ohnehin geltende Verbot einer unangemessenen Benachteiligung entgegen den Geboten von Treu und Glauben, das darüber hinaus sogar in §§ 56, 59 eine gesetzliche Ausgestaltung erfahren habe, eine **Klauselkontrolle abgelehnt** (BVerwGE 74, 78). Mit der Integration des AGBG in die §§ 305–310 BGB nF kann eine Klauselkontrolle von verwaltungsrechtlichen Verträgen nun nicht mehr mit dem bloßen Hinweis auf die Stellung der Vorschriften außerhalb des BGB verneint werden. Lediglich ein Umkehrschluss aus § 310 Abs 1 S 1 BGB ergibt hingegen aber noch nicht die Möglichkeit einer Klauselkontrolle bei Verwendung standardisierter Verträge durch die Verwaltung (so aber Geis NVwZ 2002, 385), da diese Vorschrift lediglich die Einbeziehung und Inhaltskontrolle von AGB bei Verwendung gegenüber Unternehmern, jur Personen des öffentlichen Rechts oder öffentlichrechtlichen Sondervermögen modifiziert und damit nur eine Aussage über die geringere Schutzbedürftigkeit dieser Kreise trifft (Palandt § 310 Rn 2). Allein die Eingliederung des AGB-Rechts in das BGB eröffnet deshalb noch nicht die Klauselkontrolle (**aA** Geis NVwZ 2002, 286). Vielmehr ist unter Berücksichtigung der einschränkenden Verweisung des S 2 nach wie vor die Frage zu prüfen, ob eine Klauselkontrolle im Bereich der verwaltungsrechtlichen Verträge den im öffentlichen Recht geltenden Besonderheiten hinreichende Rechnung trägt, und ob die Vorschriften des Verwaltungsverfahrensrechts die Anwendung des AGB-Rechts ausschließen. 7a

---

[4] UL § 69 Rn 3; Obermayer 61; MB 12; einschränkend Knack 3; zT **aA** Koblenz DVBl 1984, 283: grundsätzlich kürzer als ein Jahr; Stichelberger BayVBl 1980, 393; Krause VerwArch 1979, 330; vgl zum Beamtenrecht auch BVerwG ZBR 1971, 88; Mannheim VBlBW 1988, 152: unverzüglich anzufechten.

[5] Vgl Koblenz DVBl 1965, 771; NVwZ 1984, 316 – auch § 124 BGB –; VGH München BayVBl 1978, 148; RGZ 148, 266; UL § 69 Rn 3; WBS II § 55 Rn 32; F 28; Stichlberger BayVBl 1980, 587; Kurz BayVBl 1980, 587; Obermayer 45ff; VerwR 2. Aufl 144; M 97; Krause JuS 1972, 429; Bleckmann NVwZ 1990, 607; einschränkend für Verträge, die staatlicher Genehmigung bedürfen und genehmigt wurden, F 282: Anfechtung nur mit Zustimmung der Genehmigungsbehörde.

[6] OVG Münster NJW 1989, 1879; VGH München NVwZ 1999, 1008; StBS 25; Griwotz NJW 1997, 237.

[7] S hierzu näher Palandt § 305 Rn 4; MüKo § 1 AGBG Rn 8; Wolf/Horn/Lindacher AGBG Einl Rn 20.

7 b **b) Koordinationsrechtliche Verträge.** Im Bereich der koordinationsrechtlichen Verträge nach § 54 S 1 scheint das praktische Vorkommen von AGB gem § 305 Abs 1 BGB nF unwahrscheinlich, insbesondere wegen § 310 Abs 1 S 3 BGB nF. Außerdem fehlt es hier an dem bei Verwendung von AGB durch eine Vertragspartei typischerweise vorliegendem Machtgefälle zwischen den Vertragsparteien, weshalb im Bereich der verwaltungsrechtlichen Verträge gem § 54 S 1 für eine Klauselkontrolle keine der zivilrechtlichen Situation entsprechende vergleichbare Interessenlage und damit auch kein Bedarf besteht. Insoweit sind die Vorschriften des VwVfG als abschließend zu betrachten.

7 c **c) Subordinationsrechtliche Verträge.** Bei subordinationsrechtlichen Verträgen nach § 54 S 2 wäre eine Klauselkontrolle nach den §§ 305–310 BGB nF grundsätzlich denkbar. Im Fall des subordinationsrechtlichen Vertrags gem § 54 S 2 besteht häufig ein Machtgefälle zwischen der Verwaltung als Verwenderin von vorformulierten Vertragsbedingungen und dem Vertragspartner (Grziwotz NVwZ 2002, 392), weshalb hier ein Bedürfnis für eine Klauselkontrolle an sich besteht. Die §§ 56, 59 enthalten allerdings bereits Vorschriften, die den Vertragspartner eines verwaltungsrechtlichen Vertrages vor Benachteiligungen schützen sollen. Diese haben allerdings in erster Linie die Angemessenheit von Leistung und Gegenleistung sowie das Koppelungsverbot zum Gegenstand. Insoweit **kommt die Anwendung des AGB-Rechts nicht in Betracht.** Gleiches gilt für die Regelungen des Zustandekommens des Vertrages; auch hier hat das VwVfG Bestimmungen getroffen, die zum Schutz des Vertragspartners der Behörde als ausreichend angesehen werden müssen. Es bleiben Fragen im Hinblick auf die Vertragsabwicklung, für die in den §§ 305–310 BGB nF auch Regelungen getroffen werden, die Angemessenheit der die Vertragsabwicklung oder den Umgang mit etwaigen Äquivalenzstörungen bestimmenden Klauseln des Vertrages betreffen. Ob hier allerdings die Interessenlage bei öffentlichrechtlichen Verträgen mit derjenigen des Privatrechts vergleichbar ist, erscheint zweifelhaft, insbesondere im Hinblick auf die grundsätzliche **Gemeinwohlbindung der öffentlichen Verwaltung.** Für eine entsprechende Anwendung der §§ 305–310 ff BGB nF besteht deshalb auf dem Gebiet des öffentlichen Rechts angesichts des auch hier ohnehin geltenden Grundsatzes von Treu und Glauben kein hinreichender Bedarf. Dies schließt es allerdings nicht aus, die Regelungen des neuen AGB-Rechts zT als Konkretisierung des Grundsatzes von Treu und Glauben anzusehen und insoweit bei öffentlichrechtlichen Vertragsabwicklungen zu berücksichtigen.

8 **5. Allgemeine schuldrechtliche Regeln.** Sinngemäß anwendbar sind die §§ 157, 242 BGB, die den **Grundsatz von Treu und Glauben** enthalten, der über das Vertragsrecht hinaus auch sonst im öffentlichen Recht gilt (Begr 83; BVerwG NJW 1974, 2248; WBS I § 25 Rn 2; F 168 ff mwN; BFH NJW 1977, 728; Betr 1967, 1442; Obermayer 43); ebenso § 138 BGB über **die guten Sitten** (vgl insoweit auch § 44 Rn 47; § 59 Rn 15); außerdem grundsätzlich aber auch die von Rspr und Schrifttum entwickelten allgemeinen Rechtsgrundsätze, soweit sie sich auch auf Verträge beziehen, wie die Rechtsgrundsätze über **Schadensersatzansprüche** aus Vertrag, aus **culpa in contrahendo**[8] (nunmehr kodifiziert als Schadensersatzansprüche wegen Verletzung einer vorvertraglichen Pflicht nach § 311 Abs 2 BGB nF iVm § 280 Abs 1 BGB nF) sowie wegen **positiver Forderungsverletzung**[9] (jetzt Schadensersatz gem § 280 BGB nF wegen Verletzung einer Pflicht aus § 241 BGB nF).

---

[8] BVerwG DÖV 1974, 133; BGH JZ 1986, 155; OVG Münster DÖV 1971, 277; Erichsen/Ehlers § 27 Rn 3; Simons 172; Littbarski JuS 1979, 537; WBS II § 55 Rn 44; Obermayer 162; Knack § 54 Rn 10, § 59 Rn 7.1.

[9] Begr 83; Erichsen/Ehlers § 27 Rn 3; Obermayer 150 ff.

6. Erfüllung, Leistungsstörungen. Grundsätzlich entsprechend anwendbar sind auch die Vorschriften und Grundsätze des BGB über die Erfüllung (Erichsen/Ehlers § 27 Rn 2) und über **Leistungsstörungen** (StBS 33; UL § 72 Rn 1). Dies gilt zB für die Ansprüche bei Pflichtverletzungen durch Nichtleistung wegen **Unmöglichkeit,**[10] **Verzug** (vgl BVerwG NVwZ 1989, 876; BGH NJW 1982, 1277), Nichterfüllung, Schlechtleistung und sonstigen **Leistungsstörungen;**[11] über die Pflicht zur Schadensminderung gem § 254 BGB, über die Haftung für eigenes Verschulden gem § 276 BGB und das Verschulden von Erfüllungsgehilfen gem § 278 BGB (Knack 3), über die Beweislast bei vertragswidrigem Verhalten gem § 282 BGB (Kassel DVBl 1989, 575), über die Vertragsstrafe gem §§ 339 ff BGB nF,[12] über Haftungsbeschränkungsklauseln (Erichsen VerwArch 1974, 219, zugleich auch zu den Grenzen der Zulässigkeit solcher Klauseln; vgl auch BGH NJW 1978, 1431), über Schiedsgutachten analog §§ 317 ff BGB nF;[13] über das Recht eines Vertragspartners zur Bestimmung der Leistung analog § 315 BGB nF;[14] über den Rücktritt gem §§ 346 ff BGB (einschränkend Knack 3 mwN), über die Erfüllung gem § 382 BGB (OVG Münster BRS 42 Nr 132), über die Aufrechnung (BVerwG BayVBl 1972, 416; OVG Münster NJW 1976, 2036; Pietzner VerwArch 1982, 453; Knack 3 mwN); über den Irrtum hins der Grundlage eines Vergleichs (BVerwG DVBl 1974, 353) usw. Ansprüche aus Amtshaftung werden, soweit es sich um eine Verletzung von Vertragspflichten durch Amtsträger handelt, durch die spezielleren Vorschriften und Grundsätze, die für Leistungsstörungen gelten, grundsätzlich ausgeschlossen (BGH DVBl 1983, 1058; Henke JZ 1984, 446). 9

7. Verhältnis zum Amtshaftungsanspruch. Zulässig ist nach S 2 auch die Vereinbarung von Vertragsstrafen (BVerwGE 98, 58, 64; 74, 78, 81; StBS 37; Erichsen/Ehlers § 27 Rn 1 a). Allerdings finden die §§ 336 ff BGB nur insoweit Anwendung, als eine dem Grundsatz der Verhältnismäßigkeit entsprechende Vertragsstrafe vereinbart wird (BVerwGE 74, 78 = DVBl 1986, 945; VGH München BayVBl 1983, 730). Anwendbar sind außerdem die Vorschriften über Verzugszinsen gem §§ 284, 288 BGB.[15] 10

---

[10] UL § 72 Rn 1; s auch BVerwG NJW 1979, 330: nachträglich rechtliche Unmöglichkeit hat analog § 275 Abs 1 BGB den Wegfall der Verpflichtung zur Folge.

[11] ZB §§ 275, 276, 280, 325, 326 BGB; vgl BVerwG DÖV 1965, 670; OVG Lüneburg DÖV 1968, 803; OVG Münster KStZ 1983, 38; OVG Bremen NVwZ 1987, 251; vgl ferner BVerfG 42, 341; Simons 1 ff; zweifelnd, ob die §§ 325 ff BGB unmodifiziert anwendbar sind, WBS II § 55 Rn 33; Krause 226.

[12] BVerwGE 74, 78; BVerwG NJW 1986, 2589; KMB-HSchR 1986, 2; VGH München BayVBl 1983, 730; VGH Mannheim ZBR 1986, 81; StBS 37; Obermayer 46; Kessler/Kortmann DVBl 1977, 690; Knack 3 mwN; jedenfalls für den Fall, daß auch die Festsetzung von Zwangsgeld in Betracht käme, auch VGH Mannheim NVwZ 1982, 282.

[13] BVerwGE 84, 258 = NJW 1990, 1926 – die Vereinbarung eines Schiedsgutachtens, auf welche die §§ 317 ff BGB nF entsprechend anzuwenden sind, ist im öffentlichen Recht dann grundsätzlich unbedenklich, wenn die Vertragsbeteiligten sich gleichgeordnet gegenüberstehen; § 319 Abs 2 2. Halbs BGB nF ist auf Abreden über Schiedsgutachten mit der Maßgabe entsprechend anzuwenden, daß nunmehr das Gericht die erforderlichen Feststellungen im Rahmen seiner Zuständigkeit zu treffen hat –.

[14] BVerwGE 84, 236 = NVwZ 1990, 665 – jedenfalls insoweit entsprechend anwendbar, als sich die Behörde vorbehalten darf, die vereinbarte Gegenleistung im Einzelfall zugunsten des Vertragspartners zu ermäßigen –; Ehlers JZ 1990, 594.

[15] BVerwGE 81, 312 = NVwZ 1989, 876; VGH München NVwZ-RR 1992, 39, 58, 326; BVerwG DVBl 1988, 348; VGH München BayVBl 1980, 383; VGH Mannheim NVwZ 1991, 583; Knack 3; **aA** BVerwG NVwZ 1986, 554 – ohne ausdrückliche Vereinbarung nicht anwendbar –; Knack 3 mwN; Zimmerling/Jung DÖV 1987, 92; Frieke NVwZ 1986, 538; offen BVerwG DÖV 1979, 761 und NVwZ 1986, 554.

IV. Rechtsweg

11 Für Streitigkeiten aus öffentlichrechtlichen Verträgen sind nach § 40 Abs 2 S 1 VwGO die Verwaltungsgerichte zuständig; das gilt, wie durch die Neufassung des § 40 Abs 2 VwGO durch § 97 Nr 1 klargestellt wird, auch – entgegen der zum früheren Recht zT abweichenden Rspr (vgl zB BGH NJW 1978, 1802; DVBl 1979, 230) – für Schadensersatzansprüche.[16] Die Zuständigkeit der Verwaltungsgerichte gilt auch für Ansprüche aus **culpa in contrahendo** (BVerwG DÖV 1974, 133; BGH 43, 41 = JZ 1966, 493; OVG Münster DVBl 1972, 615; StBS 58 Scherer NVwZ 1986, 540; **aA** BGH JZ 1986, 155).

---

[16] So schon für das frühere Recht Lüneburg DÖV 1968, 803; Bettermann JZ 1966, 445; Simons 194 ff; WBS II § 55 Rn 52; für den Fall des Bestehens eines Sachzusammenhangs mit der Erfüllung des Vertrags auch BVerwG DÖV 1974, 133; zT **aA** für das frühere Recht BGH DVBl 1963, 438; JZ 1966, 443; ME VerwArch 1969, 179 ff; bei bestehendem Sachzusammenhang mit Amtshaftungsansprüchen auch BVerwGE 37, 237.

Teil V. Besondere Verfahrensarten

Abschnitt 1. Förmliches Verwaltungsverfahren

§ 63 Anwendung der Vorschriften über das förmliche Verwaltungsverfahren

(1) **Das förmliche Verwaltungsverfahren nach diesem Gesetz findet statt, wenn es durch Rechtsvorschrift angeordnet ist.**

(2) **Für das förmliche Verwaltungsverfahren gelten die §§ 64 bis 71 und, soweit sich aus ihnen nichts Abweichendes ergibt, die übrigen Vorschriften dieses Gesetzes.**

(3) **Die Mitteilung nach § 17 Abs. 2 Satz 2 und die Aufforderung nach § 17 Abs. 4 Satz 2 sind im förmlichen Verwaltungsverfahren öffentlich bekannt zu machen.**[12] **Die öffentliche Bekanntmachung**[13] **wird dadurch bewirkt, dass die Behörde die Mitteilung oder die Aufforderung in ihrem amtlichen Veröffentlichungsblatt**[14] **und außerdem in örtlichen Tageszeitungen,**[14] **die in dem Bereich verbreitet sind, in dem sich die Entscheidung voraussichtlich auswirken wird, bekanntmacht.**

Schrifttum: *Büllesbach,* Möglichkeiten der Beschleunigung von parallelen Genehmigungsverfahren, DÖV 1995, 710; *Erath,* Förmliches Verwaltungsverfahren und gerichtliche Kontrolle, 1996; *Häberle,* Verfassungsprinzipien „im" Verwaltungsverfahrensgesetz, in: Boorberg-FS 1977, 83; *Hill,* Die befugte Gewässerbenutzung nach dem Wasserhaushaltsgesetz, GewArch 1981, 155; *Pütz/Buchholz,* Die Genehmigungsverfahren nach dem Bundes-Immissionsgesetz, 5. Aufl 1994; *Schulz,* Neue Atomrechtliche Verfahrensordnung, DVBl 1977, 326; *Sellner,* Immissionsschutzrecht und Industrieanlagen, 1978.

Übersicht

I. Allgemeines

1 **1. Begriff des förmlichen Verfahrens. a) Allgemeines.** Das VwVfG stellt neben dem allgemeinen Verwaltungsverfahren, das vom Grundsatz der Nichtförmlichkeit (§ 10) bestimmt wird, zwei besondere Verfahrensarten zur Verfügung, nämlich das förmliche Verfahren nach den §§ 63–71 und das Planfeststellungsverfahren (§§ 72–78). Während letzteres eine erhebliche praktische Bedeutung erlangt hat, spielt das förmliche Verfahren der §§ 63 ff kaum eine Rolle. Die §§ 63 ff ermöglichen es dem Gesetzgeber, im Fachrecht von Detailregelungen weitgehend abzusehen und statt dessen auf die entsprechenden Bestimmungen des VwVfG zu verweisen bzw für deren Anwendung Raum zu lassen (Begr 28 f, 83 f; MuE 77). Der Grund für die vergleichsweise geringe Bedeutung des förmlichen Verfahrens dürfte vor allem darin liegen, dass die §§ 63 ff **kein in sich geschlossenes Verfahren** enthalten, sondern nur einzelne Bestimmungen, die das allgemeine Verfahren nach den §§ 9 ff ergänzen und modifizieren, indem sie vor allem eine **obligatorische mündliche Verhandlung** vorsehen (§ 67), ferner eine **Aussagepflicht für Zeugen und Sachverständige** (§ 65), die **Pflicht zur Zustellung** der Entscheidung (§ 69 Abs 2) und den **Verzicht auf ein Vorverfahren** vor Klagerhebung (§ 70). Im Hinblick darauf erscheint es dem Gesetzgeber nicht selten sinnvoller, etwa erforderliche Förmlichkeiten direkt im jeweiligen Fachgesetz vorzusehen, wo sie auf den konkreten Aufgabenbereich zugeschnitten werden können, als die Regelungen der §§ 63 ff für anwendbar zu erklären.

2 **b) Förmliche Verfahren im engeren und weiteren Sinn.** Die §§ 63 ff betreffen nur förmliche Verfahren im engeren Sinn. Dabei handelt es sich nur um solche, für die die Anwendung der §§ 64 ff durch Rechtsvorschrift vorgeschrieben worden ist. Von dieser Möglichkeit hat der Gesetzgeber nur in wenigen Fällen Gebrauch gemacht, in denen eine stärkere Beteiligung der Betroffenen und eine erhöhte Richtigkeitsgewähr durch besondere Verfahrensvorkehrungen geboten erschienen. In der Regel handelt es sich um Verfahren mit besonderem Grundrechtsbezug, in denen die Sachentscheidung durch das materielle Recht nur begrenzt steuerbar ist (vgl Rn 9). Viele Gesetze des besonderen Verwaltungsrechts enthalten demgegenüber zwar besondere **verfahrensrechtliche Sicherungen** wie zB eine mV, ein Anhörungsverfahren usw (vgl zB die 16. BImSchV für die Anlagengenehmigung oder das BauGB für das Enteignungsverfahren), ohne aber das förmliche Verwaltungsverfahren der §§ 63 ff für anwendbar zu erklären. In diesen Fällen spricht man von **förmlichen Verfahren im weiteren Sinn;** auf sie sind die §§ 63 ff nicht (unmittelbar) anwendbar. Zu den förmlichen Verfahren iwS s näher unter Rn 10.

3 **2. Inhalt der Vorschrift.** Abs 1 regelt die Frage, wann das förmliche Verfahren zur Anwendung gelangt. Voraussetzung ist danach eine besondere Anordnung durch Rechtsvorschrift. Abs 2 stellt klar, dass auf das förmliche Verfahren die übrigen Vorschriften des VwVfG anwendbar sind, soweit sich aus den §§ 64–71 nichts Abweichendes ergibt. Anwendbar sind damit auch die §§ 71 a–71 e, die als Teil der „übrigen Vorschriften" des Gesetzes iSd Abs 2 keiner besonderen Erwähnung bedurften. Abs 3 enthält bereits eine Verfahrensvorschrift für das förmliche Verfahren und hätte deshalb in Abs 2 genannt werden müssen (vgl Rn 12). Das förmliche Verfahren ist in stärkerem Maß als das allgemeine Verwaltungsverfahren, für das die Grundsätze der Nicht-Förmlichkeit, Einfachheit und Zweckmäßigkeit gelten, **dem gerichtlichen Verfahren angenähert.** Es eignet sich daher vor allem für Verwaltungsbereiche, in denen die Rechte der Betroffenen oder das öffentliche Interesse ein Verfahren mit erhöhten Rechtsschutz- und Gesetzmäßigkeitsgarantien erforderlich erscheinen lassen (WB III § 157; Obermayer 3; VerwR 123; MuE 77; StBS 1 ff).

4 **3. Anwendungsbereich. a) Unmittelbar.** Die Vorschriften über das förmliche Verfahren gelten unmittelbar nur im Geltungsbereich des VwVfG und vorbehaltlich gleich lautender oder abweichender Vorschriften (§ 1). Allerdings könnte auch sonstiges Fachrecht auf die §§ 63ff verweisen. Auch wenn das förmliche Verwaltungsverfahren angeordnet ist, gehen speziellere Verfahrensregelungen im Fachrecht vor. Das gilt auch für Bestimmungen etwa über die mündliche Verhandlung oder die Aussagepflicht von Zeugen und Sachverständigen. Die Verwaltungsverfahrensgesetze der Länder enthalten mit § 63 gleich lautende Vorschriften (vgl zB § 130 s-hLVwG). Eine Abweichung findet sich lediglich in § 4 Abs 1 berlVwVfG, wonach das förmliche Verfahren auch in den Angelegenheiten stattfindet, in denen durch Rechtsvorschrift die Durchführung einer mV vorgeschrieben ist.

4a **b) Analoge Anwendbarkeit.** Obwohl die unmittelbare Anwendung der §§ 63ff und die entsprechenden Bestimmungen der Landesgerichte eine ausdrückliche Anordnung durch eine Rechtsvorschrift voraussetzt (s oben Rn 3), steht einer entsprechenden Anwendung der darin zum Ausdruck gekommenen **allgemeinen Rechtsgrundsätze** zur Ausfüllung von Lücken in anderen, insb auch älteren Gesetzen, die förmliche Verwaltungsverfahren vorsehen, nichts entgegen (s allg auch StBS 6 und BVerwGE 55, 304). Entsprechendes gilt auch für die Auslegung von Vorschriften über förmliche Verfahren, wenn und soweit Wortlaut, Sinn und Zweck nicht entgegenstehen. Umgekehrt sind für die Auslegung der §§ 63ff Rechtsprechung und Schrifttum zu den vergleichbaren Vorschriften mit heranzuziehen.

5 **4. Verhältnis zum UVPG.** Die Regelungen der §§ 63ff weisen keinen Bezug zum UVP-Recht auf. Die Anwendung der Vorschriften über die Umweltverträglichkeitsprüfung (UVP) richtet sich allein nach dem UVPG bzw der UVP-RL der EU (s § 72 Rn 33ff). Ob also in einem Verwaltungsverfahren eine UVP durchzuführen ist, hängt davon ab, ob es um die Genehmigung eines Vorhabens geht, für das nach dem UVPG bzw nach der UVP-RL eine UVP vorgeschrieben ist oder nicht. Dies kann auch bei Vorhaben der Fall sein, für die ein förmliches Verfahren nach §§ 63ff nicht vorgeschrieben ist; dies ist sogar der Normalfall. Die meisten Verfahren, die der UVP-Pflicht unterliegen, sind Planfeststellungsverfahren nach §§ 72ff oder förmliche Verfahren iwS (s Rn 10), auf die die §§ 63ff jedenfalls nicht unmittelbar anwendbar sind.

II. Anwendung des förmlichen Verwaltungsverfahrens (Abs 1)

6 **1. Anordnung in einer Rechtsvorschrift.** Nach Abs 1 sind die §§ 64–71 über das förmliche Verfahren – Entsprechendes gilt auch für § 63 Abs 3 – nur dann anwendbar, wenn ihre Anwendung bzw die Durchführung eines förmlichen Verfahrens nach diesen Bestimmungen ausdrücklich durch Rechtsvorschrift – **auch durch Verordnung oder Satzung** (UL § 32 Rn 4; StBS 28; Knack 5) angeordnet ist. Eine Anordnung durch Verwaltungsvorschrift würde nicht ausreichen.[1] Die Behörde ist aber nicht gehindert, einer derartigen Verwaltungsvorschrift entsprechend vorzugehen und ein Verwaltungsverfahren im Rahmen ihres Ermessens wie ein förmliches auszugestalten. Das gilt zB für die Durchführung einer mV oder die Zustellung eines VA, nicht aber für die Einführung einer Aussagepflicht für Zeugen und Sachverständige oder für andere belastende Maßnahmen.

7 **a) Anforderungen an die Anordnung.** Grundsätzlich ist eine ausdrückliche Anordnung der Anwendbarkeit der Vorschriften über das förmliche Verfahren erforderlich. Bei Gesetzen, die nach Erlass des VwVfG am 29. 5. 1976 (StBS 30; Knack 3; Obermayer 14; zT **aA** UL § 32 Rn 4; MB 6: nach Inkrafttreten am 1. 1.

---

[1] StBS 28; UL § 32 Rn 4; Knack 3.1; Obermayer 14; MB 6; Franke ZfW 1979, 3.

1977) erlassen wurden und die Durchführung eines förmlichen Verfahrens anordnen, ohne dessen Einzelheiten zu regeln, ist auch bei Fehlen einer ausdrücklichen Verweisung auf §§ 63 ff im Zweifel anzunehmen, dass damit das förmliche Verfahren nach dem VwVfG gemeint ist (zT enger Knack 8 ff: die Anordnung muss genaue Regelungen enthalten). Zulässig ist auch, dass durch Rechtsvorschriften nur einzelne Bestimmungen des förmlichen Verfahren für anwendbar erklärt werden oder umgekehrt die Anwendbarkeit einzelner Bestimmungen ausgeschlossen wird (ebenso StBS 34 f; Knack 9; MB 6; Obermayer 16; **aA** K 5).

8 **b) Allgemeine Verweisung auf das VwVfG.** Nicht als Anordnung des förmlichen Verfahrens ist eine allgemeine Verweisung auf das Verfahren nach dem VwVfG (vgl zB § 22 ChemG) zu verstehen (Knack 8). Die im dargelegten Sinn nur subsidiäre, von einer ausdrücklichen Verweisung abhängige Anwendbarkeit der Vorschriften über das förmliche Verfahren steht andererseits jedoch einer analogen Heranziehung der in den einzelnen Regelungen zum Ausdruck kommenden allgemeinen Rechtsgedanken zur **Ausfüllung von Lücken** in anderen förmlichen Verfahrensregelungen und ihrer Berücksichtigung bei der Auslegung gleicher oder ähnlicher Vorschriften nicht entgegen, soweit sich aus dem Wortlaut und/oder dem Sinn und Zweck einer Regelung nichts anderes ergibt (ebenso StBS 35; Knack 4; vgl auch BVerwGE 55, 304; Rudisile DÖV 1991, 863).

8a **c) Anordnung durch Bundesgesetz.** Der Bundesgesetzgeber kann im Rahmen seiner Gesetzgebungszuständigkeit die Anwendung der §§ 63 ff für die seiner Regelungskompetenz unterliegenden Sachgebiete grundsätzlich **auch den Landesbehörden** vorschreiben, auch soweit die Verwaltungsverfahrensgesetze entsprechende Vorschriften iS von § 1 Abs 3 enthalten (StBS 19; Knack 10). Er ist insoweit nicht an den Anwendungsbereich des VwVfG gem § 2 gebunden (Knack 10 mwN).

9 **2. Anwendungsfälle des förmlichen Verfahrens.** Anordnungen iSd Abs 1 sind relativ selten. **Bundesrechtlich** ist das förmliche Verwaltungsverfahren zB angeordnet in § 36 BBergG für das **bergrechtliche Zulegungsverfahren,** sofern landesrechtlich nichts anderes geregelt ist, in § 105 BBergG für das **Grundabtretungsverfahren,** in § 10 Abs 2 KDVG für das Verfahren vor den Ausschüssen für **Kriegsdienstverweigerer,** in § 41 SaatgutVG für das Verfahren vor den **Sorten- und Widerspruchsausschüssen,** in § 16 SeeUG in Bezug auf einzelne Vorschriften der §§ 63 ff und in § 21 SortenschutzG für das Verfahren vor den **Prüfabteilungen und Widerspruchsausschüssen,** ferner für das Widerspruchsverfahren gegen Verfügungen des Präsidenten des Bundesamtes für das Versicherungswesen (3. DVO zum BAVG). **Landesrechtlich** ist das förmliche Verwaltungsverfahren in einigen Ländern angeordnet vor allem auf den Gebieten des **Wasserrechts,** des **Enteignungsrechts** und des **Hochschulrechts** (vgl die Aufzählung bei Knack 7).

10 **3. Förmliche Verfahren im weiteren Sinne.** Eine Fülle von Gesetzen des Bundes und der Länder regeln besondere Förmlichkeiten für einzelne Verwaltungsverfahren (Erath 42 ff). Der Sache nach handelt es sich um förmliche Verwaltungsverfahren, die einen ähnlichen oder sogar höheren Formalisierungsgrad aufweisen als nach §§ 63 ff vorgesehen. So sind die Verfahren nach der 16. BImSchV (§ 10 BImSchG), nach der AtVfV (§§ 7 ff AtomG) sowie nach §§ 11 ff GenTG eher dem Planfeststellungsverfahren vergleichbar als dem förmlichen Verwaltungsverfahren. Da die §§ 63 ff auf diese Verfahren nicht (unmittelbar) anwendbar sind, sollte man hier zur Vermeidung von Missverständnissen von förmlichen Verwaltungsverfahren iwS sprechen (StBS 10 ff). Dies gilt auch für das Verfahren nach dem AsylVfG, nach § 12 PBefG, nach § 109 FlurberG, nach §§ 104 ff BauGB, nach §§ 73 ff TKG, ferner nach §§ 12 ff GjS. Auch bei Eignungs- und Leistungsprüfungen handelt es sich idR um stark formalisierte Verfahren, auf die – schon wegen § 2 Abs 3 Nr 2 – die Regelungen des VwVfG aber nur begrenzt anwendbar sind (s hierzu näher § 2 Rn 42 ff).

III. Anwendung der übrigen Vorschriften des VwVfG (Abs 2)

Wie Abs 2 klarstellt, sind auch im förmlichen Verwaltungsverfahren alle übrigen Vorschriften des VwVfG anzuwenden, soweit sich aus den §§ 64 ff nichts anderes ergibt. Dasselbe gilt auch für § 63 Abs 3, der im Gesetzgebungsverfahren erst später eingefügt wurde und in Abs 2 offenbar versehentlich nicht erwähnt wurde. Die Regelungen über das allgemeine Verwaltungsverfahren nach §§ 9 ff sind danach grundsätzlich anwendbar. Einigkeit besteht über die Anwendbarkeit der Vorschriften über die örtliche Zuständigkeit, die Amtshilfe (StBS 47; Knack 11), ferner für die allgemeinen Vorschriften in den §§ 11–14. Zu bejahen ist die Anwendbarkeit auch für § 10 (StBS 10; **aA** insoweit Knack 12: durch § 63 verdrängt) und für § 27 (Knack 12; StBS 47) sowie die §§ 54 ff (Knack 14); §§ 81–89 (Knack 17); §§ 90–92 (Knack 17: durch § 71 ergänzt); **nicht** jedoch für § 28 (Knack 12; StBS 47); §§ 89–93 (Knack 17: durch § 68 verdrängt). 11

IV. Öffentliche Bekanntmachung in Massenverfahren (Abs 3)

1. Allgemeines. Abs 3 schreibt für Mitteilungen nach § 17 Abs 2 S 2 und für Aufforderungen nach § 17 Abs 4 S 2 bei sog Masseneingaben im Rahmen des förmlichen Verwaltungsverfahrens die in S 2 näher geregelte Form der öffentlichen Bekanntmachung vor. Da auch für alle sonstigen im förmlichen Verfahren vorgesehenen öffentlichen Bekanntmachungen entsprechende Vorschriften gelten (vgl § 67 Abs 1 S 3 ff, § 69 Abs 2 S 3 ff und Abs 3 S 2), wird dadurch erreicht, dass **alle Bekanntmachungen** in förmlichen Verfahren **auf die gleiche Weise** erfolgen, „damit der Bürger die Bekanntmachungen nicht an verschiedenen Orten zu suchen braucht" (Begr 10). Entsprechendes gilt gem § 72 Abs 2, § 73 Abs 6 und § 74 Abs 5 auch für **Planfeststellungsverfahren** sowie zB gem § 10 BImSchG für das immissionsschutzrechtliche und gem § 4 Abs 1 AtomVfV für das atomrechtliche Anlagengenehmigungsverfahren. 12

2. Öffentliche Bekanntmachung. Eine öffentliche Bekanntmachung iS von Abs 3 ist von der ortsüblichen Bekanntgabe iS von § 17 Abs 2 S 2 und Abs 4, § 41 Abs 3 und 4 und § 73 Abs 5 zu unterscheiden (Knack 21). Während bei der öffentlichen Bekanntmachung nach der Legaldefinition in § 63 Abs 3 S 2 die Veröffentlichung im **amtlichen Veröffentlichungsblatt** und **zusätzlich in den Tageszeitungen** zwingend und einheitlich vorgeschrieben ist, bleibt gem § 41 Abs 3 und 4 bei der örtlichen Bekanntmachung die Form der Bekanntgabe den näheren örtlichen Umständen, insb auch der generellen Entscheidung der Gemeinde überlassen. Vgl zum Begriff der öffentlichen Bekanntgabe iS von § 41 Abs 3 und 4 und zu den dafür geltenden Regelungen auch § 41 Rn 56 ff, zur Mitteilung nach § 17 Abs 2 S 2 außerdem § 17 Rn 20, zur Aufforderung nach § 17 Abs 4 S 2 ferner § 17 Rn 25 ff. Die Zulassung der öffentlichen Bekanntmachung oder Bekanntgabe begegnet, soweit sachliche Gründe dafür gegeben sind, **keinen grundsätzlichen rechtsstaatlichen Bedenken,** auch soweit in einer Sache Grundrechte betroffen sind (BVerwG DVBl 1983, 902; **aA** Barbey DVBl 1984, 337). 13

Amtliches Veröffentlichungsblatt ist dasjenige Publikationsorgan, dem diese Funktion für die jeweilige Behörde durch Rechtsvorschrift zugewiesen ist (Knack 24). Dem amtlichen Veröffentlichungsblatt der Behörde iS von S 2 ist bei Behörden, die über kein eigenes Veröffentlichungsblatt verfügen, die Druckschrift (Tageszeitung, Amtsblatt einer anderen Behörde usw) gleichzuachten, die sonst durch eine Rechtsvorschrift, zB die Hauptsatzung, für die amtlichen Bekanntmachungen der Behörde bestimmt ist (vgl ABegr 10 zu § 67; Obermayer 23 ff). **Örtliche Tageszeitungen** sind nur solche, die täglich erscheinen und täglich auch einen Lokalteil haben. Gibt es in einem Bereich **mehrere Tageszeitungen** mit einer angemessenen Auflage, so muss die Bekanntmachung in jeder vorgenommen 14 werden (str, wie hier Obermayer 28, anders allerdings in § 67 Rn 37). Die Gegenmeinung (StBS 19; Knack 25) schafft für die Betroffenen nicht genügend Rechtssicherheit und wird der Zielsetzung der Norm damit nicht gerecht.

§ 64 Form des Antrages

Setzt das förmliche Verwaltungsverfahren einen Antrag voraus, so ist er schriftlich oder zur Niederschrift bei der Behörde zu stellen.

Schrifttum: *Günther,* Petitum des Beamten an den Dienstherrn als „nicht nachholbare Klagevoraussetzung", ZBR 1992, 66; *Gusy,* Der Antrag im Verwaltungsverfahren, BayVBl 1985, 484; *Krause,* Die Willenserklärungen des Bürgers im Bereich des öffentlichen Rechts, VerwA 1970, 297, 316; *Martens J.,* Die Rechtsprechung zum Verwaltungsverfahrensrecht: I. Anträge im Verwaltungsverfahren, NVwZ 1986, 533; NVwZ 1988, 684; *Schnell,* Der Antrag im Verwaltungsverfahren, 1986; *Schreiber,* Elektronisches Verwalten, 2002, S 75 ff; *Stelkens,* Der Antrag – Voraussetzung eines Verwaltungsverfahrens und eines VA?, NuR 1985, 213; *UL* 33; *Vollkommer,* Formstrenge und prozessuale Billigkeit, 1973.

Übersicht

I. Allgemeines

1 **1. Inhalt der Vorschrift.** Die Vorschrift regelt die **Form der Antragstellung** in förmlichen Verfahren. Die Regelung lehnt sich an § 70 Abs 1 S 1 und § 81 Abs 1 VwGO an und entspricht im Wesentlichen bestehenden sondergesetzlichen Bestimmungen für förmliche Verwaltungsverfahren (vgl zB § 20 Abs 1 S 1 WPflG; § 6 KOVwVerfG; § 50 BLG). Sie dient vor allem der Sicherheit des Rechtsverkehrs. Während sonst im allgemeinen Verfahren nach dem Grundsatz der Nichtförmlichkeit gem § 10 Anträge grundsätzlich auch formlos, auch mündlich, telefonisch usw, gestellt und uU auch in einem konkludenten Verhalten gesehen werden können (vgl § 22 Rn 32), müssen sie im förmlichen Verfahren nach § 64 **schriftlich oder zur Niederschrift der Behörde** gestellt werden. Ein in anderer Form gestellter Antrag wäre nicht ordnungsgemäß gestellt und daher unwirksam; er könnte insb auch keine Antragsfristen wahren. Die **Nachholung** kann zwar nach § 45 Abs 1 Nr 1 den Mangel einer fehlenden Antragstellung heilen, **führt aber nicht zur Fristwahrung** (StBS 14).

2 **2. Anwendungsbereich. a) Allgemeines.** Die Vorschrift gilt im Anwendungsbereich der §§ 63 ff, also unmittelbar nur dann, wenn eine Rechtsnorm die

Geltung der Bestimmungen über das förmliche Verfahren iSd § 63 Abs 1 anordnet. Sie gilt weiter nur vorbehaltlich gleich lautender oder abweichender Vorschriften. Die Verwaltungsverfahrensgesetze der Länder sehen im Wesentlichen mit § 64 wortgleiche Vorschriften vor (vgl zB § 64 HmbVwVfG). Auch zahlreiche sonstige bundes- und landesrechtliche Vorschriften enthalten vergleichbare, zT übereinstimmende Regelungen (vgl oben Rn 1). Wo solche Vorschriften bestehen, gehen sie, auch wenn im Übrigen gem § 63 bzw nach entspr Vorschrift des Landesrechts die Anwendung der Vorschriften über das förmliche Verfahren angeordnet ist, gem § 1 diesen Vorschriften insoweit vor und schließen deren Anwendbarkeit aus. Soweit derartige sonstige Rechtsvorschriften denselben Zweck verfolgen und auf denselben Grundgedanken beruhen – was idR der Fall ist –, sind sie im Interesse der Einheit der Rechtsordnung im Zweifel möglichst in Übereinstimmung mit § 64 bzw den entspr Vorschriften der Landesverfahrensgesetze auszulegen; umgekehrt sind auch bei deren Auslegung diese Vorschriften und Rspr und Schrifttum dazu zu berücksichtigen.

b) Antragsverfahren. § 64 gilt zunächst für die **Antragstellung** iS des § 22, 3
durch die das Verfahren anhängig gemacht wird, außerdem aber auch für die **Rücknahme des Antrags** (hM, vgl StBS 5; Knack 4; Obermayer 6). **Umstritten,** richtigerweise mit der hM aber abzulehnen, ist die Geltung des Schriftformerfordernisses für sonstige Anträge im laufenden Verfahren, sofern nicht auch für sie speziell eine förmliche Antragstellung vorgeschrieben ist, und für **sonstige wesentliche Verfahrenshandlungen** wie zB den Antrag auf Verweisung der Sache an die zuständige Behörde (§ 3 Rn 13), die Ablehnung eines Mitglieds eines Ausschusses gem § 71 Abs 3 usw (vgl StBS 5; Knack 4; MB 1; Obermayer 5). Schriftform wird außerdem nur dann verlangt, wenn das förmliche Verwaltungsverfahren einen Antrag voraussetzt. Erfasst werden deshalb nicht Verfahren, die gem § 22 von Amts wegen einzuleiten sind oder eingeleitet werden. Etwas anderes wird zu gelten haben, wenn ein Verfahren, welches auch von Amts wegen eingeleitet werden könnte, durch einen Antrag ausgelöst werden soll (vgl § 22 Rn 15). Dieser Fall wird entgegen der wohl überwiegenden Auffassung in der Lit (vgl StBS 4; Knack 3; Obermayer 5) von der Vorschrift erfasst. Allerdings kann die Behörde in diesem Fall einen formlosen Antrag zum Anlass nehmen, ein amtswegiges Verfahren zu eröffnen.

c) Keine Analogie. Im Hinblick auf den **Ausnahmecharakter** der Vor- 4
schriften über das förmliche Verwaltungsverfahren ist das Schriftformerfordernis des § 64 grundsätzlich nicht analog im Weg der Ausfüllung von Lücken auf andere Fälle anwendbar, die nicht unter den Anwendungsbereich dieser Gesetze fallen und für die auch sonstige Regelungen mit vergleichbarem Inhalt fehlen. **Etwas anderes gilt,** sofern jedenfalls die entsprechende Förmlichkeit als solche vorgeschrieben ist und nur die näheren Modalitäten nicht ausdrücklich geregelt sind. So ist heute unter Zugrundelegung des in § 64 enthaltenen Rechtsgedankens der **Begriff der Schriftlichkeit** der Antragstellung im Zweifel auch in anderen Gesetzen dahin zu verstehen, dass diesem Erfordernis auch durch Antragstellung zur Niederschrift bei der Behörde genügt wird (§ 22 Rn 33).

II. Form des Antrags

1. Schriftlichkeit. Schriftlichkeit bedeutet, dass der Antrag in schriftlich abge- 5
fasster Form, dh in einem Schreiben, bei der Behörde eingereicht werden muss. Der Schriftlichkeit wird auch durch die Verwendung eines (ausgefüllten und unterschriebenen) Formblatts genügt (vgl BSGE 65, 160; s auch Rn 9). Nach dem auf Grund des 3. VwVfÄndG eingefügten § 3a Abs 2 kann die Schriftform unter den dort genannten Voraussetzungen, insbes bei Verwendung einer elektronischen Signatur, durch die **elektronische Form** ersetzt werden.

6 **a) Unterschrift.** Grundsätzlich ist erforderlich, dass der Antrag vom Antragsteller oder seinen Bevollmächtigten handschriftlich unterzeichnet ist;[1] denn nur damit besteht hinreichende Gewähr, dass er vom Antragsteller stammt und dass es sich um einen Antrag und nicht etwa nur um einen Entwurf handelt.[2] Zur Zulässigkeit einer sog Schreibhilfe vgl BGH NJW 1981, 1900. Allg zum Schriftformerfordernis auch Broß VerwArch 1990, 451 mwN. Die Unterschrift muss von einer **natürlichen Person** stammen. Eine Unterzeichnung mit Firmennamen genügt jedenfalls bei natürlichen Personen nicht; ebenso nicht bei Behörden die Unterzeichnung lediglich mit der Bezeichnung der Behörde (zB „Stadtverwaltung X, Rechtsamt"; vgl BVerwGE 3, 56). Lesbarkeit der Unterschrift ist nicht erforderlich, die Unterschrift muss jedoch einen **individuellen Bezug zum Namen** erkennen lassen, willkürliche Handzeichen, Paraphen uä genügen nicht,[3] ebenso nicht maschinengeschriebene Unterschriften und aufgestempelte Faksimileunterschriften (VG Wiesbaden NJW 1994, 537; UL § 33 Rn 2). Zulässig ist die Unterzeichnung in einer fremden Schrift; etwas anderes gilt nur, wenn die Schriftwahl offensichtlich willkürlich ist, zB der Antragsteller nicht auf Grund seiner Muttersprache uä einen sinnvollen Bezug zur gewählten Schrift hat.

7 **Die Nachholung der Unterschrift** hat zur Folge, dass der wirksame Antrag als zum Zeitpunkt der nachgeholten Unterschrift gestellt gilt. Ist die Antragsfrist zu diesem Zeitpunkt bereits abgelaufen, so liegt ein fristgerechter Antrag nicht vor; die Nachholung der Unterschrift führt nicht zu einer rückwirkenden Wirksamkeit des Antrags. Eine Wiedereinsetzung gem § 32 zur Nachholung kommt aber in Betracht (vgl § 32 Rn 9). Möglich ist auch, selbst noch in der Rechtsmittelinstanz, die Genehmigung eines von einem vollmachtlosen Vertreter ordnungsgemäß gestellten Antrags; in diesem Fall kommt es für die Fristwahrung auf den Zeitpunkt der Einreichung des Antrags, nicht der Genehmigung an (vgl auch § 14 Rn 21).

8 **b) Ausnahmen vom Erfordernis der Unterschrift.** Solche sind nur dann anzuerkennen, wenn sich aus dem Antrag, den ihm beigefügten Anlagen (zB einer eigenhändig unterschriebenen Vollmacht oder Abschrift des Antrags) oder aus den näheren Umständen der Antragstellung eindeutig und ohne dass darüber erst Beweis erhoben werden müsste, ergibt, dass der Antrag vom Antragsteller herrührt und mit dessen Willen an die Behörde gelangt ist.[4] Bei Behörden genügt entspr § 37 Abs 3 eine mit einem handschriftlich unterzeichneten **Beglaubigungsvermerk** versehene Ausfertigung.[5]

9 **c) Formblätter.** Die Behörde kann grundsätzlich die Verwendung der für bestimmte Anträge vorgesehenen Formblätter verlangen, auch wenn dies nicht durch Rechtsvorschriften ausdrücklich vorgeschrieben ist, soweit dadurch die Antragstellung nicht unzumutbar erschwert wird.[6] Auch § 24 Abs 3 steht insoweit nicht entgegen (UL § 21 Rn 6). **Unwirksam** ist eine Antragstellung, die nicht unter

---

[1] Ebenso UL § 33 Rn 2; Obermayer 22; für den Widerspruch ebenso BVerwGE 30, 274; vgl allg auch BVerwGE 43, 114; zT **aA** BFH 139, 158 = BStBl II 1984, 13 zum Antrag auf Lohnsteuer-Jahresausgleich: ausreichend, wenn die Unterschrift nachträglich, ggf innerhalb einer von der Behörde dafür gesetzten Frist, geleistet wird.

[2] Vgl BVerwGE 13, 90; 43, 114; 81, 32 = DÖV 1990, 26 mwN; BVerwG BayVBl 1987, 406; OVG Hamburg NVwZ-RR 1990, 442; VGH Mannheim VBlBW 1989, 208.

[3] Vgl OLG Hamm NJW 1989, 3289; Broß VerwArch 1990, 453; UL § 33 Rn 2; zum Prozeßrecht auch BVerwGE 43, 114.

[4] Vgl UL § 33 Rn 2; Obermayer 26 mwN; für den Widerspruch auch BVerwGE 30, 274; ebenso zum Prozeßrecht BVerwGE 81, 32 mwN = DÖV 1990, 26; OVG Hamburg NVwZ-RR 1990, 442.

[5] Ebenso Knack 8; vgl idS auch BVerwGE 58, 359; 81, 35.

[6] Vgl Begr 49; BVerwG NJW 1977, 722; Erichsen/Ehlers § 36 Rn 7; wohl auch Knack 6; zT enger UL § 21 Rn 6; StBS § 24 Rn 91; WB III § 156 V a: nur wenn die Verwendung durch Rechtssatz vorgeschrieben ist oder die Formulare von der Behörde zur Verfügung gestellt werden; vgl auch BVerwGE 5, 193; 9, 290; Krause VerwArch 1970, 316.

Verwendung des vorgeschriebenen Formblattes erfolgt, jedoch nur, wenn das Formblatt durch **Rechtsnorm vorgeschrieben** worden ist. Bei nicht durch eine Rechtsvorschrift vorgeschriebenen Formblättern kann ein Antrag auch in anderer Weise fristwahrend gestellt werden.[7] Die Behörde kann jedoch grundsätzlich die Bearbeitung von der Nachreichung des ausgefüllten Formblattes abhängig machen.

d) Moderne Kommunikationsformen. Dem Erfordernis der Schriftform genügt auch die Antragstellung durch Telegramm oder Fernschreiben,[8] mit Telex, Telebrief/Telefax[9] oder andere Formen moderner Datenkommunikation wie das frühere Btx (BVerwG NJW 1995, 2121) oder Computer-Fax. Wenn und soweit eine Behörde entsprechende Kommunikationswege eingerichtet hat, kann sich der Antragsteller ihrer auch bedienen (StBS § 22 Rn 32). Bei telegrafischer Antragstellung genügt es, wenn das Telegramm telefonisch aufgegeben wird (BVerwGE 81, 34). Wird das Telegramm jedoch schriftlich aufgegeben, so muss das Aufgabeschreiben – anders als bei telefonischer Aufgabe – handschriftlich unterschrieben sein.[10] Auch für den Zugang genügt es, dass das Telegramm telefonisch der Behörde zugesprochen (BVerwGE 81, 34 mwN) und der Text wörtlich von einem Behördenbediensteten aufgenommen wird (ein bloßer Aktenvermerk dagegen reicht nicht aus; in diesem Fall ist jedoch idR Wiedereinsetzung zu gewähren), auch wenn das ausgefüllte Telegrammformular selbst erst nach Fristablauf eingeht (vgl BVerwGE 1, 104; 3, 56). 10

e) Elektronische Übermittlung. Für die elektronische Übermittlung enthält § 3a Abs 2 nunmehr eine spezielle Regelung, die auch für die Schriftform nach § 64 maßgebend ist. Danach reicht die bloße Übermittlung des Antrags per E-Mail nicht aus, auch wenn die Behörde eine entsprechende Kommunikation eröffnet hat. Vielmehr ist hier eine qualifizierte elektronische Signatur erforderlich (s hierzu näher § 3a Rn 17). 11

f) Telefonische Antragstellung. Eine solche erfüllt das Schriftformerfordernis nicht, auch nicht als Antragstellung zu Protokoll, selbst wenn die Erklärung wörtlich niedergeschrieben, vorgelesen und vom Anrufer genehmigt wird.[11] Eine telefonische Antragstellung entspricht dem nur mündlich gestellten Antrag. Einer Niederschrift der telefonisch abgegebenen Erklärungen des Antragstellers würde die **Beweiskraft fehlen.** 12

2. Antrag zur Niederschrift. Antragstellung zur Niederschrift bedeutet, dass über einen vom **anwesenden Antragsteller** mündlich gestellten Antrag von einem Bediensteten der Behörde eine Niederschrift aufgenommen wird.[12] Hilfe bei der Formulierung des Antrags ist zulässig und ggf nach § 25 geboten. Die Formulierung muss vom Antragsteller in vollem Umfang in seinen Willen aufgenommen und von ihm genehmigt werden. Nicht ausreichend ist eine nachträglich aus dem Gedächtnis gefertigte Niederschrift (MB 2) oder ein Aktenvermerk (vgl BVerwGE 26, 202; VGH München BayVBl 1971, 238). Keine wirksame Antragstellung zu 13

---

[7] Ebenso OVG Münster ZMR 1989, 394; StBS § 24 Rn 91; **aA** WB III § 156 Rn 56.

[8] UL § 33 Rn 4; ebenso zum Prozeßrecht BVerwGE 81, 34; OVG Lüneburg VRspr 24, 369; BGH NJW 1981, 1619; 1982, 1470; BAG NJW 1990, 3165; OVG Münster DVBl 1981, 691; Broß VerwArch 1990, 461 mwN.

[9] Vgl BVerwG DVBl 1987, 634; BGH JuS 1990, 419; BAG NJW 1989, 1822; 1990, 3165; Wolf NJW 1989, 2592; Broß VerwArch 1990, 460 mwN.

[10] BVerwGE 17, 116; UL § 33 Rn 2: fernmündliche Aufgabe des Telegramms genügt, weil die eigenhändige Unterschrift ohnehin nicht übertragen wird; ebenso Knack 7.

[11] UL § 33 Rn 3; Knack 9; StBS 12; ebenso zum Prozeßrecht BVerwGE 17, 168; 26, 201; Kopp/Schenke § 81 Rn 10; BFH NJW 1965, 174; **aA** Obermayer 20; MB 2; zum Einspruch gegen einen Bußgeldbescheid auch BGHSt NJW 1981, 1627.

[12] BVerwGE 26, 201; UL § 33 Rn 3; StBS 12; Knack 9; **aA** offenbar Obermayer 20: auch telefonisch. Kritik: Damit wird das Schriftlichkeitserfordernis praktisch aufgegeben.

Protokoll liegt vor, wenn der Anragsteller den Antrag fernmündlich zur Niederschrift gibt, selbst wenn die Erklärung wörtlich niedergeschrieben, vorgelesen und vom Anrufer genehmigt wird.[13]

14 **a) Amtlicher Vermerk.** Grundsätzlich sollte auf der Niederschrift vermerkt werden, dass sie verlesen und vom Antragsteller genehmigt wurde. Außerdem sollten der Antragsteller und der die Niederschrift aufnehmende Amtsträger die Niederschrift unterzeichnen. Beides ist jedoch zur Wirksamkeit der Antragstellung **nicht zwingend erforderlich** (StBS 13; vgl auch MB 2: Fehlen der Unterschrift unschädlich, wenn Übereinstimmung mit dem erklärten Willen und Identität des Beamten nicht zweifelhaft; str).

15 **b) Pflicht zur Entgegennahme? Zweifelhaft** ist, ob aus § 64 eine Verpflichtung der Behörde zur Niederschrift von Anträgen zu entnehmen ist, insbes ob eine derartige Pflicht ohne Rücksicht auf ihre Arbeitsbelastung usw und auf den Umfang der Anträge besteht, oder ob die Behörde nach § 10 ggf einen Antragsteller auf die Möglichkeit schriftlicher Antragstellung verweisen darf. Der Wortlaut des § 64 und die uU bestehende Notwendigkeit, Fristen zu wahren, sprechen eher für die Verpflichtung der Behörde.[14] Die Behörde darf die Niederschrift aber jedenfalls auf das Wesentliche beschränken. Sie kann insb die Aufnahme einer näheren Begründung zum Antrag ieS ablehnen, wenn eine solche Begründung nicht durch Rechtsvorschrift vorgeschrieben ist. Ein Anspruch auf Antragstellung zur Niederschrift besteht nur im Rahmen der allgemeinen Amtsstunden der Behörde für den Publikumsverkehr. Vgl auch § 22 Rn 33.

16 **3. Sonstige Antragserfordernisse. a) Bestimmtheit des Antrags.** Die Bezeichnung als Antrag ist nicht erforderlich, doch muss jedenfalls aus dem gesamten Vorbringen, ggf aus begleitenden näheren Umständen, hinreichend erkennbar sein, dass eine Antragstellung gewollt ist, wer der Antragsteller ist (einschließlich der Adresse, unter der er zu erreichen ist) und worauf der Antrag sich bezieht, dh welche Entscheidung in etwa in welcher Sache der Antragsteller begehrt (ebenso UL § 33 Rn 4). Bei Anträgen, die der vorgeschriebenen Form nicht genügen, unklar oder offensichtlich unvollständig sind, muss die Behörde grundsätzlich gem § 25 die Nachholung einer formgerechten Antragstellung bzw die erforderliche Klärung, Ergänzung usw anregen,[15] ggf unter Setzung einer Frist (Obermayer 42). Entsprechendes gilt für die Vorlage sonstiger für die Durchführung des Verfahrens erforderlicher Unterlagen (UL § 33 Rn 4). Die Beseitigung eines Formmangels führt zwar zur Heilung des Verfahrensfehlers gem § 45 Abs 2 Nr 1, wirkt jedoch, sofern durch Rechtsvorschriften nichts anderes vorgesehen ist, grundsätzlich nur für die Zukunft und kann deshalb nicht zur Unbeachtlichkeit einer Fristversäumung führen.[16]

17 **b) Inhalt des Antrags.** Die Vorschriften über das förmliche Verfahren stellen an den Inhalt keine besonderen Anforderungen. Insb ist, sofern sich aus Rechtsvorschriften nichts anderes ergibt, auch eine Begründung, die Vorlage von Nachweisen usw nicht erforderlich, wenn auch idR zweckmäßig. Im Einzelnen gelten

---

[13] StBS 12; Knack 9; UL § 33 Rn 3; **aA** Obermayer 20, 29.

[14] StBS 8; Knack 9; zur Entgegennahme von Einwendungen auch Büllesbach/Diercks DVBl 1991, 473; **aA** zT Obermayer 25: die Behörde darf bei außergewöhnlicher Belastung den Antragsteller auf die Möglichkeit einer schriftlichen Antragstellung verweisen, wenn ihm dadurch kein Nachteil, zB durch Fristversäumung, entsteht.

[15] UL § 33 Rn 4; WB III § 156 IV f; Krause VerwArch 1970, 316; Obermayer 42; Knack 13.

[16] StBS 14; wohl auch Knack 13; MB 3; WB III § 156 IV f: bei rechtzeitiger Behebung gilt die Eingabe als ursprünglich richtig eingebracht; MB und W folgen hier offenbar § 13 Abs 3 österr. AVG, wo diese Folge jedoch ausdrücklich gesetzlich vorgesehen ist; zT auch Obermayer 45: bei minder schweren Mängeln, auch bei Fehlen der Unterschrift, Heilung ex tunc.

die Ausführungen zu § 22 entsprechend auch für Anträge im förmlichen Verfahren bzw in sonstigen Verfahren, für die schriftliche Antragstellung vorgeschrieben ist. Dies gilt auch für die grundsätzlich bestehende Widerruflichkeit von Anträgen bis zum Eintritt der Wirksamkeit des VA (Knack 14).

§ 65 Mitwirkung von Zeugen und Sachverständigen

(1) **Im förmlichen Verwaltungsverfahren sind Zeugen zur Aussage und Sachverständige zur Erstattung von Gutachten verpflichtet.**[4] **Die Vorschriften der Zivilprozessordnung über die Pflicht, als Zeuge auszusagen oder als Sachverständiger ein Gutachten zu erstatten, über die Ablehnung von Sachverständigen sowie über die Vernehmung von Angehörigen des öffentlichen Dienstes als Zeugen oder Sachverständige gelten entsprechend.**[5]

(2) **Verweigern Zeugen oder Sachverständige ohne Vorliegen eines der in den §§ 376, 383 bis 385 und 408 der Zivilprozessordnung bezeichneten Gründe die Aussage oder die Erstattung des Gutachtens, so kann die Behörde das für den Wohnsitz oder den Aufenthaltsort des Zeugen oder des Sachverständigen zuständige Verwaltungsgericht um die Vernehmung ersuchen.**[6] **Befindet sich der Wohnsitz oder der Aufenthaltsort des Zeugen oder des Sachverständigen nicht am Sitz eines Verwaltungsgerichts oder einer besonders errichteten Kammer, so kann auch das zuständige Amtsgericht um die Vernehmung ersucht werden.**[7] **In dem Ersuchen hat die Behörde den Gegenstand der Vernehmung darzulegen sowie die Namen und Anschriften der Beteiligten anzugeben.**[9] **Das Gericht hat die Beteiligten von den Beweisterminen zu benachrichtigen.**

(3) **Hält die Behörde mit Rücksicht auf die Bedeutung der Aussage eines Zeugen oder des Gutachtens eines Sachverständigen oder zur Herbeiführung einer wahrheitsgemäßen Aussage die Beeidigung für geboten, so kann sie das nach Absatz 2 zuständige Gericht um die eidliche Vernehmung ersuchen.**[11]

(4) **Das Gericht entscheidet über die Rechtmäßigkeit einer Verweigerung des Zeugnisses, des Gutachtens oder der Eidesleistung.**[13]

(5) **Ein Ersuchen nach Absatz 2 oder 3 an das Gericht darf nur von dem Behördenleiter, seinem allgemeinen Vertreter oder einem Angehörigen des öffentlichen Dienstes gestellt werden, der die Befähigung zum Richteramt hat oder die Voraussetzungen des § 110 Satz 1 des Deutschen Richtergesetzes erfüllt.**[15]

Schrifttum: *Berg,* Die Untersuchungsmaxime im Verwaltungsverfahren, Vw 1976, 161; *ders,* Die verwaltungsrechtliche Entscheidung bei ungewissem Sachverhalt, 1980; *Fluck,* Verwaltungsverfahren in der Unternehmenspraxis, Tz 8: Interne und externe Sachverständige, VerwArch 1995, 476; *Reiß,* Gesetzliche Auskunftsverweigerungsrechte bei Gefahr der Strafverfolgung in öffentlichrechtlichen Verfahren, NJW 1982, 2540; *Reuscher,* Zeugniszwang im Widerspruchsverfahren, DVBl 1967, 852; *Roßnagel,* Kritischer Verstand für die praktische Vernunft? – Die Rspr zum „kritischen" Sachverständigen im atomrechtlichen Genehmigungsverfahren, DVBl 1995, 644; *Ule/Becker,* Verwaltungsverfahren im Rechtsstaat, 1964; *Werner/Reuber,* Der staatlich anerkannte Sachverständige nach den Bauordnungen der Länder, BauR 1996, 796. S auch die Nachweise zu § 24 und § 26.

Übersicht

I. Allgemeines

1 **1. Inhalt.** Die Vorschrift enthält besondere Bestimmungen über Zeugen und Sachverständige im förmlichen Verfahren. Während im allgemeinen Verfahren nach § 26 Abs 3 eine Verpflichtung von Zeugen zum Erscheinen und zur Aussage und von Sachverständigen zur Erstattung eines Gutachtens grundsätzlich nicht besteht, sofern nicht besondere Bestimmungen gelten, sieht § 65 im Hinblick auf das im förmlichen Verfahren idR bestehende erhöhte Interesse der Allgemeinheit und der Beteiligten an einer umfassenden Klärung des Sachverhalts eine solche Verpflichtung allgemein vor und regelt das im Einzelnen anzuwendende Verfahren. Nicht berührt wird durch Abs 3 und 4 eine auf Grund besonderer Rechtsvorschriften in der Sache bestehende Befugnis der Behörde zur Entgegennahme von eidesstattlichen Versicherungen nach § 27 oder auch zur eidlichen Vernehmung von Zeugen und Sachverständigen.

2 Die für das förmliche Verfahren vorgesehenen Pflichten zur Aussage bzw zur Erstattung von Gutachten kann die zuständige Behörde nicht selbst durchsetzen. Sie muss hierzu vielmehr das **zuständige Verwaltungsgericht** um die Vernehmung ersuchen (Abs 2). Zur internen Zuständigkeitsregelung der Verwaltungsgerichte bei der Erfüllung der ihnen nach § 65 übertragenen Aufgaben s auch § 97 Nr 4, § 180 VwGO; zu Vernehmungen durch Konsularbeamte im Ausland § 15 KonsularG (vgl auch § 5 Rn 17f); allg zur Vernehmung von Zeugen § 26 Rn 23ff.

3 **2. Anwendungsbereich.** Die Vorschrift gilt nur in förmlichen Verfahren gem § 63 Abs 1, setzt also stets die Anordnung der Anwendung der §§ 63ff auf das jeweilige Verwaltungsverfahren voraus. Die Verwaltungsverfahrensgesetze der Länder sehen im Wesentlichen gleich lautende Vorschriften vor (vgl zB § 132 s-hLVwG). Die Verweisung in den Landesgesetzen auf die ZPO ist grundsätzlich zulässig (zweifelnd offenbar StBS 7). Auch die landesrechtlichen Bestimmungen gelten nicht nur für Zeugen usw mit Wohnsitz in demjenigen Bundesland, in dem das Verwaltungsverfahren durchgeführt wird, sondern auch für solche, die in anderen Bundesländern wohnen usw,[1] ebenso auch in Bezug auf die Gerichte anderer Länder. Vergleichbare Bestimmungen sind außerdem in zahlreichen anderen Gesetzen enthalten.

---

[1] BVerwG NJW 1988, 1925; VG Hannover NJW 1988, 1928; allg auch Bleckmann NVwZ 1986, 2; **aA** OVG Lüneburg DVBl 1986, 476 (durch BVerwG NJW 1988, 1925 allerdings aufgehoben).

II. Mitwirkungspflicht von Zeugen und Sachverständigen (Abs 1)

4 **1. Mitwirkungspflicht.** Abs 1 S 1 begründet eine Verpflichtung von Zeugen und Sachverständigen zur Aussage bzw zur Erstattung von Gutachten. Umfang und Grenzen dieser Verpflichtung ergeben sich aus den Vorschriften der ZPO, auf die § 65 verweist (Obermayer 11; StBS 4; Knack 5). Die Entscheidung, wen sie als Zeugen vernehmen bzw wen sie als Sachverständigen hören will, liegt nach § 24 Abs 1 und 2, § 26 Abs 1 im **Ermessen der Behörde;** die Verfahrensbeteiligten (§ 13) können dazu nur Anregungen geben, die Vernehmung bestimmter Zeugen oder Sachverständiger jedoch nicht verlangen (s jedoch § 26 Rn 45 ff) und erzwingen. Die Entscheidung der Behörde über das Vernehmungsersuchen nach Abs 2 ist **kein VA**, sondern eine Sonderform des Amtshilfeersuchens und damit Verfahrensmaßnahme, die nicht selbständig anfechtbar ist.

5 **2. Entsprechende Geltung der Vorschriften der ZPO.** Abs 1 S 2 erklärt hinsichtlich der Pflichten der Zeugen und Sachverständigen die Vorschriften der ZPO für entsprechend anwendbar. Die Anwendbarkeit gilt nur für die **Bestimmungen über die materielle Pflicht** der Zeugen und Sachverständigen, nicht auch die Bestimmungen der ZPO über Ladung, Auslagenvorschuss usw. Die Vorschrift des **§ 377** ZPO ist ohne Abs 1 S 1 und Abs 2 Nr 3 auch hier anwendbar (StBS 9; Knack 7). Die Pflicht, als Zeuge auszusagen, folgt aus den §§ 380 ff ZPO, die Pflicht zur Erstattung eines Gutachtens aus §§ 407 ff ZPO; zur Ablehnung von Sachverständigen s § 406 ZPO (vgl Münster NWVBl 1992, 29). S zur Vernehmung von Angehörigen des öffentlichen Dienstes §§ 376, 408 Abs 2 ZPO, von ehrenamtlich tätigen Personen § 84 Abs 2–5.

III. Verfahren bei Verweigerung des Zeugnisses oder Gutachtens (Abs 2)

6 **1. Befugnisse der Behörde (Abs 2 S 1).** Abs 2 gibt der Behörde die Möglichkeit, die Vernehmung eines Zeugen bzw Sachverständigen, der sich weigert, auszusagen bzw ein Gutachten zu erstatten, und dessen Weigerungsrecht sie nicht anerkennen will, durch das zuständige Verwaltungsgericht bzw Amtsgericht vornehmen zu lassen. Da es sich um eine **Sonderform der Rechts- bzw Amtshilfe** handelt, ergibt sich die Rechtsgrundlage für das Ermessen nicht aus §§ 4 ff oder Art 35 GG, sondern unmittelbar aus § 65 Abs 2 (ähnlich StBS 31). Gegen die verfassungsrechtliche Zulässigkeit der Regelung bestehen keine Bedenken, vgl BVerfG 7, 188. Die Einschaltung des Gerichts dient vor allem dem Schutz der betroffenen Zeugen und Sachverständigen (ua im Hinblick auf das ihnen nach Abs 1 iVm §§ 376, 383–385 und 408 ZPO uU zustehende Weigerungsrecht; vgl allg auch VGH München NJW 1982, 2275). Sie steht zugleich in Zusammenhang mit der ebenfalls den Gerichten vorbehaltenen Befugnis, eine Aussage bzw die Erstattung eines Gutachtens zu erzwingen (vgl §§ 380 ff, 390, 403 ZPO).

7 **2. Zuständiges Gericht.** Zuständig ist das **Verwaltungsgericht** des Wohnsitzes bzw Aufenthaltsortes des Zeugen bzw Sachverständigen (Abs 2 S 1), in den Fällen des Abs 2 S 2 **hilfsweise das zuständige Amtsgericht.** Wenn danach verschiedene Gerichte zuständig wären, liegt die Auswahl im Ermessen (§ 40) der Behörde. Zum Begriff des Wohnsitzes s §§ 7 ff BGB (vgl hierzu § 3 Rn 29). Aufenthaltsort ist – anders als der gewöhnliche Aufenthalt gem § 3 Abs 1 Nr 3 a – der Ort des tatsächlichen Aufenthalts im Zeitpunkt, zu dem die Vernehmung erfolgen soll (ebenso Obermayer 41).

8 Die Durchführung der Vernehmung erfolgt nach der **für das ersuchte Gericht maßgeblichen Prozessordnung,** bei einem Verwaltungsgericht gem §§ 96–98 VwGO, beim Amtsgericht gem §§ 373 ff ZPO, nicht nach dem VwVfG (so auch Knack 13; Obermayer 48; wohl auch StBS 34); Entsprechendes gilt auch

für Rechtsbehelfe gegen die Entscheidung des Gerichts. Vgl dazu auch § 97 Nr 4, § 180 VwGO. **Zuständig** für die Vernehmung und Vereidigung ist beim Verwaltungsgericht der **Einzelrichter** gem § 180 VwGO, der durch den Geschäftsverteilungsplan vorweg abstrakt bestimmt sein muss (vgl Kopp/Schenke § 4 Rn 7), für die Entscheidung über die Rechtmäßigkeit einer Aussage- bzw Gutachtensverweigerung oder einer Verweigerung der Eidesleistung (Abs 4) dagegen die Kammer.

9 **3. Form des Ersuchens.** Das Ersuchen bedarf analog § 362 Abs 1 ZPO der Schriftform (UL § 34 Rn 5; Obermayer 41; Knack 12) und verpflichtet das Gericht zur Durchführung der Vernehmung. Für das Ersuchen enthält Abs 5 eine besondere Regelung der funktionalen Zuständigkeit innerhalb der zuständigen Behörde (s unter Rn 15). Vgl zur Bedeutung dieser internen Zuständigkeitsregelung und zu den Folgen eines Verstoßes dagegen § 27 Rn 12ff; § 37 Rn 37; die dort gemachten Ausführungen gelten hier entsprechend.

10 **4. Rechte Beteiligter (Abs 2 S 4).** Die Beteiligten (§ 13) haben nach näherer Bestimmung des für das Gericht geltenden Prozessrechts (s oben Rn 8) das Recht, an der Vernehmung teilzunehmen und insb an den Zeugen oder Sachverständigen Fragen zu richten (vgl § 397 ZPO); sie sind zu diesem Zweck gem S 4 (insb zur Wahrung des rechtlichen Gehörs) rechtzeitig von den Beweisterminen zu benachrichtigen. Eine förmliche Ladung der Beteiligten zu den Terminen findet nicht statt.

IV. Beeidigung von Zeugen und Sachverständigen (Abs 3)

11 **1. Fehlende Befugnis der Behörde.** Die Behörde hat, wie sich aus Abs 3 ergibt, vorbehaltlich besonderer Regelungen keine (eigene) Befugnis, Zeugen und Sachverständige im Hinblick auf die Wahrheit ihrer Aussagen zu beeidigen. Dies gilt auch für den Fall, dass diese zum Eid bereit sind. Sie kann jedoch nach Abs 3 in Fällen, in denen sie die Beeidigung für geboten hält – die Entscheidung steht insoweit im Ermessen der Behörde (Knack 16) – das zuständige Gericht schriftlich (Obermayer 59; StBS 14) um die eidliche Vernehmung ersuchen. Mit Knack 17 wird man es für zulässig halten müssen, das Ersuchen auch unmittelbar im Vernehmungstermin zu Protokoll zu geben. Wird ein derartiges Ersuchen gestellt, so muss das Gericht auch dann, wenn der Zeuge oder Sachverständige vor der Behörde bereits ausgesagt hat, ihn **nochmals vernehmen.** Der Eid kann sich stets nur auf die vor dem Gericht gemachte Aussage beziehen. Eine Beeidigung von Aussagen, die vor der Behörde abgegeben wurden, ist nicht zulässig.

12 **2. Pflicht des Gerichts.** Eine eigene Entscheidung über die **Erforderlichkeit** (iS von Abs 3) der Beeidigung (vgl §§ 391, 410 ZPO) kommt nach dem ausdrücklichen Wortlaut des Abs 3 dem Gericht nicht zu,[2] wohl aber gem Abs 4 über das Bestehen eines **Weigerungsrechts** (vgl auch Begr 84). Über das Weigerungsrecht entscheidet das Gericht durch Beschluss (§ 180 S 2 VwGO; Obermayer 71). Das gilt analog auch für das Amtsgericht (Obermayer 71). Für die innerbehördliche Zuständigkeit für Ersuchen der Behörde gilt Abs 5, für die interne Zuständigkeitsverteilung des Verwaltungsgerichts § 97 Nr 4, § 180 VwGO.

V. Gerichtliche Entscheidung (Abs 4)

13 **1. Grundsatz.** Das Gericht hat nach Abs 4 über die Rechtmäßigkeit der Verweigerung der Aussage, der Gutachtenerstellung oder der Eidesleistung zu

[2] UL § 34 Rn 4; Knack 18: Das Gericht ist an die Entscheidung der Behörde gebunden; Obermayer 65; ebenso zum bish Recht WB III § 156 IV c; Ule/Becker 37; dies ist im Hinblick auf Art 35 GG auch unter dem Gesichtspunkt der Gewaltenteilung unbedenklich, vgl insoweit auch BVerfG 7, 183.

entscheiden. Voraussetzung ist, dass der Zeuge oder Sachverständige auch vor dem Gericht seine Mitwirkung verweigert. Die Entscheidung des Gerichts bezieht sich nur auf die Frage, ob ein Verweigerungsrecht besteht; weitere Fragen darf das Gericht dabei nicht prüfen. Das ersuchte VG entscheidet durch Beschluss, der der Beschwerde (§ 146 VwGO) unterliegt; das ersuchte AG entscheidet durch Zwischenurteil, gegen das nach § 387 Abs 3 die sofortige Beschwerde zulässig ist.

2. Entscheidungsmaßstab. Das Gericht hat über die Berechtigung zur Verweigerung einer Aussage, einer Begutachtung oder einer Eidesleistung auf der Grundlage der allgemeinen Vorschriften zu entscheiden. Gem § 98 VwGO sind die **Bestimmungen der ZPO entspr anzuwenden.** Für die Berechtigung der Zeugnisverweigerung gelten danach § 383 ZPO (Zeugnisverweigerung aus persönlichen Gründen), § 384 ZPO (Zeugnisverweigerung aus sachlichen Gründen), jeweils mit den dazu in § 385 ZPO geregelten Ausnahmen. Für das Gutachtenverweigerungsrecht gilt § 408 ZPO. Danach kann der Gutachter dieselben Gründe geltend machen, die auch einen Zeugen zur Zeugnisverweigerung berechtigen. Die Anwendbarkeit des § 408 Abs 1 S 2 ZPO dürfte allerdings nach Sinn und Zweck der Regelung ebenso ausgeschlossen sein wie die Anwendung des § 391 ZPO auf die Zeugenbeeidigung (zu letzterer ebenso Knack 18). Die Entscheidung über das Erfordernis einer Beeidigung liegt nämlich ebenso bei der Behörde wie die Entscheidung über die Notwendigkeit einer Heranziehung des Gutachters. Das Gericht trifft seine Entscheidung durch Beschluss. 14

VI. Anforderungen an den ersuchenden Amtswalter (Abs 5)

Sonderregelung der funktionalen Zuständigkeit. Das Ersuchen an das Gericht ist wegen seiner Bedeutung und zur Vermeidung einer übermäßigen Inanspruchnahme der Gerichte den in Abs 5 genannten Personen vorbehalten. Die funktionelle Zuständigkeit haben nur der Behördenleiter, sein Stellvertreter oder eine andere Person mit **Befähigung zum Richteramt** oder zum Höheren Verwaltungsdienst nach § 110 DRiG; nicht ausreichend ist der Aufstieg in den Bereich des Höheren Verwaltungsdienst allein auf Grund des Laufbahnrechts. Es ist davon auszugehen, dass der Begriff der Behörde sich an § 1 Abs 4 orientiert. 15

§ 66 Verpflichtung zur Anhörung von Beteiligten

(1) **Im förmlichen Verwaltungsverfahren ist den Beteiligten Gelegenheit zu geben, sich vor der Entscheidung zu äußern.**[3]

(2) **Den Beteiligten ist Gelegenheit zu geben, der Vernehmung von Zeugen und Sachverständigen und der Einnahme des Augenscheins beizuwohnen**[7 ff] **und hierbei sachdienliche Fragen zu.**[10 ff]

Schrifttum: *Lange,* Zur Anhörung im verwaltungsrechtlichen Genehmigungsverfahren, DVBl 1975, 130; *Spranger,* Beschränkungen des Anhörungsrechts im förmlichen Verwaltungsverfahren, NWVBl 2000, 166. – S auch zu § 28.

Übersicht

I. Allgemeines

1 **1. Inhalt.** § 66 Abs 1 sieht eine über § 28 hinausgehende Verpflichtung der Behörde zur Anhörung der Beteiligten vor; Abs 2 schreibt für Beweiserhebungen Parteiöffentlichkeit vor. Dadurch werden die Mitwirkungsrechte erheblich gestärkt. Während im allgemeinen Verwaltungsverfahren die Zulassung der Beteiligten zur Beweiserhebung im Ermessen der Behörde steht (vgl § 26 Rn 8), vermittelt Abs 2 ihnen im förmlichen Verfahren einen **Anspruch auf Mitwirkung** an der Beweisaufnahme in den genannten Fällen. Die für das formlose Verfahren in § 28 Abs 2 u 3 vorgesehenen **Ausnahmen von der Anhörungspflicht** sind **im förmlichen Verfahren nicht anwendbar,** da Abs 1 insoweit eine abschließende Regelung enthält, auch nicht über § 63 Abs 2.[1] Ein Verstoß gegen § 66 stellt einen Verfahrensfehler dar, der, wenn er nicht geheilt wird (§ 45), zur Rechtswidrigkeit der späteren Entscheidung führt. § 46 ist anwendbar.

2 **2. Anwendungsbereich.** Die Vorschrift gilt nur für das förmliche Verfahren, soweit es nach § 63 Abs 1 in Rechtsvorschriften angeordnet worden ist. Sie ist als Ausnahmeregelung für das förmliche Verfahren grundsätzlich nicht entsprechend auf andere Verfahren anwendbar. Etwas anderes gilt nur für förmliche Verfahren im weiteren Sinne (vgl § 63 Rn 2), soweit diese eine Parteiöffentlichkeit der Beweiserhebung im Grundsatz vorsehen. Ist für diese die Beteiligung an der Beweiserhebung nicht vollständig oder abschließend spezialgesetzlich geregelt, kommt eine Ergänzung durch Heranziehung der Abs 1 u 2 in Betracht.

II. Verpflichtungen der Behörde bzw. Rechte der Beteiligten

3 **1. Äußerungsrecht.** Durch die Formulierung in Abs 1 ist klargestellt, dass **alle Beteiligten,** dh nicht nur solche Beteiligte, in deren Rechte der uU zu erwartende VA (möglicherweise) eingreift, anzuhören sind (UL § 35 Rn 1; Knack 3). Der Anspruch auf Gehör bezieht sich auf **alle für die Entscheidung erheblichen Fragen,** auch auf die Stellungnahmen anderer Behörden (Obermayer 7) usw. Im Übrigen gilt Entsprechendes wie zu § 28. Umstritten ist, ob der Anspruch auf rechtliches Gehör auch das Recht der Beteiligten einschließt, zu **Rechtsfragen** Stellung zu nehmen. Dies ist deshalb zu bejahen, weil eine Erörterung der bloßen Tatsachenfragen ohne Rücksicht auf die Rechtslage kaum sinnvoll ist (Obermayer 7; StBS 6; Knack 7).

4 **a) Der Begriff der Äußerung.** Dieser ist im selben umfassenden Sinn zu verstehen wie im Prozessrecht (MuE 210, allerdings zu einer abweichenden Fassung der Vorschrift, die Äußerung „zur Sache" vorsah). Die Form der Anhörung (schriftlich, mündlich, auch telefonisch), steht grundsätzlich im Ermessen der Behörde (Knack 5). Findet gem § 67 eine mündliche Verhandlung statt, haben die Beteiligten auch dort Anspruch auf Gehör. Im Übrigen besteht auch nach § 66 **kein Anspruch auf mündliche Anhörung;** es genügt, dass die Beteiligten Gelegenheit erhalten, sich schriftlich zu äußern (ebenso StBS 7; Obermayer 12). Die Behörde kann für die Äußerung eine angemessene Frist setzen (Obermayer 11; StBS 8; Knack 4). Die Beteiligten können auf die Anhörung verzichten (Obermayer 15).

[1] Begr 85; UL § 35 Rn 1; Obermayer 13; Knack 2; StBS 6.

Eine einmalige Gelegenheit zur Äußerung ist grundsätzlich ausreichend. Sie muss nach Zeit und Umfang dem Gegenstand des Verfahrens und den persönlichen Möglichkeiten der Beteiligten angemessen sein. Bei nachträglicher Änderung der Sach- oder Rechtslage muss allerdings Gelegenheit zu weiteren Äußerungen gegeben werden. Wenn eine mV stattfindet, bedarf es zur Wahrung des rechtlichen Gehörs nicht zusätzlich einer Anhörung außerhalb der Verhandlung; ergeht die Entscheidung jedoch nicht unmittelbar auf Grund der mV, sondern stellt die Behörde noch weitere Ermittlungen an, so muss sie vor der abschließenden Entscheidung den Beteiligten nochmals Gelegenheit geben, sich zur Sache zu äußern. Das Anhörungsrecht entfällt, wenn es offensichtlich missbraucht wird, um das Verfahren zu verschleppen (MB 1 und 3; Obermayer 14). Hierbei ist aber ein strenger Maßstab anzulegen. Grundsätzlich muss die Behörde einem Missbrauch durch Verweisung auf die Möglichkeit eines schriftlichen Vortrags bzw durch Fristsetzung begegnen. 5

b) Berücksichtigungspflicht. Die Behörde muss alle Äußerungen, die vor Abschluss des Verfahrens, dh vor Bekanntgabe der Entscheidung (§ 41 Abs 1) bei ihr eingehen, zur Kenntnis nehmen, bei ihrer Entscheidung berücksichtigen und in der Begründung der Entscheidung (§ 39) in der Sache sich darüber ausweisen (Knack 4); dies selbst dann, wenn die Entscheidung schon beschlossen und behördenintern fertiggestellt war und nur die Bekanntgabe noch ausstand. UU muss die Behörde bei später eingehenden Äußerungen zur Wahrung des rechtlichen Gehörs auch den übrigen Beteiligten Gelegenheit zur Stellungnahme geben (vgl § 69 Rn 4), auch zu den Ausführungen der anderen Beteiligten (ebenso Knack 6). 6

2. Teilnahme an Beweisterminen (Abs 2 1. Halbs). Abs 2 gibt den Beteiligten in Anlehnung an § 97 VwGO als wesentlichen Bestandteil des Rechts auf Anhörung nach Abs 1 und zugleich als Voraussetzung dafür einen Anspruch auf Teilnahme an Beweisterminen und zur Stellung sachdienlicher Fragen. Die Vorschrift beschränkt den Teilnahmeanspruch auf den Zeugenbeweis, die Vernehmung von Sachverständigen und die Einnahme des Augenscheins; im Übrigen steht die Heranziehung von Beteiligten wie im allgemeinen Verfahren im pflichtgemäßen Ermessen der Behörde. 7

Erfasst werden **nur Beweistermine der Behörde,** nicht auch Erhebungen, Besichtigungen usw, die ein Sachverständiger zur Vorbereitung seines Gutachtens durchführt (ABegr 10; Obermayer 18; StBS 13; MB 2; Knack 11; str). „Gelegenheit geben" bedeutet, dass die Behörde die Beteiligten in entspr Anwendung von § 67 Abs 1 S 2 rechtzeitig von solchen Terminen verständigen muss (ebenso Obermayer 16), in wichtigen Fällen uU sogar einen Termin verlegen muss, wenn die Beteiligten sonst an der Teilnahme oder an der rechtzeitigen Bestellung eines Vertreters verhindert wären (ebenso Knack 9). 8

Fragen sind sachdienlich, wenn sie sich im Rahmen des Beweisthemas halten und geeignet sind, das Verfahren zu fördern, insb zur Klärung des für die Entscheidung maßgeblichen Sachverhalt beizutragen (ebenso StBS 13). Im Zweifel entscheidet die Behörde über die Sachdienlichkeit. Die Betroffenen können die Fehlerhaftigkeit dieser Entscheidung gem § 44a VwGO nur im Zusammenhang mit einem Rechtsbehelf in der Hauptsache geltend machen (ebenso Obermayer 20; Knack 10; StBS 13). 9

3. Einsicht in schriftliche Gutachten (Abs 2 2. Halbs). a) Anspruch. Gutachten sollen den Beteiligten zugänglich gemacht werden, dh es besteht grundsätzlich ein Anspruch Gewährung von Einsicht (analog § 29). Darüber hinaus muss im Regelfall Gelegenheit zur Fertigung von Auszügen und Ablichtungen gegeben werden (StBS 21; Knack 12; vgl auch § 29 Rn 42), und zwar so rechtzeitig, dass die Beteiligten noch vor der abschließenden Entscheidung dazu Stellung nehmen können. Die Verweigerung des Rechts auf Einsichtnahme im laufenden 10

Verfahren ist kein VA, sondern eine verfahrensleitende Maßnahme. Gegen sie ist im Regelfall wegen der Sperrnorm des § 44 a VwGO auch vorläufiger Rechtsschutz nach § 123 VwGO nicht zulässig. Etwas anderes würde nur gelten, wenn Rechtsschutz in der Hauptsache nicht gewährt werden könnte. Im Übrigen liegt bei unterlassener oder fehlerhafter Anhörung ein Verfahrensfehler vor, der zur Rechtswidrigkeit des späteren VA führen kann, sofern später keine Heilung erfolgt.

11 **b) Sollvorschrift.** Die Formulierung, wonach schriftliche Gutachten den Beteiligten nach der Fassung der Vorschrift nur zugänglich gemacht werden „sollen", gibt der Behörde die Befugnis, **nur in besonders gelagerten Fällen** Gutachten oder Teile davon zurückzuhalten, zB wenn das Bekanntwerden des Inhalts wesentliche öffentliche Interessen, **schutzwürdige Interessen Dritter** (vgl § 30) oder in Ausnahmefällen auch Interessen des Betroffenen selbst verletzen könnte, letzteres zB weil die Kenntnis bestimmter Tatsachen angesichts einer besonderen psychischen Konstitution des Betroffenen eine ernsthafte Gesundheitsgefährdung oder sonstige schwere Nachteile zur Folge haben kann (BVerwGE 82, 45, 48; StBS 18). Ob ein Ausnahmefall vorliegt, ist **gerichtlich voll überprüfbar.** Im Hinblick auf die Bedeutung der Einsicht in die in der Sache erstatteten Gutachten für das rechtliche Gehör ist die Verweigerung fehlerhaft, wenn sie nicht durch hinreichend schwerwiegende Gründe gerechtfertigt ist. Dies gebietet auch die verfassungskonforme Auslegung der Vorschrift, die sonst verfassungsrechtlich bedenklich wäre (vgl Wimmer DVBl 1985, 777). Vgl allg zur Bedeutung von Soll-Bestimmungen § 40 Rn 44.

12 **c) Ausnahmefälle.** Die Ausnahmefälle entsprechen im Wesentlichen denen, die auch für die Verweigerung von Akteneinsichtsrechten im allgemeinen Verwaltungsverfahren maßgebend sind. Allerdings ist im förmlichen Verfahren das höhere Gewicht der Mitwirkungsrechte der Beteiligten zu berücksichtigen (ebenso Obermayer 24; Knack 11). In Fällen, in denen die Akteneinsicht wegen berechtigter Geheimhaltungsinteressen und nicht nur aus verfahrensökonomischen Gründen (zB wegen übermäßiger Belastung der Behörde) nach § 29 oder § 30 verweigert werden könnte bzw müsste, kann die Behörde nach § 66 Abs 2 nach **Abwägung** der beteiligten Interessen berechtigt bzw verpflichtet sein, das in Frage stehende Gutachten den Beteiligten vorzuenthalten (Knack 11; StBS 18; Obermayer 24; strenger MB 3); **in allen anderen Fällen** haben die Beteiligten **Anspruch auf Einsichtnahme.** Für die analoge Anwendung von § 29 spricht nicht zuletzt auch der Umstand, dass das Gutachten ja Teil der Akten wird, auf die sich die Akteneinsicht nach § 29 normalerweise erstreckt.

§ 67 Erfordernis der mündlichen Verhandlung

(1) **Die Behörde entscheidet nach mündlicher Verhandlung.**[4] **Hierzu sind die Beteiligten mit angemessener Frist schriftlich zu laden.**[6] **Bei der Ladung ist darauf hinzuweisen, dass bei Ausbleiben eines Beteiligten auch ohne ihn verhandelt und entschieden werden kann.**[8] **Sind mehr als 50 Ladungen vorzunehmen, so können sie durch öffentliche Bekanntmachung ersetzt werden.**[10] **Die öffentliche Bekanntmachung wird dadurch bewirkt, dass der Verhandlungstermin mindestens zwei Wochen vorher im amtlichen Veröffentlichungsblatt der Behörde und außerdem in örtlichen Tageszeitungen, die in dem Bereich verbreitet sind, in dem sich die Entscheidung voraussichtlich auswirken wird, mit dem Hinweis nach Satz 3 bekannt gemacht wird. Maßgebend für die Frist nach Satz 5 ist die Bekanntgabe im amtlichen Veröffentlichungsblatt.**

(2) **Die Behörde kann ohne mündliche Verhandlung entscheiden,**[12 ff] **wenn**

1. einem Antrag im Einvernehmen mit allen Beteiligten in vollem Umfang entsprochen wird;[13]
2. kein Beteiligter innerhalb einer hierfür gesetzten Frist Einwendungen gegen die vorgesehene Maßnahme erhoben hat;[14]
3. die Behörde den Beteiligten mitgeteilt hat, dass sie beabsichtige, ohne mündliche Verhandlung zu entscheiden, und kein Beteiligter innerhalb einer hierfür gesetzten Frist Einwendungen dagegen erhoben hat;[15]
4. alle Beteiligten auf sie verzichtet haben;[16]
5. wegen Gefahr im Verzug eine sofortige Entscheidung notwendig ist.[17]

(3) **Die Behörde soll das Verfahren so fördern, dass es möglichst in einem Verhandlungstermin erledigt werden kann.**[18 ff]

Schrifttum: *Büllesbach/Diercks,* Vorbereitung und Durchführung eines Erörterungstermins im Rahmen eines abfallrechtlichen Planfeststellungsverfahrens, DVBl 1991, 469; *Henle,* Die Masse im Massenverfahren – dargestellt am Beispiel des Planfeststellungsverfahrens für den Flughafen München, BayVBl 1981, 1.

Übersicht

I. Allgemeines

1. Inhalt. Die Vorschrift schreibt in Abs 1 S 1 für das förmliche Verfahren grundsätzlich die Durchführung einer **mündlichen Verhandlung** vor und regelt in Abs 2 die **Ausnahmefälle,** in denen auf eine mündliche Verhandlung verzichtet werden kann. Abs 1 S 2–6 betreffen die Modalitäten der Ladung bzw die öffentliche Bekanntmachung des Termins zur mündlichen Verhandlung. Die Beteiligten des Verfahrens sind zu der mündlichen Verhandlung entweder individuell (S 2–3) oder – in Massenverfahren – durch öffentliche Bekanntmachung (S 4–6) zu laden. Abs 3 betrifft den Grundsatz der Konzentration auf eine einzige mündliche Verhandlung (mV). 1

2. Anwendungsbereich. a) Förmliche Verfahren. § 67 gilt vorbehaltlich besonderer Vorschriften (§ 1) für förmliche Verwaltungsverfahren (§ 63) im An- 2 wendungsbereich des VwVfG. Die Verwaltungsverfahrensgesetze der Länder sehen im Wesentlichen mit § 67 gleich lautende Vorschriften vor (vgl zB § 134 s-hLVwG). Die Pflicht zur Durchführung einer mV ist außerdem in zahlreichen anderen Gesetzen enthalten, die förmliche Verfahren im weiteren Sinn vorsehen. Vgl insoweit und zur Frage einer sinngemäß-analogen Anwendung der Vorschriften § 63 Rn 4; die dort gemachten Ausführungen gelten auch hier entsprechend. Die Vorschrift gilt außerdem entsprechend auch für **Erörterungstermine in Planfeststellungsverfahren** nach § 73 Abs 6 bzw entsprechenden fachplanungsrechtlichen Bestimmungen. Soweit die Regelungen Ausdruck allgemeiner Grundsätze sind (zB hins der Pflicht zur rechtzeitigen schriftlichen Ladung), können sie analog auch zur Ausfüllung von Lücken in Vorschriften über eine mV in anderen Gesetzen angewandt werden.

3 **b) Keine Anwendbarkeit im allgemeinen Verfahren.** Auf nicht-förmliche Verwaltungsverfahren ist die Vorschrift nicht, auch nicht analog anwendbar, und zwar auch dann nicht, wenn die Behörde aus Zweckmäßigkeitsgründen eine mündliche Besprechung der Sache mit den Beteiligten oder auch eine mV durchführt. Für nicht-förmliche Verfahren nach §§ 9 ff ist die Durchführung einer mV idR nicht vorgeschrieben und vielfach auch nicht zweckmäßig. Die Behörde kann jedoch auch hier nach ihrem Ermessen (§§ 10, 40) eine mV ansetzen, wenn ihr dies zweckdienlich erscheint (s auch § 28 Rn 44 f); sie ist in diesem Fall aber, vorbehaltlich abweichender gesetzlicher Regelungen, nicht an §§ 67 ff gebunden, sondern nur an die allgemeinen Grundsätze sachgemäßer Verfahrensgestaltung und an die besonderen im nicht-förmlichen Verfahren geltenden Vorschriften, insb an § 26 Abs 2 und § 28 (FL 21 zu § 10). Sie ist andererseits aber auch nicht gehindert, auf Grund ihrer Verfahrensfreiheit das Verfahren an §§ 67 ff zu orientieren.

II. Mündliche Verhandlung (Abs 1)

4 **1. Entscheidung nach mündlicher Verhandlung (S 1).** Die Vorschrift schreibt in Abs 1 für das förmliche Verfahren grundsätzlich die Durchführung einer mündlichen Verhandlung (mV) vor, in der die Sache mit den Beteiligten erörtert wird (vgl § 68 Abs 2). Erst nach der Durchführung der mV darf die Entscheidung (§ 69) getroffen werden. Gem Abs 3 soll das Verfahren nach Möglichkeit in einem einzigen Verhandlungstermin erledigt werden (Grundsatz der Verfahrenskonzentration, s unten Rn 18 ff).

5 **Zweck der mündlichen Verhandlung** im förmlichen Verfahren ist ähnlich wie im gerichtlichen Verfahren vor allem eine verbesserte Klärung des entscheidungserheblichen Sachverhalts unter Mitwirkung der Beteiligten gem § 26 Abs 2, die Erhebung von Beweisen (vgl § 68 Abs 4 Nr 4 und 5) und die **qualifizierte Anhörung** der Beteiligten zur Sache im Interesse der Wahrung des rechtlichen Gehörs gem § 28 und § 66. Die Entscheidung ist nach § 69 Abs 1 unter Würdigung des Gesamtergebnisses des Verfahrens zu treffen. Die Behörde ist danach – anders als das Gericht – nicht verpflichtet, ihre Entscheidung ausschließlich auf das Ergebnis der mV zu stützen (vgl § 69 Abs 1; Obermayer 14; StBS 4; **aA** Brühl JA 1992, 198: bei der Entscheidung darf nur verwendet werden, was Gegenstand der mV war). Gleichwohl bietet eine mV im Allgemeinen eine **erhöhte Garantie für die inhaltliche Richtigkeit** und Gesetzmäßigkeit der Entscheidung in der Sache.

6 **2. Individuelle Ladung der Beteiligten (S 2–3).** Die Beteiligten (§ 13) sind gem Abs 1 S 2 mit angemessener Frist schriftlich zur mV zu laden. Die Zustellung der Ladung ist nicht vorgeschrieben, deshalb reicht die Ladung mit einfachem Brief aus (StBS 8; UL § 36 Rn 2; Obermayer 20). Für die Ladung in elektronischer Form gilt § 3 a Abs 2. Soweit Betroffene nicht bereits vorher zum Verfahren zugezogen wurden (vgl § 13 Rn 26 ff), ist ihre Beiziehung zweckmäßigerweise mit der Ladung zu verbinden, weil sonst die nach Abs 3 anzustrebende Erledigung

der Sache in einem Termin meist nicht erreicht werden kann. Eine förmliche schriftliche Ladung ist solchen Beteiligten gegenüber entbehrlich, die darauf verzichten. Abs 1 S 2 gilt entspr auch für die **Ladung von Zeugen und Sachverständigen.**

a) Ladungsfrist. Was als angemessene Ladungsfrist anzusehen ist, hängt von 7
der Art des zu entscheidenden Falles und von dem Kreis der Betroffenen ab. Allgemein dürfte analog § 102 Abs 1 VwGO eine Ladungsfrist von **zwei Wochen** angemessen sein.[1] Die für Anwaltsprozesse geltende Frist gem § 217 ZPO von 7 bzw 3 Tagen ist zumindest für den Regelfall zu kurz (vgl Knack 4; zT **aA** wohl noch Obermayer 22). In besonders gelagerten Fällen kann analog § 102 Abs 1 S 2 VwGO (s dazu Kopp/Schenke § 102 Rn 8) auch eine kürzere Frist angesetzt werden; ebenso, wenn alle Beteiligten einverstanden sind und die Frist auch für geladene Zeugen und/oder Sachverständige ausreichend ist. Eine zu kurzfristige Ladung, die den Betroffenen nicht die erforderliche Zeit lässt, sich auf das Verfahren vorzubereiten, ggf einen Anwalt mit der Wahrung der Interessen zu betrauen und ihn zu informieren usw (vgl § 28 Rn 19), verletzt den Anspruch des Betroffenen auf rechtliches Gehör gem § 66, wenn die Verhandlung trotz unverzüglicher Rüge nicht verlegt oder vertagt wird (BVerwGE 44, 17); zur Möglichkeit einer Heilung s § 45 Rn 23 ff. Wird der Mangel nicht geheilt, stellt sich regelmäßig die Frage, ob er sich auf das Ergebnis ausgewirkt haben kann (§ 46), wenn die Beteiligten gleichwohl Gelegenheit hatten, ausreichend vorzutragen.

b) Hinweis auf Folgen des Ausbleibens (Abs 1 S 3). Eine Verpflichtung 8
zur Teilnahme an der mV wird durch die Ladung bzw die öffentliche Bekanntmachung nicht begründet (StBS 11; UL § 36 Rn 7). Mit der Ladung ist gem S 3 der Hinweis zu verbinden, dass auch bei Ausbleiben eines Beteiligten verhandelt und entschieden werden kann. Das Fehlen dieses Hinweises macht die Durchführung der mV unzulässig, wenn nicht sämtliche Beteiligten erschienen sind und verletzt den Anspruch des ausgebliebenen Beteiligten auf rechtliches Gehör (StBS 34; Knack 5; MB 4; str; **aA** Obermayer 25). Der Mangel wird geheilt, wenn der betroffene Beteiligte zur mV tatsächlich erscheint oder den Mangel nicht mit vertretbarer Begründung, wie zB der Unmöglichkeit einer ausreichenden Vorbereitung, der Bestellung eines Bevollmächtigten uä (vgl auch oben Rn 6), rügt.

c) Anspruch auf Vertagung bei Verhinderung. Eine Verlegung des Ter- 9
mins für die mV bzw eine Vertagung kann auch bei Verhinderung eines Beteiligten oder seines Bevollmächtigten geboten sein, wenn triftige Gründe dafür geltend gemacht werden und für eine Vertretung nicht ohne weiteres gesorgt werden kann (ebenso Obermayer 26). Insoweit gelten dieselben Gesichtspunkte wie für die Wahrung des rechtlichen Gehörs im Verwaltungsprozess. Vgl dazu näher BVerwG VRspr 24, 356; zur Nachholung einer mV mit einzelnen Beteiligten § 68 Rn 15.

3. Öffentliche Bekanntmachung. a) Zahl der Ladungen. Nach Abs 1 S 4 10
kann die Behörde auf eine individuelle Ladung verzichten, wenn mehr als 50 Ladungen vorzunehmen wären, und sie durch öffentliche Bekanntmachung ersetzen (zu entspr Regelungen im Fachrecht Knack 7). Die Entscheidung steht in ihrem **Ermessen.** Maßgeblich ist die Zahl der erforderlichen Ladungen, nicht die Zahl der Beteiligten, im Zeitpunkt der Ladung. Werden mehrere Beteiligte durch einen Bevollmächtigten vertreten, so ist nur seine Ladung mitzuzählen. Auch die Ladungen von **Zeugen oder Sachverständigen** sind **nicht mitzurechnen.** Dies folgt daraus, dass die Vorschrift des Abs 1 S 4 sich nur auf die Ladung der Beteiligten nach Abs 1 S 2 bezieht, nicht auf die Ladung von sonstigen Personen. Dies dürfte auch Sinn und Zweck der Vorschrift entsprechen (StBS 14). Zur Herabsetzung der

[1] Knack 4; MB 5; nun wohl auch Obermayer 22; zT **aA** StBS 9: Frist von 1 Monat.

„Masseschwelle" in Abs 1 S 4 von 300 auf 50 durch das GenBeschlG s § 17 Rn 17.

11 **b) Publikationsorgane.** Nach Abs 1 S 5 ist die öffentliche Bekanntmachung im **amtlichen Veröffentlichungsblatt** mindestens zwei Wochen vor dem Termin zur mV vorzunehmen, außerdem in den **örtlichen Tageszeitungen.** Gibt es hiervon mehrere, so hat die Bekanntmachung in jeder von ihnen zu erfolgen, damit jeder, der eine örtliche Tageszeitung regelmäßig liest, Gelegenheit zur Kenntnisnahme hat (s näher § 63 Rn 14). Verfügt die Behörde über kein amtliches Veröffentlichungsblatt, so ist für die Frist gem S 5 die Veröffentlichung in der periodischen Druckschrift, dh idR in der Tageszeitung maßgeblich, die durch Rechtssatz sonst allgemein für die amtlichen Bekanntmachungen der in Frage stehenden Behörde bestimmt ist (Begr 10, wo jedoch rechtssatzmäßige Bestimmung nicht ausdrücklich gefordert wird). Besteht keine wirksame allgemeine Regelung über öffentliche Bekanntmachungen, so kann auch die Ladung nicht durch öffentliche Bekanntmachungen gem Abs 1 S 4–6 wirksam ersetzt werden. Vgl zur öffentlichen Ladung auch § 63 Rn 12. Die öffentliche Bekanntmachung muss **mindestens 2 Wochen vor dem Verhandlungstermin** erfolgen, dh spätestens am 15. Tag vorher. Ist der Verhandlungstermin zB auf Mittwoch, den 20. 2. bestimmt, so muss die Bekanntmachung spätestens am Mittwoch, den 6. 2. erfolgen. Die Bekanntgabe im amtlichen Veröffentlichungsblatt ist nach S 6 für den Zeitpunkt auch dann maßgebend, wenn zusätzlich die Bekanntgabe auch in einer Tageszeitung erfolgt.

III. Entscheidung ohne mündliche Verhandlung (Abs 2)

12 **1. Allgemeines.** Trotz der Bedeutung der mV für eine sachgerechte Entscheidung gibt Abs 2 in den in Nr 1–5 **abschließend aufgezählten Fällen** der Behörde die Befugnis, davon abzusehen. Die Entscheidung liegt, sofern die rechtlichen Voraussetzungen nach Abs 2 gegeben sind, im pflichtgemäßen **Ermessen** (§ 40) der Behörde (StBS 21; Obermayer 58). Eine mV kann gleichwohl trotz Vorliegens der Gründe nach Nr 1–5 insb dann geboten sein, wenn sie zur Klärung des Sachverhalts oder zur Wahrung der Rechte der Betroffenen notwendig erscheint (ähnlich Obermayer 59).

13 **2. Antragsgemäße Entscheidung (Nr 1).** Abs 2 Nr 1 geht davon aus, dass bei antragsgemäßer Entscheidung und im Einvernehmen mit allen Beteiligten die Durchführung einer mV nicht durch schutzwürdige Interessen der Beteiligten gefordert wird. Erforderlich ist, dass dem Antrag vollen Umfangs entsprochen wird. Gemeint ist der Antrag, der Anlass und Gegenstand des Verfahrens und der vom Antragsteller erstrebten Entscheidung gem § 69 ist (Knack 9), nicht ein Antrag zum Verfahren auf Entscheidung ohne mV, für den Nr 4 gelten würde. Zur Frage der **antragsmäßigen Entscheidung** vgl auch § 39 Rn 35 ff. Das Einverständnis können die Beteiligten auch konkludent erklären (Knack 9).

14 **3. Fehlende Einwendungen gegen die Maßnahme (Nr 2).** Nach Abs 2 Nr 2 kann von einer mV abgesehen werden, wenn kein Beteiligter fristgerecht Einwendungen gegen die vorgesehene Maßnahme erhoben hat. Vorgesehene Maßnahme iS von Nr 2 ist die im Verfahren zu erwartende oder jedenfalls mögliche Entscheidung der Behörde iS des § 69 (Knack 10). Die Anwendbarkeit von Nr 2 setzt voraus, dass die Behörde den Beteiligten vorher den voraussichtlichen oder möglichen Inhalt der beabsichtigten Entscheidung, ggf unter Fristsetzung für etwaige Einwendungen, mitgeteilt hat (StBS 24) oder dass jedenfalls Art und Inhalt (einschließlich etwaiger Nebenbestimmungen) der ggf zu erwartenden Entscheidung offensichtlich ist. Die gesetzte Frist für Einwendungen muss angemessen gewesen sein. Bei verspäteten Einwendungen muss im Rahmen pflichtgemäßen Ermessens über den Verzicht auf eine mV entschieden werden. Selbst eine aus-

drückliche Zustimmung der Beteiligten bedeutet aber im Zweifel nicht zugleich einen Rechtsbehelfsverzicht (Knack 10).

4. Keine Einwendungen gegen Entscheidung ohne mV (Nr 3). Bei Abs 2 Nr 3 ist Voraussetzung, dass die Behörde die Beteiligten darauf hinweist, dass sie ohne mV entscheiden werde, wenn nicht innerhalb einer von ihr zu bestimmenden (angemessenen) Frist Einwendungen gegen diese Vorgehensweise erhoben werden. Nicht notwendig ist, dass die Beteiligten außerdem ausdrücklich auch auf ihr Recht, auf einer mV zu bestehen, hingewiesen wurden (MB 10; Obermayer 50; Knack 11; str; **aA** wohl StBS 25). Unabhängig davon kann sich die Notwendigkeit eines solchen Hinweises jedenfalls im Verhältnis zu rechtlich unerfahrenen Beteiligten auch schon aus § 25 ergeben (s § 25 Rn 13 ff). 15

5. Verzicht auf eine mV (Nr 4). Abs 2 Nr 4 entspricht § 102 Abs 2 VwGO. Der Verzicht muss klar, eindeutig und vorbehaltlos (StBS 26; Knack 12), sowie grundsätzlich ausdrücklich, nicht notwendig schriftlich (Knack 12) erklärt werden. Im Einzelnen gilt das Gleiche wie bei § 102 Abs 2 VwGO (UL § 36 Rn 4). Die Anregung zum Verzicht kann von der Behörde oder auch von den Beteiligten ausgehen. **Bloßes Stillschweigen** auf eine entsprechende Anfrage der Behörde mit der „Androhung", dass ohne mV entschieden werde, sofern nicht binnen bestimmter Frist Einwendungen erhoben werden, genügt zwar nicht für Nr 4, wohl aber gem Nr 3. Der **Verzicht ist widerruflich,** solange die Behörde noch nicht entschieden hat, ob gleichwohl mV stattfinden soll (MB 11; Obermayer 53; **aA** StBS 26). Der Verzicht auf mV bedeutet nicht zugleich auch einen Verzicht auf Anhörung nach § 66. 16

6. Gefahr im Verzug (Nr 5). Die praktisch nur selten relevante Ausnahme in Nr 5 beruht auf ähnlichen Zweckvorstellungen wie § 28 Abs 2 Nr 1. Zum Begriff der Gefahr im Verzuge in Nr 5 vgl § 3 Rn 55 § 28 Rn 51 ff. Maßgeblich ist insoweit insb, ob durch die Ladung bzw die Durchführung der mV in der Sache eine Verzögerung eintreten würde, die im Hinblick auf die drohende Gefahr nicht vertretbar wäre, oder ob dadurch in anderer Weise, etwa weil der Zweck des Verfahrens nur erreicht werden kann, wenn den Betroffenen der Anlass zunächst nicht bekannt wird (vgl § 28 Rn 58), der Zweck des Verfahrens in Frage gestellt werden könnte. Eine Notwendigkeit iS von Nr 5 ist nicht anzuerkennen, wenn der drohenden Gefahr auch mit vorläufigen Maßnahmen (vgl § 9 Rn 18 f) der Behörde, uU auch einer anderen Behörde oder der Polizei ausreichend begegnet werden kann. Sie entbindet im Übrigen nicht von der Pflicht zur Anhörung nach § 66. 17

IV. Konzentration des Verfahrens (Abs 3)

1. Erledigung in einem einzigen Termin. Nach Abs 3, der § 87 Abs 1 S 1 VwGO nachgebildet ist, soll die Behörde das Verfahren möglichst in einem Termin erledigen (**Konzentrationsgrundsatz;** vgl auch UL § 36 Rn 5; StBS 28; Knack 16). Diese Regelung dient der Verfahrensbeschleunigung und ist insoweit eine Konkretisierung des Zügigkeitsprinzips in § 10; welches auch im förmlichen Verwaltungsverfahren gilt. Abs 3 stellt eine Regelung dar, die das Verfahrensermessen der zuständigen Behörde einschränkt. Sie gilt nur im Rahmen des rechtlich und tatsächlich Möglichen (StBS 29). Einen Anspruch der Beteiligten auf Erledigung in einem Termin gibt es nicht. Ein Verstoß gegen den Konzentrationsgrundsatz des Abs 3 führt idR nicht zur Rechtswidrigkeit der abschließenden Entscheidung. 18

2. Vorbereitung. Die Behörde soll nach Abs 3 den Sachverhalt soweit ermitteln und aufbereiten, dass sie auf Grund der mV möglichst ohne einen weiteren Verhandlungstermin, ohne weitere Ermittlungen usw dann auf Grund der mV abschließend gem § 69 Abs 1 entscheiden kann. Die Regelung stellt eine Kon- 19 kretisierung des Zügigkeitsgebots in § 10 S 2 dar. Zu diesem Zweck können, je nach dem Gegenstand des Verfahrens und den besonderen Umständen, **vorbereitende Maßnahmen,** zB die Vernehmung von Zeugen und Sachverständigen, schon vor der Verhandlung geboten sein (Begr 85; UL § 36 Rn 5). Für „vorgezogene" Vernehmungen gilt § 66 Abs 2. Nicht möglich ist die Anordnung des persönlichen Erscheinens eines Beteiligten; sie ist nach dem VwVfG auch nicht für die mV vorgesehen (StBS 11; Knack 15). Stets wird erforderlich sein, dass sich die Behörde vorher einen Überblick über die Probleme und insb auch über die zu erwartenden Einwendungen verschafft; das ist idR nur dann möglich, wenn die Betroffenen vorher Gelegenheit erhalten, sich zur Sache zu äußern.

20 **3. Sollvorschrift.** Der Grundsatz des Abs 3 gilt nicht ausnahmslos. In besonders gelagerten Fällen, insb auch in Massenverfahren, wird es häufig unvermeidlich sein, dass **mehrere Verhandlungen** jeweils mit nur einem Teil der Beteiligten, zB in den jeweiligen Gemeinden, durchgeführt werden. Wenn wegen der großen Zahl der Beteiligten oder im Hinblick auf die verfügbaren Räumlichkeiten anders eine sachgemäße Erörterung, in der jeder Beteiligte jedenfalls dann angemessen zu Wort kommen kann, nicht gewährleistet werden kann, ist dies sogar grundsätzlich geboten. Bei einer **Vielzahl von Beteiligten** (Massenverfahren), kann die Behörde statt eines Massentermins auch **getrennte Termine** für jeweils nach bestimmten Merkmalen abgegrenzte Gruppen der Beteiligten, zB in den einzelnen Gemeinden des Gebiets, in dem die Betroffenen wohnen, durchführen, sofern dies die zu erörternden Sach- und Rechtsfragen zulassen (StBS 30; Henle BayVBl 1981, 7; Obermayer 78). Zu **nachträglichen Besprechungen** mit einzelnen Beteiligten s § 68 Rn 17.

21 Wie sich aus dem Zweck der Regelung und auch aus § 71 Abs 2 S 1 ergibt, muss die mV gem § 67, soweit gesetzlich nichts anderes vorgesehen oder zugelassen ist (vgl zum Planfeststellungsverfahren § 73 Rn 5, 8), **vor der** in der Sache zur Entscheidung berufenen **zuständigen Behörde** stattfinden (vgl auch § 69 Rn 5).

V. Folgen einer fehlenden mündlichen Verhandlung

22 Entscheidet die Behörde ohne mV durch VA, obwohl eine mV geboten gewesen wäre, weil kein Ausnahmefall nach Abs 2 vorlag, so hat dies die **Rechtswidrigkeit des VA** zur Folge, nicht dagegen, jedenfalls, wenn keine besonders gravierenden Umstände hinzukommen, die Nichtigkeit (ebenso StBS 31; **aA** Obermayer 74: stets Nichtigkeit; Knack 14: idR Nichtigkeit). Nicht überzeugend ist allerdings die Auffassung des BVerwG, wonach ein Verstoß gegen Verfahrensregelungen, die nach den maßgeblichen Bestimmungen Ausnahmen zulassen, nicht zur Nichtigkeit führen kann.[2] In Betracht kommt aber eine Heilung durch Nachholung der mV und erneute Willensbildung unter Berücksichtigung der Ergebnisse (§ 45 Rn 26). Soweit keine Nichtigkeit eintritt, ist § 46 anwendbar. Diese gilt auch, wenn die Durchführung der mV fehlerhaft war, zB wegen fehlerhafter Ladung oder Bekanntmachung.

§ 68 Verlauf der mündlichen Verhandlung

(1) **Die mündliche Verhandlung ist nicht öffentlich.**[3] **An ihr können Vertreter der Aufsichtsbehörden und Personen, die bei der Behörde zur Ausbildung beschäftigt sind, teilnehmen.**[5] **Anderen Personen kann der Verhandlungsleiter die Anwesenheit gestatten, wenn kein Beteiligter widerspricht.**[6]

---

[2] So BVerwG NVwZ 1984, 578; hiergegen zu Recht StBS 31; Obermayer 74; Knack 14.

(2) **Der Verhandlungsleiter hat die Sache mit den Beteiligten zu erörtern.**[8] **Er hat darauf hinzuwirken, dass unklare Anträge erläutert, sachdienliche Anträge gestellt, ungenügende Angaben ergänzt sowie alle für die Feststellung des Sachverhalts wesentlichen Erklärungen abgegeben werden.**[11]

(3) **Der Verhandlungsleiter ist für die Ordnung verantwortlich.**[18 ff] **Er kann Personen, die seine Anordnungen nicht befolgen, entfernen lassen. Die Verhandlung kann ohne diese Personen fortgesetzt werden.**

(4) **Über die mündliche Verhandlung ist eine Niederschrift zu fertigen.**[23 ff] **Die Niederschrift muss Angaben**[24] **enthalten über**

1. **den Ort und den Tag der Verhandlung,**
2. **die Namen des Verhandlungsleiters, der erschienenen Beteiligten, Zeugen und Sachverständigen,**
3. **den behandelten Verfahrensgegenstand und die gestellten Anträge,**
4. **den wesentlichen Inhalt der Aussagen der Zeugen und Sachverständigen,**
5. **das Ergebnis eines Augenscheines.**

Die Niederschrift ist von dem Verhandlungsleiter und, soweit ein Schriftführer hinzugezogen worden ist, auch von diesem zu unterzeichnen.[27] **Der Aufnahme in die Verhandlungsniederschrift steht die Aufnahme in eine Schrift gleich, die ihr als Anlage beigefügt**[28] **und als solche bezeichnet ist; auf die Anlage ist in der Verhandlungsniederschrift hinzuweisen.**

Schrifttum: *Büllesbach/Diercks,* Vorbereitung und Durchführung eines Erörterungstermins im Rahmen eines abfallrechtlichen Planfeststellungsverfahrens, DVBl 1991, 469; *Hofmann-Hoeppel,* Beschleunigung des Fachplanungsrechts, Tz 3: Organisatorische Probleme im Rahmen des Erörterungstermins, Vw 1994, 409; *Kollmer,* Der öffentliche Anhörungstermin im UVP-Verfahren, BayVBl 1995, 449; *Korbmacher,* Das atomrechtliche Anhörungsverfahren, UPR 1994, 325; *Porzner/Kollmer,* Die Erörterung von Einwendungen im UVP-konformen Pipeline-Genehmigungsverfahren, DÖV 1995, 578; *Rubbert,* Saal- und Medienöffentlichkeit mündlicher Verhandlungen zwischen Verwaltung und Bürgern. Ein Beitrag zur Diskussion der Verwaltungspublizität, 1985; *Rudisile,* Protokollierungspflicht bei der Überprüfung ehemaliger DDR-Richter und Staatsanwälte, DÖV 1992, 860; *Stober,* Zur Tonaufzeichnung in öffentlichen Gemeinderatssitzungen, DVBl 1976, 371.

Übersicht

I. Allgemeines

1 **1. Inhalt.** Die Vorschrift regelt den äußeren Ablauf der mV und sieht die Aufnahme einer Niederschrift **(Protokoll)** darüber vor. Im Einzelnen lehnt sich die Regelung weitgehend an ältere fachrechtliche Vorschriften zu förmlichen Verwaltungsverfahren (vgl WB III § 156 Rn 46) und an die Bestimmungen über das verwaltungsgerichtliche Verfahren (vgl §§ 103ff VwGO; § 55 VwGO iVm §§ 176ff GVG; § 105 VwGO iVm §§ 159ff ZPO) an. Wenn das Verfahren vor einem Kollegialorgan (Ausschuss, vgl § 88) stattfindet, sind auch § 71 und § 89 zu beachten. Zur Verhandlungssprache s § 23.

2 **2. Anwendungsbereich.** Die Vorschrift gilt nur in den durch Rechtsvorschrift angeordneten förmlichen Verwaltungsverfahren nach § 63 Abs 1. Die Verwaltungsverfahrensgesetze der Länder sehen im Wesentlichen mit § 68 gleich lautende Vorschriften vor (vgl zB § 135 s-hLVwG). Baden-Württemberg hat in § 68 LVwVfG darüber hinaus eine Regelung über die Geheimhaltung bei Vorliegen schützenswerter Interessen Beteiligter getroffen. Dem § 68 vergleichbare Bestimmungen sind außerdem in zahlreichen anderen Gesetzen enthalten, die **förmliche Verfahren im weiteren Sinne** (vgl § 63 Rn 10) vorsehen. Vgl insoweit und zur Frage einer analogen Anwendung der Vorschriften auch § 64 Rn 2; die dort gemachten Ausführungen gelten auch hier entsprechend. Wichtigster Anwendungsbereich der Vorschrift sind die **Planfeststellungsverfahren,** für die die Regelung gem § 73 Abs 6 S 6 gilt.

II. Teilnahmeberechtigte (Abs 1)

3 **1. Grundsatz der Beteiligtenöffentlichkeit (S 1).** Abs 1 sieht in Übereinstimmung mit der schon früher hM (vgl M 69; Obermayer VerwR 156) zum Schutz der persönlichen Sphäre sowie der Unbefangenheit der Beteiligten, die an einer öffentlichen Erörterung ihrer Angelegenheit idR kein Interesse haben, und zur Wahrung der Objektivität der entscheidenden Amtsträger (Knack 4) nur eine beschränkte Öffentlichkeit des Verfahrens vor. Hierin kommt ein Unterschied zum gerichtlichen Verfahren zum Ausdruck, in dem die Öffentlichkeit mündlicher Verhandlungen ein zentrales Element ist. Abs 1 unterscheidet zwischen „geborenen" Teilnahmeberechtigten und solchen, denen der Verhandlungsleiter die Teilnahme gestattet, wenn kein Teilnehmer widerspricht.

3a **a) Rechtsfolgen eines Verstoßes. Umstritten** ist, ob der Umstand als solcher, dass ein Nicht-Berechtigter teilgenommen hat, ohne weiteres die Rechtswidrigkeit der auf Grund der mV erlassenen Entscheidung zur Folge hat. Da es sich bei Abs 1 nicht nur um eine bloße Ordnungsvorschrift handelt, wird man wohl Rechtswidrigkeit der Entscheidung annehmen müssen (BVerwGE 45, 351,

356; Obermayer 27; Hufen Rn 338), die sich gem § 46 allerdings im Regelfall nicht auswirken dürfte (so wohl auch StBS 15). Die rügelose Einlassung auf die mV unter Beteiligung Dritter schließt die spätere Berufung auf diesen Verfahrensfehler aus.

b) Anspruch auf Sicherung der Beteiligtenöffentlichkeit. Die Beteiligten haben auf Grund von Art 2 Abs 1 GG bzw, soweit besondere Grundrechte im Verfahren betroffen sind, iV mit Abs 1 S 3 letzter Halbs einen erforderlichenfalls auch gerichtlich, insb gem § 123 VwGO durchsetzbaren Anspruch auf Ausschluss der Öffentlichkeit insgesamt oder bestimmter nicht zur Anwesenheit berechtigter Dritter, der Presse uä, sofern Ausschlussgründe entspr §§ 169 ff GVG oder gem § 30 zu ihren Gunsten gegeben sind oder **bei der Güterabwägung ihr Schutzinteresse überwiegt** und sie der Anwesenheit widersprechen. Die Regelung in § 44 a VwGO steht in diesen Fällen einem selbständigen Rechtsschutz nicht entgegen (vgl § 44 a S 2 VwGO; ebenso Obermayer 28). 4

2. Teilnahmeberechtigte. a) Originäre Teilnehmer. Die Regelung geht als selbstverständlich davon aus, dass die am Verfahren Beteiligten (§ 13) und ihre Vertreter und Bevollmächtigten zur Teilnahme berechtigt sind, wie sich aus dem Zweck der mV und mittelbar auch aus § 67 ergibt. Gleiches gilt auch für die zur Mitwirkung bei der mV und der Entscheidung berufenen Vertreter der Behörde einschließlich der von diesen zugezogenen Hilfspersonen (s dazu auch Knack 6) und etwaiger sonstiger mit der Sache befasster Behörden (Knack 8; Hirsch/Schmidt-Didczuhn DVBl 1991, 433) sowie für den Verhandlungsleiter. Die Beteiligten (§ 13) dürfen nur ausgeschlossen werden, wenn sie die Verhandlung ernsthaft stören (Abs 3). 5

b) Weitere Teilnehmer. Abs 1 S 2 sieht vor, dass darüber hinaus auch **Vertreter der Aufsichtsbehörde** und bei der zuständigen Behörde **zur Ausbildung beschäftigte Personen** teilnehmen dürfen. Ob die in der Ausbildung befindlichen Personen (zB Referendare, Praktikanten) teilnehmen sollen, ist Sache des Ausbilders (Knack 9). Über die Zulassung entscheidet analog Abs 1 S 3 der Verhandlungsleiter. Dieser ist auch bei Vorliegen der Voraussetzungen verpflichtet, die Teilnahme zu gestatten (StBS 10). Abs 1 S 3 lässt das Recht des Behördenleiters zu Weisungen bzgl der Gestaltung der Teilnahme unberührt. Die zur mV zugezogenen Zeugen und Sachverständigen, dürfen und müssen teilnehmen, soweit und solange ihre Anwesenheit erforderlich ist. Sie sind aber im Übrigen nicht teilnahmeberechtigt; ihre Zulassung kann nur nach Abs 1 S 3 erfolgen. 5 a

c) Zugelassene Personen. Der Verhandlungsleiter kann gem Abs 1 S 3 nach seinem Ermessen auch sonstigen Personen, auch der Presse usw, die Teilnahme gestatten, ggf sogar volle Öffentlichkeit herstellen, wenn kein Beteiligter widerspricht (ebenso Knack 10). Die Anwesenheit Dritter iS von Abs 1 S 3 kann uU auch auf einzelne Abschnitte des Verfahrens beschränkt werden (ebenso Obermayer 18). Widerspricht ein Beteiligter (§ 13), so darf eine Zulassung nicht erfolgen. Auf die Gründe für den Widerspruch kommt es grundsätzlich nicht an, es sei denn, der Widerspruch wird missbräuchlich erhoben (Obermayer 21; StBS 11). Auch soweit gem Abs 1 S 3 die Anwesenheit Dritter gestattet werden kann, haben diese grundsätzlich **keinen Anspruch auf Zulassung,** auch nicht ein Recht auf fehlerfreie Ermessensausübung (str, **aA** wohl StBS 13); anders uU auf Grund von Art 5 Abs 1 S 2 GG Rundfunk und Presse, soweit es sich um Verfahren von allgemeinerem Interesse handelt.[1] 6

---

[1] Vgl Büllesbach/Diercks DVBl 1991, 474; vgl auch BVerfG 50, 239; NJW 1993, 3288; Obermayer 23; Eberle NJW 1994, 1639; Kopp/Schenke § 55 Rn 2; **aA** Knack 10; Wolf NJW 1994, 681; ZRP 1994, 187; Gerhardt ZRP 1993, 377; zu Anspruch auf Ermessensentscheidung neigend StBS 13.

7 **3. Teilnahmeberechtigung von Einwendern.** In Verfahren, die Vorhaben betreffen, die unter das UVPG fallen, stehen den Beteiligten, wie sonst in Planfeststellungsverfahren gem § 9 Abs 1 S 2 UVPG iVm § 72, Personen, die im Verfahren zulässige Einwendungen erhoben haben, auch hins der Teilnahme an der mV gleich (vgl Knack 11). Dies genügt auch dem Erfordernis der Beteiligung der „betroffenen Öffentlichkeit" gem Art 6 Abs 2 der UVP-RL (s § 72 Rn 33 ff). Für Ton-, Rundfunk- usw und Filmaufnahmen in der mV gilt § 169 S 2 GVG entspr (UL § 36 Rn 11; Obermayer 24; Knack 10).

III. Erörterungs- und Beratungspflicht des Verhandlungsleiters (Abs 2)

8 **1. Allgemeines.** Dem Verhandlungsleiter obliegt, wie sich auch schon aus der Bezeichnung ergibt, außer den in § 68 ausdrücklich genannten Aufgaben allgemein die **Leitung und Ordnung** der mV. Er hat für den geordneten, sachbezogenen und zielstrebigen Ablauf der mV und eine entsprechende inhaltliche Strukturierung der mV zu sorgen. Soweit der Ablauf der mV nicht durch § 68 oder durch sondergesetzliche Vorschriften geregelt ist, handelt er im Rahmen von § 10 nach Ermessen (Knack 13).

9 **2. Begriff des Verhandlungsleiters.** Verhandlungsleiter gem Abs 2 ist der Leiter der Behörde oder ein von ihm dazu bestellter Bediensteter der Behörde (Obermayer 31; Knack 12) oder auch ein allgemein nach der Geschäftsverteilung der Behörde für die Sache zuständiger und mit Billigung des Behördenleiters als Verhandlungsleiter tätiger Bediensteter der Behörde (StBS 17; Knack 12). Ggf kann, soweit durch Rechtsvorschriften nichts anderes bestimmt ist (zB gem § 18 Abs 1 S 2 der 9. BImSchV), vom Behördenleiter auch ein Außenstehender (Projektmanager, Mediator, vgl Einf Rn 101; Wahl DVBl 1993, 525; Bullinger JZ 1991, 61) als Verhandlungsleiter zur Wahrnehmung der Aufgaben gem § 69 für die Behörde und namens der Behörde bestellt werden (vgl Hirsch/Schmidt-Didczuhn DVBl 1991, 433; **aA** Knack 12: nur ein Bediensteter der Behörde). Ein nicht der Behörde angehörender Dritter wäre als Verwaltungshelfer anzusehen (vgl hierzu § 1 Rn 59).

10 **3. Erörterungspflicht (Abs 2 S 1).** Die Verpflichtung des Verhandlungsleiters zur Erörterung der Sache mit den Beteiligten dient – ähnlich wie gem § 104 Abs 1 VwGO, dem die Regelung nachgebildet ist – einerseits der **Klärung des Sachverhalts** einschließlich der rechtlichen Probleme und der Feststellung des anzuwendenden Rechts, andererseits aber auch dem **rechtlichen Gehör der Beteiligten** gem § 66. Deshalb begründet Abs 2 S 1 auch ein entsprechendes Recht der Beteiligten. Die Erörterung der Sache soll auch sicherstellen, dass keine für die Entscheidung der Sache erheblichen Gesichtspunkte rechtlicher oder tatsächlicher Art übersehen werden und dass die Beteiligten erkennen können, auf welche Fragen es der Behörde vor allem ankommt und sich mit ihrem Vorbringen und ihren Anträgen darauf einstellen können. Dieses Ziel ergibt sich insb auch aus dem Zusammenhang von Abs 2 S 1 mit S 2.

11 **4. Hinweispflicht (Abs 2 S 2).** Die Hinweispflicht gem Abs 2 S 2, die im Wesentlichen § 86 Abs 3 VwGO entspricht, soll – ähnlich wie die weniger weitgehende Verpflichtung nach § 25 S 1 (vgl hierzu § 25 Rn 1 ff) – verhindern, dass Beteiligte aus Unkenntnis, Unerfahrenheit oder Unbeholfenheit im Verfahren Rechtsnachteile erleiden; sie dient zugleich aber auch der sachgemäßen Durchführung des Verfahrens unter Mitwirkung der Beteiligten gem § 26 Abs 2. Die Vorschrift entspricht fast wörtlich § 86 Abs 3 VwGO; insoweit ist die Rspr zu § 86 Abs 3 VwGO auch hier aussagekräftig. Sie wird auch im förmlichen Verfahren durch die Auskunftspflicht der Behörde über die Rechte und Pflichten der Beteiligten im Verfahren gem § 25 S 2 ergänzt (§ 63 Abs 2; s auch Knack 14).

12 **Verfahrensrechtliche Beratung.** Im Einzelnen ergibt sich aus Abs 2 S 2 und § 25 S 2 eine weitgehende Verpflichtung des Verfahrensleiters, den Beteiligten den rechten Weg zu weisen, wie sie im Rahmen der ihnen zustehenden Verfahrensrechte das erstrebte Ziel am besten und zweckmäßigsten erreichen können (vgl BVerwG 16, 98 zu § 86 Abs 3 VwGO), grundsätzlich nicht jedoch eine darüber hinausgehende interessenbezogene Beratungspflicht.

13 **Welche Hinweise und Belehrungen** im Einzelnen erforderlich sind, ergibt sich aus den konkreten Umständen des einzelnen Falles. Soweit Beteiligte durch Anwälte vertreten sind, ist im Allgemeinen weniger an Fürsorge geboten als gegenüber unerfahrenen und rechtsunkundigen Beteiligten. Vor allem muss der Verhandlungsleiter alles vermeiden, was den Anschein der Parteilichkeit erwecken könnte (ebenso Knack 14). Bestehen Zweifel hins des richtigen Vorgehens, so beschränkt sich die Hinweispflicht darauf, die Beteiligten auf die bestehenden Alternativen hinzuweisen (vgl Kopp/Schenke § 86 Rn 26).

14 **5. Umfang der Pflichten.** Die Erörterungspflicht des Verhandlungsleiters gem Abs 2 S 1 und die damit verbundene Hinweispflicht gem Abs 2 S 2, die weitgehend den Pflichten des Richters nach §§ 104, 86 VwGO entsprechen, beziehen sich wie die Pflicht zur Gewährung rechtlichen Gehörs (§ 28 Rn 12ff; § 66 Rn 3) nicht nur auf Tatsachen und Beweisergebnisse, sondern auch auf Rechtsfragen (UL § 36 Rn 9; K 2). Allerdings besteht keine Verpflichtung der Behörde zu einem umfassenden Rechtsgespräch mit den Beteiligten (BayVerfGH VRspr 20, 378). Der Verhandlungsleiter ist nur verpflichtet, auf nach seiner Auffassung offene Fragen hinzuweisen und den Beteiligten Gelegenheit zu geben, dazu Stellung zu nehmen.

15 **Die Erörterungspflicht setzt Kooperationsbereitschaft voraus;** sie besteht nur gegenüber den zur Verhandlung erschienenen und erörterungswilligen Beteiligten, nicht auch gegenüber Beteiligten, die die Erörterung stören oder die nicht bereit sind, zu einer sachlichen, zügigen Erörterung der wesentlichen Fragen beizutragen. **Ist ein Beteiligter** (bzw sein Bevollmächtigter) ohne sein Verschulden **verhindert, an der mV teilzunehmen,** so kann es unter dem Gesichtspunkt des rechtlichen Gehörs oder auch, weil seine Anhörung zur Aufklärung der Sache erforderlich erscheint, geboten sein, die Verhandlung zu vertagen bzw nochmals wiederaufzunehmen (Obermayer 39) oder die Sache nachträglich mit dem Betroffenen allein nochmals zu erörtern (vgl BSG 17, 44; allg auch § 28 Rn 80ff). Den übrigen Beteiligten ist in einem evtl „Nachholtermin" mit einem Betroffenen zur Wahrung ihres Rechts auf Gehör die Anwesenheit zu gestatten und ebenfalls, beschränkt auf eine Stellungnahme zu neuem Vorbringen, rechtliches Gehör zu gewähren.

16 **6. Verhandlungsführung.** Grundsätzlich zulässig ist eine straffe Verhandlungsführung (s dazu Henle BayVBl 1981, 8; StBS 24 allg auch § 28 Rn 36). Keine Bedenken bestehen dagegen, dass der Verhandlungsleiter von vornherein für die Erörterung der einzelnen Fragenkomplexe eine bestimmte Zeitdauer festlegt und dies den Beteiligten zu Beginn der mV bekannt gibt (ebenso Henle BayVBl 1981, 7f mwN). Die vorgesehenen Zeiten müssen jedoch angemessen sein und ggf auf Antrag verlängert werden, wenn sich erweist, dass sie zu kurz bemessen waren.

17 **Ergeben sich in der mV neue Gesichtspunkte,** zu denen sich die Beteiligten nicht sogleich äußern können, so ist die Verhandlung zu vertagen und ein neuer Termin zur Fortsetzung anzuberaumen. Erscheint eine weitere Erörterung nicht erforderlich, so kann der Verhandlungsleiter die betroffenen Beteiligten auch auf die Möglichkeit nachträglicher schriftlicher Stellungnahmen verweisen und dafür eine Frist setzen. Entsprechendes gilt, wenn die Verhandlung wegen Störung durch Beteiligte oder Dritte abgebrochen werden muss. Betrifft die Erörterung Geheimnisse iS von § 29 Abs 2, § 30, so haben die betroffenen Beteiligten An-

spruch auf gesonderte Erörterung oder ggf schriftliche Darlegung (vgl Henle BayVBl 1981, 8).

IV. Gewährleistung der Ordnung in der Verhandlung (Abs 3)

18 **1. Allgemeines.** Abs 3 verpflichtet und berechtigt den Verhandlungsleiter, für die äußere Ordnung im Verhandlungsraum und für den geordneten äußeren Ablauf des Verfahrens zu sorgen (S 1). Vgl zur Ordnung in Sitzungen auch § 89 Rn 3 ff. Die Vorschrift enthält keine näheren Bestimmungen darüber, welche konkreten Befugnisse er zu diesem Zweck im Einzelnen hat. S 2 nennt insoweit nur die Entfernung von Personen. Entsprechend dem Zweck der Regelung ist jedoch davon auszugehen, dass der Verhandlungsleiter grundsätzlich alle mit dem Begriff der **Sitzungspolizei** herkömmlicherweise verbundenen Anordnungen treffen kann, die er nach pflichtgemäßem Ermessen zur Aufrechterhaltung der Ordnung für geboten hält (vgl OVG Münster NVwZ 1983, 486; StBS 28), auch zB ein Rauchverbot (Jahn DÖV 1989, 850).

19 **2. Ordnungsmaßnahmen.** Der Verhandlungsleiter kann auf Grund von Abs 3 S 1 das **Wort entziehen,** störende **Zwischenrufe verbieten,** Personen **von der Sitzung ausschließen** und aus dem **Saal verweisen** (BVerwG BayVBl 1988, 16 und 83) und erforderlichenfalls **eine Person zwangsweise,** uU mit Hilfe der Polizei, aus dem Raum **entfernen lassen,** die **mV abbrechen** (StBS 28; Knack 16), **nicht jedoch,** vorbehaltlich besonderer Ermächtigung in anderen Gesetzen (zB § 117 Abs 3 FlurberG), **Ordnungsgeld, Ordnungshaft, Geldbußen uä verhängen** (UL § 36 Rn 10; StBS 33; Büllesbach/Diercks DVBl 1991, 475; Knack 15).

19 a Die **Entfernung von Personen** kommt auch bei Beteiligten (§ 13) und ihren Bevollmächtigten in Betracht (vgl zur Entfernung von Bevollmächtigten UL § 36 Rn 10). Sie ist, wie sich aus dem Zusatz „die seine Anordnungen nicht befolgen", ergibt, nur zulässig, nachdem entsprechende Ermahnungen usw erfolglos geblieben sind. Im Hinblick auf das grundsätzlich bestehende Anwesenheitsrecht und das Recht auf Gehör ist eine Entfernung von Beteiligten aus dem Verhandlungsraum nur aus entsprechend schwerwiegenden Gründen und als ultima ratio zulässig. IdR wird eine vorherige Androhung erforderlich sein. Entsprechendes gilt für einen **Abbruch der mV.** Er ist nur zulässig, wenn eine Entfernung der Störer nicht genügt und die Ordnung auf andere Weise nicht wieder hergestellt werden kann. Im Einzelnen kann auch die Rspr zu §§ 176 ff GVG insoweit Anhaltspunkte geben.

20 **3. Rechte der Beteiligten.** Beteiligte, die aus dem Saal verwiesen wurden, haben keinen Anspruch auf Wiederholung oder Wiederaufnahme der mV (StBS 30; Knack 16); ihnen muss jedoch zur Wahrung des rechtlichen Gehörs gem § 66 grundsätzlich Gelegenheit zu schriftlicher Stellungnahme gegeben werden, wenn sie sich wegen der Verweisung aus dem Saal nicht mehr weiter zur Sache äußern konnten (Obermayer 63; StBS 30; Knack 16). Entsprechendes gilt grundsätzlich auch bei Abbruch der mV wegen Störungen. Auch in diesem Fall muss die Behörde keinen Ergänzungstermin für die mV ansetzen, insb wenn auch in diesem wieder mit Störungen zu rechnen ist.[2] Etwas anderes gilt bei Vorliegen besonderer Umstände, etwa weil die Mehrzahl der Teilnehmer an der mV für die Störung nicht verantwortlich waren und die zu entscheidende Sache ohne mV nicht angemessen behandelt werden kann, weshalb der Verzicht auf eine Fortsetzung der mV ermessensfehlerhaft wäre. Im Übrigen ist es andererseits der Behörde auch sonst nicht verwehrt, nach Ermessen eine Fortsetzung der mV anzuordnen.

---

[2] Vgl Knack 16 unter Hinweis auf die ebenfalls im Verfassungsrecht angelegten Grundsätze rationellen Verwaltungshandelns und der Verfahrenseffizienz; zT **aA** Hirsch/Schmidt-Didczuhn DVBl 1991, 434.

21 **4. Amtshilfe durch Polizeibeamte.** Der Verhandlungsleiter kann zur Wahrung der Ordnung auch die Hilfe von Polizeibeamten in Anspruch nehmen (StBS 29; Obermayer 55). Polizeibeamte können, wenn erforderlich, uU auch von sich aus einschreiten, da die Störung einer Verhandlung immer zugleich auch eine Störung der öffentlichen Ordnung darstellt (WB III § 156 Rn 50; vgl auch Obermayer 49). Ein Einschreiten ist jedoch auch in diesem Fall grundsätzlich **nur im Einverständnis mit dem Verhandlungsleiter** zulässig, dem nach Abs 3 die primäre Verpflichtung zur Sorge für den geordneten Ablauf der Verhandlung obliegt (StBS 32; zT **aA** Obermayer 59).

22 **5. Rechtsbehelfe gegen sitzungspolizeiliche Anordnungen.** Anordnungen des Verhandlungsleiters gem § 68 Abs 3 S 1 und 2 sind, auch soweit sie gegenüber den Beteiligten oder ihren Bevollmächtigten ergehen, keine bloßen Verfahrensanordnungen, sondern, soweit sie wie idR, selbständig vollstreckbar sind, (zugleich) in persönliche Rechte der Betroffenen eingreifen, gem § 44a S 2 VwGO **selbständig anfechtbare VAe.**[3] Soweit solche Anordnungen mögliche Auswirkungen auf den in der Hauptsache ergehenden VA haben, können die Beteiligten (§ 13) die Rechtswidrigkeit einer Anordnung wegen ihrer Doppelnatur auch im Rahmen eines Rechtsbehelfs in der Hauptsache geltend machen (Obermayer 61).

V. Anfertigung einer Niederschrift (Abs 4)

23 **1. Pflicht zur Niederschrift (S 1).** Abs 4 schreibt vor, dass über die mV eine Niederschrift zu fertigen ist, und bestimmt zugleich den **Mindestinhalt der Niederschrift.** Die Niederschrift dient vor allem Beweiszwecken, hat insoweit jedoch keine Wirkung analog § 165 ZPO, sondern begründet nur eine auch mit sonstigen Beweismitteln **widerlegbare Vermutung für die Richtigkeit** (Knack 18; WB III § 156 Rn 57); eine Verletzung des Abs 4 oder die inhaltliche Unrichtigkeit der Niederschrift berühren die Wirksamkeit und Rechtmäßigkeit der im Verfahren zur Hauptsache ergehenden Entscheidung nicht. Mängel können sich aber uU mittelbar auswirken, zB wenn sie zu einer falschen Sachverhaltswürdigung führen (Obermayer 83f). Die Niederschrift unterliegt als Teil der Akten der Akteneinsicht nach § 29. In entspr Anwendung von § 169 S 2 GVG ist statt einer unmittelbaren Niederschrift auch die vorläufige Aufzeichnung auf Tonträger (zB Tonbandgerät; Cassettenrecorder) zulässig (s unten Rn 29).

24 **2. Mindestinhalt der Niederschrift (S 2).** Der notwendige Inhalt der Niederschrift ergibt sich aus Abs 4 S 2. Die Aufzählung in Abs 4 S 2 Nr 1–5 enthält den zwingend vorgeschriebenen Mindestinhalt eines Protokolls, aus dem sich Tag und Ort, die Namen der Anwesenden sowie der Verfahrensgegenstand und die gestellten Anträge ergeben müssen, im Falle einer Beweisaufnahme auch deren wesentliches Ergebnis. Die Aufnahme weiterer Vorgänge, wie Ordnungsmaßnahmen, Verzicht auf Stellungnahmen usw sowie auch bestimmter Verfahrensergebnisse oder bedeutsamer Tatsachen, in die Niederschrift wird dadurch nicht ausgeschlossen (Begr 85; Obermayer 65; MB 7; Knack 18). Grundsätzlich ist eine **Ergebnisniederschrift ausreichend** (StBS 35; Knack 18; Henle BayVBl 1981, 6). Vielfach ist es zB zweckmäßig, dass der Verhandlungsleiter Teilergebnisse zusammenfasst, über die Einverständnis besteht, und diese in die Niederschrift aufnehmen lässt. Auch die Beteiligten können die Aufnahme bestimmter Vorgänge oder

---

[3] Obermayer 60; Knack 17; MB 6; ähnlich OVG Koblenz DVBl 1987, 1027; Gerhardt DVBl 1989, 137; Büllesbach/Diercks DVBl 1991, 476; zT **aA** VGH München BayVBl 1988, 76 und 83; UL § 36 Rn 10; Gramlich BayVBl 1989, 9: nicht selbständig anfechtbare Verfahrensanordnungen.

Äußerungen in die Niederschrift anregen. Soweit sie ein berechtigtes Interesse daran haben, besteht darüber hinaus auch ein **Anspruch auf Aufnahme** von Erklärungen und Aussagen in das Protokoll.

25 **a) Anträge iS von Abs 4 Nr 3.** Solche sind grundsätzlich auch die im Verfahren erhobenen Einwendungen zB iS von § 73 Abs 6; bei gleich lautenden Einwendungen in Massenverfahren genügt es jedoch, wenn die Einwendungen als solche, dh ohne Angabe auch der einzelnen Personen, die sie erhoben, in der Niederschrift festgehalten werden. **Anträge müssen wörtlich aufgenommen werden** (Knack 19; Obermayer 73; StBS 35). Nr 4 ist entspr auch auf die Aussagen von Beteiligten gem § 26 Abs 1 Nr 2 anzuwenden. Bei Aussagen von Zeugen, Sachverständigen und gem § 26 Abs 1 Nr 2 vernommenen Beteiligten ist es zwar nicht vorgeschrieben, wohl aber sinnvoll, dass die Aussage aus der Niederschrift nochmals verlesen oder dem Zeugen usw zur Durchsicht vorgelegt wird, sowie dass in der Niederschrift vermerkt wird, dass sie insoweit von dem Betroffenen genehmigt wurde bzw welche Einwendungen dagegen erhoben wurden (StBS 35; Knack 19).

26 **b) Nachträgliche Ergänzungen und Berichtigungen der Niederschrift.** Solche sind möglich, wenn Protokollführer und Verhandlungsleiter darüber einig sind (ebenso StBS 38; Knack 20). Auch die Beteiligten haben ggf, wenn sie ein berechtigtes Interesse haben, **Anspruch** auf nachträgliche Ergänzung oder Berichtigung bzw, wenn Protokollführer und Verhandlungsleiter anderer Auffassung sind, darauf, dass ihre Einwände gegen die Vollständigkeit oder Richtigkeit der Niederschrift dieser angefügt werden. Im Einzelnen gelten insoweit wie auch hins. etwaiger Rechtsbehelfe gegen Entscheidungen im Zusammenhang mit der Niederschrift dieselben Grundsätze wie für die Ergänzung oder Berichtigung gerichtlicher Niederschriften (offen StBS 38; **aA** Obermayer 78). Vgl insoweit § 164 ZPO; dazu auch Kopp/Schenke § 105 Rn 9.

27 **3. Unterschriften (S 3).** Die Niederschrift ist vom Verhandlungsleiter und ggfs vom Schriftführer (Protokollführer) zu unterzeichnen. Erst die Unterschriften verleihen dem Protokoll den Charakter einer öffentlichen Urkunde. Fehlt ein Protokollführer, so unterzeichnet der Verhandlungsleiter allein, es sei denn, der Text wurde zunächst auf Tonträger aufgezeichnet; dann ist auch die Unterschrift der übertragenden Schreibkraft erforderlich. Das Fehlen der Unterschrift nimmt der Niederschrift den erhöhten Beweiswert der öffentlichen Urkunde nach § 415 ZPO. Die Unterschrift kann jedoch jederzeit noch nachgeholt werden, auch noch, nachdem bereits Rechtsbehelfe in der Sache eingelegt worden sind (StBS 36; Knack 20; Obermayer 79 unter Hinweis auf BVerfG 9, 231).

28 **4. Anlagen (S 4).** Gem Abs 4 S 4 ist es zulässig, Angaben, die in die Niederschrift aufzunehmen sind, dieser als Anlage beizufügen (zB Anwesenheits- bzw Teilnehmerlisten, vgl UL § 45 Rn 5; Obermayer 81; Knack 21; Büllesbach/Diercks DVBl 1991, 476) und sie durch einen entsprechenden **Hinweis in der Niederschrift** mit der gleichen rechtlichen Wirksamkeit auszustatten, wie sie der Niederschrift als solcher zukommt. Das Fehlen der Bezeichnung als Anlage ist unerheblich, wenn nach dem Zusammenhang nicht zweifelhaft sein kann, dass es sich um eine Anlage zu der in Frage stehenden Niederschrift handelt.

29 **5. Tonbandaufnahmen. Umstritten,** wegen der gleichen Zweckrichtung aber zu bejahen[4] ist die Frage, ob die weitergehenden Erleichterungen für die Protokollführung entspr § 160a ZPO, insb auch die Zulässigkeit der Benutzung von Tonaufzeichnungsgeräten, auch im Verwaltungsverfahren anwendbar sind. Die Zustimmung der Beteiligten ist dazu nicht erforderlich (Knack 22; Stober DVBl 1976, 371). Dritten, auch den Verfahrensbeteiligten, sind Tonbandaufnah-

[4] Ebenso zur Verwendung von Tonträgern UL § 36 Rn 11; Obermayer 56; StBS 37; Knack 22; Stober DVBl 1976, 375; Rothe Gemeinde 1980, 80.

men uä von der mV oder von Teilen davon dagegen nur mit Zustimmung des Verhandlungsleiters und Einverständnis der Beteiligten erlaubt; andernfalls wären sie gem § 201 StGB sogar strafbar. S im einzelnen Knack 23, zu Aufnahmen für Zwecke der Presse- oder Rundfunkberichterstattung BVerfG 85, 283 m Anm Bethge in JZ 1991, 306; Lüneburg Gemeinde 1989, 345; Kopp/Schenke § 85 Rn 2.

§ 69 Entscheidung

(1) **Die Behörde entscheidet unter Würdigung des Gesamtergebnisses des Verfahrens.**[3]

(2) **Verwaltungsakte, die das förmliche Verfahren abschließen,**[7] **sind schriftlich zu erlassen,**[8] **schriftlich zu begründen**[9] **und den Beteiligten zuzustellen;**[10] **in den Fällen des § 39 Abs. 2 Nr. 1 und 3 bedarf es einer Begründung nicht. Sind mehr als 50 Zustellungen vorzunehmen, so können sie durch öffentliche Bekanntmachung ersetzt werden.**[11] **Die öffentliche Bekanntmachung wird dadurch bewirkt, dass der verfügende Teil des Verwaltungsaktes und die Rechtsbehelfsbelehrung im amtlichen Veröffentlichungsblatt der Behörde und außerdem in örtlichen Tageszeitungen bekanntgemacht werden, die in dem Bereich verbreitet sind, in dem sich die Entscheidung voraussichtlich auswirken wird.**[11] **Der Verwaltungsakt gilt mit dem Tage als zugestellt, an dem seit dem Tage der Bekanntmachung in dem amtlichen Veröffentlichungsblatt zwei Wochen verstrichen sind;**[13] **hierauf ist in der Bekanntmachung hinzuweisen. Nach der öffentlichen Bekanntmachung kann der Verwaltungsakt bis zum Ablauf der Rechtsbehelfsfrist von den Beteiligten schriftlich oder elektronisch angefordert werden; hierauf ist in der Bekanntmachung gleichfalls hinzuweisen.**[14]

(3) **Wird das förmliche Verwaltungsverfahren auf andere Weise abgeschlossen,**[17] **so sind die Beteiligten hiervon zu benachrichtigen. Sind mehr als 50 Benachrichtigungen vorzunehmen, so können sie durch öffentliche Bekanntmachung ersetzt werden; Absatz 2 Satz 3 gilt entsprechend.**

Schrifttum: *Bambey,* Massenverfahren und Individualzustellung, DVBl 1984, 372; *Brühl,* Die Sachverhaltsermittlung im Verwaltungsverfahren und ihre Bedeutung für den Entscheidungsprozess, JA 1992, 193.

Übersicht

I. Allgemeines

1 **1. Inhalt.** Die Vorschrift enthält in Abs 1 klarstellende Bestimmungen über die Entscheidung im förmlichen Verwaltungsverfahren, insb über die Entscheidungsgrundlagen und im Zusammenhang damit ohne ausdrückliche Erwähnung auch über die Anwendbarkeit des Grundsatzes der freien Beweiswürdigung. Abs 2 enthält Regelungen über die Schriftform, die Begründungspflicht und die Bekanntgabe der Entscheidung, ua auch durch öffentliche Bekanntmachung, Abs 3 über die Beendigung des Verfahrens in anderer Weise als durch eine Entscheidung in der Sache. Die Vorschrift lehnt sich weitgehend an entsprechende Regelungen des gerichtlichen Verfahrens (vgl § 108 Abs 1, §§ 116, 117, § 161 VwGO) und des Widerspruchsverfahrens (vgl § 73 VwGO) an.

2 **2. Anwendungsbereich.** Die Regelung gilt nur für förmliche Verwaltungsverfahren, die nach § 63 Abs 1 durch Rechtsvorschrift besonders angeordnet worden sind. Die Verwaltungsverfahrensgesetze der Länder sehen im Wesentlichen mit § 69 gleich lautende Vorschriften vor (vgl zB § 136 s-hLVwG), lediglich § 69 Abs 2 LVwVfG von Baden-Württemberg enthält zusätzliche datenschutzrechtliche Regelungen. Vergleichbare Bestimmungen sind außerdem in zahlreichen anderen Gesetzen insbes für förmliche Verwaltungsverfahren iwS enthalten. Vgl insoweit und zur Frage einer sinngemäß-analogen Anwendung der Vorschriften § 64 Rn 2; die dort gemachten Ausführungen gelten auch hier entsprechend. Nicht analog anwendbar sind die Sondervorschriften über die öffentliche Bekanntmachung in Fällen, in denen mehr als 50 Zustellungen bzw Benachrichtigungen vorzunehmen wären; derartige Regelungen sind nur durch ausdrückliche Rechtsvorschriften des positiven Rechts möglich.

II. Entscheidungsgrundlagen (Abs 1)

3 **1. Würdigung des Gesamtergebnisses des Verfahrens.** Abs 1 stellt klar, dass Grundlage der Entscheidung nicht nur das Ergebnis der mV nach §§ 67, 68, sondern das Gesamtergebnis des Verfahrens ist, also auch zB das Ergebnis vorher oder nachher angestellter Ermittlungen, der von Beteiligten außerhalb der mV abgegebenen Erklärungen und auch einer außerhalb der mV durchgeführten Beweisaufnahme (Begr 86; MuE 213; 118; BVerwGE 87, 241, 295; Knack 4). Zu berücksichtigen sind also das Vorbringen und die Anträge der Beteiligten, der Inhalt der Behördenakten und beigezogener Akten, Urkunden, eingeholte Auskünfte, amtskundige Tatsachen (s § 26 Rn 16ff), das Ergebnis der Erörterung der Sach- und Rechtslage gem § 68 Abs 2 S 1 und von Fragen von Mitgliedern eines Ausschusses gem § 71 Abs 1 usw. Es ist **nicht erforderlich**, dass alle diese entscheidungsrelevanten Umstände vom Verhandlungsleiter zum **Gegenstand der mV** geworden sind (BVerwGE 87, 241, 295; Knack 4; Obermayer 9; StBS 3).

4 **2. Rechtliches Gehör.** Gem § 66 und nach allgemeinen Rechtsgrundsätzen eines rechtsstaatlich geordneten Verfahrens muss die Behörde den Beteiligten Gelegenheit gegeben haben, sich zu allen Entscheidungsgrundlagen vor der Entscheidung zu äußern (rechtliches Gehör, vgl auch § 28 Rn 12ff). Dies setzt bei beigezogenen Akten und sonstigen Erkenntnismöglichkeiten, deren Existenz den Beteiligten nicht bekannt ist und mit denen sie auch nicht rechnen konnten oder mussten, grundsätzlich voraus, dass die Behörde die Beteiligten rechtzeitig darauf hingewiesen hat (vgl auch § 28 Rn 15). Unterlagen oder Erkenntnisse, die erst nach erfolgter Anhörung an die Behörde gelangt sind, müssen die Behörde veranlassen, den Beteiligten erneut Gelegenheit zur Stellungnahme zu geben, wenn sie für das Verfahren erheblich sind und die Beteiligten vorher keinen Anlass hatten, hierzu Stellung zu nehmen.

3. Grundsatz der eingeschränkten Unmittelbarkeit. Aus dem Hinweis in Abs 1 auf das Gesamtergebnis des Verfahrens sowie aus dem Zusammenhang der Regelung mit den §§ 66ff folgt nicht, dass die Entscheidung nur von Personen getroffen werden darf, die an sämtlichen Vorgängen bzw Teilen der Sachverhaltsermittlung (mV, Anhörungen, Beweisaufnahmen) teilgenommen haben. Ausreichend ist vielmehr, dass sie in geeigneter Weise darüber informiert wurden bzw sich aus den Akten hinreichend informieren können, sofern der **persönliche Eindruck** nicht zwingend notwendig ist. Etwas anderes gilt nach § 71 Abs 2 S 1 für **Entscheidungen von Kollegialorganen,** die nur von den Mitgliedern getroffen werden dürfen, die an der mV teilgenommen haben, sofern eine solche stattgefunden hat. Zur Beschlussfassung in Kollegialorganen vgl allg auch §§ 90f. 5

4. Grundsatz der freien Beweiswürdigung. Die in Abs 1 vorgeschriebene Würdigung des Gesamtergebnisses des Verfahrens in Abs 1 impliziert den Grundsatz der freien Beweiswürdigung und erklärt ihn auch für das förmliche Verfahren für verbindlich (Begr 49; BVerwGE 77, 240, 246; StBS 5). Dieser Grundsatz wird im VwVfG auch für das nicht-förmliche Verfahren nach §§ 9ff als selbstverständlich vorausgesetzt (ebenso Knack 5). Er wird in Abs 1 vorausgesetzt und besagt im Wesentlichen, dass die Würdigung des Gesamtergebnis grundsätzlich Sache der **freien Überzeugungsbildung** ist und nicht durch feste Beweiswürdigungsregeln reglementiert wird. 6

III. Besondere Anforderungen an die Entscheidung (Abs 2)

1. Verfahrensabschließender VA. Die Regelungen des Abs 2 betreffen nur diejenigen VAe, die das Verfahren abschließen, also die Endentscheidung treffen. Unerheblich ist, ob mit der Entscheidung einem Antrag stattgegeben wird, ebenso, ob ein Antrag als unzulässig oder als unbegründet abgelehnt wird. Auf Entscheidungen, die nicht die Sache ganz oder zum Teil abschließen, sondern nur Verfahrensfragen uä betreffen (vgl § 97 Nr 2, § 44a VwGO) oder die das Verfahren in anderer Weise als durch Entscheidung über den Verfahrensgegenstand beenden (s unten Rn 17ff), ist Abs 2 nicht anwendbar; sie können auch formlos ergehen (vgl § 37 Abs 2). Erfasst werden aber auch vorläufige VAe, sofern diese zeitlich befristet über den Verfahrensgegenstand entscheiden (s zum Begriff § 35 Rn 24b). 7

2. Schriftform. Abs 2 S 1 schreibt für die abschließende Entscheidung die Schriftform vor. Die Entscheidung ist danach schriftlich abzufassen und zu unterschreiben. Vgl zur Schriftform im Einzelnen § 37. Zur Erfüllung des Schriftformerfordernisses durch elektronische VAe s § 3a Abs 2. Wie bei Urteilen ist auch bei VAen zwischen Entscheidungssatz (Tenor) und Begründung zu unterscheiden (BVerwG NVwZ 1982, 117; zT **aA** VGH München NVwZ 1982, 1286); dies gilt umso mehr für VAe im förmlichen Verfahren. Die Unterscheidung sollte auch äußerlich in Form und Aufbau des VA zum Ausdruck kommen. 8

3. Begründung. Die Begründung ist nach Abs 2 **notwendiger Bestandteil** des VA. Die Ausnahmen des § 39 Abs 2 gelten hier nicht ohne weiteres; insoweit gilt Abs 2 S 2 2. Halbsatz als speziellere Regelung. Danach darf eine Begründung nur in den Fällen des § 39 Abs 2 Nr 1 u 3 unterbleiben. Wird die Begründung erst nachträglich abgefasst und den Beteiligten getrennt vom VA zugestellt, was zulässig ist (vgl § 39 Rn 58), so gelten gleichwohl die Formvorschriften auch für sie in gleicher Weise wie für den VA, zu dem sie gehört. Der notwendige Inhalt der Begründung richtet sich im Einzelnen nach § 39 (StBS 13). 9

4. Zustellungserfordernis. Abweichend von § 41, der für VAe allgemein die Bekanntgabe vorsieht, muss die Entscheidung, die in einem förmlichen Verwaltungsverfahren ergeht, immer **zugestellt (Abs 2 S 1) oder** in den Fällen des Abs 2 S 2 **öffentlich bekannt gemacht** (s dazu unten Rn 11) werden. Die Zu- 10 stellung erfolgt bei von Bundesbehörden erlassenen VAen nach dem VwZG, bei von Landesbehörden erlassenen VAen nach den entsprechenden Zustellungsgesetzen der Länder. S zur Zustellung näher § 41 Rn 58ff. Erlassen im Rechtssinn ist der VA, auch wenn er in der mV bereits bekannt gegeben wurde, erst mit seiner Zustellung (BVerwGE 55, 299; s auch § 41 Rn 13f).

IV. Besondere Regelungen für Massenverfahren (Abs 2 S 2–5)

11 **1. Öffentliche Bekanntmachung.** Abs 2 S 2 ermächtigt die Behörde im Interesse der Vereinfachung des Verfahrens, in Fällen, in denen sonst **mehr als 50 Zustellungen** (vgl § 67 Rn 10) des Bescheides vorzunehmen wären, statt dessen den **verfügenden Teil des VA, dh den Entscheidungssatz (Tenor),** der die getroffene Regelung enthält, öffentlich bekannt zu machen. Zur Herabsetzung der „Masseschwelle" in Abs 2 S 2 und Abs 3 S 2 von 300 auf 50 durch das GenBeschlG siehe § 17 Rn 7. Ob die Behörde von der Möglichkeit öffentlicher Bekanntmachung Gebrauch macht, steht in ihrem **Ermessen** (ebenso Bambey DVBl 1984, 376; Knack 11). Eine Bekanntmachung auch der Begründung des VA ist nicht erforderlich, bei Planfeststellungen auch nicht der festgestellten Pläne (VGH München NVwZ 1982, 128). Insoweit lässt das Gesetz es ausreichen, dass auf Grund der Bekanntmachung die Möglichkeit der Betroffenen besteht, sich die erforderlichen weiteren Informationen zu beschaffen. Zum verfügenden Teil idS gehören auch die **Nebenentscheidungen** und die **Rechtsmittelbelehrung** (StBS 20), ggf auch eine dem VA beigefügte **Vollziehbarkeitsanordnung** (VzA) gem § 80 Abs 2 Nr 4 VwGO (Blümel VerwArch 1982, 23). Bekannt zu machen sind ferner der **Hinweis auf die Zustellungswirkung** nach Abs 2 S 4 und der Hinweis auf die Möglichkeit, nach Abs 2 S 5 ein Exemplar des vollständigen VA anzufordern.

12 **Bekannt zu geben ist der volle Wortlaut des verfügenden Teils** (StBS 19; Knack 12). **Umstritten** ist, ob die Bekanntmachung einer Zusammenfassung des verfügenden Teils ausreichend ist, wenn der volle Wortlaut derart umfangreich ist, dass entweder die öffentliche Bekanntmachung wesentlich erschwert oder der Informationswert der Bekanntgabe eingeschränkt wäre. Dies hat das BVerwG angenommen.[1] Dem ist zuzustimmen, wenn der Zweck der Bekanntgabe, den Betroffenen Gelegenheit zu geben, sich über den VA näher zu informieren **(Anstoßfunktion),** anderenfalls nicht erreichbar wäre.[2] Zu den Voraussetzungen der **öffentlichen Bekanntmachung** (im amtlichen Veröffentlichungsblatt und zusätzlich in den örtlichen Tageszeitungen) s § 63 Rn 13f.

13 **2. Zustellfiktion (Abs 2 S 4).** Der VA gilt gem Abs 2 S 4 **zwei Wochen nach der Bekanntmachung** in dem amtlichen Veröffentlichungsblatt als zugestellt. Der (fiktive) Zustellungstag ist zugleich gem § 43 für das Wirksamwerden des VA (s § 41 Rn 13) und grundsätzlich auch (s jedoch unten Rn 14) für den Lauf der Rechtsbehelfsfristen maßgeblich. **Umstritten** ist, ob im Falle einer zusätzlichen Individualzustellung die Klagefrist mit dieser erneut in Lauf gesetzt wird (so Bambey DVBl 1984, 377; **aA** Knack 14: zusätzliche Individualzustellung hat keine Rechtsfolgen; offen StBS 21); richtigerweise ist dies nicht der Fall (**aA** 7. Aufl). Es kann aber eine Wiedereinsetzung in Betracht kommen, wenn eine neue Rechtsmittelbelehrung gegeben wird.

14 **3. Hinweispflichten.** Die Hinweispflichten nach Abs 2 S 4 und 5 dienen der Rechtssicherheit und der Rechtsklarheit, außerdem der Konkretisierung der Er-

---

[1] BVerwGE 67, 206 = NJW 1984, 189: Anstoßfunktion; hins. der vollständigen Kenntnisnahme Mitwirkungslast; VGH München DVBl 1982, 207.

[2] Str, **aA** Obermayer 35; zweifelnd StBS 19.

fordernisse einer ordnungsgemäßen Rechtsbehelfsbelehrung gem § 58 VwGO. Das Fehlen des Hinweises gem Abs 2 S 4 auf die Zustellungsfiktion und den maßgeblichen Zustellungstag berührt die Wirksamkeit und Rechtmäßigkeit eines gem Abs 2 S 2 bekannt gemachten VA nicht, sondern hat nur zur Folge, dass gem § 58 Abs 2 VwGO die Anfechtungsfrist gem § 74 VwGO nicht zu laufen beginnt (StBS 22; MB 3; **aA** Obermayer 41: fehlender Hinweis bleibt ohne Folgen). S 4 konkretisiert und modifiziert insoweit die Erfordernisse einer ordnungsgemäßen Rechtsbehelfsbelehrung gem § 58 Abs 1 VwGO, die sonst keinen Hinweis auf den Fristbeginn verlangen (vgl Kopp/Schenke § 58 Rn 11 mwN).

Das Unterbleiben des Hinweises in der öffentlichen Bekanntmachung auf den **Anspruch auf schriftliche Ausfertigung** des VA (s unten Rn 16) ist ohne rechtliche Folgen (ebenso Obermayer 28; zweifelnd StBS 27). Ob in solchen Fällen bei verspäteter Klagerhebung Wiedereinsetzung gewährt werden kann, hängt vom Einzelfall ab, wird aber, wenn nicht weitere Umstände hinzutreten, zu verneinen sein. 15

4. Anforderung des VA (Abs 2 S 5). Die Beteiligten haben im Falle öffentlicher Bekanntmachung nach Abs 5 S 5 **Anspruch auf eine schriftliche Ausfertigung** des VA, wenn sie diese vor Ablauf der Rechtsbehelfsfrist schriftlich bzw entspr § 64 zur Niederschrift bei der Behörde beantragen (ebenso Knack 15). Die **Ausfertigung kann formlos übersandt werden;** einer Zustellung entspr S 1 bedarf es nicht. Sie setzt mit ihrem Zugehen auch keine neuen Rechtsbehelfsfristen in Lauf (Bambey DVBl 1984, 377; Knack 15). Die Betroffenen haben aber Anspruch auf Wiedereinsetzung analog § 45 Abs 3, § 32 VwVfG, wenn die Ausfertigung erst nach Ablauf einer Rechtsbehelfsfrist oder so kurzfristig vorher übersandt wurde, dass rechtzeitige Rechtsbehelfseinlegung nicht mehr möglich war (wie hier StBS 26; Obermayer 48 zu dieser Auffassung neigend, VGH München NVwZ 1982, 129; zT **aA** Knack 15: Wiedereinsetzung hängt von den Umständen des Einzelfalles ab). 16

V. Abschluss des Verfahrens in anderer Weise (Abs 3)

1. Erledigungstatbestände. Nach Abs 3 besteht für alle Fälle, in denen das Verfahren auf andere Weise als durch eine Entscheidung über den Verfahrensgegenstand iS des Abs 2 abgeschlossen wird, zB durch Rücknahme des Antrags, Tod des Antragstellers bei einem höchstpersönlichen VA, durch Verzicht der Behörde auf weitere Durchführung eines von Amts wegen eingeleiteten Verfahrens usw, die **Verpflichtung der Behörde die Beteiligten zu benachrichtigen.** Vgl zu den Fällen des Abschlusses eines Verfahrens durch Erledigung der Sache in anderer Weise allg auch Kopp/Schenke § 113 Rn 101 ff mit weiteren Beispielen. 17

2. Form der Erledigung. Die Regelung lässt offen, in welcher Form in diesen Fällen das Verfahren abzuschließen ist und welchen Rechtscharakter die Benachrichtigung hat. Die Form des Abschlusses hängt grundsätzlich von der Art des Ereignisses bzw der Verfahrenshandlungen ab, die zur Beendigung des Verfahrens führen. Wird das Verfahren durch Abschluss eines Vergleichsvertrags nach § 55 beendet, so ist – abgesehen allenfalls von einer Kostenentscheidung – keine weitere Entscheidung der Behörde erforderlich, soweit durch den Vergleich alle Streitpunkte erledigt werden. Ob es in den übrigen Fällen einer **Einstellung des Verfahrens** durch behördliche Verfügung bedarf, ist umstritten (ablehnend StBS 29; Knack 16; MB 4; Obermayer 52). In jedem Falle hätte die Einstellungsverfügung nur deklaratorischen Charakter; sie könnte auch in einem entsprechenden konkludenten Verhalten der Behörde gesehen werden. 18

Die Mitteilung, zu der Abs 3 die Behörde verpflichtet, ist zugleich als Bekanntgabe der Einstellung des Verfahrens (§§ 41, 43 Abs 1) zu verstehen (ebenso im Ergebnis StBS 30; Knack 16; MB 2). Sie kann formlos, insb auch mündlich, 19 telefonisch oder in anderer geeigneter Form erfolgen (§ 37 Abs 1 S 1). In Verfahren, in denen **mehr als 50 Benachrichtigungen** vorzunehmen wären, kann die Mitteilung gem Abs 3 S 2 iV mit Abs 2 S 3 auch durch öffentliche Bekanntmachung erfolgen (s hierzu § 63 Rn 12ff).

§ 70 Anfechtung der Entscheidung

Vor Erhebung einer verwaltungsgerichtlichen Klage, die einen im förmlichen Verwaltungsverfahren erlassenen Verwaltungsakt zum Gegenstand hat, bedarf es keiner Nachprüfung in einem Vorverfahren.

Übersicht

I. Allgemeines

1 **1. Inhalt.** Die Vorschrift sieht im Hinblick auf den höheren Rechtsschutzstandard des förmlichen Verfahrens (s § 63 Rn 2) für Entscheidungen im förmlichen Verfahren abweichend von § 68 Abs 1 S 1 VwGO die unmittelbare Zulässigkeit der verwaltungsgerichtlichen Klage (§ 74 VwGO) und damit die **Entbehrlichkeit des Vorverfahrens** gem §§ 68ff VwGO vor (Begr 86).

2 **2. Anwendungsbereich.** Die Vorschrift gilt nur für förmliche Verwaltungsverfahren im Anwendungsbereich des VwVfG, die gem § 63 durch Rechtsvorschrift angeordnet worden sind. Sie gilt auch für Planfeststellungsverfahren und entfaltet dort ihre besondere Bedeutung. Die Verwaltungsverfahrensgesetze der Länder sehen im Wesentlichen mit § 70 gleich lautende Vorschriften vor (vgl zB § 137 s-hLVwG). Zahlreiche sonstige Vorschriften des Bundes bzw der Länder enthalten vergleichbare Regelungen. Für landesrechtliche Vorschriften ergibt sich die im Hinblick auf die Regelungen des Vorverfahrens in der VwGO erforderliche **Ermächtigung des Landesgesetzgebers** aus § 68 Abs 1 S 2 VwGO, nach dessen neuer Fassung sogar das Erfordernis eines „besonderen Falles" (hierzu noch BVerfGE 35, 65) entfallen ist.

3 **Die Vorschrift gilt nicht nur für Anfechtungsklagen,** sondern trotz des insofern missverständlichen Wortlauts („erlassener VA") auch für Verpflichtungsklagen auf Erlass von VAen im förmlichen Verfahren (Obermayer 9; StBS 5; Knack 2); nicht dagegen auch für Klagen gegen die Ablehnung der Einleitung eines förmlichen Verfahrens bzw auf positive Entscheidung über die Einleitung eines solchen Verfahrens[1] bzw für Klagen gegen die Einstellung des Verfahrens gem § 69 Abs 3. Insoweit verbleibt nach Wortlaut und Zweck der Regelung, weil es an einer im förmlichen Verwaltungsverfahren mit den besonderen Garantien gem §§ 63ff ergangenen Entscheidung der Behörde zur Sache fehlt, grundsätzlich beim Erfordernis eines Vorverfahrens gem §§ 68ff VwGO. Nicht berührt wird von § 70 die Möglichkeit einer Untätigkeitsklage gem § 75 VwGO (Obermayer 15).

4 **§ 70 ist analog auf Klagen in anderen Rechtswegen,** zB dem ordentlichen Rechtsweg oder dem Finanzrechtsweg, anwendbar, wenn ein Gesetz ausnahmsweise, obwohl es sich der Sache nach um eine verwaltungsrechtliche Streitigkeit handelt, einen anderen Rechtsweg als den Verwaltungsrechtsweg gem § 40 Abs 1

[1] VGH Kassel DÖV 1983, 948; VGH Mannheim DÖV 1984, 948; StBS 6.

VwGO vorsieht (vgl § 79 Rn 7; **aA** Knack § 79 Rn 17). Zur Auslegung der entsprechenden Vorschriften und zur Frage einer analogen Anwendung zur Ausfüllung von Lücken vgl § 64 Rn 4; die dort gemachten Ausführungen gelten hier entsprechend.

II. Ausschluss des Vorverfahrens

1. Grundsätzliche Unzulässigkeit. Entgegen der insoweit nicht ganz klaren Fassung enthält die Vorschrift einen zwingenden Ausschluss des Vorverfahrens iS des § 68 Abs 1 S 2, 1. Halbs. VwGO. Der Betroffene hat daher keine Wahl, ob er sofort Klage erheben oder Widerspruch gem §§ 68ff VwGO einlegen will; ein **Widerspruch wäre unzulässig** und könnte den Eintritt der Unanfechtbarkeit des VA nicht hindern (Kopp/Schenke § 68 Rn 16). Der Ausschluss des Vorverfahrens gilt nicht nur für Sachentscheidungen, die auf Grund des Verfahrens gem §§ 63ff ergehen, sondern auch zB für die – von der Ablehnung der Einleitung eines Verfahrens zu unterscheidende (s oben Rn 3) – Ablehnung eines Antrags auf Erlass einer positiven Entscheidung in einer Sache durch VA als unzulässig. 5

2. Verfassungsrechtliche Bewertung. Die Zweckmäßigkeit der Regelung wurde in der älteren Literatur teilweise in Zweifel gezogen (vgl Feneberg DVBl 1965, 180; Spanner DVBl 1964, 846) Die Zweifel sind, auch im Hinblick auf den anderenfalls zu erwartenden Zeitverlust, nicht berechtigt. **Verfassungsrechtlich ist sie unbedenklich** (Knack 1; Obermayer 1), auch wenn dadurch den Beteiligten ggf die Möglichkeit einer für sie günstigeren nochmaligen Überprüfung des VA durch eine Behörde und insb ggf auch einer nochmaligen Entscheidung von Ermessensfragen, deren Nachprüfung den Gerichten gem § 114 VwGO entzogen ist, genommen wird (vgl BVerfG 35, 65). 6

§ 71 Besondere Vorschriften für das förmliche Verfahren vor Ausschüssen

(1) **Findet das förmliche Verwaltungsverfahren vor einem Ausschuss (§ 88) statt, so hat jedes Mitglied das Recht, sachdienliche Fragen zu stellen.**[3] **Wird eine Frage von einem Beteiligten beanstandet, so entscheidet der Ausschuss über ihre Zulässigkeit.**[4a]

(2) **Bei der Beratung und Abstimmung dürfen nur Ausschussmitglieder zugegen sein, die an der mündlichen Verhandlung teilgenommen haben.**[5] **Ferner dürfen Personen zugegen sein, die bei der Behörde, bei der der Ausschuss gebildet ist, zur Ausbildung beschäftigt sind, soweit der Vorsitzende ihre Anwesenheit gestattet.**[7] **Die Abstimmungsergebnisse sind festzuhalten.**

(3) **Jeder Beteiligte kann ein Mitglied des Ausschusses ablehnen, das in diesem Verwaltungsverfahren nicht tätig werden darf (§ 20) oder bei dem die Besorgnis der Befangenheit besteht (§ 21).**[14] **Eine Ablehnung vor der mündlichen Verhandlung ist schriftlich oder zur Niederschrift zu erklären.**[16] **Die Erklärung ist unzulässig, wenn sich der Beteiligte, ohne den ihm bekannten Ablehnungsgrund geltend zu machen, in die mündliche Verhandlung eingelassen hat.**[18] **Für die Entscheidung über die Ablehnung gilt § 20 Abs. 4 Satz 2 bis 4.**[22]

Schrifttum: *Dagtoglou,* Kollegialorgane und Kollegialakte der Verwaltung, 1960; *Epping,* Die Willensbildung von Kollegialorganen, DÖV 1995, 719; *Groß,* Das Kollegialprinzip in der Verwaltungsorganisation, 1999, insbes S 280ff; *Kopp,* Die Ablehnung befangener Amtsträger im Verwaltungsverfahren, BayVBl 1994, 109; *Steimel,* Rechtsfolgen der Befangenheit von Mitgliedern eines Kollegialorgans, Vr 1981, 381.

Übersicht

I. Allgemeines

1 **1. Inhalt der Vorschrift.** § 71 enthält in Ergänzung zu den §§ 62–70 Sonderregelungen für Verfahren vor Kollegialorganen (Ausschüssen) hins des Fragerechts der Ausschussmitglieder (Abs 1), der Beratung und Abstimmung (Abs 2) und der Ablehnung von Mitgliedern (Abs 3). Im Einzelnen sind die Bestimmungen den für Kollegialgerichte geltenden Vorschriften nachgebildet. Die Regelungen werden **ergänzt durch die §§ 88 bis 93,** von denen allerdings §§ 89 und 93 ihrerseits wieder durch § 68 Abs 2–4 und § 71 Abs 1 verdrängt werden (Knack 4) Die Bestimmungen des Abs 3 über Ausschüsse werden außerdem **durch § 20 Abs 4 und § 21 Abs 2 ergänzt.** Im Übrigen gelten auch für das förmliche Verfahren vor einem Ausschuss die allgemeinen Bestimmungen über das förmliche Verfahren gem §§ 63 ff. Soweit danach dem Verhandlungsleiter besondere Befugnisse eingeräumt werden (zB nach § 68), kommen diese, vorbehaltlich des Abs 2, dem Vorsitzenden zu. Nicht anwendbar sind die §§ 192 ff GVG (UL § 38 Rn 2). Nicht geregelt ist im VwVfG die Frage, in welchen Fällen das förmliche Verfahren vor einem Ausschuss stattfindet. Insoweit ist allein das einschlägige Fachrecht, welches das förmliche Verfahren anordnet, maßgeblich (UL § 38 Rn 1; Knack 2)

2 **2. Anwendungsbereich.** § 71 gilt **unmittelbar nur in förmlichen Verwaltungsverfahren** gem §§ 63 ff, für die die Anwendung dieses Verfahrens gem § 63 Abs 1 angeordnet ist. Die Vorschrift gilt außerdem nur im Anwendungsbereich des VwVfG. Die Verwaltungsverfahrensgesetze der Länder sehen im Wesentlichen mit § 71 gleich lautende Vorschriften vor (vgl zB § 138 s-hLVwG). Vergleichbare Bestimmungen sind außerdem in zahlreichen anderen Gesetzen, die förmliche Verwaltungsverfahren iwS vorsehen, enthalten. Vgl insoweit und zur

Frage einer sinngemäß-analogen Anwendung der Vorschriften § 64 Rn 2ff; die dort gemachten Ausführungen gelten auch hier entsprechend. Als **Ausdruck allgemeiner Rechtsgedanken** sind Abs 1 und 2 zT analog auch für nichtförmliche Verwaltungsverfahren vor Kollegialorganen anwendbar (ähnlich StBS 3; Knack 2; Obermayer 17; UL § 38 Rn 1); **ebenso für förmliche Verfahren iwS** (s § 63 Rn 2) sowie für Verfahren vor Kollegialorganen, die nicht zur Entscheidung in der Sache berufen sind, sondern nur auf Grund von Rechtsvorschriften dabei mitzuwirken haben (vgl § 88 Rn 8).

II. Fragerecht der Ausschussmitglieder (Abs 1)

1. Grundsatz (Abs 1 S 1). Abs 1 sieht in Anlehnung an § 104 Abs 2 VwGO 3 ein Fragerecht der Mitglieder eines gem §§ 88ff im Rahmen eines förmlichen Verwaltungsverfahrens tätigen Ausschusses vor. Das Fragerecht ergänzt das Erörterungsrecht bzw die Erörterungspflicht und die Hinweispflicht des Verhandlungsleiters gem § 68 Abs 2. Es dient der Aufklärung des Sachverhalts und soll außerdem dem einzelnen Mitglied die für die Beratung und Abstimmung erforderliche Meinungsbildung gewährleisten (Begr 86; MuE 215). Im Gegensatz zur Verfahrensleitung und zur allgemeinen Erörterungspflicht des Verhandlungsleiters, der auch ein allgemeines Erörterungs- und Fragerecht entspricht, haben die übrigen Mitglieder des Ausschusses nur das Fragerecht. **Umstritten** ist, ob das Fragerecht auch außerhalb bzw unabhängig von einer mV ausgeübt werden kann (so StBS 12; Obermayer 25). Wortlaut und Zusammenhang deuten dagegen auf eine Beschränkung auf die mV hin (so auch Knack 5).

Sachdienlichkeit begrenzt das Fragerecht der Mitglieder des Ausschusses. Sie 4 liegt vor, wenn die Fragen der Sachaufklärung nach § 24 oder der Klarstellung des Vorbringens und der Anträge der Beteiligten dienen (vgl auch Obermayer 25). Hierbei ist aber ein großzügiger Maßstab geboten.

2. Beanstandung von Fragen (Abs 1 S 2). Das Beanstandungsrecht hin- 4 a sichtlich einzelner Fragen kommt nach dem klaren Wortlaut der Vorschrift **nur den Beteiligten** (§ 13), nicht auch Zeugen und Sachverständigen oder den Mitgliedern des Ausschusses oder dem Verhandlungsleiter zu (StBS 13; Knack 5; MB 3; **aA** insoweit Obermayer 29). Für die Beschlussfassung des Ausschusses über die Zulässigkeit der Frage gilt § 91 (StBS 13; Knack 5). Der Vorsitzende des Ausschusses kann Fragen einzelner Mitglieder grundsätzlich nicht nach Abs 1 S 2 beanstanden. Kraft seiner Leistungsfunktion kann er nur dann die Stellung nicht sachdienlicher Fragen verhindern, wenn dies zu einer erheblichen Verzögerung führen würde.

III. Beratung und Abstimmung; Protokollierung (Abs 2)

1. Grundsatz der Unmittelbarkeit (Abs 2 S 1). Abs 2 beschränkt vorbe- 5 haltlich abweichender gesetzlicher Regelungen in Anlehnung an § 112 VwGO und an § 193 GVG die Teilnahme an der Beratung und Abstimmung auf diejenigen Mitglieder des Ausschusses, die an der mV teilgenommen haben. Insoweit gilt für Kollegialorgane etwas anderes als für den **Einzelentscheider** (vgl § 69 Rn 5). Für die Beschlussfassung selbst und die Beschlussfähigkeit gelten die §§ 90, 91 (vgl Knack 4). Nur wer an der mV teilgenommen hat und auf Grund seines persönlichen Eindrucks von den Beteiligten sowie von etwaigen Zeugen und Sachverständigen deren Äußerungen hins ihrer Glaubwürdigkeit, Zuverlässigkeit usw voll würdigen kann, soll auch bei der Entscheidung mitwirken (Begr 86). Dadurch soll sichergestellt werden, dass bei der Feststellung und Würdigung des Verfahrensergebnisses auch der persönliche Eindruck, den die Beteiligten, Zeugen usw machen, mit berücksichtigt werden kann (Begr 86). Haben mehrere Verhandlungstermine stattgefunden, so genügt die Teilnahme am letzten nur, wenn darin alle entscheidungserheblichen Fragen ausreichend erörtert wurden (Obermayer 35;

weitergehend offenbar StBS 17; MB 5) oder die Ausschussmitglieder in anderer Weise ausreichend über die Ergebnisse der vorangegangenen Verhandlungen unterrichtet wurden. Eine **vorübergehende Abwesenheit** einzelner Ausschussmitglieder ist grundsätzlich unschädlich (Groß S 298).

6 **2. Beschlussfähigkeit. Nicht geregelt** ist in § 71, welche Folgen es hat, wenn ein Ausschussmitglied zwar an der mV, nicht aber an der Beratung und Abstimmung oder nur an der Beratung oder nur an der Abstimmung teilnimmt; insoweit kommt es auf das in der Sache anwendbare Fachrecht an (vgl BVerwG NJW 1989, 412); ergänzend gilt § 90 (Knack 6). Grundsätzlich ist danach die Abwesenheit von Ausschussmitgliedern, die an der mV teilgenommen haben, unschädlich, wenn sie verhindert sind und trotz ihres Fehlens die **Beschlussfähigkeit** gegeben ist (ähnlich Obermayer 36).

7 **3. Anwesenheit anderer Personen (Abs 2 S 2).** Andere Personen, die nicht dem Ausschuss angehören, dürfen bei der Beratung und der Abstimmung nur unter den Voraussetzungen des Abs 2 S 2 zugegen sein (Beratungsgeheimnis). Dabei handelt es sich um Personen, die bei der Behörde zur Ausbildung beschäftigt sind, sofern und soweit (uU zB Ausschluss nur von der Beratung bestimmter Fragen) der Vorsitzende (vgl § 68 Rn 5; ebenso Obermayer 29f) ihre Anwesenheit gestattet. Die Teilnahme anderer als der in Abs 2 genannten Personen, auch wenn sie nur die Beratung und nicht auch die Abstimmung betrifft, führt zur Rechtswidrigkeit der getroffenen Entscheidung (ebenso StBS 19).

8 **4. Ausnahmen. a) Öffentliche Beratung und Abstimmung.** Abs 2 S 1 u 2 gilt nach Sinn und Zweck der Regelung nicht für Entscheidungen, für die durch Rechtsvorschrift öffentliche Beratung und Abstimmung vorgeschrieben oder zugelassen ist (vgl WB III § 156 Rn 48), wie meist außerhalb des Verwaltungsverfahrens gem § 1 in kommunalen oder parlamentarischen Gremien wie zB für die Verhandlungen in Gemeinderäten, Rechtsausschüssen usw.

9 **b) Entscheidungen des Vorsitzenden.** Keine Anwendung findet Abs 2 für vorbereitende Entscheidungen des Vorsitzenden außerhalb der mV. Maßgebend für die Erforderlichkeit einer Entscheidung gem Abs 2 S 1 sind die konkreten Vorschriften, die die Tätigkeit des Kollegialorgans regeln; im Zweifel ist auch von Bedeutung, ob es sich um ein ständiges Organ oder um ein nur gelegentlich zusammentretendes Organ handelt. Soweit durch Rechtsvorschriften nichts anderes vorgesehen ist, ist eine Kollegialentscheidung idR dann nicht erforderlich, wenn in entsprechenden Fällen auch im gerichtlichen Verfahren der Vorsitzende allein entscheiden kann.

10 **c) Entscheidungen im Umlaufverfahren.** Die Anwendbarkeit von Abs 2 S 1 entfällt auch dann, wenn Entscheidungen im Umlaufweg uä zugelassen sind (vgl § 90 Rn 9) und im konkreten Fall keine gemeinsame Beratung oder Abstimmung stattfindet. Auch in diesen Fällen dürfen jedoch, vorbehaltlich abweichender besonderer Bestimmungen, **nur die Mitglieder abstimmen** und an der Entscheidung mitwirken, die an der mV teilgenommen haben.

11 **5. Festhalten des Abstimmungsergebnisses (Abs 2 S 3).** Nach Abs 2 S 3 sind die Abstimmungsergebnisse in einer Niederschrift festzuhalten, dh, auf geeignete Weise zu dokumentieren. Dies kann ggf auch in der Niederschrift nach § 68 Abs 4 geschehen, wenn Beratung und Abstimmung in unmittelbarem zeitlichen Zusammenhang mit der mV stattfinden (zT **aA** Begr 86; Obermayer 39: muss). Die Niederschrift muss in diesem Fall jedoch jedenfalls vom Vorsitzenden oder einem anderen Mitglied, das an der Beratung und Abstimmung teilgenommen hat, gefertigt oder zumindest als richtig bestätigt und unterschrieben werden.

12 **a) Mindestinhalt des Protokolls.** Die Pflicht zur Protokollierung umfasst nach Abs 2 S 3 nur das Ergebnis der Abstimmung. Hierzu gehört der Inhalt der

getroffenen Entscheidung sowie die Zahl der für und der gegen den Entscheidungsantrag abgegebenen Stimmen sowie der Enthaltungen. **Nicht unter Protokollierungspflicht** fällt – da es sich insoweit nicht um Ergebnisse, sondern um Elemente der Abstimmung handelt – die Feststellung, wie die einzelnen Mitglieder gestimmt haben und welche Gründe sie dafür geltend gemacht haben (ebenso Obermayer 39); die Mitglieder haben daher auf Grund dieser Regelung auch keinen Anspruch auf Aufnahme ihrer abweichenden Auffassung (sog. „dissenting opinion") in die Niederschrift (Begr 86; ebenso Obermayer 32; StBS 22; Knack 10).

b) Weitergehender Inhalt. Nicht ausgeschlossen ist die Aufnahme weiterer Angaben in das Protokoll. Dies gilt für die Angaben des Stimmverhaltens der einzelnen Ausschussmitglieder, wenn insoweit Einvernehmen besteht (StBS 21; Knack 10; Obermayer 40). **Fachrechtlich geboten** kann außerdem die Aufnahme der für die Entscheidung maßgeblichen Gründe sein, insbes im Hinblick auf spätere gerichtliche Kontrolle. Im Übrigen ist es ausreichend, wenn der Vorsitzende die Entscheidung auf der Grundlage der Mehrheitsmeinung begründet. 13

IV. Ablehnung von Ausschussmitgliedern (Abs 3)

1. Allgemeines. Abs 3 gibt in Anlehnung an das Prozessrecht (§ 54 VwGO, §§ 41 ff ZPO) den Beteiligten (§ 13) ein **formelles Ablehnungsrecht** gegenüber Mitgliedern des Ausschusses in den § 20 und § 21 entsprechenden Fällen. Ein solches Ablehnungsrecht besteht sonst weder im formlosen Verwaltungsverfahren noch im förmlichen besteht, in denen sonst diesbezüglich nur Anregungen gegeben werden können, die allerdings von Amts wegen berücksichtigt werden müssen (vgl §§ 20 f). Darin zeigt sich, dass ein vor einem Ausschuss ablaufendes Verfahren dem gerichtlichen stärker angenähert ist und dass deshalb der Neutralität der Ausschussmitglieder und der Mitwirkung der Beteiligten ein höherer Stellenwert zukommt. Nicht berührt wird von dieser Regelung die Verpflichtung des Ausschusses bzw der Mitglieder, die Ausschlussgründe nach § 20 und § 21 unabhängig von ihrer Geltendmachung durch einen Beteiligten (der uU daran gar kein Interesse hat) **von Amts wegen** zu berücksichtigen (ebenso UL § 12 Rn 19); ebenso nicht das Recht und die Pflicht betroffener Mitglieder zur Selbstablehnung gem § 63 Abs 2, § 20 Abs 4. Zur Ablehnung eines Sachverständigen s § 65 Abs 1. Nicht möglich ist die Ablehnung des ganzen Ausschusses als solchen (StBS 27; Knack 11); sie ist jedoch im Zweifel als Ablehnung der einzelnen Mitglieder des Ausschusses zu verstehen. 14

2. Ablehnungsgründe (Abs 3 S 1). Grundsätzlich gilt für das Ablehnungsrecht dasselbe wie für die Richterablehnung gem § 54 VwGO iVm §§ 41–49 ZPO, soweit sich aus Abs 3 oder dem Wesen des Verwaltungsverfahrensrechts nichts anderes ergibt. Die Aufzählung der Ausschluss- bzw Ablehnungsgründe in §§ 20 f ist abschließend; die Ablehnung eines Mitglieds des Ausschusses analog § 54 Abs 3 VwGO allein deshalb, weil er der Körperschaft angehört, deren Interessen durch das Verfahren berührt werden, ist nicht möglich (**aA** UL § 38 Rn 7: § 54 Abs 3 VwGO analog anwendbar). Zum Problem der institutionellen Befangenheit s § 20 Rn 9. Das Ablehnungsrecht ist nicht davon abhängig, dass der Betroffene eine Entscheidung in der Sache zu seinen Ungunsten befürchtet. 15

3. Erklärung der Ablehnung (Abs 3 S 2). a) Form. Die Ablehnung ist nach Abs 3 S 2 schriftlich oder zur Niederschrift zu erklären, wenn sie vor der mV erfolgt, wenn eine mV nach § 67 Abs 2 nicht stattfindet oder wenn sie vor dem Zeitpunkt, in dem der Beteiligte Kenntnis von dem Ablehnungsgrund erlangt, bereits stattgefunden hat (zu letzterem ebenso StBS 29; Obermayer 45). Vgl im Einzelnen zu den formellen Erfordernissen § 64 Rn 1 ff. Während der mV kann der Ablehnungsantrag auch mündlich gestellt werden (Begr 96; UL § 12 Rn 19; 16

Obermayer 45); die entsprechende Erklärung muss dabei nicht ausdrücklich zur Niederschrift abgegeben werden; der Antrag ist aber nach § 68 Abs 4 Nr 3 von Amts wegen in die Verhandlungsniederschrift aufzunehmen (StBS 30; Knack 14).

17 **b) Begründung der Ablehnung.** Eine Begründung ist nicht ausdrücklich vorgeschrieben, praktisch aber kaum verzichtbar. Der Ausschuss muss zwar die Gründe selbst nach § 24 Abs 1, § 26 Abs 1 und 2 feststellen. Wenn der Antragsteller aber auch auf entsprechende Fragen des Vorsitzenden oder einzelner Mitglieder keinerlei sachdienliche Begründung gibt, kann der Ausschuss nach allgemeinen Grundsätzen (vgl § 26 Rn 43) auf weitere eigene Ermittlungen verzichten und den Antrag nach S 4 iVm § 20 Abs 4 S 2–4 als unbegründet ablehnen oder ohne ausdrückliche Entscheidung darüber unberücksichtigt lassen (vgl BVerwG MDR 1970, 442; BVerfG 11, 348). Dasselbe gilt für offensichtlich missbräuchlich gestellte Ablehnungsanträge (vgl BVerfG 74, 100; Kopp/Schenke § 54 Rn 16 für das Prozessrecht).

18 **4. Verlust des Ablehnungsrechts. a) Grundsatz.** Nach Abs 3 S 3, der § 42 ZPO nachgebildet ist und allgemeinen Rechtsgrundsätzen des Verwaltungsverfahrensrechts wie auch des Prozessrechts entspricht (BVerwGE 90, 290), verlieren die Beteiligten das Ablehnungsrecht, wenn sie sich in Kenntnis des Ablehnungsgrunds rügelos in die mV einlassen, ohne die Ablehnung geltend zu machen. Bei rügeloser Einlassung wird der **Verzicht auf das Rügerecht unwiderleglich vermutet** (BVerwGE 90, 290 = DVBl 1992, 1490). Ausgeschlossen wird nur das Ablehnungsrecht, nicht dagegen auch die Verpflichtung des Ausschusses, Ausschlussgründe oder Gründe, die die Besorgnis der Befangenheit rechtfertigen, gem §§ 20, 21 **von Amts wegen zu berücksichtigen,** auch wenn die Beteiligten das Ablehnungsrecht nicht geltend machen oder verloren haben (ebenso UL § 12 Rn 19); dies schon deshalb, weil die Beteiligten, wenn „Befangenheit" zu ihren Gunsten besteht oder von ihnen vermutet wird, uU gar kein Interesse haben, einen Ablehnungsantrag zu stellen (vgl oben Rn 16).

Zweifelhaft ist, ob der Verlust des Ablehnungsrechts nach Abs 3 S 3 auch **für die Ausschlussgründe nach § 20** gilt, wofür der Wortlaut sprechen könnte, oder ob die Regelung im Einklang mit § 43 ZPO (dem sie nachgebildet ist) einschränkend auszulegen und nur auf die Fälle der Ablehnung wegen Befangenheit entspr § 21 anzuwenden ist. Für letztere Auffassung spricht, dass sonst uU sogar die Nichtigkeit des VA wegen Entscheidung in eigener Sache iS des § 20 Abs 1 S 1 iVm § 44 Abs 1 und Abs 3 Nr 2 später nicht mehr geltend gemacht werden könnte.

19 **b) Rügelose Einlassung.** Rügelose Einlassung ist jede Antragstellung und jede Erklärung zur Sache (K 9), auch zur Zulässigkeit des Verfahrens (vgl Kopp/Schenke § 91 Rn 17), außerdem wohl auch bloßes Schweigen über den Zeitpunkt hinaus, bis zu dem in entspr Anwendung von § 26 Abs 2 S 1 und 2 spätestens nach Treu und Glauben zu erwarten gewesen wäre, dass der Beteiligte die Ablehnung geltend macht. **Wenn keine mV stattfindet** (vgl § 67 Abs 2), kann die Ablehnung grundsätzlich **bis zum Ergehen der Entscheidung** in der Sache geltend gemacht werden, wenn bzw solange der Betroffene das Ablehnungsrecht nicht durch illoyale Verzögerung der Geltendmachung verwirkt hat (vgl § 20 Rn 57).

20 **c) Kenntnis des Ablehnungsgrunds.** Kenntnis des Ablehnungsgrunds bedeutet, dass der Beteiligte die tatsächlichen Umstände kennt, die eine Ablehnung rechtfertigen können; auf die exakte rechtliche Beurteilung kommt es insoweit nicht an. Es genügt die sog. Parallelwertung in der Laiensphäre. Erforderlich ist die **positive Kenntnis** des zur Ablehnung berechtigenden Sachverhalts; die bloße Möglichkeit der Kenntnisnahme reicht nicht aus. Fehlt die Kenntnis, so kann der Beteiligte den Ablehnungsgrund zu einem späteren Zeitpunkt noch geltend machen.

21 **d) Wirkungen des Ausschlusses.** Der Verlust des Ablehnungsrechts gilt **auch für eine spätere Klage** vor dem Verwaltungsgericht und hat hier zur Folge, dass der formelle Fehler der Entscheidung, der in der Mitwirkung eines befangenen Ausschussmitglieds liegt, nicht mehr geltend gemacht werden kann (BVerwGE 90, 287, 290; Knack 15; Groß S 296; **aA** StBS 32). Vgl insoweit und zu **verfassungsrechtlichen Bedenken** gegen diese Auffassung, zur vergleichbaren Situation bei der Präklusion von Einwendungen in Planfeststellungsverfahren § 73 Rn 83.

22 **5. Entscheidung über die Ablehnung (Abs 3 S 4).** Über den Antrag entscheidet der Ausschuss nach dem entspr anwendbaren § 20 Abs 4 S 2–4 in seiner Gesamtheit, jedoch **ohne Mitwirkung des abgelehnten Mitglieds** in einer Art Zwischenverfahren durch Beschluss. Der Beschluss kann, da jedenfalls das betroffene Mitglied dagegen Rechtsbehelfe einlegen kann (s § 20 Rn 58), nicht mit der Entscheidung in der Hauptsache verbunden werden, sondern muss dieser vorausgehen. Die Beteiligten haben im Verfahren vor der Entscheidung über den Ablehnungsantrag Anspruch auf Gehör gem § 66. Wird der Ausschuss infolge der Ablehnung einzelner Mitglieder beschlussunfähig, ohne dass es eine Vertretungsregelung gibt, so muss die für die Einsetzung des Ausschusses zuständige Behörde entscheiden (StBS 39). Ist die Ablehnung rechtsmissbräuchlich, so kann der abgelehnte Ausschuss selbst entscheiden.

23 **6. Rechtsbehelfe.** Die Beteiligten haben gegen die Stattgabe sowie gegen die Ablehnung des Antrags gem § 97 iVm § 44a VwGO keine gesonderten Rechtsbehelfe; sie können die (nach ihrer Auffassung) fehlerhafte Entscheidung des Ausschusses nur mit Rechtsbehelfen gegen die in der Hauptsache ergehende Entscheidung angreifen (Knack 16; Obermayer 57). Entsprechendes gilt für die Unterlassung einer Entscheidung über die Ablehnung. Zu Rechtsbehelfen des betroffenen Mitglieds des Ausschusses gegen die Entscheidung vgl § 20 Rn 58.

Abschnitt 1a. Beschleunigung von Genehmigungsverfahren

§ 71a Anwendbarkeit

Hat das Verwaltungsverfahren die Erteilung einer Genehmigung[9] zum Ziel (Genehmigungsverfahren), die der Durchführung von Vorhaben im Rahmen einer wirtschaftlichen Unternehmung des Antragstellers dient,[10] finden die §§ 71b bis 71e Anwendung.

Schrifttum: *Bonk,* Strukturelle Änderungen des Verwaltungserfahrens durch das GenBeschlG, NVwZ 1997, 320; *Bullinger,* Investitionsförderung durch Nachfragegerechte und kooperative Beschleunigung von Genehmigungsverfahren, JZ 1994, 1129; *Dose/Holznagel/Weber (Hg),* Beschleunigung von Genehmigungsverfahren – Vorschläge zur Verbesserung des Industriestandortes Deutschland, 1994; *Jäde,* Beschleunigung von Genehmigungsverfahren nach dem GenBeschlG, UPR 1996, 361; *Schmitz,* Moderner Staat – Modernes Verwaltungsverfahrensrecht, NVwZ 2000, 1238; *Schmitz/Olbertz,* Das Zweite Gesetz zur Änderung verwaltungsverfahrensrechtlicher Vorschriften – Eine Zwischenbilanz?, NVwZ 1999, 126; *Schmitz/Wessendorf,* Das GenBeschlG – Neue Regelungen im VwVfG und der Wirtschaftsstandort Deutschland, NVwZ 1996, 955; *Steinbeiß-Winkelmann,* Verfassungsrechtliche Vorgaben und Grenzen der Verfahrensbeschleunigung, DVBl 1998, 809; *Stüer,* Beschleunigungsnovellen 1996, DVBl 1997, 326; *Wulfhorst,* Erfahrungen mit den Beschleunigungsgesetzen – aus der Sicht der Exekutive, VerwArch 1997, 163; *Ziekow,* Die Wirkung von Beschleunigungsgeboten im Verfahrensrecht, DVBl 1998, 1101.

Übersicht

I. Allgemeines

1 **1. Inhalt.** Die Vorschrift regelt die Anwendbarkeit der §§ 71 b–71 e auf Verwaltungsverfahren, in denen es um die Erteilung einer Genehmigung von Vorhaben geht, die wirtschaftlichen Unternehmungen dienen. Die Bestimmungen sehen für derartige Verfahren neben einer Pflicht zur **Verfahrensbeschleunigung** (§ 71 b) besondere **Auskunfts- und Beratungspflichten** sowie **kooperative Verfahrensweisen** (§ 71 c) vor: Die Genehmigungsbehörde ist nach § 71 c Abs 2 verpflichtet, bereits vor einer Antragstellung Einzelheiten und Erfordernisse einer Antragstellung und die Vorgehensweise im Interesse einer zügigen Durchführung des Verfahrens ggf auch unter Heranziehung anderer Behörden und Beteiligung Dritter mit dem Antragsteller zu erörtern und ihm unverzüglich nach Eingang des Antrags mitzuteilen, ob und ggf welche Antragsunterlagen noch einzureichen sind und wann mit einer Entscheidung zu rechnen ist (§ 71 c Abs 3). Als **beschleunigende Verfahrensmodelle** sind die gleichzeitige Beteiligung der in ihrer Sachzuständigkeit betroffenen Behörden in einem sog **Sternverfahren** (§ 71 d) sowie gemeinsame Besprechungstermine mit allen beteiligten Stellen in einer sog **Antragskonferenz** (§ 71 e) vorgesehen.

2 **2. Anwendungsbereich.** Die Regelungen der §§ 71 a–71 e finden nur im Rahmen von Verwaltungsverfahren nach dem VwVfG Anwendung, soweit spezialgesetzlich nicht inhaltsgleiche oder abweichende Regelungen getroffen worden sind. Die Verwaltungsverfahrensgesetze der Länder sind, soweit sie nicht ohnehin auf die Regelungen des jeweils geltenden VwVfG verweisen, trotz des Widerstandes des Bundesrates im Gesetzgebungsverfahren inzwischen um gleich lautende Vorschriften ergänzt worden. Die Regelungen führen kein neues Verwaltungsverfahren ein, sondern ergänzen die allgemeinen Vorschriften über das formlose Verwaltungsverfahren (§§ 9 ff) und das förmliche Verwaltungsverfahren (§§ 63 ff). **Keine Anwendung** finden die §§ 71 a ff **auf Planfeststellungsverfahren** (§ 72 Abs 1), wohl aber auf Verfahren, die zu einer Plangenehmigung führen, weil die Ausschlussnorm des § 72 Abs 1 auf Plangenehmigungen gem § 74 Abs 6 nicht anwendbar ist.[1]

3 **3. Bedeutung und Zielsetzung.** Die §§ 71 a–71 e wurden durch das GenBeschlG neu in das Gesetz eingefügt. Ziel ist eine Verbesserung des „Standortes Deutschland“ durch den Abbau von Investitionshemmnissen sowie die Modernisierung des Verwaltungsverfahrens durch die Einführung konsensualer Elemente. Als Hemmnisse in diesem Sinne werden erstens Kompliziertheit und Unübersichtlichkeit von Genehmigungsverfahren und zweitens deren zu lange Dauer angesehen. Die Regelungen der §§ 71 a–71 e sollen in beiderlei Hinsicht wirken, ohne dass die eigentlichen formellen und materiellen Voraussetzungen der erforderlichen Genehmigungen verändert werden.

[1] BT-Dr 13/3995 S 8; StBS 15; Jäde UPR 1996, 361; Knack 3; Obermayer 6.

a) Vereinfachung durch Kooperation. Investitionsvorhaben sollen erleichtert werden, indem bürokratische Hemmnisse und Risiken abgebaut werden. Dies soll vor allem durch eine gesteigerte Pflicht zur Beratung und Auskunft über die Genehmigungsvoraussetzungen geschehen, die nach § 71 c uU bereits vor Beginn des Verfahrens mit dem Antragsteller zu erörtern sind. Auf diese Weise wird der Antragsteller in die Lage versetzt, den **Gesamtaufwand** (§ 71 c Abs 2) und die **Dauer** (§ 71 c Abs 3) von Genehmigungsverfahren besser abschätzen und die notwendigen Vorbereitungen dafür leichter treffen zu können. Dies trägt zugleich zu einer Beschleunigung der Verfahren bei, weil zeitaufwändige Rückfragen und umständliche Nachforderungen von Unterlagen, Nachweisen usw unterbleiben oder jedenfalls eingeschränkt werden können. 4

b) Beschleunigung durch Konzentration. Eine Beschleunigung des Verfahrens soll dadurch erreicht werden, dass die behördeninterne Abstimmung über das Genehmigungsverfahren durch frühzeitige Hinzuziehung von anderen Behörden und ggfs auch von Dritten (§ 71 c Abs 2 S 2), durch die Durchführung eines Sternverfahrens (§ 71 d) oder einer Antragskonferenz (§ 71 e) konzentriert werden und die sonst uU langwierigen und teilweise auch redundanten Entscheidungsprozesse abgekürzt werden. Investitionsvorhaben sollen auf diese Weise beschleunigt verwirklicht werden können; auch sollen diese Maßnahmen eine Verbesserung der Investitionsbereitschaft bewirken. Diesem Zweck dient auch die Möglichkeit einer vorrangigen Bearbeitung der privilegierten Genehmigungsanträge (Sonderbeschleunigung). 5

4. Entstehungsgeschichte. Die Vorschriften gehen im Wesentlichen zurück auf den Entwurf eines Standortsicherungsgesetzes, der im Frühjahr 1994 als Gesetzesantrag des Landes Baden-Württemberg eingebracht worden war (BT-Dr 13/1445). Die dort gemachten Vorschläge wurden von der „Unabhängigen Expertenkommission Planungs- und Genehmigungsverfahren" (Schlichter-Kommission) übernommen (vgl Bundesministerium für Wirtschaft (Hg), Investitionsförderung durch flexible Genehmigungsverfahren – Bericht der Unabhängigen Expertenkommission zur Vereinfachung und Beschleunigung von Planungs- und Genehmigungsverfahren, 1994) und im Juni 1995 von der sog Ludewig-Kommission im Wesentlichen bestätigt (vgl Bundesministerium für Wirtschaft (Hg), Empfehlungen der Arbeitsgruppe, 1995). Hieraus wurde der Gesetzentwurf der Bundesregierung entwickelt (BT-Dr 13/3995), der trotz erheblicher Bedenken des Bundesrates und massiver Kritik aus dem Bereich der Wissenschaft[2] beschlossen wurde. 6

5. Kritik. Die Neuregelungen in den §§ 71 a ff haben vor allem in zweierlei Hinsicht Kritik erfahren. Zum einen wurde darauf hingewiesen, dass sich **Effektivität, Flexibilität und Schnelligkeit der Verwaltung gesetzlich nicht erzwingen lassen** (vgl auch die Kritik des Bundesrates in BR-Dr 29/1/96 S 3). Die sinnvolle Durchführung der einzelnen Verwaltungsverfahren sollte deshalb dem pflichtgemäßen Ermessen der Exekutive überlassen bleiben, die im Übrigen die in den §§ 71 a ff vorgesehenen Möglichkeiten vielerorts bereits seit langem auch ohne gesetzliche Bestimmungen praktiziert (BT-Dr 13/3995 S 48). Mit seiner Absicht, durch die Schaffung des Abschnitts 1 a „ein Signal" zu setzen, „das die Genehmigungsbehörden auffordert", stärker von diesen Möglichkeiten Gebrauch zu machen (vgl BT-Dr 13/3995 S 8), rückt der Gesetzgeber selbst die Vorschriften in die **Nähe symbolischer Gesetzgebung.**[3] Der Bundesrat konnte sich mit seiner berechtigten Kritik an der starken Reglementierung des Verfahrens (vgl BR-Dr 29/1/96 S 3 ff) nicht durchsetzen. Zum anderen besteht die **Gefahr einer unge-** 7

---

[2] RSU BT-Dr 13/4108, S 68; Lübbe-Wolff ZUR 1995, 57; Koch NVwZ 1996, 215; zT weniger kritisch Schmitz/Wessendorf NVwZ 1996, 955; erläuternd Schlichter DVBl 1995, 173.

[3] Vgl Bericht des Bundesrechnungshofs zur Haushalts- und Wirtschaftsführung des Bundes, 2002, Tz 9.1; ähnlich Knack vor § 71 a Rn 4; positiver StBS 35.

rechtfertigten Sonderbehandlung von solchen Antragstellern, deren Vorhaben mit Investitionen verbunden sind. Die Erörterung bereits vor Beginn des Verwaltungsverfahrens verschafft dem Antragsteller ebenso wie eine Sonderbeschleunigung seines Vorhabens eine Sonderrolle, die die Neutralität der Verwaltung gefährden kann. Teilweise wird die Neuregelung auch als Schritt in die richtige Richtung verstanden, dem weitere folgen müssten (StBS 35).

II. Voraussetzungen für die Anwendung der §§ 71 b–71 e

8 **1. Allgemeines.** Nach § 71 a finden die §§ 71 b–e auf Verwaltungsverfahren (vgl § 9) Anwendung, die der Zulassung von Vorhaben im Rahmen einer wirtschaftlichen Unternehmung des Antragstellers dienen. Es muss sich also um ein Verwaltungsverfahren handeln, auf das die Regelungen des VwVfG (bzw der entsprechenden Verfahrensgesetze der Länder, soweit diese inzwischen angepasst worden sind), anwendbar sind. Ob es sich um formlose oder förmliche Verfahren nach den §§ 63 ff handelt, spielt keine Rolle. Nur im Rahmen von Planfeststellungsverfahren kommen die Vorschriften nach § 72 Abs 1 nicht zur Anwendung; wohl aber bei Plangenehmigungsverfahren (vgl Rn 2). Ob das Verfahren auf den Erlass eines VA oder auf den Abschluss eines öffentlich-rechtlichen Vertrages abzielt, ist unerheblich.

Keine Anwendung finden die Regelungen dann, wenn das Vorhaben von einer Genehmigung freigestellt ist, zB nur anzeigepflichtig ist. Für eine analoge Anwendung der Vorschriften ist kein Raum, weil es dann nicht um eine Beschleunigung im Genehmigungsverfahren, sondern allenfalls um eine Beschleunigung des Vorhabens bzw der Investition geht (offenbar **aA** StBS 42). In derartigen Fällen ist die Verwaltung nicht gehindert, einen Investor zu unterstützen; allerdings besteht keine Verpflichtung nach den §§ 71 a ff.

9 **2. Die nach §§ 71 a ff privilegierten Verfahren. a) Genehmigung.** Unter den weiten Begriff der Genehmigung iSd § 71 a sind alle nach öffentlichem Recht erforderlichen **Gestattungen unabhängig von ihrer Bezeichnung** (Erlaubnisse, Bewilligungen, Zulassungen) zu verstehen. Erfasst werden auch solche Verwaltungsverfahren, die dem Abschluss eines verwaltungsrechtlichen Vertrages über die Zulassung des Vorhabens dienen. Ausgeschlossen sind nach § 72 Abs 1 lediglich Planfeststellungsbeschlüsse, nicht aber Plangenehmigungen nach § 74 Abs 6 (BT-Dr 13/3995 S 48). Da die Genehmigung der Durchführung des Vorhabens dienen, nicht aber notwendig seine Zulässigkeit abschließend feststellen muss, sind auch Teil- und Vorbescheide Genehmigungen iSd § 71 a (Jäde UPR 96, 364; Knack § 71 a Rn 3). Keinem Verwaltungsverfahren unterworfen und deshalb naturgemäß nicht erfasst sind solche Vorhaben, die lediglich anzuzeigen oder von einer Genehmigung freigestellt sind.[4] Erforderlich ist grundsätzlich, dass ein Verfahren bereits eingeleitet wurde (zur Einleitung vgl § 22 Rn 11, 21 ff). Allerdings sehen einige Vorschriften vor, dass bereits **vor Beginn des Verwaltungsverfahrens** Beratungs- Erörterungs- und Auskunftspflichten bestehen (vgl zB § 71 c).

10 **b) Wirtschaftliche Unternehmung des Antragstellers.** Das Verwaltungsverfahren muss eine Genehmigung zum Ziel haben, die der Durchführung eines Vorhabens im Rahmen einer wirtschaftlichen Unternehmung des Antragstellers dient. Der Begriff der wirtschaftlichen Unternehmung **ist weit zu verstehen** (StBS 49; Knack 4; Obermayer 11). Ausgeschlossen werden sollen lediglich solche Vorhaben, die der privaten Lebensführung dienen (so BT-Dr 13/3995 S 8). Es kommt nicht darauf an, ob das Vorhaben einem Gewerbebetrieb, einem Unternehmen, Geschäft oder ähnlichem dient. Erfasst werden auch Vorhaben, die zur

[4] HM, vgl Obermayer 4; Bonk NVwZ 1997, 320, 327; Jäde UPR 1996, 361, 363; **aA** StBS 42: analoge Anwendung.

Entfaltung freiberuflicher Tätigkeit oder zum Zwecke der Vermietung und Verpachtung durchgeführt werden. Das Vorhaben **dient der wirtschaftlichen Unternehmung** schon dann, wenn es bei objektiver Betrachtung förderlich sein kann (StBS 60; zu eng Knack 5: vernünftigerweise geboten).

Dient ein Vorhaben neben wirtschaftlichen Zwecken **auch der privaten Lebensführung,** so kommt es darauf an, wo der Schwerpunkt liegt. Im Zweifel muss der Antragsteller die wirtschaftliche Zielsetzung darlegen. In jedem Fall muss es sich um eine wirtschaftliche Unternehmung des Antragstellers handeln. Nicht erfasst wird also zB ein Baugenehmigungsverfahren zur Errichtung eines privaten Eigenheims des Antragstellers, welches der mit der Errichtung des Eigenheims beauftragte Bauunternehmer das Vorhaben „im Rahmen seiner wirtschaftlichen Unternehmung", nämlich seines Baugeschäfts, errichtet. Erfasst wird dagegen jede Errichtung baulicher **Anlagen zu erwerbswirtschaftlichen Zwecken** des Antragstellers unabhängig davon, ob dieser einen Gewerbebetrieb betreibt. 10 a

Die Vorhaben müssen nicht ausschließlich grundstücksbezogen sein, sondern dürfen Elemente einer Personalkonzession in sich tragen (Jäde UPR 96, 363; StBS 53). Nicht ausreichend sind rein personenbezogene Erlaubnisse wie Fahrerlaubnisse oder Berufszulassungen und Ausbildungsabschlüsse (Knack 4). Nach der amtlichen Begründung sollen auch **Investitionen der öffentlichen Hand** (wie zB Müllverbrennungsanlagen oder Kläranlagen) als wirtschaftliche Unternehmungen unter den Anwendungsbereich der §§ 71 a ff fallen (BT-Dr 13/3995 S 8; ablehnend StBS 58). 11

3. Berechtigte und Verpflichtete. Berechtigt, die Möglichkeiten nach den §§ 71 a ff in Anspruch zu nehmen, ist allein der **Antragsteller.** Nicht erforderlich ist es, dass das Vorhaben später vom Antragsteller auch genutzt oder betrieben werden soll. Auch ein Bauträger zB kann die Rechte geltend machen, nicht aber Dritte, die zB den Träger eines Vorhabens nur beraten oder das Vorhaben umsetzen (zB der beauftragte Bauunternehmer). Allerdings muss der Antragsteller die Rechte nicht persönlich in Anspruch nehmen; er kann sich zB auch bei der Erörterung durch Bevollmächtigte oder Beauftragte vertreten lassen (StBS 61). Verpflichtet zur Durchführung der in den §§ 71 b ff vorgesehenen Maßnahmen ist die **Genehmigungsbehörde.** Es handelt sich um diejenige Behörde, die nach außen mit dem Erlass des VA oder dem Abschluss des Vertrages in Erscheinung tritt. **Keine Verpflichtung** trifft eine nur intern beteiligte Behörde an einem Genehmigungsverfahren, wie etwa die **Gemeinde** bei der Erteilung des Einvernehmens nach § 36 BauGB. Diese drittbeteiligten Behörden können nur in das Verfahren einbezogen werden, zB nach § 71 c Abs 2 S 2 in die Erörterung oder nach § 71 d in das Sternverfahren oder nach § 71 e in die Antragskonferenz. 12

§ 71 b Zügigkeit des Genehmigungsverfahrens

Die Genehmigungsbehörde trifft die ihr rechtlich und tatsächlich möglichen Vorkehrungen[4] dafür, dass das Verfahren in angemessener Frist abgeschlossen und auf Antrag[8] besonders beschleunigt werden kann.[8ff]

Schrifttum: *Bonk,* Strukturelle Änderungen des Verwaltungsverfahrens durch das GenBeschlG, NVwZ 1997, 320; *Jäde,* Beschleunigung von Genehmigungsverfahren nach dem GenBeschlG, UPR 1996, 361. S auch § 71 a.

Übersicht

I. Allgemeines

1 **1. Inhalt der Vorschrift.** § 71b hebt gegenüber der allgemeinen Verpflichtung zur zügigen Durchführung von Verwaltungsverfahren nach § 10 S 2 die besondere Bedeutung der Beschleunigung von Genehmigungsverfahren im Bereich wirtschaftlicher Unternehmungen hervor. Unabhängig von den einzelnen Beratungspflichten und Verfahrensmodalitäten der §§ 71c–e verpflichtet die Vorschrift die Genehmigungsbehörden dazu, die Genehmigungsverfahren im Rahmen der ihnen zur Verfügung stehenden personellen und organisatorischen Möglichkeiten zu beschleunigen **(Regelbeschleunigung)** und darüber hinaus auf Antrag weitere Beschleunigungsmöglichkeiten auszunutzen (**Sonderbeschleunigung** – BT-Dr 13/3995 S 9). Die Vorschrift enthält nicht nur einen Programmsatz, sondern eine **echte Rechtspflicht** (StBS 2). Diese Pflicht dient auch den privaten Interessen der Antragsteller. Welche subjektiven Rechte sich daraus ergeben, ist indessen fraglich (s unten Rn 10). Die praktische Bedeutung der Vorschrift ist eher gering (Knack 1; Jäde UPR 1996, 364; Bonk NVwZ 1997, 327).

2 **2. Anwendungsbereich.** Die Vorschrift gilt für Genehmigungsverfahren iSd § 71a. Voraussetzung ist die Anwendbarkeit des VwVfG; die meisten Verwaltungsverfahrensgesetze der Länder enthalten inzwischen gleich lautende Bestimmungen oder verweisen auf die Regelungen des VwVfG. Die Vorschrift gilt außerdem nur vorbehaltlich gleich lautender oder abweichender spezieller Regelungen, die es aber, soweit ersichtlich, gegenwärtig nicht gibt.

3 **3. Vereinbarkeit mit Verfassungsrecht.** Die Vorschrift verstößt nicht gegen Art 3 Abs 1 GG, auch soweit sie eine Sonderbeschleunigung für die Genehmigungsverfahren iSd § 71a vorsieht (Knack 4). Insoweit ist allerdings eine **verfassungskonforme Auslegung** geboten (vgl Rn 8), wonach § 71b auch bei der Sonderbeschleunigung keine unbedingte Priorität der Bearbeitung der privilegierten Genehmigungsverfahren verlangt und das Ausmaß der Beschleunigung vom Vorliegen besonderer Beschleunigungsgründe abhängt.

II. Verpflichtung zur Regelbeschleunigung

4 **1. Allgemeines.** Die Verpflichtung bezieht sich von ihrem Wortlaut her anders als § 10 auf die rechtlichen und tatsächlichen Vorkehrungen für den Abschluss des Verfahrens innerhalb angemessener Zeit. Es geht daher im Grunde um die **Schaffung der Rahmenbedingungen** für die nach § 10 verlangte zügige Behandlung. Allerdings bezieht sich die Vorschrift nicht auf allgemeine Fragen der Ablauforganisation innerhalb der Behörde, sondern auf den Verfahrensablauf im konkreten Einzelfall. Dadurch wird die Möglichkeit einer praktischen Umsetzung stark eingeschränkt, weil aus Anlass einzelner Verfahren nur geringe Spielräume zur Schaffung günstiger Rahmenbedingungen vorhanden sein werden. Die Verpflichtung trifft nur die **Genehmigungsbehörde.** Das ist nur diejenige Behörde, in deren Zuständigkeit es liegt, die beantragte Genehmigung zu erteilen oder zu versagen. Behörden, die sonst am Genehmigungsverfahren beteiligt oder zu betei-

ligen sind, zählen nicht dazu, es sei denn, dass ihrerseits weitere selbständige Genehmigungen für das Vorhaben zu erteilen sind.

2. Inhalt und Grenzen der Beschleunigungspflicht. Grundsätzlich liegt die Ausgestaltung des Verwaltungsverfahrens im pflichtgemäßen Ermessen der Genehmigungsbehörde. Dieses **Verfahrensermessen** wird durch § 71 b nicht aufgehoben, sondern nur eingeschränkt, indem für die Genehmigungsverfahren iSd § 71 a die Verpflichtung zur Schaffung günstiger Rahmenbedingungen statuiert wird (StBS 6). Diese Pflicht besteht nur im **Rahmen des rechtlich und tatsächlich Möglichen,** insbesondere unter Berücksichtigung der verfügbaren Kapazitäten an Personal und Sachmitteln sowie unter Berücksichtigung der Arbeitsbelastung im Übrigen. Eine Verpflichtung zur Erweiterung der Kapazitäten aus Anlass einzelner Verfahren besteht grundsätzlich nicht; die Behörde ist lediglich gehalten, ihre vorhandenen **Kapazitäten voll auszuschöpfen** (Knack 4). Darüber hinaus wird teilweise weitergehend eine Pflicht der Genehmigungsbehörde oder ihres Trägers angenommen, für eine verbesserte Ausstattung zur Durchführung des Verfahrens innerhalb angemessener Zeit zu sorgen (StBS 11, allerdings mit dem zutreffenden Hinweis, dass ein Anspruch des Antragstellers auf eine bessere Ausstattung der Behörde nicht besteht). Dies überzeugt nicht. Adressat der Vorschrift ist die Genehmigungsbehörde, die ihre vorhandenen Möglichkeiten ausschöpfen soll (Jäde UPR 1996, 361, 365); auf die haushaltsrechtliche Verteilung von Ressourcen schlägt die Vorschrift nicht durch. Insoweit bleibt es bei der allgemeinen Amtspflicht, für die Bearbeitung von Anträgen innerhalb angemessener Zeit Sorge zu tragen (vgl BGHZ 15, 305, 309; 30, 19, 25). 5

Angemessen ist eine Frist, die sich unter Berücksichtigung der Schwierigkeiten der Bearbeitung in rechtlicher und tatsächlicher Hinsicht und der Bedeutung des Antrags bzw des zu prüfenden Vorhabens für den Antragsteller im Hinblick auf vorhandene praktische Erfahrungen als vertretbar erweist. Dabei ist nicht allein die erforderliche **Bearbeitungszeit** zu berücksichtigen, sondern auch die im Rahmen eines ordnungsgemäßen Geschäftsbetriebs übliche **Wartezeit.** Sofern sich diese Wartezeiten aber nicht mehr im Rahmen des Üblichen und für den Antragsteller Zumutbaren halten, ohne dass dies auf eine vorübergehende Spitzenbelastung zurückzuführen ist, besteht nach allgemeinen Grundsätzen die Amtspflicht des Trägers der Behörde, Abhilfe zu schaffen (s unten Rn 10). Die Behörde selbst hat in diesen Fällen nur die Pflicht, ihre vorhandenen Kapazitäten voll auszuschöpfen und gegenüber dem Träger auf etwa vorhandene Engpässe hinzuweisen und ggfs eine verbesserte Ausstattung zu verlangen. 6

3. Reihenfolge der Bearbeitung. Über die **Verteilung ihrer Kapazitäten** auf eine Vielzahl von zu bearbeitenden Anträgen entscheidet die Genehmigungsbehörde im Rahmen des ihr zustehenden Verfahrensermessens (hierzu StBS § 10 Rn 9). Dabei hat sie vom verfassungsrechtlich vorgegebenen **Grundsatz der Gleichbehandlung** auszugehen. Dieser verpflichtet sie zwar einerseits grundsätzlich zur Beachtung des Prioritätsprinzips; andererseits aber kann sie im Hinblick auf die Bedeutung und die Dringlichkeit einzelner Vorhaben sowie unter Berücksichtigung des Umfangs und Schwierigkeitsgrades nach pflichtgemäßem Ermessen auch gewisse **Prioritäten, zB im Hinblick auf Eilbedürftigkeit und Bearbeitungsdauer,** setzen, sofern die übrigen Antragsteller nicht unangemessen benachteiligt werden (Knack 4). In diesem Rahmen kann auch eine bevorzugte Bearbeitung von bestimmten Genehmigungsverfahren in Betracht kommen. Eine Durchbrechung dieser allgemeinen Grundsätze der Gleichbehandlung ist im Übrigen im Falle der Regelbeschleunigung nicht vorgesehen. Insbesondere hat der Antragsteller **keinen Anspruch auf eine bevorzugte Bearbeitung** seines Antrags. Dies folgt nicht nur daraus, dass sich § 71 b nur auf die Schaffung von Rahmenbedingungen bezieht, nicht auf die Bearbeitung selbst, sondern auch daraus, dass für eine besondere Beschleunigung eine spezielle Regelung getroffen wurde. 7

III. Sonderbeschleunigung

8 **1. Voraussetzungen. a) Antrag, Bearbeitungsreife.** Die Genehmigungsbehörde trifft Vorkehrungen dafür, dass „das Verfahren besonders beschleunigt werden kann", wenn dies vom Vorhabenträger beantragt wird (sog Sonderbeschleunigung). Mit dieser Regelung wird dem Antragsteller ein **beschränktes Recht auf bevorzugte Bearbeitung** eingeräumt, sofern die Voraussetzungen erfüllt sind. Dazu zählt vor allem, dass der Antragsteller seinerseits alles Erforderliche getan hat, um eine Bearbeitung des Antrags sicherzustellen (StBS 15). Es muss also **Bearbeitungsreife** vorliegen. Dies bedeutet aber nicht notwendig, dass sämtliche Unterlagen, die für die Endentscheidung notwendig sind, bereits vorliegen müssten. Ausreichend ist, wenn alles vorliegt, was der Antragsteller nach Lage der Dinge für erforderlich halten durfte. Außerdem setzt die Sonderbeschleunigung voraus, dass der Antragsteller dies besonders beantragt **(Sonderbeschleunigungsantrag).** Der Antrag ist an keine Form oder Frist gebunden (Knack 6).

8 a **b) Besondere Beschleunigungsgründe.** Da Art und Ausmaß der berechtigten Sonderbeschleunigung vom Einzelfall abhängt, muss der Antragsteller mit seinem Antrag substantiiert besondere Gründe vortragen, die ein besondere Beschleunigung rechtfertigen (StBS 16). Das Vorliegen von Sonderbeschleunigungsgründen ist auch aus verfassungsrechtlichen Gründen geboten, weil die Sonderbeschleunigung idR auf Kosten anderer Antragsteller gehen wird, deren Verfahren nicht vorrangig bearbeitet werden. Deshalb findet die Sonderbeschleunigung ihre Grenze dort, wo die vorrangige Bearbeitung zu einer unangemessenen Zurücksetzung der übrigen Antragsteller führen würde.

9 **2. Sonderbeschleunigungsmaßnahmen.** Welche „Vorkehrungen" im Rahmen der Sonderbeschleunigung in Betracht kommen, hängt vor allem vom Inhalt und der Begründung des Beschleunigungsantrags ab. Denkbar ist zB, dass der Antrag Gründe für eine besonders vordringliche Bearbeitung des Antrags enthält, dass eine besondere Verfahrensgestaltung beantragt wird oder die Möglichkeit eines **Einsatzes eigener Arbeitskräfte** oder sonstiger Kapazitäten des Antragstellers (Jäde UPR 1996, 365). Letzteres kommt insbesondere in Betracht, wenn die Behörde aufwändige Untersuchungen durchführen müsste, setzt aber in derartigen Fällen stets voraus, dass die Behörde die Ordnungsmäßigkeit der privat durchgeführten Untersuchungen durch eigene Kräfte sicherstellt (Überwachungs- und Kontrollmaßnahmen).

10 **3. Subjektive Rechte des Antragstellers.** Die Pflicht zur Verfahrensbeschleunigung ist eine der Genehmigungsbehörde dem Antragsteller gegenüber bestehende Rechts- und Amtspflicht (§ 10 Rn 11). Allerdings werden sich wegen des auch für die Sonderbeschleunigung bestehenden **Verfahrensermessens** Ansprüche auf eine bestimmte Gestaltung des Verwaltungsverfahrens bzw auf bestimmte „Vorkehrungen" nur in Ausnahmefällen ergeben, nämlich nur dann, wenn sich dieses Ermessen auf Null reduziert hat (vgl auch StBS 19). Eine derartige **Ermessensschrumpfung** wird es idR nur hinsichtlich des „ob" der Beschleunigung, idR nicht auch hinsichtlich des „wie" geben. Etwas anderes kann gelten, wenn der Antragsteller den Einsatz eigenen Personals anbietet; dies wird die Genehmigungsbehörde nicht ohne weiteres ablehnen können, wenn die erforderlichen Überwachungs- und Kontrollmaßnahmen sichergestellt werden können. Dies bedeutet, dass **Primärrechtsschutz** vor den Verwaltungsgerichten zumeist kaum gewährt werden kann, zumal aus praktischen Gründen ohnehin nur vorläufiger Rechtsschutz nach § 123 Abs 1 S 2 VwGO in Betracht kommen wird. Rechtsschutz wird deshalb idR im Rahmen der **Amtshaftung** gewährt werden müssen, wenn die Behörde trotz Vorliegens der Voraussetzungen der Sonderbeschleunigung keine oder keine ausreichenden Maßnahmen ergriffen hat.

§ 71c Beratung und Auskunft

(1) **Die Genehmigungsbehörde erteilt, soweit erforderlich, Auskunft**[7] **über Möglichkeiten zur Beschleunigung des Verfahrens, einschließlich der damit verbundenen Vor- und Nachteile. Dies kann auf Verlangen schriftlich oder elektronisch geschehen, soweit es von der Bedeutung oder der Schwierigkeit der Sache her angemessen erscheint.**

(2) **Die Genehmigungsbehörde erörtert,**[12 ff.] **soweit erforderlich, bereits vor Stellung des Antrags auf Genehmigung mit dem zukünftigen Antragsteller,**

1. **welche Nachweise und Unterlagen von ihm zu erbringen sind,**[13]
2. **welche sachverständigen Prüfungen im Genehmigungsverfahren anerkannt werden können,**[14]
3. **in welcher Weise die Beteiligung Dritter oder der Öffentlichkeit vorgezogen werden kann, um das Genehmigungsverfahren zu entlasten,**[15]
4. **ob es angebracht ist, einzelne tatsächliche Voraussetzungen der Genehmigung vorweg gerichtlich klären zu lassen (selbständiges Beweisverfahren).**[16]

Andere Behörden und, soweit der zukünftige Antragsteller zustimmt, Dritte können von der Behörde hinzugezogen werden.[17]

(3) **Nach Eingang des Antrags ist dem Antragsteller unverzüglich mitzuteilen, ob die Angaben und Antragsunterlagen vollständig sind und mit welcher Verfahrensdauer zu rechnen ist.**[18 f]

Schrifttum: *Bonk,* Strukturelle Änderungen des Verwaltungsverfahrens durch das GenBeschlG, NVwZ 1997, 320; *Jäde,* Beschleunigung von Genehmigungsverfahren nach dem GenBeschlG, UPR 1996, 361; *Schmitz-Wessendorf,* Das GenBeschlG – Neue Regelungen im VwVfG und der Wirtschaftsstandort Deutschland, NVwZ 1996, 955.

Übersicht

I. Allgemeines

1. Inhalt der Vorschrift. § 71c normiert besondere der Verfahrensbeschleunigung dienende Auskunfts-, Beratungs- und Mitteilungspflichten der Genehmigungsbehörde. Durch behördliche Auskunft und Beratung über Möglichkeiten der 1

Verfahrensbeschleunigung, über Inhalt, Form und Mängel des Genehmigungsantrags, Bedarf an Sachverständigennachweisen sowie besondere der Genehmigungsfähigkeit des Vorhabens entgegenstehende Hindernisse soll es dem Antragsteller **schon im Vorfeld des eigentlichen Genehmigungsverfahrens** ermöglicht werden, durch eigene Anstrengungen die Möglichkeiten zur Beschleunigung voll auszuschöpfen. Kleineren Unternehmen, die nicht über ausreichend sachverständiges Personal verfügen, soll dabei geholfen werden, zügig die für den Abschluss des Verfahrens erforderlichen Unterlagen beizubringen. Die Beratung soll sich in Inhalt und Umfang an der Komplexität des Vorhabens und dem beim Vorhabensträger bestehenden Bedarf orientieren (BT-Dr 13/3995 S 9).

2 **2. Anwendungsbereich.** Die Vorschrift gilt nur für Vorhabenträger, für deren Projekt ein Genehmigungsverfahren nach § 71 a durchgeführt werden müsste. Sie gilt nur im Anwendungsbereich des VwVfG, also auch nur vorbehaltlich inhaltsgleicher oder entgegenstehender Rechtsvorschriften. Die Verwaltungsverfahrensgesetze der Länder haben ganz überwiegend inzwischen wortgleiche Regelungen getroffen oder auf die §§ 71 a ff verwiesen. Die Vorschrift gilt gem § 72 Abs 2 nicht unmittelbar für Vorhabenträger, deren Vorhaben einer Planfeststellung bedürfen. Allerdings bedeutet dies nicht, dass damit eine informelle Vorklärungsphase bei planfeststellungsbedürftigen Vorhaben unzulässig wäre. Als **Ausprägung des Kooperationsprinzips** ist die zuständige Behörde vielmehr durchaus berechtigt, auch den Vorhabenträger von planfeststellungsbedürftigen Vorhaben nach Maßgabe des § 71 c zu unterstützen.

3 **3. Verhältnis zu § 25.** Die Vorschrift ist nicht nur Ausprägung der allgemeinen Auskunfts- und Beratungspflichten nach § 25, sondern geht als Ausprägung des Kooperationsprinzips deutlich über die stärker einseitigen Pflichten nach § 25 hinaus. Zwar gilt auch § 25 schon vor Beginn des Verwaltungsverfahrens; es besteht aber ein stärkerer Bezug auf das Verfahren (vgl § 25 Rn 14 f). Im Übrigen bleibt § 25 unberührt. Allerdings ermöglicht auch § 71 c nicht, Anordnungen für das Genehmigungsverfahren zu treffen oder verbindliche Zusagen zu machen (vgl Schmitz/Wessendorf NVwZ 1996, 955, 959). Dies schließt es nicht aus, im Rahmen der informellen Vorklärung auch eine Zusicherung nach § 38 abzugeben.

4 **4. Konkretisierung des Kooperationsprinzips.** Die Vorschrift stellt eine verfahrensrechtliche Positivierung des Kooperationsprinzips dar. Zum Kooperationsprinzip s näher Einf Rn 94 ff. Verwaltung und Vorhabenträger sollen im Zuge eines Investitionsprojekts zusammenarbeiten, um eine rechtsstaatliche, aber gleichwohl flexible und effektive und zugleich rasche Bewältigung der mit dem Projekt verbundenen Probleme zu ermöglichen. Diese Zusammenarbeit soll bereits im Vorfeld des eigentlichen Genehmigungsverfahrens stattfinden, um den Vorhabenträger **schon bei der Standortentscheidung** zu unterstützen und zu beraten. Es kann also sein, dass auf Grund der Vorklärung nach § 71 c von einer Antragstellung überhaupt Abstand genommen wird und damit ein Verwaltungsverfahren iSd §§ 9 ff gänzlich unterbleibt. Es kann aber auch sein, dass der Vorhabenträger auf voraussichtlich auftretende Probleme schon im Vorfeld der Antragstellung durch **Modifizierung seines Projekts** reagiert, so dass Widerstände und Hindernisse im Zuge des eigentlichen Antragsverfahrens bereits weitgehend ausgeräumt sind.

5 **Informelles Vorklärungsverfahren.** Die Regelungen des § 71 c eignen sich von ihrer auf dem Kooperationsprinzip beruhenden Zielsetzung her wenig für eine rechtsförmige Umsetzung im Sinne der Ausprägung eines klassischen Rechtsverhältnisses mit Gewährleistung effektiven Rechtsschutzes. Vielmehr schwebt dem Gesetzgeber vor, dass Behörde und Vorhabenträger in ein informales Vorklärungsverfahren eintreten, in welchem Chancen und Risiken einer Verwirklichung des Projekts flexibel und sachorientiert erörtert und ausgelotet werden kön-

nen. Darin kommt auch die gesetzgeberische standortpolitische Wertung zum Ausdruck, dass eine Verwirklichung von Projekten iSd § 71 a bei Vorliegen der gesetzlichen Genehmigungsvoraussetzungen grundsätzlich im öffentlichen Interesse liegt. Trotz des informalen Charakters, den die durch die Vorschrift vorgesehene Vorklärung hat, werden allerdings für die Behörde auch Rechtspflichten geschaffen. Die Vorschrift ist also nicht als bloße Anregung oder Programmsatz zu verstehen, sondern als Rechtsnorm, die Rechte und Pflichten begründet.

6 **5. Rechtspflichten und Verfahrensermessen.** Auf die Erfüllung der in § 71 c bestimmten Auskunfts-, Beratungs- und Mitteilungspflichten hat der Antragsteller einen **Anspruch,** den er jedenfalls theoretisch im Wege der allgemeinen Leistungsklage bzw des einstweiligen Rechtsschutzes nach § 123 VwGO geltend machen könnte (vgl hierzu die berechtigte Kritik des Bundesrates in BT-Dr 3995, S 12). Dabei ist allerdings zu berücksichtigen, dass die Behörde grds über ein Verfahrensermessen verfügt (§ 10 Rn 4), welches ihr hinsichtlich der Durchführung des konkreten Verfahrens einen Gestaltungsspielraum eröffnet (StBS 9). Hierauf nehmen Abs 1 u 2 durch Erforderlichkeitsklauseln Rücksicht.

II. Auskunftspflicht (Abs 1)

7 **1. Allgemeines.** Abs 1 verpflichtet die Genehmigungsbehörde dazu, dem Vorhabenträger auf ein entsprechendes Verlangen (Knack 2.1; Jäde UPR 96, 366) hin über Möglichkeiten zur Beschleunigung des Verfahrens Auskunft zu erteilen. Ein förmlicher Auskunftsantrag ist nicht notwendig. Ein Anspruch setzt voraus, dass die verlangten Auskünfte „erforderlich" sind. Auf Verlangen ist die Auskunft schriftlich zu erteilen, wenn dies von der Bedeutung oder der Schwierigkeit der Sache her angemessen ist (S 2).

8 **2. Erforderlichkeit (Abs 1 S 1).** Erforderlich ist die Auskunft über Beschleunigungsmöglichkeiten, wenn nicht zu erwarten ist, dass der Vorhabenträger diese Möglichkeiten kennt oder deshalb kennen muss, weil sie sich zB unmittelbar aus dem Gesetz erschließen oder in anderer für den Antragsteller zumutbarer Weise festgestellt werden können (Jäde UPR 96, 365). Wegen der Komplexität der Regelungsmaterien im Planungs- und Genehmigungsrecht können behördliche Auskünfte und Beratungen erforderlich sein, wenn **Antragsteller ersichtlich nicht über den erforderlichen Sachverstand verfügen** (BT-Dr 13/3995 S 9). Aber auch in solchen Fällen sind die konkreten Umstände ausschlaggebend dafür, ob Auskunft erteilt werden muss oder es beispielsweise dem Antragsteller zugemutet werden kann, sich zB durch einen Rechtsanwalt beraten zu lassen. Allerdings entfällt auch bei durch Rechtskundige beratenen Personen nicht automatisch jedes Auskunftsrecht (so auch StBS 10). Vielmehr ist anzunehmen, dass Anlagengenehmigungen vor allem im industriellen oder gewerblichen Bereich heute typischerweise eine derart hohe Komplexität aufweisen, dass sich die Beschleunigungsmöglichkeiten nur von Experten wirklich abschätzen lassen. Deshalb kommt auch in solchen Fällen zumindest ein ergänzender Anspruch in Betracht.

9 **3. Umfang des Auskunftsanspruchs.** Gegenstand der Auskunftspflicht sind die Möglichkeiten zur Beschleunigung des Verfahrens und damit sämtliche vom Regelverfahren abweichende Vorgehensweisen, die zu einer Beschleunigung des Verfahrens beitragen können. Die Auskunftspflicht erfasst in Abgrenzung zur Erörterungspflicht nach Abs 2 nicht die sich bereits gesetzlich ergebenden Pflichten des Antragstellers, die für die Genehmigung erforderlichen Unterlagen beizubringen.

10 Die Genehmigungsbehörde muss nicht notwendig über sämtliche denkbaren Beschleunigungsmöglichkeiten informieren. Ausreichend ist, dass die Behörde die sich im Einzelfall **objektiv aufdrängenden oder anbietenden Möglichkeiten** und deren Vor- und Nachteile mitteilt. Vorteil idS ist im Wesentlichen die zu er-

wartende zeitliche Verkürzung des Verfahrens. Nachteile können zum einen in finanziellem Mehraufwand für die Unterstützung des Verfahrens, zum anderen aber auch in einem Weniger an Bestandskraft der jeweils erreichbaren Genehmigungsart liegen.

11 **Die Auskunft muss auf Antrag schriftlich** erteilt werden, wenn dies von der Sache her angemessen erscheint. Dies ist der Fall, wenn damit nicht ein unverhältnismäßiger Aufwand für die Genehmigungsbehörde verbunden ist. Unverhältnismäßig ist der Aufwand dann, wenn der Inhalt der Auskunft im Rahmen eines mündlichen Gespräches vom Vorhabensträger oder seinem Vertreter ohne weiteres stichwortartig festgehalten werden kann.

III. Erörterungspflicht vor der Antragstellung (Abs 2)

12 **1. Allgemeines. Abs 2 S 1** schreibt vor, was im Rahmen erfolgreicher Ansiedlungspolitik bereits vielerorts praktiziert wird: Bereits vor der Antragstellung müssen einzelne das Verfahren und das Vorhaben betreffende Fragen mit dem Antragsteller erörtert werden. Die Erörterungen sollen den Antragsteller darin unterstützen, durch vollständige und zügige Vorlage der erforderlichen Unterlagen eine schnelle Abwicklung des Verfahrens zu ermöglichen. Sie sollen dagegen nicht dazu dienen, Einzelheiten hinsichtlich der Genehmigungsfähigkeit des Vorhabens verbindlich abzuklären. Dies bleibt dem eigentlichen Genehmigungsverfahren vorbehalten (vgl BT-Dr 13/3995 S 9). Erforderlich ist eine Erörterung dann, wenn nach den Umständen des Einzelfalls – der Komplexität des Vorhabens und dem beim Vorhabenträger vorhandenen Sachverstand – davon auszugehen ist, dass der Antragsteller die für eine zügige Abwicklung des Verfahrens erforderlichen Informationen nicht ohne erheblichen Aufwand selbst beschaffen kann. Auch hier dürfen **keine hohen Anforderungen an die Erforderlichkeit** gestellt werden. Vielmehr entspricht es dem Kooperationsprinzip, dass auch fachkundige Vorhabenträger einen Anspruch auf Erörterung der in Abs 2 S 1 genannten Punkte haben, sofern den Umständen nach anzunehmen ist, dass dies die Durchführung des Verfahrens gleichwohl nicht nur unwesentlich fördert. Die Erörterungspflicht umfasst Fragekomplexe, die auf den Verlauf des Genehmigungsverfahrens von Einfluss sind. Die Aufzählung in Abs 1 S 1 ist nicht abschließend.

13 **2. Nachweise und Unterlagen.** Zu erörtern ist nach Nr 1, welche Nachweise und Unterlagen vom Antragsteller zu erbringen sind. Damit sollen Verzögerungen eines späteren Genehmigungsverfahrens wegen Unvollständigkeit der Nachweise vermieden werden. **Die Auskunft muss richtig und vollständig** sein; sie kann aber nur darauf beziehen, was bei verständiger Würdigung voraussichtlich erforderlich wird (ex-ante-Sicht). Maßstab ist die im Verkehr erforderliche Sorgfalt; bei fahrlässig falschen oder unvollständigen Auskünften sind Amtshaftungsansprüche nicht ausgeschlossen. Eine Verbindlichkeit entfaltet die Auskunft nicht (StBS 24), vielmehr muss der Vorhabenträger stets davon ausgehen, dass sich nicht im späteren Genehmigungsverfahren die Erforderlichkeit weiterer Nachweise und Unterlagen herausstellt (Jäde UPR 96, 366).

14 **3. Prüfungen im Genehmigungsverfahren (Nr 2).** Bei Bedarf bezieht sich die Erörterungspflicht auch auf die Frage, zu welchen Fragen **sachverständige Prüfungen** im Genehmigungsverfahren erforderlich werden und von welchen Sachverständigen gutachtliche Prüfungen anerkannt werden können. Diese Erörterung dient der Klärung eines typischerweise kostenintensiven Teils der erforderlichen Voraussetzungen. Die Erörterung bedeutet nicht, dass der Vorhabenträger ähnlich wie bei einer Zusage einen Anspruch darauf hat, dass die angegebenen Prüfungen bzw Gutachten später auch tatsächlich als ausreichend angesehen werden. Insoweit stehen Angaben im Rahmen der Erörterung stets unter dem Vorbehalt, dass sich später neue Erkenntnisse ergeben, die andere oder weitere Prüfungen erforderlich machen.

4. Vorgezogene Beteiligung Dritter (Nr 3). Nr 3 betrifft die Frage einer Vorab-Beteiligung Dritter. Hieran kann ein Interesse bestehen, um die Frage zu klären, ob und ggfs welcher Widerstand gegen ein Vorhaben vermutlich bestehen wird. Nr 3 hat demgegenüber an sich eine andere Zielsetzung. Danach kommt es darauf an, in welcher Weise die Beteiligung Dritter oder eine Beteiligung der Öffentlichkeit vorgezogen werden kann, um das Genehmigungsverfahren zu entlasten. Eine derartige Entlastung liegt an sich nur vor, wenn die Beteiligung nicht zu einem späteren Zeitpunkt wiederholt werden muss. Die Regelung in Abs 2 S 1 Nr 3 enthält **keine Ermächtigung zur Abänderung oder Modifizierung des vorgeschriebenen Genehmigungsverfahrens.** Damit sind vielmehr die ggf durch das für das jeweilige Genehmigungsverfahren maßgebliche Recht eröffneten Möglichkeiten, die Öffentlichkeit oder Dritte bereits vor Antragstellung zu beteiligen, in Bezug genommen. Sie werden sachlich nicht erweitert (vgl auch StBS 27). Unter Umständen kann sich die Erteilung eines Vorbescheides mit entsprechender vorgezogener Beteiligung anbieten. 15

5. Selbständige Beweisverfahren (Nr 4). Nach Nr 4 zu erörtern, ob es angebracht ist, einzelne tatsächliche Voraussetzungen der Genehmigung in einem selbständigen Beweisverfahren vorweg klären zu lassen. § 71 c Nr 4 führt aber **keine eigene Rechtsgrundlage** für ein eigenständiges Beweisverfahren ein, sondern verweist nur auf die nach geltendem Recht bestehenden Möglichkeiten (vgl Schmitz/Wessendorf NVwZ 96, 959). Voraussetzung ist, dass das anzuwendende Genehmigungsverfahren einem solchen Beweisverfahren nicht entgegensteht. Ist es danach zulässig, so gelten für das selbständige Beweisverfahren über § 173 VwGO die Regelungen der ZPO (StBS 31; Knack 16; **aA** Jäde UPR 96, 367). Für die Durchführung wäre das Verwaltungsgericht zuständig. 16

6. Hinzuziehung weiterer Behörden und Dritter. Nach Abs 2 S 2 können andere Behörden und – mit Zustimmung des zukünftigen Antragstellers – auch Dritte (zB potentiell Betroffene) zu der Erörterung hinzugezogen werden. Dies ist bereits weithin gängige Praxis und im Interesse einer zügigen Durchführung des Vorhabens häufig sinnvoll, weil der Antragsteller auf diese Weise in die Lage versetzt wird, auf Einwände bereits vor der Antragstellung Rücksicht zu nehmen, und weil die Akzeptanz des Vorhabens durch frühzeitige Beteiligung von Betroffenen erhöht werden kann. 17

IV. Mitteilungen über Vollständigkeit des Antrags und Verfahrensdauer

1. Allgemeines. Nach Abs 3 hat die Genehmigungsbehörde dem Antragsteller nach Eingang des Antrags unverzüglich (ohne schuldhaftes Zögern) mitzuteilen, ob die Antragsunterlagen einschließlich der darin enthaltenen Angaben vollständig sind und mit welcher Verfahrensdauer zu rechnen ist. Bei Unvollständigkeit ist anzugeben, welche Unterlagen bzw Angaben fehlen (Jäde UPR 96, 367). Die Mitteilungen über die Verfahrensdauer und über die Vollständigkeit der Unterlagen sind zwar **keine Zusicherung,** binden die Behörde also nicht; sie hat sich an den bisherigen Erfahrungen und einer sachgerechten Einschätzung der Bearbeitungskapazität zu orientieren und muss insoweit lediglich eine zutreffende Prognose enthalten. Unrichtige oder unvollständige Mitteilungen können Schadensersatzansprüche auslösen. 18

2. Rechtsanspruch. Auf eine nach Lage der Dinge zutreffend prognostizierte Zeitangabe besteht ein Anspruch des Vorhabenträgers. Gleiches gilt auch für die Mitteilung, ob die Unterlagen vollständig sind oder nicht. Dieser Anspruch ist im Grundsatz auch gerichtlich durchsetzbar; praktisch dürfte Rechtsschutz insoweit aber kaum sinnvoll sein. Außerdem wird der Anspruch hinsichtlich der Zeitangabe nur auf die ungefähre zeitliche Dimension beziehen können (ebenso StBS 42). 19

§ 71 d Sternverfahren

(1) **Sind in einem Genehmigungsverfahren Träger öffentlicher Belange**[5] **zu beteiligen, soll die zuständige Behörde diese, soweit sachlich möglich und geboten, insbesondere auf Verlangen des Antragstellers, gleichzeitig und unter Fristsetzung zur Stellungnahme auffordern (Sternverfahren).**[4]

(2) **Äußerungen nach Ablauf der Frist werden nicht mehr berücksichtigt,**[7ff] **es sei denn, die vorgebrachten Belange sind der Genehmigungsbehörde bereits bekannt oder hätten ihr bekannt sein müssen oder sind für die Rechtmäßigkeit der Entscheidung von Bedeutung.**

Übersicht

I. Allgemeines

1 **1. Inhalt.** Die Vorschrift führt das sog Sternverfahren in das Verwaltungsverfahren ein. Anwendbar ist das Sternverfahren, wenn in einem Genehmigungsverfahren mehrere Träger öffentlicher Belange zu beteiligen sind. Es ist in derartigen Fällen sinnvoll und auch praktisch bereits weithin üblich, diese Träger öffentlicher Belange gleichzeitig zur Stellungnahme aufzufordern. Dadurch werden Zeitverzögerungen vermieden, die unvermeidlich sind, wenn die einzelnen Träger öffentlicher Belange nacheinander angeschrieben und zur Stellungnahme aufgefordert werden. Die gleichzeitige Aufforderung zur Stellungnahme unter Fristsetzung führt idealiter dazu, dass die erforderlichen Stellungnahmen von allen zu beteiligenden Behörden und Einrichtungen nahezu gleichzeitig – sternförmig – der Genehmigungsbehörde zugehen. Absatz 2 soll die Einhaltung der Frist dadurch sichern, dass Äußerungen nach Ablauf der Frist nicht mehr berücksichtigt werden, soweit es nicht um Inhalte geht, die entweder ohnehin bekannt sind bzw hätten bekannt sein müssen, oder um Inhalte, die die Rechtmäßigkeit der Entscheidung beeinflussen können.

2 Sowohl die Vorschrift über das Sternverfahren in Abs 1 als auch die Regelung der Präklusion nach Abs 2 werden **ohne große praktische Bedeutung** bleiben. Die wichtigsten Fälle der Beteiligung vieler Träger öffentlicher Belange sind ohnehin spezialgesetzlich im Sinne des Sternverfahrens geregelt (vgl zB § 73 Abs 2, 3a; § 4 BauGB, § 11 9. BImSchV); im Übrigen ist das Sternverfahren dort, wo es sich anbietet, bereits seit langem praktische Übung (Schmitz/Wessendorf NVwZ 1996, 355; StBS 4). Die Behördenpräklusion vermag kaum praktische Bedeutung zu erreichen, da sie die Rechtmäßigkeit der Entscheidung nicht berühren darf und die Aufklärungspflicht der Behörde nicht einschränkt.

3 **2. Anwendungsbereich.** Die Vorschrift gilt unmittelbar nur für Genehmigungsverfahren iSd § 71 a im Anwendungsbereich des VwVfG. Die meisten Bundesländer haben inzwischen in ihre Verwaltungsverfahrensgesetzen gleich lautende Bestimmungen aufgenommen oder auf § 71 d verwiesen. Die Vorschrift gilt nicht für Planfeststellungsverfahren, für die die Behördenbeteiligung in § 73 Abs 2, 3a

speziell geregelt ist. Gleiches gilt für die Plangenehmigung, die nach § 74 Abs 6 Nr 2 nur ergehen darf, wenn mit den Trägern öffentlicher Belange das Benehmen hergestellt worden ist. Daran fehlt es, wenn ein Träger öffentlicher Belange mit seiner Äußerung wegen Fristversäumung präkludiert ist.

II. Voraussetzungen des Sternverfahrens (Abs 1)

1. Allgemeines. Abs 1 schreibt für den Regelfall („soll") vor, dass Anträge 4
auf Genehmigungen in einem sog Sternverfahren behandelt werden. Durch gleichzeitige anstatt sukzessive Bearbeitung des Antrags seitens der mit dem Genehmigungsverfahren zu befassenden Behörden erhofft sich der Gesetzgeber Beschleunigungseffekte. Das Sternverfahren soll den **Regelfall des Genehmigungsverfahrens** bilden (BT-Dr 13/3995 S 9). Soweit es sachlich möglich und geboten ist, besteht eine **Rechtspflicht** zur Durchführung des Sternverfahrens. Die gleichzeitige Behördenbeteiligung kommt grundsätzlich nur dann in Betracht, wenn nicht die Entscheidung der einen Behörde die Entscheidung der anderen zu beteiligenden Behörde rechtlich oder sachlich voraussetzt oder inhaltlich ähnliche Vorarbeiten erfordert, so dass eine parallele Bearbeitung zu Mehraufwand führen würde. Sie setzt weiter voraus, dass die zu beteiligenden Träger öffentlicher Belange nur in einem **verwaltungsinternen Verfahren** beteiligt werden, nicht aber eigene außenwirksame Entscheidungen zu treffen haben.

2. Träger öffentlicher Belange. Der aus dem Bauplanungsrecht dem (vgl § 4 5
BauGB) stammende Begriff der Träger öffentlicher Belange ist hier als Oberbegriff für diejenigen Stellen zu verstehen, die nach anderen Rechtsvorschriften zwingend am Genehmigungsverfahren zu beteiligen sind (allgM, vgl Knack 3; StBS 16). Voraussetzung ist also, dass Vorschriften des materiellen Rechts eine Beteiligung dieser Stellen vorsehen. Die Behörde ist zwar nicht gehindert, im Rahmen ihrer Aufklärungspflicht auch sonstige Stellen um eine Äußerung zu bitten, deren Beteiligung gesetzlich nicht vorgesehen ist; dies kann aber nicht zu einer Präklusion gem Abs 2 führen. Stets muss es sich um eine interne Beteiligung handeln, außerdem um eine Beteiligung in Form einer Anhörung oder der Herstellung des Benehmens. **Keine Anwendung** findet die Regelung des Abs 1 hinsichtlich der Fristsetzung und des Abs 2 dann, wenn mit einer anderen Behörde **Einvernehmen** erzielt werden muss. Die Gegenmeinung (Knack 6) berücksichtigt nicht hinreichend, dass § 71 d nur eine Verfahrensregelung ist, die materielle Kompetenzordnung aber unberührt lässt.

3. Gleichzeitigkeitsgebot, Fristsetzung. Die Genehmigungsbehörde hat im 6
Sternverfahren den anderen, parallel beteiligten Behörden eine Frist zu setzen. Dies gilt nur, soweit nicht aus speziellen Regelungen, etwa über eine Verfahrensstufung, etwas anderes folgt (StBS 23). Die Dauer der Frist ist in das Ermessen der Genehmigungsbehörde gestellt. Sie hat dabei jeweils zu berücksichtigen, welcher Prüfungsumfang bei den einzelnen Behörden anfällt (Jäde UPR 96, 368). Die Frist kann von der Genehmigungsbehörde verlängert werden.

III. Behördenpräklusion (Abs 2)

1. Allgemeines. Um den Beschleunigungseffekt zu verstärken, führt Abs 2 ei- 7
ne sog Behördenpräklusion ein. Nach Ablauf der nach Abs 1 zu setzenden Frist, werden Äußerungen der beteiligten Träger öffentlicher Belange nicht mehr berücksichtigt. Die Präklusion betrifft jedoch nur solche Belange, die die Genehmigungsbehörde nicht kennt oder kennen muss und die für die Rechtmäßigkeit der Entscheidung nicht von Bedeutung sind. Damit soll verhindert werden, dass die Genehmigungsbehörde „sehenden Auges" rechtswidrige Genehmigungen erteilt (BT-Dr 13/3995 S 9). Die Präklusionswirkung bleibt damit **auf Zweckmäßigkeitserwägungen beschränkt.** Erforderlich ist gleichwohl ein Hinweis an die

beteiligten Träger öffentlicher Belange darauf, dass die Bearbeitung im Rahmen eines Sternverfahrens stattfindet (vgl Schmitz/Wessendorf NVwZ 96, 959).

8 **2. Inhalt und Grenzen der Präklusion.** „Äußerungen" der Träger öffentlicher Belange werden nach Ablauf der gesetzten Frist nicht mehr berücksichtigt, es sei denn, „die vorgebrachten Belange" sind bereits bekannt bzw hätten bekannt sein müssen oder sind für die Rechtmäßigkeit der Entscheidung von Bedeutung. Diese Regelung sieht eine Präklusion für verspätetes Vorbringen (Äußerungen) vor, nicht aber, dass die verspätet vorgebrachten Gesichtspunkte in jedem Falle unberücksichtigt bleiben könnten. Vielmehr berücksichtigt die Regelung in Abs 2 die **grundsätzlich bestehende Sachaufklärungspflicht der Behörde** (§ 24). Danach ist es unabhängig vom Vorbringen anderer Stellen und Beteiligter die Pflicht der zuständigen Behörde, die entscheidungserheblichen Tatsachen selbst festzustellen und erst dann die Entscheidung zu treffen. Diese Pflicht wird durch Abs 2 nicht eingeschränkt. Die Präklusion erfasst vielmehr nur solche Gesichtspunkte, die die zuständige Behörde nicht von sich aus ohnehin hätte aufklären und berücksichtigen müssen (StBS 36). Damit steht in engem Zusammenhang, dass sämtliche Gesichtspunkte, die die Rechtmäßigkeit betreffen, ebenfalls der Präklusion nicht unterliegen.

9 **3. Formelle oder materielle Präklusion?** Umstritten ist, ob es sich bei der in Abs 2 angeordneten Präklusion um eine formelle, dh auf das Verwaltungsverfahren beschränkte, oder auch um eine materielle Präklusion handelt, die auch im Verwaltungsprozess wirkt. Dem Beschleunigungsziel entspricht es, hier **lediglich eine formelle Präklusion** anzunehmen (so auch Knack 18; **aA** wohl StBS 33). Erreicht werden soll, dass die Entscheidung nach Fristablauf getroffen werden kann. Hierfür reicht die Annahme einer formellen Präklusion aus. Für den Verwaltungsprozess spielt die Behördenpräklusion ohnehin keine wesentliche Rolle, weil sie die Rechtmäßigkeit der Entscheidung nicht betreffen darf.

§ 71 e Antragskonferenz

Auf Verlangen des Antragstellers soll die Behörde eine Besprechung mit allen beteiligten Stellen und dem Antragsteller einberufen.

Übersicht

I. Allgemeines

1 **1. Inhalt.** Die Vorschrift übernimmt das zuvor bereits in einigen Landesgesetzen (vgl Art 76 Abs 2 BayBauO, § 64 Abs 2 LBauO/RhlPf) geregelte Instrument der Antragskonferenz in das VwVfG. Die Antragskonferenz soll der Antragsteller für den Fall verlangen können, dass sich im Hinblick auf den Antrag ein Klärungsbedarf ergibt, der am sinnvollsten durch eine gemeinsame Besprechung zu befriedigen ist. Sie kann zB dazu geeignet sein, herauszufinden, ob und welche Antragsunterlagen, Nachweise, Gutachten usw noch zu erbringen sind (BT-Dr 13/3995

S 9), oder bei Meinungsverschiedenheiten über die an das Vorhaben zu stellenden Anforderungen unterschiedlicher Behörden Kompromisse zu erreichen.

2. Positivierung des Kooperationsprinzips. Wie auch die Regelungen über die Erörterungspflicht in § 71 c ist die Vorschrift über die Antragskonferenz Ausdruck des Bemühens des Gesetzgebers, die Genehmigungsverfahren iSd § 71 a durch die Einführung moderner kooperativer Verfahrensweisen zu effektivieren und zu beschleunigen. Anders als das Sternverfahren gem § 71 d ist die Antragskonferenz ein Instrument, mit welchem die **Vorteile informalen Verwaltungshandelns** (s hierzu Einf Rn 84 f) für ein Genehmigungsverfahren fruchtbar gemacht werden sollen. Hieraus folgt, dass die Antragskonferenz nicht das Ziel hat, einen öffentlich-rechtlichen Vertrag über das Projekt zustande zu bringen, sondern dass es um eine Erörterung außerhalb des eigentlichen Verwaltungsverfahrens geht, durch die Probleme des Genehmigungsverfahrens frühzeitig behandelt, verringert oder aus dem Weg geräumt werden sollen. 2

Über den Inhalt der Antragskonferenz und die Verbindlichkeit der dort getroffenen Absprachen enthält die Vorschrift keine Regelungen. Was auf einer Antragskonferenz verhandlungsfähig und erörterungsbedürftig ist, hängt vom Einzelfall ab. § 71 e sieht für Inhalte, Erklärungen und Ergebnisse der Konferenz **keine rechtliche Verbindlichkeit** vor, schließt aber auch nicht aus, dass aus Anlass der Konferenz verbindliche Verträge geschlossen werden, sofern die Voraussetzungen für den Abschluss (§§ 54 ff) vorliegen (StBS 4). Die mangelnde Verbindlichkeit bedeutet nicht, dass fahrlässig falsche oder unvollständige Angaben der Vertreter der Behörden nicht nach allgemeinen Grundsätzen (vgl § 25 Rn 19) zu Schadensersatzansprüchen führen können. Im Übrigen führen informelle Absprachen nur zu faktischen Bindungen, die aber rechtlich nicht einklagbar sind (vgl Einf Rn 84). 2 a

3. Anwendungsbereich. Die Vorschrift gilt nur für die in § 71 a genannten Genehmigungsverfahren im Anwendungsbereich des VwVfG und vorbehaltlich gleich lautender oder entgegenstehender spezieller Regelungen, wie sie zB in einigen Landesbauordnungen bereits zu finden sind. Die Verwaltungsverfahrensgesetze der meisten Bundesländer enthalten inzwischen gleich lautende Bestimmungen. 3

II. Anspruch auf Durchführung einer Antragskonferenz

1. Allgemeines. Die Vorschrift räumt dem Antragsteller grundsätzlich („soll") einen Anspruch auf Durchführung einer Antragskonferenz ein. Voraussetzung für die Einberufung einer Antragskonferenz ist nach dem Gesetzeswortlaut das Verlangen des Antragstellers. Damit ist lediglich zum Ausdruck gebracht, dass der Antragsteller auf die Durchführung einer Antragskonferenz einen **Rechtsanspruch** haben soll, nicht aber, dass die Behörde nicht auch von sich aus Konferenzen anberaumen darf, wenn sie dies für sinnvoll hält (Jäde UPR 96, 369). Den Anspruch hat nur der Antragsteller. Das bedeutet, dass das Genehmigungsverfahren bereits eingeleitet worden sein muss. Anders als § 71 c gilt die Vorschrift also **nicht im Vorfeld des Genehmigungsverfahrens.** 4

2. Sollvorschrift. Da es sich um eine sog Sollvorschrift handelt, besteht für den Regelfall kein Ermessen der Behörde hinsichtlich der Frage, ob dem Verlangen des Antragstellers entsprochen werden soll. Eine **Ablehnung setzt eine Ausnahmelage voraus.** Eine solche liegt zB vor bei Bagatellfällen oder anderen Fällen, in denen ersichtlich kein Bedarf für eine mündliche Klärung in einer Antragskonferenz besteht. Dabei ist zu berücksichtigen, dass es sich bei einer Antragskonferenz um ein zeitaufwändiges Unternehmen handelt, welches einen **entsprechenden Klärungsbedarf voraussetzt.** Deshalb ist es notwendig, dass der Antragsteller sein Verlangen nach einer Antragskonferenz begründet und den Klärungsbedarf substantiiert darstellt. Hiervon kann abgesehen werden, wenn sich der Klärungsbe- 5 darf ohne weiteres aus den Umständen ergibt. Ist dies nicht der Fall und hat der Antragsteller auch keine Gründe vorgetragen, so kann die zuständige Behörde fehlerfrei die Abhaltung einer Antragskonferenz ablehnen. Die Entscheidung darüber ergeht nicht als VA, weil es um eine vorbereitende Verfahrensmaßnahme handelt, die auch jederzeit geändert werden kann. Rechtsschutz ist jedenfalls theoretisch im Wege der einstweiligen Anordnung nach § 123 Abs 1 S 2 VwGO möglich. § 44a VwGO steht nicht entgegen, weil der Anspruch nicht die Sachentscheidung als solche betrifft, sondern eine eigenständige Funktion hat.

III. Durchführung der Antragskonferenz

6 **1. Allgemeines.** Die Vorschrift enthält keine näheren Regelungen über die Durchführung der Antragskonferenz. Geregelt ist lediglich, dass sich der Anspruch des Antragstellers auf die Durchführung mit „allen beteiligten Stellen" bezieht. Dies schließt aber nicht aus, dass im Einverständnis mit dem Antragsteller auch weitere Stellen hinzugezogen werden, wenn dies für die Klärung dienlich erscheint. Gleiches dürfte auch für die Hinzuziehung Dritter (zB Nachbarn) gelten (ähnlich StBS 9). Da es sich bei der Antragskonferenz um eine mündliche Erörterung der mit dem Antrag zusammenhängenden Fragen handelt, gelten für die Durchführung der Antragskonferenz sind im Wesentlichen die für mündliche Verhandlungen geltenden Grundsätze heranzuziehen (§§ 67f). Hierzu gehört zB die **Pflicht zur Anfertigung einer Niederschrift** (StBS 15). Allerdings besteht ein deutlich größerer Spielraum der zuständigen Behörde, weil es sich um ein informelles Verfahren handelt. Der Antragsteller hat aber einen Anspruch darauf, dass die Durchführung der Antragskonferenz **Mindestbedingungen der Sachangemessenheit** erfüllt.

7 **2. Bindungswirkungen.** Die Regelung selbst stattet Erklärungen, Auskünfte oder Ergebnisse der Antragskonferenz nicht mit Verbindlichkeit aus. Insoweit gelten die allgemeinen Regeln, wonach zB Auskünfte nicht fahrlässig unvollständig oder unzutreffend gegeben werden dürfen (vgl § 25 Rn 16). Außerdem ist es denkbar, dass auf der Antragskonferenz auch bindende Vereinbarungen getroffen werden, wenn die Voraussetzungen der §§ 54ff gegeben sind. Die Ergebnisse der Konferenz als solche haben **keine rechtliche Bindungswirkung,** auch dann nicht, wenn sie in einem Protokoll festgehalten werden, was sinnvoll erscheint, aber nicht zwingend notwendig ist (Knack 4; teilweise **aA** StBS 15: Protokoll entsprechend § 68 Abs 4 notwendig). Typisch für die Ergebnisse informeller Erörterungen ist, dass sie nur zu faktischen, nicht aber zu rechtlichen Bindungen führen.

Abschnitt 2. Planfeststellungsverfahren

§ 72 Anwendung der Vorschriften über das Planfeststellungsverfahren

(1) **Ist ein Planfeststellungsverfahren**[10] **durch Rechtsvorschrift angeordnet**[5]**, so gelten hierfür die §§ 73 bis 78 und, soweit sich aus ihnen nichts Abweichendes ergibt, die übrigen Vorschriften dieses Gesetzes;**[18] **die §§ 51**[21] **und 71a bis 71e**[23] **sind nicht anzuwenden, § 29 ist mit der Maßgabe anzuwenden, dass Akteneinsicht nach pflichtgemäßem Ermessen zu gewähren ist.**[19]

(2) **Die Mitteilung nach § 17 Abs. 2 Satz 2 und die Aufforderung nach § 17 Abs. 4 Satz 2 sind im Planfeststellungsverfahren öffentlich bekannt zu machen.**[24ff] **Die öffentliche Bekanntmachung wird dadurch bewirkt, dass die Behörde die Mitteilung oder die Aufforderung in ihrem amtli-**

chen Veröffentlichungsblatt und außerdem in örtlichen Tageszeitungen, die in dem Bereich verbreitet sind, in dem sich das Vorhaben voraussichtlich auswirken wird, bekanntmacht.

Schrifttum: *Achenbach,* Zur Frage der selbständigen rechtlichen Bedeutung der privatnützigen Planfeststellung, 1992; *Beckmann,* Die Umweltverträglichkeitsprüfung und das rechtssystematische Verhältnis von Planfeststellungsbeschlüssen und Genehmigungsentscheidungen, DÖV 1987, 944; *Blümel,* Die Planfeststellung, Teil II: Die Planfeststellung im geltenden Recht, n. v., 1967; *ders,* Grundrechtsschutz durch Verfahrensgestaltung, in: Blümel (Hg), Frühzeitige Bürgerbeteiligung bei Planungen, 1982; *Blümel* (Hg), Abweichungen von der Planfeststellung, 1990, mit Beiträgen von *Kuschnerus, Grupp* und *Ronellenfitsch; Breuer,* Verfahrens- und Formfehler der Planfeststellung für raum- und umweltrelevante Großvorhaben, in: Sendler-FS 1991, 357; *Burgi,* Planfeststellung umweltrelevanter Vorhaben im Schnittpunkt von Planung und Verhaltenssteuerung, JZ 1994, 654; *v Danwitz,* Zum Anspruch auf Durchführung des „richtigen" Verwaltungsverfahrens, DVBl 1993, 422; *Dombert,* Das fernmelderechtliche Planfeststellungsverfahren, NVwZ 1990, 441; *Erbguth,* Zum System der Fachplanungen, Hoppe-FS 2000, 631; *Gaentzsch,* Die bergrechtliche Planfeststellung, in: Sendler-FS 1993, 425; *Geislinger,* Unterlassungsansprüche Direktbetroffener gegen rechtswidrig formlos errichtete Anlagen der öffentlichen Hand, BayVBl 1994, 72; *Grupp,* Aufhebung von Planfeststellungsbeschlüssen durch die Verwaltung, DVBl 1990, 81; *Harries,* Die Praxis abfallrechtlicher Planfeststellung, 1993; *Hoppe,* Die Umweltplanung im Entwurf eines Umweltgesetzbuches – Allg Teil, NJW 1992, 1993; *Hoppe/Beckmann,* Planfeststellung und Plangenehmigung im Abfallrecht, 1990; *Hoppe/Schlarmann,* Rechtsschutz bei der Planung von Straßen und anderen Verkehrsanlagen, 2. Aufl 1981; *Ibler,* Die Schranken planerischer Gestaltungsfreiheit im Planfeststellungsrecht 1988; *ders,* Die behördlichen Abwägungsspielräume bei Bauleitplanung und Planfeststellung, JuS 1990, 9; *Jarass,* Aktuelle Probleme des Planfeststellungsrechts, DVBl 1997, 795; *ders,* Die materiellen Voraussetzungen der Planfeststellung in neuerer Sicht, DVBl 1998, 1202; *Koch/Siebel-Huffman,* Das Artikelgesetz zur Umsetzung der UVP-Änd-RL, der IVU-RL und weiterer Umweltschutzrichtlinien, NVwZ 2001, 1081, *Kormann* (Hg), Aktuelle Fragen der Planfeststellung, 1994; *Kügel,* Der Planfeststellungsbeschluß und seine Anfechtbarkeit, 1985; *Kühling/Herrmann,* Fachplanungsrecht, 2. Aufl 2000; *Paetow,* Zur Struktur der abfallrechtlichen Planfeststellung, in: Sendler-FS 1991, 425; *Pechan,* Die Planfeststellung im Personenbeförderungsrecht, 1994; *Ramsauer,* Privatnützige Planfeststellung und öffentliches Interesse, in: Ziekow (Hg), Schutz vor Fluglärm-Regionalplanung – Planfeststellungsverfahren, 2003 (iE), 153; *Ramsauer/Bieback,* Planfeststellung von privatnützigen Vorhaben, NVwZ 2002, 277; *Roellecke,* Ein Rechtsbegriff der Planung, DÖV 1994, 1024; *Roeser,* Zur Teilbarkeit von Planungsentscheiden, FS Schlichter, 1995, 479; *Ronellenfitsch,* Einführung in das Planungsrecht, 1986; *ders,* Rechtsfolgen fehlerhafter Planung, NVwZ 1999, 583; *Rubel,* Planungsermessen – Norm- und Begründungsstruktur, 1982; *Schmidt-Aßmann,* Planung als administrative Handlungsform und Rechtsinstitut, FS Schlichter, 1995, 3; *Schwab,* Die UVP in der behördlichen Praxis, NVwZ 1997, 428; *Sellmann,* Die gemeinnützige Planfeststellung zugunsten Privater, DVBl 1987, 223; *Steinberg/Berg/Wickel,* Fachplanung, 3. Aufl 2000; *Steinberg/Steinwachs,* Zulassungspflichtigkeit der Änderung von Fachplanungsvorhaben unter Berücksichtigung des UVP-Gesetzes, NVwZ 2002, 1153; *Stüer/Hermanns,* Fachplanungsrecht – Grundlagen, DVBl 2002, 435; *dies,* Fachplanungsrecht: Natur- und Umweltschutz – Verkehrswege, DVBl 2002, 514; *Wahl/Dreier,* Entwicklung des Fachplanungsrechts, NVwZ 1999, 606; NVwZ 1990, 426; *Wickel/Müller,* Das Fachplanungsrecht nach seiner Anpassung an die UVP- und die IVU-Richtlinie, 2002; *dies,* Plangenehmigung und UVP in der Verkehrswegeplanung, NVwZ 2001, 1133; *Ziekow/Siegel,* Gesetzliche Regelungen der Verfahrenskooperation von Behörden und anderen Trägern öffentlicher Belange, 2001.

Zur Diskussion über Reform und Beschleunigung: *Erbguth,* Verfassungs- und europarechtliche Aspekte der Deregulierungen im Planfeststellungsverfahren, UPR 1999, 41; *ders,* Zur Vereinbarkeit der jüngeren Deregulierungsgesetzgebung im Umweltrecht mit dem Verfassungs- und Europarecht, 1998; *Gassner,* Umweltaspekte des Verkehrsplanungsbeschleunigungsgesetzes unter besonderer Berücksichtigung der Plangenehmigung, NuR 1992, 450; *Gaentzsch,* Bauleitplanung und Baugenehmigungspraxis unter den Anforderungen des Naturschutzes und der Umweltverträglichkeit, NuR 1992, 7; *Repkewitz,* Beschleunigung der Verkehrswegeplanung, VerwArch 1997, 137; *Ronellenfitsch,* Neues Verkehrswegeplanungsrecht, DVBl 1994, 44; *Steinberg/Berg,* Das neue Planungsvereinfachung, NJW 1994, 488; *Steinberg,* Zeit, Umwelt und Beschleunigung bei der Planung von Verkehrswegeprojekten, NuR 1996, 6; *Steiner,* Das Planungsvereinfachungsgesetz, NVwZ 1994, 313; *Storost,* Fachplanung und Wirtschaftsstandort Deutschland: Rechtsfolgen fehlerhafter Planung, NVwZ 1998, 797; *Stüer*

(Hg), Verfahrensbeschleunigung, 1997; *Wagner,* Verfahrensbeschleunigung durch das Verkehrswegeplanungsbeschleunigungsgesetz, NVwZ 1992, 232; *Wulfhorst,* Erfahrungen mit den Beschleunigungsgesetzen – aus der Sicht der Exekutive, VerwArch 1997, 163; *Ziekow,* Die Wirkung von Beschleunigungsgeboten im Verfahrensrecht, DVBl 1998, 1101.

Übersicht

I. Allgemeines

1. Inhalt. Die Vorschrift regelt die **Anwendbarkeit der Bestimmungen über das Planfeststellungsverfahren** gem §§ 72–78 sowie der allgemeinen Bestimmungen des VwVfG auf Planfeststellungsverfahren unter Berücksichtigung der besonderen Bedingungen und Bedürfnisse solcher Verfahren. Planfeststellungsverfahren sind besonders formalisierte Verfahren zur Genehmigung von Vorhaben unter umfassender Regelung sämtlicher vom Vorhaben berührter Rechtsverhältnisse und unter Einbeziehung sämtlicher sonst an sich erforderlicher Genehmigungen, Erlaubnisse usw. 1

Die Vorschrift knüpft die Anwendbarkeit der §§ 72 ff an die Voraussetzung, dass ein **Planfeststellungsverfahren durch Rechtsvorschrift angeordnet** ist. Ein Gesetz ist nicht erforderlich; ausreichend, wenn auch ungewöhnlich, wären VO oder Satzung. Die §§ 72 ff finden danach nur dann Anwendung, wenn eine Rechtsvorschrift außerhalb des VwVfG ihre Anwendung oder die Durchführung eines Planfeststellungsverfahrens ausdrücklich vorschreibt (StBS 23). Unerheblich ist, ob Träger des Vorhabens und Antragsteller ein Hoheitsträger oder eine Privatperson ist. Auch für Vorhaben der öffentlichen Hand sind die §§ 72 ff grundsätzlich anwendbar. 2

Weiter enthält die Vorschrift einige **Sonderregelungen,** zB über den Ausschluss des Wiederaufgreifens gem § 51, über das Recht auf Akteneinsicht gem § 29 und die öffentliche Bekanntmachung von Mitteilungen und Aufforderungen gem § 17 Abs 2 S 2 bzw Abs 4 S 2 im Planfeststellungsverfahren. Insgesamt stellen die §§ 72 ff Sonderregelungen dar, die in Anlehnung an ältere Fachplanungsvorschriften[1] erlassen wurden und den besonderen Erfordernissen und Umständen von **komplexen Verfahren mit weitgehender Gestaltungsfreiheit** und oft mit einer Vielzahl von Beteiligten (BVerwG NJW 1983, 296) Rechnung zu tragen suchen (Begr 83 f, 87; Erichsen/Ehlers § 39 Rn 32). Einige dieser Fachplanungsbestimmungen sind inzwischen insb durch das 3. RBerG von 1990 im Hinblick auf die nunmehr vorhandene einheitliche Regelung gem §§ 72 ff aufgehoben worden (Knack vor § 72 Rn 13). 3

2. Zweck des Planfeststellungsverfahrens. Die Vorschriften der §§ 72 ff und die sie ergänzenden materiellrechtlichen Grundsätze rechtsstaatlicher Planung dienen dem Schutz der Rechte oder Interessen des **Vorhabenträgers** der Wahrung betroffener **öffentlicher Belange** (zB Umweltschutz), dem Schutz der **Allgemeinheit** vor Gefahren, Belästigungen und Nachteilen, die vermeidbar sind bzw nicht im Interesse vorrangiger öffentlicher oder privater Interessen (Belange) in Kauf genommen werden müssen, sowie dem **Schutz einzelner Betroffener** (zB von Nachbarn, Anliegern usw). Je nach der Art des Vorhabens geht es auch in Planfeststellungsverfahren meist wesentlich um die Wahrung subjektiver Rechte, einschließlich in der Sache betroffener Grundrechte, und um die wirksame Erfül- 4

[1] Vgl zB §§ 7 ff TWG aF (außer Kraft getreten gem § 100 Abs 3 TKG); § 31 WHG; §§ 28 PBefG; § 17 ff FStrG; §§ 8 ff LuftVG; §§ 36 ff BBahnG aF, heute §§ 18 ff AEG.

lung öffentlicher Aufgaben. Angesichts der Größe der Vorhaben und der damit verbundenen oft weitreichenden Auswirkungen und der Offenheit der Regelungen, die der Behörde idR einen Gestaltungsspielraum (vgl BVerwG NJW 1983, 297) lassen, kommt dabei dem Verfahren darüber hinaus besondere Bedeutung für den **Ausgleich der betroffenen Interessen,** die „Richtigkeit" und Gerechtigkeit der auf Grund der zu treffenden Abwägung aller betroffenen öffentlichen und privaten Belange gewonnenen Entscheidung und die Legitimation des Ergebnisses und damit auch für die „Akzeptanz" des Vorhabens durch die Allgemeinheit und der Betroffenen zu.

4a **3. Inhalt und systematische Stellung des Planfeststellungsrechts.** Die §§ 72ff enthalten im wesentlichen Bestimmungen verfahrensrechtlicher Natur für das Planfeststellungsverfahren. Sie setzen die materiell-rechtlichen Regelungen des jeweiligen Fachplanungsrechts voraus, aus denen sich nicht nur die Anordnung der Durchführung von Planfeststellungsverfahren ergibt, sondern die auch das für das Planfeststellungsverfahren anwendbare materielle Recht enthalten müssen, dem insb auch die Ziele der Planfeststellung, die Grundsätze für die Ausübung des Planungsermessens sowie die sog. Planrechtfertigung (s § 74 Rn 30ff) zu entnehmen sind.[2] **Nicht zum Planfeststellungsverfahren** gehört die im ROG vorgesehne Landesplanung, auch soweit sie Vorgaben für die Fachplanung enthält, ferner **vorgeschaltete Planungen,** die in einigen Fachplanungsgesetzen vorgesehen sind, in denen über die Planung in grundsätzlicher Hinsicht, über Fragen der Linienführung usw entschieden wird und an denen idR nicht Dritte, sondern nur Behörden und Planungsträger, einschließlich der durch das Vorhaben in ihrer Planungshoheit betroffenen Gemeinden, beteiligt sind (vgl zB § 16 FStrG; § 6 LuftVG; § 13 WaStrG). **Demgegenüber** handelt es sich bei der **Umweltverträglichkeitsprüfung (UVP)** nach dem UVPG nicht um ein vorgeschaltetes Verfahren, sondern um einen integrierten Bestandteil des Planfeststellungsverfahrens (s hierzu Rn 33ff). Zum Verhältnis des Planfeststellungsverfahrens zur **naturschutzrechtlichen Eingriffsregelung** (§§ 18ff BNatSchG nF) s näher § 74 Rn 48. Ebenfalls nicht zum Planfeststellungsverfahren gehören **nachfolgende Verfahren,** wie zB Enteignungsverfahren, auch wenn die Planfeststellung insoweit Bindungswirkungen entfalten kann (s unten Rn 37).

5 **4. Anwendungsbereich. a) Unmittelbar.** Die Vorschrift ordnet die Geltung der §§ 73–78 nur für Planfeststellungsverfahren im Anwendungsbereich des VwVfG an. Voraussetzung ist, dass das Fachplanungsrecht die Durchführung eines Planfeststellungsverfahrens vorschreibt bzw zulässt oder hinsichtlich des Verfahrens auf die §§ 72ff verweist. Die Verwaltungsverfahrensgesetze der Länder enthalten inhaltsgleiche Bestimmungen oder verweisen auf die Regelungen der §§ 72ff. Die Anwendung steht gem § 1 außerdem unter dem Vorbehalt besonderer Vorschriften. Soweit solche Vorschriften, die meist in den einzelnen Fachplanungsgesetzen selbst enthalten sind, bestehen, gehen sie vor und schließen die Anwendbarkeit der §§ 72ff aus oder modifizieren je nach ihrem Inhalt deren Anwendung. Letzteres gilt zB für das FStrG, PBefG, LuftVG, AEG, KrW/AbfG, AtomG, WStrG, MbPlG, TKG, MBPlG, FlurbG, BBergG.

6 **b) Spezielle Vorschriften.** Soweit das jeweils anwendbare Fachplanungsgesetz spezielle Regelungen für das Planfeststellungsverfahren enthält, sind diese vorrangig. Die Regelungen der §§ 72ff sind deshalb insoweit subsidiär. Für Vorhaben in den neuen Bundesländern gilt als Sonderrecht außerdem das **Verkehrswegeplanungsbeschleunigungsgesetz** (VerkPBG) v 16. 12. 1991 (BGBl I, S 2174), dessen bis zum Ablauf des Jahres 1999 befristete Geltung inzwischen um 5 Jahre verlän-

---

[2] BVerwGE 48, 56; 56, 118; 71, 168 = NJW 1986, 80; 72, 284; 75, 238; 85, 44 = NVwZ 1990, 971.

gert wurde. Durch das Planungsvereinfachungsgesetz v 17. 12. 1993 (BGBl I, S 2123) wurden eine ganze Reihe von Regelungen aus dem VerkPBG für das gesamte Bundesgebiet und schließlich durch das Genehmigungsverfahrensbeschleunigungsgesetz (GenBeschlG) v 12. 9. 1996 (BGBl I, S 1354) in das VwVfG übernommen.

c) Keine analoge Anwendbarkeit. aa) Grundsatz. Auf andere Planungsverfahren und ähnlich ausgestaltete Genehmigungsverfahren zum Erlass von VAen, die materiell (s zB BVerwG UPR 1989, 274; Wahl NVwZ 1990, 42 mwN; Kühling DVBl 1989, 221 mwN) ebenfalls Planungsentscheidungen enthalten oder doch wesentliche planerische Elemente aufweisen, sind die Vorschriften der §§ 72ff über die Planfeststellung **grundsätzlich nicht anwendbar.** Dies gilt etwa für das Verfahren zum Erlass von Anlagengenehmigungen nach §§ 4ff BImSchG oder von Genehmigungen nach §§ 7ff AtomG, für wasserrechtliche Genehmigungen bzw Bewilligungen oder für die Ausweisung von Naturschutz- oder Landschaftsschutzgebieten nach den Naturschutzgesetzen der Länder. 7

bb) Anwendbarkeit einzelner Grundsätze. Einzelne Grundsätze und Verfahrensprinzipien des Planfeststellungsrechts sind bei Fehlen von Regelungen trotz fehlender Anordnung der Anwendbarkeit der §§ 72ff zT sinngemäß oder jedenfalls ihren Grundgedanken entsprechend ergänzend auch auf sonstige Genehmigungsverfahren mit planerischem Einschlag anwendbar, insb zB auf die Genehmigungsverfahren nach dem BImSchG und dem AtomG, außerdem auch auf Plangenehmigungsverfahren oder Verfahren mit vergleichbarer Zielsetzung und Wirkung, zB nach § 31 Abs 1 KrW-/AbfG, § 14 Abs 1 S 2 WaStrG, § 31 Abs 1 S 3 WHG, § 41 Abs 4 FlurbG, § 1 Abs 1 des G zur Vereinfachung des Planfeststellungsverfahrens für Fernmeldelinien von 1935 (vgl BVerwGE 77, 136 = NVwZ 1987, 590; ähnlich OVG Koblenz UPR 1989, 276), §§ 55 und 48 Abs 2 BBergG,[3] § 1 Abs 3 S 1 LBG (vgl BVerwGE 74, 125 = NJW 1986, 2447; Wahl NVwZ 1990, 429). Zu weiteren Beispielen Wahl NVwZ 1990, 427ff; allg auch BVerwGE 82, 256: die Rechtsstellung der Betroffenen darf auch verfahrensmäßig nicht dadurch verkürzt werden, dass die planerische Entscheidung ohne nachfolgende Planfeststellung getroffen wird. 8

cc) Anwendbarkeit materieller Planungsgrundsätze. Entsprechend anwendbar sind auch die materiellen Planungsgrundsätze, die nicht oder nur zT in den §§ 73ff enthalten sind, sondern von der Rspr und zT auch vom Schrifttum dazu und zu anderen Planungsentscheidungen entwickelt wurden, wie zB der Grundsatz der Planrechtfertigung (s § 74 Rn 30), der Bindungswirkung von Planungsleitsätzen, der Verpflichtung zur Problembewältigung (§ 74 Rn 26) und zu einer gerechten Abwägung (s § 74 Rn 50ff). S zur Anordnung von Schutzvorkehrungen oder von Entschädigungsleistungen analog § 74 Abs 2 S 2, 3; § 75 Abs 2 S 2–5[4], zum Ausschluss von privatrechtlichen Beseitigungsansprüchen und zu einem evtl Anspruch auf Entschädigung, wenn und soweit reale Schutzmaßnahmen nicht möglich oder nicht ausreichend sind bzw wären, wenn für ein Vorhaben kein Planfeststellungsverfahren durchgeführt wird, sondern es nur nach dem allgemeinen Baurecht oder Gewerberecht genehmigt wurde (BVerwGE 85, 44 = NVwZ 1990, 967; BGHZ 48, 104; 91, 23; vgl kritisch Peine NJW 1990, 2443 Fn 22). 9

---

[3] Vgl BVerwGE 74, 322 = NJW 1987, 1713; dazu Wahl NVwZ 1990, 428; Kühling Rn 69 und 377; Seibert DVBl 1986, 1276.

[4] Vgl zur Schutzanordnung bzw zum Ersatz entsprechender Aufwendungen analog § 17 Abs 4 FStrG, wenn die Straße nicht durch eine Planfeststellung, sondern durch einen Bebauungsplan festgesetzt wird, BVerwG NVwZ 1988, 351 = BayVBl 1988, 213; DVBl 1988, 1167; Buchh 406.11 § 9 BBauG/BauGB Nr 32; Kühling DVBl 1989, 226.

II. Begriff und Bedeutung von Planfeststellungsverfahren

10 **1. Begriff der Planfeststellung. a) Allgemeines.** Planfeststellungsverfahren iS der §§ 72 ff sind förmliche Verfahren zur **Genehmigung von Vorhaben** und zur umfassenden verbindlichen Regelung der durch sie betroffenen Rechtsverhältnisse durch VA unter Einbeziehung anderer sonst erforderlicher Genehmigungen, Erlaubnisse usw und grundsätzlich auch unter Ausschluss späterer Unterlassungsansprüche usw nach bürgerlichem Recht (vgl § 75 Abs 1 und 2). Gegenstand der Planfeststellung sind idR **raumbedeutsame Vorhaben,** die nach dem anzuwendenden Recht, idR handelt es sich um ein sog Fachplanungsgesetz, einem Planfeststellungsverfahren unterworfen sind.

10a **b) Wirkungen.** Das Planfeststellungsverfahren ersetzt sämtliche für Vorhaben dieser Art sonst erforderlichen Genehmigungen, Erlaubnisse, Bewilligungen, Zustimmungen sowie Entscheidungen über Ausnahmen und Befreiungen usw (sog **Konzentrationswirkung,** vgl § 75 Abs 1). Dem entspricht es, dass im Planfeststellungsverfahren eine umfassende Prüfung der Vereinbarkeit des Vorhabens mit sämtlichen öffentlich-rechtlichen Vorschriften zu erfolgen hat. Der Planfeststellungsbeschluss regelt außerdem auch die Rechtsverhältnisse Dritter (der Nachbarn und etwa sonst Betroffener) in Bezug auf das Vorhaben umfassend, indem Abwehr- und Unterlassungsansprüche gegen die planfestgestellte Anlage ausgeschlossen werden (**Gestaltungs- und Ausschlusswirkung;** vgl § 75 Rn 8 ff). Kennzeichnend für Planfeststellungsverfahren ist weiter, dass grundsätzlich kein Anspruch auf die beantragte Planfeststellung besteht, weil der zuständigen Behörde ein Planungsermessen zusteht. Die der Planfeststellungsbehörde damit aufgetragene **planerische Abwägung** steht im Zentrum jeder Fachplanung (zum materiellen Fachplanungsbegriff Wahl/Dreier NVwZ 1999, 606, 608).

11 **c) Planerischer Gestaltungsspielraum.** Die Planfeststellungsbehörde entscheidet über das Vorhaben in Ausübung des ihr zustehenden planerischen Gestaltungsspielraums bzw Planungsermessens (s hierzu näher § 40 Rn 102 ff). Ein solcher Spielraum besteht auch denn, wenn er im Fachplanungsgesetz nicht besonders erwähnt worden ist, weil Planung ohne einen derartigen Spielraum ein Widerspruch in sich wäre (BVerwGE 34, 301, 304; 45, 309, 313; 48, 56, 59). Die Planfeststellungsbehörde hat deshalb im Rahmen des ihr zustehenden Planungsermessens unter Berücksichtigung sämtlicher berührten Interessen zu entscheiden, ob das Vorhaben in der beantragten Form, ggfs unter Beifügung von Nebenbestimmungen, genehmigt, dh planfestgestellt werden kann. Kern jedes Planfeststellungsverfahrens ist damit die planerische Abwägung, die sich an dem planungsrechtlichen **Abwägungsgebot** zu orientieren hat und gerichtlich anhand dieses Gebots überprüft werden kann (s näher § 74 Rn 50 ff).

11a **Umstritten** ist, ob und wodurch sich der planerische Gestaltungsspielraum von anderen administrativen Spielräumen, insbesondere vom Ermessen und Beurteilungsspielraum unterscheidet (hierzu aus neuerer Zeit Koch, Die normtheoretische Basis der Abwägung, FS Hoppe, S 9; Hoppe/Grotefels, Öffentliches Baurecht 1995, § 7). Teilweise werden hier grundsätzliche strukturelle Unterschiede gesehen. Demgegenüber wird zutreffend darauf hingewiesen, dass die Unterschiede zum Ermessen nicht qualitativ bzw strukturell, sondern eher graduell sind, nämlich die Komplexität der Entscheidungslage betreffen (Vielzahl und Komplexität der zu berücksichtigenden und abzuwägenden Gesichtspunkte und Belange).[5]

---

[5] Vgl Erbguth DVBl 1992, 399; Rubel, Planungsermessen, 1982, 147; Koch FS Hoppe 21; Alexy JZ 1986, 107; wohl auch Waechter VerwArch 1997, 299, 313; **aA** Ossenbühl DVBl 1993, 757.

d) Planung und Planfeststellung. Die Planfeststellungsbehörde wird anders als im Bebauungsplanverfahren normalerweise zunächst nicht selbst unmittelbar planerisch-gestaltend tätig, sondern hat „planerische Gestaltungsfreiheit“ nur in dem Sinn, dass sie den vom Träger des Vorhabens ausgearbeiteten Plan, dessen Feststellung bei ihr beantragt wird, im Hinblick auf die Einhaltung der dafür maßgeblichen gesetzlichen Vorgaben nachprüft und die vom Antragsteller getroffene Planungsentscheidung hins der dafür geltenden Anforderungen „abwägend nachvollzieht“ (BVerwGE 72, 367 = NVwZ 1986, 471; Kühling/Herrmann Rn 102ff DVBl 1989, 221; Wahl NVwZ 1990, 432). Eigene **Gestaltungsfreiheit der Planfeststellungsbehörde** (soweit sie nicht ausnahmsweise selbst Träger der festzustellenden Planung ist und insofern Antragsteller und Planfeststellungsbehörde zusammenfallen) besteht bei der Planfeststellung nur **im Rahmen des Planfeststellungsantrags** hins der **Anordnungen** nach § 74 Abs 2 oder allgemein in Bezug auf Nebenbestimmungen, die nach § 36 Abs 2 erlassen werden können (s näher § 74 Rn 105ff). Insofern bestehen grundlegende Unterschiede zwischen einem Planungsakt iS einer originären planerischen Entscheidung und der Planfeststellung als einer besonderen Form einer im Wesentlichen nachvollziehenden Feststellung des Plans.[6] Faktisch gehen die Einflussmöglichkeiten der Planfeststellungsbehörde freilich darüber hinaus, weil der Antragsteller Anregungen der Behörde übernehmen wird, um die Ablehnung des Antrags zu vermeiden. 12

2. Gemeinnützige und privatnützige Planfeststellung. a) Allgemeines. 13
Das Gesetz trifft eine Unterscheidung nicht ausdrücklich. Gleichwohl ist die Unterscheidung rechtlich nicht ohne Bedeutung (s Rn 14). Die begriffliche Abgrenzung ist unscharf (s hierzu näher Ramsauer/Bieback NVwZ 2002, 277, 279). Teilweise wird vorgeschlagen, ganz auf die Unterscheidung zu verzichten (zB Steinberg/Berg/Wickel S 35ff; Breuer FS Hoppe, 2000, 667, 677; in diese Richtung auch Knack § 74 Rn 132). Zutreffend ist daran, dass sich an die Unterscheidung keine Rechtsfolgen knüpfen lassen (so zutreffend Kühling/Herrmann Rn 287). Der Begriff der privatnützigen Planfeststellung dient lediglich zur Kennzeichnung solcher Vorhaben, denen ein **spezifischer Gemeinwohlbezug fehlt.** Das Planfeststellungsrecht wurde für Vorhaben entwickelt, deren gemeinnütziger Charakter unzweifelhaft war, insbes für Anlagen des öffentlichen Verkehrs. Der Begriff der privatnützigen Planfeststellung wurde im Bereich der wasserrechtlichen Planfeststellung entwickelt, als es um die Planfeststellung von Vorhaben zur Sand- oder Kiesgewinnung ging (vgl BVerwGE 55, 220). Während bei derartigen Vorhaben die Privatnützigkeit eindeutig im Vordergrund steht, ließ sich das bei privaten Abfallentsorgungsanlagen nicht ohne weiteres sagen, weil die ordnungsgemäße Entsorgung auch privaten Abfalls im öffentlichen Interesse liegt (BVerwGE 85, 44 = NVwZ 1990, 969; BVerwGE 97, 143 = NVwZ 1995, 598). Hier zeigt sich der Zusammenhang der Gemeinnützigkeit mit der fachplanerischen Zielsetzung des Gesetzes. Ob ein Vorhaben als gemeinnützig oder als privatnützig eingestuft werden kann, hängt nach der hM davon ab, ob es den spezifischen Zielsetzungen des einschlägigen Fachplanungsgesetzes dient.[7] Insoweit steht die Unterscheidung in

---

[6] UL § 41 Rn 4, 11; Jarass DVBl 1998, 1202; Hoppe/Just DVBl 1997, 789; Burgi JZ 1994, 655; zT **aA** – ohne klare Unterscheidung – überwiegend die Rspr, vgl BVerwGE 72, 365, 367 = NVwZ 1986, 471: „abwägend nachzuvollziehen“; ähnlich BVerwGE 48, 59; NJW 1980, 953; Schmidt-Aßmann/Groß NVwZ 1993, 622; Kühling, Fachplanungsrecht, 1988, Rn 4f.

[7] Vgl BVerwG NVwZ 2002, 350 mwN; OVG Hamburg NordÖR 2001, 1173; Ramsauer/Bieback NVwZ 2002, 276; Ramsauer in Ziekow 154ff; Prall NordÖR 2001, 187; StBS 34; § 72 Rn 25; Obermayer 26; BVerwGE 85, 155 = DVBl 1990, 1170; Mannheim UPR 1990, 309; München UPR 1990, 354 = NVwZ 1991, 391; s zur Unterscheidung auch Kühling DVBl 1989, 229; Wahl NVwZ 1990, 430 mwN; Wahl/Dreier NVwZ 1999, 610; kritisch zur Frage der rechtlichen Bedeutung bzw Berechtigung der Unterscheidung Achenbach, Zur Frage der selbständigen rechtlichen Bedeutung der privatnützigen Planfeststellung, 1992

systematischem Zusammenhang mit der Frage der Planrechtfertigung (§ 74 Rn 30 ff) und der Frage nach der Überwindbarkeit von Rechten Dritter (Rn 14 b).

14 **Nicht entscheidend** kann demgegenüber für die Frage der Gemeinnützigkeit sein, ob die Planfeststellungsbehörde selbst ein öffentliches Interesse an der Durchführung des Vorhabens annimmt, zB aus Gründen infrastrukturpolitischer, arbeitsmarktpolitischer oder finanzpolitischer Natur. Die Entscheidung über die Gemeinnützigkeit oder Privatnützigkeit ist weder den Gerichten noch der Planfeststellungsbehörde als Ergebnis einer saldierenden Abwägung überlassen, sondern hängt davon ab, ob das Vorhaben den Zielen, die nach dem jeweiligen Fachplanungsgesetz auch die Überwindung entgegenstehender Rechte Dritter rechtfertigen sollen, dient (Ramsauer/Bieback NVwZ 2002, 276, 278 mwN; **aA** offenbar Knack § 74 Rn 132; unklar Kühling/Herrmann Rn 288). Diese Frage ist rechtlich voll überprüfbar.

14 a **b) Planfeststellungsbedürftigkeit.** Für die Anwendbarkeit der §§ 72 ff auf ein bestimmtes Vorhaben kommt es allein darauf an, ob das Vorhaben vom jeweils maßgeblichen Fachplanungsgesetz erfasst wird oder nicht. So werden etwa privaten Verkehrsanlagen von den Fachplanungsgesetzen zumeist nicht erfasst; dies gilt etwa für Privatstraßen, die nicht dem öffentlichen Verkehr dienen, oder auch Werksbahnen, die der Beförderung innerhalb größerer Industrieanlagen dienen (Ramsauer/Bieback NVwZ 2002, 276, 277). Anders ist dies bei Eisenbahnanlagen, die nach dem AEG auch dann planfeststellungsbedürftig sind, wenn sie nicht dem öffentlichen Verkehr dienen (vgl OVG Hamburg NordÖR 2001, 208). Auch private Abfalldeponien sind planfeststellungsbedürftig unabhängig davon, ob sie der Allgemeinheit zur Verfügung stehen oder nicht. Im Einzelnen ist die Planfeststellungsbedürftigkeit eine Frage der Auslegung der maßgeblichen Bestimmungen des Fachplanungsrechts.

14 b **c) Enteignung, Überwindung von Rechten Dritter.** Während die gemeinnützige Planfeststellung auch eine Enteignung rechtfertigen kann, darf eine privatnützige Planfeststellung grundsätzlich nicht in Rechte Dritter eingreifen. Stehen Rechte Dritter der Planfeststellung entgegen, dann kann eine privatnützige Planfeststellung grundsätzlich nur dann erfolgen, wenn den entgegenstehenden Rechten durch Schutzanordnungen nach § 74 Abs 2 S 2 f ausreichend Rechnung getragen werden kann (vgl zB § 32 Abs 2 KrW-/AbfG). Sind derartige Anordnungen aber nicht möglich oder nicht tunlich (s § 74 Rn 128 ff), muss die Planfeststellung unterbleiben, weil sich ein privatnütziges Vorhaben nicht über die entgegenstehenden Rechte Dritter hinwegsetzen darf. Auf einen Ausgleich für nicht verhinderbare Auswirkungen durch angemessene Entschädigung in Geld nach § 74 Abs 2 S 3 müssen sich in ihren Rechten betroffene Dritte grundsätzlich nur bei gemeinnützigen Vorhaben verweisen lassen.[8] Dem steht nicht entgegen, dass auch Vorhaben, die auf Gewinnerzielung ausgerichtet sind, im öffentlichen Interesse liegen können (hierzu BVerfG 74, 274 – Boxberg). Deshalb ist eine privatnützige Planfeststellung jedoch nicht schon dann abzulehnen, wenn ein Vorhaben „unter irgendwelchen rechtlichen Gesichtspunkten zu einer Beeinträchtigung des Wohls der Allgemeinheit" führen würde.[9] Zum Anspruch des privaten Vorhabensträgers auf fehlerfreie Abwägung s BVerwG NVwZ 1995, 598.

---

mwN; ebenso Weidemann DVBl 1990, 592; Kühling FS Sendler, 1991, S 391, 393; Kopp DVBl 1993, 624.

[8] Vgl BVerwGE 85, 49 = DVBl 1990, 590; Wahl/Schütz NVwZ 1999, 610; Kühling DVBl 1989, 229.

[9] Kühling DVBl 1989, 229 unter Hinweis auf BVerwGE 78, 42 = NJW 1988, 434; Weidemann DVBl 1990, 593 unter Hinweis auf BVerwGE 85, 49 = NVwZ 1990, 769; s auch BVerwGE 85, 155 = DVBl 1990, 1170; zT **aA** noch BVerwG 55, 220 = NJW 1978, 2308; BVerwGE 85, 49 = DVBl 1990, 591; BVerwG NVwZ 1995, 598; Wahl/Schütz NVwZ 1999, 610.

3. Abgrenzung zu anderen Genehmigungsverfahren. Nicht unter den Begriff der Planfeststellung iS von § 72 sind außer den in Rn 12 erwähnten originären Planungsverfahren auch die in zahlreichen Fachgesetzen vorgeschriebenen Genehmigungen, Erlaubnisse und anderen VAe zu fassen, die eine Vielzahl von öffentlichen und privaten Belangen berühren und meist ähnlich wie Planfeststellungen auch Prognosen voraussetzen und darauf aufbauen (vgl zB Sauthoff NVwZ 1995, 119). Zu nennen sind hier etwa das **immissionsschutzrechtliche Genehmigungsverfahren** gem § 10 BImSchG iVm der 16. BImSchV oder das atomrechtliche Verfahren gem §§ 1 ff AtVfV und ähnliche Verfahren zur Bewältigung komplexer Aufgaben der Verwaltung, wie **naturschutzrechtliche Verfahren** zur Unterschutzstellung von Teilen von Natur und Landschaft oder von Denkmälern uä (vgl OVG Münster NVwZ 1992, 1218), Verfahren zur Errichtung oder Auflösung einer Schule (BVerwG NVwZ 1992, 1203: eine schulorganisatorische Maßnahme planerischen Inhalts; VG Minden NWVBl 1988, 181) usw. 15

4. Planfeststellung und Plangenehmigung. a) Allgemeines. Zahlreiche Rechtsvorschriften außerhalb des VwVfG sahen bereits in der Vergangenheit für einfach gelagerte Fälle, in denen es zur Konfliktbewältigung eines Planfeststellungsverfahrens mit Planauslegung und Anhörung nicht bedarf, die Möglichkeit eines bloßen Genehmigungsverfahrens oder vereinfachten Planfeststellungsverfahrens anstelle des regulären Planfeststellungsverfahrens vor (vgl zB § 17 Abs 2 FStrG; § 7 Abs 2 AbfG; § 31 Abs 1 S 3 WHG). Inzwischen ist die Möglichkeit, anstelle eines Planfeststellungsverfahren ein bloßes Plangenehmigungsverfahren durchzuführen, in § 74 Abs 6 allgemein geregelt worden (krit Gassner NuR 1996, 492). Voraussetzung ist vor allem, dass Rechte Dritter nicht beeinträchtigt werden (§ 74 Rn 165 ff). 16

b) Anwendbare Vorschriften. Auf Plangenehmigungsverfahren finden die Vorschriften über das Planfeststellungsverfahren nach der ausdrücklichen Regelung des § 74 Abs 6 S 2 2. Halbs keine Anwendung. Gleichwohl hat die Plangenehmigung nach § 74 Abs 6 S 2 die gleichen Rechtswirkungen wie die Planfeststellung mit Ausnahme der enteignungsrechtlichen Vorwirkung (s § 75 Rn 12). Außerdem entfällt auch hier das Vorverfahren vor der Klageerhebung (§ 74 Abs 6 S 3). Zur Plangenehmigung s näher § 74 Rn 161 ff. 16 a

III. Anwendbare Rechtsvorschriften (Abs 1)

1. Spezielles Fachplanungsrecht. Anwendbar auf ein Planfeststellungsverfahren sind zunächst die speziellen Regelungen des einschlägigen Fachplanungsgesetzes. Die Fachplanungsgesetze enthalten in unterschiedlichem Umfang eigene Verfahrensvorschriften. Während einige Gesetze das Verfahren weitgehend speziell regeln, wird in anderen weitgehend auf die Bestimmungen der §§ 72 ff verwiesen. In der jüngeren Zeit hat sich zu Recht die Tendenz ergeben, die speziellen Vorschriften des Fachrechts zugunsten einer Anwendung der §§ 72 ff zurückzudrängen. Das fördert die Vereinheitlichung und damit auch die Transparenz des Fachplanungsrechts. Hier liegt ohne Zweifel nach wie vor ein Potenzial für die Vereinfachung und Straffung des Verfahrensrechts. 17

2. Anwendbarkeit der §§ 73–78. Soweit das jeweilige Fachplanungsgesetz zwar die Durchführung eines Planfeststellungsverfahrens anordnet, das Verfahren im Einzelnen aber nicht weiter regelt, sind die Bestimmungen der §§ 72–78 ohne weiteres anwendbar. Nicht erforderlich ist, dass ausdrücklich auf die §§ 72 ff verwiesen wird; ausreichend ist, wenn eine Rechtsvorschrift nur allgemein und ohne Bezug auf das VwVfG die Durchführung eines Planfeststellungsverfahrens anord- 17 a net, ohne zugleich auch das Verfahren zu regeln.[10] Die §§ 72 ff sind dann gem § 1 subsidiär zur Ausfüllung bestehender Regelungslücken oder einer von vornherein „offenen“ Regelung, die keine näheren Bestimmungen zum Verfahren trifft, anzuwenden,[11] zB die Regelungen über Massenverfahren in § 72 Abs 2, § 73 Abs 5 S 2 Nr 4 und Abs 6 S 4 ff und § 74 Abs 1 S 2 iVm § 69 Abs 2 S 2 ff ergänzend zu § 10 LuftVG, der keine entsprechenden Vorschriften enthält (BVerwGE 66, 99 = NJW 1984, 189; 67, 208 zur öffentlichen Bekanntmachung; VGH München NVwZ 1982, 128); ferner § 75 Abs 1 S 1, 2. Halbs. über die Konzentrationswirkung von Planfeststellungen und anderer Vorschriften des VwVfG ergänzend zu § 7 TWG aF;[12] der Ausschluss des Vorverfahrens gem § 74 Abs 1 S 2 iVm § 70 auf Planfeststellungen, für die insoweit keine ausdrückliche Regelung besteht (VGH Mannheim DÖV 1984, 948). Zur nur teilweisen Anwendbarkeit der §§ 72 ff auf Vorhaben, die der militärischen Geheimhaltungspflicht unterliegen, zB auf Militärflugplätze, vgl zu § 30 Abs 1 LuftVG BVerwGE 81, 95 = UPR 1988, 448; Kühling DVBl 1989, 225.

18 **3. Anwendbarkeit der übrigen Vorschriften des VwVfG.** Abs 1 stellt klar, dass auf Planfeststellungsverfahren grundsätzlich auch die übrigen Vorschriften des VwVfG anzuwenden sind, soweit sich aus §§ 72 ff nichts Abweichendes ergibt. Anwendbar sind danach grundsätzlich auch die Vorschriften über das allgemeine Verfahren nach den §§ 9 ff (BVerwGE 67, 208; 69, 277); nicht dagegen auch die §§ 63 ff über das förmliche Verfahren, sofern nicht ausdrücklich – so zB in § 73 Abs 6 S 4 und in § 74 Abs 1 S 2 – darauf verwiesen wird.[13] Zur Anwendbarkeit von §§ 48 f s unten Rn 21 f.

19 **4. Einschränkung des Akteneinsichtsrechts.** Abs 1 sieht im Hinblick auf die typischerweise hohe Zahl von Beteiligten in einem Planfeststellungsverfahren (vgl Begr 87) vor, dass die Regelung des § 29 über die Akteneinsicht in Planfeststellungsverfahren nur mit der Maßgabe gelten soll, dass die Behörde darüber in allen Fällen **nach Ermessen** (§ 40) entscheiden kann. Diese Ausnahme erscheint nur dann als verfassungskonform, wenn man davon ausgeht, dass die Verweigerung der Akteneinsicht **nur bei Vorliegen schwerwiegender Gründe,** die gegen die Gewährung sprechen, ermessensfehlerfrei abgelehnt werden kann.[14] Zulässig sind im Übrigen nur Beschränkungen nach Ort und Zeit oder dahin, dass nur einem Vertreter nach §§ 16 ff Einsicht gewährt wird, nicht jedoch eine Verweigerung der Akteneinsicht schlechthin (VGH München BayVBl 1985, 401). Nicht unter die Regelung des Akteneinsichtsrechts fällt die Einsicht in die Pläne und sonstigen Planunterlagen gem § 73 Abs 3 S 1 (vgl VGH München BayVBl 1987, 83).

20 **Besonders geregelte Akteneinsichtsrechte** werden von der Beschränkung wegen des Grundsatzes der Subsidiarität des VwVfG nicht berührt. Hierzu zählen die Rechte **anerkannter Naturschutzvereine** gem § 60 Abs 2 BNatSchG (VG Darmstadt NuR 1991, 393) und das allgemeine Akteneinsichtsrecht nach dem **UIG,** durch welches die Umwelt-Informations-RL in deutsches Recht umgesetzt

---

[10] Begr 87; BVerwGE 67, 208; 69, 278; StBS 23; UL § 39 Rn 6; Knack 13; MB 4 f; Heigl, in: Boorberg-FS 1977, 263; Franke ZfW 1979, 3; **aA** Maurer JuS 1976, 496: nur wenn Rechtsvorschriften auf §§ 72 ff verweisen; sonst allenfalls sinngemäße Anwendung.

[11] BVerwGE 67, 208; 69, 278; 82, 22; BVerwG DVBl 1988, 831; München NVwZ 1982, 128; Bremen NVwZ-RR 1994, 190; VG Arnsberg NJW 1982, 1572; StBS 23; Knack 2.2.4; MB 4 f; Franke ZfW 1979, 3.

[12] BVerwGE 77, 128 = DVBl 1987, 845; Ronellenfitsch VerwArch 1988, 225; 1989, 108 mwN; Dombert NVwZ 1990, 441; das TWG wurd durch § 100 TKG aufgehoben.

[13] Begr 87; UL § 39 Rn 25; StBS 135; Knack 33; Obermayer 43; **aA** MB 17; UL § 39 Rn 26.

[14] Ähnlich StBS 115; UL § 39 Rn 29 mwN; Blümel VerwArch 1982, 7; Laubinger VerwArch 1982, 75 mwN; zu den verfassungsrechtlichen Bedenken auch Wimmer DVBl 1985, 777; **aA** insoweit Kassel DVBl 1992, 1448.

worden ist. Die in der Vergangenheit gerügten Umsetzungsmängel (vgl EuGH NVwZ 1999, 1209; 1998, 945; BVerwGE 108, 369 = NVwZ 1999, 1220) wurden durch die **Novellierung des UIG** v 27. 7. 2001 (BGBl I, 1950) im Wesentlichen behoben (vgl Koch/Siebel-Huffmann NVwZ 2001, 1081, 1088).

5. Ausschluss der Regelungen über das Wiederaufgreifen. Ausgenommen von der Anwendbarkeit ist wegen der Schwierigkeiten, die entstehen, wenn ein Vorhaben, für das der Plan festgestellt wurde, wieder rückgängig gemacht werden soll (vgl Begr 87), nach Abs 1, 2. Halbs die Regelung des § 51 über die Wiederaufnahme von Verfahren (s auch BVerwGE 61, 8 = MDR 1981, 522: teilweise Sonderregelung in § 75 Abs 2 S 2; BVerwGE 69, 8; Grupp DVBl 1990, 90; Knack 6.3). Diese Ausnahme ist im Hinblick auf die grundsätzliche Bedeutung des Wiederaufnahmerechts im Rechtsstaat (vgl BVerwGE 39, 197) **verfassungsrechtlich bedenklich;** man wird sie nur deshalb als mit rechtsstaatlichen Grundsätzen noch vereinbar ansehen können, weil die Betroffenen in den entsprechenden Fällen gem § 75 Abs 2 S 2 jedenfalls Anspruch auf nachträgliche Auflagen (vgl § 75 Rn 22), und soweit dies nicht genügt, uU sogar einen Anspruch auf Rücknahme bzw Widerruf des Planfeststellungsbescheids gem § 48 bzw § 49 haben, wenn jede andere Entscheidung ermessensfehlerhaft wäre (s unten Rn 45 f). Der Ausschluss von § 51 gilt nur für Planfeststellungsbeschlüsse, nicht auch für Plangenehmigungen uä oder in vereinfachten Planfeststellungsverfahren (offen Koblenz NJW 1986, 2780). 21

Rücknahme und Widerruf nach §§ 48 f werden nach dem ausdrücklichen Wortlaut des Abs 1 oder infolge der Sonderbestimmungen über die Aufhebung von Planfeststellungsbeschlüssen bei Aufgabe des Vorhabens (§ 77) und über Planänderungen (§ 76) durch § 72 Abs 1 nicht ausgeschlossen,[15] ebenso nicht die Anwendbarkeit entsprechender Bestimmungen in Fachgesetzen, zB von § 17 Abs 4 S 1 FStrG aF. Allerdings stehen Widerruf und Rücknahme grundsätzlich im Ermessen der zuständigen Behörde, die dabei auch die Schwierigkeiten einer Rückabwicklung berücksichtigen kann und muss. 22

6. Nichtanwendbarkeit von §§ 71 a–71 e. Mit der Neufassung des Abs 1 wird die Anwendung der durch das GenBeschlG zur Beschleunigung von Genehmigungsverfahren neu erlassenen §§ 71 a bis 71 e auf das Planfeststellungsverfahren ausgeschlossen (vgl Nachtrag § 71 a Rn 54). Der Grund hierfür liegt darin, dass die Beschleunigungsinstrumente nicht mit den verfahrensrechtlichen Vorgaben des Planfeststellungsverfahrens vereinbar wären. 23

IV. Öffentliche Bekanntmachung bei Masseneingaben (Abs 2)

Abs 2 schreibt für Mitteilungen bzw Aufforderungen nach den genannten Vorschriften **bei sog Masseneingaben** in Planfeststellungsverfahren die in S 2 näher geregelte Form der öffentlichen Bekanntmachung vor. Die Bestimmung entspricht im Übrigen wörtlich § 63 Abs 3 und hat ähnlich wie diese Vorschrift den Zweck, sicherzustellen, dass alle öffentlichen Bekanntmachungen in einem Planfeststellungsverfahren grundsätzlich in der gleichen Art und Weise erfolgen. Vgl im Einzelnen § 63 Rn 12 ff. Von der öffentlichen Bekanntmachung ist die ortsübliche Bekanntmachung, zB gem § 73 Abs 5 S 1, zu unterscheiden (vgl § 73 Rn 39 ff). 24

---

[15] Begr 87; ebenso BVerwGE 105, 1 = NVwZ 1998, 281; BVerwGE 91, 17, 22; BVerwG DVBl 1989, 509; VGH Mannheim UPR 1988, 77; UL § 42 Rn 17; Dürr UPR 1993, 161, 170; Eckert NVwZ 1989, 422, 424; Johlen DVBl 1989, 287; nun auch Knack 30; unklar StBS 131; **aA** VGH München BayVBl 1996, 400; Obermayer 41 (nur in Ausnahmefällen); für vollständigen Ausschluss VGH Kassel DVBl 1992, 1446; Grupp DVBl 1990, 86.

V. Verfahrensstufung, Abschnittsbildung, Folgemaßnahmen

25 **1. Allgemeines.** Die §§ 72 ff regeln das Planfeststellungsverfahren als ein einheitliches Verfahren, welches mit der Antragstellung beginnt und mit einer Endentscheidung (Planfeststellungsbeschluss oder Ablehnung der Planfeststellung) endet. Nicht berücksichtigt sind dabei die vielfältigen Formen der Verfahrensstufung, der Bildung von horizontalen und vertikalen Verfahrensabschnitten sowie der Umsetzung des Planfeststellungsbeschlusses zB in einem nachfolgenden Enteignungsverfahren oder einer vorbehaltenen Planergänzung.

26 **2. Verfahrensstufung. a) Vor- und nachgeschaltete Entscheidungsstufen.** In vielen Fällen sind dem eigentlichen Planfeststellungsverfahren auf Grund besonderer gesetzlicher Bestimmungen Planungsverfahren vorgeschaltet, in anderen sind weitere Entscheidungsverfahren nachgeschaltet. Sie sind verfahrensrechtlich vom Planfeststellungsverfahren zu trennen, auch wenn sie sich auf die konkrete Planung uU massiv auswirken können.

26 a **aa) Vorgeschaltete Verfahren** sind zB das Verfahren zur Entscheidung über die Planung und Linienführung einer neuen Bundesfernstraße gem § 16 FStrG[16] oder einer Bundeswasserstraße gem § 13 WaStrG (vgl BVerwG DÖV 1986, 74; NJW 1992, 256), ferner die Abfallwirtschaftsplanung nach § 29 KrW-/AbfG und die Flugplatzgenehmigung gem § 6 LuftVG.[17] Diese der Planfeststellung vorgeschalteten Entscheidungen sind zumeist interner vorbereitender Natur und mangels rechtlicher Außenwirkung nicht selbständig anfechtbar (BVerwG UPR 1991, 32; OVG Hamburg UPR 1997, 471; OVG Münster NWVBl 1991, 242; VGH Mannheim VBlBW 1989, 61; Knack 8.1), obwohl sie die Planfeststellungsbehörde idR inhaltlich binden. Rechtsschutz gegen die Entscheidungen auf der vorgeschalteten Planungsstufe wird erst im Rahmen des Rechtsschutzes gegen den Planfeststellungsbeschluss gewährt, der fehlerhaft ist, wenn er auf einer fehlerhaften vorgeschalteten Planung beruht (BVerwG UPR 1991, 32; OVG Hamburg UPR 1997, 471; OVG Münster NWVBl 1991, 242; VGH Mannheim VBlBW 1989, 61). Dies gilt für die Linienbestimmung nach § 16 FStrG (vgl zuletzt BVerwGE NVwZ 1996, 896; Knack 39; Dürr UPR 1992, 245; Kauch DVBl 1993, 1038), ferner für die Linienbestimmung nach § 13 WaStrG (BVerwG NJW 1992, 256), nach Eisenbahnrecht (BVerwG UPR 1996, 109), für die Flugplatzgenehmigung nach § 6 LuftVG (BVerwG UPR 1991, 32; OVG Hamburg UPR 1997, 471), die allerdings keine Bindungswirkung auslöst (BVerwGE 75, 214, 221), nicht aber für Abfallwirtschaftspläne, sofern sie als Rechtsnormen erlassen werden (BVerwGE 81, 128 zu Abfallentsorgungsplänen nach § 6 AbfG aF; zum KrW-/AbfG Erbguth UPR 1997, 64).

26b **bb) Nachgeschaltete Verfahren** sind vor allem Enteignungsverfahren, die der Durchsetzung des Planfeststellungsbeschlusses dienen (hierzu Rn 37 ff). Nicht selten findet im Rahmen des Enteignungsverfahrens ebenfalls eine Planfeststellung statt. Die Enteignungsverfahren sind landesrechtlich geregelt, auch wenn das Planfeststellungsverfahren bundesrechtlich geregelt ist. Zu unterscheiden sind die Fälle, in denen das Enteignungsverfahren an den Planfeststellungsbeschluss gebunden ist (sog enteignungsrechtliche Vorwirkung, s § 75 Rn 12 ff), und solche Fälle, bei denen eine derartige Bindung, die stets einer ausdrücklichen gesetzlichen Anordnung bedarf, fehlt (s hierzu näher § 75 Rn 12 ff).

---

[16] Vgl die Leitentscheidung BVerwGE 48, 60 = DÖV 1975, 606 – B 42; ferner BVerwGE 62, 346; DÖV 1981, 921; 1982, 203; UPR 1990, 100; VRS 87, 154; 89, 318; VGH Mannheim VBlBW 1989, 62; OVG Münster NWVBl 1991, 243.

[17] Vgl BVerwGE 56, 135 = NJW 1979, 64; 75, 221; UPR 1991, 32; Buchh 442.40 § 6 LuftVG Nr 1, 4 und 6; NVwZ 1982, 113; 1988, 731; Martens NVwZ 1989, 115; Erichsen/Ehlers § 39 Rn 9; Ipsen AöR 1982, 277.

b) Anwendbares Verfahrensrecht. Auf vor- und nachgeschaltete Planungs- und Entscheidungsverfahren sind die §§ 72ff **nicht anwendbar;** lediglich ihre Ergebnisse werden im nachfolgenden Planfeststellungsverfahren berücksichtigt. Vgl im Einzelnen zu solchen vorgeschalteten Verfahren Kühling DVBl 1989, 222f; Wahl NVwZ 1990, 435; Knack 38ff. Insoweit kommen nur die entsprechenden **sondergesetzlichen Vorschriften** sowie nunmehr bei umweltrelevanten Vorhaben auch das UVPG zur Anwendung (s unten Rn 33ff). Nur soweit es sich ausnahmsweise um Verwaltungsverfahren iS des VwVfG handelt, kommen subsidiär die allgemeinen Bestimmungen des VwVfG über das Verfahren und ggf, wenn dies angeordnet ist, die Bestimmungen über besondere Verfahren zur Anwendung. S allg zu Verfahren dieser Art und zu ihrem Verhältnis zum Planfeststellungsverfahren BVerwGE 56, 134f; zur Erforderlichkeit der vorherigen Durchführung eines Raumordnungsverfahrens auch BVerwGE 75, 223, zur Pflicht zur Durchführung einer UVP nach dem UVPG Wahl NVwZ 1990, 431; Jarass NuR 1991, 207; Weber/Hellmann NJW 1990, 1632; Beckmann DVBl 1991, 361; Soell/Dirnberger NVwZ 1990, 708; Schink NVwZ 1991, 942. 27

Ob die Durchführung der in Frage stehenden vorgeschalteten Verfahren nach den maßgeblichen Vorschriften **Rechtmäßigkeitsvoraussetzung** für die Planfeststellung sind, hängt von der Regelung im jeweiligen Fachplanungsgesetz ab. Ist dies der Fall, ist eine vorher erfolgte Planfeststellung rechtswidrig (BVerwG NVwZ 1982, 113). Dies ist nach der neueren Rspr des BVerwG zu § 16 FStrG allerdings nicht mehr der Fall (BVerwG NVwZ 1997, 391; NuR 1997, 305: Eine Linienbestimmung gehört nicht zu den Rechtmäßigkeitsvoraussetzungen der Planfeststellung). S hierzu Jarass DVBl 1998, 1202; Wahl/Dreier NVwZ 1999, 615. 27a

c) Rechtsschutz. Die in vorgeschalteten Verfahren ergehenden Planungsakte können idR nicht vom Bürger, sondern nur von den beteiligten öffentlich-rechtlichen Körperschaften, insb den Gemeinden, angegriffen werden.[18] Der Bürger kann zumeist nur den im Planfeststellungsverfahren ergehenden Planfeststellungsbeschluss angreifen.[19] **Umstritten** ist, ob die **Beteiligung der Gemeinden** uä in derartigen Fällen im Zweifel nur formeller Art ist, dh sich im Wesentlichen nur auf Information und Anhörung bezieht. Die Rspr nimmt eine Beschränkung auf die formellen Beteiligungsrechte und dementsprechend auch eine gleiche Beschränkung für Rechtsbehelfe an.[20] Richtiger erscheint – auch im Hinblick auf die Erfordernisse der Verfahrensökonomie und um eine mehrfache Erörterung der Frage mit denselben Beteiligten zu vermeiden – die Auffassung, dass bereits alle Gesichtspunkte, die von den Beteiligten sonst im nachfolgenden Planfeststellungsverfahren geltend zu machen wären, schon in dem vorausgehenden Verfahren geltend zu machen sind.[21] 28

Im Verhältnis zum Bürger stellt sich die vorgeschaltete Entscheidung, zB die Linienbestimmung nach § 16 FStrG, nur ein unselbständiges internes Element der späteren Planentscheidung dar und kann nur im Rahmen der in diesem Verfahren 29

[18] BVerwGE 56, 135; 81, 106; Kühling DVBl 1989, 223; Wahl NVwZ 1990, 435; **aA** BVerwGE 48, 60; 62, 342 mwN; s auch BVerwG NJW 1992, 256 zu § 13 WaStrG: die für luftverkehrsrechtliche Planfeststellungsverfahren geltenden Grundsätze können insoweit nicht auf andere vorgelagerte Verfahren übertragen werden. Demgegenüber kommt bei Abfallentsorgungsplänen nach § 29 KrW-/AbfG ein selbständiger Rechtsschutz des Bürgers in Betracht; vgl BVerwG NVwZ 1989, 458; Wahl/Dreier NVwZ 1999, 615.

[19] Vgl BVerwGE 62, 342 = DVBl 1981, 936; DVBl 1969, 308; ZLW 1983, 276; Kühling DVBl 1989, 222.

[20] BVerwGE 81, 106; 56, 137; BVerwG DVBl 1988, 532; s auch Martens NVwZ 1989, 116.

[21] Vgl Steinberg NVwZ 1983, 210; Kühling Rn 535f; Wahl NVwZ 1990, 435 mwN; Ibler DVBl 1989, 2660; ferner Kühling DVBl 1989, 228: offen, ob in BVerwG UPR 1988, 440 ein Wandel der Rspr insoweit angedeutet sein könnte.

gegebenen Rechtsbehelfe angegriffen bzw im Rechtsbehelfsverfahren nachgeprüft werden.[22] Die Verwaltungsgerichte sind insoweit (anders im Verhältnis zu öffentlichen Rechtsträgern, die im vorausgegangenen Verfahren beteiligt waren und denen gegenüber der Planungsakt Bindungswirkung entfaltet), uU nicht an die vorausgegangene Planungsentscheidung gebunden.[23] Erweist sich im Planfeststellungsverfahren eine vorangegangene, nur intern die Planfeststellungsbehörde hindernde Planentscheidung, zB Linienbestimmung nach § 16 FStrG, als nicht haltbar, so sollte die Planfeststellungsbehörde dem für die Linienführung zuständigen Bundesministerium grundsätzlich Gelegenheit zur Überprüfung und ggf Abänderung ihrer Entscheidung geben.[24]

30 **3. Abschnittsbildung. a) Grundsatz der Vollständigkeit der Planfeststellung.** Die Planfeststellung für ein Vorhaben muss sich im Grundsatz auf das **gesamte Vorhaben** und die Regelung aller durch dieses Vorhaben aufgeworfenen Fragen unter Abwägung aller durch das Vorhaben betroffener öffentlicher und privater Belange erstrecken. Es ist deshalb nur ausnahmsweise zulässig, die Planfeststellung auf bestimmte Teile eines Gesamtvorhabens zu beschränken.[25] Das gilt insbesondere deshalb, weil die durch das Vorhaben berührten Belange idR derart miteinander verzahnt sind, dass eine Beschränkung auf Teile die Gefahr einer nur begrenzten Berücksichtigung von abwägungserheblichen Belangen zur Folge hätte.

31 **b) Die Planfeststellung für Teilabschnitte.** Die zuständige Behörde kann auf Grund und im Rahmen der planerischen Gestaltungsfreiheit aber vom Grundsatz der Einheitlichkeit und Vollständigkeit der Planfeststellung abweichen und die Planfeststellung getrennt für einzelne in sich abgeschlossene Teile, insb auch abschnittsweise (zB bei Straßen), vornehmen. Dies setzt voraus, dass dies mit den Anforderungen des Abwägungsgebots und dem Gebot der Problembewältigung vereinbar ist.[26] Es kann als anerkannt gelten, dass die sachgerechte Bildung von Abschnitten im Rahmen des Planungsermessens zulässig ist (BVerwGE 100, 370 = NVwZ 1996, 1016; BVerwG NVwZ 2001, 800; StBS § 74 Rn 16; Knack § 74 Rn 23; Kühling/Herrmann Rn 256). **Soweit eine derartige Beschränkung** bzw das Ausklammern einzelner Teile **zulässig ist,** kann grundsätzlich auch schon der Antrag auf Planfeststellung entsprechend begrenzt werden. Zur Bildung von Teilabschnitten einer geplanten Bundesfernstraße für die Planfeststellung in mehreren entsprechenden Planfeststellungsverfahren s zB BVerwG NVwZ 1993, 572; NuR 1998, 544 – A 20). Die Abschnittsbildung ist bei der **Planfeststellung von Verkehrswegen** (Fernstraßen, Eisenbahnen, Wasserstraßen) üblich und im Normalfall sogar unumgänglich, weil die Bewältigung der örtlichen Detailprobleme wegen der prinzipiell begrenzten Möglichkeit sachgerechter Informationsverarbeitung anders kaum möglich wäre. Sie ermöglicht einerseits die Abschichtung der in den einzelnen Abschnitten auftretenden Fragen und die angemessene Bewältigung der auftretenden Probleme, hat aber andererseits den Nachteil, dass bereits planfestgestellte Teilabschnitte sog **Zwangspunkte für die weiteren Abschnitte** setzen und dass sich die Problematik des Gesamtvorhabens in den einzelnen Abschnitten nicht optimal bewältigen lässt. Diesen Nachteilen wird teilweise durch das jeweilige Fachrecht selbst mit einer Verfahrensstufung (s hierzu Rn 26 ff), be-

[22] BVerwGE 48, 60 – DÖV 1975, 606; 62, 346; 75, 236; VRS 87, 154; 89, 318. Maßgebend ist, ob sich ein Fehler in der Linienbestimmung, die auch dem Abwägungsgebot unterliegt (vgl BVerwG NVwZ 1998, 508), auf das nachfolgende Planfeststellungsverfahren auswirkt (vgl BVerwG NVwZ 1997, 391).

[23] BVerwGE 44, 3; 48, 60; 56, 137; 62, 347; Wahl NVwZ 1990, 435.

[24] Vgl BVerwGE 67, 74 = DVBl 1983, 899; Kühling DVBl 1989, 223; zT **aA** hins. der luftverkehrsrechtlichen Genehmigung nach § 6 LuftVG BVerwG DVBl 1990, 1185.

[25] S hierzu näher § 74 Rn 9 ff.

[26] BVerwGE 62, 342, 353; BVerwG NuR 1997, 38; DVBl 1996, 1012; DVBl 1993, 161.

gegnet, teilweise durch eine Einbeziehung der Gesamtproblematik des Vorhabens in die Abschnittsplanfeststellung.[27]

4. Beschränkung in Bezug auf Folgemaßnahmen. Auf Grund des Entscheidungsvorbehalts in § 74 Abs 3 kann es zulässig sein, die Planfeststellung – bzw den Antrag auf Planfeststellung – **nicht auch auf alle Folgemaßnahmen** (s zum Begriff § 74 Rn 28) **zu erstrecken,** die an sich einbezogen werden müssten, sondern einzelne Folgemaßnahmen „auszuklammern" und späteren gesonderten Verfahren nach den jeweils dafür maßgeblichen Vorschriften (zB Genehmigungsverfahren, Planfeststellungsverfahren) oder einem späteren ergänzenden Planfeststellungsverfahren vorzubehalten. Es dürfen allerdings nur Folgemaßnahmen ausgeklammert werden, die **nicht dergestalt untrennbar mit dem Vorhaben** verbunden sind, dass auch für dieses ohne Feststellung auch der in Frage stehenden Folgemaßnahmen der Plan nicht abschließend festgestellt werden könnte. Zulässig ist es danach zB, die Planfeststellung für eine S-Bahnlinie zu einem Flughafen auszuklammern, nicht dagegen auch eine Planfeststellung für eine unter dem Flughafen hindurchzuführende Bahnlinie. Kriterium dafür, ob Folgemaßnahmen im dargelegten Sinn vom Hauptvorhaben trennbar sind, ist die Frage, ob die Regelungen hins der Folgemaßnahmen getroffen werden können, ohne dass sich uU daraus **Rückwirkungen für das Hauptvorhaben** dergestalt ergeben können, dass dieses uU umgeplant werden muss. 32

VI. Verhältnis zur Umweltverträglichkeitsprüfung (UVP)

1. Allgemeines zur UVP. Mit dem UVPG wurde in Deutschland mit einiger Verspätung die UVP-RL der EU umgesetzt.[28] Zweck der darin vorgesehenen Umweltverträglichkeitsprüfung ist es nach § 1 UVPG, dass bei bestimmten Vorhaben zur **wirksamen Umweltvorsorge** die Auswirkungen auf die Umwelt frühzeitig und umfassend ermittelt, beschrieben und bewertet und die Ergebnisse bei allen behördlichen Entscheidungen über die Zulässigkeit berücksichtigt werden. In diesem Zusammenhang sind nach § 7 UVPG **Stellungnahmen sämtlicher Behörden** einzuholen, deren Aufgabenbereich durch das Vorhaben berührt werden; außerdem hat nach § 9 UVPG eine **Einbeziehung der Öffentlichkeit** stattzufinden. Welche Vorhaben UVP-pflichtig sind, folgt zunächst aus § 3 UVPG iVm einer Anlage, die eine Aufzählung enthält, für die eine UVP durchzuführen ist. Allerdings hatte das UVPG zunächst nicht alle Vorhaben der UVP-Pflicht unterworfen, die nach der UVP-RL erfasst werden mussten. Deshalb – und auch im Hinblick auf eine Novellierung der UVP-RL – erfolgte im Jahre 2001 eine **Neuregelung** des UVPG,[29] mit der die bisherigen Defizite weitgehend beseitigt wurden (vgl Koch/Siebel-Huffmann NVwZ 2001, 1081), Nach Anl 1 zu § 3b UVPG wird nunmehr unterschieden zwischen strikt UVP-pflichtigen Vorhaben (Spalte 1) und solchen, die nur nach Einzelfallprüfung UVP-pflichtig sind, wobei wiederum zwischen einer allgemeinen und einer standortbezogenen Vorprüfung unterschieden wird. 33

2. Die UVP im Planfeststellungsverfahren. a) Grundsatz der Subsidiarität. Nach § 4 UVPG gilt das Prinzip der Subsidiarität des UVPG. Soweit andere 34

---

[27] BVerwGE 72, 282, 289; 62, 342, 354; BVerwG NVwZ 2001, 800; 1997, 493; NuR 1998, 544; Knack § 74 Rn 4.5.1.

[28] Gesetz über die Umweltverträglichkeitsprüfung (UVPG) vom 12. 2. 1990 (BGBl I, 205), verkündet als Art 1 des Gesetzes zur Umsetzung der Richtlinie des Rates v 27. 6. 1985 über die UVP bei bestimmten öffentlichen und privaten Projekten (85/337/EWG).

[29] Gesetz zur Umsetzung der UVP-Änderungs-RL, der IVU-RL und weiterer EG-RL zum Umweltschutz v 27. 7. 2001 (BGBl I, 1950). Damit wurde auch die UVP-Änderungs-RL 97/11/EG des Rates v 3. 3. 1997 (ABl EG L 73 S 5) umgesetzt.

Rechtsnormen des Bundes oder der Länder eine Prüfung der Umweltverträglichkeit vorsehen, die den Anforderungen des UVPG entspricht oder darüber hinausgeht, finden die Bestimmungen des UVPG keine Anwendung. Da praktisch sämtliche planfeststellungsbedürftigen Vorhaben zugleich UVP-pflichtig sind, kommen danach die Bestimmungen des UVPG nur insoweit zum Zuge, als sie über die §§ 72 ff und das maßgebliche Fachplanungsrecht hinausgehende Anforderungen enthalten. Ob dieser Fall angenommen werden muss, ist umstritten (zum Streitstand Hien NVwZ 1997, 422). Die Literatur (vgl zB Erbguth NuR 1997, 261, 265; Schink NuR 1998, 173) steht überwiegend auf dem Standpunkt, dass vor allem das Frühzeitigkeitsgebot, der integrative Ansatz und die ökologischen Mitwirkungspflichten des Vorhabenträgers zu einer materiell-rechtlichen und verfahrensrechtlichen Stärkung der Umweltbelange führen (Überblick bei Hien NVwZ 1997, 422; Schwab NVwZ 1997, 428). Demgegenüber geht vor allem das BVerwG davon aus, dass der UVP-RL ebenso wie der UVPG nur verfahrensrechtliche Bedeutung zukomme (BVerwGE 100, 238 = NVwZ 1996, 788; BVerwG NVwZ 1996, 381; NVwZ 1996, 1016).

35 **b) Integration in das Planfeststellungsverfahren.** Die UVP wird nicht in einem selbständigen Verwaltungsverfahren durchgeführt, sondern erfordert gem § 2 Abs 1 UVP grundsätzlich ein **Trägerverfahren.** Sie wird deshalb in das Planfeststellungsverfahren als dessen unselbständiger Teil integriert. Im Planfeststellungsverfahren wird sie auf diese Weise zu einem Bestandteil der Sachverhaltsermittlung, die im Rahmen einer fehlerfreien Abwägung (Zusammenstellung des Abwägungsmaterials) ohnehin durchgeführt werden muss. Die Einbeziehung der Öffentlichkeit gem § 9 UVPG erfolgt ebenfalls gem § 73 Abs 3–5 bereits nach allgemeinem Planfeststellungsrecht. Allerdings beschränkt § 73 Abs 4 die Beteiligung auf diejenigen Personen, deren Belange durch die Planfeststellung berührt werden.

36 **c) Folge von Verstößen gegen das UVP-Gebot.** Umstritten ist, welche Folgerungen sich aus Verstößen gegen die UVP-Pflicht eines Vorhabens für das Planfeststellungsverfahren ergeben. Das BVerwG geht davon aus, dass sogar aus dem Fehlen einer UVP nicht ohne weiteres auf die Mangelhaftigkeit der planfeststellungsrechtlichen Abwägung geschlossen werden dürfe; maßgebend sei, ob dies tatsächlich zu einem Abwägungsfehler (zB einem Abwägungsdefizit oder einer Fehlgewichtung der Belange) geführt habe.[30] Demgegenüber wird in der Literatur teilweise darauf hingewiesen, dass die Anforderungen der UVP-RL jedenfalls in einigen Punkten über diejenigen des Planfeststellungsverfahrens hinausgingen und ein Verstoß deshalb die Rechtswidrigkeit des Planfeststellungsbeschlusses zur Folge haben könne (s die Nachw bei Wahl/Dreier NVwZ 1999, 614). Welche Auswirkungen das Fehlen einer UVP iSd UVP-RL hat, wird sich nicht generell bestimmen lassen. Vielmehr wird es darauf ankommen, ob die Umweltverträglichkeit tatsächlich zutreffend beurteilt worden ist.

VII. Verhältnis der Planfeststellung zur Enteignung

37 **1. Allgemeines.** Die Planfeststellung regelt grundsätzlich nur die mit einem Vorhaben verbundenen öffentlichrechtlichen Rechtsverhältnisse und darüber hinaus bestimmte privatrechtliche Beziehungen vor allem im Bereich nachbarlicher Abwehransprüche (s § 74 Rn 4). Soweit ein Vorhaben nicht nur privaten Zwe cken dient und deshalb nur eine sog privatnützige Planfeststellung (s oben Rn 13 ff) erfordert, sondern primär oder zumindest zugleich öffentlichen Zwecken (wie zB der Bau einer Fernstraße; sog „gemeinnützige" Planfeststellung), und zur Durchführung des Vorhabens noch Enteignungen usw erforderlich sind, bedarf es

[30] BVerwGE 100, 238 = NVwZ 1996, 788 – A 60; BVerwG NVwZ 1998, 508; NVwZ 1996, 381; aA VGH München NuR 1995, 274; OVG Koblenz NVwZ 1995, 1025.

eines gesonderten Verfahrens.[31] Bei der privatnützigen Planfeststellung ist es grundsätzlich dem Unternehmer überlassen, etwaige Grundstücke, die er für das Vorhaben noch benötigt, käuflich zu erwerben. Eine Enteignung zugunsten eines privatnützigen Vorhabens ist grundsätzlich nicht zulässig. Soweit es bei gemeinnützigen Vorhaben zur Durchführung der Inanspruchnahme von Grundstücken Dritter bedarf, die der Vorhabenträger nicht freihändig erwerben kann, muss ggfs nach dem Abschluss des Planfeststellungsverfahrens ein (selbständiges) Enteignungsverfahren durchgeführt werden. Der Planfeststellungsbeschluss als solcher bewirkt eine derartige Enteignung in Bezug auf die benötigten Grundstücke bzw sonstigen Rechte nicht. Wenn es im jeweiligen Fachplanungsgesetz vorgesehen ist, entfaltet er aber für das nachfolgende Enteignungsverfahren eine Bindungswirkung (enteignungsrechtliche Verwirkung, vgl § 75 Rn 12).

2. Verhältnis zu nachfolgenden Enteignungsverfahren. Im Hinblick auf 38
das Verhältnis des Planfeststellungsbeschlusses zu einem nachfolgend erforderlichen Enteignungsverfahren ist danach zu unterscheiden, ob der Planfeststellungsbeschluss für ein Enteignungsverfahren Bindungswirkung entfaltet oder nicht. Ist eine derartige Bindungswirkung vorgesehen,[32] spricht man von einer **enteignungsrechtlichen Vorwirkung** des Planfeststellungsbeschlusses. Soweit ein Planfeststellungsbeschluss auf Grund entsprechender Regelungen des maßgeblichen Fachplanungsgesetzes eine solche Wirkung entfaltet, ist es erforderlich, bereits bei der Plankontrolle zu berücksichtigen, dass der Plan Grundlage eines späteren Enteignungsverfahrens werden könnte. Vgl zu den enteignungsrechtlichen Vorwirkungen des Planfeststellungsbeschlusses auch BVerfG 45, 319; 61, 300; NJW 1983, 296; BVerwGE 71, 168; 72, 20; BVerwG NJW 1986, 1509; BGHZ 64, 382; Korbmacher DÖV 1982, 519. Entfaltet der Planfeststellungsbeschluss dagegen keine enteignungsrechtliche Vorwirkung, dann ist die Frage, ob das Vorhaben dem Gemeinwohl in einer Weise dient, die eine Enteignung rechtfertigen kann, im Enteignungsverfahren selbständig zu prüfen.

a) Umfang der enteignungsrechtlichen Vorwirkung. Sieht das Fachpla- 39
nungsgesetz eine Bindungswirkung für das Enteignungsverfahren vor, steht für das Enteignungsverfahren bindend fest, dass das planfestgestellte Vorhaben dergestalt dem Wohl der Allgemeinheit dient, dass es auch nach Art 14 Abs 3 GG eine Enteignung rechtfertigt. Diese Feststellung darf im nachfolgenden Enteignungsverfahren usw grundsätzlich nicht mehr zum Gegenstand von Einwendungen gemacht werden. Das gilt auch für die **Art und die konkrete Ausgestaltung des Vorhabens,** für das der Plan festgestellt wurde. Die entsprechenden Festlegungen sind, soweit darüber in der Planfeststellung abschließend entschieden wurde (BVerwGE 67, 76 = DVBl 1983, 899 m Anm Schwabe DVBl 1984, 140), ebenfalls für das nachfolgende Enteignungsverfahren bindend.[33] Da dies im Enteignungsverfahren nicht mehr geprüft werden kann, muss die Frage, ob das Vorhaben in seiner konkreten Ausgestaltung eine Enteignung rechtfertigt, schon im Planfeststellungsverfahren untersucht werden. Gegenstand des Planfeststellungsverfahrens ist in diesen Fällen insoweit immer auch schon die Frage, ob für das

---

[31] Vgl § 75 Rn 12; BVerwGE 61, 300; 67, 74 = NJW 1983, 2459; BVerwG NVwZ 1985, 110; BayVBl 1963, 213; DVBl 1969, 360; 1971, 186; NJW 1981, 241; 1983, 296; Korbmacher DÖV 1982, 518; Hoppe 22 ff, 68 ff; Erichsen AllgVR § 39 Rn 43.

[32] ZB nach § 19 Abs 1 FStrG (vgl BVerwGE 48, 63; DVBl 1987, 906), nach §§ 9 Abs 1 S 2, 28 Abs 2 LuftVG (vgl BVerfG 47, 319 = DVBl 1978, 44; 74, 264 = DVBl 1987, 466).

[33] So ausdrücklich zB § 19 Abs 1 S 2, 3 und Abs 2 FStrG; s dazu BVerwGE 67, 74; 71, 168; NVwZ 1985, 110; BVerwG NJW 1986, 1509; BGH DÖV 1987, 740; vgl auch OVG Koblenz DÖV 1985, 157 – Enteignung dem Grunde nach gerechtfertigt –; § 31 PBefG; § 44 WaStrG; s dazu BVerwGE 72, 25; dasselbe würde aufgrund der allgemeinen Bindungswirkung der Planfeststellung gem § 75 Abs 1 aber auch ohne ausdrückliche gesetzliche Regelung gelten.

geplante Vorhaben Grundeigentum notfalls auch im Wege der Enteignung in Anspruch genommen werden darf; hierüber und damit auch über die Entschädigungspflicht dem Grunde nach ist im Planfeststellungsbeschluss eine abschließende, auch für ein etwaiges späteres Enteignungsverfahren maßgebliche Entscheidung zu treffen.[34]

40 **b) Verbleibender Prüfungsrahmen des Enteignungsverfahrens.** Zu prüfen sind im Enteignungsverfahren nur noch die konkrete Zulässigkeit der Enteignung (BGH NJW 1987, 3200; Breuer DVBl 1981, 974; Korbmacher DÖV 1982, 519), nämlich insb die Frage, ob das Grundstück nicht auch freihändig erworben werden kann (BGH NJW 1987, 320), und die Frage der Art und Höhe der Entschädigung. Die Betroffenen können jedoch zB nicht mehr geltend machen, dass das Vorhaben nicht dem Gemeinwohl dient, insgesamt oder in einzelnen Teilen nicht erforderlich ist, dass der Grundsatz der Verhältnismäßigkeit nicht gewahrt ist, weil der Eingriff außer Verhältnis zum zu erwartenden Nutzen steht oder sich nicht auf das geringstmögliche Ausmaß beschränkt usw.

VIII. Der Anspruch auf Planfeststellung

41 **1. Anspruch des Vorhabenträgers.** Nicht geregelt im VwVfG ist die Frage, wer einen Antrag auf Planfeststellung stellen kann, und ob der Antragsteller einen Anspruch auf Planfeststellung bzw auf Einleitung und Durchführung eines Planfeststellungsverfahrens hat. Hier ist zu unterscheiden zwischen dem Anspruch auf Einleitung eines Verfahrens und dem Anspruch auf Erlass eines (positiven) Planfeststellungsbeschlusses. Letzterer ist im Fachplanungsrecht grundsätzlich nicht gegeben. Es besteht nur ein Recht auf fehlerfreie Entscheidung (UL § 41 Rn 18; StBS § 74 Rn 52; MB 10; Mößle BayVBl 1982, 231). Sind mit einem Vorhaben keinerlei Nachteile für die Allgemeinheit oder Dritte verbunden oder können mögliche Nachteile durch geeignete Auflagen usw (§ 74 Abs 2 S 2 ff) verhindert oder ausgeglichen werden, bzw stimmen die Betroffenen zu und stehen dem Vorhaben keine unüberwindbaren öffentlichen Interessen entgegen, so kommt nach den Grundsätzen über die **Ermessensreduktion auf Null** (s § 40 Rn 30) ein Anspruch auf Planfeststellung in Betracht (vgl BVerwG DÖV 1995, 599 = DVBl 1995, 238 m Anm Groß 468; NVwZ 1990, 970).

42 **Das Recht auf Einleitung eines Planfeststellungsverfahrens** hat jedenfalls der Träger des Vorhabens (BVerwG DÖV 1995, 599 = DVBl 1995, 238 m Anm Groß 468; StBS § 74 Rn 19). § 73 Abs 1 setzt ein solches Antragsrecht voraus. Dem Antragsrecht entspricht, wenn die formellen Antragsvoraussetzungen erfüllt sind, insb auch die Planunterlagen gem § 73 Abs 1 mit dem Antrag vorgelegt oder nachgereicht werden, ein **Anspruch auf Durchführung des Planfeststellungsverfahrens,** wenn die Planfeststellung beantragt wird.[35] Liegen die Voraussetzungen einer Plangenehmigung vor, kann der Antragsteller allerdings nicht gleichwohl einen Planfeststellungsbeschluss verlangen. **Ist die Anlage bereits errichtet,** so steht dies der Antragstellung und der Durchführung des Verfahrens nicht entgegen, da nur die Nachholung des Verfahrens das Vorhaben auch formell legalisieren kann (vgl OVG Hamburg NVwZ-RR 1993, 8). Das Verfahren und eine daraufhin erfolgende Planfeststellung sind in diesem Fall auch nicht schon deshalb rechtswidrig; Entsprechendes gilt, wenn die ursprüngliche Planfeststellung wegen

[34] BVerfG NVwZ 1987, 967; BVerwGE 56, 119; 71, 168; 72, 283; NJW BVerwG 1981, 2137 = BayVBl 1981, 309; NJW 1983, 296; 1986, 1509 = DVBl 1986, 416; DVBl 1983, 899 m Anm Schwabe DVBl 1984, 140; VGH München BayVBl 1987, 310; Hoffmann JA 1987, 207.

[35] Ronellenfitsch VerwArch 1989, 101; DÖV 1989, 744; Achenbach, Selbständige rechtliche Bedeutung, 25; Böttcher ZfW 1983/1984, 142; StBS § 73 Rn 16.

eines Verfahrensfehlers aufgehoben oder zurückgenommen wurde und deshalb ein neues Verfahren erforderlich wird (BVerwG Buchh 407.4 § 17 FStrG Nr 15 S 22; BVerwG NVwZ 1986, 472: keine Bedenken auch unter dem Gesichtspunkt, dass die Behörde sich in ihrer Entscheidung von der bereits „vollendeten Tatsache“ beeinflussen lassen könnte).

2. Pflicht zur Antragstellung? Stellt der Träger des Vorhabens, für das die Planfeststellung benötigt wird, nicht von sich aus den Antrag auf Planfeststellung unter Vorlage der dafür erforderlichen Pläne usw, so kann die Behörde ihn dazu nicht mit den Mitteln des Verwaltungszwangs dazu zwingen, außer wenn sie durch das Gesetz speziell dazu ermächtigt ist.[36] Dies ist nach den anwendbaren Fachgesetzen idR nicht der Fall. Etwas anderes gilt, wenn der Träger des Vorhabens nach dem einschlägigen Fachgesetz zur Antragstellung verpflichtet ist (BVerwGE 84, 348 = NVwZ 1990, 658; OVG Lüneburg NVwZ-RR 1993, 7) und deshalb die Antragstellung von der Behörde durch VA verlangt und mit einer Vollziehungsverfügung durchgesetzt werden kann. Die allgemeine rechtliche Verpflichtung, das Vorhaben nicht, ohne dass die Planfeststellung dafür durchgeführt und im positiven Sinn abgeschlossen wurde, auszuführen, genügt als Voraussetzung für eine Erzwingung der Antragstellung nicht. Auch das allgemeine Polizei- und Sicherheitsrecht bietet keine Handhabe dafür, dem Träger eines Vorhabens die Antragstellung aufzugeben, selbst dann nicht, wenn er das Vorhaben bereits ohne erforderliche Planfeststellung ausführt oder auch schon ausgeführt hat und betreibt. In der tatsächlichen Verwirklichung des Vorhabens kann auch nicht etwa konkludent bereits selbst eine Antragstellung gesehen werden oder im Hinblick darauf nach dem Grundsatz des Verbots eines „venire contra factum proprium“ auf eine förmliche Antragstellung verzichtet werden. Erforderlich bliebe zudem immer auch noch die Vorlage der Genehmigungsunterlagen wie der Pläne usw, ohne die das Verfahren nicht durchgeführt werden könnte. 43

3. Stellung Drittbetroffener. a) Kein Antragsrecht. Personen, die gem Abs 4 gegen das Vorhaben, wenn ein Planfeststellungsverfahren durchgeführt wird (bzw würde), einwendungsberechtigt sind bzw wären und ggf nach § 74 Abs 2 S 2 ff Ansprüche auf Schutzanordnungen zu ihren Gunsten oder auf Entschädigung geltend machen, haben grundsätzlich kein Antragsrecht auf Planfeststellung und auch **keinen Anspruch auf Durchführung des Planfeststellungsverfahrens** von Amts wegen (BVerwGE 64, 325, 329; 44, 235, 240; BVerwG NVwZ 1995, 379; krit Sauthoff BauR 2000, 195), sondern entweder einen Anspruch auf Unterlassung des Vorhabens, und zwar, je nachdem, auf welcher (behaupteten) Rechtsgrundlage das Vorhaben ausgeführt und uU auch betrieben wird, einen öffentlichrechtlichen, im VRW durchsetzbaren Anspruch, oder einen privatrechtlichen Anspruch, solange der Plan dafür nicht festgestellt ist,[37] oder aber auf isolierte Anordnung von Schutzmaßnahmen bzw Entschädigung analog § 74 Abs 2 S 2 ff.[38] Etwas anderes kann nur gelten, wenn ein Gesetz ausnahmsweise auch den betroffenen Dritten ein Antragsrecht zuerkennt oder wenn wegen der Komplexität und des Zusammenhangs der Probleme, der Notwendigkeit der Koordination verschiedener Planungsträger usw die Durchführung eines Planfeststellungsverfahrens auch zur Klärung der Frage, ob und welche Schutzanordnungen in Betracht kommen, erforderlich er- 44

[36] BVerwGE 84, 348 = NVwZ 1990, 658; OVG Lüneburg NVwZ-RR 1993, 7; OVG Münster DÖV 1987, 601; Schleswig DVBl 1992, 1242.

[37] BVerwG DVBl 1980, 998; VBlBW 1991, 422; DÖV 1985, 363 = BayVBl 1985, 154; München BayVBl 1993, 754; Broß VerwArch 1985, 337.

[38] BVerwGE 41, 65; 44, 239 = NJW 1974, 813; 62, 246 = NJW 1981, 2789; 78, 40 = NJW 1988, 434; 81, 107; 84, 331; 85, 377; VGH Mannheim NVwZ 1986, 662; Broß VerwArch 1985, 337 mwN; Ronellenfitsch DÖV 1989, 744; Wahl NVwZ 1990, 431 mwN.

scheint.[39] Im letzteren Fall können die betroffenen Dritten im Zweifel jedoch nicht selbst Antrag auf Planfeststellung stellen, sondern nur von der für die Einleitung des Planfeststellungsverfahrens zuständigen Behörde verlangen, dass sie den Träger des Vorhabens zur Antragstellung auffordert und ihn erforderlichenfalls, soweit sie diese Möglichkeit hat, im Weg des Verwaltungszwangs dazu zwingt.

45 **b) Sonderfall Verbandsbeteiligung.** Keinen Anspruch auf Verfahrenseinleitung und auch kein entsprechendes Antragsrecht haben die anerkannten Naturschutzvereine auf Grund ihres Beteiligungsrechts gem § 60 Abs 1 BNatSchG nF.[40] Wurde statt eines gebotenen Planfeststellungsverfahrens nur ein Genehmigungs- oä Verfahren ohne spezielle Einwendungsrechte und Öffentlichkeitsbeteiligungen gem § 73 oder nach entsprechenden Vorschriften durchgeführt, so haben die betroffenen Verbände gegen die in diesem Verfahren ergangene Entscheidung (VA) die allgemein gegen erlassene VAe gegebenen Rechtsbehelfe;[41] Zweifelhaft ist, ob der wegen Nichtbeteiligung eines Vereins eingetretene Verfahrensfehler nach § 46 nur dann beachtlich ist, wenn er sich auf das Ergebnis ausgewirkt haben kann. Die hM (vgl § 46 Rn 18) hat § 46 in der Vergangenheit auf solche Fehler nicht angewandt (zT anders neuerdings BVerwG NVwZ 2002, 1103).

46 **c) Der Unterlassungsanspruch Drittbetroffener.** Ein solcher Anspruch gegen die Verwirklichung und das Betreiben von Vorhaben, die an sich planfeststellungspflichtig wären, für die aber bisher noch keine Planfeststellung, die dafür die Rechtsgrundlage und Legitimation geben würde (s auch § 75 Abs 2 S 1), stattgefunden hat, ist gegen den Träger des Vorhabens auf Grund drittschützender Vorschriften des entsprechenden Fachrechts, wenn Grundrechte betroffen sind, aus diesen, nur dann unmittelbar kraft öffentlichen Rechts als **Ausfluss des allgemeinen** öffentlich-rechtlichen **Abwehranspruchs** gegeben, wenn dieser die Anlage zumindest konkludent unter Berufung auf öffentliches Recht betreibt,[42] zB der Staat oder eine Gemeinde eine dem öffentlichen Verkehr gewidmete Straße.

47 **d) Anspruch auf Einschreiten.** Wenn bzw soweit dies nicht der Fall ist, besteht ein öffentlichrechtlicher Anspruch Betroffener auf Grund einschlägiger drittschützender Vorschriften des Fachrechts und/oder, soweit Grundrechte mittelbar betroffen sind, eines grundrechtlichen Schutz- oder Förderungsanspruchs der Betroffenen (vgl Kopp/Kopp NVwZ 1994, 1), grundsätzlich nur gegen die zuständigen Behörden auf Einschreiten gegen den Träger des Vorhabens nach Maßgabe allgemeiner Vorschriften, die die Behörden zu einem Einschreiten gegen nach öffentlichem Recht unzulässiges Verhaltens ermächtigen.[43] IdR geben diese Vorschriften den Betroffenen nur einen Anspruch auf ermessensfehlerfreie Entscheidung über das entsprechende Einschreiten, nur in Ausnahmefällen, etwa bei Ermessensreduktion auf Null angesichts gegebener besonderer Umstände, unmittelbar auf Einschreiten.

---

[39] BVerwGE 81, 106; 85, 377; Buchh 442.40 § 6 LuftVG Nr 17; vgl auch Blümel, Grundrechtsschutz durch Verfahrensgestaltung, in: Blümel (Hg), Frühzeitige Bürgerbeteiligung bei Planungen, 1982, 74; sehr zweifelhaft.

[40] OVG Münster NVwZ-RR 1993, 15 = JuS 1993, 605; offen VGH München NVwZ 1991, 1009; zT **aA** Krüger NVwZ 1992, 553; Knack 147; zurückhaltender Dürr UPR 1991, 81.

[41] BVerwGE 41, 85; 84, 322; Broß VerwArch 1985, 337; allg auch v Danwitz, Zum Anspruch auf Durchführung des „richtigen" Verwaltungsverfahrens, DVBl 1993, 422; Kopp/Schenke § 42 Rn 57.

[42] VGH München NVwZ-RR 1993, 177 = BayVBl 1992, 754; Geislinger BayVBl 1994, 72; allg MK 57 ff.

[43] Vgl BVerwG NJW 1974, 817; DVBl 1980, 998; 1985, 222; OVG Hamburg DVBl 1986, 691; VGH München NJW 1987, 986; Erichsen/Ehlers § 48 Rn 19; Kühling/Hermann Rn 241; Steinberg, Das Nachbarrecht der öffentlichen Anlagen, 68.

e) Privatrechtlicher Abwehranspruch. Neben einem Anspruch auf behördliches Einschreiten haben die betroffenen Dritten, wenn und solange eine Planfeststellung fehlt, im Falle des privatrechtlichen Betriebs auch einen zivilrechtlichen Anspruch auf Grund allgemeiner Regeln, insbes der §§ 906, 1004 BGB auf Unterlassung von Beeinträchtigungen außerdem uU auch auf Grund besonderer, einen privatrechtlichen Unterlassungsanspruch begründender Titel, sofern die Voraussetzungen dieser zivilrechtlichen Anspruchsgrundlagen erfüllt sind (BVerwG DVBl 1980, 996; Kopp/Schenke § 40 Rn 9; für die Unterlassungsklage eines wegen Betreibens einer Anlage unter Nichtbeachtung einer zum Schutz des Betroffenen von der Behörde im Genehmigungsbescheid festgesetzten Auflage auch BGH NJW 1993, 1580). Ein öffentlichrechtlicher Anspruch auf Einschreiten der Behörde oder jedenfalls ermessensfehlerfreie Entscheidung darüber schließt diesen Anspruch nicht aus und ist im Verhältnis zu diesem grundsätzlich auch nicht nur subsidiär. Der privatrechtliche Unterlassungsanspruch unterliegt auch nicht den oben zu 8 dargestellten Beschränkungen, die für öffentlichrechtliche Ansprüche auf behördliches Einschreiten gelten. Durch eine wirksame Planfeststellung wird er weitgehend ausgeschlossen (§ 75 Rn 10). 48

§ 73 Anhörungsverfahren

(1) **Der Träger des Vorhabens hat den Plan der Anhörungsbehörde zur Durchführung des Anhörungsverfahrens einzureichen.**[10] **Der Plan besteht aus den Zeichnungen und Erläuterungen, die das Vorhaben, seinen Anlass und die von dem Vorhaben betroffenen Grundstücke und Anlagen erkennen lassen.**[14 ff]

(2) **Innerhalb eines Monats nach Zugang des vollständigen Plans fordert die Anhörungsbehörde die Behörden, deren Aufgabenbereich durch das Vorhaben berührt wird, zur Stellungnahme auf und veranlasst, dass der Plan in den Gemeinden, in denen sich das Vorhaben auswirkt, ausgelegt wird.**[21 ff]

(3) **Die Gemeinden nach Absatz 2 haben den Plan innerhalb von drei Wochen nach Zugang für die Dauer eines Monats zur Einsicht auszulegen.**[31 ff] **Auf eine Auslegung kann verzichtet werden, wenn der Kreis der Betroffenen bekannt ist und ihnen innerhalb angemessener Frist Gelegenheit gegeben wird, den Plan einzusehen.**

(3 a) **Die Behörden nach Absatz 2 haben ihre Stellungnahme innerhalb einer von der Anhörungsbehörde zu setzenden Frist abzugeben, die drei Monate nicht überschreiten darf.**[26 ff] **Nach dem Erörterungstermin eingehende Stellungnahmen werden nicht mehr berücksichtigt, es sei denn, die vorgebrachten Belange sind der Planfeststellungsbehörde bereits bekannt oder hätten ihr bekannt sein müssen oder sind für die Rechtmäßigkeit der Entscheidung von Bedeutung.**[27 ff]

(4) **Jeder, dessen Belange durch das Vorhaben berührt werden, kann bis zwei Wochen nach Ablauf der Auslegungsfrist schriftlich oder zur Niederschrift bei der Anhörungsbehörde oder bei der Gemeinde Einwendungen gegen den Plan erheben.**[49 ff] **Im Falle des Absatzes 3 Satz 2 bestimmt die Anhörungsbehörde die Einwendungsfrist. Mit Ablauf der Einwendungsfrist sind alle Einwendungen ausgeschlossen, die nicht auf besonderen privatrechtlichen Titeln beruhen. Hierauf ist in der Bekanntmachung der Auslegung oder bei der Bekanntgabe der Einwendungsfrist hinzuweisen.**

(5) **Die Gemeinden, in denen der Plan auszulegen ist, haben die Auslegung vorher ortsüblich bekannt zu machen.**[38 ff] **In der Bekanntmachung ist darauf hinzuweisen,**

1. wo und in welchem Zeitraum der Plan zur Einsicht ausgelegt ist;
2. dass etwaige Einwendungen bei den in der Bekanntmachung zu bezeichnenden Stellen innerhalb der Einwendungsfrist vorzubringen sind;
3. dass bei Ausbleiben eines Beteiligten in dem Erörterungstermin auch ohne ihn verhandelt werden kann;
4. dass
   a) die Personen, die Einwendungen erhoben haben, von dem Erörterungstermin durch öffentliche Bekanntmachung benachrichtigt werden können,
   b) die Zustellung der Entscheidung über die Einwendungen durch öffentliche Bekanntmachung ersetzt werden kann,

   wenn mehr als 50 Benachrichtigungen oder Zustellungen vorzunehmen sind.

Nicht ortsansässige Betroffene, deren Person und Aufenthalt bekannt sind oder sich innerhalb angemessener Frist ermitteln lassen, sollen auf Veranlassung der Anhörungsbehörde von der Auslegung mit dem Hinweis nach Satz 2 benachrichtigt werden.

(6) Nach Ablauf der Einwendungsfrist hat die Anhörungsbehörde die rechtzeitig erhobenen Einwendungen gegen den Plan und die Stellungnahmen der Behörden zu dem Plan mit dem Träger des Vorhabens, den Behörden, den Betroffenen sowie den Personen, die Einwendungen erhoben haben, zu erörtern.[86 ff] Der Erörterungstermin ist mindestens eine Woche vorher ortsüblich bekannt zu machen.[88] Die Behörden, der Träger des Vorhabens und diejenigen, die Einwendungen erhoben haben, sind von dem Erörterungstermin zu benachrichtigen.[88 a] Sind außer der Benachrichtigung der Behörden und des Trägers des Vorhabens mehr als 50 Benachrichtigungen vorzunehmen, so können diese Benachrichtigungen durch öffentliche Bekanntmachung ersetzt werden. Die öffentliche Bekanntmachung wird dadurch bewirkt, dass abweichend von Satz 2 der Erörterungstermin im amtlichen Veröffentlichungsblatt der Anhörungsbehörde und außerdem in örtlichen Tageszeitungen bekannt gemacht wird, die in dem Bereich verbreitet sind, in dem sich das Vorhaben voraussichtlich auswirken wird; maßgebend für die Frist nach Satz 2 ist die Bekanntgabe im amtlichen Veröffentlichungsblatt. Im übrigen gelten für die Erörterung die Vorschriften über die mündliche Verhandlung im förmlichen Verwaltungsverfahren (§ 67 Abs. 1 Satz 3, Abs. 2 Nr. 1 und 4 und Abs. 3, § 68) entsprechend. Die Erörterung soll innerhalb von drei Monaten nach Ablauf der Einwendungsfrist abgeschlossen werden.[91]

(7) Abweichend von den Vorschriften des Absatzes 6 Satz 2 bis 5 kann der Erörterungstermin bereits in der Bekanntmachung nach Absatz 5 Satz 2 bestimmt werden.

(8) Soll ein ausgelegter Plan geändert werden und werden dadurch der Aufgabenbereich einer Behörde oder Belange Dritter erstmalig oder stärker als bisher berührt, so ist diesen die Änderung mitzuteilen und ihnen Gelegenheit zu Stellungnahmen und Einwendungen innerhalb von zwei Wochen zu geben.[100 ff] Wirkt sich die Änderung auf das Gebiet einer anderen Gemeinde aus, so ist der geänderte Plan in dieser Gemeinde auszulegen; die Absätze 2 bis 6 gelten entsprechend.[101]

(9) Die Anhörungsbehörde gibt zum Ergebnis des Anhörungsverfahrens eine Stellungnahme ab und leitet diese möglichst innerhalb eines Monats nach Abschluss der Erörterung mit dem Plan, den Stellungnah-

men der Behörden und den nicht erledigten Einwendungen der Planfeststellungsbehörde zu.[107 ff]

Schrifttum: *Blümel,* Masseneinwendungen im Verwaltungsverfahren, in: Weber-FS 1974, 539; *ders,* (Hg), Frühzeitige Bürgerbeteiligung bei Planungen, 1982; *Breuer,* Verfahrens- und Formfehler der Planfeststellung für raum- und umweltbedeutsame Großvorhaben, in: Sendler-FS 1991, 357; *Broß,* Überlegungen zur Stellung des Beteiligten im (fern-)straßenrechtlichen Planfeststellungsverfahren, DÖV 1985, 513; *ders,* Zum Anspruch auf Durchführung eines Planfeststellungsverfahrens, VerwArch 1985, 337; *Büllesbach/Diercks,* Vorbereitung und Durchführung eines Erörterungstermins im Rahmen eines abfallrechtlichen Planfeststellungsverfahrens, DVBl 1991, 469; *Busch,* Der bekannte Betroffene iSd § 74 Abs 4 S 1 VwVfG, DVBl 1991, 1190; *Henle,* Die Masse im Massen-Verfahren – dargestellt am Beispiel des Planfeststellungsverfahrens für den Flughafen München, BayVBl 1981, 1; *Hoffmann-Riem/Rubbert,* Atomrechtlicher Erörterungstermin und Öffentlichkeit. Zum Verhältnis zu Bürgerbeteiligung und Öffentlichkeit, 1984; *Hoppe/Schlarmann,* Rechtsschutz bei der Planung von Straßen und anderen Verkehrsanlagen, 2. Aufl 1981; *Ipsen J.,* Die Genehmigung technischer Großanlagen. Rechtliche Regelung und neuere Judikatur, AöR 1982, 260; *Jarass,* Die Abgrenzung parallel erforderlicher Anlagegenehmigungen – für eine Konzentration von Genehmigungen, DÖV 1978, 21; *ders,* Konkurrenz, Konzentration und Bindungswirkung von Genehmigungen, 1984; *Klinsky/Gaßner,* Das Gesetz zur Beschleunigung der Verkehrswegeplanung: Planungsrecht auf Abwegen, NVwZ 1992, 235; *Komorowski,* Das Betätigungsverbot des § 20 VwVfG in der Planfeststellung, NVwZ 2002, 1455; *Kopf/Schönefelder/Richter,* Rechtsstaatliches Planungsfeststellungsverfahren durch Trennung von Anhörungs- und Planfeststellungsbehörde, BayVBl 1979, 393; *Kopp,* Beteiligung und Rechtsschutz der Länder in Planfeststellungsverfahren des Bundes, NuR 1991, 449; *Korber/Braese,* Die Mitwirkung der Gemeinden und Verwaltungsgemeinschaften im Planfeststellungsverfahren, BayVBl 1983, 392; *Korbmacher,* Das atomrechtliche Anhörungsverfahren, UPR 1994, 325; *Kügel,* Der Planfeststellungsbeschluß und seine Anfechtbarkeit, 1985; *Kühling/Herrmann,* Fachplanungsrecht, 2. Aufl 2000; *Kuschnerus,* Planänderungen vor Erlaß eines Planfeststellungsbeschlusses – Zur praktischen Anwendung der Anhörungsvorschriften, DVBl 1990, 235; *Lange,* Die Anhörung im Genehmigungsverfahren, DVBl 1975, 130; *Mecking,* Zum Umfang des Rechts auf Einsichtnahme in ausgelegte Unterlagen, NVwZ 1992, 316; *Morlock/Scharbach,* Die Effizienz der Bürgerbeteiligung bei infrastrukturellen Großprojekten, BWVPr 1992, 5; *Papier,* Einwendungen Dritter in Verwaltungsverfahren, NJW 1980, 313; *Redeker,* Grundgesetzliche Rechte auf Verfahrensteilhabe, NJW 1980, 1593; *Steinber/Berg/Wickel,* Fachplanung, 3. Aufl 2000; *Steinberg/Steinwachs,* Zulassungspflichtigkeit der Änderung von Fachplanungsvorhaben unter Berücksichtigung der Neuregelungen des UVPG, NVwZ 2002, 1153; *Stüer/Probstfeld,* Anhörungsverfahren bei straßenrechtlichen Großvorhaben, DÖV 2000, 701; *dies,* UVP bei Straßenbauvorhaben – Das Ende der Plangenehmigung?, DVBl 2001, 361; *Stühler,* Merkmale von Betroffenheit und Beteiligung Betroffener im Planfeststellungsverfahren, VBlBW 1991, 325; *Tettinger,* Bürgerbeteiligung bei der Festlegung von Deponiestandorten, NWVwBl 1993, 284; *Wagner,* Verfahrensbeschleunigungen durch das VerkwegePlanungsBeschlG, NVwZ 1992, 232; *Weber,* Beteiligung und Rechtsschutz ausländischer Nachbarn im atomrechtlichen Genehmigungsverfahren, DVBl 1980, 330; *Ziekow/Siegel,* Gesetzliche Regelungen der Verfahrenskooperation von Behörden und anderen Trägern öffentlicher Belange, 2001.

Zur Präklusion: *Brandt,* Präklusion im Verwaltungsverfahren, NVwZ 1997, 233; *v. Danwitz,* Umweltrechtliche Präklusionsnormen zwischen Verwaltungseffizienz und Rechtsschutzgarantie, UPR 1996, 323; *Erbguth,* Verfassungs- und europarechtliche Aspekte der Deregulierungen im Planfeststellungsverfahren, UPR 1999, 41; *Niehues,* Der verwaltungsverfahrensrechtliche Ausschluß von Einwendungen gegen einen Planfeststellungsbeschluß, in FS Schlichter, 1995, 619; *Oexle,* Das Rechtsinstitut der materiellen Präklusion in den Zulassungsverfahren des Umwelt- und Baurechts, 2001; *Ronellenfitsch,* Der Einwendungsausschluß im Wasserrecht, VerwA 1983, 369; *Solveen,* Zur materiellen Präklusion im Fernstraßenplanungsrecht, DVBl 1997, 803; *Streinz,* Präklusion und Verfahrensbeteiligung im Verwaltungsrecht, VerwA 1988, 314; *Wolfrum,* Der Ausschluß von Einwendungen im Anhörungsverfahren und sein Einfluß auf den Verwaltungsrechtsschutz, DÖV 1979, 497; *Ziekow,* Die Wirkung von Beschleunigungsgeboten im Verfahrensrecht, DVBl 1998, 1101.

Zum UVP-Verfahren: *Erbguth,* Der Transrapid: Planungsverfahren und Umweltverträglichkeitsprüfung, NVwZ 1997, 116; *ders,* Das Bundesverwaltungsgericht und die UVP, NuR 1997, 261; *Erbguth/Schink,* UVPG-Kommentar, 2. Aufl 1996; *Gassner,* Zur Bewertung der Auswirkungen von UVP-Projekten auf die Umwelt, UPR 1996, 429; *Gassner/Winkelbrandt,* UVPG-Umweltverträglichkeitsprüfung in der Praxis, 3. Aufl 1997; *Günter,* Das neue Recht der UVP nach dem Artikelgesetz, NuR 2002, 317; *Hien,* Die Umweltverträglichkeitsprüfung in der gerichtlichen Praxis, NVwZ 1997, 422; *Hoppe* (Hg), UVPG, 1995; *Klößner,* Straßenplanung und UVP, 1992; *Koch/Siebel-Huffmann,* Das Artikelgesetz zur Umsetzung der UVP-Änderungs-RL, der IVU-RL und weiterer Umweltschutzrichtlinien, NVwZ 2001, 1081; *Kollmer,* Die verfahrenrechtliche Stellung der Beteiligten nach dem UVP-Gesetz, NVwZ 1994, 1057; *Papier,* UVP und Gemeinschaftsrecht, FS Friauf 105; *Steinberg,* Chancen zur Effektuierung der UVP durch die Gerichte?, DÖV 1996, 201; *Storm,* Zum rechtlichen Entwicklungsstand der UVP, in Storm/Bunge (Hg), Handbuch der UVP, Loseblatt 0506.

Übersicht

I. Allgemeines

1 **1. Inhalt.** Die durch das GenBeschlG stark geänderte Vorschrift sieht für die Planfeststellung ein besonderes Anhörungsverfahren vor, das der eigentlichen Feststellung des Plans, die nach § 74 durch Beschluss der Planfeststellungsbehörde erfolgt, vorausgeht, und regelt die Durchführung dieses Verfahrens. Das Gesetz zieht mit dieser Regelung die Konsequenz aus der starken **Vernetzung sämtlicher beteiligten Interessen** und Belange, die eine isolierte Behandlung wenig sinnvoll erscheinen lassen. Es sieht deshalb einen Erörterungstermin vor, in dem sämtliche Gesichtspunkte und Interessen vorgebracht und behandelt werden können. In ihrer geltenden Fassung enthält die Vorschrift außerdem Regelungen über einen **Ausschluss nicht rechtzeitig vorgebrachter Einwendungen** von Bürgern (Abs 4 S 3) und die Nichtberücksichtigung nicht rechtzeitig abgegebener Stellungnahmen der Behörden (Abs 3a S 2). Die Einführung von Fristen und Präklusionsregelungen durch das GenBeschlG soll der Straffung des Planfeststellungsverfahrens dienen, das häufig für die Verzögerungen im Planfeststellungsverfahren verantwortlich gemacht wird. Es handelt sich um die Übernahme von durch das Planungsvereinfachungsgesetz bereits bereichsspezifisch eingeführten Regelungen (BT-Dr 13/3995 S 10).

2 **2. Ziele der Regelung.** Das Anhörungsverfahren soll die Planfeststellungsbehörde bei der **Ermittlung der zu erwartenden oder möglichen Auswirkungen** des Vorhabens, insb bei der Feststellung der betroffenen Belange (BVerwGE 75, 230; Kühling/Herrmann Rn 499; Knack 8; Wahl/Dreier NVwZ 1999, 611) und die Abwägung der für oder gegen die Feststellung des Plans sprechenden Gesichtspunkte unterstützen (BVerwGE 60, 300; Obermayer 5 ff). Es dient zugleich aber auch dem **rechtlichen Gehör der Betroffenen**[1] und damit dem Rechtsschutz und der Wahrung der Rechte der Betroffenen (Wahl NVwZ 1990, 431; Kügel 31; Knack 8), indem es die Möglichkeit einer Einflussnahme auf das Verfahren und das Ergebnis des Verfahrens schafft (BVerwGE 75, 226 = NVwZ 1987, 578), ferner den Interessen der Allgemeinheit und der **Effizienz der öffentlichen Verwaltung** sowie dem Ausgleich der betroffenen Interessen.[2] Zugleich kann es die Akzeptanz für das Vorhaben fördern (Büllesbach/Diercks DVBl 1991, 470). Die Anhörung muss deshalb so durchgeführt werden, dass sie den betroffenen Bürgern eine **substantielle Einflussnahme** auf das Verfahren und auf die

[1] Begr 87; BVerwGE 75, 214, 226 = NVwZ 1987, 578; Kuschnerus DVBl 1990, 237; v Danwitz Jura 1994, 285; UL § 40 Rn 1, 26; StBS 10; Henle BayVBl 1981, 6; Obermayer 6; Kühling/Herrmann Rn 635.

[2] UL § 40 Rn 38; Knack 9; Büllesbach/Diercks DVBl 1991, 470 mwN; Kügel 34; Erichsen/Ehlers § 39 Rn 32; s auch § 74 Abs 2 S 1.

Planfeststellung und der Planfeststellungsbehörde die sachgerechte Prüfung und Abwägung aller betroffenen öffentlichen und privaten Belange ermöglicht (BVerwGE 75, 226; v Danwitz Jura 1994, 285).

3. Anwendungsbereich. a) Allgemeines. Die Vorschrift findet vorbehaltlich entgegenstehender oder gleich lautender Regelungen in anderen Gesetzen auf Planfeststellungsverfahren im Anwendungsbereich des VwVfG Anwendung, also idR nur auf Planfeststellungsverfahren vor Bundesbehörden. Die Verwaltungsverfahrensgesetze der Länder sehen im Wesentlichen mit § 73 gleich lautende Vorschriften vor (vgl zB § 140 s-hLVwG). Auch zahlreiche sonstige bundes- und landesrechtliche Vorschriften enthalten vergleichbare, zT wörtlich übereinstimmende, Regelungen. Wo solche Vorschriften bestehen, sind sie gegenüber den §§ 73ff vorrangig; letztere kommen dann nur ergänzend zur Anwendung. Die Durchführung eines Planfeststellungsverfahrens ist idR auch dann nicht entbehrlich, wenn das Vorhaben, für das es durchgeführt werden soll, bereits ausgeführt und fertiggestellt ist (vgl OVG Lüneburg NVwZ-RR 1993, 8). 3

b) Modifikationen. Modifikationen ergeben sich für die Anwendung ua durch die **Regelungen über die UVP,** soweit die Planfeststellung Vorhaben betrifft, die unter das UVPG bzw unter die UVP-RL fallen (s unten Rn 6), sowie durch das in seiner Anwendung allerdings räumlich auf die neuen Bundesländer beschränkte **Verkehrswegeplanungsbeschleunigungsgesetz** (VerkPBG) vom 16. 12. 1991 (s dazu § 72 Rn 5) und durch die **naturschutzrechtliche Eingriffsregelung** (vgl §§ 18ff BNatSchG), die verfahrensrechtlich in das Planfeststellungsverfahren zu integrieren ist (s § 74 Rn 48ff). 4

c) Verhältnis zu anderen Vorschriften. Als Sonderregelung des **rechtlichen Gehörs** der Betroffenen geht § 73 der allgemeinen Vorschrift des § 28 vor und schließt deren unmittelbare Anwendung in Planfeststellungsverfahren aus (Kuschnerus DVBl 1990, 237; StBS 11; UL § 39 Rn 28; Knack § 72 Rn 22); § 73 ist, soweit er dem rechtlichen Gehör der Beteiligten dient, jedoch entsprechend den für § 28 geltenden Grundsätzen auszulegen (Kuschnerus DVBl 1990, 237). Keine, auch keine analoge Anwendung finden in Planfeststellungsverfahren die Ausnahmeregelungen gem § 28 Abs 2 und 3. 5

d) Verhältnis zum UVPG. Das Planfeststellungsverfahren hat die Funktion eines Trägerverfahrens für die UVP, die als unselbständiges Verwaltungsverfahren ausgestaltet ist (s näher § 72 Rn 33ff; § 74 Rn 3ff). Deshalb sind die Anforderungen des UVPG im Rahmen des Planfeststellungsverfahrens zu erfüllen, soweit das jeweilige Vorhaben UVP-pflichtig ist. Dies ist aufgrund einer **UVP-Vorprüfung** gem § 3a UVPG zu entscheiden (hierzu ausführlich Wickel/Müller 38ff). Soweit es sich um ein strikt UVP-pflichtiges Vorhaben handelt (x in Spalte 1 der Anlage zu § 3a UVPG), bedarf es keiner weiteren Feststellungen. Für die Vorhaben in Spalte 2 der Anlage zu § 3a UVPG ist dagegen entweder eine allgemeine oder eine standortbezogene Vorprüfung im Hinblick auf die UVP-pflichtigkeit durchzuführen, (sog **Screening**). Dabei handelt es sich nach § 3c UVPG um eine überschlägige Prüfung des Vorhabens im Hinblick auf die voraussichtlichen Auswirkungen am Maßstab der Kriterien der Anlage 2. 6

Im Wesentlichen werden bei Beachtung der Regelungen des § 73 die **Anforderungen auch des UVPG erfüllt**, weshalb insoweit keine weiteren Anforderungen des UVPG zu beachten sind (vgl auch § 4 UVPG). Gleichwohl sollte stets zusätzlich geprüft werden, ob die einzelnen Verfahrensschritte des Planfeststellungsverfahrens die Anforderungen der §§ 5ff. UVPG auch tatsächlich erfüllen. Dies ist insbes im Hinblick auf die in den §§ 73ff teilweise vorgesehenen Verfahrenserleichterungen (zB § 74 Abs 6, 7) von Bedeutung. 6a

4. Trennung von Anhörungsbehörde und Planfeststellungsbehörde. Die Vorschrift geht von einer Unterscheidung zwischen Anhörungsbehörde und 7

Planfeststellungsbehörde aus. Der Träger des Vorhabens hat nach Abs 1 den Plan bei der Anhörungsbehörde einzureichen. Das Anhörungsverfahren erfolgt nicht vor der Planfeststellungsbehörde, sondern vor einer von dieser getrennten, durch Gesetz oder Rechtsverordnung generell bestimmten unteren Behörde, ggf auch der Behörde eines anderen Rechtsträgers (zB einer Landesbehörde, wenn Planfeststellungsbehörde eine Bundesbehörde ist, vgl Begr 87; BVerwG DVBl 1987, 1269). Das Anhörungsverfahren ist **kein selbständiges Verwaltungsverfahren,** sondern unselbständiger Teil des Verwaltungsverfahrens. Zur rechtspolitischen Bedeutung der Trennung Kopf/Schönefelder/Richter BayVBl 1979, 393.

8 **a) Funktionen der Anhörungsbehörde.** Die Anhörungsbehörde wird gewissermaßen als Hilfsorgan der Planfeststellungsbehörde tätig und bereitet deren Entscheidung vor. Anhörungsbehörde und Planfeststellungsbehörde **können auch identisch sein,** wenn das im konkreten Fall anwendbare Gesetz oder eine sonstige Rechtsvorschrift die Zuständigkeit entsprechend regelt.[3] Dies hat den Vorteil, dass im Rahmen der Erörterung bereits über konkrete Möglichkeiten einer Berücksichtigung von Belangen gesprochen werden kann, während die Anhörungsbehörde hierzu im Grundsatz keinerlei bindende Aussagen treffen kann.

8a **b) Die Bestimmung der Anhörungsbehörde.** Umstritten ist, ob die Anhörungsbehörde ebenso wie die Planfeststellungsbehörde nur durch Gesetz bzw VO bestimmt werden kann, oder ob eine Verwaltungsvorschrift ausreicht (BVerwG NVwZ 1988, 533; zT **aA** Obermayer DVBl 1987, 880; Knack 13). Da der Anhörungsbehörde keine Entscheidungskompetenzen zukommt, dürfte eine gesetzliche Ermächtigung nicht erforderlich sein. Entsprechendes gilt für die Übertragung bestimmter Aufgaben im Anhörungsverfahren auf die Gemeinden, zB in Abs 3 S 1 hins der Auslegung des Plans zur Einsichtnahme und in Abs 5 S 1 hins der ortsüblichen Bekanntmachung der Auslegung des Plans, bzw für die Weiterübertragung dieser Aufgaben durch VOen der Landesregierungen auf andere Rechtsträger auf Grund der Ermächtigung in § 94 (vgl dazu auch Korber/Braese BayVBl 1983, 393).

9 **c) Trennung vom Vorhabenträger.** Die Bestimmung einer Behörde des Trägers des Vorhabens zur Anhörungsbehörde und/oder Planfeststellungsbehörde ist rechtlich unter dem Gesichtspunkt der Unparteilichkeit und des Grundsatzes der Verfahrensfairness bedenklich.[4] Hier droht ein Fall **institutioneller Befangenheit** (vgl § 20 Rn 9). **Unzulässig** ist eine derartige Regelung nach den auch im Planfeststellungsverfahren anwendbaren §§ 20f jedenfalls dann, wenn damit letztlich **dieselben Personen über Planung und Planfeststellung entscheiden,** außerdem aber auch dann, wenn Anhörungsbehörde und/oder Planfeststellungsbehörde am Verfahren nicht nur als Sachwalter des Allgemeininteresses, wenn auch primär unter den Gesichtspunkten eines bestimmten Verwaltungsbereichs tätig wird, sondern zugleich als Organ eines Aufgabenträgers, der auch partikuläre eigene, privaten Interessen vergleichbare wirtschaftliche Interessen, insb Interessen

---

[3] Vgl BVerwG DÖV 1987, 870; DVBl 1981, 936; VGH Mannheim NVwZ 1988, 842; Obermayer 10 unter Hinweis auf BT-Dr 6/1173 S 71; 7/910 S 87; StBS 6; vgl auch BVerfG 58, 344: keine verfassungsrechtlichen Bedenken; allg auch Wahl NVwZ 1990, 432; Ossenbühl DVBl 1991, 834; UL § 40 Rn 5; Knack 13; **aA** zur Zulässigkeit Kopf/Schönefelder/Richter BayVBl 1979, 393.

[4] Ebenso Wahl NVwZ 1990, 432; vgl auch Kopf/Schönfelder/Richter BayVBl 1979, 393; grundsätzlich **aA** BVerwG NVwZ 1987, 886; NVwZ 1988, 532, 533: Eine Trennung ist weder durch das Rechtsstaatsprinzip noch durch den Grundsatz eines fairen Verfahrens rechtlich geboten, „wenn es auch rechtspolitisch befriedigender sein mag, daß die zur Planfeststellung ermächtigte Behörde mit dem Vorhabensträger nicht identisch ist"; VGH Mannheim NVwZ 1988, 842; Fromm DVBl 1986, 130. Diese Auffassung vermag jedenfalls in der heutigen Zeit, die durch eine Verschärfung der Finanzprobleme der öffentlichen Hand gekennzeichnet ist, nicht zu befriedigen.

der Gewinnerzielung, oder sonstige Interessen an und in der Sache hat oder haben kann, uU kraft gesetzlicher Bestimmung sogar haben muss (zweifelnd auch Kühling DVBl 1989, 227; Wahl NVwZ 1990, 432; **aA** BVerwG NVwZ 1988, 533; NVwZ 1987, 886).

II. Einreichen des Plans (Abs 1)

1. Pflicht zur Planeinreichung (S 1). Nach Abs 1 ist der Plan, dessen Feststellung beantragt wird, bei der Anhörungsbehörde einzureichen. Diese hat insb die Vollständigkeit der Unterlagen zu prüfen und die weiteren Verfahrenshandlungen nach Abs 2–8 vorzunehmen bzw anzuordnen. Welche Behörde zuständig ist, ergibt sich aus den für das durchzuführende Planfeststellungsverfahren geltenden besonderen Rechtsvorschriften; § 73 enthält insoweit keine Ermächtigung zum Erlass einer Zuständigkeitsregelung durch Rechtsverordnung. 10

Die Einreichung des Plans entspricht der Antragstellung iS von § 22. Antragsteller ist der Träger des Vorhabens (der Unternehmer), dh derjenige, der die Planfeststellung zur Durchführung des von ihm beabsichtigten Vorhabens anstrebt und deshalb die Planfeststellung für das Vorhaben beantragt. Voraussetzung einer wirksamen Antragstellung ist insb die Beteiligungsfähigkeit und Verfahrenshandlungsfähigkeit des Antragstellers gem § 11 bzw § 12 sowie die Antragsbefugnis für den Antrag (s dazu § 22 Rn 43 ff). Letztere fehlt zB, wenn aus privatrechtlichen Gründen mit der Verwirklichung des Vorhabens nicht gerechnet werden kann (OVG Münster NVwZ-RR 1994, 494). Grundsätzlich muss die Antragstellung erfolgen, bevor mit dem Vorhaben begonnen wird. Die Durchführung eines Planfeststellungsverfahrens ist jedoch auch dann möglich und geboten, wenn das Vorhaben bereits errichtet ist (BVerwG DVBl 1982, 360; Buchh 407.4 § 17 FStrG Nr 130: dass die Planfeststellung erst nachträglich erfolgt, führt allein nicht zur Rechtswidrigkeit). 11

2. Anspruch auf Durchführung eines Planfeststellungsverfahrens? a) Rechte des Antragstellers. Im Regelfall hat der Antragsteller keinen materiell-rechtlichen Anspruch auf Zulassung seines Vorhabens, sondern nur auf fehlerfreie Durchführung des Planfeststellungsverfahrens (UL § 41 Rn 18; StBS 16). Etwas anderes gilt nur für den seltenen Fall einer Reduzierung des planerischen Spielraums auf Null. Der Antragsteller kann idR verlangen, dass für sein Planfeststellungsbedürftiges Vorhaben auch tatsächlich ein Planfeststellungsverfahren durchgeführt wird, welches entweder mit der Feststellung des Plans oder mit Ablehnung des Antrags endet. Sein Anspruch wird nicht schon durch die Erteilung einer unter Verstoß gegen die Planfeststellungspflicht erlassenen baurechtlichen oder immissionsschutzrechtlichen Genehmigung erfüllt. Etwas anders gilt, wenn das Gesetz selbst die Pflicht zur Durchführung eines Planfeststellungsverfahrens einschränkt. Dies ist zB der Fall nach den Bestimmungen über die Plangenehmigung (§ 74 Abs 6), über das Absehen von Planfeststellung und Plangenehmigung (§ 74 Abs 7), die Planänderung in Fällen von unwesentlicher Bedeutung (§ 76 Abs 2, 3) und nach ähnlichen Vorschriften, die der zuständigen Behörde ein Absehen von der Planfeststellung ermöglichen. In diesen Fällen reduziert sich der Anspruch des Antragstellers auf eine fehlerfreie Entscheidung darüber, ob ein Planfeststellungsverfahren durchgeführt werden soll, sofern die Voraussetzungen für das Absehen von Planfeststellungsverfahren objektiv vorliegen.[5] 12

b) Subjektive Rechte Dritter. Ob und inwieweit Dritte einen Anspruch auf Durchführung eines Planfeststellungsverfahrens für ein objektiv planfeststellungsbedürftiges Vorhaben haben, ist **umstritten.** Die Rspr hat einen derartigen 13

---

[5] BVerwGE 44, 239; BVerwG Buchh 407.4. § 17 Nr 33; BVerwG NJW 1981, 241, 2769; DÖV 1980, 516; DÖV 1981, 719.

Anspruch Dritter bisher nur in bestimmten Ausnahmefällen anerkannt. Ein Verstoß gegen die objektive Pflicht zur Durchführung eines Planfeststellungsverfahrens soll subjektive Rechte auch der materiell betroffenen Dritten nicht verletzen können, da diese lediglich Anspruch auf Wahrung ihrer Rechte sowie auf fehlerfreie Berücksichtigung ihrer eigenen Belange haben. Eine solche Berücksichtigung kann nach der überwiegenden Rspr auch in anderen Zulassungsverfahren erfolgen und setzt ein Planfeststellungsverfahren nicht notwendig voraus (BVerwGE 85, 308, 375 = NVwZ 1991, 369; BVerwG NJW 1992, 256; weitere Nachweise bei Kopp/Schenke § 42 Rn 95). Etwas anderes soll nur in den Fällen gelten, in denen Dritte von einer enteignungsrechtlichen Vorwirkung der Zulassungsentscheidung (s hierzu näher § 75 Rn 12 ff) betroffen sind (s unten Rn 13 a).

13 a **c) Enteignungsrechtliche Vorwirkung.** Auch die im Falle einer Planfeststellung von einer enteignungsrechtlichen Vorwirkung (s hierzu § 72 Rn 39) betroffenen Personen können die Durchführung eines Planfeststellungsverfahrens nicht verlangen. Sie können aber die für ein Vorhaben erlassene Zulassungsentscheidung anfechten, wenn sie unter Verstoß gegen die Planfeststellungspflicht erlassen wurde und für die Betroffenen gleichwohl eine enteignungsrechtliche Vorwirkung entfaltet. Dieser Fall dürfte allerdings selten sein, da die enteignungsrechtliche Vorwirkung idR nur Planfeststellungsbeschlüssen, nicht aber anderen Zulassungsentscheidungen zukommt.

13 b **d) Rechte anerkannter Naturschutzvereine.** Sofern nach § 58 BNatSchG oder den entsprechenden Vorschriften des Landesrechts anerkannte Naturschutzvereine (entspr nach § 29 BNatSchG aF den Naturschutzverbänden) ein Beteiligungsrecht haben, können sie zwar nicht die Durchführung eines Planfeststellungsverfahrens verlangen, wohl aber eine andere Form der Zulassung anfechten, sofern ihnen bei dieser Zulassungsentscheidung ein entsprechendes Beteiligungsrecht nicht eingeräumt worden ist.

14 **3. Einzureichende Unterlagen (S 2).** Abs 1 S 2 stellt klar, was unter einem Plan iS der Vorschrift zu verstehen ist. Außer den **Planzeichnungen** für das Verfahren ist vor allem der **Erläuterungsbericht,** der den Anlass des Vorhabens sowie den Ist- und Sollzustand zeigt (StBS 17; Knack 17), wesentlich. Die Unterlagen müssen ihrem **Informationszweck** entsprechend über alle für die Beurteilung des Vorhabens im Hinblick auf die durch das Vorhaben selbst sowie die dadurch ausgelösten notwendigen Folgemaßnahmen berührten öffentlichen und privaten Belange und subjektiven öffentlichen Rechte und auf die durch die Planfeststellung nach § 75 Abs 1 ersetzten Erlaubnisse, Verleihungen, Genehmigungen usw wesentlichen Gesichtspunkte tatsächlicher Art Aufschluss geben. Sie müssen insb die **betroffenen Grundstücke,** dh diejenigen, die von dem Vorhaben ganz oder teilweise in Anspruch genommen werden müssen und die Nachbargrundstücke, für die sich Auswirkungen des Vorhabens ergeben bzw ergeben können, hinreichend kenntlich machen,[6] insb einen genauen Lageplan unter Angabe der Flurnummern usw enthalten (BVerwG NVwZ 1989, 252; UPR 1990, 220; zum Bauwerksverzeichnis BVerwG DVBl 1997, 856).

15 **a) Umfang.** Notwendig ist die **Darlegung aller wesentlichen Aspekte des Vorhabens,** insbesondere der baulichen, technischen, ökologischen, ohne deren Kenntnis ein verständiges Urteil über die zu erwartenden oder möglichen Auswirkungen, insb auch über Art und Ausmaß der Betroffenheit und der zu erwartenden Nachteile, Gefahren oder Belästigungen, nicht möglich ist (StBS 18; Knack 18). Zu diesem Zweck müssen die der Behörde eingereichten Unterlagen so voll-

---

[6] Vgl BVerwGE 71, 150: rechtswidrig, wenn der Informationszweck iS einer Anstoßwirkung nicht ausreichend erfüllt wird; vgl auch BVerwG Buchh 407.4 § 17 FStrG Nr 19; 407 § 18 FStrG Nr 7.

ständig und klar sein, dass die nach Abs 2 zu beteiligenden Behörden dazu sachgemäß Stellung nehmen können. Bei Auslegung der Pläne gem Abs 3 muss sich jeder durch Einsichtnahme darüber unterrichten können, ob und inwieweit seine Belange durch das Vorhaben möglicherweise berührt werden (können), insb mit welchen Gefährdungen und sonstigen Nachteilen er rechnen muss. Im Hinblick auf die Ausschluss- und Duldungswirkung des Planfeststellungsbeschlusses (s hierzu § 75 Rn 8ff) muss jeder Interessierte aufgrund der Unterlagen zuverlässig beurteilen können, ob es für ihn notwendig ist, zur Wahrung seiner Rechte Einwendungen zu erheben (**Anstoßfunktion,** vgl BVerwGE 98, 339, 344; 75, 214, 224). Erfolgt die Planfeststellung für ein Vorhaben abschnittsweise, wie dies für die Verkehrswegeplanung typisch ist, so muss aus den Planunterlagen auch hervorgehen, ob und inwieweit die Planfeststellung für einen bestimmten Abschnitt **Zwangspunkte für weitere Planungsabschnitte** setzt (vgl BVerwGE 104, 144 = NVwZ 1997, 914; 100, 340 = NVwZ 1996, 1016; BVerwG NVwZ 2001, 800).

b) Geheimhaltung. Die Verpflichtung zur Offenlegung wird begrenzt durch das berechtigte Interesse an der Geheimhaltung von höchstpersönlichen Fakten, Betriebsgeheimnissen usw bei der Auslegung. So dürfen aus Gründen des Datenschutzes bei der Bezeichnung der betroffenen Grundstücke jedenfalls in den ausgelegten Plänen und dann auch im Planfeststellungsbeschluss die Eigentümer nicht namentlich, sondern nur in anonymisierter Form nach der Flurbezeichnung der Grundstücke uä genannt werden (BVerfG 77, 125; BVerwG DVBl 1990, 1041; VG München NJW 1981, 475 mit krit Anm Geiger NJW 1981, 1495; **aA** VGH Mannheim VBlBW 1990, 58). 16

c) Umweltverträglichkeit. Bei Vorhaben, mit denen Auswirkungen auf die Umwelt verbunden sind oder sein können, hat der Träger außerdem **Verpflichtungen nach § 6 UVPG** im Hinblick auf die hier erforderliche Prüfung hins der Umweltverträglichkeit. Danach müssen im Antrag mindestens die in § 6 Abs 3 UVPG aufgezählten Angaben enthalten sein, uU auch die in § 6 Abs 4 UVPG genannten Angaben. Außerdem muss er ggf nach § 20 Abs 4 BNatSchG iV mit dem NaturschutzG des Landes einen **landschaftspflegerischen Begleitplan** vorlegen (vgl Knack 19; Kuschnerus DVBl 1986, 75). Ob **Gutachten** vorgelegt werden müssen, richtet sich danach, ob ihre Kenntnis der Feststellung des Kreises der Betroffenen dient (BVerwGE 98, 339, 344). Gutachten, die lediglich der späteren Bewertung der Rechtmäßigkeit dienen, müssen nicht vorgelegt werden (StBS 19); ebenso grundsätzlich auch nicht Pläne usw hins etwaiger Folgemaßnahmen, die nicht vom Unternehmer durchzuführen wären und deren Erforderlichkeit erst im Verfahren zu klären sein wird; anders uU hins der zu erwartenden Auswirkungen eines untrennbar notwendigen Folgevorhabens (BVerwGE 57, 301; Obermayer 21). 17

4. Unvollständigkeit der Unterlagen. a) Nachforderung. Genügen die eingereichten Unterlagen diesen Anforderungen nicht, so muss die Anhörungsbehörde, bevor sie weiteres veranlasst, dem Antragsteller die Vervollständigung der Unterlagen aufgeben (ebenso Obermayer 23; StBS 25), ggf unter Setzung einer Frist (ebenso Knack 4.2), die verlängert werden kann (§ 31 Abs 7). In gewissem Umfang kann dem Antragsteller aber – nach § 74 Abs 3 selbst noch im Planfeststellungsbeschluss – die Nachreichung von Unterlagen gestattet werden. Das ist nach dem Zweck der Regelung jedoch nur dann zulässig, wenn die eingereichten Pläne usw, entsprechend dem Zweck des Anhörungsverfahrens, jedenfalls bereits alle wesentlichen Gesichtspunkte enthalten, deren Kenntnis für die Prüfung und Erörterung des Vorhabens in tatsächlicher und rechtlicher Hinsicht im weiteren Verfahren erforderlich ist. 18

b) Verfahren bei Unvollständigkeit. Bleibt der Antrag trotz Nachforderung von substantiell erforderlichen Unterlagen in wesentlicher Hinsicht unvollständig, 19 so darf ein Auslegungs- und Anhörungs- und Erörterungsverfahren nach Abs 3–6 nicht durchgeführt werden. Die Anhörungsbehörde hat den Antrag vielmehr samt Unterlagen mit einer Stellungnahme entspr Abs 9 unmittelbar der Planfeststellungsbehörde zur Entscheidung zuzuleiten (StBS 25; Knack 21; Obermayer 23). Findet das Anhörungsverfahren gleichwohl – mit unvollständigen Unterlagen – statt, so liegt ein Verfahrensfehler vor.

20 **c) Ablehnung der Planfeststellung.** Umstritten ist, ob die Anhörungsbehörde berechtigt ist, den Antrag wegen nicht behobener Unvollständigkeit abzulehnen. Da die Anhörungsbehörde, sofern gesetzlich nichts anderes bestimmt ist, nur für die Durchführung des Anhörungsverfahrens gem § 73 zuständig ist, würde ihr für die Entscheidung auch schon in der Sache die Zuständigkeit und Befugnis fehlen. Zuständig ist insoweit allein die Planfeststellungsbehörde (VGH München NVwZ 1996, 284; StBS 25; Obermayer 23; Knack 21; **aA** UL § 40 Rn 9; MB 12). Die Ablehnung des Antrags wegen fehlender Unterlagen usw oder aus sonstigen formellen Gründen erfolgt gem § 74 Abs 1 S 2 iVm § 69. Sie setzt kein förmliches Verfahren voraus (OVG Münster NVwZ 1986, 231). Rechtsschutz kann der Antragsteller unmittelbar mit der verwaltungsgerichtlichen Klage (§ 70) erreichen. Die Ablehnung des Antrags aus formellen Gründen steht einer erneuten Antragstellung nach Behebung der Mängel des ursprünglichen Antrags bzw der Planunterlagen nicht entgegen.

III. Einholung der Stellungnahmen anderer Behörden (Abs 2 und 3 a)

21 **1. Beteiligung anderer Behörden (Abs 2).** Abs 2 verpflichtet die Anhörungsbehörde zur Einholung der Stellungnahmen aller Behörden, deren Aufgabenbereich durch das Vorhaben berührt wird. Eine entsprechende Pflicht folgt aus § 7 UVPG. Die Einholung der Stellungnahmen dient der Feststellung und **Berücksichtigung der öffentlichen Belange,** die durch das Vorhaben berührt werden, und für die die zu beteiligenden Behörden Wahrnehmungszuständigkeiten haben (Begr 88), zB der Landesplanung, des Verkehrs, des Natur- und Landschaftsschutzes (vgl VGH München NuR 1981, 64; OVG Koblenz NuR 1981, 29; Lang BayVBl 1981, 679), der Bewahrung des Klimas vor einer Verschlechterung (BVerwG NJW 1978, 68), der Wahrung der Planungshoheit der Gemeinden usw und damit zugleich allg auch der Wahrung der Kompetenzen der sonst dafür zuständigen Behörden und Rechtsträger – auch zB von Bund und Land – (vgl Kopp BayVBl 1973, 88 ff). Da die behördlichen Stellungnahmen nicht zu den auszulegenden Unterlagen gehören, kann die Beteiligung der Behörden auch gleichzeitig mit der Veranlassung der Auslegung des Plans gem Abs 3 erfolgen. Sie ist aber nicht Teil des Auslegungsverfahrens und muss deshalb jedenfalls gesondert von der Auslegung stattfinden.

22 **a) Umfang der Versendung. Umstritten** ist, ob allen beteiligten Behörden und sonstigen Trägern öffentlicher Belange die vollständigen Unterlagen übersandt werden müssen (so StBS 31; Obermayer 32), oder ob es ausreichend ist, wenn nur die den jeweiligen Aufgabenbereich der Behörde betreffenden Unterlagen übersandt werden (so BVerwG NVwZ-RR 1997, 212; Knack 26; sowie die überwiegende Praxis, vgl Ziekow/Siegel 58). Es wird zu verlangen sein, dass die Unterlagen den zu beteiligenden Trägern öffentlicher Interessen jedenfalls so vollständig übersandt werden, dass sich jeder Träger ein sachgerechtes Bild über Bedeutung und Funktion des Vorhabens machen kann. Eine reine **Segmentbeteiligung erlaubt keine sachgerechte Stellungnahme** (ähnlich Ziekow/Siegel 59). Das bedeutet nicht, dass Detailinformationen aus anderen Aufgabenbereichen gegeben werden müssten.

b) Kreis der zu beteiligenden Behörden. Welchen Trägern öffentlicher Belange Gelegenheit zur Stellungnahme zu geben ist, ergibt sich aus dem anzuwendenden materiellen Recht je nach Art des Vorhabens und den möglichen Auswirkungen einer Planfeststellung (vgl Knack 24). Dazu zählen sämtliche Behörden, deren Genehmigung, Zustimmung, Erlaubnis oder Einverständnis materiellrechtlich erforderlich wäre und auf Grund der Konzentrationswirkung der Planfeststellung ersetzt wird (StBS 28), darüber hinaus aber auch alle Behörden, die nach dem materiellen Recht zu beteiligen wären, indem vorgesehen ist, dass eine Stellungnahme einzuholen, ein Benehmen hergestellt werden muss usw. Bei der Beurteilung, ob der Aufgabenkreis einer Behörde berührt ist, ist ein **großzügiger Maßstab** anzuwenden (UL § 40 Rn 13; Knack 25; ähnlich Obermayer 29f). In Verfahren, in denen die Planungshoheit von Gemeinden durch das Vorhaben betroffen wird, sind die dafür zuständigen Gemeindebehörden zu beteiligen,[7] in Planfeststellungsverfahren von Landesbehörden, die Aufgabenbereiche des Bundes berühren, auch die dafür zuständigen Bundesbehörden; in Planfeststellungsverfahren von Bundesbehörden auch die dafür zuständigen Landesbehörden. Unter Aufgabenbereich iS von Abs 2 ist **nur der öffentlich-rechtliche Aufgabenbereich** zu verstehen. 23

Nicht zu beteiligen sind Behörden, deren Rechtsträger lediglich über privatrechtliche Eigentums- oder sonstige Rechtspositionen verfügen, die vom Vorhaben betroffen werden könnten. Insoweit besteht nur die Möglichkeit, Einwendungen nach Abs 4 zu erheben (BVerwGE 31, 263; BayVerfGH VRspr 22, 709; München NJW 1980, 723; Knack 25). Keine Behördenbeteiligung iS des Abs 3 ist die **grenzüberschreitende Behördenbeteiligung** nach § 9 UVPG, die im Wesentlichen nur die Pflicht zu Information und Konsultation vorsieht. 23a

c) Art, Umfang, Bindungswirkung der Stellungnahmen. Die Verpflichtung der Träger zur Abgabe einer Stellungnahme folgt aus der ihnen fachrechtlich übertragenen Aufgabe zur Wahrnehmung öffentlicher Belange. Nicht geregelt ist in Abs 3 die Frage, welche Bedeutung den von den Behörden abgegebenen Stellungnahmen für das Verfahren zukommt, insb auch, ob sie die Planfeststellungsbehörde binden oder nur die Bedeutung von unverbindlichen Meinungsäußerungen haben. Insoweit kommt es ebenfalls auf das anzuwendende materielle Recht außerhalb des VwVfG an (StBS 34; UL § 40 Rn 13). Wenn gesetzlich nichts anderes bestimmt ist, sind die Stellungnahmen der in ihrem Aufgabenbereich betroffenen Behörden als **Sachverständigengutachten** bzw sachverständige Stellungnahmen Teil des von der Anhörungsbehörde nach § 73 bzw der Planfeststellungsbehörde nach § 74 bei ihrer Entscheidung nach §§ 24, 26 zu berücksichtigenden Sachverhalts. Sie sind **für die Planfeststellung nicht bindend,** auch dann nicht, wenn es sich um Stellungnahmen der an sich sonst, wenn kein Planfeststellungsverfahren stattfinden würde, entscheidungsbefugten Behörden handelt. Umgekehrt entbinden die eingeholten Stellungnahmen, auch in dem letztgenannten Fall, weder die Anhörungsbehörde noch die Planfeststellungsbehörde von einer eigenverantwortlichen Feststellung und Beurteilung des Sachverhalts (BVerwG UPR 1988, 440: der Bundesverteidigungsminister darf sich bei der Genehmigung eines Militärflugplatzes die Stellungnahme der Landesregierung zu den dabei auftretenden Fragen der Raumordnung und Landesplanung nicht ungeprüft zu eigen machen; Kühling DVBl 1989, 223). Art und Umfang der Rückäußerung stehen idR im Ermessen der zu beteiligenden Behörden (Ziekow/Siegel 60ff). 24

d) Rügefähigkeit von Fehlern der Behördenbeteiligung. Fehler bei dem Verfahren der Behördenbeteiligung können von betroffenen Bürgern im gerichtlichen Verfahren idR nicht gerügt werden, da die Beteiligung der Behörden nach Abs 2 grundsätzlich nur dem öffentlichen Interesse dient. Dies gilt, obwohl 25

---

[7] BVerwGE 52, 244; 56, 135; 74, 133 = NJW 1986, 2447; BVerwG NJW 1987, 2097.

grundsätzlich auch der Schutz der Rechte und berechtigten Interessen des einzelnen Bürgers zu den Aufgaben der verschiedenen Behörden entsprechend ihrer Zuständigkeiten und Befugnisse gehört. Die Beteiligung dient allerdings dem **Rechtsschutz des betroffenen Rechtsträgers** (zB der Gemeinde, die in ihrem Recht auf Selbstverwaltung, insb in ihrer Planungshoheit, betroffen ist; nicht dagegen die Vollzugshoheit eines Landes, vgl BVerwGE 82, 17, 19). Der durch den Planfeststellungsbeschluss betroffene Bürger kann einen Rechtsbehelf gegen die Planfeststellung dagegen nicht auf eine etwaige Verletzung des Abs 2 stützen, wohl aber uU auf die daraus resultierende Unzulänglichkeit der Ermittlung des Sachverhalts (ebenso Obermayer 38; vgl auch Kopp DÖV 1980, 507; Kopp/Schenke § 42 Rn 73; ähnlich BVerwGE 61, 275; offen UL § 40 Rn 15). Auch der von der enteignungsrechtlichen Verwirkung betroffene Eigentümer kann Verfahrensfehler nur insoweit rügen, als sie nach § 75 Abs 1a auf das Ergebnis von Einfluss gewesen sind.

26 **2. Fristenregelungen (Abs 2 und 3a S 1).** Neu eingeführt wurden verschiedene Fristenregelungen, durch die das Anhörungsverfahren gestrafft und beschleunigt werden soll. Die Anhörungsbehörde hat nach Abs 2 **innerhalb eines Monats** nach Zugang des vollständigen Plans die Behörden, deren Aufgabenbereich durch das Vorhaben berührt wird, zur Stellungnahme aufzufordern und zu veranlassen, dass der Plan in den Gemeinden, in denen sich das Vorhaben auswirkt, ausgelegt wird. Wegen der Übernahme des § 73 Abs 3 S 1 HS 1 aF in die neue Fassung des Abs 2 findet die Monatsfrist nicht nur in Bezug auf die Verpflichtung der Anhörungsbehörde zur Einholung von Stellungnahmen, sondern auch in Hinblick auf die Veranlassung zur Auslegung des Plans in der Gemeinde Anwendung. Inzwischen besteht weitgehend Einigkeit darüber, dass für die Berechnung der Frist § 31 Abs 1 iVm § 188 Abs 1 BGB der Tag der Bekanntgabe mitgerechnet werden muss (BVerwGE 40, 363; StBS 44; Knack 39). Der durch das GenBeschlG neu eingefügte Abs 3a S 1 verpflichtet die beteiligten Behörden zur **Abgabe ihrer Stellungnahme** innerhalb einer von der Anhörungsbehörde zu setzenden Frist, die **drei Monate** nicht überschreiten darf. **Umstritten,** richtigerweise aber zu bejahen ist die Frage, ob die Frist verlängert werden kann (so auch StBS 32; Ronellenfitsch DVBl 1994, 443, 447; einschränkend Knack 27; **aA** Obermayer 35; Ziekow/Siegel 81f).

27 **3. Die Behördenpräklusion (Abs 3a S 2). a) Grundsatz.** Die Präklusionsklausel in Abs 3a S 2 ist § 2 Abs 4 Satz 4 BauGBMaßnG nachgebildet und findet sich auch in der neu eingeführten Regelung des Sternverfahrens nach § 71d Abs 2 wieder. Die Klausel knüpft nicht an die von der Anhörungsbehörde gesetzte Frist an, sondern an den Zeitpunkt des Erörterungstermins. Danach werden nach dem Erörterungstermin eingehende Stellungnahmen nicht mehr berücksichtigt. Diese Formulierung lehnt sich an die des Planungsvereinfachungsgesetzes an, verschärft sie jedoch, indem die Nichtberücksichtigung zwingend angeordnet wird. Der Bundesrat hatte vorgeschlagen, dass bei einer verspäteten Stellungnahme deren Nichtberücksichtigung in das Ermessen der Behörde gestellt werden sollte (vgl BT-Dr 13/3995 S 12). Der Sache nach handelt es sich um eine materielle Präklusion (StBS 101; Ziekow/Siegel 120; **aA** Obermayer 41).

28 **b) Einschränkungen.** Die Präklusion bei Fristversäumnis schließt die Berücksichtigung des sachlichen Inhalts von Stellungnahmen allerdings dann nicht aus, wenn es sich um Belange handelt, die der Planfeststellungsbehörde bereits bekannt sind oder ihr hätten bekannt sein müssen. Daneben nimmt Abs 3a S 2 alle Belange von der Präklusionswirkung aus, die für die Rechtmäßigkeit der Entscheidung von Bedeutung sind. Soweit die Aufklärungspflicht der Planfeststellungsbehörde reicht, muss sie ggfs eigene Ermittlungen anstellen und kann dabei auch auf verspätet eingegangene Stellungnahmen zurückgreifen.

c) Kritik. Die Regelung der obligatorischen materiellen Behördenpräklusion in Abs 3a ist **rechtspolitisch verfehlt**. Das gilt insbes für die – vermutlich allerdings eher theoretisch als praktisch relevante – Konsequenz, wonach eine zwar verspätete, der Planfeststellungsbehörde bei ihrer Entscheidung aber vorliegende Stellungnahme nicht berücksichtigt werden darf (s hierzu Ziekow/Siegel 120). Dies hätte zur Folge, dass die Planfeststellungsbehörde „sehenden Auges" eine – objektiv gesehen – abwägungsfehlerhafte Entscheidung treffen müsste. Hier wird eine **verfassungskonforme weite Auslegung der Ausnahmetatbestände** erforderlich sein, um verfassungswidrige Ergebnisse zu vermeiden (ähnlich wohl auch StBS 103; Knack 28; noch weiter gehend Obermayer 43). Glücklicherweise ist die Wirkung der Klausel wegen der Einschränkungen in Abs 3a in der Praxis kaum relevant geworden, wie empirische Untersuchungen ergeben haben (s Ziekow/Siegel 122; ähnlich Ronellenfitsch NVwZ 1999, 583, 585: Frist praktisch sanktionslos). Aber auch die Folgen, die eintreten, wenn ein öffentlicher Belang wegen verspäteter oder ganz fehlender Stellungnahmen der zu beteiligenden Behörden nicht hinreichend berücksichtigt wird, sind rechtspolitisch kaum hinnehmbar (Erbguth JZ 1994, 477, 480; Steiner NVwZ 1994, 313, 314; Kröger/Schulz NuR 1995, 72). 29

4. Beteiligung anerkannter Naturschutzvereine. Gem § 58 Abs 1 Nr 2 BNatSchG ist den vom Bund anerkannten rechtsfähigen Naturschutzvereinen **Gelegenheit zur Stellungnahme** und zur **Einsicht in die einschlägigen Sachverständigengutachten** zu geben, wenn es sich um ein Planfeststellungsverfahren handelt, das von Behörden des Bundes durchgeführt wird und es um Vorhaben geht, die zu Eingriffen in Natur und Landschaft iSd § 18 BNatSchG führen können. Für die von den Ländern anerkannten Vereine gilt dies nach § 58 Abs 3 BNatSchG, wenn sie in ihrem Tätigkeitsbereich betroffen sind. Nach § 60 BNatSchG müssen die Länder den anerkannten Vereinen mindestens die gleichen Rechte einräumen, soweit es um Planfeststellungsverfahren vor Landesbehörden geht. Die Länder haben bereits in der Vergangenheit entsprechende Vorschriften erlassen, weshalb insoweit, als es um Planfeststellungsverfahren geht, kein Umsetzungsbedarf besteht. Die Regelungen in § 58 BNatSchG sowie die entsprechenden Vorschriften der Länder räumen den anerkannten Vereinen damit ein **selbständiges Beteiligungsrecht** ein. Dieses entspricht weitgehend § 29 BNatSchG aF, geht aber teilweise darüber hinaus (vgl Seelig/Gründling NVwZ 2002, 1033). Es ist trotz einer gewissen Nähe (vgl BVerwGE 102, 358, 361) unabhängig von den Regelungen über die Behördenbeteiligung in Abs 2, 3a. Die anerkannten Vereine sind ähnlich wie Naturschutzbehörden **von Amts wegen zu beteiligen,** insbes auch zu benachrichtigen (BVerwG NVwZ 1998, 905, 395; VGH Kassel NuR 1992, 384; OVG Koblenz NVwZ 1986, 321; Knack 31; Obermeyer 51). Eine Präklusion nach Abs 3a findet nicht statt (StBS 32). 30

a) Umfang der Beteiligung. Den anerkannten Vereinen ist unter den Voraussetzungen des § 58 BNatSchG bzw der entsprechenden Vorschriften des Landesrechts **Einsicht in alle relevanten Unterlagen** zu geben (BVerwGE 75, 214 = NVwZ 1987, 578; BVerwG NVwZ 1998, 616). Werden neue Erkenntnisse und Untersuchungsergebnisse bekannt, sind sie ggfs erneut zu beteiligen (BVerwGE 102, 358, 362). Das Beteiligungsrecht umfasst außerdem die Möglichkeit der Erhebung von naturschutzrechtlichen Einwendungen und die Teilnahme an der nach Abs 6 vorgesehenen Erörterung (OVG Lüneburg NVwZ-RR 1995, 195; Knack 31; StBS 68). Das bedeutet in negativer Hinsicht, dass sich auch die Präklusionsnorm des Abs 4 S 3 auf die Naturschutzvereine erstreckt (Knack 31), wenn sie ihre Einwendungen nicht rechtzeitig vorbringen. Eine **Einschränkung des Einsichtsrechts** kann sich aus § 58 Abs 2 BNatSchG und den entsprechenden landesrechtlichen Vorschriften ergeben, wonach § 28 Abs 2 Nr 1, 2, Abs 3 und § 29 Abs 2 entsprechend anwendbar sind. 30a

30b **b) Rechtsfolgen der Verletzung des Beteiligungsrechts.** Die anerkannten Vereine können nach allg Meinung (vgl Steinberg/Berg/Wickel § 6 Rn 98; Rudolph JuS 2000, 478; Wilrich DVBl 2001, 872, 880) ihre Beteiligung am Planfeststellungsverfahren gerichtlich durchsetzen (sog **Partizipationserzwingungsklage**). Hieran sollte auch die Neuregelung des BNatSchG nichts ändern (BT-Dr 14/6378 S 61). Darüber hinaus berechtigt ein Verstoß gegen das Recht auf angemessene Beteiligung nach st Rspr (vgl BVerwGE 92, 903; BVerwG NVwZ 2002, 1103; OVG Lüneburg NVwZ 1992, 903) zur Anfechtung des Planfeststellungsbeschlusses, der unter Verstoß gegen Mitwirkungsrechte zustande gekommen ist (**aA** zT die Lit, vgl Ziekow VerwArch 2000, 483, 498 mwN). Die fehlerhafte Beteiligung führt zur formellen Rechtswidrigkeit des Planfeststellungsbeschlusses. **Umstritten** ist, ob dies in jedem Fall zur Aufhebung führen muss (so BVerwGE 105, 348 = NVwZ 1998, 395, 398; 102, 358 = NVwZ 1997, 905), oder ob § 46 auch auf diese Fälle anwendbar ist (s hierzu näher § 46 Rn 18). Nach BVerwG NVwZ 2002, 1103, 1105 soll § 46 anwendbar sein, wenn der Verein auch ein direktes Klagerecht gegen den Beschluss nach § 61 BNatSchG habe (weitergehend Jarass NuR 1997, 426; Obermeyer 53: § 46 stets anwendbar; nicht überzeugend). Es besteht die Möglichkeit einer Heilung des Verstoßes in einem ergänzenden Verfahren nach § 75 Abs 1 a.

IV. Planauslegung in den Gemeinden (Abs 2 und Abs 3)

31 **1. Veranlassung der Planauslegung (Abs 2).** Die Anhörungsbehörde veranlasst die Planauslegung in den Gemeinden. Sie bestimmt die Gemeinden, die die Auslegung nach Abs 3 vornehmen müssen. Bei der Frage, in welchen Gemeinden sich ein Vorhaben voraussichtlich auswirkt, ist nicht nur auf die betroffenen Grundstücke und Vorhaben, sondern, da der Zweck der Planfeststellung letztlich die Gestaltung der Rechtsverhältnisse der Betroffenen ist, auch auf die Wohn- und Aufenthaltsverhältnisse der Personen abzustellen, die voraussichtlich in ihren Rechten betroffen werden; das können insb auch benachbarte Gemeinden sein, wenn anzunehmen ist, dass dort Betroffene wohnen oder sich überwiegend aufhalten (ebenso Obermayer 58).

32 **Es besteht eine Pflicht der Gemeinden** zur **Bekanntmachung** der Auslegung gem Abs 5 S 1 und zur **Auslegung** (Abs 3), auch wenn sie die Planfeststellung für rechtswidrig und mit ihren Belangen unvereinbar halten (VGH Kassel NVwZ-RR 1990, 96; Knack 37; StBS 41). **Umstritten** ist, ob die Gemeinden für die im Zusammenhang mit der Planauslegung entstehenden Kosten einen Aufwendungsersatzanspruch nach bzw entspr § 8 Abs 1 haben oder die Kosten selbst tragen müssen, sofern keine besondere Kostentragungsregelung (zB § 73 Abs 10 LVwVfGBW) besteht.[8] Da es sich um eine gesetzlich übertragene Aufgabe handelt, liegt **kein Fall von Amtshilfe** vor (vgl § 4 Abs 2 Nr 2), weshalb sich insoweit auch kein Ersatzanspruch ergibt (vgl auch StBS 41). Die für die Auslegung erforderlichen **Planausfertigungen** hat der Unternehmer der Anhörungsbehörde **kostenlos** zur Vorlegung zu stellen (UL § 40 Rn 17).

33 **2. Planauslegung, Frist (Abs 3 S 1).** Die Auslegung des Plans in den Gemeinden gem Abs 3 und 5 und die Verständigung nicht ortsansässiger Betroffener gem Abs 5 S 3 dient, ebenso wie die nachfolgende Erörterung der Einwendungen nach Abs 6 der Vorstellung des Plans vor einer breiteren (Teil-)Öffentlichkeit in dem örtlichen Bereich, in dem das Vorhaben sich voraussichtlich auswirken wird, mit dem Ziel einer möglichst umfassenden Feststellung und Klärung aller für oder gegen das geplante Vorhaben sprechenden Gesichtspunkte und dem Rechtsschutz

[8] Für Ersatzanspruch Knack 35: Fall der Amtshilfe; Erstattung von Kosten nach § 8; **aA** offenbar Koblenz DÖV 1978, 377; Korber/Braese BayVBl 1983, 397; offen UL § 40 Rn 80.

der Betroffenen durch den damit verbundenen Anstoß zur eigenverantwortlichen Wahrung ihrer Belange durch und im Verfahren **(Anstoßfunktion).**[9] Die Auslegung soll zusammen mit der Möglichkeit zur Erhebung von Einwendungen und der Verpflichtung zur Erörterung des Vorhabens und der Einwendungen mit den Betroffenen und den Einwendern vor allem entspr § 28 Gelegenheit geben, die befürchteten Beeinträchtigungen durch das Vorhaben darzulegen und sich zu den entscheidungsrechtlichen Tatsachen zu äußern (Kuschnerus DVBl 1990, 237).

Die Auslegung des Plans ist kein Ersatz für die Akteneinsicht, die gem 34 § 72 Abs 1 in das Ermessen der Behörde gestellt ist und unabhängig von der Planauslegung nach Abs 3 und der Erörterung nach Abs 6 erfolgen kann; sie hat ausschließlich den Zweck, den möglicherweise durch das Vorhaben Betroffenen das Vorhaben vorzustellen und ihnen die Beurteilung zu ermöglichen, ob ihre Belange durch das Vorhaben betroffen werden können und ob sie im Hinblick darauf zur Wahrung ihrer Belange Einwendungen erheben wollen (BVerwG DVBl 1975, 715; StBS 17). Nur insoweit dient die Auslegung des Plans auch dem **rechtlichen Gehör** der Betroffenen, nicht auch bereits im Hinblick auf das Vorhaben selbst. Insoweit kommt den Betroffenen Anspruch auf Anhörung gem §§ 28, 73 Abs 6 erst dann zu, wenn sie durch Erheben von Einwendungen oder infolge einer Hinzuziehung durch die Behörde gem § 13 Abs 2 am Verfahren teilnehmen.

a) Umfang der auszulegenden Unterlagen. Auszulegen gem Abs 3 S 1 ist 35 nach Wortlaut und Zweck der Regelung der „Plan" iS von Abs 1 S 2, dh die das Vorhaben betreffenden **Planzeichnungen** und die dazu eingereichten **ergänzenden Unterlagen,** die den Betroffenen die Feststellung, dass und ggf in welcher Weise sie von dem Vorhaben betroffen werden können, ermöglichen müssen (BVerwGE 98, 339, 345; 75, 224; Wahl NVwZ 1990, 433; StBS 39). Auch der für zeichnerische Darstellungen erforderliche Grad an Bestimmtheit richtet sich nach der Funktion der Zeichnungen im Planfeststellungsverfahren für die Bewertung der abwägungserheblichen Belange und für die Umgrenzung der zu enteignenden Flächen (BVerwG NVwZ 1989, 252). Regelmäßig wird ein Maßstab 1 : 1000 als ausreichend angesehenen. Zur Frage, ob und in welchem Ausmaß auch personenbezogene oder sonst geheimhaltungsbedürftige Daten und Angaben nicht ausgelegt werden müssen s oben Rn 16. Dem Informationszweck (BVerwGE 82, 257) wird idR bereits dann genügt, wenn die Auslegung den von dem geplanten Vorhaben potentiell Betroffenen Anlass gibt (**Anstoßfunktion,** s BVerwGE 75, 224) zu prüfen, ob ihre Belange von der Planung berührt werden und ob sie deshalb im anschließenden Anhörungsverfahren zur Wahrung ihrer Rechte oder Interessen Einwendungen erheben wollen. Mit der Planauslegung brauchen dagegen nicht bereits alle Unterlagen bekannt gemacht zu werden, die möglicherweise erforderlich sind, um die Rechtmäßigkeit der Planung umfassend darzutun oder den festgestellten Plan vollziehen zu können (BVerwGE 75, 224). Maßgeblich ist die Bedeutung für den Schutz der Betroffenen unter Berücksichtigung des § 6 UVPG (v Danwitz Jura 1994, 285). Grundsätzlich müssen die betroffenen Grundstücke im Plan eindeutig kenntlich gemacht werden. Unterbleibt dies, so führt das allerdings nicht zur Rechtswidrigkeit des Planfeststellungsbeschlusses, wenn dadurch der Informationszweck des Anhörungsverfahrens gegenüber den Grundstückseigentümern nicht verfehlt worden ist (BVerwGE 71, 152; BVerwG Buchh 407.4 § 17 FStrG Nr 19; 407.4 § 18 FStrG Nr 7).

---

[9] BVerwGE 26, 303; 28, 284; 75, 224 = NVwZ 1987, 579 – Anstoßfunktion der Auslegung; Wahl NVwZ 1990, 433; vgl auch BVerwG NJW 1984, 189: den besonderen Mitwirkungsrechten nach § 73 entspricht auch eine besondere Mitwirkungslast; der Bürger muß die Anhörungsbehörde ggf über seine Betroffenheit besonders informieren; VGH München DÖV 1987, 744 = BayVBl 1987, 84: die Auslegung dient der Ermittlung einer möglichen Rechtsbetroffenheit.

36 **Gutachten** gehören nur dann zu den auszulegenden Unterlagen, wenn und soweit sie sich auf die Darstellung des Vorhabens und seiner Auswirkungen beziehen, nicht jedoch, soweit sie die Bewertung des Vorhabens im Einzelnen betreffen (VGH Mannheim NuR 1994, 234; Knack 48; ähnlich BVerwGE 98, 339, 344). Unterlagen, die die Rechtmäßigkeit der Planung oder die spätere Vollziehbarkeit betreffen, müssen ebenfalls nicht ausgelegt werden (BVerwGE 75, 224). Ebensowenig unterliegen der Auslegungspflicht die bei der Anhörungsbehörde eingegangenen Stellungnahmen anderer Behörden gem Abs 2;[10] ebenso nicht, sofern nicht durch Rechtsvorschriften ausdrücklich etwas anderes vorgesehen ist, vom Unternehmer zur Stützung seines Antrags mit dem Plan bereits vorgelegte oder von der Behörde von Amts wegen eingeholte Gutachten und sonstige Unterlagen, die für die Beurteilung möglicher Beeinträchtigungswirkungen erforderlich sind, sondern der Beurteilung und Bewertung des Vorhabens durch die Behörde gem § 24, § 74 dienen.[11] Die ausgelegten Unterlagen müssen aber jedenfalls derart beschaffen sein, dass sie Dritte über Art und Ausmaß ihrer möglichen Betroffenheit hinreichend genau informieren, so dass diese sich darüber schlüssig werden können, ob sie sich am Genehmigungsverfahren beteiligen wollen oder nicht (BVerwGE 60, 310 zum Atomrecht).

37 **b) Dauer der Planauslegung.** Für die Berechnung der Auslegungsfrist von 1 Monat gem Abs 3 S 1 gilt § 31 Abs 1 iVm § 187 Abs 2, 2. Altern. BGB. Erfolgt die Auslegung zB am 3. 5. (erster Auslegungstag), so zählt dieser Tag mit und die Auslegungsfrist endet am 2. 6., dh die Pläne und sonstigen Unterlagen müssen bis einschließlich 2. 6. ausliegen (GSOBG 40, 363 = NJW 1972, 2035; StBS 44; Knack 39; Obermayer 81). Fällt das Fristende auf ein Wochenende oder einen Feiertag, gilt § 31 Abs 3 (Obermayer 81). **Die Festsetzung einer längeren Frist** für die Auslegung als 1 Monat (nicht 4 Wochen, s VGH Kassel NVwZ-RR 1990, 98; Knack 39) ist zwar nach Abs 3 S 1 nicht zulässig, jedoch **unschädlich** (Henle BayVBl 1981, 4); die Frist kann auch nachträglich, selbst noch nachdem sie bereits abgelaufen ist, verlängert werden (Henle BayVBl 1981, 4).

38 **c) Ort und Zeit der Planauslegung.** Der Ort und die Zeiten, zu denen die Einsichtnahme möglich ist, müssen bzgl des grundsätzlichen Rahmens in der Bekanntmachung so genau bezeichnet werden, dass Zweifel darüber nicht entstehen können. Die nähere Festlegung des Auslegungslokals (vgl Mannheim NJW 1989, 2415 = NVwZ 1989, 681) sowie der Tage und Stunden, die für die Einsichtnahme zur Verfügung stehen, ist Sache der „auf Bundes- bzw Landesrecht beruhenden" und zur Organisationsgewalt gehörenden Regelung des Behördenbetriebs (BVerwGE 61, 272; BVerwG DÖV 1980, 764; BayVBl 1986, 153). Die entsprechende Bekanntgabe muss nicht schon in der allgemeinen Bekanntmachung gem Abs 5 erfolgen. Vielmehr genügen entsprechende Hinweise in ortsüblicher Form in den einzelnen Gemeinden (vgl BVerwG NVwZ-RR 1994, 373; Mannheim

---

[10] Knack 26; StBS 34; zT **aA** Kühling DVBl 1989, 227 unter Bezugnahme auf BVerwGE 75, 225: die Anhörungsbehörde muß in den der Planfeststellung vorangehenden Anhörungsverfahren den Beteiligten eine substantielle Einflußnahme auf die Planungsentscheidung ermöglichen; sie darf deswegen mit der Erörterung nach § 73 Abs 6 erst beginnen, wenn eine hinreichend problembezogene Diskussion geführt werden kann; um das zu erreichen, kann es geboten sein, zuvor Gutachten einzuholen und zusammen mit den Planunterlagen auszulegen; werden aufgrund der Erörterung weitere Gutachten eingeholt, die entscheidungsrelevante Erkenntnisse enthalten, so sind sie den Beteiligten zugänglich zu machen; die Erörterung muß dann uU wiederholt werden.

[11] BVerwGE 67, 206 = NJW 1984, 188; 75, 214 = NVwZ 1987, 578; DVBl 1978, 620; OVG Koblenz GewArch 1977, 136; VGH München DVBl 1979, 682; VGH Mannheim NVwZ-RR 1993, 342; MB 22; vgl auch Henle BayVBl 1981, 9: nachträglich vorgelegte Gutachten brauchen nicht ausgelegt zu werden; zT **aA** UL § 40 Rn 17: Sache des Einzelfalles.

VBlBW 1994, 271: § 73 Abs 5 S 2 Nr 1 verlangt nicht die Angabe der Tageszeiten, zu denen die Pläne zur Einsicht ausliegen).

39 **d) Durchführung der Auslegung.** Diese muss von der Anhörungsbehörde bzw den Gemeinden, die damit betraut sind, so organisiert und geregelt werden, dass die Personen, die Einsicht nehmen wollen, dazu **in angemessener Weise Gelegenheit** erhalten (vgl BVerwGE 61, 272; BVerwG DVBl 1981, 99, 408; NJW 1984, 1252; NVwZ 1986, 740 = BayVBl 1986, 153; Wahl NVwZ 1990, 433 mwN). Die Größe des Auslegungslokals, erforderlichenfalls mehrerer Auslegungslokale, Zahl der ausliegenden Planexemplare, Öffnungszeiten der Lokale usw müssen so bemessen sein, dass die Einsicht unter Bedingungen, die für die Betroffenen zumutbar sind, möglich ist (BVerwG BayVBl 1980, 758). Nicht erforderlich ist, dass jeder Interessierte sofort und zeitlich unbegrenzt Gelegenheit zur Einsichtnahme erhalten muss, wohl aber, dass jeder innerhalb angemessener Zeit, wenn auch vielleicht nicht schon beim ersten Versuch und ohne Wartezeit, die Planzeichnungen einsehen und von den wesentlichen Erläuterungen dazu (wenn auch uU nicht im Detail) Kenntnis nehmen kann (vgl BVerwGE 61, 272: Andrang ist zu berücksichtigen). Ist einem Betroffenen aus von ihm nicht zu vertretenden Gründen die Einsichtnahme innerhalb der Dienststunden nicht möglich, so ist ihm von der Anhörungsbehörde bzw der Auslegungsgemeinde, wenn er dies beantragt, eine weitere Gelegenheit zur Einsichtnahme, uU auch außerhalb der allgemeinen Auslegungszeiten oder nach Abschluss der Auslegung, einzuräumen. Zumutbare kleinere Erschwernisse sind im Hinblick auf die Mitwirkungslast gem § 26 Abs 2 in Kauf zu nehmen (BVerwG DÖV 1982, 265). Rügen hins ungenügender Einsichtsmöglichkeiten müssen grundsätzlich unverzüglich geltend gemacht werden (Folgerung aus der Mitwirkungslast gem § 26 Abs 2); die Betroffenen können sonst später nicht mehr damit gehört werden.

40 Die **Auslegung während der allgemeinen Dienst- oder Amtstunden** ist idR ausreichend.[12] Nicht erforderlich ist, dass die Einsichtnahme während der gesamten Dienststunden möglich ist (BVerwG DVBl 1981, 99), ebenso nicht, dass eine Einsichtnahme außerhalb der normalen Arbeitszeit möglich ist (VGH Mannheim NuR 1989, 348). Vgl zu weiteren Anforderungen an die Auslegung auch Wahl NVwZ 1990, 433 mwN. Unschädlich ist auch, wenn das Auslegungslokal einen Tag oder uU auch etwas mehr aus vertretbarem Anlass geschlossen ist, zB an Silvester (BVerwG BayVBl 1986, 153), oder wegen eines Betriebsausflugs der Behörde.

41 Das Einsichtsrecht umfasst die **Befugnis, sich Ablichtungen der Planungsunterlagen** bzw von Teilen davon zu fertigen. Eine Verpflichtung der Behörde, Kopiermöglichkeiten zur Verfügung zu stellen, besteht grundsätzlich nicht. Vorhandene Kopiermöglichkeiten dürfen genützt werden (vgl Hecking NVwZ 1992, 319). Die Behörde kann einem Rechtsanwalt oder dem Vertreter einer öffentlichen Körperschaft auch die Planungsunterlagen insgesamt oder Teile davon außerhalb der allgemeinen Auslegungsfrist in die Kanzlei bzw in das Büro überlassen. Ein Anspruch auf Überlassung der Planfeststellungsunterlagen in die Kanzlei besteht jedoch nicht (München DÖV 1987, 744).

42 **3. Verzicht auf die Planauslegung (Abs 3 S 2).** Abs 3 S 2 ermächtigt die Anhörungsbehörde, unter den in dieser Vorschrift näher bezeichneten Voraussetzungen

---

[12] Vgl BVerwG NJW 1981, 594; BVerwG NJW 1984, 1252; NVwZ 1986, 740 = BayVBl 1986, 153; Obermayer 83; Wahl NVwZ 1990, 433; vgl auch zu Bebauungsplänen ebenso OVG Münster BauR 1978, 285; VGH München BayVBl 1981, 691: Auslegung während der Dienststunden Mo und Do 18–20, Sa 8–16 genügt; BVerwGE 61, 272: 4 Stunden pro Tag Mo–Fr ausreichend; BVerwG DVBl 1981, 99: 33 Stunden pro Woche ausreichend; BVerwG DVBl 1981, 408: 3 oder 4 Stunden pro Tag ausreichend, wenn kein großer Andrang; München BayVBl 1980, 691: 18 Stunden pro Woche genügt nicht; Dolde NJW 1979, 893: 30–35 Stunden pro Woche genügend.

zungen von der Auslegung abzusehen. Die Betroffenen müssen dann individuell unterrichtet werden. Die Ausnahmeregelung ist jedoch nur dann anwendbar, wenn Gewissheit besteht, dass andere als die bekannten Betroffenen nicht betroffen sein können. **Betroffene iS des Abs 3 Satz 2** sind nicht sämtliche Personen, die nach Abs 4 Einwendungen erheben können, sondern nur solche, deren **subjektive Rechte** von dem Vorhaben materiell beeinträchtigt werden (allgM, vgl StBS 95; Knack 7.1.2; MB 3; UL § 40 Rn 37). Betroffener ist daher nur derjenige, der geltend machen könnte, durch den Planfeststellungsbeschluss in seinen subjektiven öffentlichen Rechten beeinträchtigt zu sein. Insoweit besteht weitgehende **Übereinstimmung mit dem Begriff der Klagebefugnis** nach § 42 Abs 2 VwGO, der aber zusätzlich die Möglichkeit der „Verletzung" der Rechte verlangt. Der Betroffene ist nicht freigestellt von der Obliegenheit, Einwendungen nach Abs 4 zu erheben; ebenso wenig von der Gefahr der Präklusion.

V. Bekanntmachung der Planauslegung (Abs 5)

43 **1. Allgemeines.** Nach Abs 5 haben die Gemeinden, in denen der Plan auszulegen ist, die Auslegung vorher ortsüblich bekannt zu machen (S 1); die Bekanntmachung muss die in Abs 5 S 2 aufgeführten Hinweise enthalten. Für nicht ortsansässige Personen richtet sich die Bekanntgabe nach Abs 5 S 3. Mit der **Änderung des Abs 5 S 1** durch das GenBeschlG wurde **auf die Wochenfrist** für die Bekanntmachung der Planauslegung **verzichtet.** Die Streichung der in S 2 Nr 3 aF enthaltenen Regelung, wonach „verspätete Einwendungen bei der Erörterung und Entscheidung unberücksichtigt bleiben können" ist notwendige Folge der nach Abs 4 S 3 u 4 neu eingeführten materiellen Präklusion, die einen zwingenden Ausschluss verspäteter Einwendungen vorsieht. In Abs 5 S 2 Nr 4 wird die sog Masseschwelle mit dem Ziel der Beschleunigung von 300 auf 50 herabgesetzt.

44 **2. Ortsübliche Bekanntmachung.** Die Auslegung, dh die Tatsache, dass und wo der Plan zur Ansicht ausgelegt ist, ist nach Abs 5 S 1 mit den Angaben nach Abs 5 S 2, ab wann und bis wann, zu welchen Stunden und wo (Behörde und Raum) der Plan eingesehen werden kann, sowie über die Frist und Form für Einwendungen und die Präklusionswirkung bei Fristversäumung[13] ortsüblich jedoch nicht in der davon zu unterscheidenden Form der öffentlichen Bekanntgabe, dh mit Veröffentlichung im **amtlichen Mitteilungsblatt und in Tageszeitungen** (Knack 6.1) vorher bekannt zu machen. Früher war dafür eine Frist von einer Woche einzuhalten. Nach Wegfall der Wochenfrist ist die Bekanntmachung „vorher" vorzunehmen. Im Hinblick darauf, dass eine angemessene Vorlaufzeit geboten ist, darf nach wie vor die Wochenfrist grundsätzlich nicht unterschritten werden.

45 **Die Bekanntmachung hat vor allem Anstoßfunktion,** jedoch mit einer gegenüber der Auslegung selbst weniger weitgehenden Zielsetzung (vgl BVerwG NVwZ 1986, 680: der Anstoßfunktion wird mit dem Hinweis genügt, dass durch die in Frage stehende Starkstromleitung das Gebiet einer bestimmten kleineren Stadt berührt wird; eine Aufzählung der betroffenen Stadtteile ist nicht erforderlich). Zum Begriff der **ortsüblichen Bekanntmachung** vgl § 41 Rn 61; sofern eine Gemeinde kein eigenes Amtsblatt hat, genügt der Anschlag an der Amtstafel (Henle BayVBl 1981, 3). Die ordnungsgemäße Bekanntmachung mit dem in Abs 5 S 2 vorgeschriebenen Inhalt ist wesentliche Voraussetzung für den Lauf der Einwendungsfrist und für den Eintritt der Präklusionswirkung (s unten Rn 78).

46 **3. Mindestinhalt der Bekanntmachung (Abs 5).** Der Mindestinhalt der Bekanntmachung wird in Abs 5 S 2 nur unvollkommen umschrieben. Danach ist

---

[13] Vgl dazu aber auch BVerfG 61, 82 = NJW 1982, 2177: Belehrung über die Anforderungen formgerechter Einwendungen und über Einzelheiten der bei Fristversäumung drohenden Präklusion ist verfassungsrechtlich nicht zwingend.

in der Bekanntmachung zunächst darauf hinzuweisen, an welchem **Ort und innerhalb welchen Zeitraums** der Plan zur Einsicht ausgelegt ist (Nr 1). Zwingend sind darüber hinaus die Hinweise auf die Möglichkeit zur **Erhebung von Einwendungen** (Nr 2) und über das weitere Verfahren. Dazu gehört, dass der Erörterungstermin auch durch öffentliche Bekanntmachung bekannt gegeben werden kann, wenn mehr als 50 Benachrichtigungen vorzunehmen sind (Nr 4 Buchst a; sog **Ladungshinweis**), dass der Erörterungstermin auch bei einem Ausbleiben von Beteiligten stattfinden kann (Nr 3; **Ausbleibenshinweis**) und dass auch die Zustellung der Entscheidung über die Einwendungen öffentlich bekannt gemacht werden kann, wenn mehr als 50 Zustellungen vorzunehmen wären (Nr 4 Buchst b; **Zustellungshinweis**).

Darüber hinaus zwingend erforderlich ist eine hinreichend klare und ge- 47
naue **Beschreibung des Vorhabens**, auf das sich der Antrag auf Planfeststellung bezieht. Nur dann kann die Bekanntmachung ihre Anstoßfunktion erfüllen. Die potentiell Betroffenen müssen aufgrund der Beschreibung abschätzen können, ob das Vorhaben ihre Belange oder Rechte beeinträchtigen könnte. Fehlt es hieran, ist die Bekanntmachung fehlerhaft. Gem Abs 4 S 4 muss weiterhin auf die **Einwendungsfrist** des Abs 4 S 1 (zwei Wochen nach Ablauf der Auslegungsfrist, im Falle des Abs 4 S 2 die festgesetzte Einwendungsfrist) sowie auf die **Möglichkeit der Präklusion** bei nicht rechtzeitiger Erhebung von Einwendungen (Abs 4 S 3) hingewiesen werden. Fehlt es an letzterem Hinweis, so wird die Bekanntmachung dadurch zwar nicht fehlerhaft, die Ausschlusswirkung des Abs 4 S 3 kann aber nicht eintreten.

4. Benachrichtigung nicht ortsansässiger Betroffener (Abs 5 S 3). Gem 48
Abs 5 S 3 sollen nicht ortsansässige Betroffene, deren Person und Aufenthalt bekannt sind oder sich innerhalb angemessener Frist ermitteln lassen, von der Auslegung benachrichtigt werden. Der Begriff der angemessenen Frist schließt das Erfordernis mit ein, dass die Ermittlung mit hinreichenden Erfolgsaussichten und **vertretbarem Aufwand** möglich erscheinen muss. Eine Ermittlung dieses Personenkreises durch Auswertung des örtlichen Grundbuchs bzw der Grundsteuerlisten ist idR möglich und angemessen (Stüer/Probstfeld DÖV 2000, 701, 703). Die Benachrichtigung nicht ortsansässiger Betroffener mit den nach S 2 vorgeschriebenen Hinweisen ist, sofern nicht besondere Gründe vorliegen, grundsätzlich geboten; sie kann formlos erfolgen. Unterbleibt die Benachrichtigung, ohne dass dies durch besondere Gründe gerechtfertigt wäre, so kann die Präklusion nach Abs 4 S 3 diesen Betroffenen gegenüber nicht eintreten.

VI. Einwendungen gegen den Plan (Abs 4)

1. Allgemeines. Abs 4 gibt allen Personen (dh natürlichen oder juristischen 49
Personen oder sonst gem § 11 beteiligungsfähigen Vereinigungen usw), deren „Belange durch das Vorhaben berührt werden“, das Recht, **binnen 2 Wochen nach Ablauf der Auslegungsfrist** (Abs 4 S 1) bzw der von der Behörde in den Fällen des Abs 3 S 2 gesetzten Frist Einwendungen zu erheben. Den besonderen Mitwirkungsrechten nach § 73 Abs 4 entspricht insoweit eine besondere Mitwirkungslast: der Bürger muss die Behörde ggf über seine Betroffenheit besonders informieren, indem er Einwendungen erhebt. Unterlässt er dies, so verliert er insoweit seine Rechtsposition; eine klageweise Geltendmachung ist wegen der dann eintretenden **materiellen Präklusion** mangels Klagebefugnis ausgeschlossen (Abs 4 S 3). Insoweit stellt sich die Vorschrift als lex specialis zu § 28 dar (BVerwG NuR 1998, 196).

a) Allgemeine Einwendungsvoraussetzungen. Für Einwendungen gelten 50
grundsätzlich dieselben allgemeinen Zulässigkeitsvoraussetzungen wie für Anträge, insb auch §§ 11 ff, einschl §§ 17 ff (UL § 40 Rn 29 ff). Insb können Einwendun-

gen auch von juristischen Personen, auch zB von Gemeinden sowie gem § 11 Nr 2 beteiligungsfähigen Vereinigungen, auch zB einer als „Interessengemeinschaft" konstituierten Bürgerinitiative (BVerwG NVwZ 1991, 781), usw erhoben werden, nicht dagegen auch von Behörden im Hinblick darauf, dass ihr Aufgabenbereich berührt wird (UL § 40 Rn 30); Behörden sind nur gem Abs 2, 3a und Abs 6 am Verfahren zu beteiligen. Am Verfahren beteiligen können (und ggfs müssen, vgl Rn 30) sich auch die **anerkannten Naturschutzverbände,** wenn durch die Planfeststellung Natur und Landschaft iS von § 18 BNatSchG betroffen werden können (BVerwGE 87, 70; VGH München BayVBl 1992, 116; Knack 31, 60).

51 **b) Stellung der Einwender.** Fraglich ist, ob die Einwender unmittelbar durch die Erhebung von Einwendungen oder durch die Benachrichtigung seitens der Behörde vom Erörterungstermin zu Beteiligten iS des § 13 werden. Eine spezielle Hinzuziehung Betroffener gem § 13 Abs 2 ist im Planfeststellungsverfahren nicht vorgesehen und auch entbehrlich, wenn und soweit ihnen als Einwendern entsprechende bzw vergleichbare Verfahrensrechte zustehen. Dies wird von der inzwischen wohl hM angenommen; die Einwender sind danach **Beteiligte im weiteren Sinne,** sie sind hinsichtlich ihrer Rechte und Pflichten wie Beteiligte zu behandeln (StBS 60; UL § 40 Rn 36; Knack 59; **aA** Deppen, Beteiligungsrechte, 115: Einwender sind Beteiligte).

52 **Einwender haben danach die allgemeinen Beteiligungsrechte** zB nach §§ 14, 18, 19, 20, 26 Abs 2, 28, 29, 72 Abs 1 usw, und zwar mit dem Zeitpunkt des Eingangs ihrer Einwendung bei der Behörde;[14] dies ergibt sich auch aus § 74 Abs 2 und 4, wonach die Planfeststellungsbehörde über Einwendungen entscheiden und den Planfeststellungsbeschluss auch den Einwendern zustellen muss. Einer Hinzuziehung gem § 13 Abs 1 Nr 4, Abs 2 bedarf es daher nur bei Betroffenen, die keine Einwendungen erhoben haben oder deren Einwendungen verspätet oder sonst nicht ordnungsgemäß waren.

53 **2. Einwendungsberechtigung.** Zur Erhebung von Einwendungen berechtigt sind nach Abs 4 S 1 nur diejenigen, die in eigenen Belangen berührt werden. Dies gilt vorbehaltlich abweichender Regelungen in Sondervorschriften, wie § 10 Abs 3 S 2 BImSchG und § 7 AtVfG, die auch sog Jedermann-Einwendungen zulassen, die keine persönliche Betroffenheit voraussetzen. Nach Abs 4 ist einwendungsberechtigt nur derjenige, dessen **Rechte eigene schutzwürdige Interessen** durch das Vorhaben berührt werden können.[15] Soweit eine Betroffenheit im vorstehenden Sinn besteht, können Einwendungen auch auf ermessensspezifische Umstände wie Unbilligkeit und Unzweckmäßigkeit einer antragsgemäßen Planfeststellung gestützt werden (Papier NJW 1980, 315).

54 **a) Betroffenheits-Einwendungen.** Für das Planfeststellungsverfahren nach § 73 ist es nicht ausreichend, wenn ein Bürger ohne eigene Betroffenheit im Planfeststellungsverfahren allgemein Einwendungen erhebt, unabhängig davon, ob sie berechtigt sind oder nicht. Derartige **Jedermann-Einwendungen** sind nur in solchen Verfahren von Bedeutung, in denen dies spezialgesetzlich vorgesehen ist. Verschiedene Gesetze, so zB § 10 BImSchG, § 7 AtomG iVm § 7 Abs 1 S 2 AtomVfV und § 17 Abs 3 WaStrG verzichten auf eine nähere Abgrenzung der

---

[14] OVG Koblenz NVwZ 1988, 76 mwN; VGH München NVwZ 1988, 1054 = BayVBl 1988, 660; NVwZ 1989, 1180; StBS 60; Knack 59; Henle BayVBl 1981, 4; zT **aA** Ronellenfitsch NVwZ 1999, 583, 585 für die Naturschutzverbände; MB 9 und 29: Einwender werden erst durch Hinzuziehung nach § 13 Abs 2 zu Beteiligten.

[15] BVerwGE 59, 101; 60, 297 = DÖV 1981, 263; BVerwG NVwZ 1984, 368; UPR 1988, 71; UL § 40 Rn 30; StBS 67: auch rechtlich nicht geschützte wirtschaftliche, ideelle, soziale und sonstige Interessen; Ule/Laubinger, Gutachten 38f, 80; Franke ZfW 1979, 3; Bauer JuS 1990, 11; kritisch Henle BayVBl 1981, 4; Ossenbühl DVBl 1981, 71.

Einwendungsberechtigung. Vor allem die Rspr erkennt deshalb grundsätzlich jedermann als einwendungsberechtigt an, auch wenn eine Betroffenheit in eigenen Belangen nicht ersichtlich ist (vgl BVerwGE 28, 132; 60, 297 = DÖV 1981, 262; Breuer NJW 1979, 1864; kritisch insoweit mit überzeugenden Gründen Papier NJW 1980, 315).

b) Begriff der Belange. Als Gegenstand bzw Grundlage einer Einwendung 55
genügt jedes „nach vernünftiger Erwägung durch die Sachlage" gerechtfertigte, nach den immanenten Wertungen der Rechtsordnung schutzwürdige Interesse (Belang) rechtlicher (auch privatrechtlicher), wirtschaftlicher oder ideeller Natur,[16] zB das Interesse des Eigentümers oder des Inhabers eines dinglichen Rechts an einem Grundstück, das für das Vorhaben in Anspruch genommen werden soll, aber auch zB das Interesse des privaten oder öffentlichen Eigentümers (zB einer Gemeinde) eines Grundstücks oder eines sonst an einem Grundstück Berechtigten daran, in der Grundstücksnutzung von nachteiligen Wirkungen des beabsichtigten Vorhabens – auch wenn mit der Planfeststellung keine enteignungsrechtlichen Vorwirkungen verbunden sind – verschont zu bleiben (BVerwGE 87, 391; 90, 100 = NVwZ 1993, 364) oder dadurch einen Wertverlust des Grundstücks oder des Rechts zu erleiden.

Erfasst wird auch das Interesse des Mieters auf Grund von Auswirkungen 56
auf die Wohnung[17] oder des Arbeitnehmers wegen befürchteter Beeinträchtigungen am Arbeitsplatz in der Nachbarschaft des Vorhabens, so dass Auswirkungen des Vorhabens nicht völlig ausgeschlossen erscheinen;[18] des Ehegatten oder naher Verwandter des Eigentümers eines betroffenen Grundstücks,[19] außerdem uU zB auch im Hinblick auf zu erwartende Lärmimmissionen auf Grund von Art 2 Abs 2 GG (BVerwG NVwZ 1990, 377; vgl auch BVerwG NJW 1991, 2306). Gleiches gilt für das Interesse eines Landwirts daran, dass er seine Erzeugnisse als „biologische" verkaufen kann (VGH Mannheim DVBl 1990, 11), des Inhabers eines Betriebs, von dem störende Immissionen ausgehen, daran, dass kein Vorhaben erlaubt wird, das ihn zu Beschränkungen zwingt (vgl BVerwG NVwZ 1986, 469; 1990, 292), einer Gemeinde als Trägerin des der örtlichen Trinkwasserversorgung dienenden Wasserwerks.[20] Erfasst wird auch das Interesse, von Kosten, Aufwendungen uä, die sich mehr oder weniger zwangsläufig als Folge des geplanten Vorhabens ergeben werden, verschont zu bleiben (BVerwG DÖV 1987, 782).

c) Abgrenzung zum subjektiven Recht. Dass es sich um ein subjektives 57
Recht handelt, das betroffen ist, zB das Eigentum, ist nicht erforderlich (vgl Wahl NVwZ 1990, 437). Insoweit ist der Kreis der Einwendungsberechtigten deutlich weiter als derjenige der Rechtsbetroffenheit iS von § 42 Abs 2 VwGO (hM, vgl

---

[16] „Berechtigtes Interesse", UL § 40 Rn 30; StBS 67; Knack 55; MB 17; Fickert 296; Steinberg/Berg/Wickel Rn 84; weiter Papier NJW 1980, 315: drohender Nachteil in tatsächlicher Hinsicht genügt.

[17] Vgl BVerwGE 28, 131; BVerwG NVwZ 1991, 566; StBS § 74 Rn 59ff; anders zur Klagebefugnis nach § 42 Abs 2 VwGO München BayVBl 1990, 1482.

[18] Vgl OVG Münster DÖV 1984, 433 zum Mieter bzw Pächter; OVG Hamburg NVwZ 1990, 379; Broß DÖV 1985, 513 zum Arbeitsplatzinhaber; VGH München NVwZ 1990, 372 zum Familienmitglied im Betrieb des Eigentümers.

[19] BVerwG NJW 1991, 2306: Rechtsposition aufgrund ehe- oder familienrechtlicher Bindungen oder gemeinsamen Wohnsitzes hins der Abwehr gesundheitsschädlicher Umwelteinwirkungen; anders jedoch hins der Grundstücksnutzungen als solcher, deren ‚Repräsentation' allein Sache des Grundstückseigentümers ist; VGH München NVwZ 1990, 378 = BayVBl 1990, 148: aufgrund gemeinsamen Wohnsitzes gem § 1353 Abs 1 S 2 BGB; vgl auch einerseits BVerwG DVBl 1983, 898 = NVwZ 1983, 672; andererseits BVerwG DVBl 1983, 183 = NJW 1983, 1507; BVerwG NJW 1989, 2766 = UPR 1989, 389.

[20] Vgl VGH München NVwZ 1986, 680; OVG Saarlouis UPR 1985, 65; OVG Koblenz NVwZ 1987, 71 = UPR 1986, 397; VG Schleswig NVwZ 1987, 354.

BVerwGE 31, 267; UL § 40 Rn 30; Papier NJW 1980, 315; Knack 55; StBS 67). In der Praxis spielen die Einwendungen auf der Grundlage von subjektiven öffentlichen Rechten allerdings die größte Rolle. Nicht erforderlich ist auch, dass die geltend gemachten Belange in den örtlichen Zuständigkeitsbereich der Planfeststellungsbehörde fallen (OVG Münster DVBl 1981, 409); es muss sich jedoch jedenfalls um Belange handeln, die nach den für die Planfeststellung maßgeblichen Vorschriften, dh dem Fachgesetz, das die Planfeststellung anordnet oder zulässt, oder den Vorschriften, die von der Planfeststellungsbehörde bei ihrer Entscheidung mit anzuwenden oder zu berücksichtigen sind (vgl § 74 Rn 40ff) und für die Planfeststellung rechtlich relevant sind oder sein können. Mittelbar ergibt sich daraus das Erfordernis, dass alle Einwendungen letztlich objektiv – dh nicht notwendig auch nach der subjektiven Begründung seitens des Einwenders oder nach dessen Vorstellungen – auf die Rechtsnormen bezogen sein müssen, die für die Planfeststellung für das in Frage stehende Vorhaben maßgeblich sind.

58 **d) Berührtsein von Belangen.** Es muss sich um Belange handeln, die durch das Vorhaben beeinträchtigt werden können. Nicht erforderlich ist, dass die Möglichkeit der Rechtsverletzung bzw der rechtswidrigen Beeinträchtigung von Belangen besteht. Nach Lage der Dinge, insb im Hinblick auf die Art des Vorhabens, für das der Plan festgestellt werden soll, der Entfernung des Wohnorts des Einwenders vom Vorhaben usw, **muss eine Betroffenheit zumindest möglich erscheinen** und darf nicht offensichtlich und eindeutig nach jeder Betrachtungsweise ausgeschlossen sein. Bei der Beurteilung der (möglichen) Betroffenheit kann insoweit nur in begrenztem Umfang auf die zu § 42 Abs 2 VwGO entwickelten Grundsätze zurückgegriffen werden, soweit sie die Frage der Möglichkeit von Einwirkungen durch ein Vorhaben betreffen (vgl dazu BVerwGE 61, 262; BVerwG NJW 1983, 1507).

59 **Ausreichend ist die nicht ganz entfernte Möglichkeit,** dass jemand in seinen Belangen durch das Vorhaben berührt wird. Daher sind zB auch Personen einwendungsberechtigt iS des Abs 4, deren Grundstücke nicht in dem unmittelbar von dem geplanten Vorhaben erfassten Bereich liegen, jedoch zwangsläufig durch notwendige Anschlussvorhaben erfasst werden, die nach Lage der Dinge nicht anders durchgeführt werden können als in einer Weise, die dann auch ihre Grundstücke berühren wird, zB Straßen, für die die Planfeststellung jeweils für abgegrenzte Abschnitte durchgeführt wird, bei denen aber durch die Feststellung für einen Abschnitt in gewissem Umfang notwendig auch schon die weitere Trassenführung präjudiziert wird und in diesem Sinn „Zwangspunkte“ festgesetzt werden.[21]

60 **In räumlicher Hinsicht** hängt die Einwendungsbefugnis ähnlich wie die Betroffenheit wesentlich von der Art des Vorhabens und der zu erwartenden Auswirkungen auf die Umwelt ab.[22] Als Voraussetzung der Betroffenheit ist hier außerdem grundsätzlich zu verlangen, dass ein Einwender, der Beeinträchtigungen seiner Gesundheit oder ähnliche persönliche Beeinträchtigungen geltend macht, im Einwirkungsbereich des Vorhabens wohnt oder seinen Arbeitsplatz oder seine Ausbildungsstätte hat;[23] die bloße Absicht, künftig dort Urlaub zu machen oder

---

[21] Vgl BVerwGE 62, 342 = NJW 1981, 2592; 72, 288 = NJW 1986, 1508; BVerwG NVwZ 1990, 860; NJW 1984, 1252 mwN; DVBl 1992, 1435; DÖV 1993, 441; VGH München DVBl 1990, 168; Broß DÖV 1985, 258; Knack § 74 Rn 26.

[22] Vgl die ältere Rspr zur Klagebefugnis bei der Genehmigung von Kernkraftwerken, zB BVerwGE 61, 256 = NJW 1981, 1393: bei 25 km entfernter Wohnung Betroffenheit nicht ohne weiteres anzunehmen; sie müßte von Betroffenen hinreichend substantiiert geltend gemacht werden; vgl auch OVG Lüneburg DVBl 1975, 192: rechtliche Betroffenheit noch bei 100 km; VGH München BayVBl 1979, 540: bei 250 km Entfernung drängt sich eine Rechtsbetroffenheit nicht auf; sie müßte substantiiert dargelegt werden.

[23] Vgl BVerwG NJW 1983, 1507; VGH München BayVBl 1979, 540; OVG Lüneburg DVBl 1984, 891; 1985, 1322; VGH Mannheim NVwZ 1984, 525; Ramsauer NuR 1990, 349, 353.

sonst dort die Freizeit zu verbringen, dürfte nicht genügen. Anders als im Baurecht die Klagebefugnis des Mieters, Pächters usw ist im Planfeststellungsrecht die Einwendungsbefugnis auch des Mieters usw und dadurch (nur) obligatorisch Berechtigter dagegen allgemein anerkannt (vgl VGH Mannheim NVwZ 1984, 525). Zur Einwendungsbefugnis künftiger Bewohner unter bestimmten Voraussetzungen vgl bejahend OVG Berlin DÖV 1986, 1068. Als Personen, deren Belange durch das Vorhaben berührt werden (können), sind außer den Betroffenen ieS auch alle Personen anzusehen, die im allgemeinen Verfahren nach § 13 Abs 2 S 1 im Hinblick darauf, dass ihre Rechte oder rechtlichen Interessen durch den Ausgang des Verfahrens berührt werden (können), hingezogen werden könnten, ohne dass ihre Hinzuziehung notwendig wäre (ebenso Knack 60).

e) Fehlende Einwendungsbefugnis. Nicht gehört werden kann jemand mit Einwendungen, die er aus einer Beeinträchtigung nur objektiv **geringwertiger** oder **nicht schutzwürdiger Belange** herleitet (BVerwGE 59, 101; 90, 101; BVerwG Buchh 451.22 AbfG Nr 28 mwN; Lüneburg ZfW 1994, 495), auch zB aus einer nicht genehmigten und auch nicht genehmigungsfähigen, baurechtswidrigen Grundstücksnutzung (BVerwGE 91, 92 = NVwZ 1993, 269). **Umstritten** ist die Anerkennung einer Einwendungsbefugnis aus einer Rechtsposition, die gerade zu dem Zweck erworben wurde, Einwendungen geltend machen zu können (zB ein sog **Sperrgrundstück**). Die Rspr erkannte in diesen Fällen die Einwendungsbefugnis zu Recht an (vgl BVerwGE 72, 16 = NVwZ 1985, 736; 74, 110), nahm aber wegen zumeist geringer wirtschaftlicher Bedeutung entspr geringes Gewicht an (BVerwG NVwZ 1991, 781; StBS 58; **aA** zB VGH München NVwZ 1989, 684; OVG Münster UPR 1990, 236). Inzwischen rückt das BVerwG für die Fälle eindeutig rechtsmissbräuchlichen Erwerbs von dieser Position zT wieder ab (BVerwG ZUR 2001, 211; hierzu Knödler NuR 2001, 194). 61

Es muss sich um eigene Belange des Einwenders handeln. Nicht zu Einwendungen berechtigt ist, wer nur Interessen der Allgemeinheit oder dritter Personen geltend macht;[24] ebenso nicht eine Gemeinde, die Rechte oder Interessen ihrer Bürger (vgl UL § 40 Rn 30), oder ein Verband, der Belange seiner Mitglieder, deren Wahrung zu seinen satzungsgemäßen Aufgaben gehört, geltend macht (Ule/Laubinger, Gutachten 39f mwN; Papier NJW 1980, 315; Franke ZfW 1979, 9; Kopp, in: BVerwG-FS 1978, 399f). Mittelbar kann ein durch ein geplantes Vorhaben letztlich in einem Recht, zB in seinem Eigentum, betroffener Bürger auch zB geltend machen, dass der Plan ihm gegenüber deshalb rechtswidrig ist, weil öffentliche Belange, zB die Belange des Natur- oder Landschaftsschutzes nicht angemessen berücksichtigt sind.[25] Entsprechendes muss für die Befugnis zur Geltendmachung von Einwendungen gelten, die keine Rechtsbetroffenheit voraussetzt, sondern für die auch schon faktische **Betroffenheit** in eigenen Belangen genügt. Die Betroffenheit ist vom Einwender substantiiert darzulegen (StBS 63). 62

3. Gemeinden und sonstige öffentliche Rechtsträger als Einwender. 63
a) Allgemeines. Auch Gemeinden, auf deren Gebiet das Vorhaben seinen Standort haben soll oder auf das sich das Vorhaben (bzw sein Betrieb) voraussichtlich auswirken wird, sind auf Grund eigener Rechte zu Einwendungen berechtigt;[26]

---

[24] BVerwG UPR 1995, 269; ebenso UL § 40 Rn 28; MB 17; StBS 62; Papier NJW 1980, 315; **aA** insoweit zum Atomrecht BVerwGE 60, 297 = DVBl 1981, 263: auch „Jedermann"-Einwendungen zur Wahrnehmung des öffentlichen Interesses.

[25] BVerwGE 67, 74 = DVBl 1983, 899; 74, 109 = DVBl 1986, 100; BVerwG UPR 1995, 269; Kühling DVBl 1989, 222.

[26] BVerwG NuR 1999, 631 (zur Klagebefugnis der Gemeinden); OVG Koblenz NVwZ 1987, 71; VGH München DÖV 1986, 208 mwN; VGH Mannheim DVBl 1976, 540; 1977, 345; kritisch Steinberg DVBl 1982, 19 mwN.

nicht dagegen als Vertreter der Benutzer oder Mitarbeiter gemeindlicher Einrichtungen (OVG Koblenz NVwZ 1987, 71) oder zB wegen Störung des Orts- oder Landschaftsbildes oder ähnlicher Belange (VGH München DÖV 1980, 208) oder sonst als Vertreter der Allgemeinheit. Gemeinden können uU sowohl als Behörden iSd Abs 2 als auch als Einwender nach Abs 4 beteiligt sein.

64 **b) Beeinträchtigung der Planungshoheit.** Grundsätzlich betroffen und insoweit einwendungsberechtigt sind Gemeinden im Hinblick auf ihre öffentlich-rechtliche Planungshoheit, die ein Teil des durch Art 28 Abs 2 GG geschützten Selbstverwaltungsrechts ist und deshalb grundsätzlich bei jeder **Planfeststellung, die in bestehende Planungen der Gemeinde eingreift** oder die Möglichkeiten künftiger Planungen beeinträchtigt, von der Planfeststellungsbehörde mitzuberücksichtigen sind.[27] Anders als für die Klagebefugnis gem § 42 Abs 2 VwGO, bei der die neuere Rspr eine Betroffenheit in bereits verbindlich festgesetzt oder jedenfalls hinreichend konkretisierten Planungsabsichten fordert (vgl BVerwGE 51, 14; 69, 261; BVerwG DÖV 1985, 114; DVBl 1984, 88; NVwZ 1984, 816; VGH München DÖV 1986, 208), genügt für gemeindliche Einwendungen in Planfeststellungsverfahren eine bloße Beeinträchtigung des Planungsspielraums.[28] Das Gewicht der Einwendung ist jedoch umso größer, je konkreter die betroffene Planung und je schwerer die Beeinträchtigung wiegt. Entsprechendes gilt für sonstige Gemeinwohlanliegen (BVerwGE 51, 15; 69, 261; BVerwG Buchh 442.40 § 8 LuftVG Nr 2). Soweit Gemeinden in ihrer Planungshoheit oder sonstigen öffentlichen Aufgaben von einer Planfeststellung berührt werden können, sind die hier betroffenen Belange nicht nur als (grundsätzlich rechtzeitig geltend zu machende) Einwendungen, sondern schon nach Abs 2 von Amts wegen zu berücksichtigen, jedenfalls soweit sie der Planfeststellungsbehörde bekannt sind, insb gem Abs 2 bekanntgegeben wurden, oder sich ihr hätten aufdrängen müssen.

65 **c) Öffentliche Rechtsträger als Grundeigentümer.** Eine Betroffenheit der Gemeinden und anderer öffentlicher Rechtsträger kommt auch in ihrer Eigenschaft als Grundstückseigentümer,[29] als Aufgabenträger des örtlichen Landschaftsschutzes, Denkmalschutzes (VGH München NVwZ 1984, 816) als Träger kommunaler Einrichtungen (BVerwGE 69, 261; VGH München DÖV 1986, 208; OVG Koblenz NVwZ 1987, 71; VGH Kassel NVwZ 1987, 988), zB des der örtlichen Trinkwasserversorgung dienenden Wasserwerks,[30] als Baulastträger (VGH München BayVBl 1986, 242) oder auf Grund sich bei Verwirklichung des Vorhabens ergebender besonderer Verpflichtungen in Betracht.

---

[27] Vgl BVerwGE 31, 264; 40, 323; 44, 151; 51, 13; 52; 233; 56, 137 = NJW 1979, 64; 69, 256; 74, 132 und 79, 325: jedenfalls, wenn ein Großprojekt große Teile des Gemeindegebiets dem planerischen Zugriff der Gemeinde entziehen würde; BVerwGE 77, 128 mwN = NJW 1987, 2097; BVerwGE 77, 134 = DVBl 1987, 100 zur Beteiligung einer Gemeinde an der Planfeststellung für eine oberirdische Telefonleitung für ein Wochenendgebiet im Gemeindebereich; BVerwGE 81, 106 mit einer Zusammenfassung der bish Rspr; BVerwGE 90, 96 = NVwZ 1993, 364; 84, 209 = DÖV 1990, 481; OVG Hamburg DVBl 1987, 1022; DVBl 1987, 1000; BVerfG 56, 290 – Fluglärm –; VGH Kassel NVwZ 1987, 988; DVBl 1990, 122.

[28] Birk NVwZ 1989, 905; str; enger BVerwGE 79, 325 und 90, 96 = NVwZ 1993, 364: idR nur, wenn eine bereits hinreichend konkretisierte Planung vorliegt und diese nachhaltig gestört wird oder wenn durch ein großräumiges Vorhaben wesentliche Teile des Gemeindegebiets einer durchsetzbaren Planung der Gemeinde gänzlich entzogen werden; ähnlich VGH Mannheim NVwZ 1990, 487.

[29] Vgl BVerwGE 51, 11; 52, 235; 61, 82; 69, 261; 87, 391 = NVwZ-RR 1991, 602; 80, 8; 90, 96 = NVwZ 1993, 364; BVerwG NVwZ 1984, 718; VGH München BayVBl 1986, 242; DÖV 1986, 208, OVG Koblenz NVwZ 1987, 71; VGH Mannheim NVwZ 1985, 432 mwN; Kassel NVwZ 1987, 988; DVBl 1990, 122; Kloepfer VerwArch 1985, 385.

[30] Vgl VGH München NVwZ 1986, 680; OVG Saarlouis UPR 1985, 65; OVG Koblenz NVwZ 1987, 71; VG Schleswig NVwZ 1987, 37.

Auch für sonstige Gebietskörperschaften wie Landkreise, Bezirke usw, sowie in von Landesbehörden durchgeführten Planfeststellungsverfahren auch für den Bund,[31] in von Bundesbehörden durchgeführten Planfeststellungsverfahren auch für die Bundesländer, besteht eine Einwendungsbefugnis, wenn und soweit sie als Träger öffentlicher hoheitlicher Aufgaben von einer Planfeststellung betroffen werden oder je nach deren Ergebnis betroffen werden können[32] und zwar ebenfalls unabhängig davon, ob die Länder die Aufgaben mit Mitteln des öffentlichen Rechts oder des Privatrechts erfüllen. 66

d) Erwerb von Grundeigentum. Beim Erwerb von Grundeigentum muss es für die Einwendungsbefugnis genügen, dass dem Erwerb nicht offensichtlich unüberwindbare Hindernisse entgegenstehen. Bis zum Vollzug des Erwerbs ist allerdings davon auszugehen, dass neben dem Erwerber auch der bisherige Eigentümer noch einwendungsbefugt bleibt. Anders als bzgl der Klagebefugnis (vgl zB BVerwG NVwZ 1993, 477; NJW 1994, 1233; Kopp/Schenke § 42 Rn 116; vgl auch Bönker DVBl 1994, 506) sind Mieter und Pächter grundsätzlich einwendungsbefugt und sind bei einer Geldendmachung ihres Nutzungsrechts nicht auf den Eigentümer angewiesen. 67

e) Prüfung der Einwendungsbefugnis. Die Einwendungsbefugnis ist grundsätzlich von Amts wegen zu prüfen (StBS 66). In Zweifelsfällen ist es für die Behörde im Hinblick auf eine uU abweichende Beurteilung im Rechtsbehelfsverfahren zweckmäßig, die Einwendungsberechtigung anzuerkennen; dies sollte dann jedoch zur Vermeidung etwaiger Kostenfolgen gem § 155 Abs 5 VwGO und nach anderen Vorschriften mit dem Hinweis geschehen, dass die Beteiligung im Verfahren nicht notwendig auch die Klagebefugnis gegen den Planfeststellungsbeschluss zur Folge hat (vgl unten Rn 73 ff). 68

f) Beteiligung am Verfahren und Klagebefugnis. Der Umstand allein, dass jemand nach Abs 4 Einwendungen erhoben hat und im Verfahren gehört wurde oder von Amts wegen als Betroffener gem Abs 6 zugezogen wurde, begründet **nicht notwendig auch die Klagebefugnis** nach § 42 Abs 2 VwGO für eine spätere Klage gegen den Planfeststellungsbeschluss.[33] Vielmehr setzt die Klagebefugnis stets ein subjektives öffentliches Recht, welches verletzt sein könnte, voraus. Vgl zur Klagebefugnis Dritter gegen Planfeststellungsbeschlüsse ausf Wahl/Schütz in Schoch § 42 Abs 2 Rn 250 ff. 69

4. Begriff der Einwendung. a) Allgemeines. Das VwVfG enthält keine nähere Definition des Begriffs der Einwendungen, sondern setzt diesen voraus. Maßgeblich bleiben damit im Wesentlichen die Gesichtspunkte, die im bis Recht zu vergleichbaren Vorschriften in der Rspr und im Schrifttum entwickelt wurden. Danach sind Einwendungen sachliches, auf die Verhinderung oder Modifizierung des Vorhabens, für das die Planfeststellung beantragt ist, abzielendes **Gegenvorbringen** (BVerwGE 60, 297 = DÖV 1981, 262; ähnlich BVerfG 61, 82 = NJW 70

---

[31] Vgl BVerwGE 87, 338 = NVwZ 1992, 167 zur Klage des Bundes gegen eine luftverkehrsrechtliche Planfeststellung eines Landes für einen Flughafen; materielle Beschwer des Bundes zu bejahen, wenn Auswirkungen des Vorhabens auf die vom Bund im Rahmen der Luftverkehrsverwaltung als eigenständiger Aufgabenkreis wahrgenommene Koordinierung des nationalen und internationalen Luftverkehrs auf den deutschen Flughäfen möglich.

[32] Vgl BVerwGE 82, 22 = DVBl 1989, 1054; DÖV 1990, 34: Berücksichtigung des landesrechtlich normierten Landschaftsschutzes als abwägungserheblicher öffentlicher Belang –; 92, 258 = DVBl 1993, 886; allg zur rechtlichen Betroffenheit der Länder in von Bundesbehörden durchgeführten Planfeststellungsverfahren und – bejahend – zu dem in der vorstehenden Entscheidung verneinten Klagerecht der Länder Kopp NuR 1991, 449.

[33] Vgl BVerwGE 27, 152; 31, 267; 61, 275 = NJW 1981, 1393; BVerwGE 74, 87; 75, 285 = NJW 1987, 1155; UL § 41 Rn 43; StBS 67.

1982, 2177). Zum Erfordernis der Geltendmachung der Einwendungen s unten Rn 73ff, zur Erfassung von Einwendungen in Massenverfahren durch EDV Büllesbach/Diercks DVBl 1991, 471. Das Gegenvorbringen muss sich bei Drittbetroffenen auf eine befürchtete Gefährdung von eigenen Belangen beziehen (BVerwGE 60, 297; OVG Lüneburg NVwZ 1987, 341), die nach dem Gesetz, das in materieller Hinsicht die Grundlage der Planfeststellung bildet, oder nach anderen Rechtsvorschriften, auch solchen des Verfassungsrechts (insb Grundrechte) bei der zur Planung vorzunehmenden Abwägung zu berücksichtigen sind **(abwägungserhebliche Belange).**[34]

71 **b) Begrenzung auf Individualbelange.** Trotz der weiterreichenden allgemeinen Zwecksetzung des Anhörungsverfahrens ergibt sich aus dem Wortlaut und dem Zusammenhang des Abs 4 S 1, dass als Einwendungen nur die Geltendmachung von tatsächlichen und rechtlichen Gesichtspunkten angesehen werden kann, die der Wahrung eigener, durch das Vorhaben berührter Belange (bzw Rechtsgüter) desjenigen dienen, der die Einwendung erhebt. Gesichtspunkte des Allgemeininteresses können nur geltend gemacht werden, soweit sie zugleich auch eigene rechtlich geschützte, berechtigte oder rechtliche Interessen betreffen[35] oder jedenfalls im Ergebnis eine rechtlich geschützte Position des Bürgers betroffen ist. Dies ist nach hM idR nur bei der **enteignungsrechtlichen Verwirkung** der Fall.[36] Auch das Recht zu Einwendungen stellt insoweit kein Recht zu einer „Popularklage" dar.

72 **Gesichtspunkte des Allgemeinwohls** können gleichwohl zusammen mit Einwendungen idS oder auch getrennt davon geltend gemacht werden. Ihre Erörterung im Anhörungsverfahren ist nicht ausgeschlossen, sondern im Hinblick auf den Zweck des Verfahrens sogar wünschenswert und idR auch im öffentlichen Interesse geboten. Es besteht insoweit jedoch, da es sich hierbei nicht um Einwendungen iS von Abs 4 bzw 6 und entsprechender anderer Bestimmungen handelt, **kein Rechtsanspruch auf Erörterung** gem Abs 6 und auf ausdrückliche Entscheidung der Behörde darüber gem § 74 Abs 2.

73 **5. Form und Zeitpunkt der Einwendungen. a) Schriftlichkeit.** Nach Abs 4 müssen Einwendungen schriftlich oder zur Niederschrift bei der Anhörungsbehörde oder einer von dieser gem Abs 5 S 2 Nr 2 bestimmten Behörde eingereicht werden (UL § 40 Rn 32). Nach dem Wortlaut des Gesetzes können Einwendungen insb auch bei jeder Gemeinde, die den Plan ausgelegt hat, vorgebracht werden, auch wenn sie sich auf Gründstücke beziehen, die nicht in der betreffenden Gemeinde liegen (Knack 66). Aus dem Begriff der Einwendungen und dem Zweck der Regelung ergibt sich außerdem, dass die Einwendung jedenfalls Namen und Anschrift des Einwenders enthalten muss und erkennen lassen muss, um welche Belange es dem Einwender konkret geht, für welches Rechtsgut (zB die Gesundheit, das Leben, eine Eigentumsposition, die bestimmte Nutzung eines Grundstücks) eine Beeinträchtigung durch das geplante Vorhaben befürchtet wird. Die Einwendung muss hinreichend substantiiert sein, dh das Rechtsgut bezeichnen, zumindest pauschal benennen, und die befürchtete Beeinträchtigung darle-

---

[34] Vgl BVerwG 59, 87 = NJW 1980, 1062 = BayVBl 1980, 88; ähnlich Papier NJW 1980, 315; Obermayer 91 ff.

[35] BVerwG UPR 1995, 269; krit hierzu unter dem Aspekt der Klagebefugnis Ramsauer DÖV 1981, 37; vgl BVerwGE 74, 109: auch das Interesse eines Grundstückseigentümers, daß öffentliche Belange berücksichtigt werden, deren Berücksichtigung im Ergebnis auch der Wahrung solcher Belange dienen würde.

[36] Vgl BVerwGE 67, 74; 74, 109; DÖV 1986, 76; DVBl 1983, 899: der Eigentümer des durch eine Planfeststellung mit enteignender Wirkung betroffenen Grundstücks kann die Verletzung des Abwägungsgebots grundsätzlich auch mit der Begründung geltend machen, öffentliche Belange, zB des Landschaftsschutzes, seien nicht hinreichend beachtet worden.

gen.[37] Entsprechende Darlegungen sind auch dann nicht entbehrlich, wenn die Umstände der Behörde bekannt sind.

b) Substantiierung. Ein bloßes „Nein“ zum Vorhaben oder die Ankündigung, dass Einwendungen erhoben werden, genügt nicht; ebenso nicht bloße Rechtsausführungen, denen nicht zumindest konkludent zu entnehmen ist, durch welche Auswirkungen des geplanten Vorhabens der Einwender tatsächliche oder rechtliche Nachteile für seine Rechte oder schutzwürdigen Interessen befürchtet (BVerwG NVwZ 2002, 726). Ausführungen und Argumente gegen den Plan, bei denen auch bei wohlwollender Auslegung nicht erkennbar ist, dass ihnen die Geltendmachung einer Betroffenheit in bestimmten eigenen Rechten oder Interessen zugrunde liegt, sind keine Einwendungen iS von Abs 4. Das Vorbringen muss außerdem – sofern es sich nicht um nach dem maßgeblichen Fachgesetz zugelassene sog „Jedermann-Einwendungen“ handelt – erkennen lassen, dass der Einwender sich durch das Vorhaben in eigenen Belangen betroffen fühlt und in welchem Rechtsgut.[38] Eine weitergehende „Substantiierung“ und Begründung ist nicht zu fordern, ebenso auch nicht irgendwelche Rechtsausführungen iS der Rspr zu § 42 Abs 2 VwGO. Nicht erforderlich ist insb auch, dass dargelegt wird, warum eine Gefährdung befürchtet wird (OVG Lüneburg DVBl 1984, 888), wohl aber um welche Gefahren (Lärm, Abgase usw) es sich handelt und – zumindest pauschal – wovon diese Gefahren ausgehen (zB Unfälle, Störfälle, Errichtung, Normalbetrieb). Da die Ausschlusswirkung rechtsgüterbezogen ist, können tatsächliche Umstände, die nicht rechtzeitig vorgebracht wurden, wie eine falsche Berechnung von Emissions- oder Immissionswerten oder unzutreffende Annahmen über die Verkehrsbelastung, die Gefahr von Tankerunfällen usw, weiterhin geltend gemacht werden; vgl auch BVerfG 61, 117 = NJW 1982, 2177: es darf nicht mehr verlangt werden, als dass „Einwendungen in groben Zügen erkennen lassen, welche Rechtsgüter als gefährdet angesehen werden und welche Beeinträchtigungen befürchtet werden“ (ähnlich VGH München BayVBl 1987, 83). Zu Einwendungen der Bundeswehr, wenn militärische Geheimhaltungspflichten betroffen sind, vgl BVerwGE 74, 115. Der Ordnungsgemäßheit und Wirksamkeit einer Einwendung steht nicht entgegen, dass sie in der Form einer Sammeleinwendung erhoben ist, bei der die Einwender nur einen vorgegebenen Text unterschrieben haben (OVG Lüneburg DVBl 1984, 888). 74

c) Unbeachtlichkeit. Einwendungen, die den Mindesterfordernissen nicht genügen, brauchen von der Behörde nicht beachtet zu werden, sofern sie nicht Gesichtspunkte betreffen, denen die Behörde ohnehin im Rahmen ihrer Ermittlungspflicht nachgehen muss; sie hindern insb auch die Präklusion nicht (Lüneburg NVwZ 1987, 341). Unschädlich ist es, wenn in einer Einwendung auch allgemeine, „grundsätzliche“ Bedenken, etwa gegen eine Beeinträchtigung der Landschaft usw, geltend gemacht werden, sofern jedenfalls erkennbar ist, dass der Betroffene auf Grund seines Wohnorts usw sich durch das konkrete Vorhaben auch persönlich betroffen fühlt. 75

6. Einwendungsfrist (Abs 4 S 1, 2). Die Frist, während der Einwendungen erhoben werden können, endet gem § 73 Abs 4 S 1 **zwei Wochen nach Ablauf der Auslegungsfrist.** Hat eine Auslegung nicht stattgefunden, weil ein Fall des Abs 3 S 2 vorliegt, so hat die Behörde die Einwendungsfrist gem Abs 4 S 2 selbst festzusetzen. Einwendungen können auch schon während der Auslegungsfrist, dh vor Beginn der Einwendungsfrist erhoben werden (StBS 70; Knack 63; Obermayer 102). Dagegen sind vor Beginn des Auslegungsverfahrens (dh der Auslegung 76

---

[37] Vgl BVerfG 61, 82 = NJW 1982, 2177; StBS 63; UL § 40 Rn 28; Stühler BWVBl 1991, 322; Knack 55.

[38] BVerfG 61, 82 = NJW 1982, 2173; NVwZ 1987, 131 = DVBl 1987, 258; BVerwGE 60, 297 = NJW 1981, 359; DVBl 1994, 1252; OVG Lüneburg NVwZ 1987, 339; VG Neustadt NVwZ 1992, 1009.

der Pläne) geltend gemachte „Einwendungen" keine Einwendungen iS der Abs 4–6 und wahren daher auch die Einwendungsfrist nicht.[39] Die **Einwendungsfrist beginnt** um 0.00 Uhr des auf den Ablauf der Auslegungsfrist folgenden Tages zu laufen und endet analog § 31 Abs 1 iVm § 187 Abs 2 S 1, § 188 Abs 2, 2. Altern. BGB mit dem Ablauf desjenigen Tages der zweiten Woche, welcher dem Tag vorhergeht, der durch seine Benennung dem Anfangstag der Frist entspricht (UL § 40 Rn 33; StBS 73; Knack 63; Obermayer 102). Läuft also die Auslegungsfrist am Dienstag, den 5. März ab, so beginnt die zweiwöchige Einwendungsfrist am Mittwoch, den 6. März 0.00 Uhr mit der Folge, dass die Einwendungsfrist am Dienstag, den 19. März 24.00 Uhr endet (Beispiel nach UL § 40 Rn 33 Fn 82).

77 **a) Zwingender Charakter.** Die in Abs 4 S 2 gesetzlich bestimmte 2-Wochenfrist ist rechtlich zwingend. Sie kann auch von der Behörde nicht verlängert oder verkürzt werden (BVerwG NVwZ-RR 1999, 162; StBS 74; Knack 63). Zulässig ist allerdings eine Verlängerung der Auslegungsfrist, insbes zur Heilung von Fehlern bzw Mängeln der Auslegung (Obermayer 103). Dies führt zu einer Verschiebung der zweiwöchigen Einwendungsfrist. Auch stehen die Wirkungen des Fristablaufs nicht zur Disposition der Behörde. Die Frist genügt verfassungsrechtlichen Mindestanforderungen, da ihr bereits die einmonatige Auslegungsfrist gem Abs 3 vorausgeht (vgl BVerfG 61, 82 = NJW 1982, 2177 zu Einwendungen im Atomrecht) und Einwendungen auch schon während der Auslegungsfrist erhoben werden können.

78 **b) Hinweispflicht.** Voraussetzung für den Lauf der Frist ist, dass gem § 73 Abs 5 S 2 Nr 2, Abs 4 S 4 ordnungsgemäß auf die Frist und die Präklusion bei Versäumung der Frist[40] hingewiesen worden war. Fehlt der erforderliche Hinweis oder ist er in wesentlicher Hinsicht unvollständig oder sonst fehlerhaft, so greift die Präklusion gegenüber den nicht ordnungsgemäß Belehrten, nicht notwendig gegenüber allen, nicht ein (StBS 83).

79 **c) Nachschieben von Gründen.** Nach Ablauf der Einwendungsfrist sind, sofern nicht die Voraussetzungen einer Wiedereinsetzung gem § 32 gegeben sind, **nur noch Ergänzungen und Präzisierungen** zu bereits während der Frist erhobenen Einwendungen mit fristwahrender Wirkung möglich (OVG Münster NJW 1994, 402); die Behörde kann dafür ggf auch eine Frist setzen. Auch wenn rechtzeitig Einwendungen erhoben wurden, ist die Behörde grundsätzlich nicht verpflichtet, weitere Gutachten, die der Einwender ankündigt, abzuwarten (VGH Mannheim NVwZ-RR 1994, 375). Zur Wiedereinsetzung bei schuldloser Fristversäumung s Rn 85.

80 **7. Materielle Präklusion (Abs 4 S 3). a) Allgemeines.** Seit der Neuregelung im Jahre 1996 werden mit Ablauf der Einwendungsfrist nach § 73 Abs 4 Satz 1 und 2 alle Einwendungen ausgeschlossen, die nicht auf einem besonderen privatrechtlichen Titel beruhen. Diese materielle Ausschlusswirkung wurde durch das **GenBeschlG** aus dem Planungsvereinfachungsgesetz in das VwVfG übernommen (BT-Dr 13/3995 S 10). Damit wird die Geltendmachung verspätet vorgebrachter Einwendungen auch im nachfolgenden gerichtlichen Verfahren und damit materiell ausgeschlossen. Bis dahin führte die Versäumung der Einwendungsfrist zu einer bloßen verfahrensrechtlichen Präklusion, wonach verspätete Einwendungen lediglich nicht mehr erörtert werden mussten. Materielle Präklu-

---

[39] Str, wie hier BVerwG DVBl 1973, 584 und 646 m Anm Zuck; München BayVBl 1979, 626; Knack 7.3.1; Stich/Porger, BImSchG, 28 zu § 10 mwN; **aA** StBS 70; Jarass, BImSchG § 10 Rn 57: eine überspitzte Forderung.

[40] BVerwG NVwZ 1997, 171; StBS 83; Knack 7.4.2; vgl auch BVerfG 75, 190 = DÖV 1987, 1060: keine Präklusion, wenn die Verspätung die Folge einer Verletzung der richterlichen Fürsorgepflicht ist; zT **aA** MuLö BayVBl 1982, 763: bei Unterbleiben des Hinweises Wiedereinsetzung.

sion bedeutet, dass dem Bürger bei Nichteinhaltung der Frist seine materielle Rechtsposition verloren geht, dass also insoweit **keine klagefähige Rechtsposition** mehr besteht (BVerwG UPR 1997, 31; 1997, 108; NJW 1996, 2113; NVwZ 1996, 267; 1995, 903; StBS 77). Einem Kläger, der im Klagewege nur diejenigen Einwendungen geltend macht, mit denen er nach Abs 4 S 3 ausgeschlossen worden ist, fehlt die Klagebefugnis. Diese Wirkung steht nicht zur Disposition der Beteiligten. Deshalb ist es auch unerheblich, wenn die verspäteten Einwendungen von der Anhörungsbehörde tatsächlich in die Erörterungen einbezogen worden sind.

b) Voraussetzungen. Die Präklusion setzt voraus, dass die Bestimmungen der Abs 2–5 seitens der Gemeinden bzw der Anhörungsbehörde eingehalten wurden,[41] insbes dass zB die Auslegung und die Bekanntmachung bzw die Verständigung nach Abs 5 ordnungsgemäß erfolgt waren (vgl BVerwGE 60, 312 = DÖV 1981, 266; BauR 1978, 385; BGH DVBl 1981, 627; München BayVBl 1979, 723; UL § 40 Rn 34). Insb muss auch die Planauslegung nach Zeit und Umfamg so erfolgt sein, dass sie den Informationszweck erfüllt hat (BVerwG NJW 1985, 3034). Vgl allg zu den Informationspflichten der Behörde bei der Anhörung als Voraussetzung auch für eine Präklusion BVerwGE 75, 214; 82, 257; BVerwG Buchh 442.40 § 6 LuftVG Nr 17. 81

Erfasst werden nur Einwendungen, die der Betroffene innerhalb der Frist hätte vortragen können. Das ist zB bei erst nachträglich entstandenen (zB durch eine nachträgliche Planänderung veranlassten) Einwendungen nicht der Fall. Anders liegt es bei Einwendungen von Personen, die erst später das Eigentum an den Grundstücken, die von dem Vorhaben betroffen werden, erworben haben, da ein späterer Grundstückserwerber grundsätzlich eine Versäumung von Einwendungsmöglichkeiten seitens des Voreigentümers gegen sich gelten lassen muss. Umgekehrt kann sich ein Rechtsnachfolger auf die von seinem Vorgänger rechtzeitig erhobenen Einwendungen berufen (BVerwG UPR 1997, 153). Nicht nachträglich entstanden sind Sicherheitsbedenken, die erst nach einem spektakulären Unfall bewusst werden (BVerwG NuR 1999, 629). 82

c) Verfassungsmäßigkeit. Die materielle Präklusion wird derzeit ganz überwiegend für verfassungsgemäß gehalten, sofern die Betroffenen in geeigneter Form auf diese Folge verspäteter Einwendungen hingewiesen werden und die Möglichkeit der Wiedereinsetzung bei schuldloser Fristversäumung besteht.[42] Allerdings werden gelegentlich doch Zweifel im Hinblick auf die Auslösung der enteignungsrechtlichen Vorwirkung (Solveen DVBl 1997, 803, 807) und die Vereinbarkeit mit EU-Recht (vDanwitz UPR 1996, 325) geäußert. Bei der materiellen Präklusion ist an sich eine Zulassung gleichwohl noch zur Erörterung im Erörterungstermin, wie sie nach § 73 Abs 6 S 1, 2. Halbs möglich ist, nicht vorgesehen (Dürr VBlBW 1992, 322); dies steht jedoch einer tatsächlichen Erörterung mit den Betroffenen im Rahmen der Ermittlungspflicht der Behörde nicht entgegen und ist im Gegenteil häufig zweckmäßig. 83

d) Grenzen der Präklusionswirkung. Nicht berührt wird durch die Präklusion nach Abs 4 S 3 die objektivrechtliche Verpflichtung der Behörde zur Beachtung aller ohnehin von Amts wegen zu berücksichtigenden rechtlichen Voraussetzungen der Planfeststellung (vgl BVerwG NVwZ-RR 1991, 9) und gem § 24 zur sorgfältigen Aufklärung des Sachverhalts und zu einer gerechten Abwägung aller 84

---

[41] Vgl BVerwG NVwZ 1997, 171; StBS 83; ferner BVerfG 75, 190 = DÖV 1987, 1060 zum Prozeßrecht: keine Präklusion, wenn die Unterlassung oder Verspätung auf einer Verletzung der richterlichen Fürsorgepflicht beruht.

[42] BVerfG 61, 82 = NJW 1982, 2175; BVerwGE 104, 337, 345; 60, 305 = NJW 1981, 359; DVBl 1997, 51; StBS 79; Knack 73; zT **aA** Erbguth UPR 2000, 81, 90; hierzu auch Thiel DÖV 2001, 814, 817.

betroffenen öffentlichen und privaten Belange.[43] Ein Anspruch des mit seinen Einwendungen ausgeschlossenen Bürgers auf rechtliches Gehör nach § 28 besteht aber nicht mehr (Begr 88; **aA** Voraufl Rn 62 zur alten Fassung des Abs 4).

85 **8. Wiedereinsetzung in den vorigen Stand.** Eine Wiedereinsetzung nach § 32 gegen die Versäumung der Einwendungsfrist ist nach allg Meinung möglich, da es sich nicht um eine Ausschlussfrist iSd § 32 Abs 5 handelt.[44] Dies gilt nach hM jedenfalls bis zum Abschluss des Planfeststellungsverfahrens (BVerwGE 66, 99 = NJW 1984, 1250; Papier NJW 1980, 321), nach richtiger Auffassung auch dann, wenn nach diesem Zeitpunkt Wiedereinsetzung in den vorigen Stand gem § 32 zu gewähren ist.[45] Der Betroffene ist in gerichtlichen Verfahren mit seinen Einwendungen dann als nicht präkludiert zu behandeln (StBS 86). Eine zu Unrecht gewährte Wiedereinsetzung bindet umgekehrt die Gerichte nicht (BVerwGE 60, 314 = DÖV 1981, 266). Wiedereinsetzung in den vorigen Stand kommt auch in Betracht, wenn die Behörde beim Einwender den Irrtum hervorgerufen hat, auch spätere Einwendungen würden noch berücksichtigt (BVerwG NuR 1998, 647).

VII. Der Erörterungstermin (Abs 6, 7)

86 **1. Pflicht zur Durchführung (Abs 6 S 1). a) Allgemeines.** Abs 6 verpflichtet die Behörde zur Durchführung eines mündlichen Erörterungstermins mit dem **Träger des Vorhabens,** den **Behörden,** die Stellungnahmen nach Abs 2 abgegeben haben, den **Betroffenen** (vgl zum Begriff oben Rn 37) und den übrigen Personen, die Einwendungen erhoben haben **(Einwender).** Das Recht zur Teilnahme und damit die Pflicht der Behörde zur Benachrichtigung betrifft nicht nur Personen, deren Einwendungen rechtzeitig erhoben wurden, sondern sämtliche Einwender iS des Abs 4 (so auch StBS 97), sowie sämtliche Betroffenen unabhängig davon, ob sie Einwendungen erhoben haben (Knack 8.2.4; Steinberg § 3 Rn 195). Der Erörterungstermin soll erstens die Transparenz des Abwägungsvorgangs und die Akzeptanz der die Planung leitenden Gedanken fördern, zweitens den Betroffenen Gelegenheit geben, ihre Bedenken und Anregungen vorzutragen und damit drittens Gelegenheit zu einer Verständigung geben, und viertens schließlich der zuständigen Behörde die Möglichkeit geben, den Antrag auf der Grundlage der Erörterung zu prüfen und zu optimieren.

87 **b) Entbehrlichkeit des Erörterungstermins.** Die Anordnung und Durchführung eines Erörterungstermins ist gem Abs 6 letzter S iV mit § 67 Abs 1 S 3 Nr 1 und 4 entbehrlich, wenn dem Antrag im Einvernehmen mit allen Beteiligten, dh allen Einwendern und sonstigen Beteiligten entsprochen werden kann und soll, oder wenn alle Beteiligten auf einen Erörterungstermin verzichten (vgl auch Knack 97; Obermayer 120; StBS 111). Die Abhaltung eines Erörterungstermins oder auch einer Besprechung im kleineren Kreis, etwa mit Vertretern der Fachbehörden oder der Gemeinden, liegt dann im Ermessen der Behörde. **Unterbleibt der Erörterungstermin,** obwohl er hätte durchgeführt werden müssen, oder werden Einwendungen nicht bzw nicht in angemessener Weise erörtert, hat dies die **Rechtswidrigkeit** des Planfeststellungsbeschlusses zur Folge (s unten Rn 112ff).

---

[43] BVerwGE 60, 304, 310 = DÖV 1981, 266; DVBl 1980, 1005; OVG Münster UPR 1990, 393; Ule BB 1979, 1013; Knemeyer VVDStRL 1977, 221 ff, 284 ff; Papier NJW 1980, 316 mwN; Mader BayVBl 1982, 169.

[44] Vgl BVerwGE 60, 309 = DÖV 1981, 266; 66, 99 = NJW 1984, 1250; VG Freiburg DVBl 1976, 806; Mutschler ET 1980, 169; Papier NJW 1980, 321; StBS 86.

[45] BVerwG NVwZ-RR 1999, 162; StBS 86; überholt wohl BVerwGE 66, 99 = NJW 1984, 1250: nach Ergehen des Planfeststellungsbeschlusses kann der Betroffene nur noch Schutzvorkehrungen zu seinen Gunsten verlangen.

2. Bekanntgabe des Erörterungstermins. a) Ortsüblich (Abs 6 S 2). Die Anhörungsbehörde muss den Erörterungstermin (Ort, Verhandlungsraum und Zeit) in allen Gemeinden, in denen der Plan nach Abs 3 auszulegen war (so nun auch Knack 86), mindestens eine Woche vorher ortsüblich (s hierzu Rn 39) durch die betroffenen Gemeinden bekannt machen lassen. Diese Frist ist an sich unangemessen kurz. Dies ist aber im Hinblick auf die individuelle Benachrichtigung nach Abs 6 S 3 hinnehmbar. 88

b) Individuell (Abs 6 S 3). Zusätzlich zu der ortsüblichen Bekanntgabe sind nach Abs 6 S 3 der Träger des Vorhabens, die Betroffenen, die Einwender und die beteiligten Behörden gesondert (individuell) über den Termin zu unterrichten. Eine förmliche Ladung ist nach dem Wortlaut der Vorschrift nicht erforderlich (StBS 90). Grundsätzlich sind die Bekanntmachung der Auslegung der Planunterlagen nach Abs 5 und die Bekanntmachung des Erörterungstermins nach Abs 6 zu trennen. Die zuständige Behörde kann aber nach Abs 7 den Erörterungstermin bereits in der Bekanntmachung nach Abs 5 S 2 bestimmen und sich dadurch eine weitere Bekanntmachung, nicht aber die Benachrichtigung der Einwender und sonstigen Betroffenen ersparen. Die individuelle Benachrichtigung kann durch die ortsübliche Bekanntmachung nach Abs 6 S 2 nicht ersetzt werden, wohl aber in den Fällen des Abs 6 S 4, wenn mehr als 50 Benachrichtigungen notwendig wären, durch **öffentliche Bekanntmachung gem Abs 6 S 5** im amtlichen Veröffentlichungsblatt der Anhörungsbehörde und in den örtlichen Tageszeitungen (s hierzu näher § 63 Rn 13). In der Bekanntmachung muss zugleich darauf hingewiesen werden, dass nicht nur die Einwender, sondern auch die (materiell) Betroffenen zur Teilnahme und Erörterung berechtigt sind (VGH München BayVBl 1988, 113). 88a

3. Zeitpunkt und Zeitraum der Erörterung. Entsprechend der Funktion des der Planfeststellung vorangehenden Anhörungsverfahrens, den Beteiligten in dieser Phase der Planung eine gewisse Einflussnahme auf die Planungsentscheidung zu ermöglichen (BVerwGE 75, 225 = NVwZ 1987, 587), muss die Anhörungsbehörde den Erörterungstermin so früh wie möglich, aber erst dann ansetzen, wenn eine hinreichend problembezogene Diskussion geführt werden kann (Kühling DVBl 1989, 227). Um das zu erreichen, kann es geboten sein, zuvor Gutachten bzw, wenn die vorliegenden Gutachten nicht ausreichen, weitere Gutachten einzuholen und diese entweder schon bei der Auslegung des Plans nach Abs 3 zusammen mit den Planunterlagen mit auszulegen (Kühling DVBl 1989, 227) oder sie jedenfalls in anderer geeigneter Weise den übrigen Teilnehmern des Erörterungstermins vor diesem Termin zugänglich zu machen. Zur **Wahl des Ortes** für die Erörterung s Kersten UPR 2001, 405. 89

a) Spätere Gutachten. Nach dem Erörterungstermin bei der Behörde eingegangene Gutachten usw erfordern nur dann die Ansetzung eines weiteren Erörterungstermins, wenn sie neue Erkenntnisse bringen, die die Beurteilung des Vorhabens deutlich zum Nachteil von vom Vorhaben Betroffener verändern können (vgl VGH Mannheim NVwZ-RR 1993, 342: das Gebot fairen Verfahrens wird nicht verletzt, wenn eine erneute Erörterung deshalb unterbleibt, weil später eingegangene Gutachten keine Erkenntnisse enthalten, die eine Änderung der Plankonzeption zur Folge haben). Entsprechendes gilt für verspätet erst nach dem Erörterungstermin vorgebrachte Einwendungen, die die Behörde, weil die Verspätung unverschuldet war, analog § 32 noch zulassen muss, und für die Berücksichtigung späterer eigener Ermittlungsergebnisse der Behörde. Werden auf Grund der Erörterung weitere Gutachten eingeholt, die entscheidungsrelevante Erkenntnisse enthalten, so sind sie jedenfalls den Beteiligten zugänglich zu machen. Es ist Gelegenheit zu einer ergänzenden Stellungnahme zu geben. Auch ein erneuter Erörterungstermin kann in Betracht kommen. 90

91 **b) Dreimonatsfrist (S 7).** Nach dem durch das GenBeschlG an Abs 6 neu angefügten S 7 soll die Erörterung innerhalb von drei Monaten nach Ablauf der Einwendungsfrist abgeschlossen sein. Hierbei handelt es sich um eine Obliegenheit der Anhörungsbehörde, die bei Verstoß ohne verfahrensrechtliche Sanktion bleibt. Im Einzelfall kann von dieser Frist abgewichen werden, sofern sachgerechte Erwägungen dies erfordern (vgl Schmitz/Wessendorf NVwZ 1996, 955, 960 Fn 65). Bei der Planung von Großvorhaben wird die Frist selten einzuhalten sein.

92 **4. Beteiligte am Erörterungstermin.** Berechtigt zur Teilnahme am Erörterungstermin gem Abs 6 sind:

1. Der **Antragsteller** für die Planfeststellung, seine Bevollmächtigten und etwaige vom Antragsteller oder seinem Bevollmächtigten zugezogene Mitarbeiter;
2. **Vertreter der Behörden,** die nach Abs 2 zu beteiligen sind, auch wenn diese keine Stellungnahme abgegeben haben (zT einschränkend Knack 81: kein Anspruch auf Erörterung, wenn keine schriftliche Stellungnahme abgegeben wurde);
3. **die Einwender,** die ordnungsgemäße Einwendungen (s oben Rn 51 f) erhoben haben, auch wenn diese verspätet vorgebracht worden sind, ohne Rücksicht auf ihre Einwendungsbefugnis;
4. **sonstige Betroffene** iS von Abs 6 S 1 auch dann, wenn sie keine Einwendungen erhoben haben. Ob sie nach Abs 4 S 3 mit Einwendungen ausgeschlossen sind, spielt keine Rolle.
5. Vertreter der **Planfeststellungsbehörde,** die sinnvollerweise auch dann teilnehmen sollten, wenn Planfeststellungsbehörde und Anhörungsbehörde nicht identisch sind (Obermayer 121).

Zur Prüfung der Teilnahmeberechtigung und zum Ausschluss von Personen die sich nicht als teilnahmeberechtigt ausweisen s Büllesbach/Diercks DVBl 1991, 471. Melden sich auf Grund der Veröffentlichung über den Anhörungstermin oder auf Grund sonstiger Umstände vor dem Termin **noch weitere Personen** als Betroffene, können sie von der zuständigen Behörde zwar zum Termin zugelassen werden, haben aber keinen Anspruch auf Erörterung ihres Vorbringens (Knack 82). Bevollmächtigte der beteiligten Personen können teilnehmen; ein Kostenerstattungsanspruch besteht aber nicht (BVerwG NVwZ 1990, 59).

93 **Die Einwender** haben grundsätzlich ein subjektives **Recht auf Erörterung** ihrer rechtzeitig erhobenen Einwendungen, allerdings nur ihrer eigenen, nicht auch der Einwendungen anderer (Dürr VBlBW 1992, 321) oder solcher Stellungnahmen der Behörden usw, die nicht mit ihren Einwendungen in unmittelbarem Zusammenhang stehen (vgl auch VGH Mannheim NVwZ-RR 1989, 354). Kein Erörterungsanspruch besteht, soweit die Einwendungsbefugnis fehlt. Der Erörterungspflicht der Anhörungsbehörde entspricht insoweit ein Recht der Einwender auf Erörterung (Obermayer 174). Dies gilt auch dann, wenn eine Einwendung offensichtlich auf Verzögerung des Verfahrens abzielt oder in der Sache bereits von anderer Seite vorgetragen ist; auch in diesen Fällen kann nicht von vornherein ausgeschlossen werden, dass die Erörterung neue Gesichtspunkte erbringt.

94 **5. Inhalt und Ziele des Erörterungstermins.** Der Erörterungstermin entspricht der mV im förmlichen Verfahren; auf ihn sind daher nach Abs 6 S 6 „im Übrigen" die Vorschriften über die mV (§ 67 Abs 1 S 3, Abs 2 Nr 1–4, § 68) entsprechend anzuwenden, nicht dagegen § 67 Abs 1 S 2 über die Ladung der Betroffenen, da insoweit nur eine Benachrichtigung vorgesehen ist. Die Erörterung bezieht sich nach S 1 auf die rechtzeitig erhobenen Einwendungen und die rechtzeitig eingegangenen Stellungnahmen der Behörden und sonst in Betracht kommenden Entscheidungsgrundlagen (BVerwGE 75, 225). Soweit es darauf ankommt, sind auch die vom Antragsteller vorgelegten oder von der Behörde eingeholten Gutachten einzubeziehen.

a) Wesentliches Ziel. Neben der Feststellung und Klärung aller für die Entscheidung erheblichen Fakten und Gesichtspunkte und der Anhörung (§§ 28, 66) der Betroffenen und ggf Dritter geht es um die **Optimierung der Planung** iS eines Ausgleichs der in Frage stehenden öffentlichen und privaten Interessen[46] sowie um die Beseitigung von Bedenken gegen den Plan durch Aufklärung, Planergänzung oder Planänderung, Inaussichtstellung von Auflagen gem § 74 Abs 2 usw. Wenn auch der Schwerpunkt der Erörterungen naturgemäß und auch nach dem primären Zweck des Erörterungstermins bei den tatsächlichen Voraussetzungen und Auswirkungen des Vorhabens und den Möglichkeiten einer Abhilfe durch Schutzanordnungen nach § 74 Abs 2 S 2 liegt, sind auch Rechtsfragen, obwohl auch darüber erst die Planfeststellungsbehörde abschließend entscheiden kann, zumindest insoweit mit einzubeziehen, als Erörterungen tatsächlicher Art nur im Hinblick auf sie ihren Zweck erfüllen können. 95

b) Substantielle Erörterung. Entsprechend dem Zweck des Erörterungstermins und damit dieser seinen Zweck, insb auch seine Befriedigungsfunktion, erfüllen kann, genügt es nicht, wenn der Verhandlungsleiter im Erörterungstermin die Einwender, sonstige Betroffene, Vertreter der Behörden, geladene Sachverständige usw nur gewissermaßen wie Zeugen „vernimmt" (Ronellenfitsch VerwArch 1989, 104). Die Beteiligten haben nicht nur Anspruch auf Anhörung, sondern vor allem auch auf „substantielle" sachliche Erörterung der Einwendungen und der damit im Zusammenhang stehenden Aspekte des Plans, insb auf eine Erörterung, die auf die wesentlichen Punkte und Materialien, auf die entscheidungserheblichen Gutachten usw eingeht (BVerwGE 75, 227; Kuschnerus DVBl 1990, 237; Büllesbach/Diercks DVBl 1991, 475). 96

c) Abschichtung von Fragen. Grundsätzlich zulässig und sinnvoll ist es, ähnlich wie auch im gerichtlichen Verfahren, die Erörterung durch Aufteilung der strittigen Probleme vor allem entsprechend den eingegangenen Einwendungen in einzelne Themenkomplexe zu strukturieren und dafür jeweils eine bestimmte Zeit für die Erörterung vorzusehen (VGH Mannheim VBlBW 1990, 59). Zulässig ist insb auch eine **straffe Verhandlungsführung** und die Beschränkung der Erörterungen auf das Wesentliche unter Außerachtlassung von für die Entscheidung unwesentlichen Randfragen (Henle BayVBl 1981, 7f; Knack 93; kritisch Ronellenfitsch DÖV 1989, 745) und der Ausschluss anderer Beteiligter bei der Erörterung von Fragen, die der Geheimhaltung (s § 29 Rn 37f) unterliegen (Knack 94). Es muss jedoch sichergestellt sein, dass alle wesentlichen Fragen ausreichend erörtert werden können und jeder Einwender, soweit er nicht nur bereits vorgebrachte und schon erörterte Argumente wiederholt, ausreichend und angemessen gehört wird. Erforderlichenfalls ist die ursprünglich für die Erörterung eines Themenkomplexes vorgesehene Zeit angemessen zu verlängern, uU auch einzelnen Einwendern zu Detailfragen, denen zwar für die Planfeststellung insgesamt Bedeutung zukommen kann, die aber offensichtlich keine spezielle Erörterung erfordern, eine schriftliche Ergänzung ihrer mündlichen Ausführungen vorzubehalten. Zulässig ist auch die Abhaltung mehrerer Erörterungstermine, auch getrennt nach Gemeinden oder nach anderen Kriterien (BVerwG DVBl 1988, 496; Kassel NVwZ 1987, 890; München BayVBl 1985, 402; Schröder/Steinmetz-Moos DVBl 1992, 24). In Verfahren mit einer Vielzahl von Beteiligten bzw Teilnehmern ist dies sogar idR zur Wahrung des rechtlichen Gehörs geboten (Henle BayVBl 1981, 6; Knack 8). 97

6. Fehler, Fehlerheilung. Das vollständige Unterbleiben eines offensichtlich erforderlichen Erörterungstermins kann zur Nichtigkeit des Planfeststellungsbe- 98

[46] BVerwGE 57, 297; 60, 306; 61, 306 = DVBl 1981, 933; BVerwG NJW 1983, 296; Knack 76; UL § 40 Rn 40; Büllesbach/Diercks DVBl 1991, 470.

schlusses führen (vgl Rn 112). Im Übrigen führen Fehler der mündlichen Erörterung der Einwendungen usw nur zur Rechtswidrigkeit der Planfeststellung.[47] Zu den Folgen nicht ordnungsgemäßer oder unterbliebener Benachrichtigung (oder Zulassung zur Erörterung) einzelner Betroffener oder von Personen, die Einwendungen erhoben haben, und zu sonstigen Mängeln des Verfahrens s Rn 111 ff.

99 Bei Verletzung der Anhörungspflicht gegenüber einzelnen Einwendern oder Betroffenen (sowie sonstiger Verpflichtungen, die der Anhörung dienen, vgl § 28 Rn 15 ff) muss nicht das ganze Verfahren und auch nicht die mV nachgeholt werden; die Anhörungs- bzw später die Planfeststellungsbehörde muss vielmehr die **Erörterung** nur noch mit den Einwendern bzw Betroffenen **nachholen** (BVerwGE 75, 227). Die unterbliebene Anhörung einzelner Einwender oder Betroffener kann gem § 45 Abs 1 Nr 3, Abs 2 f mit den Betroffenen nachgeholt und der Mangel dadurch geheilt werden, auch noch nach Weiterleitung der Sache gem Abs 9 an die Planfeststellungsbehörde; in letzterem Fall muss die Anhörungsbehörde die entsprechenden Unterlagen und ihre Stellungnahme gem Abs 9 nachreichen bzw ergänzen. Eine Wiederaufnahme des allgemeinen Erörterungstermins gem Abs 6 ist zur Nachholung idR nicht erforderlich; anders wenn die Erörterung mit den Betroffenen wesentliche neue Gesichtspunkte erbringt und zB eine Planänderung erforderlich erscheint. Insoweit ist Abs 8 analog anzuwenden.

VIII. Verfahren bei nachträglicher Änderung des Planentwurfs (Abs 8)

100 **1. Allgemeines. a) Nachtragsverfahren.** Soll ein ausgelegter Planentwurf auf Grund der Erörterung oder aus anderen Gründen in geänderter Form erlassen werden, müsste an sich das gesamte Verfahren der Planauslegung wiederholt werden, sofern der Aufgabenbereich der nach Abs 2 zu beteiligenden Behörden oder Belange Dritter dadurch erstmalig oder stärker als bisher berührt werden. Abs 8 S 1 sieht für diesen Fall einer nachträglichen Änderung eines bereits nach Abs 3–5 ausgelegten Plans ein vereinfachtes Ergänzungsverfahren vor.[48] Die Regelung betrifft nur den Fall der Änderung nach Planauslegung, aber vor Erlass des Planfeststellungsbeschlusses. Für Änderungen bereits festgestellter Pläne gelten die allgemeinen Vorschriften bzw § 76 (s hierzu § 76 Rn 2 ff). Abs 8 ist sowohl dann anzuwenden, wenn der Antragsteller den Plan ändern will, als auch dann, wenn sich sonst auf Grund des Verfahrens Änderungen als notwendig oder zweckmäßig erweisen, die noch nicht Gegenstand der Erörterung nach Abs 6 waren.[49] Dies gilt auch hins nachträglicher Anordnungen gem § 74 Abs 2 S 2, zB für Auflagen, die Dritte erstmals oder stärker belasten und mit denen nach den ausgelegten Plänen nicht ohne weiteres zu rechnen war.[50] Grundsätzlich gelten für Planänderungen nach Auslegung des Plans, jedoch vor Abschluss des Planfeststellungsverfahrens im Übrigen dieselben Grundsätze wie für das ursprüngliche Verfahren.[51] S zu Planän-

---

[47] Vgl BVerwG NVwZ 1984, 578; Koblenz NuR 1988, 353; Hoppe/Schlarmann Rn 93; Knack 11.1; UL § 40 Rn 30; Obermayer 231 ff: Unterlassung der Erörterung führt zur Nichtigkeit.

[48] BVerwG NVwZ 1990, 366; vgl auch Kuschnerus DVBl 1990, 235; allg auch BVerwG DVBl 1987, 1000; Hoppe, in: Ule-FS 1987, 75.

[49] VGH München BayVBl 1981, 307; StBS 114; Obermayer 152; vgl zur ähnlichen Situation beim Erlaß einer VO Münster NuR 1981, 177: bei wesentlicher Abweichung der abschließenden Fassung vom vorher veröffentlichten Entwurf muß ein neues Verfahren durchgeführt werden.

[50] BVerwGE 91, 17 = DVBl 1993, 155: auch nachträgliche Auflagen stellen eine Planänderung iS von Abs 8 dar; vgl auch Mößle BayVBl 1981, 196.

[51] Vgl BVerfG 53, 87 = NJW 1980, 762. Vgl allg zu nachträglichen Planänderungen BVerwG NVwZ 1990, 366; ferner Kuschnerus 13 ff und DVBl 1990, 230; BVerwGE 29, 286; BVerwG DVBl 1984, 1176; VGH München DVBl 1984, 882.

derungen vor Erlass des Planfeststellungsbeschlusses BVerwGE 90, 98; eingehend Hoppe, in: Ule-FS 1987, 75 und Kuschnerus DVBl 1990, 235.

b) Ergänzendes Verfahren nach Abs 8 S 2. Nach dem **Offenlegungsprinzip** muss ein ergänzendes Auslegungs- und Anhörungsverfahren immer dann stattfinden, wenn die Planänderung **Auswirkungen auf das Gebiet einer anderen Gemeinde** oder bei zwischenzeitlich erfolgten Gebietsänderungen auch bei Auswirkungen auf neue Gebiete einer Gemeinde (vgl StBS 116) hat, das vom ursprünglichen Plan nicht berührt war. Die Ausnahmeregelung des Abs 3 S 2 ist jedoch auch in diesem Fall anwendbar. Neue Einwendungen nach Abs 4 sind nur bzgl der nunmehr neu hinzugekommenen Gebiete zulässig (Knack 106). Die Pflicht zur Durchführung des ergänzenden Verfahrens nach Abs 8 hängt nicht davon ab, ob wesentliche Einwendungen zu erwarten sind. Wer die Einwendungen voraussichtlich erheben wird oder kann, spielt ebenfalls keine Rolle. Das gesonderte Ergänzungsverfahren nach S 2 entfällt, wenn die Änderungen ohnehin ein neues Verfahren auch für die schon bisher berührten Gemeinden erforderlich machen. Zu Planänderungen nach Abschluss des Planfeststellungsverfahrens s § 76 Rn 10ff. 101

2. Der Begriff der Planänderung. Ob es sich um eine Planänderung oder ein neues Vorhaben handelt, ist danach zu beurteilen, ob die **Identität des ursprünglich geplanten Vorhabens gewahrt bleibt** oder es nunmehr um ein nach Art, Gegenstand oder Betriebsweise in wesentlicher Hinsicht andersartiges Vorhaben geht (BVerwGE 90, 98; Stüer DVBl 1990, 36; Kuschnerus DVBl 1990, 236). Anhaltspunkte sind neben der Grundkonzeption Größe, Betriebsweise, Unabhängigkeit oder Abhängigkeit vom ursprünglichen Vorhaben, die eigenständige Bedeutung zusätzlich hinzukommender oder wegfallender Anlagen usw. Ein lediglich räumlicher Zusammenhang genügt nicht (BVerwGE 90, 98). Bei Änderungen des Gesamtkonzepts der Planung ist Abs 8 nicht, auch nicht analog, anwendbar (BVerwGE 90, 96, 98; BVerwG NVwZ 1996, 905; Obermayer 153; StBS 113; zT **aA** Kuschnerus DVBl 1990, 239). 102

3. Beeinträchtigung von Belangen Dritter. Dritte sind nach Abs 8 am Planänderungsverfahren nur dann zu beteiligen, wenn ihre Belange durch die Planänderung erstmalig oder stärker als bisher unmittelbar betroffen werden (BVerwG NVwZ 1990, 366; StBS 114). Der Begriff der „Belange" Dritter ist derselbe wie gem Abs 4. Unmittelbar berührt im dargelegten Sinn werden Dritte in ihren Belangen nicht nur, wenn die Planänderung einen zusätzlichen Zugriff auf ihre Grundstücke zur Folge hat, sondern auch zB, wenn die Änderung nennenswert verstärkte Immissionen für sie erwarten lässt (Kuschnerus 16). Eine stärkere unmittelbare Betroffenheit idS verliert ihre Bedeutung als solche nicht dadurch, dass die Planänderung gleichzeitig für die Betroffenen auch Verbesserungen vorsieht; es gibt **keine saldierende Gesamtbetrachtung.** Sind nachteilige Wirkungen (im genannten Sinn) mit Sicherheit auszuschließen, etwa weil die Änderung die Auswirkungen des Vorhabens beschränkt, nur zusätzliche Schutzeinrichtungen vorsieht uä, so bedarf es keines weiteren Verfahrens (Münster DÖV 1983, 212; StBS 114); der geänderte Plan kann einfach dem weiteren Verfahren zugrunde gelegt werden, selbst wenn der Plan mit den Stellungnahmen usw gem Abs 8 bereits an die Planfeststellungsbehörde weitergeleitet wurde (BVerwGE 29, 286; BVerfG 53, 87 = NJW 1980, 762; vgl auch BVerfG NJW 1980, 762). Geringfügige mögliche Verschlechterungen sind idR unerheblich (StBS 115; MB 59; **aA** Voraufl). 103

Die Anwendbarkeit des erleichterten Änderungsverfahrens nach Abs 8 setzt voraus, dass der Kreis der von der Änderung berührten Behörden feststeht; sie entfällt, wenn nicht nach Lage der Dinge nicht mit Sicherheit auszuschließen ist, dass der Aufgabenbereich weiterer Behörden oder die Belange weiterer Dritter berührt sein könnten (vgl BVerwGE 60, 307; VG Arnsberg NJW 1982, 1572). In allen 104 anderen Fällen muss ein neues Auslegungs- und Anhörungsverfahren nach Abs 3–6 durchgeführt werden. Handelt es sich bei den Änderungen jedoch ausschließlich und unzweifelhaft nur um Verbesserungen idS, dass öffentliche Belange oder Belange Dritter weniger betroffen werden, zB durch eine Reduzierung des Vorhabens, verbesserte Schutzvorkehrungen usw, so bedarf es überhaupt keines ergänzenden Verfahrens, auch nicht des vereinfachten Verfahrens nach Abs 8 (Obermayer 210; vgl auch StBS 114). **Umstritten** ist, ob dies auch für den Fall gilt, dass die Betroffenheit von Belangen nur unwesentlich zunimmt (so StBS 113). Dies ist mit der hM zu verneinen, weil es gerade um die Ermittlung des Gewichts der zusätzlichen Betroffenheit geht (so Obermayer 154; Knack 102). Es muss sich aber stets um unmittelbare Folgen handeln (BVerwG NuR 1999, 629).

105 **4. Durchführung des Nachtragsverfahrens (Abs 8 S 1). a) Mitteilungspflicht.** Denjenigen Behörden, deren Aufgabenbereiche und denjenigen Dritten, deren Belange aufgrund der Änderung des Planentwurfs stärker als ursprünglich vorgesehen beeinträchtigt werden könnten, sind die beabsichtigten Änderungen mitzuteilen. Das gilt auch für Naturschutzvereine, die nach § 58 BNatSchG bzw den entsprechenden Vorschriften der Länder beteiligt sind, wenn stärkere Eingriffe in Natur und Landschaft zu erwarten sind (Obermayer 160). Die Mitteilung setzt eine genaue Information über die Änderung des Planentwurfs voraus. Eine vollständige Übermittlung der Planunterlagen ist nicht erforderlich; die Betroffenen müssen aber die Auswirkungen der Änderungen auf ihre Belange verlässlich abschätzen können. Es besteht eine Verpflichtung, ihnen bei Bedarf Einsicht in die vollständigen Planunterlagen zu geben.

105a **b) Fristsetzung.** Den betroffenen Behörden bzw Dritten und ggfs Verbänden ist zwingend eine Frist von zwei Wochen zur Stellungnahme zu setzen. Für die Frist gilt gegenüber Dritten die Präklusionsnorm des Abs 4 S 3 entsprechend (Obermayer 162; Knack 103). Deshalb ist ihnen gegenüber die Fristsetzung auch mit dem Hinweis nach Abs 4 S 4 zu verbinden, um die Präklusion auszulösen (s zur Präklusion näher Rn 80 ff). Innerhalb dieser Frist haben die Betroffenen eine Stellungnahme abzugeben. Gegenüber den betroffenen Behörden gilt lediglich die Präklusionsnorm des Abs 3 a (s hierzu oben Rn 27 ff). Die Frist beginnt in beiden Fällen mit dem Zugang der Mitteilung. Für die Berechnung der Frist s Rn 76. Eine Verlängerung der Frist nach § 31 ist nicht möglich. Da es sich aber nicht um eine Ausschlussfrist handelt, muss bei unverschuldeter Fristversäumung Wiedereinsetzung in den vorigen Stand gewährt werden (s auch Rn 85). Die innerhalb dieser Frist abgegebenen Stellungnahmen sind von der Anhörungsbehörde im Rahmen des Abs 9 und von der Planfeststellungsbehörde bei ihrer Entscheidung zu berücksichtigen. Ein Anspruch auf einen neuen Erörterungstermin besteht grundsätzlich nicht (StBS 115; Knack 104; wohl auch Obermayer 163). Eine Erörterung kann aber erforderlich werden, wenn anders kein klares Bild über die konkret drohenden zusätzlichen Beeinträchtigungen gewonnen werden kann.

106 **5. Durchführung des ergänzenden Verfahrens (Abs 8 S 2).** Wirkt sich die Änderung auf das Gebiet einer Gemeinde aus, in der bisher – aus welchen Gründen auch immer – noch keine Auslegung stattgefunden hat, so ist der Plan in dieser Gemeinde auszulegen. Die Regelung ist Ausdruck des Offenlegungsprinzips und zwingend. Für die Auslegung gelten die Regelungen der Abs 2–6 entsprechend. Das bedeutet, dass der geänderte Planentwurf in der Gemeinde für die Dauer eines Monats auszulegen ist (Abs 3). Für die Bekanntmachung der Auslegung gilt Abs 4. Die rechtzeitig erhobenen Einwendungen in dieser Gemeinde sind nach Abs 6 mit den Betroffenen zu erörtern. Eine erneute Erörterung von Einwendungen, die von Betroffenen in anderen Gemeinden bereits erörtert wurden, findet nicht statt. Insoweit sind die Beteiligten auf das Verfahren nach Abs 8 S 1 verwiesen. Die Ergebnisse der Erörterung gehen in die Stellungnahme nach

Abs 9 ein und sind von der Planfeststellungsbehörde bei ihrer Entscheidung wie alle anderen Ergebnisse auch zu berücksichtigen.

IX. Weiterleitung an Planfeststellungsbehörde (Abs 9)

1. Allgemeines. Nach Abs 9 ist die Anhörungsbehörde verpflichtet, zum Ergebnis des Anhörungsverfahrens eine Stellungnahme abzugeben und diese möglichst innerhalb eines Monats mit dem Plan und den übrigen Unterlagen einschließlich der erhobenen Einwendungen der Planfeststellungsbehörde vorzulegen. Bei **Identität von Anhörungsbehörde und Planfeststellungsbehörde** entfällt naturgemäß die Notwendigkeit einer gesonderten Vorlage und Stellungnahme (StBS 118; Knack 108). Die Stellungnahme ist in diesem Fall auch nicht deshalb erforderlich, weil sie als Gegenstand der Akteneinsicht zugleich auch für die Beteiligten Anlass und Grundlage für ergänzende Ausführungen sein könnte. Die Monatsfrist für die Vorlage soll die nach den Erfahrungen dringend notwendige Beschleunigung des Verfahrens gewährleisten (Begr 88). Eine Überschreitung berührt die Rechtmäßigkeit des Verfahrens bzw des Planfeststellungsbeschlusses nach § 74 nicht (Knack 108; Steinberg/Berg/Wickel Rn 106). 107

2. Stellungnahme der Anhörungsbehörde. a) Inhalt und Zweck. Die Stellungnahme stellt eine Art Ersatz dafür dar, dass der Planfeststellungsbehörde der unmittelbare Eindruck über die Vorgänge im Anhörungsverfahren fehlt. Sie soll die Planfeststellungsbehörde bei der sachgerechten Abwägung der für oder gegen den Plan sprechenden Gesichtspunkte unterstützen. Die bloße Schilderung des Hergangs des Anhörungsverfahrens und die Vorlage der Niederschrift über den Erörterungstermin genügt deshalb idR nicht; vielmehr muss die Stellungnahme zugleich angeben, wie die Anhörungsbehörde selbst das Vorhaben beurteilt, ob sie es befürwortet oder Bedenken dagegen hat, welche Einwendungen sie für erheblich und welche für unbedeutend hält, welche alternativen Lösungsmöglichkeiten sie sieht usw (ebenso Obermayer 223). 108

b) Verfahrensfehler. Eine fehlende oder ungenügende Stellungnahme, die den Erfordernissen einer ausreichenden Information der Planfeststellungsbehörde nicht genügt, stellt einen Verfahrensfehler dar, der jedoch nach § 45 Abs 1 Nr 5 heilbar ist. Die Planfeststellungsbehörde kann bei Unvollständigkeit der Unterlagen auch die Akten der Anhörungsbehörde zur Vervollständigung, zur Nachholung von Anhörungen usw, erforderlichenfalls auch zur Wiederholung des Erörterungstermins, zurückgeben (vdGK 4.2; Obermayer 228; Knack 10.2). Mit Ausnahme des Erörterungstermins (Obermayer 229) kann sie die erforderlichen Verfahrenshandlungen auch selbst vornehmen (Obermayer 229; Knack 10.2), wenn es sich insoweit nur um punktuelle Ergänzungen handelt. Bei umfangreicheren Aufklärungsdefiziten ist eine Nachholung Sache der Anhörungsbehörde; in derartigen Fällen muss die Planfeststellungsbehörde die Sache zunächst nochmals an die Anhörungsbehörde zurückgeben (BVerwGE 75, 266; Knack 10.2). 109

3. Zusammenfassende Darstellung nach § 11 UVPG. Umstritten ist, ob die Anhörungsbehörde im Zuge ihrer Stellungnahme nach Abs 9 auch die zusammenfassende Darstellung der Umweltauswirkungen nach § 11 UVPG vorzunehmen hat (so Knack 111 unter Hinweis auf die PlafeR 99 Nr 21; UL 40 Rn 43; Obermayer 170; Steinberg/Berg/Wickel Rn 107). Die Frage ist richtigerweise zu verneinen (BVerwGE 104, 123, 126; Peters UVPG § 11 Rn 7). Nach § 9 S 1 UVPG ist die Erarbeitung der Darstellung Sache der zuständigen Behörde. Dies ist nicht die Anhörungsbehörde, sondern die Planfeststellungsbehörde, die auch für die Entscheidung in der Sache selbst zuständig ist. Dies schließt es allerdings nicht aus, dass die Anhörungsbehörde eine derartige Darstellung im Rahmen ihrer Stellungnahme nach Abs 9 oder auch unabhängig davon vorbereitet. 110

X. Rechtsschutz bei Verfahrensfehlern

111 **1. Allgemeines.** Gegen eine Verletzung von verfahrensrechtlichen Vorschriften können die Betroffenen idR nicht direkt mit Rechtsbehelfen vorgehen. Einem unmittelbar gegen fehlerhafte Verfahrenshandlungen gerichteten Rechtsschutzbegehren steht § 44a VwGO entgegen (vgl Kopp/Schenke § 44a Rn 5). Verstöße können deshalb **nur im Rahmen des Rechtsschutzes gegen den Planfeststellungsbeschluss** geltend gemacht werden, was idR eine materielle Klagebefugnis gem § 42 Abs 2 VwGO voraussetzt. Verstöße gegen § 73 führen idR zur Rechtswidrigkeit des Planfeststellungsbeschlusses. Die Folgen des Fehlers für den Planfeststellungsbeschluss ergeben sich aus den allgemeinen Vorschriften. Die Regelungen der §§ 45, 46 sind anwendbar. Dies bedeutet, dass ein Verstoß gegen die Bestimmungen des § 73 **nur ausnahmsweise,** unter den engen Voraussetzungen des § 44, zur **Nichtigkeit** führt (StBS 120). Umstritten ist dies für den Fall, dass das Anhörungsverfahren vollständig unterbleibt. In diesem Fall wird teilweise Nichtigkeit angenommen (StBS 120 mwN; **aA** Knack 115 mwN). Die Frage wird sich nicht allgemein beantworten lassen. Vielmehr dürfte es auf die Umstände ankommen. So wird Nichtigkeit im Falle des Unterlassens eines offensichtlich erforderlichen Erörterungstermins in Betracht kommen (UL § 40 Rn 38), nicht dagegen bei irrtümlicher Annahme der Entbehrlichkeit nach Abs 6 S 6 iVm § 67 Abs 2 Nr 1, 4 (ähnlich BVerwG NVwZ 1984, 578; OVG Koblenz NuR 1988, 353).

112 **2. Praklusion der Rügemöglichkeit?** Nach der Rspr sind Verfahrensfehler grundsätzlich ihrerseits mit einer Einwendung nach Abs 4 geltend zu machen (BVerwGE 96, 258 = DVBl 1994, 1252). Dies soll jedenfalls dann gelten, wenn die Möglichkeit hierzu im Rahmen des Einwendungsverfahrens nach Abs 6 besteht. Eine Präklusion der Rügemöglichkeit von Verfahrensfehlern nach Abs 4 S 3 **kann nicht angenommen werden**. Die Vorschrift bezieht sich nur auf Einwendungen gegen das Vorhaben, nicht gegen das Verfahren. Soweit Betroffene es unterlassen, einen Verfahrensfehler schon im Einwendungsverfahren zu rügen, kommt nur eine Verwirkung in Betracht. Dies wird nur in Missbrauchsfällen anzunehmen sein.

113 **3. Heilung von Verfahrensfehlern.** Eine Verletzung der Vorschriften des § 73 ist, soweit die in Frage stehenden Bestimmungen letztlich der Wahrung des rechtlichen Gehörs dienen, gem § 45 Abs 1 Nr 3 heilbar, wenn die Betroffenen nachträglich Gelegenheit zur Einsichtnahme in die Pläne, Unterlagen usw und zur Geltendmachung von Einwendungen erhalten (BVerwGE 24, 29; 29, 284f; s allg auch § 45). Ist beim Anhörungsverfahren ein Fehler aufgetreten ist, so muss nicht das Verfahren insgesamt abgebrochen oder wiederholt werden, sondern nur der vom Fehler betroffene Verfahrensabschnitt und nur den Personen gegenüber, die vom Fehler betroffen sind. Die Behörde muss zB den versehentlich nicht zum Erörterungstermin geladenen Betroffenen oder Einwender nachträglich individuell anhören und die ihn betreffenden Probleme bzw seine Einwendungen mit ihm erörtern und das bisherige Verfahrensergebnis nochmals im Licht des Ergebnisses der nachgeholten Anhörung und Erörterung überprüfen (vgl BVerwGE 26, 145; 75, 227 = NVwZ 1987, 578). Allerdings ist Voraussetzung der Heilung, dass eine **ernsthafte Überprüfung der Planungsentscheidung** im Hinblick auf das neue Vorbringen stattfindet. Vgl insg auch § 45 Rn 26; die dort dargelegten Grundsätze gelten auch für die Nachholung der Anhörung.

114 **4. Unbeachtlichkeit von Verfahrensfehlern.** Auch für das Planfeststellungsverfahren gilt § 46, wonach Verfahrensfehler nur dann Auswirkungen auf die Rechtmäßigkeit der Planfeststellung haben, wenn wegen der Art des Fehlers oder der näheren Umstände nicht die Möglichkeit auszuschließen ist, dass die Entscheidung uU anders ausgefallen wäre. Nach hM soll es demgegenüber darauf ankommen, ob die konkrete Möglichkeit bestanden hat, dass die Entscheidung bei Ver-

meidung des Fehlers anders ausgefallen wäre.[52] Damit wird indessen die Regelung in § 46 zu weit interpretiert. Dies ist zB der Fall, wenn der (Rechtsschutz-)Zweck der verletzten Vorschriften für den Betroffenen jedenfalls auf andere Weise mindestens ebenso gut und wirksam erreicht wurde (BVerwGE 71, 152 = NVwZ 1986, 39; München NVwZ 1996, 284, 286; Steinberg § 3 Rn 166, 170; Wahl NVwZ 1990, 433).

Beteiligen sich die Betroffenen trotz fehlender Aufforderung, Bekannt- 115
machung oder Hinweises tatsächlich am Anhörungsverfahren und machen sie alle Gesichtspunkte geltend, die nach Lage der Dinge in Betracht kommen, so führt auch das zur Heilung, sofern auszuschließen ist, dass sie weitere Mängel gerügt oder vorgebrachte Rügen mit besserer Erfolgsaussicht gerügt hätten, wenn das Verfahrensrecht eingehalten worden wäre. Nur wenn Betroffene durch Mängel der Auslegung gehindert waren, ausreichend Einsicht in den Plan zu nehmen, und wenn diese Mängel trotz einer entsprechenden Rüge nicht behoben wurden und deshalb kausal dafür geworden sein können, dass die Betroffenen wegen unzulänglicher Kenntnis des Plans keine entsprechenden Einwendungen erhoben haben bzw die Erörterung bestimmter Fragen im Erörterungstermin nach Abs 6 nicht erreichen konnten, können sie diese Mängel im nachfolgenden Klageverfahren noch geltend machen. Auch insoweit ist jedoch grundsätzlich erforderlich, dass sie im Rechtsbehelfsverfahren Gesichtspunkte benennen, die sie bei ordnungsgemäßer Durchführung des Verfahrens vorgetragen hätten und die, weil sie nicht vorgetragen wurden, von der Behörde im Planfeststellungsverfahren nicht oder nicht mit dem ihnen für die Entscheidung zukommenden Gewicht gewürdigt wurden.

§ 74 Planfeststellungsbeschluß, Plangenehmigung

(1) **Die Planfeststellungsbehörde stellt den Plan fest (Planfeststellungsbeschluss).**[84 ff] **Die Vorschriften über die Entscheidung und die Anfechtung der Entscheidung im förmlichen Verwaltungsverfahren (§§ 69 und 70) sind anzuwenden.**[93]

(2) **Im Planfeststellungsbeschluss entscheidet die Planfeststellungsbehörde über die Einwendungen, über die bei der Erörterung vor der Anhörungsbehörde keine Einigung erzielt worden ist.**[95 ff] **Sie hat dem Träger des Vorhabens Vorkehrungen oder die Errichtung und Unterhaltung von Anlagen aufzuerlegen, die zum Wohl der Allgemeinheit oder zur Vermeidung nachteiliger Wirkungen auf Rechte anderer erforderlich sind.**[105 ff] **Sind solche Vorkehrungen oder Anlagen untunlich oder mit dem Vorhaben unvereinbar, so hat der Betroffene Anspruch auf angemessene Entschädigung in Geld.**[123 ff]

(3) **Soweit eine abschließende Entscheidung noch nicht möglich ist, ist diese im Planfeststellungsbeschluss vorzubehalten;**[138 ff] **dem Träger des Vorhabens ist dabei aufzugeben, noch fehlende oder von der Planfeststellungsbehörde bestimmte Unterlagen rechtzeitig vorzulegen.**

(4) **Der Planfeststellungsbeschluss ist dem Träger des Vorhabens, den bekannten Betroffenen und denjenigen, über deren Einwendungen entschieden worden ist, zuzustellen.**[145 ff] **Eine Ausfertigung des Beschlusses ist mit einer Rechtsbehelfsbelehrung und einer Ausfertigung des festge-**

---

[52] BVerwGE 69, 270 = NVwZ 1984, 718; BVerwG NVwZ 1999, 535; NVwZ-RR 1999, 725; nach ihrem klaren Wortlaut kommt es nicht auf die konkrete Möglichkeit einer Auswirkung an, sondern darauf, ob eine solche ausgeschlossen werden kann. DVBl 1990, 787: Es ist zu prüfen, ob die konkrete Möglichkeit besteht, daß die planende Behörde eine konzeptionell andere Entscheidung getroffen hätte; StBS 119; Knack 121; Hien NVwZ 1997, 424; kritisch Wahl NVwZ 1990, 432

stellten Planes in den Gemeinden zwei Wochen zur Einsicht auszulegen;[148 ff] der Ort und die Zeit der Auslegung sind ortsüblich bekanntzumachen. Mit dem Ende der Auslegungsfrist gilt der Beschluss gegenüber den übrigen Betroffenen als zugestellt; darauf ist in der Bekanntmachung hinzuweisen.[159]

(5) **Sind außer an den Träger des Vorhabens mehr als 50 Zustellungen nach Absatz 4 vorzunehmen, so können diese Zustellungen durch öffentliche Bekanntmachung ersetzt werden.[153 ff] Die öffentliche Bekanntmachung wird dadurch bewirkt, daß der verfügende Teil des Planfeststellungsbeschlusses, die Rechtsbehelfsbelehrung und ein Hinweis auf die Auslegung nach Absatz 4 Satz 2 im amtlichen Veröffentlichungsblatt der zuständigen Behörde und außerdem in örtlichen Tageszeitungen bekanntgemacht werden, die in dem Bereich verbreitet sind, in dem sich das Vorhaben voraussichtlich auswirken wird; auf Auflagen ist hinzuweisen. Mit dem Ende der Auslegungsfrist gilt der Beschluss den Betroffenen und denjenigen gegenüber, die Einwendungen erhoben haben, als zugestellt; hierauf ist in der Bekanntmachung hinzuweisen. Nach der öffentlichen Bekanntmachung kann der Planfeststellungsbeschluss bis zum Ablauf der Rechtsbehelfsfrist von den Betroffenen und von denjenigen, die Einwendungen erhoben haben, schriftlich angefordert werden;[160] hierauf ist in der Bekanntmachung gleichfalls hinzuweisen.**

(6) **An Stelle eines Planfeststellungsbeschlusses kann eine Plangenehmigung[161 ff] erteilt werden, wenn**

1. **Rechte anderer nicht beeinträchtigt werden[165] oder die Betroffenen sich mit der Inanspruchnahme ihres Eigentums oder eines anderen Rechts schriftlich einverstanden erklärt haben und**
2. **mit den Trägern öffentlicher Belange, deren Aufgabenbereich berührt wird, das Benehmen hergestellt worden ist.[168]**

Die Plangenehmigung hat die Rechtswirkungen der Planfeststellung mit Ausnahme der enteignungsrechtlichen Vorwirkung;[172 ff] auf ihre Erteilung finden die Vorschriften über das Planfeststellungsverfahren keine Anwendung. Vor Erhebung einer verwaltungsgerichtlichen Klage bedarf es keiner Nachprüfung in einem Vorverfahren. § 75 Abs 4 gilt entsprechend.

(7) **Planfeststellung und Plangenehmigung entfallen[175] in Fällen von unwesentlicher Bedeutung.[176 ff] Diese liegen vor, wenn**

1. **andere öffentliche Belange nicht berührt sind[179] oder die erforderlichen behördlichen Entscheidungen vorliegen und sie dem Plan nicht entgegenstehen und**
2. **Rechte anderer nicht beeinflusst werden[177] oder mit den vom Plan Betroffenen entsprechende Vereinbarungen getroffen worden sind.**

Schrifttum: *Achenbach,* Zur Frage der selbständigen rechtlichen Bedeutung der privatnützigen Planfeststellung, 1992; *Bartlsperger,* Planungsrechtliche Optimierungsgebote, DVBl 1996, 1; *Bauer,* Entschädigungsrechtliche Auflagen im straßenrechtlichen Planfeststellungsbedarf, NVwZ 1993, 441; *Busch,* Der bekannte Betroffene im Sinne des § 74 IV 1 VwVfG, DVBl 1991, 1190; *Erbguth,* Rechtliche Anforderungen an alternative Prüfungen in (abfallrechtlichen) Planfeststellungsverfahren und vorgelagerten Verfahren, NVwZ 1992, 209; *ders,* Das BVerwG und die UVP, NuR 1997, 261; *Fouquet,* Die allgemeinen materiellen Voraussetzungen der Planfeststellung, VerwArch 1997, 212; *Gaentzsch,* Konkurrenz paralleler Anlagengenehmigungen, NJW 1986, 2787; *Gassner,* Umweltverträglichkeitsprüfung in der planerischen Abwägung, UPR 1993, 241; *Hartmann,* Genehmigung und Planfeststellung für Verkehrsflughäfen und Rechtsschutz Dritter, 1994; *Hildebrand,* Der Planergänzungsanspruch, 1999; *Hillermeier,* Methoden und Maßstäbe für die planerische Abwägung, BayVBl 1995; *Hoppe,* Die Zusammenstellung des Abwägungsmaterials und die Einstellung der Belange in die Abwägung

„nach Lage der Dinge" bei der Planung, DVBl 1977, 136; *ders,* Die Bedeutung von Optimierungsgeboten im Planungsrecht, DVBl 1992, 853; *ders,* Der Rechtsgrundsatz der Planerhaltung als Struktur- und Abwägungsprinzip, DVBl 1996, 12; *Hoppe/Schlarmann,* Rechtschutz bei der Planung von Straßen und anderen Verkehrsanlagen, 2. Aufl 1981; *Ibler,* Die Schranken planerischer Gestaltungsfreiheit im Planfeststellungsrecht, 1988; *ders,* Die behördlichen Abwägungsspielräume bei Bauleitplanung und Planfeststellung, JuS 1990, 7; *Jarass,* Aktuelle Probleme des Planfeststellungsrechts, DVBl 1997, 795; *ders.,* Die materiellen Voraussetzungen der Planfeststellung, DVBl 1998, 1202; *Johlen,* Planfeststellungsrecht, in Hoppenberg (Hg), Handbuch des öffentlichen Baurechts, Loseblatt; *Knöpfle,* Das Zusammentreffen planfeststellungsbedürftiger Vorhaben, in: Maunz-FS 1981, 187; *Koch,* Das Abwägungsgebot im Planungsrecht, DVBl 1983, 1125; *ders,* Abwägungsvorgang und Abwägungsergebnis als Gegenstände gerichtlicher Plankontrolle, DVBl 1989, 399; *Korbmacher,* Eigentums- und entschädigungsrechtlich bedeutsame Entscheidungen in der fachplanerischen Abwägung, DÖV 1982, 517; *Kügel,* Der Planfeststellungsbeschluß und seine Anfechtbarkeit, 1985; *Kühling/Hermann,* Fachplanungsrecht, 2. Aufl 2000; *Kuschnerus,* Die Berücksichtigung von Umweltbelangen beim Straßenbau, DÖV 1987, 409; *Michler,* Planfeststellung und Immissionsschutz, VerwArch 1997, 22; *Niehues,* Das Erfordernis der „Planrechtfertigung" als Instrument des verfassungsrechtlichen Eigentumsschutzes (Art 14 Abs 1 S 1 GG), WuV 1985, 250; *Paetow,* Die Teilbarkeit von Planungsentscheidungen, DVBl 1985, 369; *Peine,* Privatrechtsgestaltung durch Anlagegenehmigung, NJW 1990, 2442; *Quaas,* Der Schutz vor unzumutbarem Fluglärm in der Planfeststellung, NVwZ 1991, 16; *Ramsauer,* Privatnützige Planfeststellung und öffentliches Interesse, in Ziekow (Hg.), Schutz vor Fluglärm – Regionalplanung – Planfeststellungsverfahren, 2003, 153; *ders,* Abwägungskontrolle und subjektiver Rechtsschutz im Planfeststellungsverfahren, DÖV 1981, 37; *ders,* Die Bedeutung der naturschutzrechtlichen Eingriffsregelung für die Planfeststellung am Beispiel der Transrapid-Planung, NuR 1997, 419; *Ramsauer/Bieback,* Planfeststellung von privatnützigen Vorhaben, NVwZ 2002, 277; *Ringel,* Die Plangenehmigung im Fachplanungsrecht, 1996; *Ronellenfitsch,* Rechsfolgen fehlerhafter Planung, NVwZ 1999, 583; *Rubel,* Planungsermessen, Norm- und Begründungsstruktur, 1982; *Sauthoff,* Planerische Abwägung im System straßen- und wegerechtlicher Entscheidungen, NVwZ 1995, 119; *Schlarmann,* Die Rechtsprechung zur alternativen Prüfung im Planungsrecht, DVBl 1992, 874; *Sieg,* Die Nachholung von Schutzauflagen, ZUR 1993, 61; *Steinberg,* Planrechtfertigung und Planungsleitsätze in der straßenrechtlichen Planfeststellung, NVwZ 1986, 812; *Steinberg/Berg/Wickel,* Fachplanung, 3. Aufl 2000; *Storost,* Fachplanung und Wirtschaftsstandort Deutschland: Rechtfolgen fehlerhafter Planung, NVwZ 1998, 797; *Stüer,* Das Eigentum als subjektives öffentliches Recht und als abwägungserheblicher Belang in der Planfeststellung, NuR 1981, 249; *Timmermanns,* Planfeststellung und Plangenehmigung, VBlBW 1999, 285; *Vallendar,* Planungsrecht im Spiegel der aktuellen Rspr des BVerwG UPR 1998, 81; *Wahl,* Genehmigung und Planentscheidung, DVBl 1982, 51; *Wahl/Dreier,* Entwicklung des Fachplanungsrechts, NVwZ 1999, 606, 1990, 427.

Übersicht

I. Allgemeines

1 **1. Inhalt des § 74.** Die Vorschrift enthält die zentralen Regelungen über die Planfeststellung, insb über **Inhalt und Anfechtbarkeit** des Planfeststellungsbeschlusses (Abs 1–3), **Form der Bekanntgabe** (Abs 4, 5) sowie seit der Änderung durch das GenBeschlG auch die Möglichkeit des Ersatzes der Planfeststellung durch eine **Plangenehmigung** (Abs 6) und den vollständigen **Verzicht** auf Planfeststellung und Plangenehmigung in Fällen von unwesentlicher Bedeutung (Abs 7). Ihrer verfahrensrechtlichen Ausrichtung entsprechend enthält sie nur wenige Regelungen mit materiell-rechtlichem Charakter und beschränkt sich

weitgehend auf die Festlegung des **formellrechtlichen Rahmens der Planfeststellung.** Deshalb enthält sie auch keine Bestimmungen über den **Anspruch auf Planfeststellung** (s Rn 84 ff), die **Planrechtfertigung** (s Rn 30 ff), über **Planungsleitsätze** (Rn 40 ff) und das **Abwägungsgebot** (Rn 50 ff). Die Wirkungen des Planfeststellungsbeschlusses sind in § 75 geregelt. Zu den Rechtsschutzfragen s Rn 76 ff sowie § 75 Rn 37 ff. Im Hinblick darauf, dass die Planfeststellung erst mit dem Erlass und der Bekanntgabe des Planfeststellungsbeschlusses abgeschlossen wird, finden die sonst für Verwaltungsverfahren und VAe geltenden Vorschriften Anwendung, soweit die §§ 72 ff keine speziellen Regelungen enthalten (vgl Rn 12).

2. Planfeststellung und Anhörungsverfahren. Die Vorschrift geht in Abs 2 von einer funktionalen Trennung von Anhörungsverfahren und Planfeststellungsverfahren aus. Zur Trennung von Planfeststellungs- und Anhörungsbehörde s § 73 Rn 7. Die Planfeststellungsbehörde entscheidet nach der Durchführung des Anhörungsverfahrens über den Antrag auf Planfeststellung entsprechend § 69 Abs 1 unter Würdigung des Gesamtergebnisses des Verfahrens. Dem Anhörungsverfahren nach § 73 kommt dabei besondere Bedeutung zu, ohne dass sich die Würdigung und Abwägung auf Inhalt und Ergebnisse des Anhörungsverfahrens beschränken dürfte (vgl StBS 10). **Die Planfeststellungsbehörde ist grundsätzlich nicht gehindert,** einzelne Beteiligte oder Behörden nochmals – oder, wenn dies bisher, aus welchem Grund auch immer unterblieben war, erstmals – zu hören und den Plan mit ihnen zu erörtern (BVerwGE 75, 214, 226 = BayVBl 1987, 567 f); ggf muss sie dies sogar tun, wenn die Anhörung im Anhörungsverfahren unterlassen wurde oder sonst noch Unklarheiten bestehen und sie die Sache nicht nochmals zur Nachholung des Unterlassenen an die Anhörungsbehörde zurückgeben will (BVerwGE 98, 126, 129 = NVwZ 1995, 901). Aus der besonderen Bedeutung des Anhörungsverfahrens ergibt sich jedoch, dass eigene Ermittlungen der Planfeststellungsbehörde nach Art, Umfang und Gewicht nicht zu einer Verlagerung des Schwerpunkts der Feststellungen auf das Verfahren vor der Planfeststellungsbehörde führen dürfen, wo eine substantielle Einflussnahme der Betroffenen nicht oder nur unter erheblichen Schwierigkeiten möglich ist (UL § 41 Rn 2; Knack 11; weitergehend StBS 10). Wo diese Gefahr droht, muss das Verfahren grundsätzlich nochmals in das allgemeine Anhörungsverfahren zurückgegeben werden (so wohl auch BVerwGE 75, 226); zumindest muss den Betroffenen nochmals Gelegenheit zu Stellungnahmen gegeben werden, wenn die Feststellungen wesentliche neue Gesichtspunkte erbringen oder sich sonst bisher noch nicht erörterte Probleme ergeben. 2

3. Planfeststellung und UVP. Zweck der UVP ist es nach § 1 UVPG, sicherzustellen, dass bei bestimmten öffentlichen und privaten Vorhaben zum Zweck einer wirksamen Umweltvorsorge die Auswirkungen auf die Umwelt frühzeitig und umfassend ermittelt und beschrieben sowie bewertet werden (§ 1 Nr 1 UVPG) und das Ergebnis der UVP so früh wie möglich bei allen behördlichen Entscheidungen über die Zulässigkeit des Vorhabens berücksichtigt wird (§ 1 Nr 2 UVPG). Mit dem UVPG werden Richtlinien der EU in deutsches Recht umgesetzt (RL 85/337/EWG und RL 97/11/EG über die UVP bei bestimmten öffentlichen und privaten Projekten). Die Regelungen des UVPG stellen damit nationales Umsetzungsrecht dar (s Einf Rn 52 ff). Nachdem die Umsetzung durch das UVPG von 1990 mehrmals vom EuGH (Slg I 1999, 5901; Slg I 1996, 5403) als defizitär kritisiert worden war, kam es mit dem Artikelgesetz v 27. 7. 2001 (BGBl I, 1950) zu einer umfassenden Novellierung (s hierzu Koch/Siebel-Huffmann NVwZ 2001, 1081; Schink DVBl 2001, 321; Feldmann DVBl 2001, 589). 3

Da die **UVP als unselbständiges Verfahren** ausgestaltet ist, bedarf sie stets eines Trägerverfahrens. Als solches kommt die Planfeststellung in Betracht; allerdings 3 a kann nach der Neuregelung der UVP-Pflichtigkeit in § 3a UVPG die UVP auch in anderen Trägerverfahren durchgeführt werden. Soweit die Bestimmungen des Planfeststellungsrechts den Anforderungen des UVPG bereits entsprechen oder sogar darüber hinausgehen, bedarf es einer Anwendung der Bestimmungen des UVPG nicht (Subsidiaritätsprinzip, vgl § 4 UVPG). Dies ist bei den Regelungen der §§ 73ff weitgehend der Fall. Im Übrigen steht der Anwendung des UVPG nichts im Wege.

4 **4. Anwendungsbereich. a) Unmittelbar.** Die Vorschrift gilt unmittelbar nur für Planfeststellungsverfahren gem § 72 im Anwendungsbereich des VwVfG und vorbehaltlich besonderer Vorschriften gem § 1. Da Planfeststellungsverfahren nur in den gesetzlich angeordneten Fällen durchgeführt werden, ist in jedem Fall eine spezialgesetzliche Regelung erforderlich. Die maßgeblichen Fachplanungsgesetze (zB §§ 31ff KrW-/AbfG, §§ 18ff AEG, §§ 17ff FStG, §§ 8ff LuftVG, §§ 28ff PBefG, § 31 WHG, §§ 14ff WaStrG) enthalten spezielle Regelungen des Planfeststellungsverfahrens. Die Bestimmungen der §§ 72ff greifen nur insoweit ein, als die spezialgesetzliche Regelung keine übereinstimmenden oder abweichenden Regelungen vorsieht. Das VwVfG ergänzt dann das Fachrecht in Planfeststellungsverfahren vor Bundesbehörden (zB Eisenbahnbundesamt), die entsprechenden Regelungen in den Verwaltungsverfahrensgesetzen der Länder ergänzen das Fachrecht für Planfeststellungsverfahren vor Landesbehörden. Die Verwaltungsverfahrensgesetze der Länder sind also auch anwendbar, wenn die Planfeststellung auf der Grundlage von Bundesrecht, aber von Behörden der Länder durchgeführt wird.

5 **b) Analoge Anwendung.** Der Erlass eines Planfeststellungsbeschlusses kommt nur in den gesetzlich vorgesehenen Fällen in Betracht. Insoweit ist die Regelung nicht analogiefähig. Dies gilt aber nicht ausnahmslos für sämtliche Regelungen, die in § 74 getroffen worden sind. So ist zB die Regelung über **Schutzvorkehrungen** in Abs 2 S 2 und 3 als Ausdruck eines **allgemeinen Rechtsgedankens** analog auch auf Beeinträchtigungen Dritter durch Anlagen, die von einem öffentlichen Rechtsträger schlichthoheitlich betrieben werden, anwendbar (BVerwG BayVBl 1992, 181; BGH NVwZ 1992, 405); ebenso auf im Rahmen der Wahrnehmung öffentlicher Aufgaben privatrechtlich betriebene Anlagen. Wenn für ein Vorhaben, für das an sich nach dem maßgeblichen Fachgesetz eine Planfeststellung erforderlich wäre, die Planfeststellung unterbleibt, kann die Planfeststellungsbehörde grundsätzlich auch unabhängig von einer Planfeststellung Schutzanordnungen entspr § 74 Abs 2 S 2, die zum Wohl der Allgemeinheit oder zur Vermeidung nachteiliger Wirkungen auf Rechte anderer erforderlich sind, hilfsweise eine Entschädigung der Betroffenen in Geld, anordnen; die Betroffenen haben darauf grundsätzlich einen erforderlichenfalls auch vor den Verwaltungsgerichten durchsetzbaren Anspruch (vgl BVerwG DVBl 1988, 967 und 1167; NJW 1990, 2835; Kühling DVBl 1989, 226; vgl allg auch BGHZ 111, 158 = NJW 1990, 1910).

6 **5. Änderungen durch das GenBeschlG.** Die Vorschrift wurde durch das GenBeschlG im Jahre 1996 wesentlich verändert. Vor allem wurden die Regelungen über die Plangenehmigung in Abs 6 und über die Entbehrlichkeit von Planfeststellung und Plangenehmigung in Fällen von unwesentlicher Bedeutung in Abs 7 angefügt. Damit besteht für alle Vorhaben, die nach gesetzlichen Bestimmungen einer Planfeststellung unterliegen, auf die die Bestimmungen des VwVfG (uU ergänzend) anwendbar sind, die Möglichkeit, unter bestimmten Voraussetzungen (s Rn 164ff) ein vereinfachtes **Plangenehmigungsverfahren** durchzuführen. Dieselbe Möglichkeit war zuvor bereits für das Recht der Verkehrswegeplanung in den neuen Bundesländern durch das Verk WegePlBeschlG vom 16. 12. 1991 und später durch das Planungsvereinfachungsgesetz vom 17. 12. 1993 für Verkehrswegeplanungen auch in den alten Bundesländern geschaffen worden

(§§ 18 Abs 2 S 1 AEG, 17a Abs 14 Abs 1a WaStrG, 8 Abs 2 S 1 LuftVG, 17 Abs 1a FStrG, 28 Abs 2 PBefG). Nach dem neu eingefügten Abs 7 können Planfeststellung und Plangenehmigung in Fällen von unwesentlicher Bedeutung gänzlich entfallen (s Rn 175 ff).

Entstehung des GenBeschlG. Den Abs 6 und 7 entsprechende Regelungsvorschläge wurden durch den Bundesrat auf Vorschlag Baden-Württembergs bereits 1993 mit dem Entwurf eines Standortsicherungsgesetzes (BT-Dr 13/1445) vorgelegt, welches allerdings nicht verabschiedet wurde. Zweck der Vorschriften in Abs 6, 7 ist es, für einfach gelagerte Vorhaben entsprechend einfache Verfahren bereitzustellen und das Planfeststellungsverfahren auf Fälle komplexer Planungen zu beschränken. Durch die Plangenehmigung und den Verzicht auf ein besonderes Verfahren in Fällen unwesentlicher Bedeutung sollen Zeit- und Verwaltungsaufwand in erheblichem Maße reduziert werden (BT-Dr 13/3995 S 10; BT-Dr 13/1445 S 7; Schmitz/Wessendorf NVwZ 1996, 960; Schlichter DVBl 1995, 173, 178). 7

II. Grundlagen der Planfeststellung

1. Rechtsnatur und Inhalt der Planfeststellung. Die Planfeststellung erfolgt in Form eines rechtsgestaltenden VA **(Allgemeinverfügung)** iS von § 35 S 2 (OVG Münster DVBl 1985, 408; StBS 20; MB 9; **aA** UL § 41 Rn 41: Sammelverfügung; offen Knack 10). Sie hat eine grundsätzlich umfassende Regelung aller zwischen dem Träger des Vorhabens, öffentlichen Rechtsträgern und den durch den Plan bzw das geplante Vorhaben Betroffenen bestehenden öffentlichrechtlichen Rechtsbeziehungen und zT auch privatrechtlichen Rechtsbeziehungen zum Gegenstand.[1] Die Planfeststellung ist nicht ein Planungsakt ieS wie etwa die Entwicklung und Aufstellung eines Bebauungsplans durch eine Gemeinde, sondern eine besondere Art einer **nachvollziehenden Genehmigung,** für die nicht alle rechtlichen Voraussetzungen im Gesetz festgelegt sind. Vielmehr ist der zuständigen Behörde ein **Planungsermessen** (planerischer Gestaltungsspielraum) eingeräumt. Der Spielraum soll die Behörde in den Stand setzen, die ihr übertragene Gestaltungs- und Optimierungsaufgabe zu erfüllen, indem sie die verschiedenen betroffenen Interessen und Belange ermittelt, bewertet und berücksichtigt. Durch geeignete Auflagen und Vorkehrungen muss sie sicherstellen, dass Rechte Dritter nicht beeinträchtigt werden (Abs 2 S 2). Ist dies nicht möglich, kommt die Anordnung einer Geldentschädigung in Betracht (Abs 2 S 3). Die Behörde entscheidet im Rahmen ihrer planerischen Gestaltungsfreiheit, welche Interessen vorrangig zum Zuge kommen müssen und welche zurücktreten müssen. Dabei darf kein Betroffener in unangemessener oder unzumutbarer Weise beeinträchtigt werden. Geregelt werden nur die **verfahrensrechtlichen Aspekte** der Planfeststellung; die **materiellrechtlichen Grundlagen** sind dem die Planfeststellung anordnenden Gesetz und dem sonstigen dabei zu beachtenden Recht zu entnehmen (vgl BVerwGE 56, 100; 71, 166; BVerwG NJW 1980, 1064; Jarass DVBl 1998, 1202; Fouquet VerwArch 1997, 212). 8

Der **Zweck der Planfeststellung** wie des Planfeststellungsverfahrens besteht in einer **einheitlichen Gesamtregelung** aller Probleme, die durch ein Vorhaben, das eine Vielzahl von öffentlichen und privaten Belangen mit oft unterschiedlicher Zielrichtung betrifft, aufgeworfen werden, in geordneter Weise und in **Übereinstimmung mit dem geltenden Recht** und den Erfordernissen einer für alle Betroffenen gerechten Lösung; dabei sollen die betroffenen Belange, soweit das Gesetz dafür Raum für planerische Gestaltungsfreiheit (Planungsermessen) lässt, nach Möglichkeit in einem einheitlichen und umfassenden Akt planender Gestal- 9

[1] Vgl § 75 Abs 1; BVerwGE 90, 99; DÖV 1981, 719; DVBl 1986, 1282; Hoppe/Schlarmann Rn 8; Ronellenfitsch VerwArch 1989, 94; Wahl NVwZ 1990, 430.

tung durch **Abwägung** miteinander und gegeneinander zum Ausgleich gebracht und erforderlichenfalls überwunden werden.[2]

10 **Die Planfeststellung gestaltet die Rechtsverhältnisse** in Bezug auf das Vorhaben. Sie trifft gegenüber jedem einzelnen Betroffenen eine rechtliche Regelung. Man kann sich eine Vielzahl von Einzelakten vorstellen (so viele Einzelakte wie Betroffene), **wobei jeder Einzelakt ein eigenes Schicksal** haben kann und hins seiner Rechtmäßigkeit in Bezug auf jeden einzelnen Betroffenen ausschließlich nach den insoweit betroffenen individuellen rechtlich geschützten Belangen zu beurteilen ist (BVerwGE 48, 66; 56, 123; krit Ramsauer DÖV 1981, 37), auch wenn faktisch die von einem Betroffenen erwirkte Aufhebung allen gegenüber wirkt. Jedem Betroffenen gegenüber ist die Planfeststellung eine einheitliche Entscheidung, auch soweit dadurch wegen der Konzentrationswirkung der Planfeststellung eine Vielzahl von sonst erforderlichen Einzelgenehmigungen, Erlaubnissen usw ersetzt wird. Insoweit handelt es sich nicht um eine Bündelung von Entscheidungen, mit denen getrennte Genehmigungsverfahren abgeschlossen werden, sondern um eine einheitliche Entscheidung, welche nach Maßgabe des anzuwendenden Rechts die sonst an sich für das Vorhaben erforderlichen VAe (zB auch eine Baugenehmigung nach der Bauordnung des Landes) ersetzt (UL § 41 Rn 41; Keller NJW 1979, 1450).

11 **2. Zuständigkeits- und Verfahrenskonzentration. a) Grundsatz der formellen Konzentration.** Für das Planfeststellungsverfahren gilt der Grundsatz der Zuständigkeits- und Verfahrenskonzentration (§ 75 Abs 1 S 1). Dies bedeutet, dass zwar sämtliche sonst erforderlichen Entscheidungen über das Vorhaben durch die Planfeststellung ersetzt werden, dass aber für die Planfeststellungsbehörde das **gesamte materielle Recht beachtlich bleibt,** welches im Rahmen der ersetzten Entscheidungen hätte angewendet werden müssen, soweit gesetzlich (zB § 38 BauGB) nichts anderes bestimmt ist (BVerwGE 85, 352 = NJW 1991, 364; 90, 42; 90, 100; NVwZ 1990, 862; 1993, 572; StBS 16; Knack § 75 Rn 12; Wahl NVwZ 1990, 430). Die Planfeststellungsbehörde darf und muss im Rahmen der Planfeststellung deshalb auch Aufgaben wahrnehmen und Maßnahmen miterledigen, die an sich sonst Aufgaben anderer Behörden, uU auch anderer Verwaltungsträger, sind. Die Anordnung von Planfeststellungsverfahren wirkt insofern **kompetenzerweiternd** (BVerwG NVwZ 1988, 532; NVwZ 1990, 463). Gem § 75 Abs 1 nimmt die Planfeststellungsbehörde bei ihrer Entscheidung zugleich auch die Zuständigkeiten und Befugnisse der Behörden wahr, die sonst nach dem allgemeinen Recht zur Entscheidung über einzelne Aspekte, die in ihren Aufgabenkreis fallen, berufen wären.

12 **b) Weitergeltung allgemeiner Verfahrensvorschriften?** Soweit die Rechtsvorschriften, die die Durchführung des Planfeststellungsverfahrens anordnen, und sonstige Rechtsvorschriften nicht etwas anderes bestimmen, gelten für die Zuständigkeit und für das Verfahren **ausschließlich Planfeststellungsrecht** iVm dem Fachgesetz, das die Planfeststellung anordnet. Zuständig ist für die Planfeststellung allein und ausschließlich die Planfeststellungsbehörde auch insoweit, als die Planfeststellung gem § 75 Abs 1 zugleich die auf Grund anderer Gesetze erforderliche Genehmigungen, Erlaubnisse usw ersetzt, für die an sich andere Behörden des Bundes oder der Länder (BVerwGE 81, 220; 82, 21) zuständig sind. Die Planfeststellungsbehörde entscheidet auch insoweit einheitlich im Rahmen des Planfeststellungsbeschlusses, nicht durch gesonderte Bescheide.

13 Diejenigen Behörden, deren Zuständigkeiten im Planfeststellungsverfahren auf Grund der Zuständigkeitskonzentration bei der Planfeststellungsbehörde ersetzt

[2] BVerwGE 74, 133 = NJW 1986, 2447; 81, 132; 84, 126 mwN = NVwZ 1990, 862; 85, 44 mwN = NVwZ 1990, 971; 90, 100; ähnlich bereits BVerwGE 66, 135 = NJW 1983, 296; NVwZ 1986, 640; NVwZ 1989, 458.

werden, sind nach Maßgabe des § 73 Abs 2 und Abs 3a im Planfeststellungsverfahren zu beteiligen. Sie können Stellungnahmen abgeben, die von der Planfeststellungsbehörde im Rahmen ihres Planungsermessens zu berücksichtigen, nicht aber zwingend zu befolgen sind. Der Herstellung eines Einvernehmens bedarf es grundsätzlich nicht.[3] Im Übrigen werden die Verfahrensbestimmungen, die sonst für die erforderlichen Genehmigungen usw maßgeblich wären, nach dem Grundsatz der Zuständigkeits- und Verfahrenskonzentration in den Grenzen der Gesetzgebungskompetenz des Bundes (s Rn 15) durch die §§ 72ff und etwa vorgehende Sonderbestimmungen des Fachgesetzes, auf Grund dessen die Planfeststellung stattfindet, ersetzt (BVerwGE 82, 17 = DVBl 1989, 1053; Laubinger VerwArch 1986, 88; Ronellenfitsch VerwArch 1989, 95; UL § 41 Rn 22).

Ausnahmsweise bleiben andere Verfahrensvorschriften neben dem Fach- 14
planungsrecht **anwendbar,** wenn dies im Gesetz zulässigerweise besonders angeordnet ist. Dies kann zB der Fall sein bei Vorschriften, die eine **erweiterte Bürgerbeteiligung** am Verfahren, zB die Zulässigkeit von Jedermann-Einwendungen, oder besondere Befugnisse eines Umwelt-Ombudsmanns oder ähnlicher Beteiligter kraft Amtes vorsehen. IdR ist hier das Fachgesetz, nach dem die Planfeststellung durchgeführt wird, ergänzend dahin auszulegen, dass derartige erweiterte Befugnisse des Bürgers usw nicht berührt werden und die Verfahrenskonzentration nicht zu Lasten besonderer Rechte der Bürger, eines Ombudsmanns oä wirkt.

c) Verfassungsrechtliche Grenzen der Konzentration. Aus verfassungs- 15
rechtlichen Gründen findet die Zuständigkeits- und Verfahrenskonzentration ihre Grenze an der **Gesetzgebungskompetenz** des Gesetzgebers für das Gesetz, das die Planfeststellung anordnet oder zulässt.[4] Dies kann insbes bei landesrechtlich angeordneten Planfeststellungsverfahren der Fall sein. Praktisch ist die Genehmigungskonzentration in Bezug auf das Vorhaben selbst umfassend, unabhängig davon, ob es um bundes- oder landesrechtlich geregelte Zulassungstatbestände geht. Inwieweit Folgemaßnahmen an anderen Anlagen erfasst werden, dazu s § 75 Rn 6.

3. Planerischer Gestaltungsspielraum und gerichtliche Kontrolle. a) All- 16
gemeines. In Planfeststellungsverfahren kommt der zuständigen Behörde bei der Planfeststellung ein planerischer Gestaltungsspielraum (Planungsermessen) zu. Dies gilt auch dann, wenn eine entsprechende ausdrückliche Regelung hierüber fehlt. Die Ermächtigung zur Ausfüllung des planerischen Gestaltungsspielraums folgt unmittelbar aus der Ermächtigung zur Planfeststellung, weil **Planung ohne Gestaltungsspielraum ein Widerspruch in sich** selbst wäre (BVerwGE 34, 301, 304; 48, 56, 59; 56, 110, 116). Ziel der Planungsaufgabe ist stets die für die durch das Vorhaben betroffenen Interessen optimale Lösung. Insoweit ist die Planungsaufgabe eine **Optimierungsaufgabe** mit starken prognostischen Elementen, da sich die positiven wie negativen Auswirkungen eines Vorhabens im Planungsstadium nur mit begrenzter Sicherheit vorhersagen lassen. Dabei ist die planende Behörde von der **Beachtung des materiellen Rechts** grundsätzlich nicht freigestellt. So muss zB die Planfeststellung für eine Bundesfernstraße die Regelungen des FStrG ebenso beachten wie die des Naturschutzrechts des jeweiligen Landes. Etwas anderes gilt nur bei besonderer gesetzlicher Regelung. Dies ist zB in § 38

---

[3] BVerfG 26, 374; BVerwGE 27, 256: nur Anhörung; BVerwGE 31, 265; BayVBl 1981, 436; VGH München DÖV 1986, 113; UL § 41 Rn 22; Broß VerwArch 1986, 88; Ronellenfitsch VerwArch 1989, 94; Wahl NVwZ 1990, 430; Knack § 75 Rn 12.

[4] Vgl BVerwGE 82, 20 = DVBl 1989, 1053: offen für die Planfeststellung nach Bundesrecht in Bereichen, die in die Zuständigkeit der Länder fallen; vgl auch BVerwG DÖV 1990, 35: Kompetenz zur Verdrängung landesrechtlichen Verfahrensrechts im Hinblick auf die Notwendigkeit einer umfassenden Konfliktbewältigung.

BauGB für die dort genannten privilegierten Vorhaben der Fall, die von einer strikten Beachtung der §§ 29ff freigestellt werden.

17 **Ausnahme- und Befreiungsentscheidungen.** Auch im Rahmen der notwendigen Beachtung sämtlicher materiellrechtlicher Vorschriften besteht für die Planfeststellungsbehörde bei deren Anwendung ein gewisser Gestaltungsspielraum insoweit, als sie auf Grund der Konzentrationsmaxime über die Anwendung dieser Rechtsvorschriften und damit auch über die gesetzlich vorgesehenen Ausnahmen und Befreiungen selbst entscheidet (vgl zB zu Ausnahmeregelungen BVerwG NVwZ 1993, 592). Hierin liegt eine gewisse Gefahr für den ordnungsgemäßen Gesetzesvollzug insbesondere dann, wenn die Entscheidung einer effektiven gerichtlichen Kontrolle nicht unterliegt, wie dies auf Grund der überaus komplizierten Regelungen für die Rechtsschutzmöglichkeiten der Betroffenen (s § 75 Rn 37ff) leider nicht selten der Fall ist.

18 **Bereits vorhandene Planungen** oder planerische Vorstellungen spielen für die Planfeststellung eine wichtige Rolle. Die Intensität der Bindung an bereits vorfindliche Planungen ist unterschiedlich. So trifft die Planfeststellungsbehörde hinsichtlich der **Ziele der Raumordnung** (§§ 3ff ROG), eine Pflicht zur (strikten) Beachtung (§§ 4, 5 ROG), hinsichtlich bestehender Flächennutzungspläne besteht nach Maßgabe des § 7 BauGB eine begrenzte **Anpassungspflicht.** Auch im Übrigen ist die Planfeststellung grundsätzlich nicht von der Beachtung anderer, bereits bestehender planerischer Vorstellungen und Regelungen freigestellt; allerdings sieht das Gesetz Möglichkeiten vor, sie im Einzelfall zu überwinden (s Wahl/Dreier NVwZ 1999, 614).

19 **b) Planungsermessen, Ermessen und Beurteilungsspielraum.** Die hM unterscheidet drei Formen von administrativen Entscheidungsspielräumen, Ermessen, Beurteilungsspielraum und den planerischen Gestaltungsspielraum, auch als Planungsermessen bezeichnet. Teilweise wird in Prognosespielräumen eine weitere Form gesehen (zB Tettinger DVBl 1982, 423). Dies ist verfehlt, weil viele Tatbestandsvoraussetzungen von Normen einen mehr oder weniger starken prognostischen Charakter tragen, ohne dass dies allein bereits einen administrativen Spielraum rechtfertigen kann. Die drei anerkannten Formen des Spielraums werden von der hM rechtssystematisch unterschieden. Das Ermessen betrifft danach die Rechtsfolgenseite, der Beurteilungsspielraum die Auslegung unbestimmter Rechtsbegriffe in Fällen, in denen der Gesetzgeber die Letztentscheidungskompetenz in zulässiger Weise der Behörde übertragen habe (Bachof JZ 1985, 97; JZ 1972, 641; WBS I § 31 Rn 19f; Maurer § 7 Rn 26; zur **normativen Ermächtigungslehre** Schmidt-Aßmann MD Art 19 Abs 4 Rn 184; krit Ramsauer FS BVerwG, 2003, iE). Auch das Planungsermessen wird als selbstständige Kategorie begriffen (zB Hoppe DVBl 1974, 641; Hoppe/Grotefels § 7; Hoppe/Just DVBl 1997, 791). Es ist allerdings zweifelhaft, ob zwischen diesen Formen administrativer Entscheidungsspielräume tatsächlich praktisch oder systematisch bedeutsame Unterschiede bestehen (Rubel, Planungsermessen; Koch DVBl 1989, 399; Koch FS Hoppe 9; wohl auch Alexy JZ 1986, 107). Wie die Fehlerlehre zeigt, unterscheiden sich die Ausfüllung der Spielräume und die Rechtskontrolle nicht prinzipiell, sondern nur im Hinblick auf die für Planungsentscheidungen typischerweise bestehende höhere Komplexität (Alexy JZ 1986, 107; Kopp/Schenke § 114 Rn 34).

20 **c) Grenzen planerischer Gestaltungsfreiheit.** Die Planfeststellung erfolgt, was den Inhalt betrifft, auf Grund der maßgeblichen materiellrechtlichen Vorschriften der anzuwendenden Gesetze, die häufig bereits zumindest einige **strikte Gebote oder Verbote** enthalten, deren Missachtung die Rechtswidrigkeit des Planfeststellungsbeschlusses zur Folge hat (BVerwG NVwZ 1993, 592). Soweit danach ein planerischer Gestaltungsspielraum verbleibt, ist die Planfeststellungsbehörde nicht frei, sondern durch eine Reihe von spezifisch planungsrechtlichen

Vorgaben gebunden, die einer gerichtlichen Kontrolle unterliegen. Die rechtlichen Bindungen des Planungsermessens sind **überwiegend richterrechtlich entwickelt** worden (BVerwGE 34, 301; 45, 309; 64, 33) und haben in den Planungsgesetzen selbst nur unvollkommen ihren Niederschlag gefunden (vgl zB § 75 Abs 1 a). Dies liegt ua daran, dass der Gesetzgeber dem weitgehend richterrechtlich entwickelten Kontrollinstrumentarium Flexibilität und Entwicklungsfähigkeit erhalten bzw sichern wollte. Dies hat allerdings nicht nur zu einer Unübersichtlichkeit und Intransparenz geführt, sondern auch zu einem Verlust an Steuerungskraft des positiven Rechts. Nach den allgemein anerkannten Grundsätzen über die fehlerfreie Ausfüllung des planerischen Gestaltungsspielraums ist die Planungsentscheidung nur zulässig, wenn sie

1. mit der dafür maßgeblichen Zulassungsnorm in Einklang steht und durch die Ziele dieser Norm gerechtfertigt ist[5] (**Planrechtfertigung,** vgl Rn 30);
2. den strikt beachtlichen Vorgaben des Raumordnungsrechts entspricht, insbes den **Zielen der Raumordnung** gem § 4 Abs 1 ROG (s Rn 18);
3. mit dem gesamten für die auf Grund der Konzentrationswirkung ersetzten Genehmigungen beachtlichen strikten Recht und den für das Vorhaben geltenden gesetzlichen **Planungsleitsätzen** in Einklang steht (vgl Rn 40), und
4. dem **Abwägungsgebot** und den daraus folgenden den Geboten der gerechten Abwägung und der Problembewältigung unter Berücksichtigung vorgegebener gesetzlicher Wertungen genügt (vgl Rn 50).

d) Beachtung von Planungszielen. Die Planung, für die Planfeststellung erfolgen soll, muss den Zielsetzungen des einschlägigen Fachgesetzes entsprechen, dh den hier aufgestellten bzw vorgegebenen Anforderungen genügen. Je nach dem insoweit maßgeblichen Fachgesetz ergeben sich daraus engere oder weitere Anforderungen, die der festzustellende Plan bzw das Vorhaben, das Gegenstand der Planfeststellung ist, erfüllen muss. Wenn bzw soweit die maßgeblichen Anforderungen im Gesetz nicht ausdrücklich genannt sind, sind sie durch Auslegung des Fachgesetzes unter Berücksichtigung auch verfassungsrechtlicher Vorgaben und im Rahmen einer systematischen Auslegung unter Berücksichtigung auch anderer einschlägiger Rechtsnormen zu ermitteln. So muss zB der Bau einer Bundesstraße gem §§ 1, 3 und 4 FStrG der Bildung eines zusammenhängenden Verkehrsnetzes (weiträumigen Verkehrsbindungen) sowie der Verkehrssicherheit dienen (vgl Hoffmann JA 1987, 207). 21

Die Planungsziele idS haben für die Planung bzw für die Planfeststellung für ein Vorhaben **zwingenden Charakter.** Obwohl sie nur Ziele und keine bestimmten Rechtsfolgen festlegen, ist Einhaltung von den Gerichten in tatsächlicher und rechtlicher Hinsicht in vollem Umfang nachprüfbar. Die Planungsziele bilden zugleich den Maßstab für die Bestimmung des Zwecks der Vorschriften, auf Grund deren die Planfeststellung erfolgt, und damit insb für die **Planrechtfertigung** und für die zu treffende **Abwägung** der Belange und die Abgrenzung des zu ermittelnden Sachverhalts sowie vor allem auch für die Gewichtung der einzelnen Belange im Rahmen der Abwägung (vgl Hoppe DVBl 1992, 854 und Knack 6.7.6.1 mwN). 22

4. Grundsatz der Einheitlichkeit der Planung. a) Allgemeines. Für die Planfeststellung gilt wie für andere hoheitliche Planungen (zB die Aufstellung eines Bebauungsplans) der Grundsatz der Konflikt- bzw Problembewältigung[6] sowie als 23

---

[5] Zur Planrechtfertigung vgl BVerwGE 56, 118; 71, 168 = NJW 1986, 80; 72, 20; 74, 166; 75, 214; 84, 131; 85, 51; NJW 1986, 1509; VGH Mannheim VBlBW 1982, 205; BVerfG NVwZ 1987, 967; Niehues WuV 1985, 256; s auch Rn 30.

[6] BVerwGE 51, 27; 52, 244; 56, 116; 57, 300; 58, 284; 61, 307 = DVBl 1981, 936; 61, 307; 69, 34; 90, 99; BVerwG DÖV 1982, 329; UPR 1988, 183; NVwZ 1989, 255; BGH DÖV 1986, 35; Berlin DÖV 1982, 294; VGH München DVBl 1990, 120 und 168; Sendler WuV 1985, 211.

Folgerung daraus der Grundsatz der Einheitlichkeit der Planung. Danach ist die Planfeststellung eine einheitliche und umfassende planerische Sachentscheidung, die grundsätzlich alle Probleme und Aspekte, die das geplante Vorhaben aufwirft, erfasst, berücksichtigt und löst („bewältigt"). Daher sind, soweit das im konkreten Fall anzuwendende Recht nichts anderes bestimmt oder zulässt, in die Planfeststellung **sämtliche Gesichtspunkte** einzubeziehen, die zur optimalen Verwirklichung der gesetzlich vorgegebenen Planungsaufgabe, aber auch zur Bewältigung der von dem Planungsvorhaben in seiner räumlichen Umgebung erst aufgeworfenen Probleme von Bedeutung sind (BVerwG NuR 1998, 600; NuR 1997, 503; NVwZ 1996, 381, 385; ebenso auch BVerwGE 47, 153; 52, 244; 57, 300). Dazu gehört zB auch der Widerruf einer Sondernutzungserlaubnis, für die nach dem festzustellenden Plan kein Raum mehr ist.[7]

24 **b) Einschränkungen, Ergänzungsvorbehalte.** Das die Planfeststellung anordnende Gesetz kann auch einzelne Entscheidungen von der Einbeziehung in die Planfeststellung und damit der Ersetzung durch die Planfeststellung ausnehmen. Dies ist zB in § 17 S 1 LuftVG, § 52 Abs 2 Nr 3 LuftVZO (dazu auch BVerwG NVwZ 1982, 114); § 10 Abs 1 WHG (VGH Mannheim DVBl 1986, 364); § 14 Abs 1 WHG (VGH Kassel NVwZ 1982, 263, 452) geschehen. In gewissen Grenzen kann auch der Antragsteller seinen Antrag auf einen abtrennbaren Teil einer umfassenderen Planung beschränken. Die Planfeststellungsbehörde kann unter den Voraussetzungen des Abs 3 (s unten Rn 138 ff) einzelne abtrennbare Regelungskomplexe, Festsetzungen usw zunächst ausklammern und einer späteren ergänzenden Planfeststellung oder **Ergänzung der Planfeststellung vorbehalten.**[8]

25 **aa) Allgemeine Voraussetzungen.** Beschränkungen bzw Vorbehalte sind nur dann zulässig, wenn ein **einheitliches Gesamtkonzept** besteht, das durch die späteren Ergänzungen nicht berührt werden kann (BVerwG DÖV 1993, 440, 441; DVBl 1992, 1435) und wenn die Planfeststellungsbehörde damit nicht gegen den **Grundsatz der Problembewältigung** verstößt (VGH München DVBl 1990, 168), die Grenzen der planerischen Gestaltungsfreiheit nicht überschreitet und insb das Abwägungsgebot nicht verletzt,[9] außerdem den Rechtsschutz der Betroffenen nicht übermäßig und unzumutbar, etwa durch übermäßige Aufteilung und Parzellierung, erschwert.[10] Diese Voraussetzungen sind grundsätzlich nur dann erfüllt, wenn die späteren Ergänzungen des Plans so geartet sind, dass sie die Substanz und Ausgewogenheit der Planung nicht mehr berühren können, insb das Gesamtprojekt nicht mehr in Frage stellen können (vgl BVerwGE 56, 110; 61, 307; VGH München DVBl 1990, 168 = BayVBl 1990, 151; Mannheim DVBl 1986, 367).

26 **bb) Problembewältigungsgebot.** Grundsätzlich erfordert das aus dem Abwägungsgebot abgeleitete Gebot der Problembewältigung, dass der Planfeststellungsbeschluss alle Probleme und Konflikte bewältigt, dh in angemessener Weise regelt, die durch das Vorhaben aufgeworfen bzw verschärft werden. Ein Vorbehalt späte-

---

[7] VGH Kassel DÖV 1988, 571; vgl auch zB BVerwGE 90, 42 = DVBl 1992, 713: bei der Feststellung, ob von einer Abfalldeponie eine Beeinträchtigung des Wohls der Allgemeinheit zu erwarten ist (§ 8 Abs 3 S 2 Nr 1 AbfG aF, entspr § 32 Abs 1 Nr 1 KrW-/AbfG), müssen die wesentlichen Fragen des Gewässer- und Bodenschutzes geklärt sein und dürfen nicht einem nachfolgenden Entscheidungsverfahren vorbehalten werden.

[8] BVerwGE 61, 311 = NJW 1982, 950; BVerwG NVwZ 1986, 640 vor allem zu den Voraussetzungen im einzelnen; ferner BVerwG DVBl 1981, 936.

[9] BVerwGE 57, 301; 61, 311; 90, 99; BVerwG DVBl 1981, 936; VGH München DVBl 1990, 120: nur wenn die Lösung im Zeitpunkt der Planfeststellung nicht in angemessener Weise möglich ist; VGH Kassel NVwZ 1987, 992.

[10] BVerwG DÖV 1993, 440; DVBl 1992, 1435: Bildung von Abschnitten rechtswidrig, wenn effektiver Rechtsschutz durch übermäßige Parzellierung praktisch unmöglich gemacht wird; vgl auch VGH Kassel NVwZ 1987, 992.

rer Regelung ist nur ausnahmsweise zulässig, wenn die späteren Problemlösungen von der übrigen Planung derart abtrennbar sind, dass sie deren Gesamtgefüge nicht mehr in Frage stellen können (VGH München DVBl 1990, 120). Es muss sicher feststehen, dass die erforderlichen späteren Ergänzungen usw tatsächlich möglich und rechtlich zulässig sind, und dass sie sich problemlos in die vorhandene Planung integrieren lassen. Vgl zu den Voraussetzungen, unter denen bei einer (wasserrechtlichen) Planfeststellung Einzelfragen einer späteren Entscheidung vorbehalten werden dürfen, auch BVerwGE 61, 311; VGH Mannheim DVBl 1986, 364. Ein Entscheidungsvorbehalt nach § 10 Abs 1 WHG ist zB dann zulässig, wenn die Planfeststellungsbehörde abwägungsfehlerfrei davon ausgeht, dass das offengelassene Problem durch die nachträgliche Festsetzung von Auflagen oder durch Entschädigung der Betroffenen gelöst werden kann, ohne dass dies an der Feststellung und Durchführung des Vorhabens insgesamt etwas ändert. S hierzu auch unten Rn 138 ff.

cc) Klarstellungsgebot. Beschränkungen der Planfeststellung erfordern im Interesse der Planklarheit ausdrückliche Kundgabe (BVerwG DVBl 1981, 936). Auch muss die Planfeststellung in einem solchen Fall klar erkennen lassen, weshalb eine vollständige Regelung unterbleiben soll (VGH München DVBl 1990, 168). Eine Planung unter Vorbehalt und eine entsprechend beschränkte bzw eingeschränkte Planfeststellung nach Abs 3 sind andererseits insb dann sinnvoll, wenn einzelne für das Vorhaben nicht wesentliche Fragen noch nicht geklärt sind und auch nicht ohne erhebliche Verzögerungen des Verfahrens geklärt werden können (vgl BVerwG DVBl 1988, 535; Mannheim DVBl 1990, 109 = NVwZ-RR 1990, 66). 27

c) Einbeziehung von Folgemaßnahmen. Die Planfeststellung muss sich auf das gesamte planfeststellungsbedürftige Vorhaben einschließlich aller Nebenanlagen und notwendigen Folgemaßnahmen beziehen. Das gilt etwa auch für Ausgleichsmaßnahmen für Eingriffe in Natur und Landschaft nach § 19 BNatschG. Die Abgrenzung notwendiger Folgemaßnahmen kann schwierig sein. Die Planfeststellung muss sich auf einen notwendigen Anschluss und unverzichtbare Anpassungen, die für die Funktionsfähigkeit des eigenen Vorhabens unentbehrlich sind, beschränken.[11] Selbst **unvermeidbare Anpassungen** fallen deshalb grundsätzlich dann nicht unter den Begriff der Folgemaßnahmen, wenn sie ein umfassendes eigenes Planungskonzept voraussetzen (vgl BVerwG NVwZ 1990, 463; München DVBl 1990, 166; Kühling DVBl 1989, 228). Der Vorhabenträger hat sich, wenn eine Folgeplanung für andere Anlagen nicht erreicht oder abgewartet werden kann, auf die unbedingt erforderlichen Maßnahmen zu beschränken; auch provisorische Lösungen sind dann uU in Kauf zu nehmen. 28

d) Abschnittsbildung. Praktisch bedeutsam vor allem bei Verkehrsvorhaben ist die Unterteilung des Gesamtvorhabens in einzelne Abschnitte, für die dann jeweils ein selbstständiges Planfeststellungsverfahren durchgeführt wird. Die Zulässigkeit einer derartigen Abschnittsbildung ist nach Maßgabe des jeweiligen Fachrechts und des Abwägungsgebots zu beurteilen (s hierzu auch § 72 Rn 30 ff). Danach ist eine Abschnittsbildung grundsätzlich zulässig, soweit damit die Probleme, die das Gesamtvorhaben auslöst, damit nicht unbewältigt bleiben (BVerwG NVwZ 1998, 508, 510; ferner BVerwGE 62, 342 = NJW 1981, 592; BVerwG NVwZ 1993, 572). Die abschnittsweise Planfeststellung erfüllt nach BVerwG NVwZ 1998, 510 als **Erscheinungsform der horizontalen Verfahrensstufung** eine ähnliche Funktion wie die Teilzulassungsentscheidungen im vertikalen Gefüge des Anlagenzulassungsrechts. Dies bedeutet zunächst, dass jeder Teilabschnitt 29

[11] Grundlegend BVerwG DVBl 1988, 843 = NVwZ 1989, 153; NVwZ 1990, 463; ferner zB München NVwZ-RR 1990, 172: die für Wasserstraßen zuständige Planfeststellungsbehörde ist nicht berechtigt, Straßenplanungen festzustellen, die nicht unvermeidbar notwendige Folge der Wasserstraßenplanung sind; Kühling DVBl 1989, 228.

einer eigenen fachplanungsrechtlichen Rechtfertigung bedarf (BVerwG NVwZ 1993, 572; 1992, 1093; Wahl/Dreier NVwZ 1999, 614). Im Straßenbereich erfordert dies grundsätzlich eine eigenständige Verkehrsfunktion des Straßenabschnitts (anders im Schienenbereich, vgl BVerwG NVwZ 1997, 391; 1996, 896). Darüber hinaus bedarf es eines **vorläufigen positiven Gesamturteils** (BVerwGE 98, 399 = NVwZ 1996, 381) hinsichtlich des Vorhabens in seiner Gesamtheit. Dies bedeutet, dass in der Planfeststellung für den einzelnen Abschnitt festgestellt werden kann, dass der Verwirklichung des Vorhabens keine unüberwindlichen Hindernisse entgegenstehen (BVerwG NVwZ 1998, 510; 1996, 1011). Darüber hinaus müssen in jedem Planungsabschnitt die Folgeabschnitte insoweit mitbedacht werden, als für diese **planungsrechtliche Zwangspunkte** gesetzt werden, weil der Folgeabschnitt notwendigerweise anschließen muss. Die Planfeststellung für einen Abschnitt muss deshalb in der vorgesehenen Form unterbleiben, wenn der Folgeabschnitt notwendigerweise auf unübersehbare Hindernisse stoßen müsste (BVerwG NVwZ 1998, 616 – Ostseeautobahn).

III. Die Planrechtfertigung

30 **1. Allgemeines.** Eine Planfeststellung trägt ihre Rechtfertigung nicht in sich selbst, sondern bedarf der Rechtfertigung. Dies hat das BVerwG schon früh ausgesprochen und damit die Planrechtfertigung zu einem eigenständigen Prüfungspunkt für jede Plankontrolle erhoben: Die Planfeststellung müsse stets **vernünftigerweise geboten** sein (grundlegend BVerwGE 48, 56, 60 – B-42-Urteil; später BVerwGE 56, 110, 118; 71, 66, 70; 72, 282, 284; 84, 31, 35; 84, 123, 130; Jarass DVBl 1998, 1202, 1205). Ob dies der Fall ist, unterliegt einer **uneingeschränkten gerichtlichen Kontrolle** (BVerwGE 72, 282, 286). Einen positivrechtlichen Ausdruck hat die Planrechtfertigung nur in der Bauleitplanung (§ 1 Abs 3 BauGB) gefunden; die Fachplanungsgesetze enthalten das Erfordernis der Planrechtfertigung dagegen nicht ausdrücklich. Rechtssystematisch handelt es sich um die planungsrechtliche **Ausprägung des Prinzips der Erforderlichkeit** (Jarass DVBl 1998, 1204). Im Hinblick auf die den meisten Planfeststellungsbeschlüssen zukommende enteignungsrechtliche Vorwirkung, wonach in einem nachfolgenden Enteignungsverfahren eine Bindung an die Festlegungen des Planfeststellungsbeschlusses besteht (s § 75 Rn 12 ff), soll mit dem Erfordernis der Planrechtfertigung zugleich sichergestellt werden, dass der Plan jedenfalls von seiner allgemeinen Zielsetzung her den Anforderungen des Art 14 Abs 3 GG entspricht, wonach eine Enteignung nur zum Wohle der Allgemeinheit zulässig ist **(Enteignungsrechtliches Gemeinwohlerfordernis).**[12]

31 **2. Funktion und Bedeutung der Planrechtfertigung.** Neben dem Abwägungsgebot wird die Planrechtfertigung als selbständige Prüfungsebene teilweise für entbehrlich gehalten.[13] In dieser Position gelangt die Unklarheit der Funktion einer der Abwägung vorgelagerten Planrechtfertigung gegenüber dem allgemeinen Abwägungsgebot zum Ausdruck: Kann über die Planrechtfertigung entschieden werden, ohne dass eine umfassende Abwägung der für und gegen das Vorhaben sprechenden Belange vorgenommen wird? Zwingt das Abwägungsgebot zur sog Nullvariante, also zur Ablehnung des Antrags, dann kann das Vorhaben nicht ver-

---

[12] BVerwGE 56, 118; 71, 168; 72, 285; 85, 50 mwN = NVwZ 1990, 971; München DÖV 1989, 401 = BayVBl 1989, 272; vgl auch BVerfG 45, 320 = DVBl 1978, 44; 56, 264; 74, 281; Murswiek DVBl 1994, 77 Fn 3; Wahl NVwZ 1990, 434; Kühling Rn 156 ff; Knack 6.5.

[13] Vgl nur Wahl NVwZ 1990, 434; Wahl/Dreier NVwZ 1999, 613; Fouquet VerwArch 1997, 218, 231; Jarass DVBl 1998, 1202, 1205; Paetow FS Sendler, 1991, 425, 430; Schmidt-Preuß FS Hoppe 200, 1071; Steinberg/Berg/Wickel Rn 47; in diese Richtung zielend auch BVerwGE 85, 49, 51 = NVwZ 1990, 434.

nünftigerweise geboten gewesen sein. Probleme bereitet das Institut der Planrechtfertigung auch in Bezug auf sog privatnützige Planfeststellungen (vgl Ramsauer/Bieback NVwZ 2002, 277, 280). Hier stellt sich die Frage, ob auf das Erfordernis der Planrechtfertigung ganz verzichtet werden soll (so BVerwGE 55, 220 = NJW 1978, 2308 für Kiesabbauvorhaben), oder ob ein Plan auch durch private Interessen gerechtfertigt werden kann (so wohl Knack 132). Können nur öffentlichrechtliche Belange den Plan rechtfertigen, dann stellt sich die Frage, ob es spezifische öffentliche Interessen sein müssen, oder ob jedes abwägungserhebliche Interesse ausreicht.

a) Sicherung der Zielkonformität. Für die hM[14] spielt die Planrechtfertigung neben dem Abwägungsgebot nach wie vor eine wesentliche Rolle. Hierfür ist vor allem ein Grund maßgebend. Das Institut der Planrechtfertigung ermöglicht und verlangt eine vollständige gerichtliche Kontrolle im Hinblick darauf, ob das Vorhaben nach den Zielen des Fachplanungsgesetzes vernünftigerweise geboten ist. Ein Vorhaben lässt sich nur dann auf der Grundlage eines bestimmten Fachplanungsgesetzes rechtfertigen, wenn es den jeweils **maßgeblichen fachplanungsrechtlichen Zielsetzungen** entspricht (st Rspr BVerwG NVwZ 2002, 350). Dass es allgemeine öffentliche Interessen gibt, die im Rahmen der Abwägung für das Vorhaben ins Feld geführt werden können, reicht nicht aus. Nur solche öffentlichen Interessen, die den Zielen des jeweiligen Fachplanungsgesetzes entsprechen, können eine Planung rechtfertigen. Das Institut der Planrechtfertigung sichert die **Gesetzeskonformität der Planung,** indem es verhindert, dass für die Planfeststellung andere Gründe des öffentlichen Interesses als diejenigen des jeweiligen Fachplanungsgesetzes maßgebend sind (Ramsauer/Bieback NVwZ 2002, 277, 281). Diese Funktion kann das Abwägungsgebot nicht oder jedenfalls nur schwer erfüllen, weil der Bereich zulässiger abwägungserheblicher öffentlicher Belange wesentlich breiter ist. 32

b) Ermittlung der zulässigen Planungsziele. Schwierigkeiten bereitet die Feststellung der für die Planrechtfertigung maßgeblichen Planungsziele insbes deshalb, weil die Fachplanungsgesetze, vor allem die älteren wie etwa das LuftVG, die maßgeblichen Ziele nur unvollkommen umschreiben. Das hat historische Gründe. Die ersten planfeststellungsbedürftigen Vorhaben waren solche des allgemeinen öffentlichen Verkehrs, deren spezifische Gemeinwohlorientierung außer Frage stand. Inzwischen ist die Feststellung der Planungsziele wegen der Verzahnung der verschiedenen öffentlichen Interessen (vgl hierzu OVG Hamburg NordÖR 1998, 33, 35 mit zutr Kritik von Laskowski NordÖR 1998, 36) und von öffentlichen und privaten Interessen etwa bei infrastrukturbedeutsamen privaten Vorhaben schwieriger geworden (s hierzu näher Ramsauer, Privatnützige Planfeststellung und öffentliches Interesse, in Ziekow (Hg), 2003, 153). 33

c) Begrenzung auf Eingriffsplanungen. Ungeklärt ist bisher, ob das Institut der Planrechtfertigung auf Eingriffsplanungen begrenzt werden muss (so Ramsauer/Bieback NVwZ 2002, 277, 281; in diese Richtung wohl auch StBS 33). Mit einer derartigen Beschränkung ließe sich das Problem der Planfeststellungsfähigkeit solcher privatnützigen Vorhaben bewältigen, die sich nach dem maßgeblichen Fachplanungsrecht nicht rechtfertigen lassen. Für derartige Vorhaben könnte dann eine Planfeststellung nur erfolgen, wenn damit keine Eingriffe in Rechte Dritter verbunden sind. Dabei geht es nicht nur um enteignungsrechtliche Vorwirkungen, sondern um sämtliche Eingriffe in Rechte Dritter, die durch aktive Vorkehrungen und Schutzmaßnahmen nach Abs 2 S 2 nicht verhindert werden können. Derartige Eingriffe lassen sich nämlich zugunsten von privatnützigen Vorhaben im Hinblick insbes auf Art 14 Abs 1 S 2 GG nicht rechtfertigen, und zwar auch 33 a

[14] BVerwGE 107, 142, 145; 75, 214, 238; 72, 282, 285; 71, 166, 168; BVerwG NVwZ 2002, 350; 2000, 555; StBS 33; Obermayer 23; Knack 82 ff; Stüer Rn 2170; Johlen Rn 105.

dann nicht, wenn das Vorhaben mittelbar auch öffentlichen Interessen dienen sollte.

34 **3. Anforderungen der Planrechtfertigung. a) Gemeinnützige Planfeststellung.** Die Planrechtfertigung erfordert nicht die strikte Erforderlichkeit iS einer Unabdingbarkeit des Vorhabens iS der gesetzlichen Zielsetzung, sondern nur, dass das Vorhaben, gemessen an den Zielen des jeweils zugrundeliegenden Fachgesetzes, **vernünftigerweise geboten** ist.[15] In normativer Hinsicht stellt sich die Frage nach der **Zielkonformität,** gemessen an den fachplanerischen Zielsetzungen. In tatsächlicher Hinsicht stellt sich die Frage nach einem **Bedarf.** Bei Verkehrsprojekten ergibt sich die Planrechtfertigung idR schon aus der gesetzlichen **Bedarfsplanung,** sofern dieser hinreichend valide Bedarfsprognosen zugrundeliegen (BVerwGE 100, 238 = NVwZ 1996, 788; München DVBl 1997, 842; s auch Rn 37). Ausreichend als Planrechtfertigung für straßenrechtliche Planfeststellungen ist zB auch die Entlastungsfunktion in Bezug auf eine Straße, die durch den Verkehr überlastet ist, oder wenn eine vorhandene Siedlung oder eine Region verkehrsmäßig nicht ausreichend erschlossen ist, wenn eine Lücke im Verkehrsnetz besteht, die damit geschlossen wird (BVerwGE 72, 288). **Weitere Beispiele:** Planrechtfertigung für die Planfeststellung einer als Stichstraße zu einem Containerbahnhof der Bahn geplante Bundesfernstraße im Hinblick auf die in § 1 Abs 1 S 1 FStrG vorausgesetzte **überregionale Erschließungsfunktion** von Bundesstraßen und das Interesse an einer **Integration der Leistungen verschiedener Verkehrsträger** (BVerwG DÖV 1993, 433); für die Planfeststellung für einen Flughafen bzw die Erweiterung eines Flughafens, wenn das Vorhaben wegen des geänderten **Verkehrsbedürfnisses** oder aus **Sicherheitsgründen** oder aus Gründen des **Immissionsschutzes** (BVerwGE 75, 233) erforderlich ist; für die Planfeststellung für eine Bundesbahn-Schnellbahntrasse, wenn mit dieser die **Attraktivität des Schienenverkehrs** zB durch Verkürzung der Fahr- und Transportzeiten und Hebung des Beförderungskomforts nennenswert verbessert wird (vgl BVerwG NVwZ 1991, 781: ein wichtiger Grund für die Rechtfertigung der Planung). Eine Planrechtfertigung entfällt nicht für die Planfeststellung von notwendigen Hochwasserschutzmaßnahmen, wenn bei der konkreten Ausgestaltung einzelner Abschnitte naturschutzrechtliche Ziele im Vordergrund stehen (anders, allerdings durch die WHG-Novelle überholt, OVG Hamburg NordÖR 1998, 34 m abl Anm Laskowski).

35 **b) Privatnützige Planfeststellung.** Als rein privatnützig müssen Vorhaben bezeichnet werden, für die es **keine öffentlichrechtliche Zweckbestimmung** gibt (s hierzu Ramsauer/Bieback NVwZ 2002, 277). Derartige Vorhaben kommen vornehmlich im Bereich des Abfallrechts und des Wasserrechts (Nassauskiesung) vor. Für diese Vorhaben gilt, dass sie eine Überwindung zwingender Versagungsgründe und gegenläufiger privater Rechtspositionen grundsätzlich nicht rechtfertigen können (BVerwGE 55, 220, 226; 78, 40, 42; 85, 155; OVG Münster NuR 1994, 304; VGH München UPR 90, 350; OVG Lüneburg NVwZ 1997, 90). Ob es für privatnützige Vorhaben eine Planrechtfertigung geben kann, hängt davon ab, ob sie den spezifischen fachplanerischen Zielsetzungen entsprechen (vgl BVerwGE 85, 44 = NVwZ 1990, 969). Dabei müssen sich die öffentlichen Interessen grundsätzlich auf die Zweckbestimmung des Vorhabens beziehen; mittelbar positive Auswirkungen (Arbeitsplätze, Infrastruktur) ändern auch in Zeiten sich verschärfender Standortpolitik den privatnützigen Charakter eines Vorhabens grundsätzlich nicht. Etwas anderes gilt, wenn und soweit der Gesetzgeber diese mittelbaren Interessen als Grund für eine Planrechtfertigung besonders zugelassen

---

[15] St Rspr, vgl BVerwGE 56, 118; 69, 271; 71, 168; 72, 285 = NJW 1986, 1508; 75, 232 = BayVBl 1987, 598; 84, 131 mwN = NVwZ 1990, 862; 85, 51 = NVwZ 1990, 971; Kühling Rn 156; Ibler NuR 1989, 248; Wahl NVwZ 1990, 434.

hat (BVerfG 74, 264 – Boxberg). Dann kann trotz des eigentlich privatnützigen Charakters ein Vorhaben im öffentlichen Interesse liegen und gegenläufige Rechte und Interessen überwinden. Nicht selten gibt es eine **Gemengelage von privaten und öffentlichen Interessen,** die eine eindeutige Zuordnung eines Vorhabens als rein privatnütziges nicht zulässt (so zB BVerwGE 85, 44; 97, 143, 149; zu abfallrechtlichen Planfeststellungen; s auch Murswiek DVBl 1994, 77; Kühling FS Sendler, S 402).

4. Gerichtliche Überprüfbarkeit. Die Planrechtfertigung ist grundsätzlich 36
gerichtlich voll überprüfbar (BVerwGE 72, 287 = DVBl 1986, 416; 84, 123, 131 = NVwZ 1990, 862 mwN; VGH Mannheim NVwZ-RR 1994, 376; Knack 82). Allerdings ergeben sich gewisse Einschränkungen der Kontrolle zB von Bedarfsprognosen und konzeptionellen Grundentscheidungen über die Art der Bedarfsbefriedigung (vgl BVerwGE 84, 131 = NVwZ 1990, 862; BVerwG NJW 1986, 1508). Gegenstand der gerichtlichen Überprüfung ist insoweit nur, ob die der Planungsentscheidung zugrunde liegende Prognose den an sie rechtlich zu stellenden Anforderungen genügt, insb ob sie in einer der jeweiligen Materie angemessenen und methodisch einwandfreien Weise erarbeitet worden ist (BVerwGE 56, 121; 72, 285; 75, 234; 84, 131 = NVwZ 1990, 862 mwN; VGH München UPR 1990, 114). Soweit es zB um die verkehrsmäßige Erschließung neuer oder erweiterter Siedlungen geht, darf die Verkehrsplanung bei der Begründung des Erschließungsbedürfnisses konkrete Entwicklungen (zB die Ansiedlung von Industrie) jedenfalls dann ihren fachplanerischen Erwägungen als vorgegebene Faktoren zugrunde legen, wenn die dahingehenden Erwartungen durch eine landesplanerische Entscheidung (zB ein Landesentwicklungsprogramm) festgelegt und hinreichend verfestigt sind. Dem ist bei der gerichtlichen Überprüfung der fachplanerischen Entscheidung grundsätzlich Rechnung zu tragen. Steht zB die Rechtsgültigkeit der auf bestimmte Ansiedlungen abzielenden landesplanerischen Entscheidung nicht in Frage, so bleibt allerdings noch zu prüfen, ob das geltend gemachte Erschließungsbedürfnis auf der Grundlage dieser landesplanerischen Grundlage gerechtfertigt ist.

IV. Gesetzliche Bedarfsfestlegungen

1. Allgemeines. Immer häufiger kommt es vor, dass der Gesetzgeber selbst für 37
bestimmte Vorhaben, die ihm vordringlich erscheinen, Festlegungen über den Bedarf trifft, sofern nicht die Fachplanung sogar unmittelbar durch Bundesgesetz erfolgt (vgl BVerfG 95, 1 = NJW 1997, 383: Umfahrung Stendal; hierzu Blümel DVBl 1997, 205). Gesetzgeberische Bedarfsfestlegungen enthalten das **Bundesschienenwegeausbaugesetz** v 15. 11. 1993 (BGBl I S 1874; das **Fernstraßenausbaugesetz** v 15. 11. 1993 (BGBl I S 1878), in denen für die Planung bestimmter für vordringlich erachteter Verkehrswege das Bestehen eines Verkehrsbedarfs verbindlich festgechrieben wurde. Auf der Grundlage des Bundesverkehrswegeplans 2003 ist mit einer Fortschreibung zu rechnen. Während diesen Gesetzen konkrete Bedarfsprognosen des Bundesverkehrswegeplans 1992 zugrunde gelegen haben, enthielt die Begründung des **MagnetschwebebahnbedarfsG** v 19. 7. 1996 (BGBl S 1018), mit welchem für die Transrapidstrecke von Hamburg nach Berlin das Bestehen eines Bedarfs festgelegt werden sollte, weder eine Qualifizierung noch eine Quantifizierung des Bedarfs, der damit befriedigt werden soll (BT-Dr 14/3103). Auf Landesebene ist das **Landesmessegesetz** Baden-Württemberg v 15. 12. 1998 (GBl S 666) und das Gesetz zum Erhalt und zur Stärkung des Luftfahrtindustriestandortes Hamburg v 18. 6. 2002 (GVBl S 96) zu nennen. Zur Verfassungswidrigkeit des letzteren s Bull NordÖR 2002, 439; Lenz NördÖR 2002, 442.

2. Rechtliche Bedeutung der Bedarfsfestlegung. a) Planrechtfertigung. 38
Soweit das in Frage stehende Vorhaben, zB der umstrittene Verkehrsweg selbst,

von einer gesetzlichen Bedarfsplanung erfasst wird, ergibt sich daraus die Planrechtfertigung im oben (Rn 30 ff) dargelegten Sinne.[16] Das Bestehen eines Bedarfs für die erfassten Vorhaben ist damit bindend festgelegt (BVerwGE 100, 370, 378; BVerwG NVwZ-RR 1997, 339). Wenn dem Gesetz oder der VO eine bindende Bedarfsfestlegung nicht zu entnehmen ist, so hat die spezifizierte Bekräftigung des konkreten Bedürfnisses durch den Gesetz- oder Verordnungsgeber in diesem Zusammenhang wegen der ihr zugrunde liegenden sorgfältigen Analysen und Abwägungen zumindest indizielles Gewicht (vgl BVerwGE 71, 170; 72, 285; ähnlich auch BVerwGE 79, 324; 84, 131 und 85, 160). Ist die Frage nach der Planrechtfertigung bereits normativ beantwortet, so stellt sich die Frage, in welchem Umfang sie noch gerichtlicher Kontrolle unterliegt. Dies ist vor allem im Hinblick auf die Anforderungen des Art 14 Abs 3 GG von Bedeutung, wenn die Planfeststellung **enteignungsrechtliche Verwirkungen** auslöst. Grundsätzlich gelten hier die allgemeinen Grundsätze für die Prüfung des Allgemeinwohls; allerdings kommt dem Gesetzgeber bei der Bedarfsprognose ein **Gestaltungs- und Prognosespielraum** zu (BVerfG 95, 1 = NJW 1997, 383; BVerwGE 98, 339, 347; NVwZ-RR 1997, 210; NVwZ 1997, 684; StBS 40). Hier ist deshalb nur zu prüfen, ob die Grenzen dieses gesetzgeberischen Spielraums überschritten werden (BVerfG NVwZ 1998, 1060; BVerwG NVwZ 1996, 381; OVG Koblenz NuR 1995, 413; VGH Mannheim NVwZ-RR 1994, 373; Jarass DVBl 1998, 1202, 1204; Repkewitz VerwArch 1997, 145).

39 **b) Bedeutung für die Abwägung.** Die wohl hM nimmt darüber hinaus an, dass die normativen Bedarfsfestlegungen bindende Vorgaben auch für die Abwägung selbst enthalten. Die Bindungen könnten sich nicht auf die idR abzuschichtende Planrechtfertigung beschränken (BVerwGE 100, 370 = UPR 1996, 337; BVerwG DVBl 1997, 1115; zust StBS 43). Allerdings sei es gleichwohl möglich, dass die entgegenstehenden Belange in der Abwägung ein größeres Gewicht hätten mit der Folge, dass das Vorhaben nicht planfeststellungsfähig sei (sog **Nullvariante**). Die gerichtliche Kontrolle könne also ergeben, dass sich das Vorhaben trotz gesetzlicher Bedarfsfestlegung wegen überwiegender entgegenstehender Belange nicht verwirklichen lasse (BVerwG DVBl 1997, 115, 116). Damit soll dem Umstand Rechnung getragen werden, dass sowohl das Abwägungsgebot als auch das Gemeinwohlerfordernis des Art 14 Abs 3 GG Verfassungsrang haben und deshalb nicht auf dem Wege einer normativen Definition des Bedarfs unterlaufen werden dürfen. Dies führt zwar nicht unvermeidlich zu dem Erfordernis einer gerichtlichen Kontrolle der Bedarfsprognose des Gesetzgebers, wohl aber zu einer inhaltlichen Bewertung ihres Gewichts. Auf eine andere Weise ist eine konkrete Abwägung mit den gegenläufigen Interessen nicht möglich.

V. Planungsleitsätze und striktes Recht

40 **1. Anwendung materiellen Rechts.** Gegenstand und Umfang der Planfeststellung sowie auch die Frage, welche Entscheidungen anderer Behörden ersetzt werden und welche Rechtsvorschriften die Planfeststellungsbehörde bei ihrer Entscheidung zu beachten hat, werden durch das für die Planfeststellung im konkreten Fall maßgebliche materielle Recht, dh primär durch das **Fachplanungsgesetz** und im Übrigen durch das **gesamte materielle Recht** bestimmt, das in Bezug auf die nach § 75 Abs 1 ersetzten Genehmigungen beachtlich ist.[17] Hierzu

---

[16] BVerwGE 71, 169, dort bezogen auf die gesetzliche Bedarfsplanung nach dem FernstraßenausbauG; BVerwGE 72, 287 = NJW 1986, 1508; BVerwG NVwZ 1986, 834; 1990, 862; Mannheim NVwZ-RR 1994, 376; Dürr VBlBW 1992, 311; Fliegauf NVwZ 1991, 750; Knack 6.5.2 zur Neufassung des § 1 Abs 2 FernstraßenausbauG, der dies gegenüber der früheren Rspr klarstellt.

[17] M 73; UL § 41 Rn 22; Fickert 435; Franke ZfW 1979, 12 mwN; Jarass DÖV 1978, 1; Salzwedel ZfW 1978, 215; Ronellenfitsch VerwArch 1989, 95.

gehören auch die Regelungen über Ausnahmen und Befreiungen, die sonst fachrechtlich bestehen. In gewissem Umfang hängt der Gegenstand und Umfang der Planfeststellung auch von der Entscheidung der Planfeststellungsbehörde ab, soweit diese zulässigerweise einzelne Verfahren ausklammert und einer gesonderten Durchführung vorbehält, ab.

a) Keine materielle Konzentration. Die in § 75 Abs 1 angeordnete Kon- 41
zentrationswirkung stellt die Planfeststellungsbehörde nicht von der Beachtung des materiellen Rechts frei.[18] Unerheblich ist insoweit auch, ob es sich um Bundes- oder um Landesrecht handelt.[19] Anders als die Zuständigkeits- und Verfahrensvorschriften sind die infolge der Konzentrationswirkung der Planfeststellung anzuwendenden materiellrechtlichen Vorschriften des einschlägigen Fachplanungsgesetzes und der sonstigen für das Vorhaben maßgeblichen Gesetze grundsätzlich auch im Planfeststellungsverfahren beachtlich, soweit durch Gesetz nichts anderes bestimmt ist, wie zB durch § 38 BauGB. Soweit die in Frage stehenden Vorschriften nur allgemeine Berücksichtigungs- oder Optimierungsgebote enthalten, sind sie bei der Planabwägung berücksichtigen (modifizierte materielle Konzentrationsmaxime).[20]

b) Bundesrecht und Landesrecht. Soweit das auf die Planfeststellung anzu- 42
wendende bzw dabei zu beachtende Recht eines anderen Rechtsträgers Landesrecht ist, wird dieses auf Grund der Verweisung des Bundesrechts darauf auch hins seiner Anwendung in der Planfeststellung nicht zu Bundesrecht, sondern **behält seine Rechtsqualität als Landesrecht**[21] usw, das nur auf Grund des bundesrechtlichen Anwendungsbefehls in § 75 Abs 1 in dem nach Bundesrecht stattfindenden Planfeststellungsverfahren anzuwenden ist. Dies gilt auch für die Planfeststellung auf Grund von Fachplanungsgesetzen des Bundes, wenn die verdrängten Genehmigungen usw landesrechtlich geregelt sind (BVerwGE 82, 21 = DVBl 1989, 1054 mwN; NVwZ 1993, 512; VGH Kassel NVwZ 1987, 987). Vgl allg zur Frage, wieweit der Bund an Landesrecht gebunden ist, ua Schoenenbroicher DVBl 1990, 811; zur verfassungsrechtlichen Problematik, wenn Planfeststellungsbehörde eine Bundesbehörde, das zu berücksichtigende Recht aber Landesrecht ist; Kopp BayVBl 1973, 85; die Verfassungsmäßigkeit bejahend BVerwG DVBl 1984, 638 und NVwZ 1993, 572.

2. Striktes Recht, Planungsleitsätze. a) Begriff des Planungsleitsatzes. 43
Jede Planfeststellung muss den speziellen Anforderungen des maßgeblichen Fachgesetzes, das die Planfeststellung anordnet oder zulässt, und den Anforderungen des für die ersetzten Genehmigungen usw maßgeblichen materiellen Rechts genügen (BVerwGE 48, 56; 71, 165; 72, 285 = NJW 1986, 1509; 74, 164; Kühling DVBl 1989, 223). Insoweit gilt der schlichte Grundsatz, dass das gültige materielle Recht beachtlich ist. Für die hiernach beachtlichen strikten Rechtssätze hat

---

[18] BVerwGE 70, 244 = NVwZ 1985, 414; 71, 164; 72, 20 mwN; 90, 99; Berlin NuR 1983, 193; Kassel NVwZ 1987, 618 und 987; UL § 41 Rn 22; 41 I 2; Laubinger VerwArch 1986, 77; Gaentzsch NJW 1986, 2789; Ronellenfitsch VerwArch 1989, 94; Wahl NVwZ 1990, 430.

[19] BVerwGE 55, 220 = NJW 1978, 2308; 70, 242 = NVwZ 1985, 414; 71, 164 = NJW 1986, 82; 85, 46 = DVBl 1990, 589; 90, 42; 90, 100; BVerwG NJW 1989, 242 = NVwZ 1989, 154; 1993, 272 mwN, 368, 572; DVBl 1990, 1170; Laubinger VerwArch 1986, 88; Jarass, Konkurrenz, 50; Gaentzsch NJW 1986, 2789; Ronellenfitsch VerwArch 1989, 95; Wahl NVwZ 1990, 430 mwN; UL § 41 Rn 22, 23; Büllesbach/Diercks DVBl 1991, 470; Ossenbühl, in: Sendler-FS 1991, 109 und DVBl 1991, 834.

[20] Vgl BVerwGE 55, 220; 70, 242; 71, 163 = NJW 1986, 82; VGH Kassel NVwZ 1987, 991; Erbguth NVwZ 1989, 612, 614 mwN; StBS § 75 Rn 14; **aA** MB 2: das ersetzte Recht nur als „Abwägungsmaterial" zu berücksichtigen.

[21] Vgl BVerfG 26, 374; BVerwGE 27, 256; 31, 263; UL § 41 Rn 22; WB III § 158 Rn 24; Kopp BayVBl 1973, 85 mwN; Brohm NVwZ 1985, 5.

sich zT die Bezeichnung „Planungsleitsatz" eingebürgert. Planungsleitsätze[22] sind also nichts anderes als bei der Planfeststellung **strikt zu beachtende normative Gebote,** die dem Planer keinen Gestaltungsspielraum geben und im Rahmen der planerischen Abwägungen auch nicht überwunden werden können;[23] die Planfeststellungsbehörde hat insoweit keinen gerichtlich nur beschränkt nachprüfbaren Beurteilungsspielraum (BVerwGE 74, 164; Knack 6.3.1; 6.6). **Planungsleitsatz** für die Planfeststellung für eine Bundesautobahn ist zB die Bestimmung in § 1 Abs 3 S 1 FStrG, die zwingend vorschreibt, dass Bundesautobahnen keine höhengleichen Kreuzungen haben dürfen; das naturschutzrechtliche Vermeidungs- und Ausgleichsgebot (BVerwG NVwZ 1997, 914, 915; NVwZ 1998, 504, 507; NVwZ 1993, 565). Weitere Beispiele s Steinberg NVwZ 1986, 814.

44 **b) Ausnahmen und Befreiungen.** Viele Gesetze, die die Planfeststellungsbehörde im Rahmen der Konzentrationsmaxime zu beachten hat, sehen die Möglichkeit von Ausnahmen von bestimmten Rechtsvorschriften oder allgemeinen Befreiungen für den Fall vor, dass Gründe des Allgemeinwohls oder die Vermeidung unbeabsichtigter Härten dies erfordern (vgl BVerwG NVwZ 1993, 572; Breuer DÖV 1993, 535). Die Planfeststellungsbehörde muss auch über die Erteilung von Ausnahmen und Befreiungen nach den dafür maßgebenden Maßstäben, idR nach pflichtgemäßem Ermessen (§ 40), entscheiden. Ist Voraussetzung für eine Befreiung oder eine Ausnahmebewilligung oä, dass Gründe des Wohls der Allgemeinheit die Befreiung erfordern, so ist nach der Rspr diese Voraussetzung erst dann anzunehmen, wenn die Befreiung zur Wahrnehmung des öffentlichen Interesses **vernünftigerweise geboten** ist.[24] Die auf Grund der formellen Konzentration gegebene Möglichkeit der Planfeststellungsbehörde, etwa erforderliche Ausnahmen und Befreiungen zB von Bestimmungen von Geboten oder Verboten von Rechtsverordnungen zum Schutz von Naturschutzgebieten oder von Landschaftsschutzgebieten selbst zu erteilen, darf nicht zu einer Aushöhlung des Gebietsschutzes führen. Die gelegentlich zu beobachtende Tendenz der Planfeststellungsbehörden, durch eine großzügige Entscheidung über Ausnahmen und Befreiung Hindernisse für ein Vorhaben aus dem Wege zu räumen, ist rechtlich zu beanstanden (vgl etwa Gassner NuR 1996, 492; Carlsen Anm mit berechtigter Kritik an BVerwG NuR 1996, 79 – Bettelmannsholz).

45 **c) Optimierungs- bzw Minimierungsgebote.** Viele für Planfeststellungen relevante Gesetze enthalten keine strikt einzuhaltenden Gebote oder Verbote, sondern verlangen nur eine möglichst weitgehende Wahrung, Durchsetzung oder Berücksichtigung bestimmter Belange, eine Berücksichtigung „nach Möglichkeit" oä bzw eine Minimierung von Eingriffen oä (Hoppe DVBl 1992, 883; krit Bartlsperger DVBl 1996, 1). Vor allem das Natur- und Umweltschutzrecht (vgl Ramsauer (Hg), Die naturschutzrechtliche Eingriffsregelung, 1995) kennt sog. „Minimierungsgebote" für Eingriffe, die zu unvermeidbaren und nicht ausgleichbaren Beeinträchtigungen führen. Minimierungsgebote können zwar je nach den Umständen des Falles durch eine Abwägung mit den übrigen Anforderungen an Natur und Landschaft, wie sie durch ein konkretes Vorhaben zum Ausdruck kommen, überwunden werden; die **Überwindung eines Optimierungs- oder Minimierungsgebotes erfordert aber eine gesteigerte Rechtfertigung**

---

[22] S dazu zB BVerwGE 56, 118; 71, 163 = NJW 1986, 82; 71, 166 = NJW 1986, 80; 72, 20 = NVwZ 1985, 736; 75, 238 = BayVBl 1987, 598; BVerwG NJW 1986, 83; DÖV 1986, 520 = NJW 1986, 1509; Steinberg NVwZ 1986, 812.

[23] BVerwGE 71, 165; 72, 285 = DVBl 1986, 416; Knack 90; Ibler NuR 1989, 250; Dürr UPR 1993, 162; kritisch Wahl NVwZ 1990, 435; Steinberg DVBl 1992, 1502.

[24] Vgl BVerwGE 56, 71 = DÖV 1978, 921; OVG Berlin NVwZ-RR 1992, 230; OVG Koblenz NVwZ 1992, 593; VGH München NVwZ 1992, 1100; OVG Bremen DÖV 1993, 535; **aA** OVG Münster NVwZ 1992, 183: „Standort unabdingbar".

durch gegenläufige Belange. Dies muss in der Begründung zum Ausdruck kommen.[25]

3. Einzelfälle strikt beachtlichen Umweltrechts. Die fachrechtlichen Vorgaben des Umweltrechts sind auch im Planfeststellungsrecht im Grundsatz strikt zu beachten. Das gilt etwa für die Anforderungen des **Immissionsschutzes**, des **Wasser- und Bodenschutzrechts** und des **Naturschutzrechts** (vgl zB BVerwG NVwZ 2002, 1239 für das Wasserrecht). Beachtlich ist insoweit auch das untergesetzliche Regelwerk in diesen Rechtsbereichen, soweit es als VO oder Satzung Verbindlichkeit für sich beanspruchen kann. Allerdings folgt aus der Konzentration aller Genehmigungsentscheidungen bei der Planfeststellungsbehörde, dass diese auch von den im materiellen Recht vorgesehenen Möglichkeiten, Ausnahmen und Befreiungen zu erteilen, Gebrauch machen kann. 46

a) Naturschutzrecht. aa) Allgemeines. Für das Planfeststellungsverfahren sind vor allem die Vorgaben der naturschutzrechtlichen Eingriffsregelung und der besonderen Schutzgebiete (Natur- und Landschaftsschutzgebiete usw) von Bedeutung. Mehr und mehr spielt auch das Europäische Naturschutzrecht eine Rolle. Neben der Vogelschutz-RL haben im Zuge der Umsetzung der FFH-RL (92/43/EWG) auch die Vorschriften dieser Richtlinie, insbes Art 6 FFH-RL, erhebliche praktische Bedeutung für das Planfeststellungsrecht erlangt (hierzu näher Ramsauer NuR 2000, 601). Zwar ist das in der FFH-RL vorgesehene kohärente europäische ökologische Netz „Natura 2000" noch nicht umgesetzt, gleichwohl aber entfalten die Bestimmungen erhebliche Vorwirkungen im Hinblick auf Gebiete, die voraussichtlich Teil des Netzes werden (BVerwGE 112, 140 = NVwZ 2001, 673). 47

bb) Vorhaben in Schutzgebieten. Die Bestimmungen der Schutzgebietsverordnungen bzw der entsprechenden Satzungen sind auch für Planfeststellungsverfahren beachtlich. Da diese die Durchführung der beabsichtigten Vorhaben in ihrem Geltungsbereich zumeist ausschließen werden, kommt den Möglichkeiten, Ausnahmen und Befreiungen zu erteilen, besondere Bedeutung zu. Dabei wird in der Praxis nicht immer hinreichend beachtet, dass Befreiungsentscheidungen nur „den Einzelfall" betreffen dürfen und voraussetzen, dass die Schutzziele der Verordnung im Wesentlichen unberührt bleiben. Eine Befreiung darf deshalb keine substantielle Schädigung bzw Einschränkung zur Folge haben, insbesondere nicht einer teilweisen Aufgabe des Schutzgebiets gleichkommen. Ist eine solche Wirkung zu erwarten, kommt nur eine förmliche Aufhebung des Schutzgebiets durch die zuständigen Behörden (nicht durch die Planfeststellungsbehörde) in Betracht. 48

cc) Vorwirkung der FFH-RL. Gebiete, die die Voraussetzung für eine Einbeziehung in das kohärente europäische Schutzsystem Natura 2000 erfüllen, genießen zwar allein deshalb noch keinen unmittelbaren Schutz, solange eine förmliche Einbeziehung noch nicht stattgefunden hat (potentielle FFH-Gebiete). Das BVerwG hat aber insoweit zu Recht eine gewisse Vorwirkung angenommen, wenn mit der Einbeziehung des Gebiets zu rechnen ist (s näher BVerwGE 112, 140 = NVwZ 2001, 673). Es darf dann nämlich nichts unternommen werden, was die spätere Einbeziehung praktisch unmöglich macht. Insoweit ist für Planfeststellungsverfahren, die solche Gebiete beeinträchtigen, stets auch eine vorsorgliche 49

---

[25] Vgl zu Optimierungs- bzw Minimierungsgeboten ua BVerwGE 70, 246; 85, 362; BVerwG NVwZ 1991, 69; DVBl 1991, 435; 1992, 1435; UPR 1989, 37; 1993, 62; DÖV 1993, 440; VGH Mannheim NVwZ 1992, 998 = NuR 1992, 188; Hoppe DVBl 1992, 853; Berkemann NuR 1993, 103; zum Gebot grundsätzlicher Umweltverträglichkeit nach dem UVPG zB Ronellenfitsch DÖV 1989, 748; Soell/Dirnberger NVwZ 1990, 707; Gassner UPR 1993, 241; Gaentzsch NuR 1990, 7; Schink NVwZ 1991, 943; Knack 6.7.6.1: Umweltverträglichkeit ist kein zwingender Planungsleitsatz, sondern ein überwindbarer Abwägungsbelang.

Prüfung anhand des Maßstabs des Art 6 FFH-RL vorzunehmen (s näher BVerwGE 110, 302 = NVwZ 2000, 1171; NVwZ 2002, 1103 mwN).

49 a **dd) Naturschutzrechtliche Eingriffsregelung.** Große praktische Bedeutung hat im Planfeststellungsverfahren die naturschutzrechtliche Eingriffsregelung gem den §§ 18ff BNatSchG entsprechenden Regelungen in den Naturschutzgesetzen der Länder gewonnen. Dabei handelt es sich um Regelungen, die ähnlich wie die UVP nicht im Rahmen eines selbständigen Verwaltungsverfahrens zu beachten sind, sondern ein Trägerverfahren voraussetzen. Sie sind deshalb auch im Rahmen eines Planfeststellungsverfahrens beachtlich, weil die planfeststellungsbedürftigen Vorhaben regelmäßig mit Eingriffen in Natur und Landschaft iSd § 18 Abs 1 BNatSchG verbunden sind. Bei dem naturschutzrechtlichen Gebot der Unterlassung vermeidbarer Beeinträchtigungen (§ 19 Abs 1 BNatSchG) sowie bei dem Ausgleichsgebot des § 19 Abs 2 BNatSchG handelt es sich um striktes Recht, das auch bei der Planfeststellung zu beachten ist. Umstritten ist, ob die Abwägungsentscheidung nach § 19 Abs 3 BNatSchG bzw den entspr Landesbestimmungen im Planfeststellungsverfahren eine eigenständige Bedeutung hat (s näher Ramsauer NuR 1997, 419).

49 b **Praktisch** spielt die naturschutzrechtliche Eingriffsregelung vor allem im Hinblick auf die Verpflichtung zur **Durchführung von Ersatzmaßnahmen** eine Rolle. Bei diesen handelt es sich um Folgemaßnahmen des Vorhabens, die jedenfalls in den wichtigen Grundzügen unmittelbar im Planfeststellungsbeschluss geregelt werden müssen. Einzelheiten können gem Abs 3 einer späteren abschließenden Entscheidung vorbehalten bleiben.

49 c **b) Immissionsschutzrecht. aa) Allgemeines.** Da von planfeststellungsbedürftigen Vorhaben idR Emmissionen iSd § 3 Abs 3 BImSchG ausgehen und sie dementsprechend Immissionen auslösen können, spielen die Regelungen des BImSchG für das Planfeststellungsverfahren eine wichtige Rolle. Die Regelungen des BImSchG sind im Grundsatz auch im Planfeststellungsverfahren strikt beachtlich. Die zu erwartende Immissionsbelastung der Umgebung ist prognostisch zu beurteilen (BVerwG NVwZ 2000, 560). Es besteht ein Anspruch der Betroffenen auf angemessene Berücksichtigung von Immissionsschutzbelangen (BVerwGE 107, 350 = NVwZ 1999, 539; NVwZ 2000, 567).

49 d **bb) Schutz vor Lärm.** Für die Verkehrswegeplanung von großer Bedeutung ist die Frage, ob und inwieweit die Bestimmungen des BImSchG und das darauf gestützte untergesetzliche Regelwerk zwingende Vorgaben enthält (s hierzu den Überblick bei Koch/Prall NVwZ 2002, 666, 673). **Umstritten** ist die Frage, ob die in § 41 Abs 1 S 2 vorgesehenen Maßnahmen des aktiven Schallschutzes an Verkehrsanlagen für das Planfeststellungsverfahren zwingend sind. Während der 11. Senat des BVerwG hier die Auffassung vertritt, über Schallschutzmaßnahmen müsse im Rahmen der planerischen Abwägung entschieden werden,[26] nimmt der 4. Senat hier eine zwingende Verpflichtung an, hält § 41 Abs 1 S 2 also für striktes Recht.[27]

VI. Das Abwägungsgebot des Planungsrechts

50 **1. Allgemeines.** Das Gebot gerechter Abwägung gilt im Planungsrecht als ungeschriebener Rechtsgrundsatz auch, wenn das Gesetz, das die Planfeststellung anordnet, darüber nichts aussagt (vgl BVerwGE 48, 59; 64, 270). Als Folgerung aus dem Rechtstaatsprinzip hat das Abwägungsgebot Verfassungsrang (BVerwGE 64, 270; BVerwG DVBl 1981, 933). Das Ziel der Abwägung muss es sein, die bestehenden sowie die durch ein Vorhaben unmittelbar oder mittelbar aufgeworfenen

---

26 BVerwGE 110, 370 = NVwZ 2001, 71; 104, 123, 139 = NVwZ 1998, 513.
27 BVerwGE 108, 248 = NVwZ 1999, 1222; BVerwG NVwZ 2001, 433.

Probleme zu bewältigen und einen inhaltlich ausgewogenen Plan zu erstellen.[28] Der **Grundsatz der Konfliktbewältigung** stellt insoweit ein Teilelement des Abwägungsgebots dar (Sendler WuV 1985, 221; Dolde NJW 1986, 816; vgl auch Ibler JuS 1990, 25).

Das Abwägungsgebot gilt umfassend für alle mit dem Vorhaben zusammenhängenden Fragen, nicht nur für Randprobleme, wie Anordnungen nach Abs 2, sondern auch für die Frage, ob das Vorhaben überhaupt zugelassen werden kann bzw soll, ob der Standort akzeptabel ist, ob Art und Umfang vertretbar sind (BVerwGE 71, 167). Die Planfeststellungsbehörde muss bei der Abwägung auch das Gewicht der einzelnen betroffenen Belange und die Frage, welche Belange den Ausschlag geben, grundsätzlich nach dem ihr zukommenden Planungsermessen unter Berücksichtigung auch einschlägiger allgemeiner Grundsätze und insb auch etwaiger gesetzlicher Optimierungsgebote bestimmen.[29] 51

2. Inhalt des Abwägungsgebots. Die Abwägung hat dem „Gebot gerechter Abwägung aller von der Planung berührten öffentlichen und privaten Belange" gegeneinander und untereinander unter Beachtung der gesetzlichen Zielsetzungen und Wertungen zu entsprechen.[30] Die Grundsätze der gerechten Abwägung und der Problembewältigung sind insoweit nichts anderes als für die Planfeststellung verbindliche Gebote, in denen die allgemeinen Grundsätze einer fehlerfreien, gem § 40 am Zweck der Ermächtigung orientierten Ermessensausübung und der Verhältnismäßigkeitsgrundsatz eine planungsspezifische Ausprägung gefunden haben (BVerwGE 56, 123; 64, 270; BVerwG DVBl 1981, 933 mwN; NJW 1983, 297 mwN, s auch § 40 Rn 48). 52

3. Elemente des Abwägungsgebots. Im Einzelnen verlangt das für alle Planfeststellungen geltende Abwägungsgebot insb, dass (1.) „eine Abwägung überhaupt stattfindet" und die Planfeststellungsbehörde sich insoweit ua auch nicht irrtümlich für gebunden hält,[31] dass (2.) in die Ermittlung und Abwägung alle relevanten Gesichtspunkte (Tatsachen, Belange, Einwendungen, die Möglichkeiten eines Ausgleichs oder einer Kompensation von Nachteilen durch Auflagen, usw) mit einbezogen werden, die nach Lage der Dinge für die Entscheidung Bedeutung haben oder haben können (BVerwGE 52, 244; 71, 171; BVerwG NJW 1980, 1064), dass (3.) die betroffenen öffentlichen und privaten Belange in ihrer Bedeutung nicht verkannt werden und dass (4.) der Ausgleich zwischen ihnen nicht in einer Weise vorgenommen wird, „die zur objektiven Gewichtung einzelner Belange außer Verhältnis steht",[32] wobei die einschlägigen gesetzlichen Bewertungsgrundsätze beachtet werden (BVerwGE 75, 232 = NVwZ 1987, 578; Wahl NVwZ 1990, 437). Den vorstehend genannten Abwägungserfordernissen entspre- 53

[28] BVerwGE 57, 297; 61, 306; 71, 167; 84, 38: zB Standort, Dimensionierung, Schutzauflagen usw; BVerwG DVBl 1980, 301; NJW 1983, 297.

[29] Hoppe DVBl 1992, 853; Wahl NVwZ 1990, 437; vgl auch BVerwGE 71, 170 = NJW 1986, 80; VGH Kassel NuR 1988, 251; VGH Mannheim NuR 1989, 349 = UPR 1989, 360: die für den Planfeststellungsbeschluß in seiner konkreten Gestalt sprechenden Belange müssen überwiegen.

[30] BVerwGE 48, 56 = NJW 1975, 1373; 56, 122; ferner BVerwGE 34, 309; 51, 27; 52, 244, 255; 55, 220; 61, 301; 62, 349; 64, 35, 270; 69, 34; 71, 170 = NJW 1986, 80; 72, 24; 74, 132; 75, 232; 79, 325; 81, 132 mwN; 82, 18; 84, 38; 85, 51; 85, 155 = DVBl 1990, 1170; 87, 341; 90, 100 = DVBl 1992, 1233; Koch DVBl 1983, 1127; ders. DVBl 1989, 399; Ronellenfitsch VerwArch 1986, 186; Erbguth DVBl 1986, 1230; 1992, 399; Heinze NVwZ 1986, 87; Hoppe DVBl 1992, 856; Kühling in: Sendler-FS 1991, 392; Wahl NVwZ 1990, 427 und 923.

[31] VGH Mannheim UPR 1991, 454; zur Bindung an Weisungen vorgesetzter Stellen s VGH Mannheim NVwZ-RR 1989, 354.

[32] Vgl allg zum Verhältnismäßigkeitsprinzip, das im Abwägungsgebot aufgeht und deshalb nicht mehr gesondert zu prüfen ist, BVerwGE 56, 123; 59, 258; 64, 273; 71, 172; Ibler JuS 1990, 13; Knack 93; Schlarmann DVBl 1992, 877.

chen umgekehrt als mögliche, insb auch gem § 114 VwGO für eine gerichtliche Überprüfung erhebliche Abwägungsfehler (vgl Knack 94): der **Abwägungsausfall** bei Fehlen einer Abwägung; das **Abwägungsdefizit** bei Nichterkennen bzw Nichtberücksichtigung einzelner Belange; die Abwägungsfehlgewichtung oder **Abwägungsfehleinschätzung** bei Verkennung der Bedeutung eines Belanges; die **Abwägungsdisproportionalität** bei Fehlern im Rahmen der vergleichenden Bewertung verschiedener Belange bzw deren Ausgleich (s hierzu ausführlich § 40 Rn 109 ff).

54 **a) Abwägungsentscheidung.** Die Planfeststellungsbehörde muss eine eigene Abwägungsentscheidung treffen, anderenfalls liegt ein Fall des sog Abwägungsausfalls vor. Eine Abwägungsentscheidung setzt voraus, dass sich die Behörde ihres planerischen Gestaltungsspielraums bewusst ist, dass sie sich also hinsichtlich der Entscheidung über das Vorhaben in der einen oder anderen Hinsicht gebunden fühlt bzw tatsächlich oder rechtlich bereits gebunden hat. Zur Zulässigkeit von Weisungen vorgesetzter Behörden gegenüber der Planfeststellungsbehörden s VGH Mannheim NVwZ-RR 1989, 354; Maier BayVBl 1990, 647.

55 **aa) Bestehen des Spielraums.** Der planerische Spielraum der Planfeststellungsbehörde darf nicht durch bindende Abmachungen (zB Projektabsprachen) vor Einleitung des Planfeststellungsverfahrens derart eingeengt oder ausgeschlossen worden sein, dass für die Planfeststellung kein substantieller Spielraum mehr verbleibt. Die Behörde kann sich im Laufe des Verfahrens uU selbst binden, darf aber nicht schon vor Beginn des Verfahrens festgelegt sein. Derartige **Vorabbindungen,** wie sie auf informeller Ebene nicht selten sind, hat die Rspr iS einer Vorverlagerung der Anforderungen an die Abwägung an bestimmte Vorgaben gebunden (BVerwG 34, 307 – Flachglas). S zu informellen Projektabsprachen auch Einf Rn 84 ff.

56 **bb) Kenntnis des Spielraums.** Die zuständige Behörde muss sich ihres Entscheidungsspielraums bewusst sein. Dies ist nicht der Fall, wenn sie sich irrtümlich für gebunden hält, zB weil sie fälschlicherweise einen Fall der Ermessensreduktion auf Null annimmt. Maßgebend ist die Situation im Zeitpunkt der Planfeststellungsentscheidung. S zur Annahme einer Bindung an eine Vereinbarung über Deponiestandorte VGH Kassel NVwZ 1992, 803; an Zusage eines Petitionsausschusses VGH Mannheim UPR 1991, 454.

57 **b) Ermittlung des Abwägungsmaterials.** In die Abwägung einzustellen, dh dabei zu berücksichtigen, sind grundsätzlich alle von der Planung betroffenen öffentlichen und privaten **Belange, die nach Lage der Dinge berührt** werden, sofern sie nicht objektiv gänzlich unbedeutend, nicht erkennbar oder nicht schutzwürdig sind (BVerwGE 59, 103; 81, 138; 90, 101), außerdem auch die im konkreten Fall in Betracht kommenden oder nicht in Betracht kommenden Möglichkeiten, nachteiligen Wirkungen des Verfahrens, für das die Planfeststellung erfolgen soll, für das Gemeinwohl oder für die Rechte Dritter durch Schutzanordnungen gem Abs 2 S 2 auszuschließen oder sie zu verringern oder eine Entschädigung nach Abs 2 S 3 dafür anzuordnen.

58 **aa) Allgemeines.** Welche Belange im Einzelnen in die Abwägung einzustellen sind, bestimmt sich nach dem Gegenstand, der Reichweite und den Auswirkungen der konkreten Planung (BVerwG DVBl 1989, 510) und damit nach den Umständen des Einzelfalles (VGH Mannheim VBlBW 1991, 453; Knack 97). Die Behörde hat auch hins der Frage, welche Belange sie berücksichtigt, **keinen Beurteilungsspielraum.** Entsprechend dem Ziel des Abwägungsgebots darf der Kreis der bei der Abwägung zu berücksichtigenden vom Vorhaben „berührten" öffentlichen und privaten Belange nicht eng gezogen werden (BVerwGE 52, 245; BVerwG NJW 1980, 1064; VGH Mannheim DÖV 1981, 926; Knack 97). Zu

berücksichtigen sind auch Belange, auf die das Vorhaben sich mittelbar auswirken kann (Bsp bei Wahl/Dreier NVwZ 1999, 616 mwN); außerdem auch betroffene Belange außerhalb des Zuständigkeitsbereichs der Planfeststellungsbehörde. Andrerseits bedeutet das Gebot vollständiger Erfassung aller Belange nicht, dass alle Belange auch individualisiert werden müssen und jeder einzelne Fall einzeln überprüft und in die Abwägung eingebracht werden muss (BVerwGE 56, 110 = NJW 1979, 64).

59 Erforderlich ist eine konkrete, **nicht nur schematische** Einbeziehung der betroffenen Belange unter Berücksichtigung der örtlichen Verhältnisse (BVerwGE 85, 155 = DVBl 1990, 1171). Unzulässig ist insb auch eine pauschale Erfassung und Einbeziehung von mehr oder weniger typischen Belangen.[33] Besondere individuelle, nicht-typische Belange, wie die besondere Lärmempfindlichkeit eines Kranken, eines Musikers ua, müssen jedoch bei der Planabwägung außer Betracht bleiben – anders uU hins der Anordnung von Schutzvorkehrungen oder Ausgleichsleistungen.

60 **Zu berücksichtigen sind auch künftige Entwicklungen,** die sich auf die unmittelbar betroffenen Belange auswirken oder auswirken können, soweit sie mit hinreichender Gewissheit oder doch hoher Wahrscheinlichkeit zu erwarten sind.[34] Dies gilt insb auch für die zu erwartenden Ergebnisse schon eingeleiteter aber noch nicht abgeschlossener anderer Planungsverfahren.[35] Sind für das geplante Vorhaben relevante Entwicklungen noch ungewiss oder nicht überschaubar, so kann es uU geboten sein, die Planfeststellung als zurzeit wegen der bestehenden Ungewissheiten als derzeit nicht sinnvoll abzulehnen oder zurückzustellen. Abzustellen ist bei der Abwägung auch auf typische Belange, auch zB auf die Belange der Kleinkinder, älterer Leute usw, die im Bereich der geplanten Anlage wohnen (vgl VGH Mannheim DVBl 1982, 964; VGH München BayVBl 1987, 501; str; zT **aA** BVerwGE 82, 251), die in der Umgebung übliche Bebauung, Bodennutzung usw (vgl BVerwGE 60, 311, 315), die Erfordernisse eines vorhandenen oder konkret geplanten Kur- oder Krankenhausbetriebs usw (Broß VerwArch 1986, 197).

61 **Keine Berücksichtigung finden individuelle Befindlichkeiten,** zB durch außergewöhnliche individuelle Lärmempfindlichkeit verursacht worden sind. Die konkret betroffenen Personen und ihre individuellen Belange ändern sich mit der Zeit und die einzelnen Personen können sich uU den Auswirkungen des Vorhabens gezielt durch Wohnsitzänderung entziehen, das Vorhaben, für das der Plan festgestellt wird jedoch idR über lange Zeit bestehen bleibt. Entsprechendes muss grundsätzlich auch für das – nicht selten durch finanzielle oa Leistungen des Vorhabenträgers erkaufte – Einverständnis einzelner Betroffener mit der Planung bzw einem Verzicht auf Einwendungen gelten (vgl OVG Lüneburg NVwZ 1993, 84). Insofern müssen die individuellen Befindlichkeiten von objektiv bestehenden Problemen des Einzelfalls, die sehr wohl zu berücksichtigen sind,[36] abgegrenzt werden.

---

[33] BVerwGE 56, 110 = NJW 1979, 64; zT **aA,** aber auf generalisierende Betrachtungen bezogen, BVerwGE 69, 275; VGH München DVBl 1990, 116: Berücksichtigung der Umstände des Einzelfalles.

[34] BVerwG DVBl 1988, 534 und 536; Kühling DVBl 1989, 222; vgl auch VGH Mannheim DVBl 1990, 109: es ist nicht fehlerhaft, wenn die Planfeststellungsbehörde bei der Festlegung des Abstands der Start- und Landebahn zu der Rollbahn und der Rollbahnen untereinander auch die sich abzeichnende Entwicklung größerer Spannweiten berücksichtigt.

[35] BVerwG DVBl 1988, 536; NVwZ 1993, 571: den Planungsträger würden berechtigte Vorwürfe treffen, wenn er künftige Entwicklungen anderer Planungsträger nicht im Rahmen des Möglichen berücksichtigte; Kühling DVBl 1989, 222.

[36] Vgl BVerwGE 82, 251: auch spezifische Probleme Einzelner, wenn sie der Behörde bekannt sind oder sich ihr aufdrängen mußten.

62 **bb) Ermittlungspflicht.** Grundsätzlich ist die Planfeststellungsbehörde verpflichtet, das nach Lage der Dinge maßgebliche Abwägungsmaterial selbst zu ermitteln. Insoweit gilt der **Amtsermittlungsgrundsatz** (§ 24). Allerdings gelten auch die Grundsätze der Mitwirkungspflicht der Beteiligten im Planfeststellungsverfahren im besonderen Maße, weil es der Behörde gerade hier typischerweise nicht bzw nur sehr schwer möglich ist, Art und Ausmaß der Betroffenheit selbst zu ermitteln. Die Behörde muss Belange, die ihr nicht bekannt sind und die im Verfahren auch von den Betroffenen nicht – oder nicht rechtzeitig (s § 73 Rn 76 ff) – vorgebracht wurden, und die auch nicht offensichtlich sind oder sich ihr aufdrängen mussten, nicht von sich aus auf bloßen „Verdacht" hin ermitteln.[37] Bleiben Belange, für die dies zutrifft, der Behörde unbekannt und werden sie deshalb bei der Planfeststellung nicht berücksichtigt, so hat dies – abgesehen von der uU eintretenden Einwendungspräklusion nach § 73 Abs 4 – zur Folge, dass der Planfeststellungsbeschluss insoweit nicht als fehlerhaft anzusehen ist.[38] Die Beteiligten, die im Verfahren zu ihren Gunsten zu berücksichtigenden Belange nicht geltend gemacht haben, obwohl ihnen in angemessener Weise Gelegenheit dazu gegeben war, die Behörde auf diesen Belang hinzuweisen, sind nach § 73 Abs 4 S 3 damit ausgeschlossen. Entsprechendes gilt für Belange, auf deren Wahrung ein Betroffener verzichtet hat oder deren Beeinträchtigung er zugestimmt hat (BVerwG NVwZ 1990, 657) oder hins deren der Betroffene das Recht zur Geltendmachung verwirkt hat. Andererseits wäre eine Abwägung fehlerhaft und würde gegen das Gebot der Problembewältigung verstoßen, wenn die Behörde die Feststellung betroffener Belange deshalb unterlassen würde, weil die Möglichkeit zu nachträglichen Korrekturen zur Verfügung steht, falls sich die bei der Planfeststellung gemachten Annahmen nicht bewahrheiten sollten (BVerwG DVBl 1986, 1282).

63 **Keiner Sachaufklärung bedürfen Gesichtspunkte** dann, wenn sie von der Behörde **als gegeben unterstellt** werden können, ohne dass dies auf das Ergebnis Einfluss hätte. Zur Zulässigkeit, zur Vermeidung unnötiger Sachverhaltsermittlungen, Tatsachen usw für die Entscheidung als wahr zu unterstellen, s § 24 Rn 51 ff sowie insb BVerwGE 61, 304 (ob die Planung sich als enteignungsgleicher Eingriff auswirkt, kann nicht offen bleiben, darf jedoch uU unterstellt werden); BVerwG DVBl 1980, 999; VGH Mannheim DVBl 1990, 109; Broß VerwArch 1984, 434; Korbmacher DÖV 1982, 526; Dürr UPR 93, 163; Knack 98.

64 **cc) Öffentliche Belange.** Abwägungserhebliche öffentliche Belange ergeben sich nicht nur aus den fachplanungsrechtlichen Zielsetzungen, sondern aus der genannten Rechtsordnung. Hierzu gehören zB die Interessen an der Verbesserung der Infrastruktur,[39] das Recht der betroffenen Gemeinden, auf Grund ihrer Planungshoheit nach Art 28 Abs 2 GG selbst die Entwicklung im Gemeindebereich zu bestimmen,[40] die Gesichtspunkte des Umweltschutzes (BVerwG NVwZ 1993, 572: unabhängig von der jeweiligen formal-rechtlichen Ausformung immer zu

---

[37] Vgl BVerwGE 59, 103; BVerwG DVBl 1989, 510; 1992, 1233; NJW 1984, 189; BayVBl 1986, 153; DÖV 1986, 522; VGH Mannheim UPR 1986, 434; DVBl 1990, 109; Redeker NJW 1980, 1598.

[38] BVerwGE 59, 103; 90, 101; BVerwG DÖV 1993, 832; DVBl 1990, 1170; VGH Mannheim DVBl 1990, 109: Kein Abwagungsmangel, wenn sachgerechte Bewertung unterbleibt, weil die erforderlichen Daten vorenthalten werden.

[39] BVerwGE 68, 311; 77, 300; 85, 159 = DVBl 1990, 1170; UPR 1990, 30; vgl auch VGH Mannheim NVwZ 1991, 6, in der Sache aber wohl zu weitgehend, wenn eine Existenzbedrohung für 8 Landwirte als öffentlicher Belang und nicht als lediglich privater Belang angesehen wird.

[40] BVerwGE 69, 261; 81, 106; offenbar enger VGH Mannheim NVwZ 1990, 487: nur wenn die Planungsvorstellungen bereits hinreichend konkretisiert sind oder die Planungshoheit nachhaltig gestört wird.

berücksichtigen), insb Immissionsschutzes, des Lärmschutzes,[41] des Natur- und Landschaftsschutzes (BVerwGE 67, 74 = DVBl 1983, 899), der Umweltverträglichkeit iS des UVPG,[42] der Flugsicherheit (BVerwGE 75, 214 = DVBl 1987, 573; VGH Mannheim DVBl 1990, 108), bei der Planfeststellung für eine Bundesfernstraße die damit zu erreichende Verkehrsverbesserung und die bessere Verkehrserschließung eines Gebiets (vgl BVerwGE 71, 169; 72, 287), die aus öffentlichen Mitteln aufzubringenden Kosten des Vorhabens bzw der verschiedenen sich anbietenden Alternativ-Lösungen (vgl BVerwG UPR 1989, 273; NVwZ 1991, 159; VGH München BayVBl 1990, 150); bei der Planfeststellung für eine U-Bahn auch der Grundwasserschutz (BVerwG DVBl 1988, 538). Als öffentliche Belange, die bei der Abwägung zu berücksichtigen sind, sind auch bereits fixierte oder jedenfalls hinreichend konkrete Planungen anderer Rechtsträger zu behandeln, sofern sie nicht – wie etwa die Ziele der Raumordnung – strikt zu beachten sind.

dd) Private Belange. Abwägungserhebliche private Belange sind nicht nur private Rechte und Rechtsgüter einer natürlichen oder juristischen Person oder einer Personenvereinigung, wie das Eigentum an Grundstücken, die Gesundheit usw, sondern auch alle nicht gänzlich unbedeutenden oder nicht schutzwürdigen Interessen.[43] Nicht erforderlich ist, dass die Interessen durch das Vorhaben möglicherweise so stark betroffen werden, dass Schutzanordnungen oder Entschädigungsleistungen nach Abs 2 S 2ff erforderlich werden (BVerwG NVwZ 1988, 363; NVwZ 1989, 151; VGH München DVBl 1990, 115). Der Begriff der privaten Belange korrespondiert mit dem Begriff der Einwendungen, die zu ihrer Wahrung oder Durchsetzung nach § 73 Abs 4 erhoben werden können (s § 73 Rn 55). 65

Voraussetzung für die Abwägungserheblichkeit ist, dass sich das Interesse im Zeitpunkt der planerischen Entscheidung hinreichend konkret und individuell erfassen lässt und als Einzelinteresse schutzwürdig ist (BVerwGE 82, 251; vgl auch VGH München NVwZ-RR 1991, 22: private Belange sind nur zu berücksichtigen, wenn und soweit sie als solche in qualifizierter und individualisierter Weise betroffen sind), außerdem, dass es nicht objektiv geringfügig oder die Schutzwürdigkeit fehlt. Zu berücksichtigen ist bei der Abwägung der Belange und vor allem auch bei der dafür maßgebenden Gewichtung der einzelnen Belange die allgemeine Situation des Gebiets, insb auch bereits bestehende Vorbelastungen, zB mit Lärm, Abgasen usw[44] oder umgekehrt zB die besondere Qualität eines Gebiets als Erholungsgebiet usw, außerdem auch, ob und wieweit die Betroffenen mit der Fortdauer einer bestehenden Situation rechnen konnten oder mit Änderungen rechnen mussten (hierzu näher Michler VerwArch 1997, 22, 34). 66

c) Gewichtung der abwägungserheblichen Belange. Die Planfeststellungsbehörde hat nicht nur das abwägungserhebliche Material zu ermitteln, sondern auch das Gewicht und die Bedeutung der abwägungserheblichen Belange festzustellen bzw einzuschätzen. Hinsichtlich der Feststellung geht es um die **tatsächlichen Grundlagen** für die Bewertung, hinsichtlich der Einschätzung um eine zutreffende, dh sich an den verfassungsrechtlichen und **gesetzlichen Wertungsvorgaben** orientierende normative Bewertung. Bewertungsmaßstäbe ergeben sich außer aus gesetzlichen Bestimmungen ua auch aus den allgemeinen grundrechtli- 67

---

[41] BVerwG NVwZ 1981, 159; NJW 1990, 926; VGH München BayVBl 1990, 150; Kühling DVBl 1989, 229: ein öffentlicher und privater Belang.

[42] Vgl dazu auch VGH München NVwZ 1991, 490; Dohle NVwZ 1989, 697, 702; Wahl NVwZ 1990, 431; Ronellenfitsch VerwArch 1989, 122f.

[43] BVerwGE 59, 110 = DÖV 1980, 817; 82, 18, 251; 90, 101 = DÖV 1992, 749: auch Grundstücke einer Gemeinde; Wahl NVwZ 1990, 222.

[44] BVerwGE 77, 285 = DVBl 1987, 907; DVBl 1988, 462; Kühling DVBl 1989, 226; vgl auch BVerwGE 59, 263; 71, 155; 77, 292; BVerwG DVBl 1991, 880.

chen Wertungen. Dabei ist aber zu berücksichtigen, dass die Gerichte nicht ihre eigene Bewertung an die Stelle der Planfeststellungsbehörde zu setzen haben, sondern eine nachvollziehende Kontrolle vornehmen müssen (BVerwGE 75, 216 = NVwZ 1987, 578).

68 **d) Abwägung und Ausgleich der Belange. aa) Allgemeines.** Die abwägungserheblichen Belange sind mit ihrer tatsächlichen Bedeutung bzw Gewicht in die Abwägung einzustellen und in der Planungsentscheidung zueinander in Beziehung zu setzen und gegeneinander und untereinander abzuwägen. Dabei hat die Behörde eine **Optimierungsaufgabe** zu erfüllen. Sie muss nicht nur entscheiden, ob die für das Vorhaben sprechenden Belange schwer genug wiegen, um sich gegenüber den Belangen durchzusetzen, die gegen das Vorhaben sprechen. Ist dies der Fall, so muss das Vorhaben auch in einer für sämtliche beteiligten Interessen optimalen Weise planfestgestellt werden; dabei darf kein betroffener Belang in unangemessener Weise behandelt und zurückgesetzt werden. In diesem Zusammenhang sind auch **Planungsalternativen** zu berücksichtigen. Dabei gilt nicht nur der **Grundsatz der Problembewältigung,** wonach die Planung grundsätzlich die durch sie hervorgerufenen Probleme nicht unbewältigt lassen darf, sondern erfassen und einer für die Betroffenen annehmbaren Lösung zuführen muss (Rn 73). Einzubeziehen sind bei der Planabwägung auch die sich im Einzelfall anbietenden **Möglichkeiten von Schutzanordnungen** zur Verhinderung oder Verringerung oder zum Ausgleich von Nachteilen (Abs 2 S 2) bzw, wenn solche untunlich sind oder mit dem Vorhaben unvereinbar wären, die Möglichkeiten eines Ausgleichs in Form einer Entschädigung in Geld gem Abs 2 S 3.[45] § 74 Abs 2 S 2 und 3 bestimmt als spezifische Ausprägung des planungsrechtlichen Zumutbarkeitserfordernisses zugleich auch die Grenzen, die durch eine Abwägung nicht mehr überwunden werden können, wenn die Träger der betroffenen Belange dem Verfahren nicht zustimmen und die entstehenden Gefahren oder Nachteile nicht durch Anordnungen nach dieser Vorschrift oder entsprechenden Vorschriften verhindert oder ausgeglichen werden können (BVerwGE 85, 49 = DVBl 1990, 590).

69 **Es besteht kein grundsätzlicher Vorrang der öffentlichen Belange,** die für das Vorhaben sprechen, gegenüber den privaten Belangen (BVerwGE 72, 24; 75, 254; 85, 52; BVerwG NVwZ 1989, 149; 1991, 783; Knack 132). Entfaltet die Planfeststellung eine enteignungsrechtliche Vorwirkung (s § 75 Rn 12), so ist grundsätzliche Voraussetzung auch für die Planfeststellung, dass auch schon die materiellrechtlichen Voraussetzungen für eine Enteignung gegeben sind (BVerfG NVwZ 1987, 967; BVerwGE 85, 49 = NVwZ 1990, 971). Sonstige durch das Vorhaben, dh durch die davon ausgehenden Auswirkungen auf die Umgebung, betroffenen öffentlichen oder privaten Belange müssen durch geeignete technischreale Vorkehrungen nach Abs 2 S 2 ausgeglichen bzw auf ein zumutbares Maß reduziert bzw, wenn dies nicht tunlich oder mit dem Vorhaben nicht vereinbar ist, nach Abs 2 S 3 durch angemessene Entschädigung kompensiert werden.[46]

70 **Enteignungsrechtliche Vorwirkung.** Soweit mit der Planfeststellung für ein im öffentliches Interesse liegendes Vorhaben bereits auch für eine evtl nachfolgende Enteignung bindende Festsetzungen erfolgen (s § 75 Rn 13), muss sie auch den übrigen Anforderungen des Art 14 Abs 3 GG genügen.[47] Je nach der konkreten

---

[45] BVerwGE 71, 167; 85, 49; BVerwG NVwZ 1990, 971; Mößle BayVBl 1982, 198, 198: „Auflagengebot"; enger BVerwGE 84, 39, 44 = NJW 1990, 925; BVerwG NVwZ 1993, 569: Möglichkeit von Schutzauflagen nur dann abwägungsrelevant, wenn sie die Gesamtkonzeption der Planung zu berühren geeignet sind.

[46] BVerwGE 85, 49 = NVwZ 1990, 971; vgl auch BVerwGE 80, 190 = NJW 1989, 467; BVerwG UPR 1989, 227.

[47] BVerfG 45, 319; 56, 264; 74, 281; BVerwGE 71, 168 = NJW 1986, 80; 72, 21; OVG Münster DÖV 1984, 896.

Regelung reicht es dafür jedoch aus, wenn das Fachgesetz, auf Grund dessen die Planfeststellung erfolgt, hins der **Entschädigung** auf ein allgemeines Enteignungsgesetz, das den Anforderungen gem Art 14 Abs 3 GG genügt, verweist (BVerwGE 67, 74; BVerwG NVwZ 1985, 110). Keine besonderen Anforderungen im Hinblick auf Art 14 Abs 3 GG sind erforderlich, wenn der Erwerb der in Frage stehenden Grundstücke oä bereits anderweitig gesichert ist oder gesichert werden kann, etwa durch freihändigen Erwerb, oder wenn in besonders gelagerten Ausnahmefällen die Planfeststellung ohne Verstoß gegen den Grundsatz der Problembewältigung mit einem entsprechenden Vorbehalt erfolgen soll.

bb) Berücksichtigung von Planungsalternativen. Zu berücksichtigen sind 71
die im Einzelfall in Betracht kommenden Möglichkeiten von im Hinblick auf die betroffenen Belange günstigeren Alternativen zum beantragten Vorhaben, sofern sie sich nach Lage der Dinge anbieten oder sogar aufdrängen,[48] zB von **Alternativstandorten** für das Vorhaben, etwa für einen geplanten Flugplatz[49] oder der Möglichkeit, das Planvorhaben, zB eine Straße, sachgerecht auch auf einer **Alternativtrasse** auf Grundstücken der öffentlichen Hand zu verwirklichen.[50] Vgl aber zur nur beschränkten Möglichkeit bei einer etwaigen gerichtlichen Überprüfung der Standortfrage BVerwGE 71, 170 = NVwZ 1986, 121: die Rechtmäßigkeit einer Abwägung hängt nicht davon ab, dass das Gericht ein „Überwiegen" der für das Vorhaben streitenden öffentlichen Belange feststellt; die Behörde hat die Grenzen der planerischen Gestaltungsfreiheit bereits dann eingehalten, wenn das Gericht die einander widerstreitenden Belange als gleichwertig ansieht.

cc) Vorhandene Planungsstrukturen. Stets zu berücksichtigen ist bei der 72
Abwägung auch die Einfügung des Vorhabens in die über den unmittelbaren Planungsbereich hinausgreifenden umfassenderen Planungen und Entwicklungskonzepte der **Raumordnungspläne,** Landesentwicklungs-, Regionalentwicklungspläne, Flächennutzungspläne usw (BVerwG NVwZ 1993, 565, 571; ferner Wahl NVwZ 1990, 435) und in den weiteren Zusammenhang mit anderen bereits realisierten Vorhaben oder jedenfalls bereits bestandskräftig planfestgestellten oder genehmigten Vorhaben, auch solcher anderer Planungsträger;[51] außerdem aber auch die Vereinbarkeit mit sonstigen bereits hinreichend **konkretisierten Planungsabsichten,** auch wenn diese noch nicht in rechtsverbindlicher Weise abschließend festgelegt worden sind (BVerwG NVwZ 1990, 463). Soweit ein Konflikt mit anderen künftigen Planungen zu erwarten ist, muss dies bei der Abwägung im Hinblick auf das Gebot der Konfliktbewältigung berücksichtigt werden, sofern nicht hinreichend sicher ist, dass der bisher ungelöst gebliebene Konflikt zumindest im Zeitpunkt der Plandurchführung durch andere Planungsträger oder Verwaltungen in Übereinstimmung mit der eigenen planerischen Abwägung gelöst werden wird

[48] BVerwGE 69, 273; 71, 167; 75, 219, 236, 246, 253 = DVBl 1987, 573; 81, 136; BVerwG NVwZ 1991, 781, 784; NVwZ 1993, 887; NuR 1989, 529; VBlBW 1992, 461; NVwZ-RR 1989, 458: Sachverständigenbeweis bzgl sich anbietender Alternativen; NVwZ-RR 1991, 784; Mannheim VBlBW 1992, 379; NVwZ-RR 1994, 379: nur wenn Alternativen sich aufdrängen oder zumindest nahe liegen; Hoppe/Beckmann DVBl 1987, 1253; Kühling DVBl 1989, 222; Schlarmann, Die Alternativprüfung im Planungsrecht, 1991; Bender/Pfaff DVBl 1992, 181; Knack 119; Dürr UPR 1993, 167.

[49] BVerwG UPR 1989, 273; NJW 1983, 297; VGH Mannheim NVwZ-RR 1994, 379; Hoppe/Beckmann DÖV 1990, 769; Erbguth NVwZ 1992, 218; NuR 1992, 262; Bender/Pfaff DVBl 1992, 181.

[50] BVerwGE 47, 147 = NJW 1975, 841; BVerwG NJW 1983, 297: zugunsten eines betroffenen Grundeigentümers ist zu berücksichtigen, ob das Planvorhaben nicht auch auf einem Grundstück der öffentlichen Hand verwirklicht werden könnte; vgl zur Prüfung möglicher Alternativstandorte VGH München NVwZ 1990, 574.

[51] BVerwG NVwZ 1988, 535; NVwZ 1989, 153; NVwZ 1991, 362: weitgehende Bindung an die städtebaulichen Vorstellungen der Gemeinde.

(vgl BVerwG NVwZ 1993, 565, 571; NVwZ 1988, 351 = DVBl 1987, 1273; BVerwG 80, 190 = NJW 1989, 467).

73 **dd) Verhältnismäßigkeit.** Die in die Abwägung einzustellenden Belange müssen zu einem dem Verhältnismäßigkeitsgebot entsprechenden Ausgleich gebracht werden. Bei Widerstreit konfligierender Belange ist iS einer gerechten Abwägung vor allem zu prüfen, ob sachgerechte, dh am gesetzlichen Planungsziel und an den Planleitsätzen orientierte und hinreichend gewichtige Gründe es rechtfertigen, private Belange eines betroffenen Bürgers oder entgegengesetzte öffentliche Belange hinter anderen Belangen zurücktreten zu lassen (BVerwGE 48, 63; 75, 232ff; BVerwG NJW 1983, 297). Kann das Vorhaben nicht ohne ernsthafte Beeinträchtigung öffentlicher oder privater Belange verwirklicht werden, so kommt es darauf an, ob die sich daraus ergebenden Bedenken unter Beachtung des Abwägungsgebots überwunden werden können; dabei ist, soweit es sich um sonst den Betroffenen nicht zumutbare Beeinträchtigungen handelt, bei der Abwägung ggf auch die Möglichkeit von geeigneten Schutzauflagen nach Abs 2 S 2 bzw einer angemessenen Entschädigung nach Abs 2 S 3 mit in Rechnung zu stellen (vgl BVerwGE 85, 49 = NVwZ 1990, 771).

74 **4. Abwägungsvorgang und Abwägungsergebnis.** Die Planfeststellung muss den Grundsätzen des Abwägungsgebots sowohl hins des Abwägungsvorgangs selbst[52] als auch hins des in der Planfeststellung zum Ausdruck kommenden Abwägungsergebnisses genügen.[53] Die Unterscheidung von Abwägungsvorgang und Abwägungsergebnis wurde von BVerwG im Bauplanungsrecht entwickelt (BVerwGE 45, 309, 313) und später in § 155b BBauG bzw § 214 Abs 3 S 2 BauGB übernommen. Sie hat mit der Einfügung des § 75 Abs 1a durch das GenBeschlG auch Eingang in das VwVfG gefunden. Allerdings ist die Unterscheidung von Vorgang und Ergebnis nach wie vor nicht vollständig geklärt, nicht zuletzt deshalb, weil sich sämtliche Prüfungspunkte des Abwägungsgebots sowohl auf den Abwägungsvorgang als auch auf das Abwägungsergebnis beziehen sollen (BVerwGE 64, 33, 40). Nach Koch (DVBl 1983, 1125) soll in dieser Unterscheidung der Unterschied von Begründung und Begründbarkeit der Planungsentscheidung zum Ausdruck gelangen. Ihm ist darin zuzustimmen, dass das Abwägungsergebnis nicht fehlerhaft sein kann, wenn der Abwägungsvorgang fehlerfrei abgelaufen ist, sofern sich beide auf denselben Zeitpunkt beziehen. Insofern bedeutet die Erstreckung der Abwägungskontrolle auf den Abwägungsvorgang eine unerlässliche Voraussetzung zur rationalen Rekonstruktion des Entscheidungsvorgangs. Im Hinblick darauf wird man den Verfassungsrang des Abwägungsgebots nicht ohne weiteres auf das Abwägungsergebnis beschränken können, wie dies in BVerwGE 64, 33, 40 angedeutet wird. Die Kontrolle erstreckt sich auch auf die im Zuge der Planung getroffenen Vor- und Zwischenentscheidungen, die der eigentlichen abschließenden Planentscheidung vorausgehen und ihre Richtung maßgeblich beeinflussen (Ibler JuS 1990, 7).

75 **5. Besonderheiten der privatnützigen Planfeststellung.** Ist das Vorhaben ausschließlich privatnützig, dh besteht an der Durchführung keinerlei öffentliches Interesse, das Vorrang vor den betroffenen privaten Interessen und den damit vorgegebenen Wertungen nach den maßgeblichen Vorschriften der Fachgesetze und nach allgemeinen Rechtsgrundsätzen beanspruchen kann, so ist die Planfeststellung

[52] BVerwGE 75, 246; zweifelhaft, wenn das BVerwG hier offen läßt, ob Rechtswidrigkeit nur bei Offensichtlichkeit von Mängeln des Abwägungsvorgangs anzunehmen ist; vgl auch BVerwGE 64, 36.

[53] BVerwGE 48, 63; 56, 123; 84, 38; NJW 1983, 297; Bremen NVwZ 1987, 578; Broß VerwArch 1984, 428; Ibler DVBl 1988, 474; Knack 6.7.6; kritisch zur Frage, ob beide Erfordernisse stets kumulativ zu prüfen sind, Koch DVBl 1983, 1124; 1989, 399 mwN; Erbguth DVBl 1986, 1230; Wahl NVwZ 1990, 436.

nur zulässig, dh kann dem Antrag auf Planfeststellung entsprechend den vorgelegten Plänen nach § 74 nur stattgegeben werden, wenn zwingende Rechtsvorschriften (vgl BVerwGE 85, 156 = DVBl 1990, 1170) – auch zB, wenn die Voraussetzungen für eine Befreiung nach § 31 BauGB nicht gegeben sind, ein Bebauungsplan[54] – nicht entgegenstehen[55] und wenn weiter der Durchführung keine öffentlichen Belange oder privaten Belange Dritter entgegenstehen (VGH München DÖV 1986, 113), es sei denn, das die Betroffenen zustimmen oder aber die entgegenstehenden öffentlichen und/oder privaten Belange durch technisch-reale Vorkehrungen nach § 74 Abs 2 S 2, die die Auswirkungen ausschließen oder auf ein zumutbares Maß reduzieren, kompensiert und dadurch überwunden werden können (BVerwGE 85, 49 = NVwZ 1990, 971; allg auch BVerwG DVBl 1990, 1170). Im Gegensatz zur Situation bei den gemeinnützigen Vorhaben können bei ausschließlich privatnützigen Vorhaben nachteilige, nicht durch geeignete anzuordnende Maßnahmen nach § 74 Abs 2 S 2 verhinderbare unzumutbare Auswirkungen nicht durch die Auferlegung einer Geldentschädigung nach Abs 2 S 3 ausgeglichen und überwunden werden (BVerwGE 85, 49 = NVwZ 1990, 971).

VII. Rechtsschutzfragen

1. Allgemeines. Der verwaltungsgerichtlichen Kontrolle von Planfeststellungsbeschlüssen sind in zweierlei Hinsicht Grenzen gesetzt. Zum einen sind die Verwaltungsgerichte idR darauf beschränkt, die Verletzung subjektiver öffentlicher Rechte der Kläger festzustellen, zum anderen können sie Planfeststellungsbeschlüsse nur auf Rechtsfehler überprüfen. Für die Klagen anerkannter Naturschutzvereine (Rn 83) gelten eigene Regeln. 76

a) Klagebefugnis, Rechtsverletzung. Voraussetzung einer Anfechtungsklage gegen einen Planfeststellungsbeschluss oder einer Verpflichtungsklage auf Ergänzung eines Planfeststellungsbeschluss ist grundsätzlich das Bestehen einer Klagebefugnis (§ 42 Abs 2 VwGO). Diese setzt voraus, dass der Kläger geltend machen kann, durch den Planfeststellungsbeschluss bzw seine Ergänzung in seinen subjektiven öffentlichen Rechten verletzt worden zu sein. Der Prüfung der Klagebefugnis im Bereich der Zulässigkeit der Klage entspricht die Prüfung der Rechtsverletzung (§ 113 VwGO) für die Begründetheit. Als subjektive öffentliche Rechte kommen sämtliche Rechte in Betracht, zu deren Schutz die Durchführung von Planfeststellungsverfahren angeordnet worden ist. Der Kreis der hiernach klagebefugten Personen **(Betroffene)** ist enger als derjenige, der Einwendungen nach § 73 Abs 4 erheben kann. Er umfasst nicht nur diejenigen, auf deren Rechte der Plan unmittelbar zugreift, also die von der enteignungsrechtlichen Vorwirkung betroffenen Eigentümer der Grundstücke, die zur Durchführung des Vorhabens in Anspruch genommen werden müssen, sondern auch diejenigen, die im Falle der Realisierung des Vorhabens sonst in ihren Rechten betroffen sein können und deshalb ein subjektives **Recht auf gerechte Abwägung** ihrer Belange haben **(schlichte Rechtsbetroffene).** Beide Gruppen unterscheiden sich allerdings hinsichtlich des Umfangs, in dem sie Fehler des Planfeststellungsbeschlusses rügen können (s Rn 82). 77

b) Kontrolldichte. Die Verwaltungsgerichte können die Abwägung nur auf Rechts- oder Abwägungsfehler hin nachprüfen und Abwägungsmängel nicht durch Nachholen gebotener Ermittlungen oder Abwägungen heilen oder als „kompensiert" ansehen (BVerwGE 71, 168 = NJW 1986, 80; 85, 155 = DVBl 1990, 78

---

[54] Vgl unter Beschränkung allerdings auf Vorhaben von nur örtlicher Bedeutung, VGH München UPR 1990, 350 = NVwZ 1991, 391.

[55] BVerwG NVwZ 1991, 948; VGH München NVwZ 1986, 228; BayVBl 1990, 350; Murswiek JuS 1991, 429.

1170; Steinberg NVwZ 1986, 813; Kopp DVBl 1993, 683). **Formelle Fehler** können, sofern keine Heilung gem § 45 herbeigeführt wird, nur unter den Voraussetzungen des § 46, **Abwägungsfehler** nur nach Maßgabe des § 75 Abs 1 a zur Aufhebung des Planfeststellungsbeschlusses führen (s § 75 Rn 14 ff). Abwägungsfehler sind danach nicht erheblich, wenn der Fehler sich auf das Abwägungsergebnis nicht ausgewirkt haben kann. Dies ist in § 75 Abs 1 a nunmehr ausdrücklich geregelt, war aber auch schon bisher hM (BVerwGE 75, 251; VGH München BayVBl 1990, 150; vgl auch BVerwG DVBl 1988, 149 und 845; UPR 1989, 228).

79 **2. Anspruch auf gerechte Abwägung.** Die durch die Planfeststellung in ihren Rechten und zu berücksichtigenden individuellen Belangen betroffenen Bürger haben Anspruch darauf, dass erstens **keine subjektiven Rechte verletzt werden,** die ihnen nach den von der Planfeststellung zu beachtenden materiellrechtlichen Vorschriften zustehen. Zweitens besteht ein subjektives öffentliches **Recht auf Abwägung** ihrer **eigenen rechtlich geschützten Belange** (BVerwGE 48, 66; 56, 123; 87, 332, 342; BVerwG NVwZ 1985, 108).

80 **a) Beschränkung des Kontrollanspruchs auf eigene Belange.** Betroffene können nach hM grundsätzlich nur die Beeinträchtigung eigener Belange geltend machen, sofern diese rechtlichen Schutz genießen (BVerwGE 48, 66; VG Berlin UPR 1982, 102; Johlen DÖV 1989, 205; NVwZ 1989, 110; Wahl/Schütz in Schoch § 42 Abs 2 Rn 255). Der einzelne Bürger hat keinen Anspruch darauf, dass der Planfeststellungsbeschluss insgesamt, dh auch hinsichtlich der sonst betroffenen öffentlichen und privaten Belange ausgewogen ist (BVerwGE 56, 123; Mannheim DVBl 1982, 968; 1986, 365; krit Ramsauer DÖV 1981, 37). Wohl aber haben die Betroffenen Anspruch darauf, dass in ihre Rechte nur durch eine Planfeststellung eingegriffen wird, die durch hinreichende öffentliche oder private Interessen, denen nach den maßgeblichen gesetzlichen Regelungen und einer Abwägung der Belange, Vorrang vor ihren Rechten zukommt, gerechtfertigt ist, und dass der Eingriff nur auf Grund eines Verfahrens erfolgt, das die Feststellung und sachgemäße Abwägung aller insoweit möglicherweise relevanter Gesichtspunkte sicherstellt.[56] Insoweit kann auch zB die Nichtanhörung von Fachbehörden oder anderen Beteiligten zwar nicht als solche, wohl aber unter dem Gesichtspunkt einer Verletzung des Anspruchs auf gerechte Abwägung eine Verletzung der Rechte Betroffener darstellen.[57]

81 **b) Präklusion.** Der **Anspruch auf gerechte Abwägung entfällt** bei nicht rechtzeitiger bzw nicht ordnungsgemäßer Geltendmachung der eigenen Rechte bzw Belange auf Grund einer Präklusion nach § 73 Abs 4 S 2, unabhängig davon, ob der Behörde die Belange eines Bürgers bekannt sind oder sich ihr aufdrängen müssen. Voraussetzung für die Präklusion ist aber die ordnungsgemäße Durchführung des Anhörungsverfahrens (s § 73 Rn 81). Vom betroffenen Bürger, der seine Belange im Anhörungsverfahren nicht rechtzeitig geltend gemacht hat, kann der Mangel nicht mehr im Verfahren und uU auch nicht mehr mit einer Anfechtungs- oder Verpflichtungsklage geltend gemacht werden.[58] S § 73 Rn 80.

82 **3. Kontrollanspruch von Enteignungsbetroffenen.** Während einfache Planbetroffene stets nur verlangen können, dass ihre eigenen Rechtspositionen in der Abwägung fehlerfrei behandelt und berücksichtigt worden sind, haben die von

[56] BVerwGE 67, 74; 69, 271; 72, 25; BVerwG NJW 1983, 2459; NJW 1986, 2449; DÖV 1986, 76; BVerfG 53, 30 = NJW 1980, 759 (Mühlheim-Kärlich); Mannheim DÖV 1984, 896; Saarbrücken NuR 1992, 352; allg auch Schwabe DVBl 1984, 140; Bender DVBl 1984, 904; Ibler NuR 1989, 247.

[57] Vgl Weyreuther DÖV 1977, 425; Wolfram DÖV 1981, 611; Redeker, in: BVerwG-FS 1978, 523; Ramsauer DÖV 1981, 37; Skouris NJW 1981, 2727; Battis NJW 1982, 978.

[58] Vgl zur früheren Rechtslage Mannheim BauR 1992, 368; **aA** BVerwGE 90, 103; NJW 1984, 189; BayVBl 1986, 153; Buchh 451.22 AbfG Nr 28 mwN; Redeker NJW 1980, 1598.

der enteignungsrechtlichen Vorwirkung (s hierzu § 75 Rn 12) betroffenen Eigentümer einen **weitergehenden Kontrollanspruch.** Dieser setzt das Bestehen eines dinglichen Rechts voraus. Der Erwerber eines Grundstücks ist nur dann berechtigt, wenn zu seinen Gunsten zumindest eine Auflassungsvormerkung eingetragen ist und Nutzungen und Lasten auf ihn übergegangen sind; vorher ist nur der bisherige Eigentümer berechtigt (BVerwG NJW 1988, 1228). Eigentümer, die von der enteignungsrechtlichen Vorwirkung betroffen sind, können die **vollständige rechtliche Kontrolle** des Planfeststellungsbeschlusses erreichen, weil Enteignungen nur auf objektiv rechtmäßiger Grundlage hingenommen werden müssen (BVerwGE 69, 256, 270 = NVwZ 1984, 718; 72, 15, 25 = NVwZ 1985, 736; 74, 109 = NJW 1986, 2449; Wahl/Schütz in Schoch § 42 Abs 2 Rn 251). Insoweit reicht der Kontrollanspruch von Enteignungsbetroffenen weiter als derjenige von sonstigen Betroffenen. Allerdings setzt eine Aufhebung des Planfeststellungsbechlusses auch hier voraus, dass der Fehler des Planfeststellungsbeschlusses nicht durch eine Planergänzung behoben werden kann (§ 75 Abs 1 a). Ist ein ergänzendes Verfahren möglich, so wird im Rahmen einer Anfechtungsklage die Nichtvollziehbarkeit des Plans (anstelle der Aufhebung) ausgesprochen.

4. Klagemöglichkeiten anerkannter Naturschutzvereine. Nach der Neuregelung des Verbandsklagerechts in §§ 58 ff BNatSchG haben anerkannte Naturschutzvereine nunmehr zwei Möglichkeiten, ihre Rechte im Klagewege durchzusetzen. Nach wie vor besteht die Möglichkeit der sog **Partizipationsklage**, mit der sie die nach § 58 BNatSchG bzw nach den entsprechenden Bestimmungen in den Naturschutzgesetzen der Länder vorgesehenen Beteiligungsrechte durchsetzen können. Ein ohne die erforderliche Beteiligung erlassener Planfeststellungsbeschluss kann von den nicht oder nicht ausreichend beteiligten Vereinen angefochten werden (s hierzu näher § 73 Rn 137). Nach der **Neuregelung in § 61 BNatSchG** haben anerkannte Naturschutzvereine darüber hinaus die Möglichkeit, unter den Voraussetzungen des § 61 Abs 2–4 BNatSchG alle Rechtsbehelfe der VwGO gegen Planfeststellungsbeschlüsse über Vorhaben, die mit Eingriffen in Natur und Landschaft verbunden sind (§ 61 Abs 1 Nr 2 BNatSchG) zu ergreifen. Dasselbe gilt gegenüber Plangenehmigungen, für die eine Öffentlichkeitsbeteiligung vorgesehen ist. Die Länder können nach § 61 Abs 5 BNatSchG weitergehende Regelungen erlassen. 83

VIII. Der Planfeststellungsbeschluss (Abs 1)

1. Allgemeines. a) Planfeststellung des Vorhabens. Die Planfeststellungsbehörde stellt nach Abs 1 S 1 den Plan fest. Positiv geregelt ist damit an sich nur der Fall, in dem der auf die Planfeststellung gerichtete Antrag Erfolg hat. Dies setzt voraus, dass sämtliche formellen und materiellen Voraussetzungen für den Erlass des Planfeststellungsbeschlusses vorliegen und die Planfeststellungsbehörde bei Betätigung des Planungsermessens zu einem für den Antrag positiven Ergebnis gelangt ist. In diesem Fall entscheidet die Planfeststellungsbehörde mit der Feststellung des Plans gem Abs 2 S 1 zugleich über die Einwendungen, über die keine Einigung erzielt worden ist (vgl Rn 95 ff) und legt diejenigen Vorkehrungen und Einrichtungen fest, die der Vorhabenträger zum Wohl der Allgemeinheit oder zur Vermeidung nachteiliger Wirkungen auf Rechte Dritter herstellen muss, wenn der das Vorhaben verwirklicht (Abs 2 S 2). Diese Anordnungen haben teilweise den Charakter von Nebenbestimmungen, teilweise handelt es sich aber auch um inhaltliche Modifizierungen des Antrags[59] (s näher Rn 106). 84

b) Ablehnung der Planfeststellung. Unter Planfeststellungsbeschluss iS von § 74 ist nur ein Beschluss, mit dem die Zulässigkeit des Vorhabens (vgl § 75 Abs 1) 85

[59] StBS 86; Knack 17; MB 29 f; Obermayer 80.

festgestellt wird, zu verstehen. VA-Charakter hat auch die Ablehnung der beantragten Planfeststellung aus formellen oder materiellen Gründen, einschließlich einer Abweisung vor Durchführung des Verfahrens gem § 73 Abs 2ff wegen unzulänglicher Planunterlagen oder wegen Fehlens formeller Verfahrensvoraussetzungen (str; wie hier StBS 19; differenzierend UL § 41 Rn 19). Anwendbar sind auch bei Ablehnung der Planfeststellung die Abs 3–5, obwohl diese offensichtlich primär auf positive Entscheidungen hin konzipiert sind (**aA** Knack 52: bei Versagung der Planfeststellung nur Benachrichtigung Betroffener gem § 74 Abs 1 iV mit § 69 Abs 3). Deshalb bedarf es auch für den Rechtsschutz bei Ablehnung des Antrags keines Vorverfahrens (StBS § 70 Rn 5).

86 **c) Beendigung des Planfeststellungsverfahrens ohne Sachentscheidung.** Erledigt sich das Planfeststellungsverfahren durch Rücknahme des Antrags des Trägers des Vorhabens oder auf andere Weise, so hat aber die Planfeststellungsbehörde das Verfahren einzustellen (str, s zur Frage der Verfahrenseinstellung durch VA § 9 Rn 35) und dies den Betroffenen sowie denjenigen, die Einwendungen erhoben haben, auch wenn darüber noch nicht entschieden ist, gem § 75 Abs 1 iV mit § 69 Abs 3 bekanntzugeben. Zuständig für die Einstellung des Verfahrens und die Mitteilung an die Betroffenen ist, auch wenn die Erledigung schon vor Abschluss des Anhörungsverfahrens (§ 73 Abs 9) eingetreten ist, stets die Planfeststellungsbehörde (zT **aA** Knack 52: bis zur Vorlage die Anhörungsbehörde).

87 **Die Bekanntgabe der Einstellung** bzw die Mitteilung an die Betroffenen nach § 69 Abs 7, die zugleich als Bekanntgabe der Einstellung zu werten ist, kann formlos durch individuelle Mitteilung erfolgen (ebenso Knack 53). Im Übrigen ist jedoch auch auf die Mitteilung Abs 4 S 2f und in Verfahren, in denen mehr als 50 Mitteilungen erfolgen müssen, Abs 5 zumindest analog anzuwenden (ebenso Knack 53).

88 **2. Formelle Anforderungen. a) Schriftform.** Nach Abs 1 erfolgt die Planfeststellung durch VA, nämlich durch den Planfeststellungsbeschluss, für den mit Ausnahme der Besonderheiten hins der Bekanntgabe gem Abs 4 im Wesentlichen dieselben formellen Erfordernisse gelten wie für Entscheidungen im förmlichen Verfahren nach § 69. Insb ist danach der Beschluss entspr § 69 Abs 2 schriftlich zu erlassen und, sofern nicht von einer Begründung nach § 69 Abs 2, 2. Halbs abgesehen werden darf, schriftlich zu begründen. Zum Erlass in elektronischer Form s § 3a Abs 2.

89 **b) Bestimmtheit.** Wie für sonstige VAe gilt auch für den Planfeststellungsbeschluss zB das Gebot **hinreichender inhaltlicher Bestimmtheit** gem § 37 Abs 1. Insb müssen Art und Umfang des Vorhabens, die Art der Durchführung, etwaige Nebenbestimmungen (s Abs 2 S 2ff) und Vorbehalte (s Abs 3) usw eindeutig festgelegt werden (Knack 29 mwN). Zur näheren Bestimmung kann auf eindeutig bezeichnete Pläne, Beschreibungen und Verzeichnisse usw, Bezug genommen werden (VGH Kassel UPR 1989, 80), die dadurch Teil des Planfeststellungsbeschlusses werden und an dessen rechtsgestaltender Wirkung teilnehmen (BVerwGE 28, 139). Werden gem Abs 2 S 1 **Einwendungen zurückgewiesen,** so muss auch dies sich aus dem Inhalt, grundsätzlich aus dem Tenor, jedenfalls aber aus der Begründung zweifelsfrei ergeben (Knack 30). Die Adressaten müssen nicht namentlich, mit Adresse usw bezeichnet werden; es genügt insoweit eine pauschale Bezeichnung, zB als Grundstückseigentümer in einem bestimmten Gebiet (VG München NJW 1981, 475; Grimm BayVBl 1981, 559; **aA** Geiger NJW 1981, 1995). Entsprechendes gilt auch für die Bezeichnung der Einwender und der Einwendungen und für die Offenbarung persönlicher oder wirtschaftlicher Verhältnisse.

90 **c) Begründung.** Der Planfeststellungsbeschluss ist nach Abs 1 S 2 iV mit § 69 Abs 2 S 1 zu begründen. Hierfür gilt im Einzelnen § 39 Abs 1. Nach § 69 Abs 2 S 1, 2. Halbs kann die Begründung nur in dem Fall des § 39 Abs 2 Nr 1 entfallen.

Die übrigen Fälle des § 39 Abs 2 sind nach Sinn und Zweck des Planfeststellungsbeschlusses nicht anwendbar (so wohl auch Knack 31). Auch wenn man den Planfeststellungsbeschluss als ein Bündel gleichartiger VAe iS dieser Vorschrift ansieht (vgl oben Rn 10), wäre es jedenfalls in Fällen, in denen mit der Planfeststellung Eingriffe in bestehende Rechte verbunden sind, als fehlerhaft anzusehen, wenn die Behörde unter Berufung darauf von einer Begründung absehen würde.

Die Begründung muss die wichtigsten Fragen ansprechen.[60] Sie muss insb die Erwägungen wiedergeben, die insoweit für die Behörde maßgeblich waren, und dabei auch auf sich anbietende oder aufdrängende Planungsvarianten und ihre Abwägung und auf die wichtigsten gegen den Plan erhobenen Einwendungen und Bedenken (BVerwGE 75, 239: die Zurückweisung von Einwendungen ist zu begründen) eingehen. Die Begründung muss sich auch auf die Frage beziehen, ob der Plan und ggf gegenüber welchen Grundstücken nur im Wege einer Enteignung verwirklicht werden kann (Korbmacher DÖV 1982, 526; s auch BVerwGE 61, 304). Grundsätzlich erforderlich ist, dass die Begründung auch darlegt, warum im Rahmen der Erörterung nach § 73 Abs 6 behandelte Planungsalternativen ausgeschlossen wurden, sofern dies nicht offensichtlich ist (BVerwGE 75, 239). Im Übrigen gelten für die Begründung die allgemeinen Bestimmungen. 91

Eine fehlende oder unvollständige Begründung kann auch noch nach Erhebung der Klage nachgeholt werden. Dies war vor Erlass des GenBeschlG nicht möglich (VGH Mannheim NuR 1987, 269; UL § 41 Rn 36). Die nachgeholte Begründung muss auf dieselbe Weise bekanntgegeben werden wie der Planfeststellungsbeschluss bzw dessen unvollständige oder fehlerhafte Begründung bekanntzugeben war. Die bloße zusätzliche Auslegung genügt nicht. 92

3. Verzicht auf das Vorverfahren (Abs 1 S 2). Die Vorschrift regelt den Rechtsschutz gegen Planfeststellungsbeschlüsse nur im Hinblick auf das Vorverfahren, indem die Regelung des § 70 für anwendbar erklärt wird. Danach ist gegen den Planfeststellungsbeschluss unmittelbar, dh ohne vorausgegangenes Vorverfahren nach §§ 68 ff VwGO, die verwaltungsgerichtliche Klage gegeben; das gilt **auch für Klagen gegen Anordnungen** gem § 74 Abs 2 S 2 und 3 (StBS 166, § 70 Rn 5; Knack 56) und gegen nachträgliche Anordnungen gem § 75 Abs 2 UL § 42 Rn 5; Johlen DVBl 1989, 290). Gleiches gilt nach hM **auch für Verpflichtungsklagen** auf Erlass des Planfeststellungsbeschlusses (Obermayer 15, 195) sowie für Klagen Drittbetroffener auf **Planergänzung,** insb auf Schutzanordnungen und sonstige Vorkehrungen gem § 74 Abs 2 S 2 und 3 oder § 75 Abs 2 (Johlen DVBl 1989, 290). Da der Beschluss ua auch Personen zuzustellen ist, die kein Klagerecht haben (s 145), ist es zur Vermeidung von Missverständnissen und Kostenfolgen (§ 155 Abs 5 VwGO) zweckmäßig, in der Rechtsbehelfsbelehrung auf die Notwendigkeit einer Klagebefugnis nach § 42 Abs 2 VwGO hinzuweisen (vdGK 4.1). 93

Der Ausschluss eines Vorverfahrens gilt auch für Klagen in Bezug auf **Planänderungen** gem § 76,[61] **Planaufhebungsbeschlüssen** gem § 77 S 1, auf **Abwicklungsauflagen** gem § 77 S 2 oder auf Schutzmaßnahmen gem § 77 S 3 (Knack 57). Auf Anfechtungsklagen anerkannter Naturschutzvereine wegen Verletzung ihres Beteiligungsrechts nach § 58 BNatSchG bzw entspr landesrechtlichen Regelungen bedürfen keines Vorverfahrens. 94

---

[60] BVerwGE 75, 239 = DVBl 1987, 584; BVerwG DVBl 1980, 1000; VGH München BayVBl 1983, 372: bei gravierenden Eingriffen nähere Begründung erforderlich; Broß VerwArch 1984, 432; Korbmacher DÖV 1982, 526; Heinze NVwZ 1986, 88.

[61] Vgl Knack 57; Paetow DVBl 1985, 379; Schröder/Steinmetz-Maaz DVBl 1992, 28; ferner BVerwGE 61, 307; Mannheim NuR 1991, 338.

IX. Entscheidung über Einwendungen (Abs 2 S 1)

95 **1. Allgemeines.** Nach Abs 2 S 1 ist im Planfeststellungsbeschluss zugleich auch über die Einwendungen zu entscheiden, über die im Anhörungsverfahren keine Einigung erzielt wurde und die deshalb aufrechterhalten blieben, auch zB Einwendungen, die nur für den Fall aufrechterhalten wurden, dass die Planfeststellung nicht in einem bestimmten, für den Einwender günstigen Sinn erfolgt, wie dies für die meisten Einwendungen der Fall ist, da die Anhörungsbehörde idR nicht befugt ist, insoweit bestimmte Zusagen zu geben. Dies gilt nach dem Wortlaut und Zweck der Regelung für alle (nicht erledigten) Einwendungen, die Gegenstand des Erörterungsverfahrens waren. Voraussetzung für eine sachliche Bescheidung von Einwendungen ist immer, dass die Einwender insoweit einwendungsbefugt (s hierzu § 73 Rn 61) sind (StBS 81; Knack 15). Zur Berücksichtigung von Einwendungen Privater, die mit öffentlichen Belangen oder Belangen Dritter begründet werden, wenn jedenfalls im Ergebnis auch eine eigene Rechtsposition des Einwenders betroffen ist, vgl § 73 Rn 62. Die Zurückweisung einer zulässigen Einwendung setzt voraus, dass gegenläufigen Interessen im Rahmen der Abwägung berechtigterweise der Vorzug gegeben wird (BVerwG NJW 1991, 157).

96 **a) Einvernehmlich erledigte Einwendungen.** Als Einigung im Anhörungsverfahren iS von Abs 2 S 1 ist es auch anzusehen, wenn der Einwender sich für den Fall, dass bestimmte Auflagen uä gemacht werden, mit dem Planfeststellungsbeschluss einverstanden erklärt hat, und die Planfeststellungsbehörde eine entsprechende Regelung trifft; denn die Anhörungsbehörde hat idR keine Befugnis, verbindliche Regelungen zu treffen oder Zusagen zu geben. Über Einwendungen ist nicht nur dann zu entscheiden, wenn die Behörde sie als unzulässig oder unbegründet ansieht und sie deshalb zurückweist, sondern auch, wenn sie ihnen im Planfeststellungsbeschluss voll Rechnung trägt; in diesem Fall genügt es jedoch, wenn in der Begründung des Beschlusses entsprechende Ausführungen gemacht werden.

97 **b) Unzulässige Einwendungen.** Die Pflicht einer Entscheidung über alle Einwendungen, über die bei der Erörterung keine Einigung erzielt worden ist, betrifft grundsätzlich sämtliche Einwendungen ohne Rücksicht auf ihre Zulässigkeit (so zutr Obermayer 77; **aA** 7. Aufl). Die Gegenmeinung schließt aus der Formulierung, wonach die Bescheidungspflicht nur solche Einwendungen betrifft, über die keine Einigung erzielt worden ist, dass nur erörterungspflichtige Einwendungen erfasst werden (so wohl StBS 81). Rechtssicherheit und Rechtsklarheit erfordern dagegen, dass sämtliche Einwendungen beschieden werden, auch solche, die verspätet erhoben wurden, die formell unzulässig waren und für die eine Einwendungsbefugnis fehlt. Diese werden im Planfeststellungsbeschluss als unzulässig zurückgewiesen; eine sachliche Befassung erfolgt nicht (ähnlich wohl Knack 15). Werden unzulässige Einwendungen gleichwohl sachlich beschieden, so führt das nicht zu einer Verbesserung der Rechtsposition der Einwender. Insbesondere werden die Wirkungen der Präklusion nach § 73 Abs 4 S 3 dadurch nicht wieder aufgehoben.

98 **c) Form der Entscheidung, Begründung.** Eine förmliche Entscheidung über jede einzelne Einwendung im Tenor des Beschlusses ist nicht erforderlich. Ausreichend ist es, wenn im Tenor insoweit auf die Gründe des Planfeststellungsbeschlusses verwiesen wird. Aus dem Tenor muss aber hervorgehen, dass über die Einwendungen entschieden wurde. In der Begründung des Beschlusses muss dargelegt werden, welche Einwendungen als unzulässig behandelt worden sind (s oben Rn 97), welchen Einwendungen ganz oder teilweise Rechnung getragen worden ist und welche zurückgewiesen wurden. Dabei ist es zulässig, die Einwendungen zu nummerieren und im Beschluss lediglich die Nummern anzugeben, wenn die Betroffenen aufgrund eines entsprechenden Verzeichnisses unschwer ermitteln können, welche Nummer die von ihnen erhobene Einwendung trägt.

Dies ermöglicht auch die uU erforderliche Anonymisierung. Die **Begründung für die Nichtberücksichtigung** zulässiger Einwendungen muss für die Betroffenen hinreichend nachvollziehbar sein (Knack 30).

d) Rechtsschutz gegen die Zurückweisung von Einwendungen. 99
Rechtsschutz ist nur gegeben, wenn derjenige, der die Einwendung vorgebracht hat, zugleich iS des § 42 Abs 2 VwGO auch in der Sache dadurch in seinen Rechten betroffen ist. Die Anhörung als solche wie auch die Erörterung von Einwendungen und die Entscheidung über Einwendungen begründen für sich allein kein Klagerecht (vgl § 73 Rn 69). Seit der Änderung des § 73 Abs 4 durch das GenBeschlG ist das Klagerecht ausgeschlossen, wenn und soweit die Betroffenen es unterlassen haben, die Einwendungen rechtzeitig zu erheben (s § 73 Rn 80).

2. Einwendungen aus privatrechtlichen Titeln. Soweit sich Einwender auf 100–104
privatrechtliche Titel, zB vertragliche oder dingliche Ansprüche gegenüber dem Vorhabenträger berufen (vgl zB Obermayer 118), kommt eine Entscheidung darüber nur insoweit in Betracht, als der Planfeststellungsbeschluss sich auf diese Titel auswirken kann. Bleiben sie unberührt, bedarf es einer Entscheidung nicht. Werden sie dagegen betroffen, wird die Behörde diese Titel aus ihrer Entscheidung idR ausklammern und der privatrechtlichen Klärung vorbehalten. Ähnliches gilt für sonstige private Rechte, wie zB das Eigentum oder andere dingliche Rechte an Flächen, die für das Vorhaben benötigt werden. Ein Planfeststellungsbeschluss lässt diese Rechte in ihrer Substanz unberührt. Werden sie für das Vorhaben benötigt, so müssen sie ggfs in einem nachfolgenden Enteignungsverfahren enteignet werden. Der Planfeststellungsbeschluss entfaltet allerdings auch diesen Rechten gegenüber Wirkungen, zB durch den Ausschluss von Unterlassungsrechten nach § 75 Abs 2 S 1 oder die enteignungsrechtliche Vorwirkung. Über diese ist, wenn entsprechende Einwendungen erhoben wurden, im Rahmen des Abs 2 S 1 zu entscheiden. Dasselbe gilt für sonstige Nachteile, die die Inhaber dinglicher Rechte gegen das Vorhaben einwenden.

X. Entscheidung über Schutzauflagen und -vorkehrungen (Abs 2 S 2)

1. Allgemeines. Abs 2 S 2 ermächtigt und verpflichtet die Planfeststellungsbe- 105
hörde, zum Wohle der Allgemeinheit oder im Interesse Dritter dem Träger des Vorhabens im Planfeststellungsbeschluss bestimmte Schutzvorkehrungen usw zur Verhinderung, Minderung oder zum Ausgleich der Folgen des Vorhabens und der damit verbundenen Situationsveränderungen in der Umgebung des Vorhabens, nicht auch zum Ausgleich von Eingriffen zB in das für das Vorhaben selbst benötigte Grundeigentum (BVerwGE 50, 287 = DVBl 1977, 285; BVerwG NJW 1980, 413; 1981, 241), aufzuerlegen.[62] Diese Befugnis ist das wichtigste Mittel der Behörde zum Ausgleich widerstreitender Interessen bei Planfeststellungen (BVerwGE 41, 180; 85, 49) und insoweit eine Folgerung aus dem Abwägungsgebot (oben Rn 50ff). Abs 2 S 2 dient zugleich auch dem Schutz des Antragstellers dagegen, dass das Vorhaben wegen der davon ausgehenden Nachteile scheitert, obwohl diese durch geeignete Auflagen zumutbar beschränkt oder ausgeglichen werden können (Mößle BayVBl 1982, 196). Die Möglichkeit, etwaige Nachteile des Vorhabens durch geeignete Vorkehrungen ganz oder teilweise zu verhindern oder auszugleichen, ist **bei der Abwägung der Belange zu berücksichtigen;** geschieht dies nicht, so liegt ein Abwägungsfehler vor (BVerwG NVwZ 1985,

[62] S dazu im einzelnen Fickert, in: BVerwG-FS 1978, 153ff; Engelhardt BayVBl 1981, 390; Mößle BayVBl 1982, 193; Kastner DVBl 1982, 669; Korbmacher DÖV 1974, 552; 1982, 517; Heinze BayVBl 1981, 649; Schwabe DVBl 1984, 140.

108). Die Betroffenen haben Anspruch darauf, dass durch Schutzvorkehrungen auch solche Nachteile eines geplanten Vorhabens verhindert werden, die die Enteignungsschwelle nicht erreichen (s näher unter Rn 112ff).

106 **2. Begriff, Rechtsnatur.** Der Begriff der Vorkehrungen und Anlagen in Abs 2 S 2 ist in einem weiten Sinn zu verstehen (BVerwGE 69, 277 = NVwZ 1984, 722). **Ihrer Rechtsnatur nach** handelt es sich bei den zu treffenden Anordnungen, sofern durch besondere Rechtsvorschriften nichts anderes vorgesehen oder zugelassen ist, idR um Nebenbestimmungen zum Planfeststellungsbeschluss, die allerdings ebenso wie zB die modifizierende Auflage iS des § 36 auch zu einer sachlichen Beschränkung des Vorhabens oder seiner Nutzbarkeit führen können.[63]

107 **a) Schutzvorkehrungen und Anlagen.** Die Befugnis nach Abs 2 S 2 unterscheidet nicht danach, ob die Vorkehrungen und Anlagen sich unmittelbar auf das planfestzustellende Vorhaben beziehen oder auf die Umgebung, insbes Grundstücke der betroffenen Dritten. Eine **Unterscheidung von aktiven und passiven Schutzvorkehrungen**, wie sie im Immissionsschutzrecht üblich ist, wird nicht vorgenommen. Diese Unterscheidung spielt aber gleichwohl auch im Planfeststellungsrecht eine wesentliche Rolle. Dies gilt zunächst einmal für den Verkehrslärmschutz, für den sich aus §§ 41 ff ein Vorrang der aktiven Lärmschutzmaßnahmen an der Lärmquelle ergibt, im Übrigen aber auch insoweit, als passive Schutzvorkehrungen idR für den Betroffenen ungünstiger sind als aktive, durch welche der Schutz vor nachteiligen Auswirkungen der Anlage zumeist effektiver bewirkt werden kann.

107 a **b) Inhaltliche Änderungen des Vorhabens.** Grundsätzlich nicht unter Abs 2 S 2 fallen Anordnungen, die zu einer Änderung des Vorhabens selbst zwingen, also etwa die Anordnung, eine geplante Straße in einem Tunnel oder über eine Brücke zu führen (Mößle BayVBl 1981, Alexander NVwZ 1991, 323). Gleiches gilt für die Verlegung einer Trasse (OVG Münster DÖV 1983, 212), für die sonstige Veränderung eines Standortes, für die Dimensionierung der geplanten Anlage usw. Derartige Änderungen können nicht nach Abs 2 S 2 angeordnet werden. Sind sie nach Auffassung der Planfeststellungsbehörde erforderlich, um den notwendigen Schutz der Allgemeinheit oder betroffener Dritter zu gewährleisten, dann besteht nur die Möglichkeit, den Antragsteller zu einer Änderung seines Antrags zu bewegen (vgl § 73 Abs 7), oder den Antrag abzulehnen.

108 **c) Beispiele.** Unter Abs 2 S 2 fallen alle Maßnahmen, die geeignet sind, negative Auswirkungen des Vorhabens für die Allgemeinheit oder für Einzelne, insb für die Anlieger, aufzuheben, auszugleichen oder zu vermindern (StBS 88; Obermayer 81). In Betracht kommen unter dem Gesichtspunkt der Anlagen zB auch die **Schaffung von Ersatzwegen** (BVerwG DÖV 1983, 167 mwN; UL § 41 Rn 27) oder von neuen Zufahrten, wenn durch das Vorhaben bisher vorhandene Verbindungen zum öffentlichen Wegenetz unterbrochen werden (BVerwGE 58, 158; BVerwG DÖV 1982, 329); die Herstellung einer Unterführung unter einem Straßenkörper, wenn dies erforderlich ist, um unzumutbare Umwege für die Betroffenen zu vermeiden; die Errichtung und Unterhaltung von Schutzgräben, Schutzgittern, **lärmdämpfenden Fahrbahnbelägen** (Alexander NVwZ 1991, 323), Lärmschutzmauern oder **Lärmschutzwällen,**[64] Stützmauern usw; die Bepflanzung von Böschungen; die Herstellung von Anlagen, die verhindern, dass

---

[63] BVerwGE 91, 18: Bestandteil des Planfeststellungsbeschlusses; BVerwG NVwZ 1989, 754; VGH Mannheim NVwZ-RR 1994, 197; OVG Bremen NVwZ-RR 1994, 190; Ronellenfitsch VerwArch 1989, 106; Obermayer 80; UL § 41 Rn 31: inhaltliche Einschränkungen; StBS 87; zu eng Knack § 75 Rn 42: Auflage iS des § 36 Abs 2 Nr 4.

[64] BVerwGE 69, 277; 75, 243; 87, 340; BVerwG NVwZ-RR 1991, 131; VGH Mannheim NJW 1972, 1589; VGH München NuR 1992, 85.

Autos abstürzen (BGH NJW 1978, 1259), usw. Andere Vorkehrungen sind zB eine dinglich wirkende **Begrenzung der Benutzung der Anlage,** für die der Plan festgestellt werden soll (BVerwGE 69, 272 = NVwZ 1984, 722; 75, 215 = NVwZ 1987, 578) zB in zeitlicher Hinsicht oder in Bezug auf den Umgang mit bestimmten Stoffen. Dies setzt aber voraus, dass nach dem Gesetz, auf Grund dessen die Planfeststellung erfolgt, auch der Betrieb der Anlage Gegenstand der Planfeststellung ist oder sein kann (kritisch Blümel VerwArch 1992, 163) – oder sonstige betriebsregelnde Maßnahmen; nicht dagegen die Bereitstellung von Ersatzland (BVerwG NJW 1981, 241).

d) Anordnungen nach der naturschutzrechtlichen Eingriffsreglung. 109
Nicht unmittelbar anwendbar ist Abs 2 S 2 auf naturschutzrechtliche Ausgleichsmaßnahmen gem § 19 Abs 2 und 3 BNatSchG oder nach entsprechenden Vorschriften der Naturschutzgesetze der Länder mit oder ohne unmittelbaren räumlichen Zusammenhang mit dem planfestgestellten Vorhaben. Da hierüber aber auf Grund der Konzentrationswirkung der Planfeststellung gem § 75 Abs 1 S 1 ebenfalls im Planfeststellungsbescheid entschieden werden muss, ist § 74 Abs 2 S 2 jedenfalls analog anwendbar.[65] Entsprechendes gilt für Gesetze, die in mit Abs 2 S 2 ff vergleichbarer Weise die behördliche Anordnung von realen Ausgleichsmaßnahmen oder von Geldentschädigung vorschreiben.

3. Festsetzungserfordernis. Die Festsetzung der Schutzanordnungen muss 110
grundsätzlich **im Planfeststellungsbeschluss selbst,** zumindest dem Grunde nach erfolgen (BVerwGE 58, 158; 71, 173 = NJW 1986, 80; BVerwG NJW 1981, 2140; BGH JZ 1986, 181). Notwendig sind mindestens Festlegungen hins der Art, Lage usw der Schutzvorkehrungen (BVerwG DÖV 1985, 790); die nähere Konkretisierung kann unter den Vorbehalt einer abschließenden Entscheidung nach Abs 3 gestellt werden, wenn genauere Festlegungen noch nicht möglich sind (s hierzu unter Rn 138). Voraussetzung hierfür ist aber, dass sich im Zeitpunkt der Planfeststellung noch nicht voll übersehen lässt, welche Auflagen und sonstigen Anordnungen gem Abs 2 S 2 erforderlich sind, sowie dass die in Frage kommenden Vorkehrungen oder Anlagen die Grundzüge der Planung sowie ihre Ausgewogenheit nicht mehr berühren können.[66] Zu Auflagen usw, deren Erforderlichkeit erst nachträglich erkennbar wird, s § 75 Abs 2–4.

4. Verpflichteter der Anordnungen. Nicht wesentlich für den Begriff der 111
Schutzvorkehrungen oder sonstigen Anlagen ist, dass deren Erstellung und ggf Unterhaltung usw im Planfeststellungsbeschluss durch den Träger des Vorhabens vorgenommen wird (vgl BVerwG NVwZ 1989, 255 = DVBl 1989, 358; VGH Mannheim DVBl 1990, 109; Kühling DVBl 1989, 227; Wahl NVwZ 1990, 440). Der Planfeststellungsbeschluss kann insoweit uU auch sich darauf beschränken, nur die Maßnahme als solche bestimmen und anzuordnen, dass dem Begünstigten die entstehenden Kosten zu ersetzen sind (BVerwG NVwZ 1989, 255), zB die Kosten für den Einbau von Schallschutzfenstern (BVerwGE 87, 353; NVwZ 1989, 255 = DÖV 1990, 349), einer Klimaanlage (VGH Kassel NVwZ 1993, 1001) usw. Auch bei derartigen passiven Schutzvorkehrungen handelt es sich um Anordnungen nach Abs 2 S 2, nicht um Entschädigungsregelungen nach Abs 2 S 3 (BVerwG NVwZ 1989, 255 = DVBl 1989, 358); anders bei den unter Abs 2 S 3 fallenden Ausgleichsleistungen für den Erwerb von Ersatzland bzw unmittelbar bei Zurver-

---

[65] Vgl BVerwGE 85, 348; VGH Mannheim VBlBW 1992, 427; vgl auch BVerwGE 85, 348; Paetow NuR 1986, 147.

[66] Begr 89; BVerwGE 61, 307, insb 312; 71, 162; VGH Mannheim DVBl 1986, 364; VGH München DVBl 1990, 120; Obermayer 84; Knack § 75 Rn 6.2.3; UL § 41 Rn 32: die Entscheidung über erforderliche Schutzauflagen muß immer im Planfeststellungsbeschluß selbst getroffen werden, Vorbehalte nach Abs 2 S 2 können sich nicht zu Lasten Dritter auswirken; kritisch dazu Fickert 165; vgl auch MB 30; Engelhardt BayVBl 1981, 395.

fügungstellung von Ersatzland. Adressat einer Anordnung nach Abs 2 S 2ff ist in jedem Fall **der Träger des Vorhabens,** der grundsätzlich auch die Kosten dafür zu tragen hat. Dritten können, auch soweit die Maßnahme zugleich auch zu ihren Gunsten wirkt, grundsätzlich Kosten nicht auferlegt werden (BVerwGE 58, 281 = NJW 1980, 2266; Ronellenfitsch VerwArch 1989, 106); anders uU, wenn die Schutzmaßnahme zugleich auch besonderen anderen Interessen der Betroffenen dient, die nicht unter Abs 2 S 2 fallen und für die deshalb idR deren anteilige Beteiligung an den Kosten bzw die Übernahme der Mehraufwendungen analog § 254 BGB in Betracht kommt.[67]

112 **5. Voraussetzungen der Anordnung nach Abs 2 S 2.** Die Planfeststellungsbehörde hat nach Abs 2 S 2 dem Vorhabenträger diejenigen Vorkehrungen und Anlagen aufzuerlegen, die zum Schutz der Allgemeinheit oder zur Vermeidung nachteiliger Wirkungen auf Rechte anderer erforderlich sind. Ähnliche Regelungen enthalten die meisten Fachplanungsgesetze (vgl zB § 9 LuftVG, § 31 Abs 4 S 2 WHG). Diese speziellen Bestimmungen des Fachplanungsrechts gehen der Regelung in Abs 2 S 2 vor. Zu beachten sind außerdem spezielle fachrechtliche Regelungen, die zu einer inhaltlichen Modifizierung der Regelung in Abs 2 S 2 führen, wie zB §§ 41ff BImSchG für den Lärmschutz an Straßen und Schienenwegen. Insgesamt dienen diese Regelungen sämtlich dem angemessenen Ausgleich entgegengesetzter Interessen und sind somit auch Ausfluss des allgemeinen rechtsstaatlichen Abwägungsgebots (Obermayer 79).

113 **a) Erforderlichkeit zum Wohl der Allgemeinheit.** Unter den Begriff des Allgemeinwohls fallen alle öffentlichen Belange. Geschützt sind sämtliche öffentliche Interessen, nicht nur diejenigen, die im jeweiligen Fachplanungsgesetz zum Ausdruck gelangen.[68] Voraussetzung ist aber, dass sie von der Rechtsordnung als schützenswerte Interessen anerkannt sind. Eine saldierende Betrachtung ist in diesem Zusammenhang nicht zulässig. Deshalb dürfen zB Beeinträchtigungen des Wasserhaushalts nicht deshalb hingenommen werden, weil das Vorhaben dem öffentlichen Verkehr oder sonstigen Infrastrukturinteressen dient.[69] Es kommt nicht darauf an, ob insoweit eine spezielle Wahrnehmungszuständigkeit der Planfeststellungsbehörde besteht.[70] Zum Wohl der Allgemeinheit gehört insb auch die **Wahrung der öffentlichen Sicherheit und Ordnung** und die Abwehr von Gefahren, die diesen Rechtsgütern drohen (vgl BVerwGE 42, 154; 56, 248, 257); außerdem aber immer auch der **Schutz der Grundrechte,** wenn auch uU nur eines Grundrechts eines Einzelnen, vor Verletzung,[71] und die Rücksicht auf schutzwürdige Individualinteressen (vgl BVerwGE 52, 122).

114 **b) Nachteilige Wirkungen auf Rechte anderer.** Rechte iS von Abs 2 S 2 sind alle von der Rechtsordnung geschützten Rechte; dazu gehören insb das Eigentum iS von Art 14 GG (s dazu auch zB BVerwG DÖV 1990, 349: auch die zum Wohnen im Freien geeigneten und bestimmten unbebauten Flächen eines Wohngrundstücks), das Recht auf körperliche Unversehrtheit, auf Entfaltung der Persönlichkeit, sonstige absolute Rechte iS von § 823 Abs 1 BGB (Knack § 75

---

[67] Vgl Hamburg DVBl 1986, 1011; Goerlich DVBl 1988, 1011; zur vergleichbaren Situation beim Folgenbeseitigungsanspruch BVerwGE 82, 24 = DVBl 1989, 876: analoge Anwendung von § 254 BGB.

[68] Vgl BVerwGE 51, 13; Knack § 75 Rn 68; Obermayer 82: alle öffentlichen Belange.

[69] Vgl BVerfG 64, 70 = NJW 1983, 1307; 71, 352; BVerwGE 70, 244; 90, 42 = DVBl 1992, 713; missverständlich BVerwGE 90, 100 = DVBl 1992, 1233: ob das Wohl der Allgemeinheit beeinträchtigt ist, ist anhand einer Abwägung der für und gegen das Vorhaben sprechenden öffentlichen Belange zu beurteilen.

[70] BVerwGE 41, 189; 56, 71 = DÖV 1978, 921; zT **aA** zu § 6 WHG BVerwG 55, 220 = BayVBl 1978, 341; weniger eng nunmehr auch BVerwGE 81, 349 = DÖV 1989, 769.

[71] BVerfG 64, 70 = NJW 1983, 1307; 71, 352; BVerwG NJW 1988, 403: die Verletzung eines Grundrechts berührt zugleich das Gemeinwohl.

Rn 44) usw,[72] die Planungshoheit einer betroffenen Gemeinde (vgl BVerwGE 69, 256 = NVwZ 1984, 719: Schutzauflage gegen Fluglärm). Keine Schutzvorkehrungen können wegen einer Beeinträchtigung von rechtlich nicht weiter geschützten wirtschaftlichen oder sonstigen Interessen verlangt werden, auch wenn sie bei der Abwägung grundsätzlich zu berücksichtigen sind.[73]

aa) Begriff des Nachteils. Dieser ist in einem umfassenden Sinn zu verstehen (BVerwGE 50, 287 f = NJW 1976, 1987; vgl auch BVerwG NJW 1980, 1065). Darunter fallen nicht nur Eingriffe in geschützte Rechtsgüter bzw Rechte sowie entsprechende Gefährdungen, sondern auch Belästigungen, die den Betroffenen mit Rücksicht auf die Qualität des Gebiets, die konkreten tatsächlichen Verhältnisse, die Schutzwürdigkeit und Schutzbedürftigkeit usw billigerweise nicht ohne Ausgleich zuzumuten sind.[74] Ob ein Nachteil erheblich iS der Regelung ist, ist danach zu beurteilen, ob er angesichts der **Schutzbedürftigkeit und Schutzwürdigkeit der Rechte oder Rechtsgüter,** auf die er sich auswirkt, den Betroffenen noch zugemutet werden kann, ohne dass Schutzvorkehrungen angeordnet werden oder Entschädigung erfolgt (BVerwG NJW 1990, 929; DÖV 1990, 343 Nr 63 und 64; NVwZ 1990, 1666). Auf das öffentliche Interesse an dem Vorhaben, für das der Plan festgestellt werden soll, kommt es dagegen nicht an (VGH München NJW 1990, 2486). Zur Kompensation von Nachteilen durch planbedingte Vorteile vgl VGH München DVBl 1990, 115; OVG Münster DVBl 1990, 1412; NVwZ-RR 1990, 640 und 643; Labbé/Wölfel DVBl 1990, 1141. 115

bb) Zumutbarkeitsschwelle. Es muss sich um Nachteile handeln, die nach den Grundsätzen der Güterabwägung auch unter Berücksichtigung des Zwecks und der Bedeutung der geplanten Anlage für die Allgemeinheit oder Dritte (zB Herstellung eines leistungsfähigen Straßennetzes) und der Ortsüblichkeit solcher Beeinträchtigungen iS von § 908 BGB (vgl dazu BVerwG DVBl 1987, 707) und der plangegebenen Vorbelastung des Gebiets (BVerwGE 77, 285 = DVBl 1987, 907; BVerwGE 84, 39; BVerwG DVBl 1988, 462; DÖV 1990, 349; Nr 63 und 64; Kühling DVBl 1989, 226) billigerweise nicht mehr zumutbar ist.[75] Auch soweit Beeinträchtigungen nicht so gravierend sind, dass sie Anordnungen gem Abs 2 S 2 erforderlich machen, sind sie jedenfalls abwägungserheblich, dh bei der Abwägung der Belange zu berücksichtigen. Belästigungen, die nach § 906 BGB als unwesentlich anzusehen sind, reichen nicht aus. 116

cc) Spezielle Zumutbarkeitsregelungen. Soweit die Zulässigkeit von Beeinträchtigungen gesetzlich geregelt ist, hat sich auch die Planfeststellung hieran zu orientieren. Spezielle Regelungen gibt es vor allem für den Lärmschutz an Straßen und Schienenwegen (vgl §§ 41 ff BImSchG). So gelten gem § 2 Abs 1 der auf Grund von § 43 BImSchG erlassenen 16. BImSchV (VerkehrslärmschutzV) v 12. 6. 1990 (BGBl I 1036) für Straßen- und Schienenbauten, dh insb für den von Straßen oder Schienen ausgehenden Verkehrslärm genau bestimmte nach Tages- 117

---

[72] Vgl zu § 17 Abs 4 FStrG auch BVerwG 57, 304; Kastner DVBl 1982, 669; Heinze BayVBl 1981, 650: es muß jedenfalls eine „Rechtsposition" betroffen sein; VGH München BayVBl 1990, 113.

[73] VGH München BayVBl 1990, 113: keine Ansprüche des Mieters oder Pächters; Kritik: nicht überzeugend, soweit hier auch Ansprüche wegen Verletzung der durch Art 2 Abs 2 GG geschützten Gesundheit ausgeschlossen werden.

[74] BVerwGE 56, 130; 57, 304; 58, 161; 59, 261, 285; 69, 275; 84, 39; BVerwG NJW 1980, 1085; NVwZ 1989, 255 = DVBl 1989, 858; VGH München BayVBl 1992, 658: Nachteile sind jedenfalls solche Beeinträchtigungen, die die Behörde im Rahmen der Abwägung nicht ohne Ausgleich für die Betroffenen zulassen dürfte; vgl auch BVerwGE 47, 154.

[75] BVerwGE 51, 29; 57, 304; 58, 161; 59, 261; 77, 287; 77, 297; 87, 342; DVBl 1987, 906; BGH BayVBl 1975, 625; DÖV 1976, 796; Mannheim DVBl 1990, 109; VGH München DVBl 1990, 116; Heinze BayVBl 1981, 649; Mößle BayVBl 1982, 199; Bender DVBl 1984, 318; Knack § 75 Rn 46 mwN.

und Nachtzeiten abgestufte Lärmgrenzwerte (vgl Alexander NVwZ 1991, 318; Stüer DVBl 1992, 552; Dürr UPR 1992, 247; Knack § 75 Rn 52) und § 3 iV mit Anl 1 und 2 BImSchV mit Einzelheiten hins der Berechnung. Für Fluglärm sieht das FluglärmSchG v 30. 3. 1971 (BGBl I 282) zwar nicht wie die VerkehrslärmschutzVO bestimmte festgelegte Grenzwerte vor, sondern verweist letztlich auf die Umstände des Einzelfalles.[76] Es gibt aber immerhin Anhaltspunkte und Kriterien für die Bestimmung der Lärmwerte wie auch der zulässigen Belastung. Für die Beurteilung der Zumutbarkeit von Luftbelastungen ist die Richtlinie der EU 85/203/EWG maßgeblich (VGH München NVwZ 1994, 186 = BayVBl 1994, 347). Den Behörden kommt hins der Zumutbarkeit **kein Beurteilungsspielraum** zu; vielmehr ist die Frage der Zumutbarkeit voll gerichtlich nachprüfbar (BVerwGE 37, 361; VGH München NVwZ 1994, 186 = BayVBl 1995, 340).

118 **Bei Fehlen näherer Regelungen** hins der Zumutbarkeit von Auswirkungen ist die Zumutbarkeitsgrenze im konkreten Fall nach den Umständen des Einzelfalles zu bestimmen. Der Maßstab für die Bewertung von Immissionen ergibt sich in erster Linie aus dem **Immissionsschutzrecht,** insbes aus § 3 Abs 1, § 22 Abs 1, §§ 41 ff BImSchG.[77] Zu den für den Lärmschutz maßgeblichen Regelungen s Koch, Aktuelle Probleme des Lärmschutzes, NVwZ 2000, 490. Zur entsprechenden Anwendung der 16. BImSchV auf Anlagen, deren Auswirkungen mit den Auswirkungen von Straßen- und Schienenbauten vergleichbar sind (Stüer DVBl 1992, 554), zB für Freizeitzentren (BVerwG NJW 1992, 2849), Altenpflegeheime (VGH Kassel UPR 1992, 117), Kleingärten (VGH München NuR 1992, 84) und ähnliche Anlagen. Da es für die Zumutbarkeit von Immissionen jedoch nicht auf die Art der Anlage, sondern auf die Auswirkungen auf die Betroffenen ankommt, ist die analoge Anwendbarkeit über den Bereich vergleichbarer Anlagen hinaus auf alle Vorhaben, die Gegenstand einer Planfeststellung sind, zu bejahen (vgl auch BGHZ 111, 63; NJW 1980, 2421; 1990, 2465).

119 **dd) Vorbelastungen.** Tatsächliche und plangegebene Vorbelastungen eines Gebiets sind bei der Beurteilung der Zumutbarkeit zu berücksichtigen (BVerwGE 107, 350, 356 = NVwZ 1999, 539; BVerwG NVwZ 1999, 644; 1998, 1070; StBS 93; krit Knack § 75 Rn 52 unter Hinweis auf BVerwGE 101, 1 = NVwZ 1996, 1003). Maßgebend ist insoweit der Zeitpunkt der Auslegung der Planunterlagen gem § 72 Abs 3.[78] Je höher die Vorbelastung ist, desto höher ist idR auch die Zumutbarkeitsschwelle.[79] Die Anwendbarkeit von Abs 2 S 2 hängt dann vom Umfang und der Intensität der zusätzlichen Belastung ab. **Ohne Rücksicht auf etwaige Vorbelastungen** besteht ein Anspruch auf Schutzmaßnahmen bzw Entschädigung jedoch dann, wenn der Lärm eine Gefahr für die Gesundheit der Betroffenen darstellt und damit die nach Art 2 Abs 2 GG zu beachtenden Grenzen übersteigt oder die Nutzung des Eigentums so stark beeinträchtigt, dass die Zulassung des Vorhabens nur bei entsprechender Entschädigung mit Art 14 Abs 1 GG vereinbar ist (BVerwG NVwZ-RR 1991, 10).

120 **c) Erfordernis eines adäquaten Kausalzusammenhangs.** Weitere Voraussetzung für die Anordnung von Schutzvorkehrungen ist, dass ein adäquater Ursa-

---

[76] BVerwGE 75, 243; NVwZ-RR 1991, 124, 131: Flughafen Stuttgart; 87, 340: Flughafen München II; München DVBl 1990, 115; VGH Mannheim VBlBW 1990, 62.

[77] Vgl zu § 17 Abs 4 FStrG BVerwGE 71, 156 = NJW 1985, 3034; BVerwG DVBl 1987, 907 und 1275; 77, 287 = NJW 1987, 2886; 81, 197; 84, 39.

[78] BVerwGE 71, 156; 87, 384; Wöhe NVwZ 1990, 440; zT **aA** Quaas NVwZ 1991, 20 Fn 49: Zeitpunkt der Genehmigung nach § 6 LuftVG.

[79] BVerwGE 71, 155; 77, 285 = DVBl 1987, 907; BVerwG DVBl 1989, 1065: grundsätzlich keine Verpflichtung zur Verbesserung der vorgefundenen Situation; BVerwG DÖV 1990, 349 = NVwZ 1990, 263; NVwZ-RR 1991, 10; VGH Mannheim NVwZ-RR 1990, 227; DVBl 1990, 111; VGH München DVBl 1990, 116 ff – auch zur Frage des für die Beurteilung maßgeblichen Zeitpunkts –; Kühling DVBl 1989, 226.

chenzusammenhang zwischen dem Vorhaben als solchem oder auch mit dem Vorgang der Errichtung (BVerwG DÖV 1985, 362; OVG Münster DÖV 1983, 212; VGH Mannheim NVwZ-RR 1990, 227) und den Nachteilen und Gefährdungen, deren Abwendung, Ausgleich oder Verminderung sie dienen sollen, besteht (BVerwGE 51, 27, 35; 52, 236). Als adäquat ist der Ursachenzusammenhang dann anzusehen, wenn die schädlichen Auswirkungen oder Gefahren nach ihrer Art als Folgewirkung nicht außerhalb aller Erfahrung liegen und nicht ganz überwiegend durch andere Umstände bedingt sind (BVerwGE 41, 186; 52, 236; BVerwG DÖV 1982, 949).

Ein individuell-konkreter Nachweis ist idR entbehrlich, wenn die in Frage 121 stehenden Auswirkungen in typischer Weise mit dem Vorhaben verbunden sind (BVerwG DÖV 1982, 949), zB zwischen dem Verkehr, der auf der Straße stattfinden wird, für die der Plan festgestellt werden soll, und der Gefährdung einer Wassergewinnungsanlage durch mögliche Verschmutzung von Grundwasser, dies grundsätzlich selbst dann, wenn vor dem geplanten Ausbau der Straße von dieser schon gleiche oder ähnliche Gefahren ausgegangen sind (BVerwGE 41, 184); grundsätzlich auch zwischen der Herstellung einer Straße und der Gefährdung der Tiere auf der angrenzenden Weide.[80] Als durch „andere Umstände bedingt" und daher nicht mehr adäquat durch das Vorhaben verursacht sind auch zB rechtliche Verpflichtungen anzusehen, die zwar mit dem Vorhaben zusammenhängen, sich unmittelbar aber kraft Gesetzes ergeben, wie zB die Streupflicht und Reinigungspflicht von Straßenanliegern als Folge der Grundstückssituation an einer Straße, für die ein Planfeststellungsverfahren durchgeführt wird (BVerwGE 54, 4; DÖV 1982, 949).

XI. Der Entschädigungsanspruch (Abs 2 S 3)

1. Allgemeines. Abs 2 S 3 sieht für den Fall, dass die Behörde trotz entgegen- 122 stehender Rechte Dritter den Plan feststellt, weil **Vorkehrungen oder Anlagen** nach Abs 2 S 2 zum Schutz gegen Auswirkungen des Vorhabens oder seiner Errichtung **untunlich oder mit dem Vorhaben unvereinbar** wären, einen Anspruch der durch die Situationsveränderungen in der Umgebung des Planvorhabens iS von Abs 2 S 3 Betroffenen auf angemessene Entschädigung vor. Der Anspruch ist damit ein **Ersatz für sonst an sich notwendige Schutzmaßnahmen.** Wegen des **Vorrangs der Schutzvorkehrungen** ist auch denkbar und in der Praxis durchaus üblich, dass hins eines Teils der Auswirkungen Schutzauflagen geboten sind, hins der dadurch nicht ausgeschalteten Auswirkungen dagegen Entschädigungsansprüche (BVerwG NJW 1986, 2659).

a) Anwendungsbereich. Die Regelung des Abs 2 S 3 gilt nur für Planfest- 123 stellungsverfahren im Anwendungsbereich des VwVfG; allerdings enthalten die Verwaltungsverfahrensgesetze der Länder entsprechende Bestimmungen. Sie gilt ferner nur, wenn der Betroffene an sich Anspruch auf Schutzvorkehrungen nach Abs 2 S 2 hat, die aber untunlich, unverhältnismäßig oder unmöglich sind. Sie gilt weiter nur, wenn keine spezielleren Ansprüche wie zB nach §§ 41 Abs 1 ff BImSchG für den Lärmschutz an Straßen und Schienenwegen vorgehen

[80] Einschränkend BVerwGE 71, 173 = NJW 1986, 81: nur, wenn Vorkehrungen erforderlich werden, die über die gewöhnlich ohnehin erforderlichen Sicherungen wesentlich hinausgehen, zB wenn Weideland durch eine Straße durchschnitten wird, so daß nunmehr beidseitig der Straße Weidezäune notwendig werden, oder wenn infolge der Anlage die bisherigen Grenzen wesentlich erweitert werden; nicht dagegen, wenn Errichtung der Vorkehrungen auf eigene Kosten zumutbar ist, wie die Errichtung eines Weidezauns auf einem Grundstück, das bisher durch einen Fluß eine natürliche Grenze hatte, oder für ein Grundstück, das nicht als Dauerweide benützt wird; vgl andererseits BGH NJW 1989, 2808: Wildschweinzäune uU unter dem Gesichtspunkt der Verkehrssicherungspflicht erforderlich.

(BVerwGE 97, 367 = NVwZ 1995, 907; StBS 98). Abs 2 S 3 ist, soweit insoweit andere Rechtsgrundlagen fehlen, unmittelbar bzw zumindest analog auch auf Entschädigungsansprüche anzuwenden, die Betroffenen wegen sonstiger planungsrelevanter wirtschaftlicher Nachteile zu gewähren sind, zB wegen Nutzungsausfällen während der Bauzeit des Vorhabens (VGH Kassel NVwZ 1993, 1001); ebenso auf Übernahmeansprüche usw, außerdem analog auch auf vergleichbare Ansprüche auf Grund anderer Gesetze, über die auf Grund des Konzentrationsgrundsatzes gem § 75 Abs 1 S 1 ebenfalls im Planfeststellungsbeschluss mit zu entscheiden ist.

124 **b) Rechtsnatur.** Abs 2 S 3 ist nicht nur eine Verfahrensvorschrift, sondern zugleich auch die **materielle Rechtsgrundlage** für Entschädigungs- bzw Ausgleichsanspruch. Der Anspruch erfasst Beeinträchtigungen sowohl unterhalb als auch oberhalb der sog „Enteignungs"-Schwelle, dh nach neuerer Terminologie der Schwelle entschädigungslos zulässiger Eigentumsbeschränkung.[81] Zumindest analog anwendbar ist Abs 2 S 3 auch auf einen auf Grund der besonderen Umstände des Falles anzuerkennenden Anspruch auf Übernahme der betroffenen Grundstücke, Grundstücksteile oder sonstiger Vermögenswerte, die infolge der Planfeststellung entwertet werden.[82] Lehnt man die unmittelbare Anwendung von Abs 2 S 3 auf Ansprüche dieser Art ab, so wäre Abs 2 S 3 zumindest analog anwendbar (str; vgl auch BVerwG DVBl 1988, 967; Kühling DVBl 1989, 227). Auch als Grundlage des Ausgleichsanspruchs genügt Abs 2 S 3 den rechtsstaatlichen Anforderungen hinreichender Bestimmtheit (BVerwGE 77, 295 = NJW 1987, 2884), auch im Hinblick auf Art 14 Abs 1 S 2 GG bzw auf sonst betroffene Grundrechte (zB Art 2 Abs 1 und 2, Art 12 Abs 1 GG).

125 **c) Abgrenzung zum Anspruch auf Enteignungsentschädigung.** Der Entschädigungsanspruch gem Abs 2 S 3 ist ua wegen seiner Ersatzfunktion für untunliche Schutzvorkehrungen ein **Ausgleichsanspruch eigener Art,**[83] der unabhängig von der Art und Schwere der Beeinträchtigung der betroffenen Rechtsgüter besteht und der Entschädigung wegen Enteignung bzw enteignenden oder enteignungsgleichen Eingriffs oder Aufopferung nachgebildet ist, seine verfassungsrechtliche Grundlage jedoch nicht in Art 14 Abs 3 GG – auch nicht, wenn es sich um schwerwiegende Eingriffe handelt –, sondern in der Gewährleistung des Eigentums in Art 14 Abs 1 GG, hat. Im Bezugssystem des Art 14 GG handelt es sich um die Regelung einer **entschädigungspflichtigen Inhaltsbestimmung** des Eigentums. Mit Art 14 Abs 1 GG ist der Ausschluss bzw das Nichtbestehen eines Anspruchs auf Schutzvorkehrungen gerade wegen des Entschädigungsanspruchs, der die Beeinträchtigung zumutbar werden lässt,[84] vereinbar.[85] Ein An-

---

[81] BVerwGE 87, 332, 380; 77, 295 = NJW 1987, 2884; 80, 192; 84, 363; 85, 49; Knack § 75 Rn 70 mwN; Kühling DVBl 1989, 230; Wahl NVwZ 1990, 440; Numberger BayVBl 1984, 457; zT **aA** BGH JZ 1986, 544 zu § 17 Abs 4 S 4 FStrG: Rechtsgrundlage nur für Billigkeitsentschädigung, nicht dagegen für Enteignungsentschädigung; kritisch dazu Papier JZ 1986, 548; **aA** Korbmacher DÖV 1982, 533 Fn 36 zu § 17 Abs 4 FStrG: nur eine Verfahrensvorschrift; für Eingriffe iS des Begriffs der enteignungsgleichen Eingriffe auch BGH NJW 1985, 3025; NJW 1986, 1980: § 17 Abs 4 S 2 FStrG regelt nur Ausgleichsansprüche im Vorfeld der Enteignung.

[82] Vgl BVerwGE 75, 260; 77, 298; 87, 383; BVerwG NVwZ-RR 1991, 133; OVG Münster NVwZ 1991, 390; Kühling DVBl 1989, 230; Wahl NVwZ 1990, 440 FN 212.

[83] Korbmacher DÖV 1982, 523; Heinze BayVBl 1981, 650; Mößle BayVBl 1982, 199; Kastner VerwArch 1989, 89; Bauer NVwZ 1993, 441; Knack § 75 Rn 70; unklar BVerwGE 84, 49. **AA** Schwabe DVBl 1993, 1255; ebenso die früher, durch BVerwGE 77, 295 nunmehr aber als überholt anzusehende, hM, vgl zB BVerwG DÖV 1974, 568; NJW 1980, 1053; DVBl 1987, 906; BGHZ 97, 114 = NJW 1986, 1980.

[84] Vgl BVerfG 58, 148 = NJW 1982, 633; 58, 300 = DVBl 1982, 340; 79, 174 = NJW 1989, 1271; BGH NJW 1993, 1256 = DVBl 1993, 432; s auch StBS 97 ff.

[85] BVerwGE 77, 295 = NJW 1987, 2884; BVerwG DVBl 1990, 590; NJW 1990, 1926; BayVBl 1993, 695; BGHZ 121, 23 = NJW 1993, 1255; BGHZ 121, 328 = NJW 1993,

spruch auf Festsetzung von Entschädigung in Geld gem Abs 2 S 3 ist nicht erst gegeben, wenn die Einwirkungen, „die als Folge der zugelassenen Planung und der mit ihr verbundenen Situationsveränderung in der Umgebung des Planvorhabens" für einen Betroffenen iS des Enteignungsbegriffs oder des Aufopferungsanspruchs eine schwere und unerträgliche Beeinträchtigung darstellen, sondern auch bereits, wenn bei im Bereich der Sozialbindung des Eigentums liegenden Beeinträchtigungen die nachteiligen Folgen eines Vorhabens dem Betroffenen billigerweise **nicht mehr entschädigungslos zugemutet werden können.**[86] Entsprechendes gilt für andere Rechtsgüter wie Gesundheit, Freiheit der künstlerischen Betätigung usw (vgl aber BVerwGE 48, 68; 54, 221: Auflagen zugunsten der betroffenen Grundstücke berücksichtigen auch schon personenbezogene Beeinträchtigungen).

2. Voraussetzungen. Voraussetzung des Entschädigungsanspruchs gem Abs 2 126
S 3 ist erstens, dass das Vorhaben, für das der Plan festgestellt wird, an sich Vorkehrungen oder Anlagen gem Abs 2 S 2 zur Vermeidung nachteiliger Wirkungen auf Rechte des Betroffenen erfordern würde, dass aber zweitens solche Vorkehrungen oder Anlagen entweder untunlich oder mit dem Vorhaben unvereinbar sind (wären). Diese Voraussetzungen sind in rechtlicher und tatsächlicher Hinsicht **voll gerichtlich nachprüfbar** (vgl Knack § 75 Rn 83; **aA** Fickert 92: nicht nachprüfbarer Beurteilungsspielraum).

a) Notwendige Schutzvorkehrungen nach Abs 2 S 2. Der Anspruch auf 127
Festsetzung einer Entschädigung in Geld nach Abs 2 S 3 setzt zunächst voraus, dass nach Abs 2 S 2 Vorkehrungen oder Anlagen zum Schutz von Rechten des Betroffenen erforderlich sind. Diese Voraussetzung folgt aus der Surrogatfunktion des Abs 2 S 3 (StBS 99). Es werden nach Abs 2 S 3 also nicht alle Vermögensnachteile ersetzt, sondern nur diejenigen Nachteile ausgeglichen, die nach Abs 2 S 2 an sich in natura hätten verhindert werden müssen. Ob dies der Fall ist, ist nach Abs 2 S 2 zu beurteilen. Als ausreichend ist es auch anzusehen, wenn sich der Anspruch auf Schutzvorkehrungen nicht aus Abs 2 S 2 ergibt, sondern aus einer spezielleren Vorschrift des Fachrechts. In jedem Fall muss es sich aber um Schutzvorkehrungen handeln, die an sich dem Träger des Vorhabens auferlegt werden müssten, die also durch das planfeststellungsbedürftige Vorhaben veranlasst sind. Für die Notwendigkeit der Schutzvorkehrungen kommt es auf Abs 2 S 2 an; einen eigenständigen Notwendigkeitsmaßstab enthält Abs 2 S 3 nicht.

b) Untunlichkeit oder Unvereinbarkeit mit dem Vorhaben. Die nach 128
Abs 2 S 2 an sich notwendigen Schutzvorkehrungen müssen entweder untunlich oder mit dem Vorhaben unvereinbar sein. Eine **Unvereinbarkeit** einer Schutzvorkehrung mit dem Vorhaben liegt dann vor, wenn die einzigen geeigneten Vorkehrungen oder Anlagen zum Schutz des Betroffenen mit dem Zweck des Vorhabens nicht vereinbar sind (VGH Mannheim DÖV 1983, 514; StBS 103; Knack § 75 Rn 76; Obermayer 99). Die Regelung bringt zum Ausdruck, dass Schutzvorkehrungen und Anlagen zwar anders als Auflagen iSd § 36 gewisse inhaltliche Modifizierungen des Vorhabens bewirken dürfen, nicht aber wesentliche Einschränkungen der Zweckbestimmung bzw Funktionsfähigkeit der geplanten Anlage.

Untunlich ist eine Schutzvorkehrung dann, wenn sie keinen wirksamen 129
Schutz bietet, also ungeeignet ist, ferner dann, wenn sie unzumutbare oder außer

---

2095; NJW 1995, 964; Rinne DVBl 1994, 24; Ronellenfitsch VerwArch 1989, 113 mwN; Kühling DVBl 1989, 440 mwN; Wahl NVwZ 1990, 230 mwN.

[86] BVerwGE 51, 29 = NJW 1976, 1760; 57, 304; 58, 161; 59, 252, 261; 77, 295; 87, 332; Korbmacher DÖV 1982, 520, 528; Kastner DVBl 1982, 669; Mößle BayVBl 1982, 199; Heinze BayVBl 1981, 649; Kühling DVBl 1989, 230 mwN; Wahl NVwZ 1990, 440 mwN; zT **aA** zu § 17 Abs 4 S 2 FStrG auch BGHZ 97, 118 = BayVBl 1986, 537 m abl Anm v Numberger; BGH NJW 1986, 1980.

Verhältnis zum Schutzzweck stehende, nicht mehr vertretbare Aufwendungen erfordern würden[87] (StBS 102; Steinberg/Berg/Wickel Rn 112; Obermayer 98). Ob die Verpflichtung des Vorhabenträgers, eine Schutzvorkehrung oder eine Schutzanlage herzustellen, zumutbar ist, muss auch mit Blick auf Umfang und Bedeutung des Vorhabens beurteilt werden. Ob die Maßnahme verhältnismäßig ist, hängt dagegen von einer Relation zwischen Schutzwirkung und finanziellem Aufwand ab. Als untunlich wurde zB ein 350 m langer, 150 000 Euro teurer Lärmschutzwall zum Schutz eines einzelnen Außenbereichsgrundstücks angesehen. Der Untunlichkeit steht die technische Unmöglichkeit gleich.

130 **Beispiele: Grundsätzlich zu entschädigen** ist, wenn Anbindungen durch eine Unternehmung oder durch andere Maßnahmen zu teuer kämen, ein Landwirt, dessen Weideland von einer Straße durchschnitten wird (BVerwGE 71, 173 = NJW 1986, 81) oder dessen Hof von den Feldern durch eine Straße getrennt wird (BVerwG DVBl 1988, 535); ein Grundstückseigentümer, der die für das „Wohnen im Freien" geeigneten und bestimmten Flächen seines Grundstücks infolge des Straßenverkehrslärms nicht mehr oder nur noch sehr beschränkt für diesen Zweck nutzen kann;[88] der Anlieger an einer Straße, der durch den Baulärm anlässlich der Arbeiten für den Bau eines Straßentunnels, das Gegenstand der Planfeststellung ist, zeitweise erheblichem Baulärm ausgesetzt ist (Mannheim DVBl 1990, 122). Vgl dagegen zu dem nicht unter Abs 2 S 3, sondern unter Abs 2 S 2 fallenden Kostenersatz für den Einbau von Schallschutzfenstern BVerwG NVwZ 1989, 255.

131 **3. Form und Umfang der Entschädigung. a) Geldentschädigung.** Die Entschädigung ist grundsätzlich in Geld zu leisten. Je nach den Umständen des Einzelfalles, insb, wenn betroffene Grundstücke usw für den Betroffenen als Folge der Planfeststellung weitgehend wertlos werden, zB wegen der vom Vorhaben ausgehenden Immissionsbelastung, ergibt sich aus Abs 2 S 3 jedoch uU auch ein Anspruch auf Übernahme der betroffenen Grundstücke.[89]

132 **b) Vermögensnachteile.** Zu entschädigen sind bei Beeinträchtigung des Eigentums iS von Art 14 Abs 1 GG grundsätzlich die durch das Vorhaben bewirkten **Wertveränderungen,** insb Minderungen des Gebrauchswertes. Bei Gebäuden sind dazu zB die realen oder fiktiven **Mietausfälle bzw Mietminderungen** auf einen angemessenen Zeitraum zu kapitalisieren (Numberger BayVBl 1984, 457). Da Preisschwankungen in gewissen Grenzen in das Risiko der Grundstückseigentümer fallen, können Minderwerte in diesen Grenzen auch uU entschädigungsfrei bleiben (VGH München DVBl 1990, 115). Erhöhungen des Grundstückspreisniveaus, die unmittelbar durch die Planung verursacht wurden, sind nach den Grundsätzen der Vorteilsausgleichung mit den Minderwerten zu verrechnen (VGH München DVBl 1990, 115). Vgl zu den Einzelheiten des Entschädigungsanspruchs und des Entschädigungsverfahrens auch VGH Mannheim DVBl 1990, 114 und VGH München DVBl 1990, 115 = BayVBl 1990, 82, 113. Keine Entschädigung ist idR für den Entzug widerruflicher Erlaubnisse, Genehmigungen usw zu leisten (BGH DÖV 1970, 42 = NJW 1970, 1178; Kastner DVBl 1982, 67). Etwas anderes gilt, soweit trotz der Widerruflichkeit ein berechtigtes Vertrauen in den Fortbestand anzuerkennen ist.

---

[87] Begr 89; BVerwGE 77, 295 = NJW 1987, 2884 = BayVBl 1987, 662; BVerwG NJW 1989, 2830; VGH München NJW 1990, 2486 mwN; VGH Mannheim UPR 1983, 207; StBS 102; Steinberg/Berg/Wichel Rn 112; Obermayer 98.

[88] BVerwGE 51, 33 = NJW 1976, 1760; BVerwG DÖV 1990, 349: Voraussetzung ist, daß die gebietsspezifische Zumutbarkeitsgrenze für den Verkehrslärm überschritten wird und die konkrete Fläche schutzwürdig ist; BVerwG NVwZ 1989, 256.

[89] S BVerwGE 61, 305 auch dazu, daß darüber, jedenfalls dem Grunde nach, wenn der Betroffene dies beantragt, bereits im Planfeststellungsbescheid zu entscheiden ist; Korbmacher DÖV 1982, 527.

Soweit **nicht-vermögenswerte Rechtsgüter,** zB die Gesundheit, die künstlerische oder berufliche Tätigkeit usw betroffen sind, ist die Rechtslage streitig. Teilweise wird ein Anspruch auf Ausgleich wegen Verletzung der entsprechenden Grundrechte (Art 2 Abs 1, Art 5 Abs 3, Art 12 Abs 1 GG usw) iV mit dem Grundsatz der Aufopferung angenommen.[90] Welche Entschädigung angemessen ist, ist nach den Umständen des Einzelfalles zu beurteilen. Die Behörde hat insoweit keinen Ermessens- oder Beurteilungsspielraum. Im Regelfall ist das negative Interesse zu ersetzen. **133**

4. Verfahren. a) Allgemeines. Der Entschädigungsanspruch gem Abs 2 S 3 richtet sich analog zu Abs 2 S 2 nicht gegen den Staat, sondern **gegen den Träger des Vorhabens** (StBS 83; Knack § 75 Rn 74; MB 32). Dies folgt außer aus der Parallelität der Regelungen gem S 2 und S 3 vor allem auch daraus, dass der Entschädigungsanspruch ein Surrogat für die ebenfalls dem Träger des Vorhabens sonst obliegende Verpflichtung zur Errichtung von Schutzanlagen ua ist (Knack § 75 Rn 74). Enthält der Planfeststellungsbeschluss keine Aussage hins. der Entschädigung, so haben die Betroffenen **Anspruch auf eine entsprechende Ergänzung** durch VA der Planfeststellungsbehörde, solange der Beschluss noch nicht unanfechtbar geworden ist. Danach bestehen Ansprüche nur noch gem § 75 Abs 2 bei mangelnder Vorhersehbarkeit (Knack § 75 Rn 80; Johlen DVBl 1989, 288). Gerichtlich können die Betroffenen den Entschädigungsanspruch nach heute hM nur mit einem **Antrag auf Planergänzung** geltend machen, der im Wege der Verpflichtungsklage durchzusetzen ist (vgl BVerwGE 77, 297 = DVBl 1987, 1012). Eine Anfechtung des Planfeststellungsbeschlusses wegen fehlender Entschädigungsanordnung scheidet hingegen aus. Ausgeschlossen ist auch die **unmittelbare Geltendmachung** des Entschädigungsanspruchs gegen den Träger des Vorhabens oder gegen den Staat im Zivilrechtsweg.[91] **134**

b) Die Festsetzung. Der Anspruch wird gem Abs 2 S 3 in entspr Anwendung von § 75 Abs 2 S 4 im Planfeststellungsbeschluss oder durch einen nachträglichen Ergänzungsbeschluss unmittelbar und abschließend festgesetzt. Sie ist auch hins der Höhe (vgl BVerwGE 57, 300; 60, 305f; Knack § 75 Rn 78) oder in den Fällen des Abs 3 dem Grunde nach hins der für die Berechnung der Höhe maßgeblichen Faktoren[92] festzusetzen.[93] Erfolgt die Festsetzung im Planfeststellungsbeschluss nur dem Grunde nach, so muss die Planfeststellungsbehörde die noch erforderliche Konkretisierung durch einen Planergänzungsbeschluss nachholen, sobald die rechtlichen und tatsächlichen Fragen hinreichend geklärt sind. Eine Entscheidung der Planfeststellungsbehörde zunächst nur dem Grunde nach kommt in Betracht, wenn die (möglichen) Schäden im Einzelnen noch nicht hinreichend überschaubar und bezifferbar sind (VGH München DVBl 1990, 121; VGH Mannheim NVwZ-RR 1990, 1227; Sieder/Zeitler § 10 WHG Rn 1). Statt durch VA kann die Entschädigung auch durch einen verwaltungsrechtlichen Vertrag nach § 54 geregelt werden (BVerwG NJW 1990, 1926). **135**

---

[90] Vgl Peine NJW 1990, 2447; allg auch MK 54 III mwN; Kopp/Schenke § 40 Rn 61; **aA** BGHZ 78, 75; 111, 355; NJW 1994, 1468; 1994, 2229; VGH München BayVBl 1990, 113: kein Schmerzensgeldanspruch; Rinne DVBl 1993, 872.

[91] Vgl Wahl NVwZ 1990, 923; Knack § 75 Rn 6.3.3; StBS 105.

[92] Vgl BVerwGE 58, 158; 61, 305; 71, 173 = NJW 1986, 82; BVerwG NJW 1981, 2140; 1981, 1001; DVBl 1985, 900; 1987, 906; DÖV 1985, 790: hins. der Höhe nur Ausspruch über die Berechnung erforderlich; BGH JZ 1986, 181 = DÖV 1986, 35; JZ 1986, 548; s auch Korbmacher DÖV 1982, 554; Kastner DVBl 1982, 670; Heinze BayVBl 1981, 650; Johlen DVBl 1989, 288.

[93] BVerwGE 57, 300; 58, 154; 61, 305; BVerwG NJW 1980, 1053; DVBl 1987, 906; Buchh 451.22 § 8 Abs 4 AbfG Nr 3; vgl auch Erichsen AllgVR § 39 Rn 41; Knack § 75 Rn 6.3.3; UL § 41 Rn 34; **aA** Begr 89; Fickert, in: BVerwG-FS 1978, 160f: außerhalb des Planfeststellungsverfahrens.

136 **c) Rechtsweg.** Für Streitigkeiten über den Anspruch auf Festsetzung der Entschädigung nach Grund und Höhe ist der **Verwaltungsrechtsweg** gegeben, und zwar auch, soweit es sich in der Sache an sich sonst um eine Entschädigung wegen enteignenden Eingriffs oder Aufopferung handeln würde.[94] Soweit die Entscheidung über den Entschädigungsanspruch und dessen Höhe durch VA erfolgt ist oder erfolgen muss, ergibt sich die Zulässigkeit des Verwaltungsrechtswegs schon aus § 40 Abs 1 VwGO iV mit § 42 VwGO (vgl BVerwGE 77, 295 = NJW 1987, 2884).

137 Der verwaltungsgerichtliche Rechtsschutz setzt voraus, dass der Planfeststellungsbeschluss dem Kläger gegenüber noch nicht unanfechtbar geworden ist.[95] Die umfassende rechtsgestaltende Wirkung der Planfeststellung schließt es aus, dass ein Beteiligter von der Anfechtung der ihn belastenden Maßnahme absieht und deren Rechtmäßigkeit ungeachtet ihrer Unanfechtbarkeit im Rahmen einer Amtshaftungs- oder Entschädigungsklage zur Nachprüfung stellt (BVerwG DVBl 1987, 906; vgl auch hins. des Flurbereinigungsplans BGH DVBl 1986, 1266; dazu ferner BVerfG 58, 300, 324). Eine Klage vor dem Zivilgericht, die unmittelbar auf Entschädigung gerichtet ist, wäre unzulässig (BVerwG DVBl 1987, 906; BGHZ 95, 28 = DVBl 1985, 133; JZ 1986, 545; DVBl 1987, 1264; zT **aA** BGH JZ 1986, 181 mit abl Anm von Papier). Nach Unanfechtbarkeit kommt nur noch ein Anspruch nach § 75 Abs 2 S 3 in Betracht.

XII. Der Vorbehalt einer abschließenden Entscheidung (Abs 3)

138 **1. Allgemeines.** Abs 3 gibt der Behörde die Möglichkeit, in Fällen, in denen eine Entscheidung über einzelne abtrennbare Teile des Plans noch nicht getroffen werden kann, den Planfeststellungsbeschluss unter dem Vorbehalt einer abschließende Entscheidung, dh die Entscheidung über die noch nicht beschiedenen Teile (UL § 41 Rn 35; Ibler JuS 1990, 15), zu erlassen (vgl auch BVerwGE 71, 162). Die Regelung enthält damit eine **Ausnahme vom Grundsatz der Einheitlichkeit der Planfeststellung** und zugleich vom **Verbot des Konfliktransfers.** Die Lösung des offengehaltenen Problems muss innerhalb der bereits getroffenen Feststellungen möglich sein (BVerwGE 102, 331). Gedacht ist zB an das vorläufige Ausklammern bestimmter, durch die Planfeststellung ersetzter Genehmigungen oder einzelner Schutzauflagen nach Abs 2 S 2, die für das Vorhaben insgesamt nicht von entscheidender Bedeutung sind (Ibler JuS 1990, 15), zB hins baulicher Einzelheiten, wenn darüber aus triftigen Gründen noch nicht sofort entschieden werden kann, zB bei der Planfeststellung für eine Bahnlinie ein Vorbehalt zugunsten etwa erforderlicher Gradientenveränderungen bzgl eines abschließenden Streckenabschnitts (VGH Mannheim VBlBW 1992, 428). Unzulässig ist ein Vorbehalt zB bezüglich der grundsätzlichen Zulassung von Anlageteilen (BVerwGE 90, 47). Fragen der Bauausführung dürfen idR aus der Planfeststellung ausgeklammert werden, sofern nach dem Stand der Technik geeignete Lösungen zur Verfügung stehen und die Wahrung der technischen Standards sichergestellt ist (BVerwG NVwZ 2002, 1121; NVwZ-RR 1998, 92).

139 **a) Abgrenzungen. Nicht unter Abs 3** und damit nicht den engen Voraussetzungen unterworfen ist die Beschränkung der Planfeststellung auf selbstständige

[94] BVerwGE 77, 295 = NJW 1987, 2884; ebenso Steinberg DVBl 1992, 1507; Johlen DVBl 1989, 289; StBS 105; Kühling DVBl 1989, 230; Wahl NVwZ 1990, 440; zT **aA** die nunmehr durch BVerwG 77, 295 überholte früher hM, die für Eingriffe, die nach der Schwere des Eingriffs differenzierte, vgl zB BVerwGE 61, 9; BGHZ 97, 111 = DVBl 1986, 766.

[95] Vgl Kühling DVBl 1989, 230 unter Hinweis auch auf BGHZ 98, 491 = DVBl 1986, 1266 und BGHZ 95, 35 = DVBl 1985, 1133; Wahl NVwZ 1990, 440 mwN; **aA** offenbar BGH NuR 1986, 349 mwN.

Teile eines umfassenden Vorhabens, zB die **abschnittsweise Planfeststellung** für eine Straße.[96] Nach allgemeinen Grundsätzen sachgemäßer Ausübung des Planungsermessens (§ 40) setzt die abschnittsweise Planfeststellung voraus, dass die Teilung tatsächlich und rechtlich möglich und sinnvoll ist, dass in Betracht kommende Alternativlösungen insb zu kritischen Punkten nicht ausgeschlossen werden (BVerwG DVBl 1989, 511) und der Interessenausgleich für einen größeren Bereich durch die Setzung von Zwangspunkten nicht verhindert wird (BVerwGE 62, 353; DVBl 1992, 1435; Knack 4.6.3 mwN). Es darf keine Gefahr bestehen, dass es zu einem „Planungstorso" kommt.

Nicht unter Abs 3 fällt außerdem die **Planung mehrerer selbstständiger, aber aufeinander bezogener Vorhaben,** wie zB für den Bau eines Containerbahnhofs und zugleich für eine Bundesstraße, die dem Anschluss des Containerbahnhofs an das allgemeine Fernverkehrsstraßennetz im Rahmen eines umfassenden Verkehrskonzepts dient. Vielmehr erfordert jedes Vorhaben eine eigene Planfeststellung (BVerwG DÖV 1993, 434). Auch wenn die in Frage stehenden Planungen planerisch notwendig aufeinander bezogen sind, so verlangt dies in aller Regel doch nicht, dass die zeitlich frühere Planfeststellung einen Vorbehalt zugunsten der Verwirklichung der späteren enthält. Im Einzelfall kann § 78 zur Anwendung kommen. 140

b) Ermessensentscheidung. Entgegen dem insoweit nicht ganz klaren Wortlaut von Abs 3 ist davon auszugehen, dass die Behörde nach Abs 3 nicht gezwungen ist, unter Vorbehalt nach Abs 3 zu entscheiden, auch wenn an sich die Voraussetzungen dafür gegeben wären. Die Entscheidung steht vielmehr in ihrem Ermessen. Die Behörde kann statt dessen auch, soweit dies dem Antragsteller zumutbar ist, die gesamte Entscheidung zurückstellen, bis eine abschließende Beurteilung und Entscheidung möglich wird. Soweit allerdings der Träger des Vorhabens ein schutzwürdiges Interesse an der Entscheidung unter Vorbehalt hat (was uU auch dann zu bejahen ist, wenn Rechtsbehelfe gegen die Entscheidung zu erwarten sind und auf diese Weise die grundsätzliche Zulässigkeit des Vorhabens geklärt werden kann), so wäre es idR ermessensfehlerhaft, eine Entscheidung nach Abs 3 abzulehnen, wenn die Sache im Übrigen entscheidungsreif ist. 141

2. Unmöglichkeit abschließender Entscheidung. Der Vorbehalt des Abs 3 setzt voraus, dass eine abschließende Entscheidung noch nicht möglich ist. Diese Voraussetzung liegt auch dann vor, wenn zwar alle erforderlichen Unterlagen der Behörde vorliegen, zur Klärung einzelner Fragen aber noch umfangreiche eigene Ermittlungen der Behörde erforderlich sind (vgl Begr 89, wo dieser Fall sogar als von Abs 3 erfasster Regelfall angesehen wird; Engelhardt BayVBl 1981, 665). Voraussetzung ist weiter, dass der Planfeststellungsbeschluss nicht nur eine mehr oder weniger ausfüllungsbedürftige Globalgenehmigung und nur den Rahmen für die noch erforderlichen Einzelregelungen darstellt.[97] Der Vorbehalt nach Abs 3 setzt vielmehr voraus, dass über den Plan selbst und seine Konzeption, die Grundzüge des Plans, sachlich entschieden wird (BVerwGE 57, 301; 61, 311 = DVBl 1981, 936; 71, 162; NVwZ 1986, 640; VGH München DVBl 1990, 120; Obermayer 107), die Planfeststellung insoweit feststeht und nur für Teilbereiche Einzelheiten noch vorbehalten werden (StBS 110; Knack 18). Der Vorbehalt setzt auch die Entscheidung dem Grunde nach voraus; aufgeschoben wird nur die Entscheidung über das „wie" einer späteren Maßnahme (Paetow DVBl 1985, 373; Schröder/Steinmetz-Maaz DVBl 1992, 27 mwN; Gaentzsch, in: Sendler-FS 1991, 423). Das bedeutet, dass die grundsätzlichen Interessenkonflikte, die mit dem Vorhaben 142

---

[96] BVerwGE 84, 125; BVerwG UPR 1992, 348; 1993, 66; VBlBW 1992, 459; Broß DÖV 1985, 253; Knack 23.

[97] VGH Kassel NVwZ 1987, 991: wäre sonst ein Verstoß gegen den Grundsatz der Problembewältigung; vgl auch BVerwGE 71, 162; BVerwG NVwZ 1986, 640.

verbunden sind, bereits durch den Planfeststellungsbeschluss hinreichend konkret geregelt werden, und dass ausgeschlossen ist, dass die Entscheidung über den ausgeklammerten Teil Rückwirkungen auch auf den bereits entschiedenen Teil haben könnte.

143 **Unzulässig ist ein Vorbehalt** nach Abs 3 dann, wenn nicht ausgeschlossen werden kann, dass sich bei der späteren Entscheidung herausstellt, dass eine andere Lösung der insgesamt zu bewältigenden Probleme geboten gewesen wäre oder dass das „verlagerte" Problem überhaupt nicht oder nicht ausreichend bewältigt werden kann (vgl Stüer BayVBl 1990, 41; Knack 18). Deshalb ist erforderlich, dass auch das zunächst offen bleibende Problem zumindest in Umrissen und Grundzügen bereits bzgl der in Betracht kommenden Lösung, des dabei entstehenden Aufwands usw bereits in etwa eingeschätzt werden kann (BVerwG DVBl 1988, 596) und auch der Vorbehalt selbst dem Abwägungsgebot entspricht (BVerwGE 61, 311). Erforderlich ist die Gewissheit, dass die vorbehaltene spätere Planergänzung, unter Beachtung der Grenzen der planerischen Gestaltungsfreiheit, insb der **Einhaltung des Abwägungsgebots und des Gebots der Problembewältigung** möglich ist.[98] Die noch offen bleibenden Regelungen müssen jedenfalls von einer Art sein, dass die Substanz und Ausgewogenheit der Planung und bereits genehmigten Teile usw des Vorhabens dadurch nicht mehr berührt werden können (s BVerwGE 48, 56; 61, 307 = DVBl 1981, 936; VGH München NuR 1981, 64; VGH Mannheim DVBl 1986, 364; VGH Kassel NVwZ 1987, 992).

144 **3. Einzelfälle.** Zulässig ist danach zB, dass die Frage der künftigen Wege von der Hofstelle zu den Feldern einer nachfolgenden Flurbereinigung (BVerwG DVBl 1988, 535; Haselhoff DVBl 1989, 597; Knack 20 zT **aA** VGH Mannheim NuR 1990, 167) oder die Deponierung des Aushubs (VG Saarlouis VkBl 1992, 40) einer nachfolgenden Regelung vorbehalten wird, nicht dagegen die Frage, ob und welche baulichen Anlagen errichtet werden dürfen (VGH Kassel NVwZ 1987, 981) oder wie wesentliche Bestandteile einer Abfalldeponie gestaltet werden müssen (vgl BVerwG DVBl 1992, 715). Der Vorbehalt kann sich auch auf nachträglich zu bestimmende Schutzanordnungen gem Abs 2 S 2 beziehen (BVerwGE 61, 312; 57, 301; VGH Mannheim VBlBW 1991, 453; Obermayer 107).

XIII. Zustellung und Bekanntmachung (Abs 4 u 5)

145 **1. Individualzustellung (Abs 4 S 1).** Abs 4 schreibt für Planfeststellungsbeschlüsse die Zustellung gegenüber dem Vorhabenträger, den Betroffenen, auch soweit sie keine Einwendung erhoben haben, und denjenigen Einwendern vor, über deren Einwendungen entschieden worden ist. Das sind diejenigen, deren Einwendungen im Erörterungstermin nicht erledigt worden sind. Auf die Art der Entscheidung kommt es nicht an. Erfasst werden deshalb auch diejenigen Einwender, deren Einwendungen als unzulässig zurückgewiesen werden (str). Abs 4 S 1 entspricht § 69 Abs 2. Die Zustellung ist gem § 43 Abs 1 Voraussetzung der Wirksamkeit. Nach Abs 5 kann die individuelle Zustellung in Massenverfahren durch eine öffentliche Bekanntmachung ersetzt werden. Die nach Abs 5 zugelassene öffentliche Bekanntgabe begegnet keinen verfassungsrechtlichen Bedenken, auch soweit der festgestellte Plan Vorwirkungen für eine nachfolgende Enteignung hat (BVerfG NJW 1985, 724; BVerwGE 67, 209 = NJW 1984, 189). Entsprechendes gilt auch für die Ersetzung der Zustellung durch Auslegung des Planfeststellungsbeschlusses und ortsübliche Bekanntmachung gem Abs 4 S 2 und 3.

---

[98] BVerwGE 102, 331 = NVwZ 1997, 908; 61, 307 = DVBl 1981, 936; 71, 162; BVerwG Buchh 407.4 § 17 FStrG Nr 38; kritisch Engelhardt BayVBl 1981, 665.

Zuzustellen sind nur der Planfeststellungsbeschluss, dh der Entscheidungssatz (Tenor) und die **Begründung,** nicht auch die im Einzelnen festgestellten Pläne (BVerwG NJW 1984, 189; VGH München NVwZ 1982, 128) ferner die **Rechtsbehelfsbelehrung** (Wahl NVwZ 1990, 433). Die Zustellung richtet sich (wie bei § 69 Abs 2) bei Planfeststellungsverfahren vor Bundesbehörden nach dem VwZG, bei Landesbehörden nach dem Verwaltungszustellungsgesetz des Landes (StBS 115). Auch bei einer Massenzustellung nach Abs 5 muss gem Abs 5 S 2 eine Rechtsbehelfsbelehrung gegeben werden (Wahl NVwZ 1990, 433). 146

2. Auslegung und Bekanntmachung (Abs 4 S 2). Zusätzlich zur Zustellung nach Abs 4 S 1 schreibt Abs 4 S 2 und 3 die Auslegung einer Ausfertigung des Planfeststellungsbeschlusses für einen Zeitraum von 2 Wochen und eine ortsübliche Bekanntmachung darüber vor. Mit der öffentlichen Bekanntgabe durch **Auslegung einer Ausfertigung** des Planfeststellungsbeschlusses in den Gemeinden **und die ortsübliche Bekanntmachung** von Ort und Zeit der Auslegung gem Abs 4 S 2 und 3 wird zugleich sichergestellt, dass die Planfeststellung nicht deshalb einzelnen Betroffenen gegenüber unwirksam bleibt und nicht in Unanfechtbarkeit erwachsen kann, weil die Behörde einzelne Beteiligte nicht kennt (Begr 89). Im Einzelnen ist die Regelung insoweit § 41 Abs 3–4 und § 73 Abs 3–6 nachgebildet. Unterbleibt die öffentliche Bekanntmachung oder ist sie fehlerhaft, so berührt dies die Wirksamkeit gegenüber denjenigen Betroffenen, denen nach Abs 4 S 1 zugestellt wurde, nicht. 147

a) Einzelheiten der Auslegung. Auszulegen sind nach Abs 4 S 2 der Planfeststellungsbeschluss mit dem verfügenden Teil (Tenor), den Gründen und der Rechtsbehelfsbelehrung (Knack 37), außerdem auch die sonstigen Planunterlagen, wenn bzw soweit sich der Planfeststellungsbeschluss auf sie bezieht und sie damit Teil des Planfeststellungsbeschlusses sind. Auszulegen ist der Beschluss analog § 73 Abs 3 S 1 in den Gemeinden, in denen sich das Vorhaben auswirkt, dh idR in den Gemeinden, in denen der Planentwurf auch schon zur Durchführung des Anhörungsverfahrens ausgelegen hat. Je nach dem Inhalt des Planfeststellungsbeschlusses kann jedoch eine Auslegung auch in weiteren Gemeinden erforderlich sein oder umgekehrt auch in einzelnen Gemeinden, in denen der Plan ausgelegt war, entbehrlich geworden sein und deshalb entfallen (Knack 37; Fickert 489). 148

b) Bekanntmachung der Auslegung. Nach Abs 4 S 2, 2. Halbs sind Ort und Zeit der Auslegung ortsüblich bekanntzumachen. Ebenso wie die Neufassung des § 73 Abs 5 S 1 enthält Abs 4 keine Regelung darüber, wieviele Tage vor Beginn der Auslegung diese Bekanntmachung zu erfolgen hat. Die Bekanntmachung muss eine angemessene Zeit vorher erfolgen; trotz der kurzen Auslegungszeit von nur 2 Wochen dürfte ein Mindestzeitraum von 1 Woche ausreichend sein (**aA** Knack 38 u StBS 120: Auslegung darf am Tage nach der Bekanntmachung beginnen; vdGK 5.2). Die ortsübliche Bekanntmachung von Ort und Zeit der Auslegung des Planfeststellungsbeschlusses muss – anders als der auszulegende Beschluss selbst (Knack 37) – nicht mit einer Rechtsbehelfsbelehrung versehen sein (BVerwG NVwZ 1988, 364 = DÖV 1988, 223). 149

c) Auslegungsfehler. Eine **Verletzung der Vorschriften** gem Abs 4 S 2 und S 3, 2. Halbs über die Auslegung in den Gemeinden und die ortsübliche Bekanntmachung darüber sowie über die Zustellungsfiktion hat nur die Folge, dass der Planfeststellungsbeschluss nicht als gem S 3 1. Halbs den übrigen Betroffenen zugestellt gilt; die Wirksamkeit der Zustellung gem S 1 gegenüber den bekannten Beteiligten, dh gegenüber den bekannten Betroffenen und gegenüber denjenigen, die unter Angabe von Namen und Anschrift ordnungsgemäß Einwendungen erhoben haben und über deren Einwendungen entschieden worden ist, wird dadurch nicht berührt. 150

151 **3. Zustellungsfiktion (Abs 4 S 3).** Mit dem Ende der Auslegungsfrist gilt gem Abs 4 S 3 die Zustellung gegenüber den übrigen unbekannten Betroffenen, nicht aber gegenüber dem Träger des Vorhabens und gegenüber den bekannten Beteiligten, als bewirkt; die Rechtsbehelfsfrist läuft vom Beginn des ersten Tages nach der zweiwöchigen Auslegungsfrist, und zwar auch dann, wenn die Auslegungszeit länger als zwei Wochen dauerte (Knack 39). Für den Träger des Vorhabens und die sonstigen bekannten Beteiligten ist für den Lauf der Rechtsbehelfsfristen die individuelle Zustellung maßgebend. Wird der Planfeststellungsbeschluss in mehreren Gemeinden ausgelegt, so laufen die Rechtsbehelfsfristen an sich für jede Auslegung gesondert und bei unterschiedlichem Beginn der Auslegung auch entsprechend unterschiedlich. Da die Auslegung an den verschiedenen Orten gleichwertig erfolgt und das Gesetz insoweit nicht auf den Wohnsitz oder Aufenthaltsort abstellt, richtet sich der Lauf der Rechtsbehelfsfrist für Betroffene, denen nicht individuell zugestellt worden ist, praktisch nach dem Ablauf der Auslegungsfrist in der Gemeinde, in der die Auslegung am spätesten erfolgt ist. Grundsätzlich sollte die Planfeststellungsbehörde jedoch dafür sorgen, dass die Auslegung möglichst in allen Gemeinden am gleichen Tag beginnt.

152 **Keine Wirkung entfaltet die Zustellungsfiktion** den der Behörde bekannten Beteiligten gegenüber insb auch gegenüber dem Träger des Vorhabens (UL § 41 Rn 39; Knack 43; StBS 121; Obermayer 133). Insofern hilft es auch nichts, dass die ortsübliche Bekanntmachung nach Abs 4 S 3 an sich zugleich auch den Erfordernissen der öffentlichen Bekanntmachung nach § 41 Abs 3–4 genügt, wenn man den Planfeststellungsbeschluss als Allgemeinverfügung iS von § 35 S 2 und § 41 Abs 3 S 2 ansieht; denn diese Vorschriften gelten nach § 41 Abs 5 nur vorbehaltlich bestehender Vorschriften über die Bekanntgabe mittels Zustellung. Nach Abs 4 S 1 aber ist Zustellung an bekannte Beteiligte ausdrücklich vorgeschrieben.

153 **4. Ersetzung der individuellen Zustellung (Abs 5).** Abs 5 ermächtigt die Behörde im Interesse der Vereinfachung des Verfahrens in Fällen, in denen sonst mehr als 50 Zustellungen vorzunehmen wären, den Planfeststellungsbeschluss öffentlich bekanntzumachen. Die **öffentliche Bekanntmachung** ersetzt dann die gem Abs 4 S 1 sonst erforderlichen individuellen Zustellungen (Knack 49, 51; Bambey DVBl 1984, 376; **aA** Fickert 496f). Die öffentliche Bekanntmachung nach Abs 5 ersetzt nicht die ortsübliche Bekanntmachung der Auslegung nach Abs 4 S 2, kann aber mit ihr zusammen erfolgen. Im Einzelnen entspricht Abs 5 im Wesentlichen der Regelung in § 69 Abs 2 S 2–5. Die unterschiedlichen Regelungen nach Abs 4 und Abs 5 sind dadurch gerechtfertigt, dass die Personen, die sich nicht mit Einwendungen am Verfahren beteiligt haben, ohnehin erst den mit einer Rechtsbehelfsbelehrung ausgelegten Planfeststellungsbeschluss einsehen müssen, um ihre Rechtsbetroffenheit zu erkennen und zu entscheiden, ob sie Rechtsmittel einlegen wollen (BVerwG NVwZ 1988, 364).

154 **Zulässigkeit und Wirksamkeit der Individualzustellung** werden durch Abs 5 nicht eingeschränkt. Abs 5 lässt die allgemeine Befugnis der Planfeststellungsbehörde nach Abs 4 unberührt, nach Ermessen auch im Fall einer öffentlichen Bekanntmachung des Planfeststellungsbeschlusses einzelnen Betroffenen, insb den Hauptbetroffenen, eine Ausfertigung des Planfeststellungsbeschlusses auch individuell gem Abs 4 zuzustellen (Knack 51). In diesem Fall laufen die **Rechtsbehelfsfristen immer ab der Individualzustellung** (Bambey DVBl 1984, 376f; Knack 51), auch wenn im Einzelfall die Zustellungswirkung gem Abs 5 S 3 schon vorher eintritt (str).

155 **a) Gegenstand der Bekanntmachung.** Bekanntzumachen ist gem Abs 5 S 2 bei der öffentlichen Bekanntmachung des Planfeststellungsbeschlusses nach dieser Vorschrift nicht der gesamte Planfeststellungsbeschluss, sondern nur der **verfügende Teil** bzw eine Zusammenfassung des wesentlichen Inhalts des verfügenden

Teils,[99] einschließlich einer etwa verfügten **Vollziehbarkeitsanordnung** (Blümel VerwArch 1982, 22), jedoch ohne die Schutzauflagen nach Abs 2 S 2; insoweit genügt gem S 2 letzter Halbs ein genereller Hinweis ohne nähere Spezifizierung (VGH München NVwZ 1982, 129). Für sonstige Nebenbestimmungen, die nicht Auflagen sind, gilt diese Erleichterung ebenfalls; S 2 letzter Halbs ist insoweit analog anwendbar (VGH München NVwZ 1982, 129; StBS 126; Knack 47).

Umfang der Bekanntmachung. In die Bekanntmachung aufzunehmen sind außerdem die Rechtsbehelfsbelehrung gem § 58 VwGO, der Hinweis nach Abs 4 S 2 auf die Auslegung des Planfeststellungsbeschlusses, der Hinweis gem Abs 5 S 3 letzter Halbs auf die Zustellungswirkung der Auslegung des Planfeststellungsbeschlusses mit dem Ende der Auslegungsfrist und der Hinweis gem Abs 5 S 4 letzter Halbs auf das Recht zur Anforderung einer Ausfertigung des Planfeststellungsbeschlusses. Die Bekanntmachung erfolgt auf Veranlassung und auf Kosten der Planfeststellungsbehörde (Knack 48). Die Bekanntmachung erfolgt im amtlichen Veröffentlichungsblatt und in örtlichen Tageszeitungen (Abs 5 S 2). 156

b) Auslegung. Wie bei der ortsüblichen Bekanntmachung gem Abs 4 ist auch bei einer öffentlichen Bekanntmachung gem Abs 5 zusätzlich zur Bekanntmachung des verfügenden Teils des Planfeststellungsbeschlusses und der Rechtsbehelfsbelehrung eine Ausfertigung des Beschlusses (einschließlich der schriftlichen Begründung gem Abs 1) mit einer Rechtsbehelfsbelehrung und einer Ausfertigung des festgestellten Planes entspr Abs 4 S 2 in den Gemeinden zwei Wochen zur Einsicht auszulegen; darauf ist in der öffentlichen Bekanntmachung hinzuweisen. 157

Eine **Verletzung der Auslegungspflicht** gem Abs 5 S 2, Abs 4 S 2 hat im Gegensatz zu einer Verletzung der übrigen Erfordernisse gem S 2 und S 3, 2. Halbs. nicht die Unwirksamkeit der Bekanntgabe des Planfeststellungsbeschlusses gegenüber den Betroffenen zur Folge und hindert auch nicht, dass die Zustellungsfiktion gem S 3 1. Halbs eintritt, sondern stellt nur einen sonstigen Verfahrensfehler dar (str), denn sie betrifft nicht die Bekanntgabe des verfügenden Teils. Soweit ein Betroffener dadurch jedoch gehindert ist, die Gründe des Planfeststellungsbeschlusses zu erfahren, gilt § 45 Abs 3 entsprechend. Das Fehlen oder die Fehlerhaftigkeit der Rechtsbehelfsbelehrung in der Bekanntmachung hat gem §˙58 Abs 2 VwGO nur Folgen für den Lauf der Rechtsbehelfsfristen. 158

c) Zustellungsfiktion. Gem Abs 5 S 3 tritt mit dem Ende der Auslegungsfrist die Zustellungswirkung **gegenüber allen Betroffenen,** unabhängig davon, ob sie der Behörde bekannt waren oder nicht, sowie gegenüber allen, die im Verfahren Einwendungen erhoben haben, ein (Bambey DVBl 1984, 376). Wie gem Abs 4 S 3 beginnt auch hier der Lauf der Rechtsmittelfrist einen Tag nach dem letzten Tag der Auslegungsfrist. Findet eine Individualzustellung statt, so ist für den Lauf der Rechtsbehelfsfrist allein diese maßgebend. 159

d) Anforderung des Planfeststellungsbeschlusses (Abs 5 S 4). Nach Abs 5 S 4 haben diejenigen, die im Verfahren Einwendungen erhoben haben – auch solche, über deren Einwendungen wegen Verfristung im Planfeststellungsbeschluss nicht entschieden wurde – und alle sonstigen Betroffen Anspruch auf Zusendung des Planfeststellungsbeschlusses. Fordert ein Beteiligter gem Abs 5 S 4 den Planfeststellungsbeschluss an, so ist ihm eine Ausfertigung des Planfeststellungsbeschlusses, eine Ausfertigung oder Ablichtung uä des festgestellten Plans oder sonstiger Planunterlagen, soweit der Planfeststellungsbeschluss darauf Bezug nimmt (str), 160

[99] S § 69; für Zulässigkeit insb BVerwGE 67, 213; BVerwG DVBl 1985, 110; VGH München DVBl 1982, 209 = BayVBl 1982, 242; StBS 125 f; Henle BayVBl 1981, 10; Obermayer 142 – Anstoßwirkung genügt, wenn der volle Inhalt anderswo eingesehen werden kann; Breuer, in: Sendler-FS 1991, 370; Knack 43; **aA** Blümel VerwArch 1982, 5 ff.

kostenlos (Obermayer 50; Bambey DVBl 1984, 376; Knack 147) zuzusenden (München NVwZ 1982, 128).

XIV. Plangenehmigung (Abs 6)

161 **1. Allgemeines.** Abs 6 erlaubt es der zuständigen Behörde, unter den Voraussetzungen von S 1 Nr 1 u 2 anstelle eines Planfeststellungsverfahrens ein Plangenehmigungsverfahren mit weitgehend gleichen Rechtswirkungen (§ 75 Rn 3) durchzuführen.[100] Die Plangenehmigung ist VA und planerische Entscheidung (BVerwGE 64, 325, 330) wie der Planfeststellungsbeschluss; im Unterschied zur Planfeststellung ergeht sie in einem erheblich verkürzten Verfahren ohne Öffentlichkeitsbeteiligung, weil nach Abs 6 S 2 HS 2 die **Vorschriften über das Planfeststellungsverfahren keine Anwendung** finden. Ziel der Regelung ist es, in Fällen, in denen Rechte Dritter nicht beeinträchtigt werden, eine Verkürzung des Genehmigungsverfahrens zu erreichen (BT 13/3995 S 10). Ob die zuständige Behörde anstelle eines Planfeststellungsverfahrens ein Plangenehmigungsverfahren durchführt, steht, wenn die Voraussetzungen des Abs 6 S 1 erfüllt sind, grundsätzlich ihrem **Ermessen** (StBS 141). Ein Anspruch des Vorhabenträgers besteht deshalb idR nicht. Allerdings kann das Ermessen im Einzelfall auch auf Null reduziert sein.

161 a Materiell stellt die Plangenehmigung wie der Planfeststellungsbeschluss eine **echte Planungsentscheidung** dar, auf die das Abwägungsgebot uneingeschränkt anwendbar ist. Im Plangenehmigungsverfahren sind alle durch das Vorhaben berührten öffentlichen und privaten Belange zu erfassen und abwägend zu einem Ausgleich zu bringen. Der sachliche Prüfungsgehalt der Plangenehmigung unterscheidet sich daher nicht von dem des Planfeststellungsbeschlusses (Kühling/Hermann Fachplanungsrecht, Rn 542). Ohne Einschränkung gelten für die Plangenehmigung auch die übrigen materiellen Anforderungen, die auf das Planfeststellungsverfahren und den Planfeststellungsbeschluss anwendbar sind (Steinberg S 299; Czychowski WHG § 31 Rn 85).

162 **a) Entstehungsgeschichte.** Eine Plangenehmigung war ursprünglich nur in einzelnen Fachplanungsgesetzen vorgesehen, zB § 7 Abs 2 AbfG aF (heute § 31 Abs 3 KrW-/AbfG), § 31 Abs 1 Satz 1 WHG, § 14 Abs 1 S 2 WaStrG, § 41 Abs 4 Satz 1 FlurbG. Sie wurde durch § 4 VerkWPlBG im Jahre 1991 auf die Verkehrswegeplanung in den neuen Bundesländern ausgedehnt und sodann 1993 durch das Planungsvereinfachungsgesetz v 17. 12. 1993 (BGBl I 2123) allgemein die Fachplanungsgesetze der Verkehrswegeplanung übernommen (§ 17 Abs 1 a FStrG, § 18 Abs 2 AEG, § 28 Abs 1 a LuftVG). Durch das GenBeschlG wurde das Institut der Plangenehmigung nach entsprechenden Vorschlägen des Bundesrats im Entwurf eines Standortsicherungsgesetzes (BT-Dr 13/1445) allgemein in die Regelungen des Planfeststellungsrechts aufgenommen.

163 **b) Speziellere Regelungen.** Das Instrument der Plangenehmigung hat in einigen Fachplanungsgesetzen eine spezielle und teilweise hinsichtlich der Voraussetzungen, der Verfahrensregelungen und der Rechtswirkungen auch abweichende Regelung erfahren, die der allgemeinen in Abs 6 vorgeht. Dies gilt etwa für § 17 Abs 1 a FStrG für den wichtigen Bereich des Fernstraßenrechts und § 28 Abs 1 a PBefG für die Planung von Straßenbahnen, die beide nur im Falle einer wesentlichen Beeinträchtigung von Rechten Dritter eine Plangenehmigung ausschließen, die aber auch beide voraussetzen, dass das Vorhaben nicht UVP-pflichtig ist, ferner

---

[100] Allgemein zur Plangenehmigung Axer, Die Konzentrationswirkung der Plangenehmigung, DÖV 1995, 495; Ringel, Die Plangenehmigung im Fachplanungsrecht, 1996; Pfeil, Die Voraussetzungen einer Plangenehmigung gem § 18 Abs 2 AEG; Gassner, Zur Gleichstellung der Rechtswirkungen von Planfeststellung und Plangenehmigung, NuR 1996, 492.

für einzelne Landeswassergesetze, die stets eine öffentliche Anhörung verlangen. Auch soweit die spezielleren Regelungen von Abs 6 nicht abweichen, gehen sie vor. Die Regelungen des Abs 6 können jeweils nur ergänzend herangezogen werden.

c) Verhältnis zu den Regelungen des UVPG. In der Vergangenheit ist das Institut der Plangenehmigung zu Recht deshalb kritisiert worden, weil nach § 3 UVPG aF für Vorhaben, die nur einer Plangenehmigung unterlagen, keine Umweltverträglichkeitsprüfung durchzuführen war. Hierin wurde ein Verstoß gegen Gemeinschaftsrecht gesehen, wenn sich die Plangenehmigung auf Vorhaben bezog, welche nach den Vorgaben der UVP-RL einer Umweltverträglichkeitsprüfung hätten unterzogen werden müssen.[101] Um dem Vorwurf der Gemeinschaftsrechtswidrigkeit zu entgehen, war in wichtige Fachplanungsgesetze **das Nichtbestehen einer UVP-Pflicht** als zusätzliche Voraussetzung für die Anwendbarkeit des Plangenehmigungsrechts aufgenommen worden (vgl zB § 18 Abs 2 Nr 1 AEG; § 17 Abs 1a Nr 1 FStrG, § 28 Abs 1a PBefG; § 31 Abs 3 WHG; § 9b AtomG). Im Übrigen war davon auszugehen, dass sich das Ermessen der Behörde in Abs 6 zugunsten der Planfeststellung auf Null reduzierte, weshalb in UVP-pflichtigen Fällen eine Plangenehmigung nicht zulässig war (Voraufl Rn 173). 163 a

Durch die UVP-Novelle v 27. 7. 2001 (BGBl I, 1950) hat sich die Rechtslage grundlegend gewandelt (vgl den Überblick bei Koch/Siebel-Huffmann NVwZ 2001, 1081). Nunmehr ist die UVP-Pflicht nicht mehr an die Planfeststellungsbedürftigkeit eines Vorhabens gekoppelt. Maßgebend ist nach § 3b UVPG nunmehr für die UVP-Pflicht, ob das Vorhaben nach der Anlage 1 zum UVPG zu den generell oder den nach einer Einzelfallprüfung prüfungspflichtigen Vorhaben zählt, wobei zwischen einer allgemeinen und einer standortbezogenen Vorprüfung unterschieden wird. An dem Grundsatz, wonach die UVP im Huckepackverfahren als unselbständiger Teil eines anderweitig vorgesehenen Genehmigungsverfahrens durchzuführen ist, wird auch im UVPG nF festgehalten. Allerdings können nun **als Trägerverfahren auch sonstige Genehmigungsverfahren**, sogar Baugenehmigungsverfahren in Betracht kommen. Das UVPG selbst enthält in § 20 UVPG für bestimmte Vorhaben eine Regelung über die Notwendigkeit der Durchführung von Planfeststellungsverfahren als Trägerverfahren. 163 b

2. Voraussetzungen (Abs 6 S 1). Voraussetzung für die Erteilung einer Plangenehmigung ist erstens nach Abs 6 Nr 1, dass Rechte anderer nicht beeinträchtigt werden oder die Betroffenen sich mit der Inanspruchnahme ihrer von dem Vorhaben beeinträchtigten Rechte schriftlich einverstanden erklärt haben, und zweitens, dass mit den Trägern öffentlicher Belange das Benehmen hergestellt worden ist (Abs 6 S 1 Nr 2). Während für die privaten Rechte anderer in Abs 6 S 1 Nr 1 eine materielle Voraussetzung der Plangenehmigung formuliert ist, hat Abs 6 S 1 Nr 2 hinsichtlich der öffentlichen Interessen vom Wortlaut her nur verfahrensrechtlichen Gehalt. Es stellt sich deshalb die Frage, ob nach Abs 6 eine Plangenehmigung auch bei erheblicher Beeinträchtigung öffentlicher Interessen zulässig ist, sofern keine privaten Rechte betroffen sind oder mit den Trägern privater Interessen Vereinbarungen getroffen werden können. Abs 6 S 1 Nr 2 sichert für die Plangenehmigung lediglich die Behördenbeteiligung des § 73 Abs 2 als unverzichtbare Voraussetzung der Konzentrationswirkung (Knack 156; StBS 152). Das heisst aber nicht, dass es für die Wahl zwischen Planfeststellung und Plangenehmigung auf das Ausmaß der Betroffenheit öffentlicher Belange nicht ankommen solle. Vielmehr muss dieser Gesichtspunkt bei der Ermessensentscheidung der Behörde eine wesentliche Rolle spielen. Die Entscheidung für ein Plangenehmigungsverfahren 164

[101] S hierzu näher Erbguth UPR 1999, 41, 48; Eckert DVBl 1997, 158; Gassner NuR 1996, 495; Knack 162; s auch BT-Dr 13/271, 13/272; Voraufl 163.

trotz erheblicher Auswirkungen des Vorhabens auf öffentliche Belange und entsprechenden negativen Stellungnahmen der zu beteiligenden Behörden wird idR ermessensfehlerhaft sein (s auch Erbguth UPR 1999, 41, 49; Schink NuR 1998, 173, 176; Wahl/Dreier NVwZ 1999, 611).

165 **a) Keine Beeinträchtigung von Rechten Dritter (Abs 6 S 1 Nr 1).** Der Begriff der Rechte ist enger als der Begriff der Belange iS des § 73 Abs 4; er ist im Wesentlichen identisch mit dem Begriff der Rechte in Abs 2 S 2 und § 75 Abs 2 (BVerwG NVwZ 1997, 919; Knack 152). Er umfasst nicht nur die Eigentumsrechte, auf die zur Verwirklichung des geplanten Vorhabens zugegriffen werden muss, sondern auch alle anderen subjektiven öffentlichen Rechte, die gegen das Vorhaben uU auch im Wege einer Klage vorgebracht werden können. Hierzu zählen zB auch das Recht auf Vermeidung von Lärmbeeinträchtigungen und andere rechtlich erhebliche Nachteile, sofern sie wesentlich sind (VGH Mannheim NVwZ 1999, 550; NuR 1996, 34). Maßgeblich muss sein, ob der Betroffene einen (uU auch klageweise durchsetzbaren) Anspruch darauf hat, dass sein **Recht oder Interesse in der Abwägung berücksichtigt** wird (StBS 143; Jarass DVBl 1997, 796). Abs 6 verzichtet auf das Anhörungsverfahren des § 73 Abs 4 gerade deshalb, weil keine privaten Rechte anderer in die Abwägung einzustellen sind, weil sie entweder nicht betroffen sind oder sich deren Träger mit dem Vorhaben einverstanden erklärt haben. Eine besondere Form des Eingriffs in die Rechte Dritter wird nicht verlangt. Ausreichend ist – wie auch sonst im Fachplanungsrecht – jede relevante Beeinträchtigung des Rechts. Etwas anderes lässt sich auch BVerwG NVwZ 1997, 994 und NVwZ 1998, 1178 nicht entnehmen. Vielmehr geht es jeweils um die Frage, wann von einer Beeinträchtigung einer Rechtsposition gesprochen werden kann bzw welches Schutzniveau normativ vorgegeben ist (s hierzu Michler VerwArch 1997, 24 mwN; Obermayer 153f; StBS 144; Steinberg FS Schlichter, 1995, 599, 611).

166 **b) Prognose.** Alt 1 setzt eine Prognose darüber voraus, dass von dem Vorhaben Rechte Dritter nicht beeinträchtigt werden. Da das Planfeststellungsverfahren gerade der Prüfung dient, ob und inwieweit Rechte Dritter beeinträchtigt sein können, kommt eine Plangenehmigung nur in Betracht, wenn eine hinreichend sichere Beurteilung der Frage möglich ist, ob Rechte Dritter beeinträchtigt werden können (Jarass DVBl 1997, 797). Bestehen insoweit Zweifel, ist ein Plangenehmigungsverfahren nicht zulässig. Im Hinblick darauf wird in der Literatur am Plangenehmigungsverfahren teilweise massive Kritik geübt: Die Prognose über die Relevanz des Vorhabens für Rechte Dritter greife in verfassungsrechtlich bedenklicher Weise der gebotenen planerischen Abwägung vor und erscheine zudem fragwürdig im Hinblick auf die Grundrechtsrelevanz der Verfahrensbeteiligung potentiell Drittbetroffener.[102] Dieser Kritik ist zuzustimmen, zumal eine falsche Prognose nicht selten sanktionslos bleiben wird, weil der einfach Betroffene kein subjektives Recht auf die Durchführung eines Planfeststellungsverfahrens hat (vgl Rn 77).

167 **Eine Bagatellgrenze,** nach der geringfügige Rechtsbeeinträchtigungen einer Plangenehmigung nicht entgegenstehen, **besteht nicht.** Im Unterschied zur Regelung in Abs 6 stehen nach dem FStrG und dem PBefG nur „erhebliche Beeinträchtigungen" der Rechte Dritter einer Plangenehmigung entgegen. Wegen seines übergreifenden Charakters wurde in das VwVfG die engere Fassung des AEG, WaStrG und LuftVG übernommen (BT-Dr 13/3995 S 10). Daher schließt zB jede auch nur **geringe Rechtsbeeinträchtigung,** insbes Inanspruchnahme fremden Grundeigentums die Durchführung eines Plangenehmigungsverfahrens aus, sofern nicht die schriftliche Einverständniserklärung des Eigentümers vorliegt. Ein Plan-

[102] Steinberg, Fachplanung, 1993, S 301; Klinski/Gaßner NVwZ 1992, 235, 236; Bidinger, Personenbeförderungsrecht, 2. Aufl. 1991, § 28 (3/94), S 6.

genehmigungsverfahren kommt daher vor allem dann in Betracht, wenn der Vorhabenträger bereits Eigentümer der für das Vorhaben benötigten Flächen ist. Auch diese Verknüpfung von Verfahrenserleichterung und Eigentumsverhältnissen wird unter dem Gesichtspunkt der Alternativenabwägung und im Hinblick auf den raumordnenden Charakter der Planfeststellung kritisch gesehen (Bender/Sparwasser, Umweltrecht, 2 I Rn 31, Fn 31).

3. Benehmen mit anderen Behörden (Abs 6 Nr 2). Mit den Trägern öffentlicher Belange, deren Aufgabenbereich von dem Vorhaben berührt wird, muss das Benehmen hergestellt worden sein (Nr 2). Das Benehmen als Form der Behördenbeteiligung ist erforderlich, da auch die Plangenehmigung die für das Vorhaben erforderlichen Genehmigungen und Erlaubnisse anderer Sachzuständigkeiten ersetzt und damit Konzentrationswirkung entfaltet. Es wird hergestellt, indem die zuständige Behörde den in ihrem Aufgabenbereich betroffenen anderen Behörden im Verfahren Gelegenheit zur Stellungnahme gibt und gegenläufige Standpunkte abwägend berücksichtigt. Eine Bindung an die Stellungnahmen anderer Behörden tritt – anders als beim Einvernehmen – nicht ein. Negative Stellungnahmen der beteiligten Behörden stehen einem Plangenehmigungsverfahren daher nicht im Wege. 168

4. Ermessen. Liegen die Voraussetzungen nach Nr 1 und 2 vor, so steht es im Verfahrensermessen der Behörde, ein Plangenehmigungsverfahren durchzuführen (StBS 141; Knack 157). Ein Anspruch auf Durchführung des Plangenehmigungsverfahrens anstelle eines Planfeststellungsverfahrens hat der Antragsteller nicht (Knack 157). Die Behörde wird sich bei ihrer Ermessensentscheidung aber an dem Ziel der Regelung zu orientieren haben, für einfach gelagerte Planungen ein einfaches Verfahren zu ermöglichen. Die Regelung des Abs 6 lässt zwar eine Plangenehmigung auch bei erheblichen Beeinträchtigungen öffentlicher Belange zu (Ringel S 173). Gleichwohl wird gerade in solchen Fällen eine **Ermessensreduktion** in Betracht zu ziehen sein (Jarass DVBl 1997, 797). Insofern wird für komplexere Planungen selbst dann ein Planfeststellungsverfahren durchzuführen sein, wenn Rechte Dritter nicht betroffen sind oder Betroffene einer Plangenehmigung schriftlich zugestimmt haben. Das Planfeststellungsverfahren ist nur dann entbehrlich, wenn ein Interessenwiderstreit ersichtlich nicht besteht oder jedenfalls wegen des tatsächlich und rechtlich einfach gelagerten Sachverhalts nicht zu erwarten ist (BVerwG NVwZ 1987, 590, 591). 169

5. Maßgebliches Verfahrensrecht. a) Allgemeines. Auf Plangenehmigungsverfahren finden nach Abs 6 S 2 Halbs 2 nicht die Vorschriften über die Planfeststellung, sondern die allgemeinen Vorschriften der §§ 9 ff einschließlich der §§ 71 a ff Anwendung. Da die Plangenehmigung VA ist, müssen sämtliche formellen und materiellen Voraussetzungen für den Erlass eines VA erfüllt sein. Das bedeutet: Für die Notwendigkeit der Beteiligung Dritter am Verwaltungsverfahren gilt § 13, für die Anhörung Betroffener § 28 und für die Akteneinsicht § 29. Der VA ist gem § 39 zu begründen und, sofern nicht fachgesetzlich eine Zustellung vorgeschrieben ist, gem § 41 bekannt zu geben. Die Vorschriften über das Anhörungsverfahren nach § 73 und über die Zustellung nach § 74 Abs 4 u 5 finden demgegenüber keine Anwendung (StBS 155; Knack 161; Obermayer 163; Jarass DVBl 1997, 795, 798). 170

b) Auflagen gegenüber dem Vorhabenträger. Die Plangenehmigung kann unter den Voraussetzungen des § 36 mit Auflagen und anderen Nebenbestimmungen verbunden werden. Da der Erlass der Plangenehmigung im Normalfall im Planungsermessen der Planfeststellungsbehörde steht, ist idR § 36 Abs 2 anwendbar. Auch die spezielleren Regelungen des § 41 BImSchG sind beachtlich (BVerwG NVwZ 2002, 733). Die Regelungen des § 74 Abs 2 S 2, wonach dem Vorhabenträger Vorkehrungen auferlegt werden können, die zur Vermeidung 170 a von Eingriffen in Rechte anderer erforderlich sind, ist dagegen nicht anwendbar.[103] Praktisch bedeutsam ist, dass auch die Regelung des § 74 Abs 2 S 3 keine Anwendung finden kann, wonach der Betroffene bei Unmöglichkeit oder Untunlichkeit solcher Vorkehrungen in Geld zu entschädigen ist. Bei der Plangenehmigung besteht diese Möglichkeit der Überwindung von Rechten Dritter durch Geldentschädigung nicht. Wenn sich Beeinträchtigungen von Rechten Dritter nicht durch Nebenbestimmungen vermeiden lassen, ist eine Plangenehmigung des Vorhabens nicht zulässig (so in der Konsequenz auch StBS 156; Obermayer 163; missverständlich Knack 164).[104]

170 b c) **Individuelle Bekanntgabe.** Die Plangenehmigung muss gem § 41 **den Betroffenen individuell bekanntgegeben** werden. Dies ist im Normalfall kein Problem, weil nach Abs 6 S 1 Nr 1 Betroffene nicht vorhanden sein sollten. Macht die Behörde aber irrtümlich oder fehlerhaft von dem Instrument der Plangenehmigung Gebrauch, obwohl Betroffene vorhanden sind, wird die Plangenehmigung ihnen gegenüber erst wirksam, wenn sie diesen gegenüber ordnungsgemäß bekanntgegeben worden ist. In derartigen Fällen wird auch die Heilung einer fehlenden Anhörung auf Schwierigkeiten stoßen, weil sie nur möglich ist, wenn das Ergebnis der Anhörung ergebnisoffen bei der Entscheidung berücksichtigt wird. Erst mit der Bekanntgabe beginnt auch die Klagefrist des § 74 VwGO zu laufen. Ein Vorverfahren findet gem Abs 6 S 3 vor der Erhebung der Klage nicht statt. Allerdings kann das Klagerecht verwirkt werden, wenn der Betroffene trotz fehlender Bekanntgabe nicht innerhalb eines Jahres die Klage erhebt, nachdem er erstmals von den das Vorhaben betreffenden Bauarbeiten Kenntnis nehmen konnte. Dies gilt allerdings nur dann, wenn der Betroffene Anlass hatte, von den Bauarbeiten auf das Vorhandensein einer Plangenehmigung zu schließen. Deshalb tritt keine Verwirkung ein, wenn die Bauarbeiten zwar wahrnehmbar waren, sich aber ohne weiteres einem anderen Vorhaben zuordnen ließen.

171 **6. Rechtswirkungen der Plangenehmigung. a) Grundsatz.** Die Plangenehmigung entfaltet nach Abs 6 S 2 Halbs 1 im Grundsatz dieselben Rechtswirkungen wie ein Planfeststellungsbeschluss, allerdings mit Ausnahme der enteignungsrechtlichen Vorwirkung, für die allerdings idR auch kein Bedarf besteht, weil nach Abs 6 S 1 Nr 1 Rechte anderer gerade nicht betroffen sein dürfen. Der Sache nach verweist Abs 6 S 2 Nr 1 damit auf die Rechtswirkungen nach § 75 Abs 1 (StBS 156). Dies ist für die Konzentrationswirkung konsequent, für die Ausschluss- und die Gestaltungswirkung aber problematisch.

172 **b) Rechtswirkungen entspr § 75 Abs 1.** Die Plangenehmigung ersetzt wie der Planfeststellungsbeschluss sämtliche sonst erforderlichen behördlichen Entscheidungen, Genehmigungen usw. Sie entfaltet damit in vollem Umfang die sog **Konzentrationswirkung** (s hierzu näher § 75 Rn 7). Dem entspricht es, dass nach Abs 6 S 1 Nr 1 mit den Trägern öffentlicher Belange, deren Aufgabenbereich berührt wird, das Benehmen hergestellt worden sein muss. Diese Regelung tritt an die Stelle der Behördenbeteiligung im Planfeststellungsverfahren nach § 73 Abs 2, 3. Darüber hinaus entfaltet die Plangenehmigung ebenso wie der Planfeststellungsbeschluss auch **Genehmigungs-, Ausschluss-, Gestaltungs- und Duldungswirkung.** Das bedeutet, dass die Plangenehmigung entspr § 75 Abs 1 die Zulässigkeit des Vorhabens im Hinblick auf alle von ihm berührten öffentlichen Belange

---

[103] Ebenso BVerwGE 102, 74, 76; NVwZ 2002, 733 unter Hinweis auf § 18 Abs 1 Nr 3 AEG (entspr Abs 6 Nr 1) ohne Erwähnung des Abs 6 S 2.

[104] Die Entscheidung des BVerwG in NVwZ 2002, 733, 735, in der ohne nähere Begründung von einer „entsprechenden“ Anwendung von § 74 Abs 2 S 3 die Rede ist, berücksichtigt nicht hinreichend Abs 6 S 2. Unklar ist auch das Verhältnis dieser Passage der Entscheidung zu der auf S 733, wo die Unanwendbarkeit des § 74 Abs 2 u 3 ausdrücklich festgestellt wird.

feststellt und alle öffentlich-rechtlichen Beziehungen zwischen dem Vorhabenträger und betroffenen Dritten rechtsgestaltend regelt.

Ausschluss, Gestaltungs- und Duldungswirkungen der Plangenehmigung sind deshalb **problematisch,** weil nach Abs 6 S 1 Nr 2 eine Plangenehmigung nur zulässig ist, wenn Rechte Dritter gar nicht berührt werden. Wird also für ein Vorhaben unter Verstoß gegen Abs 6 S 1 Nr 2 eine Plangenehmigung erteilt, so gestaltet sie die Rechte der Betroffenen gleichwohl wie ein Planfeststellungsbeschluss mit der Folge, dass die Betroffenen etwaige Beeinträchtigungen dulden müssen und Abwehrrechte weitgehend ausgeschlossen werden (s § 75 Rn 8 ff). Gleichwohl folgt gerade aus dem Ausschluss der enteignungsrechtlichen Vorwirkung in Abs 6 S 2 Halbs 1 im Gegenschluss, dass die Möglichkeit einer Rechtsbeeinträchtigung Dritter gesehen wurde und die genannten Rechtswirkungen der Plangenehmigung gleichwohl zukommen sollen. Für von einer Plangenehmigung Betroffene spielen deshalb Fragen des Rechtsschutzes eine besondere Rolle. **172 a**

c) Sonstige Rechtswirkungen. Umstritten ist, ob der Plangenehmigung auch die Rechtswirkungen des § 75 Abs 2 zukommen, wonach Ansprüche auf Unterlassung, Beseitigung usw nach Unanfechtbarkeit der Plangenehmigung ausgeschlossen sind. Die Frage ist richtigerweise zu bejahen (so auch Knack 164; Obermayer 166; **aA** StBS 156). Zu den Rechtswirkungen der Planfeststellung gehört auch die **erhöhte Bestandswirkung,** die durch § 75 Abs 2 gesichert wird. Allerdings kommt diese Wirkung nur denjenigen Betroffenen gegenüber zu, denen die Plangenehmigung auch wirksam bekannt gegeben worden ist, nicht gegenüber allen potentiell Betroffenen. Der Plangenehmigung kommt auch die **Privilegierungswirkung des § 38 BauGB** zu (Kühling/Herrmann Rn 542). Das bedeutet, dass sich die in § 38 BauGB genannten Vorhaben auch dann gegen die Regelungen in den §§ 29 ff BauGB durchsetzen können, wenn sie nur durch eine Plangenehmigung zugelassen worden sind. **172 b**

d) Enteignungsrechtliche Vorwirkung kommt der Plangenehmigung nach der ausdrücklichen Regelung in Abs 6 S 2 nicht zu. Das bedeutet, dass die Plangenehmigung für ein später etwa erforderliches Enteignungsverfahren zur Durchsetzung des Vorhabens nicht bindend ist. Diese Regelung ist im Hinblick auf Abs 6 S 1 Nr 2 nur konsequent. Der Träger des Vorhabens kann also nicht darauf vertrauen, dass sich sein plangenehmigtes Vorhaben auch dann realisieren lässt, wenn er hierfür entgegen der ursprünglichen Prognose Rechte Dritter benötigt. Zur enteignungsrechtlichen Vorwirkung näher § 75 Rn 12. Abweichend hiervon ist etwa für bundesrechtlich geregelte Verkehrsvorhaben nach § 17 Abs 1 a S 2 FStrG, § 28 Abs 1 a S 2 PBefG, § 18 Abs 2 S 2 AEG, § 34 LuftVG eine enteignungsrechtliche Vorwirkung auch bei Plangenehmigungen möglich. Dies folgt daraus, dass in diesen Vorschriften anders als in Abs 6 S 2 ein Ausschluss der enteignungsrechtlichen Vorwirkung nicht vorgenommen worden ist. Insoweit liegen abweichende Sonderregelungen vor (s hierzu Sauthoff BauR 2000, 206; krit Kühling/Herrmann Rn 543). **173**

7. Rechtsschutzfragen. a) Keine Anfechtung der Verfahrenswahl. Die Entscheidung der zuständigen Behörde, an Stelle des Planfeststellungsverfahrens ein Plangenehmigungsverfahren durchzuführen, ist als bloße Verfahrenshandlung ohne Außenwirkung und deshalb auch für den Vorhabenträger selbst **nicht selbstständig anfechtbar** (Stelkens in Schoch, VwGO, § 44 a Rn 15 f; **aA** UL § 40 Rn 11: VA, der aber gem § 44 a VwGO nicht selbstständig anfechtbar ist). Eine Anfechtungs- oder Leistungsklage gegen die Entscheidung der Behörde käme ohnehin nur in Betracht, wenn subjektive (Verfahrens-)Rechte auf Durchführung eines Planfeststellungsverfahrens geltend gemacht werden könnten. Nach hM verleihen aber die Vorschriften über das Planfeststellungsverfahren **keine subjektiven öffentlichen Rechte auf Durchführung eines Planfeststellungsverfahrens,** die gegen den Verzicht auf ein Planfeststellungsverfahren und die ersatzweise **174**

Durchführung eines Plangenehmigungsverfahrens geltend gemacht werden könnten (BVerwGE 64, 331 f; BVerwG DÖV 1980, 516; DÖV 1982, 639 ff; NJW 1988, 434; Ronellenfitsch VerwArch 1989, S 92 ff, 121) Dies wird insb im Hinblick auf die Grundrechtsrelevanz der Verfahrensbeteiligung zu Recht kritisiert (vgl Steinberg Fachplanung S 317 ff; UL § 40 Rn 12). **Auch der Vorhabenträger hat keinen Anspruch** auf Durchführung einer Plangenehmigung an Stelle eines Planfeststellungsverfahrens. Anders ist die Lage dann, wenn der Kläger selbstständige Verfahrensrechte geltend machen kann. So kann zB ein **anerkannter Naturschutzverband** eine Plangenehmigung mit der Begründung anfechten, richtigerweise hätte ein Planfeststellungsverfahren durchgeführt werden müssen, an welchem er hätte beteiligt werden müssen (vgl VGH Mannheim DVBl 1993, 163; NuR 1996, 607).

174 a **b) Rechtsschutz betroffener Dritter.** Soweit Dritte entgegen der Regelung in Abs 6 S 1 Nr 2 von der Plangenehmigung in ihren Rechten betroffen werden, stellt sich die Frage, welche Rechte sie gegenüber der Plangenehmigung ins Feld führen können. Grundsätzlich können sie materiell dieselben subjektiven öffentlichen Rechte geltend machen, wie wenn das Vorhaben durch Planfeststellungsbeschluss genehmigt worden wäre (s hierzu näher § 75 Rn 37 ff). Fraglich ist, ob sie auch geltend machen können, die Plangenehmigung sei rechtswidrig, weil Rechte Dritter entgegen Abs 6 S 1 Nr 2 überhaupt berührt werden. Diese Frage ist auf der Grundlage der hM derzeit zu verneinen. Der betroffene Dritte kann zwar verlangen, dass seine Rechte und Belange im Rahmen der planerischen Abwägung angemessen berücksichtigt werden, hat aber **keinen Anspruch auf Durchführung eines Planfeststellungsverfahrens,** auch nicht darauf, dass das objektiv-rechtlich vorgeschriebene Planfeststellungsverfahren tatsächlich und im Übrigen fehlerfrei durchgeführt wird.[105] Er kann lediglich verlangen, dass ihm aus dem Unterbleiben des Planfeststellungsverfahrens keine Beeinträchtigung seiner materiellen Rechtsposition erwächst (BVerwG NVwZ 2002, 346, 348).

174 b Da **auch bei der Plangenehmigung eine Abwägung** der betroffenen Belange stattfindet, kann eine Beeinträchtigung nur darin liegen, dass das Verfahren nach § 73 unterbleibt. Hierin sieht die Rspr allerdings keine relevante Rechtsverletzung. Dies ist im Hinblick darauf, dass die verfahrensrechtlichen Vorkehrungen und Sicherungen im Planfeststellungsverfahren gerade auch der Kompensation der aufgrund der planerischen Gestaltungsfreiheit der Behörde vergleichsweise geringen Steuerung durch das materielle Recht dienen, nicht überzeugend.

XV. Entbehrlichkeit von Planfeststellung und Plangenehmigung (Abs 7)

175 **1. Allgemeines.** Nach Abs 7 entfallen sowohl Planfeststellung als auch Plangenehmigung in Fällen von unwesentlicher Bedeutung. Eine ähnliche Regelung wurde schon durch das Planungvereinfachungsgesetz für den Bereich der Verkehrswegeplanung in das FStrG (§ 17 Abs 2) eingeführt, um unbedeutende Änderungen oder Erweiterungen von Verkehrseinrichtungen – etwa das Anlegen eines Radweges oder die Verbreiterung eines Gehweges – von einem förmlichen Verwaltungsverfahren freizustellen. Für unwesentliche Änderungen eines bestehenden Plans kann nach § 76 Abs 2 von einem Planungsverfahren abgesehen werden. Liegen die Voraussetzungen des Abs 7 vor, so „entfallen" Planfeststellungs- und Plangenehmigungsverfahren. Diese Formulierung deutet darauf hin, dass der Behörde insoweit ein Ermessen nicht zusteht und auch eine Entscheidung darüber, dass ein Fall iSd Abs 7 vorliegt, nicht erfoderlich ist. Der Vorhabenträger kann das Vorhaben ohne weiteres ins Werk setzen. Allerdings treten auch die Wirkungen

[105] BVerwGE 85, 368, 377 = NVwZ 1991, 369; BVerwG NVwZ 2002, 346, 348.

von Planfeststellung und Plangenehmigung nicht ein. Mangels Konzentrationswirkung müssen etwa erforderliche sonstige Genehmigungen eingeholt werden (Jarass DVBl 1997, 796), allgemeine private und öffentlich-rechtliche Abwehrrechte gegen das Vorhaben bestehen fort.

2. Unwesentliche Bedeutung (Abs 7 S 2). Wann ein Fall unwesentliche Bedeutung aufweist, ist in Abs 7 S 2 abschließend geregelt. Die Frage ist im Streitfall gerichtlich vollen Umfangs überprüfbar. Die Regelung entspricht im Wesentlichen der in § 76 Abs 2 (s dort Rn 12ff). Grundgedanke ist, dass eine Abwägungsentscheidung entfallen kann, wenn keinerlei öffentliche oder private Interessen berührt werden (Obermayer 179), weil kein Interessenwiderstreit besteht und angesichts des in rechtlicher wie in tatsächlicher Hinsicht einfach gelagerten Sachverhalts auch nicht zu erwarten ist (vgl hierzu BVerwG DÖV 1987, 781 zur vergleichbaren Regelung in § 76 Abs 2). Die Voraussetzungen des Abs 7 S 2 müssen **kumulativ** vorliegen, dh es darf weder eine Berührung öffentlicher noch eine Beeinflussung privater Belange zu besorgen sein. 176

a) Keine Berührung anderer öffentlicher Belange (Abs 7 S 2 Nr 1). Neben den durch das Vorhaben ggfs verfolgten öffentlichen Interessen dürfen keinerlei andere öffentlichen Belange berührt werden. Die Regelung stellt damit nicht auf eine Beeinträchtigung, sondern nur auf eine Berührung anderer öffentlicher Belange ab. Dem entspricht der Begriff der „Beeinflussung" von Rechten Dritter in Abs 7 S 2 Nr 2, der auch weiter ist als derjenige der Beeinträchtigung (s unten Rn 178). Damit ist Abs 7 nur anwendbar, wenn das Vorhaben unter keinem erdenklichen Gesichtspunkt Einfluss auf andere öffentliche Belange nehmen wird. Dabei kommt es nach Sinn und Zweck der Vorschrift auf eine negative Beeinflussung anderer öffentlicher Belange an. 177

Unerheblich ist eine Berührung anderer öffentlicher Interessen dann, wenn die von dem Vorhaben berührten Belange Gegenstand einer anderweitigen hoheitlichen Entscheidung geworden sind, also bereits Berücksichtigung gefunden haben. Dies ist etwa der Fall, wenn eine Baugenehmigung erteilt wurde, oder hinsichtlich landschaftsschutzrechtlicher Belange, wenn eine Ausnahme oder eine Befreiung von den Bestimmungen einer LandschaftsschutzVO erteilt wurde, hinsichtlich bestimmter wasserrechtlicher Belange bei Erteilung wasserrechtlicher Genehmigungen usw. Soweit es sich um UVP-pflichtige Vorhaben handelt (s dazu näher § 72 Rn 33), muss es sich um behördliche Entscheidungen handeln, bei denen nach den maßgeblichen gesetzlichen Vorschriften eine UVP nach den Regelungen des UVPG durchzuführen ist (s insoweit zur früheren Rechtslage Erbguth UPR 1999, 41, 50). Zweifelhaft ist, ob es sich im Übrigen bei der anderweitigen Entscheidung um eine außenwirksame handeln muss, oder ob insoweit auch verwaltungsinterne Entscheidungen ausreichen. 178

b) Keine Beeinflussung von Rechten Dritter (Abs 7 S 2 Nr 2). Ein Fall unwesentlicher Bedeutung liegt nur vor, wenn auch Rechte anderer Personen nicht beeinflusst werden. Ein Eingriff in subjektive Rechte ist nicht erforderlich. Ausreichend ist nach ganz hM, dass negative Auswirkungen des Vorhabens auf subjektive öffentliche Rechte Dritter vernünftigerweise in Betracht kommen.[106] Die Einwirkungen können auch faktischer, indirekter Natur sein (VGH Mannheim NVwZ 2001, 101, 103). Zu den subjektiven öffentlichen Rechten, die durch ein Vorhaben beeinträchtigt werden können, zählt auch das Recht auf Berücksichtigung der eigenen Belange in der planerischen Abwägung (StBS 163). Voraussetzung ist allerdings, dass die Belange in einer nicht nur geringfügigen und damit auch in einer planerischen Abwägung ohne weiteres zu vernachlässigendes Gewicht haben. 179

---

[106] Vgl nur StBS 163; Knack 172; Obermayer 182; Jarass DVBl 1997, 796.

180 **Konkrete Vereinbarungen mit den Betroffenen** über die Hinnahme bzw Duldung der Auswirkungen eines Vorhabens können zur Folge haben, dass diese Wirkungen des Vorhabens auf die Rechte bei der Beurteilung der Voraussetzungen des Abs 7 außer Betracht bleiben. Gelingt es also dem Vorhabenträger oder der Planfeststellungsbehörde, mit allen Personen, die durch das Vorhaben in ihren Rechten beeinflusst werden können, eine entsprechende Vereinbarung zu treffen, so können Planfeststellung bzw Plangenehmigung unterbleiben, sofern auch die Voraussetzungen des Abs 7 S 2 Nr 1 zugleich gegeben sind. Wie aus dem Wortlaut entnommen werden kann, kommt es nicht darauf an, dass es sich um öffentlich-rechtliche Verträge iSd § 54 handelt: Entscheidend ist, dass das Interesse des Betroffenen Dritten im Hinblick auf das Vorhaben Gegenstand einer einvernehmlichen Regelung geworden ist. Die Regelung muss wirksam und in der Weise verbindlich sein, dass sie auch das Recht des Dritten, gegen das Vorhaben vorzugehen, ausschließt.

181 **3. Rechtsnatur einer Freistellungsentscheidung.** Abs 7 sieht an sich eine besondere Entscheidung über das Unterbleiben einer Planfeststellung bzw einer Plangenehmigung für ein Vorhaben im Hinblick auf die unwesentliche Bedeutung nicht vor. Gleichwohl wird es zu Recht allgemein als zulässig angesehen, dass die Behörde das Vorliegen der Voraussetzungen des Abs 7 und damit die Freistellung des Vorhabens von der Pflicht zur Durchführung eines Planfeststellungsverfahrens bzw eines Plangenehmigungsverfahrens verbindlich feststellt. Eine solche Entscheidung der Planfeststellungsbehörde, von Planfeststellungs- und Plangenehmigungsverfahren gleichermaßen abzusehen, **stellt nach allg Meinung einen VA dar.**[107] Es handelt sich nicht um eine besondere Form der Genehmigung des Vorhabens, da die Rechtmäßigkeit des Vorhabens nicht geprüft wird. Vielmehr hat die Entscheidung den Charakter eines Negativattests, mit dem verbindlich festgestellt wird, dass die Voraussetzungen des Abs 7 vorliegen. Nach anderen Vorschriften erforderliche Genehmigungen werden dadurch nicht entbehrlich.

182 **Das bloße Unterbleiben der Planfeststellung** bzw Plangenehmigung stellt dagegen keinen VA dar. Die Annahme eines Freistellungsbescheides setzt voraus, dass die Planfeststellungsbehörde eine verbindliche Entscheidung über die Entbehrlichkeit des Planfeststellungsverfahrens und eines Plangenehmigungsverfahrens trifft und diese auch nach außen bekannt macht. Eine Bekanntmachung gegenüber dem Träger des Vorhabens ist ausreichend. Interne Vermerke dagegen oder mündliche Bekundungen einzelner Sachbearbeiter reichen hierzu nicht aus.

183 **4. Rechtsschutz.** Ist ein Freistellungsbescheid erlassen worden, so ist dieser zunächst für den Vorhabenträger anfechtbar, weil dieser bei Nichtvorliegen der Voraussetzungen des Abs 7 einen Anspruch auf die Durchführung eines Planfeststellungsverfahrens bzw eines Plangenehmigungsverfahrens hat. Auch von dem Vorhaben etwa betroffene Dritte können den Freistellungs- bzw Unterbleibensbescheid anfechten, soweit sie ein subjektives öffentliches Recht auf die Durchführung eines Planfeststellungsverfahrens bzw eines Plangenehmigungsverfahrens geltend machen können (Knack 175; Obermayer 185). Materielle Einwendungen gegen das Vorhaben selbst reichen für die Anfechtung des feststellenden VA nach Abs 7 aber nach der Rspr nicht aus, weil diese einen Anspruch von Drittbetroffenen auf Durchführung eines Planfeststellungs- oder Plangenehmigungsverfahrens nicht anerkennt. Insoweit müssen die Betroffenen, wenn sie nicht gegen andere das Vorhaben betreffende Entscheidungen vorgehen können, Rechtsschutz durch Unterlassungsklagen suchen.

---

[107] VGH Mannheim NVwZ 1997, 594; VGH München BayVBl 1995, 597; StBS 161; Obermayer 185; Knack 174; UL § 40 Rn 12.

§ 75 Rechtswirkungen der Planfeststellung

(1) **Durch die Planfeststellung wird die Zulässigkeit des Vorhabens einschließlich der notwendigen Folgemaßnahmen an anderen Anlagen im Hinblick auf alle von ihm berührten öffentlichen Belange festgestellt;**[5 ff] **neben der Planfeststellung sind andere behördliche Entscheidungen, insbesondere öffentlich-rechtliche Genehmigungen, Verleihungen, Erlaubnisse, Bewilligungen, Zustimmungen und Planfeststellungen nicht erforderlich.**[7] **Durch die Planfeststellung werden alle öffentlich-rechtlichen Beziehungen zwischen dem Träger des Vorhabens und den durch den Plan Betroffenen rechtsgestaltend geregelt.**[8 ff]

(1 a) **Mängel bei der Abwägung der von dem Vorhaben berührten öffentlichen und privaten Belange sind nur erheblich, wenn sie offensichtlich und auf das Abwägungsergebnis von Einfluss gewesen sind.**[14 ff] **Erhebliche Mängel bei der Abwägung führen nur dann zur Aufhebung des Planfeststellungsbeschlusses oder der Plangenehmigung, wenn sie nicht durch Planergänzung oder durch ein ergänzendes Verfahren behoben werden können.**[18]

(2) **Ist der Planfeststellungsbeschluss unanfechtbar geworden, so sind Ansprüche auf Unterlassung des Vorhabens, auf Beseitigung oder Änderung der Anlagen oder auf Unterlassung ihrer Benutzung ausgeschlossen.**[8 ff] **Treten nicht voraussehbare Wirkungen**[24] **des Vorhabens oder der dem festgestellten Plan entsprechenden Anlagen auf das Recht eines anderen erst nach Unanfechtbarkeit des Planes auf, so kann der Betroffene Vorkehrungen oder die Errichtung und Unterhaltung von Anlagen verlangen, welche die nachteiligen Wirkungen ausschließen.**[19 ff] **Sie sind dem Träger des Vorhabens durch Beschluss der Planfeststellungsbehörde aufzuerlegen. Sind solche Vorkehrungen oder Anlagen untunlich oder mit dem Vorhaben unvereinbar, so richtet sich der Anspruch auf angemessene Entschädigung in Geld. Werden Vorkehrungen oder Anlagen im Sinne des Satzes 2 notwendig, weil nach Abschluß des Planfeststellungsverfahrens auf einem benachbarten Grundstück Veränderungen eingetreten sind, so hat die hierdurch entstehenden Kosten der Eigentümer des benachbarten Grundstücks zu tragen,**[26] **es sei denn, dass die Veränderungen durch natürliche Ereignisse oder höhere Gewalt verursacht worden sind; Satz 4 ist nicht anzuwenden.**

(3) **Anträge, mit denen Ansprüche auf Herstellung von Einrichtungen oder auf angemessene Entschädigung nach Absatz 2 Satz 2 und 4 geltend gemacht werden, sind schriftlich an die Planfeststellungsbehörde zu richten. Sie sind nur innerhalb von drei Jahren nach dem Zeitpunkt zulässig, zu dem der Betroffene von den nachteiligen Wirkungen des dem unanfechtbar festgestellten Plan entsprechenden Vorhabens oder der Anlage Kenntnis erhalten hat; sie sind ausgeschlossen, wenn nach Herstellung des dem Plan entsprechenden Zustandes dreißig Jahre verstrichen sind.**[29 ff]

(4) **Wird mit der Durchführung des Planes nicht innerhalb von fünf Jahren nach Eintritt der Unanfechtbarkeit begonnen, so tritt er außer Kraft.**[34 ff]

Schrifttum: *Alexander,* Aktuelle Fragen des Verkehrslärmschutzes, NVwZ 1991, 318; *Axer,* Die Konzentrationswirkung der Plangenehmigung, DÖV 1995, 495; *Blümel,* Der Gegenstand der Planfeststellung, VerwArch 1992, 146; *Broß,* Der Umfang der Konzentrationswirkung der Planfeststellung, VerwArch 1986, 77; *Dürr,* Die rechtlichen Grundlagen zur Lärmminderung in den Städten, UPR 1992, 241; *Erichsen,* Die Anordnung von Schutzauflagen in der Planfeststellung, in BVerwG-FS 1978, 153; *Grupp,* Aufhebung von Planfeststellungsbeschlüssen durch die Verwaltung, DVBl 1990, 81; *Henke,* Das ergänzende Verfahren im Planfeststellungsrecht, UPR 1999, 51; *Hoppe,* Der Rechtsgrundsatz der Planerhaltung als Struktur- und Abwägungsprinzip, DVBl 1996, 12; *Jarass,* Aktuelle Probleme des Planfeststellungsrechts, DVBl 1997, 795; *Johlen,* Inhalt und prozessuale Geltendmachung des Anspruchs auf Ergänzung eines Planfeststellungsbeschlusses, DVBl 1989, 287; *Koch,* Aktuelle Probleme des Lärmschutzes, NVwZ 2000, 490; *Kühling/Hermann,* Fachplanungsrecht, 2. Aufl 2000; *Kuhla,* Der vorläufite Rechtsschutz im Planfeststellungsrecht, NVwZ 2002, 542; *Laubinger,* Der Umfang der Konzentrationswirkung der Planfeststellung, VerwArch 1986, 77; *Michler,* Planfeststellung und Immissionsschutz, VerwArch 1997, 22; *Muckel,* Rechtsschutz der Gemeinden im Rahmen der Planung von Hochgeschwindigkeitsstrecken der Deutschen Bundesbahn in Nordrhein-Westfalen, NWVBl 1992, 233; *Peine,* Privatrechtsgestaltung durch Anlagengenehmigung, NJW 1990, 2442; *Quaas,* Der Schutz vor unzumutbarem Fluglärm in der Planfeststellung, NVwZ 1991, 16; *Ramsauer,* Abwägungskontrolle und subjektiver Rechtsschutz im Planfeststellungsverfahren, DÖV 1981, 37; *ders,* Privatnützige Planfeststellung und öffentliches Interesse, in: Ziekow (Hg), Schutz vor Fluglärm – Regionalplanung – Planfeststellungsverfahren, 2003, 153; *Ramsauer/Bieback,* Planfeststellung von privatnützigen Vorhaben, NVwZ 2002, 277; *Schechinger,* Rechtsverletzung und Schutznorm im Anfechtungsprozeß Privater gegen Straßenplanungen, DVBl 1991, 1182; *Schwab,* Die Konzentrationswirkung verwaltungsbehördlicher Entscheidungen im Umweltrecht, UPR 1989, 190; *Sailer,* Der Rechtsschutz von Gemeinden gegenüber staatlichen Planungsentscheidungen, BayVBl 1981, 545; *Steinberg/Berg/Wickel,* Fachplanungsrecht, 3. Aufl 2000; *Stüer,* Rechtsprobleme des Straßenrechts, DVBl 1992, 547; *ders.,* Rechtsschutz in der Fachplanung, NVwZ 1990, 923; *Wellmann,* Verkehrslärmschutz aus kommunaler Sicht, DÖV 1991, 1010. S im übrigen zu §§ 72 bis 74.

Übersicht

I. Allgemeines

1. Inhalt. Die Vorschrift regelt in Abs 1 und Abs 2 S 1, Abs 4 die **Rechtswirkungen des Planfeststellungsbeschlusses** und in Abs 2 S 2–5, Abs 3 den **Anspruch auf spätere Ergänzungen,** die nicht bereits im Planfeststellungsbeschluss vorbehalten worden sind. Diese Regelungen beruhen auf dem Gedanken, dass die Planfeststellung eine möglichst umfassende Regelung aller zwischen dem Träger des Vorhabens, öffentlichen Rechtsträgern und den durch den Plan bzw das geplante Vorhaben Betroffenen bestehenden öffentlichrechtlichen Rechtsbeziehungen zum Ziel hat. Das planfestgestellte Vorhaben soll nachträglich grundsätzlich nicht mehr in Frage gestellt werden können, selbst wenn sich nicht vorhersehbare Auswirkungen ergeben. Daher werden nach Unanfechtbarkeit des Planfeststellungsbeschlusses Unterlassungs-, Beseitigungs- oder Änderungsansprüche, die das Vorhaben oder seine Benutzung beeinträchtigen könnten, grundsätzlich ausgeschlossen. Betroffene können, soweit die Beeinträchtigungen nicht vorhersehbar waren, nur noch Ansprüche auf nachträgliche Schutzvorkehrungen oder, falls diese untunlich sind bzw nicht ausreichen, auf Geldentschädigung geltend machen. Mit Abs 1a wurde 1996 eine allgemeine Regelung über die Unbeachtlichkeit von Mängeln im Abwägungsvorgang und die Stabilisierung des Plans durch die Möglichkeit einer Planergänzung eingeführt. 1

Unberührt bleiben die allgemeinen Vorschriften des § 48 über die Rücknahme und des § 49 Abs 1 und Abs 2 Nr 1, 2 und 5 über den Widerruf,[1] letztere allerdings mit der planfeststellungsrechtlichen Einschränkung, wonach die Widerrufsgründe des § 49 Abs 2 Nr 3, 4 durch § 75 verdrängt werden. Die Anwendbarkeit der §§ 48, 49 im Übrigen ergibt sich ua auch daraus, dass in § 72 Abs 1 lediglich die Vorschrift über das Wiederaufgreifen des Verfahrens nach § 51 ausgeschlossen worden ist, nicht aber die §§ 48f, und dass § 75 Abs 2–3 nur Regelungen für die nachträgliche Anordnung von Schutzmaßnahmen auf Antrag Dritter enthält, nicht auch für Fälle, in denen Maßnahmen aus Gründen des Gemeinwohls notwendig werden (s auch § 72 Rn 22). Soweit allerdings Schutzmaßnahmen genügen, wird die gänzliche Rücknahme des Planfeststellungsbeschlusses bzw 2

[1] So ausdrücklich BVerwG NVwZ 1998, 281; ferner BVerwGE 91, 17, 22; StBS 130f; Dürr UPR 1993, 161, 170; einschränkend VGH München BayVBl 1996, 400; Knack 85: nur in Ausnahmefällen; **aA** VGH Kassel DVBl 1992, 1446; Grupp VerwArch 1990, 86: keine Rücknahme und kein Widerruf.

der gänzliche Widerruf schon durch den Grundsatz der Verhältnismäßigkeit ausgeschlossen.

3 **2. Anwendungsbereich. a) Unmittelbar.** Die Vorschrift gilt für **Planfeststellungsbeschlüsse,** die in Verfahren nach § 72 erlassen werden. Erfasst werden auch Planfeststellungsbeschlüsse nach § 76. Die Vorschrift gilt gem § 74 Abs 6 S 2 entsprechend für **Plangenehmigungen,** die mit Ausnahme der enteignungsrechtlichen Vorwirkung, die ohnehin nur bestimmten Planfeststellungsbeschlüssen zukommt (vgl Rn 12), dieselben Rechtswirkungen wie Planfeststellungsbeschlüsse entfalten. Sie gilt nur im Anwendungsbereich des VwVfG, dh derzeit nur für Planfeststellungsbeschlüsse in Verfahren vor Planfeststellungsbehörden des Bundes (§ 1 Abs 3). Die Verwaltungsverfahrensgesetze der Länder enthalten mit § 75 gleich lautende Vorschriften (vgl zB 142 s-hlVwG). Vergleichbare, teilweise wörtlich übereinstimmende, teilweise aber auch im Detail abweichende Vorschriften sind außerdem in zahlreichen anderen Gesetzen des Bundes und der Länder enthalten. Sie gehen als speziellere Regelungen vor. Allerdings bemüht sich der Gesetzgeber in letzter Zeit, die Sonderregelungen in den Fachplanungsgesetzen zu reduzieren, um ein möglichst einheitliches Planfeststellungsrecht zu schaffen. Die Zulässigkeit der Regelung der Konzentrationswirkung durch die Verwaltungsverfahrensgesetze der Länder auch gegenüber Entscheidungen nach Bundesrecht ergibt sich aus § 100 Nr 2.

4 **b) Keine Analogie.** Die Vorschrift ist auf andere Genehmigungen von Vorhaben nicht, auch nicht analog anwendbar. Das gilt auch für solche Genehmigungen, die einen planungsrechtlichen Einschlag haben und über eine partielle Konzentrationswirkung verfügen, wie zB die Genehmigung nach § 4 BImSchG. Deren Wirkungen ergeben sich aus § 43 sowie dem jeweiligen Fachrecht. Die Auffassung, dass die Genehmigung von Vorhaben ohne weiteres, dh auch ohne dahingehende gesetzliche Regelung, schon deshalb eine Duldungspflicht analog § 75 Abs 1 S 1 und zu ähnlichen Vorschriften begründen, weil dies im öffentlichen Interesse geboten wäre (so noch BGHZ 60, 122 = NJW 1973, 508; 91, 23 = NJW 1984, 1876; NJW 1980, 770), ist mit Art 14 Abs 1 S 1 GG nicht vereinbar (Peine NJW 1990, 2443 mwN; Ossenbühl DVBl 1990, 965). Auch Genehmigungen uä, für die das Gesetz nicht ausdrücklich den Ausschluss von Unterlassungsansprüchen vorsieht (sog. nicht-präkludierende Genehmigungsakte), bewirken keine entsprechenden Duldungspflichten.[2]

II. Die Genehmigungs- und Konzentrationswirkung (Abs 1)

5 **1. Genehmigungswirkung (Abs 1 S 1, 1. Halbs). a) Allgemeines.** Nach Abs 1 wird durch die Planfeststellung die Zulässigkeit des Vorhabens festgestellt, und zwar einschließlich aller vom Plan erfassten notwendigen Folgemaßnahmen und im Hinblick auf alle davon berührten öffentlichen Belange. Mit dieser nur auf die Feststellung bezogenen und insoweit ungenauen Formulierung soll die Genehmigungswirkung der Planfeststellung zum Ausdruck gebracht werden, wie aus der Regelung in Abs 1 S 1 2. HS hervorgeht. Der Planfeststellungsbeschluss hat nicht nur feststellenden, sondern auch verfügenden Charakter insoweit, als er die Erlaubnis zur Durchführung des Vorhabens enthält **(Genehmigungs- oder Zulassungswirkung).**[3] Die Genehmigungswirkung tritt, wenn durch eine Rechts-

[2] Vgl BayObLG BayVBl 1991, 8: eine bestandskräftige Baugenehmigung läßt Abwehrrechte des Nachbarn aufgrund Privatrecht unberührt; ebenso Wagner NVwZ 1992, 148, 222; Schröder DVBl 1991, 280.

[3] BVerwGE 55, 223; 58, 284; DÖV 1981, 719; NJW 1977, 2368; UL § 41 Rn 21; Obermayer 7; Laubinger VerwArch 1986, 78; Birk VBlBW 1988, 411; Schotthöfer BayVBl 1968, 245 mwN; Fickert 435.

vorschrift insoweit nichts anderes bestimmt ist oder von der Planfeststellungsbehörde im Planfeststellungsbeschluss bestimmt wird, wie auch sonst bei VAen, mit dem **Zeitpunkt der Zustellung** gem § 74 Abs 4, 5 ein, nicht erst mit der Unanfechtbarkeit des Planfeststellungsbeschlusses oder mit der Anordnung der sofortigen Vollziehbarkeit. Mangels einer abweichenden Bestimmung gilt dieser Zeitpunkt auf Grund der Konzentrationswirkung des Planfeststellungsbeschlusses für die Genehmigungswirkung insgesamt, auch wenn sonst für die ersetzten Genehmigungen nach dem entsprechenden Fachgesetz die Unanfechtbarkeit erforderlich wären. Für diese Wirkung spricht auch der Gegenschluss aus Abs 2, wo für den Ausschluss von Unterlassungsansprüchen ausdrücklich die Unanfechtbarkeit des Planfeststellungsbeschlusses gefordert wird.

b) Umfang der Genehmigungswirkung. Die Genehmigungswirkung erfasst zunächst das Vorhaben als solches, dh alle zum Vorhaben gehörenden baulichen und sonstigen Anlagen, wie sie sich insbes aus dem **Bauwerksverzeichnis** des Planfeststellungsbeschlusses ergeben. Die Rechtswirkungen der Planfeststellung erstrecken sich darüber hinaus nach dem ausdrücklichen Wortlaut des Abs 1 aber auch auf alle **notwendigen Folgemaßnahmen** an anderen Anlagen. Sie erfasst sämtliche Maßnahmen, die aus Anlass der Durchführung des konkret genehmigten Vorhabens unumgänglich sind, also durchgeführt werden müssen; dass sie lediglich ökonomisch oder funktionell sinnvoll sind, reicht nicht aus. Im Hinblick auf die mit der Konzentrationswirkung der Planfeststellung verbundene Verlagerung von Kompetenzen und die enteignungsrechtliche Vorwirkung, die sich auch auf die notwendigen Folgemaßnahmen erstreckt (vgl Wahl/Dreier NVwZ 1999, 609), ist hier ein **strenger Maßstab** anzulegen. Zu den notwendigen Folgemaßnahmen zählen zB erforderliche Verkehrsanschlüsse, Anlagen zur Deponierung des bei der Errichtung des Vorhabens anfallenden Erdreichs (VGH Mannheim NuR 1998, 371) sowie auch die Flächen zur Durchführung von **naturschutzrechtlichen Ausgleichs- und Ersatzmaßnahmen** auf der Grundlage der naturschutzrechtlichen Eingriffsregelung (BVerwG NuR 1999, 103; NVwZ-RR 1997, 607; NVwZ 1996, 896; Ramsauer NuR 1997, 419, 424 mwN; **aA** de Witt/Burmeister NVwZ 1994, 38). Notwendige Folgemaßnahmen eines Vorhabens werden auch dann von der Planfeststellung und ihren Wirkungen erfasst, wenn sie an sich selbst planfeststellungsbedürftig sind. In derartigen Fällen ist auch § 78 nicht anwendbar, der das Zusammentreffen mehrerer selbstständiger planfeststellungsbedürftiger Vorhaben betrifft. 6

2. Konzentrationswirkung (Abs 1 S 1, 2. Halbs). Konzentrationswirkung bedeutet die Ersetzung grundsätzlich aller nach anderen Rechtsvorschriften erforderlichen Genehmigungen, Erlaubnisse, Planfeststellungen (UL § 49 Rn 1). An die Stelle der zumeist zahlreichen verschiedenen fachrechtlichen Genehmigungen (zB nach Baurecht, Wasserrecht, Naturschutzrecht usw) tritt der Planfeststellungsbeschluss.[4] Das gilt auch soweit nach Fachrecht Ausnahmen und Befreiungen erforderlichen sind. Die ersetzten Genehmigungen müssen im Planfeststellungsbeschluss nicht besonders genannt werden (MB 2; Obermayer 16). Sie werden auch nicht im Planfeststellungsbeschluss bzw durch diesen gebündelt, sondern durch den einheitlichen Planfeststellungsbeschluss ersetzt (Keller NJW 1981, 1490; StBS 12; Knack 14; **aA** Bickel NJW 1981, 71; Laubinger VerwArch 1986, 81). Die **Konzentrationswirkung erfasst nicht** etwa erforderliche vorgelagerte Verfahren wie zB Raumordnungsverfahren, Linien- oder Trassenbestimmungen usw (vgl § 72 Rn 25). Sie erfasst auch nicht nachgeschaltete Verfahren wie zB Enteignungsverfahren (s auch unten Rn 12 ff; § 72 Rn 38 ff). 7

---

[4] Vgl BVerwGE 27, 253; 38, 152; 82, 22; BVerwG NJW 1977, 2368; DVBl 1988, 843; OVG Münster NVwZ 1986, 231; NuR 1992, 134 = NWVBl 1992, 32; NWVBl 1992, 59; VGH Mannheim NVwZ-RR 1990, 217; OVG Berlin NVwZ-RR 1991, 402.

7 a **a) Formelle Konzentration.** Die Reichweite der Konzentrationswirkung bedarf der Präzisierung. Sie bewirkt zunächst einmal, dass das Erfordernis weiterer sonst notwendiger Entscheidungen anderer Behörden (Genehmigungen, Zustimmungen usw) entfällt. Die Zuständigkeit anderer Behörden entfällt bzw wird auf die Beteiligung nach § 73 Abs 2 reduziert. Es findet insoweit eine **Zuständigkeitsverlagerung** statt. Auch die verfahrensrechtlichen Regelungen, die nach dem einschlägigen Fachrecht für die ersetzten Genehmigungen an sich beachtlich wären, werden durch das Planfeststellungsverfahren vollständig verdrängt. Das gilt grundsätzlich auch für die fachrechtlich vorgesehenen Beteiligungsrechte. Inzwischen kann als weitgehend anerkannt gelten, dass für die Planfeststellung **nur die Verfahrensregeln des Planfeststellungsverfahrens** beachtlich sind, nicht auch die Verfahrensbestimmungen der infolge der Konzentrationswirkung ersetzten Genehmigungen (BVerwGE 85, 44, 46; BVerwG DVBl 1992, 1435; StBS 14; Obermayer 22; Knack 11; UL § 41 Rn 13; Wahl NVwZ 1990, 426, 430). Dies gilt jedenfalls insoweit, als das anwendbare Recht keine **Ausnahmen** vorsieht (vgl zB § 14 Abs 1 WHG; § 57 a Abs 4 S 2 BBergG).

7 b **b) Keine materielle Konzentration.** Während das Planfeststellungsverfahren sämtliche sonst erforderlichen behördlichen Entscheidungen und die für diese an sich vorgesehenen Verfahren und Verfahrensvorschriften ersetzt, gilt dies nicht für die materiell beachtlichen Rechtsvorschriften. Die Planfeststellungsbehörde hat vielmehr das **materielle Recht** grundsätzlich **im selben Umfang zu beachten** wie die Behörden, deren Entscheidungen durch die Planfeststellung ersetzt werden (allg Meinung, vgl BVerwGE 85, 155; 85, 348, 352; 71, 163; 55, 220, 230; StBS 16; Knack 13; UL § 41 Rn 13). Dies ist von erheblicher Relevanz, bedeutet es doch, dass die Planfeststellungsbeschlüsse sich etwa an die **Vorschriften des Umweltrechts** im selben Umfang halten müssen wie die ersetzten fachrechtlichen VAe. Etwas anderes gilt nur bei entsprechender gesetzlicher Regelung (zB § 38 BauGB). Allerdings wird durch die Konzentrationswirkung auch eine etwa erforderliche Ausnahme- oder Befreiungsentscheidung ersetzt, weshalb bei Vorliegen entsprechender Voraussetzungen die Möglichkeit von Abweichungen besteht (vgl zB § 31 Abs 2 BauGB; § 62 BNatSchG sowie die entspr bundesrechtlichen Befreiungsvorschriften).

III. Gestaltungs- und Duldungswirkung (Abs 1 S 2, Abs 2)

8 Die wohl wichtigste Wirkung der Planfeststellung ist die Gestaltung aller öffentlich-rechtlichen Rechtsbeziehungen zwischen dem Träger des Vorhabens und den durch den Plan in ihren Rechten betroffenen Dritten (sog Rechtsgestaltungswirkung, vgl BVerwG DVBl 1987, 906; UL § 41 Rn 23; StBS 25; Knack 18; Obermayer 47) und der Ausschluss sämtlicher Ansprüche auf Unterlassung, Beseitigung oder Änderung der Anlage bzw auf Unterlassung der zweckentsprechenden Benutzung (Duldungswirkung, vgl Abs 2 S 1).

9 **1. Gestaltungswirkung.** Gem Abs 1 S 2 werden **alle öffentlich-rechtlichen Rechtsbeziehungen** zwischen dem Träger des Vorhabens und den Betroffenen durch den Planfeststellungsbeschluss positiv bzw negativ gestaltet. Dies bedeutet, dass der Planfeststellungsbeschluss die öffentlich-rechtlichen Rechte und Pflichten sowohl des Trägers des Vorhabens als auch aller Betroffenen umfassend bestimmt. Es kommt nicht darauf an, ob die Betroffenen an dem Verfahren ordnungsgemäß beteiligt waren oder nicht. Anders als die Duldungswirkung nach Abs 2 tritt die Gestaltungswirkung **bereits mit der Zustellung** bzw der Fiktion der Zustellung nach § 74 Abs 4 S 3 ein, **nicht erst mit Unanfechtbarkeit.** Die Erhebung der Anfechtungsklage löst allerdings den Suspensiveffekt des § 80 Abs 1 VwGO aus, sofern der Planfeststellungsbeschluss nicht kraft Gesetzes sofort vollziehbar ist. Keine Anwendung findet insoweit § 212 a BauGB, der den Suspensiveffekt von

Rechtsbehelfen Dritter gegen die bauaufsichtliche Zulassung von Vorhaben ausschließt. Ausgeschlossen werden nach Abs 1 auch öffentliche Abwehransprüche, insbes der allgemeine öffentlich-rechtliche Unterlassungsanspruch (s hierzu VGH Kassel NJW 1993, 3088; Ramsauer JuS 1995, 299; Köckerbauer/Büllerbach JuS 1999, 373) und der Folgenbeseitigungsanspruch (s hierzu BVerwGE 94, 100 = NVwZ 1994, 275 – Bargteheide; Schoch VerwArch 1998, 1).

2. Duldungswirkung (Abs 2 S 1). Folge der Planfeststellung ist auch der Ausschluss (Abs 2 S 1) von sonst nach bürgerlichem Recht (Nachbarrecht oder besonderen Rechtstiteln) in Betracht kommenden Unterlassungs-, Änderungs- und Beseitigungsansprüchen insb gem §§ 823, 861f, 906, 907, 1004 BGB (Sicherungs- und Duldungswirkung bzw privatrechtsgestaltende Wirkung, vgl BVerwGE 50, 227; 58, 285; BVerwG DÖV 1981, 720; UL § 41 Rn 24: Ausschlusswirkung; StBS 44; Knack 36f). Umstritten ist das Schicksal von Ansprüchen, die auf **besonderen privatrechtlichen Titeln** beruhen. Ihre Einbeziehung ist aus verfassungsrechtlichen Gründen problematisch. Soweit die Ansprüche auf schuldrechtlichen Vereinbarungen beruhen, die gegenüber dem Träger des Vorhabens wirksam sind, bleiben sie erhalten.[5] Im Übrigen haben die Betroffenen nur noch Ansprüche nach Abs 2 S 2ff auf Schutzmaßnahmen oder Entschädigung. Lässt der Eigentümer eines benachbarten Grundstücks den Planfeststellungsbeschluss für eine Anlage unanfechtbar werden, stehen auch seinem Rechtsnachfolger keine Abwehrrechte mehr zu, und zwar auch dann nicht auf Grund Eigentums, wenn er vor dem Eigentumserwerb aus anderen Rechtsgründen bereits Klage gegen den Planfeststellungsbeschluss erhoben hat (BVerwG NVwZ 1989, 967). Der Ausschluss erfasst trotz der allgemeinen Formulierung des Gesetzes **nur solche Auswirkungen** des Vorhabens, auf die sich die Planfeststellung einschließlich der dadurch ersetzten Genehmigungen, Erlaubnisse usw bezieht und die damit geregelt werden (Wagner NVwZ 1992, 273; Schröder DVBl 1981, 280). 10

Die **Ausschlusswirkung** tritt nach der ausdrücklichen Regelung des Abs 2 S 1 nicht sofort mit dem Erlass des Planfeststellungsbeschlusses ein, sondern erst mit dessen **Unanfechtbarkeit** (UL § 41 Rn 24; Obermayer 73; Knack 39; **aA** MB 9). Bis dahin bleiben Abwehr- und Unterlassungsansprüche Drittbetroffener grundsätzlich bestehen. Eine Vorverlegung dieser Wirkung kann auch nicht durch die Anordnung der sofortigen Vollziehbarkeit gem § 80 Abs 2 Nr 4 VwGO herbeigeführt werden (Knack 39; UL § 41 Rn 24). Die Unanfechtbarkeit muss für jeden einzelnen Betroffenen speziell festgestellt werden. 11

IV. Die Enteignungsrechtliche Vorwirkung

1. Allgemeines. Nicht verbunden sind mit der Planfeststellung weitergehende privatrechtliche Wirkungen oder eine Enteignungswirkung. Insb überträgt eine Planfeststellung nach §§ 74, 75 auf den Träger des Vorhabens keinerlei Rechte, Befugnisse usw nach Privatrecht, selbst wenn diese unabdingbare Voraussetzung dafür sind, dass das geplante Vorhaben durchgeführt oder benutzt werden kann, zB kein Recht auf die Benutzung fremder Grundstücke, usw.[6] Soweit für die Verwirklichung des Vorhabens fremde Rechte in Anspruch genommen werden müssen, zB fremde Grundstücke zur Errichtung erforderlicher Bauten, benötigt werden, muss ein **gesondertes Enteignungsverfahren** durchgeführt werden, das rechtlich gegenüber der Planfeststellung selbständig ist und durch diese auch nicht 12

---

[5] UL § 41 Rn 24; Knack 5.2; StBS 48; Franke ZfW 1979, 12 mwN; Broß DÖV 1978, 288, 310; allg auch BGHZ 64, 222; NJW 1978, 310; 1980, 582.

[6] Begr 90; BVerwGE 80, 190 = NJW 1989, 467; 85, 49 = NVwZ 1990, 969; BVerwG NJW 1980, 953; NJW 1981, 241; NVwZ-RR 1989, 621; BVerfG 45, 337; Kastner DVBl 1982, 672; Korbmacher DÖV 1978, 594; Obermayer 48ff, 64; StBS 26; Knack 18.

entbehrlich oder ersetzt wird. Allerdings sehen die meisten Fachplanungsgesetze eine Bindungswirkung der Planfeststellung für das spätere Enteignungsverfahren vor. In diesen Fällen spricht man von enteignungsrechtlicher Vorwirkung; wegen dieser Bindungswirkung, die den Rechtsschutz des Betroffenen im späteren Enteignungsverfahren de facto erheblich einschränkt, müssen die **enteignungsrechtlichen Vorentscheidungen** des Plans bereits im Planfeststellungsverfahren mitbedacht und gerichtlich ggfs gerichtlich überprüft werden (sog. enteignungsrechtlichen Vorwirkungen der Planfeststellung).[7] Das VwVfG enthält für das Planfeststellungsverfahren selbst keine Bindungswirkung für ein späteres Enteignungsverfahren; die enteignungsrechtliche Vorwirkung trifft deshalb nur dann ein, wenn sie spezialgesetzlich angeordnet worden ist (BVerwG NVwZ 1991, 873; StBS 32a; Obermayer 53f; **aA** Knack 18: folgt schon aus der Gestaltungswirkung). Dies ist in den wichtigsten Fällen der Planfeststellung der Fall (vgl zB § 19 FStrG; § 44 WaStrG; § 28 LuftVG; § 22 AEG). Eine Plangenehmigung kann diese Wirkung normalerweise nicht auslösen (vgl § 74 Abs 6 S 2).

13 **2. Bindungswirkungen für die Enteignung.** Bei der Bedeutung der Bindungswirkungen des Plans für ein nachfolgendes Enteignungsverfahren ist zwischen Plänen mit einer spezialgesetzlich angeordneten enteignungsrechtlichen Vorwirkung und anderen Plänen zu unterscheiden: Im Falle der Planfeststellung mit enteignungsrechtlicher Vorwirkung (hierzu näher § 72 Rn 38ff) steht für das Enteignungsverfahren verbindlich fest, dass das planfestgestellte Vorhaben verwirklicht werden darf und dass seine Verwirklichung dem Wohl der Allgemeinheit iS des Art 14 Abs 3 GG dient und damit auch eine Enteignung rechtfertigt. Im Enteignungsverfahren ist in diesen Fällen nur noch zu prüfen, ob die Inanspruchnahme des Enteignungsrechts hinsichtlich der Rechte des Dritten zur Verwirklichung des Vorhabens erforderlich ist, ob die verfahrensrechtlichen Voraussetzungen für eine Enteignung vorliegen und in welcher Höhe eine Enteignungsentschädigung zu zahlen ist. Fehlt es an einer spezialgesetzlich angeordneten enteignungsrechtlichen Vorwirkung, dann muss der Plan zwar auch als Zulassung des Vorhabens zugrundegelegt werden; die Entscheidung, ob das Vorhaben dem Wohl der Allgemeinheit dient und damit eine Enteignung rechtfertigen kann, wird aber erst im Enteignungsverfahren selbstständig getroffen. S zu den zT unterschiedlichen Kriterien für die Planfeststellung und die Enteignungsentscheidung und den sich sonst dabei ergebenden Problemen BVerwGE 66, 133; 85, 52; BVerwG NVwZ 1988, 52; BGHZ 97, 34; Korbmacher DÖV 1982, 516; Wahl NVwZ 1990, 428; Dolde, in: Sendler-FS 1991, 236.

V. Erheblichkeit von Abwägungsmängeln (Abs 1a)

14 **1. Allgemeines.** Ziel des durch das GenBeschlG neu eingefügten Abs 1a ist es, die Bestandskraft des Planfeststellungsbeschlusses zu verbessern und das Planfeststellungsverfahren dadurch zu entlasten, dass unerhebliche und nachträglich behebbare Abwägungsmängel nicht mehr zur Aufhebung des Beschlusses führen müssen. Abs 1a übernimmt im Wesentlichen eine Regelung, die durch das Planungsvereinfachungsgesetz bereits zuvor in verschiedene Fachplanungsgesetze eingeführt worden war (vgl § 17 Abs 6c FStrG; § 19 Abs 4 WaStrG; § 10 Abs 8 LuftV; § 29 Abs 8 PBefG). Abs 1a S 1 entspricht im Wesentlichen § 214 Abs 3 S 2 BauGB.

15 **2. Unbeachtlichkeit von Abwägungsmängeln (S 1).** Satz 1 der Vorschrift beschränkt die rechtliche Erheblichkeit von Abwägungsmängeln auf solche Fehler,

---

[7] BVerfG 45, 297, 319; 56, 249, 264; 74, 264, 282; 95, 1, 22; BVerwGE 67, 74 = NJW 1983, 296; 71, 117; 77, 295; 84, 129 = NVwZ 1990, 861 mwN; 85, 44 = NVwZ 1990, 971; BGH NJW 1987, 3200 = DÖV 1987, 740; StBS § 72 Rn 66ff; Erichsen/Ehlers § 39 Rn 43; Obermayer 53.

die **offensichtlich und auf das Abwägungsergebnis von Einfluss gewesen** sind. Die Regelung ist wortgleich mit § 17 Abs 6c FStrG, der seinerseits der Regelung in § 214 Abs 3 S 2 BauGB nachgebildet ist. Deshalb lassen sich die zur Auslegung des § 214 Abs 3 BauGB entwickelten Grundsätze (vgl vor allem die Grundsatzentscheidung BVerwGE 64, 33) auf Abs 1a S 1 übertragen (Knack 23). Die Vorschrift setzt die **Unterscheidung von Abwägungsvorgang und Abwägungsergebnis** voraus (s dazu auch § 74 Rn 74). Diese Unterscheidung ist in der Rspr des BVerwG zur Abwägung in der Bauleitplanung entwickelt (BVerwGE 45, 309, 313; 64, 33, 40) und später vom Gesetzgeber in § 155b BBauG und dann in § 214 Abs 3 BauGB positivrechtlich umgesetzt worden. Mit dem Abwägungsvorgang wird die planerische Abwägungsentscheidung als Handlung des planenden Organs bezeichnet, mit Abwägungsergebnis der Plan als fertiges Regelwerk. Der verfassungsrechtliche Rang soll nach der Rspr des BVerwG in erster Linie dem auf das Abwägungsergebnis bezogenen Abwägungsgebot zukommen (BVerwGE 45, 309, 313). Es erscheint zweifelhaft, ob die Unterscheidung derart tragfähig ist, dass sie die an sie geknüpften Rechtsfolgen zu rechtfertigen vermag (vgl hierzu vor allem Koch DVBl 1983, 1125). Jedenfalls ist eine befriedigende Abgrenzung von Abwägungsvorgang und Abwägungsergebnis hinsichtlich des Fehlerkalküls bisher nicht gelungen. Vielmehr wird sich das Abgewogensein des Plans als des Ergebnisses der Abwägung nur beurteilen lassen, wenn der Abwägungsvorgang rekonstruiert und kontrolliert wird. Richtigerweise wird Abs 1a S 1 deshalb als eine **planungsspezifische Ausprägung des Rechtsgedankens des § 46** im Bereich des materiellen Rechts verstanden werden müssen. Für verfahrensrechtliche Fehler ist § 46 unmittelbar anwendbar (Knack 24).

a) Offensichtlichkeit. Nach der vom (BVerwGE 64, 33) zu § 214 Abs 3 16 BauGB entwickelten und inzwischen allgemein akzeptierten Auffassung sind offensichtlich nicht nur sofort erkennbare Fehler, sondern auch solche, die auf der „äußeren Seite" des Abwägungsvorgangs **auf objektiv fassbaren Sachumständen** beruhen (Obermayer 57; enger wohl StBS 37). Bewirkt werden soll ein Verzicht auf die Ausforschung der subjektiven Vorstellungen und Motive der beteiligten Personen und eine Beschränkung auf die aus den Unterlagen usw erkennbaren Mängel (Knack 23). Dies sind insbesondere solche Fehler, die „die Zusammenstellung und Aufbereitung des Abwägungsmaterials, die Erkenntnis und Einstellung aller wesentlichen Belange in die Abwägung oder die Gewichtung der Belange betreffen und die sich aus Akten, Protokollen, aus der Entwurfs- oder Planbegründung oder aus sonstigen Umständen ergeben" (BVerwGE 64, 33, 38; s für das Fachplanungsrecht BVerwG DVBl 1996, 926, 928; NVwZ 1992, 662, 663f; OVG Lüneburg NuR 1995, 473). Die Offensichtlichkeit nachweisbarer Umstände entfällt nicht schon deshalb, weil es zu ihrem Nachweis noch einer gerichtlichen Beweiserhebung bedarf (BVerwGE 64, 33, 38). Andererseits ist ein Abwägungsdefizit nicht schon deshalb offenkundig, weil in der Begründung des Plans bestimmte abwägungsrelevante Belange nicht enthalten sind; vielmehr müssen konkrete Umstände positiv und klar darauf hindeuten, dass ein Abwägungsmangel vorliegt.[8]

b) Einfluss des Mangels auf das Abwägungsergebnis. Der Abwägungs- 17 mangel muss Einfluss auf das Abwägungsergebnis haben. Nach der zu § 214 Abs 3 BauGB entwickelten gefestigten Rspr ist hierfür kein positiver Nachweis erforderlich. Ausreichend ist vielmehr, dass die **konkrete Möglichkeit einer anderweitigen Entscheidung** besteht.[9] Die konkrete Möglichkeit von Auswirkungen auf

---

[8] BVerwG NVwZ 1992, 662; ZfBR 1994, 28; ZfBR 1995, 145, 147; EZB § 214 Rn 41; Battis/Krautzberger/Löhr § 214 Rn 16.

[9] BVerwGE 64, 33, 39; 75, 214, 228; BVerwG DVBl 1996, 926, 928; NVwZ 1997, 908, 913; 1993, 572; StBS 38; Knack 22; Hufen, Fehler im Verwaltungsverfahren, Rn 626; Schoch, Vw 1992, S 21, 48f; Steinberg/Berg/Wickel § 3 Rn 146ff.

das Abwägungsergebnis besteht jedenfalls dann, wenn die Planungsunterlagen oder sonst erkennbare oder nahe liegende Umstände dafür **konkrete Anhaltspunkte** bieten (BVerwGE 64, 39 f). Dies ist zB dann der Fall, wenn sich der Planungsträger von einem unzutreffend ermittelten Interesse hat leiten lassen und aus den Planungsunterlagen keine anderen Belange hervorgehen, die das Ergebnis rechtfertigen könnten. Eine nicht weiter substantiierte, nur abstrakte Möglichkeit von Auswirkungen auf das Abwägungsergebnis reicht hingegen nicht aus, um die Erheblichkeit des Mangels zu begründen (BVerwG NVwZ 1992, 662, 663). Ausgeschlossen ist der Einfluss eines Fehlers auf das Ergebnis zB dann, wenn die Behörde es unterlassen hat, den Umfang einer behaupteten Beeinträchtigung weiter aufzuklären, die tatsächlich objektiv so geringes Gewicht hat, dass sie vernachlässigt werden konnte. Ist der Planfeststellungsbeschluss teilbar, so kommt außerdem nur die Aufhebung desjenigen Teils in Betracht, auf den sich der Fehler ausgewirkt hat (BVerwG UPR 1989, 183).

18 **3. Planergänzung und ergänzendes Verfahren (1 a S 2). a) Allgemeines.** Absatz 1 a S 2 schreibt die bisherige Rechtsprechung des BVerwG fest, wonach auch die nach Abs 1 a S 1 erheblichen Mängel dann nicht zur Aufhebung des Planfeststellungsbeschlusses führen, wenn sie sich im Wege einer **Planergänzung** beheben lassen (seit BVerwGE 56, 120, 133 st Rspr). Dies ist allerdings nur dann der Fall, wenn sich die notwendige Ergänzung anbringen lässt, ohne dass die Grundzüge der Planung im Übrigen berührt werden. Eine Aufhebung eines Planfeststellungsbeschlusses wegen eines nach Abs 1 a S 1 erheblichen Mangels ist nach Abs 1 a S 2 außerdem dann ausgeschlossen, wenn die Planfeststellungsbehörde diesen durch ein **ergänzendes Verfahren** beheben kann (s hierzu BVerwGE 91, 17, 20; 101, 73; StBS 40; Knack 31).

18 a **b) Verfahrensfragen.** Das **Institut der Planergänzung** ist richterrechtlich entwickelt worden. Das BVerwG ist aus Anlass der Entscheidung BVerwGE 56, 110, 133 dazu übergegangen, bei bestimmten Fehlern des Planfeststellungsbeschlusses keine Anfechtbarkeit mehr anzuerkennen, sondern stattdessen nur noch eine Verpflichtungsklage auf Planergänzung (zB um Schutzauflagen) für zulässig zu halten (s hierzu näher Sieg, Die Schutzauflage im Fachplanungsrecht, 1994, 16 ff). Rspr und Literatur sind dem gefolgt (vgl BVerwGE 71, 150; 84, 31; 87, 332; 91, 17). Nunmehr hat der Gesetzgeber die Grundgedanken in Abs 1 a übernommen. Die Planergänzung zB bei fehlenden Schutzvorkehrungen oder anderen zusätzlichen Bestimmungen, die den Planfeststellungsbeschluss im Übrigen unberührt lassen, erfolgt durch einen den Beschluss ändernden VA (vgl Jarass DVBl 1997, 801), zu dem die Planfeststellungsbehörde auch im Wege einer Verpflichtungsklage gezwungen werden kann.

18 b Demgegenüber ist das **Institut des ergänzenden Verfahrens** in Abs 1 a eine Schöpfung des Gesetzgebers (s Henke UPR 1999, 52) und nur unvollkommen geregelt. Unklar ist, in welcher Verfahrensform das ergänzende Verfahren, welches beim Vorliegen von materiellen wie formellen Fehlern möglich ist, durchzuführen ist. Das BVerwG hat zunächst die Möglichkeit in Betracht gezogen, insoweit § 76 heranzuziehen (BVerwGE 100, 238; BVerwG UPR 1996, 233). Nunmehr stellt das BVerwG zu Recht darauf ab, dass das ergänzende Verfahren anders als die Planänderung der Fehlerbehebung dient und deshalb die Regelungen des § 76 nicht passen (BVerwG DVBl 1997, 715). Es wird deshalb ein **ergänzendes Fehlerbehebungsverfahren** durchzuführen sein, in welchem diejenigen Verfahrensschritte durchzuführen bzw zu wiederholen sind, die fehlerhaft waren (BVerwGE 100, 370, 373; s näher Jarass DVBl 1997, 802; Henke UPR 1999, 57). Die Ergebnisse des ergänzenden Verfahrens müssen in einer ergebnisoffenen Entscheidung berücksichtigt werden (BVerwGE 102, 358, 365; Knack 2.5). Bis dahin ist die Nichtvollziehbarkeit des fehlerhaften Planfeststellungsbeschlusses festzustellen (BVerwGE 100, 370).

VI. Nachträgliche Anordnung von Schutzvorkehrungen (Abs 2 S 2–5)

1. Allgemeines. Abs 2 S 1 schließt nach Eintritt der Unanfechtbarkeit des 19
Planfeststellungsbeschlusses Unterlassungsansprüche usw aus (Ausschluss- bzw **Duldungswirkung,** vgl Rn 10). Der einzelne Betroffene hat, auch wenn sich nachträglich nicht voraussehbare Auswirkungen des Vorhabens oder der dazugehörigen Anlagen (iwS) ergeben, nur noch einen (ggf mit einer Verpflichtungsklage durchzusetzenden) Anspruch auf Anordnung nachträglicher Schutzmaßnahmen (S 2) oder Entschädigung in Geld (S 4), über den die Planfeststellungsbehörde zu entscheiden hat (S 3). Unberührt bleibt die Zulässigkeit einer Rücknahme oder eines Widerrufs des Planfeststellungsbeschlusses gem §§ 48f, sofern nachträgliche Anordnungen nicht ausreichen, um den gebotenen Schutz von betroffenen privaten oder öffentlichen Belangen zu gewährleisten. Dies setzt aber voraus, dass die Nachteile nicht auf andere Weise ausgeglichen werden können und ein entsprechend schweres Gewicht haben (BVerwG NVwZ 1998, 281; BVerwGE 91, 17, 22; Knack 5.3.2; **aA** Grupp DVBl 1990, 86: Keine Rücknahme u kein Widerruf). Abs 2 ist auf vor dem Inkrafttreten des VwVfG ergangene Planfeststellungsbeschlüsse nicht anwendbar (Wellmann DÖV 1991, 1018 mwN; StBS 49; Knack 6.4); die zusätzlichen Schutzanordnungen sind hier nur nach Maßgabe des allgemeinen Enteignungsrechts möglich (vgl BVerwG NJW 1981, 835; 1981, 252; DVBl 1988, 967; BGH NJW 1989, 285; StBS 49).

a) Verfahrensrechtliche Regelung. Abs 2 S 2 regelt als primär verfahrens- 20
rechtliche Vorschrift nur die verfahrensrechtliche Zulässigkeit von Schutzanordnungen nach Eintritt der Unanfechtbarkeit des Planfeststellungsbeschluss. Für die materiellrechtliche Berechtigung von Schutzauflagen kommt es auf das jeweilige Fachrecht, insbes das Immissionsschutzrecht an, aus dem sich ergibt, ob die unvorhergesehenen Beeinträchtigungen objektiv erheblich sind und welche Vorkehrungen in Betracht kommen (s hierzu näher Michler VerwArch 1997, 22ff). Die Anordnungen nach Abs 2 S 2 stellen dabei ein selbstständiges Instrument des Planfeststellungsrechts dar, welches die Möglichkeit von Nebenbestimmungen nach § 36 grundsätzlich unberührt lässt (StBS 51; **aA** Knack 6.1.1). Sie setzen stets einen Antrag voraus (Abs 3).

b) Ergänzungen von Amts wegen. Die Regelung der Abs 2 und 3 lässt die 21
allgemeine Befugnis der Planfeststellungsbehörde zur nachträglichen Anordnung von Schutzmaßnahmen von Amts wegen nach Maßgabe der Bestimmungen über die **Rücknahme oder den Widerruf** des Planfeststellungsbeschlusses nach §§ 48, 49 unberührt.[10] Gleiches gilt für die Möglichkeit der Planfeststellungsbehörde, von Amts wegen nachträglich Nebenbestimmungen iS des § 36 zu erlassen, sofern insoweit die Voraussetzungen der §§ 48f erfüllt sind.

2. Anspruch der Betroffenen. Abs 2 S 2f gilt unmittelbar nur für die Be- 22
troffenen, dh die in ihren Rechten betroffenen Bürger. Umstritten ist, ob die Regelung auch auf Planfeststellungsergänzungen zum allgemeinen Wohl – etwa zum Schutz ökologischer Belange –, die eine Gemeinde auf Grund ihrer Planungshoheit verlangt, anwendbar ist (vgl Wahl NVwZ 1990, 441; BVerwG DVBl 1988, 964; Kühling DVBl 1989, 226). Zur Rechtsnatur des Planfeststellungsergänzungsanspruchs vgl VGH München BayVBl 1992, 50. Im Einzelnen gelten für den Anspruch gem Abs 2 S 2 und 3 im Wesentlichen dieselben Grundsätze wie für die entsprechenden Ansprüche auf Schutzvorkehrungen nach § 74 Abs 2. Der Anspruch entfällt und wird durch einen Entschädigungsanspruch ersetzt, wenn die erforderlichen Maßnahmen untunlich oder mit dem Vorhaben unvereinbar sind.

[10] S BVerfG NVwZ 1998, 281; ebenso grundsätzlich StBS 56; unter Beschränkung auf Ausnahmefälle auch Knack 6.4.1; unter Hinweis auf VGH München NVwZ 1996, 1126.

Obwohl ein entsprechender Anspruch sonst auch ohne ausdrückliche gesetzliche Grundlage als Folge aus Art 14 Abs 1 und 2 GG und/oder analog § 1004 BGB anzuerkennen ist (BVerwG NVwZ 1990, 858; s § 74 Rn 123ff), schließt Abs 2 S 2f als Sondervorschrift diesen Anspruch jedenfalls insoweit aus, als er an weniger enge Voraussetzungen gebunden wäre.

23 **3. Unanfechtbarkeit des Planfeststellungsbeschlusses.** Solange das Planfeststellungsverfahren noch nicht unanfechtbar abgeschlossen ist, ist auf den Anspruch auf Schutzanordnungen grundsätzlich nicht Abs 2, sondern § 74 Abs 2 anzuwenden. Dabei kommt es auf den jeweiligen Betroffenen an, nicht darauf, ob der Planfeststellungsbeschluss überhaupt noch von irgendjemandem angefochten werden kann. Betroffene, denen gegenüber der Planfeststellungsbeschluss generell oder – zB bei nur teilweiser Anfechtung – jedenfalls im Hinblick auf die in Frage stehenden Anordnungen bereits unanfechtbar geworden ist, können einen Anspruch auf neue Schutzanordnungen nur noch unter den Voraussetzungen des § 75 Abs 2 S 2 geltend machen, selbst wenn im Übrigen oder anderen Betroffenen gegenüber der Planfeststellungsbeschluss noch nicht unanfechtbar geworden ist.[11] Der Anspruch nach Abs 2 S 2 besteht unabhängig davon, ob bereits im Verfahren nach § 73 Abs 4 entsprechende Einwendungen erhoben worden waren (BVerwGE 60, 308). Dass für den Planfeststellungsbeschluss die sofortige Vollziehbarkeit gem § 80 Abs 2 Nr 4 VwGO angeordnet ist, steht der Unanfechtbarkeit nicht gleich (Peine NJW 1990, 2449; ferner VGH München BayVBl 1993, 85; kritisch Jäde BayVBl 1993, 86).

24 **4. Nicht vorhersehbare Wirkungen.** Abs 2 S 2–4 ist nicht anwendbar auf schon vor Eintritt der Unanfechtbarkeit voraussehbare (vorhersehbare) Wirkungen; insoweit haben die Betroffenen nach Unanfechtbarkeit des Planfeststellungsbeschlusses nur noch die Möglichkeit, bei der Planfeststellungsbehörde eine Änderung des Planfeststellungsbeschlusses nach § 48 oder § 49 zu beantragen. Diese Möglichkeit besteht unabhängig von einem Anspruch nach Abs 2 S 2 und Abs 3 nach Maßgabe der allgemeinen Bestimmungen und unterliegt insb auch nicht der zeitlichen Beschränkung nach Abs 3 S 2 (str).

25 **a) Allgemeines. Umstritten** ist, ob bei der Frage der Vorhersehbarkeit ein objektiver Maßstab angelegt werden oder ob auf die persönlichen Verhältnisse des Betroffenen abgestellt werden muss. Die Rspr stellt im Wesentlichen darauf ab, ob die Betroffenen mit den nach Unanfechtbarkeit aufgetretenen Nachteilen **verständigerweise rechnen** mussten, neigt damit zu einer eher objektiven Betrachtungsweise (BVerwGE 80, 7, 13 = DÖV 1989, 2645, 266; BVerwGE UPR 1997, 462; VGH München NVwZ 1996, 1126; ebenso StBS 52; UL § 42 Rn 5). In der Literatur wird dagegen überwiegend stärker auf den Horizont des Betroffenen abgestellt und damit auf eine eher subjektiv geprägte Betrachtungsweise (Knack 87; Zeitler NVwZ 1992, 833; Dürr UPR 1993, 364; Obermayer 67; vgl auch BGHZ 92, 114, 120). Maßgeblich muss sein, ob der einzelne Betroffene, der den öffentlich bekanntgemachten (vgl § 74 Abs 4) Teil des Planfeststellungsbeschlusses zur Kenntnis genommen hat, verständigerweise mit dem Eintritt der Beeinträchtigungen rechnen musste oder nicht. Abzustellen ist damit auf die **Perspektive des einzelnen Betroffenen,** zugleich aber auf eine **durchschnittliche Erkenntnisfähigkeit** (ähnlich Kühling DVBl 1989, 226; Dürr UPR 1992, 247). Auf eine fachkundige Beurteilung kommt es demgegenüber nicht an (BGHZ 92, 120; Obermayer 67; auch Knack 87; Zeitler NVwZ 1992, 833). Insgesamt ist ein **großzügiger Maßstab** anzulegen; im Zweifel ist die Vorhersehbarkeit zu verneinen (UL § 42 Rn 5).

---

[11] StBS 45; Knack 86; UL § 42 Rn 5; MB 13; **aA** Heinze BayVBl 1981, 652; zu einer erst nachträglich infolge einer Gesetzesänderung zulässig gewordenen Auflage auch BVerwGE 61, 2.

b) Einzelheiten. Nicht vorhersehbar sind zunächst solche Beeinträchtigungen, die auch die Planfeststellungsbehörde nicht vorhergesehen hat, zB weil ihre Annahmen auf Prognosen oder Gutachten beruhen, die sich später als unzutreffend herausstellen (Knack 87; Zeitler NVwZ 1992, 833); ferner solche Beeinträchtigungen, die sich erst aus einer bestimmten Art und Weise der Bauausführung ergeben, die in dieser Weise im Planfeststellungsbeschluss nicht festgelegt wurde (zB Baulärm zur Nachtzeit, wenn der Plan hierzu keine Regelungen enthält). Gleiches gilt auch für Steigerungen des Verkehrsaufkommens, die infolge späterer Entwicklungen eintreten und über die Grundannahmen deutlich hinausgehen. Ausreichend ist auch, dass die Schädlichkeit oder Gefährlichkeit von Auswirkungen nunmehr auf Grund neuer wissenschaftlicher Erkenntnisse anders zu beurteilen ist (vgl BVerwGE 72, 312 = NVwZ 1986, 208; NVwZ 1989, 1170). Im Grundsatz darf der Betroffene auf die Annahmen und Angaben der Planfeststellungsbehörde vertrauen und muss nicht selbst Gutachten einholen oder Nachforschungen anstellen. Nicht vorhersehbar sind deshalb auch alle Beeinträchtigungen, für die sich in den Planunterlagen kein hinreichender Anhalt findet. 25 a

5. Ausnahmsweise Kostentragungspflicht des Nachbarn (S 5). Abs 2 S 5 enthält eine Sonderregelung über die Kostentragung für den Fall, dass die Schutzmaßnahmen für Drittbetroffene, insb für Nachbarn, nach Abs 2 S 2 durch Maßnahmen des Eigentümers (oder sonstiger Verfügungsberechtigter) eines Nachbargrundstücks notwendig geworden sind. Die Regelung trägt insoweit dem **Verursacherprinzip** Rechnung. Sie ist analog auch auf die Anordnung von Schutzvorkehrungen oder Schutzanlagen zum Schutz des Vorhabens, für das die Planfeststellung erfolgt ist, anwendbar (vgl § 17 Abs 6 S 6 FStrG aF zweifelnd UL § 42 Rn 7). 26

Auf die Eigentumsverhältnisse kommt es nicht an. Das der Anlage benachbarte Grundstück kann sowohl das Grundstück des Betroffenen selbst als auch ein anderes sein (Obermayer 93). Als Veränderung ist es zB anzusehen, wenn eine Gartenmauer verfällt und damit ihre Lärmschutzqualität einbüßt. Der Eigentümer oder sonst Verfügungsberechtigte trägt die Kosten, wenn er die Veränderung durch positives Tun oder Unterlassen, zB das Unterlassen von Unterhaltungsmaßnahmen herbeigeführt hat (Obermayer 93). Sind die Veränderungen dagegen die Folge natürlicher Ereignisse, zB eines Erdrutsches, so trägt die Kosten der Betreiber der Anlage. Haben mehrere Ursachen mitgewirkt, so sind die Kosten analog § 254 BGB entsprechend zu teilen, zB wenn die Mauer durch einen Erdrutsch zerstört wird, dieser Schaden aber nicht eingetreten wäre, wenn die Mauer ordnungsgemäß unterhalten worden wäre (Obermayer 97). Die Unanwendbarkeit von S 4 bedeutet, dass der Betroffene keinen Entschädigungsanspruch hat, wenn die Schutzauflagen, die infolge natürlicher Ereignisse oder höherer Gewalt notwendig geworden wären, untunlich oder mit dem Vorhaben unvereinbar wären und deshalb unterblieben sind (StBS 61 ff). 27

Über die Kostentragungspflicht des Nachbarn entscheidet die Behörde auf Antrag des Trägers des Vorhabens analog Abs 3 durch VA, mit dem sie zugleich dem Nachbarn die Kosten auferlegt, analog Abs 2 S 2 und 3 (ebenso Knack 97). Sie kann die Vornahme der erforderlichen Maßnahmen durch den Träger des Vorhabens von Vorauszahlungen des Grundstückseigentümers abhängig machen. Für Streitigkeiten bzgl der Kostentragungspflicht gem Abs 2 S 5 ist der **Verwaltungsrechtsweg** gegeben. Kommt der Nachbar einer von der Behörde angeordneten Kostenerstattungspflicht nicht nach, so kann der Träger des Vorhabens unmittelbar gegen den Nachbarn Leistungsklage erheben (OVG Koblenz DÖV 1983, 948; Knack 97), aber auch bei der Behörde die zwangsweise Durchsetzung des VA auf Zahlung beantragen und erforderlichenfalls Verpflichtungsklage gegen die Behörde erheben. 28

VII. Verfahren bei nachträglichen Anordnungen (Abs 3)

29 **1. Allgemeines.** Abs 3 regelt das Verfahren für die Geltendmachung des Anspruchs auf nachträgliche Anordnung von Schutzmaßnahmen bzw auf Festsetzung der Entschädigung nach Abs 2 S 2–4. Im Einzelnen gelten insoweit und auch im Übrigen die allgemeinen Vorschriften und Grundsätze. Der Antrag auf Entschädigung kann auch hilfsweise zu einem Antrag auf Anordnung einer Schutzmaßnahme gestellt werden. Die Planfeststellungsbehörde kann und muss aber auch auf Grund eines Antrags auf eine Schutzanordnung, gewissermaßen als ein „Weniger" dazu einen Entschädigungsanspruch zuerkennen, wenn sich herausstellt, dass die beantragten Schutzvorkehrungen untunlich sind (wohl auch Knack 94). Der Unternehmer ist zum Verfahren beizuladen (§ 13 Abs 2) und vor der Entscheidung zu hören. Einer Hinzuziehung anderer Betroffener bedarf es nicht (vgl BVerwG DVBl 1974, 747; UL § 41 Rn 42; Kopp/Schenke § 65 Rn 11). Die Planfeststellungsbehörde kann aber ein neues Planfeststellungsverfahren oder Plangenehmigungsverfahren einleiten, wenn die erforderlichen Anordnungen die Konzeption des Plans insgesamt berühren und sich neue Aspekte ergeben, die eine Beteiligung der Öffentlichkeit oder einer Vielzahl von Betroffenen sinnvoll erscheinen lassen (s auch § 77 Rn 5; UL § 42 Rn 7).

30 **2. Antragsfrist.** Anträge nach Abs 3 iVm Abs 2 S 2 und 4 – Abs 3 gilt entsprechend auch für Anträge nach Abs 2 S 5 – müssen gem Abs 3 S 2 **innerhalb von 3 Jahren** nach dem Zeitpunkt, zu dem der Betroffene zu den nachteiligen Wirkungen des dem unanfechtbar festgestellten Plan entsprechenden Vorhabens bzw der dem unanfechtbar festgestellten Plan entsprechenden Anlage (s insoweit Obermayer 105) Kenntnis erlangt hat, gestellt werden und sind jedenfalls nach 30 Jahren ausgeschlossen. Während die **Dreijahresfrist** als gesetzliche Frist mit der Möglichkeit einer Wiedereinsetzung nach § 32 ausgestaltet ist, handelt es sich bei der **Dreißigjahresfrist** nach dem Wortlaut um eine Ausschlussfrist, in die eine Wiedereinsetzung nicht möglich ist (so wohl auch StBS 73). Die Frist gem Abs 3 gilt nicht – auch nicht analog – für isolierte Auflagenanordnungen in Fällen, in denen kein Planfeststellungsverfahren stattgefunden hat.

31 **Fristbeginn.** Die Dreijahresfrist beginnt mit dem Zeitpunkt, zu dem der Betroffene **positive Kenntnis** erhalten hat. Die Frist von 30 Jahren läuft erst ab dem **Zeitpunkt der Herstellung des plangemäßen Zustandes,** dh, je nach der Art des Vorhabens, grundsätzlich erst von der Benutzung oder Inbetriebnahme an. Sie beruht auf dem Gedanken, dass sich nachteilige Auswirkungen innerhalb von 30 Jahren zeigen müssten, und ist insoweit verfassungsrechtlich (vor allem auch, wenn Grundrechte betroffen sind) nicht unbedenklich, weil Fälle vorstellbar sind, in denen schädliche Auswirkungen auf Gesundheit, Leben oder Vermögen eines Betroffenen erst nach dieser Frist auf Grund neuer wissenschaftlicher Erkenntnisse oder infolge der Langfristigkeit der Auswirkungen (zB Erbschäden) usw erkennbar werden.

32 **3. Ergänzungsbeschluss.** Die Entscheidung über den Antrag ergeht durch **VA,** der idR der Sache nach ein Ergänzungsbeschluss zum Planfeststellungsbeschluss, aber kein Änderungsplanfeststellungsbeschluss gem § 76 ist (vgl VGH München DÖV 1991, 1027; Knack 92; ähnlich nun auch Obermayer 88) und sowohl dem Antragsteller als auch dem Träger des Vorhabens bekanntzugeben ist, nicht jedoch notwendig zuzustellen ist (Knack 92; **aA** Fickert 547: gem § 74 Abs 4 zuzustellen); auch eine Verpflichtung zur Auslegung und öffentlichen Bekanntmachung besteht nicht. Gegen die Entscheidung ist gem § 74 Abs 1 S 1, § 70 die Klage unmittelbar gegeben, ein **Vorverfahren findet nicht statt** (UL § 42 Rn 4; Knack 93; **aA** MB 15). Der Träger des Vorhabens hat gegen eine Anordnung gem Abs 2 die Anfechtungsklage, die Betroffenen können eine Anordnung erforderlichenfalls mit der Verpflichtungsklage erzwingen (VGH München DÖV 1991, 1027).

Verfahren. Im Regelfall kann eine nachträgliche Anordnung ohne besonderes Planfeststellungsverfahren ergehen. Es steht aber im Ermessen der Planfeststellungsbehörde, ob sie unter den Voraussetzungen des § 76 auch ein ergänzendes Verfahren durchführen will. Letzteres bietet sich vor allem dann an, wenn die nachträglichen Schutzvorkehrungen weitere Belange berühren (s auch § 76 Rn 5). 33

VIII. Außerkrafttreten des Plans (Abs 4)

1. Allgemeines. Abs 4 begrenzt die Geltungsdauer eines Planfeststellungsbeschlusses, wenn der Träger des Vorhabens keinen Gebrauch davon macht, das Vorhaben also nicht ins Werk setzt. Ein Planfeststellungsbeschluss tritt danach **automatisch,** ohne einen hierauf gerichteten VA, außer Kraft, wenn mit der Durchführung des Plans nicht innerhalb von **fünf Jahren nach Unanfechtbarkeit** begonnen wurde. Dadurch soll eine übermäßige Bindung der Behörde wie auch der durch den Plan Betroffenen, für die sich aus der Existenz des festgestellten Planes Nachteile ergeben, zB Schwierigkeiten und Einbußen bei der Veräußerung, Vermietung usw ihrer Grundstücke (UL § 43 Rn 7), verhindert werden; außerdem soll damit auch sog Vorratsplanungen, die ua dem Zweck dienen, Konkurrenz zu verhindern, vorgebeugt werden (BVerwGE 84, 128; Knack 8). Unanfechtbarkeit bedeutet grundsätzlich die **Unanfechtbarkeit** gegenüber allen Betroffenen. Nach dem Zweck der Regelung sind jedoch Personen, denen der Planfeststellungsbeschluss fehlerhaft bekanntgegeben wurde, so dass keine Rechtsbehelfsfristen in Lauf gesetzt wurden, hierbei nicht zu berücksichtigen (Obermayer 112). 34

2. Fünf-Jahres-Frist. Die nach Abs 4 maßgebliche Frist von fünf Jahren beginnt mit dem Eintritt der Unanfechtbarkeit des Planfeststellungsbeschlusses. Eine Verlängerungsmöglichkeit besteht nicht, sofern nicht spezialgesetzlich etwas anderes geregelt ist (StBS 75; Knack 106; UL § 43 Rn 8; anders zB gem Art 75 Abs 4 bayVwVfG; § 29 Abs 5 PBefG; § 17 Abs 2 FStrG); es gibt auch keine Wiedereinsetzung nach § 32 dagegen (ebenso StBS 75; Knack 105). Ist die Frist verstrichen, so besteht nur noch die Möglichkeit eines neuen Planfeststellungsverfahrens (vgl VG Karlsruhe DÖV 1981, 232). 35

3. Beginn der Durchführung des Plans. Durchführung des Plans iS der Regelung sind alle Maßnahmen, die konkret und nach außen erkennbar (OVG Koblenz DVBl 1985, 409, Knack 107) zur Verwirklichung des Plans unternommen werden, auch Vorarbeiten, sofern sie dem konkreten Vorhaben dienen, zB der Abschluss entsprechender Verträge mit Baufirmen mit Festlegung konkreter alsbaldiger Termine für die Durchführung der Arbeiten (Knack 107), verbindliche Regelungen und Vereinbarungen zur Sicherung der Finanzierung des Vorhabens (OVG Koblenz DVBl 1985, 409), das Ausheben der Baugrube (vgl OVG Münster BRS 35 Nr 166) usw, nicht dagegen bloße mehr oder weniger unverbindliche Vorbereitungshandlungen oder lediglich „symbolische" Maßnahmen (UL § 43 Rn 7). Es muss sich um Maßnahmen handeln, die eine Beendigung der mit dem Plan zusammenhängenden Arbeiten in absehbarer Zeit erwarten lassen (vdGK 4). Lediglich zum Zweck der Fristwahrung begonnene Arbeiten, ohne dass die ernsthafte Absicht besteht, das Vorhaben alsbald zur Ausführung zu bringen, sind unbeachtlich (ebenso Obermayer 114; Knack 107). Im Streitfall kann das Erlöschen der Erlaubnis durch Feststellungsbescheid (VA) festgestellt werden. Gibt der Träger des Vorhabens, nachdem bereits mit der Durchführung begonnen war, das Vorhaben endgültig auf, so ist § 77 anzuwenden (ebenso Obermayer 116). Beginnt der Träger des Vorhabens mit der Durchführung, führt er diese in der Folge dann aber nicht zu Ende, so beginnt von der Einstellung der Arbeiten an eine neue Frist zu laufen (ebenso Obermayer 114; **aA** Knack 107: Rechtsfolgen ausschließlich nach § 77). 36

IX. Rechtsschutzfragen

37 **1. Anfechtungsklage.** Gegen den Planfeststellungsbeschluss können die von der Gestaltungswirkung betroffenen Personen Anfechtungsklage erheben, sofern sie gem § 42 Abs 2 VwGO geltend machen können, durch den Beschluss in ihren Rechten verletzt zu sein. Der Rechtsweg ist eröffnet zu den Verwaltungsgerichten. Zuständig ist das Verwaltungsgericht, sofern nicht nach § 48 Abs 1 VwGO die erstinstanzliche Zuständigkeit des Oberverwaltungsgerichts eröffnet ist. Dies ist für wichtige Planfeststellungsverfahren, zB die nach dem FStrG, KrW-/AbfG, PBefG, AEG, WaStrG und teilweise nach dem LuftVG, inzwischen der Fall. Nach dem – zeitlich befristeten – Verkehrswegeplanungsbeschleunigungsgesetz liegt die erstinstanzliche Zuständigkeit für die meisten **Verkehrswegeplanungen in den neuen Bundesländern** beim **Bundesverwaltungsgericht.** Der vorherigen Durchführung eines Vorverfahrens bedarf es nicht (§§ 72, 70).

38 **a) Klagebefugnis.** Wichtigste Hürde für die Zulässigkeit der Anfechtungsklage ist die Klagebefugnis (§ 42 Abs 2). Nicht alle Personen, die Einwendungen erhoben haben, können die Verletzung subjektiver öffentlicher Rechte geltend machen. Voraussetzung ist eine rechtlich geschützte Position, die durch den Planfeststellungsbeschluss tangiert wird. Eine solche Position setzt nicht voraus, dass durch den Beschluss auf Eigentumsrechte zugegriffen wird. Ausreichend ist, dass sonstige dingliche oder persönliche Rechte in rechtlich relevanter Weise betroffen sind (s hierzu näher Wahl/Schütz in Schoch § 42 Abs 2; Kopp/Schenke § 42 Rn 59 ff). Zur Klagebefugnis von Gemeinden wegen Verletzung ihrer Planungshoheit Wahl/Schütz in Schoch § 42 Abs 2 Rn 269 ff.

39 **b) Abwägungsgebot.** Problematisch ist, inwieweit sich Betroffene zur Begründung der Klagebefugnis auf die Verletzung des Abwägungsgebots (s hierzu § 74 Rn 50 ff) berufen können. Zunächst einmal setzt das Abwägungsgebot selbst das Bestehen von rechtlichen Positionen voraus, die abwägungserheblich sind. Es werden also durch das Abwägungsgebot selbst keine Rechtspositionen begründet, die nicht schon rechtlich anerkannt sind (Wahl/Schütz in Schoch § 42 Abs 2 Rn 277 ff; Kopp/Schenke § 42 Rn 112). Sodann setzt die Klagebefugnis für den **einfach betroffenen Kläger** voraus, dass er geltend machen kann, genau diese Position sei unter Verstoß gegen die Pflichten des Abwägungsgebots entweder unberücksichtigt geblieben, in ihrem Gewicht verkannt worden oder in unangemessener Weise gegenüber anderen Interessen zurückgesetzt worden. Der Umstand, dass andere Belange übersehen, fehlgewichtet oder unangemessen zurückgesetzt worden sind, reicht für eine Verletzung des Abwägungsgebots nach st Rspr (BVerwGE 48, 56, 60; 90, 42, 49) nicht aus (hierzu krit Ramsauer DÖV 1981, 37 mwN). Etwas anderes gilt nur für den von einer **enteignungsrechtlichen Vorwirkung** betroffenen Eigentümer. Dieser kann nach st Rspr auch geltend machen, dass die Abwägung im Übrigen fehlerhaft sei, weil andere Belange übersehen, fehlgewichtet oder zu Unrecht überwunden worden seien (BVerwGE 67, 74 = NJW 1983, 2459; 69, 256 = NVwZ 1984, 718; BVerwGE 72, 15, 25).

40 **c) Präklusion.** Der Kläger darf mit seiner Einwendung nicht im Anhörungsverfahren ausgeschlossen worden sein (s hierzu näher BVerwG NuR 1998, 305 mit einer Zusammenfassung der bisherigen Rspr). Dies setzt voraus, dass er, sofern das Anhörungsverfahren ordnungsgemäß durchgeführt wurde, seine Einwendungen rechtzeitig, dh innerhalb der Frist des § 73 Abs 4, vorgebracht hat. Ist der Betroffene aber mit seiner Einwendung ausgeschlossen worden (§ 73 Abs 4 S 3), dann fehlt ihm insoweit auch die Klagebefugnis, als sich die Einwendung auf die Verletzung eines bestimmten subjektiven Rechts bezogen hat (§ 74 Rn 77).

41 **d) Planergänzung.** Fehler des Planfeststellungsbeschlusses führen nach Abs 1 a S 2 nicht zur Aufhebung im Anfechtungsprozess, wenn sie durch die Ergänzung des Planfeststellungsbeschlusses behoben werden können. Damit scheidet die

Anfechtungsklage in allen Fällen aus, in denen den Belangen des Betroffenen durch die Anordnung weiterer Schutzvorkehrungen Rechnung getragen werden kann, ohne dass dies die Grundkonzeption der Planung berührt (s Rn 18). Da dies in der Mehrzahl der Fälle möglich sein wird, führt die diese Neuregelung zu einem erheblichen Bedeutungsverlust der Anfechtungsklage. Anders ist dies im **Falle des ergänzenden Verfahrens** (s oben Rn 18a). Lässt sich der Fehler nur in einem ergänzenden Verfahren beheben, so hebt das Gericht den Planfeststellungsbeschluss zwar nicht auf, erklärt aber im Rahmen einer Anfechtungsklage die Umsetzung des Planfeststellungsbeschlusses für unzulässig (s oben Rn 18a).

2. Verpflichtungsklage. a) Klage des Vorhabenträgers. Gegen die Ableh- 42
nung des Planfeststellungsbeschlusses hat der Träger des Vorhabens die Möglichkeit, Verpflichtungsklage zu erheben. IdR wird es sich dabei um eine Bescheidungsklage handeln, weil wegen des planerischen Gestaltungsspielraums ein Anspruch auf Planfeststellung nur in den Ausnahmefällen einer Reduktion des Spielraums auf Null bestehen kann. Die Verpflichtungsklage bedarf keines Vorverfahrens (§§ 70, 72). Der Vorhabenträger kann im Rahmen der Verpflichtungsklage jeden formellen oder materiellen Fehler des ablehnenden VA rügen, sofern keine Heilung eingetreten ist und § 46 sowie Abs 1a nicht entgegenstehen.

b) Klage von Betroffenen. Zulässig ist die Verpflichtungsklage des Betroffe- 43
nen, der die Ergänzung des Planfeststellungsbeschlusses um (weitere) Schutzvorkehrungen verlangt, die dem Schutz seiner rechtlichen Positionen dienen sollen. Auch in diesem Falle setzt die Klagebefugnis voraus, dass eine schutzwürdige Rechtsposition besteht, die nicht der Präklusion nach § 73 Abs 4 S 3 unterliegt.

3. Verbandsklage. Anerkannte Naturschutzvereine können gegenüber ei- 44
nem Planfeststellungsbeschluss eine Anfechtungsklage erheben, ohne eine Verletzung eigener Rechte geltend machen zu müssen, wenn sie am Planfeststellungsverfahren nicht in einer §§ 58f BNatSchG genügenden Form beteiligt worden sind (BVerwG NVwZ 1997, 905; NVwZ 1998, 395; Jarass NuR 1997, 426; Wahl/Dreier NVwZ 1999, 613). Dies gilt nicht, wenn anstelle eines Planfeststellungsverfahrens nur ein Plangenehmigungsverfahren durchgeführt wird (BVerwG NVwZ 1998, 279; Wahl/Dreier NVwZ 1999, 613; **aA** Jarass NuR 1997, 429). Allerdings kann ein anerkannter Naturschutzverband eine Plangenehmigung anfechten, wenn die Durchführung des erforderlichen Planfeststellungsverfahrens zu Unrecht unterblieben ist (BVerwG NVwZ 1998, 279; Magdeburg NuR 1995, 476). Im Übrigen richtet sich die Möglichkeit einer Verbandsklage in der Form einer Anfechtungs- oder Verpflichtungsklage nach den landesrechtlichen Vorschriften, die sich im Wesentlichen in den Naturschutzgesetzen finden. Soweit Landesrecht eine Verbandsklage eröffnet, gilt dies nach der bisherigen Rspr allerdings nicht für Planfeststellungsbeschlüsse von Planfeststellungsbehörden des Bundes (hM, vgl BVerwGE 92, 263 = NVwZ 1993, 891; BVerwG NVwZ 1996, 390; DVBl 1997, 856; krit hierzu Kopp NuR 1994, 77).

§ 76 Planänderungen vor Fertigstellung des Vorhabens

(1) **Soll vor Fertigstellung des Vorhabens der festgestellte Plan geändert werden, bedarf es eines neuen Planfeststellungsverfahrens.**[10ff]

(2) **Bei Planänderungen von unwesentlicher Bedeutung kann die Planfeststellungsbehörde von einem neuen Planfeststellungsverfahren absehen, wenn die Belange anderer nicht berührt werden oder wenn die Betroffenen der Änderung zugestimmt haben.**[12ff]

(3) **Führt die Planfeststellungsbehörde in den Fällen des Absatzes 2 oder in anderen Fällen einer Planänderung von unwesentlicher Bedeutung ein Planfeststellungsverfahren durch, so bedarf es keines Anhö-**

rungsverfahrens und keiner öffentlichen Bekanntgabe des Planfeststellungsbeschlusses.[19 ff]

Schrifttum: *Glückert,* Grundfragen des Verzichts auf Öffentlichkeitsbeteiligung nach § 4 Abs 2 AtVfV bei Änderungsvorhaben nach § 7 Abs 1 AtG, RdE 1995, 1; *Grupp,* Aufhebung von Planfeststellungsbeschlüssen durch die Verwaltung, DVBl 1990, 81; *Hoppe,* Die materiellen Anforderungen an die Änderungen von Planungen, in: Ule-FS 1987, 75; *Jarass,* Aktuelle Probleme des Planfeststellungsrechts, – Plangenehmigung, Planänderung, Planergänzung, ergänzendes Verfahren, DVBl 1997, 795; *Kuschnerus,* Planänderungen vor Erlass eines Planfeststellungsbeschlusses, DVBl 1990, 235; *Martens,* Die wesentliche Änderung iS des § 15 BImSchG unter besonderer Berücksichtigung des umfänglichen Anlagenbegriffs, 1993; *Ossenbühl,* Änderungsgenehmigung und Öffentlichkeitsbeteiligung im Atomrecht, DVBl 1981, 65; *Ronellenfitsch,* Verzicht auf Planfeststellung, in: Blümel, Abweichungen von der Planfeststellung, 1990, 57; *Sporgies,* Einmal Planfeststellung – immer Planfeststellung? – Analoge Anwendung von § 76 Abs 2 und Abs 3 des VwVfG nach Fertigstellung des Vorhabens, ZfW 1994, 385.

Übersicht

I. Allgemeines

1 **1. Inhalt. a) Allgemeines.** Die Vorschrift regelt das Verfahren bei Planänderungen nach Abschluss des Planfeststellungsverfahrens, aber noch **vor Fertigstellung des Vorhabens.** Sie stellt in Abs 1 den Grundsatz auf, dass Planänderungen eines neuen Planfeststellungsverfahrens bedürfen, modifiziert diesen Grundsatz aber in Abs 2 und 3 für Planänderungen, die sich erfahrungsgemäß häufig während der Bauarbeiten usw zur Durchführung des Vorhabens als notwendig oder zweckmäßig erweisen. Vorgesehen ist in Abs 2 das Absehen von einem neuen Planfeststellungsverfahren und in Abs 3 die Möglichkeit eines **vereinfachten Verfahrens,** sofern es sich nur um **unwesentliche Änderungen** handelt, die nicht die

Gesamtkonzeption des Vorhabens oder wesentliche Teile davon in Frage stellen (BVerwGE 61, 310; 75, 218 = NVwZ 1987, 578). Nicht geregelt ist in § 76 die materielle Zulässigkeit nachträglicher Planänderungen; insoweit kommt es allein auf das einschlägige Fachrecht an, insb auf die Zulässigkeit der in Frage stehenden Änderungen gem §§ 48ff (Stüer DVBl 1990, 36; 19 mwN; vgl auch BVerwG DVBl 1993, 157). **Auf die Gründe für die Planänderung** kommt es nach § 76 nicht an. Unerheblich ist ferner, auf wessen Veranlassung der Plan geändert werden soll (Knack 17) und ob der Planfeststellungsbeschluss bereits unanfechtbar und bestandskräftig ist oder nicht (BVerwG DVBl 1986, 1007; Knack 13; StBS 9; MB 1; Obermayer 14), ebenso, ob der betroffene Plan, der geändert werden soll, rechtmäßig oder rechtswidrig ist und uU die Planänderung gerade zu dem Zweck verfolgt, um tatsächliche oder mögliche Rechtsmängel eines Plans, hins dessen die Planfeststellung bereits bei Gericht angefochten ist, zu beseitigen.[1] Letzteres dürfte der Hauptanwendungsfall für die Vorschrift sein (BVerwGE 84, 31 = NJW 1990, 925; Knack 13).

2. Systematik der Planänderungen. a) Grundsatz. Von den in Betracht 2
kommenden Möglichkeiten einer Planänderung sind im Gesetz nur einige Sonderfälle ausdrücklich geregelt. Das Gesetz geht von dem Grundsatz aus, wonach die Änderung eines wirksamen Planfeststellungsbeschlusses aufgrund eines neuen Planfeststellungsverfahrens zu erfolgen hat (StBS 1). Dies ist in einzelnen Fachplanungsgesetzen ausdrücklich vorgesehen (vgl zB § 17 Abs 1 FStrG); auch § 76 Abs 1 geht von diesem Normalfall aus. Dabei kommt es auf den Umfang der beabsichtigten Änderung grundsätzlich ebenso wenig an wie auf die Frage, ob die Änderung auf Antrag oder von Amts wegen erfolgen soll. Die Änderung eines Planfeststellungsbeschlusses kann unter den Voraussetzungen des § 74 Abs 6 aber auch im Rahmen eines Plangenehmigungsverfahrens erfolgen, unter den besonderen Voraussetzungen des § 74 Abs 7 sogar gänzlich ohne förmliche Planänderung. Keine Planänderung idS ist die in § 73 Abs 8 vorgesehene Änderung des Planentwurfs nach der Auslegung (s hierzu § 73 Rn 100ff). Hier geht es nur um die Frage, ob und inwieweit das Verfahren nach § 73 Abs 6 wiederholt werden muss.

b) Spezielle Regelungen für Planänderung und Planergänzung. Für ei- 2a
nige besondere Fallkonstellationen sind die Möglichkeiten einer Planänderung speziell geregelt. Hierzu zählen in erster Linie die Regelungen in § 76, die für den Fall, dass das Vorhaben noch nicht fertig gestellt worden ist, unter den Voraussetzungen von Abs 2 und 3 die Möglichkeit einer Planänderung erleichtern. Diese Regelungen sind zwar auch schon vor Beginn der Ausführung des Vorhabens (s unten Rn 3), nicht aber nach der Fertigstellung des Vorhabens anwendbar. Eine weitere spezialgesetzliche Regelung für eine nachträgliche Ergänzung bzw Konkretisierung des Planfeststellungsbeschlusses findet sich in § 74 Abs 3 für den Fall, dass sich die Planfeststellungsbehörde im Planfeststellungsbeschluss die abschließende Entscheidung über bestimmte Detailfragen vorbehalten hat (s § 74 Rn 138ff). Hierbei handelt es sich nicht um eine Planänderung ieS, weil der ursprüngliche Beschluss nicht geändert, sondern nur in einem bereits von vornherein vorgesehenen Umfang ergänzt wird. Eine weitere Möglichkeit einer Planergänzung sieht § 75 Abs 2 für den Fall vor, dass nach Unanfechtbarkeit des Planfeststellungsbeschlusses nicht vorhersehbare Wirkungen auf Rechte Dritter auftreten (s hierzu näher § 75 Rn 19ff). Ebenso wie nach § 74 Abs 3 ist auch hierfür umstritten, ob ein neues Planfeststellungsverfahren oder ein schlichtes Antragsverfahren durchzuführen ist (s unten Rn 5). Schließlich ist in § 75 Abs 1a von einem ergänzenden

---

[1] BVerwGE 75, 214; BVerwG NVwZ 1992, 790 = DVBl 1992, 310; Kassel UPR 1988, 120; Hamann DVBl 1992, 741 mwN; allg für VAe auch BVerwGE 87, 244 = DVBl 1991, 394.

Verfahren die Rede, ohne dass insoweit allerdings verfahrensrechtliche Regelungen getroffen worden sind (s hierzu § 75 Rn 18b). Dabei handelt es sich nicht um ein Planänderungsverfahren, sondern um ein ergänzendes Verfahren zur Fehlerbehebung; dabei sind diejenigen Verfahrensschritte zu wiederholen, die fehlerhaft waren.

2b **c) Aufhebung und Außerkrafttreten des Plans.** Für die spätere vollständige Aufhebung von Planfeststellungsbeschlüssen enthält das Gesetz nur wenige Spezialvorschriften. So tritt nach § 75 Abs 4 ein Planfeststellungsbeschluss automatisch außer Kraft, wenn mit der Durchführung nicht innerhalb von fünf Jahren nach dem Eintritt der Unanfechtbarkeit begonnen wurde (s hierzu § 75 Rn 34ff.). Für den Fall der endgültigen Aufgabe eines Vorhabens sieht § 77 die Aufhebung des Planfeststellungsbeschlusses und eine Folgenbeseitigung vor. Von diesen Sonderfällen abgesehen enthält das Gesetz keine Regelung darüber, auf welche Weise eine Aufhebung eines Planfeststellungsbeschlusses erfolgen kann. Die hM geht davon aus, dass die Aufhebung von Planfeststellungsbeschlüssen unter den Voraussetzungen der §§ 48, 49 zulässig ist (BVerwG DVBl 1998, 37, 39; Knack § 75 Rn 19; krit Obermayer 41; s hierzu auch § 72 Rn 21; § 77 Rn 1).

3 **3. Anwendungsbereich. a) Allgemeines.** Die Vorschrift gilt derzeit unmittelbar nur für die Änderung von Planfeststellungsbeschlüssen, die von Bundesbehörden nach § 75 erlassen worden sind. Die Verwaltungsverfahrensgesetze der Länder enthalten gleich lautende Vorschriften. Voraussetzung für die Anwendung ist, dass die Änderung die Identität des ursprünglich planfestgestellten Vorhabens nicht berührt (s unten Rn 7). Anwendbar ist die Vorschrift auch auf die Änderung von **Plangenehmigungen** (StBS 3b; Knack 35; Jarass DVBl 1997, 799, 802). Sie ist sowohl auf den Fall eines **Änderungsantrags** seitens des Vorhabenträgers anwendbar,[2] als auch für den Fall, dass die Planfeststellungsbehörde eine Änderung des Plans **von Amts wegen** vornehmen will (StBS 9). Sie regelt insoweit allerdings nur das Verfahren, nicht die Voraussetzungen, unter denen eine Änderung des Plans von Amts wegen in Betracht kommt. Für eine Änderung von Amts wegen wird deshalb auf die allgemeinen Regelungen der §§ 48, 49 zurückzugreifen sein (Knack 19 mwN). **Umstritten** ist, ob auch für **vorbehaltene Entscheidungen** nach § 74 Abs 3 und für **nachträgliche Schutzauflagen** nach § 75 Abs 2 ein Planänderungsverfahren durchzuführen ist (so BVerwGE 91, 17, 19; 61, 307, 309; Obermayer 9; Knack 10; Paetow DVBl 1985, 374) oder ob ein formloses Verwaltungsverfahren ausreichend ist.[3] S hierzu unten Rn 5.

4 **b) Zeitlicher Geltungsbereich.** Es muss sich um die Änderung eines Vorhabens nach erfolgter Planfeststellung und **vor seiner endgültigen Fertigstellung** handeln (BVerwGE 84, 31, 33; BVerwG DVBl 1993, 155). Auf die Unanfechtbarkeit kommt es nicht an (BVerwG NVwZ 1986, 834; VGH Mannheim NVwZ 1986, 663; StBS 12; Knack 13). Auf Änderungen, die erst nach Fertigstellung des Vorhabens beantragt werden, ist § 76 dem Wortlaut nach nicht anwendbar. Eine entsprechende Anwendung wird von der hM abgelehnt (BVerwGE 84, 33; BVerwG DVBl 1993, 155; UL § 43 Rn 6; Knack 15). Änderungen eines bereits fertiggestellten Vorhabens erfordern damit in jedem Fall ein Vorgehen nach den allgemeinen Bestimmungen (idR eine neue Planfeststellung, uU unter Anwendung der §§ 48, 49), sofern es sich nicht lediglich um eine teilweise Aufgabe des Vorhabens iS von § 77 handelt (s auch Jarass DVBl 1997, 798).

---

[2] UL § 43 Rn 3; Grupp 41 mit Fn 54; MB 2 und 4; zT **aA** Obermayer 20: unmittelbar anwendbar, uU auch Einleitung von Amts wegen oder auf Antrag Drittbetroffener; ähnlich Fickert, Planfeststellung für den Straßenbau, 1978; Erl PlafeR Nr 36 Fn 8.

[3] So zu Recht VGH München DVBl 1994, 764; sowie die hM in der Lit, vgl StBS 3c, § 75 Rn 51; MB 1; Jarass DVBl 1997, 798; Heinze BayVBl 1981, 652; Mößle BayVBl 1982, 235.

c) Vorbehaltene Änderungen, nachträgliche Schutzauflagen. Auf Regelungen, die die Planfeststellungsbehörde nachträglich aufgrund eines Vorbehalts nach § 74 Abs 3 erlässt, ist die Vorschrift nicht anwendbar. Derartige Regelungen stellen keine Planänderung dar, sondern ergänzen bzw konkretisieren den bereits erlassenen Planfeststellungsbeschluss. Insoweit sprechen auch Sinn und Zweck der Vorschrift gegen ihre Anwendung auf die Fälle des § 74 Abs 3, weil es hier an dem für § 76 vorausgesetzten Schutzbedürfnis fehlt.[4] Soweit es um nachträgliche Schutzauflagen nach § 75 Abs 2 geht, ist es grundsätzlich Sache des pflichtgemäßen Ermessens der Planfeststellungsbehörde, ob für diese ein formloses Verfahren oder ein Planänderungsverfahren notwendig ist. Das hängt im Wesentlichen von Art und Umfang der nachträglichen Schutzauflagen ab und von der Frage, ob hierdurch eine Vielzahl von Interessen berührt sein kann.[5] 5

4. Begriff der Planänderung. Eine Planänderung iS von § 76 stellt keinen zweiten, neuen Plan dar, vielmehr bilden der ursprüngliche Plan und die Planänderung zusammen einen einzigen, geänderten Plan (BVerwGE 61, 307 = NJW 1981, 1224 = BayVBl 1981, 307; 75, 219; NJW 1982, 950; VGH München BayVBl 1985, 400; OVG Koblenz NJW 1982, 198). Weder eine formfreie Planänderung noch ein Planänderungsverfahren nach § 76 kommen in Betracht, wenn der ursprüngliche Planfeststellungsbeschluss die Konflikte nicht bewältigt und keine Ausgewogenheit der Gesamtplanung erreicht hat und insoweit unter grundlegenden, nicht heilbaren Mängeln leidet, oder wenn die Änderung die erreichten Ergebnisse wieder aufhebt und die Ausgewogenheit der Gesamtplanung in Frage stellt (Knack 12 unter Hinweis auf BVerwGE 75, 214/219; VGH München DVBl 1994, 764; NVwZ 89, 686). In solchen Fällen ist grundsätzlich ein gänzlich neues, alle Bereiche umfassendes Planfeststellungsverfahren erforderlich (Knack 12). 6

a) Wahrung der Identität. Um eine Änderung iS von § 76 handelt es sich nur, wenn die Identität des Vorhabens gewahrt bleibt, dh das Konzept des Vorhabens in seinen Grundzügen erhalten bleibt (BVerwG DVBl 1992, 310; vgl auch BVerwGE 90, 98 und OVG Koblenz NJW 1982, 197 zu § 7 AtomG). Das ursprüngliche Vorhaben darf nach Art, Größe, Gegenstand und Betriebsweise nicht durch ein wesentlich andersartiges Vorhaben ersetzt wird. Die Behörde hat zu prüfen, ob und inwieweit die beabsichtigte Änderung bereits entschiedene Fragen der Planung erneut aufwirft. Ein bloßes Änderungsverfahren ist unzulässig, wenn die beabsichtigte Änderung des Vorhabens möglicherweise die ursprüngliche Gesamtkonzeption oder wesentliche Teile des übrigen Planinhalts in Frage stellt (BVerwGE 61, 310; 75, 219; Knack 12) und zwar insb im Hinblick auf die Planrechtfertigung, das Bedürfnis für die Anlage, die Auswirkungen für das Gemeinwohl und die Rechte der Betroffenen, die Ausgewogenheit der Planung und die Problembewältigung. Das ist zB bei der Planfeststellung für einen Flughafen dann der Fall, wenn durch den Wegfall einer Start- und Landebahn ernsthafte Zweifel an dem Bedürfnis für einen Flughafenneubau überhaupt oder an der Abgewogenheit der Standortentscheidung aufgeworfen werden; dann würde ein Änderungsverfahren gem § 76 nicht mehr genügen, vielmehr wäre ein neues, alle Bereiche erfassendes Planfeststellungsverfahren erforderlich (BVerwGE 75, 219 = NVwZ 1987, 578; BVerwG Buchh 445.5 § 16 WaStrG Nr 1). 7

---

[4] Offen BVerwGE 61, 307 = BayVBl 1981, 664; verneinend StBS 10; MB 1; Engelhardt BayVBl 1981, 664; bejahend Fickert Nr 24; offenbar auch Obermayer 13.

[5] Ebenso StBS 8; MB 1; Engelhardt BayVBl 1981, 664; Mößle BayVBl 1982, 235; Grupp DVBl 1990, 87; **aA** Obermayer 9 und 10; Paetow DVBl 1985, 375; Schröder/Steinmetz-Maaz DVBl 1992, 28: immer Planänderungen gem § 76; vgl auch BVerwGE 61, 307; 84, 34; Mannheim NuR 1991, 338; die praktischen Auswirkungen des Meinungsstreits sind gering, weil bei unwesentlichen Änderungen jedenfalls die Verfahrenserleichterungen gem Abs 2 und 3 Platz greifen, Knack 10 unter Hinweis auch auf BVerwGE 84, 34.

8 **b) Reduzierung, Erweiterung, Schutzauflagen.** Die Planänderung umfasst grundsätzlich auch eine Erweiterung oder eine Reduzierung des planfreigestellten Vorhabens. Bloße Reduzierungen des Vorhabens fallen dann nicht unter § 76, wenn sie sich auch mit einer Teilaufhebung gem § 77 bewältigen lassen. Im Übrigen müssen Planänderungen iS des § 76 nicht stets das eigentliche Vorhaben betreffen, zB bei einer Straße eine nunmehr breitere Fahrbahn vorsehen, sondern können zB auch Änderungen hins der zugunsten der Anlieger angeordneten Schutzanordnungen gem § 74 Abs 2 S 2f betreffen (BVerwG DVBl 1993, 155 mit Klarstellung zu BVerwGE 41, 80). Bei geplanten Erweiterungen eines Vorhabens kommt es grundsätzlich auch darauf an, ob die Erweiterung eigenständige Bedeutung hat, (vgl BVerwGE 90, 100; ferner auch BVerwG NVwZ 1993, 566: Maßgebend ist, ob das nunmehr geplante Gesamtvorhaben „eine neue und durchaus selbständige Grundlage erhält").

9 **5. Bindung an den Antrag. Umstritten** ist, ob und inwieweit die Planfeststellungsbehörde, wenn sie einen früheren Planfeststellungsbeschluss nicht nach §§ 48ff von Amts wegen, sondern auf einen entsprechenden Antrag des Trägers des Vorhabens oder Drittbetroffenen ändern will – bzw jedenfalls auf einen Antrag hin tätig werden soll – an den Antrag und an den Gegenstand eines Änderungsantrags gem § 76 gebunden ist. Die Frage ist grundsätzlich zu verneinen (BVerwGE 75, 219 = NVwZ 1987, 578: Im Änderungsverfahren nach § 76 Abs 1 kann die Planfeststellungsbehörde über den Gegenstand und den Umfang des Änderungsantrags hinausgehen; Knack 18 unter Bezugnahme auf BVerwGE 75, 219: keine formelle Bindung, materiell jedoch verpflichtet, das Abwägungsgebot und die Ausgewogenheit der Gesamtplanung zu beachten; s auch StBS 15). Unabhängig von dieser Streitfrage darf die Planfeststellungsbehörde aber jedenfalls ein Änderungsverfahren nach § 76 nur insoweit durchführen, als der festgestellte Plan von den beabsichtigten Änderungen berührt wird. Soweit die Änderungen nur ein räumlich und funktionell vom übrigen Plangebiet abgegrenztes Gebiet betreffen, ist die Anwendung von § 76 auf dieses Teilgebiet zu beschränken (vgl BVerwG NVwZ-RR 1990, 286).

II. Planänderung durch ein neues Planfeststellungsverfahren (Abs 1)

10 **1. Allgemeines.** Nach Abs 1 ist für die Änderung eines durch Planfeststellungsbeschluss nach § 74 festgestellten Plans, die noch vor Fertigstellung des Vorhabens beantragt wird, grundsätzlich, dh vorbehaltlich des Abs 2, ein neues Planfeststellungsverfahren erforderlich, auf das aber in Fällen von unwesentlicher Bedeutung entweder nach Abs 2 verzichtet werden kann oder jedenfalls die Erleichterungen des Abs 3 zur Anwendung kommen können. Ist ein neues Planfeststellungsverfahren nach Abs 1 oder weil die Planänderung nicht iS von Abs 3 von unwesentlicher Bedeutung ist, kraft Gesetzes erforderlich oder entscheidet sich die Planfeststellungsbehörde gem Abs 2 dafür, so richtet es sich nach §§ 72ff. Betreffen die Änderungen nur ein räumlich und funktional vom übrigen Planbereich abgegrenztes Gebiet, so kann die Planfeststellung auf dieses Gebiet beschränkt werden (vgl BVerwG NVwZ-RR 1990, 286). Zulässig ist unter den Voraussetzungen des § 74 Abs 6 auch die Änderung nach § 76 in einem Plangenehmigungsverfahren.

11 **2. Besonderheiten der Planänderung nach Abs 1.** Von einem regulären Planfeststellungsverfahren gem §§ 72ff unterscheidet sich das Planänderungsverfahren nur dadurch, dass zugleich auch **der ursprüngliche Planfeststellungsbeschluss Gegenstand des Verfahrens** wird. Das gilt jedenfalls insoweit, als er ganz oder zum Teil abgeändert wird. Ursprüngliche und neue Planfeststellung bilden eine rechtliche Einheit (BVerwGE 61, 307; Jarass DVBl 1997, 799). Eine förmliche Aufhebung des ursprünglichen Planfeststellungsbeschlusses vor oder zu Beginn des Verfahrens ist deshalb weder geboten, noch idR zweckmäßig (vgl

StBS 4; Obermayer 20 und 29), und insoweit, als durch die ursprüngliche Planfeststellung Rechte Beteiligter begründet wurden, uU auch nicht zulässig. Der auf Grund des Änderungsverfahrens ergehende neue Planfeststellungsbeschluss entscheidet zugleich, ob und inwieweit der ursprüngliche Planfeststellungsbeschluss, ggf mit den Änderungen, die der nunmehr ergehende Beschluss vorsieht, weiter bestehen und gelten soll (vgl BVerwG DVBl 1992, 716; VGH München NVwZ 1989, 686; VGH Mannheim VBlBW 1992, 425). Er kann auch die weitergeltenden Teile des ursprünglichen Planfeststellungsbeschlusses unmittelbar in die durch ihn verfügte Regelung einbeziehen und formell den ursprünglichen Planfeststellungsbeschluss aufheben (vgl BVerwG DVBl 1986, 1008; StBS 16). In jedem Fall handelt es sich in der Sache für die Zukunft nur noch um einen einzigen Plan in der durch den Änderungsplanfeststellungsbeschluss erreichten Gestalt (BVerwGE 61, 369; 75, 233; VGH München BayVBl 1985, 400). Für die Anfechtung bleibt es gleichwohl von Bedeutung, ob und ggf inwieweit der neue Beschluss den ursprünglichen Beschluss nur bestätigt und insoweit eine wiederholende Verfügung ist, die keine neuen Rechtsbehelfsfristen in Lauf setzt, oder aber ein Zweitbescheid (s § 35 Rn 55) mit konstitutiver Rechtserheblichkeit und erneuter vollständiger Anfechtbarkeit ist. IdR wird der Änderungsbeschluss nur noch insoweit angefochten werden können, als eine erstmalige oder zusätzliche Beeinträchtigung vorliegt (VGH Mannheim NVwZ 1986, 663; StBS 16).

III. Planänderung von unwesentlicher Bedeutung (Abs 2)

12 **1. Allgemeines.** Nach Abs 2 kann ein nach Abs 1 an sich erforderliches neues Planfeststellungsverfahren unterbleiben, wenn es sich erstens um Änderungen von unwesentlicher Bedeutung handelt und zweitens die Belange anderer nicht berührt werden oder wenn alle Betroffenen, deren Belange berührt werden, der Änderung zustimmen. Die Regelung trägt dem Umstand Rechnung, dass das Vorhaben bereits zu einem früheren Zeitpunkt einer öffentlichen Kontrolle unterzogen wurde und Träger öffentlicher Belange und Betroffene umfassende Gelegenheit hatten, ihre Anregungen, Bedenken oder Einwendungen öffentlich geltend zu machen. Das kann es rechtfertigen, in allen Fällen, in denen öffentliche Belange nur unwesentlich und private Belange gar nicht beeinträchtigt werden, auf ein neues Planfeststellungsverfahren und damit auch auf eine erneute Beteiligung zu verzichten (BVerwG NJW 1990, 926 zu § 18c Abs 2 FStrG). Denn die Funktion des Planfeststellungsverfahrens ist es, die Zielsetzung und Abwägung der Planung eines Vorhabens einem Verfahren der allseitigen Erörterung zu öffnen (BVerwGE 75, 230 = NVwZ 1987, 579; BVerwG NJW 1990, 926).

13 **2. Genehmigungsentscheidung.** Ein Absehen von einem neuen Planfeststellungsverfahren kommt nur in Betracht, wenn die beabsichtigte Änderung den „Abwägungsvorgang und das Abwägungsergebnis nach Struktur und Umwelt" (BVerwG NJW 1990, 926), mithin die Ausgewogenheit und Problembewältigung der bereits vorliegenden Planfeststellung nicht berührt und hins des Vorhabens auch ein Interessenwiderstreit nicht ersichtlich ist und angesichts des in tatsächlicher und rechtlicher Hinsicht einfach gelagerten Sachverhalts auch nicht zu erwarten ist (BVerwG DÖV 1987, 781). Liegen die Voraussetzungen des Abs 2 vor, was gerichtlich voll überprüfbar ist,[6] so steht die Entscheidung über den Verzicht auf ein neues Planfeststellungsverfahren im **Ermessen der Planfeststellungsbehörde.** Die Entscheidung, auf ein förmliches Planfeststellungsverfahren zu verzichten und stattdessen in einem formlosen Verfahren zu entscheiden, in dem nur einzelne Vorschriften (§ 73 Abs 2, § 74 Abs 4 S 1,

---

[6] Vgl Ronellenfitsch 67 mwN; Stüer DVBl 1990, 37; Knack 27: voll nachprüfbar; uU aber Einschränkungen wie bei Prognoseentscheidungen.

§ 75 Abs 1) zur Anwendung kommen, steht im Ermessen der Planfeststellungsbehörde.[7]

14 **3. Unwesentliche Planänderung. a) Allgemeines.** Als unwesentlich ist eine Planänderung entsprechend dem Zweck der Regelung nur dann anzusehen, wenn sie Abwägungsvorgang und Abwägungsergebnis nach Struktur und Inhalt nicht berührt, also die Frage sachgerechter Zielsetzung und Abwägung der Gesamtplanung nicht erneut aufwerfen kann (BVerwG NJW 1990, 925), dh, wenn die Gesamtkonzeption, insb Umfang und Zweck des Vorhabens, dieselben bleiben (BVerwGE 56, 133; Obermayer 26; Ronellenfitsch 94; StBS 18; Knack 26) und idS die Änderung den Abwägungsvorgang und das Abwägungsergebnis der bereits vorliegenden Planfeststellung, dh die mit der Planung verfolgte Zielsetzung und die bereits getroffene Abwägung aller einzustellender Belange, in ihrer Struktur unberührt lässt. Das wird stets der Fall sein, wenn Umfang und Zweck des Vorhabens unverändert bleiben und wenn zusätzliche, belastendere Auswirkungen von größerem Gewicht, als sie mit dem ursprünglichen Vorhaben verbunden waren, sowohl auf die Umgebung als auch hinsichtlich der Belange Einzelner mit Sicherheit auszuschließen sind.[8]

15 **b) Anordnung von Schutzauflagen.** Die nicht im formlosen Verfahren getroffene (vgl Rn 5) Anordnung von Schutzauflagen nach § 75 Abs 2 S 2 berührt idR zB die Ausgewogenheit der Gesamtplanung nicht und ist dann als unwesentlich anzusehen (BVerwG NJW 1990, 926; StBS 19; UL § 43 Rn 4); ebenso eine vorbehaltene Planänderung, sofern sie überhaupt unter § 76 fällt (s Rn 5). Dagegen ist zB eine nachträglich notwendig gewordene Verlegung der Trassenführung einer Straße (Obermayer 26 f) oder der Richtung der Startbahnen eines Flughafens nicht von unwesentlicher Bedeutung.

16 **4. Keine Beeinträchtigung oder Zustimmung Betroffener.** Zusätzlich zu der Voraussetzung der unwesentlichen Bedeutung wird für die Anwendbarkeit des Abs 2 verlangt, dass die Änderung keine Belange anderer berührt oder dass die Betroffenen zugestimmt haben. Eine Berührung der Belange Dritter kommt einmal in Betracht, wenn diese erstmalig von der Änderung, zB einer Erweiterung, betroffen sein würden, oder wenn sie von der Änderung in ihren Belangen stärker als in der ursprünglichen Planfeststellung vorgesehen beeinträchtigt werden (s näher zur Beeinträchtigung von Belangen § 73 Rn 58). Die Zustimmung Betroffener genügt nur, wenn sie ausdrücklich und in schriftlicher Form oder mündlich zu Protokoll erklärt wird (StBS 22; Knack 30), und wenn sicher ist, dass weitere Personen nicht betroffen sein können. Im Zweifel muss ein neues Planfeststellungsverfahren durchgeführt werden.

17 **5. Ermessen.** Auch wenn die Voraussetzungen gem Abs 2 gegeben sind, steht es im Ermessen der Planfeststellungsbehörde, ob sie von dieser Möglichkeit Gebrauch machen will (StBS 23; Knack 31; UL § 43 Rn 4; zT enger zugunsten des Trägers des Vorhabens Ronellenfitsch 67 und Vw 1990, 348). Der Antragsteller hat hins. der Planänderungsgenehmigung nur ein formelles subjektives Recht auf fehlerfreien Ermessensgebrauch (StBS 24). Soweit es sich um gänzlich geringfügige Änderungen oder um eindeutige Verbesserungen handelt, die die nachteiligen Auswirkungen des Vorhabens verringern, und auch die übrigen Voraussetzungen nach Abs 2 erfüllt sind, wäre es aber idR ermessensfehlerhaft, wenn die Behörde auf der Durchführung eines Planfeststellungsverfahrens bestehen würde.

---

[7] Sie kann mit der Genehmigungsentscheidung zusammenfallen, vgl Obermayer 30: eine Inzidententscheidung; Marschall/Schröter/Kastner FStrG 8 zu § 17: nur ein verwaltungsinterner Vorgang; vgl auch Pausch BayVBl 1982, 347.

[8] BVerwG NJW 1990, 926; vgl auch BVerwGE 48, 56; 61, 310; VGH Mannheim NVwZ 1986, 663 – wenn eine rechtserhebliche Beeinträchtigung der im Gesetz genannten Schutzgüter unter jedem denkbaren Gesichtspunkt ausgeschlossen werden kann.

6. Entscheidung durch VA. Bei der Entscheidung, von einem neuen Planfeststellungsverfahren abzusehen, bzw der Ablehnung, handelt es sich um einen VA, der nach § 44a S 2 gesondert angefochten bzw mit einer Verpflichtungsklage erzwungen werden kann. Die Entscheidung über die Änderung des festgestellten Planfeststellungsbeschlusses und die Änderung selbst bzw die Ablehnung einer Änderung erfolgt durch einfachen VA, auf den jedoch die für Planfeststellungsbeschlüsse geltenden Vorschriften gem § 74 über die Bekanntgabe – mit Ausnahme der öffentlichen Bekanntgabe (vgl Abs 3) –, über den Ausschluss des Vorverfahrens nach § 75, über die Konzentrationswirkung, über Schutzanordnungen usw grundsätzlich Anwendung finden (StBS 17; Obermayer 31; **aA** Knack 38ff mwN unter Hinweis auf Abs 3, der es der Behörde ermöglicht, die Wirkungen der Planfeststellung auch in einem vereinfachten Verfahren herbeizuführen, wenn sie dies wünscht). 18

IV. Vereinfachtes Planfeststellungsverfahren (Abs 3)

1. Allgemeines. Abs 3 ermächtigt die Behörde, wenn die rechtlichen Voraussetzungen nach Abs 2 zwar gegeben sind, sie gleichwohl aber nicht ganz von einem Planfeststellungsverfahren absehen will, und in anderen Fällen unwesentlicher Planänderungen, in denen Belange anderer berührt werden bzw nicht alle Betroffenen einem Verfahren nach Abs 2 zustimmen und daher ein Vorgehen nach Abs 2 nicht möglich ist, ein vereinfachtes Planfeststellungsverfahren **ohne Anhörungsverfahren und öffentliche Bekanntgabe** des Planfeststellungsbeschlusses durchzuführen (ebenso Knack 33). Die Entscheidung, ob die Behörde von dieser Ermächtigung Gebrauch ganz oder uU auch nur teilweise machen oder nach Abs 1 ein neues Planfeststellungsverfahren durchführen will, liegt wie in den Fällen des Abs 2 im **Ermessen der Behörde.** Zur Rechtsnatur dieser Entscheidung und zur Möglichkeit der Anfechtung vgl oben Rn 13. 19

2. Voraussetzungen. Es müssen entweder sämtliche Voraussetzungen des Abs 2 vorliegen oder jedenfalls das Tatbestandsmerkmal der Planänderung von unwesentlicher Bedeutung. Insoweit kann auf Rn 12 verwiesen werden. Abs 3 verwendet denselben Begriff der Änderung von unwesentlicher Bedeutung wie Abs 2. Ob die Voraussetzungen erfüllt sind, ist gerichtlich voll überprüfbar. Sind die Voraussetzungen erfüllt, so ist das Ermessen der zuständigen Planfeststellungsbehörde eröffnet. 20

3. Rechtsfolgen. Mit der nach Abs 3 möglichen Vereinfachung entfällt das Erfordernis der Auslegung der Pläne und der öffentlichen Bekanntmachung gem § 73 Abs 5 S 2 sowie auch der öffentlichen Bekanntgabe des Planfeststellungsbeschlusses (§ 74 Abs 4 S 2 und Abs 5). Gleichwohl anwendbar bleiben jedoch auch hier § 73 Abs 2 (Einholung der Stellungnahmen der Behörden, MB 7; Obermayer 69), § 74 Abs 1 (Entscheidung durch Planfeststellungsbeschluss, Bekanntgabe der Entscheidung – außer durch öffentliche Bekanntgabe – und Rechtsbehelfsverfahren), § 74 Abs 2 S 2–4 (Schutzanordnungen, iSv), § 74 Abs 4 S 1 (Zustellung der Entscheidung), § 75 Abs 1 und Abs 2 S 1 (Entscheidungswirkungen), § 75 Abs 2 S 2ff (nachträgliche Schutzanordnungen) wie auch sonst bei Planfeststellungsbeschlüssen; (s Obermayer 40). Außerdem sind die Betroffenen jedenfalls nach § 28 zu hören (StBS 28; ähnlich Obermayer 34; Knack 33; MB 7). 21

§ 77 Aufhebung des Planfeststellungsbeschlusses

Wird ein Vorhaben, mit dessen Durchführung begonnen worden ist,[3] endgültig aufgegeben,[3a] so hat die Planfeststellungsbehörde den Planfeststellungsbeschluss aufzuheben.[5] In dem Aufhebungsbeschluss sind dem Träger des Vorhabens die Wiederherstellung des früheren Zustandes oder geeignete andere Maßnahmen aufzuerlegen, soweit dies zum

Wohl der Allgemeinheit oder zur Vermeidung nachteiliger Wirkungen auf Rechte anderer erforderlich ist.[7] **Werden solche Maßnahmen notwendig, weil nach Abschluss des Planfeststellungsverfahrens auf einem benachbarten Grundstück Veränderungen eingetreten sind, so kann der Träger des Vorhabens durch Beschluss der Planfeststellungsbehörde zu geeigneten Vorkehrungen verpflichtet werden; die hierdurch entstehenden Kosten hat jedoch der Eigentümer des benachbarten Grundstückes zu tragen, es sei denn, dass die Veränderungen durch natürliche Ereignisse oder höhere Gewalt verursacht worden sind.**[11]

Schrifttum: *Grupp,* Aufhebung von Planfeststellungsbeschlüssen durch die Verwaltung, DVBl 1989, 81; *Kutscheidt,* Das stillgelegte Atomkraftwerk, NVwZ 1987, 33; *Ronellenfitsch,* Verzicht auf Planfeststellung, in Blümel (Hg), Abweichungen von der Planfeststellung, 1990, 157. S im übrigen zu § 72 und § 73.

Übersicht

I. Allgemeines

1 **1. Inhalt.** Die Vorschrift betrifft sog **steckengebliebene Vorhaben.** Sie verpflichtet die Planfeststellungsbehörde bei bereits begonnenen Vorhaben, die dann aber endgültig aufgegeben wurden, im Interesse der Rechtsklarheit den Planfeststellungsbeschluss aufzuheben (S 1), und ermächtigt sie, Maßnahmen, die im Interesse des Gemeinwohls oder zum Schutz der Rechte Dritter erforderlich sind, anzuordnen (Obermayer 4). Zugleich enthält sie eine § 75 Abs 2 S 2 entsprechende Regelung der Kostentragung in besonderen Fällen. Die letztgenannte Befugnis ist insb für Vorhaben von Bedeutung, um die sich der Träger nicht mehr kümmert und die oft die Landschaft verunstalten, Gefahren für die Allgemeinheit verursachen oder Belange Dritter beeinträchtigen, obwohl die sachliche Rechtfertigung durch die Aufgabe des Vorhabens längst weggefallen ist. Bei nur **teilweiser Aufgabe** ist die Vorschrift auf den aufgegebenen Teil einer Anlage anwendbar, sofern der verbleibende Teil selbstständig bestehen kann und sich dadurch nicht ein rechtswidriger Zustand ergibt. Die Regelung entspricht der schon früher bestehenden Praxis (Grupp 27 mwN). Sie ergänzt die Regelung in § 75 Abs 4, wonach ein Planfeststellungsbeschluss automatisch außer Kraft tritt, wenn ein Vorhaben innerhalb von 5 Jahren nicht begonnen oder weitergeführt wird. Obwohl es sich bei der Vorschrift um eine spezielle Ausprägung des § 49 handelt, bleibt die allgemeine Befugnis der Planfeststellungsbehörde zur Rücknahme und zum Widerruf von Planfeststellungsbeschlüssen gem §§ 48 ff unberührt (str, wie hier VGH Mannheim UPR 1988, 77; UL § 43 Rn 17; MB 1; Knack 3; **aA** StBS 10 a: § 77 als lex specialis; Grupp DVBl 1990, 84).

2. Anwendungsbereich. Die Vorschrift gilt für Planfeststellungsbeschlüsse im Anwendungsbereich des VwVfG; die Verwaltungsverfahrensgesetze der Länder enthalten gleich lautende Vorschriften. Für die Anwendbarkeit kommt es nicht darauf an, ob der Planfeststellungsbeschluss bereits unanfechtbar geworden ist oder nicht (BVerwG NVwZ 1986, 835; Knack 6). Der Planfeststellungsbeschluss muss allerdings bereits erlassen worden sein. Nach Sinn und Zweck der Vorschrift kommt auch ihre entsprechende Anwendung auf Plangenehmigungen in Betracht. Anwendbar ist die Vorschrift auch dann, wenn mit dem Vorhaben noch nicht begonnen worden ist.[1] Umstritten, richtigerweise aber zu bejahen, ist die Anwendbarkeit der Vorschrift auf bereits fertiggestellte Vorhaben.[2] Schließlich sind die Bestimmungen in S 2, 3 auch für den Fall anwendbar, in dem die Aufhebung des Planfeststellungsbeschlusses bereits auf Grund einer erfolgreichen Anfechtung des Planfeststellungsbeschlusses erfolgt (Obermayer 12). 2

II. Aufhebung des Planfeststellungsbeschlusses

1. Beginn der Durchführung. Ihrem Wortlaut nach setzt die Vorschrift voraus, dass mit der Ausführung des Vorhabens bereits begonnen worden ist. Nach Sinn und Zweck der Vorschrift muss demgegenüber – gleichsam erst recht – auch der Fall erfasst werden, in dem mit der Ausführung noch nicht begonnen wurde. 3

2. Endgültige Aufgabe des Vorhabens (S 1). S 1 ermächtigt und verpflichtet die Planfeststellungsbehörde dazu, den Planfeststellungsbeschluss aufzuheben, wenn ein Vorhaben endgültig aufgegeben worden ist. Auf die Gründe, die für die endgültige Aufgabe maßgebend waren, kommt es nicht an (Obermayer 10; Knack 3). Nicht erforderlich ist auch, dass der Planfeststellungsbeschluss bereits unanfechtbar geworden war (Knack 6). Ob ein Vorhaben endgültig aufgegeben worden ist, ist ggf durch Rückfrage beim Träger des Vorhabens zu klären, der im Aufhebungsverfahren als Beteiligter ohnehin zu hören ist. Maßgeblich für die Beurteilung der „Endgültigkeit" der Aufgabe ist allein die auf Grund aller Umstände gewonnene **objektive Betrachtung,** die hierin mit dem Träger des Vorhabens übereinstimmen, aber auch von seiner Auffassung abweichen kann (MB 3; Knack 4). Entscheidend ist, ob bei verständiger **Würdigung aller Umstände** des Falles unter Berücksichtigung der Gesamtkonzeption des Planungsträgers (VGH Kassel UPR 1992, 116) noch mit einer Ausführung des Vorhabens entsprechend dem festgestellten Plan gerechnet werden kann oder nicht (Obermayer 14; StBS 7; Knack 4). Vgl zur Frage, wann die endgültige Aufgabe eines Vorhabens anzunehmen ist, auch BVerwG NVwZ 1986, 834 = DVBl 1986, 1008. Die bloße Behauptung, dass das Vorhaben nur zeitweilig nicht weitergeführt oder betrieben werde, genügt jedenfalls dann nicht, wenn den ganzen Umständen nach eine Weiterführung usw des Vorhabens **vernünftigerweise ausgeschlossen** erscheint. 3 a

3. Entscheidung auf Antrag oder von Amts wegen. Die Entscheidung über die Aufhebung des Planfeststellungsbeschlusses setzt nach dem Wortlaut der Vorschrift keinen Antrag voraus. Sie erfolgt bei Vorliegen der Voraussetzungen von Amts wegen. Das schließt aber nicht aus, dass Drittbetroffene einen entsprechenden Antrag stellen. Sofern sie von dem Planfeststellungsbeschluss in ihren Rechten betroffen werden bzw sind, haben sie einen Anspruch auf die Planaufhebung.[3] 4

---

[1] Vgl BVerwG NVwZ 1986, 834; Grupp 55 und DVBl 1990, 85; Knack 7; StBS 9; **aA** MB 2; nunmehr auch Obermayer 16.

[2] Vgl VGH Kassel NVwZ 1987, 817 zu § 11 Abs 4 S 5 AbfG: Anordnungen auch an Inhaber bereits stillgelegter Anlagen; str, offenbar **aA** Begr 90; Obermayer 16: nur Vorhaben, die vor ihrer Vollendung aufgegeben wurden.

[3] BVerwG NVwZ 1986, 834 = DVBl 1986, 1007; Broß DÖV 1985, 517; Grupp 55 und DVBl 1990, 85; Knack 4; StBS § 75 Rn 41; UL § 43 Rn 9; Obermayer 18; zweifelnd Stüer DVBl 1990, 37 – unter Hinweis auf § 75 Abs 4.

5 **4. Zuständigkeit und Verfahren.** Zuständig für die Aufhebung des Planfeststellungsbeschlusses gem S 1 – wie auch für die Anordnungen gem S 2ff – ist die Planfeststellungsbehörde. Der Aufhebungsbeschluss, der ein VA ist, ergeht in einem nichtförmlichen Verfahren, an dem der Träger des Vorhabens zu beteiligen (§ 13 Abs 2) und in dem er insb zu hören ist (§ 28). Er ist gem § 41 dem Träger des Vorhabens und allen sonstigen Beteiligten bekanntzugeben.[4]

6 **5. Wirkungen.** Die Aufhebung des Planfeststellungsbeschlusses beseitigt die Wirkungen gem § 74 Abs 2 und § 75 Abs 1 und 2 nicht mit Rückwirkung, sondern nur mit **Wirkung für die Zukunft** (Obermayer 27; Knack 5; **aA** Grupp DVBl 1990, 89; StBS 11; MB 1: ex tunc). Umstritten ist, ob vor einer Anfechtungsklage gegen die Aufhebung grundsätzlich erst ein Widerspruchsverfahren durchzuführen ist. Dies wird teilweise mit der Begründung bejaht, dass §§ 74 Abs 1, 70 keine Anwendung fänden (vdGK 2; UL § 43 Rn 15; Obermayer 43; MB 5). Richtigerweise ist die Frage zu verneinen, da sich der Ausschluss des Widerspruchsverfahrens auch auf den **actus contrarius** beziehen dürfte (StBS 12; Knack 13). Entsprechendes gilt für eine Verpflichtungsklage Drittbetroffener auf Aufhebung des Planfeststellungsbeschlusses.

III. Folgenbeseitigung

7 **1. Anordnungen im Zusammenhang mit der Aufhebung (S 2–3).** Die Planfeststellungsbehörde muss im Aufhebungsbeschluss nach S 1 zugleich auch die zur Wiederherstellung des früheren Zustandes bzw eines sonst vertretbar erscheinenden Zustandes erforderlichen Maßnahmen anordnen, soweit dies zum Wohl der Allgemeinheit oder zur Vermeidung nachteiliger Wirkungen auf Rechte anderer notwendig ist. Anordnungen nach S 2 können uU auch gegen frühere Unternehmer getroffen werden, wenn sie ihren Grund in deren Handlungen oder Unterlassungen haben (vgl BVerwG NVwZ 1986, 640). Die Regelung des § 77 S 2 schließt nach der Aufhebung des Planfeststellungsbeschlusses ein Vorgehen nach anderen Vorschriften, nach denen dem Verursacher oder Dritten eine Folgenbeseitigung auferlegt weden kann, nicht aus.

8 **a) Allgemeine Voraussetzungen.** S 2 ermächtigt die Behörde nicht zu Anordnungen „bei Bedarf" ohne zeitliche Begrenzung und in unbeschränkter Zahl, sondern grundsätzlich nur zu einer **einmaligen Anordnung aus Anlass der Stilllegung.** Ist diese Anordnung ergangen, so kann sie nur noch unter den Voraussetzungen der §§ 48, 49 geändert, ergänzt, erweitert usw werden (Kassel NVwZ 1990, 383 zu § 10 AbfG).

8 a **b) Pflichtiger.** Die Anordnung ist gegen den **Träger des Vorhabens,** dh denjenigen, der für das Vorhaben ursprünglich die Planfeststellung beantragt hatte bzw, im Fall einer inzwischen auf Grund Funktionsnachfolge oder kraft Rechtsgeschäfts eingetretenen Rechtsnachfolge (vgl MK 38 II 3; so Kopp/Schenke § 42 Rn 97 mwN), gegen den **Rechtsnachfolger,** bei wiederholter Rechtsnachfolge gegen den letzten Rechtsnachfolger und Inhaber der Anlage, zu richten.[5] Ein Auswahlermessen besteht insoweit nicht (Obermayer 24). Die Regelung ist **Ausdruck des Verursacherprinzips.** Deshalb reicht die bloße Rechtsnachfolge in das Grundeigentum idR nicht aus. Allerdings wird den Grundeigentümer eine Duldungspflicht hinsichtlich der angeordneten Maßnahmen treffen.

[4] MB 2; StBS 11; UL § 43 Rn 14; zT **aA** Knack: Bekanntgabe analog § 74 Abs 4 und 5 mit der Maßgabe, daß sich die Auslegungspflicht nach § 74 Abs 4 S 2, 1. Halbs. und damit auch die Bekanntmachungspflicht nach § 74 Abs 4 S 2, 2. Halbs. auf den Aufhebungsbeschluß, den aufgehobenen Planfeststellungsbeschluß und den durch den aufgehobenen Planfeststellungsbeschluß aufgehobenen festgestellten Plan erstreckt.

[5] Vgl VGH Kassel NVwZ 1990, 383 zu § 11 Abs 4 S 5 AbfG: nicht auch an frühere Betreiber; zT **aA** VGH Kassel NVwZ 1987, 815 = UPR 1987, 357.

b) Art und Umfang der Maßnahmen. Welche Maßnahmen im Einzelnen geboten sind, richtet sich nach der Art des Vorhabens. In Betracht kommen vor allem Maßnahmen zur **Wiederherstellung** des früheren oder eines gleichwertigen Zustandes und **Sicherungsmaßnahmen** im Interesse des Gemeinwohls bzw zum Schutz Betroffener. § 70 S 2, 2. Halbs entspricht § 74 Abs 2 S 2 und ermächtigt insb auch zu Schutzvorkehrungen derselben Art. Die zu § 74 dazu und zu den sonstigen Voraussetzungen gemachten Ausführungen (vgl § 74 Rn 112ff) gelten auch hier sinngemäß. Zulässig ist auch zB die Anordnung, Bauten abzutragen, Gräben und Vertiefungen zuzuschütten, Masten zu entfernen, Zäune und Hinweisschilder anzubringen, ferner Anordnungen, die dem Unternehmer einer schon betriebenen, nunmehr aber aufgegebenen Mülldeponie aufgibt, auf seine Kosten eine Grundwassermessstelle (Beobachtungsbrunnen) anzulegen, wenn Grundwasserkontaminierungen zu befürchten sind und sich die Deponie in Nähe einer Trinkwassergewinnungsanlage befindet (vgl VGH Kassel NVwZ 1986, 660 zu § 10 AbfG). Ist zugunsten des Vorhabenträgers bereits entgeignet worden, so kommt auch eine **Rückenteignung** in Betracht (Obermayer 27). Wenn bzw soweit die Notwendigkeit von Schutzvorkehrungen bei Aufhebung des Planfeststellungsbeschlusses noch nicht erkennbar war, sind S 2, § 74 Abs 2 S 2 und § 75 Abs 2 S 1 analog anwendbar, ebenso § 75 Abs 3 (vgl Obermayer 36). Sind die danach anzuordnenden Maßnahmen untunlich oder mit den anderen nach § 77 anzuordnenden Maßnahmen unvereinbar, so haben die Betroffenen analog § 74 Abs 2 S 3, § 75 Abs 2 S 4 Anspruch auf angemessene Entschädigung in Geld (Obermayer 28). Auch darüber ist zusammen mit dem Aufhebungsbeschluss oder mit einem gesonderten Beschluss durch VA zu entscheiden. 9

c) Anordnungspflicht. Die Regelung verpflichtet die Behörde zum Erlass der notwendigen Folgenbeseitigungsmaßnahmen. Lediglich Art und Umfang der erforderlichen Anordnungen stehen im pflichtgemäßen Ermessen der Planfeststellungsbehörde. Dieses ist aber ein bloßes Auswahlermessen. Soweit Sicherungsmaßnahmen notwendig sind, ist die Behörde zum Tätigwerden verpflichtet. Ein **Entschließungsermessen steht ihr insoweit nicht zu.** Soweit die in Frage stehenden Anordnungen dem Schutz Dritter dienen, haben diese einen ggf im Wege der Verpflichtungsklage durchsetzbaren Anspruch darauf, dass die Behörde darüber entscheidet bzw im Falle einer Ermessensreduktion auf Null, dass eine bestimmte Anordnung ergeht bzw die Entschädigung in bestimmter Höhe festgesetzt wird (Obermayer 27; nun auch Knack 18). 10

2. Ausnahmsweise Kostentragungspflicht des Nachbarn (S 3). S 3 sieht für Fälle, in denen die Maßnahmen durch Veränderungen auf einem Nachbargrundstück notwendig wurden, eine der Regelung gem § 75 Abs 2 S 5 entsprechende Regelung vor. Vgl § 75 Rn 26. Anders als bzgl der Maßnahmen gem S 2 steht die Anordnung von Maßnahmen gem S 3 („kann") im Ermessen der Behörde (StBS 15; Knack 19; nun auch Obermayer 27). Erfolgt eine solche Anordnung, so ergibt sich der Erstattungsanspruch des Trägers des Vorhabens gem S 3, 2. Halbs aus dem Gesetz. Zur Frage des Rechtswegs bei Streitigkeiten bzgl der Erstattung vgl § 75 Rn 37ff. Ein Anspruch auf Geldentschädigung kommt hier bei Untunlichkeit anders als bei S 2 nicht in Betracht, weil er auch bei der mit einer Maßnahme nach § 77 S 3, 1. Halbs vergleichbaren Schutzauflage gem § 75 Abs 2 S 5, 1. Halbs durch § 75 Abs 2 S 5, 2. Halbs ausdrücklich ausgeschlossen ist. S 3, 2. Halbs entspricht wörtlich § 75 Abs 2 S 5, 1. Halbs; die Ausführungen dazu (vgl § 75 Rn 26) gelten auch hier. 11

§ 78 Zusammentreffen mehrerer Vorhaben

(1) **Treffen mehrere selbständige Vorhaben, für deren Durchführung Planfeststellungsverfahren vorgeschrieben sind, derart zusammen, dass**

für diese Vorhaben oder für Teile von ihnen nur eine einheitliche Entscheidung möglich ist,[4ff] und ist mindestens eines der Planfeststellungsverfahren bundesrechtlich geregelt, so findet für diese Vorhaben oder für deren Teile nur ein Planfeststellungsverfahren statt.[10]

(2) **Zuständigkeiten und Verfahren richten sich nach den Rechtsvorschriften über das Planfeststellungsverfahren, das für diejenige Anlage vorgeschrieben ist, die einen größeren Kreis öffentlich-rechtlicher Beziehungen berührt.[8ff] Bestehen Zweifel, welche Rechtsvorschrift anzuwenden ist, so entscheidet, falls nach den in Betracht kommenden Rechtsvorschriften mehrere Bundesbehörden in den Geschäftsbereichen mehrerer oberster Bundesbehörden zuständig sind, die Bundesregierung, sonst die zuständige oberste Bundesbehörde. Bestehen Zweifel,[12ff] welche Rechtsvorschrift anzuwenden ist, und sind nach den in Betracht kommenden Rechtsvorschriften eine Bundesbehörde und eine Landesbehörde zuständig, so führen, falls sich die obersten Bundes- und Landesbehörden nicht einigen, die Bundesregierung und die Landesregierung das Einvernehmen darüber herbei, welche Rechtsvorschrift anzuwenden ist.**

Schrifttum: *Blümel,* Das Zusammentreffen von Planfeststellungen, DVBl 1960, 697; *v Danwitz,* Zum Anspruch auf Durchführung des „richtigen“ Verwaltungsverfahrens, DVBl 1993, 422; *Gaentzsch,* Konkurrenz paralleler Anlagengenehmigungen, NJW 1986, 2787; *ders,* Konkurrenz paralleler Anlagengenehmigung, Thesen, DVBl 1986, 607; *Hasselhoff,* Zusammentreffen verschiedener Planfeststellungen im Flurbereinigungsverfahren, DVBl 1989, 595; *Henseler,* Kompetenzkonflikte paralleler Gestattungsverfahren am Beispiel der Genehmigung von Atomanlagen, DVBl 1982, 390; *Jarass,* Die Abgrenzung parallel erforderlicher Anlagegenehmigungen – Für eine Konzentration von Genehmigungen, DÖV 1978, 1; *ders.,* Konkurrenz, Konzentration und Bindungswirkung von Genehmigungen, 1984; *Knöpfle,* Das Zusammentreffen planfeststellungsbedürftiger Vorhaben, in: Maunz-FS 1981, 187; *Ronellenfitsch,* Das Zusammentreffen von Planungen, VerwArch 1996, 175; *Upmeier,* Entscheidungskonkurrenz bei Zuständigkeit mehrerer Behörden unter Berücksichtigung des Bau- und Landschaftsschutzrechts, NuR 1986, 309; *Wagner,* Die Genehmigung umweltrelevanter Vorhaben in parallelen und konzentrierten Verfahren, 1987. S auch zu §§ 73 bis 75.

Übersicht

I. Allgemeines

1 **1. Inhalt.** Die Vorschrift regelt die Frage der Zuständigkeit der Behörden und des anzuwendenden Verfahrensrechts bei Zusammentreffen mehrerer Vorhaben in Fällen, in denen für mehrere gleichberechtigte Vorhaben an sich getrennte Planfeststellungsverfahren nach verschiedenen Rechtsvorschriften durchzuführen wä-

ren, die Entscheidung für diese Vorhaben oder jedenfalls für Teile von ihnen aber wegen des **funktionalen Zusammenhangs** notwendig einheitlich sein muss, weil die Vorhaben sich „überschneiden" und im Überschneidungsbereich keine unterschiedlichen Entscheidungen getroffen werden können, da die Vorhaben denselben Raum in Anspruch nehmen (Knöpfle 194). Der in dem nach § 78 allein anzuwendenden Verfahren ergehende Planfeststellungsbeschluss ersetzt dann entspr § 75 Abs 1 die nach den anderen Verfahren sonst notwendigen Planfeststellungsbeschlüsse. Die Regelung kommt nur für Fälle zur Anwendung, für die der Gesetzgeber nicht bereits besondere Regelungen getroffen hat, zB nach § 9 EKrG.

Die Regelung folgt einer schon früher üblichen Praxis;[1] sie erfasst un- 2 mittelbar – weil nur insoweit der Bundesgesetzgeber zuständig ist (vgl BVerfG 26, 338; Obermayer 23; Knack 3, 7) –, nur Fälle, in denen jedenfalls eines der in Betracht kommenden Planfeststellungsverfahren bundesrechtlich geregelt ist (Abs 1).

2. Verfassungsmäßigkeit. Verfassungsrechtliche Bedenken bestehen nicht, 3 auch soweit landesrechtliche Planfeststellungsverfahren erfasst werden. Zur Verfassungsmäßigkeit von § 78 und ähnlichen Vorschriften, soweit die Regelung nicht nur bundesrechtlich geregelte Verfahren betrifft, vgl Begr 89f; BVerfG 26, 338; BVerwGE 27, 256; 31, 263; Kopp BayVBl 1973, 85ff.

3. Anwendungsbereich. a) Unmittelbar. Die Vorschrift gilt, vorbehaltlich 4 besonderer Regelungen, die gem § 1 die Anwendung ausschließen (vgl zB § 12 Abs 4 und 6 FStrG und § 12a Abs 4 WaStrG; § 9 Abs 1 EKrG) für das Zusammentreffen mehrerer planfeststellungspflichtigen Vorhaben, von denen jedenfalls eines sich im Anwendungsbereich des VwVfG befindet. Die Verwaltungsverfahrensgesetze der Länder enthalten gleich lautende Vorschriften. Die Regelung ist nach ihrem Wortlaut nur anwendbar, wenn es sich um mehrere **selbstständige, dh voneinander unabhängige Vorhaben** handelt, zwischen denen ein enger zeitlicher, räumlicher und funktionaler Zusammenhang besteht (BVerwG NVwZ 1993, 566), die gleichzeitig verwirklicht werden sollen (vgl Kühling DVBl 1989, 228; Obermayer 18; Hasselhoff DVBl 1989, 596; Knack 10) und von denen nicht eines das andere ausgelöst hat – dann würde es sich idR nur um ein einziges Vorhaben handeln (vgl StBS 8) –, sondern die beteiligten Vorhaben gewissermaßen gleichberechtigt nebeneinander stehen (**echtes Zusammentreffen von Planfeststellungen,** vgl UL § 44 Rn 3; StBS 11; Franke ZfW 1979, 14; Obermayer 16).

aa) Notwendigkeit einheitlicher Entscheidung. Gründe bloßer Zweckmä- 5 ßigkeit oder ein bloßes Interesse an planerischer Koordinierung und der Umstand, dass die in Frage stehenden Vorhaben planerisch aufeinander bezogen sind, wie zB der Bau eines Containerbahnhofs und der Bau einer Bundesfernstraße, die primär der Verbindung des Containerbahnhofs mit dem Bundesfernstraßennetz dienen soll, genügen nicht für die Anwendung von § 78 (BVerwGE 101, 73, 78; BVerwG NVwZ 1996, 1003). Die Notwendigkeit einer (nur) „einheitlichen Entscheidung" iS von § 78 Abs 1 ist nicht schon dann gegeben, wenn planerisch erhebliche Belange des einen Verfahrens auch im anderen Verfahren sinnvollerweise nur durch Verfahrensbeteiligung angemessen erfasst und angemessen bewältigt werden können. In solchen Fällen ist es in aller Regel nicht einmal erforderlich, dass die zeitlich frühere Planfeststellung einen Vorbehalt zugunsten der Verwirklichung der späteren vorsieht (BVerwG DÖV 1993, 434). Der Begriff der Notwendigkeit einer einheitlichen Entscheidung ist vielmehr **enger auszulegen,** da Verschiebungen und Änderungen der gesetzlichen Verfahrenszuständigkeiten, wie sie die Anwendung von § 78 zur Folge hat, wegen der Bedeutung der Zuständigkeitsordnung für die Effizienz staatlichen Handelns und für den Rechtsschutz des Bürgers, die Ausnahme sein müssen. Deshalb setzt die Notwendigkeit einer ein-

[1] Vgl Franke ZfW 1979, 14 mwN, auch zur früheren gegenteiligen Auffassung.

heitlichen Entscheidung einen **gesteigerten Koordinierungsbedarf** voraus, wie er zB im Falle der Erforderlichkeit gemeinsamer Baumaßnahmen und starker räumlicher Verflechtung gegeben sein kann (BVerwGE 101, 73, 78 – Berliner Tiergartentunnel; BVerwG NVwZ 1996, 389; LKV 1997, 213).

6 **bb) Bundes- und landesrechtliche Planfeststellung.** § 78 erfasst, wie sich aus Abs 1 ergibt, auch Fälle, in denen eines der in Frage stehenden Verfahren landesrechtlich geregelt ist. Nach dem Zweck der Vorschrift ist hierbei, über § 1 hinaus, nicht erforderlich, dass auch das landesrechtliche Verfahren dem Vollzug von Bundesrecht dient. Soweit dies der Fall ist, bestehen allerdings geringere verfassungsrechtliche Bedenken gegen die Regelung als in Fällen, in denen Verfahren ersetzt werden, die ausschließlich den Vollzug von Landesrecht zum Gegenstand haben. Abs 1 ist auch anwendbar, wenn es in einem Zweifelsfall, in dem Bundes- und Landesbehörden betroffen sind, nicht zu der in Abs 2 S 3 vorgesehenen Einigung kommt. Soweit ausdrückliche Rechtsvorschriften fehlen und § 78 bzw die entsprechenden Vorschriften des Landesrechts auch gem §§ 1, 72 Abs 1 bzw nach Landesrecht nicht ergänzend anwendbar sind, müssen bei selbstständigen Vorhaben grundsätzlich getrennte Planfeststellungsverfahren durchgeführt werden (Franke ZfW 1979, 15).

7 **b) Analoge Anwendung.** Zweifelhaft ist, ob § 78 analog auch auf Fälle angewendet werden muss, in denen über ein einziges Vorhaben oder ein Vorhaben mit dadurch verursachten Folgevorhaben zu entscheiden ist, auf das an sich mehrere Planfeststellungsverfahren Anwendung finden müssten **(unechtes Zusammentreffen von Planfeststellungen).** Dies wird zT mit der Begründung angenommen, in diesen Fällen könne die Zuständigkeit und das Verfahren nicht davon abhängen, welcher Antrag zuerst gestellt wird bzw welche Behörde (zufällig) zuerst die Initiative ergreift oder welches Vorhaben die Veranlassung gibt.[2] Die Abgrenzung der erweiterten Zuständigkeit gem § 78 von der Zuständigkeit der Planfeststellungsbehörde gem § 75 Abs 1 S 2 zur Entscheidung über notwendige Folgemaßnahmen in die Planfeststellung hängt demgegenüber nach der insoweit eindeutigen Regelung des § 75 Abs 1 vom **Begriff der Folgemaßnahme** ab, BVerwG NVwZ 1989, 153 = DVBl 1988, 843; Buchh 316 § 78 VwVfG Nr 3 = NVwZ-RR 1988, 60; offen BVerwG NVwZ 1993, 571.

II. Zuständigkeit und Verfahren (Abs 2 S 1)

8 **1. Bestimmung des maßgeblichen Verfahrens (S 1).** Abs 2 sieht vor, dass in Fällen, in denen auf Grund des in der Sache anzuwendenden Rechts an sich mehrere Planfeststellungsverfahren nebeneinander durchzuführen wären, nur ein einziges Verfahren durchzuführen ist, und zwar das Planfeststellungsverfahren, „das für diejenige Anlage vorgeschrieben ist, die einen größeren Kreis öffentlichrechtlicher Beziehungen berührt". Für welches Verfahren dies zutrifft, ist nicht allein quantitativ nach der Zahl der Personen zu beurteilen, deren Belange möglicherweise durch das Vorhaben berührt werden (zum Begriff vgl § 73 Abs 4), sondern unter Berücksichtigung auch qualitativer Momente.

9 **a) Maßstab.** Maßgeblich ist das Verfahren, das für diejenige Anlage vorgeschrieben ist, die nach Umfang und Auswirkungen – im Vergleich zu den anderen betroffenen Anlagen – „einen größeren Kreis von öffentlichrechtlichen Beziehungen berührt", dh bei dem, materiellrechtlich gesehen, der **Schwerpunkt** der Auswirkungen der für das Vorhaben voraussichtlich notwendigen Regelung

---

[2] MB 3; vgl auch Knöpfle, in: Maunz-FS 1981, 195; **aA** Begr 89; StBS 7; Knack 5; Obermayer 7; Ronellenfitsch VerwArch 1997, 180; Kühling DVBl 1989, 228; UL § 44 Rn 2; Franke ZfW 1979, 14: allein die Planfeststellung, die für das Vorhaben vorgeschrieben ist, von dem die Veranlassung auch für die zweite Maßnahme ausgeht.

liegt. Diese Auslegung ist insb auch nach den Grundsätzen verfassungskonformer Auslegung geboten, weil die Einbeziehung auch von landesrechtlich geregelten Verfahren nur dann verfassungsrechtlich unbedenklich ist, wenn der Schwerpunkt im Bereich des Bundesrechts liegt (Kopp BayVBl 1973, 87). Anhaltspunkte dafür, welches Verfahren danach maßgeblich ist, sind die **quantitativen und qualitativen Auswirkungen des Vorhabens** (Knack 20), Bedeutung, Größe, Kapazität usw des Vorhabens, die Art, Nachhaltigkeit, Gefährlichkeit usw der Auswirkungen der Anlage (Knack 20), Zahl der von den Auswirkungen des Vorhabens Betroffenen bzw am Verfahren zu beteiligenden Personen, die Größe des erfassten bzw betroffenen Gebiets, die Bedeutung und das Gewicht der betroffenen öffentlichen und privaten Belange, insb auch des öffentlichen Interesses an der Durchführung des Vorhabens und der betroffenen öffentlichen Interessen und subjektiven Rechte (ebenso Obermayer 25; Knöpfle 196) sowie die Zuordnung dieser Interessen oder Rechte auf Grund des insoweit anzuwendenden Rechts zu einem bestimmten Verwaltungsgebiet (zB zum Wasserrecht, Straßenrecht usw).

b) Konsequenzen. Als Folge der Verweisung findet eine **Zuständigkeits- und Verfahrenskonzentration** statt. Es kommen unmittelbar nur noch die Vorschriften für das vorrangige – iS von Abs 2 gewichtigere – planfeststellungsbedürftige Vorhaben zur Anwendung, so dass nach Abs 1 **nur noch ein Planfeststellungsverfahren** mit der Konzentrationswirkung nach § 75 Abs 1 durchzuführen ist (Knack 11: Leitverfahren; Obermayer 20, MB 1; vgl auch OVG Münster NuR 1981, 91). Die Verweisung hat insofern **sowohl verfahrensrechtliche** (hins der Zuständigkeiten der Anhörungsbehörde und der Planfeststellungsbehörde und hins des Verfahrens) als **auch materiellrechtliche Wirkung.** In materiellrechtlicher Hinsicht hat die nunmehr zuständige Planfeststellungsbehörde nicht nur, wie auch sonst, das für das vorrangige Vorhaben geltende Fachplanungsrecht sowie die für die insoweit miterledigten Bereiche geltenden Regelungen zu beachten, sondern auch das für die anderen Vorhaben geltende – verdrängte – Fachplanungsrecht und sonstiges Recht (Knack 18; Obermayer 30; UL § 44 Rn 4). Das gilt auch für die Beachtung von Landesrecht durch Bundesbehörden (Knack 24). Zu dem für das einheitliche Planfeststellungsverfahren maßgeblichen Recht des einbezogenen Vorhabens gehört konsequenterweise auch eine Verbandsklagemöglichkeit, die gegen eine Planfeststellung für das einbezogene Vorhaben eröffnet gewesen wäre. 10

2. Bestimmung in Zweifelsfällen (Abs 2 S 2 und 3). a) Einigungsversuch. Abs 2 S 2 und Abs 3 sehen für Zweifelsfälle als Kollisionsregelung eine Entscheidung der den Behörden, deren Zuständigkeit in Frage kommt, übergeordneten obersten Bundesbehörde bzw der Bundesregierung, soweit sowohl Bundes- als auch Landesbehörden betroffen sind und diese sich nicht einigen können, eine einvernehmliche Regelung zwischen Bundes- und Landesregierung vor. Die danach zu treffende Entscheidung ist an die Kriterien gem Abs 2 S 1 gebunden; sie bezieht sich entgegen dem insoweit nicht eindeutigen Wortlaut nur auf die Frage des anzuwendenden Verfahrens. Die Durchführung des Verfahrens obliegt der danach für zuständig erklärten Behörde nach dem für maßgeblich erklärten Verfahrensrecht (Begr 90). Die Regelung entspricht derjenigen in § 3 für den Fall, dass Zweifel hins der örtlichen Zuständigkeit bestehen. Zur Verfassungsmäßigkeit der Regelung vgl BVerfG 26, 364, wo offenbar sogar auch eine weitergehende Regelung, welche die Entscheidung nicht wie Abs 2 S 1 an nähere rechtliche Kriterien bindet, als zulässig angesehen wird. 11

Oberste Bundesbehörden iS des S 2 und S 3 sind die Bundesministerien, oberste Landesbehörden iS von S 3 die Landesministerien. Die Zuweisung der Zuständigkeit für die Entscheidung an die Bundesregierung bzw an die Landesregierungen ist, soweit sie die Landesregierungen betrifft, im Hinblick auf das bun- 12 desstaatliche Prinzip und auf das in den Landesverfassungen zT strenger als gem Art 65 GG durchgeführte Ressortprinzip verfassungsrechtlich nicht unbedenklich. Die Zuständigkeit der Bundesregierung bzw einer Landesregierung nach S 2 und 3 ist jedenfalls nur als **allgemeine Verweisung** zu verstehen: Soweit auf Grund des GG bzw der Landesverfassung, einer gesetzlichen Regelung oder nach der maßgeblichen Geschäftsordnung der Regierung ein einzelner Minister zuständig ist, bedarf es keiner Entscheidung der Regierung als Gremium, vielmehr entscheidet der Minister in diesen Fällen „für" die Regierung. Dies ergibt sich für den Bereich des Landesrechts schon daraus, dass dem Bundesgesetzgeber die Kompetenz fehlen würde, die Zuständigkeiten im Bereich der Landesregierung zu regeln. Zulässig dürfte auch sein, dass die für die Zuständigkeitsbestimmung zuständigen Behörden durch Verwaltungsanordnung generelle Regelungen treffen; soweit danach die Beurteilung der Frage des anzuwendenden Verfahrens im Einzelfall unzweifelhaft ist, sind auch keine Zweifel iS von § 78 mehr möglich, da die Behörden insoweit gebunden sind.

13 **b) Verfahren vor dem BVerwG.** Kommt in den Fällen des S 3 ein Einvernehmen zwischen Bundesregierung und Landesregierung nicht zustande, so ist der Streit, sofern der Antragsteller nicht auf das Vorhaben verzichtet, gem § 50 Abs 1 Nr 1 VwGO vor dem BVerwG auszutragen.[3] Ob Zweifel iS der S 2 und 3 bestehen, ist allein nach den tatsächlichen Umständen zu beurteilen. Es kommt nur auf Zweifel der Behörden an, die für eines der in Frage kommenden Verfahren zuständig sind, nicht auf Zweifel des Trägers des Vorhabens oder sonstiger Beteiligter. Eine Behörde kann auch schon vor Stellung des Antrags auf Planfeststellung bei ihr die Bestimmung der Zuständigkeit nach S 2 oder 3 beantragen.

14 **3. Konsequenzen für den Antragsteller.** Der Träger des Vorhabens kann den Antrag gem § 73 Abs 1 auf Planfeststellung, soweit durch Rechtsvorschriften nichts anderes vorgesehen ist, nach allgemeinen Rechtsgrundsätzen bei jeder Behörde stellen, deren Zuständigkeit nach den für eines der in Betracht kommenden Verfahren, vorbehaltlich des § 78, maßgeblichen Rechtsvorschriften gegeben ist (vgl BVerwGE 45, 302). Ergibt sich nach Abs 1 eine andere Zuständigkeit bzw wird nach Abs 2 eine andere Zuständigkeit bestimmt, so ist die Sache an die zuständige Behörde abzugeben. Lehnt jede der in Betracht kommenden Behörden ihre Zuständigkeit unter Hinweis auf die Zuständigkeit der anderen ab (negativer Kompetenzkonflikt), so bleibt dem Betroffenen nur die Möglichkeit der Untätigkeitsklage nach § 75 VwGO (ebenso Knack 27).

15 **Rechtsschutz.** Gegen die Entscheidung der Bundesregierung oder der obersten Bundesbehörde gem Abs 2 S 2 ist gem § 44a VwGO kein gesonderter Rechtsbehelf gegeben; sie kann nur im Rahmen eines Rechtsbehelfs in der Sache angegriffen werden (vgl VG Regensburg BayVBl 1983, 442; Knack 29). Entsprechendes gilt auch bzgl des Einvernehmens gem S 3.

---

[3] StBS 15; MB 9; Knöpfle 203; Franke ZfW 1979, 157; UL § 44 Rn 6; Obermayer 29; MB 9; zT **aA** Knack 25: wenn keine Klage nach § 50 erhoben wird, keine Konzentrationswirkung nach Abs 1; die in Betracht kommenden Verfahren müssen in diesem Fall getrennt durchgeführt werden.

Teil VI. Rechtsbehelfsverfahren

§ 79 Rechtsbehelfe gegen Verwaltungsakte

Für förmliche Rechtsbehelfe[6] gegen Verwaltungsakte gelten die Verwaltungsgerichtsordnung[12] und die zu ihrer Ausführung ergangenen Rechtsvorschriften, soweit nicht durch Gesetz etwas anderes bestimmt ist; im übrigen gelten die Vorschriften dieses Gesetzes.[18]

Parallelvorschriften: §§ 347–368 AO; § 62 SGB-X

Schrifttum: *Allesch,* Die Anwendbarkeit der Verwaltungsverfahrensgesetze auf das Widerspruchsverfahren nach der VwGO 1984, zugl Diss Passau, 1983; *ders,* Ist der Widerspruch nach Zustellung des Widerspruchsbescheides noch zurücknehmbar? NVwZ 2000, 1227; *Allesch, Boettcher,* Welche Vorschriften gelten im Widerspruchsverfahren in Kommunalabgabesachen?, BayVBl 1992, 621, 623; *Arzt,* Zur Problematik der Rücknahme des Widerspruchs nach Erlaß des Widerspruchsbescheides im Klageverfahren, NVwZ 1995, 666; *Brühl,* Sachbericht, Gutachten und Bescheid im Widdersprüchsverfahren, JuS 1994, 56, 153, 330, 420; *Busch,* Nochmals: Der zweite Widerspruchsbescheid, BayVBl 1981, 296; *Dreier,* Fortsetzungsfeststellungswiderspruch und Kostenentscheidung bei Erledigung des VA im Vorverfahren, NVwZ 1987, 474; *Engelbrecht,* Die Hauptsacheerledigung im Widerspruchsverfahren, JuS 1997, 550; *Fischer-Hüftle,* Nochmals: Zur reformatio in peius im Widerspruchsverfahren, BayVBl 1989, 229; *Geis/Hinterseh,* Grundfälle zum Widerspruchsverfahren, JuS 2001, 1074; *Günther,* Vorverfahren als Prozeßvoraussetzung beamtenrechtlicher Fortsetzungsfeststellungsklagen, DöD 1991, 78; *Hain,* Zur Frage des Zusammenhangs von Prüfungsumfang, Antragsbefugnis, Begründetheit und Kostenentscheidung im Widerspruchsverfahren, DVBl 1999, 1544; *Hofmann,* Das Widerspruchsverfahren als Sachentscheidungsvoraussetzung und als Verwaltungsverfahren, in: Menger-FS 1985, 605; *Huxholl,* Die Erledigung eines VA im Widerspruchsverfahren, 1995; *Jäde,* Verwaltungsverfahren, Widerspruchsverfahren, Verwaltungsprozeßrecht, 3. Aufl 1997; *Juhnke,* Prozessuale Probleme der reformatio in peius im Widerspruchsverfahren, BayVBl 1991, 141; *Klind,* Die reformatio in peius im Widerspruchsverfahren NWVBl 1996, 452; *Kopp,* Rechtsbehelfe in bezug auf Prüfungsbewertungen, JuS 1990, 944; *ders.,* Die Rechtsschutzfunktion des Widerspruchsverfahrens nach §§ 68ff VwGO, FS Redeker, S. 543; *Kraft,* Änderungsbescheide im Widerspruchsverfahren und im Verwaltungsprozeß, BayVBl 1995, 519; *Martens,* Die Rechtsprechung zum Verwaltungsverfahrensrecht. II. Rechtsbehelfsverfahren, NVwZ 1988, 688; *Meier,* Die Entbehrlichkeit des Widerspruchsverfahrens, 1992; *Meister,* Kostenerstattung im Vorverfahren bei Rücknahme statt Abhilfe, DÖV 1985, 148; *Muckel,* Zum Gegenvorstellungsrecht des erfolglosen Rechtskandidaten, NVwZ 1992, 348; *v Mutius,* Das Widerspruchsverfahren der VwGO als Verwaltungsverfahren und Prozeßvoraussetzung, 1969; *Oerder,* Das Widerspruchsverfahren der VwGO: Einordnung zwischen Verwaltungsverfahrens- und Verwaltungsprozeßrecht, 1989, zugl Diss Köln 1989; *Pietzner,* Zur reformatio in peius im Widerspruchsverfahren, VerwArch 1989, 501; 1990, 261; *Pietzner/Ronellenfitsch,* Das Assessorexamen im Öffentlichen Recht, 10. Aufl. 2000; *Renck,* Probleme des verwaltungsgerichtlichen Vorverfahrens, DÖV 1973, 264; *ders,* Bundeskompetenz und verwaltungsgerichtliches Vorverfahren, JuS 1980, 28; *Renz,* Die Kompetenz der Widerspruchsbehörde und die reformatio in peius, DÖV 1991, 138; *Rudolph,* Bearbeitung von außergerichtlichen Rechtsbehelfen in Steuersachen, 4. Aufl 1990; *Schenke,* Der Anspruch des Widerspruchsführers auf Erlaß des Widerspruchsbescheides und seine gerichtliche Durchsetzung, DÖV 1996, 529; *Schildheuer,* Die Rücknahme des Widerspruchs nach Erlaß des Widerspruchsbescheids, NVwZ 1997, 637; *v Schledorn,* Zulässigkeit einer Klage auf Widerspruchsbescheidung, NVwZ 1995, 250; *Schnellenbach,* Die Sachurteilsvoraussetzungen bei beamtenrechtlichen Streitigkeiten, ZBR 1992, 257; *Simianer,* Antrag und Vorverfahren vor beamtenrechtlichen Leistungs- und Feststellungsklagen, 1992; *Skouris,* Bescheidungsform bei Identität von Ausgangs- und Widerspruchsbehörde, DÖV 1982, 133; *Trzaskalik,* Das Widerspruchsverfahren der VwGO im Lichte der allgemeinen Prozeßrechtslehre, 1972; *Weides,* Verwaltungsverfahren und Widerspruchsverfahren, 3. Aufl 1993.

Übersicht

I. Allgemeines

1 **1. Inhalt der Vorschrift.** Die Regelung verweist für förmliche Rechtsbehelfe gegen VAe auf die VwGO und die zu ihrer Ausführung ergangenen Rechtsvorschriften und ordnet im 2. Halbs nur „im übrigen" die Geltung der Vorschriften des VwVfG an. Das VwVfG enthält – abgesehen von den §§ 70, 74 Abs 1 S 2, §§ 79, 80 und § 87 Nr 2 – keine näheren Bestimmungen über die Zulässigkeit von Rechtsbehelfen gegen VAe, die im Anwendungsbereich des VwVfG erlassen werden. Die Verweisung auf die VwGO ist teils deklaratorisch, teils konstitutiv. Die Bestimmungen des VwVfG dienen nur zur Ausfüllung von Lücken. Zur Anwendung auf VAe, für die im entsprechenden Klageverfahren der Verwaltungsrechtsweg nach § 40 VwGO nicht gegeben ist, s unten Rn 7.

2 **2. Rechtsnatur des förmlichen Rechtsbehelfsverfahrens.** Bei dem förmlichen Rechtsbehelfsverfahren vor Verwaltungsbehörden handelt es sich idR um das Widerspruchsverfahren gem §§ 68ff VwGO. Dieses hat eine **Doppelnatur;** es ist einerseits Verwaltungsverfahren iS des § 9 (vgl § 9 Rn 30ff), seine Durchführung ist andererseits aber auch Sachurteilsvoraussetzung für die verwaltungsgerichtlichen Klagen gem § 42 VwGO, also für Anfechtungs- und Verpflichtungsklage. Wegen

der zuletzt genannten Funktion wird für die Regelung des Widerspruchsverfahrens eine Gesetzgebungskompetenz des Bundes angenommen, gleichsam als Annex zur Regelung der Sachurteilsvoraussetzungen von verwaltungsgerichtlichen Verfahren (Knack vor § 79 Rn 26). § 79 stellt klar, dass die bundesrechtlichen Regelungen über das Widerspruchsverfahren vorgehen und nur „im Übrigen" die Bestimmungen des VwVfG herangezogen werden können.

3. Funktionen des Vorverfahrens. Das verwaltungsgerichtliche Vorverfahren erfüllt eine ganze Reihe unterschiedlicher Zwecke (näher Pietzner/Ronellenfitsch § 24 Rn 3). Es dient der **Entlastung der Verwaltungsgerichte,** indem ein Teil der Konflikte bereits im Vorfeld der Klage beigelegt werden kann. Es dient weiter aber auch der Verwaltung, die auf diese Weise die Möglichkeit erhält, ihre eigene **Entscheidung zu überprüfen** und Fehler und Irrtümer ohne Prozesskostenrisiko zu beheben. Schließlich dient es auch dem **Interesse des Bürgers,** der auf diese Weise eine zusätzliche und kostengünstige Kontrollmöglichkeit erhält, in der zudem auch die Zweckmäßigkeit der Verwaltungsentscheidung noch einmal überprüft wird. Insoweit geht die Kontrolle über die gerichtliche hinaus, die nur die Rechtmäßigkeit des angegriffenen Bescheides betrifft. Wegen der Vielfältigkeit der Funktionen und dem Interesse nicht nur des Bürgers an der Durchführung des Widerspruchsverfahrens kann der Bürger auf das Widerspruchsverfahren idR auch nicht mit der Folge verzichten, dass sofort eine Klage zulässig wäre. 2 a

4. Anwendungsbereich. a) Allgemeines. Die Regelung gilt, vorbehaltlich besonderer Vorschriften (§ 1), für Rechtsbehelfsverfahren vor Behörden, insb den Abhilfebehörden gem § 72 VwGO und den Widerspruchsbehörden gem § 73 VwGO, außerdem auch vor besonderen Behörden wie den durch Gesetz oder VO vorgesehenen Widerspruchsausschüssen im Anwendungsbereich des VwVfG (s hierzu die Aufstellung bei Dolde in Schoch § 73 Rn 20). Sie gilt nicht für gerichtliche Rechtsbehelfsverfahren. Trotz des Hinweises auf die VwGO ist daher das VwVfG im Verwaltungsprozess nicht, auch nicht subsidiär anwendbar (StBS 24). Sie gilt vom Wortlaut her zunächst für den **Anfechtungswiderspruch.** Zur analogen Anwendung auf Rechtsbehelfsverfahren wegen eines versagten VA (sog **Verpflichtungswiderspruch**) und in anderen Fällen s unten Rn 11 b. 3

b) Verhältnis zum Landesrecht. Aus dem Gesamtzusammenhang der Regelungen des VwVfG folgt, dass durch § 79 nicht eine allgemeine Verweisung auf das VwVfG als Ergänzung zu den §§ 68 ff VwGO für das Widerspruchsverfahren vor Bundes- und Landesbehörden vorgenommen wird. Vielmehr gelten auch die durch § 79 „im Übrigen" in Bezug genommenen Vorschriften des VwVfG (wie auch sonst) **nur im Geltungsbereich des VwVfG.** Das bedeutet, dass sie nicht nur vorbehaltlich gleich lautender oder entgegenstehender Rechtsvorschriften gelten, sondern auch nur insoweit, als nicht gem § 1 Abs 3 die Verwaltungsverfahrensgesetze der Länder einschlägig sind. § 79 führt somit derzeit wegen der bestehenden landesrechtlichen Kodifikationen des Verwaltungsverfahrensrechts nur zu einer ergänzenden Anwendung der Vorschriften des VwVfG auf Rechtsbehelfsverfahren vor **Bundesbehörden.** Für Widerspruchsverfahren und ähnliche Rechtsbehelfsverfahren vor **Landesbehörden** gelten die § 79 entsprechenden Vorschriften der Verwaltungsverfahrensgesetze der Länder (BVerwGE 61, 360 = DÖV 1981, 718; StBS 34). Auch für das Widerspruchsverfahren ergibt sich damit gem § 79 für Bundes- und Landesbehörden kein einheitliches Recht: Für Bundesbehörden werden die Regelungen der VwGO ergänzt durch Vorschriften des VwVfG, für Landesbehörden durch die Vorschriften der entsprechenden Verwaltungsverfahrensgesetze der Länder. 4

c) Subsidiarität. Soweit § 79 bzw entsprechende Vorschriften des Landesrechts nicht anwendbar sind, ergibt sich im Hinblick auf die Zulässigkeit usw von Rechtsbehelfen keine andere Rechtslage, da für Rechtsbehelfe ohnehin die Vor- 5 schriften außerhalb der Verwaltungsverfahrensgesetze maßgeblich sind. Im Übrigen richtet sich das Verfahren in solchen Fällen ebenfalls nach der **VwGO und nach bestehenden sondergesetzlichen Vorschriften,** bei Fehlen solcher Vorschriften nach den allgemeinen Grundsätzen eines rechtsstaatlichen Verfahrens. Wesentliche praktische Unterschiede gegenüber den von § 79 bzw entsprechendem Landesrecht erfassten Rechtsbehelfsverfahren folgen daraus nicht, weil sich diese Verfahren im Ergebnis in weitem Umfang nach denselben Grundsätzen richten, wie sie auch in den Verwaltungsverfahrensgesetzen Ausdruck gefunden haben.

II. Förmliche Rechtsbehelfsverfahren

6 **1. Geltung für förmliche Rechtsbehelfe.** § 79 gilt nur für förmliche Rechtsbehelfe wie den Widerspruch gem § 68 VwGO, die dem Antragsteller einen Anspruch auf Entscheidung darüber geben (Stelkens NuR 1982, 10; Obermayer 1; StBS 22). Auf die Bezeichnung kommt es nicht an. Für **formlose Rechtsbehelfe** wie Gegenvorstellungen, Dienstaufsichtsbeschwerden usw, gelten dagegen nur die dafür maßgeblichen besonderen Rechtsvorschriften oder allgemeinen Rechtsgrundsätze, die – entsprechend dem Charakter als formlose Rechtsbehelfe – grundsätzlich keine besonderen Förmlichkeiten, Beachtung von Fristen usw verlangen (vgl Zusammenstellung bei Pietzner/Ronellenfitsch § 15 Rn 17; StBS 22; Knack 3). Rechtsgedanken des VwVfG können hier nur dann sinngemäß Anwendung finden, soweit es sich um vergleichbare Regelungen oder Zielsetzungen des Verfahrens handelt; anders, soweit sie als echte Verwaltungsverfahren iS von § 9 ausgestaltet sind oder im Rahmen solcher Verwaltungsverfahren durchgeführt werden. Grundsätzlich besteht eine Pflicht zur Bescheidung auch von formlosen Rechtsbehelfen wie Petitionen, Dienst- und Sachaufsichtsbeschwerden;[1] dieser Pflicht entspricht auch der **Anspruch der Eingabensteller auf eine förmliche Befassung,**[2] allerdings nicht auf ein bestimmtes sachliches Ergebnis.

7 **Keine Anwendung** findet § 79 auf **verwaltungsinterne Kontrollverfahren,** die nach der Rspr zB in Prüfungsangelegenheiten (s hierzu näher § 2 Rn 58 ff) erforderlich werden können.[3] Die hiernach erforderliche Kontrolle kann zwar in einem Widerspruchsverfahren stattfinden (BVerwGE 92, 144); ist ein Widerspruchsverfahren aber nicht vorgesehen (dh ein förmlicher Widerspruch wäre dann auch nicht statthaft), so kann ein **besonderes Zwischen- oder Nachverfahren** vor der zuständigen Behörde stattfinden, das den speziellen Erfordernissen Rechnung trägt, die sich aus dem Verfassungsrecht, insb aus betroffenen Grundrechten[4] oder aus dem einfachgesetzlichen Recht ergeben.[5] Wenn, soweit und solange solche Verfahren nicht gesetzlich vorgesehen sind, fallen sie nicht unter § 79; die Regelungen der VwGO sind deshalb nicht anwendbar.

---

[1] S hierzu näher Kopp/Schencke § 40 Rn 34; StBG § 1 Rn 157; Knack 6; WB III § 161 Rn 8.

[2] Vgl hierzu BVerfG NVwZ 1989, 953 zur Petition; ferner WB III § 161 Rn 8.

[3] Vgl BVerfG 84, 45 = NJW 1991, 2005; BVerwGE 91, 274; 92, 136: Art 19 Abs 4 GG gebietet ein prüfungsrechtliches Zwischenverfahren, in dem der Prüfling „auf vermeintliche Irrtümer und Rechtsfehler rechtzeitig und wirksam hinweisen kann und damit ein Überdenken anstehender oder bereits getroffener Entscheidungen erreichen kann"; ebenso zB OVG Münster NVwZ 1992, 694 und 696; DVBl 1992, 1054; 1993, 63; OVG Koblenz DVBl 1992, 1096; VGH München NVwZ 1992, 694; Muckel NVwZ 1992, 348; Krüger NWVBl 1992, 63; Seebaß NJW 1992, 612.

[4] Vgl BVerfG 84, 45 = NJW 1991, 2005; NVwZ 1992, 657; BVerwGE 92, 136 = NVwZ 1993, 689; NVwZ-RR 1994, 582; DÖV 1995, 114; Mußgnug JuS 1993, 553.

[5] Kopp, in: Redeker-FS 1993, 545; BVerwGE 92, 144; VGH München DVBl 1992, 1046 = BayVBl 1992, 345.

Keine Anwendung findet § 79 auf Verwaltungsverfahren, in denen über Anträge auf **Rücknahme oder der Widerruf** eines VA entschieden wird; auch für Anträge auf **Wiederaufgreifen** des Verfahrens ist § 79 nicht anwendbar. Vielmehr handelt es sich bei diesen Verfahren um reine Verwaltungsverfahren, auf die allein die Vorschriften des VwVfG bzw der entsprechenden Gesetze der Länder sowie das vorrangige Fachrecht anwendbar sind. Die Entscheidungen über Widerruf, Rücknahme oder Wiederaufgreifen haben VA-Charakter; sie können ihrerseits mit einem Widerspruch als förmlichen Rechtsbehelf angefochten werden; für diesen gilt dann auch § 79. 8

2. Geltung unabhängig vom Verwaltungsrechtsweg. Die Vorschrift gilt, soweit durch das Fachrecht nichts anderes bestimmt ist, für Fälle, die Verwaltungsangelegenheiten nach §§ 1 und 2 betreffen, auch dann, wenn für nachfolgende Klagen ein anderer Rechtsweg als der Verwaltungsrechtsweg gem § 40 VwGO vorgeschrieben ist.[6] § 79 ist daher auch anwendbar zB für Rechtsbehelfe gegen die Festsetzung einer Enteignungsentschädigung durch VA, soweit dafür durch VO gem § 212 BauGB ein Vorverfahren vorgesehen ist (vgl BVerwGE 39, 173; 47, 10; StBS 30), für die der Verwaltungsrechtsweg nach § 40 VwGO nicht gegeben ist und für die deshalb vor Erlass des VwVfG auch die Anwendung der §§ 68 ff VwGO für das Vorverfahren zweifelhaft war. § 79 klärt diese Frage im Sinn der Anwendbarkeit der Vorschriften der VwGO (vgl BGH DVBl 1974, 909). Ähnliches gilt für Rechtsbehelfe gegen die Festsetzung einer Entschädigung nach § 49 Abs 6 VwVfG iV mit § 48 Abs 3 S 4 VwVfG (StBS 30); für die Beschwerde nach § 57 BLG (Obermayer 19: jedoch mit der Maßgabe, dass für die **Beschwerde** als Widerspruch eine Frist von zwei Wochen gilt); für die Beschwerde nach der WBO (BVerwG NJW 1978, 717 f) und für den Widerspruch in Kriegsdienstverweigerungssachen (DVBl 1978, 630). 9

3. Gesetzlich vorgeschriebenes Rechtsbehelfsverfahren. a) Grundsatz. Voraussetzung für die Anwendbarkeit des § 79 und der §§ 68 ff VwGO ist stets, dass vor Klageerhebung ein Vorverfahren vorgeschrieben ist (StBS 29). Die Regelung des § 79 schreibt ein Vorverfahren nicht vor, sondern setzt die gesetzliche Anordnung eines Vorverfahrens voraus. Für die Entschädigungsfestsetzung nach § 49 Abs 6 VwVfG iV mit § 48 Abs 3 S 4 VwVfG kann eine solche Anordnung eines Vorverfahrens in der Verweisung auf § 48 Abs 3 S 4 gesehen werden (StBS 30). Die Verweisung auf die VwGO und die Ausführungsvorschriften dazu gelten nur vorbehaltlich abweichender Bestimmungen in anderen Gesetzen, zB nach §§ 77 ff SGG; §§ 347 ff AO; § 212 BauGB usw. **Umstritten** ist, ob eine anderweitige **Regelung durch VO** ausreicht (bejahend StBS 54). Für die meisten Fälle, die in Betracht kommen, ist allerdings auch schon die Anwendung des VwVfG (und damit auch von § 79) nach §§ 1 und 2 ausgeschlossen. 10

b) Erforderlichkeit des Widerspruchsverfahrens nach der VwGO. Nach der VwGO ist als allgemeiner Rechtsbehelf gegen VAe das Widerspruchsverfahren nach §§ 68 ff VwGO gegeben, sofern nicht gem § 68 Abs 1 S 2 VwGO das Vorverfahren entbehrlich oder ausgeschlossen ist (s hierzu näher Kopp/Schenke § 68 Rn 23 ff). Für Fälle, in denen das Gesetz die Durchführung eines Vorverfahrens zulässt, aber nicht zwingend vorschreibt, kommt § 79 und damit auch das Recht der VwGO zur Anwendung. 11

Ein **Ausschluss des Vorverfahrens** findet sich in einer ganzen Reihe von Gesetzen des Fachrechts.[7] Gesetzliche Regelungen, die das Vorverfahren aus- 11 a

---

[6] StBS 29; MB 8 ff; **aA** offenbar Knack 20 f: § 79 und § 80 zielen danach auf ein nachfolgendes Verfahren der VwGO ab, s Begr BT-Dr 7/910 S 19, und seien daher auf Fälle, in denen für Klagen der Verwaltungsrechtsweg gem § 40 VwGO nicht gegeben ist, nicht anwendbar.

[7] Vgl zB § 11 AsylVfG; § 17 KDVG; § 20 GjS; § 36 Abs 4 VermG.

schließen, sind idS auch § 70 für das förmliche Verwaltungsverfahren und § 74 Abs 1 S 2 iVm § 70 für Planfeststellungsverfahren. Gänzlich ausgeschlossen sind (gesonderte) Rechtsbehelfe gegen bloße Verfahrensanordnungen gem § 44 a S 1 VwGO. **Umgekehrt stets erforderlich** ist die Durchführung eines Vorverfahrens in **beamtenrechtlichen Streitigkeiten** nach § 126 BRRG. Danach ist zB ein Vorverfahren auch notwendig, wenn in der Hauptsache eine allgemeine Leistungsklage erhoben werden müsste.[8] Hat sich der **VA vor Klagerhebung erledigt,** kommt die Durchführung eines Vorverfahrens nach hM nicht mehr in Betracht; eine Klage auf Feststellung der Rechtswidrigkeit des erledigten VA kann dann ohne Vorverfahren erhoben werden (StBS 27; Hufen JuS 2000, 720). Nach BVerwGE 109, 203 ist in diesen Fällen auch eine Klagfrist etwa analog § 74 VwGO nicht einzuhalten. Unzulässig ist die Klage aber dann, wenn die Erledigung erst nach Eintritt der Bestandskraft bzw Unanfechtbarkeit eingetreten ist.

11 b **4. Vorverfahren für Anfechtungs- und Verpflichtungsklagen.** § 79 betrifft nach seinem Wortlaut unmittelbar nur den Rechtsbehelf gegen belastende VAe **(Anfechtungswiderspruch),** ist nach dem Sinn und Zweck der Regelung jedoch analog auch auf Rechtsbehelfsverfahren wegen eines versagten VA (vgl § 68 Abs 2 VwGO, **Verpflichtungswiderspruch**) oder – in Fällen behördlicher Untätigkeit – eines unterbliebenen beantragten oder von Amts wegen zu erlassenden VA (vgl § 75 VwGO) anwendbar (BVerwGE 71, 231; NJW 1979, 2382; UL § 46 Rn 2; StBS 26); ebenso auf Vorverfahren, die auf Grund besonderer gesetzlicher Vorschriften für allgemeine Feststellungs- oder Leistungsklagen vorgeschrieben sind, zB gem § 126 BRRG, § 172 BBG (ebenso StBS 26).

III. Anwendbare Vorschriften der VwGO

12 **1. Allgemeines.** § 79 verweist für die förmlichen Rechtsbehelfe gegen VAe, die im Rahmen des VwVfG ergehen, auf die VwGO und die zu ihrer Ausführung ergangenen Rechtsvorschriften, insbes die **(landesrechtlichen) Ausführungsvorschriften** zur VwGO. Hierzu gehören die landesrechtlichen Ausführungsgesetze (AGVwGO) und die AusführungsVOen zur VwGO sowie die auf Grund einzelner Ermächtigungen in der VwGO getroffenen landesrechtlichen Regelungen (zB **VOen über Widerstandsausschüsse** usw). Soweit der Verwaltungsrechtsweg nach § 40 VwGO gegeben ist und damit auch §§ 68 ff VwGO unmittelbar anzuwenden sind, kommt dieser Regelung nur deklaratorische Bedeutung zu.[9] Sie kann aber auch konstitutive Bedeutung für förmliche Rechtsbehelfe gegen VAe haben, für die der Verwaltungsrechtsweg in der Hauptsache nicht ohnehin eröffnet ist und für die auch nach anderen Gesetzen keine abweichende Regelung über Rechtsbehelfe getroffen ist (StBS 29; Allesch DVBl 1985, 1041). § 79 begründet dafür die Anwendbarkeit der §§ 68 ff VwGO einschl der zur Ausführung der VwGO ergangenen Vorschriften sowie subsidiär des VwVfG (Obermayer 2 und 17 ff; StBS 28; Allesch DVBl 1985, 1041), auch zB der §§ 44 a, 56 Abs 2 und 3 VwGO, ferner der §§ 58, 59, 60, 80 Abs 1–5 VwGO sowie von solchen Vorschriften außerhalb der VwGO, die ein Entfallen eines Widerspruchsverfahrens, eine Beschränkung der Nachprüfung auf Rechtsfragen usw vorsehen.

13 **Die Verweisung auf die VwGO** bezieht sich auch auf alle Vorschriften, die in unmittelbarem Zusammenhang mit den Regelungen über Rechtsbehelfe stehen, zB auch § 44 a VwGO (BVerwG NJW 1999, 1729; StGB 28; Obermayer 18) sowie § 58 Abs 2 und § 59 VwGO (StBS 28); sie kann jedoch keine inhaltliche Erweiterung dieser Vorschriften bewirken und hat daher auch zB nicht zur Folge,

---

[8] Dies gilt gem § 172 BBG auch für Bundesbeamte.

[9] Obermayer 13–16; Allesch 51; **aA** Knack 2: auch insoweit konstitutiv, da sie den Vorrang der VwGO, der zu ihrer Ausführung erlassenen Landesgesetze sowie der erlassenen bundesrechtlichen Spezialgesetze festlegt.

dass die in § 59 VwGO nur für Bundesbehörden vorgesehene Belehrungspflicht hins. gegebener Rechtsbehelfe auch auf Landesbehörden erstreckt würde. Aus dem gleichen Grund ist auch die Ansicht von MB 2 verfehlt, wonach landesrechtliche Einspruchs- und Beschwerdeverfahren iS von § 77 Abs 2 VwGO, die nicht Klagevoraussetzung sind, durch § 79 aufgehoben worden seien; auch die § 79 entsprechenden Vorschriften der Verwaltungsverfahrensgesetze der Länder haben nicht diese Wirkung. Geboten ist auch im Übrigen die unmittelbare bzw analoge Anwendung der entsprechenden Vorschriften der VwGO bzw (über § 173 VwGO) der ZPO, soweit dies mit der Funktion des Widerspruchsverfahrens vereinbar ist.

2. Geltung der Vorschriften der VwGO. a) Erhebung des Widerspruchs. Keine entsprechende Anwendung auf den Widerspruch finden die Regelungen der §§ 81 f VwGO über die Klageerhebung. Vielmehr ist insoweit ausreichend, dass der Widerspruchsführer sich schriftlich oder zur Niederschrift der Behörde in der Sache gegen einen VA zur Wehr setzt (OVG Münster NVwZ 1990, 676). Für **Form und Frist des Widerspruchs** gilt § 70 VwGO; **Wiedereinsetzung** in den vorigen Stand bei Fristversäumung wird nach § 60 VwGO, nicht nach § 32 VwVfG gewährt (vgl Kopp/Schenke § 68 Rn 11). Allerdings geht die hM davon aus, dass die Versäumung der Widerspruchsfrist auch durch eine Entscheidung der Widerspruchsbehörde in der Sache geheilt werden kann, soweit kein Fall eines Drittwiderspruchs vorliegt.[10] Für die Zulässigkeit des Widerspruchs gelten ausschließlich die Regelungen der VwGO entsprechend. Das gilt für das Bestehen des Verwaltungsrechtswegs gem § 40 VwGO ebenso wie für die Widerspruchsbefugnis nach § 42 Abs 2 VwGO, allerdings mit der Maßgabe, dass die Geltendmachung einer Rechtsbeeinträchtigung durch eine zwar nicht rechtswidrige, wohl aber unzweckmäßige Ermessens- oder Beurteilungsentscheidung ausreicht. 14

b) Allgemeine Verfahrensvorschriften. Anwendbar sind im Widerspruchsverfahren die Vorschriften über die notwendige **Streitgenossenschaft** (§ 64 VwGO), über die Aussetzung bzw Unterbrechung oder das Ruhen des Verfahrens auf Antrag eines Beteiligten oder von Amts wegen gem §§ 239 ff ZPO iVm § 173 VwGO, jedoch nicht als zwingende Regelung, sondern nur als Ermächtigung der Behörde zu entsprechenden Entscheidungen nach Ermessen (vgl OVG Magdeburg NVwZ 1994, 1227), auch zB die Unterbrechung des Verfahrens beim Tod des im Verfahren nicht durch einen Bevollmächtigten vertretenen Widerspruchsführers (§ 239 ZPO iVm § 173 VwGO; vgl OVG Bremen NVwZ 1985, 917); über das rechtliche Gehör, soweit nicht schon § 71 VwGO eine entsprechende Regelung trifft (§ 108 Abs 2 VwGO); über die Änderung des Widerspruchsbegehrens analog zur Klageänderung (§ 91 VwGO), jedoch ohne das Erfordernis der Zustimmung des Antragsgegners oder der Behörde analog § 91 Abs 1 und 2 VwGO (vgl VGH München BayVBl 1987, 22, 23) zB durch Einbeziehung eines Abänderungsbescheids in der Sache, sofern die Widerspruchsänderung sachdienlich ist (VGH München NVwZ 1983, 616; BayVBl 1987, 122). 15

Geboten ist außerdem die Anwendung der Grundsätze über den Klageverzicht auch auf den im VwVfG nicht geregelten **Widerspruchsverzicht;**[11] ebenso der Grundsätze über die Verwirkung des Klagerechts auf die Verwirkung des Rechts zur Einlegung eines Widerspruchs, ferner der Grundsätze über das Verbot 16

---

[10] BVerwGE 28, 305; BVerwG NVwZ-RR 1992, 184; VGH Mannheim NVwZ-RR 1999, 432; StBS 5; enger Pietzner/Ronellenfitsch § 17 Rn 4; § 42 Rn 8 ff; **aA** Kopp/Schenke § 70 Rn 9.

[11] Vgl BVerwGE 55, 357; Knack 129 ff.; Weides 169; nicht überzeugend ist die Annahme, der Verzicht auf das Recht zur Einlegung eines Widerspruchs werde durch einen gleichwohl ergehenden Widerspruchsbescheid in der Sache hinfällig und stehe deshalb einer Anfechtungsklage nicht entgegen (Mannheim NJW 1992, 1582).

unzulässiger Rechtsausübung und über das Erfordernis eines Rechtsschutzinteresses (Rechtsschutzbedürfnisses) als Zulässigkeitsvoraussetzung auch auf den Widerspruch. Ein **Verzicht auf das Widerspruchsrecht** ist grundsätzlich erst zulässig und wirksam, nachdem der VA, auf den er sich bezieht, ergangen ist (BVerwGE 25, 21; DVBl 1964, 874; Knack 8.2; anders bei vom Abgabenpflichtigen selbst errechneten Abgaben BVerwGE 26, 50); ein vorher erklärter einstweiliger Verzicht ist idR unwirksam (Kopp/Schenke § 69 Rn 11); anders uU ein Verzicht, der als Teil eines Vertrages vereinbart wird (vgl zum Klageverzicht BVerwG NJW 1982, 2073; Kopp/Schenke § 74 Rn 22). Der nach Erlass des VA erklärte Verzicht muss eindeutig, unzweifelhaft und unmissverständlich erklärt werden (BVerwGE 55, 357; Münster NWVBl 1992, 200; Knack 8.2) und darf von der Behörde nicht rechtsmissbräuchlich unter Verstoß gegen Treu und Glauben herbeigeführt werden.

16a **c) Widerspruchsbescheid, Abhilfebescheid.** Für die **Zustellung** des Widerspruchsbescheides gelten auch nach der Änderung des § 56 VwGO durch das ZustRG die Bestimmungen des VwZG (vgl Kopp/Schenke § 73 Rn 22a). Die Verweisung in § 56 Abs 2 VwGO auf die Zustellungsregelungen der ZPO gilt nur für gerichtliche Entscheidungen. Für die Bestellung eines Zustellungsbevollmächtigten gilt § 56 Abs 3 VwGO, jedoch nur insoweit, als es um die Zustellung des Widerspruchsbescheids bzw des Abhilfebescheids gem § 72 VwGO geht (insoweit **aA** Allesch 60ff, 108, 163; wohl auch Skouris DÖV 1982, 135). Für die **Zuständigkeit** zur Entscheidung über den Widerspruch gelten die §§ 72f VwGO; gleiches gilt für die **Begründung** des Widerspruchsbescheides und des Abhilfebescheides und die Pflicht zur **Entscheidung über die Kosten.** Der Inhalt der Kostenentscheidung ergibt sich dagegen nach hM nicht aus einer entsprechenden Anwendung der §§ 154ff VwGO, was konsequent wäre, sondern aus § 80, der insoweit eine abschließende Regelung enthalten soll (s hierzu krit § 80 Rn 11).

17 **d) Sonstige Erledigung des Widerspruchsverfahrens.** Anwendbar sind die Regelungen über die **Rücknahme** des Widerspruchs analog § 92 VwGO[12] und zwar auch mit der Maßgabe, dass die Rücknahme auch noch nach Ergehen des Widerspruchsbescheids **bis zum Eintritt der Unanfechtbarkeit** des Widerspruchsbescheids zulässig ist[13] und die Widerspruchsbehörde daraufhin analog § 92 Abs 2 VwGO das Verfahren durch VA einstellen muss (**aA** insoweit Knack § 69 Rn 8.3.2), andererseits jedoch ohne das Erfordernis einer Zustimmung des Antragsgegners oder der Behörde analog § 92 Abs 1 S 2 VwGO (vgl oben Rn 15); über die **Erledigung der Hauptsache** durch übereinstimmende Erledigungserklärungen des Widerspruchsführers und der Widerspruchsbehörde und mit daraufhin nur noch erfolgender Einstellung des Verfahrens durch die Widerspruchsbehörde (§ 161 Abs 2 VwGO; vgl VGH München NVwZ 1983, 616); über die **Berichtigung und Ergänzung** von Widerspruchsbescheiden (§§ 119ff VwGO).[14] Zur Wirksamkeit einer vertraglichen Verpflichtung zur Rücknahme des Widerspruchs BGH BauR 2000, 252.

IV. Subsidiäre Anwendung des VwVfG

18 **1. Grundsätzliches.** Gem § 79 VwVfG finden die Vorschriften des VwVfG auch im Widerspruchsverfahren Anwendung, soweit sie ihrer Natur nach mit dem

[12] Vgl BVerwGE 44, 66; BGHZ 79, 131; Pietzner/Ronellenfitsch § 36 Rn 7–11; Knack 138.

[13] Str, wie hier Dolde in Schoch § 69 Rn 13; Weides 239; **aA** Pietzner/Ronellenfitsch § 36 Rn 8; Knack 140 unter Hinweis auf BVerwGE 44, 66: jedenfalls vor der Entscheidung über den Widerspruch.

[14] Vgl Gern DÖV 1985, 559; Sahlmüller BayVBl 1980, 651; offen insoweit hins § 120 VwGO, insb auch zur Frist, ob 2 Wochen, 1 Monat oder keine Frist, BVerwGE 68, 2; anders bzgl § 118 VwGO, an dessen Stelle für das Widerspruchsverfahren § 43 anwendbar ist.

Widerspruchsverfahren vereinbar sind und in spezielleren Rechtsvorschriften, insb durch die §§ 68 ff VwGO oder durch sonstige Gesetze nicht etwas anderes bestimmt ist, dh insoweit keine ausdrücklichen Regelungen getroffen sind. Dies gilt jedoch nur, soweit die Anwendbarkeit des VwVfG nicht bereits gem § 1 oder § 2 ausgeschlossen ist und auch eine analoge Anwendung nicht möglich ist. Obwohl § 79 letzter Halbs. die ergänzende Anwendung der Vorschriften des VwVfG ohne besondere Einschränkungen vorschreibt, kommt diese nur in Betracht, wenn und soweit sich aus der Funktion des Vorverfahrens gem §§ 68 ff VwGO und dem Zusammenhang des Vorverfahrens mit dem Prozessrecht der VwGO nichts anderes ergibt (vgl BVerwGE 51, 349). Zum Teil ergibt sich anstelle einer Anwendung von Vorschriften des VwVfG die Notwendigkeit einer analogen Anwendung von Vorschriften der VwGO bzw über § 173 VwGO auch der ZPO und des GVG und eines Rückgriffs auf allgemein verfahrensrechtliche Grundsätze auch schon daraus, dass das VwVfG viele Fragen ungeregelt lässt.

Entsprechende Einschränkungen gelten auch für die Anwendung sonstigen 19
Verwaltungsverfahrensrechts im Widerspruchsverfahren, wenn dafür wegen der speziellen Funktion des Widerspruchsverfahrens kein Raum ist. Dies gilt zB für **prüfungsrechtliche Bestimmungen,** die wie zB § 12 Abs 3 S 2 HessJAO oder § 25 Abs 2 NdsJAO die Akteneinsicht, die Zulässigkeit von Abschriften ua aus Akten usw über das nach § 100 VwGO zulässige Maß hinaus beschränken, so dass ein Widerspruchsführer, wenn ihm gegenüber im Widerspruchsverfahren diese Beschränkungen angewendet werden könnten, uU erst Klage erheben müsste, um sich die Information zu verschaffen, die er für eine effektive, zweckentsprechende Durchführung auch schon des Widerspruchsverfahrens benötigen würde; ein mit Sinn und Zweck des Widerspruchsverfahrens schwer zu vereinbarendes Ergebnis (Kopp 85; ebenso wohl auch Weides JuS 1993, 555 Fn 26).

2. Anwendbare Vorschriften des VwVfG. a) Allgemeine Verfahrens- 20
vorschriften. Grundsätzlich anwendbar im Widerspruchsverfahren sind zB die Regelungen in § 3 über die **örtliche Zuständigkeit** und zT analog auch über die sachliche Zuständigkeit der Widerspruchsbehörde – soweit sich aus § 73 VwGO und als Folge aus der örtlichen Zuständigkeit der handelnden Ausgangsbehörde nichts anderes ergibt;[15] §§ 4–8 über die **Amtshilfe** (UL § 46 Rn 13 ff; Allesch 62 mwN); § 9 über den Verfahrensbegriff;[16] § 10 über die **Formfreiheit** und über die Einfachheit und Zweckmäßigkeit des Verfahrens (Allesch 88; SG Rn 186; Theis 106; Knack 80); § 11 über die **Beteiligungsfähigkeit** (Weides 19 II; Obermayer 26; StBS § 11 Rn 27; Knack 81; Allesch 92), einschließlich der Beteiligungsfähigkeit von Behörden (MB § 79 Rn 10; zweifelhaft); § 12 VwVfG über die **Verfahrenshandlungsfähigkeit** (Pietzner/Ronellenfitsch § 32 Rn 1; StBS § 12); § 13 über die Beteiligten im Verfahren und über die Hinzuziehung;[17] ferner § 14 – jedoch für Zustellungen ohne Abs 3, an dessen Stelle § 8 VwZG tritt

---

[15] StBS § 3 Rn 44; MB 11; zT **aA** Obermayer 36; Weides 19 IV; Schmidt DÖV 1977, 777; Knack 77; zu den Folgen eines Zuständigkeitswechsels nach Erlaß des Ausgangsbescheids BVerwG NJW 1987, 2179; Louis/Abry DVBl 1986, 331.

[16] Allesch 72, 75; enger Knack 79; StBS 127; weitergehend BVerfG 82, 338: das Verfahren vor der Erstbehörde wird mit dem Widerspruchsverfahren fortgesetzt und bildet mit diesem eine Einheit.

[17] Weides 19 II; Skouris DÖV 1982, 135; Knack 82; einschränkend Allesch 93: ohne Abs 1 Nr 2; zur Hinzuziehung vgl Skouris DÖV 1982, 135; Obermayer 18; Kopp VerfR 22 ff mwN: notwendige Hinzuziehung insb bei VAen mit Doppelwirkung, weil auch der Widerspruchsbescheid dem Dritten gegenüber wirkt; StBS § 13 Rn 46; s zum Fortbestehen der im Ausgangsverfahren begründeten Beteiligtenstellung im Widerspruchsverfahren § 13 Rn 31; zT **aA** MB 8 zu § 13; 10 zu § 79: § 13 Abs 2 wird durch § 71 VwGO verdrängt; Gern DÖV 1985, 559: Beiladung nach § 65 VwGO; unklar Obermayer 26: § 13 Abs 2 VwVfG ergänzt § 71 VwGO; Jäde APF 1980, 309: keine zwingende Hinzuziehung von Amts wegen, keine Fortdauer der Beteiligtenstellung im Widerspruchsverfahren.

– über Bevollmächtigte und Beistände;[18] § 15 über Empfangsbevollmächtigte – außer hins des Widerspruchsbescheids; wohl aber für den Abhilfebescheid, der insoweit nicht analog zum Widerspruchsbescheid zu behandeln ist;[19] § 16 über die **Bestellung eines Vertreters** von Amts wegen (Obermayer 18; Allesch 109); §§ 17–19 über „Massenverfahren";[20] §§ 20f über **Ausschluss und Befangenheit** von Amtsträgern;[21] **nicht dagegen** § 22, weil die §§ 68ff. VwGO insoweit abschließende Sondervorschriften enthalten und auch Besonderheiten des Widerspruchsverfahrens, wie zB die Zulässigkeit einer reformatio in peius (s unten Rn 26) entgegenstehen;[22] **wohl aber anwendbar** sind § 23 über die **Amtssprache;**[23] § 24 über den **Untersuchungsgrundsatz;**[24] § 25 über die Beratungs- und Auskunftspflicht der Behörde;[25] § 26 und § 27 über Beweismittel (RÖ § 73 Rn 9; Knack 94).

21 **b) Verfahrensrechte der Beteiligten. Anwendbar** ist § 28 Abs 1 über die **Anhörung** der Beteiligten, jedoch in der aus rechtsstaatlichen Gründen gebotenen extensiven Auslegung, und nicht nur gem § 71 VwGO für den Fall einer erstmaligen Beschwer im Widerspruchsbescheid;[26] allerdings wird die Anwendung von § 28 Abs 2 Nr 3 in Betracht kommen; ferner § 29 über die **Akteneinsicht,** jedoch mit als Vorwirkung aus § 100 VwGO entsprechend erweitertem Inhalt, da die Beteiligten im Prozess ohnehin **Akteneinsicht** gem § 100 VwGO haben und es nicht sinnvoll ist, die entsprechende Akteneinsicht erst dann zu gewähren;[27] § 30 über die **Geheimhaltung** (Allesch 133; StBS § 30 Rn 32; Knack 102); § 31 über **Fristen,** soweit gem § 70 Abs 1 S 1, § 60 Abs 2 S 1 und Abs 3, § 58 Abs 2 S 1 VwGO nicht ausschließlich § 57 Abs 1 und Abs 2 VwGO iV mit § 222 ZPO

---

[18] MB 11; Obermayer 27; Allesch 61, 107; Langohr DÖV 1987, 138; StBS § 14 Rn 44; Knack 82; zur Zulässigkeit einer einheitlichen Vollmacht für Widerspruchsverfahren und Prozeß VGH Mannheim VBlBW 1991, 68.

[19] Kopp/Schenke vor § 68 Rn 16; differenzierend Allesch 60ff, 108f: anwendbar auf den Abhilfebescheid gem § 72 VwGO und gegenüber nicht beschwerten Beteiligten mit Ausnahme des Widerspruchsführers; ähnlich Skouris DÖV 1982, 163; Obermayer 18: § 15 S 2 VwVfG ergänzt § 56 Abs 3 VwGO im Hinblick auf die Rechtsfolgen, die sich aus einer Unterlassung der von der Behörde verlangten Benennung eines Empfangs- bzw Zustellungsbevollmächtigten ergeben.

[20] Obermayer 18; Weides 19 II; MB § 14 Rn 10; im Ergebnis ebenso StBS § 18 Rn 11; s auch Schmitt Glaeser, in: Boorberg-FS 1977, 10ff; zT **aA** Allesch 110, 112: ohne § 17 Abs 2 und keine Zustellung an den gemeinsamen Vertreter; Hufen Rn 414: nur § 18 anwendbar; ähnlich Knack 85: §§ 17–19 unanwendbar.

[21] Begr zu § 79 VwVfG; Obermayer 18; Allesch 117; StBS § 20 Rn 71; Knack 88 zur Unbedenklichkeit einer Mitwirkung im Ausgangsverfahren.

[22] StBS § 22 Rn 85; Obermayer 18; Allesch 119; Knack 90: der Widerspruch ist kein Antrag iS von § 22, sondern ein förmlicher Rechtsbehelf; vgl zur reformatio in peius Kopp/Schenke § 68 Rn 10.

[23] UL § 28 Rn 5; StBS 23 Rn 65; zT **aA** Allesch 120: nicht Abs 3 und 4, da § 70 insoweit für den Widerspruch abschließend.

[24] BVerwGE 70, 13; VGH Mannheim BauR 1991, 452; Hufen Rn 404; Weides 19 IV; Peters JuS 1991, 35; Theis 106; Allesch 123; Knack 92; StBS § 24 Rn 97.

[25] OVG Münster NVwZ 1987, 335; Hufen Rn 409; Weides 19 IV; Allesch 123f – darf jedoch nicht überdehnt werden; die Behörde muß keine behördeninternen Überlegungen offenbaren; Knack 93; vgl auch Kopp/Schenke § 86 Rn 22ff.

[26] S StBS § 28 Rn 77; enger VGH Mannheim NVwZ 1987, 1087: Anhörung jedenfalls bei neuem Sachverhalt; Hufen Rn 406f: Anhörung, wenn Widerspruchsbescheid erstmalige oder zusätzliche Beschwer bedeuten kann; zT ähnlich BSG NJW 1991, 1910; OVG Koblenz DVBl 1992, 787; Allesch 128f; noch enger Knack 95: keine Anhörung erforderlich, wenn kein neuer Sachverhalt und wenn für den Beteiligten auch keine zusätzliche Beschwer in Betracht kommt.

[27] RÖ VwGO 10ff zu § 73; ebenso wohl auch Hufen Rn 410 und Rauschning JuS 1993, 555; zT **aA** Obermayer 18; Allesch 131; Knack 100; StBS 60: Akteneinsicht im Widerspruchsverfahren nur gem § 29.

anwendbar ist;[28] §§ 33f über **Beglaubigungen;**[29] § 35 über den **Begriff des VA,** der auch für den Abhilfebescheid gem § 72 VwGO (Knack 106) und für den Widerspruchsbescheid gem § 73 VwGO gilt;[30] § 36 über **Nebenbestimmungen** (Obermayer 19; einschränkend Allesch 143: soweit Verwaltungsorganisationsrecht nicht entgegensteht; s auch Kopp/Schenke § 68 Rn 9ff); § 37 Abs 1, 3 und 4 über das Erfordernis der **Bestimmtheit** von VAen, die **Schriftform** und „automatisierte" VAe (Obermayer 19; Allesch 151ff); § 38 über Zusicherungen bzgl der Abhilfe- und der Widerspruchsentscheidung;[31] § 39 über die **Begründungspflicht** beim Abhilfebescheid gem § 72 VwGO[32] und – jedoch ohne Abs 2 und 3 – beim Widerspruchsbescheid.[33]

c) Sonstige Vorschriften. Anwendbar ist § 40 über den **Ermessensgebrauch** (Allesch 161; Obermayer 19; StBS § 40 Rn 259; Knack 111); § 41 über die **Bekanntgabe** von VAen, soweit § 73 Abs 3 S 1 VwGO iV mit dem VwZG (s § 41 Rn 69) nicht für die Bekanntgabe der Widerspruchsbescheide durch Zustellung eine abschließende Regelung trifft, also insb für die Bekanntgabe von Abhilfebescheiden gem § 72 VwGO;[34] § 42 über die **Berichtigung** offenbarer Unrichtigkeiten von VAen (Allesch 16; Busch BayVBl 1981, 296; Obermayer 19; StBS § 42 Rn 49; Knack 7.3.7; **aA** Sahlmüller BayVBl 1980, 651: §§ 118ff VwGO analog); § 43 Abs 1 und 2 über die **Wirksamkeit** von VAen (Allesch 168; Knack 115; StBS § 43 Rn 279); § 43 Abs 3 und § 44 über die **Nichtigkeit** von VAen;[35] § 45 über die **Heilung** von Verfahrens- und Formfehlern;[36] § 46 über die **Unbeachtlichkeit** von Verfahrens- und Formfehlern,[37] für Widerspruchsbescheide – anders als für Abhilfebescheide gem § 72 VwGO (BVerwG Buchh 421.0 Nr 283) – jedoch nur ergänzend zu § 79 Abs 2 S 2; § 47 über die **Umdeutung** von VAen;[38] §§ 48ff über die **Rücknahme** und den **Widerruf** von VAen in Bezug auf den erlassenen Abhilfe- oder Widerspruchsbescheid;[39] § 51 Abs 1 Nr 2 und 3, Abs 2–5 über das **Wiederaufgreifen** von Verfahren durch die Ausgangsbehörde in Fällen der Unanfechtbarkeit, nicht jedoch im Rahmen des Wider- 22

---

[28] Obermayer 18; Allesch 60, 62, 133; Pietzner/Ronellenfitsch § 33 Rn 7; zT **aA** StBS § 31 Rn 61; Knack 103: auch die Berechnung der Widerspruchsfrist nach § 31, nicht nach § 57 VwGO.

[29] Allesch 138; Knack 105.

[30] UL § 46 Rn 13; StBS § 43 Rn 279; zT **aA** für den Widerspruchsbescheid Allesch 139; Knack 106: nicht anwendbar, da Widerspruchsentscheidungen nur gegenüber bestimmten Personen ergehen können, nämlich nur gegenüber dem Widerspruchsführer.

[31] Obermayer 19; StBS § 38 Rn 81; hins des Abhilfebescheids auch Allesch 157f; **aA** hins des Widerspruchsbescheids Allesch 157f; Knack 109.

[32] Obermayer 38; Allesch 159; zT **aA** VGH Mannheim VBlBW 1992, 21; Knack 111.

[33] BVerwG BayVBl 1985, 28; VGH München BayVBl 1987, 372; VGH Kassel NVwZ 1985, 675; Obermayer 40; Knack 111; zT **aA** Allesch 159: für den Widerspruchsbescheid § 73 Abs 3 S 1 abschließend; zur Zulässigkeit der Bezugnahme auf die Begründung des Ausgangsbescheids Kassel GewArch 1984, 377; Knack 7.3.4.

[34] StBS § 41 Rn 115; Skouris DÖV 1982, 135; wohl auch Allesch 60f, 61, 163; **aA** Knack 112: § 41 im Widerspruchsverfahren nicht anwendbar.

[35] StBS § 44 Rn 219; vgl auch BVerwG NVwZ 1987, 320; Obermayer 19; nun auch Knack 115.

[36] Weides 19 III und VI; Kopp/Schenke § 68 Rn 18; BVerwG DVBl 1977, 29; zu § 45 Abs 1 Nr 2 auch Obermayer 19; nun auch Knack 117.

[37] Obermayer 19; StBS § 46 Rn 100; zT **aA** Allesch 182: anwendbar nur auf Abhilfebescheide; für den Widerspruchsbescheid § 79 Abs 2 S 2 als abschließende Regelung.

[38] VGH München BayVBl 1984, 40: Umdeutung eines Widerspruchsbescheids in eine rechtsaufsichtliche Verfügung; VGH Mannheim NVwZ-RR 1991, 493: Umdeutung eines Widerspruchsbescheids in eine Entlassungsverfügung –; Allesch 205; Obermayer 19; StBS § 47 Rn 64; **aA** Knack 120.

[39] S Kopp/Schenke § 73 Rn 25; StBS § 48 Rn 274ff; § 49 Rn 142: auch auf den Widerspruchsbescheid anwendbar; differenzierend Knack 206ff.; zT **aA** Allesch 206: hins des Widerspruchsbescheids nur zur Abhilfe gegenüber einer anhängigen Klage.

spruchsverfahrens selbst (StBS § 51 Rn 148; Allesch 226); §§ 54–62 über verwaltungsrechtliche Verträge, soweit es sich um solche Verträge im Über- und Unterordnungsverhältnis handelt;[40] §§ 74–78 über Planfeststellungen – soweit das Widerspruchsverfahren nicht nach § 74 Abs 1 S 2, § 70 VwVfG entfällt (str) –, insb auch die Bestimmungen über Massenverfahren; §§ 81 ff über die **ehrenamtliche Tätigkeit** und über **Ausschüsse** (MB 17; Allesch 251; Knack 127; StBS § 88 Rn 21; wohl auch Weides 19 I).

23 **2. Nicht anwendbare Vorschriften des VwVfG. a) Vorschriften über das förmliche Verwaltungsverfahren.** Nicht über § 79 VwVfG unmittelbar anwendbar sind – schon wegen des Erfordernisses einer besonderen Anordnung gem § 63 Abs 1 – die Vorschriften des VwVfG über förmliche Verwaltungsverfahren gem §§ 63 ff (StBS 38; Knack 125). Soweit für ein Verfahren die Anwendbarkeit der §§ 63 ff spezialgesetzlich angeordnet ist, gilt dies jedoch im Zweifel auch für die Widerspruchsverfahren mit der Folge, dass dann auch hier die §§ 63 ff ergänzend zur Anwendung kommen, soweit trotz § 70 ein Vorverfahren statthaft sein sollte (vgl BVerwG NVwZ 1984, 578). Jedenfalls eine analoge Anwendung der §§ 64, 65, 70 und 71 erscheint in einem derartigen Widerspruchsverfahren grundsätzlich zulässig.[41]

24 **b) Durch die VwGO verdrängte Vorschriften. Nicht oder nur eingeschränkt anwendbar** im Widerspruchsverfahren sind, da §§ 68 ff VwGO oder andere Vorschriften der VwGO insoweit abschließende Regelungen enthalten oder der Zusammenhang mit dem Verwaltungsprozess und der Zweck des Widerspruchsverfahrens die analoge Anwendung der entsprechenden Regelungen der VwGO erfordern, zB § 22 (Obermayer 19; Knack 90; Allesch 118; StBS § 22 Rn 85); § 28 Abs 2, soweit § 71 VwGO eine speziellere Regelung trifft;[42] § 32 bzgl der in § 70 Abs 2 iV mit § 60 VwGO abschließend geregelten Wiedereinsetzung bei Versäumung der Widerspruchsfrist gem § 70;[43] § 37 Abs 2;[44] § 39 Abs 2 und 3 hins des Widerspruchsbescheids StBS § 39 Rn 77 ff; anders hins des Abhilfebescheids, Obermayer 19); § 41, soweit nicht § 73 Abs 3 S 1 VwGO iV mit § 56 Abs 2 VwGO und dem VwZG für Widerspruchsbescheide – nicht auch für Abhilfebescheide gem § 72 VwGO und für die öffentliche Bekanntgabe gem § 41 Abs 3 und 4 von Widerspruchsbescheiden bzgl von VAen gem § 35 S 2, 2. Altern. an Drittbetroffene – eine abschließende Regelung trifft (vgl Obermayer 19; Knack 112; StBS § 41 Rn 125).

25 **Grundsätzlich ausgeschlossen** ist die Anwendung der Vorschriften über Widerruf und Rücknahme von VAen (§§ 48 ff) als Ermächtigung für die Widerspruchsbehörde bzgl des mit dem Widerspruch angegriffenen VA. Die Entscheidungsbefugnisse der Widerspruchsbehörde als Widerspruchsbehörde zur (gänzlichen oder teilweisen) Aufhebung oder Abänderung des VA, der Gegenstand des Widerspruchs ist, ergeben sich ausschließlich aus §§ 68 ff VwGO sowie aus dem in

---

[40] UL § 46 Rn 13; Weides 301; MB 14; Knack 123; StBS § 54 Rn 180; Obermayer 22; zT **aA** Allesch 79, 230: nur Vergleichsverträge.

[41] S § 63 Rn 6; zu 69 Abs 2 auch BVerwG 55, 304; zu § 71 Abs 3 S 3 auch BVerwGE 90, 290; **aA** Obermayer 50; StBS 38; Knack 7.5: auch keine analoge Anwendung von Vorschriften des förmlichen Verfahrens, außer wenn durch Gesetz auch für das Widerspruchsverfahren angeordnet.

[42] OVG Koblenz DÖV 1992, 315: anwendbar, soweit neue Tatsachen; StBS § 28 Rn 77, zu § 28 Abs 1 auch VGH München BayVBl 1985, 401; Weides 19 IV; ders, JuS 1987, 477, 481; Allesch 125, 130: soweit § 71 nicht eingreift; zur Anhörung des Widerspruchsführers zur Frage einer evtl Versäumung der Widerspruchsfrist auch OVG Münster NVwZ 1987, 335; offen München NVwZ 1987, 1087.

[43] Begr zu § 28 und § 75; OVG Bremen DÖV 1981, 882; Kopp DVBl 1977, 29; Allesch 135; StBS § 32 Rn 85; Knack 104; MB 10 unter Hinweis auf § 70 Abs 2, § 60 Abs 1 bis 5 VwGO; unklar BVerwG BayVBl 1990, 57.

[44] Obermayer 19; StBS § 37 Rn 85; Kopp/Schenke vor § 68 Rn 20.

der Sache maßgeblichen materiellen Recht und den allgemeinen Grundsätzen des Rechtsbehelfsrechts (BVerwG NVwZ 1997, 272; OVG Münster DÖV 1992, 122; StBS 17; Pietzner/Ronellenfitsch § 20 Rn 3; **aA** Meister DÖV 1985, 146).

V. Reformatio in peius im Widerspruchsverfahren.

1. Begriff. Als reformatio in peius oder Verböserung im Widerspruchsverfahren bezeichnet man eine Entscheidung der Widerspruchsbehörde, die sich nicht darauf beschränkt, den Widerspruch zurückzuweisen, sondern darüber hinaus die mit dem Widerspruch angefochtene Entscheidung zum Nachteil des Widerspruchsführers abändert. **Beispiel:** Der Widerspruchsführer greift einen Gebührenbescheid über 100 DM mit dem Widerspruch an; die Widerspruchsbehörde stellt fest, dass sich die Gebührenschuld in Wahrheit auf 150 DM beläuft. Sie weist den Widerspruch zurück und ändert den Gebührenbescheid zum Nachteil des Widerspruchsführers auf eine Gebühr in Höhe von 150 DM ab. Der Widerspruchsführer steht damit am Ende schlechter da als vor der Erhebung des Widerspruches. Er kann allerdings nach der hier vertretenen Auffassung (s Rn 16) den Widerspruch wieder zurücknehmen und auf diese Weise der Verböserung entgehen (**aA** die wohl hM, wonach eine Rücknahme des Widerspruches nach Erlass des Widerspruchsbescheides unzulässig sein soll, vgl Rn 17). 26

2. Zulässigkeit. Die hM geht davon aus, dass die Frage der Zulässigkeit einer reformatio in peius weder in der VwGO noch im VwVfG geregelt sei (vgl BVerwGE 51, 310, 314; 65, 313, 319: Überblick bei Pietzner VerwArch 1989, 501; 1990, 261). Vielmehr müsse die Frage auf der Grundlage des jeweils anwendbaren materiellen und formellen Rechts entschieden werden. Allerdings finden sich im materiellen Recht nur selten Aussagen zu Zulässigkeit der reformatio in peius (vgl zB § 367 Abs 2 AO; § 337 Abs 2 LAG; s auch BVerwG FamRZ 1985, 399, zur Rückforderung von Ausbildungsförderungsleistungen; weitere Bsp bei Pietzner VerwArch 1990, 264; Pietzner/Ronellenfitsch § 40 Rn 11). Soweit keine speziellen Regelungen eingreifen, ist die Zulässigkeit der reformatio in peius nach hM unter dem materiell-rechtlichen Aspekt der **Gewährleistung eines ausreichenden Vertrauensschutzes** und unter dem verfahrensrechtlichen Aspekt der Kompetenz der **Widerspruchsbehörde** zu prüfen (vgl Kopp/Schenke § 68 Rn 10ff; P §§ 12ff; Dolde in Schoch § 68 Rn 48). In der Literatur wird teilweise auch die Auffassung vertreten, eine reformatio in peius sei nur unter den Voraussetzungen des § 48 zulässig (Kopp/Schenke § 68 Rn 10c). Diese Auffassung führt aber idR nicht zu abweichenden Ergebnissen. 27

a) In materiellrechtlicher Hinsicht. Hier kommt es vor allem auf einen Mindestschutz des Vertrauens des Widerspruchsführers an. Da dieser durch seinen Widerspruch den Eintritt der Unanfechtbarkeit selbst verhindert, ist sein Vertrauen aber idR nicht schutzwürdig (BVerwGE 67, 134; BVerwG DVBl 1996, 1318). Deshalb ist für den Regelfall eine materiell-rechtliche Zulässigkeit der reformatio in peius anzunehmen.[45] Die Grenze sei dort zu ziehen, wo der **Minimalstandard verfassungsrechtlichen Vertrauensschutzes** unterschritten würde. Dies sei anzunehmen, wenn die reformatio in peius zu nahezu untragbaren Verhältnissen für den Betroffenen führen würde (BVerwGE 67, 129, 134). Eine Ausnahme gilt insoweit für das Widerspruchsverfahren in **Prüfungsangelegenheiten.** Hier geht 28

[45] BVerwGE 14, 181; 51, 314; NVwZ 1987, 215; OVG Hamburg LKV 1991, 144; OVG Koblenz DVBl 1992, 787; Pietzner VerwArch 1990, 261; Juhnke BayVBl 1991, 136; BVerwG NVwZ 1983, 613: zulässig, wenn dadurch für den Betroffenen nicht untragbare Verhältnisse entstehen; zT **aA** BVerwGE 65, 319 = NVwZ 1983, 33; NVwZ 1987, 216: Verböserung zulässig nur analog den Grundsätzen über die Rücknahme und den Widerruf von VAen; ähnlich BSG DÖV 1993, 1015 mwN unter Hinweis auf die Bindungswirkung ergangener VAe.

die Rspr zu Recht davon aus, dass eine reformatio in peius aus Gründen der Chancengleichheit im Prüfungsverfahren nicht zulässig ist (BVerwG DVBl 1996, 1375; NVwZ 1993, 686, 688; Dolde in Schoch § 68 Rn 49; Kopp/Schenke § 68 Rn 10 c).

29 **b) In verfahrensrechtlicher Hinsicht.** Hier kommt es vor allem auf den Umfang der Entscheidungskompetenz der Widerspruchsbehörde an. Diese wird zunächst durch den Streit- bzw **Verfahrensgegenstand** begrenzt, der im Widerspruchsverfahren nicht verändert werden kann. Es ist also nicht möglich, im Widerspruchsverfahren Belastungen zu verfügen, die über den Gegenstand des Widerspruchsverfahrens hinausgehen. Außerdem darf die Widerspruchsbehörde einen **unzulässigen Widerspruch** nicht zum Anlass für Korrekturen des angefochtenen Ausgangsbescheides zum Nachteil des Widerspruchsführers oder – in Drittanfechtungsfällen – zum Nachteil des an sich begünstigten Dritten nehmen. Schließlich wird die Kompetenz durch die Stellung der Widerspruchsbehörde bestimmt. Ist sie mit der Ausgangsbehörde identisch, so bestehen keine besonderen Beschränkungen (OVG Koblenz NVwZ 1992, 386). Gleiches gilt für den Fall, dass die Widerspruchsbehörde ein Selbsteintrittsrecht hat (insoweit auch Kopp/Schenke § 68 Rn 10 b). **Umstritten** ist die Frage, ob insoweit auch eine etwa bestehende **Weisungsbefugnis** der Widerspruchsbehörde gegenüber der Ausgangsbehörde ausreichend ist (so BVerwG NVwZ 1987, 215; VGH München GewArch 1988, 276; Dolde in Schoch § 68 Rn 51; **aA** Kopp/Schenke § 68 Rn 10 b; Voraufl). Richtigerweise wird man das Weisungsrecht ausreichen lassen müssen.

VI. Anspruch auf Durchführung eines Widerspruchsverfahrens

30 **Umstritten** ist die Frage, ob der Bürger einen Anspruch auf Durchführung des Widerspruchsverfahrens hat, obwohl § 75 VwGO den Klageweg für das Begehren in der Sache im Falle der Untätigkeit der zuständigen Behörde auch ohne Vorverfahren eröffnet. Im Hinblick auf den Rechtsschutzzweck des Vorverfahrens und weil im Rechtsstaat den Verpflichtungen der Verwaltung (vgl § 68 VwGO: „so ergeht") grundsätzlich subjektive Rechte der Bürger entsprechen, ist ein gerichtlich durchsetzbarer **Anspruch auf Erlass eines Widerspruchsbescheides** im Grundsatz zu bejahen.[46] Nach wie vor **umstritten** ist die Frage, in welchen Fällen der Anspruch auf Erlass eines Widerspruchsbescheides gerichtlich geltend gemacht werden kann. Hier geht die ältere Auffassung dahin, bei streng gebundenen Entscheidungen, wenn also ein materiell-rechtlicher Anspruch auf einen bestimmten günstigen VA in der Sache besteht, müsse der Widerspruchsführer den Weg über die Untätigkeitsklage nach § 75 VwGO beschreiten; für eine Verpflichtungsklage auf Erlass des Widerspruchsbescheides als solchen, also ohne Rücksicht auf einen bestimmten Inhalt, fehle das Rechtsschutzbedürfnis (so zB die ältere Rspr, vgl BVerwG MDR 1962, 1010; Schledorn NVwZ 1995, 250; Pietzner/Ronellenfitsch § 24 Rn 18). Anders sei dies bei Ermessensentscheidungen, weil bei diesen mit der Untätigkeitsklage nicht mehr erreicht werden könne als mit der Klage auf Erlass eines Widerspruchsbescheides (so schon Bettermann NJW 1960, 1081, 1088; von Schledorn NVwZ 1995, 250; Dolde in Schoch § 68 Rn 15).

31 **Die Gegenmeinung** betont zu Recht, dass der Rechtsschutz durch eine Klage auf Erlass eines Widerspruchsbescheides gegenüber der Untätigkeitsklage auch bei gebundenen Entscheidungen dem Gebot effektiven Rechtsschutzes entspricht und nicht wegen mangelndem Rechtsschutzinteresse als unzulässig angesehen werden darf (ausführlich Schenke DÖV 1996, 529; Kopp/Schenke § 68 Rn 13). Die Kla-

[46] Insoweit hM, vgl Kopp/Schenke vor § 68 Rn 13; Dolde in Schoch vor § 68 Rn 15; P § 24 Rn 18; ausführlich Schenke DÖV 1996, 529; zT **aA** BVerwGE 13, 195; VGH München BayVBl 1976, 241; Petzke/Kugele BayVBl 1988, 88: kein im Klageweg verfolgbarer Anspruch auf einen Widerspruchsbescheid; anders allenfalls bei Ermessensentscheidungen.

ge auf Erlass eines Widerspruchsbescheides ist nämlich für den Kläger im Wesentlichen **ohne Prozesskostenrisiko:** Er macht idR einen unbezweifelbar bestehenden Anspruch auf Überprüfung der Ausgangsentscheidung auf Rechtmäßigkeit und Zweckmäßigkeit im Widerspruchsverfahren geltend. Erhebt er stattdessen eine auf ein bestimmtes Ergebnis gerichtete Untätigkeitsklage, so trägt er das Risiko des Unterliegens. Dieses Risiko wird ihm durch § 161 Abs 3 VwGO nur teilweise, nämlich nur für den Fall abgenommen, in dem der Widerspruchsbescheid während des Prozesses ergeht. Die ökonomisch denkende Widerspruchsbehörde wird, wenn sie mit der Erfolglosigkeit der Untätigkeitsklage rechnen darf, bis zur Abweisung der Klage untätig bleiben. Die Auffassung vom Vorrang der Untätigkeitsklage bürdet dem Widerspruchsführer nicht nur das materielle Prozessrisiko auf, sondern prämiert gleichsam das pflichtwidrige Untätigbleiben der Behörde. Der Anspruch auf Erlass eines Widerspruchsbescheids muss deshalb erforderlichenfalls auch mit der Verpflichtungsklage (§ 42 Abs 1 VwGO) durchgesetzt werden können.[47] Dies gilt auch dann, wenn bereits ein Widerspruchsbescheid ergangen war, der dann jedoch als rechtswidrig aufgehoben worden ist[48] oder wenn der ergangene Widerspruchsbescheid nichtig ist (vgl insoweit auch Knack 7.3.9).

VII. Zulässigkeitsvoraussetzungen für einen Widerspruch gem § 68 VwGO

Für die Zulässigkeit des Widerspruchs gem §§ 68ff VwGO müssen, vergleichbar mit den für Klagen geltenden Prozessvoraussetzungen grundsätzlich folgende Voraussetzungen erfüllt sein: 32

1. **Deutsche Verwaltungszuständigkeit** (vgl deutsche Gerichtsbarkeit gem §§ 18ff GVG: Weides 240 Fn 1); keine Ausschlussgründe;
2. **Zulässigkeit des Verwaltungswegs** entspr § 40 VwGO oder auf Grund gesetzlicher Zuweisung; keine Zuweisung zu anderen Rechtswegen, für die ein anderes Vorverfahren vorgesehen ist;
3. **Ordnungsmäßigkeit des Widerspruchs** gem §§ 69, 70 VwGO: schriftlich oder zur Niederschrift bei der Ausgangs- oder Widerspruchsbehörde;
4. **Beteiligungsfähigkeit** des Widerspruchsführers nach den allgemeinen Vorschriften im Widerspruchsverfahren (§§ 11, 79);
5. **Handlungsfähigkeit** des Widerspruchsführers nach den allgemeinen Vorschriften (§§ 12, 79);
6. **Verbandskompetenz der Widerspruchsbehörde,** zB als Bundes-, Landes- oder Kommunalbehörde (vgl dazu § 3 Rn 6);
7. **sachliche und örtliche Zuständigkeit** der Widerspruchsbehörde für die Entscheidung über den Widerspruch (§ 73 Abs 1, 2 VwGO; §§ 3, 79);
8. **Statthaftigkeit** eines Widerspruchs gem § 68 VwGO; der angegriffene bzw angestrebte Akt muss VA iS von § 35 sein;

---

[47] So die ausdrückliche Regelung des § 88 Abs 2 S 1 SGG für das Sozialrechtsverfahren; BGH NJW 1984, 2519; BSG NJW 1984, 1424; 1986, 596; Stern 15 III; Kopp VerfR 112ff, 127, 245; wohl auch BVerwG DÖV 1978, 416; vgl auch § 17 WBO und dazu BVerwGE 63, 192; unter Beschränkung auf Ermessensentscheidungen und auf Fälle einer Änderung der Sach- oder Rechtslage; zT **aA** BVerwGE 13, 195; VGH München BayVBl 1976, 241; Petzke/Kugele BayVBl 1988, 88: kein im Klageweg verfolgbarer Anspruch auf einen Widerspruchsbescheid; anders allenfalls bei Ermessensentscheidungen; SDC 1c zu § 75; WB III § 161 Rn 14ff; v Schledorn NVwZ 1995, 250; für die Verpflichtungsklage würde im Hinblick auf die Zulässigkeit der Klage nach § 75 das Rechtsschutzbedürfnis fehlen; Gern DÖV 1985, 559.

[48] BSG NJW 1984, 1324; zT VGH **aA** VGH München BayVBl 1983, 530: nur bei Aufhebung des Widerspruchsbescheids wegen eines wesentlichen Verfahrensmangels; sonst grundsätzlich keine Klage auf einen neuen Widerspruchsbescheid, da der Widerspruch mit dem ersten Widerspruchsbescheid „verbraucht" sei.

9. **Wahrung der Widerspruchsfrist** (§ 70 VwGO), ggf Wiedereinsetzung (§ 70 Abs 2 VwGO iV mit § 60 Abs 1 bis 4 VwGO);
10. **kein Widerspruchsverzicht** oder Ausschluss durch Verwirkung des Widerspruchsrechts (vgl oben Rn 17);
11. **keine anderweitige Anhängigkeit** eines Widerspruchsverfahrens in derselben Sache (s Kopp/Schenke vor § 68 Rn 12);
12. **kein Widerspruchsbescheid** in derselben Sache (anderenfalls nur Klage);
13. **Widerspruchsbefugnis** entspr § 42 Abs 2 VwGO (Behauptung einer Beeinträchtigung durch rechtswidrigen oder unzweckmäßigen VA);
14. **kein Ausschluss** des Widerspruchs gegen Verfahrens-VA **gem § 44 a VwGO** (Kopp/Schenke § 44 a Rn 4);
15. **Allgemeines Rechtsschutzbedürfnis** (Sachbescheidungsinteresse) entspr dem für Klagen erforderlichen Rechtsschutzbedürfnis (s § 22 Rn 56).

33 **Einzelheiten** zur Legitimation des gesetzlichen Vertreters, Betreuers oder Pflegers s § 12 Rn 21 ff; zur Verfahrensführungsbefugnis vgl Kopp/Schenke vor § 40 Rn 23; zur Postulationsfähigkeit des Widerspruchsführers s §§ 18 f. Eine Anordnung der Bestellung eines Bevollmächtigten analog § 67 Abs 2 S 2 VwGO ist in § 14 Abs 6 S 1 nicht vorgesehen; wegen des Eingriffscharakters ist eine Analogie auch nicht möglich. Bei Vertretung durch einen Bevollmächtigten ist auf Verlangen eine Vollmacht (§§ 14 Abs 1 S 2, 79) vorzulegen. Nicht Voraussetzung der Zulässigkeit, sondern der Begründetheit des Widerspruchs ist die **Sachlegitimation** (Aktivlegitimation) des Widerspruchsführers, dh, dass diesem das geltend gemachte Recht wirklich zusteht. Die Frage der **Passivlegitimation** bzw des „richtigen Widerspruchsgegners" – analog zur Passivlegitimation des Beklagten gem § 78 VwGO im Prozess – stellt sich im Widerspruchsverfahren als solche nicht, weil das Widerspruchsverfahren nicht ein (in einem mit dem Klageverfahren vergleichbaren Sinn) kontradiktorisches Verfahren ist und insofern auch weder die Widerspruchsbehörde noch der Rechtsträger (Bund, Land usw), für den sie handelt, iS von § 13 beteiligt sind und deshalb auch nicht Widerspruchsgegner iS von § 13 Abs 1 S 1 iV mit § 79 sein können. Die Frage, ob der Widerspruch an die richtige Widerspruchsbehörde (§ 73 Abs 1 VwGO) gerichtet ist, stellt sich jedoch für die Zulässigkeitsprüfung unter dem Gesichtspunkt der Zuständigkeit der Widerspruchsbehörde unter dem Gesichtspunkt der Verbandskompetenz sowie der sachlichen und örtlichen Zuständigkeit (s oben Rn 32 Nr 6 und 7).

§ 80 Erstattung von Kosten im Vorverfahren

(1) **Soweit der Widerspruch erfolgreich ist, hat der Rechtsträger, dessen Behörde den angefochtenen Verwaltungsakt erlassen hat, demjenigen, der Widerspruch erhoben hat, die zur zweckentsprechenden Rechtsverfolgung oder Rechtsverteidigung notwendigen Aufwendungen zu erstatten. [25]Dies gilt auch, wenn der Widerspruch nur deshalb keinen Erfolg hat, weil die Verletzung einer Verfahrens- oder Formvorschrift nach § 45 unbeachtlich ist. [28]Soweit der Widerspruch erfolglos geblieben ist, hat derjenige, der den Widerspruch eingelegt hat, die zur zweckentsprechenden Rechtsverfolgung oder Rechtsverteidigung notwendigen Aufwendungen der Behörde, die den angefochtenen Verwaltungsakt erlassen hat, zu erstatten; [34]dies gilt nicht, [31]wenn der Widerspruch gegen einen Verwaltungsakt eingelegt wird, der im Rahmen**

1. eines bestehenden oder früheren öffentlich-rechtlichen Dienst- oder Amtsverhältnisses

oder

2. einer bestehenden oder früheren gesetzlichen Dienstpflicht oder einer Tätigkeit, die an Stelle der gesetzlichen Dienstpflicht geleistet werden kann,

erlassen wurde. Aufwendungen, die durch das Verschulden eines Erstattungsberechtigten entstanden sind, hat dieser selbst zu tragen; das Verschulden eines Vertreters ist dem Vertretenen zuzurechnen.

(2) **Die Gebühren und Auslagen eines Rechtsanwalts oder eines sonstigen Bevollmächtigten im Vorverfahren sind erstattungsfähig, wenn die Zuziehung eines Bevollmächtigten notwendig war.**[41]

(3) **Die Behörde, die die Kostenentscheidung getroffen hat, setzt auf Antrag den Betrag der zu erstattenden Aufwendungen fest; hat ein Ausschuß oder Beirat (§ 73 Abs. 2 der Verwaltungsgerichtsordnung) die Kostenentscheidung getroffen, so obliegt die Kostenfestsetzung der Behörde, bei der der Ausschuß oder Beirat gebildet ist.**[52] **Die Kostenentscheidung bestimmt auch, ob die Zuziehung eines Rechtsanwalts oder eines sonstigen Bevollmächtigten notwendig war.**[56]

(4) **Die Absätze 1 bis 3 gelten auch für Vorverfahren bei Maßnahmen des Richterdienstrechts.**[58]

Parallelvorschriften: § 63 SGB-X.

Schrifttum: *Altenmüller,* Die Kostenerstattung im Widerspruchsverfahren, DVBl 1978, 285; *Engelbrecht,* Die Hauptsacherledigung im Widerspruchsverfahren, JuS 1997, 550; *Dreier,* Fortsetzungsfeststellungswiderspruch und Kostenentscheidung bei Erledigung des VA im Vorverfahren, NVwZ 1987, 474; *Emrich,* Rechtsschutz gegen Verwaltungskostenentscheidungen, NVwZ 2000, 163; *Flohr,* Kostenerstattung bei erfolgreichem Widerspruch gegen die Heranziehung zu Abgaben nach dem Kommunalabgabengesetz, KStZ 1978, 21; *Haurand/Vahle,* Die Kostenentscheidung im Vorverfahren, Vr 1997, 12; *Hellstab,* Zur Kostenfestsetzung im (isolierten) Vorverfahren nach § 80 VwVfG, MDR 1986, 901; *Hidien,* Kostenerstattung nach Amtshaftungsgrundsätzen in abgabenrechtlichen Verfahren?, NJW 1987, 2211; *Jäde,* Aufwendungen Drittbeteiligter im Widerspruchsverfahren, BayVBl 1989, 201; *Lipp,* Eigene Mühewaltung bei außergerichtlicher Rechtsverfolgung – ersatzfähige Einbuße oder Nachteil im eigenverantwortlichen Pflichtenkreis des Betroffenen?, NJW 1992, 1913; *Lüdicke,* Kostenerstattungsansprüche in steuer- und abgabenrechtlichen Vorverfahren, 1986, zugl. Diss. Bonn 1986; *Maetzel,* Zur prozessualen Kostenabwicklung nach vorprozessualer Erledigung der Streitsache im verwaltungsgerichtlichen Widerspruchsverfahren, MDR 1980, 93; *Mallmann,* Erstattung von Anwaltskosten im Widerspruchsverfahren: Von der Regel zur Ausnahme?, NVwZ 1983, 338; *Meister,* Kostenerstattung im Vorverfahren bei Rücknahme statt Abhilfe, DÖV 1985, 146; *Meßerschmidt,* Zur Regelung der Erstattung von Vorverfahrenskosten, DÖV 1983, 447; *Odenthal,* Das Verhältnis zwischen Grund- und Betragsentscheidung bei der Kostenerstattung nach § 80 VwVfG, NVwZ 1990, 641; *Pietzner,* Kostenfragen im außengerichtlichen Rechtsbehelfsverfahren, VerwArch 1982, 231; *Pietzner/Ronellenfitsch,* Das Assessorexamen im Öffentlichen Recht: Widerspruchsverfahren und Verwaltungsprozeß, 10. Aufl 2000; *Sonnenschein-Berger,* Die Notwendigkeit anwaltlicher Vertretung im Widerspruchsverfahren, JuS 1996, 1107; *Stühler,* Die Kostenfragen im Widerspruchsverfahren bei VAen mit Drittwirkung, DVBl 1980, 873; *Weides,* Verwaltungsverfahren und Widerspruchsverfahren, 3. Aufl 1993.

Übersicht

I. Allgemeines

1 **1. Inhalt der Vorschrift.** Die Vorschrift regelt die Erstattung der im Widerspruchsverfahren nach §§ 68ff VwGO entstandenen Kosten (Gebühren und Auslagen) des Widerspruchsführers auf der einen und der Ausgangsbehörde, die den angefochtenen VA erlassen hat, auf der anderen Seite. Sie lehnt sich an die Bestimmungen über die Kostentragung im verwaltungsgerichtlichen Verfahren nach §§ 154ff VwGO an,[1] trifft jedoch, statt diese auch für das Vorverfahren für anwendbar zu erklären, wie dies nahe gelegen hätte, unverständlicherweise eine eigene, zT abweichende und unnötig komplizierte und lückenhafte Regelung, die zu vielen Zweifelsfragen Anlass gibt.

2 **a) Lückenhaftigkeit der Regelung.** Die in § 80 getroffenen Regelungen sind unvollständig und lückenhaft (VGH Mannheim DVBl 1981, 39) und führen

[1] Vgl Bachof NJW 1975, 846; Kopp/Schenke § 73 Rn 17 mwN; **aA** zur Kostenerstattung nach dem früheren Recht BVerwGE 22, 281; 32, 246; 35, 12; 46, 313; 62, 207 = NJW 1982, 300; 62, 298; Altenmüller DVBl 1978, 285; Pietzner BayVBl 1978, 107; Stühler DVBl 1980, 876: keine Erstattung bei Fehlen ausdrücklicher Vorschriften; zur Vereinbarkeit dieser Auffassung mit dem GG BVerfG 27, 175 = NJW 1970, 133.

in der Praxis zu unbefriedigenden Ergebnissen. Sie müssten für die praktische Anwendung im Hinblick auf den Zweck des Widerspruchsverfahrens und ähnlicher Verfahren und dem Gesichtspunkt der Systemgerechtigkeit zT durch eine **analoge Anwendung von §§ 154 ff VwGO** ergänzt werden,[2] was von der Rspr bisher aber **abgelehnt** wird.[3] Dass das Widerspruchsverfahren uU auch aus anderen Gründen als aus Rechtsgründen zu einer für den Beteiligten günstigeren Regelung führen kann, bedeutet keinen wesentlichen Unterschied.[4] Vgl auch BVerfG 74, 94 = NJW 1987, 2571: grundsätzlicher Anspruch Verfahrensbeteiligter aus Art 3 Abs 1 GG und aus den Grundsätzen der Waffen- und Chancengleichheit, dass in Bezug auf die Auslagenerstattung für alle Beteiligten eine vergleichbare Kostensituation geschaffen und das Risiko des Verfahrenseingangs gleichmäßig verteilt wird.

b) Verhältnis zur Kostenerstattung nach VwGO. Die Vorschrift berührt 3
die Kostenerstattungspflicht im verwaltungsgerichtlichen Verfahren nach § 162 Abs 1 und Abs 2 S 2 VwGO nicht. Wenn dem Widerspruchsverfahren ein verwaltungsgerichtliches Verfahren nachfolgt, so hat das Gericht gem § 162 Abs 1 und Abs 2 S 2 VwGO auch dann über die Erstattung der Kosten des Vorverfahrens zu entscheiden, wenn darüber bereits nach § 80 durch VA entschieden wurde; die Kostenentscheidung nach § 80 wird dann gegenstandslos und unwirksam. Entsprechendes gilt grundsätzlich, wenn ein zivilgerichtliches oder ein sozialgerichtliches Verfahren nachfolgt.[5] Dadurch ergibt sich die rechtspolitisch unerfreuliche Situation, dass für die Kostenentscheidung zT andere Maßstäbe gelten, je nachdem, ob das Gericht oder die Behörde über die Kosten des Vorverfahrens zu entscheiden hat (vgl auch BFH NJW 1972, 272).

c) Weitergehende Ansprüche. Unberührt bleiben weitergehende Ansprüche, zB Erstattungs- oder Entschädigungsansprüche nach den Grundsätzen 4
über die Enteignung bzw den enteignenden oder enteignungsgleichen Eingriff (BVerwGE 40, 255; BGH NJW 1984, 1172; 1993, 1258) oder Aufopferung, ferner wegen Verletzung der Fürsorgepflicht des Dienstherrn (BVerwGE 44, 52) oder wegen Amtshaftung (BVerwGE 4, 322; Hidien NJW 1987, 2211). Allg zum Anspruch auf Erstattung vor- und außerprozessualer Kosten s auch BGH NJW 1986, 2243; Pietzner/Ronellenfitsch § 44 Rn 19; Altenmüller DVBl 1978, 287; Messerschmidt DÖV 1983, 448; Weimar NJW 1989, 3246; Lipp NJW 1992, 1913.

2. Kostenentscheidung und Kostenfestsetzung. Zu unterscheiden sind 5
zwei Entscheidungsstufen. Zunächst wird gem § 73 Abs 3 S 2 VwGO im Zusammenhang mit dem Widerspruchsbescheid oder dem Abhilfebescheid die Kostenentscheidung bzw **Kostenlastentscheidung** getroffen. Diese richtet sich inhaltlich nach § 80 Abs 1 und regelt nur die Frage der **Kostenerstattung dem Grunde nach.** Dabei geht es um die Erstattung der den Beteiligten oder der Ausgangsbehörde (vgl Abs 1 S 3) – nicht auch der Widerspruchsbehörde – im Vorverfahren tatsächlich oder nach dem Verwaltungskostenrecht, nach Gebührenordnungen (zB der BRAGO) usw entstandenen Kosten und Auslagen, die jeder Beteiligte sonst selbst zu tragen hätte. Auf der zweiten Stufe wird dann über

---

[2] Vgl BVerwGE 17, 246; VGH Mannheim DVBl 1981, 39; Bachof NJW 1975, 846; Renck DÖV 1973, 268; Kortmann DÖV 1972, 815 mwN.

[3] Seit BVerwGE 22, 241 (GrS) st Rspr, vgl BVerwGE 32, 346; 40, 313; 62, 201 = NJW 1982, 300; 70, 61; 77, 275; 82, 342; BVerwG NJW 1982, 1828; DÖV 1985, 197; Knack 23: klarer Trennungsstrich; vgl auch BVerfG 27, 175; 35, 295; 74, 92; 82, 342 und BVerwG BayVBl 1990, 90.

[4] Bericht des Rechtausschusses des Bundestags vom 12. 5. 1990, BT-Dr 3/1094; BVerwGE 17, 246; **aA** die hM, vgl Dolde in Schoch § 73 Rn 62; Knack 23; StBS 48; nun auch Kopp/Schenke § 73 Rn 17.

[5] Vgl BGHZ 28, 308; 31, 234; BSG MDR 1977, 84: Kosten des Vorverfahrens sind notwendige Aufwendungen des Klageverfahrens.

die Höhe der zu erstattenden Kosten entschieden, indem diese Kosten durch die Behörde nach Abs 3 festgesetzt werden **(Kostenfestsetzungsentscheidung).** Auch die idR ebenfalls im Widerspruchsbescheid oder im Zusammenhang damit erfolgende **Festsetzung der Verwaltungskosten der Widerspruchsbehörde** wird in § 80 nicht erwähnt. IdR ergeht hins. dieser Kosten ein Gebührenbescheid. Näheres, insbes hins. der Höhe, ist den Gebührenordnungen oder den Verwaltungskostengesetzen zu entnehmen (VGH München BayVBl 1987, 245). Die Kostenentscheidung nach § 73 Abs 3 S 2 VwGO ist Voraussetzung für die Kostenfestsetzung und für diese bindend (BVerwGE 79, 298 = NVwZ 1988, 941). Zum Verhältnis von Kostenerstattung und Kostenfestsetzung s auch Odenthal NVwZ 1990, 641.

6 **Entscheidung durch VA.** Sowohl die Entscheidung über die Erstattung der Kosten gem § 73 Abs 3 S 2 VwGO iVm § 80 als auch die davon zu unterscheidende Festsetzung der Kosten erfolgen durch VA (BVerwGE 79, 297 = NVwZ 1988, 941), die auch selbständig, dh auch ohne gleichzeitige Anfechtung der Entscheidung in der Sache selbst, mit der verwaltungsgerichtlichen Klage anfechtbar sind[6] bzw mit der Verpflichtungsklage erstritten werden können (BVerwGE 77, 268 = NJW 1988, 87; 79, 297); dies gilt auch für die Entscheidung nach § 80 Abs 2 über die Notwendigkeit der Zuziehung eines Bevollmächtigten (s BVerwGE 75, 107 = NVwZ 1987, 489; BVerwG NVwZ 1988, 741). Folgt in der Hauptsache ein gerichtliches Verfahren, so ist die selbständige Anfechtung dieser VAe idR entbehrlich, weil die Kosten des Vorverfahrens von der gerichtlichen Kostenentscheidung gem § 162 Abs 2 S 2 VwGO erfasst werden.

7 **a) Erforderlichkeit einer Kostenlastentscheidung.** In § 80 wird nur der **materielle Erstattungsanspruch** geregelt. Der Anspruch auf Kostenerstattung entsteht nicht unmittelbar kraft Gesetzes, sondern hat eine ausdrückliche Kostenlastentscheidung gem §§ 72, 73 Abs 3 S 2 VwGO im Abhilfe- bzw im Widerspruchsbescheid zur Voraussetzung, aus der sich ergibt, wer die Kosten des Widerspruchsverfahrens im Ergebnis zu tragen hat, insb auch zB, ob die Kosten ganz oder zum Teil zu erstatten sind (BVerwGE 62, 298 = NVwZ 1982, 242; NVwZ 1992, 669; München BayVBl 1982, 692). **Die Kostenentscheidung selbst** ergeht auf der Grundlage von § 72 und § 73 Abs 3 S 2 VwGO von Amts wegen und ohne dass es insoweit eines Antrags des Berechtigten bedürfte. Sie erfolgt, wenn dem Widerspruch gem § 72 VwGO abgeholfen wurde, durch die Abhilfebehörde im Abhilfebescheid (OVG Münster DÖV 1992, 122), sonst durch die Widerspruchsbehörde im Widerspruchsbescheid (vgl zB OVG Münster NVwZ-RR 1992, 450). Entsprechendes gilt bei Teilabhilfe.[7] Fehlt die Kostenentscheidung, so kann sie von Amts wegen oder auf Antrag Betroffener jederzeit noch nachträglich ergänzt werden.[8] Nach § 80 Abs 3 S 2, der insoweit die §§ 72, 73 VwGO ergänzt, ist in der Kostenentscheidung auch über die Notwendigkeit der **Zuziehung eines Rechtsanwalts** oder anderen Bevollmächtigten zu entscheiden (BVerwGE 67, 3).

8 Für die **Form der Kostenlastentscheidung** gelten die §§ 72, 73 VwGO. Eine bestimmte Formulierung ist nicht vorgeschrieben. Die Entscheidung muss jedoch jedenfalls klar zum Ausdruck bringen, wer die Kosten trägt und ggf zu welchem Teil bzw in welchem Verhältnis sie von der Verwaltung und/oder den Beteiligten zu tragen sind. Die Formulierung kann sich dabei an die §§ 151 ff VwGO anlehnen. Beispiele: „Der Widerspruchsführer trägt die Kosten des Verfahrens" oder „Der Freistaat Bayern trägt die Kosten des Verfahrens".

---

[6] Begr 93; BVerwGE 17, 249; 32, 347; Berlin NJW 1982, 2516; UL § 47 Rn 10.
[7] Kopp/Schenke § 72 Rn 5 mwN; **aA** BVerwGE 88, 46; P § 26 Rn 9; Knack 27: bei Teilabhilfe immer durch die Widerspruchsbehörde, da nur diese unter Würdigung des Gesamterfolgs über die Kostenverteilung entscheiden kann.
[8] StBS 27; Knack 106: ohne Beschränkung gem § 42 VwVfG oder analog § 120 VwGO.

b) Der Kostenfestsetzungsbescheid. Auch der durch die Kostenlastentscheidung begründete Kostenerstattungsanspruch kann nicht unmittelbar, sondern nur auf Grund des Kostenfestsetzungsbescheids geltend gemacht werden (BVerwGE 62, 298 = NVwZ 1982, 242; BVerwG NVwZ 1992, 669; VGH München BayVBl 1982, 692). **Vollstreckungstitel** ist der Kostenfestsetzungsbescheid nur gegenüber dem zur Erstattung verpflichteten Bürger (zT **aA** MB 47: die Kostenfestsetzung ist noch kein Leistungsbescheid; die Behörde kann auf seiner Grundlage jedoch einen Leistungsbescheid erlassen), nicht dagegen auch zugunsten des erstattungsberechtigten Bürgers gegenüber der Verwaltung.[9] 9

c) Die Festsetzung eines Streitwerts. Eine Festsetzung des Streitwerts oder Gegenstandswerts für das Widerspruchsverfahren durch die Widerspruchsbehörde ist weder in § 80 noch in §§ 68ff VwGO vorgesehen oder vorausgesetzt (OVG Berlin NJW 1982, 2517; Pietzner BayVBl 1979, 112 Fn 59); die Notwendigkeit dazu kann sich nur aus anderen Rechtsvorschriften ergeben. Allerdings wird bei der Kostenfestsetzung inzident ein bestimmter Streitwert oder Gegenstandswert zugrunde zu legen sein, weil sich anderenfalls die Höhe der erstattungsfähigen Kosten nicht errechnen lässt. Die Höhe des Streitwerts richtet sich nach dem GKG. 10

3. Anwendungsbereich. a) Widerspruchsverfahren gem §§ 68ff VwGO. 11
§ 80 regelt (nur) die Kostenentscheidung in Widerspruchsverfahren gem §§ 68ff VwGO (BVerwGE 77, 268; NVwZ 1983, 345) im Anwendungsbereich des VwVfG, nicht allgemein und für alle sonstigen Widerspruchsverfahren. Wie sich aus dem Zusammenhang mit §§ 1f ergibt, stellt § 80 keine allgemeine Ergänzung zu § 73 Abs 3 S 2 VwGO dar, sondern gilt – abgesehen von der Einbeziehung der Widerspruchsverfahren im Bereich des Richterdienstrechts gem Abs 4 – wie auch sonst die Bestimmungen des VwVfG (unmittelbar **nur im Anwendungsbereich des VwVfG** gem § 1 und § 2[10] und damit insb auch grundsätzlich (s § 1 Abs 4) nicht für Widerspruchsverfahren von Landesbehörden (soweit auf sie nicht § 80 zur Anwendung kommt, vgl Knack 15). Allerdings haben alle Bundesländer für ihren Bereich in ihren Verwaltungsverfahrensgesetzen entsprechende Regelungen getroffen; die Regelung in Bayern geht über § 80 hinaus (s Rn 20). Gem § 1 gilt § 80 außerdem nur vorbehaltlich besonderer Regelungen in anderen Rechtsvorschriften. Im Übrigen verbleibt es für die nicht unter das VwVfG, die Verwaltungsverfahrensgesetze der Länder oder Sonderbestimmungen fallenden Rechtsbehelfsverfahren beim bisherigen, zT sehr unklaren Rechtszustand (so zutreffend UL § 47 Rn 1). Eine entsprechende Anwendung der Vorschrift oder der §§ 154ff VwGO auf die Kostenentscheidung im Widerspruchsverfahren wird von der hM abgelehnt (vgl BVerwGE 101, 64, 67; Knack 12ff).

b) Andere Rechtsbehelfsverfahren. Darüber hinaus gilt § 80, da seine Anwendbarkeit nicht ausdrücklich auf das Widerspruchsverfahren nach §§ 68ff VwGO beschränkt ist, im Anwendungsbereich des VwVfG auf Grund der Verweisung in § 79 auf das VwVfG und damit auch auf § 80, unmittelbar oder zumindest analog für andere förmliche Rechtsbehelfsverfahren, für die entsprechende Regelungen fehlen und der Zweck des Verfahrens nicht entgegensteht (str; wie hier StBS 7; Obermayer 4; Altenmüller DVBl 1978, 285; MB § 80 Rn 3; **aA** Knack 17), zB für das Vorverfahren gem § 212 BauGB, soweit sonstige anwend- 12

[9] VGH München BayVBl 1982, 693; Altenmüller DVBl 1978, 291; Knack 115; MB 48: Durchsetzung mit der allgemeinen Leistungsklage gegen den öffentlichen Rechtsträger.

[10] UL § 47 Rn 2; StBS 8; Knack 17; Kopp/Schenke § 73 Rn 16; **aA** ohne nähere Begründung SG 3 I E, wo § 80 VwVfG offenbar als allgemeine Vorschrift angesehen wird, deren Anwendung über den Anwendungsbereich des VwVfG gem §§ 1f hinausreicht.

bare Vorschriften des Landesrechts fehlen (Altenmüller DVBl 1978, 285). Zur Anwendbarkeit in Abgabensachen s unten Rn 23.

13 **Die Zulässigkeit des Verwaltungsrechtswegs** für den Fall der Erfolglosigkeit des Vorverfahrens ist keine zwingende Voraussetzung für die Anwendbarkeit von § 80 (Pietzner/Ronellenfitsch § 44 Rn 18; Altenmüller DVBl 1978, 285; Obermayer 4; StBS 7; MB 8; nun auch Knack 36 ff). Für die Anwendung genügt, dass das Widerspruchsverfahren allgemein in den Anwendungsbereich des VwVfG fällt. § 80 ist deshalb auch auf Widerspruchsverfahren in Angelegenheiten anwendbar, in denen entstehende gerichtliche Streitigkeiten einem anderen Gerichtszweig zugewiesen sind, zB dem Zivilrechtsweg.

14 **c) Anfechtungs- und Verpflichtungswidersprüche.** Entgegen der zT unklaren Fassung der Vorschrift (vgl zB Abs 1 S 3: „angefochtener VA") gilt § 80 für alle Widerspruchsverfahren nach §§ 68 ff VwGO, nicht nur für Anfechtungs-, sondern auch für Verpflichtungswidersprüche; außerdem auch für Widerspruchsverfahren, die auf Grund besonderer Rechtsvorschriften, wie zB gem § 126 Abs 3 BRRG, und bzgl sonstiger behördlicher Handlungen oder Unterlassungen, die keine VAe sind, vorgeschrieben sind (Pietzner/Ronellenfitsch § 46 Rn 4; Altenmüller DVBl 1978, 285; Knack 3.4.2; MB 6 und 7). S zu Einwendungen gegen sonstige Maßnahmen, allg auch BVerwG NVwZ 1983, 544.

15 **d) Entsprechende Anwendung.** Ob § 80 und die entspr Vorschriften des Landesrechts als **Ausdruck allgemeiner Rechtsgrundsätze,** wie sie ua auch den Kostenregelungen der Prozessordnungen zugrunde liegen, angesehen werden können und insoweit einer analogen Aufwendung auf andere Rechtsbehelfsverfahren, die nicht unmittelbar darunter fallen, zugänglich sind, ist **umstritten,** dürfte aber heute entgegen der hM zu bejahen sein.[11] Verneint man die Frage einer analogen Anwendung, so kommt eine Kostenerstattung allenfalls unter den Gesichtspunkten der Amtshaftung, der Enteignung und des enteignungsgleichen Eingriffs oder einer Verletzung der beamtenrechtlichen Fürsorgepflicht in Betracht.

16 **Dasselbe gilt für Erstattungsansprüche,** die über Ansprüche nach § 80 bzw nach den entspr Vorschriften der Gesetze der Länder hinausgehen oder für die diese Vorschriften keine Grundlage bieten. Grundlage für die Kostenentscheidung durch VA ist unabhängig von der sachlichen Grundlage eines evtl Erstattungsanspruchs in allen Fällen § 73 Abs 3 S 2 bzw § 72 VwGO. Auch die Festsetzung der zu erstattenden Kosten durch VA bei Fehlen ausdrücklicher Bestimmungen darüber analog § 80 Abs 3 begegnet keinen Bedenken.

17 **aa) Anwendung auf sonstige Beteiligte.** Auf die Aufwendungen sonstiger Beteiligter am Verfahren, insb gem § 79 iV mit § 13 Abs 2 zum Verfahren hinzugezogener Personen und zB bei VAen mit Doppelwirkung, ist § 80 nach hM **weder unmittelbar noch analog anwendbar.**[12] Da es aber systemwidrig und insofern als Verstoß gegen den Grundsatz der Waffengleichheit auch verfassungswidrig wäre, wenn in diesen Fällen schlechthin eine Erstattungspflicht ausgeschlossen wäre (vgl BVerfG 74, 94 = NJW 1987, 2571; **aA** BVerwG BayVBl 1982, 473), und § 80 auch keine dahingehende Entscheidung entnommen werden

---

[11] Vgl allg BVerfG 77, 275 = NJW 1988, 87; **aA** BVerwGE 82, 342 unter Hinweis auf BVerfG 35, 295: Kostenerstattungsanspruch des Bürgers auch kein allgemeiner Rechtsgedanke; Knack 24; Obermayer 8; Altenmüller DVBl 1978, 286.

[12] BVerwGE 70, 58; BVerwG BayVBl 1982, 473: kein Kostenerstattungsanspruch, wenn der VA auf den Widerspruch eines Dritten hin aufgehoben wird; offen, ob analoge Anwendung, wenn die Aufhebung des VA unmittelbar auf Rechte des primär durch den VA Betroffenen einwirkt; BayVBl 1986, 567: Drittbeteiligte haben auch bei notwendiger Hinzuziehung keinen Anspruch; StBS 46; Obermayer 15; Knack 60; Pietzner/Ronellenfitsch § 46 Rn 8 f; Stühler DVBl 1980, 876; Altenmüller DÖV 1978, 910; DVBl 1978, 286; **anders** gem Art 80 Abs 2 S 2 BayVwVfG.

kann, muss in diesen Fällen die angemessene Lösung in Anlehnung an die Grundgedanken des § 80 und an die Regelungen in §§ 154ff VwGO im Weg der Lückenausfüllung gesucht werden.[13]

bb) Anwendung bei Erledigung des Widerspruchsverfahrens. Ebenso ist § 80 **nach hM nicht anwendbar** auf die Fälle einer Erledigung des Widerspruchsverfahrens in anderer Weise als durch Entscheidung zur Sache, zB durch Rücknahme des Widerspruchs, Erledigung der Hauptsache durch Rücknahme oder Widerruf des VA, Tod des Adressaten des VA bei einem höchstpersönlichen VA oder Vergleich (§ 55).[14] Insoweit enthält weder das VwVfG noch die VwGO Regelungen (vgl zB VGH Kassel AgrarR 1984, 48: Anwaltskosten sind bei Erledigung des Vorverfahrens durch Vergleich nur erstattungsfähig, wenn der Vergleich selbst dies vorsieht). **Etwas anderes** gilt insoweit, als durch die Herbeiführung der Erledigung durch Aufhebung des angefochtenen VA bzw durch Erlass des zunächst abgelehnten oder unterlassenen VA die **Regelung des § 80 nicht umgangen** werden darf (BVerwG NVwZ 1997, 272). Das ist zB der Fall, wenn die Ausgangsbehörde den angefochtenen VA aufhebt, um einer Kostenlastentscheidung in einem Abhilfe- oder einem Widerspruchsbescheid zu entgehen. Die Ausgangsbehörde entgeht danach dem Kostenerstattungsanspruch nur dann, wenn für die Aufhebung des VA andere Gründe maßgebend waren als das drohende Unterliegen. 18

Es erscheint systemwidrig und als Verstoß gegen den Grundsatz der Waffengleichheit,[15] den Beteiligten jeglichen Kostenerstattungsanspruch zu verweigern, soweit ein solcher Anspruch auch nicht auf andere Gesichtspunkte wie Amtshaftung oder Aufopferung gestützt werden kann. Entgegen der hM ist deshalb die analoge Anwendung von § 80 und der Kostenerstattungsregelung der VwGO, namentlich von § 161 VwGO nicht nur in den Umgehungsfällen (s Rn 18) geboten.[16] Dies hat die Rspr nunmehr wenigstens für solche Fälle anerkannt, in denen die Widerspruchsbehörde, soweit sie mit der Ausgangsbehörde identisch ist, den VA zurücknimmt, um dem Widerspruch nicht stattgeben zu müssen, oder, ohne die Sache förmlich mit einer entsprechenden Weisung zurückzuverweisen, die Ausgangsbehörde zur Zurücknahme veranlasst (**Umgehungsfälle,** vgl BVerwG NVwZ 1997, 272). 19

cc) Rechtslage in Bayern. Nach Art 80 Abs 2 S 2 BayVwVfG können – über § 80 hinausgehend – auch **Aufwendungen Drittbeteiligter** (Hinzugezogener) 20

---

[13] Vgl RÖ § 73 Rn 27; Bachof NJW 1975, 846; v Mutius 225ff; Lange DÖV 1974, 269; weitergehend hins der Kosten der Behörde bei Rücknahme des Widerspruchs RÖ VwGO § 73 Rn 31: als erfolglos gem Abs 1 S 3; **aA** BVerwGE 62, 201 = NJW 1982, 300; BVerwGE 70, 58 = DVBl 1985, 167: wegen der andersgearteten Zwecksetzung auch keine analoge Anwendung von § 162 Abs 3 VwGO; UL § 47 Rn 4; StBS 46; Pietzner/Ronellenfitsch § 46 Rn 9; Altenmüller DVBl 1978, 285; MB 17; Obermayer 8: keine Erstattung von Kosten anderer Beteiligter als des Widerspruchsführers, K 2; ferner VGH Mannheim NJW 1981, 1524; VG Bremen DVBl 1979, 824.

[14] BVerwGE 70, 53; 62, 201 = NJW 1982, 300; BVerwG BayVBl 1982, 473; DÖV 1985, 197: keine Kostenerstattung, wenn nicht ausdrücklich in einem Gesetz vorgesehen –; OVG Münster NVwZ-RR 1991, 223; OVG Koblenz NJW 1982, 2460; Altenmüller DVBl 1978, 285 und DÖV 1978, 910; Knack 62f; StBS 45ff; Pietzner/Ronellenfitsch § 46 Rn 10; Pietzner BayVBl 1979, 107f; Stühler DVBl 1980, 876; MB 31; Obermayer 8; vgl auch BVerwG Buchh 316 § 18 VwVf Nr 10; BSG DVBl 1993, 261; anders gem Art 80 Abs 1 S 5 BayVwVfG.

[15] BVerfG 74, 94 = NJW 1987, 2571; **aA** BVerwG NVwZ 1990, 59: kein Verstoß gegen Waffengleichheit, da auch der öffentliche Rechtsträger keinen Ersatzanspruch gegen den Bürger hätte.

[16] VGH Mannheim NJW 1981, 1524; VG Bremen DVBl 1977, 824; vgl auch RÖ § 73 Rn 27; Hufen Rn 534; kritisch Trzaskalik JZ 1983, 417; **aA** BVerwGE 70, 58; 62, 204; NJW 1982, 1827; Altenmüller DVBl 1978, 286; DÖV 1978, 910; StBS 48; Osterloh JuS 1982, 945.

dem Beteiligten, der die Kosten des Widerspruchsverfahrens zu tragen hat, bzw der Staatskasse auferlegt werden (s dazu auch VG Regensburg BayVBl 1981, 634; Jäde BayVBl 1981, 634). Art 80 Abs 1 S 5 BayVwVfG enthält abweichend von § 80 Abs 1 außerdem eine Kostenregelung auch für den **Fall einer Erledigung des Widerspruchs** (s dazu VGH München BayVBl 1981, 635; Altenmüller DÖV 1978, 906; Renck DÖV 1979, 561). Verschiedentlich sieht das Landesrecht auch vor (s zB Art 18 BayKG; dazu VGH München BayVBl 1981, 635), dass die Kosten einer unrichtigen Sachbehandlung durch die Behörde vom Staat zu tragen sind, auch zB die infolge einer unzutreffenden Rechtsbehelfsbelehrung entstandenen Kosten.

21 **e) Keine Anwendung auf Ausgangsverfahren.** Nicht, auch nicht analog oder hins. einzelner Teil-Regelungen, anwendbar ist § 80 auf die Kosten, die den Beteiligten im Verfahren zum Erlass des Ausgangs-VA erwachsen sind.[17] Insoweit ist grundsätzlich allein das Verwaltungskostenrecht maßgeblich. Da dies idR keine Erstattung vorsieht, können die Beteiligten einen Anspruch auf Kostenersatz erfolgreich nur geltend machen, wenn das Fachrecht dies ausnahmsweise vorsieht. In Betracht kommt ferner eine Erstattung unter dem Gesichtspunkt der Enteignung oder des enteignenden bzw enteignungsgleichen Eingriffs als Teil der Entschädigung (vgl BGH NJW 1984, 1172) oder der Aufopferung, im öffentlichen Dienstrecht, vor allem bei Beamten und Soldaten, auch unter dem Gesichtspunkt einer Verletzung der Fürsorgepflicht des Dienstherrn, in anderen Fällen uU unter dem Gesichtspunkt der Amtshaftung geltend machen. Zu vorprozessualen Kosten BGH NJW 1986, 2243 und Ulrich MDR 1973, 559.

22 **Zumindest in förmlichen Verfahren** gem §§ 63ff oder nach anderen Gesetzen erscheint entgegen der hM eine analoge Anwendung der Grundsätze des § 80 sowie auch der §§ 154ff VwGO unter dem Gesichtspunkt der Waffengleichheit geboten;[18] ebenso in **Planfeststellungsverfahren** gem §§ 72ff oder nach anderen Gesetzen (s zur Kostenerstattung im Anhörungsverfahren gem § 73 auch Büllesbach/Diercks DVBl 1991, 475; **aA** BVerwG NVwZ 1990, 59; Pietzner/Ronellenfitsch § 44 Rn 17; Knack 22).

23 **f) Geltung in Abgabensachen.** Nicht restlos geklärt ist, ob und inwieweit die § 80 entsprechenden Vorschriften der Verwaltungsverfahrensgesetze der Länder auch in Kommunalabgabensachen anwendbar sind.[19] Die § 2 Abs 2 Nr 1 entsprechenden Vorschriften der Landesgesetze sehen idR vor, dass das Verwaltungsverfahrensgesetz des jeweiligen Landes für Verfahren nicht gilt, in denen Rechtsvorschriften der AO anzuwenden sind. Die AO gilt im Kommunalabgabenrecht jedoch nicht unmittelbar, sondern nur auf Grund besonderer, meist selektiver Verweisungen in den Kommunalabgabengesetzen. Es ist Auslegungsfrage, ob die jeweilige landesrechtliche Verweisungsnorm auch das Vorverfahren erfasst (MB 10; Kortmann DVBl 1980, 600; Flohr KStZ 1978, 21). Der Versuch, durch Einfügung eines § 80a AO 1977 das Problem zu lösen, schlug fehl; die Vorschrift erlangte keine Gültigkeit, s VGH München BayVBl 1984, 542; allg zu dieser Vorschrift auch Eberl DStR 1982, 27.

24 Auf Länderebene gelten die § 80 entsprechenden Ländervorschriften für den Bereich des Kommunalabgabenrechts in

---

[17] BVerwG NVwZ 1990, 59: kein Kostenerstattungsanspruch, auch nicht unter dem Aspekt der Waffengleichheit; München BayVBl 1990, 434; OVG Münster NVwZ 1982, 252.

[18] Vgl Büllesbach/Diercks DVBl 1991, 495; allg auch BGH NJW 1986, 2243; Ulrich MDR 1973, 559; Weimar NJW 1989, 3246; Lipp NJW 1992, 1913; **aA** BSG NVwZ-RR 1992, 286; Pietzner/Ronellenfitsch § 44 Rn 17; Knack 22.

[19] S allg zur Anwendbarkeit im Kommunalabgabenrecht BVerwGE 82, 336 = NVwZ 1990, 651; 88, 44; Pietzner VerwArch 1982, 231; Pietzner/Ronellenfitsch § 44 Rn 16; Allesch DÖV 1990, 272; Kleiner KStZ 1991, 60.

- Baden-Württemberg[20] seit der Neufassung des § 80 Abs 4 Nr 2 VwVfGBW (VGH Mannheim NVwZ 1992, 584),
- Bayern[21] seit der Änderung des Art 2 Abs 2 Nr 1 bayVwVfG; die ablehnenden Entscheidungen sind insoweit überholt,
- Bremen auf Grund von § 2 Abs 2 Nr 1 bremVwVfG,
- Hamburg, welches in § 2 Abs 2 Nr 1 HmbVwVfG nur die Verfahren der Landesfinanzbehörden in Steuerangelegenheiten ausnimmt,
- Mecklenburg-Vorpommern auf Grund von § 80 Abs 4 Nr 2 VwVfG M-V,
- Niedersachsen auf Grund von § 2 Abs 2 Nr 1 ndsVwVfG nach der Änderung im Jahre 1985,
- Rheinland-Pfalz gem § 3 Abs 5 S 1 RhPfKAG auf Grund des Verweises auf § 19 RhPfAGVwGO,
- Saarland gem § 2 II Nr 1 SaarlVwVfG (OVG Saarlouis NVwZ 1987, 508),
- Sachsen-Anhalt § 2 II Nr. 1 VwVfG LSA,
- Schleswig-Holstein gem § 11 SchlHKAG.

Aufgrund der Rspr des BVerwG zur Regelung in Nordrhein-Westfalen[22] (BVerwGE 82, 336) ist davon auszugehen, dass gegenwärtig § 80 keine Anwendung finden kann in Berlin, Brandenburg, Nordrhein-Westfalen und Thüringen (s hierzu Pietzner/Ronellenfitsch § 44 Rn 19; Allesch DÖV 1990, 272). Insoweit findet also eine Kostenerstattung in Widerspruchsverfahren bzw Einspruchsverfahren in Kommunalabgabensachen nicht statt. In diesen Fällen bestimmt sich die Rechtslage vielmehr nach der AO, die eine Erstattung von Kosten des Einspruchsverfahrens generell nicht kennt.

II. Erstattungspflicht (Abs 1)

1. Erstattungspflicht bei erfolgreichem Widerspruch (S 1). Nach Abs 1 iVm § 73 Abs 3 S 2 VwGO hat die Widerspruchsbehörde (bzw nach § 72 VwGO die Ausgangsbehörde, wenn sie dem Widerspruch abhilft), bei einem Erfolg des Widerspruchs dem Rechtsträger, dessen Behörde den angefochtenen VA erlassen hat, die Erstattung der entstandenen Aufwendungen aufzuerlegen, bei nur teilweisem Erfolg, einen entsprechenden Teil der Aufwendungen. § 80 macht dabei keinen Unterschied zwischen einem Erfolg des Widerspruchs aus Rechtsgründen oder wegen Unzweckmäßigkeit der Ausgangsentscheidung oder auch wegen inzwischen eingetretener Änderung der Sach- oder Rechtslage.[23] Ob dem Widerspruch zu Recht stattgegeben wurde oder nicht, ist für die Kostenentscheidung unerheblich BVerwG NVwZ 1983, 544; OVG Berlin NJW 1982, 2516); ebenso, ob durch den im Widerspruchsverfahren aufgehobenen VA überhaupt eine rechtliche oder faktische Beschwer eingetreten war oder wäre (BVerwGE 79, 296). Die Kostenfolge nach Abs 1 tritt sogar dann ein, wenn die Widerspruchsbehörde einem Widerspruch durch Widerspruchsbescheid stattgegeben hat, obwohl der Widerspruch gar nicht statthaft war (offen BVerwGE 77, 270 = NJW 1988, 88; vgl auch einerseits BVerwG NVwZ 1983, 345, andererseits BVerwG NVwZ 1983, 544). Für die Kostenentscheidung ist auch ohne Bedeutung, ob der Wider- 25

[20] So VGH Mannheim NVwZ 1992, 584 – unter Aufgabe der früheren abw Rspr, zB VGH Mannheim NVwZ 1982, 633 = VBlBW 1982, 13; VBlBW 1982, 47.

[21] Vgl BVerwGE 82, 336 = NVwZ 1990, 651 = BayVBl 1990, 89; **aA** – durch die vorstehende Entscheidung dann jedoch überholt – VGH München BayVBl 1984, 542; NVwZ 1983, 615 = BayVBl 1982, 439; Giehl 2b; Allesch DÖV 1990, 274.

[22] OVG Münster 34, 76 = DVBl 1979, 787; NVwZ 1992, 585 – zum Erschließungsbeitragsrecht –; KStZ 1979, 151; Erichsen VerwArch 1979, 349 mwN; **aA** Kortmann DVBl 1980, 600; MB § 80 Rn 10.

[23] Begr 92; OVG Berlin NJW 1982, 2516; VGH Mannheim NJW 1986, 1371; OVG Münster DÖV 1992, 124; Altenmüller DVBl 1978, 286; vdGK 4.

spruchsführer durch sein Verhalten – etwa verspätetes Vorbringen – dazu beigetragen hat, dass er nicht schon vor der Ausgangsbehörde Erfolg hatte (Altenmüller DÖV 1978, 908; Knack 39). Maßgeblich ist allein die durch einen Widerspruchsbescheid oder Abhilfebescheid getroffene Entscheidung.

26 **Die Regelung des § 80 Abs 1 S 1 ist zwingend;** die Behörde kann die Widerspruchsentscheidung oder einzelne Verfahrenshandlungen nicht von einem vorherigen Verzicht auf eine spätere Erstattung abhängig machen (vgl VGH Mannheim NJW 1986, 1371, jedoch mit einer nicht zu rechtfertigenden Ausnahme für bestimmte Kosten für eine medizinische Untersuchung im Rahmen der Beweisaufnahme). Lediglich im Rahmen eines Vergleichsvertrages gem § 55 kann eine abweichende Regelung über die Kosten getroffen werden. Dann aber ist § 80 ohnehin nicht direkt anwendbar.

27 **Als Obsiegen ist es auch anzusehen,** wenn die Widerspruchsbehörde auf den Widerspruch hin die Sache wegen eines Verfahrens- oder Inhaltsfehlers an die Ausgangsbehörde zur erneuten Sachprüfung und Entscheidung zurückverweist (Knack 34). Erfolgt die Zurückverweisung in Verbindung mit inhaltlichen Anweisungen für die zu treffende neue Entscheidung, so ist nach diesen zu beurteilen, ob bzw in welchem Umfang der Widerspruch als erfolgreich iS von Abs 1 S 1 zu werten ist (Knack 35). S 1 ist **analog auch bei Rücknahme eines VA,** gegen den Widerspruch eingelegt war, anwendbar, wenn die Rücknahme ausschließlich aus Gründen erfolgt, die zur Abhilfe verpflichtet hätten, weil sonst die Kostenerstattungspflicht unterlaufen würde (BVerwG NVwZ 1997, 272; Meister DÖV 1985, 146; Hufen Rn 534; Renz DÖV 1991, 140; Knack 67; Marwinski NWVBl 1992, 223, str; **aA** wohl Altenmüller DVBl 1978, 286).

28 **2. Erstattungspflicht bei Verfahrens- und Formfehlern (S 2).** Nach Abs 1 S 2 gilt dasselbe wie nach S 1 auch dann, wenn der Widerspruch zwar im Ergebnis erfolglos blieb, dies aber darauf zurückzuführen ist, dass ein Verfahrens- oder Formmangel nachträglich gem § 45 oder nach entsprechenden Vorschriften oder allgemeinen Rechtsgrundsätzen geheilt wurde. Nach dem Zweck der Regelung ist Abs 1 S 2 dahin zu verstehen, dass die Erstattungspflicht nur dann entfällt, wenn die **Heilung nach Einlegung des Rechtsbehelfs** erfolgte oder dem Rechtsbehelfsführer bekannt wurde (Altenmüller DVBl 1978, 287 aE; Hufen Rn 534; Obermayer 16; MB 15; **aA** StBS 38; wohl auch Knack 41 f). Andererseits ist die Regelung analog auch auf Fälle einer Unbeachtlichkeit des Mangels gem § 46 anwendbar, zumindest dann, wenn die Unbeachtlichkeit nicht offensichtlich ist (ebenso Altenmüller DVBl 1978, 288; RÖ § 73 Rn 27; Hufen Rn 354; **aA** StBS 41; Knack 42; Pietzner/Ronellenfitsch § 43 Rn 3).

29 **Bei nur teilweisem Erfolg** gilt Abs 1 S 1 und 2 für den Teil der Aufwendungen, der dem Verhältnis zwischen Erfolg und Misserfolg des Rechtsbehelfs entspricht, dh die Aufwendungen sind wie nach § 155 Abs 1 VwGO entsprechend zu teilen (Begr 92; BVerwG NVwZ 1993, 1099; OVG Münster DÖV 1992, 124; VGH München BayVBl 1988, 629). Die Möglichkeit, entsprechend § 155 Abs 1 S 1 VwGO die Kosten gegeneinander aufzuheben, dh dass jeder seine ihm unmittelbar, zB durch Beiziehung eines Rechtsanwalts, entstandenen Kosten selbst trägt und die Verfahrenskosten geteilt werden, erscheint für die Kosten des Widerspruchsverfahrens wenig geeignet, weil bei den Beteiligten selbst Kosten in ganz unterschiedlicher Höhe anfallen können.[24]

30 **3. Erstattungspflicht bei erfolglosem Widerspruch (S 3). a) Grundsatz.** Abs 1 S 3 trifft eine S 1 entsprechende Regelung für die Erstattung notwendiger Aufwendungen der Ausgangsbehörde (nicht auch der Widerspruchbehörde) zu-

---

[24] Altenmüller DÖV 1978, 910; P § 46 Rn 1; Obermayer 15; Knack 33, 51: nur, wenn durch Gesetz ausdrücklich zugelassen.

gunsten des Rechtsträgers, dem die Behörde angehört, die den erfolglos angefochtenen VA erlassen hat. Vgl dazu auch OVG Koblenz NVwZ-RR 1990, 668. Kein Fall der Erfolglosigkeit iS von Abs 1 S 3 ist die Rücknahme des Widerspruchs oder Erledigung der Hauptsache (BVerwGE 60, 204).

b) Ausnahmen. Nach Abs 1 S 3 2. Halbs. gilt von diesem Grundsatz eine Ausnahme für Widersprüche gegen VAe, die im Rahmen eines bestehenden oder früheren **Dienst- oder Amtsverhältnisses** oder einer gesetzlichen **Dienstpflicht** bzw eines **Ersatzdienstes** usw ergangen sind. Diese Ausnahmeregelung trägt dem Gedanken der Fürsorgepflicht des Dienstherrn Rechnung, mit der ein Kostenrisiko des Beamten, Richters, Wehrpflichtigen, Berufssoldaten, Ersatzdienstpflichtigen usw schwer vereinbar wäre (Begr 92). Unter die Regelung fallen auch Widersprüche gegen VAe, die ihren Grund in einem früheren Dienstverhältnis haben, zB gegen nachträglich durch VA geltend gemachte Rückforderung von Bezügen usw; ebenso Widersprüche gegen VAe, die in unmittelbarem Zusammenhang mit der beabsichtigten Begründung eines Dienstverhältnisses usw stehen, zB auch gegen Entscheidungen im Rahmen von Einstellungsprüfungen.[25] Keine Kosten hat der erfolglose Widerspruchsführer außerdem in Fällen zu erstatten, in denen der Widerspruch nur deshalb erfolglos war, weil die Behörde die (vorher bestehende) Fehlerhaftigkeit des angegriffenen VA nach Einlegung des Widerspruchs gem § 45 (oder nach entsprechenden Vorschriften oder allgemeinen Grundsätzen) geheilt hat. 31

4. Erstattungsfähige Aufwendungen. a) Erforderlichkeitsgrundsatz. Zu erstatten sind gem § 80 Abs 1 S 1 bis 3, der § 162 VwGO nachgebildet ist, nur die zur zweckentsprechenden Rechtsverfolgung oder Rechtsverteidigung notwendigen Aufwendungen des Widerspruchsführers bzw der Ausgangsbehörde. Das sind entspr der Rspr zu § 162 VwGO, die auch hier sinngemäß anzuwenden ist (ebenso BVerwGE 60, 103; UL § 47 Rn 3), alle Aufwendungen, die ein verständiger, weder besonders ängstlicher, noch besonders unbesorgter Beteiligter im Hinblick auf die Bedeutung und rechtliche oder sachliche Schwierigkeit der Sache vernünftigerweise für erforderlich halten durfte.[26] Auf die Sicht einer rechtskundigen Person kommt es insoweit nicht an; ebenso wenig auf eine ex-post-Beurteilung auf Grund der in der Hauptsache ergangenen Entscheidung der Behörde bzw später des Gerichts. Für die Erstattungsfähigkeit gilt der allgemeine Grundsatz, dass jeder Verfahrensbeteiligte die Pflicht hat, „die Kosten im Rahmen des Verständigen nach Möglichkeit niedrig zu halten" (BVerwGE 79, 232 = NVwZ 1988, 723; Obermayer 26: sog **„Verbilligungsgrundsatz"**; Knack 91 ff). Über die Notwendigkeit der einzelnen Aufwendungen wird im Kostenfestsetzungsverfahren nach Abs 3, vorbehaltlich der Möglichkeit eines Rechtsbehelfs, entschieden. 32

b) Beispiele. Zu den Kosten gehören zB **Telefon-**, **Porto-** und **Fernschreibgebühren** (vgl OVG Münster NVwZ-RR 1995, 123: Telefonkosten, sofern glaubhaft gemacht), auch zB die Kosten einer notwendigen **Übersetzung** (vgl BVerfG NJW 1990, 3072), die Kosten für eine **Auskunft** zum ausländischen Recht, die **Gebühren des Widerspruchsverfahrens** (OVG Koblenz NVwZ-RR 1990, 668). Zu Rechtsanwaltskosten s Abs 2 (unten Rn 41). Zur Berücksichtigung der Mehrwertsteuer bei zum Vorsteuerabzug Berechtigten vgl OVG Hamburg NJW 1991, 575 mwN; zu den Kosten der Zuziehung eines Bevollmächtigten s unten Rn 41. Die **Fahrt zu einem Termin** und zumindest eine Fahrt zur Information des Bevollmächtigten sind grundsätzlich auch für den durch einen Rechtsanwalt vertretenen Beteiligten (vgl VGH München BayVBl 1974, 595) bzw 33

---

[25] StBS 57; Knack 56: Streitigkeiten über Anbahnung oder Eingehung eines Dienstverhältnisses werden nicht erfaßt.

[26] BVerwGE 61, 102; StBS 60; Knack 91 mwN; ebenso zum Prozessrecht BVerwGE 17, 245; 55, 299; VGH München NJW 1978, 2414; OVG Münster NJW 1978, 2414; Kopp/Schenke § 162 Rn 3.

seinen gesetzlichen oder sonstigen Vertreter – bei Behörden zB auch des Behördenleiters, seines Vertreters oder des zuständigen Sachbearbeiters – erstattungsfähig (VGH Kassel DÖV 1976, 607; Knack 92).

34 **c) Nicht erstattungsfähige Kosten.** Für den **Verlust an Zeit** für die Abfassung und Begründung des Widerspruchs und sonstiger Schreiben im Zusammenhang damit und für die aufgewandte eigene Mühe kann ein Beteiligter grundsätzlich keine Erstattung verlangen,[27] auch nicht für die Zeit und Mühe eines Angestellten, **anders dagegen** in entspr Anwendung von § 2 ZSEG für einen etwaigen **Verdienstausfall** und entgangenen Gewinn (BVerwG NVwZ 1988, 723; VGH München BayVBl 1974, 595; Knack 94; StBS 62) oder für **bezahlten Urlaub** und für die Zeitversäumnis von Organen und Mitarbeitern einer juristischen Person (KG JurBüro 1986, 277). Grundsätzlich keinen Ersatz verlangen kann die Behörde, selbst wenn sie für die mit Rechtsbehelfen anfallende Arbeit zusätzliches Personal anstellen muss (BGH NJW 1976, 1256); anders ggf für Reisekosten zu einem im Abhilfeverfahren (§ 72 VwGO) oder im Widerspruchsverfahren angesetzten Ortstermin (vgl Knack 92).

35 **Der sich selbst vertretende Rechtsanwalt** hat Anspruch auf Ersatz von Gebühren in derselben Höhe wie bei Vertretung Dritter,[28] ebenso der sich selbst vertretende Rechtslehrer an einer deutschen Hochschule (str; wie hier OVG Münster NJW 1976, 1333; Kopp/Schenke § 162 Rn 9; **aA** wohl BVerfG NJW 1986, 422).

36 **d) Kosten für private Fachgutachten.** Solche Gutachten sind grundsätzlich nur erstattungsfähig, wenn es sich um Gutachten handelt, die ein nicht selbst hinreichend sachkundiger Beteiligter zur Wahrung der „Waffengleichheit", um zu schwierigen fachlichen Fragen Stellung nehmen zu können, für erforderlich halten durfte (VGH München BayVBl 1977, 701; OVG Bremen NJW 1987, 1943). Dies gilt insb für Gutachten zur Widerlegung oder Erschütterung eines von der Behörde eingeholten Gutachtens, oder wenn die Behörde einen entsprechenden Beweisantrag nach § 26 Abs 2 auf Einholung eines Gutachtens abgelehnt hat. Dass das Gutachten die im Widerspruchsverfahren in Auftrag gegeben wurden, die Entscheidung der Behörde beeinflusst oder erleichtert hat, ist nicht erforderlich. **Nicht entgegengehalten werden** kann den Kosten für Gutachten, die im Widerspruchsverfahren in Auftrag gegeben wurden, dass die Gutachten sachlich schon zum Ausgangsverfahren gehört hätten (**aA** VGH Mannheim NVwZ-RR 1992, 53; NJW 1986, 1370; OVG Lüneburg UPR 1986, 186; Knack 93); die Notwendigkeit von Gutachten kann sich oft gerade auch erst angesichts der Begründung des angegriffenen VA und zur Unterstützung des Widerspruchsvorbringens ergeben, während der Betroffene im Ausgangsverfahren noch vielleicht damit rechnen konnte, auch ohne Gutachten eine für ihn positive Entscheidung zu erreichen.

37 **Kosten für Rechtsgutachten und Rechtsberatung**[29] sind idR nur bei einem nicht durch einen Rechtsanwalt vertretenen rechtskundigen Widerspruchsführer Beteiligten erstattungsfähig, bei einem durch einen Rechtsanwalt vertretenen nur, wenn sie Rechtsfragen betreffen, die ein Rechtsanwalt nicht in angemessener Zeit selbst klären kann.

38 **e) Kosten von Behörden.** Bei Behörden ist der Begriff der Rechtsverfolgung oder Rechtsverteidigung iS von S 2 (nur) in einem weiteren Sinn zu verstehen, denn Behörden haben im Allgemeinen keine ihnen als solche zustehenden Rechte

---

[27] BVerwG NVwZ 1994, 183; VGH Mannheim NVwZ-RR 1993, 184; OVG Lüneburg NJW 1969, 1923; VGH München BayVBl 1975, 29; Knack 94.

[28] Str, wie hier BVerwGE 61, 104 = DVBl 1981, 680; OVG Münster NVwZ-RR 1990, 279 und 668; StBS 61; vgl auch BVerfG NJW 1990, 2124; Schmidt BayVBl 1982, 91; **aA** BFH 104, 306; 108, 574; VGH München NJW 1978, 2414; VGH Mannheim AnwBl 1980, 219; NVwZ 1982, 633; Pietzner/Ronellenfitsch § 46 Rn 18; Knack 73.

[29] S allg zur Erstattungsfähigkeit grundsätzlich bejahend BVerwG NVwZ 1988, 723; Terstegen BayVBl 1991, 167; für Beratungskosten auch BVerwGE 79, 231.

zu wahren, sondern das öffentliche Interesse und ihre Kompetenzen. Als Aufwendungen kommen hier zB notwendige **Fahrtkosten** eines Vertreters der Ausgangsbehörde zu einer Besprechung der Sache mit der Widerspruchsbehörde usw in Betracht, nicht dagegen Aufwendungen für Handlungen, die ebenso gut von der Widerspruchsbehörde vorgenommen werden können; ebenso wenig Handlungen, die im Zusammenhang mit dem Erlass eines Zweitbescheids stehen, durch den nach allgemeinen Grundsätzen oder gem § 50 dem Widerspruch abgeholfen werden soll.

5. Selbstverschuldete Aufwendungen (Abs 1 S 4). Abs 1 S 4 sieht in Anlehnung an § 155 Abs 5 VwGO eine Ausnahme von der Erstattungspflicht der Behörde (bzw des Rechtsträgers, dem diese angehört) für solche Aufwendungen vor, die der Erstattungsberechtigte bzw sein gesetzlicher oder besonderer Vertreter oder Bevollmächtigter selbst verschuldet hat. Unter S 4 fallen zB die Fahrtkosten des Vertreters der Ausgangsbehörde zu einem Beweistermin, der wiederholt werden muss, weil dieser zu diesem Termin benötigte Unterlagen vergessen hat, uä (Knack 99f). Auf bloße Verursachung von Kosten ohne Verschulden ist Abs 1 S 4 nicht, auch nicht analog, anwendbar (ebenso Knack 99). Das Verschulden eines Bevollmächtigten ist dem Erstattungberechtigten zuzurechnen (Knack 100). 39

Die Regelung führt nur zu einer Minderung des eigenen Erstattungsanspruchs des im übrigen Erstattungsberechtigten. Anders als § 155 Abs 5 VwGO ist Abs 1 S 4 **keine selbstständige Anspruchsgrundlage,** auf die ein mit seinem Widerspruch erfolglos gebliebener Beteiligter einen Erstattungsanspruch gegen den Rechtsträger, dessen Behörde den VA erlassen hat, stützen könnte, zB wenn er durch eine falsche Rechtsbehelfsbelehrung oder eine unzutreffende Begründung des VA zu einem aussichtslosen Widerspruch veranlasst wurde (Knack 99f). Der Betroffene kann einen entsprechenden Anspruch nur unter dem Gesichtspunkt der Amtshaftung, eines enteignungsgleichen Eingriffs usw geltend machen (Begr 92). 40

III. Hinzuziehung eines Bevollmächtigten (Abs 2)

1. Notwendigkeit der Hinzuziehung. Abs 2 trifft eine Sonderregelung, durch die Abs 1 insoweit konkretisiert wird (BVerwG DVBl 1985, 167 mwN), für die Erstattung von Gebühren eines im Verfahren zugezogenen Rechtsanwalts oder Rechtslehrers an einer deutschen Hochschule oder sonstigen Bevollmächtigten. Die Gebühren und Auslagen dieser Bevollmächtigten sind nur erstattungsfähig, wenn die Zuziehung des Bevollmächtigten durch die Widerspruchsbehörde bzw Abhilfebehörde nach § 72 VwGO durch VA (der für das Kostenfeststellungsverfahren bindend ist, vgl Rn 9) für notwendig erklärt worden ist (vgl BVerwGE 79, 297). Diese Regelung lehnt sich an § 162 Abs 2 VwGO an (Begr 92) und ist grundsätzlich im gleichen Sinn zu verstehen und anzuwenden,[30] dh maßgebend sind insoweit **dieselben Grundsätze wie zu § 162 Abs 2 S 2 VwGO.** Wegen der unklaren Fassung („... oder eines sonstigen Bevollmächtigten") ist umstritten, ob Abs 2 nur für die Kosten für die Zuziehung eines Bevollmächtigten ieS gem § 14 Abs 1 und § 15, oder auch für Vertreter gem §§ 16–19 und Beistände gem § 14 Abs 4 gilt. Verneint man die Anwendbarkeit insoweit (so StBS 79), so ergibt sich die Erstattungsfähigkeit jedoch aus Abs 1. 41

Abs 2 gilt nur für die Kosten einer Vertretung; die Kosten einer fachkundigen Beratung sind, soweit sie für die zweckmäßige Rechtsverfolgung im Widerspruchsverfahren erforderlich sind, grundsätzlich als sonstige Aufwendungen unmittelbar gem Abs 1 S 1 bei der für die Kostenfestsetzung zuständigen Behörde geltend zu machen (BVerwGE 79, 233 = NVwZ 1988, 721; VGH München BayVBl 1992, 604; Müller JA 1989, 317; Knack 70). Entsprechendes gilt für die 42

[30] BVerwGE 55, 299 = NJW 1978, 1986; DVBl 1978, 632; VGH München BayVBl 1982, 693; VGH Mannheim NVwZ 1982, 633; OVG Münster NVwZ-RR 1990, 668; MB 23; Knack 68, 90.

Kosten der Zuziehung eines Beistands, wenn man die oben dargelegte Gleichstellung insoweit mit einem Bevollmächtigten ablehnt. Die Anerkennung solcher Kosten ist jedenfalls dann geboten, wenn auch die Zuziehung eines Rechtsanwalts oder sonstigen Bevollmächtigten als Bevollmächtigter für notwendig zu erklären wäre (BVerwGE 79, 233 = NVwZ 1988, 723). Im Gegensatz zu den Vertretungskosten nach Abs 2, Abs 3 S 2 („Zuziehung eines Bevollmächtigten") hat die Erstattungsfähigkeit der Kosten einer bloßen Beratung ohne Bevollmächtigung zur Vertretung nicht eine (positive) Entscheidung über die Notwendigkeit nach Abs 3 S 2 durch die Widerspruchsbehörde zur Voraussetzung; vielmehr entscheidet darüber wie über die sonstigen Kosten die für die Kostenfestsetzung zuständige Behörde (BVerwGE 79, 226 = NVwZ 1988, 721).

43 **2. Aufnahme in die Kostenentscheidung.** Anders als bei sonstigen Aufwendungen ist nach Abs 3 S 2 über die Notwendigkeit der Zuziehung eines Rechtsanwalts uä in der Kostenentscheidung des Abhilfe- oder des Widerspruchsbescheids (bzw, soweit erforderlich, eines Ergänzungsbescheids dazu) nach § 73 Abs 3 S 2 bzw § 72 VwGO selbstständig zu entscheiden (VA, vgl BVerwGE 75, 108; 79, 297; 88, 45; VGH Kassel AgrarR 1984, 48: ohne eine solche Entscheidung sind die Kosten nicht erstattungsfähig). Die Kostenentscheidung ist insofern jedoch uU auslegungsfähig (BVerwGE 75, 109 = BayVBl 1987, 606), nach den näheren Umständen genügt ggf auch ein Hinweis auf Abs 2 in der Kostenentscheidung. Die Behörde hat insoweit **keinen Ermessensspielraum** (VGH München BayVBl 1989, 758; Knack 75). Über die Notwendigkeit hat die Widerspruchsbehörde von Amts wegen zu entscheiden. Eines **Antrags bedarf es nicht** (Knack 74); trotzdem ist Antragstellung idR zweckmäßig. Als notwendig anzuerkennen ist die Zuziehung eines Bevollmächtigten dann, wenn ein verständiger Bürger mit gleichem Bildungs- und Erfahrungsniveau sich bei der gegebenen Sachlage eines Bevollmächtigten bedienen würden. Kein Anspruch auf diese Feststellung besteht, wenn ein Rechtsanwalt sich selber vertritt (Pietzner/Ronellenfitsch § 46 Rn 18; **aA** StBS 61).

44 **Voraussetzung für die Entscheidung über die Notwendigkeit** der Zuziehung eines Anwalts ist stets eine Kostenentscheidung gem § 73 Abs 3 S 2 VwGO (oder § 72 iV mit § 73 Abs 3 S 2); ohne eine solche würde sie „in der Luft" hängen und bliebe für den Beteiligten ohne Bedeutung (BVerwGE 82, 336 = NVwZ 1990, 651).

45 **3. Notwendigkeit der Hinzuziehung. a) Allgemeines.** Notwendig ist die Zuziehung eines Rechtsanwalts oder sonstigen sachkundigen Bevollmächtigten entspr der Rspr zu § 162 Abs 2 S 2 VwGO dann, wenn sie vom Standpunkt eines verständigen, nicht rechtskundigen Beteiligten für erforderlich gehalten werden durfte (BVerwGE 55, 299 = NJW 1978, 1988; BVerwG NVwZ 1983, 346; OVG Bremen NVwZ 1989, 75; Knack 80). Maßstab ist nach hM, ob sich ein vernünftiger Bürger mit gleichem Bildungs- und Erfahrungsstand bei der gegebenen Sach- und Rechtslage eines Rechtsanwaltes bedient hätte (VGH München BayVBl 1989, 758; 1994, 533; OVG Münster NWVBl 1990, 283). Notwendig ist die Zuziehung eines Bevollmächtigten, wenn es der Partei nach ihren persönlichen Verhältnissen nicht zuzumuten war, das Vorverfahren selbst zu führen (vgl BVerwG NVwZ 1987, 883; VG Braunschweig NVwZ 1988, 758), wobei Erkenntnis- und Urteilsfähigkeit des Bürgers nicht überschätzt werden dürfen (Knack 76; Pietzner/Ronellenfitsch § 46 Rn 19). Dies ist nicht nur in schwierigen und umfangreichen Verfahren zu bejahen, sondern **entspricht der Regel,** da der Bürger nur in Ausnahmefällen in der Lage ist, seine Rechte im Widerspruchsverfahren ausreichend zu wahren[31]

[31] BVerwGE 55, 299 = NJW 1978, 1988 m Anm Wolter DVBl 1978, 1006; OVG Bremen NVwZ 1989, 75; Kopp/Schenke § 162 Rn 18; StBS 81; zT **aA** BVerwGE 61, 101; BVerwG NVwZ 1987, 883; OVG Berlin NVwZ-RR 1990, 517; VGH Mannheim NVwZ-RR 1993, 111: idR nicht erforderlich, außer in komplizierten und umfangreichen Fällen.

und ist jedenfalls dann zu bejahen, wenn der Sachverhalt Tat- und Rechtsfragen aufwirft, die sich nicht ohne weiteres beantworten lassen (Knack 78; VGH München BayVBl 1985, 350). Anders liegen die Dinge bei im Umgang mit Behörden nicht unerfahrenen Personen in tatsächlicher Hinsicht einfach gelagerten Fällen, die auch keine wesentlichen rechtlichen Probleme aufwerfen (BVerwG NVwZ 1987, 883; BayVBl 1994, 123; VGH München BayVBl 1988, 758 zum Widerspruch gegen eine Musterung; Koblenz FEVS 1983, 426).

b) Beurteilungskriterien. Bei der Beurteilung sind außer der Schwierigkeit 46
und dem Umfang des Falles und der allgemeinen persönlichen Sach- und Rechtskunde des Widerspruchsführers insb auch eine berufsbedingte oder durch andere besondere Umstände bedingte Vertrautheit mit dem Sach- und Rechtsgebiet (vgl OVG Münster NVwZ 1983, 755) und die Bedeutung der Angelegenheit für den Widerspruchsführer (VG Braunschweig NVwZ 1988, 759) zu berücksichtigen. **Auch ein Rechtsanwalt** darf, wenn sich ein Bürger mit gleichem Bildungs- und Erfahrungsniveau bei gegebener Sach- und Rechtslage – auch zB wegen des großen Arbeitsaufwandes, den die Sache bedingt (Knack 81) – der Hilfe eines Rechtsanwalts bedienen würde, dies tun.[32] Grundsätzlich erforderlich ist zB die Zuziehung eines Bevollmächtigten in Kriegsdienstverweigerungssachen (BVerwGE 55, 307; 62, 196; 68, 3; BVerwG NVwZ 1988, 726). Einem Studenten der Rechtswissenschaften kann mehr zugemutet werden als einem Asylbewerber aus der Dritten Welt, der die deutsche Sprache nicht beherrscht und den deutschen Rechtskreis nicht kennt (VG Braunschweig NVwZ 1988, 759). Bei umfangreicheren Sachen kann die Zuziehung eines Bevollmächtigten auch wegen des im Zusammenhang mit der Vorbereitung (notwendige Recherchen usw) und der Abfassung der Widerspruchsschrift und dem Verkehr mit der Widerspruchsbehörde dem Widerspruchsführer sonst nicht mehr ohne weiteres zumutbaren Arbeitsanfalls geboten sein (BVerwG BayVBl 1994, 123; Knack 83).

c) Keine Erforderlichkeit für die Ausgangsbehörde. Für die Ausgangsbe- 47
hörde ist die Notwendigkeit der Zuziehung eines Bevollmächtigten idR grundsätzlich zu verneinen. Bei ihr ist davon auszugehen, dass sie angesichts der Sach- und Fachkunde ihrer Bediensteten und der Möglichkeit, Rat und Hilfe übergeordneter Behörden in Anspruch zu nehmen, eines außerbehördlichen Beistandes nicht bedarf (ähnlich Knack 83; s auch StBS 70: anders allenfalls, wenn außergewöhnliche Kenntnisse erforderlich sind). Auch die Zuziehung Bevollmächtigter zur Arbeitsentlastung ist bei Behörden grundsätzlich nicht anzuerkennen, weil sie die Erfüllung ihrer Aufgaben auch nicht teilweise Dritten übertragen können (ebenso im Ergebnis Weides 273; Knack 83).

4. Erstattung der Aufwendungen. Ist die Zuziehung eines Bevollmächtigten 48
als solche nach diesen Grundsätzen notwendig, so hat der Beteiligte, der einen Rechtsanwalt mit seiner Vertretung betraut oder als Beistand zugezogen hat, Anspruch auf Erstattung der dadurch entstandenen Kosten und braucht sich nicht entgegenhalten zu lassen, dass die Zuziehung eines kostengünstigeren Rechtsbeistandes usw ausreichend oder der Verzicht auf den Bevollmächtigten sinnvoll gewesen wäre.

a) Gebührenrahmen. Obwohl § 80 keine dem § 162 Abs 2 S 1 VwGO ent- 49
sprechende Regelung enthält, die ausdrücklich vorsieht, dass die Gebühren und Auslagen eines Rechtsanwalts oder eines Rechtsbeistands, in Steuersachen auch eines Steuerberaters, stets voll erstattungsfähig sind, gilt dies jedenfalls im Ergebnis auch für das Widerspruchsverfahren, sofern die Zuziehung des Anwalts usw als solche erforderlich war; denn es handelt sich insoweit nur um eine Folge der gesetzlichen Gebührenordnungen.

---

[32] BVerwGE 61, 102; VGH Mannheim NVwZ 1982, 633; weitergehend OVG Münster NWVBl 1990, 283.

50 **Erstattungsfähig** sind analog § 162 Abs 2 S 1 VwGO die **gesetzlich vorgesehenen Gebühren und Auslagen** (VGH München NVwZ-RR 1990, 990; NJW 1992, 854; VG Schleswig NVwZ-RR 1991, 510), bei Rechtsanwälten nach der BRAGO, einschließlich der darauf zu zahlenden Mehrwertsteuer;[33] nicht dagegen vereinbarte höhere Honorare usw (OVG Münster NJW 1969, 709; VGH München NJW 1992, 854; Mußgnug NJW 1989, 2040). Für Sonderleistungen, die ein Bevollmächtigter neben der Vertretung erbringt, wie die Erstellung von Gutachten oder die Vornahme von Übersetzungen, gelten die Sätze nach dem ZSEG, sonst die allgemeinen Grundsätze für die Berechnung von besonderen Leistungen. Für die Anwendung der Gebührenordnungen ist grundsätzlich derselbe Gegenstandswert zugrunde zu legen wie für Gerichtsgebühren (BVerwG DVBl 1990, 869). Die Aufwendungen für die Zuziehung sonstiger Bevollmächtigter, die nicht Rechtsanwälte sind, sind in der tatsächlich entstandenen Höhe zu erstatten, jedoch höchstens bis zum Ausmaß der erstattungsfähigen Gebühren eines Rechtsbeistandes (OVG Münster DÖV 1971, 716). Rechtslehrer an wissenschaftlichen Hochschulen (nicht auch an Fachhochschulen, vgl BVerwG DVBl 1975, 435) sind bezüglich der Erstattung Rechtsanwälten gleichgestellt.[34]

51 **b) Mehrkosten.** Mehrkosten, die dadurch entstehen, dass ein Rechtsanwalt, der seine Kanzlei nicht am Behördensitz hat (**auswärtiger Anwalt**), mit der Vertretung betraut wird, sind grundsätzlich nur erstattungsfähig, wenn dessen Zuziehung iS von Abs 1 notwendig war (VGH München BayVBl 1975, 343; RÖ VwGO § 162 Rn 11), insb bei Beauftragung eines Anwalts am Wohnort des Beteiligten; bei einem sowohl vom Sitz der Behörde als auch vom Wohnort bzw dem Ort der Berufstätigkeit nicht unerheblich (weit) entfernt ansässigen Rechtsanwalts jedoch nur, wenn es sich um einen Anwalt mit besonderen **fachlichen Spezialkenntnissen** handelt und es um die Entscheidung schwieriger Rechtsfragen aus dem betreffenden Fachgebiet geht (OVG Lüneburg MDR 1973, 436; VGH München BayVBl 1972, 421; 1975, 343). Mehrkosten durch gleichzeitige Beauftragung mehrerer Anwälte als Bevollmächtigte sind idR nur bis zur Höhe der Kosten eines Anwalts, zuzüglich der Kosten eines etwa erforderlichen Verkehrsanwalts, erstattungsfähig (vgl VGH Kassel NJW 1969, 1640). Entsprechendes gilt für die Zuziehung anderer Bevollmächtigter.

IV. Kostenfestsetzung (Abs 3)

52 **1. Allgemeines.** Abs 3 regelt in Anlehnung an § 164 VwGO die Festsetzung der auf Grund der Kostenentscheidung nach Abs 1 zu erstattenden Aufwendungen. Dabei ist zugleich darüber zu entscheiden, **welche Kosten als notwendig anerkannt** werden. Im Gegensatz zur Kostenentscheidung erfolgt die **Kostenfestsetzung nur auf Antrag** (Knack 87; vgl auch BVerwG NVwZ 1988, 724: Verzicht auf Antragserfordernis bei rügeloser Einlassung auf eine auf Kostenfestsetzung gerichtete Klage).

53 **2. Antragsberechtigung.** Antragsberechtigt ist nur der erstattungsberechtigte Beteiligte bzw für ihn sein Bevollmächtigter, nicht auch der Erstattungspflichtige, etwa weil er sich Klarheit über die auf ihn zukommenden Kosten verschaffen will (**aA** Knack 87); ebenso auch nicht der Bevollmächtigte im eigenen Namen, dh aus eigenem Recht (BVerwG NJW 1986, 2128; Obermayer 116, Knack 87), und zwar auch dann nicht, wenn damit zugleich die Festsetzung eines Gegenstandswerts für die Sache verbunden ist (vgl OVG Berlin DÖV 1982, 828).

---

[33] OLG Koblenz MDR 1983, 852: auch wenn der Mandant vorsteuerabzugsbefugt ist; insoweit **aA** VG Schleswig NJW 1984, 940 für Anwälte, die in eigener Sache auftreten.

[34] Ebenso Obermayer 40 unter Hinweis auf BVerwG DVBl 1975, 435; vgl auch BVerwG NJW 1978, 1173; München BayVBl 1978, 316.

Umstritten ist, ob die Kostenfestsetzung schon **vor Eintritt der Unanfechtbarkeit** der Kostenentscheidung zulässig ist. Dies wird zT mit dem Hinweis darauf verneint, dass eine solche Festsetzung vor Unanfechtbarkeit verfahrensökonomisch nicht sinnvoll sei (StBS 93; Knack 86; Obermayer 54). Nach der zutreffenden Gegenmeinung ist die Kostenentscheidung dagegen vorher zulässig, wenn bzw solange der Vollziehbarkeit der Kostenentschiedung nicht (iS von § 80 Abs 1 VwGO) die aufschiebende Wirkung eines Rechtsbehelfs gegen den Widerspruchsbescheid entgegensteht. Dies ist allerdings idR nicht zweckmäßig.[35] Sie kann in diesem Fall aber nur vorbehaltlich einer späteren abweichenden Kostenentscheidung im Rechtsbehelfsverfahren ergehen; im Kostenfestsetzungsbescheid ist darauf ausdrücklich hinzuweisen. Die Ansprüche auf Kostenentscheidung und Kostenfestsetzung können ggf auch mit derselben Klage erstritten werden (Odenthal NVwZ 1990, 641; vgl auch BVerwG NVwZ-RR 1989, 581). 54

3. Zuständigkeit, Verfahren. Zuständig für die Kostenfestsetzung ist gem Abs 3 die Behörde, die die Kostenentscheidung getroffen hat, bzw bei Entscheidung durch einen Ausschuss oder Beirat – zB durch die Prüfungskammer für Kriegsdienstverweigerer (BVerwGE 68, 5) – die Behörde, bei der der Ausschuss oder Beirat gebildet ist. Diese Regelung erfolgte, um zu verhindern, dass sonst uU die untere Instanz, deren VA aufgehoben wurde, über die Höhe der zu erstattenden Kosten zu entscheiden hat (Begr 92). Vor der Festsetzung der Kosten ist dem Erstattungspflichtigen gem § 28 **rechtliches Gehör** zu gewähren (Pietzner/Ronellenfitsch § 46 Rn 29; Knack 87). Bei einer Erstattungspflicht nur hins eines Teils der entstandenen Kosten ist entsprechend auch nur der auf den einzelnen Verpflichteten entfallende Betrag gegen ihn festzusetzen. Bei etwa gleichen Teilen können die zu leistenden Erstattungsbeträge auch analog § 106 ZPO, der einen allgemeinen Rechtsgedanken wiedergibt, gegeneinander aufgehoben werden (vgl Altenmüller DVBl 1978, 210 und DÖV 1978, 910; **aA** Knack 89: in jedem Fall getrennte Festsetzung erforderlich). 55

4. Rechtsanwaltskosten. Die Erstattung von Kosten für einen Rechtsanwalt oder einen sonstigen Bevollmächtigten hat eine Entscheidung der Behörde nach Abs 2, dass die Zuziehung eines Bevollmächtigten notwendig war, im Rahmen der Kostenentscheidung oder auch getrennt von dieser zur Voraussetzung; diese Entscheidung kann nach der ausdrücklichen Regelung des Abs 3 S 2 (anders als zT nach der Rspr zu § 162 Abs 2 S 2 VwGO; vgl BVerwGE 27, 39; Kopp/Schenke § 120 Rn 1) nicht im Rahmen der Kostenfestsetzungsentscheidung getroffen oder nachgeholt werden, sondern ggf nur in einer jederzeit zulässigen[36] – erforderlichenfalls mit der Verpflichtungsklage erzwingbaren (BVerwGE 60, 101; 77, 268) – Ergänzung der Kostenentscheidung durch VA (BVerwG NVwZ 1987, 489; NVwZ 1988, 727; OVG Berlin NJW 1982, 2516; RÖ VwGO § 73 Rn 35). Da insoweit aber dieselbe Behörde zuständig ist, kann diese Entscheidung allerdings mit der Kostenfestsetzungsentscheidung verbunden werden. 56

5. Verzinsung. Eine Verzinsung des zu erstattenden Betrags analog § 104 ZPO ist in § 80 **nicht vorgesehen;** § 104 ZPO auch nicht analog anwendbar (BVerwGE 60, 105; VGH München BayVBl 1982, 693). Der Erstattungsberechtigte hat jedoch analog §§ 291, 288 Abs 1 BGB Anspruch auf Prozesszinsen ab Klageerhebung beim Verwaltungsgericht (BVerwGE 61, 105). Über den Zinsanspruch ist durch VA im Rahmen des Kostenfestsetzungsbeschlusses oder in einem 57

[35] UL § 47 Rn 8; Altenmüller DVBl 1978, 289; Odenthal NVwZ 1990, 643; vgl auch BVerwG NVwZ-RR 1989, 581, wo offenbar von der Zulässigkeit der sofortigen Geltendmachung des Anspruchs auf Kostenerstattung zusammen mit dem Anspruch auf Kostenfestsetzung ausgegangen wird; **aA** StBS 93; Knack 86.

[36] Meister DÖV 1985, 150; StBS 27; str; offen BVerwGE 68, 2; BVerwG NVwZ 1988, 721, ob nicht in 2-Wochen-Frist gem § 120 VwGO analog.

gesonderten Bescheid zu entscheiden (**aA** VGH München BayVBl 1982, 687: allgemeine Leistungsklage).

V. Kosten bei Maßnahmen des Richterdienstrechts (Abs 4)

58 Gem Abs 4 ist § 80 auch auf das **Vorverfahren bei Maßnahmen des Richterdienstrechts** anzuwenden (BVerwGE 82, 342), für die an sich nach § 2 Abs 2 Nr 2 das VwVfG sonst nicht anwendbar ist (Begr 93). Damit werden Richter im Vorverfahren nach § 66 Abs 2 DRiG hinsichtlich der Kostenerstattung den Beamten nach Abs 1 S 3 gleichgestellt.

VI. Rechtsbehelfe

59 **1. Rechtsbehelfe gegen die Kostenentscheidung.** Die Kostenentscheidung gem § 73 Abs 3 S 2 VwGO, § 80 ist ein **selbstständig anfechtbarer VA** (BVerwG NVwZ-RR 1989, 582; VGH München BayVBl 1983, 246; 1985, 468). Die Beteiligten haben diesbezüglich unmittelbar die Anfechtungs- bzw Verpflichtungsklage. Ein weiteres Widerspruchsverfahren findet, da die Kostenentscheidung Teil des Widerspruchsbescheids ist, nicht mehr statt (OVG Münster NVwZ 1992, 585; StBS 26; Knack 103); anders bei Entscheidungen (nur) im Abhilfeverfahren gem § 72 VwGO bzw gem § 50 (RÖ VwGO § 72 Rn 2; Kopp/Schenke § 72 Rn 7; **aA** Renck DÖV 1973, 266; Schmidt BayVBl 1982, 90: kein weiteres Vorverfahren).

60 **Zulässigkeit isolierter Anfechtung.** Die Anfechtungsklage gegen die Kostenentscheidung hat nicht zur Voraussetzung, dass gleichzeitig auch der Widerspruchsbescheid, mit dem die Kostenentscheidung verbunden ist, angefochten wird (BVerwGE 17, 249; 32, 347; VGH München BayVBl 1983, 246; 1985, 468); die Regelung in **§ 158 VwGO gilt nicht** für die Anfechtung der Entscheidung nach § 73 Abs 3 VwGO über die Kosten des Vorverfahrens. Klagebefugt gem § 42 Abs 2 VwGO ist idR nur der Widerspruchsführer, nicht die Ausgangsbehörde oder der Rechtsträger, dem sie angehört (Knack 105); die Ausgangsbehörde bzw der Rechtsträger sind nur dann klagebefugt, wenn sie (er) zugleich in eigenen Rechten betroffen ist.

61 **2. Rechtsbehelfe gegen die Kostenfestsetzung. Selbständig anfechtbar** ist auch der Kostenfestsetzungsbescheid. Für die Anfechtung gelten die allg Vorschriften. Soweit keine Ausnahmeregelung gem § 68 Abs 1 S 2 VwGO besteht, ist wie bei jedem erstinstanzlichen VA grundsätzlich vor Klageerhebung ein Vorverfahren notwendig (BVerwGE 79, 236; Knack 118, 123). Das Gericht kann den Kostenfestsetzungsbeschluss aufheben bzw die Behörde zu einer anderen Entscheidung verpflichten oder auch den Kostenfestsetzungsbeschluss gem § 113 Abs 2 VwGO ändern (VGH München BayVBl 1982, 692).

62 **Die Befugnis zur Anfechtung** des Kostenfestsetzungsbescheids hat nur der Beteiligte, nicht der Bevollmächtigte im eigenen Namen.[37] Entsprechendes gilt hins. des von der Behörde festgesetzten Gegenstandswerts (OVG Berlin NJW 1982, 2516). Hins. der Klagebefugnis der Behörde bzw des Rechtsträgers, dem sie angehört, gilt dasselbe wie für die Anfechtung der Kostenentscheidung.

---

[37] BVerwG NJW 1986, 2118: setzt die Widerspruchsbehörde auf Antrag des Widerspruchsführers den Betrag der nach §§ 12, 118 BRAGO berechneten anwaltlichen Kosten gem § 80 Abs 3 S 1 VwVfG niedriger als beantragt fest, so steht hiergegen dem Rechtsanwalt, der den Widerspruchsführer im Vorverfahren vertreten hat, aus eigenem Recht kein Rechtsbehelf zu; Berlin NJW 1982, 2516: die Kostenfestsetzung ist kein VA gegenüber dem Bevollmächtigten; zT **aA** BVerwG NVwZ 1982, 36.

Teil VII. Ehrenamtliche Tätigkeit, Ausschüsse

Abschnitt 1. Ehrenamtliche Tätigkeit

§ 81 Anwendung der Vorschriften über die ehrenamtliche Tätigkeit

Für die ehrenamtliche Tätigkeit im Verwaltungsverfahren gelten die §§ 82 bis 87, soweit Rechtsvorschriften nichts Abweichendes bestimmen.

Schrifttum: *Dagtoglou,* Die Beteiligung Privater an Verwaltungsaufgaben, DÖV 1970, 532; *Götz,* Grundpflichten als verfassungsrechtliche Dimension, VVDStRL 1983, 27; *Groß,* Das Kollegialprinzip in der Verwaltungsorganisation, 1999, insbes S 52 ff; *Günther,* Die Heranziehung als Volkszähler und das Verbot des Arbeitszwanges (Art 12 Abs 2 GG), DVBl 1989, 429; *Henneke,* Haftung kommunaler Mandatsträger für rechtswidrige Beschlüsse?, Jura 1992, 125; *Hüttenbrink,* Die öffentlich-rechtliche Haftung der ehrenamtlichen Organwalter gegenüber ihren Selbstverwaltungskörperschaften, DVBl 1981, 989; *Jutzi,* Zur Ausübung kommunaler Ehrenämter durch Bundesbeamte – Dienstbefreiungsanspruch zwischen Bundes- und Landesrecht, ZBR 1980, 137; *Köttgen,* Das anvertraute öffentliche Amt, in: Smend-FS 1962, 119; *Kortmann/Andrae,* Ergänzungen aus niedersächsischer Sicht, NVwZ 1986, 451; *Krämer,* Die bürgerschaftliche Selbstverwaltung unter den Notwendigkeiten des egalitären Sozialstaats, 1970; *Krautzberger,* Die Erfüllung öffentlicher Aufgaben durch Private, 1971; *Kuhn,* Die Haftung bei ehrenamtlicher Tätigkeit im Verwaltungsverfahren, Der Städtetag 1967, 538; *Ossenbühl/Gallwas,* Die Erfüllung von Verwaltungsaufgaben durch Private, VVDStRL 1971; *Pieck,* Beamtenähnliche öffentlich-rechtliche Dienstverhältnisse, DÖV 1966, 217; *Rengeling,* Erfüllung staatlicher Aufgaben durch Private, 1986; *Rothe,* Der Umlegungsausschuss nach dem BauGB in den neuen Bundesländern, LKV 1994, 86; *Schnorr,* Was wird aus dem kommunalen Ehrenamt?, Der Landkreis 1991, 111; *Schröer,* Die Haftung von Stadt- und Gemeinderats- sowie von Kreistagsmitgliedern bei Amtspflichtverletzungen, NVwZ 1986, 449; *Steiner,* Öffentliche Verwaltung durch Private, 1975; *Stober,* Der Ehrenbeamte in Verfassung und Verwaltung, 1981, 23.

Übersicht

I. Allgemeines

1 **1. Inhalt.** Die Bestimmung regelt die Anwendung der §§ 82–87 über die ehrenamtliche Tätigkeit von Bürgern im Verwaltungsverfahren. Der Abschnitt über die ehrenamtliche Tätigkeit wurde als sog **annexe Materie** in das VwVfG vor allem wegen der großen Bedeutung ehrenamtlicher Tätigkeiten im Bereich der öffentlichen Verwaltung aufgenommen (Begr 93). Die §§ 82–87 stellen keine abschließende Regelung dar, sondern betreffen nur einzelne Fragen des Rechts der ehrenamtlichen Tätigkeit. Sie betreffen nur das Innenverhältnis der ehrenamtlich Tätigen zur Verwaltung und enthalten keine Regelungen über die Befugnisse zu außenwirksamem Handeln. Allerdings folgt aus den §§ 84 ff, dass ehrenamtlich

Tätige im Verwaltungsverfahren eingesetzt werden dürfen. Für das Außenverhältnis gelten die allgemeinen Vorschriften.

2 **2. Anwendungsbereich.** Die Anwendung der §§ 81 ff ist beschränkt auf die ehrenamtliche **Tätigkeit „im Verwaltungsverfahren"**, dh auf die Mitwirkung in solchen Verfahren, die auf den Erlass von VAen und den Abschluss öffentlichrechtlicher Verträge gerichtet sind (vgl § 9), auch in förmlichen Verfahren gem §§ 63 ff und in Planfeststellungsverfahren gem §§ 72 ff (StBS 10; Knack 3). Da im Außenverhältnis zum Bürger regelmäßig hauptamtliche Bedienstete der Verwaltung tätig werden, betrifft die ehrenamtliche Tätigkeit im Wesentlichen, aber nicht notwendig allein, die nicht nach außen gerichtete Tätigkeit im Verwaltungsverfahren.

II. Begriff der ehrenamtlichen Tätigkeit

3 **1. Merkmale. a) Allgemeines.** Ehrenamtliche Tätigkeit iS des § 81 ist jede unentgeltliche Mitwirkung bei der Erfüllung öffentlicher Aufgaben, die auf Grund behördlicher Bestellung **außerhalb eines haupt- oder nebenamtlichen Dienstverhältnisses** stattfindet (Begr 93; UL § 13 Rn 5; Knack 3; StBS 7; Obermayer 6; Günther DVBl 1988, 429 mwN). Die Zahlung einer auch pauschalierten Aufwandsentschädigung steht nicht entgegen. Freiwilligkeit ist nicht Voraussetzung. Gedacht ist vor allem an die Mitwirkung von Bürgern in Ausschüssen, wie dem Sozialhilfeausschuss nach § 114 BSHG, dem Ausschuss nach § 64 JArbSchG usw. Die Tätigkeit muss öffentlich-rechtlicher Natur sein. Die Ernennung zum Ehrenbeamten erfolgt durch mitwirkungsbedürftigen VA (Knack 3; UL § 13 Rn 4), der, soweit durch Rechtsvorschriften nichts anderes bestimmt ist, auch formlos, insb mündlich ergehen kann. Zur **Haftung** für Schäden bei ehrenamtlicher Tätigkeit s § 83 Rn 11 ff.

4 **b) Abgrenzung zu anderen Dienstverhältnissen.** Die ehrenamtliche Tätigkeit muss außerhalb eines sonstigen öffentlichen Dienstverhältnisses haupt- oder nebenamtlicher Natur stehen. **Nicht als ehrenamtliche Tätigkeit** iS der §§ 81 ff ist die Tätigkeit als Ehrenbeamter iS der §§ 5 Abs 3, 177 BBG, §§ 3 Abs 2, 115 BRRG und des Gemeinderechts anzusehen, da auch Ehrenbeamte Beamte sind,[1] ebenso nicht die nebenamtliche Tätigkeit von Beamten (K 8; vdGK 1). Sie muss gleichwohl innerhalb der öffentlichen Verwaltung erfolgen. Nicht als ehrenamtliche Tätigkeit kann deshalb die Mitarbeit in privatrechtlich organisierten Einrichtungen eingestuft werden, selbst wenn die öffentliche Hand die Trägerschaft hat.

4 a **2. Tätigkeit im Verwaltungsverfahren.** Erfasst werden nur solche Tätigkeiten, die sich auf Verwaltungsverfahren iSd § 9 beziehen. Dazu zählen sowohl die förmlichen als auch die sonstigen Verwaltungsverfahren. Als Tätigkeit im Verwaltungsverfahren sind nicht nur die unmittelbare Mitwirkung beim Erlass eines VA oder Abschluss eines verwaltungsrechtlichen Vertrags anzusehen, sondern auch andere „entferntere" Mitwirkungsakte (UL § 13 Rn 5; StBS 10; Knack 5), insb vorbereitende, beratende oder anhörende Tätigkeiten, zB die Aufgabe einer Stellungnahme zum Gegenstand eines Verwaltungsverfahrens, **nicht dagegen reine Hilfstätigkeiten** wie Schreib- und Botendienste (Obermayer 8; Knack 5).

5 **3. Rechtsverhältnis zur Körperschaft.** Der ehrenamtlich Tätige ist **kein Beliehener;** er handelt nicht im eigenen Namen, sondern idR als Mitglied eines Ausschusses oder eines Kollegialorgans (hierzu Groß S 53 ff). Er steht in keinem öffentlichrechtlichen oder privatrechtlichen Dienstverhältnis zur Behörde bzw zu der Körperschaft, deren Aufgaben er wahrnimmt (UL § 13 Rn 4), sondern in einem **öffentlich-rechtlichen Amtsverhältnis eigener Art** (StBS 8). Die Zahlung einer auf den Ersatz der notwendigen Auslagen und des Verdienstausfalls gem

---

[1] Begr 93; UL § 13 Rn 4; StBS 7; Knack 3; vgl zum Begriff des Ehrenbeamten auch BVerwGE 10, 253.

§ 85 begrenzten Aufwandsentschädigung schließt die Ehrenamtlichkeit einer Tätigkeit nicht aus (vgl § 85), wohl aber die Zahlung eines festen Gehalts, Lohnes usw oder einer überhöhten Aufwandsentschädigung mit zT alimentationsähnlichem Charakter.[2]

III. Subsidiarität der §§ 81 ff

1. Spezialgesetzliche Regelungen. Die Bestimmungen der §§ 82 ff sind gem § 81 nur anwendbar, soweit Rechtsvorschriften (Gesetze, Rechtsverordnungen und Satzungen) nichts anderes bestimmen. Für den Bundesbereich ergibt sich diese Folge auch schon aus § 1 (Knack 1.1); sie hat unmittelbare Bedeutung aber für landesrechtliche Regelungen spezieller Natur. Abweichende Rechtsvorschriften bestehen vor allem im **Kommunalrecht,** zB für die kommunalen Wahlbeamten, deren Rechte und Pflichten in den Gemeindeordnungen oder in besonderen Gesetzen geregelt sind (Begr 93; UL § 13 Rn 6; s auch näher Groß S 55 ff). Grundsätzlich können die §§ 81 ff neben etwaigen bereichsspezifischen Regelungen des Fachrechts Anwendung finden. Etwas anderes gilt, wenn diese nach Sinn und Zweck oder nach dem Zusammenhang abschließende Regelungen enthalten. In diesen Fällen sind die §§ 81 ff auch dann nicht anwendbar, wenn sie inhaltlich mit den sondergesetzlichen Vorschriften übereinstimmen (Begr 93 und 95). Die Subsidiarität besteht auch gegenüber dem Landesrecht sowie allgemein gegenüber Rechtsverordnungen, Satzungen usw, nicht dagegen auch gegenüber Verwaltungsvorschriften (Begr 93; UL § 13 Rn 6). 6

2. Ergänzungsfunktion. Soweit spezialgesetzliche Regelungen für die ehrenamtliche Tätigkeit bestehen, haben die §§ 81 ff nur Ergänzungsfunktion. Sie kommen zum Zuge, soweit sich aus den speziellen Regelungen nichts Abweichendes ergibt. Die Berücksichtigung allgemeiner Rechtsgedanken, die in den §§ 81 ff oder in der Auslegung dazu ihren Niederschlag gefunden haben, bei der Auslegung der entsprechenden sondergesetzlichen Regelungen und der Ausfüllung von Lücken wird davon jedoch nicht berührt; die Notwendigkeit dazu ergibt sich schon aus den Erfordernissen der Einheit der Rechtsordnung. 7

§ 82 Pflicht zu ehrenamtlicher Tätigkeit

Eine Pflicht zur Übernahme ehrenamtlicher Tätigkeit besteht nur, wenn sie durch Rechtsvorschrift vorgesehen ist.

Schrifttum: *Bayer,* Der Erwerb der Ehrenämter in der sozialen Selbstverwaltung, VSSR 1982, 297; *Götz/Hofmann,* Grundpflichten als Verfassungsproblem, VVDStRL 1983, 7, 41; *Günther,* Die Heranziehung als Volkszähler und das Verbot des Arbeitszwanges (Art 12 Abs 2 GG), DVBl 1988, 429; *Leisner,* Öffentliches Amt und Berufsfreiheit, AöR 1968, 161; *Luchterhandt,* Grundpflichten als Verfassungsproblem in Deutschland; 1988; *Peters,* Art 132 und 133 Abs 1 WRV – Dienste für den Staat, in: Nipperdey (Hg), Die Grundrechte und Grundpflichten der Reichsverfassung, Bd 2, 1930; *Schießler,* Die Ehrenämterpflicht, BayBgm 1956, 246. S im übrigen zu § 81.

Übersicht

[2] BVerwGE 95, 211 = NVwZ 1994, 1219 unter Hinweis auf § 115 BRRG; BVerwG Buchh 232.4 § 1 Nr 1; BSG 66, 150.

I. Allgemeines

1 **1. Inhalt.** Die Vorschrift stellt den **Grundsatz der Freiwilligkeit** der ehrenamtlichen Tätigkeit auf, soweit nicht durch besondere Rechtsvorschriften eine Verpflichtung zur Übernahme von Ehrenämtern begründet wird. Die Regelung entspricht der bis zum Inkrafttreten allgemein vertretenen Rechtsauffassung (vgl MuE 232; anders zT im Gemeinderecht, vgl UL § 13 Rn 6). Der Grundsatz beruht auf dem Gedanken, dass anders als im kommunalen Bereich, in dem die Verbundenheit der Bürger untereinander noch enger ist, im Bundes- und Landesbereich eine allgemeine Verpflichtung zu ehrenamtlicher Tätigkeit nicht angemessen wäre. Daher soll eine Verpflichtung zur Übernahme einer ehrenamtlichen Tätigkeit, soweit sie für bestimmte Aufgaben erforderlich erscheint, spezialgesetzlichen Regelungen vorbehalten bleiben (Begr 93). (Nur) für diese Fälle einer durch ein Gesetz außerhalb des VwVfG angeordneten Verpflichtung sieht § 87 vor, dass die Verletzung der Pflicht zur Übernahme einer ehrenamtlichen Tätigkeit oder die grundlose Niederlegung einer solchen Tätigkeit eine Ordnungswidrigkeit darstellt. Zur Haftung s § 83 Rn 11.

2 **2. Verfassungsrechtliche Gesichtspunkte.** Die Heranziehung zu einer ehrenamtlichen Tätigkeit ohne oder gegen den Willen des Betroffenen bedarf einer **gesetzlichen Grundlage,** die den Anforderungen der Art 12 Abs 1, Art 2 Abs 1 GG genügen muss. Ein unzulässiger Arbeitszwang iSd Art 12 Abs 2 GG wird in der Heranziehung zu ehrenamtlicher Tätigkeit nicht gesehen.[1] Bei der Heranziehung zu ehrenamtlicher Tätigkeit ist das Gebot der Gleichbehandlung und der Verhältnismäßigkeit zu beachten. Zur Verfassungsmäßigkeit einer Verpflichtung zu ehrenamtlichen Tätigkeiten, insb zur Vereinbarkeit mit Art 12 GG, ferner K 3; Leisner AöR 1968, 161; Günther DVBl 1988, 429; Knack 3.

II. Grundsatz der Freiwilligkeit

3 Das VwVfG geht, ebenso wie die Verwaltungsverfahrensgesetze der Länder, von der Freiwilligkeit der Übernahme ehrenamtlicher Tätigkeiten aus. Eine Verpflichtung zur Übernahme wird damit speziellen Vorschriften (Gesetzen oder Rechtsverordnungen bzw Satzungen auf gesetzlicher Grundlage) überlassen. Für bereichsspezifische Pflichten wird es leichter eine allgemeine Akzeptanz geben; im Übrigen hat die freiwilliger Übernahme von Ehrenämtern in Deutschland eine lange Tradition, weshalb auf die Inpflichtnahme, die mit einem erheblichen administrativen Aufwand verbunden wäre, auf bestimmte Sektoren begrenzt werden kann, in denen es auf die Mitwirkung gerade von ehrenamtlichen Personen am Verfahren besonders ankommt (zB die Mitwirkung von ehrenamtlichen Beisitzern in einem Widerspruchsausschuss).

III. Regelungen in anderen Gesetzen

4 Die Verwaltungsverfahrensgesetze der Länder enthalten im Wesentlichen mit § 82 gleich lautende Vorschriften. Besondere Vorschriften, die eine Verpflichtung zur Übernahme bestimmter ehrenamtlicher Tätigkeiten vorsehen, finden sich in verschiedenen Bundes- und Landesgesetzen, vor allem auch im **Kommunalrecht,** für das jedoch in den Verwaltungsverfahrensgesetzen der Länder meist die Anwendbarkeit der allgemeinen Vorschriften über die ehrenamtliche Tätigkeit ausgeschlossen ist. Soweit in speziellen gesetzlichen Vorschriften eine Pflicht zur Übernahme ehrenamtlicher Tätigkeiten vorgesehen ist, kommt eine Inpflichtnahme durch VA in Betracht. Dabei muss allerdings auch die Möglichkeit einer Berücksichtigung besonderer Hinderungsgründe bzw Ablehnungsgründe bestehen.

---

[1] Jarass/Pieroth, 56 mwN; MD Art 12 Rn 125; StBS 1; Obermayer 5; Knack 3.

§ 83 Ausübung ehrenamtlicher Tätigkeit

(1) **Der ehrenamtlich Tätige hat seine Tätigkeit gewissenhaft**[3] **und unparteiisch**[4] **auszuüben.**

(2) **Bei Übernahme seiner Aufgaben ist er zur gewissenhaften und unparteiischen Tätigkeit und zur Verschwiegenheit besonders zu verpflichten.**[7] **Die Verpflichtung ist aktenkundig zu machen.**[9]

Schrifttum: *Bayer,* Die intrakorporative Haftung der Ehrenamtsinhaber in der sozialen Selbstverwaltung (zu § 42 SGB IV), SGb 1982, 235; *Dagtoglou,* Der Private in der Verwaltung als Fachmann und Interessenvertreter, 1964; *ders,* Befangenheit und Funktionenhäufung in der Verwaltung, in: Forsthoff-FS 1967, 65; *ders,* Partizipation Privater an Verwaltungsentscheidungen, DÖV 1972, 712; *Groß,* Das Kollegialprinzip in der Verwaltungsorganisation, 1999; *Hüttenbrink,* Die öffentlich-rechtliche Haftung der ehrenamtlichen Organwalter gegenüber ihren Selbstverwaltungskörperschaften, DVBl 1981, 990; *Krautzberger,* Die Erfüllung öffentlicher Aufgaben durch Private, 1971; *Ryffel,* „Unparteilichkeit", in: Morstein Marx (Hg), Verwaltung, 1965. S im übrigen zu § 81 und § 82.

Übersicht

I. Allgemeines

1. Inhalt. Die Vorschrift verpflichtet in Anlehnung an entsprechende Regelungen des Beamtenrechts (vgl §§ 35, 36 BRRG, §§ 52, 54 BBG) den ehrenamtlich tätigen Bürger zur gewissenhaften und unparteiischen Ausübung seines Amtes und sieht eine förmliche Verpflichtungserklärung vor, die dies dem Betroffenen deutlich machen soll. Zur Haftung gegenüber Dritten und gegenüber der Körperschaft, deren Aufgaben der ehrenamtlich Tätige wahrnimmt, s unten Rn 11 f. 1

2. Anwendungsbereich. Die Vorschrift gilt nur für die iSd § 81 im Rahmen der Geltung des VwVfG ehrenamtlich tätigen Personen. Die Verwaltungsverfahrensgesetze der Länder enthalten im Wesentlichen mit § 83 gleich lautende Vorschriften. Vergleichbare, vielfach zT wörtlich übereinstimmende Vorschriften sind außerdem in zahlreichen anderen Gesetzen des Bundes und der Länder, insbes im Bereich des Kommunalrechts, enthalten, die idR vorgehen. 2

II. Pflichten und Rechte ehrenamtlich Tätiger (Abs 1)

1. Gewissenhaftigkeit. Gewissenhafte Ausübung bedeutet, dass der ehrenamtlich Tätige die ihm übertragenen Aufgaben **nach bestem Wissen und Gewissen** und unter vollem Einsatz seiner Fähigkeiten und Kenntnisse ausüben muss (Begr 94; München DVBl 1980, 63; Knack 3). Er ist insb auch verpflichtet, sich in die übertragenen Aufgaben einzuarbeiten (Knack 3) und sie uneigennützig, gerecht und ohne unnötige Verzögerung unter Beachtung der einschlägigen Rechtsvorschriften und unter Bedachtnahme auf das Wohl der Allgemeinheit zu erfüllen 3

(UL § 13 Rn 9) sowie an den einschlägigen Sitzungen teilzunehmen (München DVBl 1980, 63). Hins. der Verpflichtung zur **Verschwiegenheit** s § 84.

4 **2. Unparteilichkeit.** Unparteilichkeit bedeutet, dass die übertragenen Aufgaben **ohne Ansehung der Person** und ohne Bindung an bzw Rücksichten auf persönliche Interessen oder Gruppeninteressen allein zum Wohl der Allgemeinheit ausgeübt werden müssen (vgl auch § 20 Rn 6; ebenso Knack 4; StBS 5). Der ehrenamtlich Tätige ist dabei verpflichtet, auch jeden Schein der Parteilichkeit zu vermeiden (Knack 4). Dies gilt grundsätzlich auch dann, wenn die ehrenamtlich Tätigen nach den dafür maßgeblichen Rechtsvorschriften von bestimmten Interessengruppen berufen bzw vorgeschlagen werden. Sie dürfen deren berechtigte Interessen im Zweifel bei der Beratung und Entscheidung einbringen, sich aber nicht einseitig von diesen Interessen leiten lassen, anderenfalls würde der Grundsatz der unparteiischen Amtsausübung verletzt (Knack 4; **aA** MB 4–6). Für die Tätigkeit in einem Verfahren gelten außerdem auch die Regelungen der §§ 20, 21 und 71 Abs 3 über die **Befangenheit,** soweit es sich um eine entscheidungsbezogene ehrenamtliche Tätigkeit (s § 20 Rn 11 ff) handelt (Begr 93; UL § 13 Rn 9; vgl auch BVerwGE 43, 43).

5 **3. Weitere Pflichten.** Weitere Pflichten des ehrenamtlich Tätigen ergeben sich idR aus den besonderen Vorschriften, die für die einzelnen Ehrenämter bestehen, aus den zu erfüllenden Aufgaben sowie aus allgemeinen **Grundsätzen des öffentlichen Dienstrechts,** insb des Beamtenrechts, soweit die besondere Natur der ehrenamtlichen Tätigkeit nicht entgegensteht (MuE 233; Obermayer 28 f; UL § 13 Rn 10; Knack 2; StBS 1), und aus § 84 (Pflicht zur **Verschwiegenheit**). Insb ist der ehrenamtlich Tätige auch zu **angemessenem Verhalten** bei der Ausübung seines Amtes und, je nach Art des Amtes, in gewissem Umfang auch im Privatleben verpflichtet (vgl § 86 S 2 Nr 1: „sich als unwürdig erweist"). Diese Pflichten werden in § 86 vorausgesetzt.

6 **4. Rechte des ehrenamtlich Tätigen.** Das VwVfG regelt die Rechtsstellung ehrenamtlich in Verwaltungsverfahren Tätiger nicht abschließend. Insbes die Rechte des ehrenamtlich Tätigen ergeben sich meist aus den für das in Frage stehende Ehrenamt geltenden besonderen Vorschriften. Das VwVfG sieht in § 85 nur einen Anspruch auf **Ersatz notwendiger Auslagen und des Verdienstausfalls** vor. Nach allgemeinen Grundsätzen hat der ehrenamtlich Tätige aber vor allem auch Anspruch auf staatlichen Schutz bei der Ausübung seines Ehrenamtes, insbes auch solchen auf Leistungen aus der gesetzlichen Unfallversicherung (s § 2 Abs 1 Nr 10 SGB VII; vgl StBS § 85 Rn 1). Zu weiteren Rechten Hüttenbrink DVBl 1981, 989; s auch § 85 Rn 4.

III. Förmliche Verpflichtung (Abs 2)

7 **1. Allgemeines.** Nach Abs 2 ist ein besonderer Akt einer förmlichen Verpflichtung des ehrenamtlich Tätigen zur gewissenhaften und unparteiischen Ausübung seines Amtes vorgeschrieben. Sie hat insb den Zweck, dem ehrenamtlich Tätigen seine Pflichten, die er mit dem Amt übernimmt, deutlich zum Bewusstsein zu bringen (Knack 5). Die Form, in der diese Verpflichtung vorzunehmen ist, bestimmt sich nach den für das in Frage stehende Amt maßgeblichen Vorschriften, bei Fehlen solcher Vorschriften nach Herkommen oder allgemeiner Übung. **Die Verpflichtung stellt keinen VA** dar (StBS 9). Grundsätzlich sollte mit der förmlichen Verpflichtung auch ein Hinweis auf die Verschwiegenheitspflicht nach § 84 und die Strafbarkeit einer Verletzung der Verschwiegenheitspflicht gem § 11 Abs 1 Nr 2, Abs 4 StGB bzw nach §§ 203 Abs 2 Nr 2, 353 b Abs 1 Nr 2 und 355 Abs 2 Nr 1 StGB verbunden werden (weitergehend Knack 5: dieser Hinweis muss gegeben werden).

Die förmliche Verpflichtung gem Abs 2 ist (ähnlich wie die Vereidigung gem § 45 DRiG bei ehrenamtlichen Richtern) wesentlicher und notwendiger Bestandteil der Übertragung des Amtes; erst ab diesem Zeitpunkt ist auch die erhöhte Strafbarkeit nach §§ 203 und 353b Abs 2 StGB begründet (vgl Begr 94). **Umstritten** ist, ob die **Verpflichtung Wirksamkeitsvoraussetzung** für die Bestellung und damit die Begründung des Amtsverhältnisses ist. Dies ist richtigerweise zu verneinen, weil die Verpflichtung auf die Tätigkeit nach der Bestellung bezogen ist (ebenso StBS 9; MB 7; **aA** Knack 5). 8

2. Zuständigkeit, Verfahren. Soweit durch Rechtsvorschriften nichts anderes vorgesehen ist, erfolgt die Verpflichtung durch den Leiter der Behörde, bei der das Ehrenamt ausgeübt wird, bzw durch dessen Vertreter oder durch den Leiter der Behörde, die die in Frage stehende Person in des Ehrenamt beruft. 9

Der nach Abs 2 S 2 vorgeschriebene Aktenvermerk über die Verpflichtung dient Beweiszwecken. Ein Unterbleiben des Vermerks ist ohne rechtliche Folgen für die Wirksamkeit der Amtsübertragung und die Rechtmäßigkeit der Wahrnehmung der damit verbunden Befugnisse und Pflichten. 10

IV. Haftung für Schäden in Ausübung ehrenamtlicher Tätigkeit

1. Haftung der Körperschaft. Das VwVfG enthält keine Bestimmungen über die Haftung ehrenamtlich Tätiger gegenüber Dritten und gegenüber der Körperschaft, deren Aufgaben sie wahrnehmen. Maßgeblich ist insoweit ausschließlich das allgemeine Haftungsrecht (Begr 93; StBS § 81 Rn 6; UL § 13 Rn 13ff; Knack vor § 81 Rn 7ff). Die unter § 81 fallende ehrenamtliche **Tätigkeit hat öffentlich-rechtlichen Charakter,** weil sie sich auf ein Verwaltungsverfahren iSd § 9 bezieht. Deshalb gelten für Schäden, die in Ausübung dieser Tätigkeit entstehen, die **allgemeinen Grundsätze der Amtshaftung** nach Art 34 GG iVm § 839 BGB.[1] Die Körperschaft, die dem ehrenamtlich Tätigen das Amt übertragen hat (bzw, bei abweichender gesetzlicher Regelung diejenige, deren Aufgaben er erfüllt; zT **aA** Knack 22 zu § 84, wo dieser Ausnahmefall offenbar als Regelfall angesehen wird), haftet danach Dritten gegenüber insb für Schäden, die der ehrenamtlich Tätige ihnen rechtswidrig und schuldhaft zugefügt hat, unter dem Gesichtspunkt der Amtshaftung bzw auch unter dem Gesichtspunkt der schuldhaften Verletzung schuldrechtlicher oder **schuldrechtsähnlicher Sonderverhältnisse** (s hierzu Maurer § 28 Rn 2 mwN; Hüttenbrink DVBl 1981, 994). 11

2. Eigenhaftung des ehrenamtlich Tätigen. Dritten gegenüber haftet der ehrenamtlich Tätige grundsätzlich nicht selbst; für ihn haftet vielmehr die maßgebliche Körperschaft **(Grundsatz der privativen Schuldübernahme).** Für Schäden, die er der Körperschaft zufügt, und im Falle des Rückgriffs haftet der ehrenamtlich Tätige bei Vorsatz und grober Fahrlässigkeit analog § 78 Abs 1 S 2 BBG, § 46 Abs 1 BRRG.[2] S allg zur Haftung gegenüber der Körperschaft auch Hüttenbrink DVBl 1981, 989. **Regressansprüche der Körperschaft:** Nicht geregelt ist im VwVfG auch die Frage, ob die Körperschaft, deren Aufgaben der ehrenamtlich Tätige erfüllt, von diesem Ersatz verlangen kann, wenn sie Dritten gegenüber aus dessen Tätigkeit schadensersatzpflichtig ist. Analog § 78 Abs 2 BBG ist ein solcher Regressanspruch bei Vorsatz und grober Fahrlässigkeit grundsätzlich zu bejahen (StBS § 81 Rn 5; Knack vor § 81 Rn 10; UL § 13 Rn 9). 12

---

[1] Allg M, vgl BGHZ 99, 326, 330; BGH NVwZ 1994, 823; Knack vor § 81 Rn 7; Obermayer 27; weiter StBS 6: auch privatrechtliche Tätigkeit denkbar; Haftung dann nach §§ 831, 31, 89 BGB.

[2] UL § 13 Rn 14; Knack vor § 81 Rn 9; zweifelnd StBS 6: wenn überhaupt; s auch Stelkens DVBl 1998, 300, 304.

§ 84 Verschwiegenheitspflicht

(1) **Der ehrenamtlich Tätige hat, auch nach Beendigung seiner ehrenamtlichen Tätigkeit, über die ihm dabei bekannt gewordenen Angelegenheiten Verschwiegenheit zu wahren.**[3] **Dies gilt nicht für Mitteilungen im dienstlichen Verkehr**[5] **oder über Tatsachen, die offenkundig**[6] **sind oder ihrer Bedeutung nach keiner Geheimhaltung bedürfen.**[7]

(2) **Der ehrenamtlich Tätige darf ohne Genehmigung über Angelegenheiten, über die er Verschwiegenheit zu wahren hat, weder vor Gericht noch außergerichtlich aussagen oder Erklärungen abgeben.**[9]

(3) **Die Genehmigung, als Zeuge auszusagen, darf nur versagt werden, wenn die Aussage dem Wohle des Bundes oder eines Landes Nachteile bereiten oder die Erfüllung öffentlicher Aufgaben ernstlich gefährden oder erheblich erschweren würde.**[14]

(4) **Ist der ehrenamtlich Tätige Beteiligter in einem gerichtlichen Verfahren oder soll sein Vorbringen der Wahrnehmung seiner berechtigten Interessen dienen, so darf die Genehmigung auch dann, wenn die Voraussetzungen des Absatzes 3 erfüllt sind, nur versagt werden, wenn ein zwingendes öffentliches Interesse dies erfordert.**[17] **Wird sie versagt, so ist dem ehrenamtlich Tätigen der Schutz zu gewähren, den die öffentlichen Interessen zulassen.**[19]

(5) **Die Genehmigung nach den Absätzen 2 bis 4 erteilt die fachlich zuständige Aufsichtsbehörde der Stelle, die den ehrenamtlich Tätigen berufen hat.**[20]

Schrifttum: *Arend,* Die Verschwiegenheitspflicht, SKV 1957, 103; *Düwel,* Das Amtsgeheimnis, 1965; *Groß,* Verschwiegenheitspflicht der Bediensteten und Informationsrecht der Presse, 1964; *Kuhn,* Die Haftung bei ehrenamtlicher Tätigkeit im Verwaltungsverfahren, Der Städtetag 1967, 538; *Macht,* Verwertungsverbote bei rechtswidriger Informationserlangung im Verwaltungsverfahren, 1999. S auch zu § 81 und § 83.

Übersicht

I. Allgemeines

1 **1. Inhalt.** Die Vorschrift sieht in Anlehnung an §§ 61 f BBG und § 39 BRRG eine der Verpflichtung des Beamten entsprechende Verpflichtung des ehrenamtlich Tätigen zur **Amtsverschwiegenheit** vor und regelt die Frage der **Aussagegenehmigung.** Die Amtsverschwiegenheit dient wie im Beamtenrecht der Wahrung öffentlicher Belange, soweit diese Vertraulichkeit erfordern, ggf auch dem Schutz berechtigter Interessen Dritter, soweit die betroffenen Tatsachen, Vorgänge usw nach besonderen Vorschriften oder nach § 30 nicht offenbart werden dürfen. Sie wird zur Aufrechterhaltung und zum einwandfreien Funktionieren einer geordneten öffentlichen Verwaltung als erforderlich angesehen, weil diese nur dann rechtsstaatlich einwandfrei, unabhängig und unparteiisch arbeiten könne, wenn sichergestellt sei, dass über dienstliche Vorgänge von Seiten der Verwaltung und aller öffentlichen Amtsträger nach außen grundsätzlich Stillschweigen bewahrt wird.[1] Zugleich handele es sich um eine wesentliche und unabdingbare Voraussetzung für ein vertrauensvolles Verhältnis zwischen Behörde und Bürger. § 84 gilt auch für die Zeit **nach Beendigung des Amtes** (UL § 13 Rn 10; vgl auch § 376 Abs 5 ZPO). Zum Verhältnis von Verschwiegenheitspflicht und Meinungsfreiheit nach Art 5 Abs 1 GG vgl BVerwG NVwZ 1989, 975.

2 **2. Anwendungsbereich.** Die Vorschrift gilt unmittelbar nur für die ehrenamtliche Tätigkeit iSd § 81 im Geltungsbereich des VwVfG. Die Verwaltungsverfahrensgesetze der Länder enthalten im Wesentlichen mit § 84 gleich lautende Vorschriften. Soweit im Übrigen keine speziellen Regelungen bestehen, wird eine analoge Anwendung in Betracht zu ziehen sein.

II. Verschwiegenheitspflicht (Abs 1)

3 **1. Grundsatz (S 1).** Die Amtsverschwiegenheit nach Abs 1 gilt, soweit durch Gesetz gem § 1 nichts anderes bestimmt ist, ähnlich wie bei Beamten, grundsätzlich für **alle Angelegenheiten,** Vorgänge, Tatsachen usw, von denen der ehrenamtlich Tätige **im Zusammenhang mit seiner ehrenamtlichen Tätigkeit Kenntnis erlangt.** Die Pflicht ist nicht auf Informationen begrenzt, die der ehrenamtlich Tätige unmittelbar im Zuge seiner Tätigkeit zur Kenntnis nehmen muss. Ausreichend ist, wenn er sie bei Gelegenheit dieser Tätigkeit, zB aus einem privaten Gespräch mit einem Bediensteten der Behörde, bei der er tätig ist, erfahren hat (Münster DÖV 1964, 357; 1966, 504). Nicht erforderlich ist, dass es sich nach besonderen Rechtsvorschriften oder ihrer Natur nach um geheimzuhaltende Angelegenheiten handelt. Es genügt, dass es sich um Tatsachen oder Erkenntnisse handelt, die nur einem eng begrenzten Personenkreis bekannt sind (vgl Obermayer 9; StBS 4; Knack 5). Die Verschwiegenheitspflicht besteht gegenüber jedem Dritten außerhalb des engeren Dienstbereiches, in dem die Angelegenheit zu behandeln und uU zu entscheiden ist (BGHZ 34, 187). Sie gilt sowohl für ausdrückliche mündliche und schriftliche Äußerungen als auch für sinngemäße Andeutungen (Knack 5). Die Verschwiegenheitspflicht besteht nach der ausdrücklichen Regelung des Abs 1 S 1 auch über die Zeit der ehrenamtlichen Tätigkeit hinaus.

4 **2. Ausnahmen von der Verschwiegenheitspflicht (S 2).** Gem Abs 1 S 2 sind Mitteilungen im dienstlichen Verkehr und offenkundige sowie **nicht geheimhaltungsbedürftige Tatsachen,** außerdem gem Abs 2 von der zuständigen

---

[1] Vgl BVerfG 28, 198, 201; BVerwG NJW 1983, 638 und 2344; Knack 3; StBS 2.

Behörde genehmigte Aussagen und Erklärungen von der Verschwiegenheitspflicht ausgenommen. Gleiches gilt in Fällen, in denen der **Schutz höher zu bewertender Rechtsgüter eine Offenbarung** bestimmter Tatsachen erfordert. Weitere Ausnahmen können durch Gesetz vorgesehen werden. S zB die Pflichten der Behörden nach der EU-Umweltinformationsrichtlinie (wiedergegeben in NVwZ 1990, 844) und dem UIG. Nicht als offenkundig oder wegen geringer Bedeutung nicht geheimhaltungsbedürftig angesehen werden können Tatsachen oder Vorgänge, die nach § 30 oder nach ähnlichen Vorschriften oder nach allgemeinen Rechtsgrundsätzen oder nach dem Datenschutzrecht geheimzuhalten sind.

5 **a) Mitteilungen im dienstlichen Verkehr.** Mitteilungen iS von Abs 1 S 2 sind Mitteilungen an andere Bedienstete von Behörden – auch anderer Behörden als der, bei der das Ehrenamt ausgeübt wird, einschließlich der Behörden, die Auskünfte usw auf Grund der Verpflichtung der Behörden zu gegenseitiger Amtshilfe (vgl §§ 4 ff) erbitten –, denen diese Mitteilungen zur Erfüllung ihrer dienstlichen Aufgaben dienen. Auch insoweit sind Mitteilungen jedoch ausgeschlossen, wenn Rechtsvorschriften, das Wesen einer Angelegenheit oder auch interne Dienstanweisungen die Weitergabe von Informationen an andere Behörden verbieten, zB § 30 AO über das Steuergeheimnis oder die zT nur auf Verwaltungsanordnungen beruhenden besonderen Geheimhaltungsregelungen, wie zB für die sog Verschluss-Sachen (VS-Sachen).

6 **b) Offenkundigkeit von Tatsachen.** Offenkundig iS von Abs 1 S 2 sind Tatsachen, die **allgemein bekannt oder jederzeit leicht feststellbar** sind, zB solche, über die in einer öffentlichen Sitzung oder in einer Pressekonferenz berichtet wurde (Knack 7). Offenkundigkeit ist nicht gegeben, wenn eine Tatsache zwar im allgemeinen Gespräch ist, jedoch Einzelheiten nicht bekannt sind oder die hinreichende Zuverlässigkeit der Information fehlt und die deshalb, wenn sie nunmehr von einem Amtsträger bestätigt werden, gewissermaßen mit der erhöhten Glaubwürdigkeit der Amtlichkeit versehen würden. Hier sind die Grenzen fließend; im Einzelfall bedarf es einer Abwägung (StBS 8). **Nicht als offenkundig** anzusehen sind idR Angelegenheiten, die in nichtöffentlicher Sitzung beraten worden sind, auch wenn darüber vereinzelt Gerüchte im Umlauf sind (Obermayer 26). Etwas anderes gilt, wenn darüber bereits allgemein, zB in Tageszeitungen oder sonst in den Medien, berichtet worden ist (Knack 7; Obermayer 26; einschränkend StBS 8; **aA** Voraufl).

7 **c) Fehlendes Geheimhaltungsbedürfnis.** Ihrer Bedeutung nach bedürfen Tatsachen iS des § 84 dann keiner Geheimhaltung, wenn nach der Natur der Tatsache oder der Art der Angelegenheit, die sie betrifft, ausgeschlossen ist, dass ein öffentliches Interesse oder ein Interesse Betroffener der Offenbarung entgegenstehen könnte, zB Anschriften von Vereinen, Verbänden uä, die auch in allgemeinen Adress- oder Telefonbüchern verzeichnet sind. Anders dagegen zB die Eintragungen in den Personalakten und der sonstige Inhalt solcher Akten, wie Besoldungs- und Urlaubskarteien einer Behörde (BVerwGE 19, 185; BVerwG NJW 1970, 176), außerdem auch zB die Privatanschrift einzelner Behördenbediensteter, auch wenn diese als solche, jedoch wie üblich ohne Hinweis auf die Behördenzugehörigkeit der Person und ihrer Funktion in der Behörde, auch in amtlichen Adressbüchern und Telefonbüchern verzeichnet ist.

8 **d) Offenbarung zum Schutz höherwertiger Rechtsgüter.** Auch soweit eine Angelegenheit an sich der Amtsverschwiegenheit nach Abs 1 unterliegt, darf diese durchbrochen werden, wenn nach dem übergesetzlichen Grundsatz der Güterabwägung eine Offenbarung geboten oder zulässig ist (BVerwGE 35, 227; 49, 93; BVerwG BayVBl 1990, 157). In Betracht kommt dies bei rechtswidrigem oder sogar strafbarem Verhalten innerhalb der Behörde (Obermayer 14). Bei der gebotenen Abwägung ist auch zu berücksichtigen, dass die ehrenamtliche Tätigkeit

zugleich auch ein Element demokratischer Mitwirkung in der öffentlichen Verwaltung und der **Kontrolle der Verwaltung** durch Personen aus dem Volk ist. Gleichwohl kann aber eine Unterrichtung der Öffentlichkeit durch ehrenamtlich Tätige, ein „Gehen an die Öffentlichkeit", selbst bei wirklichen oder vermeintlichen öffentlichen Missständen auch unter dem Gesichtspunkt der Güterabwägung nur in Ausnahmefällen und als ultima ratio eine Durchbrechung der Verschwiegenheitspflicht rechtfertigen, solange andere angemessene Möglichkeiten, wie insb eine **Remonstration,** nicht ausgeschöpft wurden (vgl BVerfG 22, 202; BVerwG NJW 1983, 2345; Knack 5)

III. Erfordernis der Genehmigung von Aussagen und Erklärungen (Abs 2)

1. Allgemeines. Abs 2 schreibt in Anlehnung an § 62 BBG, § 39 Abs 2 9
BRRG im Interesse der Wahrung der Amtsverschwiegenheit und der durch sie geschützten Interessen, zT aber auch im Interesse des ehrenamtlich Tätigen selbst (dem dadurch uU Gewissens- und Interessenkonflikte erspart werden) vor, dass schriftliche oder mündliche Aussagen und Erklärungen vor Gericht, vor einer Behörde oder in oder gegenüber der Öffentlichkeit (Obermayer 29; Knack 9) nur mit Genehmigung der fachlich zuständigen Aufsichtsbehörde (Abs 5) zulässig sind. Die Genehmigung kann auch nur teilweise oder beschränkt, zB unter Ausschluss bestimmter Fragenbereiche, oder nur hins. bestimmter Gegenstände, Verfahren oder Personen erteilt werden (Knack 13; Obermayer 26).

2. Aussagen und Erklärungen. Erfasst werden zunächst alle **Aussagen** vor 10
Gericht oder in anderen Verfahren, insb auch in Verwaltungsverfahren, in der Eigenschaft **als Zeuge, Sachverständiger oder Beteiligter. Erklärungen** sind sonstige vor Gericht oder einer Behörde oder in oder gegenüber der Öffentlichkeit gemachte Ausführungen iwS (ebenso Knack 9; zu weit StBS 12: auch Privatbereich), auch zB Ausführungen im Rahmen von Aufsätzen, Vorträgen, Wahlreden usw, soweit sie aus der ehrenamtlichen Tätigkeit erlangtes Wissen über konkrete, der Verschwiegenheitspflicht unterliegende Tatsachen weitergeben, insb, wenn auch ggf nur als Beispiele, konkrete Einzelfälle angeben.

Für **Gutachten, wissenschaftliche Vorträge und Arbeiten,** die auf allgemei- 11
nen Erfahrungen beruhen und **ohne Bezug zu konkreten Tatsachen** und Vorgängen erstattet werden, die nach Abs 1 der Verschwiegenheitspflicht unterliegen, hat das Gesetz, anders als für Beamte nach § 39 Abs 3 S 3 BRRG, eine Genehmigungspflicht nicht vorgesehen. Das gilt selbst dann, wenn der ehrenamtlich Tätige dabei in anonymisierter Form konkrete Erfahrungen verwertet, die er im Rahmen seiner ehrenamtlichen Tätigkeit gemacht hat (ähnlich Knack 9; Obermayer 37). Abs 2 verzichtet bewusst auf eine dem § 39 Abs 3 S 2 BRRG entsprechende Regelung, um Fachleute, auf deren Mitwirkung Wert gelegt wird, nicht von einer ehrenamtlichen Tätigkeit abzuhalten (Begr 94). Unberührt bleibt davon aber die Verpflichtung zur Zurückhaltung, Objektivität und Unparteilichkeit in Fragen, die in unmittelbarem Zusammenhang mit der ehrenamtlichen Tätigkeit stehen.

3. Erteilung der Genehmigung. Die nach Abs 2 erforderliche Genehmigung 12
steht im **Ermessen** (§ 40) der Aufsichtsbehörde, soweit nicht nach Abs 3 oder 4 Beschränkungen bestehen. Abs 2 lehnt sich insoweit an § 62 BBG an. Die für die Genehmigung zuständige Behörde hat dabei das öffentliche Interesse an der Wahrung der Verschwiegenheit gegen das Interesse des oder der Betroffenen an der Aussage oder Erklärung gegeneinander abzuwägen. Bei der hiernach notwendigen **Interessenabwägung** – dh nicht nur in den Fällen des Abs 3 und des Abs 4 – ist auch das Interesse der ehrenamtlich Tätigen zu berücksichtigen. Über die Erteilung bzw Versagung der Genehmigung wird **in der Form eines VA entschieden,** der von dem betroffenen ehrenamtlich Tätigen wie auch von Dritten, die ein schutzwürdiges Interesse an der Aussage oder Erklärung haben können, an-

gefochten werden kann,[2] vom betroffenen Dritten allerdings gem § 44a VwGO grundsätzlich nur im Rahmen eines Rechtsbehelfs in der Hauptsache.

13 **4. Rechtsfolgen. Eine Verletzung der Verschwiegenheitspflicht,** einschließlich der Verpflichtung, nicht ohne Aussagegenehmigung auszusagen, ist nach §§ 203 Abs 2 und 353b Abs 2 StGB wie bei einem Beamten strafbar (K 3) und stellt in schweren Fällen zugleich einen Abberufungsgrund gem § 86 dar (Knack 20). **Umstritten** ist die Frage, ob und inwieweit Informationen, die unter Verletzung der Verschwiegenheitspflicht bzw der Genehmigungspflicht von einem ehrenamtlich Tätigen erlangt werden, im Verwaltungsverfahren verwertet werden dürfen (s hierzu näher § 26 Rn 10ff). Dritte, denen durch die Verletzung von § 84 ein Schaden entsteht, haben, da die Regelung auch den Zweck hat, Betroffene zu schützen (Knack 22), gegen die Körperschaft, die das Ehrenamt übertragen hat bzw, sofern dies gesetzlich vorgesehen ist, für die der ehrenamtlich Tätige handelt, Schadensersatzansprüche nach § 839 BGB, Art 34 GG (s allg § 83 Rn 11). Sind die Aussagen bzw Erklärungen durch eine (uU rechtswidrige, aber wirksame) Aussagegenehmigung „gedeckt"; so entfällt grundsätzlich ihre Rechtswidrigkeit; ein Amtshaftungsanspruch kann sich dann nur aus der rechtswidrigen Erteilung der Genehmigung ergeben. Zur Berücksichtigung einer unberechtigten Weigerung bei der Beweiswürdigung in dem Verfahren, für das die Aussage benötigt wird, vgl § 24 Rn 20; § 26 Rn 43.

IV. Genehmigung der Aussage als Zeuge (Abs 3)

14 **1. Grundsätzliche Genehmigungspflicht.** Abs 3 sieht in Anlehnung an § 62 Abs 1 BBG, § 39 Abs 3 BRRG im Interesse der Wahrheitsfindung vor, dass die Aussagegenehmigung für Zeugen nur aus den näher bezeichneten Gründen versagt werden darf.[3] Die Regelung gilt nicht nur für Aussagen als Zeuge in gerichtlichen Verfahren, sondern auch in anderen gesetzlich geregelten Verfahren mit vergleichbarer Zwecksetzung, auch zB vor parlamentarischen Untersuchungsausschüssen, und in Verwaltungsverfahren (Obermayer 37; Knack 13). Für den Fall, dass der ehrenamtlich Tätige selbst Beteiligter eines Verfahrens ist, enthält Abs 4 eine noch weitergehende Sonderregelung. Im Einzelnen kann für die Auslegung und Anwendung auf die Rspr und das Schrifttum zu den entsprechenden Regelungen des Beamtenrechts (s § 62 BBG; § 39 Abs 3 BRRG) zurückgegriffen werden.

15 **2. Versagungsgründe. a) Volle gerichtliche Überprüfbarkeit.** Die Genehmigung darf nach Abs 3 nur bei Vorliegen eines Versagungsgrundes verweigert werden. Wenn keine Versagungsgründe nach Abs 3 gegeben sind, deren Voraussetzungen der vollen gerichtlichen Überprüfung unterliegen (Knack 13; StBS 15; UL § 13 Rn 11), muss die Aussagegenehmigung erteilt werden, dh die zuständige Aufsichtsbehörde hat insoweit **keinen Entscheidungsspielraum.** Wer sich in einem anderen Verfahren auf den Zeugenbeweis beruft, hat idR einen gerichtlich durchsetzbaren **Anspruch auf die Genehmigung** (s unten Rn 21). Andererseits ist die Aufsichtsbehörde, auch wenn bzw soweit Versagungsgründe nach Abs 3 gegeben sind – sofern sich aus anderen Rechtsvorschriften nichts anderes ergibt –, nur berechtigt, aber nicht verpflichtet, die Genehmigung zu verweigern. Die Entscheidung liegt dann in ihrem Ermessen (§ 40). Die Behörde muss dabei insb prüfen, ob nicht überwiegende Interessen der Wahrheitsfindung gleichwohl die Aussage erfordern.[4] Zu berücksichtigen ist auch die Gefahr, dass das Gericht oder die

[2] Vgl BVerwGE 18, 58; BVerwGE 109, 258 = NJW 2000, 189; Obermayer 78; UL § 13 Rn 10; Knack 10; StBS 13.

[3] Vgl BVerwGE 66, 39, 41 = NJW 1983, 638; 46, 303, 307; Kopp/Schenke § 98 Rn 9; Obermayer 42; Knack 13.

[4] Knack 14; StBS 15; vgl auch BVerwGE 46, 303; 66, 39, 41 = NJW 1983, 638 zu § 63 Abs 1 BBG; zu dem ähnlich liegenden Fall der Verweigerung der Vorlage von Akten gem § 99 VwGO nF s näher Kopp/Schenke § 99 Rn 14.

Behörde, die den Betroffenen als Zeugen benötigt hätten, aus der Verweigerung der Aussagegenehmigung negative Schlüsse ziehen.

b) Abschließende Aufzählung. Abs 3 zählt die Versagungsgründe abschließend auf. Die Entscheidung darüber, ob die Genehmigung der Aussage zu einem Nachteil für das Wohl des Bundes oder eines Landes, zu einer ernstlichen Gefährdung oder erheblichen Erschwerung der Erfüllung öffentlicher Aufgaben führen könnte, muss unter **Abwägung der gegenläufigen Interessen** getroffen werden. In den meisten Fällen wird ein zwingendes öffentliches Interesse nach dem Grundsatz der Verhältnismäßigkeit nur die Verweigerung der Genehmigung der Aussage zu bestimmten Fragenkomplexen oder hins. bestimmter Details rechtfertigen (ähnlich Obermayer 47 ff). In Betracht kommt nur eine Gefährdung oder Erschwerung der öffentlichen Aufgaben, die schwerer wiegt als die Bedeutung der Aussage für die Wahrheitsfindung. Im konkreten Fall ist insoweit immer eine Güterabwägung vorzunehmen. Die **Gefahr der Aufdeckung von Fehlern** oder von Missständen im Bereich der Verwaltung **kann die Verweigerung der Aussagegenehmigung idR nicht rechtfertigen** (StBS 16); ebenso nicht die Gefahr eines drohenden Amtshaftungsprozesses (Obermayer 54, Knack 13). Da der Schutz und die Förderung des Wohls der Allgemeinheit immer eine öffentliche Aufgabe und ein wesentlicher Teil auch speziellerer Verwaltungsaufgaben ist, wird die Erfüllung öffentlicher Aufgaben uU auch zB durch ein vorzeitiges Bekanntwerden von Währungsabwertungs- oder Aufwertungsabsichten, die Anlass zu Finanzspekulationen, oder von Bauvorhaben, die Anlass zu Grundstücksspekulationen und für erhöhte Kosten geben können, beeinträchtigt (ebenso im Ergebnis Knack 13). 16

V. Aussagen und Erklärungen in eigener Sache (Abs 4)

1. Genehmigung der Aussagen und Erklärungen (S 1). Abs 4 schränkt in Anlehnung an § 62 Abs 3 S 1 BBG, § 39 Abs 4 S 1 BRRG die Befugnis der Behörde, die Genehmigung zur Aussage oder für die Abgabe von Erklärungen nach Abs 2 zu versagen, für die Fälle, in denen berechtigte eigene Interessen des ehrenamtlich Tätigen betroffen sind, über die Versagungsgründe des Abs 3 hinaus weiter ein. Die Regelung gilt nicht nur für Aussagen und Erklärungen als Beteiligter bzw der Partei in einem gerichtlichen Verfahren, sondern, wie sich aus der allgemeinen Fassung der Vorschrift ergibt, allgemein in den Fällen, in denen eine Aussage oder Erklärung der **Wahrnehmung berechtigter Interessen** dient, auch zB für Vorbringen in einem Verwaltungsverfahren, vor einem parlamentarischen Untersuchungsausschuss usw sowie für Erklärungen in der Öffentlichkeit (StBS 17; Knack 15; MB 13), gegenüber der Presse usw. Dem ehrenamtlich Tätigen sollen, wenn es um berechtigte eigene Interessen geht, grundsätzlich aus seiner Tätigkeit für die Allgemeinheit keine Nachteile entstehen (Obermayer 51; Knack 12). Auch hier kann im Einzelnen wie bei Abs 2 auf Rspr und Schrifttum zu den entsprechenden Vorschriften des Beamtenrechts zurückgegriffen werden. 17

Zum Begriff der berechtigten Interessen s § 13 Rn 35 f; zum Begriff der zwingenden öffentlichen Interessen auch die Rspr und das Schrifttum zu den inhaltlich entsprechenden beamtenrechtlichen Vorschriften zu § 62 Abs 3 S 1 BBG, § 39 Abs 4 S 1 BRRG, wonach die dienstlichen Rücksichten die Versagung unabweisbar erfordern müssen (Knack 15). **Zwingende öffentliche Interessen,** die die Versagung der Aussagegenehmigung usw erfordern, sind nur dann zu anzunehmen, wenn von der Aussage oder Erklärung eine Beeinträchtigung wichtiger Gemeinschaftsgüter der Allgemeinheit, etwa der Sicherheit des Bundes oder eines Landes oder der Bevölkerung, zu befürchten ist (zB durch eine allgemeine Panik), die auf andere Weise nicht verhindert werden kann, bzw wenn der durch die Offenbarung für solche Rechtsgüter entstehende Schaden schlechthin nicht oder kaum mehr wiedergutgemacht werden könnte (Knack 15). Ein zwingendes öffentliches Interesse kann aber auch die **Wahrung persönlicher Geheimnisse** 18

Dritter darstellen, weil auch die Wahrung der Grundrechte nach Art 1 Abs 3 GG eine öffentliche Aufgabe darstellt und damit im öffentlichen Interesse liegt.

19 **2. Schutz des ehrenamtlich Tätigen bei Genehmigungsversagung (Abs 4 S 2).** Gem Abs 4 S 2 ist dem ehrenamtlich Tätigen, wenn die Genehmigung versagt wird, in geeigneter Weise Schutz zu gewähren. Die Regelung entspricht § 62 Abs 3 S 2 BBG und § 39 Abs 4 S 2 BRRG, weshalb Rspr und Schrifttum zu diesen Vorschriften auch hier verwendbar sind. Die **Verpflichtung trifft,** wie sich aus der allgemeinen Fassung der Vorschrift („ist ... zu gewähren") ergibt, nicht nur die **Aufsichtsbehörde,** die die Genehmigung versagt hat, sondern auch die **Behörde** oder Stelle, die den ehrenamtlich Tätigen berufen hat, außerdem jede andere Bundesbehörde oder Landesbehörde im Rahmen ihrer Zuständigkeiten und Befugnisse für die zum Schutz des ehrenamtlich Tätigen in Betracht kommenden Maßnahmen.

Die Regelung lässt offen, welche Maßnahmen zum Schutz des ehrenamtlich Tätigen getroffen werden müssen, wenn die Aussagegenehmigung versagt wird. In Betracht kommen zB Ehrenerklärungen oder Vertrauenserklärungen für den Betroffenen, dem rechtswidriges oder unehrenhaftes Verhalten vorgeworfen wird (ebenso Obermayer 66; Knack 16), die Übernahme von Prozesskosten und Schadensersatzverpflichtungen, das Hinwirken auf eine Begnadigung bei strafrechtlicher Verurteilung (Kassel NVwZ-RR 1994, 596: Übernahme der Kosten der Rechtsverfolgung wegen ehrverletzender Äußerungen; StBS 18) usw.

VI. Zuständigkeit für die Erteilung der Aussagegenehmigung (Abs 5)

20 **1. Zuständigkeit der Aufsichtsbehörde.** Nach Abs 5 ist nicht die Stelle, die den ehrenamtlich Tätigen in sein Amt berufen hat, sondern die Aufsichtsbehörde für die Entscheidung zuständig. Dadurch soll einerseits der besonderen Bedeutung der Entscheidung Rechnung getragen werden, andererseits aber auch vermieden werden, dass der Leiter der Behörde, deren Bereich die in Frage stehenden Angelegenheiten im Regelfall betreffen, zu entscheiden hat. Die Aufsichtsbehörde wird jedoch im Zweifel die betroffene Behörde vor ihrer Entscheidung hören.

21 **2. Verfahren, Rechtsschutz.** Die Aussagegenehmigung kann sowohl vom Gericht (vgl §§ 376, 451 ZPO; § 98 VwGO; §§ 54 Abs 1 und 4, 76 Abs 2 StPO usw) oder einer sonst dazu befugten Stelle (insb einer Behörde) als auch, unabhängig davon, vom ehrenamtlich Tätigen selbst beantragt werden (UL § 13 Rn 11; Knack 17). Da die Aussagegenehmigung ein VA ist (s oben Rn 11), ist über ihre Erteilung oder Versagung unter Beiziehung des ehrenamtlich Tätigen und anderer Betroffener, zB der Beteiligten des Verfahrens, in dem der ehrenamtlich Tätige als Zeuge vernommen werden soll, in einem Verfahren nach §§ 9ff zu entscheiden. Der ehrenamtlich Tätige und die übrigen Betroffenen haben dabei nach § 28 grundsätzlich Anspruch auf Gehör. In einem Prozess ist es zwar die Aufgabe des Gerichts, für die Beibringung der zur Vernehmung von Zeugen erforderlichen Aussagegenehmigungen zu sorgen. Das Gericht kann die Erteilung aber nicht erzwingen. Beteiligte, die ein rechtliches Interesse daran haben, weil sie sich auf einen entsprechenden Beweis berufen, haben demgegenüber einen gerichtlichen – auch im vorläufigen Rechtsschutz idR vor dem VG – durchsetzbaren **Anspruch auf Aussagegenehmigung** (StBS 20f; Obermayer 78).

§ 85 Entschädigung

Der ehrenamtlich Tätige hat Anspruch auf Ersatz seiner notwendigen Auslagen[6] und seines Verdienstausfalls.[7]

Parallelvorschrift: § 41 SGB-IV

Schrifttum: *Brackmann,* Zum Unfallversicherungsschutz für ehrenamtlich Tätige, insbesondere für Abgeordnete, WzS 1965, 33; *Bräuer/Deter,* Die Stellung des Ehrenamts und seine sozialrechtliche Berücksichtigung in der Bundesrepublik Deutschland, ZfSH/SGB 1994, 57; *Christner,* Entschädigungsregelungen für Mitglieder kommunaler Vertretungskörperschaften, 1991; *ders,* „Nachteilsausgleich" in kommunalen Vertretungskörperschaften insb für Hausfrauen, DVBl 1992, 943; *Marburger,* Zur Sozialversicherung ehrenamtlich Tätiger, Die Krankenversicherung 1973, 115; *Merten,* Probleme der Vergütung hauptamtlicher und der Entschädigung ehrenamtlicher Tätigkeit, 1995. – S auch zu §§ 81 f.

Übersicht

I. Allgemeines

1 **1. Inhalt.** Die Vorschrift gibt dem ehrenamtlich Tätigen einen Rechtsanspruch (vgl StBS 2; Knack 4) auf Ersatz seiner notwendigen Auslagen und eines etwaigen Verdienstausfalles, begrenzt zugleich aber auch die Befugnis der Behörde bzw des Rechtsträgers, dem die Behörde angehört, einem ehrenamtlich Tätigen ein weitergehendes Entgelt – unter welcher Bezeichnung auch immer – zu gewähren.

2 **2. Anwendungsbereich.** Die Vorschrift gilt nur für die ehrenamtliche Tätigkeit iSd § 81 im Geltungsbereich des VwVfG. Die Verwaltungsverfahrensgesetze der Länder enthalten im Wesentlichen mit § 85 gleich lautende Vorschriften.

II. Grundsatz der Unentgeltlichkeit

3 **1. Allgemeines.** Die Unentgeltlichkeit der ehrenamtlichen Tätigkeit, dh die Unzulässigkeit irgendwelcher wie auch immer ausgestalteter Dienstbezüge, wie sie bei Beamten üblich sind, ist der ehrenamtlichen Tätigkeit immanent (BVerwGE 95, 211 mwN = NVwZ 1994, 1219; BSG 66, 150). Der ehrenamtlich Tätige soll nicht schlechter, aber auch nicht besser gestellt werden als ohne Ehrenamt. Ehrenamtlich Tätige erhalten entsprechend dem Wesen des Ehrenamtes (s § 81) keine Besoldung, Vergütung, Versorgung uä, sondern nur die Entschädigung nach § 85 (BVerwG DÖV 1995, 30; ZBR 1980, 257). Darüber hinausgehende alimentationsähnliche finanzielle Leistungen zur gänzlichen oder teilweisen Sicherung des Lebensunterhalts durch den Dienstherrn sind gem § 115 BRRG unzulässig.[1]

4 **2. Kosten- und Auslagenersatz.** Eine pauschale Abgeltung der Auslagen und des Verdienstausfalls ohne Nachweispflicht hins der tatsächlichen Auslagen usw ist zulässig. Sie darf aber **nicht den Charakter eines** verschleierten Entgelts für die geleistete Tätigkeit darstellen (BVerwGE 95, 211 = NVwZ 1994, 1219; StBS 1). Vorbehaltlich abweichender Regelungen muss andererseits dem ehrenamtlich Tätigen die Möglichkeit gegeben werden, zwangsläufig entstandene oder zumindest vertretbare höhere Auslagen oder einen höheren Verdienstausfall geltend zu machen. Außerdem steht ihnen gem § 2 Abs 1 Nr 10 SGB VII bei Unfällen, die sie

[1] BVerwGE 95, 210 = NVwZ 1994, 1219; BVerwG DÖV 1995, 30; StBS 4.

bei Wahrnehmung ihres Amtes (auch zB notwendige Reisen) erleiden, ein Anspruch auf **Leistungen aus der gesetzlichen Unfallversicherung** zu.[2]

5 **3. Subsidiarität.** Von § 85 abweichende Regelungen sind gem § 81 und nach dem allgemeinen Vorbehalt gem § 1 zugunsten inhaltsgleicher oder entgegenstehender Vorschriften des Bundesrechts möglich; nach § 81 jedoch nur, soweit sie den Charakter der grundsätzlichen Unentgeltlichkeit der ehrenamtlichen Tätigkeit unberührt lassen. Soweit Leistungen gewährt werden, die darüber hinausgehen, liegt keine ehrenamtliche, sondern eine entgeltliche Tätigkeit vor, auf die dann die Bestimmungen des zugrunde liegenden Rechtsverhältnisses (Arbeits- oder Dienstverhältnis) anzuwenden sind.

III. Entschädigung

6 **1. Ersatz von Auslagen.** Im Einzelnen sind für den Ersatz notwendiger Auslagen und des Verdienstausfalls die insoweit bestehenden besonderen Vorschriften maßgeblich. Im Zweifel kann hins. der in Frage kommenden Auslagen und für die Beurteilung der Notwendigkeit auch § 80 Abs 1 (s dazu § 80 Rn 17 ff) und das ZSEG Anhaltspunkte geben. Auslagen iS von § 85 sind alle **notwendigen Auslagen,** die zur Wahrnehmung der Aufgaben der ehrenamtlichen Tätigkeit gemacht werden, wie Fahrt- und Reisekosten, Telefon- und Postgebühren, Schreibkosten usw (vgl Knack 2).

7 **2. Ersatz des Verdienstausfalls.** Zu ersetzen ist grundsätzlich jeder infolge der ehrenamtlichen Tätigkeit entgangene Verdienst (Koblenz NVwZ-RR 1994, 35). Eine Obergrenze ist nicht vorgesehen. Bei wechselndem Einkommen ist im Zweifel von den durchschnittlichen Einnahmen auszugehen. Die Anwendung von Pauschalbeträgen ist zulässig. Das Gleiche gilt, wenn das Einkommen mangels Verfügbarkeit geeigneter Unterlagen nur geschätzt werden kann (StBS 8). Anhaltspunkte gibt auch das ZSEG. Bei Hausfrauen, die kein Einkommen haben, kann § 2 Abs 3 S 2 ZSEG entspr herangezogen werden (so StBS 8). Werden Gehalt, Lohn usw ungeachtet der ehrenamtlichen Tätigkeit weiterbezahlt, so entsteht kein Ersatzanspruch (Knack 3).

8 **3. Zuständigkeit und Verfahren.** Zuständig für die Entscheidung über den Ersatzanspruch ist grundsätzlich, soweit durch Rechtsvorschriften nichts anderes bestimmt ist, die Behörde, bei der die ehrenamtliche Tätigkeit ausgeübt wird bzw der sie zugerechnet wird; sie wird insofern zugleich auch als Organ des Rechtsträgers handeln, für den die Tätigkeit ausgeübt wird und gegen den sich im Zweifel auch der Entschädigungsanspruch richtet.

9 **Die Festsetzung der Entschädigung** erfolgt von Amts wegen oder auf Antrag des ehrenamtlich Tätigen **durch VA** (Knack 5; StBS 9). Gegen die gänzliche oder teilweise Ablehnung eines Entschädigungsanspruchs sind die Rechtsbehelfe nach der VwGO (Widerspruch und Klage) gegeben, gegen die Zuerkennung nur, wenn oder soweit sie zu Lasten eines anderen Rechtsträgers erfolgt, seitens dieses Rechtsträgers.

§ 86 Abberufung

Personen, die zu ehrenamtlicher Tätigkeit herangezogen worden sind, können von der Stelle, die sie berufen hat, abberufen werden, wenn ein wichtiger Grund vorliegt.[5] Ein wichtiger Grund liegt insbesondere vor, wenn der ehrenamtlich Tätige[7]

1. seine Pflicht gröblich verletzt oder sich als unwürdig erwiesen hat,
2. seine Tätigkeit nicht mehr ordnungsgemäß ausüben kann.

---

[2] UL § 13 Rn 12; StBS 1; Obermayer 16 vgl auch BSG NVwZ 1984, 608: Versicherungsschutz auch für Tätigkeiten, die nur gelegentlich ausgeübt werden.

Schrifttum: *Albers,* Die Abberufung eines ehrenamtlichen Richters nach § 24 VwGO, MDR 1984, 888.

Übersicht

I. Allgemeines

1. Inhalt. Die Vorschrift sieht, vorbehaltlich besonderer Regelungen gem § 81, die Möglichkeit einer Abberufung ehrenamtlich tätiger Personen aus wichtigem Grund vor und nennt selbst wichtige Gründe, die eine Abberufung rechtfertigen. Die Regelung soll einerseits unberechtigten, insb willkürlichen, Abberufungen vorbeugen, andererseits aber in berechtigten Fällen eine Rechtsgrundlage für eine Abberufung geben, wenn ein wichtiger Grund vorliegt (Begr 94). Eine Abberufung gem § 86 ist im Zweifel, wenn durch Gesetz nichts anderes bestimmt ist, auch bei Ehrenämtern möglich, in die jemand auf Grund einer Wahl berufen wird (Knack 5). 1

Recht zum Niederlegen des Amtes. Nicht berührt wird durch § 86 das auf Grund besonderer Vorschriften oder nach allgemeinen Grundsätzen bestehende Recht des ehrenamtlich Tätigen, ein ihm übertragenes Ehrenamt niederzulegen bzw seine Entlassung oder Abberufung aus dem Ehrenamt zu verlangen (StBS 2; MB 2), sofern keine Übernahmepflicht besteht, im Übrigen dann, wenn ein anerkennenswerter Grund (vgl § 87 Abs 1 Nr 2) vorliegt. Damit kann nicht selten eine förmliche Abberufung, die für die Behörde wie den Betroffenen oft gleichermaßen unerfreulich ist, vermieden werden. 2

2. Anwendbarkeit. Die Vorschrift gilt nur für die ehrenamtliche Tätigkeit iSd § 81 im Anwendungsbereich des VwVfG. Die Verwaltungsverfahrensgesetze der Länder enthalten im Wesentlichen mit § 86 gleich lautende Vorschriften. Vgl im Übrigen die Ausführungen zu § 82. 3

II. Abberufung

1. Allgemeines. Die **Abberufung erfolgt,** wie auch die Berufung in das Amt, **durch VA,** der mit den üblichen Rechtsbehelfen angefochten werden kann (UL § 13 Rn 12). Sie steht, sofern durch Rechtsvorschriften nichts anderes vorgeschrieben ist, bei Vorliegen eines wichtigen Grundes oder besonderer, nach anderen Rechtsvorschriften vorgesehener Gründe, im **Ermessen** (§ 40) der Behörde die den Betroffenen berufen hat bzw der sonst dafür zuständigen Behörde; jedenfalls in den in Nr 1 und 2 genannten Fällen ist jedoch eine andere Entscheidung als die Abberufung kaum denkbar, weil sie mit dem Wesen eines Ehrenamtes und mit den Erfordernissen einer geordneten Verwaltung nicht vereinbar wäre. 4

5 **2. Erfordernis eines wichtigen Grundes (S 1). a) Allgemeines.** § 86 enthält keine abschließende Regelung der Gründe, die eine Abberufung rechtfertigen können, und nennt auch die Gründe, die als wichtige Abberufungsgründe anzusehen sind, **nicht abschließend,** sondern nur beispielhaft (Knack 2; StBS 4). Die Abberufung ist stets gerechtfertigt, wenn Tatsachen vorliegen, auf Grund derer es der Körperschaft unter Berücksichtigung aller Umstände und unter Abwägung der Interessen beider Seiten **nicht zugemutet werden kann,** den ehrenamtlich Tätigen in seinem Amte zu belassen (UL § 13 Rn 18; StBS 4; Knack 6). Maßgeblich sind insoweit die im konkreten Fall anzuwendenden besonderen Rechtsvorschriften, denen im Zweifel auch zu entnehmen ist, was als wichtiger Grund anzusehen ist. Bei Fehlen ausdrücklicher Regelungen ist insb auf die Art des Amtes und die besonderen damit verbundenen Anforderungen und Pflichten abzustellen. Das gilt auch für die nähere Bestimmung der in S 2 genannten besonderen Abberufungsgründe, deren Voraussetzungen in S 2 nur allgemein unter Verwendung unbestimmter Rechtsbegriffe umschrieben sind.

6 **b) Einzelfälle.** Als wichtiger, nicht ausdrücklich genannter Grund ist insb auch die **Aberkennung der bürgerlichen Ehrenrechte** durch rechtskräftige strafgerichtliche Verurteilung anzusehen, bei deren Vorliegen die Abberufung zwingend ist (vdGK 3). IdR stellt darüber hinaus jede **Verurteilung wegen einer schweren Straftat** (UL § 13 Rn 18; Knack 6) oder ein entsprechender, nicht ohne weiteres zu entkräftender Verdacht, selbst wenn es zu einem Freispruch mangels an Beweisen kommt, einen wichtigen Grund dar, sofern durch die in Frage stehenden Handlungen das Vertrauen der Öffentlichkeit in die ordnungsgemäße Amtsausübung erschüttert wird (Knack 6). Dasselbe gilt auch, wenn Gründe der in S 2 genannten Art zwar nicht objektiv nachgewiesen sind, jedoch der begründete, nicht ohne weiteres aufklärbare Verdacht besteht, dass sie vorliegen; dies insb dann, wenn solche Gründe bzw der Verdacht in der Öffentlichkeit bekannt sind.

7 **3. Besondere Abberufungsgründe (S 2).** S 2 zählt ohne Anspruch auf Vollständigkeit („insbesondere") besondere Gründe auf, die jedenfalls als wichtige Gründe iS des S 1 anzusehen sind. Praktisch werden alle denkbaren Fallkonstellationen erfasst; andere Gründe müssen vom Gewicht her vergleichbar sein.

8 **a) Gröbliche Verletzung der Pflichten.** Eine gröbliche Pflichtverletzung iS von S 2 Nr 1 liegt insb dann vor, wenn der ehrenamtlich Tätige wesentliche mit seinem Amt verbundene, für dessen ordnungsgemäße Ausübung wichtige Pflichten nicht erfüllt (Knack 7; Obermayer 3), aber auch, wenn er gegen allgemeine Pflichten, die damit verbunden sind, wie die Verpflichtung zu gewissenhafter und unparteiischer Amtsausübung nach § 83 oder die Verschwiegenheitspflicht nach § 84, verstößt (Knack 7; Obermayer 3). Auch eine Häufung von Pflichtverletzungen, von denen jede einzelne für sich nicht schwerwiegend ist (zB **häufiges unentschuldigtes Fernbleiben von Sitzungen**), kann ein wichtiger Grund sein (MB 4; Obermayer 12). Vgl zu den Pflichten auch § 83. Dass die Pflichten schuldhaft verletzt werden, ist nicht erforderlich (ebenso StBS 6; Knack 7; nun auch Obermayer 13).

9 **b) Unwürdigkeit.** Unwürdigkeit **iS von S 2 Nr 1** ist dann gegeben, wenn Tatsachen vorliegen, welche die weitere Belassung im Amt als mit dem Ansehen des Staates, der Gemeinde usw nicht mehr vereinbar erscheinen lassen (Knack 8). Dies gilt insb für ein Verhalten des ehrenamtlich Tätigen bei Ausübung seines Ehrenamtes oder auch im privaten Leben, das geeignet ist, den Betroffenen in den Augen der Öffentlichkeit herabzusetzen (zB sittliche Verfehlungen, ungeordnete Familienverhältnisse, häufige Trunkenheit in der Öffentlichkeit usw) oder sonst das für eine geordnete Verwaltung erforderliche Vertrauensverhältnis zwischen Bürger, Öffentlichkeit und Verwaltung zu stören (ähnlich Obermayer 15). Im Einzelnen kann bei der Beurteilung auch die Rspr und das Schrifttum zum

Beamtenrecht (vgl zB § 54 S 3 BBG), vor allem auch zum Disziplinarrecht, herangezogen werden. Verschulden ist auch hier nicht erforderlich (Knack 8).

c) Fehlende Gewähr ordnungsgemäßer Amtsausübung. Fehlende Gewähr ordnungsgemäßer Amtsausübung iS von S 2 Nr 2 ist in allen Fällen anzunehmen, in denen, aus welchem Grund auch immer, eine ordnungsgemäße Ausübung des Amtes nicht mehr zu erwarten ist, zB wegen **Gebrechlichkeit, hohen Alters,** Wohnungswechsels, voraussichtlich länger dauernder Erkrankung, aber auch wegen **Unfähigkeit, mangelnder Bereitschaft** oder (nicht nur vorübergehender) Überlastung infolge anderweitiger beruflicher oder privater Verpflichtungen zur ordnungsgemäßen Amtsausübung usw. Auf Verschulden kommt es nicht an (StBS 6). Es müssen aber jedenfalls konkrete, angebbare Tatsachen vorliegen. Im Einzelnen gelten auch hier die entsprechenden Gründe des Beamtenrechts. 10

Nr 2 ist **analog anwendbar,** auch auf Fälle in denen der Grund nicht erst später eingetreten ist oder bekannt wurde, sondern von Anfang an bestanden hat (Knack 9). Insofern begründet die Berufung trotz objektiven Vorliegens von Abberufungsgründen **keinen Vertrauensschutz.** 11

4. Zuständigkeit und Verfahren. Zuständig für die Abberufung ist die Stelle, die den ehrenamtlich Tätigen in sein Amt berufen hat (Obermayer 21). Ist diese nicht identisch mit der Behörde, bei der der Betroffene sein Amt ausübt, so kann letztere die Abberufung nicht selbst verfügen, sondern nur bei der zuständigen Stelle beantragen bzw anregen (Obermayer 22; Knack 5; MB 3). Für das Verfahren gelten die allgemeinen Vorschriften. Der Betroffene ist insb vor der Entscheidung zu hören (§ 28). Die **Abberufung erfolgt durch VA,** der mit den üblichen Rechtsbehelfen angefochten werden kann (StBS 9). Eine besondere Form für die Abberufung ist nach § 86 nicht vorgeschrieben; idR ist jedoch ein schriftlicher Bescheid zweckmäßig (ebenso Obermayer 23; Knack 11; StBS 9). 12

III. Niederlegung des Ehrenamtes

1. Freiwilliges Ehrenamt. Ehrenämter, zu deren Übernahme keine rechtliche Verpflichtung besteht, können im Zweifel jederzeit und auch ohne Vorliegen besonderer Gründe „niedergelegt" werden. Rechtlich handelt es sich um den Antrag auf Entlassung aus dem Ehrenamt, dem die Behörde idR **auch ohne Vorliegen besonderer Gründe** stattgeben muss. Etwas anderes kann nur gelten, wenn die Niederlegung zur Unzeit erfolgt; in solchen Fällen ist das Amt vorübergehend weiterzuführen. Dies gibt vielfach auch die Möglichkeit, eine Abberufung nach § 86 im Interesse aller Beteiligten und insb auch ohne Nachteile für das Ansehen des Betroffenen zu vermeiden. 13

2. Bestehen einer Übernahmepflicht. Die Niederlegung einer ehrenamtlichen Tätigkeit, zu deren Übernahme eine Verpflichtung besteht, ist grundsätzlich nur bei **Vorliegen eines anerkennenswerten Grundes zulässig** (vgl § 87 Abs 1 Nr 2). Sie ist jedoch – zumal die Ausübung einer ehrenamtlichen Tätigkeit durch jemanden, der dazu nicht mehr bereit ist, nicht sinnvoll ist – vorbehaltlich abweichender sachlicher Regelungen auch dann wirksam, wenn kein solcher Grund besteht (und sie deshalb nach § 87 Abs 1 Nr 1 eine Ordnungswidrigkeit darstellt), sofern nicht die Behörde, bei der das Amt ausgeübt wird bzw die für die Berufung in das Ehrenamt zuständig ist, die Annahme (Anerkennung) der Niederlegung oder eine Entlassung oder Abberufung ablehnt. 14

§ 87 Ordnungswidrigkeiten

(1) **Ordnungswidrig handelt, wer**

1. eine ehrenamtliche Tätigkeit nicht übernimmt, obwohl er zur Übernahme verpflichtet ist,[5]

2. eine ehrenamtliche Tätigkeit, zu deren Übernahme er verpflichtet war, ohne anerkennenswerten Grund niederlegt.[6]

(2) Die Ordnungswidrigkeit kann mit einer Geldbuße geahndet werden.

Schrifttum: s zu §§ 81 ff.

Übersicht

I. Allgemeines

1 **1. Inhalt.** Die Vorschrift erklärt die Verletzung der Verpflichtung zur Übernahme und grundsätzlich auch effektiven Ausübung einer ehrenamtlichen Tätigkeit zur Ordnungswidrigkeit, die mit einer Geldbuße geahndet werden kann, und ergänzt damit Rechtsvorschriften, die eine Verpflichtung zur Übernahme von ehrenamtlichen Tätigkeiten vorsehen. Die Anwendbarkeit hat das Bestehen derartiger Vorschriften zur Voraussetzung, da das VwVfG selbst vom Freiwilligkeitsprinzip ausgeht (vgl § 82) und deshalb keine derartige Verpflichtung zur Übernahme enthält.

2 Für die **Verletzung anderer Pflichten** besteht nach dem VwVfG keine entsprechende Sanktion; die Behörde hat allenfalls die Möglichkeit, den betroffenen ehrenamtlich Tätigen nach § 86 abzuberufen. § 87 sieht bewusst von der Möglichkeit ab, auch die Verletzung sonstiger für die Ausübung der ehrenamtlichen Tätigkeit maßgeblichen Vorschriften zur Ordnungswidrigkeit zu erklären, da dies mit dem Wesen ehrenamtlicher Tätigkeit nicht in Einklang stehen würde und auch die Bereitschaft zu ehrenamtlicher Tätigkeit ernstlich in Frage stellen könnte (Begr 94). Vielfach ist die Verletzung anderer Pflichten, insb auch die Verletzung der Pflichten nach §§ 83, 84, jedoch nach anderen Vorschriften strafbar oder als Ordnungswidrigkeit mit Geldbuße bedroht.

3 **2. Anwendbarkeit.** Die Vorschrift gilt nur für die ehrenamtlichen Tätigkeiten iSd § 88 im Geltungsbereich des VwVfG. Sie ist **nicht analogiefähig.** Ihre Anwendbarkeit wird im Übrigen durch das Bestehen gleich lautender oder abweichender spezieller Vorschriften ausgeschlossen. Die Länder haben in ihren Verwaltungsverfahrensgesetzen gleich lautende Regelungen erlassen. Lediglich die Regelungen in Bayern (Abs 2 wurde nicht übernommen) und Baden-Württemberg (zusätzliche Zuständigkeitsregelung in Abs 3) weichen ab. Den landesrechtlichen Bestimmungen gehen die spezielleren Ordnungswidrigkeitenvorschriften des Kommunalrechts vor.

II. Verletzung der Übernahmeverpflichtung (Abs 1)

Nach Abs 1 ist sowohl die Weigerung zur Übernahme einer ehrenamtlichen Tätigkeit trotz bestehender Verpflichtung (Nr 1) als auch die unberechtigte Niederlegung einer solchen Tätigkeit ohne anerkennenswerten Grund (Nr 2) mit Geldbuße bedroht. 4

1. Bestehende Verpflichtung (Nr 1). Die Pflicht zur Übernahme eines Ehrenamts setzt eine entsprechende Rechtsvorschrift voraus. Die Pflicht muss sich auf die Übernahme einer Tätigkeit im Verwaltungsverfahren (§ 81) beziehen. Damit werden andere ehrenamtlich auszuübende Tätigkeiten, zB die Verpflichtung zur Übernahme eines Amtes als Wahlhelfer usw, nicht erfasst. Gegen die auf Grund einer gültigen Rechtsvorschrift bestehende Verpflichtung zur Übernahme einer ehrenamtlichen Tätigkeit muss verstoßen worden sein. Dies ist nur der Fall, wenn eine **ernsthafte und endgültige Weigerung** vorliegt. Diese kann auch in einem konkludenten Verhalten, zB in beharrlichem „Krankmelden" zu den einzelnen Terminen, liegen. Die bloße Ablehnung reicht ebenso wenig aus wie die Schlechterfüllung des Amts. Soweit nach den maßgeblichen Vorschriften Ausnahmen vorgesehen sind, ist auch § 87 nicht anwendbar. 5

2. Niederlegung (Nr 2). a) Allgemeines. Niederlegung bedeutet rechtlich die uU konkludente Stellung des Antrags auf Entlassung bzw Abberufung aus dem Ehrenamt. Ordnungswidrig ist die Niederlegung des Amts ohne triftigen Grund. Der Niederlegung steht ein Verhalten, das die Behörden zwingt, den Betroffenen nach § 86 abzuberufen, nicht gleich, wohl aber eine tatsächliche gänzliche oder weitgehende Nichtausübung des Amtes, die nicht durch Krankheit und andere zwingende Umstände begründet ist, sondern allein auf mangelnder Bereitschaft beruht, der Verpflichtung nachzukommen. 6

b) Anerkennenswerte Gründe. Welche Gründe als ausreichende Rechtfertigung und damit als anerkennenswerter Grund iS von Nr 2 für eine Niederlegung anzuerkennen sind, ergibt sich aus den primär anwendbaren besonderen Rechtsvorschriften, die auch die Verpflichtung zur Amtsübernahme begründen. Im Zweifel sind Gründe, die die Ablehnung der Übernahme der Tätigkeit rechtfertigen, auch ausreichend für eine Niederlegung, zumindest, soweit der Betroffene nicht zur Unzeit davon Gebrauch macht. 7

Beispiele. Bei Fehlen ausdrücklicher Regelungen sind vor allem Gründe anzuerkennen, die dem Betroffenen die Ausübung unmöglich machen, wie Krankheit usw, oder doch eine Verpflichtung unzumutbar erscheinen lassen, wie übermäßige anderweitige Verpflichtungen, denen sich der Betroffene nicht entziehen kann (ebenso Knack 5). Im Einzelnen ist dabei auch die Art des Amts, die Dauer der Beanspruchung dadurch usw zu berücksichtigen. Anhaltspunkte können im Zweifel auch die Regelungen über ehrenamtliche Richter nach §§ 23f VwGO geben. 8

III. Ahndung mit Geldbuße (Abs 2)

Vorbehaltlich besonderer Regelung kann gem Abs 2 iVm §§ 5, 10 OWiG eine Geldbuße nur bei vorsätzlichen Verstößen verhängt werden. Die Höhe der Geldbuße bestimmt sich nach § 17 OWiG. Für die Zuständigkeit für die Verhängung der Geldbuße gelten §§ 35ff OWiG; hins Inhalt und Form des Bußgeldbescheids § 66 OWiG. Gegen den Bußgeldbescheid kann der Betroffene nach den allgemeinen Vorschriften (vgl § 67 OWiG) binnen zwei Wochen nach Zustellung Einspruch erheben. 9

Abschnitt 2. Ausschüsse

§ 88 Anwendung der Vorschriften über Ausschüsse

Für Ausschüsse,[5] Beiräte und andere kollegiale Einrichtungen (Ausschüsse) gelten, wenn sie in einem Verwaltungsverfahren tätig werden, die §§ 89 bis 93, soweit Rechtsvorschriften nichts Abweichendes bestimmen.[9]

Schrifttum: *Bäumler,* Anwendbarkeit des VwVfG auf Verwaltung ausübende Parlamentsausschüsse, DVBl 1979, 291; *Epping,* Die Willensbildung von Kollegialorganen – Am Beispiel der Bundesregierung, DÖV 1995, 719; *Groß,* Das Kollegialprinzip in der Verwaltungsorganisation, 1999; *Haas,* Ausschüsse in der Verwaltung, VerwArch 1958, 14; *Hirte,* Folgen fehlerhafter Besetzung in kommunalen Vertretungskörperschaften, DÖV 1988, 108; *Laubinger,* Die Anwendbarkeit des VwVfG auf Rechtsstellung und Tätigkeit der Personalvertretungsorgane VerwArch 1985, 449, 463; *Sodan,* Kollegiale Funktionsträger als Verfassungsproblem, 1987; *Streinz,* Die Rechtsstellung der Mitglieder kommunaler Ausschüsse in Bayern, BayVBl 1983, 705; *Tietgen,* Mitwirkung von Ausschüssen in der staatlichen Verwaltung – Möglichkeit, Bewährung und Grenzen, DVBl 1958, 311.

Übersicht

I. Allgemeines

1 **1. Inhalt.** Die Vorschrift bestimmt den Anwendungsbereich der Regelungen der §§ 88–93 über Ausschüsse, sofern diese in einem Verwaltungsverfahren tätig werden. Die Regelungen ergänzen die in zahlreichen Vorschriften enthaltenen Bestimmungen über Ausschüsse, soweit diese die entsprechenden Fragen offen lassen und sich aus ihrem Sinn und Zweck oder aus dem Zusammenhang nichts anderes ergibt. Im Einzelnen sind die §§ 88 ff weitgehend den Vorschriften des Kommunalrechts (Knack 5 vor § 88; Obermayer 3), zT auch den Vorschriften über Kollegialgerichte nachgebildet, so dass die dort geltenden Grundsätze auch hier ergänzend herangezogen werden können.

2 **Ergänzt werden die §§ 88 ff** für nicht-förmliche Verwaltungsverfahren, die vor Ausschüssen stattfinden, durch § 20 Abs 4, § 21 Abs 2 sowie für förmliche Verwaltungsverfahren durch § 71. Zur verfassungsrechtlichen Problematik weisungsfreier Ausschüsse im Hinblick auf Art 65 S 2 GG und das Demokratieprinzip s MB 15 ff; Sodan, Kollegiale Funktionsträger als Verfassungsproblem, 1987; Kopp 237 und BayVBl 1980, 266.

3 **2. Anwendungsbereich. a) Unmittelbar.** Die Vorschriften der §§ 88 ff sind unmittelbar nur im Anwendungsbereich des VwVfG und vorbehaltlich entgegenstehender oder gleich lautender Vorschriften anwendbar. Die Verwaltungsverfahrensgesetze der Länder enthalten im Wesentlichen gleich lautende Vorschriften. Die §§ 88 ff sind unmittelbar nur auf Ausschüsse anwendbar, die in einem **Verwaltungsverfahren iS von § 9** nach den allgemeinen Vorschriften oder in förmlichen Verfahren gem § 63, § 72 oder § 79 tätig werden. Unerheblich ist, ob der

Ausschuss selbst Behörde ist oder nur unselbstständiger Teil einer Behörde (vgl UL § 14 Rn 2; Knack 6; MB 8), sowie, ob seine Einrichtung und seine Tätigkeit auf einer Rechtsvorschrift beruhen oder lediglich auf internen Verwaltungsanordnungen (UL § 14 Rn 3; ähnlich StBS 8: entsprechende Anwendbarkeit; **aA** Knack 4; Obermayer 8). Sofern allerdings die Einrichtung eines Ausschusses die Mitwirkung an einem Verwaltungsverfahren nicht durch Rechtssatz angeordnet ist, haben Verstöße gegen die §§ 88 ff, wenn diese gleichwohl angewandt werden, wie auch das Unterbleiben der Mitwirkung oder sonstige Mängel der Mitwirkung dem Bürger gegenüber keine unmittelbaren Rechtsfolgen. Allerdings muss idR auch ein unbegründetes Abweichen von einer ständigen Verwaltungspraxis mit Blick auf den Gleichheitssatz als Verfahrensfehler gewertet werden (ähnlich Knack 4).

b) Analoge Anwendbarkeit. Als **Ausdruck allgemeiner Rechtsgrundsätze** sind die §§ 88 ff sinngemäß-analog auch auf Ausschüsse in Verwaltungsbereichen, in denen das VwVfG gem § 2 nicht anwendbar ist (ebenso Knack vor § 88 Rn 2), anwendbar; außerdem in gewissem Ausmaß **auch außerhalb von Verwaltungsverfahren.**[1] Zu speziellen Verfahrensvorschriften für Kollegialorgane im Fachrecht s näher Groß S. 280 ff. 4

II. Ausschüsse

1. Begriff des Ausschusses. Ausschüsse iS des § 88 und der §§ 89 ff und anderer Vorschriften des VwVfG sind Kollegialorgane, die aus mehreren Personen bestehen und deren Willensbildung nach dem **Kollegialprinzip** verläuft. Erfasst werden nicht nur Ausschüsse mit einer Kompetenz zu Endentscheidungen, sondern alle kollegialen Einrichtungen, insb auch Beiräte, die nur beratende Funktion haben, selbstständige Ausschüsse, deren Zustimmung oder Mitwirkung in anderer Form für eine Verwaltungsentscheidung notwendig ist, Ausschüsse, die eine Entscheidung nur vorberaten, usw. Auf die Bezeichnung des Kollegialorgans kommt es nicht an. 5

Erforderlich ist ein Mindestmaß an Organisation und Kontinuität; Personenmehrheiten, die eine formlose Besprechung abhalten, sind kein Ausschuss (Begr 95; Knack 4; StBS 8). Aus § 90 Abs 1 ergibt sich ferner, dass der Ausschuss mindestens 3 Mitglieder haben muss, damit §§ 88 ff anwendbar sind (StBS 10; Obermayer 6; Knack 4; MB 4; str). Umstritten ist, ob die Errichtung eines Ausschusses auf Grund einer Rechtsnorm (Gesetz, VO, Satzung) erfolgen muss, oder ob eine Verwaltungsvorschrift ausreichend ist. Letzteres ist zu bejahen, da die §§ 88 ff zwar nur für Ausschüsse gelten, die ihre Tätigkeit in Verwaltungsverfahren entfalten, aber nicht notwendig eine nach außen in Erscheinung tretende Aufgabe haben müssen, insbes auch beratenden Charakter haben können.[2] 6

Umstritten ist, ob allgemeine Vertretungsorgane, die unmittelbar von Bürgern, von bestimmten Berufsangehörigen usw, auf Grund gesetzlicher Vorschriften gewählt werden, wie der Gemeinderat, die Vollversammlung einer Kammer des öffentlichen Rechts usw nicht als Ausschüsse anzusehen sind (bejahend UL § 14 Rn 3; wohl auch Knack 6; verneinend StBS 14). Die Frage hat nur geringe praktische Bedeutung, da die Tätigkeit von **Gremien im kommunalen Bereich idR abschließend im Kommunalrecht geregelt** ist (StBS 18; UL § 14 Rn 3). Im Übrigen kommt jedenfalls eine entsprechende Anwendung im Betracht. 6 a

---

[1] Vgl BVerwGE 60, 15; StBS 14; Groß S 280 ff; Laubinger VerwArch 1985, 463 für die Mitwirkung der Personalräte am Verfahren des Dienststellenleiters; Bäumler DVBl 1978, 295 für Parlamentsausschüsse, soweit diese Verwaltung ausüben; **aA** Knack 5: nicht anwendbar, wenn die Tätigkeit des Ausschusses dem Erlaß von Rechtsnormen, von Regierungsentscheidungen oder von organisatorischen Entscheidungen dient; ähnlich UL § 14 Rn 3.

[2] Für entspr Anwendbarkeit StBS 8; UL § 14 Rn 1 ff; **aA** Obermayer 8; Knack 2: keine Anwendbarkeit.

7 **2. Beispiele für Ausschüsse iS von § 88.** Ausschüsse sind zB die Musterungsausschüsse und -kammern sowie die Prüfungsausschüsse und -kammern nach §§ 18f, 26, 33 WPflG, die Anerkennungs- und Widerspruchsausschüsse nach §§ 30ff AuslG, die Bundesprüfstelle nach §§ 8ff des G über die Verbreitung jugendgefährdender Schriften, die Umlegungsausschüsse und die Gutachterausschüsse nach § 192 BauGB – früher §§ 136ff BBauG – (vgl UL § 14 Rn 3). Auf die landesrechtlich vielfach eingesetzten Widerspruchsausschüsse kommen die Vorschriften ebenfalls zur Anwendung, sofern für sie keine besonderen Regelungen getroffen worden sind. Auf Prüfungsausschüsse sind die §§ 88ff wegen des Ausschlusses durch § 2 Abs 3 Nr 2 nicht unmittelbar anwendbar (StBS 11). In Betracht kommt dagegen eine Anwendung auf Personalräte, soweit sie an einem Verwaltungsverfahren beteiligt sind (BVerwGE 66, 15; Knack 5); im Übrigen kommt auch insoweit nur eine entsprechende Anwendung in Betracht.

III. Tätigkeit in einem Verwaltungsverfahren

8 Die §§ 88ff gelten nur für die Tätigkeit von Ausschüssen in Verwaltungsverfahren. Ähnlich wie bei § 81 kommt es nicht darauf an, ob der Ausschuss selbst nach außen wirkende Tätigkeiten entfaltet. Es genügt, dass er in irgendeiner relevanten Weise an Entscheidungen oder Handlungen eines anderen Organs, die Außenwirkung haben, mitwirkt (StBS 13; Knack 6; UL § 14 Rn 3). Die **Tätigkeit kann vorbereitender, beratender, aber auch entscheidender Natur sein.** Stets muss es sich aber um eine Tätigkeit im Rahmen eines Verwaltungsverfahrens handeln, also um Verfahren, die auf den Erlass eines VA oder den Abschluss eines öffentlich-rechtlichen Vertrages gerichtet sind. Nicht hierher gehören Ausschüsse, soweit sich ihre Tätigkeit auf den Erlass von Rechtsverordnungen, Satzungen oder auch Gesetzen richtet, soweit es um die Mitwirkung oder Beratung von Regierungstätigkeit oder ähnliche Funktionen handelt. Gleiches gilt für die Mitwirkung von Ausschüssen bei privatrechtlicher Tätigkeit der Verwaltung unter Einschluss des Verwaltungsprivatrechts.

IV. Subsidiarität der Regelungen

9 Die Bestimmungen der §§ 8ff sind gem § 88 nur anwendbar, soweit Rechtsvorschriften nichts Abweichendes bestimmen. Wie bei § 81 ist als abweichend eine Regelung schon dann anzusehen, wenn Rechtsvorschriften einen Rechtsbereich abschließend regeln, wie zB das Gemeinderecht hins. der Bildung und Tätigkeit kommunaler Ausschüsse, auch wenn die danach maßgeblichen Bestimmungen inhaltlich mit den Regelungen nach §§ 88ff übereinstimmen (Begr 95). Die Subsidiarität gilt auch gegenüber landesrechtlichen Bestimmungen, Rechtsverordnungen, Satzungen usw (StBS 18).

§ 89 Ordnung in den Sitzungen

Der Vorsitzende[5] eröffnet,[7] leitet[9] und schließt[11] die Sitzungen; er ist für die Ordnung verantwortlich.

Schrifttum: *Gramlich,* Zum Ordnungsrecht des Vorsitzenden kommunaler Organe, BayVBl 1989, 9; *Groß,* Das Kollegialprinzip in der Verwaltungsorganisation, 1999. S im übrigen zu § 88.

Übersicht

I. Allgemeines

1. Inhalt. Die Vorschrift regelt, vorbehaltlich besonderer Bestimmungen, die Aufgaben und Befugnisse des Vorsitzenden eines Ausschusses iS von § 88 in Anlehnung an § 103 Abs 1 VwGO, §§ 76ff GVG und § 68 Abs 2 und 3. Der Vorsitzende hat danach vor allem für den geordneten äußeren Ablauf der Sitzungen zu sorgen. Dieser Verpflichtung entsprechen in Übereinstimmung mit allgemeinen Grundsätzen auch die zu ihrer Erfüllung erforderlichen Befugnisse. S allg zur Ordnungsgewalt des Vorsitzenden Gramlich BayVBl 1989, 9 und die Kommentierungen zu den Gemeindeordnungen. Mittelbar ergibt sich aus § 89 auch die Notwendigkeit der Bestellung eines Vorsitzenden überhaupt. 1

2. Anwendungsbereich. § 89 gilt unmittelbar nur für Sitzungen eines Ausschusses iSd § 88 im Geltungsbereich des VwVfG. Die Länder haben in ihren Verwaltungsverfahrensgesetzen gleich lautende Vorschriften erlassen. Die Vorschrift gilt analog mit den gebotenen oder sich aus der Natur der Sache ergebenden Besonderheiten auch für Fälle, in denen nach § 90 Abs 1 S 2 im schriftlichen Verfahren oder in anderer Weise (vgl § 90 Rn 2) entschieden wird. 2

II. Ordnung in der Sitzung

1. Bestellung des Ausschussvorsitzenden. Mittelbar ergibt sich aus § 89 wie auch aus § 21 Abs 4 S 1, dass Ausschüsse iS von §§ 88ff stets einen Vorsitzenden und auch einen Vertreter für diesen haben müssen (Knack 2, StBS 1, 3). Zweifelhaft ist, ob dieser ein Mitglied des Ausschusses sein muss (bejahend StBS 4; Knack 2). Soweit durch Rechtsvorschriften insoweit nichts anderes bestimmt ist oder sich aus dem Wesen und der Funktion des Ausschusses ergibt, obliegt die Bestellung des Vorsitzenden und eines evtl Stellvertreters dem Leiter der Behörde, in oder bei der der Ausschuss errichtet wird (**aA** StBS 1; Groß S 284: Durch Wahl, wenn nichts anderes bestimmt ist). In den meisten Fällen wird, wenn es nach dem maßgeblichen Fachrecht keinen „geborenen Vorsitzenden" gibt, der Vorsitzende durch Wahl bestimmt. Bei unabhängigen Ausschüssen erfolgt die Regelung in der Satzung, die sich der Ausschuss gibt; diese bestimmt dann auch das Verfahren zur Bestellung des Vorsitzenden und seines Vertreters (**aA** wohl Knack 2: stets nach § 92). 3

Die Wahl des Vorsitzenden findet in der konstituierenden Sitzung des Ausschusses statt, sofern die Bestimmung des Vorsitzes nicht auf andere Weise stattgefunden hat. Bis zur erfolgten Wahl führt das **älteste Mitglied** des Ausschusses den Vorsitz (Knack 2), dh, wenn bzw soweit die Vorschriften über die Errichtung und die Tätigkeit des Ausschusses, insb dessen Geschäftsordnung, nichts anderes bestimmen. 4

2. Allgemeine Aufgaben des Vorsitzenden. Die Aufgaben, Befugnisse usw des Vorsitzenden ergeben sich außer aus § 89 aus zahlreichen anderen Vorschriften des VwVfG, zB § 20 Abs 4, § 68 Abs 2 und 3, und aus spezialgesetzlichen Regelungen sowie ggf aus der Geschäftsordnung des Ausschusses. Im Zweifel hat der Vorsitzende auch alle Befugnisse, die zur **Vorbereitung der Sitzung** erfor- 5 derlich sind, wie die Aufstellung der Tagesordnung, die Einberufung der Sitzungen, Veranlassung der Ladungen usw (StBS 5 ff; UL § 14 Rn 5 ff; Knack 4); grundsätzlich ist der Vorsitzende jedoch insoweit an die **Geschäftsordnung** und idR auch an entsprechende **Entscheidungen des Ausschusses,** insb auch hins des Termins der Sitzungen oder hins der Tagesordnung, gebunden (Knack). Im Übrigen fallen Entscheidungen hins des Verfahrens, die nicht dem Vorsitzenden vorbehalten sind, in die Zuständigkeit des Ausschusses, der bei Fehlen besonderer Regelungen gem §§ 90 f **mit Mehrheit entscheidet** (vgl Mannheim VBlBW 1992, 97), auch zB hins einer Änderung des Protokolls über die Sitzung gem § 93 (Knack 3).

6 In **förmlichen Verfahren** gem §§ 63 ff sind ergänzend zu § 89 insb auch § 68 und § 71 Abs 1, Abs 2 S 2 anzuwenden, die die Befugnisse und Verpflichtungen des Vorsitzenden teils erweitern, teils einschränken. Weitere Befugnisse des Vorsitzenden können sich hins der äußeren Ordnung des Verfahrens auch aus dem Aspekt der **Sitzungspolizei** und dem **Hausrecht** ergeben, sofern dies dem Vorsitzenden übertragen worden ist.[1] S zu sitzungspolizeilichen Aufgaben und zum Hausrecht unten Rn 13 ff.

6a **3. Ladung zur Sitzung.** Das Gesetz trifft keine Regelungen über die bei der Ladung (vgl § 90 Abs 1 S 1) zu beachtenden Vorkehrungen. Soweit auch das Fachrecht keine Anforderungen formuliert, können die insoweit beachtlichen Regeln vom Ausschuss selbst in einer Geschäftsordnung festgelegt werden (StBS 9). Im Übrigen gelten allgemeine rechtsstaatliche Grundsätze (s näher § 90 Rn 5 ff). Die Einhaltung der hiernach maßgeblichen Regeln für die ordnungsgemäße Ladung ist Sache des Vorsitzenden.

7 **4. Eröffnung der Sitzung.** Die Eröffnung der Sitzung ist an keine besonderen Förmlichkeiten gebunden. Sie kann insb statt durch entsprechende Erklärung, wie dies vielfach üblich ist („Die Sitzung ist hiermit eröffnet"), auch durch konkludentes Verhalten erfolgen, sofern jedenfalls den Mitgliedern des Ausschusses und sonstigen Personen, die an der Sitzung teilnehmen, hinreichend zweifelsfrei kundgetan wird, dass nunmehr die Verhandlung, Besprechung usw eröffnet ist (ebenso StBS 6; Obermayer 6).

8 Soll die **Beschlussfassung im schriftlichen Verfahren** nach § 90 Abs 1 S 2 erfolgen, entspricht der Eröffnung der Sitzung die Mitteilung des Textes, der beschlossen werden soll, sowie die Übermittlung etwaiger sonstiger Unterlagen. Im Zweifel obliegt auch die Entscheidung, ob in einer Sitzung oder im schriftlichen Weg entschieden werden soll, dem Vorsitzenden. Jedes Mitglied des Ausschusses kann aber einer Beschlussfassung im schriftlichen Verfahren widersprechen und dadurch die Durchführung einer Sitzung erzwingen.

9 **5. Leitung der Sitzung.** Die Leitung der Sitzung umfasst alle Maßnahmen, Anordnungen usw, die den äußeren Fortgang betreffen (ebenso Knack 6), zB die Feststellung, dass die Sitzung ordnungsgemäß einberufen ist, die Feststellung der Beschlussfähigkeit (ebenso UL § 14 Rn 6 ff), die Feststellung der Tagesordnung, die Erteilung des Wortes usw, im Zweifel dagegen nicht Entscheidungen, die weiterreichende Bedeutung haben und deshalb Angelegenheit des Kollegiums sind, wie die Entscheidung über Beweiserhebungen, über den Ausschluss oder die Ablehnung von Mitgliedern nach § 20 Abs 4 bzw § 71 Abs 3 (vgl § 71 Rn 22).

10 Zur Leitung gehört insb auch die Verpflichtung, für die ausreichende Erörterung der zur Beschlussfassung anstehenden Angelegenheiten zu sorgen (§ 68 Rn 10), in Verhandlungen auch die Sorge dafür, dass die Beteiligten ausreichend Gelegenheit erhalten, sich zu den für die Entscheidung erheblichen Fragen zu äußern, und die Herbeiführung der erforderlichen Beschlussfassungen (UL § 14 Rn 6).

---

[1] Vgl Zeiler DVBl 1981, 1000; Ronellenfitsch VerwArch 1982, 465; MK 48 II; Obermayer 11; StBS 11.

6. Schließung der Sitzung. Die Schließung der Sitzung ist der formale Akt, durch den die Verhandlung, die Beratungen, usw abgeschlossen werden. Wie die Eröffnung kann sie auch durch konkludentes Verhalten erfolgen. Sie ist grundsätzlich erst zulässig, wenn die Angelegenheit hinreichend erörtert ist; in Verhandlung mit den Beteiligten im Rahmen eines konkreten Verfahrens grundsätzlich erst, wenn den Beteiligten rechtliches Gehör (§§ 28 bzw 66) gewährt worden ist. Nicht notwendig ist, dass kein Beteiligter mehr das Wort wünscht, sofern bereits ausreichend rechtliches Gehör gewährt wurde (Knack 5). Außerdem kann ein Beteiligter auf die Möglichkeit schriftlicher Ausführungen verwiesen werden, wenn die Entscheidung nicht unmittelbar im Anschluss an die Sitzung getroffen wird. 11

Die Befugnis zur Schließung der Sitzung umfasst im Zweifel – allerdings grundsätzlich mit Bindung an eine erste Entscheidung des Ausschusses darüber auch die Befugnis zur **Unterbrechung** und **Vertagung** der Sitzung, außerdem auch die Befugnis zur **Wiedereröffnung** einer bereits geschlossenen Sitzung. 12

7. Sitzungspolizei. a) Allgemeines. Zur Sorge für die Ordnung der Sitzung gem § 89 gehört vor allem die Befugnis (und grundsätzlich auch Verpflichtung), Störungen zu verhindern, die von den Sitzungsteilnehmern oder anwesenden Dritten ausgehen (vgl Münster NVwZ 1983, 486: alles, was zu einem reibungslosen Ablauf erforderlich ist), uU zB ein Rauchverbot zu verfügen (Münster NVwZ 1983, 486; Lüneburg DVBl 1989, 935; Knack 7), ebenso auch die Befugnis zur Ermahnung der Mitglieder und sonstiger Sitzungsteilnehmer zur erforderlichen Aufmerksamkeit, zur Unterlassung von Weitschweifigkeiten usw und zum Wortentzug (UL § 14 Rn 7; vdGK 2). Zu den Befugnissen gegenüber den Beteiligten und sonst anwesenden Personen vgl im Einzelnen § 68 Rn 19 sowie allg auch Gramlich BayVBl 1989, 9; zur Rechtsnatur der Anordnungen auch § 68 Rn 22. 13

b) Ausschlussrecht. Umstritten ist, ob der Vorsitzende Kraft seines Leitungsrechts nach § 89 auch das Recht hat, auch **Mitglieder** des Ausschusses ganz oder zeitweise **von der Sitzung auszuschließen,** wenn sie die Sitzung gröblich stören und die Ordnung nicht anders hergestellt werden kann. Dies wird in der Literatur überwiegend bejaht (UL § 14 Rn 7; StBS 10; Knack 7), sofern die Grundsätze der Erforderlichkeit und Angemessenheit erfüllt sind (Obermayer 6; ablehnend MB 3). Hiervon zu unterscheiden ist die Frage, ob dies Auswirkungen auf die Beschlussfassung haben darf. So wird man im Hinblick auf den Grundsatz der Verhältnismäßigkeit eine Vertagung vornehmen müssen, wenn der Anlass für den Ausschluss singulärer Natur war. 14

c) Verhältnis zum Hausrecht. Das Hausrecht ist von der durch § 89 geregelten Sitzungspolizei zu unterscheiden. Es betrifft die Aufrechterhaltung der Ordnung im Gebäude bzw im räumlichen Bereich einer Behörde und steht grundsätzlich dem Behördenleiter zu. Im Einzelfall können sich die Anwendungsbereiche von Sitzungspolizei und Hausrecht überschneiden, wenn zB in einer Störung der Sitzung zugleich eine Gefahr für die Sicherheit und Ordnung im räumlichen Bereich der Behörde besteht. S zum Hausrecht näher § 35 Rn 37. 15

8. Rechtsschutz der Ausschussmitglieder. Das Gesetz regelt nicht, ob und in welchem Umfang die Mitglieder eines Ausschusses die Möglichkeit haben, gegen Entscheidungen des Vorsitzenden Rechtsschutz in Anspruch zu nehmen. Dies hängt davon ab, welchen Status das Fachrecht dem Ausschuss und seinen Mitgliedern einräumt. Entscheidend ist, ob den Mitgliedern eigene **wehrfähige Rechte** eingeräumt werden. Ist dies der Fall, kommt ein Organstreitverfahren in Betracht.[2] 16

---

[2] S zu Organstreitverfahren OVG Weimar DVBl 2000, 358; VGH Mannheim VBlBW 1999, 304; OVG Münster NVwZ-RR 1998, 325; Martensen JuS 1995, 989; Ramsauer Assessorprüfung § 22.

§ 90 Beschlussfähigkeit

(1) **Ausschüsse sind beschlussfähig, wenn alle Mitglieder geladen und mehr als die Hälfte, mindestens aber drei der stimmberechtigten Mitglieder anwesend sind.**[3] **Beschlüsse können auch im schriftlichen Verfahren gefasst werden, wenn kein Mitglied widerspricht.**[9]

(2) **Ist eine Angelegenheit wegen Beschlussunfähigkeit zurückgestellt worden und wird der Ausschuss zur Behandlung desselben Gegenstandes erneut geladen, so ist er ohne Rücksicht auf die Zahl der Erschienenen beschlussfähig, wenn darauf in dieser Ladung hingewiesen worden ist.**[14]

Schrifttum: *Alscher,* Willensmängel bei kollegialem Verwaltungshandeln, NJW 1972, 800; *Bäumler,* Anwendbarkeit des Verwaltungsverfahrensgesetzes auf Verwaltung ausübende Parlamentsausschüsse, DVBl 1978, 291; *Behnel,* Die fehlerhafte Ladung zu Sitzungen gemeindlicher Gremien (Rat und Ausschuß), NWVBl 1993, 400; *Foerster,* Umlaufbeschlüsse, SKV 1970, 227; *Hoffmann-Riem,* Hilfsbeschlußfähigkeit von Kollegialorganen, NJW 1978, 393. S im Übrigen zu § 88.

Übersicht

I. Allgemeines

1 **1. Inhalt.** Die Vorschrift regelt zusammen mit den §§ 91, 92 die Beschlussfassung durch Ausschüsse. Die Bestimmung ist zT deutlich strenger als im Verfassungsrecht und im Kommunalverfassungsrecht. Anders als dort muss die Beschlussfähigkeit nach § 90 tatsächlich gegeben sein; dass kein Mitglied die fehlende Beschlussfähigkeit rügt, ist nicht ausreichend (VGH Kassel NVwZ 1988, 1155; StBS 4). Beschlüsse können, wie sich aus § 90 Abs 1 S 2 ergibt, außer in Sitzungen auch im schriftlichen Verfahren (unten Rn 11 ff) und in anderer geeigneter Weise gefasst werden, soweit durch Rechtsvorschriften nichts anderes vorgeschrieben ist. In Analogie zu Abs 1 S 2 ist bei fehlendem Widerspruch auch die Beschlussfassung unter Benutzung einer zusammengeschaltenen Rundrufanlage **(Konferenzschaltung)** und durch telefonische Rundfrage als zulässig anzusehen (s Rn 13). Zum Verbot der Mitwirkung von nach §§ 20 oder 21 ausgeschlossenen bzw auszuschließenden Personen und zu deren Vertretung s § 20 Abs 4, im förmlichen Verfahren § 71 Abs 3; zu den Folgen der Unterlassung einer gebotenen Beschlussfassung und zur Heilung des Mangels bei VAen s auch § 44 Abs 3 Nr 3 und § 45 Abs 1 Nr 5.

2. Anwendungsbereich. Die Vorschrift gilt unmittelbar nur für die Beschlussfassung der in § 88 genannten Ausschüsse und Gremien im Geltungsbereich des VwVfG und vorbehaltlich gleich lautender oder entgegenstehender Rechtsvorschriften. Verwaltungsverfahrensgesetze der Länder enthalten im Wesentlichen mit § 90 gleich lautende Vorschriften. Für Beschlüsse in förmlichen Verwaltungsverfahren ist außerdem § 71 Abs 2 zu beachten. 2

II. Beschlussfähigkeit

1. Begriff der Beschlussfähigkeit (Abs 1 S 1). Beschlussfähigkeit iS von § 90 bedeutet, dass die formellen Voraussetzungen für eine wirksame Beschlussfassung nach § 91 bzw § 92 erfüllt sind. Die Beschlussfähigkeit muss für **jeden einzelnen Tagesordnungspunkt** nicht nur im Zeitpunkt der Beschlussfassung ieS, sondern auch bei der Beratung darüber gegeben sein; dass sie am Anfang der Sitzung gegeben war, genügt nicht. Die Beschlussfähigkeit wird anders als zT im Verfassungsrecht bei Parlamenten nicht vermutet. Deshalb kommt es bei fehlender Beschlussfähigkeit nicht darauf an, ob ein Mitglied dies rügt, ob sie überhaupt während der Sitzung bemerkt wird oder ob die Anwesenden mit der Fortsetzung der Sitzung einverstanden sind. 3

Die für die Beschlussfähigkeit notwendigen Mitglieder müssen grundsätzlich während der gesamten Sitzung anwesend sein; dass die Mindestzahl mit wechselnden Teilnehmern erreicht wird, reicht nicht aus. **Bei teilweiser, wenn auch nur vorübergehender Abwesenheit** eines Mitglieds ist dieses entsprechend dem Zweck der Regelung, eine Beschlussfassung auf Grund der Mitwirkung wenigstens der zur Beschlussfassung erforderlichen Mindestmitgliederzahl sicherzustellen, als abwesend zu behandeln und nicht mitzuzählen. Etwas anders gilt, sofern das vorübergehend abwesende Mitglied nach seiner Rückkehr im Einverständnis mit den Beteiligten **nachträglich über den versäumten Teil umfassend informiert** wird. Wie Abs 1 S 2 klarstellt, ist, soweit gesetzlich nichts anderes vorgeschrieben ist (zB nach § 71 Abs 2 S 1), für die Beschlussfähigkeit Anwesenheit der Mitglieder im selben Raum für eine Beschlussfassung nicht unbedingt erforderlich, wohl aber, dass bestimmte Mindesterfordernisse für ein geordnetes Zusammenwirken der Mitglieder gegeben sind.

2. Voraussetzungen der Beschlussfähigkeit. Bei Beschlussfassung in einer Sitzung genügt die Anwesenheit der Hälfte der Mitglieder nur, wenn alle Mitglieder ordnungsgemäß, insb auch rechtzeitig, zur Sitzung geladen wurden (Begr 95; UL § 14 Rn 9). Anders als zT im Parlamentsrecht ist die mangelnde Beschlussfähigkeit **stets von Amts wegen, nicht erst auf Rüge eines Mitglieds hin, zu berücksichtigen.** Voraussetzung ist nach Abs 1 S 1, dass mehr als die Hälfte, mindestens aber drei der stimmberechtigten Mitglieder anwesend sind. Bei der **Berechnung** der für die Beschlussfähigkeit des Ausschusses erforderlichen Mindestzahl anwesender Mitglieder zählen nach Abs 1 S 1 die nach §§ 20 und § 21 nach § 71 Abs 3 ausgeschlossenen Mitglieder sowie die aus sonstigen Gründen nicht stimmberechtigten Mitglieder, zB nur beratende Mitglieder oder von der Sitzung vom Vorsitzenden ausgeschlossene Mitglieder nicht mit (ebenso UL § 14 Rn 9; StBS 8; Knack 5; s auch Münster 30, 196). Mitzuzählen sind dagegen, soweit durch Gesetz nichts anderes bestimmt ist, auch diejenigen Mitglieder, die sich der Stimme enthalten (Knack 6), und zwar auch dann, wenn auf Grund einer Rechtsvorschrift Stimmenthaltungen nicht zulässig sind. Enthaltungen zählen bei der Feststellung der Stimmenmehrheit weder für noch gegen den Antrag mit. Eine **unzulässige Stimmenthaltung ist eine ungültige Stimme** (s § 91 Rn 4). Beschlüsse, die gefasst werden, obwohl die Beschlussfähigkeit fehlte, sind nichtig und unwirksam (UL § 14 Rn 9; Knack 7). Ein auf Grund eines solchen Beschlusses erlassener VA ist jedoch idR nur anfechtbar, nicht ohne weiteres nichtig (§ 44 Abs 3 Nr 3). 4

5 **3. Ordnungsgemäße Ladung (Abs 1 S 1).** Die Beschlussfähigkeit nach Abs 1 und 2 ist nur gegeben, wenn alle Mitglieder ordnungsgemäß geladen worden sind, in den Fällen des Abs 2 auch mit dem zusätzlichen Hinweis, dass ohne Rücksicht auf die Zahl der Erscheinenden entschieden wird. Zu laden sind in jedem Fall alle Mitglieder, auch solche, deren Verhinderung bekannt ist oder die, bevor sie von dem Termin Kenntnis hatten, auf die Ladung verzichtet haben. Sind die **Sitzungstage bereits im Voraus bestimmt** und den Mitgliedern bekannt, so bedarf es grundsätzlich keiner besonderen Ladung zu den einzelnen Terminen. Wenn bzw soweit die Sitzungstage und die zur Teilnahme zu ladenden Mitglieder nicht nach abstrakten Grundsätzen vorweg bestimmt sind, muss durch geeignete Rechtsvorschriften, durch die Geschäftsordnung oder durch die tatsächliche Praxis sichergestellt werden, dass die Festlegung der Sitzungstage, der Tagesordnung usw nicht zu einer Manipulation der Beschlüsse und Beschlussinhalte missbraucht werden kann (vgl OLG Köln NVwZ 1994, 410; StBS 5). Insoweit gelten, obwohl es im Verwaltungsverfahren grundsätzlich kein Recht auf den gesetzlichen Beamten gibt, die Grundsätze über die Hinzuziehung der Richter an Kollegialgerichten (vgl zB § 30 VwGO; dazu Kopp/Schenke § 30 Rn 1 ff) zT analog.

6 **a) Form der Ladung.** Die Ladung kann, soweit durch besondere Rechtsvorschriften keine bestimmte Form vorgeschrieben ist, auch in mündlicher Form, ggf auch schon in der vorausgegangenen Sitzung, erfolgen (StBS 5; Knack 4). Nach dem Zweck der Regelung bedarf es keiner gesonderten Ladung, wenn die Sitzungstage, Sitzungszeit und Sitzungsort generell im Voraus festgelegt und allen Mitgliedern bekanntgegeben wurden (ebenso StBS 5; Knack 4; MB 6). Grundsätzlich ist eine **Mitteilung der Tagesordnung** oder des Gegenstandes, der in der Sitzung behandelt werden soll, zusammen mit der Ladung erforderlich, unabhängig davon, ob dies durch Rechtsvorschrift, auch zB durch eine Satzung oder Geschäftsordnung des Ausschusses selbst, vorgeschrieben ist (Obermayer 9; StBS 5; **aA** Voraufl). Dies gilt auch für die Ladung nach Abs 2.

7 **b) Ladungsfrist.** Eine bestimmte Ladungsfrist schreibt das Gesetz nicht vor. Nicht ordnungsgemäß ist eine Ladung ua auch dann, wenn die Ladungsfrist so kurz ist, dass keine hinreichende Gewähr besteht, dass alle Mitglieder rechtzeitig Kenntnis erlangen können, und dies zur Folge hat, dass einzelne Mitglieder nicht teilnehmen, weil sie nicht mehr so rechtzeitig verständigt werden konnten, dass ihnen die Teilnahme möglich oder (etwa wegen nicht mehr ohne erhebliche Schwierigkeiten oder Nachteile so kurzfristig rückgängig zu machender sonstiger Verpflichtungen oder Dispositionen) zumutbar war. Zur Frage, welche Ladungsfrist als angemessen anzusehen ist, § 67 Rn 7. Ein Mangel der Ladung ist unbeachtlich, wenn jedenfalls sämtliche Mitglieder erschienen sind (ebenso Knack 4).

III. Form der Beschlussfassung

8 **1. Grundsatz der Mündlichkeit (Abs 1 S 1).** Abs 1 geht davon aus, dass die Beschlussfassung des Gremiums im mündlichen Verfahren erfolgt, dh auf einer Sitzung des Gremiums an einem bestimmten Ort. Dies folgt daraus, dass Abs 1 S 1 eine (persönliche) Anwesenheit der Mitglieder als Regelfall zugrunde legt, außerdem aus dem Gegenschluss aus Abs 1 S 2. Damit verlangt die Vorschrift, dass grundsätzlich eine mündliche Beratung über den Gegenstand der Beschlussfassung jedenfalls möglich sein soll.

9 **2. Schriftliches Verfahren (Abs 1 S 2).** Abs 1 S 2 lässt eine Beschlussfassung im schriftlichen Verfahren zu, wenn kein Mitglied widerspricht. Eine Zustimmung der Mitglieder des Gremiums ist danach nicht erforderlich. Umgekehrt führt **ein einziger Widerspruch** zur Unzulässigkeit des schriftlichen Verfahrens. Im schriftlichen Verfahren erfolgt die Beschlussfassung, indem entweder ein Schriftstück mit einem bestimmten Entscheidungsvorschlag (vgl Mannheim DÖV 1981,

585) nacheinander allen Mitgliedern zugeleitet wird (**Umlaufverfahren;** vgl auch zur Beschlussfassung der Bundesregierung im Umlaufweg BVerwGE 89, 121 = NJW 1992, 2648) oder aber allen Mitgliedern gleichzeitig **gleich lautende Schriftstücke** als Beschlussvorlage mit der Bitte um Zustimmung zugeleitet werden (Begr 106; Knack 11; StBS 10).

a) Vorbehalt anderweitiger Regelung. Die Regelung ist gem § 88 nicht 10
anwendbar, wenn in einer Rechtsvorschrift etwas anderes bestimmt ist. Als andere Bestimmung idS ist es idR auch anzusehen, wenn auf Grund einer Rechtsvorschrift einer gemeinsamen Beratung nach dem Zweck oder Zusammenhang der Regelung besondere Bedeutung zukommt, zB bei **Prüfungsentscheidungen,** wenn die Noten durch die Prüfer gemeinsam zu beraten und festzusetzen sind (vgl BFH DStR 1982, 533). Eine Anwendbarkeit auf Wahlen gem § 92 ist grundsätzlich zu bejahen, sofern hierfür nicht eine besondere Form vorgesehen ist (Knack 10; MB § 92 Rn 1).

b) Kein Widerspruch. Das schriftliche Verfahren ist unzulässig mit der Folge, 11
dass gleichwohl gefasste Beschlüsse nichtig und unwirksam sind, selbst wenn sich im schriftlichen Verfahren bereits eine Mehrheit dafür ausgesprochen hat, wenn nur ein einziges Mitglied widerspricht (UL § 14 Rn 11; Knack 11). Der **Widerspruch ist grundsätzlich formlos** möglich, er kann schon vor Beginn des schriftlichen Verfahrens erklärt werden, uU auch generell für bestimmte Arten von Angelegenheiten und nicht erst im konkreten Fall. Sinnvoll ist die vorherige Einholung einer Zustimmung zum schriftlichen Verfahren. Sie kann auch stillschweigend oder konkludent, auch zB durch Nichtäußerung auf eine entsprechende Anfrage des Vorsitzenden binnen einer bestimmten Frist (vgl DÖV 1992, 495) oder durch Abgabe des Votums, erfolgen.[1] Der **Widerruf der Zustimmung** kann grundsätzlich **bis zum Abschluss des Umlaufverfahrens** erklärt werden.[2]

c) Durchführung. Auf das schriftliche Verfahren ist Abs 1 S 1 und Abs 2 nur 12
mit der Maßgabe anwendbar, dass der Mindestanwesenheitszahl eine Mindestzahl von Mitgliedern entsprechen muss, die sich an der Beschlussfassung durch schriftliche Abgabe ihrer Stimme beteiligen. An die Stelle einer Ladung oder vorherigen Verständigung, die hier sinnlos wäre, kann die Setzung einer angemessenen Frist für die Rückäußerung treten, innerhalb deren die Mitglieder mitteilen können, ob sie zustimmen oder nicht. Entsprechend ist in den Fällen des Abs 2 darauf hinzuweisen, dass der Beschluss ohne Rücksicht auf die Zahl der eingehenden Stimmen gefasst werden kann. Wegen der Gefahr, dass Rückäußerungen im Geschäftsgang liegen bleiben, ist es im Allgemeinen jedoch zweckmäßig, auf eine Fristsetzung zu verzichten und in einer Sitzung zu entscheiden, wenn nicht alle Mitglieder zustimmen; dies auch deshalb, weil eine Beschlussfassung in einer kontroversen Angelegenheit ohne gemeinsame Beratung im Allgemeinen nicht zielführend ist.

3. Andere Formen der Beschlussfassung. Grundsätzlich ist es zulässig, an 13
die Stelle des schriftlichen Verfahrens auch andere Formen der Beschlussfassung treten zu lassen. Soweit durch Rechtsvorschriften nichts anderes vorgesehen ist, ist in analoger Anwendung von Abs 1 S 1 und 2 eine Beschlussfassung auch im Wege einer **Konferenzschaltung** als zulässig anzusehen; letzteres auch zB, wenn einzelne Mitglieder zu einer Sitzung, aus welchen Gründen auch immer, nicht erschienen, aber telefonisch erreichbar sind. **Umstritten** ist, ob die Beschlussfassung unter Benützung einer Rundrufanlage in Konferenzschaltung einer Beschlussfassung in Sitzungen gleichsteht (so StBS 4; Knack 13) oder wie das schriftliche Verfahren

---

[1] UL § 14 Rn 11; **aA** VGH Kassel NVwZ 1990, 1095; HessFG DVBl 1985, 348 = NJW 1985, 1726 zu einem Umlaufverfahren mit Verschweigungsfrist.

[2] MB 9; **aA** Obermayer 25 Fn 5: nur bis zum Beginn des schriftlichen Verfahrens. Kritik: Dieser Auffassung steht ua entgegen, daß die Beschlußvorlage an die einzelnen Mitglieder idR erst nach Beginn des Verfahrens gelangt.

durch **Widerspruch eines einzelnen Mitglieds** verhindert werden kann. Richtigerweise wird gegen den Willen einzelner Mitglieder eine Beschlussfassung im Wege der Konferenzschaltung nicht durchgeführt werden können, weil es insoweit an der **Unmittelbarkeit der Beratung** und der Möglichkeit eines direkten Diskurses fehlt.

IV. Notbeschlussfassung (Abs 2)

14 **1. Allgemeines.** Abs 2 enthält eine Sonderregelung für die Beschlussfähigkeit in Fällen, in denen die Behandlung einer Angelegenheit **bereits einmal wegen Beschlussunfähigkeit zurückgestellt** werden musste (sog Hilfs- oder Notbeschlussfähigkeit). Es soll dann die Beschlussfähigkeit in Abweichung von Abs 1 ohne Rücksicht auf die Zahl der Erschienenen bestehen, sofern in der (auch im Übrigen ordnungsgemäßen) Ladung darauf hingewiesen worden ist. Die Regelung entspricht einem schon bisher anerkannten allgemeinen Rechtsgrundsatz (vgl Hoffmann-Riem NJW 1978, 383; enger BVerwGE 54, 30 = JZ 1978, 143). Sie soll ua verhindern, dass Mitglieder eines Ausschusses durch Nichterscheinen zu den Sitzungen eine Beschlussfassung über längere Zeit hinweg verhindern können (Begr 95).

15 **2. Voraussetzungen.** Der Entscheidungsgegenstand der ersten und der zweiten Sitzung muss identisch sein **(Identität des Tagesordnungspunkts).** Nicht erforderlich ist, dass eine ausdrückliche Zurückstellung erfolgt war; wenn die Beschlussunfähigkeit offensichtlich ist, erübrigt sich eine ausdrückliche Zurückstellung ebenso wie eine förmliche Feststellung der fehlenden Beschlussfähigkeit (Münster DVBl 1973, 646 zu § 34 nwGO). Die Ladung muss jedoch in jedem Fall **ausdrücklich einen Hinweis gem Abs 2** enthalten, um den bei der vorangegangenen Sitzung abwesenden Ausschussmitgliedern die nunmehr drohende Gefahr einer Entscheidung durch eine Minderheit der Mitglieder des Ausschusses bewusst zu machen (Knack 8). Die Ladung gem Abs 2 kann nicht bereits mit der 1. Ladung verbunden werden (vgl zu § 23 WEG AG Bergheim MDR 1982, 497: gleichzeitige Ladung mit der Maßgabe, dass im Fall der Beschlussunfähigkeit die 2. Sitzung für 30 Minuten später angesetzt wird, unzulässig).

16 Die **Notbeschlussfähigkeit** iS von Abs 2 ist auch bei Fehlen ausdrücklicher Bestimmungen darüber jedenfalls dann als gegeben anzusehen, wenn die fehlende normale Beschlussfähigkeit die Folge eines pflichtwidrigen Verhaltens von Mitgliedern des Ausschusses ist, dieses Verhalten bereits wiederholt (mehr als zweimal) zur Beschlussunfähigkeit geführt hat und anders sonst die Funktionsfähigkeit des Ausschusses überhaupt in Frage gestellt wäre (BVerwGE 5, 304; Hoffmann-Riem NJW 1978, 393).

17 **3. Beschlussfähigkeit.** Die Beschlussfähigkeit ist im zweiten Durchgang, vorausgesetzt, dass alle Mitglieder ordnungsgemäß geladen wurden (s dazu oben Rn 8 ff) und die Ladung den Hinweis gem Abs 2 enthält, **ohne Rücksicht auf die Zahl** der erschienenen Ausschussmitglieder gegeben. Auch die Anwesenheit von mindestens drei Mitgliedern ist gem Abs 2, 2. Halbs. in diesem Fall nicht erforderlich.[3] Die im Rahmen der (Not-)Beschlussfähigkeit gefassten Beschlüsse stehen im Übrigen den ordentlichen Beschlüssen des Ausschusses gleich. Sie bedürfen insb auch keiner späteren Bestätigung durch den beschlussfähigen Ausschuss (Knack 9).

---

[3] StBS 12 f; MB 11; Obermayer 20; **aA** Knack 9: der Vorsitzende und ein einzelnes Mitglied dürfen allein auch im Falle einer andauernden Beschlußunfähigkeit des Ausschusses keine Sachentscheidung treffen.

§ 91 Beschlussfassung

Beschlüsse werden mit Stimmenmehrheit gefasst.[3] **Bei Stimmengleichheit entscheidet die Stimme des Vorsitzenden, wenn er stimmberechtigt ist; sonst gilt Stimmengleichheit als Ablehnung.**[6]

Schrifttum: *Alscher,* Willensmängel bei kollegialem Verwaltungshandeln, NJW 1972, 800; *Dagtoglou,* Kollegialorgane und Kollegialakte der Verwaltung, 1960; *Foerster,* Umlaufbeschlüsse, SKV 1970, 227; *Groß,* Das Kollegialprinzip in der Verwaltungsorganisation, 1999; *Hoffmann-Riem,* Hilfsbeschlußfähigkeit von Kollegialorganen, NJW 1978, 393; *Röper,* Nein-Stimmen bei Beschlußwahlen gemäß § 92 VwVfG, Vr 1980, 293; *Schwerdtner,* Das Mehrheitsprinzip – ein Fundamentalgrundsatz auch im Kommunalrecht?, VBlBW 1984, 239. S im übrigen zu § 88.

Übersicht

I. Allgemeines

1. Inhalt. Die Vorschrift regelt die Frage der für eine Beschlussfassung erforderlichen Stimmenzahl. Sie ergänzt insoweit § 90, der die Beschlussfähigkeit als Voraussetzung für eine gültige Beschlussfassung regelt. Zum Verfahren bei der Beschlussfassung, insb auch zur Beschlussfassung im schriftlichen Verfahren und im sog „Umlaufweg" s § 90. Die Vorschrift regelt die Beschlussfassung in Gremien im Bereich der Verwaltung entsprechend den bereits vor Erlass des Gesetzes anerkannten Grundsätzen (vgl VG Berlin DVBl 1974, 378 mwN). 1

2. Anwendungsbereich. Die Vorschrift gilt unmittelbar nur für die Beschlussfassung von Ausschüssen und Gremien iSd § 88 im Geltungsbereich des Gesetzes vorbehaltlich gleich lautender oder entgegenstehender Rechtsvorschriften. Die Verwaltungsverfahrensgesetze der Länder enthalten im Wesentlichen mit § 91 gleich lautende Vorschriften. Eine Einschränkung des Stichentscheids des Vorsitzenden enthält das Verwaltungsverfahrensgesetz von Baden-Württemberg. Beschlüsse iS von § 91 sind nicht nur die abschließenden Entscheidungen in der Sache, sondern auch **alle sonstigen Kollegialentscheidungen** in der Sache, zB Zwischenentscheidungen (Knack 3). Abweichende Regelungen enthalten auch die **kommunalrechtlichen Bestimmungen** der Länder. 2

II. Beschlussfassung

1. Beschlussfassung mit Stimmenmehrheit (S 1). a) Allgemeines. Nach S 1 werden Beschlüsse vorbehaltlich abweichender Regelungen mit (einfacher) 3

Stimmenmehrheit gefasst. Qualifizierte Mehrheiten, zB die absolute Mehrheit der Stimmen der Mitglieder oder eine ²/₃-Mehrheit, sind nur erforderlich, wenn sie besonders vorgeschrieben sind. Nach S 1 kommt ein Beschluss zustande, wenn dafür die Mehrheit der Stimmen abgegeben wird. Maßgeblich ist die Mehrheit der gültigen Stimmen der stimmberechtigten, nicht der anwesenden Mitglieder.[1] **Stimmberechtigt** sind, sofern keine abweichenden Regelungen gelten, **grundsätzlich alle Mitglieder** des Ausschusses bzw Gremiums. Nicht stimmberechtigt sind Mitglieder, die gem §§ 20 Abs 4, 21 Abs 2, 71 Abs 3 wegen Befangenheit ausgeschlossen sind (UL § 14 Rn 12).

4 **b) Stimmenthaltungen.** Diese zählen nicht mit, also auch nicht als Gegenstimmen;[2] dies deshalb, weil „derjenige, der sich der Stimme enthält, seine Unentschiedenheit bekunden und gerade nicht mit Nein stimmen will" (BGHZ 83, 35 = NJW 1987, 2430). Sie sind aber bei der Berechnung der Zahl der stimmberechtigten Anwesenden voll mitzurechnen und damit auch bei der Frage, wie hoch die Zahl der Stimmen sein muss, die die Mehrheit ausmacht (StBS 5). Nicht geregelt ist in § 91 die Frage der **Zulässigkeit einer Stimmenthaltung.** Bei Fehlen abweichender Regelungen in Rechtsvorschriften außerhalb des VwVfG, insb auch in der Geschäftsordnung des Ausschusses (Knack § 90 Rn 6), ist eine Stimmenthaltung im Zweifel nach allgemeinen Grundsätzen **grundsätzlich als zulässig** anzusehen (StBS 5; MB 5; Knack § 90 Rn 6; **aA** VG Berlin DVBl 1974, 378; Dagtoglou 138 f); anders uU, wenn sich aus den Regelungen über die Zusammensetzung des Ausschusses oder über den Zweck der Teilnahme etwas anderes ergibt (vgl Knack § 90 Rn 6; ferner auch BVerwGE 28, 66 zum Verfahren nach dem GjS).

5 **c) Teilnahme ausgeschlossener Mitglieder.** Die nach § 20 f ausgeschlossenen Mitglieder dürfen grundsätzlich weder an der Abstimmung, noch an der zugrundeliegenden Beratung teilnehmen (UL § 14 Rn 12). Nehmen sie gleichwohl an der Abstimmung teil, so sind ihre Stimmen bei der Zählung der Stimmen nicht zu berücksichtigen (StBS 5). Der Beschluss kommt in diesem Fall zustande, wenn die erforderliche Mehrheit auch ohne diese Stimmen erreicht wird (vgl F 234). Dies gilt jedoch nur dann, wenn der Beschluss trotz der Beteiligung nicht stimmberechtigter Mitglieder überhaupt gefasst werden durfte. Bestehen keine besonderen Regelungen, so führt die Teilnahme zur **Fehlerhaftigkeit des Beschlusses,** auch wenn ohne diese Stimmen die erforderliche Mehrheit erreicht wurde; idR ist nicht auszuschließen, dass der Beschluss ohne die Mitwirkung der dazu nicht berechtigten Person und die damit uU verbundene Beeinflussung anderer Mitglieder anders ausgefallen wäre.[3]

6 **2. Stichentscheid des Vorsitzenden (S 2).** Durch das **Dirimierungsrecht** des Vorsitzenden gem S 2 wird sichergestellt, dass es bei Stimmengleichheit nicht zu einer Patt-Situation kommen kann, wenn nur eine gerade Zahl von Mitgliedern an der Abstimmung teilnimmt. Der Stichentscheid des Vorsitzenden ist, wie S 2 2. HS klarstellt, nur maßgeblich, wenn dieser überhaupt über ein reguläres Stimmrecht verfügt. Fraglich ist, ob es bei einer **geheimen Abstimmung** überhaupt einen Stichentscheid geben kann, weil das Stimmverhalten bei geheimen Abstimmungen gerade nicht offengelegt werden soll. Deshalb wird die Möglich-

---

[1] UL § 14 Rn 12; MB 5; Knack 5; StBS 5: die Mehrheit der abgegebenen Stimmen der Stimmberechtigten; Obermayer 2: mehr Stimmen dafür als dagegen; ebenso zu § 32 Abs 1 S 3 BGB trotz des Wortlauts „Mehrheit der erschienenen Mitglieder" BGHZ 83, 35 = NJW 1987, 2430.

[2] UL § 14 Rn 12; Knack 5; **aA** BVerwG DVBl 1984, 47; NJW 1985, 1916; VGH Kassel DVBl 1980, 655 = DÖV 1980, 62; StBS 5: Stimmenthaltungen haben die Wirkung von Nein-Stimmen.

[3] OVG Münster ZMR 1972, 240 ff; OVG Lüneburg BauR 1970, 89; VRspr 25, 959; VGH Kassel DÖV 1971, 821; F 235; Weis VBlBW 1972, 71.

keit eines Stichentscheids für diese Fälle teilweise verneint (Knack 6). Demgegenüber ist aber zu berücksichtigen, dass die Stichentscheidsregelung nicht auf die Form der Abstimmung abhebt und die Form der Abstimmung die Mehrheitsverhältnisse nicht beeinflussen darf (StBS 6; MB 7). Verfügt der Vorsitzende ausnahmsweise nicht über ein eigenes Stimmrecht, so gilt **Stimmengleichheit als Ablehnung** des gestellten Antrags. Andere Abweichungen vom Grundsatz der Stimmengleichheit sind nicht vorgesehen; sie bedürften einer besonderen Regelung.

III. Form der Beschlussfassung

1. Grundsatz der Formfreiheit. Nicht näher geregelt in § 91 ist die Form der Beschlussfassung bzw der Abstimmung. Soweit besondere Rechtsvorschriften (vgl auch § 92) und auch die Geschäftsordnung des Ausschusses darüber keine Bestimmungen enthalten, ist jede geeignete Form als zulässig anzusehen; dies gilt auch für die in § 92 Abs 1 genannten Formen;[4] soweit es jedoch in einem Fall auf das Dirimierungsrecht des Vorsitzenden gem § 91 S 2 1. Halbs ankommt, ergibt sich aus der genannten Vorschrift zumindest die Notwendigkeit offener Stimmabgabe des Vorsitzenden.[5] Entsprechendes gilt für die Beschlussfassung per Bildschirmanlage (s § 90 Rn 13). Im schriftlichen Verfahren gem § 90 Abs 1 S 2 ist auch die Abstimmung schriftlich (Knack 4), bei Abstimmung per Telefon (dazu § 90 Rn 13) notwendig mündlich-telefonisch. 7

2. Reihenfolge der Beschlussfassung. Keine Regelung trifft das Gesetz über die Reihenfolge, in der über Anträge abgestimmt werden muss, obwohl von der Reihenfolge das Ergebnis wesentlich beeinflusst werden kann. Nach allgemeinen Regeln ist über den **am weitesten gehenden Antrag zuerst** abzustimmen, damit die Ja-Stimmen im Falle seiner Ablehnung noch für den weniger weitgehenden abgegeben werden können. Der am weitesten gehende Antrag ist stets derjenige, der sich vom status quo, also von den bestehenden rechtlichen und tatsächlichen Verhältnissen, am weitesten entfernt. 8

IV. Wirkung der Beschlussfassung

1. Allgemeines. Keine Regelungen trifft die Vorschrift über die Wirkungen der nach § 91 getroffenen Beschlüsse. Dies wäre bei der Unterschiedlichkeit der Fallgestaltungen auch nicht möglich. Insoweit gilt das jeweils anwendbare materielle Recht. Soweit Beschlüsse den Erlass eines Rechtssatzes oder eines VA oder den Abschluss eines Vertrags zum Gegenstand haben, stellen sie im Regelfall, dh wenn durch Rechtsvorschriften nichts anderes vorgesehen ist, nicht schon selbst den Erlass des Rechtssatzes oder den VA bzw das Vertragsangebot oder die Annahme eines Vertragsangebots dar, sondern bedürfen der **Vollziehung** durch Verkündung des Rechtssatzes, Erlass des VA, Abgabe der zum Vertragsschluss erforderlichen Willenserklärungen usw durch das insoweit zuständige Organ. 9

2. Verhältnis zum Ausführungs-VA. Der ordnungsgemäß gefasste Beschluss ist zwar uU Voraussetzung für die Rechtmäßigkeit des VA usw, mit dem Rechtsakt selbst aber nicht identisch, sondern lediglich ein Verwaltungsinternum. Im Einzelnen kommt es auf die maßgeblichen Regelungen des materiellen Rechts an. Solange ein Beschluss noch nicht im dargelegten Sinn vollzogen ist und damit Außenwirkung erlangt hat, kann er vom Ausschuss jederzeit in derselben Sitzung 10

---

[4] **AA** VG Berlin DVBl 1974, 378: grundsätzlich nur offene Abstimmung; Knack 4: ausnahmslos offene Abstimmung durch Zuruf oder Zeichen, insb Handaufheben.

[5] Weitergehend VG Berlin DVBl 1974, 378: Erfordernis offener Abstimmung für alle; StBS 6; MB 7; ebenso im Ergebnis Knack 6: Stichentscheid des Vorsitzenden bei geheimer Abstimmung nicht möglich.

oder auch in einer späteren Sitzung noch jederzeit unter Einhaltung der für Beschlüsse geltenden Bestimmungen wieder aufgehoben oder abgeändert werden (vgl BVerwGE 82, 52). Die Voraussetzungen der §§ 48f müssen dafür nicht vorliegen. Die mangelnde Identität zwischen Beschluss und dem Rechtsakt (VA usw) selbst spielt auch für die Frage eine Rolle, welche Folgen ein unwirksamer Beschluss für die Wirksamkeit des Rechtsaktes hat. Geht es um den Erlass eines VA, führt die Unwirksamkeit des Beschlusses idR nicht ohne weiteres auch zur Unwirksamkeit des VA.

V. Fehlerhaftigkeit des Beschlusses

11 **1. Allgemeines.** Die Vorschrift enthält keine Regelungen über die Folge von Fehlern in der Beschlussfassung. Dies wäre wegen der ganz unterschiedlichen Zusammenhänge, in denen Gremien Beschlüsse fassen müssen, nur schwer möglich gewesen. Insoweit kommt es auf diejenigen Rechtvorschriften an, zu deren Umsetzung die Gremien tätig werden, im Übrigen gelten die allgemeinen Bestimmungen.

12 **2. Fehler in der Willensbildung.** Nicht geregelt ist in § 91 oder an anderer Stelle des Gesetzes die Frage, wie die Mitglieder des Ausschusses die Informationen erhalten bzw sich solche verschaffen können oder müssen (Vortrag eines „Berichterstatters“, eigenverantwortliches Studium der Akten, usw), die sie für ihre Entscheidung benötigen. Soweit sich aus Rechtsvorschriften außerhalb der VwVfG oder aus der Geschäftsordnung des Ausschusses nichts anderes ergibt, sind vor allem die Grundsätze, die sich aus dem Zweck des Verfahrens, etwa betroffenen Rechten Dritter usw ergeben, maßgebend. Vgl zB BVerwGE 95, 237 = DVBl 1994, 1351: Folgerung aus den Erfordernissen zu Entscheidungen der Habilitationskommission einer Fakultät über eine Habilitation mit sehr detaillierten Folgerungen für eine abgestufte Mitwirkung der Mitglieder.

13 **Kein Fehler des Beschlusses liegt idR vor,** wenn die Mitglieder des Gremiums **nach Weisungen abstimmen.** Etwas anderes gilt nur für den Fall, dass dem Gremium durch besondere Rechtsvorschriften Unabhängigkeit eingeräumt worden ist. In derartigen Fällen sind Weisungen unzulässig und können zur Fehlerhaftigkeit des Beschlusses führen. Ist dem Gremium Unabhängigkeit eingeräumt, dann sind, obwohl das VwVfG an sich hier kein Recht auf den gesetzlichen Beamten analog zum gesetzlichen Richter kennt, auch Manipulationen zur Beeinflussung der Ergebnisse der Willensbildung und der Beschlussfassung des Ausschusses unzulässig (vgl OLG Köln NVwZ 1994, 410: Unzulässigkeit der Ersetzung eines Mitglieds, von dem eine Zustimmung zu einem bestimmten Beschluss nicht erwartet wird, durch ein zustimmungswilliges Mitglied).

14 **3. Fehler bei Mitwirkung ausgeschlossener Personen.** Fehlerhaft ist ein Beschluss ohne Rücksicht auf die Zahl der dafür abgegebenen Stimmen insb grundsätzlich, wenn durch Gesetz nichts anderes vorgeschrieben ist (vgl zB Art 49 Abs 3 bayGO), bei Mitwirkung von nach § 20 oder nach allgemeinen Rechtsgrundsätzen bzw durch Entscheidung nach § 20 Abs 4 bzw § 21 Abs 2 oder nach § 71 Abs 3 durch Beschluss des Ausschusses wegen Vorliegens eines Ausschlussgrundes oder wegen Befangenheit ausgeschlossenen Mitgliedern; solche Mitglieder dürfen grundsätzlich auch nicht als Zuhörer bei der Beratung und bei der Abstimmung anwesend sein.[6] Zum Ausschluss bei Vorbereitungshandlungen s auch § 20 Rn 38; ferner Dolde BauR 1973, 353; v Mutius VerwArch 1974, 436f.

---

[6] Kassel DÖV 1971, 821; Lüneburg NdsGem 1973, 126ff; v Mutius VerwArch 1974, 438 mwN; UL § 14 Rn 12; **aA** Mannheim BauR 1973, 370; Münster DVBl 1978, 152 mwN: Anwesenheit bei öffentlichen Sitzungen im Zuhörerraum ist unschädlich.

§ 92 Wahlen durch Ausschüsse

(1) **Gewählt wird, wenn kein Mitglied des Ausschusses widerspricht, durch Zuruf oder Zeichen, sonst durch Stimmzettel.**[7] **Auf Verlangen eines Mitgliedes ist geheim zu wählen.**[10]

(2) **Gewählt ist, wer von den abgegebenen Stimmen die meisten erhalten hat.**[11] **Bei Stimmengleichheit entscheidet das vom Leiter der Wahl zu ziehende Los.**[12]

(3) **Sind mehrere gleichartige Wahlstellen zu besetzen, so ist nach dem Höchstzahlverfahren d'Hondt zu wählen, außer wenn einstimmig etwas anderes beschlossen worden ist. Über die Zuteilung der letzten Wahlstelle entscheidet bei gleicher Höchstzahl das vom Leiter der Wahl zu ziehende Los.**[13]

Schrifttum: *Groß,* Das Kollegialprinzip in der Verwaltungsorganisation, 1999; *Röper,* Nein-Stimmen bei Beschlußwahlen gem § 92 VwVfG, Vr 1980, 293. S im übrigen zu § 88 und § 91.

Übersicht

I. Allgemeines

1. Inhalt. Die Vorschrift enthält Sonderbestimmungen in Ergänzung zu § 90 und § 91 für **sog Beschlusswahlen,** dh die Wahlen einer oder mehrerer Personen für bestimmte Ämter, ehrenamtliche Tätigkeiten ua (Knack 2; StBS 1) oder Funktionen, zB die Wahl des Ausschussvorsitzenden oder anderer Funktionsträger innerhalb oder außerhalb des Ausschusses, die Wahl der Mitglieder eines Unterausschusses usw (vgl UL § 14 Rn 13) oder die Abwahl daraus (Knack 2; StBS 1). Die Regelung soll in Anlehnung an entsprechende Bestimmungen im Kommunalrecht den besonderen Erfordernissen von Wahlen durch Ausschüsse Rechnung tragen, insb auch dem Umstand, dass bei solchen Wahlen häufig mehrere Vorschläge gleichzeitig zur Abstimmung stehen (vgl UL § 14 Rn 13). 1

Über die Rechtsnatur solcher Beschlusswahlen bzw der in Vollzug davon ergehenden Akte trifft die Vorschrift keine Regelung. Man wird Beschlusswahlen idR als verwaltungsinterne Maßnahmen eigener Art anzusehen haben, denen mangels echter Auswirkung **keine VA-Qualität** zukommt.[1] Rechtsschutz ist insoweit nur nach den **Grundsätzen des Organrechtsstreits** möglich (vgl Kopp/Schenke Anh § 42 Rn 86 mwN). 2

---

[1] Die Frage ist sehr str; wie hier VGH München BayVBl 1988, 16; Mannheim NVwZ 1984, 659; Kassel NVwZ 1988, 82; Pietzcker in Schoch VwGO § 42 Rn 61; Kopp/Schenke Anh § 42 Rn 85; **aA** OVG Berlin DVBl 1969, 881; 7. Aufl.

3 **Eine Regelung des passiven Wahlrechts,** insbes ob nur Mitglieder des Ausschusses selbst oder auch Dritte oder nur Dritte gewählt werden können, trifft die Vorschrift nicht. Insoweit ist ausschließlich das materielle Recht – insb auch Ziel und Art der vorzunehmenden Wahl – maßgeblich. § 92 schließt die Wahl Außenstehender nicht aus.

4 **2. Anwendungsbereich.** Die Vorschrift gilt für die **Beschlusswahlen** durch Ausschüsse und sonstige Gremien iSd § 88 im Geltungsbereich des VwVfG vorbehaltlich abweichender oder gleich lautender Bestimmungen. Die Verwaltungsverfahrensgesetze der Länder enthalten gleich lautende Bestimmungen. Die Vorschrift gilt, wie sich aus der Überschrift und aus dem Zusammenhang sowie aus § 1 ergibt, nur für Wahlen durch Ausschüsse (Beschlusswahlen), **nicht für Wahlen zu allgemeinen Vertretungsorganen,** wie zB für den Gemeinderat (StBS 1). Zum Stimmrecht von Kandidaten s unten Rn 11; zur Leitung des Wahlverfahrens durch den Wahlleiter unten Rn 6.

5 **Nicht unter die Regelung fallen** nach Sinn und Zweck der Vorschrift auch bloße **Auswahlentscheidungen,** die nicht der Besetzung von „Wahlstellen" (vgl Abs 3) dienen, zB die Auswahl eines Gutachters, eines Unternehmers bei der Vergabe eines Auftrags usw (ebenso StBS 1; **aA** Knack 2: auch sonstige Auswahlentscheidungen). Andererseits fallen nicht nur Wahlen innerhalb der Ausschüsse (zB des Vorsitzenden oder des Schriftführers) unter die Regelung, sondern auch zB die Wahl eines in ein anderes Gremium zu entsendenden Mitglieds des Ausschusses oder auch einer nicht dem Ausschuss angehörenden Person für eine Funktion im Ausschuss oder auch für eine Funktion bei einem anderen Rechtsträger (StBS 1; insoweit auch Knack 2).

II. Wahlverfahren

6 **1. Leitung.** Gem § 92 iV mit der Regelung in § 89, der grundsätzlich auch für Wahlen gem § 92 gilt, obliegt die Leitung der Wahl, die Eröffnung und Schließung der Wahlsitzung und die Ordnung im Sitzungssaal usw dem Wahlleiter (vgl Abs 2 S 2 und Abs 3 S 2). **Wahlleiter ist grundsätzlich der Vorsitzende** gem § 89 bzw, wenn ein Vorsitzender erst nach § 92 zu wählen ist, im Zweifel (dh, wenn das Gesetz oder die Geschäftsordnung nichts anderes bestimmt) das älteste Mitglied des Ausschusses (Knack 6).

7 **2. Formen der Wahl (Abs 1 S 1).** Abs 1 lässt bei Beschlusswahlen anders als sonst bei Abstimmungen nur bestimmte Formen der Stimmabgabe zu, nämlich Zuruf, Zeichen (zB Handaufheben, Akklamation, vgl UL § 14 Rn 14) und Stimmzettel. Andere Formen der Wahl bedürften einer besonderen Regelung. Das gilt insbes für Wahlen im **Umlaufverfahren** (so nun auch Obermayer 3).

8 **a) Entscheidung über die Wahlform.** Die Entscheidung, in welcher der nach Abs 1 S 1 zulässigen Formen die Wahl durchzuführen ist, steht, soweit durch Gesetz oder durch die Geschäftsordnung nichts anderes bestimmt ist, der Ausschuss nichts anderes bestimmt oder sich aus den besonderen Umständen der Wahl ergibt, grundsätzlich im **Ermessen des Wahlleiters,** der nach § 89 auch die Wahl bzw die Sitzung leitet. Die Mitglieder des Ausschusses können nach Abs 1 S 1 eine **Wahl durch Stimmzettel** und nach Abs 1 S 2 eine **geheime Wahl** verlangen. Soweit Formen wie die Wahl durch Zuruf oder Zeichen nur bei Wahlen im Rahmen einer Sitzung sinnvoll sind, ist damit mittelbar auch die Zulässigkeit von Wahlen im schriftlichen Weg nach § 90 Abs 1 S 2 für Beschlusswahlen ausgeschlossen (vdGK 2.3); eine Wahl außerhalb einer Sitzung ist nur bei Abstimmung mit Stimmzetteln möglich.

9 **b) Widerspruchsrecht.** Abs 1 S 1 gibt jedem Mitglied die Befugnis, durch seinen Widerspruch gegen eine Stimmabgabe durch Zuruf oder Zeichen eine **Wahl durch Stimmzettel** zu erzwingen („sonst"). Dadurch wird sichergestellt,

dass kein Mitglied durch Mehrheitsbeschluss gezwungen werden kann, eine offene Wahl hinzunehmen, wenn es Wert darauf legt, dass nicht bekannt wird, wie es selbst oder ein anderes Mitglied abgestimmt hat, oder befürchtet, dass durch eine offene Wahl andere Mitglieder gehindert sein könnten, ihre wahre Meinung zum Ausdruck zu bringen (Begr 96). Der Widerspruch gegen eine Wahl durch Zuruf oder Zeichen bedarf keiner Begründung (Begr 96; Obermayer 6; Knack 4).

3. Geheime Wahl (Abs 1 S 2). Wenn bzw soweit durch Gesetz oder durch die Geschäftsordnung des Ausschusses insoweit nichts anderes bestimmt ist, steht auch die Entscheidung, ob die Wahl als geheime Wahl durchzuführen ist, im **Ermessen des Wahlleiters** (s oben Rn 8). Nach Abs 1 S 2 kann jedoch jedes Mitglied, dh jedes stimmberechtigte Mitglied (Knack 4) des Ausschusses geheime Wahl verlangen. Die stimmberechtigten Ausschussmitglieder müssen dann Gelegenheit zu einer geheimen Stimmabgabe erhalten, und es muss dann auch gewährleistet sein, dass durch die Auszählung bzw sonstige Auswertung der Stimmen die Geheimhaltung unberührt lässt (Knack 4). Das Verlangen nach geheimer Wahl bedarf keiner Begründung (Begr S 96). 10

III. Wahlergebnis

1. Meiststimmenverfahren (Abs 2 S 1). Abs 2 sieht abweichend von § 91 vor, dass, wenn durch Rechtsvorschriften nichts anderes bestimmt ist, also keine qualifizierte Stimmenmehrheit verlangt wird, für die Wahl nicht die absolute Mehrheit der abgegebenen Stimmen schlechthin, sondern nur die **relative Mehrheit der abgegebenen Stimmen** erforderlich ist (UL § 14 Rn 16; vgl Meiststimmenverfahren). Gewählt sind danach diejenigen Kandidaten, die mehr Stimmen als die Gegenkandidaten (bzw der Gegenkandidat) erhalten haben. Stimmenthaltungen zählen dabei, da sie nicht „abgegebene Stimmen“ sind, nicht mit, dh die relative Mehrheit muss mit den für den oder die Kandidaten abgegebenen Stimmen erreicht werden (Obermayer 7; Knack 5). Die relative Mehrheit der Stimmen genügt auch dann, wenn nur ein einziger Kandidat kandidiert hat.[2] **Aktiv wahlberechtigt** sind grundsätzlich alle Mitglieder des Ausschusses, auch soweit sie selbst kandidieren (UL § 14 Rn 15; vgl für Wahlen zu einer ehrenamtlichen Tätigkeit und für die Abberufung davon auch § 20 Abs 2). 11

2. Entscheidung bei Stimmengleichheit (Abs 2 S 2). Bei Stimmengleichheit, dh wenn für mehrere Kandidaten gleich viele Stimmen abgegeben wurden, entscheidet nicht gem § 91 die Stimme des Vorsitzenden bzw gilt nicht der Vorschlag als abgelehnt, sondern entscheidet gem § 92 Abs 2 S 2 **das vom Wahlleiter zu ziehende Los** zwischen den Kandidaten, die gleich viele Stimmen erhalten haben. Die Form der Auslosung ist Sache des Wahlleiters. Allerdings kann der Ausschuss bzw das Gremium eine bestimmte Form der Auslosung beschließen, im Einzelfall oder allgemein in der Geschäftsordnung. 12

3. Mehrere Wahlstellen (Abs 3). a) Grundsatz. Sind mehrere gleichartige Stellen durch die Wahl zu besetzen, zB die Mitglieder eines Ausschusses, Unterausschusses oä zu wählen, trifft Abs 3 eine besondere Regelung. Soweit spezialgesetzlich nichts anderes vorgesehen ist und im Ausschuss nicht einstimmig (Abs 3 S 1 2. Halbs) etwas anderes beschlossen wird, ist nach dem **d'Hondtschen Höchstzahlenverfahren** vorzugehen. Damit wird sichergestellt, dass sich die Mehrheit in einem Ausschuss nicht mit sämtlichen Wahlvorschlägen gegenüber der Minderheit durchsetzen kann. Das d'Hondtsche Höchstzahlenverfahren stellt sicher, dass auch die Minderheit die Chance hat, einige ihrer Kandidaten durchzubringen. Zum Schutz der Minderheit ist deshalb für eine Abweichung auch Einstimmigkeit erforderlich. 13

---

[2] Knack 5; **aA** Röper Vr 1988, 202: da dann nicht mehr von den meisten Stimmen gesprochen werden könne, müsse die einfache Mehrheit gem § 91 verlangt werden.

14 **b) Listenwahl.** Die Anwendung des **d'Hondtschen Höchstzahlenverfahrens** bedeutet, dass die Stimmen nicht für die einzelnen Kandidaten, sondern für „Listen" abgegeben werden, auf denen jeweils mehrere Bewerber für alle zu besetzenden Wahlstellen kandidieren. Die für die einzelnen Listen abgegebenen Stimmen werden nach dem d'Hondtschen Verfahren nacheinander durch die Zahlen 1, 2, 3 usw geteilt und nach den sich daraus ergebenden Zahlen, die größere Zahl jeweils vor der kleineren, geordnet. Nach der sich so ergebenden Reihenfolge werden dann die Sitze auf die einzelnen Listen verteilt. Entfallen gleiche Höchstzahlen auf die letzte Wahlstelle, so entscheidet das Los (Abs 3 S 2). Zur **Verfassungsmäßigkeit** des d'Hondtschen Höchstzahlenverfahrens vgl BVerfG DVBl 1989, 150; BVerwG DVBl 1989, 928; BayVerfGH 45, 65; BayVBl 1996, 716. Ein **Beispiel** für die Durchführung einer Listenwahl nach d'Hondt findet sich bei Obermayer 15.

§ 93 Niederschrift

Über die Sitzung ist eine Niederschrift zu fertigen.[3] **Die Niederschrift muss Angaben enthalten über**[4]

1. den Ort und den Tag der Sitzung,
2. die Namen des Vorsitzenden und der anwesenden Ausschussmitglieder,
3. den behandelten Gegenstand und die gestellten Anträge,
4. die gefassten Beschlüsse,
5. das Ergebnis von Wahlen.

Die Niederschrift ist von dem Vorsitzenden und, soweit ein Schriftführer hinzugezogen worden ist, auch von diesem zu unterzeichnen.

Schrifttum: *Bolwig,* Niederschriften über die Sitzungen des Rates und seiner Ausschüsse, SKV 1966, 64; *Münch,* Anwendung von ZPO-Bestimmungen auf Niederschriften von Anhörungs- und Widerspruchsausschüssen, VR 1979, 18; *Rudisile,* Protokollierungspflicht bei der Überprüfung ehemaliger DDR-Richter und Staatsanwälte, DÖV 1992, 860; *Stober,* Zu Tonaufzeichnungen in öffentlichen Gemeinderatssitzungen, DVBl 1976, 371.

Übersicht

I. Allgemeines

1 **1. Inhalt.** Die Vorschrift schreibt die Fertigung einer Niederschrift über jede Ausschusssitzung vor. Die Niederschrift dient vor allem Beweiszwecken (Begr 96; MB 1; UL § 14 Rn 20; Knack 2). Die Wirksamkeit und Rechtmäßigkeit der gefassten Beschlüsse usw hängt nicht von der Ordnungsmäßigkeit der Niederschrift ab (UL § 14 Rn 20; StBS 2). Im Einzelnen gelten die Ausführungen zur Niederschrift über eine mV nach § 68 Abs 4 (s hierzu § 64 Rn 23 ff) entsprechend. § 93 gilt entsprechend auch für Beschlüsse, die nach § 90 Abs 1 S 2 im schriftlichen Wege oder in anderer Weise ohne Abhaltung einer Sitzung gefasst werden. Die Niederschrift wird **Bestandteil der Verwaltungsakten** und kann hier von den Beteiligten im Rahmen des § 29 eingesehen werden (Knack 2).

2. Anwendungsbereich. Die Regelung im Anwendungsbereich des VwVfG gilt für alle Sitzungen von Ausschüssen iSd § 88, auch für solche, die nach § 92 der Durchführung einer Ausschusswahl dienen. Die Verwaltungsverfahrensgesetze der Länder enthalten im Wesentlichen mit § 93 gleich lautende Vorschriften. 2

II. Niederschrift

1. Protokollierungspflicht (S 1). S 1 verpflichtet zur Anfertigung einer Niederschrift. Die Anfertigung der Niederschrift und grundsätzlich auch der Inhalt liegt im **Verantwortungsbereich des Vorsitzenden** im Rahmen seiner Funktion als Leiter der Sitzung gem § 89. Soweit ein Schriftführer bestellt wird, hat der Vorsitzende ihn zu leiten, insb auch durch Anweisungen darüber, was in die Niederschrift aufzunehmen ist, und zu überwachen (vgl Knack 2). Einzelne Mitglieder des Ausschusses können verlangen, dass bestimmte Vorgänge in die Niederschrift aufgenommen werden. Lehnt der Vorsitzende dies ab, so entscheidet der Ausschuss über das Verlangen. Ein rechtlich durchsetzbarer Anspruch auf Aufnahme von Vorgängen in die Niederschrift besteht auch bei schutzwürdigem Interesse grundsätzlich nicht (Obermayer 10; **aA** Voraufl). 3

2. Mindestanforderungen (S 2). a) Allgemeines. § 93 stellt Mindestanforderungen für den Inhalt der Niederschrift auf. Dies schließt weitergehende Protokollierungen, insb auch die wörtliche Aufnahme wichtiger Erklärungen und die Aufnahme anderer Fakten und Vorgänge auf Anordnung des Vorsitzenden oder auf Beschluss des Ausschusses, dem bei Meinungsverschiedenheiten das letzte Wort zukommt, nicht aus. Grundsätzlich ist **keine wörtliche Wiedergabe** (Wortprotokoll) der in der Sitzung gemachten Ausführungen erforderlich, vielmehr genügt ein **Ergebnisprotokoll** (Knack 3). Ergänzende Anforderungen gelten im förmlichen Verwaltungsverfahren gem § 68 Abs 4 für mündliche Verhandlungen und gem § 71 Abs 2 S 3 für Abstimmungsergebnisse. Die Sitzungsniederschrift muss den Mindestanforderungen nach § 93 bzw nach anderen für die Niederschrift geltenden Rechtsvorschriften auch dann genügen, wenn zugleich auch weitergehende Aufzeichnungen erfolgen oder die Verhandlungen auf Tonträger aufgezeichnet werden (Knack 3). 4

b) Der Mindestinhalt. Erforderlich gem Abs 1 Nr 1 sind die Angaben über **Ort und Tag der Sitzung,** nicht dagegen – wenn auch idR als Grundlage für die Berechnung von Sitzungsgeldern, Verdienstausfallentschädigungen usw zweckmäßig – die Angabe auch der Tageszeit und des Beginns und Endes der Sitzung. Für die **Angaben über die anwesenden Ausschussmitglieder** gem Nr 2 genügt es auch, wenn die Namen der fehlenden Mitglieder aufgeführt werden und sich daraus im Umkehrschluss ergibt, wer anwesend war. Ausreichend ist auch eine in Umlauf gesetzte Anwesenheitsliste, die der Niederschrift als Anlage beigefügt wird (Knack 3). Hins des behandelten **Gegenstandes** (Nr 3) genügt eine kurze, einfache Kennzeichnung mit einem Stichwort, ggf mit Bezugnahme auf entsprechende Protokollanlagen (Knack 3). Dagegen sind die gestellten **Anträge gem Nr 3 und die gefassten Beschlüsse gem Nr 4 grundsätzlich wörtlich** aufzunehmen; auch hier genügt jedoch eine kurze Bezugnahme, wenn der volle Text dem Protokoll als Anlage beigefügt wird. **Bei Wahlen** gem § 93 genügt gem Nr 5 die Feststellung des Ergebnisses, dh des Namens des bzw der Gewählten und die Angabe des Amtes, der Funktion uä, für das bzw die sie bzw er gewählt wurde(n). Nicht vorgeschrieben, aber zu empfehlen ist die Angabe der Art der Abstimmung (schriftlich, geheim usw) und des Stimmenverhältnisses. 5

3. Meinungsverschiedenheiten über den Inhalt der Niederschrift. Bei Meinungsverschiedenheiten zwischen dem Vorsitzenden und dem Protokollführer über den Inhalt und die Richtigkeit des Protokolls **entscheidet der Ausschuss,** 6 ebenso über nachträgliche Änderungs- oder Ergänzungswünsche.[1] Eine „Genehmigung“ der Niederschrift durch den Ausschuss in derselben Sitzung oder einer folgenden Sitzung ist nicht vorgeschrieben, idR aber zweckmäßig, um späteren Meinungsverschiedenheiten vorzubeugen.

---

[1] UL § 14 Rn 18; Obermayer 11.

Teil VIII. Schlussvorschriften

§ 94 Übertragung gemeindlicher Aufgaben

Die Landesregierungen können durch Rechtsverordnung die nach den §§ 73 und 74 dieses Gesetzes den Gemeinden obliegenden Aufgaben auf eine andere kommunale Gebietskörperschaft[2] oder eine Verwaltungsgemeinschaft übertragen.[3] Rechtsvorschriften der Länder, die entsprechende Regelungen bereits enthalten, bleiben unberührt.

Schrifttum: *Korber/Braese,* Die Mitwirkung der Gemeinden und Verwaltungsgemeinschaften in Planfeststellungsverfahren, BayVBl 1983, 393.

I. Allgemeines

Die wenig bedeutsame Regelung **ermächtigt die Länder,** abweichend von den §§ 73 und 74, bestimmte Aufgaben in Planfeststellungsverfahren, die an sich den Gemeinden zugewiesen sind, durch Rechtsverordnung anderen kommunalen Gebietskörperschaften und Verwaltungsgemeinschaften (vgl dazu Bracker Vr 1982, 81), zB den Ämtern, Samtgemeinden (in Niedersachsen), Verbandsgemeinden (in Rheinland-Pfalz) uä, zu übertragen und dadurch vor allem kleinere und damit überforderte Gemeinden zu entlasten (Begr 107; Knack 3). § 94 hat praktische Bedeutung nur für Planfeststellungen, die von Bundesbehörden durchgeführt werden (Obermayer 2; zT **aA** wohl StBS 5). Die Länder haben, soweit sie hierfür ein Bedürfnis gesehen haben, geeignete Zuständigkeitsregelungen in ihren Verwaltungsverfahrensgesetzen erlassen. Von der Ermächtigung ist bisher kein Gebrauch gemacht worden. 1

II. Übertragung gemeindlicher Aufgaben

1. Andere kommunale Gebietskörperschaften. Als kommunale Gebietskörperschaften iS der Vorschrift sind auch Gebietskörperschaften höherer Ebene, deren Mitglieder nicht Gemeinden, sondern die Bewohner des (mehrere Gemeinden umfassenden) Gebiets unmittelbar sind, anzusehen, wie zB in Bayern die Landkreise (**aA** StBS 2). 2

2. Aufgabenübertragung durch Rechtsverordnung. Die Ausnutzung der Ermächtigung der Landesregierungen gem S 1 setzt voraus, dass die Vorschriften des VwVfG über das Planfeststellungsverfahren anwendbar sind. Soweit die Anwendung der §§ 72–78 VwVfG auf Landesbehörden nach § 1 Abs 3 durch die entsprechenden Vorschriften der Verwaltungsverfahrensgesetze ausgeschlossen ist oder bundesrechtliche Sondervorschriften bestehen, die gem § 1 VwVfG vorgehen, ist auch S 1 nicht anwendbar; damit läuft damit die Ermächtigung gem S 1 praktisch leer. 3

Nach Inkrafttreten des VwVfG konnte eine Aufgabenübertragung gem § 1 nicht mehr durch förmliches Landesgesetz, sondern nur noch durch RechtsVO der Landesregierung erfolgen. Satz 2 stellt dazu sowie darüber hinaus klar, dass entsprechende Aufgabenübertragungen, die vor Inkrafttreten des VwVfG erfolgt sind, insb auch solche, die durch Landesgesetz erfolgt waren und deshalb nach S 1 nunmehr nicht mehr zulässig wären, ihre Geltung und Wirksamkeit behalten, also nicht nochmals gem S 1 durch RechtsVO vorgenommen werden müssen (StBS 6; Knack 4; speziell für Bayern auch Korber/Braese BayVBl 1983, 393 mwN). 4

Durch **Einfügung des Art 80 Abs 4 GG** mit G v 27. 10. 1994 (BGBl I 5
S. 3146) ist verfassungsrechtlich die Möglichkeit verordnungsvertretender Landes-

gesetze geschaffen worden. Damit ist die Begrenzung des S 1 auf den Erlass von Rechtsverordnungen aufgehoben (Knack 8).

§ 95 Sonderregelung für Verteidigungsangelegenheiten

Nach Feststellung des Verteidigungsfalles oder des Spannungsfalles kann in Verteidigungsangelegenheiten von der Anhörung Beteiligter (§ 28 Abs. 1), von der schriftlichen Bestätigung (§ 37 Abs. 2 Satz 2) und von der schriftlichen Begründung eines Verwaltungsaktes (§ 39 Abs. 1) abgesehen werden; in diesen Fällen gilt ein Verwaltungsakt abweichend von § 41 Abs. 4 Satz 3 mit dem auf die Bekanntmachung folgenden Tag als bekanntgegeben. Dasselbe gilt für die sonstigen gemäß Artikel 80a des Grundgesetzes anzuwendenden Rechtsvorschriften.

I. Allgemeines

1 Die Vorschrift lässt Abweichungen von den im Einzelnen bezeichneten Vorschriften im Verteidigungsfall bzw Spannungsfall zu. Sie steht im **Zusammenhang mit Art 80a GG und den sog Notstandsgesetzen** und gilt nur in Verteidigungsangelegenheiten, für die sie im Hinblick auf die Ausnahmesituation des Verteidigungsfalles bzw Spannungsfalles Erleichterungen für die Verwaltung bei der Anwendung des VwVfG vorsieht. Die Regelungen gelten nur im Anwendungsbereich des VwVfG. Die Verwaltungsverfahrensgesetze der Länder enthalten im Wesentlichen mit § 95 gleich lautende Vorschriften (vgl zB Art 95 bayVwVfG). Die analoge Anwendung auf Vorschriften in anderen Gesetzen, die den genannten Vorschriften entsprechen, ist nicht möglich, soweit sie nicht ausdrücklich durch Gesetz angeordnet ist.

II. Anwendungsvoraussetzungen

2 **1. Verteidigungsangelegenheiten.** Die Erleichterungen betreffen nur Verteidigungsangelegenheiten. Der Begriff ist weit auszulegen (Begr 96); er erfasst alle Angelegenheiten, in denen im Hinblick auf die Verteidigungsbereitschaft rasche Entscheidungen notwendig oder zweckmäßig sind. Die Regelung gilt für alle zivilen oder militärischen Maßnahmen zur Sicherung der räumlichen und staatlichen Integrität der BRD (Obermayer 7; ähnlich StBS 4; MB 4).

3 **2. Verteidigungs- oder Spannungsfall.** Die Anwendung des § 95 hat zur Voraussetzung, dass der Verteidigungs- bzw Spannungsfall gem Art 115a bzw 80a GG ausdrücklich durch den Bundestag bzw den Gemeinsamen Ausschuss festgestellt und verkündet wurde (Obermayer 5f), oder aber, dass die Bundesrepublik angegriffen wurde (Art 115a Abs 4 GG); außerdem gilt § 95 nach S 2 auch in den Fällen des Art 80a Abs 1 S 1 letzte Alternative GG und des Art 80a Abs 3 GG.

§ 96 Überleitung von Verfahren

(1) **Bereits begonnene Verfahren sind nach den Vorschriften dieses Gesetzes zu Ende zu führen.**[3]

(2) **Die Zulässigkeit eines Rechtsbehelfs gegen die vor Inkrafttreten dieses Gesetzes ergangenen Entscheidungen richtet sich nach den bisher geltenden Vorschriften.**[6]

(3) **Fristen, deren Lauf vor Inkrafttreten dieses Gesetzes begonnen hat, werden nach den bisher geltenden Rechtsvorschriften berechnet.**[9]

(4) **Für die Erstattung von Kosten im Vorverfahren gelten die Vorschriften dieses Gesetzes, wenn das Vorverfahren vor Inkrafttreten dieses Gesetzes noch nicht abgeschlossen worden ist.**[11]

Parallelvorschriften: Art II § 37 SGB X; Art 97 §§ 1f EGAO

Schrifttum: *Kopp,* Grundsätze des intertemporalen Verwaltungsrechts, SGb 1993, 593; *Sieg,* Das Problem der Gesetzesrückwirkung, insb bei verfahrensrechtlichen Normen, SJZ 1950, Sp 878; *ders.,* die Einwirkung von Änderungen prozessualer Normen auf schwebende Verfahren, ZZP 1952, 249.

Übersicht

I. Allgemeines

1 **1. Inhalt.** Die Vorschrift regelt die Überleitung von vor Inkrafttreten des VwVfG, dh vor dem 1. 1. 1977 (vgl § 103) bereits begonnenen (dh anhängig gewordenen) Verfahren und sonstige Überleitungsfragen. Die Verwaltungsverfahrensgesetze der Länder enthalten im Wesentlichen mit § 96 gleich lautende Vorschriften (vgl zB Art 96 bayVwVfG). Die Vorschrift gilt grundsätzlich für alle Bestimmungen des VwVfG, also nicht nur für die Form- und Verfahrensvorschriften des VwVfG, sondern auch für die in ihm enthaltenen sog annexen materiellrechtlichen Vorschriften (Knack 1; StBS 5) und ist auf Grund der in ihr zum Ausdruck gekommenen **allgemeinen Rechtsgedanken** im Zweifel, vorbehaltlich spezieller Regelungen hins der Überleitung, analog auch auf spätere Änderungen des VwVfG sowie allg auch auf neues Verfahrensrecht, anwendbar. Um eine spezialgesetzlich geregelte Abweichung handelt es sich auch bei der Bestimmung des § 63 Abs 1, wonach die Vorschriften über das förmliche Verwaltungsverfahren nur anwendbar sind, wenn dies durch eine Rechtsvorschrift angeordnet ist. Damit setzt die Anwendbarkeit der §§ 63ff voraus, dass nach Erlass des VwVfG Vorschriften auf die §§ 63ff verweisen (ähnlich Knack 1; StBS 3).

2 **2. Neue Bundesländer.** Nach Anlage 1 Kapitel II Sachgebiet B Abschnitt III Nr 1 des Einigungsvertrages ist § 96 VwVfG auch in den neuen Bundesländern seit dem Inkrafttreten des Einigungsvertrages am 29. 9. 1990 anzuwenden (ausf StBS 19ff). S allg zur Geltung des VwVfG in den neuen Bundesländern auch § 103 Rn 3.

II. Anwendbarkeit des VwVfG auf bereits begonnene Verfahren (Abs 1)

3 **1. Allgemeines.** Grundsätzlich ist nach Abs 1 in Übereinstimmung mit den allgemeinen Grundsätzen des intertemporalen Rechts (vgl BVerwGE 66, 314 = NVwZ 1983, 283; BVerwG NVwZ 1986, 46; NJW 1990, 590; 1993, 2453; BGH NJW 1978, 889; JZ 1986, 155; F 155; Kopp SGb 1993, 593) auf noch nicht abgeschlossene Verfahren das neue Verfahrensrecht des VwVfG (einschließlich der

darin enthaltenen annexen materiellrechtlichen Vorschriften) anwendbar. ZB gelten die Bestimmungen über die Bestandskraft von VAen (vgl §§ 43 ff) auch für vor Inkrafttreten des VwVfG ergangene VAe (BSG DVBl 1990, 218). Soweit ausdrückliche Regelungen fehlen, sind, insb auch hins der Anwendung der materiellrechtlichen Vorschriften des VwVfG, die **allgemeinen Grundsätze des intertemporalen Rechts** maßgeblich.[1] Insb findet nach den Grundsätzen des intertemporalen Rechts neues Verfahrensrecht, soweit durch Gesetz nichts anderes bestimmt ist, auch auf die Durchsetzung materiellrechtlicher Ansprüche, die schon vorher entstanden sind, Anwendung (BVerwG BayVBl 1990, 436; OVG Koblenz NVwZ 1988, 945).

4 **2. Bereits begonnene Verfahren.** Abs 1 betrifft nur „bereits begonnene" Verfahren und gilt mithin nicht für schon abgeschlossene Verfahren. Im Wege eines Umkehrschlusses ergibt sich aus Abs 1 in Übereinstimmung mit den allgemeinen Grundsätzen des intertemporalen Rechts, dass das VwVfG bei nach dem alten Recht abgeschlossenen Verfahren bzw selbstständigen Verfahrensabschnitten nicht anwendbar ist (vgl BVerwGE 54, 258; OVG Koblenz NVwZ 1988, 945; Knack 1) und dass nach altem Recht bereits abgeschlossene Verfahren und Verfahrensabschnitte auch nach dem VwVfG abgeschlossen bleiben und nicht nach neuem Recht wiederholt werden müssen (vgl BVerwG BayVBl 1982, 659; OVG Lüneburg DVBl 1981, 645; VGH München NJW 1986, 1565), die Rechtmäßigkeit sich vielmehr insoweit grundsätzlich ausschließlich nach altem Recht beurteilt. **Umstritten** ist, wann ein Verfahren in diesem Sinne abgeschlossen ist. Teilweise wird hier auf den Erlass, teilweise auch auf die Bekanntgabe des VA abgestellt; richtig dürfte es sein, auf den **Zeitpunkt der Unanfechtbarkeit des VA** abzustellen (s näher § 9 Rn 30). Abgeschlossen iSd § 96 ist das Verfahren bzw Vorverfahren nach der hier vertretenen Auffassung erst mit dem Eintritt der Unanfechtbarkeit des in Frage stehenden VA bzw Widerspruchsbescheids, nicht bereits mit dem Ergehen des VA bzw Widerspruchsbescheids.[2]

5 **3. Einzelfragen.** Nicht zulässig sind nach dem dargelegten Grundsatz zB Auflagen, die das alte Recht nicht vorgesehen hatte, die nach dem neuen Recht nunmehr aber möglich sind (vgl BVerwGE 61, 1: § 17 Abs 6 S 1–5 FStrG 1974 über die Anordnung von nachträglich notwendig gewordenen Schutzanordnungen findet auf Planfeststellungsbeschlüsse, die bereits vor Inkrafttreten der Neuregelung unanfechtbar geworden sind, keine Anwendung). Aus demselben Grund ist auch zB § 59 auf vor dem Inkrafttreten des VwVfG geschlossene Verträge nicht anwendbar (OVG Münster NJW 1979, 124). Dagegen ist das VwVfG zB auf die Rücknahme und den Widerruf von VAen bzw die Wiederaufnahme von Verfahren anwendbar, da es sich insoweit um neue Verfahren, nicht um eine Fortsetzung des ursprünglichen Verfahrens handelt;[3] das materielle intertemporale Recht

---

[1] Vgl dazu im einzelnen Enneccerus/Nipperdey, Allg Teil des bürgerlichen Rechts, 1. Halb-Band, 14. Aufl 1952, 62 f; zu verfassungsrechtlichen Grenzen einer unechten Rückwirkung von neuem Recht und der sich daraus uU ergebenden Notwendigkeit von Überleitungs- und Übergangsregelungen bzw einer entsprechenden verfassungskonformen Auslegung des neuen Rechts BVerwG NJW 1981, 776; Kopp APF 1980, 33 mwN.

[2] § 9 Rn 30; vgl auch VGH München DVBl 1982, 1012; VG Berlin NVwZ 1982, 577; **aA** offenbar StBS 16; unklar Obermayer 5: mit dem „Ablauf" des Widerspruchsverfahrens; vgl auch BVerwGE 55, 299: die etwa bereits vorher erfolgte mündliche Bekanntgabe des Widerspruchsbescheids beendet das Verfahren noch nicht; BVerwG Buchh 407.4 § 17 FStrG Nr 19 S 3 und Nr 20 S 25; VGH München BayVBl 1982, 659; ferner BVerwGE 61, 4: auch wenn ein abschließender VA noch nicht unanfechtbar geworden ist.

[3] BSG DVBl 1990, 218 mwN; OVG Koblenz NVwZ 1988, 945; Knack 1; **aA** Obermayer 9 unter Hinweis auf BVerwG 54, 258: Rücknahme nur nach den Grundsätzen, die bis zum Inkrafttreten des VwVfG gegolten haben; Kritik: Obermayer unterscheidet hier jedoch nicht ausreichend zwischen den verfahrensrechtlichen Aspekten und der Frage der materiellrechtlichen Zulässigkeit.

schließt allerdings im Zweifel (vgl oben Rn 2) die Rücknahme usw eines VA, der nach altem Recht nicht oder nur beschränkt rücknehmbar war, grundsätzlich aus. Soweit das VwVfG nur Regelungen kodifiziert, die materiell bereits vorher galten, ergeben sich keine Folgerungen.

III. Zulässigkeit von Rechtsbehelfen (Abs 2)

1. Allgemeines. Abs 2 macht **zugunsten des Bürgers** eine Ausnahme vom Grundsatz der Anwendbarkeit des neuen Rechts für Rechtsbehelfe. Dem Bürger bleibt danach insb auch ein nach früherem Recht mögliches Vorverfahren gegen einen nach dem früheren Recht ergangenen VA, das nach neuem Recht (§ 70 und § 74 Abs 1 S 2) nicht mehr gegeben wäre, erhalten. Abs 2 entspricht damit rechtsstaatlichen Erfordernissen (Knack 1; vgl allgemein BVerfG 87, 48 = NVwZ 1992, 1183). Ist zB in einem Planfeststellungsverfahren der Planfeststellungsbeschluss vor dem 1. 1. 1977 ergangen, so ist die Frage, welche Rechtsbehelfe zulässig sind, nicht nach § 74 iV mit § 70, sondern nach den bis zum 31. 12. 1976 geltenden Vorschriften zu beurteilen. Sehen diese (bzw sahen sie bis zum 31. 12. 1976) die Nachprüfung in einem Vorverfahren vor, wie zB § 19 WaStrG, so muss ein solches auch nach dem Inkrafttreten des VwVfG durchgeführt werden, obwohl es nach § 74 iV mit § 70 für nach dem 1. 1. 1977 ergangene Planfeststellungsbeschlüsse nunmehr nicht mehr zulässig wäre. 6

2. Zulässigkeit eines Rechtsbehelfs. Abs 2 gilt jedoch nur für Vorschriften, die die Zulässigkeit von Rechtsbehelfen als solche betreffen. Regelungen über die Behördenzuständigkeit für die Entscheidung über Rechtsbehelfe, wie zB §§ 48 Abs 6 und 49 Abs 5 Satz 3 fallen nicht darunter. Obwohl auch die Zuständigkeit zu den Sachentscheidungsvoraussetzungen bei Rechtsbehelfsentscheidungen gehört, finden insoweit auch auf Rechtsbehelfe die Bestimmungen des VwVfG von dessen Inkrafttreten an Anwendung und gilt insoweit die Regel des Abs 1. 7

3. Ergangene Entscheidungen. Ergangen iS von Abs 2 ist eine Entscheidung nicht erst mit dem Zugang an zumindest einen Betroffenen, sondern bereits mit der Aufgabe zur Post (s § 41 Rn 22; str; **aA** BVerfG 63, 86). Abs 2 und Abs 4 sind auch dann anwendbar, wenn der Rechtsbehelf primär auf Erlass eines VA gerichtet ist, den die Behörde vor Inkrafttreten des VwVfG abgelehnt hatte (vgl BVerwGE 71, 222; BSG 53, 237). 8

IV. Fristenberechnung (Abs 3)

1. Allgemeines. Abs 3 trifft eine **spezielle Übergangsregelung** für die Anwendung von § 31. Aus Gründen der Rechtssicherheit sieht Abs 3 in Übereinstimmung mit den allgemeinen Grundsätzen des intertemporalen Rechts für gesetzliche oder behördliche Fristen iS von § 31, deren Lauf schon vor Inkrafttreten des VwVfG begonnen hat, vor, dass die bisherigen Berechnungsvorschriften anwendbar bleiben. Auch die Regelung, dass **bereits begonnene Fristen** nach dem bisher geltenden Recht zu berechnen sind, entspricht den allgemeinen Grundsätzen des intertemporalen Rechts. 9

2. Neue Fristen. Nicht geregelt ist die Frage der Anwendbarkeit von Bestimmungen wie § 32 Abs 3, § 48 Abs 4 oder § 75 Abs 3 S 2 und Abs 4, die neue Fristen einführen. Nach allgemeinen Grundsätzen ist davon auszugehen, dass diese Fristen, auch soweit sie an Tatbestände vor dem Inkrafttreten des VwVfG anknüpfen, frühestens vom Zeitpunkt des Inkrafttretens des VwVfG an zu laufen beginnen.[4] Unberührt bleibt allerdings ein evtl Ausschluss der Geltendmachung von Rechten oder Befugnissen nach den Grundsätzen über die Verwirkung. 10

---

[4] BVerwG NVwZ 1988, 832; Buchh 316 § 48 VwVfG Nr 27 S 10; BSG NVwZ 1986, 422; DVBl 1990, 217 mwN; SGb 1987, 122; VGH München NJW 1986, 1565; OVG Kob-

V. Kosten des Vorverfahrens (Abs 4)

11 Abs 4 ordnet die Anwendung der Bestimmungen über die Kostenerstattung im Vorverfahren (Widerspruchsverfahren) gem § 80 auch auf noch nicht abgeschlossene Widerspruchsverfahren an, um die hier bestehende Regelungslücke (vgl § 80 Rn 1) möglichst rasch zu füllen (vgl BVerwGE 55, 303; MB 1; Knack 4). An sich hätte sich diese Folge allerdings auch schon aus Abs 1 ergeben. Allerdings muss der Begriff des abgeschlossenen Vorverfahrens nach Sinn und Zweck hier enger verstanden werden als der des abgeschlossenen Verfahrens in Abs 1. Abgeschlossen ist ein Vorverfahren dann, wenn ein Widerspruchsbescheid erlassen wurde oder das Verfahren sich anderweitig erledigt hat und deshalb eingestellt worden ist.

§ 97 *(weggefallen)*

§ 98 *(weggefallen)*

§ 99 *(weggefallen)*

§ 100 Landesgesetzliche Regelungen

Die Länder können durch Gesetz

1. **eine dem § 16 entsprechende Regelung treffen;**[2]
2. **bestimmen, daß für Planfeststellungen, die auf Grund landesrechtlicher Vorschriften durchgeführt werden, die Rechtswirkungen des § 75 Abs. 1 Satz 1 auch gegenüber nach Bundesrecht notwendigen Entscheidungen gelten.**[4]

Schrifttum: *Knöpfle,* Das Zusammentreffen planfeststellungsbedürftiger Vorhaben, in: Maunz-FS 1981, 182.

I. Allgemeines

1 Die Vorschrift ermächtigt die Länder, in ihren Gesetzen über das Verwaltungsverfahren oder in anderen Landesgesetzen die in Nr 1 u 2 näher bezeichneten Bestimmungen vorzusehen. Die Regelung ist notwendig, weil den Ländern insoweit eine eigene originäre Gesetzgebungskompetenz fehlt, da die in Frage stehenden Bestimmungen Bundesrecht betreffen, nämlich Fällen der Nr 1 das FGG sowie die §§ 1909 ff BGB und den Fällen der Nr 2 die sonst für die Planfeststellung maßgeblichen materiellen und formellen Vorschriften des Bundesrechts.

II. Landesgesetzliche Regelungen

2 **1. Bestellung von Vertretern gem § 16 (Nr 1).** Nr 1 gibt den Ländern die Befugnis, eine dem § 16 entsprechende Regelung über die Verpflichtung des Vormundschaftsgerichtes zur Bestellung eines Vertreters von Amts wegen für Verfahren nach Landesrecht vorzusehen. Die Länder haben von der ihnen durch § 100 Nr 1 eingeräumten Möglichkeit sämtlich Gebrauch gemacht. Nicht berührt wird davon die Zulässigkeit von Regelungen, die eine Vertreterbestellung durch die Behörde selbst ohne Einschaltung des Vormundschaftsgerichts vorsehen. Gegen derartige Regelungen bestehen grundsätzlich auch verfassungsrechtlich, insb auch unter rechtsstaatlichen Gesichtspunkten, keine Bedenken.

---

lenz DVBl 1982, 219; MB 70 zu § 48; Knack 3; wohl auch BVerwG DVBl 1982, 1005; StBS 14; offen VGH Kassel NVwZ 1990, 880 mwN.

2. Konzentrationswirkung landesrechtlicher Planfeststellungen (Nr 2). 3
Grundsätzlich sieht § 75 Abs 1 S 1 vor, dass ein Planfeststellungsbeschluss die Zulässigkeit von Vorhaben im Hinblick auf alle von ihm berührte öffentliche Belange feststellt, und dass andere behördliche Entscheidungen neben der Planfeststellung nicht erforderlich sind. Wenn die Verwaltungsverfahrensgesetze der Länder die landesrechtlichen Planfeststellungsverfahren mit einer entsprechenden Wirkung ausstatten, so stellt sich die Frage nach dem Schicksal derjenigen Genehmigungen, Gestattungen, Zustimmungen, die nach Bestimmungen des Bundesrechts erforderlich sind. Hier könnte es problematisch sein, wenn landesrechtliche Vorschriften die Entbehrlichkeit bundesrechtlich vorgesehener Entscheidungen festlegen.

Nr 2 stellt klar, dass die Länder berechtigt sind, eine der Regelung des 4
§ 75 Abs 1 S 1 entsprechende Konzentrationswirkung landesrechtlicher Planfeststellungen unter Einbeziehung auch der Wirkungen, für die sonst gesonderte Entscheidungen nach Bundesrecht erforderlich wären, in ihren Landesgesetzen vorzusehen. Die Regelung kann und soll die Kompetenzverteilung zwischen Bund und Ländern nicht verändern. **Sie wirkt deshalb nur deklaratorisch,** weil sie die Konsequenzen aus der durch das Wesen der Planfeststellung vorgegebenen Konzentration und damit Entbehrlichkeit weiterer Entscheidungen zieht (BVerwGE 82, 23; BVerwG DVBl 1981, 940; StBS 5). Von dieser Ermächtigung haben inzwischen alle Länder Gebrauch gemacht (Knack 8; UL § 41 Rn 22). Nach richtiger Auffassung stand den Ländern diese Befugnis nach den Grundsätzen der Annexkompetenz grundsätzlich auch schon nach bish Recht zu (vgl BVerwGE 82, 23 unter Hinweis auf BVerwGE 27, 255; 31, 372; Kopp BayVBl 1973, 89f; ebenso StBS 5; Knack 6; Franke ZfW 1979, 14).

Nr 2 ist verfassungsrechtlich nur dann unbedenklich, wenn man die Regelung 5
verfassungskonform dahin einschränkend auslegt, dass sie eine Einbeziehung bundesrechtlicher Zuständigkeiten und Rechtswirkungen nur für Fälle zulässt, in denen der Schwerpunkt der Planfeststellung im Bereich des Landesrechts liegt.[1]

§ 101 Stadtstaatenklausel

Die Senate der Länder Berlin, Bremen und Hamburg werden ermächtigt, die örtliche Zuständigkeit abweichend von § 3 dem besonderen Verwaltungsaufbau ihrer Länder entsprechend zu regeln.

I. Allgemeines

Die Vorschrift trägt der Tatsache Rechnung, dass in den sog. Stadtstaaten Ber- 1
lin, Bremen und Hamburg die Struktur der Verwaltung von derjenigen in den Flächenländern abweicht (ebenso Knack 1). Die Regelung sollte den Senaten die Möglichkeit einräumen, bei Anwendung des VwVfG (des Bundes) abweichende Regelungen der örtlichen Zuständigkeit zu treffen. Sie ist **weitgehend bedeutungslos,** weil die Länder Berlin, Bremen und Hamburg eigene Verwaltungsverfahrensgesetze erlassen haben, in denen sie ihren örtlichen Besonderheiten entsprechende Bestimmungen treffen konnten. Einer bundesrechtlichen Ermächtigung zu derartigen gesetzlichen Regelungen bedurfte es nicht. Eine Rolle könnte § 101 nur noch insoweit spielen, als Landesbehörden das VwVfG anzuwenden hätten.

---

[1] Weitergehend Ronellenfitsch, Einführung in das Planungsrecht, 1986, 114; ders VerwArch 1989, 107: im Hinblick auf Art 31 GG verfassungswidrig; **aA** BVerwGE 82, 23 unter Hinweis auf BVerfG 26, 363; Franke ZfW 1979, 14 ua unter Hinweis darauf, daß die Vorschrift nur auf § 75, nicht auch auf § 78 verweist; dieses Argument ist jedoch nicht zwingend, da § 78 ebenfalls nur an § 75 anknüpft.

II. Zulässigkeit abweichender Regelungen

2 **1. Abweichungen von § 3. a) Allgemeines, Anwendungsbereich.** § 101 S 1 ermächtigt die Senate der Stadtstaaten nur zu abweichenden Regelungen der örtlichen Zuständigkeit nach § 3, verpflichtet sie jedoch nicht dazu. Inhaltlich ist die Ermächtigung auf Regelungen beschränkt, die ihren Grund im besonderen Verwaltungsaufbau des jeweiligen Landes haben; andere, nicht dadurch bedingte von § 3 abweichende Regelungen können auch gem § 1 Abs 3 für den Anwendungsbereich des VwVfG nicht darauf gestützt werden. § 101 S 2 gilt in den Stadtstaaten unmittelbar für den Anwendungsbereich des VwVfG, steht einer Regelung durch Landesrecht, insb auch im Verwaltungsverfahrensgesetz des Landes nicht entgegen, die gleichwohl eine § 61 Abs 1 S 3 entsprechende Genehmigung für den Anwendungsbereich des VwVfG vorsieht. Für den Anwendungsbereich der Verwaltungsverfahrensgesetze der Stadtstaaten gilt § 101 nicht. Hier sind auch die Stadtstaaten wie die anderen Bundesländer hins der zu treffenden Regelungen frei.

3 **b) Form der abweichenden Regelungen.** § 101 trifft, anders als § 94 S 1, keine ausdrückliche Bestimmung darüber, in welcher Form, dh ob durch Gesetz oder VO oder auch durch Verwaltungsvorschrift, von § 3 oder von § 61 Abs 1 S 3 abweichende Regelungen durch die Senate zu treffen sind, wenn diese von der Ermächtigung Gebrauch machen wollen. Entsprechend dem allgemeinen Rechtsgrundsatz, dass Rechtssätze ganz oder teilweise, für bestimmte Bereiche usw allgemein nur wiederum durch Rechtssätze geändert werden können, ist auch hier eine Rechtsvorschrift als notwendig anzusehen (Knack 1). Da in § 101 S 1 nicht wie zB in § 100 die Länder, sondern die Senate ermächtigt werden, ist § 101 S 1 als Ermächtigung zu von § 3 abweichenden Regelungen durch **Rechtsverordnung** des Senats zu verstehen (ebenso Knack 1). Einer entsprechenden Regelung durch Landesgesetz, insb auch im Verwaltungsverfahrensgesetz der betroffenen Stadtstaaten, steht nichts entgegen.

4 **2. Keine Erforderlichkeit einer Genehmigung nach § 61 Abs 1 S 3 aF.** Im Hinblick auf die in den Stadtstaaten bestehenden Regelungen der Verwaltungsorganisation wurde eine Abweichung von der Regelung des § 61 Abs 1 S 3 aF für erforderlich gehalten, wonach die fachlich zuständige Aufsichtsbehörde einer vertraglichen Unterwerfung unter die sofortige Vollstreckung zustimmen mussten. Anders als nach § 101 S 1 war hier keine Ermächtigung der Senate geschaffen worden; vielmehr wurde § 61 Abs 1 S 3 aF unmittelbar durch § 101 S 2 modifiziert. Genehmigungsvorbehalte anderer Behörden mussten deshalb in den Stadtstaaten gesetzlich geregelt werden, anderenfalls bestand keine Genehmigungspflicht. Die Regelung des S 3 ist ebenso wie § 61 Abs 1 S 3 aF durch das 3. VwVfÄndG vom 21. 8. 2002 gestrichen worden.

§ 102 Übergangsvorschrift zu § 53

Artikel 229 § 6 Abs. 1 bis 4 des Einführungsgesetzes zum Bürgerlichen Gesetzbuche gilt entsprechend bei der Anwendung des § 53 in der seit dem 1. Januar 2002 geltenden Fassung.

Die in Bezug genommene Vorschrift hat den Wortlaut:

Art 229

§ 6 EGBGB Überleitungsvorschrift zum Verjährungsrecht nach dem Gesetz zur Modernisierung des Schuldrechts vom 26. November 2001.

(1) Die Vorschriften des Bürgerlichen Gesetzbuchs über die Verjährung in der seit dem 1. Januar 2002 geltenden Fassung finden auf die an diesem Tag bestehenden und noch nicht verjährten Ansprüche Anwendung. Der Beginn, die Hemmung, die Ablaufhemmung und der

Neubeginn der Verjährung bestimmen sich jedoch für den Zeitraum vor dem 1. Januar 2002 nach dem Bürgerlichen Gesetzbuch in der bis zu diesem Tag geltenden Fassung. Wenn nach Ablauf des 31. Dezember 2001 ein Umstand eintritt, bei dessen Vorliegen nach dem Bürgerlichen Gesetzbuch in der vor dem 1. Januar 2002 geltenden Fassung eine vor dem 1. Januar 2002 eintretende Unterbrechung der Verjährung als nicht erfolgt oder als erfolgt gilt, so ist auch insoweit das Bürgerliche Gesetzbuch in der vor dem 1. Januar 2002 geltenden Fassung anzuwenden.

(2) Soweit die Vorschriften des Bürgerlichen Gesetzbuchs in der seit dem 1. Januar 2002 geltenden Fassung anstelle der Unterbrechung der Verjährung deren Hemmung vorsehen, so gilt eine Unterbrechung der Verjährung, die nach den anzuwendenden Vorschriften des Bürgerlichen Gesetzbuchs in der vor dem 1. Januar 2002 geltenden Fassung vor dem 1. Januar 2002 eintritt und mit Ablauf des 31. Dezember 2001 noch nicht beendigt ist, als mit dem Ablauf des 31. Dezember 2001 beendigt, und die neue Verjährung ist mit Beginn des 1. Januar 2002 gehemmt.

(3) Ist die Verjährungsfrist nach dem Bürgerlichen Gesetzbuch in der seit dem 1. Januar 2002 geltenden Fassung länger als nach dem Bürgerlichen Gesetzbuch in der bis zu diesem Tag geltenden Fassung, so ist die Verjährung mit dem Ablauf der im Bürgerlichen Gesetzbuch in der bis zu diesem Tag geltenden Fassung bestimmten Frist vollendet.

(4) Ist die Verjährungsfrist nach dem Bürgerlichen Gesetzbuch in der seit dem 1. Januar 2002 geltenden Fassung kürzer als nach dem Bürgerlichen Gesetzbuch in der bis zu diesem Tag geltenden Fassung, so wird die kürzere Frist von dem 1. Januar 2002 an berechnet. Läuft jedoch die im Bürgerlichen Gesetzbuch in der bis zu diesem Tag geltenden Fassung bestimmte längere Frist früher als die im Bürgerlichen Gesetzbuch in der seit diesem Tag geltenden Fassung bestimmten Frist ab, so ist die Verjährung mit dem Ablauf der im Bürgerlichen Gesetzbuch in der bis zu diesem Tag geltenden Fassung bestimmten Frist vollendet.

I. Allgemeines

1. Übergangsregelung. Die zusammen mit der Novellierung des § 53 im Juni 2002[1] neu geschaffene Vorschrift enthält eine Übergangsregelung für die Anwendung der neuen Verjährungsregelungen in § 53. Durch das Schuldrechts-ModG[2] v 26. 11. 2001 wurde das zivilrechtliche Verjährungsrecht in §§ 194 ff. BGB grundlegend neu geregelt. Dabei wurden auch die zahlreichen Fälle der Unterbrechung der Verjährung weitgehend durch Regelungen der Hemmung der Verjährung abgelöst (s hierzu näher § 53 Rn 3b). Die verjährungsrechtlichen Vorschriften des Verwaltungsverfahrensrechts wurden durch die Neuregelung des § 53 an das neue zivilrechtliche Verjährungsrecht angepasst (s § 53 Rn 3 ff). Insbesondere berücksichtigt die Vorschrift, dass im BGB ua die Klageerhebung nicht mehr zur Unterbrechung der Verjährung, sondern nur noch zu deren Hemmung führt. Wegen dieser Novellierung sind Übergangsregelungen unerlässlich. Einige Probleme des Übergangs auf das neue Recht regelt § 102 durch eine Verweisung auf Art 229 § 6 EGBGB. 1

2. Die Auswirkungen der Neuregelung in § 53 aF. Der Erlass eines VA unterbrach nach § 53 Abs 1 aF die Verjährung und löste damit die gleiche Wirkung aus wie eine Klage nach § 209 Abs 1 BGB aF. Die Unterbrechung der Verjährung dauerte fort bis zur Unanfechtbarkeit des VA oder einer anderweitigen Erledigung. Für den Fall der Unanfechtbarkeit begann nach § 53 Abs 2 aF iVm § 218 BGB aF eine neue Verjährungsfrist von 30 Jahren zu laufen; für den Fall der anderweitigen Erledigung waren die §§ 212 und 217 BGB aF entsprechend anwendbar. Insbesondere galt nach § 212 Abs 2 BGB aF die Verjährung trotz der Erledigung weiterhin als unterbrochen, wenn innerhalb einer Frist von 6 Monaten 2

[1] Eingefügt durch das Gesetz zur Einführung einer kapitalgedeckten Hüttenknappschaftlichen Zusatzversicherung und zur Änderung anderer Gesetze (Hüttenknappschaftliches Zusatzversicherungs-Neuregelungs-Gesetz – HZvNG) vom 21. Juni 2002, BGBl I S. 2137.

[2] Gesetz zur Modernisierung des Schuldrechts v 26. 11. 2001 (BGBl I 3138).

nach der anderweitigen Erledigung erneut ein VA zur Festsetzung des Anspruchs erlassen wurde.

3 **Nach § 53 Abs 1 nF** führt der Erlass eines VA ebenso wie die Erhebung einer Klage nach § 204 Abs 1 Nr 1 BGB nF nicht mehr zur Unterbrechung, sondern nur noch zur Hemmung der Verjährung. Nach dem Eintritt der Unanfechtbarkeit des VA endet zwar die Hemmung der Verjährung; die bis dahin gehemmte Verjährungsfrist läuft jedoch nicht weiter. Vielmehr beginnt – wie bisher schon nach § 218 Abs 1 S 1 BGB aF – nach § 53 Abs 2 S 1 nF mit der Unanfechtbarkeit des VA eine dreißigjährige Verjährungsfrist zu laufen. Insoweit hat sich durch die Neuregelung in der Sache nichts geändert. Im Übrigen endet die Hemmungswirkung ebenso wie nach altem Recht die Unterbrechungswirkung sechs Monate nach der anderweitigen Erledigung. Hier können sich unterschiedliche Konsequenzen ergeben, weil nach der Neuregelung die bereits begonnene Verjährungsfrist weiterläuft, während sie nach der alten Regelung neu zu laufen begonnen hätte.

II. Die Überleitungsvorschrift des Art 229 § 6 EGBGB

4 **1. Das Stichtagsprinzip nach § 6 Abs 1 EGBGB.** Die in Bezug genommene Überleitungsvorschrift des Art 229 § 6 Abs 1 EGBGB trifft eine Regelung für Ansprüche, die vor dem 1. 1. 2002 begründet worden sind und zu diesem Zeitpunkt noch nicht verjährt waren. Beginn, Hemmung sowie Neubeginn der Verjährung für den Zeitraum vor dem 1. 1. 2002 bestimmen sich nach altem Recht; hier gilt das Stichtagsprinzip des Art 229 § 6 Abs. 1 EGBGB. Hemmungs- oder Unterbrechungstatbestände, die bis zum 31. 12. 2001 eingetreten und abgewickelt sind, werden nach dem bis zum 31. 12. 2001 geltenden Recht beurteilt (Art 229 § 6 Abs 1 S 2 EGBGB). Auf Forderungen, die nach dem 1. 1. 2002 entstehen, kommt § 53 nF uneingeschränkt zur Anwendung.

5 **2. Die Überleitung von Unterbrechungs- zu Hemmungstatbeständen. a) Grundsatz.** Für vor dem 1. 1. 2002 erlassene VAe, die nach § 53 aF zur Unterbrechung führten, enthält Art 229 § 6 Abs 2 EGBGB eine spezielle Überleitungsvorschrift, nach der die vor dem 1. 1. 2002 eingetretene Unterbrechung der Verjährung mit Ablauf des 31. 12. 2001 als beendet gilt und die daraufhin neu beginnende Verjährung mit Beginn des 1. 1. 2002 gehemmt ist. Für die Bestimmung der mit Ablauf der Hemmung beginnenden Verjährungsfrist ist unter Berücksichtigung der Art 229 § 6 Abs 3 und 4 EGBGB das neue Recht maßgeblich.[3] Eine vor dem 31. 12. 2001 durch Erlass eines feststellenden VA unterbrochene Verjährungsfrist gilt deshalb vom 1. 1. 2002 an als gehemmt. Die Hemmung entfällt, wenn der VA unanfechtbar geworden ist, oder sich das Verwaltungsverfahren auf andere Weise erledigt hat (vgl § 53 Rn 27).

6 **b) Die weitere Anwendbarkeit von § 212 BGB aF.** Eine Ausnahme von diesem Grundsatz statuiert Art 229 § 6 Abs 1 S 3 EGBGB, wonach diejenigen Regelungen fortgelten, nach denen eine Unterbrechung als erfolgt oder nicht erfolgt gilt. Die in § 53 Abs 1 S 3 aF enthaltene Verweisung auf § 212 BGB aF behält insoweit Gültigkeit, als bei entsprechender Anwendung des § 212 Abs 2 BGB aF eine Unterbrechung der Verjährung als nicht erfolgt anzusehen ist, wenn der vor dem 1. 1. 2002 erlassene VA, der sie unterbrochen hat, nach dem 31. 12. 2002 aufgehoben wird und nicht innerhalb von 6 Monaten in der Sache ein neuer Leistungsbescheid ergeht.[4] Unerheblich ist, ob die Aufhebung in einem Rechtsbe-

---

[3] Vgl hierzu ausführlich Gsell NJW 2002, 1297; Palandt Rn 8.

[4] So auch Begr 76; im selben Sinn für das bish Recht München BayVBl 1981, 241; Lüneburg DVBl 1970, 419; StBS 34; Knack 7; MB 5, 8; WBS I § 37 Rn 22: wird die Geltendmachung mit Wirkung ex nunc zurückgenommen oder aufgehoben, so hat sie keine Unterbrechung bewirkt.

helfsverfahren erfolgt oder die Behörde selbst den VA nach § 48, § 49 oder § 51 oder aufgrund besonderer Vorschriften oder allgemeiner Rechtsgrundsätze zurücknimmt, widerruft usw (ebenso Knack 7).

aa) Entsprechende Anwendung. Voraussetzung für die entsprechende Anwendung des § 212 BGB aF ist nach Sinn und Zweck der Regelung, dass die Aufhebung **auf den Zeitpunkt des Erlasses des VA zurückwirkt.** Ein unanfechtbarer VA, der mit Wirkung für die Zukunft aufgehoben wird, hatte jedenfalls für die Vergangenheit Bestand und unterbrach deshalb für die Zeit bis zum Wirksamwerden seiner Aufhebung die Verjährung (Knack 7). Wird der VA zwar mit Wirkung für die Vergangenheit, aber **von einem späteren Zeitpunkt** als dem des Erlasses des VA an aufgehoben, so folgt aus der kumulativen Anwendung von § 53 Abs 1 S 2 und S 3 aF, dass die Verjährung nur mit Wirkung bis zu diesem Zeitpunkt, ab dem der VA aufgehoben wurde, unterbrochen war. 7

bb) Die 6-Monats-Frist des § 212 Abs 2 BGB aF. Die Unterbrechung der Verjährung durch einen VA, der später aufgehoben wurde usw (s oben Rn 33), galt in entsprechender Anwendung von § 212 Abs 2 BGB aF als auch **weiterhin unterbrochen,** dh war weiter als unterbrochen anzusehen und zu behandeln, **wenn binnen sechs Monaten** nach Aufhebung des ersten VA **ein neuer VA** zur Durchsetzung des Anspruchs erlassen wurde. Wurde zB ein VA wegen eines Formfehlers oder wegen mangelhafter Ausübung des Ermessens aufgehoben und von der Behörde nach Behebung der Mängel ein neuer VA gleichen oder entsprechenden Inhalts erlassen, so blieb die Verjährung unterbrochen (UL § 54 Rn 4; StBS 34; Knack 8; **aA** Müller Vw 1977, 522: die entsprechende Anwendung von § 212 Abs 2 BGB geht nicht so weit). Die Sechs-Monats-Frist des § 212 Abs 2 BGB aF war eine **Ausschlussfrist,** die bei Aufhebung des ursprünglichen VA durch VA mit der Unanfechtbarkeit des aufhebenden VA, bei Aufhebung durch Urteil mit der Rechtskraft des Urteils, bei anderweitiger Erledigung ab dem Zeitpunkt der Erledigung, zB bei Erledigung durch Vergleich, mit Abschluss des Vergleichs lief. 8

§ 103 (Inkrafttreten)

(1) Dieses Gesetz tritt am 1. Januar 1977 in Kraft, soweit Absatz 2 nichts anderes bestimmt.

(2) Die in § 33 Abs. 1 Satz 2 und in § 34 Abs. 1 Satz 1, Absatz 4 enthaltenen Ermächtigungen, § 35 Abs. 5 sowie die §§ 100 und 101 treten am Tage nach der Verkündung in Kraft.

I. Allgemeines

1. Gegenstandslosigkeit. Die Vorschrift ist durch Zeitablauf gegenstandslos geworden und deshalb in den Bekanntmachungen der Neufassungen vom 21. 9. 1998 (BGBl I, 3050) und vom 23. 1. 2003 (BGBl I, 102) nicht mehr enthalten. Zur Entstehungsgeschichte siehe näher Einf Rn 27 ff; zu den verschiedenen Änderungen des VwVfG seit seinem Erlass siehe Einf Rn 31 ff. Auf eine Behandlung der Zeitpunkte des Inkrafttretens der verschiedenen Änderungsgesetze und die teilweise vorgesehenen Übergangsvorschriften (zB beim GenBeschlG) wurde verzichtet, weil die damit zusammenhängenden Fragen infolge des Zeitablaufs keine praktische Bedeutung mehr haben. Zur Übergangsregelung für die Änderungen des § 53 siehe § 102. 1

2. Regelung des Inkrafttretens. Die Regelung sah in Abs 1 für die verfahrensrechtlichen und materiellrechtlichen Bestimmungen des VwVfG einen, gemessen am Termin der Verkündung (29. 5. 1976), verhältnismäßig späten Termin für das Inkrafttreten vor, um den Ländern Gelegenheit zu geben, inzwischen auch 2 die entsprechenden landesrechtlichen Verfahrensgesetze zu beschließen, so dass die Verfahrensgesetze des Bundes und der Länder gleichzeitig in Kraft treten konnten. Dies war vor allem im Interesse der Einheitlichkeit des Verfahrensrechts und der weitgehenden Komplementarität der Regelungen wünschenswert. Außerdem konnte dadurch ein gleichzeitiges Inkrafttreten von VwVfG und AO 1977 erreicht werden (s Einf Rn 6). Die im VwVfG enthaltenen Ermächtigungsregelungen traten dagegen gem Abs 2 sofort in Kraft, damit auch die Bestimmungen, zu deren Erlass sie ermächtigen, frühzeitig erlassen werden konnten.

II. Geltung in den neuen Bundesländern

3 Seit dem Beitritt der DDR gilt das VwVfG nach dem Einigungsvertrag vom 31. 8. 1990 mit Anlage I (BGBl II 885) und dem Einigungsvertragsgesetz vom 23. 9. 1990 (BGBl II 885) mit Wirkung ab dem 29. 9. 1990 auch im Gebiet der neuen Bundesländer mit der Maßgabe, dass es über den Anwendungsbereich nach § 1 VwVfG hinaus auch auf die öffentlich-rechtliche Verwaltungstätigkeit der Landesbehörden Anwendung finden sollte, soweit und solange diese nicht durch ein Verwaltungsverfahrensgesetz des Landes geregelt war, längstens jedoch bis zum 31. 12. 1992 (vgl Art 8 und 45 des Einigungsvertrages vom 23. 9. 1990 mit Anlage I Kapitel III Sachgebiet B Abschnitt III Nr 1 – BGBl II S 889 –, Art 10 des Einigungsvertragsgesetzes vom 23. 9. 1990 – BGBl II S 885 –). Inzwischen haben alle neuen Bundesländer selbst eigene Verwaltungsverfahrensgesetze erlassen (s dazu wie auch für die alten Bundesländer die Textnachweise bei StBS Teil III). Damit entspricht der Geltungsbereich des VwVfG demjenigen in den alten Bundesländern (vgl Einf Rn 5 ff).

Sachverzeichnis

(Zahlen vor dem ersten Komma bezeichnen den Paragraphen,
Zahlen nach dem Komma die Randnummern)